I Codici **Giuffrè**

I CODICI **GIUFFRÈ**

CODICE
CIVILE
E LEGGI
COMPLEMENTARI

2023

a cura di
STEFANO PETITTI
ed ENZO VINCENTI

GIUFFRÈ
GIUFFRÈ FRANCIS LEFEBVRE

ISBN 9788828849650

SELEZIONE DEI TESTI NORMATIVI

Stefano Petitti
Giudice della Corte costituzionale

Enzo Vincenti
Consigliere della Corte di Cassazione

REDAZIONE (aggiornamento normativo)

Claudia Ciuffa, Federico De Santis, Maddalena Molfese

Chiuso in redazione alla G.U. n. 21 del 26 gennaio 2023
Via Busto Arsizio, 40 - 20151 MILANO - www.giuffrefrancislefebvre.it

---

Stampato da L.E.G.O. S.p.A. - Lavis (TN)

ELENCO DELLE ABBREVIAZIONI

art.	= articolo
artt.	= articoli
art. unico	= articolo unico
att.	= disposizioni di attuazione
att. c.c.	= disposizioni di attuazione del codice civile
att. c.p.c.	= disposizioni di attuazione del codice di procedura civile
att. c.p.	= disposizioni di attuazione del codice penale
att. c.p.p.	= disposizioni di attuazione del codice di procedura penale
att. min.	= disposizioni di attuazione, di coordinamento e transitorie del d.P.R. 22 settembre 1988, n. 448 (disposizioni sul processo penale a carico di imputati minorenni)
att. ord. giud.	= disposizioni di attuazione del d.P.R. 22 settembre 1988, n. 449, recante adeguamento dell'ordinamento giudiziario al nuovo processo penale
c.c.	= codice civile
cfr.	= confronta
cit.	= citato
c. nav.	= codice della navigazione
conv.	= convertito
coord.	= disposizione di coordinamento
coord. c.p.	= disposizione di coordinamento del codice penale
coord. c.p.p.	= disposizione di coordinamento del codice di procedura penale
C. cost.	= Corte costituzionale
Cost.	= Costituzione della Repubblica italiana
c.p.	= codice penale
c.p.c.	= codice di procedura civile
c.p.m.g.	= codice penale militare di guerra
c.p.m.p.	= codice penale militare di pace
c.p.p.	= codice di procedura penale
c.p.p. 1930	= codice di procedura penale previgente
cpv.	= capoverso
c. strad.	= codice stradale
d. interm.	= decreto interministeriale
d.l.	= decreto-legge
d.ls.	= decreto legislativo
d.ls.C.p.S.	= decreto legislativo del Capo provvisorio dello Stato
d.ls.lt.	= decreto legislativo luogotenenziale
d.ls.P.R.	= decreto legislativo del Presidente della Repubblica
d.lt.	= decreto luogotenenziale
d.m.	= decreto ministeriale
d.P.C.M.	= decreto del Presidente del Consiglio dei Ministri
d.P.R.	= decreto del Presidente della Repubblica
G.U.	= Gazzetta Ufficiale
l.	= legge

l. cost.	=	legge costituzionale
lett.	=	lettera
l. fall.	=	legge fallimentare (r.d. 16 marzo 1942, n. 267)
l.r.	=	legge della regione
n.	=	numero
ord.	=	ordinanza
ord. giud.	=	ordinamento giudiziario (r.d. 30 gennaio 1941, n. 12)
p.	=	pagina
prel.	=	disposizioni sulla legge in generale (preleggi)
min.	=	disposizioni sul processo penale a carico di imputati minorenni (d.P.R. 22 settembre 1988, n. 448)
r.d.	=	regio decreto
r.d.l.	=	regio decreto-legge
r.d.ls.	=	regio decreto legislativo
reg.	=	regolamento
reg. c.p.p.	=	regolamento per l'esecuzione del codice di procedura penale (d.m. 30 settembre 1989, n. 334)
s./ss.	=	seguente/i
sent.	=	sentenza
st. F.V.G.	=	statuto speciale per il Friuli-Venezia Giulia
st. Sard.	=	statuto speciale per la Sardegna
st. Sic.	=	statuto speciale per la Sicilia
st. T.A.A.	=	statuto speciale per il Trentino-Alto Adige
st. V.A.	=	statuto speciale per la Valle d'Aosta
trans.	=	disposizioni transitorie
trans. c.c.	=	disposizioni transitorie del codice civile
trans. c.p.	=	disposizioni transitorie del codice penale
trans. c.p.c.	=	disposizioni transitorie del codice di procedura civile
trans. c.p.p.	=	disposizioni transitorie del codice di procedura penale
trans. e fin.	=	disposizioni transitorie e finali
t.u.	=	testo unico
t.u.l.p.s.	=	testo unico delle leggi di pubblica sicurezza (r.d. 18 giugno 1931, n. 773)
v.	=	vedi

AVVERTENZA

La numerazione dei commi in numero romano, tra parentesi quadre, è redazionale.

TABELLA AGGIORNATA DEI MINISTERI

DENOMINAZIONE PRECEDENTE (*)	DENOMINAZIONE ATTUALE
Ministero degli affari esteri e della cooperazione internazionale	Ministero degli affari esteri e della cooperazione internazionale
Ministero della transizione ecologica	Ministero dell'ambiente e della sicurezza energetica (**)
Ministero per i beni e le attività culturali e per il turismo	Ministero della cultura (***) Ministero per il turismo (***)
Ministero dello sviluppo economico	Ministero delle imprese e del made in Italy (****)
Ministero delle infrastrutture e della mobilità sostenibili	Ministero delle infrastrutture e dei trasporti (*****)
Ministero della difesa	Ministero della difesa
Ministero dell'economia e delle finanze	Ministero dell'economia e delle finanze
Ministero della giustizia	Ministero della giustizia
Ministero dell'interno	Ministero dell'interno
Ministero del lavoro e delle politiche sociali	Ministero del lavoro e delle politiche sociali
Ministero della salute	Ministero della salute
Ministero delle politiche agricole alimentari e forestali	Ministero dell'agricoltura, della sovranità alimentare e delle foreste (******)
Ministero dell'istruzione	Ministero dell'istruzione e del merito (*******)
Ministero dell'università e della ricerca	Ministero dell'università e della ricerca

(*) *Ai sensi del d.l. 16 maggio 2008, n. 85, conv., con modif., in l. 14 luglio 2008, n. 121, e della l. 13 novembre 2009, n. 172, che ha sostituito il* « Ministero del lavoro, della salute e delle politiche sociali » *con i distinti* « Ministero del lavoro e delle politiche sociali » *e* « Ministero della salute », *individuandone le rispettive funzioni; ai sensi dell'art. 3*[2] *l. 11 agosto 2014, n. 125, che ha sostituito la denominazione* « Ministero degli affari esteri » *con la denominazione* « Ministero degli affari esteri e della cooperazione internazionale »; *v. anche l'art. 2*[4 lett. a)] *d.l. 21 settembre 2019, n. 104, conv., con modif., in l. 18 novembre 2019, n. 132, che ha poi disposto l'ampliamento delle competenze del Ministero degli affari esteri e della cooperazione internazionale in materia di commercio internazionale e di internazionalizzazione del sistema Paese; ai sensi dell'art. 1*[16] *d.l. n. 104, cit., che ha sostituito la denominazione* « Ministero per i beni e le attività culturali » *con la denominazione* « Ministero per i beni e le attività culturali e per il turismo », *nonché la denominazione* « Ministero delle politiche agricole alimentari, forestali e del turismo » *con la denominazione* « Ministero delle politiche agricole alimentari e forestali »; *ai sensi dell'art. 4*[8] *d.l. 9 gennaio 2020, n. 1, conv., con modif., in l. 5 marzo 2020, n. 12, che ha sostituito la denominazione* « Ministero dell'istruzione, dell'università e della ricerca » con la denominazione « Ministero dell'istruzione », in relazione alle funzioni di cui agli artt. 49 e 50 d.ls. 30 luglio 1999, n. 300, come modificato dal medesimo d.l. n. 1, cit. (ai sensi dell'art. 3^{2} d.l. n. 1, cit.: « Al Ministero dell'istruzione sono assegnate le strutture, le risorse strumentali e finanziarie, compresa la gestione residui, del Dipartimento per il sistema educativo di istruzione e di formazione nonché degli Uffici scolastici regionali e del corpo ispettivo, nonché il personale che, alla data di entrata in vigore del presente decreto, presta servizio a qualunque titolo »); ai sensi dell'art. 4^{9} d.l. n. 1, cit., che ha sostituito la denominazione « Ministero dell'istruzione, dell'università e della ricerca » con la denominazione « Ministero dell'università e della ricerca », in relazione alle funzioni di cui agli artt. 51-bis e 51-ter d.ls. 30 luglio 1999, n. 300, come modificato dal medesimo d.l. n. 1, cit. (ai sensi dell'art. 3^{1} d.l. n. 1, cit.: « Al Ministero dell'università e della ricerca sono assegnate le strutture, le risorse strumentali e finanziarie, compresa la gestione residui, del Dipartimento per la formazione superiore e per la ricerca nonché il personale che, alla data di entrata in vigore del presente decreto, presta servizio a qualunque titolo presso il medesimo Dipartimento. Nelle more dell'entrata in vigore del regolamento di organizzazione, sono rimesse alla responsabilità del Ministro dell'università e della ricerca la Direzione generale per la formazione universitaria, l'inclusione e il diritto allo studio, la Direzione generale per l'alta formazione artistica, musicale e coreutica e la Direzione generale per il coordinamento e la valorizzazione della ricerca e dei suoi risultati, come previste dal vigente regolamento di organizzazione del Ministero dell'istruzione, dell'università e della ricerca »).

(**) L'art. 1, comma 1, lett. c) d.l. 11 novembre 2022, n. 173, conv., con modif., in l. 16 dicembre 2022, n. 204, nel sostituire l'art. 2, comma 1, n. 8 d.ls. 30 luglio 1999, n. 300, ha sostituito la denominazione di « Ministero della transizione ecologica » con quella di « Ministero dell'ambiente e della sicurezza energetica ».

Precedentemente, ai sensi dell'art. 2^{3} d.l. 1° marzo 2021, n. 22, conv., con modif., in l. 22 aprile 2021, n. 55, la denominazione « Ministro della transizione ecologica » e « Ministero della transizione ecologica » sostituiva, ad ogni effetto e ovunque presenti, rispettivamente, le denominazioni « Ministro dell'ambiente e della tutela del territorio e del mare » e « Ministero dell'ambiente e della tutela del territorio e del mare ». L'art. $3^{1\text{-}2 \text{ e } 4}$ d.l. n. 22, cit., prevedeva che: « 1. Al Ministero della transizione ecologica sono trasferite le risorse umane, strumentali e finanziarie, compresa la gestione dei residui, destinate all'esercizio delle funzioni di cui all'articolo 35, comma 2, lettera b), del decreto legislativo 30 luglio 1999, n. 300, come modificato dal presente decreto. — 2. A decorrere dalla data di adozione del decreto di cui al comma 4, la Direzione generale per l'approvvigionamento, l'efficienza e la competitività energetica e la Direzione generale per le infrastrutture e la sicurezza dei sistemi energetici e geominerari del Ministero dello sviluppo economico, con la relativa dotazione organica e con i relativi posti di funzione di livello dirigenziale generale e non generale, sono trasferite al Ministero della transizione ecologica. — 3. (Omissis). — 4. Con decreto del Presidente del Consiglio dei ministri, da adottare entro novanta giorni dalla data di entrata in vigore del presente decreto, su proposta del Ministro della transizione ecologica, di concerto con i Ministri dello sviluppo economico, dell'economia e delle finanze e per la pubblica amministrazione, si provvede alla puntuale individuazione delle risorse umane, finanziarie e strumentali da trasferire ai sensi del comma 1 ». Il medesimo art. 3 d.l. n. 22, cit., al comma 7, dispone altresì che: « 7. Fino alla data di entrata in vigore del regolamento di organizzazione di cui all'articolo 10, è istituito, presso il Ministero della transizione ecologica, il Dipartimento per l'energia e il clima, nel quale confluiscono le Direzioni generali del Ministero dello sviluppo economico trasferite ai sensi del presente articolo, nonché la Direzione generale per il clima, l'energia e l'aria già istituita presso il Ministero dell'ambiente e della tutela del territorio e del mare. Fino alla medesima data, continua ad applicarsi, in quanto compatibile, il vigente regolamento di *organizzazione del Ministero dell'ambiente e della tutela e del territorio e del mare e il contingente di personale degli Uffici di diretta collaborazione del Ministro della transizione ecologica è incrementato di venti unità, anche estranee alla pubblica amministrazione ».*

(***) *Ai sensi dell'art. 6*[3] *d.l. n. 22, cit., le denominazioni* « Ministro della cultura » *e* « Ministero della cultura » *sostituiscono, ad ogni effetto e ovunque presenti, le denominazioni* « Ministro per i beni e le attività culturali e per il turismo » *e* « Ministero per i beni e le attività culturali e per il turismo ». *Con riguardo alle funzioni in materia di turismo, le denominazioni* « Ministro del turismo » *e* « Ministero del turismo » *sostituiscono, ad ogni effetto e ovunque presenti, rispettivamente, le denominazioni* « Ministro per i beni e le attività culturali e per il turismo » *e* « Ministero per i beni e le attività culturali e per il turismo ». *L'art. 7*[1] *d.l. n. 22, cit., stabilisce che: « Al Ministero del turismo sono trasferite le risorse umane, strumentali e finanziarie, compresa la gestione dei residui, destinate all'esercizio delle funzioni di cui all'articolo 54*-bis *del decreto legislativo 30 luglio 1999, n. 3 », come inserito dal medesimo d.l. n. 22, cit.*

(****) *L'art. 1, comma 1, lett.* a) *d.l. n. 173 del 2022, nel sostituire l'art. 2, comma 1, n. 6 d.ls. 30 luglio 1999, n. 300, ha sostituito la denominazione di* « Ministero dello sviluppo economico » *con quella di* « Ministero delle imprese e del made in Italy ». *V. anche quanto disposto dall'art. 2 d.l. n. 173, cit., in particolare il comma 2, lett.* b), *n. 3, che aggiunge la lett.* d-bis) *al comma 2*-bis *dell'art. 27 d.ls. n. 300 del 1999: « d-bis)* contribuisce a definire le strategie e gli indirizzi per la valorizzazione, la tutela e la promozione del made in Italy in Italia e nel mondo, ferme restando le competenze del Ministero degli affari esteri e della cooperazione internazionale, del Ministero dell'economia e delle finanze, del Ministero dell'agricoltura, della sovranità alimentare e delle foreste e del Ministero del turismo ».

Per la precedente riorganizzazione del Ministero dello sviluppo economico e, in particolare, per il trasferimento di alcune delle sue funzioni presso il nuovo Ministero della transizione ecologica, v. art. 2[4] *d.l. n. 22, cit.,* sub *nota* **.

(*****) *L'art. 1, comma 1, lett.* d) *d.l. n. 173 del 2022, nel sostituire l'art. 2, comma 1, n. 9 d.ls. 30 luglio 1999, n. 300, ha sostituito la denominazione di* « Ministero delle infrastrutture e della mobilità sostenibili » *con quella di* « Ministero delle infrastrutture e dei trasporti ».

Precedentemente, ai sensi dell'art. 5[1] *d.l. n. 22, cit., il* « Ministero delle infrastrutture e dei trasporti » *era stato ridenominato* « Ministero delle infrastrutture e della mobilità sostenibili ».

(******) *L'art. 1, comma 1, lett.* b) *d.l. n. 173 del 2022, nel sostituire l'art. 2, comma 1, n. 7 d.ls. 30 luglio 1999, n. 300, ha sostituito la denominazione di* « Ministero delle politiche agricole alimentari e forestali » *con quella di* « Ministero dell'agricoltura, della sovranità alimentare e delle foreste ». *V. anche quanto disposto dall'art. 3 d.l. n. 173, cit., in particolare il comma 2, lett.* a), *n. 3, che aggiunge infine il seguente periodo al comma 2 dell'art. 33 d.ls. n. 300 del 1999:* « Sono altresì attribuiti al ministero le funzioni e i compiti spettanti allo Stato in materia di tutela della sovranità alimentare, garantendo la sicurezza delle scorte e degli approvvigionamenti alimentari, il sostegno della filiera agroalimentare, della pesca e dell'acquacoltura, il coordinamento delle politiche di gestione delle risorse ittiche marine, la produzione di cibo di qualità, la cura e la valorizzazione delle aree e degli ambienti rurali, la promozione delle produzioni agroalimentari nazionali sui mercati internazionali. ».

(*******) *L'art. 1, comma 1, lett.* e) *d.l. n. 173 del 2022, nel sostituire l'art. 2, comma 1, n. 11 d.ls. 30 luglio 1999, n. 300, ha sostituito la denominazione di* « Ministero dell'istruzione » *con quella di* « Ministero dell'istruzione e del merito ». *V. anche quanto disposto dall'art. 6 d.l. n. 173, cit., che modifica gli artt. 49, 50, 51 e 51*-ter *n. 300 del 1999.*

INDICE SOMMARIO

COSTITUZIONE DELLA REPUBBLICA ITALIANA

PARTE PRIMA

Diritti e doveri dei cittadini

PARTE SECONDA

Ordinamento della Repubblica

DISPOSIZIONI SULLA LEGGE IN GENERALE

CONVENZIONE PER LA SALVAGUARDIA DEI DIRITTI DELL'UOMO E DELLE LIBERTÀ FONDAMENTALI

TRATTATO SUL FUNZIONAMENTO DELL'UNIONE EUROPEA

CARTA DEI DIRITTI FONDAMENTALI DELL'UNIONE EUROPEA

CODICE CIVILE

LIBRO PRIMO
DELLE PERSONE E DELLA FAMIGLIA

LIBRO SECONDO
DELLE SUCCESSIONI

LIBRO TERZO
DELLA PROPRIETÀ

LIBRO QUARTO
DELLE OBBLIGAZIONI

LIBRO QUINTO
DEL LAVORO

LIBRO SESTO
DELLA TUTELA DEI DIRITTI

DISPOSIZIONI PER L'ATTUAZIONE DEL CODICE CIVILE E DISPOSIZIONI TRANSITORIE

4. Interruzione della gravidanza

5. Matrimonio

6. Pari opportunità

7. Parità di trattamento

8. Procreazione assistita

9. Unioni civili

Locazioni urbane

Costituzione
della Repubblica Italiana

Costituzione della Repubblica italiana, approvata dall'Assemblea Costituente il 22 dicembre 1947, promulgata dal Capo provvisorio dello Stato il 27 dicembre 1947 ed entrata in vigore il 1° gennaio 1948 **(1) (2).**

(1) *La Costituzione è stata pubblicata nella G.U. 27 dicembre 1947, n. 298, edizione straordinaria.*

(2) *Era stato approvato in seconda votazione a maggioranza assoluta, ma inferiore ai due terzi dei membri di ciascuna Camera, un testo di legge costituzionale, recante « Disposizioni per il superamento del bicameralismo paritario, la riduzione del numero dei parlamentari, il contenimento dei costi di funzionamento delle istituzioni, la soppressione del CNEL e la revisione del titolo V della parte II della Costituzione », pubblicato nella G.U. 15 aprile 2016, n. 88. Ai sensi dell'art. 138, comma 2, Cost., tale testo è stato sottoposto a referendum popolare, indetto con d.P.R. 27 settembre 2016 (G.U. 28 settembre 2016, n. 227). A seguito del referendum popolare, tenutosi il 4 dicembre 2016, il Ministero della giustizia, con Comunicato pubblicato in G.U. 7 febbraio 2017, n. 31, ha reso noto che il risultato della votazione « non è stato favorevole all'approvazione del testo della citata legge costituzionale ».*

Precedentemente era stato approvato in seconda votazione a maggioranza assoluta, ma inferiore ai due terzi dei membri di ciascuna Camera, un testo di legge costituzionale, recante « Modifiche alla Parte II della Costituzione », pubblicato nella G.U. 18 novembre 2005, n. 269. A seguito del referendum popolare, ai sensi dell'art. 138 comma 2, Cost., tenutosi il 25-26 giugno 2006, la Presidenza del Consiglio dei ministri, con Comunicato pubblicato in G.U. 25 luglio 2006, n. 171, ha reso noto che il risultato della votazione « non è stato favorevole all'approvazione del testo della citata legge costituzionale ».

PRINCIPI FONDAMENTALI

1. [I] L'Italia è una Repubblica democratica, fondata sul lavoro.

[II] La sovranità appartiene al popolo, che la esercita nelle forme e nei limiti della Costituzione.

2. [I] La Repubblica riconosce e garantisce i diritti inviolabili dell'uomo, sia come singolo sia nelle formazioni sociali, ove si svolge la sua personalità, e richiede l'adempimento dei doveri inderogabili di solidarietà politica, economica e sociale.

3. [I] Tutti i cittadini hanno pari dignità sociale e sono eguali davanti alla legge, senza distinzione di sesso, di razza, di lingua, di religione, di opinioni politiche, di condizioni personali e sociali.

[II] È compito della Repubblica rimuovere gli ostacoli di ordine economico e sociale, che, limitando di fatto la libertà e l'eguaglianza dei cittadini, impediscono il pieno sviluppo della persona umana e l'effettiva partecipazione di tutti i lavoratori all'organizzazione politica, economica e sociale del Paese.

4. [I] La Repubblica riconosce a tutti i cittadini il diritto al lavoro e promuove le condizioni che rendano effettivo questo diritto.

[II] Ogni cittadino ha il dovere di svolgere, secondo le proprie possibilità e la propria scelta, un'attività o una funzione che concorra al progresso materiale o spirituale della società.

5. [I] La Repubblica, una e indivisibile, riconosce e promuove le autonomie locali; attua nei servizi che dipendono dallo Stato il più ampio decentramento amministrativo; adegua i principi ed i metodi della sua legislazione alle esigenze dell'autonomia e del decentramento.

6. [I] La Repubblica tutela con apposite norme le minoranze linguistiche.

7. [I] Lo Stato e la Chiesa cattolica sono, ciascuno nel proprio ordine, indipendenti e sovrani.

[II] I loro rapporti sono regolati dai Patti Lateranensi (1). Le modificazioni dei Patti, accettate dalle due parti, non richiedono procedimento di revisione costituzionale.

(1) *V. l. 27 maggio 1929, n. 810 (G.U. 5 giugno 1929, n. 130) e l. 25 marzo 1985, n. 121 (G.U. 10 aprile 1985, n. 85, suppl. ord.).*

8. [I] Tutte le confessioni religiose sono egualmente libere davanti alla legge.

[II] Le confessioni religiose diverse dalla cattolica hanno diritto di organizzarsi secondo i propri statuti, in quanto non contrastino con l'ordinamento giuridico italiano.

[III] I loro rapporti con lo Stato sono regolati per legge sulla base di intese con le relative rappresentanze (1).

(1) *V. l. 11 agosto 1984, n. 449, l. 22 novembre 1988, n. 516, l. 22 novembre 1988, n. 517, l. 8 marzo 1989, n. 101, l. 12 aprile 1995, n. 116, l. 29 novembre 1995, n. 520, l. 30 luglio 2012, n. 126, l. 30 luglio 2012, n. 127, l. 30 luglio 2012, n. 128, l. 31 dicembre 2012, n. 245 e l. 31 dicembre 2012, n. 246, riguardanti rispettivamente la Tavola Valdese, le Chiese cristiane avventiste, le Assemblee di Dio, l'Unione delle Comunità ebraiche italiane, l'Unione Cristiana Evangelica Battista d'Italia, la Chiesa Evangelica Luterana in Italia, la Sacra arcidiocesi ortodossa d'Italia ed Esarcato per l'Europa Meridionale, la Chiesa di Gesù Cristo dei Santi degli ultimi giorni, la Chiesa apostolica in Italia, l'Unione Buddhista Italiana e l'Unione Induista Italiana.*

9. [I] La Repubblica promuove lo sviluppo della cultura e la ricerca scientifica e tecnica.

[II] Tutela il paesaggio e il patrimonio storico e artistico della Nazione.

[III] Tutela l'ambiente, la biodiversità e gli ecosistemi, anche nell'interesse delle future generazioni. La legge dello Stato disciplina i modi e le forme di tutela degli animali (1).

(1) *Comma aggiunto dall'art. 1 l. cost. 11 febbraio 2022, n. 1.*

10. [I] L'ordinamento giuridico italiano si conforma alle norme del diritto internazionale generalmente riconosciute.

[II] La condizione giuridica dello straniero è regolata dalla legge in conformità delle norme e dei trattati internazionali.

[III] Lo straniero, al quale sia impedito nel suo paese l'effettivo esercizio delle libertà democratiche garantite dalla Costituzione italiana, ha diritto d'asilo nel territorio della Repubblica, secondo le condizioni stabilite dalla legge.

[IV] Non è ammessa l'estradizione dello straniero per reati politici (1).

(1) *V. art. unico l. cost. 21 giugno 1967, n. 1 (G.U. 3 luglio 1967, n. 164), secondo cui l'ultimo comma dell'art. 10 e l'ultimo comma dell'art. 26 Cost. non si applicano ai delitti di genocidio.*

11. [I] L'Italia ripudia la guerra come strumento di offesa alla libertà degli altri popoli e come mezzo di risoluzione delle controversie internazionali; consente, in condizioni di parità con gli altri Stati, alle limitazioni di sovranità necessarie ad un ordinamento che assicuri la pace e la giustizia fra le Nazioni; promuove e favorisce le organizzazioni internazionali rivolte a tale scopo.

12. [I] La bandiera della Repubblica è il tricolore italiano: verde, bianco e rosso, a tre bande verticali di eguali dimensioni.

PARTE PRIMA

DIRITTI E DOVERI DEI CITTADINI

TITOLO I
Rapporti civili

13. [I] La libertà personale è inviolabile.

[II] Non è ammessa forma alcuna di detenzione, di ispezione o perquisizione personale, né qualsiasi altra restrizione della libertà personale, se non per atto motivato dell'autorità giudiziaria e nei soli casi e modi previsti dalla legge.

[III] In casi eccezionali di necessità ed urgenza, indicati tassativamente dalla legge, l'autorità di pubblica sicurezza può adottare provvedimenti provvisori, che devono essere comunicati entro quarantotto ore all'autorità giudiziaria e, se questa non li convalida nelle successive quarantotto ore, si intendono revocati e restano privi di ogni effetto.

[IV] È punita ogni violenza fisica e morale sulle persone comunque sottoposte a restrizioni di libertà.

[V] La legge stabilisce i limiti massimi della carcerazione preventiva.

14. [I] Il domicilio è inviolabile.

[II] Non vi si possono eseguire ispezioni o perquisizioni o sequestri, se non nei casi e modi stabiliti dalla legge secondo le garanzie prescritte per la tutela della libertà personale.

[III] Gli accertamenti e le ispezioni per motivi di sanità e di incolumità pubblica o a fini economici e fiscali sono regolati da leggi speciali.

15. [I] La libertà e la segretezza della corrispondenza e di ogni altra forma di comunicazione sono inviolabili.

[II] La loro limitazione può avvenire soltanto per atto motivato dell'autorità giudiziaria con le garanzie stabilite dalla legge.

16. [I] Ogni cittadino può circolare e soggiornare liberamente in qualsiasi parte del territorio nazionale, salvo le limitazioni che la legge stabilisce in via generale per motivi di sanità o di sicurezza. Nessuna restrizione può essere determinata da ragioni politiche.

[II] Ogni cittadino è libero di uscire dal territorio della Repubblica e di rientrarvi, salvo gli obblighi di legge.

17. [I] I cittadini hanno diritto di riunirsi pacificamente e senz'armi.

[II] Per le riunioni, anche in luogo aperto al pubblico, non è richiesto preavviso.

[III] Delle riunioni in luogo pubblico deve essere dato preavviso alle autorità, che possono vietarle soltanto per comprovati motivi di sicurezza o di incolumità pubblica.

18. [I] I cittadini hanno diritto di associarsi liberamente, senza autorizzazione, per fini che non sono vietati ai singoli dalla legge penale.

[II] Sono proibite le associazioni segrete e quelle che perseguono, anche indirettamente, scopi politici mediante organizzazioni di carattere militare.

19. [I] Tutti hanno diritto di professare liberamente la propria fede religiosa in qualsiasi forma, individuale o associata, di farne propaganda e di esercitarne in privato o in pubblico il culto, purché non si tratti di riti contrari al buon costume.

20. [I] Il carattere ecclesiastico e il fine di religione o di culto d'una associazione od istituzione non possono essere causa di speciali limitazioni legislative, né di speciali gravami fiscali per la sua costituzione, capacità giuridica e ogni forma di attività.

21. [I] Tutti hanno diritto di manifestare liberamente il proprio pensiero con la parola, lo scritto e ogni altro mezzo di diffusione.

[II] La stampa non può essere soggetta ad autorizzazioni o censure.

[III] Si può procedere a sequestro soltanto per atto motivato dell'autorità giudiziaria nel caso di delitti, per i quali la legge sulla stampa espressamente lo autorizzi, o nel caso di violazione delle norme che la legge stessa prescriva per l'indicazione dei responsabili.

[IV] In tali casi, quando vi sia assoluta urgenza e non sia possibile il tempestivo intervento dell'autorità giudiziaria, il sequestro della stampa periodica può essere eseguito da ufficiali di polizia giudiziaria, che devono immediatamente, e non mai oltre ventiquattro ore, fare denunzia all'autorità giudiziaria. Se questa non lo convalida nelle ventiquattro ore successive, il sequestro s'intende revocato e privo d'ogni effetto.

[V] La legge può stabilire, con norme di carattere generale, che siano resi noti i mezzi di finanziamento della stampa periodica.

[VI] Sono vietate le pubblicazioni a stampa, gli spettacoli e tutte le altre manifestazioni contrarie al buon costume. La legge stabilisce provvedimenti adeguati a prevenire e a reprimere le violazioni.

22. [I] Nessuno può essere privato, per motivi politici, della capacità giuridica, della cittadinanza, del nome.

23. [I] Nessuna prestazione personale o patrimoniale può essere imposta se non in base alla legge.

24. [I] Tutti possono agire in giudizio per la tutela dei propri diritti e interessi legittimi.

[II] La difesa è diritto inviolabile in ogni stato e grado del procedimento.

[III] Sono assicurati ai non abbienti con appositi istituti, i mezzi per agire e difendersi davanti ad ogni giurisdizione (1).

[IV] La legge determina le condizioni e i modi per la riparazione degli errori giudiziari.

(1) *V. artt. 74-115, 118-136, 141, 158, 166, 201, 279 e 294 d.P.R. 30 maggio 2002, n. 115.*

25. [I] Nessuno può essere distolto dal giudice naturale precostituito per legge.

[II] Nessuno può essere punito se non in forza di una legge che sia entrata in vigore prima del fatto commesso.

[III] Nessuno può essere sottoposto a misure di sicurezza se non nei casi previsti dalla legge.

26. [I] L'estradizione del cittadino può essere consentita soltanto ove sia espressamente prevista dalle convenzioni internazionali.

[II] Non può in alcun caso essere ammessa per reati politici (1).

(1) *Vedi* sub *art. 10.*

27. [I] La responsabilità penale è personale.

[II] L'imputato non è considerato colpevole sino alla condanna definitiva.

[III] Le pene non possono consistere in trattamenti contrari al senso di umanità e devono tendere alla rieducazione del condannato.

[IV] Non è ammessa la pena di morte (1).

(1) *Le parole* «, se non nei casi previsti dalle leggi militari di guerra », *che figuravano alla fine del comma, sono state soppresse dall'art. 1 l. cost. 2 ottobre 2007, n. 1.*

28. [I] I funzionari e i dipendenti dello Stato e degli enti pubblici sono direttamente responsabili, secondo le leggi penali, civili e amministrative, degli atti compiuti in violazione di diritti. In tali casi la responsabilità civile si estende allo Stato e agli enti pubblici.

TITOLO II
Rapporti etico-sociali

29. [I] La Repubblica riconosce i diritti della famiglia come società naturale fondata sul matrimonio.

[II] Il matrimonio è ordinato sulla eguaglianza morale e giuridica dei coniugi, con i limiti stabiliti dalla legge a garanzia dell'unità familiare.

30. (1) [I] È dovere e diritto dei genitori mantenere, istruire ed educare i figli, anche se nati fuori del matrimonio.

[II] Nei casi di incapacità dei genitori, la legge provvede a che siano assolti i loro compiti.

[III] La legge assicura ai figli nati fuori del matrimonio ogni tutela giuridica e sociale, compatibile con i diritti dei membri della famiglia legittima.

[IV] La legge detta le norme e i limiti per la ricerca della paternità.

(1) *In tema di filiazione, v. artt. 231-279 c.c., come novellati dalla l. 10 dicembre 2012, n. 219 e dal d.ls. 28 dicembre 2013, n. 154.*

31. [I] La Repubblica agevola con misure economiche e altre provvidenze la formazione della famiglia e l'adempimento dei compiti relativi, con particolare riguardo alle famiglie numerose.

[II] Protegge la maternità, l'infanzia e la gioventù, favorendo gli istituti necessari a tale scopo.

32. [I] La Repubblica tutela la salute come fondamentale diritto dell'individuo e interesse della collettività, e garantisce cure gratuite agli indigenti.

[II] Nessuno può essere obbligato a un determinato trattamento sanitario se non per disposizione di legge. La legge non può in nessun caso violare i limiti imposti dal rispetto della persona umana.

33. [I] L'arte e la scienza sono libere e libero ne è l'insegnamento.

[II] La Repubblica detta le norme generali sull'istruzione ed istituisce scuole statali per tutti gli ordini e gradi.

[III] Enti e privati hanno il diritto di istituire scuole ed istituti di educazione, senza oneri per lo Stato.

[IV] La legge, nel fissare i diritti e gli obblighi delle scuole non statali che chiedono la parità, deve assicurare ad esse piena libertà e ai loro alunni un trattamento scolastico equipollente a quello degli alunni di scuole statali.

[V] È prescritto un esame di Stato per l'ammissione ai vari ordini e gradi di scuole o per la conclusione di essi e per l'abilitazione all'esercizio professionale.

[VI] Le istituzioni di alta cultura, università ed accademie, hanno il diritto di darsi ordinamenti autonomi nei limiti stabiliti dalle leggi dello Stato.

34. [I] La scuola è aperta a tutti.

[II] L'istruzione inferiore, impartita per almeno otto anni, è obbligatoria e gratuita.

[III] I capaci e meritevoli, anche se privi di mezzi, hanno diritto di raggiungere i gradi più alti degli studi.

[IV] La Repubblica rende effettivo questo diritto con borse di studio, assegni alle famiglie ed altre provvidenze, che devono essere attribuite per concorso.

TITOLO III
Rapporti economici

35. [I] La Repubblica tutela il lavoro in tutte le sue forme ed applicazioni.

[II] Cura la formazione e l'elevazione professionale dei lavoratori.

[III] Promuove e favorisce gli accordi e le organizzazioni internazionali intesi ad affermare e regolare i diritti del lavoro.

[IV] Riconosce la libertà di emigrazione, salvo gli obblighi stabiliti dalla legge nell'interesse generale, e tutela il lavoro italiano all'estero.

36. [I] Il lavoratore ha diritto ad una retribuzione proporzionata alla quantità e qualità del suo lavoro e in ogni caso sufficiente ad assicurare a sé e alla famiglia un'esistenza libera e dignitosa.

[II] La durata massima della giornata lavorativa è stabilita dalla legge.

[III] Il lavoratore ha diritto al riposo settimanale e a ferie annuali retribuite, e non può rinunziarvi.

37. [I] La donna lavoratrice ha gli stessi diritti e, a parità di lavoro, le stesse retribuzioni che spettano al lavoratore. Le condizioni di lavoro devono consentire l'adempimento della sua essenziale funzione familiare e assicurare alla madre e al bambino una speciale adeguata protezione.

[II] La legge stabilisce il limite minimo di età per il lavoro salariato.

[III] La Repubblica tutela il lavoro dei minori con speciali norme e garantisce ad essi, a parità di lavoro, il diritto alla parità di retribuzione.

38. [I] Ogni cittadino inabile al lavoro e sprovvisto dei mezzi necessari per vivere ha diritto al mantenimento e all'assistenza sociale.

[II] I lavoratori hanno diritto che siano preveduti ed assicurati mezzi adeguati alle loro esigenze di vita in caso di infortunio, malattia, invalidità e vecchiaia, disoccupazione involontaria.

[III] Gli inabili ed i minorati hanno diritto all'educazione e all'avviamento professionale.

[IV] Ai compiti previsti in questo articolo provvedono organi ed istituti predisposti o integrati dallo Stato.

[V] L'assistenza privata è libera.

39. [I] L'organizzazione sindacale è libera.

[II] Ai sindacati non può essere imposto altro obbligo se non la loro registrazione presso uffici locali o centrali, secondo le norme di legge.

[III] È condizione per la registrazione che gli statuti dei sindacati sanciscano un ordinamento interno a base democratica.

[IV] I sindacati registrati hanno personalità giuridica. Possono, rappresentati unitariamente in proporzione dei loro iscritti, stipulare contratti collettivi di lavoro con efficacia obbligatoria per tutti gli appartenenti alle categorie alle quali il contratto si riferisce.

40. [I] Il diritto di sciopero si esercita nell'ambito delle leggi che lo regolano (1).

(1) *V. l. 12 giugno 1990, n. 146, recante norme sull'esercizio del diritto di sciopero nei servizi pubblici essenziali.*

41. [I] L'iniziativa economica privata è libera.

[II] Non può svolgersi in contrasto con l'utilità sociale o in modo da recare danno alla salute, all'ambiente, (1) alla sicurezza, alla libertà, alla dignità umana (2).

[III] La legge determina i programmi e i controlli opportuni perché l'attività economica pubblica e privata possa essere indirizzata e coordinata a fini sociali e ambientali (3).

(1) *Le parole* « alla salute, all'ambiente, » *sono state inserite dall'art. 2, comma 1, lett.* a) *l. cost. 11 febbraio 2022, n. 1.*

(2) *Cfr. art. 1, l. 11 agosto 2003, n. 218.*

(3) *Le parole* « e ambientali » *sono state aggiunte dall'art. 2, comma 1, lett.* b) *l. cost. n. 1, cit.*

42. [I] La proprietà è pubblica o privata. I beni economici appartengono allo Stato, ad enti o a privati.

[II] La proprietà privata è riconosciuta e garantita dalla legge, che ne determina i modi di acquisto, di godimento e i limiti allo scopo di assicurarne la funzione sociale e di renderla accessibile a tutti.

[III] La proprietà privata può essere, nei casi preveduti dalla legge, e salvo indennizzo, espropriata per motivi d'interesse generale.

[IV] La legge stabilisce le norme ed i limiti della successione legittima e testamentaria e i diritti dello Stato sulle eredità.

43. [I] A fini di utilità generale la legge può riservare originariamente o trasferire, mediante espropriazione e salvo indennizzo, allo Stato, ad enti pubblici o a comunità di lavoratori o di utenti determinate imprese o categorie di imprese, che si riferiscano a servizi pubblici essenziali o a fonti di energia o a situazioni di monopolio ed abbiano carattere di preminente interesse generale.

44. [I] Al fine di conseguire il razionale sfruttamento del suolo e di stabilire equi rapporti sociali, la legge impone obblighi e vincoli alla proprietà terriera privata, fissa limiti alla sua estensione secondo le regioni e le zone agrarie, promuove ed impone la bonifica delle terre, la trasformazione del latifondo e la ricostituzione delle unità produttive; aiuta la piccola e la media proprietà.

[II] La legge dispone provvedimenti a favore delle zone montane.

45. [I] La Repubblica riconosce la funzione sociale della cooperazione a carattere di mutualità e senza fini di speculazione privata. La legge ne promuove e favorisce l'incremento con i mezzi più idonei e ne assicura, con gli opportuni controlli, il carattere e le finalità.

[II] La legge provvede alla tutela e allo sviluppo dell'artigianato.

46. [I] Ai fini della elevazione economica e sociale del lavoro e in armonia con le esigenze della produzione, la Repubblica riconosce il diritto dei lavoratori a collaborare, nei modi e nei limiti stabiliti dalle leggi, alla gestione delle aziende.

47. [I] La Repubblica incoraggia e tutela il risparmio in tutte le sue forme; disciplina, coordina e controlla l'esercizio del credito.

[II] Favorisce l'accesso del risparmio popolare alla proprietà dell'abitazione, alla proprietà diretta coltivatrice e al diretto e indiretto investimento azionario nei grandi complessi produttivi del Paese.

TITOLO IV
Rapporti politici

48. [I] Sono elettori tutti i cittadini, uomini e donne, che hanno raggiunto la maggiore età.

[II] Il voto è personale ed eguale, libero e segreto. Il suo esercizio è dovere civico.

[III] La legge stabilisce requisiti e modalità per l'esercizio del diritto di voto dei cittadini residenti all'estero e ne assicura l'effettività. A tale fine è istituita una circoscrizione Estero per l'elezione delle Camere, alla quale sono assegnati seggi nel numero stabilito da norma costituzionale e secondo criteri determinati dalla legge (1).

[IV] Il diritto di voto non può essere limitato se non per incapacità civile o per effetto di sentenza penale irrevocabile o nei casi di indegnità morale indicati dalla legge.

(1) *Comma aggiunto dall'art. 1 l. cost. 17 gennaio 2000, n. 1.*

49. [I] Tutti i cittadini hanno diritto di associarsi liberamente in partiti per concorrere con metodo democratico a determinare la politica nazionale.

50. [I] Tutti i cittadini possono rivolgere petizioni alle Camere per chiedere provvedimenti legislativi o esporre comuni necessità.

51. [I] Tutti i cittadini dell'uno o dell'altro sesso possono accedere agli uffici pubblici e alle cariche elettive in condizioni di eguaglianza, secondo i requisiti stabiliti dalla legge. A tal fine la Repubblica promuove con appositi provvedimenti le pari opportunità tra donne e uomini (1).

[II] La legge può, per l'ammissione ai pubblici uffici e alle cariche elettive, parificare ai cittadini gli italiani non appartenenti alla Repubblica.

[III] Chi è chiamato a funzioni pubbliche elettive ha diritto di disporre del tempo necessario al loro adempimento e di conservare il suo posto di lavoro.

(1) *Comma integrato dall'art. 1 l. cost. 30 maggio 2003, n. 1.*

52. [I] La difesa della Patria è sacro dovere del cittadino.

[II] Il servizio militare è obbligatorio nei limiti e modi stabiliti dalla legge (1). Il suo adempimento non pregiudica la posizione di lavoro del cittadino, né l'esercizio dei diritti politici.

[III] L'ordinamento delle Forze armate si informa allo spirito democratico della Repubblica (1).

(1) *V. d.ls. 15 marzo 2010, n. 66, recante « Codice dell'ordinamento militare », che, ridisciplinando da ultimo la materia, all'art. 2268 ha disposto in particolare l'abrogazione dei seguenti atti normativi, a decorrere dal 9 ottobre 2010: d.P.R. 14 febbraio 1964, n. 237 e l. 31 maggio 1975, n. 191, in tema di servizio di leva; l. 11 luglio 1978, n. 282 « Norme di principio sulla disciplina militare »; d.ls. 8 maggio 2001, n. 215, come modificato dalla l. 23 agosto 2004, n. 226, dal d.ls. 19 agosto 2005, n. 197 e dal d.ls. 6 ottobre 2006, n. 275, in tema di sospensione del servizio obbligatorio di leva e disciplina della trasformazione progressiva dello strumento militare in professionale. V. anche l. 6 marzo 2001, n. 64, che ha istituito il servizio civile nazionale.*

53. [I] Tutti sono tenuti a concorrere alle spese pubbliche in ragione della loro capacità contributiva.

[II] Il sistema tributario è informato a criteri di progressività.

54. [I] Tutti i cittadini hanno il dovere di essere fedeli alla Repubblica e di osservarne la Costituzione e le leggi.

[II] I cittadini cui sono affidate funzioni pubbliche hanno il dovere di adempierle con disciplina ed onore, prestando giuramento nei casi stabiliti dalla legge.

PARTE SECONDA

ORDINAMENTO DELLA REPUBBLICA (1)

(1) *In riferimento al testo di legge costituzionale, recante « Modifiche agli articoli 56, 57 e 59 della Costituzione in materia di riduzione del numero dei parlamentari », a seguito dell'esito positivo referendum popolare del 20 e 21 settembre 2020, è stata promulgata la l. cost. 19 ottobre 2020, n. 1, pubblicata nella G.U. 21 ottobre 2020, n. 261, v. anche* sub *Epigrafe.*

TITOLO I
Il Parlamento

SEZIONE I – *Le Camere*

55. [I] Il Parlamento si compone della Camera dei deputati e del Senato della Repubblica.

[II] Il Parlamento si riunisce in seduta comune dei membri delle due Camere nei soli casi stabiliti dalla Costituzione.

56. (1) [I] La Camera dei deputati è eletta a suffragio universale e diretto.

[II] Il numero dei deputati è di quattrocento (2), otto (2) dei quali eletti nella circoscrizione Estero (3).

[III] Sono eleggibili a deputati tutti gli elettori che nel giorno delle elezioni hanno compiuto i venticinque anni di età.

[IV] La ripartizione dei seggi tra le circoscrizioni, fatto salvo il numero dei seggi assegnati alla circoscrizione Estero, si effettua dividendo il numero degli abitanti della Repubblica, quale risulta dall'ultimo censimento generale della popolazione, per trecentonovantadue (4) e distribuendo i seggi in proporzione alla popolazione di ogni circoscrizione, sulla base dei quozienti interi e dei più alti resti (5).

(1) *Articolo così sostituito dall'art. 1 l. cost. 9 febbraio 1963, n. 2.*

(2) *Le parole* « quattrocento » *e* « otto » *sono state sostituite rispettivamente alle parole* « seicentotrenta » *e* « dodici » *dall'art. 1[1 lett. a)] l. cost. 19 ottobre 2020, n. 1. V. inoltre il successivo art. 4, che così dispone: « Le disposizioni di cui agli articoli 56 e 57 della Costituzione, come modificati dagli articoli 1 e 2 della presente legge costituzionale, si applicano a decorrere dalla data del primo scioglimento o della prima cessazione delle Camere successiva alla data di entrata in vigore della presente legge costituzionale e comunque non prima che siano decorsi sessanta giorni dalla predetta data di entrata in vigore ».*

(3) *Comma sostituito dall'art. 1 comma 1 l. cost. 23 gennaio 2001, n. 1.*

(4) *La parola* « trecentonovantadue » *è stata sostituita alla parola* « seicentodiciotto » *dall'art. 1[1 lett. b)] l. cost. n. 1 del 2020, cit. Per la decorrenza delle presenti disposizioni, v.* sub *nota 2.*

(5) *Comma modificato dall'art. 1 comma 2 l. cost. n. 1 del 2001, cit.*

57. (1) [i] Il Senato della Repubblica è eletto a base regionale, salvi i seggi assegnati alla circoscrizione Estero (2).

[ii] Il numero dei senatori elettivi è di duecento (3), quattro (3) dei quali eletti nella circoscrizione Estero (4).

[iii] Nessuna Regione o Provincia autonoma può avere un numero di senatori inferiore a tre; il Molise ne ha due, la Valle d'Aosta uno (5).

[iv] La ripartizione dei seggi tra le Regioni o le Province autonome, previa applicazione delle disposizioni del precedente comma, si effettua in proporzione alla loro popolazione, quale risulta dall'ultimo censimento generale, sulla base dei quozienti interi e dei più alti resti (6).

(1) *Articolo sostituito dall'art. 2 l. cost. 9 febbraio 1963, n. 2 e successivamente così modificato dall'art. 2 l. cost. 27 dicembre 1963, n. 3, istitutiva della Regione Molise.*

(2) *Comma così sostituito dall'art. 2, comma 1, l. cost. 23 gennaio 2001, n. 1.*

(3) *Le parole* « duecento » *e* « quattro » *sono state sostituite rispettivamente alle parole* « trecentoquindici » *e* « sei » *dall'art. 2, comma 1, lett.* a) *l. cost. 19 ottobre 2020, n. 1. Per la decorrenza delle presenti disposizioni, v. art. 4 l. n. 1 del 2020, cit., sub art. 56.*

(4) *Comma sostituito dall'art. 2, comma 2, l. cost. n. 1 del 2001, cit.*

(5) *Le parole* « o Provincia autonoma » *sono state inserite e la parola* « tre » *è stata sostituita alla parola* « sette » *dall'art. 2, comma 1, lett.* b) *l. cost. n. 1 del 2020, cit. Per la decorrenza delle presenti disposizioni, v. art. 4 l. n. 1 del 2020, cit., sub art. 56.*

(6) *Comma così sostituito dall'art. 2, comma 1, lett.* c) *l. cost. n. 1 del 2020, cit. Per la decorrenza delle presenti disposizioni, v. art. 4 l. n. 1 del 2020, cit., sub art. 56. Il testo del comma, come modificato dall'art. 2, comma 3 l. cost. n. 1 del 2001, cit., era il seguente:* « La ripartizione dei seggi tra le Regioni, fatto salvo il numero dei seggi assegnati alla circoscrizione Estero, previa applicazione delle disposizioni del precedente comma, si effettua in proporzione alla popolazione delle regioni, quale risulta dall'ultimo censimento generale, sulla base dei quozienti interi e dei più alti resti ».

58. [i] I senatori sono eletti a suffragio universale e diretto (1).

[ii] Sono eleggibili a senatori gli elettori che hanno compiuto il quarantesimo anno.

(1) *Le parole* « dagli elettori che hanno superato il venticinquesimo anno di età » *che seguivano la parola* « diretto » *sono state soppresse dall'art. 1 l. cost. 18 ottobre 2021, n. 1.*

59. [i] È senatore di diritto e a vita, salvo rinunzia, chi è stato Presidente della Repubblica.

[ii] Il Presidente della Repubblica può nominare senatori a vita cittadini che hanno illustrato la Patria per altissimi meriti nel campo sociale, scientifico, artistico e letterario. Il numero complessivo dei senatori in carica nominati dal Presidente della Repubblica non può in alcun caso essere superiore a cinque (1).

(1) *Comma così sostituito dall'art. 3 l. cost. 19 ottobre 2020, n. 1. Il testo del comma era il seguente:* « Il Presidente della Repubblica può nominare senatori a vita cinque cittadini che hanno illustrato la Patria per altissimi meriti nel campo sociale, scientifico, artistico e letterario ».

60. (1) [I] La Camera dei deputati e il Senato della Repubblica sono eletti per cinque anni.

[II] La durata di ciascuna Camera non può essere prorogata se non per legge e soltanto in caso di guerra.

(1) *Articolo così sostituito dall'art. 3 l. cost. 9 febbraio 1963, n. 2.*

61. [I] Le elezioni delle nuove Camere hanno luogo entro settanta giorni dalla fine delle precedenti. La prima riunione ha luogo non oltre il ventesimo giorno dalle elezioni.

[II] Finché non siano riunite le nuove Camere sono prorogati i poteri delle precedenti.

62. [I] Le Camere si riuniscono di diritto il primo giorno non festivo di febbraio e di ottobre.

[II] Ciascuna Camera può essere convocata in via straordinaria per iniziativa del suo Presidente o del Presidente della Repubblica o di un terzo dei suoi componenti.

[III] Quando si riunisce in via straordinaria una Camera è convocata di diritto anche l'altra.

63. [I] Ciascuna Camera elegge fra i suoi componenti il Presidente e l'Ufficio di presidenza.

[II] Quando il Parlamento si riunisce in seduta comune, il Presidente e l'Ufficio di presidenza sono quelli della Camera dei deputati.

64. [I] Ciascuna Camera adotta il proprio regolamento a maggioranza assoluta dei suoi componenti.

[II] Le sedute sono pubbliche; tuttavia ciascuna delle due Camere e il Parlamento a Camere riunite possono deliberare di adunarsi in seduta segreta.

[III] Le deliberazioni di ciascuna Camera e del Parlamento non sono valide se non è presente la maggioranza dei loro componenti, e se non sono adottate a maggioranza dei presenti, salvo che la Costituzione prescriva una maggioranza speciale.

[IV] I membri del governo, anche se non fanno parte delle Camere, hanno diritto, e se richiesti obbligo, di assistere alle sedute. Devono essere sentiti ogni volta che lo richiedono.

65. [I] La legge determina i casi di ineleggibilità e di incompatibilità con l'ufficio di deputato o di senatore.

[II] Nessuno può appartenere contemporaneamente alle due Camere.

66. [I] Ciascuna Camera giudica dei titoli di ammissione dei suoi componenti e delle cause sopraggiunte di ineleggibilità e di incompatibilità.

67. [I] Ogni membro del Parlamento rappresenta la Nazione ed esercita le sue funzioni senza vincolo di mandato.

68. (1) [I] I membri del Parlamento non possono essere chiamati a rispondere delle opinioni espresse e dei voti dati nell'esercizio delle loro funzioni (2).

[II] Senza autorizzazione della Camera alla quale appartiene, nessun membro del Parlamento può essere sottoposto a perquisizione personale o domiciliare, né può essere arrestato o altrimenti privato della libertà personale, o mantenuto in detenzione, salvo che in esecuzione di una sentenza irrevocabile di condanna, ovvero se sia colto nell'atto di commettere un delitto per il quale è previsto l'arresto obbligatorio in flagranza.

[III] Analoga autorizzazione è richiesta per sottoporre i membri del Parlamento ad intercettazioni, in qualsiasi forma, di conversazioni o comunicazioni e a sequestro di corrispondenza.

(1) *Articolo così sostituito dall'art. 1 l. cost. 29 ottobre 1993, n. 3.*
(2) *V. art. 3 l. 20 giugno 2003, n. 140.*

69. [I] I membri del Parlamento ricevono una indennità stabilita dalla legge.

SEZIONE II – *La formazione delle leggi*

70. [I] La funzione legislativa è esercitata collettivamente dalle due Camere.

71. [I] L'iniziativa delle leggi appartiene al Governo, a ciascun membro delle Camere ed agli organi ed enti ai quali sia conferita da legge costituzionale.

[II] Il popolo esercita l'iniziativa delle leggi, mediante la proposta, da parte di almeno cinquantamila elettori, di un progetto redatto in articoli.

72. [I] Ogni disegno di legge, presentato ad una Camera è, secondo le norme del suo regolamento, esaminato da una commissione e poi dalla Camera stessa, che l'approva articolo per articolo e con votazione finale.

[II] Il regolamento stabilisce procedimenti abbreviati per i disegni di legge dei quali è dichiarata l'urgenza.

[III] Può altresì stabilire in quali casi e forme l'esame e l'approvazione dei disegni di legge sono deferiti a commissioni, anche permanenti, composte in modo da rispecchiare la proporzione dei gruppi parlamentari. Anche in tali casi, fino al momento della sua approvazione definitiva, il disegno di legge è rimesso alla Camera, se il Governo o un decimo dei componenti della Camera o un quinto della commissione richiedono che sia discusso o votato dalla Camera stessa oppure che sia sottoposto alla sua approvazione finale con sole dichiarazioni di voto. Il regolamento determina le forme di pubblicità dei lavori delle commissioni.

[IV] La procedura normale di esame e di approvazione diretta da parte della Camera è sempre adottata per i disegni di legge in materia costituzionale ed elettorale e per quelli di delegazione legislativa, di autorizzazione a ratificare trattati internazionali, di approvazione di bilanci e consuntivi.

73. [I] Le leggi sono promulgate dal Presidente della Repubblica entro un mese dall'approvazione.

[II] Se le Camere, ciascuna a maggioranza assoluta dei propri componenti, ne dichiarano l'urgenza, la legge è promulgata nel termine da essa stabilito.

[III] Le leggi sono pubblicate subito dopo la promulgazione ed entrano in vigore il quindicesimo giorno successivo alla loro pubblicazione, salvo che le leggi stesse stabiliscano un termine diverso.

74. [I] Il Presidente della Repubblica, prima di promulgare la legge, può con messaggio motivato alle Camere chiedere una nuova deliberazione.

[II] Se le Camere approvano nuovamente la legge, questa deve essere promulgata.

75. [I] È indetto referendum popolare per deliberare la abrogazione, totale o parziale, di una legge o di un atto avente valore di legge, quando lo richiedono cinquecentomila elettori o cinque Consigli regionali.

[II] Non è ammesso il referendum per le leggi tributarie e di bilancio, di amnistia e di indulto, di autorizzazione a ratificare trattati internazionali.

[III] Hanno diritto di partecipare al referendum tutti i cittadini chiamati ad eleggere la Camera dei deputati.

[IV] La proposta soggetta a referendum è approvata se ha partecipato alla votazione la maggioranza degli aventi diritto, e se è raggiunta la maggioranza dei voti validamente espressi.

[v] La legge determina le modalità di attuazione del referendum(1).

(1) *V. gli artt. 27-40 l. 25 maggio 1970, n. 352, nonché la l. 22 maggio 1978, n. 199. Sull'illegittimità costituzionale dell'art. 39 l. n. 352, cit., v. C. cost. 17 maggio 1978, n. 68.*

76. [i] L'esercizio della funzione legislativa non può essere delegato al Governo se non con determinazione di principi e criteri direttivi e soltanto per tempo limitato e per oggetti definiti.

77. [i] Il Governo non può, senza delegazione delle Camere, emanare decreti che abbiano valore di legge ordinaria.

[ii] Quando, in casi straordinari di necessità e d'urgenza, il Governo adotta, sotto la sua responsabilità, provvedimenti provvisori con forza di legge, deve il giorno stesso presentarli per la conversione alle Camere che, anche se sciolte, sono appositamente convocate e si riuniscono entro cinque giorni.

[iii] I decreti perdono efficacia sin dall'inizio, se non sono convertiti in legge entro sessanta giorni dalla loro pubblicazione. Le Camere possono tuttavia regolare con legge i rapporti giuridici sorti sulla base dei decreti non convertiti.

78. [i] Le Camere deliberano lo stato di guerra e conferiscono al Governo i poteri necessari.

79. (1) [i] L'amnistia e l'indulto sono concessi con legge deliberata a maggioranza dei due terzi dei componenti di ciascuna Camera, in ogni suo articolo e nella votazione finale.

[ii] La legge che concede l'amnistia o l'indulto stabilisce il termine per la loro applicazione.

[iii] In ogni caso l'amnistia e l'indulto non possono applicarsi ai reati commessi successivamente alla presentazione del disegno di legge.

(1) *Articolo così sostituito dall'art. 1 l. cost. 6 marzo 1992, n. 1.*

80. [i] Le Camere autorizzano con legge la ratifica dei trattati internazionali che sono di natura politica, o prevedono arbitrati o regolamenti giudiziari, o importano variazioni del territorio od oneri alle finanze o modificazioni di leggi.

81. (1) [i] Lo Stato assicura l'equilibrio tra le entrate e le spese del proprio bilancio, tenendo conto delle fasi avverse e delle fasi favorevoli del ciclo economico.

[ii] Il ricorso all'indebitamento è consentito solo al fine di consi-

derare gli effetti del ciclo economico e, previa autorizzazione delle Camere adottata a maggioranza assoluta dei rispettivi componenti, al verificarsi di eventi eccezionali.

[III] Ogni legge che importi nuovi o maggiori oneri provvede ai mezzi per farvi fronte.

[IV] Le Camere ogni anno approvano con legge il bilancio e il rendiconto consuntivo presentati dal Governo.

[V] L'esercizio provvisorio del bilancio non può essere concesso se non per legge e per periodi non superiori complessivamente a quattro mesi.

[VI] Il contenuto della legge di bilancio, le norme fondamentali e i criteri volti ad assicurare l'equilibrio tra le entrate e le spese dei bilanci e la sostenibilità del debito del complesso delle pubbliche amministrazioni sono stabiliti con legge approvata a maggioranza assoluta dei componenti di ciascuna Camera, nel rispetto dei principi definiti con legge costituzionale (2).

(1) *Articolo così sostituito dall'art. 1 l. cost. 20 aprile 2012, n. 1. Ai sensi dell'art. 6 della medesima l. cost., le presenti disposizioni si applicano a decorrere dall'esercizio finanziario relativo all'anno 2014. Il testo dell'articolo era il seguente:* « 81. – Le Camere approvano ogni anno i bilanci e il rendiconto consuntivo presentati dal Governo. — L'esercizio provvisorio del bilancio non può essere concesso se non per legge e per periodi non superiori complessivamente a quattro mesi. — Con la legge di approvazione del bilancio non si possono stabilire nuovi tributi e nuove spese. — Ogni altra legge che importi nuove o maggiori spese deve indicare i mezzi per farvi fronte ».

(2) *V. l. 24 dicembre 2012, n. 243, in attuazione del principio del pareggio di bilancio, ai sensi del presente comma, come sostituito dall'art. 1 l. cost. n. 1, cit., e dell'art. 5 della medesima l. cost. Ai sensi di quanto disposto dall'art. 21[3] l. n. 243, cit., le disposizioni della stessa legge si applicano a decorrere dal 1° gennaio 2014, ad eccezione del capo IV (rubricato « Equilibrio dei bilanci delle regioni e degli enti locali e concorso dei medesimi enti alla sostenibilità del debito pubblico » e comprendente gli artt. 9-12) e dell'art. 15 (rubricato « Contenuto della legge di bilancio »), che si applicano a decorrere dal 1° gennaio 2016.*

82. [I] Ciascuna Camera può disporre inchieste su materie di pubblico interesse.

[II] A tale scopo nomina fra i propri componenti una commissione formata in modo da rispecchiare la proporzione dei vari gruppi. La commissione d'inchiesta procede alle indagini e agli esami con gli stessi poteri e le stesse limitazioni dell'autorità giudiziaria.

TITOLO II
Il Presidente della Repubblica

83. [I] Il Presidente della Repubblica è eletto dal Parlamento in seduta comune dei suoi membri.

[II] All'elezione partecipano tre delegati per ogni Regione eletti dal Consiglio regionale in modo che sia assicurata la rappresentanza delle minoranze. La Valle d'Aosta ha un solo delegato.

[III] L'elezione del Presidente della Repubblica ha luogo per scrutinio segreto a maggioranza di due terzi dell'assemblea. Dopo il terzo scrutinio è sufficiente la maggioranza assoluta.

84. [I] Può essere eletto Presidente della Repubblica ogni cittadino che abbia compiuto cinquanta anni di età e goda dei diritti civili e politici.

[II] L'ufficio di Presidente della Repubblica è incompatibile con qualsiasi altra carica.

[III] L'assegno e la dotazione del Presidente sono determinati per legge.

85. [I] Il Presidente della Repubblica è eletto per sette anni.

[II] Trenta giorni prima che scada il termine, il Presidente della Camera dei deputati convoca in seduta comune il Parlamento e i delegati regionali, per eleggere il nuovo Presidente della Repubblica.

[III] Se le Camere sono sciolte, o manca meno di tre mesi alla loro cessazione, la elezione ha luogo entro quindici giorni dalla riunione delle Camere nuove. Nel frattempo sono prorogati i poteri del Presidente in carica.

86. [I] Le funzioni del Presidente della Repubblica, in ogni caso che egli non possa adempierle, sono esercitate dal Presidente del Senato.

[II] In caso di impedimento permanente o di morte o di dimissioni del Presidente della Repubblica, il Presidente della Camera dei deputati indice la elezione del nuovo Presidente della Repubblica entro quindici giorni, salvo il maggior termine previsto se le Camere sono sciolte o manca meno di tre mesi alla loro cessazione.

87. [I] Il Presidente della Repubblica è il capo dello Stato e rappresenta l'unità nazionale.

[II] Può inviare messaggi alle Camere.

[III] Indice le elezioni delle nuove Camere e ne fissa la prima riunione.

[IV] Autorizza la presentazione alle Camere dei disegni di legge di iniziativa del Governo.

[V] Promulga le leggi ed emana i decreti aventi valore di legge e i regolamenti.

[VI] Indice il referendum popolare nei casi previsti dalla Costituzione.

[VII] Nomina, nei casi indicati dalla legge, i funzionari dello Stato.

[VIII] Accredita e riceve i rappresentanti diplomatici, ratifica i trattati internazionali, previa, quando occorra, l'autorizzazione delle Camere.

[IX] Ha il comando delle Forze armate, presiede il Consiglio supremo di difesa costituito secondo la legge, dichiara lo stato di guerra deliberato dalle Camere.

[X] Presiede il Consiglio superiore della magistratura.

[XI] Può concedere grazia e commutare le pene.

[XII] Conferisce le onorificenze della Repubblica.

88. [I] Il Presidente della Repubblica può, sentiti i loro Presidenti, sciogliere le Camere o anche una sola di esse.

[II] Non può esercitare tale facoltà negli ultimi sei mesi del suo mandato, salvo che essi coincidano in tutto o in parte con gli ultimi sei mesi della legislatura (1).

(1) *Comma così sostituito dall'art. 1 l. cost. 4 novembre 1991, n. 1.*

89. [I] Nessun atto del Presidente della Repubblica è valido se non è controfirmato dai ministri proponenti, che ne assumono la responsabilità.

[II] Gli atti che hanno valore legislativo e gli altri indicati dalla legge sono controfirmati anche dal Presidente del Consiglio dei ministri.

90. [I] Il Presidente della Repubblica non è responsabile degli atti compiuti nell'esercizio delle sue funzioni, tranne che per alto tradimento o per attentato alla Costituzione.

[II] In tali casi è messo in stato di accusa dal Parlamento in seduta comune, a maggioranza assoluta dei suoi membri (1).

(1) *V. artt. 12, 13 e 15 l. cost. 11 marzo 1953, n. 1, nel testo modificato dalla l. cost. 16 gennaio 1989, n. 1.*

91. [I] Il Presidente della Repubblica, prima di assumere le sue funzioni, presta giuramento di fedeltà alla Repubblica e di osservanza della Costituzione dinanzi al Parlamento in seduta comune.

Titolo III
Il Governo

Sezione I – *Il Consiglio dei ministri*

92. [i] Il Governo della Repubblica è composto del Presidente del Consiglio e dei ministri, che costituiscono insieme il Consiglio dei ministri.

[ii] Il Presidente della Repubblica nomina il Presidente del Consiglio dei ministri e, su proposta di questo, i ministri.

93. [i] Il Presidente del Consiglio dei ministri e i ministri, prima di assumere le funzioni, prestano giuramento nelle mani del Presidente della Repubblica.

94. [i] Il Governo deve avere la fiducia delle due Camere.

[ii] Ciascuna Camera accorda o revoca la fiducia mediante mozione motivata e votata per appello nominale.

[iii] Entro dieci giorni dalla sua formazione il Governo si presenta alle Camere per ottenerne la fiducia.

[iv] Il voto contrario di una o d'entrambe le Camere su una proposta del Governo non importa obbligo di dimissioni.

[v] La mozione di sfiducia deve essere firmata da almeno un decimo dei componenti della Camera e non può essere messa in discussione prima di tre giorni dalla sua presentazione.

95. [i] Il Presidente del Consiglio dei ministri dirige la politica generale del Governo e ne è responsabile. Mantiene l'unità di indirizzo politico ed amministrativo, promovendo e coordinando l'attività dei ministri.

[ii] I ministri sono responsabili collegialmente degli atti del Consiglio dei ministri, e individualmente degli atti dei loro dicasteri.

[iii] La legge provvede all'ordinamento della Presidenza del Consiglio e determina il numero, le attribuzioni e l'organizzazione dei ministeri (1).

(1) *V. l. 23 agosto 1988, n. 400.*

96. (1) [i] Il Presidente del Consiglio dei ministri e i ministri, anche se cessati dalla carica, sono sottoposti, per i reati commessi nell'esercizio delle loro funzioni, alla giurisdizione ordinaria, previa autorizzazione del Senato della Repubblica o della Camera dei deputati, secondo le norme stabilite con legge costituzionale.

(1) *Articolo così sostituito dall'art. 1 l. cost. 16 gennaio 1989, n. 1. V. anche la l. 5 giugno 1989, n. 219.*

SEZIONE II – *La Pubblica Amministrazione*

97. [I] Le pubbliche amministrazioni, in coerenza con l'ordinamento dell'Unione europea, assicurano l'equilibrio dei bilanci e la sostenibilità del debito pubblico (1).

[II] I pubblici uffici sono organizzati secondo disposizioni di legge, in modo che siano assicurati il buon andamento e l'imparzialità dell'amministrazione.

[III] Nell'ordinamento degli uffici sono determinate le sfere di competenza, le attribuzioni e le responsabilità proprie dei funzionari.

[IV] Agli impieghi nelle pubbliche amministrazioni si accede mediante concorso, salvo i casi stabiliti dalla legge.

(1) *Comma premesso dall'art. 2 l. cost. 20 aprile 2012, n. 1. Ai sensi dell'art. 6 della medesima l. cost., le presenti disposizioni si applicano a decorrere dall'esercizio finanziario relativo all'anno 2014.*

98. [I] I pubblici impiegati sono a servizio esclusivo della Nazione.

[II] Se sono membri del Parlamento, non possono conseguire promozioni se non per anzianità.

[III] Si possono con legge stabilire limitazioni al diritto d'iscriversi ai partiti politici per i magistrati, i militari di carriera in servizio attivo, i funzionari ed agenti di polizia, i rappresentanti diplomatici e consolari all'estero.

SEZIONE III – *Gli organi ausiliari*

99. [I] Il Consiglio nazionale dell'economia e del lavoro è composto, nei modi stabiliti dalla legge, di esperti e di rappresentanti delle categorie produttive, in misura che tenga conto della loro importanza numerica e qualitativa.

[II] È organo di consulenza delle Camere e del Governo per le materie e secondo le funzioni che gli sono attribuite dalla legge.

[III] Ha l'iniziativa legislativa e può contribuire alla elaborazione della legislazione economica e sociale secondo i princìpi ed entro i limiti stabiliti dalla legge.

100. [I] Il Consiglio di Stato è organo di consulenza giuridico-amministrativa e di tutela della giustizia nell'amministrazione.

[II] La Corte dei conti esercita il controllo preventivo di legittimità sugli atti del Governo, e anche quello successivo sulla gestione del bilancio dello Stato. Partecipa, nei casi e nelle forme stabilite dalla legge, al controllo sulla gestione finanziaria degli enti a cui lo Stato contribuisce in via ordinaria. Riferisce direttamente alle Camere sul risultato del riscontro eseguito.

[III] La legge assicura l'indipendenza dei due Istituti e dei loro componenti di fronte al Governo.

TITOLO IV
La Magistratura

SEZIONE I – *Ordinamento giurisdizionale*

101. [I] La giustizia è amministrata in nome del popolo.

[II] I giudici sono soggetti soltanto alla legge.

102. [I] La funzione giurisdizionale è esercitata da magistrati ordinari istituiti e regolati dalle norme sull'ordinamento giudiziario.

[II] Non possono essere istituiti giudici straordinari o giudici speciali. Possono soltanto istituirsi presso gli organi giudiziari ordinari sezioni specializzate per determinate materie, anche con la partecipazione di cittadini idonei estranei alla magistratura.

[III] La legge regola i casi e le forme della partecipazione diretta del popolo all'amministrazione della giustizia.

103. [I] Il Consiglio di Stato e gli altri organi di giustizia amministrativa hanno giurisdizione per la tutela nei confronti della pubblica amministrazione degli interessi legittimi e, in particolari materie indicate dalla legge, anche dei diritti soggettivi.

[II] La Corte dei conti ha giurisdizione nelle materie di contabilità pubblica e nelle altre specificate dalla legge.

[III] I tribunali militari in tempo di guerra hanno la giurisdizione stabilita dalla legge. In tempo di pace hanno giurisdizione soltanto per i reati militari commessi da appartenenti alle Forze armate.

104. [I] La magistratura costituisce un ordine autonomo e indipendente da ogni altro potere.

[II] Il Consiglio superiore della magistratura è presieduto dal Presidente della Repubblica.

[III] Ne fanno parte di diritto il primo presidente e il procuratore generale della Corte di cassazione.

[IV] Gli altri componenti sono eletti per due terzi da tutti i magistrati ordinari tra gli appartenenti alle varie categorie, e per un terzo dal Parlamento in seduta comune tra professori ordinari di università in materie giuridiche ed avvocati dopo quindici anni di esercizio.

[V] Il Consiglio elegge un vicepresidente fra i componenti designati dal Parlamento.

[VI] I membri elettivi del Consiglio durano in carica quattro anni e non sono immediatamente rieleggibili.

[VII] Non possono, finché sono in carica, essere iscritti negli albi professionali, né far parte del Parlamento o di un Consiglio regionale.

105. [I] Spettano al Consiglio superiore della magistratura, secondo le norme dell'ordinamento giudiziario, le assunzioni, le assegnazioni ed i trasferimenti, le promozioni e i provvedimenti disciplinari nei riguardi dei magistrati.

106. [I] Le nomine dei magistrati hanno luogo per concorso.

[II] La legge sull'ordinamento giudiziario può ammettere la nomina, anche elettiva, di magistrati onorari per tutte le funzioni attribuite a giudici singoli.

[III] Su designazione del Consiglio superiore della magistratura possono essere chiamati all'ufficio di consiglieri di cassazione, per meriti insigni, professori ordinari di università in materie giuridiche e avvocati che abbiano quindici anni d'esercizio e siano iscritti negli albi speciali per le giurisdizioni superiori.

107. [I] I magistrati sono inamovibili. Non possono essere dispensati o sospesi dal servizio né destinati ad altre sedi o funzioni se non in seguito a decisione del Consiglio superiore della magistratura, adottata o per i motivi e con le garanzie di difesa stabilite dall'ordinamento giudiziario o con il loro consenso.

[II] Il Ministro della giustizia ha facoltà di promuovere l'azione disciplinare.

[III] I magistrati si distinguono fra loro soltanto per diversità di funzioni.

[IV] Il pubblico ministero gode delle garanzie stabilite nei suoi riguardi dalle norme sull'ordinamento giudiziario.

108. [I] Le norme sull'ordinamento giudiziario e su ogni magistratura sono stabilite con legge.

[II] La legge assicura l'indipendenza dei giudici delle giurisdizioni speciali, del pubblico ministero presso di esse, e degli estranei che partecipano alla amministrazione della giustizia.

109. [I] L'autorità giudiziaria dispone direttamente della polizia giudiziaria.

110. [I] Ferme le competenze del Consiglio superiore della magistratura, spettano al Ministro della giustizia l'organizzazione e il funzionamento dei servizi relativi alla giustizia.

SEZIONE II – *Norme sulla giurisdizione*

111. [I] La giurisdizione si attua mediante il giusto processo regolato dalla legge (1).

[II] Ogni processo si svolge nel contraddittorio tra le parti, in condizioni di parità, davanti a giudice terzo e imparziale. La legge ne assicura la ragionevole durata (1).

[III] Nel processo penale, la legge assicura che la persona accusata di un reato sia, nel più breve tempo possibile, informata riservatamente della natura e dei motivi dell'accusa elevata a suo carico; disponga del tempo e delle condizioni necessari per preparare la sua difesa; abbia la facoltà, davanti al giudice, di interrogare o di far interrogare le persone che rendono dichiarazioni a suo carico, di ottenere la convocazione e l'interrogatorio di persone a sua difesa nelle stesse condizioni dell'accusa e l'acquisizione di ogni altro mezzo di prova a suo favore; sia assistita da un interprete se non comprende o non parla la lingua impiegata nel processo (1).

[IV] Il processo penale è regolato dal principio del contraddittorio nella formazione della prova. La colpevolezza dell'imputato non può essere provata sulla base di dichiarazioni rese da chi, per libera scelta, si è sempre volontariamente sottratto all'interrogatorio da parte dell'imputato o del suo difensore (1).

[V] La legge regola i casi in cui la formazione della prova non ha luogo in contraddittorio per consenso dell'imputato o per accertata impossibilità di natura oggettiva o per effetto di provata condotta illecita (1).

[VI] Tutti i provvedimenti giurisdizionali devono essere motivati.

[VII] Contro le sentenze e contro i provvedimenti sulla libertà personale, pronunciati dagli organi giurisdizionali ordinari o speciali, è sempre ammesso ricorso in Cassazione per violazione di legge. Si può derogare a tale norma soltanto per le sentenze dei tribunali militari in tempo di guerra.

[VIII] Contro le decisioni del Consiglio di Stato e della Corte dei conti il ricorso in Cassazione è ammesso per i soli motivi inerenti alla giurisdizione.

(1) *I commi dal primo al quinto sono stati premessi dall'art. 1 l. cost. 23 novembre 1999, n. 2. Ai sensi dell'art. 2 l. cost. n. 2, cit., la « legge regola l'applicazione dei princìpi contenuti nella [medesima] legge costituzionale ai procedimenti penali in corso alla data della sua entrata in vigore ». A tal riguardo v. d.l. 7 gennaio 2000, n. 2, conv., con modif., in l. 25 febbraio 2000, n. 35 e l. 1° marzo 2001, n. 63. In tema di ragionevole durata del processo, v. l. 24 marzo 2001, n. 89.*

112. [I] Il pubblico ministero ha l'obbligo di esercitare l'azione penale.

113. [I] Contro gli atti della pubblica amministrazione è sempre ammessa la tutela giurisdizionale dei diritti e degli interessi legittimi dinanzi agli organi di giurisdizione ordinaria o amministrativa.

[II] Tale tutela giurisdizionale non può essere esclusa o limitata a particolari mezzi di impugnazione o per determinate categorie di atti.

[III] La legge determina quali organi di giurisdizione possono annullare gli atti della pubblica amministrazione nei casi e con gli effetti previsti dalla legge stessa.

TITOLO V (1) (2)
Le Regioni, le Province, i Comuni

(1) *Le disposizioni del presente Titolo sono state modificate dalla l. cost. 18 ottobre 2001, n. 3. V. artt. 10-11 l. cost. n. 3, cit. e l'art. 11 l. 5 giugno 2003, n. 131. In tema di federalismo fiscale, v. la l. delega 5 maggio 2009, n. 42 e, in attuazione della stessa, v. in particolare: d.ls. 28 maggio 2010, n. 85, in materia di federalismo demaniale; d.ls. 26 novembre 2010, n. 216, in materia di determinazione dei costi e dei fabbisogni standard di Comuni, Città metropolitane e Province; d.ls. 14 marzo 2011, n. 23, in materia di federalismo fiscale municipale.*

(2) *V. l. 7 aprile 2014, n. 56, recante disposizioni sulle città metropolitane, sulle province, sulle unioni e fusioni di comuni.*

114. (1) [I] La Repubblica è costituita dai Comuni, dalle Province, dalle Città metropolitane, dalle Regioni e dallo Stato.

[II] I Comuni, le Province, le Città metropolitane e le Regioni sono enti autonomi con propri statuti, poteri e funzioni secondo i princìpi fissati dalla Costituzione (2).

[III] Roma è la capitale della Repubblica. La legge dello Stato disciplina il suo ordinamento (3).

(1) *Articolo così sostituito dall'art. 1 l. cost. 18 ottobre 2001, n. 3.*
(2) *V. art. 4 l. 5 giugno 2003, n. 131 e l. 7 aprile 2014, n. 56.*
(3) *V. art. 24 [1-8] l. 5 maggio 2009, n. 42 e il d.ls. 17 settembre 2010, n. 156.*

115. (1).

(1) *Articolo abrogato dall'art. 9 [2] l. cost. 18 ottobre 2001, n. 3.*

116. (1) [I] Il Friuli-Venezia Giulia, la Sardegna, la Sicilia, il Trentino-Alto Adige/Südtirol e la Valle d'Aosta/Vallée d'Aoste dispongono di forme e condizioni particolari di autonomia, secondo i rispettivi statuti speciali adottati con legge costituzionale.

[II] La Regione Trentino-Alto Adige/Südtirol è costituita dalle Province autonome di Trento e di Bolzano.

[III] Ulteriori forme e condizioni particolari di autonomia, concernenti le materie di cui al terzo comma dell'articolo 117 e le materie indicate dal secondo comma del medesimo articolo alle lettere *l*), limitatamente all'organizzazione della giustizia di pace, *n*) e *s*), possono essere attribuite ad altre Regioni, con legge dello Stato, su iniziativa della Regione interessata, sentiti gli enti locali, nel rispetto dei princìpi di cui all'articolo 119. La legge è approvata dalle Camere a maggioranza assoluta dei componenti, sulla base di intesa fra lo Stato e la Regione interessata.

(1) *Articolo così sostituito dall'art. 2 l. cost. 18 ottobre 2001, n. 3. V. il r.d.l. 15 maggio 1946, n. 455, conv. nella l. cost. 26 febbraio 1948, n. 2, per la Sicilia; la l. cost. 26 febbraio 1948, n. 3, per la Sardegna; la l. cost. 26 febbraio 1948, n. 5, e, successivamente, il d.P.R. 31 agosto 1972, n. 670, per il Trentino-Alto Adige; la l. cost. 31 gennaio 1963, n. 1, per il Friuli-Venezia Giulia; la l. cost. 26 febbraio 1948, n. 4, per la Valle d'Aosta.*

117. (1) [I] La potestà legislativa è esercitata dallo Stato e dalle Regioni nel rispetto della Costituzione, nonché dei vincoli derivanti dall'ordinamento comunitario e dagli obblighi internazionali (2).

[II] Lo Stato ha legislazione esclusiva nelle seguenti materie:

a) politica estera e rapporti internazionali dello Stato; rapporti dello Stato con l'Unione europea; diritto di asilo e condizione giuridica dei cittadini di Stati non appartenenti all'Unione europea;

b) immigrazione;

c) rapporti tra la Repubblica e le confessioni religiose;

d) difesa e Forze armate; sicurezza dello Stato; armi, munizioni ed esplosivi;

e) moneta, tutela del risparmio e mercati finanziari; tutela della concorrenza; sistema valutario; sistema tributario e contabile dello Stato; armonizzazione dei bilanci pubblici; (3) perequazione delle risorse finanziarie;

f) organi dello Stato e relative leggi elettorali; referendum statali; elezione del Parlamento europeo;

g) ordinamento e organizzazione amministrativa dello Stato e degli enti pubblici nazionali;

h) ordine pubblico e sicurezza, ad esclusione della polizia amministrativa locale;

i) cittadinanza, stato civile e anagrafi;

l) giurisdizione e norme processuali; ordinamento civile e penale; giustizia amministrativa;

m) determinazione dei livelli essenziali delle prestazioni concernenti i diritti civili e sociali che devono essere garantiti su tutto il territorio nazionale;

n) norme generali sull'istruzione;

o) previdenza sociale;

p) legislazione elettorale, organi di governo e funzioni fondamentali di Comuni, Province e Città metropolitane (4);

q) dogane, protezione dei confini nazionali e profilassi internazionale;

r) pesi, misure e determinazione del tempo; coordinamento informativo statistico e informatico dei dati dell'amministrazione statale, regionale e locale; opere dell'ingegno;

s) tutela dell'ambiente, dell'ecosistema e dei beni culturali.

[III] Sono materie di legislazione concorrente quelle relative a: rapporti internazionali e con l'Unione europea delle Regioni; commercio con l'estero; tutela e sicurezza del lavoro; istruzione, salva l'autonomia delle istituzioni scolastiche e con esclusione della istruzione e della formazione professionale; professioni; ricerca scientifica e tecnologica e sostegno all'innovazione per i settori produttivi; tutela della salute; alimentazione; ordinamento sportivo; protezione civile; governo del territorio; porti e aeroporti civili; grandi reti di trasporto e di navigazione; ordinamento della comunicazione; produzione, trasporto e distribuzione nazionale dell'energia; previdenza complementare e integrativa; (5) coordinamento della finanza pubblica e del sistema tributario; valorizzazione dei beni culturali e ambientali e promozione e organizzazione di attività culturali; casse di risparmio, casse rurali, aziende di credito a carattere regionale; enti di credito fondiario e agrario a carattere regionale. Nelle materie di legislazione concorrente spetta alle Regioni la potestà legislativa, salvo che per la determinazione dei princìpi fondamentali, riservata alla legislazione dello Stato (2).

[IV] Spetta alle Regioni la potestà legislativa in riferimento ad ogni materia non espressamente riservata alla legislazione dello Stato.

[V] Le Regioni e le Province autonome di Trento e di Bolzano, nelle materie di loro competenza, partecipano alle decisioni dirette alla formazione degli atti normativi comunitari e provvedono all'attuazione e all'esecuzione degli accordi internazionali e degli atti dell'Unione europea, nel rispetto delle norme di procedura stabilite da legge dello Stato, che disciplina le modalità di esercizio del potere sostitutivo in caso di inadempienza (6) (7).

[VI] La potestà regolamentare spetta allo Stato nelle materie di legislazione esclusiva, salva delega alle Regioni. La potestà regolamentare spetta alle Regioni in ogni altra materia. I Comuni, le Province e le Città metropolitane hanno potestà regolamentare in ordine alla disciplina dell'organizzazione e dello svolgimento delle funzioni loro attribuite.

[VII] Le leggi regionali rimuovono ogni ostacolo che impedisce la piena parità degli uomini e delle donne nella vita sociale, culturale ed economica e promuovono la parità di accesso tra donne e uomini alle cariche elettive.

[VIII] La legge regionale ratifica le intese della Regione con altre Regioni per il migliore esercizio delle proprie funzioni, anche con individuazione di organi comuni.

[IX] Nelle materie di sua competenza la Regione può concludere accordi con Stati e intese con enti territoriali interni ad altro Stato, nei casi e con le forme disciplinati da leggi dello Stato (7).

(1) *Articolo così sostituito dall'art. 3 l. cost. 18 ottobre 2001, n. 3.*

(2) *V. art. 1 l. 5 giugno 2003, n. 131.*

(3) *Le parole « armonizzazione dei bilanci pubblici; » sono state inserite dall'art. 3 l. cost. 20 aprile 2012, n. 1. Ai sensi dell'art. 6 della medesima l. cost., le presenti disposizioni si applicano a decorrere dall'esercizio finanziario relativo all'anno 2014.*

(4) *V. art. 2 l. n. 131, cit.*

(5) *Le parole* « armonizzazione dei bilanci pubblici e », *che seguivano le parole* « previdenza complementare e integrativa; », *sono state soppresse dall'art. 3 l. cost. 20 aprile 2012, n. 1, con la decorrenza indicata alla nota 3.*

(6) *V. art. 5 l. n. 131, cit.*

(7) *V. art. 6 l. n. 131, cit.*

118. (1) (2) [I] Le funzioni amministrative sono attribuite ai Comuni salvo che, per assicurarne l'esercizio unitario, siano conferite a Province, Città metropolitane, Regioni e Stato, sulla base dei princìpi di sussidiarietà, differenziazione ed adeguatezza.

[II] I Comuni, le Province e le Città metropolitane sono titolari di funzioni amministrative proprie e di quelle conferite con legge statale o regionale, secondo le rispettive competenze.

[III] La legge statale disciplina forme di coordinamento fra Stato e Regioni nelle materie di cui alle lettere *b*) e *h*) del secondo comma dell'articolo 117, e disciplina inoltre forme di intesa e coordinamento nella materia della tutela dei beni culturali.

[IV] Stato, Regioni, Città metropolitane, Province e Comuni favoriscono l'autonoma iniziativa dei cittadini, singoli e associati, per lo svolgimento di attività di interesse generale, sulla base del principio di sussidiarietà.

(1) *Articolo così sostituito dall'art. 4 l. cost. 18 ottobre 2001, n. 3.*

(2) *V. art. 7 l. 5 giugno 2003, n. 131.*

119. (1) [I] I Comuni, le Province, le Città metropolitane e le Regioni hanno autonomia finanziaria di entrata e di spesa, nel rispetto dell'equilibrio dei relativi bilanci, e concorrono ad assicurare l'osservanza dei vincoli economici e finanziari derivanti dall'ordinamento dell'Unione europea (2).

[II] I Comuni, le Province, le Città metropolitane e le Regioni hanno risorse autonome. Stabiliscono e applicano tributi ed entrate propri, in armonia con la Costituzione e secondo i princìpi di coordinamento della finanza pubblica e del sistema tributario. Dispongono di compartecipazioni al gettito di tributi erariali riferibile al loro territorio.

[III] La legge dello Stato istituisce un fondo perequativo, senza vincoli di destinazione, per i territori con minore capacità fiscale per abitante.

[IV] Le risorse derivanti dalle fonti di cui ai commi precedenti consentono ai Comuni, alle Province, alle Città metropolitane e alle Regioni di finanziare integralmente le funzioni pubbliche loro attribuite.

[V] Per promuovere lo sviluppo economico, la coesione e la solidarietà sociale, per rimuovere gli squilibri economici e sociali, per favorire l'effettivo esercizio dei diritti della persona, o per provvedere a scopi diversi dal normale esercizio delle loro funzioni, lo Stato destina risorse aggiuntive ed effettua interventi speciali in favore di determinati Comuni, Province, Città metropolitane e Regioni.

[VI] La Repubblica riconosce le peculiarità delle Isole e promuove le misure necessarie a rimuovere gli svantaggi derivanti dall'insularità (3).

[VII] I Comuni, le Province, le Città metropolitane e le Regioni hanno un proprio patrimonio, attribuito secondo i princìpi generali determinati dalla legge dello Stato. Possono ricorrere all'indebitamento solo per finanziare spese di investimento, con la contestuale definizione di piani di ammortamento e a condizione che per il complesso degli enti di ciascuna Regione sia rispettato l'equilibrio di bilancio (4). È esclusa ogni garanzia dello Stato sui prestiti dagli stessi contratti.

(1) *Articolo così sostituito dall'art. 5 l. cost. 18 ottobre 2001, n. 3. In tema di federalismo fiscale, v.* sub *Titolo V.*

(2) *Le parole da* «, nel rispetto dell'equilibrio » *alla fine del comma sono state aggiunte dall'art. 4 l. cost. 20 aprile 2012, n. 1. Ai sensi dell'art. 6 della medesima l. cost., le presenti disposizioni si applicano a decorrere dall'esercizio finanziario relativo all'anno 2014.*

(3) *Comma inserito dall'art. 1 l. cost. 7 novembre 2022, n. 2.*

(4) *Le parole da* «, con la contestuale » *alla fine del periodo sono state aggiunte dall'art. 4 l. cost. 20 aprile 2012, n. 1, con la decorrenza indicata alla nota 2.*

120. (1) (2) [I] La Regione non può istituire dazi di importazione o esportazione o transito tra le Regioni, né adottare provvedimenti che ostacolino in qualsiasi modo la libera circolazione delle persone e delle cose tra le Regioni, né limitare l'esercizio del diritto al lavoro in qualunque parte del territorio nazionale.

[II] Il Governo può sostituirsi a organi delle Regioni, delle Città metropolitane, delle Province e dei Comuni nel caso di mancato rispetto di norme e trattati internazionali o della normativa comunitaria oppure di pericolo grave per l'incolumità e la sicurezza pubblica, ovvero quando lo richiedono la tutela dell'unità giuridica o dell'unità economica e in particolare la tutela dei livelli essenziali delle prestazioni concernenti i diritti civili e sociali, prescindendo dai confini territoriali dei governi locali. La legge definisce le procedure atte a garantire che i poteri sostitutivi siano esercitati nel rispetto del principio di sussidiarietà e del principio di leale collaborazione.

(1) *Articolo così sostituito dall'art. 6 l. cost. 18 ottobre 2001, n. 3.*
(2) *V. art. 8 l. 5 giugno 2003, n. 131.*

121. [I] Sono organi della Regione: il Consiglio regionale, la Giunta e il suo presidente.

[II] Il Consiglio regionale esercita le potestà legislative attribuite alla Regione e le altre funzioni conferitegli dalla Costituzione e dalle leggi. Può fare proposte di legge alle Camere (1).

[III] La Giunta regionale è l'organo esecutivo delle Regioni.

[IV] Il Presidente della Giunta rappresenta la Regione; dirige la politica della Giunta e ne è responsabile; promulga le leggi ed emana i regolamenti regionali; dirige le funzioni amministrative delegate dallo Stato alla Regione, conformandosi alle istruzioni del Governo della Repubblica (1).

(1) *Comma così modificato dall'art. 1 [1] l. cost. 22 novembre 1999, n. 1.*

122. (1) [I] Il sistema di elezione e i casi di ineleggibilità e di incompatibilità del Presidente e degli altri componenti della Giunta regionale nonché dei consiglieri regionali sono disciplinati con legge della Regione nei limiti dei principi fondamentali stabiliti con legge della Repubblica(2), che stabilisce anche la durata degli organi elettivi (3).

[II] Nessuno può appartenere contemporaneamente a un Consiglio o a una Giunta regionale e ad una delle Camere del Parlamento, ad un altro Consiglio o ad altra Giunta regionale, ovvero al Parlamento europeo.

[III] Il Consiglio elegge tra i suoi componenti un Presidente e un ufficio di presidenza.

[IV] I consiglieri regionali non possono essere chiamati a rispondere delle opinioni espresse e dei voti dati nell'esercizio delle loro funzioni.

[V] Il Presidente della Giunta regionale, salvo che lo statuto regionale disponga diversamente, è eletto a suffragio universale e diretto. Il Presidente eletto nomina e revoca i componenti della Giunta (4).

(1) *Articolo così sostituito dall'art. 2 l. cost. 22 novembre 1999, n. 1. Vedi inoltre per ulteriori disposizioni l'art. 5 l. cost. n. 1, cit.*

(2) *V. artt. 1-4 l. 2 luglio 2004, n. 165.*

(3) *V. l'art. 5 l. n. 165, cit.*

(4) *Cfr. l. cost. 31 gennaio 2001, n. 2.*

123. (1) [I] Ciascuna Regione ha uno statuto che, in armonia con la Costituzione, ne determina la forma di governo e i principi fondamentali di organizzazione e funzionamento. Lo statuto regola l'esercizio del diritto di iniziativa e del referendum su leggi e provvedimenti amministrativi della Regione e la pubblicazione delle leggi e dei regolamenti regionali.

[II] Lo statuto è approvato e modificato dal Consiglio regionale con legge approvata a maggioranza assoluta dei suoi componenti, con due deliberazioni successive adottate ad intervallo non minore di due mesi. Per tale legge non è richiesta l'apposizione del visto da parte del Commissario del Governo. Il Governo della Repubblica può promuovere la questione di legittimità costituzionale sugli statuti regionali dinanzi alla Corte costituzionale entro trenta giorni dalla loro pubblicazione (2).

[III] Lo statuto è sottoposto a referendum popolare qualora entro tre mesi dalla sua pubblicazione ne faccia richiesta un cinquantesimo degli elettori della Regione o un quinto dei componenti il Consiglio regionale. Lo statuto sottoposto a referendum non è promulgato se non è approvato dalla maggioranza dei voti validi.

[IV] In ogni Regione, lo statuto disciplina il Consiglio delle autonomie locali, quale organo di consultazione fra la Regione e gli enti locali (3).

(1) *Articolo così sostituito dall'art. 3 l. cost. 22 novembre 1999, n. 1.*

(2) *V. art. 9 l. 5 giugno 2003, n. 131.*

(3) *Comma aggiunto dall'art. 7 l. cost. 18 ottobre 2001, n. 3.*

124. (1).

(1) *Articolo abrogato dall'art. 9 [2] l. cost. 18 ottobre 2001, n. 3.*

125. (1) [I] Nella Regione sono istituiti organi di giustizia amministrativa di primo grado, secondo l'ordinamento stabilito da legge della Repubblica. Possono istituirsi sezioni con sede diversa dal capoluogo della Regione (2).

(1) *L'art. 9 ² l. cost. 18 ottobre 2001, n. 3 ha abrogato l'originario primo comma.*

(2) *V. l. 6 dicembre 1971, n. 1034 e d.lgs. 2 luglio 2010, n. 104.*

126. (1) [I] Con decreto motivato del Presidente della Repubblica sono disposti lo scioglimento del Consiglio regionale e la rimozione del Presidente della Giunta che abbiano compiuto atti contrari alla Costituzione o gravi violazioni di legge. Lo scioglimento e la rimozione possono altresì essere disposti per ragioni di sicurezza nazionale. Il decreto è adottato sentita una Commissione di deputati e senatori costituita, per le questioni regionali, nei modi stabiliti con legge della Repubblica.

[II] Il Consiglio regionale può esprimere la sfiducia nei confronti del Presidente della Giunta mediante mozione motivata, sottoscritta da almeno un quinto dei suoi componenti e approvata per appello nominale a maggioranza assoluta dei componenti. La mozione non può essere messa in discussione prima di tre giorni dalla presentazione.

[III] L'approvazione della mozione di sfiducia nei confronti del Presidente della Giunta eletto a suffragio universale e diretto, nonché la rimozione, l'impedimento permanente, la morte o le dimissioni volontarie dello stesso comportano le dimissioni della Giunta e lo scioglimento del Consiglio. In ogni caso i medesimi effetti conseguono alle dimissioni contestuali della maggioranza dei componenti il Consiglio.

(1) *Articolo così sostituito dall'art. 4 l. cost. 22 novembre 1999, n. 1.*

127. (1) (2) [I] Il Governo, quando ritenga che una legge regionale ecceda la competenza della Regione, può promuovere la questione di legittimità costituzionale dinanzi alla Corte costituzionale entro sessanta giorni dalla sua pubblicazione.

[II] La Regione, quando ritenga che una legge o un atto avente valore di legge dello Stato o di un'altra Regione leda la sua sfera di competenza, può promuovere la questione di legittimità costituzionale dinanzi alla Corte costituzionale entro sessanta giorni dalla pubblicazione della legge o dell'atto avente valore di legge.

(1) *Articolo così sostituito dall'art. 8 l. cost. 18 ottobre 2001, n. 3.*

(2) *V. art. 9 l. 5 giugno 2003, n. 131.*

128-130. (1).

(1) *Articoli abrogati dall'art. 9 ² l. cost. 18 ottobre 2001, n. 3.*

131. (1) [I] Sono costituite le seguenti Regioni: Piemonte; Valle d'Aosta; Lombardia; Trentino-Alto Adige; Veneto; Friuli-Venezia Giulia; Liguria; Emilia-Romagna; Toscana; Umbria; Marche; Lazio; Abruzzi; Molise; Campania; Puglia; Basilicata; Calabria; Sicilia; Sardegna.

(1) *Articolo così modificato dall'art. 1 l. cost. 27 dicembre 1963, n. 3.*

132. [I] Si può con legge costituzionale, sentiti i Consigli regionali, disporre la fusione di Regioni esistenti o la creazione di nuove Regioni con un minimo di un milione d'abitanti, quando ne facciano richiesta tanti Consigli comunali che rappresentino almeno un terzo delle popolazioni interessate, e la proposta sia approvata con referendum dalla maggioranza delle popolazioni stesse.

[II] Si può, con l'approvazione della maggioranza delle popolazioni della Provincia o delle Province interessate e del Comune o dei Comuni interessati espressa mediante referendum e con legge della Repubblica, sentiti i Consigli regionali, consentire che Provincie e Comuni, che ne facciano richiesta, siano staccati da una Regione ed aggregati ad un'altra (1) (2).

(1) *Comma così modificato dall'art. 9 ¹ l. cost. 18 ottobre 2001, n. 3.*
(2) *V. gli artt. 41-47 l. 25 maggio 1970, n. 352.*

133. [I] Il mutamento delle circoscrizioni provinciali e la istituzione di nuove Provincie nell'ambito d'una Regione sono stabiliti con leggi della Repubblica, su iniziativa dei Comuni, sentita la stessa Regione.

[II] La Regione, sentite le popolazioni interessate, può con sue leggi istituire nel proprio territorio nuovi Comuni e modificare le loro circoscrizioni e denominazioni.

TITOLO VI
Garanzie costituzionali

SEZIONE I – *La Corte costituzionale*

134. [I] La Corte costituzionale giudica:

sulle controversie relative alla legittimità costituzionale delle leggi e degli atti, aventi forza di legge, dello Stato e delle Regioni;

sui conflitti di attribuzione tra i poteri dello Stato e su quelli tra lo Stato e le Regioni, e tra le Regioni;

sulle accuse promosse contro il Presidente della Repubblica a norma della Costituzione (1).

(1) *Capoverso così modificato dall'art. 2 l. cost. 16 gennaio 1989, n. 1.*

135. (1) [I] La Corte costituzionale è composta di quindici giudici nominati per un terzo dal Presidente della Repubblica, per un terzo dal Parlamento in seduta comune e per un terzo dalle supreme magistrature ordinaria ed amministrative.

[II] I giudici della Corte costituzionale sono scelti tra i magistrati anche a riposo delle giurisdizioni superiori ordinaria ed amministrative, i professori ordinari di università in materie giuridiche e gli avvocati dopo venti anni d'esercizio.

[III] I giudici della Corte costituzionale sono nominati per nove anni, decorrenti per ciascuno di essi dal giorno del giuramento, e non possono essere nuovamente nominati.

[IV] Alla scadenza del termine il giudice costituzionale cessa dalla carica e dall'esercizio delle funzioni.

[V] La Corte elegge fra i suoi componenti, secondo le norme stabilite dalla legge, il Presidente che rimane in carica per un triennio, ed è rieleggibile, fermi in ogni caso i termini di scadenza dall'ufficio di giudice.

[VI] L'ufficio di giudice della Corte è incompatibile con quello di membro del Parlamento, di un Consiglio regionale, con l'esercizio della professione di avvocato e con ogni carica ed ufficio indicati dalla legge.

[VII] Nei giudizi di accusa contro il Presidente della Repubblica intervengono, oltre i giudici ordinari della Corte, sedici membri tratti a sorte da un elenco di cittadini aventi i requisiti per la eleggibilità a senatore, che il Parlamento compila ogni nove anni mediante elezione con le stesse modalità stabilite per la nomina dei giudici ordinari.

(1) *Articolo dapprima sostituito dall'art. 1 l. cost. 22 novembre 1967, n. 2, e successivamente così modificato dall'art. 2 l. cost. 16 gennaio 1989, n. 1.*

136. [I] Quando la Corte dichiara l'illegittimità costituzionale di una norma di legge o di atto avente forza di legge, la norma cessa di avere efficacia dal giorno successivo alla pubblicazione della decisione.

[II] La decisione della Corte è pubblicata e comunicata alle Camere ed ai Consigli regionali interessati, affinché, ove lo ritengano necessario, provvedano nelle forme costituzionali.

137. [I] Una legge costituzionale stabilisce le condizioni, le forme, i termini di proponibilità dei giudizi di legittimità costituzionale, e le garanzie d'indipendenza dei giudici della Corte (1).

[II] Con legge ordinaria sono stabilite le altre norme necessarie per la costituzione e il funzionamento della Corte (2).

[III] Contro le decisioni della Corte costituzionale non è ammessa alcuna impugnazione.

(1) *V. l. cost. 9 febbraio 1948, n. 1, e l. cost. 11 marzo 1953, n. 1.*

(2) *Vedi l. 11 marzo 1953, n. 87.*

SEZIONE II – *Revisione della Costituzione. Leggi costituzionali*

138. [I] Le leggi di revisione della Costituzione e le altre leggi costituzionali sono adottate da ciascuna Camera con due successive deliberazioni ad intervallo non minore di tre mesi, e sono approvate a maggioranza assoluta dei componenti di ciascuna Camera nella seconda votazione.

[II] Le leggi stesse sono sottoposte a referendum popolare quando, entro tre mesi dalla loro pubblicazione, ne facciano domanda un quinto dei membri di una Camera o cinquecentomila elettori o cinque Consigli regionali. La legge sottoposta a referendum non è promulgata, se non è approvata dalla maggioranza dei voti validi.

[III] Non si fa luogo a referendum se la legge è stata approvata nella seconda votazione da ciascuna delle Camere a maggioranza di due terzi dei suoi componenti (1).

(1) *V. gli artt. 1-26 l. 25 maggio 1970, n. 352.*

139. [I] La forma repubblicana non può essere oggetto di revisione costituzionale.

DISPOSIZIONI TRANSITORIE E FINALI

I. [I] Con l'entrata in vigore della Costituzione il Capo provvisorio dello Stato esercita le attribuzioni di Presidente della Repubblica e ne assume il titolo.

II. [I] Se alla data della elezione del Presidente della Repubblica non sono costituiti tutti i Consigli regionali, partecipano alla elezione soltanto i componenti delle due Camere.

III. [I] Per la prima composizione del Senato della Repubblica sono nominati senatori, con decreto del Presidente della Repubblica, i deputati dell'Assemblea Costituente che posseggono i requisiti di legge per essere senatori e che:

sono stati Presidenti del Consiglio dei Ministri o di Assemblee legislative;

hanno fatto parte del disciolto Senato;

hanno avuto almeno tre elezioni, compresa quella all'Assemblea Costituente;

sono stati dichiarati decaduti nella seduta della Camera dei deputati del 9 novembre 1926;

hanno scontato la pena della reclusione non inferiore a cinque anni in seguito a condanna del tribunale speciale fascista per la difesa dello Stato.

[II] Sono nominati altresì senatori, con decreto del Presidente della Repubblica, i membri del disciolto Senato che hanno fatto parte della Consulta Nazionale.

[III] Al diritto di essere nominati senatori si può rinunciare prima della firma del decreto di nomina. L'accettazione della candidatura alle elezioni politiche implica rinuncia al diritto di nomina a senatore.

IV. [I] Per la prima elezione del Senato il Molise è considerato come Regione a sé stante, con il numero dei senatori che gli compete in base alla sua popolazione.

V. [I] La disposizione dell'articolo 80 della Costituzione, per quanto concerne i trattati internazionali che importano oneri alle finanze o modificazioni di legge, ha effetto dalla data di convocazione delle Camere.

VI. [I] Entro cinque anni dall'entrata in vigore della Costituzione si procede alla revisione degli organi speciali di giurisdizione attualmente esistenti, salvo le giurisdizioni del Consiglio di Stato, della Corte dei conti e dei tribunali militari.

[II] Entro un anno dalla stessa data si provvede con legge al riordinamento del Tribunale supremo militare in relazione all'articolo 111.

VII. [I] Fino a quando non sia emanata la nuova legge sull'ordinamento giudiziario in conformità con la Costituzione, continuano ad osservarsi le norme dell'ordinamento vigente.

[II] Fino a quando non entri in funzione la Corte costituzionale, la decisione delle controversie indicate nell'articolo 134 ha luogo nelle forme e nei limiti delle norme preesistenti all'entrata in vigore della Costituzione (1).

(1) *Seguiva un terzo comma abrogato dall'art. 7 l. cost. 22 novembre 1967, n. 2.*

VIII. [I] Le elezioni dei Consigli regionali e degli organi elettivi delle amministrazioni provinciali sono indette entro un anno dall'entrata in vigore della Costituzione.

[II] Leggi della Repubblica regolano per ogni ramo della pubblica amministrazione il passaggio delle funzioni statali attribuite alle Regioni. Fino a quando non sia provveduto al riordinamento e alla distribuzione delle funzioni amministrative fra gli enti locali, restano alle Province ed ai Comuni le funzioni che esercitano attualmente e le altre di cui le Regioni deleghino loro l'esercizio.

[III] Leggi della Repubblica regolano il passaggio alle Regioni di funzionari e dipendenti dello Stato, anche delle amministrazioni centrali, che sia reso necessario dal nuovo ordinamento. Per la formazione dei loro uffici le Regioni devono, tranne che in casi di necessità, trarre il proprio personale da quello dello Stato e degli enti locali.

IX. [I] La Repubblica, entro tre anni dall'entrata in vigore della Costituzione, adegua le sue leggi alle esigenze delle autonomie locali e alla competenza legislativa attribuita alle Regioni.

X. [I] Alla Regione del Friuli-Venezia Giulia, di cui all'articolo 116, si applicano provvisoriamente le norme generali del Titolo V della parte seconda, ferma restando la tutela delle minoranze linguistiche in conformità con l'articolo 6.

XI. [I] Fino a cinque anni dall'entrata in vigore della Costituzione (1) si possono, con leggi costituzionali, formare altre Regioni, a modificazione dell'elenco di cui allo articolo 131, anche senza il concorso delle condizioni richieste dal primo comma dell'articolo 132, fermo rimanendo tuttavia l'obbligo di sentire le popolazioni interessate.

(1) *Termine prorogato al 31 dicembre 1963 con l. cost. 18 marzo 1958, n. 1.*

XII. [I] È vietata la riorganizzazione, sotto qualsiasi forma, del disciolto partito fascista.

[II] In deroga all'articolo 48, sono stabilite con legge, per non oltre un quinquennio dalla entrata in vigore della Costituzione, limitazioni temporanee al diritto di voto e alla eleggibilità per i capi responsabili del regime fascista.

XIII. [I] [I membri e i discendenti di Casa Savoia non sono elettori e non possono ricoprire uffici pubblici né cariche elettive](1).

[II] [Agli ex re di Casa Savoia, alle loro consorti e ai loro discendenti maschi sono vietati l'ingresso e il soggiorno nel territorio nazionale] (1).

[III] I beni esistenti nel territorio nazionale, degli ex re di Casa Savoia, delle loro consorti e dei loro discendenti maschi, sono avocati allo Stato. I trasferimenti e le costituzioni di diritti reali sui beni stessi, che siano avvenuti dopo il 2 giugno 1946, sono nulli.

(1) *Comma divenuto inefficace ai sensi dell'art. 1 l. cost. 23 ottobre 2002, n. 1.*

XIV. [I] I titoli nobiliari non sono riconosciuti.

[II] I predicati di quelli esistenti prima del 28 ottobre 1922 valgono come parte del nome.

[III] L'Ordine mauriziano è conservato come ente ospedaliero e funziona nei modi stabiliti dalla legge.

[IV] La legge regola la soppressione della Consulta araldica.

XV. [I] Con l'entrata in vigore della Costituzione si ha per convertito in legge il decreto legislativo luogotenenziale 25 giugno 1944, n. 151, sull'ordinamento provvisorio dello Stato.

XVI. [I] Entro un anno dall'entrata in vigore della Costituzione si procede alla revisione e al coordinamento con essa delle precedenti leggi costituzionali che non siano state finora esplicitamente o implicitamente abrogate.

XVII. [I] L'Assemblea Costituente sarà convocata dal suo Presidente per deliberare, entro il 31 gennaio 1948, sulla legge per la elezione del Senato della Repubblica, sugli statuti regionali speciali e sulla legge per la stampa.

[II] Fino al giorno delle elezioni delle nuove Camere, l'Assemblea Costituente può essere convocata, quando vi sia necessità di deliberare nelle materie attribuite alla sua competenza dagli articoli 2, primo e secondo comma, e 3, comma primo e secondo, del decreto legislativo 16 marzo 1946, n. 98.

[III] In tale periodo le Commissioni permanenti restano in funzione. Quelle legislative rinviano al Governo i disegni di legge, ad esse trasmessi, con eventuali osservazioni e proposte di emendamenti.

[IV] I deputati possono presentare al Governo interrogazioni con richiesta di risposta scritta.

[V] L'Assemblea Costituente, agli effetti di cui al secondo comma del presente articolo, è convocata dal suo Presidente su richiesta motivata del Governo o di almeno duecento deputati.

XVIII. [I] La presente Costituzione è promulgata dal Capo provvisorio dello Stato entro cinque giorni dalla sua approvazione da parte dell'Assemblea Costituente, ed entra in vigore il 1° gennaio 1948.

[II] Il testo della Costituzione è depositato nella sala comunale di ciascun Comune della Repubblica per rimanervi esposto, durante tutto l'anno 1948, affinché ogni cittadino possa prenderne cognizione.

[III] La Costituzione, munita del sigillo dello Stato, sarà inserita nella Raccolta ufficiale delle leggi e dei decreti della Repubblica.

[IV] La Costituzione dovrà essere fedelmente osservata come Legge fondamentale della Repubblica da tutti i cittadini e dagli organi dello Stato.

Disposizioni sulla legge in generale

Disposizioni sulla legge in generale, approvate preliminarmente al codice civile con regio decreto 16 marzo 1942, n. 262 (G.U. 4 aprile 1942, n. 79, ediz. straord.).

Capo I
Delle fonti del diritto

1. Indicazione delle fonti. [I]. Sono fonti del diritto [1 c. nav.]:
1) le leggi [2, 10 ss.; 70 s., 87^4 s., 117, 138 Cost.];
2) i regolamenti [3, 4; 87^5 Cost.];
3) le norme corporative [5-7] (1);
4) gli usi [8, 9].

(1) *Disposizione divenuta inoperante a seguito della soppressione dell'ordinamento corporativo disposta con r.d.l. 9 agosto 1943, n. 721. Con d.ls.lt. 23 novembre 1944, n. 369, sono state soppresse le organizzazioni sindacali fasciste.*

2. Leggi. [I]. La formazione delle leggi e l'emanazione degli atti del Governo aventi forza di legge [76, 77 Cost.] sono disciplinate da leggi di carattere costituzionale [70 ss., 87^4 ss., 138 Cost.].

3. (1) **Regolamenti.** [I]. Il potere regolamentare del Governo [87^5 Cost.] è disciplinato da leggi di carattere costituzionale [4].

[II]. Il potere regolamentare di altre autorità [64, 121, 123, 128 Cost.; 30, 62, 81 c. nav.] è esercitato nei limiti delle rispettive competenze, in conformità delle leggi particolari [4].

(1) *V. art. 17 l. 23 agosto 1988, n. 400.*

4. Limiti della disciplina regolamentare. [I]. I regolamenti [3] non possono contenere norme contrarie alle disposizioni delle leggi.

[II]. I regolamenti emanati a norma del secondo comma dell'articolo 3 non possono nemmeno dettare norme contrarie a quelle dei regolamenti emanati dal Governo [3].

5. (1) **Norme corporative.** [I]. Sono norme corporative [1, 6, 7, 10^2, 11^2, 13] le ordinanze corporative, gli accordi economici collettivi, i contratti collettivi di lavoro e le sentenze della magistratura del lavoro nelle controversie collettive.

(1) V. sub *art. 1.*

6. (1) **Formazione ed efficacia delle norme corporative.** [I]. La formazione e l'efficacia delle norme corporative [5] sono disciplinate nel codice civile [2063-2081 c.c.] e in leggi particolari.

(1) V. sub *art. 1.*

7. (1) **Limiti della disciplina corporativa.** [I]. Le norme corporative [5] non possono derogare alle disposizioni imperative delle leggi e dei regolamenti.

(1) *V.* sub *art. 1.*

8. Usi. [I]. Nelle materie regolate dalle leggi e dai regolamenti [2, 3] gli usi hanno efficacia solo in quanto sono da essi richiamati [1, 9; 230*bis*[6], 770, 896, 1181 ss., 1187, 1214, 1217, 1269, 1283, 1326 ss., 1333, 1336, 1340, 1368, 1374, 1454, 1457, 1492, 1496 ss., 1510, 1512, 1517, 1520 ss., 1527 ss., 1535, 1550, 1562, 1566, 1569, 1574, 1592 ss., 1605, 1609, 1612, 1616, 1646, 1657 ss., 1665, 1687, 1709, 1712, 1732 ss., 1736, 1739 ss., 1749 ss., 1753, 1755 ss., 1825, 1831, 1834, 1838, 1845, 1847, 1855, 2078, 2109, 2110, 2118, 2120, 2130, 2139, 2143, 2147 ss., 2152 ss., 2155 ss., 2163, 2164, 2172 ss., 2178, 2183, 2187, 2225, 2232 ss., 2240, 2243, 2245 c.c.].

[II]. Le norme corporative prevalgono sugli usi, anche se richiamati dalle leggi e dai regolamenti, salvo che in esse sia diversamente disposto (1).

(1) *V.* sub *art. 1.*

9. (1) **Raccolte di usi.** [I]. Gli usi pubblicati nelle raccolte ufficiali degli enti e degli organi a ciò autorizzati si presumono esistenti fino a prova contraria.

(1) *V. per gli usi generali d.ls. C.p.S. 27 gennaio 1947, n. 152, modif. dalla l. 13 marzo 1950, n. 115.*

CAPO II
Dell'applicazione della legge in generale

10. Inizio dell'obbligatorietà delle leggi e dei regolamenti. [I]. Le leggi e i regolamenti [2, 3] divengono obbligatori nel decimoquinto giorno successivo a quello della loro pubblicazione [73[3] Cost.], salvo che sia altrimenti disposto (1).

[II]. Le norme corporative divengono obbligatorie nel giorno successivo a quello della pubblicazione, salvo che in esse sia altrimenti disposto (2).

(1) *V. art. 7 d.P.R. 28 dicembre 1985, n. 1092.*
(2) *V.* sub *art. 1.*

11. Efficacia della legge nel tempo. [I]. La legge non dispone che per l'avvenire: essa non ha effetto retroattivo [25[2] Cost.].

[II]. I contratti collettivi di lavoro [39[3] Cost.] possono stabilire per la loro efficacia, una data anteriore alla pubblicazione, purché non preceda quella della stipulazione.

12. Interpretazione della legge. [I]. Nell'applicare la legge non si può ad essa attribuire altro senso che quello fatto palese dal significato proprio delle parole secondo la connessione di esse, e dalla intenzione del legislatore [1362 ss. c.c.].

[II]. Se una controversia non può essere decisa con una precisa disposizione, si ha riguardo alle disposizioni che regolano casi simili o materie analoghe [14]; se il caso rimane ancora dubbio, si decide secondo i principi generali dell'ordinamento giuridico dello Stato [2, 3, 4, 29, 35, 36, 41, 42, 45 Cost.].

13. (1) **Esclusione dell'applicazione analogica delle norme corporative.** [I]. Le norme corporative non possono essere applicate a casi simili o a materie analoghe a quelli da esse contemplati.

(1) *V.* sub *art. 1.*

14. Applicazione delle leggi penali ed eccezionali. [I]. Le leggi penali e quelle che fanno eccezione a regole generali o ad altre leggi non si applicano oltre i casi e i tempi in esse considerati [12; 1, 201 c.p.].

15. Abrogazione delle leggi. [I]. Le leggi non sono abrogate che da leggi posteriori per dichiarazione espressa del legislatore, o per incompatibilità tra le nuove disposizioni e le precedenti o perché la nuova legge regola l'intera materia già regolata dalla legge anteriore [75 Cost.].

16. (1) **Trattamento dello straniero.** [I]. Lo straniero è ammesso a godere dei diritti civili attribuiti al cittadino a condizione di reciprocità e salve le disposizioni contenute in leggi speciali [10^2 Cost.].

[II]. Questa disposizione vale anche per le persone giuridiche straniere [2505 ss. c.c.].

(1) *V. l. 5 febbraio 1992, n. 91.*

17-31. (1)

(1) *Articoli abrogati dall'art. 73 l. 31 maggio 1995, n. 218, come sostituito da ultimo dall'art. 10 d.l. 23 ottobre 1996, n. 542, conv., con modif., nella l. 23 dicembre 1996, n. 649. Successivamente* ***C. cost.*** *4 luglio 2006, n. 254, ha dichiarato* l'illegittimità costituzionale *del primo comma dell'art. 19.*

Convenzione per la salvaguardia dei diritti dell'uomo e delle libertà fondamentali

Convenzione per la salvaguardia dei diritti dell'uomo e delle libertà fondamentali (1).

(1) *La presente Convenzione, firmata a Roma il 4 novembre 1950 e resa esecutiva con l. 4 agosto 1955, n. 848 (G.U. 24 settembre 1955, n. 221), è stata da ultimo modificata dal Protocollo n. 14 del 13 maggio 2004, ratificato dall'Italia con l. 15 dicembre 2005, n. 280 (G.U. 5 gennaio 2006, n. 4) ed entrato in vigore il 1° giugno 2010; v. l'art. 20 del Protocollo n. 14, cit., ai sensi del quale, alla suddetta data le disposizioni dello stesso si applicano a tutti i ricorsi pendenti davanti alla Corte, nonché a tutte le sentenze la cui esecuzione è oggetto della sorveglianza del Comitato dei Ministri.*

V., inoltre il Protocollo n. 15 recante emendamento alla presente Convenzione, firmato a Strasburgo il 24 giugno 2013, ratificato dall'Italia con l. 15 gennaio 2021, n. 11. Tale Protocollo, ai sensi dell'art 7, entra in vigore « il primo giorno del mese successivo alla scadenza di un periodo di tre mesi dalla data in cui tutte le Alte Parti contraenti della Convenzione avranno espresso il loro consenso a essere vincolate dal Protocollo ».

Si veda altresì il Protocollo n. 16 alla Convenzione, firmato a Strasburgo il 2 ottobre 2013 — che consente alle corti e ai tribunali di un'Alta Parte contraente, dalla medesima designati, di richiedere pareri consultivi alla Corte europea dei diritti dell'uomo su questioni di principio riguardanti l'interpretazione o l'applicazione dei diritti e libertà definiti nella Convenzione o nei suoi Protocolli — ma non ancora ratificato dall'Italia: tale Protocollo, è entrato in vigore il 1º agosto 2018 (ai sensi dell'art 8, « il primo giorno del mese successivo alla scadenza di un periodo di tre mesi dalla data in cui dieci Alte Parti contraenti della Convenzione avranno espresso il loro consenso ad essere vincolate dal Protocollo »; il deposito dell'ultimo strumento di ratifica è avvenuto, da parte della Francia, in data 12 aprile 2018).

(*Stralcio*)

1. Obbligo di rispettare i diritti dell'uomo (1). – Le Alte Parti Contraenti riconoscono ad ogni persona soggetta alla loro giurisdizione i diritti e le libertà definiti al titolo primo della presente Convenzione.

(1) *Il titolo del presente articolo è stato attribuito dal Protocollo n. 11 dell'11 maggio 1994, ratificato con l. 28 agosto 1997, n. 296, ed entrato in vigore il 1° novembre 1998.*

Titolo I
Diritti e libertà (1)

(1) *L'intitolazione del presente Titolo e degli articoli da 2 a 18 è stata attribuita dal Protocollo n. 11 dell'11 maggio 1994, ratificato con l. 28 agosto 1997, n. 296, ed entrato in vigore il 1° novembre 1998.*

2. Diritto alla vita (1). – 1. Il diritto alla vita di ogni persona è protetto dalla legge. Nessuno può essere intenzionalmente privato della vita, salvo che in esecuzione di una sentenza capitale pronunciata da un tribunale, nei casi in cui il delitto sia punito dalla legge con tale pena.

2. La morte non è considerata inflitta in violazione di questo arti-

colo quando derivasse da un ricorso alla forza reso assolutamente necessario:

a) per assicurare la difesa di qualsiasi persona dalla violenza illegale;

b) per effettuare un regolare arresto o per impedire l'evasione di una persona legalmente detenuta;

c) per reprimere, in modo conforme alla legge, una sommossa o una insurrezione.

(1) *V.* sub *Titolo I.*

3. **Divieto della tortura** (1). – Nessuno può essere sottoposto a tortura né a pene o trattamenti inumani o degradanti.

(1) *V.* sub *Titolo I.*

4. **Divieto di schiavitù e del lavoro forzato** (1). – 1. Nessuno può essere tenuto in condizione di schiavitù o di servitù.

2. Nessuno può essere costretto a compiere un lavoro forzato o obbligatorio.

3. Non è considerato « lavoro forzato o obbligatorio » nel senso di questo articolo:

a) ogni lavoro normalmente richiesto ad una persona detenuta alle condizioni previste dall'articolo 5 della presente Convenzione o nel periodo di libertà condizionata;

b) ogni servizio di carattere militare o, nel caso di obiettori di coscienza nei paesi nei quali l'obiezione di coscienza è riconosciuta legittima, un altro servizio sostitutivo di quello militare obbligatorio;

c) ogni servizio richiesto in caso di crisi o di calamità che minacciano la vita o il benessere della comunità;

d) ogni lavoro o servizio che faccia parte dei normali doveri civici.

(1) *V.* sub *Titolo I.*

5. **Diritto alla libertà e alla sicurezza** (1). – 1. Ogni persona ha diritto alla libertà e alla sicurezza. Nessuno può essere privato della libertà salvo che nei casi seguenti e nei modi previsti dalla legge:

a) se è detenuto regolarmente in seguito a condanna da parte di un tribunale competente;

b) se è in regolare stato di arresto o di detenzione per violazione di un provvedimento legittimamente adottato da un tribunale ovvero per garantire l'esecuzione di un obbligo imposto dalla legge;

c) se è stato arrestato o detenuto per essere tradotto dinanzi all'autorità giudiziaria competente quando vi sono ragioni plausibili per sospettare che egli abbia commesso un reato o ci sono motivi fondati per ritenere necessario di impedirgli di commettere un reato o di fuggire dopo averlo commesso;

d) se si tratta della detenzione regolare di un minore, decisa per sorvegliare la sua educazione, o di sua legale detenzione al fine di tradurlo dinanzi all'autorità competente;

e) se si tratta della detenzione regolare di una persona per prevenire la propagazione di una malattia contagiosa, di un alienato, di un alcoolizzato, di un tossicomane o di un vagabondo;

f) se si tratta dell'arresto o della detenzione regolari di una persona per impedirle di penetrare irregolarmente nel territorio, o contro la quale è in corso un procedimento d'espulsione o d'estradizione.

2. Ogni persona che venga arrestata deve essere informata al più presto e in una lingua a lei comprensibile dei motivi dell'arresto e di ogni accusa elevata a suo carico.

3. Ogni persona arrestata o detenuta nelle condizioni previste dal paragrafo 1 *c*) del presente articolo, deve essere tradotta al più presto dinanzi a un giudice o a un altro magistrato autorizzato dalla legge ad esercitare funzioni giudiziarie e ha diritto di essere giudicata entro un termine ragionevole o di essere posta in libertà durante l'istruttoria. La scarcerazione può essere subordinata ad una garanzia che assicuri la comparizione della persona all'udienza.

4. Ogni persona privata della libertà mediante arresto o detenzione ha diritto di indirizzare un ricorso ad un tribunale affinché esso decida, entro brevi termini, sulla legalità della sua detenzione e ne ordini la scarcerazione se la detenzione è illegale.

5. Ogni persona vittima di arresto o di detenzione in violazione a una delle disposizioni di questo articolo ha diritto ad una riparazione.

(1) *V.* sub *Titolo I.*

6. Diritto ad un processo equo (1). – 1. Ogni persona ha diritto ad un'equa e pubblica udienza entro un termine ragionevole, davanti a un tribunale indipendente e imparziale costituito per legge, al fine della determinazione sia dei suoi diritti e dei suoi doveri di carattere civile, sia della fondatezza di ogni accusa penale che gli venga rivolta. La sentenza deve essere resa pubblicamente, ma l'accesso alla sala d'udienza può essere vietato alla stampa e al pubblico durante tutto o una parte del processo nell'interesse della morale, dell'ordine pubblico o della sicurezza nazionale in una società democratica, quando lo esigono gli interessi dei minori o la tutela della vita privata delle parti nel processo, o nella misura giudicata strettamente necessaria dal tribunale quando, in speciali circostanze, la pubblicità potrebbe pregiudicare gli interessi della giustizia.

2. Ogni persona accusata di un reato è presunta innocente sino a quando la sua colpevolezza non sia stata legalmente accertata.

3. Ogni accusato ha segnatamente diritto a:

a) essere informato, nel più breve tempo possibile, in una lingua a lui comprensibile e in un modo dettagliato, della natura e dei motivi dell'accusa elevata a suo carico;

b) disporre del tempo e delle facilitazioni necessarie per preparare la sua difesa;

c) difendersi da sé o avere l'assistenza di un difensore di propria scelta e, se non ha i mezzi per ricompensare un difensore, poter essere assistito gratuitamente da un avvocato d'ufficio quando lo esigano gli interessi della giustizia;

d) interrogare o far interrogare i testimoni a carico ed ottenere la convocazione e l'interrogazione dei testimoni a discarico nelle stesse condizioni dei testimoni a carico;

e) farsi assistere gratuitamente da un interprete se non comprende o non parla la lingua impiegata nell'udienza.

(1) V. sub *Titolo I*.

7. Nessuna pena senza legge (1). – 1. Nessuno può essere condannato per un'azione o una omissione che al momento in cui fu commessa non costituisse reato secondo il diritto interno o secondo il diritto internazionale. Non può del pari essere inflitta alcuna pena superiore a quella che era applicabile al momento in cui il reato è stato commesso.

2. Il presente articolo non ostacolerà il rinvio a giudizio e la condanna di una persona colpevole d'una azione o d'una omissione che, al momento in cui fu commessa, era criminale secondo i principi generali di diritto riconosciuti dalle nazioni civili.

(1) V. sub *Titolo I*.

8. Diritto al rispetto della vita privata e familiare (1). – 1. Ogni persona ha diritto al rispetto della sua vita privata e familiare, del suo domicilio e della sua corrispondenza.

2. Non può esservi ingerenza della pubblica autorità nell'esercizio di tale diritto se non in quanto tale ingerenza sia prevista dalla legge e in quanto costituisca una misura che, in una società democratica, è necessaria per la sicurezza nazionale, l'ordine pubblico, il benessere

economico del paese, la prevenzione dei reati, la protezione della salute o della morale, o la protezione dei diritti e delle libertà altrui.

(1) *V.* sub *Titolo I.*

9. Libertà di pensiero, di coscienza e di religione (1). – 1. Ogni persona ha diritto alla libertà di pensiero, di coscienza e di religione; tale diritto include la libertà di cambiare di religione o di credo e la libertà di manifestare la propria religione o credo individualmente o collettivamente, sia in pubblico che in privato, mediante il culto, l'insegnamento, le pratiche e l'osservanza dei riti.

2. La libertà di manifestare la propria religione o il proprio credo può essere oggetto di quelle sole restrizioni che, stabilite per legge, costituiscono misure necessarie in una società democratica, per la protezione dell'ordine pubblico, della salute o della morale pubblica, o per la protezione dei diritti e della libertà altrui.

(1) *V.* sub *Titolo I.*

10. Libertà di espressione (1). – 1. Ogni persona ha diritto alla libertà d'espressione. Tale diritto include la libertà d'opinione e la libertà di ricevere o di comunicare informazioni o idee senza ingerenza alcuna da parte delle autorità pubbliche e senza considerazione di frontiera. Il presente articolo non impedisce che gli Stati sottopongano a un regime di autorizza'adzione le imprese di radiodiffusione, di cinema o di televisione.

2. L'esercizio di queste libertà, comportando doveri e responsabilità, può essere sottoposto a determinate formalità, condizioni, restrizioni o sanzioni previste dalla legge e costituenti misure necessarie in una società democratica, per la sicurezza nazionale, l'integrità territoriale o l'ordine pubblico, la prevenzione dei reati, la protezione della salute e della morale, la protezione della reputazione o dei diritti altrui, o per impedire la divulgazione di informazioni confidenziali o per garantire l'autorità e la imparzialità del potere giudiziario.

(1) *V.* sub *Titolo I.*

11. Libertà di riunione ed associazione (1). – 1. Ogni persona ha diritto alla libertà di riunione pacifica e alla libertà d'associazione, ivi compreso il diritto di partecipare alla costituzione di sindacati e di aderire ad essi per la difesa dei propri interessi.

2. L'esercizio di questi diritti non può costituire oggetto di altre restrizioni oltre quelle che, stabilite per legge, costituiscono misure necessarie, in una società democratica, per la sicurezza nazionale, l'ordine pubblico, la prevenzione dei reati, la protezione della salute

e della morale o per la protezione dei diritti e delle libertà altrui. Il presente articolo non vieta che restrizioni legittime siano imposte all'esercizio di questi diritti da parte dei membri delle forze armate, della polizia o dell'amministrazione dello Stato.

(1) *V.* sub *Titolo I.*

12. Diritto al matrimonio (1). – Uomini e donne in età adatta hanno diritto di sposarsi e di fondare una famiglia secondo le leggi nazionali regolanti l'esercizio di tale diritto.

(1) *V.* sub *Titolo I.*

13. Diritto ad un ricorso effettivo (1). – Ogni persona i cui diritti e le cui libertà riconosciuti nella presente Convenzione siano stati violati, ha diritto a un ricorso effettivo davanti a un'istanza nazionale, anche quando la violazione sia stata commessa da persone agenti nell'esercizio delle loro funzioni ufficiali.

(1) *V.* sub *Titolo I.*

14. Divieto di discriminazione (1). – Il godimento dei diritti e delle libertà riconosciuti nella presente Convenzione deve essere assicurato, senza distinzione di alcuna specie, come di sesso, di razza, di colore, di lingua, di religione, di opinione politica o di altro genere, di origine nazionale o sociale, di appartenenza a una minoranza nazionale di ricchezza, di nascita o di altra condizione.

(1) *V.* sub *Titolo I.*

15. Deroga in caso di emergenze (1). – 1. In caso di guerra o di altro pericolo pubblico che minacci la vita della nazione, ogni Alta Parte Contraente può prendere delle misure in deroga alle obbligazioni previste nella presente Convenzione nella stretta misura in cui la situazione lo esiga e a condizione che tali misure non siano in contraddizione con le altre obbligazioni derivanti dal diritto internazionale.

2. La disposizione precedente non autorizza alcuna deroga all'articolo 2 salvo che per il caso di decesso risultante da legittimi atti di guerra, e agli articoli 3, 4 (paragrafo 1) e 7.

3. Ogni Alta Parte Contraente che eserciti tale diritto di deroga tiene pienamente informato il Segretario Generale del Consiglio d'Europa delle misure prese e dei motivi che le hanno ispirate. Essa deve parimenti informare il Segretario Generale del Consiglio d'Europa della data in cui queste misure hanno cessato d'esser in vigore e le disposizioni della Convenzione riacquistano piena applicazione.

(1) *V.* sub *Titolo I.*

16. Restrizione all'attività politica degli stranieri (1). – Nessuna delle disposizioni degli articoli 10, 11 e 14 può essere considerata come vietante alle Alte Parti Contraenti di porre limitazioni all'attività politica degli stranieri.

(1) *V.* sub *Titolo I.*

17. Divieto dell'abuso di diritto (1). – Nessuna disposizione della presente Convenzione può essere interpretata come implicante il diritto per uno Stato, gruppo o individuo di esercitare una attività o compiere un atto mirante alla distruzione dei diritti o delle libertà riconosciuti nella presente Convenzione o porre a questi diritti e a queste libertà limitazioni maggiori di quelle previste in detta Convenzione.

(1) *V.* sub *Titolo I.*

18. Limitazioni dell'uso di restrizioni ai diritti (1). – Le limitazioni che, in base alla presente Convenzione, sono poste a detti diritti e libertà non possono essere applicate che per lo scopo per il quale sono state previste.

(1) *V.* sub *Titolo I.*

TITOLO II
Corte europea dei diritti dell'uomo (1)

(1) *Il Titolo II (comprendente gli artt. 19-51) è stato sostituito ai precedenti Titoli dal II al IV (comprendenti gli artt. 19-56) dal Protocollo n. 11 dell'11 maggio 1994, ratificato con l. 28 agosto 1997, n. 296, ed entrato in vigore il 1° novembre 1998.*

19-34. (*Omissis*).

35. (1) **Criteri di ricevibilità.** – 1. La Corte non può essere adita se non dopo l'esaurimento delle vie di ricorso interne, qual è inteso secondo i princìpi di diritto internazionale generalmente riconosciuti ed entro un periodo di sei mesi a partire dalla data della decisione interna definitiva (2). Una questione può essere rimessa alla Corte solo dopo l'esaurimento di tutte le vie di ricorso interne, qual è inteso secondo i principi di diritto internazionale generalmente riconosciuti, ed entro un periodo di sei mesi dalla data della decisione interna definitiva.

2. La Corte non prende in considerazione alcun ricorso individuale presentato in virtù dell'articolo 34 quando:

a) è anonimo, o

b) è sostanzialmente uguale ad un ricorso precedentemente esaminato dalla Corte o è già stato sottoposto ad un'altra istanza internazionale di inchiesta o di composizione e non contiene fatti nuovi.

3. La Corte dichiara irricevibile qualsiasi ricorso individuale presentato in applicazione dell'articolo 34 qualora ritenga:

a) che il ricorso è incompatibile con le disposizioni della Convenzione o dei suoi Protocolli, manifestamente infondato o abusivo; oppure

b) che il ricorrente non ha subito alcun danno rilevante, a meno che il rispetto dei diritti dell'Uomo garantiti dalla Convenzione e dai suoi Protocolli non esiga un esame del ricorso per quanto riguarda il merito e a patto di non rigettare, per questa ragione alcuna causa che non sia stata debitamente esaminata da un tribunale interno (3).

4. La Corte respinge tutti i ricorsi irricevibili ai sensi del presente articolo. Può procedere in tal senso in ogni fase della procedura.

(1) *V. sub Titolo II.*

(2) *Paragrafo così modificato dall'art. 4, Prot. Addiz. n. 15 del 24 giugno 2013, ratificato con L. 15 gennaio 2021, n. 11. Per l'applicabilità, a decorrere dal 1° febbraio 2022, di tale disposizione vedi l' art. 8, § 3, del medesimo* Protocollo cit.

(3) *Paragrafo modificato, a decorrere dal 1° agosto 2021, dall'art. 5, § 1, Prot. Addiz. n. 15, cit. Precedentemente modificato dall'art. 12 Protocollo n. 14 del 13 maggio 2004, in vigore dal 1° giugno 2010 (v. anche sub art. 22). Ai sensi dell'art. 20 § 2 Protocollo n. 14, cit., il nuovo criterio di ricevibilità inserito dalla lett. b) del presente paragrafo, non si applica ai ricorsi dichiarati ricevibili prima dell'entrata in vigore del suddetto Protocollo; entro due anni dopo l'entrata in vigore del medesimo Protocollo, solo le Sezioni e la Sezione allargata possono applicare il nuovo criterio di ricevibilità.*

36-40. (*Omissis*).

41. (1) **Equa soddisfazione.** – Se la Corte dichiara che vi è stata una violazione della Convenzione o dei suoi Protocolli e se il diritto interno dell'Alta Parte contraente interessata non permette che una parziale riparazione della violazione, la Corte, se necessario, accorda alla parte lesa un'equa soddisfazione.

(1) *V.* sub *Titolo II.*

42-45. (*Omissis*).

46. (1) **Forza vincolante ed esecuzione delle sentenze.** – 1. Le Alte Parti contraenti s'impegnano a conformarsi alle sentenze definitive della Corte per le controversie di cui sono parte.

2. La sentenza definitiva della Corte è trasmessa al Comitato dei Ministri che ne sorveglia l'esecuzione.

3. Ove il Comitato dei Ministri ritenga che la sorveglianza di una sentenza definitiva è intralciata dalla difficoltà d'interpretare tale sentenza, esso può investire la Corte affinché si pronunzi su tale

questione d'interpretazione. La decisione di investire la Corte è presa con un voto a maggioranza di due terzi dei rappresentanti aventi diritto ad un seggio nel Comitato.

4. Ove il Comitato dei Ministri ritenga che un'Alta Parte contraente rifiuti di attenersi ad una sentenza definitiva in una controversia di cui è parte, esso può, dopo aver messo in mora questa Parte e mediante una decisione adottata con un voto a maggioranza dei due terzi dei rappresentanti aventi diritto ad un seggio nel Comitato, investire la Corte della questione dell'osservanza di questa Parte degli obblighi relativi al paragrafo 1.

5. Se la Corte accerta una violazione del paragrafo 1, essa rinvia il caso al Comitato dei Ministri affinché esamini i provvedimenti da adottare. Qualora la Corte accerti che non vi è stata violazione del paragrafo 1, essa rinvia il caso al Comitato dei Ministri, il quale decide di porre fine al suo esame.

(1) *Articolo, da ultimo, così modificato dall'art. 16 Protocollo n. 14 del 13 maggio 2004, in vigore dal 1° giugno 2010 (v. anche* sub *art. 22). Il testo dell'articolo, come sostituito dal Protocollo n. 11 dell'11 maggio 1994 (v.* sub *Titolo II), era il seguente:* « 1. Le Alte Parti contraenti s'impegnano a conformarsi alle sentenze definitive della Corte nelle Controversie nelle quali sono Parti. — 2. La sentenza definitiva della Corte è trasmessa al Comitato dei Ministri che ne sorveglia l'esecuzione ».

47-51. (*Omissis*).

TITOLO III
Disposizioni diverse

52. (*Omissis*).

53. Salvaguardia dei diritti dell'uomo riconosciuti. – Nessuna delle disposizioni della presente Convenzione può essere interpretata come recante pregiudizio o limitazione ai Diritti dell'uomo e alle libertà fondamentali che possano essere riconosciuti in base a leggi di qualunque Stato Contraente o ad altri Accordi internazionali di cui tale Stato sia parte.

54-59. (*Omissis*).

Protocollo addizionale alla Convenzione per la salvaguardia dei diritti dell'uomo e delle libertà fondamentali, emendato dal Protocollo n. 11 (1).

(1) *Aperto alla firma dei Paesi membri del Consiglio d'Europa, firmatari della Convenzione, a Parigi il 20 marzo 1952, ed entrato in vigore il 18 maggio 1954.*

(*Stralcio*)

1. Protezione della proprietà. – Ogni persona fisica o giuridica ha diritto al rispetto dei suoi beni. Nessuno può essere privato della sua proprietà se non per causa di pubblica utilità e nelle condizioni previste dalla legge e dai principi generali del diritto internazionale.

Le disposizioni precedenti non portano pregiudizio al diritto degli Stati di porre in vigore le leggi da essi ritenute necessarie per disciplinare l'uso dei beni in modo conforme all'interesse generale o per assicurare il pagamento delle imposte o di altri contributi o delle ammende.

2. Diritto all'istruzione. – Il diritto all'istruzione non può essere rifiutato a nessuno. Lo Stato, nell'esercizio delle funzioni che assume nel campo dell'educazione e dell'insegnamento, deve rispettare il diritto dei genitori di provvedere a tale educazione e a tale insegnamento secondo le loro convinzioni religiose e filosofiche.

3. Diritto a libere elezioni. – Le Alte Parti Contraenti si impegnano ad organizzare, ad intervalli ragionevoli, libere elezioni a scrutinio segreto, in condizioni tali da assicurare la libera espressione dell'opinione del popolo sulla scelta del corpo legislativo.

4-6. (*Omissis*).

Protocollo n. 4 alla Convenzione per la salvaguardia dei diritti dell'uomo e delle libertà fondamentali, che riconosce ulteriori diritti e libertà fondamentali rispetto a quelli già garantiti dalla Convenzione e dal primo Protocollo addizionale alla Convenzione (1).

(1) *Aperto alla firma dei Paesi membri del Consiglio d'Europa, firmatari della Convenzione, a Strasburgo il 16 settembre 1963, ed entrato in vigore il 2 maggio 1968.*

(*Stralcio*)

1. Divieto di imprigionamento per debiti. Nessuno può essere privato della sua libertà per il solo fatto di non essere in grado di adempiere ad un'obbligazione contrattuale.

2. Libertà di circolazione. – 1. Chiunque si trovi regolarmente sul territorio di uno Stato ha il diritto di circolarvi liberamente e di fissarvi liberamente la sua residenza.

2. Ognuno è libero di lasciare qualsiasi Paese, compreso il proprio.

3. L'esercizio di tali diritti non può essere oggetto di restrizioni diverse da quelle che sono previste dalla legge e che costituiscono, in una società democratica, misure necessarie alla sicurezza nazionale, alla pubblica sicurezza, al mantenimento dell'ordine pubblico, alla prevenzione delle infrazioni penali, alla protezione della salute o della morale o alla protezione dei diritti e libertà altrui.

4. I diritti riconosciuti al paragrafo 1 possono anche, in alcune zone determinate, essere oggetto di restrizioni previste dalla legge e giustificate dall'interesse pubblico in una società democratica.

3. Divieto di espulsione dei cittadini. – 1. Nessuno può essere espulso, a seguito di una misura individuale o collettiva, dal territorio dello Stato di cui è cittadino.

2. Nessuno può essere privato del diritto di entrare nel territorio dello Stato di cui è cittadino.

4. Divieto di espulsioni collettive di stranieri. – Le espulsioni collettive di stranieri sono vietate.

5-7. (*Omissis*).

Protocollo n. 7 alla Convenzione per la salvaguardia dei diritti dell'uomo e delle libertà fondamentali, emendato dal Protocollo n. 11 (1).

(1) *Aperto alla firma dei Paesi membri del Consiglio d'Europa, che hanno ratificato la Convenzione, a Strasburgo il 22 novembre 1984, ed entrato in vigore il 1° novembre 1988.*

(*Stralcio*)

1. Garanzie processuali in ordine all'espulsione di stranieri. – 1. Uno straniero legalmente residente nel territorio di uno Stato non ne può essere espulso, se non a seguito di un provvedimento adottato ai sensi di legge e sarà autorizzato:

a) a far valere le sue ragioni contro la sua espulsione;

b) a far esaminare il suo caso, e

c) a farsi rappresentare a tale scopo innanzi all'Autorità competente o a una o più persone designate dalla citata Autorità.

2. Uno straniero può essere espulso prima che possa esercitare i diritti di cui al paragrafo 1 lettera *a, b,* e *c* del presente articolo quando tale espulsione si rende necessaria per interessi di ordine pubblico o è motivata da ragioni di sicurezza nazionale.

2. Diritto di ricorso in materia penale. – 1. Chiunque venga dichiarato colpevole di una infrazione penale da un tribunale ha il diritto di sottoporre ad un Tribunale della giurisdizione superiore la dichiarazione di colpa o la condanna. L'esercizio di questo diritto, ivi inclusi i motivi per cui esso può essere invocato, sarà stabilito per legge.

2. Tale diritto potrà essere oggetto di eccezioni in caso di infrazioni minori come stabilito da legge o in casi nei quali la persona interessata sia stata giudicata in prima istanza da un Tribunale della giurisdizione più elevata o sia stata dichiarata colpevole e condannata a seguito di un ricorso avverso il suo proscioglimento.

3. Indennizzo per detenzione iniqua. – Allorché una condanna penale definitiva venga annullata e allorché la grazia venga accordata poiché nuovi elementi o nuove rivelazioni comprovino un errore giudiziario, la persona che ha subito una pena in ragione di tale condanna verrà indennizzata conformemente alla legge o agli usi in vigore nello Stato interessato, a meno che non venga provato che il fatto di non aver rivelato in tempo utile gli elementi non conosciuti sia totalmente o parzialmente imputabile alla stessa.

4. ***Ne bis in idem.*** – 1. Nessuno potrà essere perseguito o condannato penalmente dalla giurisdizione dello stesso Stato per un'infrazione per cui è già stato scagionato o condannato a seguito di una sentenza definitiva conforme alla legge ed alla procedura penale di tale Stato.

2. Le disposizioni di cui al paragrafo precedente non impediranno la riapertura del processo, conformemente alla legge ed alla procedura penale dello Stato interessato, se dei fatti nuovi o degli elementi nuovi o un vizio fondamentale nella procedura antecedente avrebbero potuto condizionare l'esito del caso.

3. Nessuna deroga a questo articolo può essere autorizzata ai sensi dell'articolo 15 della Convenzione.

5. **Eguaglianza tra coniugi.** – I coniugi godranno dell'uguaglianza di diritti e di responsabilità di carattere civilistico tra loro, nelle loro relazioni con i loro figli, in caso di matrimonio, durante il matrimonio e dopo la fine del matrimonio stesso. Questo articolo non impedirà allo Stato di adottare le misure necessarie per la tutela degli interessi dei figli.

6-10. (*Omissis*).

Protocollo n. 12 alla Convenzione per la salvaguardia dei diritti dell'uomo e delle libertà fondamentali (1).

(1) *Aperto alla firma dei Paesi membri del Consiglio d'Europa, firmatari della Convenzione, a Roma il 4 novembre 2000.*

(*Stralcio*)

1. Divieto generale di discriminazione. – 1. Il godimento di ogni diritto previsto dalla legge deve essere assicurato, senza discriminazione alcuna, fondata in particolare sul sesso, la razza, il colore, la lingua, la religione, le opinioni politiche o di altro genere, l'origine nazionale o sociale, l'appartenenza a una minoranza nazionale, la ricchezza, la nascita od ogni altra condizione.

2. Nessuno può costituire oggetto di una discriminazione da parte di una qualsivoglia autorità pubblica che sia fondata segnatamente sui motivi menzionati nel par. 1.

2-6. (*Omissis*).

Protocollo n. 13 alla Convenzione per la salvaguardia dei diritti dell'uomo e delle libertà fondamentali, relativo all'abolizione della pena di morte in qualsiasi circostanza (1).

(1) *Aperto alla firma dei Paesi membri del Consiglio d'Europa, firmatari della Convenzione, a Vilnius il 3 maggio 2002, ed entrato in vigore il 1° luglio 2003.*

(*Stralcio*)

1. Abolizione della pena di morte. – La pena di morte è abolita. Nessuno può essere condannato a tale pena né giustiziato.

2. Divieto di deroghe. – Nessuna deroga è autorizzata alle norme del presente Protocollo ai sensi dell'articolo 15 della Convenzione.

3. Divieto di riserve. – Nessuna riserva è ammessa alle norme del presente Protocollo ai sensi dell'articolo 57 della Convenzione.

4-8. (*Omissis*).

Trattato sul funzionamento dell'Unione europea

Trattato sul funzionamento dell'Unione europea (1) (2).

(1) *Testo del Trattato firmato a Roma il 25 marzo 1957, nella versione consolidata da ultimo pubblicata nella G.U.U.E. 26 ottobre 2012, n. C 326, contenente le modifiche da ultimo introdotte dal Trattato di Lisbona, firmato il 13 dicembre 2007 (come pubblicato nella G.U.U.E. 17 dicembre 2007, n. C 306 e poi corretto con verbale di rettifica in G.U.U.E. 30 novembre 2009, n. C 290 e in G.U.U.E. 23 dicembre 2011, n. C 378), con effetto a decorrere dal 1° dicembre 2009. L'Italia ha proceduto alla ratifica del Trattato di Lisbona con l. 2 agosto 2008, n. 130.*

(2) *Ai sensi di quanto disposto dall'art. 2 punto 1 del Trattato di Lisbona, la precedente denominazione* « Trattato che istituisce la Comunità europea » *è stata sostituita dalla attuale:* « Trattato sul funzionamento dell'Unione europea ».

(*Stralcio*)

6. – L'Unione ha competenza per svolgere azioni intese a sostenere, coordinare o completare l'azione degli Stati membri. I settori di tali azioni, nella loro finalità europea, sono i seguenti:

a) tutela e miglioramento della salute umana;
b) industria;
c) cultura;
d) turismo;
e) istruzione, formazione professionale, gioventù e sport;
f) protezione civile;
g) cooperazione amministrativa.

Carta dei diritti fondamentali dell'Unione europea

Carta dei diritti fondamentali dell'Unione europea (1).

(1) *Testo della Carta firmata a Strasburgo il 12 dicembre 2007 (G.U.U.E. 14 dicembre 2007, n. C 303), nella versione da ultimo pubblicata nella G.U.U.E. 26 ottobre 2012, n. C 326. Il presente testo riprende la Carta firmata a Nizza il 7 dicembre 2000 (G.U.C.E. 18 dicembre 2000, n. C 364), adattandola al Trattato di Lisbona firmato il 13 dicembre 2007, e la sostituisce a decorrere dall'entrata in vigore del medesimo Trattato (1° dicembre 2009). L'Italia ha proceduto alla ratifica del Trattato di Lisbona con l. 2 agosto 2008, n. 130.*

Preambolo

I popoli d'Europa, nel creare tra loro un'unione sempre più stretta, hanno deciso di condividere un futuro di pace fondato su valori comuni.

Consapevole del suo patrimonio spirituale e morale, l'Unione si fonda sui valori indivisibili e universali della dignità umana, della libertà, dell'uguaglianza e della solidarietà; essa si basa sul principio della democrazia e sul principio dello Stato di diritto. Pone la persona al centro della sua azione istituendo la cittadinanza dell'Unione e creando uno spazio di libertà, sicurezza e giustizia.

L'Unione contribuisce alla salvaguardia e allo sviluppo di questi valori comuni nel rispetto della diversità delle culture e delle tradizioni dei popoli d'Europa, nonché dell'identità nazionale degli Stati membri e dell'ordinamento dei loro pubblici poteri a livello nazionale, regionale e locale; essa si sforza di promuovere uno sviluppo equilibrato e sostenibile e assicura la libera circolazione delle persone, dei servizi, delle merci e dei capitali, nonché la libertà di stabilimento.

A tal fine è necessario rafforzare la tutela dei diritti fondamentali, alla luce dell'evoluzione della società, del progresso sociale e degli sviluppi scientifici e tecnologici, rendendo tali diritti più visibili in una Carta.

La presente Carta riafferma, nel rispetto delle competenze e dei compiti dell'Unione e del principio di sussidiarietà, i diritti derivanti in particolare dalle tradizioni costituzionali e dagli obblighi internazionali comuni agli Stati membri, dalla Convenzione europea per la salvaguardia dei Diritti dell'Uomo e delle Libertà fondamentali, dalle carte sociali adottate dall'Unione e dal Consiglio d'Europa, nonché dalla giurisprudenza della Corte di giustizia dell'Unione europea e da quella della Corte europea dei diritti dell'uomo. In tale contesto, la Carta sarà interpretata dai giudici dell'Unione e degli Stati membri tenendo in debito conto le spiegazioni elaborate sotto l'autorità del *praesidium* della Convenzione che ha redatto la Carta e aggiornate sotto la responsabilità del *praesidium* della Convenzione europea.

Il godimento di questi diritti fa sorgere responsabilità e doveri nei confronti degli altri come pure della comunità umana e delle generazioni future.

Pertanto, l'Unione riconosce i diritti, le libertà e i principi enunciati in appresso.

TITOLO I
Dignità

1. Dignità umana. – La dignità umana è inviolabile. Essa deve essere rispettata e tutelata.

2. Diritto alla vita. – 1. Ogni persona ha diritto alla vita.

2. Nessuno può essere condannato alla pena di morte, né giustiziato.

3. Diritto all'integrità della persona. – 1. Ogni persona ha diritto alla propria integrità fisica e psichica.

2. Nell'ambito della medicina e della biologia devono essere in particolare rispettati:

a) il consenso libero e informato della persona interessata, secondo le modalità definite dalla legge;

b) il divieto delle pratiche eugenetiche, in particolare di quelle aventi come scopo la selezione delle persone;

c) il divieto di fare del corpo umano e delle sue parti in quanto tali una fonte di lucro;

d) il divieto della clonazione riproduttiva degli esseri umani.

4. Proibizione della tortura e delle pene o trattamenti inumani o degradanti. – Nessuno può essere sottoposto a tortura, né a pene o trattamenti inumani o degradanti.

5. Proibizione della schiavitù e del lavoro forzato. – 1. Nessuno può essere tenuto in condizioni di schiavitù o di servitù.

2. Nessuno può essere costretto a compiere un lavoro forzato o obbligatorio.

3. È proibita la tratta degli esseri umani.

TITOLO II
Libertà

6. Diritto alla libertà e alla sicurezza. – Ogni persona ha diritto alla libertà e alla sicurezza.

7. Rispetto della vita privata e della vita familiare. – Ogni persona ha diritto al rispetto della propria vita privata e familiare, del proprio domicilio e delle proprie comunicazioni.

8. Protezione dei dati di carattere personale. – 1. Ogni persona ha diritto alla protezione dei dati di carattere personale che la riguardano.

2. Tali dati devono essere trattati secondo il principio di lealtà, per finalità determinate e in base al consenso della persona interessata o a un altro fondamento legittimo previsto dalla legge. Ogni persona ha il diritto di accedere ai dati raccolti che la riguardano e di ottenerne la rettifica.

3. Il rispetto di tali regole è soggetto al controllo di un'autorità indipendente.

9. Diritto di sposarsi e di costituire una famiglia. – Il diritto di sposarsi e il diritto di costituire una famiglia sono garantiti secondo le leggi nazionali che ne disciplinano l'esercizio.

10. Libertà di pensiero, di coscienza e di religione. – 1. Ogni persona ha diritto alla libertà di pensiero, di coscienza e di religione. Tale diritto include la libertà di cambiare religione o convinzione, così come la libertà di manifestare la propria religione o la propria convinzione individualmente o collettivamente, in pubblico o in privato, mediante il culto, l'insegnamento, le pratiche e l'osservanza dei riti.

2. Il diritto all'obiezione di coscienza è riconosciuto secondo le leggi nazionali che ne disciplinano l'esercizio.

11. Libertà di espressione e d'informazione. – 1. Ogni persona ha diritto alla libertà di espressione. Tale diritto include la libertà di opinione e la libertà di ricevere o di comunicare informazioni o idee senza che vi possa essere ingerenza da parte delle autorità pubbliche e senza limiti di frontiera.

2. La libertà dei media e il loro pluralismo sono rispettati.

12. Libertà di riunione e di associazione. – 1. Ogni persona ha diritto alla libertà di riunione pacifica e alla libertà di associazione a tutti i livelli, segnatamente in campo politico, sindacale e civico, il che implica il diritto di ogni persona di fondare sindacati insieme con altri e di aderirvi per la difesa dei propri interessi.

2. I partiti politici a livello dell'Unione contribuiscono a esprimere la volontà politica dei cittadini dell'Unione.

13. Libertà delle arti e delle scienze. – Le arti e la ricerca scientifica sono libere. La libertà accademica è rispettata.

14. Diritto all'istruzione. – 1. Ogni persona ha diritto all'istruzione e all'accesso alla formazione professionale e continua.

2. Questo diritto comporta la facoltà di accedere gratuitamente all'istruzione obbligatoria.

3. La libertà di creare istituti di insegnamento nel rispetto dei principi democratici, così come il diritto dei genitori di provvedere all'educazione e all'istruzione dei loro figli secondo le loro convinzioni religiose, filosofiche e pedagogiche, sono rispettati secondo le leggi nazionali che ne disciplinano l'esercizio.

15. Libertà professionale e diritto di lavorare. – 1. Ogni persona ha il diritto di lavorare e di esercitare una professione liberamente scelta o accettata.

2. Ogni cittadino dell'Unione ha la libertà di cercare un lavoro, di lavorare, di stabilirsi o di prestare servizi in qualunque Stato membro.

3. I cittadini dei paesi terzi che sono autorizzati a lavorare nel territorio degli Stati membri hanno diritto a condizioni di lavoro equivalenti a quelle di cui godono i cittadini dell'Unione.

16. Libertà d'impresa. – È riconosciuta la libertà d'impresa, conformemente al diritto dell'Unione e alle legislazioni e prassi nazionali.

17. Diritto di proprietà. – 1. Ogni persona ha il diritto di godere della proprietà dei beni che ha acquisito legalmente, di usarli, di disporne e di lasciarli in eredità. Nessuna persona può essere privata della proprietà se non per causa di pubblico interesse, nei casi e nei modi previsti dalla legge e contro il pagamento in tempo utile di una giusta indennità per la perdita della stessa. L'uso dei beni può essere regolato dalla legge nei limiti imposti dall'interesse generale.

2. La proprietà intellettuale è protetta.

18. Diritto di asilo. – Il diritto di asilo è garantito nel rispetto delle norme stabilite dalla convenzione di Ginevra del 28 luglio 1951 e dal protocollo del 31 gennaio 1967, relativi allo status dei rifugiati, e a norma del trattato sull'Unione europea e del trattato sul funzionamento dell'Unione europea (in appresso denominati «i trattati»).

19. Protezione in caso di allontanamento, di espulsione e di estradizione. – 1. Le espulsioni collettive sono vietate.

2. Nessuno può essere allontanato, espulso o estradato verso uno

Stato in cui esiste un rischio serio di essere sottoposto alla pena di morte, alla tortura o ad altre pene o trattamenti inumani o degradanti.

TITOLO III
Uguaglianza

20. Uguaglianza davanti alla legge. – Tutte le persone sono uguali davanti alla legge.

21. Non discriminazione. – 1. È vietata qualsiasi forma di discriminazione fondata, in particolare, sul sesso, la razza, il colore della pelle o l'origine etnica o sociale, le caratteristiche genetiche, la lingua, la religione o le convinzioni personali, le opinioni politiche o di qualsiasi altra natura, l'appartenenza ad una minoranza nazionale, il patrimonio, la nascita, la disabilità, l'età o l'orientamento sessuale.

2. Nell'ambito d'applicazione dei trattati e fatte salve disposizioni specifiche in essi contenute, è vietata qualsiasi discriminazione in base alla nazionalità.

22. Diversità culturale, religiosa e linguistica. – L'Unione rispetta la diversità culturale, religiosa e linguistica.

23. Parità tra donne e uomini. – La parità tra donne e uomini deve essere assicurata in tutti i campi, compreso in materia di occupazione, di lavoro e di retribuzione.

Il principio della parità non osta al mantenimento o all'adozione di misure che prevedano vantaggi specifici a favore del sesso sottorappresentato.

24. Diritti del minore. – 1. I minori hanno diritto alla protezione e alle cure necessarie per il loro benessere. Essi possono esprimere liberamente la propria opinione. Questa viene presa in considerazione sulle questioni che li riguardano in funzione della loro età e della loro maturità.

2. In tutti gli atti relativi ai minori, siano essi compiuti da autorità pubbliche o da istituzioni private, l'interesse superiore del minore deve essere considerato preminente.

3. Il minore ha diritto di intrattenere regolarmente relazioni personali e contatti diretti con i due genitori, salvo qualora ciò sia contrario al suo interesse.

25. Diritti degli anziani. – L'Unione riconosce e rispetta il diritto degli anziani di condurre una vita dignitosa e indipendente e di partecipare alla vita sociale e culturale.

26. Inserimento delle persone con disabilità. – L'Unione riconosce e rispetta il diritto delle persone con disabilità di beneficiare di misure intese a garantirne l'autonomia, l'inserimento sociale e professionale e la partecipazione alla vita della comunità.

TITOLO IV
Solidarietà

27. Diritto dei lavoratori all'informazione e alla consultazione nell'ambito dell'impresa. – Ai lavoratori o ai loro rappresentanti devono essere garantite, ai livelli appropriati, l'informazione e la consultazione in tempo utile nei casi e alle condizioni previsti dal diritto dell'Unione e dalle legislazioni e prassi nazionali.

28. Diritto di negoziazione e di azioni collettive. – I lavoratori e i datori di lavoro, o le rispettive organizzazioni, hanno, conformemente al diritto dell'Unione e alle legislazioni e prassi nazionali, il diritto di negoziare e di concludere contratti collettivi, ai livelli appropriati, e di ricorrere, in caso di conflitti di interessi, ad azioni collettive per la difesa dei loro interessi, compreso lo sciopero.

29. Diritto di accesso ai servizi di collocamento. – Ogni persona ha il diritto di accedere a un servizio di collocamento gratuito.

30. Tutela in caso di licenziamento ingiustificato. – Ogni lavoratore ha il diritto alla tutela contro ogni licenziamento ingiustificato, conformemente al diritto dell'Unione e alle legislazioni e prassi nazionali.

31. Condizioni di lavoro giuste ed eque. – 1. Ogni lavoratore ha diritto a condizioni di lavoro sane, sicure e dignitose.

2. Ogni lavoratore ha diritto a una limitazione della durata massima del lavoro, a periodi di riposo giornalieri e settimanali e a ferie annuali retribuite.

32. Divieto del lavoro minorile e protezione dei giovani sul luogo di lavoro. – Il lavoro minorile è vietato. L'età minima per l'ammissione al lavoro non può essere inferiore all'età in cui termina la scuola dell'obbligo, fatte salve le norme più favorevoli ai giovani ed eccettuate deroghe limitate.

I giovani ammessi al lavoro devono beneficiare di condizioni di lavoro appropriate alla loro età ed essere protetti contro lo sfruttamento economico o contro ogni lavoro che possa minarne la sicurezza, la salute, lo sviluppo fisico, psichico, morale o sociale o che possa mettere a rischio la loro istruzione.

33. Vita familiare e vita professionale. – 1. È garantita la protezione della famiglia sul piano giuridico, economico e sociale.

2. Al fine di poter conciliare vita familiare e vita professionale, ogni persona ha il diritto di essere tutelata contro il licenziamento per un motivo legato alla maternità e il diritto a un congedo di maternità retribuito e a un congedo parentale dopo la nascita o l'adozione di un figlio.

34. Sicurezza sociale e assistenza sociale. – 1. L'Unione riconosce e rispetta il diritto di accesso alle prestazioni di sicurezza sociale e ai servizi sociali che assicurano protezione in casi quali la maternità, la malattia, gli infortuni sul lavoro, la dipendenza o la vecchiaia, oltre che in caso di perdita del posto di lavoro, secondo le modalità stabilite dal diritto dell'Unione e le legislazioni e prassi nazionali.

2. Ogni persona che risieda o si sposti legalmente all'interno dell'Unione ha diritto alle prestazioni di sicurezza sociale e ai benefici sociali, conformemente al diritto dell'Unione e alle legislazioni e prassi nazionali.

3. Al fine di lottare contro l'esclusione sociale e la povertà, l'Unione riconosce e rispetta il diritto all'assistenza sociale e all'assistenza abitativa volte a garantire un'esistenza dignitosa a tutti coloro che non dispongano di risorse sufficienti, secondo le modalità stabilite dal diritto dell'Unione e le legislazioni e prassi nazionali.

35. Protezione della salute. – Ogni persona ha il diritto di accedere alla prevenzione sanitaria e di ottenere cure mediche alle condizioni stabilite dalle legislazioni e prassi nazionali. Nella definizione e nell'attuazione di tutte le politiche ed attività dell'Unione è garantito un livello elevato di protezione della salute umana.

36. Accesso ai servizi d'interesse economico generale. – Al fine di promuovere la coesione sociale e territoriale dell'Unione, questa riconosce e rispetta l'accesso ai servizi d'interesse economico generale quale previsto dalle legislazioni e prassi nazionali, conformemente ai trattati.

37. Tutela dell'ambiente. – Un livello elevato di tutela dell'ambiente e il miglioramento della sua qualità devono essere integrati nelle politiche dell'Unione e garantiti conformemente al principio dello sviluppo sostenibile.

38. Protezione dei consumatori. – Nelle politiche dell'Unione è garantito un livello elevato di protezione dei consumatori.

TITOLO V
Cittadinanza

39. Diritto di voto e di eleggibilità alle elezioni del Parlamento europeo. – 1. Ogni cittadino dell'Unione ha il diritto di voto e di eleggibilità alle elezioni del Parlamento europeo nello Stato membro in cui risiede, alle stesse condizioni dei cittadini di detto Stato.

2. I membri del Parlamento europeo sono eletti a suffragio universale diretto, libero e segreto.

40. Diritto di voto e di eleggibilità alle elezioni comunali. – Ogni cittadino dell'Unione ha il diritto di voto e di eleggibilità alle elezioni comunali nello Stato membro in cui risiede, alle stesse condizioni dei cittadini di detto Stato.

41. Diritto ad una buona amministrazione. – 1. Ogni persona ha diritto a che le questioni che la riguardano siano trattate in modo imparziale ed equo ed entro un termine ragionevole dalle istituzioni, organi e organismi dell'Unione.

2. Tale diritto comprende in particolare:

a) il diritto di ogni persona di essere ascoltata prima che nei suoi confronti venga adottato un provvedimento individuale che le rechi pregiudizio;

b) il diritto di ogni persona di accedere al fascicolo che la riguarda, nel rispetto dei legittimi interessi della riservatezza e del segreto professionale e commerciale;

c) l'obbligo per l'amministrazione di motivare le proprie decisioni.

3. Ogni persona ha diritto al risarcimento da parte dell'Unione dei danni cagionati dalle sue istituzioni o dai suoi agenti nell'esercizio delle loro funzioni, conformemente ai principi generali comuni agli ordinamenti degli Stati membri.

4. Ogni persona può rivolgersi alle istituzioni dell'Unione in una delle lingue dei trattati e deve ricevere una risposta nella stessa lingua.

42. Diritto d'accesso ai documenti. – Ogni cittadino dell'Unione nonché ogni persona fisica o giuridica che risieda o abbia la sede sociale in uno Stato membro ha il diritto di accedere ai documenti delle istituzioni, organi e organismi dell'Unione, a prescindere dal loro supporto.

43. Mediatore europeo. – Ogni cittadino dell'Unione nonché ogni persona fisica o giuridica che risieda o abbia la sede sociale in uno Stato membro ha il diritto di sottoporre al mediatore europeo casi di cattiva amministrazione nell'azione delle istituzioni, organi o organismi dell'Unione, salvo la Corte di giustizia dell'Unione europea nell'esercizio delle sue funzioni giurisdizionali.

44. Diritto di petizione. – Ogni cittadino dell'Unione nonché ogni persona fisica o giuridica che risieda o abbia la sede sociale in uno Stato membro ha il diritto di presentare una petizione al Parlamento europeo.

45. Libertà di circolazione e di soggiorno. – 1. Ogni cittadino dell'Unione ha il diritto di circolare e di soggiornare liberamente nel territorio degli Stati membri.

2. La libertà di circolazione e di soggiorno può essere accordata, conformemente ai trattati, ai cittadini dei paesi terzi che risiedono legalmente nel territorio di uno Stato membro.

46. Tutela diplomatica e consolare. – Ogni cittadino dell'Unione gode, nel territorio di un paese terzo nel quale lo Stato membro di cui ha la cittadinanza non è rappresentato, della tutela delle autorità diplomatiche e consolari di qualsiasi Stato membro, alle stesse condizioni dei cittadini di detto Stato.

TITOLO VI
Giustizia

47. Diritto a un ricorso effettivo e a un giudice imparziale. – Ogni persona i cui diritti e le cui libertà garantiti dal diritto dell'Unione siano stati violati ha diritto a un ricorso effettivo dinanzi a un giudice, nel rispetto delle condizioni previste nel presente articolo.

Ogni persona ha diritto a che la sua causa sia esaminata equamente, pubblicamente ed entro un termine ragionevole da un giudice indipendente e imparziale, precostituito per legge. Ogni persona ha la facoltà di farsi consigliare, difendere e rappresentare.

A coloro che non dispongono di mezzi sufficienti è concesso il patrocinio a spese dello Stato, qualora ciò sia necessario per assicurare un accesso effettivo alla giustizia.

48. Presunzione di innocenza e diritti della difesa. – 1. Ogni imputato è considerato innocente fino a quando la sua colpevolezza non sia stata legalmente provata.

2. Il rispetto dei diritti della difesa è garantito ad ogni imputato.

49. Principi della legalità e della proporzionalità dei reati e delle pene. – 1. Nessuno può essere condannato per un'azione o un'omissione che, al momento in cui è stata commessa, non costituiva reato secondo il diritto interno o il diritto internazionale. Parimenti, non può essere inflitta una pena più grave di quella applicabile al momento in cui il reato è stato commesso. Se, successivamente alla commissione del reato, la legge prevede l'applicazione di una pena più lieve, occorre applicare quest'ultima.

2. Il presente articolo non osta al giudizio e alla condanna di una persona colpevole di un'azione o di un'omissione che, al momento in cui è stata commessa, costituiva un crimine secondo i principi generali riconosciuti da tutte le nazioni.

3. Le pene inflitte non devono essere sproporzionate rispetto al reato.

50. Diritto di non essere giudicato o punito due volte per lo stesso reato. – Nessuno può essere perseguito o condannato per un reato per il quale è già stato assolto o condannato nell'Unione a seguito di una sentenza penale definitiva conformemente alla legge.

TITOLO VII
Disposizioni generali che disciplinano l'interpretazione e l'applicazione della carta

51. Ambito di applicazione. – 1. Le disposizioni della presente Carta si applicano alle istituzioni, organi e organismi dell'Unione nel rispetto del principio di sussidiarietà, come pure agli Stati membri esclusivamente nell'attuazione del diritto dell'Unione. Pertanto, i suddetti soggetti rispettano i diritti, osservano i principi e ne promuovono l'applicazione secondo le rispettive competenze e nel rispetto dei limiti delle competenze conferite all'Unione nei trattati.

2. La presente Carta non estende l'ambito di applicazione del diritto dell'Unione al di là delle competenze dell'Unione, né introduce competenze nuove o compiti nuovi per l'Unione, né modifica le competenze e i compiti definiti nei trattati.

52. Portata e interpretazione dei diritti e dei principi. – 1. Eventuali limitazioni all'esercizio dei diritti e delle libertà riconosciuti dalla presente Carta devono essere previste dalla legge e rispettare il contenuto essenziale di detti diritti e libertà. Nel rispetto del principio di proporzionalità, possono essere apportate limitazioni solo laddove siano necessarie e rispondano effettivamente a finalità di interesse generale riconosciute dall'Unione o all'esigenza di proteggere i diritti e le libertà altrui.

2. I diritti riconosciuti dalla presente Carta per i quali i trattati prevedono disposizioni si esercitano alle condizioni e nei limiti dagli stessi definiti.

3. Laddove la presente Carta contenga diritti corrispondenti a quelli garantiti dalla Convenzione europea per la salvaguardia dei Diritti dell'Uomo e delle Libertà fondamentali, il significato e la portata degli stessi sono uguali a quelli conferiti dalla suddetta convenzione. La presente disposizione non preclude che il diritto dell'Unione conceda una protezione più estesa.

4. Laddove la presente Carta riconosca i diritti fondamentali quali risultano dalle tradizioni costituzionali comuni agli Stati membri, tali diritti sono interpretati in armonia con dette tradizioni.

5. Le disposizioni della presente Carta che contengono dei principi possono essere attuate da atti legislativi e esecutivi adottati da istituzioni, organi e organismi dell'Unione e da atti di Stati membri allorché essi danno attuazione al diritto dell'Unione, nell'esercizio delle loro rispettive competenze. Esse possono essere invocate dinanzi a un giudice solo ai fini dell'interpretazione e del controllo di legalità di detti atti.

6. Si tiene pienamente conto delle legislazioni e prassi nazionali, come specificato nella presente Carta.

7. I giudici dell'Unione e degli Stati membri tengono nel debito conto le spiegazioni elaborate al fine di fornire orientamenti per l'interpretazione della presente Carta.

53. Livello di protezione. – Nessuna disposizione della presente Carta deve essere interpretata come limitativa o lesiva dei diritti dell'uomo e delle libertà fondamentali riconosciuti, nel rispettivo ambito di applicazione, dal diritto dell'Unione, dal diritto internazionale, dalle convenzioni internazionali delle quali l'Unione o tutti gli Stati membri sono parti, in particolare dalla Convenzione europea per la salvaguardia dei Diritti dell'Uomo e delle Libertà fondamentali, e dalle costituzioni degli Stati membri.

54. Divieto dell'abuso di diritto. – Nessuna disposizione della presente Carta deve essere interpretata nel senso di comportare il diritto di esercitare un'attività o compiere un atto che miri a distruggere diritti o libertà riconosciuti nella presente Carta o a imporre a tali diritti e libertà limitazioni più ampie di quelle previste dalla presente Carta.

Codice Civile

Codice civile, approvato con regio decreto 16 marzo 1942, n. 262 (1).

(1) *Il r.d. 16 marzo 1942, n. 262 è stato pubblicato nella G.U. del 4 aprile 1942, nn. 79 e 79*-bis.

LIBRO PRIMO
Delle persone e della famiglia

Titolo I
Delle persone fisiche

1. (1) **Capacità giuridica.** – [I]. La capacità giuridica si acquista dal momento della nascita [22 Cost.].

[II]. I diritti che la legge riconosce a favore del concepito sono subordinati all'evento della nascita [254, 320, 462, 784].

(1) *Gli artt. 1 r.d.l. 20 gennaio 1944, n. 25 e 3 d.ls.lt. 14 settembre 1944, n. 287 hanno abrogato l'originario comma 3 dell'articolo.*

2. (1) **Maggiore età. Capacità di agire.** – [I]. La maggiore età è fissata al compimento del diciottesimo anno [48 Cost.]. Con la maggiore età si acquista la capacità di compiere tutti gli atti per i quali non sia stabilita una età diversa [84^2, 90, 165, 250^5, 264^2, 291, 390, 774].

[II]. Sono salve le leggi speciali che stabiliscono un'età inferiore in materia di capacità a prestare il proprio lavoro [324, 375, 901 c. nav.]. In tal caso il minore è abilitato all'esercizio dei diritti e delle azioni che dipendono dal contratto di lavoro.

(1) *Articolo così sostituito dall'art. 1 l. 8 marzo 1975, n. 39.*

3. (1) **[Capacità in materia di lavoro].**

(1) *Articolo abrogato dall'art. 2 l. 8 marzo 1975, n. 39.*

4. **Commorienza.** – [I]. Quando un effetto giuridico dipende dalla sopravvivenza di una persona a un'altra e non consta quale di esse sia morta prima, tutte si considerano morte nello stesso momento [2697].

5. (1) **Atti di disposizione del proprio corpo.** – [I]. Gli atti di disposizione del proprio corpo sono vietati quando cagionino una diminuzione permanente della integrità fisica, o quando siano altrimenti contrari alla legge, all'ordine pubblico o al buon costume [1343, 1418; 579 c.p.].

(1) *In deroga al presente articolo, v. art. 1 l. 19 settembre 2012, n. 167, recante « Norme per consentire il trapianto parziale di polmone, pancreas e intestino tra persone viventi ».*

6. Diritto al nome. – [I]. Ogni persona ha diritto al nome [22 Cost.] che le è per legge attribuito [143-*bis*, 262, 299, 2292, 2314, 2326, 2563] (1).

[II]. Nel nome si comprendono il prenome e il cognome [XIV^2 Cost.].

[III]. Non sono ammessi cambiamenti, aggiunte o rettifiche al nome, se non nei casi e con le formalità dalla legge indicati (2).

(1) *V. art. 52 l. 1° dicembre 1970, n. 898 e l. 28 marzo 1991, n. 114.*

(2) *V. artt. 84 ss. d.P.R. 3 novembre 2000, n. 396.*

7. Tutela del diritto al nome. – [I]. La persona, alla quale si contesti il diritto all'uso del proprio nome o che possa risentire pregiudizio dall'uso che altri indebitamente ne faccia, può chiedere giudizialmente la cessazione del fatto lesivo, salvo il risarcimento dei danni.

[II]. L'autorità giudiziaria può ordinare che la sentenza sia pubblicata in uno o più giornali [120 c.p.c.].

8. Tutela del nome per ragioni familiari. – [I]. Nel caso previsto dall'articolo precedente, l'azione può essere promossa anche da chi, pur non portando il nome contestato o indebitamente usato, abbia alla tutela del nome un interesse fondato su ragioni familiari degne d'essere protette.

9. Tutela dello pseudonimo. – [I]. Lo pseudonimo, usato da una persona in modo che abbia acquistato l'importanza del nome [602^2], può essere tutelato ai sensi dell'articolo 7.

10. Abuso dell'immagine altrui. – [I]. Qualora l'immagine di una persona o dei genitori, del coniuge o dei figli sia stata esposta o pubblicata fuori dei casi in cui l'esposizione o la pubblicazione è dalla legge consentita, ovvero con pregiudizio al decoro o alla reputazione della persona stessa o dei detti congiunti, l'autorità giudiziaria, su richiesta dell'interessato, può disporre che cessi l'abuso, salvo il risarcimento dei danni.

TITOLO II
Delle persone giuridiche

CAPO I – *Disposizioni generali*

11. Persone giuridiche pubbliche. – [I]. Le province e i comuni, nonché gli enti pubblici riconosciuti come persone giuridiche godono dei diritti secondo le leggi e gli usi osservati come diritto pubblico [824, 826, 830, 831, 863[2], 2093; 115, 128 Cost.].

12. (1) **[Persone giuridiche private].**

(1) *Articolo abrogato dall'art. 11 d.P.R. 10 febbraio 2000, n. 361.*

13. Società. – [I]. Le società sono regolate dalle disposizioni contenute nel libro V [2247 ss.].

CAPO II – *Delle associazioni e delle fondazioni*

14. Atto costitutivo. – [I]. Le associazioni e le fondazioni devono essere costituite con atto pubblico [1350, 2699].

[II]. La fondazione può essere disposta anche con testamento [600; 3 att.].

15. Revoca dell'atto costitutivo della fondazione. – [I]. L'atto di fondazione può essere revocato dal fondatore fino a quando non sia intervenuto il riconoscimento, ovvero il fondatore non abbia fatto iniziare l'attività dell'opera da lui disposta.

[II]. La facoltà di revoca non si trasmette agli eredi.

16. Atto costitutivo e statuto. Modificazioni. – [I]. L'atto costitutivo e lo statuto devono contenere la denominazione dell'ente, l'indicazione dello scopo, del patrimonio e della sede [46], nonché le norme sull'ordinamento e sulla amministrazione. Devono anche determinare, quando trattasi di associazioni, i diritti e gli obblighi degli associati e le condizioni della loro ammissione; e, quando trattasi di fondazioni, i criteri e le modalità di erogazione delle rendite.

[II]. L'atto costitutivo e lo statuto possono inoltre contenere le norme relative alla estinzione dell'ente [27] e alla devoluzione del patrimonio [31], e, per le fondazioni, anche quelle relative alla loro trasformazione [28] (1).

(1) *L'articolo recava un terzo comma abrogato dall'art. 11 d.P.R. 10 febbraio 2000, n. 361.*

17. (1) **[Acquisto di immobili e accettazione di donazioni, eredità e legati].**

(1) *Articolo abrogato dall'art. 13[1] l. 15 maggio 1997, n. 127, come sostituito dall'art. 1[1] l. 22 giugno 2000, n. 192, le cui disposizioni, ai sensi del successivo comma 2: « si applicano anche alle acquisizioni deliberate o verificatesi in data anteriore a quella di entrata in vigore » della suddetta legge.*

18. Responsabilità degli amministratori. – [I]. Gli amministratori sono responsabili verso l'ente secondo le norme del mandato [1710 ss., 2392]. È però esente da responsabilità quello degli amministratori il quale non abbia partecipato all'atto che ha causato il danno, salvo il caso in cui, essendo a cognizione che l'atto si stava per compiere, egli non abbia fatto constare del proprio dissenso [2260[2], 2392[3]].

19. Limitazioni del potere di rappresentanza. – [I]. Le limitazioni del potere di rappresentanza, che non risultano dal registro indicato nell'articolo 33 (1), non possono essere opposte ai terzi, salvo che si provi che essi ne erano a conoscenza [1396, 2207[2], 2298, 2384].

(1) *L'art. 33 è stato abrogato dall'art. 11 d.P.R. 10 febbraio 2000, n. 361. Il registro delle persone giuridiche è ora previsto e regolato dagli artt. 1-4 d.P.R. n. 361, cit.*

20. Convocazione dell'assemblea delle associazioni. – [I]. L'assemblea delle associazioni deve essere convocata dagli amministratori una volta l'anno per l'approvazione del bilancio [2364[2]].

[II]. L'assemblea deve essere inoltre convocata quando se ne ravvisa la necessità o quando ne è fatta richiesta motivata da almeno un decimo degli associati. In questo ultimo caso, se gli amministratori non vi provvedono, la convocazione può essere ordinata dal presidente del tribunale [2367; 8 att.].

21. Deliberazioni dell'assemblea. – [I]. Le deliberazioni dell'assemblea sono prese a maggioranza di voti e con la presenza di almeno la metà degli associati. In seconda convocazione la deliberazione è valida qualunque sia il numero degli intervenuti. Nelle deliberazioni di approvazione del bilancio e in quelle che riguardano la loro responsabilità gli amministratori non hanno voto [2373[3]].

[II]. Per modificare l'atto costitutivo e lo statuto, se in essi non è altrimenti disposto, occorrono la presenza di almeno tre quarti degli associati e il voto favorevole della maggioranza dei presenti [2365].

[III]. Per deliberare lo scioglimento dell'associazione e la devoluzione del patrimonio occorre il voto favorevole di almeno tre quarti degli associati [11 att.].

22. Azioni di responsabilità contro gli amministratori. – [I]. Le azioni di responsabilità contro gli amministratori delle associazioni per fatti da loro compiuti sono deliberate dall'assemblea e sono esercitate dai nuovi amministratori o dai liquidatori [2393, 2941[n. 7]].

23. Annullamento e sospensione delle deliberazioni. – [I]. Le deliberazioni dell'assemblea contrarie alla legge, all'atto costitutivo o allo statuto possono essere annullate su istanza degli organi dell'ente, di qualunque associato o del pubblico ministero [1109, 1137, 2377²; 69 ss. c.p.c.].

[II]. L'annullamento della deliberazione non pregiudica i diritti acquistati dai terzi di buona fede in base ad atti compiuti in esecuzione della deliberazione medesima [1445, 2377⁷].

[III]. Il presidente del tribunale o il giudice istruttore, sentiti gli amministratori dell'associazione, può sospendere, su istanza di colui che ha proposto l'impugnazione, la esecuzione della deliberazione impugnata, quando sussistono gravi motivi [1109², 1137²]. Il decreto di sospensione deve essere motivato ed è notificato agli amministratori.

[IV]. L'esecuzione delle deliberazioni contrarie all'ordine pubblico o al buon costume può essere sospesa anche dall'autorità governativa [9 att.].

24. Recesso ed esclusione degli associati. – [I]. La qualità di associato non è trasmissibile, salvo che la trasmissione sia consentita dall'atto costitutivo o dallo statuto.

[II]. L'associato può sempre recedere dall'associazione se non ha assunto l'obbligo di farne parte per un tempo determinato. La dichiarazione di recesso deve essere comunicata per iscritto agli amministratori e ha effetto con lo scadere dell'anno in corso, purché sia fatta almeno tre mesi prima [2285].

[III]. L'esclusione d'un associato non può essere deliberata dall'assemblea che per gravi motivi; l'associato può ricorrere all'autorità giudiziaria entro sei mesi dal giorno in cui gli è stata notificata la deliberazione [2286].

[IV]. Gli associati, che abbiano receduto o siano stati esclusi o che comunque abbiano cessato di appartenere all'associazione, non possono ripetere i contributi versati, né hanno alcun diritto sul patrimonio dell'associazione [37].

25. Controllo sull'amministrazione delle fondazioni. – [I]. L'autorità governativa esercita il controllo e la vigilanza sull'amministrazione delle fondazioni; provvede alla nomina e alla sostituzione degli amministratori o dei rappresentanti, quando le disposizioni contenute nell'atto di fondazione non possono attuarsi; annulla, sentiti gli amministratori, con provvedimento definitivo, le deliberazioni contrarie a norme imperative, all'atto di fondazione, all'ordine pubblico o al buon costume; può sciogliere l'amministrazione e nominare un commissario straordinario, qualora gli amministratori non agiscano in conformità dello statuto e dello scopo della fondazione o della legge (1).

[II]. L'annullamento della deliberazione non pregiudica i diritti acquistati dai terzi di buona fede in base ad atti compiuti in esecuzione della deliberazione medesima [1445, 2377^{7}, 2391^{3}].

[III]. Le azioni contro gli amministratori per fatti riguardanti la loro responsabilità devono essere autorizzate dall'autorità governativa e sono esercitate dal commissario straordinario, dai liquidatori o dai nuovi amministratori.

(1) *V. l. 8 novembre 2000, n. 328.*

26. Coordinamento di attività e unificazione di amministrazione. – [I]. L'autorità governativa può disporre il coordinamento dell'attività di più fondazioni ovvero l'unificazione della loro amministrazione, rispettando, per quanto è possibile, la volontà del fondatore [28^{3}].

27. Estinzione della persona giuridica. – [I]. Oltre che per le cause previste nell'atto costitutivo e nello statuto [16], la persona giuridica si estingue quando lo scopo è stato raggiunto o è divenuto impossibile [$2272^{n. 2}$, $2484^{n. 2}$].

[II]. Le associazioni si estinguono inoltre quando tutti gli associati sono venuti a mancare [$27^{n. 4}$] (1).

(1) *L'articolo recava un terzo comma abrogato dall'art. 11 d.P.R. 10 febbraio 2000, n. 361.*

28. Trasformazione delle fondazioni. – [I]. Quando lo scopo è esaurito o divenuto impossibile o di scarsa utilità, o il patrimonio è divenuto insufficiente, l'autorità governativa, anziché dichiarare estinta la fondazione, può provvedere alla sua trasformazione allontanandosi il meno possibile dalla volontà del fondatore.

[II]. La trasformazione non è ammessa quando i fatti che vi darebbero luogo sono considerati nell'atto di fondazione [16^{2}] come causa di estinzione della persona giuridica e di devoluzione dei beni a terze persone.

[III]. Le disposizioni del primo comma di questo articolo e dell'articolo 26 non si applicano alle fondazioni destinate a vantaggio soltanto di una o più famiglie determinate.

29. Divieto di nuove operazioni. – [I]. Gli amministratori non possono compiere nuove operazioni, appena è stato loro comunicato il provvedimento che dichiara l'estinzione della persona giuridica [27] o il provvedimento con cui l'autorità, a norma di legge, ha ordinato lo scioglimento dell'associazione, o appena è stata adottata dall'assemblea la deliberazione di scioglimento dell'associazione medesima [21^{3}]. Qualora trasgrediscano a questo divieto, assumono responsabilità personale e solidale [18, 1292 s., 2279, 2449].

30. Liquidazione. – [I]. Dichiarata l'estinzione della persona giuridica o disposto lo scioglimento dell'associazione, si procede alla liquidazione del patrimonio secondo le norme di attuazione del codice [11-21 att.].

31. Devoluzione dei beni. – [I]. I beni della persona giuridica, che restano dopo esaurita la liquidazione, sono devoluti in conformità dell'atto costitutivo o dello statuto [16].

[II]. Qualora questi non dispongano, se trattasi di fondazione, provvede l'autorità governativa, attribuendo i beni ad altri enti che hanno fini analoghi; se trattasi di associazione, si osservano le deliberazioni della assemblea che ha stabilito lo scioglimento [21^{3}] e, quando anche queste mancano, provvede nello stesso modo l'autorità governativa.

[III]. I creditori che durante la liquidazione non hanno fatto valere il loro credito possono chiedere il pagamento a coloro ai quali i beni sono stati devoluti, entro l'anno dalla chiusura della liquidazione [2964 ss.], in proporzione e nei limiti di ciò che hanno ricevuto [2312, 2324, 2495^{2}].

32. Devoluzione dei beni con destinazione particolare. – [I]. Nel caso di trasformazione o di scioglimento di un ente, al quale sono stati donati o lasciati beni con destinazione a scopo diverso da quello proprio dell'ente, l'autorità governativa devolve tali beni, con lo stesso onere, ad altre persone giuridiche che hanno fini analoghi.

33. (1) **[Registrazione delle persone giuridiche].**

(1) *Articolo abrogato dall'art. 11 d.P.R. 10 febbraio 2000, n. 361.*

34. (1) **[Registrazione di atti].**

(1) *Articolo abrogato dall'art. 11 d.P.R. 10 febbraio 2000, n. 361.*

35. (1) **Disposizione penale.** – [I]. Gli amministratori e i liquidatori che non richiedono le iscrizioni prescritte, sono puniti con l'ammenda (2) da 10 euro a 516 euro.

(1) *Articolo così modificato dall'art. 11 d.P.R. 10 febbraio 2000, n. 361.*

(2) *Ora sanzione amministrativa, ai sensi dell'art. 32 l. 24 novembre 1981, n. 689.*

CAPO III – *Delle associazioni non riconosciute e dei comitati*

36. Ordinamento e amministrazione delle associazioni non riconosciute. – [I]. L'ordinamento interno e l'amministrazione delle associazioni non riconosciute come persone giuridiche [39 Cost.] sono regolati dagli accordi degli associati.

[II]. Le dette associazioni possono stare in giudizio nella persona di coloro ai quali, secondo questi accordi, è conferita la presidenza o la direzione [75^4, 78 c.p.c.].

37. Fondo comune. – [I]. I contributi degli associati e i beni acquistati con questi contributi costituiscono il fondo comune dell'associazione [600, 786]. Finché questa dura, i singoli associati non possono chiedere la divisione del fondo comune, né pretenderne la quota in caso di recesso [24^4].

38. Obbligazioni. – [I]. Per le obbligazioni assunte dalle persone che rappresentano l'associazione i terzi possono far valere i loro diritti sul fondo comune [37]. Delle obbligazioni stesse rispondono anche personalmente e solidalmente le persone che hanno agito in nome e per conto dell'associazione [41, 2268, 2317, 2509-*bis*].

39. Comitati. – [I]. I comitati di soccorso o di beneficenza e i comitati promotori di opere pubbliche, monumenti, esposizioni, mostre, festeggiamenti e simili sono regolati dalle disposizioni seguenti, salvo quanto è stabilito nelle leggi speciali.

40. Responsabilità degli organizzatori. – [I]. Gli organizzatori e coloro che assumono la gestione dei fondi raccolti sono responsabili personalmente e solidalmente della conservazione dei fondi e della loro destinazione allo scopo annunziato [646 c.p.].

41. Responsabilità dei componenti. Rappresentanza in giudizio. – [I]. Qualora il comitato non abbia ottenuto la personalità giuridica, i suoi componenti rispondono personalmente e solidalmente delle obbligazioni assunte [38, 2317, 2320, 2509-*bis*]. I sottoscrittori sono tenuti soltanto a effettuare le oblazioni promesse.

[II]. Il comitato può stare in giudizio nella persona del presidente [75^4 c.p.c.].

42. Diversa destinazione dei fondi. – [I]. Qualora i fondi raccolti siano insufficienti allo scopo, o questo non sia più attuabile, o, raggiunto lo scopo, si abbia un residuo di fondi, l'autorità governativa stabilisce la devoluzione dei beni, se questa non è stata disciplinata al momento della costituzione.

42-*bis*. (1) **Trasformazione, fusione e scissione.** – [I]. Se non è espressamente escluso dall'atto costitutivo o dallo statuto, le associazioni riconosciute e non riconosciute e le fondazioni di cui al presente titolo possono operare reciproche trasformazioni, fusioni o scissioni.

[II]. La trasformazione produce gli effetti di cui all'articolo 2498. L'organo di amministrazione deve predisporre una relazione relativa alla situazione patrimoniale dell'ente in via di trasformazione contenente l'elenco dei creditori, aggiornata a non più di centoventi giorni precedenti la delibera di trasformazione, nonché la relazione di cui all'articolo 2500-*sexies*, secondo comma. Si applicano inoltre gli articoli 2499, 2500, 2500-*bis*, 2500-*ter*, secondo comma, 2500-*quinquies* e 2500-*nonies*, in quanto compatibili.

[III]. Alle fusioni e alle scissioni si applicano, rispettivamente, le disposizioni di cui alle sezioni II e III del capo X, titolo V, libro V, in quanto compatibili.

[IV]. Gli atti relativi alle trasformazioni, alle fusioni e alle scissioni per i quali il libro V prevede l'iscrizione nel Registro delle imprese sono iscritti nel Registro delle Persone Giuridiche ovvero, nel caso di enti del Terzo settore, nel Registro unico nazionale del Terzo settore.

(1) *Articolo inserito dall'art. 98 d.ls. 3 luglio 2017, n. 117.*

TITOLO III
Del domicilio e della residenza

43. Domicilio e residenza. – [I]. Il domicilio di una persona è nel luogo in cui essa ha stabilito la sede principale dei suoi affari e interessi [343, 354, 456; 14 Cost.; 18, 139 c.p.c.; 614, 615-*bis* c.p.].

[II]. La residenza è nel luogo in cui la persona ha la dimora abituale [94, 144^1; 18, 139 c.p.c.].

44. Trasferimento della residenza e del domicilio. – [I]. Il trasferimento della residenza non può essere opposto ai terzi di buona fede, se non è stato denunciato nei modi prescritti dalla legge [31 att.] (1).

[II]. Quando una persona ha nel medesimo luogo il domicilio e la residenza e trasferisce questa altrove, di fronte ai terzi di buona fede si considera trasferito pure il domicilio, se non si è fatta una diversa dichiarazione nell'atto in cui è stato denunciato il trasferimento della residenza.

(1) *V. d.P.R. 30 maggio 1989, n. 223; l. 27 ottobre 1988, n. 470 e art. 6^{12} l. 1° dicembre 1970, n. 898.*

45. (1) **Domicilio dei coniugi, del minore e dell'interdetto.** – [I]. Ciascuno dei coniugi ha il proprio domicilio nel luogo in cui ha stabilito la sede principale dei propri affari o interessi.

[II]. Il minore ha il domicilio nel luogo di residenza della famiglia o quello del tutore. Se i genitori sono separati o il loro matrimonio è stato annullato o sciolto o ne sono cessati gli effetti civili o comunque non hanno la stessa residenza, il minore ha il domicilio del genitore con il quale convive.

[III]. L'interdetto ha il domicilio del tutore.

(1) *Articolo così sostituito dall'art. 1 l. 19 maggio 1975, n. 151.*

46. **Sede delle persone giuridiche.** – [I]. Quando la legge fa dipendere determinati effetti dalla residenza o dal domicilio, per le persone giuridiche si ha riguardo al luogo in cui è stabilita la loro sede [16, 19^{1}; 145 c.p.c.].

[II]. Nei casi in cui la sede stabilita ai sensi dell'articolo 16 o la sede risultante dal registro è diversa da quella effettiva, i terzi possono considerare come sede della persona giuridica anche questa ultima.

47. **Elezione di domicilio.** – [I]. Si può eleggere domicilio speciale per determinati atti o affari [103, $2839^{2\ n.\ 2}$, 2890; 30, 141, 366, 480, $543^{2\ n.\ 3}$ c.p.c.].

[II]. Questa elezione deve farsi espressamente per iscritto [1350].

TITOLO IV
Dell'assenza e della dichiarazione di morte presunta

CAPO I – *Dell'assenza*

48. **Curatore dello scomparso.** – [I]. Quando una persona non è più comparsa nel luogo del suo ultimo domicilio [43] o dell'ultima sua residenza [43^{2}] e non se ne hanno più notizie, il tribunale dell'ultimo domicilio o dell'ultima residenza, su istanza degli interessati o dei presunti successori legittimi o del pubblico ministero [69 c.p.c.], può nominare un curatore che rappresenti la persona in giudizio o nella formazione degli inventari e dei conti e nelle liquidazioni o divisioni in cui sia interessata, e può dare gli altri provvedimenti necessari alla conservazione del patrimonio dello scomparso [721 c.p.c.; 206 ss., 834 ss. c. nav.].

[II]. Se vi è un legale rappresentante, non si fa luogo alla nomina del curatore. Se vi è un procuratore, il tribunale provvede soltanto per gli atti che il medesimo non può fare.

49. Dichiarazione di assenza. – [I]. Trascorsi due anni dal giorno a cui risale l'ultima notizia, i presunti successori legittimi e chiunque ragionevolmente creda di avere sui beni dello scomparso diritti dipendenti dalla morte di lui possono domandare al tribunale competente, secondo l'articolo precedente, che ne sia dichiarata l'assenza [722, 723, 724 c.p.c.].

50. Immissione nel possesso temporaneo dei beni. – [I]. Divenuta eseguibile la sentenza che dichiara l'assenza [730 c.p.c.], il tribunale, su istanza di chiunque vi abbia interesse o del pubblico ministero [69 c.p.c.], ordina l'apertura degli atti di ultima volontà dell'assente, se vi sono [620-623].

[II]. Coloro che sarebbero eredi testamentari o legittimi, se l'assente fosse morto nel giorno a cui risale l'ultima notizia di lui, o i loro rispettivi eredi [479] possono domandare l'immissione nel possesso temporaneo dei beni [725 c.p.c.].

[III]. I legatari, i donatari e tutti quelli ai quali spetterebbero diritti dipendenti dalla morte dell'assente possono domandare di essere ammessi all'esercizio temporaneo di questi diritti.

[IV]. Coloro che per effetto della morte dell'assente sarebbero liberati da obbligazioni possono essere temporaneamente esonerati dall'adempimento di esse, salvo che si tratti delle obbligazioni alimentari previste dall'articolo 434 [63²].

[V]. Per ottenere l'immissione nel possesso, l'esercizio temporaneo dei diritti o la liberazione temporanea dalle obbligazioni si deve dare cauzione nella somma determinata dal tribunale; se taluno non sia in grado di darla, il tribunale può stabilire altre cautele, avuto riguardo alla qualità delle persone e alla loro parentela con l'assente [63⁴; 119, 725 c.p.c.].

51. (1) **Assegno alimentare a favore del coniuge dell'assente.** – [I]. Il coniuge dell'assente, oltre ciò che gli spetta per effetto del regime patrimoniale dei coniugi [171⁴, 191] e per titolo di successione [540], può ottenere dal tribunale, in caso di bisogno, un assegno alimentare da determinarsi secondo le condizioni della famiglia e l'entità del patrimonio dell'assente [117³, 433, 438].

(1) *Articolo così sostituito dall'art. 2 l. 19 maggio 1975, n. 151.*

52. Effetti della immissione nel possesso temporaneo. – [I]. L'immissione nel possesso temporaneo dei beni deve essere preceduta dalla formazione dell'inventario dei beni [769 ss. c.p.c.].

[II]. Essa attribuisce a coloro che l'ottengono e ai loro successori l'amministrazione dei beni dell'assente, la rappresentanza di lui in giudizio e il godimento delle rendite dei beni nei limiti stabiliti nell'articolo seguente [725 c.p.c.].

53. **Godimento dei beni.** – [I]. Gli ascendenti, i discendenti e il coniuge immessi nel possesso temporaneo dei beni ritengono a loro profitto la totalità delle rendite. Gli altri devono riservare all'assente il terzo delle rendite [725 c.p.c.].

54. **Limiti alla disponibilità dei beni.** – [I]. Coloro che hanno ottenuto l'immissione nel possesso temporaneo dei beni non possono alienarli, ipotecarli o sottoporli a pegno, se non per necessità o utilità evidente riconosciuta dal tribunale.

[II]. Il tribunale nell'autorizzare questi atti dispone circa l'uso e l'impiego delle somme ricavate.

55. **Immissione di altri nel possesso temporaneo.** – [I]. Se durante il possesso temporaneo taluno prova di avere avuto, al giorno a cui risale l'ultima notizia dell'assente, un diritto prevalente o uguale a quello del possessore, può escludere questo dal possesso o farvisi associare; ma non ha diritto ai frutti [821] se non dal giorno della domanda giudiziale [1148].

56. **Ritorno dell'assente o prova della sua esistenza.** – [I]. Se durante il possesso temporaneo l'assente ritorna o è provata l'esistenza di lui, cessano gli effetti della dichiarazione di assenza, salva, se occorre, l'adozione di provvedimenti per la conservazione del patrimonio a norma dell'articolo 48.

[II]. I possessori temporanei dei beni devono restituirli; ma fino al giorno della loro costituzione in mora [1219] continuano a godere i vantaggi attribuiti dagli articoli 52 e 53, e gli atti compiuti ai sensi dell'articolo 54 restano irrevocabili.

[III]. Se l'assenza è stata volontaria e non è giustificata, l'assente perde il diritto di farsi restituire le rendite riservategli dalla norma dell'articolo 53.

57. **Prova della morte dell'assente.** – [I]. Se durante il possesso temporaneo è provata la morte dell'assente, la successione si apre a vantaggio di coloro che al momento della morte erano suoi eredi o legatari [456].

[II]. Si applica anche in questo caso la disposizione del secondo comma dell'articolo precedente.

CAPO II – *Della dichiarazione di morte presunta*

58. Dichiarazione di morte presunta dell'assente. – [I]. Quando sono trascorsi dieci anni dal giorno a cui risale l'ultima notizia dell'assente, il tribunale competente secondo l'articolo 48, su istanza del pubblico ministero [69 c.p.c.] o di taluna delle persone indicate nei capoversi dell'articolo 50, può con sentenza dichiarare presunta la morte dell'assente nel giorno a cui risale l'ultima notizia [114 trans.; 726 c.p.c.].

[II]. In nessun caso la sentenza può essere pronunziata se non sono trascorsi nove anni dal raggiungimento della maggiore età dell'assente [2].

[III]. Può essere dichiarata la morte presunta anche se sia mancata la dichiarazione di assenza.

59. Termine per la rinnovazione dell'istanza. – [I]. L'istanza, quando è stata rigettata, non può essere riproposta prima che siano decorsi almeno due anni.

60. Altri casi di dichiarazione di morte presunta. – [I]. Oltre che nel caso indicato nell'articolo 58, può essere dichiarata la morte presunta nei casi seguenti:

1) quando alcuno è scomparso in operazioni belliche alle quali ha preso parte, sia nei corpi armati, sia al seguito di essi, o alle quali si è comunque trovato presente, senza che si abbiano più notizie di lui, e sono trascorsi due anni dall'entrata in vigore del trattato di pace o, in mancanza di questo, tre anni dalla fine dell'anno in cui sono cessate le ostilità;

2) quando alcuno è stato fatto prigioniero dal nemico, o da questo internato o comunque trasportato in paese straniero, e sono trascorsi due anni dall'entrata in vigore del trattato di pace, o, in mancanza di questo, tre anni dalla fine dell'anno in cui sono cessate le ostilità, senza che si siano avute notizie di lui dopo l'entrata in vigore del trattato di pace ovvero dopo la cessazione delle ostilità;

3) quando alcuno è scomparso per un infortunio e non si hanno più notizie di lui, dopo due anni dal giorno dell'infortunio o, se il giorno non è conosciuto, dopo due anni dalla fine del mese o, se neppure il mese è conosciuto, dalla fine dell'anno in cui l'infortunio è avvenuto [61-63; 206 ss., 837 s. c. nav.].

61. Data della morte presunta. – [I]. Nei casi previsti dai numeri 1 e 3 dell'articolo precedente, la sentenza determina il giorno e possibilmente l'ora a cui risale la scomparsa nell'operazione bellica o nell'infortunio, e nel caso indicato dal n. 2 il giorno a cui risale l'ultima notizia.

[II]. Qualora non possa determinarsi l'ora, la morte presunta si ha per avvenuta alla fine del giorno indicato.

62. Condizioni e forme della dichiarazione di morte presunta. – [I]. La dichiarazione di morte presunta nei casi indicati dall'articolo 60 può essere domandata quando non si è potuto procedere agli accertamenti richiesti dalla legge per la compilazione dell'atto di morte (1).

[II]. Questa dichiarazione è pronunciata con sentenza del tribunale su istanza del pubblico ministero [69, 70$^{n. 1}$ c.p.c.] o di alcuna delle persone indicate nei capoversi dell'articolo 50.

[III]. Il tribunale, qualora non ritenga di accogliere l'istanza di dichiarazione di morte presunta, può dichiarare l'assenza dello scomparso [49 ss.].

(1) *V. artt. 71 ss. d.P.R. 3 novembre 2000, n. 396.*

63. Effetti della dichiarazione di morte presunta dell'assente. – [I]. Divenuta eseguibile la sentenza indicata nell'articolo 58 [730 c.p.c.], coloro che ottennero l'immissione nel possesso temporaneo dei beni dell'assente o i loro successori possono disporre liberamente dei beni [50, 54].

[II]. Coloro ai quali fu concesso l'esercizio temporaneo dei diritti o la liberazione temporanea dalle obbligazioni di cui all'articolo 50 conseguono l'esercizio definitivo dei diritti o la liberazione definitiva dalle obbligazioni.

[III]. Si estinguono inoltre le obbligazioni alimentari indicate nel quarto comma dell'articolo 50.

[IV]. In ogni caso cessano le cauzioni e le altre cautele che sono state imposte.

64. Immissione nel possesso e inventario. – [I]. Se non v'è stata immissione nel possesso temporaneo dei beni, gli aventi diritto indicati nei capoversi dell'articolo 50 o i loro successori conseguono il pieno esercizio dei diritti loro spettanti, quando è diventata eseguibile la sentenza menzionata nell'articolo 58 [730 c.p.c.].

[II]. Coloro che prendono possesso dei beni devono fare precedere l'inventario dei beni [769 ss. c.p.c.].

[III]. Parimenti devono far precedere l'inventario dei beni coloro che succedono per effetto della dichiarazione di morte presunta nei casi indicati dall'articolo 60.

65. (1) **Nuovo matrimonio del coniuge.** – [I]. Divenuta eseguibile la sentenza che dichiara la morte presunta, il coniuge può contrarre nuovo matrimonio [68, 117[3]].

(1) *V. artt. 50 ss. d.P.R. 3 novembre 2000, n. 396.*

66. Prova dell'esistenza della persona di cui è stata dichiarata la morte presunta. – [I]. La persona di cui è stata dichiarata la morte presunta, se ritorna o ne è provata l'esistenza, ricupera i beni nello stato in cui si trovano e ha diritto di conseguire il prezzo di quelli alienati, quando esso sia tuttora dovuto [535], o i beni nei quali sia stato investito [73].

[II]. Essa ha altresì diritto di pretendere l'adempimento delle obbligazioni considerate estinte ai sensi del secondo comma dell'articolo 63.

[III]. Se è provata la data della sua morte, il diritto previsto nel primo comma di questo articolo compete a coloro che a quella data sarebbero stati i suoi eredi o legatari. Questi possono inoltre pretendere l'adempimento delle obbligazioni considerate estinte ai sensi del secondo comma dell'articolo 63 per il tempo anteriore alla data della morte.

[IV]. Sono salvi in ogni caso gli effetti delle prescrizioni [2934 ss.] e delle usucapioni [1158 ss.].

67. Dichiarazione di esistenza o accertamento della morte. – [I]. La dichiarazione di esistenza della persona di cui è stata dichiarata la morte presunta e l'accertamento della morte possono essere sempre fatti, su richiesta del pubblico ministero [69 c.p.c.] o di qualunque interessato, in contraddittorio di tutti coloro che furono parti nel giudizio in cui fu dichiarata la morte presunta.

68. Nullità del nuovo matrimonio. – [I]. Il matrimonio contratto a norma dell'articolo 65 è nullo, qualora la persona della quale fu dichiarata la morte presunta ritorni o ne sia accertata l'esistenza [117[5]].

[II]. Sono salvi gli effetti civili del matrimonio dichiarato nullo [128].

[III]. La nullità non può essere pronunziata nel caso in cui è accertata la morte, anche se avvenuta in una data posteriore a quella del matrimonio.

CAPO III – *Delle ragioni eventuali che competono alla persona di cui si ignora l'esistenza o di cui è stata dichiarata la morte presunta*

69. Diritti spettanti alla persona di cui si ignora l'esistenza. – [I]. Nessuno è ammesso a reclamare un diritto in nome della persona di cui si ignora l'esistenza, se non prova che la persona esisteva quando il diritto è nato [2697].

70. Successione alla quale sarebbe chiamata la persona di cui si ignora l'esistenza. – [I]. Quando s'apre una successione alla quale sarebbe chiamata in tutto o in parte una persona di cui s'ignora l'esistenza, la successione è devoluta a coloro ai quali sarebbe spettata in mancanza della detta persona, salvo il diritto di rappresentazione [467 ss.].

[II]. Coloro ai quali è devoluta la successione devono innanzi tutto procedere all'inventario dei beni [769 ss. c.p.c.], e devono dare cauzione [50, 725 c.p.c.].

71. Estinzione dei diritti spettanti alla persona di cui si ignora l'esistenza. – [I]. Le disposizioni degli articoli precedenti non pregiudicano la petizione di eredità [533 ss.] né gli altri diritti spettanti alla persona di cui s'ignora l'esistenza o ai suoi eredi o aventi causa, salvi gli effetti della prescrizione [2934 ss.] o della usucapione [1158 ss.].

[II]. La restituzione dei frutti non è dovuta se non dal giorno della costituzione in mora [821, 1219].

72. Successione a cui sarebbe chiamata la persona della quale è stata dichiarata la morte presunta. – [I]. Quando s'apre una successione [456] alla quale sarebbe chiamata in tutto o in parte una persona di cui è stata dichiarata la morte presunta [58 ss.], coloro ai quali, in sua mancanza, è devoluta la successione devono innanzi tutto procedere all'inventario dei beni [769 c.p.c.].

73. Estinzione dei diritti spettanti alla persona di cui è stata dichiarata la morte presunta. – [I]. Se la persona di cui è stata dichiarata la morte presunta ritorna o ne è provata l'esistenza al momento dell'apertura della successione, essa o i suoi eredi o aventi causa possono esercitare la petizione di eredità [522 ss.] e far valere ogni altro diritto, ma non possono recuperare i beni se non nello stato in cui si trovano, e non possono ripetere che il prezzo di quelli alienati, quando è ancora dovuto [535], o i beni nei quali esso è stato investito [66], salvi gli effetti della prescrizione [2934 ss.] o dell'usucapione [1158 ss.].

[II]. Si applica la disposizione del secondo comma dell'articolo 71.

TITOLO V
Della parentela e dell'affinità

74. (1) **Parentela.** – [I]. La parentela è il vincolo tra le persone che discendono da uno stesso stipite, sia nel caso in cui la filiazione è avvenuta all'interno del matrimonio, sia nel caso in cui è avvenuta al di fuori di esso, sia nel caso in cui il figlio è adottivo. Il vincolo di parentela non sorge nei casi di adozione di persone maggiori di età, di cui agli articoli 291 e seguenti.

(1) *Articolo così sostituito dall'art. 1¹ l. 10 dicembre 2012, n. 219. Il testo dell'articolo era il seguente:* « La parentela è il vincolo tra le persone che discendono da uno stesso stipite ». *V. art. 104¹⁻⁶ d.ls. 28 dicembre 2013, n. 154; infra, voce* Famiglia e persone.

75. Linee della parentela. – [I]. Sono parenti in linea retta le persone di cui l'una discende dall'altra; in linea collaterale quelle che, pur avendo uno stipite comune, non discendono l'una dall'altra.

76. Computo dei gradi. – [I]. Nella linea retta si computano altrettanti gradi quante sono le generazioni, escluso lo stipite.

[II]. Nella linea collaterale i gradi si computano dalle generazioni, salendo da uno dei parenti fino allo stipite comune e da questo discendendo all'altro parente, sempre restando escluso lo stipite.

77. Limite della parentela. – [I]. La legge non riconosce il vincolo di parentela oltre il sesto grado [572], salvo che per alcuni effetti specialmente determinati [433 n. 3].

78. Affinità. – [I]. L'affinità è il vincolo tra un coniuge e i parenti dell'altro coniuge [87, 251, 303, 417, 429, 433, 434, 581, 1916, 2122, 2399].

[II]. Nella linea e nel grado in cui taluno è parente d'uno dei coniugi, egli è affine dell'altro coniuge.

[III]. L'affinità non cessa per la morte, anche senza prole, del coniuge da cui deriva, salvo che per alcuni effetti specialmente determinati [434; 307⁴ c.p.]. Cessa se il matrimonio è dichiarato nullo, salvi gli effetti di cui all'articolo 87 n. 4.

TITOLO VI
Del matrimonio

CAPO I – *Della promessa di matrimonio*

79. Effetti. – [I]. La promessa di matrimonio non obbliga a contrarlo né ad eseguire ciò che si fosse convenuto per il caso di non adempimento [80, 81].

80. Restituzione dei doni. – [I]. Il promittente può domandare la restituzione dei doni fatti a causa della promessa di matrimonio, se questo non è stato contratto.

[II]. La domanda non è proponibile dopo un anno dal giorno in cui s'è avuto il rifiuto di celebrare il matrimonio o dal giorno della morte di uno dei promittenti [2964 ss.].

81. Risarcimento dei danni. – [I]. La promessa di matrimonio fatta vicendevolmente per atto pubblico [2699] o per scrittura privata da una persona maggiore di età [2] o dal minore ammesso a contrarre matrimonio a norma dell'articolo 84, oppure risultante dalla richiesta della pubblicazione [96], obbliga il promittente che senza giusto motivo ricusi di eseguirla a risarcire il danno cagionato all'altra parte per le spese fatte e per le obbligazioni contratte a causa di quella promessa. Il danno è risarcito entro il limite in cui le spese e le obbligazioni corrispondono alla condizione delle parti (1).

[II]. Lo stesso risarcimento è dovuto dal promittente che con la propria colpa ha dato giusto motivo al rifiuto dell'altro.

[III]. La domanda non è proponibile dopo un anno dal giorno del rifiuto di celebrare il matrimonio [2964 ss.].

(1) *Comma così sostituito dall'art. 3 l. 19 maggio 1975, n. 151.*

CAPO II – *Del matrimonio celebrato davanti a ministri del culto cattolico e del matrimonio celebrato davanti a ministri dei culti ammessi nello Stato*

82. (1) **Matrimonio celebrato davanti a ministri del culto cattolico.** – [I]. Il matrimonio celebrato davanti a un ministro del culto cattolico è regolato in conformità del Concordato con la Santa Sede e delle leggi speciali sulla materia [107].

(1) *V. art. 34 Concordato 11 febbraio 1929 reso esecutivo con l. 27 maggio 1929, n. 810; l. 27 maggio 1929, n. 847; art. 8 Accordo 18 febbraio 1984 che apporta modifiche al Concordato ratificato e reso esecutivo con l. 25 marzo 1985, n. 121.*

83. (1) **Matrimonio celebrato davanti a ministri dei culti ammessi nello Stato.** – [I]. Il matrimonio celebrato davanti a ministri dei culti ammessi nello Stato [8² Cost.] è regolato dalle disposizioni del capo seguente, salvo quanto è stabilito nella legge speciale concernente tale matrimonio [107].

(1) *V. l. 24 giugno 1929, n. 1159; r.d. 28 febbraio 1930, n. 289; art. 11 l. 11 agosto 1984, n. 449; art. 14 l. 8 marzo 1989, n. 101.*

CAPO III – *Del matrimonio celebrato davanti all'ufficiale dello stato civile*

SEZIONE I – *Delle condizioni necessarie per contrarre matrimonio*

84. (1) **Età.** – [I]. I minori di età non possono contrarre matrimonio [2] (2).

[II]. Il tribunale, su istanza dell'interessato, accertata la sua maturità psico-fisica e la fondatezza delle ragioni addotte, sentito il pubblico ministero, i genitori o il tutore, può con decreto emesso in camera di consiglio ammettere per gravi motivi al matrimonio chi abbia compiuto i sedici anni [90, 165, 183; 38 att.; 737 ss. c.p.c.].

[III]. Il decreto è comunicato al pubblico ministero, agli sposi, ai genitori e al tutore.

[IV]. Contro il decreto può essere proposto reclamo, con ricorso alla corte d'appello, nel termine perentorio di dieci giorni dalla comunicazione [38^{4} att.; 739, 740 c.p.c.].

[V]. La corte d'appello decide con ordinanza non impugnabile, emessa in camera di consiglio.

[VI]. Il decreto acquista efficacia quando è decorso il termine previsto nel quarto comma, senza che sia stato proposto reclamo [741 c.p.c.].

(1) *Articolo così sostituito dall'art. 4 l. 19 maggio 1975, n. 151.*

(2) *V. art. 8 Accordo 18 febbraio 1984 ratificato e reso esecutivo con l. 25 marzo 1985, n. 121.*

85. (1) **Interdizione per infermità di mente.** – [I]. Non può contrarre matrimonio l'interdetto per infermità di mente [116^{2}, 119, 414 ss.].

[II]. Se l'istanza di interdizione è soltanto promossa, il pubblico ministero [69 c.p.c.] può chiedere che si sospenda la celebrazione del matrimonio; in tal caso la celebrazione non può aver luogo finché la sentenza che ha pronunziato sull'istanza non sia passata in giudicato [324 c.p.c.].

(1) *V. art. 12 n. 3 l. 27 maggio 1929, n. 847.*

86. Libertà di stato. – [I]. Non può contrarre matrimonio chi è vincolato da un matrimonio o da un'unione civile tra persone dello stesso sesso (1) precedente [65, 116^{2}, 117, 124; 556 c.p.].

(1) *Le parole* « o da un'unione civile tra persone dello stesso sesso » *sono state inserite dall'art. 1^{32} l. 20 maggio 2016, n. 76. Ai sensi del successivo comma 35 dell'art. 1 l. n. 76, cit., la presente disposizione acquista efficacia a decorrere dalla data di entrata in vigore della suddetta legge.*

87. (1) **Parentela, affinità, adozione** (2). – [I]. Non possono contrarre matrimonio fra loro [116², 117]:

1) gli ascendenti e i discendenti in linea retta (3);

2) i fratelli e le sorelle germani, consanguinei o uterini;

3) lo zio e la nipote, la zia e il nipote;

4) gli affini in linea retta; il divieto sussiste anche nel caso in cui l'affinità deriva da matrimonio dichiarato nullo o sciolto o per il quale è stata pronunciata la cessazione degli effetti civili;

5) gli affini in linea collaterale in secondo grado;

6) l'adottante, l'adottato e i suoi discendenti;

7) i figli adottivi della stessa persona;

8) l'adottato e i figli dell'adottante;

9) l'adottato e il coniuge dell'adottante, l'adottante e il coniuge dell'adottato (4).

[II]. Il tribunale, su ricorso degli interessati, con decreto emesso in camera di consiglio [737 ss. c.p.c.], sentito il pubblico ministero, può autorizzare il matrimonio nei casi indicati dai numeri 3 e 5, anche se si tratti di affiliazione (5). L'autorizzazione può essere accordata anche nel caso indicato dal numero 4, quando l'affinità deriva da matrimonio dichiarato nullo (6).

[III]. Il decreto è notificato agli interessati e al pubblico ministero.

[IV]. Si applicano le disposizioni dei commi quarto, quinto e sesto dell'articolo 84.

(1) *Articolo così sostituito dall'art. 5 l. 19 maggio 1975, n. 151.*

(2) *Le parole* « e affiliazione » *che seguivano la parola* « adozione » *sono state soppresse dall'art. 1[1 lett. a)] d.ls. 28 dicembre 2013, n. 154. Ai sensi dell'art. 108 d.ls. n. 154, cit., lo stesso decreto entra in vigore il trentesimo giorno successivo a quello della sua pubblicazione nella Gazzetta ufficiale (G.U. 8 gennaio 2014, n. 5) (7 febbraio 2014).*

(3) *Le parole* « , legittimi o naturali » *sono state soppresse dall'art. 1[1 lett. b)] d.ls. n. 154, cit., con la decorrenza indicata* sub *nota 2.*

(4) *Seguivano un secondo e un terzo comma, abrogati dall'art. 1[1 lett. c-d)] d.ls. n. 154, cit., con la decorrenza indicata* sub *nota 2. Il testo dei commi era il seguente:* « I divieti contenuti nei numeri 6, 7, 8 e 9 sono applicabili all'affiliazione. — I divieti contenuti nei numeri 2 e 3 si applicano anche se il rapporto dipende da filiazione naturale ».

(5) *Le parole* « o di filiazione naturale » *che seguivano le parole* « di affiliazione » sono state soppresse *dall'art. 1[1 lett. e)] d.ls. n. 154, cit., con la decorrenza indicata* sub *nota 2.*

(6) *Comma così sostituito dall'art. 78 l. 4 maggio 1983, n. 184.*

88. **Delitto.** – [I]. Non possono contrarre matrimonio tra loro le persone delle quali l'una è stata condannata [576 c.p.p.] per omicidio consumato o tentato sul coniuge dell'altra [116², 117].

[II]. Se ebbe luogo soltanto rinvio a giudizio [374 c.p.p.] ovvero fu ordinata la cattura, si sospende la celebrazione del matrimonio fino a quando non è pronunziata sentenza di proscioglimento [378 c.p.p.].

89. (1) **Divieto temporaneo di nuove nozze.** – [i]. Non può contrarre matrimonio la donna, se non dopo trecento giorni dallo scioglimento, dall'annullamento o dalla cessazione degli effetti civili del precedente matrimonio. Sono esclusi dal divieto i casi in cui lo scioglimento o la cessazione degli effetti civili del precedente matrimonio siano stati pronunciati in base all'articolo 3, numero 2, lettere *b*) ed *f*), della legge 1° dicembre 1970, n. 898, e nei casi in cui il matrimonio sia stato dichiarato nullo per impotenza, anche soltanto di generare, di uno dei coniugi (2).

[ii]. Il tribunale con decreto emesso in camera di consiglio, sentito il pubblico ministero, può autorizzare il matrimonio quando è inequivocabilmente escluso lo stato di gravidanza o se risulta da sentenza passata in giudicato che il marito non ha convissuto con la moglie, nei trecento giorni precedenti lo scioglimento, l'annullamento o la cessazione degli effetti civili del matrimonio. Si applicano le disposizioni dei commi quarto, quinto e sesto dell'articolo 84 e del comma quinto dell'articolo 87.

[iii]. Il divieto cessa dal giorno in cui la gravidanza è terminata.

(1) *Articolo così sostituito dall'art. 6 l. 19 maggio 1975, n. 151.*
(2) *Comma così sostituito dall'art. 22 l. 6 marzo 1987, n. 74.*

90. (1) **Assistenza del minore.** – [i]. Con il decreto di cui all'articolo 84 il tribunale o la corte d'appello nominano, se le circostanze lo esigono, un curatore speciale che assista il minore nella stipulazione delle convenzioni matrimoniali [165; 38 att.].

(1) *Articolo così sostituito dall'art. 7 l. 19 maggio 1975, n. 151.*

91. (1) **[Diversità di razza e di nazionalità].**

(1) *Articolo abrogato dall'art. 1 r.d.l. 20 gennaio 1944, n. 25, e dall'art. 3 d.ls.lt. 14 settembre 1944, n. 287.*

92. (1) **[Matrimonio del Re Imperatore e dei Principi reali].**

(1) *Articolo divenuto inoperante a seguito della mutata forma istituzionale dello Stato.*

Sezione II – *Delle formalità preliminari del matrimonio*

93. (1) **Pubblicazione.** – [i]. La celebrazione del matrimonio dev'essere preceduta dalla pubblicazione fatta a cura dell'ufficiale dello stato civile [100, 101, 134, 135] (2).

(1) *V. d.P.R. 3 novembre 2000, n. 396.*

(2) *L'articolo recava un secondo comma abrogato dall'art. 110^3 d.P.R. n. 396, cit.*

94. (1) **Luogo della pubblicazione.** – [I]. La pubblicazione deve essere richiesta [96] all'ufficiale dello stato civile del comune dove uno degli sposi ha la residenza [43^2] ed è fatta nei comuni di residenza degli sposi [106] (2).

(1) *V. artt. 50 ss. d.P.R. 3 novembre 2000, n. 396.*

(2) *L'articolo recava un secondo e terzo comma abrogati dall'art. 110^3 d.P.R. n. 396, cit.*

95. (1) **[Durata della pubblicazione].**

(1) *Articolo abrogato dall'art. 110^3 d.P.R. 3 novembre 2000, n. 396.*

96. (1) **Richiesta della pubblicazione.** – [I]. La richiesta della pubblicazione deve farsi da ambedue gli sposi o da persona che ne ha da essi ricevuto speciale incarico [115, 135].

(1) *V. d.P.R. 3 novembre 2000, n. 396.*

97. (1) **[Documenti per la pubblicazione].**

(1) *Articolo abrogato dall'art. 110^3 d.P.R. 3 novembre 2000, n. 396.*

98. **Rifiuto della pubblicazione.** – [I]. L'ufficiale dello stato civile che non crede di poter procedere alla pubblicazione rilascia un certificato coi motivi del rifiuto [112, 138].

[II]. Contro il rifiuto è dato ricorso al tribunale, che provvede in camera di consiglio, sentito il pubblico ministero [737 ss. c.p.c.].

99. **Termine per la celebrazione del matrimonio.** – [I]. Il matrimonio non può essere celebrato prima del quarto giorno dopo compiuta la pubblicazione [138] (1).

[II]. Se il matrimonio non è celebrato nei centottanta giorni successivi, la pubblicazione si considera come non avvenuta [111^5].

(1) *V. d.P.R. 3 novembre 2000, n. 396.*

100. (1) **Riduzione del termine e omissione della pubblicazione.** – [I]. Il tribunale, su istanza degli interessati, con decreto non impugnabile emesso in camera di consiglio [737 ss. c.p.c.], sentito il pubblico ministero, può ridurre, per gravi motivi, il termine della pubblicazione. In questo caso la riduzione del termine è dichiarata nella pubblicazione (2).

[II]. Può anche autorizzare, con le stesse modalità, per cause gravissime, l'omissione della pubblicazione [93], quando gli sposi davanti al cancelliere dichiarano sotto la propria responsabilità che nessuno degli impedimenti stabiliti dagli articoli 85, 86, 87, 88 e 89 si oppone al matrimonio (3).

[III]. Il cancelliere deve far precedere alla dichiarazione la lettura di detti articoli e ammonire i dichiaranti sull'importanza della loro attestazione e sulla gravità delle possibili conseguenze (3) (4).

(1) *Articolo così sostituito dall'art. 9 l. 19 maggio 1975, n. 151.*

(2) *V. d.P.R. 3 novembre 2000, n. 396.*

(3) *Comma così sostituito dall'art. 137[1] d.lr. 19 febbraio 1998, n. 51, con effetto, ai sensi del successivo art. 247[1] del medesimo decreto legislativo, quale modificato dall'art. 1 l. 16 giugno 1998, n. 188, dal 2 giugno 1999.*

(4) *L'articolo recava un quarto comma abrogato dall'art. 110[3] d.P.R. n. 396, cit.*

101. Matrimonio in imminente pericolo di vita. – [I]. Nel caso di imminente pericolo di vita di uno degli sposi, l'ufficiale dello stato civile del luogo può procedere alla celebrazione del matrimonio senza pubblicazione e senza l'assenso al matrimonio, se questo è richiesto, purché gli sposi prima giurino che non esistono tra loro impedimenti non suscettibili di dispensa (1).

[II]. L'ufficiale dello stato civile dichiara nell'atto di matrimonio il modo con cui ha accertato l'imminente pericolo di vita [204, 834 c. nav.].

(1) *L'assenso al matrimonio non è più richiesto dopo la sostituzione dell'art. 90 ad opera dell'art. 7 l. 19 maggio 1975, n. 151.*

SEZIONE III – *Delle opposizioni al matrimonio*

102. (1) **Persone che possono fare opposizione.** – [I]. I genitori e, in mancanza loro, gli altri ascendenti e i collaterali entro il terzo grado [76] possono fare opposizione al matrimonio dei loro parenti per qualunque causa che osti alla sua celebrazione.

[II]. Se uno degli sposi è soggetto a tutela [343 ss.] o a curatela [390 ss.], il diritto di fare opposizione compete anche al tutore o al curatore.

[III]. Il diritto di opposizione compete anche al coniuge della persona che vuole contrarre un altro matrimonio [86].

[IV]. Quando si tratta di matrimonio in contravvenzione all'articolo 89, il diritto di opposizione spetta anche, se il precedente matrimonio fu sciolto [149], ai parenti del precedente marito e, se il matrimonio fu dichiarato nullo [117 ss.], a colui col quale il matrimonio era stato contratto e ai parenti di lui.

[V]. Il pubblico ministero deve sempre fare opposizione al matrimonio [69 c.p.c.], se sa che vi osta un impedimento o se gli consta l'infermità di mente di uno degli sposi, nei confronti del quale, a causa dell'età, non possa essere promossa l'interdizione [416].

(1) *V. artt. 59 ss. d.P.R. 3 novembre 2000, n. 396.*

103. **Atto di opposizione.** – [I]. L'atto di opposizione deve dichiarare la qualità che attribuisce all'opponente il diritto di farla, le cause dell'opposizione, e contenere l'elezione di domicilio nel comune dove siede il tribunale nel cui territorio si deve celebrare il matrimonio [47] (1).

(1) *L'articolo recava un secondo comma abrogato dall'art. 110*[3] *d.P.R. n. 396, cit. V. d.P.R. 3 novembre 2000, n. 396.*

104. (1) **Effetti dell'opposizione.** – [I]. Se l'opposizione è respinta, l'opponente, che non sia un ascendente o il pubblico ministero, può essere condannato al risarcimento dei danni.

(1) *L'articolo recava un originario comma primo abrogato dall'art. 110*[3] *d.P.R. 3 novembre 2000, n. 396. V. artt. 59 ss. d.P.R. n. 396, cit.*

105. (1) **[Matrimonio del Re Imperatore e dei Principi reali].**

(1) *V.* sub *art. 92.*

SEZIONE IV – *Della celebrazione del matrimonio*

106. **Luogo della celebrazione.** – [I]. Il matrimonio deve essere celebrato pubblicamente nella casa comunale [110] davanti all'ufficiale dello stato civile al quale fu fatta la richiesta di pubblicazione [94, 109, 137, 138; 116^2 trans.].

107. (1) **Forma della celebrazione.** – [I]. Nel giorno indicato dalle parti l'ufficiale dello stato civile, alla presenza di due testimoni [137^2], anche se parenti, dà lettura agli sposi degli articoli 143, 144 e 147; riceve da ciascuna delle parti personalmente [111], l'una dopo l'altra, la dichiarazione che esse si vogliono prendere rispettivamente in marito e in moglie, e di seguito dichiara che esse sono unite in matrimonio [137, 138].

[II]. L'atto di matrimonio deve essere compilato immediatamente dopo la celebrazione [130].

(1) *Articolo così sostituito dall'art. 10 l. 19 maggio 1975, n. 151. V. d.P.R. 3 novembre 2000, n. 396.*

108. **Inapponibilità di termini e condizioni.** – [I]. La dichiarazione degli sposi di prendersi rispettivamente in marito e in moglie non può essere sottoposta né a termine, né a condizione.

[II]. Se le parti aggiungono un termine o una condizione, l'ufficiale dello stato civile non può procedere alla celebrazione del matrimonio [138]. Se ciò nonostante il matrimonio è celebrato, il termine e la condizione si hanno per non apposti.

109. (1) **Celebrazione in un comune diverso.** – [I]. Quando vi è necessità o convenienza di celebrare il matrimonio in un comune diverso da quello indicato nell'articolo 106, l'ufficiale dello stato civile, trascorso il termine stabilito nel primo comma dell'articolo 99, richiede per iscritto l'ufficiale del luogo dove il matrimonio si deve celebrare.

[II]. La richiesta è menzionata nell'atto di celebrazione e in esso inserita. Nel giorno successivo alla celebrazione del matrimonio, l'ufficiale davanti al quale esso fu celebrato invia, per la trascrizione, copia autentica dell'atto all'ufficiale da cui fu fatta la richiesta [130, 137^1, 138].

(1) *V. artt. 50 ss. d.P.R. 3 novembre 2000, n. 396. V. d.m. 27 febbraio 2001 (G.U. 20 marzo 2001, n. 66) in tema di tenuta dei registri dello stato civile nella fase antecedente all'entrata in funzione degli archivi informatici.*

110. **Celebrazione fuori della casa comunale.** – [I]. Se uno degli sposi, per infermità o per altro impedimento giustificato all'ufficio dello stato civile, è nell'impossibilità di recarsi alla casa comunale, l'ufficiale si trasferisce col segretario nel luogo in cui si trova lo sposo impedito, e ivi, alla presenza di quattro testimoni, procede alla celebrazione del matrimonio secondo l'articolo 107 [137].

111. (1) **Celebrazione per procura.** – [I]. I militari e le persone che per ragioni di servizio si trovano al seguito delle forze armate possono, in tempo di guerra, celebrare il matrimonio per procura [287].

[II]. La celebrazione del matrimonio per procura può anche farsi se uno degli sposi risiede all'estero e concorrono gravi motivi da valutarsi dal tribunale nella cui circoscrizione risiede l'altro sposo. L'autorizzazione è concessa con decreto non impugnabile emesso in camera di consiglio, sentito il pubblico ministero [737 ss. c.p.c.].

[III]. La procura deve contenere la indicazione della persona con la quale il matrimonio si deve contrarre.

[IV]. La procura deve essere fatta per atto pubblico; i militari e le persone al seguito delle forze armate, in tempo di guerra, possono farla nelle forme speciali ad essi consentite.

[V]. Il matrimonio non può essere celebrato quando sono trascorsi centottanta giorni da quello in cui la procura è stata rilasciata.

[VI]. La coabitazione, anche temporanea, dopo la celebrazione del matrimonio, elimina gli effetti della revoca della procura, ignorata dall'altro coniuge al momento della celebrazione.

(1) *Articolo così sostituito dall'art. 11 l. 19 maggio 1975, n. 151.*

112. Rifiuto della celebrazione. – [I]. L'ufficiale dello stato civile non può rifiutare la celebrazione del matrimonio se non per una causa ammessa dalla legge [84 ss., 93 ss.].

[II]. Se la rifiuta, deve rilasciare un certificato con l'indicazione dei motivi [98, 138].

[III]. Contro il rifiuto è dato ricorso al tribunale, che provvede in camera di consiglio, sentito il pubblico ministero [737 ss. c.p.c.].

113. Matrimonio celebrato davanti a un apparente ufficiale dello stato civile. – [I]. Si considera celebrato davanti all'ufficiale dello stato civile il matrimonio che sia stato celebrato dinanzi a persona la quale, senza avere la qualità di ufficiale dello stato civile, ne esercitava pubblicamente le funzioni, a meno che entrambi gli sposi, al momento della celebrazione, abbiano saputo che la detta persona non aveva tale qualità [534, 1153, 1189, 1415; 116^2 trans.].

114. (1) **[Matrimonio del Re Imperatore e dei Principi reali].**

(1) *V.* sub *art. 92.*

SEZIONE V – *Del matrimonio dei cittadini in paese straniero e degli stranieri nello Stato*

115. Matrimonio del cittadino all'estero. – [I]. Il cittadino è soggetto alle disposizioni contenute nella sezione prima di questo capo [84 ss.], anche quando contrae matrimonio in paese straniero secondo le forme ivi stabilite [17, 26 prel.] (1) (2).

(1) *V. d.P.R. 3 novembre 2000, n. 396.*
(2) *L'articolo recava un secondo comma abrogato dall'art. 110^3 d.P.R. n. 396, cit.*

116. Matrimonio dello straniero nello Stato. – [I]. Lo straniero che vuole contrarre matrimonio nello Stato deve presentare all'ufficiale dello stato civile una dichiarazione dell'autorità competente del proprio paese, dalla quale risulti che giusta le leggi a cui è sottoposto nulla osta al matrimonio nonché un documento attestante la regolarità del soggiorno nel territorio italiano (1).

[II]. Anche lo straniero è tuttavia soggetto alle disposizioni contenute negli articoli 85, 86, 87, numeri 1, 2 e 4, 88 e 89.

[III]. Lo straniero che ha domicilio o residenza nello Stato deve inoltre fare la pubblicazione secondo le disposizioni di questo codice [93 ss.].

(1) *Le parole* « nonché un documento attestante la regolarità del soggiorno nel territorio italiano » *sono state aggiunte dall'art. 1^{15} l. 15 luglio 2009, n. 94, ma successivamente* ***C. cost.*** *25 luglio 2011, n. 245 ha dichiarato l'*illegittimità costituzionale *del presente comma limitatamente alle suddette parole.*

Sezione VI – *Della nullità del matrimonio*

117. (1) **Matrimonio contratto con violazione degli articoli 84, 86, 87 e 88.** – [i]. Il matrimonio contratto con violazione degli articoli 86 [556 c.p.], 87 e 88 può essere impugnato dai coniugi, dagli ascendenti prossimi, dal pubblico ministero [69, 70 c.p.c.] e da tutti coloro che abbiano per impugnarlo un interesse legittimo e attuale [127].

[ii]. Il matrimonio contratto con violazione dell'articolo 84 può essere impugnato dai coniugi, da ciascuno dei genitori e dal pubblico ministero [69, 70 c.p.c.]. La relativa azione di annullamento può essere proposta personalmente dal minore non oltre un anno dal raggiungimento della maggiore età [2964]. La domanda, proposta dal genitore o dal pubblico ministero, deve essere respinta ove, anche in pendenza del giudizio, il minore abbia raggiunto la maggiore età ovvero vi sia stato concepimento o procreazione e in ogni caso sia accertata la volontà del minore di mantenere in vita il vincolo matrimoniale.

[iii]. Il matrimonio contratto dal coniuge dell'assente non può essere impugnato finché dura l'assenza [49, 51, 65, 68].

[iv]. Nei casi in cui si sarebbe potuta accordare l'autorizzazione ai sensi del quarto comma dell'articolo 87, il matrimonio non può essere impugnato dopo un anno dalla celebrazione.

[v]. La disposizione del primo comma del presente articolo si applica anche nel caso di nullità del matrimonio previsto dall'articolo 68.

(1) *Articolo così sostituito dall'art. 12 l. 19 maggio 1975, n. 151.*

118. (1) **[Difetto di età].**

(1) *Articolo abrogato dall'art. 13 l. 19 maggio 1975, n. 151.*

119. (1) **Interdizione.** – [i]. Il matrimonio di chi è stato interdetto per infermità di mente [85, 414] può essere impugnato dal tutore, dal pubblico ministero [69, 70 c.p.c.] e da tutti coloro che abbiano un interesse legittimo se, al tempo del matrimonio, vi era già sentenza di interdizione passata in giudicato [324 c.p.c.], ovvero se la interdizione è stata pronunziata posteriormente ma l'infermità esisteva al tempo del matrimonio [427^3]. Può essere impugnato, dopo revocata l'interdizione [429], anche dalla persona che era interdetta.

[ii]. L'azione non può essere proposta se, dopo revocata l'interdizione, vi è stata coabitazione per un anno [120^2, 122^4, 123^2, 125].

(1) *Articolo così sostituito dall'art. 14 l. 19 maggio 1975, n. 151.*

120. (1) **Incapacità di intendere o di volere.** – [I]. Il matrimonio può essere impugnato da quello dei coniugi che, quantunque non interdetto, provi di essere stato incapace di intendere o di volere, per qualunque causa, anche transitoria, al momento della celebrazione del matrimonio [428, 591$^{n. 3}$, 775].

[II]. L'azione non può essere proposta se vi è stata coabitazione per un anno dopo che il coniuge incapace ha recuperato la pienezza delle facoltà mentali [119^{2}, 122^{4}, 123^{2}].

(1) *Articolo così sostituito dall'art. 15 l. 19 maggio 1975, n. 151.*

121. (1) **[Mancanza di assenso].**

(1) *Articolo abrogato dall'art. 16 l. 19 maggio 1975, n. 151.*

122. (1) **Violenza ed errore.** – [I]. Il matrimonio può essere impugnato da quello dei coniugi il cui consenso è stato estorto con violenza [1434] o determinato da timore di eccezionale gravità derivante da cause esterne allo sposo.

[II]. Il matrimonio può altresì essere impugnato da quello dei coniugi il cui consenso è stato dato per effetto di errore sull'identità della persona o di errore essenziale su qualità personali dell'altro coniuge [1429$^{n. 3}$].

[III]. L'errore sulle qualità personali è essenziale qualora, tenute presenti le condizioni dell'altro coniuge, si accerti che lo stesso non avrebbe prestato il suo consenso se le avesse esattamente conosciute [1429$^{n. 3}$] e purché l'errore riguardi:

1) l'esistenza di una malattia fisica o psichica o di una anomalia o deviazione sessuale, tali da impedire lo svolgimento della vita coniugale;

2) l'esistenza di una sentenza di condanna per delitto non colposo alla reclusione non inferiore a cinque anni, salvo il caso di intervenuta riabilitazione prima della celebrazione del matrimonio [178-181 c.p.]. L'azione di annullamento non può essere proposta prima che la sentenza sia divenuta irrevocabile [576 c.p.p.];

3) la dichiarazione di delinquenza abituale o professionale [102, 103 c.p.];

4) la circostanza che l'altro coniuge sia stato condannato per delitti concernenti la prostituzione a pena non inferiore a due anni. L'azione di annullamento non può essere proposta prima che la condanna sia divenuta irrevocabile;

5) lo stato di gravidanza causato da persona diversa dal soggetto caduto in errore, purché vi sia stato disconoscimento ai sensi dell'articolo 233, se la gravidanza è stata portata a termine.

[IV]. L'azione non può essere proposta se vi è stata coabitazione per un anno dopo che siano cessate la violenza o le cause che hanno determinato il timore ovvero sia stato scoperto l'errore [119², 120², 123², 2964; 70ⁿ. ², 72³ c.p.c.].

(1) *Articolo così sostituito dall'art. 17 l. 19 maggio 1975, n. 151.*

123. (1) **Simulazione.** – [I]. Il matrimonio può essere impugnato da ciascuno dei coniugi quando gli sposi abbiano convenuto di non adempiere agli obblighi e di non esercitare i diritti da esso discendenti [1414].

[II]. L'azione non può essere proposta decorso un anno dalla celebrazione del matrimonio ovvero nel caso in cui i contraenti abbiano convissuto come coniugi successivamente alla celebrazione medesima [119², 120², 124⁴, 296⁴].

(1) *Articolo così sostituito dall'art. 18 l. 19 maggio 1975, n. 151.*

124. **Vincolo di precedente matrimonio.** – [I]. Il coniuge può in qualunque tempo impugnare il matrimonio o l'unione civile tra persone dello stesso sesso (1) dell'altro coniuge [86, 117; 556 c.p.]; se si oppone la nullità del primo matrimonio, tale questione deve essere preventivamente giudicata [34 c.p.c.].

(1) *Le parole* « o l'unione civile tra persone dello stesso sesso » *sono state inserite dall'art. 1³³ l. 20 maggio 2016, n. 76. Ai sensi del successivo comma 35 dell'art. 1 l. n. 76, cit., la presente disposizione acquista efficacia a decorrere dalla data di entrata in vigore della suddetta legge.*

125. **Azione del pubblico ministero.** – [I]. L'azione di nullità non può essere promossa dal pubblico ministero dopo la morte di uno dei coniugi [117].

126. **Separazione dei coniugi in pendenza del giudizio.** – [I]. Quando è proposta domanda di nullità del matrimonio, il tribunale può, su istanza di uno dei coniugi, ordinare la loro separazione temporanea durante il giudizio [232², 234]; può ordinarla anche d'ufficio, se ambedue i coniugi o uno di essi sono minori o interdetti (1).

(1) *V. art. 19² l. 27 maggio 1929, n. 847.*

127. **Intrasmissibilità dell'azione.** – [I]. L'azione per impugnare il matrimonio non si trasmette agli eredi se non quando il giudizio è già pendente alla morte dell'attore.

128. (1) **Matrimonio putativo.** – [I]. Se il matrimonio è dichiarato nullo [68, 117, 119, 120, 122, 123], gli effetti del matrimonio valido si producono, in favore dei coniugi, fino alla sentenza che pronunzia la nullità, quando i coniugi stessi lo hanno contratto in buona fede [584], oppure quando il loro consenso è stato estorto con violenza o determinato da timore di eccezionale gravità derivante da cause esterne agli sposi [122] (2).

[II]. Il matrimonio dichiarato nullo ha gli effetti del matrimonio valido rispetto ai figli (3).

[III]. Se le condizioni indicate nel primo comma si verificano per uno solo dei coniugi, gli effetti valgono soltanto in favore di lui e dei figli [139, 251, 785].

[IV]. Il matrimonio dichiarato nullo, contratto in malafede da entrambi i coniugi ha gli effetti del matrimonio valido rispetto ai figli nati o concepiti durante lo stesso, salvo che la nullità dipenda da (4) incesto [86, 87].

[V]. Nell'ipotesi di cui al quarto comma, rispetto ai figli si applica l'articolo 251 (5).

(1) *Articolo così sostituito dall'art. 19 l. 19 maggio 1975, n. 151.*

(2) *V. art. 18 l. 27 maggio 1929, n. 847.*

(3) *Comma così sostituito dall'art. 2[1 lett. a)] d.ls. 28 dicembre 2013, n. 154, con la decorrenza indicata* sub *art. 87. Il testo del comma era il seguente:* « Gli effetti del matrimonio valido si producono anche rispetto ai figli nati o concepiti durante il matrimonio dichiarato nullo, nonché rispetto ai figli nati prima del matrimonio e riconosciuti anteriormente alla sentenza che dichiara la nullità ».

(4) *Le parole* « bigamia o » *che seguivano le parole* « dipende da » *sono state soppresse dall'art. 2[1 lett. b)] d.ls. n. 154, cit., con la decorrenza indicata* sub *art. 87.*

(5) *Comma così sostituito dall'art. 2[1 lett. c)] d.ls. n. 154, cit., con la decorrenza indicata* sub *art. 87. Il testo del comma era il seguente:* « Nell'ipotesi di cui al comma precedente, i figli nei cui confronti non si verifichino gli effetti del matrimonio valido, hanno lo stato di figli [naturali] riconosciuti, nei casi in cui il riconoscimento è consentito ». *In precedenza, l'art. 1[11] l. 10 dicembre 2012, n. 219 aveva disposto che « Nel codice civile, le parole: "figli legittimi" e "figli naturali", ovunque ricorrono, sono sostituite dalla seguente: "figli" ».*

129. (1) **Diritti dei coniugi in buona fede.** – [I]. Quando le condizioni del matrimonio putativo si verificano rispetto ad ambedue i coniugi, il giudice può disporre a carico di uno di essi e per un periodo non superiore a tre anni l'obbligo di corrispondere somme periodiche di denaro, in proporzione alle sue sostanze, a favore dell'altro, ove questi non abbia adeguati redditi propri e non sia passato a nuove nozze.

[II]. Per i provvedimenti che il giudice adotta riguardo ai figli, si applica l'articolo 155.

(1) *Articolo così sostituito dall'art. 20 l. 19 maggio 1975, n. 151.*

129-*bis*. (1) **Responsabilità del coniuge in mala fede e del terzo.** [I]. Il coniuge al quale sia imputabile la nullità del matrimonio [117,

122] è tenuto a corrispondere all'altro coniuge in buona fede, qualora il matrimonio sia annullato, una congrua indennità, anche in mancanza di prova del danno sofferto [156]. L'indennità deve comunque comprendere una somma corrispondente al mantenimento per tre anni. È tenuto altresì a prestare gli alimenti al coniuge in buona fede, sempre che non vi siano altri obbligati [433].

[II]. Il terzo al quale sia imputabile la nullità del matrimonio è tenuto a corrispondere al coniuge in buona fede, se il matrimonio è annullato, l'indennità prevista nel comma precedente.

[III]. In ogni caso il terzo che abbia concorso con uno dei coniugi nel determinare la nullità del matrimonio è solidalmente responsabile con lo stesso per il pagamento dell'indennità.

(1) *Articolo inserito dall'art. 21 l. 19 maggio 1975, n. 151.*

SEZIONE VII – *Delle prove della celebrazione del matrimonio*

130. Atto di celebrazione del matrimonio. – [I]. Nessuno può reclamare il titolo di coniuge e gli effetti del matrimonio, se non presenta l'atto di celebrazione estratto dai registri dello stato civile [107, 109].

[II]. Il possesso di stato, quantunque allegato da ambedue i coniugi, non dispensa dal presentare l'atto di celebrazione [131, 132²].

131. Possesso di stato. – [I]. Il possesso di stato, conforme all'atto di celebrazione del matrimonio, sana ogni difetto di forma [238²].

132. (1) **Mancanza dell'atto di celebrazione.** – [I]. Nel caso di distruzione o di smarrimento dei registri dello stato civile l'esistenza del matrimonio può essere provata a norma dell'articolo 452.

[II]. Quando vi sono indizi che per dolo o per colpa del pubblico ufficiale o per un caso di forza maggiore l'atto di matrimonio non è stato inserito nei registri a ciò destinati, la prova dell'esistenza del matrimonio è ammessa, sempre che risulti in modo non dubbio un conforme possesso di stato [240].

(1) *V. d.P.R. 3 novembre 2000, n. 396.*

133. Prova della celebrazione risultante da sentenza penale. – [I]. Se la prova della celebrazione del matrimonio risulta da sentenza penale [28 c.p.p.], l'iscrizione della sentenza nel registro dello stato civile assicura al matrimonio, dal giorno della sua celebrazione, tutti gli effetti riguardo tanto ai coniugi quanto ai figli.

SEZIONE VIII – *Disposizioni penali* (1)

(1) *Ma v. art. 32 l. 24 novembre 1981, n. 689.*

134. Omissione di pubblicazione. – [I]. Sono puniti con l'ammenda (1) da 41 euro a 206 euro gli sposi e l'ufficiale dello stato civile che hanno celebrato matrimonio senza che la celebrazione sia stata preceduta dalla prescritta pubblicazione [93 ss.].

(1) *V.* sub *art. 35.*

135. Pubblicazione senza richiesta o senza documenti. – [I]. È punito con l'ammenda (1) da 20 euro a 103 euro l'ufficiale dello stato civile che ha proceduto alla pubblicazione di un matrimonio senza la richiesta di cui all'articolo 96 o quando manca alcuno dei documenti prescritti dal primo comma dell'articolo 97 (2) [138].

(1) *V.* sub *art. 35.*
(2) *L'art. 97 è stato abrogato dall'art. 110 d.P.R. 3 novembre 2000, n. 396.*

136. Impedimenti conosciuti dall'ufficiale dello stato civile. – [I]. L'ufficiale dello stato civile che procede alla celebrazione del matrimonio, quando vi osta qualche impedimento o divieto di cui egli ha notizia [84 ss.], è punito con l'ammenda (1) da 51 euro a 309 euro.

(1) *V.* sub *art. 35.*

137. Incompetenza dell'ufficiale dello stato civile. Mancanza dei testimoni. – [I]. È punito con l'ammenda (1) da 30 euro a 206 euro l'ufficiale dello stato civile che ha celebrato un matrimonio per cui non era competente.

[II]. La stessa pena (1) si applica all'ufficiale dello stato civile che ha proceduto alla celebrazione di un matrimonio senza la presenza dei testimoni [106, 107, 110; 116 trans.].

(1) *V.* sub *art. 35.*

138. Altre infrazioni. – [I]. È punito con l'ammenda (1) stabilita nell'articolo 135 l'ufficiale dello stato civile che in qualunque modo contravviene alle disposizioni degli articoli 93, 95 (2), 98, 99, 106, 107, 108, 109, 110 e 112 o commette qualsiasi altra infrazione per cui non sia stabilita una pena speciale in questa sezione.

(1) *V.* sub *art. 35.*
(2) *L'art. 95 è stato abrogato dall'art. 110 d.P.R. 3 novembre 2000, n. 396.*

139. (1) **Cause di nullità note a uno dei coniugi.** – [I]. Il coniuge il quale, conoscendo prima della celebrazione una causa di nullità del matrimonio [117 ss.], l'abbia lasciata ignorare all'altro, è punito, se il matrimonio è annullato, con l'ammenda (2) da 41 euro a 206 euro.

(1) *Articolo così sostituito dall'art. 22 l. 19 maggio 1975, n. 151.*
(2) *V. sub art. 35.*

140. (1) **Inosservanza del divieto temporaneo di nuove nozze.** – [I]. La donna che contrae matrimonio contro il divieto dell'articolo 89, l'ufficiale che lo celebra e l'altro coniuge sono puniti con l'ammenda (2) da 20 euro a 82 euro.

(1) *Articolo così sostituito dall'art. 23 l. 19 maggio 1975, n. 151.*
(2) *V. sub art. 35.*

141. (1) **Competenza.** – [I]. I reati previsti nei precedenti articoli sono di competenza del tribunale.

(1) *Ma v. ora gli artt.13 ss. l. 24 novembre 1981, n. 689.*

142. (1) **Limiti d'applicazione delle precedenti disposizioni.** – [I]. Le disposizioni della presente sezione si applicano quando i fatti ivi contemplati non costituiscono reato più grave.

(1) *V. l. 24 novembre 1981, n. 689.*

CAPO IV – *Dei diritti e dei doveri che nascono dal matrimonio*

143. (1) **Diritti e doveri reciproci dei coniugi.** – [I]. Con il matrimonio il marito e la moglie acquistano gli stessi diritti e assumono i medesimi doveri [29 Cost.].

[II]. Dal matrimonio deriva l'obbligo reciproco alla fedeltà, all'assistenza morale e materiale [146^{1}], alla collaborazione nell'interesse della famiglia e alla coabitazione [107^{1}; 570 c.p.].

[III]. Entrambi i coniugi sono tenuti, ciascuno in relazione alle proprie sostanze e alla propria capacità di lavoro professionale o casalingo, a contribuire ai bisogni della famiglia [107^{1}, 146^{2}, $186^{1\ c}$, 315].

(1) *Articolo così sostituito dall'art. 24 l. 19 maggio 1975, n. 151.*

143-*bis*. (1) **Cognome della moglie.** – [I]. La moglie aggiunge al proprio cognome quello del marito e lo conserva durante lo stato vedovile, fino a che passi a nuove nozze [156-*bis*].

(1) *Articolo inserito dall'art. 25 l. 19 maggio 1975, n. 151. V. in caso di divorzio art. $5^{2\ e\ 3}$ l. 1° dicembre 1970, n. 898.*

143-*ter*. (1) **[Cittadinanza della moglie].**

(1) *Articolo dapprima inserito dall'art. 25 l. 19 maggio 1975, n. 151 e successivamente abrogato dall'art. 26^{1} l. 5 febbraio 1992, n. 91.*

144. (1) **Indirizzo della vita familiare e residenza della famiglia.** [I]. I coniugi concordano tra loro l'indirizzo della vita familiare e fissano la residenza della famiglia secondo le esigenze di entrambi e quelle preminenti della famiglia stessa [29 Cost.].

[II]. A ciascuno dei coniugi spetta il potere di attuare l'indirizzo concordato [107].

(1) *Articolo così sostituito dall'art. 26 l. 19 maggio 1975, n. 151.*

145. (1) **Intervento del giudice.** – [I]. In caso di disaccordo ciascuno dei coniugi può chiedere, senza formalità, l'intervento del giudice il quale, sentite le opinioni espresse dai coniugi e, [per quanto opportuno,] dai figli conviventi che abbiano compiuto gli anni dodici o anche di età inferiore ove capaci di discernimento, tenta di raggiungere una soluzione concordata (2).

[II]. Ove questa non sia possibile e il disaccordo concerna la fissazione della residenza o altri affari essenziali, il giudice, qualora ne sia richiesto espressamente da uno o entrambi i coniugi, adotta la soluzione che ritiene più adeguata all'interesse dei figli e alle esigenze dell'unità e della vita della famiglia (3).

[III]. In caso di inadempimento all'obbligo di contribuire ai bisogni della famiglia previsto dall'articolo 143, il giudice, su istanza di chiunque vi ha interesse, provvede ai sensi dell'articolo 316-*bis* (4).

(1) *Articolo così sostituito dall'art. 27 l. 19 maggio 1975, n. 151.*

(2) *Comma modificato dall'art. 1[1 lett. a)] d.ls. 10 ottobre 2022, n. 149 che ha soppresso le parole* « per quanto opportuno» *e ha sostituito le parole:* «gli anni dodici o anche di eta' inferiore ove capaci di discernimento » *alle parole:* « il sedicesimo anno ». *Per la disciplina transitoria v. art. 35[1] d.ls. n. 149/2022, cit., come sostituito dall'art. 1[380, lett. a)] l. 29 dicembre 2022, n. 197, che prevede che:* « 1. Le disposizioni del presente decreto, salvo che non sia diversamente disposto, hanno effetto a decorrere dal 28 febbraio 2023 e si applicano ai procedimenti instaurati successivamente a tale data. Ai procedimenti pendenti alla data del 28 febbraio 2023 si applicano le disposizioni anteriormente vigenti. ».

(3) *Comma sostituito dall'art. 1[1 lett. b)] d.ls. 10 ottobre 2022, n. 149. Per l'entrata in vigore e l'applicazione v.* sub *nota 2. Il testo del comma era il seguente:* « Ove questa non sia possibile e il disaccordo concerna la fissazione della residenza o altri affari essenziali, il giudice, qualora ne sia richiesto espressamente e congiuntamente dai coniugi, adotta, con provvedimento non impugnabile, la soluzione che ritiene più adeguata alle esigenze dell'unità e della vita della famiglia ».

(4) *Comma inserito dall'art. 1[1 lett. c)] d.ls. 10 ottobre 2022, n. 149. Per l'entrata in vigore e l'applicazione v.* sub *nota 2.*

146. (1) **Allontanamento dalla residenza familiare.** – [I]. Il diritto all'assistenza morale e materiale previsto dall'articolo 143 è sospeso nei confronti del coniuge che, allontanatosi senza giusta causa dalla residenza familiare [144], rifiuta di tornarvi [570 c.p.].

[II]. La proposizione della domanda di separazione [150] o di annullamento [117] o di scioglimento o di cessazione degli effetti civili del matrimonio [149] costituisce giusta causa di allontanamento dalla residenza familiare.

[III]. Il giudice [38[2] att.] può, secondo le circostanze, ordinare il sequestro [670 ss. c.p.c.] dei beni del coniuge [179, 215 ss.] allontanatosi, nella misura atta a garantire l'adempimento degli obblighi previsti dagli articoli 143, terzo comma, e 147.

(1) *Articolo così sostituito dall'art. 28 l. 19 maggio 1975, n. 151.*

147. (1) **Doveri verso i figli.** – [I]. Il matrimonio impone ad ambedue i coniugi l'obbligo di mantenere, istruire, educare e assistere moralmente i figli, nel rispetto delle loro capacità, inclinazioni naturali e aspirazioni, secondo quanto previsto dall'articolo 315-*bis*.

(1) *Articolo così sostituito dall'art. 3[1] d.lgs. 28 dicembre 2013, n. 154, con la decorrenza indicata* sub *art. 87. Il testo dell'articolo, come sostituito dall'art. 29 l. 19 maggio 1975, n. 151, era il seguente:* « Il matrimonio impone ad ambedue i coniugi l'obbligo di mantenere, istruire ed educare la prole tenendo conto delle capacità, dell'inclinazione naturale e delle aspirazioni dei figli ».

148. (1) **Concorso negli oneri.** – [I]. I coniugi devono adempiere l'obbligo di cui all'articolo 147, secondo quanto previsto dall'articolo 316-*bis*.

(1) *Articolo così sostituito dall'art. 4[1] d.lgs. 28 dicembre 2013, n. 154, con la decorrenza indicata* sub *art. 87. Il testo dell'articolo, come sostituito dall'art. 29 l. 19 maggio 1975, n. 151, era il seguente:* « I coniugi devono adempiere l'obbligazione prevista nell'articolo precedente in proporzione alle rispettive sostanze e secondo la loro capacità di lavoro professionale o casalingo. Quando i genitori non hanno mezzi sufficienti, gli altri ascendenti legittimi o naturali, in ordine di prossimità, sono tenuti a fornire ai genitori stessi i mezzi necessari, affinché possano adempiere i loro doveri nei confronti dei figli. - In caso di inadempimento il presidente del tribunale, su istanza di chiunque vi ha interesse, sentito l'inadempiente ed assunte informazioni, può ordinare con decreto che una quota dei redditi dell'obbligato, in proporzione agli stessi, sia versata direttamente all'altro coniuge o a chi sopporta le spese per il mantenimento, l'istruzione e l'educazione della prole. - Il decreto, notificato agli interessati ed al terzo debitore, costituisce titolo esecutivo, ma le parti ed il terzo debitore possono proporre opposizione nel termine di venti giorni dalla notifica. - L'opposizione è regolata dalle norme relative all'opposizione al decreto di ingiunzione in quanto applicabili. - Le parti ed il terzo debitore possono sempre chiedere, con le forme del processo ordinario, la modificazione e la revoca del provvedimento ».

CAPO V – *Dello scioglimento del matrimonio e della separazione dei coniugi*

149. (1) **Scioglimento del matrimonio.** – [I]. Il matrimonio si scioglie con la morte di uno dei coniugi e negli altri casi previsti dalla legge (2).

[II]. Gli effetti civili del matrimonio celebrato con rito religioso, ai sensi dell'articolo 82 o dell'articolo 83, e regolarmente trascritto, cessano alla morte di uno dei coniugi e negli altri casi previsti dalla legge.

(1) *Articolo così sostituito dall'art. 31 l. 19 maggio 1975, n. 151.*
(2) *V. l. 1° dicembre 1970, n. 898 e art. 4 l. 14 aprile 1982, n. 164.*

150. (1) **Separazione personale.** – [I]. È ammessa la separazione personale dei coniugi [70, 706 ss. c.p.c.].

[II]. La separazione può essere giudiziale o consensuale [151, 158].

[III]. Il diritto di chiedere la separazione giudiziale o l'omologazione di quella consensuale spetta esclusivamente ai coniugi.

(1) *Articolo così sostituito dall'art. 32 l. 19 maggio 1975, n. 151.*

151. (1) **Separazione giudiziale.** – [I]. La separazione può essere chiesta quando si verificano, anche indipendentemente dalla volontà di uno o di entrambi i coniugi, fatti tali da rendere intollerabile la prosecuzione della convivenza o da recare grave pregiudizio alla educazione della prole.

[II]. Il giudice, pronunziando la separazione, dichiara, ove ne ricorrano le circostanze, e ne sia richiesto, a quale dei coniugi sia addebitabile la separazione [548^2, 585^2], in considerazione del suo comportamento contrario ai doveri che derivano dal matrimonio [143^2, 147].

(1) *Articolo così sostituito dall'art. 33 l. 19 maggio 1975, n. 151.*

152-153. (1).

(1) *Articoli abrogati dall'art. 34 l. 19 maggio 1975, n. 151.*

154. (1) **Riconciliazione.** – [I]. La riconciliazione tra i coniugi comporta l'abbandono della domanda di separazione personale già proposta [157].

(1) *Articolo così sostituito dall'art. 35 l. 19 maggio 1975, n. 151.*

155. (1) **Provvedimenti riguardo ai figli.** – [I]. In caso di separazione, riguardo ai figli, si applicano le disposizioni contenute nel Capo II del titolo IX.

(1) *Articolo così sostituito dall'art. 5^1 d.lgs. 28 dicembre 2013, n. 154, con la decorrenza indicata* sub *art. 87. Il testo dell'articolo, come sostituito dall'art. 1^1 l. 8 febbraio 2006, n. 54, era il seguente:* « Anche in caso di separazione personale dei genitori il figlio minore ha il diritto di mantenere un rapporto equilibrato e continuativo con ciascuno di essi, di ricevere cura, educazione e istruzione da entrambi e di conservare rapporti significativi con gli ascendenti e con i parenti di ciascun ramo genitoriale. – Per realizzare la finalità indicata dal primo comma, il giudice che pronuncia la separazione personale dei coniugi adotta i provvedimenti relativi alla prole con esclusivo riferimento all'interesse morale e materiale di essa. Valuta prioritariamente la possibilità che i figli minori restino affidati a entrambi i

genitori oppure stabilisce a quale di essi i figli sono affidati, determina i tempi e le modalità della loro presenza presso ciascun genitore, fissando altresì la misura e il modo con cui ciascuno di essi deve contribuire al mantenimento, alla cura, all'istruzione e all'eduzione dei figli. Prende atto, se non contrari all'interesse dei figli, degli accordi intervenuti tra i genitori. Adotta ogni altro provvedimento relativo alla prole. – La potestà genitoriale è esercitata da entrambi i genitori. Le decisioni di maggiore interesse per i figli relative all'istruzione, all'educazione e alla salute sono assunte di comune accordo tenendo conto delle capacità, dell'inclinazione naturale e delle aspirazioni dei figli. In caso di disaccordo la decisione è rimessa al giudice. Limitatamente alle decisioni su questioni di ordinaria amministrazione, il giudice può stabilire che i genitori esercitino la potestà separatamente. – Salvo accordi diversi liberamente sottoscritti dalle parti, ciascuno dei genitori provvede al mantenimento dei figli in misura proporzionale al proprio reddito; il giudice stabilisce, ove necessario, la corresponsione di un assegno periodico al fine di realizzare il principio di proporzionalità, da determinare considerando: 1) le attuali esigenze del figlio; 2) il tenore di vita goduto dal figlio in costanza di convivenza con entrambi i genitori; 3) i tempi di permanenza presso ciascun genitore; 4) le risorse economiche di entrambi i genitori; 5) la valenza economica dei compiti domestici e di cura assunti da ciascun genitore. – L'assegno è automaticamente adeguato agli indici ISTAT in difetto di altro parametro indicato dalle parti o dal giudice. – Ove le informazioni di carattere economico fornite dai genitori non risultino sufficientemente documentate, il giudice dispone un accertamento della polizia tributaria sui redditi e sui beni oggetto della contestazione, anche se intestati a soggetti diversi. ».

155-*bis*. (1) [Affidamento a un solo genitore e opposizione all'affidamento condiviso].

(1) *Articolo abrogato dall'art. 106[1 lett. a)] d.lgs. 28 dicembre 2013, n. 154, con la decorrenza indicata* sub *art. 87. Il testo dell'articolo, inserito dall'art. 1[2] l. 8 febbraio 2006, n. 54, era il seguente:* « Art. 155-*bis*. (*Affidamento a un solo genitore e opposizione all'affidamento condiviso*). – Il giudice può disporre l'affidamento dei figli ad uno solo dei genitori qualora ritenga con provvedimento motivato che l'affidamento all'altro sia contrario all'interesse del minore. – Ciascuno dei genitori può, in qualsiasi momento, chiedere l'affidamento esclusivo quando sussistono le condizioni indicate al primo comma. Il giudice, se accoglie la domanda, dispone l'affidamento esclusivo al genitore istante, facendo salvi, per quanto possibile, i diritti del minore previsti dal primo comma dell'articolo 155. Se la domanda risulta manifestamente infondata, il giudice può considerare il comportamento del genitore istante ai fini della determinazione dei provvedimenti da adottare nell'interesse dei figli, rimanendo ferma l'applicazione dell'articolo 96 del codice di procedura civile ».

155-*ter*. (1) [Revisione delle disposizioni concernenti l'affidamento dei figli].

(1) *Articolo abrogato dall'art. 106[1 lett. a)] d.lgs. 28 dicembre 2013, n. 154, con la decorrenza indicata* sub *art. 87. Il testo dell'articolo, inserito dall'art. 1[2] l. 8 febbraio 2006, n. 54, era il seguente:* « Art. 155-*ter*. (*Revisione delle disposizioni concernenti l'affidamento dei figli*). – I genitori hanno diritto di chiedere in ogni tempo la revisione delle disposizioni concernenti l'affidamento dei figli, l'attribuzione dell'esercizio della potestà su di essi e delle eventuali disposizioni relative alla misura e alla modalità del contributo ».

155-*quater*. (1) [Assegnazione della casa familiare e prescrizioni in tema di residenza].

(1) *Articolo abrogato dall'art. 106[1] lett. a) d.ls. 28 dicembre 2013, n. 154, con la decorrenza indicata* sub *art. 87. Il testo dell'articolo, inserito dall'art. 1[2] l. 8 febbraio 2006, n. 54, era il seguente:* « Art. 155-*quater*. (*Assegnazione della casa familiare e prescrizioni in tema di residenza*). - Il godimento della casa familiare è attribuito tenendo prioritariamente conto dell'interesse dei figli. Dell'assegnazione il giudice tiene conto nella regolazione dei rapporti economici tra i genitori, considerato l'eventuale titolo di proprietà. Il diritto al godimento della casa familiare viene meno nel caso che l'assegnatario non abiti o cessi di abitare stabilmente nella casa familiare o conviva *more uxorio* o contragga nuovo matrimonio. Il provvedimento di assegnazione e quello di revoca sono trascrivibili e opponibili a terzi ai sensi dell'articolo 2643. – Nel caso in cui uno dei coniugi cambi la residenza o il domicilio, l'altro coniuge può chiedere, se il mutamento interferisce con le modalità dell'affidamento, la ridefinizione degli accordi o dei provvedimenti adottati, ivi compresi quelli economici ».

155-*quinquies*. (1) [Disposizioni in favore dei figli maggiorenni].

(1) *Articolo abrogato dall'art. 106[1] lett. a) d.ls. 28 dicembre 2013, n. 154, con la decorrenza indicata* sub *art. 87. Il testo dell'articolo, inserito dall'art. 1[2] l. 8 febbraio 2006, n. 54, era il seguente:* « Art. 155-*quinquies*. (*Disposizioni in favore dei figli maggiorenni*). – Il giudice, valutate le circostanze, può disporre in favore dei figli maggiorenni non indipendenti economicamente il pagamento di un assegno periodico. Tale assegno, salvo diversa determinazione del giudice, è versato direttamente all'avente diritto. – Ai figli maggiorenni portatori di *handicap* grave ai sensi dell'articolo 3, comma 3, della legge 5 febbraio 1992, n. 104, si applicano integralmente le disposizioni previste in favore dei figli minori ».

155-*sexies*. (1) [Poteri del giudice e ascolto del minore].

(1) *Articolo abrogato dall'art. 106[1] lett. a) d.ls. 28 dicembre 2013, n. 154, con la decorrenza indicata* sub *art. 87. Il testo dell'articolo, inserito dall'art. 1[2] l. 8 febbraio 2006, n. 54, era il seguente:* « Art. 155-*sexies*. (*Poteri del giudice e ascolto del minore*). – Prima dell'emanazione, anche in via provvisoria, dei provvedimenti di cui all'articolo 155, il giudice può assumere, ad istanza di parte o d'ufficio, mezzi di prova. Il giudice dispone, inoltre, l'audizione del figlio minore che abbia compiuto gli anni dodici e anche di età inferiore ove capace di discernimento. – Qualora ne ravvisi l'opportunità, il giudice, sentite le parti e ottenuto il loro consenso, può rinviare l'adozione dei provvedimenti di cui all'articolo 155 per consentire che i coniugi, avvalendosi di esperti, tentino una mediazione per raggiungere un accordo, con particolare riferimento alla tutela dell'interesse morale e materiale dei figli ».

156. (1) Effetti della separazione sui rapporti patrimoniali tra i coniugi. – [I]. Il giudice, pronunziando la separazione, stabilisce a vantaggio del coniuge cui non sia addebitabile la separazione [151[2]] il diritto di ricevere dall'altro coniuge quanto è necessario al suo mantenimento, qualora egli non abbia adeguati redditi propri [548[1], 585[1]].

[II]. L'entità di tale somministrazione è determinata in relazione alle circostanze e ai redditi dell'obbligato.

[III]. Resta fermo l'obbligo di prestare gli alimenti di cui agli articoli 433 e seguenti [438²] (2).

[IV]. Qualora sopravvengano giustificati motivi il giudice, su istanza di parte, può disporre la revoca o la modifica dei provvedimenti di cui ai commi precedenti [710 c.p.c.].

(1) *Articolo così sostituito dall'art. 37 l. 19 maggio 1975, n. 151.*

(2) *Seguivano gli originari commi IV, V e VI abrogati dall'art. 1*[2, lett. a)] *d.lgs. 10 ottobre 2022, n. 149. Per la disciplina transitoria v. art. 35*[1] *d.lgs. n. 149/2022, cit., come sostituito dall'art. 1*[380, lett. a)] *l. 29 dicembre 2022, n. 197, che prevede che: « 1.* Le disposizioni del presente decreto, salvo che non sia diversamente disposto, hanno effetto a decorrere dal 28 febbraio 2023 e si applicano ai procedimenti instaurati successivamente a tale data. Ai procedimenti pendenti alla data del 28 febbraio 2023 si applicano le disposizioni anteriormente vigenti. *». I testi precedenti all'abrogazione sono i seguenti:* « — Il giudice che pronunzia la separazione può imporre al coniuge di prestare idonea garanzia reale o personale se esiste il pericolo che egli possa sottrarsi all'adempimento degli obblighi previsti dai precedenti commi e dall'articolo 155. — La sentenza costituisce titolo per l'iscrizione dell'ipoteca giudiziale ai sensi dell'articolo 2818. — In caso di inadempienza, su richiesta dell'avente diritto, il giudice può disporre il sequestro di parte dei beni del coniuge obbligato e ordinare ai terzi, tenuti a corrispondere anche periodicamente somme di danaro all'obbligato, che una parte di esse venga versata direttamente agli aventi diritto *». Precedentemente la Corte cost., con sentenza 31 maggio 1983, n. 144 ha dichiarato* l'illegittimità costituzionale *dell'originario comma 6 « nella parte in cui non prevede che le disposizioni ivi contenute si applichino a favore dei figli di coniugi consensualmente separati » e successivamente con sentenza 19 gennaio 1987, n. 5 « nella parte in cui non prevede che le disposizioni ivi contenute si applichino ai coniugi consensualmente separati »; e con sentenza 6 luglio 1994, n. 278 « nella parte in cui non prevede che il giudice istruttore possa adottare, nel corso della causa di separazione, il provvedimento di ordinare ai terzi debitori del coniuge obbligato al mantenimento, di versare una parte delle somme direttamente agli aventi diritto » e, ancora, con sentenza 19 luglio 1996, n. 258 « nella parte in cui non prevede che il giudice istruttore possa adottare, nel corso della causa di separazione, il provvedimento di sequestro di parte dei beni del coniuge obbligato al mantenimento ».*

156-*bis*. (1) **Cognome della moglie.** – [I]. Il giudice può vietare alla moglie l'uso del cognome del marito [143-*bis*] quando tale uso sia a lui gravemente pregiudizievole, e può parimenti autorizzare la moglie a non usare il cognome stesso, qualora dall'uso possa derivarle grave pregiudizio.

(1) *Articolo inserito dall'art. 38 l. 19 maggio 1975, n. 151.*

157. (1) **Cessazione degli effetti della separazione.** – [I]. I coniugi possono di comune accordo far cessare gli effetti della sentenza di separazione, senza che sia necessario l'intervento del giudice, con una espressa dichiarazione o con un comportamento non equivoco che sia incompatibile con lo stato di separazione.

[II]. La separazione può essere pronunziata nuovamente soltanto in relazione a fatti e comportamenti intervenuti dopo la riconciliazione.

(1) *Articolo così sostituito dall'art. 39 l. 19 maggio 1975, n. 151.*

158. (1) **Separazione consensuale.** – [I]. La separazione per il solo consenso dei coniugi non ha effetto senza l'omologazione del giudice [150³; 711 c.p.c.] (2).

(1) *Articolo così sostituito dall'art. 40 l. 19 maggio 1975, n. 151 e, successivamente, dichiarato* costituzionalmente illegittimo *con* **C. cost.** *18 febbraio 1988, n. 186 « nella parte in cui non prevede che il decreto di omologazione della separazione consensuale costituisce titolo per l'iscrizione dell'ipoteca giudiziale ai sensi dell'art. 2818 c.c. ».*

(2) *Seguiva un secondo comma abrogato dall'art. 1², lett. b) d.ls. 10 ottobre 2022, n. 149. Per la disciplina transitoria v. art. 35¹ d.ls. n. 149/2022, cit., come sostituito dall'art. 1³⁸⁰, lett. a) l. 29 dicembre 2022, n. 197, che prevede che:* « 1. Le disposizioni del presente decreto, salvo che non sia diversamente disposto, hanno effetto a decorrere dal 28 febbraio 2023 e si applicano ai procedimenti instaurati successivamente a tale data. Ai procedimenti pendenti alla data del 28 febbraio 2023 si applicano le disposizioni anteriormente vigenti. ».

CAPO VI – *Del regime patrimoniale della famiglia*

SEZIONE I – *Disposizioni generali*

159. (1) **Del regime patrimoniale legale tra i coniugi.** – [I]. Il regime patrimoniale legale della famiglia, in mancanza di diversa convenzione stipulata a norma dell'articolo 162, è costituito dalla comunione dei beni regolata dalla sezione III del presente capo.

(1) *Articolo così sostituito dall'art. 41 l. 19 maggio 1975, n. 151.*

160. (1) **Diritti inderogabili.** – [I]. Gli sposi non possono derogare né ai diritti né ai doveri previsti dalla legge per effetto del matrimonio [143³,147, 148].

(1) *Articolo così sostituito dall'art. 42 l. 19 maggio 1975, n. 151.*

161. **Riferimento generico a leggi o agli usi.** – [I]. Gli sposi non possono pattuire in modo generico che i loro rapporti patrimoniali siano in tutto o in parte regolati da leggi alle quali non sono sottoposti o dagli usi, ma devono enunciare in modo concreto il contenuto dei patti con i quali intendono regolare questi loro rapporti [210¹].

162. (1) **Forma delle convenzioni matrimoniali.** – [I]. Le convenzioni matrimoniali debbono essere stipulate per atto pubblico [2699] sotto pena di nullità.

[II]. La scelta del regime di separazione può anche essere dichiarata nell'atto di celebrazione del matrimonio [107², 215].

[III]. Le convenzioni possono essere stipulate in ogni tempo, ferme restando le disposizioni dell'articolo 194 (2).

[IV]. Le convenzioni matrimoniali non possono essere opposte ai terzi quando a margine dell'atto di matrimonio non risultano annotati la data del contratto, il notaio rogante e le generalità dei contraenti, ovvero la scelta di cui al secondo comma [2647].

(1) *Articolo così sostituito dall'art. 43 l. 19 maggio 1975, n. 151.*

(2) *Comma così sostituito dall'art. 1 l. 10 aprile 1981, n. 142. V. l'art. 2 l. n. 142, cit.*

163. (1) **Modifica delle convenzioni.** – [I]. Le modifiche delle convenzioni matrimoniali, anteriori o successive al matrimonio, non hanno effetto se l'atto pubblico non è stipulato col consenso di tutte le persone che sono state parti nelle convenzioni medesime, o dei loro eredi.

[II]. Se uno dei coniugi muore dopo aver consentito con atto pubblico alla modifica delle convenzioni, questa produce i suoi effetti se le altre parti esprimono anche successivamente il loro consenso, salva l'omologazione del giudice. L'omologazione può essere chiesta da tutte le persone che hanno partecipato alla modificazione delle convenzioni o dai loro eredi.

[III]. Le modifiche convenute e la sentenza di omologazione hanno effetto rispetto ai terzi solo se ne è fatta annotazione in margine all'atto del matrimonio [34-*bis* att.].

[IV]. L'annotazione deve inoltre essere fatta a margine della trascrizione delle convenzioni matrimoniali ove questa sia richiesta a norma degli articoli 2643 e seguenti [34-*bis*[2] att.].

(1) *Articolo così sostituito dall'art. 44 l. 19 maggio 1975, n. 151.*

164. (1) **Simulazione delle convenzioni matrimoniali.** – [I]. È consentita ai terzi la prova della simulazione delle convenzioni matrimoniali [1415[2]].

[II]. Le controdichiarazioni scritte possono aver effetto nei confronti di coloro tra i quali sono intervenute, solo se fatte con la presenza ed il simultaneo consenso di tutte le persone che sono state parti nelle convenzioni matrimoniali.

(1) *Articolo così sostituito dall'art. 45 l. 19 maggio 1975, n. 151.*

165. (1) **Capacità del minore.** – [I]. Il minore ammesso a contrarre matrimonio [84[2]] è pure capace di prestare il consenso per tutte le relative convenzioni matrimoniali [162[1-2]], le quali sono valide se egli è assistito dai genitori esercenti la responsabilità genitoriale (2) su di lui o dal tutore o dal curatore speciale nominato a norma dell'articolo 90 [392³, 774].

(1) *Articolo così sostituito dall'art. 46 l. 19 maggio 1975, n. 151.*

(2) *Le parole* « responsabilità genitoriale » *sono state sostituite alla parola* « potestà » *dall'art. 6¹ d.lgs. 28 dicembre 2013, n. 154, con la decorrenza indicata* sub *art. 87.*

166. Capacità dell'inabilitato. – [I]. Per la validità delle stipulazioni e delle donazioni, fatte nel contratto di matrimonio dall'inabilitato [415] o da colui contro il quale è stato promosso giudizio di inabilitazione [417], è necessaria l'assistenza del curatore già nominato. Se questi non è stato ancora nominato, si provvede alla nomina di un curatore speciale [90].

166-*bis*. (1) Divieto di costituzione di dote. – [I]. È nulla ogni convenzione che comunque tenda alla costituzione di beni in dote.

(1) *Articolo inserito dall'art. 47 l. 19 maggio 1975, n. 151.*

SEZIONE II – *Del fondo patrimoniale* (1)

(1) *Intitolazione così sostituita dall'art. 48 l. 19 maggio 1975, n. 151.*

167. (1) Costituzione del fondo patrimoniale. – [I]. Ciascuno o ambedue i coniugi, per atto pubblico [2699], o un terzo, anche per testamento, possono costituire un fondo patrimoniale, destinando determinati beni, immobili o mobili iscritti in pubblici registri [2647, 2685], o titoli di credito, a far fronte ai bisogni della famiglia.

[II]. La costituzione del fondo patrimoniale per atto tra vivi, effettuata dal terzo, si perfeziona con l'accettazione dei coniugi. L'accettazione può essere fatta con atto pubblico posteriore.

[III]. La costituzione può essere fatta anche durante il matrimonio.

[IV]. I titoli di credito devono essere vincolati rendendoli nominativi [2021 ss.] con annotazione del vincolo o in altro modo idoneo.

(1) *Articolo così sostituito dall'art. 49 l. 19 maggio 1975, n. 151.*

168. (1) Impiego ed amministrazione del fondo. – [I]. La proprietà dei beni costituenti il fondo patrimoniale spetta ad entrambi i coniugi, salvo che sia diversamente stabilito nell'atto di costituzione.

[II]. I frutti dei beni costituenti il fondo patrimoniale sono impiegati per i bisogni della famiglia.

[III]. L'amministrazione dei beni costituenti il fondo patrimoniale è regolata dalle norme relative all'amministrazione della comunione legale [180].

(1) *Articolo così sostituito dall'art. 50 l. 19 maggio 1975, n. 151.*

169. (1) **Alienazione dei beni del fondo.** – [i]. Se non è stato espressamente consentito nell'atto di costituzione, non si possono alienare, ipotecare, dare in pegno o comunque vincolare beni del fondo patrimoniale se non con il consenso di entrambi i coniugi e, se vi sono figli minori, con l'autorizzazione concessa dal giudice, con provvedimento emesso in camera di consiglio, nei soli casi di necessità od utilità evidente [32 att.].

(1) *Articolo così sostituito dall'art. 51 l. 19 maggio 1975, n. 151.*

170. (1) **Esecuzione sui beni e sui frutti.** – [i]. L'esecuzione sui beni del fondo e sui frutti di essi non può aver luogo per debiti che il creditore conosceva essere stati contratti per scopi estranei ai bisogni della famiglia.

(1) *Articolo così sostituito dall'art. 52 l. 19 maggio 1975, n. 151.*

171. (1) **Cessazione del fondo.** – [i]. La destinazione del fondo termina a seguito dell'annullamento [117] o dello scioglimento [149] o della cessazione degli effetti civili del matrimonio.

[ii]. Se vi sono figli minori il fondo dura fino al compimento della maggiore età dell'ultimo figlio. In tale caso il giudice [38 att.] può dettare, su istanza di chi vi abbia interesse, norme per l'amministrazione del fondo.

[iii]. Considerate le condizioni economiche dei genitori e dei figli ed ogni altra circostanza, il giudice può altresì attribuire ai figli, in godimento o in proprietà, una quota dei beni del fondo.

[iv]. Se non vi sono figli, si applicano le disposizioni sullo scioglimento della comunione legale [191 ss.].

(1) *Articolo così sostituito dall'art. 53 l. 19 maggio 1975, n. 151.*

172-176. (1).

(1) *Articoli abrogati dall'art. 54 l. 19 maggio 1975, n. 151.*

Sezione III – *Della comunione legale* (1)

(1) *Intitolazione così sostituita dall'art. 55 l. 19 maggio 1975, n. 151, che ha pure soppresso la suddivisione in paragrafi della Sezione III.*

177. (1) **Oggetto della comunione.** – [i]. Costituiscono oggetto della comunione:

a) gli acquisti compiuti dai due coniugi insieme o separatamente durante il matrimonio, ad esclusione di quelli relativi ai beni personali [179];

b) i frutti dei beni propri di ciascuno dei coniugi, percepiti e non consumati allo scioglimento della comunione [191];

c) i proventi dell'attività separata di ciascuno dei coniugi se, allo scioglimento della comunione, non siano stati consumati;

d) le aziende gestite da entrambi i coniugi e costituite dopo il matrimonio [181, 191^2].

[II]. Qualora si tratti di aziende appartenenti ad uno dei coniugi anteriormente al matrimonio ma gestite da entrambi, la comunione concerne solo gli utili e gli incrementi.

(1) *Articolo così sostituito dall'art. 56 l. 19 maggio 1975, n. 151.*

178. (1) **Beni destinati all'esercizio di impresa.** – [I]. I beni destinati all'esercizio dell'impresa di uno dei coniugi costituita dopo il matrimonio e gli incrementi dell'impresa costituita anche precedentemente si considerano oggetto della comunione solo se sussistono al momento dello scioglimento di questa [177$^{b\ e\ c}$].

(1) *Articolo così sostituito dall'art. 57 l. 19 maggio 1975, n. 151.*

179. (1) **Beni personali.** – [I]. Non costituiscono oggetto della comunione e sono beni personali del coniuge:

a) i beni di cui, prima del matrimonio, il coniuge era proprietario o rispetto ai quali era titolare di un diritto reale di godimento;

b) i beni acquisiti successivamente al matrimonio per effetto di donazione o successione, quando nell'atto di liberalità o nel testamento non è specificato che essi sono attribuiti alla comunione;

c) i beni di uso strettamente personale di ciascun coniuge ed i loro accessori [210^2, 2647];

d) i beni che servono all'esercizio della professione [2094, 2222] del coniuge, tranne quelli destinati alla conduzione di un'azienda facente parte della comunione [210^2, 2647];

e) i beni ottenuti a titolo di risarcimento del danno nonché la pensione attinente alla perdita parziale o totale della capacità lavorativa [210^2, 2647];

f) i beni acquisiti con il prezzo del trasferimento dei beni personali sopraelencati o col loro scambio, purché ciò sia espressamente dichiarato all'atto dell'acquisto [2647^1].

[II]. L'acquisto di beni immobili, o di beni mobili elencati nell'articolo 2683, effettuato dopo il matrimonio, è escluso dalla comunione, ai sensi delle lettere *c*), *d*) ed *f*) del precedente comma, quando tale esclusione risulti dall'atto di acquisto se di esso sia stato parte anche l'altro coniuge.

(1) *Articolo così sostituito dall'art. 58 l. 19 maggio 1975, n. 151.*

180. (1) **Amministrazione dei beni della comunione.** – [I]. L'amministrazione dei beni della comunione e la rappresentanza in giudizio per gli atti ad essa relativi spettano disgiuntamente ad entrambi i coniugi [210^3, 1105].

[II]. Il compimento degli atti eccedenti l'ordinaria amministrazione, nonché la stipula dei contratti con i quali si concedono o si acquistano diritti personali di godimento e la rappresentanza in giudizio per le relative azioni spettano congiuntamente ad entrambi i coniugi [182; 102 c.p.c.].

(1) *Articolo così sostituito dall'art. 59 l. 19 maggio 1975, n. 151.*

181. (1) **Rifiuto di consenso.** – [I]. Se uno dei coniugi rifiuta il consenso per la stipulazione di un atto di straordinaria amministrazione o per gli altri atti per cui il consenso è richiesto, l'altro coniuge può rivolgersi al giudice [38^2 att.] per ottenere l'autorizzazione nel caso in cui la stipulazione dell'atto è necessaria nell'interesse della famiglia o dell'azienda che a norma della lettera *d*) dell'articolo 177 fa parte della comunione.

(1) *Articolo così sostituito dall'art. 60 l. 19 maggio 1975, n. 151.*

182. (1) **Amministrazione affidata ad uno solo dei coniugi.** – [I]. In caso di lontananza o di altro impedimento di uno dei coniugi l'altro, in mancanza di procura del primo risultante da atto pubblico o da scrittura privata autenticata [1392], può compiere, previa autorizzazione del giudice e con le cautele eventualmente da questo stabilite, gli atti necessari per i quali è richiesto, a norma dell'articolo 180, il consenso di entrambi i coniugi.

[II]. Nel caso di gestione comune di azienda, uno dei coniugi può essere delegato dall'altro al compimento di tutti gli atti necessari all'attività dell'impresa [2204].

(1) *Articolo così sostituito dall'art. 61 l. 19 maggio 1975, n. 151.*

183. (1) **Esclusione dall'amministrazione.** – [I]. Se uno dei coniugi è minore o non può amministrare ovvero se ha male amministrato [193], l'altro coniuge può chiedere al giudice di escluderlo dall'amministrazione.

[II]. Il coniuge privato dell'amministrazione può chiedere al giudice di esservi reintegrato, se sono venuti meno i motivi che hanno determinato la esclusione.

[III]. La esclusione opera di diritto riguardo al coniuge interdetto e permane sino a quando non sia cessato lo stato di interdizione [33 att.].

(1) *Articolo così sostituito dall'art. 62 l. 19 maggio 1975, n. 151.*

184. (1) **Atti compiuti senza il necessario consenso.** – [I]. Gli atti compiuti da un coniuge senza il necessario consenso dell'altro coniuge [180²] e da questo non convalidati [1444] sono annullabili se riguardano beni immobili o beni mobili elencati nell'articolo 2683 [1441].

[II]. L'azione può essere proposta dal coniuge il cui consenso era necessario entro un anno dalla data in cui ha avuto conoscenza dell'atto [2964] e in ogni caso entro un anno dalla data di trascrizione [2643 ss.]. Se l'atto non sia stato trascritto e quando il coniuge non ne abbia avuto conoscenza prima dello scioglimento della comunione l'azione non può essere proposta oltre l'anno dallo scioglimento stesso.

[III]. Se gli atti riguardano beni mobili diversi da quelli indicati nel primo comma, il coniuge che li ha compiuti senza il consenso dell'altro è obbligato su istanza di quest'ultimo a ricostituire la comunione nello stato in cui era prima del compimento dell'atto o, qualora ciò non sia possibile, al pagamento dell'equivalente secondo i valori correnti all'epoca della ricostituzione della comunione.

(1) *Articolo così sostituito dall'art. 63 l. 19 maggio 1975, n. 151.*

185. (1) **Amministrazione dei beni personali del coniuge.** – [I]. All'amministrazione dei beni che non rientrano nella comunione o nel fondo patrimoniale si applicano le disposizioni dei commi secondo, terzo e quarto dell'articolo 217.

(1) *Articolo così sostituito dall'art. 64 l. 19 maggio 1975, n. 151.*

186. (1) **Obblighi gravanti sui beni della comunione.** – [I]. I beni della comunione rispondono:

a) di tutti i pesi ed oneri gravanti su di essi al momento dell'acquisto;

b) di tutti i carichi dell'amministrazione;

c) delle spese per il mantenimento della famiglia e per l'istruzione e l'educazione dei figli [147] e di ogni obbligazione contratta dai coniugi, anche separatamente, nell'interesse della famiglia;

d) di ogni obbligazione contratta congiuntamente dai coniugi [192²].

(1) *Articolo così sostituito dall'art. 65 l. 19 maggio 1975, n. 151.*

187. (1) **Obbligazioni contratte dai coniugi prima del matrimonio.** – [I]. I beni della comunione [177], salvo quanto disposto nell'articolo 189, non rispondono delle obbligazioni contratte da uno dei coniugi prima del matrimonio.

(1) *Articolo così sostituito dall'art. 66 l. 19 maggio 1975, n. 151.*

188. (1) **Obbligazioni derivanti da donazioni o successioni.** – [I]. I beni della comunione [177], salvo quanto disposto nell'articolo 189, non rispondono delle obbligazioni da cui sono gravate le donazioni e le successioni conseguite dai coniugi durante il matrimonio e non attribuite alla comunione [179[1] b].

(1) *Articolo così sostituito dall'art. 67 l. 19 maggio 1975, n. 151.*

189. (1) **Obbligazioni contratte separatamente dai coniugi.** – [I]. I beni della comunione [177], fino al valore corrispondente alla quota del coniuge obbligato, rispondono, quando i creditori non possono soddisfarsi sui beni personali, delle obbligazioni contratte, dopo il matrimonio, da uno dei coniugi per il compimento di atti eccedenti l'ordinaria amministrazione senza il necessario consenso dell'altro [180[2], 184].

[II]. I creditori particolari di uno dei coniugi, anche se il credito è sorto anteriormente al matrimonio [187], possono soddisfarsi in via sussidiaria [1944[2], 2268] sui beni della comunione, fino al valore corrispondente alla quota del coniuge obbligato. Ad essi, se chirografari, sono preferiti i creditori della comunione [192[2]].

(1) *Articolo così sostituito dall'art. 68 l. 19 maggio 1975, n. 151.*

190. (1) **Responsabilità sussidiaria dei beni personali.** – [I]. I creditori possono agire in via sussidiaria sui beni personali [179] di ciascuno dei coniugi, nella misura della metà del credito, quando i beni della comunione non sono sufficienti a soddisfare i debiti su di essa gravanti [1294].

(1) *Articolo così sostituito dall'art. 69 l. 19 maggio 1975, n. 151.*

191. (1) **Scioglimento della comunione.** – [I]. La comunione si scioglie per la dichiarazione di assenza o di morte presunta di uno dei coniugi [48 ss., 58 ss.], per l'annullamento [117 ss.], per lo scioglimento o per la cessazione degli effetti civili del matrimonio [149], per la separazione personale [150, 151], per la separazione giudiziale dei beni [193], per mutamento convenzionale del regime patrimoniale [163], per il fallimento di uno dei coniugi.

[II]. Nel caso di separazione personale, la comunione tra i coniugi si scioglie nel momento in cui il presidente del tribunale autorizza i coniugi a vivere separati, ovvero alla data di sottoscrizione del processo verbale di separazione consensuale dei coniugi dinanzi al presidente, purché omologato. L'ordinanza con la quale i coniugi sono autorizzati a vivere separati è comunicata all'ufficiale dello stato civile ai fini dell'annotazione dello scioglimento della comunione (2).

[III]. Nel caso di azienda di cui alla lettera *d*) dell'articolo 177, lo scioglimento della comunione può essere deciso, per accordo dei coniugi, osservata la forma prevista dall'articolo 162.

(1) *Articolo così sostituito dall'art. 70 l. 19 maggio 1975, n. 151.*

(2) *Comma inserito dall'art. 2[1] l. 6 maggio 2015, n. 55. Ai sensi dell'art. 3[1] l. n. 55, cit., tale disposizione si applica « ai procedimenti in corso alla data di entrata in vigore della [suddetta] legge, anche nei casi in cui il procedimento di separazione che ne costituisce il presupposto risulti ancora pendente alla medesima data ».*

192. (1) **Rimborsi e restituzioni.** – [I]. Ciascuno dei coniugi è tenuto a rimborsare alla comunione le somme prelevate dal patrimonio comune per fini diversi dall'adempimento delle obbligazioni previste dall'articolo 186.

[II]. È tenuto altresì a rimborsare il valore dei beni di cui all'articolo 189, a meno che, trattandosi di atto di straordinaria amministrazione da lui compiuto, dimostri che l'atto stesso sia stato vantaggioso per la comunione o abbia soddisfatto una necessità della famiglia.

[III]. Ciascuno dei coniugi può richiedere la restituzione delle somme prelevate dal patrimonio personale [179] ed impiegate in spese ed investimenti del patrimonio comune.

[IV]. I rimborsi e le restituzioni si effettuano al momento dello scioglimento della comunione [191]; tuttavia il giudice può autorizzarli in un momento anteriore se l'interesse della famiglia lo esige o lo consente.

[V]. Il coniuge che risulta creditore può chiedere di prelevare beni comuni sino a concorrenza del proprio credito. In caso di dissenso si applica il quarto comma. I prelievi si effettuano sul denaro, quindi sui mobili e infine sugli immobili.

(1) *Articolo così sostituito dall'art. 71 l. 19 maggio 1975, n. 151.*

193. (1) **Separazione giudiziale dei beni.** – [I]. La separazione giudiziale dei beni può essere pronunziata in caso di interdizione o di inabilitazione [414 ss.] di uno dei coniugi o di cattiva amministrazione della comunione.

[II]. Può altresì essere pronunziata quando il disordine degli affari di uno dei coniugi o la condotta da questi tenuta nell'amministrazione dei beni mette in pericolo gli interessi dell'altro o della comunione o della famiglia, oppure quando uno dei coniugi non contribuisce ai bisogni di questa in misura proporzionale alle proprie sostanze e capacità di lavoro [148].

[III]. La separazione può essere chiesta da uno dei coniugi o dal suo legale rappresentante.

[IV]. La sentenza che pronunzia la separazione retroagisce al giorno in cui è stata proposta la domanda ed ha l'effetto di instaurare il regime di separazione dei beni regolato nella sezione V del presente capo, salvi i diritti dei terzi.

[V]. La sentenza è annotata a margine dell'atto di matrimonio [107[2]] e sull'originale delle convenzioni matrimoniali [162, 2647].

(1) *Articolo così sostituito dall'art. 72 l. 19 maggio 1975, n. 151.*

194. (1) **Divisione dei beni della comunione.** – [I]. La divisione dei beni della comunione legale si effettua ripartendo in parti eguali l'attivo e il passivo [210[3]; 784 ss. c.p.c.].

[II]. Il giudice, in relazione alle necessità della prole e all'affidamento di essa, può costituire a favore di uno dei coniugi l'usufrutto su una parte dei beni spettanti all'altro coniuge [38[1] att.].

(1) *Articolo così sostituito dall'art. 73 l. 19 maggio 1975, n. 151.*

195. (1) **Prelevamento dei beni mobili.** – [I]. Nella divisione i coniugi o i loro eredi hanno diritto di prelevare i beni mobili che appartenevano ai coniugi stessi prima della comunione [179[1] *a*] o che sono ad essi pervenuti durante la medesima per successione o donazione [179[1] *b*]. In mancanza di prova contraria si presume che i beni mobili facciano parte della comunione.

(1) *Articolo così sostituito dall'art. 74 l. 19 maggio 1975, n. 151.*

196. (1) **Ripetizione del valore in caso di mancanza delle cose da prelevare.** – [I]. Se non si trovano i beni mobili che il coniuge o i suoi eredi hanno diritto di prelevare a norma dell'articolo precedente essi possono ripeterne il valore, provandone l'ammontare anche per notorietà, salvo che la mancanza di quei beni sia dovuta a consumazione per uso o perimento o per altra causa non imputabile all'altro coniuge [184].

(1) *Articolo così sostituito dall'art. 75 l. 19 maggio 1975, n. 151.*

197. (1) **Limiti al prelevamento nei riguardi dei terzi.** – [I]. Il prelevamento autorizzato dagli articoli precedenti non può farsi, a pregiudizio dei terzi, qualora la proprietà individuale dei beni non risulti da atto avente data certa. È fatto salvo al coniuge o ai suoi eredi il diritto di regresso sui beni della comunione spettanti all'altro coniuge nonché sugli altri beni di lui [621, 622 c.p.c.].

(1) *Articolo così sostituito dall'art. 76 l. 19 maggio 1975, n. 151.*

198-209. (1).

(1) *Articoli abrogati dall'art. 77 l. 19 maggio 1975, n. 151.*

SEZIONE IV – *Della comunione convenzionale* (1)

(1) *Intitolazione così sostituita dall'art. 78 l. 19 maggio 1975, n. 151.*

210. (1) **Modifiche convenzionali alla comunione legale dei beni.** – [I]. I coniugi possono, mediante convenzione stipulata a norma dell'articolo 162 [2647], modificare il regime della comunione legale dei beni [177 ss.] purché i patti non siano in contrasto con le disposizioni dell'articolo 161 [160].

[II]. I beni indicati alle lettere *c*), *d*) ed *e*) dell'articolo 179 non possono essere compresi nella comunione convenzionale.

[III]. Non sono derogabili le norme della comunione legale relative all'amministrazione dei beni della comunione [180] e all'uguaglianza delle quote limitatamente ai beni che formerebbero oggetto della comunione legale [194].

(1) *Articolo così sostituito dall'art. 79 l. 19 maggio 1975, n. 151.*

211. (1) **Obbligazioni dei coniugi contratte prima del matrimonio.** – [I]. I beni della comunione rispondono delle obbligazioni contratte da uno dei coniugi prima del matrimonio limitatamente al valore dei beni di proprietà del coniuge stesso prima del matrimonio che, in base a convenzione stipulata a norma dell'articolo 162, sono entrati a far parte della comunione dei beni.

(1) *Articolo così sostituito dall'art. 80 l. 19 maggio 1975, n. 151.*

212-214. (1).

(1) *Articoli abrogati dall'art. 81 l. 19 maggio 1975, n. 151.*

SEZIONE V – *Del regime di separazione dei beni* (1)

(1) *Intitolazione così sostituita dall'art. 82 l. 19 maggio 1975, n. 151.*

215. (1) **Separazione dei beni.** – [I]. I coniugi possono convenire che ciascuno di essi conservi la titolarità esclusiva dei beni acquistati durante il matrimonio [162[2]].

(1) *Articolo così sostituito dall'art. 83 l. 19 maggio 1975, n. 151.*

216. (1) **[Fonti del regolamento della comunione].**

(1) *Articolo abrogato dall'art. 84 l. 19 maggio 1975, n. 151.*

217. (1) **Amministrazione e godimento dei beni.** – [I]. Ciascun coniuge ha il godimento e l'amministrazione dei beni di cui è titolare esclusivo.

[II]. Se ad uno dei coniugi è stata conferita la procura ad amministrare i beni dell'altro con l'obbligo di rendere conto dei frutti, egli è tenuto verso l'altro coniuge secondo le regole del mandato [185, 1703 ss.].

[iii]. Se uno dei coniugi ha amministrato i beni dell'altro con procura senza l'obbligo di rendere conto dei frutti, egli ed i suoi eredi, a richiesta dell'altro coniuge o allo scioglimento o alla cessazione degli effetti civili del matrimonio, sono tenuti a consegnare i frutti esistenti e non rispondono per quelli consumati [185].

[iv]. Se uno dei coniugi, nonostante l'opposizione dell'altro, amministra i beni di questo o comunque compie atti relativi a detti beni risponde dei danni e della mancata percezione dei frutti [185].

(1) *Articolo così sostituito dall'art. 85 l. 19 maggio 1975, n. 151.*

218. (1) **Obbligazioni del coniuge che gode dei beni dell'altro coniuge.** – [i]. Il coniuge che gode dei beni dell'altro coniuge è soggetto a tutte le obbligazioni dell'usufruttuario [1001 ss.].

(1) *Articolo così sostituito dall'art. 86 l. 19 maggio 1975, n. 151.*

219. (1) **Prova della proprietà dei beni.** – [i]. Il coniuge può provare con ogni mezzo [950^2] nei confronti dell'altro la proprietà esclusiva di un bene [197].

[ii]. I beni di cui nessuno dei coniugi può dimostrare la proprietà esclusiva sono di proprietà indivisa per pari quota di entrambi i coniugi.

(1) *Articolo così sostituito dall'art. 87 l. 19 maggio 1975, n. 151.*

220-230. (1).

(1) *Articoli abrogati dall'art. 88 l. 19 maggio 1975, n. 151.*

Sezione VI – *Dell'impresa familiare* (1)

(1) *Sezione inserita dall'art. 89 l. 19 maggio 1975, n. 151.*

230-*bis*. (1) **Impresa familiare.** – [i]. Salvo che sia configurabile un diverso rapporto [2094, 2251 ss., 2549], il familiare che presta in modo continuativo la sua attività di lavoro nella famiglia o nell'impresa familiare ha diritto al mantenimento secondo la condizione patrimoniale della famiglia e partecipa agli utili dell'impresa familiare ed ai beni acquistati con essi nonché agli incrementi dell'azienda, anche in ordine all'avviamento, in proporzione alla quantità e qualità del lavoro prestato [36 Cost.]. Le decisioni concernenti l'impiego degli utili e degli incrementi nonché quelle inerenti alla gestione straordinaria, agli indirizzi produttivi e alla cessazione dell'impresa sono adottate, a maggioranza, dai familiari che partecipano alla impresa stessa. I familiari partecipanti alla impresa che non hanno la piena capacità di agire sono rappresentati nel voto da chi esercita la potestà (2) su di essi [316] (3).

[II]. Il lavoro della donna è considerato equivalente a quello dell'uomo [37 Cost.].

[III]. Ai fini della disposizione di cui al primo comma si intende come familiare il coniuge, i parenti entro il terzo grado, gli affini entro il secondo [76 ss.]; per impresa familiare quella cui collaborano il coniuge, i parenti entro il terzo grado, gli affini entro il secondo.

[IV]. Il diritto di partecipazione di cui al primo comma è intrasferibile, salvo che il trasferimento avvenga a favore di familiari indicati nel comma precedente col consenso di tutti i partecipi. Esso può essere liquidato in danaro alla cessazione, per qualsiasi causa, della prestazione del lavoro, ed altresì in caso di alienazione dell'azienda. Il pagamento può avvenire in più annualità, determinate, in difetto di accordo, dal giudice.

[V]. In caso di divisione ereditaria [713 ss.] o di trasferimento dell'azienda [2556] i partecipi di cui al primo comma hanno diritto di prelazione sulla azienda. Si applica, nei limiti in cui è compatibile, la disposizione dell'articolo 732.

[VI]. Le comunioni tacite familiari nell'esercizio dell'agricoltura sono regolate dagli usi che non contrastino con le precedenti norme.

(1) *In materia di tutela della salute e della sicurezza nei luoghi di lavoro, v. art. 21 d.ls. 9 aprile 2008, n. 81.*

(2) *Per la sostituzione della « responsabilità genitoriale » alla « potestà » v. l'art. 105, comma 1, d.ls. 28 dicembre 2013, n. 154, con la decorrenza indicata* sub *art. 87.*

(3) *Sull'impresa familiare coltivatrice v. art. 48 l. 3 maggio 1982, n. 203.*

230-*ter*. (1) **Diritti del convivente.** – [I]. Al convivente di fatto che presti stabilmente la propria opera all'interno dell'impresa dell'altro convivente spetta una partecipazione agli utili dell'impresa familiare ed ai beni acquistati con essi nonché agli incrementi dell'azienda, anche in ordine all'avviamento, commisurata al lavoro prestato. Il diritto di partecipazione non spetta qualora tra i conviventi esista un rapporto di società o di lavoro subordinato.

(1) *Articolo aggiunto dall'art. 1[46] l. 20 maggio 2016, n. 76.*

TITOLO VII
Dello stato di figlio (1)

(1) *Rubrica così sostituita dall'art. 7[1] d.ls. 28 dicembre 2013, n. 154, con la decorrenza indicata* sub *art. 87. Il testo della rubrica era il seguente:* « Della filiazione ».

CAPO I – *Della presunzione di paternità* (1)

(1) *Rubrica così sostituita dall'art. 7[2] d.ls. 28 dicembre 2013, n. 154, con la decorrenza indicata* sub *art. 87. Il testo della rubrica era il seguente:* « Della filiazione legittima ».

[SEZIONE I – *Dello stato di figlio legittimo*] (1)

(1) *Le parole* « Sezione I – Dello stato di figlio legittimo » *sono state soppresse dall'art. 7[3] d.ls. 28 dicembre 2013, n. 154, con la decorrenza indicata* sub *art. 87.*

231. (1) **Paternità del marito.** – [I]. Il marito è padre del figlio concepito o nato durante il matrimonio [232, 235].

(1) *Articolo così sostituito dall'art. 8[1] d.ls. 28 dicembre 2013, n. 154, con la decorrenza indicata* sub *art. 87. Il testo dell'articolo era il seguente:* « Il marito è padre del figlio concepito durante il matrimonio ».

232. (1) **Presunzione di concepimento durante il matrimonio.** – [I]. Si presume concepito durante il matrimonio il figlio nato quando non sono ancora trascorsi trecento giorni dalla data dell'annullamento, dello scioglimento o della cessazione degli effetti civili del matrimonio (2).

[II]. La presunzione non opera decorsi trecento giorni dalla pronuncia di separazione giudiziale [151], o dalla omologazione di separazione consensuale [158], ovvero dalla data della comparizione dei coniugi avanti al giudice quando gli stessi sono stati autorizzati a vivere separatamente nelle more del giudizio di separazione [707, 711 c.p.c.] o dei giudizi previsti nel comma precedente [126].

(1) *Articolo così sostituito dall'art. 90 l. 19 maggio 1975, n. 151.*

(2) *Comma così sostituito dall'art. 9[1] d.ls. 28 dicembre 2013, n. 154, con la decorrenza indicata* sub *art. 87. Il testo del comma era il seguente:* « Si presume concepito durante il matrimonio il figlio nato quando sono trascorsi centottanta giorni dalla celebrazione del matrimonio e non sono ancora trascorsi trecento giorni dalla data dell'annullamento, dello scioglimento o della cessazione degli effetti civili del matrimonio ».

233. (1) **[Nascita del figlio prima dei centottanta giorni].**

(1) *Articolo abrogato dall'art. 106[1 lett. a)] d.ls. 28 dicembre 2013, n. 154, con la decorrenza indicata* sub *art. 87. Il testo dell'articolo, come sostituito dall'art. 91 l. 19 maggio 1975, n. 151, era il seguente:* « Art. 233. (*Nascita del figlio prima dei centottanta giorni*). – Il figlio nato prima che siano trascorsi centottanta giorni dalla celebrazione del matrimonio è reputato legittimo se uno dei coniugi, o il figlio stesso, non ne disconoscono la paternità. ».

234. (1) **Nascita del figlio dopo i trecento giorni.** – [I]. Ciascuno dei coniugi e i loro eredi possono provare che il figlio, nato dopo i trecento giorni dall'annullamento, dallo scioglimento o dalla cessazione degli effetti civili del matrimonio, è stato concepito durante il matrimonio.

[II]. Possono analogamente provare il concepimento durante la convivenza quando il figlio sia nato dopo i trecento giorni dalla pronuncia di separazione giudiziale [151], o dalla omologazione di separazione consensuale [158], ovvero dalla data di comparizione dei coniugi avanti al giudice quando gli stessi sono stati autorizzati a vivere separatamente nelle more del giudizio di separazione [707, 711 c.p.c.] o dei giudizi previsti nel comma precedente [126].

[III]. In ogni caso il figlio può provare di essere stato concepito durante il matrimonio (2).

(1) *Articolo così sostituito dall'art. 92 l. 19 maggio 1975, n. 151.*

(2) *Comma così sostituito dall'art. 10[1] d.ls. 28 dicembre 2013, n. 154, con la decorrenza indicata* sub *art. 87. Il testo del comma era il seguente:* « In ogni caso il figlio può proporre azione per reclamare lo stato di legittimo ».

235. (1) **[Disconoscimento di paternità].**

(1) *Articolo abrogato dall'art. 106[1 lett. a)] d.ls. 28 dicembre 2013, n. 154, con la decorrenza indicata* sub *art. 87. Il testo dell'articolo, come sostituito dall'art. 93 l. 19 maggio 1975, n. 151, era il seguente:* « Art. 235. (*Disconoscimento di paternità*). – L'azione per il disconoscimento di paternità del figlio concepito durante il matrimonio è consentita solo nei casi seguenti: 1) se i coniugi non hanno coabitato nel periodo compreso fra il trecentesimo ed il centottantesimo giorno prima della nascita; 2) se durante il tempo predetto il marito era affetto da impotenza, anche se soltanto di generare; 3) se nel detto periodo la moglie ha commesso adulterio o ha tenuto celata al marito la propria gravidanza e la nascita del figlio. In tali casi il marito è ammesso a provare che il figlio presenta caratteristiche genetiche o del gruppo sanguigno incompatibili con quelle del presunto padre, o ogni altro fatto tendente ad escludere la paternità. – La sola dichiarazione della madre non esclude la paternità. – L'azione di disconoscimento può essere esercitata anche dalla madre o dal figlio che ha raggiunto la maggiore età in tutti i casi in cui può essere esercitata dal padre. ». *In precedenza,* ***C. cost.*** *6 luglio 2006, n. 266 aveva dichiarato il numero 3) del secondo comma* costituzionalmente illegittimo *« nella parte in cui, ai fini dell'azione di disconoscimento della paternità, subordina[va] l'esame delle prove tecniche, da cui risulta "che il figlio presenta caratteristiche genetiche o del gruppo sanguigno incompatibili con quelle del presunto padre", alla previa dimostrazione dell'adulterio della moglie ».*

CAPO II – *Delle prove della filiazione* (1) (2)

(1) *Le parole* « Capo II – Delle prove della filiazione » *sono state sostituite alle parole* « Sezione II – Delle prove della filiazione legittima » *dall'art. 7[4] d.ls. 28 dicembre 2013, n. 154, con la decorrenza indicata* sub *art. 87.*

(2) *V. art. 104[7] d.ls. n. 154, cit.;* infra, *voce* Famiglia e persone.

236. **Atto di nascita e possesso di stato.** – [I]. La filiazione (1) si prova con l'atto di nascita iscritto nei registri dello stato civile [238, 241, 242, 451] (2).

[II]. Basta, in mancanza di questo titolo, il possesso continuo dello stato di figlio (3) [237, 241].

(1) *La parola* « legittima » *che seguiva la parola* « filiazione » *è stata soppressa dall'art. 11[1] d.ls. 28 dicembre 2013, n. 154, con la decorrenza indicata* sub *art. 87.*

(2) *V. artt. 10 ss. d.P.R. 3 novembre 2000, n. 396.*

(3) *La parola* « legittimo » *che seguiva la parola* « figlio » *è stata soppressa dall'art. 11[1] d.ls. n. 154, cit., con la decorrenza indicata* sub *art. 87.*

237. (1) **Fatti costitutivi del possesso di stato.** – [I]. Il possesso di stato risulta da una serie di fatti che nel loro complesso valgano a dimostrare le relazioni di filiazione e di parentela fra una persona e la famiglia a cui essa pretende di appartenere.

[II]. In ogni caso devono concorrere i seguenti fatti:

che il genitore abbia trattato la persona come figlio ed abbia provveduto in questa qualità al mantenimento, all'educazione e al collocamento di essa;

che la persona sia stata costantemente considerata come tale nei rapporti sociali;

che sia stata riconosciuta in detta qualità dalla famiglia (2).

(1) ***C. cost.*** *21 dicembre 2016, n. 286 ha dichiarato l'*illegittimità costituzionale *della norma desumibile dal presente articolo e dagli artt. 262 e 299 c.c.; 72[1] r.d. 9 luglio 1939, n. 1238 (Ordinamento dello stato civile); e 33 e 34 d.P.R. 3 novembre 2000, n. 396 (Regolamento per la revisione e la semplificazione dell'ordinamento dello stato civile, a norma dell'articolo 2[12] l. 15 maggio 1997, n. 127), « nella parte in cui non consente ai coniugi, di comune accordo, di trasmettere ai figli, al momento della nascita, anche il cognome materno ».*

(2) *Comma così sostituito dall'art. 12[1] d.ls. 28 dicembre 2013, n. 154, con la decorrenza indicata* sub *art. 87. Il testo del comma era il seguente:* « In ogni caso devono concorrere i seguenti fatti: che la persona abbia sempre portato il cognome del padre che essa pretende di avere; che il padre l'abbia trattata come figlio e abbia provveduto in questa qualità al mantenimento, alla educazione e al collocamento di essa; che sia stata costantemente considerata come tale nei rapporti sociali; che sia stata riconosciuta in detta qualità dalla famiglia ».

238. (1) **Irreclamabilità di uno stato di figlio contrario a quello attribuito dall'atto di nascita** (2). – [I]. Salvo quanto disposto dagli articoli 128, 234, 239, 240 e 244 (3), nessuno può reclamare uno stato contrario a quello che gli attribuiscono l'atto di nascita di figlio [legittimo] (4) e il possesso di stato conforme all'atto stesso (5).

(1) *Articolo così sostituito dall'art. 94 l. 19 maggio 1975, n. 151.*

(2) *Rubrica così sostituita dall'art. 13[1 lett. a)] d.ls. 28 dicembre 2013, n. 154, con la decorrenza indicata* sub *art. 87. Il testo della rubrica era il seguente:* « Atto di nascita conforme al possesso di stato ».

(3) *Le parole* « 234, 239, 240 e 244 » *sono state sostituite alle parole* « 233, 234, 235 e 239 » *dall'art. 13[1 lett. b)] d.ls. n. 154, cit., con la decorrenza indicata* sub *art. 87.*

(4) *L'art. 1[11] l. 10 dicembre 2012, n. 219 ha disposto che « Nel codice civile, le parole: "figli legittimi" e "figli naturali", ovunque ricorrono, sono sostituite dalla seguente: "figli" ». V. anche quanto stabilito, ora, negli artt. 74, 250 ss. e 315.*

(5) *Seguiva un secondo comma, abrogato dall'art. 13[1 lett. c)] d.ls. n. 154, cit., con la decorrenza indicata* sub *art. 87. Il testo del comma era il seguente:* « Parimenti non si può contestare la legittimità di colui il quale ha un possesso di stato conforme all'atto di nascita ».

239. (1) **Reclamo dello stato di figlio.** – [I]. Qualora si tratti di supposizione di parto o di sostituzione di neonato, il figlio può reclamare uno stato diverso.

[II]. L'azione di reclamo dello stato di figlio può essere esercitata anche da chi è nato nel matrimonio ma fu iscritto come figlio di ignoti, salvo che sia intervenuta sentenza di adozione.

[III]. L'azione può inoltre essere esercitata per reclamare uno stato di figlio conforme alla presunzione di paternità da chi è stato riconosciuto in contrasto con tale presunzione e da chi fu iscritto in conformità di altra presunzione di paternità.

[IV]. L'azione può, altresì, essere esercitata per reclamare un diverso stato di figlio quando il precedente è stato comunque rimosso.

(1) *Articolo così sostituito dall'art. 14*[1] *d.ls. 28 dicembre 2013, n. 154, con la decorrenza indicata* sub *art. 87. Il testo dell'articolo era il seguente:* « Art. 239 (*Supposizione di parto o sostituzione di neonato*). – Qualora si tratti di supposizione di parto o di sostituzione di neonato, ancorché vi sia un atto di nascita conforme al possesso di stato, il figlio può reclamare uno stato diverso, dando la prova della filiazione anche a mezzo di testimoni nei limiti e secondo le regole dell'articolo 241. – Parimenti si può contestare la legittimità del figlio dando anche a mezzo di testimoni, nei limiti e secondo le regole sopra indicati, la prova della supposizione o della sostituzione predette. ».

240. (1) **Contestazione dello stato di figlio.** – [I]. Lo stato di figlio può essere contestato nei casi di cui al primo e secondo comma dell'articolo 239.

(1) *Articolo così sostituito dall'art. 15*[1] *d.ls. 28 dicembre 2013, n. 154, con la decorrenza indicata* sub *art. 87. Il testo dell'articolo era il seguente:* « Art. 240. (*Mancanza dell'atto di matrimonio*). – La legittimità del figlio di due persone, che hanno pubblicamente vissuto come marito e moglie e sono morte ambedue, non può essere contestata per il solo motivo che manchi la prova della celebrazione del matrimonio, qualora la stessa legittimità sia provata da un possesso di stato che non sia in opposizione con l'atto di nascita ».

241. **Prova in giudizio** (1). – [I]. Quando mancano l'atto di nascita e il possesso di stato, la prova della filiazione può darsi in giudizio con ogni mezzo (2) (3).

(1) *Rubrica sostituita dall'art. 16*[1 lett. a)] *d.ls. 28 dicembre 2013, n. 154, con la decorrenza indicata* sub *art. 87. Il testo della rubrica era il seguente:* « Prova con testimoni ».

(2) *Comma così sostituito dall'art. 16*[1 lett. b)] *d.ls. n. 154, cit., con la decorrenza indicata* sub *art. 87. Il testo del comma era il seguente:* « Quando mancano l'atto di nascita e il possesso di stato, o quando il figlio fu iscritto sotto falsi nomi o come nato da genitori ignoti, la prova della filiazione può darsi col mezzo di testimoni. ».

(3) *Seguiva un secondo comma, abrogato dall'art. 16*[1 lett. c)] *d.ls. n. 154, cit., con la decorrenza indicata* sub *art. 87. Il testo del comma era il seguente:* « Questa prova non può essere ammessa che quando vi è un principio di prova per iscritto, ovvero quando le presunzioni e gli indizi sono abbastanza gravi da determinare l'ammissione della prova ».

242. (1) **[Principio di prova per iscritto].**

(1) *Articolo abrogato dall'art. 106[1] lett. a) d.ls. 28 dicembre 2013, n. 154, con la decorrenza indicata* sub *art. 87. Il testo dell'articolo era il seguente:* « Art. 242. (*Principio di prova per iscritto*). – Il principio di prova per iscritto risulta dai documenti di famiglia, dai registri e dalle carte private del padre o della madre, dagli atti pubblici e privati provenienti da una delle parti che sono impegnate nella controversia o da altra persona, che, se fosse in vita, avrebbe interesse nella controversia ».

243. (1) **[Prova contraria].**

(1) *Articolo abrogato dall'art. 106[1] lett. a) d.ls. 28 dicembre 2013, n. 154, con la decorrenza indicata* sub *art. 87. Il testo dell'articolo era il seguente:* « Art. 243. (*Prova contraria*). – La prova contraria può darsi con tutti i mezzi atti a dimostrare che il reclamante non è figlio della donna che egli pretende di avere per madre, oppure che non è figlio del marito della madre, quando risulta provata la maternità ».

CAPO III – *Dell'azione di disconoscimento e delle azioni di contestazione e di reclamo dello stato di figlio* (1) (2)

(1) *Le parole* « Capo III – Dell'azione di disconoscimento e delle azioni di contestazione e di reclamo dello stato di figlio » *sono state sostituite alle parole* « Sezione III – Dell'azione di disconoscimento e delle azioni di contestazione e di reclamo di legittimità » *dall'art. 7[5] d.ls. 28 dicembre 2013, n. 154, con la decorrenza indicata* sub *art. 87.*

(2) *V. art. 104[7] d.ls. n. 154, cit.;* infra, *voce* Famiglia e persone.

243-*bis*. (1) **Disconoscimento di paternità.** – [I]. L'azione di disconoscimento di paternità del figlio nato nel matrimonio può essere esercitata dal marito, dalla madre e dal figlio medesimo.

[II]. Chi esercita l'azione è ammesso a provare che non sussiste rapporto di filiazione tra il figlio e il presunto padre.

[III]. La sola dichiarazione della madre non esclude la paternità.

(1) *Articolo inserito dall'art. 17[1] d.ls. 28 dicembre 2013, n. 154, con la decorrenza indicata* sub *art. 87.*

244. (1) **Termini dell'azione di disconoscimento.** – [I]. L'azione di disconoscimento della paternità da parte della madre deve essere proposta nel termine di sei mesi dalla nascita del figlio ovvero dal giorno in cui è venuta a conoscenza dell'impotenza di generare del marito al tempo del concepimento.

[II]. Il marito può disconoscere il figlio nel termine di un anno che decorre dal giorno della nascita quando egli si trovava al tempo di questa nel luogo in cui è nato il figlio; se prova di aver ignorato la propria impotenza di generare ovvero l'adulterio della moglie al tempo del concepimento, il termine decorre dal giorno in cui ne ha avuto conoscenza.

[III]. Se il marito non si trovava nel luogo in cui è nato il figlio il giorno della nascita il termine, di cui al secondo comma, decorre dal giorno del suo ritorno o dal giorno del ritorno nella residenza familiare se egli ne era lontano. In ogni caso, se egli prova di non aver avuto notizia della nascita in detti giorni, il termine decorre dal giorno in cui ne ha avuto notizia.

[IV]. Nei casi previsti dal primo e dal secondo comma l'azione non può essere, comunque, proposta oltre cinque anni dal giorno della nascita (2).

[V]. L'azione di disconoscimento della paternità può essere proposta dal figlio che ha raggiunto la maggiore età. L'azione è imprescrittibile riguardo al figlio.

[VI]. L'azione può essere altresì promossa da un curatore speciale nominato dal giudice, assunte sommarie informazioni, su istanza del figlio minore che ha compiuto i quattordici anni ovvero del pubblico ministero o dell'altro genitore, quando si tratti di figlio di età inferiore.

(1) *Articolo così sostituito, da ultimo, dall'art. 18[1] d.lgs. 28 dicembre 2013, n. 154, con la decorrenza indicata* sub *art. 87. Il testo dell'articolo, come sostituito dall'art. 95 l. 19 maggio 1975, n. 151 e modificato dall'art. 81 l. 4 maggio 1983, n. 184, era il seguente:* « L'azione di disconoscimento della paternità da parte della madre deve essere proposta nel termine di sei mesi dalla nascita del figlio. – Il marito può disconoscere il figlio nel termine di un anno che decorre dal giorno della nascita quando egli si trovava al tempo di questa nel luogo in cui è nato il figlio; dal giorno del suo ritorno nel luogo in cui è nato il figlio o in cui è la residenza familiare se egli ne era lontano. In ogni caso, se egli prova di non aver avuto notizia della nascita in detti giorni, il termine decorre dal giorno in cui ne ha avuto notizia. – L'azione di disconoscimento della paternità può essere proposta dal figlio, entro un anno dal compimento della maggiore età o dal momento in cui viene successivamente a conoscenza dei fatti che rendono ammissibile il disconoscimento. – L'azione può essere altresì promossa da un curatore speciale nominato dal giudice, assunte sommarie informazioni, su istanza del figlio minore che ha compiuto i sedici anni, o del pubblico ministero quando si tratta di minore di età inferiore ». *In precedenza, il primo comma era stato dichiarato* costituzionalmente illegittimo, *in applicazione dell'art. 27 l. 11 marzo 1953, n. 87: con* **C. cost.** *14 maggio 1999, n. 170 nella parte in cui non prevedeva « che il termine per la proposizione dell'azione di disconoscimento della paternità, nell'ipotesi di impotenza solo di generare di cui al numero 2) dell'art. 235 dello stesso codice, decorra per la moglie dal giorno in cui essa sia venuta a conoscenza dell'impotenza di generare del marito »; con* **C. cost.** *6 maggio 1985, n. 134 nella parte in cui non disponeva, « per il caso previsto dal n. 3 dell'art. 235 dello stesso codice, che il termine dell'azione di disconoscimento decorra dal giorno in cui il marito sia venuto a conoscenza dell'adulterio della moglie », e con* **C. cost.** *n. 170, cit., nella parte in cui non prevedeva « che il termine per la proposizione dell'azione di disconoscimento della paternità, nell'ipotesi di impotenza solo di generare, contemplata nel numero 2) dell'art. 235 dello stesso codice, decorra per il marito dal giorno in cui esso sia venuto a conoscenza della propria impotenza di generare ».*

(2) *Per la decorrenza del termine di cui al presente comma, v. art. 104[9] d.lgs. n. 154, cit.;* infra, *voce* Famiglia e persone.

245. (1) **Sospensione del termine.** – [I]. Se la parte interessata a promuovere l'azione di disconoscimento di paternità si trova in stato di interdizione per infermità di mente ovvero versa in condizioni di abituale grave infermità di mente, che lo renda incapace di provvedere ai propri interessi, la decorrenza del termine indicato nell'articolo 244 è sospesa nei suoi confronti, sino a che duri lo stato di interdizione o durino le condizioni di abituale grave infermità di mente.

[II]. Quando il figlio si trova in stato di interdizione ovvero versa in condizioni di abituale grave infermità di mente, che lo renda incapace di provvedere ai propri interessi, l'azione può essere altresì promossa da un curatore speciale nominato dal giudice, assunte sommarie informazioni, su istanza del pubblico ministero, del tutore, o dell'altro genitore. Per gli altri legittimati l'azione può essere proposta dal tutore o, in mancanza di questo, da un curatore speciale, previa autorizzazione del giudice.

(1) *Articolo così sostituito, da ultimo, dall'art. 19[1] d.ls. 28 dicembre 2013, n. 154, con la decorrenza indicata* sub *art. 87. Il testo dell'articolo, come sostituito dall'art. 96 l. 19 maggio 1975, n. 151, era il seguente:* « Se la parte interessata a promuovere l'azione di disconoscimento della paternità si trova in stato di interdizione per infermità di mente, la decorrenza del termine indicato nell'articolo precedente è sospesa, nei suoi confronti, sino a che dura lo stato di interdizione. L'azione può tuttavia essere promossa dal tutore ». *In precedenza, l'articolo era stato dichiarato* costituzionalmente illegittimo *con* ***C. cost.*** *25 novembre 2011, n. 322 nella parte in cui non prevedeva « che la decorrenza del termine indicato nell'art. 244 c.c. è sospesa anche nei confronti del soggetto che, sebbene non interdetto, versi in condizione di abituale grave infermità di mente, che lo renda incapace di provvedere ai propri interessi, sino a che duri tale stato di incapacità naturale ».*

246. (1) **Trasmissibilità dell'azione.** – [I]. Se il presunto padre o la madre titolari dell'azione di disconoscimento di paternità sono morti senza averla promossa, ma prima che sia decorso il termine previsto dall'articolo 244, sono ammessi ad esercitarla in loro vece i discendenti o gli ascendenti; il nuovo termine decorre dalla morte del presunto padre o della madre, o dalla nascita del figlio se si tratta di figlio postumo o dal raggiungimento della maggiore età da parte di ciascuno dei discendenti.

[II]. Se il figlio titolare dell'azione di disconoscimento di paternità è morto senza averla promossa sono ammessi ad esercitarla in sua vece il coniuge o i discendenti nel termine di un anno che decorre dalla morte del figlio o dal raggiungimento della maggiore età da parte di ciascuno dei discendenti.

[III]. Si applicano il sesto comma dell'articolo 244 e l'articolo 245.

(1) *Articolo così sostituito, da ultimo, dall'art. 19[2] d.ls. 28 dicembre 2013, n. 154, con la*

decorrenza indicata sub *art. 87. Il testo dell'articolo, come sostituito dall'art. 97 l. 19 maggio 1975, n. 151, era il seguente:* « Se il titolare dell'azione di disconoscimento della paternità muore senza averla promossa, ma prima che ne sia decorso il termine, sono ammessi ad esercitarla in sua vece: 1) nel caso di morte del presunto padre o della madre, i discendenti e gli ascendenti; il nuovo termine decorre dalla morte del presunto padre o della madre, o dalla nascita del figlio se si tratta di figlio postumo; 2) nel caso di morte del figlio, il coniuge o i discendenti; il nuovo termine decorre dalla morte del figlio o dal raggiungimento della maggiore età da parte di ciascuno dei discendenti ».

247. (1) **Legittimazione passiva.** – [I]. Il presunto padre, la madre ed il figlio sono litisconsorti necessari nel giudizio di disconoscimento [102 c.p.c.].

[II]. Se una delle parti è minore o interdetta, l'azione è proposta in contraddittorio con un curatore nominato dal giudice davanti al quale il giudizio deve essere promosso [78^2 c.p.c.].

[III]. Se una delle parti è un minore emancipato o un maggiore inabilitato [390, 424], l'azione è proposta contro la stessa assistita da un curatore parimenti nominato dal giudice [78^2 c.p.c.].

[IV]. Se il presunto padre o la madre o il figlio sono morti l'azione si propone nei confronti delle persone indicate nell'articolo precedente o, in loro mancanza, nei confronti di un curatore parimenti nominato dal giudice.

(1) *Articolo così sostituito dall'art. 98 l. 19 maggio 1975, n. 151.*

248. (1) **Legittimazione all'azione di contestazione dello stato di figlio. Imprescrittibilità** (2). – [I]. L'azione di contestazione dello stato di figlio spetta a chi dall'atto di nascita del figlio risulti suo genitore e a chiunque vi abbia interesse (3).

[II]. L'azione è imprescrittibile [2934^2].

[III]. Quando l'azione è proposta nei confronti di persone premorte o minori o altrimenti incapaci, si osservano le disposizioni dell'articolo precedente.

[IV]. Nel giudizio devono essere chiamati entrambi i genitori [102 c.p.c.].

[V]. Si applicano il sesto comma dell'articolo 244 e il secondo comma dell'articolo 245 (4).

(1) *Articolo così sostituito dall'art. 99 l. 19 maggio 1975, n. 151.*

(2) *Rubrica così sostituita dall'art. $20^{1\ lett.\ a)}$ d.ls. 28 dicembre 2013, n. 154, con la decorrenza indicata* sub *art. 87. Il testo della rubrica era il seguente:* « Legittimazione all'azione di contestazione della legittimità. Imprescrittibilità ».

(3) *Comma così sostituito dall'art. $20^{1\ lett.\ b)}$ d.ls. n. 154, cit., con la decorrenza indicata* sub *art. 87. Il testo del comma era il seguente:* « L'azione per contestare la legittimità spetta a chi dall'atto di nascita del figlio risulti suo genitore e a chiunque vi abbia interesse ».

(4) *Comma inserito dall'art. $20^{1\ lett.\ c)}$ d.ls. n. 154, cit., con la decorrenza indicata* sub *art. 87.*

249. (1) **Legittimazione all'azione di reclamo dello stato di figlio. Impre scrittibilità.** – [I]. L'azione per reclamare lo stato di figlio spetta al medesimo.

[II]. L'azione è imprescrittibile.

[III]. Quando l'azione è proposta nei confronti di persone premorte o minori o altrimenti incapaci, si osservano le disposizioni dell'articolo 247.

[IV]. Nel giudizio devono essere chiamati entrambi i genitori.

[V]. Si applicano il sesto comma dell'articolo 244 e il secondo comma dell'articolo 245.

(1) *Articolo così sostituito dall'art. 21 d.ls. 28 dicembre 2013, n. 154, con la decorrenza indicata* sub *art. 87. Il testo dell'articolo era il seguente:* « Art. 249. (*Reclamo della legittimità*). – L'azione per reclamare lo stato legittimo spetta al figlio; ma, se egli non l'ha promossa ed è morto in età minore o nei cinque anni dopo aver raggiunto la maggiore età, può essere promossa dai discendenti di lui. Essa deve essere proposta contro entrambi i genitori, e, in loro mancanza, contro i loro eredi. – L'azione è imprescrittibile riguardo al figlio ».

[CAPO II – *Della filiazione naturale e della legittimazione*] (1)

(1) *Le parole* « Capo II – Della filiazione naturale e della legittimazione » *sono state soppresse dall'art. 7*[6] *d.ls. 28 dicembre 2013, n. 154, con la decorrenza indicata* sub *art. 87.*

[SEZIONE I – *Della filiazione naturale*] (1)

(1) *Le parole* « Sezione I – Della filiazione naturale » *sono state soppresse dall'art. 7*[7] *d.ls. 28 dicembre 2013, n. 154, con la decorrenza indicata* sub *art. 87.*

CAPO IV – *Del riconoscimento dei figli nati fuori dal matrimonio* (1) (2)

(1) *Le parole* « Capo IV – Del riconoscimento dei figli nati fuori dal matrimonio » *sono state sostituite alle parole* « § 1 – Del riconoscimento dei figli [naturali] » *dall'art. 7*[8] *d.ls. 28 dicembre 2013, n. 154, con la decorrenza indicata* sub *art. 87. In precedenza, l'art. 1*[11] *l. 10 dicembre 2012, n. 219 aveva disposto che « Nel codice civile, le parole: "figli legittimi" e "figli naturali", ovunque ricorrono, sono sostituite dalla seguente: "figli" ».*

(2) *V. art. 104*[8] *d.ls. n. 154, cit.; infra, voce* Famiglia e persone.

250. (1) **Riconoscimento.** – [I]. Il figlio nato fuori del matrimonio può essere riconosciuto, nei modi previsti dall'articolo 254, dalla madre e dal padre, anche se già uniti in matrimonio con altra persona all'epoca del concepimento. Il riconoscimento può avvenire tanto congiuntamente quanto separatamente (2).

[II]. Il riconoscimento del figlio che ha compiuto i quattordici anni (3) non produce effetto senza il suo assenso [273[2]].

[III]. Il riconoscimento del figlio che non ha compiuto i quattordici anni (3) non può avvenire senza il consenso dell'altro genitore che abbia già effettuato il riconoscimento.

[IV]. Il consenso non può essere rifiutato se risponde all'interesse del figlio. Il genitore che vuole riconoscere il figlio, qualora il consenso dell'altro genitore sia rifiutato, ricorre al giudice competente il quale, assunta ogni opportuna informazione e disposto l'ascolto del minore, adotta eventuali provvedimenti temporanei e urgenti al fine di instaurare la relazione, salvo che la difesa del convenuto non sia palesemente fondata. Con la sentenza che tiene luogo del consenso mancante, il giudice adotta i provvedimenti opportuni in relazione all'affidamento e al mantenimento del minore ai sensi dell'articolo 315-bis e al suo cognome ai sensi dell'articolo 262 (4).

[V]. Il riconoscimento non può essere fatto dai genitori che non abbiano compiuto il sedicesimo anno di età [284[1]], salvo che il giudice li autorizzi, valutate le circostanze e avuto riguardo all'interesse del figlio (5).

(1) *Articolo così sostituito dall'art. 102 l. 19 maggio 1975, n. 151. V. art. 12 l. 1° dicembre 1970, n. 898. Per una declaratoria di non fondatezza, nei sensi di cui in motivazione, di una questione di legittimità costituzionale del presente articolo sollevata in riferimento agli artt. 2, 3, 24, 30, 31 e 111 Cost., v. C. cost. 11 marzo 2011, n. 83.*

(2) *Comma così sostituito dall'art. 1[2 lett. a)] l. 10 dicembre 2012, n. 219. Il testo del comma era il seguente:* « Il figlio naturale può essere riconosciuto, nei modi previsti dall'articolo 254, dal padre e dalla madre, anche se già uniti in matrimonio con altra persona all'epoca del concepimento. Il riconoscimento può avvenire tanto congiuntamente quanto separatamente ».

(3) *Le parole* « quattordici anni » *sono state sostituite alle parole* « sedici anni » *dall'art. 1[2 lett. b) e c)] l. n. 219, cit.*

(4) *Comma sostituito dall'art. 1[3] d.lgs. 10 ottobre 2022, n. 149. Per la disciplina transitoria v. art. 35[1] d.lgs. n. 149/2022, cit., come sostituito dall'art. 1[380, lett. a)] l. 29 dicembre 2022, n. 197, che prevede che: « 1.* Le disposizioni del presente decreto, salvo che non sia diversamente disposto, hanno effetto a decorrere dal 28 febbraio 2023 e si applicano ai procedimenti instaurati successivamente a tale data. Ai procedimenti pendenti alla data del 28 febbraio 2023 si applicano le disposizioni anteriormente vigenti. *». Il testo del comma, come sostituito dall'art. 1[2 lett. d)] l. n. 219, cit. era il seguente:* « Il consenso non può essere rifiutato se risponde all'interesse del figlio. Il genitore che vuole riconoscere il figlio, qualora il consenso dell'altro genitore sia rifiutato, ricorre al giudice competente, che fissa un termine per la notifica del ricorso all'altro genitore. Se non viene proposta opposizione entro trenta giorni dalla notifica, il giudice decide con sentenza che tiene luogo del consenso mancante; se viene proposta opposizione, il giudice, assunta ogni opportuna informazione, dispone l'audizione del figlio minore che abbia compiuto i dodici anni, o anche di età inferiore, ove capace di discernimento, e assume eventuali provvedimenti provvisori e urgenti al fine di instaurare la relazione, salvo che l'opposizione non sia palesemente fondata. Con la sentenza che tiene luogo del consenso mancante, il giudice assume i provvedimenti opportuni in relazione all'affidamento e al mantenimento del minore ai sensi dell'articolo 315-bis e al suo cognome ai sensi dell'articolo 262 ».

(5) *Le parole da* « , salvo che il giudice » *a* « del figlio » *sono state aggiunte dall'art.* $1^{2\ lett.\ e)}$ *l. n. 219, cit.*

251. (1) **Autorizzazione al riconoscimento.** – [I]. Il figlio nato da persone, tra le quali esiste un vincolo di parentela in linea retta all'infinito o in linea collaterale nel secondo grado, ovvero un vincolo di affinità in linea retta, può essere riconosciuto previa autorizzazione del giudice avuto riguardo all'interesse del figlio e alla necessità di evitare allo stesso qualsiasi pregiudizio.

[II]. Il riconoscimento di una persona minore di età è autorizzato dal giudice (2).

(1) *Articolo, da ultimo, così sostituito dall'art.* 1^3 *l. 10 dicembre 2012, n. 219. Il testo dell'articolo, come sostituito dall'art. 103 l. 19 maggio 1975, n. 151, era il seguente:* « Art. 251. (*Riconoscimento di figli incestuosi*). – I figli nati da persone, tra le quali esiste un vincolo di parentela anche soltanto naturale, in linea retta all'infinito o in linea collaterale nel secondo grado, ovvero un vincolo di affinità in linea retta, non possono essere riconosciuti dai loro genitori, salvo che questi al tempo del concepimento ignorassero il vincolo esistente tra di loro o che sia stato dichiarato nullo il matrimonio da cui deriva l'affinità. Quando uno solo dei genitori è stato in buona fede, il riconoscimento del figlio può essere fatto solo da lui. – Il riconoscimento è autorizzato dal giudice, avuto riguardo all'interesse del figlio ed alla necessità di evitare allo stesso qualsiasi pregiudizio ».

(2) *La parola* « giudice » *è stata sostituita alle parole* « tribunale per i minorenni » *dall'art.* 22^1 *d.lgs. 28 dicembre 2013, n. 154, con la decorrenza indicata* sub *art. 87.*

252. (1) **Affidamento del figlio nato fuori del matrimonio e suo inserimento nella famiglia del genitore** (2). – [I]. Qualora il figlio nato fuori del matrimonio (3) di uno dei coniugi sia riconosciuto durante il matrimonio il giudice, valutate le circostanze, decide in ordine all'affidamento del minore e adotta ogni altro provvedimento a tutela del suo interesse morale e materiale.

[II]. L'eventuale inserimento del figlio nato fuori del matrimonio (3) nella famiglia [legittima] (4) di uno dei genitori può essere autorizzato dal giudice [38 att.] qualora ciò non sia contrario all'interesse del minore e sia accertato il consenso dell'altro coniuge convivente e degli altri figli (5) che abbiano compiuto il sedicesimo anno di età e siano conviventi [30^3 Cost.], nonché dell'altro genitore (5) che abbia effettuato il riconoscimento [317-*bis*]. In questo caso il giudice stabilisce le condizioni cui ciascun genitore deve attenersi (5).

[III]. Qualora il figlio (6) sia riconosciuto anteriormente al matrimonio, il suo inserimento nella famiglia (7) è subordinato al consenso dell'altro coniuge, a meno che il figlio fosse già convivente con il genitore all'atto del matrimonio o l'altro coniuge conoscesse l'esistenza del figlio (6).

[IV]. È altresì richiesto il consenso dell'altro genitore (8) che abbia effettuato il riconoscimento [317-*bis*²].

[V]. In caso di disaccordo tra i genitori, ovvero di mancato consenso degli altri figli conviventi, la decisione è rimessa al giudice tenendo conto dell'interesse dei minori. Prima dell'adozione del provvedimento, il giudice dispone l'ascolto dei figli minori che abbiano compiuto gli anni dodici e anche di età inferiore ove capaci di discernimento (9).

(1) *Articolo così sostituito dall'art. 104 l. 19 maggio 1975, n. 151.*

(2) *Rubrica così sostituita dall'art. 23¹ lett. a) d.ls. 28 dicembre 2013, n. 154, con la decorrenza indicata* sub *art. 87. Il testo della rubrica era il seguente:* « Affidamento del figlio [naturale] e suo inserimento nella famiglia legittima ». *Precedentemente, l'art. 1¹¹ l. 10 dicembre 2012, n. 219 aveva disposto che « Nel codice civile, le parole: "figli legittimi" e "figli naturali", ovunque ricorrono, sono sostituite dalla seguente: "figli" ».*

(3) *Le parole* « nato fuori del matrimonio » *sono state sostituite alla parola* « naturale » *dall'art. 23¹ lett. b) d.ls. n. 154, cit., con la decorrenza indicata* sub *art. 87. Precedentemente, l'art. 1¹¹ l. n. 219, cit., aveva disposto che « Nel codice civile, le parole: "figli legittimi" e "figli naturali", ovunque ricorrono, sono sostituite dalla seguente: "figli" ».*

(4) *La parola* « legittima » *è da intendersi soppressa per effetto dell'art. 105⁴ d.ls. n. 154, cit.;* infra, *voce* Famiglia e persone. *V., inoltre, l'art. 1¹¹ l. n. 219, cit., il quale aveva disposto che « Nel codice civile, le parole: "figli legittimi" e "figli naturali", ovunque ricorrono, sono sostituite dalla seguente: "figli" ».*

(5) *Le parole* « convivente e degli altri figli » *sono state sostituite alle parole* « e dei figli [legittimi] », *la parole* « genitore » *è stata sostituita alle parole* « genitore naturale » *e l'ultimo periodo è stato sostituito al previgente* « In questo caso il giudice stabilisce le condizioni che il genitore cui il figlio è affidato deve osservare e quelle cui deve attenersi l'altro genitore » *dall'art. 23¹ lett. c) d.ls. n. 154, cit., con la decorrenza indicata* sub *art. 87. Precedentemente, l'art. 1¹¹ l. n. 219, cit., aveva disposto che « Nel codice civile, le parole: "figli legittimi" e "figli naturali", ovunque ricorrono, sono sostituite dalla seguente: "figli" ».*

(6) *La parola* « naturale » *che seguiva la parola* « figlio » *è stata soppressa dall'art. 23¹ lett. d) d.ls. n. 154, cit., con la decorrenza indicata* sub *art. 87. Precedentemente, l'art. 1¹¹ l. n. 219, cit., aveva disposto che « Nel codice civile, le parole: "figli legittimi" e "figli naturali", ovunque ricorrono, sono sostituite dalla seguente: "figli" ».*

(7) *La parola* « legittima » *che seguiva la parola* « famiglia » *è stata soppressa dall'art. 23¹ lett. d) d.ls. n. 154, cit., con la decorrenza indicata* sub *art. 87.*

(8) *La parola* « naturale » *che seguiva la parola* « genitore » *è stata soppressa dall'art. 23¹ lett. e) d.ls. n. 154, cit., con la decorrenza indicata* sub *art. 87.*

(9) *Comma inserito dall'art. 23¹ lett. f) d.ls. n. 154, cit., con la decorrenza indicata* sub *art. 87.*

253. (1) **Inammissibilità del riconoscimento.** – [I]. In nessun caso è ammesso un riconoscimento in contrasto con lo stato di figlio (2) in cui la persona si trova.

(1) *Articolo così sostituito dall'art. 105 l. 19 maggio 1975, n. 151.*

(2) *Le parole* « [legittimo] o legittimato » *che seguivano la parola* « figlio » *sono state soppresse dall'art. 24¹ d.ls. 28 dicembre 2013, n. 154, con la decorrenza indicata* sub *art. 87. Precedentemente, l'art. 1¹¹ l. 10 dicembre 2012, n. 219 aveva disposto che « Nel codice civile, le*

parole: "figli legittimi" e "figli naturali", ovunque ricorrono, sono sostituite dalla seguente: "figli" ».

254. (1) **Forma del riconoscimento.** – [I]. Il riconoscimento del figlio nato fuori del matrimonio (2) è fatto nell'atto di nascita, oppure con una apposita dichiarazione, posteriore alla nascita o al concepimento [1²], davanti ad un ufficiale dello stato civile (3) o in un atto pubblico o in un testamento [587²], qualunque sia la forma di questo (4).

(1) *Articolo dapprima sostituito dall'art. 106 l. 19 maggio 1975, n. 151 e successivamente modificato dall'art. 138 d.ls. 19 febbraio 1998, n. 51.*

(2) *Le parole* « nato fuori del matrimonio » *sono state sostituite alla parola* « naturale » *dall'art. 25¹ lett. a) d.ls. 28 dicembre 2013, n. 154, con la decorrenza indicata* sub *art. 87. Precedentemente, l'art. 1¹¹ l. 10 dicembre 2012, n. 219 aveva disposto che « Nel codice civile, le parole: "figli legittimi" e "figli naturali", ovunque ricorrono, sono sostituite dalla seguente: "figli"* ».

(3) *V. d.P.R. 3 novembre 2000, n. 396.*

(4) *Seguiva un secondo comma, abrogato dall'art. 25¹ lett. b) d.ls. n. 154, cit., con la decorrenza indicata* sub *art. 87. Il testo del comma era il seguente:* « La domanda di legittimazione di un figlio [naturale] presentata al giudice o la dichiarazione della volontà di legittimarlo espressa dal genitore in un atto pubblico o in un testamento importa riconoscimento, anche se la legittimazione non abbia luogo ». *Precedentemente, l'art. 1¹¹ l. n. 219, cit., aveva disposto che « Nel codice civile, le parole: "figli legittimi" e "figli naturali", ovunque ricorrono, sono sostituite dalla seguente: "figli"* ».

255. **Riconoscimento di un figlio premorto.** – [I]. Può anche aver luogo il riconoscimento del figlio premorto, in favore dei suoi discendenti (1).

(1) *Le parole* « legittimi e dei suoi figli [naturali] riconosciuti » *che seguivano la parola* « discendenti » *sono state soppresse dall'art. 26¹ d.ls. 28 dicembre 2013, n. 154, con la decorrenza indicata* sub *art. 87. Precedentemente, l'art. 1¹¹ l. 10 dicembre 2012, n. 219 aveva disposto che « Nel codice civile, le parole: "figli legittimi" e "figli naturali", ovunque ricorrono, sono sostituite dalla seguente: "figli"* ».

256. (1) **Irrevocabilità del riconoscimento.** – [I]. Il riconoscimento è irrevocabile. Quando è contenuto in un testamento [587²] ha effetto dal giorno della morte del testatore, anche se il testamento è stato revocato [679].

(1) *Articolo così sostituito dall'art. 107 l. 19 maggio 1975, n. 151.*

257. **Clausole limitatrici.** – [I]. È nulla ogni clausola diretta a limitare gli effetti del riconoscimento.

258. (1) **Effetti del riconoscimento.** – [I]. Il riconoscimento produce effetti riguardo al genitore da cui fu fatto e riguardo ai parenti di esso (2).

[II]. L'atto di riconoscimento di uno solo dei genitori non può contenere indicazioni relative all'altro genitore. Queste indicazioni, qualora siano state fatte, sono senza effetto.

[III]. Il pubblico ufficiale che le riceve e l'ufficiale dello stato civile che le riproduce sui registri dello stato civile [449 ss.] sono puniti con l'ammenda (3) da 20 euro a 82 euro. Le indicazioni stesse devono essere cancellate.

(1) *Articolo così sostituito dall'art. 108 l. 19 maggio 1975, n. 151.*

(2) *Comma così sostituito dall'art. 1[4] l. 10 dicembre 2012, n. 219. Il testo del comma era il seguente:* « Il riconoscimento non produce effetti che riguardo al genitore da cui fu fatto, salvo i casi previsti dalla legge ».

(3) *V.* sub *art. 35.*

259-260. (1).

(1) *Articoli abrogati dall'art. 109 l. 19 maggio 1975, n. 151.*

261. (1) **[Diritti e doveri derivanti al genitore dal riconoscimento].**

(1) *Articolo soppresso dall'art. 106[1 lett. a)] d.lgs. 28 dicembre 2013, n. 154. Il testo dell'articolo, come sostituito dall'art. 110 l. 19 maggio 1975, n. 151, era il seguente:* « Art. 261. (*Diritti e doveri derivanti al genitore dal riconoscimento*). – Il riconoscimento comporta da parte del genitore l'assunzione di tutti i doveri e di tutti i diritti che egli ha nei confronti dei figli [legittimi] ». *Precedentemente, l'art. 1[11] l. 10 dicembre 2012, n. 219 aveva disposto che « Nel codice civile, le parole: "figli legittimi" e "figli naturali", ovunque ricorrono, sono sostituite dalla seguente: "figli" ».*

262. (1) (2) **Cognome del figlio nato fuori del matrimonio** (3). – [I]. Il figlio (4) assume il cognome del genitore che per primo lo ha riconosciuto. Se il riconoscimento è stato effettuato contemporaneamente da entrambi i genitori il figlio (4) assume il cognome del padre (2) (5).

[II]. Se la filiazione nei confronti del padre è stata accertata o riconosciuta successivamente al riconoscimento da parte della madre, il figlio può assumere il cognome del padre aggiungendolo, anteponendolo o sostituendolo a quello della madre (6).

[III]. Se la filiazione nei confronti del genitore è stata accertata o riconosciuta successivamente all'attribuzione del cognome da parte dell'ufficiale dello stato civile, si applica il primo e il secondo comma del presente articolo; il figlio può mantenere il cognome precedentemente attribuitogli, ove tale cognome sia divenuto autonomo segno della sua identità personale, aggiungendolo, anteponendolo o sostituendolo al cognome del genitore che per primo lo ha riconosciuto o al cognome dei genitori in caso di riconoscimento da parte di entrambi (7).

[IV]. Nel caso di minore età del figlio, il giudice decide circa l'assunzione del cognome del genitore, previo ascolto del figlio minore, che abbia compiuto gli anni dodici e anche di età inferiore ove capace di discernimento (8).

(1) *Articolo così sostituito dall'art. 111 l. 19 maggio 1975, n. 151.*

(2) ***C. cost.** 21 dicembre 2016, n. 286 ha dichiarato* l'illegittimità costituzionale *della norma desumibile dal presente articolo e dagli artt. 237 e 299 c.c.; 72[1] r.d. 9 luglio 1939, n. 1238 (Ordinamento dello stato civile); e 33 e 34 d.P.R. 3 novembre 2000, n. 396 (Regolamento per la revisione e la semplificazione dell'ordinamento dello stato civile, a norma dell'articolo 2[12] l. 15 maggio 1997, n. 127), « nella parte in cui non consente ai coniugi, di comune accordo, di trasmettere ai figli, al momento della nascita, anche il cognome materno ».*

*La medesima sentenza ha dichiarato in via consequenziale, ai sensi dell'art. 27 l. 11 marzo 1953, n. 87 (Norme sulla costituzione e sul funzionamento della Corte costituzionale), l'*illegittimità costituzionale *del primo comma del presente articolo, « nella parte in cui non consente ai genitori, di comune accordo, di trasmettere al figlio, al momento della nascita, anche il cognome materno ».*

(3) *Le parole* « nato fuori del matrimonio » *sono state aggiunte dall'art. 27[1 lett. a)] d.lgs. 28 dicembre 2013, n. 154, con la decorrenza indicata* sub *art. 87.*

(4) *La parola* « naturale » *che seguiva la parola* « figlio » *è stata soppressa dall'art. 27[1 lett. b)] d.lgs. n. 154, cit., con la decorrenza indicata* sub *art. 87. Precedentemente, l'art. 1[11] l. 10 dicembre 2012, n. 219 aveva disposto che « Nel codice civile, le parole: "figli legittimi" e "figli naturali", ovunque ricorrono, sono sostituite dalla seguente: "figli" ».*

(5) ***C. cost.** 31 maggio 2022, n. 131 ha dichiarato* l'illegittimità costituzionale *nella parte in cui prevede, con riguardo all'ipotesi del riconoscimento effettuato contemporaneamente da entrambi i genitori, che il figlio assume il cognome del padre, anziché prevedere che il figlio assume i cognomi dei genitori, nell'ordine dai medesimi concordato, fatto salvo l'accordo, al momento del riconoscimento, per attribuire il cognome di uno di loro soltanto.*

(6) *Comma così sostituito dall'art. 27[1 lett. c)] d.lgs. n. 154, cit., con la decorrenza indicata* sub *art. 87. Il testo del comma era il seguente:* « Se la filiazione nei confronti del padre è stata accertata o riconosciuta successivamente al riconoscimento da parte della madre, il figlio [naturale] può assumere il cognome del padre aggiungendolo o sostituendolo a quello della madre. ». *Precedentemente, l'art. 1[11] l. n. 219, cit., aveva disposto che « Nel codice civile, le parole: "figli legittimi" e "figli naturali", ovunque ricorrono, sono sostituite dalla seguente: "figli" ». In precedenza, l'articolo era stato dichiarato* costituzionalmente illegittimo *con **C. cost.** 23 luglio 1996, n. 297 nella parte in cui non prevedeva « che il figlio naturale, nell'assumere il cognome del genitore che lo ha riconosciuto, possa ottenere dal giudice il riconoscimento del diritto a mantenere, anteponendolo o, a sua scelta, aggiungendolo a questo, il cognome precedentemente attribuitogli con atto formalmente legittimo, ove tale cognome sia divenuto autonomo segno distintivo della sua identità personale ».*

(7) *Comma aggiunto dall'art. 27[1 lett. d)] d.lgs. n. 154, cit., con la decorrenza indicata* sub *art. 87.*

(8) *Le parole da* « l'assunzione » *a* « di discernimento » *sono state sostituite alle parole* « l'assunzione del cognome del padre » *dall'art. 27[1 lett. e)] d.lgs. n. 154, cit., con la decorrenza indicata* sub *art. 87.*

263. (1) (2) **Impugnazione del riconoscimento per difetto di veridicità.** – [I]. Il riconoscimento può essere impugnato per difetto di veridicità dall'autore del riconoscimento, da colui che è stato riconosciuto e da chiunque vi abbia interesse.

[II]. L'azione è imprescrittibile riguardo al figlio.

[III]. L'azione di impugnazione da parte dell'autore del riconoscimento deve essere proposta nel termine di un anno che decorre dal giorno dell'annotazione del riconoscimento sull'atto di nascita. Se l'autore del riconoscimento prova di aver ignorato la propria impotenza al tempo del concepimento, il termine decorre dal giorno in cui ne ha avuto conoscenza; nello stesso termine, la madre che abbia effettuato il riconoscimento è ammessa a provare di aver ignorato l'impotenza del presunto padre. L'azione non può essere comunque proposta oltre cinque anni dall'annotazione del riconoscimento (3).

[IV]. L'azione di impugnazione da parte degli altri legittimati deve essere proposta nel termine di cinque anni che decorrono dal giorno dall'annotazione del riconoscimento sull'atto di nascita. Si applica l'articolo 245.

(1) *Articolo così sostituito dall'art. 28[1] d.ls. 28 dicembre 2013, n. 154, con la decorrenza indicata* sub *art. 87. Il testo dell'articolo era il seguente:* « Il riconoscimento può essere impugnato per difetto di veridicità dall'autore del riconoscimento, da colui che è stato riconosciuto e da chiunque vi abbia interesse. – L'impugnazione è ammessa anche dopo la legittimazione. – L'azione è imprescrittibile. ».

(2) *Per la decorrenza del termine per proporre l'azione di impugnazione di cui al presente articolo, v. art. 104[10] d.ls. n. 154, cit.;* infra, *voce* Famiglia e persone.

(3) ***C. cost.*** *25 giugno 2021, n. 133, ha dichiarato* l'illegittimità costituzionale *del presente comma, nella parte in cui non prevede che, per l'autore del riconoscimento, il termine annuale per proporre l'azione di impugnazione decorra dal giorno in cui ha avuto conoscenza della non paternità.*

264. (1) **Impugnazione da parte del figlio minore.** – [I]. L'impugnazione del riconoscimento per difetto di veridicità può essere altresì promossa da un curatore speciale nominato dal giudice, assunte sommarie informazioni, su istanza del figlio minore che ha compiuto quattordici anni, ovvero del pubblico ministero o dell'altro genitore che abbia validamente riconosciuto il figlio, quando si tratti di figlio di età inferiore.

(1) *Articolo così sostituito, da ultimo, dall'art. 29[1] d.ls. 28 dicembre 2013, n. 154, con la decorrenza indicata* sub *art. 87. Il testo dell'articolo, come sostituito dall'art. 112 l. 19 maggio 1975, n. 151, era il seguente:* « Art. 264. (*Impugnazione da parte del riconosciuto*). Colui che è stato riconosciuto non può, durante la minore età o lo stato d'interdizione per infermità di mente, impugnare il riconoscimento. – Tuttavia il giudice, con provvedimento in camera di consiglio su istanza del pubblico ministero o del tutore o dell'altro genitore che abbia validamente riconosciuto il figlio o del figlio stesso che abbia compiuto il sedicesimo anno di età, può dare l'autorizzazione per impugnare il riconoscimento, nominando un curatore speciale ».

265. Impugnazione per violenza. – [I]. Il riconoscimento può essere impugnato per violenza [1434] dall'autore del riconoscimento entro un anno dal giorno in cui la violenza è cessata.

[II]. Se l'autore del riconoscimento è minore, l'azione può essere promossa entro un anno dal conseguimento dell'età maggiore [267, 2964].

266. Impugnazione del riconoscimento per effetto di interdizione giudiziale. – [I]. Il riconoscimento può essere impugnato per l'incapacità che deriva da interdizione giudiziale [414 ss.] dal rappresentante dell'interdetto e, dopo la revoca dell'interdizione [429], dall'autore del riconoscimento, entro un anno dalla data della revoca [267, 2964].

267. Trasmissibilità dell'azione. – [I]. Nei casi indicati dagli articoli 265 e 266, se l'autore del riconoscimento è morto senza aver promosso l'azione, ma prima che sia scaduto il termine, l'azione può essere promossa dai discendenti, dagli ascendenti o dagli eredi [246].

[II]. Nel caso indicato dal primo comma dell'articolo 263, se l'autore del riconoscimento è morto senza aver promosso l'azione, ma prima che sia decorso il termine previsto dal terzo comma dello stesso articolo, sono ammessi ad esercitarla in sua vece i discendenti o gli ascendenti, entro un anno decorrente dalla morte dell'autore del riconoscimento o dalla nascita del figlio se si tratta di figlio postumo o dal raggiungimento della maggiore età da parte di ciascuno dei discendenti (1) (2).

[III]. Se il figlio riconosciuto è morto senza aver promosso l'azione di cui all'articolo 263, sono ammessi ad esercitarla in sua vece il coniuge o i discendenti nel termine di un anno che decorre dalla morte del figlio riconosciuto o dal raggiungimento della maggiore età da parte di ciascuno dei discendenti (1) (2).

[IV]. La morte dell'autore del riconoscimento o del figlio riconosciuto non impedisce l'esercizio dell'azione da parte di coloro che ne hanno interesse, nel termine di cui al quarto comma dell'articolo 263 (1) (2).

[V]. Si applicano il sesto comma dell'articolo 244 e l'articolo 245 (1).

(1) *Comma inserito dall'art. 30[1] d.lgs. 28 dicembre 2013, n. 154, con la decorrenza indicata* sub *art. 87.*

(2) *Per la decorrenza del termine per proporre l'azione di impugnazione di cui al presente articolo, v. art. 104[10] d.lgs. n. 154, cit.;* infra, *voce* Famiglia e persone.

268. **Provvedimenti in pendenza del giudizio.** – [I]. Quando è impugnato il riconoscimento, il giudice può dare, in pendenza del giudizio, i provvedimenti che ritenga opportuni nell'interesse del figlio (1).

(1) *V. d.P.R. 3 novembre 2000, n. 396.*

CAPO V – *Della dichiarazione giudiziale della paternità e della maternità* (1)

(1) *Le parole* « Capo V – Della dichiarazione giudiziale della paternità e della maternità » *sono state sostituite alle parole* « § 2 – Della dichiarazione giudiziale della paternità e della maternità naturale » *dall'art.* 7^9 *d.ls. 28 dicembre 2013, n. 154, con la decorrenza indicata* sub *art. 87.*

269. (1) **Dichiarazione giudiziale di paternità e maternità.** – [I]. La paternità e la maternità (2) possono essere giudizialmente dichiarate nei casi in cui il riconoscimento è ammesso [250 ss., 253].

[II]. La prova della paternità e della maternità può essere data con ogni mezzo [30^4 Cost.].

[III]. La maternità è dimostrata provando l'identità di colui che si pretende essere figlio e di colui che fu partorito dalla donna, la quale si assume essere madre.

[IV]. La sola dichiarazione della madre e la sola esistenza di rapporti tra la madre e il preteso padre all'epoca del concepimento non costituiscono prova della paternità (3).

(1) *Articolo così sostituito dall'art. 113 l. 19 maggio 1975, n. 151.*

(2) *La parola* « naturale » *che seguiva la parola* « maternità » *è stata soppressa dall'art.* 30^2 *d.ls. 28 dicembre 2013, n. 154, con la decorrenza indicata* sub *art. 87.*

(3) *La parola* « naturale » *che seguiva la parola* « paternità » *è stata soppressa dall'art.* 30^2 *d.ls n. 154, cit., con la decorrenza indicata* sub *art. 87.*

270. (1) **Legittimazione attiva e termine.** – [I]. L'azione per ottenere che sia dichiarata giudizialmente la paternità o la maternità (2) è imprescrittibile riguardo al figlio [2934^2].

[II]. Se il figlio muore prima di avere iniziato l'azione, questa può essere promossa dai discendenti (3), entro due anni dalla morte.

[III]. L'azione promossa dal figlio, se egli muore, può essere proseguita dai discendenti [legittimi, legittimati o naturali riconosciuti] (4).

[IV]. Si applica l'articolo 245 (5).

(1) *Articolo così sostituito dall'art. 114 l. 19 maggio 1975, n. 151.*

(2) *La parola* « naturale » *che seguiva dopo la parola* « maternità » *è stata soppressa dall'art.* $31^{1\ lett.\ a)}$ *d.ls. 28 dicembre 2013, n. 154, con la decorrenza indicata* sub *art. 87.*

(3) *Le parole* « legittimi, legittimati o naturali riconosciuti » *che seguivano dopo la parola* « discendenti » *sono state soppresse dall'art.* $31^{1\ lett.\ b)}$ *d.ls. n. 154, cit., con la decorrenza indicata* sub *art. 87.*

(4) *Le parole* « legittimi, legittimati o naturali riconosciuti » *sono da intendersi soppresse per effetto del d.ls. n. 154, cit., per cui v. nota 3.*

(5) *Comma inserito dall'art. 31[1 lett. c)] d.ls. n. 154, cit., con la decorrenza indicata* sub *art. 87.*

271-272. (1).

(1) *Articoli abrogati dall'art. 115 l. 19 maggio 1975, n. 151.*

273. (1) **Azione nell'interesse del minore o dell'interdetto.** – [I]. L'azione per ottenere che sia giudizialmente dichiarata la paternità o la maternità (2) può essere promossa, nell'interesse del minore, dal genitore che esercita la responsabilità genitoriale (2) prevista dall'articolo 316 o dal tutore [357]. Il tutore però deve chiedere l'autorizzazione del giudice [38² att.], il quale può anche nominare un curatore speciale [78² c.p.c.].

[II]. Occorre il consenso del figlio per promuovere o per proseguire l'azione se egli ha compiuto l'età di quattordici (3) anni [250²].

[III]. Per l'interdetto l'azione può essere promossa dal tutore previa autorizzazione del giudice.

(1) *Articolo così sostituito dall'art. 116 l. 19 maggio 1975, n. 151.*

(2) *La parola* « naturale » *che seguiva dopo la parola* « maternità » *è stata soppressa e le parole* « responsabilità genitoriale » *sono state sostituite alla parola* « potestà » *dall'art. 32[1 lett. a)] d.ls. 28 dicembre 2013, n. 154, con la decorrenza indicata* sub *art. 87.*

(3) *La parola* « quattordici » *è stata sostituita alla parola* « sedici » *dall'art. 32[1 lett. b)] d.ls. n. 154, cit., con la decorrenza indicata* sub *art. 87.*

274. (1) (2) **Ammissibilità dell'azione.** – [I]. L'azione per la dichiarazione giudiziale di paternità o di maternità naturale è ammessa solo quando concorrono specifiche circostanze tali da farla apparire giustificata [279²] (3).

[II]. Sull'ammissibilità il tribunale decide in camera di consiglio con decreto motivato, su ricorso di chi intende promuovere l'azione, sentiti il pubblico ministero e le parti e assunte le informazioni del caso [737 c.p.c.]. Contro il decreto si può proporre reclamo con ricorso alla corte d'appello, che pronuncia anche essa in camera di consiglio.

[III]. L'inchiesta sommaria compiuta dal tribunale ha luogo senza alcuna pubblicità e deve essere mantenuta segreta. Al termine della inchiesta gli atti e i documenti della stessa sono depositati in cancelleria ed il cancelliere deve darne avviso alle parti le quali, entro quindici giorni dalla comunicazione di detto avviso, hanno facoltà di esaminarli e di depositare memorie illustrative.

[IV]. Il tribunale, anche prima di ammettere l'azione, può, se trattasi di minore o d'altra persona incapace, nominare un curatore speciale che la rappresenti in giudizio [78 c.p.c.].

(1) *Articolo così sostituito dall'art. 2 l. 23 novembre 1971, n. 1047.*

(2) *Articolo dichiarato* costituzionalmente illegittimo *con* ***C. cost.*** *10 febbraio 2006, n. 50.*

(3) *Comma così sostituito dall'art. 117 l. 19 maggio 1975, n. 151, e, successivamente, dichiarato* costituzionalmente illegittimo *con* ***C. cost.*** *20 luglio 1990, n. 341 « nella parte in cui, se si tratta di minore infrasedicenne, non prevede che l'azione promossa dal genitore esercente la potestà sia ammessa solo quando sia ritenuta dal giudice rispondente all'interesse del figlio ».*

275. (1) **[Pena in caso di inammissibilità].**

(1) *Articolo abrogato dall'art. 118 l. 19 maggio 1975, n. 151.*

276. (1) **Legittimazione passiva.** – [I]. La domanda per la dichiarazione di paternità o di maternità (2) deve essere proposta nei confronti del presunto genitore o, in sua mancanza, nei confronti dei suoi eredi. In loro mancanza, la domanda deve essere proposta nei confronti di un curatore nominato dal giudice davanti al quale il giudizio deve essere promosso.

[II]. Alla domanda può contraddire chiunque vi abbia interesse.

(1) *Articolo così sostituito dall'art. 1[5] l. 10 dicembre 2012, n. 219. Il testo dell'articolo era il seguente:* « La domanda per la dichiarazione di paternità o di maternità naturale deve essere proposta nei confronti del presunto genitore o, in mancanza di lui, nei confronti dei suoi eredi. – Alla domanda può contraddire chiunque vi abbia interesse ».

(2) *La parola* « naturale » *che seguiva dopo la parola* « maternità » *è stata soppressa dall'art. 33[1] d.lgs. 28 dicembre 2013, n. 154, con la decorrenza indicata* sub *art. 87.*

277. Effetti della sentenza. – [I]. La sentenza che dichiara la filiazione (1) produce gli effetti del riconoscimento [258 ss.].

[II]. Il giudice può anche dare i provvedimenti che stima utili per l'affidamento, (2) il mantenimento, l'istruzione e l'educazione del figlio e per la tutela degli interessi patrimoniali di lui [147] (3).

(1) *La parola* « naturale » *che seguiva dopo la parola* « filiazione » *è stata soppressa dall'art. 34[1 lett. a)] d.lgs. 28 dicembre 2013, n. 154, con la decorrenza indicata* sub *art. 87.*

(2) *Le parole* « l'affidamento, » *sono state inserite dall'art. 34[1 lett. b)] d.lgs. n. 154, cit., con la decorrenza indicata* sub *art. 87.*

(3) *Comma così sostituito dall'art. 119 l. 19 maggio 1975, n. 151.*

278. (1) **Autorizzazione all'azione.** – [I]. Nei casi di figlio nato da persone, tra le quali esiste un vincolo di parentela in linea retta all'infinito o in linea collaterale nel secondo grado, ovvero un vincolo di affinità in linea retta, l'azione per ottenere che sia giudizialmente dichiarata la paternità o la maternità non può essere promossa senza previa autorizzazione ai sensi dell'articolo 251.

(1) *Articolo così sostituito dall'art. 35[1] d.lgs. 28 dicembre 2013, n. 154, con la decorrenza*

indicata sub *art. 87. Il testo dell'articolo, come sostituito dall'art. 120 l. 19 maggio 1975, n. 151, era il seguente:* « Art. 278. (*Indagini sulla paternità o maternità*). – Le indagini sulla paternità o sulla maternità non sono ammesse nei casi in cui, a norma dell'articolo 251, il riconoscimento dei figli incestuosi è vietato. – Possono essere ammesse dal giudice quando vi è stato ratto o violenza carnale nel tempo che corrisponde a quello del concepimento ». *Il primo comma, inoltre, era stato dichiarato* costituzionalmente illegittimo *con* ***C. cost.*** *28 novembre 2002, n. 494, « nella parte in cui esclude la dichiarazione giudiziale della paternità e della maternità naturali e le relative indagini, nei casi in cui, a norma dell'art. 251, primo comma, del codice civile, il riconoscimento dei figli incestuosi è vietato ».*

279. (1) **Responsabilità per il mantenimento e l'educazione.** – [I]. In ogni caso in cui non può proporsi l'azione per la dichiarazione giudiziale di paternità o di maternità [251], il figlio nato fuori del matrimonio (2) può agire per ottenere il mantenimento, l'istruzione e l'educazione [580, 594]. Il figlio nato fuori del matrimonio (2) se maggiorenne e in stato di bisogno può agire per ottenere gli alimenti [433; 282 c.p.c.] a condizione che il diritto al mantenimento di cui all'articolo 315-*bis*, sia venuto meno (2).

[II]. L'azione è ammessa previa autorizzazione del giudice ai sensi dell'articolo 251 (3).

[III]. L'azione può essere promossa nell'interesse del figlio minore da un curatore speciale [78² c.p.c.] nominato dal giudice su richiesta del pubblico ministero o del genitore che esercita la responsabilità genitoriale (4).

(1) *Articolo così sostituito dall'art. 121 l. 19 maggio 1975, n. 151.*

(2) *Le parole* « nato fuori del matrimonio » *sono state sostituite alla parola* « [naturale] », *e le parole da* « a condizione che » *a* « sia venuto meno », *sono state inserite dall'art. 36¹ lett. a) d.ls. 28 dicembre 2013, n. 154, con la decorrenza indicata* sub *art. 87. Precedentemente, l'art. 1¹¹ l. 10 dicembre 2012, n. 219 aveva disposto che « Nel codice civile, le parole: "figli legittimi" e "figli naturali", ovunque ricorrono, sono sostituite dalla seguente: "figli" ».*

(3) *Comma così sostituito dall'art. 36¹ lett. b) d.ls. n. 154, cit., con la decorrenza indicata* sub *art. 87. Il testo del comma era il seguente:* « L'azione è ammessa previa autorizzazione del giudice ai sensi dell'articolo 274 ».

(4) *Le parole* « responsabilità genitoriale » *sono state sostituite alla parola* « potestà » *dall'art. 36¹ lett. c) d.ls. n. 154, cit., con la decorrenza indicata* sub *art. 87.*

[Sezione II – *Della legittimazione dei figli naturali*] (1)

(1) *Sezione abrogata dall'art. 1¹⁰ l. 10 dicembre 2012, n. 219.*

[280-290]. (1)

(1) *V. nota* sub *Sezione II.*

Si riporta il testo degli artt. 280-290, ***abrogati.***

[**280**. (1) **Legittimazione.** – [I]. La legittimazione attribuisce a colui che è nato fuori del matrimonio la qualità di figlio legittimo [283].

[II]. Essa avviene per susseguente matrimonio dei genitori del figlio naturale o per provvedimento del giudice].

(1) *Articolo così sostituito dall'art. 122 l. 19 maggio 1975, n. 151.*

[281. (1) **Divieto di legittimazione.** – [I]. Non possono essere legittimati i figli che non possono essere riconosciuti [250 ss.]].

(1) *Articolo così sostituito dall'art. 123 l. 19 maggio 1975, n. 151.*

[282. **Legittimazione dei figli premorti.** – [I]. La legittimazione dei figli premorti può anche aver luogo in favore dei loro discendenti legittimi [565 ss.] e dei loro figli naturali riconosciuti [255]].

[283. (1) **Effetti e decorrenza della legittimazione per susseguente matrimonio.** – [I]. I figli legittimati per susseguente matrimonio acquistano i diritti dei figli legittimi dal giorno del matrimonio, se sono stati riconosciuti da entrambi i genitori nell'atto di matrimonio o anteriormente, oppure dal giorno del riconoscimento [250] se questo è avvenuto dopo il matrimonio].

(1) *Articolo così sostituito dall'art. 124 l. 19 maggio 1975, n. 151.*

[284. (1) **Legittimazione per provvedimento del giudice.** – [I]. La legittimazione può essere concessa con provvedimento del giudice soltanto se corrisponde agli interessi del figlio ed inoltre se concorrono le seguenti condizioni:

1) che sia domandata dai genitori stessi o da uno di essi [288] e che il genitore abbia compiuto l'età indicata nel quinto comma dell'articolo 250;

2) che per il genitore vi sia l'impossibilità o un gravissimo ostacolo a legittimare il figlio per susseguente matrimonio [285];

3) che vi sia l'assenso dell'altro coniuge se il richiedente è unito in matrimonio e non è legalmente separato [289²];

4) che vi sia il consenso del figlio legittimando se ha compiuto gli anni sedici, o dell'altro genitore o del curatore speciale, se il figlio è minore degli anni sedici, salvo che il figlio sia già riconosciuto [250²⁻³].

[II]. La legittimazione può essere chiesta anche in presenza di figli legittimi o legittimati. In tal caso il presidente del tribunale deve ascoltare i figli legittimi o legittimati, se di età superiore ai sedici anni [35² att.]].

(1) *Articolo così sostituito dall'art. 125 l. 19 maggio 1975, n. 151.*

[285. (1) **Condizioni per la legittimazione dopo la morte dei genitori.** – [I]. Se uno dei genitori ha espresso in un testamento [587²] o in un atto pubblico [2699] la volontà di legittimare i figli naturali [254²], questi possono, dopo la morte di lui, domandare la legittimazione se sussisteva la condizione prevista nel numero 2 dell'articolo precedente [289].

[II]. In questo caso la domanda deve essere comunicata [136 c.p.c.] agli ascendenti, discendenti e coniuge o, in loro mancanza, a due tra i prossimi parenti del genitore entro il quarto grado]].

(1) *Articolo così sostituito dall'art. 126 l. 19 maggio 1975, n. 151.*

[286. **Legittimazione domandata dall'ascendente.** – [I]. La domanda di legittimazione di un figlio naturale riconosciuto [254] può in caso di morte del genitore essere fatta da uno degli ascendenti legittimi di lui, se il genitore non ha comunque espressa una volontà in contrasto con quella di legittimare [289¹; 124 trans.]].

[287. (1) **Legittimazione in base alla procura per il matrimonio.** – [I]. Nei casi in cui è consentito di celebrare il matrimonio per procura [111], quando concorrono le condizioni per la legittimazione per susseguente matrimonio, la legittimazione dei figli naturali con provvedimento del giudice può essere domandata in base alla procura a contrarre il matrimonio, se questo non potè essere celebrato per la sopravvenuta morte del mandante.

[II]. Quando i figli non sono stati riconosciuti, per domandarne la legittimazione è necessario che dalla procura risulti la volontà di riconoscerli o di legittimarli [289[1]; 125 trans.]].

(1) *Articolo così sostituito dall'art. 127 l. 19 maggio 1975, n. 151.*

[288. (1) **Procedura.** – [I]. La domanda di legittimazione accompagnata dai documenti giustificativi deve essere diretta al presidente del tribunale nella cui circoscrizione il richiedente ha la residenza.

[II]. Il tribunale, sentito il pubblico ministero, accerta la sussistenza delle condizioni stabilite negli articoli precedenti e delibera, in camera di consiglio [737 c.p.c.], sulla domanda di legittimazione [35 att.].

[III]. Il pubblico ministero e la parte possono, entro venti giorni dalla comunicazione, proporre reclamo alla corte d'appello. Questa, richiamati gli atti dal tribunale, delibera in camera di consiglio, sentito il pubblico ministero.

[IV]. In ogni caso la sentenza che accoglie la domanda è annotata in calce all'atto di nascita del figlio].

(1) *Articolo così sostituito dall'art. 128 l. 19 maggio 1975, n. 151.*

[289. (1) **Azioni esperibili dopo la legittimazione.** – [I]. La legittimazione per provvedimento del giudice non impedisce l'azione ordinaria per la contestazione dello stato di figlio legittimato per la mancanza delle condizioni indicate nel numero 1 dell'articolo 284, negli articoli 285, 286 e 287, ferma restando la disposizione dell'articolo 263.

[II]. Se manca la condizione indicata nel numero 3 dell'articolo 284 la contestazione può essere promossa soltanto dal coniuge del quale è mancato l'assenso].

(1) *Articolo così sostituito dall'art. 129 l. 19 maggio 1975, n. 151.*

[290. (1) **Effetti e decorrenza della legittimazione per provvedimento del giudice.** – [I]. La legittimazione per provvedimento del giudice produce gli stessi effetti della legittimazione per susseguente matrimonio [283], ma soltanto dalla data del provvedimento e nei confronti del genitore riguardo al quale la legittimazione è stata concessa [284[n. 1]].

[II]. Se il provvedimento interviene dopo la morte del genitore [285], gli effetti risalgono alla data della morte, purché la domanda di legittimazione non sia stata presentata dopo un anno da tale data].

(1) *Articolo così sostituito dall'art. 130 l. 19 maggio 1975, n. 151.*

Titolo VIII
Dell'adozione di persone maggiori di età (1)

(1) *Intitolazione così sostituita dall'art. 58 l. 4 maggio 1983, n. 184.*

CAPO I – *Dell'adozione di persone maggiori di età e dei suoi effetti* (1)

(1) *Intitolazione così sostituita dall'art. 59 l. 4 maggio 1983, n. 184.V. art. 60 l. n. 184, cit.*

291. (1) **Condizioni.** – [I]. L'adozione è permessa alle persone che non hanno discendenti [legittimi o legittimati] (2), che hanno compiuto gli anni trentacinque e che superano almeno di diciotto anni l'età di coloro che essi intendono adottare.

[II]. Quando eccezionali circostanze lo consigliano, il tribunale può autorizzare l'adozione se l'adottante ha raggiunto almeno l'età di trent'anni, ferma restando la differenza di età di cui al comma precedente [35 att.].

(1) *Articolo così sostituito dall'art. 1 l. 5 giugno 1967, n. 431.*

(2) *Le parole* « legittimi o legittimati » *sono da intendersi soppresse per effetto del d.ls. 28 dicembre 2013, n. 154. Ai sensi dell'art. 105[4] d.ls. 154, cit., infatti,* « Le parole: "figli legittimati", "figlio legittimato", "legittimato", "legittimati" ovunque presenti in tutta la legislazione vigente, sono soppresse ». *V. inoltre l'art. 1[11] l. 10 dicembre 2012, n. 219, il quale aveva disposto che « Nel codice civile, le parole: "figli legittimi" e "figli naturali", ovunque ricorrono, sono sostituite dalla seguente: "figli" ». Per una precedente dichiarazione di incostituzionalità, v.* ***C. cost.*** *19 maggio 1988, n. 557 e* ***C. cost.*** *20 luglio 2004, n. 245.*

292. (1) **[Divieto di adozione per diversità di razza].**

(1) *Articolo abrogato dall'art. 1 r.d.l. 20 gennaio 1944, n. 25 e dall'art. 3[3] d.ls.lt. 14 settembre 1944, n. 287.*

293. (1) **Divieto d'adozione di figli** (2). – [I]. I figli (2) non possono essere adottati dai loro genitori.

(1) *Articolo così sostituito dall'art. 131 l. 19 maggio 1975, n. 151. L'art. 67 l. 4 maggio 1983, n. 184 ha abrogato gli originari commi 2 e 3.*

(2) *Le parole* « nati fuori del matrimonio » *che seguivano dopo la parola* « figli » *sono state soppresse dall'art. 37[1] d.ls. 28 dicembre 2013, n. 154, con la decorrenza indicata sub art. 87.*

294. **Pluralità di adottati o di adottanti.** – [I]. È ammessa l'adozione di più persone, anche con atti successivi (1).

[II]. Nessuno può essere adottato da più di una persona, salvo che i due adottanti siano marito e moglie.

(1) *Comma così sostituito dall'art. 2 l. 5 giugno 1967, n. 431.*

295. **Adozione da parte del tutore.** – [I]. Il tutore non può adottare la persona della quale ha avuto la tutela, se non dopo che sia stato approvato il conto della sua amministrazione, sia stata fatta la consegna dei beni e siano state estinte le obbligazioni risultanti a suo carico o data idonea garanzia per il loro adempimento [385 ss.].

296. **Consenso per l'adozione.** – [I]. Per l'adozione si richiede il consenso dell'adottante e dell'adottando [298, 311 ss.] (1).

(1) *L'art. 67 l. 4 maggio 1983, n. 184 ha abrogato gli originari commi 2 e 3.*

297. (1) **Assenso del coniuge o dei genitori.** – [I]. Per l'adozione è necessario l'assenso dei genitori dell'adottando e l'assenso del coniuge dell'adottante e dell'adottando, se coniugati e non legalmente separati [311^2].

[II]. Quando è negato l'assenso previsto dal primo comma, il tribunale, sentiti gli interessati, su istanza dell'adottante, può, ove ritenga il rifiuto ingiustificato o contrario all'interesse dell'adottando [$312^{n. 3}$], pronunziare ugualmente l'adozione, salvo che si tratti dell'assenso dei genitori esercenti la responsabilità genitoriale (2) o del coniuge, se convivente, dell'adottante o dell'adottando. Parimenti il tribunale può pronunziare l'adozione quando è impossibile ottenere l'assenso per incapacità [414] o irreperibilità delle persone chiamate ad esprimerlo.

(1) *Articolo così sostituito dall'art. 132 l. 19 maggio 1975, n. 151.*

(2) *Le parole* « responsabilità genitoriale » *sono state sostituite alla parola* « potestà » *dall'art. 37^2 d.lgs. 28 dicembre 2013, n. 154, con la decorrenza indicata* sub *art. 87.*

298. **Decorrenza degli effetti della adozione.** – [I]. L'adozione produce i suoi effetti dalla data del decreto che la pronunzia [313].

[II]. Finché il decreto non è emanato, tanto l'adottante quanto l'adottando possono revocare il loro consenso [296].

[III]. Se l'adottante muore dopo la prestazione del consenso e prima della emanazione del decreto, si può procedere al compimento degli atti necessari per l'adozione.

[IV]. Gli eredi dell'adottante possono presentare al tribunale memorie e osservazioni per opporsi all'adozione.

[V]. Se l'adozione è ammessa, essa produce i suoi effetti dal momento della morte dell'adottante.

299. (1) (2) **Cognome dell'adottato.** – [I]. L'adottato assume il cognome dell'adottante e lo antepone al proprio.

[II]. Nel caso in cui la filiazione sia stata accertata o riconosciuta successivamente all'adozione si applica il primo comma (3).

[III]. Se l'adozione è compiuta da coniugi, l'adottato assume il cognome del marito (2).

[IV]. Se l'adozione è compiuta da una donna maritata, l'adottato, che non sia figlio del marito, assume il cognome della famiglia di lei.

(1) *Articolo così sostituito dall'art. 61 l. 4 maggio 1983, n. 184.*

(2) ***C. cost.** 31 maggio 2022, n. 131 ha dichiarato l'*illegittimità costituzionale *nella*

parte in cui prevede che « l'adottato assume il cognome del marito», anziché prevedere che l'adottato assume i cognomi degli adottanti, nell'ordine dai medesimi concordato, fatto salvo l'accordo, raggiunto nel procedimento di adozione, per attribuire il cognome di uno di loro soltanto. Precedentemente **C. cost.** *21 dicembre 2016, n. 286 ha dichiarato l'*illegittimità costituzionale *della norma desumibile dal presente articolo e dagli artt. 237 e 262 c.c.; 72*[1] *r.d. 9 luglio 1939, n. 1238 (Ordinamento dello stato civile); e 33 e 34 d.P.R. 3 novembre 2000, n. 396 (Regolamento per la revisione e la semplificazione dell'ordinamento dello stato civile, a norma dell'articolo 2*[12] *l. 15 maggio 1997, n. 127), « nella parte in cui non consente ai coniugi, di comune accordo, di trasmettere ai figli, al momento della nascita, anche il cognome materno ».*

*La medesima sentenza ha dichiarato in via consequenziale, ai sensi dell'art. 27 l. 11 marzo 1953, n. 87 (Norme sulla costituzione e sul funzionamento della Corte costituzionale), l'*illegittimità costituzionale *del terzo comma del presente articolo, « nella parte in cui non consente ai coniugi, in caso di adozione compiuta da entrambi, di attribuire, di comune accordo, anche il cognome materno al momento dell'adozione ».*

(3) *Comma così sostituito dall'art. 38*[1] *d.ls. 28 dicembre 2013, n. 154, con la decorrenza indicata sub art. 87. Il testo del comma, come modificato dall'art. 1*[11] *l. 10 dicembre 2012, n. 219 (che disponeva che « Nel codice civile, le parole: "figli legittimi" e "figli naturali", ovunque ricorrono, sono sostituite dalla seguente: "figli" »), era il seguente:* « L'adottato che sia figlio [naturale] non riconosciuto dai propri genitori assume solo il cognome dell'adottante. Il riconoscimento successivo all'adozione non fa assumere all'adottato il cognome del genitore che lo ha riconosciuto, salvo che l'adozione sia successivamente revocata. Il figlio [naturale] che sia stato riconosciuto dai propri genitori e sia successivamente adottato, assume il cognome dell'adottante ». *Precedentemente, il comma era stato dichiarato* costituzionalmente illegittimo *da* **C. cost.** *11 maggio 2001, n. 120, « nella parte in cui non prevede che, qualora sia figlio naturale non riconosciuto dai propri genitori, l'adottato possa aggiungere al cognome dell'adottante anche quello originariamente attribuitogli ».*

300. Diritti e doveri dell'adottato. – [I]. L'adottato conserva tutti i diritti e i doveri verso la sua famiglia di origine [315 ss.], salve le eccezioni stabilite dalla legge.

[II]. L'adozione non induce alcun rapporto civile tra l'adottante e la famiglia dell'adottato né tra l'adottato e i parenti dell'adottante, salve le eccezioni stabilite dalla legge [87^nn. 6-9^, 468].

301. (1) **[Potestà e amministrazione dei beni dell'adottato].**

(1) *Articolo abrogato dall'art. 67 l. 4 maggio 1983, n. 184.*

302. (1) **[Inventario].**

(1) *Articolo abrogato dall'art. 67 l. 4 maggio 1983, n. 184.*

303. (1) **[Cessazione della potestà dell'adottante].**

(1) *Articolo abrogato dall'art. 67 l. 4 maggio 1983, n. 184.*

304. Diritti di successione. – [I]. La adozione non attribuisce all'adottante alcun diritto di successione.

[II]. I diritti dell'adottato nella successione dell'adottante sono regolati dalle norme contenute nel libro II [468, 536, 567].

305. Revoca dell'adozione. – [I]. L'adozione si può revocare soltanto nei casi preveduti dagli articoli seguenti [35² att.; 127 trans.].

306. Revoca per indegnità dell'adottato. – [I]. La revoca dell'adozione può essere pronunziata dal tribunale su domanda dell'adottante, quando l'adottato abbia attentato alla vita di lui o del suo coniuge, dei suoi discendenti o ascendenti, ovvero si sia reso colpevole verso loro di delitto punibile con pena restrittiva della libertà personale non inferiore nel minimo a tre anni.

[II]. Se l'adottante muore in conseguenza dell'attentato, la revoca dell'adozione può essere chiesta da coloro ai quali si devolverebbe l'eredità in mancanza dell'adottato e dei suoi discendenti.

307. (1) **Revoca per indegnità dell'adottante.** – [I]. Quando i fatti previsti dall'articolo precedente sono stati compiuti dall'adottante contro l'adottato, oppure contro il coniuge o i discendenti o gli ascendenti di lui, la revoca può essere pronunziata su domanda dell'adottato.

(1) *Articolo così sostituito dall'art. 62 l. 4 maggio 1983, n. 184.*

308. (1) **[Revoca promossa dal pubblico ministero].**

(1) *Articolo abrogato dall'art. 67 l. 4 maggio 1983, n. 184.*

309. Decorrenza degli effetti della revoca. – [I]. Gli effetti dell'adozione [298 ss.] cessano quando passa in giudicato la sentenza di revoca [37² att.].

[II]. Se tuttavia la revoca è pronunziata dopo la morte dell'adottante per fatto imputabile all'adottato, l'adottato e i suoi discendenti sono esclusi dalla successione dell'adottante [463 ss.].

310. (1) **[Cessazione degli effetti dell'adozione].**

(1) *Articolo abrogato dall'art. 67 l. 4 maggio 1983, n. 184.*

CAPO II – *Delle forme dell'adozione di persone di maggiore età* (1)

(1) *Intitolazione così sostituita dall'art. 63 l. 4 maggio 1983, n. 184. V. art. 3 l. 5 giugno 1967, n. 431, nelle ipotesi di cui a questo Capo, alla competenza della corte d'appello è sostituita quella del tribunale nel cui circondario l'adottante ha la residenza. Per l'adozione di minorenni è competente il tribunale per i minorenni.*

311. (1) **Manifestazione del consenso.** – [I]. Il consenso dell'adottante e dell'adottando o del legale rappresentante di questo deve essere manifestato personalmente al presidente del tribunale nel cui circondario l'adottante ha la residenza.

[II]. L'assenso delle persone indicate negli articoli 296 e 297 può essere dato da persona munita di procura speciale rilasciata per atto pubblico o per scrittura privata autenticata [2703; 35[2] att.].

(1) *L'art. 3 l. 5 giugno 1967, n. 431 ha abrogato l'originario comma 2.*

312. (1) **Accertamenti del tribunale.** – [I]. Il tribunale, assunte le opportune informazioni, verifica:

1) se tutte le condizioni della legge sono state adempiute;

2) se l'adozione conviene all'adottando.

(1) *Articolo così sostituito dall'art. 64 l. 4 maggio 1983, n. 184.*

313. (1) **Provvedimento del tribunale.** – [I]. Il tribunale, in camera di consiglio, sentito il pubblico ministero e omessa ogni altra formalità di procedura, provvede con sentenza decidendo di far luogo o non far luogo alla adozione.

[II]. L'adottante, il pubblico ministero, l'adottando, entro trenta giorni dalla comunicazione, possono proporre impugnazione avanti la Corte d'appello, che decide in camera di consiglio, sentito il pubblico ministero.

(1) *Articolo sostituito dapprima dall'art. 65 l. 4 maggio 1983, n. 184 e successivamente dall'art. 30 l. 28 marzo 2001, n. 149.*

314. (1) **Pubblicità.** – [I]. La sentenza definitiva che pronuncia l'adozione è trascritta a cura del cancelliere del tribunale competente, entro il decimo giorno successivo a quello della relativa comunicazione, da effettuarsi non oltre cinque giorni dal deposito, da parte del cancelliere del giudice dell'impugnazione, su apposito registro e comunicata all'ufficiale di stato civile per l'annotazione a margine dell'atto di nascita dell'adottato.

[II]. Con la procedura di cui al primo comma deve essere altresì trascritta ed annotata la sentenza di revoca della adozione, passata in giudicato.

[III]. L'autorità giudiziaria può inoltre ordinare la pubblicazione della sentenza che pronuncia l'adozione o della sentenza di revoca nei modi che ritiene opportuni.

(1) *Articolo dapprima modificato dall'art. 66 l. 4 maggio 1983, n. 184 e successivamente così sostituito dall'art. 31 l. 28 marzo 2001, n. 149.*

[CAPO III – *Dell'adozione speciale*] (1)

(1) *Il capo III, inserito con l'art. 4 l. 5 giugno 1967, n. 431, è stato abrogato dall'art. 67 l. 4 maggio 1983, n. 184.*

TITOLO IX
Della responsabilità genitoriale e dei diritti e doveri del figlio (1)

(1) *Rubrica così sostituita dall'art. 7[10] d.ls. 28 dicembre 2013, n. 154, con la decorrenza indicata* sub *art. 87. Il testo della rubrica, come sostituito, da ultimo, dall'art. 1[6] l. 10 dicembre 2012, n. 219, era il seguente:* « Della potestà dei genitori e dei diritti e doveri del figlio ».

CAPO I – *Dei diritti e doveri del figlio* (1)

(1) *Intitolazione inserita dall'art. 7[11] d.ls. 28 dicembre 2013, n. 154, con la decorrenza indicata* sub *art. 87.*

315. (1) **Stato giuridico della filiazione.** – [I]. Tutti i figli hanno lo stesso stato giuridico.

(1) *Articolo, da ultimo, così sostituito dall'art. 1[7] l. 10 dicembre 2012, n. 219. Il testo dell'articolo, come sostituito dall'art. 137 l. 19 maggio 1975, n. 151, era il seguente:* « Art. 315. (*Doveri del figlio verso i genitori*). – Il figlio deve rispettare i genitori e deve contribuire, in relazione alle proprie sostanze e al proprio reddito, al mantenimento della famiglia finché convive con essa ».

315-*bis*. (1) **Diritti e doveri del figlio.** – [I]. Il figlio ha diritto di essere mantenuto, educato, istruito e assistito moralmente dai genitori, nel rispetto delle sue capacità, delle sue inclinazioni naturali e delle sue aspirazioni.

[II]. Il figlio ha diritto di crescere in famiglia e di mantenere rapporti significativi con i parenti.

[III]. Il figlio minore che abbia compiuto gli anni dodici, e anche di età inferiore ove capace di discernimento, ha diritto di essere ascoltato in tutte le questioni e le procedure che lo riguardano.

[IV]. Il figlio deve rispettare i genitori e deve contribuire, in relazione alle proprie capacità, alle proprie sostanze e al proprio reddito, al mantenimento della famiglia finché convive con essa.

(1) *Articolo inserito dall'art. 1[8] l. 10 dicembre 2012, n. 219.*

316. (1) **Responsabilità genitoriale.** – [I]. Entrambi i genitori hanno la responsabilità genitoriale che è esercitata di comune accordo tenendo conto delle capacità, delle inclinazioni naturali e delle aspirazioni del figlio. I genitori di comune accordo stabiliscono la residenza abituale del minore e adottano le scelte relative alla sua istruzione ed educazione (2).

[II]. In caso di contrasto su questioni di particolare importanza, tra le quali quelle relative alla residenza abituale e all'istituto scolastico del figlio minorenne, (3) ciascuno dei genitori può ricorrere senza formalità al giudice indicando i provvedimenti che ritiene più idonei.

[III]. Il giudice, sentiti i genitori e disposto l'ascolto del figlio minore che abbia compiuto gli anni dodici e anche di età inferiore ove capace di discernimento, tenta di raggiungere una soluzione concordata e, ove questa non sia possibile, adotta la soluzione che ritiene più adeguata all'interesse del figlio (4).

[IV]. Il genitore che ha riconosciuto il figlio esercita la responsabilità genitoriale su di lui. Se il riconoscimento del figlio, nato fuori del matrimonio, è fatto dai genitori, l'esercizio della responsabilità genitoriale spetta ad entrambi.

[V]. Il genitore che non esercita la responsabilità genitoriale vigila sull'istruzione, sull'educazione e sulle condizioni di vita del figlio.

(1) *Articolo così sostituito dall'art. 39[1] d.ls. 28 dicembre 2013, n. 154, con la decorrenza indicata* sub *art. 87. Il testo dell'articolo, come sostituito dall'art. 138 l. 19 maggio 1975, n. 151, era il seguente:* « Art. 316. (*Esercizio della potestà dei genitori*). – Il figlio è soggetto alla potestà dei genitori sino all'età maggiore o alla emancipazione. – La potestà è esercitata di comune accordo da entrambi i genitori. – In caso di contrasto su questioni di particolare importanza ciascuno dei genitori può ricorrere senza formalità al giudice indicando i provvedimenti che ritiene più idonei. – Se sussiste un incombente pericolo di un grave pregiudizio per il figlio, il padre può adottare i provvedimenti urgenti ed indifferibili. – Il giudice, sentiti i genitori ed il figlio, se maggiore degli anni quattordici, suggerisce le determinazioni che ritiene più utili nell'interesse del figlio o dell'unità familiare. Se il contrasto permane, il giudice attribuisce il potere di decisione a quello dei genitori che, nel singolo caso, ritiene il più idoneo a curare l'interesse del figlio ».

(2) *Le parole* « e adottano le scelte relative alla sua istruzione ed educazione » *sono state aggiunte dall'art. 1[4, lett. a), n. 1] d.ls. 10 ottobre 2022, n. 149. Per la disciplina transitoria v. art. 35[1] d.ls. n. 149/2022, cit., come sostituito dall'art. 1[380, lett. a)] l. 29 dicembre 2022, n. 197, che prevede che:* « *1.* Le disposizioni del presente decreto, salvo che non sia diversamente disposto, hanno effetto a decorrere dal 28 febbraio 2023 e si applicano ai procedimenti instaurati successivamente a tale data. Ai procedimenti pendenti alla data del 28 febbraio 2023 si applicano le disposizioni anteriormente vigenti. ».

(3) *Le parole* « , tra le quali quelle relative alla residenza abituale e all'istituto scolastico del figlio minorenne, » *sono state aggiunte dall'art. 1[4, lett. a), n. 2] d.ls. n. 149, cit. Per l'entrata in vigore e lapplicazione v.* sub *nota 2.*

(4) *Le parole* « tenta di raggiungere una soluzione concordata e, ove questa non sia possibile, adotta la soluzione che ritiene più adeguata all'interesse del figlio » *sono state sostituite alle parole* « suggerisce le determinazioni che ritiene più utili nell'interesse del figlio e dell'unità familiare. Se il contrasto permane il giudice attribuisce il potere di decisione a quello dei genitori che, nel singolo caso, ritiene il più idoneo a curare l'interesse del figlio » *dall'art. 1[4, lett. a), n. 3] d.ls. n. 149, cit. Per l'entrata in vigore e lapplicazione v.* sub *nota 2.*

316-*bis*. (1) **Concorso nel mantenimento.** – [I]. I genitori devono adempiere i loro obblighi nei confronti dei figli in proporzione alle rispettive sostanze e secondo la loro capacità di lavoro professionale o casalingo. Quando i genitori non hanno mezzi sufficienti, gli altri ascendenti, in ordine di prossimità, sono tenuti a fornire ai genitori stessi i mezzi necessari affinché possano adempiere i loro doveri nei confronti dei figli.

[II]. In caso di inadempimento il presidente del tribunale o il giudice da lui designato (2), su istanza di chiunque vi ha interesse, sentito l'inadempiente ed assunte informazioni, può ordinare con decreto che una quota dei redditi dell'obbligato, in proporzione agli stessi, sia versata direttamente all'altro genitore o a chi sopporta le spese per il mantenimento, l'istruzione e l'educazione della prole.

[III]. Il decreto, notificato agli interessati ed al terzo debitore, costituisce titolo esecutivo, ma le parti ed il terzo debitore possono proporre opposizione nel termine di venti giorni dalla notifica.

[IV]. L'opposizione è regolata dalle norme che disciplinano il procedimento relativo allo stato delle persone, ai minorenni e alle famiglie (3).

[V]. Le parti ed il terzo debitore possono sempre chiedere, con le medesime forme [del processo ordinario] (4), la modificazione e la revoca del provvedimento.

(1) *Articolo inserito dall'art. 40[1] d.ls. 28 dicembre 2013, n. 154, con la decorrenza indicata sub art. 87.*

(2) *Le parole* « o il giudice da lui designato » *sono state aggiunte dall'art. 1[4, lett. b), n. 1] d.ls. 10 ottobre 2022, n. 149. Per la disciplina transitoria v. art. 35[1] d.ls. n. 149/2022, cit., come sostituito dall'art. 1[380, lett. a)] l. 29 dicembre 2022, n. 197, che prevede che:* « 1. Le disposizioni del presente decreto, salvo che non sia diversamente disposto, hanno effetto a decorrere dal 28 febbraio 2023 e si applicano ai procedimenti instaurati successivamente a tale data. Ai procedimenti pendenti alla data del 28 febbraio 2023 si applicano le disposizioni anteriormente vigenti. ».

(3) *Le parole* « che disciplinano il procedimento relativo allo stato delle persone, ai minorenni e alle famiglie » *sono state sostituite alle parole* « relative all'opposizione al decreto di ingiunzione, in quanto applicabili » *dall'art. 1[4, lett. b), n. 2] d.ls. n. 149, cit. Per l'entrata in vigore e l'applicazione v.* sub *nota 2.*

(4) *La parola* « medesime » *è stata aggiunta e le parole* « del processo ordinario » *sono state soppresse dall'art. 1[4, lett. b), n. 3] d.ls. n. 149, cit. Per l'entrata in vigore e l'applicazione v.* sub *nota 2.*

317. (1) **Impedimento di uno dei genitori.** – [I]. Nel caso di lontananza, di incapacità o di altro impedimento che renda impossibile ad uno dei genitori l'esercizio della responsabilità genitoriale (2), questa è esercitata in modo esclusivo dall'altro.

[II]. La responsabilità genitoriale di entrambi i genitori non cessa a seguito di separazione, scioglimento, cessazione degli effetti civili, annullamento, nullità del matrimonio; il suo esercizio, in tali casi, è regolato dal capo II del presente titolo (3).

(1) *Articolo così sostituito dall'art. 139 l. 19 maggio 1975, n. 151.*

(2) *Le parole* « responsabilità genitoriale » *sono state sostituite alla parola* « potestà » *dall'art. 41[1] lett. a) d.ls. 28 dicembre 2013, n. 154, con la decorrenza indicata* sub *art. 87.*

(3) *Comma così sostituito dall'art. 41[1] lett. b) d.ls. n. 154, cit., con la decorrenza indicata* sub *art. 87. Il testo del comma era il seguente:* « La potestà comune dei genitori non cessa quando, a seguito di separazione, di scioglimento, di annullamento o di cessazione degli effetti civili del matrimonio, i figli vengono affidati ad uno di essi. L'esercizio della potestà è regolato, in tali casi, secondo quanto disposto nell'articolo 155 ».

317-*bis*. (1) **Rapporti con gli ascendenti.** – [I]. Gli ascendenti hanno diritto di mantenere rapporti significativi con i nipoti minorenni.

[II]. L'ascendente al quale è impedito l'esercizio di tale diritto può ricorrere al giudice del luogo di residenza abituale del minore affinché siano adottati i provvedimenti più idonei nell'esclusivo interesse del minore. Si applica l'articolo 336, secondo comma.

(1) *Articolo così sostituito dall'art. 42[1] d.ls. 28 dicembre 2013, n. 154, con la decorrenza indicata* sub *art. 87. Il testo dell'articolo, come inserito dall'art. 140 l. 19 maggio 1975, n. 151, e successivamente modificato dall'art. 1[11] l. 10 dicembre 2012, n. 219 (che disponeva che « Nel codice civile, le parole: "figli legittimi" e "figli naturali", ovunque ricorrono, sono sostituite dalla seguente: "figli" »), era il seguente:* « Art. 317-*bis*. (*Esercizio della potestà*). – Al genitore che ha riconosciuto il figlio [naturale] spetta la potestà su di lui. – Se il riconoscimento è fatto da entrambi i genitori, l'esercizio della potestà spetta congiuntamente ad entrambi qualora siano conviventi. Si applicano le disposizioni dell'articolo 316. Se i genitori non convivono l'esercizio della potestà spetta al genitore col quale il figlio convive ovvero, se non convive con alcuno di essi, al primo che ha fatto il riconoscimento. Il giudice, nell'esclusivo interesse del figlio, può disporre diversamente; può anche escludere dall'esercizio della potestà entrambi i genitori, provvedendo alla nomina di un tutore. – Il genitore che non esercita la potestà ha il potere di vigilare sulla istruzione, sull'educazione e sulle condizioni di vita del figlio minore ».

318. (1) **Abbandono della casa del genitore.** – [I]. Il figlio, sino alla maggiore età o all'emancipazione, (2) non può abbandonare la casa dei genitori o del genitore che esercita su di lui la responsabilità genitoriale (3) né la dimora da essi assegnatagli. Qualora se ne allontani senza permesso, i genitori possono richiamarlo ricorrendo, se necessario, al giudice tutelare [358[2]; 45 att.].

(1) *Articolo così sostituito dall'art. 141 l. 19 maggio 1975, n. 151.*

(2) *Le parole* « , sino alla maggiore età o all'emancipazione, » *sono state inserite dall'art. 43[1] lett. a) d.ls. 28 dicembre 2013, n. 154, con la decorrenza indicata* sub *art. 87.*

(3) *Le parole* « responsabilità genitoriale » *sono state sostituite alla parola* « potestà » *dall'art. 43[1] lett. b) d.ls. n. 154, cit., con la decorrenza indicata* sub *art. 87.*

319. (1) **[Cattiva condotta del figlio].**

(1) *Articolo abrogato dall'art. 142 l. 19 maggio 1975, n. 151.*

320. (1) **Rappresentanza e amministrazione.** – [I]. I genitori congiuntamente, o quello di essi che esercita in via esclusiva la responsabilità genitoriale (2), rappresentano i figli nati e nascituri, fino alla maggiore età o all'emancipazione, (3) in tutti gli atti civili [1387] e ne amministrano i beni [165, 334, 465, 643]. Gli atti di ordinaria amministrazione, esclusi i contratti con i quali si concedono o si acquistano diritti personali di godimento [1380], possono essere compiuti disgiuntamente da ciascun genitore.

[II]. Si applicano, in caso di disaccordo o di esercizio difforme dalle decisioni concordate, le disposizioni dell'articolo 316.

[III]. I genitori non possono alienare, ipotecare o dare in pegno i beni pervenuti al figlio a qualsiasi titolo, anche a causa di morte, accettare [471] o rinunziare ad eredità o legati, accettare donazioni, procedere allo scioglimento di comunioni, contrarre mutui o locazioni ultranovennali o compiere altri atti eccedenti la ordinaria amministrazione né promuovere, transigere o compromettere in arbitri giudizi relativi a tali atti, se non per necessità o utilità evidente del figlio dopo autorizzazione del giudice tutelare [45 att.; 747 c.p.c.].

[IV]. I capitali non possono essere riscossi senza autorizzazione del giudice tutelare, il quale ne determina l'impiego.

[V]. L'esercizio di una impresa commerciale non può essere continuato se non con l'autorizzazione del giudice tutelare (4).

[VI]. Se sorge conflitto di interessi patrimoniali tra i figli soggetti alla stessa responsabilità genitoriale (2), o tra essi e i genitori o quello di essi che esercita in via esclusiva la responsabilità genitoriale (2), il giudice tutelare nomina ai figli un curatore speciale [394^4; 78^2 c.p.c.]. Se il conflitto sorge tra i figli e uno solo dei genitori esercenti la responsabilità genitoriale (2), la rappresentanza dei figli spetta esclusivamente all'altro genitore.

(1) *Articolo così sostituito dall'art. 143 l. 19 maggio 1975, n. 151.*

(2) *Le parole* « responsabilità genitoriale » *sono state sostituite alla parola* « potestà » *dall'art. $44^{1\ lett.\ a)}$ d.ls. 28 dicembre 2013, n. 154, con la decorrenza indicata* sub *art. 87.*

(3) *Le parole* « , fino alla maggiore età o all'emancipazione, » *sono state inserite dall'art. $44^{1\ lett.\ b)}$ d.ls. n. 154, cit., con la decorrenza indicata* sub *art. 87.*

(4) *Comma sostituito dall'art. $1^{4,\ lett.\ c)}$ d.ls. 10 ottobre 2022, n. 149. Per la disciplina transitoria v. art. 35^1 d.ls. n. 149/2022, cit., come sostituito dall'art. $1^{380,\ lett.\ a)}$ l. 29 dicembre 2022, n. 197, che prevede che:* « 1. Le disposizioni del presente decreto, salvo che non sia diversamente disposto, hanno effetto a decorrere dal 28 febbraio 2023 e si applicano ai procedimenti instaurati successivamente a tale data. Ai procedimenti pendenti alla data del 28 febbraio 2023 si applicano le disposizioni anteriormente vigenti. ». *Il testo del comma era il seguente: « L'esercizio di una impresa commerciale non può essere continuato se non con l'autorizzazione del tribunale su parere del giudice tutelare. Questi può consentire l'esercizio provvisorio dell'impresa, fino a quando il tribunale abbia deliberato sulla istanza ».*

321. (1) **Nomina di un curatore speciale.** – [I]. In tutti i casi in cui i genitori congiuntamente, o quello di essi che esercita in via esclusiva la responsabilità genitoriale (2), non possono o non vogliono compiere uno o più atti di interesse del figlio, eccedenti l'ordinaria amministrazione, il giudice, su richiesta del figlio stesso, del pubblico ministero [69 c.p.c.] o di uno dei parenti [77] che vi abbia interesse, e sentiti i genitori, può nominare al figlio un curatore speciale [78 c.p.c.] autorizzandolo al compimento di tali atti [395; 45 att.].

(1) *Articolo così sostituito dall'art. 144 l. 19 maggio 1975, n. 151.*
(2) *Le parole* « responsabilità genitoriale » *sono state sostituite alla parola* « potestà » *dall'art. 45*[1] *d.ls. 28 dicembre 2013, n. 154, con la decorrenza indicata* sub *art. 87.*

322. (1) **Inosservanza delle disposizioni precedenti.** – [I]. Gli atti compiuti senza osservare le norme dei precedenti articoli del presente titolo possono essere annullati su istanza dei genitori esercenti la responsabilità genitoriale (2) o del figlio o dei suoi eredi o aventi causa [1425, 1441].

(1) *Articolo così sostituito dall'art. 145 l. 19 maggio 1975, n. 151.*
(2) *Le parole* « responsabilità genitoriale » *sono state sostituite alla parola* « potestà » *dall'art. 46*[1] *d.ls. 28 dicembre 2013, n. 154, con la decorrenza indicata* sub *art. 87.*

323. (1) **Atti vietati ai genitori.** – [I]. I genitori esercenti la responsabilità genitoriale (2) sui figli non possono, neppure all'asta pubblica, rendersi acquirenti direttamente o per interposta persona dei beni e dei diritti del minore [1471 n. 3].

[II]. Gli atti compiuti in violazione del divieto previsto nel comma precedente possono essere annullati su istanza del figlio o dei suoi eredi o aventi causa.

[III]. I genitori esercenti la responsabilità genitoriale (2) non possono diventare cessionari di alcuna ragione o credito verso il minore [378].

(1) *Articolo così sostituito dall'art. 146 l. 19 maggio 1975, n. 151.*
(2) *Le parole* « responsabilità genitoriale » *sono state sostituite alla parola* « potestà » *dall'art. 47*[1] *d.ls. 28 dicembre 2013, n. 154, con la decorrenza indicata* sub *art. 87.*

324. (1) **Usufrutto legale.** – [I]. I genitori esercenti la responsabilità genitoriale (2) hanno in comune l'usufrutto dei beni del figlio [261], fino alla maggiore età o all'emancipazione (3).

[II]. I frutti percepiti sono destinati al mantenimento della famiglia e all'istruzione ed educazione dei figli [143, 147, 148].

[III]. Non sono soggetti ad usufrutto legale [465]:

1) i beni acquistati dal figlio con i proventi del proprio lavoro;

2) i beni lasciati o donati al figlio per intraprendere una carriera, un'arte o una professione;

3) i beni lasciati o donati con la condizione che i genitori esercenti

la responsabilità genitoriale (2) o uno di essi non ne abbiano l'usufrutto: la condizione però non ha effetto per i beni spettanti al figlio a titolo di legittima [536 ss.];

4) i beni pervenuti al figlio per eredità, legato o donazione e accettati nell'interesse del figlio contro la volontà dei genitori esercenti la responsabilità genitoriale (2). Se uno solo di essi era favorevole all'accettazione, l'usufrutto legale spetta esclusivamente a lui.

(1) *Articolo così sostituito dall'art. 147 l. 19 maggio 1975, n. 151.*

(2) *Le parole* « responsabilità genitoriale » *sono state sostituite alla parola* « potestà » *dall'art. 48[1] lett. a) d.ls. 28 dicembre 2013, n. 154, con la decorrenza indicata* sub *art. 87.*

(3) *Le parole* « , fino alla maggiore età o all'emancipazione, » *sono state inserite dall'art. 48[1] lett. b) d.ls. n. 154, cit., con la decorrenza indicata* sub *art. 87.*

325. (1) **Obblighi inerenti all'usufrutto legale.** – [I]. Gravano sull'usufrutto legale gli obblighi propri dell'usufruttuario [1001].

(1) *Articolo così sostituito dall'art. 148 l. 19 maggio 1975, n. 151.*

326. (1) **Inalienabilità dell'usufrutto legale. Esecuzione sui frutti.** – [I]. L'usufrutto legale non può essere oggetto di alienazione [980], di pegno o di ipoteca né di esecuzione da parte dei creditori.

[II]. L'esecuzione sui frutti dei beni del figlio da parte dei creditori dei genitori o di quello di essi che ne è titolare esclusivo non può aver luogo per debiti che il creditore conosceva essere stati contratti per scopi estranei ai bisogni della famiglia [170].

(1) *Articolo così sostituito dall'art. 149 l. 19 maggio 1975, n. 151.*

327. (1) **Usufrutto legale di uno solo dei genitori.** – [I]. Il genitore che esercita in modo esclusivo la responsabilità genitoriale (2) è il solo titolare dell'usufrutto legale [324 nn. 3-4, 465].

(1) *Articolo così sostituito dall'art. 150 l. 19 maggio 1975, n. 151.*

(2) *Le parole* « responsabilità genitoriale » *sono state sostituite alla parola* « potestà » *dall'art. 49[1] d.ls. 28 dicembre 2013, n. 154, con la decorrenza indicata* sub *art. 87.*

328. (1) **Nuove nozze.** – [I]. Il genitore che passa a nuove nozze conserva l'usufrutto legale, con l'obbligo tuttavia di accantonare in favore del figlio quanto risulti eccedente rispetto alle spese per il mantenimento, l'istruzione e l'educazione di questo ultimo [301].

(1) *Articolo così sostituito dall'art. 151 l. 19 maggio 1975, n. 151.*

329. **Godimento dei beni dopo la cessazione dell'usufrutto legale.** – [I]. Cessato l'usufrutto legale, se il genitore ha continuato a godere i beni del figlio convivente con esso senza procura ma senza opposizione, o anche con procura ma senza l'obbligo di rendere conto dei frutti, egli o i suoi eredi non sono tenuti che a consegnare i frutti esistenti al tempo della domanda [1148].

330. (1) **Decadenza dalla responsabilità genitoriale** (2) **sui figli.** [I]. Il giudice può pronunziare la decadenza dalla responsabilità genitoriale (2) quando il genitore viola o trascura i doveri ad essa inerenti [147; 570 c.p.] o abusa dei relativi poteri [320, 324; 571, 572 c.p.] con grave pregiudizio del figlio.

[II]. In tale caso, per gravi motivi, il giudice può ordinare l'allontanamento del figlio dalla residenza familiare [333; 38, 51 att.] ovvero l'allontanamento del genitore o convivente che maltratta o abusa del minore (3).

(1) *Articolo così sostituito dall'art. 152 l. 19 maggio 1975, n. 151.*

(2) *Le parole* « responsabilità genitoriale » *sono state sostituite alla parola* « potestà » *dall'art. 50*[1] *d.lgs. 28 dicembre 2013, n. 154, con la decorrenza indicata* sub *art. 87.*

(3) *Comma così modificato dall'art. 37*[1] *l. 28 marzo 2001, n. 149.*

331. (1) **[Passaggio della patria potestà alla madre].**

(1) *Articolo abrogato dall'art. 153 l. 19 maggio 1975, n. 151.*

332. (1) **Reintegrazione nella responsabilità genitoriale** (2). – [I]. Il giudice può reintegrare nella responsabilità genitoriale (2) il genitore che ne è decaduto [330], quando, cessate le ragioni per le quali la decadenza è stata pronunciata, è escluso ogni pericolo di pregiudizio per il figlio [38, 51 att.].

(1) *Articolo così sostituito dall'art. 154 l. 19 maggio 1975, n. 151.*

(2) *Le parole* « responsabilità genitoriale » *sono state sostituite alla parola* « potestà » *dall'art. 51*[1] *d.lgs. 28 dicembre 2013, n. 154, con la decorrenza indicata* sub *art. 87.*

333. (1) **Condotta del genitore pregiudizievole ai figli.** – [I]. Quando la condotta di uno o di entrambi i genitori non è tale da dare luogo alla pronuncia di decadenza prevista dall'articolo 330, ma appare comunque pregiudizievole al figlio, il giudice, secondo le circostanze, può adottare i provvedimenti convenienti e può anche disporre l'allontanamento di lui dalla residenza familiare ovvero l'allontanamento del genitore o convivente che maltratta o abusa del minore (2).

[II]. Tali provvedimenti sono revocabili in qualsiasi momento [38, 51 att.; 742 c.p.c.].

(1) *Articolo così sostituito dall'art. 155 l. 19 maggio 1975, n. 151.*

(2) *Comma così modificato dall'art. 37*[2] *l. 28 marzo 2001, n. 149.*

334. (1) **Rimozione dall'amministrazione.** – [I]. Quando il patrimonio del minore è male amministrato, il tribunale può stabilire le condizioni [38, 51 att.] a cui i genitori devono attenersi nell'amministrazione o può rimuovere entrambi o uno solo di essi dall'amministrazione stessa, e privarli, in tutto o in parte, dell'usufrutto legale [324].

[II]. L'amministrazione è affidata ad un curatore, se è disposta la rimozione di entrambi i genitori.

(1) *Articolo così sostituito dall'art. 156 l. 19 maggio 1975, n. 151.*

335. Riammissione nell'esercizio dell'amministrazione. – [I]. Il genitore rimosso dall'amministrazione ed eventualmente privato dell'usufrutto legale può essere riammesso dal tribunale nell'esercizio dell'una e nel godimento dell'altro, quando sono cessati i motivi che hanno provocato il provvedimento [336; 38[1], 51 att.].

336. (1) **Legittimazione ad agire** (2). – [I]. I provvedimenti indicati negli articoli precedenti sono adottati su ricorso dell'altro genitore, dei parenti, del curatore speciale se già nominato (3) o del pubblico ministero [69 c.p.c.] e, quando si tratta di revocare deliberazioni anteriori, anche del genitore interessato (4).

[II]. I genitori e il minore sono assistiti da un difensore (5).

(1) *Articolo così sostituito dall'art. 157 l. 19 maggio 1975, n. 151.*

(2) *Rubrica sostituita dall'art. 1[4, lett. d), n. 4] d.lgs. 10 ottobre 2022, n. 149. Per la disciplina transitoria v. art. 35[1] d.lgs. n. 149/2022, cit., come sostituito dall'art. 1[380, lett. a)] l. 29 dicembre 2022, n. 197, che prevede che:* « 1. Le disposizioni del presente decreto, salvo che non sia diversamente disposto, hanno effetto a decorrere dal 28 febbraio 2023 e si applicano ai procedimenti instaurati successivamente a tale data. Ai procedimenti pendenti alla data del 28 febbraio 2023 si applicano le disposizioni anteriormente vigenti.». *Il testo della rubrica era il seguente:* « Procedimento ».

(3) *Le parole* « , del curatore speciale se già nominato » *sono state inserite dall'art. 1[4, lett. d), n. 1] d.lgs. 10 ottobre 2022, n. 149. Per l'entrata in vigore e per l'applicazione v.* sub *nota 2.*

(4) *Seguivano un originario secondo e terzo comma abrogati dall'art. 1[4, lett. d), n. 2], d.lgs. 10 ottobre 2022, n. 149. Per l'entrata in vigore e per l'applicazione v.* sub *nota 2. Il testo dell'originario secondo comma, come sostituito dall'art. 52[1] d.lgs. 28 dicembre 2013, n. 154, con la decorrenza indicata* sub *art. 87 era il seguente:* « Il tribunale provvede in camera di consiglio, assunte informazioni e sentito il pubblico ministero [737 ss. c.p.c.; 38 att.]; dispone, inoltre, l'ascolto del figlio minore che abbia compiuto gli anni dodici e anche di età inferiore ove capace di discernimento. Nei casi in cui il provvedimento è richiesto contro il genitore, questi deve essere sentito ». *Il testo dell'originario terzo comma, come dapprima aggiunto dall'art. 37[3] l. 28 marzo 2001, n. 149, e successivamente modificato dall'art. 299 d.P.R. 30 maggio 2002, n. 115, era il seguente:* « In caso di urgente necessità il tribunale può adottare, anche di ufficio, provvedimenti temporanei nell'interesse del figlio [3302]».

(5) *Le parole* « I genitori » *sono state sostituite alle parole* « Per i provvedimenti di cui ai commi precedenti, i genitori » *dall'art. 1[4, lett. d), n. 3] d.lgs. 10 ottobre 2022, n. 149. Per l'entrata in vigore e per l'applicazione v.* sub *nota 2.*

336-*bis*. (1) **[Ascolto del minore.]**

(1) *Articolo abrogato dall'art. 1[4, lett. e)] d.lgs. 10 ottobre 2022, n. 149. Per la disciplina transitoria v. art. 35[1] d.lgs. n. 149/2022, cit., come sostituito dall'art. 1[380, lett. a)] l. 29 dicembre*

2022, n. 197, che prevede che: «1. Le disposizioni del presente decreto, salvo che non sia diversamente disposto, hanno effetto a decorrere dal 28 febbraio 2023 e si applicano ai procedimenti instaurati successivamente a tale data. Ai procedimenti pendenti alla data del 28 febbraio 2023 si applicano le disposizioni anteriormente vigenti.». *Il testo dell'articolo, come inserito dall'art. 53[1] d.ls. 28 dicembre 2013, n. 154, con la decorrenza indicata* sub *art. 87, era il seguente:* «- Il minore che abbia compiuto gli anni dodici e anche di età inferiore ove capace di discernimento è ascoltato dal presidente del tribunale o dal giudice delegato nell'ambito dei procedimenti nei quali devono essere adottati provvedimenti che lo riguardano. Se l'ascolto è in contrasto con l'interesse del minore, o manifestamente superfluo, il giudice non procede all'adempimento dandone atto con provvedimento motivato. - L'ascolto è condotto dal giudice, anche avvalendosi di esperti o di altri ausiliari. I genitori, anche quando parti processuali del procedimento, i difensori delle parti, il curatore speciale del minore, se già nominato, ed il pubblico ministero, sono ammessi a partecipare all'ascolto se autorizzati dal giudice, al quale possono proporre argomenti e temi di approfondimento prima dell'inizio dell'adempimento. - Prima di procedere all'ascolto il giudice informa il minore della natura del procedimento e degli effetti dell'ascolto. Dell'adempimento è redatto processo verbale nel quale è descritto il contegno del minore, ovvero è effettuata registrazione audio video. ».

337. (1) **Vigilanza del giudice tutelare.** – [I]. Il giudice tutelare deve vigilare sull'osservanza delle condizioni che il tribunale abbia stabilito per l'esercizio della responsabilità genitoriale (2) e per l'amministrazione dei beni [334].

(1) *Articolo così sostituito dall'art. 158 l. 19 maggio 1975, n. 151.*

(2) *Le parole* « responsabilità genitoriale » *sono state sostituite alla parola* « potestà » *dall'art. 54[1] d.ls. 28 dicembre 2013, n. 154, con la decorrenza indicata* sub *art. 87.*

CAPO II – *Esercizio della responsabilità genitoriale a seguito di separazione, scioglimento, essazione degli effetti civili, annullamento, nullità del matrimonio ovvero all'esito di procedimenti relativi ai figli nati fuori del matrimonio* (1)

(1) *Intitolazione inserita dall'art. 7[12] d.ls. 28 dicembre 2013, n. 154, con la decorrenza indicata* sub *art. 87.*

337-*bis*. (1) **Ambito di applicazione.** – [I]. In caso di separazione, scioglimento, cessazione degli effetti civili, annullamento, nullità del matrimonio e nei procedimenti relativi ai figli nati fuori del matrimonio si applicano le disposizioni del presente capo.

(1) *Articolo inserito dall'art. 55[1] d.ls. 28 dicembre 2013, n. 154, con la decorrenza indicata* sub *art. 87.*

337-*ter*. (1) **Provvedimenti riguardo ai figli.** – [I]. Il figlio minore ha il diritto di mantenere un rapporto equilibrato e continuativo con ciascuno dei genitori, di ricevere cura, educazione, istruzione e assistenza morale da entrambi e di conservare rapporti significativi con gli ascendenti e con i parenti di ciascun ramo genitoriale.

[II]. Per realizzare la finalità indicata dal primo comma, nei procedimenti di cui all'articolo 337-*bis*, il giudice adotta i provvedimenti relativi alla prole con esclusivo riferimento all'interesse morale e materiale di essa. Valuta prioritariamente la possibilità che i figli minori restino affidati a entrambi i genitori oppure stabilisce a quale di essi i figli sono affidati, determina i tempi e le modalità della loro presenza presso ciascun genitore, fissando altresì la misura e il modo con cui ciascuno di essi deve contribuire al mantenimento, alla cura, all'istruzione e all'educazione dei figli. Prende atto, se non contrari all'interesse dei figli, degli accordi intervenuti tra i genitori, in particolare qualora raggiunti all'esito di un percorso di mediazione familiare. Adotta ogni altro provvedimento relativo alla prole, ivi compreso, in caso di temporanea impossibilità di affidare il minore ad uno dei genitori, l'affidamento familiare. All'attuazione dei provvedimenti relativi all'affidamento della prole provvede il giudice del merito e, nel caso di affidamento familiare, anche d'ufficio o su richiesta del pubblico ministero. [A tal fine copia del provvedimento di affidamento è trasmessa, a cura del pubblico ministero, al giudice tutelare.] (2)

[III]. La responsabilità genitoriale è esercitata da entrambi i genitori. Le decisioni di maggiore interesse per i figli relative all'istruzione, all'educazione, alla salute e alla scelta della residenza abituale del minore sono assunte di comune accordo tenendo conto delle capacità, dell'inclinazione naturale e delle aspirazioni dei figli. In caso di disaccordo la decisione è rimessa al giudice. Limitatamente alle decisioni su questioni di ordinaria amministrazione, il giudice può stabilire che i genitori esercitino la responsabilità genitoriale separatamente. Qualora il genitore non si attenga alle condizioni dettate, il giudice valuterà detto comportamento anche al fine della modifica delle modalità di affidamento.

[IV]. Salvo accordi diversi liberamente sottoscritti dalle parti, ciascuno dei genitori provvede al mantenimento dei figli in misura proporzionale al proprio reddito; il giudice stabilisce, ove necessario, la corresponsione di un assegno periodico al fine di realizzare il principio di proporzionalità, da determinare considerando:

1) le attuali esigenze del figlio.

2) il tenore di vita goduto dal figlio in costanza di convivenza con entrambi i genitori.

3) i tempi di permanenza presso ciascun genitore.

4) le risorse economiche di entrambi i genitori.

5) la valenza economica dei compiti domestici e di cura assunti da ciascun genitore.

[v]. L'assegno è automaticamente adeguato agli indici ISTAT in difetto di altro parametro indicato dalle parti o dal giudice.

[vi]. Ove le informazioni di carattere economico fornite dai genitori non risultino sufficientemente documentate, il giudice dispone un accertamento della polizia tributaria sui redditi e sui beni oggetto della contestazione, anche se intestati a soggetti diversi.

(1) *Articolo inserito dall'art. 55[1] d.lgs. 28 dicembre 2013, n. 154, con la decorrenza indicata sub art. 87.*

(2) *Comma modificato dall'art. 1[5, lett. a), nn. 1, 2 e 3] d.lgs. 10 ottobre 2022, n. 149 che ha inserito le parole « , in particolare qualora raggiunti all'esito di un percorso di mediazione familiare » dopo le parole « degli accordi intervenuti tra i genitori » e le parole « o su richiesta del pubblico ministero » sono state aggiunte in fine al quinto periodo e soppresso il sesto periodo. Per la disciplina transitoria v. art. 35[1] d.lgs. n. 149/2022, cit., come sostituito dall'art. 1[380, lett. a)] l. 29 dicembre 2022, n. 197, che prevede che:* « 1. Le disposizioni del presente decreto, salvo che non sia diversamente disposto, hanno effetto a decorrere dal 28 febbraio 2023 e si applicano ai procedimenti instaurati successivamente a tale data. Ai procedimenti pendenti alla data del 28 febbraio 2023 si applicano le disposizioni anteriormente vigenti. ».

337-*quater*. (1) **Affidamento a un solo genitore e opposizione all'affidamento condiviso.** – [i]. Il giudice può disporre l'affidamento dei figli ad uno solo dei genitori qualora ritenga con provvedimento motivato che l'affidamento all'altro sia contrario all'interesse del minore.

[ii]. Ciascuno dei genitori può, in qualsiasi momento, chiedere l'affidamento esclusivo quando sussistono le condizioni indicate al primo comma. Il giudice, se accoglie la domanda, dispone l'affidamento esclusivo al genitore istante, facendo salvi, per quanto possibile, i diritti del minore previsti dal primo comma dell'articolo 337-*ter*. Se la domanda risulta manifestamente infondata, il giudice può considerare il comportamento del genitore istante ai fini della determinazione dei provvedimenti da adottare nell'interesse dei figli, rimanendo ferma l'applicazione dell'articolo 96 del codice di procedura civile.

[iii]. Il genitore cui sono affidati i figli in via esclusiva, salva diversa disposizione del giudice, ha l'esercizio esclusivo della responsabilità genitoriale su di essi; egli deve attenersi alle condizioni determinate dal giudice. Salvo che non sia diversamente stabilito, le decisioni di maggiore interesse per i figli sono adottate da entrambi i genitori. Il genitore cui i figli non sono affidati ha il diritto ed il dovere di

vigilare sulla loro istruzione ed educazione e può ricorrere al giudice quando ritenga che siano state assunte decisioni pregiudizievoli al loro interesse.

(1) *Articolo inserito dall'art. 55*[1] *d.ls. 28 dicembre 2013, n. 154, con la decorrenza indicata* sub *art. 87.*

337-*quinquies*. (1) Revisione delle disposizioni concernenti l'affidamento dei figli. – [I]. I genitori hanno diritto di chiedere in ogni tempo la revisione delle disposizioni concernenti l'affidamento dei figli, l'attribuzione dell'esercizio della responsabilità genitoriale su di essi e delle eventuali disposizioni relative alla misura e alla modalità del contributo.

(1) *Articolo inserito dall'art. 55*[1] *d.ls. 28 dicembre 2013, n. 154, con la decorrenza indicata* sub *art. 87.*

337-*sexies*. (1) Assegnazione della casa familiare e prescrizioni in tema di residenza. – [I]. Il godimento della casa familiare è attribuito tenendo prioritariamente conto dell'interesse dei figli. Dell'assegnazione il giudice tiene conto nella regolazione dei rapporti economici tra i genitori, considerato l'eventuale titolo di proprietà. Il diritto al godimento della casa familiare viene meno nel caso che l'assegnatario non abiti o cessi di abitare stabilmente nella casa familiare o conviva more uxorio o contragga nuovo matrimonio. Il provvedimento di assegnazione e quello di revoca sono trascrivibili e opponibili a terzi ai sensi dell'articolo 2643.

[II]. In presenza di figli minori, ciascuno dei genitori è obbligato a comunicare all'altro, entro il termine perentorio di trenta giorni, l'avvenuto cambiamento di residenza o di domicilio. La mancata comunicazione obbliga al risarcimento del danno eventualmente verificatosi a carico del coniuge o dei figli per la difficoltà di reperire il soggetto.

(1) *Articolo inserito dall'art. 55*[1] *d.ls. 28 dicembre 2013, n. 154, con la decorrenza indicata* sub *art. 87.*

337-*septies*. (1) Disposizioni in favore dei figli maggiorenni. – [I]. Il giudice, valutate le circostanze, può disporre in favore dei figli maggiorenni non indipendenti economicamente il pagamento di un assegno periodico. Tale assegno, salvo diversa determinazione del giudice, è versato direttamente all'avente diritto.

[II]. Ai figli maggiorenni portatori di handicap grave si applicano integralmente le disposizioni previste in favore dei figli minori.

(1) *Articolo inserito dall'art. 55*[1] *d.ls. 28 dicembre 2013, n. 154, con la decorrenza indicata* sub *art. 87.*

337-*octies*. (1) **[Poteri del giudice e ascolto del minore.]**

(1) *Articolo abrogato dall'art. 1*$^{5, \text{lett. b)}}$ *d.ls. 10 ottobre 2022, n. 149. Per la disciplina transitoria v. art. 35*[1] *d.ls. n. 149/2022, cit., come sostituito dall'art. 1*$^{380, \text{lett. a)}}$ *l. 29 dicembre 2022, n. 197, che prevede che:* «1. Le disposizioni del presente decreto, salvo che non sia diversamente disposto, hanno effetto a decorrere dal 28 febbraio 2023 e si applicano ai procedimenti instaurati successivamente a tale data. Ai procedimenti pendenti alla data del 28 febbraio 2023 si applicano le disposizioni anteriormente vigenti.». *Il testo dell'articolo, come inserito dall'art. 55*[1] *d.ls. 28 dicembre 2013, n. 154, con la decorrenza indicata* sub *art. 87, era il seguente:* « - Prima dell'emanazione, anche in via provvisoria, dei provvedimenti di cui all'articolo 337-ter, il giudice può assumere, ad istanza di parte o d'ufficio, mezzi di prova. Il giudice dispone, inoltre, l'ascolto del figlio minore che abbia compiuto gli anni dodici e anche di età inferiore ove capace di discernimento. Nei procedimenti in cui si omologa o si prende atto di un accordo dei genitori, relativo alle condizioni di affidamento dei figli, il giudice non procede all'ascolto se in contrasto con l'interesse del minore o manifestamente superfluo. - Qualora ne ravvisi l'opportunità, il giudice, sentite le parti e ottenuto il loro consenso, può rinviare l'adozione dei provvedimenti di cui all'articolo 337-ter per consentire che i coniugi, avvalendosi di esperti, tentino una mediazione per raggiungere un accordo, con particolare riferimento alla tutela dell'interesse morale e materiale dei figli. »

338-341. (1).

(1) *Articoli abrogati dall'art. 159 l. 19 maggio 1975, n. 151.*

342. (1) **[Nuove nozze del genitore non ariano].**

(1) *Articolo abrogato dall'art. 3*[3] *d.ls.lt. 14 settembre 1944, n. 287 e dall'art. 1 r.d.l. 20 gennaio 1944, n. 25.*

TITOLO IX-*BIS* (1)
Ordini di protezione contro gli abusi familiari

(1) *Titolo inserito dall'art. 2 l. 4 aprile 2001, n. 154.*

342-*bis*. (1) **Ordine di protezione contro gli abusi familiari.** – [I]. Quando la condotta del coniuge o di altro convivente è causa di grave pregiudizio all'integrità fisica o morale ovvero alla libertà dell'altro coniuge o convivente, il giudice, su istanza di parte, può adottare con decreto uno o più dei provvedimenti di cui all'articolo 342-*ter*.

(1) *Articolo dapprima inserito dall'art. 2 l. 4 aprile 2001, n. 154 e successivamente modificato dall'art. 1 l. 6 novembre 2003, n. 304. V. art. 6 l. n. 154, cit., che per i casi di violazione dei provvedimenti di cui al presente articolo prevede l'applicazione delle sanzioni penali di cui all'art. 388*[1] *c.p.*

342-*ter*. (1) **Contenuto degli ordini di protezione.** – [I]. Con il decreto di cui all'articolo 342-*bis* il giudice ordina al coniuge o convivente, che ha tenuto la condotta pregiudizievole, la cessazione della stessa condotta e dispone l'allontanamento dalla casa familiare del coniuge o del convivente che ha tenuto la condotta pregiudizievole prescrivendogli altresì, ove occorra, di non avvicinarsi ai luoghi abitualmente frequentati dall'istante, ed in particolare al luogo di lavoro, al domicilio della famiglia d'origine, ovvero al domicilio di altri prossimi congiunti o di altre persone ed in prossimità dei luoghi di istruzione dei figli della coppia, salvo che questi non debba frequentare i medesimi luoghi per esigenze di lavoro.

[II]. Il giudice può disporre, altresì, ove occorra l'intervento dei servizi sociali del territorio o di un centro di mediazione familiare, nonché delle associazioni che abbiano come fine statutario il sostegno e l'accoglienza di donne e minori o di altri soggetti vittime di abusi e maltrattati; il pagamento periodico di un assegno a favore delle persone conviventi che, per effetto dei provvedimenti di cui al primo comma, rimangono prive di mezzi adeguati, fissando modalità e termini di versamento e prescrivendo, se del caso, che la somma sia versata direttamente all'avente diritto dal datore di lavoro dell'obbligato, detraendola dalla retribuzione allo stesso spettante.

[III]. Con il medesimo decreto il giudice, nei casi di cui ai precedenti commi, stabilisce la durata dell'ordine di protezione, che decorre dal giorno dell'avvenuta esecuzione dello stesso. Questa non può essere superiore a un anno e può essere prorogata, su istanza di parte, soltanto se ricorrano gravi motivi per il tempo strettamente necessario (2).

[IV]. Con il medesimo decreto il giudice determina le modalità di attuazione. Ove sorgano difficoltà o contestazioni in ordine all'esecuzione, lo stesso giudice provvede con decreto ad emanare i provvedimenti più opportuni per l'attuazione, ivi compreso l'ausilio della forza pubblica e dell'ufficiale sanitario.

(1) *Articolo inserito dall'art. 2 l. 4 aprile 2001, n. 154.*

(2) *Comma così modificato dall'art. 10 d.l. 23 febbraio 2009, n. 11, conv., con modif., in l. 23 aprile 2009, n. 38.*

TITOLO X
Della tutela e dell'emancipazione

CAPO I – *Della tutela dei minori* (1)

(1) *Per la tutela dei minori stranieri non accompagnati richiedenti la protezione internazionale, v. art. 28 d.lgs. 19 novembre 2007, n. 251.*

343. Apertura della tutela. – [I]. Se entrambi i genitori sono morti o per altre cause [19, 32, 34 c.p.] non possono esercitare la responsabilità genitoriale (1), si apre la tutela presso il tribunale del circondario dove è la sede principale degli affari e interessi del minore [45²; 129 trans.; 24 c.p.c.] (2).

[II]. Se il tutore è domiciliato o trasferisce il domicilio in altro circondario, la tutela può essere ivi trasferita con decreto del tribunale (3).

(1) *Le parole* « responsabilità genitoriale » *sono state sostituite alle parole* « potestà dei genitori » *dall'art. 56¹ d.ls. 28 dicembre 2013, n. 154, con la decorrenza indicata* sub *art. 87.*

(2) *Comma così modificato dapprima dall'art. 146 l. 24 novembre 1981, n. 689 e successivamente dall'art. 139^lett. a) d.ls. 19 febbraio 1998, n. 51.*

(3) *Comma così modificato dall'art. 139^lett. b) d.ls. n. 51, cit.*

SEZIONE I – *Del giudice tutelare*

344. Funzioni del giudice tutelare. – [I]. Presso ogni tribunale il giudice tutelare soprintende alle tutele e alle curatele ed esercita le altre funzioni affidategli dalla legge (1).

[II]. Il giudice tutelare può chiedere l'assistenza degli organi della pubblica amministrazione e di tutti gli enti i cui scopi corrispondono alle sue funzioni [43 ss. att.].

(1) *Comma così modificato dall'art. 140 d.ls. 19 febbraio 1998, n. 51.*

SEZIONE II – *Del tutore e del protutore*

345. Denunzie al giudice tutelare. – [I]. L'ufficiale dello stato civile, che riceve la dichiarazione di morte di una persona la quale ha lasciato figli in età minore ovvero la dichiarazione di nascita di un figlio di genitori ignoti, e il notaio, che procede alla pubblicazione di un testamento contenente la designazione di un tutore o di un protutore [620], devono darne notizia al giudice tutelare entro dieci giorni.

[II]. Il cancelliere, entro quindici giorni dalla pubblicazione o dal deposito in cancelleria, deve dare notizia al giudice tutelare delle decisioni dalle quali derivi l'apertura di una tutela.

[III]. I parenti entro il terzo grado [76] devono denunziare al giudice tutelare il fatto da cui deriva l'apertura della tutela entro dieci giorni da quello in cui ne hanno avuto notizia. La denunzia deve essere fatta anche dalla persona designata quale tutore o protutore entro dieci giorni da quello in cui ha avuto notizia della designazione.

346. Nomina del tutore e del protutore. – [I]. Il giudice tutelare, appena avuta notizia del fatto da cui deriva l'apertura della tutela, procede alla nomina del tutore e del protutore [348, 354, 360, 389].

347. (1) **Tutela di più fratelli.** – [I]. È nominato un solo tutore a più fratelli e sorelle, salvo che particolari circostanze consiglino la nomina di più tutori. Se vi è conflitto di interessi tra i minori soggetti alla stessa tutela, il giudice tutelare nomina ai minori un curatore speciale [320^6].

(1) *Articolo così sostituito dall'art. 160 l. 19 maggio 1975, n. 151.*

348. **Scelta del tutore.** – [I]. Il giudice tutelare nomina tutore la persona designata dal genitore che ha esercitato per ultimo la responsabilità genitoriale (1). La designazione può essere fatta per testamento [587^2], per atto pubblico o per scrittura privata autenticata (2).

[II]. Se manca la designazione ovvero se gravi motivi si oppongono alla nomina della persona designata, la scelta del tutore avviene preferibilmente tra gli ascendenti o tra gli altri prossimi parenti o affini del minore, i quali, in quanto sia opportuno, devono essere sentiti.

[III]. Il giudice, prima di procedere alla nomina del tutore, dispone l'ascolto del minore che abbia compiuto gli anni dodici e anche di età inferiore ove capace di discernimento (3).

[IV]. In ogni caso la scelta deve cadere su persona idonea all'ufficio, di ineccepibile condotta, la quale dia affidamento di educare e istruire il minore conformemente a quanto è prescritto nell'articolo 147 [393] (4).

(1) *Le parole* « responsabilità genitoriale » *sono state sostituite alle parole* « potestà dei genitori » *dall'art. $57^{1\ lett.\ a)}$ d.lgs. 28 dicembre 2013, n. 154, con la decorrenza indicata* sub *art. 87.*

(2) *Comma così modificato dall'art. 146 l. 24 novembre 1981, n. 689.*

(3) *Comma così sostituito dall'art. $57^{1\ lett.\ b)}$ d.lgs. n. 154, cit., con la decorrenza indicata* sub *art. 87. Il testo del comma era il seguente:* « Il giudice, prima di procedere alla nomina del tutore, deve anche sentire il minore che abbia raggiunto l'età di anni sedici ».

(4) *Seguiva un quinto comma abrogato dagli artt. 1 r.d.l. 20 gennaio 1944, n. 25 e 3^3 d.lgs.lt. 14 settembre 1944, n. 287.*

349. **Giuramento del tutore.** – [I]. Il tutore, prima di assumere l'ufficio, presta davanti al giudice tutelare giuramento di esercitarlo con fedeltà e diligenza [353].

350. **Incapacità all'ufficio tutelare.** – [I]. Non possono essere nominati tutori e, se sono stati nominati, devono cessare dall'ufficio [393, 407; 129 trans.]:

1) coloro che non hanno la libera amministrazione del proprio patrimonio;

2) coloro che sono stati esclusi dalla tutela per disposizione scritta

del genitore il quale per ultimo ha esercitato la responsabilità genitoriale (1) (2);

3) coloro che hanno o sono per avere o dei quali gli ascendenti, i discendenti o il coniuge hanno o sono per avere col minore una lite, per effetto della quale può essere pregiudicato lo stato del minore o una parte notevole del patrimonio di lui;

4) coloro che sono incorsi nella perdita della responsabilità genitoriale (1) o nella decadenza [330] da essa, o sono stati rimossi da altra tutela (2);

5) il fallito che non è stato cancellato dal registro dei falliti;

5-*bis*) coloro che versano nelle ulteriori condizioni di incapacità previste dalla legge (3).

(1) *Le parole* « responsabilità genitoriale » *sono state sostituite alle parole* « potestà dei genitori » *dall'art. 58[1] d.ls. 28 dicembre 2013, n. 154, con la decorrenza indicata* sub *art. 87.*

(2) *Numero così modificato dall'art. 146 l. 24 novembre 1981, n. 689.*

(3) *Numero aggiunto dall'art. 1[6] d.ls. 10 ottobre 2022, n. 149. Per la disciplina transitoria v. art. 35[1] d.ls. n. 149/2022, cit., come sostituito dall'art. 1[380, lett. a)] l. 29 dicembre 2022, n. 197, che prevede che:* « 1. Le disposizioni del presente decreto, salvo che non sia diversamente disposto, hanno effetto a decorrere dal 28 febbraio 2023 e si applicano ai procedimenti instaurati successivamente a tale data. Ai procedimenti pendenti alla data del 28 febbraio 2023 si applicano le disposizioni anteriormente vigenti. ».

351. Dispensa dall'ufficio tutelare. – [I]. Sono dispensati dall'ufficio di tutore:

1) (1);

2) il Presidente del Consiglio dei Ministri;

3) i membri del Sacro Collegio;

4) i Presidenti delle Assemblee legislative;

5) i Ministri Segretari di Stato.

[II]. Le persone indicate nei numeri 2, 3, 4 e 5 possono far noto al giudice tutelare che non intendono valersi della dispensa.

(1) *Numero divenuto inoperante a seguito della mutata forma istituzionale dello Stato; regolava la dispensa dei principi della famiglia reale.*

352. Dispensa su domanda. – [I]. Hanno diritto di essere dispensati su loro domanda dall'assumere o dal continuare l'esercizio della tutela [353]:

1) i grandi ufficiali dello Stato non compresi nell'articolo precedente;

2) gli arcivescovi, i vescovi e i ministri del culto aventi cura d'anime;

3) (1);

4) i militari in attività di servizio;

5) chi ha compiuto gli anni sessantacinque;

6) chi ha più di tre figli minori;
7) chi esercita altra tutela;
8) chi è impedito di esercitare la tutela da infermità permanente;
9) chi ha missione dal Governo fuori dello Stato o risiede per ragioni di pubblico servizio fuori della circoscrizione del tribunale dove è costituita la tutela.

(1) *Numero abrogato dall'art. 161 l. 19 maggio 1975, n. 151.*

353. Domanda di dispensa. – [I]. La domanda di dispensa per le cause indicate nell'articolo precedente deve essere presentata al giudice tutelare prima della prestazione del giuramento, salvo che la causa di dispensa sia sopravvenuta.

[II]. Il tutore è tenuto ad assumere e a mantenere l'ufficio fino a quando la tutela non sia stata conferita ad altra persona.

354. Tutela affidata a enti di assistenza. – [I]. La tutela dei minori, che non hanno nel luogo del loro domicilio parenti conosciuti o capaci di esercitare l'ufficio di tutore, può essere deferita dal giudice tutelare a un ente di assistenza nel comune dove ha domicilio il minore o all'ospizio in cui questi è ricoverato [402]. L'amministrazione dell'ente o dell'ospizio delega uno dei propri membri a esercitare le funzioni di tutela [355^2].

[II]. È tuttavia in facoltà del giudice tutelare di nominare un tutore al minore quando la natura o l'entità dei beni o altre circostanze lo richiedono.

355. Protutore. – [I]. Sono applicabili al protutore le disposizioni stabilite per il tutore in questa sezione [383, 384, 387].

[II]. Non si nomina il protutore nei casi contemplati nel primo comma dell'articolo 354.

356. Donazione o disposizione testamentaria a favore del minore. – [I]. Chi fa una donazione o dispone con testamento a favore di un minore, anche se questi è soggetto alla responsabilità genitoriale (1), può nominargli un curatore speciale per l'amministrazione dei beni donati o lasciati [366] (2).

[II]. Se il donante o il testatore non ha disposto altrimenti, il curatore speciale deve osservare le forme stabilite dagli articoli 374 e 375 per il compimento di atti eccedenti l'ordinaria amministrazione.

[III]. Si applica in ogni caso al curatore speciale l'articolo 384.

(1) *Le parole* « responsabilità genitoriale » *sono state sostituite alle parole* « potestà dei genitori » *dall'art. 59^1 d.lgs. 28 dicembre 2013, n. 154, con la decorrenza indicata* sub *art. 87.*

(2) *Comma così modificato dall'art. 146 l. 24 novembre 1981, n. 689.*

SEZIONE III – *Dell'esercizio della tutela*

357. Funzioni del tutore. – [I]. Il tutore ha la cura della persona del minore [371], lo rappresenta in tutti gli atti civili [1387] e ne amministra i beni [362 ss.].

358. Doveri del minore. – [I]. Il minore deve rispetto e obbedienza al tutore [315]. Egli non può abbandonare la casa o l'istituto al quale è stato destinato, senza il permesso del tutore.

[II]. Qualora se ne allontani senza permesso, il tutore ha diritto di richiamarvelo, ricorrendo, se è necessario, al giudice tutelare [318].

359. (1) **[Cattiva condotta del minore].**

(1) *Articolo abrogato dall'art. 162 l. 19 maggio 1975, n. 151.*

360. Funzioni del protutore. – [I]. Il protutore [346, 355] rappresenta il minore nei casi in cui l'interesse di questo è in opposizione con l'interesse del tutore [380].

[II]. Se anche il protutore si trova in opposizione d'interessi col minore, il giudice tutelare nomina un curatore speciale [78^2 c.p.c.].

[III]. Il protutore è tenuto a promuovere la nomina di un nuovo tutore nel caso in cui il tutore è venuto a mancare o ha abbandonato l'ufficio. Frattanto egli ha cura della persona del minore, lo rappresenta e può fare tutti gli atti conservativi e gli atti urgenti di amministrazione [382^2].

361. Provvedimenti urgenti. – [I]. Prima che il tutore o il protutore abbia assunto le proprie funzioni, spetta al giudice tutelare di dare, sia d'ufficio sia su richiesta del pubblico ministero, di un parente o di un affine del minore, i provvedimenti urgenti che possono occorrere per la cura del minore o per conservare e amministrare il patrimonio [43 att.]. Il giudice può procedere, occorrendo, all'apposizione dei sigilli [752 c.p.c.], nonostante qualsiasi dispensa.

362. Inventario. – [I]. Il tutore, nei dieci giorni successivi a quello in cui ha avuto legalmente notizia della sua nomina, deve procedere all'inventario dei beni del minore, nonostante qualsiasi dispensa [363 ss.; 46^1 att.; 769 ss. c.p.c.].

[II]. L'inventario deve essere compiuto nel termine di trenta giorni, salva al giudice tutelare la facoltà di prorogare il termine se le circostanze lo esigono.

363. (1) **Formazione dell'inventario.** – [I]. L'inventario si fa col ministero del cancelliere del tribunale o di un notaio a ciò delegato dal giudice tutelare, con l'intervento del protutore e, se è possibile, anche del minore che abbia compiuto gli anni sedici, e con l'assistenza di due testimoni scelti preferibilmente fra i parenti o gli amici della famiglia [46[1] att.].

[II]. Il giudice può consentire che l'inventario sia fatto senza ministero di cancelliere o di notaio, se il valore presumibile del patrimonio non eccede 7,75 euro.

[III]. L'inventario è depositato presso il tribunale.

[IV]. Nel verbale di deposito il tutore e il protutore ne dichiarano con giuramento la sincerità [48 att.].

(1) *Articolo così modificato dall'art. 141 d.ls. 19 febbraio 1998, n. 51.*

364. Contenuto dell'inventario. – [I]. Nell'inventario si indicano gli immobili, i mobili, i crediti e i debiti e si descrivono le carte, note e scritture relative allo stato attivo e passivo del patrimonio, osservando le formalità stabilite nel codice di procedura civile [769 ss. c.p.c.].

365. (1) **Inventario di aziende.** – [I]. Se nel patrimonio del minore esistono aziende commerciali o agricole, si procede con le forme usate nel commercio o nell'economia agraria alla formazione dell'inventario dell'azienda, con l'assistenza e l'intervento delle persone indicate nell'articolo 363. Questi particolari inventari sono pure depositati presso il tribunale e il loro riepilogo è riportato nell'inventario generale.

(1) *Articolo così modificato dall'art. 141 d.ls. 19 febbraio 1998, n. 51.*

366. Beni amministrati da curatore speciale. – [I]. Il tutore deve comprendere nell'inventario generale del patrimonio del minore anche i beni, la cui amministrazione è stata deferita a un curatore speciale [356]. Se questi ha formato un inventario particolare di tali beni, deve rimetterne copia al tutore, il quale lo unirà all'inventario generale.

[II]. Il curatore deve anche comunicare al tutore copia dei conti periodici della sua amministrazione, salvo che il disponente lo abbia esonerato.

367. Dichiarazione di debiti o crediti del tutore. – [I]. Il tutore, che ha debiti, crediti o altre ragioni verso il minore, deve esattamente dichiararli prima della chiusura dell'inventario. Il cancelliere o il notaio hanno l'obbligo di interpellarlo al riguardo.

[II]. Nel caso d'inventario senza opera di cancelliere o di notaio, il tutore è interpellato dal giudice tutelare all'atto del deposito.

[III]. In ogni caso si fa menzione dell'interpellazione e della dichiarazione del tutore nell'inventario o nel verbale di deposito [368].

368. Omissione della dichiarazione. – [I]. Se il tutore, conoscendo il suo credito o le sue ragioni, espressamente interpellato non li ha dichiarati, decade da ogni suo diritto.

[II]. Qualora, sapendo di essere debitore, non abbia dichiarato fedelmente il proprio debito, può essere rimosso dalla tutela [384].

369. Deposito di titoli e valori. – [I]. Il tutore deve depositare il denaro, i titoli di credito al portatore [2003] e gli oggetti preziosi esistenti nel patrimonio del minore presso un istituto di credito [251 trans.] designato dal giudice tutelare, salvo che questi disponga diversamente per la loro custodia.

[II]. Non è tenuto a depositare le somme occorrenti per le spese urgenti di mantenimento e di educazione del minore e per le spese di amministrazione.

370. Amministrazione prima dell'inventario. – [I]. Prima che sia compiuto l'inventario, l'amministrazione del tutore deve limitarsi agli affari che non ammettono dilazione [361].

371. Provvedimenti circa l'educazione e l'amministrazione. – [I]. Compiuto l'inventario, il giudice tutelare, su proposta del tutore e sentito il protutore, delibera:

1) sul luogo dove il minore deve essere cresciuto e sul suo avviamento agli studi o all'esercizio di un'arte, mestiere o professione, disposto l'ascolto dello stesso minore che abbia compiuto gli anni dieci e anche di età inferiore ove capace di discernimento e richiesto, quando opportuno, l'avviso dei parenti prossimi (1);

2) sulla spesa annua occorrente per il mantenimento e la istruzione del minore e per l'amministrazione del patrimonio, fissando i modi d'impiego del reddito eccedente;

3) sulla convenienza di continuare ovvero alienare o liquidare le aziende commerciali, che si trovano nel patrimonio del minore, e sulle relative modalità e cautele.

[II]. Nel caso in cui il giudice stimi evidentemente utile per il minore la continuazione dell'esercizio dell'impresa, il tutore deve domandare l'autorizzazione del tribunale [38 att.; 208 trans.]. In pendenza della deliberazione del tribunale il giudice tutelare può consentire l'esercizio provvisorio dell'impresa [320^5, 2198; 38^2 att.].

(1) *Numero così sostituito dall'art. 60^1 d.ls. 28 dicembre 2013, n. 154, con la decorrenza indicata* sub *art. 87. Il testo del numero era il seguente:* « 1) sul luogo dove il minore deve essere allevato e sul suo avviamento agli studi o all'esercizio di un'arte, mestiere o profes-

sione, sentito lo stesso minore se ha compiuto gli anni dieci, e richiesto, quando è opportuno, l'avviso dei parenti prossimi e del comitato di patronato dei minorenni ».

372. Investimento di capitali. – [I]. I capitali del minore devono, previa autorizzazione del giudice tutelare, essere dal tutore investiti:

1) in titoli dello Stato o garantiti dallo Stato;

2) nell'acquisto di beni immobili posti nello Stato;

3) in mutui garantiti da idonea ipoteca sopra beni posti nello Stato, o in obbligazioni emesse da pubblici istituti autorizzati a esercitare il credito fondiario;

4) in depositi fruttiferi presso le casse postali o presso altre casse di risparmio o monti di credito su pegno. Il giudice, sentito il tutore e il protutore, può autorizzare il deposito presso altri istituti di credito [251 trans.], ovvero, per motivi particolari, un investimento diverso da quelli sopra indicati [45[1] att.].

373. Titoli al portatore. – [I]. Se nel patrimonio del minore si trovano titoli al portatore, il tutore deve farli convertire in nominativi [1999], salvo che il giudice tutelare disponga che siano depositati in cauta custodia [45[1] att.].

374. (1) **Autorizzazione del giudice tutelare.** – [I]. Il tutore non può senza l'autorizzazione del giudice tutelare:

1) acquistare beni, eccettuati i mobili necessari per l'uso del minore, per l'economia domestica e per l'amministrazione del patrimonio;

2) alienare beni, eccettuati i frutti e i mobili soggetti a facile deterioramento;

3) riscuotere capitali;

4) costituire pegni o ipoteche, ovvero consentire alla cancellazione di ipoteche o allo svincolo di pegni;

5) assumere obbligazioni, salvo che queste riguardino le spese necessarie per il mantenimento del minore e per l'ordinaria amministrazione del suo patrimonio;

6) accettare eredità o rinunciarvi, accettare donazioni o legati soggetti a pesi o a condizioni, procedere a divisioni;

7) fare compromessi e transazioni o accettare concordati;

8) fare contratti di locazione di immobili oltre il novennio o che in ogni caso si prolunghino oltre un anno dopo il raggiungimento della maggiore età;

9) promuovere giudizi, salvo che si tratti di denunzie di nuova

opera o di danno temuto, di azioni possessorie o di sfratto e di azioni per riscuotere frutti o per ottenere provvedimenti conservativi.

(1) *Articolo sostituito dall'art. 1[7, lett. a)] d.ls. 10 ottobre 2022, n. 149. Per la disciplina transitoria v. art. 35[1] d.ls. n. 149/2022, cit., come sostituito dall'art. 1[380, lett. a)] l. 29 dicembre 2022, n. 197, che prevede che:* « 1. Le disposizioni del presente decreto, salvo che non sia diversamente disposto, hanno effetto a decorrere dal 28 febbraio 2023 e si applicano ai procedimenti instaurati successivamente a tale data. Ai procedimenti pendenti alla data del 28 febbraio 2023 si applicano le disposizioni anteriormente vigenti. ». *Il testo dell'articolo era il seguente:* « - Il tutore non può senza l'autorizzazione del giudice tutelare [377; 452 att.]:

1) acquistare beni, eccettuati i mobili necessari per l'uso del minore, per l'economia domestica e per l'amministrazione del patrimonio;

2) riscuotere capitali, consentire alla cancellazione di ipoteche o allo svincolo di pegni, assumere obbligazioni, salvo che queste riguardino le spese necessarie per il mantenimento del minore e per l'ordinaria amministrazione del suo patrimonio;

3) accettare eredità [471] o rinunciarvi [519], accettare donazioni o legati soggetti a pesi o a condizioni;

4) fare contratti di locazione d'immobili oltre il novennio [2643n. 8] o che in ogni caso si prolunghino oltre un anno dopo il raggiungimento della maggiore età;

5) promuovere giudizi, salvo che si tratti di denunzie di nuova opera o di danno temuto [1171, 1172], di azioni possessorie [1168-1170] o di sfratto [657 ss. c.p.c.] e di azioni per riscuotere frutti o per ottenere provvedimenti conservativi [670 ss., 692 ss., 700 ss. c.p.c.]. »

375. (1) **[Autorizzazione del tribunale.]**

(1) *Articolo abrogato dall'art. 1[7, lett. b)] d.ls. 10 ottobre 2022, n. 149. Per la disciplina transitoria v. art. 35[1] d.ls. n. 149/2022, cit., come sostituito dall'art. 1[380, lett. a)] l. 29 dicembre 2022, n. 197, che prevede che:* « 1. Le disposizioni del presente decreto, salvo che non sia diversamente disposto, hanno effetto a decorrere dal 28 febbraio 2023 e si applicano ai procedimenti instaurati successivamente a tale data. Ai procedimenti pendenti alla data del 28 febbraio 2023 si applicano le disposizioni anteriormente vigenti. ». *Il testo dell'articolo era il seguente:* « Il tutore non può senza l'autorizzazione del tribunale [732 c.p.c.]:

1) alienare beni, eccettuati i frutti e i mobili soggetti a facile deterioramento [376];

2) costituire pegni o ipoteche;

3) procedere a divisioni o promuovere i relativi giudizi;

4) fare compromessi e transazioni o accettare concordati. -

L'autorizzazione è data su parere del giudice tutelare [377]. ».

376. Vendita di beni. – [I]. Nell'autorizzare la vendita di beni, il giudice tutelare determina se debba farsi all'incanto o a trattative private, fissandone in ogni caso il prezzo minimo [733 c.p.c.] e stabilendo il modo di erogazione o di reimpiego del prezzo (1).

[II]. (2)

(1) *Comma modificato dall'art. 1[7, lett. c), n. 1] d.ls. 10 ottobre 2022, n. 149 che ha sostituito le parole « il giudice tutelare » alle parole « il tribunale » e ha aggiunto in fine le parole « e stabilendo il modo di erogazione o di reimpiego del prezzo ». Per la disciplina transitoria v. art. 35[1] d.ls. n. 149/2022, cit., come sostituito dall'art. 1[380, lett. a)] l. 29 dicembre 2022, n. 197, che prevede che:* « 1. Le disposizioni del presente decreto, salvo che non sia diversamente

disposto, hanno effetto a decorrere dal 28 febbraio 2023 e si applicano ai procedimenti instaurati successivamente a tale data. Ai procedimenti pendenti alla data del 28 febbraio 2023 si applicano le disposizioni anteriormente vigenti. ».

(2) *Comma abrogato dall'art.* $1^{7, \text{lett. c}), \text{n. } 2}$ *d.ls. 10 ottobre 2022, n. 149. Per l'entrata in vigore e l'applicazione v.* sub *nota 1. Il testo dell'articolo era il seguente:* « Quando nel dare l'autorizzazione il tribunale non ha stabilito il modo di erogazione o di reimpiego del prezzo, lo stabilisce il giudice tutelare [377; 451 att.]. ».

377. Atti compiuti senza l'osservanza delle norme dei precedenti articoli. – [i]. Gli atti compiuti senza osservare le norme dei precedenti articoli possono essere annullati su istanza del tutore o del minore o dei suoi eredi o aventi causa [322, 1425 ss.].

378. Atti vietati al tutore e al protutore. – [i]. Il tutore e il protutore non possono, neppure all'asta pubblica, rendersi acquirenti direttamente o per interposta persona dei beni e dei diritti del minore [323, $1471^{\text{n. }3}$].

[ii]. Non possono prendere in locazione i beni del minore senza l'autorizzazione e le cautele fissate dal giudice tutelare.

[iii]. Gli atti compiuti in violazione di questi divieti possono essere annullati su istanza delle persone indicate nell'articolo precedente, ad eccezione del tutore e del protutore che li hanno compiuti [1425 ss.].

[iv]. Il tutore e il protutore non possono neppure diventare cessionari di alcuna ragione o credito verso il minore [323].

379. Gratuità della tutela. – [i]. L'ufficio tutelare è gratuito.

[ii]. Il giudice tutelare tuttavia, considerando l'entità del patrimonio e le difficoltà dell'amministrazione, può assegnare al tutore un'equa indennità. Può altresì, se particolari circostanze lo richiedono, sentito il protutore, autorizzare il tutore a farsi coadiuvare nell'amministrazione, sotto la sua personale responsabilità, da una o più persone stipendiate.

380. Contabilità dell'amministrazione. – [i]. Il tutore deve tenere regolare contabilità della sua amministrazione e renderne conto ogni anno al giudice tutelare [46^1 att.].

[ii]. Il giudice può sottoporre il conto annuale all'esame del protutore e di qualche prossimo parente o affine del minore.

381. Cauzione. – [i]. Il giudice tutelare, tenuto conto della particolare natura ed entità del patrimonio, può imporre al tutore di prestare una cauzione, determinandone l'ammontare e le modalità [131 trans.].

[II]. Egli può anche liberare il tutore in tutto o in parte dalla cauzione che avesse prestata.

382. Responsabilità del tutore e del protutore. – [I]. Il tutore deve amministrare il patrimonio del minore con la diligenza del buon padre di famiglia [384, 1176]. Egli risponde verso il minore di ogni danno a lui cagionato violando i propri doveri.

[II]. Nella stessa responsabilità incorre il protutore per ciò che riguarda i doveri del proprio ufficio.

SEZIONE IV – *Della cessazione del tutore dall'ufficio*

383. Esonero dall'ufficio. – [I]. Il giudice tutelare può sempre esonerare il tutore dall'ufficio, qualora l'esercizio di esso sia al tutore soverchiamente gravoso e vi sia altra persona atta a sostituirlo [45^2 att.; 129^2 trans.].

384. Rimozione e sospensione del tutore. – [I]. Il giudice tutelare può rimuovere dall'ufficio il tutore che si sia reso colpevole di negligenza [382] o abbia abusato dei suoi poteri, o si sia dimostrato inetto nell'adempimento di essi, o sia divenuto immeritevole dell'ufficio per atti anche estranei alla tutela, ovvero sia divenuto insolvente [393].

[II]. Il giudice non può rimuovere il tutore se non dopo averlo sentito o citato; può tuttavia sospenderlo dall'esercizio della tutela nei casi che non ammettono dilazione [45^2 att.; 129^2 trans.].

SEZIONE V – *Del rendimento del conto finale*

385. Conto finale. – [I]. Il tutore che cessa dalle funzioni deve fare subito la consegna dei beni e deve presentare nel termine di due mesi il conto finale dell'amministrazione al giudice tutelare [263 c.p.c.]. Questi può concedere una proroga [46^1 att.].

386. Approvazione del conto. – [I]. Il giudice tutelare invita il protutore, il minore divenuto maggiore o emancipato [390], ovvero, secondo le circostanze, il nuovo rappresentante legale a esaminare il conto e a presentare le loro osservazioni.

[II]. Se non vi sono osservazioni, il giudice che non trova nel conto irregolarità o lacune lo approva; in caso contrario nega l'approvazione [45^1 att.].

[III]. Qualora il conto non sia stato presentato o sia impugnata la decisione del giudice tutelare, provvede l'autorità giudiziaria nel contraddittorio degli interessati [45^3 att.].

387. Prescrizione delle azioni relative alla tutela. – [I]. Le azioni del minore contro il tutore e quelle del tutore contro il minore relative alla tutela si prescrivono in cinque anni dal compimento della maggiore età o dalla morte del minore [2941$^{n. 3}$]. Se il tutore ha cessato dall'ufficio e ha presentato il conto prima della maggiore età o della morte del minore, il termine decorre dalla data del provvedimento col quale il giudice tutelare pronunzia sul conto stesso [386].

[II]. Le disposizioni di quest'articolo non si applicano all'azione per il pagamento del residuo che risulta dal conto definitivo.

388. Divieto di convenzioni prima dell'approvazione del conto. [I]. Nessuna convenzione tra il tutore e il minore divenuto maggiore può aver luogo prima che sia decorso un anno dall'approvazione del conto della tutela [596, 779] (1).

[II]. La convenzione può essere annullata su istanza del minore o dei suoi eredi o aventi causa [1425 ss.].

(1) *Comma così modificato dall'art. 3^{2} l. 9 gennaio 2004, n. 6.*

389. Registro delle tutele. – [I]. Nel registro delle tutele, istituito presso ogni giudice tutelare, sono iscritti a cura del cancelliere l'apertura e la chiusura della tutela, la nomina, l'esonero e la rimozione del tutore e del protutore, le risultanze degli inventari e dei rendiconti e tutti i provvedimenti che portano modificazione nello stato personale o patrimoniale del minore [47 ss. att.].

[II]. Dell'apertura e della chiusura della tutela il cancelliere dà comunicazione entro dieci giorni all'ufficiale dello stato civile per l'annotazione in margine all'atto di nascita del minore (1).

(1) *V. d.P.R. 3 novembre 2000, n. 396.*

Capo II – *Dell'emancipazione*

390. Emancipazione di diritto – [I]. Il minore è di diritto emancipato col matrimonio [84^{2}].

391. (1) **[Emancipazione con provvedimento del giudice tutelare].**

(1) *Articolo abrogato dall'art. 6 l. 8 marzo 1975, n. 39.*

392. (1) **Curatore dell'emancipato.** – [I]. Curatore del minore sposato con persona maggiore di età è il coniuge.

[II]. Se entrambi i coniugi sono minori di età, il giudice tutelare può nominare un unico curatore, scelto preferibilmente fra i genitori.

[III]. Se interviene l'annullamento per una causa diversa dall'età, o lo scioglimento o la cessazione degli effetti civili del matrimonio o la separazione personale, il giudice tutelare nomina curatore uno dei genitori, se idoneo all'ufficio, o, in mancanza, altra persona. Nel caso in cui il minore contrae successivamente matrimonio, il curatore lo assiste altresì negli atti previsti nell'articolo 165.

(1) *Articolo così sostituito dall'art. 7 l. 8 marzo 1975, n. 39.*

393. Incapacità o rimozione del curatore. – [I]. Sono applicabili al curatore le disposizioni degli articoli 348 ultimo comma (1), 350 e 384 [129² trans.].

(1) *L'art. 348 ultimo comma è stato abrogato dall'art. 1 r.d.l. 20 gennaio 1944, n. 25 e dall'art. 3³ d.lgs.lt. 14 settembre 1944, n. 287.*

394. Capacità dell'emancipato. – [I]. L'emancipazione conferisce al minore la capacità di compiere gli atti che non eccedono l'ordinaria amministrazione [397³].

[II]. Il minore emancipato può con l'assistenza del curatore riscuotere i capitali sotto la condizione di un idoneo impiego e può stare in giudizio sia come attore sia come convenuto.

[III]. Per gli altri atti eccedenti la ordinaria amministrazione, oltre il consenso del curatore [395], è necessaria l'autorizzazione del giudice tutelare [45¹ att.]. [Per gli atti indicati nell'articolo 375 l'autorizzazione, se curatore non è il genitore, deve essere data dal tribunale su parere del giudice tutelare [45² att.]] (1).

[IV]. Qualora nasca conflitto di interessi fra il minore e il curatore, è nominato un curatore speciale a norma dell'ultimo comma dell'articolo 320 [396; 45¹ att.].

(1) *Periodo soppresso dall'art. 1⁸, lett. a) d.lgs. 10 ottobre 2022, n. 149. Per la disciplina transitoria v. art. 35¹ d.lgs. n. 149/2022, cit., come sostituito dall'art. 1³⁸⁰, lett. a) l. 29 dicembre 2022, n. 197, che prevede che:* « 1. Le disposizioni del presente decreto, salvo che non sia diversamente disposto, hanno effetto a decorrere dal 28 febbraio 2023 e si applicano ai procedimenti instaurati successivamente a tale data. Ai procedimenti pendenti alla data del 28 febbraio 2023 si applicano le disposizioni anteriormente vigenti. ».

395. Rifiuto del consenso da parte del curatore. – [I]. Nel caso in cui il curatore rifiuta il suo consenso, il minore può ricorrere al giudice tutelare, il quale, se stima ingiustificato il rifiuto, nomina un curatore speciale per assistere il minore nel compimento dell'atto[, salva, se occorre, l'autorizzazione del tribunale] (1) [45¹ att.].

(1) *Le parole* « , salva, se occorre, l'autorizzazione del tribunale» *sono soppresse dall'art. 1⁸, lett. b) d.lgs. 10 ottobre 2022, n. 149. Per la disciplina transitoria v. art. 35¹ d.lgs. n. 149/2022, cit., come sostituito dall'art. 1³⁸⁰, lett. a) l. 29 dicembre 2022, n. 197, che prevede che:* « 1. Le disposizioni del presente decreto, salvo che non sia diversamente disposto, hanno effetto a decorrere dal 28 febbraio 2023 e si applicano ai procedimenti instaurati successiva-

mente a tale data. Ai procedimenti pendenti alla data del 28 febbraio 2023 si applicano le disposizioni anteriormente vigenti. ».

396. Inosservanza delle precedenti norme. – [I]. Gli atti compiuti senza osservare le rme stabilite nell'articolo 394 possono essere annullati su istanza del minore o dei suoi eredi o aventi causa [1425 ss.].

[II]. Sono applicabili al curatore le disposizioni dell'articolo 378.

397. Emancipato autorizzato all'esercizio di un'impresa commer ciale. – [I]. Il minore emancipato può esercitare un'impresa commerciale senza l'assistenza del curatore se è autorizzato dal giudice tutelare, sentito il curatore (1).

[II]. L'autorizzazione può essere revocata dal giudice tutelare su istanza del curatore o d'ufficio sentito il minore emancipato (2).

[III]. Il minore emancipato, che è autorizzato all'esercizio di una impresa commerciale, può compiere da solo gli atti che eccedono l'ordinaria amministrazione, anche se estranei all'esercizio dell'impresa [394, 774].

(1) *Le parole* « se è autorizzato dal giudice tutelare, sentito il curatore » *sono state sostituite alle parole* « , se è autorizzato dal tribunale, previo parere del giudice tutelare e sentito il curatore» *dall'art. 1*[8, lett. c), n. 1] *d.lgs. 10 ottobre 2022, n. 149. Per la disciplina transitoria v. art. 35*[1] *d.lgs. n. 149/2022, cit., come sostituito dall'art. 1*[380, lett. a)] *l. 29 dicembre 2022, n. 197, che prevede che:* « 1. Le disposizioni del presente decreto, salvo che non sia diversamente disposto, hanno effetto a decorrere dal 28 febbraio 2023 e si applicano ai procedimenti instaurati successivamente a tale data. Ai procedimenti pendenti alla data del 28 febbraio 2023 si applicano le disposizioni anteriormente vigenti. ».

(2) *Le parole* « dal giudice tutelare su istanza del curatore o d'ufficio sentito il minore emancipato» *sono state sostituite alle* « dal tribunale su istanza del curatore o d'ufficio, previo, in entrambi i casi, il parere del giudice tutelare e sentito il minore emancipato » *dall'art. 1*[8, lett. c), n. 2] *d.lgs. 10 ottobre 2022, n. 149. Per l'entrata in vigore e per l'applicazione v.* sub *nota 1.*

398-399. (1).

(1) *Articoli abrogati dall'art. 6 l. 8 marzo 1975, n. 39.*

TITOLO XI
Dell'affiliazione e dell'affidamento (1)

(1) *Intitolazione così sostituita dall'art. 163 l. 19 maggio 1975, n. 151.*

400. Norme regolatrici dell'assistenza dei minori. – [I]. L'assistenza dei minori è regolata, oltre che dalle leggi speciali, dalle norme del presente titolo [31[2] Cost.].

401. Limiti di applicazione delle norme. – [I]. Le disposizioni del presente titolo si applicano anche ai minori che sono figli di genitori non conosciuti, ovvero figli di genitori che si trovino (1) nell'impossibilità di provvedere al loro mantenimento (2) (3).

[II]. Le stesse disposizioni si applicano ai minori ricoverati in un istituto di pubblica assistenza o assistiti da questo per il mantenimento, l'educazione o la rieducazione, ovvero in istato di abbandono materiale o morale.

(1) *Le parole* « figli di genitori che si trovino » *sono state sostituite alle parole* « figli [naturali] riconosciuti dalla sola madre che si trovi » *dall'art.* 61^{1} *d.ls. 28 dicembre 2013, n. 154, con la decorrenza indicata* sub *art. 87. Precedentemente, l'art.* 1^{11} *l. 10 dicembre 2012, n. 219 aveva disposto che « Nel codice civile, le parole: "figli legittimi" e "figli naturali", ovunque ricorrono, sono sostituite dalla seguente: "figli" ».*

(2) *La parola* « mantenimento » *è stata sostituita alla parola* « allevamento » *dall'art.* 61^{1} *d.ls. n. 154, cit., con la decorrenza indicata* sub *art. 87.*

(3) *Comma così sostituito dall'art. 8 l. 8 marzo 1975, n. 39.*

402. Poteri tutelari spettanti agli istituti di assistenza. – [I]. L'istituto di pubblica assistenza esercita i poteri tutelari sul minore ricoverato o assistito, secondo le norme del titolo X, capo I di questo libro [343 ss.], fino a quando non si provveda alla nomina di un tutore [348], e in tutti i casi nei quali l'esercizio della responsabilità genitoriale (1) o della tutela sia impedito. Resta salva la facoltà del giudice tutelare di deferire la tutela all'ente di assistenza o all'ospizio, ovvero di nominare un tutore a norma dell'articolo 354 (2).

[II]. Nel caso in cui il genitore riprenda l'esercizio della responsabilità genitoriale (1), l'istituto deve chiedere al giudice tutelare di fissare eventualmente limiti o condizioni a tale esercizio (2).

(1) *Le parole* « responsabilità genitoriale » *sono state sostituite alle parole* « potestà dei genitori » *dall'art.* 62^{1} *d.ls. 28 dicembre 2013, n. 154, con la decorrenza indicata* sub *art. 87.*

(2) *Comma così modificato dall'art. 146 l. 24 novembre 1981, n. 689.*

403. Intervento della pubblica autorità a favore dei minori. – [I]. Quando il minore è moralmente o materialmente abbandonato [401^{2}] o si trova esposto, nell'ambiente familiare, a grave pregiudizio e pericolo per la sua incolumità psico-fisica e vi è dunque emergenza di provvedere (1), la pubblica autorità, a mezzo degli organi di protezione dell'infanzia, lo colloca in luogo sicuro, sino a quando si possa provvedere in modo definitivo alla sua protezione.

[II]. La pubblica autorità che ha adottato il provvedimento emesso ai sensi del primo comma ne dà immediato avviso orale al pubblico ministero presso il tribunale per i minorenni, nella cui circoscrizione il minore ha la sua residenza abituale; entro le ventiquattro ore successive al collocamento del minore in sicurezza, con l'allontanamento da uno o da entrambi i genitori o dai soggetti esercenti la responsabilità genitoriale, trasmette al pubblico ministero il provvedimento corredato di ogni documentazione utile e di sintetica relazione che descrive i motivi dell'intervento a tutela del minore (2).

[III]. Il pubblico ministero, entro le successive settantadue ore, se non dispone la revoca del collocamento, chiede al tribunale per i minorenni la convalida del provvedimento; a tal fine può assumere sommarie informazioni e disporre eventuali accertamenti. Con il medesimo ricorso il pubblico ministero può formulare richieste ai sensi degli articoli 330 e seguenti (2).

[IV]. Entro le successive quarantotto ore il tribunale per i minorenni, con decreto del presidente o del giudice da lui delegato, provvede sulla richiesta di convalida del provvedimento, nomina il curatore speciale del minore e il giudice relatore e fissa l'udienza di comparizione delle parti innanzi a questo entro il termine di quindici giorni. Il decreto è immediatamente comunicato al pubblico ministero e all'autorità che ha adottato il provvedimento a cura della cancelleria. Il ricorso e il decreto sono notificati entro quarantotto ore agli esercenti la responsabilità genitoriale e al curatore speciale a cura del pubblico ministero che a tal fine può avvalersi della polizia giudiziaria (2).

[V]. All'udienza il giudice relatore interroga liberamente le parti e può assumere informazioni; procede inoltre all'ascolto del minore direttamente e, ove ritenuto necessario, con l'ausilio di un esperto (2).

[VI]. Entro i quindici giorni successivi il tribunale per i minorenni, in composizione collegiale, pronuncia decreto con cui conferma, modifica o revoca il decreto di convalida, può adottare provvedimenti nell'interesse del minore e qualora siano state proposte istanze ai sensi degli articoli 330 e seguenti dà le disposizioni per l'ulteriore corso del procedimento. Il decreto è immediatamente comunicato alle parti a cura della cancelleria (2).

[VII]. Entro il termine perentorio di dieci giorni dalla comunicazione del decreto il pubblico ministero, gli esercenti la responsabilità genitoriale e il curatore speciale possono proporre reclamo alla corte d'appello ai sensi dell'articolo 739 del codice di procedura civile. La corte d'appello provvede entro sessanta giorni dal deposito del reclamo (2).

[VIII]. Il provvedimento emesso dalla pubblica autorità perde efficacia se la trasmissione degli atti da parte della pubblica autorità, la richiesta di convalida da parte del pubblico ministero e i decreti del tribunale per i minorenni non intervengono entro i termini previsti.

In questo caso il tribunale per i minorenni adotta i provvedimenti temporanei e urgenti nell'interesse del minore (2).

[IX]. Qualora il minore sia collocato in comunità di tipo familiare, quale ipotesi residuale da applicare in ragione dell'accertata esclusione di possibili soluzioni alternative, si applicano le norme in tema di affidamento familiare (2).

(1) *Le parole da* « Quando il minore » *a* « emergenza di provvedere » *sono state sostituite alle parole* « Quando il minore è moralmente o materialmente abbandonato o è allevato in locali insalubri o pericolosi, oppure da persone per negligenza, immoralità, ignoranza o per altri motivi incapaci di provvedere alla educazione di lui » *dall'art. 1, comma 27, lett.* a) *l. 26 novembre 2021, n. 206. Ai sensi del successivo comma 37 dell'art. 1 l. n. 206, cit., tale disposizione si applica ai procedimenti instaurati a decorrere dal centottantesimo giorno successivo alla data di entrata in vigore della suddetta legge.*

(2) *Comma aggiunto dall'art. 1, comma 27, lett.* b) *l. 26 novembre 2021, n. 206, con le disposizioni di applicazione di cui* sub *nota 1.*

TITOLO XII
Delle misure di protezione delle persone prive in tutto od in parte di autonomia (1)

(1) *Rubrica così sostituita dall'art. 2 l. 9 gennaio 2004, n. 6.*

CAPO I – (1) *Dell'amministrazione di sostegno*

(1) *Capo, comprendente gli articoli da 404 a 413, premesso dall'art. 3[1] l. 9 gennaio 2004, n. 6. Gli originari artt. 404-413, che figuravano in fine al titolo XI, erano stati abrogati dall'art. 77 l. 4 maggio 1983, n. 184.*

404. (1) **Amministrazione di sostegno.** – [I]. La persona che, per effetto di una infermità ovvero di una menomazione fisica o psichica, si trova nella impossibilità, anche parziale o temporanea, di provvedere ai propri interessi, può essere assistita da un amministratore di sostegno, nominato dal giudice tutelare del luogo in cui questa ha la residenza o il domicilio.

(1) *V. nota al capo I.*

405. (1) **Decreto di nomina dell'amministratore di sostegno. Durata dell'incarico e relativa pubblicità.** – [I]. Il giudice tutelare provvede entro sessanta giorni dalla data di presentazione della richiesta alla nomina dell'amministratore di sostegno con decreto motivato immediatamente esecutivo, su ricorso di uno dei soggetti indicati nell'articolo 406.

[II]. Il decreto che riguarda un minore non emancipato può essere emesso solo nell'ultimo anno della sua minore età e diventa esecutivo a decorrere dal momento in cui la maggiore età è raggiunta.

[III]. Se l'interessato è un interdetto o un inabilitato, il decreto è esecutivo dalla pubblicazione della sentenza di revoca dell'interdizione o dell'inabilitazione.

[IV]. Qualora ne sussista la necessità, il giudice tutelare adotta anche d'ufficio i provvedimenti urgenti per la cura della persona interessata e per la conservazione e l'amministrazione del suo patrimonio. Può procedere alla nomina di un amministratore di sostegno provvisorio indicando gli atti che è autorizzato a compiere.

[V]. Il decreto di nomina dell'amministratore di sostegno deve contenere l'indicazione:

1) delle generalità della persona beneficiaria e dell'amministratore di sostegno;

2) della durata dell'incarico, che può essere anche a tempo indeterminato;

3) dell'oggetto dell'incarico e degli atti che l'amministratore di sostegno ha il potere di compiere in nome e per conto del beneficiario;

4) degli atti che il beneficiario può compiere solo con l'assistenza dell'amministratore di sostegno;

5) dei limiti, anche periodici, delle spese che l'amministratore di sostegno può sostenere con utilizzo delle somme di cui il beneficiario ha o può avere la disponibilità;

6) della periodicità con cui l'amministratore di sostegno deve riferire al giudice circa l'attività svolta e le condizioni di vita personale e sociale del beneficiario.

[VI]. Se la durata dell'incarico è a tempo determinato, il giudice tutelare può prorogarlo con decreto motivato pronunciato anche d'ufficio prima della scadenza del termine.

[VII]. Il decreto di apertura dell'amministrazione di sostegno, il decreto di chiusura ed ogni altro provvedimento assunto dal giudice tutelare nel corso dell'amministrazione di sostegno devono essere immediatamente annotati a cura del cancelliere nell'apposito registro.

[VIII]. Il decreto di apertura dell'amministrazione di sostegno e il decreto di chiusura devono essere comunicati, entro dieci giorni, all'ufficiale dello stato civile per le annotazioni in margine all'atto di nascita del beneficiario. Se la durata dell'incarico è a tempo determinato, le annotazioni devono essere cancellate alla scadenza del termine indicato nel decreto di apertura o in quello eventuale di proroga.

(1) *V. nota al capo I.*

406. (1) **Soggetti.** – [I]. Il ricorso per l'istituzione dell'amministrazione di sostegno può essere proposto dallo stesso soggetto beneficiario, anche se minore, interdetto o inabilitato, ovvero da uno dei soggetti indicati nell'articolo 417.

[II]. Se il ricorso concerne persona interdetta o inabilitata il medesimo è presentato congiuntamente all'istanza di revoca dell'interdizione o dell'inabilitazione davanti al giudice competente per quest'ultima.

[III]. I responsabili dei servizi sanitari e sociali direttamente impegnati nella cura e assistenza della persona, ove a conoscenza di fatti tali da rendere opportuna l'apertura del procedimento di amministrazione di sostegno, sono tenuti a proporre al giudice tutelare il ricorso di cui all'articolo 407 o a fornirne comunque notizia al pubblico ministero.

(1) *V. nota al capo I.*

407. (1) **Procedimento.** – [I]. Il ricorso per l'istituzione dell'amministrazione di sostegno deve indicare le generalità del beneficiario, la sua dimora abituale, le ragioni per cui si richiede la nomina dell'amministratore di sostegno, il nominativo ed il domicilio, se conosciuti dal ricorrente, del coniuge, dei discendenti, degli ascendenti, dei fratelli e dei conviventi del beneficiario.

[II]. Il giudice tutelare deve sentire personalmente la persona cui il procedimento si riferisce recandosi, ove occorra, nel luogo in cui questa si trova e deve tener conto, compatibilmente con gli interessi e le esigenze di protezione della persona, dei bisogni e delle richieste di questa.

[III]. Il giudice tutelare provvede, assunte le necessarie informazioni e sentiti i soggetti di cui all'articolo 406; in caso di mancata comparizione provvede comunque sul ricorso. Dispone altresì, anche d'ufficio, gli accertamenti di natura medica e tutti gli altri mezzi istruttori utili ai fini della decisione.

[IV]. Il giudice tutelare può, in ogni tempo, modificare o integrare, anche d'ufficio, le decisioni assunte con il decreto di nomina dell'amministratore di sostegno.

[V]. In ogni caso, nel procedimento di nomina dell'amministratore di sostegno interviene il pubblico ministero.

(1) *V. nota al capo I.*

408. (1) **Scelta dell'amministratore di sostegno.** – [I]. La scelta dell'amministratore di sostegno avviene con esclusivo riguardo alla cura ed agli interessi della persona del beneficiario. L'amministratore di sostegno può essere designato dallo stesso interessato, in previsione della propria eventuale futura incapacità, mediante atto pubblico o scrittura privata autenticata. In mancanza, ovvero in presenza di gravi motivi, il giudice tutelare può designare con decreto motivato un amministratore di sostegno diverso. Nella scelta, il giudice tutelare preferisce, ove possibile, il coniuge che non sia separato legalmente, la persona stabilmente convivente, il padre, la madre, il figlio o il fratello o la sorella, il parente entro il quarto grado ovvero il soggetto designato dal genitore superstite con testamento, atto pubblico o scrittura privata autenticata.

[II]. Le designazioni di cui al primo comma possono essere revocate dall'autore con le stesse forme.

[III]. Non possono ricoprire le funzioni di amministratore di sostegno gli operatori dei servizi pubblici o privati che hanno in cura o in carico il beneficiario.

[IV]. Il giudice tutelare, quando ne ravvisa l'opportunità, e nel caso di designazione dell'interessato quando ricorrano gravi motivi, può chiamare all'incarico di amministratore di sostegno anche altra persona idonea, ovvero uno dei soggetti di cui al titolo II al cui legale rappresentante ovvero alla persona che questi ha facoltà di delegare con atto depositato presso l'ufficio del giudice tutelare, competono tutti i doveri e tutte le facoltà previste nel presente capo.

(1) *V. nota al capo I.*

409. (1) **Effetti dell'amministrazione di sostegno.** – [I]. Il beneficiario conserva la capacità di agire per tutti gli atti che non richiedono la rappresentanza esclusiva o l'assistenza necessaria dell'amministratore di sostegno.

[II]. Il beneficiario dell'amministrazione di sostegno può in ogni caso compiere gli atti necessari a soddisfare le esigenze della propria vita quotidiana.

(1) *V. nota al capo I.*

410. (1) **Doveri dell'amministratore di sostegno.** – [I]. Nello svolgimento dei suoi compiti l'amministratore di sostegno deve tener conto dei bisogni e delle aspirazioni del beneficiario.

[II]. L'amministratore di sostegno deve tempestivamente informare il beneficiario circa gli atti da compiere nonché il giudice tutelare in caso di dissenso con il beneficiario stesso. In caso di contrasto, di scelte o di atti dannosi ovvero di negligenza nel perseguire l'interesse o nel soddisfare i bisogni o le richieste del beneficiario, questi, il pubblico ministero o gli altri soggetti di cui all'articolo 406 possono ricorrere al giudice tutelare, che adotta con decreto motivato gli opportuni provvedimenti.

[III]. L'amministratore di sostegno non è tenuto a continuare nello svolgimento dei suoi compiti oltre dieci anni, ad eccezione dei casi in cui tale incarico è rivestito dal coniuge, dalla persona stabilmente convivente, dagli ascendenti o dai discendenti.

(1) *V. nota al capo I.*

411. (1) **Norme applicabili all'amministrazione di sostegno.** – [I]. Si applicano all'amministratore di sostegno, in quanto compatibili, le disposizioni di cui agli articoli da 349 a 353 e da 374 a 388. [I provvedimenti di cui agli articoli 375 e 376 sono emessi dal giudice tutelare.] (2)

[II]. All'amministratore di sostegno si applicano altresì, in quanto compatibili, le disposizioni degli articoli 596, 599 e 779.

[III]. Sono in ogni caso valide le disposizioni testamentarie e le convenzioni in favore dell'amministratore di sostegno che sia parente entro il quarto grado del beneficiario, ovvero che sia coniuge o persona che sia stata chiamata alla funzione in quanto con lui stabilmente convivente.

[IV]. Il giudice tutelare, nel provvedimento con il quale nomina l'amministratore di sostegno, o successivamente, può disporre che determinati effetti, limitazioni o decadenze, previsti da disposizioni di legge per l'interdetto o l'inabilitato, si estendano al beneficiario dell'amministrazione di sostegno, avuto riguardo all'interesse del medesimo ed a quello tutelato dalle predette disposizioni. Il provvedimento è assunto con decreto motivato a seguito di ricorso che può essere presentato anche dal beneficiario direttamente.

(1) *V. nota al capo I.*

(2) *Periodo soppresso dall'art. 1[9] d.ls. 10 ottobre 2022, n. 149. Per la disciplina transitoria v. art. 35[1] d.ls. n. 149/2022, cit., come sostituito dall'art. 1[380, lett. a)] l. 29 dicembre 2022, n. 197, che prevede che:* « 1. Le disposizioni del presente decreto, salvo che non sia diversamente disposto, hanno effetto a decorrere dal 28 febbraio 2023 e si applicano ai procedimenti instaurati successivamente a tale data. Ai procedimenti pendenti alla data del 28 febbraio 2023 si applicano le disposizioni anteriormente vigenti. ».

412. (1) **Atti compiuti dal beneficiario o dall'amministratore di sostegno in violazione di norme di legge o delle disposizioni del giudice.** – [I]. Gli atti compiuti dall'amministratore di sostegno in violazione di disposizioni di legge, od in eccesso rispetto all'oggetto dell'incarico o ai poteri conferitigli dal giudice, possono essere annullati su istanza dell'amministratore di sostegno, del pubblico ministero, del beneficiario o dei suoi eredi ed aventi causa.

[II]. Possono essere parimenti annullati su istanza dell'amministratore di sostegno, del beneficiario, o dei suoi eredi ed aventi causa, gli atti compiuti personalmente dal beneficiario in violazione delle disposizioni di legge o di quelle contenute nel decreto che istituisce l'amministrazione di sostegno.

[III]. Le azioni relative si prescrivono nel termine di cinque anni. Il termine decorre dal momento in cui è cessato lo stato di sottoposizione all'amministrazione di sostegno.

(1) *V. nota al capo I.*

413. (1) **Revoca dell'amministrazione di sostegno.** – [I]. Quando il beneficiario, l'amministratore di sostegno, il pubblico ministero o taluno dei soggetti di cui all'articolo 406, ritengono che si siano determinati i presupposti per la cessazione dell'amministrazione di sostegno, o per la sostituzione dell'amministratore, rivolgono istanza motivata al giudice tutelare.

[II]. L'istanza è comunicata al beneficiario ed all'amministratore di sostegno.

[III]. Il giudice tutelare provvede con decreto motivato, acquisite le necessarie informazioni e disposti gli opportuni mezzi istruttori.

[IV]. Il giudice tutelare provvede altresì, anche d'ufficio, alla dichiarazione di cessazione dell'amministrazione di sostegno quando questa si sia rivelata inidonea a realizzare la piena tutela del beneficiario. In tale ipotesi, se ritiene che si debba promuovere giudizio di interdizione o di inabilitazione, ne informa il pubblico ministero, affinché vi provveda. In questo caso l'amministrazione di sostegno cessa con la nomina del tutore o del curatore provvisorio ai sensi dell'articolo 419, ovvero con la dichiarazione di interdizione o di inabilitazione.

(1) *V. nota al capo I.*

CAPO II – (1) *Della interdizione, della inabilitazione e della incapacità naturale*

(1) *Partizione inserita dall'art. 4[1] l. 9 gennaio 2004, n. 6.*

414. (1) **Persone che possono essere interdette.** – [I]. Il maggiore di età [2] e il minore emancipato [390], i quali si trovano in condizioni di abituale infermità di mente che li rende incapaci di provvedere ai propri interessi, sono interdetti [417 ss., 429; 40 att.; 643 c.p.] quando ciò è necessario per assicurare la loro adeguata protezione.

(1) *Articolo così sostituito dall'art. 4[2] l. 9 gennaio 2004, n. 6.*

415. Persone che possono essere inabilitate. – [I]. Il maggiore di età infermo di mente, lo stato del quale non è talmente grave da far luogo all'interdizione, può essere inabilitato [417 ss., 429].

[II]. Possono anche essere inabilitati coloro che, per prodigalità o per abuso abituale di bevande alcooliche o di stupefacenti, espongono sé o la loro famiglia a gravi pregiudizi economici.

[III]. Possono infine essere inabilitati il sordo (1) e il cieco dalla nascita o dalla prima infanzia, se non hanno ricevuto un'educazione sufficiente, salva l'applicazione dell'articolo 414 quando risulta che essi sono del tutto incapaci di provvedere ai propri interessi (2).

(1) *L'espressione* « sordo » *è stata sostituita al termine* « sordomuto » *dall'art. 1 l. 20 febbraio 2006, n. 95.*

(2) *V. art. 1 l. 3 febbraio 1975, n. 18.*

416. Interdizione e inabilitazione nell'ultimo anno di minore età. – [I]. Il minore non emancipato può essere interdetto o inabilitato nell'ultimo anno della sua minore età [692^2; 40 att.]. L'interdizione o l'inabilitazione ha effetto dal giorno in cui il minore raggiunge l'età maggiore [421; 40 att.].

417. Istanza d'interdizione o di inabilitazione. – [I]. L'interdizione e la inabilitazione possono essere promosse dalle persone indicate negli articoli 414 e 415, dal coniuge, dalla persona stabilmente convivente, dai parenti entro il quarto grado, dagli affini entro il secondo grado, dal tutore o curatore ovvero dal pubblico ministero [418; 69, 712 ss. c.p.c.] (1).

[II]. Se l'interdicendo o l'inabilitando si trova sotto la responsabilità genitoriale (2) o ha per curatore uno dei genitori, l'interdizione o l'inabilitazione non può essere promossa che su istanza del genitore medesimo o del pubblico ministero [69, 712 ss. c.p.c.] (3).

(1) *Comma così modificato dall'art. 5 l. 9 gennaio 2004, n. 6.*

(2) *Le parole* « responsabilità genitoriale » *sono state sostituite alle parole* « potestà dei genitori » *dall'art. 63^1 d.lgs. 28 dicembre 2013, n. 154, con la decorrenza indicata* sub *art. 87.*

(3) *Comma così modificato dall'art. 146 l. 24 novembre 1981, n. 689.*

418. Poteri dell'autorità giudiziaria. – [I]. Promosso il giudizio d'interdizione, può essere dichiarata anche d'ufficio l'inabilitazione per infermità di mente [415].

[II]. Se nel corso del giudizio d'inabilitazione si rivela l'esistenza delle condizioni richieste per l'interdizione, il pubblico ministero [69 c.p.c.] fa istanza al tribunale di pronunziare l'interdizione, e il tribunale provvede nello stesso giudizio, premessa l'istruttoria necessaria [40 att.].

[III]. Se nel corso del giudizio di interdizione o di inabilitazione appare opportuno applicare l'amministrazione di sostegno, il giudice, d'ufficio o ad istanza di parte, dispone la trasmissione del procedimento al giudice tutelare. In tal caso il giudice competente per l'interdizione o per l'inabilitazione può adottare i provvedimenti urgenti di cui al quarto comma dell'articolo 405 (1).

(1) *Comma aggiunto dall'art. 6 l. 9 gennaio 2004, n. 6.*

419. Mezzi istruttori e provvedimenti provvisori. – [I]. Non si può pronunziare l'interdizione o l'inabilitazione senza che si sia proceduto all'esame dell'interdicendo o dell'inabilitando [714 c.p.c.].

[II]. Il giudice [40 att.] può in questo esame farsi assistere da un consulente tecnico [61 c.p.c.]. Può anche d'ufficio disporre i mezzi istruttori utili ai fini del giudizio, interrogare i parenti prossimi dell'interdicendo o inabilitando e assumere le necessarie informazioni.

[III]. Dopo l'esame, qualora sia ritenuto opportuno, può essere nominato un tutore provvisorio all'interdicendo o un curatore provvisorio all'inabilitando [420, 422; 714, 716 c.p.c.].

420. (1) **[Internamento definitivo in manicomio].**

(1) *Articolo abrogato dall'art. 11 l. 13 maggio 1978, n. 180.*

421. Decorrenza degli effetti della interdizione e dell'inabilitazione. – [I]. L'interdizione e l'inabilitazione producono i loro effetti dal giorno della pubblicazione della sentenza [427], salvo il caso previsto dall'articolo 416.

422. Cessazione del tutore e del curatore provvisorio. – [I]. Nella sentenza che rigetta l'istanza d'interdizione o d'inabilitazione, può disporsi che il tutore o il curatore provvisorio rimanga in ufficio fino a che la sentenza non sia passata in giudicato [324 c.p.c.].

423. Pubblicità. – [I]. Il decreto di nomina del tutore o del curatore provvisorio [419³; 717 c.p.c.] e la sentenza d'interdizione o d'inabilitazione [421] devono essere immediatamente annotati a cura del cancelliere nell'apposito registro e comunicati entro dieci giorni all'ufficiale dello stato civile per le annotazioni in margine all'atto di nascita [430; 42 att.; 604$^{2\ n.\ 2}$ c.p.p.].

424. Tutela dell'interdetto e curatela dell'inabilitato. – [I]. Le disposizioni sulla tutela dei minori [343 ss.] e quelle sulla curatela dei minori emancipati [390 ss.] si applicano rispettivamente alla tutela degli interdetti e alla curatela degli inabilitati [32 c.p.].

[II]. Le stesse disposizioni si applicano rispettivamente anche nei casi di nomina del tutore provvisorio dell'interdicendo e del curatore provvisorio dell'inabilitando a norma dell'articolo 419. Per l'interdicendo non si nomina il protutore provvisorio.

[III]. Nella scelta del tutore dell'interdetto e del curatore dell'inabilitato il giudice tutelare individua di preferenza la persona più idonea all'incarico tra i soggetti, e con i criteri, indicati nell'articolo 408 (1).

(1) *Comma così sostituito dall'art. 7 l. 9 gennaio 2004, n. 6.*

425. Esercizio dell'impresa commerciale da parte dell'inabilitato. – [I]. L'inabilitato può continuare l'esercizio dell'impresa commerciale [397] soltanto se autorizzato dal giudice tutelare (1). L'autorizzazione può essere subordinata alla nomina di un institore [2203 ss.].

(1) *Le parole* « soltanto se autorizzato dal giudice tutelare » *sono state sostituite alle parole* « soltanto se autorizzato dal tribunale su parere del giudice tutelare » *dall'art. 1[10] d.ls. 10 ottobre 2022, n. 149. Per la disciplina transitoria v. art. 35[1] d.ls. n. 149/2022, cit., come sostituito dall'art. 1[380, lett. a)] l. 29 dicembre 2022, n. 197, che prevede che:* « 1. Le disposizioni del presente decreto, salvo che non sia diversamente disposto, hanno effetto a decorrere dal 28 febbraio 2023 e si applicano ai procedimenti instaurati successivamente a tale data. Ai procedimenti pendenti alla data del 28 febbraio 2023 si applicano le disposizioni anteriormente vigenti. ».

426. Durata dell'ufficio. – [I]. Nessuno è tenuto a continuare nella tutela dell'interdetto o nella curatela dell'inabilitato oltre dieci anni, ad eccezione del coniuge, della persona stabilmente convivente, degli ascendenti o dei discendenti (1).

(1) *Comma così modificato dall'art. 8 l. 9 gennaio 2004, n. 6.*

427. Atti compiuti dall'interdetto e dall'inabilitato. – [I]. Nella sentenza che pronuncia l'interdizione o l'inabilitazione, o in successivi provvedimenti dell'autorità giudiziaria, può stabilirsi che taluni atti di ordinaria amministrazione possano essere compiuti dall'interdetto senza l'intervento ovvero con l'assistenza del tutore, o che taluni atti eccedenti l'ordinaria amministrazione possano essere compiuti dall'inabilitato senza l'assistenza del curatore (1).

[II]. Gli atti compiuti dall'interdetto dopo la sentenza di interdizione possono essere annullati su istanza del tutore, dell'interdetto o dei suoi eredi o aventi causa [119, 266, 471, 774, 1425]. Sono del pari annullabili gli atti compiuti dall'interdetto dopo la nomina del tutore provvisorio [419[3]], qualora alla nomina segua la sentenza d'interdizione.

[III]. Possono essere annullati su istanza dell'inabilitato o dei suoi eredi o aventi causa gli atti eccedenti l'ordinaria amministrazione fatti dall'inabilitato, senza l'osservanza delle prescritte formalità, dopo la sentenza di inabilitazione o dopo la nomina del curatore provvisorio [419[3]], qualora alla nomina sia seguita l'inabilitazione [776].

[iv]. Per gli atti compiuti dall'interdetto prima della sentenza d'interdizione o prima della nomina del tutore provvisorio si applicano le disposizioni dell'articolo seguente.

(1) *Comma premesso dall'art. 9 l. 9 gennaio 2004, n. 6.*

428. Atti compiuti da persona incapace d'intendere o di volere. [i]. Gli atti compiuti da persona che, sebbene non interdetta, si provi essere stata per qualsiasi causa, anche transitoria, incapace d'intendere o di volere al momento in cui gli atti sono stati compiuti, possono essere annullati su istanza della persona medesima o dei suoi eredi o aventi causa, se ne risulta un grave pregiudizio all'autore [1425 ss.; 613 c.p.].

[ii]. L'annullamento dei contratti non può essere pronunziato se non quando, per il pregiudizio che sia derivato o possa derivare alla persona incapace d'intendere o di volere o per la qualità del contratto o altrimenti, risulta la malafede dell'altro contraente [1425[2]].

[iii]. L'azione si prescrive nel termine di cinque anni dal giorno in cui l'atto o il contratto è stato compiuto [1442].

[iv]. Resta salva ogni diversa disposizione di legge [120, 591[n. 3], 775; 130 trans.].

429. Revoca dell'interdizione e dell'inabilitazione. – [i]. Quando cessa la causa dell'interdizione o dell'inabilitazione, queste possono essere revocate su istanza del coniuge, dei parenti entro il quarto grado o degli affini entro il secondo grado, del tutore dell'interdetto, del curatore dell'inabilitato o su istanza del pubblico ministero [42 att.; 69, 720 c.p.c.].

[ii]. Il giudice tutelare deve vigilare per riconoscere se la causa dell'interdizione o dell'inabilitazione continui. Se ritiene che sia venuta meno, deve informarne il pubblico ministero.

[iii]. Se nel corso del giudizio per la revoca dell'interdizione o dell'inabilitazione appare opportuno che, successivamente alla revoca, il soggetto sia assistito dall'amministratore di sostegno, il tribunale, d'ufficio o ad istanza di parte, dispone la trasmissione degli atti al giudice tutelare (1).

(1) *Comma aggiunto dall'art. 10 l. 9 gennaio 2004, n. 6.*

430. Pubblicità. – [i]. Alla sentenza di revoca dell'interdizione o dell'inabilitazione si applica l'articolo 423.

431. Decorrenza degli effetti della sentenza di revoca. – [I]. La sentenza che revoca l'interdizione o l'inabilitazione produce i suoi effetti appena passata in giudicato [324 c.p.c.].

[II]. Tuttavia gli atti compiuti dopo la pubblicazione della sentenza di revoca non possono essere impugnati se non quando la revoca è esclusa con sentenza passata in giudicato.

432. Inabilitazione nel giudizio di revoca dell'interdizione. – [I]. L'autorità giudiziaria che, pur riconoscendo fondata l'istanza di revoca dell'interdizione, non crede che l'infermo abbia riacquistato la piena capacità, può revocare l'interdizione e dichiarare inabilitato l'infermo medesimo.

[II]. Si applica anche in questo caso il primo comma dell'articolo precedente.

[III]. Gli atti non eccedenti l'ordinaria amministrazione, compiuti dall'inabilitato dopo la pubblicazione della sentenza che revoca l'interdizione, possono essere impugnati solo quando la revoca è esclusa con sentenza passata in giudicato.

TITOLO XIII
Degli alimenti

433. (1) **Persone obbligate.** – [I]. All'obbligo di prestare gli alimenti sono tenuti, nell'ordine:

1) il coniuge [129-*bis*, 156³];

2) i figli, anche adottivi, e, in loro mancanza, i discendenti prossimi (2);

3) i genitori e, in loro mancanza, gli ascendenti prossimi; gli adottanti (3);

4) i generi e le nuore;

5) il suocero e la suocera;

6) i fratelli e le sorelle germani o unilaterali, con precedenza dei germani sugli unilaterali [439].

(1) *Articolo così sostituito dall'art. 168 l. 19 maggio 1975, n. 151.*

(2) *Numero così sostituito dall'art. 64¹ lett. a) d.lgs. 28 dicembre 2013, n. 154, con la decorrenza indicata* sub *art. 87. Il testo del numero era il seguente:* « 2) i figli [legittimi] o legittimati o [naturali] o adottivi, e, in loro mancanza, i discendenti prossimi, anche naturali ». *Precedentemente, l'art. 1¹¹ l. 10 dicembre 2012, n. 219 aveva disposto che « Nel codice civile, le parole: "figli legittimi" e "figli naturali", ovunque ricorrono, sono sostituite dalla seguente: "figli" ».*

(3) *Numero così sostituito dall'art. 64¹ lett. b) d.lgs. n. 154, cit., con la decorrenza indicata* sub *art. 87. Il testo del numero era il seguente:* « 3) i genitori e, in loro mancanza, gli ascendenti prossimi, anche naturali; gli adottanti; ».

434. Cessazione dell'obbligo tra affini. – [I]. L'obbligazione alimentare del suocero e della suocera e quella del genero e della nuora cessano:

1) quando la persona che ha diritto agli alimenti è passata a nuove nozze;

2) quando il coniuge, da cui deriva l'affinità, e i figli nati dalla sua unione con l'altro coniuge e i loro discendenti sono morti.

435. (1) **[Obbligo dei genitori e dei figli naturali].**

(1) *Articolo abrogato dall'art. 169 l. 19 maggio 1975, n. 151.*

436. (1) **Obbligo tra adottante e adottato. – [I].** L'adottante [291] deve gli alimenti al figlio adottivo con precedenza sui genitori (2) di lui [433 n. 3].

(1) *Articolo così sostituito dall'art. 170 l. 19 maggio 1975, n. 151.*

(2) *Le parole* « legittimi o naturali » *che seguivano la parola* « genitori » *sono state soppresse dall'art. 65[1] d.ls. 28 dicembre 2013, n. 154, con la decorrenza indicata* sub *art. 87.*

437. Obbligo del donatario. – [I]. Il donatario [769 ss.] è tenuto, con precedenza su ogni altro obbligato, a prestare gli alimenti al donante, a meno che si tratti di donazione fatta in riguardo di un matrimonio o di una donazione rimuneratoria [438[3], 770, 801].

438. Misura degli alimenti. – [I]. Gli alimenti possono essere chiesti solo da chi versa in istato di bisogno e non è in grado di provvedere al proprio mantenimento.

[II]. Essi devono essere assegnati in proporzione del bisogno di chi li domanda e delle condizioni economiche di chi deve somministrarli. Non devono tuttavia superare quanto sia necessario per la vita dell'alimentando, avuto però riguardo alla sua posizione sociale [660].

[III]. Il donatario non è tenuto oltre il valore della donazione tuttora esistente nel suo patrimonio.

439. Misura degli alimenti tra fratelli e sorelle. – [I]. Tra fratelli e sorelle gli alimenti sono dovuti nella misura dello stretto necessario.

[II]. Possono comprendere anche le spese per l'educazione e l'istruzione se si tratta di minore (1).

(1) *Comma così sostituito dall'art. 9 l. 8 marzo 1975, n. 39.*

440. Cessazione, riduzione e aumento. – [I]. Se dopo l'assegnazione degli alimenti mutano le condizioni economiche di chi li somministra o di chi li riceve, l'autorità giudiziaria provvede per la cessazione, la riduzione o l'aumento, secondo le circostanze. Gli alimenti possono pure essere ridotti per la condotta disordinata o riprovevole dell'alimentato.

[II]. Se, dopo assegnati gli alimenti, consta che uno degli obbligati di grado anteriore è in condizione di poterli somministrare, l'autorità giudiziaria non può liberare l'obbligato di grado posteriore se non quando abbia imposto all'obbligato di grado anteriore di somministrare gli alimenti.

441. **Concorso di obbligati.** – [I]. Se più persone sono obbligate nello stesso grado alla prestazione degli alimenti, tutte devono concorrere alla prestazione stessa, ciascuna in proporzione delle proprie condizioni economiche [446].

[II]. Se le persone chiamate in grado anteriore alla prestazione non sono in condizioni di sopportare l'onere in tutto o in parte, l'obbligazione stessa è posta in tutto o in parte a carico delle persone chiamate in grado posteriore.

[III]. Se gli obbligati non sono concordi sulla misura, sulla distribuzione e sul modo di somministrazione degli alimenti, provvede l'autorità giudiziaria secondo le circostanze.

442. **Concorso di aventi diritto.** – [I]. Quando più persone hanno diritto agli alimenti nei confronti di un medesimo obbligato, e questi non è in grado di provvedere ai bisogni di ciascuna di esse, l'autorità giudiziaria dà i provvedimenti opportuni, tenendo conto della prossimità della parentela e dei rispettivi bisogni, e anche della possibilità che taluno degli aventi diritto abbia di conseguire gli alimenti da obbligati di grado ulteriore.

443. **Modo di somministrazione degli alimenti.** – [I]. Chi deve somministrare gli alimenti ha la scelta di adempiere questa obbligazione o mediante un assegno alimentare corrisposto in periodi anticipati, o accogliendo e mantenendo nella propria casa colui che vi ha diritto [1285].

[II]. L'autorità giudiziaria può però, secondo le circostanze, determinare il modo di somministrazione [1287].

[III]. In caso di urgente necessità l'autorità giudiziaria può altresì porre temporaneamente l'obbligazione degli alimenti a carico di uno solo tra quelli che vi sono obbligati, salvo il regresso verso gli altri [1299].

444. **Adempimento della prestazione alimentare.** – [I]. L'assegno alimentare prestato secondo le modalità stabilite non può essere nuovamente richiesto, qualunque uso l'alimentando ne abbia fatto.

445. Decorrenza degli alimenti. – [I]. Gli alimenti sono dovuti dal giorno della domanda giudiziale o dal giorno della costituzione in mora dell'obbligato [1219], quando questa costituzione sia entro sei mesi seguita dalla domanda giudiziale.

446. Assegno provvisorio. – [I]. Finché non sono determinati definitivamente il modo e la misura degli alimenti, il presidente del tribunale può, sentita l'altra parte, ordinare un assegno in via provvisoria ponendolo, nel caso di concorso di più obbligati, a carico anche di uno solo di essi, salvo il regresso verso gli altri (1).

(1) *Comma così modificato dall'art. 142 d.ls. 19 febbraio 1998, n. 51.*

447. Inammissibilità di cessione e di compensazione. – [I]. Il credito alimentare non può essere ceduto [1260].

[II]. L'obbligato agli alimenti non può opporre all'altra parte la compensazione [1241], neppure quando si tratta di prestazioni arretrate.

448. Cessazione per morte dell'obbligato. – [I]. L'obbligo degli alimenti cessa con la morte dell'obbligato, anche se questi li ha somministrati in esecuzione di sentenza [50, 63].

448-*bis*. (1) **Cessazione per decadenza dell'avente diritto dalla responsabilità genitoriale** (2) **sui figli.** – [I]. Il figlio, anche adottivo, e, in sua mancanza, i discendenti prossimi non sono tenuti all'adempimento dell'obbligo di prestare gli alimenti al genitore nei confronti del quale è stata pronunciata la decadenza dalla responsabilità genitoriale (2) e, per i fatti che non integrano i casi di indegnità di cui all'articolo 463, possono escluderlo dalla successione.

(1) *Articolo inserito dall'art. 1^9 l. 10 dicembre 2012, n. 219.*

(2) *Le parole* « responsabilità genitoriale » *sono state sostituite alla parola* « potestà » *dall'art. 66^1 d.ls. 28 dicembre 2013, n. 154, con la decorrenza indicata* sub *art. 87.*

TITOLO XIV
Degli atti dello stato civile (1)

(1) *V. art. 104^{11} d.ls. 28 dicembre 2013, n. 154;* infra, *voce* Famiglia e persone.

449. Registri dello stato civile. – [I]. I registri dello stato civile sono tenuti in ogni comune in conformità delle norme contenute nella legge sull'ordinamento dello stato civile (1).

(1) *V. artt. 10 ss. d.P.R. 3 novembre 2000, n. 396.*

450. Pubblicità dei registri dello stato civile. – [I]. I registri dello stato civile sono pubblici.

[II]. Gli ufficiali dello stato civile devono rilasciare gli estratti e i certificati che vengono loro domandati con le indicazioni dalla legge prescritte.

[III]. Essi devono altresì compiere negli atti affidati alla loro custodia le indagini domandate dai privati.

451. Forza probatoria degli atti. – [I]. Gli atti dello stato civile fanno prova, fino a querela di falso [221 c.p.c.], di ciò che l'ufficiale pubblico attesta essere avvenuto alla sua presenza o da lui compiuto.

[II]. Le dichiarazioni dei comparenti fanno fede fino a prova contraria.

[III]. Le indicazioni estranee all'atto non hanno alcun valore.

452. Mancanza, distruzione o smarrimento di registri. – [I]. Se non si sono tenuti i registri o sono andati distrutti o smarriti o se, per qualunque altra causa, manca in tutto o in parte la registrazione dell'atto, la prova della nascita o della morte può essere data con ogni mezzo.

[II]. In caso di mancanza, di distruzione totale o parziale, di alterazione o di occultamento accaduti per dolo del richiedente, questi non è ammesso alla prova consentita nel comma precedente.

453. Annotazione. – [I]. Nessuna annotazione può essere fatta sopra un atto già iscritto nei registri se non è disposta per legge ovvero non è ordinata dall'autorità giudiziaria.

454. (1) **[Rettificazioni].**

(1) *Articolo abrogato dall'art. 110³ d.P.R. 3 novembre 2000, n. 396.*

455. Efficacia della sentenza di rettificazione. – [I]. La sentenza di rettificazione non può essere opposta a quelli che non concorsero a domandare la rettificazione, ovvero non furono parti in giudizio o non vi furono regolarmente chiamati.

LIBRO SECONDO
Delle successioni

Titolo I
Disposizioni generali sulle successioni (1)

(1) *V. art. 104$^{1-6}$ d.ls. 28 dicembre 2013, n. 154*; infra, *voce* Famiglia e persone.

Capo I – *Dell'apertura della successione, della delazione e dell'acquisto dell'eredità*

456. Apertura della successione. – [I]. La successione si apre al momento della morte, nel luogo dell'ultimo domicilio del defunto [43, 462, 480, 484, 485, 508, 509, 516, 517, 519, 528, 620, 621, 622, 631, 656, 702, 730, 736, 745, 747, 748, 750, 751, 1146; 23 prel.; 22, 747 c.p.c.].

457. Delazione dell'eredità. – [I]. L'eredità si devolve per legge [565 ss.] o per testamento [587 ss.].

[II]. Non si fa luogo alla successione legittima se non quando manca, in tutto o in parte, quella testamentaria.

[III]. Le disposizioni testamentarie non possono pregiudicare i diritti che la legge riserva ai legittimari [536, 553 ss.].

458. Divieto di patti successori. – [I]. Fatto salvo quanto disposto dagli articoli 768-*bis* e seguenti, (1) è nulla [1418] ogni convenzione con cui taluno dispone della propria successione. È del pari nullo ogni atto col quale taluno dispone dei diritti che gli possono spettare su una successione non ancora aperta, o rinunzia ai medesimi [557^2, 589, 635, 679, 2122^4].

(1) *L'art. 1 l. 14 febbraio 2006, n. 55, in tema di patto di famiglia, ha premesso le parole* « Fatto salvo quanto disposto dagli articoli 768-*bis* e seguenti, ».

459. Acquisto dell'eredità. – [I]. L'eredità si acquista con l'accettazione [470 ss.]. L'effetto dell'accettazione risale al momento nel quale si è aperta la successione [456, 1146].

460. Poteri del chiamato prima dell'accettazione. – [I]. Il chiamato all'eredità può esercitare le azioni possessorie [1168 ss.; 703 ss. c.p.c.] a tutela dei beni ereditari, senza bisogno di materiale apprensione [1146].

[II]. Egli inoltre può compiere atti conservativi, di vigilanza e di amministrazione temporanea [486], e può farsi autorizzare dall'autorità giudiziaria a vendere i beni che non si possono conservare o la cui conservazione importa grave dispendio [747-748 c.p.c.].

[III]. Non può il chiamato compiere gli atti indicati nei commi precedenti, quando si è provveduto alla nomina di un curatore dell'eredità a norma dell'articolo 528.

461. Rimborso delle spese sostenute dal chiamato. – [I]. Se il chiamato rinunzia all'eredità [519 ss.], le spese sostenute per gli atti indicati dall'articolo precedente sono a carico dell'eredità.

CAPO II – *Della capacità di succedere*

462. Capacità delle persone fisiche. – [I]. Sono capaci di succedere tutti coloro che sono nati o concepiti al tempo dell'apertura della successione [1², 456].

[II]. Salvo prova contraria, si presume concepito al tempo dell'apertura della successione chi è nato entro i trecento giorni dalla morte della persona della cui successione si tratta [232].

[III]. Possono inoltre ricevere per testamento i figli di una determinata persona vivente al tempo della morte del testatore, benché non ancora concepiti [643, 715³, 784].

CAPO III – *Dell'indegnità*

463. Casi d'indegnità. – [I]. È escluso dalla successione come indegno [466]:

1) chi ha volontariamente ucciso [575 ss. c.p.] o tentato di uccidere [56 c.p.] la persona della cui successione si tratta, o il coniuge, o un discendente, o un ascendente della medesima, purché non ricorra alcuna delle cause che escludono la punibilità a norma della legge penale [801];

2) chi ha commesso, in danno di una di tali persone, un fatto al quale la legge (1) dichiara applicabili le disposizioni sull'omicidio [801; 397, 579², 580² c.p.];

3) chi ha denunziato una di tali persone per reato punibile (2) con l'ergastolo [22 c.p.] o con la reclusione per un tempo non inferiore nel minimo a tre anni [23 c.p.], se la denunzia è stata dichiarata calunniosa in giudizio penale [368 c.p.]; ovvero ha testimoniato contro le persone medesime imputate dei predetti reati, se la testimonianza è stata dichiarata, nei confronti di lui, falsa in giudizio penale [801; 372 c.p.];

3-*bis*) chi, essendo decaduto dalla responsabilità genitoriale (3) nei confronti della persona della cui successione si tratta a norma dell'articolo 330, non è stato reintegrato nella responsabilità genitoriale (4) alla data di apertura della successione della medesima (5);

4) chi ha indotto con dolo [1439] o violenza [1434] la persona, della

cui successione si tratta, a fare, revocare [679] o mutare il testamento, o ne l'ha impedita;

5) chi ha soppresso, celato o alterato il testamento dal quale la successione sarebbe stata regolata;

6) chi ha formato un testamento falso o ne ha fatto scientemente uso.

(1) *La parola* « penale » *che seguiva dopo la parola* « legge » *è stata soppressa dall'art. 1*[1 lett. a)] *l. 8 luglio 2005, n. 137.*

(2) *Le parole* « con la morte, » *che seguivano dopo la parola* « punibile » *sono state soppresse dall'art. 1*[1 lett. b)] *l. n. 137, cit. Tuttavia per la perdita di efficacia del riferimento alla pena di morte a seguito dell'abolizione di tale pena v. art. 9 c.p.*

(3) *Le parole* « responsabilità genitoriale » *sono state sostituite alle parole* « potestà genitoriale » *dall'art. 105*[1] *d.lgs. 28 dicembre 2013, n. 154, con la decorrenza indicata* sub *art. 87*

(4) *Le parole* « responsabilità genitoriale » *sono state sostituite alla parola* « potestà » *dall'art. 105*[1] *d.lgs. n. 154, cit., con la decorrenza indicata* sub *art. 87.*

(5) *Numero inserito dall'art. 1*[1 lett. c)] *l. n. 137, cit.*

463-*bis*. (1) **Sospensione dalla successione. – [I].** Sono sospesi dalla successione il coniuge, anche legalmente separato, nonché la parte dell'unione civile indagati per l'omicidio volontario o tentato nei confronti dell'altro coniuge o dell'altra parte dell'unione civile, fino al decreto di archiviazione o alla sentenza definitiva di proscioglimento. In tal caso si fa luogo alla nomina di un curatore ai sensi dell'articolo 528. In caso di condanna o di applicazione della pena su richiesta delle parti, ai sensi dell'articolo 444 del codice di procedura penale, il responsabile è escluso dalla successione ai sensi dell'articolo 463 del presente codice.

[II]. Le disposizioni di cui al primo comma si applicano anche nei casi di persona indagata per l'omicidio volontario o tentato nei confronti di uno o entrambi i genitori, del fratello o della sorella.

[III]. Il pubblico ministero, compatibilmente con le esigenze di segretezza delle indagini, comunica senza ritardo alla cancelleria del tribunale del circondario in cui si è aperta la successione l'avvenuta iscrizione nel registro delle notizie di reato, ai fini della sospensione di cui al presente articolo.

(1) *Articolo inserito dall'art. 5*[1] *l. 11 gennaio 2018, n. 4.*

464. Restituzione dei frutti. – [I]. L'indegno è obbligato a restituire i frutti che gli sono pervenuti dopo l'apertura della successione [535, 1148].

465. Indegnità del genitore. – [I]. Colui che è escluso per indegnità dalla successione [463] non ha sui beni della medesima, che siano devoluti ai suoi figli, i diritti di usufrutto [324] o di amministrazione [320] che la legge accorda ai genitori.

466. Riabilitazione dell'indegno. – [I]. Chi è incorso nell'indegnità [463] è ammesso a succedere quando la persona, della cui successione si tratta, ve lo ha espressamente abilitato con atto pubblico [2699] o con testamento [587^{2}].

[II]. Tuttavia l'indegno non espressamente abilitato, se è stato contemplato nel testamento quando il testatore conosceva la causa dell'indegnità, è ammesso a succedere nei limiti della disposizione testamentaria.

CAPO IV – *Della rappresentazione*

467. (1) **Nozione.** – [I]. La rappresentazione fa subentrare i discendenti (2) [573] nel luogo e nel grado del loro ascendente [564^{3}, 740], in tutti i casi in cui questi non può [463, 481, 487] o non vuole accettare l'eredità [519, 522, 523] o il legato [649].

[II]. Si ha rappresentazione nella successione testamentaria [674, 675] quando il testatore non ha provveduto per il caso in cui l'istituito non possa o non voglia accettare l'eredità o il legato [688 ss.], e sempre che non si tratti di legato di usufrutto [678] o di altro diritto di natura personale [1021].

(1) *Articolo così sostituito dall'art. 171 l. 19 maggio 1975, n. 151.*

(2) *Le parole* « legittimi o naturali » *che seguivano la parola* « discendenti » *sono state soppresse dall'art. 67^{1} d.ls. 28 dicembre 2013, n. 154, con la decorrenza indicata* sub *art. 87.*

468. Soggetti. – [I]. La rappresentazione ha luogo, nella linea retta [75], a favore dei discendenti dei figli anche adottivi (1) e, nella linea collaterale [75], a favore dei discendenti dei fratelli e delle sorelle del defunto.

[II]. I discendenti possono succedere per rappresentazione anche se hanno rinunziato [479^{3}, 519 ss.] all'eredità della persona in luogo della quale subentrano [740], o sono incapaci [592 ss.] o indegni di succedere [463] rispetto a questa.

(1) *Le parole* « anche adottivi » *sono state sostituite alle parole* « [legittimi], legittimati e adottivi » *e le parole* « nonché dei discendenti dei figli naturali del defunto, », *che seguivano nel testo, sono state soppresse dall'art. 68^{1} d.ls. 28 dicembre 2013, n. 154, con la decorrenza indicata* sub *art. 87. Precedentemente, l'art. 1^{11} l. 10 dicembre 2012, n. 219 aveva disposto che « Nel codice civile, le parole: "figli legittimi" e "figli naturali", ovunque ricorrono, sono sostituite dalla seguente: "figli" ». Per una precedente dichiarazione d'incostituzionalità dell'articolo v.* **C. cost.** *14 aprile 1969, n. 79.*

469. Estensione del diritto di rappresentazione. Divisione. – [I]. La rappresentazione ha luogo in infinito, siano uguali o disuguali il grado dei discendenti e il loro numero in ciascuna stirpe.

[II]. La rappresentazione ha luogo anche nel caso di unicità di stirpe [564³].

[III]. Quando vi è rappresentazione, la divisione si fa per stirpi [726²].

[IV]. Se uno stipite ha prodotto più rami, la suddivisione avviene per stirpi anche in ciascun ramo, e per capi tra i membri del medesimo ramo.

CAPO V – *Dell'accettazione dell'eredità*

SEZIONE I – *Disposizioni generali*

470. Accettazione pura e semplice e accettazione col beneficio d'inventario. – [I]. L'eredità può essere accettata [459, 2648, 2685] puramente e semplicemente [475, 476] o col beneficio d'inventario [484 ss.].

[II]. L'accettazione col beneficio di inventario può farsi nonostante qualunque divieto del testatore [634].

471. Eredità devolute a minori o interdetti. – [I]. Non si possono accettare le eredità devolute ai minori [2, 320] e agli interdetti [414], se non col beneficio d'inventario [489], osservate le disposizioni degli articoli 321 e 374.

472. Eredità devolute a minori emancipati o a inabilitati. – [I]. I minori emancipati [390 ss.] e gli inabilitati [415 ss.] non possono accettare le eredità, se non col beneficio d'inventario [489], osservate le disposizioni dell'articolo 394.

473. (1) **Eredità devolute a persone giuridiche o ad associazioni, fondazioni ed enti non riconosciuti.** – [I]. L'accettazione delle eredità devolute alle persone giuridiche o ad associazioni, fondazioni ed enti non riconosciuti non può farsi che col beneficio d'inventario.

[II]. Il presente articolo non si applica alle società.

(1) *Articolo così sostituito dall'art. 1² l. 22 giugno 2000, n. 192.*

474. Modi di accettazione. – [I]. L'accettazione può essere espressa [475] o tacita [476-478].

475. Accettazione espressa. – [I]. L'accettazione è espressa quando, in un atto pubblico [2699] o in una scrittura privata [2702], il chiamato all'eredità ha dichiarato di accettarla [2648^2, 2685], oppure ha assunto il titolo di erede [2648^3, 2685].

[II]. È nulla la dichiarazione di accettare sotto condizione o a termine.

[III]. Parimenti è nulla la dichiarazione di accettazione parziale di eredità.

476. Accettazione tacita. – [I]. L'accettazione è tacita quando il chiamato all'eredità compie un atto che presuppone necessariamente la sua volontà di accettare e che non avrebbe il diritto di fare se non nella qualità di erede [477, 478, 527, 2648^3].

477. Donazione, vendita e cessione dei diritti di successione. – [I]. La donazione, la vendita o la cessione, che il chiamato all'eredità faccia dei suoi diritti di successione a un estraneo o a tutti gli altri chiamati o ad alcuno di questi, importa accettazione dell'eredità [476].

478. Rinunzia che importa accettazione. – [I]. La rinunzia ai diritti di successione [519], qualora sia fatta verso corrispettivo o a favore di alcuni soltanto dei chiamati, importa accettazione [459, 476].

479. Trasmissione del diritto di accettazione. – [I]. Se il chiamato all'eredità muore senza averla accettata, il diritto di accettarla si trasmette agli eredi.

[II]. Se questi non sono d'accordo per accettare o rinunziare, colui che accetta l'eredità acquista tutti i diritti e soggiace a tutti i pesi ereditari, mentre vi rimane estraneo chi ha rinunziato.

[III]. La rinunzia all'eredità propria del trasmittente include rinunzia alla eredità che al medesimo è devoluta.

480. Prescrizione. – [I]. Il diritto di accettare l'eredità si prescrive in dieci anni [2946].

[II]. Il termine decorre dal giorno dell'apertura della successione [456] e, in caso d'istituzione condizionale [633 ss.], dal giorno in cui si verifica la condizione. In caso di accertamento giudiziale della filiazione il termine decorre dal passaggio in giudicato della sentenza che accerta la filiazione stessa (1).

[III]. Il termine non corre per i chiamati ulteriori, se vi è stata accettazione da parte di precedenti chiamati e successivamente il loro acquisto ereditario è venuto meno.

(1) *Periodo aggiunto dall'art. 69^1 d.ls. 28 dicembre 2013, n. 154, con la decorrenza indicata* sub *art. 87.*

481. Fissazione di un termine per l'accettazione. – [I]. Chiunque vi ha interesse può chiedere che l'autorità giudiziaria fissi un termine [749 c.p.c.] entro il quale il chiamato dichiari se accetta o rinunzia all'eredità [519 ss., 650]. Trascorso questo termine senza che abbia fatto la dichiarazione, il chiamato perde il diritto di accettare [488, 650, 2964].

482. Impugnazione per violenza o dolo. – [I]. L'accettazione della eredità si può impugnare quando è effetto di violenza [1434] o di dolo [1439].

[II]. L'azione si prescrive in cinque anni dal giorno in cui è cessata la violenza o è stato scoperto il dolo [1442].

483. Impugnazione per errore. – [I]. L'accettazione dell'eredità non si può impugnare se è viziata da errore [1428].

[II]. Tuttavia, se si scopre un testamento del quale non si aveva notizia al tempo dell'accettazione, l'erede non è tenuto a soddisfare i legati [649 ss.] scritti in esso oltre il valore dell'eredità, o con pregiudizio della porzione legittima che gli è dovuta [536 ss.]. Se i beni ereditari non bastano a soddisfare tali legati, si riducono proporzionalmente anche i legati scritti in altri testamenti. Se alcuni legatari sono stati già soddisfatti per intero, contro di loro è data azione di regresso.

[III]. L'onere di provare il valore dell'eredità incombe all'erede [2697].

SEZIONE II – *Del beneficio d'inventario*

484. Accettazione col beneficio di inventario. – [I]. L'accettazione col beneficio d'inventario [470, 490 ss.] si fa mediante dichiarazione [1350 n. 13], ricevuta da un notaio o dal cancelliere del tribunale del circondario in cui si è aperta la successione [456], e inserita nel registro delle successioni conservato nello stesso tribunale [52, 53 att.] (1).

[II]. Entro un mese dall'inserzione, la dichiarazione deve essere trascritta, a cura del cancelliere, presso l'ufficio dei registri immobiliari del luogo in cui si è aperta la successione [456, 495, 2648, 2830].

[III]. La dichiarazione deve essere preceduta o seguita dall'inventario, nelle forme prescritte dal codice di procedura civile [769 ss. c.p.c.].

[IV]. Se l'inventario è fatto prima della dichiarazione, nel registro deve pure menzionarsi la data in cui esso è stato compiuto.

[V]. Se l'inventario è fatto dopo la dichiarazione, l'ufficiale pubblico che lo ha redatto deve, nel termine di un mese, far inserire nel registro l'annotazione della data in cui esso è stato compiuto [495].

(1) *Comma così modificato dall'art. 143 d.ls. 19 febbraio 1998, n. 51.*

485. Chiamato all'eredità che è nel possesso di beni. – [I]. Il chiamato alla eredità, quando a qualsiasi titolo è nel possesso di beni ereditari, deve fare l'inventario entro tre mesi dal giorno dell'apertura della successione [456] o della notizia della devoluta eredità. Se entro questo termine lo ha cominciato ma non è stato in grado di completarlo, può ottenere dal tribunale (1) del luogo in cui si è aperta la successione una proroga che, salvo gravi circostanze, non deve eccedere i tre mesi [749[5] c.p.c.] (2).

[II]. Trascorso tale termine senza che l'inventario sia stato compiuto, il chiamato all'eredità è considerato erede puro e semplice.

[III]. Compiuto l'inventario, il chiamato che non abbia ancora fatto la dichiarazione a norma dell'articolo 484 ha un termine di quaranta giorni da quello del compimento dell'inventario medesimo, per deliberare se accetta o rinunzia all'eredità. Trascorso questo termine senza che abbia deliberato, è considerato erede puro e semplice.

(1) *L'art. 27[2 lett. a) n. 1] d.ls. 13 luglio 2017, n. 116, ha disposto la sostituzione della parola* « tribunale » *con le parole* « giudice di pace ». *Ai sensi dell'art. 32[3] d.ls. n. 116, cit., come da ultimo modificato dall'art. 8-bis[1 lett. b)] d.l. 30 dicembre 2019, n. 162, conv., con modif., in l. 28 febbraio 2020, n. 8, tale disposizione* ***entra in vigore il 31 ottobre 2025.***

(2) *Comma così modificato dall'art. 144 d.ls. 19 febbraio 1998, n. 51.*

486. Poteri. – [I]. Durante i termini stabiliti dall'articolo precedente per fare l'inventario e per deliberare, il chiamato, oltre che esercitare i poteri indicati nell'articolo 460, può stare in giudizio come convenuto per rappresentare l'eredità.

[II]. Se non compare, l'autorità giudiziaria nomina un curatore alla eredità affinché la rappresenti in giudizio [78-80, 780 c.p.c.].

487. Chiamato all'eredità che non è nel possesso di beni. – [I]. Il chiamato all'eredità, che non è nel possesso di beni ereditari, può fare la dichiarazione di accettare col beneficio di inventario [484] fino a che il diritto di accettare non è prescritto [480].

[II]. Quando ha fatto la dichiarazione, deve compiere l'inventario nel termine di tre mesi dalla dichiarazione, salva la proroga accordata dall'autorità giudiziaria a norma dell'articolo 485; in mancanza, è considerato erede puro e semplice.

[III]. Quando ha fatto l'inventario non preceduto da dichiarazione d'accettazione, questa deve essere fatta nei quaranta giorni successivi al compimento dell'inventario; in mancanza, il chiamato perde il diritto di accettare l'eredità.

488. Dichiarazione in caso di termine fissato dall'autorità giudiziaria. – [I]. Il chiamato all'eredità, che non è nel possesso di beni ereditari, qualora gli sia stato assegnato un termine a norma dell'articolo 481, deve, entro detto termine, compiere anche l'inventario; se fa la dichiarazione e non l'inventario, è considerato erede puro e semplice.

[II]. L'autorità giudiziaria può accordare una dilazione [749[5] c.p.c.].

489. Incapaci. – [I]. I minori, gli interdetti e gli inabilitati non s'intendono decaduti dal beneficio d'inventario [471, 472], se non al compimento di un anno dalla maggiore età [2] o dal cessare dello stato d'interdizione o d'inabilitazione [431], qualora entro tale termine non si siano conformati alle norme della presente sezione [484-494].

490. Effetti del beneficio d'inventario. – [I]. L'effetto del beneficio d'inventario consiste nel tener distinto il patrimonio del defunto da quello dell'erede [2941[n. 5]].

[II]. Conseguentemente:

1) l'erede conserva verso la eredità tutti i diritti e tutti gli obblighi che aveva verso il defunto, tranne quelli che si sono estinti per effetto della morte [448];

2) l'erede non è tenuto al pagamento dei debiti ereditari e dei legati oltre il valore dei beni a lui pervenuti [564];

3) i creditori dell'eredità e i legatari hanno preferenza sul patrimonio ereditario di fronte ai creditori dell'erede [495, 499, 502]. Essi però non sono dispensati dal domandare la separazione dei beni, secondo le disposizioni del capo seguente, se vogliono conservare questa preferenza anche nel caso che l'erede decada dal beneficio d'inventario [493, 494, 505] o vi rinunzi.

491. Responsabilità dell'erede nell'amministrazione. – [I]. L'erede con beneficio d'inventario non risponde dell'amministrazione dei beni ereditari se non per colpa grave [789].

492. Garanzia. – [I]. Se i creditori o altri aventi interesse lo richiedono, l'erede deve dare idonea garanzia [1179; 119 c.p.c.] per il valore dei beni mobili compresi nell'inventario, per i frutti degli immobili e per il prezzo dei medesimi che sopravanzi al pagamento dei creditori ipotecari [750 c.p.c.].

493. Alienazione dei beni ereditari senza autorizzazione. – [I]. L'erede decade dal beneficio d'inventario [490], se aliena o sottopone a pegno o ipoteca beni ereditari, o transige relativamente a questi beni senza l'autorizzazione giudiziaria e senza osservare le forme prescritte dal codice di procedura civile [747, 748 c.p.c.].

[II]. Per i beni mobili l'autorizzazione non è necessaria trascorsi cinque anni dalla dichiarazione di accettare con beneficio d'inventario.

494. Omissioni o infedeltà nell'inventario. – [I]. Dal beneficio d'inventario decade [490] l'erede che ha omesso in mala fede di denunziare nell'inventario beni appartenenti all'eredità, o che ha denunziato in mala fede, nell'inventario stesso, passività non esistenti [527].

495. Pagamento dei creditori e legatari. – [I]. Trascorso un mese dalla trascrizione prevista nell'articolo 484 o dall'annotazione disposta nello stesso articolo per il caso che l'inventario sia posteriore alla dichiarazione, l'erede, quando creditori o legatari non si oppongono [498] ed egli non intende promuovere la liquidazione a norma dell'articolo 503, paga i creditori e i legatari a misura che si presentano, salvi i loro diritti di poziorità [2741].

[II]. Esaurito l'asse ereditario, i creditori rimasti insoddisfatti hanno soltanto diritto di regresso contro i legatari, ancorché di cosa determinata appartenente al testatore [649], nei limiti del valore del legato.

[III]. Tale diritto si prescrive in tre anni dal giorno dell'ultimo pagamento, salvo che il credito sia anteriormente prescritto [502, 2934 ss.].

496. Rendimento del conto. – [I]. L'erede ha l'obbligo di rendere conto [263-266 c.p.c.] della sua amministrazione ai creditori e ai legatari, i quali possono fare assegnare un termine all'erede [749 c.p.c.; 109, 178 att. c.p.c.].

497. Mora nel rendimento del conto. – [I]. L'erede non può essere costretto al pagamento con i propri beni, se non quando è stato costituito in mora [1219] a presentare il conto e non ha ancora soddisfatto a questo obbligo.

[II]. Dopo la liquidazione del conto, non può essere costretto al pagamento con i propri beni se non fino alla concorrenza delle somme di cui è debitore.

498. Liquidazione dell'eredità in caso di opposizione. – [I]. Qualora entro il termine indicato nell'articolo 495 gli sia stata notificata opposizione da parte di creditori o di legatari [530, 2906], l'erede non può eseguire pagamenti, ma deve provvedere alla liquidazione dell'eredità nell'interesse di tutti i creditori e legatari [499 ss.].

[II]. A tal fine egli, non oltre un mese dalla notificazione dell'opposizione, deve, a mezzo di un notaio del luogo dell'aperta successione, invitare i creditori e i legatari a presentare, entro un termine stabilito dal notaio stesso e non inferiore a giorni trenta, le dichiarazioni di credito [505, 507, 509; 779[2] c.p.c.].

[III]. L'invito è spedito per raccomandata ai creditori e ai legatari dei quali è noto il domicilio o la residenza ed è pubblicato nel foglio degli annunzi legali della provincia (1) [506; 52 att.].

(1) *I fogli degli annunzi legali delle province sono stati aboliti dall'art. 31[1] l. 24 novembre 2000, n. 340, con la decorrenza ivi indicata. Al successivo comma 3 il medesimo articolo ha inoltre stabilito che, quando disposizioni vigenti prevedono la pubblicazione nel foglio annunzi legali come unica forma di pubblicità, la pubblicazione venga effettuata nella Gazzetta Ufficiale.*

499. Procedura di liquidazione. – [I]. Scaduto il termine entro il quale devono presentarsi le dichiarazioni di credito [498[2]], l'erede provvede, con l'assistenza del notaio, a liquidare le attività ereditarie facendosi autorizzare alle alienazioni necessarie [493; 747, 748 c.p.c.]. Se l'alienazione ha per oggetto beni sottoposti a privilegio o a ipoteca, i privilegi non si estinguono, e le ipoteche non possono essere cancellate sino a che l'acquirente non depositi il prezzo nel modo stabilito dal giudice o non provveda al pagamento dei creditori collocati nello stato di graduazione previsto dal comma seguente.

[II]. L'erede forma, sempre con l'assistenza del notaio, lo stato di graduazione [506[1], 508[3]; 778 c.p.c.]. I creditori sono collocati secondo i rispettivi diritti di prelazione [2741 ss.]. Essi sono preferiti ai legatari. Tra i creditori non aventi diritto a prelazione l'attivo ereditario è ripartito in proporzione dei rispettivi crediti.

[III]. Qualora, per soddisfare i creditori, sia necessario comprendere nella liquidazione anche l'oggetto di un legato di specie [649; 747[4] c.p.c.], sulla somma che residua dopo il pagamento dei creditori il legatario di specie è preferito agli altri legatari.

500. Termine per la liquidazione. – [I]. L'autorità giudiziaria, su istanza di alcuno dei creditori o legatari, può assegnare un termine [749 c.p.c.] all'erede per liquidare le attività ereditarie e per formare lo stato di graduazione [505].

501. Reclami. – [I]. Compiuto lo stato di graduazione [499²], il notaio ne dà avviso con raccomandata ai creditori e legatari di cui è noto il domicilio o la residenza, e provvede alla pubblicazione di un estratto dello stato nel foglio degli annunzi legali della provincia (1). Trascorsi senza reclami [778 c.p.c.] trenta giorni dalla data di questa pubblicazione, lo stato di graduazione diviene definitivo.

(1) *I fogli degli annunzi legali delle province sono stati aboliti dall'art. 31¹ l. 24 novembre 2000, n. 340, con la decorrenza ivi indicata. Al successivo comma 3 il medesimo articolo ha inoltre stabilito che, quando disposizioni vigenti prevedono la pubblicazione nel foglio annunzi legali come unica forma di pubblicità, la pubblicazione venga effettuata nella Gazzetta Ufficiale.*

502. Pagamento dei creditori e dei legatari. – [I]. Divenuto definitivo lo stato di graduazione [501] o passata in giudicato la sentenza [324 c.p.c.] che pronunzia sui reclami, l'erede deve soddisfare i creditori e i legatari in conformità dello stato medesimo. Questo costituisce titolo esecutivo contro l'erede [474 c.p.c.].

[II]. La collocazione dei crediti condizionali non impedisce il pagamento dei creditori posteriori, sempre che questi diano cauzione [1179].

[III]. I creditori e i legatari che non si sono presentati hanno azione contro l'erede solo nei limiti della somma che residua dopo il pagamento dei creditori e dei legatari collocati nello stato di graduazione [508³]. Questa azione si prescrive in tre anni dal giorno in cui lo stato è divenuto definitivo o è passata in giudicato la sentenza che ha pronunziato sui reclami, salvo che il credito sia anteriormente prescritto [495, 2934 ss.].

503. Liquidazione promossa dall'erede. – [I]. Anche quando non vi è opposizione di creditori o di legatari, l'erede può valersi della procedura di liquidazione prevista dagli articoli precedenti [495, 504; 132 trans.].

[II]. Il pagamento fatto a creditori privilegiati o ipotecari non impedisce all'erede di valersi di questa procedura [498].

504. Liquidazione nel caso di più eredi. – [I]. Se vi sono più eredi con beneficio d'inventario [510], ciascuno può promuovere la liquidazione; ma deve convocare i propri coeredi davanti al notaio nel termine che questi ha stabilito per la dichiarazione dei crediti [498]. I coeredi che non si presentano sono rappresentati nella liquidazione dal notaio.

505. Decadenza dal beneficio. – [I]. L'erede che, in caso di opposizione, non osserva le norme stabilite dall'articolo 498 o non compie la liquidazione o lo stato di graduazione nel termine stabilito dall'articolo 500, decade dal beneficio d'inventario [490].

[II]. Parimenti decade dal beneficio di inventario l'erede che, nel caso previsto dall'articolo 503, dopo l'invito ai creditori di presentare le dichiarazioni di credito, esegue pagamenti prima che sia definita la procedura di liquidazione o non osserva il termine che gli è stato prefisso a norma dell'articolo 500.

[III]. La decadenza non si verifica quando si tratta di pagamenti a favore di creditori privilegiati o ipotecari [503^2].

[IV]. In ogni caso la decadenza dal beneficio d'inventario può essere fatta valere solo dai creditori del defunto e dai legatari [509].

506. Procedure individuali. – [I]. Eseguita la pubblicazione prescritta dal terzo comma dell'articolo 498, non possono essere promosse procedure esecutive a istanza dei creditori. Possono tuttavia essere continuate quelle in corso, ma la parte di prezzo che residua dopo il pagamento dei creditori privilegiati e ipotecari deve essere distribuita in base allo stato di graduazione previsto dall'articolo 499.

[II]. I crediti a termine diventano esigibili [1183]. Resta tuttavia il beneficio del termine, quando il credito è munito di garanzia reale su beni la cui alienazione non si renda necessaria ai fini della liquidazione, e la garanzia stessa è idonea ad assicurare il soddisfacimento integrale del credito.

[III]. Dalla data di pubblicazione dell'invito ai creditori previsto dal terzo comma dell'articolo 498 è sospeso il decorso degli interessi dei crediti chirografari [1282]. I creditori tuttavia hanno diritto, compiuta la liquidazione, al collocamento degli interessi sugli eventuali residui.

507. Rilascio dei beni ai creditori e ai legatari. – [I]. L'erede, non oltre un mese dalla scadenza del termine stabilito per presentare le dichiarazioni di credito [498], se non ha provveduto ad alcun atto di liquidazione, può rilasciare tutti i beni ereditari a favore dei creditori e dei legatari [508, 1977].

[II]. A tal fine l'erede deve, nelle forme indicate dall'articolo 498, dare avviso ai creditori e ai legatari dei quali è noto il domicilio o la residenza [43]; deve iscrivere la dichiarazione di rilascio nel registro delle successioni [52-53 att.], annotarla in margine alla trascrizione prescritta dal secondo comma dell'articolo 484, e trascriverla presso gli uffici dei registri immobiliari dei luoghi in cui si trovano gli immobili ereditari [2649, 2663] e presso gli uffici dove sono registrati i beni mobili [2663, 2687, 2695^2].

[III]. Dal momento in cui è trascritta la dichiarazione di rilascio, gli atti di disposizione dei beni ereditari compiuti dall'erede sono senza effetto rispetto ai creditori e ai legatari [509^3].

[IV]. L'erede deve consegnare i beni al curatore nominato secondo le norme dell'articolo seguente. Eseguita la consegna, egli resta liberato da ogni responsabilità per i debiti ereditari.

508. Nomina del curatore. – [I]. Trascritta la dichiarazione di rilascio, il tribunale del luogo della aperta successione [456], su istanza dell'erede o di uno dei creditori o legatari, o anche d'ufficio, nomina un curatore, perché provveda alla liquidazione secondo le norme degli articoli 498 e seguenti (1).

[II]. Il decreto di nomina del curatore è iscritto nel registro delle successioni [52, 53 att.].

[III]. Le attività che residuano, pagate le spese della curatela e soddisfatti i creditori e i legatari collocati nello stato di graduazione [499], spettano all'erede, salva l'azione dei creditori e legatari, che non si sono presentati, nei limiti determinati dal terzo comma dell'articolo 502.

(1) *Comma così modificato dall'art. 144 d.lgs. 19 febbraio 1998, n. 51.*

509. Liquidazione proseguita su istanza dei creditori o legatari. [I]. Se, dopo la scadenza del termine stabilito per presentare le dichiarazioni di credito [498], l'erede incorre nella decadenza dal beneficio d'inventario [493, 494, 505], ma nessuno dei creditori o legatari la fa valere [505^4; 779 c.p.c.], il tribunale del luogo dell'aperta successione [456], su istanza di uno dei creditori o legatari, sentiti l'erede e coloro che hanno presentato le dichiarazioni di credito, può nominare un curatore con l'incarico di provvedere alla liquidazione dell'eredità secondo le norme degli articoli 499 e seguenti. Dopo la nomina del curatore, la decadenza dal beneficio non può più essere fatta valere (1).

[II]. Il decreto di nomina del curatore è iscritto nel registro delle successioni [52, 53 att.], annotato a margine della trascrizione prescritta dal secondo comma dell'articolo 484, e trascritto negli uffici dei registri immobiliari dei luoghi dove si trovano gli immobili ereditari [2649, 2663] e negli uffici dove sono registrati i beni mobili [2663, 2687, 2695^2].

[III]. L'erede perde l'amministrazione dei beni ed è tenuto a consegnarli al curatore. Gli atti di disposizione che l'erede compie dopo trascritto il decreto di nomina del curatore sono senza effetto rispetto ai creditori e ai legatari [507^3, 2649].

(1) *Comma così modificato dall'art. 144 d.ls. 19 febbraio 1998, n. 51.*

510. Accettazione o inventario fatti da uno dei chiamati. – [i]. L'accettazione con beneficio d'inventario [484] fatta da uno dei chiamati giova a tutti gli altri, anche se l'inventario è compiuto da un chiamato diverso da quello che ha fatto la dichiarazione.

511. Spese. – [i]. Le spese dell'apposizione dei sigilli, dell'inventario e di ogni altro atto dipendente dall'accettazione con beneficio d'inventario sono a carico dell'eredità.

Capo VI – *Della separazione dei beni del defunto da quelli dell'erede*

512. Oggetto della separazione. – [i]. La separazione dei beni del defunto da quelli dell'erede assicura il soddisfacimento, con i beni del defunto, dei creditori di lui e dei legatari che l'hanno esercitata [514], a preferenza dei creditori dell'erede [490, 2758^3, 2772^6].

[ii]. Il diritto alla separazione spetta anche ai creditori o legatari che hanno altre garanzie sui beni del defunto.

[iii]. La separazione non impedisce ai creditori e ai legatari che l'hanno esercitata, di soddisfarsi anche sui beni propri dell'erede.

513. Separazione contro i legatari di specie. – [i]. I creditori del defunto possono esercitare la separazione anche rispetto ai beni che formano oggetto di legato di specie [649].

514. Rapporti tra creditori separatisti e non separatisti. – [i]. I creditori e i legatari che hanno esercitato la separazione hanno diritto di soddisfarsi sui beni separati a preferenza dei creditori e dei legatari che non l'hanno esercitata, quando il valore della parte di patrimonio non separata sarebbe stato sufficiente a soddisfare i creditori e i legatari non separatisti.

[ii]. Fuori di questo caso, i creditori e i legatari non separatisti possono concorrere con coloro che hanno esercitato la separazione; ma, se parte del patrimonio non è stata separata, il valore di questa si aggiunge al prezzo dei beni separati per determinare quanto spetterebbe a ciascuno dei concorrenti, e quindi si considera come attribuito integralmente ai creditori e ai legatari non separatisti [54 att.].

[iii]. Quando la separazione è esercitata da creditori e legatari, i creditori sono preferiti ai legatari. La preferenza è anche accordata,

nel caso previsto dal comma precedente, ai creditori non separatisti di fronte ai legatari separatisti [756].

[IV]. Restano salve in ogni caso le cause di prelazione [2741 ss.].

515. Cessazione della separazione. – [I]. L'erede può impedire o far cessare la separazione pagando i creditori e i legatari, e dando cauzione per il pagamento di quelli il cui diritto è sospeso da condizione o sottoposto a termine, oppure è contestato [750 c.p.c.].

516. Termine per l'esercizio del diritto alla separazione. – [I]. Il diritto alla separazione deve essere esercitato entro il termine di tre mesi dalla apertura della successione [456, 518, 2964].

517. Separazione riguardo ai mobili. – [I]. Il diritto alla separazione riguardo ai mobili si esercita mediante domanda giudiziale.

[II]. La domanda si propone con ricorso al tribunale del luogo dell'aperta successione [456], il quale ordina l'inventario [769 ss. c.p.c.], se non è ancora fatto, e dà le disposizioni necessarie per la conservazione dei beni stessi (1).

[III]. Riguardo ai mobili già alienati dall'erede, il diritto alla separazione comprende soltanto il prezzo non ancora pagato.

(1) *Comma così modificato dall'art. 144 d.ls. 19 febbraio 1998, n. 51.*

518. Separazione riguardo agli immobili. – [I]. Riguardo agli immobili [812] e agli altri beni capaci d'ipoteca [2810], il diritto alla separazione si esercita mediante l'iscrizione del credito o del legato sopra ciascuno dei beni stessi. L'iscrizione si esegue nei modi stabiliti per iscrivere le ipoteche [2827 ss.], indicando il nome del defunto e quello dell'erede, se è conosciuto, e dichiarando che l'iscrizione stessa viene presa a titolo di separazione dei beni. Per tale iscrizione non è necessario esibire il titolo [2839].

[II]. Le iscrizioni a titolo di separazione, anche se eseguite in tempi diversi, prendono tutte il grado [2852] della prima e prevalgono sulle trascrizioni ed iscrizioni contro l'erede o il legatario, anche se anteriori.

[III]. Alle iscrizioni a titolo di separazione sono applicabili le norme sulle ipoteche [2808 ss.].

CAPO VII – *Della rinunzia all'eredità*

519. Dichiarazione di rinunzia. – [I]. La rinunzia all'eredità [320^{3}, $374^{n.\ 3}$, 524-527] deve farsi con dichiarazione [$1350^{n.\ 13}$], ricevuta da un notaio o dal cancelliere del tribunale del circondario in cui si è aperta la successione [456], e inserita nel registro delle successioni [52, 53 att.; 133 trans.] (1).

[II]. La rinunzia fatta gratuitamente a favore di tutti coloro ai quali si sarebbe devoluta la quota del rinunziante non ha effetto finché, a cura di alcuna delle parti, non siano osservate le forme indicate nel comma precedente.

(1) *Comma così modificato dall'art. 146 d.ls. 19 febbraio 1998, n. 51.*

520. Rinunzia condizionata, a termine o parziale. – [I]. È nulla la rinunzia fatta sotto condizione o a termine o solo per parte [475^{2-3}].

521. Retroattività della rinunzia. – [I]. Chi rinunzia all'eredità è considerato come se non vi fosse mai stato chiamato [524, 525].

[II]. Il rinunziante può tuttavia ritenere la donazione [769 ss.] o domandare il legato [649 ss.] a lui fatto sino alla concorrenza della porzione disponibile [556], salve le disposizioni degli articoli 551 e 552.

522. Devoluzione nelle successioni legittime. – [I]. Nelle successioni legittime la parte di colui che rinunzia si accresce a coloro che avrebbero concorso col rinunziante, salvo il diritto di rappresentazione [467 ss.] e salvo il disposto dell'ultimo comma dell'articolo 571. Se il rinunziante è solo, l'eredità si devolve a coloro ai quali spetterebbe nel caso che egli mancasse.

523. Devoluzione nelle successioni testamentarie. – [I]. Nelle successioni testamentarie, se il testatore non ha disposto una sostituzione [688] e se non ha luogo il diritto di rappresentazione [467^{2}], la parte del rinunziante si accresce ai coeredi a norma dell'articolo 674, ovvero si devolve agli eredi legittimi a norma dell'articolo 677.

524. Impugnazione della rinunzia da parte dei creditori. – [I]. Se taluno rinunzia, benché senza frode, a una eredità con danno dei suoi creditori, questi possono farsi autorizzare ad accettare l'eredità in nome e luogo del rinunziante, al solo scopo di soddisfarsi sui beni ereditari fino alla concorrenza dei loro crediti [$2652^{n. 1}$].

[II]. Il diritto dei creditori si prescrive in cinque anni dalla rinunzia [2934 ss.].

525. Revoca della rinunzia. – [I]. Fino a che il diritto di accettare l'eredità non è prescritto [480] contro i chiamati che vi hanno rinunziato, questi possono sempre accettarla, se non è già stata acquistata da altro dei chiamati, senza pregiudizio delle ragioni acquistate da terzi sopra i beni dell'eredità.

526. Impugnazione per violenza o dolo. – [I]. La rinunzia all'eredità si può impugnare solo se è l'effetto di violenza [1434] o di dolo [1439].

[II]. L'azione si prescrive in cinque anni dal giorno in cui è cessata la violenza o è stato scoperto il dolo [1442].

527. Sottrazione di beni ereditari. – [I]. I chiamati all'eredità, che hanno sottratto o nascosto beni spettanti all'eredità stessa, decadono dalla facoltà di rinunziarvi e si considerano eredi puri e semplici, nonostante la loro rinunzia [476, 494].

CAPO VIII – *Dell'eredità giacente*

528. Nomina del curatore. – [I]. Quando il chiamato non ha accettato l'eredità e non è nel possesso di beni ereditari [487], il tribunale del circondario in cui si è aperta la successione [456], su istanza delle persone interessate o anche d'ufficio, nomina un curatore dell'eredità [460^3, 529-532, 2830; 134 trans.] (1).

[II]. Il decreto di nomina del curatore, a cura del cancelliere, è pubblicato per estratto nel foglio degli annunzi legali della provincia (2) e iscritto nel registro delle successioni [52, 53 att.; 781 ss. c.p.c.; 193 trans. c.p.c.].

(1) *Comma così modificato dall'art. 145 d.ls. 19 febbraio 1998, n. 51.*

(2) *I fogli degli annunzi legali delle province sono stati aboliti dall'art. 31^1 l. 24 novembre 2000, n. 340, con la decorrenza ivi indicata. Al successivo comma 3 il medesimo articolo ha inoltre stabilito che, quando disposizioni vigenti prevedono la pubblicazione nel foglio annunzi legali come unica forma di pubblicità, la pubblicazione venga effettuata nella Gazzetta Ufficiale.*

529. Obblighi del curatore. – [I]. Il curatore è tenuto a procedere all'inventario dell'eredità [769 ss. c.p.c.], a esercitarne e promuoverne le ragioni, a rispondere alle istanze proposte contro la medesima, ad amministrarla, a depositare presso le casse postali o presso un istituto di credito designato dal tribunale il danaro che si trova nell'eredità o si ritrae dalla vendita dei mobili o degli immobili, e, da ultimo, a rendere conto della propria amministrazione [531; 782 c.p.c.] (1).

(1) *Comma così modificato dall'art. 144 d.ls. 19 febbraio 1998, n. 51.*

530. Pagamento dei debiti ereditari. – [I]. Il curatore può provvedere al pagamento dei debiti ereditari e dei legati, previa autorizzazione del tribunale [782^2 c.p.c.] (1).

[II]. Se però alcuno dei creditori o dei legatari fa opposizione, il curatore non può procedere ad alcun pagamento, ma deve provvedere alla liquidazione dell'eredità secondo le norme degli articoli 498 e seguenti [134[2] trans.].

(1) *Comma così modificato dall'art. 144 d.ls. 19 febbraio 1998, n. 51.*

531. Inventario, amministrazione e rendimento dei conti. – [I]. Le disposizioni della sezione II del capo V di questo titolo, che riguardano l'inventario, l'amministrazione e il rendimento di conti da parte dell'erede con beneficio d'inventario, sono comuni al curatore dell'eredità giacente, esclusa la limitazione della responsabilità per colpa [491].

532. Cessazione della curatela per accettazione dell'eredità. – [I]. Il curatore cessa dalle sue funzioni quando l'eredità è stata accettata [470 ss.].

CAPO IX – *Della petizione di eredità*

533. (1) **Nozione.** – [I]. L'erede può chiedere il riconoscimento della sua qualità ereditaria contro chiunque possiede tutti o parte dei beni ereditari a titolo di erede o senza titolo alcuno, allo scopo di ottenere la restituzione dei beni medesimi [534, 535; 22 c.p.c.].

[II]. L'azione è imprescrittibile, salvi gli effetti dell'usucapione rispetto ai singoli beni [1158 ss.].

(1) *V. art. 104[1-6] d.ls. 28 dicembre 2013, n. 154*; infra, *voce* Famiglia e persone.

534. Diritti dei terzi. – [I]. L'erede può agire anche contro gli aventi causa da chi possiede a titolo di erede o senza titolo.

[II]. Sono salvi i diritti acquistati, per effetto di convenzioni a titolo oneroso con l'erede apparente, dai terzi i quali provino di avere contrattato in buona fede [1189[1]].

[III]. La disposizione del comma precedente non si applica ai beni immobili e ai beni mobili iscritti nei pubblici registri [2683], se l'acquisto a titolo di erede [2648] e l'acquisto dall'erede apparente non sono stati trascritti anteriormente alla trascrizione dell'acquisto da parte dell'erede o del legatario vero, o alla trascrizione della domanda giudiziale contro l'erede apparente [2652[n. 7]].

535. Possessore di beni ereditari. – [I]. Le disposizioni in materia di possesso si applicano anche al possessore di beni ereditari, per quanto riguarda la restituzione dei frutti, le spese, i miglioramenti e le addizioni [1148 ss.].

[II]. Il possessore in buona fede, che ha alienato pure in buona fede una cosa dell'eredità, è solo obbligato a restituire all'erede il prezzo o il corrispettivo ricevuto. Se il prezzo o il corrispettivo è ancora dovuto, l'erede subentra nel diritto di conseguirlo [2038].

[III]. È possessore in buona fede colui che ha acquistato il possesso dei beni ereditari, ritenendo per errore di essere erede. La buona fede non giova se l'errore dipende da colpa grave [1147].

CAPO X – *Dei legittimari*

SEZIONE I – *Dei diritti riservati ai legittimari*

536. (1) **Legittimari.** – [I]. Le persone a favore delle quali la legge riserva una quota di eredità o altri diritti nella successione sono: il coniuge, i figli, gli ascendenti (2).

[II]. Ai figli sono equiparati (3) gli adottivi [304].

[III]. A favore dei discendenti dei figli (4), i quali vengono alla successione in luogo di questi, la legge riserva gli stessi diritti che sono riservati ai figli (4) [467].

(1) *Articolo così sostituito dall'art. 172 l. 19 maggio 1975, n. 151.*

(2) *Le parole* « i figli, gli ascendenti » *sono state sostituite alle parole* « i figli [legittimi], i figli [naturali], gli ascendenti legittimi » *dall'art. 70[1] lett. a) d.ls. 28 dicembre 2013, n. 154, con la decorrenza indicata* sub *art. 87. Precedentemente, l'art. 1[11] l. 10 dicembre 2012, n. 219 aveva disposto che « Nel codice civile, le parole: "figli legittimi" e "figli naturali", ovunque ricorrono, sono sostituite dalla seguente: "figli" ».*

(3) *La parola* « legittimi » *che seguiva la parola* « figli » *e le parole* « i legittimati e » *che seguivano la parola* « equiparati » *sono state soppresse dall'art. 70[1] lett. b) d.ls. n. 154, cit., con la decorrenza indicata* sub *art. 87.*

(4) *Le parole* « legittimi o naturali » *che seguivano la parola* « figli » *sono state soppresse dall'art. 70[1] lett. c) d.ls. n. 154, cit., con la decorrenza indicata* sub *art. 87.*

537. (1) **Riserva a favore dei figli** (2). – [I]. Salvo quanto disposto dall'articolo 542, se il genitore lascia un figlio solo (3), a questi è riservata la metà del patrimonio.

[II]. Se i figli sono più, è loro riservata la quota dei due terzi, da dividersi in parti uguali tra tutti i figli (4) (5).

(1) *Articolo così sostituito dall'art. 173 l. 19 maggio 1975, n. 151.*

(2) *Le parole* « legittimi e naturali » *che seguivano la parola* « figli » *e le parole* « legittimi o naturali» *che seguivano le parole* « figlio solo » *sono state soppresse dall'art. 71[1] lett. a-c) d.ls. 28 dicembre 2013, n. 154, con la decorrenza indicata* sub *art. 87. Precedentemente l'art. 1[11] l. 10 dicembre 2012, n. 219 aveva disposto che « Nel codice civile, le parole: "figli legittimi" e "figli naturali", ovunque ricorrono, sono sostituite dalla seguente: "figli" ».*

(3) *Le parole* « [legittimo o naturale], » *che seguivano le parole* « figlio solo, » *sono state soppresse dall'art. 71[1] lett. b) d.ls. n. 154, cit., con la decorrenza indicata* sub *art. 87. V. anche la seconda parte della nota 2.*

(4) *Le parole* « , [legittimi e naturali] » *che seguivano le parole* « tutti i figli » *sono state soppresse dall'art. 71[1] lett. c) d.ls. n. 154, cit., con la decorrenza indicata* sub *art. 87. V. anche la seconda parte della nota 2.*

(5) *Seguiva un terzo comma abrogato dall'art. 71[1 lett. d)] d.ls. n. 154, cit., con la decorrenza indicata* sub *art. 87. Il testo del comma era il seguente:* « I figli [legittimi] possono soddisfare in denaro o in beni immobili ereditari la porzione spettante ai figli [naturali] che non vi si oppongano. Nel caso di opposizione decide il giudice, valutate le circostanze personali e patrimoniali ». *V. anche la seconda parte della nota 2.*

538. (1) **Riserva a favore degli ascendenti** (2). – [I]. Se chi muore non lascia figli (3), ma ascendenti (3), a favore di questi è riservato un terzo del patrimonio, salvo quanto è disposto dall'articolo 544.

[II]. In caso di pluralità di ascendenti, la riserva è ripartita tra i medesimi secondo i criteri previsti dall'articolo 569.

(1) *Articolo così sostituito dall'art. 174 l. 19 maggio 1975, n. 151.*

(2) *La parola* « legittimi » *che seguiva la parola* « ascendenti », *è stata soppressa dall'art. 72[1 lett. a)] d.ls. 28 dicembre 2013, n. 154, con la decorrenza indicata* sub *art. 87.*

(3) *Le parole* « [legittimi né naturali] » *che seguivano la parola* « figli » *e la parola* « legittimi » *che seguiva la parola* « ascendenti » *sono state soppresse dall'art. 72[1 lett. b)] d.ls. n. 154, cit., con la decorrenza indicata* sub *art. 87. Precedentemente, l'art. 1[11] l. 10 dicembre 2012, n. 219 aveva disposto che « Nel codice civile, le parole: "figli legittimi" e "figli naturali", ovunque ricorrono, sono sostituite dalla seguente: "figli" ».*

539. (1) **[Riserva a favore dei figli naturali].**

(1) *Articolo abrogato dall'art. 175 l. 19 maggio 1975, n. 151.*

540. (1) **Riserva a favore del coniuge.** – [I]. A favore del coniuge è riservata la metà del patrimonio dell'altro coniuge, salve le disposizioni dell'articolo 542 per il caso di concorso con i figli.

[II]. Al coniuge, anche quando concorra con altri chiamati, sono riservati i diritti di abitazione [1022] sulla casa adibita a residenza familiare [144] e di uso [1021] sui mobili che la corredano, se di proprietà del defunto o comuni. Tali diritti gravano sulla porzione disponibile [556] e, qualora questa non sia sufficiente, per il rimanente sulla quota di riserva del coniuge ed eventualmente sulla quota riservata ai figli [584].

(1) *Articolo così sostituito dall'art. 176 l. 19 maggio 1975, n. 151.*

541. (1) **[Concorso di figli legittimi e naturali].**

(1) *Articolo abrogato dall'art. 177 l. 19 maggio 1975, n. 151.*

542. (1) **Concorso di coniuge e figli.** – [I]. Se chi muore lascia, oltre al coniuge, un solo figlio, (2) a quest'ultimo è riservato un terzo del patrimonio ed un altro terzo spetta al coniuge.

[II]. Quando i figli (3), sono più di uno, ad essi è complessivamente riservata la metà del patrimonio e al coniuge spetta un quarto del patrimonio del defunto. La divisione tra tutti i figli (3), è effettuata in parti uguali (4).

(1) *Articolo così sostituito dall'art. 178 l. 19 maggio 1975, n. 151.*

(2) *Le parole* « [legittimo o naturale], » *che seguivano la parola* « figlio, » *sono state soppresse dall'art. 73*[1 lett. a)] *d.ls. 28 dicembre 2013, n. 154, con la decorrenza indicata* sub *art. 87. Precedentemente, l'art. 1*[11] *l. 10 dicembre 2012, n. 219 aveva disposto che « Nel codice civile, le parole: "figli legittimi" e "figli naturali", ovunque ricorrono, sono sostituite dalla seguente: "figli" ».*

(3) *Le parole* « , [legittimi o naturali] » *che seguivano la parola* « figli » *sono state soppresse dall'art. 73*[1 lett. b)] *d.ls. n. 154, cit., con la decorrenza indicata* sub *art. 87. V. anche la seconda parte della nota 2.*

(4) *Seguiva un terzo comma abrogato dall'art. 73*[1 lett. c)] *d.ls. n. 154, cit., con la decorrenza indicata* sub *art. 87. Il testo del comma era il seguente:* « Si applica il terzo comma dell'articolo 537 ».

543. (1) **[Concorso di coniuge e figli naturali].**

(1) *Articolo abrogato dall'art. 179 l. 19 maggio 1975, n. 151.*

544. (1) **Concorso di ascendenti** (2) **e coniuge.** – [I]. Quando chi muore non lascia figli (3), ma ascendenti (3) e il coniuge, a quest'ultimo è riservata la metà del patrimonio, ed agli ascendenti un quarto.

[II]. In caso di pluralità di ascendenti, la quota di riserva ad essi attribuita ai sensi del precedente comma è ripartita tra i medesimi secondo i criteri previsti dall'articolo 569.

(1) *Articolo così sostituito dall'art. 180 l. 19 maggio 1975, n. 151.*

(2) *La parola* « legittimi » *che seguiva la parola* « ascendenti » *è stata soppressa dall'art. 74*[1 lett. a)] *d.ls. 28 dicembre 2013, n. 154, con la decorrenza indicata* sub *art. 87.*

(3) *La parola* « figli » *è stata sostituita alle parole* « né figli [legittimi] né figli [naturali], » *e la parola* « legittimi » *che seguiva la parola* « ascendenti » *è stata soppressa dall'art. 74*[1 lett. b)] *d.ls. n. 154, cit., con la decorrenza indicata* sub *art. 87. Precedentemente, l'art. 1*[11] *l. 10 dicembre 2012, n. 219 aveva disposto che « Nel codice civile, le parole: "figli legittimi" e "figli naturali", ovunque ricorrono, sono sostituite dalla seguente: "figli" ».*

545-547. (1).

(1) *Articoli abrogati dall'art. 181 l. 19 maggio 1975, n. 151.*

548. (1) **Riserva a favore del coniuge separato.** – [I]. Il coniuge cui non è stata addebitata la separazione con sentenza passata in giudicato, ai sensi del secondo comma dell'articolo 151, ha gli stessi diritti successori del coniuge non separato [585[1]].

[II]. Il coniuge cui è stata addebitata la separazione con sentenza passata in giudicato ha diritto soltanto ad un assegno vitalizio se al momento dell'apertura della successione godeva degli alimenti [433] a carico del coniuge deceduto. L'assegno è commisurato alle sostanze ereditarie e alla qualità e al numero degli eredi legittimi, e non è comunque di entità superiore a quella della prestazione alimentare goduta. La medesima disposizione si applica nel caso in cui la separazione sia stata addebitata ad entrambi i coniugi [585[2]].

(1) *Articolo così sostituito dall'art. 182 l. 19 maggio 1975, n. 151.*

549. Divieto di pesi o condizioni sulla quota dei legittimari. – [I]. Il testatore non può imporre pesi o condizioni sulla quota spettante ai legittimari [540^2, 551, 692], salva l'applicazione delle norme contenute nel titolo IV di questo libro [733-735].

550. Lascito eccedente la porzione disponibile. – [I]. Quando il testatore dispone di un usufrutto [978 ss.] o di una rendita vitalizia [1872] il cui reddito eccede quello della porzione disponibile [556], i legittimari [536], ai quali è stata assegnata la nuda proprietà della disponibile o di parte di essa, hanno la scelta o di eseguire tale disposizione o di abbandonare la nuda proprietà della porzione disponibile. Nel secondo caso il legatario, conseguendo la disponibile abbandonata, non acquista la qualità di erede [588].

[II]. La stessa scelta spetta ai legittimari quando il testatore ha disposto della nuda proprietà di una parte eccedente la disponibile.

[III]. Se i legittimari sono più, occorre l'accordo di tutti perché la disposizione testamentaria abbia esecuzione.

[IV]. Le stesse norme si applicano anche se dell'usufrutto, della rendita, o della nuda proprietà è stato disposto con donazione [769].

551. Legato in sostituzione di legittima. – [I]. Se a un legittimario [536] è lasciato un legato in sostituzione della legittima, egli può rinunziare al legato [649, 650] e chiedere la legittima [521^2].

[II]. Se preferisce di conseguire il legato, perde il diritto di chiedere un supplemento, nel caso che il valore del legato sia inferiore a quello della legittima, e non acquista la qualità di erede [588]. Questa disposizione non si applica quando il testatore ha espressamente attribuito al legittimario la facoltà di chiedere il supplemento.

[III]. Il legato in sostituzione della legittima grava sulla porzione indisponibile. Se però il valore del legato eccede quello della legittima spettante al legittimario, per l'eccedenza il legato grava sulla disponibile.

552. Donazioni e legati in conto di legittima. – [I]. Il legittimario [536] che rinunzia all'eredità [519 ss.], quando non si ha rappresentazione [467], può sulla disponibile ritenere le donazioni o conseguire i legati a lui fatti [521^2]; ma quando non vi è stata espressa dispensa dall'imputazione [564^2], se per integrare la legittima spettante agli eredi è necessario ridurre le disposizioni testamentarie o le donazioni [554 ss.], restano salve le assegnazioni, fatte dal testatore sulla disponibile, che non sarebbero soggette a riduzione se il legittimario accettasse l'eredità, e si riducono le donazioni e i legati fatti a questo ultimo.

SEZIONE II – *Della reintegrazione della quota riservata ai legittimari*

553. Riduzione delle porzioni degli eredi legittimi in concorso con legittimari. – [I]. Quando sui beni lasciati dal defunto si apre in tutto o in parte la successione legittima [565 ss.], nel concorso di legittimari [536] con altri successibili, le porzioni che spetterebbero a questi ultimi si riducono proporzionalmente nei limiti in cui è necessario per integrare la quota riservata ai legittimari, i quali però devono imputare a questa, ai sensi dell'articolo 564, quanto hanno ricevuto dal defunto in virtù di donazioni o di legati.

554. Riduzione delle disposizioni testamentarie. – [I]. Le disposizioni testamentarie eccedenti la quota di cui il defunto poteva disporre [537 ss.] sono soggette a riduzione [557 ss.] nei limiti della quota medesima [$2652^{n.\ 8}$, $269^{n.\ 5}$].

555. Riduzione delle donazioni. – [I]. Le donazioni [769 ss., 809], il cui valore eccede la quota della quale il defunto poteva disporre [537 ss.], sono soggette a riduzione [557 ss.] fino alla quota medesima [135 trans.].

[II]. Le donazioni non si riducono se non dopo esaurito il valore dei beni di cui è stato disposto per testamento [554, 1923^{2}].

556. Determinazione della porzione disponibile. – [I]. Per determinare l'ammontare della quota di cui il defunto poteva disporre si forma una massa di tutti i beni che appartenevano al defunto al tempo della morte, detraendone i debiti. Si riuniscono quindi fittiziamente i beni di cui sia stato disposto a titolo di donazione, secondo il loro valore determinato in base alle regole dettate negli articoli 747 a 750, e sull'asse così formato si calcola la quota di cui il defunto poteva disporre [537 ss.; 135^{2} trans.].

557. Soggetti che possono chiedere la riduzione. – [I]. La riduzione delle donazioni e delle disposizioni lesive della porzione di legittima non può essere domandata [$2652^{n.\ 8}$, $2690^{n.\ 5}$] che dai legittimari [536] e dai loro eredi o aventi causa.

[II]. Essi non possono rinunziare a questo diritto, finché vive il donante, né con dichiarazione espressa, né prestando il loro assenso alla donazione [458].

[III]. I donatari e i legatari non possono chiedere la riduzione, né approfittarne. Non possono chiederla né approfittarne nemmeno i creditori del defunto, se il legittimario avente diritto alla riduzione ha accettato con il beneficio d'inventario [484 ss.].

558. Modo di ridurre le disposizioni testamentarie. – [I]. La riduzione delle disposizioni testamentarie avviene proporzionalmente, senza distinguere tra eredi e legatari [554].

[II]. Se il testatore ha dichiarato che una sua disposizione deve avere effetto a preferenza delle altre, questa disposizione non si riduce, se non in quanto il valore delle altre non sia sufficiente a integrare la quota riservata ai legittimari [536 ss.].

559. Modo di ridurre le donazioni. – [I]. Le donazioni [769 ss.] si riducono [555] cominciando dall'ultima e risalendo via via alle anteriori.

560. Riduzione del legato o della donazione d'immobili. – [I]. Quando oggetto del legato o della donazione da ridurre è un immobile, la riduzione si fa separando dall'immobile medesimo la parte occorrente per integrare la quota riservata, se ciò può avvenire comodamente [720].

[II]. Se la separazione non può farsi comodamente e il legatario o il donatario ha nell'immobile un'eccedenza maggiore del quarto della porzione disponibile, l'immobile si deve lasciare per intero nell'eredità, salvo il diritto di conseguire il valore della porzione disponibile. Se l'eccedenza non supera il quarto, il legatario o il donatario può ritenere tutto l'immobile, compensando in danaro i legittimari.

[III]. Il legatario o il donatario che è legittimario può ritenere tutto l'immobile, purché il valore di esso non superi l'importo della porzione disponibile e della quota che gli spetta come legittimario [536 ss.].

561. Restituzione degli immobili. – [I]. Gli immobili restituiti in conseguenza della riduzione sono liberi da ogni peso o ipoteca di cui il legatario o il donatario può averli gravati, salvo il disposto del n. 8 dell'articolo 2652. I pesi e le ipoteche restano efficaci se la riduzione è domandata dopo venti anni dalla trascrizione della donazione, salvo in questo caso l'obbligo del donatario di compensare in denaro i legittimari in ragione del conseguente minor valore dei beni, purché la domanda sia stata proposta entro dieci anni dall'apertura della successione (1). Le stesse disposizioni si applicano per i mobili iscritti in pubblici registri [815, 2683, 2690$^{n. 5}$] (1).

[II]. I frutti [820] sono dovuti a decorrere dal giorno della domanda giudiziale [1148].

(1) *L'art. 2$^{4\text{-novies lett. a) n. 1}}$ d.l. 14 marzo 2005, n. 35, conv., con modif., in l. 14 maggio 2005, n. 80 ha sostituito gli ultimi due periodi del comma all'originario secondo periodo.*

562. Insolvenza del donatario soggetto a riduzione. – [I]. Se la cosa donata è perita per causa imputabile al donatario o ai suoi aventi causa o se la restituzione della cosa donata non può essere richiesta contro l'acquirente, e il donatario è in tutto o in parte insolvente, il valore della donazione che non si può recuperare dal donatario si detrae dalla massa ereditaria, ma restano impregiudicate le ragioni di credito del legittimario e dei donatari antecedenti contro il donatario insolvente.

563. Azione contro gli aventi causa dai donatari soggetti a riduzione. – [I]. Se i donatari contro i quali è stata pronunziata la riduzione hanno alienato a terzi gli immobili donati e non sono trascorsi venti anni dalla trascrizione della donazione, il legittimario, premessa l'escussione dei beni del donatario, può chiedere ai successivi acquirenti, nel modo e nell'ordine in cui si potrebbe chiederla ai donatari medesimi, la restituzione degli immobili [2652$^{n. 8}$] (1).

[II]. L'azione per ottenere la restituzione deve proporsi secondo l'ordine di data delle alienazioni, cominciando dall'ultima. Contro i terzi acquirenti può anche essere richiesta, entro il termine di cui al primo comma, la restituzione dei beni mobili, oggetto della donazione, salvi gli effetti del possesso di buona fede [1153] (2).

[III]. Il terzo acquirente può liberarsi dall'obbligo di restituire in natura le cose donate pagando l'equivalente in danaro.

[IV]. Salvo il disposto del numero 8) dell'articolo 2652, il decorso del termine di cui al primo comma e di quello di cui all'articolo 561, primo comma, è sospeso nei confronti del coniuge e dei parenti in linea retta del donante che abbiano notificato e trascritto, nei confronti del donatario e dei suoi aventi causa, un atto stragiudiziale di opposizione alla donazione. Il diritto dell'opponente è personale e rinunziabile. L'opposizione perde effetto se non è rinnovata prima che siano trascorsi venti anni dalla sua trascrizione (3).

(1) *Comma dapprima modificato dall'art. 2$^{4\text{-novies}}$ d.l. 14 marzo 2005, n. 35, conv., con modif., in l. 14 maggio 2005, n. 80 e successivamente dall'art. 3^{1} l. 28 dicembre 2005, n. 263.*

(2) *Comma così modificato dall'art. 2$^{4\text{-novies}}$ d.l. n. 35, cit.*

(3) *Comma aggiunto dall'art. 2$^{4\text{-novies}}$ d.l. n. 35, cit. e successivamente così modificato dall'art. 3^{1} l. n. 263, cit.*

564. Condizioni per l'esercizio dell'azione di riduzione. – [I]. Il legittimario [536] che non ha accettato l'eredità col beneficio d'inventario [484 ss.] non può chiedere la riduzione delle donazioni e dei legati, salvo che le donazioni e i legati siano stati fatti a persone chiamate come coeredi, ancorché abbiano rinunziato all'eredità [519 ss.]. Questa disposizione non si applica all'erede che ha accettato col beneficio d'inventario e che ne è decaduto [493 ss.].

[II]. In ogni caso il legittimario, che domanda la riduzione di donazioni o di disposizioni testamentarie, deve imputare alla sua porzione legittima le donazioni e i legati a lui fatti, salvo che ne sia stato espressamente dispensato [552, 553; 135² trans.].

[III]. Il legittimario che succede per rappresentazione [467 ss.] deve anche imputare le donazioni e i legati fatti, senza espressa dispensa, al suo ascendente [740; 135² trans.].

[IV]. La dispensa non ha effetto a danno dei donatari anteriori.

[V]. Ogni cosa, che, secondo le regole contenute nel capo II del titolo IV di questo libro, è esente da collazione, è pure esente da imputazione [737 ss.].

TITOLO II
Delle successioni legittime (1)

(1) *V. art. 104*$^{1\text{-}6}$ *d.ls. 28 dicembre 2013, n. 154*; infra, *voce* Famiglia e persone.

565. (1) **Categorie dei successibili.** – [I]. Nella successione legittima l'eredità si devolve al coniuge, ai discendenti (2), agli ascendenti (2), ai collaterali, agli altri parenti e allo Stato [586], nell'ordine e secondo le regole stabilite nel presente titolo.

(1) *Articolo così sostituito dall'art. 183 l. 19 maggio 1975, n. 151.*

(2) *Le parole* « legittimi e naturali » *che seguivano la parola* « discendenti » *e la parola* « legittimi » *che seguiva la parola* « ascendenti » *sono state soppresse dall'art. 75*^{1} *d.ls. 28 dicembre 2013, n. 154, con la decorrenza indicata* sub *art. 87. Per una precedente dichiarazione d'incostituzionalità dell'articolo v.* ***C. cost.*** *12 aprile 1990, n. 184.*

CAPO I – *Della successione dei parenti* (1)

(1) *Intitolazione così sostituita dall'art. 184 l. 19 maggio 1975, n. 151.*

566. (1) **Successione dei figli.** – [I]. Al padre ed alla madre succedono i figli, in parti uguali.

(1) *Articolo così sostituito dall'art. 76*^{1} *d.ls. 28 dicembre 2013, n. 154, con la decorrenza indicata* sub *art. 87. Il testo dell'articolo, come modificato dall'art. 185 l. 19 maggio 1975, n. 151, era il seguente:* « Art. 566. (*Successione dei figli [legittimi e naturali]*). - Al padre ed alla madre succedono i figli [legittimi e naturali], in parti uguali. - Si applica il terzo comma dell'articolo 537. ». *V. anche l'art. 1*^{11} *l. 10 dicembre 2012, n. 219 il quale aveva disposto che « Nel codice civile, le parole: "figli legittimi" e "figli naturali", ovunque ricorrono, sono sostituite dalla seguente: "figli" ». V. anche quanto stabilito, ora, negli artt. 74, 250 ss. e 315.*

567. **Successione dei figli adottivi** (1). – [I]. Ai figli sono equiparati gli adottivi [291 ss.] (2).

[II]. I figli adottivi sono estranei alla successione dei parenti dell'adottante [300^{2}].

(1) *Rubrica così sostituita dall'art.* 77^{1} *lett. a) d.ls. 28 dicembre 2013, n. 154, con la decorrenza indicata* sub *art. 87. Il testo della rubrica era il seguente:* « Successione dei figli legittimati e adottivi ».

(2) *Comma così sostituito dall'art.* 77^{1} *lett. b) d.ls. n. 154, cit., con la decorrenza indicata* sub *art. 87. Il testo del comma era il seguente:* « Ai figli [legittimi] sono equiparati i legittimati e gli adottivi ». *Precedentemente, l'art.* 1^{11} *l. 10 dicembre 2012, n. 219 aveva disposto che « Nel codice civile, le parole: "figli legittimi" e "figli naturali", ovunque ricorrono, sono sostituite dalla seguente: "figli" ».*

568. Successione dei genitori. – [I]. A colui che muore senza lasciare prole, né fratelli o sorelle o loro discendenti [467 ss.], succedono il padre e la madre in eguali porzioni, o il genitore che sopravvive.

569. Successione degli ascendenti. – [I]. A colui che muore senza lasciare prole, né genitori, né fratelli o sorelle o loro discendenti [467 ss.], succedono per una metà gli ascendenti della linea paterna e per l'altra metà gli ascendenti della linea materna.

[II]. Se però gli ascendenti non sono di eguale grado [76], l'eredità è devoluta al più vicino senza distinzione di linea [75].

570. Successione dei fratelli e delle sorelle. – [I]. A colui che muore senza lasciare prole, né genitori, né altri ascendenti, succedono i fratelli e le sorelle in parti uguali.

[II]. I fratelli e le sorelle unilaterali conseguono però la metà della quota che conseguono i germani.

571. (1) **Concorso di genitori o ascendenti con fratelli e sorelle.** [I]. Se coi genitori o con uno soltanto di essi concorrono fratelli e sorelle germani del defunto, tutti sono ammessi alla successione del medesimo per capi, purché in nessun caso la quota, in cui succedono i genitori o uno di essi, sia minore della metà.

[II]. Se vi sono fratelli e sorelle unilaterali, ciascuno di essi consegue la metà della quota che consegue ciascuno dei germani o dei genitori, salva in ogni caso la quota della metà in favore di questi ultimi.

[III]. Se entrambi i genitori non possono [463] o non vogliono venire alla successione e vi sono ulteriori ascendenti, a questi ultimi si devolve, nel modo determinato dall'articolo 569, la quota che sarebbe spettata a uno dei genitori in mancanza dell'altro.

(1) *Articolo così sostituito dall'art. 186 l. 19 maggio 1975, n. 151.*

572. Successione di altri parenti. – [I]. Se alcuno muore senza lasciare prole, né genitori, né altri ascendenti, né fratelli o sorelle o loro discendenti, la successione si apre a favore del parente o dei parenti prossimi [76], senza distinzione di linea [75].

[II]. La successione non ha luogo tra i parenti oltre il sesto grado [77].

573. Successione dei figli nati fuori del matrimonio (1). – [I]. Le disposizioni relative alla successione dei figli nati fuori del matrimonio (1) [577-579] si applicano quando la filiazione è stata riconosciuta o giudizialmente dichiarata [250 ss., 269], salvo quanto è disposto dall'articolo 580.

(1) *Le parole* « nati fuori del matrimonio » *sono state sostituite alla parola* « [naturali] » *dall'art. 78 d.ls. 28 dicembre 2013, n. 154, con la decorrenza indicata* sub *art. 87. Precedentemente, l'art. 1[11] l. 10 dicembre 2012, n. 219 aveva disposto che « Nel codice civile, le parole: "figli legittimi" e "figli naturali", ovunque ricorrono, sono sostituite dalla seguente: "figli" ».*

574-576. (1).

(1) *Articoli abrogati dall'art. 187 l. 19 maggio 1975, n. 151.*

577. (1) **Successione del figlio naturale all'ascendente legittimo immediato del suo genitore.** – [I]. Il figlio naturale succede all'ascendente legittimo immediato del suo genitore che non può [463] o non vuole accettare l'eredità, se l'ascendente non lascia né coniuge, né discendenti o ascendenti, né fratelli o sorelle o loro discendenti, né altri parenti legittimi entro il terzo grado.

(1) *Articolo dichiarato* costituzionalmente illegittimo *con* ***C. cost.*** *14 aprile 1969, n. 79, per contrasto con l'art. 30, terzo comma, Cost. Successivamente, la l. 10 dicembre 2012, n. 219 e il successivo decreto delegato 28 dicembre 2013, n. 154 hanno abolito la distinzione tra figli legittimi e figli naturali, introducendo il principio secondo il quale tutti i figli hanno lo stesso stato giuridico.*

578. (1) **[Successione dei genitori al figlio naturale].**

(1) *Articolo abrogato dall'art. 106[1 lett. a)] d.ls. 28 dicembre 2013, n. 154, con la decorrenza indicata* sub *art. 87. Il testo dell'articolo era il seguente:* « Art. 578. (*Successione dei genitori al figlio [naturale]*). - Se il figlio [naturale] muore senza lasciar prole né coniuge, la sua eredità è devoluta a quello dei genitori che lo ha riconosciuto o del quale è stato dichiarato figlio. - Se è stato riconosciuto o dichiarato figlio di entrambi i genitori, l'eredità spetta per metà a ciascuno di essi. - Se uno solo dei genitori ha legittimato il figlio, l'altro è escluso dalla successione. ». *Precedentemente, l'art. 1[11] l. 10 dicembre 2012, n. 219 aveva disposto che « Nel codice civile, le parole: "figli legittimi" e "figli naturali", ovunque ricorrono, sono sostituite dalla seguente: "figli" ».*

579. (1) **[Concorso del coniuge e dei genitori].**

(1) *Articolo abrogato dall'art. 106[1 lett. a)] d.ls. 28 dicembre 2013, n. 154, con la decorrenza indicata* sub *art. 87. Il testo dell'articolo era il seguente:* « Art. 579. (*Concorso del coniuge e dei*

genitori). - Se al figlio [naturale] morto senza lasciar prole, né genitori, sopravvive il coniuge, l'eredità si devolve per intero al medesimo. - Se vi sono genitori, l'eredità è devoluta per due terzi al coniuge e per l'altro terzo ai genitori. ». Precedentemente, l'art. 1[11] *l. 10 dicembre 2012, n. 219 aveva disposto che « Nel codice civile, le parole: "figli legittimi" e "figli naturali", ovunque ricorrono, sono sostituite dalla seguente: "figli" ».*

580. (1) **Diritti dei figli nati fuori del matrimonio** (2) **non riconoscibili. –** [I]. Ai figli nati fuori del matrimonio (2) aventi diritto al mantenimento, all'istruzione e alla educazione, a norma dell'articolo 279, spetta un assegno vitalizio pari all'ammontare della rendita della quota di eredità alla quale avrebbero diritto, se la filiazione fosse stata dichiarata o riconosciuta [594].

[II]. I figli nati fuori del matrimonio (2) hanno diritto di ottenere su loro richiesta la capitalizzazione dell'assegno loro spettante a norma del comma precedente, in denaro, ovvero, a scelta degli eredi legittimi, in beni ereditari.

(1) *Articolo così sostituito dall'art. 188 l. 19 maggio 1975, n. 151.*

(2) *Le parole* « nati fuori del matrimonio » *sono state sostituite alla parola* « naturali » *dall'art. 79[1 lett. a-b] d.lgs. 28 dicembre 2013, n. 154, con la decorrenza indicata* sub *art. 87. Precedentemente, l'art. 1[11] l. 10 dicembre 2012, n. 219 aveva disposto che « Nel codice civile, le parole: "figli legittimi" e "figli naturali", ovunque ricorrono, sono sostituite dalla seguente: "figli" ».*

CAPO II – *Della successione del coniuge*

581. (1) **Concorso del coniuge con i figli. –** [I]. Quando con il coniuge concorrono figli (2), il coniuge ha diritto alla metà dell'eredità, se alla successione concorre un solo figlio, e ad un terzo negli altri casi.

(1) *Articolo così sostituito dall'art. 189 l. 19 maggio 1975, n. 151.*

(2) *Le parole* « legittimi o figli naturali, o figli legittimi e naturali » *che seguivano la parola* « figli » *sono state soppresse dall'art. 80[1] d.lgs. 28 dicembre 2013, n. 154, con la decorrenza indicata* sub *art. 87. Precedentemente, l'art. 1[11] l. 10 dicembre 2012, n. 219 aveva disposto che « Nel codice civile, le parole: "figli legittimi" e "figli naturali", ovunque ricorrono, sono sostituite dalla seguente: "figli" ».*

582. (1) **Concorso del coniuge con ascendenti** (2), **fratelli e sorelle. –** [I]. Al coniuge sono devoluti i due terzi dell'eredità se egli concorre con ascendenti (2) o con fratelli e sorelle anche se unilaterali, ovvero con gli uni e con gli altri. In questo ultimo caso la parte residua è devoluta agli ascendenti, ai fratelli e alle sorelle, secondo le disposizioni dell'articolo 571, salvo in ogni caso agli ascendenti il diritto a un quarto della eredità.

(1) *Articolo così sostituito dall'art. 190 l. 19 maggio 1975, n. 151.*

(2) *La parola* « legittimi » *che seguiva la parola* « ascendenti » *è stata soppressa dall'art. 81[1 lett. a-b)] d.ls. 28 dicembre 2013, n. 154, con la decorrenza indicata* sub *art. 87.*

583. (1) **Successione del solo coniuge.** – [I]. In mancanza di figli (2), di ascendenti, di fratelli o sorelle, al coniuge si devolve tutta l'eredità.

(1) *Articolo così sostituito dall'art. 191 l. 19 maggio 1975, n. 151.*

(2) *Le parole* « [legittimi o naturali] » *che seguivano la parola* « figli » *sono state soppresse dall'art. 82[1] d.ls. 28 dicembre 2013, n. 154, con la decorrenza indicata* sub *art. 87. Precedentemente, l'art. 1[11] l. 10 dicembre 2012, n. 219 aveva disposto che « Nel codice civile, le parole: "figli legittimi" e "figli naturali", ovunque ricorrono, sono sostituite dalla seguente: "figli" ».*

584. (1) **Successione del coniuge putativo.** – [I]. Quando il matrimonio è stato dichiarato nullo dopo la morte di uno dei coniugi, al coniuge superstite di buona fede [128] spetta la quota attribuita al coniuge dalle disposizioni che precedono. Si applica altresì la disposizione del secondo comma dell'articolo 540.

[II]. Egli è però escluso dalla successione, quando la persona della cui eredità si tratta è legata da valido matrimonio al momento della morte.

(1) *Articolo così sostituito dall'art. 192 l. 19 maggio 1975, n. 151.*

585. (1) **Successione del coniuge separato.** – [I]. Il coniuge cui non è stata addebitata la separazione [151[2]] con sentenza passata in giudicato ha gli stessi diritti successori del coniuge non separato [548].

[II]. Nel caso in cui al coniuge sia stata addebitata la separazione [151[2]] con sentenza passata in giudicato, si applicano le disposizioni del secondo comma dell'articolo 548.

(1) *Articolo così sostituito dall'art. 193 l. 19 maggio 1975, n. 151.*

CAPO III – *Della successione dello Stato*

586. **Acquisto dei beni da parte dello Stato.** – [I]. In mancanza di altri successibili, l'eredità è devoluta allo Stato [565]. L'acquisto si opera di diritto senza bisogno di accettazione [459] e non può farsi luogo a rinunzia [519 ss.].

[II]. Lo Stato non risponde dei debiti ereditari e dei legati oltre il valore dei beni acquistati.

TITOLO III
Delle successioni testamentarie

CAPO I – *Disposizioni generali*

587. Testamento. – [I]. Il testamento è un atto revocabile [679 ss.] con il quale taluno dispone, per il tempo in cui avrà cessato di vivere, di tutte le proprie sostanze o di parte di esse [2821^2].

[II]. Le disposizioni di carattere non patrimoniale, che la legge consente siano contenute in un testamento [254, 256, 285, 348, 355, 424^3, 466, 629, 700, 2735^1], hanno efficacia, se contenute in un atto che ha la forma del testamento [601 ss.], anche se manchino disposizioni di carattere patrimoniale.

588. Disposizioni a titolo universale e a titolo particolare. – [I]. Le disposizioni testamentarie, qualunque sia l'espressione o la denominazione usata dal testatore, sono a titolo universale [637] e attribuiscono la qualità di erede, se comprendono l'universalità o una quota dei beni del testatore [674]. Le altre disposizioni sono a titolo particolare [631] e attribuiscono la qualità di legatario [649 ss.].

[II]. L'indicazione di beni determinati o di un complesso di beni non esclude che la disposizione sia a titolo universale, quando risulta che il testatore ha inteso assegnare quei beni come quota del patrimonio.

589. Testamento congiuntivo o reciproco. – [I]. Non si può fare testamento da due o più persone nel medesimo atto, né a vantaggio di un terzo, né con disposizione reciproca [458, 635].

590. Conferma ed esecuzione volontaria di disposizioni testamentarie nulle. – [I]. La nullità della disposizione testamentaria [137 trans.], da qualunque causa dipenda, non può essere fatta valere da chi, conoscendo la causa della nullità, ha, dopo la morte del testatore, confermato la disposizione o dato ad essa volontaria esecuzione [799, 1423, 1444].

CAPO II – *Della capacità di disporre per testamento*

591. Casi d'incapacità. – [I]. Possono disporre per testamento tutti coloro che non sono dichiarati incapaci [602] dalla legge.

[II]. Sono incapaci di testare:

1) coloro che non hanno compiuto la maggiore età [2];

2) gli interdetti per infermità di mente [414; 32 c.p.];

3) quelli che, sebbene non interdetti, si provi essere stati, per qualsiasi causa, anche transitoria, incapaci di intendere e di volere nel momento in cui fecero testamento [428] (1).

[III]. Nei casi d'incapacità preveduti dal presente articolo il testamento può essere impugnato da chiunque vi ha interesse. L'azione si prescrive nel termine di cinque anni dal giorno in cui è stata data esecuzione alle disposizioni testamentarie [620, 621, 623].

(1) *Comma così sostituito dall'art. 10 l. 8 marzo 1975, n. 39.*

CAPO III – *Della capacità di ricevere per testamento*

592. (1) **Figli [naturali] (2) riconosciuti o riconoscibili.** – [I]. Se vi sono discendenti legittimi, i figli [naturali] (2), quando la filiazione è stata riconosciuta [250 ss.] o dichiarata [269 ss.], non possono ricevere per testamento più di quanto avrebbero ricevuto se la successione si fosse devoluta in base alla legge [573 ss.].

[II]. I figli [naturali] (2) riconoscibili, quando la filiazione risulta nei modi indicati dall'articolo 279, non possono ricevere più di quanto, secondo la disposizione del comma precedente, potrebbero conseguire se la filiazione fosse stata riconosciuta o dichiarata.

(1) *Articolo dichiarato* costituzionalmente illegittimo *con* **C. cost.** *28 dicembre 1970, n. 205 con la quale sono stati dichiarati parzialmente illegittimi i commi 2 e 4 dell'art. 593 e l'art. 599 nella parte in cui si riferisce agli artt. 592 e 593.*

(2) *L'art. 1[11] l. 10 dicembre 2012, n. 219 ha disposto che « Nel codice civile, le parole: "figli legittimi" e "figli naturali", ovunque ricorrono, sono sostituite dalla seguente: "figli" ». V. anche quanto stabilito, ora, negli artt. 74, 250 ss. e 315.*

593. (1) **[Figli naturali non riconoscibili].**

(1) *Articolo abrogato dall'art. 194 l. 19 maggio 1975, n. 151.*

594. (1) **Assegno ai figli nati fuori del matrimonio** (2) **non riconoscibili.** – [I]. Gli eredi, i legatari e i donatari sono tenuti, in proporzione a quanto hanno ricevuto, a corrispondere ai figli nati fuori del matrimonio (2) di cui all'articolo 279, un assegno vitalizio nei limiti stabiliti dall'articolo 580, se il genitore non ha disposto per donazione o testamento in favore dei figli medesimi. Se il genitore ha disposto in loro favore, essi possono rinunziare alla disposizione e chiedere l'assegno.

(1) *Articolo così sostituito dall'art. 195 l. 19 maggio 1975, n. 151.*

(2) *Le parole* « nati fuori del matrimonio » *sono state sostituite alla parola* « [naturali] » *dall'art. 83[1 lett. a-b)] d.lgs. 28 dicembre 2013, n. 154, con la decorrenza indicata* sub *art. 87. Precedentemente, l'art. 1[11] l. 10 dicembre 2012, n. 219 aveva disposto che « Nel codice civile, le*

parole: "figli legittimi" e "figli naturali", ovunque ricorrono, sono sostituite dalla seguente: "figli" ».

595. (1) **[Coniuge del binubo].**

(1) *Articolo abrogato dall'art. 196 l. 19 maggio 1975, n. 151.*

596. Incapacità del tutore e del protutore. – [I]. Sono nulle le disposizioni testamentarie della persona sottoposta a tutela in favore del tutore, se fatte dopo la nomina di questo [346] e prima che sia approvato il conto [386] o sia estinta l'azione per il rendimento del conto medesimo [387], quantunque il testatore sia morto dopo l'approvazione. Questa norma si applica anche al protutore, se il testamento è fatto nel tempo in cui egli sostituiva il tutore [360].

[II]. Sono però valide le disposizioni fatte in favore del tutore o del protutore che è ascendente, discendente, fratello, sorella o coniuge del testatore.

597. Incapacità del notaio, dei testimoni e dell'interprete. – [I]. Sono nulle le disposizioni a favore del notaio o di altro ufficiale che ha ricevuto il testamento pubblico [603, 609, 611, 616, 617], ovvero a favore di alcuno dei testimoni o dell'interprete intervenuti al testamento medesimo.

598. Incapacità di chi ha scritto o ricevuto il testamento segreto. [I]. Sono nulle le disposizioni a favore della persona che ha scritto il testamento segreto [604, 605], salvo che siano approvate di mano dello stesso testatore o nell'atto della consegna. Sono pure nulle le disposizioni a favore del notaio a cui il testamento segreto è stato consegnato in plico non sigillato.

599. Persone interposte. – [I]. Le disposizioni testamentarie a vantaggio delle persone incapaci indicate dagli articoli 592, 593, 595 (1), 596, 597 e 598 sono nulle anche se fatte sotto nome di interposta persona.

[II]. Sono reputate persone interposte il padre, la madre, i discendenti e il coniuge della persona incapace, anche se chiamati congiuntamente con l'incapace [738, 739, 740, 779, 2728^2].

(1) *Comma dichiarato* costituzionalmente illegittimo *con* ***C. cost.*** *28 dicembre 1970, n. 205 nella parte in cui si riferisce agli artt. 592 e 593, e con* ***C. cost.*** *20 dicembre 1979, n. 153, nella parte in cui richiama l'art. 595.*

600. (1) **[Enti non riconosciuti].**

(1) *Articolo abrogato dall'art. 13^1 l. 15 maggio 1997, n. 127 come sostituito dall'art. 1^1 l. 22 giugno 2000, n. 192.*

CAPO IV – *Della forma dei testamenti*

SEZIONE I – *Dei testamenti ordinari*

601. Forme. – [I]. Le forme ordinarie di testamento sono il testamento olografo [602] e il testamento per atto di notaio.

[II]. Il testamento per atto di notaio è pubblico [603] o segreto [604, 605].

602. Testamento olografo. – [I]. Il testamento olografo deve essere scritto per intero, datato e sottoscritto di mano del testatore [606, 684].

[II]. La sottoscrizione deve essere posta alla fine delle disposizioni. Se anche non è fatta indicando nome e cognome [6], è tuttavia valida quando designa con certezza la persona del testatore [9].

[III]. La data deve contenere l'indicazione del giorno, mese e anno. La prova della non verità della data è ammessa soltanto quando si tratta di giudicare della capacità del testatore [591], della priorità di data tra più testamenti [682] o di altra questione da decidersi in base al tempo del testamento [651^2, 656, 657, 687].

603. Testamento pubblico. – [I]. Il testamento pubblico è ricevuto dal notaio in presenza di due testimoni [597; 743 c.p.c.].

[II]. Il testatore, in presenza dei testimoni, dichiara al notaio la sua volontà, la quale è ridotta in iscritto a cura del notaio stesso. Questi dà lettura del testamento al testatore in presenza dei testimoni. Di ciascuna di tali formalità è fatta menzione nel testamento [606].

[III]. Il testamento deve indicare il luogo, la data del ricevimento e l'ora della sottoscrizione, ed essere sottoscritto dal testatore, dai testimoni e dal notaio. Se il testatore non può sottoscrivere, o può farlo solo con grave difficoltà, deve dichiararne la causa, e il notaio deve menzionare questa dichiarazione prima della lettura dell'atto [605, 606].

[IV]. Per il testamento del muto, sordo o sordomuto (1) si osservano le norme stabilite dalla legge notarile per gli atti pubblici di queste persone. Qualora il testatore sia incapace anche di leggere, devono intervenire quattro testimoni.

(1) *L'art. 1 l. 20 febbraio 2006, n. 95 ha disposto che in tutte le disposizioni legislative vigenti il termine* « sordomuto » *sia sostituito con l'espressione* « sordo ».

604. Testamento segreto. – [I]. Il testamento segreto può essere scritto dal testatore o da un terzo [598]. Se è scritto dal testatore, deve essere sottoscritto da lui alla fine delle disposizioni; se è scritto in tutto o in parte da altri, o se è scritto con mezzi meccanici, deve portare la sottoscrizione del testatore anche in ciascun mezzo foglio, unito o separato [607].

[II]. Il testatore che sa leggere ma non sa scrivere, o che non ha potuto apporre la sottoscrizione quando faceva scrivere le proprie disposizioni, deve altresì dichiarare al notaio, che riceve il testamento, di averlo letto ed aggiungere la causa che gli ha impedito di sottoscriverlo: di ciò si fa menzione nell'atto di ricevimento.

[III]. Chi non sa o non può leggere non può fare testamento segreto.

605. Formalità del testamento segreto. – [I]. La carta su cui sono stese le disposizioni o quella che serve da involto deve essere sigillata con una impronta, in guisa che il testamento non si possa aprire né estrarre senza rottura o alterazione.

[II]. Il testatore, in presenza di due testimoni, consegna personalmente al notaio la carta così sigillata, o la fa sigillare nel modo sopra indicato in presenza del notaio e dei testimoni, e dichiara che in questa carta è contenuto il suo testamento. Il testatore, se è muto o sordomuto (1), deve scrivere tale dichiarazione in presenza dei testimoni e deve pure dichiarare per iscritto di aver letto il testamento, se questo è stato scritto da altri [598, 604].

[III]. Sulla carta in cui dal testatore è scritto o involto il testamento, o su un ulteriore involto predisposto dal notaio e da lui debitamente sigillato, si scrive l'atto di ricevimento nel quale si indicano il fatto della consegna e la dichiarazione del testatore, il numero e l'impronta dei sigilli, e l'assistenza dei testimoni a tutte le formalità.

[IV]. L'atto deve essere sottoscritto dal testatore, dai testimoni e dal notaio.

[V]. Se il testatore non può, per qualunque impedimento, sottoscrivere l'atto della consegna, si osserva quel che è stabilito circa il testamento per atto pubblico [603]. Tutto ciò deve essere fatto di seguito e senza passare ad altri atti.

(1) *L'art. 1 l. 20 febbraio 2006, n. 95 ha disposto che in tutte le disposizioni legislative vigenti il termine* « sordomuto » *sia sostituito con l'espressione* « sordo ».

606. Nullità del testamento per difetto di forma. – [I]. Il testamento è nullo [1418 ss.] quando manca l'autografia o la sottoscrizione nel caso di testamento olografo [602], ovvero manca la redazione per iscritto, da parte del notaio, delle dichiarazioni del testatore o la sottoscrizione dell'uno o dell'altro, nel caso di testamento per atto di notaio [603, 604; 137 trans.].

[II]. Per ogni altro difetto di forma il testamento può essere annullato [1441 ss.] su istanza di chiunque vi ha interesse. L'azione di annullamento si prescrive nel termine di cinque anni dal giorno in cui è stata data esecuzione alle disposizioni testamentarie [590].

607. Validità del testamento segreto come olografo. – [I]. Il testamento segreto, che manca di qualche requisito suo proprio, ha effetto come testamento olografo, qualora di questo abbia i requisiti [602, 685; 137 trans.].

608. Ritiro di testamento segreto od olografo. – [I]. Il testamento segreto [604, 605] e il testamento olografo [602] che è stato depositato [620] possono dal testatore essere ritirati in ogni tempo dalle mani del notaio presso il quale si trovano [685].

[II]. A cura del notaio si redige verbale della restituzione; il verbale è sottoscritto dal testatore, da due testimoni e dal notaio; se il testatore non può sottoscrivere, se ne fa menzione.

[III]. Quando il testamento è depositato in un pubblico archivio, il verbale è redatto dall'archivista e sottoscritto dal testatore, dai testimoni e dall'archivista medesimo [610^2, 614, 617^2].

[IV]. Della restituzione del testamento si prende nota in margine o in calce all'atto di consegna o di deposito.

SEZIONE II – *Dei testamenti speciali*

609. Malattie contagiose, calamità pubbliche o infortuni. – [I]. Quando il testatore non può valersi delle forme ordinarie [601 ss.], perché si trova in luogo dove domina una malattia reputata contagiosa, o per causa di pubblica calamità o d'infortunio, il testamento è valido se ricevuto da un notaio, dal giudice di pace del luogo, dal sindaco o da chi ne fa le veci, o da un ministro di culto, in presenza di due testimoni di età non inferiore a sedici anni [597] (1).

[II]. Il testamento è redatto e sottoscritto da chi lo riceve; è sottoscritto anche dal testatore e dai testimoni. Se il testatore o i testimoni non possono sottoscrivere, se ne indica la causa [610, 619].

(1) *Comma dapprima modificato dall'art. 39 l. 21 novembre 1991, n. 374 e poi dall'art. 147 d.lgs. 19 febbraio 1998, n. 51.*

610. Termine di efficacia. – [I]. Il testamento ricevuto nel modo indicato dall'articolo precedente perde la sua efficacia tre mesi dopo la cessazione della causa che ha impedito al testatore di valersi delle forme ordinarie [601 ss.].

[II]. Se il testatore muore nell'intervallo, il testamento deve essere depositato, appena è possibile, nell'archivio notarile del luogo in cui è stato ricevuto [608^3].

611. Testamento a bordo di nave. – [I]. Durante il viaggio per mare il testamento può essere ricevuto a bordo della nave dal comandante di essa [597, 612, 615; 296 c. nav.].

[II]. Il testamento del comandante può essere ricevuto da colui che lo segue immediatamente in ordine di servizio [321, 322 c. nav.].

612. Forme. – [I]. Il testamento indicato dall'articolo precedente è redatto in doppio originale alla presenza di due testimoni e deve essere sottoscritto dal testatore, dalla persona che lo ha ricevuto e dai testimoni; se il testatore o i testimoni non possono sottoscrivere, si deve indicare il motivo che ha impedito la sottoscrizione [619].

[II]. Il testamento è conservato tra i documenti di bordo [169 ss. c. nav.] ed è annotato sul giornale di bordo ovvero sul giornale nautico e sul ruolo d'equipaggio.

613. Consegna. – [I]. Se la nave approda a un porto estero in cui vi sia una autorità consolare, il comandante è tenuto a consegnare all'autorità medesima uno degli originali del testamento e una copia dell'annotazione fatta sul giornale di bordo ovvero sul giornale nautico e sul ruolo di equipaggio [614].

[II]. Al ritorno della nave nello Stato, i due originali del testamento, o quello non depositato durante il viaggio, devono essere consegnati all'autorità marittima locale insieme con la copia della predetta annotazione [614].

[III]. Della consegna si rilascia dichiarazione, di cui si fa cenno in margine all'annotazione sopraindicata.

614. Verbale di consegna. – [I]. L'autorità marittima o consolare locale deve redigere verbale della consegna del testamento e trasmettere il verbale e gli atti ricevuti al Ministero della difesa o al Ministero della marina mercantile (1), secondo che il testamento sia stato ricevuto a bordo di una nave della marina militare o di una nave della marina mercantile. Il Ministero ordina il deposito di uno degli originali nel suo archivio, e trasmette l'altro all'archivio notarile del luogo del domicilio o dell'ultima residenza del testatore [608^3].

(1) *L'art. 1 l. 24 dicembre 1993, n. 537 ha soppresso al comma 8 il Ministero della marina mercantile, istituendo al comma 9 il Ministero delle infrastrutture e dei trasporti, ai sensi dell'art. 1^3 d.l. 16 maggio 2008, n. 85, conv., con modif., in l. 14 luglio 2008, n. 121.*

615. Termine di efficacia. – [I]. Il testamento fatto durante il viaggio per mare, nella forma stabilita dagli articoli 611 e seguenti, perde la sua efficacia tre mesi dopo lo sbarco del testatore in un luogo dove è possibile fare testamento nelle forme ordinarie [601 ss.].

616. Testamento a bordo di aeromobile. – [I]. Al testamento fatto a bordo di un aeromobile durante il viaggio si applicano le disposizioni degli articoli da 611 a 615.

[II]. Il testamento è ricevuto dal comandante, in presenza di uno o, quando è possibile, di due testimoni [597; 888 c. nav.].

[III]. Le attribuzioni delle autorità marittime a norma degli articoli 613 e 614 spettano alle autorità aeronautiche.

[IV]. Il testamento è annotato sul giornale di rotta [772 c. nav.].

617. Testamento dei militari e assimilati. – [I]. Il testamento dei militari e delle persone al seguito delle forze armate dello Stato [618] può essere ricevuto da un ufficiale o da un cappellano militare o da un ufficiale della Croce Rossa, in presenza di due testimoni [597]; esso deve essere sottoscritto dal testatore, dalla persona che lo ha ricevuto e dai testimoni. Se il testatore o i testimoni non possono sottoscrivere, si deve indicare il motivo che ha impedito la sottoscrizione [619].

[II]. Il testamento deve essere al più presto trasmesso al quartiere generale e da questo al Ministero competente, che ne ordina il deposito nell'archivio notarile del luogo del domicilio o dell'ultima residenza [43] del testatore [608[3]].

618. Casi e termini d'efficacia. – [I]. Nella forma speciale stabilita dall'articolo precedente possono testare soltanto coloro i quali, appartenendo a corpi o servizi mobilitati o comunque impegnati in guerra, si trovano in zona di operazioni belliche o sono prigionieri presso il nemico, e coloro che sono acquartierati o di presidio fuori dello Stato o in luoghi dove siano interrotte le comunicazioni.

[II]. Il testamento perde la sua efficacia tre mesi dopo il ritorno del testatore in un luogo dove è possibile far testamento nelle forme ordinarie [601 ss.].

619. Nullità. – [I]. I testamenti previsti in questa sezione sono nulli [1418 ss.] quando manca la redazione in iscritto della dichiarazione del testatore ovvero la sottoscrizione della persona autorizzata a riceverla o del testatore [606[1]].

[II]. Per gli altri difetti di forma si osserva il disposto del secondo comma dell'articolo 606 [590].

SEZIONE III – *Della pubblicazione dei testamenti olografi e dei testamenti segreti*

620. Pubblicazione del testamento olografo. – [I]. Chiunque è in possesso di un testamento olografo [602] deve presentarlo a un notaio per la pubblicazione [608], appena ha notizia della morte del testatore.

[II]. Chiunque crede di avervi interesse può chiedere, con ricorso al tribunale del circondario (1) in cui si è aperta la successione [456], che sia fissato un termine per la presentazione [749 c.p.c.] (2).

[III]. Il notaio procede alla pubblicazione del testamento in presenza di due testimoni, redigendo nella forma degli atti pubblici un verbale nel quale descrive lo stato del testamento, ne riproduce il contenuto e fa menzione della sua apertura, se è stato presentato chiuso con sigillo. Il verbale è sottoscritto dalla persona che presenta il testamento, dai testimoni e dal notaio. Ad esso sono uniti la carta in cui è scritto il testamento, vidimata in ciascun mezzo foglio dal notaio e dai testimoni, e l'estratto dell'atto di morte del testatore o copia del provvedimento che ordina l'apertura degli atti di ultima volontà dell'assente o della sentenza che dichiara la morte presunta [50, 58].

[IV]. Nel caso in cui il testamento è stato depositato dal testatore presso un notaio, la pubblicazione è eseguita dal notaio depositario.

[V]. Avvenuta la pubblicazione, il testamento olografo ha esecuzione [3, 7 att.].

[VI]. Per giustificati motivi, su istanza di chiunque vi ha interesse, il tribunale (3) può disporre che periodi o frasi di carattere non patrimoniale siano cancellati dal testamento e omessi nelle copie che fossero richieste, salvo che l'autorità giudiziaria ordini il rilascio di copia integrale (4).

(1) *L'art. 27[2] lett. a) n. 2 lett. a) d.lgs. 13 luglio 2017, n. 116, ha disposto la sostituzione delle parole* « tribunale del circondario » *con le parole* « giudice di pace del luogo ». *Ai sensi dell'art. 32[3] d.lgs. n. 116, cit., come da ultimo modificato dall'art.* 8-bis[1] *lett. b) d.l. 30 dicembre 2019, n. 162, conv., con modif., in l. 28 febbraio 2020, n. 8, tale disposizione* ***entra in vigore il 31 ottobre 2025****.*

(2) *Comma così modificato dall'art. 145 d.lgs. 19 febbraio 1998, n. 51.*

(3) *L'art. 27[2] lett. a) n. 2 lett. b) d.lgs. n. 116, cit., ha disposto la sostituzione della parola* « tribunale » *con le parole* « giudice di pace », *con entrata* ***in vigore il 31 dicembre 2025****, per cui v. nota 1.*

(4) *Comma così modificato dall'art. 144 d.lgs. n. 51, cit.*

621. Pubblicazione del testamento segreto. – [I]. Il testamento segreto [604, 605] deve essere aperto e pubblicato dal notaio appena gli perviene la notizia della morte del testatore. Chiunque crede di avervi interesse può chiedere, con ricorso al tribunale del circondario (1) in cui si è aperta la successione [456], che sia fissato un termine per l'apertura e la pubblicazione [7 att.; 749 c.p.c.] (2).

[II]. Si applicano le disposizioni del terzo comma dell'articolo 620.

(1) *L'art. 27*[2] *lett. a) n. 3 d.ls. 13 luglio 2017, n. 116, ha disposto la sostituzione delle parole* « tribunale del circondario » *con le parole* « giudice di pace del luogo ». *Ai sensi dell'art. 32*[3] *d.ls. n. 116, cit., come da ultimo modificato dall'art.* 8-bis[1] *lett. b) d.l. 30 dicembre 2019, n. 162, conv., con modif., in l. 28 febbraio 2020, n. 8, tale disposizione* ***entra in vigore il 31 ottobre 2025****.*

(2) *Comma così modificato dall'art. 145 d.ls. 19 febbraio 1998, n. 51.*

622. Comunicazione dei testamenti al tribunale (1). – [I]. Il notaio deve trasmettere alla cancelleria del tribunale (1), nella cui giurisdizione si è aperta la successione [456], copia in carta libera dei verbali previsti dagli articoli 620 e 621 e del testamento pubblico [603; 55 att.].

(1) *L'art. 1 d.ls. 19 febbraio 1998, n. 51 ha soppresso l'ufficio del pretore trasferendo le competenze al tribunale ordinario. L'art. 148 d.ls. n. 51, cit., ha sostituito le parole* « del tribunale » *alle parole* « della pretura ».

623. Comunicazioni agli eredi e legatari. – [I]. Il notaio che ha ricevuto un testamento pubblico [603], appena gli è nota la morte del testatore, o, nel caso di testamento olografo [602] o segreto [604, 605], dopo la pubblicazione [620, 621], comunica la esistenza del testamento agli eredi e legatari di cui conosce il domicilio o la residenza [43].

CAPO V – *Dell'istituzione di erede e dei legati*

SEZIONE I – *Disposizioni generali*

624. Violenza, dolo, errore. – [I]. La disposizione testamentaria può essere impugnata da chiunque vi abbia interesse quando è l'effetto di errore, di violenza o di dolo [1427 ss.].

[II]. L'errore sul motivo, sia esso di fatto o di diritto, è causa di annullamento della disposizione testamentaria, quando il motivo risulta dal testamento ed è il solo che ha determinato il testatore a disporre [787].

[III]. L'azione si prescrive in cinque anni dal giorno in cui si è avuta notizia della violenza, del dolo o dell'errore [2652 n. 7, 2690 n. 4].

625. Erronea indicazione dell'erede o del legatario o della cosa che forma oggetto della disposizione. – [I]. Se la persona dell'erede o del legatario è stata erroneamente indicata [1433], la disposizione ha effetto quando dal contesto del testamento o altrimenti risulta in modo non equivoco quale persona il testatore voleva nominare [628].

[II]. La disposizione ha effetto anche quando la cosa che forma oggetto della disposizione è stata erroneamente indicata o descritta [1433], ma è certo a quale cosa il testatore intendeva riferirsi.

626. Motivo illecito. – [I]. Il motivo illecito rende nulla la disposizione testamentaria, quando risulta dal testamento ed è il solo che ha determinato il testatore a disporre [634, 647^{3}, 788, 1345, 1418 ss.].

627. Disposizione fiduciaria. – [I]. Non è ammessa azione in giudizio per accertare che le disposizioni fatte a favore di persona dichiarata nel testamento sono soltanto apparenti e che in realtà riguardano altra persona, anche se espressioni del testamento possono indicare o far presumere che si tratta di persona interposta.

[II]. Tuttavia la persona dichiarata nel testamento, se ha spontaneamente eseguito la disposizione fiduciaria trasferendo i beni alla persona voluta dal testatore, non può agire per la ripetizione, salvo che sia un incapace [2034, 2039].

[III]. Le disposizioni di questo articolo non si applicano al caso in cui l'istituzione o il legato sono impugnati come fatti per interposta persona a favore d'incapaci a ricevere [599].

628. Disposizione a favore di persona incerta. – [I]. È nulla ogni disposizione fatta a favore di persona che sia indicata in modo da non poter essere determinata [625].

629. Disposizioni a favore dell'anima. – [I]. Le disposizioni a favore dell'anima sono valide qualora siano determinati i beni o possa essere determinata la somma da impiegarsi a tal fine.

[II]. Esse si considerano come un onere [647] a carico dell'erede o del legatario, e si applica l'articolo 648.

[III]. Il testatore può designare una persona che curi la esecuzione della disposizione, anche nel caso in cui manchi un interessato a richiedere l'adempimento [700].

630. Disposizioni a favore dei poveri. – [I]. Le disposizioni a favore dei poveri e altre simili, espresse genericamente, senza che si determini l'uso o il pubblico istituto a cui beneficio sono fatte, s'intendono fatte in favore dei poveri del luogo in cui il testatore aveva il domicilio al tempo della sua morte e i beni sono devoluti all'ente comunale per l'assistenza (1).

[II]. La precedente disposizione si applica anche quando la persona incaricata dal testatore di determinare l'uso o il pubblico istituto non può o non vuole accettare l'incarico.

(1) *V. art. 25 d.P.R. 24 luglio 1977, n. 616.*

631. Disposizioni rimesse all'arbitrio del terzo. – [I]. È nulla ogni disposizione testamentaria con la quale si fa dipendere dall'arbitrio di un terzo l'indicazione dell'erede o del legatario, ovvero la determinazione della quota di eredità.

[II]. Tuttavia è valida la disposizione a titolo particolare [588] in favore di persona da scegliersi dall'onerato o da un terzo tra più persone determinate dal testatore o appartenenti a famiglie o categorie di persone da lui determinate, ed è pure valida la disposizione a titolo particolare a favore di uno tra più enti determinati del pari dal testatore. Se sono indicate più persone in modo alternativo e non è stabilito chi deve fare la scelta, questa si considera lasciata all'onerato [699, 778^2].

[III]. Se l'onerato o il terzo non può o non vuole fare la scelta, questa è fatta con decreto dal presidente del tribunale del luogo in cui si è aperta la successione [456], dopo avere assunto le opportune informazioni [751 c.p.c.].

632. Determinazione di legato per arbitrio altrui. – [I]. È nulla la disposizione che lascia al mero arbitrio dell'onerato o di un terzo di determinare l'oggetto o la quantità del legato [1349].

[II]. Sono validi i legati fatti a titolo di rimunerazione per i servizi prestati al testatore, anche se non ne sia indicato l'oggetto o la quantità.

SEZIONE II – *Delle disposizioni condizionali, a termine e modali*

633. Condizione sospensiva o risolutiva. – [I]. Le disposizioni a titolo universale o particolare [588] possono farsi sotto condizione sospensiva o risolutiva [480^2, 549, 638, 646, 1353, $2660^{2\ n.\ 6}$; 139 trans.].

634. Condizioni impossibili o illecite. – [I]. Nelle disposizioni testamentarie si considerano non apposte [647^3] le condizioni impossibili e quelle contrarie a norme imperative, all'ordine pubblico o al buon costume, salvo quanto è stabilito dall'articolo 626 [635, 636, 1354].

635. Condizione di reciprocità. – [I]. È nulla la disposizione a titolo universale o particolare [588] fatta dal testatore a condizione di essere a sua volta avvantaggiato nel testamento dell'erede o del legatario [458, 589].

636. Divieto di nozze. – [I]. È illecita la condizione che impedisce le prime nozze o le ulteriori [634; 138 trans.].

[II]. Tuttavia il legatario di usufrutto [978 ss.] o di uso, di abitazione [1021 ss.] o di pensione, o di altra prestazione periodica per il caso o per il tempo del celibato o della vedovanza, non può goderne che durante il celibato o la vedovanza.

637. Termine. – [I]. Si considera non apposto a una disposizione a titolo universale [588] il termine dal quale l'effetto di essa deve cominciare o cessare.

638. Condizione di non fare o di non dare. – [I]. Se il testatore ha disposto sotto la condizione che l'erede o il legatario non faccia o non dia qualche cosa per un tempo indeterminato, la disposizione si considera fatta sotto condizione risolutiva [633], salvo che dal testamento risulti una contraria volontà del testatore.

639. Garanzia in caso di condizione risolutiva. – [I]. Se la disposizione testamentaria è sottoposta a condizione risolutiva [633, 638], l'autorità giudiziaria, qualora ne ravvisi l'opportunità, può imporre all'erede o al legatario [750 c.p.c.] di prestare idonea garanzia [1179; 119 c.p.c.] a favore di coloro ai quali l'eredità o il legato dovrebbe devolversi nel caso che la condizione si avverasse [641^2].

640. Garanzia in caso di legato sottoposto a condizione sospensiva o a termine. – [I]. Se a taluno è lasciato un legato sotto condizione sospensiva [633] o dopo un certo tempo, l'onerato può essere costretto [750 c.p.c.] a dare idonea garanzia [1179; 119 c.p.c.] al legatario, salvo che il testatore abbia diversamente disposto [641^2, 707^2].

[II]. La garanzia può essere imposta anche al legatario quando il legato è a termine finale.

641. Amministrazione in caso di condizione sospensiva o di mancata prestazione di garanzia. – [I]. Qualora l'erede sia istituito sotto condizione sospensiva [633], finché questa condizione non si verifica o non è certo che non si può più verificare, è dato all'eredità un amministratore [642 ss.].

[II]. Vale la stessa norma anche nel caso in cui l'erede o il legatario non adempie l'obbligo di prestare la garanzia prevista dai due articoli precedenti.

642. Persone a cui spetta l'amministrazione. – [I]. L'amministrazione spetta alla persona a cui favore è stata disposta la sostituzione

[688 ss.], ovvero al coerede o ai coeredi, quando tra essi e l'erede condizionale vi è il diritto di accrescimento [674 ss.].

[II]. Se non è prevista la sostituzione o non vi sono coeredi a favore dei quali abbia luogo il diritto di accrescimento, l'amministrazione spetta al presunto erede legittimo [565].

[III]. In ogni caso l'autorità giudiziaria, quando concorrono giusti motivi, può provvedere altrimenti.

643. Amministrazione in caso di eredi nascituri. – [I]. Le disposizioni dei due precedenti articoli si applicano anche nel caso in cui sia chiamato a succedere un non concepito, figlio di una determinata persona vivente [462^3]. A questa spetta la rappresentanza del nascituro, per la tutela dei suoi diritti successori, anche quando l'amministratore dell'eredità è una persona diversa [784].

[II]. Se è chiamato un concepito [462], l'amministrazione spetta al padre e alla madre [320] (1).

(1) *Comma così sostituito dall'art. 84^1 d.lgs. 28 dicembre 2013, n. 154, con la decorrenza indicata* sub *art. 87. Il testo del comma era il seguente:* « Se è chiamato un concepito, l'amministrazione spetta al padre e, in mancanza di questo, alla madre ».

644. Obblighi e facoltà degli amministratori. – [I]. Agli amministratori indicati dai precedenti articoli sono comuni le regole che si riferiscono ai curatori dell'eredità giacente [528 ss.; 781 c.p.c.].

645. Condizione sospensiva potestativa senza termine. – [I]. Se la condizione apposta all'istituzione di erede o al legato è sospensiva potestativa e non è indicato il termine per l'adempimento, gli interessati possono adire l'autorità giudiziaria perché fissi questo termine [1355; 749 c.p.c.].

646. Retroattività della condizione. – [I]. L'adempimento della condizione ha effetto retroattivo [1360]; ma l'erede o il legatario, nel caso di condizione risolutiva, non è tenuto a restituire i frutti [820] se non dal giorno in cui la condizione si è verificata [1361^2]. L'azione per la restituzione dei frutti si prescrive in cinque anni.

647. Onere. – [I]. Tanto all'istituzione di erede quanto al legato può essere apposto un onere [629].

[II]. Se il testatore non ha diversamente disposto, l'autorità giudiziaria, qualora ne ravvisi l'opportunità, può imporre all'erede o al legatario gravato dall'onere una cauzione [1179; 119, 750 c.p.c.].

[III]. L'onere impossibile o illecito si considera non apposto [634]; rende tuttavia nulla la disposizione, se ne ha costituito il solo motivo determinante [626, 794].

648. Adempimento dell'onere. – [I]. Per l'adempimento dell'onere può agire qualsiasi interessato [793^3].

[II]. Nel caso d'inadempimento dell'onere, l'autorità giudiziaria può pronunziare la risoluzione della disposizione testamentaria [677^3], se la risoluzione è stata prevista dal testatore, o se l'adempimento dell'onere ha costituito il solo motivo determinante della disposizione [677^3, 793^4, 2652$^{n. 1}$].

SEZIONE III – *Dei legati*

649. Acquisto del legato. – [I]. Il legato si acquista senza bisogno di accettazione, salva la facoltà di rinunziare [650].

[II]. Quando oggetto del legato è la proprietà di una cosa determinata o altro diritto appartenente al testatore, la proprietà o il diritto si trasmette dal testatore al legatario al momento della morte del testatore [2648; 747^4 c.p.c.].

[III]. Il legatario però deve domandare all'onerato il possesso della cosa legata, anche quando ne è stato espressamente dispensato dal testatore.

650. Fissazione di un termine per la rinunzia. – [I]. Chiunque ha interesse può chiedere che l'autorità giudiziaria fissi un termine [749 c.p.c.] entro il quale il legatario dichiari se intende esercitare la facoltà di rinunziare. Trascorso questo termine senza che abbia fatto alcuna dichiarazione, il legatario perde il diritto di rinunziare [481].

651. Legato di cosa dell'onerato o di un terzo. – [I]. Il legato di cosa dell'onerato o di un terzo è nullo, salvo che dal testamento o da altra dichiarazione scritta dal testatore risulti che questi sapeva che la cosa legata apparteneva all'onerato o al terzo [656^2, 669]. In questo ultimo caso l'onerato è obbligato ad acquistare la proprietà della cosa dal terzo e a trasferirla al legatario [1478], ma è in sua facoltà di pagarne al legatario il giusto prezzo [1474^3].

[II]. Se però la cosa legata, pur appartenendo ad altri al tempo del testamento, si trova in proprietà del testatore al momento della sua morte, il legato è valido.

652. Legato di cosa solo in parte del testatore. – [I]. Se al testatore appartiene una parte della cosa legata o un diritto sulla medesima, il legato è valido solo relativamente a questa parte o a questo diritto, salvo che risulti la volontà del testatore di legare la cosa per intero, in conformità dell'articolo precedente [1480].

653. Legato di cosa genericamente determinata. – [I]. È valido il legato di cosa determinata solo nel genere, anche se nessuna del genere ve n'era nel patrimonio del testatore al tempo del testamento e nessuna se ne trova al tempo della morte [654, 664, 666].

654. Legato di cosa non esistente nell'asse. – [I]. Quando il testatore ha lasciato una sua cosa particolare, o una cosa determinata soltanto nel genere da prendersi dal suo patrimonio [653], il legato non ha effetto se la cosa non si trova nel patrimonio del testatore al tempo della sua morte.

[II]. Se la cosa si trova nel patrimonio del testatore al tempo della sua morte, ma non nella quantità determinata, il legato ha effetto per la quantità che vi si trova.

655. Legato di cosa da prendersi da certo luogo. – [I]. Il legato di cose da prendersi da certo luogo ha effetto soltanto se le cose vi si trovano, e per la parte che vi si trova; ha tuttavia effetto per l'intero quando, alla morte del testatore, le cose non vi si trovano, in tutto o in parte, perché erano state rimosse temporaneamente dal luogo in cui di solito erano custodite.

656. Legato di cosa del legatario. – [I]. Il legato di cosa che al tempo in cui fu fatto il testamento era già di proprietà del legatario è nullo, se la cosa si trova in proprietà di lui anche al tempo dell'apertura della successione [456].

[II]. Se al tempo dell'apertura della successione la cosa si trova in proprietà del testatore, il legato è valido, ed è altresì valido se in questo tempo la cosa si trova in proprietà dell'onerato o di un terzo, e dal testamento risulta che essa fu legata in previsione di tale avvenimento [651].

657. Legato di cosa acquistata dal legatario. – [I]. Se il legatario, dopo la confezione del testamento, ha acquistato dal testatore, a titolo oneroso o a titolo gratuito, la cosa a lui legata, il legato è senza effetto in conformità dell'articolo 686.

[II]. Se dopo la confezione del testamento la cosa legata è stata dal legatario acquistata, a titolo gratuito, dall'onerato o da un terzo, il legato è senza effetto; se l'acquisto ha avuto luogo a titolo oneroso, il legatario ha diritto al rimborso del prezzo, qualora ricorrano le circostanze indicate dall'articolo 651.

658. Legato di credito o di liberazione da debito. – [I]. Il legato di un credito o di liberazione da un debito ha effetto per la sola parte del credito o del debito che sussiste al tempo della morte del testatore.

[II]. L'erede è soltanto tenuto a consegnare al legatario i titoli del credito legato che si trovavano presso il testatore [1262].

659. Legato a favore del creditore. – [I]. Se il testatore, senza fare menzione del debito, fa un legato al suo creditore, il legato non si presume fatto per soddisfare il legatario del suo credito [1198].

660. Legato di alimenti. – [I]. Il legato di alimenti, a favore di chiunque sia fatto, comprende le somministrazioni indicate dall'articolo 438, salvo che il testatore abbia altrimenti disposto.

661. Prelegato. – [I]. Il legato a favore di uno dei coeredi e a carico di tutta l'eredità si considera come legato per l'intero ammontare.

662. Onere della prestazione del legato. – [I]. Il testatore può porre la prestazione del legato a carico degli eredi ovvero a carico di uno o più legatari [671]. Quando il testatore non ha disposto, alla prestazione sono tenuti gli eredi.

[II]. Su ciascuno dei diversi onerati il legato grava in proporzione della rispettiva quota ereditaria o del legato, se il testatore non ha diversamente disposto.

663. Legato imposto a un solo erede. – [I]. Se l'obbligo di adempiere il legato è stato particolarmente imposto a uno degli eredi, questi solo è tenuto a soddisfarlo [752].

[II]. Se è stata legata una cosa propria di un coerede [651], i coeredi sono tenuti a compensarlo del valore di essa con danaro o con beni ereditari, in proporzione della loro quota ereditaria, quando non consta una contraria volontà del testatore.

664. Adempimento del legato di genere. – [I]. Nel legato di cosa determinata soltanto nel genere [653], la scelta, quando dal testatore non è affidata al legatario o a un terzo, spetta all'onerato. Questi è obbligato a dar cose di qualità non inferiore alla media [1178]; ma se nel patrimonio ereditario vi è una sola delle cose appartenenti al genere indicato, l'onerato non ha facoltà né può essere obbligato a prestarne un'altra, salvo espressa disposizione contraria del testatore.

[II]. Se la scelta è lasciata dal testatore al legatario o a un terzo, questi devono scegliere una cosa di media qualità; ma se cose del genere indicato si trovano nella eredità, il legatario può scegliere la migliore.

[III]. Se il terzo non può o non vuole fare la scelta, questa è fatta a norma del terzo comma dell'articolo 631 [666].

665. Scelta nel legato alternativo. – [I]. Nel legato alternativo la scelta spetta all'onerato, a meno che il testatore l'abbia lasciata al legatario o a un terzo [1286].

666. Trasmissione all'erede della facoltà di scelta. – [I]. Tanto nel legato di genere [653] quanto in quello alternativo, se l'onerato o il legatario a cui compete la scelta non ha potuto farla, la facoltà di scegliere si trasmette al suo erede.

[II]. La scelta fatta è irretrattabile [1286^2].

667. Accessioni della cosa legata. – [I]. La cosa legata, con tutte le sue pertinenze [817-819], deve essere prestata al legatario nello stato in cui si trova al tempo della morte del testatore.

[II]. Se è stato legato un fondo, sono comprese nel legato anche le costruzioni fatte nel fondo, sia che esistessero già al tempo della confezione del testamento, sia che non esistessero, salva in ogni caso l'applicabilità del secondo comma dell'articolo 686.

[III]. Se il fondo legato è stato accresciuto con acquisti posteriori, questi sono dovuti al legatario, purché siano contigui al fondo e costituiscano con esso una unità economica.

668. Adempimento del legato. – [I]. Se la cosa legata è gravata da una servitù [1027 ss.], da un canone o da altro onere inerente al fondo, ovvero da una rendita fondiaria [1863, 1869], il peso ne è sopportato dal legatario.

[II]. Se la cosa legata è vincolata per una rendita semplice [1863 ss.], un censo o altro debito dell'eredità, o anche di un terzo, l'erede è tenuto al pagamento delle annualità o degli interessi e della somma principale, secondo la natura del debito, qualora il testatore non abbia diversamente disposto [756].

669. Frutti della cosa legata. – [I]. Se oggetto del legato è una cosa fruttifera, appartenente al testatore al momento della sua morte, i frutti o gli interessi sono dovuti al legatario da questo momento [821].

[II]. Se la cosa appartiene all'onerato o a un terzo [651], ovvero se si tratta di cosa determinata per genere [653] o quantità, i frutti o gli interessi sono dovuti dal giorno della domanda giudiziale [163 c.p.c.] o dal giorno in cui la prestazione del legato è stata promessa, salvo che il testatore abbia diversamente disposto.

670. Legato di prestazioni periodiche. – [I]. Se è stata legata una somma di danaro o una quantità di altre cose fungibili, da prestarsi a termini periodici, il primo termine decorre dalla morte del testatore, e il legatario acquista il diritto a tutta la prestazione dovuta per il termine in corso, ancorché fosse in vita soltanto al principio di esso. Il legato però non può esigersi se non dopo scaduto il termine.

[II]. Si può tuttavia esigere all'inizio del termine il legato a titolo di alimenti [660].

671. Legati e oneri a carico del legatario. – [I]. Il legatario è tenuto all'adempimento del legato e di ogni altro onere a lui imposto entro i limiti del valore della cosa legata [793^2].

672. Spese per la prestazione del legato. – [I]. Le spese per la prestazione del legato sono a carico dell'onerato [1196].

673. Perimento della cosa legata. Impossibilità della prestazione. – [I]. Il legato non ha effetto se la cosa legata è interamente perita durante la vita del testatore.

[II]. L'obbligazione dell'onerato si estingue se, dopo la morte del testatore, la prestazione è divenuta impossibile per causa a lui non imputabile [1256 ss.].

SEZIONE IV – *Del diritto di accrescimento*

674. Accrescimento tra coeredi. – [I]. Quando più eredi sono stati istituiti con uno stesso testamento nell'universalità dei beni [588], senza determinazione di parti o in parti uguali, anche se determinate, qualora uno di essi non possa o non voglia accettare [70, 72, 463, 523], la sua parte si accresce agli altri.

[II]. Se più eredi sono stati istituiti in una stessa quota [588], l'accrescimento ha luogo a favore degli altri istituiti nella quota medesima.

[III]. L'accrescimento non ha luogo quando dal testamento risulta una diversa volontà del testatore.

[IV]. È salvo in ogni caso il diritto di rappresentazione [467 ss.].

675. Accrescimento tra collegatari. – [I]. L'accrescimento ha luogo anche tra più legatari ai quali è stato legato uno stesso oggetto, salvo che dal testamento risulti una diversa volontà e salvo sempre il diritto di rappresentazione [467^2, 678].

676. Effetti dell'accrescimento. – [I]. L'acquisto per accrescimento ha luogo di diritto.

[II]. I coeredi o i legatari, a favore dei quali si verifica l'accrescimento, subentrano negli obblighi a cui era sottoposto l'erede o il legatario mancante, salvo che si tratti di obblighi di carattere personale.

677. Mancanza di accrescimento. – [I]. Se non ha luogo l'accrescimento, la porzione dell'erede mancante si devolve agli eredi legittimi [565], e la porzione del legatario mancante va a profitto dell'onerato [662].

[II]. Gli eredi legittimi e l'onerato subentrano negli obblighi che gravavano sull'erede o sul legatario mancante, salvo che si tratti di obblighi di carattere personale.

[III]. Le disposizioni precedenti si applicano anche nel caso di risoluzione di disposizioni testamentarie per inadempimento dell'onere [648].

678. Accrescimento nel legato di usufrutto. – [I]. Quando a più persone è legato un usufrutto in modo che tra di loro vi sia il diritto di accrescimento, l'accrescimento ha luogo anche quando una di esse viene a mancare dopo conseguito il possesso della cosa su cui cade l'usufrutto [982].

[II]. Se non vi è diritto di accrescimento, la porzione del legatario mancante si consolida con la proprietà.

SEZIONE V – *Della revocazione delle disposizioni testamentarie*

679. Revocabilità del testamento. – [I]. Non si può in alcun modo rinunziare alla facoltà di revocare o mutare le disposizioni testamentarie [587]: ogni clausola o condizione contraria non ha effetto [458].

680. Revocazione espressa. – [I]. La revocazione espressa può farsi soltanto con un nuovo testamento [587], o con un atto ricevuto da notaio in presenza di due testimoni, in cui il testatore personalmente dichiara di revocare, in tutto o in parte, la disposizione anteriore.

681. Revocazione della revocazione. – [I]. La revocazione totale o parziale di un testamento può essere a sua volta revocata sempre con le forme stabilite dall'articolo precedente. In tal caso rivivono le disposizioni revocate.

682. Testamento posteriore. – [I]. Il testamento posteriore, che non revoca in modo espresso i precedenti, annulla in questi soltanto le disposizioni che sono con esso incompatibili.

683. Testamento posteriore inefficace. – [I]. La revocazione fatta con un testamento posteriore conserva la sua efficacia anche quando questo rimane senza effetto perché l'erede istituito o il legatario è premorto al testatore, o è incapace [592 ss.] o indegno [463 ss.], ovvero ha rinunziato all'eredità o al legato [519, 649].

684. Distruzione del testamento olografo. – [I]. Il testamento olografo [602] distrutto, lacerato o cancellato, in tutto o in parte, si considera in tutto o in parte revocato, a meno che si provi che fu distrutto, lacerato o cancellato da persona diversa dal testatore, ovvero si provi che il testatore non ebbe l'intenzione di revocarlo.

685. Effetti del ritiro del testamento segreto. – [I]. Il ritiro del testamento segreto [604], a opera del testatore, dalle mani del notaio o dell'archivista presso cui si trova depositato [608], non importa revocazione del testamento quando la scheda testamentaria può valere come testamento olografo [607].

686. Alienazione e trasformazione della cosa legata. – [I]. L'alienazione che il testatore faccia della cosa legata o di parte di essa, anche mediante vendita con patto di riscatto [1500], revoca il legato riguardo a ciò che è stato alienato, anche quando l'alienazione è annullabile per cause diverse dai vizi del consenso [1427], ovvero la cosa ritorna in proprietà del testatore [657].

[II]. Lo stesso avviene se il testatore ha trasformato la cosa legata in un'altra, in guisa che quella abbia perduto la precedente forma e la primitiva denominazione [667[2]].

[III]. È ammessa la prova di una diversa volontà del testatore.

687. Revocazione per sopravvenienza di figli. – [I]. Le disposizioni a titolo universale o particolare [588], fatte da chi al tempo del testamento non aveva o ignorava di aver figli o discendenti, sono revocate di diritto per l'esistenza o la sopravvenienza di un figlio o discendente (1) del testatore, benché postumo, anche (1) adottivo [291 ss.], ovvero per il riconoscimento di un figlio nato fuori del matrimonio (1) [250 ss.].

[II]. La revocazione ha luogo anche se il figlio è stato concepito al tempo del testamento (2).

[III]. La revocazione non ha invece luogo qualora il testatore abbia provveduto al caso che esistessero o sopravvenissero figli o discendenti da essi.

[IV]. Se i figli o discendenti non vengono alla successione e non si fa luogo a rappresentazione [467 ss.], la disposizione ha il suo effetto.

(1) *La parola* « legittimo » *che seguiva la parola* « discendente » *è stata soppressa, la parola* « anche » *è stata sostituita alle parole* « o legittimato o » *e le parole* « nato fuori del matrimonio » *sono state sostituite alla parola* « naturale » *dall'art. 85[1 lett. a)] d.ls. 28 dicembre 2013, n. 154, con la decorrenza indicata* sub *art. 87. Precedentemente, l'art. 1[11] l. 10 dicembre 2012, n. 219 aveva disposto che « Nel codice civile, le parole: "figli legittimi" e "figli naturali", ovunque ricorrono, sono sostituite dalla seguente: "figli" ». V. anche quanto stabilito, ora, negli artt. 74, 250 ss. e 315.*

(2) *Comma così sostituito dall'art. 85[1] lett. b) d.ls. n. 154, cit., con la decorrenza indicata sub art. 87. Il testo del comma era il seguente:* « La revocazione ha luogo anche se il figlio è stato concepito al tempo del testamento, e trattandosi di figlio [naturale] legittimato, anche se è già stato riconosciuto dal testatore prima del testamento e soltanto in seguito legittimato ». *V. anche la seconda parte della nota 1.*

CAPO VI – *Delle sostituzioni*

SEZIONE I – *Della sostituzione ordinaria*

688. Casi di sostituzione ordinaria. – [I]. Il testatore può sostituire all'erede istituito altra persona per il caso che il primo non possa o non voglia accettare l'eredità [70, 72, 463, 523].

[II]. Se il testatore ha disposto per uno solo di questi casi, si presume che egli si sia voluto riferire anche a quello non espresso, salvo che consti una sua diversa volontà.

689. Sostituzione plurima. Sostituzione reciproca. – [I]. Possono sostituirsi più persone a una sola e una sola a più.

[II]. La sostituzione può anche essere reciproca tra i coeredi istituiti. Se essi sono stati istituiti in parti disuguali, la proporzione fra le quote fissate nella prima istituzione si presume ripetuta anche nella sostituzione. Se nella sostituzione insieme con gli istituiti è chiamata un'altra persona, la quota vacante viene divisa in parti uguali tra tutti i sostituiti.

690. Obblighi dei sostituiti. – [I]. I sostituiti devono adempiere gli obblighi imposti agli istituiti, a meno che una diversa volontà sia stata espressa dal testatore o si tratti di obblighi di carattere personale [676, 677].

691. Sostituzione ordinaria nei legati. – [I]. Le norme stabilite in questa sezione si applicano anche ai legati [649 ss.].

SEZIONE II – *Della sostituzione fedecommissaria*

692. (1) **Sostituzione fedecommissaria.** – [I]. Ciascuno dei genitori o degli altri ascendenti in linea retta o il coniuge dell'interdetto [414] possono istituire rispettivamente il figlio, il discendente, o il coniuge con l'obbligo di conservare e restituire alla sua morte i beni anche costituenti la legittima [549], a favore della persona o degli enti che, sotto la vigilanza del tutore, hanno avuto cura dell'interdetto medesimo [2660[2] n. 6].

[II]. La stessa disposizione si applica nel caso del minore di età [2], se trovasi nelle condizioni di abituale infermità di mente tali da far presumere che nel termine indicato dall'articolo 416 interverrà la pronuncia di interdizione.

[III]. Nel caso di pluralità di persone o enti di cui al primo comma i beni sono attribuiti proporzionalmente al tempo durante il quale gli stessi hanno avuto cura dell'interdetto.

[IV]. La sostituzione è priva di effetto nel caso in cui l'interdizione sia negata [417] o il relativo procedimento non sia iniziato entro due anni dal raggiungimento della maggiore età del minore abitualmente infermo di mente. È anche priva di effetto nel caso di revoca dell'interdizione [429] o rispetto alle persone o agli enti che abbiano violato gli obblighi di assistenza.

[V]. In ogni altro caso la sostituzione è nulla.

(1) *Articolo così sostituito dall'art. 197 l. 19 maggio 1975, n. 151.*

693. **Diritti e obblighi dell'istituito.** – [I]. L'istituito ha il godimento e la libera amministrazione dei beni che formano oggetto della sostituzione, e può stare in giudizio per tutte le azioni relative ai beni medesimi. Egli può altresì compiere tutte le innovazioni dirette ad una migliore utilizzazione dei beni.

[II]. All'istituito sono comuni, in quanto applicabili, le norme concernenti l'usufruttuario [981 ss.] (1).

(1) *Seguiva un terzo comma abrogato dall'art. 198 l. 19 maggio 1975, n. 151.*

694. **Alienazione dei beni.** – [I]. L'autorità giudiziaria [747, 748 c.p.c.] può consentire l'alienazione dei beni che formano oggetto della sostituzione in caso di utilità evidente, disponendo il reimpiego delle somme ricavate. Può anche essere consentita, con le necessarie cautele, la costituzione d'ipoteche sui beni medesimi a garanzia di crediti destinati a miglioramenti e trasformazioni fondiarie.

695. **Diritti dei creditori personali dell'istituito.** – [I]. I creditori personali dell'istituito possono agire soltanto sui frutti dei beni che formano oggetto della sostituzione.

696. (1) **Devoluzione al sostituito.** – [I]. L'eredità si devolve al sostituito al momento della morte dell'istituito.

[II]. Se le persone o gli enti che hanno avuto cura dell'incapace muoiono o si estinguono prima della morte di lui, i beni o la porzione dei beni che spetterebbe loro è devoluta ai successori legittimi dell'incapace [565].

(1) *Articolo così sostituito dall'art. 199 l. 19 maggio 1975, n. 151.*

697. Sostituzione fedecommissaria nei legati. – [I]. Le norme stabilite in questa sezione sono applicabili anche ai legati [649].

698. Usufrutto successivo. – [I]. La disposizione, con la quale è lasciato a più persone successivamente l'usufrutto, una rendita [1872 ss.] o un'annualità, ha valore soltanto a favore di quelli che alla morte del testatore si trovano primi chiamati a goderne [796].

699. Premi di nuzialità, opere di assistenza e simili. – [I]. È valida la disposizione testamentaria avente per oggetto l'erogazione periodica, in perpetuo o a tempo, di somme determinate per premi di nuzialità o di natalità, sussidi per l'avviamento a una professione o a un'arte, opere di assistenza, o per altri fini di pubblica utilità, a favore di persone da scegliersi entro una determinata categoria o tra i discendenti di determinate famiglie. Tali annualità possono riscattarsi secondo le norme dettate in materia di rendita [1865 ss.].

CAPO VII – *Degli esecutori testamentari*

700. Facoltà di nomina e di sostituzione. – [I]. Il testatore può nominare uno o più esecutori testamentari [587²] e, per il caso che alcuni o tutti non vogliano o non possano accettare [702], altro o altri in loro sostituzione.

[II]. Se sono nominati più esecutori testamentari, essi devono agire congiuntamente [708], salvo che il testatore abbia diviso tra loro le attribuzioni, o si tratti di provvedimento urgente per la conservazione di un bene o di un diritto ereditario.

[III]. Il testatore può autorizzare l'esecutore testamentario a sostituire altri a se stesso, qualora egli non possa continuare nell'ufficio.

701. Persone capaci di essere nominate. – [I]. Non possono essere nominati esecutori testamentari coloro che non hanno la piena capacità di obbligarsi [2, 394, 414, 424].

[II]. Anche un erede o un legatario può essere nominato esecutore testamentario.

702. Accettazione e rinunzia alla nomina. – [I]. L'accettazione della nomina di esecutore testamentario o la rinunzia alla stessa deve risultare da dichiarazione fatta nella cancelleria del tribunale nella cui giurisdizione si è aperta la successione [456], e deve essere annotata nel registro delle successioni [52, 53 att.] (1).

[II]. L'accettazione non può essere sottoposta a condizione o a termine.

[III]. L'autorità giudiziaria, su istanza di qualsiasi interessato, può assegnare all'esecutore un termine per l'accettazione [749 c.p.c.], decorso il quale l'esecutore si considera rinunziante.

(1) *Comma così modificato dall'art. 148 d.ls. 19 febbraio 1998, n. 51.*

703. Funzioni dell'esecutore testamentario. – [I]. L'esecutore testamentario deve curare che siano esattamente eseguite le disposizioni di ultima volontà del defunto [706].

[II]. A tal fine, salvo contraria volontà del testatore, egli deve amministrare la massa ereditaria, prendendo possesso dei beni che ne fanno parte [709].

[III]. Il possesso non può durare più di un anno dalla dichiarazione di accettazione, salvo che l'autorità giudiziaria, per motivi di evidente necessità, sentiti gli eredi, ne prolunghi la durata, che non potrà mai superare un altro anno.

[IV]. L'esecutore deve amministrare come un buon padre di famiglia [1176[1]] e può compiere tutti gli atti di gestione occorrenti. Quando è necessario alienare beni dell'eredità, ne chiede l'autorizzazione all'autorità giudiziaria, la quale provvede sentiti gli eredi [747 ss. c.p.c.].

[V]. Qualsiasi atto dell'esecutore testamentario non pregiudica il diritto del chiamato a rinunziare all'eredità [519 ss.] o ad accettarla col beneficio d'inventario [484 ss.].

704. Rappresentanza processuale. – [I]. Durante la gestione dell'esecutore testamentario, le azioni relative all'eredità devono essere proposte anche nei confronti dell'esecutore [102 c.p.c.]. Questi ha facoltà d'intervenire [105 c.p.c.] nei giudizi promossi dall'erede e può esercitare le azioni relative all'esercizio del suo ufficio.

705. Apposizione di sigilli e inventario. – [I]. L'esecutore testamentario fa apporre i sigilli [752 ss. c.p.c.] quando tra i chiamati all'eredità vi sono minori, assenti, interdetti o persone giuridiche.

[II]. Egli in tal caso fa redigere l'inventario dei beni dell'eredità [769 c.p.c.] in presenza dei chiamati all'eredità o dei loro rappresentanti, o dopo averli invitati.

706. Divisione da compiersi dall'esecutore testamentario. – [I]. Il testatore può disporre che l'esecutore testamentario, quando non è un erede o un legatario, proceda alla divisione tra gli eredi dei beni dell'eredità. In questo caso si osserva il disposto dell'articolo 733.

[II]. Prima di procedere alla divisione l'esecutore testamentario deve sentire gli eredi.

707. Consegna dei beni all'erede. – [I]. L'esecutore testamentario deve consegnare all'erede, che ne fa richiesta, i beni dell'eredità che non sono necessari all'esercizio del suo ufficio.

[II]. Egli non può rifiutare tale consegna a causa di obbligazioni che debba adempiere conformemente alla volontà del testatore, o di legati condizionali o a termine, se l'erede dimostra di averli già soddisfatti, od offre idonea garanzia [1179] per l'adempimento delle obbligazioni, dei legati o degli oneri [640].

708. Disaccordo tra più esecutori testamentari. – [I]. Se gli esecutori che devono agire congiuntamente [700] non sono d'accordo circa un atto del loro ufficio, provvede l'autorità giudiziaria, sentiti, se occorre, gli eredi [750 c.p.c.].

709. Conto della gestione. – [I]. L'esecutore testamentario deve rendere il conto della sua gestione al termine della stessa, e anche spirato l'anno dalla morte del testatore, se la gestione si prolunga oltre l'anno [263, 266 c.p.c.; 109, 178 att. c.p.c.].

[II]. Egli è tenuto, in caso di colpa, al risarcimento dei danni verso gli eredi e verso i legatari [703[4]].

[III]. Gli esecutori testamentari, quando sono più, rispondono solidalmente, per la gestione comune [1292 ss.; 22[n. 4] c.p.c.].

[IV]. Il testatore non può esonerare l'esecutore testamentario dall'obbligo di rendere il conto o dalla responsabilità della gestione.

710. Esonero dell'esecutore testamentario. – [I]. Su istanza di ogni interessato, l'autorità giudiziaria può esonerare l'esecutore testamentario dal suo ufficio per gravi irregolarità nell'adempimento dei suoi obblighi, per inidoneità all'ufficio o per aver commesso azione che ne menomi la fiducia.

[II]. L'autorità giudiziaria, prima di provvedere, deve sentire l'esecutore e può disporre opportuni accertamenti [750 c.p.c.].

711. Retribuzione. – [I]. L'ufficio dell'esecutore testamentario è gratuito. Tuttavia il testatore può stabilire una retribuzione a carico dell'eredità.

712. Spese. – [I]. Le spese fatte dall'esecutore testamentario per l'esercizio del suo ufficio sono a carico dell'eredità.

TITOLO IV
Della divisione

CAPO I – *Disposizioni generali*

713. Facoltà di domandare la divisione. – [I]. I coeredi possono sempre domandare la divisione [715-717, 1111-1113, 1350$^{n. 11}$, 2646, 2685; 22, 784 ss. c.p.c.].

[II]. Quando però tutti gli eredi istituiti o alcuni di essi sono minori di età, il testatore può disporre che la divisione non abbia luogo prima che sia trascorso un anno dalla maggiore età dell'ultimo nato.

[III]. Egli può anche disporre che la divisione dell'eredità o di alcuni beni di essa non abbia luogo prima che sia trascorso dalla sua morte un termine non eccedente il quinquennio.

[IV]. Tuttavia in ambedue i casi l'autorità giudiziaria, qualora gravi circostanze lo richiedano, può, su istanza di uno o più coeredi, consentire che la divisione si effettui senza indugio o dopo un termine minore di quello stabilito dal testatore.

714. Godimento separato di parte dei beni. – [I]. Può domandarsi la divisione anche quando uno o più coeredi hanno goduto separatamente parte dei beni ereditari, salvo che si sia verificata l'usucapione per effetto di possesso esclusivo [1102^{2}, 1158 ss.].

715. Casi d'impedimento alla divisione. – [I]. Se tra i chiamati alla successione vi è un concepito [462], la divisione non può aver luogo prima della nascita del medesimo. Parimenti la divisione non può aver luogo durante la pendenza di un giudizio sulla filiazione (1) [269 ss.] di colui che, in caso di esito favorevole del giudizio, sarebbe chiamato a succedere, né può aver luogo durante lo svolgimento della procedura amministrativa [per l'ammissione del riconoscimento previsto dal quarto comma dell'articolo 252] (2) o per il riconoscimento dell'ente istituito erede [600].

[II]. L'autorità giudiziaria può tuttavia autorizzare la divisione, fissando le opportune cautele.

[III]. La disposizione del comma precedente si applica anche se tra i chiamati alla successione vi sono nascituri non concepiti [462^{3}].

[IV]. Se i nascituri non concepiti sono istituiti senza determinazione di quote, l'autorità giudiziaria può attribuire agli altri coeredi tutti i beni ereditari o parte di essi, secondo le circostanze, disponendo le opportune cautele nell'interesse dei nascituri.

(1) *Le parole* « sulla filiazione » *sono state sostituite alle parole* « sulla legittimità o sulla

filiazione naturale» *dall'art. 86[1] d.ls. 28 dicembre 2013, n. 154, con la decorrenza indicata* sub *art. 87.*

(2) *L'originario art. 252 relativo al riconoscimento dei figli adulterini è stato sostituito dall'art. 104 l. 19 maggio 1975, n. 151.*

716. (1) **[Divisione di beni costituiti in patrimonio familiare].**

(1) *Articolo abrogato dall'art. 200 l. 19 maggio 1975, n. 151.*

717. Sospensione della divisione per ordine del giudice. – [I]. L'autorità giudiziaria, su istanza di uno dei coeredi, può sospendere, per un periodo di tempo non eccedente i cinque anni, la divisione dell'eredità o di alcuni beni, qualora l'immediata sua esecuzione possa recare notevole pregiudizio al patrimonio ereditario [1111].

718. Diritto ai beni in natura. – [I]. Ciascun coerede può chiedere la sua parte in natura dei beni mobili e immobili dell'eredità, salve le disposizioni degli articoli seguenti [1114; 600 c.p.c.].

719. Vendita dei beni per il pagamento dei debiti ereditari. – [I]. Se i coeredi aventi diritto a più della metà dell'asse concordano nella necessità della vendita per il pagamento dei debiti e pesi ereditari [752 ss.], si procede [747 ss. c.p.c.] alla vendita all'incanto dei beni mobili e, se occorre, di quei beni immobili la cui alienazione rechi minor pregiudizio agli interessi dei condividenti [2646; 787, 788 c.p.c.].

[II]. Quando concorre il consenso di tutte le parti, la vendita può seguire tra i soli condividenti e senza pubblicità, salvo che vi sia opposizione dei legatari o dei creditori.

720. Immobili non divisibili. – [I]. Se nell'eredità vi sono immobili non comodamente divisibili, o il cui frazionamento recherebbe pregiudizio alle ragioni della pubblica economia o dell'igiene [722] e la divisione dell'intera sostanza non può effettuarsi senza il loro frazionamento, essi devono preferibilmente essere compresi per intero, con addebito dell'eccedenza, nella porzione di uno dei coeredi aventi diritto alla quota maggiore, o anche nelle porzioni di più coeredi, se questi ne richiedono congiuntamente l'attribuzione. Se nessuno dei coeredi è a ciò disposto, si fa luogo alla vendita all'incanto [2646; 788 c.p.c.] (1).

(1) *V. l'art. 11 l. 14 agosto 1971, n. 817.*

721. Vendita degli immobili. – [I]. I patti e le condizioni della vendita degli immobili, qualora non siano concordati dai condividenti, sono stabiliti dall'autorità giudiziaria [788 c.p.c.].

722. Beni indivisibili nell'interesse della produzione nazionale. – [I]. In quanto non sia diversamente disposto dalle leggi speciali, le disposizioni dei due articoli precedenti si applicano anche nel caso in cui nell'eredità vi sono beni che la legge dichiara indivisibili nell'interesse della produzione nazionale.

723. Resa dei conti. – [I]. Dopo la vendita, se ha avuto luogo, dei mobili e degli immobili si procede ai conti che i condividenti si devono rendere, alla formazione dello stato attivo e passivo dell'eredità e alla determinazione delle porzioni ereditarie e dei conguagli [728] o rimborsi che si devono tra loro i condividenti [263 ss. c.p.c.].

724. Collazione e imputazione. – [I]. I coeredi tenuti a collazione, a norma del capo II di questo titolo [737 ss.], conferiscono tutto ciò che è stato loro donato.

[II]. Ciascun erede deve imputare alla sua quota le somme di cui era debitore verso il defunto e quelle di cui è debitore verso i coeredi in dipendenza dei rapporti di comunione.

725. Prelevamenti. – [I]. Se i beni donati non sono conferiti in natura [746, 750], o se vi sono debiti da imputare alla quota di un erede a norma del secondo comma dell'articolo precedente, gli altri eredi prelevano dalla massa ereditaria beni in proporzione delle loro rispettive quote [1113^{4}].

[II]. I prelevamenti, per quanto è possibile, si formano con oggetti della stessa natura e qualità di quelli che non sono stati conferiti in natura.

726. Stima e formazione delle parti. – [I]. Fatti i prelevamenti, si provvede alla stima di ciò che rimane nella massa, secondo il valore venale dei singoli oggetti.

[II]. Eseguita la stima, si procede alla formazione di tante porzioni quanti sono gli eredi o le stirpi condividenti [469^{3}] in proporzione delle quote.

727. Norme per la formazione delle porzioni. – [I]. Salvo quanto è disposto dagli articoli 720 e 722, le porzioni devono essere formate, previa stima dei beni, comprendendo una quantità di mobili, immobili e crediti di eguale natura e qualità, in proporzione dell'entità di ciascuna quota [718, 1114; 194 att. c.p.c.].

[II]. Si deve tuttavia evitare, per quanto è possibile, il frazionamento delle biblioteche, gallerie e collezioni che hanno un'importanza storica, scientifica o artistica.

728. Conguagli in danaro. – [I]. L'ineguaglianza in natura nelle quote ereditarie si compensa con un equivalente in danaro [2817 n. 2, 2834].

729. Assegnazione o attribuzione delle porzioni. – [I]. L'assegnazione delle porzioni eguali è fatta mediante estrazione a sorte. Per le porzioni diseguali si procede mediante attribuzione. Tuttavia, rispetto a beni costituenti frazioni eguali di quote diseguali, si può procedere per estrazione a sorte [2646; 789 3 c.p.c.].

730. Deferimento delle operazioni a un notaio. – [I]. Le operazioni indicate negli articoli precedenti possono essere, col consenso di tutti i coeredi, deferite a un notaio. La nomina di questo, in mancanza di accordo, è fatta con decreto dal tribunale del luogo dell'aperta successione [456; 790, 791 c.p.c.] (1).

[II]. Qualora sorgano contestazioni nel corso delle operazioni, esse sono riservate e rimesse tutte insieme alla cognizione dell'autorità giudiziaria competente [22 c.p.c.], che provvede con unica sentenza.

(1) *Comma così modificato dall'art. 144 d.ls. 19 febbraio 1998, n. 51.*

731. Suddivisioni tra stirpi. – [I]. Le norme sulla divisione dell'intero asse si osservano anche nelle suddivisioni tra i componenti di ciascuna stirpe [469].

732. Diritto di prelazione. – [I]. Il coerede, che vuole alienare [1542 ss.] a un estraneo la sua quota o parte di essa, deve notificare la proposta di alienazione, indicandone il prezzo, agli altri coeredi, i quali hanno diritto di prelazione. Questo diritto deve essere esercitato nel termine di due mesi dall'ultima delle notificazioni. In mancanza della notificazione, i coeredi hanno diritto di riscattare la quota dall'acquirente e da ogni successivo avente causa, finché dura lo stato di comunione ereditaria [230-*bis* 5, 1502 ss.].

[II]. Se i coeredi che intendono esercitare il diritto di riscatto sono più, la quota è assegnata a tutti in parti uguali.

733. Norme date dal testatore per la divisione. – [I]. Quando il testatore ha stabilito particolari norme per formare le porzioni [727], queste norme sono vincolanti per gli eredi, salvo che l'effettivo valore dei beni non corrisponda alle quote stabilite dal testatore.

[II]. Il testatore può disporre che la divisione si effettui secondo la stima di persona da lui designata che non sia erede o legatario [706]: la divisione proposta da questa persona non vincola gli eredi, se l'autorità giudiziaria, su istanza di taluno di essi, la riconosce contraria alla volontà del testatore o manifestamente iniqua [1349].

734. **Divisione fatta dal testatore.** – [I]. Il testatore può dividere i suoi beni tra gli eredi [763²] comprendendo nella divisione anche la parte non disponibile [556].

[II]. Se nella divisione fatta dal testatore non sono compresi tutti i beni lasciati al tempo della morte, i beni in essa non compresi sono attribuiti conformemente alla legge [566 ss.], se non risulta una diversa volontà del testatore.

735. **Preterizione di eredi e lesione di legittima.** – [I]. La divisione nella quale il testatore non abbia compreso qualcuno dei legittimari [536] o degli eredi istituiti [588] è nulla.

[II]. Il coerede che è stato leso nella quota di riserva può esercitare l'azione di riduzione contro gli altri coeredi [554 ss.].

736. **Consegna dei documenti.** – [I]. Compiuta la divisione, si devono rimettere a ciascuno dei condividenti i documenti relativi ai beni e diritti particolarmente loro assegnati [1477³, 2646].

[II]. I documenti di una proprietà che è stata divisa rimangono a quello che ne ha la parte maggiore, con l'obbligo di comunicarli agli altri condividenti che vi hanno interesse, ogni qualvolta se ne faccia richiesta. Gli stessi documenti, se la proprietà è divisa in parti eguali, e quelli comuni all'intera eredità si consegnano alla persona scelta a tal fine da tutti gli interessati, la quale ha obbligo di comunicarli a ciascuno di essi, a ogni loro domanda. Se vi è contrasto nella scelta, la persona è determinata con decreto dal tribunale (1) del luogo dell'aperta successione [456], su ricorso di alcuno degli interessati, sentiti gli altri (2).

(1) *L'art. 27² lett. a) n. 4 d.ls. 13 luglio 2017, n. 116, ha disposto la sostituzione della parola* « tribunale » *con le parole* « giudice di pace ». *Ai sensi dell'art. 32³ d.ls. n. 116, cit., come da ultimo modificato dall'art. 8-bis¹ lett. b) d.l. 30 dicembre 2019, n. 162, conv., con modif., in l. 28 febbraio 2020, n. 8, tale disposizione* ***entra in vigore il 31 ottobre 2025***.

(2) *Comma così modificato dall'art. 144 d.ls. 19 febbraio 1998, n. 51.*

CAPO II – *Della collazione*

737. (1) **Soggetti tenuti alla collazione.** – [I]. I figli (2) e i loro discendenti (2) ed il coniuge che concorrono alla successione devono conferire ai coeredi tutto ciò che hanno ricevuto dal defunto per donazione direttamente o indirettamente, salvo che il defunto non li abbia da ciò dispensati [135² trans.].

[II]. La dispensa da collazione non produce effetto se non nei limiti della quota disponibile [556].

(1) *Articolo così sostituito dall'art. 201 l. 19 maggio 1975, n. 151.*

(2) *Le parole* « [legittimi e naturali] » *che seguivano la parola* « figli » *e la parola* « discendenti » *sono state soppresse dall'art. 87*[1] *d.ls. 28 dicembre 2013, n. 154, con la decorrenza indicata* sub *art. 87. Precedentemente, l'art. 1*[11] *l. 10 dicembre 2012, n. 219 aveva disposto che « Nel codice civile, le parole: "figli legittimi" e "figli naturali", ovunque ricorrono, sono sostituite dalla seguente: "figli" ».*

738. (1) **Limiti della collazione per il coniuge.** – [I]. Non sono soggette a collazione le donazioni di modico valore fatte al coniuge [783].

(1) *Articolo così sostituito dall'art. 202 l. 19 maggio 1975, n. 151.*

739. Donazioni ai discendenti o al coniuge dell'erede. Donazioni a coniugi. – [I]. L'erede non è tenuto a conferire le donazioni fatte ai suoi discendenti o al coniuge, ancorché succedendo a costoro ne abbia conseguito il vantaggio.

[II]. Se le donazioni sono state fatte congiuntamente a coniugi di cui uno è discendente del donante, la sola porzione a questo donata è soggetta a collazione.

740. (1) **Donazioni fatte all'ascendente dell'erede.** – [I]. Il discendente che succede per rappresentazione [467] deve conferire ciò che è stato donato all'ascendente, anche nel caso in cui abbia rinunziato all'eredità di questo [519].

(1) *Articolo così sostituito dall'art. 203 l. 19 maggio 1975, n. 151.*

741. (1) **Collazione di assegnazioni varie.** – [I]. È soggetto a collazione ciò che il defunto ha speso a favore dei suoi discendenti per assegnazioni fatte a causa di matrimonio, per avviarli all'esercizio di una attività produttiva o professionale, per soddisfare premi relativi a contratti di assicurazione sulla vita a loro favore [1920, 1923[2]] o per pagare i loro debiti.

(1) *Articolo così sostituito dall'art. 204 l. 19 maggio 1975, n. 151.*

742. Spese non soggette a collazione. – [I]. Non sono soggette a collazione le spese di mantenimento e di educazione [147] e quelle sostenute per malattia, né quelle ordinarie fatte per abbigliamento o per nozze [809].

[II]. Le spese per il corredo nuziale e quelle per l'istruzione artistica o professionale sono soggette a collazione solo per quanto eccedono notevolmente la misura ordinaria, tenuto conto delle condizioni economiche del defunto [809].

[III]. Non sono soggette a collazione le liberalità previste dal secondo comma dell'articolo 770.

743. Società contratta con l'erede. – [I]. Non è dovuta collazione di ciò che si è conseguito per effetto di società contratta senza frode tra il defunto e alcuno dei suoi eredi, se le condizioni sono state regolate con atto di data certa [2704].

744. Perimento della cosa donata. – [I]. Non è soggetta a collazione la cosa perita per causa non imputabile al donatario [1256].

745. Frutti e interessi. – [I]. I frutti delle cose e gli interessi sulle somme soggette a collazione non sono dovuti che dal giorno in cui si è aperta la successione [456].

746. Collazione d'immobili. – [I]. La collazione di un bene immobile si fa o col rendere il bene in natura o con l'imputarne il valore alla propria porzione [747], a scelta di chi conferisce [2645].

[II]. Se l'immobile è stato alienato o ipotecato, la collazione si fa soltanto con l'imputazione.

747. Collazione per imputazione. – [I]. La collazione per imputazione si fa avuto riguardo al valore dell'immobile al tempo dell'aperta successione [456].

748. Miglioramenti, spese e deterioramenti. – [I]. In tutti i casi, si deve dedurre a favore del donatario il valore delle migliorie apportate al fondo nei limiti del loro valore al tempo dell'aperta successione [456, 1150].

[II]. Devono anche computarsi a favore del donatario le spese straordinarie da lui sostenute per la conservazione della cosa, non cagionate da sua colpa [1150].

[III]. Il donatario dal suo canto è obbligato per i deterioramenti che, per sua colpa, hanno diminuito il valore dell'immobile.

[IV]. Il coerede che conferisce un immobile in natura può ritenerne il possesso sino all'effettivo rimborso delle somme che gli sono dovute per spese e miglioramenti [1152].

749. Miglioramenti e deterioramenti dell'immobile alienato. – [I]. Nel caso in cui l'immobile è stato alienato dal donatario, i miglioramenti e i deterioramenti fatti dall'acquirente devono essere computati a norma dell'articolo precedente.

750. Collazione di mobili. – [I]. La collazione dei mobili si fa soltanto per imputazione [747], sulla base del valore che essi avevano al tempo dell'aperta successione [456, 556; 135[3] trans.].

[II]. Se si tratta di cose delle quali non si può far uso senza consumarle, e il donatario le ha già consumate, si determina il valore che avrebbero avuto secondo il prezzo corrente [1474] al tempo dell'aperta successione.

[III]. Se si tratta di cose che con l'uso si deteriorano, il loro valore al tempo dell'aperta successione è stabilito con riguardo allo stato in cui si trovano.

[IV]. La determinazione del valore dei titoli dello Stato, degli altri titoli di credito quotati in borsa e delle derrate e delle merci il cui prezzo corrente è stabilito dalle mercuriali, si fa in base ai listini di borsa e alle mercuriali del tempo dell'aperta successione.

751. Collazione del danaro. – [I]. La collazione del danaro donato si fa prendendo una minore quantità del danaro che si trova nell'eredità, secondo il valore legale della specie donata o di quella ad essa legalmente sostituita all'epoca dell'aperta successione [456, 1277 ss.].

[II]. Quando tale danaro non basta e il donatario non vuole conferire altro danaro o titoli dello Stato, sono prelevati mobili o immobili ereditari, in proporzione delle rispettive quote [725].

CAPO III – *Del pagamento dei debiti*

752. Ripartizione dei debiti ereditari tra gli eredi. – [I]. I coeredi contribuiscono tra loro al pagamento dei debiti e pesi ereditari in proporzione delle loro quote ereditarie, salvo che il testatore abbia altrimenti disposto [663, 1295, 1315].

753. Immobili gravati da rendita redimibile. – [I]. Ogni coerede, quando i beni immobili dell'eredità sono gravati con ipoteca da una prestazione di rendita redimibile [1865 ss., 1869], può chiedere che gli immobili ne siano affrancati e resi liberi prima che si proceda alla formazione delle quote ereditarie [726 ss.]. Se uno dei coeredi si oppone, decide l'autorità giudiziaria. Se i coeredi dividono l'eredità nello stato in cui si trova, l'immobile gravato deve stimarsi con gli stessi criteri con cui si stimano gli altri beni immobili, detratto dal valore di esso il capitale corrispondente alla prestazione, secondo le norme relative al riscatto della rendita [1866], salvo che esista un patto speciale intorno al capitale da corrispondersi per l'affrancazione.

[II]. Alla prestazione della rendita è tenuto solo l'erede, nella cui quota cade detto immobile, con l'obbligo di garantire i coeredi.

754. Pagamento dei debiti e rivalsa. – [I]. Gli eredi sono tenuti verso i creditori al pagamento dei debiti e pesi ereditari personalmente in proporzione della loro quota ereditaria [1295, 1315, 1316,

1318] e ipotecariamente per l'intero [2809²]. Il coerede che ha pagato oltre la parte a lui incombente può ripetere dagli altri coeredi [1299] soltanto la parte per cui essi devono contribuire a norma dell'articolo 752, quantunque si sia fatto surrogare nei diritti dei creditori [1201 ss.].

[II]. Il coerede conserva la facoltà di chiedere il pagamento del credito a lui personale e garantito da ipoteca, non diversamente da ogni altro creditore, detratta la parte che deve sopportare come coerede [752].

755. Quota di debito ipotecario non pagata da un coerede. – [I]. In caso di insolvenza di un coerede, la sua quota di debito ipotecario è ripartita in proporzione tra tutti gli altri coeredi [1299²].

756. Esenzione del legatario dal pagamento dei debiti. – [I]. Il legatario non è tenuto a pagare i debiti ereditari, salvo ai creditori l'azione ipotecaria sul fondo legato [2858 ss.] e l'esercizio del diritto di separazione [512 ss.]; ma il legatario che ha estinto il debito di cui era gravato il fondo legato subentra nelle ragioni del creditore contro gli eredi [1203, 2866].

CAPO IV – *Degli effetti della divisione e della garanzia delle quote*

757. Diritto dell'erede sulla propria quota. – [I]. Ogni coerede è reputato solo e immediato successore in tutti i beni componenti la sua quota o a lui pervenuti dalla successione, anche per acquisto all'incanto [719, 720], e si considera come se non avesse mai avuto la proprietà degli altri beni ereditari [2646, 2825].

758. Garanzia tra coeredi. – [I]. I coeredi si devono vicendevole garanzia per le sole molestie ed evizioni derivanti da causa anteriore alla divisione [759, 1483 ss.].

[II]. La garanzia non ha luogo, se è stata esclusa con clausola espressa nell'atto di divisione, o se il coerede soffre l'evizione per propria colpa [1487²].

759. Evizione subita da un coerede. – [I]. Se alcuno dei coeredi subisce evizione [1483], il valore del bene evitto, calcolato al momento dell'evizione, deve essere ripartito tra tutti i coeredi ai fini della garanzia stabilita dall'articolo precedente, in proporzione del valore che i beni attribuiti a ciascuno di essi hanno al tempo dell'evizione e tenuto conto dello stato in cui si trovano al tempo della divisione [140 trans.].

[II]. Se uno dei coeredi è insolvente, la parte per cui è obbligato deve essere egualmente ripartita tra l'erede che ha sofferto la evizione e tutti gli eredi solventi.

760. Inesigibilità di crediti. – [I]. Non è dovuta garanzia per l'insolvenza del debitore di un credito assegnato a uno dei coeredi, se l'insolvenza è sopravvenuta soltanto dopo che è stata fatta la divisione [1267].

[II]. La garanzia della solvenza del debitore di una rendita è dovuta per i cinque anni successivi alla divisione [1864].

CAPO V – *Dell'annullamento e della rescissione in materia di divisione*

761. Annullamento per violenza o dolo. – [I]. La divisione può essere annullata [768] quando è l'effetto di violenza o di dolo [1434 ss.].

[II]. L'azione si prescrive in cinque anni dal giorno in cui è cessata la violenza o in cui il dolo è stato scoperto [1442].

762. Omissione di beni ereditari. – [I]. L'omissione di uno o più beni dell'eredità non dà luogo a nullità della divisione, ma soltanto a un supplemento della divisione stessa.

763. Rescissione per lesione. – [I]. La divisione può essere rescissa quando taluno dei coeredi prova di essere stato leso oltre il quarto [1448 ss., 2652$^{n. 1}$].

[II]. La rescissione è ammessa anche nel caso di divisione fatta dal testatore [734, 735], quando il valore dei beni assegnati ad alcuno dei coeredi è inferiore di oltre un quarto all'entità della quota ad esso spettante.

[III]. L'azione si prescrive in due anni dalla divisione [22$^{n. 2}$ c.p.c.].

764. Atti diversi dalla divisione. – [I]. L'azione di rescissione [763] è anche ammessa contro ogni altro atto che abbia per effetto di far cessare tra i coeredi la comunione dei beni ereditari.

[II]. L'azione non è ammessa contro la transazione [1965 ss.] con la quale si è posto fine alle questioni insorte a causa della divisione o dell'atto fatto in luogo della medesima, ancorché non fosse al riguardo incominciata alcuna lite.

765. Vendita del diritto ereditario fatta al coerede. – [I]. L'azione di rescissione non è ammessa contro la vendita del diritto ereditario [477, 1542 ss.] fatta senza frode a uno dei coeredi, a suo rischio e pericolo, da parte degli altri coeredi o di uno di essi [1448^{4}].

766. Stima dei beni. – [I]. Per conoscere se vi è lesione si procede alla stima dei beni secondo il loro stato e valore al tempo della divisione.

767. Facoltà del coerede di dare il supplemento. – [I]. Il coerede contro il quale è promossa l'azione di rescissione può troncarne il corso e impedire una nuova divisione, dando il supplemento della porzione ereditaria, in danaro o in natura, all'attore e agli altri coeredi che si sono a lui associati [1450].

768. Alienazione della porzione ereditaria. – [I]. Il coerede che ha alienato la sua porzione o una parte di essa non è più ammesso a impugnare la divisione per dolo o violenza [761], se l'alienazione è seguita quando il dolo era stato scoperto o la violenza era cessata.

[II]. Il coerede non perde il diritto di proporre l'impugnazione, se la vendita è limitata a oggetti di facile deterioramento o di valore minimo in rapporto alla quota.

CAPO V-*BIS* – *Del patto di famiglia* (1)

(1) *L'art. 2 l. 14 febbraio 2006, n. 55, in tema di patto di famiglia, ha inserito il Capo V-*bis*, comprendente gli artt. 768-*bis*-768-*octies*.

768-*bis*. (1) **Nozione.** – [I]. È patto di famiglia il contratto con cui, compatibilmente con le disposizioni in materia di impresa familiare e nel rispetto delle differenti tipologie societarie, l'imprenditore trasferisce, in tutto o in parte, l'azienda, e il titolare di partecipazioni societarie trasferisce, in tutto o in parte, le proprie quote, ad uno o più discendenti.

(1) *V. nota al Capo V-*bis*.

768-*ter*. (1) **Forma.** – [I]. A pena di nullità il contratto deve essere concluso per atto pubblico.

(1) *V. nota al Capo V-*bis*.

768-*quater*. (1) **Partecipazione.** – [I]. Al contratto devono partecipare anche il coniuge e tutti coloro che sarebbero legittimari ove in quel momento si aprisse la successione nel patrimonio dell'imprenditore.

[II]. Gli assegnatari dell'azienda o delle partecipazioni societarie devono liquidare gli altri partecipanti al contratto, ove questi non vi rinunzino in tutto o in parte, con il pagamento di una somma corrispondente al valore delle quote previste dagli articoli 536 e seguenti; i contraenti possono convenire che la liquidazione, in tutto o in parte, avvenga in natura.

[III]. I beni assegnati con lo stesso contratto agli altri partecipanti non assegnatari dell'azienda, secondo il valore attribuito in contratto, sono imputati alle quote di legittima loro spettanti; l'assegnazione può essere disposta anche con successivo contratto che sia espressamente dichiarato collegato al primo e purché vi intervengano i medesimi soggetti che hanno partecipato al primo contratto o coloro che li abbiano sostituiti.

[IV]. Quanto ricevuto dai contraenti non è soggetto a collazione o a riduzione.

(1) *V. nota al Capo V*-bis.

768-*quinquies*. (1) **Vizi del consenso.** – [I]. Il patto può essere impugnato dai partecipanti ai sensi degli articoli 1427 e seguenti.

[II]. L'azione si prescrive nel termine di un anno.

(1) *V. nota al Capo V*-bis.

768-*sexies*. (1) **Rapporti con i terzi.** – [I]. All'apertura della successione dell'imprenditore, il coniuge e gli altri legittimari che non abbiano partecipato al contratto possono chiedere ai beneficiari del contratto stesso il pagamento della somma prevista dal secondo comma dell'articolo 768-*quater*, aumentata degli interessi legali.

[II]. L'inosservanza delle disposizioni del primo comma costituisce motivo di impugnazione ai sensi dell'articolo 768-*quinquies*.

(1) *V. nota al Capo V*-bis.

768-*septies*. (1) **Scioglimento** – [I]. Il contratto può essere sciolto o modificato dalle medesime persone che hanno concluso il patto di famiglia nei modi seguenti:

1) mediante diverso contratto, con le medesime caratteristiche e i medesimi presupposti di cui al presente capo;

2) mediante recesso, se espressamente previsto nel contratto stesso e, necessariamente, attraverso dichiarazione agli altri contraenti certificata da un notaio.

(1) *V. nota al Capo V*-bis.

768-*octies*. (1) **Controversie.** – [I]. Le controversie derivanti dalle disposizioni di cui al presente capo sono devolute preliminarmente a uno degli organismi di conciliazione previsti dall'articolo 38 del decreto legislativo 17 gennaio 2003, n. 5.

(1) *V. nota al Capo V*-bis.

TITOLO V
Delle donazioni

CAPO I – *Disposizioni generali*

769. Definizione. – [I]. La donazione è il contratto [782, 1321 ss.] col quale, per spirito di liberalità [770], una parte arricchisce l'altra, disponendo a favore di questa di un suo diritto [1376] o assumendo verso la stessa una obbligazione [1173 ss.].

770. Donazione rimuneratoria. – [I]. È donazione [769] anche la liberalità fatta per riconoscenza o in considerazione dei meriti del donatario o per speciale rimunerazione [437, 797^n. 3^, 805].

[II]. Non costituisce donazione la liberalità che si suole fare in occasione di servizi resi o comunque in conformità agli usi [80, 742^3, 809] (1).

(1) *V. art. 64 r.d. 16 marzo 1942, n. 267 (per la nuova disciplina, v. art. 163 d.ls. 12 gennaio 2019, n. 14, Codice della crisi d'impresa e dell'insolvenza).*

771. Donazione di beni futuri. – [I]. La donazione non può comprendere che i beni presenti del donante. Se comprende beni futuri [1348], è nulla rispetto a questi [1419, 1421 ss.], salvo che si tratti di frutti non ancora separati [820^2].

[II]. Qualora oggetto della donazione sia un'universalità di cose [816] e il donante ne conservi il godimento trattenendola presso di sé, si considerano comprese nella donazione anche le cose che vi si aggiungono successivamente, salvo che dall'atto risulti una diversa volontà.

772. Donazione di prestazioni periodiche. – [I]. La donazione che ha per oggetto prestazioni periodiche si estingue alla morte del donante, salvo che risulti dall'atto una diversa volontà.

773. Donazione a più donatari. – [I]. La donazione fatta congiuntamente a favore di più donatari s'intende fatta per parti uguali, salvo che dall'atto risulti una diversa volontà.

[II]. È valida la clausola con cui il donante dispone che, se uno dei donatari non può o non vuole accettare, la sua parte si accresca agli altri [674 ss.].

CAPO II – *Della capacità di disporre e di ricevere per donazione*

774. Capacità di donare. – [I]. Non possono fare donazione coloro che non hanno la piena capacità di disporre dei propri beni [2,

394, 424, 427]. È tuttavia valida la donazione fatta dal minore e dall'inabilitato nel loro contratto di matrimonio a norma degli articoli 165 e 166.

[II]. Le disposizioni precedenti si applicano anche al minore emancipato autorizzato all'esercizio di un'impresa commerciale [397].

775. Donazione fatta da persona incapace d'intendere o di volere. – [I]. La donazione fatta da persona che, sebbene non interdetta, si provi essere stata per qualsiasi causa, anche transitoria, incapace d'intendere o di volere al momento in cui la donazione è stata fatta, può essere annullata su istanza del donante, dei suoi eredi o aventi causa [428].

[II]. L'azione si prescrive in cinque anni dal giorno in cui la donazione è stata fatta [428^{3}, 1442 ss.].

776. Donazione fatta dall'inabilitato. – [I]. La donazione fatta dall'inabilitato [415], anche se anteriore alla sentenza d'inabilitazione [421] o alla nomina del curatore provvisorio [419], può essere annullata se fatta dopo che è stato promosso il giudizio d'inabilitazione [427^{2}; 712 ss. c.p.c.].

[II]. Il curatore dell'inabilitato per prodigalità [415^{2}] può chiedere l'annullamento della donazione, anche se fatta nei sei mesi anteriori all'inizio del giudizio d'inabilitazione.

777. Donazioni fatte da rappresentanti di persone incapaci. – [I]. Il padre e il tutore non possono fare donazioni per la persona incapace da essi rappresentata [320, 374].

[II]. Sono consentite, con le forme abilitative richieste, le liberalità in occasione di nozze a favore dei discendenti dell'interdetto o dell'inabilitato [785].

778. Mandato a donare. – [I]. È nullo [1418 ss.] il mandato con cui si attribuisce ad altri la facoltà di designare la persona del donatario o di determinare l'oggetto della donazione [631].

[II]. È peraltro valida la donazione a favore di persona che un terzo sceglierà tra più persone designate dal donante o appartenenti a determinate categorie, o a favore di una persona giuridica tra quelle indicate dal donante stesso [631^{2}].

[III]. È del pari valida la donazione che ha per oggetto una cosa che un terzo determinerà tra più cose indicate dal donante o entro i limiti di valore dal donante stesso stabiliti.

779. Donazione a favore del tutore o protutore. – [I]. È nulla [799, 1418 ss.] la donazione a favore di chi è stato tutore o protutore del donante, se fatta prima che sia stato approvato il conto [386, 388] o sia estinta l'azione per il rendimento del conto medesimo [387].

[II]. Si applicano le disposizioni dell'articolo 599.

780. (1) **[Donazione al figlio naturale non riconoscibile].**

(1) *Articolo abrogato dall'art. 205 l. 19 maggio 1975, n. 151; v. art. 239.*

781. (1) **Donazione tra coniugi.** – [I]. I coniugi non possono, durante il matrimonio, farsi l'uno all'altro alcuna liberalità, salve quelle conformi agli usi.

(1) *Articolo dichiarato* costituzionalmente illegittimo *con* ***C. cost.*** *27 giugno 1973, n. 91.*

CAPO III – *Della forma e degli effetti della donazione*

782. (1) **Forma della donazione.** – [I]. La donazione deve essere fatta per atto pubblico [2699], sotto pena di nullità. Se ha per oggetto cose mobili, essa non è valida che per quelle specificate con indicazione del loro valore nell'atto medesimo della donazione, ovvero in una nota a parte sottoscritta dal donante, dal donatario e dal notaio.

[II]. L'accettazione può essere fatta nell'atto stesso o con atto pubblico posteriore. In questo caso la donazione non è perfetta se non dal momento in cui l'atto di accettazione è notificato al donante.

[III]. Prima che la donazione sia perfetta, tanto il donante quanto il donatario possono revocare la loro dichiarazione.

(1) *L'articolo recava un quarto comma, abrogato dall'art. 13 l. 15 maggio 1997, n. 127, come sostituito dall'art. 1 l. 22 giugno 2000, n. 192.*

783. **Donazioni di modico valore.** – [I]. La donazione di modico valore che ha per oggetto beni mobili è valida anche se manca l'atto pubblico, purché vi sia stata la tradizione [738].

[II]. La modicità deve essere valutata anche in rapporto alle condizioni economiche del donante.

784. **Donazione a nascituri.** – [I]. La donazione può essere fatta anche a favore di chi è soltanto concepito, ovvero a favore dei figli di una determinata persona vivente al tempo della donazione, benché non ancora concepiti [462].

[II]. L'accettazione della donazione a favore di nascituri, benché non concepiti, è regolata dalle disposizioni degli articoli 320 e 321.

[III]. Salvo diversa disposizione del donante, l'amministrazione dei beni donati spetta al donante o ai suoi eredi [643], i quali possono essere obbligati a prestare idonea garanzia [1179]. I frutti maturati prima della nascita sono riservati al donatario se la donazione è fatta a favore di un nascituro già concepito. Se è fatta a favore di un non concepito, i frutti sono riservati al donante sino al momento della nascita del donatario.

785. Donazione in riguardo di matrimonio. – [I]. La donazione fatta in riguardo di un determinato futuro matrimonio [165, 166, 774], sia dagli sposi tra loro, sia da altri a favore di uno o di entrambi gli sposi o dei figli nascituri da questi, si perfeziona senza bisogno che sia accettata [167²], ma non produce effetto finché non segua il matrimonio [774, 777, 805].

[II]. L'annullamento del matrimonio [117 ss.] importa la nullità della donazione. Restano tuttavia salvi i diritti acquistati dai terzi di buona fede tra il giorno del matrimonio e il passaggio in giudicato della sentenza che dichiara la nullità del matrimonio. Il coniuge di buona fede [128] non è tenuto a restituire i frutti percepiti anteriormente alla domanda di annullamento del matrimonio [1148].

[III]. La donazione in favore di figli nascituri [784] rimane efficace per i figli rispetto ai quali si verificano gli effetti del matrimonio putativo [128].

786. (1) **[Donazione a ente non riconosciuto].**

(1) *Articolo abrogato dall'art. 13¹ l. 15 maggio 1997, n. 127, come sostituito dall'art. 1¹ l. 22 giugno 2000, n. 192.*

787. Errore sul motivo della donazione. – [I]. La donazione può essere impugnata per errore sul motivo, sia esso di fatto o di diritto, quando il motivo risulta dall'atto ed è il solo che ha determinato il donante a compiere la liberalità [624²].

788. Motivo illecito. – [I]. Il motivo illecito rende nulla la donazione quando risulta dall'atto ed è il solo che ha determinato il donante alla liberalità [626, 794, 1345, 1418 ss.].

789. Inadempimento o ritardo nell'esecuzione. – [I]. Il donante, in caso d'inadempimento o di ritardo nell'eseguire la donazione, è responsabile soltanto per dolo o per colpa grave.

790. Riserva di disporre di cose determinate. – [I]. Quando il donante si è riservata la facoltà di disporre di qualche oggetto compreso nella donazione o di una determinata somma sui beni donati, e muore senza averne disposto, tale facoltà non può essere esercitata dagli eredi.

791. Condizione di riversibilità. – [I]. Il donante può stipulare la riversibilità delle cose donate, sia per il caso di premorienza del solo donatario, sia per il caso di premorienza del donatario e dei suoi discendenti [792].

[II]. Nel caso in cui la donazione è fatta con generica indicazione della riversibilità, questa riguarda la premorienza, non solo del donatario, ma anche dei suoi discendenti.

[III]. Non si fa luogo a riversibilità che a beneficio del solo donante. Il patto a favore di altri si considera non apposto.

792. Effetti della riversibilità. – [I]. Il patto di riversibilità produce l'effetto di risolvere tutte le alienazioni dei beni donati e di farli ritornare al donante liberi da ogni peso o ipoteca, ad eccezione dell'ipoteca iscritta a garanzia della dote [166-*bis*] o di altre convenzioni matrimoniali, quando gli altri beni del coniuge donatario non sono sufficienti, e nel caso soltanto in cui la donazione è stata fatta con lo stesso contratto matrimoniale da cui l'ipoteca risulta.

[II]. È valido il patto per cui la riversione non deve pregiudicare la quota di riserva spettante al coniuge superstite [540 ss.] sul patrimonio del donatario, compresi in esso i beni donati.

793. Donazione modale. – [I]. La donazione può essere gravata da un onere [647, 1861^2].

[II]. Il donatario è tenuto all'adempimento dell'onere entro i limiti del valore della cosa donata [671].

[III]. Per l'adempimento dell'onere può agire, oltre il donante, qualsiasi interessato, anche durante la vita del donante stesso [648].

[IV]. La risoluzione per inadempimento dell'onere, se preveduta nell'atto di donazione, può essere domandata dal donante o dai suoi eredi [648^2, $2652^{n.\ 1}$].

794. Onere illecito o impossibile. – [I]. L'onere illecito o impossibile si considera non apposto; rende tuttavia nulla la donazione se ne ha costituito il solo motivo determinante [647^3].

795. Divieto di sostituzione. – [I]. Nelle donazioni non sono permesse le sostituzioni se non nei casi e nei limiti stabiliti per gli atti di ultima volontà [688 ss.].

[II]. La nullità delle sostituzioni non importa nullità della donazione.

796. Riserva di usufrutto. – [I]. È permesso al donante di riservare l'usufrutto [978 ss., 1002^3] dei beni donati a proprio vantaggio, e dopo di lui a vantaggio di un'altra persona o anche di più persone, ma non successivamente [698].

797. Garanzia per evizione. – [I]. Il donante è tenuto a garanzia verso il donatario, per l'evizione che questi può soffrire delle cose donate [1483 ss.], nei casi seguenti:

1) se ha espressamente promesso la garanzia;

2) se l'evizione dipende dal dolo o dal fatto personale di lui;

3) se si tratta di donazione che impone oneri al donatario [793], o di donazione rimuneratoria [770], nei quali casi la garanzia è dovuta fino alla concorrenza dell'ammontare degli oneri o dell'entità delle prestazioni ricevute dal donante.

798. Responsabilità per vizi della cosa. – [I]. Salvo patto speciale, la garanzia del donante non si estende ai vizi della cosa, a meno che il donante sia stato in dolo [1490 ss.].

799. Conferma ed esecuzione volontaria di donazioni nulle. – [I]. La nullità della donazione [137 trans.], da qualunque causa dipenda, non può essere fatta valere dagli eredi o aventi causa dal donante che, conoscendo la causa della nullità, hanno, dopo la morte di lui, confermato la donazione o vi hanno dato volontaria esecuzione [590, 1423, 1444].

CAPO IV – *Della revocazione delle donazioni*

800. Cause di revocazione. – [I]. La donazione può essere revocata per ingratitudine [801-802] o per sopravvenienza di figli [803-804].

801. Revocazione per ingratitudine. – [I]. La domanda di revocazione per ingratitudine non può essere proposta che quando il donatario ha commesso uno dei fatti previsti dai numeri 1, 2 e 3 dell'articolo 463, ovvero si è reso colpevole d'ingiuria grave verso il donante o ha dolosamente arrecato grave pregiudizio al patrimonio di lui o gli ha rifiutato indebitamente gli alimenti dovuti ai sensi degli articoli 433, [435] (1) e 436 [802; 141 trans.].

(1) *L'art. 435 è stato abrogato dall'art. 169 l. 19 maggio 1975, n. 151.*

802. Termini e legittimazione ad agire. – [I]. La domanda di revocazione per causa d'ingratitudine deve essere proposta dal donante o dai suoi eredi, contro il donatario o i suoi eredi, entro l'anno dal giorno in cui il donante è venuto a conoscenza del fatto che consente la revocazione [2652 n. 1, 2964].

[II]. Se il donatario si è reso responsabile di omicidio volontario [575 c.p.] in persona del donante o gli ha dolosamente impedito di revocare la donazione, il termine per proporre l'azione è di un anno dal giorno in cui gli eredi hanno avuto notizia della causa di revocazione [141 trans.].

803. (1) **Revocazione per sopravvenienza di figli.** – [I]. Le donazioni fatte da chi non aveva o ignorava di avere figli o discendenti al tempo della donazione, possono essere revocate per la sopravvenienza o l'esistenza di un figlio o discendente del donante [687]. Possono inoltre essere revocate per il riconoscimento di un figlio, salvo che si provi che al tempo della donazione il donante aveva notizia dell'esistenza del figlio [804].

[II]. La revocazione può essere domandata anche se il figlio del donante era già concepito al tempo della donazione.

(1) *Articolo così sostituito dall'art. 88[1] d.ls. 28 dicembre 2013, n. 154, con la decorrenza indicata* sub *art. 87. Il testo dell'articolo era il seguente:* « Le donazioni, fatte da chi non aveva o ignorava di avere figli o discendenti legittimi al tempo della donazione, possono essere revocate per la sopravvenienza o l'esistenza di un figlio o discendente legittimo del donante. Possono inoltre essere revocate per il riconoscimento di un figlio [naturale], fatto entro due anni dalla donazione, salvo che si provi che al tempo della donazione il donante aveva notizia dell'esistenza del figlio. - La revocazione può essere domandata anche se il figlio del donante era già concepito al tempo della donazione ». *Precedentemente, l'art. 1[11] l. 10 dicembre 2012, n. 219 aveva disposto che « Nel codice civile, le parole: "figli legittimi" e "figli naturali", ovunque ricorrono, sono sostituite dalla seguente: "figli" ». In precedenza, inoltre,* ***C. cost.*** *3 luglio 2000, n. 250 aveva dichiarato* l'illegittimità costituzionale *di questo comma « nella parte in cui prevede che — in caso di sopravvenienza di un figlio naturale — la donazione possa essere revocata solo se il riconoscimento del figlio sia intervenuto entro due anni dalla donazione ».*

804. **Termine per l'azione.** – [I]. L'azione di revocazione per sopravvenienza di figli deve essere proposta entro cinque anni [2652$^{n.\ 1}$, 2964 ss.] dal giorno della nascita dell'ultimo figlio nato nel matrimonio (1) o discendente (2) ovvero della notizia dell'esistenza del figlio o discendente, ovvero dell'avvenuto riconoscimento del figlio nato fuori del matrimonio (3).

[II]. Il donante non può proporre o proseguire l'azione dopo la morte del figlio o del discendente.

(1) *Parole* « nato nel matrimonio » *aggiunte dall'art. 89[1] d.ls. 28 dicembre 2013, n. 154, con la decorrenza indicata* sub *art. 87.*

(2) *La parola* « [legittimo], » *che seguiva la parola* « discendente » *è stata soppressa dall'art. 89[1] d.ls. n. 154, cit., con la decorrenza indicata* sub *art. 87. Precedentemente, l'art. 1[11] l. 10 dicembre 2012, n. 219 aveva disposto che « Nel codice civile, le parole: "figli legittimi" e "figli naturali", ovunque ricorrono, sono sostituite dalla seguente: "figli" ».*

(3) *Le parole* « nato fuori del matrimonio » *sono state sostituite alla parola* « naturale » dall'art. 89[1] *d.ls. n. 154, cit., con la decorrenza indicata* sub *art. 87. V. anche la seconda parte della nota 2.*

805. Donazioni irrevocabili. – [I]. Non possono revocarsi per causa d'ingratitudine, né per sopravvenienza di figli, le donazioni rimuneratorie [770] e quelle fatte in riguardo di un determinato matrimonio [785].

806. Inammissibilità della rinunzia preventiva. – [I]. Non è valida la rinunzia preventiva alla revocazione della donazione per ingratitudine o per sopravvenienza di figli.

807. Effetti della revocazione. – [I]. Revocata la donazione per ingratitudine o sopravvenienza di figli, il donatario deve restituire i beni in natura, se essi esistono ancora, e i frutti relativi, a partire dal giorno della domanda [1148].

[II]. Se il donatario ha alienato i beni, deve restituirne il valore, avuto riguardo al tempo della domanda, e i frutti relativi, a partire dal giorno della domanda stessa [1148].

808. Effetti nei riguardi dei terzi. – [I]. La revocazione per ingratitudine o per sopravvenienza di figli non pregiudica i terzi che hanno acquistato diritti anteriormente alla domanda, salvi gli effetti della trascrizione di questa [2652$^{n.\ 1}$].

[II]. Il donatario, che prima della trascrizione della domanda di revocazione ha costituito sui beni donati diritti reali che ne diminuiscono il valore, deve indennizzare il donante della diminuzione di valore sofferta dai beni stessi.

809. Norme sulle donazioni applicabili ad altri atti di liberalità. [I]. Le liberalità, anche se risultano da atti diversi da quelli previsti dall'articolo 769 [1180, 1236, 1411, 1875, 1920], sono soggette alle stesse norme che regolano la revocazione delle donazioni per causa d'ingratitudine e per sopravvenienza di figli [800 ss.], nonché a quelle sulla riduzione delle donazioni per integrare la quota dovuta ai legittimari [555 ss.].

[II]. Questa disposizione non si applica alle liberalità previste dal secondo comma dell'articolo 770 e a quelle che a norma dell'articolo 742 non sono soggette a collazione.

LIBRO TERZO
Della proprietà

Titolo I
Dei beni

Capo I – *Dei beni in generale*

810. Nozione. – [i]. Sono beni le cose che possono formare oggetto di diritti [2555, 2575 ss.].

Sezione I – *Dei beni nell'ordine corporativo*

811. (1) **[Disciplina corporativa].**

(1) *Articolo abrogato dall'art. 3 d.ls.lt. 14 settembre 1944, n. 287.*

Sezione II – *Dei beni immobili e mobili*

812. Distinzione dei beni. – [i]. Sono beni immobili il suolo, le sorgenti e i corsi d'acqua, gli alberi, gli edifici e le altre costruzioni, anche se unite al suolo a scopo transitorio, e in genere tutto ciò che naturalmente o artificialmente è incorporato al suolo.

[ii]. Sono reputati immobili i mulini, i bagni e gli altri edifici galleggianti quando sono saldamente assicurati alla riva o all'alveo e sono destinati ad esserlo in modo permanente per la loro utilizzazione.

[iii]. Sono mobili tutti gli altri beni [624, 628, 646 c.p.c.].

813. Distinzione dei diritti. – [i]. Salvo che dalla legge risulti diversamente, le disposizioni concernenti i beni immobili si applicano anche ai diritti reali che hanno per oggetto beni immobili e alle azioni relative; le disposizioni concernenti i beni mobili si applicano a tutti gli altri diritti.

814. Energie. – [i]. Si considerano beni mobili le energie naturali che hanno valore economico [624^2 c.p.c.].

815. Beni mobili iscritti in pubblici registri. – [i]. I beni mobili iscritti in pubblici registri sono soggetti alle disposizioni che li riguardano [507, 509, 534, 819, 1156, 1162, 2683 ss., 2750, 2779, 2810, 2914, 2915; 245 ss., 861 ss. c. nav.] e, in mancanza, alle disposizioni relative ai beni mobili (1).

(1) *V. r.d.l. 15 marzo 1927, n. 436, conv. in l. 19 febbraio 1928, n. 510 e r.d. 29 luglio 1927, n. 1814; d.ls.C.P.S. 22 gennaio 1947, n. 340; d.ls. 25 luglio 1997, n. 250.*

816. Universalità di mobili. – [I]. È considerata universalità di mobili la pluralità di cose che appartengono alla stessa persona e hanno una destinazione unitaria [771², 994, 1010, 1156, 1160, 1170].

[II]. Le singole cose componenti la universalità possono formare oggetto di separati atti e rapporti giuridici.

817. Pertinenze. – [I]. Sono pertinenze le cose destinate in modo durevole a servizio o ad ornamento di un'altra cosa [1640, 1641].

[II]. La destinazione può essere effettuata dal proprietario della cosa principale o da chi ha un diritto reale sulla medesima [246 ss., 862 ss. c. nav.].

818. Regime delle pertinenze. – [I]. Gli atti e i rapporti giuridici che hanno per oggetto la cosa principale comprendono anche le pertinenze [667, 1477, 1617, 2811, 2912], se non è diversamente disposto [515 c.p.c.].

[II]. Le pertinenze possono formare oggetto di separati atti o rapporti giuridici.

[III]. La cessazione della qualità di pertinenza non è opponibile ai terzi i quali abbiano anteriormente acquistato diritti sulla cosa principale [247², 863 c. nav.].

819. Diritti dei terzi sulle pertinenze. – [I]. La destinazione di una cosa al servizio o all'ornamento di un'altra non pregiudica i diritti preesistenti su di essa a favore dei terzi. Tali diritti non possono essere opposti ai terzi di buona fede se non risultano da scrittura avente data certa anteriore [2704], quando la cosa principale è un bene immobile o un bene mobile iscritto in pubblici registri [815, 2683; 247¹, 863 c. nav.].

SEZIONE III – *Dei frutti*

820. Frutti naturali e frutti civili. – [I]. Sono frutti naturali quelli che provengono direttamente dalla cosa, vi concorra o no l'opera dell'uomo, come i prodotti agricoli, la legna, i parti degli animali, i prodotti delle miniere, cave e torbiere [516, 531 c.p.c.].

[II]. Finché non avviene la separazione, i frutti formano parte della cosa. Si può tuttavia disporre di essi come di cosa mobile futura [771, 1472].

[III]. Sono frutti civili quelli che si ritraggono dalla cosa come corrispettivo del godimento che altri ne abbia. Tali sono gli interessi dei capitali [1224, 1282, 1815], i canoni enfiteutici [957 ss.], le rendite vitalizie [1872 ss.] e ogni altra rendita, il corrispettivo delle locazioni [1571 ss.].

821. Acquisto dei frutti. – [I]. I frutti naturali appartengono al proprietario della cosa che li produce [1477, 1775], salvo che la loro proprietà sia attribuita ad altri [168^2, 170, $177^{1\,b}$, 217^2, 324^2, 896, 959, 984, 1021, 1148, 1615, 1960, 2791]. In questo ultimo caso la proprietà si acquista con la separazione.

[II]. Chi fa propri i frutti deve, nei limiti del loro valore, rimborsare colui che abbia fatto spese per la produzione e il raccolto [984^3, 1149].

[III]. I frutti civili si acquistano giorno per giorno, in ragione della durata del diritto.

CAPO II – *Dei beni appartenenti allo Stato, agli enti pubblici e agli enti ecclesiastici*

822. Demanio pubblico. – [I]. Appartengono allo Stato e fanno parte del demanio pubblico il lido del mare, la spiaggia, le rade e i porti; i fiumi, i torrenti, i laghi e le altre acque definite pubbliche dalle leggi in materia [28, 692 c. nav.]; le opere destinate alla difesa nazionale (1).

[II]. Fanno parimenti parte del demanio pubblico, se appartengono allo Stato, le strade, le autostrade e le strade ferrate; gli aerodromi [28, 692 c. nav.]; gli acquedotti; gli immobili riconosciuti d'interesse storico, archeologico e artistico a norma delle leggi in materia; le raccolte dei musei, delle pinacoteche, degli archivi, delle biblioteche; e infine gli altri beni che sono dalla legge assoggettati al regime proprio del demanio pubblico [823].

(1) *Per le acque pubbliche v. r.d. 11 dicembre 1933, n. 1775; l. 27 dicembre 1953, n. 959; d.ls. 12 luglio 1993, n. 275; art. 144 d.ls. 3 aprile 2006, n. 152.*

823. Condizione giuridica del demanio pubblico. – [I]. I beni che fanno parte del demanio pubblico sono inalienabili e non possono formare oggetto di diritti a favore di terzi, se non nei modi e nei limiti stabiliti dalle leggi che li riguardano [30 ss., 694 ss. c. nav.].

[II]. Spetta all'autorità amministrativa la tutela dei beni che fanno parte del demanio pubblico. Essa ha facoltà sia di procedere in via amministrativa, sia di valersi dei mezzi ordinari a difesa della proprietà [948-951] e del possesso [1168-1170] regolati dal presente codice.

824. Beni delle province e dei comuni soggetti al regime dei beni demaniali. – [I]. I beni della specie di quelli indicati dal secondo comma dell'articolo 822, se appartengono alle province o ai comuni, sono soggetti al regime del demanio pubblico [823].

[II]. Allo stesso regime sono soggetti i cimiteri e i mercati comunali.

825. Diritti demaniali su beni altrui. – [I]. Sono parimenti soggetti al regime del demanio pubblico i diritti reali che spettano allo Stato, alle province e ai comuni su beni appartenenti ad altri soggetti, quando i diritti stessi sono costituiti per l'utilità di alcuno dei beni indicati dagli articoli precedenti o per il conseguimento di fini di pubblico interesse corrispondenti a quelli a cui servono i beni medesimi.

826. Patrimonio dello Stato, delle province e dei comuni. – [I]. I beni appartenenti allo Stato, alle province e ai comuni, i quali non siano della specie di quelli indicati dagli articoli precedenti, costituiscono il patrimonio dello Stato o, rispettivamente, delle province e dei comuni [828].

[II]. Fanno parte del patrimonio indisponibile [828²] dello Stato le foreste che a norma delle leggi in materia costituiscono il demanio forestale dello Stato, le miniere, le cave e torbiere quando la disponibilità ne è sottratta al proprietario del fondo, le cose d'interesse storico, archeologico, paletnologico, paleontologico e artistico, da chiunque e in qualunque modo ritrovate nel sottosuolo, i beni costituenti la dotazione della Presidenza della Repubblica [84³ Cost.], le caserme, gli armamenti, gli aeromobili militari [745 c. nav.] e le navi da guerra.

[III]. Fanno parte del patrimonio indisponibile dello Stato o, rispettivamente, delle province e dei comuni, secondo la loro appartenenza, gli edifici destinati a sede di uffici pubblici, con i loro arredi, e gli altri beni destinati a un pubblico servizio.

827. Beni immobili vacanti. – [I]. I beni immobili che non sono in proprietà di alcuno spettano al patrimonio dello Stato.

828. Condizione giuridica dei beni patrimoniali. – [I]. I beni che costituiscono il patrimonio dello Stato, delle province e dei comuni [826] sono soggetti alle regole particolari che li concernono e, in quanto non è diversamente disposto, alle regole del presente codice (1).

[II]. I beni che fanno parte del patrimonio indisponibile [826] non possono essere sottratti alla loro destinazione, se non nei modi stabiliti dalle leggi che li riguardano.

(1) *V. r.d. 23 maggio 1924, n. 827.*

829. Passaggio di beni dal demanio al patrimonio. – [I]. Il passaggio dei beni dal demanio pubblico al patrimonio dello Stato deve essere dichiarato dall'autorità amministrativa. Dell'atto deve essere dato annunzio nella Gazzetta Ufficiale della Repubblica.

[II]. Per quanto riguarda i beni delle province e dei comuni, il provvedimento che dichiara il passaggio al patrimonio dev'essere pubblicato nei modi stabiliti per i regolamenti comunali e provinciali.

830. Beni degli enti pubblici non territoriali. – [I]. I beni appartenenti agli enti pubblici non territoriali sono soggetti alle regole del presente codice, salve le disposizioni delle leggi speciali.

[II]. Ai beni di tali enti che sono destinati a un pubblico servizio si applica la disposizione del secondo comma dell'articolo 828.

831. Beni degli enti ecclesiastici ed edifici di culto. – [I]. I beni degli enti ecclesiastici sono soggetti alle norme del presente codice, in quanto non è diversamente disposto dalle leggi speciali che li riguardano (1).

[II]. Gli edifici destinati all'esercizio pubblico del culto cattolico, anche se appartengono a privati, non possono essere sottratti alla loro destinazione neppure per effetto di alienazione, fino a che la destinazione stessa non sia cessata in conformità delle leggi che li riguardano.

(1) *V. artt. 9 ss. l. 27 maggio 1929, n. 848; l. 20 maggio 1985, n. 222.*

TITOLO II
Della proprietà

CAPO I – *Disposizioni generali*

832. Contenuto del diritto. – [I]. Il proprietario ha diritto di godere e disporre delle cose in modo pieno ed esclusivo, entro i limiti e con l'osservanza degli obblighi stabiliti dall'ordinamento giuridico.

833. Atti d'emulazione. – [I]. Il proprietario non può fare atti i quali non abbiano altro scopo che quello di nuocere o recare molestia ad altri.

834. Espropriazione per pubblico interesse. – [I]. Nessuno può essere privato in tutto o in parte dei beni di sua proprietà, se non per causa di pubblico interesse, legalmente dichiarata, e contro il pagamento di una giusta indennità [838, 865; 42^3, 43 Cost.].

[II]. Le norme relative all'espropriazione per causa di pubblico interesse sono determinate da leggi speciali (1).

(1) *L'intera materia è stata ridisciplinata dal d.P.R. 8 maggio 2001, n. 327.*

835. Requisizioni. – [I]. Quando ricorrono gravi e urgenti necessità pubbliche, militari o civili, può essere disposta la requisizione dei beni mobili o immobili. Al proprietario è dovuta una giusta indennità.

[II]. Le norme relative alle requisizioni sono determinate da leggi speciali.

836. Vincoli e obblighi temporanei. – [I]. Per le cause indicate dall'articolo precedente l'autorità amministrativa, nei limiti e con le forme stabiliti da leggi speciali, può sottoporre a particolari vincoli od obblighi di carattere temporaneo le aziende commerciali e agricole [44 Cost.].

837. Ammassi. – [I]. Allo scopo di regolare la distribuzione di determinati prodotti agricoli o industriali nell'interesse della produzione nazionale sono costituiti gli ammassi [2617].

[II]. Le norme per il conferimento dei prodotti negli ammassi sono contenute in leggi speciali.

838. Espropriazione di beni che interessano la produzione nazionale o di prevalente interesse pubblico. – [I]. Salve le disposizioni delle leggi penali e di polizia, [nonché le norme dell'ordinamento corporativo] (1) e le disposizioni particolari concernenti beni determinati, quando il proprietario abbandona la conservazione, la coltivazione o l'esercizio di beni che interessano la produzione nazionale, in modo da nuocere gravemente alle esigenze della produzione stessa, può farsi luogo all'espropriazione dei beni da parte dell'autorità amministrativa, premesso il pagamento di una giusta indennità [56 att.; 499 ss. c.p.].

[II]. La stessa disposizione si applica se il deperimento dei beni ha per effetto di nuocere gravemente al decoro delle città o alle ragioni dell'arte, della storia o della sanità pubblica.

(1) *V.* sub *art. 1 prel.*

839. Beni d'interesse storico e artistico. – [I]. Le cose di proprietà privata, immobili e mobili, che presentano interesse artistico, storico, archeologico o etnografico, sono sottoposte alle disposizioni delle leggi speciali [733 c.p.] (1).

(1) *V. d.ls. 22 gennaio 2004, n. 42.*

CAPO II – *Della proprietà fondiaria*

SEZIONE I – *Disposizioni generali*

840. Sottosuolo e spazio sovrastante al suolo. – [I]. La proprietà del suolo si estende al sottosuolo, con tutto ciò che vi si contiene, e il proprietario può fare qualsiasi escavazione od opera che non rechi danno al vicino. Questa disposizione non si applica a quanto forma oggetto delle leggi sulle miniere, cave e torbiere [826²]. Sono del pari salve le limitazioni derivanti dalle leggi sulle antichità e belle arti [839], sulle acque, sulle opere idrauliche e da altre leggi speciali [714 ss. c. nav.].

[II]. Il proprietario del suolo non può opporsi ad attività di terzi che si svolgano a tale profondità nel sottosuolo o a tale altezza nello spazio sovrastante, che egli non abbia interesse ad escluderle [833; 823 c. nav.].

841. **Chiusura del fondo.** – [I]. Il proprietario può chiudere in qualunque tempo il fondo [637 c.p.].

842. **Caccia e pesca.** – [I]. Il proprietario di un fondo non può impedire che vi si entri per l'esercizio della caccia, a meno che il fondo sia chiuso nei modi stabiliti dalla legge sulla caccia o vi siano colture in atto suscettibili di danno [923].

[II]. Egli può sempre opporsi a chi non è munito della licenza rilasciata dall'autorità.

[III]. Per l'esercizio della pesca occorre il consenso del proprietario del fondo [923].

843. **Accesso al fondo.** – [I]. Il proprietario deve permettere l'accesso e il passaggio nel suo fondo, sempre che ne venga riconosciuta la necessità, al fine di costruire o riparare un muro o altra opera propria del vicino oppure comune [637 c.p.].

[II]. Se l'accesso cagiona danno, è dovuta un'adeguata indennità.

[III]. Il proprietario deve parimenti permettere l'accesso a chi vuole riprendere la cosa sua che vi si trovi accidentalmente o l'animale che vi si sia riparato sfuggendo alla custodia. Il proprietario può impedire l'accesso consegnando la cosa o l'animale [896³].

844. **Immissioni.** – [I]. Il proprietario di un fondo non può impedire le immissioni di fumo o di calore, le esalazioni, i rumori, gli scuotimenti e simili propagazioni derivanti dal fondo del vicino, se non superano la normale tollerabilità, avuto anche riguardo alla condizione dei luoghi [890, 949; 674 c.p.].

[II]. Nell'applicare questa norma l'autorità giudiziaria deve contemperare le esigenze della produzione con le ragioni della proprietà. Può tener conto della priorità di un determinato uso.

845. **Regole particolari per scopi di pubblico interesse.** – [I]. La proprietà fondiaria è soggetta a regole particolari per il conseguimento di scopi di pubblico interesse nei casi previsti dalle leggi speciali e dalle disposizioni contenute nelle sezioni seguenti.

SEZIONE II – *Del riordinamento della proprietà rurale*

846. (1) **[Minima unità colturale].**

(1) *Articolo abrogato dall'art. 5-bis[10] d.ls. 18 maggio 2001, n. 228, introdotto dall'art. 7 d.ls. 29 marzo 2004, n. 99.*

847. (1) **[Determinazione della minima unità colturale].**

(1) *Articolo abrogato dall'art. 5-bis[10] d.ls. 18 maggio 2001, n. 228, introdotto dall'art. 7 d.ls. 29 marzo 2004, n. 99.*

848. (1) **[Sanzione dell'inosservanza].**

(1) *Articolo abrogato dall'art. 5-bis[10] d.ls. 18 maggio 2001, n. 228, introdotto dall'art. 7 d.ls. 29 marzo 2004, n. 99.*

849. Fondi compresi entro maggiori unità fondiarie. – [I]. Indipendentemente dalla formazione del consorzio previsto dall'articolo seguente, il proprietario di terreni entro i quali sono compresi appezzamenti appartenenti ad altri, di estensione inferiore alla minima unità colturale, può domandare che gli sia trasferita la proprietà di questi ultimi [2932], pagandone il prezzo, allo scopo di attuare una migliore sistemazione delle unità fondiarie. In caso di contrasto decide l'autorità giudiziaria, sentite le associazioni professionali circa la sussistenza delle condizioni che giustificano la richiesta di trasferimento [57 att.] (1).

(1) *Il riferimento alle associazioni professionali è da ritenersi inoperante a seguito della soppressione dell'ordinamento corporativo ai sensi del d.ls.lt. 23 novembre 1944, n. 369.*

850. Consorzi a scopo di ricomposizione fondiaria. – [I]. Quando più terreni contigui e inferiori alla minima unità colturale appartengono a diversi proprietari, può, su istanza di alcuno degli interessati o per iniziativa dell'autorità amministrativa, essere costituito un consorzio tra gli stessi proprietari, allo scopo di provvedere a una ricomposizione fondiaria idonea alla migliore utilizzazione dei terreni stessi [851-856].

[II]. Per la costituzione del consorzio si applicano le norme stabilite per i consorzi di bonifica [851, 862].

851. Trasferimenti coattivi. – [I]. Il consorzio indicato dall'articolo precedente può predisporre il piano di riordinamento.

[II]. Per la migliore sistemazione delle unità fondiarie può procedersi a espropriazioni e a trasferimenti coattivi; può anche procedersi a rettificazioni di confini e ad arrotondamento di fondi.

852. Terreni esclusi dai trasferimenti. – [I]. Dai trasferimenti coattivi previsti dall'articolo precedente sono esclusi:

1) gli appezzamenti forniti di casa di abitazione civile o colonica;

2) i terreni adiacenti ai fabbricati e costituenti dipendenze dei medesimi;

3) le aree fabbricabili;

4) gli orti, i giardini, i parchi;

5) i terreni necessari per piazzali o luoghi di deposito di stabilimenti industriali o commerciali;

6) i terreni soggetti a inondazioni, a scoscendimenti o ad altri gravi rischi;

7) i terreni che per la loro speciale destinazione, ubicazione o singolarità di coltura presentano caratteristiche di spiccata individualità.

853. Trasferimento dei diritti reali. – [I]. Nei trasferimenti coattivi [851] le servitù prediali sono abolite, conservate o create in relazione alle esigenze della nuova sistemazione.

[II]. Gli altri diritti reali di godimento sono trasferiti sui terreni assegnati in cambio e, qualora non siano costituiti su tutti i terreni dello stesso proprietario, sono trasferiti soltanto su una parte determinata del fondo assegnato in cambio, che corrisponda in valore ai terreni su cui esistevano.

[III]. Le ipoteche che non siano costituite su tutti i terreni dello stesso proprietario sono trasferite sul fondo di nuova assegnazione per una quota corrispondente in valore ai terreni su cui erano costituite. In caso di espropriazione forzata dell'immobile gravato da ipoteca su una quota, l'immobile è espropriato per intero e il credito è collocato, secondo il grado dell'ipoteca, sulla parte del prezzo corrispondente alla quota soggetta all'ipoteca medesima.

854. Notifica e trascrizione del piano di riordinamento. – [I]. Il piano di riordinamento dev'essere preventivamente portato a cognizione degli interessati, e contro di esso è ammesso reclamo in via amministrativa, nelle forme e nei termini stabiliti da leggi speciali.

[II]. Il provvedimento amministrativo di approvazione definitiva del piano dev'essere trascritto presso l'ufficio dei registri immobiliari nella cui circoscrizione sono situati i beni [2645].

855. Effetti dell'approvazione del piano di riordinamento. – [I]. Con l'approvazione del piano di riordinamento si operano i trasferimenti di proprietà e degli altri diritti reali; sono anche costituite le servitù imposte nel piano stesso.

856. Competenza dell'autorità giudiziaria. – [I]. Nelle materie indicate dagli articoli 850 e seguenti è salva la competenza dell'autorità giudiziaria ordinaria per la tutela dei diritti degli interessati. L'autorità giudiziaria non può tuttavia con le sue decisioni provocare una revisione del piano di riordinamento [854], ma può procedere alla conversione e liquidazione in danaro dei diritti da essa accertati.

[II]. Il credito relativo è privilegiato a norma delle leggi speciali.

SEZIONE III – *Della bonifica integrale*

857. Terreni soggetti a bonifica. – [I]. Per il conseguimento di fini igienici, demografici, economici o di altri fini sociali possono essere dichiarati soggetti a bonifica i terreni che si trovano in un comprensorio, in cui sono laghi, stagni, paludi e terre paludose, ovvero costituito da terreni montani dissestati nei riguardi idrogeologici e forestali, o da terreni estensivamente coltivati per gravi cause d'ordine fisico o sociale, i quali siano suscettibili di una radicale trasformazione dell'ordinamento produttivo.

858. Comprensorio di bonifica e piano delle opere. – [I]. Il comprensorio di bonifica e il piano generale dei lavori e di attività coordinate sono determinati e pubblicati a norma della legge speciale.

859. Opere di competenza dello Stato. – [I]. Il piano generale indicato dall'articolo precedente stabilisce quali opere di bonifica siano di competenza dello Stato [860].

860. Concorso dei proprietari nella spesa. – [I]. I proprietari dei beni situati entro il perimetro del comprensorio sono obbligati a contribuire nella spesa necessaria per l'esecuzione, la manutenzione e l'esercizio delle opere in ragione del beneficio che traggono dalla bonifica.

861. Opere di competenza dei privati. – [I]. I proprietari degli immobili indicati dall'articolo precedente sono obbligati a eseguire, in conformità del piano generale di bonifica e delle connesse direttive di trasformazione agraria, le opere di competenza privata che siano d'interesse comune a più fondi o d'interesse particolare a taluno di essi.

862. Consorzi di bonifica. – [i]. All'esecuzione, alla manutenzione e all'esercizio delle opere di bonifica può provvedersi a mezzo di consorzi tra i proprietari interessati.

[ii]. A tali consorzi possono essere anche affidati l'esecuzione, la manutenzione e l'esercizio delle altre opere d'interesse comune a più fondi o d'interesse particolare a uno di essi.

[iii]. I consorzi sono costituiti per decreto del Presidente della Repubblica e, in mancanza dell'iniziativa privata, possono essere formati anche d'ufficio.

[iv]. Essi sono persone giuridiche pubbliche [11] e svolgono la loro attività secondo le norme dettate dalla legge speciale.

863. Consorzi di miglioramento fondiario. – [i]. Nelle forme stabilite per i consorzi di bonifica [862] possono essere costituiti anche consorzi per l'esecuzione, la manutenzione e l'esercizio di opere di miglioramento fondiario comuni a più fondi e indipendenti da un piano generale di bonifica.

[ii]. Essi sono persone giuridiche private. Possono tuttavia assumere il carattere di persone giuridiche pubbliche quando, per la loro vasta estensione territoriale o per la particolare importanza delle loro funzioni ai fini dell'incremento della produzione, sono riconosciuti di interesse nazionale con provvedimento dell'autorità amministrativa.

864. Contributi consorziali. – [i]. I contributi dei proprietari nella spesa di esecuzione, manutenzione ed esercizio delle opere di bonifica e di miglioramento fondiario sono esigibili con le norme e i privilegi stabiliti per l'imposta fondiaria [2775].

865. Espropriazione per inosservanza degli obblighi. – [i]. Quando l'inosservanza degli obblighi imposti ai proprietari risulta tale da compromettere l'attuazione del piano di bonifica, può farsi luogo all'espropriazione parziale o totale del fondo appartenente al proprietario inadempiente, osservate le disposizioni della legge speciale.

[ii]. L'espropriazione ha luogo a favore del consorzio, se questo ne fa richiesta, o, in mancanza, a favore di altra persona che si obblighi ad eseguire le opere offrendo opportune garanzie.

Sezione IV – *Dei vincoli idrogeologici e delle difese fluviali*

866. Vincoli per scopi idrogeologici e per altri scopi. – [i]. Anche indipendentemente da un piano di bonifica [857 ss.], i terreni di qualsiasi natura e destinazione possono essere sottoposti a vincolo idrogeologico, osservate le forme e le condizioni stabilite dalla legge speciale, al fine di evitare che possano con danno pubblico subire denudazioni, perdere la stabilità o turbare il regime delle acque.

[II]. L'utilizzazione dei terreni e l'eventuale loro trasformazione, la qualità delle colture, il governo dei boschi e dei pascoli sono assoggettati, per effetto del vincolo, alle limitazioni stabilite dalle leggi in materia.

[III]. Parimenti, a norma della legge speciale, possono essere sottoposti a limitazione nella loro utilizzazione i boschi che per la loro speciale ubicazione difendono terreni o fabbricati dalla caduta di valanghe, dal rotolamento dei sassi, dal sorrenamento e dalla furia dei venti, e quelli ritenuti utili per le condizioni igieniche locali.

867. **Sistemazione e rimboschimento dei terreni vincolati.** – [I]. Al fine del rimboschimento e del rinsaldamento i terreni vincolati possono essere assoggettati a espropriazione, a occupazione temporanea o a sospensione dell'esercizio del pascolo, nei modi e con le forme stabiliti dalle leggi in materia.

868. **Regolamento protettivo dei corsi d'acqua.** – [I]. I proprietari d'immobili situati in prossimità di corsi d'acqua che arrecano o minacciano danni all'agricoltura, ad abitati o a manufatti d'interesse pubblico sono obbligati, anche indipendentemente da un piano di bonifica, a contribuire all'esecuzione delle opere necessarie per il regolamento del corso d'acqua nelle forme stabilite dalle leggi speciali.

SEZIONE V – *Della proprietà edilizia*

869. **Piani regolatori.** – [I]. I proprietari di immobili nei comuni dove sono formati piani regolatori devono osservare le prescrizioni dei piani stessi nelle costruzioni e nelle riedificazioni o modificazioni delle costruzioni esistenti.

870. **Comparti.** – [I]. Quando è prevista la formazione di comparti, costituenti unità fabbricabili con speciali modalità di costruzione e di adattamento, gli aventi diritto sugli immobili compresi nel comparto devono regolare i loro reciproci rapporti in modo da rendere possibile l'attuazione del piano. Possono anche riunirsi in consorzio per l'esecuzione delle opere. In mancanza di accordo, può procedersi all'espropriazione a norma delle leggi in materia.

871. **Norme di edilizia e di ornato pubblico.** – [I]. Le regole da osservarsi nelle costruzioni sono stabilite dalla legge speciale e dai regolamenti edilizi comunali.

[II]. La legge speciale stabilisce altresì le regole da osservarsi per le costruzioni nelle località sismiche.

872. Violazione delle norme di edilizia. – [I]. Le conseguenze di carattere amministrativo della violazione delle norme indicate dall'articolo precedente sono stabilite da leggi speciali.

[II]. Colui che per effetto della violazione ha subito danno deve esserne risarcito, salva la facoltà di chiedere la riduzione in pristino quando si tratta della violazione delle norme contenute nella sezione seguente o da questa richiamate [2933].

SEZIONE VI – *Delle distanze nelle costruzioni, piantagioni e scavi, e dei muri, fossi e siepi interposti tra i fondi*

873. Distanze nelle costruzioni. – [I]. Le costruzioni su fondi finitimi, se non sono unite o aderenti, devono essere tenute a distanza non minore di tre metri. Nei regolamenti locali può essere stabilita una distanza maggiore [878].

874. Comunione forzosa del muro sul confine. – [I]. Il proprietario di un fondo contiguo al muro altrui può chiederne la comunione [2932] per tutta l'altezza o per parte di essa, purché lo faccia per tutta l'estensione della sua proprietà. Per ottenere la comunione deve pagare la metà del valore del muro, o della parte di muro resa comune, e la metà del valore del suolo su cui il muro è costruito. Deve inoltre eseguire le opere che occorrono per non danneggiare il vicino [876, 885, 888].

875. Comunione forzosa del muro che non è sul confine. – [I]. Quando il muro si trova a una distanza dal confine minore di un metro e mezzo ovvero a distanza minore della metà di quella stabilita dai regolamenti locali, il vicino può chiedere la comunione del muro [874] soltanto allo scopo di fabbricare contro il muro stesso, pagando, oltre il valore della metà del muro, il valore del suolo da occupare con la nuova fabbrica, salvo che il proprietario preferisca estendere il suo muro sino al confine [877].

[II]. Il vicino che intende domandare la comunione deve interpellare preventivamente il proprietario se preferisca di estendere il muro al confine o di procedere alla sua demolizione. Questi deve manifestare la propria volontà entro il termine di giorni quindici e deve procedere alla costruzione o alla demolizione entro sei mesi dal giorno in cui ha comunicato la risposta.

876. Innesto nel muro sul confine. – [I]. Se il vicino vuole servirsi del muro esistente sul confine solo per innestarvi un capo del proprio muro, non ha l'obbligo di renderlo comune a norma dell'articolo 874, ma deve pagare un'indennità per l'innesto.

877. Costruzioni in aderenza. – [I]. Il vicino, senza chiedere la comunione del muro posto sul confine, può costruire sul confine stesso in aderenza, ma senza appoggiare la sua fabbrica a quella preesistente.

[II]. Questa norma si applica anche nel caso previsto dall'articolo 875; il vicino in tal caso deve pagare soltanto il valore del suolo [879].

878. Muro di cinta. – [I]. Il muro di cinta e ogni altro muro isolato che non abbia un'altezza superiore ai tre metri non è considerato per il computo della distanza indicata dall'articolo 873.

[II]. Esso, quando è posto sul confine, può essere reso comune [874] anche a scopo d'appoggio, purché non preesista al di là un edificio a distanza inferiore ai tre metri.

879. Edifici non soggetti all'obbligo delle distanze o a comunione forzosa. – [I]. Alla comunione forzosa non sono soggetti gli edifici appartenenti al demanio pubblico [822] e quelli soggetti allo stesso regime [824], né gli edifici che sono riconosciuti di interesse storico, archeologico o artistico, a norma delle leggi in materia. Il vicino non può neppure usare della facoltà concessa dall'articolo 877.

[II]. Alle costruzioni che si fanno in confine con le piazze e le vie pubbliche non si applicano le norme relative alle distanze, ma devono osservarsi le leggi e i regolamenti che le riguardano.

880. Presunzione di comunione del muro divisorio. – [I]. Il muro che serve di divisione tra edifici si presume comune fino alla sua sommità e, in caso di altezze ineguali, fino al punto in cui uno degli edifici comincia ad essere più alto [881].

[II]. Si presume parimenti comune il muro che serve di divisione tra cortili, giardini e orti o tra recinti nei campi.

881. Presunzione di proprietà esclusiva del muro divisorio. – [I]. Si presume che il muro divisorio tra i campi, cortili, giardini od orti appartenga al proprietario del fondo verso il quale esiste il piovente e in ragione del piovente medesimo.

[II]. Se esistono sporti, come cornicioni, mensole e simili, o vani che si addentrano oltre la metà della grossezza del muro, e gli uni e gli altri risultano costruiti col muro stesso, si presume che questo spetti al proprietario dalla cui parte gli sporti o i vani si presentano, anche se vi sia soltanto qualcuno di tali segni.

[III]. Se uno o più di essi sono da una parte, e uno o più dalla parte opposta, il muro è reputato comune: in ogni caso la positura del piovente prevale su tutti gli altri indizi.

882. Riparazioni del muro comune. – [I]. Le riparazioni e le ricostruzioni necessarie del muro comune sono a carico di tutti quelli che vi hanno diritto [877] e in proporzione del diritto di ciascuno [1104], salvo che la spesa sia stata cagionata dal fatto di uno dei partecipanti.

[II]. Il comproprietario di un muro comune può esimersi dall'obbligo di contribuire nelle spese di riparazione e ricostruzione, rinunziando al diritto di comunione [1070, 1350$^{n. 5}$, 2643$^{n. 5}$], purché il muro comune non sostenga un edificio di sua spettanza.

[III]. La rinunzia non libera il rinunziante dall'obbligo delle riparazioni e ricostruzioni a cui abbia dato causa col fatto proprio.

883. Abbattimento di edificio appoggiato al muro comune. – [I]. Il proprietario che vuole atterrare un edificio sostenuto da un muro comune può rinunziare alla comunione di questo [882], ma deve farvi le riparazioni e le opere che la demolizione rende necessarie per evitare ogni danno al vicino.

884. Appoggio e immissione di travi e catene nel muro comune. [I]. Il comproprietario di un muro comune può fabbricare appoggiandovi le sue costruzioni e può immettervi travi, purché le mantenga a distanza di cinque centimetri dalla superficie opposta, salvo il diritto dell'altro comproprietario di fare accorciare la trave fino alla metà del muro, nel caso in cui egli voglia collocare una trave nello stesso luogo, aprirvi un incavo o appoggiarvi un camino. Il comproprietario può anche attraversare il muro comune con chiavi e catene di rinforzo, mantenendo la stessa distanza. Egli è tenuto in ogni caso a riparare i danni causati dalle opere compiute.

[II]. Non può fare incavi nel muro comune, né eseguirvi altra opera che ne comprometta la stabilità o che in altro modo lo danneggi.

885. Innalzamento del muro comune. – [I]. Ogni comproprietario può alzare il muro comune, ma sono a suo carico tutte le spese di costruzione e conservazione della parte sopraedificata [903^{2}]. Anche questa può dal vicino essere resa comune a norma dell'articolo 874.

[II]. Se il muro non è atto a sostenere la sopraedificazione, colui che l'esegue è tenuto a ricostruirlo o a rinforzarlo a sue spese. Per il maggiore spessore che sia necessario, il muro deve essere costruito sul suolo proprio, salvo che esigenze tecniche impongano di costruirlo su quello del vicino. In entrambi i casi il muro ricostruito o ingrossato resta di proprietà comune, e il vicino deve essere indennizzato di ogni danno prodotto dall'esecuzione delle opere. Nel secondo caso il vicino ha diritto di conseguire anche il valore della metà del suolo occupato per il maggiore spessore.

[III]. Qualora il vicino voglia acquistare la comunione della parte sopraelevata del muro, si tiene conto, nel calcolare il valore di questa, anche delle spese occorse per la ricostruzione o per il rafforzamento.

886. Costruzione del muro di cinta. – [I]. Ciascuno può costringere il vicino a contribuire per metà nella spesa di costruzione dei muri di cinta che separano le rispettive case, i cortili e i giardini posti negli abitati. L'altezza di essi, se non è diversamente determinata dai regolamenti locali o dalla convenzione, deve essere di tre metri [888].

887. Fondi a dislivello negli abitati. – [I]. Se di due fondi posti negli abitati uno è superiore e l'altro inferiore, il proprietario del fondo superiore deve sopportare per intero le spese di costruzione e conservazione del muro dalle fondamenta all'altezza del proprio suolo, ed entrambi i proprietari devono contribuire per tutta la restante altezza.

[II]. Il muro deve essere costruito per metà sul terreno del fondo inferiore e per metà sul terreno del fondo superiore.

888. Esonero dal contributo nelle spese. – [I]. Il vicino si può esimere dal contribuire nelle spese di costruzione del muro di cinta o divisorio, cedendo, senza diritto a compenso, la metà del terreno su cui il muro di separazione deve essere costruito. In tal caso il muro è di proprietà di colui che l'ha costruito, salva la facoltà del vicino di renderlo comune ai sensi dell'articolo 874, senza obbligo però di pagare la metà del valore del suolo su cui il muro è stato costruito.

889. Distanze per pozzi, cisterne, fosse e tubi. – [I]. Chi vuole aprire pozzi, cisterne, fosse di latrina o di concime presso il confine, anche se su questo si trova un muro divisorio, deve osservare la distanza di almeno due metri tra il confine e il punto più vicino del perimetro interno delle opere predette.

[II]. Per i tubi d'acqua pura o lurida, per quelli di gas e simili e loro diramazioni deve osservarsi la distanza di almeno un metro dal confine.

[III]. Sono salve in ogni caso le disposizioni dei regolamenti locali.

890. Distanze per fabbriche e depositi nocivi o pericolosi. – [I]. Chi presso il confine, anche se su questo si trova un muro divisorio, vuole fabbricare forni, camini, magazzini di sale, stalle e simili, o vuol collocare materie umide o esplodenti o in altro modo nocive, ovvero impiantare macchinari, per i quali può sorgere pericolo di danni, deve osservare le distanze stabilite dai regolamenti e, in mancanza, quelle necessarie a preservare i fondi vicini da ogni danno alla solidità, salubrità e sicurezza [844].

891. Distanze per canali e fossi. – [I]. Chi vuole scavare fossi o canali presso il confine, se non dispongono in modo diverso i regolamenti locali, deve osservare una distanza eguale alla profondità del fosso o canale. La distanza si misura dal confine al ciglio della sponda più vicina, la quale deve essere a scarpa naturale ovvero munita di opere di sostegno. Se il confine si trova in un fosso comune o in una via privata, la distanza si misura da ciglio a ciglio o dal ciglio al lembo esteriore della via [911].

892. Distanze per gli alberi. – [I]. Chi vuol piantare alberi presso il confine [893] deve osservare le distanze stabilite dai regolamenti e, in mancanza, dagli usi locali [8$^{n. 2}$ c.p.c.]. Se gli uni e gli altri non dispongono, devono essere osservate le seguenti distanze dal confine:

1) tre metri per gli alberi di alto fusto. Rispetto alle distanze, si considerano alberi di alto fusto quelli il cui fusto, semplice o diviso in rami, sorge ad altezza notevole, come sono i noci, i castagni, le querce, i pini, i cipressi, gli olmi, i pioppi, i platani e simili;

2) un metro e mezzo per gli alberi di non alto fusto. Sono reputati tali quelli il cui fusto, sorto ad altezza non superiore a tre metri, si diffonde in rami;

3) mezzo metro per le viti, gli arbusti, le siepi vive, le piante da frutto di altezza non maggiore di due metri e mezzo.

[II]. La distanza deve essere però di un metro, qualora le siepi siano di ontano, di castagno o di altre piante simili che si recidono periodicamente vicino al ceppo, e di due metri per le siepi di robinie.

[III]. La distanza si misura dalla linea del confine alla base esterna del tronco dell'albero nel tempo della piantagione, o dalla linea stessa al luogo dove fu fatta la semina.

[IV]. Le distanze anzidette non si devono osservare se sul confine esiste un muro divisorio, proprio o comune, purché le piante siano tenute ad altezza che non ecceda la sommità del muro.

893. Alberi presso strade, canali e sul confine di boschi. – [I]. Per gli alberi che nascono o si piantano nei boschi, sul confine con terreni non boschivi, o lungo le strade o le sponde dei canali, si osservano, trattandosi di boschi, canali e strade di proprietà privata, i regolamenti e, in mancanza, gli usi locali. Se gli uni e gli altri non dispongono, si osservano le distanze prescritte dall'articolo precedente.

894. Alberi a distanza non legale. – [I]. Il vicino può esigere che si estirpino gli alberi e le siepi che sono piantati o nascono a distanza minore di quelle indicate dagli articoli precedenti [892, 893].

895. Divieto di ripiantare alberi a distanza non legale. – [I]. Se si è acquistato il diritto di tenere alberi a distanza minore di quelle sopra indicate, e l'albero muore o viene reciso o abbattuto, il vicino non può sostituirlo, se non osservando la distanza legale [892].

[II]. La disposizione non si applica quando gli alberi fanno parte di un filare situato lungo il confine.

896. Recisione di rami protesi e di radici. – [I]. Quegli sul cui fondo si protendono i rami degli alberi del vicino può in qualunque tempo costringerlo a tagliarli, e può egli stesso tagliare le radici che si addentrano nel suo fondo, salvi però in ambedue i casi i regolamenti e gli usi locali.

[II]. Se gli usi locali non dispongono diversamente, i frutti naturalmente caduti dai rami protesi sul fondo del vicino appartengono al proprietario del fondo su cui sono caduti.

[III]. Se a norma degli usi locali i frutti appartengono al proprietario dell'albero, per la raccolta di essi si applica il disposto dell'articolo 843.

896-*bis*. (1) Distanze minime per gli apiari. – [I]. Gli apiari devono essere collocati a non meno di dieci metri da strade di pubblico transito e a non meno di cinque metri dai confini di proprietà pubbliche o private.

[II]. Il rispetto delle distanze di cui al primo comma non è obbligatorio se tra l'apiario e i luoghi ivi indicati esistono dislivelli di almeno due metri o se sono interposti, senza soluzioni di continuità, muri, siepi o altri ripari idonei a non consentire il passaggio delle api. Tali ripari devono avere un'altezza di almeno due metri. Sono comunque fatti salvi gli accordi tra le parti interessate.

[III]. Nel caso di accertata presenza di impianti industriali saccariferi, gli apiari devono rispettare una distanza minima di un chilometro dai suddetti luoghi di produzione.

(1) *Articolo inserito dall'art. 8 l. 24 dicembre 2004, n. 313.*

897. Comunione di fossi. – [I]. Ogni fosso interposto tra due fondi si presume comune.

[ii]. Si presume che il fosso appartenga al proprietario che se ne serve per gli scoli delle sue terre, o al proprietario del fondo dalla cui parte è il getto della terra o lo spurgo ammucchiatovi da almeno tre anni.

[iii]. Se uno o più di tali segni sono da una parte e uno o più dalla parte opposta, il fosso si presume comune.

898. Comunione di siepi. – [i]. Ogni siepe tra due fondi si presume comune ed è mantenuta a spese comuni, salvo che vi sia termine di confine o altra prova in contrario.

[ii]. Se uno solo dei fondi è recinto, si presume che la siepe appartenga al proprietario del fondo recinto, ovvero di quello dalla cui parte si trova la siepe stessa in relazione ai termini di confine esistenti.

899. Comunione di alberi. – [i]. Gli alberi sorgenti nella siepe comune sono comuni.

[ii]. Gli alberi sorgenti sulla linea di confine si presumono comuni, salvo titolo o prova in contrario.

[iii]. Gli alberi che servono di limite o che si trovano nella siepe comune non possono essere tagliati, se non di comune consenso o dopo che l'autorità giudiziaria abbia riconosciuto la necessità o la convenienza del taglio.

Sezione VII – *Delle luci e delle vedute*

900. Specie di finestre. – [i]. Le finestre o altre aperture sul fondo del vicino sono di due specie: luci, quando danno passaggio alla luce e all'aria, ma non permettono di affacciarsi sul fondo del vicino [901]; vedute o prospetti, quando permettono di affacciarsi e di guardare di fronte, obliquamente o lateralmente [905 ss.].

901. Luci. – [i]. Le luci che si aprono sul fondo del vicino devono:

1) essere munite di un'inferriata idonea a garantire la sicurezza del vicino e di una grata fissa in metallo le cui maglie non siano maggiori di tre centimetri quadrati;

2) avere il lato inferiore a una altezza non minore di due metri e mezzo dal pavimento o dal suolo del luogo al quale si vuole dare luce e aria, se esse sono al piano terreno, e non minore di due metri, se sono ai piani superiori;

3) avere il lato inferiore a una altezza non minore di due metri e mezzo dal suolo del fondo vicino, a meno che si tratti di locale che sia in tutto o in parte a livello inferiore al suolo del vicino e la condizione dei luoghi non consenta di osservare l'altezza stessa.

902. Apertura priva dei requisiti prescritti per le luci. – [I]. L'apertura che non ha i caratteri di veduta o di prospetto [900]è considerata come luce, anche se non sono state osservate le prescrizioni indicate dall'articolo 901.

[II]. Il vicino ha sempre il diritto di esigere che essa sia resa conforme alle prescrizioni dell'articolo predetto.

903. Luci nel muro proprio o nel muro comune. – [I]. Le luci possono essere aperte dal proprietario del muro contiguo al fondo altrui.

[II]. Se il muro è comune, nessuno dei proprietari può aprire luci senza il consenso dell'altro; ma chi ha sopraelevato il muro comune può aprirle nella maggiore altezza a cui il vicino non abbia voluto contribuire [885].

904. Diritto di chiudere le luci. – [I]. La presenza di luci in un muro non impedisce al vicino di acquistare la comunione del muro medesimo [874] né di costruire in aderenza [877].

[II]. Chi acquista la comunione del muro non può chiudere le luci se ad esso non appoggia il suo edificio.

905. Distanza per l'apertura di vedute dirette e balconi. – [I]. Non si possono aprire vedute dirette [900] verso il fondo chiuso o non chiuso e neppure sopra il tetto del vicino, se tra il fondo di questo e la faccia esteriore del muro in cui si aprono le vedute dirette non vi è la distanza di un metro e mezzo.

[II]. Non si possono parimenti costruire balconi o altri sporti, terrazze, lastrici solari e simili, muniti di parapetto che permetta di affacciarsi sul fondo del vicino, se non vi è la distanza di un metro e mezzo tra questo fondo e la linea esteriore di dette opere.

[III]. Il divieto cessa allorquando tra i due fondi vicini vi è una via pubblica [907].

906. Distanza per l'apertura di vedute laterali od oblique. – [I]. Non si possono aprire vedute laterali od oblique [900] sul fondo del vicino se non si osserva la distanza di settantacinque centimetri, la quale deve misurarsi dal più vicino lato della finestra o dal più vicino sporto.

907. Distanza delle costruzioni dalle vedute. – [I]. Quando si è acquistato il diritto di avere vedute dirette verso il fondo vicino [1027 ss.], il proprietario di questo non può fabbricare a distanza minore di tre metri, misurata a norma dell'articolo 905.

[II]. Se la veduta diretta forma anche veduta obliqua, la distanza di tre metri deve pure osservarsi dai lati della finestra da cui la veduta obliqua si esercita.

[III]. Se si vuole appoggiare la nuova costruzione al muro in cui sono le dette vedute dirette od oblique, essa deve arrestarsi almeno a tre metri sotto la loro soglia.

SEZIONE VIII – *Dello stillicidio*

908. Scarico delle acque piovane. – [I]. Il proprietario deve costruire i tetti in maniera che le acque piovane scolino nel suo terreno e non può farle cadere nel fondo del vicino.

[II]. Se esistono pubblici colatoi, deve provvedere affinché le acque piovane vi siano immesse con gronde o canali. Si osservano in ogni caso i regolamenti locali e le leggi sulla polizia idraulica.

SEZIONE IX – *Delle acque*

909. Diritto sulle acque esistenti nel fondo. – [I]. Il proprietario del suolo ha il diritto di utilizzare le acque in esso esistenti, salve le disposizioni delle leggi speciali per le acque pubbliche e per le acque sotterranee.

[II]. Egli può anche disporne a favore d'altri, qualora non osti il diritto di terzi; ma, dopo essersi servito delle acque, non può divertirle in danno d'altri fondi.

910. (1) **[Uso delle acque che limitano o attraversano un fondo].**

(1) *Articolo abrogato dall'art. 2[1] d.P.R. 18 febbraio 1999, n. 238.*

911. Apertura di nuove sorgenti e altre opere. – [I]. Chi vuole aprire sorgenti, stabilire capi o aste di fonte e in genere eseguire opere per estrarre acque dal sottosuolo o costruire canali o acquedotti, oppure scavarne, profondarne o allargarne il letto, aumentarne o diminuirne il pendio o variarne la forma, deve, oltre le distanze stabilite nell'articolo 891, osservare le maggiori distanze ed eseguire le opere che siano necessarie per non recare pregiudizio ai fondi altrui, sorgenti, capi o aste di fonte, canali o acquedotti preesistenti e destinati all'irrigazione dei terreni o agli usi domestici o industriali.

912. Conciliazione di opposti interessi. – [I]. Se sorge controversia tra i proprietari a cui un'acqua non pubblica può essere utile, l'autorità giudiziaria deve valutare l'interesse dei singoli proprietari nei loro rapporti e rispetto ai vantaggi che possono derivare all'agricoltura o all'industria dall'uso a cui l'acqua è destinata o si vuol destinare.

[II]. L'autorità giudiziaria può assegnare un'indennità ai proprietari che sopportino diminuzione del proprio diritto.

[III]. In tutti i casi devono osservarsi le disposizioni delle leggi sulle acque e sulle opere idrauliche.

913. Scolo delle acque. – [I]. Il fondo inferiore è soggetto a ricevere le acque che dal fondo più elevato scolano naturalmente, senza che sia intervenuta l'opera dell'uomo.

[II]. Il proprietario del fondo inferiore non può impedire questo scolo, né il proprietario del fondo superiore può renderlo più gravoso.

[III]. Se per opere di sistemazione agraria dell'uno o dell'altro fondo si rende necessaria una modificazione del deflusso naturale delle acque, è dovuta un'indennità al proprietario del fondo a cui la modificazione stessa ha recato pregiudizio.

914. Consorzi per regolare il deflusso delle acque. – [I]. Qualora per esigenze della produzione si debba provvedere a opere di sistemazione degli scoli, di soppressione di ristagni o di raccolta di acque, l'autorità amministrativa, su richiesta della maggioranza degli interessati o anche d'ufficio, può costituire un consorzio tra i proprietari dei fondi che traggono beneficio dalle opere stesse.

[II]. Si applicano a tale consorzio le disposizioni del secondo e del terzo comma dell'articolo 921 [863, 865].

915. Riparazione di sponde e argini. – [I]. Qualora le sponde o gli argini che servivano di ritegno alle acque siano stati in tutto o in parte distrutti o atterrati, ovvero per la naturale variazione del corso delle acque si renda necessario costruire nuovi argini o ripari, e il proprietario del fondo non provveda sollecitamente a ripararli o a costruirli, ciascuno dei proprietari che hanno sofferto o possono ricevere danno può provvedervi, previa autorizzazione del tribunale, che provvede in via d'urgenza [700 c.p.c.] (1).

[II]. Le opere devono essere eseguite in modo che il proprietario del fondo, in cui esse si compiono, non ne subisca danno, eccetto quello temporaneo causato dall'esecuzione delle opere stesse [916, 917].

(1) *Comma così modificato dall'art. 149 d.ls. 19 febbraio 1998, n. 51.*

916. Rimozione degli ingombri. – [I]. Le disposizioni dell'articolo precedente si applicano anche quando si tratta di togliere un ingombro formatosi sulla superficie di un fondo o in un fosso, rivo, colatoio o altro alveo, a causa di materie in essi impigliate, in modo che le acque danneggino o minaccino di danneggiare i fondi vicini [917].

917. Spese per la riparazione, costruzione o rimozione. – [I]. Tutti i proprietari, ai quali torna utile che le sponde e gli argini siano conservati o costruiti e gli ingombri rimossi, devono contribuire nella spesa in proporzione del vantaggio che ciascuno ne ritrae.

[II]. Tuttavia, se la distruzione degli argini, la variazione delle acque o l'ingombro nei loro corsi deriva da colpa di alcuno dei proprietari, le spese di conservazione, di costruzione o di riparazione gravano esclusivamente su di lui, salvo in ogni caso il risarcimento dei danni.

918. Consorzi volontari. – [I]. Possono costituirsi in consorzio i proprietari di fondi vicini che vogliano riunire e usare in comune le acque defluenti dal medesimo bacino di alimentazione o da bacini contigui.

[II]. L'adesione degli interessati e il regolamento del consorzio devono risultare da atto scritto [1418].

[III]. Il regolamento del consorzio è deliberato dalla maggioranza calcolata in base all'estensione dei terreni a cui serve l'acqua.

919. Scioglimento del consorzio. – [I]. Lo scioglimento del consorzio non ha luogo se non quando è deliberato da una maggioranza eccedente i tre quarti, o quando, potendosi la divisione effettuare senza grave danno, essa è domandata da uno degli interessati.

920. Norme applicabili. – [I]. Salvo quanto è disposto dagli articoli precedenti, si applicano ai consorzi volontari ivi indicati le norme stabilite per la comunione [1100 ss.].

921. Consorzi coattivi. – [I]. Nel caso indicato dall'articolo 918, il consorzio può anche essere costituito d'ufficio dall'autorità amministrativa, allo scopo di provvedere a una migliore utilizzazione delle acque.

[II]. Per le forme di costituzione e il funzionamento si osservano le norme stabilite per i consorzi di miglioramento fondiario [863].

[III]. Il consorzio può anche procedere all'espropriazione dei singoli diritti, mediante il pagamento delle dovute indennità [865].

Capo III – *Dei modi di acquisto della proprietà*

922. Modi di acquisto. – [I]. La proprietà si acquista per occupazione [923 ss.], per invenzione [927 ss.], per accessione [934 ss.], per specificazione [940], per unione o commistione [939], per usucapione [1158 ss.], per effetto di contratti [1376 ss.], per successione a causa di morte [456 ss.] e negli altri modi stabiliti dalla legge.

SEZIONE I – *Dell'occupazione e dell'invenzione*

923. Cose suscettibili di occupazione. – [I]. Le cose mobili che non sono proprietà di alcuno si acquistano con l'occupazione [827].

[II]. Tali sono le cose abbandonate e gli animali che formano oggetto di caccia o di pesca [842].

924. Sciami di api. – [I]. Il proprietario di sciami di api ha diritto d'inseguirli sul fondo altrui, ma deve indennità per il danno cagionato al fondo [843]; se non li ha inseguiti entro due giorni o ha cessato durante due giorni d'inseguirli, può prenderli e ritenerli il proprietario del fondo.

925. Animali mansuefatti. – [I]. Gli animali mansuefatti possono essere inseguiti dal proprietario nel fondo altrui, salvo il diritto del proprietario del fondo a indennità per il danno [843; 636 c.p.].

[II]. Essi appartengono a chi se ne è impossessato [923], se non sono reclamati entro venti giorni da quando il proprietario ha avuto conoscenza del luogo dove si trovano.

926. Migrazione di colombi, conigli e pesci. – [I]. I conigli o pesci che passano ad un'altra conigliera o peschiera si acquistano dal proprietario di queste [923], purché non vi siano stati attirati con arte o con frode.

[II]. La stessa norma si osserva per i colombi che passano ad altra colombaia, salve le diverse disposizioni di legge sui colombi viaggiatori.

927. Cose ritrovate. – [I]. Chi trova una cosa mobile deve restituirla al proprietario, e, se non lo conosce, deve consegnarla senza ritardo al sindaco del luogo in cui l'ha trovata, indicando le circostanze del ritrovamento [928; 647 c.p.].

928. Pubblicazione del ritrovamento. – [I]. Il sindaco rende nota la consegna per mezzo di pubblicazione nell'albo pretorio del comune, da farsi per due domeniche successive e da restare affissa per tre giorni ogni volta.

929. Acquisto di proprietà della cosa ritrovata. – [I]. Trascorso un anno dall'ultimo giorno della pubblicazione senza che si presenti il proprietario, la cosa oppure il suo prezzo, se le circostanze ne hanno richiesto la vendita, appartiene a chi l'ha trovata.

[II]. Così il proprietario come il ritrovatore, riprendendo la cosa o ricevendo il prezzo, devono pagare le spese occorse.

930. Premio dovuto al ritrovatore. – [I]. Il proprietario deve pagare a titolo di premio al ritrovatore, se questi lo richiede, il decimo della somma o del prezzo della cosa ritrovata.

[II]. Se tale somma o prezzo eccede i 5,16 euro, il premio per il sovrappiù è solo del ventesimo.

[III]. Se la cosa non ha valore commerciale, la misura del premio è fissata dal giudice secondo il suo prudente apprezzamento.

931. Equiparazione del possessore o detentore al proprietario. – [I]. Agli effetti delle disposizioni contenute negli articoli 927 e seguenti, al proprietario sono equiparati, secondo le circostanze, il possessore e il detentore [1140].

932. Tesoro. – [I]. Tesoro è qualunque cosa mobile di pregio, nascosta o sotterrata, di cui nessuno può provare d'essere proprietario.

[II]. Il tesoro appartiene al proprietario del fondo in cui si trova [959, 988; 647 c.p.]. Se il tesoro è trovato nel fondo altrui, purché sia stato scoperto per solo effetto del caso, spetta per metà al proprietario del fondo e per metà al ritrovatore. La stessa disposizione si applica se il tesoro è scoperto in una cosa mobile altrui.

[III]. Per il ritrovamento degli oggetti d'interesse storico, archeologico, paletnologico, paleontologico e artistico, si osservano le disposizioni delle leggi speciali [826[2]] (1).

(1) *V. ora artt. 88 ss. d.ls. 22 gennaio 2004, n. 42.*

933. Rigetti del mare e piante sul lido. Relitti aeronautici. – [I]. I diritti sopra le cose gettate in mare o sopra quelle che il mare rigetta e sopra le piante e le erbe che crescono lungo le rive del mare sono regolati dalle leggi speciali [510 ss. c. nav.].

[II]. Parimenti si osservano le leggi speciali per il ritrovamento di aeromobili e di relitti di aeromobili [933 ss. c. nav.].

SEZIONE II – *Dell'accessione, della specificazione, dell'unione e della commistione*

934. Opere fatte sopra o sotto il suolo. – [I]. Qualunque piantagione, costruzione od opera esistente sopra o sotto il suolo appartiene al proprietario di questo, salvo quanto è disposto dagli articoli

935, 936, 937 e 938 e salvo che risulti diversamente dal titolo [952 ss.] o dalla legge [975^3, 986^2, 1150^5, 1593].

935. Opere fatte dal proprietario del suolo con materiali altrui. [I]. Il proprietario del suolo che ha fatto costruzioni, piantagioni od opere con materiali altrui deve pagarne il valore, se la separazione non è chiesta dal proprietario dei materiali, ovvero non può farsi senza che si rechi grave danno all'opera costruita o senza che perisca la piantagione. Deve inoltre, anche nel caso che si faccia la separazione, il risarcimento dei danni, se è in colpa grave.

[II]. In ogni caso la rivendicazione dei materiali [948] non è ammessa trascorsi sei mesi dal giorno in cui il proprietario ha avuto notizia della incorporazione [2964 ss.].

936. Opere fatte da un terzo con materiali propri. – [I]. Quando le piantagioni, costruzioni od opere sono state fatte da un terzo con suoi materiali, il proprietario del fondo ha diritto di ritenerle o di obbligare colui che le ha fatte a levarle.

[II]. Se il proprietario preferisce di ritenerle, deve pagare a sua scelta il valore dei materiali e il prezzo della mano d'opera oppure l'aumento di valore recato al fondo [1150].

[III]. Se il proprietario del fondo domanda che siano tolte, esse devono togliersi a spese di colui che le ha fatte [2933]. Questi può inoltre essere condannato al risarcimento dei danni.

[IV]. Il proprietario non può obbligare il terzo a togliere le piantagioni, costruzioni od opere, quando sono state fatte a sua scienza e senza opposizione o quando sono state fatte dal terzo in buona fede [1147].

[V]. La rimozione non può essere domandata trascorsi sei mesi dal giorno in cui il proprietario ha avuto notizia dell'incorporazione [2964 ss.].

937. Opere fatte da un terzo con materiali altrui. – [I]. Se le piantagioni, costruzioni o altre opere sono state fatte da un terzo con materiali altrui, il proprietario di questi può rivendicarli, previa separazione a spese del terzo, se la separazione può ottenersi senza grave danno delle opere e del fondo.

[II]. La rivendicazione non è ammessa trascorsi sei mesi dal giorno in cui il proprietario ha avuto notizia dell'incorporazione [2964 ss.].

[III]. Nel caso che la separazione dei materiali non sia richiesta o che i materiali siano inseparabili, il terzo che ne ha fatto uso e il proprietario del suolo che sia stato in mala fede sono tenuti in solido [1292 ss.] al pagamento di una indennità pari al valore dei materiali stessi. Il proprietario dei materiali può anche esigere tale indennità dal proprietario del suolo, ancorché in buona fede, limitatamente al prezzo che da questo fosse ancora dovuto. Può altresì chiedere il risarcimento dei danni, tanto nei confronti del terzo che ne abbia fatto uso senza il suo consenso, quanto nei confronti del proprietario del suolo che in mala fede abbia autorizzato l'uso.

938. Occupazione di porzione di fondo attiguo. – [I]. Se nella costruzione di un edificio si occupa in buona fede una porzione del fondo attiguo, e il proprietario di questo non fa opposizione entro tre mesi dal giorno in cui ebbe inizio la costruzione, l'autorità giudiziaria, tenuto conto delle circostanze, può attribuire al costruttore la proprietà dell'edificio e del suolo occupato. Il costruttore è tenuto a pagare al proprietario del suolo il doppio del valore della superficie occupata, oltre il risarcimento dei danni.

939. Unione e commistione. – [I]. Quando più cose appartenenti a diversi proprietari sono state unite o mescolate in guisa da formare un sol tutto, ma sono separabili senza notevole deterioramento, ciascuno conserva la proprietà della cosa sua e ha diritto di ottenerne la separazione. In caso diverso, la proprietà ne diventa comune in proporzione del valore delle cose spettanti a ciascuno.

[II]. Quando però una delle cose si può riguardare come principale o è di molto superiore per valore, ancorché serva all'altra di ornamento, il proprietario della cosa principale acquista la proprietà del tutto. Egli ha l'obbligo di pagare all'altro il valore della cosa che vi è unita o mescolata; ma se la unione o la mescolanza è avvenuta senza il suo consenso ad opera del proprietario della cosa accessoria, egli non è obbligato a corrispondere che la somma minore tra l'aumento di valore apportato alla cosa principale e il valore della cosa accessoria.

[III]. È inoltre dovuto il risarcimento dei danni in caso di colpa grave.

940. Specificazione. – [I]. Se taluno ha adoperato una materia che non gli apparteneva per formare una nuova cosa, possa o non possa la materia riprendere la sua prima forma, ne acquista la proprietà pagando al proprietario il prezzo della materia, salvo che il valore della materia sorpassi notevolmente quello della mano d'opera. In quest'ultimo caso la cosa spetta al proprietario della materia, il quale deve pagare il prezzo della mano d'opera.

941. Alluvione. – [I]. Le unioni di terra e gli incrementi, che si formano successivamente e impercettibilmente nei fondi posti lungo le rive dei fiumi o torrenti, appartengono al proprietario del fondo, salvo quanto è disposto dalle leggi speciali.

942. (1) **Terreni abbandonati dalle acque correnti.** – [I]. I terreni abbandonati dalle acque correnti, che insensibilmente si ritirano da una delle rive portandosi sull'altra, appartengono al demanio pubblico, senza che il confinante della riva opposta possa reclamare il terreno perduto.

[II]. Ai sensi del primo comma, si intendono per acque correnti i fiumi, i torrenti e le altre acque definite pubbliche dalle leggi in materia.

[III]. Quanto stabilito al primo comma vale anche per i terreni abbandonati dal mare, dai laghi, dalle lagune e dagli stagni appartenenti al demanio pubblico.

(1) *Articolo così sostituito dall'art. 1 l. 5 gennaio 1994, n. 37.*

943. **Laghi e stagni.** – [I]. Il terreno che l'acqua copre quando essa è all'altezza dello sbocco del lago o dello stagno appartiene al proprietario del lago o dello stagno, ancorché il volume dell'acqua venga a scemare.

[II]. Il proprietario non acquista alcun diritto sopra la terra lungo la riva che l'acqua ricopre nei casi di piena straordinaria.

944. **Avulsione.** – [I]. Se un fiume o torrente stacca per forza istantanea una parte considerevole e riconoscibile di un fondo contiguo al suo corso e la trasporta verso un fondo inferiore o verso l'opposta riva, il proprietario del fondo al quale si è unita la parte staccata ne acquista la proprietà. Deve però pagare all'altro proprietario un'indennità nei limiti del maggior valore recato al fondo dall'avulsione.

945. (1) **Isole e unioni di terra.** – [I]. Le isole e unioni di terra che si formano nel letto dei fiumi o torrenti appartengono al demanio pubblico [822].

(1) *L'art. 2 l. 5 gennaio 1994, n. 37 ha abrogato gli originari commi 2 e 3.*

946. (1) **Alveo abbandonato.** – [I]. Se un fiume o un torrente si forma un nuovo letto, abbandonando l'antico, il terreno abbandonato rimane assoggettato al regime proprio del demanio pubblico.

(1) *Articolo così sostituito dall'art. 3 l. 5 gennaio 1994, n. 37.*

947. (1) **Mutamenti del letto dei fiumi derivanti da regolamento del loro corso.** – [I]. Le disposizioni degli articoli 942, 945 e 946 si applicano ai terreni comunque abbandonati sia a seguito di eventi naturali che per fatti artificiali indotti dall'attività antropica, ivi comprendendo anche i terreni abbandonati per fenomeni di inalveamento.

[II]. La disposizione dell'articolo 941 non si applica nel caso in cui le alluvioni derivano da regolamento del corso dei fiumi, da bonifiche o da altri fatti artificiali indotti dall'attività antropica.

[III]. In ogni caso è esclusa la sdemanializzazione tacita dei beni del demanio idrico.

(1) *Articolo così sostituito dall'art. 4 l. 5 gennaio 1994, n. 37.*

CAPO IV – *Delle azioni a difesa della proprietà*

948. Azione di rivendicazione. – [I]. Il proprietario può rivendicare la cosa [1706, 1994, 2789] da chiunque la possiede o detiene [1140] e può proseguire l'esercizio dell'azione anche se costui, dopo la domanda, ha cessato, per fatto proprio, di possedere o detenere la cosa [2653 n. 1]. In tal caso il convenuto è obbligato a ricuperarla per l'attore a proprie spese, o, in mancanza, a corrispondergliene il valore, oltre a risarcirgli il danno.

[II]. Il proprietario, se consegue direttamente dal nuovo possessore o detentore la restituzione della cosa, è tenuto a restituire al precedente possessore o detentore la somma ricevuta in luogo di essa.

[III]. L'azione di rivendicazione non si prescrive, salvi gli effetti dell'acquisto della proprietà da parte di altri per usucapione [1158 ss.].

949. Azione negatoria. – [I]. Il proprietario può agire per far dichiarare l'inesistenza di diritti affermati da altri sulla cosa, quando ha motivo di temerne pregiudizio [1012, 1079].

[II]. Se sussistono anche turbative o molestie, il proprietario può chiedere che se ne ordini la cessazione, oltre la condanna al risarcimento del danno.

950. Azione di regolamento di confini. – [I]. Quando il confine tra due fondi è incerto, ciascuno dei proprietari può chiedere che sia stabilito giudizialmente.

[II]. Ogni mezzo di prova è ammesso.

[III]. In mancanza di altri elementi, il giudice si attiene al confine delineato dalle mappe catastali.

951. Azione per apposizione di termini. – [I]. Se i termini tra fondi contigui mancano o sono diventati irriconoscibili, ciascuno dei proprietari ha diritto di chiedere che essi siano apposti o ristabiliti a spese comuni [8$^{n. 2}$ c.p.c.; 631 c.p.].

TITOLO III
Della superficie

952. Costituzione del diritto di superficie. – [I]. Il proprietario può costituire il diritto di fare e mantenere al disopra del suolo una costruzione a favore di altri [1350$^{n. 2}$, 2643$^{n. 2}$], che ne acquista la proprietà [934, 1350$^{n. 2}$, 2643$^{n. 2}$].

[II]. Del pari può alienare la proprietà della costruzione già esistente, separatamente dalla proprietà del suolo.

953. Costituzione a tempo determinato. – [I]. Se la costituzione del diritto è stata fatta per un tempo determinato, allo scadere del termine il diritto di superficie si estingue e il proprietario del suolo diventa proprietario della costruzione [934].

954. Estinzione del diritto di superficie. – [I]. L'estinzione del diritto di superficie per scadenza del termine importa l'estinzione dei diritti reali imposti dal superficiario. I diritti gravanti sul suolo si estendono alla costruzione, salvo, per le ipoteche, il disposto del primo comma dell'articolo 2816.

[II]. I contratti di locazione, che hanno per oggetto la costruzione, non durano se non per l'anno in corso alla scadenza del termine [999^{2}].

[III]. Il perimento della costruzione non importa, salvo patto contrario, la estinzione del diritto di superficie.

[IV]. Il diritto di fare la costruzione sul suolo altrui si estingue per prescrizione per effetto del non uso protratto per venti anni [2934 ss.].

955. Costruzioni al disotto del suolo. – [I]. Le disposizioni precedenti si applicano anche nel caso in cui è concesso il diritto di fare e mantenere costruzioni al disotto del suolo altrui [840].

956. Divieto di proprietà separata delle piantagioni. – [I]. Non può essere costituita o trasferita la proprietà delle piantagioni separatamente dalla proprietà del suolo.

TITOLO IV
Dell'enfiteusi

957. Disposizioni inderogabili. – [I]. La enfiteusi, salvo che il titolo disponga altrimenti, è regolata dalle norme contenute negli articoli seguenti (1).

[II]. Il titolo [587, 1350n. 2, 2643n. 2, 2648] non può tuttavia derogare alle norme contenute negli articoli 958 secondo comma, 961 secondo comma, 962 (2), 965, 968, 971 e 973.

(1) *V. l. 22 luglio 1966, n. 607; l. 18 dicembre 1970, n. 1138; l. 14 giugno 1974, n. 270.*
(2) *L'art. 962 è stato abrogato dall'art. 18 l. n. 607, cit.*

958. Durata. – [I]. L'enfiteusi può essere perpetua o a tempo.

[II]. L'enfiteusi temporanea non può essere costituita per una durata inferiore ai venti anni [957[2]].

959. Diritti dell'enfiteuta. – [I]. L'enfiteuta ha gli stessi diritti che avrebbe il proprietario sui frutti del fondo [820 s.], sul tesoro [932] e relativamente alle utilizzazioni del sottosuolo in conformità delle disposizioni delle leggi speciali [840].

[II]. Il diritto dell'enfiteuta si estende alle accessioni [817 ss., 934 ss.].

960. Obblighi dell'enfiteuta. – [I]. L'enfiteuta ha l'obbligo di migliorare il fondo e di pagare al concedente un canone periodico [972] (1). Questo può consistere in una somma di danaro ovvero in una quantità fissa di prodotti naturali [961, 962].

[II]. L'enfiteuta non può pretendere remissione o riduzione del canone per qualunque insolita sterilità del fondo o perdita di frutti.

(1) *V. l. 22 luglio 1966, n. 607; l. 18 dicembre 1970, n. 1138; l. 14 giugno 1974, n. 270.*

961. Pagamento del canone. – [I]. L'obbligo del pagamento del canone [2763, 2948] grava solidalmente [1292 ss.] su tutti i coenfiteuti e sugli eredi dell'enfiteuta finché dura la comunione.

[II]. Nel caso in cui segua la divisione e il fondo venga goduto separatamente dagli enfiteuti o dagli eredi, ciascuno risponde per gli obblighi inerenti all'enfiteusi proporzionalmente al valore della sua porzione [957[2]].

962. (1) [Revisione del canone].

(1) *Articolo abrogato dall'art. 18 l. 22 luglio 1966, n. 607.*

963. Perimento totale o parziale del fondo. – [I]. Quando il fondo enfiteutico perisce interamente, l'enfiteusi si estingue.

[II]. Se è perita una parte notevole del fondo e il canone risulta sproporzionato al valore della parte residua, l'enfiteuta, secondo le circostanze, può chiedere una congrua riduzione del canone, o rinunziare al suo diritto, restituendo il fondo al concedente, salvo il diritto al rimborso dei miglioramenti sulla parte residua [975].

[III]. La domanda di riduzione del canone e la rinunzia al diritto non sono ammesse, decorso un anno dall'avvenuto perimento [2964 ss.].

[IV]. Qualora il fondo sia assicurato e l'assicurazione sia fatta anche nell'interesse del concedente, l'indennità è ripartita tra il concedente e l'enfiteuta in proporzione del valore dei rispettivi diritti.

[V]. Nel caso di espropriazione per pubblico interesse [834], l'indennità si ripartisce a norma del comma precedente.

964. **Imposte e altri pesi.** – [I]. Le imposte e gli altri pesi che gravano sul fondo sono a carico dell'enfiteuta, salve le disposizioni delle leggi speciali.

[II]. Se in virtù del titolo costitutivo sono a carico del concedente, tale obbligo non può eccedere l'ammontare del canone.

965. **Disponibilità del diritto dell'enfiteuta.** – [I]. L'enfiteuta può disporre del proprio diritto, sia per atto tra vivi [1350$^{n. 2}$, 2643$^{n. 2}$], sia per atto di ultima volontà [587, 2648].

[II]. Per l'alienazione del diritto dell'enfiteuta non è dovuta alcuna prestazione al concedente.

[III]. Nell'atto costitutivo può essere vietato all'enfiteuta di disporre per atto tra vivi, in tutto o in parte, del proprio diritto, per un tempo non maggiore di venti anni [1379].

[IV]. Nel caso di alienazione compiuta contro tale divieto, l'enfiteuta non è liberato dai suoi obblighi verso il concedente ed è tenuto a questi solidalmente [1292 ss.] con l'acquirente [957^{2}].

966. (1) **[Prelazione a favore del concedente].**

(1) *Articolo abrogato dall'art. 10 l. 18 dicembre 1970, n. 1138.*

967. **Diritti e obblighi dell'enfiteuta e del concedente in caso di alienazione.** – [I]. In caso di alienazione, il nuovo enfiteuta è obbligato solidalmente [1292 ss.] col precedente al pagamento dei canoni non soddisfatti.

[II]. Il precedente enfiteuta non è liberato dai suoi obblighi, prima che sia stato notificato l'atto di acquisto al concedente [1264].

[III]. In caso di alienazione del diritto del concedente, l'acquirente non può pretendere l'adempimento degli obblighi dell'enfiteuta prima che a questo sia stata notificata l'alienazione [1264].

968. **Subenfiteusi** – [I]. La subenfiteusi non è ammessa [957^{2}].

969. **Ricognizione.** – [I]. Il concedente può richiedere la ricognizione del proprio diritto da chi si trova nel possesso del fondo enfiteutico, un anno prima del compimento del ventennio [2720].

[II]. Per l'atto di ricognizione non è dovuta alcuna prestazione. Le spese dell'atto sono a carico del concedente.

970. Prescrizione del diritto dell'enfiteuta – [I]. Il diritto dell'enfiteuta si prescrive per effetto del non uso protratto per venti anni [2934 ss.].

971. (1) **Affrancazione.** – [I]. Se più sono gli enfiteuti, l'affrancazione può promuoversi anche da uno solo di essi, ma per la totalità. In questo caso l'affrancante subentra nei diritti del concedente verso gli altri enfiteuti, salva, a favore di questi, una riduzione proporzionale del canone.

[II]. Se più sono i concedenti, l'affrancazione può effettuarsi per la quota che spetta a ciascun concedente.

[III]. L'affrancazione si opera mediante il pagamento di una somma risultante dalla capitalizzazione del canone annuo sulla base dell'interesse legale (2) [1284]. Le modalità sono stabilite da leggi speciali [957^{2}] (3).

(1) *L'art. 10 l. 18 dicembre 1970, n. 1138 ha abrogato gli originari commi 1, 2 e 3.*
(2) *Ma v. art. 9 l. n. 1138, cit.*
(3) *V.* sub *art. 960.*

972. Devoluzione. – [I]. Il concedente può chiedere la devoluzione del fondo enfiteutico [2653$^{n.\ 2}$]:

1) se l'enfiteuta deteriora il fondo o non adempie all'obbligo di migliorarlo [960];

2) se l'enfiteuta è in mora nel pagamento di due annualità di canone [960, 1219]. La devoluzione non ha luogo se l'enfiteuta ha effettuato il pagamento dei canoni maturati prima che sia intervenuta nel giudizio sentenza, ancorché di primo grado, che abbia accolto la domanda.

[II]. La domanda di devoluzione non preclude all'enfiteuta il diritto di affrancare, sempre che ricorrano le condizioni previste dall'articolo 971 (1).

(1) *Il secondo e il terzo periodo di questo comma sono stati soppressi dall'art. 8 l. 22 luglio 1966, n. 607. V. anche art. 10 l. 18 dicembre 1970, n. 1138.*

973. (1) **Clausola risolutiva espressa.** – [I]. La dichiarazione del concedente di valersi della clausola risolutiva espressa [1456] non impedisce l'esercizio del diritto di affrancazione [971].

(1) *Articolo così modificato dall'art. 9 l. 22 luglio 1966, n. 607.*

974. Diritti dei creditori dell'enfiteuta. – [I]. I creditori dell'enfiteuta possono intervenire nel giudizio di devoluzione per conservare le loro ragioni [2900], valendosi all'uopo anche del diritto di affrancazione che spetti all'enfiteuta [971]; possono offrire il risarcimento dei danni e dare cauzione per l'avvenire [149 trans.].

[II]. I creditori, che hanno iscritto ipoteca contro l'enfiteuta anteriormente alla trascrizione della domanda di devoluzione e ai quali questa non è stata notificata in tempo utile per poter intervenire, conservano il diritto di affrancazione anche dopo avvenuta la devoluzione [2653$^{n. 2}$].

975. Miglioramenti e addizioni. – [I]. Quando cessa l'enfiteusi [958, 963, 970, 972], all'enfiteuta spetta il rimborso dei miglioramenti nella misura dell'aumento di valore conseguito dal fondo per effetto dei miglioramenti stessi, quali sono accertati al tempo della riconsegna.

[II]. Se in giudizio è stata fornita qualche prova della sussistenza in genere dei miglioramenti, all'enfiteuta compete la ritenzione del fondo fino a quando non è soddisfatto il suo credito [1152].

[III]. Per le addizioni fatte dall'enfiteuta, quando possono essere tolte senza nocumento del fondo, il concedente, se vuole ritenerle, deve pagarne il valore al tempo della riconsegna. Se le addizioni non sono separabili senza nocumento e costituiscono miglioramento, si applica la disposizione del primo comma di questo articolo [157 trans.].

976. Locazioni concluse dall'enfiteuta. – [I]. Per le locazioni concluse dall'enfiteuta si applicano le norme dell'articolo 999.

977. Enfiteusi costituite dalle persone giuridiche. – [I]. Le disposizioni contenute negli articoli precedenti si applicano anche alle enfiteusi costituite dalle persone giuridiche, salvo che sia disposto diversamente dalle leggi speciali.

TITOLO V
Dell'usufrutto, dell'uso e dell'abitazione

CAPO I – *Dell'usufrutto*

SEZIONE I – *Disposizioni generali*

978. Costituzione. – [I]. L'usufrutto è stabilito dalla legge [324] o dalla volontà dell'uomo [587, 785, 1350$^{n. 2}$, 2643$^{n. 2}$, 2648, 2932]. Può anche acquistarsi per usucapione [1158 ss.].

979. Durata. – [i]. La durata dell'usufrutto non può eccedere la vita dell'usufruttuario [678, 698, 796, 1014].

[ii]. L'usufrutto costituito a favore di una persona giuridica non può durare più di trenta anni [1014].

980. Cessione dell'usufrutto. – [i]. L'usufruttuario può cedere il proprio diritto per un certo tempo o per tutta la sua durata, se ciò non è vietato dal titolo costitutivo [1350$^{n. 2}$, 2643$^{n. 2}$, 2810].

[ii]. La cessione dev'essere notificata al proprietario; finché non sia stata notificata, l'usufruttuario è solidalmente obbligato con il cessionario verso il proprietario [1292].

Sezione II – *Dei diritti nascenti dall'usufrutto*

981. Contenuto del diritto di usufrutto. – [i]. L'usufruttuario ha diritto di godere della cosa, ma deve rispettarne la destinazione economica [986, 996, 2561].

[ii]. Egli può trarre dalla cosa ogni utilità che questa può dare [1998, 2350, 2352], fermi i limiti stabiliti in questo capo.

982. Possesso della cosa. – [i]. L'usufruttuario ha il diritto di conseguire il possesso della cosa di cui ha l'usufrutto, salvo quanto è disposto dall'articolo 1002.

983. Accessioni. – [i]. L'usufrutto si estende a tutte le accessioni della cosa [817 ss., 934 ss.].

[ii]. Se il proprietario dopo l'inizio dell'usufrutto, con il consenso dell'usufruttuario, ha fatto nel fondo costruzioni o piantagioni, l'usufruttuario è tenuto a corrispondere gli interessi [1284] sulle somme impiegate. La norma si applica anche nel caso in cui le costruzioni o piantagioni sono state fatte per disposizione della pubblica autorità.

984. Frutti. – [i]. I frutti naturali e i frutti civili spettano all'usufruttuario per la durata del suo diritto [820, 821].

[ii]. Se il proprietario e l'usufruttuario si succedono nel godimento della cosa entro l'anno agrario o nel corso di un periodo produttivo di maggiore durata, l'insieme di tutti i frutti si ripartisce fra l'uno e l'altro in proporzione della durata del rispettivo diritto nel periodo stesso [150 trans.].

[iii]. Le spese per la produzione e il raccolto sono a carico del proprietario e dell'usufruttuario nella proporzione indicata dal comma precedente ed entro i limiti del valore dei frutti [821^2].

985. Miglioramenti. – [I]. L'usufruttuario ha diritto a un'indennità per i miglioramenti che sussistono al momento della restituzione della cosa [157 trans.].

[II]. L'indennità si deve corrispondere nella minor somma tra l'importo della spesa e l'aumento di valore conseguito dalla cosa per effetto dei miglioramenti.

[III]. L'autorità giudiziaria, avuto riguardo alle circostanze, può disporre che il pagamento della indennità prevista dai commi precedenti sia fatto ratealmente, imponendo in questo caso idonea garanzia [1179].

986. Addizioni. – [I]. L'usufruttuario può eseguire addizioni che non alterino la destinazione economica della cosa [981].

[II]. Egli ha diritto di toglierle alla fine dell'usufrutto, qualora ciò possa farsi senza nocumento della cosa, salvo che il proprietario preferisca ritenere le addizioni stesse. In questo caso deve essere corrisposta all'usufruttuario un'indennità pari alla minor somma tra l'importo della spesa e il valore delle addizioni al tempo della riconsegna [157 trans.].

[III]. Se le addizioni non possono separarsi senza nocumento della cosa e costituiscono miglioramento di essa, si applicano le disposizioni relative ai miglioramenti [985].

987. Miniere, cave e torbiere. – [I]. L'usufruttuario gode delle cave e torbiere già aperte e in esercizio all'inizio dell'usufrutto. Non ha facoltà di aprirne altre senza il consenso del proprietario.

[II]. Per le ricerche e le coltivazioni minerarie, di cui abbia ottenuto il permesso, l'usufruttuario deve indennizzare il proprietario dei danni che saranno accertati alla fine dell'usufrutto.

[III]. Se il permesso è stato ottenuto dal proprietario o da un terzo, questi devono all'usufruttuario un'indennità corrispondente al diminuito godimento del fondo durante l'usufrutto.

988. Tesoro. – [I]. Il diritto dell'usufruttuario non si estende al tesoro che si scopra durante l'usufrutto, salve le ragioni che gli possono competere come ritrovatore [932].

989. Boschi, filari e alberi sparsi di alto fusto. – [I]. Se nell'usufrutto sono compresi boschi o filari cedui ovvero boschi o filari di alto fusto destinati alla produzione di legna, l'usufruttuario può procedere ai tagli ordinari, curando il mantenimento dell'originaria consistenza dei boschi o dei filari e provvedendo, se occorre, alla loro ricostituzione.

[II]. Circa il modo, l'estensione, l'ordine e l'epoca dei tagli, l'usufruttuario è tenuto a uniformarsi, oltre che alle leggi e ai regolamenti forestali, alla pratica costante della regione.

[III]. Le stesse regole si applicano agli alberi di alto fusto sparsi per la campagna, destinati ad essere tagliati.

990. Alberi di alto fusto divelti, spezzati o periti. – [I]. Gli alberi di alto fusto divelti, spezzati o periti per accidente spettano al proprietario. L'usufruttuario può servirsi di essi soltanto per le riparazioni che sono a suo carico [1004].

991. Alberi fruttiferi. – [I]. Gli alberi fruttiferi che periscono e quelli divelti o spezzati per accidente appartengono all'usufruttuario, ma questi ha l'obbligo di sostituirne altri.

992. Pali per vigne e per altre coltivazioni. – [I]. L'usufruttuario può prendere nei boschi i pali occorrenti per le vigne e per le altre coltivazioni che ne abbisognano, osservando sempre la pratica costante della regione.

993. Semenzai. – [I]. L'usufruttuario può servirsi dei piantoni dei semenzai, ma deve osservare la pratica costante della regione per il tempo e il modo della estrazione e per la rimessa dei virgulti.

994. Perimento delle mandre o dei greggi. – [I]. Se l'usufrutto è stabilito sopra una mandra o un gregge [816], l'usufruttuario è tenuto a surrogare gli animali periti, fino alla concorrente quantità dei nati, dopo che la mandra o il gregge ha cominciato ad essere mancante del numero primitivo.

[II]. Se la mandra o il gregge perisce interamente per causa non imputabile all'usufruttuario, questi non è obbligato verso il proprietario che a rendere conto delle pelli o del loro valore.

995. Cose consumabili. – [I]. Se l'usufrutto comprende cose consumabili [750²], l'usufruttuario ha diritto di servirsene e ha l'obbligo di pagarne il valore al termine dell'usufrutto secondo la stima convenuta.

[II]. Mancando la stima, è in facoltà dell'usufruttuario di pagare le cose secondo il valore che hanno al tempo in cui finisce l'usufrutto o di restituirne altre in eguale qualità e quantità [1258].

996. Cose deteriorabili. – [I]. Se l'usufrutto comprende cose che, senza consumarsi in un tratto, si deteriorano a poco a poco, l'usufruttuario ha diritto di servirsene secondo l'uso al quale sono destinate, e alla fine dell'usufrutto è soltanto tenuto a restituirle nello stato in cui si trovano.

997. Impianti, opifici e macchinari. – [I]. Se l'usufrutto comprende impianti, opifici o macchinari che hanno una destinazione produttiva, l'usufruttuario è tenuto a riparare e a sostituire durante l'usufrutto le parti che si logorano, in modo da assicurare il regolare funzionamento delle cose suddette [2561]. Se l'usufruttuario ha sopportato spese che eccedono quelle delle ordinarie riparazioni [1004], il proprietario, al termine dell'usufrutto, è tenuto a corrispondergli una congrua indennità.

998. Scorte vive e morte. – [I]. Le scorte vive e morte di un fondo devono essere restituite in eguale quantità e qualità. L'eccedenza o la deficienza di esse deve essere regolata in danaro, secondo il loro valore al termine dell'usufrutto.

999. Locazioni concluse dall'usufruttuario. – [I]. Le locazioni concluse dall'usufruttuario, in corso al tempo della cessazione dell'usufrutto, purché constino da atto pubblico [2699] o da scrittura privata di data certa [2704] anteriore, continuano per la durata stabilita [1599], ma non oltre il quinquennio dalla cessazione dell'usufrutto.

[II]. Se la cessazione dell'usufrutto avviene per la scadenza del termine stabilito, le locazioni non durano in ogni caso se non per l'anno, e, trattandosi di fondi rustici dei quali il principale raccolto è biennale o triennale, se non per il biennio o triennio che si trova in corso al tempo in cui cessa l'usufrutto [151 trans.].

1000. Riscossione di capitali. – [I]. Per la riscossione di somme che rappresentano un capitale gravato d'usufrutto [1998], è necessario il concorso del titolare del credito e dell'usufruttuario. Il pagamento fatto a uno solo di essi non è opponibile all'altro, salve in ogni caso le norme relative alla cessione dei crediti [1264, 1265].

[II]. Il capitale riscosso dev'essere investito in modo fruttifero e su di esso si trasferisce l'usufrutto. Se le parti non sono d'accordo sul modo d'investimento, provvede l'autorità giudiziaria.

SEZIONE III – *Degli obblighi nascenti dall'usufrutto*

1001. Obbligo di restituzione. Misura della diligenza. – [I]. L'usufruttuario deve restituire le cose che formano oggetto del suo diritto, al termine dell'usufrutto, salvo quanto è disposto dall'articolo 995.

[II]. Nel godimento della cosa egli deve usare la diligenza del buon padre di famiglia [1176[1]].

1002. Inventario e garanzia. – [I]. L'usufruttuario prende le cose nello stato in cui si trovano.

[II]. Egli è tenuto a fare a sue spese l'inventario dei beni, previo avviso al proprietario [218; 769 c.p.c.]. Quando l'usufruttuario è dispensato dal fare l'inventario, questo può essere richiesto dal proprietario a sue spese.

[III]. L'usufruttuario deve inoltre dare idonea garanzia [218, 1179]. Dalla prestazione della garanzia sono dispensati i genitori che hanno l'usufrutto legale sui beni dei loro figli minori [324]. Sono anche dispensati il venditore e il donante con riserva d'usufrutto [796]; ma, qualora questi cedano l'usufrutto, il cessionario è tenuto a prestare garanzia [1015].

[IV]. L'usufruttuario non può conseguire il possesso dei beni [982] prima di avere adempiuto agli obblighi su indicati.

1003. Mancanza o insufficienza della garanzia. – [I]. Se l'usufruttuario non presta la garanzia a cui è tenuto [1002], si osservano le disposizioni seguenti:

gli immobili sono locati o messi sotto amministrazione, salva la facoltà all'usufruttuario di farsi assegnare per propria abitazione una casa compresa nell'usufrutto. L'amministrazione è affidata, con il consenso dell'usufruttuario, al proprietario o altrimenti a un terzo scelto di comune accordo tra proprietario e usufruttuario o, in mancanza di tale accordo, nominato dall'autorità giudiziaria [59 att.];

il danaro è collocato a interesse [1000^2];

i titoli al portatore si convertono in nominativi a favore del proprietario con il vincolo dell'usufrutto [1999, 2025], ovvero si depositano presso una terza persona, scelta dalle parti, o presso un istituto di credito, la cui designazione, in caso di dissenso, è fatta dall'autorità giudiziaria;

le derrate sono vendute e il loro prezzo è parimenti collocato a interesse [1000^2].

[II]. In questi casi appartengono all'usufruttuario gli interessi dei capitali, le rendite, le pigioni e i fitti.

[III]. Se si tratta di mobili i quali si deteriorano con l'uso [996], il proprietario può chiedere che siano venduti e ne sia impiegato il prezzo come quello delle derrate. L'usufruttuario può nondimeno domandare che gli siano lasciati i mobili necessari per il proprio uso.

1004. Spese a carico dell'usufruttuario. – [I]. Le spese e, in genere, gli oneri relativi alla custodia, amministrazione e manutenzione ordinaria della cosa sono a carico dell'usufruttuario.

[II]. Sono pure a suo carico le riparazioni straordinarie rese necessarie dall'inadempimento degli obblighi di ordinaria manutenzione [1015].

1005. Riparazioni straordinarie. – [I]. Le riparazioni straordinarie sono a carico del proprietario.

[II]. Riparazioni straordinarie sono quelle necessarie ad assicurare la stabilità dei muri maestri e delle volte, la sostituzione delle travi, il rinnovamento, per intero o per una parte notevole, dei tetti, solai, scale, argini, acquedotti, muri di sostegno o di cinta.

[III]. L'usufruttuario deve corrispondere al proprietario, durante l'usufrutto, l'interesse [1284] delle somme spese per le riparazioni straordinarie.

1006. Rifiuto del proprietario alle riparazioni. – [I]. Se il proprietario rifiuta di eseguire le riparazioni poste a suo carico o ne ritarda l'esecuzione senza giusto motivo, è in facoltà dell'usufruttuario di farle eseguire a proprie spese. Le spese devono essere rimborsate alla fine dell'usufrutto senza interesse. A garanzia del rimborso l'usufruttuario ha diritto di ritenere l'immobile riparato [2756; 152 trans.].

1007. Rovina parziale di edificio accessorio. – [I]. Le disposizioni dei due articoli precedenti si applicano anche nel caso in cui, per vetustà o caso fortuito, rovini soltanto in parte l'edificio che formava accessorio necessario del fondo soggetto a usufrutto.

1008. Imposte e altri pesi a carico dell'usufruttuario. – [I]. L'usufruttuario è tenuto, per la durata del suo diritto, ai carichi annuali, come le imposte, i canoni, le rendite fondiarie e gli altri pesi che gravano sul reddito.

[II]. Per l'anno in corso al principio e alla fine dell'usufrutto questi carichi si ripartiscono tra il proprietario e l'usufruttuario in proporzione della durata del rispettivo diritto [984^2].

1009. Imposte e altri pesi a carico del proprietario. – [I]. Al pagamento dei carichi imposti sulla proprietà durante l'usufrutto, salvo diverse disposizioni di legge, è tenuto il proprietario, ma l'usufruttuario gli deve corrispondere l'interesse [1284] della somma pagata.

[II]. Se l'usufruttuario ne anticipa il pagamento, ha diritto di essere rimborsato del capitale alla fine dell'usufrutto [1011].

1010. Passività gravanti su eredità in usufrutto. – [I]. L'usufruttuario di un'eredità o di una quota di eredità [588] è obbligato a pagare per intero, o in proporzione della quota, le annualità e gli interessi dei debiti o dei legati da cui l'eredità stessa sia gravata.

[II]. Per il pagamento del capitale dei debiti o dei legati, che si renda necessario durante l'usufrutto, è in facoltà dell'usufruttuario di fornire la somma occorrente, che gli deve essere rimborsata senza interesse alla fine dell'usufrutto [1011].

[III]. Se l'usufruttuario non può o non vuole fare questa anticipazione, il proprietario può pagare tale somma, sulla quale l'usufruttuario deve corrispondergli l'interesse [1284] durante l'usufrutto, o può vendere una porzione dei beni soggetti all'usufrutto fino alla concorrenza della somma dovuta.

[IV]. Se per il pagamento dei debiti si rende necessaria la vendita dei beni, questa è fatta d'accordo tra proprietario e usufruttuario, salvo ricorso all'autorità giudiziaria in caso di dissenso. L'espropriazione forzata deve seguire contro ambedue.

1011. Ritenzione per le somme anticipate. – [I]. Nelle ipotesi contemplate dal secondo comma dell'articolo 1009 e dal secondo comma dell'articolo 1010, l'usufruttuario ha diritto di ritenzione sui beni che sono in suo possesso fino alla concorrenza della somma a lui dovuta [152 trans.].

1012. Usurpazioni durante l'usufrutto e azioni relative alle servitù. – [I]. Se durante l'usufrutto un terzo commette usurpazione sul fondo o altrimenti offende le ragioni del proprietario, l'usufruttuario è tenuto a fargliene denunzia e, omettendola, è responsabile dei danni che eventualmente siano derivati al proprietario.

[II]. L'usufruttuario può far riconoscere l'esistenza delle servitù a favore del fondo [1079] o la inesistenza di quelle che si pretende di esercitare sul fondo medesimo [949]; egli deve in questi casi chiamare in giudizio il proprietario [102 c.p.c.].

1013. Spese per le liti. – [I]. Le spese delle liti che riguardano tanto la proprietà quanto l'usufrutto sono sopportate dal proprietario e dall'usufruttuario in proporzione del rispettivo interesse.

SEZIONE IV – *Estinzione e modificazioni dell'usufrutto*

1014. Estinzione dell'usufrutto. – [I]. Oltre quanto è stabilito dall'articolo 979, l'usufrutto si estingue [1350$^{n.\ 5}$]:

1) per prescrizione per effetto del non uso durato per venti anni [2934 ss.];

2) per la riunione dell'usufrutto e della proprietà nella stessa persona;

3) per il totale perimento della cosa su cui è costituito [1016-1019].

1015. Abusi dell'usufruttuario. – [I]. L'usufrutto può anche cessare per l'abuso che faccia l'usufruttuario del suo diritto alienando i beni o deteriorandoli o lasciandoli andare in perimento per mancanza di ordinarie riparazioni [1004].

[II]. L'autorità giudiziaria può, secondo le circostanze, ordinare che l'usufruttuario dia garanzia, qualora ne sia esente [1002], o che i beni siano locati o posti sotto amministrazione a spese di lui, o anche dati in possesso al proprietario con l'obbligo di pagare annualmente all'usufruttuario, durante l'usufrutto, una somma determinata.

[III]. I creditori dell'usufruttuario possono intervenire nel giudizio per conservare le loro ragioni, offrire il risarcimento dei danni e dare garanzia per l'avvenire [2900].

1016. Perimento parziale della cosa. – [I]. Se una sola parte della cosa soggetta all'usufrutto perisce, l'usufrutto si conserva sopra ciò che rimane [1018].

1017. Perimento della cosa per colpa o dolo di terzi. – [I]. Se il perimento della cosa non è conseguenza di caso fortuito, l'usufrutto si trasferisce sull'indennità dovuta dal responsabile del danno [1000].

1018. Perimento dell'edificio. – [I]. Se l'usufrutto è stabilito sopra un fondo, del quale fa parte un edificio, e questo viene in qualsiasi modo a perire, l'usufruttuario ha diritto di godere dell'area e dei materiali [1016].

[II]. La stessa disposizione si applica se l'usufrutto è stabilito soltanto sopra un edificio. In tal caso, però, il proprietario, se intende costruire un altro edificio, ha il diritto di occupare l'area e di valersi dei materiali, pagando all'usufruttuario, durante l'usufrutto, gli interessi [1284] sulla somma corrispondente al valore dell'area e dei materiali.

1019. Perimento di cosa assicurata dall'usufruttuario. – [I]. Se l'usufruttuario ha provveduto all'assicurazione della cosa o al pagamento dei premi per la cosa già assicurata, l'usufrutto si trasferisce sull'indennità dovuta dall'assicuratore [1000].

[II]. Se è perito un edificio e il proprietario intende di ricostruirlo con la somma conseguita come indennità, l'usufruttuario non può opporsi. L'usufrutto in questo caso si trasferisce sull'edificio ricostruito. Se però la somma impiegata nella ricostruzione è maggiore di quella spettante in usufrutto, il diritto dell'usufruttuario sul nuovo edificio è limitato in proporzione di quest'ultima.

1020. Requisizione o espropriazione. – [I]. Se la cosa è requisita o espropriata per pubblico interesse, l'usufrutto si trasferisce sull'indennità relativa.

CAPO II – *Dell'uso e dell'abitazione*

1021. Uso. – [I]. Chi ha il diritto d'uso di una cosa [540] può servirsi di essa e, se è fruttifera, può raccogliere i frutti [821] per quanto occorre ai bisogni suoi e della sua famiglia [1023].

[II]. I bisogni si devono valutare secondo la condizione sociale del titolare del diritto.

1022. Abitazione. – [I]. Chi ha il diritto di abitazione di una casa può abitarla limitatamente ai bisogni suoi e della sua famiglia [540^2].

1023. Ambito della famiglia. – [I]. Nella famiglia si comprendono anche i figli nati dopo che è cominciato il diritto d'uso o d'abitazione, quantunque nel tempo in cui il diritto è sorto la persona non avesse contratto matrimonio. Si comprendono inoltre i figli adottivi [291 ss.] e i figli riconosciuti, anche se l'adozione o il riconoscimento sono seguiti dopo che il diritto era già sorto (1). Si comprendono infine le persone che convivono con il titolare del diritto per prestare a lui o alla sua famiglia i loro servizi [153 trans.].

(1) *Periodo così sostituito dall'art. 90^1 d.lS. 28 dicembre 2013, n. 154, con la decorrenza indicata* sub *art. 87. Il testo del periodo era il seguente:* « Si comprendono inoltre i figli adottivi, i figli [naturali] riconosciuti e gli affiliati, anche se l'adozione, il riconoscimento o l'affiliazione sono seguiti dopo che il diritto era già sorto ». *Precedentemente, l'art. 1^{11} l. 10 dicembre 2012, n. 219 aveva disposto che « Nel codice civile, le parole: "figli legittimi" e "figli naturali", ovunque ricorrono, sono sostituite dalla seguente: "figli" ».*

1024. Divieto di cessione. – [I]. I diritti di uso e di abitazione non si possono cedere o dare in locazione.

1025. Obblighi inerenti all'uso e alla abitazione. – [I]. Chi ha l'uso di un fondo e ne raccoglie tutti i frutti o chi ha il diritto di abitazione e occupa tutta la casa è tenuto alle spese di coltura, alle riparazioni ordinarie e al pagamento dei tributi come l'usufruttuario [1004-1008].

[II]. Se non raccoglie che una parte dei frutti o non occupa che una parte della casa, contribuisce in proporzione di ciò che gode.

1026. Applicabilità delle norme sull'usufrutto. – [I]. Le disposizioni relative all'usufrutto [978 ss.] si applicano, in quanto compatibili, all'uso e alla abitazione.

TITOLO VI
Delle servitù prediali

CAPO I – *Disposizioni generali*

1027. Contenuto del diritto. – [I]. La servitù prediale consiste nel peso imposto sopra un fondo per l'utilità [1028] di un altro fondo appartenente a diverso proprietario [1072].

1028. Nozione dell'utilità. – [I]. L'utilità può consistere anche nella maggiore comodità o amenità del fondo dominante. Può del pari essere inerente alla destinazione industriale del fondo.

1029. Servitù per vantaggio futuro. – [I]. È ammessa la costituzione di una servitù per assicurare a un fondo un vantaggio futuro.

[II]. È ammessa altresì a favore o a carico di un edificio da costruire o di un fondo da acquistare; ma in questo caso la costituzione non ha effetto se non dal giorno in cui l'edificio è costruito o il fondo è acquistato [1472].

1030. Prestazioni accessorie. – [I]. Il proprietario del fondo servente non è tenuto a compiere alcun atto per rendere possibile l'esercizio della servitù da parte del titolare, salvo che la legge o il titolo disponga altrimenti [1070].

1031. Costituzione delle servitù. – [I]. Le servitù prediali possono essere costituite coattivamente [1032 ss.] o volontariamente [1058 ss.]. Possono anche essere costituite per usucapione o per destinazione del padre di famiglia [1061-1062].

CAPO II – *Delle servitù coattive*

1032. Modi di costituzione. – [I]. Quando, in forza di legge [1033 ss.], il proprietario di un fondo ha diritto di ottenere da parte del proprietario di un altro fondo la costituzione di una servitù, questa, in mancanza di contratto, è costituita con sentenza [2643 n. 14, 2932]. Può anche essere costituita con atto dell'autorità amministrativa nei casi specialmente determinati dalla legge.

[II]. La sentenza stabilisce le modalità della servitù e determina l'indennità dovuta [1038, 1039, 1047, 1049, 1053].

[iii]. Prima del pagamento della indennità il proprietario del fondo servente può opporsi all'esercizio della servitù.

Sezione I – *Dell'acquedotto e dello scarico coattivo*

1033. Obbligo di dare passaggio alle acque. – [i]. Il proprietario è tenuto a dare passaggio per i suoi fondi alle acque di ogni specie che si vogliono condurre da parte di chi ha, anche solo temporaneamente, il diritto di utilizzarle per i bisogni della vita o per usi agrari o industriali [1034 ss.].

[ii]. Sono esenti da questa servitù le case, i cortili, i giardini e le aie ad esse attinenti [1046].

1034. Apertura di nuovo acquedotto. – [i]. Chi ha diritto di condurre acque per il fondo altrui deve costruire il necessario acquedotto, ma non può far defluire le acque negli acquedotti già esistenti e destinati al corso di altre acque [1035].

[ii]. Il proprietario del fondo soggetto alla servitù può tuttavia impedire la costruzione, consentendo il passaggio nei propri acquedotti già esistenti, qualora ciò non rechi notevole pregiudizio alla condotta che si domanda. In tal caso al proprietario dell'acquedotto è dovuta un'indennità da determinarsi avuto riguardo all'acqua che s'introduce, al valore dell'acquedotto, alle opere che si rendono necessarie per il nuovo passaggio e alle maggiori spese di manutenzione.

[iii]. La facoltà indicata dal comma precedente non è consentita al proprietario del fondo servente nei confronti della pubblica amministrazione.

1035. Attraversamento di acquedotti. – [i]. Chi vuol condurre l'acqua per il fondo altrui può attraversare al disopra o al disotto gli acquedotti preesistenti, appartengano essi al proprietario del fondo o ad altri, purché esegua le opere necessarie a impedire ogni danno o alterazione degli acquedotti stessi [1046].

1036. Attraversamento di fiumi o di strade. – [i]. Se per la condotta delle acque occorre attraversare strade pubbliche o corsi di acque pubbliche, si osservano le leggi e i regolamenti sulle strade e sulle acque [1046].

1037. Condizioni per la costituzione della servitù. – [i]. Chi vuol far passare le acque sul fondo altrui deve dimostrare che può disporre dell'acqua durante il tempo per cui chiede il passaggio; che la medesima è sufficiente per l'uso al quale si vuol destinare; che il passaggio richiesto è il più conveniente e il meno pregiudizievole al fondo servente, avuto riguardo alle condizioni dei fondi vicini, al pendio e alle altre condizioni per la condotta, per il corso e lo sbocco delle acque.

1038. Indennità per l'imposizione della servitù. – [I]. Prima di imprendere la costruzione dell'acquedotto, chi vuol condurre acqua per il fondo altrui deve pagare il valore, secondo la stima, dei terreni da occupare, senza detrazione delle imposte e degli altri carichi inerenti al fondo, oltre l'indennità per i danni, ivi compresi quelli derivanti dalla separazione in due o più parti o da altro deterioramento del fondo da intersecare [1032[3], 1039].

[II]. Per i terreni, però, che sono occupati soltanto per il deposito delle materie estratte e per il getto dello spurgo, non si deve pagare che la metà del valore del suolo, e sempre senza detrazione delle imposte e degli altri carichi inerenti; ma nei terreni medesimi il proprietario del fondo servente può fare piantagioni e rimuovere e trasportare le materie ammucchiate, purché tutto segua senza danno dell'acquedotto, del suo spurgo e della sua riparazione.

1039. Indennità per il passaggio temporaneo. – [I]. Qualora il passaggio delle acque sia domandato per un tempo non maggiore di nove anni, il pagamento dei valori e delle indennità indicati dall'articolo precedente è ristretto alla sola metà, ma con l'obbligo, scaduto il termine, di rimettere le cose nel primitivo stato.

[II]. Il passaggio temporaneo può essere reso perpetuo prima della scadenza del termine mediante il pagamento dell'altra metà con gli interessi legali [1284] dal giorno in cui il passaggio è stato praticato; scaduto il termine, non si tiene più conto di ciò che è stato pagato per la concessione temporanea.

1040. Uso dell'acquedotto. – [I]. Chi possiede un acquedotto nel fondo altrui non può immettervi maggiore quantità d'acqua, se l'acquedotto non ne è capace o ne può venir danno al fondo servente.

[II]. Se l'introduzione di una maggior quantità d'acqua esige nuove opere, queste non possono farsi, se prima non se ne determinano la natura e la qualità e non si paga la somma dovuta per il suolo da occupare e per i danni nel modo stabilito dall'articolo 1038.

[III]. La stessa disposizione si applica anche quando per il passaggio attraverso un acquedotto occorre sostituire una tomba a un ponte-canale o viceversa.

1041. Letto dell'acquedotto. – [I]. È sempre in facoltà del proprietario del fondo servente di far determinare stabilmente il letto dell'acquedotto con l'apposizione di capisaldi o soglie da riportarsi a punti fissi. Se però di tale facoltà egli non ha fatto uso al tempo della concessione dell'acquedotto, deve sopportare la metà delle spese occorrenti.

1042. Obblighi inerenti all'uso di corsi contigui a fondi altrui. – [I]. Se un corso d'acqua impedisce ai proprietari dei fondi contigui l'accesso ai medesimi, o la continuazione dell'irrigazione o dello scolo delle acque, coloro che si servono di quel corso sono obbligati, in proporzione del beneficio che ne ritraggono, a costruire e a mantenere i ponti e i loro accessi sufficienti per un comodo e sicuro transito, come pure le botti sotterranee, i ponti-canali o altre opere simili per continuare l'irrigazione o lo scolo, salvi i diritti derivanti dal titolo o dall'usucapione.

1043. Scarico coattivo. – [I]. Le disposizioni contenute negli articoli precedenti [1033 ss.] per il passaggio delle acque si applicano anche se il passaggio è domandato al fine di scaricare acque sovrabbondanti che il vicino non consente di ricevere nel suo fondo.

[II]. Lo scarico può essere anche domandato per acque impure, purché siano adottate le precauzioni atte a evitare qualsiasi pregiudizio o molestia.

1044. Bonifica. – [I]. Ferme le disposizioni delle leggi sulla bonifica e sul vincolo forestale, il proprietario che intende prosciugare o bonificare le sue terre con fognature, con colmate o altri mezzi ha diritto, premesso il pagamento dell'indennità e col minor danno possibile, di condurre per fogne o per fossi le acque di scolo attraverso i fondi che separano le sue terre da un corso d'acqua o da qualunque altro colatoio.

[II]. Se il prosciugamento risulta in contrasto con gli interessi di coloro che utilizzano le acque provenienti dal fondo paludoso, e se gli opposti interessi non si possono conciliare con opportune opere che importino una spesa proporzionata allo scopo, l'autorità giudiziaria dà le disposizioni per assicurare l'interesse prevalente, avuto in ogni caso riguardo alle esigenze generali della produzione. Se si fa luogo al prosciugamento, può essere assegnata una congrua indennità a coloro che al prosciugamento si sono opposti.

1045. Utilizzazione di fogne o di fossi altrui. – [I]. I proprietari dei fondi attraversati da fogne o da fossi altrui, o che altrimenti possono approfittare dei lavori fatti in forza dell'articolo precedente, hanno facoltà di servirsene per risanare i loro fondi, a condizione che non ne venga danno ai fondi già risanati e che essi sopportino le nuove spese occorrenti per modificare le opere già eseguite, affinché queste siano in grado di servire anche ai fondi attraversati, e inoltre sopportino una parte proporzionale delle spese già fatte e di quelle richieste per il mantenimento delle opere, le quali divengono comuni.

1046. Norme per l'esecuzione delle opere. – [I]. Nell'esecuzione delle opere indicate dagli articoli precedenti sono applicabili le disposizioni del secondo comma dell'articolo 1033 e degli articoli 1035 e 1036.

SEZIONE II – *Dell'appoggio e dell'infissione di chiusa*

1047. Contenuto della servitù. – [I]. Chi ha diritto di derivare acque da fiumi, torrenti, rivi, canali, laghi o serbatoi può, qualora sia necessario, appoggiare o infiggere una chiusa alle sponde, con l'obbligo però di pagare la indennità e di fare e mantenere le opere atte ad assicurare i fondi da ogni danno.

1048. Obblighi degli utenti. – [I]. Nella derivazione e nell'uso delle acque a norma del precedente articolo, deve evitarsi tra gli utenti superiori e gli inferiori ogni vicendevole pregiudizio che possa provenire dallo stagnamento, dal rigurgito o dalla diversione delle acque medesime.

SEZIONE III – *Della somministrazione coattiva di acqua a un edificio o a un fondo*

1049. Somministrazione di acqua a un edificio. – [I]. Se a una casa o alle sue dipendenze manca l'acqua necessaria per l'alimentazione degli uomini o degli animali e per gli altri usi domestici, e non è possibile procurarla senza eccessivo dispendio, il proprietario del fondo vicino deve consentire che sia dedotta l'acqua di sopravanzo nella misura indispensabile per le necessità anzidette.

[II]. Prima che siano iniziati i lavori, deve pagarsi il valore dell'acqua, che si chiede di dedurre, calcolato per un'annualità. Si devono altresì sostenere tutte le spese per le opere di presa e di derivazione. Si applicano inoltre le disposizioni del primo comma dell'articolo 1038.

[III]. In mancanza di convenzione, la sentenza determina le modalità della derivazione e l'indennità dovuta [1032²].

[IV]. Qualora si verifichi un mutamento nelle condizioni originarie, la derivazione può essere soppressa su istanza dell'una o dell'altra parte.

1050. Somministrazione di acqua a un fondo. – [I]. Le norme stabilite dall'articolo precedente si applicano anche se il proprietario di un fondo non ha acqua per irrigarlo, quando le acque del fondo vicino consentono una parziale somministrazione, dopo soddisfatto ogni bisogno domestico, agricolo o industriale.

[II]. Le disposizioni di questo articolo e del precedente non si applicano nel caso in cui delle acque si dispone in forza di concessione amministrativa.

SEZIONE IV – *Del passaggio coattivo*

1051. Passaggio coattivo. – [I]. Il proprietario, il cui fondo è circondato da fondi altrui, e che non ha uscita sulla via pubblica né può procurarsela senza eccessivo dispendio o disagio, ha diritto di ottenere il passaggio sul fondo vicino per la coltivazione e il conveniente uso del proprio fondo [1053].

[II]. Il passaggio si deve stabilire in quella parte per cui l'accesso alla via pubblica è più breve e riesce di minore danno al fondo sul quale è consentito. Esso può essere stabilito anche mediante sottopassaggio, qualora ciò sia preferibile, avuto riguardo al vantaggio del fondo dominante e al pregiudizio del fondo servente.

[III]. Le stesse disposizioni si applicano nel caso in cui taluno, avendo un passaggio sul fondo altrui, abbia bisogno ai fini suddetti di ampliarlo per il transito dei veicoli anche a trazione meccanica.

[IV]. Sono esenti da questa servitù le case, i cortili, i giardini e le aie ad esse attinenti.

1052. Passaggio coattivo a favore di fondo non intercluso. – [I]. Le disposizioni dell'articolo precedente si possono applicare anche se il proprietario del fondo ha un accesso alla via pubblica, ma questo è inadatto o insufficiente ai bisogni del fondo e non può essere ampliato.

[II]. Il passaggio può essere concesso dall'autorità giudiziaria solo quando questa riconosce che la domanda risponde alle esigenze dell'agricoltura o dell'industria [2908] (1).

(1) ***C. cost.*** *10 maggio 1999, n. 167 ha dichiarato l'*illegittimità costituzionale *di questo comma « nella parte in cui non prevede che il passaggio coattivo di cui al primo comma possa essere concesso dall'autorità giudiziaria quando questa riconosca che la domanda risponde alle esigenze di accessibilità — di cui alla legislazione relativa ai portatori di handicap — degli edifici destinati ad uso abitativo ».*

1053. Indennità. – [I]. Nei casi previsti dai due articoli precedenti è dovuta un'indennità proporzionata al danno cagionato dal passaggio.

[II]. Qualora, per attuare il passaggio, sia necessario occupare con opere stabili o lasciare incolta una zona del fondo servente, il proprietario che lo domanda deve, prima d'imprendere le opere o d'iniziare il passaggio, pagare il valore della zona predetta nella misura stabilita dal primo comma dell'articolo 1038.

1054. Interclusione per effetto di alienazione o di divisione. – [I]. Se il fondo è divenuto da ogni parte chiuso per effetto di alienazione a titolo oneroso, il proprietario ha diritto di ottenere dall'altro contraente il passaggio senza alcuna indennità [154 trans.].

[II]. La stessa norma si applica in caso di divisione.

1055. Cessazione dell'interclusione. – [I]. Se il passaggio cessa di essere necessario, può essere soppresso in qualunque tempo a istanza del proprietario del fondo dominante o del fondo servente. Quest'ultimo deve restituire il compenso ricevuto; ma l'autorità giudiziaria può disporre una riduzione della somma, avuto riguardo alla durata della servitù e al danno sofferto. Se l'indennità fu convenuta in annualità, la prestazione cessa dall'anno successivo.

SEZIONE V – *Dell'elettrodotto coattivo e del passaggio coattivo di linee teleferiche*

1056. Passaggio di condutture elettriche. – [I]. Ogni proprietario è tenuto a dare passaggio per i suoi fondi alle condutture elettriche, in conformità delle leggi in materia (1).

(1) *V. artt. 119 ss. r.d. 11 dicembre 1933, n. 1775; l. 13 dicembre 1964, n. 1341 e l. 28 giugno 1986, n. 339.*

1057. Passaggio di vie funicolari. – [I]. Ogni proprietario è parimenti tenuto a lasciar passare sopra il suo fondo le gomene di vie funicolari aeree a uso agrario o industriale e a tollerare sul fondo le opere, i meccanismi e le occupazioni necessarie a tale scopo, in conformità delle leggi in materia.

CAPO III – *Delle servitù volontarie*

1058. Modi di costituzione. – [I]. Le servitù prediali possono essere costituite per contratto [1350$^{n.\ 4}$, 2643$^{n.\ 4}$] o per testamento [649 ss., 2648].

1059. Servitù concessa da uno dei comproprietari. – [I]. La servitù concessa da uno dei comproprietari di un fondo indiviso non è costituita se non quando gli altri l'hanno anch'essi concessa unitamente o separatamente [1108[3]].

[II]. La concessione, però, fatta da uno dei comproprietari, indipendentemente dagli altri, obbliga il concedente e i suoi eredi o aventi causa a non porre impedimento all'esercizio del diritto concesso.

1060. Servitù costituite dal nudo proprietario. – [I]. Il proprietario può, senza il consenso dell'usufruttuario, imporre sul fondo le servitù che non pregiudicano il diritto di usufrutto [1078].

CAPO IV – *Delle servitù acquistate per usucapione e per destinazione del padre di famiglia*

1061. Servitù non apparenti. – [I]. Le servitù non apparenti non possono acquistarsi per usucapione [158 trans.] o per destinazione del padre di famiglia [1062].

[II]. Non apparenti sono le servitù quando non si hanno opere visibili e permanenti destinate al loro esercizio.

1062. Destinazione del padre di famiglia. – [I]. La destinazione del padre di famiglia ha luogo quando consta, mediante qualunque genere di prova, che due fondi, attualmente divisi, sono stati posseduti dallo stesso proprietario, e che questi ha posto o lasciato le cose nello stato dal quale risulta la servitù.

[II]. Se i due fondi cessarono di appartenere allo stesso proprietario, senza alcuna disposizione relativa alla servitù, questa s'intende stabilita attivamente e passivamente a favore e sopra ciascuno dei fondi separati.

CAPO V – *Dell'esercizio delle servitù*

1063. Norme regolatrici. – [I]. La estensione e l'esercizio delle servitù sono regolati dal titolo e, in mancanza, dalle disposizioni seguenti.

1064. Estensione del diritto di servitù. – [I]. Il diritto di servitù comprende tutto ciò che è necessario per usarne.

[II]. Se il fondo viene chiuso, il proprietario deve lasciarne libero e comodo l'ingresso a chi ha un diritto di servitù che renda necessario il passaggio per il fondo stesso.

1065. **Esercizio conforme al titolo o al possesso.** – [I]. Colui che ha un diritto di servitù non può usarne se non a norma del suo titolo o del suo possesso [1066]. Nel dubbio circa la estensione e le modalità di esercizio, la servitù deve ritenersi costituita in guisa da soddisfare il bisogno del fondo dominante col minor aggravio del fondo servente [1067].

1066. **Possesso delle servitù.** – [I]. Nelle questioni di possesso delle servitù si ha riguardo alla pratica dell'anno antecedente e, se si tratta di servitù esercitate a intervalli maggiori di un anno, si ha riguardo alla pratica dell'ultimo godimento.

1067. **Divieto di aggravare o di diminuire l'esercizio della servitù.** – [I]. Il proprietario del fondo dominante non può fare innovazioni che rendano più gravosa la condizione del fondo servente [1069].

[II]. Il proprietario del fondo servente non può compiere alcuna cosa che tenda a diminuire l'esercizio della servitù o a renderlo più incomodo.

1068. **Trasferimento della servitù in luogo diverso.** – [I]. Il proprietario del fondo servente non può trasferire l'esercizio della servitù in luogo diverso da quello nel quale è stata stabilita originariamente.

[II]. Tuttavia, se l'originario esercizio è divenuto più gravoso per il fondo servente o se impedisce di fare lavori, riparazioni o miglioramenti, il proprietario del fondo servente può offrire al proprietario dell'altro fondo un luogo egualmente comodo per l'esercizio dei suoi diritti, e questi non può ricusarlo.

[III]. Il cambiamento di luogo per l'esercizio della servitù si può del pari concedere su istanza del proprietario del fondo dominante, se questi prova che il cambiamento riesce per lui di notevole vantaggio e non reca danno al fondo servente.

[IV]. L'autorità giudiziaria può anche disporre che la servitù sia trasferita su altro fondo del proprietario del fondo servente o di un terzo che vi acconsenta, purché l'esercizio di essa riesca egualmente agevole al proprietario del fondo dominante.

1069. **Opere sul fondo servente.** – [I]. Il proprietario del fondo dominante, nel fare le opere necessarie per conservare la servitù, deve scegliere il tempo e il modo che siano per recare minore incomodo al proprietario del fondo servente.

[II]. Egli deve fare le opere a sue spese, salvo che sia diversamente stabilito dal titolo o dalla legge [1030].

[III]. Se però le opere giovano anche al fondo servente, le spese sono sostenute in proporzione dei rispettivi vantaggi.

1070. Abbandono del fondo servente. – [I]. Il proprietario del fondo servente, quando è tenuto in forza del titolo o della legge alle spese necessarie per l'uso o per la conservazione della servitù [1030], può sempre liberarsene, rinunziando alla proprietà del fondo servente a favore del proprietario del fondo dominante [1350^5, 2643^5].

[II]. Nel caso in cui l'esercizio della servitù sia limitato a una parte del fondo, la rinunzia può limitarsi alla parte stessa.

1071. Divisione del fondo dominante o del fondo servente. – [I]. Se il fondo dominante viene diviso, la servitù è dovuta a ciascuna porzione, senza che però si renda più gravosa la condizione del fondo servente [1067].

[II]. Se il fondo servente viene diviso e la servitù ricade su una parte determinata del fondo stesso, le altre parti sono liberate.

CAPO VI – *Dell'estinzione delle servitù*

1072. Estinzione per confusione. – [I]. La servitù si estingue quando in una sola persona si riunisce la proprietà del fondo dominante con quella del fondo servente.

1073. Estinzione per prescrizione. – [I]. La servitù si estingue per prescrizione quando non se ne usa per venti anni [2934 ss.].

[II]. Il termine decorre dal giorno in cui si è cessato di esercitarla; ma, se si tratta di servitù negativa o di servitù per il cui esercizio non è necessario il fatto dell'uomo, il termine decorre dal giorno in cui si è verificato un fatto che ne ha impedito l'esercizio.

[III]. Nelle servitù che si esercitano a intervalli, il termine decorre dal giorno in cui la servitù si sarebbe potuta esercitare e non ne fu ripreso l'esercizio.

[IV]. Agli effetti dell'estinzione si computa anche il tempo per il quale la servitù non fu esercitata dai precedenti titolari.

[V]. Se il fondo dominante appartiene a più persone in comune, l'uso della servitù fatto da una di esse impedisce l'estinzione riguardo a tutte.

[VI]. La sospensione o l'interruzione della prescrizione [2941 ss.] a vantaggio di uno dei comproprietari giova anche agli altri.

1074. Impossibilità di uso e mancanza di utilità. – [I]. L'impossibilità di fatto di usare della servitù e il venir meno dell'utilità della medesima non fanno estinguere la servitù, se non è decorso il termine indicato dall'articolo precedente.

1075. Esercizio limitato della servitù. – [I]. La servitù esercitata in modo da trarne un'utilità minore di quella indicata dal titolo si conserva per intero [158 trans.].

1076. Esercizio della servitù non conforme al titolo o al possesso. – [I]. L'esercizio di una servitù in tempo diverso da quello determinato dal titolo o dal possesso [1065] non ne impedisce l'estinzione per prescrizione [1073].

1077. Servitù costituite sul fondo enfiteutico. – [I]. Le servitù costituite dall'enfiteuta sul fondo enfiteutico cessano quando l'enfiteusi si estingue per decorso del termine [958], per prescrizione [970] o per devoluzione [972].

1078. Servitù costituite a favore del fondo enfiteutico, [dotale] (1) **o in usufrutto.** – [I]. Le servitù costituite dall'enfiteuta a favore del fondo enfiteutico non cessano con l'estinguersi dell'enfiteusi. Lo stesso vale per le servitù costituite dall'usufruttuario a favore del fondo di cui ha l'usufrutto [1026] [o dal marito a favore del fondo dotale] (1).

(1) *V. art. 166-*bis *che vieta la costituzione di dote.*

CAPO VII – *Delle azioni a difesa delle servitù*

1079. Accertamento della servitù e altri provvedimenti di tutela. – [I]. Il titolare della servitù può farne riconoscere in giudizio la esistenza contro chi ne contesta l'esercizio e può far cessare gli eventuali impedimenti e turbative [949]. Può anche chiedere la rimessione delle cose in pristino [2933], oltre il risarcimento dei danni [2043].

CAPO VIII – *Di alcune servitù in materia di acque*

SEZIONE I – *Della servitù di presa o di derivazione di acqua*

1080. Presa d'acqua continua. – [I]. Il diritto alla presa d'acqua continua si può esercitare in ogni istante [1084 ss.].

1081. Modulo d'acqua. – [I]. Nelle servitù in cui è convenuta ed espressa una costante quantità di acqua, la quantità deve esprimersi in relazione al modulo.

[II]. Il modulo è l'unità di misura dell'acqua corrente.

[III]. Esso è un corpo d'acqua che scorre nella costante quantità di cento litri al minuto secondo e si divide in decimi, centesimi e millesimi.

1082. Forma della bocca e dell'edificio derivatore. – [I]. Quando, per la derivazione di una data e costante quantità di acqua corrente, è stata determinata la forma della bocca e dell'edificio derivatore, le parti non possono chiederne la modificazione per eccedenza o deficienza d'acqua, salvo che l'eccedenza o la deficienza provenga da variazioni seguite nel canale dispensatore o nel corso delle acque in esso correnti.

[II]. Se la forma non è stata determinata, ma la bocca e l'edificio derivatore sono stati costruiti e posseduti per cinque anni, non è neppure ammesso dopo tale tempo alcun reclamo delle parti per eccedenza o deficienza d'acqua, salvo nel caso di variazione seguita nel canale o nel corso delle acque.

[III]. In mancanza di titolo o di possesso, la forma è determinata dall'autorità giudiziaria.

1083. Determinazione della quantità d'acqua. – [I]. Quando la quantità di acqua non è stata determinata, ma la derivazione è stata fatta per un dato scopo, s'intende concessa la quantità necessaria per lo scopo medesimo, e chi vi ha interesse può in ogni tempo fare stabilire la forma della derivazione in modo che ne venga assicurato l'uso necessario e impedito l'eccesso.

[II]. Se però è stata determinata la forma della bocca e dell'edificio derivatore, o se, in mancanza di titolo, si è posseduta per cinque anni la derivazione in una data forma, non è ammesso reclamo delle parti, se non nel caso indicato dall'articolo precedente.

1084. Norme regolatrici della servitù. – [I]. Per l'esercizio della servitù di presa d'acqua, quando non dispone il titolo o non è possibile riferirsi al possesso, si osservano gli usi locali.

[II]. In mancanza di tali usi si osservano le disposizioni dei tre articoli seguenti.

1085. Tempo d'esercizio della servitù. – [I]. Il diritto alla presa d'acqua si esercita, per l'acqua estiva, dall'equinozio di primavera a quello d'autunno; per l'acqua iemale, dall'equinozio d'autunno a quello di primavera.

[II]. La distribuzione d'acqua per giorni e per notti si riferisce al giorno e alla notte naturali.

[III]. L'uso delle acque nei giorni festivi è regolato dalle feste di precetto vigenti al tempo in cui l'uso fu convenuto o in cui si è incominciato a possedere.

1086. Distribuzione per ruota. – [I]. Nelle distribuzioni per ruota il tempo che impiega l'acqua per giungere alla bocca di derivazione dell'utente si consuma a suo carico, e la coda dell'acqua appartiene a quello di cui cessa il turno.

1087. Acque sorgenti o sfuggite. – [I]. Nei canali soggetti a distribuzioni per ruota le acque sorgenti o sfuggite, ma contenute nell'alveo del canale, non possono trattenersi o derivarsi da un utente che al tempo del suo turno.

1088. Variazione del turno tra gli utenti. – [I]. Gli utenti dei medesimi canali possono variare o permutare tra loro il turno, purché tale cambiamento non rechi danno agli altri.

1089. Acqua impiegata come forza motrice. – [I]. Chi ha diritto di servirsi dell'acqua come forza motrice non può, senza espressa disposizione del titolo, impedirne o rallentarne il corso, procurandone il ribocco o ristagno.

1090. Manutenzione del canale. – [I]. Nella servitù di presa o di condotta d'acqua, quando il titolo non dispone altrimenti, il proprietario del fondo servente può domandare che il canale sia mantenuto convenientemente spurgato e le sue sponde siano tenute in stato di buona manutenzione a spese del proprietario del fondo dominante [1069].

1091. Obblighi del concedente fino al luogo di consegna dell'acqua. – [I]. Se il titolo non dispone diversamente, il concedente dell'acqua di una fonte o di un canale è tenuto verso gli utenti a eseguire le opere ordinarie e straordinarie per la derivazione e condotta dell'acqua fino al punto in cui ne fa la consegna, a mantenere in buono stato gli edifici, a conservare l'alveo e le sponde della fonte o del canale, a praticare i consueti spurghi e a usare la dovuta diligenza, affinché la derivazione e la regolare condotta dell'acqua siano in tempi debiti effettuate.

1092. Deficienza dell'acqua. – [I]. La deficienza dell'acqua deve essere sopportata da chi ha diritto di prenderla e di usarla nel tempo in cui la deficienza si verifica.

[II]. Tra diversi utenti la deficienza dell'acqua deve essere sopportata prima da quelli che hanno titolo o possesso più recente, e tra utenti in parità di condizione dall'ultimo utente.

[iii]. Tuttavia l'autorità giudiziaria, con provvedimento in camera di consiglio, sentiti gli uffici tecnici competenti [60 att.], può modificare o limitare i turni di utilizzazione e dare le altre disposizioni necessarie in relazione alla quantità di acqua disponibile, agli usi e alle colture a cui l'acqua è destinata.

[iv]. Il concedente dell'acqua è tenuto a una proporzionale diminuzione del corrispettivo per la deficienza dell'acqua verificatasi per causa naturale o per fatto altrui. Parimenti si fa luogo alle dovute indennità in conseguenza delle modificazioni o limitazioni di turni, che siano state disposte dall'autorità giudiziaria.

1093. Riduzione della servitù. – [i]. Se la servitù dà diritto di derivare acqua da un fondo e per fatti indipendenti dalla volontà del proprietario si verifica una diminuzione dell'acqua tale che essa non possa bastare alle esigenze del fondo servente, il proprietario di questo può chiedere una riduzione della servitù, avuto riguardo ai bisogni di ciascun fondo. In questo caso è dovuta una congrua indennità al proprietario del fondo dominante.

Sezione II – *Della servitù degli scoli e degli avanzi di acqua*

1094. Servitù attiva degli scoli. – [i]. Gli scoli o acque colaticce derivanti dall'altrui fondo possono costituire oggetto di servitù a favore del fondo che li riceve, all'effetto di impedire la loro diversione.

1095. Usucapione della servitù attiva degli scoli. – [i]. Nella servitù attiva degli scoli il termine per l'usucapione comincia a decorrere dal giorno in cui il proprietario del fondo dominante ha fatto sul fondo servente opere visibili e permanenti [1061] destinate a raccogliere e condurre i detti scoli a vantaggio del proprio fondo.

[ii]. Quando sul fondo servente è aperto un cavo destinato a raccogliere e condurre gli scoli, il regolare spurgo e la manutenzione delle sponde fanno presumere che il cavo sia opera del proprietario del fondo dominante, purché non vi sia titolo, segno o prova in contrario.

[iii]. Si reputa segno contrario l'esistenza sul cavo di opere costruite o mantenute dal proprietario del fondo in cui il cavo è aperto.

1096. Diritti del proprietario del fondo servente. – [i]. La servitù degli scoli non toglie al proprietario del fondo servente il diritto di usare liberamente dell'acqua a vantaggio del suo fondo, di cambiare la coltivazione di questo e di abbandonarne in tutto o in parte l'irrigazione.

1097. Diritto agli avanzi d'acqua. – [I]. Quando l'acqua è concessa, riservata o posseduta per un determinato uso, con restituzione al concedente o ad altri di ciò che ne sopravanza, tale uso non può variarsi a danno del fondo a cui la restituzione è dovuta.

1098. Divieto di deviare acque di scolo o avanzi d'acqua. – [I]. Il proprietario del fondo vincolato alla restituzione degli scoli o degli avanzi di acqua non può deviarne una parte qualunque adducendo di avervi introdotto una maggiore quantità di acqua viva o un diverso corpo, ma deve lasciarli discendere nella totalità a favore del fondo dominante [1069].

1099. Sostituzione di acqua viva. – [I]. Il proprietario del fondo soggetto alla servitù degli scoli o degli avanzi d'acqua può sempre liberarsi da tale servitù mediante la concessione e l'assicurazione al fondo dominante di un corpo d'acqua viva, la cui quantità è determinata dall'autorità giudiziaria, tenuto conto di tutte le circostanze.

TITOLO VII
Della comunione

CAPO I – *Della comunione in generale*

1100. Norme regolatrici. – [I]. Quando la proprietà o altro diritto reale spetta in comune a più persone, se il titolo o la legge [258 ss., 832 ss. c. nav.] non dispone diversamente, si applicano le norme seguenti.

1101. Quote dei partecipanti. – [I]. Le quote dei partecipanti alla comunione si presumono eguali [1118].

[II]. Il concorso dei partecipanti, tanto nei vantaggi [1103, 1105] quanto nei pesi [1104] della comunione, è in proporzione delle rispettive quote.

1102. Uso della cosa comune. – [I]. Ciascun partecipante può servirsi della cosa comune, purché non ne alteri la destinazione e non impedisca agli altri partecipanti di farne parimenti uso secondo il loro diritto [1108; 627 c.p.]. A tal fine può apportare a proprie spese le modificazioni necessarie per il migliore godimento della cosa.

[II]. Il partecipante non può estendere il suo diritto sulla cosa comune in danno degli altri partecipanti, se non compie atti idonei a mutare il titolo del suo possesso [1164].

1103. Disposizione della quota. – [i]. Ciascun partecipante può disporre del suo diritto e cedere ad altri il godimento della cosa nei limiti della sua quota [1101, 1113, 2825; 873 c. nav.].

[ii]. Per le ipoteche costituite da uno dei partecipanti si osservano le disposizioni contenute nel capo IV del titolo III del libro VI [2825; 263, 872 c. nav.].

1104. Obblighi dei partecipanti. – [i]. Ciascun partecipante deve contribuire nelle spese necessarie per la conservazione e per il godimento della cosa comune e nelle spese deliberate dalla maggioranza a norma delle disposizioni seguenti [1105-1108], salva la facoltà di liberarsene con la rinunzia al suo diritto [882].

[ii]. La rinunzia non giova al partecipante che abbia anche tacitamente approvato la spesa.

[iii]. Il cessionario del partecipante è tenuto in solido [1292 ss.] con il cedente a pagare i contributi da questo dovuti e non versati.

1105. Amministrazione. – [i]. Tutti i partecipanti hanno diritto di concorrere nell'amministrazione della cosa comune [1106].

[ii]. Per gli atti di ordinaria amministrazione le deliberazioni della maggioranza dei partecipanti, calcolata secondo il valore delle loro quote, sono obbligatorie per la minoranza dissenziente [1137; 259, 872 c. nav.].

[iii]. Per la validità delle deliberazioni della maggioranza si richiede che tutti i partecipanti siano stati preventivamente informati dell'oggetto della deliberazione.

[iv]. Se non si prendono i provvedimenti necessari per l'amministrazione della cosa comune o non si forma una maggioranza, ovvero se la deliberazione adottata non viene eseguita, ciascun partecipante può ricorrere alla autorità giudiziaria. Questa provvede in camera di consiglio e può anche nominare un amministratore [261, 872 c. nav.].

1106. Regolamento della comunione e nomina di amministratore. – [i]. Con la maggioranza calcolata nel modo indicato dall'articolo precedente, può essere formato un regolamento [1107] per l'ordinaria amministrazione e per il miglior godimento della cosa comune [1138].

[ii]. Nello stesso modo l'amministrazione può essere delegata ad uno o più partecipanti, o anche a un estraneo, determinandosi i poteri e gli obblighi dell'amministratore [1129].

1107. Impugnazione del regolamento. – [I]. Ciascuno dei partecipanti dissenzienti può impugnare davanti all'autorità giudiziaria il regolamento della comunione entro trenta giorni dalla deliberazione che lo ha approvato. Per gli assenti il termine decorre dal giorno in cui è stata loro comunicata la deliberazione. L'autorità giudiziaria decide con unica sentenza sulle opposizioni proposte [1109].

[II]. Decorso il termine indicato dal comma precedente senza che il regolamento sia stato impugnato, questo ha effetto anche per gli eredi e gli aventi causa dai singoli partecipanti.

1108. Innovazioni e altri atti eccedenti l'ordinaria amministrazione. – [I]. Con deliberazione della maggioranza dei partecipanti che rappresenti almeno due terzi del valore complessivo della cosa comune [1109], si possono disporre tutte le innovazioni dirette al miglioramento della cosa o a renderne più comodo o redditizio il godimento, purché esse non pregiudichino il godimento di alcuno dei partecipanti e non importino una spesa eccessivamente gravosa [1120; 260^{1}, 872 c. nav.].

[II]. Nello stesso modo si possono compiere gli altri atti eccedenti l'ordinaria amministrazione, sempre che non risultino pregiudizievoli all'interesse di alcuno dei partecipanti.

[III]. È necessario il consenso di tutti i partecipanti per gli atti di alienazione o di costituzione di diritti reali sul fondo comune e per le locazioni di durata superiore a nove anni.

[IV]. L'ipoteca può essere tuttavia consentita dalla maggioranza indicata dal primo comma, qualora abbia lo scopo di garantire la restituzione delle somme mutuate per la ricostruzione o per il miglioramento della cosa comune [262, 872 c. nav.].

1109. Impugnazione delle deliberazioni. – [I]. Ciascuno dei componenti la minoranza dissenziente può impugnare davanti all'autorità giudiziaria [1107] le deliberazioni della maggioranza:

1) nel caso previsto dal secondo comma dell'articolo 1105, se la deliberazione è gravemente pregiudizievole alla cosa comune;

2) se non è stata osservata la disposizione del terzo comma dell'articolo 1105;

3) se la deliberazione relativa a innovazioni o ad altri atti eccedenti l'ordinaria amministrazione è in contrasto con le norme del primo e del secondo comma dell'articolo 1108 [1137^{2}].

[II]. L'impugnazione deve essere proposta, sotto pena di decadenza [2964 ss.], entro trenta giorni dalla deliberazione. Per gli assenti il termine decorre dal giorno in cui è stata loro comunicata la deliberazione. In pendenza del giudizio, l'autorità giudiziaria può ordinare la sospensione del provvedimento deliberato [1137³].

1110. Rimborso di spese. – [I]. Il partecipante che, in caso di trascuranza degli altri partecipanti o dell'amministratore, ha sostenuto spese necessarie per la conservazione della cosa comune, ha diritto al rimborso [1104, 1134].

1111. Scioglimento della comunione. – [I]. Ciascuno dei partecipanti può sempre domandare lo scioglimento della comunione [784-791 c.p.c.]; l'autorità giudiziaria può stabilire una congrua dilazione, in ogni caso non superiore a cinque anni, se l'immediato scioglimento può pregiudicare gli interessi degli altri [717].

[II]. Il patto di rimanere in comunione per un tempo non maggiore di dieci anni è valido e ha effetto anche per gli aventi causa dai partecipanti. Se è stato stipulato per un termine maggiore, questo si riduce a dieci anni.

[III]. Se gravi circostanze lo richiedono, l'autorità giudiziaria può ordinare lo scioglimento della comunione prima del tempo convenuto [713³; 260², 872 c. nav.].

1112. Cose non soggette a divisione. – [I]. Lo scioglimento della comunione non può essere chiesto quando si tratta di cose che, se divise, cesserebbero di servire all'uso a cui sono destinate [1119].

1113. Intervento nella divisione e opposizione. – [I]. I creditori e gli aventi causa da un partecipante possono intervenire nella divisione a proprie spese, ma non possono impugnare la divisione già eseguita, a meno che abbiano notificato un'opposizione anteriormente alla divisione stessa e salvo sempre ad essi l'esperimento dell'azione revocatoria [2901 ss.] o dell'azione surrogatoria [2900].

[II]. Nella divisione che ha per oggetto beni immobili, l'opposizione, per l'effetto indicato dal comma precedente, deve essere trascritta prima della trascrizione dell'atto di divisione e, se si tratta di divisione giudiziale, prima della trascrizione della relativa domanda [2646, 2685].

[III]. Devono essere chiamati a intervenire, perché la divisione abbia effetto nei loro confronti, i creditori iscritti e coloro che hanno acquistato diritti sull'immobile in virtù di atti soggetti a trascrizione e trascritti prima della trascrizione dell'atto di divisione o della trascrizione della domanda di divisione giudiziale [2646, 2685, 2825].

[IV]. Nessuna ragione di prelevamento in natura per crediti nascenti dalla comunione [724, 725] può opporsi contro le persone indicate dal comma precedente, eccetto le ragioni di prelevamento nascenti da titolo anteriore alla comunione medesima, ovvero da collazione [737 ss.].

1114. Divisione in natura. – [I]. La divisione ha luogo in natura, se la cosa può essere comodamente divisa in parti corrispondenti alle quote dei partecipanti [718 ss.].

1115. Obbligazioni solidali dei partecipanti. – [I]. Ciascun partecipante può esigere che siano estinte le obbligazioni in solido contratte per la cosa comune, le quali siano scadute o scadano entro l'anno dalla domanda di divisione.

[II]. La somma per estinguere le obbligazioni si preleva dal prezzo di vendita della cosa comune, e, se la divisione ha luogo in natura, si procede alla vendita di una congrua frazione della cosa, salvo diverso accordo tra i condividenti.

[III]. Il partecipante che ha pagato il debito in solido e non ha ottenuto rimborso concorre nella divisione per una maggiore quota corrispondente al suo diritto verso gli altri condividenti.

1116. Applicabilità delle norme sulla divisione ereditaria. – [I]. Alla divisione delle cose comuni si applicano le norme sulla divisione dell'eredità [713 ss.], in quanto non siano in contrasto con quelle sopra stabilite.

CAPO II – *Del condominio negli edifici*

1117. (1) **Parti comuni dell'edificio.** [61-62 att.] – [I]. Sono oggetto di proprietà comune dei proprietari delle singole unità immobiliari dell'edificio, anche se aventi diritto a godimento periodico e se non risulta il contrario dal titolo:

1) tutte le parti dell'edificio necessarie all'uso comune, come il suolo su cui sorge l'edificio, le fondazioni, i muri maestri, i pilastri e le travi portanti, i tetti e i lastrici solari, le scale, i portoni di ingresso, i vestiboli, gli anditi, i portici, i cortili e le facciate;

2) le aree destinate a parcheggio nonché i locali per i servizi in comune, come la portineria, incluso l'alloggio del portiere, la lavanderia, gli stenditoi e i sottotetti destinati, per le caratteristiche strutturali e funzionali, all'uso comune;

3) le opere, le installazioni, i manufatti di qualunque genere destinati all'uso comune, come gli ascensori, i pozzi, le cisterne, gli impianti idrici e fognari, i sistemi centralizzati di distribuzione e di trasmissione per il gas, per l'energia elettrica, per il riscaldamento ed il condizionamento dell'aria, per la ricezione radiotelevisiva e per l'accesso a qualunque altro genere di flusso informativo, anche da

satellite o via cavo, e i relativi collegamenti fino al punto di diramazione ai locali di proprietà individuale dei singoli condomini, ovvero, in caso di impianti unitari, fino al punto di utenza, salvo quanto disposto dalle normative di settore in materia di reti pubbliche.

(1) *Articolo così sostituito dall'art. 1[1] l. 11 dicembre 2012, n. 220. Ai sensi dell'art. 32 l. n. 220, cit., tale disposizione è in vigore dal 18 giugno 2013. Il testo dell'articolo era il seguente:* « Sono oggetto di proprietà comune dei proprietari dei diversi piani o porzioni di piani di un edificio, se il contrario non risulta dal titolo: 1) il suolo su cui sorge l'edificio, le fondazioni, i muri maestri, i tetti e i lastrici solari, le scale, i portoni d'ingresso, i vestiboli, gli anditi, i portici, i cortili e in genere tutte le parti dell'edificio necessarie all'uso comune; 2) i locali per la portineria e l'alloggio del portiere, per la lavanderia, per il riscaldamento centrale, per gli stenditoi e per altri simili servizi in comune; 3) le opere, le installazioni, i manufatti di qualunque genere che servono all'uso e al godimento comune, come gli ascensori, i pozzi, le cisterne, gli acquedotti e inoltre le fognature e i canali di scarico, gli impianti per l'acqua, per il gas, per l'energia elettrica, per il riscaldamento e simili, fino al punto di diramazione degli impianti ai locali di proprietà esclusiva dei singoli condomini ».

1117-*bis*. (1) **Ambito di applicabilità.** – [I]. Le disposizioni del presente capo si applicano, in quanto compatibili, in tutti i casi in cui più unità immobiliari o più edifici ovvero più condominii di unità immobiliari o di edifici abbiano parti comuni ai sensi dell'articolo 1117.

(1) *Articolo inserito dall'art. 2[1] l. 11 dicembre 2012, n. 220. Ai sensi dell'art. 32 l. n. 220, cit., tale disposizione è in vigore dal 18 giugno 2013.*

1117-*ter*. (1) **Modificazioni delle destinazioni d'uso.** – [I]. Per soddisfare esigenze di interesse condominiale, l'assemblea, con un numero di voti che rappresenti i quattro quinti dei partecipanti al condominio e i quattro quinti del valore dell'edificio, può modificare la destinazione d'uso delle parti comuni.

[II]. La convocazione dell'assemblea deve essere affissa per non meno di trenta giorni consecutivi nei locali di maggior uso comune o negli spazi a tal fine destinati e deve effettuarsi mediante lettera raccomandata o equipollenti mezzi telematici, in modo da pervenire almeno venti giorni prima della data di convocazione.

[III]. La convocazione dell'assemblea, a pena di nullità, deve indicare le parti comuni oggetto della modificazione e la nuova destinazione d'uso.

[IV]. La deliberazione deve contenere la dichiarazione espressa che sono stati effettuati gli adempimenti di cui ai precedenti commi.

[V]. Sono vietate le modificazioni delle destinazioni d'uso che possono recare pregiudizio alla stabilità o alla sicurezza del fabbricato o che ne alterano il decoro architettonico.

(1) *Articolo inserito dall'art. 2[1] l. 11 dicembre 2012, n. 220. Ai sensi dell'art. 32 l. n. 220, cit., tale disposizione è in vigore dal 18 giugno 2013.*

1117-*quater*. (1) **Tutela delle destinazioni d'uso.** – [I]. In caso di attività che incidono negativamente e in modo sostanziale sulle destinazioni d'uso delle parti comuni, l'amministratore o i condomini, anche singolarmente, possono diffidare l'esecutore e possono chiedere la convocazione dell'assemblea per far cessare la violazione, anche mediante azioni giudiziarie. L'assemblea delibera in merito alla cessazione di tali attività con la maggioranza prevista dal secondo comma dell'articolo 1136.

(1) *Articolo inserito dall'art. 2[1] l. 11 dicembre 2012, n. 220. Ai sensi dell'art. 32 l. n. 220, cit., tale disposizione è in vigore dal 18 giugno 2013.*

1118. (1) **Diritti dei partecipanti sulle parti comuni.** – [I]. Il diritto di ciascun condomino sulle parti comuni, salvo che il titolo non disponga altrimenti, è proporzionale al valore dell'unità immobiliare che gli appartiene.

[II]. Il condomino non può rinunziare al suo diritto sulle parti comuni.

[III]. Il condomino non può sottrarsi all'obbligo di contribuire alle spese per la conservazione delle parti comuni, neanche modificando la destinazione d'uso della propria unità immobiliare, salvo quanto disposto da leggi speciali.

[IV]. Il condomino può rinunciare all'utilizzo dell'impianto centralizzato di riscaldamento o di condizionamento, se dal suo distacco non derivano notevoli squilibri di funzionamento o aggravi di spesa per gli altri condomini. In tal caso il rinunziante resta tenuto a concorrere al pagamento delle sole spese per la manutenzione straordinaria dell'impianto e per la sua conservazione e messa a norma.

(1) *Articolo così sostituito dall'art. 3[1] l. 11 dicembre 2012, n. 220. Ai sensi dell'art. 32 l. n. 220, cit., tale disposizione è in vigore dal 18 giugno 2013. Il testo dell'articolo era il seguente:* « Art. 1118. (*Diritti dei partecipanti sulle cose comuni*). – Il diritto di ciascun condomino sulle cose indicate dall'articolo precedente è proporzionato al valore del piano o porzione di piano che gli appartiene, se il titolo non dispone altrimenti. – Il condomino non può, rinunziando al diritto sulle cose anzidette, sottrarsi al contributo nelle spese per la loro conservazione ».

1119. **Indivisibilità.** – [I]. Le parti comuni dell'edificio non sono soggette a divisione, a meno che la divisione possa farsi senza rendere più incomodo l'uso della cosa a ciascun condomino [1138[4]] e con il consenso di tutti i partecipanti al condominio (1).

(1) *Le parole* « e con il consenso di tutti i partecipanti al condominio » *sono state aggiunte dall'art. 4[1] l. 11 dicembre 2012, n. 220. Ai sensi dell'art. 32 l. n. 220, cit., tale disposizione è in vigore dal 18 giugno 2013.*

1120. Innovazioni. – [I]. I condomini, con la maggioranza indicata dal quinto comma dell'articolo 1136, possono disporre tutte le innovazioni dirette al miglioramento o all'uso più comodo o al maggior rendimento delle cose comuni [1108[1], 1121, 1123] (1).

[II]. I condomini, con la maggioranza indicata dal secondo comma dell'articolo 1136, possono disporre le innovazioni che, nel rispetto della normativa di settore, hanno ad oggetto:

1) le opere e gli interventi volti a migliorare la sicurezza e la salubrità degli edifici e degli impianti;

2) le opere e gli interventi previsti per eliminare le barriere architettoniche, per il contenimento del consumo energetico degli edifici e per realizzare parcheggi destinati a servizio delle unità immobiliari o dell'edificio, nonché per la produzione di energia mediante l'utilizzo di impianti di cogenerazione, fonti eoliche, solari o comunque rinnovabili da parte del condominio o di terzi che conseguano a titolo oneroso un diritto reale o personale di godimento del lastrico solare o di altra idonea superficie comune;

3) l'installazione di impianti centralizzati per la ricezione radiotelevisiva e per l'accesso a qualunque altro genere di flusso informativo, anche da satellite o via cavo, e i relativi collegamenti fino alla diramazione per le singole utenze, ad esclusione degli impianti che non comportano modifiche in grado di alterare la destinazione della cosa comune e di impedire agli altri condomini di farne uso secondo il loro diritto (2).

[III]. L'amministratore è tenuto a convocare l'assemblea entro trenta giorni dalla richiesta anche di un solo condomino interessato all'adozione delle deliberazioni di cui al precedente comma. La richiesta deve contenere l'indicazione del contenuto specifico e delle modalità di esecuzione degli interventi proposti. In mancanza, l'amministratore deve invitare senza indugio il condomino proponente a fornire le necessarie integrazioni (2).

[IV]. Sono vietate le innovazioni che possano recare pregiudizio alla stabilità o alla sicurezza del fabbricato, che ne alterino il decoro architettonico o che rendano talune parti comuni dell'edificio inservibili all'uso o al godimento anche di un solo condomino [1108[1], 1138[1]].

(1) *V. l'art. 9 l. 24 marzo 1989, n. 122; art. 15 l. 17 febbraio 1992, n. 179 e artt. 78 e 123 d.P.R. 6 giugno 2001, n. 380.*

(2) *Comma inserito dall'art. 5[1] l. 11 dicembre 2012, n. 220. Ai sensi dell'art. 32 l. n. 220, cit., tale disposizione è in vigore dal 18 giugno 2013.*

1121. Innovazioni gravose o voluttuarie. – [I]. Qualora l'innovazione importi una spesa molto gravosa o abbia carattere voluttuario rispetto alle particolari condizioni e all'importanza dell'edificio, e consista in opere, impianti o manufatti suscettibili di utilizzazione separata, i condomini che non intendono trarne vantaggio sono esonerati da qualsiasi contributo nella spesa.

[II]. Se l'utilizzazione separata non è possibile, l'innovazione non è consentita, salvo che la maggioranza dei condomini che l'ha deliberata o accettata intenda sopportarne integralmente la spesa.

[III]. Nel caso previsto dal primo comma i condomini e i loro eredi o aventi causa possono tuttavia, in qualunque tempo, partecipare ai vantaggi dell'innovazione, contribuendo nelle spese di esecuzione e di manutenzione dell'opera [1108[1]].

1122. (1) **Opere su parti di proprietà o uso individuale.** – [I]. Nell'unità immobiliare di sua proprietà ovvero nelle parti normalmente destinate all'uso comune, che siano state attribuite in proprietà esclusiva o destinate all'uso individuale, il condomino non può eseguire opere che rechino danno alle parti comuni ovvero determinino pregiudizio alla stabilità, alla sicurezza o al decoro architettonico dell'edificio.

[II]. In ogni caso è data preventiva notizia all'amministratore che ne riferisce all'assemblea.

(1) *Articolo così sostituito dall'art. 6[1] l. 11 dicembre 2012, n. 220. Ai sensi dell'art. 32 l. n. 220, cit., tale disposizione è in vigore dal 18 giugno 2013. Il testo dell'articolo era il seguente:* « Art. 1122. (*Opere sulle parti dell'edificio di proprietà comune*). – Ciascun condomino, nel piano o porzione di piano di sua proprietà, non può eseguire opere che rechino danno alle parti comuni dell'edificio ».

1122-*bis*. (1) **Impianti non centralizzati di ricezione radiotelevisiva e di produzione di energia da fonti rinnovabili.** – [I]. Le installazioni di impianti non centralizzati per la ricezione radiotelevisiva e per l'accesso a qualunque altro genere di flusso informativo, anche da satellite o via cavo, e i relativi collegamenti fino al punto di diramazione per le singole utenze sono realizzati in modo da recare il minor pregiudizio alle parti comuni e alle unità immobiliari di proprietà individuale, preservando in ogni caso il decoro architettonico dell'edificio, salvo quanto previsto in materia di reti pubbliche.

[II]. È consentita l'installazione di impianti per la produzione di energia da fonti rinnovabili destinati al servizio di singole unità del condominio sul lastrico solare, su ogni altra idonea superficie comune e sulle parti di proprietà individuale dell'interessato.

[III]. Qualora si rendano necessarie modificazioni delle parti comuni, l'interessato ne dà comunicazione all'amministratore indicando il contenuto specifico e le modalità di esecuzione degli interventi. L'assemblea può prescrivere, con la maggioranza di cui al quinto comma dell'articolo 1136, adeguate modalità alternative di esecuzione o imporre cautele a salvaguardia della stabilità, della sicurezza o del decoro architettonico dell'edificio e, ai fini dell'installazione degli impianti di cui al secondo comma, provvede, a richiesta degli interessati, a ripartire l'uso del lastrico solare e delle altre superfici comuni, salvaguardando le diverse forme di utilizzo previste dal regolamento di condominio o comunque in atto. L'assemblea, con la medesima maggioranza, può altresì subordinare l'esecuzione alla prestazione, da parte dell'interessato, di idonea garanzia per i danni eventuali.

[IV]. L'accesso alle unità immobiliari di proprietà individuale deve essere consentito ove necessario per la progettazione e per l'esecuzione delle opere. Non sono soggetti ad autorizzazione gli impianti destinati alle singole unità abitative.

(1) *Articolo inserito dall'art. 7[1] l. 11 dicembre 2012, n. 220. Ai sensi dell'art. 32 l. n. 220, cit., tale disposizione è in vigore dal 18 giugno 2013.*

1122-*ter*. (1) **Impianti di videosorveglianza sulle parti comuni.** [I]. Le deliberazioni concernenti l'installazione sulle parti comuni dell'edificio di impianti volti a consentire la videosorveglianza su di esse sono approvate dall'assemblea con la maggioranza di cui al secondo comma dell'articolo 1136.

(1) *Articolo inserito dall'art. 7[1] l. 11 dicembre 2012, n. 220. Ai sensi dell'art. 32 l. n. 220, cit., tale disposizione è in vigore dal 18 giugno 2013.*

1123. Ripartizione delle spese. – [I]. Le spese necessarie per la conservazione e per il godimento delle parti comuni dell'edificio, per la prestazione dei servizi nell'interesse comune e per le innovazioni deliberate dalla maggioranza sono sostenute dai condomini in misura proporzionale al valore della proprietà di ciascuno, salvo diversa convenzione [1104, 1118[2]; 68 ss. att.].

[II]. Se si tratta di cose destinate a servire i condomini in misura diversa, le spese sono ripartite in proporzione dell'uso che ciascuno può farne.

[III]. Qualora un edificio abbia più scale, cortili, lastrici solari, opere o impianti destinati a servire una parte dell'intero fabbricato, le spese relative alla loro manutenzione sono a carico del gruppo di condomini che ne trae utilità [1124-1126; 63 att.].

1124. Manutenzione e sostituzione delle scale e degli ascensori (1). – [I]. Le scale e gli ascensori sono mantenuti e sostituiti dai proprietari delle unità immobiliari a cui servono. La spesa relativa è ripartita tra essi, per metà in ragione del valore delle singole unità immobiliari e per l'altra metà esclusivamente in misura proporzionale all'altezza di ciascun piano dal suolo [68 ss. att.] (2).

[II]. Al fine del concorso nella metà della spesa, che è ripartita in ragione del valore, si considerano come piani le cantine, i palchi morti, le soffitte o camere a tetto e i lastrici solari, qualora non siano di proprietà comune.

(1) *Rubrica così sostituita dall'art. 8[1 lett. b)] l. 11 dicembre 2012, n. 220. Ai sensi dell'art. 32 l. n. 220, cit., tale disposizione è in vigore dal 18 giugno 2013. Il testo della rubrica era il seguente:* « Manutenzione e ricostruzione delle scale ».

(2) *Comma così sostituito dall'art. 8[1 lett. a)] l. n. 220, cit. Ai sensi dell'art. 32 l. n. 220, cit., tale disposizione è in vigore dal 18 giugno 2013. Il testo del comma era il seguente:* « Le scale sono mantenute e ricostruite dai proprietari dei diversi piani a cui servono. La spesa relativa è ripartita tra essi, per metà in ragione del valore dei singoli piani o porzioni di piano, e per l'altra metà in misura proporzionale all'altezza di ciascun piano dal suolo ».

1125. Manutenzione e ricostruzione dei soffitti, delle volte e dei solai. – [I]. Le spese per la manutenzione e ricostruzione dei soffitti, delle volte e dei solai sono sostenute in parti eguali dai proprietari dei due piani l'uno all'altro sovrastanti, restando a carico del proprietario del piano superiore la copertura del pavimento e a carico del proprietario del piano inferiore l'intonaco, la tinta e la decorazione del soffitto.

1126. Lastrici solari di uso esclusivo. – [I]. Quando l'uso dei lastrici solari o di una parte di essi non è comune a tutti i condomini, quelli che ne hanno l'uso esclusivo sono tenuti a contribuire per un terzo nella spesa delle riparazioni o ricostruzioni del lastrico: gli altri due terzi sono a carico di tutti i condomini dell'edificio o della parte di questo a cui il lastrico solare serve, in proporzione del valore del piano o della porzione di piano di ciascuno [68 ss. att.].

1127. Costruzione sopra l'ultimo piano dell'edificio. – [I]. Il proprietario dell'ultimo piano dell'edificio può elevare nuovi piani o nuove fabbriche, salvo che risulti altrimenti dal titolo. La stessa facoltà spetta a chi è proprietario esclusivo del lastrico solare.

[II]. La sopraelevazione non è ammessa se le condizioni statiche dell'edificio non la consentono.

[III]. I condomini possono altresì opporsi alla sopraelevazione, se questa pregiudica l'aspetto architettonico dell'edificio ovvero diminuisce notevolmente l'aria o la luce dei piani sottostanti.

[IV]. Chi fa la sopraelevazione deve corrispondere agli altri condomini un'indennità pari al valore attuale dell'area da occuparsi con la nuova fabbrica, diviso per il numero dei piani, ivi compreso quello da edificare, e detratto l'importo della quota a lui spettante. Egli è inoltre tenuto a ricostruire il lastrico solare di cui tutti o parte dei condomini avevano il diritto di usare [1126].

1128. Perimento totale o parziale dell'edificio. – [I]. Se l'edificio perisce interamente o per una parte che rappresenti i tre quarti del suo valore, ciascuno dei condomini può richiedere la vendita all'asta del suolo e dei materiali, salvo che sia stato diversamente convenuto.

[II]. Nel caso di perimento di una parte minore, l'assemblea dei condomini delibera circa la ricostruzione delle parti comuni dell'edificio, e ciascuno è tenuto a concorrervi in proporzione dei suoi diritti sulle parti stesse [1123].

[III]. L'indennità corrisposta per l'assicurazione relativa alle parti comuni è destinata alla ricostruzione di queste.

[IV]. Il condomino che non intende partecipare alla ricostruzione dell'edificio è tenuto a cedere [2932] agli altri condomini i suoi diritti, anche sulle parti di sua esclusiva proprietà, secondo la stima che ne sarà fatta, salvo che non preferisca cedere i diritti stessi ad alcuni soltanto dei condomini.

1129. (1) **Nomina, revoca ed obblighi dell'amministratore.** – [I]. Quando i condomini sono più di otto, se l'assemblea non vi provvede, la nomina di un amministratore è fatta dall'autorità giudiziaria su ricorso di uno o più condomini o dell'amministratore dimissionario.

[II]. Contestualmente all'accettazione della nomina e ad ogni rinnovo dell'incarico, l'amministratore comunica i propri dati anagrafici e professionali, il codice fiscale, o, se si tratta di società, anche la sede legale e la denominazione, il locale ove si trovano i registri di cui ai numeri 6) e 7) dell'articolo 1130, nonché i giorni e le ore in cui ogni interessato, previa richiesta all'amministratore, può prenderne gratuitamente visione e ottenere, previo rimborso della spesa, copia da lui firmata.

[III]. L'assemblea può subordinare la nomina dell'amministratore alla presentazione ai condomini di una polizza individuale di assicurazione per la responsabilità civile per gli atti compiuti nell'esercizio del mandato.

[IV]. L'amministratore è tenuto altresì ad adeguare i massimali della polizza se nel periodo del suo incarico l'assemblea deliberi lavori straordinari. Tale adeguamento non deve essere inferiore all'importo di spesa deliberato e deve essere effettuato contestualmente all'inizio dei lavori. Nel caso in cui l'amministratore sia coperto da una polizza di assicurazione per la responsabilità civile professionale generale per l'intera attività da lui svolta, tale polizza deve essere integrata con una dichiarazione dell'impresa di assicurazione che garantisca le condizioni previste dal periodo precedente per lo specifico condominio.

[V]. Sul luogo di accesso al condominio o di maggior uso comune, accessibile anche ai terzi, è affissa l'indicazione delle generalità, del domicilio e dei recapiti, anche telefonici, dell'amministratore.

[VI]. In mancanza dell'amministratore, sul luogo di accesso al condominio o di maggior uso comune, accessibile anche ai terzi, è affissa l'indicazione delle generalità e dei recapiti, anche telefonici, della persona che svolge funzioni analoghe a quelle dell'amministratore.

[VII]. L'amministratore è obbligato a far transitare le somme ricevute a qualunque titolo dai condomini o da terzi, nonché quelle a qualsiasi titolo erogate per conto del condominio, su uno specifico conto corrente, postale o bancario, intestato al condominio; ciascun condomino, per il tramite dell'amministratore, può chiedere di prendere visione ed estrarre copia, a proprie spese, della rendicontazione periodica.

[VIII]. Alla cessazione dell'incarico l'amministratore è tenuto alla consegna di tutta la documentazione in suo possesso afferente al condominio e ai singoli condomini e ad eseguire le attività urgenti al fine di evitare pregiudizi agli interessi comuni senza diritto ad ulteriori compensi.

[IX]. Salvo che sia stato espressamente dispensato dall'assemblea, l'amministratore è tenuto ad agire per la riscossione forzosa delle somme dovute dagli obbligati entro sei mesi dalla chiusura dell'esercizio nel quale il credito esigibile è compreso, anche ai sensi dell'articolo 63, primo comma, delle disposizioni per l'attuazione del presente codice.

[X]. L'incarico di amministratore ha durata di un anno e si intende rinnovato per eguale durata. L'assemblea convocata per la revoca o le dimissioni delibera in ordine alla nomina del nuovo amministratore.

[XI]. La revoca dell'amministratore può essere deliberata in ogni tempo dall'assemblea, con la maggioranza prevista per la sua nomina oppure con le modalità previste dal regolamento di condominio. Può altresì essere disposta dall'autorità giudiziaria, su ricorso di ciascun condomino, nel caso previsto dal quarto comma dell'articolo 1131, se non rende il conto della gestione, ovvero in caso di gravi irregolarità. Nei casi in cui siano emerse gravi irregolarità fiscali o di non ottemperanza a quanto disposto dal numero 3) del dodicesimo comma del presente articolo, i condomini, anche singolarmente, possono chiedere la convocazione dell'assemblea per far cessare la violazione e revocare il mandato all'amministratore. In caso di mancata revoca da parte dell'assemblea, ciascun condomino può rivolgersi all'autorità giudiziaria; in caso di accoglimento della domanda, il ricorrente, per le spese legali, ha titolo alla rivalsa nei confronti del condominio, che a sua volta può rivalersi nei confronti dell'amministratore revocato.

[xii]. Costituiscono, tra le altre, gravi irregolarità:

1) l'omessa convocazione dell'assemblea per l'approvazione del rendiconto condominiale, il ripetuto rifiuto di convocare l'assemblea per la revoca e per la nomina del nuovo amministratore o negli altri casi previsti dalla legge;

2) la mancata esecuzione di provvedimenti giudiziari e amministrativi, nonché di deliberazioni dell'assemblea;

3) la mancata apertura ed utilizzazione del conto di cui al settimo comma;

4) la gestione secondo modalità che possono generare possibilità di confusione tra il patrimonio del condominio e il patrimonio personale dell'amministratore o di altri condomini;

5) l'aver acconsentito, per un credito insoddisfatto, alla cancellazione delle formalità eseguite nei registri immobiliari a tutela dei diritti del condominio;

6) qualora sia stata promossa azione giudiziaria per la riscossione delle somme dovute al condominio, l'aver omesso di curare diligentemente l'azione e la conseguente esecuzione coattiva;

7) l'inottemperanza agli obblighi di cui all'articolo 1130, numeri 6), 7) e 9);

8) l'omessa, incompleta o inesatta comunicazione dei dati di cui al secondo comma del presente articolo.

[xiii]. In caso di revoca da parte dell'autorità giudiziaria, l'assemblea non può nominare nuovamente l'amministratore revocato.

[xiv]. L'amministratore, all'atto dell'accettazione della nomina e del suo rinnovo, deve specificare analiticamente, a pena di nullità della nomina stessa, l'importo dovuto a titolo di compenso per l'attività svolta.

[xv]. Per quanto non disciplinato dal presente articolo si applicano

le disposizioni di cui alla sezione I del capo IX del titolo III del libro IV.

[XVI]. Il presente articolo si applica anche agli edifici di alloggi di edilizia popolare ed economica, realizzati o recuperati da enti pubblici a totale partecipazione pubblica o con il concorso dello Stato, delle regioni, delle province o dei comuni, nonché a quelli realizzati da enti pubblici non economici o società private senza scopo di lucro con finalità sociali proprie dell'edilizia residenziale pubblica.

(1) *Articolo così sostituito dall'art. 9[1] l. 11 dicembre 2012, n. 220. Ai sensi dell'art. 32 l. n. 220, cit., tale disposizione è in vigore dal 18 giugno 2013. Il testo dell'articolo era il seguente:* « Art. 1129. (*Nomina e revoca dell'amministratore*). – Quando i condomini sono più di quattro, l'assemblea nomina un amministratore. Se l'assemblea non provvede, la nomina è fatta dall'autorità giudiziaria, su ricorso di uno o più condomini. – L'amministratore dura in carica un anno e può essere revocato in ogni tempo dall'assemblea. – Può altresì essere revocato dall'autorità giudiziaria, su ricorso di ciascun condomino, oltre che nel caso previsto dall'ultimo comma dell'articolo 1131, se per due anni non ha reso il conto della sua gestione, ovvero se vi sono fondati sospetti di gravi irregolarità. – La nomina e la cessazione per qualunque causa dell'amministratore dall'ufficio sono annotate in apposito registro ».

1130. (1) **Attribuzioni dell'amministratore.** – [I]. L'amministratore, oltre a quanto previsto dall'articolo 1129 e dalle vigenti disposizioni di legge, deve:

1) eseguire le deliberazioni dell'assemblea, convocarla annualmente per l'approvazione del rendiconto condominiale di cui all'articolo 1130-*bis* e curare l'osservanza del regolamento di condominio;

2) disciplinare l'uso delle cose comuni e la fruizione dei servizi nell'interesse comune, in modo che ne sia assicurato il miglior godimento a ciascuno dei condomini;

3) riscuotere i contributi ed erogare le spese occorrenti per la manutenzione ordinaria delle parti comuni dell'edificio e per l'esercizio dei servizi comuni;

4) compiere gli atti conservativi relativi alle parti comuni dell'edificio;

5) eseguire gli adempimenti fiscali;

6) curare la tenuta del registro di anagrafe condominiale contenente le generalità dei singoli proprietari e dei titolari di diritti reali e di diritti personali di godimento, comprensive del codice fiscale e della residenza o domicilio, i dati catastali di ciascuna unità immobiliare, nonché ogni dato relativo alle condizioni di sicurezza delle parti comuni dell'edificio (2). Ogni variazione dei dati deve essere comunicata all'amministratore in forma scritta entro sessanta giorni. L'amministratore, in caso di inerzia, mancanza o incompletezza

delle comunicazioni, richiede con lettera raccomandata le informazioni necessarie alla tenuta del registro di anagrafe. Decorsi trenta giorni, in caso di omessa o incompleta risposta, l'amministratore acquisisce le informazioni necessarie, addebitandone il costo ai responsabili;

7) curare la tenuta del registro dei verbali delle assemblee, del registro di nomina e revoca dell'amministratore e del registro di contabilità. Nel registro dei verbali delle assemblee sono altresì annotate: le eventuali mancate costituzioni dell'assemblea, le deliberazioni nonché le brevi dichiarazioni rese dai condomini che ne hanno fatto richiesta; allo stesso registro è allegato il regolamento di condominio, ove adottato. Nel registro di nomina e revoca dell'amministratore sono annotate, in ordine cronologico, le date della nomina e della revoca di ciascun amministratore del condominio, nonché gli estremi del decreto in caso di provvedimento giudiziale. Nel registro di contabilità sono annotati in ordine cronologico, entro trenta giorni da quello dell'effettuazione, i singoli movimenti in entrata ed in uscita. Tale registro può tenersi anche con modalità informatizzate;

8) conservare tutta la documentazione inerente alla propria gestione riferibile sia al rapporto con i condomini sia allo stato tecnico-amministrativo dell'edificio e del condominio;

9) fornire al condomino che ne faccia richiesta attestazione relativa allo stato dei pagamenti degli oneri condominiali e delle eventuali liti in corso;

10) redigere il rendiconto condominiale annuale della gestione e convocare l'assemblea per la relativa approvazione entro centottanta giorni (3).

(1) *Articolo così sostituito dall'art. 10[1] l. 11 dicembre 2012, n. 220. Ai sensi dell'art. 32 l. n. 220, cit., tale disposizione è in vigore dal 18 giugno 2013. Il testo dell'articolo era il seguente:* « L'amministratore deve: 1) eseguire le deliberazioni dell'assemblea dei condomini e curare l'osservanza del regolamento di condominio; 2) disciplinare l'uso delle cose comuni e la prestazione dei servizi nell'interesse comune, in modo che ne sia assicurato il miglior godimento a tutti i condomini; 3) riscuotere i contributi ed erogare le spese occorrenti per la manutenzione ordinaria delle parti comuni dell'edificio e per l'esercizio dei servizi comuni; 4) compiere gli atti conservativi dei diritti inerenti alle parti comuni dell'edificio. — Egli, alla fine di ciascun anno, deve rendere il conto della sua gestione ».

(2) *Le parole* « delle parti comuni dell'edificio » *sono state inserite dall'art. 1[9 lett. c)] d.l. 23 dicembre 2013, n. 145, conv., con modif., in l. 21 febbraio 2014, n. 9.*

(3) *Ai sensi dell'art. 63-*bis[1] *d.l.14 agosto 2020, n. 104, conv., con modif., in l. 13 ottobre 2020, n. 126, il termine di cui al presente numero è sospeso fino alla cessazione dello stato di emergenza da Covid-19..*

1130-*bis*. (1) **Rendiconto condominiale.** – [I]. Il rendiconto condominiale contiene le voci di entrata e di uscita ed ogni altro dato inerente alla situazione patrimoniale del condominio, ai fondi disponibili ed alle eventuali riserve, che devono essere espressi in modo da consentire l'immediata verifica. Si compone di un registro di contabilità, di un riepilogo finanziario, nonché di una nota sintetica esplicativa della gestione con l'indicazione anche dei rapporti in corso e delle questioni pendenti. L'assemblea condominiale può, in qualsiasi momento o per più annualità specificamente identificate, nominare un revisore che verifichi la contabilità del condominio. La deliberazione è assunta con la maggioranza prevista per la nomina dell'amministratore e la relativa spesa è ripartita fra tutti i condomini sulla base dei millesimi di proprietà. I condomini e i titolari di diritti reali o di godimento sulle unità immobiliari possono prendere visione dei documenti giustificativi di spesa in ogni tempo ed estrarne copia a proprie spese. Le scritture e i documenti giustificativi devono essere conservati per dieci anni dalla data della relativa registrazione.

[II]. L'assemblea può anche nominare, oltre all'amministratore, un consiglio di condominio composto da almeno tre condomini negli edifici di almeno dodici unità immobiliari. Il consiglio ha funzioni consultive e di controllo.

(1) *Articolo inserito dall'art. 11[1] l. 11 dicembre 2012, n. 220. Ai sensi dell'art. 32 l. n. 220, cit., tale disposizione è in vigore dal 18 giugno 2013.*

1131. Rappresentanza. – [I]. Nei limiti delle attribuzioni stabilite dall'articolo 1130 (1) o dei maggiori poteri conferitigli dal regolamento di condominio [1138] o dall'assemblea, l'amministratore ha la rappresentanza dei partecipanti e può agire in giudizio sia contro i condomini sia contro i terzi.

[II]. Può essere convenuto in giudizio per qualunque azione concernente le parti comuni dell'edificio; a lui sono notificati i provvedimenti dell'autorità amministrativa che si riferiscono allo stesso oggetto.

[III]. Qualora la citazione o il provvedimento abbia un contenuto che esorbita dalle attribuzioni dell'amministratore, questi è tenuto a darne senza indugio notizia all'assemblea dei condomini.

[IV]. L'amministratore che non adempie a quest'obbligo può essere revocato [1129; 64 att.] ed è tenuto al risarcimento dei danni [1138[4]].

(1) *Le parole* « dall'articolo 1130 » *sono state sostituite alle parole* « dall'articolo precedente » *dall'art. 12[1] l. 11 dicembre 2012, n. 220. Ai sensi dell'art. 32 l. n. 220, cit., tale disposizione è in vigore dal 18 giugno 2013.*

1132. Dissenso dei condomini rispetto alle liti. – [I]. Qualora l'assemblea dei condomini abbia deliberato di promuovere una lite o di resistere a una domanda, il condomino dissenziente, con atto notificato all'amministratore, può separare la propria responsabilità in ordine alle conseguenze della lite per il caso di soccom benza. L'atto deve essere notificato entro trenta giorni da quello in cui il condomino ha avuto notizia della deliberazione.

[II]. Il condomino dissenziente ha diritto di rivalsa per ciò che abbia dovuto pagare alla parte vittoriosa.

[III]. Se l'esito della lite è stato favorevole al condominio, il condomino dissenziente che ne abbia tratto vantaggio è tenuto a concorrere nelle spese del giudizio che non sia stato possibile ripetere dalla parte soccombente [1138[4]].

1133. **Provvedimenti presi dall'amministratore.** – [I]. I provvedimenti presi dall'amministratore nell'ambito dei suoi poteri [1130-1131] sono obbligatori per i condomini. Contro i provvedimenti dell'amministratore è ammesso ricorso all'assemblea, senza pregiudizio del ricorso all'autorità giudiziaria nei casi e nel termine previsti dall'articolo 1137.

1134. (1) **Gestione di iniziativa individuale.** – [I]. Il condomino che ha assunto la gestione delle parti comuni senza autorizzazione dell'amministratore o dell'assemblea non ha diritto al rimborso, salvo che si tratti di spesa urgente [1110].

(1) *Articolo così sostituito dall'art. 13[1] l. 11 dicembre 2012, n. 220. Ai sensi dell'art. 32 l. n. 220, cit., tale disposizione è in vigore dal 18 giugno 2013. Il testo dell'articolo era il seguente:* « Art. 1134. (*Spese fatte dal condomino*). – Il condomino che ha fatto spese per le cose comuni senza autorizzazione dell'amministratore o dell'assemblea non ha diritto al rimborso, salvo che si tratti di spesa urgente ».

1135. **Attribuzioni dell'assemblea dei condomini.** – [I]. Oltre a quanto è stabilito dagli articoli precedenti, l'assemblea dei condomini provvede [66 att.]:

1) alla conferma dell'amministratore e all'eventuale sua retribuzione;

2) all'approvazione del preventivo delle spese occorrenti durante l'anno e alla relativa ripartizione tra i condomini;

3) all'approvazione del rendiconto annuale dell'amministratore e all'impiego del residuo attivo della gestione;

4) alle opere di manutenzione straordinaria e alle innovazioni, costituendo obbligatoriamente un fondo speciale di importo pari all'ammontare dei lavori; se i lavori devono essere eseguiti in base a un contratto che ne prevede il pagamento graduale in funzione del loro progressivo stato di avanzamento, il fondo può essere costituito in relazione ai singoli pagamenti dovuti (1) (2).

[II]. L'amministratore non può ordinare lavori di manutenzione straordinaria, salvo che rivestano carattere urgente, ma in questo caso deve riferirne nella prima assemblea.

[III]. L'assemblea può autorizzare l'amministratore a partecipare e collaborare a progetti, programmi e iniziative territoriali promossi dalle istituzioni locali o da soggetti privati qualificati, anche mediante opere di risanamento di parti comuni degli immobili nonché di demolizione, ricostruzione e messa in sicurezza statica, al fine di favorire il recupero del patrimonio edilizio esistente, la vivibilità urbana, la sicurezza e la sostenibilità ambientale della zona in cui il condominio è ubicato (3).

(1) *Il periodo da* «; se i lavori » *a* « pagamenti dovuti » *è stato aggiunto dall'art. 1*[9 lett. d)] *d.l. 23 dicembre 2013, n. 145, conv., con modif., in l. 21 febbraio 2014, n. 9.*

(2) *Numero così sostituito dall'art. 13*[2 lett. a)] *l. 11 dicembre 2012, n. 220. Ai sensi dell'art. 32 l. n. 220, cit., tale disposizione è in vigore dal 18 giugno 2013. Il testo del numero era il seguente:* « 4) alle opere di manutenzione straordinaria, costituendo, se occorre, un fondo speciale ».

(3) *Comma aggiunto dall'art. 13*[2 lett. b)] *l. n. 220, cit. Ai sensi dell'art. 32 l. n. 220, cit., tale disposizione è in vigore dal 18 giugno 2013.*

1136. (1) **Costituzione dell'assemblea e validità delle deliberazioni.** – [I]. L'assemblea in prima convocazione è regolarmente costituita con l'intervento di tanti condomini che rappresentino i due terzi del valore dell'intero edificio e la maggioranza dei partecipanti al condominio.

[II]. Sono valide le deliberazioni approvate con un numero di voti che rappresenti la maggioranza degli intervenuti e almeno la metà del valore dell'edificio.

[III]. Se l'assemblea in prima convocazione non può deliberare per mancanza di numero legale, l'assemblea in seconda convocazione delibera in un giorno successivo a quello della prima e, in ogni caso, non oltre dieci giorni dalla medesima. L'assemblea in seconda convocazione è regolarmente costituita con l'intervento di tanti condomini che rappresentino almeno un terzo del valore dell'intero edificio e un terzo dei partecipanti al condominio. La deliberazione è valida se approvata dalla maggioranza degli intervenuti con un numero di voti che rappresenti almeno un terzo del valore dell'edificio.

[IV]. Le deliberazioni che concernono la nomina e la revoca dell'amministratore o le liti attive e passive relative a materie che esorbitano dalle attribuzioni dell'amministratore medesimo, le deliberazioni che concernono la ricostruzione dell'edificio o riparazioni straordinarie di notevole entità e le deliberazioni di cui agli articoli

1117-*quater*, 1120, secondo comma, 1122-*ter* nonché 1135, terzo comma, devono essere sempre approvate con la maggioranza stabilita dal secondo comma del presente articolo.

[V]. Le deliberazioni di cui all'articolo 1120, primo comma, e all'articolo 1122-*bis*, terzo comma, devono essere approvate dall'assemblea con un numero di voti che rappresenti la maggioranza degli intervenuti ed almeno i due terzi del valore dell'edificio (2).

[VI]. L'assemblea non può deliberare, se non consta che tutti gli aventi diritto sono stati regolarmente convocati.

[VII]. Delle riunioni dell'assemblea si redige processo verbale da trascrivere nel registro tenuto dall'amministratore [1138[4]].

(1) *Articolo così sostituito dall'art. 14[1] l. 11 dicembre 2012, n. 220. Ai sensi dell'art. 32 l. n. 220, cit., tale disposizione è in vigore dal 18 giugno 2013. Il testo dell'articolo era il seguente:* « L'assemblea è regolarmente costituita con l'intervento di tanti condomini che rappresentino i due terzi del valore dell'intero edificio e i due terzi dei partecipanti al condominio. — Sono valide le deliberazioni approvate con un numero di voti che rappresenti la maggioranza degli intervenuti e almeno la metà del valore dell'edificio. — Se l'assemblea non può deliberare per mancanza di numero, l'assemblea di seconda convocazione delibera in un giorno successivo a quello della prima e, in ogni caso, non oltre dieci giorni dalla medesima; la deliberazione è valida se riporta un numero di voti che rappresenti il terzo dei partecipanti al condominio e almeno un terzo del valore dell'edificio. — Le deliberazioni che concernono la nomina e la revoca dell'amministratore o le liti attive e passive relative a materie che esorbitano dalle attribuzioni dell'amministratore medesimo, nonché le deliberazioni che concernono la ricostruzione dell'edificio o riparazioni straordinarie di notevole entità devono essere sempre prese con la maggioranza stabilita dal secondo comma. — Le deliberazioni che hanno per oggetto le innovazioni previste dal primo comma dell'articolo 1120 devono essere sempre approvate con un numero di voti che rappresenti la maggioranza dei partecipanti al condominio e i due terzi del valore dell'edificio. — L'assemblea non può deliberare, se non consta che tutti i condomini sono stati invitati alla riunione. — Delle deliberazioni dell'assemblea si redige processo verbale da trascriversi in un registro tenuto dall'amministratore ».

(2) *V.* sub *art. 1120.*

1137. (1) **Impugnazione delle deliberazioni dell'assemblea.** – [I]. Le deliberazioni prese dall'assemblea a norma degli articoli precedenti sono obbligatorie per tutti i condomini.

[II]. Contro le deliberazioni contrarie alla legge o al regolamento di condominio ogni condomino assente, dissenziente o astenuto può adire l'autorità giudiziaria chiedendone l'annullamento nel termine perentorio di trenta giorni, che decorre dalla data della deliberazione per i dissenzienti o astenuti e dalla data di comunicazione della deliberazione per gli assenti.

[III]. L'azione di annullamento non sospende l'esecuzione della deliberazione, salvo che la sospensione sia ordinata dall'autorità giudiziaria.

[IV]. L'istanza per ottenere la sospensione proposta prima dell'inizio della causa di merito non sospende né interrompe il termine per la proposizione dell'impugnazione della deliberazione. Per quanto non espressamente previsto, la sospensione è disciplinata dalle norme di cui al libro IV, titolo I, capo III, sezione I[, con l'esclusione dell'articolo 669-*octies*, sesto comma,] (2) del codice di procedura civile.

(1) *Articolo così sostituito dall'art. 15*[1] *l. 11 dicembre 2012, n. 220. Ai sensi dell'art. 32 l. n. 220, cit., tale disposizione è in vigore dal 18 giugno 2013. Il testo dell'articolo era il seguente:* « Le deliberazioni prese dall'assemblea a norma degli articoli precedenti sono obbligatorie per tutti i condomini. — Contro le deliberazioni contrarie alla legge o al regolamento di condominio ogni condomino dissenziente può fare ricorso all'autorità giudiziaria, ma il ricorso non sospende l'esecuzione del provvedimento, salvo che la sospensione sia ordinata dall'autorità stessa. — Il ricorso deve essere proposto, sotto pena di decadenza, entro trenta giorni, che decorrono dalla data della deliberazione per i dissenzienti e dalla data di comunicazione per gli assenti ». *V.* ***C. cost.*** *2 febbraio 1990, n. 49 che ha dichiarato l'*illegittimità costituzionale *dell'art. 1 l. 7 ottobre 1969, n. 742 « nella parte in cui non dispone che la sospensione feriale dei termini ivi prevista si applichi anche al termine di 30 giorni di cui all'art. 1137 del codice civile per l'impugnazione delle delibere dell'assemblea di condominio ».*

(2) *Le parole «* , con l'esclusione dell'articolo 669-*octies*, sesto comma, *» sono state soppresse dall'art. 1*[11] *d.ls. 10 ottobre 2022, n. 149. Per la disciplina transitoria v. art. 35*[1] *d.ls. n. 149/2022, cit., come sostituito dall'art. 1*[380, lett. a)] *l. 29 dicembre 2022, n. 197, che prevede che:* « 1. Le disposizioni del presente decreto, salvo che non sia diversamente disposto, hanno effetto a decorrere dal 28 febbraio 2023 e si applicano ai procedimenti instaurati successivamente a tale data. Ai procedimenti pendenti alla data del 28 febbraio 2023 si applicano le disposizioni anteriormente vigenti. ».

1138. Regolamento di condominio. – [I]. Quando in un edificio il numero dei condomini è superiore a dieci, deve essere formato un regolamento, il quale contenga le norme circa l'uso delle cose comuni e la ripartizione delle spese, secondo i diritti e gli obblighi spettanti a ciascun condomino, nonché le norme per la tutela del decoro dell'edificio e quelle relative all'amministrazione [68 ss. att.; 155 trans.].

[II]. Ciascun condomino può prendere l'iniziativa per la formazione del regolamento di condominio o per la revisione di quello esistente.

[III]. Il regolamento deve essere approvato dall'assemblea con la maggioranza stabilita dal secondo comma dell'articolo 1136 ed allegato al registro indicato dal numero 7) dell'articolo 1130. Esso può essere impugnato a norma dell'articolo 1107 (1).

[IV]. Le norme del regolamento non possono in alcun modo menomare i diritti di ciascun condomino, quali risultano dagli atti di acquisto e dalle convenzioni, e in nessun caso possono derogare alle disposizioni degli articoli 1118, secondo comma, 1119, 1120, 1129, 1131, 1132, 1136 e 1137 [72 att.; 155 trans.].

[V]. Le norme del regolamento non possono vietare di possedere o detenere animali domestici (2).

(1) *Comma così sostituito dall'art. 16[1] lett. a) l. 11 dicembre 2012, n. 220. Ai sensi dell'art. 32 l. n. 220, cit., tale disposizione è in vigore dal 18 giugno 2013. Il testo del comma era il seguente:* « Il regolamento deve essere approvato dall'assemblea con la maggioranza stabilita dal secondo comma dell'articolo 1136 e trascritto nel registro indicato dall'ultimo comma dell'articolo 1129. Esso può essere impugnato a norma dell'articolo 1107 ».

(2) *Comma aggiunto dall'art. 16[1] lett. b) l. n. 220, cit. Ai sensi dell'art. 32 l. n. 220, cit., tale disposizione è in vigore dal 18 giugno 2013.*

1139. **Rinvio alle norme sulla comunione.** – [I]. Per quanto non è espressamente previsto da questo capo [156 trans.] si osservano le norme sulla comunione in generale [1101 ss.; 61-72 att.].

TITOLO VIII
Del possesso

CAPO I – *Disposizioni generali*

1140. **Possesso.** – [I]. Il possesso è il potere sulla cosa che si manifesta in un'attività corrispondente all'esercizio della proprietà o di altro diritto reale [832 ss.; 646 c.p.].

[II]. Si può possedere direttamente o per mezzo di altra persona, che ha la detenzione della cosa [1597, 1780].

1141. **Mutamento della detenzione in possesso.** – [I]. Si presume il possesso in colui che esercita il potere di fatto, quando non si prova che ha cominciato a esercitarlo semplicemente come detenzione.

[II]. Se alcuno ha cominciato ad avere la detenzione, non può acquistare il possesso finché il titolo non venga a essere mutato per causa proveniente da un terzo o in forza di opposizione da lui fatta contro il possessore. Ciò vale anche per i successori a titolo universale [1146].

1142. **Presunzione di possesso intermedio.** – [I]. Il possessore attuale che ha posseduto in tempo più remoto si presume che abbia posseduto anche nel tempo intermedio.

1143. **Presunzione di possesso anteriore.** – [I]. Il possesso attuale non fa presumere il possesso anteriore, salvo che il possessore abbia un titolo a fondamento del suo possesso; in questo caso si presume che egli abbia posseduto dalla data del titolo.

1144. Atti di tolleranza. – [I]. Gli atti compiuti con l'altrui tolleranza non possono servire di fondamento all'acquisto del possesso.

1145. Possesso di cose fuori commercio. – [I]. Il possesso delle cose di cui non si può acquistare la proprietà è senza effetto.

[II]. Tuttavia nei rapporti tra privati è concessa l'azione di spoglio [1168] rispetto ai beni appartenenti al pubblico demanio e ai beni delle province e dei comuni soggetti al regime proprio del demanio pubblico [822, 824].

[III]. Se trattasi di esercizio di facoltà, le quali possono formare oggetto di concessione da parte della pubblica amministrazione, è data altresì l'azione di manutenzione [1170].

1146. Successione nel possesso. Accessione del possesso. – [I]. Il possesso continua nell'erede con effetto dall'apertura della successione [456, 460].

[II]. Il successore a titolo particolare può unire al proprio possesso quello del suo autore per goderne gli effetti [1148 ss.].

1147. Possesso di buona fede. – [I]. È possessore di buona fede chi possiede ignorando di ledere l'altrui diritto [535[3]].

[II]. La buona fede non giova se la ignoranza dipende da colpa grave.

[III]. La buona fede è presunta e basta che vi sia stata al tempo dell'acquisto.

CAPO II – *Degli effetti del possesso*

SEZIONE I – *Dei diritti e degli obblighi del possessore nella restituzione della cosa*

1148. Acquisto dei frutti. – [I]. Il possessore di buona fede [1147] fa suoi i frutti naturali separati fino al giorno della domanda giudiziale e i frutti civili maturati fino allo stesso giorno [820, 821]. Egli, fino alla restituzione della cosa, risponde verso il rivendicante [948] dei frutti percepiti dopo la domanda giudiziale e di quelli che avrebbe potuto percepire dopo tale data, usando la diligenza di un buon padre di famiglia [1176[1]].

1149. Rimborso delle spese per la produzione e il raccolto dei frutti. – [I]. Il possessore che è tenuto a restituire i frutti indebitamente percepiti ha diritto al rimborso delle spese a norma del secondo comma dell'articolo 821.

1150. Riparazioni, miglioramenti e addizioni. – [I]. Il possessore, anche se di mala fede, ha diritto al rimborso delle spese fatte per le riparazioni straordinarie.

[II]. Ha anche diritto a indennità per i miglioramenti recati alla cosa, purché sussistano al tempo della restituzione.

[III]. L'indennità si deve corrispondere nella misura dell'aumento di valore conseguito dalla cosa per effetto dei miglioramenti, se il possessore è di buona fede; se il possessore è di mala fede, nella minor somma tra l'importo della spesa e l'aumento di valore.

[IV]. Se il possessore è tenuto alla restituzione dei frutti, gli spetta anche il rimborso delle spese fatte per le riparazioni ordinarie, limitatamente al tempo per il quale la restituzione è dovuta.

[V]. Per le addizioni fatte dal possessore sulla cosa si applica il disposto dell'articolo 936. Tuttavia, se le addizioni costituiscono miglioramento e il possessore è di buona fede, è dovuta una indennità nella misura dell'aumento di valore conseguito dalla cosa [157 trans.].

1151. Pagamento delle indennità. – [I]. L'autorità giudiziaria, avuto riguardo alle circostanze, può disporre che il pagamento delle indennità previste dall'articolo precedente sia fatto ratealmente, ordinando, in questo caso, le opportune garanzie [1179].

1152. Ritenzione a favore del possessore di buona fede. – [I]. Il possessore di buona fede può ritenere la cosa finché non gli siano corrisposte le indennità dovute, purché queste siano state domandate nel corso del giudizio di rivendicazione [948] e sia stata fornita una prova generica della sussistenza delle riparazioni e dei miglioramenti [2756].

[II]. Egli ha lo stesso diritto finché non siano prestate le garanzie ordinate dall'autorità giudiziaria nel caso previsto dall'articolo precedente.

SEZIONE II – *Del possesso di buona fede di beni mobili*

1153. Effetti dell'acquisto del possesso. – [I]. Colui al quale sono alienati beni mobili da parte di chi non ne è proprietario, ne acquista la proprietà mediante il possesso, purché sia in buona fede [1147] al momento della consegna e sussista un titolo idoneo al trasferimento della proprietà [1470, 1552, 2919].

[II]. La proprietà si acquista libera da diritti altrui sulla cosa, se questi non risultano dal titolo e vi è la buona fede dell'acquirente.

[III]. Nello stesso modo si acquistano i diritti di usufrutto, di uso e di pegno.

1154. Conoscenza dell'illegittima provenienza della cosa. – [I]. A colui che ha acquistato conoscendo l'illegittima provenienza della cosa non giova l'erronea credenza che il suo autore o un precedente possessore ne sia divenuto proprietario.

1155. Acquisto di buona fede e precedente alienazione ad altri. [I]. Se taluno con successivi contratti aliena a più persone un bene mobile, quella tra esse che ne ha acquistato in buona fede il possesso è preferita alle altre, anche se il suo titolo è di data posteriore [1153].

1156. Universalità di mobili e mobili iscritti in pubblici registri. – [I]. Le disposizioni degli articoli precedenti non si applicano alle universalità di mobili [816] e ai beni mobili iscritti in pubblici registri [815, 2683 ss.; 146 ss., 753 ss. c. nav.] (1).

(1) *V.* sub *art. 815.*

1157. Possesso di titoli di credito. – [I]. Gli effetti del possesso di buona fede dei titoli di credito sono regolati dal titolo V del libro IV [1994].

SEZIONE III – *Dell'usucapione*

1158. Usucapione dei beni immobili e dei diritti reali immobiliari. – [I]. La proprietà dei beni immobili e gli altri diritti reali di godimento sui beni medesimi si acquistano in virtù del possesso continuato per venti anni [1166].

1159. Usucapione decennale. – [I]. Colui che acquista in buona fede [1147] da chi non è proprietario un immobile, in forza di un titolo che sia idoneo a trasferire la proprietà e che sia stato debitamente trascritto [2643 ss.], ne compie l'usucapione in suo favore col decorso di dieci anni dalla data della trascrizione.

[II]. La stessa disposizione si applica nel caso di acquisto degli altri diritti reali di godimento sopra un immobile.

1159-*bis*. (1) **Usucapione speciale per la piccola proprietà rurale.** – [I]. La proprietà dei fondi rustici con annessi fabbricati situati in comuni classificati montani dalla legge si acquista in virtù del possesso continuato per quindici anni.

[II]. Colui che acquista in buona fede da chi non è proprietario, in forza di un titolo che sia idoneo al trasferimento della proprietà e che sia debitamente trascritto, un fondo rustico con annessi fabbricati, situati in comuni classificati montani dalla legge, ne compie l'usucapione in suo favore col decorso di cinque anni dalla data di trascrizione.

[III]. La legge speciale stabilisce la procedura, le modalità e le agevolazioni per la regolarizzazione del titolo di proprietà.

[IV]. Le disposizioni di cui ai commi precedenti si applicano anche ai fondi rustici con annessi fabbricati, situati in comuni non classificati montani dalla legge, aventi un reddito non superiore ai limiti fissati dalla legge speciale.

(1) *Articolo inserito dall'art. 1 l. 10 maggio 1976, n. 346.*

1160. Usucapione delle universalità di mobili. – [I]. L'usucapione di un'universalità di mobili [816] o di diritti reali di godimento sopra la medesima si compie in virtù del possesso continuato per venti anni.

[II]. Nel caso di acquisto in buona fede [1147] da chi non è proprietario, in forza di titolo idoneo, l'usucapione si compie con il decorso di dieci anni.

1161. Usucapione dei beni mobili. – [I]. In mancanza di titolo idoneo [1153], la proprietà dei beni mobili e gli altri diritti reali di godimento sui beni medesimi si acquistano in virtù del possesso continuato per dieci anni, qualora il possesso sia stato acquistato in buona fede [1147].

[II]. Se il possessore è di mala fede, l'usucapione si compie con il decorso di venti anni.

1162. Usucapione di beni mobili iscritti in pubblici registri. – [I]. Colui che acquista in buona fede [1147] da chi non è proprietario un bene mobile iscritto in pubblici registri [815, 2683; 146 ss., 753 ss. c. nav.], in forza di un titolo che sia idoneo a trasferire la proprietà e che sia stato debitamente trascritto, ne compie in suo favore l'usucapione col decorso di tre anni dalla data della trascrizione (1).

[II]. Se non concorrono le condizioni previste dal comma precedente, l'usucapione si compie col decorso di dieci anni.

[III]. Le stesse disposizioni si applicano nel caso di acquisto degli altri diritti reali di godimento.

(1) *V.* sub *art. 815.*

1163. Vizi del possesso. – [I]. Il possesso acquistato in modo violento o clandestino non giova per l'usucapione se non dal momento in cui la violenza o la clandestinità è cessata.

1164. Interversione del possesso. – [I]. Chi ha il possesso corrispondente all'esercizio di un diritto reale su cosa altrui non può usucapire la proprietà della cosa stessa, se il titolo del suo possesso non è mutato per causa proveniente da un terzo o in forza di opposizione da lui fatta contro il diritto del proprietario. Il tempo necessario per l'usucapione [1158-1162] decorre dalla data in cui il titolo del possesso è stato mutato.

1165. Applicazione di norme sulla prescrizione. – [I]. Le disposizioni generali sulla prescrizione [2934 ss.], quelle relative alle cause di sospensione e d'interru zione [2941 ss.] e al computo dei termini [2962 ss.] si osservano, in quanto applicabili, rispetto all'usucapione.

1166. Inefficacia delle cause di impedimento e di sospensione rispetto al terzo possessore. – [I]. Nell'usucapione ventennale [1158] non hanno luogo, riguardo al terzo possessore di un immobile o di un diritto reale sopra un immobile, né l'impedimento derivante da condizione o da termine [2935], né le cause di sospensione indicate dall'articolo 2942.

[II]. L'impedimento derivante da condizione o da termine e le cause di sospensione menzionate nel detto articolo non sono nemmeno opponibili al terzo possessore nella prescrizione per non uso dei diritti reali sui beni da lui posseduti [954⁴, 970, 1014, 1073].

1167. Interruzione dell'usucapione per perdita di possesso. – [I]. L'usucapione è interrotta [2945] quando il possessore è stato privato del possesso per oltre un anno.

[II]. L'interruzione si ha come non avvenuta se è stata proposta l'azione diretta a ricuperare il possesso e questo è stato ricuperato.

CAPO III – *Delle azioni a difesa del possesso*

1168. Azione di reintegrazione. – [I]. Chi è stato violentemente od occultamente spogliato del possesso può, entro l'anno dal sofferto spoglio, chiedere contro l'autore di esso la reintegrazione del possesso medesimo [634 c.p.].

[II]. L'azione è concessa altresì a chi ha la detenzione della cosa [1140^2, 1585^2], tranne il caso che l'abbia per ragioni di servizio o di ospitalità.

[III]. Se lo spoglio è clandestino, il termine per chiedere la reintegrazione decorre dal giorno della scoperta dello spoglio.

[IV]. La reintegrazione deve ordinarsi dal giudice sulla semplice notorietà del fatto, senza dilazione [$8^{n.\ 1}$, 21^2, 703 ss. c.p.c.].

1169. Reintegrazione contro l'acquirente consapevole dello spoglio. – [I]. La reintegrazione si può domandare anche contro chi è nel possesso in virtù di un acquisto a titolo particolare, fatto con la conoscenza dell'avvenuto spoglio.

1170. Azione di manutenzione. – [I]. Chi è stato molestato nel possesso di un immobile, di un diritto reale sopra un immobile o di un'universalità di mobili [816] può, entro l'anno dalla turbativa, chiedere la manutenzione del possesso medesimo [$8^{n.\ 1}$, 21^2, 703 ss. c.p.c.].

[II]. L'azione è data se il possesso dura da oltre un anno, continuo e non interrotto, e non è stato acquistato violentemente o clandestinamente. Qualora il possesso sia stato acquistato in modo violento o clandestino, l'azione può nondimeno esercitarsi, decorso un anno dal giorno in cui la violenza o la clandestinità è cessata.

[III]. Anche colui che ha subito uno spoglio non violento o clandestino può chiedere di essere rimesso nel possesso, se ricorrono le condizioni indicate dal comma precedente.

TITOLO IX
Della denunzia di nuova opera e di danno temuto

1171. Denunzia di nuova opera. – [I]. Il proprietario, il titolare di altro diritto reale di godimento o il possessore, il quale ha ragione di temere che da una nuova opera, da altri intrapresa sul proprio come sull'altrui fondo, sia per derivare danno alla cosa che forma l'oggetto del suo diritto o del suo possesso, può denunziare all'au torità giudiziaria [$8^{n.\ 1}$, 21^2 c.p.c.] la nuova opera, purché questa non sia terminata e non sia trascorso un anno dal suo inizio.

[II]. L'autorità giudiziaria, presa sommaria cognizione del fatto, può vietare la continuazione dell'opera, ovvero permetterla, ordinando le opportune cautele: nel primo caso, per il risarcimento del danno prodotto dalla sospensione dell'opera, qualora le opposizioni al suo proseguimento risultino infondate nella decisione del merito; nel secondo caso, per la demolizione o riduzione dell'opera e per il risarcimento del danno che possa soffrirne il denunziante, se questi ottiene sentenza favorevole, nonostante la permessa continuazione [688 ss. c.p.c.].

1172. Denunzia di danno temuto. – [I]. Il proprietario, il titolare di altro diritto reale di godimento o il possessore, il quale ha ragione di temere che da qualsiasi edificio, albero o altra cosa sovrasti pericolo di un danno grave e prossimo alla cosa che forma l'oggetto del suo diritto o del suo possesso, può denunziare il fatto all'autorità giudiziaria e ottenere, secondo le circostanze, che si provveda per ovviare al pericolo [688 ss. c.p.c.].

[II]. L'autorità giudiziaria, qualora ne sia il caso, dispone idonea garanzia [1179] per i danni eventuali.

LIBRO QUARTO
Delle obbligazioni

Titolo I
Delle obbligazioni in generale

Capo I – *Disposizioni preliminari*

1173. Fonti delle obbligazioni. [25 prel.] – [I]. Le obbligazioni derivano da contratto [1218 ss., 1321 ss.], da fatto illecito [2043 ss.], o da ogni altro atto o fatto idoneo a produrle [433 ss., 1337, 1987, 2028 ss., 2033 ss., 2041 ss., 2126, 2332^{2}] in conformità dell'ordinamento giuridico [4$^{n.\ 2}$ c.p.c.].

1174. Carattere patrimoniale della prestazione. – [I]. La prestazione che forma oggetto dell'obbligazione deve essere suscettibile di valutazione economica e deve corrispondere a un interesse, anche non patrimoniale, del creditore [648, 1256, 1384, 1411 ss., 1457, 1464].

1175. Comportamento secondo correttezza – [I]. Il debitore e il creditore devono comportarsi secondo le regole della correttezza [1183^{2}, 1206, 1227^{2}, 1337, 1338, 1358, 1375, 1460^{2}, 1686^{2}, 1690^{2}, 1710^{2}, 1746, 1759, 1800^{2}, 1805, 1914, 2106, 2598$^{n.\ 3}$; 88 c.p.c.] (1).

(1) *Articolo così modificato dall'art. 3^{2} d.ls.lt. 14 settembre 1944, n. 287.*

Capo II – *Dell'adempimento delle obbligazioni*

Sezione I – *Dell'adempimento in generale*

1176. Diligenza nell'adempimento. – [I]. Nell'adempiere l'obbligazione il debitore deve usare la diligenza del buon padre di famiglia [382, 703^{4}, 1001^{2}, 1587, 1710^{1}, 1768^{1}, 1800^{3}, 1804^{1}, 2030, 2148^{2}, 2167^{2}, 2392, 2407].

[II]. Nell'adempimento delle obbligazioni inerenti all'esercizio di un'attività professionale, la diligenza deve valutarsi con riguardo alla natura dell'attività esercitata [1838^{4}, 2104^{1}, 2145^{2}, 2174^{2}, 2224, 2236].

1177. Obbligazione di custodire. – [I]. L'obbligazione di consegnare una cosa determinata include quella di custodirla fino alla consegna [1477, 1718, 1768, 1770, 1804].

1178. Obbligazione generica. – [I]. Quando l'obbligazione ha per oggetto la prestazione di cose determinate soltanto nel genere, il debitore deve prestare cose di qualità non inferiore alla media [664, 1378].

1179. Obbligo di garanzia. – [I]. Chi è tenuto a dare una garanzia [492, 639, 640, 1186] senza che ne siano determinati il modo e la forma, può prestare a sua scelta un'idonea garanzia reale [2784, 2808] o personale [1943^{1}], ovvero altra sufficiente cautela.

1180. Adempimento del terzo. – [I]. L'obbligazione può essere adempiuta da un terzo, anche contro la volontà del creditore, se questi non ha interesse a che il debitore esegua personalmente la prestazione [1674, 1717, 2232].

[II]. Tuttavia il creditore può rifiutare l'adempimento offertogli dal terzo, se il debitore gli ha manifestato la sua opposizione [1236].

1181. Adempimento parziale. – [I]. Il creditore può rifiutare un adempimento parziale anche se la prestazione è divisibile [1314 ss., 1464], salvo che la legge [1193^{2}, 1208$^{n.\ 3}$, 1258, 1672, 2873^{2}; 423^{2} c.p.c.] o gli usi dispongano diversamente (1).

(1) *V. art. 45^{2} r.d. 14 dicembre 1933, n. 1669; art. 37^{2} r.d. 21 dicembre 1933, n. 1736.*

1182. Luogo dell'adempimento. – [I]. Se il luogo nel quale la prestazione deve essere eseguita non è determinato dalla convenzione o dagli usi e non può desumersi dalla natura della prestazione [1774, 2094] o da altre circostanze, si osservano le norme che seguono [159 trans.; 20 c.p.c.].

[II]. L'obbligazione di consegnare una cosa certa e determinata deve essere adempiuta nel luogo in cui si trovava la cosa quando l'obbligazione è sorta [1510^{1}, 1590^{4}, 1774].

[III]. L'obbligazione avente per oggetto una somma di danaro deve essere adempiuta al domicilio [43, 44] che il creditore ha al tempo della scadenza [1498, 1528, 1834^{2}, 1843^{2}, 2099^{1}]. Se tale domicilio è diverso da quello che il creditore aveva quando è sorta l'obbligazione e ciò rende più gravoso l'adempimento, il debitore, previa dichiarazione al creditore, ha diritto di eseguire il pagamento al proprio domicilio (1).

[IV]. Negli altri casi l'obbligazione deve essere adempiuta al domicilio che il debitore ha al tempo della scadenza [159 trans.].

(1) *V. art. 44 r.d. 14 dicembre 1933, n. 1669.*

1183. Tempo dell'adempimento. – [I]. Se non è determinato il tempo in cui la prestazione deve essere eseguita, il creditore può esigerla immediatamente [1175]. Qualora tuttavia, in virtù degli usi [1340] o per la natura della prestazione ovvero per il modo o il luogo dell'esecuzione, sia necessario un termine, questo, in mancanza di accordo delle parti, è stabilito dal giudice [1331, 1482^2, 1771^2, 1810, 1817^1].

[II]. Se il termine per l'adempimento è rimesso alla volontà del debitore, spetta ugualmente al giudice di stabilirlo secondo le circostanze [1817^2]; se è rimesso alla volontà del creditore, il termine può essere fissato su istanza del debitore che intende liberarsi.

1184. Termine. – [I]. Se per l'adempimento è fissato un termine, questo si presume a favore del debitore, qualora non risulti stabilito a favore del creditore o di entrambi [1563, 1771, 1816] (1).

(1) *V. art. 46 r.d. 14 dicembre 1933, n. 1669.*

1185. Pendenza del termine. – [I]. Il creditore non può esigere la prestazione prima della scadenza, salvo che il termine sia stabilito esclusivamente a suo favore [$1208^{n.\ 4}$, 1771^2].

[II]. Tuttavia il debitore non può ripetere [2034^2] ciò che ha pagato anticipatamente, anche se ignorava l'esistenza del termine. In questo caso però egli può ripetere, nei limiti della perdita subita, ciò di cui il creditore si è arricchito per effetto del pagamento anticipato [2041^1].

1186. Decadenza dal termine. – [I]. Quantunque il termine sia stabilito a favore del debitore, il creditore può esigere immediatamente la prestazione se il debitore è divenuto insolvente [1868] o ha diminuito, per fatto proprio, le garanzie che aveva date o non ha dato le garanzie che aveva promesse [1274, 1299, 1313, 1626, 1844^2, 1850, 1867, 1877, 2743].

1187. Computo del termine. – [I]. Il termine fissato per l'adempimento delle obbligazioni è computato secondo le disposizioni dell'articolo 2963 (1).

[II]. La disposizione relativa alla proroga del termine che scade in giorno festivo si osserva se non vi sono usi diversi (2).

[III]. È salva in ogni caso una diversa pattuizione.

(1) *V. artt. 41 e 97 r.d. 14 dicembre 1933, n. 1669; art. 79 r.d. 21 dicembre 1933, n. 1736.*

(2) *V. art. 96 r.d. n. 1669, cit. e art. 79 r.d. n. 1736, cit.*

1188. Destinatario del pagamento. – [I]. Il pagamento deve essere fatto al creditore [1189, 1190] o al suo rappresentante [320^4, $374^{n.\ 2}$, 1387, 1752, 2213], ovvero alla persona indicata dal creditore [1269^2, 1744, 1777] o autorizzata dalla legge [494 c.p.c.] o dal giudice a riceverlo [156^6].

[II]. Il pagamento fatto a chi non era legittimato a riceverlo libera il debitore, se il creditore lo ratifica [1399] o se ne ha approfittato.

1189. Pagamento al creditore apparente. – [I]. Il debitore che esegue il pagamento a chi appare legittimato a riceverlo in base a circostanze univoche, è liberato se prova di essere stato in buona fede [1264², 1992²].

[II]. Chi ha ricevuto il pagamento è tenuto alla restituzione verso il vero creditore, secondo le regole stabilite per la ripetizione dell'indebito [2033 ss.].

1190. Pagamento al creditore incapace. – [I]. Il pagamento fatto al creditore incapace di riceverlo [316, 320, 357, 374, 394, 424] non libera il debitore, se questi non prova che ciò che fu pagato è stato rivolto a vantaggio dell'incapace [1443].

1191. Pagamento eseguito da un incapace. – [I]. Il debitore che ha eseguito la prestazione dovuta non può impugnare il pagamento a causa della propria incapacità [1933², 2034¹].

1192. Pagamento eseguito con cose altrui. – [I]. Il debitore non può impugnare il pagamento eseguito con cose di cui non poteva disporre [1478], salvo che offra di eseguire la prestazione dovuta con cose di cui può disporre.

[II]. Il creditore che ha ricevuto il pagamento in buona fede può impugnarlo, salvo il diritto al risarcimento del danno.

1193. Imputazione del pagamento. – [I]. Chi ha più debiti della medesima specie verso la stessa persona può dichiarare, quando paga, quale debito intende soddisfare.

[II]. In mancanza di tale dichiarazione, il pagamento deve essere imputato al debito scaduto; tra più debiti scaduti, a quello meno garantito; tra più debiti ugualmente garantiti, al più oneroso per il debitore; tra più debiti ugualmente onerosi, al più antico. Se tali criteri non soccorrono, l'imputazione è fatta proporzionalmente ai vari debiti [1249].

1194. Imputazione del pagamento agli interessi. – [I]. Il debitore non può imputare il pagamento al capitale, piuttosto che agli interessi e alle spese, senza il consenso del creditore [1960].

[II]. Il pagamento fatto in conto di capitale e d'interessi deve essere imputato prima agli interessi [1199²].

1195. Quietanza con imputazione. – [I]. Chi, avendo più debiti, accetta una quietanza nella quale il creditore ha dichiarato di imputare il pagamento a uno di essi, non può pretendere un'imputazione diversa, se non vi è stato dolo [1439¹] o sorpresa da parte del creditore.

1196. Spese del pagamento. – [I]. Le spese del pagamento sono a carico del debitore [204^2, 672, 1215, 1245, 1475, 1774^2, 1781].

1197. Prestazione in luogo dell'adempimento. – [I]. Il debitore non può liberarsi eseguendo una prestazione diversa da quella dovuta, anche se di valore uguale o maggiore, salvo che il creditore consenta. In questo caso l'obbligazione si estingue quando la diversa prestazione è eseguita [1198] (1).

[II]. Se la prestazione consiste nel trasferimento della proprietà o di un altro diritto, il debitore è tenuto alla garanzia per l'evizione e per i vizi della cosa secondo le norme della vendita [1483 ss., 1490 ss.], salvo che il creditore preferisca esigere la prestazione originaria e il risarcimento del danno.

[III]. In ogni caso non rivivono le garanzie prestate dai terzi.

(1) *V. art. $67^{1\ n.\ 2}$ r.d. 16 marzo 1942, n. 267 (per la nuova disciplina, v. art. 166 d.ls. 12 gennaio 2019, n. 14, Codice della crisi d'impresa e dell'insolvenza).*

1198. Cessione di un credito in luogo dell'adempimento. – [I]. Quando in luogo dell'adempimento è ceduto un credito [1260], l'obbligazione si estingue con la riscossione del credito, se non risulta una diversa volontà delle parti [2928].

[II]. È salvo quanto è disposto dal secondo comma dell'articolo 1267.

1199. Diritto del debitore alla quietanza. – [I]. Il creditore che riceve il pagamento deve, a richiesta e a spese del debitore, rilasciare quietanza e farne annotazione sul titolo, se questo non è restituito al debitore [2213^2, 2124, 2704^3, 2708] (1).

[II]. Il rilascio di una quietanza per il capitale fa presumere il pagamento degli interessi [1194^2].

(1) *V. art. 45 r.d. 14 dicembre 1933, n. 1669.*

1200. Liberazione dalle garanzie. – [I]. Il creditore che ha ricevuto il pagamento deve consentire la liberazione dei beni dalle garanzie reali date per il credito e da ogni altro vincolo che comunque ne limiti la disponibilità [1208^2].

SEZIONE II – *Del pagamento con surrogazione*

1201. Surrogazione per volontà del creditore. – [I]. Il creditore, ricevendo il pagamento da un terzo [1180], può surrogarlo nei propri diritti [754, 2843]. La surrogazione deve essere fatta in modo espresso e contemporaneamente al pagamento [754].

1202. (1) **Surrogazione per volontà del debitore.** – [I]. Il debitore, che prende a mutuo una somma di danaro o altra cosa fungibile al fine di pagare il debito, può surrogare il mutuante nei diritti del creditore, anche senza il consenso di questo.

[II]. La surrogazione ha effetto quando concorrono le seguenti condizioni:

1) che il mutuo e la quietanza risultino da atto avente data certa [2704];

2) che nell'atto di mutuo sia indicata espressamente la specifica destinazione della somma mutuata;

3) che nella quietanza si menzioni la dichiarazione del debitore circa la provenienza della somma impiegata nel pagamento. Sulla richiesta del debitore, il creditore non può rifiutarsi di inserire nella quietanza tale dichiarazione.

(1) *V. art. 2[1-bis] d.l. 29 novembre 2008, n. 185, conv., con modif., in l. 28 gennaio 2009, n. 2.*

1203. **Surrogazione legale.** – [I]. La surrogazione ha luogo di diritto nei seguenti casi:

1) a vantaggio di chi, essendo creditore, ancorché chirografario, paga un altro creditore che ha diritto di essergli preferito in ragione dei suoi privilegi [2745 ss.], del suo pegno [2784 ss.] o delle sue ipoteche [2808 ss.];

2) a vantaggio dell'acquirente di un immobile che, fino alla concorrenza del prezzo di acquisto, paga uno o più creditori a favore dei quali l'immobile è ipotecato [2866];

3) a vantaggio di colui che, essendo tenuto con altri o per altri al pagamento del debito, aveva interesse di soddisfarlo [1299, 1949] (1);

4) a vantaggio dell'erede con beneficio d'inventario [484 ss.], che paga con danaro proprio i debiti ereditari [490[n. 2]];

5) negli altri casi stabiliti dalla legge [756, 1259, 1762, 1776, 1780[2], 1796[2], 1916, 2036[3], 2871] (1).

(1) *V. art. 37[3] r.d. 14 dicembre 1933, n. 1669.*

1204. **Terzi garanti.** – [I]. La surrogazione contemplata nei precedenti articoli ha effetto anche contro i terzi che hanno prestato garanzia per il debitore.

[II]. Se il credito è garantito da pegno, si osserva la disposizione del secondo comma dell'articolo 1263.

1205. **Surrogazione parziale.** – [I]. Se il pagamento è parziale [1181], il terzo surrogato e il creditore concorrono nei confronti del debitore in proporzione di quanto è loro dovuto, salvo patto contrario.

SEZIONE III – *Della mora del creditore*

1206. (1) **Condizioni.** – [I]. Il creditore è in mora quando, senza motivo legittimo, non riceve il pagamento offertogli nei modi indicati dagli articoli seguenti o non compie quanto è necessario affinché il debitore possa adempiere l'obbligazione [1175; 160 trans.].

(1) *Per una declaratoria di infondatezza, nei sensi di cui in motivazione, di una questione di illegittimità costituzionale del « combinato disposto » degli artt. 1206, 1207 e 1217, sollevata con riferimento agli artt. 3, 24, 111 e 117[1] Cost., quest'ultimo in relazione all'art. 6 CEDU, v. C. cost. 28 febbraio 2019, n. 29.*

1207. (1). **Effetti.** – [I]. Quando il creditore è in mora, è a suo carico l'impossibilità della prestazione sopravvenuta per causa non imputabile al debitore [1256 ss., 1673]. Non sono più dovuti gli interessi [1282] né i frutti della cosa che non siano stati percepiti dal debitore.

[II]. Il creditore è pure tenuto a risarcire i danni derivati dalla sua mora e a sostenere le spese per la custodia e la conservazione della cosa dovuta.

[III]. Gli effetti della mora si verificano dal giorno dell'offerta [1208 ss.], se questa è successivamente dichiarata valida con sentenza passata in giudicato [324 c.p.c.] o se è accettata dal creditore.

(1) *Per una declaratoria di infondatezza, nei sensi di cui in motivazione, v. C. cost. 28 febbraio 2019, n. 29, sub art. 1206.*

1208. **Requisiti per la validità dell'offerta.** – [I]. Affinché l'offerta sia valida è necessario:

1) che sia fatta al creditore capace di ricevere [1190] o a chi ha la facoltà di ricevere per lui [1188];

2) che sia fatta da persona che può validamente adempiere [1180, 1191];

3) che comprenda la totalità della somma o delle cose dovute, dei frutti o degli interessi e delle spese liquide, e una somma per le spese non liquide, con riserva di un supplemento, se è necessario;

4) che il termine sia scaduto, se stipulato in favore del creditore [1184];

5) che si sia verificata la condizione dalla quale dipende l'obbligazione [1353 ss.];

6) che l'offerta sia fatta alla persona del creditore o nel suo domicilio [1182];

7) che l'offerta sia fatta da un ufficiale pubblico a ciò autorizzato [1209; 73 ss. att.].

[II]. Il debitore può subordinare l'offerta al consenso del creditore necessario per liberare i beni dalle garanzie reali o da altri vincoli che comunque ne limitino la disponibilità [1200].

1209. Offerta reale e offerta per intimazione. – [I]. Se l'obbligazione ha per oggetto danaro [1277], titoli di credito, ovvero cose mobili da consegnare al domicilio del creditore, l'offerta deve essere reale [73^{1}, 74 att.; 126 c.p.c.].

[II]. Se si tratta invece di cose mobili da consegnare in luogo diverso, l'offerta consiste nell'intimazione al creditore di riceverle, fatta mediante atto a lui notificato nelle forme prescritte per gli atti di citazione [73^{2}, 75 att.; 137 ss. c.p.c.].

1210. Facoltà di deposito e suoi effetti liberatori. – [I]. Se il creditore rifiuta di accettare l'offerta reale [1209^{1}] o non si presenta per ricevere le cose offertegli mediante intimazione [1209^{2}], il debitore può eseguire il deposito [77, 78 att.].

[II]. Eseguito il deposito, quando questo è accettato dal creditore o è dichiarato valido con sentenza passata in giudicato [324 c.p.c.], il debitore non può più ritirarlo ed è liberato dalla sua obbligazione.

1211. (1) **Cose deperibili o di dispendiosa custodia.** – [I]. Se le cose non possono essere conservate o sono deteriorabili, oppure se le spese della loro custodia sono eccessive, il debitore, dopo l'offerta reale o l'intimazione di ritirarle, può farsi autorizzare dal tribunale (2) a venderle nei modi stabiliti per le cose pignorate e a depositarne il prezzo [2797; 529 ss. c.p.c.].

(1) *Articolo così modificato dall'art. 150 d.ls. 19 febbraio 1998, n. 51.*

(2) *L'art. 27^{2} lett. b) n. 1 d.ls. 13 luglio 2017, n. 116, ha disposto la sostituzione della parola* « tribunale » *con le parole* « giudice di pace ». *Ai sensi dell'art. 32^{3} d.ls. n. 116, cit., come da ultimo modificato dall'art. 8-bis^{1} lett. b) d.l. 30 dicembre 2019, n. 162, conv., con modif., in l. 28 febbraio 2020, n. 8, tale disposizione* ***entra in vigore il 31 ottobre 2025***.

1212. Requisiti del deposito. – [I]. Per la validità del deposito è necessario:

1) che sia stato preceduto da un'intimazione notificata al creditore e contenente l'indicazione del giorno, dell'ora e del luogo in cui la cosa offerta sarà depositata [74^{4} att.];

2) che il debitore abbia consegnato la cosa, con gli interessi e i frutti dovuti fino al giorno dell'offerta [1207], nel luogo indicato dalla legge o, in mancanza, dal giudice;

3) che sia redatto dal pubblico ufficiale un processo verbale da cui risulti la natura delle cose offerte, il rifiuto di riceverle da parte del creditore o la sua mancata comparizione, e infine il fatto del deposito [78 att.; 126 c.p.c.];

4) che, in caso di non comparizione del creditore, il processo verbale di deposito gli sia notificato con l'invito a ritirare la cosa depositata [73^1 att.].

[II]. Il deposito che ha per oggetto somme di danaro può eseguirsi anche presso un istituto di credito [73^1, 76 att.; 251 trans.] (1).

(1) *V. art. 48 r.d. 14 dicembre 1933, n. 1669.*

1213. Ritiro del deposito. – [I]. Il deposito non produce effetto se il debitore lo ritira prima che sia stato accettato dal creditore o prima che sia stato riconosciuto valido con sentenza passata in giudicato.

[II]. Se, dopo l'accettazione del deposito o il passaggio in giudicato della sentenza che lo dichiara valido, il creditore consente che il debitore ritiri il deposito, egli non può più rivolgersi contro i condebitori e i fideiussori, né valersi dei privilegi, del pegno e delle ipoteche che garantivano il credito [2878].

1214. Offerta secondo gli usi e deposito. – [I]. Se il debitore ha offerto la cosa dovuta nelle forme d'uso anziché in quelle prescritte dagli articoli 1208 e 1209, gli effetti della mora [1210] si verificano dal giorno in cui egli esegue il deposito a norma dell'articolo 1212 [73^1, 77 att.], se questo è accettato dal creditore o è dichiarato valido con sentenza passata in giudicato.

1215. Spese. – [I]. Quando l'offerta reale e il deposito sono validi, le spese occorse sono a carico del creditore [1196].

1216. Intimazione di ricevere la consegna di un immobile. – [I]. Se deve essere consegnato un immobile, l'offerta consiste nella intimazione al creditore di prenderne possesso. L'intimazione deve essere fatta nella forma prescritta dal secondo comma dell'articolo 1209 [73^2, 75 att.; 137 ss. c.p.c.].

[II]. Il debitore, dopo l'intimazione al creditore, può ottenere dal giudice la nomina di un sequestratario. In questo caso egli è liberato dal momento in cui ha consegnato al sequestratario la cosa dovuta [79 att.].

1217. (1) **Obbligazioni di fare.** – [I]. Se la prestazione consiste in un fare, il creditore è costituito in mora mediante l'intimazione di ricevere la prestazione [1209^2] o di compiere gli atti che sono da parte sua necessari per renderla possibile [1256^2; 80 att.].

[II]. L'intimazione può essere fatta nelle forme d'uso.

(1) *Per una declaratoria di infondatezza, nei sensi di cui in motivazione, v. C. cost. 28 febbraio 2019, n. 29, sub art. 1206.*

CAPO III – *Dell'inadempimento delle obbligazioni*

1218. Responsabilità del debitore. [641 c.p.] – [I]. Il debitore che non esegue esattamente la prestazione dovuta [1176, 1181, 1197] è tenuto al risarcimento del danno [1223 ss., 2740], se non prova che l'inadempimento o il ritardo è stato determinato da impossibilità della prestazione [1256[1]] derivante da causa a lui non imputabile [1176[1]; 160 trans.].

1219. Costituzione in mora. – [I]. Il debitore è costituito in mora mediante intimazione o richiesta fatta per iscritto [1308, 2943[4]; 160 trans.].

[II]. Non è necessaria la costituzione in mora:

1) quando il debito deriva da fatto illecito [1218, 2043 ss.];

2) quando il debitore ha dichiarato per iscritto di non volere eseguire l'obbligazione;

3) quando è scaduto il termine, se la prestazione deve essere eseguita al domicilio del creditore [1182[3]]. Se il termine scade dopo la morte del debitore, gli eredi non sono costituiti in mora che mediante intimazione o richiesta fatta per iscritto, e decorsi otto giorni dall'intimazione o dalla richiesta.

1220. Offerta non formale. – [I]. Il debitore non può essere considerato in mora, se tempestivamente ha fatto offerta della prestazione dovuta, anche senza osservare le forme indicate nella sezione III del precedente capo [1208 ss.], a meno che il creditore l'abbia rifiutata per un motivo legittimo [1206].

1221. Effetti della mora sul rischio. – [I]. Il debitore che è in mora non è liberato per la sopravvenuta impossibilità della prestazione derivante da causa a lui non imputabile [1256], se non prova che l'oggetto della prestazione sarebbe ugualmente perito presso il creditore [1805[2]].

[II]. In qualunque modo sia perita o smarrita [1257] una cosa illecitamente sottratta, la perdita di essa non libera chi l'ha sottratta dall'obbligo di restituirne il valore.

1222. Inadempimento di obbligazioni negative. – [I]. Le disposizioni sulla mora [1219 ss.] non si applicano alle obbligazioni di non fare; ogni fatto compiuto in violazione di queste costituisce di per sé inadempimento.

1223. Risarcimento del danno. [2056] – [I]. Il risarcimento del danno per l'inadempimento o per il ritardo deve comprendere così la perdita subita dal creditore [1174] come il mancato guadagno [2056[2]], in quanto ne siano conseguenza immediata e diretta [40, 41 c.p.].

1224. Danni nelle obbligazioni pecuniarie. – [I]. Nelle obbligazioni che hanno per oggetto una somma di danaro [1277 ss.], sono dovuti dal giorno della mora gli interessi legali [1284], anche se non erano dovuti precedentemente e anche se il creditore non prova di aver sofferto alcun danno. Se prima della mora erano dovuti interessi in misura superiore a quella legale [1284[3]], gli interessi moratori sono dovuti nella stessa misura.

[II]. Al creditore che dimostra di aver subito un danno maggiore spetta l'ulteriore risarcimento. Questo non è dovuto se è stata convenuta la misura degli interessi moratori.

1225. Prevedibilità del danno. – [I]. Se l'inadempimento o il ritardo non dipende da dolo del debitore, il risarcimento [1223] è limitato al danno che poteva prevedersi [1176] nel tempo in cui è sorta l'obbligazione [1173].

1226. Valutazione equitativa del danno. [2056] – [I]. Se il danno non può essere provato nel suo preciso ammontare, è liquidato dal giudice con valutazione equitativa [113, 432 c.p.c.].

1227. Concorso del fatto colposo del creditore. [2056] – [I]. Se il fatto colposo del creditore ha concorso a cagionare il danno, il risarcimento è diminuito secondo la gravità della colpa [2055[3]] e l'entità delle conseguenze che ne sono derivate.

[II]. Il risarcimento non è dovuto per i danni che il creditore avrebbe potuto evitare usando l'ordinaria diligenza [1175].

1228. Responsabilità per fatto degli ausiliari. – [I]. Salva diversa volontà delle parti, il debitore che nell'adempimento dell'obbligazione si vale dell'opera di terzi, risponde anche dei fatti dolosi o colposi di costoro [2049].

1229. Clausole di esonero da responsabilità. – [I]. È nullo qualsiasi patto che esclude o limita preventivamente la responsabilità del debitore [1228, 2049] per dolo o per colpa grave [1490[2], 1579, 1681[2], 1694, 1713[2], 1785-*quater*, 1838[4]; 641 c.p.].

[II]. È nullo altresì qualsiasi patto preventivo di esonero o di limitazione di responsabilità per i casi in cui il fatto del debitore o dei suoi ausiliari costituisca violazione di obblighi derivanti da norme di ordine pubblico [1580, 1681[2], 2087; 31 prel.].

CAPO IV – *Dei modi di estinzione delle obbligazioni diversi dall'adempimento*

SEZIONE I – *Della novazione*

1230. Novazione oggettiva. – [I]. L'obbligazione si estingue quando le parti sostituiscono all'obbligazione originaria una nuova obbligazione con oggetto o titolo diverso [1965², 1976].

[II]. La volontà di estinguere l'obbligazione precedente deve risultare in modo non equivoco (1).

(1) *V. art. 66 r.d. 14 dicembre 1933, n. 1669; art. 58 r.d. 21 dicembre 1933, n. 1736.*

1231. Modalità che non importano novazione. – [I]. Il rilascio di un documento o la sua rinnovazione, l'apposizione o l'eliminazione di un termine [1183] e ogni altra modificazione accessoria dell'obbligazione non producono novazione [1823²].

1232. Privilegi, pegno e ipoteche. – [I]. I privilegi, il pegno e le ipoteche del credito originario si estinguono, se le parti non convengono espressamente di mantenerli per il nuovo credito [1233, 2878].

1233. Riserva delle garanzie nelle obbligazioni solidali. – [I]. Se la novazione si effettua tra il creditore e uno dei debitori in solido con effetto liberatorio per tutti [1300], i privilegi, il pegno e le ipoteche del credito anteriore possono essere riservati soltanto sui beni del debitore che fa la novazione [1232].

1234. Inefficacia della novazione. – [I]. La novazione è senza effetto, se non esisteva l'obbligazione originaria [1418 ss.].

[II]. Qualora l'obbligazione originaria derivi da un titolo annullabile [1425 ss., 1448], la novazione è valida se il debitore ha assunto validamente il nuovo debito conoscendo il vizio del titolo originario [1444²].

1235. Novazione soggettiva. – [I]. Quando un nuovo debitore è sostituito a quello originario che viene liberato, si osservano le norme contenute nel capo VI di questo titolo [1268 ss.].

SEZIONE II – *Della remissione*

1236. Dichiarazione di remissione del debito. – [I]. La dichiarazione del creditore di rimettere il debito estingue l'obbligazione quando è comunicata al debitore [1334], salvo che questi dichiari in un congruo termine di non volerne profittare [1301, 1333, 2113].

1237. Restituzione volontaria del titolo. – [I]. La restituzione volontaria del titolo originale del credito, fatta dal creditore al debitore, costituisce prova della liberazione [2726] anche rispetto ai condebitori in solido [1301].

[II]. Se il titolo del credito è in forma pubblica [2699], la consegna volontaria della copia spedita in forma esecutiva [2714; 475 c.p.c.] fa presumere la liberazione, salva la prova contraria.

1238. Rinunzia alle garanzie. – [I]. La rinunzia alle garanzie dell'obbligazione non fa presumere la remissione del debito.

1239. Fideiussori. – [I]. La remissione accordata al debitore principale libera i fideiussori [1936].

[II]. La remissione accordata a uno dei fideiussori non libera gli altri che per la parte del fideiussore liberato. Tuttavia se gli altri fideiussori hanno consentito la liberazione, essi rimangono obbligati per l'intero.

1240. Rinunzia a una garanzia verso corrispettivo. – [I]. Il creditore che ha rinunziato, verso corrispettivo, alla garanzia prestata da un terzo deve imputare al debito principale quanto ha ricevuto, a beneficio del debitore e di coloro che hanno prestato garanzia per l'adempimento dell'obbligazione.

SEZIONE III – *Della compensazione*

1241. Estinzione per compensazione. – [I]. Quando due persone sono obbligate l'una verso l'altra, i due debiti si estinguono per le quantità corrispondenti, secondo le norme degli articoli che seguono (1).

(1) *V. art. 56 r.d. 16 marzo 1942, n. 267 (per la nuova disciplina, v. art. 155 d.ls. 12 gennaio 2019, n. 14, Codice della crisi d'impresa e dell'insolvenza). V. anche d.ls. 8 luglio 1999, n. 270.*

1242. Effetti della compensazione. – [I]. La compensazione estingue i due debiti dal giorno della loro coesistenza. Il giudice non può rilevarla d'ufficio [35, 112 c.p.c.].

[II]. La prescrizione [2934 ss.] non impedisce la compensazione, se non era compiuta quando si è verificata la coesistenza dei due debiti.

1243. Compensazione legale e giudiziale. – [I]. La compensazione si verifica solo tra due debiti che hanno per oggetto una somma di danaro o una quantità di cose fungibili dello stesso genere e che sono ugualmente liquidi ed esigibili.

[II]. Se il debito opposto in compensazione non è liquido ma è di facile e pronta liquidazione, il giudice può dichiarare la compensazione per la parte del debito che riconosce esistente, e può anche sospendere la condanna per il credito liquido fino all'accertamento del credito opposto in compensazione [35 c.p.c.].

1244. Dilazione. – [I]. La dilazione concessa gratuitamente dal creditore non è di ostacolo alla compensazione.

1245. Debiti non pagabili nello stesso luogo. – [I]. Quando i due debiti non sono pagabili nello stesso luogo, si devono computare le spese del trasporto al luogo del pagamento [1196].

1246. Casi in cui la compensazione non si verifica. – [I]. La compensazione si verifica qualunque sia il titolo dell'uno o dell'altro debito, eccettuati i casi:

1) di credito per la restituzione di cose di cui il proprietario sia stato ingiustamente spogliato [1168];

2) di credito per la restituzione di cose depositate [1766 ss.] o date in comodato [1803 ss.];

3) di credito dichiarato impignorabile [1923[1]; 545 c.p.c.];

4) di rinunzia alla compensazione fatta preventivamente dal debitore;

5) di divieto stabilito dalla legge [447[2], 1272[3], 2271] (1).

(1) *V. art. 56[2] r.d. 16 marzo 1942, n. 267 (per la nuova disciplina, v. art. 155 d.lgs. 12 gennaio 2019, n. 14, Codice della crisi d'impresa e dell'insolvenza).*

1247. Compensazione opposta da terzi garanti. – [I]. Il fideiussore può opporre in compensazione il debito che il creditore ha verso il debitore principale [1945].

[II]. Lo stesso diritto spetta al terzo che ha costituito un'ipoteca [2859, 2870] o un pegno.

1248. Inopponibilità della compensazione. – [I]. Il debitore, se ha accettato puramente e semplicemente la cessione che il creditore ha fatta delle sue ragioni a un terzo [1264], non può opporre al cessionario la compensazione che avrebbe potuto opporre al cedente [1272[3], 2805].

[II]. La cessione non accettata dal debitore, ma a questo notificata [1264], impedisce la compensazione dei crediti sorti posteriormente alla notificazione.

1249. Compensazione di più debiti. – [I]. Quando una persona ha verso un'altra più debiti compensabili, si osservano per la compensazione le disposizioni del secondo comma dell'articolo 1193.

1250. Compensazione rispetto ai terzi. – [I]. La compensazione non si verifica in pregiudizio dei terzi che hanno acquistato diritti di usufrutto o di pegno su uno dei crediti [1254].

1251. Garanzie annesse al credito. – [I]. Chi ha pagato un debito mentre poteva invocare la compensazione non può più valersi, in pregiudizio dei terzi, dei privilegi e delle garanzie a favore del suo credito, salvo che abbia ignorato l'esistenza di questo per giusti motivi.

1252. Compensazione volontaria. – [I]. Per volontà delle parti può aver luogo compensazione anche se non ricorrono le condizioni previste dagli articoli precedenti.

[II]. Le parti possono anche stabilire preventivamente le condizioni di tale compensazione.

SEZIONE IV – *Della confusione*

1253. Effetti della confusione. – [I]. Quando le qualità di creditore e di debitore si riuniscono nella stessa persona, l'obbligazione si estingue, e i terzi che hanno prestato garanzia per il debitore sono liberati.

1254. Confusione rispetto ai terzi. – [I]. La confusione non opera in pregiudizio dei terzi che hanno acquistato diritti di usufrutto o di pegno sul credito [1250].

1255. Riunione delle qualità di fideiussore e di debitore. – [I]. Se nella medesima persona si riuniscono le qualità di fideiussore [1936] e di debitore principale, la fideiussione resta in vita, purché il creditore vi abbia interesse [1939].

SEZIONE V – *Dell'impossibilità sopravvenuta per causa non imputabile al debitore*

1256. Impossibilità definitiva e impossibilità temporanea. – [I]. La obbligazione si estingue quando, per una causa non imputabile al debitore, la prestazione diventa impossibile [1218, 1463 ss.].

[II]. Se l'impossibilità è solo temporanea, il debitore, finché essa perdura, non è responsabile del ritardo nell'adempimento [1219]. Tuttavia l'obbligazione si estingue se l'impossibilità perdura fino a quando, in relazione al titolo dell'obbligazione [1173] o alla natura dell'oggetto [1174], il debitore non può più essere ritenuto obbligato a eseguire la prestazione ovvero il creditore non ha più interesse a conseguirla [1174].

1257. Smarrimento di cosa determinata. – [I]. La prestazione che ha per oggetto una cosa determinata si considera divenuta impossibile anche quando la cosa è smarrita senza che possa esserne provato il perimento.

[II]. In caso di successivo ritrovamento della cosa, si applicano le disposizioni del secondo comma dell'articolo precedente.

1258. Impossibilità parziale. – [I]. Se la prestazione è divenuta impossibile solo in parte, il debitore si libera dall'obbligazione eseguendo la prestazione per la parte che è rimasta possibile [1181, 1464, 1672].

[II]. La stessa disposizione si applica quando, essendo dovuta una cosa determinata, questa ha subito un deterioramento, o quando residua alcunché dal perimento totale della cosa [994^2, 996].

1259. Subingresso del creditore nei diritti del debitore. – [I]. Se la prestazione che ha per oggetto una cosa determinata è divenuta impossibile, in tutto o in parte, il creditore subentra nei diritti spettanti al debitore in dipendenza del fatto che ha causato l'impossibilità [1203], e può esigere dal debitore la prestazione di quanto questi abbia conseguito a titolo di risarcimento [1780^2].

CAPO V – *Della cessione dei crediti* (1)

(1) *Sulla cessione dei crediti d'impresa confronta la l. 21 febbraio 1991, n. 52 e art. 117 d.l.s. 12 aprile 2006, n. 163.*

1260. Cedibilità dei crediti. – [I]. Il creditore può trasferire a titolo oneroso o gratuito il suo credito [1198], anche senza il consenso del debitore, purché il credito non abbia carattere strettamente personale [447] o il trasferimento non sia vietato dalla legge [323, 378, 1471, 1823] (1).

[II]. Le parti possono escludere la cedibilità del credito; ma il patto non è opponibile al cessionario, se non si prova che egli lo conosceva al tempo della cessione.

(1) *V. d.P.R. 5 gennaio 1950, n. 180.*

1261. Divieti di cessione. – [I]. I magistrati dell'ordine giudiziario, i funzionari delle cancellerie e segreterie giudiziarie, gli ufficiali giudiziari, gli avvocati, i procuratori, i patrocinatori e i notai non possono, neppure per interposta persona, rendersi cessionari di diritti sui quali è sorta contestazione davanti l'autorità giudiziaria di cui fanno parte o nella cui giurisdizione esercitano le loro funzioni, sotto pena di nullità e dei danni.

[II]. La disposizione del comma precedente non si applica alle cessioni di azioni ereditarie tra coeredi, né a quelle fatte in pagamento di debiti o per difesa di beni posseduti dal cessionario.

1262. Documenti probatori del credito. – [I]. Il cedente deve consegnare al cessionario i documenti probatori del credito che sono in suo possesso [1477^3].

[II]. Se è stata ceduta solo una parte del credito, il cedente è tenuto a dare al cessionario una copia autentica dei documenti.

1263. Accessori del credito. – [I]. Per effetto della cessione, il credito è trasferito al cessionario con i privilegi, con le garanzie personali [1936] e reali [2843] e con gli altri accessori (1).

[II]. Il cedente non può trasferire al cessionario, senza il consenso del costituente, il possesso della cosa ricevuta in pegno; in caso di dissenso, il cedente rimane custode del pegno [1204^2].

[III]. Salvo patto contrario, la cessione non comprende i frutti scaduti [821^3].

(1) *V. art. 25 r.d. 14 dicembre 1933, n. 1669.*

1264. (1) **Efficacia della cessione riguardo al debitore ceduto.** – [I]. La cessione ha effetto nei confronti del debitore ceduto quando questi l'ha accettata o quando gli è stata notificata [967^2, 1248^2, 1407^1, $2914^{n.\ 2}$].

[II]. Tuttavia, anche prima della notificazione, il debitore che paga al cedente non è liberato, se il cessionario prova che il debitore medesimo era a conoscenza dell'avvenuta cessione [1189, 2559].

(1) *In deroga alle disposizioni di cui al presente articolo, v. l'art. 3^1 d.l. 9 ottobre 2008, n. 155, conv., con modif., in l. 4 dicembre 2008, n. 190 e l'art. 8 d.l. 6 dicembre 2011, n. 201, conv., con modif., in l. 22 dicembre 2011, n. 214.*

1265. (1) **Efficacia della cessione riguardo ai terzi.** – [I]. Se il medesimo credito ha formato oggetto di più cessioni a persone diverse, prevale la cessione notificata per prima al debitore, o quella che è stata prima accettata dal debitore con atto di data certa [2704], ancorché essa sia di data posteriore [2559^1].

[II]. La stessa norma si osserva quando il credito ha formato oggetto di costituzione di usufrutto o di pegno [1978, 2914].

(1) *In deroga alle disposizioni di cui al presente articolo, v. l'art. 3^1 d.l. 9 ottobre 2008, n. 155, conv., con modif., in l. 4 dicembre 2008, n. 190 e l'art. 8 d.l. 6 dicembre 2011, n. 201, conv., con modif., in l. 22 dicembre 2011, n. 214.*

1266. Obbligo di garanzia del cedente. – [I]. Quando la cessione è a titolo oneroso, il cedente è tenuto a garantire l'esistenza del credito al tempo della cessione. La garanzia può essere esclusa per patto, ma il cedente resta sempre obbligato per il fatto proprio [1487²].

[II]. Se la cessione è a titolo gratuito, la garanzia è dovuta solo nei casi e nei limiti in cui la legge pone a carico del donante la garanzia per l'evizione [797].

1267. Garanzia della solvenza del debitore. – [I]. Il cedente non risponde della solvenza del debitore, salvo che ne abbia assunto la garanzia [1858, 2255]. In questo caso egli risponde nei limiti di quanto ha ricevuto; deve inoltre corrispondere gli interessi, rimborsare le spese della cessione e quelle che il cessionario abbia sopportate per escutere il debitore, e risarcire il danno. Ogni patto diretto ad aggravare la responsabilità del cedente è senza effetto (1).

[II]. Quando il cedente ha garantito la solvenza del debitore, la garanzia cessa, se la mancata realizzazione del credito per insolvenza del debitore è dipesa da negligenza del cessionario nell'iniziare o nel proseguire le istanze contro il debitore stesso [1198].

(1) *V. art. 19¹ r.d. 14 dicembre 1933, n. 1669; art. 211 r.d. 21 dicembre 1933, n. 1736.*

CAPO VI – *Della delegazione, dell'espromissione e dell'accollo*

1268. Delegazione cumulativa. – [I]. Se il debitore assegna al creditore un nuovo debitore, il quale si obbliga verso il creditore, il debitore originario non è liberato dalla sua obbligazione, salvo che il creditore dichiari espressamente di liberarlo [1230², 1274].

[II]. Tuttavia il creditore che ha accettato l'obbligazione del terzo non può rivolgersi al delegante, se prima non ha richiesto al delegato l'adempimento [1408², 2356²].

1269. Delegazione di pagamento. – [I]. Se il debitore per eseguire il pagamento ha delegato un terzo, questi può obbligarsi verso il creditore, salvo che il debitore l'abbia vietato.

[II]. Il terzo delegato per eseguire il pagamento non è tenuto ad accettare l'incarico, ancorché sia debitore del delegante [1188¹]. Sono salvi gli usi diversi.

1270. Estinzione della delegazione. – [I]. Il delegante può revocare la delegazione, fino a quando il delegato non abbia assunto l'obbligazione in confronto del delegatario o non abbia eseguito il pagamento a favore di questo.

[II]. Il delegato può assumere l'obbligazione o eseguire il pagamento a favore del delegatario anche dopo la morte o la sopravvenuta incapacità del delegante.

1271. Eccezioni opponibili dal delegato. – [I]. Il delegato può opporre al delegatario le eccezioni relative ai suoi rapporti con questo.

[II]. Se le parti non hanno diversamente pattuito, il delegato non può opporre al delegatario, benché questi ne fosse stato a conoscenza, le eccezioni che avrebbe potuto opporre al delegante, salvo che sia nullo il rapporto tra delegante e delegatario.

[III]. Il delegato non può neppure opporre le eccezioni relative al rapporto tra il delegante e il delegatario, se ad esso le parti non hanno fatto espresso riferimento.

1272. Espromissione. – [I]. Il terzo che, senza delegazione del debitore [1268[1]], ne assume verso il creditore il debito, è obbligato in solido [1292 ss.] col debitore originario [1268[2]], se il creditore non dichiara espressamente di liberare quest'ultimo.

[II]. Se non si è convenuto diversamente, il terzo non può opporre al creditore le eccezioni relative ai suoi rapporti col debitore originario [1413].

[III]. Può opporgli invece le eccezioni che al creditore avrebbe potuto opporre il debitore originario, se non sono personali a quest'ultimo e non derivano da fatti successivi all'espromissione. Non può opporgli la compensazione che avrebbe potuto opporre il debitore originario, quantunque si sia verificata prima dell'espromissione [1248[1]].

1273. Accollo. – [I]. Se il debitore e un terzo convengono che questi assuma il debito dell'altro, il creditore può aderire alla convenzione, rendendo irrevocabile la stipulazione a suo favore [1411].

[II]. L'adesione del creditore importa liberazione del debitore originario solo se ciò costituisce condizione espressa della stipulazione o se il creditore dichiara espressamente di liberarlo [1274[3]].

[III]. Se non vi è liberazione del debitore, questi rimane obbligato in solido col terzo.

[IV]. In ogni caso il terzo è obbligato verso il creditore che ha aderito alla stipulazione nei limiti in cui ha assunto il debito, e può opporre al creditore le eccezioni fondate sul contratto in base al quale l'assunzione è avvenuta [1413].

1274. Insolvenza del nuovo debitore. – [I]. Il creditore che, in seguito a delegazione, ha liberato il debitore originario, non ha azione contro di lui se il delegato diviene insolvente, salvo che ne abbia fatto espressa riserva.

[II]. Tuttavia, se il delegato era insolvente al tempo in cui assunse il debito in confronto del creditore, il debitore originario non è liberato.

[III]. Le medesime disposizioni si osservano quando il creditore ha aderito all'accollo stipulato a suo favore e la liberazione del debitore originario era condizione espressa della stipulazione.

1275. Estinzione delle garanzie. – [I]. In tutti i casi nei quali il creditore libera il debitore originario, si estinguono le garanzie annesse al credito, se colui che le ha prestate non consente espressamente a mantenerle [1232, 2878].

1276. Invalidità della nuova obbligazione. – [I]. Se l'obbligazione assunta dal nuovo debitore verso il creditore è dichiarata nulla o annullata, e il creditore aveva liberato il debitore originario, l'obbligazione di questo rivive, ma il creditore non può valersi delle garanzie prestate da terzi [2881].

CAPO VII – *Di alcune specie di obbligazioni*

SEZIONE I – *Delle obbligazioni pecuniarie*

1277. Debito di somma di danaro. – [I]. I debiti pecuniari si estinguono con moneta avente corso legale nello Stato al tempo del pagamento e per il suo valore nominale [14 c.p.c.].

[II]. Se la somma dovuta era determinata in una moneta che non ha più corso legale al tempo del pagamento, questo deve farsi in moneta legale ragguagliata per valore alla prima.

1278. Debito di somma di monete non aventi corso legale. – [I]. Se la somma dovuta è determinata in una moneta non avente corso legale nello Stato, il debitore ha facoltà di pagare in moneta legale, al corso del cambio nel giorno della scadenza e nel luogo stabilito per il pagamento [1182].

1279. Clausola di pagamento effettivo in monete non aventi corso legale. – [I]. La disposizione dell'articolo precedente non si applica, se la moneta non avente corso legale nello Stato è indicata con la clausola « effettivo » o altra equivalente, salvo che alla scadenza dell'obbligazione non sia possibile procurarsi tale moneta (1).

(1) *V. art. 47 r.d. 14 dicembre 1933, n. 1669; art. 39 r.d. 21 dicembre 1933, n. 1736.*

1280. Debito di specie monetaria avente valore intrinseco. – [I]. Il pagamento deve farsi con una specie di moneta avente valore intrinseco, se così è stabilito dal titolo costitutivo del debito, sempreché la moneta avesse corso legale al tempo in cui l'obbligazione fu assunta.

[II]. Se però la moneta non è reperibile, o non ha più corso, o ne è alterato il valore intrinseco, il pagamento si effettua con moneta corrente che rappresenti il valore intrinseco che la specie monetaria dovuta aveva al tempo in cui l'obbligazione fu assunta.

1281. Leggi speciali. – [I]. Le norme che precedono si osservano in quanto non siano in contrasto con i principi derivanti da leggi speciali.

[II]. Sono salve le disposizioni particolari concernenti i pagamenti da farsi fuori del territorio dello Stato.

1282. Interessi nelle obbligazioni pecuniarie. – [I]. I crediti liquidi ed esigibili di somme di danaro producono interessi di pieno diritto, salvo che la legge o il titolo stabiliscano diversamente [506^3, 2033^1; 161 trans.].

[II]. Salvo patto contrario, i crediti per fitti e pigioni non producono interessi se non dalla costituzione in mora [1219].

[III]. Se il credito ha per oggetto rimborso di spese fatte per cose da restituire, non decorrono interessi per il periodo di tempo in cui chi ha fatto le spese abbia goduto della cosa senza corrispettivo e senza essere tenuto a render conto del godimento.

1283. Anatocismo. – [I]. In mancanza di usi contrari [1823, 1852], gli interessi scaduti possono produrre interessi solo dal giorno della domanda giudiziale o per effetto di convenzione posteriore alla loro scadenza, e sempre che si tratti di interessi dovuti almeno per sei mesi [162 trans.].

1284. (1) **Saggio degli interessi.** – [I]. Il saggio degli interessi legali è determinato in misura pari al 5per cento (2) in ragione d'anno. Il Ministro del tesoro, con proprio decreto pubblicato nella Gazzetta Ufficiale della Repubblica italiana non oltre il 15 dicembre dell'anno precedente a quello cui il saggio si riferisce, può modificarne annualmente la misura, sulla base del rendimento medio annuo lordo dei titoli di Stato di durata non superiore a dodici mesi e tenuto conto del tasso di inflazione registrato nell'anno. Qualora entro il 15 dicembre non sia fissata una nuova misura del saggio, questo rimane invariato per l'anno successivo [161^2 trans.] (3).

[II]. Allo stesso saggio si computano gli interessi convenzionali, se le parti non ne hanno determinato la misura.

[III]. Gli interessi superiori alla misura legale devono essere determinati per iscritto; altrimenti sono dovuti nella misura legale [1815^2, 2855] (4).

[IV]. Se le parti non ne hanno determinato la misura, dal momento in cui è proposta domanda giudiziale il saggio degli interessi legali è pari a quello previsto dalla legislazione speciale relativa ai ritardi di pagamento nelle transazioni commerciali (5).

[V]. La disposizione del quarto comma si applica anche all'atto con cui si promuove il procedimento arbitrale (6).

(1) *Articolo così sostituito dall'art. 1 l. 26 novembre 1990, n. 353.*

(2) *Con d.m. 13 dicembre 2022 (G.U. 15 dicembre 2022, n. 292), il saggio degli interessi legali è stato, da ultimo, determinato nel 5 % in ragione d'anno, con decorrenza dal 1° gennaio 2023.*

(3) *Comma così sostituito dall'art. 2^{185} l. 23 dicembre 1996, n. 662.*

(4) *V. art. 5^2 r.d. 14 dicembre 1933, n. 1669; art. 7 r.d. 21 dicembre 1933, n. 1736.*

(5) *Comma aggiunto dall'art. 17^1 d.l. 12 settembre 2014, n. 132, conv., con modif., in l. 10 novembre 2014, n. 162. Ai sensi del successivo comma 2 dell'art. 17 d.l. n. 132, cit., tale disposizione produce effetti « rispetto ai procedimenti iniziati a decorrere dal trentesimo giorno successivo all'entrata in vigore della legge di conversione del [suddetto] decreto ».*

(6) *Comma aggiunto dall'art. 17^1 d.l. n. 132, cit., con le disposizioni di efficacia di cui* sub *nota 5.*

SEZIONE II – *Delle obbligazioni alternative*

1285. Obbligazione alternativa. – [I]. Il debitore di un'obbligazione alternativa si libera eseguendo una delle due prestazioni dedotte in obbligazione, ma non può costringere il creditore a ricevere parte dell'una e parte dell'altra.

1286. Facoltà di scelta. – [I]. La scelta spetta al debitore [1184], se non è stata attribuita al creditore o ad un terzo [665].

[II]. La scelta diviene irrevocabile con l'esecuzione di una delle due prestazioni, ovvero con la dichiarazione di scelta, comunicata all'altra parte, o ad entrambe se la scelta è fatta da un terzo [666].

[III]. Se la scelta deve essere fatta da più persone, il giudice può fissare loro un termine. Se la scelta non è fatta nel termine stabilito, essa è fatta dal giudice [81 att.].

1287. Decadenza dalla facoltà di scelta. – [I]. Quando il debitore, condannato alternativamente a due prestazioni, non ne esegue alcuna nel termine assegnatogli dal giudice, la scelta spetta al creditore.

[II]. Se la facoltà di scelta spetta al creditore e questi non l'esercita nel termine stabilito o in quello fissatogli dal debitore, la scelta passa a quest'ultimo.

[III]. Se la scelta è rimessa a un terzo e questi non la fa nel termine assegnatogli, essa è fatta dal giudice [631^{3}, 664^{3}, 1349; 81 att.].

1288. Impossibilità di una delle prestazioni. – [I]. L'obbligazione alternativa si considera semplice, se una delle due prestazioni non poteva formare oggetto di obbligazione [1346 ss.] o se è divenuta impossibile per causa non imputabile ad alcuna delle parti [1256 ss.].

1289. Impossibilità colposa di una delle prestazioni. – [I]. Quando la scelta spetta al debitore, l'obbligazione alternativa diviene semplice, se una delle due prestazioni diventa impossibile anche per causa a lui imputabile. Se una delle due prestazioni diviene impossibile per colpa del creditore, il debitore è liberato dall'obbliga zione, qualora non preferisca eseguire l'altra prestazione e chiedere il risarcimento dei danni.

[II]. Quando la scelta spetta al creditore, il debitore è liberato dall'obbligazione, se una delle due prestazioni diviene impossibile per colpa del creditore, salvo che questi preferisca esigere l'altra prestazione e risarcire il danno. Se dell'impossibilità deve rispondere il debitore, il creditore può scegliere l'altra prestazione o esigere il risarcimento del danno.

1290. Impossibilità sopravvenuta di entrambe le prestazioni. – [I]. Qualora entrambe le prestazioni siano divenute impossibili e il debitore debba rispondere riguardo a una di esse, egli deve pagare l'equivalente di quella che è divenuta impossibile per l'ultima, se la scelta spettava a lui. Se la scelta spettava al creditore, questi può domandare l'equivalente dell'una o dell'altra.

1291. Obbligazione con alternativa multipla. – [I]. Le regole stabilite in questa sezione si osservano anche quando le prestazioni dedotte in obbligazione sono più di due.

SEZIONE III – *Delle obbligazioni in solido*

1292. Nozione della solidarietà. – [I]. L'obbligazione è in solido quando più debitori sono obbligati tutti per la medesima prestazione, in modo che ciascuno può essere costretto all'adempimento per la totalità e l'adempimento da parte di uno libera gli altri; oppure quando tra più creditori ciascuno ha diritto di chiedere l'adempimento dell'intera obbligazione e l'adempimento conseguito da uno di essi libera il debitore verso tutti i creditori [1296].

1293. **Modalità varie dei singoli rapporti.** – [I]. La solidarietà non è esclusa dal fatto che i singoli debitori siano tenuti ciascuno con modalità diverse [1268^{2}, 1944^{2}, 1408^{2}, 2268], o il debitore comune sia tenuto con modalità diverse di fronte ai singoli creditori.

1294. **Solidarietà tra condebitori.** – [I]. I condebitori sono tenuti in solido [2055; 97, 814 c.p.c.], se dalla legge o dal titolo non risulta diversamente [190, 441, 443^{3}, 754, 961^{2}, 1682, 1948, 2670^{2}].

1295. **Divisibilità tra gli eredi.** – [I]. Salvo patto contrario, l'obbligazione si divide tra gli eredi di uno dei condebitori o di uno dei creditori in solido, in proporzione delle rispettive quote [752, 754^{1}].

1296. **Scelta del creditore per il pagamento.** – [I]. Il debitore ha la scelta di pagare all'uno o all'altro dei creditori in solido, quando non è stato prevenuto da uno di essi con domanda giudiziale.

1297. **Eccezioni personali.** – [I]. Uno dei debitori in solido non può opporre al creditore le eccezioni personali agli altri debitori.

[II]. A uno dei creditori in solido il debitore non può opporre le eccezioni personali agli altri creditori.

1298. **Rapporti interni tra debitori o creditori solidali.** – [I]. Nei rapporti interni l'obbligazione in solido si divide tra i diversi debitori o tra i diversi creditori, salvo che sia stata contratta nell'interesse esclusivo di alcuno di essi.

[II]. Le parti di ciascuno si presumono uguali, se non risulta diversamente.

1299. **Regresso tra condebitori.** – [I]. Il debitore in solido che ha pagato l'intero debito può ripetere dai condebitori soltanto la parte di ciascuno di essi.

[II]. Se uno di questi è insolvente, la perdita si ripartisce per contributo tra gli altri condebitori, compreso quello che ha fatto il pagamento [754, 755].

[III]. La stessa norma si applica qualora sia insolvente il condebitore nel cui esclusivo interesse l'obbligazione era stata assunta [1203$^{n. 3}$].

1300. **Novazione.** – [I]. La novazione [1230] tra il creditore e uno dei debitori in solido libera gli altri debitori. Qualora però si sia voluto limitare la novazione a uno solo dei debitori, gli altri non sono liberati che per la parte di quest'ultimo.

[II]. Se convenuta tra uno dei creditori in solido e il debitore, la novazione ha effetto verso gli altri creditori solo per la parte del primo [1268 ss.].

1301. Remissione. – [I]. La remissione [1236 ss.] a favore di uno dei debitori in solido libera anche gli altri debitori, salvo che il creditore abbia riservato il suo diritto verso gli altri, nel qual caso il creditore non può esigere il credito da questi, se non detratta la parte del debitore a favore del quale ha consentito la remissione.

[II]. Se la remissione è fatta da uno dei creditori in solido, essa libera il debitore verso gli altri creditori solo per la parte spettante al primo.

1302. Compensazione. – [I]. Ciascuno dei debitori in solido può opporre in compensazione [1241 ss.] il credito di un condebitore solo fino alla concorrenza della parte di quest'ultimo.

[II]. A uno dei creditori in solido il debitore può opporre in compensazione ciò che gli è dovuto da un altro dei creditori, ma solo per la parte di questo.

1303. Confusione. – [I]. Se nella medesima persona si riuniscono le qualità di creditore e di debitore in solido, l'obbligazione degli altri debitori si estingue per la parte di quel condebitore [1253].

[II]. Se nella medesima persona si riuniscono le qualità di debitore e di creditore in solido, l'obbligazione si estingue per la parte di questo [1253].

1304. Transazione. – [I]. La transazione [1965 ss.] fatta dal creditore con uno dei debitori in solido non produce effetto nei confronti degli altri, se questi non dichiarano di volerne profittare.

[II]. Parimenti, se è intervenuta tra uno dei creditori in solido e il debitore, la transazione non ha effetto nei confronti degli altri creditori, se questi non dichiarano di volerne profittare.

1305. Giuramento. – [I]. Il giuramento [2736 ss.] sul debito e non sul vincolo solidale, deferito da uno dei debitori in solido al creditore o da uno dei creditori in solido al debitore, ovvero dal creditore a uno dei debitori in solido o dal debitore a uno dei creditori in solido, produce gli effetti seguenti:

il giuramento ricusato dal creditore o dal debitore, ovvero prestato dal condebitore o dal concreditore in solido, giova agli altri condebitori o concreditori;

il giuramento prestato dal creditore o dal debitore, ovvero ricusato dal condebitore o dal concreditore in solido, nuoce solo a chi lo ha deferito o a colui al quale è stato deferito.

1306. Sentenza. – [I]. La sentenza pronunziata tra il creditore e uno dei debitori in solido, o tra il debitore e uno dei creditori in solido [103, 332 c.p.c.], non ha effetto contro gli altri debitori o contro gli altri creditori [2909].

[II]. Gli altri debitori possono opporla al creditore, salvo che sia fondata sopra ragioni personali al condebitore; gli altri creditori possono farla valere contro il debitore, salve le eccezioni personali che questi può opporre a ciascuno di essi.

1307. Inadempimento. – [I]. Se l'adempimento dell'obbligazione è divenuto impossibile per causa imputabile a uno o più condebitori [1218], gli altri condebitori non sono liberati dall'obbligo solidale di corrispondere il valore della prestazione dovuta. Il creditore può chiedere il risarcimento del danno ulteriore al condebitore o a ciascuno dei condebitori inadempienti.

1308. Costituzione in mora. – [I]. La costituzione in mora [1219] di uno dei debitori in solido non ha effetto riguardo agli altri, salvo il disposto dell'articolo 1310.

[II]. La costituzione in mora del debitore da parte di uno dei creditori in solido giova agli altri.

1309. Riconoscimento del debito. – [I]. Il riconoscimento del debito fatto da uno dei debitori in solido non ha effetto riguardo agli altri; se è fatto dal debitore nei confronti di uno dei creditori in solido, giova agli altri.

1310. Prescrizione. – [I]. Gli atti con i quali il creditore interrompe la prescrizione contro uno dei debitori in solido, oppure uno dei creditori in solido interrompe la prescrizione [2943 ss.] contro il comune debitore, hanno effetto riguardo agli altri debitori o agli altri creditori [1308].

[II]. La sospensione della prescrizione [2941 s.] nei rapporti di uno dei debitori o di uno dei creditori in solido non ha effetto riguardo agli altri. Tuttavia il debitore che sia stato costretto a pagare ha regresso contro i condebitori liberati in conseguenza della prescrizione.

[III]. La rinunzia alla prescrizione [2937] fatta da uno dei debitori in solido non ha effetto riguardo agli altri; fatta in confronto di uno dei creditori in solido, giova agli altri. Il condebitore che ha rinunziato alla prescrizione non ha regresso verso gli altri debitori liberati in conseguenza della prescrizione medesima.

1311. Rinunzia alla solidarietà. – [I]. Il creditore che rinunzia alla solidarietà a favore di uno dei debitori conserva l'azione in solido contro gli altri [1313].

[ii]. Rinunzia alla solidarietà:

1) il creditore che rilascia a uno dei debitori quietanza per la parte di lui senza alcuna riserva;

2) il creditore che ha agito giudizialmente contro uno dei debitori per la parte di lui, se questi ha aderito alla domanda, o se è stata pronunciata una sentenza di condanna.

1312. Pagamento separato dei frutti o degli interessi. – [i]. Il creditore che riceve, separatamente e senza riserva, la parte dei frutti o degli interessi che è a carico di uno dei debitori perde contro di lui l'azione in solido per i frutti o per gli interessi scaduti, ma la conserva per quelli futuri.

1313. Insolvenza di un condebitore in caso di rinunzia alla solidarietà. – [i]. Nel caso di rinunzia del creditore alla solidarietà verso alcuno dei debitori, se uno degli altri è insolvente, la sua parte di debito è ripartita per contributo tra tutti i condebitori, compreso quello che era stato liberato dalla solidarietà [1311].

Sezione IV – *Delle obbligazioni divisibili e indivisibili*

1314. Obbligazioni divisibili. – [i]. Se più sono i debitori o i creditori di una prestazione divisibile e l'obbligazione non è solidale [1292], ciascuno dei creditori non può domandare il soddisfacimento del credito che per la sua parte, e ciascuno dei debitori non è tenuto a pagare il debito che per la sua parte [11 c.p.c.].

1315. Limiti alla divisibilità tra gli eredi del debitore. – [i]. Il beneficio della divisione non può essere opposto da quello tra gli eredi del debitore, che è stato incaricato di eseguire la prestazione o che è in possesso della cosa dovuta, se questa è certa e determinata.

1316. Obbligazioni indivisibili. – [i]. L'obbligazione è indivisibile quando la prestazione ha per oggetto una cosa o un fatto che non è suscettibile di divisione per sua natura o per il modo in cui è stato considerato dalle parti contraenti [187 c.p.].

1317. Disciplina delle obbligazioni indivisibili. – [i]. Le obbligazioni indivisibili sono regolate dalle norme relative alle obbligazioni solidali [1292 ss.], in quanto applicabili, salvo quanto è disposto dagli articoli seguenti.

1318. Indivisibilità nei confronti degli eredi. – [i]. L'indivisibilità opera anche nei confronti degli eredi del debitore o di quelli del creditore [1295].

1319. **Diritto di esigere l'intero.** – [I]. Ciascuno dei creditori può esigere l'esecuzione della intera prestazione indivisibile [1772²]. Tuttavia l'erede del creditore, che agisce per il soddisfacimento dell'intero credito, deve dare cauzione a garanzia dei coeredi [1179].

1320. **Estinzione parziale.** – [I]. Se uno dei creditori ha fatto remissione del debito [1236 ss.] o ha consentito a ricevere un'altra prestazione in luogo di quella dovuta [1197], il debitore non è liberato verso gli altri creditori. Questi tuttavia non possono domandare la prestazione indivisibile se non addebitandosi ovvero rimborsando il valore della parte di colui che ha fatto la remissione o che ha ricevuto la prestazione diversa.

[II]. La medesima disposizione si applica in caso di transazione [1304], novazione [1300], compensazione [1302] e confusione [1303].

TITOLO II
Dei contratti in generale

CAPO I – *Disposizioni preliminari*

1321. **Nozione.** – [I]. Il contratto è l'accordo di due o più parti [1420] per costituire, regolare o estinguere tra loro un rapporto giuridico patrimoniale [1174].

1322. **Autonomia contrattuale.** – [I]. Le parti possono liberamente determinare il contenuto del contratto nei limiti imposti dalla legge [41² Cost.] [e dalle norme corporative] (1).

[II]. Le parti possono anche concludere contratti che non appartengano ai tipi aventi una disciplina particolare [1470 ss.], purché siano diretti a realizzare interessi meritevoli di tutela secondo l'ordinamento giuridico.

(1) *Il richiamo alle norme corporative è divenuto inoperante a seguito della soppressione dell'ordinamento corporativo disposto con r.d.l. 9 agosto 1943, n. 721.*

1323. **Norme regolatrici dei contratti.** – [I]. Tutti i contratti, ancorché non appartengano ai tipi che hanno una disciplina particolare [1322²], sono sottoposti alle norme generali contenute in questo titolo.

1324. **Norme applicabili agli atti unilaterali.** – [I]. Salvo diverse disposizioni di legge, le norme che regolano i contratti si osservano, in quanto compatibili, per gli atti unilaterali tra vivi aventi contenuto patrimoniale [1236, 1334, 1350ⁿ· ⁵, 1414³, 1987, 2821].

CAPO II – *Dei requisiti del contratto*

1325. Indicazione dei requisiti. – [I]. I requisiti del contratto sono:

1) l'accordo delle parti [1326 ss.];
2) la causa [1343 ss., 1895];
3) l'oggetto [1346 ss.];
4) la forma, quando risulta che è prescritta dalla legge sotto pena di nullità [1350 ss.].

SEZIONE I – *Dell'accordo delle parti*

1326. Conclusione del contratto. – [I]. Il contratto è concluso nel momento in cui chi ha fatto la proposta ha conoscenza dell'accettazione dell'altra parte [1335].

[II]. L'accettazione deve giungere al proponente nel termine da lui stabilito o in quello ordinariamente necessario secondo la natura dell'affare o secondo gli usi [1328²].

[III]. Il proponente può ritenere efficace l'accettazione tardiva, purché ne dia immediatamente avviso all'altra parte [1175].

[IV]. Qualora il proponente richieda per l'accettazione una forma determinata [1352], l'accettazione non ha effetto se è data in forma diversa.

[V]. Un'accettazione non conforme alla proposta equivale a nuova proposta.

1327. Esecuzione prima della risposta dell'accettante. – [I]. Qualora, su richiesta del proponente o per la natura dell'affare o secondo gli usi, la prestazione debba eseguirsi senza una preventiva risposta, il contratto è concluso nel tempo e nel luogo in cui ha avuto inizio l'esecuzione.

[II]. L'accettante deve dare prontamente avviso all'altra parte dell'iniziata esecuzione [1175] e, in mancanza, è tenuto al risarcimento del danno.

1328. Revoca della proposta e dell'accettazione. – [I]. La proposta può essere revocata finché il contratto non sia concluso [1326¹]. Tuttavia, se l'accettante ne ha intrapreso in buona fede l'esecuzione prima di avere notizia della revoca, il proponente è tenuto a indennizzarlo delle spese e delle perdite subite per l'iniziata esecuzione del contratto [1337].

[II]. L'accettazione può essere revocata, purché la revoca giunga a conoscenza del proponente prima dell'accettazione [1326², 1335].

1329. Proposta irrevocabile. – [I]. Se il proponente si è obbligato a mantenere ferma la proposta per un certo tempo [1183[1], 1326[2], 1331[2]], la revoca è senza effetto [1887].

[II]. Nell'ipotesi prevista dal comma precedente, la morte o la sopravvenuta incapacità del proponente non toglie efficacia alla proposta, salvo che la natura dell'affare o altre circostanze escludano tale efficacia.

1330. Morte o incapacità dell'imprenditore. – [I]. La proposta o l'accettazione, quando è fatta dall'imprenditore [2082] nell'esercizio della sua impresa, non perde efficacia se l'imprenditore muore o diviene incapace [1425] prima della conclusione del contratto, salvo che si tratti di piccoli imprenditori [2083] o che diversamente risulti dalla natura dell'affare o da altre circostanze.

1331. Opzione. – [I]. Quando le parti convengono che una di esse rimanga vincolata alla propria dichiarazione e l'altra abbia facoltà di accettarla o meno, la dichiarazione della prima si considera quale proposta irrevocabile per gli effetti previsti dall'articolo 1329.

[II]. Se per l'accettazione non è stato fissato un termine, questo può essere stabilito dal giudice [1183[1]].

1332. Adesione di altre parti al contratto. – [I]. Se ad un contratto possono aderire altre parti e non sono determinate le modalità dell'adesione, questa deve essere diretta all'organo che sia stato costituito per l'attuazione del contratto o, in mancanza di esso, a tutti i contraenti originari.

1333. Contratto con obbligazioni del solo proponente. – [I]. La proposta diretta a concludere un contratto da cui derivino obbligazioni solo per il proponente è irrevocabile appena giunge a conoscenza della parte alla quale è destinata [1335].

[II]. Il destinatario può rifiutare la proposta nel termine richiesto dalla natura dell'affare o dagli usi. In mancanza di tale rifiuto il contratto è concluso.

1334. Efficacia degli atti unilaterali. – [I]. Gli atti unilaterali [1324] producono effetto dal momento in cui pervengono a conoscenza della persona alla quale sono destinati [1335].

1335. Presunzione di conoscenza. – [I]. La proposta, l'accettazione [1326], la loro revoca [1328] e ogni altra dichiarazione diretta a una determinata persona si reputano conosciute nel momento in cui giungono all'indirizzo del destinatario, se questi non prova di essere stato, senza sua colpa, nell'impossibilità di averne notizia.

1336. Offerta al pubblico. – [I]. L'offerta al pubblico, quando contiene gli estremi essenziali del contratto alla cui conclusione è diretta, vale come proposta, salvo che risulti diversamente dalle circostanze o dagli usi.

[II]. La revoca dell'offerta, se è fatta nella stessa forma dell'offerta o in forma equipollente, è efficace anche in confronto di chi non ne ha avuto notizia.

1337. Trattative e responsabilità precontrattuale. – [I]. Le parti, nello svolgimento delle trattative e nella formazione del contratto, devono comportarsi secondo buona fede [1218, 1440, 1578, 1812, 1821, 2043].

1338. Conoscenza delle cause d'invalidità. – [I]. La parte che, conoscendo o dovendo conoscere l'esistenza di una causa d'invalidità del contratto [1418 ss.], non ne ha dato notizia all'altra parte è tenuta a risarcire il danno da questa risentito per avere confidato, senza sua colpa, nella validità del contratto [139, 1398].

1339. Inserzione automatica di clausole. – [I]. Le clausole, i prezzi di beni o di servizi, imposti dalla legge [o da norme corporative] (1), sono di diritto inseriti nel contratto, anche in sostituzione delle clausole difformi apposte dalle parti [1419^2, 1679^4, 1815^2, 1932^2, 2066^2, 2077^2, 2597].

(1) *V.* sub *art. 1322.*

1340. Clausole d'uso. – [I]. Le clausole d'uso s'intendono inserite nel contratto, se non risulta che non sono state volute dalle parti [1374].

1341. Condizioni generali di contratto. – [I]. Le condizioni generali di contratto predisposte da uno dei contraenti sono efficaci nei confronti dell'altro, se al momento della conclusione del contratto questi le ha conosciute o avrebbe dovuto conoscerle usando l'ordinaria diligenza [1370, 1469-*bis* ss.].

[II]. In ogni caso non hanno effetto, se non sono specificamente approvate per iscritto, le condizioni che stabiliscono, a favore di colui che le ha predisposte, limitazioni di responsabilità [1229], facoltà di recedere dal contratto [1373] o di sospenderne l'esecuzione [1461], ovvero sanciscono a carico dell'altro contraente decadenze [2964 ss.], limitazioni alla facoltà di opporre eccezioni [1462], restrizioni alla libertà contrattuale nei rapporti coi terzi [1379], tacita proroga o rinnovazione del contratto, clausole compromissorie [808 c.p.c.] o deroghe alla competenza dell'autorità giudiziaria [6 c.p.c.].

1342. Contratto concluso mediante moduli o formulari. – [I]. Nei contratti conclusi mediante la sottoscrizione di moduli o formulari, predisposti per disciplinare in maniera uniforme determinati rapporti contrattuali, le clausole aggiunte al modulo o al formulario prevalgono su quelle del modulo o del formulario qualora siano incompatibili con esse, anche se queste ultime non sono state cancellate [1370].

[II]. Si osserva inoltre la disposizione del secondo comma dell'articolo precedente.

SEZIONE II – *Della causa del contratto*

1343. Causa illecita. – [I]. La causa è illecita quando è contraria a norme imperative, all'ordine pubblico o al buon costume [1418^{2}; 31 prel.; 41^{2} Cost.].

1344. Contratto in frode alla legge. – [I]. Si reputa altresì illecita la causa quando il contratto costituisce il mezzo per eludere l'applicazione di una norma imperativa [1418^{2}].

1345. Motivo illecito. – [I]. Il contratto è illecito quando le parti si sono determinate a concluderlo esclusivamente per un motivo illecito comune ad entrambe [626, 788, 1418^{2}].

SEZIONE III – *Dell'oggetto del contratto*

1346. Requisiti. – [I]. L'oggetto del contratto deve essere possibile, lecito, determinato o determinabile [1418^{2}].

1347. Possibilità sopravvenuta dell'oggetto. – [I]. Il contratto sottoposto a condizione sospensiva [1353 ss.] o a termine [1184] è valido, se la prestazione inizialmente impossibile diviene possibile prima dell'avveramento della condizione o della scadenza del termine.

1348. Cose future. – [I]. La prestazione di cose future [820^{2}, 1029, 1472, 1938, 2823] può essere dedotta in contratto, salvi i particolari divieti della legge [458, 771^{1}].

1349. Determinazione dell'oggetto. – [I]. Se la determinazione della prestazione dedotta in contratto è deferita a un terzo e non risulta che le parti vollero rimettersi al suo mero arbitrio, il terzo deve procedere con equo apprezzamento. Se manca la determinazione del terzo o se questa è manifestamente iniqua o erronea, la determinazione è fatta dal giudice [778^{3}, 1287^{3}, 1473^{2}, 2264, 2603^{4}; 113 c.p.c.].

[II]. La determinazione rimessa al mero arbitrio del terzo non si può impugnare se non provando la sua mala fede. Se manca la determinazione del terzo e le parti non si accordano per sostituirlo, il contratto è nullo.

[III]. Nel determinare la prestazione il terzo deve tener conto anche delle condizioni generali della produzione a cui il contratto eventualmente abbia riferimento.

SEZIONE IV – *Della forma del contratto*

1350. Atti che devono farsi per iscritto. – [I]. Devono farsi per atto pubblico [2699 ss.] o per scrittura privata [2702 ss.], sotto pena di nullità (1):

1) i contratti che trasferiscono la proprietà di beni immobili [812];

2) i contratti che costituiscono, modificano o trasferiscono il diritto di usufrutto [978 ss.] su beni immobili, il diritto di superficie [952 ss.], il diritto del concedente e dell'enfiteuta [957 ss.];

3) i contratti che costituiscono la comunione [1100 ss.] di diritti indicati dai numeri precedenti;

4) i contratti che costituiscono o modificano le servitù prediali [1027 ss.], il diritto di uso su beni immobili e il diritto di abitazione [1021 ss.];

5) gli atti di rinunzia ai diritti indicati dai numeri precedenti;

6) i contratti di affrancazione del fondo enfiteutico [971];

7) i contratti di anticresi [1960 ss.];

8) i contratti di locazione [1571] di beni immobili per una durata superiore a nove anni (2);

9) i contratti di società [2247 ss.] o di associazione [2594 ss.] con i quali si conferisce il godimento di beni immobili o di altri diritti reali immobiliari per un tempo eccedente i nove anni o per un tempo indeterminato;

10) gli atti che costituiscono rendite perpetue [1861 ss.] o vitalizie [1872 ss.], salve le disposizioni relative alle rendite dello Stato [1871] (3);

11) gli atti di divisione di beni immobili e di altri diritti reali immobiliari;

12) le transazioni [1965 ss.] che hanno per oggetto controversie relative ai rapporti giuridici menzionati nei numeri precedenti;

13) gli altri atti specialmente indicati dalla legge [14, 47, 162, 484, 519, 601 ss., 782, 1392, 1403, 1503³, 1543¹, 1978¹, 2096, 2328, 2504,

2603, 2821, 2879, 2882; 807, 808 c.p.c.; 237, 249, 328, 565, 852, 857, 1027 c. nav.] (4).

(1) *In tema di documento informatico sottoscritto con firma elettronica, v. art. 21$^{2\text{-bis}}$ d.ls. 7 marzo 2005, n. 82.*

(2) *V. art. 41 l. 3 maggio 1982, n. 203.*

(3) *V. l. 6 agosto 1966, n. 651 e d.P.R. 30 dicembre 2003, n. 398.*

(4) *V. art. 117 d.ls. 1° settembre 1993, n. 385.*

1351. Contratto preliminare. – [I]. Il contratto preliminare [2932] è nullo, se non è fatto nella stessa forma che la legge prescrive per il contratto definitivo [1392].

1352. Forme convenzionali. – [I]. Se le parti hanno convenuto per iscritto di adottare una determinata forma per la futura conclusione di un contratto, si presume che la forma sia stata voluta per la validità di questo [2725].

CAPO III – *Della condizione nel contratto*

1353. Contratto condizionale. – [I]. Le parti possono subordinare l'efficacia o la risoluzione del contratto o di un singolo patto a un avvenimento futuro e incerto [1757, 2659^{2}].

1354. Condizioni illecite o impossibili. – [I]. È nullo il contratto al quale è apposta una condizione, sospensiva o risolutiva, contraria a norme imperative, all'ordine pubblico o al buon costume [31 prel.].

[II]. La condizione impossibile rende nullo il contratto se è sospensiva; se è risolutiva, si ha come non apposta [634].

[III]. Se la condizione illecita o impossibile è apposta a un patto singolo del contratto, si osservano, riguardo all'efficacia del patto [1367], le disposizioni dei commi precedenti, fermo quanto è disposto dall'articolo 1419.

1355. Condizione meramente potestativa. – [I]. È nulla l'alienazione di un diritto o l'assunzione di un obbligo subordinata a una condizione sospensiva che la faccia dipendere dalla mera volontà dell'alienante o, rispettivamente, da quella del debitore [645].

1356. Pendenza della condizione. – [I]. In pendenza della condizione sospensiva l'acquirente di un diritto può compiere atti conservativi [670 ss. c.p.c.].

[II]. L'acquirente di un diritto sotto condizione risolutiva può, in pendenza di questa, esercitarlo, ma l'altro contraente può compiere atti conservativi.

1357. Atti di disposizione in pendenza della condizione. – [I]. Chi ha un diritto subordinato a condizione sospensiva o risolutiva può disporne in pendenza di questa; ma gli effetti di ogni atto di disposizione sono subordinati alla stessa condizione.

1358. Comportamento delle parti nello stato di pendenza. – [I]. Colui che si è obbligato o che ha alienato un diritto sotto condizione sospensiva, ovvero lo ha acquistato sotto condizione risolutiva, deve, in pendenza della condizione, com portarsi secondo buona fede per conservare integre le ragioni dell'altra parte [1175, 1375].

1359. Avveramento della condizione. – [I]. La condizione si considera avverata qualora sia mancata per causa imputabile alla parte che aveva interesse contrario all'avveramento di essa.

1360. Retroattività della condizione. – [I]. Gli effetti dell'avveramento della condizione retroagiscono al tempo in cui è stato concluso il contratto, salvo che, per volontà delle parti o per la natura del rapporto, gli effetti del contratto o della risoluzione debbano essere riportati a un momento diverso [646].

[II]. Se però la condizione risolutiva è apposta a un contratto ad esecuzione continuata o periodica, l'avveramento di essa, in mancanza di patto contrario, non ha effetto riguardo alle prestazioni già eseguite [1465[4]].

1361. Atti di amministrazione. – [I]. L'avveramento della condizione [1359] non pregiudica la validità degli atti di amministrazione compiuti dalla parte a cui, in pendenza della condizione stessa, spettava l'esercizio del diritto.

[II]. Salvo diverse disposizioni di legge o diversa pattuizione, i frutti percepiti sono dovuti dal giorno in cui la condizione si è avverata [646].

CAPO IV – *Dell'interpretazione del contratto*

1362. Intenzione dei contraenti. – [I]. Nell'interpretare il contratto si deve indagare quale sia stata la comune intenzione delle parti e non limitarsi al senso letterale delle parole.

[II]. Per determinare la comune intenzione delle parti, si deve valutare il loro comportamento complessivo anche posteriore alla conclusione del contratto [1326].

1363. **Interpretazione complessiva delle clausole.** – [I]. Le clausole del contratto si interpretano le une per mezzo delle altre, attribuendo a ciascuna il senso che risulta dal complesso dell'atto.

1364. **Espressioni generali.** – [I]. Per quanto generali siano le espressioni usate nel contratto, questo non comprende che gli oggetti sui quali le parti si sono proposte di contrattare.

1365. **Indicazioni esemplificative.** – [I]. Quando in un contratto si è espresso un caso al fine di spiegare un patto, non si presumono esclusi i casi non espressi, ai quali, secondo ragione, può estendersi lo stesso patto.

1366. **Interpretazione di buona fede.** – [I]. Il contratto deve essere interpretato secondo buona fede [1337, 1375].

1367. **Conservazione del contratto.** – [I]. Nel dubbio, il contratto o le singole clausole devono interpretarsi nel senso in cui possono avere qualche effetto, anziché in quello secondo cui non ne avrebbero alcuno [1424].

1368. **Pratiche generali interpretative.** – [I]. Le clausole ambigue s'interpretano secondo ciò che si pratica generalmente nel luogo in cui il contratto è stato concluso.

[II]. Nei contratti in cui una delle parti è un imprenditore [2082], le clausole ambigue s'interpretano secondo ciò che si pratica generalmente nel luogo in cui è la sede dell'impresa.

1369. **Espressioni con più sensi.** – [I]. Le espressioni che possono avere più sensi devono, nel dubbio, essere intese nel senso più conveniente alla natura e all'oggetto del contratto.

1370. **Interpretazione contro l'autore della clausola.** – [I]. Le clausole inserite nelle condizioni generali di contratto [1341] o in moduli o formulari [1342] predisposti da uno dei contraenti s'interpretano, nel dubbio, a favore dell'altro [1366].

1371. (1) **Regole finali.** – [I]. Qualora, nonostante l'applicazione delle norme contenute in questo capo [1362 ss.], il contratto rimanga oscuro, esso deve essere inteso nel senso meno gravoso per l'obbligato [1184, 1286], se è a titolo gratuito, e nel senso che realizzi l'equo contemperamento degli interessi delle parti [1374], se è a titolo oneroso.

(1) *Articolo così modificato dall'art. 3 d.ls.lt. 14 settembre 1944, n. 287.*

CAPO V – *Degli effetti del contratto*

SEZIONE I – *Disposizioni generali*

1372. Efficacia del contratto. – [I]. Il contratto ha forza di legge tra le parti. Non può essere sciolto che per mutuo consenso o per cause ammesse dalla legge [1723].

[II]. Il contratto non produce effetto rispetto ai terzi [1379, 1381] che nei casi previsti dalla legge [1411].

1373. Recesso unilaterale. – [I]. Se a una delle parti è attribuita la facoltà di recedere dal contratto, tale facoltà può essere esercitata finché il contratto non abbia avuto un principio di esecuzione [1671, 2227, 2237].

[II]. Nei contratti a esecuzione continuata o periodica, tale facoltà può essere esercitata anche successivamente, ma il recesso non ha effetto per le prestazioni già eseguite o in corso di esecuzione [1671, 2227].

[III]. Qualora sia stata stipulata la prestazione di un corrispettivo per il recesso, questo ha effetto quando la prestazione è eseguita [1386].

[IV]. È salvo in ogni caso il patto contrario.

1374. Integrazione del contratto. – [I]. Il contratto obbliga le parti non solo a quanto è nel medesimo espresso, ma anche a tutte le conseguenze che ne derivano secondo la legge, o, in mancanza, secondo gli usi e l'equità.

1375. Esecuzione di buona fede. – [I]. Il contratto deve essere eseguito secondo buona fede [1337, 1358, 1366, 1460].

1376. Contratto con effetti reali. – [I]. Nei contratti che hanno per oggetto il trasferimento della proprietà di una cosa determinata, la costituzione o il trasferimento di un diritto reale ovvero il trasferimento di un altro diritto, la proprietà o il diritto si trasmettono e si acquistano per effetto del consenso delle parti legittimamente manifestato [1472, 1476 n. 2, 1478].

1377. Trasferimento di una massa di cose. – [I]. Quando oggetto del trasferimento è una determinata massa di cose, anche se omogenee, si applica la disposizione dell'articolo precedente, ancorché, per determinati effetti, le cose debbano essere numerate, pesate o misurate.

1378. Trasferimento di cosa determinata solo nel genere. – [I]. Nei contratti che hanno per oggetto il trasferimento di cose determinate solo nel genere [1178], la proprietà si trasmette con l'individuazione fatta d'accordo tra le parti o nei modi da esse stabiliti [1465^{3}]. Trattandosi di cose che devono essere trasportate da un luogo a un altro, l'individuazione avviene anche mediante la consegna al vettore [1678 ss.] o allo spedizioniere [1737 ss.].

1379. Divieto di alienazione. – [I]. Il divieto di alienare stabilito per contratto ha effetto solo tra le parti, e non è valido se non è contenuto entro convenienti limiti di tempo [965^{3}] e se non risponde a un apprezzabile interesse di una delle parti [1260^{2}].

1380. Conflitto tra più diritti personali di godimento. – [I]. Se, con successivi contratti, una persona concede a diversi contraenti un diritto personale di godimento relativo alla stessa cosa, il godimento spetta al contraente che per primo lo ha conseguito [1155, 1265].

[II]. Se nessuno dei contraenti ha conseguito il godimento, è preferito quello che ha il titolo di data certa [2704] anteriore.

[III]. Sono salve le norme relative agli effetti della trascrizione [2644 ss.].

1381. Promessa dell'obbligazione o del fatto del terzo. – [I]. Colui che ha promesso l'obbligazione o il fatto di un terzo è tenuto a indennizzare l'altro contraente, se il terzo rifiuta di obbligarsi o non compie il fatto promesso [1372].

SEZIONE II – *Della clausola penale e della caparra*

1382. Effetti della clausola penale. – [I]. La clausola, con cui si conviene che, in caso d'inadempimento o di ritardo nell'adempimento [1218], uno dei contraenti è tenuto a una determinata prestazione, ha l'effetto di limitare il risarcimento alla prestazione promessa, se non è stata convenuta la risarcibilità del danno ulteriore [1223].

[II]. La penale è dovuta indipendentemente dalla prova del danno.

1383. Divieto di cumulo. – [I]. Il creditore non può domandare insieme la prestazione principale e la penale, se questa non è stata stipulata per il semplice ritardo.

1384. Riduzione della penale. – [I]. La penale può essere diminuita equamente dal giudice, se l'obbligazione principale è stata eseguita in parte ovvero se l'ammontare della penale è manifestamente eccessivo, avuto sempre riguardo all'interesse che il creditore aveva all'adempimento [1174, 1256^{2}; 163 trans.].

1385. Caparra confirmatoria. – [I]. Se al momento della conclusione del contratto una parte dà all'altra, a titolo di caparra, una somma di danaro o una quantità di altre cose fungibili, la caparra, in caso di adempimento, deve essere restituita o imputata alla prestazione dovuta [1194].

[II]. Se la parte che ha dato la caparra è inadempiente, l'altra può recedere dal contratto, ritenendo la caparra; se inadempiente è invece la parte che l'ha ricevuta, l'altra può recedere dal contratto ed esigere il doppio della caparra [1386; 164 trans.].

[III]. Se però la parte che non è inadempiente preferisce domandare l'esecuzione o la risoluzione [1453 ss.] del contratto, il risarcimento del danno è regolato dalle norme generali [1223 ss.; 164 trans.].

1386. Caparra penitenziale. – [I]. Se nel contratto è stipulato il diritto di recesso per una [1373] o per entrambe le parti, la caparra ha la sola funzione di corrispettivo del recesso [1373[3]].

[II]. In questo caso, il recedente perde la caparra data o deve restituire il doppio di quella che ha ricevuta.

CAPO VI – *Della rappresentanza*

1387. Fonti della rappresentanza. – [I]. Il potere di rappresentanza è conferito dalla legge [48, 320, 357, 360, 424, 643; 78 c.p.c.] ovvero dall'interessato [1392].

1388. Contratto concluso dal rappresentante. – [I]. Il contratto concluso dal rappresentante in nome e nell'interesse del rappresentato, nei limiti delle facoltà conferitegli [19], produce direttamente effetto nei confronti del rappresentato.

1389. Capacità del rappresentante e del rappresentato. – [I]. Quando la rappresentanza è conferita dall'interessato, per la validità del contratto concluso dal rappresentante basta che questi abbia la capacità di intendere e di volere [428, 1425[2]], avuto riguardo alla natura e al contenuto del contratto stesso, sempre che sia legalmente capace il rappresentato [1425[1]].

[II]. In ogni caso, per la validità del contratto concluso dal rappresentante è necessario che il contratto non sia vietato al rappresentato [1261, 1471].

1390. Vizi della volontà. – [I]. Il contratto è annullabile [1427 ss., 1441 ss.] se è viziata la volontà del rappresentante. Quando però il vizio riguarda elementi predeterminati dal rappresentato, il contratto è annullabile solo se era viziata la volontà di questo.

1391. Stati soggettivi rilevanti. – [I]. Nei casi in cui è rilevante lo stato di buona o di mala fede, di scienza o d'ignoranza di determinate circostanze, si ha riguardo alla persona del rappresentante, salvo che si tratti di elementi predeterminati dal rappresentato.

[II]. In nessun caso il rappresentato che è in mala fede può giovarsi dello stato d'ignoranza o di buona fede del rappresentante.

1392. Forma della procura. – [I]. La procura non ha effetto se non è conferita con le forme prescritte per il contratto che il rappresentante deve concludere [1350 ss., 1399; 83^2 c.p.c.].

1393. Giustificazione dei poteri del rappresentante. – [I]. Il terzo che contratta col rappresentante può sempre esigere che questi giustifichi i suoi poteri e, se la rappresentanza risulta da un atto scritto, che gliene dia una copia da lui firmata.

1394. Conflitto d'interessi. – [I]. Il contratto concluso dal rappresentante in conflitto d'interessi col rappresentato può essere annullato [1441 ss.] su domanda del rappresentato, se il conflitto era conosciuto o riconoscibile dal terzo.

1395. Contratto con se stesso. – [I]. È annullabile [1441 ss.] il contratto che il rappresentante conclude con se stesso, in proprio o come rappresentante di un'altra parte, a meno che il rappresentato lo abbia autorizzato specificatamente ovvero il contenuto del contratto sia determinato in modo da escludere la possibilità di conflitto d'interessi [1735].

[II]. L'impugnazione può essere proposta soltanto dal rappresentato [1471].

1396. Modificazione ed estinzione della procura. – [I]. Le modificazioni e la revoca della procura devono essere portate a conoscenza dei terzi con mezzi idonei [85 c.p.c.]. In mancanza, esse non sono opponibili ai terzi, se non si prova che questi le conoscevano al momento della conclusione del contratto [19, 2207, 2266^3, 2298].

[II]. Le altre cause di estinzione del potere di rappresentanza conferito dall'interessato [1722, 1727 ss.] non sono opponibili ai terzi che le hanno senza colpa ignorate.

1397. Restituzione del documento della rappresentanza. – [I]. Il rappresentante è tenuto a restituire il documento dal quale risultano i suoi poteri, quando questi sono cessati.

1398. Rappresentanza senza potere. – [I]. Colui che ha contrattato come rappresentante senza averne i poteri o eccedendo i limiti delle facoltà conferitegli, è responsabile del danno che il terzo contraente ha sofferto per avere confidato senza sua colpa nella validità del contratto [1338, 1890^2] (1).

(1) *V. art. 11 r.d. 14 dicembre 1933, n. 1669; art. 14 r.d. 21 dicembre 1933, n. 1736.*

1399. Ratifica. – [I]. Nell'ipotesi prevista dall'articolo precedente, il contratto può essere ratificato dall'interessato [1890, 2822^2], con la osservanza delle forme prescritte per la conclusione di esso [1392].

[II]. La ratifica ha effetto retroattivo, ma sono salvi i diritti dei terzi.

[III]. Il terzo e colui che ha contrattato come rappresentante possono d'accordo sciogliere il contratto prima della ratifica [1372].

[IV]. Il terzo contraente può invitare l'interessato a pronunziarsi sulla ratifica assegnandogli un termine, scaduto il quale, nel silenzio, la ratifica s'intende negata [1712^2].

[V]. La facoltà di ratifica si trasmette agli eredi.

1400. Speciali forme di rappresentanza. – [I]. Le speciali forme di rappresentanza nelle imprese agricole e commerciali sono regolate dal libro V [2138, 2150, 2203 ss.].

CAPO VII – *Del contratto per persona da nominare*

1401. Riserva di nomina del contraente. – [I]. Nel momento della conclusione del contratto [1326] una parte può riservarsi la facoltà di nominare successivamente la persona che deve acquistare i diritti e assumere gli obblighi nascenti dal contratto stesso [583 c.p.c.].

1402. Termine e modalità della dichiarazione di nomina. – [I]. La dichiarazione di nomina deve essere comunicata all'altra parte nel termine di tre giorni dalla stipulazione del contratto [579^3 c.p.c.], se le parti non hanno stabilito un termine diverso.

[II]. La dichiarazione non ha effetto se non è accompagnata dall'accettazione della persona nominata o se non esiste una procura anteriore al contratto.

1403. Forme e pubblicità. – [I]. La dichiarazione di nomina e la procura o l'accettazione della persona nominata non hanno effetto se non rivestono la stessa forma che le parti hanno usata per il contratto, anche se non prescritta dalla legge [1392].

[II]. Se per il contratto è richiesta a determinati effetti una forma di pubblicità [2643 ss.], deve agli stessi effetti essere resa pubblica anche la dichiarazione di nomina, con l'indicazione dell'atto di procura o dell'accettazione della persona nominata.

1404. Effetti della dichiarazione di nomina. – [I]. Quando la dichiarazione di nomina è stata validamente fatta, la persona nominata acquista i diritti e assume gli obblighi derivanti dal contratto con effetto dal momento in cui questo fu stipulato.

1405. Effetti della mancata dichiarazione di nomina. – [I]. Se la dichiarazione di nomina non è fatta validamente nel termine stabilito dalla legge o dalle parti, il contratto produce i suoi effetti fra i contraenti originari [1762^1; 583^2 c.p.c.].

CAPO VIII – *Della cessione del contratto*

1406. Nozione. – [I]. Ciascuna parte può sostituire a sé un terzo nei rapporti derivanti da un contratto con prestazioni corrispettive, se queste non sono state ancora eseguite, purché l'altra parte vi consenta [1524, 1624, 1656, 1804^2, 2149, 2558; 378, 394 c. nav.] (1).

(1) *Diversamente dispongono: l'art. 18 l. 19 marzo 1990, n. 55, ora art. 118 d.ls. 12 aprile 2006, n. 163 sulla prevenzione della delinquenza di tipo mafioso; l'art. 12 l. 11 febbraio 1971, n. 11 sull'affitto dei fondi rustici; l. 27 luglio 1978, n. 392 sulla locazione di immobili urbani.*

1407. Forma. – [I]. Se una parte ha consentito preventivamente che l'altra sostituisca a sé un terzo nei rapporti derivanti dal contratto, la sostituzione è efficace nei suoi confronti dal momento in cui le è stata notificata o in cui essa l'ha accettata [1264^1].

[II]. Se tutti gli elementi del contratto risultano da un documento nel quale è inserita la clausola « all'ordine » o altra equivalente, la girata del documento produce la sostituzione del giratario nella posizione del girante.

1408. Rapporti fra contraente ceduto e cedente. – [I]. Il cedente è liberato dalle sue obbligazioni verso il contraente ceduto dal momento in cui la sostituzione diviene efficace nei confronti di questo [1407].

[II]. Tuttavia il contraente ceduto, se ha dichiarato di non liberare il cedente, può agire contro di lui qualora il cessionario non adempia le obbligazioni assunte.

[III]. Nel caso previsto dal comma precedente, il contraente ceduto deve dare notizia al cedente dell'inadempimento del cessionario, entro quindici giorni da quello in cui l'inadempimento si è verificato; in mancanza è tenuto al risarcimento del danno.

1409. Rapporti fra contraente ceduto e cessionario. – [i]. Il contraente ceduto può opporre al cessionario tutte le eccezioni derivanti dal contratto, ma non quelle fondate su altri rapporti col cedente, salvo che ne abbia fatto espressa riserva al momento in cui ha consentito alla sostituzione.

1410. Rapporti fra cedente e cessionario. – [i]. Il cedente è tenuto a garantire la validità del contratto [1266].

[ii]. Se il cedente assume la garanzia dell'adempimento del contratto, egli risponde come un fideiussore per le obbligazioni del contraente ceduto [1942, 1944[1]].

Capo IX – *Del contratto a favore di terzi*

1411. Contratto a favore di terzi. – [i]. È valida la stipulazione a favore di un terzo [1273, 1773, 1875, 1920], qualora lo stipulante vi abbia interesse [1174].

[ii]. Salvo patto contrario, il terzo acquista il diritto contro il promittente per effetto della stipulazione. Questa però può essere revocata o modificata dallo stipulante, finché il terzo non abbia dichiarato, anche in confronto del promittente, di volerne profittare.

[iii]. In caso di revoca della stipulazione o di rifiuto del terzo di profittarne, la prestazione rimane a beneficio dello stipulante, salvo che diversamente risulti dalla volontà delle parti o dalla natura del contratto.

1412. Prestazione al terzo dopo la morte dello stipulante. – [i]. Se la prestazione deve essere fatta al terzo dopo la morte dello stipulante, questi può revocare il beneficio anche con una disposizione testamentaria e quantunque il terzo abbia dichiarato di volerne profittare, salvo che, in quest'ultimo caso, lo stipulante abbia rinunciato per iscritto al potere di revoca [1921].

[ii]. La prestazione deve essere eseguita a favore degli eredi del terzo se questi premuore allo stipulante, purché il beneficio non sia stato revocato o lo stipulante non abbia disposto diversamente.

1413. Eccezioni opponibili dal promittente al terzo. – [i]. Il promittente può opporre al terzo le eccezioni fondate sul contratto dal quale il terzo deriva il suo diritto, ma non quelle fondate su altri rapporti tra promittente e stipulante [1272, 1273[4]].

CAPO X – *Della simulazione*

1414. Effetti della simulazione tra le parti. – [I]. Il contratto simulato non produce effetto tra le parti [123, 164].

[II]. Se le parti hanno voluto concludere un contratto diverso da quello apparente, ha effetto tra esse il contratto dissimulato, purché ne sussistano i requisiti di sostanza [1346] e di forma [1350].

[III]. Le precedenti disposizioni si applicano anche agli atti unilaterali destinati a una persona determinata [1324, 1334], che siano simulati per accordo tra il dichiarante e il destinatario.

1415. Effetti della simulazione rispetto ai terzi. – [I]. La simulazione non può essere opposta né dalle parti contraenti, né dagli aventi causa o dai creditori del simulato alienante, ai terzi che in buona fede [1147³] hanno acquistato diritti dal titolare apparente, salvi gli effetti della trascrizione della domanda di simulazione [2652ⁿ· ⁴].

[II]. I terzi possono far valere la simulazione in confronto delle parti, quando essa pregiudica i loro diritti [164¹].

1416. Rapporti con i creditori. – [I]. La simulazione non può essere opposta dai contraenti ai creditori del titolare apparente che in buona fede hanno compiuto atti di esecuzione sui beni che furono oggetto del contratto simulato [2910 ss.].

[II]. I creditori del simulato alienante possono far valere la simulazione che pregiudica i loro diritti, e, nel conflitto con i creditori chirografari del simulato acquirente, sono preferiti a questi, se il loro credito è anteriore all'atto simulato.

1417. Prova della simulazione. – [I]. La prova per testimoni [2721 ss.] della simulazione è ammissibile senza limiti, se la domanda è proposta da creditori o da terzi e, qualora sia diretta a far valere l'illiceità del contratto dissimulato [1343 ss., 1354], anche se è proposta dalle parti.

CAPO XI – *Della nullità del contratto*

1418. Cause di nullità del contratto. – [I]. Il contratto è nullo quando è contrario a norme imperative, salvo che la legge disponga diversamente [2126, 2332²].

[II]. Producono nullità del contratto la mancanza di uno dei requisiti indicati dall'articolo 1325, l'illiceità della causa [1343], la illiceità dei motivi nel caso indicato dall'articolo 1345 e la mancanza nell'oggetto dei requisiti stabiliti dall'articolo 1346.

[III]. Il contratto è altresì nullo negli altri casi stabiliti dalla legge [160, 162, 458, 778, 779, 785[2], 788, 794, 1354, 1471, 1472[2], 1895, 1904, 1972, 2103[2], 2115, 2265, 2332, 2379, 2744].

1419. Nullità parziale. – [I]. La nullità parziale di un contratto o la nullità di singole clausole importa la nullità dell'intero contratto, se risulta che i contraenti non lo avrebbero concluso senza quella parte del suo contenuto che è colpita dalla nullità [1341[2], 1354[3], 1519-*octies*, 2265].

[II]. La nullità di singole clausole non importa la nullità del contratto, quando le clausole nulle sono sostituite di diritto da norme imperative [1339, 1501, 1573, 1679[4], 1815[2], 1932[2], 1962[2], 2066[2], 2077[2], 2115[3]].

1420. Nullità del contratto plurilaterale. – [I]. Nei contratti con più di due parti, in cui le prestazioni di ciascuna sono dirette al conseguimento di uno scopo comune, la nullità che colpisce il vincolo di una sola delle parti non importa nullità del contratto, salvo che la partecipazione di essa debba, secondo le circostanze, considerarsi essenziale [1446, 1459, 1466].

1421. Legittimazione all'azione di nullità. – [I]. Salvo diverse disposizioni di legge [1903], la nullità può essere fatta valere da chiunque vi ha interesse [100 c.p.c.] e può essere rilevata d'ufficio dal giudice [2379].

1422. Imprescrittibilità dell'azione di nullità. – [I]. L'azione per far dichiarare la nullità [2652[n. 6]] non è soggetta a prescrizione, salvi gli effetti dell'usucapione [1158 ss.] e della prescrizione delle azioni di ripetizione [2033 ss.].

1423. Inammissibilità della convalida. – [I]. Il contratto nullo non può essere convalidato [1444], se la legge non dispone diversamente [590, 799, 2332[5], 2377[8]].

1424. Conversione del contratto nullo. – [I]. Il contratto nullo può produrre gli effetti di un contratto diverso, del quale contenga i requisiti di sostanza e di forma [607, 2701], qualora, avuto riguardo allo scopo perseguito dalle parti, debba ritenersi che esse lo avrebbero voluto se avessero conosciuto la nullità [1367].

CAPO XII – *Dell'annullabilità del contratto*

SEZIONE I – *Dell'incapacità*

1425. Incapacità delle parti. – [I]. Il contratto è annullabile se una delle parti era legalmente incapace di contrattare [2, 84, 85, 427, 1441 ss., 1471 nn. 2-3].

[II]. È parimenti annullabile, quando ricorrono le condizioni stabilite dall'articolo 428, il contratto stipulato da persona incapace d'intendere o di volere [1191].

1426. Raggiri usati dal minore. – [I]. Il contratto non è annullabile, se il minore ha con raggiri occultato la sua minore età [2]; ma la semplice dichiarazione da lui fatta di essere maggiorenne non è di ostacolo all'impugnazione del contratto.

SEZIONE II – *Dei vizi del consenso*

1427. Errore, violenza e dolo. – [I]. Il contraente, il cui consenso fu dato per errore [1428, 1429, 1431], estorto con violenza [1434 ss.] o carpito con dolo [1439], può chiedere l'annullamento del contratto [1441 ss.] secondo le disposizioni seguenti [122, 624 1 e 2].

1428. Rilevanza dell'errore. – [I]. L'errore è causa di annullamento del contratto quando è essenziale [1429] ed è riconoscibile dall'altro contraente [1431].

1429. Errore essenziale. – [I]. L'errore è essenziale:

1) quando cade sulla natura o sull'oggetto del contratto [1322];

2) quando cade sull'identità dell'oggetto della prestazione [1346] ovvero sopra una qualità dello stesso che, secondo il comune apprezzamento o in relazione alle circostanze, deve ritenersi determinante del consenso;

3) quando cade sull'identità [122 2] o sulle qualità della persona dell'altro contraente, sempre che l'una o le altre siano state determinanti del consenso [122 3];

4) quando, trattandosi di errore di diritto, è stato la ragione unica o principale del contratto [624 2, 787, 1969, 2732].

1430. Errore di calcolo. – [I]. L'errore di calcolo non dà luogo ad annullamento del contratto, ma solo a rettifica, tranne che, concretandosi in errore sulla quantità, sia stato determinante del consenso [1429].

1431. Errore riconoscibile. – [I]. L'errore si considera riconoscibile quando in relazione al contenuto, alle circostanze del contratto ovvero alla qualità dei contraenti, una persona di normale diligenza [1176[1]] avrebbe potuto rilevarlo.

1432. Mantenimento del contratto rettificato. – [I]. La parte in errore non può domandare l'annullamento del contratto se, prima che ad essa possa derivarne pregiudizio, l'altra offre di eseguirlo in modo conforme al contenuto e alle modalità del contratto che quella intendeva concludere.

1433. Errore nella dichiarazione o nella sua trasmissione. – [I]. Le disposizioni degli articoli precedenti si applicano anche al caso in cui l'errore cade sulla dichiarazione, o in cui la dichiarazione è stata inesattamente trasmessa dalla persona o dall'ufficio che ne era stato incaricato [2706].

1434. Violenza. – [I]. La violenza è causa di annullamento del contratto, anche se esercitata da un terzo [122, 265, 482, 526, 624; 610 c.p.].

1435. Caratteri della violenza. – [I]. La violenza deve essere di tal natura da far impressione sopra una persona sensata e da farle temere di esporre sé o i suoi beni a un male ingiusto e notevole. Si ha riguardo, in questa materia, all'età, al sesso e alla condizione delle persone [1438].

1436. Violenza diretta contro terzi. – [I]. La violenza è causa di annullamento del contratto anche quando il male minacciato riguarda la persona o i beni del coniuge del contraente o di un discendente o ascendente di lui.

[II]. Se il male minacciato riguarda altre persone, l'annullamento del contratto è rimesso alla prudente valutazione delle circostanze da parte del giudice.

1437. Timore riverenziale. – [I]. Il solo timore riverenziale non è causa di annullamento del contratto.

1438. Minaccia di far valere un diritto. – [I]. La minaccia di far valere un diritto può essere causa di annullamento del contratto solo quando è diretta a conseguire vantaggi ingiusti [610, 612 c.p.].

1439. Dolo. – [I]. Il dolo è causa di annullamento del contratto [1195] quando i raggiri usati da uno dei contraenti sono stati tali che, senza di essi, l'altra parte non avrebbe contrattato [1892].

[II]. Quando i raggiri sono stati usati da un terzo, il contratto è annullabile se essi erano noti al contraente che ne ha tratto vantaggio.

1440. Dolo incidente. – [I]. Se i raggiri non sono stati tali da determinare il consenso, il contratto è valido, benché senza di essi sarebbe stato concluso a condizioni diverse [640 c.p.]; ma il contraente in mala fede risponde dei danni [1337].

SEZIONE III – *Dell'azione di annullamento*

1441. Legittimazione. – [I]. L'annullamento del contratto può essere domandato solo dalla parte nel cui interesse è stabilito dalla legge.

[II]. L'incapacità del condannato in istato di interdizione legale [32 c.p.] può essere fatta valere da chiunque vi ha interesse.

1442. Prescrizione. – [I]. L'azione di annullamento si prescrive in cinque anni [428^3, 761^2, 775^2].

[II]. Quando l'annullabilità dipende da vizio del consenso [1427 ss.] o da incapacità legale [1425 s.], il termine decorre dal giorno in cui è cessata la violenza, è stato scoperto l'errore o il dolo, è cessato lo stato d'interdizione o d'inabilitazione [429], ovvero il minore ha raggiunto la maggiore età [2].

[III]. Negli altri casi il termine decorre dal giorno della conclusione del contratto [428^3, 775^2].

[IV]. L'annullabilità può essere opposta dalla parte convenuta per l'esecuzione del contratto, anche se è prescritta l'azione per farla valere.

1443. Ripetizione contro il contraente incapace. – [I]. Se il contratto è annullato per incapacità [1425] di uno dei contraenti, questi non è tenuto a restituire all'altro la prestazione ricevuta se non nei limiti in cui è stata rivolta a suo vantaggio [1190, 2039].

1444. Convalida. – [I]. Il contratto annullabile può essere convalidato dal contraente al quale spetta l'azione di annullamento, mediante un atto che contenga la menzione del contratto e del motivo di annullabilità, e la dichiarazione che s'intende convalidarlo [184].

[II]. Il contratto è pure convalidato, se il contraente al quale spettava l'azione di annullamento vi ha dato volontariamente esecuzione conoscendo il motivo di annullabilità [1234^2].

[III]. La convalida non ha effetto, se chi l'esegue non è in condizione di concludere validamente il contratto [1425].

1445. Effetti dell'annullamento nei confronti dei terzi. – [I]. L'annullamento che non dipende da incapacità legale non pregiudica i diritti acquistati a titolo oneroso dai terzi di buona fede, salvi gli effetti della trascrizione della domanda di annullamento [23^2, 25^2, 2377^7, $2652^{n. 6}$, $2680^{n. 3}$; 165 trans.].

1446. Annullabilità nel contratto plurilaterale. – [I]. Nei contratti indicati dall'articolo 1420 l'annullabilità che riguarda il vincolo di una sola delle parti non importa annullamento del contratto, salvo che la partecipazione di questa debba, secondo le circostanze, considerarsi essenziale.

CAPO XIII – *Della rescissione del contratto*

1447. Contratto concluso in istato di pericolo. – [I]. Il contratto con cui una parte ha assunto obbligazioni a condizioni inique, per la necessità, nota alla controparte, di salvare sé o altri dal pericolo attuale di un danno grave alla persona [2045], può essere rescisso sulla domanda della parte che si è obbligata.

[II]. Il giudice nel pronunciare la rescissione, può, secondo le circostanze, assegnare un equo compenso all'altra parte per l'opera prestata.

1448. Azione generale di rescissione per lesione. – [I]. Se vi è sproporzione tra la prestazione di una parte e quella dell'altra, e la sproporzione è dipesa dallo stato di bisogno di una parte, del quale l'altra ha approfittato per trarne vantaggio [644 c.p.], la parte danneggiata può domandare la rescissione del contratto [1964, 2922^2].

[II]. L'azione non è ammissibile se la lesione non eccede la metà del valore che la prestazione eseguita o promessa dalla parte danneggiata aveva al tempo del contratto.

[III]. La lesione deve perdurare fino al tempo in cui la domanda è proposta.

[IV]. Non possono essere rescissi per causa di lesione i contratti aleatori [765, 1469, 1970].

[V]. Sono salve le disposizioni relative alla rescissione della divisione [763 ss.; 166 trans.].

1449. Prescrizione. – [I]. L'azione di rescissione si prescrive in un anno dalla conclusione del contratto [1326]; ma se il fatto costituisce reato, si applica l'ultimo comma dell'articolo 2947.

[II]. La rescindibilità del contratto non può essere opposta in via di eccezione quando l'azione è prescritta.

1450. Offerta di modificazione del contratto. – [I]. Il contraente contro il quale è domandata la rescissione può evitarla offrendo una modificazione del contratto sufficiente per ricondurlo ad equità [1467³].

1451. Inammissibilità della convalida. – [I]. Il contratto rescindibile non può essere convalidato [1444].

1452. Effetti della rescissione rispetto ai terzi. – [I]. La rescissione del contratto non pregiudica i diritti acquistati dai terzi, salvi gli effetti della trascrizione della domanda di rescissione [2652$^{n. 1}$, 2690$^{n. 1}$].

CAPO XIV – *Della risoluzione del contratto*

SEZIONE I – *Della risoluzione per inadempimento*

1453. Risolubilità del contratto per inadempimento. – [I]. Nei contratti con prestazioni corrispettive, quando uno dei contraenti non adempie le sue obbligazioni, l'altro può a sua scelta chiedere l'adempimento [2930 ss.] o la risoluzione del contratto [2907, 2908], salvo, in ogni caso, il risarcimento del danno [1223 ss.].

[II]. La risoluzione può essere domandata anche quando il giudizio è stato promosso per ottenere l'adempimento; ma non può più chiedersi l'adempimento quando è stata domandata la risoluzione.

[III]. Dalla data della domanda di risoluzione l'inadempiente non può più adempiere la propria obbligazione.

1454. Diffida ad adempiere. – [I]. Alla parte inadempiente l'altra può intimare per iscritto di adempiere in un congruo termine, con dichiarazione che, decorso inutilmente detto termine, il contratto s'intenderà senz'altro risoluto [1662^2, 1901^3].

[II]. Il termine non può essere inferiore a quindici giorni, salvo diversa pattuizione delle parti o salvo che, per la natura del contratto o secondo gli usi, risulti congruo un termine minore.

[III]. Decorso il termine senza che il contratto sia stato adempiuto, questo è risoluto di diritto.

1455. Importanza dell'inadempimento. – [I]. Il contratto non si può risolvere se l'inadempimento di una delle parti ha scarsa importanza [24^3, 1522^2, 1525, 1564, 1565, 1668^2, 1901, 2286], avuto riguardo all'interesse dell'altra.

1456. Clausola risolutiva espressa. – [I]. I contraenti possono convenire espressamente che il contratto si risolva nel caso che una determinata obbligazione non sia adempiuta secondo le modalità stabilite.

[II]. In questo caso, la risoluzione si verifica di diritto [1517] quando la parte interessata dichiara all'altra che intende valersi della clausola risolutiva [1457^{2}].

1457. Termine essenziale per una delle parti. – [I]. Se il termine fissato per la prestazione di una delle parti deve considerarsi essenziale nell'interesse dell'altra [1256^{2}], questa, salvo patto o uso contrario, se vuole esigerne l'esecuzione nonostante la scadenza del termine, deve darne notizia all'altra parte entro tre giorni.

[II]. In mancanza, il contratto s'intende risoluto di diritto anche se non è stata espressamente pattuita la risoluzione [1456^{2}].

1458. Effetti della risoluzione. – [I]. La risoluzione del contratto per inadempimento ha effetto retroattivo tra le parti, salvo il caso di contratti ad esecuzione continuata o periodica, riguardo ai quali l'effetto della risoluzione non si estende alle prestazioni già eseguite [1360^{2}].

[II]. La risoluzione, anche se è stata espressamente pattuita [1456], non pregiudica i diritti acquistati dai terzi, salvi gli effetti della trascrizione della domanda di risoluzione [1467, 2652$^{n.\ 1}$; 165 trans.].

1459. Risoluzione nel contratto plurilaterale. – [I]. Nei contratti indicati dall'articolo 1420 l'inadempimento di una delle parti non importa la risoluzione del contratto rispetto alle altre, salvo che la prestazione mancata debba, secondo le circostanze, considerarsi essenziale.

1460. Eccezione d'inadempimento. – [I]. Nei contratti con prestazioni corrispettive, ciascuno dei contraenti può rifiutarsi di adempiere la sua obbligazione, se l'altro non adempie o non offre di adempiere contemporaneamente la propria [1901], salvo che termini diversi per l'adempimento siano stati stabiliti dalle parti o risultino dalla natura del contratto [1565].

[II]. Tuttavia non può rifiutarsi l'esecuzione se, avuto riguardo alle circostanze, il rifiuto è contrario alla buona fede [1375].

1461. Mutamenti nelle condizioni patrimoniali dei contraenti. [I]. Ciascun contraente può sospendere l'esecuzione della prestazione da lui dovuta, se le condizioni patrimoniali dell'altro sono divenute tali da porre in evidente pericolo il conseguimento della controprestazione, salvo che sia prestata idonea garanzia [1822, 1956, 1959^{1}; 169 trans.].

1462. Clausola limitativa della proponibilità di eccezioni. – [I]. La clausola con cui si stabilisce che una delle parti non può opporre eccezioni al fine di evitare o ritardare la prestazione dovuta, non ha effetto per le eccezioni di nullità [1418 ss.], di annullabilità [1425 ss.] e di rescissione [1447 ss.] del contratto.

[II]. Nei casi in cui la clausola è efficace, il giudice, se riconosce che concorrono gravi motivi, può tuttavia sospendere la condanna, imponendo, se del caso, una cauzione [167 trans.].

SEZIONE II – *Dell'impossibilità sopravvenuta*

1463. Impossibilità totale. – [I]. Nei contratti con prestazioni corrispettive, la parte liberata per la sopravvenuta impossibilità della prestazione dovuta [1256] non può chiedere la controprestazione, e deve restituire quella che abbia già ricevuta, secondo le norme relative alla ripetizione dell'indebito [2033 ss.].

1464. Impossibilità parziale. – [I]. Quando la prestazione di una parte è divenuta solo parzialmente impossibile [1258], l'altra parte ha diritto a una corrispondente riduzione della prestazione da essa dovuta, e può anche recedere dal contratto qualora non abbia un interesse apprezzabile all'adempimento parziale [1181].

1465. Contratto con effetti traslativi o costitutivi. – [I]. Nei contratti che trasferiscono la proprietà di una cosa determinata ovvero costituiscono o trasferiscono diritti reali [1376], il perimento della cosa per una causa non imputabile all'alienante non libera l'acquirente dall'obbligo di eseguire la controprestazione, ancorché la cosa non gli sia stata consegnata.

[II]. La stessa disposizione si applica nel caso in cui l'effetto traslativo o costitutivo sia differito fino allo scadere di un termine.

[III]. Qualora oggetto del trasferimento sia una cosa determinata solo nel genere, l'acquirente non è liberato dall'obbligo di eseguire la controprestazione, se l'alienante ha fatto la consegna o se la cosa è stata individuata [1378].

[IV]. L'acquirente è in ogni caso liberato dalla sua obbligazione, se il trasferimento era sottoposto a condizione sospensiva e l'impossibilità è sopravvenuta prima che si verifichi la condizione [1360[2]].

1466. Impossibilità nel contratto plurilaterale. – [I]. Nei contratti indicati dall'articolo 1420 l'impossibilità della prestazione di una delle parti non importa scioglimento del contratto rispetto alle altre, salvo che la prestazione mancata debba, secondo le circostanze, considerarsi essenziale.

SEZIONE III – *Dell'eccessiva onerosità*

1467. Contratto con prestazioni corrispettive. – [I]. Nei contratti a esecuzione continuata o periodica ovvero a esecuzione differita, se la prestazione di una delle parti è divenuta eccessivamente onerosa per il verificarsi di avvenimenti straordinari e imprevedibili, la parte che deve tale prestazione può domandare la risoluzione del contratto, con gli effetti stabiliti dall'articolo 1458 [168 trans.].

[II]. La risoluzione non può essere domandata se la sopravvenuta onerosità rientra nell'alea normale del contratto.

[III]. La parte contro la quale è domandata la risoluzione può evitarla offrendo di modificare equamente le condizioni del contratto [1623, 1664].

1468. Contratto con obbligazioni di una sola parte. – [I]. Nell'ipotesi prevista dall'articolo precedente, se si tratta di un contratto nel quale una sola delle parti ha assunto obbligazioni [1333], questa può chiedere una riduzione della sua prestazione ovvero una modificazione nelle modalità di esecuzione, sufficienti per ricondurla ad equità.

1469. Contratto aleatorio. – [I]. Le norme degli articoli precedenti [1467 ss.] non si applicano ai contratti aleatori per loro natura [1879, 1882, 1933] o per volontà delle parti [1448^4, 1472^2].

CAPO XIV-*BIS* – *Dei contratti del consumatore* (1)

(1) *Capo inserito dall'art. 25 l. 6 febbraio 1996, n. 52.*

1469-*bis*. (1) Contratti del consumatore. – [I]. Le disposizioni del presente titolo si applicano ai contratti del consumatore, ove non derogate dal codice del consumo o da altre disposizioni più favorevoli per il consumatore.

(1) *L'art. 142 d.ls. 6 settembre 2005, n. 206 ha sostituito gli articoli da 1469-*bis *a 1469-*sexies *con il solo art. 1469-*bis*, con effetto dal 23 ottobre 2005. V. ora gli artt. 33-37 d.ls. n. 206, cit.*

TITOLO III
Dei singoli contratti

CAPO I – *Della vendita*

SEZIONE I – *Disposizioni generali*

1470. Nozione. – [I]. La vendita è il contratto che ha per oggetto il trasferimento della proprietà di una cosa o il trasferimento di un altro diritto [1376 ss., 1476] verso il corrispettivo di un prezzo [1498].

1471. Divieti speciali di comprare. – [I]. Non possono essere compratori nemmeno all'asta pubblica [579 c.p.c.], né direttamente né per interposta persona:

1) gli amministratori dei beni dello Stato, dei comuni, delle province o degli altri enti pubblici, rispetto ai beni affidati alla loro cura;

2) gli ufficiali pubblici, rispetto ai beni che sono venduti per loro ministero;

3) coloro che per legge o per atto della pubblica autorità amministrano beni altrui [320 ss., 357 ss., 424 ss.], rispetto ai beni medesimi;

4) i mandatari, rispetto ai beni che sono stati incaricati di vendere, salvo il disposto dell'articolo 1395.

[II]. Nei primi due casi l'acquisto è nullo; negli altri è annullabile.

1472. Vendita di cose future. – [I]. Nella vendita che ha per oggetto una cosa futura [1348], l'acquisto della proprietà si verifica non appena la cosa viene ad esistenza. Se oggetto della vendita sono gli alberi o i frutti di un fondo, la proprietà si acquista quando gli alberi sono tagliati o i frutti sono separati [820^2].

[II]. Qualora le parti non abbiano voluto concludere un contratto aleatorio [1448^4, 1469], la vendita è nulla, se la cosa non viene ad esistenza.

1473. Determinazione del prezzo affidata a un terzo. – [I]. Le parti possono affidare la determinazione del prezzo a un terzo, eletto nel contratto o da eleggere posteriormente.

[II]. Se il terzo non vuole o non può accettare l'incarico, ovvero le parti non si accordano per la sua nomina o per la sua sostituzione, la nomina, su richiesta di una delle parti, è fatta dal presidente del tribunale del luogo in cui è stato concluso il contratto [1349, 1474^3; 82 att.; 170 trans.].

1474. Mancanza di determinazione espressa del prezzo. – [I]. Se il contratto ha per oggetto cose che il venditore vende abitualmente e le parti non hanno determinato il prezzo, né hanno convenuto il modo di determinarlo, né esso è stabilito per atto della pubblica autorità [1339] [o da norme corporative], si presume che le parti abbiano voluto riferirsi al prezzo normalmente praticato dal venditore (1).

[II]. Se si tratta di cose aventi un prezzo di borsa o di mercato [1515, 1735], il prezzo si desume dai listini o dalle mercuriali del luogo in cui deve essere eseguita la consegna, o da quelli della piazza più vicina.

[III]. Qualora le parti abbiano inteso riferirsi al giusto prezzo, si applicano le disposizioni dei commi precedenti; e, quando non ricorrono i casi da essi previsti, il prezzo, in mancanza di accordo, è determinato da un terzo, nominato a norma del secondo comma dell'articolo precedente [1561].

(1) *V.* sub *art. 1322.*

1475. Spese della vendita. – [I]. Le spese del contratto di vendita e le altre accessorie [1510^2] sono a carico del compratore, se non è stato pattuito diversamente [1196].

§ 1. – *Delle obbligazioni del venditore*

1476. Obbligazioni principali del venditore. – [I]. Le obbligazioni principali del venditore sono:

1) quella di consegnare la cosa al compratore [1477];

2) quella di fargli acquistare la proprietà della cosa o il diritto, se l'acquisto non è effetto immediato del contratto [1285, 1378, 1472, 1478, 1523];

3) quella di garantire il compratore dall'evizione [1483 ss.] e dai vizi della cosa [1490 ss.].

1477. Consegna della cosa. – [I]. La cosa deve essere consegnata nello stato in cui si trovava al momento della vendita.

[II]. Salvo diversa volontà delle parti, la cosa deve essere consegnata insieme con gli accessori, le pertinenze [817] e i frutti [820, 821^1] dal giorno della vendita.

[III]. Il venditore deve pure consegnare i titoli e i documenti relativi alla proprietà e all'uso della cosa venduta [1527].

1478. Vendita di cosa altrui. – [I]. Se al momento del contratto la cosa venduta non era di proprietà del venditore, questi è obbligato a procurarne l'acquisto al compratore [$1476^{n.\ 2}$].

[II]. Il compratore diventa proprietario nel momento in cui il venditore acquista la proprietà dal titolare di essa [171 trans.].

1479. Buona fede del compratore. – [I]. Il compratore può chiedere la risoluzione del contratto [1453], se, quando l'ha concluso, ignorava che la cosa non era di proprietà del venditore, e se frattanto il venditore non gliene ha fatto acquistare la proprietà.

[II]. Salvo il disposto dell'articolo 1223 [1483], il venditore è tenuto a restituire all'acquirente il prezzo pagato, anche se la cosa è diminuita di valore o è deteriorata; deve inoltre rimborsargli le spese e i pagamenti legittimamente fatti per il contratto [1475]. Se la diminuzione di valore o il deterioramento derivano da un fatto del compratore, dall'ammontare suddetto si deve detrarre l'utile che il compratore ne ha ricavato.

[III]. Il venditore è inoltre tenuto a rimborsare al compratore le spese necessarie e utili fatte per la cosa, e, se era in mala fede, anche quelle voluttuarie [171 trans.].

1480. Vendita di cosa parzialmente di altri. – [I]. Se la cosa che il compratore riteneva di proprietà del venditore era solo in parte di proprietà altrui, il compratore può chiedere la risoluzione del contratto e il risarcimento del danno a norma dell'articolo precedente, quando deve ritenersi, secondo le circostanze, che non avrebbe acquistato la cosa senza quella parte di cui non è divenuto proprietario [1419[1]]; altrimenti può solo ottenere una riduzione del prezzo, oltre al risarcimento del danno [1484, 1489; 171 trans.].

1481. Pericolo di rivendica. – [I]. Il compratore può sospendere il pagamento del prezzo, quando ha ragione di temere che la cosa o una parte di essa possa essere rivendicata da terzi [1460], salvo che il venditore presti idonea garanzia [1482].

[II]. Il pagamento non può essere sospeso se il pericolo era noto al compratore al tempo della vendita [1489].

1482. Cosa gravata da garanzie reali o da altri vincoli. – [I]. Il compratore può altresì sospendere il pagamento del prezzo, se la cosa venduta risulta gravata da garanzie reali o da vincoli derivanti da pignoramento o da sequestro, non dichiarati dal venditore e dal compratore stesso ignorati.

[II]. Egli può inoltre far fissare dal giudice un termine, alla scadenza del quale, se la cosa non è liberata, il contratto è risoluto con obbligo del venditore di risarcire il danno ai sensi dell'articolo 1479 [1454].

[III]. Se l'esistenza delle garanzie reali o dei vincoli sopra indicati era nota al compratore, questi non può chiedere la risoluzione del contratto, e il venditore è tenuto verso di lui solo per il caso di evizione [1483].

1483. Evizione totale della cosa. – [I]. Se il compratore subisce l'evizione totale della cosa per effetto di diritti che un terzo ha fatti valere su di essa, il venditore è tenuto a risarcirlo del danno [1223 s.] a norma dell'articolo 1479.

[II]. Egli deve inoltre corrispondere al compratore il valore dei frutti che questi sia tenuto a restituire a colui dal quale è evitto, le spese che egli abbia fatte per la denunzia della lite [1485] e quelle che abbia dovuto rimborsare all'attore.

1484. Evizione parziale. – [I]. In caso di evizione parziale della cosa, si osservano le disposizioni dell'articolo 1480 e quella del secondo comma dell'articolo precedente.

1485. Chiamata in causa del venditore. – [I]. Il compratore convenuto da un terzo che pretende di avere diritti sulla cosa venduta, deve chiamare in causa il venditore [106, 269 c.p.c.]. Qualora non lo faccia e sia condannato con sentenza passata in giudicato, perde il diritto alla garanzia, se il venditore prova che esistevano ragioni sufficienti per far respingere la domanda.

[II]. Il compratore che ha spontaneamente riconosciuto il diritto del terzo perde il diritto alla garanzia, se non prova che non esistevano ragioni sufficienti per impedire l'evizione [1489].

1486. Responsabilità limitata del venditore. – [I]. Se il compratore ha evitato l'evizione della cosa mediante il pagamento di una somma di danaro, il venditore può liberarsi da tutte le conseguenze della garanzia col rimborso della somma pagata, degli interessi e di tutte le spese [1489].

1487. Modificazione o esclusione convenzionale della garanzia. – [I]. I contraenti possono aumentare o diminuire gli effetti della garanzia e possono altresì pattuire che il venditore non sia soggetto a garanzia alcuna.

[II]. Quantunque sia pattuita la esclusione della garanzia [788^2], il venditore è sempre tenuto per la evizione derivante da un fatto suo proprio. È nullo ogni patto contrario [1229, 1266^1, 1489].

1488. Effetti dell'esclusione della garanzia. – [I]. Quando è esclusa la garanzia, non si applicano le disposizioni degli articoli 1479 e 1480; se si verifica l'evizione, il compratore può pretendere dal venditore soltanto la restituzione del prezzo pagato e il rimborso delle spese.

[II]. Il venditore è esente anche da quest'obbligo quando la vendita è stata convenuta a rischio e pericolo del compratore [1489].

1489. Cosa gravata da oneri o da diritti di godimento di terzi. – [I]. Se la cosa venduta è gravata da oneri o da diritti reali [1027] o personali [1599, 1600] non apparenti che ne diminuiscono il libero godimento e non sono stati dichiarati nel contratto, il compratore che non ne abbia avuto conoscenza può domandare la risoluzione del contratto oppure una riduzione del prezzo secondo la disposizione dell'articolo 1480.

[II]. Si osservano inoltre, in quanto applicabili, le disposizioni degli articoli 1481, 1485, 1486, 1487 e 1488.

1490. Garanzia per i vizi della cosa venduta. – [I]. Il venditore è tenuto a garantire che la cosa venduta sia immune da vizi [1491] che la rendano inidonea all'uso a cui è destinata o ne diminuiscano in modo apprezzabile il valore [2922].

[II]. Il patto con cui si esclude o si limita la garanzia non ha effetto, se il venditore ha in mala fede taciuto al compratore i vizi della cosa [1229].

1491. Esclusione della garanzia. – [I]. Non è dovuta la garanzia [1490] se al momento del contratto il compratore conosceva i vizi della cosa; parimenti non è dovuta, se i vizi erano facilmente riconoscibili, salvo, in questo caso, che il venditore abbia dichiarato che la cosa era esente da vizi.

1492. Effetti della garanzia. – [I]. Nei casi indicati dall'articolo 1490 il compratore può domandare a sua scelta la risoluzione del contratto [1453 ss.] ovvero la riduzione del prezzo, salvo che, per determinati vizi, gli usi escludano la risoluzione.

[II]. La scelta è irrevocabile quando è fatta con la domanda giudiziale.

[III]. Se la cosa consegnata è perita in conseguenza dei vizi, il compratore ha diritto alla risoluzione del contratto; se invece è perita per caso fortuito o per colpa del compratore, o se questi l'ha alienata o trasformata, egli non può domandare che la riduzione del prezzo.

1493. Effetti della risoluzione del contratto. – [I]. In caso di risoluzione del contratto il venditore deve restituire il prezzo e rimborsare al compratore le spese e i pagamenti legittimamente fatti per la vendita [1475].

[II]. Il compratore deve restituire la cosa, se questa non è perita in conseguenza dei vizi.

1494. Risarcimento del danno. – [I]. In ogni caso il venditore è tenuto verso il compratore al risarcimento del danno [1223], se non prova di avere ignorato senza colpa i vizi della cosa.

[II]. Il venditore deve altresì risarcire al compratore i danni derivati dai vizi della cosa.

1495. Termini e condizioni per l'azione. – [I]. Il compratore decade dal diritto alla garanzia, se non denunzia i vizi al venditore entro otto giorni dalla scoperta [1511], salvo il diverso termine stabilito dalle parti o dalla legge.

[II]. La denunzia non è necessaria se il venditore ha riconosciuto l'esistenza del vizio o l'ha occultato.

[III]. L'azione si prescrive, in ogni caso, in un anno dalla consegna [1497]; ma il compratore, che sia convenuto per l'esecuzione del contratto, può sempre far valere la garanzia, purché il vizio della cosa sia stato denunziato entro otto giorni dalla scoperta e prima del decorso dell'anno dalla consegna [1522; 172 trans.].

1496. Vendita di animali. – [I]. Nella vendita di animali la garanzia per i vizi è regolata dalle leggi speciali o, in mancanza, dagli usi locali. Se neppure questi dispongono, si osservano le norme che precedono [1490 ss.].

1497. Mancanza di qualità. – [I]. Quando la cosa venduta non ha le qualità promesse ovvero quelle essenziali per l'uso a cui è destinata, il compratore ha diritto di ottenere la risoluzione del contratto secondo le disposizioni generali sulla risoluzione per inadempimento [1453 ss.], purché il difetto di qualità ecceda i limiti di tolleranza stabiliti dagli usi.

[II]. Tuttavia il diritto di ottenere la risoluzione è soggetto alla decadenza e alla prescrizione stabilite dall'articolo 1495 [172 trans.].

§ 2. – *Delle obbligazioni del compratore*

1498. Pagamento del prezzo. – [I]. Il compratore è tenuto a pagare il prezzo [1470] nel termine e nel luogo fissati dal contratto.

[II]. In mancanza di pattuizione e salvi gli usi diversi, il pagamento deve avvenire al momento della consegna e nel luogo dove questa si esegue [1477].

[III]. Se il prezzo non si deve pagare al momento della consegna, il pagamento si fa al domicilio del venditore [1182³].

1499. Interessi compensativi sul prezzo. – [I]. Salvo diversa pattuizione, qualora la cosa venduta e consegnata al compratore produca frutti o altri proventi [1477²], decorrono gli interessi sul prezzo, anche se questo non è ancora esigibile.

§ 3. – *Del riscatto convenzionale*

1500. Patto di riscatto. – [I]. Il venditore può riservarsi il diritto di riavere la proprietà della cosa venduta mediante la restituzione del prezzo e i rimborsi stabiliti dalle disposizioni che seguono [1502 ss.].

[II]. Il patto di restituire un prezzo superiore a quello stipulato per la vendita è nullo per l'eccedenza.

1501. Termini. – [I]. Il termine per il riscatto non può essere maggiore di due anni nella vendita di beni mobili [1510 ss.] e di cinque anni in quella di beni immobili [1537 ss.]. Se le parti stabiliscono un termine maggiore, esso si riduce a quello legale.

[II]. Il termine stabilito dalla legge è perentorio e non si può prorogare.

1502. Obblighi del riscattante. – [I]. Il venditore che esercita il diritto di riscatto è tenuto a rimborsare al compratore il prezzo, le spese e ogni altro pagamento legittimamente fatto per la vendita, le spese per le riparazioni necessarie e, nei limiti dell'aumento, quelle che hanno aumentato il valore della cosa.

[II]. Fino al rimborso delle spese necessarie e utili, il compratore ha diritto di ritenere la cosa. Il giudice tuttavia, per il rimborso delle spese utili, può accordare una dilazione disponendo, se occorrono, le opportune cautele [1151, 1179].

1503. Esercizio del riscatto. – [I]. Il venditore decade dal diritto di riscatto, se entro il termine fissato [1501] non comunica al compratore la dichiarazione di riscatto e non gli corrisponde le somme liquide dovute per il rimborso del prezzo, delle spese e di ogni altro pagamento legittimamente fatto per la vendita.

[II]. Se il compratore rifiuta di ricevere il pagamento di tali rimborsi, il venditore decade dal diritto di riscatto, qualora non ne faccia offerta reale entro otto giorni dalla scadenza del termine [1208 ss.].

[III]. Nella vendita di beni immobili la dichiarazione di riscatto deve essere fatta per iscritto, sotto pena di nullità [1350].

1504. Effetti del riscatto rispetto ai subacquirenti. – [I]. Il venditore che ha legittimamente esercitato il diritto di riscatto nei confronti del compratore può ottenere il rilascio della cosa anche dai successivi acquirenti, purché il patto sia ad essi opponibile [2653ⁿ· ³].

[II]. Se l'alienazione è stata notificata al venditore, il riscatto deve essere esercitato in confronto del terzo acquirente.

1505. Diritti costituiti dal compratore sulla cosa. – [I]. Il venditore che ha esercitato il diritto di riscatto riprende la cosa esente dai pesi e dalle ipoteche da cui sia stata gravata [2653 n. 3]; ma è tenuto a mantenere le locazioni fatte senza frode, purché abbiano data certa [2704] e siano state convenute per un tempo non superiore ai tre anni.

1506. Riscatto di parte indivisa. – [I]. In caso di vendita con patto di riscatto di una parte indivisa di una cosa, il comproprietario che chiede la divisione deve proporre la domanda anche in confronto del venditore.

[II]. Se la cosa non è comodamente divisibile e si fa luogo all'incanto, il venditore che non ha esercitato il riscatto anteriormente all'aggiudicazione decade da tale diritto, anche se aggiudicatario sia lo stesso compratore.

1507. Vendita congiuntiva di cosa indivisa. – [I]. Se più persone hanno venduto congiuntamente, mediante un solo contratto, una cosa indivisa, ciascuna può esercitare il diritto di riscatto solo sopra la quota che le spettava.

[II]. La medesima disposizione si osserva se il venditore ha lasciato più eredi.

[III]. Il compratore, nei casi sopra espressi, può esigere che tutti i venditori o tutti i coeredi esercitino congiuntamente il diritto di riscatto dell'intera cosa; se essi non si accordano, il riscatto può esercitarsi soltanto da parte di colui o di coloro che offrono di riscattare la cosa per intero.

1508. Vendita separata di cosa indivisa. – [I]. Se i comproprietari di una cosa non l'hanno venduta congiuntamente e per intero, ma ciascuno ha venduto la sola sua quota, essi possono separatamente esercitare il diritto di riscatto sopra la quota che loro spettava, e il compratore non può valersi della facoltà prevista dall'ultimo comma dell'articolo precedente.

1509. Riscatto contro gli eredi del compratore. – [I]. Qualora il compratore abbia lasciato più eredi, il diritto di riscatto si può esercitare contro ciascuno di essi solo per la parte che gli spetta, anche quando la cosa venduta è tuttora indivisa.

[II]. Se l'eredità è stata divisa e la cosa venduta è stata assegnata a uno degli eredi, il diritto di riscatto non può esercitarsi contro di lui che per la totalità.

SEZIONE II – *Della vendita di cose mobili*

§ 1. – *Disposizioni generali*

1510. Luogo della consegna. – [I]. In mancanza di patto o di uso contrario, la consegna della cosa deve avvenire nel luogo dove questa si trovava al tempo della vendita, se le parti ne erano a conoscenza [1182²], ovvero nel luogo dove il venditore aveva il suo domicilio o la sede dell'impresa.

[II]. Salvo patto o uso contrario, se la cosa venduta deve essere trasportata da un luogo all'altro, il venditore si libera dall'obbligo della consegna rimettendo la cosa al vettore [1678 ss.] o allo spedizioniere [1737 ss.]; le spese del trasporto sono a carico del compratore [1475].

1511. Denunzia nella vendita di cose da trasportare. – [I]. Nella vendita di cose da trasportare da un luogo a un altro, il termine [1495¹] per la denunzia dei vizi e dei difetti di qualità apparenti decorre dal giorno del ricevimento [172 trans.].

1512. Garanzia di buon funzionamento. – [I]. Se il venditore ha garantito per un tempo determinato il buon funzionamento della cosa venduta, il compratore, salvo patto contrario, deve denunziare al venditore il difetto di funzionamento entro trenta giorni dalla scoperta, sotto pena di decadenza [2964 ss.]. L'azione si prescrive in sei mesi dalla scoperta.

[II]. Il giudice, secondo le circostanze, può assegnare al venditore un termine per sostituire o riparare la cosa in modo da assicurarne il buon funzionamento, salvo il risarcimento dei danni [1223 ss.].

[III]. Sono salvi gli usi i quali stabiliscono che la garanzia di buon funzionamento è dovuta anche in mancanza di patto espresso [174 trans.].

1513. Accertamento dei difetti. – [I]. In caso di divergenza sulla qualità o condizione della cosa, il venditore o il compratore possono chiederne la verifica nei modi stabiliti dall'articolo 696 del codice di procedura civile. Il giudice, su istanza della parte interessata, può ordinare il deposito [77 att.] o il sequestro [670 c.p.c.] della cosa stessa, nonché la vendita per conto di chi spetta, determinandone le condizioni.

[II]. La parte che non ha chiesto la verifica della cosa, deve, in caso di contestazione, provarne rigorosamente l'identità e lo stato.

1514. Deposito della cosa venduta. – [I]. Se il compratore non si presenta per ricevere la cosa acquistata, il venditore può depositarla, per conto e a spese del compratore medesimo, in un locale di pubblico deposito [77 att.], oppure in altro locale idoneo determinato dal tribunale (1) del luogo in cui la consegna doveva essere fatta (2).

[II]. Il venditore deve dare al compratore pronta notizia del deposito eseguito.

(1) *L'art. 27[2] lett. b) n. 2 d.lgs. 13 luglio 2017, n. 116, ha disposto la sostituzione della parola* « tribunale » *con le parole* « giudice di pace ». *Ai sensi dell'art. 32[3] d.lgs. n. 116, cit., come da ultimo modificato dall'art.* 8-bis[1] *lett. b) d.l. 30 dicembre 2019, n. 162, conv., con modif., in l. 28 febbraio 2020, n. 8, tale disposizione* ***entra in vigore il 31 ottobre 2025***.

(2) *Comma così modificato dall'art. 150 d.lgs. 19 febbraio 1998, n. 51.*

1515. Esecuzione coattiva per inadempimento del compratore. [I]. Se il compratore non adempie l'obbligazione di pagare il prezzo [1498], il venditore può far vendere senza ritardo la cosa per conto e a spese di lui.

[II]. La vendita è fatta all'incanto a mezzo di una persona autorizzata a tali atti [83 att.] o, in mancanza di essa nel luogo in cui la vendita deve essere eseguita, a mezzo di un ufficiale giudiziario. Il venditore deve dare tempestiva notizia al compratore del giorno, del luogo e dell'ora in cui la vendita sarà eseguita.

[III]. Se la cosa ha un prezzo corrente, stabilito per atto della pubblica autorità [o da norme corporative] (1), ovvero risultante da listini di borsa o da mercuriali [1474], la vendita può essere fatta senza incanto, al prezzo corrente, a mezzo delle persone indicate nel comma precedente o di un commissario (2) nominato dal tribunale (3). In tal caso il venditore deve dare al compratore pronta notizia della vendita (4).

[IV]. Il venditore ha diritto alla differenza tra il prezzo convenuto e il ricavo netto della vendita, oltre al risarcimento del maggior danno [1536, 1551].

(1) *V. sub art. 1322.*

(2) Rectius: *commissionario.*

(3) *L'art. 27[2] lett. b) n. 3 d.lgs. 13 luglio 2017, n. 116, ha disposto la sostituzione della parola* « tribunale » *con le parole* « giudice di pace ». *Ai sensi dell'art. 32[3] d.lgs. n. 116, cit., come da ultimo modificato dall'art.* 8-bis[1] *lett. b) d.l. 30 dicembre 2019, n. 162, conv., con modif., in l. 28 febbraio 2020, n. 8, tale disposizione* ***entra in vigore il 31 ottobre 2025***.

(4) *Comma così modificato dall'art. 150 d.lgs. 19 febbraio 1998, n. 51.*

1516. Esecuzione coattiva per inadempimento del venditore. – [I]. Se la vendita ha per oggetto cose fungibili che hanno un prezzo corrente a norma del terzo comma dell'articolo precedente, e il venditore non adempie la sua obbligazione, il compratore può fare acquistare senza ritardo le cose, a spese del venditore, a mezzo di una delle persone indicate nel secondo e terzo comma dell'articolo precedente [83 att.]. Dell'acquisto il compratore deve dare pronta notizia al venditore.

[II]. Il compratore ha diritto alla differenza tra l'ammontare della spesa occorsa per l'acquisto e il prezzo convenuto, oltre al risarcimento del maggior danno [1536, 1551].

1517. Risoluzione di diritto. – [I]. La risoluzione ha luogo di diritto a favore del contraente che, prima della scadenza del termine stabilito, abbia offerto all'altro, nelle forme di uso, la consegna della cosa [1477] o il pagamento del prezzo [1498], se l'altra parte non adempie la propria obbligazione [1460].

[II]. La risoluzione di diritto ha luogo pure a favore del venditore, se, alla scadenza del termine stabilito per la consegna, il compratore, la cui obbligazione di pagare il prezzo non sia scaduta, non si presenta per ricevere la cosa preventivamente offerta, ovvero non l'accetta [1206].

[III]. Il contraente che intende valersi della risoluzione disposta dal presente articolo deve darne comunicazione all'altra parte entro otto giorni dalla scadenza del termine; in mancanza di tale comunicazione, si osservano le disposizioni generali sulla risoluzione per inadempimento [1453 ss.].

1518. Normale determinazione del risarcimento. – [I]. Se la vendita ha per oggetto una cosa che ha un prezzo corrente a norma del terzo comma dell'articolo 1515, e il contratto si risolve per l'inadempimento di una delle parti [1517], il risarcimento è costituito dalla differenza tra il prezzo convenuto e quello corrente nel luogo e nel giorno in cui si doveva fare la consegna, salva la prova di un maggior danno.

[II]. Nella vendita a esecuzione periodica, la liquidazione del danno si determina sulla base dei prezzi correnti nel luogo e nel giorno fissati per le singole consegne.

1519. Restituzione di cose non pagate. – [I]. Se la vendita è stata fatta senza dilazione per il pagamento del prezzo, il venditore, in mancanza di pagamento, può riprendere il possesso delle cose vendute, finché queste si trovano presso il compratore, purché la domanda sia proposta entro quindici giorni dalla consegna e le cose si trovino nello stato in cui erano al tempo della consegna stessa (1).

[II]. Il diritto di riprendere il possesso delle cose non si può esercitare in pregiudizio dei privilegi previsti dagli articoli 2764 e 2765, salvo che si provi che il creditore, al tempo della introduzione di esse nella casa o nel fondo locato ovvero nel fondo concesso a mezzadria o a colonia, conosceva che il prezzo era ancora dovuto.

[III]. La disposizione del comma precedente si applica anche a favore dei creditori del compratore che abbiano sequestrato o pignorato le cose, a meno che si provi che essi, al momento del sequestro o del pignoramento, conoscevano che il prezzo era ancora dovuto.

(1) *V. art. 75 r.d. 16 marzo 1942, n. 267 (per la nuova disciplina, v. art. 180 d.ls. 12 gennaio 2019, n. 14, Codice della crisi d'impresa e dell'insolvenza).*

§ 1-BIS. (1) – *Della vendita dei beni di consumo*

(1) *Paragrafo, comprendente gli articoli da 1519-*bis *a 1519-*nonies*, inserito dall'art. 1 d.ls. 2 febbraio 2002, n. 24. L'art. $146^{1\,s}$ d.ls. 6 settembre 2005, n. 206, ha abrogato gli articoli da 1519-*bis *a 1519-*nonies*, con effetto dal 23 ottobre 2005. V. ora gli artt. 128-135 d.ls. n. 206, cit.*

1519-*bis*. (1) **[Ambito di applicazione e definizioni].**

(1) *Articolo abrogato dall'art. 146^{1s} d.ls. 6 settembre 2005, n. 206. V. nota al paragrafo 1-*bis.

1519-*ter*. (1) **[Conformità al contratto].**

(1) *Articolo abrogato dall'art. 146^{1s} d.ls. 6 settembre 2005, n. 206. V. nota al paragrafo 1-*bis.

1519-*quater*. (1) **[Diritti del consumatore].**

(1) *Articolo abrogato dall'art. 146^{1s} d.ls. 6 settembre 2005, n. 206. V. nota al paragrafo 1-*bis.

1519-*quinquies*. (1) **[Diritto di regresso].**

(1) *Articolo abrogato dall'art. 146^{1s} d.ls. 6 settembre 2005, n. 206. V. nota al paragrafo 1-*bis.

1519-*sexies*. (1) **[Termini].**

(1) *Articolo abrogato dall'art. 146^{1s} d.ls. 6 settembre 2005, n. 206. V. nota al paragrafo 1-*bis.

1519-*septies*. (1) **[Garanzia convenzionale].**

(1) *Articolo abrogato dall'art. 146^{1s} d.ls. 6 settembre 2005, n. 206. V. nota al paragrafo 1-*bis.

1519-*octies*. (1) [Carattere imperativo delle disposizioni].

(1) *Articolo abrogato dall'art. 146[15] d.ls. 6 settembre 2005, n. 206. V. nota al paragrafo 1-bis.*

1519-*nonies*. (1) [Tutela in base ad altre disposizioni].

(1) *Articolo abrogato dall'art. 146[15] d.ls. 6 settembre 2005, n. 206. V. nota al paragrafo 1-bis.*

§ 2. – *Della vendita con riserva di gradimento, a prova, a campione*

1520. Vendita con riserva di gradimento. – [I]. Quando si vendono cose con riserva di gradimento da parte del compratore, la vendita non si perfeziona [1326] fino a che il gradimento non sia comunicato al venditore [1334].

[II]. Se l'esame della cosa deve farsi presso il venditore, questi è liberato, qualora il compratore non vi proceda nel termine stabilito dal contratto o dagli usi, o, in mancanza, in un termine congruo fissato dal venditore.

[III]. Se la cosa si trova presso il compratore e questi non si pronunzia nel termine sopra indicato, la cosa si considera di suo gradimento.

1521. Vendita a prova. – [I]. La vendita a prova si presume fatta sotto la condizione sospensiva [1353 ss.] che la cosa abbia le qualità pattuite o sia idonea all'uso a cui è destinata.

[II]. La prova si deve eseguire nel termine e secondo le modalità stabiliti dal contratto o dagli usi.

1522. Vendita su campione e su tipo di campione. – [I]. Se la vendita è fatta su campione, s'intende che questo deve servire come esclusivo paragone per la qualità della merce, e in tal caso qualsiasi difformità attribuisce al compratore il diritto alla risoluzione del contratto.

[II]. Qualora, però, dalla convenzione o dagli usi risulti che il campione deve servire unicamente a indicare in modo approssimativo la qualità, si può domandare la risoluzione soltanto se la difformità dal campione sia notevole [1455].

[III]. In ogni caso l'azione è soggetta alla decadenza e alla prescrizione stabilite dall'articolo 1495 [172 trans.].

§ 3. – *Della vendita con riserva della proprietà*

1523. Passaggio della proprietà e dei rischi. – [I]. Nella vendita a rate con riserva della proprietà, il compratore acquista la proprietà della cosa col pagamento dell'ultima rata di prezzo, ma assume i rischi dal momento della consegna [646 c.p.] (1).

(1) *V. art. 73[2] r.d. 16 marzo 1942, n. 267 (per la nuova disciplina, v. art. 178 d.ls. 12 gennaio 2019, n. 14, Codice della crisi d'impresa e dell'insolvenza).*

1524. Opponibilità della riserva di proprietà nei confronti di terzi. – [I]. La riserva della proprietà è opponibile ai creditori del compratore, solo se risulta da atto scritto avente data certa [2704] anteriore al pignoramento.

[II]. Se la vendita ha per oggetto macchine e il prezzo è superiore a 15,49 euro, la riserva della proprietà è opponibile anche al terzo acquirente, purché il patto di riservato dominio sia trascritto in apposito registro tenuto nella cancelleria del tribunale nella giurisdizione del quale è collocata la macchina [2762], e questa, quando è acquistata dal terzo, si trovi ancora nel luogo dove la trascrizione è stata eseguita [84 att.; 175, 254 s. trans.].

[III]. Sono salve le disposizioni relative ai beni mobili iscritti in pubblici registri [2683 ss.].

1525. Inadempimento del compratore. – [I]. Nonostante patto contrario, il mancato pagamento di una sola rata, che non superi l'ottava parte del prezzo, non dà luogo alla risoluzione del contratto [1455], e il compratore conserva il beneficio del termine relativamente alle rate successive [1186; 176 trans.].

1526. Risoluzione del contratto. – [I]. Se la risoluzione del contratto ha luogo per l'inadempimento del compratore, il venditore deve restituire le rate riscosse, salvo il diritto a un equo compenso per l'uso della cosa, oltre al risarcimento del danno.

[II]. Qualora si sia convenuto che le rate pagate restino acquisite al venditore a titolo d'indennità, il giudice, secondo le circostanze, può ridurre l'indennità convenuta [1384].

[III]. La stessa disposizione si applica nel caso in cui il contratto sia configurato come locazione, e sia convenuto che, al termine di esso, la proprietà della cosa sia acquisita al conduttore per effetto del pagamento dei canoni pattuiti [176 trans.].

§ 4. – *Della vendita su documenti e con pagamento contro documenti*

1527. Consegna. – [I]. Nella vendita su documenti, il venditore si libera dall'obbligo della consegna rimettendo al compratore il titolo rappresentativo della merce [1996] e gli altri documenti stabiliti dal contratto o, in mancanza, dagli usi.

1528. Pagamento del prezzo. – [I]. Salvo patto o usi contrari, il pagamento del prezzo e degli accessori deve eseguirsi nel momento e nel luogo in cui avviene la consegna dei documenti indicati dall'articolo precedente.

[II]. Quando i documenti sono regolari, il compratore non può rifiutare il pagamento del prezzo adducendo eccezioni relative alla qualità e allo stato delle cose, a meno che queste risultino già dimostrate.

1529. Rischi. – [I]. Se la vendita ha per oggetto cose in viaggio, e tra i documenti consegnati al compratore è compresa la polizza di assicurazione per i rischi del trasporto, sono a carico del compratore i rischi a cui si trova esposta la merce dal momento della consegna al vettore [1510^{2}].

[II]. Questa disposizione non si applica se il venditore al tempo del contratto era a conoscenza della perdita o dell'avaria della merce, e le ha in mala fede taciute al compratore.

1530. Pagamento contro documenti a mezzo di banca. – [I]. Quando il pagamento del prezzo deve avvenire a mezzo di una banca, il venditore non può rivolgersi al compratore se non dopo il rifiuto opposto dalla banca stessa e constatato all'atto della presentazione dei documenti nelle forme stabilite dagli usi [1268^{2}].

[II]. La banca che ha confermato il credito al venditore può opporgli solo le eccezioni derivanti dall'incompletezza o irregolarità dei documenti e quelle relative al rapporto di conferma del credito.

§ 5. – *Della vendita a termine di titoli di credito*

1531. Interessi, dividendi e diritto di voto. – [I]. Nella vendita a termine di titoli di credito, gli interessi e i dividendi esigibili dopo la conclusione del contratto e prima della scadenza del termine, se riscossi dal venditore, sono accreditati al compratore.

[II]. Qualora la vendita abbia per oggetto titoli azionari, il diritto di voto spetta al venditore fino al momento della consegna [1550; 177 trans.] (1).

(1) *V. art. 76 r.d. 16 marzo 1942, n. 267 (per la nuova disciplina, v. art. 181 d.lgs. 12 gennaio 2019, n. 14, Codice della crisi d'impresa e dell'insolvenza).*

1532. Diritto di opzione. – [I]. Il diritto di opzione [2441] inerente ai titoli venduti a termine spetta al compratore.

[II]. Il venditore, qualora il compratore gliene faccia richiesta in tempo utile, deve mettere il compratore in grado di esercitare il diritto di opzione, oppure deve esercitarlo per conto del compratore, se questi gli ha fornito i fondi necessari.

[III]. In mancanza di richiesta da parte del compratore, il venditore deve curare la vendita dei diritti di opzione per conto del compratore, a mezzo di un agente di cambio o di un istituto di credito [1550; 251 trans.].

1533. Estrazione per premi o rimborsi. – [I]. Se i titoli venduti a termine sono soggetti a estrazione per premi o rimborsi, i diritti e gli oneri derivanti dall'estrazione spettano al compratore, qualora la conclusione del contratto sia anteriore al giorno stabilito per l'inizio dell'estrazione.

[II]. Il venditore, al solo effetto indicato dal comma precedente, deve comunicare per iscritto al compratore una distinta numerica dei titoli almeno un giorno prima dell'inizio dell'estrazione.

[III]. In mancanza di tale comunicazione, il compratore ha facoltà di acquistare, a spese del venditore, i diritti spettanti a una quantità corrispondente di titoli, dandone comunicazione al venditore prima dell'inizio della estrazione [1550].

1534. Versamenti richiesti sui titoli. – [I]. Il compratore deve fornire al venditore, almeno due giorni prima della scadenza, le somme necessarie per eseguire i versamenti richiesti sui titoli non liberati [1550].

1535. Proroga dei contratti a termine. – [I]. Se alla scadenza del termine le parti convengono di prorogare l'esecuzione del contratto, è dovuta la differenza tra il prezzo originario e quello corrente nel giorno della scadenza, salva l'osservanza degli usi diversi.

1536. Inadempimento. – [I]. In caso di inadempimento della vendita a termine di titoli, si osservano le norme degli articoli 1515 e 1516, salva, per i contratti di borsa, l'applicazione delle leggi speciali.

SEZIONE III – *Della vendita di cose immobili*

1537. Vendita a misura. – [I]. Quando un determinato immobile [812]è venduto con l'indicazione della sua misura e per un prezzo stabilito in ragione di un tanto per ogni unità di misura, il compratore ha diritto a una riduzione, se la misura effettiva dell'immobile è inferiore a quella indicata nel contratto [166 trans.].

[II]. Se la misura risulta superiore a quella indicata nel contratto, il compratore deve corrispondere il supplemento del prezzo, ma ha facoltà di recedere dal contratto [1539] qualora l'eccedenza oltrepassi la ventesima parte della misura dichiarata.

1538. Vendita a corpo. – [I]. Nei casi in cui il prezzo è determinato in relazione al corpo dell'immobile e non alla sua misura, sebbene questa sia stata indicata, non si fa luogo a diminuzione o a supplemento di prezzo, salvo che la misura reale sia inferiore o superiore di un ventesimo rispetto a quella indicata nel contratto.

[II]. Nel caso in cui dovrebbe pagarsi un supplemento di prezzo, il compratore ha la scelta di recedere dal contratto [1539] o di corrispondere il supplemento.

1539. Recesso dal contratto. – [I]. Quando il compratore esercita il diritto di recesso, il venditore è tenuto a restituire il prezzo e a rimborsare le spese del contratto [1475].

1540. Vendita cumulativa di più immobili. – [I]. Se due o più immobili sono stati venduti con lo stesso contratto per un solo e medesimo prezzo, con l'indicazione della misura di ciascuno di essi, e si trova che la quantità è minore nell'uno e maggiore nell'altro, se ne fa la compensazione fino alla debita concorrenza; il diritto al supplemento o alla diminuzione del prezzo spetta in conformità delle disposizioni sopra stabilite.

1541. Prescrizione. – [I]. Il diritto del venditore al supplemento e quello del compratore alla diminuzione del prezzo o al recesso dal contratto si prescrivono in un anno dalla consegna dell'immobile [178 trans.].

SEZIONE IV – *Della vendita di eredità*

1542. Garanzia. – [I]. Chi vende un'eredità [477, 765] senza specificarne gli oggetti non è tenuto a garantire che la propria qualità di erede [588].

1543. Forme. – [I]. La vendita di una eredità deve farsi per atto scritto, sotto pena di nullità.

[II]. Il venditore è tenuto a prestarsi agli atti che sono necessari da parte sua per rendere efficace, di fronte ai terzi, la trasmissione di ciascuno dei diritti compresi nell'eredità.

1544. Obblighi del venditore. – [I]. Se il venditore ha percepito i frutti di qualche bene o riscosso qualche credito ereditario, ovvero ha venduto qualche bene dell'eredità, è tenuto a rimborsarne il compratore, salvo patto contrario.

1545. Obblighi del compratore. – [I]. Il compratore deve rimborsare il venditore di quanto questi ha pagato per debiti e pesi dell'eredità e deve corrispondergli quanto gli sarebbe dovuto dall'eredità medesima, salvo che sia convenuto diversamente.

1546. Responsabilità per debiti ereditari. – [i]. Il compratore, se non vi è patto contrario, è obbligato in solido [1292 ss.] col venditore a pagare i debiti ereditari [2560].

1547. Altre forme di alienazione di eredità. – [i]. Le disposizioni precedenti si applicano alle altre forme di alienazione di un'eredità a titolo oneroso.

[ii]. Nelle alienazioni a titolo gratuito la garanzia è regolata dall'articolo 797.

Capo II – *Del riporto*

1548. Nozione. – [i]. Il riporto è il contratto per il quale il riportato trasferisce in proprietà al riportatore titoli di credito di una data specie per un determinato prezzo, e il riportatore assume l'obbligo di trasferire al riportato, alla scadenza del termine stabilito [1551[2]], la proprietà di altrettanti titoli della stessa specie, verso rimborso del prezzo, che può essere aumentato o diminuito nella misura convenuta.

1549. Perfezione del contratto. – [i]. Il contratto si perfeziona con la consegna dei titoli.

1550. Diritti accessori e obblighi inerenti ai titoli. – [i]. I diritti accessori e gli obblighi inerenti ai titoli dati a riporto spettano al riportato. Si applicano le disposizioni degli articoli 1531, 1532, 1533 e 1534.

[ii]. Il diritto di voto, salvo patto contrario, spetta al riportatore [177 trans.].

1551. Inadempimento. – [i]. In caso di inadempimento di una delle parti, si osservano le disposizioni degli articoli 1515 e 1516, salva per i contratti di borsa l'applicazione delle leggi speciali.

[ii]. Se entrambe le parti non adempiono le proprie obbligazioni nel termine stabilito, il riporto cessa di avere effetto, e ciascuna parte ritiene ciò che ha ricevuto al tempo della stipulazione del contratto.

Capo III – *Della permuta*

1552. Nozione. – [i]. La permuta è il contratto che ha per oggetto il reciproco trasferimento della proprietà di cose, o di altri diritti, da un contraente all'altro.

1553. Evizione. – [I]. Il permutante, se ha sofferto l'evizione e non intende riavere la cosa data, ha diritto al valore della cosa evitta, secondo le norme stabilite per la vendita [1483 ss.], salvo in ogni caso il risarcimento del danno.

1554. Spese della permuta. – [I]. Salvo patto contrario, le spese della permuta e le altre accessorie sono a carico di entrambi i contraenti in parti uguali.

1555. Applicabilità delle norme sulla vendita. – [I]. Le norme stabilite per la vendita [1470 ss.] si applicano alla permuta, in quanto siano con questa compatibili.

CAPO IV – *Del contratto estimatorio*

1556. Nozione. – [I]. Con il contratto estimatorio una parte consegna una o più cose mobili all'altra e questa si obbliga a pagare il prezzo, salvo che restituisca le cose nel termine stabilito.

1557. Impossibilità di restituzione. – [I]. Chi ha ricevuto le cose non è liberato dall'obbligo di pagarne il prezzo, se la restituzione di esse nella loro integrità è divenuta impossibile per causa a lui non imputabile.

1558. Disponibilità delle cose. – [I]. Sono validi gli atti di disposizione compiuti da chi ha ricevuto le cose; ma i suoi creditori non possono sottoporle a pignoramento o a sequestro finché non ne sia stato pagato il prezzo.

[II]. Colui che ha consegnato le cose non può disporne fino a che non gli siano restituite.

CAPO V – *Della somministrazione*

1559. Nozione. – [I]. La somministrazione è il contratto con il quale una parte si obbliga, verso corrispettivo di un prezzo [1561, 1562], a eseguire, a favore dell'altra, prestazioni periodiche o continuative di cose [1560] (1).

(1) *V. art. 74 r.d. 16 marzo 1942, n. 267 (per la nuova disciplina, v. art. 179 d.ls. 12 gennaio 2019, n. 14, Codice della crisi d'impresa e dell'insolvenza). V. anche artt. 121 d.ls. 1° settembre 1993, n. 385, e 26[5] d.ls. 9 aprile 2008, n. 81.*

1560. Entità della somministrazione. – [I]. Qualora non sia determinata l'entità della somministrazione, si intende pattuita quella corrispondente al normale fabbisogno della parte che vi ha diritto, avuto riguardo al tempo della conclusione del contratto.

[II]. Se le parti hanno stabilito soltanto il limite massimo e quello minimo per l'intera somministrazione o per le singole prestazioni, spetta all'avente diritto alla somministrazione di stabilire, entro i limiti suddetti, il quantitativo dovuto.

[III]. Se l'entità della somministrazione deve determinarsi in relazione al fabbisogno ed è stabilito un quantitativo minimo, l'avente diritto alla somministrazione è tenuto per la quantità corrispondente al fabbisogno se questo supera il minimo stesso.

1561. Determinazione del prezzo. – [I]. Nella somministrazione a carattere periodico, se il prezzo deve essere determinato secondo le norme dell'articolo 1474, si ha riguardo al tempo della scadenza delle singole prestazioni e al luogo in cui queste devono essere eseguite.

1562. Pagamento del prezzo. – [I]. Nella somministrazione a carattere periodico il prezzo è corrisposto all'atto delle singole prestazioni e in proporzione di ciascuna di esse.

[II]. Nella somministrazione a carattere continuativo il prezzo è pagato secondo le scadenze d'uso.

1563. Scadenza delle singole prestazioni. – [I]. Il termine stabilito per le singole prestazioni si presume pattuito nell'interesse di entrambe le parti [1184].

[II]. Se l'avente diritto alla somministrazione ha la facoltà di fissare la scadenza delle singole prestazioni, egli deve comunicarne la data al somministrante con un congruo preavviso.

1564. Risoluzione del contratto. – [I]. In caso d'inadempimento di una delle parti relativo a singole prestazioni, l'altra può chiedere la risoluzione del contratto, se l'inadempimento ha una notevole importanza [1455] ed è tale da menomare la fiducia nell'esattezza dei successivi adempimenti.

1565. Sospensione della somministrazione. – [I]. Se la parte che ha diritto alla somministrazione è inadempiente e l'inadempimento è di lieve entità, il somministrante non può sospendere l'esecuzione del contratto senza dare congruo preavviso [1455, 1460].

1566. Patto di preferenza. – [I]. Il patto con cui l'avente diritto alla somministrazione si obbliga a dare la preferenza al somministrante nella stipulazione di un successivo contratto per lo stesso oggetto, è valido purché la durata dell'obbligo non ecceda il termine di cinque anni. Se è convenuto un termine maggiore, questo si riduce a cinque anni [2596].

[II]. L'avente diritto alla somministrazione deve comunicare al somministrante le condizioni propostegli da terzi e il somministrante deve dichiarare, sotto pena di decadenza, nel termine stabilito o, in mancanza, in quello richiesto dalle circostanze o dagli usi, se intende valersi del diritto di preferenza [179 trans.].

1567. Esclusiva a favore del somministrante. – [I]. Se nel contratto è pattuita la clausola di esclusiva a favore del somministrante, l'altra parte non può ricevere da terzi prestazioni della stessa natura, né, salvo patto contrario, può provvedere con mezzi propri alla produzione delle cose che formano oggetto del contratto.

1568. Esclusiva a favore dell'avente diritto alla somministrazione. – [I]. Se la clausola di esclusiva è pattuita a favore dell'avente diritto alla somministrazione, il somministrante non può compiere nella zona per cui la esclusiva è concessa e per la durata del contratto, né direttamente né indirettamente, prestazioni della stessa natura di quelle che formano oggetto del contratto.

[II]. L'avente diritto alla somministrazione, che assume l'obbligo di promuovere, nella zona assegnatagli, la vendita delle cose di cui ha l'esclusiva, risponde dei danni [1223] in caso di inadempimento a tale obbligo, anche se ha eseguito il contratto rispetto al quantitativo minimo che sia stato fissato.

1569. Contratto a tempo indeterminato. – [I]. Se la durata della somministrazione non è stabilita, ciascuna delle parti può recedere dal contratto, dando preavviso nel termine pattuito o in quello stabilito dagli usi o, in mancanza, in un termine congruo avuto riguardo alla natura della somministrazione.

1570. Rinvio. – [I]. Si applicano alla somministrazione, in quanto compatibili con le disposizioni che precedono, anche le regole che disciplinano il contratto a cui corrispondono le singole prestazioni [1677].

CAPO VI – *Della locazione*

SEZIONE I – *Disposizioni generali*

1571. Nozione. – [I]. La locazione è il contratto col quale una parte si obbliga a far godere all'altra una cosa mobile o immobile per un dato tempo [1573, 1574], verso un determinato corrispettivo [180 trans.].

1572. Locazioni e anticipazioni eccedenti l'ordinaria amministrazione. – [I]. Il contratto di locazione per una durata superiore a nove anni è atto eccedente l'ordinaria amministrazione [1350n. 8, 2643n. 8].

[II]. Sono altresì atti eccedenti l'ordinaria amministrazione le anticipazioni del corrispettivo della locazione per una durata superiore a un anno [1605] (1).

(1) *V. art. 2-ter d.l. 19 giugno 1974, n. 236, conv., con modif., in l. 12 agosto 1974, n. 351.*

1573. Durata della locazione. – [I]. Salvo diverse norme di legge [1607, 1629], la locazione non può stipularsi per un tempo eccedente i trenta anni. Se stipulata per un periodo più lungo o in perpetuo, è ridotta al termine suddetto.

1574. Locazione senza determinazione di tempo. – [I]. Quando le parti non hanno determinato la durata della locazione [1616], questa s'intende convenuta:

1) se si tratta di case senza arredamento di mobili o di locali per l'esercizio di una professione, di una industria o di un commercio, per la durata di un anno, salvi gli usi locali;

2) se si tratta di camere o di appartamenti mobiliati, per la durata corrispondente all'unità di tempo a cui è commisurata la pigione;

3) se si tratta di cose mobili, per la durata corrispondente all'unità di tempo a cui è commisurato il corrispettivo;

4) se si tratta di mobili forniti dal locatore per l'arredamento di un fondo urbano, per la durata della locazione del fondo stesso.

1575. Obbligazioni principali del locatore. – [I]. Il locatore deve:

1) consegnare al conduttore la cosa locata in buono stato di manutenzione;

2) mantenerla in istato da servire all'uso convenuto [1576 ss.];

3) garantirne il pacifico godimento durante la locazione [1585 ss.].

1576. Mantenimento della cosa in buono stato locativo. – [I]. Il locatore deve eseguire, durante la locazione, tutte le riparazioni necessarie, eccettuate quelle di piccola manutenzione che sono a carico del conduttore [1609, 1621].

[II]. Se si tratta di cose mobili, le spese di conservazione e di ordinaria manutenzione sono, salvo patto contrario, a carico del conduttore.

1577. Necessità di riparazioni. – [I]. Quando la cosa locata abbisogna di riparazioni che non sono a carico del conduttore [1576], questi è tenuto a darne avviso al locatore.

[II]. Se si tratta di riparazioni urgenti, il conduttore può eseguirle direttamente, salvo rimborso, purché ne dia contemporaneamente avviso al locatore.

1578. Vizi della cosa locata. – [I]. Se al momento della consegna la cosa locata è affetta da vizi che ne diminuiscono in modo apprezzabile l'idoneità all'uso pattuito, il conduttore può domandare la risoluzione del contratto o una riduzione del corrispettivo, salvo che si tratti di vizi da lui conosciuti o facilmente riconoscibili [1490].

[II]. Il locatore è tenuto a risarcire al conduttore i danni derivati da vizi della cosa, se non prova di avere senza colpa ignorato i vizi stessi al momento della consegna [1494].

1579. Limitazioni convenzionali della responsabilità. – [I]. Il patto con cui si esclude o si limita la responsabilità del locatore per i vizi della cosa non ha effetto [1229¹], se il locatore li ha in mala fede taciuti al conduttore oppure se i vizi sono tali da rendere impossibile il godimento della cosa [1580].

1580. Cose pericolose per la salute. – [I]. Se i vizi della cosa o di parte notevole di essa espongono a serio pericolo la salute del conduttore o dei suoi familiari o dipendenti, il conduttore può ottenere la risoluzione del contratto, anche se i vizi gli erano noti, nonostante qualunque rinunzia [1229²].

1581. Vizi sopravvenuti. – [I]. Le disposizioni degli articoli precedenti [1577 ss.] si osservano, in quanto applicabili, anche nel caso di vizi della cosa sopravvenuti nel corso della locazione.

1582. Divieto d'innovazione. – [I]. Il locatore non può compiere sulla cosa innovazioni che diminuiscano il godimento da parte del conduttore.

1583. Mancato godimento per riparazioni urgenti. – [I]. Se nel corso della locazione la cosa abbisogna di riparazioni che non possono differirsi fino al termine del contratto, il conduttore deve tollerarle anche quando importano privazione del godimento di parte della cosa locata [1584²].

1584. Diritti del conduttore in caso di riparazioni. – [I]. Se l'esecuzione delle riparazioni si protrae per oltre un sesto della durata della locazione e, in ogni caso, per oltre venti giorni, il conduttore ha diritto a una riduzione del corrispettivo, proporzionata all'intera durata delle riparazioni stesse e all'entità del mancato godimento.

[II]. Indipendentemente dalla sua durata, se l'esecuzione delle riparazioni rende inabitabile quella parte della cosa che è necessaria per l'alloggio del conduttore e della sua famiglia, il conduttore può ottenere, secondo le circostanze, lo scioglimento del contratto [1622].

1585. Garanzia per molestie. – [i]. Il locatore è tenuto a garantire il conduttore dalle molestie che diminuiscono l'uso o il godimento della cosa, arrecate da terzi che pretendono di avere diritti sulla cosa medesima [949²].

[ii]. Non è tenuto a garantirlo dalle molestie di terzi che non pretendono di avere diritti, salva al conduttore la facoltà di agire contro di essi in nome proprio [1168²].

1586. Pretese da parte di terzi. – [i]. Se i terzi che arrecano le molestie pretendono di avere diritti sulla cosa locata, il conduttore è tenuto a darne pronto avviso al locatore, sotto pena del risarcimento dei danni.

[ii]. Se i terzi agiscono in via giudiziale, il locatore è tenuto ad assumere la lite, qualora sia chiamato nel processo. Il conduttore deve esserne estromesso con la semplice indicazione del locatore, se non ha interesse a rimanervi [108 c.p.c.].

1587. Obbligazioni principali del conduttore. – [i]. Il conduttore deve:

1) prendere in consegna la cosa e osservare la diligenza del buon padre di famiglia [1176¹] nel servirsene per l'uso determinato nel contratto o per l'uso che può altrimenti presumersi dalle circostanze (1);

2) dare il corrispettivo nei termini convenuti (2).

(1) *V. art. 80 l. 27 luglio 1978, n. 392.*
(2) *V. art. 5 l. n. 392, cit.*

1588. Perdita e deterioramento della cosa locata. – [i]. Il conduttore risponde della perdita e del deterioramento [1592²] della cosa che avvengono nel corso della locazione, anche se derivanti da incendio [1589], qualora non provi che siano accaduti per causa a lui non imputabile [1218 ss., 1256 ss.].

[ii]. È pure responsabile della perdita e del deterioramento cagionati da persone che egli ha ammesse, anche temporaneamente, all'uso o al godimento della cosa [1592²].

1589. Incendio di cosa assicurata. – [i]. Se la cosa distrutta o deteriorata per incendio era stata assicurata dal locatore o per conto di questo [1891], la responsabilità del conduttore verso il locatore è limitata alla differenza tra l'indennizzo corrisposto dall'assicuratore e il danno effettivo [1223].

[II]. Quando si tratta di cosa mobile stimata e l'assicurazione è stata fatta per valore uguale alla stima, cessa ogni responsabilità del conduttore in confronto del locatore, se questi è indennizzato dall'assicuratore.

[III]. Sono salve in ogni caso le norme concernenti il diritto di surrogazione dell'assicuratore [1916].

1590. Restituzione della cosa locata. – [I]. Il conduttore deve restituire la cosa al locatore nello stato medesimo in cui l'ha ricevuta, in conformità della descrizione che ne sia stata fatta dalle parti, salvo il deterioramento o il consumo risultante dall'uso della cosa in conformità del contratto.

[II]. In mancanza di descrizione, si presume che il conduttore abbia ricevuto la cosa in buono stato di manutenzione [1575 n. 1].

[III]. Il conduttore non risponde del perimento o del deterioramento dovuti a vetustà.

[IV]. Le cose mobili si devono restituire nel luogo dove sono state consegnate [1182].

1591. Danni per ritardata restituzione. – [I]. Il conduttore in mora [1219 ss.] a restituire la cosa è tenuto a dare al locatore il corrispettivo convenuto fino alla riconsegna, salvo l'obbligo di risarcire il maggior danno.

1592. Miglioramenti. – [I]. Salvo disposizioni particolari della legge o degli usi, il conduttore non ha diritto a indennità per i miglioramenti apportati alla cosa locata. Se però vi è stato il consenso del locatore, questi è tenuto a pagare un'indennità corrispondente alla minor somma tra l'importo della spesa e il valore del risultato utile al tempo della riconsegna [985 2] (1).

[II]. Anche nel caso in cui il conduttore non ha diritto a indennità, il valore dei miglioramenti può compensare i deterioramenti che si sono verificati senza colpa grave del conduttore [1588, 1593, 1632, 1633, 1651].

(1) *V. artt. 34 e 45 3 l. 27 luglio 1978, n. 392.*

1593. Addizioni. – [I]. Il conduttore che ha eseguito addizioni sulla cosa locata ha diritto di toglierle alla fine della locazione qualora ciò possa avvenire senza nocumento della cosa, salvo che il proprietario preferisca ritenere le addizioni stesse. In tal caso questi deve pagare al conduttore un'indennità pari alla minor somma tra l'importo della spesa e il valore delle addizioni al tempo della riconsegna [986 2].

[II]. Se le addizioni non sono separabili senza nocumento della cosa e ne costituiscono un miglioramento, si osservano le norme dell'articolo precedente [986[3]].

1594. Sublocazione o cessione della locazione. – [I]. Il conduttore, salvo patto contrario, ha facoltà di sublocare la cosa locatagli [1624, 1649, 1804], ma non può cedere il contratto senza il consenso del locatore [1406, 1588[2]] (1).

[II]. Trattandosi di cosa mobile, la sublocazione deve essere autorizzata dal locatore o consentita dagli usi.

(1) *V. artt. 2 e 36 l. 27 luglio 1978, n. 392.*

1595. Rapporti tra il locatore e il subconduttore. – [I]. Il locatore, senza pregiudizio dei suoi diritti verso il conduttore, ha azione diretta contro il subconduttore per esigere il prezzo della sublocazione, di cui questi sia ancora debitore al momento della domanda giudiziale, e per costringerlo ad adempiere tutte le altre obbligazioni derivanti dal contratto di sublocazione.

[II]. Il subconduttore non può opporgli pagamenti anticipati, salvo che siano stati fatti secondo gli usi locali.

[III]. Senza pregiudizio delle ragioni del subconduttore verso il sublocatore, la nullità o la risoluzione del contratto di locazione ha effetto anche nei confronti del subconduttore, e la sentenza pronunciata tra locatore e conduttore ha effetto anche contro di lui [2909].

1596. Fine della locazione per lo spirare del termine. – [I]. La locazione per un tempo determinato dalle parti cessa con lo spirare del termine, senza che sia necessaria la disdetta.

[II]. La locazione senza determinazione di tempo non cessa, se prima della scadenza stabilita a norma dell'articolo 1574, una delle parti non comunica all'altra disdetta nel termine [fissato dalle norme corporative o, in mancanza, in quello] (1) determinato dalle parti o dagli usi.

(1) *V.* sub *art. 1322.*

1597. Rinnovazione tacita del contratto. – [I]. La locazione si ha per rinnovata se, scaduto il termine di essa, il conduttore rimane ed è lasciato nella detenzione della cosa locata o se, trattandosi di locazione a tempo indeterminato [1574], non è stata comunicata la disdetta a norma dell'articolo precedente [1596[2]].

[II]. La nuova locazione è regolata dalle stesse condizioni della precedente, ma la sua durata è quella stabilita per le locazioni a tempo indeterminato [1574].

[III]. Se è stata data licenza, il conduttore non può opporre la tacita rinnovazione, salvo che consti la volontà del locatore di rinnovare il contratto (1).

(1) *V. art. 80 r.d. 16 marzo 1942, n. 267 (per la nuova disciplina, v. art. 185 d.ls. 12 gennaio 2019, n. 14, Codice della crisi d'impresa e dell'insolvenza).*

1598. Garanzie della locazione. – [I]. Le garanzie prestate da terzi non si estendono alle obbligazioni derivanti da proroghe della durata del contratto.

1599. Trasferimento a titolo particolare della cosa locata. – [I]. Il contratto di locazione è opponibile al terzo acquirente [1603], se ha data certa [2704] anteriore all'alienazione della cosa [999^1].

[II]. La disposizione del comma precedente non si applica alla locazione di beni mobili non iscritti in pubblici registri, se l'acquirente ne ha conseguito il possesso in buona fede [1147^1, 1153^2].

[III]. Le locazioni di beni immobili non trascritte non sono opponibili al terzo acquirente, se non nei limiti di un novennio dall'inizio della locazione [2643$^{n. 8}$, 2644].

[IV]. L'acquirente è in ogni caso tenuto a rispettare la locazione, se ne ha assunto l'obbligo verso l'alienante [2923].

1600. Detenzione anteriore al trasferimento. – [I]. Se la locazione non ha data certa, ma la detenzione del conduttore è anteriore al trasferimento, l'acquirente non è tenuto a rispettare la locazione che per una durata corrispondente a quella stabilita per le locazioni a tempo indeterminato [1574].

1601. Risarcimento del danno al conduttore licenziato. – [I]. Se il conduttore è stato licenziato dall'acquirente perché il contratto di locazione non aveva data certa anteriore al trasferimento, il locatore è tenuto a risarcirgli il danno [1223 ss.].

1602. Effetti dell'opponibilità della locazione al terzo acquirente. – [I]. Il terzo acquirente tenuto a rispettare la locazione [1603] subentra, dal giorno del suo acquisto, nei diritti e nelle obbligazioni derivanti dal contratto di locazione [1406].

1603. Clausola di scioglimento del contratto in caso di alienazione. – [I]. Se si è convenuto che il contratto possa sciogliersi in caso di alienazione della cosa locata [2923^5], l'acquirente che vuole valersi di tale facoltà deve dare licenza al conduttore rispettando il termine di preavviso stabilito dal secondo comma dell'articolo 1596. In tal caso al conduttore licenziato non spetta il risarcimento dei danni, salvo patto contrario (1).

(1) *Per le locazioni di immobili urbani v. art. 7 l. 27 luglio 1978, n. 392, che sancisce la nullità di questa clausola.*

1604. Vendita della cosa locata con patto di riscatto. – [I]. Il compratore con patto di riscatto [1500 ss.] non può esercitare la facoltà di licenziare il conduttore [1603] fino a che il suo acquisto non sia divenuto irrevocabile con la scadenza del termine fissato per il riscatto [1501].

1605. Liberazione o cessione del corrispettivo della locazione. – [I]. La liberazione o la cessione del corrispettivo della locazione non ancora scaduto non può opporsi al terzo acquirente della cosa locata, se non risulta da atto scritto avente data certa [2704] anteriore al trasferimento [2918, 2924]. Si può in ogni caso opporre il pagamento anticipato eseguito in conformità degli usi locali [2812[3]].

[II]. Se la liberazione o la cessione è stata fatta per un periodo eccedente i tre anni e non è stata trascritta [2643[n. 9], 2644], può essere opposta solo entro i limiti di un triennio; se il triennio è già trascorso, può essere opposta solo nei limiti dell'anno in corso nel giorno del trasferimento [2812[4], 2918, 2924].

1606. Estinzione del diritto del locatore. – [I]. Nei casi in cui il diritto del locatore sulla cosa locata si estingue con effetto retroattivo, le locazioni da lui concluse aventi data certa [2704] sono mantenute, purché siano state fatte senza frode e non eccedano il triennio.

[II]. Sono salve le diverse disposizioni di legge.

SEZIONE II – *Della locazione di fondi urbani*

1607. Durata massima della locazione di case. – [I]. La locazione di una casa per abitazione può essere convenuta per tutta la durata della vita dell'inquilino e per due anni successivi alla sua morte.

1608. Garanzie per il pagamento della pigione. – [I]. Nelle locazioni di case non mobiliate l'inquilino può essere licenziato se non fornisce la casa di mobili sufficienti [2764] o non presta altre garanzie idonee ad assicurare il pagamento della pigione [1587].

1609. Piccole riparazioni a carico dell'inquilino. – [I]. Le riparazioni di piccola manutenzione, che a norma dell'articolo 1576 devono essere eseguite dall'inquilino a sue spese, sono quelle dipendenti da deterioramenti prodotti dall'uso, e non quelle dipendenti da vetustà o da caso fortuito.

[ii]. Le suddette riparazioni, in mancanza di patto, sono determinate dagli usi locali.

1610. Spurgo di pozzi e di latrine. – [i]. Lo spurgo dei pozzi e delle latrine è a carico del locatore (1).

(1) *V. art. 9 l. 27 luglio 1978, n. 392 che ha posto tale obbligo a carico del conduttore.*

1611. Incendio di casa abitata da più inquilini. – [i]. Se si tratta di casa occupata da più inquilini, tutti sono responsabili verso il locatore del danno prodotto dall'incendio, proporzionatamente al valore della parte occupata. Se nella casa abita anche il locatore, si detrae dalla somma dovuta una quota corrispondente alla parte da lui occupata [1589].

[ii]. La disposizione del comma precedente non si applica se si prova che l'incendio è cominciato dall'abitazione di uno degli inquilini, ovvero se alcuno di questi prova che l'incendio non è potuto cominciare nella sua abitazione.

1612. Recesso convenzionale del locatore. – [i]. Il locatore che si è riservata la facoltà di recedere dal contratto per abitare egli stesso nella casa locata deve dare licenza motivata nel termine stabilito dagli usi locali.

1613. Facoltà di recesso degli impiegati pubblici. – [i]. Gli impiegati delle pubbliche amministrazioni possono, nonostante patto contrario, recedere dal contratto nel caso di trasferimento, purché questo non sia stato disposto su loro domanda.

[ii]. Tale facoltà si esercita mediante disdetta motivata, e il recesso ha effetto dal secondo mese successivo a quello in corso alla data della disdetta.

1614. Morte dell'inquilino. – [i]. Nel caso di morte dell'inquilino, se la locazione deve ancora durare per più di un anno ed è stata vietata la sublocazione, gli eredi possono recedere dal contratto entro tre mesi dalla morte (1).

[ii]. Il recesso si deve esercitare mediante disdetta comunicata con preavviso non inferiore a tre mesi.

(1) *V. artt. 6 e 37 l. 27 luglio 1978, n. 392.*

Sezione III – *Dell'affitto*

§ 1. – *Disposizioni generali*

1615. Gestione e godimento della cosa produttiva. – [i]. Quando la locazione ha per oggetto il godimento di una cosa produttiva, mobile o immobile, l'affittuario deve curarne la gestione in conformità della destinazione economica della cosa [1618] e dell'interesse della produzione [1617, 1620]. A lui spettano i frutti [821[1]] e le altre utilità della cosa.

1616. Affitto senza determinazione di tempo. – [I]. Se le parti non hanno determinato la durata dell'affitto, ciascuna di esse può recedere dal contratto dando all'altra un congruo preavviso.

[II]. Sono salve [le norme corporative] (1) e gli usi che dispongano diversamente.

(1) *V.* sub *art. 1322.*

1617. Obblighi del locatore. – [I]. Il locatore è tenuto a consegnare la cosa, con i suoi accessori e le sue pertinenze [817], in istato da servire all'uso e alla produzione a cui è destinata [1615].

1618. Inadempimenti dell'affittuario. – [I]. Il locatore può chiedere la risoluzione del contratto, se l'affittuario non destina al servizio della cosa i mezzi necessari per la gestione di essa, se non osserva le regole della buona tecnica [1176[2]], ovvero se muta stabilmente la destinazione economica della cosa [1615, 1653].

1619. Diritto di controllo. – [I]. Il locatore può accertare in ogni tempo, anche con accesso in luogo, se l'affittuario osserva gli obblighi che gli incombono [1618].

1620. Incremento della produttività della cosa. – [I]. L'affittuario può prendere le iniziative atte a produrre un aumento di reddito della cosa, purché esse non importino obblighi per il locatore [1632] o non gli arrechino pregiudizio, e siano conformi all'interesse della produzione [1615].

1621. Riparazioni. – [I]. Il locatore è tenuto ad eseguire a sue spese, durante l'affitto, le riparazioni straordinarie. Le altre sono a carico dell'affittuario [1576].

1622. Perdite determinate da riparazioni. – [I]. Se l'esecuzione delle riparazioni che sono a carico del locatore determina per l'affittuario una perdita superiore al quinto del reddito annuale o, nel caso di affitto non superiore a un anno, al quinto del reddito complessivo, l'affittuario può domandare una riduzione del fitto in ragione della diminuzione del reddito oppure, secondo le circostanze, lo scioglimento del contratto [1584].

1623. Modificazioni sopravvenute del rapporto contrattuale. – [I]. Se, in conseguenza di una disposizione di legge, [di una norma corporativa] (1) o di un provvedimento dell'autorità riguardanti la gestione produttiva, il rapporto contrattuale risulta notevolmente modificato in modo che le parti ne risentano rispettivamente una perdita e un vantaggio, può essere richiesto un aumento o una diminuzione del fitto [1467] ovvero, secondo le circostanze, lo scioglimento del contratto.

[II]. Sono salve le diverse disposizioni della legge [della norma corporativa] (1), o del provvedimento dell'autorità.

(1) *V.* sub *art. 1322.*

1624. Divieto di subaffitto. Cessione dell'affitto. – [I]. L'affittuario non può subaffittare la cosa senza il consenso del locatore [1594[1]].

[II]. La facoltà di cedere l'affitto comprende quella di subaffittare; la facoltà di subaffittare non comprende quella di cedere l'affitto (1).

(1) *V. art. 21 l. 11 febbraio 1971, n. 11.*

1625. Clausola di scioglimento del contratto in caso di alienazione. – [I]. Se si è convenuto che l'affitto possa sciogliersi in caso di alienazione [1603], l'acquirente che voglia dare licenza all'affittuario deve osservare la disposizione dell'articolo 1616.

[II]. Quando l'affitto ha per oggetto un fondo rustico, la licenza deve essere data col preavviso di sei mesi e ha effetto per la fine dell'anno agrario in corso alla scadenza del termine di preavviso.

1626. Incapacità o insolvenza dell'affittuario. – [I]. L'affitto si scioglie per l'interdizione [414 ss.], l'inabilitazione [415 ss.] o l'insolvenza dell'affittuario, salvo che al locatore sia prestata idonea garanzia [1179] per l'esatto adempimento degli obblighi dell'affittuario.

1627. Morte dell'affittuario. – [I]. Nel caso di morte dell'affittuario, il locatore e gli eredi dell'affittuario possono, entro tre mesi dalla morte, recedere dal contratto mediante disdetta comunicata all'altra parte con preavviso di sei mesi.

[II]. Se l'affitto ha per oggetto un fondo rustico, la disdetta ha effetto per la fine dell'anno agrario in corso alla scadenza del termine di preavviso.

§ 2. – *Dell'affitto di fondi rustici* (1)

(1) *V. l. 12 giugno 1962, n. 567; l. 3 maggio 1982, n. 203; art. 6 d.lgs. 18 maggio 2001, n. 228.*

1628. (1) **Durata minima dell'affitto.** – [I]. [Se le norme corporative stabiliscono un periodo minimo di durata del contratto, l'affitto di un fondo rustico stipulato per una durata inferiore si estende al periodo minimo così stabilito].

(1) *V.* sub *art. 1322.*

1629. Fondi destinati al rimboschimento. – [I]. L'affitto di fondi rustici destinati al rimboschimento può essere stipulato per un termine massimo di novantanove anni.

1630. Affitto senza determinazione di tempo. – [I]. L'affitto a tempo indeterminato di un fondo soggetto a rotazione di colture si reputa stipulato per il tempo necessario affinché l'affittuario possa svolgere e portare a compimento il normale ciclo di avvicendamento delle colture praticate nel fondo (1).

[II]. Se il fondo non è soggetto ad avvicendamento di colture, l'affitto si reputa fatto per il tempo necessario alla raccolta dei frutti.

[III]. L'affitto non cessa se prima della scadenza una delle parti non ha dato disdetta con preavviso di sei mesi (2).

(1) *V. l. 22 luglio 1966, n. 606 e art. 17 l. 11 febbraio 1971, n. 11.*

(2) *Seguiva un quarto comma divenuto inoperante con r.d.l. 9 agosto 1943, n. 721.*

1631. Estensione del fondo. – [I]. Per l'affitto a misura, oppure a corpo con indicazione della misura, nel caso di eccesso o di difetto dell'estensione del fondo rispetto alla misura indicata, i diritti e le obbligazioni delle parti sono determinati secondo le norme contenute nel capo della vendita [1537].

1632-1634. (1).

(1) *Articoli abrogati (di cui l'art. 1634 implicitamente) dall'art. 29 l. 11 febbraio 1971, n. 11.*

1635. Perdita fortuita dei frutti negli affitti pluriennali. – [I]. Se, durante l'affitto convenuto per più anni, almeno la metà dei frutti di un anno non ancora separati perisce per caso fortuito, l'affittuario può domandare una riduzione del fitto, salvo che la perdita trovi compenso nei precedenti raccolti (1).

[II]. Qualora la perdita non trovi compenso nei precedenti raccolti, la riduzione è determinata alla fine dell'affitto, eseguito il conguaglio con i frutti raccolti in tutti gli anni decorsi. Il giudice può dispensare provvisoriamente l'affittuario dal pagamento di una parte del fitto in proporzione della perdita sofferta.

[III]. La riduzione non può mai eccedere la metà del fitto.

[IV]. In ogni caso si deve tener conto degli indennizzi che l'affittuario abbia conseguiti o possa conseguire in relazione alla perdita sofferta.

[v]. Al perimento è equiparata la mancata produzione dei frutti.

(1) *V. art. 12 l. 12 giugno 1962, n. 567.*

1636. Perdita fortuita dei frutti negli affitti annuali. – [I]. Se l'affitto ha la durata di un solo anno, e si è verificata la perdita per caso fortuito di almeno la metà dei frutti, l'affittuario può essere esonerato dal pagamento di una parte del fitto, in misura non superiore alla metà.

1637. Accollo di casi fortuiti. – [I]. L'affittuario può, con patto espresso, assumere il rischio dei casi fortuiti ordinari [1643]. Sono reputati tali i fortuiti che, avuto riguardo ai luoghi e a ogni altra circostanza, le parti potevano ragionevolmente ritenere probabili (1).

[II]. È nullo il patto col quale l'affittuario si assoggetta ai casi fortuiti straordinari.

(1) *V. art. 5 l. 11 febbraio 1971, n. 11.*

1638. Espropriazione per pubblico interesse. – [I]. In caso di espropriazione per pubblico interesse (1) o di occupazione temporanea del fondo locato, l'affittuario ha diritto di ottenere dal locatore la parte d'indennità a questo corrisposta per i frutti non percepiti o per il mancato raccolto.

(1) *L'intera materia è stata ridisciplinata dal d.P.R. 8 maggio 2001, n. 327, la cui entrata in vigore è fissata dal d.l. 20 giugno 2002, n. 122, conv., con modif., in l. 1° agosto 2002, n. 185, al 30 giugno 2003.*

1639. Canone di affitto. – [I]. Il fitto può consistere anche in una quota ovvero in una quantità fissa o variabile dei frutti del fondo locato (1).

(1) *V. art. 1 l. 12 giugno 1962, n. 567.*

1640. Scorte morte. – [I]. Le scorte morte costituenti la dotazione del fondo, che sono state consegnate all'affittuario all'inizio dell'affitto, con determinazione della specie, qualità e quantità, devono, anche se stimate, essere restituite al locatore alla fine dell'affitto, nella stessa specie, qualità e quantità e, se si tratta di scorte fisse, come macchinari e attrezzi, nello stesso stato d'uso. L'eccedenza o la deficienza deve essere regolata in danaro, secondo il valore corrente al tempo della riconsegna. La dotazione necessaria non può essere distratta e deve essere mantenuta secondo le esigenze delle colture e la pratica dei luoghi.

[II]. La disposizione del comma precedente si applica anche se, all'inizio dell'affitto, l'affittuario ha depositato la somma che rappresenti il valore delle scorte presso il locatore, salvo l'obbligo di questo di restituirla al tempo della riconsegna delle scorte.

[iii]. Se le scorte sono state consegnate con la sola indicazione del valore, l'affittuario ne acquista la proprietà, e, alla fine dell'affitto, deve restituire il valore ricevuto o scorte in natura per un corrispondente valore, determinato secondo il prezzo corrente, al tempo della riconsegna, ovvero parte dell'uno e parte delle altre [1645[3]].

[iv]. Sono salve [le diverse disposizioni delle norme corporative o] le diverse pattuizioni delle parti (1).

(1) *V.* sub *art. 1322.*

1641. Scorte vive. – [i]. Quando il bestiame da lavoro o da allevamento, costituente la dotazione del fondo, è stato in tutto o in parte fornito dal locatore, si osservano le disposizioni degli articoli seguenti, salvi [le norme corporative o] (1) i patti diversi.

(1) *V.* sub *art. 1322.*

1642. Proprietà del bestiame consegnato. – [i]. Qualora il bestiame consegnato all'affittuario sia stato determinato con indicazione della specie, del numero, del sesso, della qualità, dell'età e del peso, anche se ne è stata fatta stima, la proprietà di esso rimane al locatore. Tuttavia l'affittuario può disporre dei singoli capi, ma deve mantenere nel fondo la dotazione necessaria [1645].

1643. Rischio della perdita del bestiame. – [i]. Il rischio della perdita del bestiame è a carico dell'affittuario dal momento in cui questi lo ha ricevuto, se non è stato diversamente pattuito [1637].

1644. Accrescimenti e frutti del bestiame. – [i]. L'affittuario fa suoi i parti e gli altri frutti del bestiame, l'accrescimento e ogni altro provento che ne deriva [1615].

[ii]. Il letame però deve essere impiegato esclusivamente nella coltivazione del fondo.

1645. Riconsegna del bestiame. – [i]. Nel caso previsto dall'articolo 1642, al termine del contratto l'affittuario deve restituire bestiame corrispondente per specie, numero, sesso, qualità, età e peso a quello ricevuto. Se vi sono differenze di qualità o di quantità contenute nei limiti in cui esse possano ammettersi avuto riguardo ai bisogni della coltivazione del fondo, l'affittuario deve restituire bestiame di uguale valore. Se vi è eccedenza o deficienza nel valore del bestiame, ne è fatto conguaglio in danaro tra le parti, secondo il valore al tempo della riconsegna.

[ii]. La disposizione del comma precedente si applica anche se,

all'inizio dell'affitto, l'affittuario ha depositato presso il locatore la somma che rappresenta il valore del bestiame.

[III]. Si applica altresì la disposizione del terzo comma dell'articolo 1640.

[IV]. Sono salvi [le disposizioni delle norme corporative e] (1) i patti diversi.

(1) *V. sub art. 1322.*

1646. Rapporti fra gli affittuari uscente e subentrante. – [I]. L'affittuario uscente deve mettere a disposizione di chi gli subentra nella coltivazione i locali opportuni e gli altri comodi occorrenti per i lavori dell'anno seguente; il nuovo affittuario deve lasciare al precedente i locali opportuni e gli altri comodi occorrenti per il consumo dei foraggi e per le raccolte che restano da fare.

[II]. Per l'ulteriore determinazione dei rapporti tra l'affittuario uscente e l'affittuario subentrante si osservano [le disposizioni delle norme corporative e, in mancanza,] gli usi locali (1).

(1) *V. sub art. 1322.*

§ 3. – *Dell'affitto a coltivatore diretto* (1)

(1) *V. sub § 2.*

1647. Nozione. – [I]. Quando l'affitto ha per oggetto un fondo che l'affittuario coltiva col lavoro prevalentemente proprio o di persone della sua famiglia, si applicano le norme che seguono [sempre che il fondo non superi i limiti di estensione che, per singole zone e colture, possono essere determinati dalle norme corporative] (1) [1654, 2079].

(1) *V. sub art. 1322.*

1648. Casi fortuiti ordinari. – [I]. Il giudice, con riguardo alle condizioni economiche dell'affittuario, può disporre il pagamento rateale del fitto se per un caso fortuito ordinario, le cui conseguenze l'affittuario ha assunte a suo carico, si verifica la perdita di almeno la metà dei frutti del fondo [1637, 1654].

1649. Subaffitto. – [I]. Se il locatore consente il subaffitto, questo è considerato come locazione diretta tra il locatore e il nuovo affittuario [1594, 1654] (1).

(1) *V. art. 21 l. 3 maggio 1982, n. 203.*

1650-1651. (1)

(1) *Articoli abrogati dall'art. 29 l. 11 febbraio 1971, n. 11.*

1652. Anticipazioni all'affittuario. – [I]. Qualora l'affittuario non possa provvedere altrimenti, il locatore è tenuto ad anticipargli le sementi e le materie fertilizzanti e antiparassitarie necessarie per la coltivazione del fondo.

[II]. Il credito del locatore produce interessi in misura corrispondente al saggio legale [1284, 1654].

1653. (1) **[Sostituzione del locatore all'affittuario].**

(1) *Articolo abrogato dall'art. 29 l. 11 febbraio 1971, n. 11.*

1654. Inderogabilità. – [I]. Le disposizioni che precedono sono inderogabili.

Capo VII – *Dell'appalto*

1655. (1) **Nozione.** – [I]. L'appalto [2222 ss.] è il contratto col quale una parte assume, con organizzazione dei mezzi necessari e con gestione a proprio rischio, il compimento di un'opera [1655 ss.] o di un servizio [1677] verso un corrispettivo in danaro [1657].

(1) *V. art. 26[5] d.ls. 9 aprile 2008, n. 81.*

1656. (1) **Subappalto.** – [I]. L'appaltatore non può dare in subappalto l'esecuzione dell'opera o del servizio, se non è stato autorizzato dal committente [1670].

(1) *V. art. 26[5] d.ls. 9 aprile 2008, n. 81.*

1657. Determinazione del corrispettivo. – [I]. Se le parti non hanno determinato la misura del corrispettivo né hanno stabilito il modo di determinarla, essa è calcolata con riferimento alle tariffe esistenti o agli usi; in mancanza, è determinata dal giudice [2225].

1658. Fornitura della materia. – [I]. La materia necessaria a compiere l'opera deve essere fornita dall'appaltatore, se non è diversamente stabilito dalla convenzione o dagli usi [2223].

1659. Variazioni concordate del progetto. – [I]. L'appaltatore non può apportare variazioni alle modalità convenute dell'opera se il committente non le ha autorizzate.

[II]. L'autorizzazione si deve provare per iscritto [2725].

[III]. Anche quando le modificazioni sono state autorizzate, l'appaltatore, se il prezzo dell'intera opera è stato determinato globalmente, non ha diritto a compenso per le variazioni o per le aggiunte, salvo diversa pattuizione.

1660. Variazioni necessarie del progetto. – [I]. Se per l'esecuzione dell'opera a regola d'arte è necessario apportare variazioni al progetto e le parti non si accordano, spetta al giudice di determinare le variazioni da introdurre e le correlative variazioni del prezzo.

[II]. Se l'importo delle variazioni supera il sesto del prezzo complessivo convenuto, l'appaltatore può recedere dal contratto e può ottenere, secondo le circostanze, un'equa indennità.

[III]. Se le variazioni sono di notevole entità, il committente può recedere dal contratto ed è tenuto a corrispondere un equo indennizzo.

1661. Variazioni ordinate dal committente. – [I]. Il committente può apportare variazioni al progetto, purché il loro ammontare non superi il sesto del prezzo complessivo convenuto. L'appaltatore ha diritto al compenso per i maggiori lavori eseguiti, anche se il prezzo dell'opera era stato determinato globalmente.

[II]. La disposizione del comma precedente non si applica quando le variazioni, pur essendo contenute nei limiti suddetti, importano notevoli modificazioni della natura dell'opera o dei quantitativi nelle singole categorie di lavori previste nel contratto per l'esecuzione dell'opera medesima.

1662. Verifica nel corso di esecuzione dell'opera. – [I]. Il committente ha diritto di controllare lo svolgimento dei lavori e di verificarne a proprie spese lo stato.

[II]. Quando, nel corso dell'opera, si accerta che la sua esecuzione non procede secondo le condizioni stabilite dal contratto e a regola d'arte, il committente può fissare un congruo termine entro il quale l'appaltatore si deve conformare a tali condizioni; trascorso inutilmente il termine stabilito, il contratto è risoluto, salvo il diritto del committente al risarcimento del danno [1454, 2224].

1663. Denuncia dei difetti della materia. – [I]. L'appaltatore è tenuto a dare pronto avviso al committente dei difetti della materia da questo fornita, se si scoprono nel corso dell'opera e possono comprometterne la regolare esecuzione.

1664. Onerosità o difficoltà dell'esecuzione. – [I]. Qualora per effetto di circostanze imprevedibili si siano verificati aumenti o diminuzioni nel costo dei materiali o della mano d'opera, tali da determinare un aumento o una diminuzione superiori al decimo del prezzo complessivo convenuto, l'appaltatore o il committente possono chiedere una revisione del prezzo medesimo. La revisione può essere accordata solo per quella differenza che eccede il decimo [1467].

[II]. Se nel corso dell'opera si manifestano difficoltà di esecuzione derivanti da cause geologiche, idriche e simili, non previste dalle parti, che rendano notevolmente più onerosa la prestazione dell'appaltatore, questi ha diritto a un equo compenso [1467].

1665. Verifica e pagamento dell'opera. – [I]. Il committente, prima di ricevere la consegna, ha diritto di verificare l'opera compiuta [1666[1]].

[II]. La verifica deve esser fatta dal committente appena l'appaltatore lo mette in condizione di poterla eseguire.

[III]. Se, nonostante l'invito fattogli dall'appaltatore, il committente tralascia di procedere alla verifica senza giusti motivi, ovvero non ne comunica il risultato entro un breve termine, l'opera si considera accettata.

[IV]. Se il committente riceve senza riserve la consegna dell'opera, questa si considera accettata ancorché non si sia proceduto alla verifica [1666[2]].

[V]. Salvo diversa pattuizione o uso contrario, l'appaltatore ha diritto al pagamento del corrispettivo quando l'opera è accettata dal committente [181 trans.].

1666. Verifica e pagamento di singole partite. – [I]. Se si tratta di opera da eseguire per partite, ciascuno dei contraenti può chiedere che la verifica avvenga per le singole partite. In tal caso l'appaltatore può domandare il pagamento in proporzione dell'opera eseguita.

[II]. Il pagamento fa presumere l'accettazione della parte di opera pagata; non produce questo effetto il versamento di semplici acconti [181 trans.] (1).

(1) *V. ora art. 113-*bis[2] *d.lgs. 18 aprile 2016, n 50.*

1667. Difformità e vizi dell'opera. – [I]. L'appaltatore è tenuto alla garanzia per le difformità e i vizi dell'opera [1668]. La garanzia non è dovuta se il committente ha accettato l'opera e le difformità o i vizi erano da lui conosciuti o erano riconoscibili, purché, in questo caso, non siano stati in mala fede taciuti dall'appaltatore.

[II]. Il committente deve, a pena di decadenza, denunziare all'appaltatore le difformità o i vizi entro sessanta giorni dalla scoperta. La denunzia non è necessaria se l'appaltatore ha riconosciuto le difformità o i vizi o se li ha occultati.

[III]. L'azione contro l'appaltatore si prescrive in due anni dal giorno della consegna dell'opera. Il committente convenuto per il pagamento può sempre far valere la garanzia, purché le difformità o i vizi siano stati denunziati entro sessanta giorni dalla scoperta e prima che siano decorsi i due anni dalla consegna [181 trans.].

1668. Contenuto della garanzia per difetti dell'opera. – [I]. Il committente può chiedere che le difformità o i vizi siano eliminati a spese dell'appaltatore, oppure che il prezzo sia proporzionalmente diminuito, salvo il risarcimento del danno nel caso di colpa dell'appaltatore [1223].

[II]. Se però le difformità o i vizi dell'opera sono tali da renderla del tutto inadatta alla sua destinazione, il committente può chiedere la risoluzione del contratto [2226[3]; 181 trans.].

1669. Rovina e difetti di cose immobili. – [I]. Quando si tratta di edifici o di altre cose immobili destinate per la loro natura a lunga durata, se, nel corso di dieci anni dal compimento, l'opera, per vizio del suolo o per difetto della costruzione, rovina in tutto o in parte, ovvero presenta evidente pericolo di rovina o gravi difetti, l'appaltatore è responsabile nei confronti del committente e dei suoi aventi causa, purché sia fatta la denunzia entro un anno dalla scoperta [2053].

[II]. Il diritto del committente si prescrive in un anno dalla denunzia.

1670. Responsabilità dei subappaltatori. – [I]. L'appaltatore, per agire in regresso nei confronti dei subappaltatori, deve, sotto pena di decadenza, comunicare ad essi la denunzia entro sessanta giorni dal ricevimento.

1671. Recesso unilaterale dal contratto. – [I]. Il committente può recedere dal contratto [1660[3]], anche se è stata iniziata l'esecuzione dell'opera o la prestazione del servizio [1373], purché tenga indenne l'appaltatore delle spese sostenute, dei lavori eseguiti e del mancato guadagno [1372, 2227].

1672. Impossibilità di esecuzione dell'opera. – [I]. Se il contratto si scioglie perché l'esecuzione dell'opera è divenuta impossibile in conseguenza di una causa non imputabile ad alcuna delle parti [1464], il committente deve pagare la parte dell'opera già compiuta, nei limiti in cui è per lui utile, in proporzione del prezzo pattuito per l'opera intera [1675, 2228].

1673. Perimento o deterioramento della cosa. – [I]. Se, per causa non imputabile ad alcuna delle parti, l'opera perisce o è deteriorata prima che sia accettata dal committente o prima che il committente sia in mora a verificarla [1207[1]], il perimento o il deterioramento è a carico dell'appaltatore, qualora questi abbia fornito la materia.

[II]. Se la materia è stata fornita in tutto o in parte dal committente, il perimento o il deterioramento dell'opera è a suo carico per quanto riguarda la materia da lui fornita, e per il resto è a carico dell'appaltatore.

1674. Morte dell'appaltatore. – [I]. Il contratto di appalto non si scioglie per la morte dell'appaltatore, salvo che la considerazione della sua persona sia stata motivo determinante del contratto [1675]. Il committente può sempre recedere dal contratto, se gli eredi dell'appaltatore non danno affidamento per la buona esecuzione dell'opera o del servizio (1).

(1) *V. art. 81 r.d. 16 marzo 1942, n. 267 (per la nuova disciplina, v. art. 186 d.ls. 12 gennaio 2019, n. 14, Codice della crisi d'impresa e dell'insolvenza).*

1675. Diritti e obblighi degli eredi dell'appaltatore. – [I]. Nel caso di scioglimento del contratto per morte dell'appaltatore, il committente è tenuto a pagare agli eredi il valore delle opere eseguite, in ragione del prezzo pattuito, e a rimborsare le spese sostenute per l'esecuzione del rimanente, ma solo nei limiti in cui le opere eseguite e le spese sostenute gli sono utili [1672].

[II]. Il committente ha diritto di domandare la consegna, verso una congrua indennità, dei materiali preparati e dei piani in via di esecuzione, salve le norme che proteggono le opere dell'ingegno [2578].

1676. Diritti degli ausiliari dell'appaltatore verso il committente. – [I]. Coloro che, alle dipendenze dell'appaltatore, hanno dato la loro attività per eseguire l'opera o per prestare il servizio possono proporre azione diretta [1595, 1705^2] contro il committente per conseguire quanto è loro dovuto, fino alla concorrenza del debito che il committente ha verso l'appaltatore nel tempo in cui essi propongono la domanda [2900].

1677. (1) **Prestazione continuativa o periodica di servizi.** – [I]. Se l'appalto ha per oggetto prestazioni continuative o periodiche di servizi, si osservano, in quanto compatibili, le norme di questo capo e quelle relative al contratto di somministrazione [1559 ss.].

(1) *V. artt. 21 e 26 d.ls. 9 aprile 2008, n. 81.*

1677-*bis*. (1) **Prestazione di più servizi riguardanti il trasferimento di cose.** – [I]. Se l'appalto ha per oggetto, congiuntamente, la prestazione di due o più servizi di logistica relativi alle attività di ricezione, trasformazione, deposito, custodia, spedizione, trasferimento e distribuzione di beni di un altro soggetto, alle attività di trasferimento di cose da un luogo a un altro si applicano le norme relative al contratto di trasporto, in quanto compatibili

(1) *Articolo sostituito dall'art. 37-bis d.l. 30 aprile 2022, n. 36, conv. con modif., in l. 29 giugno 2022, n. 79. Il testo dell'articolo, come inserito dall'art. 1[819] l. 30 dicembre 2021, n. 234, era il seguente:* « Se l'appalto ha per oggetto, congiuntamente, la prestazione di più servizi relativi alle attività di ricezione, deposito, custodia, spedizione, trasferimento e distribuzione di beni di un altro soggetto, alle attività di trasferimento di cose da un luogo a un altro si applicano le norme relative al contratto di trasporto, in quanto compatibili ».

CAPO VIII – *Del trasporto*

SEZIONE I – *Disposizioni generali*

1678. Nozione. – [I]. Col contratto di trasporto il vettore si obbliga, verso corrispettivo [2761[1]], a trasferire persone [1681 ss.] o cose [1683 ss.] da un luogo a un altro [2951].

1679. Pubblici servizi di linea. [2951[4]] – [I]. Coloro che per concessione amministrativa esercitano servizi di linea per il trasporto di persone o di cose sono obbligati ad accettare le richieste di trasporto che siano compatibili con i mezzi ordinari dell'impresa [2597], secondo le condizioni generali stabilite o autorizzate nell'atto di concessione e rese note al pubblico [1341, 1342].

[II]. I trasporti devono eseguirsi secondo l'ordine delle richieste; in caso di più richieste simultanee, deve essere preferita quella di percorso maggiore.

[III]. Se le condizioni generali ammettono speciali concessioni, il vettore è obbligato ad applicarle a parità di condizioni a chiunque ne faccia richiesta.

[IV]. Salve le speciali concessioni ammesse dalle condizioni generali, qualunque deroga alle medesime è nulla, e alla clausola difforme è sostituita la norma delle condizioni generali [1339, 1419[2]].

1680. Limiti di applicabilità delle norme. – [I]. Le disposizioni di questo capo si applicano anche ai trasporti per via d'acqua o per via d'aria e a quelli ferroviari e postali, in quanto non siano derogate dal codice della navigazione e dalle leggi speciali.

SEZIONE II – *Del trasporto di persone*

1681. Responsabilità del vettore. – [I]. Salva la responsabilità per il ritardo e per l'inadempimento nell'esecuzione del trasporto [1218 ss.], il vettore risponde dei sinistri che colpiscono la persona del viaggiatore durante il viaggio e della perdita o dell'avaria delle cose che il viaggiatore porta con sé, se non prova di avere adottato tutte le misure idonee a evitare il danno [2050, 2951].

[II]. Sono nulle le clausole che limitano la responsabilità del vettore per i sinistri che colpiscono il viaggiatore [1229^2].

[III]. Le norme di questo articolo si osservano anche nei contratti di trasporto gratuito [414, 415 c. nav.].

1682. Responsabilità del vettore nei trasporti cumulativi. – [I]. Nei trasporti cumulativi ciascun vettore risponde nell'ambito del proprio percorso.

[II]. Tuttavia il danno per il ritardo o per l'interruzione del viaggio si determina in ragione dell'intero percorso.

SEZIONE III – *Del trasporto di cose*

1683. Indicazioni e documenti che devono essere forniti al vettore. – [I]. Il mittente deve indicare con esattezza al vettore il nome del destinatario e il luogo di destinazione, la natura, il peso, la quantità e il numero delle cose da trasportare e gli altri estremi necessari per eseguire il trasporto [1684].

[II]. Se per l'esecuzione del trasporto occorrono particolari documenti, il mittente deve rimetterli al vettore all'atto in cui consegna le cose da trasportare.

[III]. Sono a carico del mittente i danni che derivano dall'omissione o dalla inesattezza delle indicazioni o dalla mancata consegna o irregolarità dei documenti.

1684. Lettera di vettura e ricevuta di carico. – [I]. Su richiesta del vettore, il mittente deve rilasciare una lettera di vettura con la propria sottoscrizione, contenente le indicazioni enunciate nell'articolo precedente e le condizioni convenute per il trasporto.

[II]. Su richiesta del mittente, il vettore deve rilasciare un duplicato della lettera di vettura con la propria sottoscrizione o, se non gli è stata rilasciata lettera di vettura, una ricevuta di carico, con le stesse indicazioni.

[III]. Salvo contrarie disposizioni di legge, il duplicato della lettera di vettura e la ricevuta di carico possono essere rilasciate con la clausola « all'ordine » [1691, 2008 ss.].

1685. Diritti del mittente. – [I]. Il mittente può sospendere il trasporto e chiedere la restituzione delle cose, ovvero ordinarne la consegna a un destinatario diverso da quello originariamente indicato o anche disporre diversamente, salvo l'obbligo di rimborsare le spese e di risarcire i danni derivanti dal contrordine.

[II]. Qualora dal vettore sia stato rilasciato al mittente un duplicato della lettera di vettura o una ricevuta di carico [1684[2]], il mittente non può disporre delle cose consegnate per il trasporto, se non esibisce al vettore il duplicato o la ricevuta per farvi annotare le nuove indicazioni. Queste devono essere sottoscritte dal vettore.

[III]. Il mittente non può disporre delle cose trasportate dal momento in cui esse sono passate a disposizione del destinatario [1687].

1686. Impedimenti e ritardi nell'esecuzione del trasporto. – [I]. Se l'inizio o la continuazione del trasporto sono impediti o soverchiamente ritardati per causa non imputabile al vettore, questi deve chiedere immediatamente istruzioni al mittente, provvedendo alla custodia delle cose consegnategli.

[II]. Se le circostanze rendono impossibile la richiesta di istruzioni al mittente o se le istruzioni non sono attuabili, il vettore può depositare le cose a norma dell'articolo 1514 [77 att.], o, se sono soggette a rapido deterioramento, può farle vendere a norma dell'articolo 1515. Il vettore deve informare prontamente il mittente del deposito o della vendita [83 att.].

[III]. Il vettore ha diritto al rimborso delle spese. Se il trasporto è stato iniziato, egli ha diritto anche al pagamento del prezzo in proporzione del percorso compiuto, salvo che la interruzione del trasporto sia dovuta alla perdita totale delle cose derivante da caso fortuito.

1687. Riconsegna delle merci. – [I]. Il vettore deve mettere le cose trasportate a disposizione del destinatario nel luogo, nel termine e con le modalità indicati dal contratto o, in mancanza, dagli usi.

[II]. Se la riconsegna non deve eseguirsi presso il destinatario, il vettore deve dargli prontamente avviso dell'arrivo delle cose trasportate [1691[2]].

[III]. Se dal mittente è stata rilasciata una lettera di vettura [1684], il vettore deve esibirla al destinatario.

1688. Termine di resa. – [I]. Il termine di resa, quando sono indicati più termini parziali, è determinato dalla somma di questi.

1689. Diritti del destinatario. – [I]. I diritti nascenti dal contratto di trasporto verso il vettore spettano al destinatario dal momento in cui, arrivate le cose a destinazione o scaduto il termine in cui sarebbero dovute arrivare, il destinatario ne richiede la riconsegna al vettore [1691[3]].

[II]. Il destinatario non può esercitare i diritti nascenti dal contratto se non verso pagamento al vettore dei crediti derivanti dal trasporto [2761[1]] e degli assegni da cui le cose trasportate sono gravate [1692]. Nel caso in cui l'ammontare delle somme dovute sia controverso, il destinatario deve depositare la differenza contestata presso un istituto di credito [251 trans.].

1690. Impedimenti alla riconsegna. – [I]. Se il destinatario è irreperibile ovvero rifiuta o ritarda a chiedere la riconsegna delle cose trasportate, il vettore deve domandare immediatamente istruzioni al mittente e si applicano le disposizioni dell'articolo 1686.

[II]. Se sorge controversia tra più destinatari o circa il diritto del destinatario alla riconsegna o circa l'esecuzione di questa, ovvero se il destinatario ritarda a ricevere le cose trasportate, il vettore può depositarle a norma dell'articolo 1514 o, se sono soggette a rapido deterioramento, può farle vendere a norma dell'articolo 1515 per conto dell'avente diritto. Il vettore deve informare prontamente il mittente del deposito o della vendita [83 att.].

1691. Lettera di vettura o ricevuta di carico all'ordine. – [I]. Se il vettore ha rilasciato al mittente un duplicato della lettera di vettura all'ordine o la ricevuta di carico all'ordine [1684[3]], i diritti nascenti dal contratto verso il vettore si trasferiscono mediante girata del titolo [2009 ss.].

[II]. In tal caso il vettore è esonerato dall'obbligo di dare avviso dell'arrivo delle cose trasportate [1687[2]], salvo che sia stato indicato un domiciliatario nel luogo di destinazione, e l'indicazione risulti dal duplicato della lettera di vettura o dalla ricevuta di carico.

[III]. Il possessore del duplicato della lettera di vettura all'ordine o della ricevuta di carico all'ordine deve restituire il titolo al vettore all'atto della riconsegna delle cose trasportate.

1692. Responsabilità del vettore nei confronti del mittente. – [I]. Il vettore che esegue la riconsegna al destinatario senza riscuotere i propri crediti o gli assegni da cui è gravata la cosa, o senza esigere il deposito della somma controversa [1689[2]], è responsabile verso il mittente dell'importo degli assegni dovuti al medesimo e non può rivolgersi a quest'ultimo per il pagamento dei propri crediti, salva l'azione verso il destinatario [2951].

1693. Responsabilità per perdita e avaria. – [I]. Il vettore è responsabile della perdita e dell'avaria [1696] delle cose consegnategli per il trasporto, dal momento in cui le riceve a quello in cui le riconsegna al destinatario, se non prova che la perdita o l'avaria è derivata da caso fortuito, dalla natura o dai vizi delle cose stesse o del loro imballaggio, o dal fatto del mittente o da quello del destinatario [1218].

[II]. Se il vettore accetta le cose da trasportare senza riserve, si presume che le cose stesse non presentino vizi apparenti d'imballaggio.

1694. **Presunzioni di fortuito.** – [I]. Sono valide le clausole che stabiliscono presunzioni di caso fortuito per eventi che normalmente, in relazione ai mezzi e alle condizioni del trasporto, dipendono da caso fortuito [182 trans.].

1695. **Calo naturale.** – [I]. Per le cose che, data la loro particolare natura, sono soggette durante il trasporto a diminuzione nel peso o nella misura, il vettore risponde solo delle diminuzioni che oltrepassano il calo naturale, a meno che il mittente o il destinatario provi che la diminuzione non è avvenuta in conseguenza della natura delle cose o che per le circostanze del caso non poteva giungere alla misura accertata.

[II]. Si deve tener conto del calo separatamente per ogni collo.

1696. (1) **Limiti al risarcimento del danno per perdita o avaria delle cose trasportate.** – [I]. Il danno derivante da perdita o da avaria si calcola secondo il prezzo corrente delle cose trasportate nel luogo e nel tempo della riconsegna.

[II]. Il risarcimento dovuto dal vettore non può essere superiore a 1 euro per ogni chilogrammo di peso lordo della merce perduta o avariata nei trasporti nazionali terrestri e all'importo di cui all'articolo 23, paragrafo 3, della Convenzione relativa al contratto di trasporto internazionale di merci su strada, con Protocollo, firmata a Ginevra il 19 maggio 1956, ratificata ai sensi della legge 6 dicembre 1960, n. 1621, nei trasporti internazionali terrestri, ovvero ai limiti previsti dalle convenzioni internazionali o dalle leggi nazionali applicabili per i trasporti aerei, marittimi, fluviali e ferroviari, sempre che ricorrano i presupposti ivi previsti per il sorgere della responsabilità del vettore.

[III]. Nel caso in cui il trasporto sia effettuato per il tramite di più mezzi vettoriali di natura diversa e non sia possibile distinguere in quale fase del trasporto si sia verificato il danno, il risarcimento dovuto dal vettore non può in ogni caso essere superiore a 1 euro per ogni chilogrammo di peso lordo della merce perduta o avariata nei trasporti nazionali e a 3 euro per ogni chilogrammo di peso lordo della merce perduta o avariata nei trasporti internazionali.

[IV]. Le disposizioni dei commi primo, secondo e terzo non sono derogabili a favore del vettore se non nei casi e con le modalità previsti dalle leggi speciali e dalle convenzioni internazionali applicabili.

[V]. Il vettore non può avvalersi della limitazione della responsabilità prevista a suo favore dal presente articolo ove sia fornita la prova che la perdita o l'avaria della merce sono stati determinati da dolo o colpa grave del vettore o dei suoi dipendenti e preposti, ovvero di ogni altro soggetto di cui egli si sia avvalso per l'esecuzione del trasporto, quando tali soggetti abbiano agito nell'esercizio delle loro funzioni.

(1) *Articolo così sostituito dall'art. 30-*bis[1 lett. a)] *d.l. 6 novembre 2021, n. 152, conv., con modif., in l. 29 dicembre 2021, n. 233. Il testo dell'articolo, come da ultimo modificato dall'art. 10*[1] *d.ls. 21 novembre 2005, n. 286, era il seguente:* « 1696. (*Calcolo del danno in caso di perdita o di avaria*). – Il danno derivante da perdita o da avaria si calcola secondo il prezzo corrente delle cose trasportate nel luogo e nel tempo della riconsegna. — Il risarcimento dovuto dal vettore non può essere superiore a un euro per ogni chilogrammo di peso lordo della merce perduta o avariata nei trasporti nazionali ed all'importo di cui all'articolo 23, comma 3, della Convenzione per il trasporto stradale di merci, ratificata con legge 6 dicembre 1960, n. 1621, e successive modificazioni, nei trasporti internazionali. — La previsione di cui al comma precedente non è derogabile a favore del vettore se non nei casi e con le modalità previste dalle leggi speciali e dalle convenzioni internazionali applicabili. — Il vettore non può avvalersi della limitazione della responsabilità prevista a suo favore dal presente articolo ove sia fornita la prova che la perdita o l'avaria della merce sono stati determinati da dolo o colpa grave del vettore o dei suoi dipendenti e preposti, ovvero di ogni altro soggetto di cui egli si sia avvalso per l'esecuzione del trasporto, quando tali soggetti abbiano agito nell'esercizio delle loro funzioni ».

1697. Accertamento della perdita e dell'avaria. – [I]. Il destinatario ha diritto di fare accertare a sue spese, prima della riconsegna, l'identità e lo stato delle cose trasportate.

[II]. Se la perdita o l'avaria esiste, il vettore deve rimborsargli le spese.

[III]. Salvo diverse disposizioni della legge, la perdita e l'avaria si accertano nei modi stabiliti dall'articolo 696 del codice di procedura civile.

1698. Estinzione dell'azione nei confronti del vettore. – [I]. Il ricevimento senza riserve delle cose trasportate col pagamento di quanto è dovuto al vettore [1689[2]] estingue le azioni derivanti dal contratto, tranne il caso di dolo o colpa grave del vettore. Sono salve le azioni per perdita parziale o per avaria non riconoscibili al momento della riconsegna, purché in quest'ultimo caso il danno sia denunziato appena conosciuto e non oltre otto giorni dopo il ricevimento [182 trans.].

1699. Trasporto con rispedizione della merce. – [I]. Se il vettore si obbliga di far proseguire le cose trasportate, oltre le proprie linee, per mezzo di vettori successivi, senza farsi rilasciare dal mittente una lettera di vettura [1684] diretta fino al luogo di destinazione, si presume che egli assuma, per il trasporto oltre le proprie linee, gli obblighi di uno spedizioniere [1737 ss.].

1700. Trasporto cumulativo. – [I]. Nei trasporti che sono assunti cumulativamente da più vettori successivi con unico contratto, i vettori rispondono in solido [1292 ss.] per l'esecuzione del contratto dal luogo originario di partenza fino al luogo di destinazione.

[II]. Il vettore chiamato a rispondere di un fatto non proprio può agire in regresso contro gli altri vettori, singolarmente o cumulativamente. Se risulta che il fatto dannoso è avvenuto nel percorso di uno dei vettori, questi è tenuto al risarcimento integrale; in caso contrario, al risarcimento sono tenuti tutti i vettori in parti proporzionali ai percorsi, esclusi quei vettori che provino che il danno non è avvenuto nel proprio percorso.

1701. Diritto di accertamento dei vettori successivi. – [I]. I vettori successivi hanno diritto di far dichiarare, nella lettera di vettura o in atto separato, lo stato delle cose da trasportare al momento in cui sono loro consegnate. In mancanza di dichiarazione, si presume che le abbiano ricevute in buono stato e conformi alla lettera di vettura [1693^2].

1702. Riscossione dei crediti da parte dell'ultimo vettore. – [I]. L'ultimo vettore rappresenta i vettori precedenti per la riscossione dei rispettivi crediti che nascono dal contratto di trasporto e per l'esercizio del privilegio sulle cose trasportate [2761^1].

[II]. Se egli omette tale riscossione o l'esercizio del privilegio, è responsabile verso i vettori precedenti per le somme loro dovute, salva l'azione contro il destinatario.

CAPO IX – *Del mandato*

SEZIONE I – *Disposizioni generali*

1703. Nozione. – [I]. Il mandato è il contratto col quale una parte si obbliga a compiere uno o più atti giuridici per conto dell'altra [2032].

1704. Mandato con rappresentanza. – [I]. Se al mandatario è stato conferito il potere di agire in nome del mandante, si applicano anche le norme del capo VI del titolo II di questo libro [1387 ss.].

1705. Mandato senza rappresentanza. – [I]. Il mandatario che agisce in proprio nome acquista i diritti e assume gli obblighi derivanti dagli atti compiuti con i terzi, anche se questi hanno avuto conoscenza del mandato.

[II]. I terzi non hanno alcun rapporto col mandante. Tuttavia il mandante, sostituendosi al mandatario, può esercitare i diritti di credito derivanti dall'esecuzione del mandato, salvo che ciò possa pregiudicare i diritti attribuiti al mandatario dalle disposizioni degli articoli che seguono [1721].

1706. Acquisti del mandatario. – [I]. Il mandante può rivendicare [948] le cose mobili acquistate per suo conto dal mandatario che ha agito in nome proprio [1705], salvi i diritti acquistati dai terzi per effetto del possesso di buona fede [1153 ss.].

[II]. Se le cose acquistate dal mandatario sono beni immobili o beni mobili iscritti in pubblici registri [812 ss.], il mandatario è obbligato a ritrasferirle al mandante. In caso d'inadempimento, si osservano le norme relative all'esecuzione dell'obbligo di contrarre [2652$^{n.\ 2}$, 2690$^{n.\ 1}$, 2932; 183 trans.].

1707. Creditori del mandatario. – [I]. I creditori del mandatario non possono far valere le loro ragioni sui beni che, in esecuzione del mandato, il mandatario ha acquistati in nome proprio, purché, trattandosi di beni mobili o di crediti, il mandato risulti da scrittura avente data certa [2704] anteriore al pignoramento, ovvero, trattandosi di beni immobili o di beni mobili iscritti in pubblici registri, sia anteriore al pignoramento la trascrizione dell'atto di ritrasferimento o della domanda giudiziale diretta a conseguirlo [2915^2; 183 trans.].

1708. Contenuto del mandato. – [I]. Il mandato comprende non solo gli atti per i quali è stato conferito, ma anche quelli che sono necessari al loro compimento.

[II]. Il mandato generale non comprende gli atti che eccedono l'ordinaria amministrazione, se non sono indicati espressamente (1).

(1) *V. art. 12 r.d. 14 dicembre 1933, n. 1669; art. 15 r.d. 21 dicembre 1933, n. 1736.*

1709. Presunzione di onerosità. – [I]. Il mandato si presume oneroso [1725]. La misura del compenso, se non è stabilita dalle parti, è determinata in base alle tariffe professionali o agli usi; in mancanza è determinata dal giudice [1733, 1740].

§ 1. – *Delle obbligazioni del mandatario*

1710. Diligenza del mandatario. – [I]. Il mandatario è tenuto a eseguire il mandato [1856^1, 2030, 2392^1, 2407^1] con la diligenza del buon padre di famiglia [1176^1]; ma se il mandato è gratuito, la responsabilità per colpa è valutata con minor rigore [1768^2].

[II]. Il mandatario è tenuto a rendere note al mandante le circostanze sopravvenute che possono determinare la revoca [1723 ss.] o la modificazione del mandato.

1711. Limiti del mandato. – [I]. Il mandatario non può eccedere i limiti fissati nel mandato. L'atto che esorbita dal mandato resta a carico del mandatario [1717], se il mandante non lo ratifica [1398, 1399, 1712^2].

[II]. Il mandatario può discostarsi dalle istruzioni ricevute qualora circostanze ignote al mandante, e tali che non possano essergli comunicate in tempo, facciano ragionevolmente ritenere che lo stesso mandante avrebbe dato la sua approvazione.

1712. Comunicazione dell'eseguito mandato. – [I]. Il mandatario deve senza ritardo comunicare al mandante l'esecuzione del mandato.

[II]. Il ritardo del mandante a rispondere dopo aver ricevuto tale comunicazione, per un tempo superiore a quello richiesto dalla natura dell'affare o dagli usi, importa approvazione, anche se il mandatario si è discostato dalle istruzioni o ha ecceduto i limiti del mandato [1711].

1713. Obbligo di rendiconto. – [I]. Il mandatario deve rendere al mandante il conto del suo operato e rimettergli tutto ciò che ha ricevuto a causa del mandato [263-266 c.p.c.; 109, 178 att. c.p.c.].

[II]. La dispensa preventiva dall'obbligo di rendiconto non ha effetto nei casi in cui il mandatario deve rispondere per dolo o per colpa grave [1229].

1714. Interessi sulle somme riscosse. – [I]. Il mandatario deve corrispondere al mandante gli interessi legali [1284] sulle somme riscosse per conto del mandante stesso, con decorrenza dal giorno in cui avrebbe dovuto fargliene la consegna o la spedizione ovvero impiegarle secondo le istruzioni ricevute.

1715. Responsabilità per le obbligazioni dei terzi. – [I]. In mancanza di patto contrario [1736], il mandatario che agisce in proprio nome [1705] non risponde verso il mandante dell'adempimento delle obbligazioni assunte dalle persone con le quali ha contrattato, tranne il caso che l'insolvenza di queste gli fosse o dovesse essergli nota all'atto della conclusione del contratto.

1716. Pluralità di mandatari. – [I]. Salvo patto contrario, il mandato conferito a più persone designate a operare congiuntamente non ha effetto, se non è accettato da tutte.

[II]. Se nel mandato non è dichiarato che i mandatari devono agire congiuntamente, ciascuno di essi può concludere l'affare [2203[3]]. In questo caso il mandante, appena avvertito della conclusione, deve darne notizia agli altri mandatari; in mancanza è tenuto a risarcire i danni derivanti dall'omissione o dal ritardo.

[III]. Se più mandatari hanno comunque operato congiuntamente, essi sono obbligati in solido [1292 ss.] verso il mandante.

1717. Sostituto del mandatario. – [I]. Il mandatario che, nell'esecuzione del mandato, sostituisce altri a se stesso, senza esservi autorizzato o senza che ciò sia necessario per la natura dell'incarico, risponde dell'operato della persona sostituita [1856[2]].

[II]. Se il mandante aveva autorizzato la sostituzione senza indicare la persona, il mandatario risponde soltanto quando è in colpa nella scelta [1710].

[III]. Il mandatario risponde delle istruzioni che ha impartite al sostituto.

[IV]. Il mandante può agire direttamente contro la persona sostituita dal mandatario.

1718. Custodia delle cose e tutela dei diritti del mandante. – [I]. Il mandatario deve provvedere alla custodia delle cose che gli sono state spedite per conto del mandante e tutelare i diritti di quest'ultimo di fronte al vettore, se le cose presentano segni di deterioramento o sono giunte con ritardo [1693 ss.].

[II]. Se vi è urgenza, il mandatario può procedere alla vendita delle cose a norma dell'articolo 1515 [83 att.].

[III]. Di questi fatti, come pure del mancato arrivo della merce, egli deve dare immediato avviso al mandante.

[IV]. Le disposizioni di questo articolo si applicano anche se il mandatario non accetta l'incarico conferitogli dal mandante, sempre che tale incarico rientri nell'attività professionale del mandatario.

§ 2. – *Delle obbligazioni del mandante*

1719. Mezzi necessari per l'esecuzione del mandato. – [I]. Il mandante, salvo patto contrario, è tenuto a somministrare al mandatario i mezzi necessari per l'esecuzione del mandato e per l'adempimento delle obbligazioni che a tal fine il mandatario ha contratte in proprio nome [1705 ss.].

1720. Spese e compenso del mandatario. – [I]. Il mandante deve rimborsare al mandatario le anticipazioni, con gli interessi legali [1284] dal giorno in cui sono state fatte [2031], e deve pagargli il compenso che gli spetta [2756³, 2761²].

[II]. Il mandante deve inoltre risarcire i danni che il mandatario ha subiti a causa dell'incarico.

1721. Diritto del mandatario sui crediti. – [I]. Il mandatario ha diritto di soddisfarsi sui crediti pecuniari sorti dagli affari che ha conclusi, con precedenza sul mandante e sui creditori di questo [1705²].

§ 3. – *Dell'estinzione del mandato*

1722. Cause di estinzione. – [I]. Il mandato si estingue:

1) per la scadenza del termine o per il compimento, da parte del mandatario [1712], dell'affare per il quale è stato conferito;

2) per revoca da parte del mandante [1723 ss.];

3) per rinunzia del mandatario [1727];

4) per la morte, l'interdizione [414 ss.] o l'inabilitazione [415 ss.] del mandante o del mandatario. Tuttavia il mandato che ha per oggetto il compimento di atti relativi all'esercizio di un'impresa non si estingue, se l'esercizio dell'impresa è continuato, salvo il diritto di recesso delle parti o degli eredi [184 trans.] (1).

(1) *V. art. 22³ r.d. 14 dicembre 1933, n. 1669; artt. 15 e 26 r.d. 21 dicembre 1933, n. 1736; art. 78 r.d. 16 marzo 1942, n. 267 (per la nuova disciplina, v. art. 183 d.ls. 12 gennaio 2019, n. 14, Codice della crisi d'impresa e dell'insolvenza).*

1723. Revocabilità del mandato. – [I]. Il mandante può revocare il mandato [1725]; ma, se era stata pattuita l'irrevocabilità, risponde dei danni, salvo che ricorra una giusta causa.

[II]. Il mandato conferito anche nell'interesse del mandatario o di terzi non si estingue per revoca da parte del mandante, salvo che sia diversamente stabilito o ricorra una giusta causa di revoca [2259¹]; non si estingue per la morte o per la sopravvenuta incapacità [1425] del mandante (1).

(1) *V. art. 22³ r.d. 14 dicembre 1933, n. 1669; art. 15 r.d. 21 dicembre 1933, n. 1736; art. 78 r.d. 16 marzo 1942, n. 267 (per la nuova disciplina, v. art. 183 d.ls. 12 gennaio 2019, n. 14, Codice della crisi d'impresa e dell'insolvenza).*

1724. Revoca tacita. – [I]. La nomina di un nuovo mandatario per lo stesso affare o il compimento di questo da parte del mandante importano revoca del mandato, e producono effetto dal giorno in cui sono stati comunicati al mandatario [1334, 1335].

1725. Revoca del mandato oneroso. – [I]. La revoca del mandato oneroso [1709], conferito per un tempo determinato o per un determinato affare, obbliga il mandante a risarcire i danni [1223 ss.], se è fatta prima della scadenza del termine o del compimento dell'affare, salvo che ricorra una giusta causa.

[II]. Se il mandato è a tempo indeterminato, la revoca obbliga il mandante al risarcimento, qualora non sia dato un congruo preavviso, salvo che ricorra una giusta causa.

1726. Revoca del mandato collettivo. – [I]. Se il mandato è stato conferito da più persone con unico atto e per un affare d'interesse comune, la revoca non ha effetto qualora non sia fatta da tutti i mandanti, salvo che ricorra una giusta causa [2609[2]].

1727. Rinunzia del mandatario. – [I]. Il mandatario che rinunzia senza giusta causa al mandato deve risarcire i danni [1223 ss.] al mandante. Se il mandato è a tempo indeterminato, il mandatario che rinunzia senza giusta causa è tenuto al risarcimento, qualora non abbia dato un congruo preavviso.

[II]. In ogni caso la rinunzia deve essere fatta in modo e in tempo tali che il mandante possa provvedere altrimenti, salvo il caso d'impedimento grave da parte del mandatario.

1728. Morte o incapacità del mandante o del mandatario – [I]. Quando il mandato si estingue per morte o per incapacità sopravvenuta [1425] del mandante, il mandatario che ha iniziato l'esecuzione deve continuarla, se vi è pericolo nel ritardo.

[II]. Quando il mandato si estingue per morte o per sopravvenuta incapacità [1425] del mandatario, i suoi eredi ovvero colui che lo rappresenta o lo assiste, se hanno conoscenza del mandato, devono avvertire prontamente il mandante e prendere intanto nell'interesse di questo i provvedimenti richiesti dalle circostanze.

1729. Mancata conoscenza della causa di estinzione. – [I]. Gli atti che il mandatario ha compiuti prima di conoscere l'estinzione del mandato sono validi nei confronti del mandante o dei suoi eredi [1396[2]].

1730. Estinzione del mandato conferito a più mandatari. – [I]. Salvo patto contrario, il mandato conferito a più persone designate a operare congiuntamente si estingue anche se la causa di estinzione concerne uno solo dei mandatari.

SEZIONE II – *Della commissione*

1731. Nozione. – [I]. Il contratto di commissione è un mandato [1703 ss.] che ha per oggetto l'acquisto o la vendita di beni per conto del committente e in nome del commissionario [532 c.p.c.] (1).

(1) *V. art. 78 r.d. 16 marzo 1942, n. 267 (per la nuova disciplina, v. art. 183 d.ls. 12 gennaio 2019, n. 14, Codice della crisi d'impresa e dell'insolvenza).*

1732. Operazioni a fido. – [I]. Il commissionario si presume autorizzato a concedere dilazioni di pagamento in conformità degli usi del luogo in cui compie l'operazione, se il committente non ha disposto altrimenti.

[II]. Se il commissionario concede dilazioni di pagamento, malgrado il divieto del committente o quando non è autorizzato dagli usi, il committente può esigere da lui il pagamento immediato, salvo il diritto del commissionario di far propri i vantaggi che derivano dalla concessa dilazione.

[III]. Il commissionario che ha concesso dilazioni di pagamento deve indicare al committente la persona del contraente e il termine concesso; altrimenti l'operazione si considera fatta senza dilazione e si applica il disposto del comma precedente.

1733. Misura della provvigione. – [I]. La misura della provvigione spettante al commissionario, se non è stabilita dalle parti, si determina secondo gli usi del luogo in cui è compiuto l'affare [1709, 1740]. In mancanza di usi provvede il giudice secondo equità.

1734. Revoca della commissione. – [I]. Il committente può revocare l'ordine di concludere l'affare fino a che il commissionario non l'abbia concluso. In tal caso spetta al commissionario una parte della provvigione, che si determina tenendo conto delle spese sostenute e dell'opera prestata [1733].

1735. Commissionario contraente in proprio. – [I]. Nella commissione di compera o di vendita di titoli, divise o merci aventi un prezzo corrente che risulti nei modi indicati dal terzo comma dell'articolo 1515, se il committente non ha diversamente disposto, il commissionario può fornire al prezzo suddetto le cose che deve comprare, o può acquistare per sé le cose che deve vendere, salvo, in ogni caso, il suo diritto alla provvigione [1395[1]].

[II]. Anche quando il committente ha fissato il prezzo, il commissionario che acquista per sé non può praticare un prezzo inferiore a quello corrente nel giorno in cui compie l'operazione, se questo è superiore al prezzo fissato dal committente; e il commissionario che fornisce le cose che deve comprare non può praticare un prezzo superiore a quello corrente, se questo è inferiore al prezzo fissato dal committente.

1736. Star del credere. – [I]. Il commissionario che, in virtù di patto o di uso, è tenuto allo « star del credere » risponde nei confronti del committente per l'esecuzione dell'affare. In tal caso ha diritto, oltre che alla provvigione, a un compenso o a una maggiore provvigione, la quale, in mancanza di patto, si determina secondo gli usi del luogo in cui è compiuto l'affare [1733]. In mancanza di usi, provvede il giudice secondo equità.

SEZIONE III – *Della spedizione*

1737. (1) **Nozione.** – [I]. Il contratto di spedizione è un mandato con il quale lo spedizioniere assume l'obbligo di concludere in nome proprio e per conto del mandante o, se dotato di poteri di rappresentanza, in nome e per conto del mandante, uno o più contratti di trasporto con uno o più vettori e di compiere le operazioni accessorie.

(1) *Articolo così sostituito dall'art. 30-*bis[1 lett. b)] *d.l. 6 novembre 2021, n. 152, conv., con modif., in l. 29 dicembre 2021, n. 233. Il testo dell'articolo era il seguente:* « Il contratto di spedizione è un mandato col quale lo spedizioniere assume l'obbligo di concludere, in nome proprio e per conto del mandante, un contratto di trasporto e di compiere le operazioni accessorie ».

1738. Revoca. – [I]. Finché lo spedizioniere non abbia concluso il contratto di trasporto col vettore, il mittente può revocare l'ordine di spedizione, rimborsando lo spedizioniere delle spese sostenute e corrispondendogli un equo compenso per l'attività prestata [1734].

1739. (1) **Obblighi dello spedizioniere.** – [I]. Nell'esecuzione del mandato lo spedizioniere è tenuto a osservare le istruzioni del mandante. Lo spedizioniere non ha l'obbligo di provvedere all'assicurazione delle cose spedite, salva espressa richiesta del mandante.

(1) *Articolo così sostituito dall'art. 30-*bis[1 lett. c)] *d.l. 6 novembre 2021, n. 152, conv., con modif., in l. 29 dicembre 2021, n. 233. Il testo dell'articolo era il seguente:* « Nella scelta della via, del mezzo e delle modalità di trasporto della merce, lo spedizioniere è tenuto a osservare le istruzioni del committente e, in mancanza, a operare secondo il migliore interesse del medesimo. — Salvo che gli sia stato diversamente ordinato e salvi gli usi contrari, lo spedizioniere non ha obbligo di provvedere all'assicurazione delle cose spedite. — I premi, gli abbuoni e i vantaggi di tariffa ottenuti dallo spedizioniere devono essere accreditati al committente, salvo patto contrario ».

1740. Diritti dello spedizioniere. – [I]. La misura della retribuzione dovuta allo spedizioniere per l'esecuzione dell'incarico si determina, in mancanza di convenzione, secondo le tariffe professionali o, in mancanza, secondo gli usi del luogo in cui avviene la spedizione [1733].

[II]. Le spese anticipate e i compensi per le prestazioni accessorie eseguite dallo spedizioniere sono liquidati sulla base dei documenti giustificativi, a meno che il rimborso e i compensi siano stati preventivamente convenuti in una somma globale unitaria [2951].

1741. (1) **Spedizioniere vettore.** – [I]. Lo spedizioniere che con mezzi propri o altrui assume l'esecuzione del trasporto, in tutto o in parte, ha gli obblighi e i diritti del vettore. Nell'ipotesi di perdita o avaria delle cose spedite, si applica l'articolo 1696.

(1) *Articolo così sostituito dall'art. 30-bis*[1 lett. d)] *d.l. 6 novembre 2021, n. 152, conv., con modif., in l. 29 dicembre 2021, n. 233. Il testo dell'articolo era il seguente:* « Lo spedizioniere che con mezzi propri o altrui assume l'esecuzione del trasporto in tutto o in parte, ha gli obblighi e i diritti del vettore ».

CAPO X – *Del contratto di agenzia*

1742. Nozione. – [I]. Col contratto di agenzia una parte assume stabilmente l'incarico di promuovere, per conto dell'altra, verso retribuzione, la conclusione di contratti in una zona determinata (1).

[II]. Il contratto deve essere provato per iscritto. Ciascuna parte ha diritto di ottenere dall'altra un documento dalla stessa sottoscritto che riproduca il contenuto del contratto e delle clausole aggiuntive. Tale diritto è irrinunciabile (2).

(1) *Per il divieto di stipulare contratti di agenzia da parte di chi non è iscritto nell'apposito ruolo, v. art. 9 l. 3 maggio 1985, n. 204.*

(2) *Comma dapprima inserito dall'art. 1 d.ls. 10 settembre 1991, n. 303 e poi così sostituito dall'art. 1 d.ls. 15 febbraio 1999, n. 65.*

1743. Diritto di esclusiva. – [I]. Il preponente non può valersi contemporaneamente di più agenti nella stessa zona e per lo stesso ramo di attività, né l'agente può assumere l'incarico di trattare nella stessa zona e per lo stesso ramo gli affari di più imprese in concorrenza tra loro [1567 ss.].

1744. Riscossioni. – [I]. L'agente non ha facoltà di riscuotere i crediti del preponente [1188]. Se questa facoltà gli è stata attribuita [2210^2, 2213^2], egli non può concedere sconti o dilazioni senza speciale autorizzazione.

1745. Rappresentanza dell'agente. – [I]. Le dichiarazioni che riguardano la esecuzione del contratto concluso per il tramite dell'agente e i reclami relativi alle inadempienze contrattuali sono validamente fatti all'agente.

[II]. L'agente può chiedere i provvedimenti cautelari nell'interesse del preponente e presentare i reclami che sono necessari per la conservazione dei diritti spettanti a quest'ultimo.

1746. Obblighi dell'agente. – [I]. Nell'esecuzione dell'incarico l'agente deve tutelare gli interessi del preponente e agire con lealtà e buona fede. In particolare, deve adempiere l'incarico affidatogli in conformità delle istruzioni ricevute e fornire al preponente le informazioni riguardanti le condizioni del mercato nella zona assegnatagli, e ogni altra informazione utile per valutare la convenienza dei singoli affari. È nullo ogni patto contrario (1).

[II]. Egli deve altresì osservare gli obblighi che incombono al commissionario [1731 ss.] ad eccezione di quelli di cui all'articolo 1736, in quanto non siano esclusi dalla natura del contratto di agenzia (2).

[III]. È vietato il patto che ponga a carico dell'agente una responsabilità, anche solo parziale, per l'inadempimento del terzo. È però consentito eccezionalmente alle parti di concordare di volta in volta la concessione di una apposita garanzia da parte dell'agente, purché ciò avvenga con riferimento a singoli affari, di particolare natura ed importo, individualmente determinati; l'obbligo di garanzia assunto dall'agente non sia di ammontare più elevato della provvigione che per quell'affare l'agente medesimo avrebbe diritto a percepire; sia previsto per l'agente un apposito corrispettivo (3).

(1) *Comma così sostituito dall'art. 2 d.ls. 15 febbraio 1999, n. 65.*
(2) *Comma così modificato dall'art. 28[1] l. 21 dicembre 1999, n. 526.*
(3) *Comma inserito dall'art. 28[2] l. n. 526, cit.*

1747. Impedimento dell'agente. – [I]. L'agente che non è in grado di eseguire l'incarico affidatogli deve dare immediato avviso al preponente [1175]. In mancanza è obbligato al risarcimento del danno [1727[2]].

1748. (1) **Diritti dell'agente.** – [I]. Per tutti gli affari conclusi durante il contratto l'agente ha diritto alla provvigione quando l'operazione è stata conclusa per effetto del suo intervento.

[II]. La provvigione è dovuta anche per gli affari conclusi dal preponente con terzi che l'agente aveva in precedenza acquisito come clienti per affari dello stesso tipo o appartenenti alla zona o alla categoria o gruppo di clienti riservati all'agente, salvo che sia diversamente pattuito.

[III]. L'agente ha diritto alla provvigione sugli affari conclusi dopo la data di scioglimento del contratto se la proposta è pervenuta al preponente o all'agente in data antecedente o gli affari sono conclusi entro un termine ragionevole dalla data di scioglimento del contratto e la conclusione è da ricondurre prevalentemente all'attività da lui svolta; in tali casi la provvigione è dovuta solo all'agente precedente, salvo che da specifiche circostanze risulti equo ripartire la provvigione tra gli agenti intervenuti.

[IV]. Salvo che sia diversamente pattuito, la provvigione spetta all'agente dal momento e nella misura in cui il preponente ha eseguito o avrebbe dovuto eseguire la prestazione in base al contratto concluso con il terzo. La provvigione spetta all'agente, al più tardi, inderogabilmente dal momento e nella misura in cui il terzo ha eseguito o avrebbe dovuto eseguire la prestazione qualora il preponente avesse eseguito la prestazione a suo carico.

[V]. Se il preponente e il terzo si accordano per non dare, in tutto o in parte esecuzione al contratto, l'agente ha diritto, per la parte ineseguita, ad una provvigione ridotta nella misura determinata dagli usi o, in mancanza, dal giudice secondo equità.

[VI]. L'agente è tenuto a restituire le provvigioni riscosse solo nella ipotesi e nella misura in cui sia certo che il contratto tra il terzo e il preponente non avrà esecuzione per cause non imputabili al preponente. È nullo ogni patto più sfavorevole all'agente.

[VII]. L'agente non ha diritto al rimborso delle spese di agenzia.

(1) *Articolo dapprima modificato dall'art. 2 d.ls. 10 settembre 1991, n. 303 e poi così sostituito dall'art. 3 d.ls. 15 febbraio 1999, n. 65.*

1749. (1) **Obblighi del preponente.** – [I]. Il preponente, nei rapporti con l'agente, deve agire con lealtà e buona fede. Egli deve mettere a disposizione dell'agente la documentazione necessaria relativa ai beni o servizi trattati e fornire all'agente le informazioni necessarie all'esecuzione del contratto: in particolare avvertire l'agente, entro un termine ragionevole, non appena preveda che il volume delle operazioni commerciali sarà notevolmente inferiore a quello che l'agente avrebbe potuto normalmente attendersi. Il preponente deve inoltre informare l'agente, entro un termine ragionevole, dell'accettazione o del rifiuto e della mancata esecuzione di un affare procuratogli.

[II]. Il preponente consegna all'agente un estratto conto delle provvigioni dovute al più tardi l'ultimo giorno del mese successivo al trimestre nel corso del quale esse sono maturate. L'estratto conto indica gli elementi essenziali in base ai quali è stato effettuato il calcolo delle provvigioni. Entro il medesimo termine le provvigioni liquidate devono essere effettivamente pagate all'agente.

[iii]. L'agente ha diritto di esigere che gli siano fornite tutte le informazioni necessarie per verificare l'importo delle provvigioni liquidate ed in particolare un estratto dei libri contabili.

[iv]. È nullo ogni patto contrario alle disposizioni del presente articolo.

(1) *Articolo così sostituito dall'art. 4 d.ls. 15 febbraio 1999, n. 65.*

1750. (1) **Durata del contratto o recesso.** – [i]. Il contratto di agenzia a tempo determinato che continui ad essere eseguito dalle parti successivamente alla scadenza del termine si trasforma in contratto a tempo indeterminato.

[ii]. Se il contratto di agenzia è a tempo indeterminato, ciascuna delle parti può recedere dal contratto stesso dandone preavviso all'altra entro un termine stabilito.

[iii]. Il termine di preavviso non può comunque essere inferiore ad un mese per il primo anno di durata del contratto, a due mesi per il secondo anno iniziato, a tre mesi per il terzo anno iniziato, a quattro mesi per il quarto anno, a cinque mesi per il quinto anno e a sei mesi per il sesto anno e per tutti gli anni successivi.

[iv]. Le parti possono concordare termini di preavviso di maggiore durata, ma il preponente non può osservare un termine inferiore a quello posto a carico dell'agente.

[v]. Salvo diverso accordo tra le parti, la scadenza del termine di preavviso deve coincidere con l'ultimo giorno del mese di calendario.

(1) *Articolo così sostituito dall'art. 3 d.ls. 10 settembre 1991, n. 303.*

1751. (1) **Indennità in caso di cessazione del rapporto.** – [i]. All'atto della cessazione del rapporto, il preponente è tenuto a corrispondere all'agente un'indennità se ricorrono le seguenti condizioni (2):

l'agente abbia procurato nuovi clienti al preponente o abbia sensibilmente sviluppato gli affari con i clienti esistenti e il preponente riceva ancora sostanziali vantaggi derivanti dagli affari con tali clienti;

il pagamento di tale indennità sia equo, tenuto conto di tutte le circostanze del caso, in particolare delle provvigioni che l'agente perde e che risultano dagli affari con tali clienti.

[II]. L'indennità non è dovuta:

quando il preponente risolve il contratto per un'inadempienza imputabile all'agente, la quale, per la sua gravità, non consenta la prosecuzione anche provvisoria del rapporto;

quando l'agente recede dal contratto, a meno che il recesso sia giustificato da circostanze attribuibili al preponente o da circostanze attribuibili all'agente, quali età, infermità o malattia, per le quali non può più essergli ragionevolmente chiesta la prosecuzione dell'attività;

quando, ai sensi di un accordo con il preponente, l'agente cede ad un terzo i diritti e gli obblighi che ha in virtù del contratto d'agenzia.

[III]. L'importo dell'indennità non può superare una cifra equivalente ad un'indennità annua calcolata sulla base della media annuale delle retribuzioni riscosse dall'agente negli ultimi cinque anni e, se il contratto risale a meno di cinque anni, sulla media del periodo in questione.

[IV]. La concessione dell'indennità non priva comunque l'agente del diritto all'eventuale risarcimento dei danni.

[V]. L'agente decade dal diritto all'indennità prevista dal presente articolo se, nel termine di un anno dallo scioglimento del rapporto, omette di comunicare al preponente l'intenzione di far valere i propri diritti.

[VI]. Le disposizioni di cui al presente articolo sono inderogabili a svantaggio dell'agente.

[VII]. L'indennità è dovuta anche se il rapporto cessa per morte dell'agente (3).

(1) *Articolo così sostituito dall'art. 4 d.ls. 10 settembre 1991, n. 303.*
(2) *Alinea così sostituito dall'art. 5[1] d.ls. 15 febbraio 1999, n. 65.*
(3) *Comma aggiunto dall'art. 5[2] d.ls. n. 65, cit.*

1751-*bis*. (1) **Patto di non concorrenza.** – [I]. Il patto che limita la concorrenza da parte dell'agente dopo lo scioglimento del contratto deve farsi per iscritto. Esso deve riguardare la medesima zona, clientela e genere di beni o servizi per i quali era stato concluso il contratto di agenzia e la sua durata non può eccedere i due anni successivi all'estinzione del contratto.

[II]. L'accettazione del patto di non concorrenza comporta, in occasione della cessazione del rapporto, la corresponsione all'agente commerciale di una indennità di natura non provvigionale. L'indennità va commisurata alla durata, non superiore a due anni dopo l'estinzione del contratto, alla natura del contratto di agenzia e all'indennità di fine rapporto. La determinazione della indennità in base ai parametri di cui al precedente periodo è affidata alla contrattazione tra le parti tenuto conto degli accordi economici nazionali di categoria. In difetto di accordo l'indennità è determinata dal giudice in via equitativa anche con riferimento:

1) alla media dei corrispettivi riscossi dall'agente in pendenza di contratto ed alla loro incidenza sul volume d'affari complessivo nello stesso periodo;

2) alle cause di cessazione del contratto di agenzia;

3) all'ampiezza della zona assegnata all'agente;

4) all'esistenza o meno del vincolo di esclusiva per un solo preponente (2).

(1) *Articolo inserito dall'art. 5 d.ls. 10 settembre 1991, n. 303.*

(2) *Comma aggiunto dall'art. 23 l. 29 dicembre 2000, n. 422. V. l'art. 23^2 l. n. 422, cit.*

1752. Agente con rappresentanza. – [I]. Le disposizioni del presente capo si applicano anche nell'ipotesi in cui all'agente è conferita dal preponente la rappresentanza per la conclusione dei contratti [1387 ss.].

1753. Agenti di assicurazione. – [I]. Le disposizioni di questo capo sono applicabili anche agli agenti di assicurazione, in quanto non siano derogate [dalle norme corporative o] dagli usi e in quanto siano compatibili con la natura dell'attività assicurativa [1903] (1) (2).

(1) *Per il riferimento alle norme corporative v. sub art. 1 prel.*

(2) *V. d.ls. 7 settembre 2005, n. 209.*

CAPO XI – *Della mediazione*

1754. Mediatore. – [I]. È mediatore colui che mette in relazione due o più parti [1321] per la conclusione di un affare, senza essere legato ad alcuna di esse da rapporti di collaborazione, di dipendenza o di rappresentanza (1).

(1) *V. artt. 2^1 e 8 l. 3 febbraio 1989, n. 39.*

1755. Provvigione. – [I]. Il mediatore ha diritto alla provvigione da ciascuna delle parti [2950], se l'affare è concluso per effetto del suo intervento [1173].

[II]. La misura della provvigione e la proporzione in cui questa deve gravare su ciascuna delle parti, in mancanza di patto, di tariffe professionali o di usi, sono determinate dal giudice secondo equità (1).

(1) *V. art. 6 l. 3 febbraio 1989, n. 39.*

1756. Rimborso delle spese. – [I]. Salvo patti o usi contrari, il mediatore ha diritto al rimborso delle spese nei confronti della persona per incarico della quale sono state eseguite anche se l'affare non è stato concluso.

1757. Provvigione nei contratti condizionali o invalidi. – [I]. Se il contratto è sottoposto a condizione sospensiva, il diritto alla provvigione sorge nel momento in cui si verifica la condizione [1353 ss.].

[II]. Se il contratto è sottoposto a condizione risolutiva, il diritto alla provvigione non viene meno col verificarsi della condizione [1353 ss.].

[III]. La disposizione del comma precedente si applica anche quando il contratto è annullabile [1425 ss.] o rescindibile [1447 ss.], se il mediatore non conosceva la causa d'invalidità.

1758. Pluralità di mediatori. – [I]. Se l'affare è concluso per l'intervento di più mediatori, ciascuno di essi ha diritto a una quota della provvigione [1755 ss.].

1759. Responsabilità del mediatore. – [I]. Il mediatore deve comunicare alle parti le circostanze a lui note, relative alla valutazione e alla sicurezza dell'affare, che possono influire sulla conclusione di esso [1746[1]].

[II]. Il mediatore risponde dell'autenticità della sottoscrizione delle scritture e dell'ultima girata dei titoli trasmessi per il suo tramite [2008 ss.].

1760. Obblighi del mediatore professionale. – [I]. Il mediatore professionale in affari su merci o su titoli deve [1764]:

1) conservare i campioni delle merci vendute sopra campione [1522], finché sussista la possibilità di controversia sull'identità della merce;

2) rilasciare al compratore una lista firmata dei titoli negoziati, con l'indicazione della serie e del numero;

3) annotare su apposito libro [2214 ss.] gli estremi essenziali del contratto che si stipula col suo intervento e rilasciare alle parti copia da lui sottoscritta di ogni annotazione.

1761. Rappresentanza del mediatore. – [I]. Il mediatore può essere incaricato da una delle parti di rappresentarla negli atti relativi all'esecuzione del contratto concluso con il suo intervento.

1762. Contraente non nominato. – [I]. Il mediatore che non manifesta a un contraente il nome dell'altro risponde dell'esecuzione del contratto [1405] e, quando lo ha eseguito, subentra nei diritti verso il contraente non nominato [1203 ss.].

[II]. Se dopo la conclusione del contratto il contraente non nominato si manifesta all'altra parte o è nominato dal mediatore, ciascuno dei contraenti può agire direttamente contro l'altro, ferma restando la responsabilità del mediatore.

1763. Fideiussione del mediatore. – [I]. Il mediatore può prestare fideiussione per una delle parti [1936 ss.].

1764. Sanzioni. – [I]. Il mediatore che non adempie gli obblighi imposti dall'articolo 1760 è punito con l'ammenda (1) da 5 euro a 516 euro [26 c.p.].

[II]. Nei casi più gravi può essere aggiunta la sospensione dalla professione fino a sei mesi [35 c.p.].

[III]. Alle stesse pene è soggetto il mediatore che presta la sua attività nell'interesse di persona notoriamente insolvente o della quale conosce lo stato d'incapacità (2).

(1) *Ora sanzione amministrativa, ai sensi dell'art. 32 l. 24 novembre 1981, n. 689.*

(2) *V. art. 5[2] r.d. 16 marzo 1942, n. 267 (per la nuova disciplina, v. art. 2 d.ls. 12 gennaio 2019, n. 14, Codice della crisi d'impresa e dell'insolvenza).*

1765. Leggi speciali. – [I]. Sono salve le disposizioni delle leggi speciali.

CAPO XII – *Del deposito*

SEZIONE I – *Del deposito in generale*

1766. Nozione. – [I]. Il deposito è il contratto col quale una parte riceve dall'altra una cosa mobile con l'obbligo di custodirla e di restituirla in natura.

1767. Presunzione di gratuità. – [I]. Il deposito si presume gratuito, salvo che dalla qualità professionale del depositario o da altre circostanze si debba desumere una diversa volontà delle parti.

1768. Diligenza nella custodia. – [I]. Il depositario deve usare nella custodia la diligenza del buon padre di famiglia [1176[1]].

[II]. Se il deposito è gratuito, la responsabilità per colpa è valutata con minor rigore [1710].

1769. Responsabilità del depositario incapace. – [I]. Il depositario incapace è responsabile della conservazione della cosa nei limiti in cui può essere tenuto a rispondere per fatti illeciti [2046]. In ogni caso il depositante ha diritto di conseguire la restituzione della cosa finché questa si trova presso il depositario; altrimenti può pretendere il rimborso di ciò che sia stato rivolto a vantaggio di quest'ultimo [2041 s.].

1770. Modalità della custodia. – [I]. Il depositario non può servirsi della cosa depositata né darla in deposito ad altri, senza il consenso del depositante [1782].

[II]. Se circostanze urgenti lo richiedono, il depositario può esercitare la custodia in modo diverso da quello convenuto, dandone avviso al depositante appena è possibile.

1771. Richiesta di restituzione e obbligo di ritirare la cosa. – [I]. Il depositario deve restituire la cosa [1246 n. 2] appena il depositante la richiede, salvo che sia convenuto un termine nell'interesse del depositario.

[II]. Il depositario può richiedere in qualunque tempo che il depositante riprenda la cosa, salvo che sia convenuto un termine nell'interesse del depositante [1184]. Anche se non è stato convenuto un termine, il giudice può concedere al depositante un termine congruo per ricevere la cosa [1183²].

1772. Pluralità di depositanti e di depositari – [I]. Se più sono i depositanti di una cosa ed essi non si accordano circa la restituzione, questa deve farsi secondo le modalità stabilite dall'autorità giudiziaria.

[II]. La stessa norma si applica quando a un solo depositante succedono più eredi, se la cosa non è divisibile [1314 ss., 1319].

[III]. Se più sono i depositari, il depositante ha facoltà di chiedere la restituzione a quello tra essi che detiene la cosa. Questi deve darne pronta notizia agli altri.

1773. Terzo interessato nel deposito. – [I]. Se la cosa è stata depositata anche nell'interesse di un terzo e questi ha comunicato al depositante e al depositario la sua adesione [1411], il depositario non può liberarsi restituendo la cosa al depositante senza il consenso del terzo [1798].

1774. Luogo di restituzione e spese relative. – [I]. Salvo diversa convenzione, la restituzione della cosa deve farsi nel luogo in cui doveva essere custodita [1182].

[II]. Le spese per la restituzione sono a carico del depositante.

1775. Restituzione dei frutti. – [I]. Il depositario è obbligato a restituire i frutti della cosa che egli abbia percepiti [821¹].

1776. Obblighi dell'erede del depositario. – [I]. L'erede del depositario, il quale ha alienato in buona fede la cosa che ignorava essere tenuta in deposito, è obbligato soltanto a restituire il corrispettivo ricevuto. Se questo non è stato ancora pagato, il depositante subentra nel diritto dell'alienante [1203 ss.].

1777. Persona a cui deve essere restituita la cosa. – [I]. Il depositario deve restituire la cosa al depositante o alla persona indicata per riceverla [1188, 1836], e non può esigere che il depositante provi di esserne proprietario [1778 ss.].

[II]. Se è convenuto in giudizio da chi rivendica la proprietà della cosa [948] o pretende di avere diritti su di essa, deve, sotto pena del risarcimento del danno, denunziare la controversia al depositante, e può ottenere di essere estromesso dal giudizio indicando la persona del medesimo [1586; 106 c.p.c.]. In questo caso egli può anche liberarsi dall'obbligo di restituire la cosa, depositandola, nei modi stabiliti dal giudice, a spese del depositante.

1778. Cosa proveniente da reato. – [I]. Il depositario, se scopre che la cosa proviene da un reato e gli è nota la persona alla quale è stata sottratta, deve denunziarle il deposito fatto presso di sé.

[II]. Il depositario è liberato se restituisce la cosa al depositante decorsi dieci giorni dalla denunzia senza che gli sia stata notificata opposizione [2906[2]].

1779. Cosa propria del depositario. – [I]. Il depositario è liberato da ogni obbligazione, se risulta che la cosa gli appartiene e che il depositante non ha su di essa alcun diritto [1253 ss.].

1780. Perdita non imputabile della detenzione della cosa. – [I]. Se la detenzione della cosa è tolta al depositario in conseguenza di un fatto a lui non imputabile, egli è liberato dall'obbligazione di restituire la cosa [1256 ss.], ma deve, sotto pena di risarcimento del danno, denunziare immediatamente al depositante il fatto per cui ha perduto la detenzione [1777[2]].

[II]. Il depositante ha diritto di ricevere ciò che, in conseguenza del fatto stesso, il depositario abbia conseguito, e subentra nei diritti spettanti a quest'ultimo [1259].

1781. Diritti del depositario – [I]. Il depositante è obbligato a rimborsare il depositario delle spese fatte per conservare la cosa, a tenerlo indenne delle perdite cagionate dal deposito e a pagargli il compenso pattuito [1802, 2761[3]].

1782. **Deposito irregolare.** – [I]. Se il deposito ha per oggetto una quantità di danaro o di altre cose fungibili, con facoltà per il depositario di servirsene, questi ne acquista la proprietà ed è tenuto a restituirne altrettante della stessa specie e qualità [1834].

[II]. In tal caso si osservano, in quanto applicabili, le norme relative al mutuo [1813 ss.].

SEZIONE II – *Del deposito in albergo*

1783. (1) **Responsabilità per le cose portate in albergo.** – [I]. Gli albergatori sono responsabili di ogni deterioramento, distruzione o sottrazione delle cose portate dal cliente in albergo.

[II]. Sono considerate cose portate in albergo:

1) le cose che vi si trovano durante il tempo nel quale il cliente dispone dell'alloggio;

2) le cose di cui l'albergatore, un membro della sua famiglia o un suo ausiliario assumono la custodia, fuori dell'albergo, durante il periodo di tempo in cui il cliente dispone dell'alloggio;

3) le cose di cui l'albergatore, un membro della sua famiglia o un suo ausiliario assumono la custodia sia nell'albergo, sia fuori dell'albergo, durante un periodo di tempo ragionevole, precedente o successivo a quello in cui il cliente dispone dell'alloggio.

[III]. La responsabilità di cui al presente articolo è limitata al valore di quanto sia deteriorato, distrutto o sottratto, sino all'equivalente di cento volte il prezzo di locazione dell'alloggio per giornata.

(1) *Articolo così sostituito dall'art. 3 l. 10 giugno 1978, n. 316.*

1784. (1) **Responsabilità per le cose consegnate e obblighi dell'albergatore.** – [I]. La responsabilità dell'albergatore è illimitata:

1) quando le cose gli sono state consegnate in custodia;

2) quando ha rifiutato di ricevere in custodia cose che aveva l'obbligo di accettare.

[II]. L'albergatore ha l'obbligo di accettare le carte-valori, il danaro contante e gli oggetti di valore; egli può rifiutarsi di riceverli soltanto se si tratti di oggetti pericolosi o che, tenuto conto della importanza e delle condizioni di gestione dell'albergo, abbiano valore eccessivo o natura ingombrante.

[III]. L'albergatore può esigere che la cosa consegnatagli sia contenuta in un involucro chiuso o sigillato.

(1) *Articolo così sostituito dall'art. 3 l. 10 giugno 1978, n. 316.*

1785. (1) **Limiti di responsabilità.** – [I]. L'albergatore non è responsabile quando il deterioramento, la distruzione o la sottrazione sono dovuti:

1) al cliente, alle persone che l'accompagnano, che sono al suo servizio o che gli rendono visita;

2) a forza maggiore;

3) alla natura della cosa.

(1) *Articolo così sostituito dall'art. 3 l. 10 giugno 1978, n. 316.*

1785-*bis*. (1) **Responsabilità per colpa dell'albergatore.** – [I]. L'albergatore è responsabile, senza che egli possa invocare il limite previsto dall'ultimo comma dell'articolo 1783, quando il deterioramento, la distruzione o la sottrazione delle cose portate dal cliente in albergo sono dovuti a colpa sua, dei membri della sua famiglia o dei suoi ausiliari.

(1) *Articolo inserito dall'art. 3 l. 10 giugno 1978, n. 316.*

1785-*ter*. (1) **Obbligo di denuncia del danno.** – [I]. Fuori del caso previsto dall'articolo 1785-*bis*, il cliente non potrà valersi delle precedenti disposizioni se, dopo aver constatato il deterioramento, la distruzione o la sottrazione, denunci il fatto all'albergatore con ritardo ingiustificato.

(1) *Articolo inserito dall'art. 3 l. 10 giugno 1978, n. 316.*

1785-*quater*. (1) **Nullità.** – [I]. Sono nulli i patti o le dichiarazioni tendenti ad escludere o a limitare preventivamente la responsabilità dell'albergatore.

(1) *Articolo inserito dall'art. 3 l. 10 giugno 1978, n. 316.*

1785-*quinquies*. (1) **Limiti di applicazione.** – [I]. Le disposizioni della presente sezione non si applicano ai veicoli, alle cose lasciate negli stessi, né agli animali vivi.

(1) *Articolo inserito dall'art. 3 l. 10 giugno 1978, n. 316.*

1786. **Stabilimenti e locali assimilati agli alberghi.** – [I]. Le norme di questa sezione si applicano anche agli imprenditori di case di cura, stabilimenti di pubblici spettacoli [1784²], stabilimenti balneari, pensioni, trattorie, carrozze letto e simili.

SEZIONE III – *Del deposito nei magazzini generali*

1787. **Responsabilità dei magazzini generali.** – [I]. I magazzini generali sono responsabili della conservazione delle merci depositate, a meno che si provi che la perdita, il calo o l'avaria, è derivata da caso fortuito, dalla natura delle merci ovvero da vizi di esse o dell'imballaggio [1218] (1).

(1) *V. r.d.l. 1° luglio 1926, n. 2290, conv. in l. 9 giugno 1927, n. 1158; r.d. 16 gennaio 1927, n. 126; l. 12 maggio 1930, n. 685; r.d. 17 marzo 1938, n. 726; d.ls. 9 novembre 1990, n. 376.*

1788. Diritti del depositante. – [I]. Il depositante ha diritto d'ispezionare le merci depositate e di ritirare i campioni d'uso.

1789. Vendita delle cose depositate. – [I]. I magazzini generali, previo avviso al depositante, possono procedere alla vendita delle merci, quando, al termine del contratto, le merci non sono ritirate o non è rinnovato il deposito, ovvero, trattandosi di deposito a tempo indeterminato, quando è decorso un anno dalla data del deposito, e in ogni caso quando le merci sono minacciate di deperimento. Per la vendita si osservano le modalità stabilite dall'articolo 1515 [83 att.].

[II]. Il ricavato della vendita, dedotte le spese e quanto altro spetta ai magazzini generali, deve essere tenuto a disposizione degli aventi diritto.

1790. Fede di deposito. – [I]. I magazzini generali, a richiesta del depositante, devono rilasciare una fede di deposito delle merci depositate.

[II]. La fede di deposito deve indicare:

1) il cognome e il nome o la ditta [2563 ss.] e il domicilio [43] del depositante;

2) il luogo del deposito;

3) la natura e la quantità delle cose depositate e gli altri estremi atti a individuarle;

4) se per la merce sono stati pagati i diritti doganali e se essa è stata assicurata (1).

(1) *V. art. 13 r.d.l. 1° luglio 1926, n. 2290; artt. 5 ss. r.d. 17 marzo 1938, n. 726; artt. 17 ss. r.d. 17 giugno 1938, n. 856.*

1791. Nota di pegno. – [I]. Alla fede di deposito [1790] è unita la nota di pegno, sulla quale sono ripetute le indicazioni richieste dall'articolo precedente.

[II]. La fede di deposito e la nota di pegno devono essere staccate da un unico registro a matrice, da conservarsi presso i magazzini.

1792. Intestazione e circolazione dei titoli. – [I]. La fede di deposito [1790] e la nota di pegno [1791] possono intestarsi al nome del depositante o di un terzo da questo designato, e sono trasferibili, sia congiuntamente sia separatamente, mediante girata [2009 ss.].

1793. Diritti del possessore. – [I]. Il possessore della fede di deposito [1790] unita alla nota di pegno [1791] ha diritto alla riconsegna delle cose depositate [1777, 1996]; egli ha altresì diritto di richiedere che, a sue spese, le cose depositate siano divise in più partite e che per ogni partita gli sia rilasciata una fede di deposito distinta con la nota di pegno in sostituzione del titolo complessivo.

[II]. Il possessore della sola nota di pegno [1791] ha diritto di pegno sulle cose depositate [2784 ss.].

[III]. Il possessore della sola fede di deposito [1790] non ha diritto alla riconsegna delle cose depositate, se non osserva le condizioni indicate dall'articolo 1795; egli può valersi della facoltà concessa dall'articolo 1788.

1794. Prima girata della nota di pegno. – [I]. La prima girata [1792, 2009 ss.] della sola nota di pegno [1791] deve indicare l'ammontare del credito e degli interessi [1282] nonché la scadenza. La girata corredata delle dette indicazioni deve essere trascritta sulla fede di deposito e controfirmata dal giratario.

[II]. La girata della nota di pegno [1791] che non indica l'ammontare del credito vincola, a favore del possessore di buona fede [1147[1], 1994], tutto il valore delle cose depositate. Rimane tuttavia salva al titolare o al terzo possessore della fede di deposito [1790], che abbia pagato una somma non dovuta, l'azione di rivalsa nei confronti del diretto contraente e del possessore di mala fede della nota di pegno [1791].

1795. Diritti del possessore della sola fede di deposito. – [I]. Il possessore della sola fede di deposito [1790] può ritirare le cose depositate anche prima della scadenza del debito per cui furono costituite in pegno, depositando presso i magazzini generali la somma dovuta alla scadenza al creditore pignoratizio [1771].

[II]. Sotto la responsabilità dei magazzini generali, quando si tratta di merci fungibili, il possessore della sola fede di deposito [1790] può ritirare anche parte delle merci, depositando presso i magazzini generali una somma proporzionale all'ammontare del debito garantito dalla nota di pegno [1791] e alla quantità delle merci ritirate.

1796. Diritti del possessore della nota di pegno insoddisfatto. – [I]. Il possessore della nota di pegno [1791], che non sia stato soddisfatto alla scadenza e che abbia levato il protesto a norma della legge cambiaria, può far vendere le cose depositate in conformità dell'articolo 1515, decorsi otto giorni da quello della scadenza (1).

[II]. Il girante che ha pagato volontariamente il possessore della nota di pegno [1791] è surrogato nei diritti di questo [1203 ss.], e può procedere alla vendita delle cose depositate decorsi otto giorni dalla scadenza [1515; 83 att.].

(1) *V. artt. 68 ss. r.d. 14 dicembre 1933, n. 1669.*

1797. Azione nei confronti dei giranti. – [I]. Il possessore della nota di pegno [1791] non può agire contro il girante, se prima non ha proceduto alla vendita del pegno [1796].

[II]. I termini per esercitare l'azione di regresso contro i giranti sono quelli stabiliti dalla legge cambiaria e decorrono dal giorno in cui è avvenuta la vendita delle cose depositate.

[III]. Il possessore della nota di pegno [1791] decade dall'azione di regresso contro i giranti, se alla scadenza non leva il protesto o se, entro quindici giorni dal protesto, non fa istanza per la vendita delle cose depositate [1796].

[IV]. Egli conserva tuttavia l'azione contro i giranti della fede di deposito [1790] e contro il debitore. Quest'azione si prescrive in tre anni [2934 ss.].

CAPO XIII – *Del sequestro convenzionale*

1798. Nozione. – [I]. Il sequestro convenzionale è il contratto col quale due o più persone affidano a un terzo una cosa o una pluralità di cose, rispetto alla quale sia nata tra esse controversia, perché la custodisca e la restituisca a quella a cui spetterà quando la controversia sarà definita [1773].

1799. Obblighi, diritti e poteri del sequestratario. – [I]. Gli obblighi, i diritti e i poteri del sequestratario sono determinati dal contratto; in mancanza, si osservano le disposizioni seguenti.

1800. Conservazione e alienazione dell'oggetto del sequestro. – [I]. Il sequestratario, per la custodia delle cose affidategli, è soggetto alle norme del deposito [1768 ss.].

[II]. Se vi è imminente pericolo di perdita o di grave deterioramento delle cose mobili affidategli, il sequestratario può alienarle, dandone pronta notizia agli interessati.

[III]. Qualora la natura delle cose lo richieda, egli ha pure l'obbligo di amministrarle. In questo caso si applicano le norme del mandato [1703 ss.].

[IV]. Il sequestratario non può consentire locazioni per durata superiore a quella stabilita per le locazioni a tempo indeterminato [1574].

1801. Liberazione del sequestratario. – [I]. Prima che la controversia sia definita, il sequestratario non può essere liberato che per accordo delle parti o per giusti motivi.

1802. Compenso e rimborso delle spese al sequestratario. – [I]. Il sequestratario ha diritto a compenso, se non si è pattuito diversamente. Egli ha pure diritto al rimborso delle spese e di ogni altra erogazione fatta per la conservazione e per l'amministrazione della cosa [1781, 2761^{3}].

CAPO XIV – *Del comodato*

1803. Nozione. – [I]. Il comodato è il contratto col quale una parte consegna all'altra una cosa mobile o immobile, affinché se ne serva per un tempo o per un uso determinato, con l'obbligo di restituire la stessa cosa ricevuta.

[II]. Il comodato è essenzialmente gratuito.

1804. Obbligazioni del comodatario. – [I]. Il comodatario è tenuto a custodire [1177] e a conservare la cosa con la diligenza del buon padre di famiglia [1176^{1}, 1805^{1}]. Egli non può servirsene che per l'uso determinato dal contratto o dalla natura della cosa [1805^{2}].

[II]. Non può concedere a un terzo il godimento della cosa senza il consenso del comodante.

[III]. Se il comodatario non adempie gli obblighi suddetti, il comodante può chiedere l'immediata restituzione della cosa, oltre al risarcimento del danno [1819, 1820].

1805. Perimento della cosa. – [I]. Il comodatario è responsabile se la cosa perisce per un caso fortuito a cui poteva sottrarla sostituendola con la cosa propria, o se, potendo salvare una delle due cose, ha preferito la propria.

[II]. Il comodatario che impiega la cosa per un uso diverso o per un tempo più lungo di quello a lui consentito, è responsabile della perdita avvenuta per causa a lui non imputabile, qualora non provi che la cosa sarebbe perita anche se non l'avesse impiegata per l'uso diverso o l'avesse restituita a tempo debito [1221^{1}].

1806. Stima. – [I]. Se la cosa è stata stimata al tempo del contratto, il suo perimento è a carico del comodatario, anche se avvenuto per causa a lui non imputabile.

1807. Deterioramento per effetto dell'uso. – [I]. Se la cosa si deteriora per solo effetto dell'uso per cui è stata consegnata e senza colpa del comodatario, questi non risponde del deterioramento.

1808. Spese per l'uso della cosa e spese straordinarie. – [I]. Il comodatario non ha diritto al rimborso delle spese sostenute per servirsi della cosa.

[II]. Egli però ha diritto di essere rimborsato delle spese straordinarie sostenute per la conservazione della cosa, se queste erano necessarie e urgenti [2756].

1809. Restituzione. – [I]. Il comodatario è obbligato a restituire la cosa [1246$^{n. 2}$] alla scadenza del termine convenuto o, in mancanza di termine, quando se ne è servito in conformità del contratto [1810].

[II]. Se però, durante il termine convenuto o prima che il comodatario abbia cessato di servirsi della cosa, sopravviene un urgente e impreveduto bisogno al comodante, questi può esigerne la restituzione immediata.

1810. Comodato senza determinazione di durata. – [I]. Se non è stato convenuto un termine [1183] né questo risulta dall'uso a cui la cosa doveva essere destinata [1809], il comodatario è tenuto a restituirla non appena il comodante la richiede [1771].

1811. Morte del comodatario. – [I]. In caso di morte del comodatario, il comodante, benché sia stato convenuto un termine [1809], può esigere dagli eredi la immediata restituzione della cosa.

1812. Danni al comodatario per vizi della cosa. – [I]. Se la cosa comodata ha vizi tali che rechino danno a chi se ne serve, il comodante è tenuto al risarcimento qualora, conoscendo i vizi della cosa, non ne abbia avvertito il comodatario [798, 1821].

CAPO XV – *Del mutuo*

1813. Nozione. – [I]. Il mutuo è il contratto col quale una parte consegna all'altra una determinata quantità di danaro o di altre cose fungibili, e l'altra si obbliga a restituire altrettante cose della stessa specie e qualità [1782].

1814. Trasferimento della proprietà. – [I]. Le cose date a mutuo passano in proprietà del mutuatario [1782].

1815. Interessi. – [I]. Salvo diversa volontà delle parti, il mutuatario deve corrispondere gli interessi al mutuante. Per la determinazione degli interessi si osservano le disposizioni dell'articolo 1284.

[II]. Se sono convenuti interessi usurari, la clausola è nulla e non sono dovuti interessi [1419^2; 185 trans.] (1) (2).

(1) *Comma così sostituito dall'art. 4 l. 7 marzo 1996, n. 108.*

(2) Ai sensi dell'art. 1 d.l. 29 dicembre 2000, n. 394, conv., con modif., in l. 28 febbraio 2001, n. 24, si intendono usurari gli interessi che superano il limite stabilito dalla legge nel momento in cui essi sono promessi o comunque convenuti, a qualunque titolo, indipendentemente dal momento del loro pagamento.

1816. Termine per la restituzione fissato dalle parti. – [I]. Il termine per la restituzione si presume stipulato a favore di entrambe le parti e, se il mutuo è a titolo gratuito, a favore del mutuatario [1184].

1817. Termine per la restituzione fissato dal giudice. – [I]. Se non è fissato un termine per la restituzione, questo è stabilito dal giudice, avuto riguardo alle circostanze [1183[1]].

[II]. Se è stato convenuto che il mutuatario paghi solo quando potrà, il termine per il pagamento è pure fissato dal giudice [1183[2]].

1818. Impossibilità o notevole difficoltà di restituzione. – [I]. Se sono state mutuate cose diverse dal danaro, e la restituzione è divenuta impossibile o notevolmente difficile per causa non imputabile al debitore [1256], questi è tenuto a pagarne il valore, avuto riguardo al tempo e al luogo in cui la restituzione si doveva eseguire.

1819. Restituzione rateale. – [I]. Se è stata convenuta la restituzione rateale delle cose mutuate e il mutuatario non adempie l'obbligo del pagamento anche di una sola rata, il mutuante può chiedere, secondo le circostanze, l'immediata restituzione dell'intero [1186, 1804[3], 1820].

1820. Mancato pagamento degli interessi. – [I]. Se il mutuatario non adempie l'obbligo del pagamento degli interessi, il mutuante può chiedere la risoluzione del contratto [1453 ss.].

1821. Danni al mutuatario per vizi delle cose. – [I]. Il mutuante è responsabile del danno cagionato al mutuatario per i vizi delle cose date a prestito, se non prova di averli ignorati senza colpa [1494].

[II]. Se il mutuo è gratuito, il mutuante è responsabile solo nel caso in cui, conoscendo i vizi, non ne abbia avvertito il mutuatario [1812].

1822. Promessa di mutuo. – [I]. Chi ha promesso di dare a mutuo può rifiutare l'adempimento della sua obbligazione, se le condizioni patrimoniali dell'altro contraente sono divenute tali da rendere notevolmente difficile la restituzione, e non gli sono offerte idonee garanzie [1461].

CAPO XVI – *Del conto corrente*

1823. Nozione. – [I]. Il conto corrente è il contratto col quale le parti si obbligano ad annotare in un conto i crediti derivanti da reciproche rimesse, considerandoli inesigibili e indisponibili fino alla chiusura del conto.

[II]. Il saldo del conto è esigibile alla scadenza stabilita [1831]. Se non è richiesto il pagamento, il saldo si considera quale prima rimessa di un nuovo conto e il contratto s'intende rinnovato a tempo indeterminato [1833].

1824. Crediti esclusi dal conto corrente. – [I]. Sono esclusi dal conto corrente i crediti che non sono suscettibili di compensazione [1246].

[II]. Qualora il contratto intervenga tra imprenditori [2082 ss.], s'intendono esclusi dal conto i crediti estranei alle rispettive imprese.

1825. Interessi. – [I]. Sulle rimesse decorrono gli interessi nella misura stabilita dal contratto o dagli usi ovvero, in mancanza, in quella legale [1282, 1284].

1826. Spese e diritti di commissione. – [I]. L'esistenza del conto corrente non esclude i diritti di commissione e il rimborso delle spese per le operazioni che danno luogo alle rimesse. Tali diritti sono inclusi nel conto, salvo convenzione contraria [1857].

1827. Effetti dell'inclusione nel conto. – [I]. L'inclusione di un credito nel conto corrente non esclude l'esercizio delle azioni ed eccezioni relative all'atto da cui il credito deriva.

[II]. Se l'atto è dichiarato nullo [1418 ss.], annullato [1425 ss.], rescisso [1447 ss.] o risoluto [1453 ss.], la relativa partita si elimina dal conto.

1828. Efficacia della garanzia dei crediti iscritti. – [I]. Se il credito incluso nel conto è assistito da una garanzia reale [1960 ss., 2784 ss., 2808 ss.] o personale [1936 ss.], il correntista ha diritto di valersi della garanzia per il saldo esistente a suo favore alla chiusura del conto e fino alla concorrenza del credito garantito.

[II]. La stessa disposizione si applica se per il credito esiste un coobbligato solidale.

1829. Crediti verso terzi. – [I]. Se non risulta una diversa volontà delle parti, l'inclusione nel conto di un credito verso un terzo si presume fatta con la clausola « salvo incasso ». In tale caso, se il credito non è soddisfatto, il ricevente ha la scelta di agire per la riscossione o di eliminare la partita dal conto reintegrando nelle sue ragioni colui che ha fatto la rimessa. Può eliminare la partita dal conto anche dopo avere infruttuosamente esercitato le azioni contro il debitore [1857].

1830. Sequestro o pignoramento del saldo. – [I]. Se il creditore di un correntista ha sequestrato o pignorato l'eventuale saldo del conto spettante al suo debitore, l'altro correntista non può, con nuove rimesse, pregiudicare le ragioni del creditore [2917]. Non si considerano nuove rimesse quelle fatte in dipendenza di diritti sorti prima del sequestro o del pignoramento.

[II]. Il correntista presso cui è stato eseguito il sequestro o il pignoramento deve darne notizia all'altro. Ciascuno di essi può recedere dal contratto [1833].

1831. Chiusura del conto. – [I]. La chiusura del conto con la liquidazione del saldo è fatta alle scadenze stabilite dal contratto o dagli usi e, in mancanza, al termine di ogni semestre, computabile dalla data del contratto.

1832. Approvazione del conto. – [I]. L'estratto conto trasmesso da un correntista all'altro s'intende approvato, se non è contestato nel termine pattuito o in quello usuale, o altrimenti nel termine che può ritenersi congruo secondo le circostanze [1857].

[II]. L'approvazione del conto non preclude il diritto di impugnarlo per errori di scritturazione o di calcolo, per omissioni o per duplicazioni. L'impugnazione deve essere proposta, sotto pena di decadenza [2964 ss.], entro sei mesi dalla data di ricezione dell'estratto conto relativo alla liquidazione di chiusura, che deve essere spedito per mezzo di raccomandata.

1833. Recesso dal contratto. – [I]. Se il contratto è a tempo indeterminato [1823^2], ciascuna delle parti può recedere dal contratto a ogni chiusura del conto, dandone preavviso almeno dieci giorni prima.

[II]. In caso d'interdizione [414 ss.], d'inabilitazione [415 ss.], d'insolvenza o di morte di una delle parti, ciascuna di queste o gli eredi hanno diritto di recedere dal contratto (1).

[III]. Lo scioglimento del contratto impedisce l'inclusione nel conto di nuove partite, ma il pagamento del saldo non può richiedersi che alla scadenza del periodo stabilito dall'articolo 1831.

(1) *V. art. 78 r.d. 16 marzo 1942, n. 267 (per la nuova disciplina, v. art. 183 d.ls. 12 gennaio 2019, n. 14, Codice della crisi d'impresa e dell'insolvenza).*

CAPO XVII – *Dei contratti bancari*

SEZIONE I – *Dei depositi bancari*

1834. Depositi di danaro. – [I]. Nei depositi di una somma di danaro presso una banca [$2195^{n.\ 4}$], questa ne acquista la proprietà

[1782, 1813] ed è obbligata a restituirla nella stessa specie monetaria [1278], alla scadenza del termine convenuto ovvero a richiesta del depositante [1771], con la osservanza del periodo di preavviso stabilito dalle parti o dagli usi.

[II]. Salvo patto contrario, i versamenti e i prelevamenti si eseguono alla sede della banca presso la quale si è costituito il rapporto.

1835. Libretto di deposito a risparmio. – [I]. Se la banca rilascia un libretto di deposito a risparmio, i versamenti e i prelevamenti si devono annotare sul libretto.

[II]. Le annotazioni sul libretto, firmate dall'impiegato della banca che appare addetto al servizio, fanno piena prova nei rapporti tra banca e depositante.

[III]. È nullo ogni patto contrario.

1836. Legittimazione del possessore. – [I]. Se il libretto di deposito è pagabile al portatore, la banca che senza dolo o colpa grave adempie la prestazione nei confronti del possessore è liberata, anche se questi non è il depositante [1777, 1992, 2003].

[II]. La stessa disposizione si applica nel caso in cui il libretto di deposito pagabile al portatore sia intestato al nome di una determinata persona o in altro modo contrassegnato.

[III]. Sono salve le disposizioni delle leggi speciali.

1837. (1) **[Libretti in favore dei minori].**

(1) *Articolo abrogato dall'art. 11 l. 8 marzo 1975, n. 39.*

1838. Deposito di titoli in amministrazione. – [I]. La banca che assume il deposito di titoli in amministrazione deve custodire i titoli, esigerne gli interessi o i dividendi, verificare i sorteggi per l'attribuzione di premi o per il rimborso di capitale, curare le riscossioni per conto del depositante, e in generale provvedere alla tutela dei diritti inerenti ai titoli. Le somme riscosse devono essere accreditate al depositante.

[II]. Se per i titoli depositati si deve provvedere al versamento di decimi [2344] o si deve esercitare un diritto di opzione [2441], la banca deve chiedere in tempo utile istruzioni al depositante e deve eseguirle, qualora abbia ricevuto i fondi all'uopo occorrenti. In mancanza di istruzioni, i diritti di opzione devono essere venduti per conto del depositante a mezzo di un agente di cambio.

[III]. Alla banca spetta un compenso nella misura stabilita dalla convenzione o dagli usi, nonché il rimborso delle spese necessarie da essa fatte.

[IV]. È nullo il patto col quale si esonera la banca dall'osservare, nella amministrazione dei titoli, l'ordinaria diligenza [1176^2, 1229].

SEZIONE II – *Del servizio bancario delle cassette di sicurezza*

1839. Cassette di sicurezza. – [I]. Nel servizio delle cassette di sicurezza, la banca risponde verso l'utente per l'idoneità e la custodia dei locali e per l'integrità della cassetta, salvo il caso fortuito.

1840. Apertura della cassetta. – [I]. Se la cassetta è intestata a più persone, l'apertura di essa è consentita singolarmente a ciascuno degli intestatari, salvo diversa pattuizione [1292].

[II]. In caso di morte dell'intestatario o di uno degli intestatari, la banca che ne abbia ricevuto comunicazione non può consentire l'apertura della cassetta se non con l'accordo di tutti gli aventi diritto o secondo le modalità stabilite dall'autorità giudiziaria [1772].

1841. (1) **Apertura forzata della cassetta.** – [I]. Quando il contratto è scaduto, la banca, previa intimazione all'intestatario e decorsi sei mesi dalla data della medesima, può chiedere al tribunale (2) l'autorizzazione ad aprire la cassetta. L'intimazione può farsi anche mediante raccomandata con avviso di ricevimento.

[II]. L'apertura si esegue con l'assistenza di un notaio all'uopo designato e con le cautele che il tribunale (2) ritiene opportune.

[III]. Il tribunale (2) può dare le disposizioni necessarie per la conservazione degli oggetti rinvenuti e può ordinare la vendita di quella parte di essi che occorra al soddisfacimento di quanto è dovuto alla banca per canoni e spese.

(1) *Articolo così modificato dall'art. 150 d.lgs. 19 febbraio 1998, n. 51.*

(2) *L'art. 27$^{2\ lett.\ b)\ n.\ 4}$ d.lgs. 13 luglio 2017, n. 116, ha disposto la sostituzione della parola* « tribunale » *con le parole* « giudice di pace ». *Ai sensi dell'art. 32^3 d.lgs. n. 116, cit., come da ultimo modificato dall'art. 8-bis$^{1\ lett.\ b)}$ d.l. 30 dicembre 2019, n. 162, conv., con modif., in l. 28 febbraio 2020, n. 8, tale disposizione* ***entra in vigore il 31 ottobre 2025***.

SEZIONE III – *Dell'apertura di credito bancario*

1842. Nozione. – [I]. L'apertura di credito bancario è il contratto col quale la banca si obbliga a tenere a disposizione dell'altra parte una somma di danaro per un dato periodo di tempo o a tempo indeterminato.

1843. Utilizzazione del credito. – [I]. Se non è convenuto altrimenti, l'accreditato può utilizzare in più volte il credito, secondo le forme di uso, e può con successivi versamenti ripristinare la sua disponibilità.

[II]. Salvo patto contrario, i prelevamenti e i versamenti si eseguono presso la sede della banca dove è costituito il rapporto.

1844. Garanzia. – [I]. Se per l'apertura di credito è data una garanzia reale [1960 ss., 2784 ss., 2808 ss.] o personale [1936 ss.], questa non si estingue prima della fine del rapporto per il solo fatto che l'accreditato cessa di essere debitore della banca.

[II]. Se la garanzia diviene insufficiente, la banca può chiedere un supplemento di garanzia o la sostituzione del garante. Se l'accreditato non ottempera alla richiesta, la banca può ridurre il credito proporzionalmente al diminuito valore della garanzia o recedere dal contratto [1461, 1850, 1867, 1877, 2743].

1845. Recesso dal contratto. – [I]. Salvo patto contrario, la banca non può recedere dal contratto prima della scadenza del termine, se non per giusta causa [1186].

[II]. Il recesso sospende immediatamente l'utilizzazione del credito, ma la banca deve concedere un termine di almeno quindici giorni per la restituzione delle somme utilizzate e dei relativi accessori.

[III]. Se l'apertura di credito è a tempo indeterminato, ciascuna delle parti può recedere dal contratto, mediante preavviso nel termine stabilito dal contratto, dagli usi o, in mancanza, in quello di quindici giorni.

SEZIONE IV – *Dell'anticipazione bancaria*

1846. Disponibilità delle cose date in pegno. – [I]. Nell'anticipazione bancaria su pegno di titoli o di merci [2784 ss.], la banca non può disporre delle cose ricevute in pegno, se ha rilasciato un documento nel quale le cose stesse sono individuate [1851, 2792]. Il patto contrario deve essere provato per iscritto [2725].

1847. Assicurazione delle merci. – [I]. La banca deve provvedere per conto del contraente [1891] all'assicurazione delle merci date in pegno, se, per la natura, il valore o l'ubicazione di esse, l'assicurazione risponde alle cautele d'uso.

1848. Spese di custodia. – [I]. La banca, oltre al corrispettivo dovutole, ha diritto al rimborso delle spese [1838[3]] occorse per la custodia delle merci e dei titoli, salvo che ne abbia acquistato la disponibilità [1846, 1851].

1849. Ritiro dei titoli o delle merci. – [I]. Il contraente, anche prima della scadenza del contratto, può ritirare in parte i titoli o le merci dati in pegno, previo rimborso proporzionale delle somme anticipate e delle altre somme spettanti alla banca secondo la disposizione dell'articolo precedente, salvo che il credito residuo risulti insufficientemente garantito [1795, 1850].

1850. Diminuzione della garanzia. – [I]. Se il valore della garanzia diminuisce almeno di un decimo rispetto a quello che era al tempo del contratto, la banca può chiedere al debitore un supplemento di garanzia nei termini d'uso, con la diffida che, in mancanza, si procederà alla vendita dei titoli o delle merci dati in pegno [1461, 1844^2, 1867, 1877, 2743]. Se il debitore non ottempera alla richiesta, la banca può procedere alla vendita a norma del secondo e quarto comma dell'articolo 2797.

[II]. La banca ha diritto al rimborso immediato del residuo non soddisfatto col ricavato della vendita.

1851. Pegno irregolare a garanzia di anticipazione. – [I]. Se, a garanzia di uno o più crediti, sono vincolati depositi di danaro, merci o titoli che non siano stati individuati o per i quali sia stata conferita alla banca la facoltà di disporre [1846], la banca deve restituire solo la somma o la parte delle merci o dei titoli che eccedono l'ammontare dei crediti garantiti. La eccedenza è determinata in relazione al valore delle merci o dei titoli al tempo della scadenza dei crediti.

SEZIONE V – *Delle operazioni bancarie in conto corrente*

1852. Disposizione da parte del correntista. – [I]. Qualora il deposito [1834 ss.], l'apertura di credito [1842] o altre operazioni bancarie siano regolate in conto corrente, il correntista può disporre in qualsiasi momento delle somme risultanti a suo credito, salva l'osservanza del termine di preavviso eventualmente pattuito.

1853. Compensazione tra i saldi di più rapporti o più conti. – [I]. Se tra la banca e il correntista esistono più rapporti o più conti, ancorché in monete differenti, i saldi attivi e passivi si compensano [1241] reciprocamente, salvo patto contrario [$1246^{n. 4}$].

1854. Conto corrente intestato a più persone. – [I]. Nel caso in cui il conto sia intestato a più persone, con facoltà per le medesime di compiere operazioni anche separatamente, gli intestatari sono considerati creditori o debitori in solido dei saldi del conto [1292 ss.].

1855. Operazione a tempo indeterminato. – [I]. Se l'operazione regolata in conto corrente è a tempo indeterminato, ciascuna delle parti può recedere dal contratto, dandone preavviso nel termine stabilito dagli usi o, in mancanza, entro quindici giorni.

1856. Esecuzione d'incarichi. – [I]. La banca risponde secondo le regole del mandato [1703 ss.] per l'esecuzione d'incarichi ricevuti dal correntista o da altro cliente.

[II]. Se l'incarico deve eseguirsi su una piazza dove non esistono filiali della banca, questa può incaricare dell'esecuzione un'altra banca o un suo corrispondente [1717].

1857. Norme applicabili. – [I]. Alle operazioni regolate in conto corrente si applicano le norme degli articoli 1826, 1829 e 1832.

SEZIONE VI – *Dello sconto bancario*

1858. Nozione. – [I]. Lo sconto è il contratto col quale la banca, previa deduzione dell'interesse [1282], anticipa al cliente l'importo di un credito verso terzi non ancora scaduto, mediante la cessione, salvo buon fine, del credito stesso [1260, 1267].

1859. Sconto di cambiali. – [I]. Se lo sconto avviene mediante girata di cambiale o di assegno bancario [2009 ss.], la banca, nel caso di mancato pagamento, oltre ai diritti derivanti dal titolo, ha anche il diritto alla restituzione della somma anticipata (1).

[II]. Sono salve le norme delle leggi speciali relative alla cessione della provvista nello sconto di tratte non accettate o munite di clausole « senza accettazione » (2).

(1) *V. art. 66 r.d. 14 dicembre 1933, n. 1669.*
(2) *V. r.d.l. 21 settembre 1933, n. 1345, conv., con modif., in l. 15 gennaio 1934, n. 48.*

1860. Sconto di tratte documentate. – [I]. La banca che ha scontato tratte documentate ha sulla merce lo stesso privilegio del mandatario finché il titolo rappresentativo è in suo possesso [2761^2].

CAPO XVIII – *Della rendita perpetua*

1861. Nozione. – [I]. Col contratto di rendita perpetua una parte conferisce all'altra il diritto di esigere in perpetuo la prestazione periodica di una somma di danaro o di una certa quantità di altre cose fungibili, quale corrispettivo dell'alienazione di un immobile [1862, 1863] o della cessione di un capitale [1863].

[II]. La rendita perpetua può essere costituita anche quale onere della alienazione gratuita di un immobile o della cessione gratuita di un capitale [793].

1862. Norme applicabili. – [I]. L'alienazione dell'immobile, se fatta a titolo oneroso, è soggetta alle norme stabilite per la vendita [1470 ss.].

[II]. L'alienazione o la cessione fatta a titolo gratuito è soggetta alle norme stabilite per la donazione [769 ss.].

1863. Rendita fondiaria e rendita semplice. – [I]. È fondiaria la rendita costituita mediante alienazione di un immobile [2817 n. 1]. È semplice quella costituita mediante cessione di un capitale [1864].

1864. Garanzia della rendita semplice. – [I]. La rendita semplice [1863] deve essere garantita con ipoteca [2808] sopra un immobile; altrimenti il capitale è ripetibile.

1865. Diritto di riscatto della rendita perpetua. – [I]. La rendita perpetua è redimibile a volontà del debitore, nonostante qualunque convenzione contraria [1866 ss.].

[II]. Le parti possono tuttavia convenire che il riscatto non possa eseguirsi durante la vita del beneficiario o prima di un certo termine, il quale non può eccedere i dieci anni nella rendita semplice e i trenta anni nella rendita fondiaria [1863].

[III]. Può anche stipularsi che il debitore non esegua il riscatto senza averne dato preavviso al beneficiario. Il termine di preavviso non può eccedere l'anno.

[IV]. Se sono convenuti termini più lunghi, essi si riducono nei limiti sopra stabiliti.

1866. Esercizio del riscatto. – [I]. Il riscatto della rendita semplice e della rendita fondiaria [1865] si effettua mediante il pagamento della somma che risulta dalla capitalizzazione della rendita annua sulla base dell'interesse legale [1284].

[II]. Le modalità del riscatto sono stabilite dalle leggi speciali.

1867. Riscatto forzoso. – [I]. Il debitore di una rendita perpetua può essere costretto al riscatto [1868]:

1) se è in mora nel pagamento di due annualità di rendita [1219];

2) se non ha dato al creditore le garanzie promesse, o se, venendo a mancare quelle già date, non ne sostituisce altre di uguale sicurezza [1461, 1844, 1850];

3) se, per effetto di alienazione [769 ss., 1470 ss.] o di divisione [713 ss.], il fondo su cui è garantita [1864] la rendita è diviso fra più di tre persone.

1868. Riscatto per insolvenza del debitore. – [I]. Si fa pure luogo al riscatto della rendita, nel caso d'insolvenza del debitore, salvo che, essendo stato alienato il fondo su cui era garantita la rendita [1864], l'acquirente se ne sia assunto il debito [1273] o si dichiari pronto ad assumerlo.

1869. Altre prestazioni perpetue. – [I]. Le disposizioni degli articoli 1864, 1865, 1866, 1867 e 1868 si applicano a ogni altra annua prestazione perpetua costituita a qualsiasi titolo, anche per atto di ultima volontà.

1870. Ricognizione. – [I]. Il debitore della rendita o di ogni altra prestazione annua che debba o possa durare oltre i dieci anni deve fornire a proprie spese al titolare, se questi lo richiede, un nuovo documento [2720], trascorsi nove anni dalla data del precedente [969; 186 trans.].

1871. Rendite dello Stato. – [I]. Le disposizioni di questo capo non si applicano alle rendite emesse dallo Stato.

CAPO XIX – *Della rendita vitalizia*

1872. Modi di costituzione. – [I]. La rendita vitalizia può essere costituita a titolo oneroso, mediante alienazione di un bene mobile o immobile [1862] o mediante cessione di capitale.

[II]. La rendita vitalizia può essere costituita anche per donazione [769 ss.] o per testamento [587 ss.], e in questo caso si osservano le norme stabilite dalla legge per tali atti.

1873. Determinazione della durata. – [I]. La rendita vitalizia può costituirsi per la durata della vita del beneficiario o di altra persona [1876].

[II]. Essa può costituirsi anche per la durata della vita di più persone.

1874. Costituzione a favore di più persone. – [I]. Se la rendita è costituita a favore di più persone, la parte spettante al creditore premorto si accresce a favore degli altri, salvo patto contrario [674 ss.].

1875. Costituzione a favore di un terzo. – [I]. La rendita vitalizia costituita a favore di un terzo [1411 ss.], quantunque importi per questo una liberalità, non richiede le forme stabilite per la donazione [782 ss., 809].

1876. Rendita costituita su persone già defunte. – [I]. Il contratto è nullo, se la rendita è costituita per la durata della vita di persona, che, al tempo del contratto, aveva già cessato di vivere.

1877. Risoluzione del contratto di vitalizio oneroso. – [I]. Il creditore di una rendita vitalizia costituita a titolo oneroso può chiedere la risoluzione del contratto [1453 ss.], se il promittente non gli dà o diminuisce le garanzie pattuite [1461, 1844, 1850, 1867].

1878. Mancanza di pagamento delle rate scadute. – [I]. In caso di mancato pagamento delle rate di rendita scadute, il creditore della rendita, anche se è lo stesso stipulante, non può domandare la risoluzione del contratto [1453 ss.], ma può far sequestrare [670 ss. c.p.c.] e vendere [501 ss. c.p.c.] i beni del suo debitore affinché col ricavato della vendita si faccia l'impiego di una somma sufficiente ad assicurare il pagamento della rendita.

1879. Divieto di riscatto e onerosità sopravvenuta. – [I]. Il debitore della rendita, salvo patto contrario, non può liberarsi dal pagamento della rendita stessa offrendo il rimborso del capitale, anche se rinunzia alla ripetizione delle annualità pagate [1865].

[II]. Egli è tenuto a pagare la rendita per tutto il tempo per il quale è stata costituita, per quanto gravosa sia divenuta la sua prestazione [1469].

1880. Modalità del pagamento della rendita. – [I]. La rendita vitalizia costituita mediante contratto è dovuta al creditore in proporzione del numero dei giorni vissuti da colui sulla vita del quale è costituita.

[II]. Se però è stato convenuto di pagarla a rate anticipate, ciascuna rata si acquista dal giorno in cui è scaduta.

1881. Sequestro o pignoramento della rendita. – [I]. Quando la rendita vitalizia è costituita a titolo gratuito [1872²], si può disporre che essa non sia soggetta a pignoramento o a sequestro [670 ss. c.p.c.] entro i limiti del bisogno alimentare del creditore [438].

CAPO XX – *Dell'assicurazione*

SEZIONE I – *Disposizioni generali*

1882. Nozione. – [I]. L'assicurazione è il contratto col quale l'assicuratore, verso pagamento di un premio [2952¹], si obbliga a rivalere l'assicurato, entro i limiti convenuti, del danno ad esso prodotto da un sinistro [1904 ss.], ovvero a pagare un capitale o una rendita

[1872 ss.] al verificarsi di un evento attinente alla vita umana [1919 ss].

1883. **Esercizio delle assicurazioni.** – [I]. L'impresa di assicurazione [2195$^{n. 4}$] non può essere esercitata che da un istituto di diritto pubblico o da una società per azioni e con l'osservanza delle norme stabilite dalle leggi speciali (1).

(1) *V. d.ls. 7 settembre 2005, n. 209.*

1884. **Assicurazioni mutue.** – [I]. Le assicurazioni mutue sono disciplinate dalle norme del presente capo, in quanto compatibili con la specialità del rapporto [2546 ss.].

1885. **Assicurazioni contro i rischi della navigazione.** – [I]. Le assicurazioni contro i rischi della navigazione sono disciplinate dalle norme del presente capo per quanto non è regolato dal codice della navigazione [446 ss., 514 ss. c. nav.].

1886. **Assicurazioni sociali.** – [I]. Le assicurazioni sociali sono disciplinate dalle leggi speciali. In mancanza si applicano le norme del presente capo.

1887. **Efficacia della proposta.** – [I]. La proposta scritta diretta all'assicuratore rimane ferma [1329^{1}] per il termine di quindici giorni, o di trenta giorni quando occorre una visita medica. Il termine decorre dalla data della consegna o della spedizione della proposta [1932].

1888. (1) **Prova del contratto.** – [I]. Il contratto di assicurazione deve essere provato per iscritto [2725].

[II]. L'assicuratore è obbligato a rilasciare al contraente la polizza di assicurazione o altro documento da lui sottoscritto [187 trans.].

[III]. L'assicuratore è anche tenuto a rilasciare, a richiesta e a spese del contraente, duplicati o copie della polizza; ma in tal caso può esigere la presentazione o la restituzione dell'originale [187 trans.].

(1) *Con riferimento alle misure connesse all'emergenza epidemiologica da Covid-19, in tema di sottoscrizione e comunicazioni di contratti finanziari e assicurativi in modo semplificato, v. art. 33$^{1, 2}$ d.l. 19 maggio 2020, n. 34, conv., con modif., in l. 17 luglio 2020, n. 77, come da ultimo prorogato ai sensi dell'art. 111, d.l. 22 aprile 2021, n. 52, conv., con modif. in l. 17 giugno 2021, n. 87; precedentemente il termine era stato prorogato ai sensi dell'art. 19 e dell'Allegato 1 n. 27, d.l. 31 dicembre 2020, n. 183, conv., con modif., in l. 26 febbraio 2021, n. 21.*

1889. **Polizze all'ordine e al portatore.** – [I]. Se la polizza di assicurazione è all'ordine o al portatore, il suo trasferimento importa trasferimento del credito verso l'assicuratore, con gli effetti della cessione [2003, 2011].

[II]. Tuttavia l'assicuratore è liberato se senza dolo o colpa grave adempie la prestazione nei confronti del giratario o del portatore della polizza, anche se questi non è l'assicurato [1992²].

[III]. In caso di smarrimento, furto o distruzione della polizza all'ordine, si applicano le disposizioni relative all'ammortamento dei titoli all'ordine [2016 ss.; 187 trans.].

1890. Assicurazione in nome altrui. – [I]. Se il contraente stipula l'assicurazione in nome altrui senza averne il potere, l'interessato può ratificare il contratto anche dopo la scadenza o il verificarsi del sinistro [1399].

[II]. Il contraente è tenuto personalmente ad osservare gli obblighi derivanti dal contratto fino al momento in cui l'assicuratore ha avuto notizia della ratifica o del rifiuto di questa [1399, 1891].

[III]. Egli deve all'assicuratore i premi del periodo in corso nel momento in cui l'assicuratore ha avuto notizia del rifiuto della ratifica.

1891. Assicurazione per conto altrui o per conto di chi spetta. – [I]. Se l'assicurazione è stipulata per conto altrui [1890] o per conto di chi spetta, il contraente deve adempiere gli obblighi derivanti dal contratto, salvi quelli che per loro natura non possono essere adempiuti che dall'assicurato.

[II]. I diritti derivanti dal contratto spettano all'assicurato, e il contraente, anche se in possesso della polizza, non può farli valere senza espresso consenso dell'assicurato medesimo.

[III]. All'assicurato sono opponibili le eccezioni che si possono opporre al contraente in dipendenza del contratto.

[IV]. Per il rimborso dei premi pagati all'assicuratore e delle spese del contratto, il contraente ha privilegio sulle somme dovute dall'assicuratore nello stesso grado dei crediti per spese di conservazione [2756].

1892. Dichiarazioni inesatte e reticenze con dolo o colpa grave. [I]. Le dichiarazioni inesatte e le reticenze del contraente, relative a circostanze tali che l'assicuratore non avrebbe dato il suo consenso o non lo avrebbe dato alle medesime condizioni se avesse conosciuto il vero stato delle cose, sono causa di annullamento [1441 ss.] del contratto quando il contraente ha agito con dolo o con colpa grave [1893, 1894].

[II]. L'assicuratore decade [2964 ss.] dal diritto d'impugnare il contratto se, entro tre mesi dal giorno in cui ha conosciuto l'inesattezza della dichiarazione o la reticenza, non dichiara al contraente di volere esercitare l'impugnazione.

[III]. L'assicuratore ha diritto ai premi relativi al periodo di assicurazione in corso al momento in cui ha domandato l'annullamento e, in ogni caso, al premio convenuto per il primo anno. Se il sinistro si verifica prima che sia decorso il termine indicato dal comma precedente, egli non è tenuto a pagare la somma assicurata.

[IV]. Se l'assicurazione riguarda più persone o più cose, il contratto è valido per quelle persone o per quelle cose alle quali non si riferisce la dichiarazione inesatta o la reticenza [1932].

1893. **Dichiarazioni inesatte e reticenze senza dolo o colpa grave.** – [I]. Se il contraente ha agito senza dolo o colpa grave, le dichiarazioni inesatte e le reticenze non sono causa di annullamento del contratto, ma l'assicuratore può recedere dal contratto stesso, mediante dichiarazione da farsi all'assicurato nei tre mesi dal giorno in cui ha conosciuto l'inesattezza della dichiarazione o la reticenza [1892, 1894].

[II]. Se il sinistro si verifica prima che l'inesattezza della dichiarazione o la reticenza sia conosciuta dall'assicuratore, o prima che questi abbia dichiarato di recedere dal contratto, la somma dovuta è ridotta in proporzione della differenza tra il premio convenuto e quello che sarebbe stato applicato se si fosse conosciuto il vero stato delle cose [1932].

1894. **Assicurazione in nome o per conto di terzi.** – [I]. Nelle assicurazioni in nome o per conto di terzi, se questi hanno conoscenza dell'inesattezza delle dichiarazioni o delle reticenze relative al rischio, si applicano a favore dell'assicuratore le disposizioni degli articoli 1892 e 1893 [1391, 1932].

1895. **Inesistenza del rischio.** – [I]. Il contratto è nullo [1418 ss.] se il rischio non è mai esistito o ha cessato di esistere prima della conclusione del contratto.

1896. **Cessazione del rischio durante l'assicurazione.** – [I]. Il contratto si scioglie [1453 ss.] se il rischio cessa di esistere dopo la conclusione del contratto stesso, ma l'assicuratore ha diritto al pagamento dei premi finché la cessazione del rischio non gli sia comunicata o non venga altrimenti a sua conoscenza. I premi relativi al periodo di assicurazione in corso al momento della comunicazione o della conoscenza sono dovuti per intero.

[II]. Qualora gli effetti dell'assicurazione debbano avere inizio in un momento posteriore alla conclusione del contratto e il rischio cessi nell'intervallo, l'assicuratore ha diritto al solo rimborso delle spese.

1897. Diminuzione del rischio. – [I]. Se il contraente comunica all'assicuratore mutamenti che producono una diminuzione del rischio tale che, se fosse stata conosciuta al momento della conclusione del contratto, avrebbe portato alla stipulazione di un premio minore, l'assicuratore, a decorrere dalla scadenza del premio o della rata di premio successiva alla comunicazione suddetta, non può esigere che il minor premio, ma ha facoltà di recedere dal contratto entro due mesi dal giorno in cui è stata fatta la comunicazione.

[II]. La dichiarazione di recesso dal contratto ha effetto dopo un mese [1932; 187 trans.].

1898. Aggravamento del rischio. – [I]. Il contraente ha l'obbligo di dare immediato avviso all'assicuratore dei mutamenti che aggravano il rischio in modo tale che, se il nuovo stato di cose fosse esistito e fosse stato conosciuto dall'assicuratore al momento della conclusione del contratto, l'assicuratore non avrebbe consentito l'assicurazione o l'avrebbe consentita per un premio più elevato [1926].

[II]. L'assicuratore può recedere dal contratto, dandone comunicazione per iscritto all'assicurato entro un mese dal giorno in cui ha ricevuto l'avviso o ha avuto in altro modo conoscenza dell'aggravamento del rischio.

[III]. Il recesso dell'assicuratore ha effetto immediato se l'aggravamento è tale che l'assicuratore non avrebbe consentito l'assicurazione; ha effetto dopo quindici giorni, se l'aggravamento del rischio è tale che per l'assicurazione sarebbe stato richiesto un premio maggiore.

[IV]. Spettano all'assicuratore i premi relativi al periodo di assicurazione in corso al momento in cui è comunicata la dichiarazione di recesso.

[V]. Se il sinistro si verifica prima che siano trascorsi i termini per la comunicazione e per l'efficacia del recesso, l'assicuratore non risponde qualora l'aggravamento del rischio sia tale che egli non avrebbe consentito la assicurazione se il nuovo stato di cose fosse esistito al momento del contratto; altrimenti, la somma dovuta è ridotta, tenuto conto del rapporto tra il premio stabilito nel contratto e quello che sarebbe stato fissato se il maggiore rischio fosse esistito al tempo del contratto stesso [1932; 187 trans.].

1899. Durata dell'assicurazione. – [I]. L'assicurazione ha effetto dalle ore ventiquattro del giorno della conclusione del contratto alle ore ventiquattro dell'ultimo giorno della durata stabilita nel contratto stesso. L'assicuratore, in alternativa ad una copertura di durata annuale, può proporre una copertura di durata poliennale a fronte di una riduzione del premio rispetto a quello previsto per la stessa copertura dal contratto annuale (1). In questo caso, se il contratto supera i cinque anni, l'assicurato, trascorso il quinquennio, ha facoltà di recedere dal contratto con preavviso di sessanta giorni e con effetto dalla fine dell'annualità nel corso della quale la facoltà di recesso è stata esercitata (1) (2).

[II]. Il contratto può essere tacitamente prorogato una o più volte, ma ciascuna proroga tacita non può avere una durata superiore a due anni [1932; 187 trans.] (2).

[III]. Le norme del presente articolo non si applicano alle assicurazioni sulla vita [1919 ss.].

(1) *Gli attuali secondo e terzo periodo così sostituiscono il precedente secondo periodo come disposto dall'art. 21[3] l. 23 luglio 2009, n. 99; ai sensi del successivo comma 4 la presente disposizione si applica ai contratti stipulati successivamente alla data di entrata in vigore della suddetta legge [15 agosto 2009]. Il testo del secondo periodo, come sostituito dall'art. 5[4] d.l. 31 gennaio 2007, n. 7, conv., con modif., in l. 2 aprile 2007, n. 40, era il seguente:* « In caso di durata poliennale, l'assicurato ha facoltà di recedere annualmente dal contratto senza oneri e con preavviso di sessanta giorni ». *Tali disposizioni, ai sensi del suddetto art. 5[4] d.l. n. 7, cit., si applicavano ai contratti stipulati dalla data di entrata in vigore della legge di conversione del medesimo decreto [3 aprile 2007]. Per i contratti stipulati antecedentemente a tale data, la facoltà di cui al secondo periodo poteva essere esercitata a condizione che il contratto di assicurazione fosse stato in vita per almeno tre anni. V. inoltre disposizioni di cui all'art. 5[5] d.l. n. 7, cit., che così recita: « Le clausole in contrasto con le prescrizioni del [medesimo] articolo sono nulle e non comportano la nullità del contratto, fatta salva la facoltà degli operatori di adeguare le clausole vigenti alla data di entrata in vigore del [medesimo] decreto entro i successivi sessanta giorni, ovvero, limitatamente al comma 4, entro i successivi centottanta giorni ». V. inoltre l'art. 8-*bis *d.l. n. 7, cit., che così recita: « Nell'ambito dei rapporti assicurativi e bancari è fatto assoluto divieto di addebitare al cliente spese relative alla predisposizione, produzione, spedizione, o altre spese comunque denominate, relative alle comunicazioni di cui [all'articolo 5 del medesimo decreto] ».*

(2) *In deroga al presente comma v. art. 170-*bis *d.ls. 7 settembre 2005, n. 209.*

1900. Sinistri cagionati con dolo o con colpa grave dell'assicurato o dei dipendenti. – [I]. L'assicuratore non è obbligato per i sinistri cagionati da dolo o da colpa grave del contraente, dell'assicurato o del beneficiario, salvo patto contrario per i casi di colpa grave [1917].

[II]. L'assicuratore è obbligato per il sinistro cagionato da dolo o da colpa grave delle persone del fatto delle quali l'assicurato deve rispondere.

[III]. Egli è obbligato altresì, nonostante patto contrario, per i sinistri conseguenti ad atti del contraente, dell'assicurato o del beneficiario, compiuti per dovere di solidarietà umana o nella tutela degli interessi comuni all'assicuratore [1914³].

1901. Mancato pagamento del premio. – [I]. Se il contraente non paga il premio o la prima rata di premio stabilita dal contratto, l'assicurazione resta sospesa fino alle ore ventiquattro del giorno in cui il contraente paga quanto è da lui dovuto.

[II]. Se alle scadenze convenute il contraente non paga i premi successivi, l'assicurazione resta sospesa dalle ore ventiquattro del quindicesimo giorno dopo quello della scadenza.

[III]. Nelle ipotesi previste dai due commi precedenti il contratto è risoluto di diritto [1453 ss.] se l'assicuratore, nel termine di sei mesi dal giorno in cui il premio o la rata sono scaduti, non agisce per la riscossione; l'assicuratore ha diritto soltanto al pagamento del premio relativo al periodo di assicurazione in corso e al rimborso delle spese. La presente norma non si applica alle assicurazioni sulla vita [1919 ss., 1924, 1932; 187 trans.].

1902. Fusione, concentrazione e liquidazione coatta amministrativa. – [I]. La fusione e la concentrazione di aziende tra più imprese assicuratrici non sono cause di scioglimento del contratto di assicurazione. Il contratto continua con l'impresa assicuratrice che risulta dalla fusione o che incorpora le imprese preesistenti. Per i trasferimenti di portafoglio si osservano le leggi speciali.

[II]. Nel caso di liquidazione coatta amministrativa dell'impresa assicuratrice, il contratto di assicurazione si scioglie nei modi e con gli effetti stabiliti dalle leggi speciali anche per ciò che riguarda il privilegio a favore della massa degli assicurati [187 trans.].

1903. Agenti di assicurazione. – [I]. Gli agenti autorizzati a concludere contratti di assicurazione possono compiere gli atti concernenti le modificazioni e la risoluzione dei contratti medesimi, salvi i limiti contenuti nella procura che sia pubblicata nelle forme richieste dalla legge [1753] (1).

[II]. Possono inoltre promuovere azioni ed essere convenuti in giudizio in nome dell'assicuratore, per le obbligazioni dipendenti dagli atti compiuti nell'esecuzione del loro mandato, davanti l'autorità giudiziaria del luogo in cui ha sede l'agenzia presso la quale è stato concluso il contratto [1932; 187 trans.; 77 c.p.c.].

(1) *V. d.lgs. 7 settembre 2005, n. 209.*

SEZIONE II – *Dell'assicurazione contro i danni*

1904. Interesse all'assicurazione. – [I]. Il contratto di assicurazione contro i danni è nullo [1418 ss.] se, nel momento in cui l'assicurazione deve avere inizio, non esiste un interesse dell'assicurato al risarcimento del danno [1895].

1905. Limiti del risarcimento. – [I]. L'assicuratore è tenuto a risarcire, nei modi e nei limiti stabiliti dal contratto, il danno sofferto dall'assicurato in conseguenza del sinistro [1223].

[II]. L'assicuratore risponde del profitto sperato solo se si è espressamente obbligato.

1906. Danni cagionati da vizio della cosa. – [I]. Salvo patto contrario, l'assicuratore non risponde dei danni prodotti da vizio intrinseco della cosa assicurata, che non gli sia stato denunziato.

[II]. Se il vizio ha aggravato il danno, l'assicuratore, salvo patto contrario, risponde del danno nella misura in cui sarebbe stato a suo carico, qualora il vizio non fosse esistito.

1907. Assicurazione parziale. – [I]. Se l'assicurazione copre solo una parte del valore che la cosa assicurata aveva nel tempo del sinistro, l'assicuratore risponde dei danni in proporzione della parte suddetta, a meno che non sia diversamente convenuto.

1908. Valore della cosa assicurata. – [I]. Nell'accertare il danno non si può attribuire alle cose perite o danneggiate un valore superiore a quello che avevano al tempo del sinistro.

[II]. Il valore delle cose assicurate può essere tuttavia stabilito al tempo della conclusione del contratto, mediante stima accettata per iscritto dalle parti.

[III]. Non equivale a stima la dichiarazione di valore delle cose assicurate contenuta nella polizza o in altri documenti.

[IV]. Nell'assicurazione dei prodotti del suolo il danno si determina in relazione al valore che i prodotti avrebbero avuto al tempo della maturazione o al tempo in cui ordinariamente si raccolgono.

1909. Assicurazione per somma eccedente il valore delle cose. – [I]. L'assicurazione per una somma che eccede il valore reale della cosa assicurata non è valida [1441 ss.] se vi è stato dolo da parte dell'assicurato; l'assicuratore, se è in buona fede, ha diritto ai premi del periodo di assicurazione in corso.

[II]. Se non vi è stato dolo da parte del contraente, il contratto ha effetto fino alla concorrenza del valore reale della cosa assicurata, e il contraente ha diritto di ottenere per l'avvenire una proporzionale riduzione del premio.

1910. Assicurazione presso diversi assicuratori. – [I]. Se per il medesimo rischio sono contratte separatamente più assicurazioni presso diversi assicuratori, l'assicurato deve dare avviso di tutte le assicurazioni a ciascun assicuratore [1911].

[II]. Se l'assicurato omette dolosamente di dare l'avviso, gli assicuratori non sono tenuti a pagare l'indennità.

[III]. Nel caso di sinistro, l'assicurato deve darne avviso a tutti gli assicuratori a norma dell'articolo 1913, indicando a ciascuno il nome degli altri. L'assicurato può chiedere a ciascun assicuratore l'indennità dovuta secondo il rispettivo contratto, purché le somme complessivamente riscosse non superino l'ammontare del danno.

[IV]. L'assicuratore che ha pagato ha diritto di regresso contro gli altri per la ripartizione proporzionale in ragione delle indennità dovute secondo i rispettivi contratti. Se un assicuratore è insolvente, la sua quota viene ripartita fra gli altri assicuratori (1).

(1) *V. art. 5^2 r.d. 16 marzo 1942, n. 267 (per la nuova disciplina, v. art. 2 d.ls. 12 gennaio 2019, n. 14, Codice della crisi d'impresa e dell'insolvenza).*

1911. Coassicurazione. – [I]. Qualora la medesima assicurazione o l'assicurazione di rischi relativi alle stesse cose sia ripartita tra più assicuratori per quote determinate, ciascun assicuratore è tenuto al pagamento dell'indennità assicurata soltanto in proporzione della rispettiva quota, anche se unico è il contratto sottoscritto da tutti gli assicuratori [1910].

1912. Terremoto, guerra, insurrezione, tumulti popolari. – [I]. Salvo patto contrario, l'assicuratore non è obbligato per i danni determinati da movimenti tellurici, da guerra, da insurrezione o da tumulti popolari.

1913. Avviso all'assicuratore in caso di sinistro. – [I]. L'assicurato deve dare avviso del sinistro all'assicuratore o all'agente autorizzato a concludere il contratto [1903], entro tre giorni da quello in cui il sinistro si è verificato o l'assicurato ne ha avuto conoscenza. Non è necessario l'avviso, se l'assicuratore o l'agente autorizzato alla conclusione del contratto interviene entro il detto termine alle operazioni di salvataggio o di constatazione del sinistro [1914].

[II]. Nelle assicurazioni contro la mortalità del bestiame l'avviso, salvo patto contrario, deve essere dato entro ventiquattro ore.

1914. Obbligo di salvataggio. – [I]. L'assicurato deve fare quanto gli è possibile per evitare o diminuire il danno [1227[2], 1915].

[II]. Le spese fatte a questo scopo dall'assicurato sono a carico dell'assicuratore, in proporzione del valore assicurato rispetto a quello che la cosa aveva nel tempo del sinistro, anche se il loro ammontare, unitamente a quello del danno, supera la somma assicurata, e anche se non si è raggiunto lo scopo, salvo che l'assicuratore provi che le spese sono state fatte inconsideratamente [1932; 187 trans.].

[III]. L'assicuratore risponde dei danni materiali direttamente derivati alle cose assicurate dai mezzi adoperati dall'assicurato per evitare o diminuire i danni del sinistro, salvo che egli provi che tali mezzi sono stati adoperati inconsideratamente [1900[3]].

[IV]. L'intervento dell'assicuratore per il salvataggio delle cose assicurate e per la loro conservazione non pregiudica i suoi diritti [1913[1]].

[V]. L'assicuratore che interviene al salvataggio deve, se richiesto dall'assicurato, anticiparne le spese o concorrere in proporzione del valore assicurato.

1915. Inadempimento dell'obbligo di avviso o di salvataggio. – [I]. L'assicurato che dolosamente non adempie l'obbligo dell'avviso o del salvataggio perde il diritto all'indennità [1914].

[II]. Se l'assicurato omette colposamente di adempiere tale obbligo, l'assicuratore ha diritto di ridurre l'indennità in ragione del pregiudizio sofferto [1932; 187 trans.].

1916. (1) **Diritto di surrogazione dell'assicuratore.** – [I]. L'assicuratore che ha pagato l'indennità è surrogato, fino alla concorrenza dell'ammontare di essa, nei diritti dell'assicurato verso i terzi responsabili [1203].

[II]. Salvo il caso di dolo, la surrogazione non ha luogo se il danno è causato dai figli, (2) dagli ascendenti, da altri parenti o da affini dell'assicurato stabilmente con lui conviventi o da domestici (3).

[III]. L'assicurato è responsabile verso l'assicuratore del pregiudizio arrecato al diritto di surrogazione [1589].

[IV]. Le disposizioni di questo articolo si applicano anche alle assicurazioni contro gli infortuni sul lavoro e contro le disgrazie accidentali.

(1) *Articolo dichiarato* costituzionalmente illegittimo *con* ***C. cost.*** *18 luglio 1991, n. 356 « nella parte in cui consente all'assicuratore di avvalersi, nell'esercizio del diritto di surrogazione nei confronti del terzo responsabile, anche delle somme da questi dovute all'assicurato a titolo di risarcimento del danno biologico ».*

(2) *Le parole* « dagli affiliati, » *che seguivano la parola* « figli, » *sono state soppresse dall'art. 91*[1] *d.ls. 28 dicembre 2013, n. 154, con la decorrenza indicata* sub *art. 87.*

(3) *Comma dichiarato* costituzionalmente illegittimo *con* ***C. cost.*** *21 maggio 1975, n. 117 « nella parte in cui non annovera, tra le persone nei confronti delle quali non è ammessa surrogazione, il coniuge dell'assicurato ».*

1917. (1) **Assicurazione della responsabilità civile.** – [I]. Nell'assicurazione della responsabilità civile l'assicuratore è obbligato a tenere indenne l'assicurato di quanto questi, in conseguenza del fatto accaduto durante il tempo dell'assicurazione, deve pagare a un terzo [1218, 2043], in dipendenza della responsabilità dedotta nel contratto. Sono esclusi i danni derivanti da fatti dolosi [1900].

[II]. L'assicuratore ha facoltà, previa comunicazione all'assicurato, di pagare direttamente al terzo danneggiato l'indennità dovuta, ed è obbligato al pagamento diretto se l'assicurato lo richiede [2767].

[III]. Le spese sostenute per resistere all'azione del danneggiato contro l'assicurato sono a carico dell'assicuratore nei limiti del quarto della somma assicurata. Tuttavia, nel caso che sia dovuta al danneggiato una somma superiore al capitale assicurato, le spese giudiziali si ripartiscono tra assicuratore e assicurato in proporzione del rispettivo interesse [1932].

[IV]. L'assicurato, convenuto dal danneggiato, può chiamare in causa l'assicuratore [1932; 106 c.p.c.].

(1) *V. d.ls. 7 settembre 2005, n. 209. In tema di nullità dei contratti di assicurazione stipulati dall'ente pubblico a favore dei propri amministratori, v. art. 3*[59] *l. 24 dicembre 2007, n. 244.*

1918. **Alienazione delle cose assicurate.** – [I]. L'alienazione delle cose assicurate non è causa di scioglimento del contratto di assicurazione (1).

[II]. L'assicurato, che non comunica all'assicuratore l'avvenuta alienazione e all'acquirente l'esistenza del contratto di assicurazione, rimane obbligato a pagare i premi che scadono posteriormente alla data dell'alienazione.

[III]. I diritti e gli obblighi dell'assicurato passano all'acquirente, se questi, avuta notizia dell'esistenza del contratto di assicurazione, entro dieci giorni dalla scadenza del primo premio successivo all'alienazione, non dichiara all'assicuratore, mediante raccomandata, che non intende subentrare nel contratto. Spettano in tal caso all'assicuratore i premi relativi al periodo di assicurazione in corso.

[IV]. L'assicuratore, entro dieci giorni da quello in cui ha avuto notizia dell'avvenuta alienazione, può recedere dal contratto con preavviso di quindici giorni, che può essere dato anche mediante raccomandata.

[v]. Se è stata emessa una polizza all'ordine o al portatore [1889], nessuna notizia dell'alienazione deve essere data all'assicuratore, e così questo ultimo come l'acquirente non possono recedere dal contratto.

(1) *V. art. 171 d.ls. 7 settembre 2005, n. 209.*

SEZIONE III – *Dell'assicurazione sulla vita*

1919. Assicurazione sulla vita propria o di un terzo. – [I]. L'assicurazione può essere stipulata sulla vita propria o su quella di un terzo.

[II]. L'assicurazione contratta per il caso di morte di un terzo non è valida se questi o il suo legale rappresentante non dà il consenso alla conclusione del contratto. Il consenso deve essere provato per iscritto [2725].

1920. Assicurazione a favore di un terzo. – [I]. È valida l'assicurazione sulla vita a favore di un terzo [1411 ss.].

[II]. La designazione del beneficiario può essere fatta nel contratto di assicurazione, o con successiva dichiarazione scritta comunicata all'assicuratore, o per testamento [587]; essa è efficace anche se il beneficiario è determinato solo genericamente. Equivale a designazione l'attribuzione della somma assicurata fatta nel testamento a favore di una determinata persona.

[III]. Per effetto della designazione il terzo acquista un diritto proprio ai vantaggi dell'assicurazione [1411^2].

1921. Revoca del beneficio. – [I]. La designazione del beneficiario è revocabile con le forme con le quali può essere fatta a norma dell'articolo precedente. La revoca non può tuttavia farsi dagli eredi dopo la morte del contraente, né dopo che, verificatosi l'evento, il beneficiario ha dichiarato di voler profittare del beneficio [1411^2].

[II]. Se il contraente ha rinunziato per iscritto al potere di revoca, questa non ha effetto dopo che il beneficiario ha dichiarato al contraente di voler profittare del beneficio. La rinuncia del contraente e la dichiarazione del beneficiario devono essere comunicate per iscritto all'assicuratore [188 trans.].

1922. Decadenza dal beneficio. – [I]. La designazione del beneficiario, anche se irrevocabile, non ha effetto qualora il beneficiario attenti alla vita dell'assicurato [801].

[II]. Se la designazione è irrevocabile ed è stata fatta a titolo di liberalità, essa può essere revocata nei casi previsti dall'articolo 800 [188 trans.].

1923. Diritti dei creditori e degli eredi. – [I]. Le somme dovute dall'assicuratore al contraente o al beneficiario non possono essere sottoposte ad azione esecutiva [491 ss. c.p.c.] o cautelare [670 ss. c.p.c.].

[II]. Sono salve, rispetto ai premi pagati, le disposizioni relative alla revocazione degli atti compiuti in pregiudizio dei creditori [2901 ss.] e quelle relative alla collazione [737 ss.], all'imputazione [747] e alla riduzione [555 ss.] delle donazioni.

1924. Mancato pagamento dei premi. – [I]. Se il contraente non paga il premio relativo al primo anno, l'assicuratore può agire per l'esecuzione del contratto nel termine di sei mesi dal giorno in cui il premio è scaduto. La disposizione si applica anche se il premio è ripartito in più rate, fermo restando il disposto dei primi due commi dell'articolo 1901; in tal caso il termine decorre dalla scadenza delle singole rate.

[II]. Se il contraente non paga i premi successivi nel termine di tolleranza previsto dalla polizza o, in mancanza, nel termine di venti giorni dalla scadenza, il contratto è risoluto di diritto [1453 ss.], e i premi pagati restano acquisiti all'assicuratore, salvo che sussistano le condizioni per il riscatto dell'assicurazione o per la riduzione della somma assicurata [1925].

1925. Riscatto e riduzione della polizza. – [I]. Le polizze di assicurazione devono regolare i diritti di riscatto e di riduzione della somma assicurata, in modo tale che l'assicurato sia in grado, in ogni momento, di conoscere quale sarebbe il valore di riscatto o di riduzione dell'assicurazione.

1926. Cambiamento di professione dell'assicurato. – [I]. I cambiamenti di professione o di attività dell'assicurato non fanno cessare gli effetti dell'assicurazione, qualora non aggravino il rischio in modo tale che, se il nuovo stato di cose fosse esistito al tempo del contratto, l'assicuratore non avrebbe consentito l'assicurazione [1898].

[II]. Qualora i cambiamenti siano di tale natura che, se il nuovo stato di cose fosse esistito al tempo del contratto, l'assicuratore avrebbe consentito l'assicurazione per un premio più elevato, il pagamento della somma assicurata è ridotto in proporzione del minor premio convenuto in confronto di quello che sarebbe stato stabilito.

[III]. Se l'assicurato dà notizia dei suddetti cambiamenti all'assicuratore, questi, entro quindici giorni, deve dichiarare se intende far cessare gli effetti del contratto ovvero ridurre la somma assicurata o elevare il premio.

[IV]. Se l'assicuratore dichiara di voler modificare il contratto in uno dei due sensi su indicati, l'assicurato, entro quindici giorni successivi, deve dichiarare se intende accettare la proposta.

[V]. Se l'assicurato dichiara di non accettare, il contratto è risoluto, salvo il diritto dell'assicuratore al premio relativo al periodo di assicurazione in corso e salvo il diritto dell'assicurato al riscatto. Il silenzio dell'assicurato vale come adesione alla proposta dell'assicuratore.

[VI]. Le comunicazioni e dichiarazioni previste dai commi precedenti possono farsi anche mediante raccomandata [1932; 187 trans.].

1927. Suicidio dell'assicurato. – [I]. In caso di suicidio dell'assicurato, avvenuto prima che siano decorsi due anni dalla stipulazione del contratto, l'assicuratore non è tenuto al pagamento delle somme assicurate, salvo patto contrario.

[II]. L'assicuratore non è nemmeno obbligato se, essendovi stata sospensione del contratto per mancato pagamento dei premi [1901, 1924], non sono decorsi due anni dal giorno in cui la sospensione è cessata.

SEZIONE IV – *Della riassicurazione*

1928. Prova. – [I]. I contratti generali di riassicurazione relativi a una serie di rapporti assicurativi devono essere provati per iscritto [2725].

[II]. I rapporti di riassicurazione in esecuzione dei contratti generali e i contratti di riassicurazione per singoli rischi possono essere provati secondo le regole generali [2697 ss.].

1929. Efficacia del contratto. – [I]. Il contratto di riassicurazione non crea rapporti tra l'assicurato e il riassicuratore, salve le disposizioni delle leggi speciali sul privilegio a favore della massa degli assicurati (1).

(1) *V. d.ls. 7 settembre 2005, n. 209.*

1930. Diritto del riassicurato in caso di liquidazione coatta amministrativa. – [I]. In caso di liquidazione coatta amministrativa del riassicurato, il riassicuratore deve pagare integralmente l'indennità dovuta al riassicurato, salva la compensazione con i premi e gli altri crediti [1241 ss.; 187 trans.] (1).

(1) *V. artt. 194 ss. nonché 56 e 201 r.d. 16 marzo 1942, n. 267 (per la nuova disciplina, v.*

artt. 293 ss., nonché 155 e 304 d.ls. 12 gennaio 2019, n. 14, Codice della crisi d'impresa e dell'insolvenza).

1931. Compensazione dei crediti e debiti. – [I]. In caso di liquidazione coatta amministrativa dell'impresa del riassicuratore o del riassicurato, i debiti e i crediti che, alla fine della liquidazione, risultano dalla chiusura dei conti relativi a più contratti di riassicurazione, si compensano di diritto [1241 ss.; 187 trans.] (1).

(1) *V.* sub *art. 1930.*

SEZIONE V – *Disposizioni finali*

1932. Norme inderogabili. – [I]. Le disposizioni degli articoli 1887, 1892, 1893, 1894, 1897, 1898, 1899 secondo comma, 1901, 1903 secondo comma, 1914 secondo comma, 1915 secondo comma, 1917 terzo e quarto comma e 1926 non possono essere derogate se non in senso più favorevole all'assicurato.

[II]. Le clausole che derogano in senso meno favorevole all'assicurato sono sostituite di diritto dalle corrispondenti disposizioni di legge [1339, 1419^{2}].

CAPO XXI – *Del giuoco e della scommessa*

1933. Mancanza di azione. – [I]. Non compete azione per il pagamento di un debito di giuoco o di scommessa, anche se si tratta di giuoco o di scommessa non proibiti [718 c.p.].

[II]. Il perdente tuttavia non può ripetere quanto abbia spontaneamente pagato dopo l'esito di un giuoco o di una scommessa in cui non vi sia stata alcuna frode [2034]. La ripetizione è ammessa in ogni caso se il perdente è un incapace.

1934. Competizioni sportive. – [I]. Sono eccettuati dalla norma del primo comma dell'articolo precedente, anche rispetto alle persone che non vi prendono parte, i giuochi che addestrano al maneggio delle armi, le corse di ogni specie e ogni altra competizione sportiva.

[II]. Tuttavia il giudice può rigettare o ridurre la domanda, qualora ritenga la posta eccessiva.

1935. Lotterie autorizzate. – [I]. Le lotterie danno luogo ad azione in giudizio, qualora siano state legalmente autorizzate.

CAPO XXII – *Della fideiussione*

SEZIONE I – *Disposizioni generali*

1936. Nozione. – [I]. È fideiussore colui che, obbligandosi personalmente verso il creditore, garantisce l'adempimento di un'obbligazione altrui.

[II]. La fideiussione è efficace anche se il debitore non ne ha conoscenza [1950^{1}].

1937. Manifestazione della volontà. – [I]. La volontà di prestare fideiussione deve essere espressa [1230^{2}].

1938. (1) **Fideiussione per obbligazioni future o condizionali.** – [I]. La fideiussione può essere prestata anche per un'obbligazione condizionale o futura con la previsione, in questo ultimo caso, dell'importo massimo garantito.

(1) *Articolo così sostituito dall'art. 10^{1} l. 17 febbraio 1992, n. 154.*

1939. Validità della fideiussione. – [I]. La fideiussione non è valida se non è valida l'obbligazione principale, salvo che sia prestata per un'obbligazione assunta da un incapace [1945, 1950^{4}] (1).

(1) *V. art. 37^{2} r.d. 14 dicembre 1933, n. 1669.*

1940. Fideiussore del fideiussore. – [I]. La fideiussione può essere prestata così per il debitore principale, come per il suo fideiussore [1948].

1941. Limiti della fideiussione. – [I]. La fideiussione non può eccedere ciò che è dovuto dal debitore, né può essere prestata a condizioni più onerose [1942].

[II]. Può prestarsi per una parte soltanto del debito o a condizioni meno onerose.

[III]. La fideiussione eccedente il debito o contratta a condizioni più onerose è valida nei limiti dell'obbligazione principale.

1942. Estensione della fideiussione. – [I]. Salvo patto contrario, la fideiussione si estende a tutti gli accessori del debito principale, nonché alle spese per la denunzia al fideiussore della causa promossa contro il debitore principale e alle spese successive.

1943. Obbligazione di prestare fideiussione. – [I]. Il debitore obbligato a dare un fideiussore [1179] deve presentare persona capace, che possieda beni sufficienti a garantire la obbligazione e che abbia o elegga domicilio nella giurisdizione della corte di appello in cui la fideiussione si deve prestare [189 trans.].

[II]. Quando il fideiussore è divenuto insolvente, deve esserne dato un altro, tranne che la fideiussione sia stata prestata dalla persona voluta dal creditore.

SEZIONE II – *Dei rapporti tra creditore e fideiussore*

1944. Obbligazione del fideiussore. – [I]. Il fideiussore è obbligato in solido col debitore principale al pagamento del debito [1292 ss., 1410^2].

[II]. Le parti però possono convenire che il fideiussore non sia tenuto a pagare prima dell'escussione del debitore principale. In tal caso, il fideiussore, che sia convenuto dal creditore e intenda valersi del beneficio dell'escussione, deve indicare i beni del debitore principale da sottoporre ad esecuzione [2268] (1).

[III]. Salvo patto contrario, il fideiussore è tenuto ad anticipare le spese necessarie.

(1) *V. art. 5 r.d. 16 marzo 1942, n. 267 (per la nuova disciplina, v. art. 2 d.ls. 12 gennaio 2019, n. 14, Codice della crisi d'impresa e dell'insolvenza).*

1945. Eccezioni opponibili dal fideiussore. – [I]. Il fideiussore può opporre contro il creditore tutte le eccezioni che spettano al debitore principale, salva quella derivante dall'incapacità [1247^1, 1939].

1946. Fideiussione prestata da più persone. – [I]. Se più persone hanno prestato fideiussione per un medesimo debitore e a garanzia di un medesimo debito, ciascuna di esse è obbligata per l'intero debito, salvo che sia stato pattuito il beneficio della divisione.

1947. Beneficio della divisione. – [I]. Se è stato stipulato il beneficio della divisione, ogni fideiussore che sia convenuto per il pagamento dell'intero debito può esigere che il creditore riduca l'azione alla parte da lui dovuta.

[II]. Se alcuno dei fideiussori era insolvente al tempo in cui un altro ha fatto valere il beneficio della divisione, questi è obbligato per tale insolvenza in proporzione della sua quota, ma non risponde delle insolvenze sopravvenute (1).

(1) *V. art. 5^2 r.d. 16 marzo 1942, n. 267 (per la nuova disciplina, v. art. 2 d.ls. 12 gennaio 2019, n. 14, Codice della crisi d'impresa e dell'insolvenza).*

1948. Obbligazione del fideiussore del fideiussore. – [I]. Il fideiussore del fideiussore non è obbligato verso il creditore, se non nel caso in cui il debitore principale e tutti i fideiussori di questo siano insolventi, o siano liberati perché incapaci (1).

(1) *V.* sub *art. 1947.*

SEZIONE III – *Dei rapporti tra fideiussore e debitore principale*

1949. Surrogazione del fideiussore nei diritti del creditore. – [I]. Il fideiussore che ha pagato il debito è surrogato nei diritti che il creditore aveva contro il debitore [1203, 1955].

1950. Regresso contro il debitore principale. – [I]. Il fideiussore che ha pagato ha regresso contro il debitore principale, benché questi non fosse consapevole della prestata fideiussione [1936^2, 1951 ss.].

[II]. Il regresso comprende il capitale, gli interessi e le spese che il fideiussore ha fatte dopo che ha denunziato al debitore principale le istanze proposte contro di lui.

[III]. Il fideiussore inoltre ha diritto agli interessi legali [1284] sulle somme pagate dal giorno del pagamento. Se il debito principale produceva interessi in misura superiore al saggio legale [1284^3], il fideiussore ha diritto a questi fino al rimborso del capitale [1224^1].

[IV]. Se il debitore è incapace [1939], il regresso del fideiussore è ammesso solo nei limiti di ciò che sia stato rivolto a suo vantaggio [1190, 2041 s.].

1951. Regresso contro più debitori principali. – [I]. Se vi sono più debitori principali obbligati in solido, il fideiussore che ha garantito per tutti ha regresso contro ciascuno [1950] per ripetere integralmente ciò che ha pagato.

1952. Divieto di agire contro il debitore principale. – [I]. Il fideiussore non ha regresso contro il debitore principale [1950] se, per avere omesso di denunziargli il pagamento fatto, il debitore ha pagato ugualmente il debito.

[II]. Se il fideiussore ha pagato senza averne dato avviso al debitore principale, questi può opporgli le eccezioni che avrebbe potuto opporre al creditore principale all'atto del pagamento.

[III]. In entrambi i casi è fatta salva al fideiussore l'azione per la ripetizione contro il creditore.

1953. Rilievo del fideiussore. – [I]. Il fideiussore, anche prima di aver pagato, può agire contro il debitore perché questi gli procuri la liberazione o, in mancanza, presti le garanzie necessarie per assicurargli il soddisfacimento delle eventuali ragioni di regresso [1179], nei casi seguenti:

1) quando è convenuto in giudizio per il pagamento;

2) quando il debitore è divenuto insolvente (1);

3) quando il debitore si è obbligato di liberarlo dalla fideiussione entro un tempo determinato;

4) quando il debito è divenuto esigibile per la scadenza del termine;

5) quando sono decorsi cinque anni, e l'obbligazione principale non ha un termine, purché essa non sia di tal natura da non potersi estinguere prima di un tempo determinato.

(1) *V.* sub *art. 1947.*

SEZIONE IV – *Dei rapporti tra più fideiussori*

1954. Regresso contro gli altri fideiussori. – [I]. Se più persone hanno prestato fideiussione per un medesimo debitore e per un medesimo debito, il fideiussore che ha pagato ha regresso contro gli altri fideiussori per la loro rispettiva porzione. Se uno di questi è insolvente, si osserva la disposizione del secondo comma dell'articolo 1299.

SEZIONE V – *Dell'estinzione della fideiussione*

1955. Liberazione del fideiussore per fatto del creditore. – [I]. La fideiussione si estingue quando, per fatto del creditore, non può avere effetto la surrogazione del fideiussore nei diritti [1949], nel pegno [2784 ss.], nelle ipoteche [2808 ss.] e nei privilegi [2745 ss.] del creditore.

1956. Liberazione del fideiussore per obbligazione futura. – [I]. Il fideiussore per un'obbligazione futura [1938] è liberato se il creditore, senza speciale autorizzazione del fideiussore, ha fatto credito al terzo, pur conoscendo che le condizioni patrimoniali di questo erano divenute tali da rendere notevolmente più difficile il soddisfacimento del credito [1461, 1844, 1850, 1877, 1959, 2743].

[II]. Non è valida la preventiva rinuncia del fideiussore ad avvalersi della liberazione (1).

(1) *Comma aggiunto dall'art. 10[2] l. 17 febbraio 1992, n. 154.*

1957. Scadenza dell'obbligazione principale. – [I]. Il fideiussore rimane obbligato anche dopo la scadenza dell'obbligazione principale, purché il creditore entro sei mesi abbia proposto le sue istanze contro il debitore e le abbia con diligenza continuate [1267].

[II]. La disposizione si applica anche al caso in cui il fideiussore ha espressamente limitato la sua fideiussione allo stesso termine dell'obbligazione principale.

[III]. In questo caso però l'istanza contro il debitore deve essere proposta entro due mesi.

[IV]. L'istanza proposta contro il debitore interrompe la prescrizione anche nei confronti del fideiussore [2943 ss.; 190 trans.].

CAPO XXIII – *Del mandato di credito*

1958. Effetti del mandato di credito. – [I]. Se una persona si obbliga verso un'altra, che le ha conferito l'incarico, a fare credito a un terzo, in nome e per conto proprio, quella che ha dato l'incarico risponde come fideiussore [1936] di un debito futuro [1938].

[II]. Colui che ha accettato l'incarico non può rinunziarvi, ma chi l'ha conferito può revocarlo, salvo l'obbligo di risarcire il danno all'altra parte.

1959. Sopravvenuta insolvenza del mandante o del terzo. – [I]. Se, dopo l'accettazione dell'incarico, le condizioni patrimoniali di colui che lo ha conferito o del terzo sono divenute tali da rendere notevolmente più difficile il soddisfacimento del credito, colui che ha accettato l'incarico non può essere costretto ad eseguirlo [1461, 1956].

[II]. Si applica inoltre la disposizione dell'articolo 1956.

CAPO XXIV – *Dell'anticresi*

1960. Nozione. – [I]. L'anticresi è il contratto [$1350^{n.\ 7}$, $2643^{n.\ 12}$] col quale il debitore o un terzo si obbliga a consegnare un immobile al creditore a garanzia del credito, affinché il creditore ne percepisca i frutti [821], imputandoli agli interessi, se dovuti, e quindi al capitale [1194].

1961. Obblighi del creditore anticretico. – [I]. Il creditore, se non è stato convenuto diversamente, è obbligato a pagare i tributi e i pesi annui dell'immobile ricevuto in anticresi.

[II]. Egli ha l'obbligo di conservare, amministrare e coltivare il fondo da buon padre di famiglia [1176^{1}]. Le spese relative devono essere prelevate dai frutti.

[III]. Il creditore, se vuole liberarsi da tali obblighi, può, in ogni tempo, restituire l'immobile al debitore, purché non abbia rinunziato a tale facoltà [1070].

1962. Durata dell'anticresi. – [I]. L'anticresi dura finché il creditore sia stato interamente soddisfatto del suo credito, anche se il credito o l'immobile dato in anticresi sia divisibile, salvo che sia stata stabilita la durata.

[II]. In ogni caso l'anticresi non può avere una durata superiore a dieci anni [191 trans.].

[III]. Se è stato stipulato un termine maggiore, questo si riduce al termine suddetto.

1963. Divieto del patto commissorio. – [I]. È nullo qualunque patto, anche posteriore alla conclusione del contratto, con cui si conviene che la proprietà dell'immobile passi al creditore nel caso di mancato pagamento del debito [2744].

1964. Compensazione dei frutti con gli interessi. – [I]. Salva la disposizione dell'articolo 1448, è valido il patto col quale le parti convengono che i frutti si compensino con gli interessi in tutto o in parte. In tal caso il debitore può in ogni tempo estinguere il suo debito e rientrare nel possesso dell'immobile [192 trans.].

CAPO XXV – *Della transazione*

1965. Nozione. – [I]. La transazione è il contratto [1350$^{n. 12}$, 2643$^{n. 13}$] col quale le parti, facendosi reciproche concessioni, pongono fine a una lite già incominciata o prevengono una lite che può sorgere tra loro [764, 1304].

[II]. Con le reciproche concessioni si possono creare, modificare o estinguere anche rapporti diversi da quello che ha formato oggetto della pretesa e della contestazione delle parti [1976].

1966. Capacità a transigere e disponibilità dei diritti. – [I]. Per transigere le parti devono avere la capacità di disporre dei diritti che formano oggetto della lite [2731].

[II]. La transazione è nulla se tali diritti, per loro natura o per espressa disposizione di legge, sono sottratti alla disponibilità delle parti [2113^{1}; 806 c.p.c.].

1967. Prova. – [I]. La transazione deve essere provata per iscritto, fermo il disposto del n. 12 dell'articolo 1350 [2725].

1968. Transazione sulla falsità di documenti. – [I]. La transazione nei giudizi civili di falso [221 ss. c.p.c.] non produce alcun effetto, se non è stata omologata dal tribunale, sentito il pubblico ministero.

1969. Errore di diritto. – [I]. La transazione non può essere annullata per errore di diritto [1429$^{n. 4}$] relativo alle questioni che sono state oggetto di controversia tra le parti.

1970. Lesione. – [I]. La transazione non può essere impugnata per causa di lesione [764^{2}, 1447 ss.].

1971. Transazione su pretesa temeraria. – [I]. Se una delle parti era consapevole della temerarietà della sua pretesa [96 c.p.c.], l'altra può chiedere l'annullamento della transazione [1425 ss.].

1972. Transazione su un titolo nullo. – [I]. È nulla [1418] la transazione relativa a un contratto illecito [1343 ss.], ancorché le parti abbiano trattato della nullità di questo.

[II]. Negli altri casi in cui la transazione è stata fatta relativamente a un titolo nullo, l'annullamento di essa può chiedersi solo dalla parte che ignorava la causa di nullità del titolo.

1973. Annullabilità per falsità di documenti. – [I]. È annullabile [1425 ss.] la transazione fatta, in tutto o in parte, sulla base di documenti che in seguito sono stati riconosciuti falsi [395$^{n. 2}$ c.p.c.].

1974. Annullabilità per cosa giudicata. – [I]. È pure annullabile la transazione fatta su lite già decisa con sentenza passata in giudicato [324 c.p.c.], della quale le parti o una di esse non avevano notizia [395$^{n. 5}$ c.p.c.].

1975. Annullabilità per scoperta di documenti. – [I]. La transazione che le parti hanno conclusa generalmente sopra tutti gli affari che potessero esservi tra loro non può impugnarsi per il fatto che posteriormente una di esse venga a conoscenza di documenti che le erano ignoti al tempo della transazione, salvo che questi siano stati occultati dall'altra parte.

[II]. La transazione è annullabile, quando non riguarda che un affare determinato e con documenti posteriormente scoperti si prova che una delle parti non aveva alcun diritto [395$^{n. 3}$ c.p.c.].

1976. Risoluzione della transazione per inadempimento. – [I]. La risoluzione della transazione per inadempimento non può essere richiesta se il rapporto preesistente è stato estinto per novazione [1230 ss.], salvo che il diritto alla risoluzione sia stato espressamente stipulato [1453 ss.].

CAPO XXVI – *Della cessione dei beni ai creditori*

1977. Nozione. – [I]. La cessione dei beni ai creditori è il contratto col quale il debitore incarica i suoi creditori o alcuni di essi di liquidare tutte o alcune sue attività e di ripartirne tra loro il ricavato in soddisfacimento dei loro crediti (1).

(1) *V. art. 182 r.d. 16 marzo 1942, n. 267 (per la nuova disciplina, v. art. 114 d.ls. 12 gennaio 2019, n. 14, Codice della crisi d'impresa e dell'insolvenza).*

1978. Forma. – [I]. La cessione dei beni si deve fare per iscritto, sotto pena di nullità [1350, 2649, 2687].

[II]. Se tra i beni ceduti esistono crediti, si osservano le disposizioni degli articoli 1264 e 1265.

1979. Poteri dei creditori cessionari. – [I]. L'amministrazione dei beni ceduti spetta ai creditori cessionari. Questi possono esercitare tutte le azioni di carattere patrimoniale relative ai beni medesimi [193 trans.].

1980. Effetti della cessione. – [I]. Il debitore non può disporre dei beni ceduti.

[II]. I creditori anteriori alla cessione che non vi hanno partecipato possono agire esecutivamente anche su tali beni.

[III]. I creditori cessionari, se la cessione ha avuto per oggetto solo alcune attività del debitore, non possono agire esecutivamente sulle altre attività prima di aver liquidato quelle cedute [193 trans.].

1981. Spese. – [I]. I creditori che hanno concluso il contratto o vi hanno aderito [1332] devono anticipare le spese necessarie per la liquidazione e hanno il diritto di prelevarne l'importo sul ricavato di essa.

1982. Riparto. – [I]. I creditori devono ripartire tra loro le somme ricavate in proporzione dei rispettivi crediti, salve le cause di prelazione [2741]. Il residuo spetta al debitore [193 trans.].

1983. Controllo del debitore. – [I]. Il debitore ha diritto di controllare la gestione e di averne il rendiconto alla fine della liquidazione, o alla fine di ogni anno se la gestione dura più di un anno [263-266 c.p.c.; 109, 178 att. c.p.c.].

[II]. Se è stato nominato un liquidatore, questi deve rendere il conto anche al debitore [193 trans.].

1984. Liberazione del debitore. – [I]. Se non vi è patto contrario, il debitore è liberato verso i creditori solo dal giorno in cui essi ricevono la parte loro spettante sul ricavato della liquidazione, e nei limiti di quanto hanno ricevuto [193 trans.].

1985. Recesso dal contratto. – [I]. Il debitore può recedere dal contratto offrendo il pagamento del capitale e degli interessi a coloro con i quali ha contrattato o che hanno aderito alla cessione [1332]. Il recesso ha effetto dal giorno del pagamento.

[II]. Il debitore è tenuto al rimborso delle spese di gestione [193 trans.].

1986. Annullamento e risoluzione del contratto. – [I]. La cessione può essere annullata [1425] se il debitore, avendo dichiarato di cedere tutti i suoi beni, ha dissimulato parte notevole di essi, ovvero se ha occultato passività o ha simulato passività inesistenti (1).

[II]. La cessione può essere risoluta per inadempimento secondo le regole generali [1453 ss.].

(1) *V. art. 138 r.d. 16 marzo 1942, n. 267 (per la nuova disciplina, v. art. 120 d.lS. 12 gennaio 2019, n. 14, Codice della crisi d'impresa e dell'insolvenza).*

TITOLO IV
Delle promesse unilaterali

1987. Efficacia delle promesse. – [I]. La promessa unilaterale di una prestazione non produce effetti obbligatori fuori dei casi ammessi dalla legge [1988, 1989, 1992].

1988. Promessa di pagamento e ricognizione di debito. – [I]. La promessa di pagamento o la ricognizione di un debito dispensa colui a favore del quale è fatta dall'onere di provare il rapporto fondamentale. L'esistenza di questo si presume fino a prova contraria [2944].

1989. Promessa al pubblico. – [I]. Colui che, rivolgendosi al pubblico, promette una prestazione a favore di chi si trovi in una determinata situazione o compia una determinata azione, è vincolato dalla promessa non appena questa è resa pubblica [2721].

[II]. Se alla promessa non è apposto un termine, o questo non risulta dalla natura o dallo scopo della medesima, il vincolo del promittente cessa, qualora entro l'anno dalla promessa non gli sia stato comunicato l'avveramento della situazione o il compimento dell'azione prevista nella promessa.

1990. Revoca della promessa. – [I]. La promessa può essere revocata prima della scadenza del termine indicato dall'articolo precedente solo per giusta causa, purché la revoca sia resa pubblica nella stessa forma della promessa o in forma equivalente [1336[2]].

[II]. In nessun caso la revoca può avere effetto se la situazione prevista nella promessa si è già verificata o se l'azione è già stata compiuta.

1991. Cooperazione di più persone. – [I]. Se l'azione è stata compiuta da più persone separatamente, oppure se la situazione è comune a più persone, la prestazione promessa, quando è unica, spetta a colui che per primo ne ha dato notizia al promittente.

TITOLO V
Dei titoli di credito

CAPO I – *Disposizioni generali*

1992. Adempimento della prestazione. – [I]. Il possessore di un titolo di credito ha diritto alla prestazione in esso indicata verso presentazione del titolo, purché sia legittimato nelle forme prescritte dalla legge [2003, 2008, 2021].

[II]. Il debitore, che senza dolo o colpa grave adempie la prestazione nei confronti del possessore, è liberato anche se questi non è il titolare del diritto.

1993. Eccezioni opponibili. – [I]. Il debitore può opporre al possessore del titolo soltanto le eccezioni a questo personali, le eccezioni di forma, quelle che sono fondate sul contesto letterale del titolo, nonché quelle che dipendono da falsità della propria firma, da difetto di capacità o di rappresentanza al momento dell'emissione, o dalla mancanza delle condizioni necessarie per l'esercizio dell'azione.

[II]. Il debitore può opporre al possessore del titolo le eccezioni fondate sui rapporti personali con i precedenti possessori, soltanto se, nell'acquistare il titolo, il possessore ha agito intenzionalmente a danno del debitore medesimo (1).

(1) *V. artt. 21 e 65 r.d. 14 dicembre 1933, n. 1669; artt. 25 e 27 r.d. 21 dicembre 1933, n. 1736.*

1994. Effetti del possesso di buona fede. – [I]. Chi ha acquistato in buona fede il possesso di un titolo di credito [1147[1], 1153], in conformità delle norme che ne disciplinano la circolazione [2003, 2008, 2021], non è soggetto a rivendicazione [948].

1995. Trasferimento dei diritti accessori. – [I]. Il trasferimento del titolo di credito comprende anche i diritti accessori che sono ad esso inerenti (1).

(1) *V. art. 18 r.d. 14 dicembre 1933, n. 1669; art. 20 r.d. 21 dicembre 1933, n. 1736.*

1996. Titoli rappresentativi. – [I]. I titoli rappresentativi di merci attribuiscono al possessore il diritto alla consegna delle merci che sono in essi specificate, il possesso delle medesime e il potere di disporne mediante trasferimento del titolo [1691, 1791; 463^3, 961^2 c. nav.].

1997. Efficacia dei vincoli sul credito. – [I]. Il pegno [2784 ss.], il sequestro [670 ss. c.p.c.], il pignoramento [491 ss. c.p.c.] e ogni altro vincolo sul diritto menzionato in un titolo di credito o sulle merci da esso rappresentate non hanno effetto se non si attuano sul titolo [2014, 2024 ss.].

1998. Titoli con diritto a premi. – [I]. Nel caso di usufrutto [978 ss.] di titoli di credito [2025] il godimento dell'usufruttuario si estende ai premi e alle altre utilità aleatorie prodotte dal titolo.

[II]. Il premio è investito a norma dell'articolo 1000.

[III]. Nel pegno di titoli di credito [2784 ss.] la garanzia non si estende ai premi e alle altre utilità aleatorie prodotte dal titolo.

1999. Conversione dei titoli. – [I]. I titoli di credito al portatore [2003] possono essere convertiti dall'emittente in titoli nominativi [2021], su richiesta e a spese del possessore.

[II]. Salvo il caso in cui la convertibilità sia stata espressamente esclusa dall'emittente, i titoli nominativi possono essere convertiti in titoli al portatore, su richiesta e a spese dell'intestatario che dimostri la propria identità e la propria capacità a norma del secondo comma dell'articolo 2022.

2000. Riunione e frazionamento dei titoli. – [I]. I titoli di credito emessi in serie possono essere riuniti in un titolo multiplo, su richiesta e a spese del possessore.

[II]. I titoli di credito multipli possono essere frazionati in più titoli di taglio minore (1).

(1) *V. art. 8 r.d. 29 marzo 1942, n. 239.*

2001. Rinvio a disposizioni speciali. – [I]. Le norme di questo titolo si applicano in quanto non sia diversamente disposto da altre norme di questo codice o di leggi speciali.

[II]. I titoli del debito pubblico, i biglietti di banca e gli altri titoli equivalenti sono regolati da leggi speciali (1).

(1) *V. r.d. 28 aprile 1910, n. 204; r.d. 19 febbraio 1911, n. 298; l. 6 agosto 1966, n. 651; d.P.R. 30 dicembre 2003, n. 398.*

2002. Documenti di legittimazione e titoli impropri. – [I]. Le norme di questo titolo non si applicano ai documenti che servono solo a identificare l'avente diritto alla prestazione [1836], o a consentire il trasferimento del diritto senza l'osservanza delle forme proprie della cessione [1889].

CAPO II – *Dei titoli al portatore*

2003. Trasferimento del titolo e legittimazione del possessore. [I]. Il trasferimento del titolo al portatore si opera con la consegna del titolo [1994].

[II]. Il possessore del titolo al portatore è legittimato all'esercizio del diritto in esso menzionato in base alla presentazione del titolo [1992].

2004. Limitazione della libertà di emissione. – [I]. Il titolo di credito contenente l'obbligazione di pagare una somma di danaro non può essere emesso al portatore se non nei casi stabiliti dalla legge.

2005. Titolo deteriorato. – [I]. Il possessore di un titolo deteriorato che non sia più idoneo alla circolazione, ma sia tuttora sicuramente identificabile, ha diritto di ottenere dall'emittente un titolo equivalente, verso la restituzione del primo e il rimborso delle spese.

2006. Smarrimento e sottrazione del titolo. – [I]. Salvo disposizioni di leggi speciali, non è ammesso l'ammortamento dei titoli al portatore smarriti o sottratti.

[II]. Tuttavia chi denunzia all'emittente lo smarrimento o la sottrazione d'un titolo al portatore e gliene fornisce la prova ha diritto alla prestazione e agli accessori della medesima, decorso il termine di prescrizione del titolo [2946].

[III]. Il debitore che esegue la prestazione a favore del possessore del titolo prima del termine suddetto è liberato, salvo che si provi che egli conoscesse il vizio del possesso del presentatore.

[IV]. Se i titoli smarriti o sottratti sono azioni al portatore [2346 ss.], il denunziante può essere autorizzato dal tribunale, previa cauzione, se del caso, a esercitare i diritti inerenti alle azioni anche prima del termine di prescrizione, fino a quando i titoli non vengano presentati da altri.

[v]. È salvo, in ogni caso, l'eventuale diritto del denunziante verso il possessore del titolo.

2007. Distruzione del titolo. – [I]. Il possessore del titolo al portatore, che ne provi la distruzione, ha diritto di chiedere all'emittente il rilascio di un duplicato o di un titolo equivalente.

[II]. Le spese sono a carico del richiedente.

[III]. Se la prova della distruzione non è raggiunta, si osservano le disposizioni dell'articolo precedente (1).

(1) *V. art. 17[1] r.d. 14 dicembre 1933, n. 1669; art. 19[1] r.d. 21 dicembre 1933, n. 1736.*

CAPO III – *Dei titoli all'ordine*

2008. Legittimazione del possessore. – [I]. Il possessore di un titolo all'ordine è legittimato all'esercizio del diritto in esso menzionato in base a una serie continua di girate [1992].

2009. Forma della girata. – [I]. La girata deve essere scritta sul titolo e sottoscritta dal girante.

[II]. È valida la girata anche se non contiene l'indicazione del giratario (1).

[III]. La girata al portatore vale come girata in bianco (2).

(1) *V. art. 17[2] r.d. 14 dicembre 1933, n. 1669; art. 19 r.d. 21 dicembre 1933, n. 1736.*

(2) *V. art. 16[3] r.d. n. 1669, cit.; art. 18 r.d. n. 1736, cit.*

2010. Girata condizionale o parziale. – [I]. Qualsiasi condizione apposta alla girata si ha come non scritta (1).

[II]. È nulla la girata parziale (2).

(1) *V. art. 16[1] r.d. 14 dicembre 1933, n. 1669; art. 18[1] r.d. 21 dicembre 1933, n. 1736.*

(2) *V. art. 16[2] r.d. n. 1669, cit.; art. 18[2] r.d. n. 1736, cit.*

2011. Effetti della girata. – [I]. La girata trasferisce tutti i diritti inerenti al titolo [1995] (1).

[II]. Se il titolo è girato in bianco, il possessore può riempire la girata col proprio nome o con quello di altra persona, ovvero può girare di nuovo il titolo o trasmetterlo a un terzo senza riempire la girata o senza apporne una nuova (1).

(1) *V. art. 18 r.d. 14 dicembre 1933, n. 1669; art. 20 r.d. 21 dicembre 1933, n. 1736.*

2012. Obblighi del girante. – [I]. Salvo diversa disposizione di legge [1797] o clausola contraria risultante dal titolo, il girante non è obbligato per l'inadempimento della prestazione da parte dell'emittente (1).

(1) *V. art. 19 r.d. 14 dicembre 1933, n. 1669; art. 21 r.d. 21 dicembre 1933, n. 1736.*

2013. Girata per incasso o per procura. – [I]. Se alla girata è apposta una clausola che importa conferimento di una procura per incasso, il giratario può esercitare tutti i diritti inerenti al titolo, ma non può girare il titolo, fuorché per procura (1).

[II]. L'emittente può opporre al giratario per procura soltanto le eccezioni opponibili al girante.

[III]. L'efficacia della girata per procura non cessa per la morte o per la sopravvenuta incapacità del girante.

(1) *V. art. 22 r.d. 14 dicembre 1933, n. 1669; art. 26 r.d. 21 dicembre 1933, n. 1736; art. 14 r.d. 29 marzo 1942, n. 239.*

2014. Girata a titolo di pegno. – [I]. Se alla girata è apposta una clausola che importa costituzione di pegno, il giratario può esercitare tutti i diritti inerenti al titolo, ma la girata da lui fatta vale solo come girata per procura (1).

[II]. L'emittente non può opporre al giratario in garanzia le eccezioni fondate sui propri rapporti personali col girante, a meno che il giratario, ricevendo il titolo, abbia agito intenzionalmente a danno dell'emittente.

(1) *V. art. 23 r.d. 14 dicembre 1933, n. 1669.*

2015. Cessione del titolo all'ordine. – [I]. L'acquisto di un titolo all'ordine con un mezzo diverso dalla girata produce gli effetti della cessione [1263 ss.] (1).

(1) *V. art. 24 r.d. 14 dicembre 1933, n. 1669; art. 27 r.d. 21 dicembre 1933, n. 1736.*

2016. Procedura d'ammortamento. – [I]. In caso di smarrimento, sottrazione o distruzione del titolo, il possessore può farne denunzia al debitore e chiedere l'ammortamento del titolo con ricorso al presidente del tribunale del luogo in cui il titolo è pagabile (1).

[II]. Il ricorso deve indicare i requisiti essenziali del titolo e, se si tratta di titolo in bianco [2009^3, 2011^2], quelli sufficienti a identificarlo.

[III]. Il presidente del tribunale, premessi gli opportuni accertamenti sulla verità dei fatti e sul diritto del possessore, pronunzia con decreto l'ammortamento e autorizza il pagamento del titolo dopo trenta giorni dalla data di pubblicazione del decreto nella Gazzetta Ufficiale della Repubblica, purché nel frattempo non sia fatta opposizione dal detentore. Se alla data della pubblicazione il titolo non è ancora scaduto, il termine per il pagamento decorre dalla data della scadenza.

[IV]. Il decreto deve essere notificato al debitore e pubblicato nella Gazzetta Ufficiale della Repubblica a cura del ricorrente.

[V]. Nonostante la denunzia, il pagamento fatto al detentore prima della notificazione del decreto libera il debitore.

(1) *V. artt. 89 ss. r.d. 14 dicembre 1933, n. 1669; artt. 69 ss. r.d. 21 dicembre 1933, n. 1736.*

2017. Opposizione del detentore. – [I]. L'opposizione del detentore deve essere proposta davanti al tribunale che ha pronunziato l'ammortamento, con citazione da notificarsi al ricorrente e al debitore.

[II]. L'opposizione non è ammissibile senza il deposito del titolo presso la cancelleria del tribunale.

[III]. Se l'opposizione è respinta, il titolo è consegnato a chi ha ottenuto l'ammortamento.

2018. Diritti del ricorrente durante il termine per l'opposizione. – [I]. Durante il termine stabilito dall'articolo 2016, il ricorrente può compiere tutti gli atti che tendono a conservare i suoi diritti, e, se il titolo è scaduto o pagabile a vista, può esigerne il pagamento mediante cauzione o chiedere il deposito giudiziario della somma.

2019. Effetti dell'ammortamento. – [I]. Trascorso senza opposizione il termine indicato dall'articolo 2016, il titolo non ha più efficacia, salve le ragioni del detentore verso chi ha ottenuto l'ammortamento.

[II]. Chi ha ottenuto l'ammortamento, su presentazione del decreto e di un certificato del cancelliere del tribunale comprovante che non fu interposta opposizione, può esigere il pagamento o, qualora il titolo sia in bianco o non sia ancora scaduto, può ottenere un duplicato.

2020. Leggi speciali. – [I]. Le norme di questa sezione si applicano ai titoli all'ordine regolati da leggi speciali in quanto queste non dispongano diversamente.

CAPO IV – *Dei titoli nominativi*

2021. Legittimazione del possessore. – [I]. Il possessore di un titolo nominativo è legittimato all'esercizio del diritto in esso menzionato per effetto dell'intestazione a suo favore contenuta nel titolo e nel registro dell'emittente [1992].

2022. Trasferimento. – [I]. Il trasferimento del titolo nominativo si opera mediante l'annotazione del nome dell'acquirente sul titolo e nel registro dell'emittente o col rilascio di un nuovo titolo intestato al nuovo titolare. Del rilascio deve essere fatta annotazione nel registro (1).

[II]. Colui che chiede l'intestazione del titolo a favore di un'altra persona, o il rilascio di un nuovo titolo ad essa intestato, deve provare la propria identità e la propria capacità di disporre, mediante certificazione di un notaio o di un agente di cambio. Se l'intestazione o il rilascio è richiesto dall'acquirente, questi deve esibire il titolo e dimostrare il suo diritto mediante atto autentico.

[III]. Le annotazioni nel registro e sul titolo sono fatte a cura e sotto la responsabilità dell'emittente.

[IV]. L'emittente che esegue il trasferimento nei modi indicati dal presente articolo è esonerato da responsabilità, salvo il caso di colpa.

(1) *V. art. 2 r.d. 29 marzo 1942, n. 239.*

2023. Trasferimento mediante girata. – [I]. Salvo diverse disposizioni della legge, il titolo nominativo può essere trasferito anche mediante girata [2009] autenticata da un notaio o da un agente di cambio (1).

[II]. La girata deve essere datata e sottoscritta dal girante e contenere l'indicazione del giratario. Se il titolo non è interamente liberato, è necessaria anche la sottoscrizione del giratario.

[III]. Il trasferimento mediante girata non ha efficacia nei confronti dell'emittente fino a che non ne sia fatta annotazione nel registro. Il giratario che si dimostra possessore del titolo in base a una serie continua di girate ha diritto di ottenere l'annotazione del trasferimento nel registro dell'emittente.

(1) *Per il trasferimento delle azioni, v. artt. 2 e 12 r.d. 29 marzo 1942, n. 239.*

2024. Vincoli sul credito. – [I]. Nessun vincolo sul credito produce effetti nei confronti dell'emittente e dei terzi, se non risulta da una corrispondente annotazione sul titolo e nel registro [1997] (1).

[II]. Per l'annotazione si osserva il disposto del secondo comma dell'articolo 2022.

(1) *Per il trasferimento delle azioni, v. artt. 2 e 12 r.d. 29 marzo 1942, n. 239.*

2025. Usufrutto. – [I]. Chi ha l'usufrutto [978 ss.] del credito menzionato in un titolo nominativo ha diritto di ottenere un titolo separato da quello del proprietario.

2026. **Pegno.** – [I]. La costituzione in pegno [2784 ss.] di un titolo nominativo può farsi anche mediante consegna del titolo, girato con la clausola « in garanzia » o altra equivalente [2014] (1).

[II]. Il giratario in garanzia non può trasmettere ad altri il titolo se non mediante girata per procura [2013].

(1) *Per il pegno su azioni, v. art. 3 r.d. 29 marzo 1942, n. 239.*

2027. **Ammortamento.** – [I]. In caso di smarrimento, sottrazione o distruzione del titolo, l'intestatario o il giratario di esso può farne denunzia all'emittente e chiedere l'ammortamento del titolo in conformità delle norme relative ai titoli all'ordine [2016 ss.].

[II]. In caso di smarrimento, sottrazione o distruzione di azioni nominative, durante il termine stabilito dall'articolo 2016 il ricorrente può esercitare i diritti inerenti alle azioni, salva, se del caso, la prestazione di una cauzione [2018].

[III]. L'ammortamento estingue il titolo, ma non pregiudica le ragioni del detentore verso chi ha ottenuto il nuovo titolo [2019].

TITOLO VI
Della gestione di affari

2028. **Obbligo di continuare la gestione.** – [I]. Chi, senza esservi obbligato [1173], assume scientemente la gestione di un affare altrui, è tenuto a continuarla e a condurla a termine finché l'interessato non sia in grado di provvedervi da se stesso.

[II]. L'obbligo di continuare la gestione sussiste anche se l'interessato muore prima che l'affare sia terminato, finché l'erede possa provvedere direttamente.

2029. **Capacità del gestore.** – [I]. Il gestore deve avere la capacità di contrattare [1425].

2030. **Obbligazioni del gestore.** – [I]. Il gestore è soggetto alle stesse obbligazioni che deriverebbero da un mandato [1703 ss.].

[II]. Tuttavia il giudice, in considerazione delle circostanze che hanno indotto il gestore ad assumere la gestione, può moderare il risarcimento dei danni ai quali questi sarebbe tenuto per effetto della sua colpa [1223 ss.].

2031. **Obblighi dell'interessato.** – [I]. Qualora la gestione sia stata utilmente iniziata, l'interessato deve adempiere le obbligazioni che il gestore ha assunte in nome di lui, deve tenere indenne il gestore di quelle assunte dal medesimo in nome proprio e rimborsargli tutte le spese necessarie o utili con gli interessi [1284] dal giorno in cui le spese stesse sono state fatte [1720].

[ii]. Questa disposizione non si applica agli atti di gestione eseguiti contro il divieto dell'interessato, eccetto che tale divieto sia contrario alla legge, all'ordine pubblico o al buon costume.

2032. Ratifica dell'interessato. – [i]. La ratifica [1399] dell'interessato produce, relativamente alla gestione, gli effetti che sarebbero derivati da un mandato [1703 ss.], anche se la gestione è stata compiuta da persona che credeva di gestire un affare proprio.

Titolo VII
Del pagamento dell'indebito

2033. Indebito oggettivo. – [i]. Chi ha eseguito un pagamento non dovuto ha diritto di ripetere ciò che ha pagato. Ha inoltre diritto ai frutti [820 ss.] e agli interessi [1284] dal giorno del pagamento, se chi lo ha ricevuto era in mala fede, oppure, se questi era in buona fede [1147], dal giorno della domanda.

2034. Obbligazioni naturali. – [i]. Non è ammessa la ripetizione di quanto è stato spontaneamente prestato in esecuzione di doveri morali o sociali [2231], salvo che la prestazione sia stata eseguita da un incapace.

[ii]. I doveri indicati dal comma precedente, e ogni altro per cui la legge non accorda azione ma esclude la ripetizione di ciò che è stato spontaneamente pagato, non producono altri effetti [590, 627^2, 1933^2, 2321, 2433^4, 2940].

2035. Prestazione contraria al buon costume. – [i]. Chi ha eseguito una prestazione per uno scopo che, anche da parte sua, costituisca offesa al buon costume non può ripetere quanto ha pagato.

2036. Indebito soggettivo. – [i]. Chi ha pagato un debito altrui, credendosi debitore in base a un errore scusabile, può ripetere ciò che ha pagato, sempre che il creditore non si sia privato in buona fede [1147] del titolo o delle garanzie del credito [1237].

[ii]. Chi ha ricevuto l'indebito è anche tenuto a restituire i frutti [820 ss.] e gli interessi [1284] dal giorno del pagamento, se era in mala fede, o dal giorno della domanda, se era in buona fede [1147].

[iii]. Quando la ripetizione non è ammessa, colui che ha pagato subentra nei diritti del creditore [1203 ss.].

2037. Restituzione di cosa determinata. – [i]. Chi ha ricevuto indebitamente una cosa determinata è tenuto a restituirla.

[II]. Se la cosa è perita, anche per caso fortuito [1218, 1256^1], chi l'ha ricevuta in mala fede è tenuto a corrisponderne il valore; se la cosa è soltanto deteriorata, colui che l'ha data può chiedere l'equivalente, oppure la restituzione e un'indennità per la diminuzione di valore.

[III]. Chi ha ricevuto la cosa in buona fede [1147] non risponde del perimento o del deterioramento di essa, ancorché dipenda da fatto proprio, se non nei limiti del suo arricchimento [2041].

2038. Alienazione della cosa ricevuta indebitamente. – [I]. Chi, avendo ricevuto la cosa in buona fede [1147], l'ha alienata prima di conoscere l'obbligo di restituirla è tenuto a restituire il corrispettivo conseguito. Se questo è ancora dovuto, colui che ha pagato l'indebito subentra nel diritto dell'alienante [1203 ss.]. Nel caso di alienazione a titolo gratuito, il terzo acquirente è obbligato, nei limiti del suo arricchimento [2041], verso colui che ha pagato l'indebito.

[II]. Chi ha alienato la cosa ricevuta in mala fede, o dopo aver conosciuto l'obbligo di restituirla, è obbligato a restituirla in natura o a corrisponderne il valore. Colui che ha pagato l'indebito può però esigere il corrispettivo dell'alienazione e può anche agire direttamente per conseguirlo. Se l'alienazione è stata fatta a titolo gratuito, l'acquirente, qualora l'alienante sia stato inutilmente escusso, è obbligato, nei limiti dell'arricchimento [2041], verso colui che ha pagato l'indebito.

2039. Indebito ricevuto da un incapace. – [I]. L'incapace [2] che ha ricevuto l'indebito, anche in mala fede, non è tenuto che nei limiti in cui ciò che ha ricevuto è stato rivolto a suo vantaggio [1190, 1443].

2040. Rimborso di spese e di miglioramenti. – [I]. Colui al quale è restituita la cosa è tenuto a rimborsare il possessore delle spese e dei miglioramenti, a norma degli articoli 1149, 1150, 1151 e 1152.

TITOLO VIII
Dell'arricchimento senza causa

2041. Azione generale di arricchimento. – [I]. Chi, senza una giusta causa, si è arricchito a danno di un'altra persona è tenuto, nei limiti dell'arricchimento, a indennizzare quest'ultima della correlativa diminuzione patrimoniale [31^3, 534^2, 1153, 1180, 1185^2, 1443, 1769, 2037^3, 2038^3].

[II]. Qualora l'arricchimento abbia per oggetto una cosa determinata, colui che l'ha ricevuta è tenuto a restituirla in natura, se sussiste al tempo della domanda.

2042. Carattere sussidiario dell'azione. – [I]. L'azione di arricchimento non è proponibile quando il danneggiato può esercitare un'altra azione per farsi indennizzare del pregiudizio subito.

TITOLO IX
Dei fatti illeciti

2043. Risarcimento per fatto illecito. – [I]. Qualunque fatto doloso o colposo [1176], che cagiona ad altri un danno ingiusto, obbliga colui che ha commesso il fatto a risarcire il danno [7, 10, 129-*bis*, 840, 844, 872^2, 935^2, 939^3, 948, 949, 1440, 1494^2, 2395, 2504-*quater*, 2600, 2818, 2947; 185^2, 198 c.p.; 22 ss. c.p.p.; 55, 60, 64^2, 96, 278 c.p.c.] (1).

(1) *In tema di responsabilità per danno da prodotto difettoso v. art. 114 d.ls. 6 settembre 2005, n. 206; in tema di danno ambientale v. art. 300 d.ls. 3 aprile 2006, n. 152; in tema di assicurazione obbligatoria della responsabilità civile v. gli artt. 170-172 d.ls. 7 settembre 2005, n. 209.*

2044. Legittima difesa. – [I]. Non è responsabile chi cagiona il danno per legittima difesa di sé o di altri [52 c.p.].

[II]. Nei casi di cui all'articolo 52, commi secondo, terzo e quarto, del codice penale, la responsabilità di chi ha compiuto il fatto è esclusa (1).

[III]. Nel caso di cui all'articolo 55, secondo comma, del codice penale, al danneggiato è dovuta una indennità la cui misura è rimessa all'equo apprezzamento del giudice, tenuto altresì conto della gravità, delle modalità realizzative e del contributo causale della condotta posta in essere dal danneggiato (1).

(1) *Comma aggiunto dall'art. 7^1 l. 26 aprile 2019, n. 36.*

2045. Stato di necessità. – [I]. Quando chi ha compiuto il fatto dannoso vi è stato costretto dalla necessità di salvare sé o altri dal pericolo attuale di un danno grave alla persona [1447], e il pericolo non è stato da lui volontariamente causato né era altrimenti evitabile [54 c.p.], al danneggiato è dovuta un'indennità [2047^2], la cui misura è rimessa all'equo apprezzamento del giudice [194 trans.; 113 c.p.c.].

2046. Imputabilità del fatto dannoso. – [I]. Non risponde delle conseguenze dal fatto dannoso chi non aveva la capacità d'intendere o di volere [428] al momento in cui lo ha commesso [2047; 85 ss. c.p.], a meno che lo stato d'incapacità derivi da sua colpa.

2047. Danno cagionato dall'incapace. – [I]. In caso di danno cagionato da persona incapace di intendere o di volere [2046; 185 ss.

c.p.], il risarcimento è dovuto da chi è tenuto alla sorveglianza dell'incapace, salvo che provi di non aver potuto impedire il fatto.

[II]. Nel caso in cui il danneggiato non abbia potuto ottenere il risarcimento da chi è tenuto alla sorveglianza, il giudice, in considerazione delle condizioni economiche delle parti, può condannare l'autore del danno a una equa indennità [2045; 113 c.p.c.].

2048. Responsabilità dei genitori, dei tutori, dei precettori e dei maestri d'arte. – [I]. Il padre e la madre, o il tutore, sono responsabili del danno [2056 ss.; 190 c.p.] cagionato dal fatto illecito dei figli minori non emancipati [316 ss.] o delle persone soggette alla tutela [343 ss., 414 ss.], che abitano con essi. La stessa disposizione si applica all'affiliante (1).

[II]. I precettori e coloro che insegnano un mestiere o un'arte sono responsabili del danno [2056 ss.] cagionato dal fatto illecito dei loro allievi e apprendisti [2130 ss.] nel tempo in cui sono sotto la loro vigilanza.

[III]. Le persone indicate dai commi precedenti sono liberate dalla responsabilità soltanto se provano di non aver potuto impedire il fatto.

(1) *V. art. 77 l. 4 maggio 1983, n. 184.*

2049. Responsabilità dei padroni e dei committenti. – [I]. I padroni e i committenti [2082 ss.] sono responsabili per i danni [2056 ss.] arrecati dal fatto illecito dei loro domestici e commessi nell'esercizio delle incombenze a cui sono adibiti.

2050. Responsabilità per l'esercizio di attività pericolose. – [I]. Chiunque cagiona danno ad altri nello svolgimento di un'attività pericolosa, per sua natura o per la natura dei mezzi adoperati [965 c. nav.], è tenuto al risarcimento [2056 ss.; 678 c.p.], se non prova di avere adottato tutte le misure idonee a evitare il danno [2054] (1).

(1) *V. artt. 15 ss. l. 31 dicembre 1962, n. 1860 e l. 23 aprile 1991, n. 147. V. art. 5 l. 25 gennaio 1983, n. 23.*

2051. Danno cagionato da cose in custodia. – [I]. Ciascuno è responsabile del danno [2056 ss.] cagionato dalle cose che ha in custodia, salvo che provi il caso fortuito [1218, 1256[1]; 675 c.p.c.].

2052. Danno cagionato da animali. – [I]. Il proprietario di un animale o chi se ne serve per il tempo in cui lo ha in uso, è responsabile dei danni [2056 ss.] cagionati dall'animale, sia che fosse sotto la sua custodia, sia che fosse smarrito o fuggito [672 c.p.], salvo che provi il caso fortuito [1218, 1256[1]].

2053. Rovina di edificio. – [I]. Il proprietario di un edificio o di altra costruzione è responsabile dei danni [2056 ss.] cagionati dalla loro rovina, salvo che provi che questa non è dovuta a difetto di manutenzione o a vizio di costruzione [1669; 676 c.p.].

2054. (1) **Circolazione di veicoli.** – [I]. Il conducente di un veicolo senza guida di rotaie è obbligato a risarcire il danno [2056 ss.] prodotto a persone o a cose dalla circolazione del veicolo, se non prova di aver fatto tutto il possibile per evitare il danno [2947^2].

[II]. Nel caso di scontro tra veicoli si presume, fino a prova contraria, che ciascuno dei conducenti abbia concorso ugualmente a produrre il danno subito dai singoli veicoli (2).

[III]. Il proprietario del veicolo, o, in sua vece, l'usufruttuario [978 ss.] o l'acquirente con patto di riservato dominio [1523 ss.], è responsabile in solido [1292] col conducente, se non prova che la circolazione del veicolo è avvenuta contro la sua volontà.

[IV]. In ogni caso le persone indicate dai commi precedenti sono responsabili dei danni derivati da vizi di costruzione o da difetto di manutenzione del veicolo [2053].

(1) *V. d.ls. 7 settembre 2005, n. 209.*

(2) *Comma dichiarato* costituzionalmente illegittimo *con* **C. cost.** *29 dicembre 1972, n. 205 « limitatamente alla parte in cui nel caso di scontro tra veicoli esclude che la presunzione di egual concorso dei conducenti operi anche se uno dei veicoli non abbia riportato danni ».*

2055. Responsabilità solidale. – [I]. Se il fatto dannoso è imputabile a più persone, tutte sono obbligate in solido [1292] al risarcimento del danno [187^2 c.p.] (1).

[II]. Colui che ha risarcito il danno ha regresso contro ciascuno degli altri, nella misura determinata dalla gravità della rispettiva colpa e dalla entità delle conseguenze che ne sono derivate [1299].

[III]. Nel dubbio, le singole colpe si presumono uguali.

(1) *In deroga a quanto previsto dal presente comma, per la responsabilità in solido della piccola o media impresa e del beneficiario dell'immunità, v. art. 9 d.ls. 19 gennaio 2017, n. 3.*

2056. Valutazione dei danni. – [I]. Il risarcimento dovuto al danneggiato si deve determinare secondo le disposizioni degli articoli 1223, 1226 e 1227.

[II]. Il lucro cessante è valutato dal giudice con equo apprezzamento delle circostanze del caso [113 c.p.c.].

2057. Danni permanenti. – [I]. Quando il danno alle persone ha carattere permanente la liquidazione può essere fatta dal giudice, tenuto conto delle condizioni delle parti e della natura del danno, sotto forma di una rendita vitalizia [1872 ss.]. In tal caso il giudice dispone le opportune cautele [194 trans.].

2058. **Risarcimento in forma specifica.** – [I]. Il danneggiato può chiedere la reintegrazione in forma specifica qualora sia in tutto o in parte possibile [184^3] (1).

[II]. Tuttavia il giudice può disporre che il risarcimento avvenga solo per equivalente, se la reintegrazione in forma specifica risulta eccessivamente onerosa per il debitore [194 trans.].

(1) *V. art. 311 d.lgs. 3 aprile 2006, n. 152.*

2059. **Danni non patrimoniali.** – [I]. Il danno non patrimoniale deve essere risarcito solo nei casi determinati dalla legge [185 ss., 598 c.p.; 89^2, 120 c.p.c.].

LIBRO QUINTO
Del lavoro

Titolo I
Della disciplina delle attività professionali

Capo I – *Disposizioni generali*

2060. Del lavoro. – [i]. Il lavoro è tutelato in tutte le sue forme organizzative ed esecutive, intellettuali, tecniche e manuali [35 Cost.] (1).

(1) *Articolo così modificato dall'art. 3[2] d.ls.lt. 14 settembre 1944, n. 287.*

2061. Ordinamento delle categorie professionali. – [i]. L'ordinamento delle categorie professionali è stabilito dalle leggi, dai regolamenti, dai provvedimenti dell'autorità governativa e dagli statuti delle associazioni professionali.

2062. Esercizio professionale delle attività economiche. – [i]. L'esercizio professionale delle attività economiche è disciplinato dalle leggi, dai regolamenti [e dalle norme corporative] (1).

(1) *Per il riferimento alle norme corporative, v. sub art. 1 prel.*

Capo II – *Delle ordinanze corporative e degli accordi economici collettivi* (1)

(1) *V. sub art. 1 prel. e d.ls.lt. 23 novembre 1944, n. 369 sulla soppressione delle organizzazioni sindacali fasciste: le norme contenute in questo capo debbono ritenersi abrogate.*

2063-2066. (1).

(1) *V. nota al capo II.*

Capo III – *Del contratto collettivo di lavoro e delle norme equiparate*

2067. Soggetti. – [i]. I contratti collettivi di lavoro sono stipulati dalle associazioni professionali [39 Cost.; 509 c.p.] (1).

(1) *Per il riferimento alle associazioni professionali, v. sub art. 849.*

2068. Rapporti di lavoro sottratti a contratto collettivo. – [i]. Non possono essere regolati da contratto collettivo i rapporti di lavoro, in quanto siano disciplinati con atti della pubblica autorità in conformità della legge (1).

[ii]. Sono altresì sottratti alla disciplina del contratto collettivo i

rapporti di lavoro concernenti prestazioni di carattere personale o domestico [2240 ss.] (2).

(1) *V. artt. 2 e 40 d.ls. 30 marzo 2001, n. 165.*

(2) *Comma dichiarato* costituzionalmente illegittimo *con* **C. cost**. *9 aprile 1969, n. 68 « nella parte in cui dispone che sono sottratti alla disciplina del contratto collettivo i rapporti di lavoro concernenti prestazioni di carattere domestico ».*

2069. Efficacia. – [I]. Il contratto collettivo deve contenere la indicazione della categoria di imprenditori e di prestatori di lavoro, ovvero delle imprese o dell'impresa, a cui si riferisce, e del territorio dove ha efficacia.

[II]. In mancanza di tali indicazioni il contratto collettivo è obbligatorio per tutti gli imprenditori e i prestatori di lavoro rappresentati dalle associazioni stipulanti (1).

(1) *Per i contratti collettivi di diritto comune recepiti in leggi delegate v. l. 14 luglio 1959, n. 741.*

2070. Criteri di applicazione. – [I]. L'appartenenza alla categoria professionale, ai fini dell'applicazione del contratto collettivo, si determina secondo l'attività effettivamente esercitata dall'imprenditore [39¹ Cost.].

[II]. Se l'imprenditore esercita distinte attività aventi carattere autonomo, si applicano ai rispettivi rapporti di lavoro le norme dei contratti collettivi corrispondenti alle singole attività.

[III]. Quando il datore di lavoro esercita non professionalmente un'attività organizzata, si applica il contratto collettivo che regola i rapporti di lavoro relativi alle imprese che esercitano la stessa attività.

2071. Contenuto. – [I]. Il contratto collettivo deve contenere le disposizioni occorrenti, secondo la natura del rapporto, per dare esecuzione alle norme di questo codice concernenti la disciplina del lavoro, i diritti e gli obblighi degli imprenditori e dei prestatori di lavoro [2072³] (1).

[II]. Deve inoltre indicare le qualifiche e le rispettive mansioni dei prestatori di lavoro appartenenti alla categoria a cui si riferisce la disciplina collettiva.

[III]. Deve infine contenere la determinazione della sua durata [2074].

(1) *Comma così modificato dall'art. 3² d.ls.lt. 14 settembre 1944, n. 287.*

2072-5792076. (1).

(1) *Articoli da ritenersi abrogati a seguito della soppressione dell'ordinamento corpora-*

tivo disposta dal r.d.l. 9 agosto 1943, n. 721 e delle organizzazioni sindacali fasciste ad opera del d.ls.lt. 23 novembre 1944, n. 369.

2077. Efficacia del contratto collettivo sul contratto individuale. – [I]. I contratti individuali di lavoro tra gli appartenenti alle categorie alle quali si riferisce il contratto collettivo devono uniformarsi alle disposizioni di questo [2113].

[II]. Le clausole difformi dei contratti individuali, preesistenti o successivi al contratto collettivo, sono sostituite di diritto da quelle del contratto collettivo, salvo che contengano speciali condizioni più favorevoli ai prestatori di lavoro [1339, 1419², 2113] (1).

(1) *V. art. 7 l. 14 luglio 1959, n. 741.*

2078. Efficacia degli usi. – [I]. In mancanza di disposizioni di legge e di contratto collettivo si applicano gli usi. Tuttavia gli usi più favorevoli ai prestatori di lavoro prevalgono sulle norme dispositive di legge [1, 8 prel.] (1).

[II]. Gli usi non prevalgono sui contratti individuali di lavoro [98 att.].

(1) *V. art. 17 r.d.l. 13 novembre 1924, n. 1825.*

2079. Rapporti di associazione agraria e di affitto a coltivatore diretto. – [I]. La disciplina del contratto collettivo di lavoro si applica anche ai rapporti di associazione agraria regolati dal capo II del titolo II [2141 ss.] ed a quelli di affitto a coltivatore diretto del fondo [1647 ss.].

[II]. Tuttavia in questi rapporti il contratto collettivo non deve contenere norme relative al salario, all'orario di lavoro, alle ferie, al periodo di prova, od altre che contrastino con la natura dei rapporti medesimi.

2080. Colonia parziaria e affitto con obbligo di miglioria. – [I]. Nei contratti individuali di colonia parziaria e di affitto a coltivatore diretto, con obbligo di miglioria, conservano efficacia le clausole difformi dalle disposizioni del contratto collettivo stipulato durante lo svolgimento del rapporto.

2081. (1) **[Norme equiparate al contratto collettivo].**

(1) *Articolo da ritenersi abrogato a seguito della soppressione dell'ordinamento corporativo disposta dal r.d.l. 9 agosto 1943, n. 721.*

TITOLO II
Del lavoro nell'impresa

CAPO I – *Dell'impresa in generale*

SEZIONE I – *Dell'imprenditore*

2082. Imprenditore. – [I]. È imprenditore [1330, 1368, 1655, 1722$^{n. 4}$, 1824, 2710] chi esercita professionalmente [2070] un'attività economica organizzata al fine della produzione o dello scambio di beni o di servizi [2135, 2195].

2083. Piccoli imprenditori. – [I]. Sono piccoli imprenditori i coltivatori diretti del fondo [1647], gli artigiani, i piccoli commercianti e coloro che esercitano un'attività professionale organizzata prevalentemente con il lavoro proprio e dei componenti della famiglia [2202, 2214^{3}, 2221] (1).

(1) *V. art. 1^{2} r.d. 16 marzo 1942, n. 267 (per la nuova disciplina, v. art. 2 d.ls. 12 gennaio 2019, n. 14, Codice della crisi d'impresa e dell'insolvenza); artt. 2, 3 e 4 l. 8 agosto 1985, n. 443.*

2084. Condizioni per l'esercizio della impresa. – [I]. La legge determina le categorie d'imprese il cui esercizio è subordinato a concessione o autorizzazione amministrativa.

[II]. Le altre condizioni per l'esercizio delle diverse categorie di imprese sono stabilite dalla legge [e dalle norme corporative] (1).

(1) *Per il riferimento alle norme corporative, v. sub art. 1 prel.*

2085. Indirizzo della produzione. – [I]. Il controllo sull'indirizzo della produzione e degli scambi in relazione all'interesse unitario dell'economia nazionale è esercitato dallo Stato, nei modi previsti dalla legge [e dalle norme corporative] (1).

[II]. La legge stabilisce altresì i casi e i modi nei quali si esercita la vigilanza dello Stato sulla gestione delle imprese [41^{3}, 43 Cost.].

(1) *Per il riferimento alle norme corporative, v. sub art. 1 prel.*

2086. Gestione dell'impresa (1). – [I]. L'imprenditore è il capo dell'impresa e da lui dipendono gerarchicamente i suoi collaboratori [2094 ss.].

[II]. L'imprenditore, che operi in forma societaria o collettiva, ha il dovere di istituire un assetto organizzativo, amministrativo e contabile adeguato alla natura e alle dimensioni dell'impresa, anche in funzione della rilevazione tempestiva della crisi dell'impresa e della perdita della continuità aziendale, nonché di attivarsi senza indugio per l'adozione e l'attuazione di uno degli strumenti previsti dall'ordinamento per il superamento della crisi e il recupero della continuità aziendale (2).

(1) *Rubrica così sostituita dall'art. 375*[1] *d.ls. 12 gennaio 2019, n. 14. Ai sensi dell'art. 389*[2] *d.ls. n. 14, cit., tale disposizione è entrata in vigore il 16 marzo 2019 (« il trentesimo giorno successivo alla pubblicazione nella Gazzetta Ufficiale » del suddetto decreto). Il testo della rubrica era il seguente:* « Direzione e gerarchia nella impresa »

(2) *Comma aggiunto dall'art. 375*[2] *d.ls. n. 14, cit. Ai sensi dell'art. 389*[2] *d.ls. n. 14, cit., tale disposizione è entrata in vigore il 16 marzo 2019 (v. nota 1). d.ls. n. 14, cit.,*

2087. (1) **Tutela delle condizioni di lavoro. [41**[2] **Cost.]** – [I]. L'imprenditore è tenuto ad adottare nell'esercizio dell'impresa le misure che, secondo la particolarità del lavoro, l'esperienza e la tecnica, sono necessarie a tutelare l'integrità fisica e la personalità morale dei prestatori di lavoro.

(1) *Sugli obblighi dei datori di lavoro per la tutela contro il rischio di contagio da Covid-19, v. art. 29-*bis[1] *d.l. 8 aprile 2020, n. 23, conv., con modif., in l. 5 giugno 2020, n. 40.*

2088-2092. (1).

(1) *V.* sub *art. 2072.*

2093. **Imprese esercitate da enti pubblici.** – [I]. Le disposizioni di questo libro si applicano agli enti pubblici inquadrati nelle associazioni professionali [2201].

[II]. Agli enti pubblici non inquadrati si applicano le disposizioni di questo libro, limitatamente alle imprese da essi esercitate (1).

[III]. Sono salve le diverse disposizioni della legge [2221; 409[n. 4] c.p.c.] (2).

(1) *V. art. 37 l. 20 maggio 1970, n. 300.*

(2) *V. artt. 1 e 195*[8] *r.d. 16 marzo 1942, n. 267 (per la nuova disciplina, v. art. 297*[9] *d.ls. 12 gennaio 2019, n. 14, Codice della crisi d'impresa e dell'insolvenza).*

SEZIONE II – *Dei collaboratori dell'imprenditore*

2094. **Prestatore di lavoro subordinato.** – [I]. È prestatore di lavoro subordinato chi si obbliga mediante retribuzione a collaborare nell'impresa, prestando il proprio lavoro intellettuale o manuale alle dipendenze e sotto la direzione dell'imprenditore [2095, 2238[2], 2239; 36 Cost.].

2095. **Categorie dei prestatori di lavoro.** – [I]. I prestatori di lavoro subordinato si distinguono in dirigenti, quadri, impiegati e operai (1).

[II]. Le leggi speciali [e le norme corporative] (2), in relazione a ciascun ramo di produzione e alla particolare struttura dell'impresa, determinano i requisiti di appartenenza alle indicate categorie [95 att.].

(1) *Comma così sostituito dall'art. 1 l. 13 maggio 1985, n. 190.*

(2) *Per il riferimento alle norme corporative, v. sub art. 1 prel.*

SEZIONE III – *Del rapporto di lavoro*

§ 1. – *Della costituzione del rapporto di lavoro*

2096. **Assunzione in prova.** – [I]. Salvo diversa disposizione [delle norme corporative] (1), l'assunzione del prestatore di lavoro per un periodo di prova deve risultare da atto scritto [1350].

[II]. L'imprenditore e il prestatore di lavoro sono rispettivamente tenuti a consentire e a fare l'esperimento che forma oggetto del patto di prova.

[III]. Durante il periodo di prova ciascuna delle parti può recedere dal contratto, senza obbligo di preavviso o d'indennità. Se però la prova è stabilita per un tempo minimo necessario, la facoltà di recesso non può esercitarsi prima della scadenza del termine (2).

[IV]. Compiuto il periodo di prova, l'assunzione diviene definitiva e il servizio prestato si computa nell'anzianità del prestatore di lavoro.

(1) *Per il riferimento alle norme corporative, v. sub art. 1 prel.*

(2) *Comma dichiarato* costituzionalmente illegittimo *con* **C. cost.** *22 dicembre 1980, n. 189 « nella parte in cui non riconosce il diritto alla indennità di anzianità di cui agli articoli 2120 e 2121 del codice civile al lavoratore assunto con patto di prova nel caso di recesso dal contratto durante il periodo di prova medesimo ».*

2097. (1) **[Durata del contratto di lavoro].**

(1) *Articolo abrogato dall'art. 9 l. 18 aprile 1962, n. 230.*

2098. **Violazione delle norme sul collocamento dei prestatori di lavoro.** – [I]. Il contratto di lavoro stipulato senza l'osservanza delle disposizioni concernenti la disciplina della domanda e dell'offerta di lavoro può essere annullato, salva l'applicazione delle sanzioni penali [2126].

[II]. La domanda di annullamento è proposta dal pubblico ministero, su denunzia dell'ufficio di collocamento, entro un anno dalla data dell'assunzione del prestatore di lavoro [2964 ss.].

§ 2. – *Dei diritti e degli obblighi delle parti*

2099. Retribuzione. – [I]. La retribuzione del prestatore di lavoro può essere stabilita a tempo o a cottimo [2100, 2101] e deve essere corrisposta nella misura determinata [dalle norme corporative] (1), con le modalità e nei termini in uso nel luogo in cui il lavoro viene eseguito [36, 37 Cost.].

[II]. In mancanza [di norme corporative o] (1) di accordo tra le parti, la retribuzione è determinata dal giudice, [tenuto conto, ove occorra, del parere delle associazioni professionali] (1).

[III]. Il prestatore di lavoro può anche essere retribuito in tutto o in parte con partecipazione agli utili o ai prodotti [2102], con provvigione o con prestazioni in natura [2121].

(1) *Per il riferimento alle norme corporative v.* sub *art. 1 prel. Quanto alle associazioni professionali, v.* sub *art. 849.*

2100. Obbligatorietà del cottimo. – [I]. Il prestatore di lavoro deve essere retribuito secondo il sistema del cottimo quando, in conseguenza dell'organizzazione del lavoro, è vincolato all'osservanza di un determinato ritmo produttivo, o quando la valutazione della sua prestazione è fatta in base al risultato delle misurazioni dei tempi di lavorazione [2101, 2127, 2131] (1).

(1) *Seguiva un secondo comma divenuto inoperante a seguito della soppressione dell'ordinamento corporativo disposto con r.d.l. 9 agosto 1943, n. 721.*

2101. Tariffe di cottimo. – [I]. [Le norme corporative] (1) possono stabilire che le tariffe di cottimo non divengano definitive se non dopo un periodo di esperimento.

[II]. Le tariffe possono essere sostituite o modificate soltanto se intervengono mutamenti nelle condizioni di esecuzione del lavoro, e in ragione degli stessi. In questo caso la sostituzione o la variazione della tariffa non diviene definitiva se non dopo il periodo di esperimento stabilito [dalle norme corporative] (1).

[III]. L'imprenditore deve comunicare preventivamente ai prestatori di lavoro i dati riguardanti gli elementi costitutivi della tariffa di cottimo, le lavorazioni da eseguirsi e il relativo compenso unitario. Deve altresì comunicare i dati relativi alla quantità di lavoro eseguita e al tempo impiegato.

(1) *Per il riferimento alle norme corporative, v.* sub *art. 1 prel.*

2102. Partecipazione agli utili. – [I]. Se [le norme corporative o] (1) la convenzione non dispongono diversamente, la partecipazione agli utili spettante al prestatore di lavoro [2349, 2554^{2}] è determinata in base agli utili netti dell'impresa, e, per le imprese soggette alla pubblicazione del bilancio [2423, 2454, 2478-*bis*, 2519], in base agli utili netti risultanti dal bilancio regolarmente approvato e pubblicato [2433, 2435].

(1) *Per il riferimento alle norme corporative, v.* sub *art. 1 prel.*

2103. (1) **Prestazione del lavoro.** – [I]. Il lavoratore deve essere adibito alle mansioni per le quali è stato assunto o a quelle corrispondenti all'inquadramento superiore che abbia successivamente acquisito ovvero a mansioni riconducibili allo stesso livello e categoria legale di inquadramento delle ultime effettivamente svolte.

[II]. In caso di modifica degli assetti organizzativi aziendali che incide sulla posizione del lavoratore, lo stesso può essere assegnato a mansioni appartenenti al livello di inquadramento inferiore purché rientranti nella medesima categoria legale.

[III]. Il mutamento di mansioni è accompagnato, ove necessario, dall'assolvimento dell'obbligo formativo, il cui mancato adempimento non determina comunque la nullità dell'atto di assegnazione delle nuove mansioni.

[IV]. Ulteriori ipotesi di assegnazione di mansioni appartenenti al livello di inquadramento inferiore, purché rientranti nella medesima categoria legale, possono essere previste dai contratti collettivi.

[V]. Nelle ipotesi di cui al secondo e al quarto comma, il mutamento di mansioni è comunicato per iscritto, a pena di nullità, e il lavoratore ha diritto alla conservazione del livello di inquadramento e del trattamento retributivo in godimento, fatta eccezione per gli elementi retributivi collegati a particolari modalità di svolgimento della precedente prestazione lavorativa.

[VI]. Nelle sedi di cui all'articolo 2113, quarto comma, o avanti alle commissioni di certificazione, possono essere stipulati accordi individuali di modifica delle mansioni, della categoria legale e del livello di inquadramento e della relativa retribuzione, nell'interesse del lavoratore alla conservazione dell'occupazione, all'acquisizione di una diversa professionalità o al miglioramento delle condizioni di vita. Il lavoratore può farsi assistere da un rappresentante dell'associazione sindacale cui aderisce o conferisce mandato o da un avvocato o da un consulente del lavoro.

[VII]. Nel caso di assegnazione a mansioni superiori il lavoratore ha diritto al trattamento corrispondente all'attività svolta e l'assegnazione diviene definitiva, salvo diversa volontà del lavoratore, ove la medesima non abbia avuto luogo per ragioni sostitutive di altro lavoratore in servizio, dopo il periodo fissato dai contratti collettivi o, in mancanza, dopo sei mesi continuativi.

[VIII]. Il lavoratore non può essere trasferito da un'unità produttiva ad un'altra se non per comprovate ragioni tecniche, organizzative e produttive.

[IX]. Salvo che ricorrano le condizioni di cui al secondo e al quarto comma e fermo quanto disposto al sesto comma, ogni patto contrario è nullo.

(1) *Articolo così sostituito dall'art. 3[1] d.ls. 15 giugno 2015, n. 81. Il testo dell'articolo, come da ultimo sostituito dall'art. 13 l. 20 maggio 1970, n. 300, era il seguente:* « 2103. (*Mansioni del lavoratore*). – Il prestatore di lavoro deve essere adibito alle mansioni per le quali è stato assunto o a quelle corrispondenti alla categoria superiore che abbia successivamente acquisito ovvero a mansioni equivalenti alle ultime effettivamente svolte, senza alcuna diminuzione della retribuzione. Nel caso di assegnazione a mansioni superiori il prestatore ha diritto al trattamento corrispondente all'attività svolta, e l'assegnazione stessa diviene definitiva, ove la medesima non abbia avuto luogo per sostituzione di lavoratore assente con diritto alla conservazione del posto, dopo un periodo fissato dai contratti collettivi, e comunque non superiore a tre mesi. Egli non può essere trasferito da una unità produttiva ad un'altra se non per comprovate ragioni tecniche, organizzative e produttive. – Ogni patto contrario è nullo. ».

2104. Diligenza del prestatore di lavoro. – [I]. Il prestatore di lavoro deve usare la diligenza richiesta dalla natura della prestazione dovuta, dall'interesse dell'impresa e da quello superiore della produzione nazionale [1176^2].

[II]. Deve inoltre osservare le disposizioni per l'esecuzione e per la disciplina del lavoro impartite dall'imprenditore e dai collaboratori di questo dai quali gerarchicamente dipende [2086, 2094, 2106].

2105. Obbligo di fedeltà. – [I]. Il prestatore di lavoro non deve trattare affari, per conto proprio o di terzi, in concorrenza con l'imprenditore, né divulgare notizie attinenti all'organizzazione e ai metodi di produzione dell'impresa, o farne uso in modo da poter recare ad essa pregiudizio [2106, 2125].

2106. Sanzioni disciplinari. – [I]. L'inosservanza delle disposizioni contenute nei due articoli precedenti può dar luogo all'applicazione di sanzioni disciplinari, secondo la gravità dell'infrazione [e in conformità delle norme corporative] [1175; 97 att.] (1).

(1) *Per il riferimento alle norme corporative, v.* sub *art. 1 prel.*

2107. Orario di lavoro. – [I]. La durata giornaliera e settimanale della prestazione di lavoro non può superare i limiti stabiliti dalle leggi speciali [o dalle norme corporative] [2108; 36^2 Cost.] (1) (2).

(1) *Per il riferimento alle norme corporative, v.* sub *art. 1 prel.*

(2) *V. r.d.l. 15 marzo 1923, n. 692; r.d. 10 settembre 1923, n. 1955; r.d. 10 settembre 1923, n. 1957; r.d. 6 dicembre 1923, n. 2657.*

2108. (1) **Lavoro straordinario e notturno.** – [I]. In caso di prolungamento dell'orario normale, il prestatore di lavoro deve essere compensato per le ore straordinarie con un aumento di retribuzione rispetto a quella dovuta per il lavoro ordinario.

[II]. Il lavoro notturno non compreso in regolari turni periodici deve essere parimenti retribuito con una maggiorazione rispetto al lavoro diurno.

[III]. I limiti entro i quali sono consentiti il lavoro straordinario e quello notturno, la durata di essi e la misura della maggiorazione sono stabiliti dalla legge [o dalle norme corporative] (2) (3).

(1) *Per il lavoro straordinario v. artt. 5 ss. r.d.l. 15 marzo 1923, n. 692; art. 9 r.d. 10 settembre 1923, n. 1955; per i fanciulli e gli adolescenti v. artt. 15 ss. l. 17 ottobre 1967, n. 977. Sul divieto di adibire le donne al lavoro dalle ore 24 alle ore 6 v. art. 53 d.lgs. 26 marzo 2001, n. 151.*

(2) *Per il riferimento alle norme corporative, v. sub art. 1 prel.*

(3) *V. gli artt. 15 e 17 l. n. 977, cit., nonché art. 53 d.lgs. n. 151, cit.*

2109. (1) **Periodo di riposo.** – [I]. Il prestatore di lavoro ha diritto ad un giorno di riposo ogni settimana, di regola in coincidenza con la domenica [36^3 Cost.] (2).

[II]. Ha anche diritto, dopo un anno d'ininterrotto servizio (3), ad un periodo annuale di ferie retribuito, possibilmente continuativo, nel tempo che l'imprenditore stabilisce, tenuto conto delle esigenze dell'impresa e degli interessi del prestatore di lavoro. La durata di tale periodo è stabilita dalla legge, [dalle norme corporative,] dagli usi o secondo equità [98 att.] (4).

[III]. L'imprenditore deve preventivamente comunicare al prestatore di lavoro il periodo stabilito per il godimento delle ferie.

[IV]. Non può essere computato nelle ferie il periodo di preavviso indicato nell'articolo 2118.

(1) *Articolo dichiarato* costituzionalmente illegittimo *con* **C. cost.** *22 dicembre 1980, n. 189 « nella parte in cui non prevede il diritto a ferie retribuite anche per il lavoratore assunto in prova in caso di recesso dal contratto durante il periodo di prova medesimo » e successivamente con* **C. cost.** *30 dicembre 1987, n. 616 « nella parte in cui non prevede che la malattia insorta durante il periodo feriale ne sospenda il decorso ».*

(2) *V. l. 22 febbraio 1934, n. 370; l. 27 maggio 1949, n. 260; l. 31 marzo 1954, n. 90, modificativa della l. 27 maggio 1949, n. 260; l. 5 marzo 1977, n. 54.*

(3) *L'inciso* « dopo un anno di ininterrotto servizio » *è stato dichiarato* costituzionalmente illegittimo *dalla* **C. cost.** *10 maggio 1963, n. 66.*

(4) *Per il riferimento alle norme corporative, v. sub art. 1 prel.*

2110. **Infortunio, malattia, gravidanza, puerperio.** – [I]. In caso d'infortunio, di malattia, di gravidanza o di puerperio, se la legge [o le norme corporative] (1) non stabiliscono forme equivalenti di previdenza o di assistenza [38^2 Cost.], è dovuta al prestatore di lavoro la retribuzione o una indennità nella misura e per il tempo determinati dalle leggi speciali, [dalle norme corporative,] (1) dagli usi o secondo equità [2111²; 98 att.] (2).

[ii]. Nei casi indicati nel comma precedente, l'imprenditore ha diritto di recedere dal contratto a norma dell'articolo 2118, decorso il periodo stabilito dalla legge [dalle norme corporative] (1), dagli usi o secondo equità.

[iii]. Il periodo di assenza dal lavoro per una delle cause anzidette deve essere computato nell'anzianità di servizio [2120].

(1) *Per il riferimento alle norme corporative, v.* sub *art. 1 prel.*

(2) *Per la tutela delle lavoratrici in stato di gravidanza o puerperio v. art. 49 l. 23 dicembre 1999, n. 488 e art. 80 l. 23 dicembre 2000, n. 388. V. inoltre l. 8 marzo 2000, n. 53 e d.ls. 26 marzo 2001, n. 151.*

2111. (1) **Servizio militare.** – [i]. [La chiamata alle armi per adempiere agli obblighi di leva risolve il contratto di lavoro, salvo diverse disposizioni delle norme corporative].

[ii]. In caso di richiamo alle armi, si applicano le disposizioni del primo e del terzo comma dell'articolo precedente.

(1) *Il primo comma è stato implicitamente abrogato dall'art. 1 d.ls.C.P.S. 13 settembre 1946, n. 303 e dall'art. 77 d.P.R. 14 febbraio 1964, n. 237. V. ora la disciplina contenuta nell'art. 990 d.ls. 15 marzo 2010, n. 66, che ha altresì disposto con l'art. 2268 l'abrogazione dei citati decreti.*

2112. (1) **Mantenimento dei diritti dei lavoratori in caso di trasferimento d'azienda.** – [i]. In caso di trasferimento d'azienda, il rapporto di lavoro continua con il cessionario ed il lavoratore conserva tutti i diritti che ne derivano.

[ii]. Il cedente ed il cessionario sono obbligati, in solido, per tutti i crediti che il lavoratore aveva al tempo del trasferimento. Con le procedure di cui agli articoli 410 e 411 del codice di procedura civile il lavoratore può consentire la liberazione del cedente dalle obbligazioni derivanti dal rapporto di lavoro.

[iii]. Il cessionario è tenuto ad applicare i trattamenti economici e normativi previsti dai contratti collettivi nazionali, territoriali ed aziendali vigenti alla data del trasferimento, fino alla loro scadenza, salvo che siano sostituiti da altri contratti collettivi applicabili all'impresa del cessionario. L'effetto di sostituzione si produce esclusivamente fra contratti collettivi del medesimo livello.

[iv]. Ferma restando la facoltà di esercitare il recesso ai sensi della normativa in materia di licenziamenti, il trasferimento d'azienda non costituisce di per sé motivo di licenziamento. Il lavoratore, le cui condizioni di lavoro subiscono una sostanziale modifica nei tre mesi

successivi al trasferimento d'azienda, può rassegnare le proprie dimissioni con gli effetti di cui all'articolo 2119, primo comma.

[V]. Ai fini e per gli effetti di cui al presente articolo si intende per trasferimento d'azienda qualsiasi operazione che, in seguito a cessione contrattuale o fusione, comporti il mutamento nella titolarità di un'attività economica organizzata, con o senza scopo di lucro, preesistente al trasferimento e che conserva nel trasferimento la propria identità a prescindere dalla tipologia negoziale o dal provvedimento sulla base del quale il trasferimento è attuato ivi compresi l'usufrutto o l'affitto di azienda. Le disposizioni del presente articolo si applicano altresì al trasferimento di parte dell'azienda, intesa come articolazione funzionalmente autonoma di un'attività economica organizzata, identificata come tale dal cedente e dal cessionario al momento del suo trasferimento (2).

[VI]. Nel caso in cui l'alienante stipuli con l'acquirente un contratto di appalto la cui esecuzione avviene utilizzando il ramo d'azienda oggetto di cessione, tra appaltante e appaltatore opera un regime di solidarietà di cui all'articolo 29, comma 2, del decreto legislativo 10 settembre 2003, n. 276 (3).

(1) *Articolo dapprima modificato dall'art. 47[3] l. 29 dicembre 1990, n. 428 e poi così sostituito dall'art. 1 d.lgs. 2 febbraio 2001, n. 18. V. l'art. 47 l. 29 dicembre 1990, n. 428.*

(2) *Comma così sostituito dall'art. 32[1] d.lgs. 10 settembre 2003, n. 276, fermi restando i diritti dei prestatori di lavoro in caso di trasferimento d'azienda di cui alla normativa di recepimento delle direttive europee in materia.*

(3) *Comma aggiunto dall'art. 32[2] d.lgs. n. 276, cit., e poi così modificato dalla novella introdotta dall'art. 9 d.lgs. 6 ottobre 2004, n. 251 all'art. 32[2] d.lgs. n. 276, cit.*

2113. (1) **Rinunzie e transazioni.** – [I]. Le rinunzie e le transazioni, che hanno per oggetto diritti del prestatore di lavoro derivanti da disposizioni inderogabili della legge e dei contratti o accordi collettivi concernenti i rapporti di cui all'articolo 409 del codice di procedura civile, non sono valide.

[II]. L'impugnazione deve essere proposta, a pena di decadenza [36[3] Cost.], entro sei mesi dalla data di cessazione del rapporto o dalla data della rinunzia o della transazione, se queste sono intervenute dopo la cessazione medesima.

[III]. Le rinunzie e le transazioni di cui ai commi precedenti possono essere impugnate con qualsiasi atto scritto, anche stragiudiziale, del lavoratore idoneo a renderne nota la volontà.

[IV]. Le disposizioni del presente articolo non si applicano alla conciliazione intervenuta ai sensi degli articoli 185, 410, 411, 412-*ter* e 412-*quater* del codice di procedura civile (2).

(1) *Articolo così sostituito dall'art. 6 l. 11 agosto 1973, n. 533.*

(2) *Comma così modificato dall'art. 31[7] l. 4 novembre 2010, n. 183.*

§ 3. – *Della previdenza e dell'assistenza*

2114. Previdenza ed assistenza obbligatorie. – [I]. Le leggi speciali [e le norme corporative] (1) determinano i casi e le forme di previdenza e di assistenza obbligatorie e le contribuzioni e prestazioni relative [2115, 2116; 38 Cost.].

(1) *Per il riferimento alle norme corporative, v.* sub *art. 1 prel.*

2115. Contribuzioni. – [I]. Salvo diverse disposizioni della legge [o delle norme corporative] (1), l'imprenditore e il prestatore di lavoro contribuiscono in parti eguali alle istituzioni di previdenza e di assistenza.

[II]. L'imprenditore è responsabile del versamento del contributo, anche per la parte che è a carico del prestatore di lavoro, salvo il diritto di rivalsa secondo le leggi speciali [2116].

[III]. È nullo qualsiasi patto diretto ad eludere gli obblighi relativi alla previdenza o all'assistenza [1419^2].

(1) *Per il riferimento alle norme corporative, v.* sub *art. 1 prel.*

2116. Prestazioni. – [I]. Le prestazioni indicate nell'articolo 2114 sono dovute al prestatore di lavoro, anche quando l'imprenditore non ha versato regolarmente i contributi dovuti alle istituzioni di previdenza e di assistenza, salvo diverse disposizioni delle leggi speciali [o delle norme corporative] (1).

[II]. Nei casi in cui, secondo tali disposizioni, le istituzioni di previdenza e di assistenza, per mancata o irregolare contribuzione, non sono tenute a corrispondere in tutto o in parte le prestazioni dovute, l'imprenditore è responsabile del danno che ne deriva al prestatore di lavoro [1218, 2946].

(1) *Per il riferimento alle norme corporative, v.* sub *art. 1 prel.*

2117. Fondi speciali per la previdenza e l'assistenza. – [I]. I fondi speciali per la previdenza e l'assistenza che l'imprenditore abbia costituiti, anche senza contribuzione dei prestatori di lavoro, non possono essere distratti dal fine al quale sono destinati e non possono formare oggetto di esecuzione da parte dei creditori dell'imprenditore o del prestatore di lavoro.

§ 4. – *Dell'estinzione del rapporto di lavoro*

2118. Recesso dal contratto a tempo indeterminato. – [I]. Ciascuno dei contraenti può recedere dal contratto di lavoro a tempo indeterminato, dando il preavviso nel termine e nei modi stabiliti [dalle norme corporative] (1), dagli usi o secondo equità [2109^4, 2110^2, 2121, 2122, 2244; 98 att.] (2).

[II]. In mancanza di preavviso, il recedente è tenuto verso l'altra parte a un'indennità equivalente all'importo della retribuzione che sarebbe spettata per il periodo di preavviso [2119].

[III]. La stessa indennità è dovuta dal datore di lavoro nel caso di cessazione del rapporto per morte del prestatore di lavoro [2122].

(1) *Per il riferimento alle norme corporative, v.* sub *art. 1 prel.*

(2) *V. l. 15 luglio 1966, n. 604, l. 20 maggio 1970, n. 300 e l. 11 maggio 1990, n. 108.*

2119. Recesso per giusta causa. – [I]. Ciascuno dei contraenti può recedere dal contratto prima della scadenza del termine, se il contratto è a tempo determinato, o senza preavviso, se il contratto è a tempo indeterminato, qualora si verifichi una causa che non consenta la prosecuzione, anche provvisoria, del rapporto [2244]. Se il contratto è a tempo indeterminato, al prestatore di lavoro che recede per giusta causa compete l'indennità indicata nel secondo comma dell'articolo precedente.

[II]. Non costituisce giusta causa di risoluzione del contratto la liquidazione coatta amministrativa dell'impresa. Gli effetti della liquidazione giudiziale sui rapporti di lavoro sono regolati dal codice della crisi e dell'insolvenza (1).

(1) *Comma così sostituito dall'art. 376^1 d.lgs. 12 gennaio 2019, n. 14. Il testo del comma era il seguente:* « Non costituisce giusta causa di risoluzione del contratto il fallimento dell'imprenditore o la liquidazione coatta amministrativa dell'azienda ».

2120. (1) **Disciplina del trattamento di fine rapporto.** – [I]. In ogni caso di cessazione del rapporto di lavoro subordinato, il prestatore di lavoro ha diritto ad un trattamento di fine rapporto. Tale trattamento si calcola sommando per ciascun anno di servizio una quota pari e comunque non superiore all'importo della retribuzione dovuta per l'anno stesso divisa per 13,5. La quota è proporzionalmente ridotta per le frazioni di anno, computandosi come mese intero le frazioni di mese uguali o superiori a 15 giorni.

[II]. Salvo diversa previsione dei contratti collettivi la retribuzione annua, ai fini del comma precedente, comprende tutte le somme, compreso l'equivalente delle prestazioni in natura, corrisposte in dipendenza del rapporto di lavoro, a titolo non occasionale e con esclusione di quanto è corrisposto a titolo di rimborso spese.

[III]. In caso di sospensione della prestazione di lavoro nel corso dell'anno per una delle cause di cui all'articolo 2110, nonché in caso di sospensione totale o parziale per la quale sia prevista l'integrazione salariale, deve essere computato nella retribuzione di cui al primo comma l'equivalente della retribuzione a cui il lavoratore avrebbe avuto diritto in caso di normale svolgimento del rapporto di lavoro.

[IV]. Il trattamento di cui al precedente primo comma, con esclusione della quota maturata nell'anno, è incrementato, su base composta, al 31 dicembre di ogni anno, con l'applicazione di un tasso costituito dall'1,5 per cento in misura fissa e dal 75 per cento dell'aumento dell'indice dei prezzi al consumo per le famiglie di operai ed impiegati, accertato dall'ISTAT, rispetto al mese di dicembre dell'anno precedente.

[V]. Ai fini della applicazione del tasso di rivalutazione di cui al comma precedente per frazioni di anno, l'incremento dell'indice ISTAT è quello risultante nel mese di cessazione del rapporto di lavoro rispetto a quello di dicembre dell'anno precedente. Le frazioni di mese uguali o superiori a quindici giorni si computano come mese intero.

[VI]. Il prestatore di lavoro, con almeno otto anni di servizio presso lo stesso datore di lavoro, può chiedere, in costanza di rapporto di lavoro, una anticipazione non superiore al 70 per cento sul trattamento cui avrebbe diritto nel caso di cessazione del rapporto alla data della richiesta.

[VII]. Le richieste sono soddisfatte annualmente entro i limiti del 10 per cento degli aventi titolo, di cui al precedente comma, e comunque del 4 per cento del numero totale dei dipendenti.

[VIII]. La richiesta deve essere giustificata dalla necessità di:

a) eventuali spese sanitarie per terapie e interventi straordinari riconosciuti dalle competenti strutture pubbliche;

b) acquisto della prima casa di abitazione per sé o per i figli, documentato con atto notarile (2).

[IX]. L'anticipazione può essere ottenuta una sola volta nel corso del rapporto di lavoro e viene detratta, a tutti gli effetti, dal trattamento di fine rapporto.

[X]. Nell'ipotesi di cui all'articolo 2122 la stessa anticipazione è detratta dall'indennità prevista dalla norma medesima.

[XI]. Condizioni di miglior favore possono essere previste dai contratti collettivi o da patti individuali. I contratti collettivi possono altresì stabilire criteri di priorità per l'accoglimento delle richieste di anticipazione.

(1) *Articolo così sostituito dall'art. 1 l. 29 maggio 1982, n. 297.*

(2) *Lettera dichiarata* costituzionalmente illegittima *con* **C. cost.** *5 aprile 1991, n. 142 « nella parte in cui non prevede la possibilità di concessione dell'anticipazione in ipotesi di acquisto* in itinere *comprovato con mezzi idonei a dimostrarne l'effettività ».*

2121. (1) **Computo dell'indennità di mancato preavviso.** – [I]. L'indennità di cui all'articolo 2118 deve calcolarsi computando le provvigioni, i premi di produzione, le partecipazioni agli utili o ai prodotti ed ogni altro compenso di carattere continuativo, con esclusione di quanto è corrisposto a titolo di rimborso spese.

[II]. Se il prestatore di lavoro è retribuito in tutto o in parte con provvigioni, con premi di produzione o con partecipazioni, l'indennità suddetta è determinata sulla media degli emolumenti degli ultimi tre anni di servizio o del minor tempo di servizio prestato.

[III]. Fa parte della retribuzione anche l'equivalente del vitto e dell'alloggio dovuto al prestatore di lavoro.

(1) *Articolo così sostituito dall'art. 1 l. 29 maggio 1982, n. 297.*

2122. Indennità in caso di morte. – [I]. In caso di morte del prestatore di lavoro, le indennità indicate dagli articoli 2118 e 2120 devono corrispondersi al coniuge [548, 585], ai figli e, se vivevano a carico del prestatore di lavoro, ai parenti entro il terzo grado e agli affini entro il secondo grado.

[II]. La ripartizione delle indennità, se non vi è accordo tra gli aventi diritto, deve farsi secondo il bisogno di ciascuno.

[III]. In mancanza delle persone indicate nel primo comma, le indennità sono attribuite secondo le norme della successione legittima [565 ss.] (1).

[IV]. È nullo ogni patto anteriore alla morte del prestatore di lavoro circa l'attribuzione e la ripartizione delle indennità [458].

(1) *Comma dichiarato* costituzionalmente illegittimo *con* **C. cost.** *19 gennaio 1972, n. 8 « nella parte in cui esclude che il lavoratore subordinato, in mancanza delle persone indicate nel primo comma, possa disporre per testamento delle indennità di cui allo stesso articolo ».*

2123. Forme di previdenza. – [I]. Salvo patto contrario, l'imprenditore che ha compiuto volontariamente atti di previdenza può dedurre dalle somme da lui dovute a norma degli articoli 2110, 2111 e 2120 quanto il prestatore di lavoro ha diritto di percepire per effetto degli atti medesimi [1751].

[II]. Se esistono fondi di previdenza formati con il contributo dei prestatori di lavoro, questi hanno diritto alla liquidazione della propria quota, qualunque sia la causa della cessazione del contratto.

2124. Certificato di lavoro. – [I]. Se non è obbligatorio il libretto di lavoro, all'atto della cessazione del contratto, qualunque ne sia la causa, l'imprenditore deve rilasciare un certificato con l'indicazione del tempo durante il quale il prestatore di lavoro è stato occupato alle sue dipendenze e delle mansioni esercitate [2246].

2125. Patto di non concorrenza. – [I]. Il patto con il quale si limita lo svolgimento dell'attività del prestatore di lavoro, per il tempo successivo alla cessazione del contratto, è nullo se non risulta da atto scritto, se non è pattuito un corrispettivo a favore del prestatore di lavoro e se il vincolo non è contenuto entro determinati limiti di oggetto, di tempo e di luogo.

[II]. La durata del vincolo non può essere superiore a cinque anni, se si tratta di dirigenti, e a tre anni negli altri casi. Se è pattuita una durata maggiore, essa si riduce nella misura suindicata [2557, 2596; 198 trans.].

§ 5. – *Disposizioni finali*

2126. Prestazione di fatto con violazione di legge. – [I]. La nullità o l'annullamento del contratto di lavoro non produce effetto per il periodo in cui il rapporto ha avuto esecuzione [2332], salvo che la nullità derivi dall'illiceità dell'oggetto o della causa [1343 ss., 1346].

[II]. Se il lavoro è stato prestato con violazione di norme poste a tutela del prestatore di lavoro, questi ha in ogni caso diritto alla retribuzione [2098].

2127. Divieto d'interposizione nel lavoro a cottimo. – [I]. È vietato all'imprenditore di affidare ai propri dipendenti lavori a cottimo da eseguirsi da prestatori di lavoro assunti e retribuiti direttamente dai dipendenti medesimi.

[II]. In caso di violazione di tale divieto, l'imprenditore risponde direttamente, nei confronti dei prestatori di lavoro assunti dal proprio dipendente, degli obblighi derivanti dai contratti di lavoro da essi stipulati (1).

(1) *V. l. 23 ottobre 1960, n. 1369.*

2128. Lavoro a domicilio. – [I]. Ai prestatori di lavoro a domicilio si applicano le disposizioni di questa sezione, in quanto compatibili con la specialità del rapporto (1).

(1) *V. l. 18 dicembre 1973, n. 877.*

2129. Contratto di lavoro per i dipendenti da enti pubblici. – [I]. Le disposizioni di questa sezione si applicano ai prestatori di lavoro dipendenti da enti pubblici, salvo che il rapporto sia diversamente regolato dalla legge [98³ att.].

SEZIONE IV – *Del tirocinio*

2130. Durata del tirocinio. – [I]. Il periodo di tirocinio non può superare i limiti stabiliti [dalle norme corporative o] (1) dagli usi [35² Cost.] (2).

(1) *Per il riferimento alle norme corporative, v.* sub *art. 1 prel.*
(2) *V. d.ls. 15 giugno 2015, n. 81.*

2131. Retribuzione. – [I]. La retribuzione dell'apprendista non può assumere la forma del salario a cottimo [2099, 2100].

2132. Istruzione professionale. – [I]. L'imprenditore deve permettere che l'apprendista frequenti i corsi per la formazione professionale e deve destinarlo soltanto ai lavori attinenti alla specialità professionale a cui si riferisce il tirocinio (1).

(1) *V. d.ls. 15 giugno 2015, n. 81.*

2133. Attestato di tirocinio. – [I]. Alla cessazione del tirocinio, l'apprendista, per il quale non è obbligatorio il libretto di lavoro, ha diritto di ottenere un attestato del tirocinio compiuto [2124] (1).

(1) *V. d.ls. 15 giugno 2015, n. 81.*

2134. Norme applicabili al tirocinio. – [I]. Al tirocinio si applicano le disposizioni della sezione precedente, in quanto siano compatibili con la specialità del rapporto e non siano derogate da disposizioni delle leggi speciali [o da norme corporative] (1).

(1) *Per il riferimento alle norme corporative, v.* sub *art. 1 prel.*

CAPO II – *Dell'impresa agricola*

SEZIONE I – *Disposizioni generali*

2135. (1) **Imprenditore agricolo.** – [I]. È imprenditore agricolo chi esercita una delle seguenti attività: coltivazione del fondo, selvicoltura, allevamento di animali e attività connesse.

[II]. Per coltivazione del fondo, per selvicoltura e per allevamento di animali si intendono le attività dirette alla cura ed allo sviluppo di un ciclo biologico o di una fase necessaria del ciclo stesso, di carattere vegetale o animale, che utilizzano o possono utilizzare il fondo, il bosco o le acque dolci, salmastre o marine.

[III]. Si intendono comunque connesse le attività, esercitate dal medesimo imprenditore agricolo, dirette alla manipolazione, conservazione, trasformazione, commercializzazione e valorizzazione che abbiano ad oggetto prodotti ottenuti prevalentemente dalla coltivazione del fondo o del bosco o dall'allevamento di animali, nonché le attività dirette alla fornitura di beni o servizi mediante l'utilizzazione prevalente di attrezzature o risorse dell'azienda normalmente impiegate nell'attività agricola esercitata, ivi comprese le attività di valorizzazione del territorio e del patrimonio rurale e forestale, ovvero di ricezione ed ospitalità come definite dalla legge.

(1) *Articolo così sostituito dall'art. 1[1] d.ls. 18 maggio 2001, n. 228. V. anche l'art. 1[2] d.ls. n. 228, cit. Per l'iscrizione al registro delle imprese v. art. 2 d.P.R. 14 dicembre 1999, n. 558, nonché art. 2 d.ls. n. 228, cit.*

2136. Inapplicabilità delle norme sulla registrazione. – [I]. Le norme relative all'iscrizione nel registro delle imprese [2188 ss.] non si applicano agli imprenditori agricoli, salvo quanto è disposto dall'articolo 2200.

2137. Responsabilità dell'imprenditore agricolo. – [I]. L'imprenditore, anche se esercita l'impresa su fondo altrui, è soggetto agli obblighi stabiliti dalla legge [e dalle norme corporative] (1) concernenti l'esercizio dell'agricoltura.

(1) *Per il riferimento alle norme corporative, v.* sub *art. 1 prel.*

2138. Dirigenti e fattori di campagna. – [I]. I poteri dei dirigenti preposti all'esercizio dell'impresa agricola e quelli dei fattori di campagna, se non sono determinati per iscritto dal preponente, sono regolati [dalle norme corporative] (1) e, in mancanza, dagli usi.

(1) *Per il riferimento alle norme corporative, v.* sub *art. 1 prel.*

2139. Scambio di mano d'opera o di servizi. – [I]. Tra piccoli imprenditori agricoli è ammesso lo scambio di mano d'opera o di servizi secondo gli usi [2098].

2140. (1) **[Comunioni tacite familiari].**

(1) *Articolo abrogato dall'art. 205 l. 19 maggio 1975, n. 151.V. ora l'art. 230-*bis.

SEZIONE II – *Della mezzadria*

2141. Nozione. – [I]. Nella mezzadria il concedente ed il mezzadro, in proprio e quale capo di una famiglia colonica [2142, 2150], si associano per la coltivazione di un podere e per l'esercizio delle attività connesse [2135[2]] al fine di dividerne a metà i prodotti e gli utili. È valido tuttavia il patto con il quale taluni prodotti si dividono in proporzioni diverse (1).

(1) *V. per il divieto di stipulazione di nuovi contratti di mezzadria, art. 3 l. 15 settembre 1964, n. 756; v. anche artt. 25 ss., 37 e 45² l. 3 maggio 1982, n. 203.*

2142. (1) **Famiglia colonica.** – [I]. La composizione della famiglia colonica non può volontariamente essere modificata senza il consenso del concedente, salvi i casi di matrimonio, di adozione e di riconoscimento di figli [naturali] (2). La composizione e le variazioni della famiglia colonica devono risultare dal libretto colonico.

(1) *Articolo da ritenersi tacitamente abrogato per effetto dell'art. 7 l. 15 settembre 1964, n. 756 il quale recita: « La composizione della famiglia colonica può essere modificata senza il consenso del concedente, anche fuori dei casi previsti dall'articolo 2142 del codice civile, purché non ne risulti compromessa la normale conduzione del fondo. Ai fini della presente legge il lavoro della donna è considerato equivalente a quello dell'uomo ». V. anche art. 48 l. 3 maggio 1982, n. 203.*

(2) *L'art. 1¹¹ l. 10 dicembre 2012, n. 219 ha disposto che « Nel codice civile, le parole: "figli legittimi" e "figli naturali", ovunque ricorrono, sono sostituite dalla seguente: "figli" ». V. anche quanto stabilito, ora, negli artt. 74, 250 ss. e 315.*

2143. **Mezzadria a tempo indeterminato.** – [I]. La mezzadria a tempo indeterminato s'intende convenuta per la durata di un anno agrario, salvo diverse disposizioni [delle norme corporative] (1), e si rinnova tacitamente di anno in anno, se non è stata comunicata disdetta almeno sei mesi prima della scadenza nei modi fissati [dalle norme corporative] (1), dalla convenzione o dagli usi (2).

(1) *Per il riferimento alle norme corporative, v. sub art. 1 prel.*

(2) *V. art. 14 l. 15 settembre 1964, n. 756, e art. 5-*ter *d.l. 5 luglio 1971, n. 432, conv., con modif., nella l. 4 agosto 1971, n. 592.*

2144. **Mezzadria a tempo determinato.** – [I]. La mezzadria a tempo determinato non cessa di diritto alla scadenza del termine.

[II]. Se non è comunicata disdetta a norma dell'articolo precedente, il contratto s'intende rinnovato di anno in anno (1).

(1) *V. art. 14 l. 15 settembre 1964, n. 756; art. 5-*ter *d.l. 5 luglio 1971, n. 432, conv., con modif., nella l. 4 agosto 1971, n. 592.*

2145. **Diritti ed obblighi del concedente.** – [I]. Il concedente conferisce il godimento del podere, dotato di quanto occorre per l'esercizio dell'impresa [2146] e di un'adeguata casa per la famiglia colonica.

[II]. [La direzione dell'impresa spetta al concedente, il quale deve osservare le norme della buona tecnica agraria] (1).

(1) *Comma implicitamente abrogato dall'art. 6 l. 15 settembre 1964, n. 756, secondo cui « il mezzadro collabora con il concedente nella direzione dell'impresa. A tal fine le parti con-*

cordano tutte le decisioni di rilevante interesse, secondo le esigenze della buona tecnica agraria ».

2146. Conferimento delle scorte. – [I]. Le scorte vive e morte sono conferite dal concedente e dal mezzadro in parti uguali, salvo diversa disposizione [delle norme corporative] (1), della convenzione o degli usi.

[II]. Le scorte conferite divengono comuni in proporzione dei rispettivi conferimenti [2163] (2).

(1) *Per il riferimento alle norme corporative, v.* sub *art. 1 prel.*

(2) *V. l. 29 maggio 1956, n. 500.*

2147. Obblighi del mezzadro. – [I]. Il mezzadro è obbligato a prestare, secondo [le direttive del concedente e] (1) le necessità della coltivazione, il lavoro proprio e quello della famiglia colonica.

[II]. È a carico del mezzadro, salvo diverse disposizioni [delle norme corporative] (2), della convenzione o degli usi, la spesa della mano d'opera eventualmente necessaria per la normale coltivazione del podere.

(1) *V.* sub *art. 2145.*

(2) *Per il riferimento alle norme corporative, v.* sub *art. 1 prel.*

2148. Obblighi di residenza e di custodia. – [I]. Il mezzadro ha l'obbligo di risiedere stabilmente nel podere con la famiglia colonica [2145].

[II]. Egli deve custodire il podere e mantenerlo in normale stato di produttività. Egli deve altresì custodire e conservare le altre cose affidategli dal concedente, con la diligenza del buon padre di famiglia [1176⁴, 1618, 2167, 2174], e non può, senza il consenso del concedente o salvo uso contrario, svolgere attività a suo esclusivo profitto o compiere prestazioni a favore di terzi.

2149. Divieto di subconcessione. – [I]. Il mezzadro non può cedere la mezzadria, né affidare ad altri la coltivazione del podere, senza il consenso del concedente [1594, 1624] (1).

(1) *V. d.ls.lt. 5 aprile 1945, n. 156, sul divieto dei contratti di subaffitto dei fondi rustici.*

2150. Rappresentanza della famiglia colonica. – [I]. Nei rapporti relativi alla mezzadria il mezzadro rappresenta, nei confronti del concedente, i componenti della famiglia colonica (1).

[II]. Le obbligazioni contratte dal mezzadro nell'esercizio della mezzadria sono garantite dai suoi beni e da quelli comuni della famiglia colonica. I componenti della famiglia colonica non rispondono con i loro beni, se non hanno prestato espressa garanzia.

(1) *Ma v. l'art. 48[1] l. 3 maggio 1982, n. 203.*

2151. Spese per la coltivazione. – [I]. Le spese per la coltivazione del podere e per l'esercizio delle attività connesse [2135[2]], escluse quelle per la mano d'opera previste dall'articolo 2147, sono a carico del concedente e del mezzadro in parti eguali, se non dispongono diversamente [le norme corporative] (1), la convenzione o gli usi.

[II]. Se il mezzadro è sfornito di mezzi propri, il concedente deve anticipare senza interesse, sino alla scadenza dell'anno agrario in corso, le spese indicate nel comma precedente, salvo rivalsa mediante prelevamento sui prodotti e sugli utili [2154] (2).

(1) *Per il riferimento alle norme corporative, v.* sub *art. 1 prel.*

(2) *L'articolo è da ritenersi sostituito dall'art. 5 l. 15 settembre 1964, n. 756.*

2152. Miglioramenti. – [I]. Il concedente che intende compiere miglioramenti sul podere deve valersi del lavoro dei componenti della famiglia colonica che siano forniti della necessaria capacità lavorativa, e questi sono tenuti a prestarlo verso compenso.

[II]. La misura del compenso, se non è stabilita [dalle norme corporative] (1), dalla convenzione o dagli usi, è determinata dal giudice, [sentite, ove occorra, le associazioni professionali e] (1) tenuto conto dell'eventuale incremento di reddito realizzato dal mezzadro.

(1) *Per il riferimento alle norme corporative v.* sub *art. 1 prel. Quanto alle associazioni professionali, v.* sub *art. 849.*

2153. Riparazioni di piccola manutenzione. – [I]. Salvo diverse disposizioni [delle norme corporative] (1), della convenzione o degli usi, sono a carico del mezzadro le riparazioni di piccola manutenzione della casa colonica e degli strumenti di lavoro, di cui egli e la famiglia colonica si servono [1576, 1577, 1621].

(1) *Per il riferimento alle norme corporative, v.* sub *art. 1 prel.*

2154. Anticipazioni di carattere alimentare alla famiglia colonica. – [I]. Se la quota dei prodotti spettante al mezzadro, per scarsezza del raccolto a lui non imputabile, non è sufficiente ai bisogni alimentari della famiglia colonica, e questa non è in grado di provvedervi, il concedente deve somministrare senza interesse il necessario per il mantenimento della famiglia colonica, salvo rivalsa mediante prelevamento sulla parte dei prodotti e degli utili spettanti al mezzadro (1).

[II]. Il giudice, con riguardo alle circostanze, può disporre il rimborso rateale.

(1) *V. art. 4² l. 15 settembre 1964, n. 756.*

2155. Raccolta e divisione dei prodotti. – [I]. Il mezzadro non può iniziare le operazioni di raccolta senza il consenso del concedente (1) ed è obbligato a custodire i prodotti sino alla divisione.

[II]. I prodotti sono divisi in natura sul fondo con l'intervento delle parti (2).

[III]. [Salvo diverse disposizioni delle norme corporative, della convenzione o degli usi, il mezzadro deve trasportare ai magazzini del concedente la quota a questo assegnata nella divisione] (3).

(1) *V. sub art. 2145.*
(2) *La divisione dei prodotti è ora disciplinata dall'art. 4 l. 15 settembre 1964, n. 756.*
(3) *Comma implicitamente abrogato dall'art. 4 l. 15 settembre 1964, n. 756.*

2156. Vendita dei prodotti. – [I]. La vendita dei prodotti, che in conformità degli usi non si dividono in natura, è fatta dal concedente previo accordo col mezzadro e, in mancanza, sulla base del prezzo di mercato (1).

[II]. La divisione si effettua sul ricavato della vendita, dedotte le spese.

(1) *La vendita è ora disciplinata dall'art. 4 l. 15 settembre 1964, n. 756.*

2157. Diritto di preferenza del concedente. – [I]. Il mezzadro, nella vendita dei prodotti assegnatigli in natura, deve, a parità di condizioni, preferire il concedente.

2158. Morte di una delle parti. – [I]. La mezzadria non si scioglie per la morte del concedente (1).

[II]. In caso di morte del mezzadro la mezzadria si scioglie alla fine dell'anno agrario in corso, salvo che tra gli eredi del mezzadro vi sia persona idonea a sostituirlo ed i componenti della famiglia colonica si accordino nel designarla.

[III]. Se la morte del mezzadro è avvenuta negli ultimi quattro mesi dell'anno agrario, i componenti della famiglia colonica possono chiedere che la mezzadria continui sino alla fine dell'anno successivo, purché assicurino la buona coltivazione del podere. La richiesta deve essere fatta entro due mesi dalla morte del mezzadro, o, se ciò non è possibile, prima dell'inizio del nuovo anno agrario.

[IV]. In tutti i casi, se il podere non è coltivato con la dovuta diligenza [2147], il concedente può fare eseguire a sue spese i lavori necessari, salvo rivalsa mediante prelevamento sui prodotti e sugli utili (2).

(1) *V. art. 49 l. 3 maggio 1982, n. 203.*
(2) *V.* sub *art. 2154.*

2159. Scioglimento del contratto. – [I]. Salve le norme generali sulla risoluzione dei contratti per inadempimento [1453 ss.], ciascuna delle parti può chiedere lo scioglimento del contratto quando si verificano fatti tali da non consentire la prosecuzione del rapporto.

2160. Trasferimento del diritto di godimento del fondo. – [I]. Se viene trasferito il diritto di godimento del fondo, la mezzadria continua nei confronti di chi subentra al concedente [1599], salvo che il mezzadro, entro un mese dalla notizia del trasferimento, dichiari di recedere dal contratto. In tal caso il recesso ha effetto alla fine dell'anno agrario in corso o di quello successivo, se non è comunicato almeno tre mesi prima della fine dell'anno agrario in corso.

[II]. I crediti e i debiti del concedente verso il mezzadro risultanti dal libretto colonico [2161] passano a chi subentra nel godimento del fondo, salva per i debiti la responsabilità sussidiaria dell'originario concedente.

2161. Libretto colonico. – [I]. Il concedente deve istituire un libretto colonico da tenersi in due esemplari, uno per ciascuna delle parti [2162].

[II]. Il concedente deve annotare di volta in volta su entrambi gli esemplari i crediti e i debiti delle parti relativi alla mezzadria, con indicazione della data e del fatto che li ha determinati.

[III]. Le annotazioni devono, alla fine dell'anno agrario, essere sottoscritte per accettazione dal concedente e dal mezzadro.

[IV]. Il mezzadro deve presentare il libretto colonico al concedente per le annotazioni e per i saldi annuali.

2162. Efficacia probatoria del libretto colonico. – [I]. Le annotazioni eseguite sui due esemplari del libretto colonico fanno prova a favore e contro ciascuno dei contraenti, se il mezzadro non ha reclamato entro novanta giorni dalla consegna del libretto fattagli dal concedente [2964 ss.].

[II]. Se una delle parti non presenta il proprio libretto, fa fede quello presentato.

[III]. In ogni caso le annotazioni delle partite fanno prova contro chi le ha scritte.

[IV]. Con la sottoscrizione delle parti alla chiusura annuale del conto colonico, questo s'intende approvato. Le risultanze del conto possono essere impugnate soltanto per errori materiali, omissioni, falsità e duplicazioni di partite entro novanta giorni dalla consegna del libretto al mezzadro [2964 ss.].

2163. Assegnazione delle scorte al termine della mezzadria. – [I]. Salvo diverse disposizioni [delle norme corporative] (1), della convenzione o degli usi, l'assegnazione delle scorte al termine della mezzadria deve farsi secondo le norme seguenti:

1) se si tratta di scorte vive, secondo la specie, il sesso, il numero, la qualità e il peso, ovvero, in mancanza di tali determinazioni, secondo il valore, tenuto conto della differenza di esso tra il tempo del conferimento e quello della riconsegna (2);

2) se si tratta di scorte morte circolanti, per quantità e qualità, valutando le eccedenze e le diminuzioni in base ai prezzi di mercato nel tempo della riconsegna;

3) se si tratta di scorte morte fisse, per specie, quantità, qualità e stato d'uso.

(1) *Per il riferimento alle norme corporative, v.* sub *art. 1 prel.*

(2) *Sulla consegna e riconsegna delle scorte vive nei contratti di mezzadria v. l. 29 maggio 1956, n. 500.*

SEZIONE III – *Della colonia parziaria*

2164. Nozione. – [I]. Nella colonia parziaria il concedente ed uno o più coloni si associano per la coltivazione di un fondo e per l'esercizio delle attività connesse [2135^2], al fine di dividerne i prodotti e gli utili (1).

[II]. La misura della ripartizione dei prodotti e degli utili è stabilita [dalle norme corporative] (2), dalla convenzione o dagli usi.

(1) *V. artt. 9-12 l. 15 settembre 1964, n. 756; art. 25 l. 3 maggio 1982, n. 203.*

(2) *Per il riferimento alle norme corporative, v.* sub *art. 1 prel.*

2165. Durata. – [I]. La colonia parziaria è contratta per il tempo necessario affinché il colono possa svolgere e portare a compimento un ciclo normale di rotazione delle colture praticate nel fondo (1).

[II]. Se non si fa luogo a rotazione di colture, la colonia non può avere una durata inferiore a due anni.

(1) *V. art. 14^2 l. 15 settembre 1964, n. 756.*

2166. Obblighi del concedente. – [I]. Il concedente deve consegnare il fondo in istato di servire alla produzione alla quale è destinato [2145^1].

2167. Obblighi del colono. – [I]. Il colono deve prestare il lavoro proprio secondo [le direttive del concedente e] (1) le necessità della coltivazione [2147] (2).

[II]. Egli deve custodire il fondo e mantenerlo in normale stato di produttività; deve altresì custodire e conservare le altre cose affidategli dal concedente con la diligenza del buon padre di famiglia [1176[1], 1618, 2148, 2174].

(1) *V.* sub *art. 2145.*

(2) *V. art. 12 l. 15 settembre 1964, n. 756.*

2168. Morte di una delle parti. – [I]. La colonia parziaria non si scioglie per la morte del concedente [2158[1]].

[II]. In caso di morte del colono, si applicano a favore degli eredi di questo le disposizioni del secondo, terzo e quarto comma dell'articolo 2158.

2169. Rinvio. – [I]. Sono applicabili alla colonia parziaria le norme dettate per la mezzadria negli articoli 2145, secondo comma, 2147, secondo comma, 2149, 2151, secondo comma, 2152, 2155, 2156, 2157, 2159, 2160 e 2163, nonché quelle concernenti la tenuta e l'efficacia probatoria del libretto colonico [2161, 2162], qualora le parti l'abbiano d'accordo istituito (1).

(1) *V. art. 12 l. 15 settembre 1964, n. 756.*

SEZIONE IV – *Della soccida*

§ 1. – *Disposizioni generali*

2170. Nozione. – [I]. Nella soccida il soccidante e il soccidario si associano per l'allevamento e lo sfruttamento di una certa quantità di bestiame e per l'esercizio delle attività connesse, al fine di ripartire l'accrescimento del bestiame e gli altri prodotti e utili che ne derivano [2181, 2184].

[II]. L'accrescimento consiste tanto nei parti sopravvenuti, quanto nel maggior valore intrinseco che il bestiame abbia al termine del contratto.

§ 2. – *Della soccida semplice*

2171. Nozione. – [I]. Nella soccida semplice il bestiame è conferito dal soccidante [2181[2]].

[II]. La stima del bestiame all'inizio del contratto non ne trasferisce la proprietà al soccidario.

[III]. La stima deve indicare il numero, la razza, la qualità, il sesso, il peso e l'età del bestiame e il relativo prezzo di mercato. La stima serve di base per determinare il prelevamento a cui ha diritto il soccidante alla fine del contratto, a norma dell'articolo 2181.

2172. Durata del contratto. – [I]. Se nel contratto non è stabilito un termine, la soccida ha la durata di tre anni.

[II]. Alla scadenza del termine il contratto non cessa di diritto, e la parte che non intende rinnovarlo deve darne disdetta almeno sei mesi prima della scadenza o nel maggior termine fissato [dalle norme corporative] (1), dalla convenzione o dagli usi.

[III]. Se non è data disdetta, il contratto s'intende rinnovato di anno in anno.

(1) *Per il riferimento alle norme corporative, v.* sub *art. 1 prel.*

2173. Direzione dell'impresa e assunzione di mano d'opera. – [I]. La direzione dell'impresa spetta al soccidante, il quale deve esercitarla secondo le regole della buona tecnica dell'allevamento [1176^2].

[II]. La scelta di prestatori di lavoro, estranei alla famiglia del soccidario, deve essere fatta col consenso del soccidante, anche quando secondo la convenzione o gli usi la relativa spesa è posta a carico del soccidario.

2174. Obblighi del soccidario. – [I]. Il soccidario deve prestare, secondo le direttive del soccidante [2173], il lavoro occorrente per la custodia e l'allevamento del bestiame affidatogli, per la lavorazione dei prodotti e per il trasporto sino ai luoghi di ordinario deposito.

[II]. Il soccidario deve usare la diligenza del buon allevatore [1176^2, 1618, 2148, 2167].

2175. Perimento del bestiame. – [I]. Il soccidario non risponde del bestiame che provi essere perito per causa a lui non imputabile, ma deve rendere conto delle parti recuperabili [1256, 1258].

2176. Reintegrazione del bestiame conferito. – [I]. Nella soccida stipulata per un tempo non inferiore a tre anni, qualora durante la prima metà del periodo contrattuale perisca la maggior parte del bestiame inizialmente conferito, per causa non imputabile al soccidario, questi può chiederne la reintegrazione con altri capi di valore intrinseco eguale a quello che i capi periti avevano all'inizio del contratto, tenuto conto del numero, della razza, della qualità, del sesso, del peso e dell'età.

[II]. Se il soccidante non provvede alla reintegrazione, il soccidario può recedere dal contratto.

2177. **Trasferimento dei diritti sul bestiame.** – [I]. Se la proprietà o il godimento del bestiame dato a soccida viene trasferito ad altri, il contratto non si scioglie e i crediti e i debiti del soccidante, derivanti dalla soccida, passano all'acquirente in proporzione della quota acquistata, salva per i debiti la responsabilità sussidiaria del soccidante.

[II]. Se il trasferimento riguarda la maggior parte del bestiame, il soccidario può, nel termine di un mese da quando ha avuto conoscenza del trasferimento, recedere dal contratto con effetto dalla fine dell'anno in corso.

2178. **Accrescimenti, prodotti, utili e spese.** – [I]. Gli accrescimenti [2170^2], i prodotti, gli utili e le spese si dividono tra le parti secondo le proporzioni stabilite [dalle norme corporative] (1), dalla convenzione o dagli usi.

[II]. È nullo il patto per il quale il soccidario debba sopportare nella perdita una parte maggiore di quella spettantegli nel guadagno.

(1) *Per il riferimento alle norme corporative, v.* sub *art. 1 prel.*

2179. **Morte di una delle parti.** – [I]. La soccida non si scioglie per la morte del soccidante.

[II]. In caso di morte del soccidario si osservano, in quanto applicabili, nei riguardi degli eredi le disposizioni del secondo, terzo e quarto comma dell'articolo 2158.

2180. **Scioglimento del contratto.** – [I]. Salve le norme generali sulla risoluzione dei contratti per inadempimento [1453 ss.], ciascuna delle parti può chiedere lo scioglimento del contratto, quando si verificano fatti tali da non consentire la prosecuzione del rapporto.

2181. **Prelevamento e divisione al termine del contratto.** – [I]. Al termine del contratto le parti procedono a nuova stima del bestiame.

[II]. Il soccidante preleva, d'accordo con il soccidario, un complesso di capi che, avuto riguardo al numero, alla razza, al sesso, al peso, alla qualità e all'età, sia corrispondente alla consistenza del bestiame apportato all'inizio della soccida [2171^3]. Il di più si divide a norma dell'articolo 2178.

[III]. Se non vi sono capi sufficienti ad eguagliare la stima iniziale, il soccidante prende quelli che rimangono.

§ 3. – *Della soccida parziaria* (1)

(1) *V. per la conversione in affitto artt. 25 ss. l. 3 maggio 1982, n. 203.*

2182. Conferimento del bestiame. – [I]. Nella soccida parziaria il bestiame è conferito da entrambi i contraenti nelle proporzioni convenute.

[II]. Essi divengono comproprietari del bestiame in proporzione del rispettivo conferimento.

2183. Reintegrazione del bestiame conferito. – [I]. Nella soccida stipulata per un tempo non inferiore a tre anni, qualora durante la prima metà del periodo contrattuale perisca per causa non imputabile al soccidario la maggior parte del bestiame inizialmente conferito, e i contraenti non si accordino per la reintegrazione, ciascuno di essi ha diritto di recedere dal contratto.

[II]. Salvo diverso accordo delle parti, il recesso ha effetto con la fine dell'anno in corso.

[III]. Il bestiame rimasto è diviso fra le parti nella proporzione indicata nell'articolo 2184.

[IV]. Se è convenuto che nella divisione del bestiame da farsi alla scadenza del contratto sia attribuita ad uno dei contraenti una quota maggiore di quella corrispondente al suo conferimento, tale quota deve essere ridotta in rapporto alla minor durata della soccida.

2184. Divisione del bestiame, dei prodotti e degli utili. – [I]. Gli accrescimenti [2170^2], i prodotti, gli utili, le spese e, al termine del contratto, il bestiame conferito si dividono nella proporzione stabilita [dalle norme corporative] (1), dalla convenzione o dagli usi [2183^3].

(1) *Per il riferimento alle norme corporative, v.* sub *art. 1 prel.*

2185. Rinvio. – [I]. Per quanto non è disposto dagli articoli precedenti, si applicano alla soccida parziaria le disposizioni relative alla soccida semplice [2172, 2175, 2177, 2179, 2181].

§ 4. – *Della soccida con conferimento di pascolo* (1)

(1) *V. art. 24 l. 11 febbraio 1971, n. 11; art. 25 l. 3 maggio 1982, n. 203, per la conversione in affitto.*

2186. Nozione e norme applicabili. – [I]. Si ha rapporto di soccida anche quando il bestiame è conferito dal soccidario e il soccidante conferisce il terreno per il pascolo.

[II]. In tal caso il soccidario ha la direzione dell'impresa e al soccidante spetta il controllo della gestione.

[III]. Si osservano inoltre le disposizioni dell'articolo 2184 e, in quanto applicabili, quelle dettate per la soccida semplice [2172, 2174, 2179, 2180].

SEZIONE V – *Disposizione finale*

2187. Usi. – [I]. Nei rapporti di associazione agraria regolati dalle sezioni II, III e IV di questo capo, per quanto non è espressamente disposto, si applicano, in mancanza di convenzione, gli usi [1374; 195 ss. trans.].

CAPO III – *Delle imprese commerciali e delle altre imprese soggette a registrazione*

SEZIONE I – *Del registro delle imprese*

2188. (1) **Registro delle imprese.** – [I]. È istituito il registro delle imprese per le iscrizioni previste dalla legge [99-101 att.].

[II]. Il registro è tenuto dall'ufficio del registro delle imprese sotto la vigilanza di un giudice delegato dal presidente del tribunale [101 att.].

[III]. Il registro è pubblico.

(1) *V. art. 8 l. 29 dicembre 1993, n. 580 e d.P.R. 7 dicembre 1995, n. 581.*

2189. (1) **Modalità dell'iscrizione.** – [I]. Le iscrizioni nel registro sono eseguite su domanda sottoscritta dall'interessato [2190].

[II]. Prima di procedere all'iscrizione, l'ufficio del registro deve accertare l'autenticità della sottoscrizione e il concorso delle condizioni richieste dalla legge per l'iscrizione.

[III]. Il rifiuto dell'iscrizione deve essere comunicato con raccomandata al richiedente. Questi può ricorrere entro otto giorni al giudice del registro, che provvede con decreto [2192].

(1) *V.* sub *art. 2188.*

2190. (1) **Iscrizione d'ufficio.** – [I]. Se una iscrizione obbligatoria [2194, 2195] non è stata richiesta, l'ufficio del registro invita mediante raccomandata l'imprenditore a richiederla entro un congruo termine. Decorso inutilmente il termine assegnato, il giudice del registro può ordinarla con decreto.

(1) *V.* sub *art. 2188.*

2191. (1) **Cancellazione d'ufficio.** – [I]. Se un'iscrizione è avvenuta senza che esistano le condizioni richieste dalla legge, il giudice del registro, sentito l'interessato, ne ordina con decreto la cancellazione.

(1) *V.* sub *art. 2188.*

2192. (1) **Ricorso contro il decreto del giudice del registro.** – [I]. Contro il decreto del giudice del registro emesso a norma degli articoli precedenti, l'interessato, entro quindici giorni dalla comunicazione, può ricorrere al tribunale dal quale dipende l'ufficio del registro.

[II]. Il decreto che pronunzia sul ricorso deve essere iscritto d'ufficio nel registro.

(1) *V.* sub *art. 2188.*

2193. (1) **Efficacia dell'iscrizione.** – [I]. I fatti dei quali la legge prescrive l'iscrizione, se non sono stati iscritti, non possono essere opposti ai terzi da chi è obbligato a richiederne l'iscrizione, a meno che questi provi che i terzi ne abbiano avuto conoscenza [2207].

[II]. L'ignoranza dei fatti dei quali la legge prescrive l'iscrizione non può essere opposta dai terzi dal momento in cui l'iscrizione è avvenuta.

[III]. Sono salve le disposizioni particolari della legge.

(1) *V.* sub *art. 2188.*

2194. (1) **Inosservanza dell'obbligo di iscrizione.** – [I]. Salvo quanto disposto dagli articoli 2626 e 2634 (2), chiunque omette di richiedere l'iscrizione nei modi e nel termine stabiliti dalla legge, è punito con l'ammenda (3) da 10 euro a 516 euro.

(1) *V.* sub *art. 2188.*
(2) *Il riferimento agli artt. 2626 e 2634 è da considerarsi inattuale a seguito della sostituzione dell'intero titolo XI del libro V operata dall'art. 1 d.ls. 11 aprile 2002, n. 61. V. ora l'art. 2630.*
(3) *V.* sub *art. 35.*

SEZIONE II – *Dell'obbligo di registrazione*

2195. **Imprenditori soggetti a registrazione.** – [I]. Sono soggetti all'obbligo dell'iscrizione nel registro delle imprese [2188 ss.] gli imprenditori che esercitano:

1) un'attività industriale diretta alla produzione di beni o di servizi;

2) un'attività intermediaria nella circolazione dei beni;

3) un'attività di trasporto per terra [1678], per acqua o per aria;

4) un'attività bancaria [1834 ss.] o assicurativa [1882];

5) altre attività ausiliarie delle precedenti [1754].

[II]. Le disposizioni della legge che fanno riferimento alle attività e alle imprese commerciali si applicano, se non risulta diversamente, a tutte le attività indicate in questo articolo e alle imprese che le esercitano.

2196. Iscrizione dell'impresa. – [I]. Entro trenta giorni dall'inizio dell'impresa l'imprenditore che esercita un'attività commerciale [2195] deve chiedere la iscrizione all'ufficio del registro delle imprese nella cui circoscrizione stabilisce la sede, indicando:

1) il cognome e il nome, il luogo e la data di nascita, la cittadinanza (1);

2) la ditta [2563 ss.];

3) l'oggetto dell'impresa;

4) la sede dell'impresa;

5) il cognome e il nome degli institori [2203 ss.] e procuratori [2209] (2).

[II]. L'imprenditore deve inoltre chiedere l'iscrizione delle modificazioni relative agli elementi suindicati e della cessazione dell'impresa, entro trenta giorni da quello in cui le modificazioni o la cessazione si verificano [2194].

(1) *Il riferimento alla paternità e alla razza che originariamente figuravano nel numero sono stati soppressi, rispettivamente, con l. 31 ottobre 1955, n. 1064 e con d.ls.lt. 14 settembre 1944, n. 287.*

(2) *L'articolo recava un originario secondo comma abrogato dall'art. 33[1] l. 24 novembre 2000, n. 340.*

2197. Sedi secondarie. – [I]. L'imprenditore che istituisce nel territorio dello Stato sedi secondarie con una rappresentanza stabile deve, entro trenta giorni, chiederne l'iscrizione all'ufficio del registro delle imprese del luogo dove è la sede principale dell'impresa [2194].

[II]. Nello stesso termine la richiesta deve essere fatta all'ufficio del luogo nel quale è istituita la sede secondaria, indicando altresì la sede principale, e il cognome e il nome del rappresentante preposto alla sede secondaria [2203[2]] (1).

[III]. La disposizione del secondo comma si applica anche all'imprenditore che ha all'estero la sede principale dell'impresa.

[IV]. L'imprenditore che istituisce sedi secondarie con rappresentanza stabile all'estero deve, entro trenta giorni, chiederne l'iscrizione all'ufficio del registro nella cui circoscrizione si trova la sede principale [2194] (2).

(1) *Seguiva un secondo periodo abrogato dall'art. 33[1] l. 24 novembre 2000, n. 340.*

(2) *Ai sensi dell'art. 4[3], d.lgs. 8 novembre 2021, n. 183, il presente comma non si applica in caso di sedi secondarie registrate nel territorio di un altro Stato membro da società di capitali soggette alla legge italiana.*

2198. Minori, interdetti e inabilitati. – [I]. I provvedimenti di autorizzazione all'esercizio di una impresa commerciale [2195] da parte di un minore emancipato [397] o di un inabilitato [425; 199 trans.] o nell'interesse di un minore non emancipato [320[5], 371] o di un interdetto [424] e i provvedimenti con i quali l'autorizzazione viene revocata devono essere comunicati senza indugio a cura del cancelliere all'ufficio del registro delle imprese per l'iscrizione.

2199. Indicazione dell'iscrizione. – [I]. L'imprenditore deve indicare negli atti e nella corrispondenza, che si riferiscono all'impresa, il registro presso il quale è iscritto.

2200. Società. – [I]. Sono soggette all'obbligo dell'iscrizione nel registro delle imprese le società costituite secondo uno dei tipi regolati nei capi III e seguenti del titolo V e le società cooperative [2511 ss.], anche se non esercitano un'attività commerciale.

[II]. L'iscrizione delle società nel registro delle imprese è regolata dalle disposizioni dei titoli V e VI [2250, 2296, 2297, 2317, 2330, 2331, 2523].

2201. Enti pubblici. – [I]. Gli enti pubblici che hanno per oggetto esclusivo o principale un'attività commerciale [2093; 409[n. 4] c.p.c.] sono soggetti all'obbligo dell'iscrizione nel registro delle imprese.

2202. (1) **Piccoli imprenditori.** – [I]. Non sono soggetti all'obbligo dell'iscrizione nel registro delle imprese i piccoli imprenditori [2083].

(1) *V. ora art. 8 l. 29 dicembre 1993, n. 580, che ha previsto l'iscrizione dei piccoli imprenditori in una sezione speciale del registro delle imprese.*

SEZIONE III – *Disposizioni particolari per le imprese commerciali*

§ 1. – *Della rappresentanza*

2203. Preposizione institoria. – [I]. È institore colui che è preposto dal titolare all'esercizio di un'impresa commerciale [2195; 290 c. nav.].

[II]. La preposizione può essere limitata all'esercizio di una sede secondaria o di un ramo particolare dell'impresa [2197].

[III]. Se sono preposti più institori, questi possono agire disgiuntamente, salvo che nella procura sia diversamente disposto [1716[2]].

2204. Poteri dell'institore. – [I]. L'institore può compiere tutti gli atti pertinenti all'esercizio dell'impresa a cui è preposto, salve le limitazioni contenute nella procura [2206²]. Tuttavia non può alienare o ipotecare i beni immobili del preponente, se non è stato a ciò espressamente autorizzato.

[II]. L'institore può stare in giudizio in nome del preponente per le obbligazioni dipendenti da atti compiuti nell'esercizio dell'impresa a cui è preposto [77² c.p.c.].

2205. Obblighi dell'institore. – [I]. Per le imprese o le sedi secondarie alle quali è preposto, l'institore è tenuto, insieme con l'imprenditore, all'osservanza delle disposizioni riguardanti l'iscrizione nel registro delle imprese [2196 ss.] e la tenuta delle scritture contabili [2214 ss.].

2206. Pubblicità della procura. – [I]. La procura con sottoscrizione del preponente autenticata deve essere depositata per l'iscrizione presso il competente ufficio del registro delle imprese [2196, 2197].

[II]. In mancanza dell'iscrizione, la rappresentanza si reputa generale e le limitazioni di essa non sono opponibili ai terzi, se non si prova che questi le conoscevano al momento della conclusione dell'affare [2193].

2207. Modificazione e revoca della procura. – [I]. Gli atti con i quali viene successivamente limitata o revocata la procura devono essere depositati, per l'iscrizione nel registro delle imprese, anche se la procura non fu pubblicata [1396].

[II]. In mancanza dell'iscrizione, le limitazioni o la revoca non sono opponibili ai terzi, se non si prova che questi le conoscevano al momento della conclusione dell'affare [2193; 289 c. nav.].

2208. Responsabilità personale dell'institore. – [I]. L'institore è personalmente obbligato se omette di far conoscere al terzo che egli tratta per il preponente; tuttavia il terzo può agire anche contro il preponente per gli atti compiuti dall'institore, che siano pertinenti all'esercizio dell'impresa a cui è preposto [2204].

2209. Procuratori. – [I]. Le disposizioni degli articoli 2206 e 2207 si applicano anche ai procuratori, i quali, in base a un rapporto continuativo, abbiano il potere di compiere per l'imprenditore gli atti pertinenti all'esercizio dell'impresa [2204], pur non essendo preposti ad esso.

2210. Poteri dei commessi dell'imprenditore. – [I]. I commessi dell'imprenditore, salve le limitazioni contenute nell'atto di conferimento della rappresentanza, possono compiere gli atti che ordinariamente comporta la specie delle operazioni di cui sono incaricati [1835].

[II]. Non possono tuttavia esigere il prezzo delle merci delle quali non facciano la consegna, né concedere dilazioni o sconti che non sono d'uso, salvo che siano a ciò espressamente autorizzati [2211].

2211. Poteri di deroga alle condizioni generali di contratto. – [I]. I commessi, anche se autorizzati a concludere contratti in nome dell'imprenditore, non hanno il potere di derogare alle condizioni generali di contratto o alle clausole stampate sui moduli dell'impresa, se non sono muniti di una speciale autorizzazione scritta [1341, 1342].

2212. Poteri dei commessi relativi agli affari conclusi. – [I]. Per gli affari da essi conclusi, i commessi dell'imprenditore sono autorizzati a ricevere per conto di questo le dichiarazioni che riguardano l'esecuzione del contratto e i reclami relativi alle inadempienze contrattuali.

[II]. Sono altresì legittimati a chiedere i provvedimenti cautelari nell'interesse dell'imprenditore.

2213. Poteri dei commessi preposti alla vendita. – [I]. I commessi preposti alla vendita nei locali dell'impresa possono esigere il prezzo delle merci da essi vendute [1188, 1199], salvo che alla riscossione sia palesemente destinata una cassa speciale.

[II]. Fuori dei locali dell'impresa non possono esigere il prezzo, se non sono autorizzati o se non consegnano quietanza firmata dall'imprenditore.

§ 2. – *Delle scritture contabili*

2214. Libri obbligatori e altre scritture contabili. – [I]. L'imprenditore che esercita un'attività commerciale [2195] deve tenere il libro giornale e il libro degli inventari [2215, 2216; 634 c.p.c.] (1).

[II]. Deve altresì tenere le altre scritture contabili che siano richieste dalla natura e dalle dimensioni dell'impresa [200 trans.] e conservare ordinatamente per ciascun affare gli originali delle lettere, dei telegrammi e delle fatture ricevute, nonché le copie delle lettere, dei telegrammi e della fatture spedite [2220, 2709-2711].

[III]. Le disposizioni di questo paragrafo non si applicano ai piccoli imprenditori [2083].

(1) *V. artt. 13 e 14 d.P.R. 29 settembre 1973, n. 600, nonché art. 12 d.P.R. 7 dicembre 2001, n. 435.*

2215. (1) **Modalità di tenuta delle scritture contabili.** – [I]. I libri contabili, prima di essere messi in uso, devono essere numerati progressivamente in ogni pagina e, qualora sia previsto l'obbligo della bollatura o della vidimazione, devono essere bollati in ogni foglio dall'ufficio del registro delle imprese o da un notaio secondo le disposizioni delle leggi speciali. L'ufficio del registro o il notaio deve dichiarare nell'ultima pagina dei libri il numero dei fogli che li compongono.

[II]. Il libro giornale e il libro degli inventari devono essere numerati progressivamente e non sono soggetti a bollatura né a vidimazione.

(1) *Articolo così sostituito dall'art. 8[1] l. 18 ottobre 2001, n. 383.*

2215-*bis*. (1) **Documentazione informatica.** – [I]. I libri, i repertori, le scritture e la documentazione la cui tenuta è obbligatoria per disposizione di legge o di regolamento o che sono richiesti dalla natura o dalle dimensioni dell'impresa possono essere formati e tenuti con strumenti informatici.

[II]. Le registrazioni contenute nei documenti di cui al primo comma debbono essere rese consultabili in ogni momento con i mezzi messi a disposizione dal soggetto tenutario e costituiscono informazione primaria e originale da cui è possibile effettuare, su diversi tipi di supporto, riproduzioni e copie per gli usi consentiti dalla legge.

[III]. Gli obblighi di numerazione progressiva e di vidimazione previsti dalle disposizioni di legge o di regolamento per la tenuta dei libri, repertori e scritture sono assolti, in caso di tenuta con strumenti informatici, mediante apposizione, almeno una volta all'anno, della marcatura temporale e della firma digitale dell'imprenditore o di altro soggetto dal medesimo delegato (2).

[IV]. Qualora per un anno non siano state eseguite registrazioni, la firma digitale e la marcatura temporale devono essere apposte all'atto di una nuova registrazione e da tale apposizione decorre il periodo annuale di cui al terzo comma (2).

[V]. I libri, i repertori e le scritture tenuti con strumenti informatici, secondo quanto previsto dal presente articolo, hanno l'efficacia probatoria di cui agli articoli 2709 e 2710 del codice civile.

[VI]. Per i libri e per i registri la cui tenuta è obbligatoria per disposizione di legge o di regolamento di natura tributaria, il termine di cui al terzo comma opera secondo le norme in materia di conservazione digitale contenute nelle medesime disposizioni (3).

(1) *Articolo inserito dall'art. 16$^{12\text{-bis}}$ d.l. 29 novembre 2008, n. 185, conv., con modif., in l. 28 gennaio 2009, n. 2; ai sensi del successivo 16$^{12\text{-ter}}$ d.l. n. 185, cit., l'obbligo di bollatura dei documenti di cui al presente articolo, in caso di tenuta con strumenti informatici, è assolto in base a quanto previsto all'art. 7 d.m. 23 gennaio 2004 (in G.U. 3 febbraio 2004, n. 27).*

(2) *I commi terzo e quarto sono stati così sostituiti dall'art. 6$^{2\ \text{lett. f-quater)}}$ d.l. 13 maggio 2011, n. 70, conv., con modif., in l. 12 luglio 2011, n. 106.*

(3) *Comma aggiunto dall'art. 6$^{2\ \text{lett. f-quater)}}$ d.l. n. 70, cit.*

2216. (1) **Contenuto del libro giornale.** – [I]. Il libro giornale deve indicare giorno per giorno le operazioni relative all'esercizio dell'impresa.

(1) *Articolo così sostituito dall'art. 7-*bis *d.l. 10 giugno 1994, n. 357, conv., con modif., in l. 8 agosto 1994, n. 489.*

2217. **Redazione dell'inventario.** – [I]. L'inventario deve redigersi all'inizio dell'esercizio dell'impresa [769 ss. c.p.c.] e successivamente ogni anno, e deve contenere l'indicazione e la valutazione delle attività e delle passività relative all'impresa, nonché delle attività e delle passività dell'imprenditore estranee alla medesima.

[II]. L'inventario si chiude con il bilancio e con il conto dei profitti e delle perdite, il quale deve dimostrare con evidenza e verità gli utili conseguiti o le perdite subite. Nelle valutazioni di bilancio l'imprenditore deve attenersi ai criteri stabiliti per i bilanci delle società per azioni, in quanto applicabili [2425].

[III]. L'inventario deve essere sottoscritto dall'imprenditore entro tre mesi dal termine per la presentazione della dichiarazione dei redditi ai fini delle imposte dirette (1).

(1) *Comma così sostituito dall'art. 7-*bis *d.l. 10 giugno 1994, n. 357, conv., con modif., in l. 8 agosto 1994, n. 489.*

2218. (1) **Bollatura facoltativa.** – [I]. L'imprenditore può far bollare nei modi indicati nell'articolo 2215 gli altri libri da lui tenuti.

(1) *Articolo così sostituito dall'art. 7-*bis *d.l. 10 giugno 1994, n. 357, conv., con modif., in l. 8 agosto 1994, n. 489.*

2219. **Tenuta della contabilità.** – [I]. Tutte le scritture devono essere tenute secondo le norme di un'ordinata contabilità, senza spazi in bianco, senza interlinee e senza trasporti in margine. Non vi si possono fare abrasioni e, se è necessaria qualche cancellazione, questa deve eseguirsi in modo che le parole cancellate siano leggibili [2710].

2220. Conservazione delle scritture contabili. – [I]. Le scritture devono essere conservate per dieci anni dalla data dell'ultima registrazione [2312^4] (1).

[II]. Per lo stesso periodo devono conservarsi le fatture, le lettere e i telegrammi ricevuti e le copie delle fatture, delle lettere e dei telegrammi spediti.

[III]. Le scritture e i documenti di cui al presente articolo possono essere conservati sotto forma di registrazioni su supporti di immagini, sempre che le registrazioni corrispondano ai documenti e possano in ogni momento essere rese leggibili con i mezzi messi a disposizione dal soggetto che utilizza detti supporti (2).

(1) *V. art. 22 d.P.R. 29 settembre 1973, n. 600.*

(2) *Comma aggiunto dall'art. 7-*bis *d.l. 10 giugno 1994, n. 357, conv., con modif., in l. 8 agosto 1994, n. 489.*

§ 3. – *Dell'insolvenza*

[2221. (1) **Fallimento e concordato preventivo.** – [I]. Gli imprenditori che esercitano un'attività commerciale [2195], esclusi gli enti pubblici [2201] e i piccoli imprenditori [2083], sono soggetti, in caso d'insolvenza, alle procedure del fallimento e del concordato preventivo, salve le disposizioni delle leggi speciali] (2).

(1) *Articolo abrogato dall'art. 384[1] d.lgs. 12 gennaio 2019, n. 14.*

(2) *V. artt. 5 e 160 r.d. 16 marzo 1942, n. 267 (per la nuova disciplina, v. artt. 2, 85 e 121 d.lgs. n. 14, cit.). Per l'amministrazione straordinaria delle grandi imprese in stato di insolvenza v. d.lgs. 8 luglio 1999, n. 270. Per le società fiduciarie e di revisione v. d.l. 5 giugno 1986, n. 233, conv., con modif., in l. 1° agosto 1986, n. 430, che ne dispone la liquidazione coatta amministrativa in caso di stato di insolvenza.*

TITOLO III
Del lavoro autonomo

CAPO I – *Disposizioni generali*

2222. (1) **Contratto d'opera.** – [I]. Quando una persona si obbliga a compiere verso un corrispettivo un'opera o un servizio, con lavoro prevalentemente proprio e senza vincolo di subordinazione nei confronti del committente, si applicano le norme di questo capo, salvo che il rapporto abbia una disciplina particolare nel libro IV [1655 ss.].

(1) *V. artt. 21 e 26 d.lgs. 9 aprile 2008, n. 81.*

2223. Prestazione della materia. – [I]. Le disposizioni di questo capo si osservano anche se la materia è fornita dal prestatore di opera [1658], purché le parti non abbiano avuto prevalentemente in considerazione la materia, nel qual caso si applicano le norme sulla vendita [1470 ss.].

2224. Esecuzione dell'opera. – [I]. Se il prestatore d'opera non procede all'esecuzione dell'opera secondo le condizioni stabilite dal contratto e a regola d'arte, il committente può fissare un congruo termine, entro il quale il prestatore d'opera deve conformarsi a tali condizioni [1454].

[II]. Trascorso inutilmente il termine fissato, il committente può recedere dal contratto, salvo il diritto al risarcimento dei danni [1662].

2225. Corrispettivo. – [I]. Il corrispettivo, se non è convenuto dalle parti e non può essere determinato secondo le tariffe professionali o gli usi, è stabilito dal giudice in relazione al risultato ottenuto e al lavoro normalmente necessario per ottenerlo [1657, 1709, 1755].

2226. Difformità e vizi dell'opera. – [I]. L'accettazione espressa o tacita dell'opera libera il prestatore d'opera dalla responsabilità per difformità o per vizi della medesima, se all'atto dell'accettazione questi erano noti al committente o facilmente riconoscibili, purché in questo caso non siano stati dolosamente occultati [1667].

[II]. Il committente deve, a pena di decadenza, denunziare le difformità e i vizi occulti al prestatore d'opera entro otto giorni dalla scoperta. L'azione si prescrive entro un anno dalla consegna [1495; 201 trans.].

[III]. I diritti del committente nel caso di difformità o di vizi dell'opera sono regolati dall'articolo 1668.

2227. Recesso unilaterale dal contratto. – [I]. Il committente può recedere dal contratto, ancorché sia iniziata l'esecuzione dell'opera, tenendo indenne il prestatore d'opera delle spese, del lavoro eseguito e del mancato guadagno [1671].

2228. Impossibilità sopravvenuta dell'esecuzione dell'opera. – [I]. Se l'esecuzione dell'opera diventa impossibile per causa non imputabile ad alcuna delle parti, il prestatore d'opera ha diritto ad un compenso per il lavoro prestato in relazione alla utilità della parte dell'opera compiuta [1464, 1672].

CAPO II – *Delle professioni intellettuali*

2229. Esercizio delle professioni intellettuali. – [I]. La legge determina le professioni intellettuali per l'esercizio delle quali è necessaria l'iscrizione in appositi albi o elenchi [2231] (1).

[II]. L'accertamento dei requisiti per l'iscrizione negli albi o negli elenchi, la tenuta dei medesimi e il potere disciplinare sugli iscritti sono demandati alle associazioni professionali, sotto la vigilanza dello Stato, salvo che la legge disponga diversamente (2).

[III]. Contro il rifiuto dell'iscrizione o la cancellazione dagli albi o elenchi, e contro i provvedimenti disciplinari che importano la perdita o la sospensione del diritto all'esercizio della professione è ammesso ricorso in via giurisdizionale nei modi e nei termini stabiliti dalle leggi speciali.

(1) *V. artt. 16 ss. d.ls. 2 febbraio 2001, n. 96, in tema di esercizio della professione di avvocato in forma societaria.*

(2) *V. d.ls.lt. 23 novembre 1944, n. 382.*

2230. Prestazione d'opera intellettuale. – [I]. Il contratto che ha per oggetto una prestazione d'opera intellettuale è regolato dalle norme seguenti e, in quanto compatibili con queste e con la natura del rapporto, dalle disposizioni del capo precedente.

[II]. Sono salve le disposizioni delle leggi speciali.

2231. Mancanza d'iscrizione. – [I]. Quando l'esercizio di un'attività professionale è condizionato all'iscrizione in un albo o elenco, la prestazione eseguita da chi non è iscritto non gli dà azione per il pagamento della retribuzione [2034].

[II]. La cancellazione dall'albo o elenco risolve il contratto in corso, salvo il diritto del prestatore d'opera al rimborso delle spese incontrate e a un compenso adeguato all'utilità del lavoro compiuto [1672, 2228, 2237].

2232. Esecuzione dell'opera. – [I]. Il prestatore d'opera deve eseguire personalmente l'incarico assunto. Può tuttavia valersi, sotto la propria direzione e responsabilità, di sostituti e ausiliari [1228], se la collaborazione di altri è consentita dal contratto o dagli usi e non è incompatibile con l'oggetto della prestazione [1717].

2233. Compenso. – [I]. Il compenso, se non è convenuto dalle parti e non può essere determinato secondo le tariffe o gli usi, è determinato dal giudice [1657, 1709, 1755, 2225, 2751-*bis*$^{n. 2}$, 2956$^{n. 2}$], sentito il parere dell'associazione professionale a cui il professionista appartiene.

[II]. In ogni caso la misura del compenso deve essere adeguata all'importanza dell'opera e al decoro della professione.

[III]. Sono nulli, se non redatti in forma scritta, i patti conclusi tra gli avvocati ed i praticanti abilitati con i loro clienti che stabiliscono i compensi professionali (1).

(1) *Comma così sostituito dall'art. 2$^{2\text{-bis}}$ d.l. 4 luglio 2006, n. 223, conv., con modif., in l. 4 agosto 2006, n. 248.*

2234. Spese e acconti. – [I]. Il cliente, salvo diversa pattuizione, deve anticipare al prestatore d'opera le spese occorrenti al compimento dell'opera e corrispondere, secondo gli usi, gli acconti sul compenso.

2235. Divieto di ritenzione. – [I]. Il prestatore d'opera non può ritenere le cose e i documenti ricevuti, se non per il periodo strettamente necessario alla tutela dei propri diritti secondo le leggi professionali.

2236. Responsabilità del prestatore d'opera. – [I]. Se la prestazione implica la soluzione di problemi tecnici di speciale difficoltà, il prestatore d'opera non risponde dei danni, se non in caso di dolo o di colpa grave [1176, 1218].

2237. Recesso. – [I]. Il cliente può recedere dal contratto, rimborsando al prestatore d'opera le spese sostenute e pagando il compenso per l'opera svolta [1671, 2227, 2231^{2}].

[II]. Il prestatore d'opera può recedere dal contratto per giusta causa [2119]. In tal caso egli ha diritto al rimborso delle spese fatte e al compenso per l'opera svolta, da determinarsi con riguardo al risultato utile che ne sia derivato al cliente [1672, 2228].

[III]. Il recesso del prestatore d'opera deve essere esercitato in modo da evitare pregiudizio al cliente.

2238. Rinvio. – [I]. Se l'esercizio della professione costituisce elemento di un'attività organizzata in forma d'impresa, si applicano anche le disposizioni del titolo II [2082 ss.] (1).

[II]. In ogni caso, se l'esercente una professione intellettuale impiega sostituti o ausiliari, si applicano le disposizioni delle sezioni II, III e IV del capo I del titolo II [2094 ss.].

(1) *V. art. 10 l. 12 novembre 2011, n. 183.*

TITOLO IV
Del lavoro subordinato in particolari rapporti

CAPO I – *Disposizioni generali*

2239. Norme applicabili. – [I]. I rapporti di lavoro subordinato che non sono inerenti all'esercizio di un'impresa sono regolati dalle disposizioni delle sezioni II, III e IV del capo I del titolo II, in quanto compatibili con la specialità del rapporto [2094 ss.; 98^2 att.] (1).

(1) *Per la disciplina del lavoro subordinato sportivo v. l. 23 marzo 1981, n. 91.*

CAPO II – *Del lavoro domestico*

2240. Norme applicabili. – [I]. Il rapporto di lavoro che ha per oggetto la prestazione di servizi di carattere domestico è regolato dalle disposizioni di questo capo [203 trans.], e, in quanto più favorevoli al prestatore di lavoro, dalla convenzione e dagli usi [2068^2] (1).

(1) *V. l. 2 aprile 1958, n. 339 e l. 27 dicembre 1953, n. 940.*

2241. Periodo di prova. – [I]. Il patto di prova si presume per i primi otto giorni.

2242. Vitto, alloggio e assistenza. – [I]. Il prestatore di lavoro ammesso alla convivenza familiare ha diritto, oltre alla retribuzione in danaro, al vitto, all'alloggio e, per le infermità di breve durata, alla cura e all'assistenza medica.

[II]. Le parti devono contribuire alle istituzioni di previdenza e di assistenza, nei casi e nei modi stabiliti dalla legge (1).

(1) *V. d.P.R. 31 dicembre 1971, n. 1403.*

2243. Periodo di riposo. – [I]. Il prestatore di lavoro, oltre al riposo settimanale secondo gli usi ha diritto, dopo un anno di ininterrotto servizio, (1) ad un periodo di ferie retribuito, che non può essere inferiore a otto giorni.

(1) *L'inciso* « dopo un anno di ininterrotto servizio » *è stato dichiarato* costituzionalmente illegittimo *da* ***C. cost.*** *17 febbraio 1969, n. 16.*

2244. Recesso. – [I]. Al contratto di lavoro domestico sono applicabili le norme sul recesso volontario e per giusta causa, stabilite negli articoli 2118 e 2119.

[II]. Il periodo di preavviso non può essere inferiore a otto giorni o, se l'anzianità di servizio è superiore a due anni, a quindici giorni.

2245. Indennità di anzianità. – [I]. In caso di cessazione del contratto è dovuta al prestatore di lavoro un'indennità proporzionale agli anni di servizio, [salvo il caso di licenziamento per colpa di lui o di dimissioni volontarie] (1) [2120].

[II]. L'ammontare dell'indennità è determinato sulla base dell'ultima retribuzione in danaro, nella misura di otto giorni per ogni anno di servizio (1).

[III]. [Se gli usi lo stabiliscono, l'indennità è dovuta anche nel caso di dimissioni volontarie] (1).

(1) *V. l'art. 17 l. 2 aprile 1958, n. 339 che ha implicitamente abrogato la parte finale del primo comma e il terzo comma e ha diversamente commisurato l'ammontare dell'indennità di cui al secondo comma, ma cfr. altresì le declaratorie di parziale incostituzionalità dello stesso art. 17: C. cost. 4 maggio 1972, n. 85; 6 giugno 1973, n. 72; 27 marzo 1974, n. 85. V. anche l. 29 maggio 1982, n. 297.*

2246. Certificato di lavoro. – [I]. Alla cessazione del contratto il prestatore di lavoro ha diritto al rilascio di un certificato che attesti la natura delle mansioni disimpegnate e il periodo di servizio prestato [2124].

TITOLO V
Delle società

CAPO I – *Disposizioni generali*

2247. Contratto di società (1). – [I]. Con il contratto di società due o più persone conferiscono beni o servizi [2253] per l'esercizio in comune di un'attività economica allo scopo di dividerne gli utili.

(1) *Rubrica così sostituita dall'art. 1 d.ls. 3 marzo 1993, n. 88.*

2248. Comunione a scopo di godimento. – [I]. La comunione costituita o mantenuta al solo scopo del godimento di una o più cose è regolata dalle norme del titolo VII del libro III [1100 ss.].

2249. Tipi di società. – [I]. Le società che hanno per oggetto l'esercizio di un'attività commerciale [2195] devono costituirsi secondo uno dei tipi regolati nei capi III e seguenti di questo titolo.

[II]. Le società che hanno per oggetto l'esercizio di un'attività diversa sono regolate dalle disposizioni sulla società semplice [2251-2290], a meno che i soci abbiano voluto costituire la società secondo uno degli altri tipi regolati nei capi III e seguenti di questo titolo.

[III]. Sono salve le disposizioni riguardanti le società cooperative [2511 ss.] e quelle delle leggi speciali che per l'esercizio di particolari categorie di imprese prescrivono la costituzione della società secondo un determinato tipo.

2250. (1) **Indicazione negli atti e nella corrispondenza.** – [I]. Negli atti e nella corrispondenza delle società soggette all'obbligo dell'iscrizione nel registro delle imprese [2200] devono essere indicati la sede della società e l'ufficio del registro delle imprese presso il quale questa è iscritta e il numero di iscrizione.

[II]. Il capitale delle società per azioni, in accomandita per azioni e a responsabilità limitata deve essere negli atti e nella corrispondenza indicato secondo la somma effettivamente versata e quale risulta esistente dall'ultimo bilancio.

[III]. Dopo lo scioglimento delle società previste dal primo comma deve essere espressamente indicato negli atti e nella corrispondenza che la società è in liquidazione [2627].

[IV]. Negli atti e nella corrispondenza delle società per azioni ed a responsabilità limitata deve essere indicato se queste hanno un unico socio (2).

[V]. Gli atti delle società costituite secondo uno dei tipi regolati nei capi V, VI e VII del presente titolo, per i quali è obbligatoria l'iscrizione o il deposito, possono essere altresì pubblicati in apposita sezione del registro delle imprese in altra lingua ufficiale delle Comunità europee, con traduzione giurata di un esperto (3).

[VI]. In caso di discordanza con gli atti pubblicati in lingua italiana, quelli pubblicati in altra lingua ai sensi del quinto comma non possono essere opposti ai terzi, ma questi possono avvalersene, salvo che la società dimostri che essi erano a conoscenza della loro versione in lingua italiana (3).

[VII]. Le società di cui al quinto comma che dispongono di uno spazio elettronico destinato alla comunicazione collegato ad una rete telematica ad accesso pubblico forniscono, attraverso tale mezzo, tutte le informazioni di cui al primo, secondo, terzo e quarto comma (3).

(1) *Articolo così sostituito dall'art. 1 d.P.R. 29 dicembre 1969, n. 1127.*

(2) *Comma aggiunto dall'art. 2 d.ls. 3 marzo 1993, n. 88 e successivamente così modificato dall'art. 6[3] d.ls. 6 febbraio 2004, n. 37.*

(3) *Comma aggiunto dall'art. 42[1] l. 7 luglio 2009, n. 88 (legge comunitaria 2008).*

CAPO II – *Della società semplice*

SEZIONE I – *Disposizioni generali*

2251. Contratto sociale. – [I]. Nella società semplice [204 trans.] il contratto non è soggetto a forme speciali, salve quelle richieste dalla natura dei beni conferiti [1350nn. 1, 9].

2252. Modificazioni del contratto sociale. – [I]. Il contratto sociale può essere modificato soltanto con il consenso di tutti i soci, se non è convenuto diversamente.

SEZIONE II – *Dei rapporti tra i soci*

2253. Conferimenti. – [I]. Il socio è obbligato a eseguire i conferimenti determinati nel contratto sociale [2247].

[II]. Se i conferimenti non sono determinati, si presume che i soci siano obbligati a conferire, in parti eguali tra loro, quanto è necessario per il conseguimento dell'oggetto sociale.

2254. Garanzia e rischi dei conferimenti. – [I]. Per le cose conferite in proprietà la garanzia dovuta dal socio e il passaggio dei rischi sono regolati dalle norme sulla vendita [1465, 1483 ss., 1529, 2286^3].

[II]. Il rischio delle cose conferite in godimento resta a carico del socio che le ha conferite [2286^2]. La garanzia per il godimento è regolata dalle norme sulla locazione [1578 ss., 1585 ss.].

2255. Conferimento di crediti. – [I]. Il socio che ha conferito un credito risponde della insolvenza del debitore, nei limiti indicati dall'articolo 1267 per il caso di assunzione convenzionale della garanzia.

2256. Uso illegittimo delle cose sociali. – [I]. Il socio non può servirsi, senza il consenso degli altri soci, delle cose appartenenti al patrimonio sociale per fini estranei a quelli della società [2248].

2257. Amministrazione disgiuntiva. – [I]. L'istituzione degli assetti di cui all'articolo 2086, secondo comma, spetta esclusivamente agli amministratori. Salvo diversa pattuizione, l'amministrazione della società spetta a ciascuno dei soci disgiuntamente dagli altri (1).

[II]. Se l'amministrazione spetta disgiuntamente a più soci, ciascun socio amministratore ha diritto di opporsi all'operazione che un altro voglia compiere, prima che sia compiuta.

[III]. La maggioranza dei soci, determinata secondo la parte attribuita a ciascun socio negli utili, decide sull'opposizione.

(1) *Comma sostituito dall'art. 40^1 d.ls. 26 ottobre 2020, n. 147, a decorrere dal 20 novembre 2020, ai sensi dell'art. 42 dello stesso d.ls. Il testo del comma, come da ultimo sostituito dall'art. 377^1 d.ls. 12 gennaio 2019, n. 14 era il seguente:* « La gestione dell'impresa si svolge nel rispetto della disposizione di cui all'articolo 2086, secondo comma, e spetta esclusivamente agli amministratori, i quali compiono le operazioni necessarie per l'attuazione dell'oggetto sociale. Salvo diversa pattuizione, l'amministrazione della società spetta a ciascuno dei soci disgiuntamente dagli altri ». *Tale modifica, ai sensi dell'art. 389^2 d.ls. n. 14,*

cit., era entrata in vigore il 16 marzo 2019 (trentesimo giorno successivo alla pubblicazione nella Gazzetta Ufficiale del suddetto decreto).

2258. Amministrazione congiuntiva. – [I]. Se l'amministrazione spetta congiuntamente a più soci, è necessario il consenso di tutti i soci amministratori per il compimento delle operazioni sociali.

[II]. Se è convenuto che per l'amministrazione o per determinati atti sia necessario il consenso della maggioranza, questa si determina a norma dell'ultimo comma dell'articolo precedente.

[III]. Nei casi preveduti da questo articolo, i singoli amministratori non possono compiere da soli alcun atto, salvo che vi sia urgenza di evitare un danno alla società.

2259. Revoca della facoltà di amministrare. – [I]. La revoca dell'amministratore nominato con il contratto sociale non ha effetto se non ricorre una giusta causa [1723²].

[II]. L'amministratore nominato con atto separato è revocabile secondo le norme sul mandato [1723 ss.].

[III]. La revoca per giusta causa può in ogni caso essere chiesta giudizialmente [2409; 700 c.p.c.] da ciascun socio.

2260. Diritti e obblighi degli amministratori. – [I]. I diritti e gli obblighi degli amministratori sono regolati dalle norme sul mandato [1710 ss.].

[II]. Gli amministratori sono solidalmente responsabili verso la società [1292 ss.] per l'adempimento degli obblighi ad essi imposti dalla legge e dal contratto sociale. Tuttavia la responsabilità non si estende a quelli che dimostrino di essere esenti da colpa.

2261. Controllo dei soci. – [I]. I soci che non partecipano alla amministrazione hanno diritto di avere dagli amministratori notizia dello svolgimento degli affari sociali, di consultare i documenti relativi all'amministrazione e di ottenere il rendiconto quando gli affari per cui fu costituita la società sono stati compiuti.

[II]. Se il compimento degli affari sociali dura oltre un anno, i soci hanno diritto di avere il rendiconto dell'amministrazione al termine di ogni anno, salvo che il contratto stabilisca un termine diverso.

2262. Utili. – [I]. Salvo patto contrario, ciascun socio ha diritto di percepire la sua parte di utili [2433] dopo l'approvazione del rendiconto.

2263. Ripartizione dei guadagni e delle perdite. – [I]. Le parti spettanti ai soci nei guadagni e nelle perdite si presumono proporzionali ai conferimenti. Se il valore dei conferimenti non è determinato dal contratto, esse si presumono eguali [2265].

[II]. La parte spettante al socio che ha conferito la propria opera, se non è determinata dal contratto, è fissata dal giudice secondo equità.

[III]. Se il contratto determina soltanto la parte di ciascun socio nei guadagni, nella stessa misura si presume che debba determinarsi la partecipazione alle perdite [2265].

2264. Partecipazione ai guadagni e alle perdite rimessa alla determinazione di un terzo. – [I]. La determinazione della parte di ciascun socio nei guadagni e nelle perdite può essere rimessa ad un terzo [1349, 2603[4]].

[II]. La determinazione del terzo può essere impugnata soltanto nei casi previsti dall'articolo 1349 e nel termine di tre mesi dal giorno in cui il socio, che pretende di esserne leso, ne ha avuto comunicazione [2964 ss.]. La impugnazione non può essere proposta dal socio che ha volontariamente eseguito la determinazione del terzo.

2265. Patto leonino. – [I]. È nullo il patto con il quale uno o più soci sono esclusi da ogni partecipazione agli utili o alle perdite [1419, 2263].

Sezione III – *Dei rapporti con i terzi*

2266. Rappresentanza della società. – [I]. La società acquista diritti e assume obbligazioni per mezzo dei soci che ne hanno la rappresentanza e sta in giudizio nella persona dei medesimi.

[II]. In mancanza di diversa disposizione del contratto, la rappresentanza spetta a ciascun socio amministratore [2257-2260] e si estende a tutti gli atti che rientrano nell'oggetto sociale.

[III]. Le modificazioni e l'estinzione dei poteri di rappresentanza sono regolate dall'articolo 1396.

2267. Responsabilità per le obbligazioni sociali. – [I]. I creditori della società possono far valere i loro diritti sul patrimonio sociale [2268]. Per le obbligazioni sociali [2266] rispondono inoltre personalmente [2740] e solidalmente [1292 ss.] i soci che hanno agito in nome e per conto della società [2266] e, salvo patto contrario, gli altri soci [204 trans.].

[II]. Il patto deve essere portato a conoscenza dei terzi con mezzi idonei; in mancanza, la limitazione della responsabilità o l'esclusione della solidarietà non è opponibile a coloro che non ne hanno avuto conoscenza.

2268. Escussione preventiva del patrimonio sociale. – [I]. Il socio richiesto del pagamento di debiti sociali può domandare, anche se la società è in liquidazione [2274 ss.], la preventiva escussione del patrimonio sociale, indicando i beni sui quali il creditore possa agevolmente soddisfarsi [2304].

2269. Responsabilità del nuovo socio. – [I]. Chi entra a far parte di una società già costituita risponde con gli altri soci per le obbligazioni sociali anteriori all'acquisto della qualità di socio.

2270. Creditore particolare del socio. – [I]. Il creditore particolare del socio, finché dura la società, può far valere i suoi diritti sugli utili spettanti al debitore [2262] e compiere atti conservativi [2905, 2910 ss.] sulla quota spettante a quest'ultimo nella liquidazione [2282, 2283].

[II]. Se gli altri beni del debitore sono insufficienti a soddisfare i suoi crediti, il creditore particolare del socio può inoltre chiedere in ogni tempo la liquidazione della quota del suo debitore [2288]. La quota deve essere liquidata [2289] entro tre mesi dalla domanda, salvo che sia deliberato lo scioglimento della società [2272].

2271. Esclusione della compensazione. – [I]. Non è ammessa compensazione [1246] fra il debito che un terzo ha verso la società e il credito che egli ha verso un socio.

SEZIONE IV – *Dello scioglimento della società*

2272. Cause di scioglimento. – [I]. La società si scioglie:

1) per il decorso del termine [2285];

2) per il conseguimento dell'oggetto sociale o per la sopravvenuta impossibilità di conseguirlo [27];

3) per la volontà di tutti i soci [1372, 2252];

4) quando viene a mancare la pluralità dei soci, se nel termine di sei mesi questa non è ricostituita [2323];

5) per le altre cause previste dal contratto sociale [2284].

5-*bis*) per l'apertura della procedura di liquidazione controllata (1).

(1) *Numero aggiunto dall'art. 382[1] d.ls. 12 gennaio 2019, n. 14, come modificato dall'art. 39[2] d.ls. 26 ottobre 2020, n. 147.*

2273. Proroga tacita. – [I]. La società è tacitamente prorogata a tempo indeterminato [2285[1]] quando, decorso il tempo per cui fu contratta, i soci continuano a compiere le operazioni sociali.

2274. Poteri degli amministratori dopo lo scioglimento. – [I]. Avvenuto lo scioglimento della società [2272], i soci amministratori conservano il potere di amministrare, limitatamente agli affari urgenti, fino a che siano presi i provvedimenti necessari per la liquidazione [2275 ss.].

2275. Liquidatori. – [I]. Se il contratto non prevede il modo di liquidare il patrimonio sociale e i soci non sono d'accordo nel determinarlo, la liquidazione è fatta da uno o più liquidatori, nominati con il consenso di tutti i soci o, in caso di disaccordo, dal presidente del tribunale.

[II]. I liquidatori possono essere revocati per volontà di tutti i soci e in ogni caso dal tribunale per giusta causa su domanda di uno o più soci [2259].

2276. Obblighi e responsabilità dei liquidatori. – [I]. Gli obblighi e la responsabilità dei liquidatori sono regolati dalle disposizioni stabilite per gli amministratori [2260], in quanto non sia diversamente disposto dalle norme seguenti o dal contratto sociale [2489].

2277. Inventario. – [I]. Gli amministratori devono consegnare ai liquidatori i beni e i documenti sociali e presentare ad essi il conto della gestione relativo al periodo successivo all'ultimo rendiconto.

[II]. I liquidatori devono prendere in consegna i beni e i documenti sociali, e redigere, insieme con gli amministratori, l'inventario dal quale risulti lo stato attivo e passivo del patrimonio sociale [769 ss. c.p.c.]. L'inventario deve essere sottoscritto dagli amministratori e dai liquidatori [2489].

2278. Poteri dei liquidatori. – [I]. I liquidatori possono compiere [2257] gli atti necessari per la liquidazione e, se i soci non hanno disposto diversamente, possono vendere anche in blocco i beni sociali e fare transazioni e compromessi [2489].

[II]. Essi rappresentano la società anche in giudizio.

2279. Divieto di nuove operazioni. – [I]. I liquidatori non possono intraprendere nuove operazioni [2278]. Contravvenendo a tale divieto, essi rispondono personalmente [2740] e solidalmente [1292 ss.] per gli affari intrapresi [2489].

2280. Pagamento dei debiti sociali. – [I]. I liquidatori non possono ripartire tra i soci, neppure parzialmente, i beni sociali, finché non siano pagati i creditori della società o non siano accantonate le somme necessarie per pagarli [2489, 2625].

[II]. Se i fondi disponibili risultano insufficienti per il pagamento dei debiti sociali, i liquidatori possono chiedere ai soci i versamenti ancora dovuti sulle rispettive quote e, se occorre, le somme necessarie, nei limiti della rispettiva responsabilità e in proporzione della parte di ciascuno nelle perdite [2265]. Nella stessa proporzione si ripartisce tra i soci il debito del socio insolvente.

2281. Restituzione dei beni conferiti in godimento. – [I]. I soci che hanno conferito beni in godimento hanno diritto di riprenderli nello stato in cui si trovano [1590, 2254]. Se i beni sono periti o deteriorati per causa imputabile agli amministratori, i soci hanno diritto al risarcimento del danno a carico del patrimonio sociale [2043], salva l'azione contro gli amministratori.

2282. Ripartizione dell'attivo. – [I]. Estinti i debiti sociali, l'attivo residuo è destinato al rimborso dei conferimenti. L'eventuale eccedenza è ripartita tra i soci in proporzione della parte di ciascuno nei guadagni [2265].

[II]. L'ammontare dei conferimenti non aventi per oggetto somme di danaro è determinato secondo la valutazione che ne è stata fatta nel contratto o, in mancanza, secondo il valore che essi avevano nel momento in cui furono eseguiti.

2283. Ripartizione di beni in natura. – [I]. Se è convenuto che la ripartizione dei beni sia fatta in natura, si applicano le disposizioni sulla divisione delle cose comuni [719 ss., 1114].

SEZIONE V – *Dello scioglimento del rapporto sociale limitatamente a un socio*

2284. Morte del socio. – [I]. Salvo contraria disposizione del contratto sociale [458; 2272$^{n.\ 5}$], in caso di morte di uno dei soci, gli altri devono liquidare la quota agli eredi [2289], a meno che preferiscano sciogliere la società [2272$^{n.\ 3}$] ovvero continuarla con gli eredi stessi e questi vi acconsentano.

2285. Recesso del socio. – [I]. Ogni socio può recedere dalla società quando questa è contratta a tempo indeterminato o per tutta la vita di uno dei soci [1373].

[II]. Può inoltre recedere nei casi previsti nel contratto sociale ovvero quando sussiste una giusta causa.

[III]. Nei casi previsti nel primo comma il recesso deve essere comunicato agli altri soci con un preavviso di almeno tre mesi.

2286. Esclusione. – [I]. L'esclusione di un socio può avere luogo per gravi inadempienze [24[3], 1455] delle obbligazioni che derivano dalla legge [1374] o dal contratto sociale [2301, 2320], nonché per l'interdizione, l'inabilitazione del socio [208[2] trans.] o per la sua condanna ad una pena che importa l'interdizione, anche temporanea, dai pubblici uffici [2287].

[II]. Il socio che ha conferito nella società la propria opera o il godimento di una cosa può altresì essere escluso per la sopravvenuta inidoneità a svolgere l'opera conferita o per il perimento della cosa dovuto a causa non imputabile agli amministratori.

[III]. Parimenti può essere escluso il socio che si è obbligato con il conferimento a trasferire la proprietà di una cosa, se questa è perita prima che la proprietà sia acquistata alla società [1465].

2287. Procedimento di esclusione. – [I]. L'esclusione è deliberata dalla maggioranza dei soci, non computandosi nel numero di questi il socio da escludere, ed ha effetto decorsi trenta giorni dalla data della comunicazione al socio escluso.

[II]. Entro questo termine il socio escluso può fare opposizione davanti al tribunale, il quale può sospendere l'esecuzione.

[III]. Se la società si compone di due soci, l'esclusione di uno di essi è pronunciata dal tribunale, su domanda dell'altro.

2288. Esclusione di diritto. – [I]. È escluso di diritto il socio nei confronti del quale è stata aperta o al quale è stata estesa la procedura di liquidazione giudiziale o di liquidazione controllata (1) (2).

[II]. Parimenti è escluso di diritto il socio nei cui confronti un suo creditore particolare abbia ottenuto la liquidazione della quota a norma dell'articolo 2270.

(1) *Comma così sostituito dall'art. 382[2] d.ls. 12 gennaio 2019, n. 14. Il testo del comma era il seguente:* « È escluso di diritto il socio che sia dichiarato fallito ».

(2) *V. art. 149 r.d. 16 marzo 1942, n. 267, e per la nuova disciplina, v. art. 258 d.ls. n. 14, cit.*

2289. Liquidazione della quota del socio uscente. – [I]. Nei casi in cui il rapporto sociale si scioglie limitatamente a un socio [2284-2286], questi o i suoi eredi hanno diritto soltanto ad una somma di danaro che rappresenti il valore della quota.

[II]. La liquidazione della quota è fatta in base alla situazione patrimoniale della società nel giorno in cui si verifica lo scioglimento.

[III]. Se vi sono operazioni in corso, il socio o i suoi eredi partecipano agli utili e alle perdite inerenti alle operazioni medesime.

[IV]. Salvo quanto è disposto nell'articolo 2270, il pagamento della quota spettante al socio deve essere fatto entro sei mesi dal giorno in cui si verifica lo scioglimento del rapporto.

2290. Responsabilità del socio uscente o dei suoi eredi. – [I]. Nei casi in cui il rapporto sociale si scioglie limitatamente a un socio [2284-2286], questi o i suoi eredi sono responsabili verso i terzi per le obbligazioni sociali [2267] fino al giorno in cui si verifica lo scioglimento.

[II]. Lo scioglimento deve essere portato a conoscenza dei terzi con mezzi idonei; in mancanza non è opponibile ai terzi che lo hanno senza colpa ignorato.

CAPO III – *Della società in nome collettivo*

2291. Nozione. – [I]. Nella società in nome collettivo tutti i soci rispondono solidalmente [1292] e illimitatamente per le obbligazioni sociali [2304] (1).

[II]. Il patto contrario non ha effetto nei confronti dei terzi [2267].

(1) *V. art. 147 r.d. 16 marzo 1942, n. 267 (per la nuova disciplina, v. art. 256 d.ls. 12 gennaio 2019, n. 14, Codice della crisi d'impresa e dell'insolvenza).*

2292. Ragione sociale. – [I]. La società in nome collettivo agisce sotto una ragione sociale costituita dal nome di uno o più soci con l'indicazione del rapporto sociale [2563, 2567].

[II]. La società può conservare nella ragione sociale il nome del socio receduto o defunto, se il socio receduto o gli eredi del socio defunto vi consentono [207 trans.].

2293. Norme applicabili. – [I]. La società in nome collettivo è regolata dalle norme di questo capo e, in quanto queste non dispongano, dalle norme del capo precedente.

2294. Incapace. – [I]. La partecipazione di un incapace alla società in nome collettivo è subordinata in ogni caso all'osservanza delle disposizioni degli articoli 320, 371, 397, 424 e 425 [208 trans.].

2295. Atto costitutivo. – [I]. L'atto costitutivo della società deve indicare:

1) il cognome e il nome, il luogo e la data di nascita, il domicilio, la cittadinanza dei soci (1);

2) la ragione sociale [2292];

3) i soci che hanno l'amministrazione e la rappresentanza della società [2298];

4) la sede della società [2296; 19 c.p.c.] e le eventuali sedi secondarie [2299];

5) l'oggetto sociale;

6) i conferimenti di ciascun socio, il valore ad essi attribuito e il modo di valutazione [2253 ss.];

7) le prestazioni a cui sono obbligati i soci di opera;

8) le norme secondo le quali gli utili devono essere ripartiti e la quota di ciascun socio negli utili e nelle perdite [2263 ss.];

9) la durata della società [2307^3].

(1) *I riferimenti alla paternità e alla razza che originariamente figuravano nel numero sono stati soppressi, rispettivamente, con l. 31 ottobre 1955, n. 1064, e con d.lgs.lt. 14 settembre 1944, n. 287.*

2296. (1) **Pubblicazione.** – [I]. L'atto costitutivo della società, con sottoscrizione autenticata [2703] dei contraenti, o una copia autentica di esso se la stipulazione è avvenuta per atto pubblico [2699], deve entro trenta giorni essere depositato per l'iscrizione, a cura degli amministratori [2626], presso l'ufficio del registro delle imprese [2188 ss.; 99 ss. att.] nella cui circoscrizione è stabilita la sede sociale [2297].

[II]. Se gli amministratori non provvedono al deposito nel termine indicato nel comma precedente, ciascun socio può provvedervi a spese della società, o far condannare gli amministratori ad eseguirlo.

[III]. Se la stipulazione è avvenuta per atto pubblico, è obbligato ad eseguire il deposito anche il notaio [2626^2].

(1) *V. l'articolo unico l. 13 marzo 1980, n. 73.*

2297. Mancata registrazione. [2317] – [I]. Fino a quando la società non è iscritta nel registro delle imprese [99-101 att.], i rapporti tra la società e i terzi, ferma restando la responsabilità illimitata e solidale di tutti i soci [2291], sono regolati dalle disposizioni relative alla società semplice [2266-2290].

[II]. Tuttavia si presume che ciascun socio che agisce per la società abbia la rappresentanza sociale, anche in giudizio. I patti che attribuiscono la rappresentanza ad alcuno soltanto dei soci o che limitano i poteri di rappresentanza non sono opponibili ai terzi, a meno che si provi che questi ne erano a conoscenza.

2298. Rappresentanza della società. – [I]. L'amministratore che ha la rappresentanza della società può compiere tutti gli atti che rientrano nell'oggetto sociale, salve le limitazioni che risultano dall'atto costitutivo o dalla procura. Le limitazioni non sono opponibili ai terzi, se non sono iscritte nel registro delle imprese [99-101 att.] o se non si prova che i terzi ne hanno avuto conoscenza [19, 2193] (1).

(1) *Seguiva un secondo comma abrogato dall'art. 33[1] l. 24 novembre 2000, n. 340.*

2299. Sedi secondarie. [2330[4]] – [I]. Un estratto dell'atto costitutivo deve essere depositato per l'iscrizione presso l'ufficio del registro delle imprese [99-101 att.] del luogo in cui la società istituisce sedi secondarie [2295[n. 5]] con una rappresentanza stabile, entro trenta giorni dall'istituzione delle medesime [2197].

[II]. L'estratto deve indicare l'ufficio del registro presso il quale è iscritta la società e la data dell'iscrizione (1).

[III]. L'istituzione di sedi secondarie deve essere denunciata per la iscrizione nello stesso termine anche all'ufficio del registro del luogo dove è iscritta la società [2626].

(1) *L'originario terzo comma è stato abrogato dall'art. 33[1] l. 24 novembre 2000, n. 340.*

2300. Modificazioni dell'atto costitutivo. – [I]. Gli amministratori devono richiedere nel termine di trenta giorni all'ufficio del registro delle imprese [99-101 att.] l'iscrizione delle modificazioni dell'atto costitutivo e degli altri fatti relativi alla società, dei quali è obbligatoria l'iscrizione [2626].

[II]. Se la modificazione dell'atto costitutivo risulta da deliberazione dei soci, questa deve essere depositata in copia autentica.

[III]. Le modificazioni dell'atto costitutivo, finché non sono iscritte, non sono opponibili ai terzi, a meno che si provi che questi ne erano a conoscenza [2193; 211 trans.; 284 c. nav.].

2301. Divieto di concorrenza. – [I]. Il socio non può, senza il consenso degli altri soci, esercitare per conto proprio o altrui un'attività concorrente [2595 ss.] con quella della società, né partecipare come socio illimitatamente responsabile [2291, 2318, 2452] ad altra società concorrente.

[II]. Il consenso si presume, se l'esercizio dell'attività o la partecipazione ad altra società preesisteva al contratto sociale, e gli altri soci ne erano a conoscenza.

[III]. In caso d'inosservanza delle disposizioni del primo comma la società ha diritto al risarcimento del danno, salva l'applicazione dell'articolo 2286.

2302. Scritture contabili. – [I]. Gli amministratori devono tenere i libri e le altre scritture contabili prescritti dall'articolo 2214 [200 trans.].

2303. Limiti alla distribuzione degli utili. – [I]. Non può farsi luogo a ripartizione di somme tra soci se non per utili realmente conseguiti.

[II]. Se si verifica una perdita del capitale sociale [$2295^{n. 6}$], non può farsi luogo a ripartizioni di utili fino a che il capitale non sia reintegrato o ridotto in misura corrispondente.

2304. Responsabilità dei soci. – [I]. I creditori sociali, anche se la società è in liquidazione, non possono pretendere il pagamento dai singoli soci, se non dopo l'escussione del patrimonio sociale [2268, 2461^{1}].

2305. Creditore particolare del socio. – [I]. Il creditore particolare del socio, finché dura la società [2308], non può chiedere la liquidazione della quota del socio debitore [2307^{2}].

2306. Riduzione di capitale. – [I]. La deliberazione di riduzione di capitale, mediante rimborso ai soci delle quote pagate o mediante liberazione di essi dall'obbligo di ulteriori versamenti, può essere eseguita soltanto dopo tre mesi dal giorno dell'iscrizione nel registro delle imprese [99-101 att.], purché entro questo termine nessun creditore sociale anteriore all'iscrizione abbia fatto opposizione [$2623^{n. 1}$; 211 trans.].

[II]. Il tribunale, nonostante l'opposizione, può disporre che l'esecuzione abbia luogo, previa prestazione da parte della società di un'idonea garanzia [1179].

2307. Proroga della società. – [I]. Il creditore particolare del socio può fare opposizione alla proroga della società, entro tre mesi dalla iscrizione della deliberazione di proroga nel registro delle imprese [99-101 att.].

[II]. Se l'opposizione è accolta, la società deve, entro tre mesi dalla notificazione della sentenza, liquidare la quota del socio debitore dell'opponente [2289].

[III]. In caso di proroga tacita [2273] ciascun socio può sempre recedere dalla società, dando preavviso a norma dell'articolo 2285, e il creditore particolare del socio può chiedere la liquidazione della quota del suo debitore a norma dell'articolo 2270 [211 trans.].

2308. Scioglimento della società. – [I]. La società si scioglie, oltre che per le cause indicate dall'articolo 2272, per provvedimento dell'autorità governativa nei casi stabiliti dalla legge e per l'apertura della procedura di liquidazione giudiziale (1) (2).

(1) *Comma così sostituito dall'art. 382[3] d.ls. 12 gennaio 2019, n. 14, come modificato dall'art. 39[2] d.ls. 26 ottobre 2020, n. 147. Il testo del comma era il seguente:* « La società si scioglie, oltre che per le cause indicate dall'articolo 2272, per provvedimento dell'autorità governativa nei casi stabiliti dalla legge, e, salvo che abbia per oggetto un'attività non commerciale, per la dichiarazione di fallimento ».

(2) *Cfr. art. 147 r.d. 16 marzo 1942, n. 267, e nella nuova disciplina, cfr. art. 256 d.ls. n. 14, cit.*

2309. (1) **Pubblicazione della nomina dei liquidatori.** – [I]. La deliberazione dei soci o la sentenza che nomina i liquidatori e ogni atto successivo che importa cambiamento nelle persone dei liquidatori devono essere, entro trenta giorni dalla notizia della nomina, depositati in copia autentica a cura dei liquidatori medesimi per l'iscrizione presso l'ufficio del registro delle imprese [2487-*bis*, 2626].

(1) *Articolo così modificato dall'art. 33[1] l. 24 novembre 2000, n. 340.*

2310. **Rappresentanza della società in liquidazione.** – [I]. Dalla iscrizione della nomina dei liquidatori la rappresentanza della società, anche in giudizio, spetta ai liquidatori [2298, 2489].

2311. **Bilancio finale di liquidazione e piano di riparto.** – [I]. Compiuta la liquidazione, i liquidatori devono redigere il bilancio finale e proporre ai soci il piano di riparto.

[II]. Il bilancio, sottoscritto dai liquidatori, e il piano di riparto devono essere comunicati mediante raccomandata ai soci, e s'intendono approvati se non sono stati impugnati nel termine di due mesi dalla comunicazione [2492, 2964 ss.].

[III]. In caso d'impugnazione del bilancio e del piano di riparto, il liquidatore può chiedere che le questioni relative alla liquidazione siano esaminate separatamente da quelle relative alla divisione, alle quali il liquidatore può restare estraneo.

[IV]. Con l'approvazione del bilancio i liquidatori sono liberati di fronte ai soci [218 trans.].

2312. **Cancellazione della società.** – [I]. Approvato il bilancio finale di liquidazione [2311], i liquidatori devono chiedere la cancellazione della società dal registro delle imprese.

[II]. Dalla cancellazione della società i creditori sociali che non sono stati soddisfatti possono far valere i loro crediti nei confronti dei soci e, se il mancato pagamento è dipeso da colpa dei liquidatori, anche nei confronti di questi [2324].

[iii]. Le scritture contabili e i documenti che non spettano ai singoli soci sono depositati presso la persona designata dalla maggioranza.

[iv]. Le scritture contabili e i documenti devono essere conservati per dieci anni a decorrere dalla cancellazione della società dal registro delle imprese.

Capo IV – *Della società in accomandita semplice*

2313. Nozione. – [i]. Nella società in accomandita semplice i soci accomandatari [2318] rispondono solidalmente e illimitatamente per le obbligazioni sociali, e i soci accomandanti [2320] rispondono limitatamente alla quota conferita.

[ii]. Le quote di partecipazione dei soci non possono essere rappresentate da azioni.

2314. Ragione sociale. – [i]. La società agisce sotto una ragione sociale costituita dal nome di almeno uno dei soci accomandatari, con l'indicazione di società in accomandita semplice, salvo il disposto del secondo comma dell'articolo 2292 [2564, 2567].

[ii]. L'accomandante, il quale consente che il suo nome sia compreso nella ragione sociale, risponde di fronte ai terzi illimitatamente e solidalmente con i soci accomandatari per le obbligazioni sociali [2320].

2315. Norme applicabili. – [i]. Alla società in accomandita semplice si applicano le disposizioni relative alla società in nome collettivo [2291-2312], in quanto siano compatibili con le norme seguenti.

2316. Atto costitutivo. – [i]. L'atto costituivo [2295] deve indicare i soci accomandatari e i soci accomandanti [2455].

2317. Mancata registrazione. – [i]. Fino a quando la società non è iscritta nel registro delle imprese [99-101 att.], ai rapporti fra la società e i terzi si applicano le disposizioni dell'articolo 2297.

[ii]. Tuttavia per le obbligazioni sociali i soci accomandanti rispondono limitatamente alla loro quota, salvo che abbiano partecipato alle operazioni sociali [2320].

2318. Soci accomandatari. – [i]. I soci accomandatari hanno i diritti e gli obblighi dei soci della società in nome collettivo.

[II]. L'amministrazione della società può essere conferita soltanto a soci accomandatari [2323²].

2319. Nomina e revoca degli amministratori. – [I]. Se l'atto costitutivo non dispone diversamente, per la nomina degli amministratori e per la loro revoca nel caso indicato nel secondo comma dell'articolo 2259 sono necessari il consenso dei soci accomandatari e l'approvazione di tanti soci accomandanti che rappresentino la maggioranza del capitale da essi sottoscritto.

2320. Soci accomandanti. – [I]. I soci accomandanti non possono compiere atti di amministrazione, né trattare o concludere affari in nome della società, se non in forza di procura speciale per singoli affari. Il socio accomandante che contravviene a tale divieto assume responsabilità illimitata e solidale verso i terzi per tutte le obbligazioni sociali [2291] e può essere escluso a norma dell'articolo 2286.

[II]. I soci accomandanti possono tuttavia prestare la loro opera sotto la direzione degli amministratori e, se l'atto costitutivo lo consente, dare autorizzazioni e pareri per determinate operazioni e compiere atti di ispezione e di sorveglianza.

[III]. In ogni caso essi hanno diritto di avere comunicazione annuale del bilancio e del conto dei profitti e delle perdite, e di controllarne l'esattezza, consultando i libri e gli altri documenti della società [2261].

2321. Utili percepiti in buona fede. – [I]. I soci accomandanti non sono tenuti alla restituzione degli utili riscossi in buona fede secondo il bilancio regolarmente approvato.

2322. Trasferimento della quota. – [I]. La quota di partecipazione del socio accomandante è trasmissibile per causa di morte [2284, 2369¹].

[II]. Salvo diversa disposizione dell'atto costitutivo, la quota può essere ceduta, con effetto verso la società, con il consenso dei soci che rappresentano la maggioranza del capitale [2469, 2470].

2323. Cause di scioglimento. – [I]. La società si scioglie, oltre che per le cause previste nell'articolo 2308 [2322], quando rimangono soltanto soci accomandanti o soci accomandatari, sempreché nel termine di sei mesi non sia stato sostituito il socio che è venuto meno.

[II]. Se vengono a mancare tutti gli accomandatari, per il periodo indicato dal comma precedente gli accomandanti nominano un amministratore provvisorio per il compimento degli atti di ordinaria amministrazione. L'amministratore provvisorio non assume la qualità di socio accomandatario [2458].

2324. Diritti dei creditori sociali dopo la liquidazione. – [I]. Salvo il diritto previsto dal secondo comma dell'articolo 2312 nei confronti degli accomandatari e dei liquidatori, i creditori sociali che non sono stati soddisfatti nella liquidazione della società possono far valere i loro crediti anche nei confronti degli accomandanti, limitatamente alla quota di liquidazione [2311].

CAPO V – *Società per azioni* (1)

(1) *L'originario Capo V, comprendente gli articoli da 2325 a 2461, è stato interamente sostituito dall'art. 1 d.ls. 17 gennaio 2003, n. 6, con effetto dal 1° gennaio 2004. L'attuale formulazione del Capo comprende gli articoli da 2325 a 2451. Per le modifiche apportate dal d.ls. 6 febbraio 2004, n. 37, v. la disciplina transitoria dettata dall'art. 6[1 e 2] dello stesso decreto legislativo.*

SEZIONE I – *Disposizioni generali*

2325. (1) **Responsabilità.** – [I]. Nella società per azioni per le obbligazioni sociali risponde soltanto la società con il suo patrimonio.

[II]. In caso di insolvenza della società, per le obbligazioni sociali sorte nel periodo in cui le azioni sono appartenute ad una sola persona, questa risponde illimitatamente quando i conferimenti non siano stati effettuati secondo quanto previsto dall'articolo 2342 o fin quando non sia stata attuata la pubblicità prescritta dall'articolo 2362.

(1) *V. nota al Capo V.*

2325-*bis*. (1) **Società che fanno ricorso al mercato del capitale di rischio.** – [I]. Ai fini dell'applicazione del presente titolo (2), sono società che fanno ricorso al mercato del capitale di rischio le società con azioni quotate in mercati regolamentati (3) o diffuse fra il pubblico in misura rilevante.

[II]. Le norme di questo titolo si applicano alle società con azioni (2) quotate in mercati regolamentati in quanto non sia diversamente disposto da altre norme di questo codice o di leggi speciali.

(1) *V. nota al Capo V.*

(2) *Comma così modificato dall'art. 1 d.ls. 17 gennaio 2003, n. 6, come modificato dall'art. 5[1] d.ls. 6 febbraio 2004, n. 37.*

(3) *V. Avviso di rettifica in G.U. 4 luglio 2003, n. 153.*

2326. (1) **Denominazione sociale.** – [I]. La denominazione sociale, in qualunque modo formata, deve contenere l'indicazione di società per azioni.

(1) *V. nota al Capo V.*

2327. (1) **Ammontare minimo del capitale.** – [I]. La società per azioni deve costituirsi con un capitale non inferiore a cinquantamila (2) euro.

(1) *V. nota al Capo V.*
(2) *La parola* « cinquantamila » *è stata sostituita alla parola* « centoventimila » *dall'art. 20[7] d.l. 24 giugno 2014, n. 91, conv., con modif., in l. 11 agosto 2014, n. 116.*

2328. (1) **Atto costitutivo.** – [I]. La società può essere costituita per contratto o per atto unilaterale.

[II]. L'atto costitutivo deve essere redatto per atto pubblico e deve indicare:

1) il cognome e il nome o la denominazione, la data e il luogo di nascita o lo Stato di costituzione, il domicilio o la sede, la cittadinanza dei soci e degli eventuali promotori, nonché il numero delle azioni assegnate a ciascuno di essi;

2) la denominazione e il comune ove sono poste la sede della società e le eventuali sedi secondarie;

3) l'attività che costituisce l'oggetto sociale;

4) l'ammontare del capitale sottoscritto e di quello versato;

5) il numero e l'eventuale valore nominale delle azioni, le loro caratteristiche e le modalità di emissione e circolazione;

6) il valore attribuito ai crediti e beni conferiti in natura;

7) le norme secondo le quali gli utili devono essere ripartiti;

8) i benefici eventualmente accordati ai promotori o ai soci fondatori;

9) il sistema di amministrazione adottato, il numero degli amministratori e i loro poteri, indicando quali tra essi hanno la rappresentanza della società;

10) il numero dei componenti il collegio sindacale;

11) la nomina dei primi amministratori e sindaci ovvero dei componenti del consiglio di sorveglianza e, quando previsto, del soggetto incaricato di effettuare la revisione legale dei conti (2);

12) l'importo globale, almeno approssimativo, delle spese per la costituzione poste a carico della società;

13) la durata della società ovvero, se la società è costituita a tempo indeterminato, il periodo di tempo, comunque non superiore ad un anno, decorso il quale il socio potrà recedere (3).

[III]. Lo statuto contenente le norme relative al funzionamento della società, anche se forma oggetto di atto separato, costituisce parte integrante dell'atto costitutivo. In caso di contrasto tra le clausole dell'atto costitutivo e quelle dello statuto prevalgono le seconde.

(1) *V. nota al Capo V.*

(2) *Comma così modificato dall'art. 37[1] d.ls. 27 gennaio 2010, n. 39.*

(3) *Comma così modificato dall'art. 1 d.ls. 17 gennaio 2003, n. 6, come modificato dall'art. 5[1] d.ls. 6 febbraio 2004, n. 37.*

2329. (1) **Condizioni per la costituzione.** – [I]. Per procedere alla costituzione della società è necessario:

1) che sia sottoscritto per intero il capitale sociale;

2) che siano rispettate le previsioni degli articoli 2342, 2343 e 2343-*ter* relative ai conferimenti (2);

3) che sussistano le autorizzazioni e le altre condizioni richieste dalle leggi speciali per la costituzione della società, in relazione al suo particolare oggetto.

(1) *V. nota al Capo V.*

(2) *Numero così modificato dall'art. 1[1] d.ls. 4 agosto 2008, n. 142.*

2330. (1) **Deposito dell'atto costitutivo e iscrizione della società.** [I]. Il notaio che ha ricevuto l'atto costitutivo deve depositarlo entro dieci giorni (2) presso l'ufficio del registro delle imprese nella cui circoscrizione è stabilita la sede sociale, allegando i documenti comprovanti la sussistenza delle condizioni previste dall'articolo 2329.

[II]. Se il notaio o gli amministratori non provvedono al deposito nel termine indicato nel comma precedente, ciascun socio può provvedervi a spese della società.

[III]. L'iscrizione della società nel registro delle imprese è richiesta contestualmente al deposito dell'atto costitutivo. L'ufficio del registro delle imprese, verificata la regolarità formale della documentazione, iscrive la società nel registro.

[IV]. Se la società istituisce sedi secondarie, si applica l'articolo 2299.

(1) *V. nota al Capo V.*

(2) *Le parole* « entro dieci giorni » *sono state sostituite alle parole* « entro venti giorni » *dall'art. 3[1-quinquies] d.l. 14 dicembre 2018, n. 135, conv., con modif., in l. 11 febbraio 2019, n. 12. Ai sensi dello stesso comma 1-*quinquies* del citato art. 3, la presente disposizione « ha effetto a decorrere dalla data di entrata in vigore della legge di conversione del [suddetto] decreto » (13 febbraio 2019).*

2331. (1) **Effetti dell'iscrizione.** – [I]. Con l'iscrizione nel registro la società acquista la personalità giuridica.

[II]. Per le operazioni compiute in nome della società prima dell'iscrizione sono illimitatamente e solidalmente responsabili verso i terzi coloro che hanno agito. Sono altresì solidalmente e illimitatamente responsabili il socio unico fondatore e quelli tra i soci che nell'atto costitutivo o con atto separato hanno deciso, autorizzato o consentito il compimento dell'operazione.

[III]. Qualora successivamente all'iscrizione la società abbia approvato un'operazione prevista dal precedente comma, è responsabile anche la società ed essa è tenuta a rilevare coloro che hanno agito.

[IV]. Le somme depositate a norma del secondo comma dell'articolo 2342 non possono essere consegnate agli amministratori se non provano l'avvenuta iscrizione della società nel registro. Se entro novanta giorni dalla stipulazione dell'atto costitutivo o dal rilascio delle autorizzazioni previste dal numero 3) dell'articolo 2329 l'iscrizione non ha avuto luogo, esse sono restituite ai sottoscrittori e l'atto costitutivo perde efficacia.

[V]. Prima dell'iscrizione nel registro è vietata l'emissione delle azioni ed esse, salvo l'offerta pubblica di sottoscrizione ai sensi dell'articolo 2333, non possono costituire oggetto di una offerta al pubblico di prodotti finanziari (2).

(1) *V. nota al Capo V.*

(2) *Comma così modificato dall'art. 5[1] d.lgs. 28 marzo 2007, n. 51, con effetto a decorrere dal 24 aprile 2007.*

2332. (1) **Nullità della società.** – [I]. Avvenuta l'iscrizione nel registro delle imprese, la nullità della società può essere pronunciata soltanto nei seguenti casi:

1) mancata stipulazione dell'atto costitutivo nella forma dell'atto pubblico;

2) illiceità dell'oggetto sociale;

3) mancanza nell'atto costitutivo di ogni indicazione riguardante la denominazione della società, o i conferimenti, o l'ammontare del capitale sociale o l'oggetto sociale.

[II]. La dichiarazione di nullità non pregiudica l'efficacia degli atti compiuti in nome della società dopo l'iscrizione nel registro delle imprese.

[III]. I soci non sono liberati dall'obbligo di conferimento fino a quando non sono soddisfatti i creditori sociali.

[IV]. La sentenza che dichiara la nullità nomina i liquidatori.

[V]. La nullità non può essere dichiarata quando la causa di essa è stata eliminata e di tale eliminazione è stata data pubblicità con iscrizione nel registro delle imprese.

[VI]. Il dispositivo della sentenza che dichiara la nullità deve essere iscritto, a cura degli amministratori o dei liquidatori nominati ai sensi del quarto comma, nel registro delle imprese.

(1) *V. nota al Capo V.*

SEZIONE II – *Della costituzione per pubblica sottoscrizione*

2333. (1) **Programma e sottoscrizione delle azioni.** – [I]. La società può essere costituita anche per mezzo di pubblica sottoscrizione sulla base di un programma che ne indichi l'oggetto e il capitale, le principali disposizioni dell'atto costitutivo e dello statuto, l'eventuale partecipazione che i promotori si riservano agli utili e il termine entro il quale deve essere stipulato l'atto costitutivo.

[II]. Il programma con le firme autenticate dei promotori, prima di essere reso pubblico, deve essere depositato presso un notaio.

[III]. Le sottoscrizioni delle azioni devono risultare da atto pubblico o da scrittura privata autenticata. L'atto deve indicare il cognome e il nome o la denominazione, il domicilio o la sede del sottoscrittore, il numero delle azioni sottoscritte e la data della sottoscrizione.

(1) *V. nota al Capo V.*

2334. (1) **Versamenti e convocazione dell'assemblea dei sottoscrittori.** – [I]. Raccolte le sottoscrizioni, i promotori, con raccomandata o nella forma prevista nel programma, devono assegnare ai sottoscrittori un termine non superiore a trenta giorni (2) per fare il versamento prescritto dal secondo comma dell'articolo 2342.

[II]. Decorso inutilmente questo termine, è in facoltà dei promotori di agire contro i sottoscrittori morosi o di scioglierli dall'obbligazione assunta. Qualora i promotori si avvalgano di quest'ultima facoltà, non può procedersi alla costituzione della società prima che siano collocate le azioni che quelli avevano sottoscritte.

[III]. Salvo che il programma stabilisca un termine diverso, i promotori, nei venti giorni successivi al termine fissato per il versamento prescritto dal primo comma del presente articolo, devono convocare l'assemblea dei sottoscrittori mediante raccomandata, da inviarsi a ciascuno di essi almeno dieci giorni prima di quello fissato per l'assemblea, con l'indicazione delle materie da trattare.

(1) *V. nota al Capo V.*
(2) *V. Avviso di rettifica in G.U. 4 luglio 2003, n. 153.*

2335. (1) **Assemblea dei sottoscrittori.** – [I]. L'assemblea dei sottoscrittori:

1) accerta l'esistenza delle condizioni richieste per la costituzione della società;

2) delibera sul contenuto dell'atto costitutivo e dello statuto;

3) delibera sulla riserva di partecipazione agli utili fatta a proprio favore dai promotori;

4) nomina gli amministratori ed i sindaci ovvero i componenti del consiglio di sorveglianza e, quando previsto, il soggetto incaricato di effettuare la revisione legale dei conti (2).

[II]. L'assemblea è validamente costituita con la presenza della metà dei sottoscrittori.

[III]. Ciascun sottoscrittore ha diritto a un voto, qualunque sia il numero delle azioni sottoscritte, e per la validità delle deliberazioni si richiede il voto favorevole della maggioranza dei presenti.

[IV]. Tuttavia per modificare le condizioni stabilite nel programma è necessario il consenso di tutti i sottoscrittori.

(1) *V. nota al Capo V.*

(2) *Comma modificato, dapprima, dall'art. 1 d.lgs. 17 gennaio 2003, n. 6 (come modificato dall'art. 5[1] d.lgs. 6 febbraio 2004, n. 37) e, da ultimo, dall'art. 37[2] d.lgs. 27 gennaio 2010, n. 39.*

2336. (1) **Stipulazione e deposito dell'atto costitutivo.** – [I]. Eseguito quanto è prescritto nell'articolo precedente, gli intervenuti all'assemblea, in rappresentanza anche dei sottoscrittori assenti, stipulano l'atto costitutivo, che deve essere depositato per l'iscrizione nel registro delle imprese a norma dell'articolo 2330.

(1) *V. nota al Capo V.*

SEZIONE III – *Dei promotori e dei soci fondatori*

2337. (1) **Promotori.** – [I]. Sono promotori coloro che nella costituzione per pubblica sottoscrizione hanno firmato il programma a norma del secondo comma dell'articolo 2333.

(1) *V. nota al Capo V.*

2338. (1) **Obbligazioni dei promotori.** – [I]. I promotori sono solidalmente responsabili verso i terzi per le obbligazioni assunte per costituire la società.

[II]. La società è tenuta a rilevare i promotori dalle obbligazioni assunte e a rimborsare loro le spese sostenute, sempre che siano state necessarie per la costituzione della società o siano state approvate dall'assemblea.

[III]. Se per qualsiasi ragione la società non si costituisce, i promotori non possono rivalersi verso i sottoscrittori delle azioni.

(1) *V. nota al Capo V.*

2339. (1) **Responsabilità dei promotori.** – [I]. I promotori sono solidalmente responsabili verso la società e verso i terzi:

1) per l'integrale sottoscrizione del capitale sociale e per i versamenti richiesti per la costituzione della società;

2) per l'esistenza dei conferimenti in natura in conformità della relazione giurata indicata nell'articolo 2343;

3) per la veridicità delle comunicazioni da essi fatte al pubblico per la costituzione della società.

[II]. Sono del pari solidalmente responsabili verso la società e verso i terzi coloro per conto dei quali i promotori hanno agito.

(1) *V. nota al Capo V.*

2340. (1) **Limiti dei benefici riservati ai promotori.** – [I]. I promotori possono riservarsi nell'atto costitutivo, indipendentemente dalla loro qualità di soci, una partecipazione non superiore complessivamente a un decimo degli utili netti risultanti dal bilancio e per un periodo massimo di cinque anni.

[II]. Essi non possono stipulare a proprio vantaggio altro beneficio.

(1) *V. nota al Capo V.*

2341. (1) **Soci fondatori.** – [I]. La disposizione del primo comma dell'articolo 2340 si applica anche ai soci che nella costituzione simultanea o in quella per pubblica sottoscrizione stipulano l'atto costitutivo.

(1) *V. nota al Capo V.*

SEZIONE III-*BIS* – *Dei patti parasociali*

2341-*bis*. (1) **Patti parasociali.** – [I]. I patti, in qualunque forma stipulati, che al fine di stabilizzare gli assetti proprietari o il governo della società:

a) hanno per oggetto l'esercizio del diritto di voto nelle società per azioni o nelle società che le controllano;

b) pongono limiti al trasferimento delle relative azioni o delle partecipazioni in società che le controllano;

c) hanno per oggetto o per effetto l'esercizio anche congiunto di un'influenza dominante su tali società, non possono avere durata superiore a cinque anni e si intendono stipulati per questa durata anche se le parti hanno previsto un termine maggiore; i patti sono rinnovabili alla scadenza.

[II]. Qualora il patto non preveda un termine di durata, ciascun contraente ha diritto di recedere con un preavviso di centottanta giorni (2).

[III]. Le disposizioni di questo articolo non si applicano ai patti strumentali ad accordi di collaborazione nella produzione o nello scambio di beni o servizi e relativi a società interamente possedute dai partecipanti all'accordo.

(1) *V. nota al Capo V.*
(2) *V. Avviso di rettifica in G.U. 4 luglio 2003, n. 153.*

2341-*ter*. (1) **Pubblicità dei patti parasociali.** – [I]. Nelle società che fanno ricorso al mercato del capitale di rischio i patti parasociali devono essere comunicati alla società e dichiarati in apertura di ogni assemblea. La dichiarazione deve essere trascritta nel verbale e questo deve essere depositato presso l'ufficio del registro delle imprese.

[II]. In caso di mancanza della dichiarazione prevista dal comma precedente i possessori delle azioni cui si riferisce il patto parasociale non possono esercitare il diritto di voto e le deliberazioni assembleari adottate con il loro voto determinante sono impugnabili a norma dell'articolo 2377.

(1) *V. nota al Capo V.*

SEZIONE IV – *Dei conferimenti*

2342. (1) **Conferimenti.** – [I]. Se nell'atto costitutivo non è stabilito diversamente, il conferimento deve farsi in danaro.

[II]. Alla sottoscrizione dell'atto costitutivo deve essere versato presso una banca almeno il venticinque per cento dei conferimenti in danaro o, nel caso di costituzione con atto unilaterale, il loro intero ammontare.

[III]. Per i conferimenti di beni in natura e di crediti si osservano le disposizioni degli articoli 2254 e 2255. Le azioni corrispondenti a tali conferimenti devono essere integralmente liberate al momento della sottoscrizione.

[IV]. Se viene meno la pluralità dei soci, i versamenti ancora dovuti devono essere effettuati entro novanta giorni.

[V]. Non possono formare oggetto di conferimento le prestazioni di opera o di servizi.

(1) *V. nota al Capo V.*

2343. (1) **Stima dei conferimenti di beni in natura e di crediti.** – [I]. Chi conferisce beni in natura o crediti deve presentare la relazione giurata di un esperto designato dal tribunale nel cui circondario ha sede la società, contenente la descrizione dei beni o dei crediti conferiti, l'attestazione che il loro valore è almeno pari a quello ad essi attribuito ai fini della determinazione del capitale sociale e dell'eventuale soprapprezzo e i criteri di valutazione seguiti. La relazione deve essere allegata all'atto costitutivo.

[II]. L'esperto risponde dei danni causati alla società, ai soci e ai terzi. Si applicano le disposizioni dell'articolo 64 del codice di procedura civile.

[III]. Gli amministratori devono, nel termine di centottanta giorni dalla iscrizione della società, controllare le valutazioni contenute nella relazione indicata nel primo comma e, se sussistano fondati motivi, devono procedere alla revisione della stima. Fino a quando le valutazioni non sono state controllate, le azioni corrispondenti ai conferimenti sono inalienabili e devono restare depositate presso la società.

[IV]. Se risulta che il valore dei beni o dei crediti conferiti era inferiore di oltre un quinto a quello per cui avvenne il conferimento, la società deve proporzionalmente ridurre il capitale sociale, annullando le azioni che risultano scoperte. Tuttavia il socio conferente può versare la differenza in danaro o recedere dalla società; il socio recedente ha diritto alla restituzione del conferimento, qualora sia possibile in tutto o in parte in natura. L'atto costitutivo può prevedere, salvo in ogni caso quanto disposto dal quinto comma dell'articolo 2346, che per effetto dell'annullamento delle azioni disposto nel presente comma si determini una loro diversa ripartizione tra i soci.

(1) *V. nota al Capo V.*

2343-*bis*. (1) **Acquisto della società da promotori, fondatori, soci e amministratori.** – [I]. L'acquisto da parte della società, per un corrispettivo pari o superiore al decimo del capitale sociale, di beni o di crediti dei promotori, dei fondatori, dei soci o degli amministratori, nei due anni dalla iscrizione della società nel registro delle imprese, deve essere autorizzato dall'assemblea ordinaria.

[II]. L'alienante deve presentare la relazione giurata di un esperto designato dal tribunale nel cui circondario ha sede la società ovvero la documentazione di cui all'articolo 2343-*ter* primo e secondo comma (2) contenente la descrizione dei beni o dei crediti, il valore a ciascuno di essi attribuito, i criteri di valutazione seguiti, nonché l'attestazione che tale valore non è inferiore al corrispettivo, che deve comunque essere indicato.

[III]. La relazione deve essere depositata nella sede della società durante i quindici giorni che precedono l'assemblea. I soci possono prenderne visione. Entro trenta giorni dall'autorizzazione il verbale dell'assemblea, corredato dalla relazione dell'esperto designato dal tribunale ovvero dalla documentazione di cui all'articolo 2343-*ter* (2), deve essere depositato a cura degli amministratori presso l'ufficio del registro delle imprese.

[IV]. Le disposizioni del presente articolo non si applicano agli acquisti che siano effettuati a condizioni normali nell'ambito delle operazioni correnti della società né a quelli che avvengono nei mercati regolamentati o sotto il controllo dell'autorità giudiziaria o amministrativa.

[V]. In caso di violazione delle disposizioni del presente articolo gli amministratori e l'alienante sono solidalmente responsabili per i danni causati alla società, ai soci ed ai terzi.

(1) *V. nota al Capo V.*

(2) *Le parole* « ovvero la documentazione di cui all'articolo 2343-*ter* primo e secondo comma » *e le parole* « ovvero dalla documentazione di cui all'articolo 2343-*ter* » *sono state aggiunte dall'art. 20[4] d.l. 24 giugno 2014, n. 91, conv., con modif., in l. 11 agosto 2014, n. 116.*

2343-*ter*. (1) **Conferimento di beni in natura o crediti senza relazione di stima.** – [I]. Nel caso di conferimento di valori mobiliari ovvero di strumenti del mercato monetario non è richiesta la relazione di cui all'articolo 2343, primo comma, se il valore ad essi attribuito ai fini della determinazione del capitale sociale e dell'eventuale sovrapprezzo è pari o inferiore al prezzo medio ponderato al quale sono stati negoziati su uno o più mercati regolamentati nei sei mesi precedenti il conferimento.

[II]. Fuori dai casi in cui è applicabile il primo comma, non è altresì richiesta la relazione di cui all'articolo 2343, primo comma, qualora il valore attribuito, ai fini della determinazione del capitale sociale e dell'eventuale sovrapprezzo, ai beni in natura o crediti conferiti sia pari o inferiore:

a) al *fair value* iscritto nel bilancio dell'esercizio precedente quello nel quale è effettuato il conferimento a condizione che il bilancio sia sottoposto a revisione legale e la relazione del revisore non esprima rilievi in ordine alla valutazione dei beni oggetto del conferimento, ovvero;

b) al valore risultante da una valutazione riferita ad una data precedente di non oltre sei mesi il conferimento e conforme ai principi e criteri generalmente riconosciuti per la valutazione dei beni oggetto del conferimento, a condizione che essa provenga da un esperto indipendente da chi effettua il conferimento, dalla società e dai soci che esercitano individualmente o congiuntamente il controllo sul soggetto conferente o sulla società medesima, dotato di adeguata e comprovata professionalità (2).

[III]. Chi conferisce beni o crediti ai sensi del primo e secondo comma presenta la documentazione dalla quale risulta il valore attribuito ai conferimenti e la sussistenza, per i conferimenti di cui al secondo comma, delle condizioni ivi indicate. La documentazione è allegata all'atto costitutivo.

[IV]. L'esperto di cui al secondo comma, lettera *b*), risponde dei danni causati alla società, ai soci e ai terzi.

[V]. Ai fini dell'applicazione del secondo comma, lettera *a*), per la definizione di « fair value » si fa riferimento ai principi contabili internazionali adottati dall'Unione europea (3).

(1) *Articolo inserito dall'art. 1[2] d.lს. 4 agosto 2008, n. 142.*
(2) *Comma così sostituito dall'art. 1[1 lett. a)] d.lgs. 29 novembre 2010, n. 224.*
(3) *Comma aggiunto dall'art. 1[1 lett. b)] d.lgs. n. 224, cit.*

2343-*quater*. (1) **Fatti eccezionali o rilevanti che incidono sulla valutazione.** – [I]. Gli amministratori verificano, nel termine di trenta giorni dalla iscrizione della società, se, nel periodo successivo a quello di cui all'articolo 2343-*ter*, primo comma, sono intervenuti fatti eccezionali che hanno inciso sul prezzo dei valori mobiliari o degli strumenti del mercato monetario conferiti in modo tale da modificare sensibilmente il valore di tali beni alla data di iscrizione della società nel registro delle imprese, comprese le situazioni in cui il mercato dei valori o strumenti non è più liquido. Gli amministratori verificano altresì nel medesimo termine se, successivamente al termine dell'esercizio cui si riferisce il bilancio di cui alla lettera *a*) del secondo comma dell'articolo 2343-*ter*, o alla data della valutazione di cui alla lettera *b*) del medesimo comma, si sono verificati fatti nuovi rilevanti tali da modificare sensibilmente il valore dei beni o dei crediti conferiti alla data di iscrizione della società nel registro delle imprese, nonché i requisiti di professionalità ed indipendenza dell'esperto che ha reso la valutazione di cui all'articolo 2343-*ter*, secondo comma, lettera *b*) (2).

[II]. Qualora gli amministratori ritengano che siano intervenuti i fatti di cui al primo comma, ovvero ritengano non idonei i requisiti di professionalità e indipendenza dell'esperto che ha reso la valutazione di cui all'articolo 2343-*ter*, secondo comma, lettera *b*), si procede, su iniziativa degli amministratori, ad una nuova valutazione ai sensi e per gli effetti dell'articolo 2343 (3).

[III]. Fuori dai casi di cui al secondo comma, è depositata per l'iscrizione nel registro delle imprese, nel medesimo termine di cui al primo comma, una dichiarazione degli amministratori contenente le seguenti informazioni:

a) la descrizione dei beni o dei crediti conferiti per i quali non si è fatto luogo alla relazione di cui all'articolo 2343, primo comma;

b) il valore ad essi attribuito, la fonte di tale valutazione e, se del caso, il metodo di valutazione;

c) la dichiarazione che tale valore è almeno pari a quello loro attribuito ai fini della determinazione del capitale sociale e dell'eventuale sovrapprezzo;

d) la dichiarazione che non sono intervenuti fatti eccezionali o rilevanti che incidono sulla valutazione di cui alla lettera *b*);

e) la dichiarazione di idoneità dei requisiti di professionalità e indipendenza dell'esperto di cui all'articolo 2343-*ter*, secondo comma, lettera *b*).

[IV]. Fino all'iscrizione della dichiarazione le azioni sono inalienabili e devono restare depositate presso la società.

(1) *Articolo inserito dall'art. 1² d.ls. 4 agosto 2008, n. 142.*
(2) *Comma così sostituito dall'art. 1² lett. a) d.ls. 29 novembre 2010, n. 224.*
(3) *Comma così sostituito dall'art. 1² lett. b) d.ls. n. 224, cit.*

2344. (1) **Mancato pagamento delle quote.** – [I]. Se il socio non esegue i pagamenti dovuti, decorsi quindici giorni dalla pubblicazione di una diffida nella Gazzetta Ufficiale della Repubblica, gli amministratori, se non ritengono utile promuovere azione per l'esecuzione del conferimento, offrono le azioni agli altri soci, in proporzione alla loro partecipazione, per un corrispettivo non inferiore ai conferimenti ancora dovuti. In mancanza di offerte possono far vendere le azioni a rischio e per conto del socio, a mezzo di una banca o di un intermediario autorizzato alla negoziazione in mercati regolamentati (2).

[II]. Qualora la vendita non possa aver luogo per mancanza di compratori, gli amministratori possono dichiarare decaduto il socio, trattenendo le somme riscosse, salvo il risarcimento dei maggiori danni.

[III]. Le azioni non vendute, se non possono essere rimesse in circolazione entro l'esercizio in cui fu pronunziata la decadenza del socio moroso, devono essere estinte con la corrispondente riduzione del capitale.

[IV]. Il socio in mora nei versamenti non può esercitare il diritto di voto.

(1) *V. nota al Capo V.*

(2) *Comma così modificato dall'art. 1 d.ls. 17 gennaio 2003, n. 6, come modificato dall'art. 5[1] d.ls. 6 febbraio 2004, n. 37.*

2345. (1) **Prestazioni accessorie.** – [I]. Oltre l'obbligo dei conferimenti, l'atto costitutivo può stabilire l'obbligo dei soci di eseguire prestazioni accessorie non consistenti in danaro, determinandone il contenuto, la durata, le modalità e il compenso, e stabilendo particolari sanzioni per il caso di inadempimento. Nella determinazione del compenso devono essere osservate le norme applicabili ai rapporti aventi per oggetto le stesse prestazioni.

[II]. Le azioni alle quali è connesso l'obbligo delle prestazioni anzidette devono essere nominative e non sono trasferibili senza il consenso degli amministratori.

[III]. Se non è diversamente disposto dall'atto costitutivo, gli obblighi previsti in questo articolo non possono essere modificati senza il consenso di tutti i soci.

(1) *V. nota al Capo V.*

SEZIONE V – *Delle azioni e di altri strumenti finanziari partecipativi*

2346. (1) **Emissione delle azioni.** – [I]. La partecipazione sociale è rappresentata da azioni; salvo diversa disposizione di leggi speciali lo statuto può escludere l'emissione dei relativi titoli o prevedere l'utilizzazione di diverse tecniche di legittimazione e circolazione.

[II]. Se determinato nello statuto, il valore nominale di ciascuna azione corrisponde ad una frazione del capitale sociale; tale determinazione deve riferirsi senza eccezioni a tutte le azioni emesse dalla società.

[III]. In mancanza di indicazione del valore nominale delle azioni, le disposizioni che ad esso si riferiscono si applicano con riguardo al loro numero in rapporto al totale delle azioni emesse.

[IV]. A ciascun socio è assegnato un numero di azioni proporzionale alla parte del capitale sociale sottoscritta e per un valore non superiore a quello del suo conferimento. Lo statuto può prevedere una diversa assegnazione delle azioni (2).

[V]. In nessun caso il valore dei conferimenti può essere complessivamente inferiore all'ammontare globale del capitale sociale.

[VI]. Resta salva la possibilità che la società, a seguito dell'apporto da parte dei soci o di terzi anche di opere o servizi, emetta strumenti finanziari forniti di diritti patrimoniali o anche (3) di diritti amministrativi, escluso il voto nell'assemblea generale degli azionisti. In tal caso lo statuto ne disciplina le modalità e condizioni di emissione, i diritti che conferiscono, le sanzioni in caso di inadempimento delle prestazioni e, se ammessa, la legge di circolazione.

(1) *V. nota al Capo V.*
(2) *Comma così modificato dall'art. 7 d.ls. 28 dicembre 2004, n. 310.*
(3) *V. Avviso di rettifica in G.U. 4 luglio 2003, n. 153.*

2347. (1) **Indivisibilità delle azioni.** – [I]. Le azioni sono indivisibili. Nel caso di comproprietà di un'azione, i diritti dei comproprietari devono essere esercitati da un rappresentante comune nominato secondo le modalità previste dagli articoli 1105 e 1106.

[II]. Se il rappresentante comune non è stato nominato, le comunicazioni e le dichiarazioni fatte dalla società a uno dei comproprietari sono efficaci nei confronti di tutti.

[III]. I comproprietari dell'azione rispondono solidalmente delle obbligazioni da essa derivanti.

(1) *V. nota al Capo V.*

2348. (1) **Categorie di azioni.** – [I]. Le azioni devono essere di uguale valore e conferiscono ai loro possessori uguali diritti.

[II]. Si possono tuttavia creare, con lo statuto o con successive modificazioni di questo, categorie di azioni fornite di diritti diversi anche per quanto concerne la incidenza delle perdite. In tal caso la società, nei limiti imposti dalla legge, può liberamente determinare il contenuto delle azioni delle varie categorie.

[III]. Tutte le azioni appartenenti ad una medesima categoria conferiscono uguali diritti.

(1) *V. nota al Capo V.*

2349. (1) **Azioni e strumenti finanziari a favore dei prestatori di lavoro.** – [I]. Se lo statuto lo prevede, l'assemblea straordinaria può deliberare l'assegnazione di utili ai prestatori di lavoro dipendenti delle società o di società controllate (2) mediante l'emissione, per un ammontare corrispondente agli utili stessi, di speciali categorie di azioni da assegnare individualmente ai prestatori di lavoro, con norme particolari riguardo alla forma, al modo di trasferimento ed ai diritti spettanti agli azionisti. Il capitale sociale deve essere aumentato in misura corrispondente.

[II]. L'assemblea straordinaria può altresì deliberare l'assegnazione ai prestatori di lavoro dipendenti della società o di società controllate di strumenti finanziari, diversi dalle azioni, forniti di diritti patrimoniali o anche di diritti amministrativi, escluso il voto nell'assemblea generale degli azionisti. In tal caso possono essere previste norme particolari riguardo alle condizioni di esercizio dei diritti attribuiti, alla possibilità di trasferimento ed alle eventuali cause di decadenza o riscatto (3).

(1) *V. nota al Capo V.*
(2) *V. Avviso di rettifica in G.U. 4 luglio 2003, n. 153.*
(3) *Comma così modificato dall'art. 1 d.ls. 17 gennaio 2003, n. 6, come modificato dall'art. 5[1 f)] d.ls. 6 febbraio 2004, n. 37.*

2350. (1) **Diritto agli utili e alla quota di liquidazione.** – [I]. Ogni azione attribuisce il diritto a una parte proporzionale degli utili netti e del patrimonio netto risultante dalla liquidazione, salvi i diritti stabiliti a favore di speciali categorie di azioni.

[II]. Fuori dai casi di cui all'articolo 2447-*bis*, la società può emettere azioni fornite di diritti patrimoniali correlati ai risultati dell'attività sociale in un determinato settore. Lo statuto stabilisce i criteri di individuazione dei costi e ricavi imputabili al settore, le modalità di rendicontazione, i diritti attribuiti a tali azioni, nonché le eventuali condizioni e modalità di conversione in azioni di altra categoria (2).

[III]. Non possono essere pagati dividendi ai possessori delle azioni previste dal precedente comma se non nei limiti degli utili risultanti dal bilancio della società.

(1) *V. nota al Capo V.*
(2) *Comma così modificato dall'art. 1 d.ls. 17 gennaio 2003, n. 6, come modificato dall'art. 5[1 g)] d.ls. 6 febbraio 2004, n. 37.*

2351. (1) **Diritto di voto.** – [I]. Ogni azione attribuisce il diritto di voto.

[II]. Salvo quanto previsto dalle leggi speciali, lo statuto può prevedere la creazione di azioni senza diritto di voto, con diritto di voto limitato a particolari argomenti, con diritto di voto subordinato al verificarsi di particolari condizioni non meramente potestative. Il valore di tali azioni non può complessivamente superare la metà del capitale sociale.

[III]. Lo statuto può altresì prevedere che, in relazione alla quantità delle azioni possedute da uno stesso soggetto, il diritto di voto sia limitato a una misura massima o disporne scaglionamenti (2).

[IV]. Salvo quanto previsto dalle leggi speciali, lo statuto può prevedere la creazione di azioni con diritto di voto plurimo anche per particolari argomenti o subordinato al verificarsi di particolari condizioni non meramente potestative. Ciascuna azione a voto plurimo può avere fino a un massimo di tre voti (3).

[V]. Gli strumenti finanziari di cui agli articoli 2346, sesto comma, e 2349, secondo comma, possono essere dotati del diritto di voto su argomenti specificamente indicati e in particolare può essere ad essi riservata, secondo modalità stabilite dallo statuto, la nomina di un componente indipendente del consiglio di amministrazione o del consiglio di sorveglianza o di un sindaco. Alle persone così nominate si applicano le medesime norme previste per gli altri componenti dell'organo cui partecipano.

(1) *V. nota al Capo V.*

(2) *Comma così sostituito dall'art. 20*[8-bis] *d.l. 24 giugno 2014, n. 91, conv., con modif., in l. 11 agosto 2014, n. 116. Il testo del comma era il seguente:* « Lo statuto delle società che non fanno ricorso al mercato del capitale di rischio può prevedere che, in relazione alla quantità di azioni possedute da uno stesso soggetto, il diritto di voto sia limitato ad una misura massima o disporne scaglionamenti ».

(3) *Comma così sostituito dall'art. 20*[8-bis] *d.l. n. 91, cit. Il testo del comma era il seguente:* « Non possono emettersi azioni a voto plurimo ».

2352. (1) **Pegno, usufrutto e sequestro delle azioni.** – [I]. Nel caso di pegno o usufrutto sulle azioni, il diritto di voto spetta, salvo convenzione contraria, al creditore pignoratizio o all'usufruttuario. Nel caso di sequestro delle azioni il diritto di voto è esercitato dal custode.

[II]. Se le azioni attribuiscono un diritto di opzione, questo spetta al socio ed al medesimo sono attribuite le azioni in base ad esso sottoscritte. Qualora il socio non provveda almeno tre giorni prima della scadenza al versamento delle somme necessarie per l'esercizio del diritto di opzione e qualora gli altri soci non si offrano di acquistarlo, questo deve essere alienato per suo conto a mezzo banca od intermediario autorizzato alla negoziazione nei mercati regolamentati.

[III]. Nel caso di aumento del capitale sociale ai sensi dell'articolo 2442, il pegno, l'usufrutto o il sequestro si estendono alle azioni di nuova emissione.

[IV]. Se sono richiesti versamenti sulle azioni, nel caso di pegno, il socio deve provvedere al versamento delle somme necessarie almeno tre giorni prima della scadenza; in mancanza il creditore pignoratizio può vendere le azioni nel modo stabilito dal secondo comma del presente articolo. Nel caso di usufrutto, l'usufruttuario deve provvedere al versamento, salvo il suo diritto alla restituzione al termine dell'usufrutto.

[V]. Se l'usufrutto spetta a più persone, si applica il secondo comma dell'articolo 2347.

[VI]. Salvo che dal titolo o dal provvedimento del giudice risulti diversamente, i diritti amministrativi diversi da quelli previsti nel presente articolo spettano, nel caso di pegno o di usufrutto, sia al socio sia al creditore pignoratizio o all'usufruttuario; nel caso di sequestro sono esercitati dal custode.

(1) *V. nota al Capo V.*

2353. (1) **Azioni di godimento.** – [i]. Salvo diversa disposizione dello statuto, le azioni di godimento attribuite ai possessori delle azioni rimborsate non danno diritto di voto nell'assemblea. Esse concorrono nella ripartizione degli utili che residuano dopo il pagamento delle azioni non rimborsate di un dividendo pari all'interesse legale e, nel caso di liquidazione, nella ripartizione del patrimonio sociale residuo dopo il rimborso delle altre azioni al loro valore nominale.

(1) *V. nota al Capo V.*

2354. (1) **Titoli azionari.** – [i]. I titoli possono essere nominativi o al portatore, a scelta del socio, se lo statuto o le leggi speciali non stabiliscono diversamente (2).

[ii]. Finché le azioni non siano interamente liberate, non possono essere emessi titoli al portatore.

[iii]. I titoli azionari devono indicare:

1) la denominazione e la sede della società;

2) la data dell'atto costitutivo e della sua iscrizione e l'ufficio del registro delle imprese dove la società è iscritta;

3) il loro valore nominale o, se si tratta di azioni senza valore nominale, il numero complessivo delle azioni emesse, nonché l'ammontare del capitale sociale;

4) l'ammontare dei versamenti parziali sulle azioni non interamente liberate;

5) i diritti e gli obblighi particolari ad essi inerenti.

[iv]. I titoli azionari devono essere sottoscritti da uno degli amministratori. È valida la sottoscrizione mediante riproduzione meccanica della firma.

[v]. Le disposizioni di questo articolo si applicano anche ai certificati provvisori che si distribuiscono ai soci prima dell'emissione dei titoli definitivi.

[vi]. Sono salve le disposizioni delle leggi speciali in tema di strumenti finanziari negoziati o destinati alla negoziazione nelle sedi di negoziazione (3).

[vii]. Lo statuto può assoggettare le azioni alla disciplina prevista dalle leggi speciali di cui al precedente comma.

(1) *V. nota al Capo V.*

(2) *Comma così modificato dall'art. 1 d.ls. 17 gennaio 2003, n. 6, come modificato dall'art. 5[1 h)] d.ls. 6 febbraio 2004, n. 37.*

(3) *Le parole* « nelle sedi di negoziazione » *sono state sostituite alle parole* « nei mercati regolamentati » *dall'art. 4[2] d.ls. 12 agosto 2016, n. 176. Ai sensi dell'art. 5[2] d.ls. n. 176, cit., « Fino alla data di applicazione delle disposizioni attuative della direttiva 2014/65/UE e di adeguamento al regolamento (UE) n. 600/2014, la locuzione "sedi di negoziazione" si riferisce ai mercati regolamentati e ai sistemi multilaterali di negoziazione e la locuzione "gestori" si riferisce alle società di gestione, per quanto concerne i mercati regolamentati, e ai soggetti che gestiscono i sistemi multilaterali di negoziazione, per quanto concerne questi ultimi ».*

2355. (1) **Circolazione delle azioni.** – [I]. Nel caso di mancata emissione dei titoli azionari il trasferimento delle azioni ha effetto nei confronti della società dal momento dell'iscrizione nel libro dei soci.

[II]. Le azioni al portatore si trasferiscono con la consegna del titolo.

[III]. Il trasferimento delle azioni nominative si opera mediante girata autenticata da un notaio o da altro soggetto secondo quanto previsto dalle leggi speciali. Il giratario che si dimostra possessore in base a una serie continua di girate ha diritto di ottenere l'annotazione del trasferimento nel libro dei soci, ed è comunque legittimato ad esercitare i diritti sociali; resta salvo l'obbligo della società, previsto dalle leggi speciali, di aggiornare il libro dei soci.

[IV]. Il trasferimento delle azioni nominative con mezzo diverso dalla girata si opera a norma dell'articolo 2022.

[V]. Nei casi previsti ai commi sesto e settimo dell'articolo 2354, il trasferimento si opera mediante scritturazione sui conti destinati a registrare i movimenti degli strumenti finanziari; in tal caso, se le azioni sono nominative, si applica il terzo comma e la scritturazione sul conto equivale alla girata.

(1) *V. nota al Capo V.*

2355-*bis*. (1) **Limiti alla circolazione delle azioni.** – [I]. Nel caso di azioni nominative ed in quello di mancata emissione dei titoli azionari, lo statuto può sottoporre a particolari condizioni il loro trasferimento e può, per un periodo non superiore a cinque anni dalla costituzione della società o dal momento in cui il divieto viene introdotto, vietarne il trasferimento.

[II]. Le clausole dello statuto che subordinano il trasferimento delle azioni al mero gradimento di organi sociali o di altri soci sono inefficaci se non prevedono, a carico della società o degli altri soci, un obbligo di acquisto oppure il diritto di recesso dell'alienante; resta ferma l'applicazione dell'articolo 2357. Il corrispettivo dell'acquisto o rispettivamente la quota di liquidazione sono determinati secondo le modalità e nella misura previste dall'articolo 2437-*ter*.

[III]. La disposizione del precedente comma si applica in ogni ipotesi di clausole che sottopongono a particolari condizioni il trasferimento a causa di morte delle azioni, salvo che sia previsto il gradimento e questo sia concesso.

[IV]. Le limitazioni al trasferimento delle azioni devono risultare dal titolo.

(1) *V. nota al Capo V.*

2356. (1) **Responsabilità in caso di trasferimento di azioni non liberate.** – [I]. Coloro che hanno trasferito azioni non liberate sono obbligati in solido con gli acquirenti per l'ammontare dei versamenti ancora dovuti, per il periodo di tre anni dall'annotazione del trasferimento nel libro dei soci.

[II]. Il pagamento non può essere ad essi domandato se non nel caso in cui la richiesta al possessore dell'azione sia rimasta infruttuosa.

(1) *V. nota al Capo V.*

2357. (1) **Acquisto delle proprie azioni.** – [I]. La società non può acquistare azioni proprie se non nei limiti degli utili distribuibili e delle riserve disponibili risultanti dall'ultimo bilancio regolarmente approvato. Possono essere acquistate soltanto azioni interamente liberate.

[II]. L'acquisto deve essere autorizzato dall'assemblea, la quale ne fissa le modalità, indicando in particolare il numero massimo di azioni da acquistare, la durata, non superiore ai diciotto mesi, per la quale l'autorizzazione è accordata, il corrispettivo minimo ed il corrispettivo massimo.

[III]. Il valore nominale delle azioni acquistate a norma del primo e secondo comma dalle società che fanno ricorso al mercato del capitale di rischio non può eccedere la quinta parte del capitale sociale, tenendosi conto a tal fine anche delle azioni possedute da società controllate (2).

[IV]. Le azioni acquistate in violazione dei commi precedenti debbono essere alienate secondo modalità da determinarsi dall'assemblea, entro un anno dal loro acquisto. In mancanza, deve procedersi senza indugio al loro annullamento e alla corrispondente riduzione del capitale. Qualora l'assemblea non provveda, gli amministratori e i sindaci devono chiedere che la riduzione sia disposta dal tribunale secondo il procedimento previsto dall'articolo 2446, secondo comma.

[V]. Le disposizioni del presente articolo si applicano anche agli acquisti fatti per tramite di società fiduciaria o per interposta persona.

(1) *V. nota al Capo V.*

(2) *Comma sostituito dapprima dall'art. 1[3] d.lgs. 4 agosto 2008, n. 142, e successivamente dall'art. 7[3-sexies lett. a)] d.l. 10 febbraio 2009, n. 5, conv., con modif., in l. 9 aprile 2009, n. 33.*

2357-*bis*. (1) **Casi speciali di acquisto delle proprie azioni.** – [I]. Le limitazioni contenute nell'articolo 2357 non si applicano quando l'acquisto di azioni proprie avvenga:

1) in esecuzione di una deliberazione dell'assemblea di riduzione del capitale, da attuarsi mediante riscatto e annullamento di azioni;

2) a titolo gratuito, sempre che si tratti di azioni interamente liberate;

3) per effetto di successione universale o di fusione o scissione;

4) in occasione di esecuzione forzata per il soddisfacimento di un credito della società, sempre che si tratti di azioni interamente liberate.

[II]. Se il valore nominale delle azioni proprie supera il limite della quinta parte del capitale per effetto di acquisti avvenuti a norma dei numeri 2), 3) e 4) del primo comma del presente articolo, si applica per l'eccedenza il penultimo comma dell'articolo 2357, ma il termine entro il quale deve avvenire l'alienazione è di tre anni (2).

(1) *V. nota al Capo V.*

(2) *Comma così sostituito dall'art. 7[3-sexies lett. b)] d.l. 10 febbraio 2009, n. 5, conv., con modif., in l. 9 aprile 2009, n. 33.*

2357-*ter*. (1) **Disciplina delle proprie azioni.** – [I]. Gli amministratori non possono disporre delle azioni acquistate a norma dei due articoli precedenti se non previa autorizzazione dell'assemblea, la quale deve stabilire le relative modalità. A tal fine possono essere previste, nei limiti stabiliti dal primo e secondo comma dell'articolo 2357, operazioni successive di acquisto ed alienazione.

[II]. Finché le azioni restano in proprietà della società, il diritto agli utili e il diritto di opzione sono attribuiti proporzionalmente alle altre azioni. Il diritto di voto è sospeso, ma le azioni proprie sono tuttavia computate ai fini del calcolo delle maggioranze e delle quote richieste per la costituzione e per le deliberazioni dell'assemblea. Nelle società che fanno ricorso al mercato del capitale di rischio il computo delle azioni proprie è disciplinato dall'articolo 2368, terzo comma (2).

[iii]. L'acquisto di azioni proprie comporta una riduzione del patrimonio netto di eguale importo, tramite l'iscrizione nel passivo del bilancio di una specifica voce, con segno negativo (3).

(1) *V. nota al Capo V.*

(2) *Comma così sostituito dall'art. 1[3] d.lg. 29 novembre 2010, n. 224.*

(3) *Comma così sostituito dall'art. 6[1] d.lgs. 18 agosto 2015, n. 139. Ai sensi dell'art. 12[1] d.lgs. n. 139, cit., la presente disposizione entra in vigore dal 1° gennaio 2016 e si applica « ai bilanci relativi agli esercizi finanziari aventi inizio a partire da quella data ». Il testo del comma era il seguente:* « Una riserva indisponibile pari all'importo delle azioni proprie iscritto all'attivo del bilancio deve essere costituita e mantenuta finché le azioni non siano trasferite o annullate ».

2357-*quater*. (1) **Divieto di sottoscrizione delle proprie azioni.** [i]. Salvo quanto previsto dall'articolo 2357-*ter*, secondo comma, la società non può sottoscrivere azioni proprie (2).

[ii]. Le azioni sottoscritte in violazione del divieto stabilito nel precedente comma si intendono sottoscritte e devono essere liberate dai promotori e dai soci fondatori o, in caso di aumento del capitale sociale, dagli amministratori. La presente disposizione non si applica a chi dimostri di essere esente da colpa.

[iii]. Chiunque abbia sottoscritto in nome proprio, ma per conto della società, azioni di quest'ultima è considerato a tutti gli effetti sottoscrittore per conto proprio. Della liberazione delle azioni rispondono solidalmente, a meno che dimostri no di essere esenti da colpa, i promotori, i soci fondatori e, nel caso di aumento del capitale sociale, gli amministratori.

(1) *V. nota al Capo V.*

(2) *Comma così modificato dall'art. 1 d.lg. 17 gennaio 2003, n. 6, come modificato dall'art. 5[1 i)] d.lg. 6 febbraio 2004, n. 37.*

2358. (1) **Altre operazioni sulle proprie azioni.** – [i]. La società non può, direttamente o indirettamente, accordare prestiti, né fornire garanzie per l'acquisto o la sottoscrizione delle proprie azioni, se non alle condizioni previste dal presente articolo.

[ii]. Tali operazioni sono preventivamente autorizzate dall'assemblea straordinaria.

[iii]. Gli amministratori della società predispongono una relazione che illustri, sotto il profilo giuridico ed economico, l'operazione, descrivendone le condizioni, evidenziando le ragioni e gli obiettivi imprenditoriali che la giustificano, lo specifico interesse che l'operazione presenta per la società, i rischi che essa comporta per la liquidità e la solvibilità della società ed indicando il prezzo al quale il terzo acquisirà le azioni. Nella relazione gli amministratori attestano altresì che l'operazione ha luogo a condizioni di mercato, in partico-

lare per quanto riguarda le garanzie prestate e il tasso di interesse praticato per il rimborso del finanziamento, e che il merito di credito della controparte è stato debitamente valutato. La relazione è depositata presso la sede della società durante i trenta giorni che precedono l'assemblea. Il verbale dell'assemblea, corredato dalla relazione degli amministratori, è depositato entro trenta giorni per l'iscrizione nel registro delle imprese.

[IV]. In deroga all'articolo 2357-*ter*, quando le somme o le garanzie fornite ai sensi del presente articolo sono utilizzate per l'acquisto di azioni detenute dalla società ai sensi dell'articolo 2357 e 2357-*bis* l'assemblea straordinaria autorizza gli amministratori a disporre di tali azioni con la delibera di cui al secondo comma. Il prezzo di acquisto delle azioni è determinato secondo i criteri di cui all'articolo 2437-*ter*, secondo comma. Nel caso di azioni negoziate in un mercato regolamentato il prezzo di acquisto è pari almeno al prezzo medio ponderato al quale le azioni sono state negoziate nei sei mesi che precedono la pubblicazione dell'avviso di convocazione dell'assemblea.

[V]. Qualora la società accordi prestiti o fornisca garanzie per l'acquisto o la sottoscrizione delle azioni proprie a singoli amministratori della società o della controllante o alla stessa controllante ovvero a terzi che agiscono in nome proprio e per conto dei predetti soggetti, la relazione di cui al terzo comma attesta altresì che l'operazione realizza al meglio l'interesse della società.

[VI]. L'importo complessivo delle somme impiegate e delle garanzie fornite ai sensi del presente articolo non può eccedere il limite degli utili distribuibili e delle riserve disponibili risultanti dall'ultimo bilancio regolarmente approvato, tenuto conto anche dell'eventuale acquisto di proprie azioni ai sensi dell'articolo 2357. Una riserva indisponibile pari all'importo complessivo delle somme impiegate e delle garanzie fornite è iscritta al passivo del bilancio.

[VII]. La società non può, neppure per tramite di società fiduciaria, o per interposta persona, accettare azioni proprie in garanzia.

[VIII]. Salvo quanto previsto dal comma sesto, le disposizioni del presente articolo non si applicano alle operazioni effettuate per favorire l'acquisto di azioni da parte di dipendenti della società o di quelli di società controllanti o controllate.

[IX]. Resta salvo quanto previsto dagli articoli 2391-*bis* e 2501-*bis*.

(1) *Articolo, da ultimo, così sostituito dall'art. 1[4] d.ls. 4 agosto 2008, n. 142.*

2359. (1) **Società controllate e società collegate.** – [I]. Sono considerate società controllate:

1) le società in cui un'altra società dispone della maggioranza dei voti esercitabili nell'assemblea ordinaria;

2) le società in cui un'altra società dispone di voti sufficienti per esercitare un'influenza dominante nell'assemblea ordinaria;

3) le società che sono sotto influenza dominante di un'altra società in virtù di particolari vincoli contrattuali con essa (2).

[II]. Ai fini dell'applicazione dei numeri 1) e 2) del primo comma si computano anche i voti spettanti a società controllate, a società fiduciarie e a persona interposta: non si computano i voti spettanti per conto di terzi (2).

[III]. Sono considerate collegate le società sulle quali un'altra società esercita un'influenza notevole. L'influenza si presume quando nell'assemblea ordinaria può essere esercitato almeno un quinto dei voti ovvero un decimo se la società ha azioni quotate in mercati regolamentati (3).

(1) *V. nota al Capo V.*

(2) *In tema di parità di accesso agli organi di amministrazione e di controllo nelle società, costituite in Italia, controllate da pubbliche amministrazioni, ai sensi del presente comma, v. d.P.R. 30 novembre 2012, n. 251.*

(3) *Comma così modificato dall'art. 8 d.ls. 28 dicembre 2004, n. 310.*

2359-*bis*. (1) **Acquisto di azioni o quote da parte di società controllate.** – [I]. La società controllata non può acquistare azioni o quote della società controllante se non nei limiti degli utili distribuibili e delle riserve disponibili risultanti dall'ultimo bilancio regolarmente approvato. Possono essere acquistate soltanto azioni interamente liberate.

[II]. L'acquisto deve essere autorizzato dall'assemblea a norma del secondo comma dell'articolo 2357.

[III]. In nessun caso il valore nominale delle azioni acquistate a norma dei commi primo e secondo può eccedere la quinta parte del capitale della società controllante qualora questa sia una società che faccia ricorso al mercato del capitale di rischio, tenendosi conto a tal fine delle azioni possedute dalla medesima società controllante o dalle società da essa controllate (2).

[IV]. Una riserva indisponibile, pari all'importo delle azioni o quote della società controllante iscritto all'attivo del bilancio deve essere costituita e mantenuta finché le azioni o quote non siano trasferite.

[V]. La società controllata da altra società non può esercitare il diritto di voto nelle assemblee di questa.

[VI]. Le disposizioni di questo articolo si applicano anche agli acquisti fatti per il tramite di società fiduciaria o per interposta persona.

(1) *V. nota al Capo V.*
(2) *Comma così sostituito dall'art. 1[4] d.lgs. 29 novembre 2010, n. 224.*

2359-*ter*. (1) **Alienazione o annullamento delle azioni o quote della società controllante.** – [I]. Le azioni o quote acquistate in violazione dell'articolo 2359-*bis* devono essere alienate secondo modalità da determinarsi dall'assemblea entro un anno dal loro acquisto.

[II]. In mancanza, la società controllante deve procedere senza indugio al loro annullamento e alla corrispondente riduzione del capitale, con rimborso secondo i criteri indicati dagli articoli 2437-*ter* e 2437-*quater*. Qualora l'assemblea non provveda, gli amministratori e i sindaci devono chiedere che la riduzione sia disposta dal tribunale secondo il procedimento previsto dall'articolo 2446, secondo comma.

(1) *V. nota al Capo V.*

2359-*quater*. (1) **Casi speciali di acquisto o di possesso di azioni o quote della società controllante.** – [I]. Le limitazioni dell'articolo 2359-*bis* non si applicano quando l'acquisto avvenga ai sensi dei numeri 2, 3 e 4 del primo comma dell'articolo 2357-*bis*.

[II]. Le azioni o quote così acquistate, che superino il limite stabilito dal terzo comma dell'articolo 2359-*bis*, devono tuttavia essere alienate, secondo modalità da determinarsi dall'assemblea, entro tre anni dall'acquisto. Si applica il secondo comma dell'articolo 2359-*ter*.

[III]. Se il limite indicato dal terzo comma dell'articolo 2359-*bis* è superato per effetto di circostanze sopravvenute, la società controllante, entro tre anni dal momento in cui si è verificata la circostanza che ha determinato il superamento del limite, deve procedere all'annullamento delle azioni o quote in misura proporzionale a quelle possedute da ciascuna società, con conseguente riduzione del capitale e con rimborso alle società controllate secondo i criteri indicati dagli articoli 2437-*ter* e 2437-*quater*. Qualora l'assemblea non provveda, gli amministratori e i sindaci devono chiedere che la riduzione sia disposta dal tribunale secondo il procedimento previsto dall'articolo 2446, secondo comma.

(1) *V. nota al Capo V.*

2359-*quinquies*. (1) **Sottoscrizione di azioni o quote della società controllante.** – [I]. La società controllata non può sottoscrivere azioni o quote della società controllante.

[II]. Le azioni o quote sottoscritte in violazione del comma precedente si intendono sottoscritte e devono essere liberate dagli amministratori, che non dimostrino di essere esenti da colpa.

[III]. Chiunque abbia sottoscritto in nome proprio, ma per conto della società controllata, azioni o quote della società controllante è considerato a tutti gli effetti sottoscrittore per conto proprio. Della liberazione delle azioni o quote rispondono solidalmente gli amministratori della società controllata che non dimostrino di essere esenti da colpa.

(1) *V. nota al Capo V.*

2360. (1) **Divieto di sottoscrizione reciproca di azioni.** – [I]. È vietato alle società di costituire o di aumentare il capitale mediante sottoscrizione reciproca di azioni, anche per tramite di società fiduciaria o per interposta persona.

(1) *V. nota al Capo V.*

2361. (1) **Partecipazioni.** – [I]. L'assunzione di partecipazioni in altre imprese, anche se prevista genericamente nello statuto, non è consentita, se per la misura e per l'oggetto della partecipazione ne risulta sostanzialmente modificato l'oggetto sociale determinato dallo statuto.

[II]. L'assunzione di partecipazioni in altre imprese comportante una responsabilità illimitata per le obbligazioni delle medesime deve essere deliberata dall'assemblea; di tali partecipazioni gli amministratori danno specifica informazione nella nota integrativa del bilancio, indicando la denominazione, la sede legale e la forma giuridica di ciascun soggetto partecipato (2).

(1) *V. nota al Capo V.*

(2) *Le parole «* , indicando la denominazione, la sede legale e la forma giuridica di ciascun soggetto partecipato *» sono state aggiunte dall'art. 24*[2 lett. d)] *l. 23 dicembre 2021, n. 238. Ai sensi del comma 4 del citato art. 24, tale disposizione si applica per la prima volta al bilancio dell'impresa e al bilancio consolidato relativi al primo esercizio successivo a quello chiuso o in corso al 31 dicembre 2019.*

2362. (1) **Unico azionista.** – [I]. Quando le azioni risultano appartenere ad una sola persona o muta la persona dell'unico socio, gli amministratori devono depositare per l'iscrizione del registro delle imprese una dichiarazione contenente l'indicazione del cognome e nome o della denominazione, della data e del luogo di nascita o lo Stato di costituzione, del domicilio o della sede e cittadinanza dell'unico socio (2).

[II]. Quando si costituisce o ricostituisce la pluralità dei soci, gli amministratori ne devono depositare apposita dichiarazione per l'iscrizione nel registro delle imprese.

[III]. L'unico socio o colui che cessa di essere tale può provvedere alla pubblicità prevista nei commi precedenti.

[IV]. Le dichiarazioni degli amministratori previste dai precedenti commi devono essere depositate entro trenta giorni dall'iscrizione nel libro dei soci e devono indicare la data di iscrizione.

[V]. I contratti della società con l'unico socio o le operazioni a favore dell'unico socio sono opponibili ai creditori della società solo se risultano dal libro delle adunanze e delle deliberazioni del consiglio di amministrazione o da atto scritto avente data certa anteriore al pignoramento.

(1) *V. nota al Capo V.*

(2) *Comma così modificato dall'art. 1 d.ls. 17 gennaio 2003, n. 6, come modificato dall'art. 5[1 l)] d.ls. 6 febbraio 2004, n. 37.*

SEZIONE VI – *Dell'assemblea*

2363. (1) **Luogo di convocazione dell'assemblea.** – [I]. L'assemblea è convocata nel comune dove ha sede la società, se lo statuto non dispone diversamente.

[II]. L'assemblea è ordinaria o straordinaria.

(1) *V. nota al Capo V.*

2364. (1) **Assemblea ordinaria nelle società prive di consiglio di sorveglianza.** – [I]. Nelle società prive di consiglio di sorveglianza, l'assemblea ordinaria:

1) approva il bilancio;

2) nomina e revoca gli amministratori; nomina i sindaci e il presidente del collegio sindacale e, quando previsto, il soggetto incaricato di effettuare la revisione legale dei conti;

3) determina il compenso degli amministratori e dei sindaci, se non è stabilito dallo statuto;

4) delibera sulla responsabilità degli amministratori e dei sindaci;

5) delibera sugli altri oggetti attribuiti dalla legge alla competenza dell'assemblea, nonché sulle autorizzazioni eventualmente richieste dallo statuto per il compimento di atti degli amministratori, ferma in ogni caso la responsabilità di questi per gli atti compiuti;

6) approva l'eventuale regolamento dei lavori assembleari (2).

[II]. L'assemblea ordinaria deve essere convocata almeno una volta l'anno, entro il termine stabilito dallo statuto e comunque non superiore a centoventi giorni dalla chiusura dell'esercizio sociale. Lo statuto può prevedere un maggior termine, comunque non superiore a centottanta giorni, nel caso di società tenute alla redazione del bilancio consolidato ovvero quando lo richiedono particolari esigenze relative alla struttura ed all'oggetto della società; in questi casi gli amministratori segnalano nella relazione prevista dall'articolo 2428 le ragioni della dilazione (3) (4).

(1) *V. nota al Capo V.*
(2) *Comma così modificato dall'art. 37[3] d.ls. 27 gennaio 2010, n. 39.*
(3) *Comma così modificato dall'art. 9 d.ls. 28 dicembre 2004, n. 310.*
(4) *Con riferimento alle misure connesse all'emergenza epidemiologica da Covid-19, in deroga al presente comma, v. art. 106[1-2, 7] d.l. 17 marzo 2020, n. 18, conv., con modif., in l. 24 aprile 2020, n. 27.*

2364-*bis*. (1) **Assemblea ordinaria nelle società con consiglio di sorveglianza. – [I].** Nelle società ove è previsto il consiglio di sorveglianza, l'assemblea ordinaria:

1) nomina e revoca i consiglieri di sorveglianza;
2) determina il compenso ad essi spettante, se non è stabilito nello statuto;
3) delibera sulla responsabilità dei consiglieri di sorveglianza;
4) delibera sulla distribuzione degli utili;
5) nomina il soggetto incaricato di effettuare la revisione legale dei conti (2).

[II]. Si applica il secondo comma dell'articolo 2364.

(1) *V. nota al Capo V.*
(2) *Comma così modificato dall'art. 37[4] d.ls. 27 gennaio 2010, n. 39.*

2365. (1) **Assemblea straordinaria. – [I].** L'assemblea straordinaria delibera sulle modificazioni dello statuto, sulla nomina, sulla sostituzione e sui poteri dei liquidatori e su ogni altra materia espressamente attribuita dalla legge alla sua competenza.

[II]. Fermo quanto disposto dagli articoli 2420-*ter* e 2443, lo statuto può attribuire alla competenza dell'organo amministrativo o del consiglio di sorveglianza o del consiglio di gestione le deliberazioni concernenti la fusione nei casi previsti dagli articoli 2505 e 2505-*bis*, l'istituzione o la soppressione di sedi secondarie, la indicazione di quali tra gli amministratori hanno la rappresentanza della società, la riduzione del capitale in caso di recesso del socio, gli adeguamenti dello statuto a disposizioni normative, il trasferimento della sede sociale nel territorio nazionale. Si applica in ogni caso l'articolo 2436.

(1) *V. nota al Capo V.*

2366. (1) **Formalità per la convocazione. – [I].** L'assemblea è convocata dall'amministratore unico, dal consiglio di amministrazione (2) o dal consiglio di gestione mediante avviso contenente l'indicazione del giorno, dell'ora e del luogo dell'adunanza e l'elenco delle materie da trattare.

[II]. L'avviso deve essere pubblicato nella Gazzetta Ufficiale della Repubblica o in almeno un quotidiano indicato nello statuto almeno quindici giorni prima di quello fissato per l'assemblea. Se i quotidiani indicati nello statuto hanno cessato le pubblicazioni, l'avviso deve essere pubblicato nella Gazzetta Ufficiale (3). Per le società (4) che fanno ricorso al mercato del capitale di rischio, le modalità di pubblicazione dell'avviso sono definite dalle leggi speciali (5).

[III]. Lo statuto delle società che non fanno ricorso al mercato del capitale di rischio può, in deroga al comma precedente, consentire la convocazione mediante avviso comunicato ai soci con mezzi che garantiscano la prova dell'avvenuto ricevimento almeno otto giorni prima dell'assemblea.

[IV]. In mancanza delle formalità previste per la convocazione, (6) l'assemblea si reputa regolarmente costituita, quando è rappresentato l'intero capitale sociale e partecipa all'assemblea la maggioranza dei componenti degli organi amministrativi e di controllo. Tuttavia in tale ipotesi ciascuno dei partecipanti può opporsi alla discussione degli argomenti sui quali non si ritenga sufficientemente informato.

[V]. Nell'ipotesi di cui al comma precedente, dovrà essere data tempestiva comunicazione delle deliberazioni assunte ai componenti degli organi amministrativi e di controllo non presenti.

(1) *V. nota al Capo V.*

(2) *Le parole da* « L'assemblea » *ad* « amministrazione » *sono state sostituite alle precedenti parole* « Salvo quanto previsto dalle leggi speciali per le società, diverse dalle società cooperative, che fanno ricorso al mercato del capitale di rischio, l'assemblea è convocata dagli amministratori » *dall'art. 1[1 lett. a)] d.ls. 18 giugno 2012, n. 91. Ai sensi dell'art. 5[1] d.ls. n. 91, cit., tale disposizione si applica alle assemblee il cui avviso di convocazione sia pubblicato dopo il 1° gennaio 2013. Le citate parole da* « Salvo » *a* « l'assemblea » *erano state sostituite alle parole* « L'assemblea » *dall'art. 1[1 lett.a)] d.ls. 27 gennaio 2010, n. 27. Ai sensi dell'art. 7[1] d.ls. n. 27, cit., le presenti disposizioni si applicavano alle assemblee il cui avviso di convocazione fosse pubblicato dopo il 31 ottobre 2010; fino a tale data continuavano ad applicarsi le disposizioni sostituite od abrogate dalle corrispondenti disposizioni del suddetto decreto.*

(3) *Periodo aggiunto dall'art. 1 d.ls. 17 gennaio 2003, n. 6, come modificato dall'art. 5[1 lett. m)] d.ls. 6 febbraio 2004, n. 37.*

(4) *Le parole* «, diverse dalle società cooperative, » *sono state soppresse dall'art. 1[1 lett. b)] d.ls. n. 91, cit. Per la disciplina transitoria v. nota 2.*

(5) *Periodo aggiunto dall'art. 1[1 lett. b)] d.ls. n. 27, cit. Per la disciplina transitoria v. nota 2.*

(6) *Le parole* « previste per la convocazione, » *sono state sostituite alla parola* « suddette » *dall'art. 1[1 lett. c)] d.ls. n. 27, cit. Per la disciplina transitoria v. nota 2.*

2367. (1) **Convocazione su richiesta di soci.** – [I]. Gli amministratori o il consiglio di gestione devono convocare senza ritardo l'assemblea, quando ne è fatta domanda da tanti soci che rappresentino almeno il ventesimo del capitale sociale nelle società che fanno ricorso al mercato del capitale di rischio e il decimo del capitale sociale nelle altre o la minore percentuale prevista nello statuto, e nella domanda sono indicati gli argomenti da trattare (2).

[II]. Se gli amministratori o il consiglio di gestione, oppure in loro vece i sindaci o il consiglio di sorveglianza o il comitato per il controllo sulla gestione, non provvedono, il tribunale, sentiti i componenti degli organi amministrativi e di controllo, ove il rifiuto di provvedere risulti ingiustificato, ordina con decreto la convocazione dell'assemblea, designando la persona che deve presiederla.

[III]. La convocazione su richiesta di soci non è ammessa per argomenti sui quali l'assemblea delibera, a norma di legge, su proposta degli amministratori o sulla base di un progetto o di una relazione da essi predisposta.

(1) *V. nota al Capo V.*

(2) *Comma così modificato dall'art. 1[2] d.lgs. 27 gennaio 2010, n. 27. Per la disciplina transitoria di cui all'art. 7[1] d.lgs. n. 27, cit., v.* sub *art. 2366.*

2368. (1) **Costituzione dell'assemblea e validità delle deliberazioni.** – [I]. L'assemblea ordinaria è regolarmente costituita quando è rappresentata almeno la metà del capitale sociale, escluse dal computo le azioni prive del diritto di voto nell'assemblea medesima. Essa delibera a maggioranza assoluta, salvo che lo statuto richieda una maggioranza più elevata. Per la nomina alle cariche sociali lo statuto può stabilire norme particolari (2).

[II]. L'assemblea straordinaria delibera con il voto favorevole di più della metà del capitale sociale, se lo statuto non richiede una maggioranza più elevata. Nelle società che fanno ricorso al mercato del capitale di rischio l'assemblea straordinaria è regolarmente costituita quando è rappresentata almeno la metà del capitale sociale o la maggiore percentuale prevista dallo statuto e delibera con il voto favorevole di almeno i due terzi del capitale rappresentato in assemblea (3) (4).

[III]. Salvo diversa disposizione di legge le azioni per le quali non può essere esercitato il diritto di voto sono computate ai fini della regolare costituzione dell'assemblea. Le medesime azioni e quelle per le quali il diritto di voto non è stato esercitato a seguito della dichiarazione del soggetto al quale spetta il diritto di voto di astenersi per conflitto di interessi non sono computate ai fini del calcolo della maggioranza e della quota di capitale richiesta per l'approvazione della deliberazione (5).

(1) *V. nota al Capo V.*

(2) *Comma così modificato dall'art. 1[3 lett. a)] d.lgs. 27 gennaio 2010, n. 27. Per la disciplina transitoria di cui all'art. 7[1] d.lgs. n. 27, cit., v. sub art. 2366.*

(3) *Comma così modificato dall'art. 1[3 lett. b)] d.lgs. n. 27, cit. Per la disciplina transitoria di cui all'art. 7[1] d.lgs. n. 27, cit., v. sub art. 2366.*

(4) *In tema di aumenti di capitale, in deroga alle disposizioni del presente comma, sino alla data del 30 giugno 2021, v. l'art. 44[1, 2] d.l. 16 luglio 2020, n. 76, conv., con modif., in l. 11 settembre 2020, n. 120.*

(5) *Comma così modificato dall'art. 1[3 lett. c)] d.lgs. n. 27, cit. Per la disciplina transitoria di cui all'art. 7[1] d.lgs. n. 27, cit., v. sub art. 2366.*

2369. (1) **Seconda convocazione e convocazioni successive.** – [I]. Se all'assemblea non è complessivamente rappresentata la parte di capitale richiesta dall'articolo precedente, l'assemblea deve essere nuovamente convocata. Salvo che lo statuto disponga diversamente, le assemblee delle società, diverse dalle società cooperative, che fanno ricorso al mercato del capitale di rischio, si tengono in unica convocazione alla quale si applicano, per l'assemblea ordinaria, le maggioranze indicate dal terzo e quarto comma, nonché dell'articolo 2368, primo comma, secondo periodo, e per l'assemblea straordinaria, le maggioranze previste dal settimo comma del presente articolo (2). Restano salve le disposizioni di legge o dello statuto che richiedono maggioranze più elevate per l'approvazione di talune deliberazioni (3) (4).

[II]. Nell'avviso di convocazione dell'assemblea può essere fissato il giorno per la seconda convocazione. Questa non può aver luogo nello stesso giorno fissato per la prima. Se il giorno per la seconda convocazione non è indicato nell'avviso, l'assemblea deve essere riconvocata entro trenta giorni dalla data della prima, e il termine stabilito dal secondo comma dell'articolo 2366 è ridotto ad otto giorni.

[III]. In seconda convocazione l'assemblea ordinaria delibera sugli oggetti che avrebbero dovuto essere trattati nella prima, qualunque sia la parte di capitale rappresentata, e l'assemblea straordinaria è regolarmente costituita con la partecipazione di oltre un terzo del capitale sociale e delibera con il voto favorevole di almeno i due terzi del capitale rappresentato in assemblea (5) (6).

[IV]. Lo statuto può richiedere maggioranze più elevate, tranne che per l'approvazione del bilancio e per la nomina e la revoca delle cariche sociali.

[V]. Nelle società che non fanno ricorso al mercato del capitale di rischio è necessario, anche in seconda convocazione, il voto favorevole di più di un terzo del capitale sociale per le deliberazioni concernenti il cambiamento dell'oggetto sociale, la trasformazione della società, lo scioglimento anticipato, la proroga della società, la revoca dello stato di liquidazione, il trasferimento della sede sociale all'estero e l'emissione delle azioni di cui al secondo comma dell'articolo 2351 (7).

[VI]. Lo statuto può prevedere eventuali ulteriori convocazioni dell'assemblea, alle quali si applicano le disposizioni del terzo, quarto e quinto comma.

[VII]. Nelle società che fanno ricorso al mercato del capitale di rischio l'assemblea straordinaria è costituita, nelle convocazioni successive alla seconda, quando è rappresentato almeno un quinto del capitale sociale, salvo che lo statuto richieda una quota di capitale più elevata, e delibera con il voto favorevole di almeno i due terzi del capitale rappresentato in assemblea (6) (8).

(1) *V. nota al Capo V.*

(2) *Periodo così sostituito dall'art. 1[2 lett. a)] d.ls. 18 giugno 2012, n. 91. Per la disciplina transitoria di cui all'art. 5[1] d.ls. n. 91, cit., v.* sub *art. 2366.*

(3) *Periodo aggiunto dall'art. 1[2 lett. b)] d.ls. n. 91, cit. Per la disciplina transitoria di cui all'art. 5[1] d.ls. n. 91, cit., v.* sub *art. 2366.*

(4) *Comma sostituito dall'art. 1[4 lett. a)] d.ls. 27 gennaio 2010, n. 27. Per la disciplina transitoria di cui all'art. 7[1] d.ls. n. 27, cit., v.* sub *art. 2366.*

(5) *Comma così modificato dall'art. 1[4 lett. b)] d.ls. n. 27, cit. Per la disciplina transitoria di cui all'art. 7[1] d.ls. n. 27, cit., v.* sub *art. 2366.*

(6) *In tema di aumenti di capitale, in deroga alle disposizioni del presente comma, sino alla data del 30 giugno 2021, v. l'art. 44[1, 2] d.l. 16 luglio 2020, n. 76, conv., con modif., in l. 11 settembre 2020, n. 120.*

(7) *Comma modificato, dapprima, dall'art. 1 d.ls. 17 gennaio 2003, n. 6 (come modificato dall'art. 5[1 lett. n)] d.ls. 6 febbraio 2004, n. 37) e, da ultimo, dall'art. 1[4 lett. c)] d.ls. n. 27, cit. Per la disciplina transitoria di cui all'art. 7[1] d.ls. n. 27, cit., v.* sub *art. 2366.*

(8) *Comma così modificato dall'art. 1[4 lett. d)] d.ls. n. 27, cit. Per la disciplina transitoria di cui all'art. 7[1] d.ls. n. 27, cit., v.* sub *art. 2366.*

2370. (1) **Diritto d'intervento all'assemblea ed esercizio del voto.** – [I]. Possono intervenire all'assemblea coloro ai quali spetta il diritto di voto.

[II]. Lo statuto delle società le cui azioni non sono ammesse alla gestione accentrata, può richiedere il preventivo deposito delle azioni presso la sede sociale o presso le banche indicate nell'avviso di convocazione, fissando il termine entro il quale debbono essere depositate ed eventualmente prevedendo che non possano essere ritirate prima che l'assemblea abbia avuto luogo. Qualora le azioni emesse dalle società indicate al primo periodo siano diffuse fra il pubblico in misura rilevante il termine non può essere superiore a due giorni non festivi.

[III]. Se le azioni sono nominative, le società di cui al secondo comma provvedono all'iscrizione nel libro dei soci di coloro che hanno partecipato all'assemblea o che hanno effettuato il deposito.

[IV]. Lo statuto può consentire l'intervento all'assemblea mediante mezzi di telecomunicazione ovvero l'espressione del voto per corrispondenza o in via elettronica. Chi esprime il voto per corrispondenza o in via elettronica si considera intervenuto all'assemblea (2).

[V]. Resta fermo quanto previsto dalle leggi speciali in materia di legittimazione all'intervento e all'esercizio del diritto di voto nell'assemblea nonché in materia di aggiornamento del libro soci nelle società con azioni ammesse alla gestione accentrata.

(1) *Articolo, da ultimo, così sostituito dall'art. 1[4 lett. a)] d.ls. 27 gennaio 2010, n. 27. Per la disciplina transitoria di cui all'art. 7[1] d.ls. n. 27, cit., v.* sub *art. 2366.Precedentemente l'articolo era stato sostituito dall'art. 1 d.ls. 17 gennaio 2003, n. 6, con effetto a decorrere dal 1° gennaio 2004, rettificato con Avviso in G.U. 4 luglio 2003, n. 153, poi modificato dal d.ls. 6 febbraio 2004, n. 37 (v. nota al Capo V) e dall'art. 10 d.ls. 28 dicembre 2004, n. 310.*

(2) *Con riferimento alle misure connesse allI'emergenza epidemiologica da Covid-19, v. art. 106[2, 7] d.l. 17 marzo 2020, n. 18, conv., con modif., in l. 24 aprile 2020, n. 27.*

2371. (1) **Presidenza dell'assemblea.** – [I]. L'assemblea è presieduta dalla persona indicata nello statuto o, in mancanza, da quella eletta con il voto della maggioranza dei presenti. Il presidente è assistito da un segretario designato nello stesso modo. Il presidente dell'assemblea verifica la regolarità della costituzione, accerta l'identità e la legittimazione dei presenti, regola il suo svolgimento ed accerta i risultati delle votazioni; degli esiti di tali (2) accertamenti deve essere dato conto nel verbale.

[II]. L'assistenza del segretario non è necessaria quando il verbale dell'assemblea è redatto da un notaio.

(1) *V. nota al Capo V.*

(2) *V.* Errata-corrige *in G.U. 4 luglio 2003, n. 153.*

2372. (1) **Rappresentanza nell'assemblea.** – [I]. Coloro ai quali spetta il diritto di voto possono farsi rappresentare nell'assemblea salvo che, nelle società che non fanno ricorso al mercato del capitale di rischio e nelle società cooperative, lo statuto disponga diversamente. La rappresentanza deve essere conferita per iscritto e i documenti relativi devono essere conservati dalla società (2).

[II]. Nelle società che fanno ricorso al mercato del capitale di rischio la rappresentanza può essere conferita solo per singole assemblee, con effetto anche per le successive convocazioni, salvo che si tratti di procura generale o di procura conferita da una società, associazione, fondazione o altro ente collettivo o istituzione ad un proprio dipendente.

[III]. La delega non può essere rilasciata con il nome del rappresentante in bianco ed è sempre revocabile nonostante ogni patto contrario. Il rappresentante può farsi sostituire solo da chi sia espressamente indicato nella delega.

[IV]. Se la rappresentanza è conferita ad una società, associazione, fondazione od altro ente collettivo o istituzione, questi possono delegare soltanto un proprio dipendente o collaboratore.

[V]. La rappresentanza non può essere conferita né ai membri degli organi amministrativi o di controllo o ai dipendenti della società, né alle società da essa controllate o ai membri degli organi amministrativi o di controllo o ai dipendenti di queste.

[VI]. La stessa persona non può rappresentare in assemblea più di venti soci o, se si tratta di società previste nel secondo comma di questo articolo, più di cinquanta soci se la società ha capitale non superiore a cinque milioni di euro, più di cento soci se la società ha capitale superiore a cinque milioni di euro e non superiore a venticinque milioni di euro, e più di duecento soci se la società ha capitale superiore a venticinque milioni di euro.

[VII]. Le disposizioni del quinto e del sesto comma di questo articolo si applicano anche nel caso di girata delle azioni per procura.

[VIII]. Le disposizioni del quinto e del sesto comma non si applicano alle società con azioni quotate nei mercati regolamentati diverse dalle società cooperative. Resta fermo quanto previsto dall'articolo 2539 (3).

(1) *V. nota al Capo V.*

(2) *Comma così sostituito dall'art. 1*[6 lett. a)] *d.ls. 27 gennaio 2010, n. 27. Per la disciplina transitoria di cui all'art. 7*[1] *d.ls. n. 27, cit., v.* sub *art. 2366.*

(3) *Comma aggiunto dall'art. 1*[6 lett. b)] *d.ls. n. 27, cit. Per la disciplina transitoria di cui all'art. 7*[1] *d.ls. n. 27, cit., v.* sub *art. 2366.*

2373. (1) **Conflitto d'interessi.** – [I]. La deliberazione approvata con il voto determinante di coloro che abbiano, per conto proprio o di terzi, un interesse in conflitto con quello della società è impugnabile a norma dell'articolo 2377 qualora possa recarle danno (2).

[II]. Gli amministratori non possono votare nelle deliberazioni riguardanti la loro responsabilità. I componenti del consiglio di gestione non possono votare nelle deliberazioni riguardanti la nomina, la revoca o la responsabilità dei consiglieri di sorveglianza.

(1) *V. nota al Capo V.*

(2) *Comma così modificato dall'art. 1*[7] *d.ls. 27 gennaio 2010, n. 27. Per la disciplina transitoria di cui all'art. 7*[1] *d.ls. n. 27, cit., v.* sub *art. 2366.*

2374. (1) **Rinvio dell'assemblea.** – [I]. I soci intervenuti che riuniscono un terzo del capitale rappresentato nell'assemblea, se dichiarano di non essere sufficiente mente informati sugli oggetti posti in deliberazione, possono chiedere che l'assemblea sia rinviata a non oltre cinque giorni.

[II]. Questo diritto non può esercitarsi che una sola volta per lo stesso oggetto.

(1) *V. nota al Capo V.*

2375. (1) **Verbale delle deliberazioni dell'assemblea.** – [I]. Le deliberazioni dell'assemblea devono constare da verbale sottoscritto dal presidente e dal segretario o dal notaio. Il verbale deve indicare la data dell'assemblea e, anche in allegato, l'identità dei partecipanti e il capitale rappresentato da ciascuno; deve altresì indicare le modalità e il risultato delle votazioni e deve consentire, anche per allegato, l'identificazione dei soci favorevoli, astenuti o dissenzienti. Nel verbale devono essere riassunte, su richiesta dei soci, le loro dichiarazioni pertinenti all'ordine del giorno.

[II]. Il verbale dell'assemblea straordinaria deve essere redatto da un notaio.

[III]. Il verbale deve essere redatto senza ritardo, nei tempi necessari per la tempestiva esecuzione degli obblighi di deposito o di pubblicazione.

(1) *V. nota al Capo V.*

2376. (1) **Assemblee speciali.** – [I]. Se esistono diverse categorie di azioni o strumenti finanziari che conferiscono diritti amministrativi, le deliberazioni dell'assemblea, che pregiudicano i diritti di una di esse, devono essere approvate anche dall'assemblea speciale degli appartenenti alla categoria interessata.

[II]. Alle assemblee speciali si applicano le disposizioni relative alle assemblee straordinarie.

[III]. Quando le azioni o gli strumenti finanziari sono ammessi al sistema di gestione accentrata la legittimazione all'intervento e al voto nella relativa assemblea è disciplinata dalle leggi speciali (2).

(1) *V. nota al Capo V.*

(2) *Comma aggiunto dall'art. 1[3] d.ls. 18 giugno 2012, n. 91. Per la disciplina transitoria di cui all'art. 5[1] d.ls. n. 91, cit., v. sub art. 2366.*

2377. (1) **Annullabilità delle deliberazioni.** – [I]. Le deliberazioni dell'assemblea, prese in conformità della legge e dell'atto costitutivo, vincolano tutti i soci, ancorché non intervenuti o dissenzienti (2).

[ii]. Le deliberazioni che non sono prese in conformità della legge o dello statuto possono essere impugnate dai soci assenti, dissenzienti od astenuti, dagli amministratori, dal consiglio di sorveglianza e dal collegio sindacale.

[iii]. L'impugnazione può essere proposta dai soci quando possiedono tante azioni aventi diritto di voto con riferimento alla deliberazione che rappresentino, anche congiuntamente, l'uno per mille del capitale sociale nelle società che fanno ricorso al mercato del capitale di rischio e il cinque per cento nelle altre; lo statuto può ridurre o escludere questo requisito. Per l'impugnazione delle deliberazioni delle assemblee speciali queste percentuali sono riferite al capitale rappresentato dalle azioni della categoria.

[iv]. I soci che non rappresentano la parte di capitale indicata nel comma precedente e quelli che, in quanto privi di voto, non sono legittimati a proporre l'impugnativa hanno diritto al risarcimento del danno loro cagionato dalla non conformità della deliberazione alla legge o allo statuto.

[v]. La deliberazione non può essere annullata:

1) per la partecipazione all'assemblea di persone non legittimate, salvo che tale partecipazione sia stata determinante ai fini della regolare costituzione dell'assemblea a norma degli articoli 2368 e 2369;

2) per l'invalidità di singoli voti o per il loro errato conteggio, salvo che il voto invalido o l'errore di conteggio siano stati determinanti ai fini del raggiungimento della maggioranza richiesta;

3) per l'incompletezza o l'inesattezza del verbale, salvo che impediscano l'accertamento del contenuto, degli effetti e della validità della deliberazione.

[vi]. L'impugnazione o la domanda di risarcimento del danno sono proposte nel termine di novanta giorni dalla data della deliberazione, ovvero, se questa è soggetta ad iscrizione nel registro delle imprese, entro novanta giorni dall'iscrizione o, se è soggetta solo a deposito presso l'ufficio del registro delle imprese, entro novanta giorni dalla data di questo (3).

[vii]. L'annullamento della deliberazione ha effetto rispetto a tutti i soci ed obbliga gli amministratori, il consiglio di sorveglianza e il consiglio di gestione a prendere i conseguenti provvedimenti sotto la propria responsabilità. In ogni caso sono salvi i diritti acquistati in buona fede dai terzi in base ad atti compiuti in esecuzione della deliberazione.

[viii]. L'annullamento della deliberazione non può aver luogo, se

la deliberazione impugnata è sostituita con altra presa in conformità della legge e dello statuto. In tal caso il giudice provvede sulle spese di lite, ponendole di norma a carico della società, e sul risarcimento dell'eventuale danno.

[IX]. Restano salvi i diritti acquisiti dai terzi sulla base della deliberazione sostituita.

(1) *V. nota al Capo V.*

(2) *Comma inserito dall'art. 1 d.ls. 17 gennaio 2003, n. 6, come modificato dall'art. 5[1 o)] d.ls. 6 febbraio 2004, n. 37.*

(3) *V. Avviso di rettifica in G.U. 4 luglio 2003, n. 153.*

2378. (1) **Procedimento d'impugnazione.** – [I]. L'impugnazione è proposta con atto di citazione davanti al tribunale del luogo dove la società ha sede.

[II]. Il socio o i soci opponenti devono dimostrarsi possessori al tempo dell'impugnazione del numero delle azioni previsto dal terzo comma dell'articolo 2377. Fermo restando quanto disposto dall'articolo 111 del codice di procedura civile, qualora nel corso del processo venga meno a seguito di trasferimenti per atto tra vivi il richiesto numero delle azioni, il giudice, previa se del caso revoca del provvedimento di sospensione dell'esecuzione della deliberazione, non può pronunciare l'annullamento e provvede sul risarcimento dell'eventuale danno, ove richiesto (2).

[III]. Con ricorso depositato contestualmente al deposito, anche in copia, della citazione, l'impugnante può chiedere la sospensione dell'esecuzione della deliberazione. In caso di eccezionale e motivata urgenza, il presidente del tribunale, omessa la convocazione della società convenuta, provvede sull'istanza con decreto motivato, che deve altresì contenere la designazione del giudice per la trattazione della causa di merito e la fissazione, davanti al giudice designato, entro quindici giorni, dell'udienza per la conferma, modifica o revoca dei provvedimenti emanati con il decreto, nonché la fissazione del termine per la notificazione alla controparte del ricorso e del decreto.

[IV]. Il giudice designato per la trattazione della causa di merito, sentiti gli amministratori e sindaci, provvede valutando comparativamente il pregiudizio che subirebbe il ricorrente dalla esecuzione e quello che subirebbe la società dalla sospensione dell'esecuzione della deliberazione; può disporre in ogni momento che i soci opponenti prestino idonea garanzia per l'eventuale risarcimento dei danni. All'udienza, il giudice, ove lo ritenga utile, esperisce il tentativo di conciliazione eventualmente suggerendo le modificazioni da apportare alla deliberazione impugnata e, ove la soluzione appaia realizzabile, rinvia adeguatamente l'udienza.

[V]. Tutte le impugnazioni relative alla medesima deliberazione, anche se separatamente proposte ed ivi comprese le domande proposte ai sensi del quarto comma dell'articolo 2377, devono essere istruite congiuntamente e decise con unica sentenza. Salvo quanto disposto dal quarto comma del presente articolo, la trattazione della causa di merito ha inizio trascorso il termine stabilito nel sesto comma dell'articolo 2377 (2).

[VI]. I dispositivi del provvedimento di sospensione e della sentenza che decide sull'impugnazione devono essere iscritti, a cura degli amministratori, nel registro delle imprese (3).

(1) *V. nota al Capo V.*

(2) *Comma così modificato dall'art. 1 d.ls. 17 gennaio 2003, n. 6, come modificato dall'art. 5[1] d.ls. 6 febbraio 2004, n. 37.*

(3) *Comma aggiunto dall'art. 1 d.ls. n. 6, cit., come modificato dall'art. 5[1] d.ls. n. 37, cit.*

2379. (1) **Nullità delle deliberazioni.** – [I]. Nei casi di mancata convocazione dell'assemblea, di mancanza del verbale e di impossibilità o illiceità dell'oggetto la deliberazione può essere impugnata da chiunque vi abbia interesse entro tre anni dalla sua iscrizione o deposito nel registro delle imprese, se la deliberazione vi è soggetta, o dalla trascrizione nel libro delle adunanze dell'assemblea, se la deliberazione non è soggetta né a iscrizione né a deposito. Possono essere impugnate senza limiti di tempo le deliberazioni che modificano l'oggetto sociale prevedendo attività illecite o impossibili.

[II]. Nei casi e nei termini previsti dal precedente comma l'invalidità può essere rilevata d'ufficio dal giudice.

[III]. Ai fini di quanto previsto dal primo comma la convocazione non si considera mancante nel caso d'irregolarità dell'avviso, se questo proviene da un componente dell'organo di amministrazione o di controllo della società ed è idoneo a consentire a coloro che hanno diritto di intervenire di essere preventivamente avvertiti della convocazione e della data dell'assemblea. Il verbale non si considera mancante se contiene la data della deliberazione e il suo oggetto ed è sottoscritto dal presidente dell'assemblea, o dal presidente del consiglio d'amministrazione o del consiglio di sorveglianza e dal segretario o dal notaio (2).

[IV]. Si applicano, in quanto compatibili, il settimo e ottavo comma dell'articolo 2377 (2).

(1) *V. nota al Capo V.*

(2) *Comma così modificato dall'art. 1 d.ls. 17 gennaio 2003, n. 6, come modificato dall'art. 5[1] d.ls. 6 febbraio 2004, n. 37.*

2379-*bis*. (1) **Sanatoria della nullità.** – [I]. L'impugnazione della deliberazione invalida per mancata convocazione non può essere esercitata da chi anche successivamente abbia dichiarato il suo assenso allo svolgimento dell'assemblea.

[II]. L'invalidità della deliberazione per mancanza del verbale può essere sanata mediante verbalizzazione eseguita prima dell'assemblea successiva. La deliberazione ha effetto dalla data in cui è stata presa, salvi i diritti dei terzi che in buona fede ignoravano la deliberazione.

(1) *V. nota al Capo V.*

2379-*ter*. (1) **Invalidità delle deliberazioni di aumento o di riduzione del capitale e della emissione di obbligazioni.** – [I]. Nei casi previsti dall'articolo 2379 l'impugnativa dell'aumento di capitale, della riduzione del capitale ai sensi dell'articolo 2445 o della emissione di obbligazioni non può essere proposta dopo che siano trascorsi centottanta giorni dall'iscrizione della deliberazione nel registro delle imprese o, nel caso di mancata convocazione, novanta giorni dall'approvazione del bilancio dell'esercizio nel corso del quale la deliberazione è stata anche parzialmente eseguita.

[II]. Nelle società che fanno ricorso al mercato del capitale di rischio l'invalidità della deliberazione di aumento del capitale non può essere pronunciata dopo che a norma dell'articolo 2444 sia stata iscritta nel registro delle imprese l'attestazione che l'aumento è stato anche parzialmente eseguito; l'invalidità della deliberazione di riduzione del capitale ai sensi dell'articolo 2445 o della deliberazione di emissione delle obbligazioni non può essere pronunciata dopo che la deliberazione sia stata anche parzialmente eseguita.

[III]. Resta salvo il diritto al risarcimento del danno eventualmente spettante ai soci e ai terzi.

(1) *V. nota al Capo V.*

SEZIONE VI-*BIS* – *Dell'amministrazione e del controllo*

§ 1. – *Disposizioni generali*

2380. (1) **Sistemi di amministrazione e di controllo.** – [I]. Se lo statuto non dispone diversamente, l'amministrazione e il controllo della società sono regolati dai successivi paragrafi 2, 3 e 4.

[II]. Lo statuto può adottare per l'amministrazione e per il controllo della società il sistema di cui al paragrafo 5, oppure quello di cui al paragrafo 6; salvo che la deliberazione disponga altrimenti, la variazione di sistema ha effetto alla data dell'assemblea convocata per l'approvazione del bilancio relativo all'esercizio successivo.

[III]. Salvo che sia diversamente stabilito, le disposizioni che fanno riferimento agli amministratori si applicano a seconda dei casi al consiglio di amministrazione o al consiglio di gestione.

(1) *V. nota al Capo V.*

§ 2. – *Degli amministratori*

2380-*bis*. (1) **Amministrazione della società.** – [I]. La gestione dell'impresa si svolge nel rispetto della disposizione di cui all'articolo 2086, secondo comma, e spetta esclusivamente agli amministratori, i quali compiono le operazioni necessarie per l'attuazione dell'oggetto sociale. L'istituzione degli assetti di cui all'articolo 2086, secondo comma, spetta esclusivamente agli amministratori (2) (3).

[II]. L'amministrazione della società può essere affidata anche a non soci.

[III]. Quando l'amministrazione è affidata a più persone, queste costituiscono il consiglio di amministrazione.

[IV]. Se lo statuto non stabilisce il numero degli amministratori, ma ne indica solamente un numero massimo e minimo, la determinazione spetta all'assemblea.

[V]. Il consiglio di amministrazione sceglie tra i suoi componenti il presidente, se questi non è nominato dall'assemblea.

(1) *V. nota al Capo V.*

(2) *Periodo aggiunto dall'art. 40[2] d.lgs. 26 ottobre 2020, n. 147, a decorrere dal 20 novembre 2020, ai sensi dell'art. 42 dello stesso d.lgs.*

(3) *Comma sostituito dall'art. 377[2] d.lgs. 12 gennaio 2019, n. 14. Ai sensi dell'art. 389[2] d.lgs. n. 14, cit., la presente disposizione è entrata in vigore il 16 marzo 2019 (« il trentesimo giorno successivo alla pubblicazione nella Gazzetta Ufficiale » del suddetto decreto). Il testo del comma era il seguente:* « La gestione dell'impresa spetta esclusivamente agli amministratori, i quali compiono le operazioni necessarie per l'attuazione dell'oggetto sociale ».

2381. (1) **Presidente, comitato esecutivo e amministratori delegati.** – [I]. Salvo diversa previsione dello statuto, il presidente convoca il consiglio di amministrazione, ne fissa l'ordine del giorno, ne coordina i lavori e provvede affinché adeguate informazioni sulle materie iscritte all'ordine del giorno vengano fornite a tutti i consiglieri.

[II]. Se lo statuto o l'assemblea lo consentono, il consiglio di amministrazione può delegare proprie attribuzioni ad un comitato esecutivo composto da alcuni dei suoi componenti, o ad uno o più dei suoi componenti.

[III]. Il consiglio di amministrazione determina il contenuto, i limiti e le eventuali modalità di esercizio della delega; può sempre impartire direttive agli organi dele gati e avocare a sé operazioni rientranti nella delega. Sulla base delle informazioni ricevute valuta l'adeguatezza dell'assetto organizzativo, amministrativo e contabile della società; quando elaborati, esamina i piani strategici, industriali e finanziari della società; valuta, sulla base della relazione degli organi delegati, il generale andamento della gestione.

[IV]. Non possono essere delegate le attribuzioni indicate negli articoli 2420-*ter*, 2423, 2443, 2446, 2447, 2501-*ter* e 2506-*bis*.

[V]. Gli organi delegati curano che l'assetto organizzativo, amministrativo e contabile sia adeguato alla natura e alle dimensioni dell'impresa e riferiscono al consiglio di amministrazione e al collegio sindacale, con la periodicità fissata dallo statuto e in ogni caso almeno ogni sei mesi, sul generale andamento della gestione e sulla sua prevedibile evoluzione nonché sulle operazioni di maggior rilievo, per le loro dimensioni o caratteristiche, effettuate dalla società e dalle sue controllate (2).

[VI]. Gli amministratori sono tenuti ad agire in modo informato; ciascun amministratore può chiedere agli organi delegati che in consiglio siano fornite informazioni relative alla gestione della società.

(1) *V. nota al Capo V.*

(2) *Comma così modificato dall'art. 1 d.ls. 17 gennaio 2003, n. 6, come modificato dall'art. 5$^{1\ r)}$ d.ls. 6 febbraio 2004, n. 37.*

2382. (1) **Cause di ineleggibilità e di decadenza.** – [I]. Non può essere nominato amministratore, e se nominato decade dal suo ufficio, l'interdetto, l'inabilitato, il fallito, o chi è stato condannato ad una pena che importa l'interdizione, anche temporanea, dai pubblici uffici o l'incapacità ad esercitare uffici direttivi.

(1) *V. nota al Capo V.*

2383. (1) **Nomina e revoca degli amministratori.** – [I]. La nomina degli amministratori spetta all'assemblea, fatta eccezione per i primi amministratori, che sono nominati nell'atto costitutivo, e salvo il disposto degli articoli 2351, 2449 e 2450. La nomina è in ogni caso preceduta dalla presentazione, da parte dell'interessato, di una dichiarazione circa l'inesistenza, a suo carico, delle cause di ineleggibilità previste dall'articolo 2382 e di interdizioni dall'ufficio di amministratore adottate nei suoi confronti in uno Stato membro dell'Unione europea (2).

[II]. Gli amministratori non possono essere nominati per un periodo superiore a tre esercizi, e scadono alla data dell'assemblea convocata per l'approvazione del bilancio relativo all'ultimo esercizio della loro carica.

[III]. Gli amministratori sono rieleggibili, salvo diversa disposizione dello statuto, e sono revocabili dall'assemblea in qualunque tempo, anche se nominati nell'atto costitutivo, salvo il diritto dell'amministratore al risarcimento dei danni, se la revoca avviene senza giusta causa.

[IV]. Entro trenta giorni dalla notizia della loro nomina gli amministratori devono chiederne l'iscrizione nel registro delle imprese indicando per ciascuno di essi il cognome e il nome, il luogo e la data di nascita, il domicilio e la cittadinanza, nonché a quali tra essi è attribuita la rappresentanza della società, precisando se disgiuntamente o congiuntamente.

[V]. Le cause di nullità o di annullabilità della nomina degli amministratori che hanno la rappresentanza della società non sono opponibili ai terzi dopo l'adempimento della pubblicità di cui al quarto comma, salvo che la società provi che i terzi ne erano a conoscenza.

(1) *V. nota al Capo V.*
(2) *Periodo aggiunto dall'art. 6[2], d.ls. 8 novembre 2021, n. 183.*

2384. (1) **Poteri di rappresentanza.** – [I]. Il potere di rappresentanza attribuito agli amministratori dallo statuto o dalla deliberazione di nomina è generale.

[II]. Le limitazioni ai poteri degli amministratori che risultano dallo statuto o da una decisione degli organi competenti non sono opponibili ai terzi, anche se pubblicate, salvo che si provi che questi abbiano intenzionalmente agito a danno della società.

(1) *V. nota al Capo V.*

2385. (1) **Cessazione degli amministratori.** – [I]. L'amministratore che rinunzia all'ufficio deve darne comunicazione scritta al consiglio d'amministrazione e al presidente del collegio sindacale. La rinunzia ha effetto immediato, se rimane in carica la maggioranza del consiglio di amministrazione, o, in caso contrario, dal momento in cui la maggioranza del consiglio si è ricostituita in seguito all'accettazione dei nuovi amministratori.

[II]. La cessazione degli amministratori per scadenza del termine ha effetto dal momento in cui il consiglio di amministrazione è stato ricostituito.

[III]. La cessazione degli amministratori dall'ufficio per qualsiasi causa deve essere iscritta entro trenta giorni nel registro delle imprese a cura del collegio sindacale.

(1) *V. nota al Capo V.*

2386. (1) **Sostituzione degli amministratori.** – [I]. Se nel corso dell'esercizio vengono a mancare uno o più amministratori, gli altri provvedono a sostituirli con deliberazione approvata dal collegio sindacale, purché la maggioranza sia sempre costituita da amministratori nominati dall'assemblea. Gli amministratori così nominati restano in carica fino alla prossima assemblea.

[II]. Se viene meno la maggioranza degli amministratori nominati dall'assemblea, quelli rimasti in carica devono convocare l'assemblea perché provveda alla sostituzione dei mancanti.

[III]. Salvo diversa disposizione dello statuto o dell'assemblea, gli amministratori nominati ai sensi del comma precedente scadono insieme con quelli in carica all'atto della loro nomina.

[IV]. Se particolari disposizioni dello statuto prevedono che a seguito della cessazione di taluni amministratori cessi l'intero consiglio, l'assemblea per la nomina del nuovo consiglio è convocata d'urgenza dagli amministratori rimasti in carica; lo statuto può tuttavia prevedere l'applicazione in tal caso di quanto disposto nel successivo comma.

[V]. Se vengono a cessare l'amministratore unico o tutti gli amministratori, l'assemblea per la nomina dell'amministratore o dell'intero consiglio deve essere convocata d'urgenza dal collegio sindacale, il quale può compiere nel frattempo gli atti di ordinaria amministrazione.

(1) *V. nota al Capo V.*

2387. (1) **Requisiti di onorabilità, professionalità e indipendenza.** – [I]. Lo statuto può subordinare l'assunzione della carica di amministratore al possesso di speciali requisiti di onorabilità, professionalità ed indipendenza, anche con riferimento ai requisiti al riguardo previsti da codici di comportamento redatti da associazioni di categoria o da società di gestione di mercati regolamentati. Si applica in tal caso l'articolo 2382.

[II]. Resta salvo quanto previsto da leggi speciali in relazione all'esercizio di particolari attività.

(1) *V. nota al Capo V.*

2388. (1) **Validità delle deliberazioni del consiglio.** – [I]. Per la validità delle deliberazioni del consiglio di amministrazione è necessaria la presenza della maggioranza degli amministratori in carica, quando lo statuto non richiede un maggior numero di presenti. Lo statuto può prevedere che la presenza alle riunioni del consiglio avvenga anche mediante mezzi di telecomunicazione.

[II]. Le deliberazioni del consiglio di amministrazione sono prese a maggioranza assoluta dei presenti, salvo diversa disposizione dello statuto.

[III]. Il voto non può essere dato per rappresentanza.

[IV]. Le deliberazioni che non sono prese in conformità della legge o dello statuto possono essere impugnate solo dal collegio sindacale e dagli amministratori assenti o dissenzienti entro novanta giorni dalla data della deliberazione; si applica in quanto compatibile l'articolo 2378. Possono essere altresì impugnate dai soci le deliberazioni lesive dei loro diritti; si applicano in tal caso, in quanto compatibili, gli articoli 2377 e 2378.

[V]. In ogni caso sono salvi i diritti acquistati in buona fede dai terzi in base ad atti compiuti in esecuzione delle deliberazioni.

(1) *V. nota al Capo V.*

2389. (1) **Compensi degli amministratori.** – [I]. I compensi spettanti ai membri del consiglio di amministrazione e del comitato esecutivo sono stabiliti all'atto della nomina o dall'assemblea.

[II]. Essi possono essere costituiti in tutto o in parte da partecipazioni agli utili o dall'attribuzione del diritto di sottoscrivere a prezzo predeterminato azioni di futura emissione.

[III]. La rimunerazione degli amministratori investiti di particolari cariche in conformità dello statuto è stabilita dal consiglio di amministrazione, sentito il parere del collegio sindacale. Se lo statuto lo prevede, l'assemblea può determinare un importo complessivo per la remunerazione di tutti gli amministratori, inclusi quelli investiti di particolari cariche.

(1) *V. nota al Capo V.*

2390. (1) **Divieto di concorrenza.** – [I]. Gli amministratori non possono assumere la qualità di soci illimitatamente responsabili in società concorrenti, né esercitare un'attività concorrente per conto proprio o di terzi, né essere amministratori o direttori generali in società concorrenti, salvo autorizzazione dell'assemblea.

[II]. Per l'inosservanza di tale divieto l'amministratore può essere revocato dall'ufficio e risponde dei danni.

(1) *V. nota al Capo V.*

2391. (1) **Interessi degli amministratori.** – [I]. L'amministratore deve dare notizia agli altri amministratori e al collegio sindacale di ogni interesse che, per conto proprio o di terzi, abbia in una determinata operazione della società, precisandone la natura, i termini, l'origine e la portata; se si tratta di amministratore delegato, deve altresì astenersi dal compiere l'operazione, investendo della stessa l'organo collegiale, se si tratta di amministratore unico, deve darne notizia anche alla prima assemblea utile (2).

[II]. Nei casi previsti dal precedente comma la deliberazione del consiglio di amministrazione deve adeguatamente motivare le ragioni e la convenienza per la società dell'operazione.

[III]. Nei casi di inosservanza a quanto disposto nei due precedenti commi del presente articolo ovvero nel caso di deliberazioni del consiglio o del comitato esecutivo adottate con il voto determinante dell'amministratore interessato, le deliberazioni medesime, qualora possano recare danno alla società, possono essere impugnate dagli amministratori e dal collegio sindacale entro novanta giorni dalla loro data; l'impugnazione non può essere proposta da chi ha consentito con il proprio voto alla deliberazione se sono stati adempiuti gli obblighi di informazione previsti dal primo comma. In ogni caso sono salvi i diritti acquistati in buona fede dai terzi in base ad atti compiuti in esecuzione della deliberazione.

[IV]. L'amministratore risponde dei danni derivati alla società dalla sua azione od omissione.

[V]. L'amministratore risponde altresì dei danni che siano derivati alla società dalla utilizzazione a vantaggio proprio o di terzi di dati, notizie o opportunità di affari appresi nell'esercizio del suo incarico.

(1) *V. nota al Capo V.*
(2) *Comma così modificato dall'art. 11 d.ls. 28 dicembre 2004, n. 310.*

2391-*bis*. (1) **Operazioni con parti correlate.** – [I]. Gli organi di amministrazione delle società che fanno ricorso al mercato del capitale di rischio adottano, secondo principi generali indicati dalla CONSOB, regole che assicurano la trasparenza e la correttezza sostanziale e procedurale delle operazioni con parti correlate e li rendono noti nella relazione sulla gestione; a tali fini possono farsi assistere da esperti indipendenti, in ragione della natura, del valore o delle caratteristiche dell'operazione.

[II]. I principi e le regole previsti dal (2) primo comma si applicano alle operazioni realizzate direttamente o per il tramite di società controllate e disciplinano le operazioni stesse in termini di competenza decisionale, di motivazione e di documentazione. L'organo di controllo vigila sull'osservanza delle regole adottate ai sensi del primo comma e ne riferisce nella relazione all'assemblea.

[III]. La Consob, nel definire i principi indicati nel primo comma, individua, in conformità all'articolo 9-*quater* della direttiva 2007/36/CE, almeno:

a) le soglie di rilevanza delle operazioni con parti correlate tenendo conto di indici quantitativi legati al controvalore dell'operazione o al suo impatto su uno o più parametri dimensionali della società. La Consob può individuare anche criteri di rilevanza che tengano conto della natura dell'operazione e della tipologia di parte correlata;

b) regole procedurali e di trasparenza proporzionate rispetto alla rilevanza e alle caratteristiche delle operazioni, alle dimensioni della società ovvero alla tipologia di società che fa ricorso al mercato del capitale di rischio, nonché i casi di esenzione dall'applicazione, in tutto o in parte, delle predette regole;

c) i casi in cui gli amministratori, fermo restando quanto previsto dall'articolo 2391, e gli azionisti coinvolti nell'operazione sono tenuti ad astenersi dalla votazione sulla stessa ovvero misure di salvaguardia a tutela dell'interesse della società che consentono ai predetti azionisti di prendere parte alla votazione sull'operazione (3).

(1) *Articolo inserito dall'art. 12 d.ls. 28 dicembre 2004, n. 310.*

(2) *Le parole* « e le regole previsti dal » *sono state sostituite alle parole* « di cui al » *dall'art. 1[1] lett. a) d.ls. 10 maggio 2019, n. 49, in vigore dal 10 giugno 2019 (ai sensi dell'art. 7[1] dello stesso d.ls., v. anche quanto disposto dai successivi commi 3 e 4).*

(3) *Comma aggiunto dall'art. 1[1] lett. b) d.ls. n. 49, cit., in vigore dal 10 giugno 2019, per cui v. anche nota 2.*

2392. (1) **Responsabilità verso la società.** – [I]. Gli amministratori devono adempiere i doveri ad essi imposti dalla legge e dallo statuto con la diligenza richiesta dalla natura dell'incarico e dalle loro specifiche competenze. Essi sono solidalmente responsabili verso la società dei danni derivanti dall'inosservanza di tali doveri, a meno che si tratti di attribuzioni proprie del comitato esecutivo o di funzioni in concreto attribuite ad uno o più amministratori.

[II]. In ogni caso gli amministratori, fermo quanto disposto dal comma terzo dell'articolo 2381, sono solidalmente responsabili se, essendo a conoscenza di fatti pregiudizievoli, non hanno fatto quanto potevano per impedirne il compimento o eliminarne o attenuarne le conseguenze dannose.

[III]. La responsabilità per gli atti o le omissioni degli amministratori non si estende a quello tra essi che, essendo immune da colpa, abbia fatto annotare senza ritardo il suo dissenso nel libro delle adunanze e delle deliberazioni del consiglio, dandone immediata notizia per iscritto al presidente del collegio sindacale.

(1) *V. nota al Capo V.*

2393. (1) **Azione sociale di responsabilità.** – [I]. L'azione di responsabilità contro gli amministratori è promossa in seguito a deliberazione dell'assemblea, anche se la società è in liquidazione.

[II]. La deliberazione concernente la responsabilità degli amministratori può essere presa in occasione della discussione del bilancio, anche se non è indicata nell'elenco delle materie (2) da trattare, quando si tratta di fatti di competenza dell'esercizio cui si riferisce il bilancio.

[III]. L'azione di responsabilità può anche essere promossa a seguito di deliberazione del collegio sindacale, assunta con la maggioranza dei due terzi dei suoi componenti (3).

[IV]. L'azione può essere esercitata entro cinque anni dalla cessazione dell'amministratore dalla carica.

[V]. La deliberazione dell'azione di responsabilità importa la revoca dall'ufficio degli amministratori contro cui è proposta, purché sia presa con il voto favorevole di almeno un quinto del capitale sociale. In questo caso, l'assemblea provvede alla sostituzione degli amministratori (4).

[VI]. La società può rinunziare all'esercizio dell'azione di responsabilità e può transigere, purché la rinunzia e la transazione siano approvate con espressa deli berazione dell'assemblea, e purché non vi sia il voto contrario di una minoranza di soci che rappresenti almeno il quinto del capitale sociale o, nelle società che fanno ricorso al mercato del capitale di rischio, almeno un ventesimo del capitale sociale, ovvero la misura prevista nello statuto per l'esercizio dell'azione sociale di responsabilità ai sensi dei commi primo e secondo dell'articolo 2393-*bis*.

(1) *V. nota al Capo V.*
(2) *V. Avviso di rettifica in G.U. 4 luglio 2003, n. 153.*
(3) *Comma inserito dall'art. 3[1 lett. a) n. 1] l. 28 dicembre 2005, n. 262.*
(4) *Comma così sostituito dall'art. 3[1 lett. a) n. 2] l. n. 262, cit.*

2393-*bis*. (1) **Azione sociale di responsabilità esercitata dai soci.** – [I]. L'azione sociale di responsabilità può essere esercitata anche dai soci che rappresentino almeno un quinto del capitale sociale o la diversa misura prevista nello statuto, comunque non superiore al terzo.

[II]. Nelle società che fanno ricorso al mercato del capitale di rischio, l'azione di cui al comma precedente può essere esercitata dai soci che rappresentino un quarantesimo del capitale sociale o la minore misura prevista nello statuto (2).

[III]. La società deve essere chiamata in giudizio e l'atto di citazione è ad essa notificato anche in persona del presidente del collegio sindacale.

[IV]. I soci che intendono promuovere l'azione nominano, a maggioranza del capitale posseduto, uno o più rappresentanti comuni per l'esercizio dell'azione e per il compimento degli atti conseguenti.

[V]. In caso di accoglimento della domanda, la società rimborsa agli attori le spese del giudizio e quelle sopportate nell'accertamento dei fatti che il giudice non abbia posto a carico dei soccombenti o che non sia possibile recuperare a seguito della loro escussione.

[VI]. I soci che hanno agito possono rinunciare all'azione o transigerla; ogni corrispettivo per la rinuncia o transazione deve andare a vantaggio della società.

[VII]. Si applica all'azione prevista dal presente articolo l'ultimo comma dell'articolo precedente.

(1) *V. nota al Capo V.*

(2) *Comma così modificato dall'art. 3[1] lett. b) l. 28 dicembre 2005, n. 262.*

2394. (1) **Responsabilità verso i creditori sociali.** – [I]. Gli amministratori rispondono verso i creditori sociali per l'inosservanza degli obblighi inerenti alla conservazione dell'integrità del patrimonio sociale.

[II]. L'azione può essere proposta dai creditori quando il patrimonio sociale risulta insufficiente al soddisfacimento dei loro crediti.

[III]. La rinunzia all'azione da parte della società non impedisce l'esercizio dell'azione da parte dei creditori sociali. La transazione può essere impugnata dai creditori sociali soltanto con l'azione revocatoria quando ne ricorrono gli estremi.

(1) *V. nota al Capo V.*

2394-*bis*. (1) **Azioni di responsabilità nelle procedure concorsuali.** – [I]. In caso di fallimento, liquidazione coatta amministrativa e amministrazione straordinaria le azioni di responsabilità previste dai precedenti articoli spettano al curatore del fallimento, al commissario liquidatore e al commissario straordinario.

(1) *V. nota al Capo V.*

2395. (1) **Azione individuale del socio e del terzo.** – [I]. Le disposizioni dei precedenti articoli non pregiudicano il diritto al risarcimento del danno spettante al singolo socio o al terzo che sono stati direttamente danneggiati da atti colposi o dolosi degli amministratori.

[II]. L'azione può essere esercitata entro cinque anni dal compimento dell'atto che ha pregiudicato il socio o il terzo.

(1) *V. nota al Capo V.*

2396. (1) **Direttori generali.** – [I]. Le disposizioni che regolano la responsabilità degli amministratori si applicano anche ai direttori generali nominati dall'assemblea o per disposizione dello statuto, in relazione ai compiti loro affidati, salve le azioni esercitabili in base al rapporto di lavoro con la società.

(1) *V. nota al Capo V.*

§ 3. – *Del collegio sindacale*

2397. (1) **Composizione del collegio.** – [I]. Il collegio sindacale si compone di tre o cinque membri effettivi, soci o non soci. Devono inoltre essere nominati due sindaci supplenti.

[II]. Almeno un membro effettivo ed uno supplente devono essere scelti tra i revisori legali iscritti nell'apposito registro. I restanti membri, se non iscritti in tale registro, devono essere scelti fra gli iscritti negli albi professionali individuati con decreto del Ministro della giustizia (2), o fra i professori universitari di ruolo, in materie economiche o giuridiche (3) (4).

(1) *V. nota al Capo V.*

(2) *V. l'art. 1 d.m. 29 dicembre 2004, n. 320 (G.U. 18 gennaio 2005, n. 13), che individua i seguenti albi professionali: avvocati, dottori commercialisti, ragionieri e periti commerciali, consulenti del lavoro.*

(3) *Comma così modificato dall'art. 37[5] d.lgs. 27 gennaio 2010, n. 39.*

(4) *Seguiva un terzo comma dapprima aggiunto dall'art. 14[14] l. 12 novembre 2011, n. 183 (legge di stabilità 2012), con effetto a decorrere dal 1° gennaio 2012, e successivamente abrogato dall'art. 35[1] d.l. 9 febbraio 2012, n. 5, conv., con modif., in l. 4 aprile 2012, n. 35.*

2398. (1) **Presidenza del collegio.** – [I]. Il presidente del collegio sindacale è nominato dall'assemblea.

(1) *V. nota al Capo V.*

2399. (1) **Cause d'ineleggibilità e di decadenza.** – [I]. Non possono essere eletti alla carica di sindaco e, se eletti, decadono dall'ufficio:

a) coloro che si trovano nelle condizioni previste dall'articolo 2382;

b) il coniuge, i parenti e gli affini entro il quarto grado degli amministratori della società, gli amministratori, il coniuge, i parenti e gli affini entro il quarto grado degli amministratori delle società da questa controllate, delle società che la controllano e di quelle sottoposte a comune controllo;

c) coloro che sono legati alla società o alle società da questa controllate o alle società che la controllano o a quelle sottoposte a comune controllo da un rapporto di lavoro o da un rapporto continuativo di consulenza o di prestazione d'opera retribuita, ovvero da altri rapporti di natura patrimoniale che ne compromettano l'indipendenza.

[II]. La cancellazione o la sospensione dal registro dei revisori legali e delle società di revisione legale e la perdita dei requisiti previsti dall'ultimo comma dell'articolo 2397 sono causa di decadenza dall'ufficio di sindaco (2).

[III]. Lo statuto può prevedere altre cause di ineleggibilità o decadenza, nonché cause di incompatibilità e limiti e criteri per il cumulo degli incarichi.

(1) *V. nota al Capo V.*
(2) *Comma così modificato dall'art. 37[6] d.ls. 27 gennaio 2010, n. 39.*

2400. (1) **Nomina e cessazione dall'ufficio.** – [I]. I sindaci sono nominati per la prima volta nell'atto costitutivo e successivamente dall'assemblea, salvo il disposto degli articoli 2351, 2449 e 2450. Essi restano in carica per tre esercizi, e scadono alla data dell'assemblea convocata per l'approvazione del bilancio relativo al terzo esercizio della carica. La cessazione dei sindaci per scadenza del termine ha effetto dal momento in cui il collegio è stato ricostituito.

[II]. I sindaci possono essere revocati solo per giusta causa. La deliberazione di revoca deve essere approvata con decreto dal tribunale, sentito l'interessato.

[III]. La nomina dei sindaci, con l'indicazione per ciascuno di essi del cognome e del nome, del luogo e della data di nascita e del domicilio, e la cessazione dall'ufficio devono essere iscritte, a cura degli amministratori, nel registro delle imprese nel termine di trenta giorni.

[IV]. Al momento della nomina dei sindaci e prima dell'accettazione dell'incarico, sono resi noti all'assemblea gli incarichi di amministrazione e di controllo da essi ricoperti presso altre società (2).

(1) *V. nota al Capo V.*
(2) *Comma aggiunto dall'art. 2[2 lett. a)] l. 28 dicembre 2005, n. 262.*

2401. (1) **Sostituzione.** – [I]. In caso di morte, di rinunzia o di decadenza di un sindaco, subentrano i supplenti in ordine di età, nel rispetto dell'articolo 2397, secondo comma. I nuovi sindaci restano in carica fino alla prossima assemblea, la quale deve provvedere alla nomina dei sindaci effettivi e supplenti necessari per l'integrazione del collegio, nel rispetto dell'articolo 2397, secondo comma. I nuovi nominati scadono insieme con quelli in carica.

[II]. In caso di sostituzione del presidente, la presidenza è assunta fino alla prossima assemblea dal sindaco più anziano.

[III]. Se con i sindaci supplenti non si completa il collegio sindacale, deve essere convocata l'assemblea perché provveda all'integrazione del collegio medesimo.

(1) *V. nota al Capo V.*

2402. (1) **Retribuzione.** – [I]. La retribuzione annuale dei sindaci, se non è stabilita nello statuto, deve essere determinata dalla assemblea all'atto della nomina per l'intero periodo di durata del loro ufficio.

(1) *V. nota al Capo V.*

2403. (1) **Doveri del collegio sindacale.** – [I]. Il collegio sindacale vigila sull'osservanza della legge e dello statuto, sul rispetto dei principi di corretta amministrazione ed in particolare sull'adeguatezza dell'assetto organizzativo, amministrativo e contabile adottato dalla società e sul suo concreto funzionamento.

[II]. Esercita inoltre il controllo contabile nel caso previsto dall'articolo 2409-*bis*, terzo comma.

(1) *V. nota al Capo V.*

2403-*bis*. (1) **Poteri del collegio sindacale.** – [I]. I sindaci possono in qualsiasi momento procedere, anche individualmente, ad atti di ispezione e di controllo.

[II]. Il collegio sindacale può chiedere agli amministratori notizie, anche con riferimento a società controllate, sull'andamento delle operazioni sociali o su determinati affari. Può altresì scambiare informazioni con i corrispondenti organi delle società controllate in merito ai sistemi di amministrazione e controllo ed all'andamento generale dell'attività sociale.

[III]. Gli accertamenti eseguiti devono risultare dal libro previsto dall'articolo 2421, primo comma, n. 5).

[IV]. Nell'espletamento di specifiche operazioni di ispezione e di controllo i sindaci sotto la propria responsabilità ed a proprie spese possono avvalersi di propri dipendenti ed ausiliari che non si trovino in una delle condizioni previste dall'articolo 2399.

[V]. L'organo amministrativo può rifiutare agli ausiliari e ai dipendenti dei sindaci l'accesso a informazioni riservate.

(1) *V. nota al Capo V.*

2404. (1) **Riunioni e deliberazioni del collegio.** – [I]. Il collegio sindacale deve riunirsi almeno ogni novanta giorni. La riunione può svolgersi, se lo statuto lo consente indicandone le modalità, anche con mezzi di telecomunicazione (2).

[II]. Il sindaco che, senza giustificato motivo, non partecipa durante un esercizio sociale a due riunioni del collegio decade dall'ufficio.

[III]. Delle riunioni del collegio deve redigersi verbale, che viene trascritto nel libro previsto dall'articolo 2421, primo comma, n. 5), e sottoscritto dagli intervenuti.

[IV]. Il collegio sindacale è regolarmente costituito con la presenza della maggioranza dei sindaci e delibera a maggioranza assoluta dei presenti. Il sindaco dissenziente ha diritto di fare iscrivere a verbale i motivi del proprio dissenso.

(1) *V. nota al Capo V.*
(2) *V. Avviso di rettifica in G.U. 4 luglio 2003, n. 153.*

2405. (1) **Intervento alle adunanze del consiglio di amministrazione e alle assemblee.** – [I]. I sindaci devono assistere alle adunanze del consiglio di amministrazione, alle assemblee e alle riunioni del comitato esecutivo.

[II]. I sindaci, che non assistono senza giustificato motivo alle assemblee o, durante un esercizio sociale, a due adunanze consecutive del consiglio d'amministrazione o del comitato esecutivo, decadono dall'ufficio.

(1) *V. nota al Capo V.*

2406. (1) **Omissioni degli amministratori.** – [I]. In caso di omissione o di ingiustificato ritardo da parte degli amministratori, il collegio sindacale deve convocare l'assemblea ed eseguire le pubblicazioni prescritte dalla legge.

[II]. Il collegio sindacale può altresì, previa comunicazione al presidente del consiglio di amministrazione, convocare l'assemblea qualora nell'espletamento del suo incarico ravvisi fatti censurabili di rilevante gravità e vi sia urgente necessità di provvedere.

(1) *V. nota al Capo V.*

2407. (1) **Responsabilità.** – [I]. I sindaci devono adempiere i loro doveri con la professionalità e la diligenza richieste dalla natura dell'incarico; sono responsabili della verità delle loro attestazioni e devono conservare il segreto sui fatti e sui documenti di cui hanno conoscenza per ragione del loro ufficio.

[II]. Essi sono responsabili solidalmente con gli amministratori per i fatti o le omissioni di questi, quando il danno non si sarebbe prodotto se essi avessero vigilato in conformità degli obblighi della loro carica.

[III]. All'azione di responsabilità contro i sindaci si applicano, in quanto compatibili, le disposizioni degli articoli 2393, 2393-*bis*, 2394, 2394-*bis* e 2395.

(1) *V. nota al Capo V.*

2408. (1) **Denunzia al collegio sindacale.** – [I]. Ogni socio può denunziare i fatti che ritiene censurabili al collegio sindacale, il quale deve tener conto della denunzia nella relazione all'assemblea.

[II]. Se la denunzia è fatta da tanti soci che rappresentino un ventesimo del capitale sociale o un cinquantesimo nelle società che fanno ricorso al mercato del capitale di rischio, il collegio sindacale deve indagare senza ritardo sui fatti denunziati e presentare le sue conclusioni ed eventuali proposte all'assemblea; deve altresì, nelle ipotesi previste dal secondo comma dell'articolo 2406, convocare l'assemblea. Lo statuto può prevedere per la denunzia percentuali minori di partecipazione.

(1) *V. nota al Capo V.*

2409. (1) **Denunzia al tribunale.** – [I]. Se vi è fondato sospetto che gli amministratori, in violazione dei loro doveri, abbiano compiuto gravi irregolarità nella gestione che possono arrecare danno alla società o a una o più società controllate, i soci che rappresentano il decimo del capitale sociale o, nelle società che fanno ricorso al mercato del capitale di rischio, il ventesimo del capitale sociale possono denunziare i fatti al tribunale con ricorso notificato anche alla società. Lo statuto può prevedere percentuali minori di partecipazione.

[II]. Il tribunale, sentiti in camera di consiglio gli amministratori e i sindaci, può ordinare l'ispezione dell'amministrazione della società a spese dei soci richiedenti, subordinandola, se del caso, alla prestazione di una cauzione. Il provvedimento è reclamabile.

[III]. Il tribunale non ordina l'ispezione e sospende per un periodo determinato il procedimento se l'assemblea sostituisce gli amministratori e i sindaci con soggetti di adeguata professionalità, che si attivano senza indugio per accertare se le violazioni sussistono e, in caso positivo, per eliminarle, riferendo al tribunale sugli accertamenti e le attività compiute.

[IV]. Se le violazioni denunziate sussistono ovvero se gli accertamenti e le attività compiute ai sensi del terzo comma risultano insufficienti alla loro eliminazione, il tribunale può disporre gli opportuni provvedimenti provvisori e convocare l'assemblea per le conseguenti deliberazioni. Nei casi più gravi può revocare gli amministratori ed eventualmente anche i sindaci e nominare un amministratore giudiziario, determinandone i poteri e la durata.

[V]. L'amministratore giudiziario può proporre l'azione di responsabilità contro gli amministratori e i sindaci. Si applica l'ultimo comma dell'articolo 2393.

[VI]. Prima della scadenza del suo incarico l'amministratore giudiziario rende conto al tribunale che lo ha nominato; convoca e presiede l'assemblea per la nomina dei nuovi amministratori e sindaci o per proporre, se del caso, la messa in liquidazione della società o la sua ammissione ad una procedura concorsuale.

[VII]. I provvedimenti previsti da questo articolo possono essere adottati anche su richiesta del collegio sindacale, del consiglio di sorveglianza o del comitato per il controllo sulla (2) gestione, nonché, nelle società che fanno ricorso al mercato del capitale di rischio, del pubblico ministero; in questi casi le spese per l'ispezione sono a carico della società.

(1) *V. nota al Capo V.*
(2) *V. Avviso di rettifica in G.U. 4 luglio 2003, n. 153.*

§ 4. – *Della revisione legale dei conti* (1)

(1) *Rubrica così sostituita dall'art. 37[7] d.lgs. 27 gennaio 2010, n. 39. Il testo della rubrica era il seguente:* « Del controllo contabile ».

2409-*bis*. (1) **Revisione legale dei conti.** – [I]. La revisione legale dei conti sulla società è esercitata da un revisore legale dei conti o da una società di revisione legale iscritti nell'apposito registro.

[II]. Lo statuto delle società che non siano tenute alla redazione del bilancio consolidato può prevedere che la revisione legale dei conti sia esercitata dal collegio sindacale. In tal caso il collegio sindacale è costituito da revisori legali iscritti nell'apposito registro.

(1) *Articolo, da ultimo, così sostituito dall'art. 37[8] d.lgs. 27 gennaio 2010, n. 39. Precedentemente l'articolo era stato sostituito dall'art. 1 d.lgs. 17 gennaio 2003, n. 6, con effetto a decorrere dal 1° gennaio 2004, rettificato con Avviso in G.U. 4 luglio 2003, n. 153, e modificato dal d.lgs. 6 febbraio 2004, n. 37 (v. nota al Capo V).*

2409-*ter*. (1) **[Funzioni di controllo contabile].**

(1) *Articolo abrogato dall'art. 37[9] d.lgs. 27 gennaio 2010, n. 39. V. ora art. 14 d.lgs. n. 39, cit. Precedentemente l'articolo era stato sostituito dall'art. 1 d.lgs. 17 gennaio 2003, n. 6, con effetto a decorrere dal 1° gennaio 2004, modificato dal d.lgs. 6 febbraio 2004, n. 37 (v. nota al Capo V), e dall'art. 2[1] d.lgs. 2 febbraio 2007, n. 32, con la disciplina transitoria indicata dal successivo ai*

sensi del quale le disposizioni di cui ai commi inseriti dal medesimo decreto si applicavano ai bilanci relativi agli esercizi aventi inizio dalla data successiva a quella della sua entrata in vigore (12 aprile 2007).

2409-*quater*. (1) [Conferimento e revoca dell'incarico].

(1) *Articolo, da ultimo, abrogato dall'art. 37[9] d.lgs. 27 gennaio 2010, n. 39. V. ora art. 13 d.lgs. n. 39, cit. Ai sensi dell'art. 43[6] d.lgs. 27 gennaio 2010, n. 39 gli incarichi che « nell'esercizio in corso » alla data di entrata in vigore (7 aprile 2010) del suddetto decreto risultano già conferiti ai sensi del presente articolo proseguono fino alla prima scadenza del mandato successiva all'emanazione dei provvedimenti di cui al comma 1 del medesimo art. 43. V. il d.m. 28 dicembre 2012, n. 261. Precedentemente l'articolo era stato sostituito dall'art. 1 d.lgs. 17 gennaio 2003, n. 6, con effetto a decorrere dal 1° gennaio 2004, e modificato dal d.lgs. 6 febbraio 2004, n. 37 (v. nota al Capo V).*

2409-*quinquies*. (1) [Cause di ineleggibilità e di decadenza].

(1) *Articolo, da ultimo, abrogato dall'art. 37[9] d.lgs. 27 gennaio 2010, n. 39. V. ora artt. 9 ss. d.lgs. n. 39, cit. Ai sensi dell'art. 43[1 lett. l)] d.lgs. n. 39, cit., il presente articolo continua ad essere applicato fino alla data di entrata in vigore dei regolamenti del Ministro dell'economia e delle finanze emanati ai sensi del suddetto d.lgs. Precedentemente l'articolo era stato sostituito dall'art. 1 d.lgs. 17 gennaio 2003, n. 6, con effetto a decorrere dal 1° gennaio 2004, e modificato dal d.lgs. 6 febbraio 2004, n. 37 (v. nota al Capo V).*

2409-*sexies*. (1) [Responsabilità].

(1) *Articolo, da ultimo, abrogato dall'art. 37[9] d.lgs. 27 gennaio 2010, n. 39. V. ora art. 15 d.lgs. n. 39, cit. Precedentemente l'articolo era stato sostituito dall'art. 1 d.lgs. 17 gennaio 2003, n. 6, con effetto a decorrere dal 1° gennaio 2004, e modificato dal d.lgs. 6 febbraio 2004, n. 37 (v. nota al Capo V).*

2409-*septies*. (1) Scambio di informazioni. – [I]. Il collegio sindacale e i soggetti incaricati della revisione legale dei conti si scambiano tempestivamente le informazioni rilevanti per l'espletamento dei rispettivi compiti (2).

(1) *V. nota al Capo V.*
(2) *Comma così modificato dall'art. 37[10] d.lgs. 27 gennaio 2010, n. 39.*

§ 5. – *Del sistema dualistico*

2409-*octies*. (1) Sistema basato su un consiglio di gestione e un consiglio di sorveglianza. – [I]. Lo statuto può prevedere che l'amministrazione ed il controllo siano esercitati da un consiglio di gestione e da un consiglio di sorveglianza in conformità alle norme seguenti.

(1) *V. nota al Capo V.*

2409-*novies*. (1) Consiglio di gestione. – [I]. La gestione dell'impresa si svolge nel rispetto della disposizione di cui all'articolo 2086, secondo comma, e spetta esclusivamente al consiglio di gestione, il quale compie le operazioni necessarie per l'attuazione dell'oggetto sociale (2). Può delegare proprie attribuzioni ad uno o più dei suoi componenti; si applicano in tal caso il terzo, quarto e quinto comma dell'articolo 2381. L'istituzione degli assetti di cui all'articolo 2086, secondo comma, spetta esclusivamente al consiglio di gestione (3).

[II]. È costituito da un numero di componenti, anche non soci, non inferiore a due.

[III]. Fatta eccezione per i primi componenti, che sono nominati nell'atto costitutivo, e salvo quanto disposto dagli articoli 2351, 2449 e 2450, la nomina dei componenti il consiglio di gestione spetta al consiglio di sorveglianza, previa determinazione del loro numero nei limiti stabiliti dallo statuto.

[IV]. I componenti del consiglio di gestione non possono essere nominati consiglieri di sorveglianza, e restano in carica per un periodo non superiore a tre esercizi, con scadenza alla data della riunione del consiglio di sorveglianza convocato per l'approvazione del bilancio relativo all'ultimo esercizio della loro carica.

[V]. I componenti del consiglio di gestione sono rieleggibili, salvo diversa disposizione dello statuto, e sono revocabili dal consiglio di sorveglianza in qualunque tempo, anche se nominati nell'atto costitutivo, salvo il diritto al risarcimento dei danni se la revoca avviene senza giusta causa.

[VI]. Se nel corso dell'esercizio vengono a mancare uno o più componenti del consiglio di gestione, il consiglio di sorveglianza provvede senza indugio alla loro sostituzione.

(1) *V. nota al Capo V.*

(2) *Periodo così sostituito dall'art. 377*[3] *d.ls. 12 gennaio 2019, n. 14. Ai sensi dell'art. 389*[2] *d.ls. n. 14, cit., la presente disposizione è entrata in vigore il 16 marzo 2019 (« il trentesimo giorno successivo alla pubblicazione nella Gazzetta Ufficiale » del suddetto decreto). Il testo del periodo era il seguente:* « La gestione dell'impresa spetta esclusivamente al consiglio di gestione, il quale compie le operazioni necessarie per l'attuazione dell'oggetto sociale ».

(3) *Periodo aggiunto dall'art. 40*[3] *d.ls. 26 ottobre 2020, n. 147, a decorrere dal 20 novembre 2020, ai sensi dell'art. 42 dello stesso d.ls.*

2409-*decies*. (1) **Azione sociale di responsabilità.** – [I]. L'azione di responsabilità contro i consiglieri di gestione è promossa dalla società o dai soci, ai sensi degli articoli 2393 e 2393-*bis*.

[II]. L'azione sociale di responsabilità può anche essere proposta a seguito di deliberazione del consiglio di sorveglianza. La deliberazione è assunta dalla maggioranza dei componenti del consiglio di sorveglianza e, se è presa a maggioranza dei due terzi dei suoi componenti, importa la revoca dall'ufficio dei consiglieri di gestione contro cui è proposta, alla cui sostituzione provvede contestualmente lo stesso consiglio di sorveglianza.l

[III]. L'azione può essere esercitata dal consiglio di sorveglianza entro cinque anni dalla cessazione dell'amministratore dalla carica.

[IV]. Il consiglio di sorveglianza può rinunziare all'esercizio dell'azione di responsabilità e può transigerla, purché la rinunzia e la transazione siano approvate dalla maggioranza assoluta dei componenti del consiglio di sorveglianza e purché non si opponga la percentuale di soci indicata nell'ultimo comma dell'articolo 2393.

[V]. La rinuncia all'azione da parte della società o del consiglio di sorveglianza non impedisce l'esercizio delle azioni previste dagli articoli 2393-*bis*, 2394 e 2394-*bis*.

(1) *V. nota al Capo V.*

2409-*undecies*. (1) **Norme applicabili.** – [I]. Al consiglio di gestione si applicano, in quanto compatibili, le disposizioni degli articoli 2380-*bis*, quinto comma, 2381, sesto comma, 2382, 2383, quarto e quinto comma, 2384, 2385, 2387, 2390, 2392, 2394, 2394-*bis*, 2395.

[II]. Si applicano alle deliberazioni del consiglio di gestione gli articoli 2388 e 2391, e la legittimazione ad impugnare le deliberazioni spetta anche al consiglio di sorveglianza.

(1) *V. nota al Capo V.*

2409-*duodecies*. (1) **Consiglio di sorveglianza.** – [I]. Salvo che lo statuto non preveda un maggior numero, il consiglio di sorveglianza si compone di un numero di componenti, anche non soci, non inferiore a tre.

[II]. Fatta eccezione per i primi componenti che sono nominati nell'atto costitutivo, e salvo quanto disposto dagli articoli 2351, 2449 e 2450, la nomina dei componenti il consiglio di sorveglianza spetta all'assemblea, previa determinazione del loro numero nei limiti stabiliti dallo statuto.

[III]. I componenti del consiglio di sorveglianza restano in carica per tre esercizi e scadono alla data della successiva assemblea prevista dal secondo comma dell'articolo 2364-*bis*. La cessazione per scadenza del termine ha effetto dal momento in cui il consiglio di sorveglianza è stato ricostituito.

[IV]. Almeno un componente effettivo del consiglio di sorveglianza deve essere scelto tra i revisori legali iscritti nell'apposito registro (2).

[V]. I componenti del consiglio di sorveglianza sono rieleggibili, salvo diversa disposizione dello statuto, e sono revocabili dall'assemblea in qualunque tempo con deliberazione adottata con la maggioranza prevista dal quinto comma dell'articolo 2393, anche se nominati nell'atto costitutivo, salvo il diritto al risarcimento dei danni, se la revoca avviene senza giusta causa (3).

[VI]. Lo statuto, fatto salvo quanto previsto da leggi speciali in relazione all'esercizio di particolari attività, può subordinare l'assunzione della carica al possesso di particolari requisiti di onorabilità, professionalità e indipendenza.

[VII]. Se nel corso dell'esercizio vengono a mancare uno o più componenti del consiglio di sorveglianza, l'assemblea provvede senza indugio alla loro sostituzione.

[VIII]. Il presidente del consiglio di sorveglianza è eletto dall'assemblea.

[IX]. Lo statuto determina i poteri del presidente del consiglio di sorveglianza.

[X]. Non possono essere eletti alla carica di componente del consiglio di sorveglianza e, se eletti, decadono dall'ufficio:

a) coloro che si trovano nelle condizioni previste dall'articolo 2382;

b) i componenti del consiglio di gestione;

c) coloro che sono legati alla società o alle società da questa controllate o a quelle sottoposte a comune controllo da un rapporto di lavoro o da un rapporto continuativo di consulenza o di prestazione d'opera retribuita che ne compromettano l'indipendenza (4).

[XI]. Lo statuto può prevedere altre cause di ineleggibilità o decadenza, nonché cause di incompatibilità e limiti e criteri per il cumulo degli incarichi.

(1) *V. nota al Capo V.*
(2) *Comma così modificato dall'art. 37[11] d.ls. 27 gennaio 2010, n. 39.*
(3) *Comma così modificato dall'art. 3[1 lett. c)] l. 28 dicembre 2005, n. 262.*
(4) *Lettera così sostituita dall'art. 13 d.ls. 28 dicembre 2004, n. 310.*

2409-*terdecies*. (1) **Competenza del consiglio di sorveglianza.**

[I]. Il consiglio di sorveglianza:

a) nomina e revoca i componenti del consiglio di gestione; ne determina il compenso (2), salvo che la relativa competenza sia attribuita dallo statuto all'assemblea;

b) approva il bilancio di esercizio e, ove redatto, il bilancio consolidato;

c) esercita le funzioni di cui all'articolo 2403, primo comma;

d) promuove l'esercizio dell'azione di responsabilità nei confronti dei componenti del consiglio di gestione;

e) presenta la denunzia al tribunale di cui all'articolo 2409;

f) riferisce per iscritto almeno una volta all'anno all'assemblea sull'attività di vigilanza svolta, sulle omissioni e sui fatti censurabili rilevati;

f-bis) se previsto dallo statuto, delibera in ordine alle operazioni strategiche e ai piani, industriali e finanziari della società predisposti dal consiglio di gestione, ferma in ogni caso la responsabilità di questo per gli atti compiuti (3).

[II]. Lo statuto può prevedere che in caso di mancata approvazione del bilancio o qualora lo richieda almeno un terzo dei componenti del consiglio di gestione o del consiglio di sorveglianza la competenza per l'approvazione del bilancio di esercizio sia attribuita all'assemblea.

[III]. I componenti del consiglio (2) di sorveglianza devono adempiere i loro doveri con la diligenza richiesta dalla natura dell'incarico. Sono responsabili solidalmente con i componenti del consiglio di gestione per i fatti o le omissioni di questi quando il danno non si sarebbe prodotto se avessero vigilato in conformità degli obblighi della loro carica.

[IV]. I componenti del consiglio di sorveglianza possono assistere alle adunanze del consiglio di gestione e devono partecipare alle assemblee.

(1) *V. nota al Capo V.*

(2) *V. Avviso di rettifica in G.U. 4 luglio 2003, n. 153.*

(3) *Lettera aggiunta dall'art. 1 d.ls. 17 gennaio 2003, n. 6, come modificato dall'art. 5[1] d.ls. 6 febbraio 2004, n. 37, e successivamente modificata dall'art. 14 d.ls. 28 dicembre 2004, n. 310.*

2409-*quaterdecies*. (1) **Norme applicabili.** – [I]. Al consiglio di sorveglianza ed ai suoi componenti si applicano, in quanto compatibili, gli articoli 2388, 2400, terzo e quarto comma, 2402, 2403-*bis*, secondo e terzo comma, 2404, primo, terzo e quarto comma, 2406, 2408 e 2409-*septies* (2).

[II]. Alla deliberazione del consiglio di sorveglianza con cui viene approvato il bilancio di esercizio si applica l'articolo 2434-*bis* ed essa può venire impugnata anche dai soci ai sensi dell'articolo 2377.

(1) *V. nota al Capo V.*

(2) *Comma così modificato dall'art. 2 l. 28 dicembre 2005, n. 262.*

2409-*quinquiesdecies*. (1) **Revisione legale.** – [I]. La revisione legale dei conti è svolta a norma dell'articolo 2409-*bis*, primo comma.

(1) *Articolo, da ultimo, così sostituito dall'art. 37[12] d.ls. 27 gennaio 2010, n. 39. Precedentemente l'articolo era stato sostituito dall'art. 1 d.ls. 17 gennaio 2003, n. 6, con effetto a decorrere dal 1° gennaio 2004, e modificato dal d.ls. 6 febbraio 2004, n. 37 (v. nota al Capo V).*

§ 6. – *Del sistema monistico*

2409-*sexiesdecies*. (1) **Sistema basato sul consiglio di amministrazione e un comitato costituito al suo interno.** – [I]. Lo statuto può prevedere che l'amministrazione ed il controllo siano esercitati rispettivamente dal consiglio di amministrazione e da un comitato costituito al suo interno.

(1) *V. nota al Capo V.*

2409-*septiesdecies*. (1) **Consiglio di amministrazione.** – [I]. La gestione dell'impresa spetta esclusivamente al consiglio di amministrazione.

[II]. Almeno un terzo dei componenti del consiglio di amministrazione deve essere in possesso dei requisiti di indipendenza stabiliti per i sindaci dall'articolo 2399, primo comma, e, se lo statuto lo prevede, di quelli al riguardo previsti da codici di comportamento redatti da associazioni di categoria o da società di gestione di mercati regolamentati.

[III]. Al momento della nomina dei componenti del consiglio di amministrazione e prima dell'accettazione dell'incarico, sono resi noti all'assemblea gli incarichi di amministrazione e di controllo da essi ricoperti presso altre società (2).

(1) *V. nota al Capo V.*
(2) *Comma aggiunto dall'art. 2[2] lett. c) l. 28 dicembre 2005, n. 262.*

2409-*octiesdecies*. (1) **Comitato per il controllo sulla gestione.** [I]. Salvo diversa disposizione dello statuto, la determinazione del numero e la nomina dei componenti del comitato per il controllo sulla gestione spetta al consiglio di amministrazione. Nelle società che fanno ricorso al mercato del capitale di rischio il numero dei componenti del comitato non può essere inferiore a tre.

[II]. Il comitato è composto da amministratori in possesso dei requisiti di onorabilità e professionalità stabiliti dallo statuto e dei requisiti di indipendenza di cui all'articolo 2409-*septiesdecies*, che non siano membri del comitato esecutivo ed ai quali non siano attribuite deleghe o particolari cariche e comunque non svolgano, anche di mero fatto, funzioni attinenti alla gestione dell'impresa sociale o di società che la controllano o ne sono controllate.

[III]. Almeno uno dei componenti del comitato per il controllo sulla gestione deve essere scelto fra i revisori legali iscritti nell'apposito registro (2).

[IV]. In caso di morte, rinunzia revoca o decadenza di un componente del comitato per il controllo sulla gestione, il consiglio di amministrazione provvede senza indugio a sostituirlo scegliendolo tra gli altri amministratori in possesso dei requisiti previsti dai commi precedenti; se ciò non è possibile, provvede senza indugio a norma dell'articolo 2386 scegliendo persona provvista dei suddetti requisiti.

[V]. Il comitato per il controllo sulla gestione:

a) elegge al suo interno, a maggioranza assoluta dei suoi membri, il presidente;

b) vigila sull'adeguatezza della struttura organizzativa della società, del sistema di controllo interno e del sistema amministrativo e contabile, nonché sulla sua idoneità a rappresentare correttamente i fatti di gestione;

c) svolge gli ulteriori compiti affidatigli dal consiglio di amministrazione con particolare riguardo ai rapporti con il soggetto incaricato di effettuare la revisione legale dei conti (3).

[VI]. Al comitato per il controllo sulla gestione si applicano altresì, in quanto compatibili, gli articoli 2404, primo, terzo e quarto comma, 2405, primo comma, e 2408.

(1) *V. nota al Capo V.*
(2) *Comma così modificato dall'art. 37[13] d.lgs. 27 gennaio 2010, n. 39.*
(3) *Comma così modificato dall'art. 37[14] d.lgs. n. 39, cit.*

2409-*noviesdecies*. (1) **Norme applicabili e revisione legale** (2). – [I]. Al consiglio di amministrazione si applicano, in quanto compatibili, gli articoli da 2380-*bis*, 2381, 2382, 2383, 2384, 2385, 2386, 2387, 2388, 2389, 2390, 2391, 2392, 2393, 2393-*bis*, 2394, 2394-*bis*, 2395.

[II]. La revisione legale dei conti è svolta ai sensi dell'articolo 2409-*bis*, primo comma (3).

(1) *V. nota al Capo V.*
(2) *Rubrica così sostituita dall'art. 37[15 lett. a)] d.lgs. 27 gennaio 2010, n. 39.*
(3) *Comma così sostituito dall'art. 37[15 lett. b)] d.lgs. n. 39, cit.*

SEZIONE VII – *Delle obbligazioni*

2410. (1) **Emissione.** – [I]. Se la legge o lo statuto non dispongono diversamente, l'emissione di obbligazioni è deliberata dagli amministratori.

[II]. In ogni caso la deliberazione di emissione deve risultare da verbale redatto da notaio ed è depositata ed iscritta a norma dell'articolo 2436.

(1) *V. nota al Capo V.*

2411. (1) **Diritti degli obbligazionisti.** – [I]. Il diritto degli obbligazionisti alla restituzione del capitale ed agli interessi può essere, in tutto o in parte, subordinato alla soddisfazione dei diritti di altri creditori della società.

[ii]. I tempi e l'entità del pagamento degli interessi possono variare in dipendenza di parametri oggettivi anche relativi all'andamento economico della società.

[iii]. La disciplina della presente sezione (2) si applica inoltre agli strumenti finanziari, comunque denominati, che condizionano i tempi e l'entità del rimborso del capitale all'andamento economico della società.

(1) *V. nota al Capo V.*

(2) *V. Avviso di rettifica in G.U. 4 luglio 2003, n. 153.*

2412. (1) **Limiti all'emissione.** – [i]. La società può emettere obbligazioni al portatore o nominative per somma complessivamente non eccedente il doppio del capitale sociale, della riserva legale e delle riserve disponibili risultanti dall'ultimo bilancio approvato. I sindaci attestano il rispetto del suddetto limite.

[ii]. Il limite di cui al primo comma può essere superato se le obbligazioni emesse in eccedenza sono destinate alla sottoscrizione da parte di investitori professionali soggetti a vigilanza prudenziale a norma delle leggi speciali. In caso di successiva circolazione delle obbligazioni, chi le trasferisce risponde della solvenza della società nei confronti degli acquirenti che non siano investitori professionali.

[iii]. Non è soggetta al limite di cui al primo comma, e non rientra nel calcolo al fine del medesimo, l'emissione di obbligazioni garantite da ipoteca di primo grado su immobili di proprietà della società, sino a due terzi del valore degli immobili medesimi.

[iv]. Al computo del limite di cui al primo comma concorrono gli importi relativi a garanzie comunque prestate dalla società per obbligazioni emesse da altre società, anche estere (2).

[v]. I commi primo e secondo non si applicano alle emissioni di obbligazioni destinate ad essere quotate in mercati regolamentati o in sistemi multilaterali di negoziazione ovvero di obbligazioni che danno il diritto di acquisire ovvero di sottoscrivere azioni (3).

[vi]. Quando ricorrono particolari ragioni che interessano l'economia nazionale, la società può essere autorizzata con provvedimento dell'autorità governativa, ad emettere obbligazioni per somma superiore a quanto previsto nel presente articolo, con l'osservanza dei limiti, delle modalità e delle cautele stabilite nel provvedimento stesso.

[VII]. Restano salve le disposizioni di leggi speciali relative a particolari categorie di società e alle riserve di attività (4).

(1) *V. nota al Capo V.*
(2) *Comma inserito dall'art. 11[1 lett. a)] l. 28 dicembre 2005, n. 262.*
(3) *Comma, da ultimo, così sostituito dall'art. 32[26] d.l. 22 giugno 2012, n. 83, conv., con modif., in l. 7 agosto 2012, n. 134. Il testo del comma, come modificato dall'art. 1 d.ls. 17 gennaio 2003, n. 6 (modificato dall'art. 5[1] d.ls. 6 febbraio 2004, n. 37), era il seguente:* « Il primo e il secondo comma non si applicano all'emissione di obbligazioni effettuata da società con azioni quotate in mercati regolamentati, limitatamente alle obbligazioni destinate ad essere quotate negli stessi o in altri mercati regolamentati ». *V. inoltre Avviso di rettifica in G.U. 4 luglio 2003, n. 153.*
(4) *Seguiva un comma dapprima aggiunto dall'art. 15 d.ls. 28 dicembre 2004, n. 310, e successivamente abrogato dall'art. 11[1 lett. b)] l. n. 262, cit.*

2413. (1) **Riduzione del capitale.** – [I]. Salvo i casi previsti dal terzo, quarto e quinto comma dell'articolo 2412, la società che ha emesso obbligazioni non può ridurre volontariamente il capitale sociale o distribuire riserve se rispetto all'ammontare delle obbligazioni ancora in circolazione il limite di cui al primo comma dell'articolo medesimo non risulta più rispettato.

[II]. Se la riduzione del capitale sociale è obbligatoria, o le riserve diminuiscono in conseguenza di perdite, non possono distribuirsi utili sinché l'ammontare del capitale sociale, della riserva legale e delle riserve disponibili non eguagli la metà dell'ammontare delle obbligazioni in circolazione (2).

(1) *V. nota al Capo V.*
(2) *Comma così modificato dall'art. 1 d.ls. 17 gennaio 2003, n. 6, come modificato dall'art. 5[1] d.ls. 6 febbraio 2004, n. 37.*

2414. (1) **Contenuto delle obbligazioni.** – [I]. I titoli obbligazionari devono indicare:

1) la denominazione, l'oggetto e la sede della società, con l'indicazione dell'ufficio del registro delle imprese presso il quale la società è iscritta;

2) il capitale sociale e le riserve esistenti al momento dell'emissione;

3) la data della deliberazione di emissione e della sua iscrizione nel registro;

4) l'ammontare complessivo dell'emissione, il valore nominale di ciascun titolo, i diritti con essi attribuiti, il rendimento o i criteri per la sua determinazione e il modo di pagamento e di rimborso, l'eventuale subordinazione dei diritti degli obbligazionisti a quelli di altri creditori della società;

5) le eventuali garanzie da cui sono assistiti;

6) la data di rimborso del prestito e gli estremi dell'eventuale prospetto informativo (2).

(1) *V. nota al Capo V.*

(2) *Numero inserito dall'art. 1 d.ls. 17 gennaio 2003, n. 6, come modificato dall'art. 5[1 v)] d.ls. 6 febbraio 2004, n. 37.*

2414-*bis*. (1) **Costituzione delle garanzie.** – [I]. La deliberazione di emissione di obbligazioni che preveda la costituzione di garanzie reali a favore dei sottoscrittori deve designare un notaio che, per conto dei sottoscrittori, compia le formalità necessarie per la costituzione delle garanzie medesime.

[II]. Qualora un azionista pubblico garantisca i titoli obbligazionari si applica il numero 5) dell'articolo 2414 (2).

[III]. Le garanzie, reali e personali e di qualunque altra natura e le cessioni di credito in garanzia, che assistono i titoli obbligazionari possono essere costituite in favore dei sottoscrittori delle obbligazioni o anche di un loro rappresentante che sarà legittimato a esercitare in nome e per conto dei sottoscrittori tutti i diritti, sostanziali e processuali, relativi alle garanzie medesime (3).

(1) *V. nota al Capo V.*

(2) *Comma aggiunto dall'art. 1 d.ls. 17 gennaio 2003, n. 6, come modificato dall'art. 5[1 z)] d.ls. 6 febbraio 2004, n. 37.*

(3) *Comma aggiunto dall'art. 13[2] d.l. 12 settembre 2014, n. 133, conv., con modif., in l. 11 novembre 2014, n. 164.*

2415. (1) **Assemblea degli obbligazionisti.** – [I]. L'assemblea degli obbligazionisti delibera:

1) sulla nomina e sulla revoca del rappresentante comune;

2) sulle modificazioni delle condizioni del prestito;

3) sulla proposta di amministrazione controllata e di concordato;

4) sulla costituzione di un fondo per le spese necessarie alla tutela dei comuni interessi e sul rendiconto relativo;

5) sugli altri oggetti d'interesse comune degli obbligazionisti.

[II]. L'assemblea è convocata dal consiglio di amministrazione, dal consiglio di gestione (2) o dal rappresentante degli obbligazionisti, quando lo ritengono necessario, o quando ne è fatta richiesta da tanti obbligazionisti che rappresentino il ventesimo dei titoli emessi e non estinti.

[III]. Si applicano all'assemblea degli obbligazionisti le disposizioni relative all'assemblea straordinaria dei soci e le sue deliberazioni sono iscritte, a cura del notaio che ha redatto il verbale, nel registro delle imprese. Per la validità delle deliberazioni sull'oggetto indicato nel primo comma, numero 2, è necessario anche in seconda

CODICE CIVILE

convocazione il voto favorevole degli obbligazionisti che rappresentino la metà delle obbligazioni emesse e non estinte. Quando le obbligazioni sono ammesse al sistema di gestione accentrata la legittimazione all'intervento e al voto nell'assemblea degli obbligazionisti è disciplinata dalle leggi speciali (3).

[IV]. La società, per le obbligazioni da essa eventualmente possedute, non può partecipare alle deliberazioni.

[V]. All'assemblea degli obbligazionisti possono assistere gli amministratori, i sindaci e i componenti del consiglio di gestione o di sorveglianza (4).

(1) *V. nota al Capo V.*

(2) *Le parole* « dal consiglio di amministrazione, dal consiglio di gestione » *sono state sostituite alle parole* « dagli amministratori » *dall'art. 1[4 lett. a)] d.ls. 18 giugno 2012, n. 91. Per la disciplina transitoria di cui all'art. 5[1] d.ls. n. 91, cit., v.* sub *art. 2366.*

(3) *Periodo aggiunto dall'art. 1[4 lett. b)] d.ls. n. 91, cit. Per la disciplina transitoria di cui all'art. 5[1] d.ls. n. 91, cit., v.* sub *art. 2366.*

(4) *Comma così sostituito dall'art. 1[4 lett. c)] d.ls. n. 91, cit. Per la disciplina transitoria di cui all'art. 5[1] d.ls. n. 91, cit., v.* sub *art. 2366. Il testo del comma era il seguente:* « All'assemblea degli obbligazionisti possono assistere gli amministratori ed i sindaci ».

2416. (1) **Impugnazione delle deliberazioni dell'assemblea.** – [I]. Le deliberazioni prese dall'assemblea degli obbligazionisti sono impugnabili a norma degli articoli 2377 e 2379. Le percentuali previste dall'articolo 2377 sono calcolate con riferimento all'ammontare del prestito obbligazionario e alla circostanza che le obbligazioni siano quotate in mercati regolamentati (2).

[II]. L'impugnazione è proposta innanzi al tribunale, nella cui giurisdizione la società ha sede, in contraddittorio del rappresentante degli obbligazionisti.

(1) *V. nota al Capo V.*

(2) *Comma così modificato dall'art. 1 d.ls. 17 gennaio 2003, n. 6, come modificato dall'art. 5[1 lett. aa)] d.ls. 6 febbraio 2004, n. 37.*

2417. (1) **Rappresentante comune.** – [I]. Il rappresentante comune può essere scelto al di fuori degli obbligazionisti e possono essere nominate anche le persone giuridiche autorizzate all'esercizio dei servizi di investimento nonché le società fiduciarie. Non possono essere nominati rappresentanti comuni degli obbligazionisti e, se nominati, decadono dall'ufficio, gli amministratori, i sindaci, i dipendenti della società debitrice e coloro che si trovano nelle condizioni indicate nell'articolo 2399.

[II]. Se non è nominato dall'assemblea a norma dell'articolo 2415, il rappresentante comune è nominato con decreto dal tribunale su domanda di uno o più obbligazionisti o degli amministratori della società.

[iii]. Il rappresentante comune dura in carica per un periodo non superiore a tre esercizi sociali e può essere rieletto. L'assemblea degli obbligazionisti ne fissa il compenso. Entro trenta giorni dalla notizia della sua nomina il rappresentante comune deve richiederne l'iscrizione nel registro delle imprese (2).

(1) *V. nota al Capo V.*

(2) *Comma così modificato dall'art. 1 d.ls. 17 gennaio 2003, n. 6, come modificato dall'art. 5[1 lett. bb)] d.ls. 6 febbraio 2004, n. 37.*

2418. (1) **Obblighi e poteri del rappresentante comune.** – [i]. Il rappresentante comune deve provvedere all'esecuzione delle deliberazioni dell'assemblea degli obbligazionisti, tutelare gli interessi comuni di questi nei rapporti con la società e assistere alle operazioni di sorteggio delle obbligazioni. Egli ha diritto di assistere all'assemblea dei soci.

[ii]. Per la tutela degli interessi comuni ha la rappresentanza processuale degli obbligazionisti anche nell'amministrazione controllata, nel concordato preventivo, nel fallimento, nella liquidazione coatta amministrativa e nell'amministrazione straordinaria della società debitrice.

(1) *V. nota al Capo V.*

2419. (1) **Azione individuale degli obbligazionisti.** – [i]. Le disposizioni degli articoli precedenti non precludono le azioni individuali degli obbligazionisti, salvo che queste siano incompatibili con le deliberazioni dell'assemblea previste dall'articolo 2415.

(1) *V. nota al Capo V.*

2420. (1) **Sorteggio delle obbligazioni.** – [i]. Le operazioni per l'estrazione a sorte delle obbligazioni devono farsi, a pena di nullità, alla presenza del rappresentante comune o, in mancanza, di un notaio.

(1) *V. nota al Capo V.*

2420-*bis*. (1) **Obbligazioni convertibili in azioni.** – [i]. L'assemblea straordinaria può deliberare l'emissione di obbligazioni convertibili in azioni, determinando il rapporto di cambio e il periodo e le modalità della conversione. La deliberazione non può essere adottata se il capitale sociale non sia stato interamente versato.

[ii]. Contestualmente la società deve deliberare l'aumento del capitale sociale per un ammontare corrispondente alle azioni da attri-

buire in conversione. Si applicano, in quanto compatibili, le disposizioni del secondo, terzo, quarto e quinto comma dell'articolo 2346.

[III]. Nel primo mese di ciascun semestre gli amministratori provvedono all'emissione delle azioni spettanti agli obbligazionisti che hanno chiesto la conversione nel semestre precedente. Entro il mese successivo gli amministratori devono depositare per l'iscrizione nel registro delle imprese un'attestazione dell'aumento del capitale sociale in misura corrispondente al valore nominale delle azioni emesse. Si applica la disposizione del secondo comma dell'articolo 2444.

[IV]. Fino a quando non siano scaduti i termini fissati per la conversione, la società non può deliberare né la riduzione volontaria del capitale sociale, né la modificazione delle disposizioni dello statuto concernenti la ripartizione degli utili, salvo che ai possessori di obbligazioni convertibili sia stata data la facoltà, mediante avviso depositato presso l'ufficio del registro delle imprese almeno novanta giorni prima della convocazione dell'assemblea, di esercitare il diritto di conversione nel termine di trenta giorni dalla pubblicazione (2).

[V]. Nei casi di aumento del capitale mediante imputazione di riserve e di riduzione del capitale per perdite, il rapporto di cambio è modificato in proporzione alla misura dell'aumento o della riduzione.

[VI]. Le obbligazioni convertibili in azioni devono indicare in aggiunta a quanto stabilito nell'articolo 2414, il rapporto di cambio e le modalità della conversione.

(1) *V. nota al Capo V.*

(2) *V. Avviso di rettifica in G.U. 4 luglio 2003, n. 153.*

2420-*ter*. (1) **Delega agli amministratori.** – [I]. Lo statuto può attribuire agli amministratori la facoltà di emettere in una o più volte obbligazioni convertibili, fino ad un ammontare determinato e per il periodo massimo di cinque anni dalla data di iscrizione della società nel registro delle imprese. In tal caso la delega comprende anche quella relativa al corrispondente aumento del capitale sociale.

[II]. Tale facoltà può essere attribuita anche mediante modificazione dello statuto, per il periodo massimo di cinque anni dalla data della deliberazione.

[III]. Si applica il secondo comma dell'articolo 2410.

(1) *V. nota al Capo V.*

Sezione VIII – *Dei libri sociali*

2421. (1) **Libri sociali obbligatori.** – [i]. Oltre i libri e le altre scritture contabili prescritti nell'articolo 2214, la società deve tenere:

1) il libro dei soci, nel quale devono essere indicati distintamente per ogni categoria il numero delle azioni, il cognome e il nome dei titolari delle azioni nominative, i trasferimenti e i vincoli ad esse relativi e i versamenti eseguiti;

2) il libro delle obbligazioni, il quale deve indicare l'ammontare delle obbligazioni emesse e di quelle estinte, il cognome e il nome dei titolari delle obbligazioni nominative e i trasferimenti e i vincoli ad esse relativi;

3) il libro delle adunanze e delle deliberazioni delle assemblee, in cui devono essere trascritti anche i verbali redatti per atto pubblico;

4) il libro delle adunanze e delle deliberazioni del consiglio di amministrazione o del consiglio di gestione;

5) il libro delle adunanze e delle deliberazioni del collegio sindacale ovvero del consiglio di sorveglianza o del comitato per il controllo sulla gestione;

6) il libro delle adunanze e delle deliberazioni del comitato esecutivo, se questo esiste;

7) il libro delle adunanze e delle deliberazioni delle assemblee degli obbligazionisti, se sono state emesse obbligazioni;

8) il libro degli strumenti finanziari emessi ai sensi dell'articolo 2447-*sexies*.

[ii]. I libri indicati nel primo comma, numeri 1), 2), 3), 4) e 8) sono tenuti a cura degli amministratori o dei componenti del consiglio di gestione, il libro indicato nel numero 5) a cura del collegio sindacale ovvero del consiglio di sorveglianza o del comitato per il controllo sulla gestione, il libro indicato nel numero 6) a cura del comitato esecutivo e il libro indicato nel numero 7) a cura del rappresentante comune degli obbligazionisti.

[iii]. I libri di cui al presente articolo, prima che siano messi in uso, devono essere numerati progressivamente in ogni pagina e bollati in ogni foglio a norma dell'articolo 2215.

(1) *V. nota al Capo V.*

2422. (1) **Diritto d'ispezione dei libri sociali.** – [i]. I soci hanno diritto di esaminare i libri indicati nel primo comma, numeri 1) e 3) dell'articolo 2421 e di ottenerne estratti a proprie spese.

[ii]. Eguale diritto spetta al rappresentante comune degli obbligazionisti per i libri indicati nei numeri 2) e 3) dell'articolo 2421, e al

rappresentante comune dei possessori di strumenti finanziari ed ai singoli possessori per il libro indicato al numero 8), ai singoli obbligazionisti per il libro indicato nel numero 7) dell'articolo medesimo.

(1) *V. nota al Capo V.*

SEZIONE IX – *Del bilancio*

2423. (1) **Redazione del bilancio.** – [I]. Gli amministratori devono redigere il bilancio di esercizio, costituito dallo stato patrimoniale, dal conto economico, dal rendiconto finanziario (2) e dalla nota integrativa.

[II]. Il bilancio deve essere redatto con chiarezza e deve rappresentare in modo veritiero e corretto la situazione patrimoniale e finanziaria della società e il risultato economico dell'esercizio.

[III]. Se le informazioni richieste da specifiche disposizioni di legge non sono sufficienti a dare una rappresentazione veritiera e corretta, si devono fornire le informazioni complementari necessarie allo scopo.

[IV]. Non occorre rispettare gli obblighi in tema di rilevazione, valutazione, presentazione e informativa quando la loro osservanza abbia effetti irrilevanti al fine di dare una rappresentazione veritiera e corretta. Rimangono fermi gli obblighi in tema di regolare tenuta delle scritture contabili. Le società illustrano nella nota integrativa i criteri con i quali hanno dato attuazione alla presente disposizione (3).

[V]. Se, in casi eccezionali, l'applicazione di una disposizione degli articoli seguenti è incompatibile con la rappresentazione veritiera e corretta, la disposizione non deve essere applicata. La nota integrativa deve motivare la deroga e deve indicarne l'influenza sulla rappresentazione della situazione patrimoniale, finanziaria e del risultato economico. Gli eventuali utili derivanti dalla deroga devono essere iscritti in una riserva non distribuibile se non in misura corrispondente al valore recuperato.

[VI]. Il bilancio deve essere redatto in unità di euro, senza cifre decimali, ad eccezione della nota integrativa che può essere redatta in migliaia di euro.

(1) *V. nota al Capo V.*

(2) *Le parole* « , dal rendiconto finanziario » *sono state inserite dall'art. 6[2] lett. a) d.lgs. 18 agosto 2015, n. 139. Ai sensi dell'art. 12[1] d.lgs. n. 139, cit., la presente disposizione entra in vigore dal 1° gennaio 2016 e si applica « ai bilanci relativi agli esercizi finanziari aventi inizio a partire da quella data ».*

(3) *Comma inserito dall'art. 6[2] lett. b) d.lgs. n. 139, cit. Per l'entrata in vigore e le disposizioni di applicazione, v. nota 2.*

2423-*bis*. (1) **Principi di redazione del bilancio.** – [I]. Nella redazione del bilancio devono essere osservati i seguenti principi:

1) la valutazione delle voci deve essere fatta secondo prudenza e nella prospettiva della continuazione dell'attività (2);

1-*bis*) la rilevazione e la presentazione delle voci è effettuata tenendo conto della sostanza dell'operazione o del contratto (3);

2) si possono indicare esclusivamente gli utili realizzati alla data di chiusura dell'esercizio;

3) si deve tener conto dei proventi e degli oneri di competenza dell'esercizio, indipendentemente dalla data dell'incasso o del pagamento;

4) si deve tener conto dei rischi e delle perdite di competenza dell'esercizio, anche se conosciuti dopo la chiusura di questo;

5) gli elementi eterogenei ricompresi nelle singole voci devono essere valutati separatamente;

6) i criteri di valutazione non possono essere modificati da un esercizio all'altro.

[II]. Deroghe al principio enunciato nel numero 6) del comma precedente sono consentite in casi eccezionali. La nota integrativa deve motivare la deroga e indicarne l'influenza sulla rappresentazione della situazione patrimoniale e finanziaria e del risultato economico (4).

(1) *V. nota al Capo V.*

(2) *Le parole* « , nonché tenendo conto della funzione economica dell'elemento dell'attivo o del passivo considerato » *sono state soppresse dall'art. 6[3 lett. a)] d.lgs. 18 agosto 2015, n. 139. Ai sensi dell'art. 12[1] d.lgs. n. 139, cit., la presente disposizione entra in vigore dal 1° gennaio 2016 e si applica « ai bilanci relativi agli esercizi finanziari aventi inizio a partire da quella data ».*

(3) *Numero inserito dall'art. 6[3 lett. b)] d.lgs. n. 139, cit. Per l'entrata in vigore e le disposizioni di applicazione, v. art. 12 dello stesso d.lgs.,* sub *nota 2.*

(4) *V. art. 81[25] d.l. 25 giugno 2008, n. 112, conv., con modif., in l. 6 agosto 2008, n. 133.*

2423-*ter*. (1) **Struttura dello stato patrimoniale e del conto economico.** – [I]. Salve le disposizioni di leggi speciali per le società che esercitano particolari attività, nello stato patrimoniale e nel conto economico devono essere iscritte separatamente, e nell'ordine indicato, le voci previste negli articoli 2424 e 2425.

[II]. Le voci precedute da numeri arabi possono essere ulteriormente suddivise, senza eliminazione della voce complessiva e dell'importo corrispondente; esse possono essere raggruppate soltanto quando il raggruppamento, a causa del loro importo, è irrilevante ai fini indicati nel secondo comma dell'articolo 2423 o quando esso favorisce la chiarezza del bilancio. In questo secondo caso la nota integrativa deve contenere distintamente le voci oggetto di raggruppamento.

[III]. Devono essere aggiunte altre voci qualora il loro contenuto non sia compreso in alcuna di quelle previste dagli articoli 2424 e 2425.

[IV]. Le voci precedute da numeri arabi devono essere adattate quando lo esige la natura dell'attività esercitata.

[V]. Per ogni voce dello stato patrimoniale e del conto economico deve essere indicato l'importo della voce corrispondente dell'esercizio precedente. Se le voci non sono comparabili, quelle relative all'esercizio precedente devono essere adattate; la non comparabilità e l'adattamento o l'impossibilità di questo devono essere segnalati e commentati nella nota integrativa.

[II]. Sono vietati i compensi di partite. Nei casi in cui la compensazione è ammessa dalla legge, sono indicati nella nota integrativa gli importi lordi oggetto di compensazione (1).

(1) *V. nota al Capo V.*

(2) *Periodo aggiunto dall'art. 24[2 lett. a)] l. 23 dicembre 2021, n. 238. Ai sensi del comma 4 del citato art. 24, tale disposizione si applica per la prima volta al bilancio dell'impresa e al bilancio consolidato relativi al primo esercizio successivo a quello chiuso o in corso al 31 dicembre 2019.*

2424. (1) **Contenuto dello stato patrimoniale.** – [I]. Lo stato patrimoniale deve essere redatto in conformità al seguente schema.

ATTIVO:

A) Crediti verso soci per versamenti ancora dovuti, con separata indicazione della parte già richiamata.

B) Immobilizzazioni, con separata indicazione di quelle concesse in locazione finanziaria:

I – *Immobilizzazioni immateriali:*

1) costi di impianto e di ampliamento;

2) costi di sviluppo; (2)

3) diritti di brevetto industriale e diritti di utilizzazione delle opere dell'ingegno;

4) concessioni, licenze, marchi e diritti simili;

5) avviamento;

6) immobilizzazioni in corso e acconti;

7) altre.

Totale.

II - *Immobilizzazioni materiali:*

1) terreni e fabbricati;

2) impianti e macchinario;

3) attrezzature industriali e commerciali;
4) altri beni;
5) immobilizzazioni in corso e acconti.
Totale.
III - *Immobilizzazioni finanziarie*, con separata indicazione, per ciascuna voce dei crediti, degli importi esigibili entro l'esercizio successivo:
1) partecipazioni in:
a) imprese controllate;
b) imprese collegate;
c) imprese controllanti;
d) imprese sottoposte al controllo delle controllanti; (3)
d-bis) altre imprese; (4)
2) crediti:
a) verso imprese controllate;
b) verso imprese collegate;
c) verso controllanti;
d) verso imprese sottoposte al controllo delle controllanti;
d-bis) verso altri; (5)
3) altri titoli;
4) strumenti finanziari derivati attivi; (6)
Totale.
Totale immobilizzazioni (*B*);
C) Attivo circolante:
I - *Rimanenze:*
1) materie prime, sussidiarie e di consumo;
2) prodotti in corso di lavorazione e semilavorati;
3) lavori in corso su ordinazione;
4) prodotti finiti e merci;
5) acconti.
Totale
II - *Crediti*, con separata indicazione, per ciascuna voce, degli importi esigibili oltre l'esercizio successivo:
1) verso clienti;
2) verso imprese controllate;
3) verso imprese collegate;
4) verso controllanti;
5) verso imprese sottoposte al controllo delle controllanti;
5-*bis*) crediti tributari;
5-*ter*) imposte anticipate;
5-*quater*) verso altri; (7)

Totale.

III - *Attività finanziarie* che non costituiscono immobilizzazioni:

1) partecipazioni in imprese controllate;

2) partecipazioni in imprese collegate;

3) partecipazioni in imprese controllanti;

3-*bis*) partecipazioni in imprese sottoposte al controllo delle controllanti; (8)

4) altre partecipazioni;

5) strumenti finanziari derivati attivi; (9)

6) altri titoli.

Totale.

IV - *Disponibilità liquide:*

1) depositi bancari e postali;

2) assegni;

3) danaro e valori in cassa.

Totale.

Totale attivo circolante (*C*).

D) Ratei e risconti. (10)

PASSIVO:

A) Patrimonio netto:

I - *Capitale.*

II - *Riserva da soprapprezzo delle azioni.*

III - *Riserve di rivalutazione.*

IV - *Riserva legale.*

V - *Riserve statutarie.*

VI - *Altre riserve, distintamente indicate.*

VII - *Riserva per operazioni di copertura dei flussi finanziari attesi.*

VIII - *Utili (perdite) portati a nuovo.*

IX - *Utile (perdita) dell'esercizio.*

X - *Riserva negativa per azioni proprie in portafoglio.* (11)

Totale.

B) Fondi per rischi e oneri:

1) per trattamento di quiescenza e obblighi simili;

2) per imposte, anche differite;

3) strumenti finanziari derivati passivi;

4) altri. (12)

Totale.

C) Trattamento di fine rapporto di lavoro subordinato.

D) Debiti, con separata indicazione, per ciascuna voce, degli importi esigibili oltre l'esercizio successivo:

1) obbligazioni;

2) obbligazioni convertibili;
3) debiti verso soci per finanziamenti;
4) debiti verso banche;
5) debiti verso altri finanziatori;
6) acconti;
7) debiti verso fornitori;
8) debiti rappresentati da titoli di credito;
9) debiti verso imprese controllate;
10) debiti verso imprese collegate;
11) debiti verso controllanti;
11-*bis*) debiti verso imprese sottoposte al controllo delle controllanti; (13)
12) debiti tributari;
13) debiti verso istituti di previdenza e di sicurezza sociale;
14) altri debiti.
Totale.
E) Ratei e risconti. (14)

[II]. Se un elemento dell'attivo o del passivo ricade sotto più voci dello schema, nella nota integrativa deve annotarsi, qualora ciò sia necessario ai fini della comprensione del bilancio, la sua appartenenza anche a voci diverse da quella nella quale è iscritto (15).

[III]. È fatto salvo quanto disposto dall'articolo 2447-*septies* con riferimento ai beni e rapporti giuridici compresi nei patrimoni destinati ad uno specifico affare ai sensi della lettera *a*) del primo comma dell'articolo 2447-*bis*.

(1) *V. nota al Capo V.*

(2) *Le parole* « 2) costi di sviluppo; » *sono state sostituite alle parole* « 2) costi di ricerca, di sviluppo e di pubblicità » *dall'art. 6[4 lett. a)] d.lgs. 18 agosto 2015, n. 139. Ai sensi dell'art. 12[1] d.lgs. n. 139, cit., la presente disposizione entra in vigore dal 1° gennaio 2016 e si applica « ai bilanci relativi agli esercizi finanziari aventi inizio a partire da quella data ».*

(3) *Le parole* « *d*) imprese sottoposte al controllo delle controllanti; » *sono state sostituite alle parole* « *d*) altre imprese; » *dall'art. 6[4 lett. b)] d.lgs. n. 139, cit. Per l'entrata in vigore e le disposizioni di applicazione, v. nota 2.*

(4) *Lettera aggiunta dall'art. 6[4 lett. b)] d.lgs. n. 139, cit. Per l'entrata in vigore e le disposizioni di applicazione, v. nota 2.*

(5) *Le parole da* « 2) crediti: » *a* « *d-bis*) verso altri; » *sono state sostituite alle parole* « 2) crediti: *a*) verso imprese controllate; *b*) verso imprese collegate; *c*) verso controllanti; *d*) verso altri; » *dall'art. 6[4 lett. c)] d.lgs. n. 139, cit. Per l'entrata in vigore e le disposizioni di applicazione, v. nota 2.*

(6) *Le parole* « 4) strumenti finanziari derivati attivi; » *sono state sostituite alle parole* « 4) azioni proprie, con indicazione anche del valore nominale complessivo; » *dall'art. 6[4 lett. d)] d.lgs. n. 139, cit. Per l'entrata in vigore e le disposizioni di applicazione, v. nota 2.*

(7) *Le parole da* « 5) verso imprese sottoposte al controllo delle controllanti; » a « 5-*quater*) verso altri; » *sono state sostituite alle parole* « 4-*bis*) crediti tributari; 4-*ter*) imposte

anticipate; 5) verso altri; » *dall'art. 6[4 lett. e)] d.ls. n. 139, cit. Per l'entrata in vigore e le disposizioni di applicazione, v. nota 2.*

(8) *Le parole da* « 3-*bis*) partecipazioni » *a* « controllanti; » *sono state inserite dall'art. 6[4 lett. f)] d.ls. n. 139, cit. Per l'entrata in vigore e le disposizioni di applicazione, v. nota 2.*

(9) *Le parole* « 5) strumenti finanziari derivati attivi; » *sono state sostituite alle parole* « 5) azioni proprie, con indicazioni anche del valore nominale complessivo; » *dall'art. 6[4 lett. f)] d.ls. n. 139, cit. Per l'entrata in vigore e le disposizioni di applicazione, v. nota 2.*

(10) *Le parole* « *D*) Ratei e risconti. » *sono state sostituite alle parole* « *D*) Ratei e risconti, con separata indicazione del disaggio su prestiti. » *dall'art. 6[4 lett. g)] d.ls. n. 139, cit. Per l'entrata in vigore e le disposizioni di applicazione, v. nota 2.*

(11) *Le parole da* « VI - Altre riserve, distintamente indicate. » *a* « X - Riserva negativa per azioni proprie in portafoglio. » *sono state sostituite alle parole* « VI - *Riserva per azioni proprie in portafoglio.* VII - *Altre riserve, distintamente indicate.* VIII - *Utili (perdite) portati a nuovo.* IX - *Utile (perdita) dell'esercizio.* » *dall'art. 6[4 lett. h)] d.ls. n. 139, cit. Per l'entrata in vigore e le disposizioni di applicazione, v. nota 2.*

(12) *Le parole da* « 2) per imposte, anche differite; » *a* « 4) altri. » *sono state sostituite alle parole* « 2) per imposte, anche differite; 3) altri. » *dall'art. 6[4 lett. i)] d.ls. n. 139, cit. Per l'entrata in vigore e le disposizioni di applicazione, v. nota 2.*

(13) *Le parole* « 11-*bis*) debiti verso imprese sottoposte al controllo delle controllanti; » *sono state aggiunte dall'art. 6[4 lett. l)] d.ls. n. 139, cit. Per l'entrata in vigore e le disposizioni di applicazione, v. nota 2.*

(14) *Le parole* « *E*) Ratei e risconti. » *sono state sostituite alle parole* « *E*) Ratei e risconti, con separata indicazione dell'aggio su prestiti. » *dall'art. 6[4 lett. m)] d.ls. n. 139, cit. Per l'entrata in vigore e le disposizioni di applicazione, v. nota 2.*

(15) *Seguiva un comma abrogato dall'art. 6[4 lett. n)] d.ls. n. 139, cit. Per l'entrata in vigore e le disposizioni di applicazione, v. nota 2. Il testo del comma era il seguente:* « In calce allo stato patrimoniale devono risultare le garanzie prestate direttamente o indirettamente, distinguendosi fra fideiussioni, avalli, altre garanzie personali e garanzie reali, ed indicando separatamente, per ciascun tipo, le garanzie prestate a favore di imprese controllate e collegate, nonché di controllanti e di imprese sottoposte al controllo di queste ultime; devono inoltre risultare gli altri conti d'ordine ».

2424-*bis*. (1) **Disposizioni relative a singole voci dello stato patrimoniale.** – [I]. Gli elementi patrimoniali destinati ad essere utilizzati durevolmente devono essere iscritti tra le immobilizzazioni.

[II]. Le partecipazioni in altre imprese in misura non inferiore a quelle stabilite dal terzo comma dell'articolo 2359 si presumono immobilizzazioni.

[III]. Gli accantonamenti per rischi ed oneri sono destinati soltanto a coprire perdite o debiti di natura determinata, di esistenza certa o probabile, dei quali tuttavia alla chiusura dell'esercizio sono indeterminati o l'ammontare o la data di sopravvenienza.

[IV]. Nella voce: "trattamento di fine rapporto di lavoro subordinato" deve essere indicato l'importo calcolato a norma dell'articolo 2120.

[V]. Le attività oggetto di contratti di compravendita con obbligo di retrocessione a termine devono essere iscritte nello stato patrimoniale del venditore.

[VI]. Nella voce ratei e risconti attivi devono essere iscritti i proventi di competenza dell'esercizio esigibili in esercizi successivi, e i costi sostenuti entro la chiusura dell'esercizio ma di competenza di esercizi successivi. Nella voce ratei e risconti passivi devono essere iscritti i costi di competenza dell'esercizio esigibili in esercizi successivi e i proventi percepiti entro la chiusura dell'esercizio ma di competenza di esercizi successivi. Possono essere iscritte in tali voci soltanto quote di costi e proventi, comuni a due o più esercizi, l'entità dei quali vari in ragione del tempo.

[VII]. Le azioni proprie sono rilevate in bilancio a diretta riduzione del patrimonio netto, ai sensi di quanto disposto dal terzo comma dell'articolo 2357-*ter* (2).

(1) *V. nota al Capo V.*

(2) *Comma aggiunto dall'art. 6[5] d.ls. 18 agosto 2015, n. 139. Ai sensi dell'art. 12[1] d.ls. n. 139, cit., la presente disposizione entra in vigore dal 1° gennaio 2016 e si applica « ai bilanci relativi agli esercizi finanziari aventi inizio a partire da quella data ».*

2425. (1) **Contenuto del conto economico.** – [I]. Il conto economico deve essere redatto in conformità al seguente schema:

A) Valore della produzione:

1) ricavi delle vendite e delle prestazioni;

2) variazioni delle rimanenze di prodotti in corso di lavorazione, semilavorati e finiti;

3) variazioni dei lavori in corso su ordinazione;

4) incrementi di immobilizzazioni per lavori interni;

5) altri ricavi e proventi, con separata indicazione dei contributi in conto esercizio.

Totale (2).

B) Costi della produzione:

6) per materie prime, sussidiarie, di consumo e di merci;

7) per servizi;

8) per godimento di beni di terzi;

9) per il personale:

a) salari e stipendi;

b) oneri sociali;

c) trattamento di fine rapporto;

d) trattamento di quiescenza e simili;

e) altri costi;

10) ammortamenti e svalutazioni:

a) ammortamento delle immobilizzazioni immateriali;

b) ammortamento delle immobilizzazioni materiali;
c) altre svalutazioni delle immobilizzazioni;
d) svalutazioni dei crediti compresi nell'attivo circolante e delle disponibilità liquide;
11) variazioni delle rimanenze di materie prime, sussidiarie, di consumo e merci;
12) accantonamenti per rischi;
13) altri accantonamenti;
14) oneri diversi di gestione.
Totale.
Differenza tra valore e costi della produzione (A - B) (2).
C) *Proventi e oneri finanziari*:
15) proventi da partecipazioni, con separata indicazione di quelli relativi ad imprese controllate e collegate e di quelli relativi a controllanti e a imprese sottoposte al controllo di queste ultime (3);
16) altri proventi finanziari:
a) da crediti iscritti nelle immobilizzazioni, con separata indicazione di quelli da imprese controllate e collegate e di quelli da controllanti e da imprese sottoposte al controllo di queste ultime (4);
b) da titoli iscritti nelle immobilizzazioni che non costituiscono partecipazioni;
c) da titoli iscritti nell'attivo circolante che non costituiscono partecipazioni;
d) proventi diversi dai precedenti, con separata indicazione di quelli da imprese controllate e collegate e di quelli da controllanti e da imprese sottoposte al controllo di queste ultime (5);
17) interessi e altri oneri finanziari, con separata indicazione di quelli verso imprese controllate e collegate e verso controllanti;
17-*bis*) utili e perdite su cambi.
Totale (15 + 16 - 17 + - 17-*bis*).
D) *Rettifiche di valore di attività e passività finanziarie*: (6)
18) rivalutazioni:
a) di partecipazioni;
b) di immobilizzazioni finanziarie che non costituiscono partecipazioni;
c) di titoli iscritti all'attivo circolante che non costituiscono partecipazioni;
d) di strumenti finanziari derivati; (7)
19) svalutazioni:
a) di partecipazioni;

b) di immobilizzazioni finanziarie che non costituiscono partecipazioni;

c) di titoli iscritti nell'attivo circolante che non costituiscono partecipazioni.

d) di strumenti finanziari derivati; (8)

Totale delle rettifiche (18 - 19).

Risultato prima delle imposte (A - B + - C + - D);

20) imposte sul reddito dell'esercizio, correnti, differite e anticipate;

21) utile (perdite) dell'esercizio (9).

(1) *V. nota al Capo V.*

(2) *Ai sensi dell'art. 13-*bis[4] *d.l. 30 dicembre 2016, n. 244, conv., con modif., in l. 27 febbraio 2017, n. 19, il riferimento contenuto nelle norme vigenti di natura fiscale ai componenti positivi o negativi di cui alle presenti lettere* A) *e* B) *« va inteso come riferito ai medesimi componenti assunti al netto dei componenti positivi e negativi di natura straordinaria derivanti da trasferimenti di azienda o di rami di azienda ».*

(3) *Le parole da* « e di quelli relativi » *a* « controllo di queste ultime » *sono state aggiunte dall'art. 6[6 lett. a)] d.lgs. 18 agosto 2015, n. 139. Ai sensi dell'art. 12[1] d.lgs. n. 139, cit., la presente disposizione entra in vigore dal 1° gennaio 2016 e si applica « ai bilanci relativi agli esercizi finanziari aventi inizio a partire da quella data ».*

(4) *Le parole* « e da imprese sottoposte al controllo di queste ultime » *sono state aggiunte dall'art. 6[6 lett. b)] d.lgs. n. 139, cit. Per l'entrata in vigore e le disposizioni di applicazione, v. nota 2.*

(5) *Le parole* « e da imprese sottoposte al controllo di queste ultime » *sono state aggiunte dall'art. 6[6 lett. c)] d.lgs. n. 139, cit. Per l'entrata in vigore e le disposizioni di applicazione, v. nota 2.*

(6) *Le parole* « *D*) Rettifiche di valore di attività e passività finanziarie: » *sono state sostituite alle parole* « *D*) Rettifiche di valore di attività finanziarie: » *dall'art. 6[6 lett. d)] d.lgs. n. 139, cit. Per l'entrata in vigore e le disposizioni di applicazione, v. nota 2.*

(7) *Le parole* « *d*) di strumenti finanziari derivati; » *sono state aggiunte dall'art. 6[6 lett. e)] d.lgs. n. 139, cit. Per l'entrata in vigore e le disposizioni di applicazione, v. nota 2.*

(8) *Le parole* « *d*) di strumenti finanziari derivati; » *sono state aggiunte dall'art. 6[6 lett. f)] d.lgs. n. 139, cit. Per l'entrata in vigore e le disposizioni di applicazione, v. nota 2.*

(9) *Le parole da* « Risultato prima delle imposte (A - B + - C + - D); » *a* « 23) utile (perdite) dell'esercizio » *sono state sostituite alle parole* « *E) Proventi e oneri straordinari*: 20) proventi, con separata indicazione delle plusvalenze da alienazioni i cui ricavi non sono iscrivibili al n. 5); 21) oneri, con separata indicazione delle minusvalenze da alienazioni, i cui effetti contabili non sono iscrivibili al n. 14), e delle imposte relative a esercizi precedenti. Totale delle partite straordinarie (20 - 21). Risultato prima delle imposte (A - B + - C + - D + - E); 22) imposte sul reddito dell'esercizio, correnti, differite e anticipate; 23) utile (perdite) dell'esercizio » *dall'art. 6[6 lett. g)] d.lgs. n. 139, cit. Per l'entrata in vigore e le disposizioni di applicazione, v. nota 2.*

2425-*bis*. (1) **Iscrizione dei ricavi, proventi, costi ed oneri.** – [I]. I ricavi e i proventi, i costi e gli oneri devono essere indicati al netto dei resi, degli sconti, abbuoni e premi, nonché delle imposte direttamente connesse con la vendita dei prodotti e la prestazione dei servizi.

[II]. I ricavi e i proventi, i costi e gli oneri relativi ad operazioni in valuta devono essere determinati al cambio corrente alla data nella quale la relativa operazione è compiuta.

[III]. I proventi e gli oneri relativi ad operazioni di compravendita con obbligo di retrocessione a termine, ivi compresa la differenza tra prezzo a termine e prezzo a pronti, devono essere iscritti per le quote di competenza dell'esercizio.

[IV]. Le plusvalenze derivanti da operazioni di compravendita con locazione finanziaria al venditore sono ripartite in funzione della durata del contratto di locazione (2).

(1) *V. nota al Capo V.*

(2) *Comma aggiunto dall'art. 16 d.ls. 28 dicembre 2004, n. 310.*

2425-*ter*. (1) **Rendiconto finanziario.** – [I]. Dal rendiconto finanziario risultano, per l'esercizio a cui è riferito il bilancio e per quello precedente, l'ammontare e la composizione delle disponibilità liquide, all'inizio e alla fine dell'esercizio, ed i flussi finanziari dell'esercizio derivanti dall'attività operativa, da quella di investimento, da quella di finanziamento, ivi comprese, con autonoma indicazione, le operazioni con i soci.

(1) *Articolo inserito dall'art. 6[7] d.ls. 18 agosto 2015, n. 139. Ai sensi dell'art. 12[1] d.ls. n. 139, cit., la presente disposizione entra in vigore dal 1° gennaio 2016 e si applica « ai bilanci relativi agli esercizi finanziari aventi inizio a partire da quella data ».*

2426. (1) **Criteri di valutazioni.** – [I]. Nelle valutazioni devono essere osservati i seguenti criteri:

1) le immobilizzazioni sono iscritte al costo di acquisto o di produzione. Nel costo di acquisto si computano anche i costi accessori. Il costo di produzione comprende tutti i costi direttamente imputabili al prodotto. Può comprendere anche altri costi, per la quota ragionevolmente imputabile al prodotto, relativi al periodo di fabbricazione e fino al momento dal quale il bene può essere utilizzato; con gli stessi criteri possono essere aggiunti gli oneri relativi al finanziamento della fabbricazione, interna o presso terzi; le immobilizzazioni rappresentate da titoli sono rilevate in bilancio con il criterio del costo ammortizzato, ove applicabile; (2)

2) il costo delle immobilizzazioni, materiali e immateriali, la cui utilizzazione è limitata nel tempo deve essere sistematicamente ammortizzato in ogni esercizio in relazione con la loro residua possibilità di utilizzazione. Eventuali modifiche dei criteri di ammorta-

mento e dei coefficienti applicati devono essere motivate nella nota integrativa;

3) l'immobilizzazione che, alla data della chiusura dell'esercizio, risulti durevolmente di valore inferiore a quello determinato secondo i numeri 1) e 2) deve essere iscritta a tale minore valore. Il minor valore (3) non può essere mantenuto nei successivi bilanci se sono venuti meno i motivi della rettifica effettuata; questa disposizione non si applica a rettifiche di valore relative all'avviamento (3).

Per le immobilizzazioni consistenti in partecipazioni in imprese controllate o collegate che risultino iscritte per un valore superiore a quello derivante dall'applicazione del criterio di valutazione previsto dal successivo numero 4) o, se non vi sia obbligo di redigere il bilancio consolidato, al valore corrispondente alla frazione di patrimonio netto risultante dall'ultimo bilancio dell'impresa partecipata, la differenza dovrà essere motivata nella nota integrativa;

4) le immobilizzazioni consistenti in partecipazioni in imprese controllate o collegate possono essere valutate, con riferimento ad una o più tra dette imprese, anziché secondo il criterio indicato al numero 1), per un importo pari alla corrispondente frazione del patrimonio netto risultante dall'ultimo bilancio delle imprese medesime, detratti i dividendi ed operate le rettifiche richieste dai principi di redazione del bilancio consolidato nonché quelle necessarie per il rispetto dei principi indicati negli articoli 2423 e 2423-*bis*.

Quando la partecipazione è iscritta per la prima volta in base al metodo del patrimonio netto, il costo di acquisto superiore al valore corrispondente del patrimonio netto riferito alla data di acquisizione o (4) risultante dall'ultimo bilancio dell'impresa controllata o collegata può essere iscritto nell'attivo, purché ne siano indicate le ragioni nella nota integrativa. La differenza, per la parte attribuibile a beni ammortizzabili o all'avviamento, deve essere ammortizzata.

Negli esercizi successivi le plusvalenze, derivanti dall'applicazione del metodo del patrimonio netto, rispetto al valore indicato nel bilancio dell'esercizio precedente sono iscritte in una riserva non distribuibile;

5) i costi di impianto e di ampliamento e i costi di sviluppo aventi utilità pluriennale possono essere iscritti nell'attivo con il consenso, ove esistente, del collegio sindacale. I costi di impianto e ampliamento devono essere ammortizzati entro un periodo non superiore a cinque anni. I costi di sviluppo sono ammortizzati secondo la loro vita utile; nei casi eccezionali in cui non è possibile stimarne attendibilmente la vita utile, sono ammortizzati entro un periodo non

superiore a cinque anni. Fino a che l'ammortamento dei costi di impianto e ampliamento e di sviluppo non è completato possono essere distribuiti dividendi solo se residuano riserve disponibili sufficienti a coprire l'ammontare dei costi non ammortizzati; (5)

6) l'avviamento può essere iscritto nell'attivo con il consenso, ove esistente, del collegio sindacale, se acquisito a titolo oneroso, nei limiti del costo per esso sostenuto. L'ammortamento dell'avviamento è effettuato secondo la sua vita utile; nei casi eccezionali in cui non è possibile stimarne attendibilmente la vita utile, è ammortizzato entro un periodo non superiore a dieci anni. Nella nota integrativa è fornita una spiegazione del periodo di ammortamento dell'avviamento; (6)

7) il disaggio e l'aggio su prestiti sono rilevati secondo il criterio stabilito dal numero 8); (7)

8) i crediti e i debiti sono rilevati in bilancio secondo il criterio del costo ammortizzato, tenendo conto del fattore temporale e, per quanto riguarda i crediti, del valore di presumibile realizzo; (8)

8-*bis*) le attività e passività monetarie in valuta sono iscritte al cambio a pronti alla data di chiusura dell'esercizio; i conseguenti utili o perdite su cambi devono essere imputati al conto economico e l'eventuale utile netto è accantonato in apposita riserva non distribuibile fino al realizzo. Le attività e passività in valuta non monetarie devono essere iscritte al cambio vigente al momento del loro acquisto; (9)

9) le rimanenze, i titoli e le attività finanziarie che non costituiscono immobilizzazioni sono iscritti al costo di acquisto o di produzione, calcolato secondo il numero 1), ovvero al valore di realizzazione desumibile dall'andamento del mercato, se minore; tale minor valore non può essere mantenuto nei successivi bilanci se ne sono venuti meno i motivi. I costi di distribuzione non possono essere computati nel costo di produzione;

10) il costo dei beni fungibili può essere calcolato col metodo della media ponderata o con quelli: "primo entrato, primo uscito" o: "ultimo entrato, primo uscito"; se il valore così ottenuto differisce in misura apprezzabile dai costi correnti alla chiusura dell'esercizio, la differenza deve essere indicata, per categoria di beni, nella nota integrativa;

11) i lavori in corso su ordinazione possono essere iscritti sulla base dei corrispettivi contrattuali maturati con ragionevole certezza;

11-*bis*) gli strumenti finanziari derivati, anche se incorporati in altri strumenti finanziari, sono iscritti al fair value. Le variazioni del fair value sono imputate al conto economico oppure, se lo strumento copre il rischio di variazione dei flussi finanziari attesi di un altro strumento finanziario o di un'operazione programmata, direttamente ad una riserva positiva o negativa di patrimonio netto; tale riserva è imputata al conto economico nella misura e nei tempi corrispondenti al verificarsi o al modificarsi dei flussi di cassa dello strumento coperto o al verificarsi dell'operazione oggetto di copertura. Gli elementi oggetto di copertura contro il rischio di variazioni dei tassi di interesse o dei tassi di cambio o dei prezzi di mercato o contro il rischio di credito sono valutati simmetricamente allo strumento derivato di copertura; si considera sussistente la copertura in presenza, fin dall'inizio, di stretta e documentata correlazione tra le caratteristiche dello strumento o dell'operazione coperti e quelle dello strumento di copertura. Non sono distribuibili gli utili che derivano dalla valutazione al fair value degli strumenti finanziari derivati non utilizzati o non necessari per la copertura. Le riserve di patrimonio che derivano dalla valutazione al fair value di derivati utilizzati a copertura dei flussi finanziari attesi di un altro strumento finanziario o di un'operazione programmata non sono considerate nel computo del patrimonio netto per le finalità di cui agli articoli 2412, 2433, 2442, 2446 e 2447 e, se positive, non sono disponibili e non sono utilizzabili a copertura delle perdite (10).

12) (11)

[II]. Ai fini della presente Sezione, per la definizione di "strumento finanziario", di "attività finanziaria" e "passività finanziaria", di "strumento finanziario derivato", di "costo ammortizzato", di "fair value", di "attività monetaria" e "passività monetaria", "parte correlata" e "modello e tecnica di valutazione generalmente accettato" si fa riferimento ai principi contabili internazionali adottati dall'Unione europea (12).

[III]. Ai fini dell'applicazione delle disposizioni del primo comma, numero 11-*bis*), sono considerati strumenti finanziari derivati anche quelli collegati a merci che conferiscono all'una o all'altra parte contraente il diritto di procedere alla liquidazione del contratto per contanti o mediante altri strumenti finanziari, ad eccezione del caso in cui si verifichino contemporaneamente le seguenti condizioni:

a) il contratto sia stato concluso e sia mantenuto per soddisfare le esigenze previste dalla società che redige il bilancio di acquisto, di vendita o di utilizzo delle merci;

b) il contratto sia stato destinato a tale scopo fin dalla sua conclusione;

c) si prevede che il contratto sia eseguito mediante consegna della merce (12).

[IV]. Il fair value è determinato con riferimento:

a) al valore di mercato, per gli strumenti finanziari per i quali è possibile individuare facilmente un mercato attivo; qualora il valore di mercato non sia facilmente individuabile per uno strumento, ma possa essere individuato per i suoi componenti o per uno strumento analogo, il valore di mercato può essere derivato da quello dei componenti o dello strumento analogo;

b) al valore che risulta da modelli e tecniche di valutazione generalmente accettati, per gli strumenti per i quali non sia possibile individuare facilmente un mercato attivo; tali modelli e tecniche di valutazione devono assicurare una ragionevole approssimazione al valore di mercato (12).

[V]. Il fair value non è determinato se l'applicazione dei criteri indicati al quarto comma non dà un risultato attendibile (12).

(1) *V. nota al Capo V.*

(2) *Le parole da* « le immobilizzazioni » *a* « ove applicabile; » *sono state aggiunte dall'art. 6[8 lett. a)] d.ls. 18 agosto 2015, n. 139. Ai sensi dell'art. 12[1] d.ls. n. 139, cit., la presente disposizione entra in vigore dal 1° gennaio 2016 e si applica « ai bilanci relativi agli esercizi finanziari aventi inizio a partire da quella data ». Ai sensi, inoltre, dell'art. 12[2] d.ls. n. 139, cit., tale modificazione può non essere applicata « alle componenti delle voci riferite a operazioni che non hanno ancora esaurito i loro effetti in bilancio ».*

(3) *Le parole* « . Il minor valore » *sono state sostituite alla parola* «; questo » *e le parole* «; questa disposizione non si applica a rettifiche di valore relative all'avviamento » *sono state aggiunte dall'art. 6[8 lett. b)] d.ls. n. 139, cit. Per l'entrata in vigore e le disposizioni di applicazione, v. nota 2.*

(4) *Le parole* « riferito alla data di acquisizione o » *sono state inserite dall'art. 6[8 lett. c)] d.ls. n. 139, cit. Per l'entrata in vigore e le disposizioni di applicazione, v. nota 2.*

(5) *Numero così sostituito dall'art. 6[8 lett. d)] d.ls. n. 139, cit. Per l'entrata in vigore e le disposizioni di applicazione, v. nota 2. Il testo del numero era il seguente:* « 5) i costi di impianto e di ampliamento, i costi di ricerca, di sviluppo e di pubblicità aventi utilità pluriennale possono essere iscritti nell'attivo con il consenso, ove esistente, del collegio sindacale e devono essere ammortizzati entro un periodo non superiore a cinque anni. Fino a che l'ammortamento non è completato possono essere distribuiti dividendi solo se residuano riserve disponibili sufficienti a coprire l'ammontare dei costi non ammortizzati; ».

(6) *Le parole da* « . L'ammortamento dell'avviamento » *a* « periodo di ammortamento dell'avviamento; » *sono state sostituite alle parole* « e deve essere ammortizzato entro un periodo di cinque anni. È tuttavia consentito ammortizzare sistematicamente l'avviamento in un periodo limitato di durata superiore, purché esso non superi la durata per l'utilizzazione di questo attivo e ne sia data adeguata motivazione nella nota integrativa; » *dall'art. 6[8 lett. e)] d.ls. n. 139, cit. Per l'entrata in vigore e le disposizioni di applicazione, v. nota 2. Ai sensi, inoltre, dell'art. 12[2] d.ls. n. 139, cit., tale modificazione può non essere applicata « alle componenti delle voci riferite a operazioni che non hanno ancora esaurito i loro effetti in bilancio ».*

(7) *Numero così sostituito dall'art. 6[8 lett. f)] d.ls. n. 139, cit. Per l'entrata in vigore e le*

disposizioni di applicazione, v. nota 2. Il testo del numero era il seguente: « 7) il disaggio su prestiti deve essere iscritto nell'attivo e ammortizzato in ogni esercizio per il periodo di durata del prestito; ».

(8) *Numero così sostituito dall'art. 6[8 lett. g)] d.ls. n. 139, cit. Per l'entrata in vigore e le disposizioni di applicazione, v. nota 2. Ai sensi, inoltre, dell'art. 12[2] d.ls. n. 139, cit., tale modificazione può non essere applicata « alle componenti delle voci riferite a operazioni che non hanno ancora esaurito i loro effetti in bilancio ». Il testo del numero era il seguente:* « 8) i crediti devono essere iscritti secondo il valore presumibile di realizzazione; ».

(9) *Numero così sostituito dall'art. 6[8 lett. h)] d.ls. n. 139, cit. Per l'entrata in vigore e le disposizioni di applicazione, v. nota 2. Il testo del numero, come da ultimo modificato dall'art. 17 d.ls. 28 dicembre 2004, n. 310, era il seguente:* « 8-*bis*) le attività e le passività in valuta, ad eccezione delle immobilizzazioni, devono essere iscritte al tasso di cambio a pronti alla data di chiusura dell'esercizio ed i relativi utili e perdite su cambi devono essere imputati al conto economico e l'eventuale utile netto deve essere accantonato in apposita riserva non distribuibile fino al realizzo. Le immobilizzazioni materiali, immateriali e quelle finanziarie, costituite da partecipazioni, rilevate al costo in valuta devono essere iscritte al tasso di cambio al momento del loro acquisto o a quello inferiore alla data di chiusura dell'esercizio se la riduzione debba giudicarsi durevole ».

(10) *Numero inserito dall'art. 6[8 lett. i)] d.ls. n. 139, cit. Per l'entrata in vigore e le disposizioni di applicazione, v. nota 2.*

(11) *Numero abrogato dall'art. 6[8 lett. l)] d.ls. n. 139, cit. Per l'entrata in vigore e le disposizioni di applicazione, v. nota 2. Il testo del numero era il seguente:* « 12) le attrezzature industriali e commerciali, le materie prime, sussidiarie e di consumo, possono essere iscritte nell'attivo ad un valore costante qualora siano costantemente rinnovate, e complessivamente di scarsa importanza in rapporto all'attivo di bilancio, sempreché non si abbiano variazioni sensibili nella loro entità, valore e composizione ».

(12) *Comma aggiunto dall'art. 6[8 lett. m)] d.ls. n. 139, cit. Per l'entrata in vigore e le disposizioni di applicazione, v. nota 2.*

2427. (1) **Contenuto della nota integrativa.** – [I]. La nota integrativa deve indicare, oltre a quanto stabilito da altre disposizioni:

1) i criteri applicati nella valutazione delle voci del bilancio, nelle rettifiche di valore e nella conversione dei valori non espressi all'origine in moneta avente corso legale nello Stato;

2) i movimenti delle immobilizzazioni, specificando per ciascuna voce: il costo; le precedenti rivalutazioni, ammortamenti e svalutazioni; le acquisizioni, gli spostamenti da una ad altra voce, le alienazioni avvenuti nell'esercizio; le rivalutazioni, gli ammortamenti e le svalutazioni effettuati nell'esercizio; il totale delle rivalutazioni riguardanti le immobilizzazioni esistenti alla chiusura dell'esercizio;

3) la composizione delle voci: "costi di impianto e di ampliamento" e costi di sviluppo (2), nonché le ragioni della iscrizione ed i rispettivi criteri di ammortamento;

3-*bis*) la misura e le motivazioni delle riduzioni di valore applicate alle immobilizzazioni materiali e immateriali, facendo a tal fine esplicito riferimento al loro concorso alla futura produzione di risultati economici, alla loro prevedibile durata utile e, per quanto rilevante, al loro valore di mercato, segnalando altresì le differenze rispetto a quelle operate negli esercizi precedenti ed evidenziando la loro influenza sui risultati economici dell'esercizio (3);

4) le variazioni intervenute nella consistenza delle altre voci dell'attivo e del passivo; in particolare, per le voci del patrimonio netto, per i fondi e per il trattamento di fine rapporto, la formazione e le utilizzazioni;

5) l'elenco delle partecipazioni, possedute direttamente o per tramite di società fiduciaria o per interposta persona, in imprese controllate e collegate, indicando per ciascuna la denominazione, la sede, il capitale, l'importo del patrimonio netto, l'utile o la perdita dell'ultimo esercizio, la quota posseduta e il valore attribuito in bilancio o il corrispondente credito;

6) distintamente per ciascuna voce, l'ammontare dei crediti e dei debiti di durata residua superiore a cinque anni, e dei debiti assistiti da garanzie reali su beni sociali, con specifica indicazione della natura delle garanzie e con specifica ripartizione secondo le aree geografiche;

6-*bis*) eventuali effetti significativi delle variazioni nei cambi valutari verificatesi successivamente alla chiusura dell'esercizio;

6-*ter*) distintamente per ciascuna voce, l'ammontare dei crediti e dei debiti relativi ad operazioni che prevedono l'obbligo per l'acquirente di retrocessione a termine;

7) la composizione delle voci "ratei e risconti attivi" e "ratei e risconti passivi" e della voce "altri fondi" dello stato patrimoniale (4), nonché la composizione della voce "altre riserve";

7-*bis*) le voci di patrimonio netto devono essere analiticamente indicate, con specificazione in appositi prospetti della loro origine, possibilità di utilizzazione e distribuibilità, nonché della loro avvenuta utilizzazione nei precedenti esercizi;

8) l'ammontare degli oneri finanziari imputati nell'esercizio ai valori iscritti nell'attivo dello stato patrimoniale, distintamente per ogni voce;

9) l'importo complessivo degli impegni, delle garanzie e delle passività potenziali non risultanti dallo stato patrimoniale, con indicazione della natura delle garanzie reali prestate; gli impegni esistenti in materia di trattamento di quiescenza e simili, nonché gli impegni assunti nei confronti di imprese controllate, collegate, nonché controllanti e imprese sottoposte al controllo di quest'ultime sono distintamente indicati; (5)

10) (6) la ripartizione dei ricavi delle vendite e delle prestazioni secondo categorie di attività e secondo aree geografiche;

11) l'ammontare dei proventi da partecipazioni, indicati nell'articolo 2425, numero 15), diversi dai dividendi;

12) la suddivisione degli interessi ed altri oneri finanziari, indicati nell'articolo 2425, n. 17), relativi a prestiti obbligazionari, a debiti verso banche, e altri;

13) l'importo e la natura dei singoli elementi di ricavo o di costo di entità o incidenza eccezionali; (7)

14) un apposito prospetto contenente:

a) la descrizione delle differenze temporanee che hanno comportato la rilevazione di imposte differite e anticipate, specificando l'aliquota applicata e le variazioni rispetto all'esercizio precedente, gli importi accreditati o addebitati a conto economico oppure a patrimonio netto, le voci escluse dal computo e le relative motivazioni;

b) l'ammontare delle imposte anticipate contabilizzato in bilancio attinenti a perdite dell'esercizio o di esercizi precedenti e le motivazioni dell'iscrizione, l'ammontare non ancora contabilizzato e le motivazioni della mancata iscrizione;

15) il numero medio dei dipendenti, ripartito per categoria;

16) l'ammontare dei compensi, delle anticipazioni e dei crediti concessi agli (8) spettanti agli amministratori ed ai sindaci, cumulativamente per ciascuna categoria, precisando il tasso d'interesse, le principali condizioni e gli importi eventualmente rimborsati, cancellati o oggetto di rinuncia, nonché gli impegni assunti per loro conto per effetto di garanzie di qualsiasi tipo prestate, precisando il totale per ciascuna categoria (8);

16-*bis*) salvo che la società sia inclusa in un ambito di consolidamento e le informazioni siano contenute nella nota integrativa del relativo bilancio consoli dato, l'importo totale dei corrispettivi spettanti al revisore legale o alla società di revisione legale per la revisione legale dei conti annuali, l'importo totale dei corrispettivi di competenza per gli altri servizi di verifica svolti, l'importo totale dei corrispettivi di competenza per i servizi di consulenza fiscale e l'importo totale dei corrispettivi di competenza per altri servizi diversi dalla revisione contabile (9);

17) il numero e il valore nominale di ciascuna categoria di azioni della società e il numero e il valore nominale delle nuove azioni della società sottoscritte durante l'esercizio;

18) le azioni di godimento, le obbligazioni convertibili in azioni, i

warrants, le opzioni (10) e i titoli o valori simili emessi dalla società, specificando il loro numero e i diritti che essi attribuiscono;

19) il numero e le caratteristiche degli altri strumenti finanziari emessi dalla società, con l'indicazione dei diritti patrimoniali e partecipativi che conferiscono e delle principali caratteristiche delle operazioni relative;

19-*bis*) i finanziamenti effettuati dai soci alla società, ripartiti per scadenze e con la separata indicazione di quelli con clausola di postergazione rispetto agli altri creditori;

20) i dati richiesti dal terzo comma dell'articolo 2447-*septies* con riferimento ai patrimoni destinati ad uno specifico affare ai sensi della lettera *a*) del primo comma dell'articolo 2447-*bis*;

21) i dati richiesti dall'articolo 2447-*decies*, ottavo comma;

22) le operazioni di locazione finanziaria che comportano il trasferimento al locatario della parte prevalente dei rischi e dei benefici inerenti ai beni che ne costituiscono oggetto, sulla base di un apposito prospetto dal quale risulti il valore attuale delle rate di canone non scadute quale determinato utilizzando tassi di interesse pari all'onere finanziario effettivo inerenti i singoli contratti, l'onere finanziario effettivo attribuibile ad essi e riferibile all'esercizio, l'ammontare complessivo al quale i beni oggetto di locazione sarebbero stati iscritti alla data di chiusura dell'esercizio qualora fossero stati considerati immobilizzazioni, con separata indicazione di ammortamenti, rettifiche e riprese di valore che sarebbero stati inerenti all'esercizio.

22-*bis*) le operazioni realizzate con parti correlate, precisando l'importo, la natura del rapporto e ogni altra informazione necessaria per la comprensione del bilancio relativa a tali operazioni, qualora le stesse (11) non siano state concluse a normali condizioni di mercato. Le informazioni relative alle singole operazioni possono essere aggregate secondo la loro natura, salvo quando la loro separata evidenziazione sia necessaria per comprendere gli effetti delle operazioni medesime sulla situazione patrimoniale e finanziaria e sul risultato economico della società (12);

22-*ter*) la natura e l'obiettivo economico di accordi non risultanti dallo stato patrimoniale, con indicazione del loro effetto patrimoniale, finanziario ed economico, a condizione che i rischi e i benefici da essi derivanti siano significativi e l'indicazione degli stessi sia necessaria per valutare la situazione patrimoniale e finanziaria e il risultato economico della società (12).

22-*quater*) la natura e l'effetto patrimoniale, finanziario ed economico dei fatti di rilievo avvenuti dopo la chiusura dell'esercizio; (13)

22-*quinquies*) il nome e la sede legale dell'impresa che redige il bilancio consolidato dell'insieme più grande di imprese di cui l'impresa fa parte in quanto impresa controllata, nonché il luogo in cui è disponibile la copia del bilancio consolidato; (13)

22-*sexies*) il nome e la sede legale dell'impresa che redige il bilancio consolidato dell'insieme più piccolo di imprese di cui l'impresa fa parte in quanto impresa controllata nonché il luogo in cui è disponibile la copia del bilancio consolidato; (13)

22-*septies*) la proposta di destinazione degli utili o di copertura delle perdite; (13)

[II]. Le informazioni in nota integrativa relative alle voci dello stato patrimoniale e del conto economico sono presentate secondo l'ordine in cui le relative voci sono indicate nello stato patrimoniale e nel conto economico (14).

(1) *V. nota al Capo V.*

(2) *Le parole* « costi di sviluppo » *sono state sostituite alle parole* «: "costi di ricerca, di sviluppo e di pubblicità" » *dall'art. 6[9 lett. a)] d.ls. 18 agosto 2015, n. 139. Ai sensi dell'art. 12[1] d.ls. n. 139, cit., la presente disposizione entra in vigore dal 1° gennaio 2016 e si applica « ai bilanci relativi agli esercizi finanziari aventi inizio a partire da quella data ».*

(3) *Numero così modificato dall'art. 18 d.ls. 28 dicembre 2004, n. 310.*

(4) *Le parole* « , quando il loro ammontare sia apprezzabile » *che seguivano le parole* « stato patrimoniale » *sono state soppresse dall'art. 6[9 lett. b)] d.ls. n. 139, cit. Per l'entrata in vigore e le disposizioni di applicazione, v. nota 2.*

(5) *Numero così sostituito dall'art. 6[9 lett. c)] d.ls. n. 139, cit. Per l'entrata in vigore e le disposizioni di applicazione, v. nota 2. Il testo del numero era il seguente:* « 9) gli impegni non risultanti dallo stato patrimoniale; le notizie sulla composizione e natura di tali impegni e dei conti d'ordine, la cui conoscenza sia utile per valutare la situazione patrimoniale e finanziaria della società, specificando quelli relativi a imprese controllate, collegate, controllanti e a imprese sottoposte al controllo di queste ultime; ».

(6) *Le parole* « se significativa, » *sono state soppresse dall'art. 6[9 lett. d)] d.ls. n. 139, cit. Per l'entrata in vigore e le disposizioni di applicazione, v. nota 2.*

(7) *Numero così sostituito dall'art. 6[9 lett. e)] d.ls. n. 139, cit. Per l'entrata in vigore e le disposizioni di applicazione, v. nota 2. Il testo del numero era il seguente:* « 13) la composizione delle voci: "proventi straordinari" e: "oneri straordinari" del conto economico, quando il loro ammontare sia apprezzabile; ».

(8) *Le parole* « , delle anticipazioni e dei crediti concessi agli » *e le parole da* « precisando il tasso d'interesse » *a* « per ciascuna categoria » *sono state inserite dall'art. 6[9 lett. f)] d.ls. n. 139, cit. Per l'entrata in vigore e le disposizioni di applicazione, v. nota 2.*

(9) *Numero aggiunto dall'art. 37[16] d.ls. 27 gennaio 2010, n. 39.*

(10) *Le parole* « , i warrants, le opzioni » *sono state inserite dall'art. 6[9 lett. g)] d.ls. n. 139, cit. Per l'entrata in vigore e le disposizioni di applicazione, v. nota 2.*

(11) *Le parole* « siano rilevanti e » *che seguivano le parole* « qualora le stesse » *sono state soppresse dall'art. 6[9 lett. h)] d.ls. n. 139, cit. Per l'entrata in vigore e le disposizioni di applicazione, v. nota 2.*

(12) *Numero aggiunto dall'art. 1[1] d.ls. 3 novembre 2008, n. 173; ai sensi del successivo art. 6 tali disposizioni « si applicano ai bilanci e alle relazioni relativi agli esercizi aventi inizio da data successiva a quella della sua entrata in vigore [21 novembre 2008] ».*

(13) *Numero aggiunto dall'art. 6[9 lett. i)] d.ls. n. 139, cit. Per l'entrata in vigore e le disposizioni di applicazione, v. nota 2.*

(14) *Comma così sostituito dall'art. 6[9 lett. l)] d.ls. n. 139, cit. Per l'entrata in vigore e le disposizioni di applicazione, v. nota 2. Il testo del comma, come aggiunto dall'art. 1[2] d.ls. n. 173, cit., era il seguente:* « Ai fini dell'applicazione del primo comma, numeri 22-*bis*) e 22-*ter*), e degli articoli 2427-*bis* e 2428, terzo comma, numero 6-*bis*), per le definizioni di "strumento finanziario", "strumento finanziario derivato", "fair value", "parte correlata" e "modello e tecnica di valutazione generalmente accettato" si fa riferimento ai principi contabili internazionali adottati dall'Unione europea ».

2427-*bis*. (1) **Informazioni relative al « fair value » (2) degli strumenti finanziari.** – 1. Nella nota integrativa sono indicati:

1) per ciascuna categoria di strumenti finanziari derivati:

a) il loro *fair value*;

b) informazioni sulla loro entità e sulla loro natura, compresi i termini e le condizioni significative che possono influenzare l'importo, le scadenze e la certezza dei flussi finanziari futuri;

b-bis) gli assunti fondamentali su cui si basano i modelli e le tecniche di valutazione, qualora il fair value non sia stato determinato sulla base di evidenze di mercato;

b-ter) le variazioni di valore iscritte direttamente nel conto economico, nonché quelle imputate alle riserve di patrimonio netto;

b-quater) una tabella che indichi i movimenti delle riserve di fair value avvenuti nell'esercizio. (3)

2) per le immobilizzazioni finanziarie iscritte a un valore superiore al loro fair value, con esclusione delle partecipazioni in società controllate e collegate ai sensi dell'articolo 2359 e delle partecipazioni in *joint venture*:

a) il valore contabile e il fair value delle singole attività, o di appropriati raggruppamenti di tali attività;

b) i motivi per i quali il valore contabile non è stato ridotto, inclusa la natura degli elementi sostanziali sui quali si basa il convincimento che tale valore possa essere recuperato.

2. (4).

3. (4).

4. (4).

5. (5).

(1) *Articolo inserito dall'art. 1 d.ls. 30 dicembre 2003, n. 394, con decorrenza dal 1° gennaio 2005.*

(2) *Le parole* « "fair value" » *sono state sostituite alle parole* « valore equo "fair value" » *dall'art. 6[10 lett. a)] d.ls. 18 agosto 2015, n. 139. Ai sensi dell'art. 12[1] d.ls. n. 139, cit., la presente*

disposizione entra in vigore dal 1° gennaio 2016 e si applica « ai bilanci relativi agli esercizi finanziari aventi inizio a partire da quella data ».

(3) *Le parole da* « , compresi i termini e le condizioni » *a* « riserve di fair value avvenuti nell'esercizio. » *sono state aggiunte dall'art. 6*[10 lett. b)] *d.lgs. n. 139, cit. Per l'entrata in vigore e le disposizioni di applicazione, v. nota 2.*

(4) *I commi 2, 3 e 4 sono stati abrogati dall'art. 6*[10 lett. c)] *d.lgs. n. 139, cit. Per l'entrata in vigore e le disposizioni di applicazione, v. nota 2. Il testo dei commi era il seguente:* « 2. Ai fini dell'applicazione delle disposizioni del comma 1, sono con siderati strumenti finanziari derivati anche quelli collegati a merci che conferiscono all'una o all'altra parte contraente il diritto di procedere alla liquidazione del contratto per contanti o mediante altri strumenti finanziari, ad eccezione del caso in cui si verifichino contemporaneamente le seguenti condizioni: *a*) il contratto sia stato concluso e sia mantenuto per soddisfare le esigenze previste dalla società che redige il bilancio di acquisto, di vendita o di utilizzo delle merci; *b*) il contratto sia stato destinato a tale scopo fin dalla sua conclusione; *c*) si prevede che il contratto sia eseguito mediante consegna della merce. 3. Il *fair value* è determinato con riferimento: *a*) al valore di mercato, per gli strumenti finanziari per i quali è possibile individuare facilmente un mercato attivo; qualora il valore di mercato non sia facilmente individuabile per uno strumento, ma possa essere individuato per i suoi componenti o per uno strumento analogo, il valore di mercato può essere derivato da quello dei componenti o dello strumento analogo; *b*) al valore che risulta da modelli e tecniche di valutazione generalmente accettati, per gli strumenti per i quali non sia possibile individuare facilmente un mercato attivo; tali modelli e tecniche di valutazione devono assicurare una ragionevole approssimazione al valore di mercato. — 4. Il *fair value* non è determinato se l'applicazione dei criteri indicati al comma precedente non dà un risultato attendibile. ».

(5) *Comma abrogato dall'art. 1*[3] *d.lgs. 3 novembre 2008, n. 173; ai sensi del successivo art. 6 tali disposizioni « si applicano ai bilanci e alle relazioni relativi agli esercizi aventi inizio da data successiva a quella della sua entrata in vigore [21 novembre 2008] ».*

2428. (1) **Relazione sulla gestione.** – [I]. Il bilancio deve essere corredato da una relazione degli amministratori contenente un'analisi fedele, equilibrata ed esauriente della situazione della società e dell'andamento e del risultato della gestione, nel suo complesso e nei vari settori in cui essa ha operato, anche attraverso imprese controllate, con particolare riguardo ai costi, ai ricavi e agli investimenti, nonché una descrizione dei principali rischi e incertezze cui la società è esposta (2).

[II]. L'analisi di cui al primo comma è coerente con l'entità e la complessità degli affari della società e contiene, nella misura necessaria alla comprensione della situazione della società e dell'andamento e del risultato della sua gestione, gli indicatori di risultato finanziari e, se del caso, quelli non finanziari pertinenti all'attività specifica della società, comprese le informazioni attinenti all'ambiente e al personale. L'analisi contiene, ove opportuno, riferimenti agli importi riportati nel bilancio e chiarimenti aggiuntivi su di essi (3).

[III]. Dalla relazione devono in ogni caso risultare:

1) le attività di ricerca e di sviluppo;

2) i rapporti con imprese controllate, collegate, controllanti e imprese sottoposte al controllo di queste ultime;

3) il numero e il valore nominale sia delle azioni proprie sia delle azioni o quote di società controllanti possedute dalla società, anche per tramite di società fiduciaria o per interposta persona, con l'indicazione della parte di capitale corrispondente;

4) il numero e il valore nominale sia delle azioni proprie sia delle azioni o quote di società controllanti acquistate o alienate dalla società, nel corso dell'esercizio, anche per tramite di società fiduciaria o per interposta persona, con l'indicazione della corrispondente parte di capitale, dei corrispettivi e dei motivi degli acquisti e delle alienazioni;

5) (4);

6) l'evoluzione prevedibile della gestione;

6-*bis*) in relazione all'uso da parte della società di strumenti finanziari e se rilevanti per la valutazione della situazione patrimoniale e finanziaria e del risultato economico dell'esercizio:

a) gli obiettivi e le politiche della società in materia di gestione del rischio finanziario, compresa la politica di copertura per ciascuna principale categoria di operazioni previste;

b) l'esposizione della società al rischio di prezzo, al rischio di credito, al rischio di liquidità e al rischio di variazione dei flussi finanziari (5) (6).

[IV]. Dalla relazione deve inoltre risultare l'elenco delle sedi secondarie della società.

(1) *V. nota al Capo V.*

(2) *Comma così modificato dall'art. 1[1 lett. a) e b)] d.ls. 2 febbraio 2007, n. 32. Ai sensi dell'art. 5 del medesimo decreto le presenti disposizioni si applicano ai bilanci relativi agli esercizi aventi inizio dalla data successiva a quella della sua entrata in vigore [12 aprile 2007].*

(3) *Comma inserito dall'art. 1[1 lett. c)] d.ls. n. 32, cit., con decorrenza indicata alla nota 2.*

(4) *Numero abrogato dall'art. 6[11] d.ls. 18 agosto 2015, n. 139. Ai sensi dell'art. 12[1] d.ls. n. 139, cit., la presente disposizione entra in vigore dal 1° gennaio 2016 e si applica « ai bilanci relativi agli esercizi finanziari aventi inizio a partire da quella data ». Il testo del numero era il seguente:* « 5) i fatti di rilievo avvenuti dopo la chiusura dell'esercizio; ».

(5) *Numero aggiunto dall'art. 3 d.ls. 30 dicembre 2003, n. 394, con decorrenza dal 1° gennaio 2005.*

(6) *Seguiva un comma abrogato dall'art. 2[1] d.ls. 6 novembre 2007, n. 195.*

2429. (1) **Relazione dei sindaci e deposito del bilancio.** – [I]. Il bilancio deve essere comunicato dagli amministratori al collegio sindacale e al soggetto incaricato della revisione legale dei conti, con la relazione, almeno trenta giorni prima di quello fissato per l'assemblea che deve discuterlo (2).

[II]. Il collegio sindacale deve riferire all'assemblea sui risultati dell'esercizio sociale e sull'attività svolta nell'adempimento dei propri doveri, e fare le osservazioni e le proposte in ordine al bilancio e alla sua approvazione, con particolare riferimento all'esercizio della deroga di cui all'articolo 2423, quarto comma (3).

[III]. Il bilancio, con le copie integrali dell'ultimo bilancio delle società controllate e un prospetto riepilogativo dei dati essenziali dell'ultimo bilancio delle società collegate, deve restare depositato in copia nella sede della società, insieme con le relazioni degli amministratori, dei sindaci e del soggetto incaricato della revisione legale dei conti, durante i quindici giorni che precedono l'assemblea, e finché sia approvato. I soci possono prenderne visione (4).

[IV]. Il deposito delle copie dell'ultimo bilancio delle società controllate prescritto dal comma precedente può essere sostituito, per quelle incluse nel consolidamento, dal deposito di un prospetto riepilogativo dei dati essenziali dell'ultimo bilancio delle medesime.

(1) *V. nota al Capo V.*

(2) *Comma così modificato dall'art. 37[17] lett. a) d.ls. 27 gennaio 2010, n. 39.*

(3) *Seguiva un secondo periodo soppresso dall'art. 37[17] lett. b) d.ls. n. 39, cit. Precedentemente il periodo era stato sostituito dall'art. 2[2] d.ls. 2 febbraio 2007, n. 32, come rettificato con Errata corrige in G.U. 30 marzo 2007, n. 75, con la disciplina transitoria indicata all'art. 5 d.ls. n. 32, cit.. ai sensi del quale la suddetta disposizione si applicava ai bilanci relativi agli esercizi aventi inizio dalla data successiva a quella della sua entrata in vigore (12 aprile 2007)..*

(4) *Comma così modificato dall'art. 37[17] lett. c) d.ls. 39, cit.*

2430. (1) **Riserva legale.** – [I]. Dagli utili netti annuali deve essere dedotta una somma corrispondente almeno alla ventesima parte di essi per costituire una riserva, fino a che questa non abbia raggiunto il quinto del capitale sociale.

[II]. La riserva deve essere reintegrata a norma del comma precedente se viene diminuita per qualsiasi ragione.

[III]. Sono salve le disposizioni delle leggi speciali.

(1) *V. nota al Capo V.*

2431. (1) **Soprapprezzo delle azioni.** – [I]. Le somme percepite dalla società per l'emissione di azioni ad un prezzo superiore al loro valore nominale, ivi comprese quelle derivate dalla conversione di obbligazioni, non possono essere distribuite fino a che la riserva legale non abbia raggiunto il limite stabilito dall'articolo 2430.

(1) *V. nota al Capo V.*

2432. (1) **Partecipazione agli utili.** – [I]. Le partecipazioni agli utili eventualmente spettanti ai promotori, ai soci fondatori e agli amministratori sono computate sugli utili netti risultanti dal bilancio, fatta deduzione della quota di riserva legale.

(1) *V. nota al Capo V.*

2433. (1) **Distribuzione degli utili ai soci.** – [I]. La deliberazione sulla distribuzione degli utili è adottata dall'assemblea che approva il bilancio ovvero, qualora il bilancio sia approvato dal consiglio di sorveglianza, dall'assemblea convocata a norma dell'articolo 2364-*bis*, secondo comma.

[II]. Non possono essere pagati dividendi sulle azioni, se non per utili realmente conseguiti e risultanti dal bilancio regolarmente approvato.

[III]. Se si verifica una perdita del capitale sociale, non può farsi luogo a ripartizione di utili fino a che il capitale non sia reintegrato o ridotto in misura corrispondente.

[IV]. I dividendi erogati in violazione delle disposizioni del presente articolo non sono ripetibili, se i soci li hanno riscossi in buona fede in base a bilancio regolarmente approvato, da cui risultano utili netti corrispondenti.

(1) *V. nota al Capo V.*

2433-*bis*. (1) **Acconti sui dividendi.** – [I]. La distribuzione di acconti sui dividendi è consentita solo alle società il cui bilancio è assoggettato per legge a revisione legale dei conti, secondo il regime previsto dalle leggi speciali per gli enti di interesse pubblico (2).

[II]. La distribuzione di acconti sui dividendi deve essere prevista dallo statuto ed è deliberata dagli amministratori dopo il rilascio da parte del soggetto incaricato di effettuare la revisione legale dei conti di un giudizio positivo sul bilancio dell'esercizio precedente e la sua approvazione (3).

[III]. Non è consentita la distribuzione di acconti sui dividendi quando dall'ultimo bilancio approvato risultino perdite relative all'esercizio o a esercizi precedenti.

[IV]. L'ammontare degli acconti sui dividendi non può superare la minor somma tra l'importo degli utili conseguiti dalla chiusura dell'esercizio precedente, diminuito delle quote che dovranno essere destinate a riserva per obbligo legale o statutario, e quello delle riserve disponibili.

[V]. Gli amministratori deliberano la distribuzione di acconti sui dividendi sulla base di un prospetto contabile e di una relazione, dai quali risulti che la situazione patrimoniale, economica e finanziaria della società consente la distribuzione stessa. Su tali documenti deve essere acquisito il parere del soggetto incaricato della revisione legale dei conti (4).

[VI]. Il prospetto contabile, la relazione degli amministratori e il parere del soggetto incaricato della revisione legale dei conti debbono restare depositati in copia nella sede della società fino all'approvazione del bilancio dell'esercizio in corso. I soci possono prenderne visione (4).

[VII]. Ancorché sia successivamente accertata l'inesistenza degli utili di periodo risultanti dal prospetto, gli acconti sui dividendi erogati in conformità con le altre disposizioni del presente articolo non sono ripetibili se i soci li hanno riscossi in buona fede.

(1) *V. nota al Capo V.*
(2) *Comma così modificato dall'art. 37[18 lett. a)] d.ls. 27 gennaio 2010, n. 39.*
(3) *Comma così modificato dall'art. 37[18 lett. b)] d.ls. n. 39, cit.*
(4) *Comma così modificato dall'art. 37[18 lett. c)] d.ls. n. 39, cit.*

2434. (1) **Azione di responsabilità.** – [I]. L'approvazione del bilancio non implica liberazione degli amministratori, dei direttori generali, dei dirigenti preposti alla redazione dei documenti contabili societari e dei sindaci per le responsabilità incorse nella gestione sociale (2).

(1) *V. nota al Capo V.*
(2) *Comma così modificato dall'art. 15[1 lett. a)] l. 28 dicembre 2005, n. 262.*

2434-*bis*. (1) **Invalidità della deliberazione di approvazione del bilancio.** – [I]. Le azioni previste dagli articoli 2377 e 2379 non possono essere proposte nei confronti delle deliberazioni di approvazione del bilancio dopo che è avvenuta l'approvazione del bilancio dell'esercizio successivo.

[II]. La legittimazione ad impugnare la deliberazione di approvazione del bilancio su cui il soggetto incaricato di effettuare la revisione legale dei conti ha emesso un giudizio privo di rilievi spetta a tanti soci che rappresentino almeno il cinque per cento del capitale sociale (2).

[III]. Il bilancio dell'esercizio nel corso del quale viene dichiarata l'invalidità di cui al comma precedente tiene conto delle ragioni di questa.

(1) *V. nota al Capo V.*
(2) *Comma così modificato dall'art. 37[19] d.ls. 27 gennaio 2010, n. 39.*

2435. (1) **Pubblicazione del bilancio e dell'elenco dei soci e dei titolari di diritti su azioni.** – [I]. Entro trenta giorni dall'approvazione una copia del bilancio, corre data dalle relazioni previste dagli articoli 2428 e 2429 e dal verbale di approvazione dell'assemblea o del consiglio di sorveglianza, deve essere, a cura degli amministratori, depositata presso l'ufficio del registro delle imprese o spedita al medesimo ufficio a mezzo di lettera raccomandata.

[II]. Entro trenta giorni dall'approvazione del bilancio le società non aventi azioni quotate in mercati regolamentati (2) sono tenute altresì a depositare per l'iscrizione nel registro delle imprese l'elenco dei soci riferito alla data di approvazione del bilancio, con l'indicazione del numero delle azioni possedute, nonché dei soggetti diversi dai soci che sono titolari di diritti o beneficiari di vincoli sulle azioni medesime. L'elenco deve essere corredato dall'indicazione analitica delle annotazioni effettuate nel libro dei soci a partire dalla data di approvazione del bilancio dell'esercizio precedente.

(1) *V. nota al Capo V.*

(2) *V. Avviso di rettifica in G.U. 4 luglio 2003, n. 153.*

2435-*bis*. (1) **Bilancio in forma abbreviata.** – [I]. Le società, che non abbiano emesso titoli negoziati in mercati regolamentati (2), possono redigere il bilancio in forma abbreviata quando, nel primo esercizio o, successivamente, per due esercizi consecutivi, non abbiano superato due dei seguenti limiti:

1) totale dell'attivo dello stato patrimoniale: 4.400.000 euro (3);

2) ricavi delle vendite e delle prestazioni: 8.800.000 euro (3);

3) dipendenti occupati in media durante l'esercizio: 50 unità.

[II]. Nel bilancio in forma abbreviata lo stato patrimoniale comprende solo le voci contrassegnate nell'articolo 2424 con lettere maiuscole e con numeri romani; le voci A e D dell'attivo possono essere comprese nella voce CII; (4) la voce E del passivo può essere compresa nella voce D; nelle voci CII dell'attivo e D del passivo devono essere separatamente indicati i crediti e i debiti esigibili oltre l'esercizio successivo. Le società che redigono il bilancio in forma abbreviata sono esonerate dalla redazione del rendiconto finanziario. (4)

[III]. Nel conto economico del bilancio in forma abbreviata le seguenti voci previste dall'articolo 2425 possono essere tra loro raggruppate:

voci A2 e A3

voci B9(c), B9(d), B9(e)

voci B10(a), B10(b), B10(c)

voci C16(b) e C16(c)

voci D18(a), D18(b), D18(c), D18(d) (5)

voci D19(a), D19(b), D19(c), D19(d) (5) (6)

[IV]. Fermo restando le indicazioni richieste dal terzo, quarto e quinto comma dell'articolo 2423, dal secondo, quinto e sesto comma dell'articolo 2423-*ter* (7), dal secondo comma dell'articolo 2424, dal primo comma, numeri 4) e 6), dell'articolo 2426, la nota integrativa fornisce le indicazioni richieste dal primo comma dell'articolo 2427, numeri 1), 2), 6), per quest'ultimo limitatamente ai soli debiti senza indicazione della ripartizione geografica, 8), 9), 13), 15), per quest'ultimo anche omettendo la ripartizione per categoria, 16), 22-*bis*), 22-*ter*), per quest'ultimo anche omettendo le indicazioni riguardanti gli effetti patrimoniali, finanziari ed economici, 22-*quater*), 22-*sexies*), per quest'ultimo anche omettendo l'indicazione del luogo in cui è disponibile la copia del bilancio consolidato, nonché dal primo comma dell'articolo 2427-*bis*, numero 1) (8).

[V]. Le società possono limitare l'informativa richiesta ai sensi dell'articolo 2427, primo comma, numero 22-*bis*, alle operazioni realizzate direttamente o indirettamente con i loro maggiori azionisti ed a quelle con i membri degli organi di amministrazione e controllo, nonché con le imprese in cui la società stessa detiene una partecipazione (9) (10).

[VI]. Qualora le società indicate nel primo comma forniscano nella nota integrativa le informazioni richieste dai numeri 3) e 4) dell'articolo 2428, esse sono esonerate dalla redazione della relazione sulla gestione.

[VII]. Le società che redigono il bilancio in forma abbreviata, in deroga a quanto disposto dall'articolo 2426, hanno la facoltà di iscrivere i titoli al costo di acquisto, i crediti al valore di presumibile realizzo e i debiti al valore nominale (11).

[VIII]. Le società che a norma del presente articolo redigono il bilancio in forma abbreviata devono redigerlo in forma ordinaria quando per il secondo esercizio consecutivo abbiano superato due dei limiti indicati nel primo comma.

(1) *V. nota al Capo V.*

(2) *V. Avviso di rettifica in G.U. 4 luglio 2003, n. 153.*

(3) *Numeri, da ultimo, così sostituiti dall'art. 1[4] d.ls. 3 novembre 2008, n. 173; ai sensi del successivo art. 6 tali disposizioni « si applicano ai bilanci e alle relazioni relativi agli esercizi aventi inizio da data successiva a quella della sua entrata in vigore [21 novembre 2008] ».*

(4) *Le parole* « dalle voci BI e BII dell'attivo devono essere detratti in forma esplicita gli ammortamenti e le svalutazioni; » *sono state soppresse e le parole da* « Le società che redigono » *a* « del rendiconto finanziario. » *sono state aggiunte dall'art. 6[12 lett. a)] d.ls. 18 agosto 2015, n. 139. Ai sensi dell'art. 12[1] d.ls. n. 139, cit., la presente disposizione entra in vigore dal 1° gennaio 2016 e si applica « ai bilanci relativi agli esercizi finanziari aventi inizio a partire da quella data ».*

(5) *Le parole* « D18(d) » *e* « D19(d) » *sono state inserite dall'art.* $6^{12\ lett.\ b)}$ *d.ls. n. 139, cit. Per l'entrata in vigore e le disposizioni di applicazione, v. nota 4.*

(6) *Seguiva un comma abrogato dall'art.* $6^{12\ lett.\ c)}$ *d.ls. n. 139, cit. Per l'entrata in vigore e le disposizioni di applicazione, v. nota 4. Il testo del comma era il seguente:* « Nel conto economico del bilancio in forma abbreviata nella voce E20 non è richiesta la separata indicazione delle plusvalenze e nella voce E21 non è richiesta la separata indicazione delle minusvalenze e delle imposte relative a esercizi precedenti ».

(7) *Le parole* « , quinto e sesto comma dell'articolo 2423-*ter*, » *sono state sostituite alle parole* « e quinto comma dell'articolo 2423-*ter*, » *dall'art.* $24^{2\ lett.\ b)}$ *l. 23 dicembre 2021, n. 238. Ai sensi del comma 4 del citato art. 24, tale disposizione si applica per la prima volta al bilancio dell'impresa e al bilancio consolidato relativi al primo esercizio successivo a quello chiuso o in corso al 31 dicembre 2019.*

(8) *Comma così sostituito dall'art.* $6^{12\ lett.\ d)}$ *d.ls. n. 139, cit. Per l'entrata in vigore e le disposizioni di applicazione, v. nota 4. Il testo del comma, come modificato dall'art. 2 d.ls. 30 dicembre 2003, n. 394, era il seguente:* « Nella nota integrativa sono omesse le indicazioni richieste dal numero 10 dell'articolo 2426 e dai numeri 2), 3), 7), 9), 10), 12), 13), 14), 15), 16) e 17) dell'articolo 2427 e dal numero 1) del comma 1 dell'articolo 2427-*bis*; le indicazioni richieste dal numero 6) dell'articolo 2427 sono riferite all'importo globale dei debiti iscritti in bilancio ».

(9) *Le parole* « con le imprese in cui la società stessa detiene una partecipazione » *sono state sostituite alle parole* « limitare alla natura e all'obiettivo economico le informazioni richieste ai sensi dell'articolo 2427, primo comma, numero 22-*ter* » *dall'art.* $6^{12\ lett.\ e)}$ *d.ls. n. 139, cit. Per l'entrata in vigore e le disposizioni di applicazione, v. nota 4.*

(10) *Comma inserito dall'art.* 1^{5} *d.ls. n. 173, cit.; v. disposizioni transitorie di cui al successivo art. 6, citato alla nota 3.*

(11) *Comma inserito dall'art.* $6^{12\ lett.\ f)}$ *d.ls. n. 139, cit. Per l'entrata in vigore e le disposizioni di applicazione, v. nota 4.*

2435-*ter*. (1) **Bilancio delle micro-imprese.** – [I]. Sono considerate micro-imprese le società di cui all'articolo 2435-*bis* che nel primo esercizio o, successivamente, per due esercizi consecutivi, non abbiano superato due dei seguenti limiti:

1) totale dell'attivo dello stato patrimoniale: 175.000 euro;

2) ricavi delle vendite e delle prestazioni: 350.000 euro;

3) dipendenti occupati in media durante l'esercizio: 5 unità.

[II]. Fatte salve le norme del presente articolo, gli schemi di bilancio e i criteri di valutazione delle micro-imprese sono determinati secondo quanto disposto dall'articolo 2435-*bis*. Le micro-imprese sono esonerate dalla redazione:

1) del rendiconto finanziario;

2) della nota integrativa quando in calce allo stato patrimoniale risultino le informazioni previste dal primo comma dell'articolo 2427, numeri 9) e 16);

3) della relazione sulla gestione: quando in calce allo stato patrimoniale risultino le informazioni richieste dai numeri 3) e 4) dell'articolo 2428.

[III]. Non sono applicabili le disposizioni di cui al quinto comma dell'articolo 2423 e al numero 11-*bis* del primo comma dell'articolo 2426.

[IV]. Le società che si avvalgono delle esenzioni previste del presente articolo devono redigere il bilancio, a seconda dei casi, in forma abbreviata o in forma ordinaria quando per il secondo esercizio consecutivo abbiano superato due dei limiti indicati nel primo comma.

[V]. Agli enti di investimento e alle imprese di partecipazione finanziaria non si applicano le disposizioni previste dal presente articolo, dal sesto comma dell'articolo 2435-*bis* e dal secondo comma dell'articolo 2435-*bis* con riferimento alla facoltà di comprendere la voce D dell'attivo nella voce CII e la voce E del passivo nella voce D (2).

(1) *Articolo inserito dall'art. 6[13] d.lgs. 18 agosto 2015, n. 139. Ai sensi dell'art. 12[1] d.lgs. n. 139, cit., la presente disposizione entra in vigore dal 1° gennaio 2016 e si applica « ai bilanci relativi agli esercizi finanziari aventi inizio a partire da quella data ».*

(2) *Comma aggiunto dall'art. 24[2 lett. c)] l. 23 dicembre 2021, n. 238. Ai sensi del comma 4 del citato art. 24, tale disposizione si applica per la prima volta al bilancio dell'impresa e al bilancio consolidato relativi al primo esercizio successivo a quello chiuso o in corso al 31 dicembre 2019.*

SEZIONE X – *Delle modificazioni dello statuto*

2436. (1) **Deposito, iscrizione e pubblicazione delle modificazioni.** – [I]. Il notaio che ha verbalizzato la deliberazione di modifica dello statuto, entro trenta giorni, verificato l'adempimento delle condizioni stabilite dalla legge, ne richiede l'iscrizione nel registro delle imprese contestualmente al deposito e allega le eventuali autorizzazioni richieste.

[II]. L'ufficio del registro delle imprese, verificata la regolarità formale della documentazione, iscrive la delibera nel registro.

[III]. Se il notaio ritiene non adempiute le condizioni stabilite dalla legge, ne dà comunicazione tempestivamente, e comunque non oltre il termine previsto dal primo comma del presente articolo, agli amministratori. Gli amministratori, nei trenta giorni successivi, possono convocare l'assemblea per gli opportuni provvedimenti oppure ricorrere al tribunale per il provvedimento di cui ai successivi commi; in mancanza la deliberazione è definitivamente inefficace.

[IV]. Il tribunale, verificato l'adempimento delle condizioni richieste dalla legge e sentito il pubblico ministero, ordina l'iscrizione nel registro delle imprese con decreto soggetto a reclamo.

[V]. La deliberazione non produce effetti se non dopo l'iscrizione.

[VI]. Dopo ogni modifica dello statuto deve esserne depositato nel registro delle imprese il testo integrale nella sua redazione aggiornata.

(1) *V. nota al Capo V.*

2437. (1) **Diritto di recesso.** – [I]. Hanno diritto di recedere, per tutte o parte delle loro azioni, i soci che non hanno concorso alle deliberazioni riguardanti:

a) la modifica della clausola dell'oggetto sociale, quando consente un cambiamento significativo dell'attività della società;

b) la trasformazione della società;

c) il trasferimento della sede sociale all'estero;

d) la revoca dello stato di liquidazione;

e) l'eliminazione di una o più cause di recesso previste dal successivo comma ovvero dallo statuto;

f) la modifica dei criteri di determinazione del valore dell'azione in caso di recesso;

g) le modificazioni dello statuto concernenti i diritti di voto o di partecipazione.

[II]. Salvo che lo statuto disponga diversamente, hanno diritto di recedere i soci che non hanno concorso all'approvazione delle deliberazioni riguardanti:

a) la proroga del termine;

b) l'introduzione o la rimozione di vincoli alla circolazione dei titoli azionari.

[III]. Se la società è costituita a tempo indeterminato e le azioni non sono quotate in un mercato regolamentato il socio può recedere con il preavviso di almeno centottanta giorni; lo statuto può prevedere un termine maggiore, non superiore ad un anno.

[IV]. Lo statuto delle società che non fanno ricorso al mercato del capitale di rischio può prevedere ulteriori cause di recesso.

[V]. Restano salve le disposizioni dettate in tema di recesso per le società soggette ad attività di direzione e coordinamento.

[VI]. È nullo ogni patto volto ad escludere o rendere più gravoso l'esercizio del diritto di recesso nelle ipotesi previste dal primo comma del presente articolo.

(1) *V. nota al Capo V.*

2437-*bis*. (1) **Termini e modalità di esercizio.** – [I]. Il diritto di recesso è esercitato mediante lettera raccomandata che deve essere spedita entro quindici giorni dall'iscrizione nel registro delle imprese della delibera che lo legittima, con l'indicazione delle generalità del socio recedente, del domicilio per le comunicazioni inerenti al procedimento, del numero e della categoria delle azioni per le quali il diritto di recesso viene esercitato. Se il fatto che legittima il recesso è diverso da una deliberazione, esso è esercitato entro trenta giorni dalla sua conoscenza da parte del socio.

[II]. Le azioni per le quali è esercitato il diritto di recesso non possono essere cedute e devono essere depositate presso la sede sociale.

[III]. Il recesso non può essere esercitato e, se già esercitato, è privo di efficacia, se, entro novanta giorni, la società revoca la delibera che lo legittima ovvero se è deliberato lo scioglimento della società.

(1) *V. nota al Capo V.*

2437-*ter*. (1) **Criteri di determinazione del valore delle azioni.** – [I]. Il socio ha diritto alla liquidazione delle azioni per le quali esercita il recesso.

[II]. Il valore di liquidazione delle azioni (2) è determinato dagli amministratori, sentito il parere del collegio sindacale e del soggetto incaricato della revisione legale dei conti, tenuto conto della consistenza patrimoniale della società e delle sue prospettive reddituali, nonché dell'eventuale valore di mercato delle azioni (3).

[III]. Il valore di liquidazione delle azioni quotate in mercati regolamentati (2) è determinato facendo (4) riferimento alla media aritmetica dei prezzi di chiusura nei sei mesi che precedono la pubblicazione ovvero ricezione dell'avviso di convocazione dell'assemblea le cui deliberazioni legittimano il recesso. Lo statuto delle società con azioni quotate in mercati regolamentati può prevedere che il valore di liquidazione sia determinato secondo i criteri indicati dai commi 2 e 4 del presente articolo, fermo restando che in ogni caso tale valore non può essere inferiore al valore che sarebbe dovuto in applicazione del criterio indicato dal primo periodo del presente comma (4).

[IV]. Lo statuto può stabilire criteri diversi di determinazione del valore di liquidazione, indicando gli elementi dell'attivo e del passivo del bilancio che possono essere rettificati rispetto ai valori risultanti dal bilancio, unitamente ai criteri di rettifica, nonché altri elementi suscettibili di valutazione patrimoniale da tenere in considerazione.

[V]. I soci hanno diritto di conoscere (2) la determinazione del valore di cui al secondo comma del presente articolo nei quindici giorni precedenti alla data fissata per l'assemblea; ciascun socio ha diritto di prenderne visione e di ottenerne copia a proprie spese.

[VI]. In caso di contestazione da proporre contestualmente alla dichiarazione di recesso il valore di liquidazione è determinato entro novanta giorni dall'esercizio del diritto di recesso tramite relazione giurata di un esperto nominato dal tribunale, che provvede anche sulle spese, su istanza della parte più diligente; si applica in tal caso il primo comma dell'articolo 1349.

(1) *V. nota al Capo V.*

(2) *V. Avviso di rettifica in G.U. 4 luglio 2003, n. 153.*

(3) *Comma così modificato dall'art. 37[20] d.lgs. 27 gennaio 2010, n. 39.*

(4) *La parola* « esclusivo » *che seguiva la parola* « facendo » *è stata soppressa e le parole da* « Lo statuto delle società con azioni quotate » *a* « criterio indicato dal primo periodo del presente comma » *sono state aggiunte dall'art. 20[3] d.l. 24 giugno 2014, n. 91, conv., con modif., in l. 11 agosto 2014, n. 116.*

2437-*quater*. (1) **Procedimento di liquidazione.** – [I]. Gli amministratori offrono in opzione le azioni del socio recedente agli altrisoci in proporzione al numero delle azioni possedute. Se vi sono obbligazioni convertibili, il diritto di opzione spetta anche ai possessori di queste, in concorso con i soci, sulla base del rapporto di cambio.

[II]. L'offerta di opzione è depositata presso il registro delle imprese entro quindici giorni dalla determinazione definitiva del valore di liquidazione. Per l'esercizio del diritto di opzione deve essere concesso un termine non inferiore a trenta giorni dal deposito dell'offerta.

[III]. Coloro che esercitano il diritto di opzione, purché ne facciano contestuale richiesta, hanno diritto di prelazione nell'acquisto delle azioni che siano rimaste non optate.

[IV]. Qualora i soci non acquistino in tutto o in parte le azioni del recedente, gli amministratori possono collocarle presso terzi; nel caso di azioni quotate in mercati regolamentati, il loro collocamento avviene mediante offerta nei mercati medesimi.

[V]. In caso di mancato collocamento ai sensi delle disposizioni dei commi precedenti entro centottanta giorni dalla comunicazione del recesso, le azioni del recedente vengono rimborsate mediante acquisto da parte della società utilizzando riserve disponibili anche in deroga a quanto previsto dal terzo comma dell'articolo 2357 (2).

[VI]. In assenza di utili e riserve disponibili, deve essere convocata l'assemblea straordinaria per deliberare la riduzione del capitale sociale, ovvero lo scioglimento della società.

[VII]. Alla deliberazione di riduzione del capitale sociale si applicano le disposizioni del comma secondo, terzo e quarto dell'articolo 2445; ove l'opposizione sia accolta la società si scioglie.

(1) *V. nota al Capo V.*

(2) *Comma così modificato dall'art. 1 d.lgs. 17 gennaio 2003, n. 6, come modificato dall'art. 5[1] d.lgs. 6 febbraio 2004, n. 37. V. inoltre Errata-corrige in G.U. 4 luglio 2003, n. 153.*

2437-*quinquies*. (1) **Disposizioni speciali per le società con azioni quotate in mercati regolamentati** (2). – [I]. Se le azioni sono quotate in mercati regolamentati (2) hanno diritto di recedere i soci che non hanno concorso alla deliberazione che comporta l'esclusione dalla quotazione.

(1) *V. nota al Capo V.*
(2) *V. Avviso di rettifica in G.U. 4 luglio 2003, n. 153.*

2437-*sexies*. (1) **Azioni riscattabili.** – [I]. Le disposizioni degli articoli 2437-*ter* e 2437-*quater* si applicano, in quanto compatibili, alle azioni o categorie di azioni per le quali lo statuto prevede un potere di riscatto da parte della società o dei soci. Resta salva in tal caso l'applicazione della disciplina degli articoli 2357 e 2357-*bis*.

(1) *V. nota al Capo V.*

2438. (1) **Aumento di capitale.** – [I]. Un aumento di capitale non può essere eseguito fino a che le azioni precedentemente emesse non siano interamente liberate.

[II]. In caso di violazione del precedente comma, gli amministratori sono solidalmente responsabili per i danni arrecati ai soci ed ai terzi. Restano in ogni caso salvi gli obblighi assunti con la sottoscrizione delle azioni emesse in violazione del precedente comma.

(1) *V. nota al Capo V.*

2439. (1) **Sottoscrizione e versamenti.** – [I]. Salvo quanto previsto nel quarto comma dell'articolo 2342, i sottoscrittori delle azioni di nuova emissione devono, all'atto della sottoscrizione, versare alla società almeno il venticinque per cento del valore nominale delle azioni sottoscritte. Se è previsto un soprapprezzo, questo deve essere interamente versato all'atto della sottoscrizione.

[II]. Se l'aumento di capitale non è integralmente sottoscritto entro il termine che, nell'osservanza di quelli stabiliti dall'articolo 2441, secondo e terzo comma, deve risultare dalla deliberazione, il capitale è aumentato di un importo pari alle sottoscrizioni raccolte soltanto se la deliberazione medesima lo abbia espressamente previsto.

(1) *V. nota al Capo V.*

2440. (1) **Conferimenti di beni in natura e di crediti.** – [I]. Se l'aumento di capitale avviene mediante conferimento di beni in natura o di crediti si applicano le disposizioni degli articoli 2342, terzo e quinto comma, e 2343.

[II]. L'aumento di capitale mediante conferimento di beni in natura o di crediti può essere sottoposto, su decisione degli amministratori, alla disciplina di cui agli articolo 2343-*ter* e 2343-*quater*.

[III]. Ai fini dell'applicazione dell'articolo 2343-*ter*, primo comma, rileva il periodo di negoziazione di sei mesi precedenti la data alla quale si riferisce la relazione degli amministratori redatta ai sensi dell'articolo 2441, sesto comma. Il conferimento è eseguito entro sessanta giorni da tale data, ovvero entro novanta giorni qualora l'aumento sia deliberato da una società che fa ricorso al mercato del capitale di rischio.

[IV]. Qualora trovi applicazione l'articolo 2343-*ter*, secondo comma, il conferimento è eseguito, nel caso di cui alla lettera *a*), entro il termine dell'esercizio successivo a quello cui si riferisce il bilancio, ovvero, nel caso di cui alla lettera *b*), entro sei mesi dalla data cui si riferisce la valutazione.

[V]. La verifica prevista dall'articolo 2343-*quater*, primo comma, è eseguita dagli amministratori nel termine di trenta giorni dall'esecuzione del conferimento ovvero, se successiva, dalla data di iscrizione nel registro delle imprese della deliberazione di aumento del capitale. La dichiarazione di cui all'articolo 2343-*quater*, terzo comma, è allegata all'attestazione prevista dall'articolo 2444.

[VI]. Qualora siano conferiti beni in natura o crediti valutati ai sensi dell'articolo 2343-*ter*, secondo comma, nel termine indicato al quinto comma uno o più soci che rappresentino, e che rappresentavano alla data della delibera di aumento del capitale, almeno il ventesimo del capitale sociale, nell'ammontare precedente l'aumento medesimo, possono richiedere che si proceda, su iniziativa degli amministratori, ad una nuova valutazione ai sensi e per gli effetti dell'articolo 2343; la domanda dei soci non ha effetto qualora gli amministratori all'esito della verifica prevista dal quinto comma procedano ai sensi dell'articolo 2343-*quater*, secondo comma.

(1) *Articolo, da ultimo, così sostituito dall'art. 1[5] d.lg. 29 novembre 2010, n. 224. Precedentemente l'articolo era stato sostituito dall'art. 1 d.lg. 17 gennaio 2003, n. 6, con effetto a decorrere dal 1° gennaio 2004 (v. nota al Capo V), e successivamente modificato dall'art. 1[5] d.lg. 4 agosto 2008, n. 142.*

2440-*bis*. (1) **[Aumento di capitale delegato liberato mediante conferimenti di beni in natura e di crediti senza relazione di stima].**

(1) *Articolo dapprima inserito dall'art. 1[6] d.lg. 4 agosto 2008, n. 142, e successivamente abrogato dall'art. 1[6] d.lg. 29 novembre 2010, n. 224.*

2441. (1) **Diritto di opzione.** – [I]. Le azioni di nuova emissione e le obbligazioni convertibili in azioni devono essere offerte in opzione ai soci in proporzione al numero delle azioni possedute. Se vi sono obbligazioni convertibili il diritto di opzione spetta anche ai possessori di queste, in concorso con i soci, sulla base del rapporto di cambio.

[II]. L'offerta di opzione deve essere depositata presso l'ufficio del registro delle imprese e contestualmente resa nota mediante un avviso pubblicato sul sito internet della società, con modalità atte a garantire la sicurezza del sito medesimo, l'autenticità dei documenti e la certezza della data di pubblicazione, o, in mancanza, mediante deposito presso la sede della società. Per l'esercizio del diritto di opzione deve essere concesso un termine non inferiore a quattordici giorni dalla pubblicazione dell'offerta nel sito internet della società con le modalità sopra descritte, o, in mancanza, dall'iscrizione dell'offerta nel registro delle imprese (2) (3).

[III]. Coloro che esercitano il diritto di opzione, purché ne facciano contestuale richiesta, hanno diritto di prelazione nell'acquisto delle azioni e delle obbligazioni convertibili in azioni che siano rimaste non optate. Se le azioni sono quotate in mercati regolamentati o negoziate in sistemi multilaterali di negoziazione (4), i diritti di opzione non esercitati devono essere offerti nel mercato regolamentato (5) o nel sistema multilaterale di negoziazione (4) dagli amministratori, per conto della società, entro il mese successivo alla scadenza del termine stabilito a norma del secondo comma, per almeno due sedute (4), salvo che i diritti di opzione siano già stati integralmente venduti (6).

[IV]. Il diritto di opzione non spetta per le azioni di nuova emissione che, secondo la deliberazione di aumento del capitale, devono essere liberate mediante conferimenti in natura. Nelle società con azioni quotate in mercati regolamentati (5) o negoziate in sistemi multilaterali di negoziazione (7) lo statuto può altresì escludere il diritto di opzione nei limiti del dieci per cento del capitale sociale preesistente, a condizione che il prezzo di emissione corrisponda al valore di mercato delle azioni e ciò sia confermato in apposita relazione da un revisore legale o da una società di revisione legale. Le ragioni dell'esclusione o della limitazione nonché i criteri adottati per la determinazione del prezzo di emissione devono risultare da apposita relazione degli amministratori, depositata presso la sede sociale e pubblicata nel sito internet della società entro il termine della convocazione dell'assemblea, salvo quanto previsto dalle leggi speciali (7) (8).

[V]. Quando l'interesse della società lo esige, il diritto di opzione può essere escluso o limitato con la deliberazione di aumento di capitale (9).

[VI]. Le proposte di aumento di capitale sociale con esclusione o limitazione del diritto di opzione, ai sensi del primo periodo del quarto comma o del quinto comma del presente articolo, devono essere illustrate dagli amministratori con apposita relazione, dalla quale devono risultare le ragioni dell'esclusione o della limitazione, ovvero, qualora l'esclusione derivi da un conferimento in natura, le ragioni di questo e in ogni caso i criteri adottati per la determinazione del prezzo di emissione. La relazione deve essere comunicata dagli amministratori al collegio sindacale o al consiglio di sorveglianza e al soggetto incaricato della revisione legale dei conti almeno trenta giorni prima di quello fissato per l'assemblea. Entro quindici giorni il collegio sindacale deve esprimere il proprio parere sulla congruità del prezzo di emissione delle azioni. Il parere del collegio sindacale e, nell'ipotesi prevista dal quarto comma, la relazione giurata dell'esperto designato dal Tribunale ovvero la documentazione indicata dall'articolo 2343-*ter*, terzo comma, devono restare depositati nella sede della società durante i quindici giorni che precedono l'assemblea e finché questa non abbia deliberato; i soci possono prenderne visione (10). La deliberazione determina il prezzo di emissione delle azioni in base al valore del patrimonio netto, tenendo conto, per le azioni quotate in mercati regolamentati, anche dell'andamento delle quotazioni nell'ultimo semestre (11).

[VII]. Non si considera escluso né limitato il diritto di opzione qualora la deliberazione di aumento di capitale preveda che le azioni di nuova emissione siano sottoscritte da banche, da enti o società finanziarie soggetti al controllo della Commissione nazionale per le società e la borsa ovvero da altri soggetti autorizzati all'esercizio dell'attività di collocamento di strumenti finanziari, con obbligo di offrirle agli azionisti della società, con operazioni di qualsiasi tipo, in conformità con i primi tre commi del presente articolo. Nel periodo di detenzione delle azioni offerte agli azionisti e comunque fino a quando non sia stato esercitato il diritto di opzione, i medesimi soggetti non possono esercitare il diritto di voto. Le spese dell'operazione sono a carico della società e la deliberazione di aumento del capitale deve indicarne l'ammontare.

[VIII]. Con deliberazione dell'assemblea presa con la maggioranza richiesta per le assemblee straordinarie può essere escluso il diritto di opzione per le azioni di nuova emissione, se queste sono offerte in sottoscrizione ai dipendenti della società o di società che la controllano o che sono da essa controllate (5) (12).

(1) *V. nota al Capo V.*

(2) *Periodo così sostituito dall'art. 44[4 lett. a)] d.l. 16 luglio 2020, n. 76, conv., con modif., in l. 11 settembre 2020, n. 120. Il testo del periodo era il seguente:* «Per l'esercizio del diritto di opzione deve essere concesso un termine non inferiore a quindici giorni dalla pubblicazione dell'offerta».

(3) *Comma sostituito dall'art. 20[6] d.l. 24 giugno 2014, n. 91, conv., con modif., in l. 11 agosto 2014, n. 116. Il testo del comma era il seguente:* « L'offerta di opzione deve essere depositata presso l'ufficio del registro delle imprese. Salvo quanto previsto dalle leggi speciali per le società con azioni quotate in mercati regolamentati, per l'esercizio del diritto di opzione deve essere concesso un termine non inferiore a trenta giorni dalla pubblicazione dell'offerta».

(4) *Le parole* «o negoziate in sistemi multilaterali di negoziazione» *e le parole* «o nel sistema multilaterale di negoziazione» *sono state inserite e le parole* «due sedute» *sono state sostituite alle parole* «cinque sedute» *dall'art. 44[4, lett. b)] d.l. n. 76, cit.*

(5) *V. Avviso di rettifica in G.U. 4 luglio 2003, n. 153.*

(6) *Comma così modificato dapprima dall'art. 19[1] d.ls. 28 dicembre 2004, n. 310 e successivamente dall'art. 2[1 lett. a)] d.ls. 11 ottobre 2012, n. 184.*

(7) *Le parole* «o negoziate in sistemi multilaterali di negoziazione» *e le parole* «Le ragioni dell'esclusione o della limitazione nonché i criteri adottati per la determinazione del prezzo di emissione devono risultare da apposita relazione degli amministratori, depositata presso la sede sociale e pubblicata nel sito internet della società entro il termine della convocazione dell'assemblea, salvo quanto previsto dalle leggi speciali» *sono state aggiunte dall'art. 44[4, lett. c)] d.l. n. 76, cit.. V., inoltre, l'art. 44[3] d.l. n. 76, cit., ai sensi del quale, sino alla data del 30 giugno 2021, le società con azioni quotate in mercati regolamentati o negoziate in sistemi multilaterali di negoziazione possono deliberare l'aumento del capitale sociale mediante nuovi conferimenti, con esclusione del diritto di opzione, ai sensi del secondo periodo del presente comma, anche in mancanza di espressa previsione statutaria, nei limiti del 20 per cento del capitale sociale preesistente.*

(8) *Comma così modificato dapprima dall'art. 37[21 lett. a)] d.ls. 27 gennaio 2010, n. 39, e successivamente dall'art. 2[1 lett. b)] d.ls. n. 184, cit.*

(9) *Comma così modificato dall'art. 2[1 lett. c)] d.ls. n. 184, cit. V. anche art. 12[11] d.l. 29 novembre 2008, n. 185, conv., con modif., in l. 28 gennaio 2009, n. 2.*

(10) *Periodo così sostituito dall'art. 1[7] d.ls. 29 novembre 2010, n. 224.*

(11) *Comma modificato, dapprima, dall'art. 19[1] d.ls. 28 dicembre 2004, n. 310 e, da ultimo, dall'art. 37[21 lett. b)] d.ls. n. 39, cit.*

(12) *Comma così modificato dall'art. 2[1 lett. d)] d.ls. n. 184, cit.*

2442. (1) **Passaggio di riserve a capitale.** – [I]. L'assemblea può aumentare il capitale, imputando a capitale le riserve e gli altri fondi iscritti in bilancio in quanto disponibili.

[II]. In questo caso le azioni di nuova emissione devono avere le stesse caratteristiche di quelle in circolazione, e devono essere assegnate gratuitamente agli azionisti in proporzione di quelle da essi già possedute.

[III]. L'aumento di capitale può attuarsi anche mediante aumento del valore nominale delle azioni in circolazione.

(1) *V. nota al Capo V.*

2443. (1) **Delega agli amministratori.** – [I]. Lo statuto può attribuire agli amministratori la facoltà di aumentare in una o più volte il capitale fino ad un ammontare determinato e per il periodo massimo di cinque anni dalla data dell'iscrizione della società nel registro delle imprese. Tale facoltà può prevedere anche l'adozione delle deliberazioni di cui al quarto e quinto comma dell'articolo 2441; in questo caso si applica in quanto compatibile il sesto comma dell'articolo 2441 e lo statuto determina i criteri cui gli amministratori devono attenersi.

[II]. La facoltà di cui al secondo periodo del precedente comma può essere attribuita anche mediante modificazione dello statuto, (2) per il periodo massimo di cinque anni dalla data della deliberazione (3).

[III]. Il verbale della deliberazione degli amministratori di aumentare il capitale deve essere redatto da un notaio e deve essere depositato e iscritto a norma dall'articolo 2436.

[IV]. Se agli amministratori è attribuita la facoltà di adottare le deliberazioni di cui all'articolo 2441, quarto comma, qualora essi decidano di deliberare l'aumento di capitale con conferimenti di beni in natura o di crediti senza la relazione dell'esperto di cui all'articolo 2343, avvalendosi delle disposizioni contenute nell'articolo 2343-*ter*, il conferimento non può avere efficacia, salvo che consti il consenso di tutti i soci, prima del decorso del termine di trenta giorni dall'iscrizione nel registro delle imprese della deliberazione di aumento, contenente anche le dichiarazioni previste nelle lettere *a*), *b*), *c*) ed *e*), di cui all'articolo 2343-*quater*, terzo comma. Entro detto termine uno o più soci che rappresentano, e che rappresentavano alla data della delibera di aumento del capitale, almeno il ventesimo del capitale sociale, nell'ammontare precedente l'aumento medesimo, possono richiedere che si proceda, su iniziativa degli amministratori, ad una nuova valutazione ai sensi e per gli effetti di cui all'articolo 2343. In mancanza di tale domanda, gli amministratori depositano per l'iscrizione nel registro delle imprese unitamente all'attestazione di cui all'articolo 2444 la dichiarazione prevista all'articolo 2343-*quater*, terzo comma, lettera *d*) (4).

(1) *V. nota al Capo V.*

(2) *Le parole* « approvata con la maggioranza prevista dal quinto comma dell'articolo 2441, » *che seguivano le parole* « modificazione dello statuto, » *sono state soppresse dall'art. 2[2] d.lgs. 11 ottobre 2012, n. 184.*

(3) *V. art. 12[11] d.l. 29 novembre 2008, n. 185, conv., con modif., in l. 28 gennaio 2009, n. 2.*
(4) *Comma aggiunto dall'art. 1[8] d.ls. 29 novembre 2010, n. 224.*

2444. (1) **Iscrizione nel registro delle imprese.** – [I]. Nei trenta giorni dall'avvenuta sottoscrizione delle azioni di nuova emissione gli amministratori devono depositare per l'iscrizione nel registro delle imprese un'attestazione che l'aumento del capitale è stato eseguito.

[II]. Fino a che l'iscrizione nel registro non sia avvenuta, l'aumento del capitale non può essere menzionato negli atti della società.

(1) *V. nota al Capo V.*

2445. (1) **Riduzione del capitale sociale.** – [I]. La riduzione del capitale sociale può aver luogo sia mediante liberazione dei soci dall'obbligo dei versamenti ancora dovuti, sia mediante rimborso del capitale ai soci, nei limiti ammessi dagli articoli 2327 e 2413.

[II]. L'avviso di convocazione dell'assemblea deve indicare le ragioni e le modalità della riduzione. Nel caso di società cui si applichi l'articolo 2357, terzo comma, la riduzione deve comunque effettuarsi con modalità tali che le azioni proprie eventualmente possedute dopo la riduzione non eccedano la quinta parte del capitale sociale (2).

[III]. La deliberazione può essere eseguita soltanto dopo novanta giorni (3) dal giorno dell'iscrizione nel registro delle imprese, purché entro questo termine nessun creditore sociale anteriore all'iscrizione abbia fatto opposizione.

[IV]. Il tribunale, quando ritenga infondato il pericolo di pregiudizio per i creditori oppure la società abbia prestato idonea garanzia, dispone che l'operazione abbia luogo nonostante l'opposizione (4).

(1) *V. nota al Capo V.*
(2) *Comma dapprima modificato dall'art. 1[7] d.ls. 4 agosto 2008, n. 142, e successivamente così sostituito dall'art. 7[3-sexies lett. c)] d.l. 10 febbraio 2009, n. 5, conv., con modif., in l. 9 aprile 2009, n. 33.*
(3) *V. Avviso di rettifica in G.U. 4 luglio 2003, n. 153.*
(4) *Comma così modificato dall'art. 1 d.ls. 17 gennaio 2003, n. 6, modif. dall'art. 5[1 lett. dd)] d.ls. 6 febbraio 2004, n. 37.*

2446. (1) **Riduzione del capitale per perdite.** – [I]. Quando risulta che il capitale è diminuito di oltre un terzo in conseguenza di perdite, gli amministratori o il consiglio di gestione, e nel caso di loro inerzia il collegio sindacale ovvero il consiglio di sorveglianza, devono senza indugio convocare l'assemblea per gli opportuni provvedimenti. All'assemblea deve essere sottoposta una relazione sulla situazione patrimoniale della società, con le osservazioni del collegio sindacale o del comitato per il controllo sulla gestione. La relazione e le osservazioni devono restare depositate in copia nella sede della società durante gli otto giorni che precedono l'assemblea, perché i soci possano prenderne visione. Nell'assemblea gli amministratori devono dare conto dei fatti di rilievo avvenuti dopo la redazione della relazione.

[II]. Se entro l'esercizio successivo la perdita non risulta diminuita a meno di un terzo, l'assemblea ordinaria o il consiglio di sorveglianza che approva il bilancio di tale esercizio deve ridurre il capitale in proporzione delle perdite accertate. In mancanza gli amministratori e i sindaci o il consiglio di sorveglianza devono chiedere al tribunale che venga disposta la riduzione del capitale in ragione delle perdite risultanti dal bilancio. Il tribunale provvede, sentito il pubblico ministero, con decreto soggetto a reclamo, che deve essere iscritto nel registro delle imprese a cura degli amministratori (2).

[III]. Nel caso in cui le azioni emesse dalla società siano senza valore nominale, lo statuto, una sua modificazione ovvero una deliberazione adottata con le maggioranze previste per l'assemblea straordinaria possono prevedere che la riduzione del capitale di cui al precedente comma sia deliberata dal consiglio di amministrazione. Si applica in tal caso l'articolo 2436 (2).

(1) *V. nota al Capo V.*

(2) *Per la sospensione degli obblighi di cui al presente comma vedi l'art. 8[1] d.l. 24 agosto 2021, n. 118, conv. con modif., in l. 21 ottobre 2021, n. 147.*

2447. (1) (2) **Riduzione del capitale sociale al di sotto del limite legale.** – [I]. Se, per la perdita di oltre un terzo del capitale, questo si riduce al disotto del minimo stabilito dall'articolo 2327, gli amministratori o il consiglio di gestione e, in caso di loro inerzia, il consiglio di sorveglianza devono senza indugio convocare l'assemblea per deliberare la riduzione del capitale ed il contemporaneo aumento del medesimo ad una cifra non inferiore al detto minimo, o la trasformazione della società.

(1) *V. nota al Capo V.*

(2) *Per la sospensione degli obblighi di cui al presente articolo vedi l'art. 8[1], d.l. 24 agosto 2021, n. 118, conv. con modif., in l. 21 ottobre 2021, n. 147.*

SEZIONE XI – *Dei patrimoni destinati ad uno specifico affare*

2447-*bis*. (1) **Patrimoni destinati ad uno specifico affare.** – [I]. La società può:

a) costituire uno o più patrimoni ciascuno dei quali destinato in via esclusiva ad uno specifico affare;

b) convenire che nel contratto relativo al finanziamento di uno specifico affare al rimborso totale o parziale del finanziamento medesimo siano destinati i proventi dell'affare stesso, o parte di essi.

[II]. Salvo quanto disposto in leggi speciali, i patrimoni destinati ai sensi della lettera *a*) del primo comma non possono essere costituiti per un valore complessivamente superiore al dieci per cento del patrimonio netto della società e non possono comunque essere costituiti per l'esercizio di affari attinenti ad attività riservate in base alle leggi speciali.

(1) *V. nota al Capo V.*

2447-*ter*. (1) **Deliberazione costitutiva del patrimonio destinato.** – [I]. La deliberazione che ai sensi della lettera *a*) del primo comma dell'articolo 2447-*bis* destina un patrimonio ad uno specifico affare deve indicare:

a) l'affare al quale è destinato il patrimonio;

b) i beni e i rapporti giuridici compresi in tale patrimonio;

c) il piano economico-finanziario da cui risulti la congruità del patrimonio rispetto alla realizzazione dell'affare, le modalità e le regole relative al suo impiego, il risultato che si intende perseguire e le eventuali garanzie offerte ai terzi;

d) gli eventuali apporti di terzi, le modalità di controllo sulla gestione e di partecipazione ai risultati dell'affare;

e) la possibilità di emettere strumenti finanziari di partecipazione all'affare, con la specifica indicazione dei diritti che attribuiscono;

f) la nomina di un revisore legale o di una società di revisione legale per la revisione dei conti dell'affare, quando la società non è già assoggettata alla revisione legale (2);

g) le regole di rendicontazione dello specifico affare (3).

[II]. Salvo diversa disposizione dello statuto, la deliberazione di cui al presente articolo è adottata dall'organo amministrativo a maggioranza assoluta dei suoi componenti (3).

(1) *V. nota al Capo V.*

(2) *Lettera così sostituita dall'art. 37[22] d.lgs. 27 gennaio 2010, n. 39.*

(3) *Comma così modificato dall'art. 1 d.lgs. 17 gennaio 2003, n. 6, come modificato dall'art. 5[1] d.lgs. 6 febbraio 2004, n. 37.*

2447-*quater*. (1) **Pubblicità della costituzione del patrimonio destinato.** – [I]. La deliberazione prevista dal precedente articolo deve essere depositata e iscritta a norma dell'articolo 2436.

[II]. Nel termine di sessanta giorni (2) dall'iscrizione della deliberazione nel registro delle imprese i creditori sociali anteriori all'iscrizione possono fare opposizione. Il tribunale, nonostante l'opposizione, può disporre che la deliberazione sia eseguita previa prestazione da parte della società di idonea garanzia.

(1) *V. nota al Capo V.*
(2) *V. Avviso di rettifica in G.U. 4 luglio 2003, n. 153.*

2447-*quinquies*. (1) **Diritti dei creditori.** – [I]. Decorso il termine di cui al secondo comma del precedente articolo ovvero dopo l'iscrizione nel registro delle imprese del provvedimento del tribunale ivi previsto, i creditori della società non possono far valere alcun diritto sul patrimonio destinato allo specifico affare né, salvo che per la parte spettante alla società, sui frutti o proventi da esso derivanti.

[II]. Qualora nel patrimonio siano compresi immobili o beni mobili iscritti in pubblici registri, la disposizione del precedente comma non si applica fin quando la destinazione allo specifico affare non è trascritta nei rispettivi registri.

[III]. Qualora la deliberazione prevista dall'articolo 2447-*ter* non disponga diversamente, per le obbligazioni contratte in relazione allo specifico affare la società risponde nei limiti del patrimonio ad esso destinato. Resta salva tuttavia la responsabilità illimitata della società per le obbligazioni derivanti da fatto illecito.

[IV]. Gli atti compiuti in relazione allo specifico affare debbono recare espressa menzione del vincolo di destinazione; in mancanza ne risponde la società con il suo patrimonio residuo.

(1) *V. nota al Capo V.*

2447-*sexies*. (1) **Libri obbligatori e altre scritture contabili.** – [I]. Con riferimento allo specifico affare cui un patrimonio è destinato ai sensi della lettera *a*) del primo comma dell'articolo 2447-*bis*, gli amministratori tengono separatamente i libri e le scritture contabili prescritti dagli articoli 2214 e seguenti. Qualora siano emessi strumenti finanziari, la società deve altresì tenere un libro indicante le loro caratteristiche, l'ammontare di quelli emessi e di quelli estinti, le generalità dei titolari degli strumenti nominativi e i trasferimenti e i vincoli ad essi relativi (2).

(1) *V. nota al Capo V.*
(2) *Comma così modificato dall'art. 1 d.ls. 17 gennaio 2003, n. 6, come modificato dall'art. 5[1 ff)] d.ls. 6 febbraio 2004, n. 37.*

2447-*septies*. (1) **Bilancio.** – [I]. I beni e i rapporti compresi nei patrimoni destinati ai sensi della lettera *a*) del primo comma dell'articolo 2447-*bis* sono distintamente indicati nello stato patrimoniale della società.

[II]. Per ciascun patrimonio destinato gli amministratori redigono un separato rendiconto, allegato al bilancio, secondo quanto previsto dagli articoli 2423 e seguenti.

[iii]. Nella nota integrativa del bilancio della società gli amministratori devono illustrare il valore e la tipologia dei beni e dei rapporti giuridici compresi in ciascun patrimonio destinato, ivi inclusi quelli apportati da terzi, i criteri adottati per la imputazione degli elementi comuni di costo e di ricavo, nonché il corrispondente regime della responsabilità.

[iv]. Qualora la deliberazione costitutiva del patrimonio destinato preveda una responsabilità illimitata della società per le obbligazioni contratte in relazione allo specifico affare, l'impegno da ciò derivante deve risultare in calce allo stato patrimoniale e formare oggetto di valutazione secondo criteri da illustrare nella nota integrativa.

(1) *V. nota al Capo V.*

2447-*octies*. (1) **Assemblee speciali.** – [i]. Per ogni categoria di strumenti finanziari previsti dalla lettera *e*) del primo comma dell'articolo 2447-*ter* l'assemblea dei possessori delibera:

1) sulla nomina e sulla revoca dei rappresentanti comuni di ciascuna categoria, con funzione di controllo sul regolare andamento dello specifico affare, e sull'azione di responsabilità nei loro confronti;

2) sulla costituzione di un fondo per le spese necessarie alla tutela dei comuni interessi dei possessori degli strumenti finanziari e sul rendiconto relativo;

3) sulle modificazioni dei diritti attribuiti dagli strumenti finanziari;

4) sulle controversie con la società e sulle relative transazioni e rinunce;

5) sugli altri oggetti di interesse comune a ciascuna categoria di strumenti finanziari.

[ii]. Alle assemblee speciali si applicano le disposizioni contenute negli articoli 2415, secondo, terzo, quarto e quinto comma, 2416 e 2419.

[iii]. Al rappresentante comune si applicano gli articoli 2417 e 2418.

(1) *V. nota al Capo V.*

2447-*novies*. (1) **Rendiconto finale.** – [i]. Quando si realizza ovvero è divenuto impossibile l'affare cui è stato destinato un patrimonio ai sensi della lettera *a*) del primo comma dell'articolo 2447-*bis*, gli amministratori redigono un rendiconto finale che, accompagnato da una relazione dei sindaci e del soggetto incaricato della revisione legale dei conti, deve essere depositato presso l'ufficio del registro delle imprese (2).

[II]. Nel caso in cui non siano state integralmente soddisfatte le obbligazioni contratte per lo svolgimento dello specifico affare cui era destinato il patrimonio, i relativi creditori possono chiederne la liquidazione mediante lettera raccomandata da inviare alla società entro novanta giorni (3) dal deposito di cui al comma prece dente. In tale caso, si applicano esclusivamente le disposizioni sulla liquidazione delle società di cui al capo VIII del presente titolo, in quanto compatibili (4).

[III]. Sono comunque salvi, con riferimento ai beni e rapporti compresi nel patrimonio destinato, i diritti dei creditori previsti dall'articolo 2447-*quinquies*.

[IV]. La deliberazione costitutiva del patrimonio destinato può prevedere anche altri casi di cessazione della destinazione del patrimonio allo specifico affare. In tali ipotesi ed in quella di fallimento della società si applicano le disposizioni del presente articolo.

(1) *V. nota al Capo V.*

(2) *Comma modificato, dapprima, dall'art. 1 d.ls. 17 gennaio 2003, n. 6 (come modificato dall'art. 5[1] d.ls. 6 febbraio 2004, n. 37) e, da ultimo, dall'art. 37[23] d.ls. 27 gennaio 2010, n. 39.*

(3) *V. Avviso di rettifica in G.U. 4 luglio 2003, n. 153.*

(4) *Periodo così sostituito dall'art. 20 d.ls. 28 dicembre 2004, n. 310.*

2447-*decies*. (1) **Finanziamento destinato ad uno specifico affare.** – [I]. Il contratto relativo al finanziamento di uno specifico affare ai sensi della lettera *b*) del primo comma dell'articolo 2447-*bis* può prevedere che al rimborso totale o parziale del finanziamento siano destinati, in via esclusiva, tutti o parte dei proventi dell'affare stesso.

[II]. Il contratto deve contenere:

a) una descrizione dell'operazione che consenta di individuarne lo specifico oggetto; le modalità ed i tempi di realizzazione; i costi previsti ed i ricavi attesi;

b) il piano finanziario dell'operazione, indicando la parte coperta dal finanziamento e quella a carico della società;

c) i beni strumentali necessari alla realizzazione dell'operazione;

d) le specifiche garanzie che la società offre in ordine all'obbligo di esecuzione del contratto e di corretta e tempestiva realizzazione dell'operazione;

e) i controlli che il finanziatore, o soggetto da lui delegato, può effettuare sull'esecuzione dell'operazione;

f) la parte dei proventi destinati al rimborso del finanziamento e le modalità per determinarli;

g) le eventuali garanzie che la società presta per il rimborso di parte del finanziamento;

h) il tempo massimo di rimborso, decorso il quale nulla più è dovuto al finanziatore.

[III]. I proventi dell'operazione costituiscono patrimonio separato da quello della società, e da quello relativo ad ogni altra operazione di finanziamento effettuata ai sensi della presente disposizione, a condizione:

a) che copia del contratto sia depositata per l'iscrizione presso l'ufficio del registro delle imprese;

b) che la società adotti sistemi di incasso e di contabilizzazione idonei ad individuare in ogni momento i proventi dell'affare ed a tenerli separati dal restante patrimonio della società.

[IV]. Alle condizioni di cui al comma precedente, sui proventi, sui frutti di essi e degli investimenti eventualmente effettuati in attesa del rimborso al finanziatore, non sono ammesse azioni da parte dei creditori sociali; alle medesime condizioni, delle obbligazioni nei confronti del finanziatore risponde esclusivamente il patrimonio separato, salva l'ipotesi di garanzia parziale di cui al secondo comma, lettera *g*) (2).

[V]. I creditori della società, sino al rimborso del finanziamento, o alla scadenza del termine di cui al secondo comma, lettera *h*) sui beni strumentali destinati alla realizzazione dell'operazione possono esercitare esclusivamente azioni conservative a tutela dei loro diritti.

[VI]. Se il fallimento della società impedisce la realizzazione o la continuazione dell'operazione cessano le limitazioni di cui al comma precedente, ed il finanziatore ha diritto di insinuazione al passivo per il suo credito, al netto delle somme di cui ai commi terzo e quarto.

[VII]. Fuori dall'ipotesi di cartolarizzazione previste dalle leggi vigenti, il finanziamento non può essere rappresentato da titoli destinati alla circolazione.

[VIII]. La nota integrativa alle voci di bilancio relative ai proventi di cui al terzo comma, ed ai beni di cui al quarto comma, deve contenere l'indicazione della destinazione dei proventi e dei vincoli relativi ai beni.

(1) *V. nota al Capo V.*

(2) *Comma così modificato dall'art. 1 d.ls. 17 gennaio 2003, n. 6, come modificato dall'art. 5[1] d.ls. 6 febbraio 2004, n. 37.*

SEZIONE XII

2448. (1) **Effetti della pubblicazione nel registro delle imprese.** [I]. Gli atti per i quali il codice prescrive l'iscrizione o il deposito nel registro delle imprese sono opponibili ai terzi soltanto dopo tale pubblicazione, a meno che la società provi che i terzi ne erano a conoscenza.

[II]. Per le operazioni compiute entro il quindicesimo giorno dalla pubblicazione di cui al comma precedente, gli atti non sono opponibili ai terzi che provino di essere stati nella impossibilità di averne conoscenza.

(1) *V. nota al Capo V.*

SEZIONE XIII – *Delle società con partecipazione dello Stato o di enti pubblici*

2449. (1) **Società con partecipazione dello Stato o di enti pubblici.** – [I]. Se lo Stato o gli enti pubblici hanno partecipazioni in una società per azioni che non fa ricorso al mercato del capitale di rischio, lo statuto può ad essi conferire la facoltà di nominare un numero di amministratori e sindaci, ovvero componenti del consiglio di sorveglianza, proporzionale alla partecipazione al capitale sociale.

[II]. Gli amministratori e i sindaci o i componenti del consiglio di sorveglianza nominati a norma del primo comma possono essere revocati soltanto dagli enti che li hanno nominati. Essi hanno i diritti e gli obblighi dei membri nominati dall'assemblea. Gli amministratori non possono essere nominati per un periodo superiore a tre esercizi e scadono alla data dell'assemblea convocata per l'approvazione del bilancio relativo all'ultimo esercizio della loro carica.

[III]. I sindaci, ovvero i componenti del consiglio di sorveglianza, restano in carica per tre esercizi e scadono alla data dell'assemblea convocata per l'approvazione del bilancio relativo al terzo esercizio della loro carica.

[IV]. Alle società che fanno ricorso al capitale di rischio si applicano le disposizioni del sesto comma dell'articolo 2346. Il consiglio di amministrazione può altresì proporre all'assemblea, che delibera con le maggioranze previste per l'assemblea ordinaria, che i diritti amministrativi previsti dallo statuto a favore dello Stato o degli enti pubblici siano rappresentati da una particolare categoria di azioni. A tal fine è in ogni caso necessario il consenso dello Stato o dell'ente pubblico a favore del quale i diritti amministrativi sono previsti.

(1) *Articolo, da ultimo, così sostituito dall'art. 13[1] l. 25 febbraio 2008, n. 34 (legge comunitaria 2007). Ai sensi del successivo comma 2 dell'art. 13 l. n. 34, cit.: « Il consiglio di amministrazione, nelle società che ricorrono al capitale di rischio e nelle quali sia prevista la nomina di amministratori ai sensi dell'articolo 2449 del codice civile, nel testo vigente anteriormente alla data di entrata in vigore della [medesima] legge [21 marzo 2008], adegua lo statuto entro otto mesi da tale data, prevedendo che i diritti amministrativi siano rappresentati da strumenti finanziari, non trasferibili e condizionati alla persistenza della partecipazione dello Stato o dell'ente pubblico, ai sensi dell'articolo 2346, sesto comma, del codice civile. Scaduto il predetto termine di otto mesi, perdono efficacia le disposizioni statutarie non conformi alle disposizioni dell'articolo 2449, come sostituito dal comma 1 ».*

2450. (1) **[Amministratori e sindaci nominati dallo Stato o da enti pubblici].**

(1) *Articolo, da ultimo, abrogato dall'art. 3[1] d.l. 15 febbraio 2007, n. 10, conv., con modif., in l. 6 aprile 2007, n. 46, con effetto a decorrere dal 16 febbraio 2007.*

SEZIONE XIV – *Delle società di interesse nazionale*

2451. (1) **Norme applicabili.** – [I]. Le disposizioni di questo capo si applicano anche alle società per azioni d'interesse nazionale, compatibilmente con le disposizioni delle leggi speciali che stabiliscono per tali società una particolare disciplina circa la gestione sociale, la trasferibilità delle azioni, il diritto di voto e la nomina degli amministratori, dei sindaci e dei dirigenti.

(1) *V. nota al Capo V.*

CAPO VI – *Della società in accomandita per azioni* (1)

(1) *L'originario Capo VI, comprendente gli articoli da 2462 a 2471, è stato interamente sostituito dall'art. 2 d.ls. 17 gennaio 2003, n. 6, con effetto dal 1° gennaio 2004. L'attuale formulazione del Capo comprende gli articoli da 2452 a 2461.*

2452. (1) **Responsabilità e partecipazioni.** – [I]. Nella società in accomandita per azioni i soci accomandatari rispondono solidalmente e illimitatamente per le obbligazioni sociali, e i soci accomandanti sono obbligati nei limiti della quota di capitale sottoscritta. Le quote di partecipazione dei soci sono rappresentate da azioni.

(1) *V. nota al Capo VI.*

2453. (1) **Denominazione sociale.** – [I]. La denominazione della società è costituita dal nome di almeno uno dei soci accomandatari, con l'indicazione di società in accomandita per azioni.

(1) *V. nota al Capo VI.*

2454. (1) **Norme applicabili.** – [I]. Alla società in accomandita per azioni sono applicabili le norme relative alla società per azioni, in quanto compatibili con le disposizioni seguenti.

(1) *V. nota al Capo VI.*

2455. (1) **Soci accomandatari.** – [I]. L'atto costitutivo deve indicare i soci accomandatari.

[II]. I soci accomandatari sono di diritto amministratori e sono soggetti agli obblighi degli amministratori della società per azioni.

(1) *V. nota al Capo VI.*

2456. (1) **Revoca degli amministratori.** – [I]. La revoca degli amministratori deve essere deliberata con la maggioranza prescritta per le deliberazioni dell'assemblea straordinaria della società per azioni.

[II]. Se la revoca avviene senza giusta causa, l'amministratore revocato ha diritto al risarcimento dei danni.

(1) *V. nota al Capo VI.*

2457. (1) **Sostituzione degli amministratori.** – [I]. L'assemblea con la maggioranza indicata nell'articolo precedente provvede a sostituire l'amministratore che, per qualunque causa, ha cessato dal suo ufficio. Nel caso di pluralità di amministratori, la nomina deve essere approvata dagli amministratori rimasti in carica.

[II]. Il nuovo amministratore assume la qualità di socio accomandatario dal momento dell'accettazione della nomina.

(1) *V. nota al Capo VI.*

2458. (1) **Cessazione dall'ufficio di tutti i soci amministratori.** – [I]. In caso di cessazione dall'ufficio di tutti gli amministratori, la società si scioglie se nel termine di centottanta giorni (2) non si è provveduto alla loro sostituzione e i sostituti non hanno accettato la carica.

[II]. Per questo periodo il collegio sindacale nomina un amministratore provvisorio per il compimento degli atti di ordinaria amministrazione. L'amministratore provvisorio non assume la qualità di socio accomandatario.

(1) *V. nota al Capo VI.*

(2) *V. Avviso di rettifica in G.U. 4 luglio 2003, n. 153.*

2459. (1) **Sindaci, consiglio di sorveglianza e azione di responsabilità.** – [i]. I soci accomandatari non hanno diritto di voto per le azioni ad essi spettanti nelle deliberazioni dell'assemblea che concernono la nomina e la revoca dei sindaci ovvero dei componenti del consiglio di sorveglianza e l'esercizio dell'azione di responsabilità.

(1) *V. nota al Capo VI.*

2460. (1) **Modificazioni dell'atto costitutivo.** – [i]. Le modificazioni dell'atto costitutivo devono essere approvate dall'assemblea con le maggioranze prescritte per l'assemblea straordinaria della società per azioni, e devono inoltre essere approvate da tutti i soci accomandatari.

(1) *V. nota al Capo VI.*

2461. (1) **Responsabilità degli accomandatari verso i terzi.** – [i]. La responsabilità dei soci accomandatari verso i terzi è regolata dall'articolo 2304.

[ii]. Il socio accomandatario che cessa dall'ufficio di amministratore non risponde per le obbligazioni della società sorte posteriormente all'iscrizione nel registro delle imprese della cessazione dall'ufficio.

(1) *V. nota al Capo VI.*

Capo VII – *Della società a responsabilità limitata* (1)

(1) *L'originario Capo VII, comprendente gli articoli da 2472 a 2497-*bis*, è stato interamente sostituito dall'art. 3 d.ls. 17 gennaio 2003, n. 6, con effetto dal 1° gennaio 2004. L'attuale formulazione del Capo comprende gli articoli da 2462 a 2483. Per le modifiche apportate dal d.ls. 6 febbraio 2004, n. 37, v. la disciplina transitoria dettata dall'art. 6[1 e 2] dello stesso decreto legislativo.*

Sezione I – *Disposizioni generali*

2462. (1) **Responsabilità.** – [i]. Nella società a responsabilità limitata per le obbligazioni sociali risponde soltanto la società con il suo patrimonio.

[ii]. In caso di insolvenza della società, per le obbligazioni sociali sorte nel periodo in cui l'intera partecipazione è appartenuta ad una sola persona, questa risponde illimitatamente quando i conferimenti non siano stati effettuati secondo quanto previsto dall'articolo 2464, o fin quando non sia stata attuata la pubblicità prescritta dall'articolo 2470.

(1) *V. nota al Capo VII.*

2463. (1) **Costituzione.** – [I]. La società può essere costituita con contratto o con atto unilaterale.

[II]. L'atto costitutivo deve essere redatto per atto pubblico e deve indicare:

1) il cognome e il nome o la denominazione, la data e il luogo di nascita o lo Stato di costituzione, il domicilio o la sede, la cittadinanza di ciascun socio;

2) la denominazione, contenente l'indicazione di società a responsabilità limitata, e il comune ove sono poste la sede della società e le eventuali sedi secondarie;

3) l'attività che costituisce l'oggetto sociale;

4) l'ammontare del capitale, non inferiore a diecimila euro, sottoscritto e di quello versato;

5) i conferimenti di ciascun socio e il valore attribuito crediti (2) e ai beni conferiti in natura;

6) la quota di partecipazione di ciascun socio;

7) le norme relative al funzionamento della società, indicando quelle concernenti l'amministrazione, la rappresentanza;

8) le persone cui è affidata l'amministrazione e l'eventuale soggetto incaricato di effettuare la revisione legale dei conti;

9) l'importo globale, almeno approssimativo, della spese (3) per la costituzione poste a carico della società (4).

[III]. Si applicano alla società a responsabilità limitata le disposizioni degli articoli 2329, 2330, 2331, 2332 e 2341.

[IV]. L'ammontare del capitale può essere determinato in misura inferiore a euro diecimila, pari almeno a un euro. In tal caso i conferimenti devono farsi in denaro e devono essere versati per intero alle persone cui è affidata l'amministrazione (5).

[V]. La somma da dedurre dagli utili netti risultanti dal bilancio regolarmente approvato, per formare la riserva prevista dall'articolo 2430, deve essere almeno pari a un quinto degli stessi, fino a che la riserva non abbia raggiunto, unitamente al capitale, l'ammontare di diecimila euro. La riserva così formata può essere utilizzata solo per imputazione a capitale e per copertura di eventuali perdite. Essa deve essere reintegrata a norma del presente comma se viene diminuita per qualsiasi ragione (5).

(1) *V. nota al Capo VII.*

(2) *Leggasi:* ai crediti.

(3) *Leggasi:* delle spese.

(4) *Comma modificato, dapprima, dall'art. 1 d.ls. 17 gennaio 2003, n. 6 (come modificato dall'art. 5^{1} d.ls. 6 febbraio 2004, n. 37) e, da ultimo, dall'art. 37^{24} d.ls. 27 gennaio 2010, n. 39.*

(5) *Comma aggiunto dall'art. 9[15-ter] d.l. 28 giugno 2013, n. 76, conv., con modif., in l. 9 agosto 2013, n. 99.*

2463-*bis*. (1) (2) **Società a responsabilità limitata semplificata.** – [I]. La società a responsabilità limitata semplificata può essere costituita con contratto o atto unilaterale da persone fisiche (3).

[II]. L'atto costitutivo deve essere redatto per atto pubblico in conformità al modello standard tipizzato con decreto del Ministro della giustizia, di concerto con il Ministro dell'economia e delle finanze e con il Ministro dello sviluppo economico, e deve indicare:

1) il cognome, il nome, la data, il luogo di nascita, il domicilio, la cittadinanza di ciascun socio;

2) la denominazione sociale contenente l'indicazione di società a responsabilità limitata semplificata e il comune ove sono poste la sede della società e le eventuali sedi secondarie;

3) l'ammontare del capitale sociale, pari almeno ad 1 euro e inferiore all'importo di 10.000 euro previsto all'articolo 2463, secondo comma, numero 4), sottoscritto e interamente versato alla data della costituzione. Il conferimento deve farsi in denaro ed essere versato all'organo amministrativo;

4) i requisiti previsti dai numeri 3), 6), 7) e 8) del secondo comma dell'articolo 2463;

5) luogo e data di sottoscrizione;

6) gli amministratori (4).

[III]. Le clausole del modello standard tipizzato sono inderogabili (5).

[IV]. La denominazione di società a responsabilità limitata semplificata, l'ammontare del capitale sottoscritto e versato, la sede della società e l'ufficio del registro delle imprese presso cui questa è iscritta devono essere indicati negli atti, nella corrispondenza della società e nello spazio elettronico destinato alla comunicazione collegato con la rete telematica ad accesso pubblico (6).

[V]. Salvo quanto previsto dal presente articolo, si applicano alla società a responsabilità limitata semplificata le disposizioni del presente capo in quanto compatibili.

(1) *Articolo inserito dall'art. 3[1] d.l. 24 gennaio 2012, n. 1, conv., con modif., in l. 24 marzo 2012, n. 27.*

(2) *V. art. 44 d.l. 22 giugno 2012, n. 83, conv., con modif., in l. 7 agosto 2012, n. 134, che così dispone: « Art. 44. (*Società a responsabilità limitata a capitale ridotto*). — 1. Fermo quanto previsto dall'articolo 2463-*bis *del codice civile, la società a responsabilità limitata a capitale ridotto può essere costituita con contratto o atto unilaterale da persone fisiche che abbiano compiuto i trentacinque anni di età alla data della costituzione. — 2. L'atto costitutivo deve essere redatto per atto pubblico e deve indicare gli elementi di cui al secondo comma*

*dell'articolo 2463-*bis *del codice civile, ma per disposizione dello stesso atto costitutivo l'amministrazione della società può essere affidata a una o più persone fisiche anche diverse dai soci. — 3. La denominazione di società a responsabilità limitata a capitale ridotto, l'ammontare del capitale sottoscritto e versato, la sede della società e l'ufficio del registro delle imprese presso cui questa è iscritta devono essere indicati negli atti, nella corrispondenza della società e nello spazio elettronico destinato alla comunicazione collegato con la rete telematica ad accesso pubblico. — 4. Salvo quanto previsto dal presente articolo, si applicano alla società a responsabilità limitata a capitale ridotto le disposizioni del libro V, titolo V, capo VII, del codice civile, in quanto compatibili. — 4-*bis. *Al fine di favorire l'accesso dei giovani imprenditori al credito, il Ministro dell'economia e delle finanze promuove, senza nuovi o maggiori oneri a carico della finanza pubblica, un accordo con l'Associazione bancaria italiana per fornire credito a condizioni agevolate ai giovani di età inferiore a trentacinque anni, che intraprendono attività imprenditoriale attraverso la costituzione di una società a responsabilità limitata a capitale ridotto ».*

(3) *Le parole* « che non abbiano compiuto i trentacinque anni di età alla data della costituzione » *sono state soppresse dall'art. 9[13 lett. a)] d.l. 28 giugno 2013, n. 76, conv., con modif., in l. 9 agosto 2013, n. 99.*

(4) *Le parole* « , i quali devono essere scelti tra i soci » *sono state soppresse dall'art. 9[13 lett. b)] d.l. n. 76, cit.*

(5) *Comma aggiunto dall'art. 9[13 lett. b-bis)] d.l. n. 76, cit.*

(6) *Seguiva un comma, soppresso dall'art. 9[13 lett. c)] d.l. n. 76, cit. Il testo del comma era il seguente:* « È fatto divieto di cessione delle quote a soci non aventi i requisiti di età di cui al primo comma e l'eventuale atto è conseguentemente nullo ».

SEZIONE II – *Dei conferimenti e delle quote*

2464. (1) **Conferimenti.** – [I]. Il valore dei conferimenti non può essere complessivamente inferiore all'ammontare globale del capitale sociale.

[II]. Possono essere conferiti tutti gli elementi dell'attivo suscettibili di valutazione economica.

[III]. Se nell'atto costitutivo non è stabilito diversamente, il conferimento deve farsi in danaro.

[IV]. Alla sottoscrizione dell'atto costitutivo deve essere versato all'organo amministrativo nominato nell'atto costitutivo (2) almeno il venticinque per cento dei conferimenti in danaro e l'intero soprapprezzo o, nel caso di costituzione con atto unilaterale, il loro intero ammontare. I mezzi di pagamento sono indicati nell'atto (3). Il versamento può essere sostituito dalla stipula, per un importo almeno corrispondente, di una polizza di assicurazione o di una fideiussione (4) bancaria con le caratteristiche determinate con decreto del Presidente del Consiglio dei Ministri; in tal caso il socio può in ogni momento sostituire la polizza o la fideiussione (4) con il versamento del corrispondente importo in danaro.

[V]. Per i conferimenti di beni in natura e di crediti si osservano le disposizioni degli articoli 2254 e 2255. Le quote corrispondenti a tali conferimenti devono essere integralmente liberate al momento della sottoscrizione.

[VI]. Il conferimento può anche avvenire mediante la prestazione di una polizza di assicurazione o di una fideiussione bancaria con cui vengono garantiti, per l'intero valore ad essi assegnato, gli obblighi assunti dal socio aventi per oggetto la prestazione d'opera o di servizi a favore della società. In tal caso, se l'atto costitutivo lo prevede, la polizza o la fideiussione possono essere sostituite dal socio con il versamento a titolo di cauzione del corrispondente importo in danaro presso la società.

[VII]. Se viene meno la pluralità dei soci, i versamenti ancora dovuti devono essere effettuati nei novanta giorni.

(1) *V. nota al Capo VII.*

(2) *Le parole* « all'organo amministrativo nominato nell'atto costitutivo » *sono state sostituite alle parole* « presso una banca » *dall'art. 9*[15-bis lett. a)] *d.l. 28 giugno 2013, n. 76, conv., con modif., in l. 9 agosto 2013, n. 99.*

(3) *Periodo inserito dall'art. 9*[15-bis lett. b)] *d.l. n. 76, cit.*

(4) *V.* Errata-corrige *in G.U. 4 luglio 2003, n. 153.*

2465. (1) **Stima dei conferimenti di beni in natura e di crediti.** – [I]. Chi conferisce beni in natura o crediti deve presentare la relazione giurata di un revisore legale o di una società di revisione legali iscritti nell'apposito registro. La relazione, che deve contenere la descrizione dei beni o crediti conferiti, l'indicazione dei criteri di valutazione adottati e l'attestazione che il loro valore è almeno pari a quello ad essi attribuito ai fini della determinazione del capitale sociale e dell'eventuale soprapprezzo, deve essere allegata all'atto costitutivo (2).

[II]. La disposizione del precedente comma si applica in caso di acquisto da parte della società, per un corrispettivo pari o superiore al decimo del capitale sociale, di beni o di crediti dei soci fondatori, dei soci e degli amministratori, nei due anni dalla iscrizione della società nel registro delle imprese. In tal caso l'acquisto, salvo diversa disposizione dell'atto costitutivo, deve essere autorizzato con decisione dei soci a norma dell'articolo 2479.

[III]. Nei casi previsti dai precedenti commi si applicano il secondo comma dell'articolo 2343 ed il quarto e quinto comma dell'articolo 2343-*bis*.

(1) *V. nota al Capo VII.*

(2) *Comma così modificato dall'art. 37*[25] *d.ls. 27 gennaio 2010, n. 39.*

2466. (1) **Mancata esecuzione dei conferimenti.** – [I]. Se il socio non esegue il conferimento nel termine prescritto, gli amministratori diffidano il socio moroso ad eseguirlo nel termine di trenta giorni.

[II]. Decorso inutilmente questo termine gli amministratori, qualora non ritengano utile promuovere azione per l'esecuzione dei conferimenti dovuti, possono vendere agli altri soci in proporzione della loro partecipazione la quota del socio moroso. La vendita è effettuata a rischio e pericolo del medesimo per il valore risultante dall'ultimo bilancio approvato. In mancanza di offerte per l'acquisto, se l'atto costitutivo lo consente, la quota è venduta all'incanto.

[III]. Se la vendita non può aver luogo per mancanza di compratori, gli amministratori escludono il socio, trattenendo le somme riscosse. Il capitale deve essere ridotto in misura corrispondente.

[IV]. Il socio moroso non può partecipare alle decisioni dei soci.

[V]. Le disposizioni dei precedenti commi si applicano anche nel caso in cui per qualsiasi motivo siano scadute o divengano inefficaci la polizza assicurativa o la garanzia bancaria prestate ai sensi dell'articolo 2464. Resta salva in tal caso la possibilità del socio di sostituirle con il versamento del corrispondente importo di danaro.

(1) *V. nota al Capo VII.*

2467. (1) (2) (3) **Finanziamenti dei soci.** – [I]. Il rimborso dei finanziamenti dei soci a favore della società è postergato rispetto alla soddisfazione degli altri creditori (4).

[II]. Ai fini del precedente comma s'intendono finanziamenti dei soci a favore della società quelli, in qualsiasi forma effettuati, che sono stati concessi in un momento in cui, anche in considerazione del tipo di attività esercitata dalla società, risulta un eccessivo squilibrio dell'indebitamento rispetto al patrimonio netto oppure in una situazione finanziaria della società nella quale sarebbe stato ragionevole un conferimento.

(1) *V. nota al Capo VII.*

(2) *In deroga a quanto disposto dal presente articolo v. art. 182-*quater *r.d. 16 marzo 1942, n. 267, e nella la nuova disciplina, v. art. 102 d.ls. 12 gennaio 2019, n. 14, Codice della crisi d'impresa e dell'insolvenza.*

(3) *Ai sensi dell'art. 1[239] l. 27 dicembre 2017, n. 205 (legge di bilancio 2018), il presente articolo non si applica alle somme versate dai soci alle cooperative a titolo di prestito sociale.*

(4) *Le parole* « e, se avvenuto nell'anno precedente la dichiarazione di fallimento della società, deve essere restituito » *che seguivano le parole* « degli altri creditori » *sono state soppresse dall'art. 383 d.ls. n. 14, cit.*

2468. (1) **Quote di partecipazione.** – [I]. Le partecipazioni dei soci non possono essere rappresentate da azioni né costituire oggetto di offerta al pubblico di prodotti finanziari (2).

[II]. Salvo quanto disposto dal terzo (3) comma del presente articolo, i diritti sociali spettano ai soci in misura proporzionale alla partecipazione da ciascuno posseduta. Se l'atto costitutivo non prevede diversamente, le partecipazioni dei soci sono determinate in misura proporzionale al conferimento.

[III]. Resta salva la possibilità che l'atto costitutivo preveda l'attribuzione a singoli soci di particolari diritti riguardanti l'amministrazione della società o la distribuzione degli utili.

[IV]. Salvo diversa disposizione dell'atto costitutivo e salvo in ogni caso quanto previsto dal primo comma dell'articolo 2473, i diritti previsti dal precedente comma possono essere modificati solo con il consenso di tutti i soci.

[V]. Nel caso di comproprietà di una partecipazione, i diritti dei comproprietari devono essere esercitati da un rappresentante comune nominato secondo le modalità previste dagli articoli 1105 e 1106 (4).

(1) *V. nota al Capo VII.*

(2) *Comma così modificato dall'art. 5[1] d.ls. 28 marzo 2007, n. 51, con effetto a decorrere dal 24 aprile 2007.*

(3) *V. Avviso di rettifica in G.U. 4 luglio 2003, n. 153.*

(4) *Seguiva un periodo soppresso dall'art. 21 d.ls. 28 dicembre 2004, n. 310.*

2469. (1) **Trasferimento delle partecipazioni.** – [I]. Le partecipazioni sono liberamente trasferibili per atto tra vivi e per successione a causa di morte, salvo contraria disposizione dell'atto costitutivo (2).

[II]. Qualora l'atto costitutivo preveda l'intrasferibilità delle partecipazioni o ne subordini il trasferimento al gradimento di organi sociali, di soci o di terzi senza prevederne condizioni e limiti, o ponga condizioni o limiti che nel caso concreto impediscono il trasferimento a causa di morte, il socio o i suoi eredi possono esercitare il diritto di recesso ai sensi dell'articolo 2473. In tali casi l'atto costitutivo può stabilire un termine, non superiore a due anni dalla costituzione della società o dalla sottoscrizione della partecipazione, prima del quale il recesso non può essere esercitato.

(1) *V. nota al Capo VII.*

(2) *Comma così modificato dall'art. 3 d.ls. 17 gennaio 2003, n. 6, come modificato dall'art. 5[1 nn)] d.ls. 6 febbraio 2004, n. 37.*

2470. (1) **Efficacia e pubblicità.** – [I]. Il trasferimento delle partecipazioni ha effetto di fronte alla società dal momento del deposito di cui al successivo comma (2).

[II]. L'atto di trasferimento, con sottoscrizione autenticata, deve essere depositato entro trenta giorni, a cura del notaio autenticante, presso l'ufficio del registro delle imprese nella cui circoscrizione è stabilita la sede sociale. In caso di trasferimento a causa di morte il deposito è effettuato a richiesta dell'erede o del legatario verso presentazione della documentazione richiesta per l'annotazione nel libro dei soci dei corrispondenti trasferimenti in materia di società per azioni (2) (3).

[III]. Se la quota è alienata con successivi contratti a più persone, quella tra esse che per prima ha effettuato in buona fede l'iscrizione nel registro delle imprese è preferita alle altre, anche se il suo titolo è di data posteriore.

[IV]. Quando l'intera partecipazione appartiene ad un solo socio o muta la persona dell'unico socio, gli amministratori devono depositare per l'iscrizione nel registro delle imprese una dichiarazione contenente l'indicazione del cognome e nome o della denominazione, della data e del luogo di nascita o lo Stato di costituzione, del domicilio o della sede e cittadinanza dell'unico socio (4).

[V]. Quando si costituisce o ricostituisce la pluralità dei soci, gli amministratori ne devono depositare apposita dichiarazione per l'iscrizione nel registro delle imprese.

[VI]. L'unico socio o colui che cessa di essere tale può provvedere alla pubblicità prevista nei commi precedenti.

[VII]. Le dichiarazioni degli amministratori previste dai commi quarto e quinto devono essere depositate entro trenta giorni dall'avvenuta variazione della compagine sociale (5).

(1) *V. nota al Capo VII.*

(2) *Comma così modificato dall'art. 16$^{12\text{-quater}}$ d.l. 29 novembre 2008, n. 185, conv., con modif., in l. 28 gennaio 2009, n. 2. Ai sensi dell'art. 16$^{12\text{-undecies}}$ d.l. n. 185, cit., le presenti disposizioni « entrano in vigore il sessantesimo giorno successivo alla data di entrata in vigore della [l. n. 2, cit.]. Entro tale termine, gli amministratori delle società a responsabilità limitata depositano, con esenzione da ogni imposta e tassa, apposita dichiarazione per integrare le risultanze del registro delle imprese con quelle del libro dei soci ».*

(3) *In tema di sottoscrizione dell'atto di trasferimento di partecipazioni societarie, v. art. 36$^{1\text{-bis}}$ d.l. 25 giugno 2008, n. 112, conv., con modif., in l. 6 agosto 2008, n. 133. Ai sensi dell'art. 14^{8} l. 12 novembre 2011, n. 183 (legge di stabilità 2012), in vigore dal 1° gennaio 2012, il suddetto art. 36$^{1\text{-bis}}$ d.l. n. 112, cit., « deve intendersi nel senso che l'atto di trasferimento delle partecipazioni di società a responsabilità limitata ivi disciplinato è in deroga al secondo comma dell'articolo 2470 del codice civile ed è sottoscritto con la firma digitale di cui all'art. 24 del codice di cui al d.lgs. 7 marzo 2005, n. 82 ».*

(4) *Comma così modificato dall'art. 3 d.ls. 17 gennaio 2003, n. 6, come modificato dall'art. 5[1] d.ls. 6 febbraio 2004, n. 37.*

(5) *Comma così sostituito dall'art. 16[12-quater] d.l. n. 185, cit., con la decorrenza indicata alla nota 2.*

2471. (1) **Espropriazione della partecipazione.** – [i]. La partecipazione può formare oggetto di espropriazione. Il pignoramento si esegue mediante notificazione al debitore e alla società e successiva iscrizione nel registro delle imprese (2).

[ii]. L'ordinanza del giudice che dispone la vendita della partecipazione deve essere notificata alla società a cura del creditore.

[iii]. Se la partecipazione non è liberamente trasferibile e il creditore, il debitore e la società non si accordano sulla vendita della quota stessa, la vendita ha luogo all'incanto; ma la vendita è priva di effetto se, entro dieci giorni dall'aggiudicazione, la società presenta un altro acquirente che offra lo stesso prezzo.

[iv]. Le disposizioni del comma precedente si applicano anche in caso di fallimento di un socio.

(1) *V. nota al Capo VII.*

(2) *Comma così modificato dall'art. 16[12-quinquies] d.l. 29 novembre 2008, n. 185, conv., con modif., in l. 28 gennaio 2009, n. 2, con la decorrenza indicata* sub *art. 2470.*

2471-*bis*. (1) **Pegno, usufrutto e sequestro della partecipazione.** [i]. La partecipazione può formare oggetto di pegno, usufrutto e sequestro. Salvo quanto disposto dal terzo comma dell'articolo che precede, si applicano le disposizioni dell'articolo 2352.

(1) *V. nota al Capo VII.*

2472. (1) **Responsabilità dell'alienante per i versamenti ancora dovuti.** – [i]. Nel caso di cessione della partecipazione l'alienante è obbligato solidalmente con l'acquirente, per il periodo di tre anni dall'iscrizione del trasferimento nel registro delle imprese, per i versamenti ancora dovuti (2).

[ii]. Il pagamento non può essere domandato all'alienante se non quando la richiesta al socio moroso è rimasta infruttuosa.

(1) *V. nota al Capo VII.*

(2) *Comma così modificato dall'art. 16[12-sexies] d.l. 29 novembre 2008, n. 185, conv., con modif., in l. 28 gennaio 2009, n. 2, con la decorrenza indicata* sub *art. 2470.*

2473. (1) **Recesso del socio.** – [i]. L'atto costitutivo determina quando il socio può recedere dalla società e le relative modalità. In ogni caso il diritto di recesso compete ai soci che non hanno consentito al cambiamento dell'oggetto o del tipo di società, alla sua fusione o scissione, alla revoca dello stato di liquidazione al trasferimento della sede all'estero alla eliminazione di una o più cause di recesso previste dall'atto costitutivo e al compimento di operazioni che comportano una sostanziale modificazione dell'oggetto della società determinato nell'atto costitutivo o una rilevante modificazione dei diritti attribuiti ai soci a norma dell'articolo 2468, quarto comma. Restano salve le disposizioni in materia di recesso per le società soggette ad attività di direzione e coordinamento.

[II]. Nel caso di società contratta a tempo indeterminato il diritto di recesso compete al socio in ogni momento e può essere esercitato con un preavviso di almeno centottanta giorni (2); l'atto costitutivo può prevedere un periodo di preavviso di durata maggiore purché non superiore ad un anno.

[III]. I soci che recedono dalla società hanno diritto di ottenere il rimborso della propria partecipazione in proporzione del patrimonio sociale. Esso a tal fine è determinato tenendo conto del suo valore di mercato al momento della dichiarazione di recesso; in caso di disaccordo la determinazione è compiuta tramite relazione giurata di un esperto nominato dal tribunale, che provvede anche sulle spese, su istanza della parte più diligente; si applica in tal caso il primo comma dell'articolo 1349.

[IV]. Il rimborso delle partecipazioni per cui è stato esercitato il diritto di recesso deve essere eseguito entro centottanta giorni (2) dalla comunicazione del medesimo fatta alla società. Esso può avvenire anche mediante acquisto da parte degli altri soci proporzionalmente alle loro partecipazioni oppure da parte di un terzo concordemente individuato da soci medesimi. Qualora ciò non avvenga, il rimborso è effettuato utilizzando riserve disponibili o, in mancanza, corrispondentemente riducendo il capitale sociale; in quest'ultimo caso si applica l'articolo 2482 e, qualora sulla base di esso non risulti possibile il rimborso della partecipazione del socio receduto, la società viene posta in liquidazione (3).

[V]. Il recesso non può essere esercitato e, se già esercitato, è privo di efficacia, se la società revoca la delibera che lo legittima ovvero se è deliberato lo scioglimento della società.

(1) *V. nota al Capo VII.*

(2) *V. Avviso di rettifica in G.U. 4 luglio 2003, n. 153.*

(3) *Comma così modificato dall'art. 3 d.lgs. 17 gennaio 2003, n. 6, come modificato dall'art. 5[1 pp)] d.lgs. 6 febbraio 2004, n. 37.*

2473-*bis*. (1) **Esclusione del socio.** – [I]. L'atto costitutivo può prevedere specifiche ipotesi di esclusione per giusta causa del socio. In tal caso si applicano le disposizioni del precedente articolo, esclusa la possibilità del rimborso della partecipazione mediante riduzione del capitale sociale.

(1) *V. nota al Capo VII.*

2474. (1) **Operazioni sulle proprie partecipazioni.** – [I]. In nessun caso la società può acquistare o accettare in garanzia partecipazioni proprie, ovvero accordare prestiti o fornire garanzia per il loro acquisto o la loro sottoscrizione.

(1) *V. nota al Capo VII.*

SEZIONE III – *Dell'amministrazione della società e dei controlli*

2475. (1) **Amministrazione della società.** – [I]. L'istituzione degli assetti di cui all'articolo 2086, secondo comma, spetta esclusivamente agli amministratori. Salvo diversa disposizione dell'atto costitutivo, l'amministrazione della società è affidata a uno o più soci nominati con decisione dei soci presa ai sensi dell'articolo 2479. Si applica l'articolo 2382 (2) (3).

[II]. All'atto di nomina degli amministratori si applicano il primo, (4) quarto e quinto comma dell'articolo 2383.

[III]. Quando l'amministrazione è affidata a più persone, queste costituiscono il consiglio di amministrazione. L'atto costitutivo può tuttavia prevedere, salvo quanto disposto nell'ultimo comma del presente articolo, che l'amministrazione sia ad esse affidata disgiuntamente oppure congiuntamente; in tali casi si applicano, rispettivamente, gli articoli 2257 e 2258.

[IV]. Qualora sia costituito un consiglio di amministrazione, l'atto costitutivo può prevedere che le decisioni siano adottate mediante consultazione scritta o sulla base del consenso espresso per iscritto. In tal caso dai documenti sottoscritti dagli amministratori devono risultare con chiarezza l'argomento oggetto della decisione ed il consenso alla stessa.

[V]. La redazione del progetto di bilancio e dei progetti di fusione o scissione, nonché le decisioni di aumento del capitale ai sensi dell'articolo 2481 sono in ogni caso di competenza dell'organo amministrativo (5).

[VI]. Si applica, in quanto compatibile, l'articolo 2381 (6).

(1) *V. nota al Capo VII.*

(2) *Periodo aggiunto dall'art. 6[1, lett. a)] d.ls. 8 novembre 2021, n. 183.*

(3) *Comma, da ultimo, così sostituito dall'art. 40[4] d.ls. 26 ottobre 2020, n. 147, a decorrere dal 20 novembre 2020, ai sensi dell'art. 42 dello stesso d.ls. Il testo del comma, come sostituito dall'art. 377[4] d.ls. 12 gennaio 2019, n. 14, era il seguente:* « La gestione dell'impresa si svolge

nel rispetto della disposizione di cui all'articolo 2086, secondo comma, e spetta esclusivamente agli amministratori, i quali compiono le operazioni necessarie per l'attuazione dell'oggetto sociale. Salvo diversa disposizione dell'atto costitutivo, l'amministrazione della società è affidata a uno o più soci nominati con decisione dei soci presa ai sensi dell'articolo 2479 ». *Tale modifica, ai sensi dell'art. 389[2] d.ls. n. 14, cit., era entrata in vigore il 16 marzo 2019 (trentesimo giorno successivo alla pubblicazione nella Gazzetta Ufficiale del suddetto decreto).*

(4) *La parola* « primo, » *è stata aggiunta dall'art. 6[1, lett. a)] d.ls. n. 183, cit.*

(5) *V. Avviso di rettifica in G.U. 4 luglio 2003, n. 153.*

(6) *Comma aggiunto dall'art. 377[5] d.ls. n. 14, cit., con la decorrenza di cui all'art. 389[2] d.ls. n. 14, cit., indicata alla nota 2.*

2475-*bis*. (1) **Rappresentanza della società.** – [I]. Gli amministratori hanno la rappresentanza generale della società.

[II]. Le limitazioni ai poteri degli amministratori che risultano dall'atto costitutivo o dall'atto di nomina, anche se pubblicate, non sono opponibili ai terzi, salvo che si provi che questi abbiano intenzionalmente agito a danno della società.

(1) *V. nota al Capo VII.*

2475-*ter*. (1) **Conflitto di interessi.** – [I]. I contratti conclusi dagli amministratori che hanno la rappresentanza della società in conflitto di interessi, per conto proprio o di terzi, con la medesima possono essere annullati su domanda della società, se il conflitto era conosciuto o riconoscibile dal terzo.

[II]. Le decisioni adottate dal consiglio di amministrazione con il voto determinante di un amministratore in conflitto di interessi con la società, qualora le cagionino un danno patrimoniale, possono essere impugnate entro novanta giorni (2) dagli amministratori e, ove esistenti, dai soggetti previsti dall'articolo 2477. In ogni caso sono salvi i diritti acquistati in buona fede dai terzi in base ad atti compiuti in esecuzione della decisione.

(1) *V. nota al Capo VII.*

(2) *V. Avviso di rettifica in G.U. 4 luglio 2003, n. 153.*

2476. (1) **Responsabilità degli amministratori e controllo dei soci.** – [I]. Gli amministratori sono solidalmente responsabili verso la società dei danni derivanti dall'inosservanza dei doveri ad essi imposti dalla legge e dall'atto costitutivo per l'amministrazione della società. Tuttavia la responsabilità non si estende a quelli che dimostrino di essere esenti da colpa e, essendo a cognizione che l'atto si stava per compiere, abbiano fatto constare del proprio dissenso.

[II]. I soci che non partecipano all'amministrazione hanno diritto di avere dagli amministratori notizie sullo svolgimento degli affari sociali e di consultare, anche tramite professionisti di loro fiducia, i libri sociali ed i documenti relativi all'amministrazione.

[III]. L'azione di responsabilità contro gli amministratori è promossa da ciascun socio, il quale può altresì chiedere, in caso di gravi irregolarità nella gestione della società, che sia adottato provvedimento cautelare di revoca degli amministratori medesimi. In tal caso il giudice può subordinare il provvedimento alla prestazione di apposita cauzione.

[IV]. In caso di accoglimento della domanda la società, salvo il suo diritto di regresso nei confronti degli amministratori, rimborsa agli attori le spese di giudizio e quelle da essi sostenute per l'accertamento dei fatti.

[V]. Salvo diversa disposizione dell'atto costitutivo, l'azione di responsabilità contro gli amministratori può essere oggetto di rinuncia o transazione da parte della società, purché vi consenta una maggioranza dei soci rappresentante almeno i due terzi del capitale sociale e purché non si oppongano tanti soci che rappresentano almeno il decimo del capitale sociale.

[VI]. Gli amministratori rispondono verso i creditori sociali per l'inosservanza degli obblighi inerenti alla conservazione dell'integrità del patrimonio sociale. L'azione può essere proposta dai creditori quando il patrimonio sociale risulta insufficiente al soddisfacimento dei loro crediti. La rinunzia all'azione da parte della società non impedisce l'esercizio dell'azione da parte dei creditori sociali. La transazione può essere impugnata dai creditori sociali soltanto con l'azione revocatoria quando ne ricorrono gli estremi (2).

[VII]. Le disposizioni dei precedenti commi non pregiudicano il diritto al risarcimento dei danni spettante al singolo socio o al terzo che sono stati direttamente danneggiati da atti dolosi o colposi degli amministratori.

[VIII]. Sono altresì solidalmente responsabili con gli amministratori, ai sensi dei precedenti commi, i soci che hanno intenzionalmente deciso o autorizzato il compimento di atti dannosi per la società, i soci o i terzi.

[IX]. L'approvazione del bilancio da parte dei soci non implica liberazione degli amministratori e dei sindaci per le responsabilità incorse nella gestione sociale.

(1) *V. nota al Capo VII.*

(2) *Comma inserito dall'art. 378[1] d.lgs. 12 gennaio 2019, n. 14. Ai sensi dell'art. 389[2] d.lgs. n. 14, cit., la presente disposizione è entrata in vigore il 16 marzo 2019 (« il trentesimo giorno successivo alla pubblicazione nella Gazzetta Ufficiale » del suddetto decreto).*

2477. (1) **Sindaco e revisione legale dei conti.** – [I]. L'atto costitutivo può prevedere, determinandone le competenze e i poteri, ivi compresa la revisione legale dei conti, la nomina di un organo di controllo o di un revisore. Se lo statuto non dispone diversamente, l'organo di controllo è costituito da un solo membro effettivo (2) (3).

[II]. La nomina dell'organo di controllo o del revisore è obbligatoria se la società:

a) è tenuta alla redazione del bilancio consolidato;

b) controlla una società obbligata alla revisione legale dei conti;

c) ha superato per due esercizi consecutivi almeno uno dei seguenti limiti:

1) totale dell'attivo dello stato patrimoniale: 4 milioni di euro;

2) ricavi delle vendite e delle prestazioni: 4 milioni di euro;

3) dipendenti occupati in media durante l'esercizio: 20 unità (4).

[III]. L'obbligo di nomina dell'organo di controllo o del revisore di cui alla lettera c) del secondo comma cessa quando, per tre esercizi consecutivi, non è superato alcuno dei predetti limiti (4).

[IV]. Nel caso di nomina di un organo di controllo, anche monocratico, si applicano le disposizioni sul collegio sindacale previste per le società per azioni (5).

[V]. L'assemblea che approva il bilancio in cui vengono superati i limiti indicati al secondo comma (6) deve provvedere, entro trenta giorni, alla nomina dell'organo di controllo o del revisore (7). Se l'assemblea non provvede, alla nomina provvede il tribunale su richiesta di qualsiasi soggetto interessato o su segnalazione del conservatore del registro delle imprese (8).

[VI]. Si applicano le disposizioni dell'articolo 2409 anche se la società è priva di organo di controllo (9).

(1) *Articolo sostituito dall'art. 14[13] l. 12 novembre 2011, n. 183 (legge di stabilità 2012), con effetto a decorrere dal 1° gennaio 2012. Ai sensi dell'art. 14[13-bis] l. n. 183, cit., nelle società a responsabilità limitata, i collegi sindacali nominati entro il 31 dicembre 2011 rimangono in carica fino alla scadenza naturale del mandato deliberata dall'assemblea che li ha nominati. V. inoltre il comma 9 del medesimo art. 14 l. n. 183, cit. Precedentemente l'articolo era stato sostituito dall'art. 37[26] d.ls. 27 gennaio 2010, n. 39.*

(2) *Comma così sostituito dall'art. 35[2 lett. a)] d.l. 9 febbraio 2012, n. 5, conv., con modif., in l. 4 aprile 2012, n. 35.*

(3) *Seguiva un secondo comma, abrogato dall'art. 20[8] d.l. 24 giugno 2014, n. 91, conv., con modif., in l. 11 agosto 2014, n. 116. Il testo del comma, come modificato dall'art. 35[2 lett. b)] d.l. n. 5, cit., era il seguente:* « La nomina dell'organo di controllo o del revisore è obbligatoria se il capitale sociale non è inferiore a quello minimo stabilito per le società per azioni ». *V. il secondo periodo dell'art. 20[8] d.l. n. 91, cit.: « Conseguentemente, la sopravvenuta insussistenza dell'obbligo di nomina dell'organo di controllo o del revisore costituisce giusta causa di revoca ».*

(4) *I commi secondo e terzo sono stati, da ultimo, così sostituiti, in sede di conversione, dall'art. 2-bis*[2] *d.l. 18 aprile 2019, n. 32, conv., con modif., in l. 14 giugno 2019, n. 55. Il testo dei commi, come sostituiti dall'art. 379*[1] *d.lgs. 12 gennaio 2019, n. 14, era il seguente:* « La nomina dell'organo di controllo o del revisore è obbligatoria se la società: *a)* è tenuta alla redazione del bilancio consolidato; *b)* controlla una società obbligata alla revisione legale dei conti; *c)* ha superato per due esercizi consecutivi almeno uno dei seguenti limiti: 1) totale dell'attivo dello stato patrimoniale: 2 milioni di euro; 2) ricavi delle vendite e delle prestazioni: 2 milioni di euro; 3) dipendenti occupati in media durante l'esercizio: 10 unità. — L'obbligo di nomina dell'organo di controllo o del revisore di cui alla lettera *c)* del terzo comma cessa quando, per tre esercizi consecutivi, non è superato alcuno dei predetti limiti » *Ai sensi dell'art. 389*[2] *d.lgs. n. 14, cit., le suddette disposizioni erano entrate in vigore il 16 marzo 2019 (« il trentesimo giorno successivo alla pubblicazione nella Gazzetta Ufficiale » del suddetto decreto). V. anche il comma 3 del suddetto art. 379, che così dispone: « 3. Le società a responsabilità limitata e le società cooperative costituite alla data di entrata in vigore del presente articolo, quando ricorrono i requisiti di cui al comma 1, devono provvedere a nominare gli organi di controllo o il revisore e, se necessario, ad uniformare l'atto costitutivo e lo statuto alle disposizioni di cui al predetto comma entro nove mesi dalla predetta data. Fino alla scadenza del termine, le previgenti disposizioni dell'atto costitutivo e dello statuto conservano la loro efficacia anche se non sono conformi alle inderogabili disposizioni di cui al comma 1. Ai fini della prima applicazione delle disposizioni di cui all'articolo 2477 del codice civile, commi secondo e terzo, come sostituiti dal comma 1, si ha riguardo ai due esercizi antecedenti la scadenza indicata nel primo periodo ». Precedentemente i commi secondo e terzo erano stati modificati dall'art. 35*[2 lett. b)] *d.l. n. 5, cit., e con riferimento al solo comma secondo anche dall'art. 20*[8] *d.l. n. 91, cit.*

(5) *Comma così sostituito dall'art. 35*[2 lett. c)] *d.l. n. 5, cit.*

(6) *Le parole* « limiti indicati al secondo comma » *sono state sostituite alle parole* « limiti indicati al terzo comma » *dall'art. 2-bis*[3] *d.l. n. 32, cit. Precedentemente le parole* « secondo e », *che seguivano le parole* « limiti indicati al », *erano state soppresse dall'art. 20*[8] *d.l. n. 91, cit., che disponeva altresì: « Conseguentemente, la sopravvenuta insussistenza dell'obbligo di nomina dell'organo di controllo o del revisore costituisce giusta causa di revoca ».*

(7) *Le parole* « dell'organo di controllo o del revisore » *sono state sostituite alle parole* « del sindaco » *dall'art. 35*[2 lett. b)] *d.l. n. 5, cit.*

(8) *Le parole* « o su segnalazione del conservatore del registro delle imprese » *sono state aggiunte dall'art. 379*[2] *d.lgs. n. 14, cit. Ai sensi dell'art. 389*[2] *d.lgs. n. 14, cit., le presenti disposizioni sono entrate in vigore il 16 marzo 2019, per cui v. nota 4. V. anche il comma 3 del suddetto art. 379, riportato nella nota 4.*

(9) *Comma aggiunto dall'art. 379*[2] *d.lgs. n. 14, cit. Ai sensi dell'art. 389*[2] *d.lgs. n. 14, cit., le presenti disposizioni sono entrate in vigore il 16 marzo 2019, per cui v. nota 4. V. anche il comma 3 del suddetto art. 379, riportato nella nota 4.*

2478. (1) **Libri sociali obbligatori.** – [I]. Oltre i libri e le altre scritture contabili prescritti nell'articolo 2214, la società deve tenere:

1) (2);

2) il libro delle decisioni dei soci, nel quale sono trascritti senza indugio sia i verbali delle assemblee, anche se redatti per atto pubblico, sia le decisioni prese ai sensi del primo periodo del terzo

comma dell'articolo 2479; la relativa documentazione è conservata dalla società;

3) il libro delle decisioni degli amministratori;

4) il libro delle decisioni del collegio sindacale nominato ai sensi dell'articolo 2477 (3).

[II]. I libri indicati nei numeri 2) e 3) del primo comma devono essere tenuti a cura degli amministratori; il libro indicato nel numero 4) del primo comma deve essere tenuto a cura dei sindaci (4).

[III]. I contratti della società con l'unico socio o le operazioni a favore dell'unico socio sono opponibili ai creditori della società solo se risultano dal libro indicato nel numero 3 del primo comma o da atto scritto avente data certa anteriore al pignoramento.

(1) *V. nota al Capo VII.*

(2) *Numero abrogato dall'art. 16[12-septies] d.l. 29 novembre 2008, n. 185, conv., con modif., in l. 28 gennaio 2009, n. 2, con la decorrenza indicata sub art. 2470.*

(3) *Comma così modificato dall'art. 37[27] d.ls. 27 gennaio 2010, n. 39.*

(4) *Comma modificato, dapprima, dall'art. 16[12-septies] d.l. n. 185, cit., con la decorrenza indicata* sub *art. 2470, e, da ultimo, dall'art. 37[27] d.ls. n. 39, cit.*

2478-*bis*. (1) (2) (3) **Bilancio e distribuzione degli utili ai soci.** – [I]. Il bilancio deve essere redatto con l'osservanza delle disposizioni di cui alla sezione IX, del capo V del presente libro (4). Esso è presentato ai soci entro il termine stabilito dall'atto costitutivo e comunque non superiore a centoventi giorni dalla chiusura dell'esercizio sociale, salva la possibilità di un maggior termine nei limiti ed alle condizioni previsti dal secondo comma dell'articolo 2364.

[II]. Entro trenta giorni dalla decisione dei soci di approvazione del bilancio deve essere depositata presso l'ufficio del registro delle imprese, a norma dell'articolo 2435, copia del bilancio approvato (5).

[III]. La decisione dei soci che approva il bilancio decide sulla distribuzione degli utili ai soci.

[IV]. Possono essere distribuiti esclusivamente gli utili realmente conseguiti e risultanti da bilancio regolarmente approvato.

[V]. Se si verifica una perdita del capitale sociale, non può farsi luogo a ripartizione degli utili fino a che il capitale non sia reintegrato o ridotto in misura corrispondente (6).

[VI]. Gli utili erogati in violazione delle disposizioni del presente articolo non sono ripetibili se i soci li hanno riscossi in buona fede in base a bilancio regolarmente approvato, da cui risultano utili netti corrispondenti.

(1) *V. nota al Capo VII.*

(2) *Ai sensi dell'art. 14[9] l. 12 novembre 2011, n. 183 a partire dal 1° gennaio 2012, le s.r.l. che non abbiano nominato il collegio sindacale possono redigere il bilancio secondo uno schema semplificato. Con d.m., da adottare entro novanta giorni dalla data di entrata in vigore della presente legge, sono definite le voci e la struttura che compongono lo schema di bilancio semplificato e le modalità di attuazione del presente comma.*

(3) *Con riferimento alle misure connesse all'emergenza epidemiologica da Covid-19, in deroga al presente articolo, v. art. 106[1-2, 7] d.l. 17 marzo 2020, n. 18, conv., con modif., in l. 24 aprile 2020, n. 27.*

(4) *Periodo così sostituito dall'art. 6[14] d.ls. 18 agosto 2015, n. 139. Ai sensi dell'art. 12[1] d.ls. n. 139, cit., la presente disposizione entra in vigore dal 1° gennaio 2016 e si applica « ai bilanci relativi agli esercizi finanziari aventi inizio a partire da quella data ». Il testo del periodo era il seguente:* « Il bilancio deve essere redatto con l'osservanza degli articoli da 2423, 2423-*bis*, 2423-*ter*, 2424, 2424-*bis*, 2425, 2425-*bis*, 2426, 2427, 2428, 2429, 2430 e 2431, salvo quanto disposto dall'articolo 2435-*bis*. ».

(5) *Comma così modificato dall'art. 16[12-octies] d.l. 29 novembre 2008, n. 185, conv., con modif., in l. 28 gennaio 2009, n. 2, con la decorrenza indicata* sub *art. 2470.*

(6) *Comma così modificato dall'art. 3 d.ls. 17 gennaio 2003, n. 6, come modificato dall'art. 5[1 lett. rr)] d.ls. 6 febbraio 2004, n. 37.*

SEZIONE IV – *Delle decisioni dei soci*

2479. (1) **Decisioni dei soci.** – [I]. I soci decidono sulle materie riservate alla loro competenza dall'atto costitutivo, nonché sugli argomenti che uno o più amministratori o tanti soci che rappresentano almeno un terzo del capitale sociale sottopongono alla loro approvazione.

[II]. In ogni caso sono riservate alla competenza dei soci:

1) l'approvazione del bilancio e la distribuzione degli utili;

2) la nomina, se prevista nell'atto costitutivo, degli amministratori;

3) la nomina nei casi previsti dall'articolo 2477 dei sindaci e del presidente del collegio sindacale o del soggetto incaricato di effettuare la revisione legale dei conti;

4) le modificazioni dell'atto costitutivo;

5) la decisione di compiere operazioni che comportano una sostanziale modificazione dell'oggetto sociale determinato nell'atto costitutivo o una rilevante modificazione dei diritti dei soci (2).

[III]. L'atto costitutivo può prevedere che le decisioni dei soci siano adottate mediante consultazione scritta o sulla base del consenso espresso per iscritto. In tal caso dai documenti sottoscritti dai soci devono risultare con chiarezza l'argomento oggetto della decisione ed il consenso alla stessa.

[IV]. Qualora nell'atto costitutivo non vi sia la previsione di cui al terzo comma e comunque con riferimento alle materie indicate nei numeri 4) e 5) del secondo comma del presente articolo nonché nel caso previsto dal quarto comma dell'articolo 2482-*bis* oppure quando lo richiedono uno o più amministratori o un numero di soci che rappresentano almeno un terzo del capitale sociale, le decisioni dei soci debbono essere adottate mediante deliberazione assembleare ai sensi dell'articolo 2479-*bis* (3) (4).

[v]. Ogni socio ha diritto di partecipare alle decisioni previste dal presente articolo ed il suo voto vale in misura proporzionale alla sua partecipazione.

[vi]. Salvo diversa disposizione dell'atto costitutivo, le decisioni dei soci sono prese con il voto favorevole di una maggioranza che rappresenti almeno la metà del capitale sociale (5).

(1) *V. nota al Capo VII.*

(2) *Comma così modificato dall'art. 37[28] d.lgs. 27 gennaio 2010, n. 39.*

(3) *Comma così modificato dall'art. 3 d.lgs. 17 gennaio 2003, n. 6, come modificato dall'art. 5[1 lett. ss)] d.lgs. 6 febbraio 2004, n. 37.*

(4) *Con riferimento alle misure connesse all'emergenza epidemiologica da Covid-19, in deroga al presente comma, v. art. 106[3, 7] d.l. 17 marzo 2020, n. 18, conv., con modif., in l. 24 aprile 2020, n. 27.*

(5) *Comma così sostituito dall'art. 3 d.lgs. n. 6, cit., come modificato dall'art. 5[1 lett. ss)] d.lgs. n. 37, cit.*

2479-*bis*. (1) **Assemblea dei soci.** – [i]. L'atto costitutivo determina i modi di convocazione dell'assemblea dei soci, tali comunque da assicurare la tempestiva informazione sugli argomenti da trattare. In mancanza la convocazione è effettuata mediante lettera raccomandata spedita ai soci almeno otto giorni prima dell'adunanza nel domicilio risultante dal registro delle imprese (2).

[ii]. Se l'atto costitutivo non dispone diversamente, il socio può farsi rappresentare in assemblea e la relativa documentazione è conservata secondo quanto prescritto dall'articolo 2478, primo comma, numero 2).

[iii]. Salvo diversa disposizione dell'atto costitutivo l'assemblea si riunisce presso la sede sociale ed è regolarmente costituita con la presenza di tanti soci che rappresentano almeno la metà del capitale sociale e delibera a maggioranza assoluta e, nei casi previsti dai numeri 4) e 5) del secondo comma dell'articolo 2479, con il voto favorevole dei soci che rappresentano almeno la metà del capitale sociale.

[iv]. L'assemblea è presieduta dalla persona indicata nell'atto costitutivo o, in mancanza, da quella designata dagli intervenuti. Il presidente dell'assemblea verifica la regolarità della costituzione, accerta l'identità e la legittimazione dei presenti, regola il suo svol-

gimento ed accerta i risultati delle votazioni; degli esiti di tali accertamenti deve essere dato conto nel verbale (3).

[V]. In ogni caso la deliberazione s'intende adottata quando ad essa partecipa l'intero capitale sociale e tutti gli amministratori e sindaci sono presenti o informati della riunione e nessuno si oppone alla trattazione dell'argomento.

(1) *V. nota al Capo VII.*

(2) *Comma così modificato dall'art. 16[12-novies] d.l. 29 novembre 2008, n. 185, conv., con modif., in l. 28 gennaio 2009, n. 2, con la decorrenza indicata sub art. 2470.*

(3) *Con riferimento alle misure connesse all'emergenza epidemiologica da Covid-19, v. art. 106[2, 7] d.l. 17 marzo 2020, n. 18, conv., con modif., in l. 24 aprile 2020, n. 27.*

2479-*ter*. (1) **Invalidità delle decisioni dei soci.** – [I]. Le decisioni dei soci che non sono prese in conformità della legge o dell'atto costitutivo possono essere impugnate dai soci che non vi hanno consentito, da ciascun amministratore e dal collegio sindacale entro novanta giorni (2) dalla loro trascrizione nel libro delle decisioni dei soci. Il tribunale, qualora ne ravvisi l'opportunità e ne sia fatta richiesta dalla società o da chi ha proposto l'impugnativa, può assegnare un termine non superiore a centottanta giorni (2) per l'adozione di una nuova decisione idonea ad eliminare la causa di invalidità.

[II]. Qualora possano recare danno alla società, sono impugnabili a norma del precedente comma le decisioni assunte con la partecipazione determinante di soci che hanno, per conto proprio o di terzi, un interesse in conflitto con quello della società.

[III]. Le decisioni aventi oggetto illecito o impossibile e quelle prese in assenza assoluta di informazione possono essere impugnate da chiunque vi abbia interesse entro tre anni dalla trascrizione indicata nel primo periodo del primo comma (2). Possono essere impugnate senza limiti di tempo le deliberazioni che modificano l'oggetto sociale prevedendo attività impossibili o illecite (3).

[IV]. Si applicano, in quanto compatibili, gli articoli 2377, primo, quinto, settimo, ottavo e nono comma, 2378, 2379-*bis*, 2379-*ter* e 2434-*bis* (4).

(1) *V. nota al Capo VII.*

(2) *V. Avviso di rettifica in G.U. 4 luglio 2003, n. 153.*

(3) *Comma così modificato dall'art. 22 d.lgs. 28 dicembre 2004, n. 310.*

(4) *Comma così modificato dall'art. 3 d.lgs. 17 gennaio 2003, n. 6, come modificato dall'art. 5[1 tt)] d.lgs. 6 febbraio 2004, n. 37.*

SEZIONE V – *Delle modificazioni dell'atto costitutivo*

2480. (1) **Modificazioni dell'atto costitutivo.** – [I]. Le modificazioni dell'atto costitutivo sono deliberate dall'assemblea dei soci a norma dell'articolo 2479-*bis*. Il verbale è redatto da notaio e si applica l'articolo 2436.

(1) *V. nota al Capo VII.*

2481. (1) **Aumento di capitale.** – [I]. L'atto costitutivo può attribuire agli amministratori la facoltà di aumentare il capitale sociale, determinandone i limiti e le modalità di esercizio; la decisione degli amministratori, che deve risultare da ver bale redatto senza indugio da notaio, deve essere depositata ed iscritta a norma dell'articolo 2436.

[II]. La decisione di aumentare il capitale sociale non può essere attuata fin quando i conferimenti precedentemente dovuti non sono stati integralmente eseguiti.

(1) *V. nota al Capo VII.*

2481-*bis*. (1) **Aumento di capitale mediante nuovi conferimenti.** – [I]. In caso di decisione di aumento del capitale sociale mediante nuovi conferimenti spetta ai soci il diritto di sottoscriverlo in proporzione delle partecipazioni da essi possedute. L'atto costitutivo può prevedere, salvo per il caso di cui all'articolo 2482-*ter*, che l'aumento di capitale possa essere attuato anche mediante offerta di quote di nuova emissione a terzi; in tal caso spetta ai soci che non hanno consentito alla decisione il diritto di recesso a norma dell'articolo 2473.

[II]. La decisione di aumento di capitale prevede l'eventuale soprapprezzo e le modalità ed i termini entro i quali può essere esercitato il diritto di sottoscrizione. Tali termini non possono essere inferiori a trenta giorni dal momento in cui viene comunicato ai soci che l'aumento di capitale può essere sottoscritto. La decisione può anche consentire, disciplinandone le modalità, che la parte dell'aumento di capitale non sottoscritta da uno o più soci sia sottoscritta dagli altri soci o da terzi.

[III]. Se l'aumento di capitale non è integralmente sottoscritto nel termine stabilito dalla decisione, il capitale è aumentato di un importo pari alle sottoscrizioni raccolte soltanto se la deliberazione medesima lo abbia espressamente consentito.

[IV]. Salvo quanto previsto dal secondo periodo del quarto comma e dal sesto (2) comma dell'articolo 2464, i sottoscrittori dell'aumento di capitale devono, all'atto della sottoscrizione, versare alla società almeno il venticinque per cento della parte di capitale sottoscritta e, se previsto, l'intero soprapprezzo. Per i conferimenti di beni in natura o di crediti si applica quanto disposto dal quinto (2) comma dell'articolo 2464.

[V]. Se l'aumento di capitale è sottoscritto dall'unico socio, il conferimento in danaro deve essere integralmente versato all'atto della sottoscrizione.

[VI]. Nei trenta giorni dall'avvenuta sottoscrizione gli amministratori devono depositare per l'iscrizione nel registro delle imprese un'attestazione che l'aumento di capitale è stato eseguito.

(1) *V. nota al Capo VII.*
(2) *V. Avviso di rettifica in G.U. 4 luglio 2003, n. 153.*

2481-*ter*. (1) **Passaggio di riserve a capitale.** – [I]. La società può aumentare il capitale imputando ad esso le riserve e gli altri fondi iscritti in bilancio in quanto disponibili.

[II]. In questo caso la quota di partecipazione di ciascun socio resta immutata.

(1) *V. nota al Capo VII.*

2482. (1) **Riduzione del capitale sociale.** – [I]. La riduzione del capitale sociale può avere luogo, nei limiti previsti dal numero 4) dell'articolo 2463, mediante rimborso ai soci delle quote pagate o mediante liberazione di essi dall'obbligo dei versamenti ancora dovuti.

[II]. La decisione dei soci di ridurre il capitale sociale può essere eseguita soltanto dopo novanta giorni dal giorno dell'iscrizione nel registro delle imprese della decisione medesima, purché entro questo termine nessun creditore sociale anteriore all'iscrizione abbia fatto opposizione (2).

[III]. Il tribunale, quando ritenga infondato il pericolo di pregiudizio per i creditori oppure la società abbia prestato un'idonea garanzia, dispone che l'esecuzione abbia luogo nonostante l'opposizione.

(1) *V. nota al Capo VII.*
(2) *Comma così modificato dall'art. 3 d.ls. 17 gennaio 2003, n. 6, come modificato dall'art. 5[1 uu)] d.ls. 6 febbraio 2004, n. 37.*

2482-*bis*. (1) **Riduzione del capitale per perdite.** – [I]. Quando risulta che il capitale è diminuito di oltre un terzo in conseguenza di perdite, gli amministratori devono senza indugio convocare l'assemblea dei soci per gli opportuni provvedimenti.

[II]. All'assemblea deve essere sottoposta una relazione degli amministratori sulla situazione patrimoniale della società, con le osservazioni nei casi previsti dall'articolo 2477 del collegio sindacale o del soggetto incaricato di effettuare la revisione legale dei conti. Se l'atto costitutivo non prevede diversamente, copia della relazione e delle osservazioni deve essere depositata nella sede della società almeno otto giorni prima dell'assemblea, perché i soci possano prenderne visione (2).

[III]. Nell'assemblea gli amministratori devono dare conto dei fatti di rilievo avvenuti dopo la redazione della relazione prevista nel precedente comma.

[IV]. Se entro l'esercizio successivo la perdita non risulta diminuita a meno di un terzo, deve essere convocata l'assemblea per l'approvazione del bilancio e per la riduzione del capitale in proporzione delle perdite accertate. In mancanza gli amministratori e i sindaci o il soggetto incaricato di effettuare la revisione legale dei conti nominati ai sensi dell'articolo 2477 devono chiedere al tribunale che venga disposta la riduzione del capitale in ragione delle perdite risultanti dal bilancio (3) (4).

[V]. Il tribunale, anche su istanza di qualsiasi interessato, provvede con decreto soggetto a reclamo, che deve essere iscritto nel registro delle imprese a cura degli amministratori (4).

[VI]. Si applica, in quanto compatibile, l'ultimo comma dell'articolo 2446 (4).

(1) *V. nota al Capo VII.*

(2) *Comma così modificato dall'art. 37[29 lett. a)] d.lgs. 27 gennaio 2010, n. 39.*

(3) *Comma modificato, dapprima, dall'art. 3 d.lgs. 17 gennaio 2003, n. 6 (come modificato dall'art. 5[1 lett. vv)] d.lgs. 6 febbraio 2004, n. 37) e, da ultimo, dall'art. 37[29 lett. b)] d.lgs. n. 39, cit.*

(4) *Per la sospensione degli obblighi di cui al presente comma vedi l'art. 8[1], d.l. 24 agosto 2021, n. 118, conv. con modif., in l. 21 ottobre 2021, n. 147.*

2482-*ter*. (1) (2) **Riduzione del capitale al disotto del minimo legale.** – [I]. Se, per la perdita di oltre un terzo del capitale, questo si riduce al disotto del minimo stabilito dal numero 4) dell'articolo 2463, gli amministratori devono senza indugio convocare l'assemblea per deliberare la riduzione del capitale ed il contemporaneo aumento del medesimo ad una cifra non inferiore al detto minimo.

[II]. È fatta salva la possibilità di deliberare la trasformazione della società.

(1) *V. nota al Capo VII.*

(2) *Per la sospensione degli obblighi di cui al presente articolo vedi l'art. 8[1], d.l. 24 agosto 2021, n. 118, conv. con modif., in l. 21 ottobre 2021, n. 147.*

2482-*quater*. (1) **Riduzione del capitale per perdite e diritti dei soci.** – [I]. In tutti i casi di riduzione del capitale per perdite è esclusa ogni modificazione delle quote di partecipazione e dei diritti spettanti ai soci.

(1) *V. nota al Capo VII.*

2483. (1) **Emissione di titoli di debito.** – [I]. Se l'atto costitutivo lo prevede, la società può emettere titoli di debito. In tal caso l'atto costitutivo attribuisce la relativa competenza ai soci o agli amministratori determinando gli eventuali limiti, le modalità e le maggioranze necessarie per la decisione.

[II]. I titoli emessi ai sensi del precedente comma possono essere sottoscritti soltanto da investitori professionali soggetti a vigilanza prudenziale a norma delle leggi speciali. In caso di successiva circolazione dei titoli di debito, chi li trasferisce risponde della solvenza della società nei confronti degli acquirenti che non siano investitori professionali ovvero soci della società medesima.

[III]. La decisione di emissione dei titoli prevede le condizioni del prestito e le modalità del rimborso ed è iscritta a cura degli amministratori presso il registro delle imprese. Può altresì prevedere che, previo consenso della maggioranza dei possessori dei titoli, la società possa modificare tali condizioni e modalità.

[IV]. Restano salve le disposizioni di leggi speciali relative a particolari categorie di società e alle riserve di attività.

(1) *V. nota al Capo VII.*

Capo VIII – *Scioglimento e liquidazione delle società di capitali* (1)

(1) *L'originario Capo VIII, comprendente gli articoli da 2498 a 2504-*decies*, è stato interamente sostituito dall'art. 4 d.ls. 17 gennaio 2003, n. 6, con effetto dal 1° gennaio 2004. L'attuale formulazione del Capo comprende gli articoli da 2484 a 2496.*

2484. (1) (2) **Cause di scioglimento.** – [I]. Le società per azioni, in accomandita per azioni e a responsabilità limitata si sciolgono:

1) per il decorso del termine;

2) per il conseguimento dell'oggetto sociale o per la sopravvenuta impossibilità di conseguirlo, salvo che l'assemblea, all'uopo convocata senza indugio, non deliberi le opportune modifiche statutarie;

3) per l'impossibilità di funzionamento o per la continuata inattività dell'assemblea;

4) per la riduzione del capitale al disotto del minimo legale, salvo quanto è disposto dagli articoli 2447 e 2482-*ter*; (3)

5) nelle ipotesi previste dagli articoli 2437-*quater* e 2473;

6) per deliberazione dell'assemblea;

7) per le altre cause previste dall'atto costitutivo o dallo statuto;

7-*bis*) per l'apertura della procedura di liquidazione giudiziale e della liquidazione controllata. Si applicano, in quanto compatibili, gli articoli 2487 e 2487-*bis* (4).

[II]. La società inoltre si scioglie per le altre cause previste dalla legge; in queste ipotesi le disposizioni dei seguenti articoli si applicano in quanto compatibili.

[III]. Gli effetti dello scioglimento si determinano, nelle ipotesi previste dai numeri 1), 2), 3), 4) e 5) del primo comma, alla data dell'iscrizione presso l'ufficio del registro delle imprese della dichiarazione con cui gli amministratori ne accertano la causa e, nell'ipotesi prevista dal numero 6) del medesimo comma, alla data dell'iscrizione della relativa deliberazione.

[IV]. Quando l'atto costitutivo o lo statuto prevedono altre cause di scioglimento, essi devono determinare la competenza a deciderle od accertarle, e ad effettuare gli adempimenti pubblicitari di cui al precedente comma.

(1) *V. nota al Capo VIII.*

(2) *V. l'art. 3-*quater[3] *d.l. 14 dicembre 2018, n. 135, conv., con modif., in l. 11 febbraio 2019, n. 12, che così dispone: « 3. Al solo fine di garantire un'ulteriore riduzione degli oneri amministrativi per le imprese e nel contempo una più uniforme applicazione delle disposizioni in materia di società a responsabilità limitata semplificata, l'atto di scioglimento e messa in liquidazione, di cui all'articolo 2484 del codice civile, delle società a responsabilità limitata semplificata di cui all'articolo 2463-*bis *del codice civile è redatto per atto pubblico ovvero per atto sottoscritto con le modalità previste dagli articoli 24 e 25 del codice dell'amministrazione digitale, di cui al decreto legislativo 7 marzo 2005, n. 82. L'atto privo delle formalità richieste per l'atto pubblico è redatto secondo un modello uniforme adottato con decreto del Ministero dello sviluppo economico, di concerto con il Ministero della giustizia, ed è trasmesso al competente ufficio del registro delle imprese di cui all'articolo 8 della legge 29 dicembre 1993, n. 580 ».*

(3) *Per la sospensione degli obblighi di cui al presente numero, vedi l'art. 8[1], d.l. 24 agosto 2021, n. 118, conv. con modif., in l. 21 ottobre 2021, n. 147.*

(4) *Numero aggiunto dall'art. 380[1] d.ls. 12 gennaio 2019, n. 14, come modificato dall'art. 39[1] d.ls. 26 ottobre 2020, n. 147.*

2485. (1) **Obblighi degli amministratori.** – [I]. Gli amministratori devono senza indugio accertare il verificarsi di una causa di scioglimento e procedere agli adempimenti previsti dal terzo comma dell'articolo 2484. Essi, in caso di ritardo od omissione, sono personalmente e solidalmente responsabili per i danni subiti dalla società, dai soci, dai creditori sociali e dai terzi.

[II]. Quando gli amministratori omettono gli adempimenti di cui al precedente comma, il tribunale, su istanza di singoli soci o amministratori ovvero dei sindaci, accerta il verificarsi della causa di scioglimento, con decreto che deve essere iscritto a norma del terzo comma dell'articolo 2484.

(1) *V. nota al Capo VIII.*

2486. (1) **Poteri degli amministratori.** – [I]. Al verificarsi di una causa di scioglimento e fino al momento della consegna di cui all'articolo 2487-*bis*, gli amministratori conservano il potere di gestire la società, ai soli fini della conservazione dell'integrità e del valore del patrimonio sociale.

[II]. Gli amministratori sono personalmente e solidalmente responsabili dei danni arrecati alla società, ai soci, ai creditori sociali ed ai terzi, per atti od omissioni compiuti in violazione del precedente comma.

[III]. Quando è accertata la responsabilità degli amministratori a norma del presente articolo, e salva la prova di un diverso ammontare, il danno risarcibile si presume pari alla differenza tra il patrimonio netto alla data in cui l'amministratore è cessato dalla carica o, in caso di apertura di una procedura concorsuale, alla data di apertura di tale procedura e il patrimonio netto determinato alla data in cui si è verificata una causa di scioglimento di cui all'articolo 2484, detratti i costi sostenuti e da sostenere, secondo un criterio di normalità, dopo il verificarsi della causa di scioglimento e fino al compimento della liquidazione. Se è stata aperta una procedura concorsuale e mancano le scritture contabili o se a causa dell'irregolarità delle stesse o per altre ragioni i netti patrimoniali non possono essere determinati, il danno è liquidato in misura pari alla differenza tra attivo e passivo accertati nella procedura (2).

(1) *V. nota al Capo VIII.*

(2) *Comma aggiunto dall'art. 378[2] d.lgs. 12 gennaio 2019, n. 14. Ai sensi dell'art. 389[2] d.lgs. n. 14, cit., la presente disposizione è entrata in vigore il 16 marzo 2019 (« il trentesimo giorno successivo alla pubblicazione nella Gazzetta Ufficiale » del suddetto decreto).*

2487. (1) **Nomina e revoca dei liquidatori; criteri di svolgimento della liquidazione.** – [I]. Salvo che nei casi previsti dai numeri 2), 4) e 6) del primo comma dell'articolo 2484 non abbia già provveduto l'assemblea e salvo che l'atto costitutivo o lo statuto non dispongano in materia, gli amministratori, contestualmente all'accertamento della causa di scioglimento, debbono convocare l'assemblea dei soci perché deliberi, con le maggioranze previste per le modificazioni dell'atto costitutivo o dello statuto, su:

a) il numero dei liquidatori e le regole di funzionamento del collegio in caso di pluralità di liquidatori;

b) la nomina dei liquidatori, con indicazione di quelli cui spetta la rappresentanza della società;

c) i criteri in base ai quali deve svolgersi la liquidazione; i poteri dei liquidatori, con particolare riguardo alla cessione dell'azienda sociale, di rami di essa, ovvero anche di singoli beni o diritti, o blocchi di essi; gli atti necessari per la conservazione del valore dell'impresa, ivi compreso il suo esercizio provvisorio, anche di singoli rami, in funzione del migliore realizzo.

[II]. Se gli amministratori omettono la convocazione di cui al comma precedente, il tribunale vi provvede su istanza di singoli soci o amministratori, ovvero dei sindaci, e, nel caso in cui l'assemblea non si costituisca o non deliberi, adotta con decreto le decisioni ivi previste.

[III]. L'assemblea può sempre modificare, con le maggioranze richieste per le modificazioni dell'atto costitutivo o dello statuto, le deliberazioni di cui al primo comma.

[IV]. I liquidatori possono essere revocati dall'assemblea o, quando sussiste una giusta causa, dal tribunale su istanza di soci, dei sindaci o del pubblico ministero.

(1) *V. nota al Capo VIII.*

2487-*bis*. (1) Pubblicità della nomina dei liquidatori ed effetti. [I]. La nomina dei liquidatori e la determinazione dei loro poteri, comunque avvenuta, nonché le loro modificazioni, devono essere iscritte, a loro cura, nel registro delle imprese.

[II]. Alla denominazione sociale deve essere aggiunta l'indicazione trattarsi di società in liquidazione.

[III]. Avvenuta l'iscrizione di cui al primo comma gli amministratori cessano dalla carica e consegnano ai liquidatori i libri sociali, una situazione dei conti alla data di effetto dello scioglimento ed un rendiconto sulla loro gestione relativo al periodo successivo all'ultimo bilancio approvato. Di tale consegna viene redatto apposito verbale. Quando nei confronti della società è stata aperta la procedura di liquidazione giudiziale o di liquidazione controllata, il rendiconto sulla gestione è consegnato anche, rispettivamente, al curatore o al liquidatore della liquidazione controllata (2).

(1) *V. nota al Capo VIII.*

(2) *Periodo aggiunto dall'art. 380, comma 2, d.ls. 12 gennaio 2019, n. 14, come modificato dall'articolo 39[1] d.ls. 26 ottobre 2020, n. 147.*

2487-*ter*. (1) **Revoca dello stato di liquidazione.** – [I]. La società può in ogni momento revocare lo stato di liquidazione, occorrendo previa eliminazione della causa di scioglimento, con deliberazione dell'assemblea presa con le maggioranze richieste per le modificazioni dell'atto costitutivo o dello statuto. Si applica l'articolo 2436.

[II]. La revoca ha effetto solo dopo sessanta giorni (2) dall'iscrizione nel registro delle imprese della relativa deliberazione, salvo che consti il consenso dei creditori della società o il pagamento dei creditori che non hanno dato il consenso. Qualora nel termine suddetto i creditori anteriori all'iscrizione abbiano fatto opposizione, si applica l'ultimo comma dell'articolo 2445.

(1) *V. nota al Capo VIII.*

(2) *V. Avviso di rettifica in G.U. 4 luglio 2003, n. 153.*

2488. (1) **Organi sociali.** – [I]. Le disposizioni sulle decisioni dei soci, sulle assemblee e sugli organi amministrativi e di controllo si applicano, in quanto compatibili, anche durante la liquidazione.

(1) *V. nota al Capo VIII.*

2489. (1) **Poteri, obblighi e responsabilità dei liquidatori.** – [I]. Salvo diversa disposizione statutaria, ovvero adottata in sede di nomina, i liquidatori hanno il potere di compiere tutti gli atti utili per la liquidazione della società.

[II]. I liquidatori debbono adempiere i loro doveri con la professionalità e diligenza richieste dalla natura dell'incarico e la loro responsabilità per i danni derivanti dall'inosservanza di tali doveri è disciplinata secondo le norme in tema di responsabilità degli amministratori.

(1) *V. nota al Capo VIII.*

2490. (1) **Bilanci in fase di liquidazione.** – [I]. I liquidatori devono redigere il bilancio e presentarlo, alle scadenze previste per il bilancio di esercizio della società, per l'approvazione all'assemblea o, nel caso previsto dal terzo comma dell'articolo 2479, ai soci. Si applicano, in quanto compatibili con la natura, le finalità e lo stato della liquidazione, le disposizioni degli articoli 2423 e seguenti.

[II]. Nella relazione i liquidatori devono illustrare l'andamento, le prospettive, anche temporali, della liquidazione, ed i principi e criteri adottati per realizzarla.

[III]. Nella nota integrativa i liquidatori debbono indicare e motivare i criteri di valutazione adottati.

[IV]. Nel primo bilancio successivo alla loro nomina i liquidatori devono indicare le variazioni nei criteri di valutazione adottati rispetto all'ultimo bilancio approvato, e le ragioni e conseguenze di tali variazioni. Al medesimo bilancio deve essere allegata la documentazione consegnata dagli amministratori a norma del terzo comma dell'articolo 2487-*bis*, con le eventuali osservazioni dei liquidatori.

[V]. Quando sia prevista una continuazione, anche parziale, dell'attività di impresa, le relative poste di bilancio devono avere una indicazione separata; la relazione deve indicare le ragioni e le prospettive della continuazione; la nota integrativa deve indicare e motivare i criteri di valutazione adottati.

[VI]. Qualora per oltre tre anni consecutivi non venga depositato il bilancio di cui al presente articolo, la società è cancellata d'ufficio dal registro delle imprese con gli effetti previsti dall'articolo 2495 (2).

(1) *V. nota al Capo VIII.*

(2) *Per la semplificazione delle procedure di cancellazione dal registro delle imprese e dall'albo degli enti cooperativi, v. art. 40[1] d.l. 16 luglio 2020, n. 76, conv., con modif, in l. 11 settembre 2020, n. 120.*

2491. (1) **Poteri e doveri particolari dei liquidatori.** – [I]. Se i fondi disponibili risultano insufficienti per il pagamento dei debiti sociali, i liquidatori possono chiedere proporzionalmente ai soci i versamenti ancora dovuti.

[II]. I liquidatori non possono ripartire tra i soci acconti sul risultato della liquidazione, salvo che dai bilanci risulti che la ripartizione non incide sulla disponibilità di somme idonee alla integrale e tempestiva soddisfazione dei creditori sociali; i liquidatori possono condizionare la ripartizione alla prestazione da parte del socio di idonee garanzie.

[III]. I liquidatori sono personalmente e solidalmente responsabili per i danni cagionati ai creditori sociali con la violazione delle disposizioni del comma precedente.

(1) *V. nota al Capo VIII.*

2492. (1) **Bilancio finale di liquidazione.** – [I]. Compiuta la liquidazione, i liquidatori devono redigere il bilancio finale, indicando la parte spettante a ciascun socio o azione nella divisione dell'attivo.

[II]. Il bilancio, sottoscritto dai liquidatori e accompagnato dalla relazione dei sindaci e del soggetto incaricato di effettuare la revisione legale dei conti, è depositato presso l'ufficio del registro delle imprese (2).

[III]. Nei novanta giorni (3) successivi all'iscrizione dell'avvenuto deposito, ogni socio può proporre reclamo davanti al tribunale in contraddittorio dei liquidatori.

[IV]. Entro i cinque giorni successivi alla presentazione del reclamo, il cancelliere comunica la notizia in via telematica, ai fini dell'annotazione, al competente ufficio del registro delle imprese (4).

[V]. I reclami devono essere riuniti e decisi in unico giudizio, nel quale tutti i soci possono intervenire. La trattazione della causa ha inizio quando sia decorso il termine suddetto. La sentenza fa stato anche riguardo ai non intervenuti. Un estratto della sentenza definitiva che decide sul reclamo è trasmesso, entro cinque giorni, dal cancelliere al competente ufficio del registro delle imprese per la relativa annotazione (5).

(1) *V. nota al Capo VIII.*
(2) *Comma così modificato dall'art. 37[30] d.ls. 27 gennaio 2010, n. 39.*
(3) *V. Avviso di rettifica in G.U. 4 luglio 2003, n. 153.*
(4) *Comma inserito, in sede di conversione, dall'art. 40[12-ter lett. a) n. 1)] d.l. 16 luglio 2020, n. 76, conv., con modif., in l. 11 settembre 2020, n. 120.*
(5) *Periodo aggiunto, in sede di conversione, dall'art. 40[12-ter lett. a) n. 2)] d.l. n. 76, cit.*

2493. (1) **Approvazione tacita del bilancio.** – [I]. Decorso il termine di novanta giorni (2) senza che siano stati proposti reclami, il bilancio finale di liquidazione s'intende approvato, e i liquidatori, salvi i loro obblighi relativi alla distribuzione dell'attivo risultante dal bilancio, sono liberati di fronte ai soci.

[II]. Indipendentemente dalla decorrenza del termine, la quietanza, rilasciata senza riserve all'atto del pagamento dell'ultima quota di riparto, importa approvazione del bilancio.

(1) *V. nota al Capo VIII.*
(2) *V. Avviso di rettifica in G.U. 4 luglio 2003, n. 153.*

2494. (1) **Deposito delle somme non riscosse.** – [I]. Le somme spettanti ai soci, non riscosse entro novanta giorni (2) dall'iscrizione dell'avvenuto deposito del bilancio a norma dell'articolo 2492, devono essere depositate presso una banca con l'indicazione del cognome e del nome del socio o dei numeri delle azioni, se queste sono al portatore.

(1) *V. nota al Capo VIII.*
(2) *V. Avviso di rettifica in G.U. 4 luglio 2003, n. 153.*

2495. (1) **Cancellazione della società.** – [I]. Approvato il bilancio finale di liquidazione, i liquidatori devono chiedere la cancellazione della società dal registro delle imprese, salvo quanto disposto dal secondo comma (2).

[II]. Decorsi cinque giorni dalla scadenza del termine previsto dal terzo comma dell'articolo 2492, il conservatore del registro delle imprese iscrive la cancellazione della società qualora non riceva notizia della presentazione di reclami da parte del cancelliere (3).

[III]. Ferma restando l'estinzione della società, dopo la cancellazione i creditori sociali non soddisfatti possono far valere i loro crediti nei confronti dei soci, fino alla concorrenza delle somme da questi riscosse in base al bilancio finale di liquidazione, e nei confronti dei liquidatori, se il mancato pagamento è dipeso da colpa di questi. La domanda, se proposta entro un anno dalla cancellazione, può essere notificata presso l'ultima sede della società.

(1) *V. nota al Capo VIII.*

(2) *Le parole* «, salvo quanto disposto dal secondo comma» *sono state aggiunte, in sede di conversione, dall'art. 40*[12-ter lett. b) n. 1] *d.l. 16 luglio 2020, n. 76, conv., con modif, in l. 11 settembre 2020, n. 120.*

(3) *Comma inserito dall'art. 40*[12-ter lett. b) n. 2] *d.l. n. 76, cit.*

2496. (1) **Deposito dei libri sociali.** – [I]. Compiuta la liquidazione, la distribuzione dell'attivo o il deposito indicato nell'articolo 2494, i libri della società devono essere depositati e conservati per dieci anni presso l'ufficio del registro delle imprese; chiunque può esaminarli, anticipando le spese.

(1) *V. nota al Capo VIII.*

CAPO IX – *Direzione e coordinamento di società* (1) (2)

(1) *L'originario Capo IX, comprendente gli articoli da 2505 a 2510, è stato sostituito dall'art. 5 d.ls. 17 gennaio 2003, n. 6, con effetto dal 1° gennaio 2004. Per le modifiche apportate dal d.ls. 6 febbraio 2004, n. 37, v. la disciplina transitoria dettata dall'art. 6*[1 e 2] *dello stesso decreto legislativo. L'attuale formulazione del Capo comprende gli articoli da 2497 a 2497-sexies.*

(2) *V. d.ls. 24 marzo 2006, n. 155, recante disciplina dell'impresa sociale.*

2497. (1) **Responsabilità.** – [I]. Le società o gli enti che, esercitando attività di direzione e coordinamento di società, agiscono nell'interesse imprenditoriale proprio o altrui in violazione dei principi di corretta gestione societaria e imprenditoriale delle società medesime, sono direttamente responsabili nei confronti dei soci di queste per il pregiudizio arrecato alla redditività ed al valore della partecipazione sociale, nonché nei confronti dei creditori sociali per la lesione cagionata all'integrità del patrimonio della società. Non vi è responsabilità quando il danno risulta mancante alla luce del risultato complessivo dell'attività di direzione e coordinamento ovvero integralmente eliminato anche a seguito di operazioni a ciò dirette (2).

[II]. Risponde in solido chi abbia comunque preso parte al fatto lesivo e, nei limiti del vantaggio conseguito, chi ne abbia consapevolmente tratto beneficio.

[III]. Il socio ed il creditore sociale possono agire contro la società o l'ente che esercita l'attività di direzione e coordinamento, solo se non sono stati soddisfatti dalla società soggetta alla attività di direzione e coordinamento.

[IV]. Nel caso di fallimento, liquidazione coatta amministrativa e amministrazione straordinaria di società soggetta ad altrui direzione e coordinamento, l'azione spettante ai creditori di questa è esercitata dal curatore o dal commissario liquidatore o dal commissario straordinario.

(1) *V. nota al Capo IX.*

(2) *Per un'interpretazione autentica del presente comma v. art. 19[6] d.l. 1° luglio 2009, n. 78, conv., con modif., in l. 3 agosto 2009, n. 102, che così dispone: « L'articolo 2497, primo comma, del codice civile, si interpreta nel senso che per enti si intendono i soggetti giuridici collettivi, diversi dallo Stato, che detengono la partecipazione sociale nell'ambito della propria attività imprenditoriale ovvero per finalità di natura economica o finanziaria ».*

2497-*bis*. (1) **Pubblicità.** – **[I]**. La società deve indicare la società o l'ente alla cui attività di direzione e coordinamento è soggetta negli atti e nella corrispondenza, nonché mediante iscrizione, a cura degli amministratori, presso la sezione del registro delle imprese di cui al comma successivo (2).

[II]. È istituita presso il registro delle imprese apposita sezione nella quale sono indicate le società o gli enti che esercitano attività di direzione e coordinamento e quelle che vi sono soggette (2).

[III]. Gli amministratori che omettono l'indicazione di cui al comma primo ovvero l'iscrizione di cui al comma secondo, o le mantengono quando la soggezione è cessata, sono responsabili dei danni che la mancata conoscenza di tali fatti abbia recato ai soci o ai terzi.

[IV]. La società deve esporre, in apposita sezione della nota integrativa, un prospetto riepilogativo dei dati essenziali dell'ultimo bilancio della società o dell'ente che esercita su di essa l'attività di direzione e coordinamento.

[V]. Parimenti, gli amministratori devono indicare nella relazione sulla gestione i rapporti intercorsi con chi esercita l'attività di direzione e coordinamento e con le altre società che vi sono soggette, nonché l'effetto che tale attività ha avuto sull'esercizio dell'impresa sociale e sui suoi risultati.

(1) *V. nota al Capo IX.*

(2) *Comma così modificato dall'art. 5 d.ls. 17 gennaio 2003, n. 6, come modificato dall'art. 5[1 zz)] d.ls. 6 febbraio 2004, n. 37.*

2497-*ter*. (1) **Motivazione delle decisioni.** – [I]. Le decisioni delle società soggette ad attività di direzione e coordinamento, quando da questa influenzate, debbono essere analiticamente motivate e recare puntuale indicazione delle ragioni e degli interessi la cui valutazione ha inciso sulla decisione. Di esse viene dato adeguato conto nella relazione di cui all'articolo 2428.

(1) *V. nota al Capo IX.*

2497-*quater*. (1) **Diritto di recesso.** – [I]. Il socio di società soggetta ad attività di direzione e coordinamento può recedere:

a) quando la società o l'ente che esercita attività di direzione e coordinamento ha deliberato una trasformazione che implica il mutamento del suo scopo sociale, ovvero ha deliberato una modifica del suo oggetto sociale consentendo l'esercizio di attività che alterino in modo sensibile e diretto le condizioni economiche e patrimoniali della società soggetta ad attività di direzione e coordinamento;

b) quando a favore del socio sia stata pronunciata, con decisione esecutiva, condanna di chi esercita attività di direzione e coordinamento ai sensi dell'articolo 2497; in tal caso il diritto di recesso può essere esercitato soltanto per l'intera partecipazione del socio;

c) all'inizio ed alla cessazione dell'attività di direzione e coordinamento, quando non si tratta di una società con azioni quotate in mercati regolamentati e ne deriva un'alterazione delle condizioni di rischio dell'investimento e non venga promossa un'offerta pubblica di acquisto.

[II]. Si applicano, a seconda dei casi ed in quanto compatibili, le disposizioni previste per il diritto di recesso del socio nella società per azioni o in quella a responsabilità limitata.

(1) *V. nota al Capo IX.*

2497-*quinquies*. (1) (2) **Finanziamenti nell'attività di direzione e coordinamento.** – [I]. Ai finanziamenti effettuati a favore della società da chi esercita attività di direzione e coordinamento nei suoi confronti o da altri soggetti ad essa sottoposti si applica l'articolo 2467.

(1) *V. nota al Capo IX.*

(2) *In deroga a quanto disposto dal presente articolo v. art. 182-*quater *r.d. 16 marzo 1942, n. 267, e nella nuova disciplina, v. art. 102 d.ls. 12 gennaio 2019, n. 14, Codice della crisi d'impresa e dell'insolvenza).*

2497-*sexies*. (1) **Presunzioni.** – [I]. Ai fini di quanto previsto nel presente capo, si presume salvo prova contraria che l'attività di direzione e coordinamento di società sia esercitata dalla società o ente tenuto al consolidamento dei loro bilanci o che comunque le controlla ai sensi dell'articolo 2359 (2) (3).

(1) *V. nota al Capo IX.*

(2) *Comma così modificato dall'art. 5 d.ls. 17 gennaio 2003, n. 6, come modificato dall'art. 5[1 lett. aaa)] d.ls. 6 febbraio 2004, n. 37.*

(3) *Seguiva un secondo comma soppresso dall'art. 5 d.ls. n. 6, cit., come modificato dall'art. 5[1 lett. aaa)] d.ls. n. 37, cit.*

2497-*septies*. (1) **Coordinamento fra società** – [I]. Le disposizioni del presente capo si applicano altresì alla società o all'ente che, fuori dalle ipotesi di cui all'articolo 2497-*sexies*, esercita attività di direzione e coordinamento di società sulla base di un contratto con le società medesime o di clausole dei loro statuti.

(1) *Articolo inserito dall'art. 5 d.ls. 17 gennaio 2003, n. 6, come modificato dall'art. 5[1 lett. bbb)] d.ls. 6 febbraio 2004, n. 37.*

CAPO X – *Della trasformazione, della fusione e della scissione* (1)

(1) *Capo aggiunto dall'art. 6 d.ls. 17 gennaio 2003, n. 6, con effetto dal 1° gennaio 2004. Per le modifiche apportate dal d.ls. 6 febbraio 2004, n. 37, v. la disciplina transitoria dettata dall'art. 6[1 e 2] dello stesso decreto legislativo. L'attuale formulazione del Capo comprende gli articoli da 2498 a 2506-*quater*.*

SEZIONE I – *Della trasformazione*

2498. (1) **Continuità dei rapporti giuridici.** – [I]. Con la trasformazione l'ente trasformato conserva i diritti e gli obblighi e prosegue in tutti i rapporti anche processuali dell'ente che ha effettuato la trasformazione.

(1) *V. nota al Capo X.*

2499. (1) **Limiti alla trasformazione.** – [I]. Può farsi luogo alla trasformazione anche in pendenza di procedura concorsuale, purché non vi siano incompatibilità con le finalità o lo stato della stessa.

(1) *V. nota al Capo X.*

2500. (1) **Contenuto, pubblicità ed efficacia dell'atto di trasformazione.** – [I]. La trasformazione in società per azioni, in accomandita per azioni o a responsabilità limitata deve risultare da atto pubblico, contenente le indicazioni previste dalla legge per l'atto di costituzione del tipo adottato.

[II]. L'atto di trasformazione è soggetto alla disciplina prevista per il tipo adottato ed alle forme di pubblicità relative, nonché alla pubblicità richiesta per la cessazione dell'ente che effettua la trasformazione.

[III]. La trasformazione ha effetto dall'ultimo degli adempimenti pubblicitari di cui al comma precedente.

(1) *V. nota al Capo X.*

2500-*bis*. (1) **Invalidità della trasformazione.** – [I]. Eseguita la pubblicità di cui all'articolo precedente, l'invalidità dell'atto di trasformazione non può essere pronunciata.

[II]. Resta salvo il diritto al risarcimento del danno eventualmente spettante ai partecipanti all'ente trasformato ed ai terzi danneggiati dalla trasformazione.

(1) *V. nota al Capo X.*

2500-*ter*. (1) **Trasformazione di società di persone.** – [I]. Salvo diversa disposizione del contratto sociale, la trasformazione di società di persone in società di capitali è decisa con il consenso della maggioranza dei soci determinata secondo la parte attribuita a ciascuno negli utili; in ogni caso al socio che non ha concorso alla decisione spetta il diritto di recesso.

[II]. Nei casi previsti dal precedente comma il capitale della società risultante dalla trasformazione deve essere determinato sulla base dei valori attuali degli elementi dell'attivo e del passivo e deve risultare da relazione di stima redatta a norma dell'articolo 2343 ovvero dalla documentazione di cui all'articolo 2343-*ter* ovvero, infine, nel caso di società a responsabilità limitata, dell'articolo 2465. Si applicano altresì, nel caso di società per azioni o in accomandita per azioni, il secondo, terzo e, in quanto compatibile, quarto comma dell'articolo 2343 ovvero, nelle ipotesi di cui al primo e secondo comma dell'articolo 2343-*ter*, il terzo comma del medesimo articolo (2).

(1) *V. nota al Capo X.*

(2) *Comma così sostituito dall'art. 20[5] d.l. 24 giugno 2014, n. 91, conv., con modif., in l. 11 agosto 2014, n. 116. Il testo del comma era il seguente:* « Nei casi previsti dal precedente comma il capitale della società risultante dalla trasformazione deve essere determinato sulla base dei valori attuali degli elementi dell'attivo e del passivo e deve risultare da relazione di stima redatta a norma dell'articolo 2343 o, nel caso di società a responsabilità limitata, dell'articolo 2465. Si applicano altresì, nel caso di società per azioni o in accomandita per azioni, il secondo, terzo e, in quanto compatibile, quarto comma dell'articolo 2343 ».

2500-*quater*. (1) **Assegnazione di azioni o quote.** – [I]. Nel caso previsto dall'articolo 2500-*ter*, ciascun socio ha diritto all'assegnazione di un numero di azioni o di una quota proporzionale alla sua partecipazione, salvo quanto disposto dai commi successivi.

[II]. Il socio d'opera ha diritto all'assegnazione di un numero di azioni o di una quota in misura corrispondente alla partecipazione che l'atto costitutivo gli riconosceva precedentemente alla trasformazione o, in mancanza, d'accordo tra i soci ovvero, in difetto di accordo, determinata dal giudice secondo equità.

[III]. Nelle ipotesi di cui al comma precedente, le azioni o quote assegnate agli altri soci si riducono proporzionalmente.

(1) *V. nota al Capo X.*

2500-*quinquies*. (1) **Responsabilità dei soci.** – [I]. La trasformazione non libera i soci a responsabilità illimitata dalla responsabilità per le obbligazioni sociali sorte prima degli adempimenti previsti dal terzo comma dell'articolo 2500, se non risulta che i creditori sociali hanno dato il loro consenso alla trasformazione.

[II]. Il consenso si presume se i creditori, ai quali la deliberazione di trasformazione sia stata comunicata per raccomandata o con altri mezzi che garantiscano la prova dell'avvenuto ricevimento, non lo hanno espressamente negato nel termine di sessanta giorni dal ricevimento della comunicazione.

(1) *V. nota al Capo X.*

2500-*sexies*. (1) **Trasformazione di società di capitali.** – [I]. Salvo diversa disposizione dello statuto, la deliberazione di trasformazione di società di capitali in società di persone è adottata con le maggioranze previste per le modifiche dello statuto. È comunque richiesto il consenso dei soci che con la trasformazione assumono responsabilità illimitata.

[II]. Gli amministratori devono predisporre una relazione che illustri le motivazioni e gli effetti della trasformazione. Copia della relazione deve restare depositata presso la sede sociale durante i trenta giorni che precedono l'assemblea convocata per deliberare la trasformazione; i soci hanno diritto di prenderne visione e di ottenerne gratuitamente copia.

[III]. Ciascun socio ha diritto all'assegnazione di una partecipazione proporzionale al valore della sua quota o delle sue azioni.

[IV]. I soci che con la trasformazione assumono responsabilità illimitata, rispondono illimitatamente anche per le obbligazioni sociali sorte anteriormente alla trasformazione.

(1) *V. nota al Capo X.*

2500-*septies*. (1) **Trasformazione eterogenea da società di capitali.** – [I]. Le società disciplinate nei capi V, VI, VII del presente titolo possono trasformarsi in consorzi, società consortili, società cooperative, comunioni di azienda, associazioni non riconosciute e fondazioni.

[II]. Si applica l'articolo 2500-*sexies*, in quanto compatibile.

[III]. La deliberazione deve essere assunta con il voto favorevole dei due terzi degli aventi diritto, e comunque con il consenso dei soci che assumono responsabilità illimitata.

[IV]. La deliberazione di trasformazione in fondazione produce gli effetti che il capo II del titolo II del Libro primo ricollega all'atto di fondazione o alla volontà del fondatore.

(1) *V. nota al Capo X.*

2500-*octies*. (1) **Trasformazione eterogenea in società di capitali.** – [I]. I consorzi, le società consortili, le comunioni d'azienda, le associazioni riconosciute e le fondazioni possono trasformarsi in una delle società disciplinate nei capi V, VI e VII del presente titolo.

[II]. La deliberazione di trasformazione deve essere assunta, nei consorzi, con il voto favorevole della maggioranza assoluta dei consorziati; nelle comunioni di aziende all'unanimità; nelle società consortili e nelle associazioni con la maggioranza richiesta dalla legge o dall'atto costitutivo per lo scioglimento anticipato.

[III]. La trasformazione di associazioni in società di capitali può essere esclusa dall'atto costitutivo o, per determinate categorie di associazioni, dalla legge; non è comunque ammessa per le associazioni che abbiano ricevuto contributi pubblici oppure liberalità e oblazioni del pubblico. Il capitale sociale della società risultante dalla trasformazione è diviso in parti uguali fra gli associati, salvo diverso accordo tra gli stessi.

[IV]. La trasformazione di fondazioni in società di capitali è disposta dall'autorità governativa, su proposta dell'organo competente. Le azioni o quote sono assegnate secondo le disposizioni dell'atto di fondazione o, in mancanza, dell'articolo 31.

(1) *V. nota al Capo X.*

2500-*novies*. (1) **Opposizione dei creditori.** – [I]. In deroga a quanto disposto dal terzo comma dell'articolo 2500, la trasformazione eterogenea ha effetto dopo sessanta giorni dall'ultimo degli adempimenti pubblicitari previsti dallo stesso articolo, salvo che consti il consenso dei creditori o il pagamento dei creditori che non hanno dato il consenso.

[II]. I creditori possono, nel suddetto termine di sessanta giorni, fare opposizione. Si applica in tal caso l'ultimo comma dell'articolo 2445.

(1) *V. nota al Capo X.*

SEZIONE II – *Della fusione delle società* (1)

(1) *In tema di fusioni transfrontaliere delle società di capitali, v. art. 4 d.ls. 30 maggio 2008, n. 108.*

2501. (1) **Forme di fusione.** – [I]. La fusione di più società può eseguirsi mediante la costituzione di una nuova società, o mediante l'incorporazione in una società di una o più altre.

[II]. La partecipazione alla fusione non è consentita alle società in liquidazione che abbiano iniziato la distribuzione dell'attivo.

(1) *V. nota al Capo X.*

2501-*bis*. (1) **Fusione a seguito di acquisizione con indebitamento.** – [I]. Nel caso di fusione tra società, una delle quali abbia contratto debiti per acquisire il controllo dell'altra, quando per effetto della fusione il patrimonio di quest'ultima viene a costituire garanzia generica o fonte di rimborso di detti debiti, si applica la disciplina del presente articolo.

[II]. Il progetto di fusione di cui all'articolo 2501-*ter* deve indicare le risorse finanziarie previste per il soddisfacimento delle obbligazioni della società risultante dalla fusione.

[III]. La relazione di cui all'articolo 2501-*quinquies* deve indicare le ragioni che giustificano l'operazione e contenere un piano economico e finanziario con indicazione della fonte delle risorse finanziarie e la descrizione degli obiettivi che si intendono raggiungere.

[IV]. La relazione degli esperti di cui all'articolo 2501-*sexies*, attesta la ragionevolezza delle indicazioni contenute nel progetto di fusione ai sensi del precedente secondo comma.

[V]. Al progetto deve essere allegata una relazione del soggetto incaricato della revisione legale dei conti della società obiettivo o della società acquirente (2).

[VI]. Alle fusioni di cui al primo comma non si applicano le disposizioni degli articoli 2505 e 2505-*bis*.

(1) *V. nota al Capo X.*

(2) *Comma modificato, dapprima, dall'art. 6 d.ls. 17 gennaio 2003, n. 6 (come modificato dall'art. 5[1 lett. ccc)] d.ls. 6 febbraio 2004, n. 37) e, da ultimo, dall'art. 37[31] d.ls. 27 gennaio 2010, n. 39.*

2501-*ter*. (1) **Progetto di fusione.** – [I]. L'organo amministrativo delle società partecipanti alla fusione redige un progetto di fusione, dal quale devono in ogni caso risultare:

1) il tipo, la denominazione o ragione sociale, la sede delle società partecipanti alla fusione;

2) l'atto costitutivo della nuova società risultante dalla fusione o di quella incorporante, con le eventuali modificazioni derivanti dalla fusione;

3) il rapporto di cambio delle azioni o quote, nonché l'eventuale conguaglio in danaro;

4) le modalità di assegnazione delle azioni o delle quote della società che risulta dalla fusione o di quella incorporante;

5) la data dalla quale tali azioni o quote partecipano agli utili;

6) la data a decorrere dalla quale le operazioni delle società partecipanti alla fusione sono imputate al bilancio della società che risulta dalla fusione o di quella incorporante;

7) il trattamento eventualmente riservato a particolari categorie di soci e ai possessori di titoli diversi dalle azioni;

8) i vantaggi particolari eventualmente proposti a favore dei soggetti cui compete l'amministrazione delle società partecipanti alla fusione.

[II]. Il conguaglio in danaro indicato nel numero 3) del comma precedente non può essere superiore al dieci per cento del valore nominale delle azioni o delle quote assegnate.

[III]. Il progetto di fusione è depositato per l'iscrizione nel registro delle imprese del luogo ove hanno sede le società partecipanti alla fusione. In alternativa al deposito presso il registro delle imprese il progetto di fusione è pubblicato nel sito Internet della società, con modalità atte a garantire la sicurezza del sito medesimo, l'autenticità dei documenti e la certezza della data di pubblicazione (2).

[IV]. Tra l'iscrizione o la pubblicazione nel sito Internet (3) del progetto e la data fissata per la decisione in ordine alla fusione devono intercorrere almeno trenta giorni, salvo che i soci rinuncino al termine con consenso unanime.

(1) *V. nota al Capo X.*

(2) *Comma così sostituito dall'art. 1[1 lett. a)] d.ls. 22 giugno 2012, n. 123. Il testo del comma era il seguente:* « Il progetto di fusione è depositato per l'iscrizione nel registro delle imprese del luogo ove hanno sede le società partecipanti alla fusione ».

(3) *Le parole* « o la pubblicazione nel sito Internet » *sono state aggiunte dall'art. 1[1 lett. b)] d.ls. n. 123, cit.*

2501-*quater*. (1) **Situazione patrimoniale.** – [I]. L'organo amministrativo delle società partecipanti alla fusione redige (2), con l'osservanza delle norme sul bilancio d'esercizio, la situazione patrimoniale delle società stesse, riferita ad una data non anteriore di oltre centoventi giorni al giorno in cui il progetto di fusione è depositato nella sede della società ovvero pubblicato sul sito Internet di questa (2).

[II]. La situazione patrimoniale può essere sostituita dal bilancio dell'ultimo esercizio, se questo è stato chiuso non oltre sei mesi prima del giorno del deposito o della pubblicazione indicato nel primo comma, ovvero, nel caso di società quotata in mercati regolamentati, dalla relazione finanziaria semestrale prevista dalle leggi speciali, purché non riferita ad una data antecedente sei mesi dal giorno di deposito o pubblicazione indicato al primo comma (3).

[III]. La situazione patrimoniale non è richiesta se vi rinunciano all'unanimità i soci e i possessori di altri strumenti finanziari che attribuiscono il diritto di voto di ciascuna delle società partecipanti alla fusione (4).

(1) *V. nota al Capo X.*

(2) *La parola* « redige » *è stata sostituita alle parole* « deve redigere » *e le parole* « ovvero pubblicato sul sito Internet di questa » *sono state aggiunte dall'art. 1[2 lett. a)] d.ls. 22 giugno 2012, n. 123.*

(3) *Le parole da* « del giorno del deposito » *alla fine del comma sono state sostituite alle parole* « del giorno del deposito indicato nel primo comma » *dall'art. 1[2 lett. b)] d.ls. n. 123, cit.*

(4) *Comma aggiunto dall'art. 1[2 lett. c)] d.ls. n. 123, cit.*

2501-*quinquies*. (1) **Relazione dell'organo amministrativo.** – [I]. L'organo amministrativo delle società partecipanti alla fusione deve predisporre una relazione che illustri e giustifichi, sotto il profilo giuridico ed economico, il progetto di fusione e in particolare il rapporto di cambio delle azioni o delle quote.

[II]. La relazione deve indicare i criteri di determinazione del rapporto di cambio. Nella relazione devono essere segnalate le eventuali difficoltà di valutazione.

[III]. L'organo amministrativo segnala ai soci in assemblea e all'organo amministrativo delle altre società partecipanti alla fusione le modifiche rilevanti degli elementi dell'attivo e del passivo eventualmente intervenute tra la data in cui il progetto di fusione è depositato presso la sede della società ovvero pubblicato nel sito Internet di questa e la data della decisione sulla fusione (2).

[IV]. La relazione di cui al primo comma non è richiesta se vi rinunciano all'unanimità i soci e i possessori di altri strumenti finanziari che attribuiscono il diritto di voto di ciascuna delle società partecipanti alla fusione (2).

(1) *V. nota al Capo X.*

(2) *Comma aggiunto dall'art. 1[3] d.lgs. 22 giugno 2012, n. 123.*

2501-*sexies*. (1) **Relazione degli esperti.** – [I]. Uno o più esperti per ciascuna società redigono (2) una relazione sulla congruità del rapporto di cambio delle azioni o delle quote, che indichi:

a) il metodo o i metodi seguiti per la determinazione del rapporto di cambio proposto e i valori risultanti dall'applicazione di ciascuno di essi;

b) le eventuali difficoltà di valutazione.

[II]. La relazione deve contenere, inoltre, un parere sull'adeguatezza del metodo o dei metodi seguiti per la determinazione del rapporto di cambio e sull'importanza relativa attribuita a ciascuno di essi nella determinazione del valore adottato.

[III]. L'esperto o gli esperti sono scelti tra i soggetti di cui al primo comma dell'articolo 2409-*bis* e, se la società incorporante o la società risultante dalla fusione è una società per azioni o in accomandita per azioni, sono designati dal tribunale del luogo in cui ha sede la società. Se la società è quotata in mercati regolamentati, l'esperto è scelto tra le società di revisione sottoposte alla vigilanza della Commissione Nazionale per le Società e la Borsa (3).

[IV]. In ogni caso, le società partecipanti alla fusione possono congiuntamente richiedere al tribunale del luogo in cui ha sede la società risultante dalla fusione o quella incorporante la nomina di uno o più esperti comuni.

[V]. Ciascun esperto ha diritto di ottenere dalle società partecipanti alla fusione tutte le informazioni e i documenti utili e di procedere ad ogni necessaria verifica.

[VI]. L'esperto risponde dei danni causati alle società partecipanti alle fusioni, ai loro soci e ai terzi. Si applicano le disposizioni dell'articolo 64 del codice di procedura civile.

[VII]. Ai soggetti di cui ai precedenti terzo e quarto comma è altresì affidata, in ipotesi di fusione di società di persone con società di capitali, la relazione di stima del patrimonio della società di persone a norma dell'articolo 2343.

[VIII]. La relazione di cui al primo comma non è richiesta se vi rinunciano all'unanimità i soci e i possessori di altri strumenti finanziari che attribuiscono il diritto di voto (4) di ciascuna società partecipante alla fusione (5).

(1) *V. nota al Capo X.*

(2) *La parola* « redigono » *è stata sostituita alle parole* « devono redigere » *dall'art. 1[4 lett. a)] d.lgs. 22 giugno 2012, n. 123.*

(3) *Comma, dapprima, sostituito dall'art. 6 d.lgs. 17 gennaio 2003, n. 6 (come modificato dall'art. 5[1 lett. ddd)] d.lgs. 6 febbraio 2004, n. 37) e, successivamente, modificato dall'art. 37[32] d.lgs. 27 gennaio 2010, n. 39.*

(4) *Le parole da* « e i possessori » *a* « il diritto di voto » *sono state inserite dall'art. 1[4 lett. b)] d.lgs. n. 123, cit.*

(5) *Comma aggiunto dall'art. 1[1] d.lgs. 13 ottobre 2009, n. 147; ai sensi del successivo art. 2 tali disposizioni si applicano alle fusioni e alle scissioni i cui progetti, alla data di entrata in vigore del medesimo d.lgs. n. 147, cit. [15 novembre 2009], non siano stati approvati dagli organi competenti di alcuna delle società partecipanti alla fusione o alla scissione.*

2501-*septies*. (1) **Deposito di atti.** – [I]. Devono restare depositati in copia nella sede delle società partecipanti alla fusione, ovvero pubblicati sul sito Internet delle stesse, (2) durante i trenta giorni che precedono la decisione in ordine alla fusione, salvo che i soci rinuncino al termine con consenso unanime, e finché la fusione sia decisa:

1) il progetto di fusione con le relazioni, ove redatte, (3) indicate negli articoli 2501-*quinquies* e 2501-*sexies*;

2) i bilanci degli ultimi tre esercizi delle società partecipanti alla fusione, con le relazioni dei soggetti cui compete l'amministrazione e la revisione legale (4);

3) le situazioni patrimoniali delle società partecipanti alla fusione ove redatte a norma dell'articolo 2501-*quater*, primo comma, ovvero, nel caso previsto dall'articolo 2501-*quater*, secondo comma, la relazione finanziaria semestrale (5).

[II]. I soci hanno diritto di prendere visione di questi documenti e di ottenerne gratuitamente copia. Su richiesta del socio le copie gli sono trasmesse telematicamente (6). La società non è tenuta a fornire copia dei documenti, qualora gli stessi siano stati pubblicati sul sito Internet della società dal quale sia possibile effettuarne liberamente copia o stampa (6).

(1) *V. nota al Capo X.*

(2) *Le parole* « ovvero pubblicati sul sito Internet delle stesse, » *sono state inserite dall'art. 1[5] lett. a) d.ls. 22 giugno 2012, n. 123.*

(3) *Le parole* « con le relazioni, ove redatte, » *sono state sostituite alle parole* « con le relazioni » *dall'art. 1[5] lett. b) d.ls. n. 123, cit.*

(4) *Le parole* « la revisione legale » *sono state sostituite alle parole* « il controllo contabile » *dall'art. 37[33] d.ls. 27 gennaio 2010, n. 39.*

(5) *Numero così sostituito dall'art. 1[5] lett. c) d.ls. n. 123, cit.*

(6) *Periodo aggiunto dall'art. 1[5] lett. d) d.ls. n. 123, cit.*

2502. (1) **Decisione in ordine alla fusione.** – [I]. La fusione è decisa da ciascuna delle società che vi partecipano mediante approvazione del relativo progetto. Se l'atto costitutivo o lo statuto non dispongono diversamente, tale approvazione avviene, nelle società di persone, con il consenso della maggioranza dei soci determinata secondo la parte attribuita a ciascuno negli utili, salva la facoltà di recesso per il socio che non abbia consentito alla fusione e, nelle società di capitali, secondo le norme previste per la modificazione dell'atto costitutivo o statuto.

[II]. La decisione di fusione può apportare al progetto di cui all'articolo 2501-*ter* solo le modifiche che non incidono sui diritti dei soci o dei terzi.

(1) *V. nota al Capo X.*

2502-*bis*. (1) **Deposito e iscrizione della decisione di fusione.** – [I]. La deliberazione di fusione delle società previste nei capi V, VI e VII deve essere depositata per l'iscrizione nel registro delle imprese, insieme con i documenti indicati nell'articolo 2501-*septies*. Si applica l'articolo 2436.

[II]. La decisione di fusione delle società previste nei capi II, III e IV deve essere depositata per l'iscrizione nell'ufficio del registro delle imprese, insieme con i documenti indicati nell'articolo 2501-*septies*; il deposito va effettuato a norma dell'articolo 2436 se la società risultante dalla fusione o quella incorporante è regolata dai capi V, VI, VII.

(1) *V. nota al Capo X.*

2503. (1) **Opposizione dei creditori.** – [I]. La fusione può essere attuata solo dopo sessanta giorni dall'ultima delle iscrizioni previste dall'articolo 2502-*bis*, salvo che consti il consenso dei creditori delle società che vi partecipano anteriori all'iscrizione o alla pubblicazione (2) prevista nel terzo comma dell'articolo 2501-*ter*, o il pagamento dei creditori che non hanno dato il consenso, ovvero il deposito delle somme corrispondenti presso una banca, salvo che la relazione di cui all'articolo 2501-*sexies* sia redatta, per tutte le società partecipanti alla fusione, da un'unica società di revisione la quale asseveri, sotto la propria responsabilità ai sensi del sesto comma dell'articolo 2501-*sexies*, che la situazione patrimoniale e finanziaria delle società partecipanti alla fusione rende non necessarie garanzie a tutela dei suddetti creditori.

[II]. Se non ricorre alcuna di tali eccezioni, i creditori indicati al comma precedente possono, nel suddetto termine di sessanta giorni (3), fare opposizione. Si applica in tal caso l'ultimo comma dell'articolo 2445.

(1) *V. nota al Capo X.*
(2) *Le parole* « o alla pubblicazione » *sono state aggiunte dall'art. 1[6] d.ls. 22 giugno 2012, n. 123.*
(3) *V. Avviso di rettifica in G.U. 4 luglio 2003, n. 153.*

2503-*bis*. (1) **Obbligazioni.** – [I]. I possessori di obbligazioni delle società partecipanti alla fusione possono fare opposizione a norma dell'articolo 2503, salvo che la fusione sia approvata dall'assemblea degli obbligazionisti.

[II]. Ai possessori di obbligazioni convertibili deve essere data facoltà, mediante avviso da pubblicarsi nella Gazzetta Ufficiale della Repubblica italiana almeno novanta giorni prima della iscrizione del progetto di fusione, di esercitare il diritto di conversione nel termine di trenta giorni dalla pubblicazione dell'avviso.

[III]. Ai possessori di obbligazioni convertibili che non abbiano esercitato la facoltà di conversione devono essere assicurati diritti equivalenti a quelli loro spettanti prima della fusione, salvo che la modificazione dei loro diritti sia stata approvata dall'assemblea prevista dall'articolo 2415.

(1) *V. nota al Capo X.*

2504. (1) **Atto di fusione.** – [I]. La fusione deve risultare da atto pubblico.

[II]. L'atto di fusione deve essere depositato per l'iscrizione, a cura del notaio o dei soggetti cui compete l'amministrazione della società risultante dalla fusione o di quella incorporante, entro trenta giorni, nell'ufficio del registro delle imprese dei luoghi ove è posta la sede delle società partecipanti alla fusione, di quella che ne risulta o della società incorporante.

[III]. Il deposito relativo alla società risultante dalla fusione o di quella incorporante non può precedere quelli relativi alle altre società partecipanti alla fusione.

(1) *V. nota al Capo X.*

2504-*bis*. (1) **Effetti della fusione.** – [I]. La società che risulta dalla fusione o quella incorporante assumono i diritti e gli obblighi delle società partecipanti alla fusione, proseguendo in tutti i loro rapporti, anche processuali, anteriori alla fusione.

[II]. La fusione ha effetto quando è stata eseguita l'ultima delle iscrizioni prescritte dall'articolo 2504. Nella fusione mediante incorporazione può tuttavia essere stabilita una data successiva.

[III]. Per gli effetti ai quali si riferisce il primo comma dell'articolo 2501-*ter*, numeri 5) e 6), possono essere stabilite date anche anteriori.

[IV]. Nel primo bilancio successivo alla fusione le attività e le passività sono iscritte ai valori risultanti dalle scritture contabili alla data di efficacia della fusione medesima; se dalla fusione emerge un disavanzo, esso deve essere imputato, ove possibile, agli elementi dell'attivo e del passivo delle società partecipanti alla fusione e, per la differenza e nel rispetto delle condizioni previste dal numero 6 dell'articolo 2426, ad avviamento. Quando si tratta di società che fa ricorso al mercato del capitale di rischio, devono altresì essere allegati alla nota integrativa prospetti contabili indicanti i valori attribuiti alle attività e passività delle società che hanno partecipato alla fusione e la relazione di cui all'articolo 2501-*sexies*. Se dalla fusione emerge un avanzo, esso è iscritto ad apposita voce del patrimonio netto, ovvero, quando sia dovuto a previsione di risultati economici sfavorevoli, in una voce dei fondi per rischi ed oneri (2).

[V]. La fusione attuata mediante costituzione di una nuova società di capitali ovvero mediante incorporazione in una società di capitali non libera i soci a responsabilità illimitata dalla responsabilità per le obbligazioni delle rispettive società partecipanti alla fusione anteriori all'ultima delle iscrizioni prescritte dall'articolo 2504, se non risulta che i creditori hanno dato il loro consenso.

(1) *V. nota al Capo X.*
(2) *Periodo aggiunto dall'art. 23 d.lgs. 28 dicembre 2004, n. 310.*

2504-*ter*. (1) **Divieto di assegnazione di azioni o quote.** – [I]. La società che risulta dalla fusione non può assegnare azioni o quote in sostituzione di quelle delle società partecipanti alla fusione possedute, anche per il tramite di società fiduciarie o di interposta persona, dalle società medesime.

[II]. La società incorporante non può assegnare azioni o quote in sostituzione di quelle delle società incorporate possedute, anche per il tramite di società fiduciaria o di interposta persona, dalle incorporate medesime o dalla società incorporante.

(1) *V. nota al Capo X.*

2504-*quater*. (1) **Invalidità della fusione.** – [I]. Eseguite le iscrizioni dell'atto di fusione a norma del secondo comma dell'articolo 2504, l'invalidità dell'atto di fusione non può essere pronunciata.

[II]. Resta salvo il diritto al risarcimento del danno eventualmente spettante ai soci o ai terzi danneggiati dalla fusione.

(1) *V. nota al Capo X.*

2505. (1) **Incorporazione di società interamente possedute.** – [I]. Alla fusione per incorporazione di una società in un'altra che possiede tutte le azioni o le quote della prima non si applicano le disposizioni dell'articolo 2501-*ter*, primo comma, numeri 3), 4) e 5) e degli articoli 2501-*quinquies* e 2501-*sexies*.

[II]. L'atto costitutivo o lo statuto può prevedere che la fusione per incorporazione di una società in un'altra che possiede tutte le azioni o le quote della prima sia decisa, con deliberazione risultante da atto pubblico, dai rispettivi organi amministrativi, sempre che siano rispettate, con riferimento a ciascuna delle società partecipanti alla fusione, le disposizioni dell'articolo 2501-*ter*, terzo e quarto comma, nonché, quanto alla società incorporante, quelle dell'articolo 2501-*septies* (2).

[III]. I soci della società incorporante che rappresentano almeno il cinque per cento del capitale sociale possono in ogni caso, con domanda indirizzata alla società entro otto giorni dal deposito o dalla pubblicazione (3) di cui al terzo comma dell'articolo 2501-*ter*, chiedere che la decisione di approvazione della fusione da parte della incorporante medesima sia adottata a norma del primo comma dell'articolo 2502.

(1) *V. nota al Capo X.*

(2) *Le parole da* « le disposizioni » *a* « dell'articolo 2501-*septies* » *sono state sostituite alle parole* « le disposizioni dell'articolo 2501-*ter* e, quanto alla società incorporante, anche quelle dell'articolo 2501-*septies*, primo comma, numeri 1 e 2 » *dall'art. 1[7] lett. a) d.ls. 22 giugno 2012, n. 123.*

(3) *Le parole* « o dalla pubblicazione » *sono state aggiunte dall'art. 1[7] lett. b) d.ls. n. 123, cit.*

2505-*bis*. (1) **Incorporazione di società possedute al novanta per cento.** – [I]. Alla fusione per incorporazione di una o più società in un'altra che possiede almeno il novanta per cento delle loro azioni o quote non si applicano le disposizioni degli articoli 2501-*quater*, 2501-*quinquies*, 2501-*sexies* e 2501-*septies* (2), qualora venga concesso agli altri soci della società incorporata il diritto di far acquistare le loro azioni o quote dalla società incorporante per un corrispettivo determinato alla stregua dei criteri previsti per il recesso.

[II]. L'atto costitutivo o lo statuto possono prevedere che la fusione per incorporazione di una o più società in un'altra che possiede almeno il novanta per cento delle loro azioni o quote sia decisa, quanto alla società incorporante, dal suo organo amministrativo, con deliberazione risultante da atto pubblico, sempre che siano rispettate le disposizioni dell'articolo 2501-*septies* (3), e che l'iscrizione o la pubblicazione prevista (3) dall'articolo 2501-*ter*, terzo comma, sia fatta, per la società incorporante, almeno trenta giorni (4) prima della data fissata per la decisione di fusione da parte della società incorporata.

[III]. Si applica la disposizione di cui al terzo comma dell'articolo 2505.

(1) *V. nota al Capo X.*

(2) *Le parole* « degli articoli 2501-*quater*, 2501-*quinquies*, 2501-*sexies* e 2501-*septies* » *sono state sostituite alle parole* « dell'articolo 2501-*sexies* » *dall'art. 1*[8 lett. a)] *d.ls. 22 giugno 2012, n. 123.*

(3) *Le parole* « dell'articolo 2501-*septies* » *sono state sostituite alle parole* « dell'articolo 2501-*septies*, primo comma, numeri 1) e 2) » *e le parole* « l'iscrizione o la pubblicazione prevista » *sono state sostituite alle parole* « l'iscrizione prevista » *dall'art. 1*[8 lett. b)] *d.ls. n. 123, cit.*

(4) *V. Avviso di rettifica in G.U. 4 luglio 2003, n. 153.*

2505-*ter*. (1) **Effetti della pubblicazione degli atti del procedimento di fusione nel registro delle imprese.** – [I]. Alle iscrizioni nel registro delle imprese ai sensi degli articoli 2501-*ter*, 2502-*bis* e 2504 conseguono gli effetti previsti dall'articolo 2448.

(1) *V. nota al Capo X.*

2505-*quater*. (1) **Fusioni cui non partecipano società con capitale rappresentato da azioni.** – [I]. Se alla fusione non partecipano società regolate dai capi V e VI del presente titolo, né società cooperative per azioni, non si applicano le disposizioni degli articoli 2501, secondo comma, e 2501-*ter*, secondo comma; (2) i termini di cui agli articoli 2501-*ter*, quarto comma, 2501-*septies*, primo comma, e 2503, primo comma, sono ridotti alla metà.

(1) *V. nota al Capo X.*

(2) *Le parole* « le disposizioni dell'articolo 2501-*sexies* possono essere derogate con il consenso di tutti i soci delle società partecipanti alla fusione », *che seguivano le parole* « secondo comma; » *sono state soppresse dall'art. 1*[2] *d.ls. 13 ottobre 2009, n. 147; ai sensi del*

successivo art. 2 tali disposizioni si applicano alle fusioni e alle scissioni i cui progetti, alla data di entrata in vigore del medesimo d.ls. n. 147, cit. [15 novembre 2009], non siano stati approvati dagli organi competenti di alcuna delle società partecipanti alla fusione o alla scissione.

SEZIONE III – *Della scissione delle società*

2506. (1) **Forme di scissione.** – [I]. Con la scissione una società assegna l'intero suo patrimonio a più società, preesistenti o di nuova costituzione, o parte del suo patrimonio, in tal caso anche ad una sola società, e le relative azioni o quote ai suoi soci.

[II]. È consentito un conguaglio in danaro, purché non superiore al dieci per cento del valore nominale delle azioni o quote attribuite. È consentito inoltre che, per consenso unanime, ad alcuni soci non vengano distribuite azioni o quote di una delle società beneficiarie della scissione, ma azioni o quote della società scissa (2).

[III]. La società scissa può, con la scissione, attuare il proprio scioglimento senza liquidazione, ovvero continuare la propria attività.

[IV]. La partecipazione alla scissione non è consentita alle società in liquidazione che abbiano iniziato la distribuzione dell'attivo.

(1) *V. nota al Capo X.*

(2) *Comma così modificato dall'art. 6 d.ls. 17 gennaio 2003, n. 6, come modificato dall'art. 5[1 eee)] d.ls. 6 febbraio 2004, n. 37.*

2506-*bis*. (1) **Progetto di scissione.** – [I]. L'organo amministrativo delle società partecipanti alla scissione redige un progetto dal quale devono risultare i dati indicati nel primo comma dell'articolo 2501-*ter* ed inoltre l'esatta descrizione degli elementi patrimoniali da assegnare a ciascuna delle società beneficiarie e dell'eventuale conguaglio in danaro.

[II]. Se la destinazione di un elemento dell'attivo non è desumibile dal progetto, esso, nell'ipotesi di assegnazione dell'intero patrimonio della società scissa, è ripartito tra le società beneficiarie in proporzione della quota del patrimonio netto assegnato a ciascuna di esse, così come valutato ai fini della determinazione del rapporto di cambio; se l'assegnazione del patrimonio della società è solo parziale, tale elemento rimane in capo alla società trasferente.

[III]. Degli elementi del passivo, la cui destinazione non è desumibile dal progetto, rispondono in solido, nel primo caso, le società beneficiarie, nel secondo la società scissa e le società beneficiarie. La responsabilità solidale è limitata al valore effettivo del patrimonio netto attribuito a ciascuna società beneficiaria.

[IV]. Dal progetto di scissione devono risultare i criteri di distribuzione delle azioni o quote delle società beneficiarie. Qualora il progetto preveda una attribuzione delle partecipazioni ai soci non proporzionale alla loro quota di partecipazione originaria, il progetto medesimo deve prevedere il diritto dei soci che non approvino la scissione di far acquistare le proprie partecipazioni per un corrispettivo determinato alla stregua dei criteri previsti per il recesso, indicando coloro a cui carico è posto l'obbligo di acquisto.

[V]. Il progetto di scissione è depositato per l'iscrizione nel registro delle imprese ovvero pubblicato sul sito Internet della società a norma dell'articolo 2501-*ter*, commi terzo e quarto (2).

(1) *V. nota al Capo X.*

(2) *Comma così sostituito dall'art. 1[9] d.ls. 22 giugno 2012, n. 123. Il testo del comma era il seguente:* « Il progetto di scissione deve essere pubblicato a norma dell'ultimo comma dell'articolo 2501-*ter* ».

2506-*ter*. (1) **Norme applicabili.** – [I]. L'organo amministrativo delle società partecipanti alla scissione redige la situazione patrimoniale e la relazione illustrativa in conformità agli articoli 2501-*quater* e 2501-*quinquies*.

[II]. La relazione dell'organo amministrativo deve inoltre illustrare i criteri di distribuzione delle azioni o quote e deve indicare il valore effettivo del patrimonio netto assegnato alle società beneficiarie e di quello che eventualmente rimanga nella società scissa. Quando la scissione si realizza mediante aumento di capitale con conferimento di beni in natura o di crediti, la relazione dell'organo amministrativo menziona, ove prevista, l'elaborazione della relazione di cui all'articolo 2343 e il registro delle imprese presso il quale tale relazione è depositata (2).

[III]. Si applica alla scissione l'articolo 2501-*sexies*; la situazione patrimoniale prevista dall'articolo 2501-*quater* e le relazioni previste dagli articoli 2501-*quinquies* e 2501-*sexies*, non sono richieste (3) quando la scissione avviene mediante la costituzione di una o più nuove società e non siano previsti criteri di attribuzione delle azioni o quote diversi da quello proporzionale.

[IV]. Con il consenso unanime dei soci e dei possessori di altri strumenti finanziari che danno diritto di voto nelle società partecipanti alla scissione l'organo amministrativo può essere esonerato dalla redazione dei documenti previsti nei precedenti commi.

[V]. Sono altresì applicabili alla scissione gli articoli 2501-*septies*, 2502, 2502-*bis*, 2503, 2503-*bis*, 2504, 2504-*ter*, 2504-*quater*, 2505, primo e secondo comma, (4) 2505-*bis* e 2505-*ter*. Tutti i riferimenti alla fusione contenuti in detti articoli s'intendono riferiti anche alla scissione (5).

(1) *V. nota al Capo X. V. anche Avviso di rettifica in G.U. 4 luglio 2003, n. 153.*

(2) *Periodo aggiunto dall'art. 27*[1] *l. 30 ottobre 2014, n. 161.*

(3) *Le parole da* « la situazione patrimoniale » *a* « non sono richieste » *sono state sostituite alle parole* « la relazione ivi prevista non è richiesta » *dall'art. 1*[10 lett. a)] *d.ls. 22 giugno 2012, n. 123.*

(4) *Le parole* « primo e secondo comma, » *sono state inserite dall'art. 1*[10 lett. b)] *d.ls. n. 123, cit.*

(5) *Comma così modificato dall'art. 24 d.ls. 28 dicembre 2004, n. 310.*

2506-*quater*. (1) **Effetti della scissione.** – [I]. La scissione ha effetto dall'ultima delle iscrizioni dell'atto di scissione nell'ufficio del registro delle imprese in cui sono iscritte le società beneficiarie; può essere tuttavia stabilita una data successiva, tranne che nel caso di scissione mediante costituzione di società nuove. Per gli effetti a cui si riferisce l'articolo 2501-*ter*, numeri 5) e 6), possono essere stabilite date anche anteriori. Si applica il quarto comma dell'articolo 2504-*bis*.

[II]. Qualunque società beneficiaria può effettuare gli adempimenti pubblicitari relativi alla società scissa.

[III]. Ciascuna società è solidalmente responsabile, nei limiti del valore effettivo del patrimonio netto ad essa assegnato o rimasto, dei debiti della società scissa non soddisfatti dalla società cui fanno carico.

(1) *V. nota al Capo X.*

CAPO XI – *Delle società costituite all'estero* (1)

(1) *Capo aggiunto dall'art. 7 d.ls. 17 gennaio 2003, n. 6, con effetto dal 1° gennaio 2004. L'attuale formulazione del Capo comprende gli articoli da 2507 a 2510.*

2507. (1) **Rapporti con il diritto comunitario.** – [I]. L'interpretazione ed applicazione delle disposizioni contenute nel presente capo è effettuata in base ai principi dell'ordinamento delle Comunità europee.

(1) *V. nota al Capo XI.*

2508. (1) **Società estere con sede secondaria nel territorio dello Stato.** – [I]. Le società costituite all'estero, le quali stabiliscono nel territorio dello Stato una o più sedi secondarie con rappresentanza stabile, sono soggette, per ciascuna sede, alle disposizioni della legge italiana sulla pubblicità degli atti sociali. Esse devono inoltre pubblicare, secondo le medesime disposizioni, il cognome, il nome, la data e il luogo di nascita delle persone che le rappresentano stabilmente nel territorio dello Stato, con indicazione dei relativi poteri.

[II]. Ai terzi che hanno compiuto operazioni con le sede secondaria non può essere opposto che gli atti pubblicati ai sensi dei commi precedenti sono difformi da quelli pubblicati nello Stato ove è situata la sede principale.

[III]. Le società costituite all'estero sono altresì soggette, per quanto riguarda le sedi secondarie, alle disposizioni che regolano l'esercizio dell'impresa o che la subordinano all'osservanza di particolari condizioni.

[IV]. Negli atti e nella corrispondenza delle sedi secondarie di società costituite all'estero devono essere contenute le indicazioni richieste dall'articolo 2250; devono essere altresì indicati l'ufficio del registro delle imprese presso la quale è iscritta la sede secondaria e il numero di iscrizione.

(1) *V. nota al Capo XI.*

2508-*bis*. (1) **Registrazione e cancellazione telematica della sede secondaria di una società soggetta alla legge di uno Stato membro dell'Unione europea.** – [I]. L'atto istitutivo di sedi secondarie nel territorio dello Stato da parte di società di capitali soggette alla legge di uno Stato membro dell'Unione europea e gli atti di nomina dei soggetti che rappresentano stabilmente la società per le attività della sede secondaria, con l'indicazione dei relativi poteri, sono depositati, ai fini della loro iscrizione nel registro delle imprese, presso un notaio esercente in Italia con le modalità disciplinate dagli articoli 47-*bis*, 47-*ter* e 52-*bis* della legge 16 febbraio 1913, n. 89, anche con le modalità in videoconferenza di cui alle disposizioni di attuazione della direttiva (UE) 2019/1151 del Parlamento europeo e del Consiglio del 20 giugno 2019. Gli atti da depositare, ai fini della procedura di cui al periodo precedente, sono contenuti in duplicati informatici o copie informatiche rilasciate dal competente registro delle imprese delle quali è garantita, ai sensi del decreto legislativo 7 marzo 2005, n. 82, la provenienza dal medesimo registro e la conformità ai corrispondenti documenti o informazioni nello stesso iscritti. Il notaio può richiedere la presenza fisica delle parti, o di alcune di esse, se dubita dell'identità dei richiedenti o se rileva il mancato rispetto delle norme riguardanti la capacità di agire e la capacità dei richiedenti di rappresentare una società.

[II]. Ai fini della registrazione delle sedi secondarie di cui al primo comma, sono forniti i seguenti dati:

a) l'indirizzo della sede secondaria;

b) l'attività della sede secondaria;
c) il registro di iscrizione della società;
d) il numero di iscrizione della società nel registro di cui al punto *c*);
e) la denominazione della società;
f) la forma legale della società;
g) l'ampiezza dei poteri dei soggetti che rappresentano stabilmente la società per le attività della sede secondaria;
h) gli estremi dell'atto costitutivo e, eventualmente, dello statuto ove presente come documento separato;
i) i dati personali dei legali rappresentanti della società;
l) i dati personali dei soggetti che rappresentano stabilmente la società per le attività della sede secondaria;
m) l'eventuale stato di liquidazione della società, i dati personali dei liquidatori e i poteri agli stessi conferiti, nonché l'eventuale conclusione della procedura di liquidazione;
n) la pendenza di una procedura di insolvenza o di altra procedura di ristrutturazione aziendale connessa a crisi aziendale della società;
o) la data di chiusura della sede secondaria.

[III]. Ai medesimi fini di cui al secondo comma, sono altresì depositati:
a) la nomina, la cessazione o la revoca dei liquidatori;
b) la nomina, la cessazione o la revoca dei legali rappresentanti della società;
c) la nomina, la cessazione o la revoca dei soggetti che rappresentano stabilmente la società per le attività della sede secondaria;
d) l'ultimo bilancio di esercizio della società;
e) l'atto costitutivo e lo statuto, ove presente come documento separato, della società, e le relative modifiche;
f) una dichiarazione resa dai soggetti che rappresentano stabilmente la società per le attività della sede secondaria circa l'inesistenza, a loro carico, delle cause di ineleggibilità previste dall'articolo 2382 e di interdizioni dall'ufficio di amministratore adottate nei loro confronti in uno Stato membro dell'Unione europea.

[IV]. La capacità di agire dei richiedenti e il loro potere di rappresentare la società sono verificate, mediante il sistema di interconnessione di cui all'articolo 22 della direttiva (UE) 2017/1132, dalle risultanze del registro delle imprese in cui è iscritta la società. Nel caso di indisponibilità del sistema di interconnessione, è utilizzato un certificato rilasciato dal competente registro da non oltre sei mesi. Se il potere rappresentativo deriva da una procura e questa non è acquisibile tramite il sistema di interconnessione di cui all'articolo 22 della direttiva (UE) 2017/1132, la procura è consegnata in originale al notaio.

[V]. Se la registrazione della sede secondaria non può essere completata nel termine di dieci giorni dal momento della presentazione dei documenti e delle informazioni di cui al secondo, terzo e quarto comma, l'ufficio del registro delle imprese comunica ai richiedenti i motivi del ritardo.

[VI]. Gli atti di cui al terzo comma e i documenti di cui al quarto comma redatti in una lingua straniera sono accompagnati dalla traduzione giurata.

[VII]. Gli uffici del registro delle imprese comunicano, tramite il sistema di interconnessione di cui all'articolo 22 della direttiva (UE) 2017/1132, ai registri delle imprese di altri Stati membri in cui sono registrate sedi secondarie di società di capitali regolate dalla legge italiana, le modifiche ai seguenti elementi:

a) denominazione della società;

b) sede legale della società;

c) numero di iscrizione della società nel registro;

d) forma legale della società;

e) legali rappresentanti, con specificazione se in forma congiunta o disgiunta, amministratori, componenti degli organi di controllo o di supervisione;

f) bilanci societari.

[VIII]. Ove siano destinatari della comunicazione di cui all'ottavo comma, in qualità di uffici di registrazione di una sede secondaria di società soggette alla legge di un altro Stato membro dell'Unione europea, gli uffici del registro delle imprese rilasciano attestazione di ricezione della comunicazione e provvedono senza ritardo all'iscrizione dei conseguenti aggiornamenti.

[IX]. L'istanza con cui si richiede la registrazione della sede secondaria di una società di capitali soggetta alla legge di uno Stato membro dell'Unione europea ai sensi del primo comma, è sottoscritta elettronicamente da un notaio esercente nel territorio dello Stato. Gli adempimenti pubblicitari successivi alla registrazione possono essere assolti mediante firma elettronica qualificata o firma digitale da un amministratore della società o dallo stabile preposto.

(1) *Articolo inserito dall'art. 6[3] d.lgs. 8 novembre 2021, n. 183.*

2509. (1) **Società estere di tipo diverso da quelle nazionali.** – [I]. Le società costituite all'estero, che sono di tipo diverso da quelli regolati in questo codice, sono soggette alle norme della società per azioni, per ciò che riguarda gli obblighi relativi all'iscrizione degli atti sociali nel registro delle imprese e la responsabilità degli amministratori.

(1) *V. nota al Capo XI.*

2509-*bis*. (1) **Responsabilità in caso di inosservanza delle formalità.** – [I]. Fino all'adempimento delle formalità sopra indicate, coloro che agiscono in nome della società rispondono illimitatamente e solidalmente per le obbligazioni sociali.

(1) *V. nota al Capo X.*

2510. (1) **Società con prevalenti interessi stranieri.** – [I]. Sono salve le disposizioni delle leggi speciali che vietano o sottopongono a particolari condizioni l'esercizio di determinate attività da parte di società nelle quali siano rappresentati interessi stranieri.

(1) *V. nota al Capo XI.*

TITOLO VI
Delle società cooperative e delle mutue assicuratrici (1)

(1) *Titolo così sostituito dall'art. 8 d.ls. 17 gennaio 2003, n. 6, con effetto dal 1° gennaio 2004. Per le modifiche apportate dal d.ls. 6 febbraio 2004, n. 37, v. la disciplina transitoria dettata dall'art. 6[1 e 2] dello stesso decreto legislativo.*

CAPO I – *Delle società cooperative* (1)

(1) *Ai sensi di quanto disposto dall'art. 14[15] l. 12 novembre 2011, n. 183 « nel caso in cui siano entrate in vigore norme di legge o regolamentari che incidano, direttamente o indirettamente, sulle materie regolate dallo statuto sociale, le società cooperative di cui al presente capo, le cui azioni non siano negoziate in mercati regolamentati, possono modificare il proprio statuto con le maggioranze assembleari previste in via generale dallo statuto per le sue modificazioni, anche nei casi in cui lo statuto stesso preveda maggioranze più elevate per la modifica di determinati suoi articoli ».*

SEZIONE I – *Disposizioni generali. Cooperative a mutualità prevalente*

2511. (1) **Società cooperative.** – [I]. Le cooperative sono società a capitale variabile con scopo mutualistico iscritte presso l'albo delle società cooperative di cui all'articolo 2512, secondo comma, e all'articolo 223-*sexiesdecies* delle disposizioni per l'attuazione del presente codice (2).

(1) *V. nota al Titolo VI.*

(2) *Comma così modificato dall'art. 10[1] l. 23 luglio 2009, n. 99.*

2512. (1) **Cooperativa a mutualità prevalente.** – [I]. Sono società cooperative a mutualità prevalente, in ragione del tipo di scambio mutualistico, quelle che:

1) svolgono la loro attività prevalentemente in favore dei soci, consumatori o utenti di beni o servizi;

2) si avvalgono prevalentemente, nello svolgimento della loro attività, delle prestazioni lavorative dei soci;

3) si avvalgono prevalentemente, nello svolgimento della loro attività, degli apporti di beni o servizi da parte dei soci.

[II]. Le società cooperative a mutualità prevalente si iscrivono in un apposito albo, presso il quale depositano annualmente i propri bilanci.

(1) *V. nota al Titolo VI.*

2513. (1) **Criteri per la definizione della prevalenza.** – [I]. Gli amministratori e i sindaci documentano la condizione di prevalenza di cui al precedente articolo nella nota integrativa al bilancio, evidenziando contabilmente i seguenti parametri:

a) i ricavi dalle vendite dei beni e dalle prestazioni di servizi verso i soci sono superiori al cinquanta per cento del totale dei ricavi delle vendite e delle prestazioni ai sensi dell'articolo 2425, primo comma, punto A1;

b) il costo del lavoro dei soci è superiore al cinquanta per cento del totale del costo del lavoro di cui all'articolo 2425, primo comma, punto B9 computate le altre forme di lavoro inerenti lo scopo mutualistico (2);

c) il costo della produzione per servizi ricevuti dai soci ovvero per beni conferiti dai soci è rispettivamente superiore al cinquanta per cento del totale dei costi dei servizi di cui all'articolo 2425, primo comma, punto B7, ovvero al costo delle merci o materie prime acquistate o conferite, di cui all'articolo 2425, primo comma, punto B6.

[II]. Quando si realizzano contestualmente più tipi di scambio mutualistico, la condizione di prevalenza è documentata facendo riferimento alla media ponderata delle percentuali delle lettere precedenti.

[III]. Nelle cooperative agricole la condizione di prevalenza sussiste quando la quantità o il valore dei prodotti conferiti dai soci è superiore al cinquanta per cento della quantità o del valore totale dei prodotti.

(1) *V. nota al Titolo VI.*

(2) *Lettera così modificata dall'art. 25 d.lgs. 28 dicembre 2004, n. 310.*

2514. (1) **Requisiti delle cooperative a mutualità prevalente.** – [I]. Le cooperative a mutualità prevalente devono prevedere nei propri statuti:

a) il divieto di distribuire i dividendi in misura superiore all'interesse massimo dei buoni postali fruttiferi, aumentato di due punti e mezzo rispetto al capitale effettivamente versato;

b) il divieto di remunerare gli strumenti finanziari offerti in sottoscrizione ai soci cooperatori in misura superiore a due punti rispetto al limite massimo previsto per i dividendi;

c) il divieto di distribuire le riserve fra i soci cooperatori;

d) l'obbligo di devoluzione, in caso di scioglimento della società, dell'intero patrimonio sociale, dedotto soltanto il capitale sociale e i dividendi eventualmente maturati, ai fondi mutualistici per la promozione e lo sviluppo della cooperazione.

[II]. Le cooperative deliberano l'introduzione e la soppressione delle clausole di cui al comma precedente con le maggioranze previste per l'assemblea straordinaria.

(1) *V. nota al Titolo VI.*

2515. (1) **Denominazione sociale.** – [I]. La denominazione sociale, in qualunque modo formata, deve contenere l'indicazione di società cooperativa.

[II]. L'indicazione di cooperativa non può essere usata da società che non hanno scopo mutualistico (2).

(1) *V. nota al Titolo VI.*

(2) *Seguiva un terzo comma abrogato dall'art. 10^5 l. 23 luglio 2009, n. 99.*

2516. (1) **Rapporti con i soci.** – [I]. Nella costituzione e nell'esecuzione dei rapporti mutualistici deve essere rispettato il principio di parità di trattamento.

(1) *V. nota al Titolo VI.*

2517. (1) **Enti mutualistici.** – [I]. Le disposizioni del presente titolo non si applicano agli enti mutualistici diversi dalle società.

(1) *V. nota al Titolo VI.*

2518. (1) **Responsabilità per le obbligazioni sociali.** – [I]. Nelle società cooperative per le obbligazioni sociali risponde soltanto la società con il suo patrimonio.

(1) *V. nota al Titolo VI.*

2519. (1) **Norme applicabili.** – [I]. Alle società cooperative, per quanto non previsto dal presente titolo, si applicano in quanto compatibili le disposizioni sulla società per azioni.

[II]. L'atto costitutivo può prevedere che trovino applicazione, in quanto compatibili, le norme sulla società a responsabilità limitata nelle cooperative con un numero di soci cooperatori inferiore a venti ovvero con un attivo dello stato patrimoniale non superiore ad un milione di euro.

(1) *V. nota al Titolo VI.*

2520. (1) **Leggi speciali.** – [I]. Le cooperative regolate dalle leggi speciali sono soggette alle disposizioni del presente titolo, in quanto compatibili.

[II]. La legge può prevedere la costituzione di cooperative destinate a procurare beni o servizi a soggetti appartenenti a particolari categorie anche di non soci.

(1) *V. nota al Titolo VI.*

SEZIONE II – *Della costituzione* (1)

(1) *V.* Errata-corrige *in G.U. 4 luglio 2003, n. 153.*

2521. (1) **Atto costitutivo.** – [I]. La società deve costituirsi per atto pubblico.

[II]. L'atto costitutivo stabilisce le regole per lo svolgimento dell'attività mutualistica e può prevedere che la società svolga la propria attività anche con terzi.

[III]. L'atto costitutivo deve indicare:

1) il cognome e il nome o la denominazione, il luogo e la data di nascita o di costituzione, il domicilio o la sede, la cittadinanza dei soci;

2) la denominazione, e il comune ove è posta la sede della società e le eventuali sedi secondarie;

3) la indicazione specifica dell'oggetto sociale con riferimento ai requisiti e agli interessi dei soci (2);

4) la quota di capitale sottoscritta da ciascun socio, i versamenti eseguiti e, se il capitale è ripartito in azioni, il loro valore nominale;

5) il valore attribuito ai crediti e ai beni conferiti in natura;

6) i requisiti e le condizioni per l'ammissione dei soci e il modo e il tempo in cui devono essere eseguiti i conferimenti;

7) le condizioni per l'eventuale recesso o per la esclusione dei soci;

8) le regole per la ripartizione degli utili e i criteri per la ripartizione dei ristorni;

9) le forme di convocazione dell'assemblea, in quanto si deroga alle disposizioni di legge;

10) il sistema di amministrazione adottato, il numero degli amministratori e i loro poteri, indicando quali tra essi hanno la rappresentanza della società;

11) il numero dei componenti del collegio sindacale;

12) la nomina dei primi amministratori e sindaci;

13) l'importo globale, almeno approssimativo, delle spese per la costituzione poste a carico delle società.

[iv]. Lo statuto contenente le norme relative al funzionamento della società, anche se forma oggetto di atto separato, si considera parte integrante dell'atto costitutivo.

[v]. I rapporti tra la società e i soci possono essere disciplinati da regolamenti che determinano i criteri e le regole inerenti allo svolgimento dell'attività mutualistica tra la società e i soci. I regolamenti, quando non costituiscono parte integrante dell'atto costitutivo, sono predisposti dagli amministratori e approvati dall'assemblea con le maggioranze previste per le assemblee straordinarie.

(1) *V. nota al Titolo VI.*
(2) *V. Avviso di rettifica in G.U. 4 luglio 2003, n. 153.*

2522. (1) **Numero dei soci.** – [i]. Per costituire una società cooperativa è necessario che i soci siano almeno nove.

[ii]. Può essere costituita una società cooperativa da almeno tre soci quando i medesimi sono persone fisiche e la società adotta le norme della società a responsabilità limitata; nel caso di attività agricola possono essere soci anche le società semplici (2).

[iii]. Se successivamente alla costituzione il numero dei soci diviene inferiore a quello stabilito nei precedenti commi, esso deve essere integrato nel termine massimo di un anno, trascorso il quale la società si scioglie e deve essere posta in liquidazione.

[iv]. La legge determina il numero minimo di soci necessario per la costituzione di particolari categorie di cooperative.

(1) *V. nota al Titolo VI.*
(2) *Comma così modificato dall'art. 26 d.ls. 28 dicembre 2004, n. 310.*

2523. (1) **Deposito dell'atto costitutivo e iscrizione della società.** [i]. Il notaio che ha ricevuto l'atto costitutivo deve depositarlo entro venti giorni (2) presso l'ufficio del registro delle imprese nella cui circoscrizione è stabilita la sede sociale, a norma dell'articolo 2330.

[II]. Gli effetti dell'iscrizione e della nullità sono regolati rispettivamente dagli articoli 2331 e 2332.

(1) *V. nota al Titolo VI.*
(2) *V. Avviso di rettifica in G.U. 4 luglio 2003, n. 153.*

2524. (1) **Variabilità del capitale.** – [I]. Il capitale sociale non è determinato in un ammontare prestabilito.

[II]. Nelle società cooperative l'ammissione di nuovi soci, nelle forme previste dall'articolo 2528 non importa modificazione dell'atto costitutivo.

[III]. La società può deliberare aumenti di capitale con modificazione dell'atto costitutivo nelle forme previste dagli articoli 2438 e seguenti.

[IV]. L'esclusione o la limitazione del diritto di opzione può essere autorizzata dall'assemblea su proposta motivata degli amministratori.

(1) *V. nota al Titolo VI.*

SEZIONE III – *Delle quote e delle azioni*

2525. (1) **Quote e azioni.** – [I]. Il valore nominale di ciascuna azione o quota non può essere inferiore a venticinque euro né per le azioni superiore a cinquecento euro (2).

[II]. Ove la legge non preveda diversamente, nelle società cooperative nessun socio può avere una quota superiore a centomila euro, né tante azioni il cui valore nominale superi tale somma.

[III]. L'atto costitutivo, nelle società cooperative con più di cinquecento soci, può elevare il limite previsto nel precedente comma sino al due per cento del capitale sociale. Le azioni eccedenti tale limite possono essere riscattate o alienate nell'interesse del socio dagli amministratori e, comunque, i relativi diritti patrimoniali sono destinati a riserva indivisibile a norma dell'articolo 2545-*ter*.

[IV]. I limiti di cui ai commi precedenti non si applicano nel caso di conferimenti di beni in natura o di crediti, nei casi previsti dagli articoli 2545-*quinquies* e 2545-*sexies*, e con riferimento ai soci diversi dalle persone fisiche ed ai sottoscrittori degli strumenti finanziari dotati di diritti di amministrazione.

[V]. Alle azioni si applicano, in quanto compatibili, le disposizioni degli articoli 2346, 2347, 2348, 2349, 2354 e 2355. Tuttavia nelle azioni non è indicato l'ammontare del capitale né quello dei versamenti parziali sulle azioni non completamente liberate.

(1) *V. nota al Titolo VI.*
(2) *Comma così modificato dall'art. 27 d.ls. 28 dicembre 2004, n. 310.*

2526. (1) **Soci finanziatori e altri sottoscrittori di titoli di debito.** [i]. L'atto costitutivo può prevedere l'emissione di strumenti finanziari, secondo la disciplina prevista per le società per azioni.

[ii]. L'atto costitutivo stabilisce i diritti patrimoniali o anche amministrativi attribuiti ai possessori degli strumenti finanziari e le eventuali condizioni cui è sottoposto il loro trasferimento. I privilegi previsti nella ripartizione degli utili e nel rimborso del capitale non si estendono alle riserve indivisibili a norma dell'articolo 2545-*ter*. Ai possessori di strumenti finanziari non può, in ogni caso, essere attribuito più di un terzo dei voti spettanti all'insieme dei soci presenti ovvero rappresentati in ciascuna assemblea generale (2).

[iii]. Il recesso dei possessori di strumenti finanziari forniti del diritto di voto è disciplinato dagli articoli 2437 e seguenti.

[iv]. La cooperativa cui si applicano le norme sulla società a responsabilità limitata può offrire in sottoscrizione strumenti privi di diritti di amministrazione solo a investitori qualificati (3).

(1) *V. nota al Titolo VI.*

(2) *Comma così modificato dall'art. 8 d.ls. 17 gennaio 2003, n. 6, come modificato dall'art. 5[1 fff)] d.ls. 6 febbraio 2004, n. 37.*

(3) *Ai sensi dell'art. 11[3-bis], d.l. 23 dicembre 2013, n. 145, conv., con modif., in l. 21 febbraio 2014, n. 9, il presente comma « si interpreta nel senso che, nelle cooperative cui si applicano le norme sulle società a responsabilità limitata, il limite all'emissione di strumenti finanziari si riferisce esclusivamente ai titoli di debito ».*

2527. (1) **Requisiti dei soci.** – [i]. L'atto costitutivo stabilisce i requisiti per l'ammissione dei nuovi soci e la relativa procedura, secondo criteri non discriminatori coerenti con lo scopo mutualistico e l'attività economica svolta.

[ii]. Non possono in ogni caso divenire soci quanti esercitano in proprio imprese in concorrenza con quella della cooperativa (2).

[iii]. L'atto costitutivo può prevedere, determinandone i diritti e gli obblighi, l'ammissione del nuovo socio cooperatore in una categoria speciale in ragione dell'interesse alla sua formazione ovvero del suo inserimento nell'impresa. I soci ammessi alla categoria speciale non possono in ogni caso superare un terzo del numero totale dei soci cooperatori. Al termine di un periodo comunque non superiore a cinque anni il nuovo socio è ammesso a godere i diritti che spettano agli altri soci cooperatori.

(1) *V. nota al Titolo VI.*

(2) *Comma così sostituito dall'art. 28 d.ls. 28 dicembre 2004, n. 310.*

2528. (1) **Procedura di ammissione e carattere aperto della società.** – [i]. L'ammissione di un nuovo socio è fatta con deliberazione degli amministratori su domanda dell'interessato. La deliberazione di ammissione deve essere comunicata all'interessato e annotata a cura degli amministratori nel libro dei soci.

[II]. Il nuovo socio deve versare, oltre l'importo della quota o delle azioni, il soprapprezzo eventualmente determinato dall'assemblea in sede di approvazione del bilancio su proposta dagli amministratori.

[III]. Il consiglio di amministrazione deve entro sessanta giorni motivare la deliberazione di rigetto della domanda di ammissione e comunicarla agli interessati.

[IV]. Qualora la domanda di ammissione non sia accolta dagli amministratori, chi l'ha proposta può entro sessanta giorni dalla comunicazione del diniego chiedere che sull'istanza si pronunci l'assemblea, la quale delibera sulle domande non accolte, se non appositamente convocata, in occasione della sua prossima successiva convocazione.

[V]. Gli amministratori nella relazione al bilancio illustrano le ragioni delle determinazioni assunte con riguardo all'ammissione dei nuovi soci.

(1) *V. nota al Titolo VI.*

2529. (1) **Acquisto delle proprie quote o azioni.** – [I]. L'atto costitutivo può autorizzare gli amministratori ad acquistare o rimborsare quote o azioni della società, purché sussistano le condizioni previste dal secondo comma dell'articolo 2545-*quinquies* e l'acquisto o il rimborso è fatto nei limiti degli utili distribuibili e delle riserve disponibili risultanti dall'ultimo bilancio regolarmente approvato.

(1) *V. nota al Titolo VI.*

2530. (1) **Trasferibilità della quota o delle azioni.** – [I]. La quota o le azioni dei soci cooperatori non possono essere cedute con effetto verso la società, se la cessione non è autorizzata dagli amministratori.

[II]. Il socio che intende trasferire la propria quota o le proprie azioni deve darne comunicazione agli amministratori con lettera raccomandata.

[III]. Il provvedimento che concede o nega l'autorizzazione deve essere comunicato al socio entro sessanta giorni dal ricevimento della richiesta.

[IV]. Decorso tale termine, il socio è libero di trasferire la propria partecipazione e la società deve iscrivere nel libro dei soci l'acquirente che abbia i requisiti previsti per divenire socio.

[V]. Il provvedimento che nega al socio l'autorizzazione deve essere motivato. Contro il diniego il socio entro sessanta giorni dal ricevimento della comunicazione può proporre opposizione al tribunale.

[VI]. Qualora l'atto costitutivo vieti la cessione della quota o delle azioni il socio può recedere dalla società, con preavviso di novanta giorni (2). Il diritto di recesso, in caso di divieto statutario di trasferimento della partecipazione, non può essere esercitato prima che siano decorsi due anni dall'ingresso del socio nella società.

(1) *V. nota al Titolo VI.*
(2) *V. Avviso di rettifica in G.U. 4 luglio 2003, n. 153.*

2531. (1) **Mancato pagamento delle quote o delle azioni.** – [I]. Il socio che non esegue in tutto o in parte il pagamento delle quote o delle azioni sottoscritte può, previa intimazione da parte degli amministratori, essere escluso a norma dell'articolo 2533.

(1) *V. nota al Titolo VI.*

2532. (1) **Recesso del socio.** – [I]. Il socio cooperatore può recedere dalla società nei casi previsti dalla legge e dall'atto costitutivo. Il recesso non può essere parziale.

[II]. La dichiarazione di recesso deve essere comunicata con raccomandata alla società. Gli amministratori devono esaminarla entro sessanta giorni dalla ricezione. Se non sussistono i presupposti del recesso, gli amministratori devono darne immediata comunicazione al socio, che entro sessanta giorni dal ricevimento della comunicazione, può proporre opposizione innanzi il tribunale.

[III]. Il recesso ha effetto per quanto riguarda il rapporto sociale dalla comunicazione del provvedimento di accoglimento della domanda. Ove la legge o l'atto costitutivo non preveda diversamente, per i rapporti mutualistici tra socio e società il recesso ha effetto con la chiusura dell'esercizio in corso, se comunicato tre mesi prima, e, in caso contrario, con la chiusura dell'esercizio successivo.

(1) *V. nota al Titolo VI.*

2533. (1) **Esclusione del socio.** – [I]. L'esclusione del socio, oltre che nel caso indicato all'articolo 2531, può aver luogo:

1) nei casi previsti dall'atto costitutivo;

2) per gravi inadempienze delle obbligazioni che derivano dalla legge, dal contratto sociale, dal regolamento o dal rapporto mutualistico;

3) per mancanza o perdita dei requisiti previsti per la partecipazione alla società;

4) nei casi previsti dall'articolo 2286;
5) nei casi previsti dell'articolo 2288, primo comma.

[II]. L'esclusione deve essere deliberata dagli amministratori o, se l'atto costitutivo lo prevede, dall'assemblea.

[III]. Contro la deliberazione di esclusione il socio può proporre opposizione al tribunale, nel termine di sessanta giorni dalla comunicazione.

[IV]. Qualora l'atto costitutivo non preveda diversamente, lo scioglimento del rapporto sociale determina anche la risoluzione dei rapporti mutualistici pendenti.

(1) *V. nota al Titolo VI.*

2534. (1) **Morte del socio.** – [I]. In caso di morte del socio, gli eredi hanno diritto alla liquidazione della quota o al rimborso delle azioni secondo le disposizioni dell'articolo seguente.

[II]. L'atto costitutivo può prevedere che gli eredi provvisti dei requisiti per l'ammissione alla società subentrino nella partecipazione del socio deceduto.

[III]. Nell'ipotesi prevista dal secondo comma, in caso di pluralità di eredi, questi debbono nominare un rappresentante comune, salvo che la quota sia divisibile e la società consenta la divisione.

(1) *V. nota al Titolo VI.*

2535. (1) **Liquidazione della quota o rimborso delle azioni del socio uscente.** – [I]. La liquidazione della quota o il rimborso delle azioni ha luogo sulla base del bilancio dell'esercizio in cui si sono verificati il recesso, l'esclusione o la morte del socio.

[II]. La liquidazione della partecipazione sociale, eventualmente ridotta in proporzione alle perdite imputabili al capitale, avviene sulla base dei criteri stabiliti nell'atto costitutivo. Salvo diversa disposizione, la liquidazione comprende anche il rimborso del soprapprezzo, ove versato, qualora sussista nel patrimonio della società e non sia stato destinato ad aumento gratuito del capitale ai sensi dell'articolo 2545-*quinquies*, terzo comma.

[III]. Il pagamento deve essere fatto entro centottanta giorni (2) dall'approvazione del bilancio. L'atto costitutivo può prevedere che, per la frazione della quota o le azioni assegnate al socio ai sensi degli articoli 2545-*quinquies* e 2545-*sexies*, la liquidazione o il rimborso, unitamente agli interessi legali, possa essere corrisposto in più rate entro un termine massimo di cinque anni.

(1) *V. nota al Titolo VI.*
(2) *V. Avviso di rettifica in G.U. 4 luglio 2003, n. 153.*

2536. (1) **Responsabilità del socio uscente e dei suoi eredi.** – [I]. Il socio che cessa di far parte della società risponde verso questa per il pagamento dei conferimenti non versati, per un anno dal giorno in cui il recesso, la esclusione o la cessione della quota si è verificata.

[II]. Se entro un anno dallo scioglimento del rapporto associativo si manifesta l'insolvenza della società, il socio uscente è obbligato verso questa nei limiti di quanto ricevuto per la liquidazione della quota o per il rimborso delle azioni.

[III]. Nello stesso modo e per lo stesso termine sono responsabili verso la società gli eredi del socio defunto.

(1) *V. nota al Titolo VI.*

2537. (1) **Creditore particolare del socio.** – [I]. Il creditore particolare del socio cooperatore, finché dura la società, non può agire esecutivamente sulla quota e sulle azioni del medesimo.

(1) *V. nota al Titolo VI.*

Sezione IV – *Degli organi sociali*

2538. (1) **Assemblea.** – [I]. Nelle assemblee hanno diritto di voto coloro che risultano iscritti da almeno novanta giorni (2) nel libro dei soci.

[II]. Ciascun socio cooperatore ha un voto, qualunque sia il valore della quota o il numero delle azioni possedute. L'atto costitutivo determina i limiti al diritto di voto degli strumenti finanziari offerti in sottoscrizione ai soci cooperatori.

[III]. Ai soci cooperatori persone giuridiche l'atto costitutivo può attribuire più voti, ma non oltre cinque, in relazione all'ammontare della quota oppure al numero dei loro membri.

[IV]. Nelle cooperative in cui i soci realizzano lo scopo mutualistico attraverso l'integrazione delle rispettive imprese o di talune fasi di esse, l'atto costitutivo può prevedere che il diritto di voto sia attribuito in ragione della partecipazione allo scambio mutualistico. Lo statuto stabilisce un limite per il voto plurimo per tali categorie di soci, in modo che nessuno di essi possa esprimere più del decimo dei voti in ciascuna assemblea generale. In ogni caso, ad essi non può essere attribuito più di un terzo dei voti spettanti all'insieme dei soci presenti o rappresentati in ciascuna assemblea generale.

[V]. Le maggioranze richieste per la costituzione delle assemblee e per la validità delle deliberazioni sono determinate dall'atto costitutivo e sono calcolate secondo il numero dei voti spettanti ai soci.

[VI]. L'atto costitutivo può prevedere che il voto venga espresso per corrispondenza, ovvero mediante altri mezzi di telecomunicazione. In tal caso l'avviso di convocazione deve contenere per esteso la deliberazione proposta. Se sono poste in votazione proposte diverse da quelle indicate nell'avviso di convocazione, i voti espressi per corrispondenza non si computano ai fini della regolare costituzione dell'assemblea (3).

(1) *V. nota al Titolo VI.*

(2) *V. Avviso di rettifica in G.U. 4 luglio 2003, n. 153.*

(3) *Con riferimento alle misure connesse all'emergenza epidemiologica da Covid-19, v. art. 106[2, 7] d.l. 17 marzo 2020, n. 18, conv., con modif., in l. 24 aprile 2020, n. 27.*

2539. (1) **Rappresentanza nell'assemblea.** – [I]. Nelle cooperative disciplinate dalle norme sulla società per azioni ciascun socio può rappresentare sino ad un massimo di dieci soci (2).

[II]. Il socio imprenditore individuale può farsi rappresentare nell'assemblea anche dal coniuge, dai parenti entro il terzo grado e dagli affini entro il secondo che collaborano all'impresa.

(1) *V. nota al Titolo VI.*

(2) *Con riferimento alle misure connesse all'emergenza epidemiologica da Covid-19, in deroga al presente comma, v. art. 106[6, 7] d.l. 17 marzo 2020, n. 18, conv., con modif., in l. 24 aprile 2020, n. 27.*

2540. (1) **Assemblee separate.** – [I]. L'atto costitutivo delle società cooperative può prevedere lo svolgimento di assemblee separate, anche rispetto a specifiche materie ovvero in presenza di particolari categorie di soci.

[II]. Lo svolgimento di assemblee separate deve essere previsto quando la società cooperativa ha più di tremila soci e svolge la propria attività in più province ovvero se ha più di cinquecento soci e si realizzano più gestioni mutualistiche.

[III]. L'atto costitutivo stabilisce il luogo, i criteri e le modalità di convocazione e di partecipazione all'assemblea generale dei soci delegati e assicura in ogni caso la proporzionale rappresentanza delle minoranze espresse dalle assemblee separate.

[IV]. I delegati debbono essere soci. Alla assemblea generale possono assistere anche i soci che hanno preso parte alle assemblee separate.

[V]. Le deliberazioni della assemblea generale possono essere impu gnate ai sensi dell'articolo 2377 anche dai soci assenti e dissenzienti nelle assemblee separate quando, senza i voti espressi dai delegati delle assemblee separate irregolarmente tenute, verrebbe meno la maggioranza richiesta per la validità della deliberazione.

[VI]. Le deliberazioni delle assemblee separate non possono essere autonomamente impugnate.

[VII]. Le disposizioni del presente articolo non si applicano alle società cooperative con azioni ammesse alla quotazione in mercati regolamentati (2).

(1) *V. nota al Titolo VI.*

(2) *V. Avviso di rettifica in G.U. 4 luglio 2003, n. 153.*

2541. (1) **Assemblee speciali dei possessori degli strumenti finanziari.** – [I]. Se sono stati emessi strumenti finanziari privi di diritto di voto l'assemblea speciale di ciascuna categoria delibera:

1) sull'approvazione delle deliberazioni dell'assemblea della società cooperativa che pregiudicano i diritti della categoria;

2) sull'esercizio dei diritti ad essa eventualmente attribuiti ai sensi dell'articolo 2526;

3) sulla nomina e sulla revoca dei rappresentanti comuni di ciascuna categoria e sull'azione di responsabilità nei loro confronti;

4) sulla costituzione di un fondo per le spese, necessario alla tutela dei comuni interessi dei possessori degli strumenti finanziari e sul rendiconto relativo;

5) sulle controversie con la società cooperativa e sulle relative transazioni e rinunce;

6) sugli altri oggetti di interesse comune a ciascuna categoria di strumenti finanziari.

[II]. La assemblea speciale è convocata dagli amministratori della società cooperativa o dal rappresentante comune, quando lo ritengano necessario (2) o quando almeno un terzo dei possessori degli strumenti finanziari ne faccia richiesta.

[III]. Il rappresentante comune deve provvedere all'esecuzione delle deliberazioni dell'assemblea speciale e deve tutelare gli interessi comuni dei possessori degli strumenti finanziari nei rapporti con la società cooperativa.

[IV]. Il rappresentante comune ha diritto di esaminare i libri di cui all'articolo 2421, numeri 1) e 3) e di ottenere estratti; ha altresì il diritto di assistere all'assemblea della società cooperativa e di impugnarne le deliberazioni.

(1) *V. nota al Titolo VI.*

(2) *V. Avviso di rettifica in G.U. 4 luglio 2003, n. 153.*

2542. (1) **Consiglio di amministrazione.** – [I]. La nomina degli amministratori spetta all'assemblea fatta eccezione per i primi amministratori che sono nominati nell'atto costitutivo e salvo quanto disposto nell'ultimo comma del presente articolo.

[II]. L'amministrazione della società è affidata ad un organo collegiale formato da almeno tre soggetti. Alle cooperative di cui all'articolo 2519, secondo comma, si applica la disposizione prevista dall'articolo 2383, secondo comma (2).

[III]. La maggioranza degli amministratori è scelta tra i soci cooperatori ovvero tra le persone indicate dai soci cooperatori persone giuridiche (3).

[IV]. L'atto costitutivo può prevedere che uno o più amministratori siano scelti tra gli appartenenti alle diverse categorie dei soci, in proporzione dell'interesse che ciascuna categoria ha nell'attività sociale. In ogni caso, ai possessori di strumenti finanziari non può essere attribuito il diritto di eleggere più di un terzo degli amministratori.

[V]. La nomina di uno o più amministratori può essere attribuita dall'atto costitutivo allo Stato o ad enti pubblici. In ogni caso, la nomina della maggioranza degli amministratori è riservata all'assemblea.

(1) *V. nota al Titolo VI.*
(2) *Comma inserito dall'art. 1[936 lett. b)] l. 27 dicembre 2017, n. 205 (legge di bilancio 2018).*
(3) *Seguiva un comma soppresso dall'art. 29 d.ls. 28 dicembre 2004, n. 310.*

2543. (1) **Organo di controllo.** – [I]. La nomina del collegio sindacale è obbligatoria nei casi previsti dal secondo e terzo comma dell'articolo 2477, nonché quando la società emette strumenti finanziari non partecipativi.

[II]. L'atto costitutivo può attribuire il diritto di voto nell'elezione dell'organo di controllo proporzionalmente alle quote o alle azioni possedute ovvero in ragione della partecipazione allo scambio mutualistico.

[III]. I possessori degli strumenti finanziari dotati di diritti di amministrazione possono eleggere, se lo statuto lo prevede, nel complesso sino ad un terzo dei componenti dell'organo di controllo.

(1) *V. nota al Titolo VI.*

2544. (1) **Sistemi di amministrazione.** – [I]. Indipendentemente dal sistema di amministrazione adottato non possono essere delegati dagli amministratori, oltre le materie previste dall'articolo 2381, i poteri in materia di ammissione, di recesso e di esclusione dei soci e le decisioni che incidono sui rapporti mutualistici con i soci.

[II]. Se la cooperativa ha adottato il sistema di amministrazione di cui all'articolo 2409-*octies*, i possessori di strumenti finanziari non possono eleggere più di un terzo dei componenti del consiglio di sorveglianza e più di un terzo dei componenti del consiglio di gestione. I componenti del consiglio di sorveglianza eletti dai soci cooperatori devono essere scelti tra i soci cooperatori ovvero tra le persone indicate dai soci cooperatori persone giuridiche.

[III]. Se la cooperativa ha adottato il sistema di amministrazione di cui all'articolo 2409-*sexiesdecies* agli amministratori eletti dai possessori di strumenti finanziari, in misura comunque non superiore ad un terzo, non possono essere attribuite deleghe operative né gli stessi possono fare parte del comitato esecutivo.

(1) *V. nota al Titolo VI.*

2545. (1) **Relazione annuale sul carattere mutualistico della cooperativa.** – [I]. Gli amministratori e i sindaci della società, in occasione della approvazione del bilancio di esercizio debbono, nelle relazioni previste dagli articoli 2428 e 2429 indicare specificamente i criteri seguiti nella gestione sociale per il conseguimento dello scopo mutualistico.

(1) *V. nota al Titolo VI.*

2545-*bis*. (1) **Diritti dei soci.** – [I]. Nelle società cooperative cui si applica la disciplina della società per azioni, oltre a quanto stabilito dal primo comma dell'articolo 2422, i soci, quando almeno un decimo del numero complessivo lo richieda ovvero almeno un ventesimo quando la cooperativa ha più di tremila soci, hanno diritto di esaminare, attraverso un rappresentante, eventualmente assistito da un professionista di sua fiducia, il libro delle adunanze e delle deliberazioni del consiglio di amministrazione e il libro delle deliberazioni del comitato esecutivo, se esiste.

[II]. I diritti di cui al comma precedente non spettano ai soci in mora per la mancata esecuzione dei conferimenti o inadempienti rispetto alle obbligazioni contratte con la società.

(1) *V. nota al Titolo VI.*

2545-*ter*. (1) **Riserve indivisibili.** – [I]. Sono indivisibili le riserve che per disposizione di legge o dello statuto non possono essere ripartite tra i soci, neppure in caso di scioglimento della società.

[II]. Le riserve indivisibili possono essere utilizzate per la copertura di perdite solo dopo che sono esaurite le riserve che la società aveva destinato ad operazioni di aumento di capitale e quelle che possono essere ripartite tra i soci in caso di scioglimento della società.

(1) *V. nota al Titolo VI.*

2545-*quater*. (1) **Riserve legali, statutarie e volontarie.** – [I]. Qualunque sia l'ammontare del fondo di riserva legale, deve essere a questo destinato almeno il trenta per cento degli utili netti annuali.

[II]. Una quota degli utili netti annuali deve essere corrisposta ai fondi mutualistici per la promozione e lo sviluppo della cooperazione, nella misura e con le modalità previste dalla legge.

[III]. L'assemblea determina, nel rispetto di quanto previsto dall'articolo 2545-*quinquies*, la destinazione degli utili non assegnati ai sensi del primo e secondo comma.

(1) *V. nota al Titolo VI.*

2545-*quinquies*. (1) **Diritto agli utili e alle riserve dei soci cooperatori.** – [I]. L'atto costitutivo indica le modalità e la percentuale massima di ripartizione dei dividendi tra i soci cooperatori.

[II]. Possono essere distribuiti dividendi, acquistate proprie quote o azioni ovvero assegnate ai soci le riserve divisibili se il rapporto tra il patrimonio netto e il complessivo indebitamento della società è superiore ad un quarto. La condizione non si applica nei confronti dei possessori di strumenti finanziari (2).

[III]. L'atto costitutivo può autorizzare l'assemblea ad assegnare ai soci le riserve divisibili attraverso:

a) l'emissione degli strumenti finanziari di cui all'articolo 2526;

b) mediante aumento proporzionale delle quote sottoscritte e versate, o mediante l'emissione di nuove azioni, anche in deroga a quanto previsto dall'articolo 2525, nella misura massima complessiva del venti per cento del valore originario.

[IV]. Le riserve divisibili, spettanti al socio in caso di scioglimento del rapporto, possono essere assegnate, se lo statuto non prevede diversamente, attraverso l'emissione di strumenti finanziari liberamente trasferibili e devono esserlo ove il rapporto tra il patrimonio netto e il complessivo indebitamento della società sia inferiore ad un quarto.

[V]. Le disposizioni dei commi secondo e terzo non si applicano alle cooperative con azioni quotate in mercati regolamentati (3).

(1) *V. nota al Titolo VI.*
(2) *Comma così modificato dall'art. 30[1] lett. a) d.lgs. 28 dicembre 2004, n. 310.*
(3) *Comma aggiunto dall'art. 30[1] lett. b) d.lgs. n. 310, cit.*

2545-*sexies*. (1) **Ristorni.** – [I]. L'atto costitutivo determina i criteri di ripartizione dei ristorni ai soci proporzionalmente alla quantità e qualità degli scambi mutualistici.

[II]. Le cooperative devono riportare separatamente nel bilancio i dati relativi all'attività svolta con i soci, distinguendo eventualmente le diverse gestioni mutualistiche.

[III]. L'assemblea può deliberare la ripartizione (2) dei ristorni a ciascun socio anche mediante aumento proporzionale delle rispettive quote o con l'emissione di nuove azioni, in deroga a quanto previsto dall'articolo 2525, ovvero mediante l'emissione di strumenti finanziari.

(1) *V. nota al Titolo VI.*
(2) *V. Avviso di rettifica in G.U. 4 luglio 2003, n. 153.*

2545-*septies*. (1) (2) **Gruppo cooperativo paritetico.** – [I]. Il contratto con cui più cooperative appartenenti anche a categorie diverse regolano, anche in forma consortile, la direzione e il coordinamento delle rispettive imprese deve indicare:

1) la durata;
2) la cooperativa o le cooperative cui è attribuita direzione del gruppo, indicandone i relativi poteri;
3) l'eventuale partecipazione di altri enti pubblici e privati;
4) i criteri e le condizioni di adesione e di recesso dal contratto;
5) i criteri di compensazione e l'equilibrio nella distribuzione dei vantaggi derivanti dall'attività comune.

[II]. La cooperativa può recedere dal contratto senza che ad essa possano essere imposti oneri di alcun tipo qualora, per effetto dell'adesione al gruppo, le condizioni dello scambio risultino pregiudizievoli per i propri soci.

[III]. Le cooperative aderenti ad un gruppo sono tenute a depositare in forma scritta l'accordo di partecipazione presso l'albo delle società cooperative.

(1) *V. nota al Titolo VI.*
(2) *V. d.ls. 24 marzo 2006, n. 155, recante disciplina dell'impresa sociale.*

SEZIONE V – *Delle modificazioni dell'atto costitutivo*

2545-*octies*. (1) **Perdita della qualifica di cooperativa a mutualità prevalente.** – [I]. La cooperativa perde la qualifica di cooperativa a mutualità prevalente quando, per due esercizi consecutivi, non rispetti la condizione di prevalenza, di cui all'articolo 2513, ovvero quando modifichi le previsioni statutarie di cui all'articolo 2514.

[II]. In questo caso, sentito il parere del revisore esterno, ove presente, gli amministratori devono redigere un apposito bilancio, da notificarsi entro sessanta giorni dalla approvazione al Ministero delle attività produttive, al fine di determinare il valore effettivo dell'attivo patrimoniale da imputare alle riserve indivisibili. Il bilancio deve essere verificato senza rilievi da una società di revisione (2).

[III]. Qualora la cooperativa abbia perso la qualifica di cooperativa a mutualità prevalente per il mancato rispetto della condizione di prevalenza di cui all'articolo 2513, l'obbligo di cui al secondo comma si applica soltanto nel caso in cui la cooperativa medesima modifichi le previsioni statutarie di cui all'articolo 2514 o abbia emesso strumenti finanziari (3).

[IV]. In tutti i casi di perdita della citata qualifica, la cooperativa è tenuta a segnalare espressamente tale condizione attraverso gli strumenti di comunicazione informatica previsti dall'articolo 223-*sexiesdecies* delle disposizioni per l'attuazione del presente codice (3).

[V]. Lo stesso obbligo sussiste per la cooperativa nel caso in cui le risultanze contabili relative al primo anno successivo alla perdita della detta qualifica evidenzino il rientro nei parametri della mutualità prevalente (3).

[VI]. In seguito alle predette segnalazioni, l'amministrazione presso la quale è tenuto l'albo delle società cooperative provvede alla variazione della sezione di iscrizione all'albo medesimo senza alcun ulteriore onere istruttorio (3).

[VII]. L'omessa o ritardata comunicazione della perdita della qualifica di cooperativa a mutualità prevalente è segnalata all'amministrazione finanziaria e comporta l'applicazione della sanzione amministrativa della sospensione semestrale di ogni attività dell'ente, intesa come divieto di assumere nuove eventuali obbligazioni contrattuali (3).

(1) *V. nota al Titolo VI.*
(2) *Comma così modificato dall'art. 31 d.ls. 28 dicembre 2004, n. 310.*
(3) *Comma aggiunto dall'art. 10[8] l. 23 luglio 2009, n. 99.*

2545-*novies*. (1) **Modificazioni dell'atto costitutivo.** – [I]. Alle deliberazioni che importano modificazioni dell'atto costitutivo si applica l'articolo 2436.

[II]. La fusione e la scissione di società cooperative sono disciplinate dal titolo V, capo X, sezione II e III.

(1) *V. nota al Titolo VI.*

2545-*decies*. (1) **Trasformazione.** – [I]. Le società cooperative diverse da quelle a mutualità prevalente possono deliberare, con il voto favorevole di almeno la metà dei soci della cooperativa, la trasformazione in una società del tipo previsto dal titolo V, capi II, III, IV, V, VI e VII, o in consorzio.

[II]. Quando i soci sono meno di cinquanta, la deliberazione deve essere approvata con il voto favorevole dei due terzi di essi. Quando i soci sono più di diecimila, l'atto costitutivo può prevedere che la trasformazione sia deliberata con il voto favorevole dei due terzi dei votanti se all'assemblea sono presenti, personalmente o per delega, almeno il venti per cento dei soci.

[III]. All'esito della trasformazione gli strumenti finanziari con diritto di voto sono convertiti in partecipazioni ordinarie, conservando gli eventuali privilegi.

(1) *V. nota al Titolo VI.*

2545-*undecies*. (1) **Devoluzione del patrimonio e bilancio di trasformazione.** – [I]. La deliberazione di trasformazione devolve il valore effettivo del patrimonio, dedotti il capitale versato e rivalutato e i dividendi non ancora distribuiti, eventualmente aumentato fino a concorrenza dell'ammontare minimo del capitale della nuova società, esistenti alla data di trasformazione, ai fondi mutualistici (2) per la promozione e lo sviluppo della cooperazione.

[II]. Alla proposta di deliberazione di trasformazione gli amministratori allegano una relazione giurata di un esperto designato dal tribunale nel cui circondario ha sede la società cooperativa, attestante il valore effettivo del patrimonio dell'impresa.

[III]. L'assemblea non può procedere alla deliberazione di cui ai precedenti commi qualora la cooperativa non sia stata sottoposta a revisione da parte dell'autorità di vigilanza nell'anno precedente o, comunque, gli amministratori non ne abbiano fatto richiesta da almeno novanta giorni (3).

(1) *V. nota al Titolo VI.*
(2) *V. Avviso di rettifica in G.U. 4 luglio 2003, n. 153.*
(3) *Comma aggiunto dall'art. 32 d.lgs. 28 dicembre 2004, n. 310.*

2545-*duodecies*. (1) (2) **Scioglimento.** – [I]. La società cooperativa si scioglie per le cause indicate ai numeri 1), 2), 3), 5), 6) e 7) dell'articolo 2484, nonché per la perdita del capitale sociale.

(1) *V. nota al Titolo VI.*
(2) *Per la sospensione degli obblighi di cui al presente articolo, vedi l'art. 8[1], d.l. 24 agosto 2021, n. 118, conv., con modif., in l. 21 ottobre 2021, n. 147.*

2545-*terdecies*. (1) **Insolvenza.** – [I]. In caso di insolvenza della società, l'autorità governativa alla quale spetta il controllo sulla società dispone la liquidazione coatta amministrativa. Le cooperative che svolgono attività commerciale sono soggette anche a liquidazione giudiziale (2).

[II]. La dichiarazione di fallimento preclude la liquidazione coatta amministrativa e il provvedimento di liquidazione coatta amministrativa preclude la dichiarazione di fallimento.

(1) *V. nota al Titolo VI.*

(2) *Secondo periodo così sostituito dall'art. 381[1] d.ls. 12 gennaio 2019, n. 14. Il testo del periodo era il seguente:* « Le cooperative che svolgono attività commerciale sono soggette anche al fallimento ».

SEZIONE VI – *Dei controlli*

2545-*quaterdecies*. (1) **Controllo sulle società cooperative.** – [I]. Le società cooperative sono sottoposte alle autorizzazioni, alla vigilanza e agli altri controlli sulla gestione previsti dalle leggi speciali.

(1) *V. nota al Titolo VI.*

2545-*quinquiesdecies*. (1) **Controllo giudiziario.** – [I]. I fatti previsti dall'articolo 2409 possono essere denunciati al tribunale dai soci che siano titolari del decimo del capitale sociale ovvero da un decimo del numero complessivo dei soci, e, nelle società cooperative che hanno più di tremila soci, da un ventesimo dei soci.

[II]. Il ricorso deve essere notificato a cura dei ricorrenti anche all'autorità di vigilanza.

[III]. Il tribunale, sentiti in camera di consiglio gli amministratori, i sindaci e l'autorità di vigilanza, dichiara improcedibile il ricorso se per i medesimi fatti sia stato già nominato un ispettore o un commissario dall'autorità di vigilanza.

[IV]. L'autorità di vigilanza dispone la sospensione del procedimento dalla medesima iniziato se il tribunale per i medesimi fatti ha nominato un ispettore o un amministratore giudiziario.

(1) *V. nota al Titolo VI.*

2545-*sexiesdecies*. (1) **Gestione commissariale.** – [I]. Fuori dai casi di cui all'articolo 2545-*septiesdecies*, in caso di irregolare funzionamento della società cooperativa, l'autorità di vigilanza può revocare gli amministratori e i sindaci, affidare la gestione della società a un commissario, determinando i poteri e la durata, al fine di sanare le irregolarità riscontrate e, nel caso di crisi o insolvenza, autorizzarlo a domandare [la nomina del collegio o del commissario per la composizione assistita della crisi stessa o] l'accesso a una delle procedure regolatrici previste nel codice della crisi e dell'insolvenza (2). Ove l'importanza della società cooperativa lo richieda, l'autorità di vigilanza può nominare un vice commissario che collabora con il commissario e lo sostituisce in caso di impedimento (3).

[II]. Al commissario possono essere conferiti per determinati atti anche i poteri dell'assemblea, ma le relative deliberazioni non sono valide senza l'approvazione dell'autorità di vigilanza (3).

[III]. Se l'autorità di vigilanza accerta irregolarità nelle procedure di ammissione dei nuovi soci, può diffidare la società cooperativa e, qualora non si adegui, assumere i provvedimenti di cui al quarto comma (4).

[IV]. Laddove vengano accertate una o più irregolarità suscettibili di specifico adempimento, l'autorità di vigilanza, previa diffida, può nominare un commissario, anche nella persona del legale rappresentante o di un componente dell'organo di controllo societario, che si sostituisce agli organi amministrativi dell'ente, limitatamente al compimento degli specifici adempimenti indicati (5).

(1) *V. nota al Titolo VI.*

(2) *Primo periodo così sostituito dall'art. 381² d.ls. 12 gennaio 2019, n. 14. Il testo del periodo era il seguente:* « Fuori dai casi di cui all'articolo 2545-*septiesdecies*, in caso di irregolare funzionamento della società cooperativa, l'autorità di vigilanza può revocare gli amministratori e i sindaci, affidare la gestione della società a un commissario, determinando i poteri e la durata, al fine di sanare le irregolarità riscontrate e, nel caso di crisi o insolvenza, autorizzarlo a domandare l'accesso a una delle procedure regolatrici previste nel codice della crisi e dell'insolvenza ».

(3) *Comma così modificato dall'art. 33 d.ls. 28 dicembre 2004, n. 310.*

(4) *Le parole* « di cui al quarto comma » *sono state sostituite alle parole* « di cui ai commi precedenti » *dall'art. 1⁹³⁶ lett. c) n. 2 l. n. 205, cit.*

(5) *Comma aggiunto dall'art. 1⁹³⁶ lett. c) n. 3 l. n. 205, cit.*

2545-*septiesdecies*. (1) **Scioglimento per atto dell'autorità.** – [I]. L'autorità di vigilanza, con provvedimento da pubblicarsi nella Gazzetta Ufficiale e da iscriversi nel registro delle imprese, può sciogliere le società cooperative e gli enti mutualistici che non perseguono lo scopo mutualistico o non sono in condizione di raggiungere gli scopi per cui sono stati costituiti o che per due anni consecutivi non hanno depositato il bilancio di esercizio o non hanno compiuto atti di gestione.

[II]. Se vi è luogo a liquidazione, con lo stesso provvedimento sono nominati uno o più commissari liquidatori.

(1) *V. nota al Titolo VI. Per la rideterminazione dell'importo minimo di bilancio per la nomina del commissario liquidatore negli scioglimenti per atto d'autorità di società cooperative, v. art. 1 d.m. 17 gennaio 2007 (G.U. 6 aprile 2007, n. 81).*

2545-*octiesdecies*. (1) **Sostituzione dei liquidatori.** – [I]. In caso di irregolarità o di eccessivo ritardo nello svolgimento della liquidazione ordinaria di una società cooperativa, l'autorità di vigilanza può sostituire i liquidatori o, se questi sono stati nominati dall'autorità giudiziaria, può chiederne la sostituzione al tribunale (2).

[II]. Fatti salvi i casi di liquidazione per i quali è intervenuta la nomina di un liquidatore da parte dell'autorità giudiziaria, l'autorità di vigilanza dispone la pubblicazione nella Gazzetta Ufficiale, per la conseguente cancellazione dal registro delle imprese, dell'elenco delle società cooperative e degli enti mutualistici in liquidazione ordinaria che non hanno depositato i bilanci di esercizio relativi agli ultimi cinque anni.

[III]. Entro il termine perentorio di trenta giorni dalla pubblicazione i creditori e gli altri interessati possono presentare all'autorità di vigilanza formale e motivata domanda intesa a consentire la prosecuzione della liquidazione. Trascorso il suddetto termine, a seguito di comunicazione da parte dell'autorità di vigilanza, il conservatore del registro delle imprese territorialmente competente provvede alla cancellazione della società cooperativa o dell'ente mutualistico dal registro medesimo (2).

(1) *V. nota al Titolo VI.*

(2) *Comma così modificato dall'art. 34 d.ls. 28 dicembre 2004, n. 310.*

CAPO II – *Delle mutue assicuratrici*

2546. (1) **Nozione.** – [I]. Nella società di mutua assicurazione le obbligazioni sono garantite dal patrimonio sociale.

[II]. I soci sono tenuti al pagamento dei contributi fissi o variabili, entro il limite massimo determinato dall'atto costitutivo.

[III]. Nelle mutue assicuratrici non si può acquistare la qualità di socio, se non assicurandosi presso la società, e si perde la qualità di socio con l'estinguersi dell'assicurazione, salvo quanto disposto dall'articolo 2548.

(1) *V. nota al Titolo VI.*

2547. (1) **Norme applicabili.** – [I]. Le società di mutua assicurazione sono soggette alle autorizzazioni, alla vigilanza e agli altri controlli stabiliti dalle leggi speciali sull'esercizio dell'assicurazione, e sono regolate dalle norme stabilite per le società cooperative, in quanto compatibili con la loro natura.

(1) *V. nota al Titolo VI.*

2548. (1) **Conferimenti per la costituzione di fondi di garanzia.** [I]. L'atto costitutivo può prevedere la costituzione di fondi di garanzia per il pagamento delle indennità, mediante speciali conferimenti da parte di assicurati o di terzi, attribuendo anche a questi ultimi la qualità di socio.

[II]. L'atto costitutivo può attribuire a ciascuno dei soci sovventori più voti, ma non oltre cinque, in relazione all'ammontare del conferimento.

[III]. I voti attribuiti ai soci sovventori, come tali, devono in ogni caso essere inferiori al numero dei voti spettanti ai soci assicurati.

[IV]. I soci sovventori possono essere nominati amministratori. La maggioranza degli amministratori deve essere costituita da soci assicurati.

(1) *V. nota al Titolo VI.*

TITOLO VII
Dell'associazione in partecipazione

2549. Nozione. – [I]. Con il contratto di associazione in partecipazione [219 trans.] l'associante attribuisce all'associato una partecipazione agli utili della sua impresa o di uno o più affari verso il corrispettivo di un determinato apporto [1350$^{n. 9}$, 2553].

[II]. Nel caso in cui l'associato sia una persona fisica l'apporto di cui al primo comma non può consistere, nemmeno in parte, in una prestazione di lavoro (1) (2).

(1) *Comma così sostituito dall'art. 53$^{1 \text{ lett. a)}}$ d.ls. 15 giugno 2015, n. 81. Il testo del comma, come aggiunto dall'art. 1^{28} l. 28 giugno 2012, n. 92, era il seguente:* « Qualora l'apporto dell'associato consista anche in una prestazione di lavoro, il numero degli associati impegnati in una medesima attività non può essere superiore a tre, indipendentemente dal numero degli associanti, con l'unica eccezione nel caso in cui gli associati siano legati all'associante da rapporto coniugale, di parentela entro il terzo grado o di affinità entro il secondo. In caso di violazione del divieto di cui al presente comma, il rapporto con tutti gli associati il cui apporto consiste anche in una prestazione di lavoro si considera di lavoro subordinato a tempo indeterminato ».

(2) *Seguiva un comma, abrogato dall'art. 53$^{1 \text{ lett. b)}}$ d.ls. n. 81, cit. Il testo del comma, come aggiunto dall'art. 1^{28} l. n. 92, cit., come modificato dall'art. 7$^{5 \text{ lett. a) n. 2-bis}}$ d.l. 28 giugno 2013, n. 76, conv., con modif., l. 9 agosto 2013, n. 99, era il seguente:* « Le disposizioni di cui al secondo comma non si applicano, limitatamente alle imprese a scopo mutualistico, agli associati individuati mediante elezione dall'organo assembleare di cui all'articolo 2540, il cui contratto sia certificato dagli organismi di cui all'articolo 76 del decreto legislativo 10 settem-

bre 2003, n. 276, e successive modificazioni, nonché in relazione al rapporto fra produttori e artisti, interpreti, esecutori, volto alla realizzazione di registrazioni sonore, audiovisive o di sequenze di immagini in movimento ».

2550. Pluralità di associazioni. – [I]. Salvo patto contrario, l'associante non può attribuire partecipazioni per la stessa impresa o per lo stesso affare ad altre persone senza il consenso dei precedenti associati.

2551. Diritti ed obbligazioni dei terzi. – [I]. I terzi acquistano diritti e assumono obbligazioni soltanto verso l'associante [2554].

2552. Diritti dell'associante e dell'associato. – [I]. La gestione dell'impresa o dell'affare spetta all'associante [2554].

[II]. Il contratto può determinare quale controllo possa esercitare l'associato sull'impresa o sullo svolgimento dell'affare per cui l'associazione è stata contratta.

[III]. In ogni caso l'associato ha diritto al rendiconto dell'affare compiuto, o a quello annuale della gestione se questa si protrae per più di un anno [2261, 2320[3], 2476].

2553. Divisione degli utili e delle perdite. – [I]. Salvo patto contrario, l'associato partecipa alle perdite nella stessa misura in cui partecipa agli utili, ma le perdite che colpiscono l'associato non possono superare il valore del suo apporto (1).

(1) *V. art. 77 r.d. 16 marzo 1942, n. 267 (per la nuova disciplina, v. art. 182 d.ls. 12 gennaio 2019, n. 14, Codice della crisi d'impresa e dell'insolvenza).*

2554. Partecipazione agli utili e alle perdite. – [I]. Le disposizioni degli articoli 2551 e 2552 si applicano anche al contratto di cointeressenza agli utili di una impresa senza partecipazione alle perdite, e al contratto con il quale un contraente attribuisce la partecipazione agli utili e alle perdite della sua impresa, senza il corrispettivo di un determinato apporto.

[II]. Per le partecipazioni agli utili attribuite ai prestatori di lavoro resta salva la disposizione dell'articolo 2102.

TITOLO VIII
Dell'azienda (1)

(1) *V. artt. 112 ss. d.ls. 18 agosto 2000, n. 267, in tema di disciplina dell'azienda nelle autonomie locali.*

CAPO I – *Disposizioni generali*

2555. Nozione. – [I]. L'azienda è il complesso dei beni organizzati dall'imprenditore [2082] per l'esercizio dell'impresa [177[1] d, 178, 365; 670 c.p.c.; 508 c.p.].

2556. Imprese soggette a registrazione. – [I]. Per le imprese soggette a registrazione [2195, 2200] i contratti che hanno per oggetto il trasferimento della proprietà [2565[2], 2573] (1) o il godimento dell'azienda [2562] devono essere provati per iscritto [2725], salva l'osservanza delle forme stabilite dalla legge per il trasferimento dei singoli beni che compongono l'azienda [1350] o per la particolare natura del contratto [162, 782].

[II]. I contratti di cui al primo comma, in forma pubblica o per scrittura privata autenticata, devono essere depositati per l'iscrizione nel registro delle imprese, nel termine di trenta giorni, a cura del notaio rogante o autenticante (2).

(1) *Per l'esenzione dall'imposta sulle successioni in caso di trasferimenti di aziende o rami di esse v. art. 3[4-ter] d.ls. 31 ottobre 1990, n. 346.*

(2) *Comma così sostituito dall'art. 6 l. 12 agosto 1993, n. 310.*

2557. Divieto di concorrenza. – [I]. Chi aliena l'azienda deve astenersi, per il periodo di cinque anni dal trasferimento, dall'iniziare una nuova impresa che per l'oggetto, l'ubicazione o altre circostanze sia idonea a sviare la clientela dell'azienda ceduta [2125, 2229 ss., 2596].

[II]. Il patto di astenersi dalla concorrenza in limiti più ampi di quelli previsti dal comma precedente è valido, purché non impedisca ogni attività professionale dell'alienante. Esso non può eccedere la durata di cinque anni dal trasferimento [2596].

[III]. Se nel patto è indicata una durata maggiore o la durata non è stabilita, il divieto di concorrenza vale per il periodo di cinque anni dal trasferimento [1339, 2125].

[IV]. Nel caso di usufrutto [2561] o di affitto [2562] dell'azienda il divieto di concorrenza disposto dal primo comma vale nei confronti del proprietario o del locatore per la durata dell'usufrutto o dell'affitto.

[V]. Le disposizioni di questo articolo si applicano alle aziende agricole solo per le attività ad esse connesse [2135[2]], quando rispetto a queste sia possibile uno sviamento di clientela.

2558. Successione nei contratti. – [I]. Se non è pattuito diversamente, l'acquirente dell'azienda subentra nei contratti stipulati per l'esercizio dell'azienda stessa che non abbiano carattere personale [2112, 2610] (1).

[II]. Il terzo contraente può tuttavia recedere dal contratto entro tre mesi dalla notizia del trasferimento, se sussiste una giusta causa, salvo in questo caso la responsabilità dell'alienante.

[III]. Le stesse disposizioni si applicano anche nei confronti dell'usufruttuario e dell'affittuario per la durata dell'usufrutto e dell'affitto [2561, 2562] (2).

(1) *Per i contratti di locazione immobiliare v. art. 36 l. 27 luglio 1978, n. 392. V. anche l'art. 58 d.ls. 1° settembre 1993, n. 385.*

(2) *V. art. 132 l. 22 aprile 1941, n. 633.*

2559. Crediti relativi all'azienda ceduta. – [I]. La cessione dei crediti relativi all'azienda ceduta, anche in mancanza di notifica al debitore o di sua accettazione [1264, 1265], ha effetto, nei confronti dei terzi, dal momento dell'iscrizione del trasferimento nel registro delle imprese [2556]. Tuttavia il debitore ceduto è liberato se paga in buona fede all'alienante.

[II]. Le stesse disposizioni si applicano anche nel caso di usufrutto dell'azienda [2561], se esso si estende ai crediti relativi alla medesima.

2560. Debiti relativi all'azienda ceduta. – [I]. L'alienante non è liberato dai debiti, inerenti all'esercizio dell'azienda ceduta, anteriori al trasferimento, se non risulta che i creditori vi hanno consentito (1).

[II]. Nel trasferimento di un'azienda commerciale [2556] risponde dei debiti suddetti anche l'acquirente della azienda, se essi risultano dai libri contabili obbligatori [1546, 2112^2, 2214; 220 trans.].

(1) *V. art. 63 d.ls. 8 luglio 1999, n. 270, in tema di vendita di aziende in esercizio.*

2561. Usufrutto dell'azienda. – [I]. L'usufruttuario dell'azienda deve esercitarla sotto la ditta che la contraddistingue [2563 ss.].

[II]. Egli deve gestire l'azienda senza modificarne la destinazione [985] e in modo da conservare l'efficienza dell'organizzazione e degli impianti [997] e le normali dotazioni di scorte.

[III]. Se non adempie a tale obbligo o cessa arbitrariamente dalla gestione dell'azienda, si applica l'articolo 1015.

[IV]. La differenza tra le consistenze di inventario all'inizio e al termine dell'usufrutto è regolata in danaro, sulla base dei valori correnti al termine dell'usufrutto.

2562. Affitto dell'azienda. – [I]. Le disposizioni dell'articolo precedente si applicano anche nel caso di affitto dell'azienda [1615 ss.].

CAPO II – *Della ditta e dell'insegna*

2563. Ditta. – [I]. L'imprenditore [2082] ha diritto all'uso esclusivo della ditta da lui prescelta.

[II]. La ditta, comunque sia formata, deve contenere almeno il cognome o la sigla dell'imprenditore, salvo quanto è disposto dall'articolo 2565 [2566; 221 trans.].

2564. Modificazione della ditta. – [I]. Quando la ditta è uguale o simile a quella usata da altro imprenditore e può creare confusione [2598 n. 1] per l'oggetto dell'impresa e per il luogo in cui questa è esercitata, deve essere integrata o modificata con indicazioni idonee a differenziarla [2568].

[II]. Per le imprese commerciali [2195] l'obbligo dell'integrazione o modificazione spetta a chi ha iscritto la propria ditta nel registro delle imprese in epoca posteriore [2188].

2565. Trasferimento della ditta. – [I]. La ditta non può essere trasferita separatamente dall'azienda.

[II]. Nel trasferimento dell'azienda per atto tra vivi [2556] la ditta non passa all'acquirente senza il consenso dell'alienante.

[III]. Nella successione nell'azienda per causa di morte la ditta si trasmette al successore, salvo diversa disposizione testamentaria.

2566. Registrazione della ditta. – [I]. Per le imprese commerciali [2195], l'ufficio del registro delle imprese deve rifiutare l'iscrizione della ditta [2192, 2198], se questa non è conforme a quanto è prescritto dal secondo comma dell'articolo 2563 o, trattandosi di ditta derivata [2565], se non è depositata copia dell'atto in base al quale ha avuto luogo la successione nell'azienda.

2567. Società. – [I]. La ragione sociale e la denominazione delle società sono regolate dai titoli V e VI di questo libro [2292, 2314, 2326, 2453, 2463, 2515].

[II]. Tuttavia si applicano anche ad esse le disposizioni dell'articolo 2564.

2568. Insegna. – [I]. Le disposizioni del primo comma dell'articolo 2564 si applicano all'insegna.

CAPO III – *Del marchio* (1)

(1) *V. d.ls. 22 maggio 1999, n. 251.*

2569. Diritto di esclusività. – [I]. Chi ha registrato nelle forme stabilite dalla legge un nuovo marchio idoneo a distinguere prodotti o servizi ha diritto di valersene in modo esclusivo per i prodotti o servizi per i quali è stato registrato (1).

[II]. In mancanza di registrazione il marchio è tutelato a norma dell'articolo 2571.

(1) *Comma così sostituito dall'art. 81 d.ls. 4 dicembre 1992, n. 480. Ma v. l'art. 246[1 z] d.ls. 10 febbraio 2005, n. 30 che ha abrogato integralmente il d.ls. n. 480, cit. Il testo del comma anteriore alla modifica operata dal d.ls. n. 480, cit., era il seguente:* « Chi ha registrato nelle forme stabilite dalla legge un nuovo marchio, costituito da un emblema o da una denominazione e destinato a distinguere merci od altri prodotti della propria impresa, ha diritto di valersene in modo esclusivo per le cose per le quali è stato registrato ».

2570. (1) **Marchi collettivi.** – [I]. I soggetti che svolgono la funzione di garantire l'origine, la natura o la qualità di determinati prodotti o servizi possono ottenere la registrazione di marchi collettivi per concederne l'uso, secondo le norme dei rispettivi regolamenti, a produttori o commercianti.

(1) *Articolo così sostituito dall'art. 82 d.ls. 4 dicembre 1992, n. 480. Ma v. l'art. 246[1 z] d.ls. 10 febbraio 2005, n. 30 che ha abrogato integralmente il d.ls. n. 480, cit. Il testo dell'articolo anteriore alla modifica operata dal d.ls. n. 480, cit., era il seguente:* « Gli enti e le associazioni legalmente riconosciuti possono ottenere la registrazione di marchi collettivi per le imprese dipendenti o associate, secondo le norme dei rispettivi statuti e delle leggi speciali ».

2571. **Preuso.** – [I]. Chi ha fatto uso di un marchio non registrato ha la facoltà di continuare ad usarne, nonostante la registrazione da altri ottenuta, nei limiti in cui anteriormente se ne è valso [2569[2]] (1).

(1) *V. artt. 28 e 68 d.ls. 10 febbraio 2005, n. 30.*

2572. **Divieto di soppressione del marchio.** – [I]. Il rivenditore può apporre il proprio marchio ai prodotti che mette in vendita, ma non può sopprimere il marchio del produttore (1).

(1) *V. art. 20 d.ls. 10 febbraio 2005, n. 30.*

2573. **Trasferimento del marchio.** – [I]. Il marchio può essere trasferito o concesso in licenza per la totalità o per una parte dei prodotti o servizi per i quali è stato registrato, purché in ogni caso dal trasferimento o dalla licenza non derivi inganno in quei caratteri dei prodotti o servizi che sono essenziali nell'apprezzamento del pubblico (1).

[II]. Quando il marchio è costituito da un segno figurativo, da una denominazione di fantasia o da una ditta derivata, si presume che il diritto all'uso esclusivo di esso sia trasferito insieme con l'azienda.

(1) *Comma così sostituito dall'art. 83 d.ls. 4 dicembre 1992, n. 480. Ma v. l'art. 246[1 z] d.ls. 10 febbraio 2005, n. 30 che ha abrogato integralmente il d.ls. n. 480, cit. Il testo del comma anteriore alla modifica operata dal d.ls. n. 480, cit., era il seguente:* « Il diritto esclusivo all'uso

del marchio registrato può essere trasferito soltanto con l'azienda o con un ramo particolare di questa ».

2574. Leggi speciali. – [I]. Le condizioni per la registrazione dei marchi e degli atti di trasferimento dei medesimi, nonché gli effetti della registrazione sono stabiliti dalle leggi speciali (1).

(1) *V. d.ls. 10 febbraio 2005, n. 30.*

TITOLO IX
Dei diritti sulle opere dell'ingegno e sulle invenzioni industriali

CAPO I – *Del diritto di autore sulle opere dell'ingegno letterarie e artistiche*

2575. Oggetto del diritto. – [I]. Formano oggetto del diritto di autore le opere dell'ingegno di carattere creativo che appartengono alle scienze, alla letteratura, alla musica, alle arti figurative, all'architettura, al teatro e alla cinematografia, qualunque ne sia il modo o la forma di espressione (1).

(1) *V. l. 22 aprile 1941, n. 633, nonché art. 3 d.P.R. 14 maggio 1974, n. 490, che estende alla televisione i diritti previsti dall'art. 29 l. 22 aprile 1941, n. 633. V., inoltre, d.P.R. 20 ottobre 1962, n. 1842, che approva lo statuto della Società italiana degli autori ed editori.*

2576. Acquisto del diritto. – [I]. Il titolo originario dell'acquisto del diritto di autore è costituito dalla creazione dell'opera, quale particolare espressione del lavoro intellettuale (1).

(1) *V. art. 6 l. 22 aprile 1941, n. 633.*

2577. Contenuto del diritto. – [I]. L'autore ha il diritto esclusivo di pubblicare l'opera e di utilizzarla economicamente in ogni forma e modo, nei limiti e per gli effetti fissati dalla legge [2581] (1).

[II]. L'autore, anche dopo la cessione dei diritti previsti dal comma precedente, può rivendicare la paternità dell'opera e può opporsi a qualsiasi deformazione, mutilazione o altra modificazione dell'opera stessa, che possa essere di pregiudizio al suo onore o alla sua reputazione.

(1) *V. artt. 12 e 20 l. 22 aprile 1941, n. 633 e r.d. 18 maggio 1942, n. 1369.*

2578. Progetti di lavori. – [I]. All'autore di progetti di lavori di ingegneria o di altri lavori analoghi che costituiscono soluzioni originali di problemi tecnici, compete, oltre il diritto esclusivo di riproduzione dei piani e disegni dei progetti medesimi, il diritto di ottenere un equo compenso da coloro che eseguono il progetto tecnico a scopo di lucro senza il suo consenso (1).

(1) *V. art. 99 l. 22 aprile 1941, n. 633.*

2579. **Interpreti ed esecutori.** – [I]. Agli artisti attori o interpreti di opere o composizioni drammatiche o letterarie, e agli artisti esecutori di opere o composizioni musicali, anche se le opere o composizioni sovraindicate sono in dominio pubblico, compete, nei limiti, per gli effetti e con le modalità fissati dalle leggi speciali (1), indipendentemente dall'eventuale retribuzione loro spettante per la recitazione, rappresentazione od esecuzione, il diritto ad un equo compenso nei confronti di chiunque diffonda o trasmetta per radio, telefono od altro apparecchio equivalente, ovvero incida, registri o comunque riproduca su dischi fonografici, pellicola cinematografica od altro apparecchio equivalente la suddetta recitazione, rappresentazione od esecuzione.

[II]. Gli artisti attori od interpreti e gli artisti esecutori hanno diritto di opporsi alla diffusione, trasmissione o riproduzione della loro recitazione, rappresentazione od esecuzione che possa essere di pregiudizio al loro onore o alla loro reputazione.

(1) *V. artt. 80 ss. l. 22 aprile 1941, n. 633.*

2580. (1) **Soggetti del diritto.** – [I]. Il diritto di autore spetta all'autore ed ai suoi aventi causa nei limiti e per gli effetti fissati dalle leggi speciali (2).

(1) *L'art. 12 l. 8 marzo 1975, n. 39 ha abrogato l'originario comma 2 che figurava nel testo dell'articolo.*

(2) *V. art. 108 l. 22 aprile 1941, n. 633.*

2581. **Trasferimento dei diritti di utilizzazione.** – [I]. I diritti di utilizzazione sono trasferibili.

[II]. Il trasferimento per atto tra vivi deve essere provato per iscritto [2725] (1).

(1) *V. artt. 107 ss. l. 22 aprile 1941, n. 633.*

2582. **Ritiro dell'opera dal commercio.** – [I]. L'autore, qualora concorrano gravi ragioni morali, ha diritto di ritirare l'opera dal commercio, salvo l'obbligo di indennizzare coloro che hanno acquistato i diritti di riprodurre, diffondere, eseguire, rappresentare o mettere in commercio l'opera medesima.

[II]. Questo diritto è personale e intrasmissibile (1).

(1) *V. art. 142 l. 22 aprile 1941, n. 633.*

2583. Leggi speciali. – [I]. L'esercizio dei diritti contemplati in questo capo e la loro durata sono regolati dalle leggi speciali (1).

(1) *V. l. 22 aprile 1941, n. 633.*

CAPO II – *Del diritto di brevetto per invenzioni industriali*

2584. Diritto di esclusività. – [I]. Chi ha ottenuto un brevetto per un'invenzione industriale ha il diritto esclusivo di attuare l'invenzione e di disporne entro i limiti e alle condizioni stabilite dalla legge [2589].

[II]. Il diritto si estende anche al commercio del prodotto a cui l'invenzione si riferisce (1).

(1) *V. art. 5 d.ls. 10 febbraio 2005, n. 30.*

2585. Oggetto del brevetto. – [I]. Possono costituire oggetto di brevetto le nuove invenzioni atte ad avere una applicazione industriale, quali un metodo o un processo di lavorazione industriale, una macchina, uno strumento, un utensile o un dispositivo meccanico, un prodotto o un risultato industriale e l'applicazione tecnica di un principio scientifico, purché essa dia immediati risultati industriali.

[II]. In quest'ultimo caso il brevetto è limitato ai soli risultati indicati dall'inventore (1).

(1) *V. art. 45 d.ls. 10 febbraio 2005, n. 30.*

2586. Brevetto per nuovi metodi o processi di fabbricazione. – [I]. Il brevetto concernente un nuovo metodo o processo di fabbricazione industriale ne attribuisce al titolare l'uso esclusivo (1).

(1) *L'art. 13 d.ls. 19 marzo 1996, n. 198 ha abrogato il secondo comma. Ma v. l'art. 246[1 lett. ff)] d.ls. 10 febbraio 2005, n. 30 che ha abrogato integralmente il d.ls. n. 198, cit. Il testo del comma anteriore alla modifica operata dal d.ls. n. 198, cit., era il seguente:* « Se il metodo o processo è diretto ad ottenere un prodotto industriale nuovo, il brevetto si estende anche al prodotto ottenuto, purché questo possa formare oggetto di brevetto ».

2587. Brevetto dipendente da brevetto altrui. – [I]. Il brevetto per invenzione industriale, la cui attuazione implica quella d'invenzioni protette da precedenti brevetti per invenzioni industriali ancora in vigore, non pregiudica i diritti dei titolari di questi ultimi, e non può essere attuato né utilizzato senza il consenso di essi.

[II]. Sono salve le disposizioni delle leggi speciali (1).

(1) *V. d.ls. 10 febbraio 2005, n. 30.*

2588. **Soggetti del diritto.** – [I]. Il diritto di brevetto spetta all'autore dell'invenzione e ai suoi aventi causa (1).

(1) *V. d.ls. 10 febbraio 2005, n. 30.*

2589. **Trasferibilità.** – [I]. I diritti nascenti dalle invenzioni industriali, tranne il diritto di esserne riconosciuto autore, sono trasferibili [2577^2, 2581, 2590] (1).

(1) *V. artt. 62 e 63 d.ls. 10 febbraio 2005, n. 30.*

2590. **Invenzione del prestatore di lavoro.** – [I]. Il prestatore di lavoro ha diritto di essere riconosciuto autore dell'invenzione fatta nello svolgimento del rapporto di lavoro.

[II]. I diritti e gli obblighi delle parti relativi all'invenzione sono regolati dalle leggi speciali (1).

(1) *V. art. 64 d.ls. 10 febbraio 2005, n. 30.*

2591. **Rinvio alle leggi speciali.** – [I]. Le condizioni e le modalità per la concessione del brevetto, l'esercizio dei diritti che ne derivano e la loro durata sono regolati dalle leggi speciali (1).

(1) *V. d.ls. 10 febbraio 2005, n. 30.*

CAPO III – *Del diritto di brevetto per modelli di utilità e di registrazione per disegni e modelli* (1)

(1) *Rubrica sostituita dall'art. 21[1] d.ls. 2 febbraio 2001, n. 95. Ma v. l'art. 246[1 lett. gg)] d.ls. 10 febbraio 2005, n. 30 che ha abrogato integralmente il d.ls. n. 95, cit.*

2592. **Modelli di utilità.** – [I]. Chi, in conformità della legge, ha ottenuto un brevetto per una invenzione atta a conferire a macchine o parti di esse, strumenti, utensili od oggetti particolare efficacia o comodità di applicazione o d'impiego, ha il diritto esclusivo di attuare l'invenzione, di disporne e di fare commercio dei prodotti a cui si riferisce [2589] (1).

[II]. Il brevetto per le macchine nel loro complesso non comprende la protezione delle singole parti.

(1) *V. d.ls. 10 febbraio 2005, n. 30.*

2593. (1) **Modelli e disegni.** – [I]. Chi ha ottenuto una registrazione per un nuovo disegno o modello che abbia carattere individuale, ha il diritto esclusivo di utilizzarlo e di vietare a terzi di utilizzarlo senza il suo consenso, in conformità alle leggi speciali.

(1) *Articolo sostituito dall'art. 21[2] d.ls. 2 febbraio 2001, n. 95. Ma v. l'art. 246[1 lett. gg)] d.ls. 10 febbraio 2005, n. 30 che ha abrogato integralmente il d.ls. n. 95, cit. Il testo dell'articolo anteriore alla modifica era il seguente:* « Art. 2593. (*Modelli e disegni ornamentali*). — Chi, in conformità della legge, ha ottenuto un brevetto per un nuovo disegno o modello desti-

nato a dare a determinate categorie di prodotti industriali uno speciale ornamento, sia per la forma, sia per una particolare combinazione di linee o di colori, ha il diritto esclusivo di attuare il disegno o il modello, di disporne e di far commercio dei prodotti in cui il disegno o il modello è attuato ».

2594. (1) **Norme applicabili** – [I]. Ai diritti di brevetto e di registrazioni contemplati in questo capo, si applicano gli articoli 2588, 2589 e 2590. Le condizioni e le modalità per la concessione del brevetto e della registrazione, l'esercizio dei diritti che ne derivano e la loro durata sono regolati dalle leggi speciali.

(1) *Articolo così sostituito dall'art. 21[3] d.ls. 2 febbraio 2001, n. 95. Ma v. l'art. 246[1 lett. gg)] d.ls. 10 febbraio 2005, n. 30 che ha abrogato integralmente il d.ls. n. 95, cit. Il testo dell'articolo anteriore alla modifica era il seguente:* « Ai diritti di brevetto contemplati in questo capo si applicano gli articoli 2588, 2589 e 2590. — Le condizioni e le modalità per la concessione del brevetto, l'esercizio dei diritti che ne derivano e la loro durata sono regolati dalle leggi speciali ».

TITOLO X
Della disciplina della concorrenza e dei consorzi

CAPO I – *Della disciplina della concorrenza*

SEZIONE I – *Disposizioni generali*

2595. **Limiti legali della concorrenza.** – [I]. La concorrenza deve svolgersi in modo da non ledere gli interessi dell'economia nazionale e nei limiti stabiliti dalla legge [2596, 2598 ss.; 41 Cost.] [e dalle norme corporative] (1) (2).

(1) *Per il riferimento alle norme corporative, v.* sub *art. 1 prel.*

(2) *V. l. 10 ottobre 1990, n. 287, recante norme per la tutela della concorrenza e del mercato.*

2596. **Limiti contrattuali della concorrenza.** – [I]. Il patto che limita la concorrenza deve essere provato per iscritto [2725]. Esso è valido se circoscritto ad una determinata zona o ad una determinata attività, e non può eccedere la durata di cinque anni [2125, 2557].

[II]. Se la durata del patto non è determinata o è stabilita per un periodo superiore a cinque anni, il patto è valido per la durata di un quinquennio [222 trans.].

2597. **Obbligo di contrattare nel caso di monopolio.** – [I]. Chi esercita un'impresa in condizione di monopolio legale ha l'obbligo di contrattare [2932] con chiunque richieda le prestazioni che formano oggetto dell'impresa, osservando la parità di trattamento [1679, 1680].

SEZIONE II – *Della concorrenza sleale*

2598. Atti di concorrenza sleale. – [I]. Ferme le disposizioni che concernono la tutela dei segni distintivi [2563 ss., 2569 ss.] e dei diritti di brevetto [2584 ss.], compie atti di concorrenza sleale chiunque:

1) usa nomi o segni distintivi idonei a produrre confusione con i nomi o con i segni distintivi legittimamente usati da altri, o imita servilmente i prodotti di un concorrente, o compie con qualsiasi altro mezzo atti idonei a creare confusione con i prodotti e con l'attività di un concorrente;

2) diffonde notizie e apprezzamenti sui prodotti e sull'attività di un concorrente, idonei a determinarne il discredito, o si appropria di pregi dei prodotti o dell'impresa di un concorrente;

3) si vale direttamente o indirettamente di ogni altro mezzo non conforme ai principi della correttezza professionale e idoneo a danneggiare l'altrui azienda [1175] (1).

(1) *V. art. 6^2 d.P.R. 6 aprile 2001, n. 218 in tema di vendita sottocosto.*

2599. Sanzioni. – [I]. La sentenza che accerta atti di concorrenza sleale ne inibisce la continuazione e dà gli opportuni provvedimenti affinché ne vengano eliminati gli effetti [2600].

2600. Risarcimento del danno. – [I]. Se gli atti di concorrenza sleale sono compiuti con dolo o con colpa, l'autore è tenuto al risarcimento dei danni [2043].

[II]. In tale ipotesi può essere ordinata la pubblicazione della sentenza [120 c.p.c.].

[III]. Accertati gli atti di concorrenza, la colpa si presume.

2601. Azione delle associazioni professionali. – [I]. Quando gli atti di concorrenza sleale pregiudicano gli interessi di una categoria professionale, l'azione per la repressione della concorrenza sleale può essere promossa anche dalle associazioni professionali e dagli enti che rappresentano la categoria (1).

(1) *Per il riferimento alle associazioni professionali, v. sub art. 849. Ma v. art. 2^5 l. 29 dicembre 1993, n. 580, che dispone che le camere di commercio possono promuovere l'azione per la repressione della concorrenza sleale ai sensi dell'articolo 2601 del codice civile.*

CAPO II – *Dei consorzi per il coordinamento della produzione e degli scambi* (1)

(1) *V. artt. 31 ss. d.ls. 18 agosto 2000, n. 267 in tema di disciplina dei consorzi nelle autonomie locali.*

SEZIONE I – *Disposizioni generali*

2602. (1) **Nozione e norme applicabili.** – [I]. Con il contratto di consorzio più imprenditori istituiscono una organizzazione comune per la disciplina o per lo svolgimento di determinate fasi delle rispettive imprese.

[II]. Il contratto di cui al precedente comma è regolato dalle norme seguenti, salve le diverse disposizioni delle leggi speciali (2).

(1) *Articolo così sostituito dall'art. 1 l. 10 maggio 1976, n. 377.*

(2) *V. l. 28 ottobre 1999, n. 410, nonché l'art. 130 l. 23 dicembre 2000, n. 388.*

2603. **Forma e contenuto del contratto.** – [I]. Il contratto deve essere fatto per iscritto sotto pena di nullità [1350, 1418 ss.].

[II]. Esso deve indicare:

1) l'oggetto e la durata del consorzio;

2) la sede dell'ufficio eventualmente costituito;

3) gli obblighi assunti e i contributi dovuti dai consorziati;

4) le attribuzioni e i poteri degli organi consortili anche in ordine alla rappresentanza in giudizio;

5) le condizioni di ammissione di nuovi consorziati;

6) i casi di recesso e di esclusione;

7) le sanzioni per l'inadempimento degli obblighi dei consorziati.

[III]. Se il consorzio ha per oggetto il contingentamento della produzione o degli scambi, il contratto deve inoltre stabilire le quote dei singoli consorziati o i criteri per la determinazione di esse.

[IV]. Se l'atto costitutivo deferisce la risoluzione di questioni relative alla determinazione delle quote ad una o più persone, le decisioni di queste possono essere impugnate innanzi all'autorità giudiziaria, se sono manifestamente inique od erronee, entro trenta giorni dalla notizia [1349, 2264, 2964 ss.].

2604. (1) **Durata del consorzio.** – [I]. In mancanza di determinazione della durata del contratto, questo è valido per dieci anni.

(1) *Articolo così sostituito dall'art. 2 l. 10 maggio 1976, n. 377. Per le società consortili costituite ai sensi della l. 5 dicembre 1978, n. 787, il termine di durata non può superare i 5 anni.*

2605. **Controllo sull'attività dei singoli consorziati.** – [I]. I consorziati devono consentire i controlli e le ispezioni da parte degli organi previsti dal contratto, al fine di accertare l'esatto adempimento delle obbligazioni assunte.

2606. **Deliberazioni consortili.** – [I]. Se il contratto non dispone diversamente, le deliberazioni relative all'attuazione dell'oggetto del consorzio sono prese col voto favorevole della maggioranza dei consorziati [2604, 2607, 2611^nn. 3-4].

[II]. Le deliberazioni che non sono prese in conformità alle disposizioni di questo articolo o a quelle del contratto possono essere impugnate davanti all'autorità giudiziaria entro trenta giorni [2964 ss.]. Per i consorziati assenti il termine decorre dalla comunicazione o, se si tratta di deliberazione soggetta ad iscrizione, dalla data di questa.

2607. Modificazioni del contratto. – [I]. Il contratto, se non è diversamente convenuto, non può essere modificato senza il consenso di tutti i consorziati.

[II]. Le modificazioni devono essere fatte per iscritto sotto pena di nullità [1350, 1418 ss.].

2608. Organi preposti al consorzio. – [I]. La responsabilità verso i consorziati di coloro che sono preposti al consorzio è regolata dalle norme sul mandato [1710 ss.].

2609. Recesso ed esclusione. – [I]. Nei casi di recesso e di esclusione previsti dal contratto [2610²], la quota di partecipazione del consorziato receduto o escluso si accresce proporzionalmente a quelle degli altri.

[II]. Il mandato conferito dai consorziati per l'attuazione degli scopi del consorzio, ancorché dato con unico atto, cessa nei confronti del consorziato receduto o escluso [1726].

2610. Trasferimento dell'azienda. – [I]. Salvo patto contrario, in caso di trasferimento a qualunque titolo dell'azienda l'acquirente subentra nel contratto di consorzio [2558].

[II]. Tuttavia, se sussiste una giusta causa, in caso di trasferimento dell'azienda per atto fra vivi, gli altri consorziati possono deliberare, entro un mese dalla notizia dell'avvenuto trasferimento, l'esclusione dell'acquirente dal consorzio.

2611. Cause di scioglimento. – [I]. Il contratto di consorzio si scioglie:

1) per il decorso del tempo stabilito per la sua durata [2604];

2) per il conseguimento dell'oggetto o per l'impossibilità di conseguirlo;

3) per volontà unanime dei consorziati;

4) per deliberazione dei consorziati, presa a norma dell'articolo 2606, se sussiste una giusta causa;

5) per provvedimento dell'autorità governativa, nei casi ammessi dalla legge [2629];

6) per le altre cause previste nel contratto.

SEZIONE II – *Dei consorzi con attività esterna*

2612. Iscrizione nel registro delle imprese. – [I]. Se il contratto prevede l'istituzione di un ufficio destinato a svolgere un'attività con i terzi, un estratto del contratto deve, a cura degli amministratori, entro trenta giorni dalla stipulazione, essere depositato per l'iscrizione presso l'ufficio del registro delle imprese del luogo dove l'ufficio ha sede [2635].

[II]. L'estratto deve indicare:

1) la denominazione e l'oggetto del consorzio e la sede dell'ufficio;

2) il cognome e il nome dei consorziati;

3) la durata del consorzio;

4) le persone a cui vengono attribuite la presidenza, la direzione e la rappresentanza del consorzio ed i rispettivi poteri;

5) il modo di formazione del fondo consortile e le norme relative alla liquidazione.

[III]. Del pari devono essere iscritte nel registro delle imprese le modificazioni del contratto concernenti gli elementi sopra indicati [2607].

2613. Rappresentanza in giudizio. – [I]. I consorzi possono essere convenuti in giudizio in persona di coloro ai quali il contratto attribuisce la presidenza o la direzione, anche se la rappresentanza è attribuita ad altre persone.

2614. Fondo consortile. – [I]. I contributi dei consorziati e i beni acquistati con questi contributi costituiscono il fondo consortile [2615]. Per la durata del consorzio i consorziati non possono chiedere la divisione del fondo, e i creditori particolari dei consorziati non possono far valere i loro diritti sul fondo medesimo [37].

2615. Responsabilità verso i terzi. – [I]. Per le obbligazioni assunte in nome del consorzio dalle persone che ne hanno la rappresentanza [2612$^{n.\ 4}$], i terzi possono far valere i loro diritti esclusivamente sul fondo consortile (1).

[II]. Per le obbligazioni assunte dagli organi del consorzio per conto dei singoli consorziati rispondono questi ultimi solidalmente col fondo consortile. In caso d'insolvenza nei rapporti tra i consorziati il debito dell'insolvente si ripartisce tra tutti in proporzione delle quote [1299].

(1) *Comma così modificato dall'art. 3 l. 10 maggio 1976, n. 377.*

2615-*bis*. (1) **Situazione patrimoniale.** – [I]. Entro due mesi dalla chiusura dell'esercizio annuale le persone che hanno la direzione del consorzio redigono la situazione patrimoniale osservando le norme relative al bilancio di esercizio delle società per azioni e la depositano presso l'ufficio del registro delle imprese.

[II]. Alle persone che hanno la direzione del consorzio sono applicabili gli articoli 2621 n. 1 e 2626 (2).

[III]. Negli atti e nella corrispondenza del consorzio devono essere indicati la sede di questo, l'ufficio del registro delle imprese presso il quale esso è iscritto e il numero di iscrizione.

(1) *Articolo inserito dall'art. 4 l. 10 maggio 1976, n. 377.*

(2) *Il riferimento agli artt. 2621 n. 1 e 2626 è da considerarsi inattuale a seguito della sostituzione dell'intero titolo XI del libro V operata dall'art. 1 d.ls. 11 aprile 2002, n. 61. V. ora gli artt. 2621, 2622 e 2630.*

SEZIONE II-*BIS* – *Società consortili* (1)

(1) *Sezione inserita dall'art. 4 l. 10 maggio 1976, n. 377.*

2615-*ter*. (1) **Società consortili.** – [I]. Le società previste nei capi III e seguenti del titolo V possono assumere come oggetto sociale gli scopi indicati nell'articolo 2602.

[II]. In tal caso l'atto costitutivo può stabilire l'obbligo dei soci di versare contributi in denaro.

(1) *Articolo inserito dall'art. 4 l. 10 maggio 1976, n. 377.*

SEZIONE III – *Dei consorzi obbligatori*

2616. Costituzione. – [I]. Con provvedimento dell'autorità governativa [, sentite le corporazioni interessate,] (1) può essere disposta, anche per zone determinate, la costituzione di consorzi obbligatori fra esercenti lo stesso ramo o rami similari di attività economica, qualora la costituzione stessa risponda alle esigenze dell'organizzazione della produzione.

[II]. Nello stesso modo, ricorrendo le condizioni di cui al comma precedente, possono essere trasformati in obbligatori i consorzi costituiti volontariamente [111 att.].

(1) *Le corporazioni sono state soppresse con r.d.l. 9 agosto 1943, n. 721.*

2617. Consorzi per l'ammasso dei prodotti agricoli. – [I]. Quando la legge prescrive l'ammasso di determinati prodotti agricoli [837], la gestione collettiva di questi è fatta per conto degli imprenditori interessati a mezzo di consorzi obbligatori, secondo le disposizioni delle leggi speciali.

SEZIONE IV – *Dei controlli dell'autorità governativa*

2618. Approvazione del contratto consortile. – [I]. I contratti previsti nel presente capo, se sono tali da influire sul mercato generale dei beni in essi contemplati, sono soggetti ad approvazione da parte dell'autorità governativa [, sentite le corporazioni interessate] (1) [111 att.].

(1) *Le corporazioni sono state soppresse con r.d.l. 9 agosto 1943, n. 721.*

2619. Controllo sull'attività del consorzio. – [I]. L'attività dei consorzi è sottoposta alla vigilanza dell'autorità governativa [111 att.].

[II]. Quando l'attività del consorzio risulta non conforme agli scopi per cui è stato costituito, l'autorità governativa può sciogliere gli organi del consorzio e affidare la gestione a un commissario governativo [2636] ovvero, nei casi più gravi, può disporre lo scioglimento del consorzio stesso [2611 n. 5].

2620. Estensione delle norme di controllo alle società. – [I]. Le disposizioni di questa sezione si applicano anche alle società che si costituiscono per raggiungere gli scopi indicati nell'articolo 2602.

[II]. L'autorità governativa può sempre disporre lo scioglimento della società, quando la costituzione di questa non abbia avuto l'approvazione prevista nell'articolo 2618 [111 att.].

TITOLO XI (1)
Disposizioni penali in materia di società, di consorzi e di altri enti privati (2)

(1) *Il Titolo XI, comprendente gli articoli da 2621 a 2642, è stato interamente sostituito dall'art. 1 d.lgs. 11 aprile 2002, n. 61. L'attuale formulazione del Titolo comprende gli articoli da 2621 a 2641. Per una disposizione transitoria v. l'art. 5 d.lgs. n. 61, cit.*(2) *Rubrica così sostituita dall'art. 2 d.lgs. 15 marzo 2017, n. 38. Il testo della rubrica era il seguente:* « Disposizioni penali in materia di società e di consorzi ».

CAPO I – *Delle falsità*

2621. (1) (2) **False comunicazioni sociali.** – [I]. Fuori dai casi previsti dall'art. 2622, gli amministratori, i direttori generali, i dirigenti preposti alla redazione dei documenti contabili societari, i sindaci e i liquidatori, i quali, al fine di conseguire per sé o per altri un ingiusto profitto, nei bilanci, nelle relazioni o nelle altre comunicazioni sociali dirette ai soci o al pubblico, previste dalla legge, consapevolmente espongono fatti materiali rilevanti non rispondenti al vero ovvero omettono fatti materiali rilevanti la cui comunicazione è imposta dalla legge sulla situazione economica, patrimoniale o finanziaria della società o del gruppo al quale la stessa appartiene, in modo concretamente idoneo ad indurre altri in errore, sono puniti con la pena della reclusione da uno a cinque anni.

[II]. La stessa pena si applica anche se le falsità o le omissioni riguardano beni posseduti o amministrati dalla società per conto di terzi.

(1) *V. nota al Titolo XI.*

(2) *Articolo così sostituito dall'art. 9[1] l. 27 maggio 2015, n. 69. Il testo dell'articolo, come da ultimo modificato dall'art. 30[1] l. 28 dicembre 2005, n. 262, era il seguente:* « 2621. Salvo quanto previsto dall'articolo 2622, gli amministratori, i direttori generali, i dirigenti preposti alla redazione dei documenti contabili societari, i sindaci e i liqui datori, i quali, con l'intenzione di ingannare i soci o il pubblico e al fine di conseguire per sé o per altri un ingiusto profitto, nei bilanci, nelle relazioni o nelle altre comunicazioni sociali previste dalla legge, dirette ai soci o al pubblico, espongono fatti materiali non rispondenti al vero ancorché oggetto di valutazioni ovvero omettono informazioni la cui comunicazione è imposta dalla legge sulla situazione economica, patrimoniale o finanziaria della società o del gruppo al quale essa appartiene, in modo idoneo ad indurre in errore i destinatari sulla predetta situazione, sono puniti con l'arresto fino a due anni. — La punibilità è estesa anche al caso in cui le informazioni riguardino beni posseduti o amministrati dalla società per conto di terzi. — La punibilità è esclusa se le falsità o le omissioni non alterano in modo sensibile la rappresentazione della situazione economica, patrimoniale o finanziaria della società o del gruppo al quale essa appartiene. La punibilità è comunque esclusa se le falsità o le omissioni determinano una variazione del risultato economico di esercizio, al lordo delle imposte, non superiore al 5 per cento o una variazione del patrimonio netto non superiore all'1 per cento. — In ogni caso il fatto non è punibile se conseguenza di valutazioni estimative che, singolarmente considerate, differiscono in misura non superiore al 10 per cento da quella corretta. — Nei casi previsti dai commi terzo e quarto, ai soggetti di cui al primo comma sono irrogate la sanzione amministrativa da dieci a cento quote e l'interdizione dagli uffici direttivi delle persone giuridiche e delle imprese da sei mesi a tre anni, dall'esercizio dell'ufficio di amministratore, sindaco, liquidatore, direttore generale e dirigente preposto alla redazione dei documenti contabili societari, nonché da ogni altro ufficio con potere di rappresentanza della persona giuridica o dell'impresa ».

2621-*bis*. (1) **Fatti di lieve entità.** – [I]. Salvo che costituiscano più grave reato, si applica la pena da sei mesi a tre anni di reclusione se i fatti di cui all'articolo 2621 sono di lieve entità, tenuto conto della natura e delle dimensioni della società e delle modalità o degli effetti della condotta.

[II]. Salvo che costituiscano più grave reato, si applica la stessa pena di cui al comma precedente quando i fatti di cui all'articolo 2621 riguardano società che non superano i limiti indicati dal secondo comma dell'articolo 1 del regio decreto 16 marzo 1942, n. 267. In tale caso, il delitto è procedibile a querela della società, dei soci, dei creditori o degli altri destinatari della comunicazione sociale.

(1) *Articolo inserito dall'art. 10[1] l. 27 maggio 2015, n. 69.*

2621-*ter*. (1) **Non punibilità per particolare tenuità.** – [I]. Ai fini della non punibilità per particolare tenuità del fatto, di cui all'articolo 131-*bis* del codice penale, il giudice valuta, in modo prevalente, l'entità dell'eventuale danno cagionato alla società, ai soci o ai creditori conseguente ai fatti di cui agli articoli 2621 e 2621-*bis*.

(1) *Articolo inserito dall'art. 10[1] l. 27 maggio 2015, n. 69.*

2622. (1) (2) **False comunicazioni sociali delle società quotate.** – [I]. Gli amministratori, i direttori generali, i dirigenti preposti alla redazione dei documenti contabili societari, i sindaci e i liquidatori di società emittenti strumenti finanziari ammessi alla negoziazione in un mercato regolamentato italiano o di altro Paese dell'Unione europea, i quali, al fine di conseguire per sé o per altri un ingiusto profitto, nei bilanci, nelle relazioni o nelle altre comunicazioni sociali dirette ai soci o al pubblico consapevolmente espongono fatti materiali non rispondenti al vero ovvero omettono fatti materiali rilevanti la cui comunicazione è imposta dalla legge sulla situazione economica, patrimoniale o finanziaria della società o del gruppo al quale la stessa appartiene, in modo concretamente idoneo ad indurre altri in errore, sono puniti con la pena della reclusione da tre a otto anni.

[II]. Alle società indicate nel comma precedente sono equiparate:

1) le società emittenti strumenti finanziari per i quali è stata presentata una richiesta di ammissione alla negoziazione in un mercato regolamentato italiano o di altro Paese dell'Unione europea;

2) le società emittenti strumenti finanziari ammessi alla negoziazione in un sistema multilaterale di negoziazione italiano;

3) le società che controllano società emittenti strumenti finanziari ammessi alla negoziazione in un mercato regolamentato italiano o di altro Paese dell'Unione europea;

4) le società che fanno appello al pubblico risparmio o che comunque lo gestiscono.

[III]. Le disposizioni di cui ai commi precedenti si applicano anche se le falsità o le omissioni riguardano beni posseduti o amministrati dalla società per conto di terzi.

(1) *V. nota al Titolo XI.*

(2) *Articolo così sostituito dall'art. 11[1] l. 27 maggio 2015, n. 69. Il testo dell'articolo, come*

da ultimo modificato dall'art. 30[2] *l. 28 dicembre 2005, n. 262, era il seguente: «* 2622. (*False comunicazioni sociali in danno della società, dei soci o dei creditori*). – Gli amministratori, i direttori generali, i dirigenti preposti alla redazione dei documenti contabili societari, i sindaci e i liquidatori, i quali, con l'intenzione di ingannare i soci o il pubblico e al fine di conseguire per sé o per altri un ingiusto profitto, nei bilanci, nelle relazioni o nelle altre comunicazioni sociali previste dalla legge, dirette ai soci o al pubblico, esponendo fatti materiali non rispondenti al vero ancorché oggetto di valutazioni, ovvero omettendo informazioni la cui comunicazione è imposta dalla legge sulla situazione economica, patrimoniale o finanziaria della società o del gruppo al quale essa appartiene, in modo idoneo ad indurre in errore i destinatari sulla predetta situazione, cagionano un danno patrimoniale alla società, ai soci o ai creditori, sono puniti, a querela della persona offesa, con la reclusione da sei mesi a tre anni. —Si procede a querela anche se il fatto integra altro delitto, ancorché aggravato, a danno del patrimonio di soggetti diversi dai soci e dai creditori, salvo che sia commesso in danno dello Stato, di altri enti pubblici o delle Comunità europee. — Nel caso di società soggette alle disposizioni della parte IV, titolo III, capo II, del testo unico di cui al decreto legislativo 24 febbraio 1998, n. 58, e successive modificazioni, la pena per i fatti previsti al primo comma è da uno a quattro anni e il delitto è procedibile d'ufficio. — La pena è da due a sei anni se, nelle ipotesi di cui al terzo comma, il fatto cagiona un grave nocumento ai risparmiatori. — Il nocumento si considera grave quando abbia riguardato un numero di risparmiatori superiore allo 0,1 per mille della popolazione risultante dall'ultimo censimento ISTAT ovvero se sia consistito nella distruzione o riduzione del valore di titoli di entità complessiva superiore allo 0,1 per mille del prodotto interno lordo. — La punibilità per i fatti previsti dal primo e terzo comma è estesa anche al caso in cui le informazioni riguardino beni posseduti o amministrati dalla società per conto di terzi. — La punibilità per i fatti previsti dal primo e terzo comma è esclusa se le falsità o le omissioni non alterano in modo sensibile la rappresentazione della situazione economica, patrimoniale o finanziaria della società o del gruppo al quale essa appartiene. La punibilità è comunque esclusa se le falsità o le omissioni determinano una variazione del risultato economico di esercizio, al lordo delle imposte, non superiore al 5 per cento o una variazione del patrimonio netto non superiore all'1 per cento. — In ogni caso il fatto non è punibile se conseguenza di valutazioni estimative che, singolarmente considerate, differiscono in misura non superiore al 10 per cento da quella corretta. — Nei casi previsti dai commi settimo e ottavo, ai soggetti di cui al primo comma sono irrogate la sanzione amministrativa da dieci a cento quote e l'interdizione dagli uffici direttivi delle persone giuridiche e delle imprese da sei mesi a tre anni, dall'esercizio dell'ufficio di amministratore, sindaco, liquidatore, direttore generale e dirigente preposto alla redazione dei documenti contabili societari, nonché da ogni altro ufficio con potere di rappresentanza della persona giuridica o dell'impresa ».

2623. (1) (2) [Falso in prospetto].

(1) *V. nota al Titolo XI.*

(2) *Articolo abrogato dall'art. 34*[2] *l. 28 dicembre 2005, n. 262. V. ora art. 173-*bis *d.lgs. 24 febbraio 1998, n. 58.*

2624. (1) (2) [Falsità nelle relazioni o nelle comunicazioni delle società di revisione].

(1) *V. nota al Titolo XI.*

(2) *Articolo abrogato dall'art. 37*[34] *d.lgs. 27 gennaio 2010, n. 39. V. ora art. 27 d.lgs. n. 39, cit.*

2625. (1) **Impedito controllo.** – [i]. Gli amministratori che, occultando documenti o con altri idonei artifici, impediscono o comunque ostacolano lo svolgimento delle attività di controllo legalmente attribuite ai soci o ad altri organi sociali, sono puniti con la sanzione amministrativa pecuniaria fino a 10.329 euro (2).

[ii]. Se la condotta ha cagionato un danno ai soci, si applica la reclusione fino ad un anno e si procede a querela della persona offesa.

[iii]. La pena è raddoppiata se si tratta di società con titoli quotati in mercati regolamentati italiani o di altri Stati dell'Unione europea o diffusi tra il pubblico in misura rilevante ai sensi dell'articolo 116 del testo unico di cui al decreto legislativo 24 febbraio 1998, n. 58 (3).

(1) *V. nota al Titolo XI.*
(2) *Comma così modificato dall'art. 37[35 lett. a) e b)] d.lgs. 27 gennaio 2010, n. 39.*
(3) *Comma inserito dall'art. 39[2 lett. a)] l. 28 dicembre 2005, n. 262.*

Capo II – *Degli illeciti commessi dagli amministratori*

2626. (1) **Indebita restituzione dei conferimenti.** – [i]. Gli amministratori che, fuori dei casi di legittima riduzione del capitale sociale, restituiscono, anche simulatamente, i conferimenti ai soci o li liberano dall'obbligo di eseguirli, sono puniti con la reclusione fino ad un anno.

(1) *V. nota al Titolo XI.*

2627. (1) **Illegale ripartizione degli utili e delle riserve.** – [i]. Salvo che il fatto non costituisca più grave reato, gli amministratori che ripartiscono utili o acconti su utili non effettivamente conseguiti o destinati per legge a riserva, ovvero che ripartiscono riserve, anche non costituite con utili, che non possono per legge essere distribuite, sono puniti con l'arresto fino ad un anno.

[ii]. La restituzione degli utili o la ricostituzione delle riserve prima del termine previsto per l'approvazione del bilancio estingue il reato.

(1) *V. nota al Titolo XI.*

2628. (1) **Illecite operazioni sulle azioni o quote sociali o della società controllante.** – [i]. Gli amministratori che, fuori dei casi consentiti dalla legge, acquistano o sottoscrivono azioni o quote sociali, cagionando una lesione all'integrità del capitale sociale o delle riserve non distribuibili per legge, sono puniti con la reclusione fino ad un anno.

[II]. La stessa pena si applica agli amministratori che, fuori dei casi consentiti dalla legge, acquistano o sottoscrivono azioni o quote emesse dalla società controllante, cagionando una lesione del capitale sociale o delle riserve non distribuibili per legge.

[III]. Se il capitale sociale o le riserve sono ricostituiti prima del termine previsto per l'approvazione del bilancio relativo all'esercizio in relazione al quale è stata posta in essere la condotta, il reato è estinto.

(1) *V. nota al Titolo XI.*

2629. (1) **Operazioni in pregiudizio dei creditori.** – [I]. Gli amministratori che, in violazione delle disposizioni di legge a tutela dei creditori, effettuano riduzioni del capitale sociale o fusioni con altra società o scissioni, cagionando danno ai creditori, sono puniti, a querela della persona offesa, con la reclusione da sei mesi a tre anni.

[II]. Il risarcimento del danno ai creditori prima del giudizio estingue il reato.

(1) *V. nota al Titolo XI.*

CAPO III – *Degli illeciti commessi mediante omissione*

2629-*bis*. (1) **Omessa comunicazione del conflitto d'interessi.** – [I]. L'amministratore o il componente del consiglio di gestione di una società con titoli quotati in mercati regolamentati italiani o di altro Stato dell'Unione europea o diffusi tra il pubblico in misura rilevante ai sensi dell'articolo 116 del testo unico di cui al decreto legislativo 24 febbraio 1998, n. 58, e successive modificazioni, ovvero di un soggetto sottoposto a vigilanza ai sensi del testo unico di cui al decreto legislativo 1° settembre 1993, n. 385, del citato testo unico di cui al decreto legislativo n. 58 del 1998, del decreto legislativo 7 settembre 2005, n. 209, o del decreto legislativo 21 aprile 1993, n. 124, che vìola gli obblighi previsti dall'articolo 2391, primo comma, è punito con la reclusione da uno a tre anni, se dalla violazione siano derivati danni alla società o a terzi (2).

(1) *Articolo inserito dall'art. 31[1] l. 28 dicembre 2005, n. 262.*
(2) *Comma così modificato dall'art. 6 d.lgs. 29 dicembre 2006, n. 303.*

2630. (1) **Omessa esecuzione di denunce, comunicazioni e depositi.** – [I]. Chiunque, essendovi tenuto per legge a causa delle funzioni rivestite in una società o in un consorzio, omette di eseguire, nei termini prescritti, denunce, comunicazioni o depositi presso il registro delle imprese, ovvero omette di fornire negli atti, nella corrispondenza e nella rete telematica le informazioni prescritte dall'articolo 2250, primo, secondo, terzo e quarto comma, è punito con la sanzione amministrativa pecuniaria da 103 euro a 1.032 euro. Se la denuncia, la comunicazione o il deposito avvengono nei trenta giorni successivi alla scadenza dei termini prescritti, la sanzione amministrativa pecuniaria è ridotta ad un terzo.

[II]. Se si tratta di omesso deposito dei bilanci, la sanzione amministrativa pecuniaria è aumentata di un terzo.

(1) *Articolo dapprima modificato dall'art. 42*[2] *l. 7 luglio 2009, n. 88, e successivamente così sostituito dall'art. 9*[5] *l. 11 novembre 2011, n. 180, con effetto a decorrere dal 15 novembre 2011.*

2631. (1) **Omessa convocazione dell'assemblea.** – [I]. Gli amministratori e i sindaci che omettono di convocare l'assemblea dei soci nei casi previsti dalla legge o dallo statuto, nei termini ivi previsti, sono puniti con la sanzione amministrativa pecuniaria da 1.032 a 6.197 euro. Ove la legge o lo statuto non prevedano espressamente un termine, entro il quale effettuare la convocazione, questa si considera omessa allorché siano trascorsi trenta giorni dal momento in cui amministratori e sindaci sono venuti a conoscenza del presupposto che obbliga alla convocazione dell'assemblea dei soci.

[II]. La sanzione amministrativa pecuniaria è aumentata di un terzo in caso di convocazione a seguito di perdite o per effetto di espressa legittima richiesta da parte dei soci.

(1) *V. nota al Titolo XI.*

CAPO IV – *Degli altri illeciti, delle circostanze attenuanti e delle misure di sicurezza patrimoniali*

2632. (1) **Formazione fittizia del capitale.** – [I]. Gli amministratori e i soci conferenti che, anche in parte, formano od aumentano fittiziamente il capitale sociale mediante attribuzioni di azioni o quote in misura complessivamente superiore all'ammontare del capitale sociale, sottoscrizione reciproca di azioni o quote, sopravvalutazione rilevante dei conferimenti di beni in natura o di crediti ovvero del patrimonio della società nel caso di trasformazione, sono puniti con la reclusione fino ad un anno.

(1) *Articolo così sostituito dall'art. 111-*quinquies *disp. att. c.c., introdotto dall'art. 9*[1 lett. f)] *d.lgs. 17 gennaio 2003, n. 6, a far data dal 1° gennaio 2004.*

2633. (1) **Indebita ripartizione dei beni sociali da parte dei liquidatori.** – [I]. I liquidatori che, ripartendo i beni sociali tra i soci prima del pagamento dei creditori sociali o dell'accantonamento delle somme necessario a soddisfarli, cagionano danno ai creditori, sono puniti, a querela della persona offesa, con la reclusione da sei mesi a tre anni.

[II]. Il risarcimento del danno ai creditori prima del giudizio estingue il reato.

(1) *V. nota al Titolo XI.*

2634. (1) **Infedeltà patrimoniale.** – [I]. Gli amministratori, i direttori generali e i liquidatori, che, avendo un interesse in conflitto con quello della società, al fine di procurare a sé o ad altri un ingiusto profitto o altro vantaggio, compiono o concorrono a deliberare atti di disposizione dei beni sociali, cagionando intenzionalmente alla società un danno patrimoniale, sono puniti con la reclusione da sei mesi a tre anni.

[II]. La stessa pena si applica se il fatto è commesso in relazione a beni posseduti o amministrati dalla società per conto di terzi, cagionando a questi ultimi un danno patrimoniale.

[III]. In ogni caso non è ingiusto il profitto della società collegata o del gruppo, se compensato da vantaggi, conseguiti o fondatamente prevedibili, derivanti dal collegamento o dall'appartenenza al gruppo.

[IV]. Per i delitti previsti dal primo e secondo comma si procede a querela della persona offesa.

(1) *V. nota al Titolo XI.*

2635. (1) **Corruzione tra privati.** – [I]. Salvo che il fatto costituisca più grave reato, gli amministratori, i direttori generali, i dirigenti preposti alla redazione dei documenti contabili societari, i sindaci e i liquidatori, di società o enti privati che, anche per interposta persona, sollecitano o ricevono, per sé o per altri, denaro o altra utilità non dovuti, o ne accettano la promessa, per compiere o per omettere un atto in violazione degli obblighi inerenti al loro ufficio o degli obblighi di fedeltà, sono puniti con la reclusione da uno a tre anni. Si applica la stessa pena se il fatto è commesso da chi nell'ambito organizzativo della società o dell'ente privato esercita funzioni direttive diverse da quelle proprie dei soggetti di cui al precedente periodo (2).

[II]. Si applica la pena della reclusione fino a un anno e sei mesi se il fatto è commesso da chi è sottoposto alla direzione o alla vigilanza di uno dei soggetti indicati al primo comma.

[III]. Chi, anche per interposta persona, offre, promette o dà denaro o altra utilità non dovuti alle persone indicate nel primo e nel secondo comma, è punito con le pene ivi previste (3).

[iv]. Le pene stabilite nei commi precedenti sono raddoppiate se si tratta di società con titoli quotati in mercati regolamentati italiani o di altri Stati dell'Unione europea o diffusi tra il pubblico in misura rilevante ai sensi dell'articolo 116 del testo unico delle disposizioni in materia di intermediazione finanziaria, di cui al decreto legislativo 24 febbraio 1998, n. 58, e successive modificazioni (4).

[v]. Fermo quanto previsto dall'articolo 2641, la misura della confisca per valore equivalente non può essere inferiore al valore delle utilità date, promesse o offerte (5) (6).

(1) *Articolo, da ultimo, così sostituito dall'art. 1[76] l. 6 novembre 2012, n. 190. In tema di responsabilità amministrativa degli enti, v. art. 25-*ter*[1 lett. s-bis)] d.lgs. 8 giugno 2001, n. 231. Il testo dell'articolo, come dapprima sostituito dall'art. 1 d.lgs. 11 aprile 2002, n. 61 (v.* sub *Titolo XI) e successivamente modificato dagli artt. 15[1 lett. b)] e 39[2 lett. b)] l. 28 dicembre 2005, n. 262, e dall'art. 37[36] d.lgs. 27 gennaio 2010, n. 39, era il seguente:* « Art. 2635. (*Infedeltà a seguito di dazione o promessa di utilità*). – Gli amministratori, i direttori generali, i dirigenti preposti alla redazione dei documenti contabili societari, i sindaci, i liquidatori, i quali, a seguito della dazione o della promessa di utilità, compiono od omettono atti, in violazione degli obblighi inerenti al loro ufficio, cagionando nocumento alla società, sono puniti con la reclusione sino a tre anni. – La stessa pena si applica a chi dà o promette l'utilità. – La pena è raddoppiata se si tratta di società con titoli quotati in mercati regolamentati italiani o di altri Stati dell'Unione europea o diffusi tra il pubblico in misura rilevante ai sensi dell'articolo 116 del testo unico di cui al decreto legislativo 24 febbraio 1998, n. 58. – Si procede a querela della persona offesa ».

(2) *Comma così sostituito dall'art. 3[1 lett.a)] d.lgs. 15 marzo 2017, n. 38. Il testo del comma era il seguente:* « Salvo che il fatto costituisca più grave reato, gli amministratori, i direttori generali, i dirigenti preposti alla redazione dei documenti contabili societari, i sindaci e i liquidatori, che, a seguito della dazione o della promessa di denaro o altra utilità, per sé o per altri, compiono od omettono atti, in violazione degli obblighi inerenti al loro ufficio o degli obblighi di fedeltà, cagionando nocumento alla società, sono puniti con la reclusione da uno a tre anni ».

(3) *Comma così sostituito dall'art. 3[1 lett. b)] d.lgs. n. 38, cit. Il testo del comma era il seguente:* « Chi dà o promette denaro o altra utilità alle persone indicate nel primo e nel secondo comma è punito con le pene ivi previste ».

(4) *Seguiva un comma abrogato dall'art. 1[5 lett. a)] l. 9 gennaio 2019, n. 3. Il testo del comma era il seguente:* « Si procede a querela della persona offesa, salvo che dal fatto derivi una distorsione della concorrenza nella acquisizione di beni o servizi.».

(5) *Le parole* « utilità date, promesse o offerte » *sono state sostituite alle parole* « utilità date o promesse » *omma così sostituito dall'art. 3[1 lett. c)] d.lgs. n. 38, cit.*

(6) *Comma aggiunto dall'art. 3[1] d.lgs. 29 ottobre 2016, n. 202.*

2635-*bis*. (1) **Istigazione alla corruzione tra privati.** – [i]. Chiunque offre o promette denaro o altra utilità non dovuti agli amministratori, ai direttori generali, ai dirigenti preposti alla redazione dei documenti contabili societari, ai sindaci e ai liquidatori, di società o enti privati, nonché a chi svolge in essi un'attività lavorativa con l'esercizio di funzioni direttive, affinché compia od ometta un atto in violazione degli obblighi inerenti al proprio ufficio o degli obblighi di fedeltà, soggiace, qualora l'offerta o la promessa non sia accettata, alla pena stabilita nel primo comma dell'articolo 2635, ridotta di un terzo.

[II]. La pena di cui al primo comma si applica agli amministratori, ai direttori generali, ai dirigenti preposti alla redazione dei documenti contabili societari, ai sindaci e ai liquidatori, di società o enti privati, nonché a chi svolge in essi attività lavorativa con l'esercizio di funzioni direttive, che sollecitano per sé o per altri, anche per interposta persona, una promessa o dazione di denaro o di altra utilità, per compiere o per omettere un atto in violazione degli obblighi inerenti al loro ufficio o degli obblighi di fedeltà, qualora la sollecitazione non sia accettata (2).

(1) *Articolo inserito dall'art. 4 d.ls. 15 marzo 2017, n. 38.*

(2) *Seguiva un terzo comma abrogato dall'art. 1[5 lett. b)] l. 9 gennaio 2019, n. 3. Il testo del comma era il seguente:* « Si procede a querela della persona offesa ».

2635-*ter*. (1) **Pene accessorie.** – [I]. La condanna per il reato di cui all'articolo 2635, primo comma, importa in ogni caso l'interdizione temporanea dagli uffici direttivi delle persone giuridiche e delle imprese di cui all'articolo 32-*bis* del codice penale nei confronti di chi sia già stato condannato per il medesimo reato o per quello di cui all'articolo 2635-*bis*, secondo comma.

(1) *Articolo inserito dall'art. 5 d.ls. 15 marzo 2017, n. 38.*

2636. (1) **Illecita influenza sull'assemblea.** – [I]. Chiunque, con atti simulati o fraudolenti, determina la maggioranza in assemblea, allo scopo di procurare a sé o ad altri un ingiusto profitto, è punito con la reclusione da sei mesi a tre anni.

(1) *V. nota al Titolo XI.*

2637. (1) **Aggiotaggio.** – [I]. Chiunque diffonde notizie false, ovvero pone in essere operazioni simulate o altri artifici concretamente idonei a provocare una sensibile alterazione del prezzo di strumenti finanziari non quotati o per i quali non è stata presentata una richiesta di ammissione alle negoziazioni in un mercato regolamentato, ovvero ad incidere in modo significativo sull'affidamento che il pubblico ripone nella stabilità patrimoniale di banche o di gruppi bancari, è punito con la pena della reclusione da uno a cinque anni (2).

(1) *V. nota al Titolo XI.*

(2) *Comma così modificato dall'art. 9[4] l. 18 aprile 2005, n. 62 (legge comunitaria 2004).*

2638. (1) **Ostacolo all'esercizio delle funzioni delle autorità pubbliche di vigilanza.** – [i]. Gli amministratori, i direttori generali, i dirigenti preposti alla redazione dei documenti contabili societari (2), i sindaci e i liquidatori di società o enti e gli altri soggetti sottoposti per legge alle autorità pubbliche di vigilanza, o tenuti ad obblighi nei loro confronti, i quali nelle comunicazioni alle predette autorità previste in base alla legge, al fine di ostacolare l'esercizio delle funzioni di vigilanza, espongono fatti materiali non rispondenti al vero, ancorché oggetto di valutazioni, sulla situazione economica, patrimoniale o finanziaria dei sottoposti alla vigilanza ovvero, allo stesso fine, occultano con altri mezzi fraudolenti, in tutto o in parte fatti che avrebbero dovuto comunicare, concernenti la situazione medesima, sono puniti con la reclusione da uno a quattro anni. La punibilità è estesa anche al caso in cui le informazioni riguardino beni posseduti o amministrati dalla società per conto di terzi.

[ii]. Sono puniti con la stessa pena gli amministratori, i direttori generali, i dirigenti preposti alla redazione dei documenti contabili societari, i sindaci e i liquidatori di società, o enti e gli altri soggetti sottoposti per legge alle autorità pubbliche di vigilanza o tenuti ad obblighi nei loro confronti, i quali, in qualsiasi forma, anche omettendo le comunicazioni dovute alle predette autorità, consapevolmente ne ostacolano le funzioni (2).

[iii]. La pena è raddoppiata se si tratta di società con titoli quotati in mercati regolamentati italiani o di altri Stati dell'Unione europea o diffusi tra il pubblico in misura rilevante ai sensi dell'articolo 116 del testo unico di cui al decreto legislativo 24 febbraio 1998, n. 58 (3).

3-*bis* [*sic*]. Agli effetti della legge penale, le autorità e le funzioni di risoluzione di cui al decreto di recepimento della direttiva 2014/59/UE sono equiparate alle autorità e alle funzioni di vigilanza (4).

(1) *V. nota al Titolo XI.*

(2) *Comma così modificato dall'art. 15[1] lett. c) l. 28 dicembre 2005, n. 262.*

(3) *Comma aggiunto dall'art. 39[2] lett. c) l. n. 262, cit.*

(4) *Comma inserito, con la numerazione così riportata, dall'art. 101[1] d.ls. 16 novembre 2015, n. 180.*

2639. (1) **Estensione delle qualifiche soggettive.** – [i]. Per i reati previsti dal presente titolo al soggetto formalmente investito della qualifica o titolare della funzione prevista dalla legge civile è equiparato sia chi è tenuto a svolgere la stessa funzione, diversamente qualificata, sia chi esercita in modo continuativo e significativo i poteri tipici inerenti alla qualifica o alla funzione.

[ii]. Fuori dei casi di applicazione delle norme riguardanti i delitti

dei pubblici ufficiali contro la pubblica amministrazione, le disposizioni sanzionatorie relative agli amministratori si applicano anche a coloro che sono legalmente incaricati dall'autorità giudiziaria o dall'autorità pubblica di vigilanza di amministrare la società o i beni dalla stessa posseduti o gestiti per conto di terzi.

(1) *V. nota al Titolo XI.*

2640. (1) **Circostanza attenuante.** – [I]. Se i fatti previsti come reato agli articoli precedenti hanno cagionato un'offesa di particolare tenuità la pena è diminuita.

(1) *V. nota al Titolo XI.*

2641. (1) **Confisca.** – [I]. In caso di condanna o di applicazione della pena su richiesta delle parti per uno dei reati previsti dal presente titolo è ordinata la confisca del prodotto o del profitto del reato e dei beni utilizzati per commetterlo.

[II]. Quando non è possibile l'individuazione o l'apprensione dei beni indicati nel comma primo, la confisca ha ad oggetto una somma di denaro o beni di valore equivalente.

[III]. Per quanto non stabilito nei commi precedenti si applicano le disposizioni dell'articolo 240 del codice penale.

(1) *V. nota al Titolo XI.*

2642. (1).

(1) *V. nota al Titolo XI.*

LIBRO SESTO
Della tutela dei diritti

Titolo I
Della trascrizione

Capo I – *Della trascrizione degli atti relativi ai beni immobili*

2643. Atti soggetti a trascrizione. – [I]. Si devono rendere pubblici col mezzo della trascrizione:

1) i contratti che trasferiscono la proprietà di beni immobili [812, 1197, 1470, 1543^{2}, 1552, 2247, 2556];

2) i contratti che costituiscono, trasferiscono o modificano il diritto di usufrutto [978 ss.] su beni immobili, il diritto di superficie [952 ss.], i diritti del concedente e dell'enfiteuta [957 ss.];

2-*bis*) i contratti che trasferiscono, costituiscono o modificano i diritti edificatori comunque denominati, previsti da normative statali o regionali, ovvero da strumenti di pianificazione territoriale (1);

3) i contratti che costituiscono la comunione [1100 ss.] dei diritti menzionati nei numeri precedenti;

4) i contratti che costituiscono o modificano servitù prediali [1027 ss.], il diritto di uso sopra beni immobili, il diritto di abitazione [1021 ss.];

5) gli atti tra vivi di rinunzia ai diritti menzionati nei numeri precedenti [1070, 1104, $1350^{n.\,5}$];

6) i provvedimenti con i quali nell'esecuzione forzata si trasferiscono la proprietà di beni immobili o altri diritti reali immobiliari [574, 586, 590 c.p.c.], eccettuato il caso di vendita seguita nel processo di liberazione degli immobili dalle ipoteche a favore del terzo acquirente [2889, 2896];

7) gli atti e le sentenze di affrancazione del fondo enfiteutico [971];

8) i contratti di locazione [1571 ss., 2923] di beni immobili che hanno durata superiore a nove anni (2);

9) gli atti e le sentenze da cui risulta liberazione o cessione di pigioni o di fitti non ancora scaduti, per un termine maggiore di tre anni;

10) i contratti di società [2247 ss.] e di associazione [14 ss., 2549 ss.] con i quali si conferisce il godimento di beni immobili o di altri diritti reali immobiliari, quando la durata della società o dell'associazione eccede i nove anni o è indeterminata [231 trans.];

11) gli atti di costituzione dei consorzi [862 ss., 2602 ss.] che hanno l'effetto indicato dal numero precedente [231 trans.];

12) i contratti di anticresi [1960 ss.; 231 trans.];

12-*bis*) gli accordi di mediazione che accertano l'usucapione con la sottoscrizione del processo verbale autenticata da un pubblico ufficiale a ciò autorizzato (3);

13) le transazioni [1965 ss.] che hanno per oggetto controversie sui diritti menzionati nei numeri precedenti;

14) le sentenze che operano la costituzione, il trasferimento o la modificazione di uno dei diritti menzionati nei numeri precedenti [938, 1032, 1706[2], 2932].

(1) *Numero inserito dall'art. 5[3] d.l. 13 maggio 2011, n. 70, conv., con modif., in l. 12 luglio 2011, n. 106.*

(2) *Per una declaratoria di non fondatezza, nei sensi di cui in motivazione, di una questione di illegittimità costituzionale del presente numero sollevata in riferimento agli artt. 3 e 30 Cost., v. C. cost. 21 ottobre 2005, n. 394.*

(3) *Numero inserito dall'art. 84-*bis[1] *d.l. 21 giugno 2013, n. 69, conv., con modif., in l. 9 agosto 2013, n. 98.*

2644. Effetti della trascrizione. – [I]. Gli atti enunciati nell'articolo precedente non hanno effetto riguardo ai terzi che a qualunque titolo hanno acquistato diritti sugli immobili in base a un atto trascritto [2659] o iscritto [2839] anteriormente alla trascrizione degli atti medesimi [2650].

[II]. Seguita la trascrizione, non può avere effetto contro colui che ha trascritto alcuna trascrizione o iscrizione di diritti acquistati verso il suo autore, quantunque l'acquisto risalga a data anteriore [1914, 2812, 2817, 2848; 225 trans.].

2645. Altri atti soggetti a trascrizione. – [I]. Deve del pari rendersi pubblico, agli effetti previsti dall'articolo precedente, ogni altro atto o provvedimento che produce in relazione a beni immobili o a diritti immobiliari taluno degli effetti dei contratti menzionati nell'articolo 2643, salvo che dalla legge risulti che la trascrizione non è richiesta o è richiesta a effetti diversi.

2645-*bis*. (1) **Trascrizione di contratti preliminari.** – **1.** I contratti preliminari aventi ad oggetto la conclusione di taluno dei contratti di cui ai numeri 1), 2), 3) e 4) dell'articolo 2643, anche se sottoposti a condizione o relativi a edifici da costruire o in corso di costruzione, devono essere trascritti se risultano da atto pubblico o da scrittura privata con sottoscrizione autenticata o accertata giudizialmente.

2. La trascrizione del contratto definitivo o di altro atto che costituisca comunque esecuzione dei contratti preliminari di cui al comma 1, ovvero della sentenza che accoglie la domanda diretta ad ottenere l'esecuzione in forma specifica dei contratti preliminari predetti, prevale sulle trascrizioni ed iscrizioni eseguite contro il promittente alienante dopo la trascrizione del contratto preliminare (2).

3. Gli effetti della trascrizione del contratto preliminare cessano e si considerano come mai prodotti se entro un anno dalla data convenuta tra le parti per la conclusione del contratto definitivo, e in ogni caso entro tre anni dalla trascrizione predetta, non sia eseguita la trascrizione del contratto definitivo o di altro atto che costituisca comunque esecuzione del contratto preliminare o della domanda giudiziale di cui all'articolo 2652, primo comma, numero 2).

4. I contratti preliminari aventi ad oggetto porzioni di edifici da costruire o in corso di costruzione devono indicare, per essere trascritti, la superficie utile della porzione di edificio e la quota del diritto spettante al promissario acquirente relativa all'intero costruendo edificio espressa in millesimi.

5. Nel caso previsto nel comma 4 la trascrizione è eseguita con riferimento al bene immobile per la quota determinata secondo le modalità di cui al comma stesso. Non appena l'edificio viene ad esistenza gli effetti della trascrizione si producono rispetto alle porzioni materiali corrispondenti alle quote di proprietà predeterminate nonché alle relative parti comuni. L'eventuale differenza di superficie o di quota contenuta nei limiti di un ventesimo rispetto a quelle indicate nel contratto preliminare non produce effetti.

6. Ai fini delle disposizioni di cui al comma 5, si intende esistente l'edificio nel quale sia stato eseguito il rustico, comprensivo delle mura perimetrali delle singole unità, e sia stata completata la copertura.

(1) *Articolo inserito dall'art. 3[1] d.l. 31 dicembre 1996, n. 669, conv., con modif., in l. 28 febbraio 1997, n. 30.*

(2) *V. gli artt. 60-*bis *ss. r.d. 28 marzo 1929, n. 499.*

2645-*ter*. (1) **Trascrizione di atti di destinazione per la realizzazione di interessi meritevoli di tutela riferibili a persone con disabilità, a pubbliche amministrazioni, o ad altri enti o persone fisiche.** – [I]. Gli atti in forma pubblica con cui beni immobili o beni mobili iscritti in pubblici registri sono destinati, per un periodo non superiore a novanta anni o per la durata della vita della persona fisica beneficiaria, alla realizzazione di interessi meritevoli di tutela riferibili a persone con disabilità, a pubbliche amministrazioni, o ad altri enti o persone fisiche ai sensi dell'articolo 1322, secondo comma, possono essere trascritti al fine di rendere opponibile ai terzi il vincolo di destinazione; per la realizzazione di tali interessi può agire, oltre al conferente, qualsiasi interessato anche durante la vita del conferente stesso. I beni conferiti e i loro frutti possono essere impiegati solo per la realizzazione del fine di destinazione e possono costituire oggetto di esecuzione, salvo quanto previsto dall'articolo 2915, primo comma, solo per debiti contratti per tale scopo.

(1) *Articolo inserito dall'art. 39-*novies *d.l. 30 dicembre 2005, n. 273, conv., con modif., in l. 23 febbraio 2006, n. 51.*

2645-*quater*. (1) **Trascrizione di atti costitutivi di vincolo.** – [I]. Si devono trascrivere, se hanno per oggetto beni immobili, gli atti di diritto privato, i contratti e gli altri atti di diritto privato, anche unilaterali, nonché le convenzioni e i contratti con i quali vengono costituiti a favore dello Stato, della regione, degli altri enti pubblici territoriali ovvero di enti svolgenti un servizio di interesse pubblico, vincoli di uso pubblico o comunque ogni altro vincolo a qualsiasi fine richiesto dalle normative statali e regionali, dagli strumenti urbanistici comunali nonché dai conseguenti strumenti di pianificazione territoriale e dalle convenzioni urbanistiche a essi relative.

(1) *Articolo inserito dall'art. 6*[5-quaterdecies] *d.l. 2 marzo 2012, n. 16, conv., con modif., in l. 26 aprile 2012, n. 44.*

2646. Trascrizione delle divisioni. – [I]. Si devono trascrivere le divisioni [537^3, 542^3, 566^2, 713, 1111 ss.] che hanno per oggetto beni immobili [812], come pure i provvedimenti di aggiudicazione degli immobili divisi mediante incanto [719; 788 c.p.c.], i provvedimenti di attribuzione delle quote tra condividenti e i verbali di estrazione a sorte delle quote [729].

[II]. Si devono pure trascrivere la domanda di divisione giudiziale [784 c.p.c.] e l'atto di opposizione indicato dall'articolo 1113, per gli effetti ivi enunciati [224 trans.].

2647. (1) **Costituzione del fondo patrimoniale e separazione di beni.** – [I]. Devono essere trascritti, se hanno per oggetto beni immobili, la costituzione del fondo patrimoniale [167], le convenzioni matrimoniali che escludono i beni medesimi dalla comunione tra i coniugi [162, 210, 215], gli atti e i provvedimenti di scioglimento della comunione [191], gli atti di acquisto di beni personali a norma delle lettere *c*), *d*), *e*) ed *f*) dell'articolo 179, a carico, rispettivamente, dei coniugi titolari del fondo patrimoniale o del coniuge titolare del bene escluso o che cessa di far parte della comunione.

[II]. Le trascrizioni previste dal precedente comma devono essere eseguite anche relativamente ai beni immobili che successivamente entrano a far parte del patrimonio familiare o risultano esclusi dalla comunione tra i coniugi.

[iii]. La trascrizione del vincolo derivante dal fondo patrimoniale costituito per testamento [167] deve essere eseguita d'ufficio dal conservatore contemporaneamente alla trascrizione dell'acquisto a causa di morte [2648].

(1) *Articolo così sostituito dall'art. 206 l. 19 maggio 1975, n. 151.*

2648. Accettazione di eredità e acquisto di legato. – [i]. Si devono trascrivere [2660] l'accettazione della eredità [470 ss.] che importi acquisto dei diritti enunciati nei numeri 1, 2 e 4 dell'articolo 2643 o liberazione dai medesimi e l'acquisto del legato che abbia lo stesso oggetto [649].

[ii]. La trascrizione dell'accettazione dell'eredità si opera in base alla dichiarazione del chiamato all'eredità, contenuta in un atto pubblico ovvero in una scrittura privata [475] con sottoscrizione autenticata o accertata giudizialmente [2657; 215 ss. c.p.c.].

[iii]. Se il chiamato ha compiuto uno degli atti che importano accettazione tacita dell'eredità [476 ss.], si può richiedere la trascrizione sulla base di quell'atto, qua lora esso risulti da sentenza, da atto pubblico o da scrittura privata con sottoscrizione autenticata o accertata giudizialmente [2657].

[iv]. La trascrizione dell'acquisto del legato [649] si opera sulla base di un estratto autentico del testamento [225, 228 trans.].

2649. Cessione dei beni ai creditori. – [i]. Deve essere trascritta, qualora comprenda beni immobili, la cessione che il debitore fa dei suoi beni ai creditori, perché questi procedano alla liquidazione dei medesimi e alla ripartizione del ricavato [1977 ss., 2687; 225, 231 trans.].

[ii]. Non hanno effetto, rispetto ai creditori, le trascrizioni o iscrizioni di diritti acquistati verso il debitore, se eseguite dopo che la cessione è stata trascritta.

2650. Continuità delle trascrizioni. – [i]. Nei casi in cui, per le disposizioni precedenti, un atto di acquisto è soggetto a trascrizione, le successive trascrizioni o iscrizioni a carico dell'acquirente non producono effetto, se non è stato trascritto l'atto anteriore di acquisto.

[ii]. Quando l'atto anteriore di acquisto è stato trascritto, le successive trascrizioni o iscrizioni producono effetto secondo il loro ordine rispettivo, salvo il disposto dell'articolo 2644.

[iii]. L'ipoteca legale a favore dell'alienante e quella a favore del

condividente [2817], iscritte contemporaneamente alla trascrizione del titolo di acquisto o della divisione, prevalgono sulle trascrizioni o iscrizioni eseguite anteriormente contro l'acquirente o il condividente tenuto al conguaglio [2644; 225, 229 trans.].

2651. **Trascrizione di sentenze.** – [I]. Si devono trascrivere le sentenze da cui risulta estinto per prescrizione [2934 ss.] o acquistato per usucapione [1158 ss.] ovvero in altro modo non soggetto a trascrizione [942, 944, 946, 1062] uno dei diritti indicati dai numeri 1, 2 e 4 dell'articolo 2643 (1).

(1) *V. art. 3^7 l. 10 maggio 1976, n. 346.*

2652. (1) **Domande riguardanti atti soggetti a trascrizione. Effetti delle relative trascrizioni rispetto ai terzi.** – [I]. Si devono trascrivere, qualora si riferiscano ai diritti menzionati nell'articolo 2643, le domande giudiziali indicate dai numeri seguenti, agli effetti per ciascuna di esse previsti [225 ss. trans.; 96^2 c.p.c.]:

1) le domande di risoluzione dei contratti [1453, 1458^2] e quelle indicate dal secondo comma dell'articolo 648 e dall'ultimo comma dell'articolo 793, le domande di rescissione [763, 1447 ss.], le domande di revocazione delle donazioni [800 ss.], nonché quelle indicate dall'articolo 524.

Le sentenze che accolgono tali domande non pregiudicano i diritti acquistati dai terzi in base a un atto trascritto o iscritto anteriormente alla trascrizione della domanda;

2) le domande dirette a ottenere l'esecuzione in forma specifica dell'obbligo a contrarre [2932].

La trascrizione della sentenza che accoglie la domanda prevale sulle trascrizioni e iscrizioni eseguite contro il convenuto dopo la trascrizione della domanda;

3) le domande dirette a ottenere l'accertamento giudiziale [216 ss. c.p.c.] della sottoscrizione di scritture private [2702 ss.] in cui si contiene un atto soggetto a trascrizione o a iscrizione.

La trascrizione o l'iscrizione dell'atto contenuto nella scrittura produce effetto dalla data in cui è stata trascritta la domanda;

4) le domande dirette all'accertamento della simulazione [1414 ss.] di atti soggetti a trascrizione.

La sentenza che accoglie la domanda non pregiudica i diritti acquistati dai terzi di buona fede in base a un atto trascritto o iscritto anteriormente alla trascrizione della domanda;

5) le domande di revoca degli atti soggetti a trascrizione, che siano stati compiuti in pregiudizio dei creditori [2901] (2).

La sentenza che accoglie la domanda non pregiudica i diritti acquistati a titolo oneroso dai terzi di buona fede in base a un atto trascritto o iscritto anteriormente alla trascrizione della domanda;

6) le domande dirette a far dichiarare la nullità [1418 ss.] o a far pronunziare l'annullamento [1425 ss.] di atti soggetti a trascrizione e le domande dirette a impugnare la validità della trascrizione [2665].

Se la domanda è trascritta dopo cinque anni dalla data della trascrizione dell'atto impugnato, la sentenza che l'accoglie non pregiudica i diritti acquistati a qualunque titolo dai terzi di buona fede in base a un atto trascritto o iscritto anteriormente alla trascrizione della domanda. Se però la domanda è diretta a far pronunziare l'annullamento per una causa diversa dall'incapacità legale, la sentenza che l'accoglie non pregiudica i diritti acquistati dai terzi di buona fede in base a un atto trascritto o iscritto anteriormente alla trascrizione della domanda, anche se questa è stata trascritta prima che siano decorsi cinque anni dalla data della trascrizione dell'atto impugnato, purché in questo caso i terzi abbiano acquistato a titolo oneroso [1445; 227 trans.];

7) le domande con le quali si contesta il fondamento di un acquisto a causa di morte.

Salvo quanto è disposto dal secondo e dal terzo comma dell'articolo 534, se la trascrizione della domanda è eseguita dopo cinque anni dalla data della trascrizione dell'acquisto, la sentenza che accoglie la domanda non pregiudica i terzi di buona fede che, in base a un atto trascritto o iscritto anteriormente alla trascrizione della domanda, hanno a qualunque titolo acquistato diritti da chi appare erede o legatario [227 trans.];

8) le domande di riduzione delle donazioni e delle disposizioni testamentarie per lesione di legittima [554 ss.].

Se la trascrizione è eseguita dopo dieci anni dall'apertura della successione, la sentenza che accoglie la domanda non pregiudica i terzi che hanno acquistato a titolo oneroso diritti in base a un atto trascritto o iscritto anteriormente alla trascrizione della domanda [227 trans.];

9) le domande di revocazione e quelle di opposizione di terzo contro le sentenze soggette a trascrizione per le cause previste dai numeri 1, 2, 3 e 6 dell'articolo 395 del codice di procedura civile e dal secondo comma dell'articolo 404 dello stesso codice.

Se la domanda è trascritta dopo cinque anni dalla trascrizione della sentenza impugnata, la sentenza che l'accoglie non pregiudica i diritti acquistati dai terzi di buona fede in base a un atto trascritto o iscritto anteriormente alla trascrizione della domanda [226, 227, 231 trans.].

9-*bis*) le domande di revocazione contro le sentenze soggette a trascrizione per le cause previste dall'articolo 391-quater del codice di procedura civile. La sentenza che accoglie la domanda non pregiudica i diritti acquistati dai terzi di buona fede in base a un atto trascritto o iscritto anteriormente alla trascrizione della domanda (3).

[II]. Alla domanda giudiziale è equiparato l'atto notificato con il quale la parte, in presenza di compromesso o di clausola compromissoria, dichiara all'altra la propria intenzione di promuovere il procedimento arbitrale, propone la domanda e procede, per quanto le spetta, alla nomina degli arbitri (4).

(1) *Per una declaratoria di non fondatezza, nei sensi di cui in motivazione, di una questione di illegittimità costituzionale del presente articolo sollevata in riferimento agli artt. 3 e 30 Cost., v. C. cost. 21 ottobre 2005, n. 394.*

(2) *V. artt. 64 ss. r.d. 16 marzo 1942, n. 267 (per la nuova disciplina, v. artt. 163 ss. d.ls. 12 gennaio 2019, n. 14, Codice della crisi d'impresa e dell'insolvenza).*

(3) *Numero inserito dall'art. 1[12, lett. a)] d.ls. 10 ottobre 2022, n. 149. Per la disciplina transitoria v. art. 35[1] d.ls. n. 149/2022, cit., come sostituito dall'art. 1[380, lett. a)] l. 29 dicembre 2022, n. 197, che prevede che:* « 1. Le disposizioni del presente decreto, salvo che non sia diversamente disposto, hanno effetto a decorrere dal 28 febbraio 2023 e si applicano ai procedimenti instaurati successivamente a tale data. Ai procedimenti pendenti alla data del 28 febbraio 2023 si applicano le disposizioni anteriormente vigenti. ».

(4) *Comma aggiunto dall'art. 26[1] l. 5 gennaio 1994, n. 25.*

2653. (1) **Altre domande e atti soggetti a trascrizione a diversi effetti.** – [I]. Devono parimenti essere trascritti [225 ss. trans.]:

1) le domande dirette a rivendicare la proprietà [948] o altri diritti reali di godimento [1079] su beni immobili e le domande dirette all'accertamento dei diritti stessi.

La sentenza pronunziata contro il convenuto indicato nella trascrizione della domanda ha effetto anche contro coloro che hanno acquistato diritti dal medesimo in base a un atto trascritto dopo la trascrizione della domanda;

2) la domanda di devoluzione del fondo enfiteutico [972, 973].

La pronunzia di devoluzione ha effetto anche nei confronti di coloro che hanno acquistato diritti dall'enfiteuta in base a un atto trascritto posteriormente alla trascrizione della domanda [974[2]];

3) le domande e le dichiarazioni di riscatto [1500 ss.] nella vendita di beni immobili.

Se la trascrizione di tali domande o dichiarazioni è eseguita dopo sessanta giorni dalla scadenza del termine per l'esercizio del riscatto, restano salvi i diritti acquistati dai terzi dopo la scadenza del termine medesimo in base a un atto trascritto o iscritto anteriormente alla trascrizione della domanda o della dichiarazione [227 trans.];

4) le domande di separazione degli immobili dotali e quelle di scioglimento della comunione tra coniugi avente per oggetto beni immobili [166-*bis*, 191].

La sentenza che pronunzia la separazione o lo scioglimento non ha effetto a danno dei terzi che, anteriormente alla trascrizione della domanda, hanno validamente acquistato dal marito diritti relativi a beni dotali o a beni della comunione;

5) gli atti e le domande che interrompono il corso dell'usucapione di beni immobili [1165, 1167, 2943 ss.].

L'interruzione non ha effetto riguardo ai terzi che hanno acquistato diritti dal possessore in base a un atto trascritto o iscritto, se non dalla data della trascrizione dell'atto o della domanda [226, 231 trans.].

[II]. Alla domanda giudiziale è equiparato l'atto notificato con il quale la parte, in presenza di compromesso o di clausola compromissoria, dichiara all'altra la propria intenzione di promuovere il procedimento arbitrale, propone la domanda e procede, per quanto le spetta, alla nomina degli arbitri (2).

(1) *Per una declaratoria di non fondatezza, nei sensi di cui in motivazione, di una questione di illegittimità costituzionale del presente articolo sollevata in riferimento agli artt. 3 e 30 Cost., v. C. cost. 21 ottobre 2005, n. 394.*

(2) *Comma aggiunto dall'art. 26[2] l. 5 gennaio 1994, n. 25.*

2654. Annotazione di domande o atti soggetti a trascrizione. – [I]. La trascrizione degli atti e delle domande indicati dai due articoli precedenti deve essere anche annotata in margine alla trascrizione o iscrizione, quando si riferisce a un atto trascritto o iscritto (1).

(1) *Sui termini per le annotazioni, v. art. 7 d.lgs. 31 ottobre 1990, n. 347.*

2655. Annotazione di atti e di sentenze. – [I]. Qualora un atto trascritto o iscritto sia dichiarato nullo [1418 ss.] o sia annullato [1425 ss.], risoluto [1453 ss.], rescisso [1447 ss.] o revocato [2901 ss.] o sia soggetto a condizione risolutiva [1360], la dichiarazione di nullità e, rispettivamente, l'annullamento, la risoluzione, la rescissione, la revocazione, l'avveramento della condizione devono annotarsi in margine alla trascrizione o all'iscrizione dell'atto.

[II]. Si deve del pari annotare, in margine alla trascrizione della relativa domanda, la sentenza di devoluzione del fondo enfiteutico [972].

[III]. Se tali annotazioni non sono eseguite, non producono effetto le successive trascrizioni o iscrizioni a carico di colui che ha ottenuto la dichiarazione di nullità o l'annullamento, la risoluzione, la rescissione, la revoca o la devoluzione o a favore del quale si è avverata la condizione. Eseguita l'annotazione, le trascrizioni o iscrizioni già compiute hanno il loro effetto secondo l'ordine rispettivo [2650; 225 trans.].

[IV]. L'annotazione si opera in base alla sentenza o alla convenzione da cui risulta uno dei fatti sopra indicati; se si tratta di condizione, può eseguirsi in virtù della dichiarazione unilaterale del contraente in danno del quale la condizione stessa si è verificata (1).

(1) *V.* sub *art. 2654.*

2656. Forme per l'annotazione. – [I]. L'annotazione si esegue secondo le norme stabilite dagli articoli seguenti per la trascrizione, in quanto applicabili.

2657. (1) **Titolo per la trascrizione.** – [I]. La trascrizione non si può eseguire se non in forza di sentenza [131 ss. c.p.c.], di atto pubblico [2699] o di scrittura privata con sottoscrizione autenticata [2703] o accertata giudizialmente [215 ss. c.p.c.].

[II]. Le sentenze e gli atti seguiti in paese estero [796 ss., 804 c.p.c.] devono essere legalizzati (2).

(1) *Per una declaratoria di non fondatezza, nei sensi di cui in motivazione, di una questione di illegittimità costituzionale del presente articolo sollevata in riferimento agli artt. 3 e 30 Cost., v. C. cost. 21 ottobre 2005, n. 394.*

(2) *Sull'abolizione della legalizzazione di atti pubblici stranieri v. l. 20 dicembre 1966, n. 1253, ratifica ed esecuzione della Convenzione riguardante l'abolizione della legalizzazione di atti pubblici stranieri, adottata all'Aja il 5 ottobre 1961 nonché l. 24 aprile 1990, n. 106, ratifica ed esecuzione della Convenzione relativa alla soppressione della legalizzazione di atti negli Stati membri delle Comunità europee, firmata a Bruxelles il 25 maggio 1987; sulla legalizzazione di firme v. altresì l. 11 maggio 1971, n. 390.*

2658. Atti da presentare al conservatore. – [I]. La parte che domanda la trascrizione del titolo deve presentarne al conservatore dei registri immobiliari copia autenticata, se si tratta di atti pubblici o di sentenze, e, se si tratta di scritture private, deve presentare l'originale, salvo che questo si trovi depositato in un pubblico archivio o negli atti di un notaio. In questo caso basta la presentazione di una copia autenticata dall'archivista o dal notaio, dalla quale risulti che la scrittura ha i requisiti indicati dall'articolo precedente.

[II]. Per la trascrizione di una domanda giudiziale occorre presentare copia autentica del documento che la contiene, munito della relazione di notifica alla controparte. Quando la domanda giudiziale si propone con ricorso, la parte che chiede la trascrizione presenta copia conforme dell'atto che la contiene munita di attestazione della data del suo deposito presso l'ufficio giudiziario (1).

(1) *Periodo inserito dall'art. 1[12, lett. b)] d.ls. 10 ottobre 2022, n. 149. Per la disciplina transitoria v. art. 35[1] d.ls. n. 149/2022, cit., come sostituito dall'art. 1[380, lett. a)] l. 29 dicembre 2022, n. 197, che prevede che:* « 1. Le disposizioni del presente decreto, salvo che non sia diversamente disposto, hanno effetto a decorrere dal 28 febbraio 2023 e si applicano ai procedimenti instaurati successivamente a tale data. Ai procedimenti pendenti alla data del 28 febbraio 2023 si applicano le disposizioni anteriormente vigenti. ».

2659. (1) **Nota di trascrizione. – [I].** Chi domanda la trascrizione di un atto tra vivi deve presentare al conservatore dei registri immobiliari, insieme con la copia del titolo, una nota in doppio originale, nella quale devono essere indicati:

1) il cognome ed il nome, il luogo e data di nascita e il numero di codice fiscale delle parti, nonché il regime patrimoniale delle stesse, se coniugate, secondo quanto risulta da loro dichiarazione resa nel titolo o da certificato dell'ufficiale di stato civile; la denominazione o la ragione sociale, la sede e il numero di codice fiscale delle persone giuridiche, delle società previste dai capi II, III e IV del titolo V del libro quinto e delle associazioni non riconosciute, con l'indicazione, per queste ultime e per le società semplici, anche delle generalità delle persone che le rappresentano secondo l'atto costitutivo. Per i condominii devono essere indicati l'eventuale denominazione, l'ubicazione e il codice fiscale (2);

2) il titolo di cui si chiede la trascrizione e la data del medesimo;

3) il cognome e il nome del pubblico ufficiale che ha ricevuto l'atto o autenticato le firme, o l'autorità giudiziaria che ha pronunziato la sentenza;

4) la natura e la situazione dei beni a cui si riferisce il titolo, con le indicazioni richieste dall'articolo 2826, nonché, nel caso previsto dall'articolo 2645-*bis*, comma 4, la superficie e la quota espressa in millesimi di cui a quest'ultima disposizione (3).

[II]. Se l'acquisto, la rinunzia o la modificazione del diritto sono sottoposti a termine o a condizione, se ne deve fare menzione nella nota di trascrizione [2665]. Tale menzione non è necessaria se, al momento in cui l'atto si trascrive, la condizione sospensiva si è verificata o la condizione risolutiva è mancata ovvero il termine iniziale è scaduto.

(1) *Articolo così sostituito dall'art. 1 l. 27 febbraio 1985, n. 52.*

(2) *Le parole* « . Per i condominii devono essere indicati l'eventuale denominazione, l'ubicazione e il codice fiscale » *sono state aggiunte dall'art. 17[1] l. 11 dicembre 2012, n. 220. Ai sensi dell'art. 32 l. n. 220, cit., tale disposizione è in vigore dal 18 giugno 2013.*

(3) *Numero dapprima sostituito e successivamente così modificato dall'art. 3*[2] *d.l. 31 dicembre 1996, n. 669, conv., con modif., nella l. 28 febbraio 1997, n. 30.*

2660. Trascrizione degli acquisti a causa di morte. – [I]. Chi domanda la trascrizione di un acquisto a causa di morte deve presentare, oltre l'atto indicato dall'articolo 2648, il certificato di morte dell'autore della successione e una copia o un estratto autentico del testamento, se l'acquisto segue in base a esso.

[II]. Deve anche presentare una nota in doppio originale con le seguenti indicazioni (1):

1) il cognome e il nome, il luogo e la data di nascita dell'erede o legatario e del defunto (2);

2) la data di morte;

3) se la successione è devoluta per legge, il vincolo che univa all'autore il chiamato e la quota a questo spettante;

4) se la successione è devoluta per testamento, la forma e la data del medesimo, il nome del pubblico ufficiale che l'ha ricevuto o che l'ha in deposito;

5) la natura e la situazione dei beni con le indicazioni richieste dall'articolo 2826;

6) la condizione o il termine, qualora siano apposti alla disposizione testamentaria, salvo il caso contemplato dal secondo comma del precedente articolo, nonché la sostituzione fidecommissaria, qualora sia stata disposta a norma dell'articolo 692 [228 trans.].

(1) *V. art. 17 l. 27 febbraio 1985, n. 52, in tema di norme sul servizio ipotecario.*

(2) *Numero così sostituito dall'art. 2 l. 27 febbraio 1985, n. 52.*

2661. Ulteriori trascrizioni in base allo stesso titolo. – [I]. Quando si domanda la trascrizione di un acquisto a causa di morte e per la stessa successione è stato già trascritto altro acquisto in base allo stesso titolo, basta presentare l'atto di accettazione [470] se si tratta di acquisto a titolo di erede. Deve essere anche indicata la trascrizione anteriormente eseguita, se si tratta dello stesso ufficio, e, se si tratta di ufficio diverso, deve essere presentato il certificato della trascrizione medesima.

[II]. Se chi ha trascritto anteriormente ha presentato un estratto del testamento, alla domanda di nuova trascrizione deve essere allegato, qualora occorra, un altro estratto o la copia dell'intero testamento.

2662. Trascrizione di acquisti a causa di morte in luogo di altri chiamati. – [I]. Qualora l'acquisto a causa di morte si colleghi alla rinunzia [519 ss.] o alla morte di uno dei chiamati [479], chi domanda la trascrizione deve presentare il documento comprovante la morte o la rinunzia, facendone menzione nella nota.

[II]. Se invece l'acquisto dipende da altra ragione che impedisce ad alcuno dei chiamati di succedere [70, 463], non è necessario esibire un documento che giustifichi la ragione stessa, ma il richiedente risponde dei danni, quando le sue dichiarazioni non corrispondono a verità.

[III]. Qualora alcuna delle cause di impedimento sopra indicate si sia constatata dopo la trascrizione dell'acquisto a causa di morte, essa si annota in margine alla trascrizione stessa, purché risulti da regolare documento.

2663. Ufficio in cui deve farsi la trascrizione. – [I]. La trascrizione deve essere fatta presso ciascun ufficio dei registri immobiliari nella cui circoscrizione sono situati i beni [484^2].

2664. Conservazione dei titoli. Trascrizione e restituzione della nota. – [I]. Il conservatore dei registri immobiliari deve custodire negli archivi, in appositi volumi, i titoli che gli sono consegnati e deve inserire, con numerazione progressiva annuale, nella raccolta delle note costituente il registro particolare delle trascrizioni uno degli originali della nota, indicandovi il giorno della consegna del titolo e il numero d'ordine assegnato nel registro generale (1).

[II]. Il conservatore deve restituire al richiedente uno degli originali della nota, nel quale deve certificare l'eseguita trascrizione con le indicazioni sopra accennate.

(1) *Comma così sostituito dall'art. 3 l. 27 febbraio 1985, n. 52.*

2665. Omissioni o inesattezze nelle note. – [I]. L'omissione o l'inesattezza di alcuna delle indicazioni richieste nelle note menzionate negli articoli 2659 e 2660 non nuoce alla validità della trascrizione, eccetto che induca incertezza sulle persone, sul bene o sul rapporto giuridico, a cui si riferisce l'atto o, rispettivamente, la sentenza o la domanda.

2666. Limiti soggettivi dell'efficacia della trascrizione. – [I]. La trascrizione, da chiunque si faccia, giova a tutti coloro che vi hanno interesse.

2667. Atti compiuti per persona incapace. – [I]. I rappresentanti di persone incapaci e coloro che hanno prestato assistenza alle medesime devono curare che si esegua la trascrizione degli atti, delle sentenze o delle domande giudiziali che sono soggetti a trascrizione e rispetto ai quali essi hanno esercitato il loro ufficio.

[II]. La mancanza della trascrizione può anche essere opposta ai minori [2], agli interdetti [414 ss.] e a qualsiasi altro incapace [415 ss.], salvo ai medesimi il regresso contro i tutori, gli amministratori o i curatori che avevano l'obbligo della trascrizione.

[III]. La mancanza della trascrizione non può essere opposta dalle persone che avevano l'obbligo di eseguirla per i propri rappresentati o amministrati, né dai loro eredi.

2668. **Cancellazione della trascrizione.** – [I]. La cancellazione della trascrizione delle domande enunciate dagli articoli 2652 e 2653 [2654] e delle relative annotazioni si esegue quando è debitamente consentita dalle parti interessate ovvero è ordinata giudizialmente con sentenza passata in giudicato.

[II]. Deve essere giudizialmente ordinata, qualora la domanda sia rigettata o il processo sia estinto per rinunzia o per inattività delle parti [306 ss.].

[III]. Si deve cancellare l'indicazione della condizione [1353 ss.] o del termine [1184 ss.] negli atti trascritti, quando l'avveramento o la mancanza della condizione ovvero la scadenza del termine risulta da sentenza o da dichiarazione, anche unilaterale, della parte, in danno della quale la condizione sospensiva si è verificata o la condizione risolutiva è mancata ovvero il termine iniziale è scaduto.

[IV]. Si deve cancellare la trascrizione dei contratti preliminari quando la cancellazione è debitamente consentita dalle parti interessate ovvero è ordinata giudizialmente con sentenza passata in giudicato (1).

(1) *Comma aggiunto dall'art. 3[1-bis] d.l. 31 dicembre 1996, n. 669, conv., con modif., nella l. 28 febbraio 1997, n. 30.*

2668-*bis*. (1) **Durata dell'efficacia della trascrizione della domanda giudiziale.** – [I]. La trascrizione della domanda giudiziale conserva il suo effetto per venti anni dalla sua data. L'effetto cessa se la trascrizione non è rinnovata prima che scada detto termine.

[II]. Per ottenere la rinnovazione si presenta al conservatore una nota in doppio originale conforme a quella della precedente trascrizione, in cui si dichiara che si intende rinnovare la trascrizione originaria.

[III]. In luogo del titolo si può presentare la nota precedente.

[IV]. Il conservatore deve osservare le disposizioni dell'articolo 2664.

[V]. Se al tempo della rinnovazione gli immobili a cui si riferisce il titolo risultano dai registri delle trascrizioni passati agli eredi o aventi causa di colui contro il quale venne eseguita la formalità, la rinnovazione deve essere fatta anche nei confronti degli eredi o aventi causa e la nota deve contenere le indicazioni stabilite dall'articolo 2659, se queste risultano dai registri medesimi.

(1) *Articolo inserito dall'art. 62*[1] *l. 18 giugno 2009, n. 69. Ai sensi dell'art. 58*[4] *l. n. 69, cit., la « trascrizione della domanda giudiziale, del pignoramento immobiliare e del sequestro conservativo sugli immobili eseguita venti anni prima dell'entrata in vigore della presente legge o in un momento ancora anteriore conserva il suo effetto se rinnovata ai sensi degli articoli 2668-*bis e 2668-ter *del codice civile entro dodici mesi dalla data di entrata in vigore della presente legge ».*

2668-*ter*. (1) **Durata dell'efficacia della trascrizione del pignoramento immobiliare e del sequestro conservativo sugli immobili.** [I]. Le disposizioni di cui all'articolo 2668-*bis* si applicano anche nel caso di trascrizione del pignoramento immobiliare e del sequestro conservativo sugli immobili.

(1) *Articolo inserito dall'art. 62*[2] *l. 18 giugno 2009, n. 69. V. inoltre disposizioni di cui all'art. 58*[4] *l. n. 69, cit.,* sub *art. 2268-*bis.

2669. Trascrizione anteriore al pagamento dell'imposta di registro. – [I]. La trascrizione può essere domandata, quantunque non sia stata ancora pagata l'imposta di registro a cui è soggetto il titolo, se si tratta di atto pubblico [2699 ss.] ricevuto nello Stato o di sentenza pronunziata da un'autorità giudiziaria dello Stato [131 ss. c.p.c.] (1).

(1) *Seguiva un secondo comma abrogato dall'art. 30 l. 27 febbraio 1985, n. 52.*

2670. Spese della trascrizione. – [I]. Le spese della trascrizione devono essere anticipate da chi la domanda, salvo il diritto al rimborso verso l'interessato.

[II]. Se più sono gli interessati, ciascuno di essi deve rimborsare la persona che ha eseguito la trascrizione della parte di spesa corrispondente alla quota per cui è interessato.

2671. Obbligo dei pubblici ufficiali. – [I]. Il notaio o altro pubblico ufficiale che ha ricevuto o autenticato l'atto soggetto a trascrizione ha l'obbligo di curare che questa venga eseguita nel più breve tempo possibile, ed è tenuto al risarcimento dei danni in caso di ritardo, salva l'applicazione delle pene pecuniarie previste dalle leggi speciali, se lascia trascorrere trenta giorni dalla data dell'atto ricevuto o autenticato.

[II]. Rimangono ferme le disposizioni delle leggi speciali che stabiliscono a carico di altre persone l'obbligo di richiedere la trascrizione di determinati atti e le relative sanzioni (1).

(1) *V.* sub *art. 2296.*

2672. Leggi speciali. – [I]. Sono salve le disposizioni delle leggi speciali che richiedono la trascrizione di atti non contemplati dal presente capo e le altre disposizioni che non sono incompatibili con quelle contenute nel capo medesimo.

CAPO II – *Della pubblicità dei registri immobiliari e della responsabilità dei conservatori*

2673. Obblighi del conservatore. – [I]. Il conservatore dei registri immobiliari deve rilasciare a chiunque ne fa richiesta copia delle trascrizioni, delle iscrizioni e delle annotazioni, o il certificato che non ve ne è alcuna.

[II]. Deve altresì permettere l'ispezione dei suoi registri nei modi e nelle ore fissati dalla legge (1).

[III]. Il conservatore deve anche rilasciare copia dei documenti che sono depositati presso di lui in originale o i cui originali sono depositati negli atti di un notaio o in pubblico archivio fuori della circoscrizione del tribunale nella quale ha sede il suo ufficio.

(1) *Comma così sostituito dall'art. 4 l. 27 febbraio 1985, n. 52.*

2674. Divieto di rifiutare gli atti del proprio ufficio. – [I]. Il conservatore può ricusare di ricevere le note e i titoli [2658 ss.], se non sono in carattere intelligibile e non può riceverli quando il titolo non ha i requisiti stabiliti dagli articoli 2657, 2660, primo comma, 2821, 2835 e 2837 o non è presentato con le modalità previste dall'articolo 2658 e quando la nota non contiene le indicazioni prescritte dagli articoli 2659, 2660 e 2839, numeri 1, 3, 4 e 7 (1).

[II]. In ogni altro caso il conservatore non può ricusare o ritardare di ricevere la consegna dei titoli presentati e di eseguire le trascrizioni, iscrizioni o annotazioni richieste, nonché di spedire le copie o i certificati. Le parti possono fare stendere immediatamente verbale del rifiuto o del ritardo da un notaio o da un ufficiale giudiziario assistito da due testimoni (2).

(1) *Comma così sostituito dall'art. 5 l. 27 febbraio 1985, n. 52.*
(2) *Comma così sostituito dall'art. 1 l. 21 gennaio 1983, n. 22.*

2674-*bis*. (1) Trascrizione e iscrizione con riserva e impugnazione. – [I]. Al di fuori dei casi di cui al precedente articolo, qualora emergano gravi e fondati dubbi sulla trascrivibilità di un atto o sulla iscrivibilità di una ipoteca, il conservatore, su istanza della parte richiedente, esegue la formalità con riserva.

[ii]. La parte a favore della quale è stata eseguita la formalità con riserva deve proporre reclamo all'autorità giudiziaria.

(1) *Articolo inserito dall'art. 7 l. 27 febbraio 1985, n. 52.*

2675. (1) **[Responsabilità del conservatore].**

(1) *Articolo abrogato dall'art. 2 l. 21 gennaio 1983, n. 22.*

2676. (1) **Diversità tra registri, copie e certificati.** – [i]. Nel caso di diversità tra i risultati dei registri e quelli delle copie o dei certificati rilasciati dal conservatore dei registri immobiliari, prevale ciò che risulta dai registri.

(1) *Articolo così sostituito dall'art. 3 l. 21 gennaio 1983, n. 22.*

2677. (1) **Orario per le domande di trascrizione e iscrizione.** – [i]. Il conservatore non può ricevere alcuna domanda di trascrizione o di iscrizione fuorché nelle ore, determinate dalla legge, nelle quali l'ufficio è aperto al pubblico.

(1) *Articolo così sostituito dall'art. 9 l. 27 febbraio 1985, n. 52.*

2678. (1) **Registro generale.** – [i]. Il conservatore è obbligato a tenere un registro generale d'ordine in cui giornalmente deve annotare, secondo l'ordine di presentazione, ogni titolo [2658] che gli è rimesso perché sia trascritto, iscritto o annotato.

[ii]. Questo registro deve indicare il numero d'ordine, il giorno della richiesta ed il relativo numero di presentazione, la persona dell'esibitore e le persone per cui la richiesta è fatta, i titoli presentati con la nota [2659 ss.], l'oggetto della richiesta, e cioè se questa è fatta per trascrizione, per iscrizione o per annotazione, e le persone riguardo alle quali la trascrizione, la iscrizione o l'annotazione si deve eseguire.

[iii]. Appena avvenuta l'accettazione del titolo e della nota, il conservatore ne deve dare ricevuta in carta libera all'esibitore, senza spesa; la ricevuta contiene l'indicazione del numero di presentazione.

(1) *Articolo così sostituito dall'art. 10 l. 27 febbraio 1985, n. 52. Per le nuove modalità di trasmissione del registro generale, v. d.m. 10 dicembre 2008 (G.U. 16 dicembre 2008, n. 293).*

2679. (1) **Altri registri da tenersi dal conservatore.** – [i]. Oltre al registro generale, il conservatore deve tenere, nei modi previsti dall'articolo 2664, i registri particolari:

1) per le trascrizioni;

2) per le iscrizioni;
3) per le annotazioni [2655, 2831].

[II]. Deve inoltre tenere gli altri registri che sono ordinati dalla legge.

(1) *Articolo così sostituito dall'art. 11 l. 27 febbraio 1985, n. 52.*

2680. (1) **Tenuta del registro generale d'ordine.** – [I]. Il registro generale deve essere vidimato in ogni foglio dal presidente o da un giudice del tribunale nella cui circoscrizione è stabilito l'ufficio, indicando nel relativo processo verbale il numero dei fogli e il giorno in cui sono stati vidimati (2).

[II]. Questo registro deve essere scritto di seguito, senza spazi in bianco o interlinee e senza aggiunte. Le cancellature di parole devono essere approvate dal conservatore in fine di ciascun foglio con la sua firma e con l'indicazione del numero delle parole cancellate.

[III]. Il registro, alla fine di ciascun giorno, deve essere chiuso con l'indicazione del numero dei titoli annotati e firmato dal conservatore.

[IV]. In esso si deve rigorosamente osservare la serie delle date, dei fogli e dei numeri d'ordine.

(1) *Articolo così sostituito dall'art. 12 l. 27 febbraio 1985, n. 52.*
(2) *In deroga al presente comma v. art. 1^{279} l. 24 dicembre 2007, n. 244.*

2681. **Divieto di rimozione dei registri.** – [I]. I registri sopra indicati non possono essere rimossi dall'ufficio del conservatore, fuorché per ordine di una corte d'appello, qualora ne sia riconosciuta la necessità, e mediante le cautele determinate dalla stessa corte.

2682. (1) **[Sanzioni contro il conservatore].**

(1) *Articolo abrogato dall'art. 2 l. 21 gennaio 1983, n. 22.*

CAPO III – *Della trascrizione degli atti relativi ad alcuni beni mobili*

SEZIONE I – *Della trascrizione relativamente alle navi, agli aeromobili e agli autoveicoli*

2683. **Beni per i quali è disposta la pubblicità.** – [I]. Devono essere resi pubblici col mezzo della trascrizione [2657 ss.], osservate le altre forme di pubblicità stabilite dalla legge [250 ss., 865 ss. c. nav.], gli atti menzionati negli articoli seguenti, quando hanno per oggetto:

1) le navi e i galleggianti iscritti nei registri indicati dal codice della navigazione [146 ss. c. nav.];

2) gli aeromobili iscritti nei registri indicati dallo stesso codice [753 ss. c. nav.];

3) gli autoveicoli iscritti nel pubblico registro automobilistico (1).

(1) *V. r.d.l. 15 marzo 1927, n. 436, conv. in l. 19 febbraio 1928, n. 510, in tema di contratti di compravendita degli autoveicoli e istituzione del PRA; r.d. 29 luglio 1927, n. 1814. V. inoltre in tema di semplificazione dei relativi procedimenti d.P.R. 19 settembre 2000, n. 358.*

2684. Atti soggetti a trascrizione. – [I]. Sono soggetti alla trascrizione per gli effetti stabiliti dall'articolo 2644;

1) i contratti che trasferiscono la proprietà o costituiscono la comunione [250 ss., 865 ss. c. nav.];

2) i contratti che costituiscono o modificano diritti di usufrutto [978 ss.] o di uso [1021 ss.] o che trasferiscono il diritto di usufrutto;

3) gli atti tra vivi di rinunzia ai diritti indicati dai numeri precedenti;

4) le transazioni [1965 ss.] che hanno per oggetto controversie sui diritti indicati dai numeri precedenti;

5) i provvedimenti con i quali nel giudizio di espropriazione si trasferiscono la proprietà o gli altri diritti menzionati nei numeri precedenti [664, 665, 1068 c. nav.];

6) le sentenze che operano la costituzione, la modificazione o il trasferimento di uno dei diritti indicati dai numeri precedenti [2643].

2685. (1) **Altri atti soggetti a trascrizione.** – [I]. Si devono trascrivere le divisioni e gli altri atti menzionati nell'articolo 2646, la costituzione del fondo patrimoniale e gli altri atti menzionati nell'articolo 2647, l'accettazione dell'eredità e l'acquisto del legato che importano acquisto dei diritti indicati dai numeri 1 e 2 dell'articolo 2684 o liberazione dai medesimi.

[II]. La trascrizione ha gli effetti stabiliti per i beni immobili [2644].

(1) *Articolo così sostituito dall'art. 207 l. 19 maggio 1975, n. 151.*

2686. Sentenze. – [I]. Devono essere trascritte, agli effetti dell'articolo 2644, le sentenze da cui risulta acquistato, modificato o estinto uno dei diritti indicati dai numeri 1 e 2 dell'articolo 2684, in forza di un titolo non trascritto.

2687. Cessione dei beni ai creditori. – [I]. Deve essere trascritta, per gli effetti indicati dall'articolo 2649, la cessione che il debitore fa dei suoi beni ai creditori, perché questi procedano alla liquidazione dei medesimi e alla ripartizione del ricavato [1977 ss.; 231 trans.].

2688. Continuità delle trascrizioni. – [I]. Nei casi in cui, per le disposizioni precedenti, un atto di acquisto è soggetto a trascrizione, le successive trascrizioni o iscrizioni non producono effetto se non è stato trascritto l'atto anteriore di acquisto.

[II]. Quando l'atto anteriore di acquisto è stato trascritto, le successive trascrizioni o iscrizioni producono il loro effetto secondo l'ordine rispettivo, salvo il disposto dell'articolo 2644.

2689. Usucapione. – [I]. Devono essere trascritte le sentenze da cui risulta acquistato per usucapione [1162] uno dei diritti indicati dai numeri 1 e 2 dell'articolo 2684.

2690. Domande relative ad atti soggetti a trascrizione. – [I]. Devono essere trascritte, qualora si riferiscano ai diritti menzionati dall'articolo 2684:

1) le domande indicate dai numeri 1, 2, 3, 4 e 5 dell'articolo 2652 per gli effetti ivi disposti;

2) le domande dirette all'accertamento di uno dei contratti indicati dai numeri 1 e 2 dell'articolo 2684.

La trascrizione della sentenza che accoglie la domanda prevale sulle trascrizioni e iscrizioni eseguite contro il convenuto dopo la trascrizione della domanda;

3) le domande dirette a far dichiarare la nullità [1418 ss.] o a far pronunziare l'annullamento [1425 ss.] di atti soggetti a trascrizione e le domande dirette a impugnare la validità della trascrizione.

La sentenza che accoglie la domanda non pregiudica i diritti acquistati a qualunque titolo dai terzi di buona fede in base a un atto trascritto o iscritto anteriormente alla trascrizione della domanda medesima, se questa è stata resa pubblica dopo tre anni dalla data della trascrizione dell'atto che si impugna. Se però la domanda è diretta a far pronunziare l'annullamento per una causa diversa dall'incapacità legale, la sentenza che l'accoglie non pregiudica i diritti acquistati dai terzi di buona fede in base a un atto trascritto o iscritto anteriormente alla trascrizione della domanda, anche se questa è stata trascritta prima che siano decorsi tre anni dalla data della trascrizione dell'atto impugnato, purché in questo caso i terzi abbiano acquistato a titolo oneroso [1445];

4) le domande con le quali si contesta il fondamento di un acquisto a causa di morte.

Salvo quanto è disposto dal secondo e dal terzo comma dell'articolo 534, se la domanda è trascritta dopo tre anni dalla data della trascrizione dell'atto impugnato, la sentenza che l'accoglie non pregiudica i terzi di buona fede che, in base a un atto trascritto o iscritto anteriormente alla trascrizione della domanda, hanno a qualunque titolo acquistato diritti da chi appare erede o legatario;

5) le domande di riduzione delle donazioni e delle disposizioni testamentarie per lesione di legittima [554 ss.].

Se la trascrizione è eseguita dopo tre anni dall'apertura della successione, la sentenza che accoglie la domanda non pregiudica i terzi che hanno acquistato a titolo oneroso diritti in base a un atto trascritto o iscritto anteriormente alla trascrizione della domanda;

6) le domande di revocazione e quelle di opposizione di terzo contro le sentenze soggette a trascrizione per le cause previste dai numeri 1, 2, 3 e 6 dell'articolo 395 del codice di procedura civile e dal secondo comma dell'articolo 404 dello stesso codice.

Se la domanda è trascritta dopo tre anni dalla trascrizione della sentenza impugnata, la sentenza che l'accoglie non pregiudica i diritti acquistati dai terzi di buona fede in base a un atto trascritto o iscritto anteriormente alla trascrizione della domanda.

6-*bis*) le domande indicate dal numero 9-*bis* dell'articolo 2652 per gli effetti ivi disposti.

La trascrizione della sentenza che accoglie la domanda prevale sulle trascrizioni e iscrizioni eseguite contro il convenuto dopo la trascrizione della domanda (1).

[II]. Alla domanda giudiziale è equiparato l'atto notificato con il quale la parte, in presenza di compromesso o di clausola compromissoria, dichiara all'altra la propria intenzione di promuovere il procedimento arbitrale, propone la domanda e procede, per quanto le spetta, alla nomina degli arbitri (2).

(1) *Numero inserito dall'art. 1[13] d.ls. 10 ottobre 2022, n. 149. Per la disciplina transitoria v. art. 35[1] d.ls. n. 149/2022, cit., come sostituito dall'art. 1[380, lett. a)] l. 29 dicembre 2022, n. 197, che prevede che:* « 1. Le disposizioni del presente decreto, salvo che non sia diversamente disposto, hanno effetto a decorrere dal 28 febbraio 2023 e si applicano ai procedimenti instaurati successivamente a tale data. Ai procedimenti pendenti alla data del 28 febbraio 2023 si applicano le disposizioni anteriormente vigenti. ».

(2) *Comma aggiunto dall'art. 26[3] l. 5 gennaio 1994, n. 25.*

2691. Altre domande e atti soggetti a trascrizione. – [I]. Devono del pari trascriversi, quando si riferiscono ai beni menzionati nell'articolo 2683, le domande e gli atti indicati dai numeri 1, 3, 4 e 5 dell'articolo 2653, per gli effetti ivi disposti.

[II]. Alla domanda giudiziale è equiparato l'atto notificato con il quale la parte, in presenza di compromesso o di clausola compromissoria, dichiara all'altra la propria intenzione di promuovere il procedimento arbitrale, propone la domanda e procede, per quanto le spetta, alla nomina degli arbitri (1).

(1) *Comma aggiunto dall'art. 26[4] l. 5 gennaio 1994, n. 25.*

2692. Annotazione della trascrizione delle domande e degli atti. – [I]. La trascrizione delle domande e degli atti indicati dai due articoli precedenti dev'essere anche annotata secondo le modalità stabilite dall'articolo 2654.

[II]. Si osservano inoltre le disposizioni del primo, terzo e quarto comma dell'articolo 2655 e quelle dell'articolo 2656.

2693. Trascrizione del pignoramento e del sequestro. – [I]. Deve essere trascritto, dopo la notificazione, il provvedimento che ordina il sequestro conservativo [671 ss. c.p.c.] per gli effetti disposti dall'articolo 2906. Si deve trascrivere del pari l'atto di pignoramento per gli effetti disposti dagli articoli 2913, 2914, 2915 e 2916.

2694. Richiamo di altre leggi. – [I]. Sono salve le disposizioni del codice della navigazione e delle leggi speciali che richiedono la trascrizione di atti non contemplati dal presente capo [238 ss., 250 ss., 271, 279 ss., 543, 624, 650, 652, 853 ss., 865 ss., 875, 1009, 1045, 1061, 1063 c. nav.] e le altre disposizioni non incompatibili con quelle contenute nel capo medesimo.

2695. Forme e modalità della trascrizione. – [I]. Le forme e le modalità delle trascrizioni previste in questo capo sono regolate dal codice della navigazione, per quanto riguarda le navi e gli aeromobili [250 ss., 865 ss. c. nav.], e dalla legge speciale per quanto riguarda gli autoveicoli (1).

[II]. In mancanza, si osservano le norme concernenti la trascrizione degli atti relativi ai beni immobili, in quanto sono applicabili.

(1) *V. sub art. 2683.*

SEZIONE II – *Della trascrizione relativamente ad altri beni mobili*

2696. Rinvio. – [I]. Per gli altri beni mobili per cui è disposta la trascrizione di determinati atti si osservano le disposizioni delle leggi che li riguardano.

TITOLO II
Delle prove

CAPO I – *Disposizioni generali*

2697. Onere della prova. – [I]. Chi vuol far valere un diritto in giudizio deve provare i fatti che ne costituiscono il fondamento [115, 116 c.p.c.].

[II]. Chi eccepisce l'inefficacia di tali fatti ovvero eccepisce che il diritto si è modificato o estinto deve provare i fatti su cui l'eccezione si fonda.

2698. Patti relativi all'onere della prova. – [I]. Sono nulli i patti con i quali è invertito ovvero è modificato l'onere della prova, quando si tratta di diritti di cui le parti non possono disporre o quando l'inversione o la modificazione ha per effetto di rendere a una delle parti eccessivamente difficile l'esercizio del diritto.

CAPO II – *Della prova documentale*

SEZIONE I – *Dell'atto pubblico*

2699. Atto pubblico. – [I]. L'atto pubblico è il documento redatto, con le richieste formalità, da un notaio o da altro pubblico ufficiale autorizzato ad attribuirgli pubblica fede nel luogo dove l'atto è formato (1).

(1) *Sull'ordinamento del notariato e degli archivi notarili v. artt. 47 ss. l. 16 febbraio 1913, n. 89.*

2700. (1) **Efficacia dell'atto pubblico.** – [I]. L'atto pubblico fa piena prova, fino a querela di falso [221 ss. c.p.c.], della provenienza del documento dal pubblico ufficiale che lo ha formato, nonché delle dichiarazioni delle parti e degli altri fatti che il pubblico ufficiale attesta avvenuti in sua presenza o da lui compiuti [178, 775 c. nav.].

(1) *In tema di atto pubblico informatico redatto dal notaio, v. art. 47-*bis[1] *l. 16 febbraio 1913, n. 89, inserito dall'art. 1[1 lett. c)] d.lgs. 2 luglio 2010, n. 110.*

2701. Conversione dell'atto pubblico. – [I]. Il documento formato da ufficiale pubblico incompetente o incapace ovvero senza l'osservanza delle formalità prescritte, se è stato sottoscritto dalle parti, ha la stessa efficacia probatoria della scrittura privata [2702].

SEZIONE II – *Della scrittura privata*

2702. Efficacia della scrittura privata. – [I]. La scrittura privata fa piena prova, fino a querela di falso [221 ss. c.p.c.], della provenienza delle dichiarazioni da chi l'ha sottoscritta, se colui contro il quale la scrittura è prodotta ne riconosce la sottoscrizione, ovvero se questa è legalmente considerata come riconosciuta [2703; 214, 215 c.p.c.; 178, 775 c. nav.].

2703. Sottoscrizione autenticata. – [I]. Si ha per riconosciuta la sottoscrizione autenticata dal notaio o da altro pubblico ufficiale a ciò autorizzato (1).

[II]. L'autenticazione consiste nell'attestazione da parte del pubblico ufficiale che la sottoscrizione è stata apposta in sua presenza. Il pubblico ufficiale deve previamente accertare la identità della persona che sottoscrive (1) (2).

(1) *In tema di firma digitale, v. art. 25 d.ls. 7 marzo 2005, n. 82. In particolare, ai sensi dell'art. 47-*bis^2 *l. 16 febbraio 1913, n. 89, inserito dall'art. 1*$^{1\ lett.\ c)}$ *d.ls. 2 luglio 2010, n. 110, l'autenticazione di cui al secondo comma del presente articolo, è regolata, in caso di utilizzo di modalità informatiche, dal suddetto art. 25 d.ls. n. 82, cit.*

(2) *V. l. 2 aprile 1943, n. 226, sull'intervento dei testimoni negli atti notarili di autenticazione.*

2704. Data della scrittura privata nei confronti dei terzi. – [I]. La data della scrittura privata della quale non è autenticata la sottoscrizione [2703] non è certa e computabile riguardo ai terzi, se non dal giorno in cui la scrittura è stata registrata o dal giorno della morte o della sopravvenuta impossibilità fisica di colui o di uno di coloro che l'hanno sottoscritta o dal giorno in cui il contenuto della scrittura è riprodotto in atti pubblici [2699] o, infine, dal giorno in cui si verifica un altro fatto che stabilisca in modo egualmente certo l'anteriorità della formazione del documento.

[II]. La data della scrittura privata che contiene dichiarazioni unilaterali non destinate a persona determinata [1992] può essere accertata con qualsiasi mezzo di prova.

[III]. Per l'accertamento della data nelle quietanze [1199] il giudice, tenuto conto delle circostanze, può ammettere qualsiasi mezzo di prova.

2705. Telegramma. – [I]. Il telegramma ha l'efficacia probatoria della scrittura privata [2702], se l'originale consegnato all'ufficio di partenza è sottoscritto dal mittente, ovvero se è stato consegnato o fatto consegnare dal mittente medesimo, anche senza sottoscriverlo [634 c.p.c.].

[II]. La sottoscrizione può essere autenticata da notaio [2703].

[III]. Se l'identità della persona che ha sottoscritto l'originale del telegramma è stata accertata nei modi stabiliti dai regolamenti, è ammessa la prova contraria.

[IV]. Il mittente può fare indicare nel telegramma se l'originale è stato firmato con o senza autenticazione.

2706. Conformità tra originale e riproduzione del telegramma. [I]. La riproduzione del telegramma consegnata al destinatario si presume, fino a prova contraria, conforme all'originale [151 c.p.c.].

[II]. Il mittente, se ha fatto collazionare il telegramma secondo le disposizioni dei regolamenti, si presume esente da colpa per le divergenze verificatesi tra originale e riproduzione.

2707. Carte e registri domestici. – [I]. Le carte e i registri domestici fanno prova contro chi li ha scritti [2162]:

1) quando enunciano espressamente un pagamento ricevuto;

2) quando contengono la menzione espressa che l'annotazione è stata fatta per supplire alla mancanza di titolo in favore di chi è indicato come creditore.

2708. Annotazione in calce, in margine o a tergo di un documento. – [I]. L'annotazione fatta dal creditore in calce, in margine o a tergo di un documento rimasto in suo possesso fa prova, benché non sottoscritta da lui, se tende ad accertare la liberazione del debitore.

[II]. Lo stesso valore ha l'annotazione fatta dal creditore in calce, in margine o a tergo di una quietanza o di un esemplare del documento del debito posseduto dal debitore [1199].

SEZIONE III – *Delle scritture contabili delle imprese soggette a registrazione*

2709. Efficacia probatoria contro l'imprenditore. – [I]. I libri e le altre scritture contabili [2214 ss., 2421] delle imprese soggette a registrazione [2195] fanno prova contro l'imprenditore. Tuttavia chi vuol trarne vantaggio non può scinderne il contenuto [178 c. nav.].

2710. Efficacia probatoria tra imprenditori. – [I]. I libri bollati e vidimati nelle forme di legge [2214 ss.], quando sono regolarmente tenuti [2219], possono fare prova tra imprenditori [2082] per i rapporti inerenti all'esercizio dell'impresa.

2711. Comunicazione ed esibizione. – [I]. La comunicazione integrale dei libri, delle scritture contabili e della corrispondenza può essere ordinata dal giudice solo nelle controversie relative allo scioglimento della società [2272], alla comunione dei beni [1100] e alla successione per causa di morte [456].

[II]. Negli altri casi il giudice può ordinare, anche d'ufficio, che si esibiscano i libri per estrarne le registrazioni concernenti la controversia in corso [212[2] c.p.c.]. Può ordinare altresì l'esibizione di singole scritture contabili, lettere, telegrammi o fatture concernenti la controversia stessa [670 c.p.c.].

SEZIONE IV – *Delle riproduzioni meccaniche*

2712. Riproduzioni meccaniche. – [I]. Le riproduzioni fotografiche, informatiche (1) o cinematografiche, le registrazioni fonografiche e, in genere, ogni altra rappresentazione meccanica di fatti e di cose formano piena prova dei fatti e delle cose rappresentate, se colui contro il quale sono prodotte non ne disconosce la conformità ai fatti o alle cose medesime [261 c.p.c.].

(1) *Le parole «*, informatiche*» sono state inserite dall'art. 23[1] d.ls. 7 marzo 2005, n. 82, con effetto a decorrere dal 1° gennaio 2006. A seguito della sostituzione del suddetto art. 23, ad opera dell'art. 16 d.ls. 30 dicembre 2010, n. 235, la stessa modifica è ora prevista dall'art. 23-*quater *d.ls. n. 82, cit., inserito dal d.ls. n. 235, cit.*

SEZIONE V – *Delle taglie o tacche di contrassegno*

2713. Taglie o tacche di contrassegno. – [I]. Le taglie o tacche di contrassegno corrispondenti al contrassegno di riscontro formano piena prova tra coloro che usano provare in tal modo le somministrazioni che fanno o ricevono al minuto.

SEZIONE VI – *Delle copie degli atti* (1)

(1) *V. art. 18 d.P.R. 28 dicembre 2000, n. 445 e art. 23 d.ls. 7 marzo 2005, n. 82.*

2714. Copie di atti pubblici. – [I]. Le copie di atti pubblici spedite nelle forme prescritte da depositari pubblici autorizzati [743 c.p.c.] fanno fede come l'originale [2700; 212[1] c.p.c.] (1).

[II]. La stessa fede fanno le copie di copie di atti pubblici originali, spedite da depositari pubblici di esse, a ciò autorizzati [743 c.p.c.] (2).

(1) *V. art. 23 d.ls. 7 marzo 2005, n. 82 in tema di copie di atti e documenti amministrativi.*
(2) *V. art. 36 l. 24 novembre 2000, n. 340 in tema di deposito e custodia di atti pubblici.*

2715. Copie di scritture private originali depositate. – [I]. Le copie delle scritture private depositate presso pubblici uffici e spedite da pubblici depositari autorizzati hanno la stessa efficacia della scrittura originale da cui sono estratte [2702; 212[1], 215[2] c.p.c.] (1).

(1) *V.* sub *art. 2714.*

2716. Mancanza dell'atto originale o di copia depositata. – [I]. In mancanza dell'originale dell'atto pubblico o di una copia di esso presso un pubblico depositario, le copie spedite in conformità dell'articolo 2714 fanno piena prova; ma se tali copie, o anche la copia esistente presso un pubblico depositario quando manca l'originale, presentano cancellature, abrasioni, intercalazioni o altri difetti esteriori, è rimesso al giudice di apprezzarne la efficacia probatoria [116 c.p.c.].

[II]. In mancanza dell'originale scrittura privata, le copie di essa spedite in conformità dell'articolo 2715 fanno egualmente prova; ma se presentano cancellature, abrasioni, intercalazioni o altri difetti esteriori, è rimesso parimenti al giudice di apprezzarne l'efficacia probatoria. Resta in ogni caso salva la questione circa l'autenticità dell'originale mancante.

2717. Valore probatorio di altre copie. – [I]. Le copie rilasciate da pubblici ufficiali fuori dei casi contemplati dagli articoli precedenti hanno l'efficacia di un principio di prova per iscritto [2724].

2718. Valore probatorio di copie parziali. – [I]. Le copie parziali o le riproduzioni per estratto, rilasciate nella forma prescritta da pubblici ufficiali che ne sono depositari e sono debitamente autorizzati, fanno piena prova solo per quella parte dell'originale che riproducono letteralmente [212^{1} c.p.c.].

2719. Copie fotografiche di scritture. – [I]. Le copie fotografiche di scritture hanno la stessa efficacia delle autentiche, se la loro conformità con l'originale è attestata da pubblico ufficiale competente ovvero non è espressamente disconosciuta [212 c.p.c.].

SEZIONE VII – *Degli atti di ricognizione o di rinnovazione*

2720. Efficacia probatoria. – [I]. L'atto di ricognizione [969, 1309, 1870] o di rinnovazione fa piena prova delle dichiarazioni contenute nel documento originale, se non si dimostra, producendo quest'ultimo, che vi è stato errore [1428 ss.] nella ricognizione o nella rinnovazione.

CAPO III – *Della prova testimoniale*

2721. Ammissibilità: limiti di valore. – [I]. La prova per testimoni dei contratti non è ammessa quando il valore dell'oggetto eccede 2,58 euro [233 trans.; 244 ss. c.p.c.].

[II]. Tuttavia l'autorità giudiziaria può consentire la prova oltre il limite anzidetto, tenuto conto della qualità delle parti, della natura del contratto e di ogni altra circostanza.

2722. Patti aggiunti o contrari al contenuto di un documento. – [I]. La prova per testimoni non è ammessa se ha per oggetto patti aggiunti o contrari al contenuto di un documento, per i quali si alleghi che la stipulazione è stata anteriore o contemporanea.

2723. Patti posteriori alla formazione del documento. – [I]. Qualora si alleghi che, dopo la formazione di un documento, è stato stipulato un patto aggiunto o contrario al contenuto di esso, l'autorità giudiziaria può consentire la prova per testimoni soltanto se, avuto riguardo alla qualità delle parti, alla natura del contratto e a ogni altra circostanza, appare verosimile che siano state fatte aggiunte o modificazioni verbali.

2724. Eccezioni al divieto della prova testimoniale. – [I]. La prova per testimoni è ammessa in ogni caso:

1) quando vi è un principio di prova per iscritto [241, 242]: questo è costituito da qualsiasi scritto, proveniente dalla persona contro la quale è diretta la domanda o dal suo rappresentante, che faccia apparire verosimile il fatto allegato;

2) quando il contraente è stato nell'impossibilità morale o materiale di procurarsi una prova scritta;

3) quando il contraente ha senza sua colpa perduto il documento che gli forniva la prova.

2725. Atti per i quali è richiesta la prova per iscritto o la forma scritta. – [I]. Quando, secondo la legge o la volontà delle parti, un contratto deve essere provato per iscritto [1888, 1928, 1967, 2556], la prova per testimoni è ammessa soltanto nel caso indicato dal n. 3 dell'articolo precedente.

[II]. La stessa regola si applica nei casi in cui la forma scritta è richiesta sotto pena di nullità [1350 ss.] (1).

(1) *V. art. 8 d.ls. 25 febbraio 2000, n. 61, per l'applicazione del presente articolo al contratto di lavoro a tempo parziale.*

2726. Prova del pagamento e della remissione. – [I]. Le norme stabilite per la prova testimoniale dei contratti si applicano anche al pagamento [1176 ss.] e alla remissione del debito [1236].

CAPO IV – *Delle presunzioni*

2727. Nozione. – [I]. Le presunzioni sono le conseguenze che la legge o il giudice trae da un fatto noto per risalire a un fatto ignorato.

2728. Prova contro le presunzioni legali. – [I]. Le presunzioni legali dispensano da qualunque prova coloro a favore dei quali esse sono stabilite.

[II]. Contro le presunzioni sul fondamento delle quali la legge dichiara nulli certi atti o non ammette l'azione in giudizio non può essere data prova contraria, salvo che questa sia consentita dalla legge stessa.

2729. Presunzioni semplici. – [I]. Le presunzioni non stabilite dalla legge sono lasciate alla prudenza del giudice [116 c.p.c.], il quale non deve ammettere che presunzioni gravi, precise e concordanti.

[II]. Le presunzioni non si possono ammettere nei casi in cui la legge esclude la prova per testimoni [2721 ss.].

CAPO V – *Della confessione*

2730. Nozione. – [I]. La confessione è la dichiarazione che una parte fa della verità di fatti ad essa sfavorevoli e favorevoli all'altra parte.

[II]. La confessione è giudiziale [2733; 228 ss. c.p.c.] o stragiudiziale [2735].

2731. Capacità richiesta per la confessione. – [I]. La confessione non è efficace se non proviene da persona capace di disporre del diritto, a cui i fatti confessati si riferiscono. Qualora sia resa da un rappresentante, è efficace solo se fatta entro i limiti e nei modi in cui questi vincola il rappresentato [2737].

2732. Revoca della confessione. – [I]. La confessione non può essere revocata se non si prova che è stata determinata da errore di fatto o da violenza [1434].

2733. Confessione giudiziale. – [I]. È giudiziale la confessione resa in giudizio [228 c.p.c.].

[II]. Essa forma piena prova contro colui che l'ha fatta, purché non verta su fatti relativi a diritti non disponibili.

[III]. In caso di litisconsorzio necessario [102 c.p.c.], la confessione resa da alcuni soltanto dei litisconsorti è liberamente apprezzata dal giudice [1309].

2734. Dichiarazioni aggiunte alla confessione. – [I]. Quando alla dichiarazione indicata dall'articolo 2730 si accompagna quella di altri fatti o circostanze tendenti a infirmare l'efficacia del fatto confessato ovvero a modificarne o a estinguerne gli effetti, le dichiarazioni fanno piena prova nella loro integrità se l'altra parte non contesta la verità dei fatti o delle circostanze aggiunte. In caso di contestazione, è rimesso al giudice di apprezzare, secondo le circostanze, l'efficacia probatoria delle dichiarazioni.

2735. Confessione stragiudiziale. – [I]. La confessione stragiudiziale fatta alla parte o a chi la rappresenta ha la stessa efficacia probatoria di quella giudiziale. Se è fatta a un terzo o se è contenuta in un testamento [587], è liberamente apprezzata dal giudice.

[II]. La confessione stragiudiziale non può provarsi per testimoni, se verte su un oggetto per il quale la prova testimoniale non è ammessa dalla legge [2721 ss.].

CAPO VI – *Del giuramento*

2736. Specie. – [I]. Il giuramento è di due specie:

1) è decisorio [233 c.p.c.] quello che una parte deferisce all'altra per farne dipendere la decisione totale o parziale della causa [2960];

2) è suppletorio [240, 265 c.p.c.] quello che è deferito d'ufficio dal giudice a una delle parti al fine di decidere la causa quando la domanda o le eccezioni non sono pienamente provate, ma non sono del tutto sfornite di prova, ovvero quello che è deferito al fine di stabilire il valore della cosa domandata, se non si può accertarlo altrimenti [241 c.p.c.].

2737. Capacità delle parti. – [I]. Per deferire o riferire il giuramento [233, 234 c.p.c.] si richiedono le condizioni indicate dall'articolo 2731.

2738. Efficacia. – [I]. Se è stato prestato il giuramento deferito o riferito [233, 234 c.p.c.], l'altra parte non è ammessa a provare il contrario, né può chiedere la revocazione della sentenza qualora il giuramento sia stato dichiarato falso [395$^{n. 2}$ c.p.c.].

[II]. Può tuttavia domandare il risarcimento dei danni nel caso di condanna penale per falso giuramento [371 c.p.]. Se la condanna penale non può essere pronunziata perché il reato è estinto, il giudice civile può conoscere del reato al solo fine del risarcimento [198 c.p.] (1).

[III]. In caso di litisconsorzio necessario [102 c.p.c.], il giuramento prestato da alcuni soltanto dei litisconsorti è liberamente apprezzato dal giudice [1305].

(1) *Comma dichiarato* costituzionalmente illegittimo *con* ***C. cost.*** *4 aprile 1996, n. 105 « nella parte in cui non prevede che il giudice civile possa conoscere del reato di falso giuramento al solo fine del risarci mento anche nel caso in cui la sentenza irrevocabile di assolu-*

zione pronunziata nel giudizio penale non abbia efficacia di giudicato nei confronti del danneggiato ».

2739. Oggetto. – [i]. Il giuramento non può essere deferito o riferito per la decisione di cause relative a diritti di cui le parti non possono disporre, né sopra un fatto illecito [2043] o sopra un contratto per la validità del quale sia richiesta la forma scritta [1350], né per negare un fatto che da un atto pubblico risulti avvenuto alla presenza del pubblico ufficiale che ha formato l'atto stesso [2700].

[ii]. Il giuramento non può essere deferito che sopra un fatto proprio della parte a cui si deferisce o sulla conoscenza che essa ha di un fatto altrui e non può essere riferito qualora il fatto che ne è l'oggetto non sia comune a entrambe le parti.

Titolo III
Della responsabilità patrimoniale, delle cause di prelazione e della conservazione della garanzia patrimoniale

Capo I – *Disposizioni generali*

2740. Responsabilità patrimoniale. – [i]. Il debitore risponde dell'adempimento delle obbligazioni [1218 ss.] con tutti i suoi beni presenti e futuri [2901, 2910].

[ii]. Le limitazioni della responsabilità non sono ammesse se non nei casi stabiliti dalla legge [490$^{n.\ 2}$, 2267, 2313; 514, 545 c.p.c.].

2741. Concorso dei creditori e cause di prelazione. – [i]. I creditori hanno eguale diritto di essere soddisfatti sui beni del debitore [500 c.p.c.], salve le cause legittime di prelazione.

[ii]. Sono cause legittime di prelazione i privilegi [2745 ss.], il pegno [2784 ss.] e le ipoteche [2808 ss.].

2742. Surrogazione dell'indennità alla cosa. – [i]. Se le cose soggette a privilegio [2745 ss.], pegno [2784 ss.] o ipoteca [2808 ss.] sono perite o deteriorate, le somme dovute dagli assicuratori per indennità della perdita o del deterioramento [1905 ss.] sono vincolate al pagamento dei crediti privilegiati, pignoratizi o ipotecari, secondo il loro grado, eccetto che le medesime vengano impiegate a riparare la perdita o il deterioramento [553, 1026 c. nav.]. L'autorità giudiziaria può, su istanza degli interessati, disporre le opportune cautele per assicurare l'impiego delle somme nel ripristino o nella riparazione della cosa.

[ii]. Gli assicuratori sono liberati qualora paghino dopo trenta

giorni dalla perdita o dal deterioramento, senza che sia stata fatta opposizione. Quando però si tratta di immobili su cui gravano iscrizioni, gli assicuratori non sono liberati se non dopo che è decorso senza opposizione il termine di trenta giorni dalla notificazione ai creditori iscritti [2844] del fatto che ha dato luogo alla perdita o al deterioramento.

[III]. Sono del pari vincolate al pagamento dei crediti suddetti le somme dovute per causa di servitù coattive [1032 ss.] o di comunione forzosa [1117 ss.] o di espropriazione per pubblico interesse [834], osservate, per quest'ultima, le disposizioni della legge speciale.

2743. Diminuzione della garanzia. – [I]. Qualora la cosa data in pegno o sottoposta a ipoteca perisca o si deteriori, anche per caso fortuito, in modo da essere insufficiente alla sicurezza del creditore, questi può chiedere che gli sia prestata idonea garanzia su altri beni e, in mancanza, può chiedere l'immediato pagamento del suo credito [1186].

2744. Divieto del patto commissorio. – [I]. È nullo il patto col quale si conviene che, in mancanza del pagamento del credito nel termine fissato, la proprietà della cosa ipotecata o data in pegno passi al creditore [1963]. Il patto è nullo anche se posteriore alla costituzione dell'ipoteca o del pegno [2796, 2798].

CAPO II – *Dei privilegi*

SEZIONE I – *Disposizioni generali*

2745. Fondamento del privilegio. – [I]. Il privilegio [234 trans.] è accordato dalla legge in considerazione della causa del credito. La costituzione del privilegio può tuttavia dalla legge essere subordinata alla convenzione delle parti [2766[3]]; può anche essere subordinata a particolari forme di pubblicità [2762].

2746. Distinzione dei privilegi. – [I]. Il privilegio è generale o speciale. Il primo si esercita su tutti i beni mobili del debitore [2751 ss.], il secondo su determinati beni mobili [2755 ss.] o immobili [2770 ss.].

2747. Efficacia del privilegio. – [I]. Il privilegio generale non può esercitarsi in pregiudizio dei diritti spettanti ai terzi sui mobili che ne formano oggetto [1153], salvo quanto è disposto dagli articoli 2913, 2914, 2915 e 2916.

[II]. Se la legge non dispone diversamente [2756², 2757³, 2760², 2761⁴, 2764⁶], il privilegio speciale sui mobili, sempre che sussista la particolare situazione alla quale è subordinato [2769], può esercitarsi in pregiudizio dei diritti acquistati dai terzi posteriormente al sorgere di esso.

2748. Efficacia del privilegio speciale rispetto al pegno e alle ipoteche. – [I]. Se la legge non dispone altrimenti, il privilegio speciale sui beni mobili non può esercitarsi in pregiudizio del creditore pignoratizio [2777, 2781; 234 trans.].

[II]. I creditori che hanno privilegio sui beni immobili sono preferiti ai creditori ipotecari [2770; 234 trans.] se la legge non dispone diversamente [2772, 2774].

2749. Estensione del privilegio. – [I]. Il privilegio accordato al credito si estende alle spese ordinarie per l'intervento nel processo di esecuzione [499 ss. c.p.c.]. Si estende anche agli interessi dovuti per l'anno in corso alla data del pignoramento [491 ss. c.p.c.] e per quelli dell'anno precedente.

[II]. Gli interessi successivamente maturati hanno privilegio nei limiti della misura legale [1284] fino alla data della vendita.

2750. Privilegi marittimi, aeronautici e privilegi stabiliti da leggi speciali. – [I]. I privilegi sulla nave, sul nolo e sulle cose caricate e i privilegi sull'aeromobile, sul nolo e sulle cose caricate sono regolati dal codice della navigazione [548 ss., 1022 ss. c. nav.].

[II]. Ai privilegi previsti da leggi speciali si applicano le norme di questo capo, se non è diversamente disposto (1).

(1) *V. art. 46 d.ls. 1° settembre 1993, n. 385.*

SEZIONE II – *Dei privilegi sui mobili*

§ 1. – *Dei privilegi generali sui mobili*

2751. (1) **Crediti per spese funebri, d'infermità, alimenti.** – [I]. Hanno privilegio generale sui mobili [2776], nell'ordine che segue, i crediti riguardanti:

1) le spese funebri necessarie secondo gli usi [2778ⁿ· ¹⁷];

2) le spese d'infermità [2778ⁿ· ¹⁷] fatte negli ultimi sei mesi della vita del debitore;

3) le somministrazioni di vitto, vesti e alloggio [2778ⁿ· ¹⁷], nei limiti della stretta necessità, fatte al debitore per lui e per la sua famiglia negli ultimi sei mesi;

4) i crediti di alimenti [2778 n. 17] per gli ultimi tre mesi a favore delle persone alle quali gli alimenti sono dovuti per legge.

(1) *Articolo così sostituito dall'art. 1 l. 29 luglio 1975, n. 426.*

2751-*bis*. (1) **Crediti per retribuzioni e provvigioni, crediti dei coltivatori diretti, delle società od enti cooperativi e delle imprese artigiane** – [I]. Hanno privilegio generale sui mobili [2776, 2777 2] i crediti riguardanti:

1) le retribuzioni dovute, sotto qualsiasi forma, ai prestatori di lavoro subordinato [2099] e tutte le indennità dovute per effetto della cessazione del rapporto di lavoro [2120 ss.], nonché il credito del lavoratore per i danni conseguenti alla mancata corresponsione, da parte del datore di lavoro, dei contributi previdenziali ed assicurativi obbligatori [2116 2] ed il credito per il risarcimento del danno subito per effetto di un licenziamento inefficace, nullo o annullabile (2) (3);

2) le retribuzioni dei professionisti, compresi il contributo integrativo da versare alla rispettiva cassa di previdenza ed assistenza e il credito di rivalsa per l'imposta sul valore aggiunto, (4) e di ogni altro prestatore d'opera [intellettuale] dovute per gli ultimi due anni di prestazione [2233]; (5)

3) le provvigioni derivanti dal rapporto di agenzia [1748] dovute per l'ultimo anno di prestazione e le indennità dovute per la cessazione del rapporto medesimo [1751] (6);

4) i crediti del coltivatore diretto, sia proprietario che affittuario, mezzadro, colono, soccidario o comunque compartecipante, per i corrispettivi della vendita dei prodotti, nonché i crediti del mezzadro o del colono indicati dall'articolo 2765;

5) i crediti dell'impresa artigiana, definita ai sensi delle disposizioni legislative vigenti, nonché delle società ed enti cooperativi di produzione e lavoro per i corrispettivi dei servizi prestati e della vendita dei manufatti (7);

5-*bis*) i crediti delle società cooperative agricole e dei loro consorzi per i corrispettivi della vendita dei prodotti (8);

5-*ter*) i crediti delle imprese fornitrici di lavoro temporaneo di cui alla legge 24 giugno 1997, n. 196, per gli oneri retributivi e previdenziali addebitati alle imprese utilizzatrici (9).

(1) *Articolo inserito dall'art. 2 l. 29 luglio 1975, n. 426.*

(2) *Numero dichiarato* costituzionalmente illegittimo *con:*

– ***C. cost.*** *6 aprile 2004, n. 113 « nella parte in cui non munisce del privilegio generale sui mobili il credito del lavoratore subordinato per danni da demansionamento subiti a causa dell'illegittimo comportamento del datore di lavoro »;*

– **C. cost.** *29 maggio 2002, n. 220 « nella parte in cui non munisce del privilegio generale sui mobili il credito del lavoratore subordinato per danni conseguenti a malattia professionale, della quale sia responsabile il datore di lavoro »;*

– **C. cost.** *17 novembre 1983, n. 326 « nella parte in cui non munisce del privilegio generale, istituito dall'art. 2 l. 29 luglio 1975, n. 426, il credito del lavoratore subordinato per danni conseguenti ad infortunio sul lavoro, del quale sia responsabile il datore di lavoro, se e nei limiti in cui il creditore non sia soddisfatto dalla percezione delle indennità previdenziali e assistenziali dovute al lavoratore subordinato in dipendenza dello stesso infortunio ».*

(3) *V. art. 5 l. 3 aprile 2001, n. 142.*

(4) *Le parole da* « , compresi il contributo integrativo » *a* « per l'imposta sul valore aggiunto, » *sono state aggiunte dall'art. 1*[474] *l. 27 dicembre 2017, n. 205 (legge di bilancio 2018).*

(5) *Numero dichiarato* costituzionalmente illegittimo, *limitatamente alla parola* « intellettuale », con **C. cost.** *29 gennaio 1998, n. 1. Successivamente* **C. cost.** *3 gennaio 2020, n. 1, ha dichiarato non fondata, nei sensi di cui in motivazione, una questione di legittimità costituzionale del presente numero, come modificato dalla l. n. 205, cit., sollevata con riferimento all'art. 3*[1] *Cost. sotto il profilo della disparità di trattamento tra le situazioni contemplate dallo stesso n. 2) e rispetto alle situazioni contemplate dai successivi numeri 3), 4), 5) e 5-*bis*).*

(6) *Numero dichiarato* costituzionalmente illegittimo *con* **C. cost.** *1 luglio 2022, n. 167 nella parte in cui non prevede, in favore dell'agente che svolga una prestazione di opera continuativa e coordinata, prevalentemente personale, il privilegio generale sui mobili esteso al credito di rivalsa per l'imposta sul valore aggiunto (IVA) sulle provvigioni dovute per l'ultimo anno di prestazione.*

(7) *Numero così sostituito dall'art. 36*[1] *d.l. 9 febbraio 2012, n. 5, conv., con modif., in l. 4 aprile 2012, n. 35. Il testo del numero era il seguente:* « 5) i crediti dell'impresa artigiana e delle società od enti cooperativi di produzione e di lavoro, per i corrispettivi dei servizi prestati e della vendita dei manufatti ».

(8) *Numero aggiunto dall'art. 18*[2] *l. 31 gennaio 1992, n. 59.*

(9) *Numero aggiunto dall'art. 117*[2] *l. 23 dicembre 2000, n. 388.*

2752. (1) **Crediti per tributi diretti dello Stato, per imposta sul valore aggiunto e per tributi degli enti locali.** – [I]. Hanno privilegio generale sui mobili del debitore i crediti dello Stato per le imposte e le sanzioni dovute secondo le norme in materia di imposta sul reddito delle persone fisiche, imposta sul reddito delle persone giuridiche, imposta sul reddito delle società, imposta regionale sulle attività produttive ed imposta locale sui redditi (2) (3) (4).

[II]. Hanno altresì privilegio generale sui mobili del debitore i crediti dello Stato per le imposte, le pene pecuniarie e le soprattasse dovute secondo le norme relative all'imposta sul valore aggiunto [2776, 2778 n. 19].

[III]. Hanno lo stesso privilegio, subordinatamente a quello dello Stato, i crediti per le imposte, tasse e tributi dei comuni e delle province previsti dalla legge per la finanza locale e dalle norme relative all'imposta comunale sulla pubblicità e ai diritti sulle pubbliche affissioni [2778[n. 20]] (5).

(1) *Articolo così sostituito dall'art. 3 l. 29 luglio 1975, n. 426.*

(2) *Le parole da* « per le imposte e le sanzioni » *alla fine del comma sono state sostituite alle parole* « per l'imposta sul reddito delle persone fisiche, per l'imposta sul reddito delle persone giuridiche, per l'imposta regionale sulle attività produttive e per l'imposta locale sui redditi, diversi da quelli indicati nel primo comma dell'articolo 2771, iscritti nei ruoli resi esecutivi nell'anno in cui il concessionario del servizio di riscossione procede o interviene nell'esecuzione e nell'anno precedente » *dall'art. 23[37] d.l. 6 luglio 2011, n. 98, conv., con modif., in l. 15 luglio 2011, n. 111, che ha altresì disposto che la presente disposizione si osserva anche per i crediti sorti anteriormente all'entrata in vigore del suddetto decreto (6 luglio 2011). Ma sul citato art. 23[37], ultimo periodo, d.l. n. 98 del 2011, v. la dichiarazione di* illegittimità costituzionale *di* ***C. cost.*** *4 luglio 2013, n. 170, « nei sensi di cui in motivazione ».*

(3) *Comma dapprima sostituito dall'art. 33[1 lett. a)] d.ls. 26 febbraio 1999, n. 46, con effetto a decorrere dal 1° luglio 1999, e successivamente modificato dall'art. 39[2] d.l. 1° ottobre 2007, n. 159, conv., con modif., in l. 29 novembre 2007, n. 222.*

(4) *Seguiva un originario secondo comma abrogato dall'art. 33[1 lett. b)] d.ls. n. 46, cit., con effetto a decorrere dal 1° luglio 1999.*

(5) *Ai sensi di quanto disposto dall'art. 13[13] d.l. 6 dicembre 2011, n. 201, conv., con modif., in l. 22 dicembre 2011, n. 214, ai fini del presente comma, il riferimento alla « legge per la finanza locale » si intende effettuato a tutte le disposizioni che disciplinano i singoli tributi comunali e provinciali.*

2753. (1) **Crediti per contributi di assicurazione obbligatoria per l'invalidità, la vecchiaia e i superstiti.** – [I]. Hanno privilegio generale sui mobili del datore di lavoro i crediti derivanti dal mancato versamento dei contributi ad istituti, enti o fondi speciali, compresi quelli sostitutivi o integrativi, che gestiscono forme di assicurazione obbligatoria per l'invalidità la vecchiaia ed i superstiti [2778[n. 1]].

(1) *Articolo così sostituito dall'art. 4 l. 29 luglio 1975, n. 426.*

2754. (1) **Crediti per contributi relativi ad altre forme di assicurazione.** – [I]. Hanno pure privilegio generale sui mobili del datore di lavoro i crediti per i contributi dovuti a istituti ed enti per forme di tutela previdenziale e assistenziale diverse da quelle indicate dal precedente articolo, nonché gli accessori, limitatamente al cinquanta per cento del loro ammontare, relativi a tali crediti ed a quelli indicati dal precedente articolo.

(1) *Articolo così sostituito dall'art. 4 l. 29 luglio 1975, n. 426.*

§ 2. – *Dei privilegi sopra determinati mobili*

2755. Spese per atti conservativi o di espropriazione. – [I]. I crediti per spese di giustizia fatte per atti conservativi [2905 s.; 671

c.p.c.] o per l'espropriazione di beni mobili [513 ss. c.p.c.] nell'interesse comune dei creditori hanno privilegio sui beni stessi [2777].

2756. Crediti per prestazioni e spese di conservazione e miglioramento. – [I]. I crediti per le prestazioni e le spese relative alla conservazione o al miglioramento di beni mobili hanno privilegio sui beni stessi, purché questi si trovino ancora presso chi ha fatto le prestazioni o le spese [2778$^{n. 4}$].

[II]. Il privilegio ha effetto anche in pregiudizio dei terzi che hanno diritti sulla cosa, qualora chi ha fatto le prestazioni o le spese sia stato in buona fede.

[III]. Il creditore può ritenere la cosa soggetta al privilegio finché non è soddisfatto del suo credito e può anche venderla secondo le norme stabilite per la vendita del pegno [2796 ss.].

2757. Crediti per somministrazioni e lavori occorrenti per la produzione agricola. – [I]. I crediti per le somministrazioni di sementi, di materie fertilizzanti e antiparassitarie e di acqua per irrigazione, come pure i crediti per lavori di coltivazione e di raccolta dell'annata agricola [821^{2}] hanno privilegio sui frutti, alla cui produzione abbiano concorso [2778$^{nn. 5-6}$].

[II]. Il privilegio si può esercitare finché i frutti si trovano nel fondo o nelle sue dipendenze.

[III]. Si applica la disposizione del secondo comma dell'articolo 2756.

2758. (1) **Crediti per tributi indiretti.** – [I]. I crediti dello Stato per i tributi indiretti hanno privilegio sui mobili ai quali i tributi si riferiscono e sugli altri beni indicati dalle leggi relative, con l'effetto da esse stabilito [2778$^{n. 7}$].

[II]. Eguale privilegio hanno i crediti di rivalsa verso il cessionario ed il committente previsti dalle norme relative all'imposta sul valore aggiunto, sui beni che hanno formato oggetto della cessione o ai quali si riferisce il servizio.

[III]. Il privilegio, per quanto riguarda l'imposta di successione, non ha effetto in pregiudizio dei creditori che hanno esercitato il diritto di separazione dei beni del defunto da quelli dell'erede [512 ss.].

(1) *Articolo così sostituito dall'art. 5 l. 29 luglio 1975, n. 426.*

2759. (1) **Crediti per le imposte sul reddito.** – [I]. I crediti dello Stato per l'imposta sul reddito delle persone fisiche, sul reddito delle persone giuridiche e per l'imposta locale sui redditi, dovuta per i due anni anteriori a quello in cui si procede, hanno privilegio, limitatamente all'imposta o alla quota d'imposta imputabile al reddito d'impresa, sopra i mobili che servono all'esercizio di imprese commerciali e sopra le merci che si trovano nel locale adibito all'esercizio stesso o nell'abitazione dell'imprenditore [2778$^{n. 7}$].

[II]. Il privilegio si applica sui beni indicati nel comma precedente ancorché appartenenti a persona diversa dall'imprenditore, salvo che si tratti di beni rubati o smarriti, di merci affidate all'imprenditore per la lavorazione o di merci non ancora nazionalizzate munite di regolare bolletta doganale.

[III]. Qualora l'accertamento del reddito iscritto a ruolo sia stato determinato sinteticamente ai fini dell'imposta sul reddito delle persone fisiche, la ripartizione proporzionale dell'imposta, prevista dal primo comma, viene effettuata sulla base dei redditi iscritti o iscrivibili ai fini dell'imposta locale sui redditi.

(1) *Articolo così sostituito dall'art. 6 l. 29 luglio 1975, n. 426.*

2760. Crediti dell'albergatore. – [I]. I crediti dell'albergatore per mercedi e somministrazioni verso le persone albergate hanno privilegio sulle cose da queste portate nell'albergo e nelle dipendenze e che continuano a trovarvisi [1783 ss.].

[II]. Il privilegio ha effetto anche in pregiudizio dei terzi che hanno diritti sulle cose stesse, a meno che l'albergatore fosse a conoscenza di tali diritti al tempo in cui le cose sono state portate nell'albergo [2778$^{n. 12}$].

2761. (1) **Crediti del vettore, dello spedizioniere, del mandatario, del depositario e del sequestratario.** – [I]. I crediti dipendenti dal contratto di trasporto e di spedizione e quelli per le spese d'imposta anticipate dal vettore o dallo spedizioniere hanno privilegio sulle cose trasportate o spedite finché queste rimangono presso di lui. Tale privilegio può essere esercitato anche su beni oggetto di un trasporto o di una spedizione diversi da quelli per cui è sorto il credito purché tali trasporti o spedizioni costituiscano esecuzione di un unico contratto per prestazioni periodiche o continuative.

[II]. I crediti derivanti dall'esecuzione del mandato hanno privilegio sulle cose del mandante che il mandatario detiene per l'esecuzione del mandato.

[III]. Qualora il mandatario abbia provveduto a pagare i diritti doganali per conto del mandante, il suo credito ha il privilegio di cui all'articolo 2752.

[IV]. I crediti derivanti dal deposito o dal sequestro convenzionale a favore del depositario e del sequestratario hanno parimenti privilegio sulle cose che questi detengono per effetto del deposito o del sequestro.

[v]. Si applicano a questi privilegi le disposizioni del secondo e del terzo comma dell'articolo 2756.

(1) *Articolo così sostituito dall'art. 30-*bis[1 lett. e)] *d.l. 6 novembre 2021, n. 152, conv., con modif., in l. 29 dicembre 2021, n. 233. Il testo dell'articolo era il seguente:* « 2761. *(Crediti del vettore, del mandatario, del depositario e del sequestratario).* – I crediti dipendenti dal contratto di trasporto e quelli per le spese d'imposta anticipate dal vettore hanno privilegio sulle cose trasportate finché queste rimangono presso di lui. — I crediti derivanti dall'esecuzione del mandato hanno privilegio sulle cose del mandante che il mandatario detiene per l'esecuzione del mandato. — I crediti derivanti dal deposito o dal sequestro convenzionale a favore del depositario e del sequestratario hanno parimenti privilegio sulle cose che questi detengono per effetto del deposito o del sequestro. — Si applicano a questi privilegi le disposizioni del secondo e del terzo comma dell'articolo 2756 ».

2762. Privilegio del venditore di macchine. – [I]. Chi ha venduto macchine per un prezzo superiore a 15,49 euro ha privilegio per il prezzo non pagato sulle macchine vendute e consegnate, anche se sono incorporate o congiunte all'immobile di proprietà del compratore o di un terzo.

[II]. Il privilegio è subordinato alla trascrizione dei documenti, dai quali la vendita e il credito risultano, nel registro indicato dal secondo comma dell'articolo 1524. La trascrizione è eseguita presso il tribunale nella giurisdizione del quale è collocata la macchina.

[III]. Il privilegio dura per un triennio dalla data della vendita e ha effetto fino a quando la macchina si trova in possesso del compratore nel luogo dove è stata eseguita la trascrizione, salvo il caso di sottrazione fraudolenta.

[IV]. Il privilegio stabilito in questo articolo spetta anche alle banche autorizzate all'esercizio di prestiti con garanzia sul macchinario, le quali abbiano anticipato al compratore il prezzo per l'acquisto. Il privilegio sussiste a condizione che il documento rilasciato a prova della sovvenzione indichi lo scopo, l'ammontare e la scadenza del credito, contenga l'esatta designazione della macchina soggetta al privilegio e sia trascritto a norma del secondo comma di questo articolo.

[V]. Se il privilegio della banca concorre con quello del venditore, è preferito il creditore che ha trascritto per primo [2778[n. 14]].

2763. Crediti per canoni enfiteutici. – [I]. I crediti del concedente per il canone dovuto dall'enfiteuta per l'anno in corso e per il precedente [960, 972[n. 2]] hanno privilegio sui frutti [820] dell'anno e su quelli raccolti anteriormente, purché si trovino nel fondo o nelle sue dipendenze [2778[n. 15]].

2764. Crediti del locatore di immobili. – [I]. Il credito delle pigioni e dei fitti [1571 ss., 1615 ss.] degli immobili ha privilegio sui frutti [820] dell'anno e su quelli raccolti anteriormente, nonché sopra tutto ciò che serve a fornire l'immobile o a coltivare il fondo locato.

[II]. Il privilegio sussiste per il credito dell'anno in corso, dell'antecedente e dei successivi, se la locazione ha data certa [2704], e, in caso diverso, per quello dell'anno in corso e del susseguente.

[III]. Lo stesso privilegio ha il credito dipendente da mancate riparazioni le quali siano a carico del conduttore [1576, 1621], il credito per i danni arrecati all'immobile locato, per la mancata restituzione delle scorte [1640 ss.] e ogni altro credito dipendente da inadempimento del contratto.

[IV]. Il privilegio sui frutti sussiste finché si trovano nel fondo o nelle sue dipendenze. Esso si può far valere anche nei confronti del subconduttore.

[V]. Il privilegio sulle cose che servono a fornire l'immobile locato o alla coltivazione del fondo sussiste pure se le cose appartengono al subconduttore, nei limiti in cui il locatore ha azione contro il medesimo [1595].

[VI]. Il privilegio sulle cose che servono a fornire l'immobile locato ha luogo altresì nei confronti dei terzi, finché le cose si trovano nell'immobile, salvo che si provi che il locatore conoscesse il diritto del terzo al tempo in cui sono state introdotte.

[VII]. Qualora le cose che servono a fornire la casa o il fondo locato ovvero a coltivare il medesimo vengano asportate dall'immobile senza il consenso del locatore, questi conserva su di esse il privilegio, purché ne domandi il sequestro, nei modi stabiliti dal codice di procedura civile per il sequestro conservativo [671 ss. c.p.c.], entro il termine di trenta giorni dall'asportazione, se si tratta di mobili che servono a fornire o a coltivare il fondo rustico, e di quindici giorni, se si tratta di mobili che servono a fornire la casa. Restano salvi in ogni caso i diritti acquistati dopo l'asportazione dai terzi che ignoravano l'esistenza del privilegio [2778 n. 16].

2765. Crediti derivanti dai contratti di mezzadria e di colonia. – [I]. Colui che concede un fondo a mezzadria [2141 ss.] o a colonia [2164 ss.] e il mezzadro o il colono hanno, per i crediti derivanti dal contratto, privilegio sulla rispettiva parte dei frutti [820] e sulle cose che servono a coltivare o a fornire il fondo dato a mezzadria o a colonia.

[II]. Il privilegio sui frutti sussiste finché questi si trovano nel fondo o nelle sue dipendenze.

[III]. Si applicano le disposizioni degli ultimi tre commi dell'articolo 2764 [2778 n. 16].

2766. (1) **[Crediti degli istituti di credito agrario].**

(1) *Articolo abrogato dall'art. 161 d.ls. 1° settembre 1993, n. 385. V. anche l'art. 44 d.ls. n. 385, cit., in materia di credito agrario.*

2767. Crediti per risarcimento di danni contro l'assicurato. – [I]. Nel caso di assicurazione della responsabilità civile [1917], il credito del danneggiato per il risarcimento ha privilegio sull'indennità dovuta dall'assicuratore [2778 n. 11; 235 trans.].

2768. Crediti dipendenti da reato. – [I]. Per i crediti dipendenti da reato hanno privilegio sulle cose sequestrate lo Stato e le altre persone indicate dal codice penale [188 ss. c.p.], secondo le disposizioni del codice stesso e del codice di procedura penale [2778 n. 10; 488, 612 ss. c.p.p.].

2769. Sequestro della cosa soggetta a privilegio. – [I]. Il creditore che ha privilegio su una cosa mobile, se ha fondati motivi di temere la rimozione della cosa dalla particolare situazione alla quale è subordinata la sussistenza del privilegio, può domandarne il sequestro conservativo [2905 s.; 671 c.p.c.].

SEZIONE III – *Dei privilegi sopra gli immobili*

2770. Crediti per atti conservativi o di espropriazione. – [I]. I crediti per le spese di giustizia fatte per atti conservativi [2905 s.; 671 c.p.c.] o per l'espropriazione di beni immobili [555 s. c.p.c.] nell'interesse comune dei creditori sono privilegiati sul prezzo degli immobili stessi [2777].

[II]. Del pari ha privilegio il credito dell'acquirente di un immobile per le spese fatte per la dichiarazione di liberazione dell'immobile dalle ipoteche [2889 ss.; 792 ss. c.p.c.].

2771. (1) **[Crediti per le imposte sui redditi immobiliari].**

(1) *Articolo, da ultimo, abrogato dall'art. 23[38] d.l. 6 luglio 2011, n. 98, conv., con modif., in l. 15 luglio 2011, n. 111. Precedentemente l'articolo era stato dapprima sostituito dall'art. 7 l. 29 luglio 1975, n. 426, e successivamente modificato dall'art. 34[1] d.ls. 26 febbraio 1999, n. 46.*

2772. (1) **Crediti per tributi indiretti.** – [I]. Hanno pure privilegio i crediti dello Stato per ogni tributo indiretto, nonché quelli derivanti dall'applicazione dell'imposta comunale sull'incremento di valore degli immobili, sopra gli immobili ai quali il tributo si riferisce.

[II]. I crediti dello Stato, derivanti dall'applicazione dell'imposta sul valore aggiunto, hanno privilegio, in caso di responsabilità solidale del cessionario, sugli immobili che hanno formato oggetto della cessione o ai quali si riferisce il servizio prestato.

[III]. Eguale privilegio hanno i crediti di rivalsa, verso il cessionario ed il committente, previsti dalle norme relative all'imposta sul valore aggiunto, sugli immobili che hanno formato oggetto della cessione o ai quali si riferisce il servizio.

[IV]. Il privilegio non si può esercitare in pregiudizio dei diritti che i terzi hanno anteriormente acquistato sugli immobili.

[V]. Per le imposte suppletive il privilegio non si può neppure esercitare in pregiudizio dei diritti acquistati successivamente dai terzi.

[VI]. Lo stesso privilegio, per quanto riguarda l'imposta di successione, non ha effetto a danno dei creditori del defunto che hanno iscritto la loro ipoteca nei tre mesi dalla morte di lui, né ha effetto a danno dei creditori che hanno esercitato il diritto di separazione dei beni del defunto da quelli dell'erede.

(1) *Articolo così sostituito dall'art. 8 l. 29 luglio 1975, n. 426.*

2773. (1) **[Crediti dei comuni e delle province per tributi].**

(1) *Articolo abrogato dall'art. 9 l. 29 luglio 1975, n. 426.*

2774. **Crediti per concessione di acque.** – [I]. I crediti dello Stato per i canoni dovuti dai concessionari di acque pubbliche o di acque derivate da canali demaniali ovvero per i lavori eseguiti d'ufficio sono privilegiati sugli impianti, in conformità delle leggi speciali [2780^n. 3^].

[II]. Tale privilegio, per quanto riguarda i canoni, non è opponibile ai terzi che hanno acquistato diritti sugli immobili anteriormente all'atto di concessione o, trattandosi di crediti per lavori, anteriormente al sorgere dei crediti stessi.

2775. **Contributi per opere di bonifica e di miglioramento.** – [I]. I crediti per i contributi indicati dall'articolo 864 sono privilegiati sugli immobili che traggono beneficio dalle opere di bonifica o di miglioramento [2780^n. 2^].

[II]. La costituzione del privilegio per le opere di miglioramento è subordinata all'osservanza delle leggi speciali (1).

(1) *V. art. 21 r.d. 13 febbraio 1933, n. 215, dichiarato incostituzionale dalla C. cost. 26 febbraio 1998, n. 26.*

2775-*bis*. (1) **Credito per mancata esecuzione di contratti preliminari.** – [I]. Nel caso di mancata esecuzione del contratto preliminare trascritto ai sensi dell'articolo 2645-*bis*, i crediti del promissario acquirente che ne conseguono hanno privilegio speciale sul bene immobile oggetto del contratto preliminare, sempre che gli effetti della trascrizione non siano cessati al momento della risoluzione del contratto risultante da atto avente data certa, ovvero al momento della domanda giudiziale di risoluzione del contratto o di condanna al pagamento ovvero al momento della trascrizione del pignoramento o al momento dell'intervento nella esecuzione promossa da terzi.

[II]. Il privilegio non è opponibile ai creditori garantiti da ipoteca relativa a mutui erogati al promissario acquirente per l'acquisto del bene immobile nonché ai creditori garantiti da ipoteca ai sensi dell'articolo 2825-*bis*.

(1) *Articolo inserito dall'art. 3[4] d.l. 31 dicembre 1996, n. 669, conv., con modif., in l. 28 febbraio 1997, n. 30.*

2776. (1) **Collocazione sussidiaria sugli immobili.** – [I]. I crediti relativi al trattamento di fine rapporto nonché all'indennità di cui all'articolo 2118 sono collocati sussidiariamente, in caso di infruttuosa esecuzione sui mobili, sul prezzo degli immobili, con preferenza rispetto ai crediti chirografari.

[II]. I crediti indicati dagli articoli 2751 e 2751-*bis*, ad eccezione di quelli indicati al precedente comma, ed i crediti per contributi dovuti a istituti, enti o fondi speciali, compresi quelli sostitutivi o integrativi, che gestiscono forme di assicurazione obbligatoria per l'invalidità, la vecchiaia ed i superstiti, di cui all'articolo 2753, sono collocati sussidiariamente, in caso di infruttuosa esecuzione sui mobili, sul prezzo degli immobili, con preferenza rispetto ai crediti chirografari, ma dopo i crediti indicati al primo comma.

[III]. I crediti dello Stato indicati dal primo e (2) dal terzo comma dell'articolo 2752 sono collocati sussidiariamente, in caso di infruttuosa esecuzione sui mobili, sul prezzo degli immobili, con preferenza rispetto ai crediti chirografari, ma dopo i crediti indicati al comma precedente.

(1) *Articolo, da ultimo, così sostituito dall'art. 1 l. 29 maggio 1982, n. 297.*

(2) *Le parole* « dal primo e » *sono state inserite dall'art. 23[39] d.l. 6 luglio 2011, n. 98, conv., con modif., in l. 15 luglio 2011, n. 111, che ha altresì disposto che la presente disposizione si osserva anche per i crediti sorti anteriormente all'entrata in vigore del suddetto decreto (6 luglio 2011).*

SEZIONE IV – *Dell'ordine dei privilegi*

2777. (1) **Preferenza delle spese di giustizia e di altri crediti.** – [I]. I crediti per spese di giustizia enunciati dagli articoli 2755 e 2770 sono preferiti ad ogni altro credito anche pignoratizio o ipotecario.

[II]. Immediatamente dopo le spese di giustizia sono collocati i crediti aventi privilegio generale mobiliare di cui all'articolo 2751-*bis* nell'ordine seguente:

a) i crediti di cui all'articolo 2751-*bis*, numero 1;

b) i crediti di cui all'articolo 2751-*bis*, numeri 2 e 3;

c) i crediti di cui all'articolo 2751-*bis*, numeri 4 e 5 (2).

[III]. I privilegi che le leggi speciali dichiarano preferiti ad ogni altro credito sono sempre posposti al privilegio per le spese di giustizia ed ai privilegi indicati nell'articolo 2751-*bis*.

(1) *Articolo così sostituito dall'art. 11 l. 29 luglio 1975, n. 426.*

(2) *V. art. 24$^{2-3}$ l. 7 dicembre 2000, n. 383, in tema di associazioni di promozione sociale.*

2778. (1) **Ordine degli altri privilegi sui mobili.** – [I]. Salvo quanto è disposto dall'articolo 2777, nel concorso di crediti aventi privilegio generale o speciale sulla medesima cosa, la prelazione si esercita nell'ordine che segue:

1) i crediti per contributi ad istituti, enti o fondi speciali — compresi quelli sostitutivi o integrativi — che gestiscono forme di assicurazione obbligatoria per l'invalidità, la vecchiaia ed i superstiti, indicati dall'articolo 2753 (2);

2) i crediti per le imposte sui redditi immobiliari, indicati dall'articolo 2771, quando il privilegio si esercita separatamente sopra i frutti, i fitti e le pigioni degli immobili;

3) (3);

4) i crediti per prestazioni e spese di conservazione e miglioramento di beni mobili, indicati dall'articolo 2756;

5) i crediti per le mercedi dovute ai lavoratori impiegati nelle opere di coltivazione e di raccolta, indicate dall'articolo 2757;

6) i crediti per sementi e materie fertilizzanti e antiparassitarie e per somministrazione di acqua per irrigazione, nonché i crediti per i lavori di coltivazione e di raccolta indicati dall'articolo 2757. Qualora tali crediti vengano in concorso tra loro, sono preferiti quelli di raccolta, seguono quelli di coltivazione e, infine, gli altri crediti indicati dallo stesso articolo;

7) i crediti per i tributi indiretti, indicati dall'articolo 2758, salvo che la legge speciale accordi un diverso grado di preferenza, e i crediti per le imposte sul reddito, indicati dall'articolo 2759;

8) i crediti per contributi dovuti a istituti ed enti per forme di tutela previdenziale e assistenziale indicati dall'articolo 2754, nonché gli accessori, limitatamente al cinquanta per cento del loro ammontare, relativi a tali crediti ed a quelli indicati dal precedente n. 1 del presente articolo (2);

9) (4);

10) i crediti dipendenti da reato, indicati dall'articolo 2768, sulle cose sequestrate, nei casi e secondo l'ordine stabiliti dal codice penale e dal codice di procedura penale;

11) i crediti per risarcimento, indicati dall'articolo 2767;

12) i crediti dell'albergatore, indicati dall'articolo 2760;

13) i crediti del vettore, del mandatario, del depositario e del sequestratario, indicati dall'articolo 2761;

14) i crediti del venditore di macchine o della banca per le anticipazioni del prezzo, indicati dall'articolo 2762;

15) i crediti per canoni enfiteutici, indicati dall'articolo 2763;

16) i crediti del locatore e i crediti del concedente dipendenti dai contratti di mezzadria e colonia, indicati rispettivamente dagli articoli 2764 e 2765;

17) i crediti per spese funebri, d'infermità, per somministrazioni ed alimenti, nell'ordine indicato dall'articolo 2751;

18) i crediti dello Stato per tributi diretti, indicati dal primo comma dell'articolo 2752;

19) i crediti dello Stato indicati dal terzo comma dell'articolo 2752;

20) i crediti degli enti locali per tributi, indicati dal quarto comma dell'articolo 2752.

(1) *Articolo così sostituito dall'art. 12 l. 29 luglio 1975, n. 426.*

(2) *L'art. 4^3 d.l. 9 ottobre 1989, n. 338, conv., con modif., nella l. 7 dicembre 1989, n. 389, così dispone: « I crediti per premi dovuti all'INAIL, di cui al numero 8) del primo comma dell'articolo 2778 del codice civile, sono collocati, per l'intero ammontare, tra quelli indicati al numero 1) del primo comma del predetto articolo ».*

(3) *Numero abrogato dall'art. 161 d.ls. 1° settembre 1993, n. 385. V. anche l'art. 44 d.ls. n. 385, cit., in materia di credito agrario e peschereccio.*

(4) *Numero abrogato dall'art. 161 d.ls. n. 385, cit.*

2779. (1) **Concorso dei privilegi con ipoteche sugli autoveicoli.** [I]. Se i privilegi indicati dall'articolo precedente concorrono con le ipoteche sugli autoveicoli, menzionate nell'articolo 2810, queste sono posposte ai privilegi menzionati nei primi dieci numeri dell'articolo 2778 e sono preferite a tutti gli altri.

(1) *Articolo così sostituito dall'art. 13 l. 29 luglio 1975, n. 426.*

2780. (1) **Ordine dei privilegi sugli immobili.** – [I]. Quando sul prezzo dello stesso immobile concorrono più crediti privilegiati, la prelazione ha luogo secondo l'ordine seguente:

1) i crediti per le imposte sui redditi immobiliari, indicati dall'articolo 2771;

2) i crediti per i contributi, indicati dall'articolo 2775;

3) i crediti dello Stato per le concessioni di acque, indicati dall'articolo 2774;

4) i crediti per i tributi indiretti, indicati dall'articolo 2772;

5) i crediti per l'imposta comunale sull'incremento di valore degli immobili (2).

5-*bis*) i crediti del promissario acquirente per mancata esecuzione dei contratti preliminari, indicati all'articolo 2775-*bis* (3).

(1) *Articolo così sostituito dall'art. 14 l. 29 luglio 1975, n. 426.*

(2) *V. art. 28 d.P.R. 26 ottobre 1972, n. 643.*

(3) *Numero aggiunto dall'art. 3[5] d.l. 31 dicembre 1996, n. 669, conv., con modif., nella l. 28 febbraio 1997, n. 30.*

2781. Concorso di privilegi speciali con crediti pignoratizi. – [I]. Qualora con crediti assistiti da privilegio speciale concorra un credito garantito con pegno [2784 ss.] e uno dei privilegi debba essere preferito rispetto al pegno, tale privilegio prevale su quegli altri che devono essere posposti al pegno, anche se anteriori di grado [234 trans.].

2782. Concorso di crediti egualmente privilegiati. – [I]. I crediti egualmente privilegiati concorrono tra loro in proporzione del rispettivo importo.

[II]. La stessa disposizione si osserva quando concorrono tra loro più crediti privilegiati ai quali le leggi speciali attribuiscono genericamente una prelazione su ogni altro credito.

2783. Preferenza non determinata dalla legge. – [I]. Quando dalla legge non risulta il grado di preferenza di un determinato privilegio speciale, esso prende grado dopo ogni altro privilegio speciale regolato nel codice.

2783-*bis*. (1) **Crediti derivanti dall'applicazione dei prelievi di cui agli articoli 49 e 50 del trattato che istituisce la Comunità europea del carbone e dell'acciaio.** – [I]. I crediti derivanti dall'applicazione dei prelievi di cui agli articoli 49 e 50 del Trattato che istituisce la Comunità europea del carbone e dell'acciaio, nonché dalle relative maggiorazioni di mora, sono equiparati, ai fini dell'applicazione delle disposizioni del presente capo, ai crediti dello Stato per l'imposta sul valore aggiunto.

(1) *Articolo inserito dall'art. 40[1] l. 29 dicembre 1990, n. 428; v. inoltre i successivi commi 2 e 3.*

2783-*ter*. (1) **Crediti dello Stato attinenti alle risorse proprie tradizionali di pertinenza del bilancio generale dell'Unione europea.** – [I]. I crediti dello Stato attinenti alle risorse proprie tradizionali di cui all'articolo 2, paragrafo 1, lettera *a*), della decisione n. 2007/436/CE/Euratom del Consiglio, del 7 giugno 2007, di pertinenza del bilancio generale dell'Unione europea sono equiparati, ai fini dell'applicazione delle disposizioni del presente capo, ai crediti dello Stato per l'imposta sul valore aggiunto.

(1) *Articolo aggiunto dall'art. 9[3] d.l. 2 marzo 2012, n. 16, conv., con modif., in l. 26 aprile 2012, n. 44.*

CAPO III – *Del pegno*

SEZIONE I – *Disposizioni generali*

2784. Nozione. – [I]. Il pegno è costituito a garanzia dell'obbligazione dal debitore o da un terzo per il debitore.

[II]. Possono essere dati in pegno i beni mobili [812], le universalità di mobili [816], i crediti e altri diritti aventi per oggetto beni mobili [813].

2785. Rinvio a leggi speciali. – [I]. Le disposizioni del presente capo non derogano alle leggi speciali concernenti casi e forme particolari di costituzione di pegno, né a quelle concernenti gli istituti autorizzati a fare prestiti sopra pegni (1).

(1) *Sulla costituzione del pegno su prodotti agricoli v. l. 24 luglio 1985, n. 401 e l. 27 marzo 2001, n. 122.*

SEZIONE II – *Del pegno dei beni mobili*

2786. Costituzione. – [I]. Il pegno si costituisce con la consegna al creditore della cosa o del documento che conferisce l'esclusiva disponibilità della cosa [1996].

[II]. La cosa o il documento possono essere anche consegnati a un terzo designato dalle parti o possono essere posti in custodia di entrambe, in modo che il costituente sia nell'impossibilità di disporne senza la cooperazione del creditore.

2787. Prelazione del creditore pignoratizio. – [I]. Il creditore ha diritto di farsi pagare con prelazione sulla cosa ricevuta in pegno [2744].

[II]. La prelazione non si può far valere se la cosa data in pegno non è rimasta in possesso del creditore o presso il terzo designato dalle parti.

[III]. Quando il credito garantito eccede la somma di 2,58 euro, la prelazione non ha luogo se il pegno non risulta da scrittura con data certa, la quale contenga sufficiente indicazione del credito e della cosa [2704].

[IV]. Se però il pegno risulta da polizza o da altra scrittura di enti che, debitamente autorizzati, compiono professionalmente operazioni di credito su pegno, la data della scrittura può essere accertata con ogni mezzo di prova.

2788. Prelazione per il credito degli interessi. – [I]. La prelazione ha luogo anche per gli interessi dell'anno in corso alla data del pignoramento [492, 518 c.p.c.] o, in mancanza di questo [502 c.p.c.], alla data della notificazione del precetto [479 ss. c.p.c.]. La prelazione ha luogo inoltre per gli interessi successivamente maturati, nei limiti della misura legale [1284], fino alla data della vendita.

2789. Rivendicazione della cosa da parte del creditore pignoratizio. – [I]. Il creditore che ha perduto il possesso della cosa ricevuta in pegno, oltre le azioni a difesa del possesso [1168 ss.], può anche esercitare l'azione di rivendicazione [948 ss.], se questa spetta al costituente [81 c.p.c.].

2790. Conservazione della cosa e spese relative. – [I]. Il creditore è tenuto a custodire la cosa ricevuta in pegno [1770], e risponde, secondo le regole generali, della perdita e del deterioramento di essa [1218 ss., 1760, 1780].

[II]. Colui che ha costituito il pegno è tenuto al rimborso delle spese occorse per la conservazione della cosa.

2791. Pegno di cosa fruttifera. – [I]. Se è data in pegno una cosa fruttifera, il creditore, salvo patto contrario, ha la facoltà di fare suoi i frutti [821], imputandoli prima alle spese e agli interessi e poi al capitale [2802].

2792. Divieto di uso e disposizione della cosa. – [I]. Il creditore non può, senza il consenso del costituente, usare della cosa [1770], salvo che l'uso sia necessario per la conservazione di essa. Egli non può darla in pegno o concederne ad altri il godimento.

[II]. In ogni caso, deve imputare l'utile ricavato prima alle spese e agli interessi e poi al capitale.

2793. Sequestro della cosa. – [I]. Se il creditore abusa della cosa data in pegno, il costituente può domandarne il sequestro [670 ss. c.p.c.].

2794. Restituzione della cosa. – [I]. Colui che ha costituito il pegno non può esigerne la restituzione, se non sono stati interamente pagati il capitale e gli interessi e non sono state rimborsate le spese relative al debito e al pegno.

[II]. Se il pegno è stato costituito dal debitore e questi ha verso lo stesso creditore un altro debito sorto dopo la costituzione del pegno e scaduto prima che sia pagato il debito anteriore, il creditore ha soltanto il diritto di ritenzione a garanzia del nuovo credito.

2795. Vendita anticipata. – [I]. Se la cosa data in pegno si deteriora in modo da far temere che essa divenga insufficiente alla sicurezza del creditore, questi, previo avviso a colui che ha costituito il pegno, può chiedere al giudice l'autorizzazione a vendere la cosa.

[II]. Con il provvedimento che autorizza la vendita il giudice dispone anche circa il deposito del prezzo a garanzia del credito. Il costituente può evitare la vendita e farsi restituire il pegno, offrendo altra garanzia reale che il giudice riconosca idonea.

[III]. Il costituente può del pari, in caso di deterioramento o di diminuzione di valore della cosa data in pegno, domandare al giudice l'autorizzazione a venderla oppure chiedere la restituzione del pegno, offrendo altra garanzia reale che il giudice riconosca idonea.

[IV]. Il costituente può chiedere al giudice l'autorizzazione a vendere la cosa, qualora si presenti un'occasione favorevole. Con il provvedimento di autorizzazione il giudice dispone le condizioni della vendita e il deposito del prezzo [530 c.p.c.].

2796. Vendita della cosa. – [I]. Il creditore per il conseguimento di quanto gli è dovuto può far vendere la cosa ricevuta in pegno secondo le forme stabilite dall'articolo seguente [2744; 502 c.p.c.].

2797. Forme della vendita. – [I]. Prima di procedere alla vendita il creditore, a mezzo di ufficiale giudiziario, deve intimare al debitore di pagare il debito e gli accessori, avvertendolo che, in mancanza, si procederà alla vendita. L'intimazione deve essere notificata anche al terzo che abbia costituito il pegno.

[II]. Se entro cinque giorni dall'intimazione non è proposta opposizione, o se questa è rigettata, il creditore può far vendere la cosa al pubblico incanto, o, se la cosa ha un prezzo di mercato, anche a prezzo corrente [1515], a mezzo di persona autorizzata a tali atti [83 att.]. Se il debitore non ha residenza o domicilio eletto nel luogo di residenza del creditore, il termine per l'opposizione è determinato a norma dell'articolo 166 (1) del codice di procedura civile.

[III]. Il giudice, sull'opposizione del costituente, può limitare la vendita a quella tra più cose date in pegno, il cui valore basti a pagare il debito.

[IV]. Per la vendita della cosa data in pegno le parti possono convenire forme diverse [2744].

(1) *Ad opera della l. 14 luglio 1950, n. 581 il richiamo all'art. 166 c.p.c. va inteso all'art. 163-*bis *c.p.c.*

2798. Assegnazione della cosa in pagamento. – [I]. Il creditore può sempre domandare al giudice che la cosa gli venga assegnata in pagamento [2925 ss.; 505 ss. c.p.c.] fino alla concorrenza del debito, secondo la stima da farsi con perizia o secondo il prezzo corrente, se la cosa ha un prezzo di mercato [2744].

2799. Indivisibilità del pegno. – [I]. Il pegno è indivisibile e garantisce il credito finché questo non è integralmente soddisfatto, anche se il debito o la cosa data in pegno è divisibile [1849].

SEZIONE III – *Del pegno di crediti e di altri diritti*

2800. (1) **Condizioni della prelazione.** – [I]. Nel pegno di crediti la prelazione non ha luogo, se non quando il pegno risulta da atto scritto e la costituzione di esso è stata notificata al debitore del credito dato in pegno ovvero è stata da questo accettata con scrittura avente data certa [1265, 2704].

(1) *In deroga alle disposizioni di cui al presente articolo, v. l'art. 3[1] d.l. 9 ottobre 2008, n. 155, conv., con modif., in l. 4 dicembre 2008, n. 190 e l'art. 8 d.l. 6 dicembre 2011, n. 201, conv., con modif., in l. 22 dicembre 2011, n. 214.*

2801. Consegna del documento. – [I]. Se il credito costituito in pegno risulta da un documento, il costituente è tenuto a consegnarlo al creditore.

2802. Riscossione d'interessi e di prestazioni periodiche. – [I]. Il creditore pignoratizio è tenuto a riscuotere gli interessi del credito o le altre prestazioni periodiche, imputandone l'ammontare in primo luogo alle spese e agli interessi e poi al capitale [2791]. Egli è tenuto a compiere gli atti conservativi del credito ricevuto in pegno.

2803. Riscossione del credito dato in pegno. – [I]. Il creditore pignoratizio è tenuto a riscuotere, alla scadenza, il credito ricevuto in pegno e, se questo ha per oggetto danaro o altre cose fungibili, deve, a richiesta del debitore, effettuarne il deposito nel luogo stabilito d'accordo o altrimenti determinato dall'autorità giudiziaria. Se il credito garantito è scaduto, il creditore può ritenere del danaro ricevuto quanto basta per il soddisfacimento delle sue ragioni e restituire il residuo al costituente o, se si tratta di cose diverse dal danaro, può farle vendere o chiederne l'assegnazione secondo le norme degli articoli 2797 e 2798.

2804. Assegnazione o vendita del credito dato in pegno. – [i]. Il creditore pignoratizio non soddisfatto può in ogni caso chiedere che gli sia assegnato in pagamento il credito ricevuto in pegno, fino a concorrenza del suo credito [2798, 2928].

[ii]. Se il credito non è ancora scaduto, egli può anche farlo vendere nelle forme stabilite dall'articolo 2797.

2805. Eccezioni opponibili dal debitore del credito dato in pegno. – [i]. Il debitore del credito dato in pegno può opporre al creditore pignoratizio le eccezioni che gli spetterebbero contro il proprio creditore [1250, 1254].

[ii]. Se il debitore medesimo ha accettato senza riserve la costituzione del pegno, non può opporre al creditore pignoratizio la compensazione [1248] verificatasi anteriormente.

2806. Pegno di diritti diversi dai crediti. – [i]. Il pegno di diritti diversi dai crediti si costituisce nella forma rispettivamente richiesta per il trasferimento dei diritti stessi, fermo il disposto del terzo comma dell'articolo 2787.

[ii]. Sono salve le disposizioni delle leggi speciali.

2807. Norme applicabili al pegno di crediti. – [i]. Per tutto ciò che non è regolato nella presente sezione si osservano, in quanto applicabili, le norme della sezione precedente [2786 ss.].

Capo IV – *Delle ipoteche*

Sezione I – *Disposizioni generali*

2808. Costituzione ed effetti dell'ipoteca. – [i]. L'ipoteca attribuisce al creditore il diritto di espropriare, anche in confronto del terzo acquirente, i beni vincolati a garanzia del suo credito [555 ss. c.p.c.] e di essere soddisfatto con preferenza sul prezzo ricavato dall'espropriazione [518; 54 att.; 238 trans.; 596 ss. c.p.c.].

[ii]. L'ipoteca può avere per oggetto beni del debitore o di un terzo [2868 ss.] e si costituisce mediante iscrizione nei registri immobiliari [2827 ss.].

[iii]. L'ipoteca è legale [2817], giudiziale [2818 ss.] o volontaria [2821 ss.].

2809. Specialità e indivisibilità dell'ipoteca. – [I]. L'ipoteca deve essere iscritta su beni specialmente indicati e per una somma determinata in danaro [2826, 2838, 2839].

[II]. Essa è indivisibile e sussiste per intero sopra tutti i beni vincolati, sopra ciascuno di essi e sopra ogni loro parte.

2810. Oggetto dell'ipoteca. – [I]. Sono capaci d'ipoteca:

1) i beni immobili che sono in commercio con le loro pertinenze [812, 817];

2) l'usufrutto dei beni stessi [326, 978 ss.];

3) il diritto di superficie [952 ss.];

4) il diritto dell'enfiteuta e quello del concedente sul fondo enfiteutico [957 ss.].

[II]. Sono anche capaci d'ipoteca le rendite dello Stato nel modo determinato dalle leggi relative al debito pubblico, e inoltre le navi [565 ss. c. nav.], gli aeromobili [1027 ss. c. nav.] e gli autoveicoli, secondo le leggi che li riguardano (1).

[III]. Sono considerati ipoteche i privilegi iscritti sugli autoveicoli a norma della legge speciale [2779] (2).

(1) *Sul debito pubblico v. d.P.R. 30 dicembre 2003, n. 398.*
(2) *V. artt. 11 ss. r.d. 29 luglio 1927, n. 1814.*

2811. Miglioramenti e accessioni. – [I]. L'ipoteca si estende ai miglioramenti, nonché alle costruzioni e alle altre accessioni [934 ss.] dell'immobile ipotecato, salve le eccezioni stabilite dalla legge [2816, 2873^3].

2812. Diritti costituiti sulla cosa ipotecata. – [I]. Le servitù [1207 ss.] di cui sia stata trascritta la costituzione dopo l'iscrizione dell'ipoteca non sono opponibili al creditore ipotecario, il quale può far subastare la cosa come libera. La stessa disposizione si applica per i diritti di usufrutto, di uso e di abitazione [978 ss., 1021 ss.].

[II]. Tali diritti si estinguono con la espropriazione del fondo [555 ss. c.p.c.] e i titolari sono ammessi a far valere le loro ragioni sul ricavato, con preferenza rispetto alle ipoteche iscritte posteriormente alla trascrizione dei diritti medesimi.

[III]. Per coloro che hanno acquistato il diritto di superficie [952 ss.] o il diritto d'enfiteusi [957 ss.] sui beni soggetti all'ipoteca e hanno trascritto l'acquisto posteriormente all'iscrizione dell'ipoteca, si osservano le disposizioni relative ai terzi acquirenti [2858 ss.].

[IV]. Le cessioni e le liberazioni di pigioni e di fitti non scaduti [1605], che non siano trascritte o siano inferiori al triennio, sono opponibili ai creditori ipotecari solo se hanno data certa anteriore al pignoramento e per un termine non superiore a un anno dal giorno del pignoramento [2924].

[V]. Le cessioni e le liberazioni trascritte non sono opponibili ai creditori ipotecari anteriori alla trascrizione, se non per il termine stabilito dal comma precedente [238 trans.].

2813. Pericolo di danno alle cose ipotecate. – [I]. Qualora il debitore o un terzo compia atti da cui possa derivare il perimento o il deterioramento dei beni ipotecati, il creditore può domandare all'autorità giudiziaria che ordini la cessazione di tali atti o disponga le cautele necessarie per evitare il pregiudizio della sua garanzia [1186, 2743].

2814. Ipoteca sull'usufrutto e sulla nuda proprietà. – [I]. Le ipoteche costituite sull'usufrutto si estinguono col cessare di questo [1014 ss.]. Tuttavia, se la cessazione si verifica per rinunzia o per abuso da parte dell'usufruttuario [1015] ovvero per acquisto della nuda proprietà da parte del medesimo, l'ipoteca perdura fino a che non si verifichi l'evento che avrebbe altrimenti prodotto l'estinzione dell'usufrutto.

[II]. Se la nuda proprietà è gravata da ipoteca, questa, avvenendo l'estinzione dell'usufrutto, si estende alla piena proprietà. Ma nei casi in cui, secondo la disposizione del comma precedente, perdura l'ipoteca costituita sull'usufrutto, l'estensione non pregiudica il credito garantito con l'ipoteca stessa.

2815. Ipoteca sul diritto del concedente e sul diritto dell'enfiteuta. – [I]. Nel caso di affrancazione [971], le ipoteche gravanti sul diritto del concedente si risolvono sul prezzo dovuto per l'affrancazione; le ipoteche gravanti sul diritto dell'enfiteuta si estendono alla piena proprietà.

[II]. Nel caso di devoluzione [972] o di cessazione dell'enfiteusi per decorso del termine [958], le ipoteche gravanti sul diritto dell'enfiteuta si risolvono sul prezzo dovuto per i miglioramenti, senza deduzione di quanto è dovuto al concedente per i canoni non soddisfatti. Il prezzo dei miglioramenti, se da atto scritto non risulta concordato con i creditori ipotecari, deve determinarsi giudizialmente, anche in contraddittorio dei medesimi. Le ipoteche gravanti sul diritto del concedente si estendono alla piena proprietà.

[III]. Quando l'enfiteusi si estingue per prescrizione [970], si estinguono le ipoteche che gravano sul diritto dell'enfiteuta.

[IV]. Se per causa diversa da quelle sopra indicate vengono a riunirsi in una medesima persona il diritto del concedente e il diritto dell'enfiteuta, le ipoteche gravanti sull'uno e sull'altro continuano a gravarli separatamente; ma se l'ipoteca grava soltanto sull'uno o sull'altro diritto, essa si estende alla piena proprietà.

2816. Ipoteca sul diritto di superficie. – [I]. Le ipoteche che hanno per oggetto il diritto di superficie [952 ss.] si estinguono nel caso di devoluzione della superficie al proprietario del suolo per decorso del termine [954]. Se però il superficiario ha diritto a un corrispettivo, le ipoteche iscritte contro di lui si risolvono sul corrispettivo medesimo. Le ipoteche iscritte contro il proprietario del suolo non si estendono alla superficie.

[II]. Se per altre cause si riuniscono nella medesima persona il diritto del proprietario del suolo e quello del superficiario, le ipoteche sull'uno e sull'altro diritto continuano a gravare separatamente i diritti stessi.

SEZIONE II – *Dell'ipoteca legale*

2817. (1) **Persone a cui compete.** – [I]. Hanno ipoteca legale:

1) l'alienante sopra gli immobili alienati per l'adempimento degli obblighi che derivano dall'atto di alienazione [2650^3, 2834];

2) i coeredi, i soci ed altri condividenti per il pagamento dei conguagli sopra gli immobili assegnati ai condividenti ai quali incombe tale obbligo [728, 2650^3, 2834];

3) lo Stato sopra i beni dell'imputato e della persona civilmente responsabile, secondo le disposizioni del codice penale [189 c.p.] e del codice di procedura penale [316-320 c.p.p.] (2).

(1) *Articolo così sostituito dall'art. 208 l. 19 maggio 1975, n. 151.*

(2) *Numero ora privo di oggetto ai sensi dell'art. 218 coord. c.p.p. che ha sostituito l'ipoteca legale per illeciti penali con il sequestro conservativo.*

SEZIONE III – *Dell'ipoteca giudiziale*

2818. Provvedimenti da cui deriva. – [I]. Ogni sentenza che porta condanna al pagamento di una somma o all'adempimento di altra obbligazione ovvero al risarcimento dei danni da liquidarsi successivamente [278 c.p.c.] è titolo per iscrivere ipoteca sui beni del debitore [156^5, 2828, 2830; 96^2 c.p.c.] (1).

[II]. Lo stesso ha luogo per gli altri provvedimenti giudiziali ai quali la legge attribuisce tale effetto [2836; 655 c.p.c.].

(1) *V. art. 8^2 l. 1° dicembre 1970, n. 898.*

2819. Sentenze arbitrali. – [I]. Si può iscrivere ipoteca in base al lodo degli arbitri, quando è stato reso esecutivo [825 c.p.c.].

2820. Sentenze straniere. – [I]. Si può parimenti iscrivere ipoteca in base alle sentenze pronunziate dalle autorità giudiziarie straniere, dopo che ne è stata di chiarata l'efficacia dall'autorità giudiziaria italiana, salvo che le convenzioni internazionali dispongano diversamente [797 c.p.c.].

SEZIONE IV – *Dell'ipoteca volontaria*

2821. Concessione d'ipoteca. – [I]. L'ipoteca può essere concessa anche mediante dichiarazione unilaterale. La concessione deve farsi per atto pubblico [2699 ss.] o per scrittura privata [2702 ss.], sotto pena di nullità [41 c. nav.].

[II]. Non può essere concessa per testamento.

2822. Ipoteca su beni altrui. – [I]. Se l'ipoteca è concessa da chi non è proprietario della cosa, l'iscrizione può essere validamente presa solo quando la cosa è acquistata dal concedente.

[II]. Se l'ipoteca è concessa da persona che agisce come rappresentante senza averne la qualità, l'iscrizione può essere validamente presa solo quando il proprietario ha ratificato la concessione [1398, 1399].

2823. Ipoteca su beni futuri. – [I]. L'ipoteca su cosa futura può essere validamente iscritta solo quando la cosa è venuta a esistenza [458, 1348].

2824. Ipoteca iscritta in base a titolo annullabile. – [I]. L'iscrizione d'ipoteca eseguita in virtù di un titolo annullabile [1425 ss.] rimane convalidata con la convalida del titolo [1444].

2825. Ipoteca su beni indivisi. – [I]. La ipoteca costituita sulla propria quota da uno dei partecipanti alla comunione [1103] produce effetto rispetto a quei beni o a quella porzione di beni che a lui verranno assegnati nella divisione [757].

[II]. Se nella divisione [1111 ss.] sono assegnati a un partecipante beni diversi da quello da lui ipotecato, l'ipoteca si trasferisce su questi altri beni, col grado derivante dall'originaria iscrizione e nei limiti del valore del bene in precedenza ipotecato, quale risulta dalla divisione, purché l'ipoteca sia nuovamente iscritta con la indicazione di detto valore entro novanta giorni dalla trascrizione della divisione medesima.

[III]. Il trasferimento però non pregiudica le ipoteche iscritte contro tutti i partecipanti, né l'ipoteca legale spettante ai condividenti per i conguagli [2817 n. 2].

[IV]. I creditori ipotecari e i cessionari di un partecipante [1113], al quale siano stati assegnati beni diversi da quelli ipotecati o ceduti, possono far valere le loro ragioni anche sulle somme a lui dovute per conguagli o, qualora sia stata attribuita una somma di danaro in luogo di beni in natura, possono far valere le loro ragioni su tale somma, con prelazione determinata dalla data di iscrizione o di trascrizione dei titoli rispettivi, nel limite però del valore dei beni precedentemente ipotecati o ceduti.

[V]. I debitori delle somme sono tuttavia liberati quando le abbiano pagate al condividente dopo trenta giorni da che la divisione è stata notificata ai creditori ipotecari o ai cessionari senza che da costoro sia stata fatta opposizione [239 trans.].

2825-*bis*. (1) **Ipoteca sul bene oggetto di contratto preliminare.** [I]. L'ipoteca iscritta su edificio o complesso condominiale, anche da costruire o in corso di costruzione, a garanzia di finanziamento dell'intervento edilizio ai sensi degli articoli 38 e seguenti del decreto legislativo 1° settembre 1993, n. 385, prevale sulla trascrizione anteriore dei contratti preliminari di cui all'articolo 2645-*bis*, limitatamente alla quota di debito derivante dal suddetto finanziamento che il promissario acquirente si sia accollata con il contratto preliminare o con altro atto successivo eventualmente adeguata ai sensi dell'articolo 39, comma 3, del citato decreto legi slativo n. 385 del 1993. Se l'accollo risulta da atto successivo, questo è annotato in margine alla trascrizione del contratto preliminare.

(1) *Articolo inserito dall'art. 3[3] d.l. 31 dicembre 1996, n. 669, conv., con modif., nella l. 28 febbraio 1997, n. 30.*

2826. (1) **Indicazioni dell'immobile ipotecato.** – [I]. Nell'atto di concessione dell'ipoteca l'immobile deve essere specificamente designato con l'indicazione della sua natura, del comune in cui si trova, nonché dei dati di identificazione catastale; per i fabbricati in corso di costruzione devono essere indicati i dati di identificazione catastale del terreno su cui insistono.

(1) *Articolo così sostituito dall'art. 13 l. 27 febbraio 1985, n. 52.*

SEZIONE V – *Dell'iscrizione e rinnovazione delle ipoteche*

§ 1. – *Dell'iscrizione*

2827. Luogo dell'iscrizione. – [I]. L'ipoteca si iscrive nell'ufficio dei registri immobiliari del luogo in cui si trova l'immobile [2839].

2828. Immobili su cui può iscriversi l'ipoteca giudiziale. – [I]. L'ipoteca giudiziale si può iscrivere su qualunque degli immobili [812 ss.] appartenenti al debitore e su quelli che gli pervengono successivamente alla condanna, a misura che egli li acquista.

2829. Iscrizione sui beni del defunto. – [I]. L'iscrizione d'ipoteca sui beni di un defunto può eseguirsi con la semplice indicazione della sua persona, osservate per il resto le regole ordinarie. Se però risulta trascritto l'acquisto dei beni da parte degli eredi [2648], l'iscrizione deve eseguirsi contro costoro.

2830. Ipoteca giudiziale sui beni dell'eredità beneficiata e dell'eredità giacente. – [I]. Se l'eredità è accettata con beneficio d'inventario [484 ss.] o se si tratta di eredità giacente [528 ss.], non possono essere iscritte ipoteche giudiziali [2818 ss.] sui beni ereditari, neppure in base a sentenze pronunziate anteriormente alla morte del debitore.

2831. Ipoteca a garanzia di obbligazioni all'ordine o al portatore. – [I]. Le obbligazioni risultanti dai titoli all'ordine [2008 ss.] o al portatore [2003 ss.] possono essere garantite con ipoteca.

[II]. Per i titoli all'ordine l'ipoteca è iscritta a favore dell'attuale possessore e si trasmette ai successivi possessori; questi non sono tenuti a effettuare l'annotazione prevista dall'articolo 2843.

[III]. Per i titoli al portatore l'ipoteca a favore degli obbligazionisti è iscritta con l'indicazione dell'emittente, della data dell'atto di emissione, della serie, del numero e del valore delle obbligazioni emesse. In margine all'iscrizione deve essere annotato il nome del rappresentante degli obbligazionisti, appena questo sia nominato [2415, 2417, 2418]. Per l'annotazione deve presentarsi copia della deliberazione o del provvedimento giudiziale di nomina [2845].

2832. (1) **[Iscrizione dell'ipoteca legale della moglie].**

(1) *Articolo abrogato dall'art. 209 l. 19 maggio 1975, n. 151.*

2833. (1) **[Responsabilità per mancata iscrizione].**

(1) *Articolo abrogato dall'art. 209 l. 19 maggio 1975, n. 151.*

2834. (1) **Iscrizione dell'ipoteca legale dell'alienante e del condividente.** – [I]. Il conservatore dei registri immobiliari, nel trascrivere un atto di alienazione o di divisione, deve iscrivere d'ufficio l'ipoteca legale che spetta all'alienante o al condividente a norma dei numeri 1 e 2 dell'articolo 2817, a meno che gli sia presentato un atto pubblico o una scrittura privata con sottoscrizione autenticata o accertata giudizialmente, da cui risulti che gli obblighi sono stati adempiuti o che vi è stata rinunzia all'ipoteca da parte dell'alienante o del condividente.

(1) *Articolo così sostituito dall'art. 4 l. 21 gennaio 1983, n. 22.*

2835. Iscrizione in base a scrittura privata. – [I]. Se il titolo per l'iscrizione risulta da scrittura privata [2702 ss.], la sottoscrizione di chi ha concesso l'ipoteca deve essere autenticata [2703] o accertata giudizialmente [214 ss. c.p.c.].

[II]. Il richiedente deve presentare la scrittura originale o, se questa è depositata in pubblico archivio o negli atti d'un notaio, una copia autenticata, con la certificazione che ricorrono i requisiti innanzi indicati.

[III]. L'originale o la copia rimane in deposito nell'ufficio dei registri immobiliari [2663].

2836. Iscrizione in base ad atto pubblico o a sentenza. – [I]. Se il titolo per l'iscrizione risulta da un atto pubblico ricevuto nello Stato [2699 ss.] o da una sentenza [131 ss. c.p.c.] o da altro provvedimento giudiziale ad essa parificato [655 c.p.c.], si deve presentare copia del titolo (1).

(1) *Seguiva un originario secondo comma abrogato dall'art. 30 l. 27 febbraio 1985, n. 52.*

2837. Atti formati all'estero. – [I]. Gli atti formati in paese estero [804 c.p.c.] che si presentano per l'iscrizione devono essere legalizzati (1).

(1) *V.* sub *art. 2657. V., inoltre, l'art. 33 d.P.R. 28 dicembre 2000, n. 445.*

2838. Somma per cui l'iscrizione è eseguita. – [I]. Se la somma di danaro non è altrimenti determinata negli atti in base ai quali è eseguita l'iscrizione o in atto successivo, essa è determinata dal creditore nella nota per la iscrizione [2839 n. 4].

[II]. Qualora tra la somma enunciata nell'atto e quella enunciata nella nota vi sia divergenza, l'iscrizione ha efficacia per la somma minore.

2839. (1) **Formalità per l'iscrizione dell'ipoteca.** – [I]. Per eseguire l'iscrizione deve presentarsi il titolo costitutivo insieme con una nota sottoscritta dal richiedente in doppio originale.

[II]. La nota deve indicare:

1) il cognome, il nome, il luogo e la data di nascita (2) e il numero di codice fiscale del creditore, del debitore e dell'eventuale terzo datore di ipoteca; la denominazione o la ragione sociale, la sede e il numero di codice fiscale delle persone giuridiche, delle società previste dai capi II, III e IV del titolo V del libro quinto e delle associa-

zioni non riconosciute, con l'indicazione, per queste ultime e per le società semplici, anche delle generalità delle persone che le rappresentano secondo l'atto costitutivo.

Per le obbligazioni all'ordine [2008 ss.] o al portatore [2003 ss.] si devono osservare le norme dell'articolo 2831. Per le obbligazioni all'ordine si deve inoltre esibire il titolo al conservatore, il quale vi annota l'eseguita iscrizione dell'ipoteca. Per le obbligazioni al portatore si deve presentare copia dell'atto di emissione e del piano di ammortamento;

2) il domicilio eletto dal creditore nella circoscrizione del tribunale in cui ha sede l'ufficio dei registri immobiliari;

3) il titolo, la sua data e il nome del pubblico ufficiale che lo ha ricevuto o autenticato;

4) l'importo della somma per la quale l'iscrizione è presa [2838];

5) gli interessi e le annualità che il credito produce;

6) il tempo della esigibilità;

7) la natura e la situazione dei beni gravati, con le indicazioni prescritte dall'articolo 2826.

(1) *Articolo così sostituito dall'art. 14 l. 27 febbraio 1985, n. 52.*

(2) *V. art. 108 d.P.R. 3 novembre 2000, n. 396 in materia di revisione e semplificazione dell'ordinamento dello stato civile.*

2840. Certificato dell'iscrizione. – [I]. Eseguita l'iscrizione, il conservatore restituisce al richiedente uno degli originali della nota, certificando, in calce al medesimo, la data e il numero d'ordine dell'iscrizione.

[II]. I titoli consegnati al conservatore sono custoditi secondo quanto è disposto dall'articolo 2664.

2841. Omissioni e inesattezze nei titoli o nelle note. – [I]. L'omissione o l'inesattezza di alcune delle indicazioni nel titolo, in base al quale è presa l'iscrizione, o nella nota non nuoce alla validità dell'iscrizione, salvo che induca incertezza sulla persona del creditore o del debitore o sull'ammontare del credito ovvero sulla persona del proprietario del bene gravato, quando l'indicazione ne è necessaria, o sull'identità dei singoli beni gravati.

[II]. Nel caso di altre omissioni o inesattezze, si può ordinare la rettificazione a istanza e a spese della parte interessata [2886[2]].

2842. Variazione del domicilio eletto. – [I]. È in facoltà del creditore, del suo mandatario o del suo erede o avente causa di variare il domicilio eletto nell'iscrizione, sostituendone un altro nella stessa circoscrizione.

[II]. Il cambiamento deve essere annotato dal conservatore in margine o in calce all'iscrizione.

[III]. La dichiarazione circa il cambiamento del domicilio deve risultare da atto ricevuto o autenticato da notaio e deve rimanere depositata nell'ufficio del conservatore.

2843. (1) **Annotazione di cessione, di surrogazione e di altri atti dispositivi del credito.** – [I]. La trasmissione o il vincolo dell'ipoteca per cessione [1260 ss.], surrogazione [1201 ss.], pegno [2800 ss.], postergazione di grado o costituzione in dote [166-*bis*] del credito ipotecario, nonché per sequestro [2905 s.; 671 ss. c.p.c.], pignoramento [492 ss. c.p.c.] o assegnazione [2925 ss.; 505 ss. c.p.c.] del credito medesimo si deve annotare in margine all'iscrizione della ipoteca.

[II]. La trasmissione o il vincolo dell'ipoteca non ha effetto finché l'annotazione non sia stata eseguita. Dopo l'annotazione la iscrizione non si può cancellare senza il consenso dei titolari dei diritti indicati nella annotazione medesima [2879^{2}] e le intimazioni o notificazioni che occorrono in dipendenza dell'iscrizione devono essere loro fatte nel domicilio eletto.

[III]. Per l'annotazione deve essere consegnata al conservatore copia del titolo e qualora questo sia una scrittura privata o un atto formato in paese estero, si applicano le disposizioni degli articoli 2835 e 2837 [54 att.].

(1) *In tema di misure per la stabilità del sistema creditizio, v. l'art. 8 d.l. 6 dicembre 2011, n. 201, conv., con modif., in l. 22 dicembre 2011, n. 214.*

2844. **Azioni e notificazioni.** – [I]. Le azioni a cui le iscrizioni possono dar luogo contro i creditori sono promosse davanti all'autorità giudiziaria competente, per mezzo di citazione [163 c.p.c.] da farsi alla persona in mani proprie o all'ultimo domicilio da essi eletto.

[II]. La stessa disposizione si applica per ogni altra notificazione relativa alle dette iscrizioni.

[III]. Se non è stata fatta elezione di domicilio o se è morta la persona ovvero è cessato l'ufficio presso cui si era eletto il domicilio, le citazioni e le notificazioni possono essere fatte all'ufficio presso il quale l'iscrizione è stata presa.

[IV]. Se si tratta di giudizio promosso dal debitore contro il suo creditore per la riduzione dell'ipoteca [2872 ss.] o per la cancellazione totale o parziale dell'iscrizione [2884], il creditore deve essere citato nei modi ordinari stabiliti dal codice di procedura civile [163 ss. c.p.c.].

2845. Notificazioni relative a iscrizioni per obbligazioni all'ordine e al portatore. – [I]. Se l'iscrizione è presa per obbligazioni risultanti da titoli all'ordine [2008 ss.], le citazioni e notificazioni previste dall'articolo precedente devono farsi nei confronti di chi ha preso l'iscrizione a norma degli articoli 2831 e 2839, salvo che dai registri risulti l'annotazione a favore di un possessore successivo.

[II]. Se si tratta di obbligazioni al portatore [2003 ss., 2414 ss.], le citazioni e le notificazioni devono essere fatte al rappresentante degli obbligazionisti il cui nome è annotato in margine all'iscrizione [2831]. Le citazioni e le notificazioni devono essere iscritte nel registro delle imprese [2188 ss.] e pubblicate per estratto in un giornale quotidiano designato dall'autorità giudiziaria.

[III]. Se manca per qualsiasi causa il rappresentante o il nome di lui non è stato annotato in margine alla iscrizione dell'ipoteca, le citazioni e le notificazioni sono fatte nei confronti di un curatore da nominarsi dall'autorità giudiziaria. Il decreto di nomina del curatore deve essere pubblicato con le modalità prescritte nel comma precedente.

2846. Spese d'iscrizione. – [I]. Le spese d'iscrizione dell'ipoteca sono a carico del debitore, se non vi è patto contrario, ma devono essere anticipate dal richiedente.

§ 2. – *Della rinnovazione*

2847. (1) **Durata dell'efficacia dell'iscrizione.** – [I]. L'iscrizione conserva il suo effetto per venti anni dalla sua data. L'effetto cessa se l'iscrizione non è rinnovata [2850] prima che scada detto termine [240 trans.].

(1) *In deroga al presente articolo, v. art. 40-*bis[1] *d.ls. 1° settembre 1993, n. 385, in tema di cancellazione delle ipoteche. V. anche art. 120-*ter *d.ls. n. 385, cit., in tema di estinzione anticipata dei mutui immobiliari.*

2848. Nuova iscrizione dell'ipoteca. – [I]. Nonostante il decorso del termine indicato dall'articolo precedente, il creditore può procedere a nuova iscrizione; in tal caso l'ipoteca prende grado dalla data della nuova iscrizione.

[II]. La nuova iscrizione non può essere presa contro i terzi acquirenti dell'immobile ipotecato che hanno trascritto il loro titolo.

2849. (1) **[Durata dell'ipoteca legale della moglie].**

(1) *Articolo abrogato dall'art. 209 l. 19 maggio 1975, n. 151.*

2850. Formalità per la rinnovazione. – [I]. Per ottenere la rinnovazione si presenta al conservatore una nota in doppio originale conforme a quella della precedente iscrizione, in cui si dichiari che s'intende rinnovare l'iscrizione originaria.

[II]. In luogo del titolo si può presentare la nota precedente [2839].

[III]. Il conservatore deve osservare le disposizioni dell'articolo 2840.

2851. Rinnovazione rispetto a beni trasferiti agli eredi o aventi causa. – [I]. Se al tempo della rinnovazione gli immobili ipotecati risultano dai registri delle trascrizioni passati agli eredi del debitore o ai suoi aventi causa, la rinnovazione deve essere fatta anche nei confronti degli eredi o aventi causa e la nota deve contenere le indicazioni stabilite dall'articolo 2839, se queste risultano dai registri medesimi.

SEZIONE VI – *Dell'ordine delle ipoteche*

2852. Grado dell'ipoteca. – [I]. L'ipoteca prende grado [2853] dal momento della sua iscrizione, anche se è iscritta per un credito condizionale. La stessa norma si applica per i crediti che possano eventualmente nascere in dipendenza di un rapporto già esistente.

2853. Richieste contemporanee d'iscrizione. – [I]. Il numero d'ordine delle iscrizioni determina il loro grado. Nondimeno, se più persone presentano contemporaneamente la nota per ottenere iscrizione contro la stessa persona o sugli stessi immobili, le iscrizioni sono eseguite sotto lo stesso numero, e di ciò si fa menzione nella ricevuta spedita dal conservatore a ciascuno dei richiedenti [2854].

2854. Ipoteche iscritte nello stesso grado. – [I]. I crediti con iscrizione ipotecaria dello stesso grado sugli stessi beni concorrono tra loro in proporzione dell'importo relativo.

2855. Estensione degli effetti della iscrizione. – [I]. L'iscrizione del credito fa collocare nello stesso grado le spese dell'atto di costituzione d'ipoteca, quelle della iscrizione [2846] e rinnovazione [2847] e quelle ordinarie occorrenti per l'intervento nel processo di esecuzione. Per il credito di maggiori spese giudiziali le parti possono estendere l'ipoteca con patto espresso, purché sia presa la corrispondente iscrizione.

[II]. Qualunque sia la specie d'ipoteca, l'iscrizione di un capitale che produce interessi fa collocare nello stesso grado gli interessi dovuti, purché ne sia enunciata la misura nell'iscrizione. La collocazione degli interessi è limitata alle due annate anteriori e a quella in corso al giorno del pignoramento [491 ss. c.p.c.], ancorché sia stata pattuita l'estensione a un maggior numero di annualità; le iscrizioni particolari prese per altri arretrati hanno effetto dalla loro data.

[III]. L'iscrizione del capitale fa pure collocare nello stesso grado gli interessi maturati dopo il compimento dell'annata in corso alla data del pignoramento, però soltanto nella misura legale [1284] e fino alla data della vendita [241 trans.].

2856. **Surrogazione del creditore perdente.** – [I]. Il creditore che ha ipoteca sopra uno o più immobili, qualora si trovi perdente perché sul loro prezzo si è in tutto o in parte soddisfatto un creditore anteriore, la cui ipoteca si estendeva ad altri beni dello stesso debitore, può surrogarsi nell'ipoteca iscritta a favore del creditore soddisfatto, al fine di esercitare l'azione ipotecaria su questi altri beni con preferenza rispetto ai creditori posteriori alla propria iscrizione. Lo stesso diritto spetta ai creditori perdenti in seguito alla detta surrogazione.

[II]. Questa disposizione si applica anche ai creditori perdenti per causa di privilegi immobiliari [2770 ss.].

2857. **Limiti della surrogazione.** – [I]. La surrogazione non si può esercitare sui beni dati in ipoteca da un terzo, né sui beni alienati dal debitore, quando l'alienazione è stata trascritta anteriormente all'iscrizione del creditore perdente.

[II]. Trattandosi di beni acquistati dal debitore posteriormente a detta iscrizione, se il creditore soddisfatto aveva esteso a essi la sua ipoteca giudiziale [2828], il creditore perdente può esercitare la surrogazione anche su tali beni.

[III]. Per far valere il diritto alla surrogazione deve essere eseguita annotazione in margine alla ipoteca del creditore soddisfatto; per l'annotazione deve presentarsi al conservatore copia dello stato di graduazione dal quale risulta l'incapienza [2843].

SEZIONE VII – *Degli effetti dell'ipoteca rispetto al terzo acquirente*

2858. **Facoltà del terzo acquirente.** – [I]. Il terzo acquirente dei beni ipotecati, che ha trascritto [2643 ss.] il suo titolo di acquisto e non è personalmente obbligato, se non preferisce pagare i creditori iscritti [2827 ss., 2852 ss.], può rilasciare [2861 ss.] i beni stessi ovvero liberarli dalle ipoteche, osservando le norme contenute nella sezione XII di questo capo [2889 ss.]. In mancanza, l'espropriazione segue contro di lui secondo le forme prescritte dal codice di procedura civile [242 trans.; 602 ss. c.p.c.].

2859. Eccezioni opponibili dal terzo acquirente. – [I]. Se la domanda diretta a ottenere la condanna del debitore è posteriore alla trascrizione del titolo del terzo acquirente, questi, ove non abbia preso parte al giudizio, può opporre al creditore procedente tutte le eccezioni non opposte dal debitore e quelle altresì che spetterebbero a questo dopo la condanna [2870].

[II]. Le eccezioni suddette però non sospendono il corso dei termini stabiliti per la liberazione del bene dalle ipoteche [2889 ss.; 242 trans.].

2860. Capacità per il rilascio. – [I]. Può procedere al rilascio [2861 ss.] soltanto chi ha la capacità di alienare [2].

2861. Termine ed esecuzione del rilascio. – [I]. Il rilascio dei beni ipotecati si esegue con dichiarazione alla cancelleria del tribunale competente per l'espropriazione [16, 26 c.p.c.]. La dichiarazione deve essere fatta non oltre i dieci giorni dalla data del pignoramento.

[II]. Il certificato della cancelleria attestante la dichiarazione deve, a cura del terzo, essere annotato in margine alla trascrizione dell'atto di pignoramento e deve essere notificato, entro cinque giorni dalla sua data, al creditore procedente.

[III]. Sull'istanza di questo o di qualunque altro interessato, il tribunale provvede alla nomina di un amministratore, in confronto del quale prosegue il processo di espropriazione [555 ss. c.p.c.].

[IV]. Il terzo rimane responsabile della custodia dell'immobile [559 ss. c.p.c.] fino alla consegna all'amministratore.

2862. Ipoteche e altri diritti reali a carico e a favore del terzo. – [I]. Il rilascio non pregiudica le ipoteche, le servitù e gli altri diritti reali resi pubblici contro il terzo prima dell'annotazione del rilascio [2861].

[II]. Le ipoteche, le servitù e gli altri diritti reali che già spettavano al terzo prima dell'acquisto riprendono efficacia dopo il rilascio o dopo la vendita all'incanto eseguita contro di lui [576 ss. c.p.c.].

[III]. Del pari riprendono efficacia le servitù che al momento dell'iscrizione dell'ipoteca esistevano a favore del fondo ipotecato e a carico di altro fondo del terzo. Esse sono comprese nell'espropriazione del fondo ipotecato.

2863. Ricupero dell'immobile rilasciato e abbandono dell'esecuzione. – [I]. Finché non sia avvenuta la vendita, il terzo può ricuperare l'immobile rilasciato, pagando i crediti iscritti [2852 ss.] e i loro accessori [2855], oltre le spese.

[II]. Qualora la vendita sia avvenuta e, dopo pagati i creditori iscritti, vi sia un residuo del prezzo, questo spetta al terzo acquirente [510^3 c.p.c.].

[III]. Il rilascio non ha effetto se il processo di esecuzione si estingue per rinunzia o per inattività delle parti [629 ss. c.p.c.].

2864. **Danni causati dal terzo e miglioramenti.** – [I]. Il terzo è tenuto a risarcire i danni [2043 ss.] che da sua colpa grave sono derivati all'immobile in pregiudizio dei creditori iscritti [2827 ss.].

[II]. Egli non può ritenere l'immobile per causa di miglioramenti [1152]; ma ha il diritto di far separare dal prezzo di vendita la parte corrispondente ai miglioramenti eseguiti dopo la trascrizione del suo titolo, fino a concorrenza del valore dei medesimi al tempo della vendita.

[III]. Se il prezzo non copre il valore dell'immobile nello stato in cui era prima dei miglioramenti e insieme quello dei miglioramenti, esso deve dividersi in due parti proporzionali ai detti valori.

2865. **Frutti dovuti dal terzo.** – [I]. I frutti [820] dell'immobile ipotecato sono dovuti dal terzo [1148] a decorrere dal giorno in cui è stato eseguito il pignoramento [555 ss. c.p.c.].

[II]. Nel caso di liberazione dell'immobile dalle ipoteche [2889 ss.] i frutti sono del pari dovuti dal giorno del pignoramento o, in mancanza di pignoramento, dal giorno della notificazione eseguita in conformità dell'articolo 2890.

2866. **Diritti del terzo nei confronti del debitore e di altri terzi acquirenti.** – [I]. Il terzo che ha pagato i creditori iscritti ovvero ha rilasciato l'immobile o sofferto l'espropriazione ha ragione d'indennità verso il suo autore, anche se si tratta di acquisto a titolo gratuito [1483 ss.].

[II]. Ha pure diritto di subingresso [1203] nelle ipoteche costituite a favore del creditore soddisfatto sugli altri beni del debitore; se questi sono stati acquistati da terzi, non ha azione che contro coloro i quali hanno trascritto il loro acquisto in data posteriore alla trascrizione del suo titolo. Per esercitare il subingresso deve fare eseguire la relativa annotazione in conformità dell'articolo 2843 [2871^2].

[III]. Il subingresso non pregiudica l'esercizio del diritto di surrogazione stabilito dall'articolo 2856 a favore dei creditori che hanno un'iscrizione anteriore alla trascrizione del titolo del terzo acquirente.

2867. Terzo debitore di somma in dipendenza dell'acquisto. – [I]. Se il terzo acquirente, che ha trascritto il suo titolo, è debitore, in dipendenza dell'acquisto, di una somma attualmente esigibile, la quale basti a soddisfare tutti i creditori iscritti contro il precedente proprietario, ciascuno di questi può obbligarlo al pagamento.

[II]. Se il debito del terzo non è attualmente esigibile, o è minore o diverso da ciò che è dovuto ai detti creditori, questi, purché di comune accordo, possono egualmente richiedere che venga loro pagato, fino alla rispettiva concorrenza, ciò che il terzo deve nei modi e termini della sua obbligazione.

[III]. Nell'uno e nell'altro caso l'acquirente non può evitare di pagare, offrendo il rilascio dell'immobile [2681], ma, eseguito il pagamento, l'immobile è liberato da ogni ipoteca, non esclusa quella che spetta all'alienante [2817n. 1], e il terzo ha diritto di ottenere che si cancellino le relative iscrizioni [2882 ss.].

SEZIONE VIII – *Degli effetti dell'ipoteca rispetto al terzo datore*

2868. Beneficio di escussione. – [I]. Chi ha costituito un'ipoteca a garanzia del debito altrui non può invocare il beneficio della preventiva escussione del debitore, se il beneficio non è stato convenuto [1944].

2869. Estinzione dell'ipoteca per fatto del creditore. – [I]. L'ipoteca costituita dal terzo si estingue se, per fatto del creditore, non può avere effetto la surrogazione del terzo nei diritti, nel pegno, nelle ipoteche e nei privilegi del creditore [1203].

2870. Eccezioni opponibili dal terzo datore. – [I]. Il terzo datore che non ha preso parte al giudizio diretto alla condanna del debitore può opporre al creditore le eccezioni indicate dall'articolo 2859.

2871. Diritti del terzo datore che ha pagato i creditori iscritti o ha sofferto l'espropriazione. – [I]. Il terzo datore che ha pagato i creditori iscritti o ha sofferto l'espropriazione ha regresso contro il debitore. Se vi sono più debitori obbligati in solido [1292 ss.], il terzo che ha costituito l'ipoteca a garanzia di tutti ha regresso contro ciascuno per l'intero.

[II]. Il terzo datore ha regresso contro i fideiussori [1936 ss.] del debitore. Ha inoltre regresso contro gli altri terzi datori per la loro rispettiva porzione [1299] e può esercitare, anche nei confronti dei terzi acquirenti, il subingresso previsto dal secondo comma dell'articolo 2866.

SEZIONE IX – *Della riduzione delle ipoteche*

2872. Modalità della riduzione. – [I]. La riduzione delle ipoteche si opera riducendo la somma [2876] per la quale è stata presa l'iscrizione [2838] o restringendo l'iscrizione a una parte soltanto dei beni.

[II]. Questa restrizione può aver luogo anche se l'ipoteca ha per oggetto un solo bene, qualora questo abbia parti distinte o tali che si possano comodamente distinguere [243 trans.].

2873. Esclusione della riduzione. – [I]. Non è ammessa domanda di riduzione riguardo alla quantità dei beni né riguardo alla somma, se la quantità dei beni o la somma è stata determinata per convenzione o per sentenza.

[II]. Tuttavia, se sono stati eseguiti pagamenti parziali [1181] così da estinguere almeno il quinto del debito originario, si può chiedere una riduzione proporzionale per quanto riguarda la somma.

[III]. Nel caso d'ipoteca iscritta su un edificio, il costituente che dopo l'iscrizione ha eseguito sopraelevazioni può chiedere che l'ipoteca sia ridotta, per modo che le sopraelevazioni ne restino esenti in tutto o in parte, osservato il limite stabilito dall'articolo 2876 per il valore della cautela [243 trans.].

2874. Riduzione dell'ipoteca legale e dell'ipoteca giudiziale. – [I]. Le ipoteche legali, eccettuate quelle indicate dai numeri 1 e 2 dell'articolo 2817, e le ipoteche giudiziali [2818 ss.] devono ridursi su domanda degli interessati, se i beni compresi nell'iscrizione hanno un valore che eccede la cautela da somministrarsi o se la somma determinata dal creditore nell'iscrizione [2838] eccede di un quinto quella che l'autorità giudiziaria dichiara dovuta.

2875. Eccesso nel valore dei beni. – [I]. Si reputa che il valore dei beni ecceda la cautela da somministrarsi, se tanto alla data dell'iscrizione dell'ipoteca, quanto posteriormente, supera di un terzo l'importo dei crediti iscritti, accresciuto degli accessori a norma dell'articolo 2855.

2876. Limiti della riduzione. – [I]. La riduzione si opera rispettando l'eccedenza del quinto per ciò che riguarda la somma del credito e l'eccedenza del terzo per ciò che riguarda il valore della cautela.

2877. Spese della riduzione. – [I]. Le spese necessarie per eseguire la riduzione, anche se consentita dal creditore, sono sempre a carico del richiedente, a meno che la riduzione abbia luogo per eccesso nella determinazione del credito fatta dal creditore [2838], nel qual caso sono a carico di quest'ultimo.

[II]. Se la riduzione è stata ordinata con sentenza, le spese del giudizio sono a carico del soccombente, salvo che siano compensate tra le parti [91 ss. c.p.c.] (1).

(1) *Per una declaratoria di non fondatezza, nei sensi di cui in motivazione, di una questione di illegittimità costituzionale del presente comma e dell'art. 2884 sollevata in riferimento agli artt. 3 e 24 Cost., v. C. cost. 14 dicembre 2017, n. 271.*

SEZIONE X – *Dell'estinzione delle ipoteche*

2878. (1) **Cause di estinzione.** – [I]. L'ipoteca si estingue:

1) con la cancellazione dell'iscrizione [2882 ss.];

2) con la mancata rinnovazione dell'iscrizione entro il termine indicato dall'articolo 2847;

3) con l'estinguersi dell'obbligazione [1176 ss., 1230 ss.];

4) col perimento del bene ipotecato, salvo quanto è stabilito dall'articolo 2742;

5) con la rinunzia del creditore [2879];

6) con lo spirare del termine a cui l'ipoteca è stata limitata o col verificarsi della condizione risolutiva [1353];

7) con la pronunzia del provvedimento che trasferisce all'acquirente il diritto espropriato e ordina la cancellazione delle ipoteche [586 c.p.c.].

(1) *V. art. 40-*bis *d.ls. 1° settembre 1993, n. 385.*

2879. **Rinunzia all'ipoteca.** – [I]. La rinunzia del creditore all'ipoteca deve essere espressa e deve risultare da atto scritto, sotto pena di nullità.

[II]. La rinunzia non ha effetto di fronte ai terzi che anteriormente alla cancellazione dell'ipoteca abbiano acquistato il diritto all'ipoteca medesima ed eseguito la relativa annotazione a termini dell'articolo 2843.

2880. **Prescrizione rispetto a beni acquistati da terzi.** – [I]. Riguardo ai beni acquistati da terzi, l'ipoteca si estingue per prescrizione, indipendentemente dal credito, col decorso di venti anni dalla data della trascrizione del titolo di acquisto [2643 ss.], salve le cause di sospensione e d'interruzione [2934 ss.].

2881. **Nuova iscrizione dell'ipoteca.** – [I]. Salvo diversa disposizione di legge [1276, 2926², 2927²], se la causa estintiva dell'obbligazione è dichiarata nulla o altrimenti non sussiste ovvero è dichiarata nulla la rinunzia fatta dal creditore all'ipoteca, e l'iscrizione non è stata conservata, si può procedere a nuova iscrizione e questa prende grado dalla sua data.

SEZIONE XI – *Della cancellazione dell'iscrizione*

2882. Formalità per la cancellazione. – [I]. La cancellazione consentita dalle parti interessate deve essere eseguita dal conservatore in seguito a presentazione dell'atto contenente il consenso del creditore.

[II]. Per quest'atto devono essere osservate le forme prescritte dagli articoli 2821, 2835 e 2837.

2883. Capacità per consentire la cancellazione. – [I]. Chi non ha la capacità richiesta per liberare il debitore non può consentire la cancellazione dell'iscrizione, se non è assistito dalle persone il cui intervento è necessario per la liberazione [320, 374, 394, 424].

[II]. Il rappresentante legale dell'incapace e ogni altro amministratore, anche se autorizzati a esigere il credito e a liberare il debitore, non possono consentire la cancellazione dell'iscrizione, ove il credito non sia soddisfatto.

2884. (1) **Cancellazione ordinata con sentenza.** – [I]. La cancellazione deve essere eseguita dal conservatore, quando è ordinata con sentenza passata in giudicato [2909; 324 c.p.c.] o con altro provvedimento definitivo emesso dalle autorità competenti [$2878^{n.\,7}$; 586, 794 c.p.c.] (2).

(1) *Per una declaratoria di non fondatezza, nei sensi di cui in motivazione, di una questione di illegittimità costituzionale del presente articolo e dell'art. 2877, comma 2, sollevata in riferimento agli artt. 3 e 24 Cost., v. C. cost. 14 dicembre 2017, n. 271.*

(2) *V. art. 136^3 r.d. 16 marzo 1942, n. 267 (per la nuova disciplina, v. art. 249 d.lgs. 12 gennaio 2019, n. 14, Codice della crisi d'impresa e dell'insolvenza).*

2885. Cancellazione sotto condizione. – [I]. Se è stato convenuto od ordinato che la cancellazione non debba aver luogo che sotto la condizione di nuova ipoteca, di nuovo impiego o sotto altra condizione, la cancellazione non può essere eseguita se non si fa constare al conservatore che la condizione è stata adempiuta.

2886. Formalità per la cancellazione. – [I]. Chi richiede la cancellazione totale o parziale deve presentare al conservatore l'atto su cui la richiesta è fondata.

[II]. La cancellazione di un'iscrizione o la rettifica [2841^2] deve essere eseguita in margine all'iscrizione medesima, con l'indicazione del titolo dal quale è stata consentita [2882] od ordinata [2884] e della data in cui si esegue, e deve portare la sottoscrizione del conservatore.

2887. Cancellazione delle ipoteche a garanzia dei titoli all'ordine. – [I]. La cancellazione della ipoteca costituita a garanzia dell'obbligazione risultante da un titolo all'ordine [2008 ss., 2831] è consentita dal creditore risultante nei registri immobiliari e l'atto di consenso deve essere presentato al conservatore insieme con il titolo, il quale è restituito dopo che il conservatore vi ha eseguito l'annotazione della cancellazione (1).

[II]. La cancellazione dell'ipoteca importa la perdita del diritto di regresso [2869] contro i giranti anteriori alla cancellazione medesima.

(1) *Comma così sostituito dall'art. 15 l. 27 febbraio 1985, n. 52.*

2888. Rifiuto di cancellazione. – [I]. Qualora il conservatore rifiuti di procedere alla cancellazione di un'iscrizione, il richiedente può proporre reclamo all'autorità giudiziaria [113 att.; 737 ss. c.p.c.].

SEZIONE XII – *Del modo di liberare i beni dalle ipoteche*

2889. Facoltà di liberare i beni dalle ipoteche. – [I]. Il terzo acquirente dei beni ipotecati, che ha trascritto il suo titolo e non è personalmente obbligato a pagare i creditori ipotecari, ha facoltà di liberare i beni da ogni ipoteca iscritta anteriormente alla trascrizione del suo titolo di acquisto [2858; 244 trans.; 673-679 c. nav.].

[II]. Tale facoltà spetta all'acquirente anche dopo il pignoramento [555 ss. c.p.c.], purché nel termine di trenta giorni [2892] proceda in conformità dell'articolo che segue.

2890. Notificazione. – [I]. L'acquirente deve far notificare, per mezzo di ufficiale giudiziario, ai creditori iscritti [2827 ss.], nel domicilio da essi eletto [2844], e al precedente proprietario un atto nel quale siano indicati:

1) il titolo, la data del medesimo e la data della sua trascrizione;

2) la qualità e la situazione dei beni col numero del catasto o altra loro designazione, quale risulta dallo stesso titolo;

3) il prezzo stipulato o il valore da lui stesso dichiarato, se si tratta di beni pervenutigli a titolo lucrativo o di cui non sia stato determinato il prezzo [2893].

[II]. In ogni caso, il prezzo o il valore dichiarato non può essere inferiore a quello stabilito come base degli incanti dal codice di procedura civile in caso di espropriazione [568 c.p.c.].

[III]. Nell'atto della notificazione il terzo acquirente deve eleggere domicilio nel comune dove ha sede il tribunale competente per l'espropriazione [26 c.p.c.] e deve offrire di pagare il prezzo o il valore dichiarato.

[IV]. Un estratto sommario della notificazione è inserito nel giornale degli annunzi giudiziari [792 c.p.c.].

2891. Diritto dei creditori di far vendere i beni. – [I]. Entro il termine di quaranta giorni dalla notificazione indicata dall'articolo precedente [2892], qualunque dei creditori iscritti [2827 ss.] o dei relativi fideiussori [1936 ss.] ha diritto di richiedere l'espropriazione dei beni [795 c.p.c.] con ricorso al presidente del tribunale competente a norma del codice di procedura civile [792 c.p.c.], purché adempia le condizioni che seguono:

1) che la richiesta sia notificata al terzo acquirente nel domicilio da lui eletto a norma dell'articolo precedente e al proprietario anteriore;

2) che contenga la dichiarazione del richiedente di aumentare di un decimo il prezzo stipulato o il valore dichiarato;

3) che contenga l'offerta di una cauzione per una somma eguale al quinto del prezzo aumentato come sopra;

4) che l'originale e le copie della richiesta siano sottoscritti dal richiedente o da un suo procuratore munito di mandato speciale.

[II]. L'omissione di alcuna di queste condizioni produce nullità della richiesta.

2892. Divieto di proroga dei termini. – [I]. I termini fissati dal secondo comma dell'articolo 2889 e dal primo comma dell'articolo 2891 non possono essere prorogati.

2893. Mancata richiesta dell'incanto. – [I]. Se l'incanto non è domandato nel tempo e nel modo prescritti dall'articolo 2891, il valore del bene rimane definitivamente stabilito nel prezzo che l'acquirente ha posto a disposizione dei creditori a norma dell'articolo 2890 n. 3.

[II]. La liberazione del bene dalle ipoteche avviene dopo che è stato depositato il prezzo e si è provveduto nei modi indicati dal codice di procedura civile [793 ss. c.p.c.].

2894. Effetti del mancato deposito del prezzo. – [I]. Se il terzo acquirente non deposita il prezzo entro il termine stabilito dall'articolo 792 del codice di procedura civile, la richiesta di liberazione del bene dalle ipoteche rimane senza effetto, salva la responsabilità del richiedente per i danni verso i creditori iscritti.

2895. Desistenza del creditore. – [I]. La desistenza del creditore che ha richiesto l'incanto [2891] non può impedire l'espropriazione, a meno che vi consentano espressamente gli altri creditori iscritti [500, 629 c.p.c.].

2896. Aggiudicazione al terzo acquirente. – [I]. Se l'aggiudicazione segue a favore del terzo acquirente, il decreto di trasferimento [586 c.p.c.] deve essere annotato in margine alla trascrizione dell'atto di acquisto [2643$^{n. 6}$].

2897. Regresso dell'acquirente divenuto compratore all'incanto. – [I]. Il terzo acquirente al quale è stato aggiudicato l'immobile ha regresso contro il venditore per il rimborso di ciò che eccede il prezzo stipulato nel contratto di vendita [2866].

2898. Beni non ipotecati per il credito per il quale si procede. – [I]. Nel caso in cui il titolo d'acquisto del terzo acquirente comprende mobili e immobili [812 ss.], o comprende più immobili, gli uni ipotecati e gli altri liberi, ovvero non tutti gravati dalle stesse iscrizioni, situati nella giurisdizione dello stesso tribunale o in diverse giurisdizioni di tribunali, alienati per un unico prezzo ovvero per prezzi distinti, il prezzo di ciascun immobile assoggettato a particolari e separate iscrizioni deve dichiararsi nella notificazione, ragguagliato al prezzo totale espresso nel titolo.

[II]. Il creditore che richiede l'espropriazione [2891] non può in nessun caso essere costretto a estendere la sua domanda ai mobili, o ad altri immobili, fuori di quelli che sono ipotecati per il suo credito, salvo il regresso del terzo acquirente contro il suo autore per il risarcimento del danno che venga a soffrire a causa della separazione dei beni compresi nell'acquisto e delle relative coltivazioni.

Sezione XIII – *Della rinunzia e dell'astensione del creditore nell'espropriazione forzata*

2899. Divieto di rinunzia a una ipoteca a danno di altro creditore. – [I]. Il creditore, che ha ipoteca su vari immobili, dopo che gli è stata fatta la notificazione indicata dall'articolo 2890, se si tratta del processo di liberazione dalle ipoteche, o dopo la notificazione del provvedimento che dispone la vendita [569 c.p.c.], in caso di espropriazione, non può rinunziare [2879] alla sua ipoteca sopra uno di quegli immobili né astenersi dall'intervenire nel giudizio di espropriazione [563 ss. c.p.c.], qualora sia con ciò favorito un creditore a danno di altro creditore anteriormente iscritto [2852 ss.]; se egli rinunzia o si astiene, è responsabile dei danni, a meno che vi siano giusti motivi.

[ii]. La stessa disposizione si applica nel caso in cui la rinunzia o l'astensione favorisca un terzo acquirente a danno di un creditore con ipoteca anteriore o di un altro terzo acquirente che abbia un titolo anteriormente trascritto.

Capo V – *Dei mezzi di conservazione della garanzia patrimoniale*

Sezione I – *Dell'azione surrogatoria*

2900. Condizioni, modalità ed effetti. – [i]. Il creditore, per assicurare che siano soddisfatte o conservate le sue ragioni, può esercitare i diritti e le azioni che spettano verso i terzi al proprio debitore e che questi trascura di esercitare [81 c.p.c.], purché i diritti e le azioni abbiano contenuto patrimoniale e non si tratti di diritti o di azioni che, per loro natura o per disposizione di legge, non possono essere esercitati se non dal loro titolare [438, 974, 1015^3, 1113, 1416, 2789, 2939].

[ii]. Il creditore, qualora agisca giudizialmente, deve citare anche il debitore al quale intende surrogarsi [102 c.p.c.].

Sezione II – *Dell'azione revocatoria*

2901. Condizioni. – [i]. Il creditore, anche se il credito è soggetto a condizione o a termine, può domandare che siano dichiarati inefficaci nei suoi confronti gli atti di disposizione del patrimonio coi quali il debitore rechi pregiudizio alle sue ragioni [524, 1113], quando concorrono le seguenti condizioni:

1) che il debitore conoscesse il pregiudizio che l'atto arrecava alle ragioni del creditore o, trattandosi di atto anteriore al sorgere del credito, l'atto fosse dolosamente preordinato al fine di pregiudicarne il soddisfacimento;

2) che, inoltre, trattandosi di atto a titolo oneroso, il terzo fosse consapevole del pregiudizio e, nel caso di atto anteriore al sorgere del credito, fosse partecipe della dolosa preordinazione.

[ii]. Agli effetti della presente norma, le prestazioni di garanzia, anche per debiti altrui, sono considerate atti a titolo oneroso, quando sono contestuali al credito garantito.

[iii]. Non è soggetto a revoca l'adempimento di un debito scaduto (1).

[iv]. L'inefficacia dell'atto non pregiudica i diritti acquistati a titolo

oneroso dai terzi di buona fede, salvi gli effetti della trascrizione della domanda di revocazione [2652$^{n. 5}$] (2).

(1) *V. art. 65 r.d. 16 marzo 1942, n. 267 (per la nuova disciplina, v. art. 164 d.ls. 12 gennaio 2019, n. 14, Codice della crisi d'impresa e dell'insolvenza).*

(2) *V. art. 70^2 r.d. n. 267, cit. (per la nuova disciplina, v. art. 171^2 d.ls. n. 14, cit.).*

2902. Effetti. – [I]. Il creditore, ottenuta la dichiarazione di inefficacia, può promuovere nei confronti dei terzi acquirenti le azioni esecutive [2910^2] o conservative [2905] sui beni che formano oggetto dell'atto impugnato.

[II]. Il terzo contraente, che abbia verso il debitore ragioni di credito dipendenti dall'esercizio dell'azione revocatoria, non può concorrere sul ricavato dei beni che sono stati oggetto dell'atto dichiarato inefficace, se non dopo che il creditore è stato soddisfatto (1).

(1) *V. art. 70 r.d. 16 marzo 1942, n. 267 (per la nuova disciplina, v. art. 171 d.ls. 12 gennaio 2019, n. 14, Codice della crisi d'impresa e dell'insolvenza).*

2903. Prescrizione dell'azione. – [I]. L'azione revocatoria si prescrive in cinque anni dalla data dell'atto [2934 ss.].

2904. Rinvio. – [I]. Sono salve le disposizioni sull'azione revocatoria in materia fallimentare e in materia penale [192 ss. c.p.] (1).

(1) *V. artt. 64 ss. r.d. 16 marzo 1942, n. 267 (per la nuova disciplina, v. artt. 163 ss. d.ls. 12 gennaio 2019, n. 14, Codice della crisi d'impresa e dell'insolvenza).*

SEZIONE III – *Del sequestro conservativo*

2905. Sequestro nei confronti del debitore o del terzo. – [I]. Il creditore può chiedere il sequestro conservativo dei beni del debitore, secondo le regole stabilite dal codice di procedura civile [671 ss. c.p.c.].

[II]. Il sequestro può essere chiesto anche nei confronti del terzo acquirente dei beni del debitore, qualora sia stata proposta l'azione per far dichiarare l'inefficacia dell'alienazione [2901 ss.].

2906. Effetti. – [I]. Non hanno effetto in pregiudizio del creditore sequestrante le alienazioni e gli altri atti che hanno per oggetto la cosa sequestrata, in conformità delle regole stabilite per il pignoramento [2913 ss.].

[II]. Non ha parimenti effetto in pregiudizio del creditore opponente il pagamento eseguito dal debitore, qualora l'opposizione sia stata proposta nei casi e con le forme stabilite dalla legge [2742^2, 2825^5; 245 trans.].

TITOLO IV
Della tutela giurisdizionale dei diritti

CAPO I – *Disposizioni generali*

2907. Attività giurisdizionale. [392, 393 c.p.] – [I]. Alla tutela giurisdizionale dei diritti provvede l'autorità giudiziaria su domanda di parte [99 c.p.c.] e, quando la legge lo dispone, anche su istanza del pubblico ministero [23, 48, 50, 58, 62, 67, 85, 102, 117, 119, 125, 264, 307, 321, 336, 410, 417, 418, 429, 2098, 2409, 2487] o d'ufficio.

[II]. La tutela giurisdizionale dei diritti, nell'interesse delle categorie professionali, è attuata su domanda delle associazioni legalmente riconosciute, nei casi determinati dalla legge e con le forme da questa stabilite [409 ss. c.p.c.] (1).

(1) *Comma inoperante in conseguenza dello scioglimento delle associazioni professionali obbligatorie operato dal d.ls. lt. 23 novembre 1944, n. 369.*

2908. Effetti costitutivi delle sentenze. – [I]. Nei casi previsti dalla legge, l'autorità giudiziaria può costituire, modificare o estinguere rapporti giuridici, con effetto tra le parti, i loro eredi o aventi causa [117, 119, 120, 122, 123, 151, 193, 265, 266, 624, 648, 793, 801-804, 874, 875, 951, 971, 972, 1032, 1425, 1447, 1453, 2643$^{n. 14}$, 2932].

2909. Cosa giudicata. – [I]. L'accertamento contenuto nella sentenza passata in giudicato fa stato a ogni effetto tra le parti, i loro eredi o aventi causa [1306; 324 c.p.c.].

CAPO II – *Dell'esecuzione forzata*

SEZIONE I – *Dell'espropriazione*

§ 1. – *Disposizioni generali*

2910. Oggetto dell'espropriazione. – [I]. Il creditore, per conseguire quanto gli è dovuto, può fare espropriare i beni del debitore, secondo le regole stabilite dal codice di procedura civile [483 ss. c.p.c.].

[II]. Possono essere espropriati anche i beni di un terzo quando sono vincolati a garanzia del credito [2858, 2868] o quando sono oggetto di un atto che è stato revocato perché compiuto in pregiudizio del creditore [2901 ss.].

2911. Beni gravati da pegno o ipoteca. – [I]. Il creditore che ha pegno su beni del debitore non può pignorare altri beni del debitore medesimo, se non sottopone a esecuzione anche i beni gravati dal pegno. Non può parimenti, quando ha ipoteca, pignorare altri immobili, se non sottopone a pignoramento anche gli immobili gravati dall'ipoteca [502, 544 c.p.c.].

[II]. La stessa disposizione si applica se il creditore ha privilegio speciale su determinati beni.

§ 2. – *Degli effetti del pignoramento*

2912. Estensione del pignoramento. – [I]. Il pignoramento [491 ss., 513 ss., 555 ss. c.p.c.] comprende gli accessori, le pertinenze [817] e i frutti [820] della cosa pignorata.

2913. Inefficacia delle alienazioni del bene pignorato. – [I]. Non hanno effetto in pregiudizio del creditore pignorante e dei creditori che intervengono nell'esecuzione [498 ss. c.p.c.] gli atti di alienazione dei beni sottoposti a pignoramento, salvi gli effetti del possesso di buona fede per i mobili non iscritti in pubblici registri [1153 ss.] (1).

(1) *V. art. 44 r.d. 16 marzo 1942, n. 267 (per la nuova disciplina, v. art. 144 d.ls. 12 gennaio 2019, n. 14, Codice della crisi d'impresa e dell'insolvenza).*

2914. Alienazioni anteriori al pignoramento. – [I]. Non hanno effetto in pregiudizio del creditore pignorante e dei creditori che intervengono nell'esecuzione [498 ss. c.p.c.], sebbene anteriori al pignoramento:

1) le alienazioni di beni immobili [812] o di beni mobili iscritti in pubblici registri [815], che siano state trascritte successivamente al pignoramento;

2) le cessioni di crediti [1260 ss.; 547 c.p.c.] che siano state notificate al debitore ceduto o accettate dal medesimo successivamente al pignoramento;

3) le alienazioni di universalità di mobili [816] che non abbiano data certa [2704];

4) le alienazioni di beni mobili [812] di cui non sia stato trasmesso il possesso anteriormente al pignoramento, salvo che risultino da atto avente data certa [2704].

2915. Atti che limitano la disponibilità dei beni pignorati. – [I]. Non hanno effetto in pregiudizio del creditore pignorante e dei creditori che intervengono nell'esecuzione [498 c.p.c.] gli atti che importano vincoli di indisponibilità [167, 210, 1980], se non sono stati trascritti prima del pignoramento, quando hanno per oggetto beni immobili o beni mobili iscritti in pubblici registri [2647, 2649,

2685, 2687, 2693], e, negli altri casi, se non hanno data certa [2704] anteriore al pignoramento.

[II]. Non hanno del pari effetto in pregiudizio del creditore pignorante e dei creditori che intervengono nell'esecuzione gli atti e le domande per la cui efficacia rispetto ai terzi acquirenti la legge richiede la trascrizione [2652, 2653], se sono trascritti successivamente al pignoramento.

2916. Ipoteche e privilegi. – [I]. Nella distribuzione della somma ricavata dall'esecuzione [509 ss. c.p.c.] non si tiene conto:

1) delle ipoteche [2808 ss.], anche se giudiziali [2818 ss.], iscritte dopo il pignoramento;

2) dei privilegi per la cui efficacia è necessaria l'iscrizione [2762, 2766³], se questa ha luogo dopo il pignoramento;

3) dei privilegi per crediti sorti dopo il pignoramento.

2917. Estinzione del credito pignorato. – [I]. Se oggetto del pignoramento è un credito [543 c.p.c.], l'estinzione di esso per cause verificatesi in epoca successiva al pignoramento non ha effetto in pregiudizio del creditore pignorante e dei creditori che intervengono nell'esecuzione [498 ss. c.p.c.].

2918. Cessioni e liberazioni di pigioni e di fitti. – [I]. Le cessioni e le liberazioni di pigioni e di fitti non ancora scaduti per un periodo eccedente i tre anni non hanno effetto in pregiudizio del creditore pignorante e dei creditori che intervengono nell'esecuzione [498 ss. c.p.c.], se non sono trascritte anteriormente al pignoramento [1605, 2643ⁿ· ⁹]. Le cessioni e le liberazioni per un tempo inferiore ai tre anni e le cessioni e le liberazioni superiori ai tre anni non trascritte non hanno effetto, se non hanno data certa [2074] anteriore al pignoramento e, in ogni caso, non oltre il termine di un anno dalla data del pignoramento.

§ 3. – *Effetti della vendita forzata e dell'assegnazione*

2919. Effetto traslativo della vendita forzata. – [I]. La vendita forzata [503 ss. c.p.c.] trasferisce all'acquirente i diritti che sulla cosa spettavano a colui che ha subìto l'espropriazione, salvi gli effetti del possesso di buona fede [1153]. Non sono però opponibili all'acquirente diritti acquistati da terzi sulla cosa, se i diritti stessi non hanno effetto in pregiudizio del creditore pignorante [2913 ss.] e dei creditori intervenuti nell'esecuzione [498 ss. c.p.c.].

2920. Diritti di terzi sulla cosa mobile venduta. – [I]. Se oggetto della vendita è una cosa mobile [812], coloro che avevano la proprietà o altri diritti reali su di essa, ma non hanno fatto valere le loro ragioni sulla somma ricavata dall'esecuzione [541 ss. c.p.c.], non possono farle valere nei confronti dell'acquirente di buona fede, né possono ripetere dai creditori la somma distribuita. Resta ferma la responsabilità del creditore procedente di mala fede per i danni e per le spese.

2921. Evizione. – [I]. L'acquirente della cosa espropriata, se ne subisce l'evizione, può ripetere il prezzo non ancora distribuito, dedotte le spese, e, se la distribuzione è già avvenuta [510 c.p.c.], può ripeterne da ciascun creditore la parte che ha riscossa e dal debitore l'eventuale residuo, salva la responsabilità del creditore procedente per i danni e per le spese.

[II]. Se l'evizione è soltanto parziale, l'acquirente ha diritto di ripetere una parte proporzionale del prezzo. La ripetizione ha luogo anche se l'aggiudicatario, per evitare l'evizione, ha pagato una somma di danaro.

[III]. In ogni caso l'acquirente non può ripetere il prezzo nei confronti dei creditori privilegiati o ipotecari ai quali la causa di evizione non era opponibile.

2922. Vizi della cosa. Lesione. – [I]. Nella vendita forzata non ha luogo la garanzia per i vizi della cosa [1490].

[II]. Essa non può essere impugnata per causa di lesione [1448].

2923. Locazioni. – [I]. Le locazioni [1571 ss.] consentite da chi ha subito l'espropriazione sono opponibili all'acquirente se hanno data certa [2704] anteriore al pignoramento [1599], salvo che, trattandosi di beni mobili, l'acquirente ne abbia conseguito il possesso in buona fede [1153].

[II]. Le locazioni immobiliari eccedenti i nove anni che non sono state trascritte anteriormente al pignoramento [2643 n. 8] non sono opponibili all'acquirente, se non nei limiti di un novennio dall'inizio della locazione.

[III]. In ogni caso l'acquirente non è tenuto a rispettare la locazione qualora il prezzo convenuto sia inferiore di un terzo al giusto prezzo o a quello risultante da precedenti locazioni.

[IV]. Se la locazione non ha data certa [2704], ma la detenzione del conduttore è anteriore al pignoramento della cosa locata, l'acquirente non è tenuto a rispettare la locazione che per la durata corrispondente a quella stabilita per le locazioni a tempo indeterminato [1600].

[V]. Se nel contratto di locazione è convenuto che esso possa risolversi in caso di alienazione, l'acquirente può intimare licenza al conduttore secondo le disposizioni dell'articolo 1603 (1).

(1) *V.* sub *art. 1603.*

2924. Cessioni e liberazioni di pigioni e di fitti. – [I]. Le cessioni e le liberazioni di pigioni e di fitti non ancora scaduti non sono opponibili all'acquirente, salvo che si tratti di cessioni o di liberazioni eccedenti il triennio e trascritte anteriormente al pignoramento [2643 n. 9] o si tratti di anticipazioni fatte in conformità degli usi locali.

2925. Norme applicabili all'assegnazione forzata. – [I]. Le norme concernenti la vendita forzata si applicano anche all'assegnazione forzata [505 ss. c.p.c.], salvo quanto è disposto negli articoli seguenti.

2926. Diritti dei terzi sulla cosa assegnata. – [I]. Se l'assegnazione ha per oggetto beni mobili, i terzi che ne avevano la proprietà possono, entro il termine di sessanta giorni dall'assegnazione, rivolgersi contro l'assegnatario che ha ricevuto in buona fede il possesso [1147], al solo scopo di ripetere la somma corrispondente al suo credito soddisfatto con l'assegnazione. La stessa facoltà spetta ai terzi che avevano sulla cosa altri diritti reali, nei limiti del valore del loro diritto.

[II]. L'assegnatario conserva le sue ragioni nei confronti del debitore, ma si estinguono le garanzie prestate da terzi.

2927. Evizione della cosa assegnata. – [I]. L'assegnatario, se subisce l'evizione della cosa [1483], ha diritto di ripetere quanto ha pagato agli altri creditori, salva la responsabilità del creditore procedente per i danni e per le spese.

[II]. L'assegnatario conserva le sue ragioni nei confronti del debitore espropriato, ma non le garanzie prestate da terzi.

2928. Assegnazione di crediti. – [I]. Se oggetto dell'assegnazione è un credito [553 c.p.c.], il diritto dell'assegnatario verso il debitore che ha subito l'espropriazione non si estingue che con la riscossione del credito assegnato.

2929. Nullità del processo esecutivo. – [I]. La nullità degli atti esecutivi [617 c.p.c.] che hanno preceduto la vendita o l'assegnazione non ha effetto riguardo all'acquirente o all'assegnatario, salvo il caso di collusione con il creditore procedente. Gli altri creditori non sono in nessun caso tenuti a restituire quanto hanno ricevuto per effetto dell'esecuzione.

SEZIONE I-*BIS* – *Dell'espropriazione di beni oggetto di vincoli di indisponibilità o di alienazioni a titolo gratuito* (1)

(1) *Sezione inserita dall'art. 12[1] d.l. 27 giugno 2015, n. 83, conv., con modif., in l. 6 agosto 2015, n. 132. Ai sensi dell'art. 23[6] d.l. n. 83, cit., la presente disposizione si applica « esclusivamente alle procedure esecutive iniziate successivamente alla data di entrata in vigore del [suddetto] decreto ».*

2929-*bis*. (1) **Espropriazione di beni oggetto di vincoli di indisponibilità o di alienazioni a titolo gratuito.** – [I]. Il creditore che sia pregiudicato da un atto del debitore, di costituzione di vincolo di indisponibilità o di alienazione, che ha per oggetto beni immobili o mobili iscritti in pubblici registri, compiuto a titolo gratuito successivamente al sorgere del credito, può procedere, munito di titolo esecutivo, a esecuzione forzata, ancorché non abbia preventivamente ottenuto sentenza dichiarativa di inefficacia, se trascrive il pignoramento nel termine di un anno dalla data in cui l'atto è stato trascritto. La disposizione di cui al presente comma si applica anche al creditore anteriore che, entro un anno dalla trascrizione dell'atto pregiudizievole, interviene nell'esecuzione da altri promossa.

[II]. Quando il bene, per effetto o in conseguenza dell'atto, è stato trasferito a un terzo, il creditore promuove l'azione esecutiva nelle forme dell'espropriazione contro il terzo proprietario ed è preferito ai creditori personali di costui nella distribuzione del ricavato. Se con l'atto è stato riservato o costituito alcuno dei diritti di cui al primo comma dell'articolo 2812, il creditore pignora la cosa come libera nei confronti del proprietario. Tali diritti si estinguono con la vendita del bene e i terzi titolari sono ammessi a far valere le loro ragioni sul ricavato, con preferenza rispetto ai creditori cui i diritti sono opponibili (2).

[III]. Il debitore, il terzo assoggettato a espropriazione e ogni altro interessato alla conservazione del vincolo possono proporre le opposizioni all'esecuzione di cui al titolo V del libro terzo del codice di procedura civile quando contestano la sussistenza dei presupposti di cui al primo comma o che l'atto abbia arrecato pregiudizio alle ragioni del creditore o che il debitore abbia avuto conoscenza del pregiudizio arrecato (2).

[IV]. L'azione esecutiva di cui al presente articolo non può esercitarsi in pregiudizio dei diritti acquistati a titolo oneroso dall'avente causa del contraente immediato, salvi gli effetti della trascrizione del pignoramento (2).

(1) *V. nota 1* sub *Sezione I*-bis.

(2) *I commi secondo, terzo e quarto sono stati così sostituiti agli originari commi secondo e terzo dall'art. 4$^{1\text{-bis}}$ d.l. 3 maggio 2016, n. 59, conv., con modif., in l. 30 giugno 2016, n. 119. Il testo dei commi secondo e terzo era il seguente:* « Quando il pregiudizio deriva da un atto di alienazione, il creditore promuove l'azione esecutiva nelle forme dell'espropriazione contro il terzo proprietario. — Il debitore, il terzo assoggettato a espropriazione e ogni altro interessato alla conservazione del vincolo possono proporre le opposizioni all'esecuzione di cui al titolo V del libro III del codice di procedura civile quando contestano la sussistenza dei presupposti di cui al primo comma, nonché la conoscenza da parte del debitore del pregiudizio che l'atto arrecava alle ragioni del creditore ».

SEZIONE II – *Dell'esecuzione forzata in forma specifica*

2930. Esecuzione forzata per consegna o rilascio. – [I]. Se non è adempiuto l'obbligo di consegnare una cosa determinata, mobile o immobile, l'avente diritto può ottenere la consegna o il rilascio forzati a norma delle disposizioni del codice di procedura civile [605 ss. c.p.c.].

2931. Esecuzione forzata degli obblighi di fare. – [I]. Se non è adempiuto un obbligo di fare, l'avente diritto può ottenere che esso sia eseguito a spese dell'obbligato nelle forme stabilite dal codice di procedura civile [612 ss. c.p.c.].

2932. Esecuzione specifica dell'obbligo di concludere un contratto. – [I]. Se colui che è obbligato a concludere un contratto non adempie l'obbligazione [651^2, 849, 1351, 1679, 1706^2, 2597], l'altra parte, qualora sia possibile e non sia escluso dal titolo, può ottenere una sentenza che produca gli effetti del contratto non concluso [$2643^{\text{n. }14}$, $2652^{\text{n. }2}$, $2684^{\text{n. }6}$, $2690^{\text{n. }1}$, 2908].

[II]. Se si tratta di contratti che hanno per oggetto il trasferimento della proprietà di una cosa determinata o la costituzione o il trasferimento di un altro diritto [1376], la domanda non può essere accolta, se la parte che l'ha proposta non esegue la sua prestazione [1208 ss.] o non ne fa offerta nei modi di legge, a meno che la prestazione non sia ancora esigibile [246 trans.].

2933. Esecuzione forzata degli obblighi di non fare. – [I]. Se non è adempiuto un obbligo di non fare, l'avente diritto può ottenere che sia distrutto, a spese dell'obbligato, ciò che è stato fatto in violazione dell'obbligo [612 ss. c.p.c.].

[II]. Non può essere ordinata la distruzione della cosa e l'avente diritto può conseguire solo il risarcimento dei danni, se la distruzione della cosa è di pregiudizio all'economia nazionale.

TITOLO V
Della prescrizione e della decadenza

CAPO I – *Della prescrizione*

SEZIONE I – *Disposizioni generali*

2934. Estinzione dei diritti. – [I]. Ogni diritto si estingue per prescrizione, quando il titolare non lo esercita per il tempo determinato dalla legge.

[II]. Non sono soggetti alla prescrizione i diritti indisponibili e gli altri diritti indicati dalla legge [248^2, 249^2, 263^3, 270, 533^3, 948^3, 1422].

2935. (1) **Decorrenza della prescrizione.** – [I]. La prescrizione comincia a decorrere dal giorno in cui il diritto può essere fatto valere.

(1) *L'art. 2^{61} d.l. 29 dicembre 2010, n. 225, conv., con modif., in l. 26 febbraio 2011, n. 10, ora dichiarato costituzionalmente illegittimo con C. cost. 5 aprile 2012, n. 78, aveva disposto che, in ordine alle operazioni bancarie regolate in conto corrente, il presente articolo si interpretasse nel senso che la prescrizione relativa ai diritti nascenti dall'annotazione in conto iniziasse a decorrere dal giorno dell'annotazione stessa. In ogni caso non si facesse luogo alla restituzione degli importi già versati alla data di entrata in vigore della legge di conversione del suddetto d.l. (27 febbraio 2011).*

2936. Inderogabilità delle norme sulla prescrizione. – [I]. È nullo ogni patto diretto a modificare la disciplina legale della prescrizione [1418 ss.].

2937. Rinunzia alla prescrizione. – [I]. Non può rinunziare alla prescrizione chi non può disporre validamente del diritto.

[II]. Si può rinunziare alla prescrizione solo quando questa è compiuta.

[III]. La rinunzia può risultare da un fatto incompatibile con la volontà di valersi della prescrizione.

2938. Non rilevabilità d'ufficio. – [I]. Il giudice non può rilevare d'ufficio la prescrizione non opposta [112 c.p.c.].

2939. Opponibilità della prescrizione da parte dei terzi. – [I]. La prescrizione può essere opposta dai creditori e da chiunque vi ha interesse, qualora la parte non la faccia valere [2900]. Può essere opposta anche se la parte vi ha rinunziato [2937].

2940. Pagamento del debito prescritto. – [I]. Non è ammessa la ripetizione di ciò che è stato spontaneamente pagato in adempimento di un debito prescritto [2034].

SEZIONE II – *Della sospensione della prescrizione*

2941. Sospensione per rapporti tra le parti. – [I]. La prescrizione rimane sospesa:

1) tra i coniugi;

2) tra chi esercita la responsabilità genitoriale (1) di cui all'articolo 316 o i poteri a essa inerenti [261, 301, 409] e le persone che vi sono sottoposte (2);

3) tra il tutore e il minore [346 ss.] o l'interdetto [424] soggetti alla tutela, finché non sia stato reso e approvato il conto finale [386], salvo quanto è disposto dall'articolo 387 per le azioni relative alla tutela;

4) tra il curatore e il minore emancipato [391 ss.] o l'inabilitato [424];

5) tra l'erede e l'eredità accettata con beneficio d'inventario [484 ss.];

6) tra le persone i cui beni sono sottoposti per legge o per provvedimento del giudice alla amministrazione altrui e quelle da cui l'amministrazione è esercitata, finché non sia stato reso e approvato definitivamente il conto;

7) tra le persone giuridiche e i loro amministratori, finché sono in carica, per le azioni di responsabilità contro di essi [18, 2393] (3);

8) tra il debitore che ha dolosamente occultato l'esistenza del debito e il creditore, finché il dolo non sia stato scoperto [247 trans.].

(1) *Le parole* « responsabilità genitoriale » *sono state sostituite alla parola* « potestà » *dall'art. 92*[1] *d.ls. 28 dicembre 2013, n. 154, con la decorrenza indicata* sub *art. 87.*

(2) *Numero così modificato dall'art. 210 l. 19 maggio 1975, n. 151.*

(3) *Numero dichiarato* costituzionalmente illegittimo *con* **C. cost.** *24 luglio 1998, n. 322 « nella parte in cui non prevede che la prescrizione rimane sospesa tra la società in accomandita semplice ed i suoi amministratori, finché sono in carica, per le azioni di responsabilità contro di essi » e con* **C. cost.** *11 dicembre 2015, n. 262 « nella parte in cui non prevede che la prescrizione sia sospesa tra la società in nome collettivo e i suoi amministratori, finché sono in carica, per le azioni di responsabilità contro di essi ».*

2942. Sospensione per la condizione del titolare. – [I]. La prescrizione rimane sospesa:

1) contro i minori non emancipati [316] e gli interdetti per infermità di mente [414 ss.], per il tempo in cui non hanno rappresentante legale e per sei mesi successivi alla nomina del medesimo o alla cessazione dell'incapacità;

2) in tempo di guerra, contro i militari in servizio e gli appartenenti alle forze armate dello Stato e contro coloro che si trovano per ragioni di servizio al seguito delle forze stesse, per il tempo indicato dalle disposizioni delle leggi di guerra (1).

(1) *V. artt. 130 ss. r.d. 8 luglio 1938, n. 1415.*

SEZIONE III – *Dell'interruzione della prescrizione*

2943. Interruzione da parte del titolare. – [I]. La prescrizione è interrotta [1310] dalla notificazione dell'atto con il quale si inizia un giudizio, sia questo di cognizione [163, 638 c.p.c.] ovvero conservativo [672, 688, 700, 703 c.p.c.] o esecutivo [480 c.p.c.].

[II]. È pure interrotta dalla domanda proposta nel corso di un giudizio.

[III]. L'interruzione si verifica anche se il giudice adito è incompetente.

[IV]. La prescrizione è inoltre interrotta da ogni altro atto che valga a costituire in mora il debitore e dall'atto notificato con il quale una parte, in presenza di compromesso o clausola compromissoria, dichiara la propria intenzione di promuovere il procedimento arbitrale, propone la domanda e procede, per quanto le spetta, alla nomina degli arbitri (1).

(1) *Comma così sostituito dall'art. 25 l. 5 gennaio 1994, n. 25.*

2944. Interruzione per effetto di riconoscimento. – [I]. La prescrizione è interrotta dal riconoscimento del diritto da parte di colui contro il quale il diritto stesso può essere fatto valere [1988].

2945. Effetti e durata dell'interruzione. – [I]. Per effetto della interruzione s'inizia un nuovo periodo di prescrizione.

[II]. Se l'interruzione è avvenuta mediante uno degli atti indicati dai primi due commi dell'articolo 2943, la prescrizione non corre fino al momento in cui passa in giudicato la sentenza che definisce il giudizio [324 c.p.c.].

[III]. Se il processo si estingue [306 c.p.c.], rimane fermo l'effetto interruttivo e il nuovo periodo di prescrizione comincia dalla data dell'atto interruttivo (1).

[IV]. Nel caso di arbitrato la prescrizione non corre dal momento della notificazione dell'atto contenente la domanda di arbitrato sino al momento in cui il lodo che definisce il giudizio non è più impugnabile o passa in giudicato la sentenza resa sull'impugnazione (2).

(1) *Per una deroga a quanto previsto da questo comma v. art. 1-bis d.l. 17 marzo 1999, n. 64 conv., con modif., nella l. 14 maggio 1999, n. 134.*

(2) *Comma aggiunto dall'art. 25 l. 5 gennaio 1994, n. 25.*

Sezione IV – *Del termine della prescrizione*

§ 1. – *Della prescrizione ordinaria*

2946. Prescrizione ordinaria. – [I]. Salvi i casi in cui la legge dispone diversamente [954, 970, 1014, 1073, 1442, 1449], i diritti si estinguono per prescrizione con il decorso di dieci anni [248 trans.] (1).

(1) *V. art. 8^3 l. 27 luglio 2000, n. 212 in tema di statuto dei diritti del contribuente.*

§ 2. – *Delle prescrizioni brevi*

2947. (1) **Prescrizione del diritto al risarcimento del danno.** – [I]. Il diritto al risarcimento del danno derivante da fatto illecito si prescrive in cinque anni dal giorno in cui il fatto si è verificato [2043 ss.] (2).

[II]. Per il risarcimento del danno prodotto dalla circolazione dei veicoli di ogni specie il diritto si prescrive in due anni.

[III]. In ogni caso, se il fatto è considerato dalla legge come reato e per il reato è stabilita una prescrizione più lunga, questa si applica anche all'azione civile. Tuttavia, se il reato è estinto per causa diversa dalla prescrizione o è intervenuta sentenza irrevocabile nel giudizio penale, il diritto al risarcimento del danno si prescrive nei termini indicati dai primi due commi, con decorrenza dalla data di estinzione del reato [150 ss. c.p.] o dalla data in cui la sentenza è divenuta irrevocabile [576 c.p.p.].

(1) *Ai sensi dell'art. 4^{43} l. 12 novembre 2011, n. 183 (legge di stabilità 2012), in vigore dal 1° gennaio 2012, « La prescrizione del diritto al risarcimento del danno derivante da mancato recepimento nell'ordinamento dello Stato di direttive o altri provvedimenti obbligatori comunitari soggiace, in ogni caso, alla disciplina di cui all'articolo 2947 del codice civile e decorre dalla data in cui il fatto, dal quale sarebbero derivati i diritti se la direttiva fosse stata tempestivamente recepita, si è effettivamente verificato ».*

(2) *V. in tema di risarcimento del danno da prodotti difettosi art. 125 d.ls. 6 settembre 2005, n. 206.*

2948. Prescrizione di cinque anni. – [I]. Si prescrivono in cinque anni:

1) le annualità delle rendite perpetue [1861] o vitalizie [1872];

1-*bis*) il capitale nominale dei titoli di Stato emessi al portatore (1);

2) le annualità delle pensioni alimentari [433 ss.];

3) le pigioni delle case, i fitti dei beni rustici e ogni altro corrispettivo di locazioni [1571, 1607, 1628];

4) gli interessi e, in generale, tutto ciò che deve pagarsi periodicamente ad anno o in termini più brevi (2);

5) le indennità spettanti per la cessazione del rapporto di lavoro [1751, 2118, 2120, 2121, 2122].

(1) *Numero inserito dall'art. 2 l. 12 agosto 1993, n. 313 e successivamente così modificato dall'art. 54[2] l. 27 dicembre 1997, n. 449.*

(2) Numero dichiarato costituzionalmente illegittimo, *unitamente agli artt. 2955[n. 2] e 2956[n. 1], con* **C. cost.** *10 giugno 1966, n. 63 « limitatamente alla parte in cui consentono che la prescrizione del diritto alla retribuzione decorra durante il rapporto di lavoro ».*

2949. **Prescrizione in materia di società.** – [I]. Si prescrivono in cinque anni i diritti che derivano dai rapporti sociali, se la società è iscritta nel registro delle imprese [2200].

[II]. Nello stesso termine si prescrive l'azione di responsabilità che spetta ai creditori sociali verso gli amministratori nei casi stabiliti dalla legge [2394].

2950. **Prescrizione del diritto del mediatore.** – [I]. Si prescrive in un anno il diritto del mediatore al pagamento della provvigione [1755].

2951. **Prescrizione in materia di spedizione e di trasporto.** – [I]. Si prescrivono in un anno i diritti derivanti dal contratto di spedizione [1737] e dal contratto di trasporto [1678].

[II]. La prescrizione si compie con il decorso di diciotto mesi se il trasporto ha inizio o termine fuori d'Europa.

[III]. Il termine decorre dall'arrivo a destinazione della persona o, in caso di sinistro, dal giorno di questo, ovvero dal giorno in cui è avvenuta o sarebbe dovuta avvenire la riconsegna della cosa al luogo di destinazione.

[IV]. Si prescrivono parimenti in un anno dalla richiesta del trasporto i diritti verso gli esercenti pubblici servizi di linea indicati dall'articolo 1679.

2952. **Prescrizione in materia di assicurazione.** – [I]. Il diritto al pagamento delle rate di premio si prescrive in un anno dalle singole scadenze [1882 ss.].

[II]. Gli altri diritti derivanti dal contratto di assicurazione [1882 ss.] e dal contratto di riassicurazione [1928 ss.] si prescrivono in due anni dal giorno in cui si è verificato il fatto su cui il diritto si fonda, ad esclusione del contratto di assicurazione sulla vita i cui diritti si prescrivono in dieci anni (1).

[iii]. Nell'assicurazione della responsabilità civile [1917], il termine decorre dal giorno in cui il terzo ha richiesto il risarcimento all'assicurato o ha promosso contro di questo l'azione.

[iv]. La comunicazione all'assicuratore della richiesta del terzo danneggiato o dell'azione da questo proposta sospende il corso della prescrizione finché il credito del danneggiato non sia divenuto liquido ed esigibile oppure il diritto del terzo danneggiato non sia prescritto.

[v]. La disposizione del comma precedente si applica all'azione del riassicurato verso il riassicuratore per il pagamento dell'indennità [1928 ss.].

(1) *Comma, da ultimo, così sostituito dall'art. 22[14] d.l. 18 ottobre 2012, n. 179, conv., con modif., in l. 17 dicembre 2012, n. 221. Ai sensi dell'art. 22[15-septies] d.l. n. 179, cit., tale disposizione « si applica a tutti i contratti, compresi quelli commercializzati precedentemente alla data di entrata in vigore della legge di conversione del [suddetto] decreto ». Il testo del comma, come sostituito dall'art. 3[2-ter] d.l. 28 agosto 2008, n. 134, conv., con modif., in l. 27 ottobre 2008, n. 166, era il seguente:* « Gli altri diritti derivanti dal contratto di assicurazione e dal contratto di riassicurazione si prescrivono in due anni dal giorno in cui si è verificato il fatto su cui il diritto si fonda ».

2953. Effetti del giudicato sulle prescrizioni brevi. – [i]. I diritti per i quali la legge stabilisce una prescrizione più breve di dieci anni, quando riguardo ad essi è intervenuta sentenza di condanna passata in giudicato [324 c.p.c.], si prescrivono con il decorso di dieci anni.

§ 3. – *Delle prescrizioni presuntive*

2954. Prescrizione di sei mesi. – [i]. Si prescrive in sei mesi il diritto degli albergatori e degli osti per l'alloggio e il vitto che somministrano, e si prescrive nello stesso termine il diritto di tutti coloro che danno alloggio con o senza pensione.

2955. Prescrizione di un anno. – [i]. Si prescrive in un anno il diritto:

1) degli insegnanti, per la retribuzione delle lezioni che impartiscono a mesi o a giorni o a ore;

2) dei prestatori di lavoro, per le retribuzioni corrisposte a periodi non superiori al mese [2099] (1);

3) di coloro che tengono convitto o casa di educazione e di istruzione, per il prezzo della pensione e dell'istruzione;

4) degli ufficiali giudiziari, per il compenso degli atti compiuti nella loro qualità;

5) dei commercianti, per il prezzo delle merci vendute a chi non ne fa commercio;

6) dei farmacisti, per il prezzo dei medicinali.

(1) *Per una declaratoria di parziale* illegittimità costituzionale *di questo numero v.* sub *art. 2948.*

2956. Prescrizione di tre anni. – [I]. Si prescrive in tre anni il diritto:

1) dei prestatori di lavoro, per le retribuzioni corrisposte a periodi superiori al mese [2099] (1);

2) dei professionisti, per il compenso dell'opera prestata e per il rimborso delle spese correlative [2233 ss.];

3) dei notai, per gli atti del loro ministero;

4) degli insegnanti, per la retribuzione delle lezioni impartite a tempo più lungo di un mese.

(1) *Per una declaratoria di parziale* illegittimità costituzionale *di questo numero, v.* sub *art. 2948.*

2957. Decorrenza delle prescrizioni presuntive. – [I]. Il termine della prescrizione decorre dalla scadenza della retribuzione periodica o dal compimento della prestazione.

[II]. Per le competenze dovute agli avvocati, ai procuratori e ai patrocinatori legali il termine decorre dalla decisione della lite [324 c.p.c.], dalla conciliazione delle parti o dalla revoca del mandato [85 c.p.c.]; per gli affari non terminati, la prescrizione decorre dall'ultima prestazione.

2958. Corso della prescrizione. – [I]. La prescrizione decorre anche se vi è stata continuazione di somministrazioni o di prestazioni.

2959. Ammissioni di colui che oppone la prescrizione. – [I]. L'eccezione è rigettata, se chi oppone la prescrizione nei casi indicati dagli articoli 2954, 2955 e 2956 ha comunque ammesso in giudizio che l'obbligazione non è stata estinta.

2960. Delazione di giuramento. – [I]. Nei casi indicati dagli articoli 2954, 2955 e 2956, colui al quale la prescrizione è stata opposta può deferire all'altra parte il giuramento per accertare se si è verificata l'estinzione del debito [2736 ss.; 233 c.p.c.].

[II]. Il giuramento può essere deferito al coniuge superstite e agli eredi o ai loro rappresentanti legali per dichiarare se hanno notizia dell'estinzione del debito.

2961. Restituzione di documenti. – [i]. I cancellieri, gli arbitri, gli avvocati, i procuratori e i patrocinatori legali sono esonerati dal rendere conto degli incartamenti relativi alle liti dopo tre anni da che queste sono state decise o sono altrimenti terminate.

[ii]. Tale esonero si verifica, per gli ufficiali giudiziari, dopo due anni dal compimento degli atti ad essi affidati.

[iii]. Anche alle persone designate in questo articolo può essere deferito il giuramento perché dichiarino se ritengono o sanno dove si trovano gli atti o le carte [2960].

[iv]. Si applica in questo caso il disposto dell'articolo 2959.

§ 4. – *Del computo dei termini*

2962. Compimento della prescrizione. – [i]. In tutti i casi contemplati dal presente codice e dalle altre leggi, la prescrizione si verifica quando è compiuto l'ultimo giorno del termine.

2963. Computo dei termini di prescrizione. – [i]. I termini di prescrizione contemplati dal presente codice e dalle altre leggi si computano secondo il calendario comune [155^2 c.p.c.].

[ii]. Non si computa il giorno nel corso del quale cade il momento iniziale del termine e la prescrizione si verifica con lo spirare dell'ultimo istante del giorno finale.

[iii]. Se il termine scade in giorno festivo, è prorogato di diritto al giorno seguente non festivo (1).

[iv]. La prescrizione a mesi si verifica nel mese di scadenza e nel giorno di questo corrispondente al giorno del mese iniziale.

[v]. Se nel mese di scadenza manca tale giorno, il termine si compie con l'ultimo giorno dello stesso mese.

(1) *In materia di ricorrenze festive v. l. 27 maggio 1949, n. 260; l. 4 marzo 1958, n. 132 e l. 5 marzo 1977, n. 54.*

Capo II – *Della decadenza*

2964. Inapplicabilità di regole della prescrizione. – [i]. Quando un diritto deve esercitarsi entro un dato termine sotto pena di decadenza [117, 123, 244, 1171, 1286^3, 1402, 1501, 1503, 2264], non si applicano le norme relative all'interruzione della prescrizione [2943 ss.]. Del pari non si applicano le norme che si riferiscono alla sospensione [2941 ss.], salvo che sia disposto altrimenti [245, 489].

2965. Decadenze stabilite contrattualmente. – [i]. È nullo il patto [1418 ss.] con cui si stabiliscono termini di decadenza che rendono eccessivamente difficile a una delle parti l'esercizio del diritto.

2966. Cause che impediscono la decadenza. – [I]. La decadenza non è impedita se non dal compimento dell'atto previsto dalla legge o dal contratto. Tuttavia, se si tratta di un termine stabilito dal contratto o da una norma di legge relativa a diritti disponibili, la decadenza può essere anche impedita dal riconoscimento del diritto proveniente dalla persona contro la quale si deve far valere il diritto soggetto a decadenza [1988, 2720].

2967. Effetto dell'impedimento della decadenza. – [I]. Nei casi in cui la decadenza è impedita, il diritto rimane soggetto alle disposizioni che regolano la prescrizione [2934 ss.].

2968. Diritti indisponibili. – [I]. Le parti non possono modificare la disciplina legale della decadenza [2936] né possono rinunziare alla decadenza medesima [2937], se questa è stabilita dalla legge in materia sottratta alla disponibilità delle parti.

2969. Rilievo d'ufficio. – [I]. La decadenza non può essere rilevata d'ufficio dal giudice [2938; 112 c.p.c.], salvo che, trattandosi di materia sottratta alla disponibilità delle parti, il giudice debba rilevare le cause d'improponibilità dell'azione.

Disposizioni per l'attuazione del Codice Civile e disposizioni transitorie

Regio decreto 30 marzo 1942, n. 318. — Disposizioni per l'attuazione del Codice civile e disposizioni transitorie (G.U. 17 aprile 1942, n. 91, suppl. ord.).

Capo I
Disposizioni di attuazione

Sezione I – *Disposizioni relative al libro I*

1. (1).

(1) *Articolo abrogato dall'art. 11 d.P.R. 10 febbraio 2000, n. 361.*

2. (1).

(1) *Articolo abrogato dall'art. 11 d.P.R. 10 febbraio 2000, n. 361.*

3. [I]. Il notaio che interviene per la stipulazione di atti tra vivi ovvero per la pubblicazione di testamenti, con i quali si dispongono fondazioni o si fanno donazioni o lasciti in favore di enti da istituire [600, 786 c.c.], è obbligato a farne denunzia al prefetto entro trenta giorni.

[II]. La denunzia deve contenere gli estremi essenziali dell'atto, il testo letterale concernente la liberalità, la indicazione degli eredi e della loro residenza.

[III]. Il prefetto è autorizzato a promuovere, nei modi e nei casi stabiliti dalla legge, gli atti conservativi che reputa necessari per l'esecuzione della disposizione sia nei confronti degli eredi, sia nei confronti dei terzi.

[IV]. Può anche chiedere al tribunale, in caso di urgenza o di necessità, la nomina di un amministratore provvisorio dei beni. Il tribunale provvede con decreto in camera di consiglio.

4. (1).

(1) *Articolo abrogato dall'art. 11 d.P.R. 10 febbraio 2000, n. 361.*

5. [I]. La domanda per ottenere l'autorizzazione prevista nell'articolo 17 del codice (1) deve essere presentata al prefetto della provincia in cui la persona giuridica ha la sua sede e accompagnata dai documenti necessari per dimostrare l'entità, le condizioni, l'opportunità dell'acquisto, nonché la destinazione dei beni.

[II]. Il prefetto raccoglie le opportune informazioni, sente, quando trattasi di atti di ultima volontà, coloro ai quali per successione sarebbero devoluti i beni lasciati alla persona giuridica, e, ove non sia delegato a concedere la chiesta autorizzazione, trasmette la domanda al ministero competente secondo l'attività che la persona giuridica svolge. In tal caso l'autorizzazione è data con decreto del Presidente della Repubblica.

[III]. Durante il procedimento i rappresentanti della persona giuridica possono compiere gli atti che tendono a conservarne i diritti.

(1) *L'art. 17 c.c. è stato abrogato dall'art. 13[1] l. 15 maggio 1997, n. 127 come sostituito dall'art. 1[1] l. 22 giugno 2000, n. 192.*

6. [I]. L'acquisto di beni immobili in seguito a subastazione effettuata a carico di un debitore della persona giuridica non è soggetto alla necessità dell'autorizzazione. Tuttavia entro trenta giorni dall'acquisto i rappresentanti della persona giuridica devono darne comunicazione al prefetto (1).

(1) *V.* sub *art. 5.*

7. [I]. Il notaio che interviene per la stipulazione di atti tra vivi ovvero per la pubblicazione di testamenti [620, 621 ss. c.c.], nei quali si dispongono donazioni o lasciti in favore di una persona giuridica, deve darne notizia entro trenta giorni al rappresentante della persona giuridica e al prefetto della provincia in cui questa ha la sua sede (1).

(1) *V.* sub *art. 5.*

8. [I]. La convocazione dell'assemblea delle associazioni [20 c.c.] deve farsi nelle forme stabilite dallo statuto e, se questo non dispone, mediante avviso personale che deve contenere l'ordine del giorno degli argomenti da trattare.

[II]. Se non è vietato dall'atto costitutivo o dallo statuto, gli associati possono farsi rappresentare nell'assemblea da altri associati mediante delega scritta anche in calce all'avviso di convocazione.

9. [I]. Nell'ipotesi prevista dal quarto comma dell'articolo 23 del codice il provvedimento di sospensione deve essere comunicato agli amministratori, i quali possono entro quindici giorni proporre reclamo.

[II]. In tal caso l'autorità governativa, se non ritiene di revocare il provvedimento, ne dà comunicazione al pubblico ministero, il quale promuove l'azione di annullamento della deliberazione [23 c.c.].

10. (1).

(1) *Articolo abrogato dall'art. 11 d.P.R. 10 febbraio 2000, n. 361.*

11. [I]. Quando la persona giuridica è dichiarata estinta o quando l'associazione è sciolta, il presidente del tribunale, su istanza degli amministratori, dei soci, dei creditori, del pubblico ministero o anche di ufficio, nomina uno o più commissari liquidatori, salvo che l'atto costitutivo o lo statuto non preveda una diversa forma di nomina e a questa si proceda entro un mese dal provvedimento. La preventiva designazione dei liquidatori nell'atto costitutivo o nello statuto non ha effetto [30 c.c.].

[II]. Quando lo scioglimento dell'associazione è deliberato dall'assemblea, la nomina può essere fatta dall'assemblea medesima con la maggioranza prevista dall'articolo 21 del codice.

[III]. Possono essere nominati liquidatori anche gli amministratori uscenti.

[IV]. In ogni caso la nomina fatta dall'assemblea o nelle forme previste nell'atto costitutivo o nello statuto deve essere comunicata immediatamente al presidente del tribunale [12].

12. [I]. I liquidatori esercitano la loro funzione sotto la diretta sorveglianza del presidente del tribunale e si considerano ad ogni effetto di legge pubblici ufficiali. Essi possono essere revocati e sostituiti in ogni tempo anche di ufficio dallo stesso presidente con provvedimento non soggetto a reclamo.

[II]. I liquidatori deliberano a maggioranza.

13. [I]. I liquidatori, entro quindici giorni dalla comunicazione avutane, devono procedere all'annotazione della loro nomina nel registro dove la persona giuridica è iscritta, e richiedere agli amministratori la consegna dei beni e delle scritture della persona giuridica. All'atto della consegna è redatto inventario, di cui è trasmessa copia al presidente del tribunale.

[II]. Se gli amministratori si rifiutano di procedere alla consegna, il presidente del tribunale autorizza il rilascio coattivo con decreto non soggetto a reclamo. In questo caso l'inventario è redatto dall'ufficiale giudiziario procedente.

14. [I]. Entro trenta giorni dalla formazione dell'inventario [13] i liquidatori, dopo avere determinato la consistenza dell'attivo e del passivo dell'ente, se riconoscono che il patrimonio non è sufficiente al pagamento integrale delle passività, devono iniziare la liquidazione generale dei beni nell'interesse di tutti i creditori [16 ss.], dandone avviso mediante annotazione nel registro delle persone giuridiche.

[II]. Il medesimo avviso deve essere dato nel caso in cui i liquidatori non ritengono di dover procedere alla liquidazione generale, essendovi eccedenza dell'attivo sul passivo.

[III]. In quest'ultimo caso i creditori dell'ente possono fare opposizione entro trenta giorni dall'annotazione chiedendo la liquidazione generale del patrimonio.

[IV]. Le opposizioni si propongono davanti al presidente del tribunale. Contro il provvedimento di questo è ammesso reclamo davanti al presidente della corte nel termine di quindici giorni. Il provvedimento definitivo è annotato nel registro a cura dei liquidatori.

15. [I]. Quando non sono intervenute opposizioni ai sensi dell'articolo precedente o queste sono state rigettate con provvedimento definitivo, i liquidatori provvedono a riscuotere i crediti dell'ente, a convertire in danaro, nei limiti in cui è necessario, i beni e a pagare i creditori a misura che si presentano.

[II]. I liquidatori possono provvedere al pagamento anche dei creditori il cui credito non è attualmente esigibile, e devono provvedere alle cautele necessarie per assicurare il pagamento dei creditori condizionali.

[III]. Soddisfatti i creditori, i liquidatori formano l'inventario dei beni residuati e rendono conto della gestione al presidente del tribunale.

[IV]. Copia dell'inventario e del rendiconto approvato dal presidente del tribunale deve essere trasmessa all'autorità governativa.

[V]. I liquidatori distribuiscono i beni residuati a norma dell'articolo 31 del codice, provocando, quando è necessario, le disposizioni dell'autorità governativa [31-32 c.c.].

16. [I]. Quando è disposta la liquidazione generale del patrimonio dell'ente si osservano, in quanto applicabili, le disposizioni degli articoli 304, 308, 309, 310, 311, 312 e 313 del codice della crisi e dell'insolvenza (1), salve le disposizioni seguenti.

(1) *Le parole* « 304, 308, 309, 310, 311, 312 e 313 del codice della crisi e dell'insolvenza » *sono state sostituite alle parole* « 201, 207, 208, 209, 210, 212 e 213 del regio decreto 16 marzo 1942, n. 267 » *dall'art. 371*[1] *d.ls. 12 gennaio 2019, n. 14. Ai sensi del comma 2 del suddetto art. 371, la presente disposizione « si applica alle liquidazioni generali del patrimonio disposte per effetto di domande depositate o iniziative comunque esercitate successivamente all'entrata in vigore » del predetto decreto.*

17. [I]. I termini, che secondo le disposizioni richiamate nell'articolo precedente decorrono dalla data del provvedimento di liquidazione o di nomina dei liquidatori o dalla sua pubblicazione nella Gazzetta Ufficiale, decorrono dalla data in cui è stato annotato nel registro il provvedimento che dispone la liquidazione generale della persona giuridica ai sensi del precedente articolo 14.

18. [I]. La pubblicità del provvedimento che ordina la liquidazione e del bilancio finale di liquidazione si attua mediante annotazione nel registro delle persone giuridiche a cura dei liquidatori. Nei casi in cui le norme richiamate nell'articolo 16 richiedono il deposito di atti nella cancelleria del tribunale, il deposito si deve effettuare presso la cancelleria in cui è tenuto il registro delle persone giuridiche.

19. [I]. Le attribuzioni, che secondo le norme sulla liquidazione coatta amministrativa sono demandate all'autorità che ha nominato il liquidatore, spettano al presidente del tribunale.

20. [I]. Chiusa la liquidazione, il presidente del tribunale ordina la cancellazione dell'ente dal registro delle persone giuridiche (1).

(1) *L'articolo recava un secondo comma abrogato dall'art. 11 d.P.R. 10 febbraio 2000, n. 361.*

21. [I]. La competenza per i provvedimenti relativi alla liquidazione spetta al tribunale del capoluogo della provincia in cui è registrata la persona giuridica.

22-30. (1).

(1) *Articoli abrogati dall'art. 11 d.P.R. 10 febbraio 2000, n. 361.*

31. [I]. Il trasferimento ella residenza [44 c.c.] si prova con la doppia dichiarazione fatta al comune che si abbandona e a quello dove s'intende fissare la dimora abituale. Nella dichiarazione fatta al comune che si abbandona deve risultare il luogo in cui è fissata la nuova residenza.

32. (1) [I]. Il pubblico ministero deve essere sempre sentito nei procedimenti di volontaria giurisdizione riguardanti il fondo patrimoniale [167 ss. c.c.].

(1) *Articolo così sostituito dall'art. 213 l. 19 maggio 1975, n. 151.*

33. (1) [I]. Nel caso previsto dall'articolo 183 del codice, il tribunale, in camera di consiglio, provvede con decreto, su istanza dell'altro coniuge, e sentito il pubblico ministero.

(1) *Articolo così sostituito dall'art. 214 l. 19 maggio 1975, n. 151.*

34. (1)

(1) *Articolo abrogato dall'art. 106[1 lett. b)] d.lgs. 28 dicembre 2013, n. 154. Ai sensi dell'art. 108 d.lgs. n. 154, cit., lo stesso decreto entra in vigore il trentesimo giorno successivo a quello della sua pubblicazione nella Gazzetta ufficiale (G.U. 8 gennaio 2014, n. 5) (7 febbraio 2014). Il testo dell'articolo, come sostituito dall'art. 215 l. 19 maggio 1975, n. 151, era il seguente:* « Art. 34. - Sulla domanda del figlio naturale per ottenere il mantenimento, l'istruzione e l'educazione di cui all'articolo 279, primo comma, del codice provvede il tribunale per i minorenni ».

34-*bis*. (1) [I]. Il notaio rogante deve, nel termine di 30 giorni dalla data del matrimonio o dalla data dell'atto pubblico di modifica delle convenzioni [163 c.c.] ovvero di quella dell'omologazione del caso previsto dal secondo comma dell'articolo 163 del codice, richiedere l'annotazione a margine dell'atto di matrimonio della convenzione matrimoniale dell'atto di modifica della stessa [163^3 c.c.].

[II]. Nello stesso termine deve richiedere l'annotazione di cui all'ultimo comma dell'articolo 163 del codice.

(1) *Articolo inserito dall'art. 216 l. 19 maggio 1975, n. 151.*

35. (1) [I]. Sulla domanda di adozione e di revoca della adozione di minore di età provvede il tribunale per i minorenni.

(1) *Articolo così sostituito dall'art. 96[1 lett. a)] d.ls. 28 dicembre 2013, n. 154, con la decorrenza indicata* sub *art. 34. Il testo dell'articolo, come sostituito dall'art. 217 l. 19 maggio 1975, n. 151, era il seguente:* « Art. 35. - Il riconoscimento di cui al secondo comma dell'articolo 251 del codice è autorizzato dal tribunale per i minorenni se il figlio da riconoscere è minore. – Sulla domanda di legittimazione, di adozione e di revoca della adozione di minore di età provvede il tribunale per i minorenni. ».

36. (1) [I]. La rinunzia alla cittadinanza di cui all'articolo 143-*ter* del codice deve essere fatta dinanzi all'ufficiale di stato civile del luogo dove la rinunziante risiede, ed è trascritta nei registri di cittadinanza.

[II]. Qualora la rinunziante risieda all'estero, la rinunzia deve essere fatta dinanzi all'agente diplomatico o consolare del luogo di residenza. L'agente la trascrive in apposito registro e ne rimette immediatamente copia al Ministero dell'interno che ne cura, a mezzo dell'autorità competente, la trascrizione nei registri di cittadinanza.

(1) *Articolo così sostituito dall'art. 218 l. 19 maggio 1975, n. 151.*

37. (1) [I]. L'iscrizione nel registro previsto nell'articolo 314 del codice si esegue senza spese.

[II]. L'iscrizione della sentenza che revoca la adozione deve essere altresì annotata in margine all'iscrizione del decreto di adozione.

(1) *Articolo così sostituito dall'art. 220 l. 19 maggio 1975, n. 151.*

37-*bis*. (1) [I]. I figli maggiorenni portatori di handicap grave previsti dall'articolo 337-*septies*, secondo comma, del codice civile, sono coloro i quali siano portatori di handicap ai sensi dell'articolo 3, comma 3, della legge 5 febbraio 1992, n. 104.

(1) *Articolo inserito dall'art. 96[1 lett. b)] d.ls. 28 dicembre 2013, n. 154, con la decorrenza indicata* sub *art. 34.*

38. (1) [I]. Sono di competenza del tribunale per i minorenni i procedimenti previsti dagli articoli 84, 90, 250, ultimo comma, 251, 317-*bis*, ultimo comma, 330, 332, 333, 334, 335 e 371, ultimo comma, del codice civile. Sono di competenza del tribunale ordinario i procedimenti previsti dagli articoli 330, 332, 333, 334 e 335 del codice civile, anche se instaurati su ricorso del pubblico ministero, quando è già pendente o è instaurato successivamente, tra le stesse parti, giudizio di separazione, scioglimento o cessazione degli effetti civili del matrimonio, ovvero giudizio ai sensi degli articoli 250, quarto comma, 268, 277, secondo comma, e 316 del codice civile, procedimento per la modifica delle condizioni dettate da precedenti provvedimenti a tutela del minore (2). In questi casi il tribunale per i minorenni, d'ufficio o su richiesta di parte, senza indugio e comunque entro il termine di quindici giorni dalla richiesta, adotta tutti gli opportuni provvedimenti temporanei e urgenti nell'interesse del minore e trasmette gli atti al tribunale ordinario, innanzi al quale il procedimento, previa riunione, continua. I provvedimenti adottati dal tribunale per i minorenni conservano la loro efficacia fino a quando sono confermati, modificati o revocati con provvedimento emesso dal tribunale ordinario. Il pubblico ministero della procura della Repubblica presso il tribunale per i minorenni, nei casi di trasmissione degli atti dal tribunale per i minorenni al tribunale ordinario, provvede alla trasmissione dei propri atti al pubblico ministero della procura della Repubblica presso il tribunale ordinario (3).

[II]. Il tribunale per i minorenni è competente per il ricorso per l'irrogazione delle sanzioni in caso di inadempienze o violazioni,(4) quando è già pendente o è instaurato successivamente, tra le stesse parti, un procedimento previsto dagli articoli 330, 332, 333, 334 e 335 del codice civile. Nei casi in cui è già pendente o viene instaurato autonomo procedimento per l'irrogazione delle sanzioni (4) davanti al tribunale ordinario, quest'ultimo, d'ufficio o a richiesta di parte, senza indugio e comunque non oltre quindici giorni dalla richiesta, adotta tutti gli opportuni provvedimenti temporanei e urgenti nell'interesse del minore e trasmette gli atti al tribunale per i minorenni, innanzi al quale il procedimento, previa riunione, continua. I provvedimenti adottati dal tribunale ordinario conservano la loro efficacia fino a quando sono confermati, modificati o revocati con provvedimento emesso dal tribunale per i minorenni (3).

[III]. Sono emessi dal tribunale ordinario i provvedimenti relativi ai minori per i quali non è espressamente stabilita la competenza di una diversa autorità giudiziaria. [Nei procedimenti in materia di affidamento e di mantenimento dei minori si applicano, in quanto compatibili, gli artt. 737 e seguenti del codice di procedura civile.] (5)

[IV]. Quando il tribunale per i minorenni procede ai sensi dell'articolo 737 del codice di procedura civile, il reclamo si propone davanti alla sezione di corte di appello per i minorenni (6).

(1) *Articolo, da ultimo, così sostituito dall'art. 3[1] l. 10 dicembre 2012, n. 219. Ai sensi dell'art. 4[1] l. n. 219, cit., tale disposizione si applica ai giudizi instaurati a decorrere dalla data di entrata in vigore della suddetta legge. V. anche art. 3[2] l. n. 219, cit.: « Il giudice, a garanzia dei provvedimenti patrimoniali in materia di alimenti e mantenimento della prole, può imporre al genitore obbligato di prestare idonea garanzia personale o reale, se esiste il pericolo che possa sottrarsi all'adempimento degli obblighi suddetti. — Per assicurare che siano conservate o soddisfatte le ragioni del creditore in ordine all'adempimento degli obblighi di cui al periodo precedente, il giudice può disporre il sequestro dei beni dell'obbligato secondo quanto previsto dall'articolo 8, settimo comma, della legge 1° dicembre 1970, n. 898. Il giudice può ordinare ai terzi, tenuti a corrispondere anche periodicamente somme di denaro all'obbligato, di versare le somme dovute direttamente agli aventi diritto, secondo quanto previsto dall'articolo 8, secondo comma e seguenti, della legge 1° dicembre 1970, n. 898. I provvedimenti definitivi costituiscono titolo per l'iscrizione dell'ipoteca giudiziale ai sensi dell'articolo 2818 del codice civile ». Ai sensi dell'art. 4[2] l. n. 219, cit., inoltre, « Ai processi relativi all'affidamento e al mantenimento dei figli di genitori non coniugati pendenti davanti al tribunale per i minorenni alla data di entrata in vigore della presente legge si applicano, in quanto compatibili, gli articoli 737 e seguenti del codice di procedura civile e il comma 2 dell'articolo 3 della [suddetta] legge », su menzionato. Il testo dell'articolo, come sostituito dall'art. 221 l. 19 maggio 1975, n. 151, e poi modificato dall'art. 68 l. 4 maggio 1983, n. 184, era il seguente:* « Sono di competenza del tribunale per i minorenni i provvedimenti contemplati dagli articoli 84, 90, 171, 194, comma secondo, 250, 252, 262, 264, 316, 317-*bis*, 330, 332, 333, 334, 335 e 371, ultimo comma, nonché nel caso di minori dall'articolo 269, primo comma, del codice civile. — Sono emessi dal tribunale ordinario i provvedimenti per i quali non è espressamente stabilita la competenza di una diversa autorità giudiziaria. In ogni caso il tribunale provvede in camera di consiglio sentito il pubblico ministero. — Quando il provvedimento è emesso dal tribunale per i minorenni il reclamo si propone davanti alla sezione di corte di appello per i minorenni ».

(2) *Le parole:* « procedimento per la modifica delle condizioni dettate da precedenti provvedimenti a tutela del minore » *sono state sostituite alle parole* « dell'articolo 710 del codice di procedura *civile e dell'articolo 9 della legge 1° dicembre 1970, n. 898 » dall'art. 2[1, lett. a), n. 1] d.lgs. 10 ottobre 2022, n. 149. Per la disciplina transitoria v. art. 35[1] d.lgs. n. 149/2022, cit., come sostituito dall'art. 1[380, lett. a)] l. 29 dicembre 2022, n. 197, che prevede che:* « 1. Le disposizioni del presente decreto, salvo che non sia diversamente disposto, hanno effetto a decorrere dal 28 febbraio 2023 e si applicano ai procedimenti instaurati successivamente a tale data. Ai procedimenti pendenti alla data del 28 febbraio 2023 si applicano le disposizioni anteriormente vigenti. ».

(3) *I commi primo e secondo del presente articolo sono stati così sostituiti all'originario primo comma dall'art. 1[28] l. 26 novembre 2021, n. 206. Ai sensi del successivo comma 37 dell'art. 1 l. n. 206, cit., tale disposizione si applica ai procedimenti instaurati a decorrere dal centottantesimo giorno successivo alla data di entrata in vigore della suddetta legge.*

Il testo del primo comma, come da ultimo modificato dall'art. 96[1], lett. c), d.lgs. 28 dicembre 2013, n. 154 era il seguente: « Sono di competenza del tribunale per i minorenni i provvedimenti contemplati dagli artt. 84, 90, 330, 332, 333, 334, 335 e 371, ultimo comma, del codice civile. Per i procedimenti di cui all'art. 333 resta esclusa la competenza del tribunale per i minorenni nell'ipotesi in cui sia in corso, tra le stesse parti, giudizio di separazione o divorzio o *giudizio ai sensi dell'art. 316 del codice civile; in tale ipotesi per tutta la durata del processo la competenza, anche per i provvedimenti contemplati dalle disposizioni richiamate nel primo periodo, spetta al giudice ordinario. Sono, altresì, di competenza del tribunale per i minorenni i provvedimenti contemplati dagli artt. 251 e 317-*bis *del codice civile ».*

(4) *Le parole:* « per l'irrogazione delle sanzioni in caso di inadempienze o violazioni, » *sono state sostituite alle parole* «previsto dall'articolo 709-ter del codice di procedura civile » *e le parole* « per l'irrogazione delle sanzioni» *sono state sostiuite alle parole* « previsto dall'articolo 709-ter del codice di procedura civile » *dall'art. 2*[1, lett. a), n. 2)] *d.ls. 10 ottobre 2022, n. 149. Per l'entrata in vigore e l'applicazione v.* sub *nota 2.*

(5) *Periodo soppresso dall'art. 2*[1, lett. a), n. 3)] *d.ls. 10 ottobre 2022, n. 149. Per l'entrata in vigore e l'applicazione v.* sub *nota 2.*

(6) *Comma sostituito dall'art. 2*[1, lett. a), n. 4)] *d.ls. 10 ottobre 2022, n. 149. Per l'entrata in vigore e l'applicazione v.* sub *nota 2. Il testo del comma era il seguente:* « Fermo restando quanto previsto per le azioni di stato, il tribunale competente provvede in ogni caso in camera di consiglio, sentito il pubblico ministero, e i provvedimenti emessi sono immediatamente esecutivi, salvo che il giudice disponga diversamente. Quando il provvedimento è emesso dal tribunale per i minorenni, il reclamo si propone davanti alla sezione di corte di appello per i minorenni ».

38-*bis*. (1)

(1) *Articolo abrogato dall'art. 2*[1, lett. b)] *d.ls. 10 ottobre 2022, n. 149. Per la disciplina transitoria v. art. 35*[1] *d.ls. n. 149/2022, cit., come sostituito dall'art. 1*[380, lett. a)] *l. 29 dicembre 2022, n. 197, che prevede che:* « 1. Le disposizioni del presente decreto, salvo che non sia diversamente disposto, hanno effetto a decorrere dal 28 febbraio 2023 e si applicano ai procedimenti instaurati successivamente a tale data. Ai procedimenti pendenti alla data del 28 febbraio 2023 si applicano le disposizioni anteriormente vigenti. » *Il testo dell'articolo, come inserito dall'art. 96*[1 lett. d)] *d.ls. 28 dicembre 2013, n. 154, con la decorrenza indicata* sub *art. 34, era il seguente:* « Quando la salvaguardia del minore è assicurata con idonei mezzi tecnici, quali l'uso di un vetro specchio unitamente ad impianto citofonico, i difensori delle parti, il curatore speciale del minore, se già nominato, ed il pubblico ministero possono seguire l'ascolto del minore, in luogo diverso da quello in cui egli si trova, senza chiedere l'autorizzazione del giudice prevista dall'articolo 336-*bis*, secondo comma, del codice civile. »

38-*ter*. (1) [I]. Nei procedimenti riguardanti l'affidamento dei minori e l'esercizio della responsabilità genitoriale non possono assumere l'incarico di tutore, curatore, curatore speciale, consulente tecnico d'ufficio o svolgere funzioni di assistente sociale coloro che rivestono, o hanno rivestito nei due anni antecedenti, cariche rappresentative in strutture o comunità pubbliche o private presso le quali sono inseriti i minori, o partecipano alla gestione delle medesime strutture, o prestano a favore di esse attività professionale, anche a titolo gratuito, o fanno parte degli organi sociali di società che le gestiscono.

[II]. Il divieto previsto dal primo comma si applica anche a coloro il cui coniuge, parte dell'unione civile, convivente o parente entro il quarto grado svolge, o ha svolto nei due anni antecedenti, le funzioni di cui al primo comma.

(1) *Articolo inserito dall'art. 2[1, lett. c)] d.ls. 10 ottobre 2022, n. 149. Per la disciplina transitoria v. art. 35[1] d.ls. n. 149/2022, cit., come sostituito dall'art. 1[380, lett. a)] l. 29 dicembre 2022, n. 197, che prevede che:* « 1. Le disposizioni del presente decreto, salvo che non sia diversamente disposto, hanno effetto a decorrere dal 28 febbraio 2023 e si applicano ai procedimenti instaurati successivamente a tale data. Ai procedimenti pendenti alla data del 28 febbraio 2023 si applicano le disposizioni anteriormente vigenti. »

39. (1).

(1) *Articolo abrogato dall'art. 11 l. 9 gennaio 2004, n. 6.*

40. [I]. La domanda per l'interdizione del minore emancipato [414 c.c.] e quella per l'interdizione o l'inabilitazione del minore nell'ultimo anno della minore età [416 c.c.] devono essere proposte davanti al tribunale per i minorenni.

41. (1)

(1) *Articolo abrogato dall'art. 2[1, lett. d)] d.ls. 10 ottobre 2022, n. 149. Per la disciplina transitoria v. art. 35[1] d.ls. n. 149/2022, cit., come sostituito dall'art. 1[380, lett. a)] l. 29 dicembre 2022, n. 197, che prevede che:* « 1. Le disposizioni del presente decreto, salvo che non sia diversamente disposto, hanno effetto a decorrere dal 28 febbraio 2023 e si applicano ai procedimenti instaurati successivamente a tale data. Ai procedimenti pendenti alla data del 28 febbraio 2023 si applicano le disposizioni anteriormente vigenti.» *Il testo dell'articolo, come sostituito dapprima dall'art. 222 l. 19 maggio 1975, n. 151, e successivamente dall'art. 151 d.ls. 19 febbraio 1998, n. 51, era il seguente:* «I provvedimenti previsti nell'articolo 145 del codice sono di competenza del tribunale del circondario del luogo in cui è stabilita la residenza familiare o, se questa manchi, del tribunale del luogo del domicilio di uno dei coniugi. Il tribunale provvede in composizione monocratica. ».

42. [I]. I provvedimenti indicati nell'articolo 423 del codice e le sentenze di revoca previste nell'articolo 429 del codice stesso devono essere trasmessi in copia in carta libera, entro dieci giorni dalla pubblicazione, al giudice tutelare a cura del cancelliere dell'autorità giudiziaria che li ha pronunziati.

43. [I]. I provvedimenti del giudice tutelare [344 c.c.] sono emessi con decreto.

[II]. Nei casi urgenti la richiesta di un provvedimento può essere fatta al giudice anche verbalmente.

44. (1) [I]. Il giudice tutelare può convocare in qualunque momento il tutore, il protutore, il curatore e l'amministratore di sostegno allo scopo di chiedere informazioni, chiarimenti e notizie sulla gestione della tutela, della curatela o dell'amministrazione di sostegno, e di dare istruzioni inerenti agli interessi morali e patrimoniali del minore o del beneficiario.

(1) *Articolo così sostituito dall'art. 12 l. 9 gennaio 2004, n. 6.*

45. [I]. La competenza a decidere dei reclami avverso i decreti del giudice tutelare spetta al tribunale ordinario quando si tratta dei provvedimenti indicati negli articoli 320, 321, 372, 373, 374, 376[, secondo comma] (1), 386, 394 e 395 del codice.

[II]. La competenza spetta al tribunale per i minorenni in tutti gli altri casi.

[III]. Nell'ipotesi prevista nell'articolo 386, ultimo comma, del codice l'autorità giudiziaria competente provvede in sede contenziosa.

(1) *Le parole* «, secondo comma» *sono state soppresse dall'art. 2[1, lett. e] d.ls. 10 ottobre 2022, n. 149. Per la disciplina transitoria v. art. 35[1] d.ls. n. 149/2022, cit., come sostituito dall'art.1[380, lett. a] l. 29 dicembre 2022, n. 197, che prevede che:* « 1. Le disposizioni del presente decreto, salvo che non sia diversamente disposto, hanno effetto a decorrere dal 28 febbraio 2023 e si applicano ai procedimenti instaurati successivamente a tale data. Ai procedimenti pendenti alla data del 28 febbraio 2023 si applicano le disposizioni anteriormente vigenti. ».

46. [I]. Tutti gli atti della procedura della tutela [343 ss. c.c.], compresi l'inventario, i conti annuali e il conto finale, sono esenti da tasse di bollo e di registro.

[II]. Sono del pari esenti da tasse di bollo e di registro gli atti previsti nel titolo XI del libro I del codice [400 ss. c.c.].

46-*bis*. (1) [I]. Gli atti e i provvedimenti relativi ai procedimenti previsti dal titolo XII del libro primo del codice non sono soggetti all'obbligo di registrazione e sono esenti dal contributo unificato previsto dall'articolo 9 del testo unico delle disposizioni legislative e regolamentari in materia di spese di giustizia, di cui al decreto del Presidente della Repubblica 30 maggio 2002, n. 115.

(1) *Articolo inserito dall'art. 13 l. 9 gennaio 2004, n. 6.*

47. (1) [I]. Presso l'ufficio del giudice tutelare sono tenuti un registro delle tutele dei minori e degli interdetti [343 ss., 414 ss. c.c.], un registro delle curatele dei minori, (2) dei minori emancipati e degli inabilitati [48-51; 400 ss., 414 ss. c.c.] ed un registro delle amministrazioni di sostegno [404-413 c.c.].

(1) *Articolo così sostituito dall'art. 14 l. 9 gennaio 2004, n. 6.*

(2) *Le parole* « dei minori, » *sono state inserite dall'art. 2[1, lett. f] d.ls. 10 ottobre 2022, n. 149. Per la disciplina transitoria v. art. 35[1] d.ls. n. 149/2022, cit., come sostituito dall'art.1[380, lett. a] l. 29 dicembre 2022, n. 197, che prevede che:* « 1. Le disposizioni del presente decreto, salvo che non sia diversamente disposto, hanno effetto a decorrere dal 28 febbraio 2023 e si applicano ai procedimenti instaurati successivamente a tale data. Ai

procedimenti pendenti alla data del 28 febbraio 2023 si applicano le disposizioni anteriormente vigenti. ».

48. [I]. Nel registro delle tutele [47] in un capitolo speciale per ciascuna di esse, si devono annotare a cura del cancelliere:

il giorno in cui si è aperta la tutela;

la data e gli estremi essenziali della sentenza che ha pronunziato la interdizione se trattasi di interdetti;

il nome, il cognome, la condizione e il domicilio del tutore e del protutore, la data della loro nomina e della prestazione del giuramento da parte del tutore;

le risultanze dell'inventario e del conto annuale;

l'esonero e la rimozione del tutore o del protutore e in generale tutti i provvedimenti che portano modificazioni allo stato personale e patrimoniale della persona sottoposta a tutela;

la chiusura della tutela e la menzione del provvedimento che ne ha provocato la chiusura;

le risultanze del rendiconto definitivo [51].

49. [I]. (1) Nel registro delle curatele, in un capitolo speciale per ciascuna di esse, si devono annotare a cura del cancelliere:

a) la data e gli estremi essenziali del provvedimento che concede l'emancipazione o della sentenza che pronuncia l'inabilitazione o del provvedimento che dispone la nomina del curatore del minore ai sensi dell'articolo 473-bis.7, secondo comma, del codice di procedura civile;

b) il nome, il cognome, la condizione, l'età e il domicilio del minore o della persona emancipata o inabilitata;

c) il nome, il cognome, la condizione e il domicilio del curatore nominato al minore, all'emancipato, o all'inabilitato;

d) la data del provvedimento che revoca la nomina del curatore del minore ai sensi dell'articolo 473-bis.7, secondo comma, del codice di procedura civile o l'emancipazione, o della sentenza che revoca l'inabilitazione.

(1) *Articolo sostituito dall'art. 2[1, lett. g)] d.lgs. 10 ottobre 2022, n. 149. Per la disciplina transitoria v. art. 35[1] d.lgs. n. 149/2022, cit., come sostituito dall'art. 1[380, lett. a)] l. 29 dicembre 2022, n. 197, che prevede che:* « 1. Le disposizioni del presente decreto, salvo che non sia diversamente disposto, hanno effetto a decorrere dal 28 febbraio 2023 e si applicano ai procedimenti instaurati successivamente a tale data. Ai procedimenti pendenti alla data del 28 febbraio 2023 si applicano le disposizioni anteriormente vigenti. ». *Il testo dell'articolo era il seguente:* «Nel registro delle curatele [47], in un capitolo speciale per ciascuna di esse, si devono annotare a cura del cancelliere:

la data e gli estremi essenziali del provvedimento che concede l'emancipazione o della sentenza che pronunzia la inabilitazione;

il nome, il cognome, la condizione, l'età e il domicilio della persona emancipata o inabilitata;

il nome, il cognome, la condizione e il domicilio del curatore nominato all'emancipato o all'inabilitato;

la data del provvedimento che revoca l'emancipazione o della sentenza che revoca la inabilitazione. ».

49-*bis*. (1) [I]. Nel registro delle amministrazioni di sostegno, in un capitolo speciale per ciascuna di esse, si devono annotare a cura del cancelliere:

1) la data e gli estremi essenziali del provvedimento che dispone l'amministrazione di sostegno, e di ogni altro provvedimento assunto dal giudice nel corso della stessa, compresi quelli emanati in via d'urgenza ai sensi dell'articolo 405 del codice;

2) le complete generalità della persona beneficiaria;

3) le complete generalità dell'amministratore di sostegno o del legale rappresentante del soggetto che svolge la relativa funzione, quando non si tratta di persona fisica;

4) la data e gli estremi essenziali del provvedimento che dispone la revoca o la chiusura dell'amministrazione di sostegno [413 c.c.].

(1) *Articolo inserito dall'art. 15 l. 9 gennaio 2004, n. 6.*

50. (1) [I]. Il cancelliere è responsabile della tenuta dei registri [47 ss.], che sono da lui numerati e vidimati prima di essere posti in uso.

(1) *Articolo così sostituito dall'art. 152 d.ls. 19 febbraio 1998, n. 51.*

51. (1) [I]. Nei registri delle tutele e delle curatele devono essere annotati, in capitoli speciali per ciascun minore, i provvedimenti emanati dal tribunale per i minorenni e dal tribunale ordinario ai sensi degli articoli 252, 262, 279, 316, 317-bis, 330, 332, 333, 334 e 335 del codice, e delle altre disposizioni della legge speciale che prevedono la nomina del tutore (2).

[II]. A tal fine la cancelleria del tribunale che ha emesso il provvedimento deve trasmetterne copia in carta libera entro dieci giorni all'ufficio del giudice tutelare del luogo in cui il minore ha il domicilio per la prescritta annotazione (3).

(1) *Articolo così sostituito dall'art. 223 l. 19 maggio 1975, n. 151.*

(2) *Comma sostituito dall'art. 2[1, lett. h)] d.ls. 10 ottobre 2022, n. 149. Per la disciplina transitoria v. art. 35[1] d.ls. n. 149/2022, cit., come sostituito dall'art. 1[380, lett. a)] l. 29 dicembre 2022, n. 197, che prevede che:* « 1. Le disposizioni del presente decreto, salvo che non sia diversamente disposto, hanno effetto a decorrere dal 28 febbraio 2023 e si applicano ai procedimenti instaurati successivamente a tale data. Ai procedimenti pendenti alla data del 28 febbraio 2023 si applicano le disposizioni anteriormente vigenti. ». *Il testo del comma era il seguente:* « Nel registro delle tutele devono essere annotati, in capitoli speciali per ciascun

minore, i provvedimenti emanati dal tribunale per i minorenni ai sensi degli articoli 252, 262, 279, 316, 317-bis, 330, 332, 333, 334 e 335 del codice. ».

(3) *V. art. 69 l. 4 maggio 1983, n. 184.*

SEZIONE II – *Disposizioni relative al libro II*

51-*bis*. (1) [I]. I provvedimenti previsti negli articoli 485, primo comma, 508, primo comma, 509, primo comma, 517, secondo comma, 528, primo comma, 529, 530, primo comma, 620, secondo e sesto comma, 621, primo comma, (2) 730, primo comma, e 736, secondo comma, (2) del codice sono adottati dal tribunale in composizione monocratica.

(1) *Articolo inserito dall'art. 153 d.lgs. 19 febbraio 1998, n. 51.*

(2) *L'art. 27*[3 lett. a)] *d.lgs. 13 luglio 2017, n. 116, ha disposto che siano soppresse le parole* « 620, secondo e sesto comma, 621, primo comma, » *e le parole* « e 736, secondo comma, ». *Ai sensi dell'art. 32*[3] *d.lgs. n. 116, cit., come da ultimo modificato dall'art. 8-bis*[1, lett. b)] *d.l. 30 dicembre 2019, n. 162, conv., con modif., in l. 28 febbraio 2020, n. 8, tale disposizione* ***entra in vigore il 31 ottobre 2025***.

52. [I]. Presso la cancelleria di ogni tribunale è tenuto, a cura del cancelliere il registro delle successioni [53] (1).

[II]. In questo registro sono inseriti gli estremi degli atti e delle dichiarazioni indicati dalla legge [484, 507², 508², 509³, 519, 528², 702¹ c.c.]. L'inserzione è fatta di ufficio dal cancelliere, se si tratta di dichiarazioni da lui ricevute o di provvedimenti del tribunale; su istanza della parte e dietro produzione di copia autentica dell'atto, negli altri casi (2).

[III]. Il registro è diviso in tre parti. Nella prima sono registrati le dichiarazioni di accettazione dell'eredità con beneficio d'inventario [484 c.c.] e tutti gli atti e le indicazioni relativi al beneficio d'inventario e all'amministrazione e liquidazione delle eredità beneficiate, comprese le nomine del curatore previste dagli articoli 508 e 509 del codice e la menzione della pubblicazione dell'invito ai creditori per la presentazione delle dichiarazioni di credito [498³ c.c.]. Nella seconda sono registrate le dichiarazioni di rinunzia all'eredità [519 c.c.]. Nella terza sono registrati i provvedimenti di nomina dei curatori delle eredità giacenti [528 c.c.], nonché gli atti relativi alla curatela e le dichiarazioni di accettazione o di rinunzia degli esecutori testamentari [702 c.c.].

[IV]. Il registro deve essere alla fine munito di una rubrica alfabetica contenente l'indicazione del nome delle persone la cui successione si è aperta e il riferimento alla pagina nella quale sono contenute le diverse indicazioni.

(1) *Comma così sostituito dall'art. 154*[lett. a)] *d.lgs. 19 febbraio 1998, n. 51.*

(2) *Comma così modificato dall'art. 154*[lett. b)] *d.lgs. n. 51, cit.*

53. [I]. Il registro [52], prima di essere posto in uso, deve essere numerato e vidimato in ciascun foglio dal cancelliere. Nell'ultima pagina il cancelliere indica il numero dei fogli di cui esso è composto (1).

[II]. Il registro può essere esaminato da chiunque ne faccia domanda e la cancelleria deve rilasciare gli estratti e i certificati che sono richiesti.

(1) *Comma così modificato dall'art. 155 d.ls. 19 febbraio 1998, n. 51.*

54. [I]. I creditori e i legatari non separatisti, se hanno proposto domanda giudiziale allo scopo di far valere sugli immobili separati il diritto loro attribuito dal secondo comma dell'articolo 514 del codice, possono fare annotare tale domanda in margine all'iscrizione in separazione.

[II]. Eseguita l'annotazione della domanda di concorso, il vincolo della separazione non può cessare se non col consenso di coloro che hanno eseguito l'annotazione, salvo che la loro pretesa sia stata giudizialmente esclusa.

55. [I]. Le copie dei verbali e dei testamenti, che sono trasmesse alla cancelleria del tribunale secondo l'articolo 622 del codice, devono, a cura del cancelliere, essere raccolte in appositi volumi e annotate in una rubrica alfabetica generale. Le copie possono essere esaminate da chiunque ne faccia richiesta (1).

(1) *Comma così modificato dall'art. 156 d.ls. 19 febbraio 1998, n. 51.*

SEZIONE III – *Disposizioni relative al libro III*

56. [I]. Il provvedimento dell'autorità amministrativa con il quale si dispone che si proceda all'espropriazione a norma dell'articolo 838 del codice è dato con decreto motivato del ministro competente. Il decreto deve contenere la designazione precisa del bene soggetto a espropriazione e deve essere notificato all'interessato, il quale può impugnarlo con ricorso al consiglio di Stato.

[II]. Si osservano nell'espropriazione, in quanto applicabili, le norme della legge generale sull'espropriazione per pubblica utilità.

57. [I]. Le azioni previste dagli articoli 848 e 849 del codice sono di competenza del tribunale, qualunque sia il valore della causa (1).

[II]. Nel caso regolato dall'articolo 849 il giudice fissa con ordinanza l'udienza per la comparizione del rappresentante dell'associazione professionale (2), il quale può delegare altra persona. Si osservano nel resto, in quanto applicabili, le disposizioni dettate dal codice di procedura civile per i consulenti tecnici [61 ss. c.p.c.].

(1) *L'art. 27[3] lett. b) d.ls. 13 luglio 2017, n. 116, ha disposto la sostituzione del presente comma con il seguente:* « Le azioni previste dall'articolo 849 del codice sono di competenza del tribunale, in quanto non siano di competenza del giudice di pace a norma dell'articolo 7, quarto comma, del codice di procedura civile ». *Ai sensi dell'art. 32[3] d.ls. n. 116, cit., come da ultimo modificato dall'art. 8-bis[1, lett. b)] d.l. 30 dicembre 2019, n. 162, conv., con modif., in l. 28 febbraio 2020, n. 8, tale disposizione* ***entra in vigore il 31 ottobre 2025***.

(2) *Le associazioni professionali sono state soppresse con d.ls.lt. 23 novembre 1944, n. 369.*

57-*bis*. (1) [I]. L'autorizzazione prevista nell'articolo 915, primo comma, del codice è data dal tribunale in composizione monocratica (2).

(1) *Articolo inserito dall'art. 157 d.ls. 19 febbraio 1998, n. 51.*

(2) *L'art. 27[3] lett. c) d.ls. 13 luglio 2017, n. 116, ha disposto la sostituzione delle parole* « tribunale in composizione monocratica » *con le parole* « giudice di pace ». *Ai sensi dell'art. 32[3] d.ls. n. 116, cit., come da ultimo modificato dall'art. 8-bis[1, lett. b)] d.l. 30 dicembre 2019, n. 162, conv., con modif., in l. 28 febbraio 2020, n. 8, tale disposizione* ***entra in vigore il 31 ottobre 2025***.

58. [I]. Le modalità e gli effetti dell'affrancazione [971 c.c.] del fondo enfiteutico sono regolati dalle disposizioni della legge 11 giugno 1925, n. 998, e del regio decreto 7 febbraio 1926, n. 426 (1).

[II]. Il prezzo di affrancazione può essere corrisposto anche in titoli del debito pubblico consolidato di qualsiasi specie, osservate, per la determinazione del loro valore, le disposizioni dell'articolo 9 della legge anzidetta.

[III]. Le disposizioni del primo comma del presente articolo si applicano anche alla riduzione in misura fissa di canoni enfiteutici, dei censi e di altre prestazioni perpetue consistenti in una quota di prodotti naturali.

(1) *V. ora l. 22 luglio 1966, n. 607 e l. 18 dicembre 1970, n. 1138.*

59. [I]. La domanda per la nomina dell'amministratore o per la designazione dell'istituto di credito nei casi previsti dall'articolo 1003 del codice, se non è proposta in corso di giudizio, si propone con ricorso al presidente del tribunale: nel caso di nomina dell'amministratore, al presidente del tribunale del luogo in cui si trovano gli immobili o si trova la parte più rilevante di essi.

[II]. Il presidente del tribunale provvede con decreto, sentita l'altra parte.

[III]. Contro tale provvedimento si può proporre reclamo al presidente della corte d'appello nel termine di dieci giorni dalla notificazione.

60. [I]. Gli uffici tecnici che devono essere sentiti a norma del terzo comma dell'articolo 1092 del codice sono l'ufficio locale del genio civile e il locale ispettorato dell'agricoltura.

60-*bis*. (1) [I]. Le domande previste dall'articolo 1105, quarto comma, del codice si propongono con ricorso al giudice di pace.

(1) *L'art. 27[3] lett. d) d.ls. 13 luglio 2017, n. 116, ha disposto l'inserimento del presente art.* 60-bis. *Ai sensi dell'art. 32[3] d.ls. n. 116, cit., come da ultimo modificato dall'art.* 8-bis *[1, lett. b)] d.l. 30 dicembre 2019, n. 162, conv., con modif., in l. 28 febbraio 2020, n. 8, tale disposizione* ***entra in vigore il 31 ottobre 2025.***

60-*ter*. (1) [I]. Sull'impugnazione del regolamento e delle deliberazioni, di cui agli articoli 1107 e 1109 del codice, è competente il giudice di pace.

(1) *L'art. 27[3] lett. d) d.ls. 13 luglio 2017, n. 116, ha disposto l'inserimento del presente art.* 60-ter. *Ai sensi dell'art. 32[3] d.ls. n. 116, cit., come da ultimo modificato dall'art.* 8-bis *[1, lett. b)] d.l. 30 dicembre 2019, n. 162, conv., con modif., in l. 28 febbraio 2020, n. 8, tale disposizione* ***entra in vigore il 31 ottobre 2025.***

61. [I]. Qualora un edificio o un gruppo di edifici appartenenti per piani o porzioni di piano a proprietari diversi si possa dividere in parti che abbiano le caratteristiche di edifici autonomi, il condominio può essere sciolto e i comproprietari di ciascuna parte possono costituirsi in condominio separato [62].

[II]. Lo scioglimento è deliberato dall'assemblea con la maggioranza prescritta dal secondo comma dell'articolo 1136 del codice, o è disposto dall'autorità giudiziaria su domanda di almeno un terzo dei comproprietari di quella parte dell'edificio della quale si chiede la separazione.

62. [I]. La disposizione del primo comma dell'articolo precedente si applica anche se restano in comune con gli originari partecipanti alcune delle cose indicate dall'articolo 1117 del codice.

[II]. Qualora la divisione non possa attuarsi senza modificare lo stato delle cose e occorrano opere per la sistemazione diversa dei locali o delle dipendenze tra i condomini, lo scioglimento del condominio deve essere deliberato dall'assemblea con la maggioranza prescritta dal quinto comma dell'articolo 1136 del codice stesso.

63. (1) [I]. Per la riscossione dei contributi in base allo stato di ripartizione approvato dall'assemblea [1123 c.c.], l'amministratore, senza bisogno di autorizzazione di questa, può ottenere un decreto di ingiunzione immediatamente esecutivo, nonostante opposizione [642 c.p.c.], ed è tenuto a comunicare ai creditori non ancora soddisfatti che lo interpellino i dati dei condomini morosi (2).

[II]. I creditori non possono agire nei confronti degli obbligati in regola con i pagamenti, se non dopo l'escussione degli altri condomini.

[III]. In caso di mora [1219 c.c.] nel pagamento dei contributi che si sia protratta per un semestre, l'amministratore può sospendere il condomino moroso dalla fruizione dei servizi comuni suscettibili di godimento separato.

[IV]. Chi subentra nei diritti di un condomino è obbligato solidalmente con questo [1292 ss. c.c.] al pagamento dei contributi relativi all'anno in corso e a quello precedente.

[V]. Chi cede diritti su unità immobiliari resta obbligato solidalmente con l'avente causa per i contributi maturati fino al momento in cui è trasmessa all'amministratore copia autentica del titolo che determina il trasferimento del diritto.

(1) *Articolo così sostituito dall'art. 18[1] l. 11 dicembre 2012, n. 220. Ai sensi dell'art. 32 l. n. 220, cit., tale disposizione è in vigore dal 18 giugno 2013. Il testo dell'articolo era il seguente:* « Per la riscossione dei contributi in base allo stato di ripartizione approvato dall'assemblea, l'amministratore può ottenere decreto di ingiunzione immediatamente esecutivo, nonostante opposizione. — Chi subentra nei diritti di un condomino è obbligato, solidalmente con questo, al pagamento dei contributi relativi all'anno in corso e a quello precedente. — In caso di mora nel pagamento dei contributi, che si sia protratta per un semestre, l'amministratore, se il regolamento di condominio ne contiene l'autorizzazione, può sospendere al condomino moroso l'utilizzazione dei servizi comuni che sono suscettibili di godimento separato ».

(2) *Per la prededucibilità dei contributi per le spese di manutenzione nonché per le innovazioni, ai sensi dell'art. 111 r.d. 16 marzo 1942, n. 267, v. art. 30 l. n. 220, cit.*

64. (1) [I]. Sulla revoca dell'amministratore, nei casi indicati dall'undicesimo comma dell'articolo 1129 e dal quarto comma dell'articolo 1131 del codice, il tribunale (2) provvede in camera di consiglio, con decreto motivato, sentito l'amministratore in contraddittorio con il ricorrente.

[II]. Contro il provvedimento del tribunale può essere proposto reclamo alla corte d'appello nel termine di dieci giorni dalla notificazione o dalla comunicazione (3).

(1) *Articolo così sostituito dall'art. 19[1] l. 11 dicembre 2012, n. 220. Ai sensi dell'art. 32 l. n. 220, cit., tale disposizione è in vigore dal 18 giugno 2013. Il testo dell'articolo era il seguente:* « Sulla revoca dell'amministratore, nei casi indicati dal terzo comma dell'articolo 1129 e dall'ultimo comma dell'articolo 1131 del codice, il tribunale provvede in camera di consiglio, con decreto motivato, sentito l'amministratore medesimo. — Contro il provvedimento del tribunale può essere proposto reclamo alla corte d'appello nel termine di dieci giorni dalla notificazione ».

(2) *L'art. 27[3 lett. e) n. 1] d.lgs. 13 luglio 2017, n. 116, ha disposto la sostituzione delle parole* « il tribunale » *con le parole* « il giudice di pace ». *Ai sensi dell'art. 32[3] d.lgs. n. 116, cit., come da*

ultimo modificato dall'art. 8-bis[1, lett. b)] d.l. 30 dicembre 2019, n. 162, conv., con modif., in l. 28 febbraio 2020, n. 8, tale disposizione ***entra in vigore il 31 ottobre 2025***.

(3) *L'art. 27[3 lett. e) n. 2] d.ls. n. 116, cit., ha disposto la sostituzione del presente comma con il seguente:* « Contro il provvedimento del giudice di pace può essere proposto reclamo in tribunale entro dieci giorni dalla notificazione o dalla comunicazione ». *Tale disposizione* ***entra in vigore il 31 ottobre 2025, v. nota 2***.

65. [I]. Quando per qualsiasi causa manca il legale rappresentante dei condomini, chi intende iniziare o proseguire una lite contro i partecipanti a un condominio può richiedere la nomina di un curatore speciale ai sensi dell'articolo 80 del codice di procedura civile.

[II]. Il curatore speciale deve senza indugio convocare l'assemblea dei condomini per avere istruzioni sulla condotta della lite.

66. [I]. L'assemblea, oltre che annualmente in via ordinaria per le deliberazioni indicate dall'articolo 1135 del codice, può esser convocata in via straordinaria dall'amministratore quando questi lo ritiene necessario o quando ne è fatta richiesta da almeno due condomini che rappresentino un sesto del valore dell'edificio. Decorsi inutilmente dieci giorni dalla richiesta, i detti condomini possono provvedere direttamente alla convocazione.

[II]. In mancanza dell'amministratore, l'assemblea tanto ordinaria quanto straordinaria può esser convocata a iniziativa di ciascun condomino.

[III]. L'avviso di convocazione, contenente specifica indicazione dell'ordine del giorno, deve essere comunicato almeno cinque giorni prima della data fissata per l'adunanza in prima convocazione, a mezzo di posta raccomandata, posta elettronica certificata, fax o tramite consegna a mano, e deve contenere l'indicazione del luogo e dell'ora della riunione o, se prevista in modalità di videoconferenza, della piattaforma elettronica sulla quale si terrà la riunione e dell'ora della stessa (1). In caso di omessa, tardiva o incompleta convocazione degli aventi diritto, la deliberazione assembleare è annullabile ai sensi dell'articolo 1137 del codice su istanza dei dissenzienti o assenti perché non ritualmente convocati (2).

[IV]. L'assemblea in seconda convocazione non può tenersi nel medesimo giorno solare della prima (2).

[V]. L'amministratore ha facoltà di fissare più riunioni consecutive in modo da assicurare lo svolgimento dell'assemblea in termini brevi, convocando gli aventi diritto con un unico avviso nel quale sono indicate le ulteriori date ed ore di eventuale prosecuzione dell'assemblea validamente costituitasi (2).

[VI]. Anche ove non espressamente previsto dal regolamento condominiale, previo consenso della maggioranza dei condomini (3), la partecipazione all'assemblea può avvenire in modalità di videoconferenza. In tal caso, il verbale, redatto dal segretario e sottoscritto dal presidente, è trasmesso all'amministratore e a tutti i condomini con le medesime formalità previste per la convocazione (4).

(1) *Le parole:* « o, se prevista in modalità di videoconferenza, della piattaforma elettronica sulla quale si terrà la riunione e dell'ora della stessa » *sono state inserite, in sede di conversione, dall'art. 63[1-bis lett. a)] d.l. 14 agosto 2020, n. 104, conv., con modif., in l. 13 ottobre 2020, n. 126.*

(2) *Comma così sostituito all'originario terzo comma dall'art. 20[1] l. 11 dicembre 2012, n. 220. Ai sensi dell'art. 32 l. n. 220, cit., tale disposizione è in vigore dal 18 giugno 2013. Il testo del comma terzo era il seguente:* « L'avviso di convocazione deve essere comunicato ai condomini almeno cinque giorni prima della data fissata per l'adunanza ».

(3) *Le parole* « della maggioranza dei condomini » *sono state sostituite alle parole* « di tutti i condomini », *in sede di conversione, dall'art.* 5-bis[1] *d.l. 7 ottobre 2020, n. 125, conv., con modif., in l. 27 novembre 2020, n. 159.*

(4) *Comma aggiunto, in sede di conversione, dall'art. 63[1-bis lett. b)] d.l. 14 agosto 2020, n. 104, conv., con modif., in l. 13 ottobre 2020, n. 126.*

67. (1) [I]. Ogni condomino può intervenire all'assemblea anche a mezzo di rappresentante, munito di delega scritta. Se i condomini sono più di venti, il delegato non può rappresentare più di un quinto dei condomini e del valore proporzionale.

[II]. Qualora un'unità immobiliare appartenga in proprietà indivisa a più persone, queste hanno diritto a un solo rappresentante nell'assemblea, che è designato dai comproprietari interessati a norma dell'articolo 1106 del codice.

[III]. Nei casi di cui all'articolo 1117-*bis* del codice, quando i partecipanti sono complessivamente più di sessanta, ciascun condominio deve designare, con la maggioranza di cui all'articolo 1136, quinto comma, del codice, il proprio rappresentante all'assemblea per la gestione ordinaria delle parti comuni a più condominii e per la nomina dell'amministratore. In mancanza, ciascun partecipante può chiedere che l'autorità giudiziaria nomini il rappresentante del proprio condominio. Qualora alcuni dei condominii interessati non abbiano nominato il proprio rappresentante, l'autorità giudiziaria provvede alla nomina su ricorso anche di uno solo dei rappresentanti già nominati, previa diffida a provvedervi entro un congruo termine. La diffida ed il ricorso all'autorità giudiziaria sono notificati al condominio cui si riferiscono in persona dell'amministratore o, in mancanza, a tutti i condomini.

[IV]. Ogni limite o condizione al potere di rappresentanza si considera non apposto. Il rappresentante risponde con le regole del mandato e comunica tempestivamente all'amministratore di ciascun condominio l'ordine del giorno e le decisioni assunte dall'assemblea dei rappresentanti dei condominii. L'amministratore riferisce in assemblea.

[V]. All'amministratore non possono essere conferite deleghe per la partecipazione a qualunque assemblea.

[VI]. L'usufruttuario di un piano o porzione di piano dell'edificio esercita il diritto di voto negli affari che attengono all'ordinaria amministrazione e al semplice godimento delle cose e dei servizi comuni.

[VII]. Nelle altre deliberazioni, il diritto di voto spetta ai proprietari, salvi i casi in cui l'usufruttuario intenda avvalersi del diritto di cui all'articolo 1006 del codice ovvero si tratti di lavori od opere ai sensi degli articoli 985 e 986 del codice. In tutti questi casi l'avviso di convocazione deve essere comunicato sia all'usufruttuario sia al nudo proprietario.

[VIII]. Il nudo proprietario e l'usufruttuario rispondono solidalmente per il pagamento dei contributi dovuti all'amministrazione condominiale.

(1) *Articolo così sostituito dall'art. 21[1] l. 11 dicembre 2012, n. 220. Ai sensi dell'art. 32 l. n. 220, cit., tale disposizione è in vigore dal 18 giugno 2013. Il testo dell'articolo era il seguente:* « Ogni condomino può intervenire all'assemblea anche a mezzo di rappresentante. — Qualora un piano o porzione di piano dell'edificio appartenga in proprietà indivisa a più persone, queste hanno diritto a un solo rappresentante nella assemblea, che è designato dai comproprietari interessati; in mancanza provvede per sorteggio il presidente. — L'usufruttuario di un piano o porzione di piano dell'edificio esercita il diritto di voto negli affari che attengono all'ordinaria amministrazione e al semplice godimento delle cose e dei servizi comuni. — Nelle deliberazioni che riguardano innovazioni, ricostruzioni od opere di manutenzione straordinaria delle parti comuni dell'edificio il diritto di voto spetta invece al proprietario ».

68. (1) [I]. Ove non precisato dal titolo ai sensi dell'articolo 1118, per gli effetti indicati dagli articoli 1123, 1124, 1126 e 1136 del codice, il valore proporzionale di ciascuna unità immobiliare è espresso in millesimi in apposita tabella allegata al regolamento di condominio.

[II]. Nell'accertamento dei valori di cui al primo comma non si tiene conto del canone locatizio, dei miglioramenti e dello stato di manutenzione di ciascuna unità immobiliare.

(1) *Articolo così sostituito dall'art. 22[1] l. 11 dicembre 2012, n. 220. Ai sensi dell'art. 32 l. n. 220, cit., tale disposizione è in vigore dal 18 giugno 2013. Il testo dell'articolo era il seguente:* « Per gli effetti indicati dagli articoli 1123, 1124, 1126 e 1136 del codice, il regolamento di condominio deve precisare il valore proporzionale di ciascun piano o di ciascuna porzione di piano spettante in proprietà esclusiva ai singoli condomini. — I valori dei piani o delle porzioni di piano, ragguagliati a quello dell'intero edificio, devono essere espressi in millesimi in apposita tabella allegata al regolamento di condominio. — Nell'accerta-

mento dei valori medesimi non si tiene conto del canone locatizio, dei miglioramenti e dello stato di manutenzione di ciascun piano o di ciascuna porzione di piano ».

69. (1) [I]. I valori proporzionali delle singole unità immobiliari espressi nella tabella millesimale di cui all'articolo 68 possono essere rettificati o modificati all'unanimità. Tali valori possono essere rettificati o modificati, anche nell'interesse di un solo condomino, con la maggioranza prevista dall'articolo 1136, secondo comma, del codice, nei seguenti casi:

1) quando risulta che sono conseguenza di un errore;

2) quando, per le mutate condizioni di una parte dell'edificio, in conseguenza di sopraelevazione, di incremento di superfici o di incremento o diminuzione delle unità immobiliari, è alterato per più di un quinto il valore proporzionale dell'unità immobiliare anche di un solo condomino. In tal caso il relativo costo è sostenuto da chi ha dato luogo alla variazione.

[II]. Ai soli fini della revisione dei valori proporzionali espressi nella tabella millesimale allegata al regolamento di condominio ai sensi dell'articolo 68, può essere convenuto in giudizio unicamente il condominio in persona dell'amministratore. Questi è tenuto a darne senza indugio notizia all'assemblea dei condomini. L'amministratore che non adempie a quest'obbligo può essere revocato ed è tenuto al risarcimento degli eventuali danni.

[III]. Le norme di cui al presente articolo si applicano per la rettifica o la revisione delle tabelle per la ripartizione delle spese redatte in applicazione dei criteri legali o convenzionali.

(1) *Articolo così sostituito dall'art. 23[1] l. 11 dicembre 2012, n. 220. Ai sensi dell'art. 32 l. n. 220, cit., tale disposizione è in vigore dal 18 giugno 2013. Il testo dell'articolo era il seguente:* « I valori proporzionali dei vari piani o porzioni di piano possono essere riveduti o modificati, anche nell'interesse di un solo condomino, nei seguenti casi: 1) quando risulta che sono conseguenza di un errore; 2) quando, per le mutate condizioni di una parte dell'edificio, in conseguenza della sopraelevazione di nuovi piani, di espropriazione parziale o di innovazioni di vasta portata, è notevolmente alterato il rapporto originario tra i valori dei singoli piani o porzioni di piano ».

70. (1) [I]. Per le infrazioni al regolamento di condominio può essere stabilito, a titolo di sanzione, il pagamento di una somma fino ad euro 200 e, in caso di recidiva, fino ad euro 800. La somma è devoluta al fondo di cui l'amministratore dispone per le spese ordinarie. L'irrogazione della sanzione è deliberata dall'assemblea con le maggioranze di cui al secondo comma dell'articolo 1136 del Codice (2).

(1) *Articolo così sostituito dall'art. 24[1] l. 11 dicembre 2012, n. 220. Ai sensi dell'art. 32 l. n. 220, cit., tale disposizione è in vigore dal 18 giugno 2013. Il testo dell'articolo era il seguente:*

« Per le infrazioni al regolamento di condominio può essere stabilito, a titolo di sanzione, il pagamento di una somma fino a lire cento. La somma è devoluta al fondo di cui l'amministratore dispone per le spese ordinarie ».

(2) *Le parole da* « L'irrogazione della sanzione » *a* « 1136 del Codice » *sono state aggiunte dall'art. 1[9 lett. e)] d.l. 23 dicembre 2013, n. 145, conv., con modif., in l. 21 febbraio 2014, n. 9.*

71. [I]. Il registro indicato dal quarto comma dell'articolo 1129 e dal terzo comma dell'articolo 1138 del codice è tenuto presso l'associazione professionale (1) dei proprietari di fabbricati.

(1) *Soppressa con d.ls.lt. 23 novembre 1944, n. 369.*

71-*bis*. (1) (2) [I]. Possono svolgere l'incarico di amministratore di condominio coloro:

a) che hanno il godimento dei diritti civili;

b) che non sono stati condannati per delitti contro la pubblica amministrazione, l'amministrazione della giustizia, la fede pubblica, il patrimonio o per ogni altro delitto non colposo per il quale la legge commina la pena della reclusione non inferiore, nel minimo, a due anni e, nel massimo, a cinque anni;

c) che non sono stati sottoposti a misure di prevenzione divenute definitive, salvo che non sia intervenuta la riabilitazione;

d) che non sono interdetti o inabilitati;

e) il cui nome non risulta annotato nell'elenco dei protesti cambiari;

f) che hanno conseguito il diploma di scuola secondaria di secondo grado;

g) che hanno frequentato un corso di formazione iniziale e svolgono attività di formazione periodica in materia di amministrazione condominiale.

[II]. I requisiti di cui alle lettere *f*) e *g*) del primo comma non sono necessari qualora l'amministratore sia nominato tra i condomini dello stabile.

[III]. Possono svolgere l'incarico di amministratore di condominio anche società di cui al titolo V del libro V del codice. In tal caso, i requisiti devono essere posseduti dai soci illimitatamente responsabili, dagli amministratori e dai dipendenti incaricati di svolgere le funzioni di amministrazione dei condominii a favore dei quali la società presta i servizi.

[IV]. La perdita dei requisiti di cui alle lettere *a*), *b*), *c*), *d*) ed *e*) del primo comma comporta la cessazione dall'incarico. In tale evenienza ciascun condomino può convocare senza formalità l'assemblea per la nomina del nuovo amministratore.

[V]. A quanti hanno svolto attività di amministrazione di condominio per almeno un anno, nell'arco dei tre anni precedenti alla data di entrata in vigore della presente disposizione, è consentito lo svolgimento dell'attività di amministratore anche in mancanza dei requisiti di cui alle lettere *f*) e *g*) del primo comma. Resta salvo l'obbligo di formazione periodica.

(1) *Articolo inserito dall'art. 25[1] l. 11 dicembre 2012, n. 220. Ai sensi dell'art. 32 l. n. 220, cit., tale disposizione è in vigore dal 18 giugno 2013.*

(2) *V. d.m. 13 agosto 2014, n. 140 (G.U. 24 settembre 2014, n. 222), Regolamento recante la determinazione dei criteri e delle modalità per la formazione degli amministratori di condominio nonché dei corsi di formazione per gli amministratori condominiali.*

71-*ter*. (1) [I]. Su richiesta dell'assemblea, che delibera con la maggioranza di cui al secondo comma dell'articolo 1136 del codice, l'amministratore è tenuto ad attivare un sito internet del condominio che consenta agli aventi diritto di consultare ed estrarre copia in formato digitale dei documenti previsti dalla delibera assembleare. Le spese per l'attivazione e la gestione del sito internet sono poste a carico dei condomini.

(1) *Articolo inserito dall'art. 25[1] l. 11 dicembre 2012, n. 220. Ai sensi dell'art. 32 l. n. 220, cit., tale disposizione è in vigore dal 18 giugno 2013.*

71-*quater*. (1) [I]. Per controversie in materia di condominio, ai sensi dell'articolo 5, comma 1, del decreto legislativo 4 marzo 2010, n. 28 (2), si intendono quelle derivanti dalla violazione o dall'errata applicazione delle disposizioni del libro III, titolo VII, capo II, del codice e degli articoli da 61 a 72 delle presenti disposizioni per l'attuazione del codice.

[II]. (3).

[III]. Al procedimento è legittimato a partecipare l'amministratore secondo quanto previsto dall'articolo 5-ter del decreto legislativo 4 marzo 2010, n. 28 (4).

[IV]. (5).

[V]. (6).

[VI]. (7).

(1) *Articolo inserito dall'art. 25[1] l. 11 dicembre 2012, n. 220. Ai sensi dell'art. 32 l. n. 220, cit., tale disposizione è in vigore dal 18 giugno 2013.*

(2) ***C. cost.** 6 dicembre 2012, n. 272 ha dichiarato l'*illegittimità costituzionale *dell'art. 5[1] d.ls. 4 marzo 2010, n. 28.*

(3) *Comma abrogato dall'art. 2[2, lett. a)] d.ls. 10 ottobre 2022, n. 149. Per la disciplina transitoria v. art. 35[1] d.ls. n. 149/2022, cit., come sostituito dall'art. 1[380, lett. a)] l. 29 dicembre 2022, n. 197, che prevede che:* « 1. Le disposizioni del presente decreto, salvo che non sia diversamente disposto, hanno effetto a decorrere dal 28 febbraio 2023 e si applicano ai procedimenti instaurati successivamente a tale data. Ai procedimenti pendenti alla data del 28

febbraio 2023 si applicano le disposizioni anteriormente vigenti. ». *Il testo del comma era il seguente:* « La domanda di mediazione deve essere presentata, a pena di inammissibilità, presso un organismo di mediazione ubicato nella circoscrizione del tribunale nella quale il condominio è situato. ».

(4) *Le parole* « secondo quanto previsto dall'articolo 5-ter del decreto legislativo 4 marzo 2010, n. 28» *sono state sostituite alle parole* «, previa delibera assembleare da assumere con la maggioranza di cui all'articolo 1136, secondo comma, del codice » *dall'art. 2*[2, lett. b)] *d.ls. 10 ottobre 2022, n. 149. Per l'entrata in vigore e per l'applicazione v.* sub *nota 3.*

(5) *Comma abrogato dall'art. 2*[2, lett. c)] *d.ls. 10 ottobre 2022, n. 149. Per l'entrata in vigore e per l'applicazione v.* sub *nota 3. Il testo del comma era il seguente:* « Se i termini di comparizione davanti al mediatore non consentono di assumere la delibera di cui al terzo comma, il mediatore dispone, su istanza del condominio, idonea proroga della prima comparizione. ».

(6) *Comma abrogato dall'art. 2*[2, lett. c)] *d.ls. 10 ottobre 2022, n. 149. Per l'entrata in vigore e per l'applicazione v.* sub *nota 3. Il testo del comma era il seguente:* « La proposta di mediazione deve essere approvata dall'assemblea con la maggioranza di cui all'articolo 1136, secondo comma, del codice. Se non si raggiunge la predetta maggioranza, la proposta si deve intendere non accettata. ».

(7) *Comma abrogato dall'art. 2*[2, lett. c)] *d.ls. 10 ottobre 2022, n. 149. Per l'entrata in vigore e per l'applicazione v.* sub *nota 3. Il testo del comma era il seguente:* « Il mediatore fissa il termine per la proposta di conciliazione di cui all'articolo 11 del decreto legislativo 4 marzo 2010, n. 28, tenendo conto della necessità per l'amministratore di munirsi della delibera assembleare. ».

72. [I]. I regolamenti di condominio non possono derogare alle disposizioni dei precedenti articoli 63, 66, 67 e 69.

SEZIONE IV – *Disposizioni relative al libro IV*

73. [I]. Gli atti di offerta reale [74] e quelli di deposito previsti dagli articoli 1209, primo comma, 1212 e 1214 del codice, sono eseguiti da un notaio o da un ufficiale giudiziario.

[II]. Le offerte per intimazione, previste dagli articoli 1209, secondo comma, e 1216, primo comma, sono eseguite con atto di ufficiale giudiziario.

73-*bis*. (1) [I]. I provvedimenti previsti negli articoli 1211, 1514, primo comma, 1515, terzo comma, e 1841 del codice sono stati adottati dal tribunale in composizione monocratica.

(1) *L'art. 27*[3 lett. f)] *d.ls. 13 luglio 2017, n. 116, dispone l'abrogazione del presente articolo. Ai sensi dell'art. 32*[3] *d.ls. n. 116, cit., come da ultimo modificato dall'art.* 8-bis[1, lett. b)] *d.l. 30 dicembre 2019, n. 162, conv., con modif., in l. 28 febbraio 2020, n. 8, tale disposizione* ***entra in vigore il 31 ottobre 2025.***

74. [I]. Il processo verbale dell'offerta reale deve essere redatto in conformità delle disposizioni dell'articolo 126 del codice di procedura civile e deve in particolare contenere la specificazione dell'oggetto dell'offerta e le dichiarazioni del creditore.

[II]. Quando l'offerta è accettata, il pubblico ufficiale esegue il pagamento e riceve le dichiarazioni del creditore per quietanza e per liberazione dalle garanzie.

[III]. Se il creditore non è presente all'offerta, il processo verbale deve essergli notificato nelle forme prescritte per la citazione.

[IV]. L'intimazione prescritta dall'articolo 1212, n. 1, del codice, può essere fatta con lo stesso atto di notificazione del verbale dell'offerta. In ogni caso tra l'intimazione e il deposito deve trascorrere un termine non minore di giorni tre.

75. [I]. L'atto di intimazione, nei casi previsti dagli articoli 1209, secondo comma, e 1216, primo comma, del codice, deve contenere l'indicazione del giorno, dell'ora e del luogo in cui il debitore intende procedere alla consegna delle cose mobili o al rilascio dell'immobile a favore del creditore, con rispetto di un intervallo non minore di giorni tre.

[II]. La mancata comparizione del creditore o il suo rifiuto di accettare l'offerta sono accertati con verbale redatto da un notaio o da un ufficiale giudiziario nel luogo, nel giorno e nell'ora indicati nell'atto di intimazione, con tutte le altre indicazioni prescritte dal primo comma dell'articolo precedente, e da tale giorno decorrono gli effetti della mora.

76. [I]. I depositi che hanno per oggetto titoli di credito o somme di danaro debbono essere eseguiti presso la cassa dei depositi e prestiti secondo le norme della legge speciale, oppure presso un istituto di credito [251].

77. [I]. Il deposito di cose mobili diverse dal danaro e dai titoli di credito, nei casi previsti dagli articoli 1210, primo comma, e 1214 del codice e in ogni altro caso in cui esso sia prescritto dalla legge o dal giudice [1513, 1514, 1686 c.c.] ovvero sia voluto dalle parti, si esegue presso stabilimenti di pubblico deposito a norma delle leggi speciali.

[II]. Qualora non esistano stabilimenti di pubblico deposito nel luogo in cui deve essere eseguita la prestazione, o se ricorrono particolari ragioni, il pretore (1) del luogo predetto, su ricorso della parte interessata, può autorizzare con decreto il deposito presso altro locale idoneo.

(1) *L'art. 27[3] lett. g) d.ls. 13 luglio 2017, n. 116, ha disposto la sostituzione della parola* « pretore » *(da intendersi* « giudice ») *con le parole* « giudice di pace ». *Ai sensi dell'art. 32[3] d.ls. n. 116, cit., come da ultimo modificato dall'art. 8-*bis*[1, lett. b)] d.l. 30 dicembre 2019, n. 162, conv., con modif., in l. 28 febbraio 2020, n. 8, tale disposizione* ***entra in vigore il 31 ottobre 2025****.*

78. [I]. Il pubblico ufficiale, che a norma dell'articolo 1210 del codice procede al deposito di danaro, di titoli di credito o di altre cose mobili, deve redigere processo verbale della relativa operazione in conformità del successivo articolo 1212, n. 3, e dell'articolo 126 del codice di procedura civile, e consegnarne copia al depositario, nonché al creditore comparso, se la richiede.

[II]. Se il creditore non è stato presente, deve essergli notificata copia del processo verbale nelle forme prescritte per gli atti di citazione.

79. [I]. Il sequestratario dell'immobile, nel caso previsto dal secondo comma dell'articolo 1216 del codice, è nominato, se non vi è giudizio pendente, dal presidente del tribunale (1) del luogo in cui si trova l'immobile.

[II]. Il presidente del tribunale provvede con decreto, sentito il creditore. Contro tale decreto è ammesso reclamo al presidente della corte di appello, entro dieci giorni dalla notificazione (2).

[III]. La consegna dell'immobile al sequestratario deve risultare da processo verbale redatto da un notaio o da un ufficiale giudiziario. Copia del processo verbale deve essere notificata al creditore che non sia stato presente.

(1) *L'art. 27[3 lett. h) n. 1] d.ls. 13 luglio 2017, n. 116, dispone la sostituzione delle parole* « dal presidente del tribunale » *con le parole* « dal giudice di pace ». *Ai sensi dell'art. 32[3] d.ls. n. 116, cit., come da ultimo modificato dall'art.* 8-bis[1, lett. b)] *d.l. 30 dicembre 2019, n. 162, conv., con modif., in l. 28 febbraio 2020, n. 8, tale disposizione* ***entra in vigore il 31 ottobre 2025***.

(2) *L'art. 27[3 lett. h) n. 2] d.ls. n. 116, cit., ha disposto la sostituzione del presente comma con il seguente:* « Il giudice di pace provvede con decreto, sentito il creditore. Contro tale decreto è ammesso reclamo a norma dell'articolo 739 del codice di procedura civile ». *Tale disposizione* ***entra in vigore il 31 ottobre 2025, v. nota 1***.

80. [I]. L'atto d'intimazione previsto dall'articolo 1217 del codice, se non è determinato il tempo in cui la prestazione deve essere eseguita, e in ogni caso se la prestazione medesima deve effettuarsi in località diversa dal domicilio del creditore, deve contenere l'indicazione del giorno, dell'ora e del luogo in cui il debitore intende eseguire la prestazione, col rispetto di un intervallo di almeno tre giorni, a meno che la natura del rapporto non imponga un intervallo minore.

[II]. Il mancato ricevimento della prestazione da parte del creditore nel giorno stabilito può essere accertato nelle forme di uso e da tale giorno decorrono gli effetti della mora [1207 c.c.].

81. [I]. Nei casi previsti dagli articoli 1286, terzo comma, e 1287, terzo comma, del codice, l'istanza per la fissazione del termine entro il quale deve essere fatta la scelta e quella per la scelta della prestazione da parte del giudice si propongono, se non vi è giudizio pendente, davanti l'autorità giudiziaria del luogo in cui la prestazione deve eseguirsi, osservate le disposizioni previste rispettivamente dagli articoli 749 e 750 del codice di procedura civile.

82. [I]. L'istanza per la nomina del terzo nei casi previsti dal secondo comma dell'articolo 1473 del codice, qualora non vi sia giudizio in corso, si propone con ricorso al presidente del tribunale del luogo in cui deve eseguirsi la consegna della cosa a norma dell'articolo 1510 del codice.

[II]. Il ricorso deve essere notificato alle altre parti interessate e al terzo. Il presidente del tribunale provvede con decreto: contro di questo è ammesso reclamo al primo presidente della corte di appello entro dieci giorni dalla notificazione.

[III]. La nomina deve cadere normalmente su persona esperta iscritta in albi o elenchi o ruoli istituiti a norma di legge.

83. [I]. Sono autorizzati alle operazioni di vendita con o senza incanto a norma dell'articolo 1515 del codice, o alle operazioni di compra a norma del successivo articolo 1516 [2797^2 c.c.]:

1) gli agenti di cambio, per i valori pubblici e per i titoli di credito specificati nelle leggi sulle borse;

2) i mediatori in merci iscritti presso i consigli provinciali delle corporazioni (1), per le merci e le derrate.

[II]. La vendita all'incanto deve essere annunziata con le forme di una pubblicità commerciale adeguata alla natura ed al valore delle cose poste in vendita.

[III]. Il verbale d'incanto è depositato nella cancelleria della pretura del luogo in cui si è proceduto alla vendita.

[IV]. Le operazioni di vendita senza incanto e quelle di compra devono essere documentate mediante certificato, fattura o fissato bollato, in doppio esemplare, uno dei quali è consegnato alla parte richiedente e l'altro, vistato da questa, è conservato dalla persona che ha eseguito l'incarico.

[V]. Il compenso dovuto alla persona predetta, se non esiste una tariffa approvata, è stabilito con decreto del pretore (2) del luogo in cui l'incarico è stato eseguito.

(1) *I consigli provinciali delle corporazioni sono oggi camere di commercio, industria, artigianato e agricoltura ad opera della l. 26 settembre 1966, n. 792.*

(2) *L'art. 1 d.lgs. 19 febbraio 1998, n. 51, ha soppresso l'ufficio del pretore, trasferendone le competenze al tribunale ordinario.*

84. [I]. Il contratto di vendita con riserva di proprietà di macchine per prezzo superiore a 15,49 euro, deve essere iscritto, agli effetti previsti dal secondo comma dell'articolo 1524 del codice, nel registro istituito presso la cancelleria del tribunale nella cui giurisdizione la macchina viene collocata.

[II]. Le sottoscrizioni delle parti devono essere autenticate, se il contratto non risulta da atto pubblico.

SEZIONE V – *Disposizioni relative al libro V*

85-91. (1).

(1) *Articoli divenuti inoperanti a seguito della soppressione dell'ordinamento corporativo, v.* sub *art. 1 prel.*

92. (1) [I]. Il decreto, previsto dall'articolo 2409 del codice, che nomina l'amministratore giudiziario nelle società di cui ai capi V, VI e VII (2) del titolo V del libro V del codice priva l'imprenditore, dalla sua data, dell'amministrazione della società nei limiti dei poteri conferiti all'amministratore giudiziario.

[II]. Salvo che il decreto disponga diversamente, l'amministratore giudiziario non può compiere atti eccedenti l'ordinaria amministrazione, senza l'autorizzazione del tribunale.

[III]. Entro i limiti dei poteri conferitigli, l'amministratore sta in giudizio nelle controversie, anche pendenti, relative alla gestione della società.

[IV]. All'amministratore giudiziario possono essere attribuiti per determinati atti i poteri dell'assemblea. Le relative deliberazioni non sono efficaci senza l'approvazione del tribunale.

[V]. Il compenso dell'amministratore giudiziario è determinato dal tribunale.

(1) *Articolo così sostituito dall'art. 9[1 a)] d.lgs. 17 gennaio 2003, n. 6.*

(2) *Le parole* « capi V, VI e VII » *sono state sostituite alle parole* « capi V e VI » *dall'art. 379[4] d.lgs. 12 gennaio 2019, n. 14.*

93. [I]. L'amministratore giudiziario è, per quanto attiene all'esercizio delle sue funzioni, pubblico ufficiale [103, 106].

94. [I]. L'amministratore giudiziario deve adempiere ai doveri del proprio ufficio con la diligenza richiesta dalla natura del proprio ufficio e può essere revocato dal tribunale su richiesta dei soggetti legittimati a chiederne la nomina (1).

[II]. L'amministratore che cessa dal suo ufficio deposita nella cancelleria del tribunale del luogo, ove è la sede principale dell'impresa, il conto della gestione. L'avvenuto deposito è comunicato immediatamente alla società (1).

[III]. Il presidente del tribunale con decreto fissa l'udienza, in termine non inferiore a quindici giorni dal deposito, nella quale le parti possono presentare le loro osservazioni, e nomina un giudice per la procedura. Non sono ammesse contestazioni relative ai criteri tecnici della gestione nei limiti dei poteri conferiti all'amministratore.

[IV]. Si applicano le disposizioni degli articoli 263, secondo comma, e seguenti del codice di procedura civile.

(1) *Commi così sostituiti dall'art. 9[1 b)] d.lgs. 17 gennaio 2003, n. 6, con effetto dal 1° gennaio 2004.*

95. [I]. Quando le leggi [o le norme corporative] (1) non dispongono, l'appartenenza alla categoria d'impiegato o di operaio [2095 c.c.] è determinata dal regio decreto-legge 13 novembre 1924, n. 1825, convertito nella legge 18 marzo 1926, n. 562.

(1) *Per il riferimento alle norme corporative, v.* sub *art. 1 prel.*

96. [I]. L'imprenditore deve far conoscere al prestatore di lavoro, al momento dell'assunzione, la categoria e la qualifica che gli sono assegnate in relazione alle mansioni per cui è stato assunto [2103 c.c.].

[II]. Le qualifiche dei prestatori di lavoro, nell'ambito di ciascuna delle categorie indicate nell'articolo 2095 del codice, possono essere stabilite e raggruppate per gradi secondo la loro importanza nell'ordinamento dell'impresa. Il prestatore di lavoro assume il grado gerarchico corrispondente alla qualifica e alle mansioni.

[III]. I contratti collettivi di lavoro possono stabilire che, nel caso di divergenza tra l'imprenditore e il prestatore di lavoro circa l'assegnazione della qualifica, l'accertamento dei fatti rilevanti per la determinazione della qualifica venga fatto da un collegio costituito da un funzionario dell'ispettorato corporativo, che presiede, e da un delegato di ciascuna delle associazioni professionali che rappresentano le categorie interessate (1).

[IV]. Sui fatti rilevanti per la determinazione della qualifica che hanno formato oggetto dell'accertamento compiuto con tali forme, non sono ammesse nuove indagini o prove, salvo che l'accertamento sia viziato da errore manifesto.

(1) *Comma divenuto inoperante a seguito della soppressione dell'ordinamento corporativo, v.* sub *art. 1 prel.*

97. (1) [I]. Nel caso previsto dall'articolo 2106 del codice, ai prestatori di lavoro addetti alle imprese esercitate da enti pubblici inquadrati sindacalmente, le sanzioni disciplinari stabilite nei regolamenti emanati dagli enti medesimi si applicano solo in quanto compatibili con le particolari disposizioni dei contratti collettivi a cui gli enti sono soggetti.

(1) *Articolo divenuto inoperante a seguito della soppressione dell'ordinamento corporativo, v.* sub *art. 1 prel.*

98. [I]. Nei rapporti d'impiego inerenti all'esercizio dell'impresa, in mancanza [di norme corporative o] (1) di usi più favorevoli, per quanto concerne il trattamento cui ha diritto l'impiegato nei casi d'infortunio, di malattia, di gravidanza o di puerperio [2110 c.c.], la durata del periodo feriale [2109 c.c.], del periodo di preavviso [2118 c.c.], la misura dell'indennità sostitutiva di questo e l'ammontare della indennità di anzianità in caso di cessazione del rapporto [2120 c.c.], si applicano le corrispondenti norme del regio decreto-legge 13 novembre 1924, n. 1825, convertito nella legge 18 marzo 1926, n. 562.

[II]. Le richiamate norme si applicano altresì ai rapporti di impiego dei dipendenti di enti pubblici anche se non inquadrati sindacalmente, in quanto il rapporto non sia diversamente disciplinato da leggi o regolamenti speciali, nonché ai rapporti d'impiego non inerenti all'esercizio di un'impresa, in quanto non esistano convenzioni od usi più favorevoli al prestatore di lavoro.

(1) *Per il riferimento alle norme corporative, v.* sub *art. 1 prel.*

99. [I]. Le disposizioni relative all'istituzione del registro delle imprese (1) previsto dall'articolo 2188 del codice saranno emanate con decreto del Presidente della Repubblica. Tale decreto stabilirà altresì la data di attuazione del registro delle imprese, nonché le condizioni per l'iscrizione delle imprese individuali e sociali esistenti in tale momento.

(1) *V. art. 8 l. 29 dicembre 1993, n. 580 e d.P.R. 7 dicembre 1995, n. 581.*

100. (1).

(1) *Articolo abrogato dapprima implicitamente dall'art. 8[1] l. 29 dicembre 1993, n. 580, che ha istituito il registro delle imprese, e poi esplicitamente dall'art. 111-*sexies*, introdotto dall'art. 9[1 f)] d.ls. 17 gennaio 2003, n. 6.*

101. (1).

(1) *Articolo abrogato dapprima implicitamente dall'art. 8[1] l. 29 dicembre 1993, n. 580, che ha istituito il registro delle imprese, e poi esplicitamente dall'art. 111-*sexies*, introdotto dall'art. 9[1 f)] d.ls. 17 gennaio 2003, n. 6.*

101-*bis*. (1) [I]. Copia integrale o parziale di ogni atto per il quale è prescritta l'iscrizione o il deposito nel registro delle imprese deve essere rilasciata a chi ne faccia richiesta, anche per corrispondenza, senza che il costo di tale copia possa eccedere il costo amministrativo.

(1) *Articolo inserito dall'art. 20 d.P.R. 29 dicembre 1969, n. 1127.*

101-*ter*. (1) [I]. Ai fini della pubblicità prescritta dagli articoli 2506 e 2507 (2) del codice civile la società richiedente deve allegare agli atti e documenti ivi previsti la traduzione giurata in lingua italiana e deve indicare gli estremi della pubblicità attuata nello Stato ove è situata la sede principale. Dell'avvenuto deposito dei documenti deve essere fatta menzione nel Bollettino ufficiale delle società per azioni e a responsabilità limitata (3).

(1) *Articolo inserito dall'art. 5 d.ls. 29 dicembre 1992, n. 516.*

(2) *Ora artt. 2508 e 2509 a seguito della modifica operata dal d.ls. 17 gennaio 2003, n. 6.*

(3) *V. la l. 24 novembre 2000, n. 340, che ha abolito il Bollettino ufficiale delle società per azioni e a responsabilità limitata.*

101-*quater*. (1) [I]. Le società soggette alla legislazione di un altro Stato appartenente alla Comunità economica europea, le quali stabiliscono nel territorio dello Stato più sedi secondarie con rappresentanza stabile, possono attuare la pubblicità dell'atto costitutivo, dello statuto e dei bilanci nell'ufficio del registro delle imprese di una soltanto delle sedi secondarie, depositando negli altri l'attestazione dell'eseguita pubblicità.

(1) *Articolo inserito dall'art. 5 d.ls. 29 dicembre 1992, n. 516.*

102. [I]. Le norme per la formazione del ruolo, per la nomina e per la disciplina dei revisori ufficiali dei conti e quelle per la vigilanza e per la disciplina dei sindaci delle società saranno emanate con decreto del Presidente della Repubblica.

[II]. Fino all'entrata in vigore di tale decreto continueranno ad applicarsi le disposizioni anteriori (1).

(1) *V. d.ls. 27 gennaio 1992, n. 88 e d.ls. 23 gennaio 2006, n. 28.*

103. [I]. I provvedimenti del tribunale previsti dall'articolo 2409 del codice sono disposti con decreto, il quale deve essere comunicato a cura del cancelliere, entro cinque giorni, all'ufficio del registro delle imprese per l'iscrizione (1) (2).

(1) *Comma così sostituito dall'art. 9[1] [c)] [n. 1] d.ls. 17 gennaio 2003, n. 6, con effetto dal 1° gennaio 2004.*

(2) *Seguiva un secondo comma abrogato dall'art. 9[1] [c)] [n. 2] d.ls. n. 6, cit.*

104. (1) [I]. Il tribunale, prima di procedere alla nomina del rappresentante degli obbligazionisti prevista dall'articolo 2417 del codice, deve sentire gli amministratori o il consiglio di gestione della società.

(1) *Articolo così sostituito dall'art. 9[1 d)] d.lgs. 17 gennaio 2003, n. 6, con effetto dal 1° gennaio 2004.*

105. [I]. La liquidazione coatta amministrativa delle società cooperative [2545-*terdecies* c.c.] è regolata dalle norme generali sulla liquidazione coatta amministrativa delle società, salvo che le leggi speciali dispongano diversamente.

106. (1) [I]. Le norme degli articoli 92, 93 e 94 di queste disposizioni si applicano anche al commissario governativo incaricato della gestione della società cooperativa a norma dell'articolo 2545-*sexiesdecies* del codice, intendendosi sostituiti nei poteri del tribunale, per quanto riguarda le disposizioni dei precedenti articoli 92 e 94, primo comma, l'autorità governativa che ha nominato il commissario.

(1) *Articolo così sostituito dall'art. 9[1 e)] d.lgs. 17 gennaio 2003, n. 6, con effetto dal 1° gennaio 2004.*

107. [I]. Alle mutue assicuratrici regolate da leggi speciali le disposizioni del capo II del titolo VI del libro V del codice [2546 ss. c.c.] si applicano in quanto compatibili con le leggi medesime.

108. (1).

(1) *Articolo abrogato dapprima implicitamente dall'art. 8[1] l. 29 dicembre 1993, n. 580, che ha istituito il registro delle imprese, e poi esplicitamente dall'art. 111-*sexies*, introdotto dall'art. 9[1 f)] d.lgs. 17 gennaio 2003, n. 6, con effetto dal 1° gennaio 2004.*

109. (1).

(1) *Articolo abrogato dall'art. 111-*sexies*, introdotto dall'art. 9[1 f)] d.lgs. 17 gennaio 2003, n. 6, con effetto dal 1° gennaio 2004.*

110. [I]. La competenza dell'autorità governativa nell'esercizio dei poteri ad essa demandati dal libro V del codice è determinata dalle leggi speciali.

111. [I]. Le norme per l'attuazione delle disposizioni contenute nelle sezioni III e IV del capo II del titolo X del libro V del codice saranno emanate con decreto del Presidente della Repubblica.

[II]. Fino all'entrata in vigore di tale decreto la disciplina dei consorzi obbligatori e i controlli dell'autorità governativa sui consorzi volontari continuano ad essere regolati dalle leggi anteriori.

111-*bis*. (1) [I]. La misura rilevante di cui all'articolo 2325-*bis* del codice è quella stabilita a norma dell'articolo 116 del decreto legislativo 24 febbraio 1998, n. 58 (2). Nel caso previsto dall'articolo 2409-

bis, secondo comma, del codice, si applicano alla società di revisione le disposizioni degli articoli 155, comma 2, 162, commi 1 e 2, 163, commi 1 e 4 del decreto legislativo n. 58 del 1998.

[II]. Ai fini di cui all'articolo 2343-*ter*, per valori mobiliari e strumenti del mercato monetario si intendono quelli di cui all'articolo 1, commi 1-*bis* e 1-*ter*, del testo unico delle disposizioni in materia di intermediazione finanziaria, di cui al decreto legislativo 24 febbraio 1998, n. 58 (3).

(1) *Articolo inserito dall'art. 9[1 f)] d.ls. 17 gennaio 2003, n. 6, con effetto dal 1° gennaio 2004.*

(2) *Le parole* «, e risultante alla data del 1° gennaio 2004 » *che seguivano le parole* « 24 febbraio 1998, n. 58 » *sono state soppresse dall'art. 3[1] d.ls. 11 ottobre 2012, n. 184.*

(3) *Comma aggiunto dall'art. 2 d.ls. 4 agosto 2008, n. 142.*

111-*ter*. (1) [I]. Chi richiede l'iscrizione presso il registro delle imprese dell'atto costitutivo di una società deve indicarne nella domanda l'indirizzo, comprensivo della via e del numero civico, ove è posta la sua sede. In caso di successiva modificazione di tale indirizzo gli amministratori ne depositano apposita dichiarazione presso il registro delle imprese.

(1) *Articolo inserito dall'art. 9[1 f)] d.ls. 17 gennaio 2003, n. 6, con effetto dal 1° gennaio 2004.*

111-*quater*. (1) [I]. La società di revisione di cui all'articolo 2447-*ter* del codice è scelta tra quelle iscritte nell'albo speciale delle società di revisione tenuto dalla Commissione nazionale per le società e la borsa a norma delle leggi speciali.

(1) *Articolo inserito dall'art. 9[1 f)] d.ls. 17 gennaio 2003, n. 6 e poi successivamente così modificato dal medesimo art. 9 d.ls. n. 6, cit., come modificato dall'art. 5[1 ggg)] d.ls. 6 febbraio 2004, n. 37.*

111-*quinquies*. (1) [I]. L'articolo 2632 del codice, come modificato dal decreto legislativo 11 aprile 2002, n. 61, è sostituito dal seguente:

« Art. 2632. - (*Formazione fittizia del capitale*). (*Omissis*) ».

(1) *Articolo inserito dall'art. 9[1 f)] d.ls. 17 gennaio 2003, n. 6.*

111-*sexies*. (1) [I]. Gli articoli 100, 101, 108 e 109 sono abrogati.

(1) *Articolo inserito dall'art. 9[1 f)] d.ls. 17 gennaio 2003, n. 6.*

111-*septies*. (1) [I]. Le cooperative sociali che rispettino le norme di cui alla legge 8 novembre 1991, n. 381, sono considerate, indipendentemente dai requisiti di cui all'articolo 2513 del codice, cooperative a mutualità prevalente. Le cooperative agricole che esercitano le attività di cui all'articolo 2135 del codice sono considerate cooperative a mutualità prevalente se soddisfano le condizioni di cui al terzo comma dell'articolo 2513 del codice. Le piccole società cooperative costituite ai sensi della legge 7 agosto 1997, n. 266, nel termine previsto all'articolo 223-*duodecies* del codice devono trasformarsi nella società cooperativa disciplinata dall'articolo 2522 del codice.

(1) *Articolo inserito dall'art. 9[1 f)] d.ls. 17 gennaio 2003, n. 6.*

111-*octies*. (1) [I]. Sono investitori istituzionali destinati alle società cooperative quelli costituiti ai sensi della legge 25 febbraio 1985, n. 49, i fondi mutualistici e i fondi pensione costituiti da società cooperative.

(1) *Articolo inserito dall'art. 9[1 f)] d.ls. 17 gennaio 2003, n. 6.*

111-*novies*. (1) [I]. Le società di revisione di cui al secondo comma dell'articolo 2545-*octies* del codice sono quelle di cui al decreto legislativo 27 gennaio 1992, n. 88.

(1) *Articolo inserito dall'art. 9[1 f)] d.ls. 17 gennaio 2003, n. 6.*

111-*decies*. (1) [I]. Ferma restando la natura indivisibile delle riserve accantonate, non rilevano ai fini dell'obbligo di devoluzione previsto dall'articolo 17 della legge 23 dicembre 2000, n. 388, la modificazione delle clausole previste dall'articolo 26 del decreto legislativo Capo provvisorio dello Stato 14 dicembre 1947, n. 1577, ovvero la decadenza dai benefici fiscali per effetto della perdita del requisito della prevalenza come disciplinato dagli articoli 2512 e 2513 del codice.

[II]. Gli amministratori devono, tuttavia, redigere un bilancio ai sensi dell'articolo 2545-*octies* del codice.

(1) *Articolo inserito dall'art. 9[1 f)] d.ls. 17 gennaio 2003, n. 6.*

111-*undecies*. (1) [I]. Il Ministro delle attività produttive, di concerto con il Ministro dell'economia e delle finanze, stabilisce, con proprio decreto, regimi derogatori al requisito della prevalenza, così come definite dall'articolo 2513 del codice, in relazione alla struttura dell'impresa e del mercato in cui le cooperative operano, a specifiche disposizioni normative cui le cooperative devono uniformarsi e alla circostanza che la realizzazione del bene destinato allo scambio mutualistico richieda il decorso di un periodo di tempo superiore all'anno di esercizio.

(1) *Articolo inserito dall'art. 9[1 f)] d.ls. 17 gennaio 2003, n. 6.*

111-*duodecies*. (1) [I]. Qualora tutti i loro soci illimitatamente responsabili, di cui all'articolo 2361, comma secondo, del codice, siano società per azioni, in accomandita per azioni o società a responsabilità limitata, le società in nome collettivo o in accomandita semplice devono redigere il bilancio secondo le norme previste per le società per azioni; esse devono inoltre redigere e pubblicare il bilancio consolidato come disciplinato dall'articolo 26 del decreto legislativo 9 aprile 1991, n. 127, ed in presenza dei presupposti ivi previsti.

[II]. Il primo comma si applica anche qualora i soci illimitatamente responsabili siano società di capitali soggette al diritto di un altro Stato membro dell'Unione europea o società soggette al diritto di un altro Stato assimilabili giuridicamente alle imprese a responsabilità limitata disciplinate dal diritto di uno Stato membro dell'Unione europea (1).

(1) *Articolo inserito dall'art. 9[1 f)] d.ls. 17 gennaio 2003, n. 6.*

(2) *Comma aggiunto dall'art. 24[1] l. 23 dicembre 2021, n. 238. Ai sensi del comma 4 del citato art. 24, tale disposizione si applica per la prima volta al bilancio dell'impresa e al bilancio consolidato relativi al primo esercizio successivo a quello chiuso o in corso al 31 dicembre 2019.*

111-*terdecies*. (1) [I]. La deliberazione prevista dal secondo comma dell'articolo 2446 del codice è verbalizzata ed iscritta nel registro delle imprese a norma dell'articolo 2436 del codice.

(1) *Articolo inserito dall'art. 9 d.ls. 17 gennaio 2003, n. 6, come modificato dall'art. 5[1 hhh)] d.ls. 6 febbraio 2004, n. 37.*

111-*quaterdecies*. (1) [I]. La durata del primo incarico di controllo contabile può coincidere con quello di revisione affidato alla stessa società.

(1) *Articolo inserito dall'art. 35 d.ls. 28 dicembre 2004, n. 310.*

SEZIONE VI – *Disposizioni relative al libro VI*

112. (1).

(1) *Articolo abrogato dall'art. 2 l. 21 gennaio 1983, n. 22.*

113. [I]. Il reclamo menzionato nell'articolo 2888 del codice si propone al tribunale, il quale provvede con decreto motivato in camera di consiglio, sentiti il conservatore e il pubblico ministero.

[II]. Contro il provvedimento che non accoglie la domanda il richiedente può proporre reclamo alla corte d'appello.

[III]. Il tribunale o la corte può ordinare che la domanda di cancellazione sia proposta nelle forme ordinarie in contraddittorio delle persone che ritiene abbiano interesse contrario alla cancellazione medesima.

113-*bis*. (1) [I]. Il conservatore nel caso in cui non riceva i titoli e le note ai sensi dell'articolo 2674 del codice, indica sulle note i motivi del rifiuto e restituisce uno degli originali alla parte richiedente. La parte può avvalersi del procedimento stabilito nell'articolo 745 del codice di procedura civile.

[II]. Dello stesso procedimento la parte può avvalersi per il ritardo nel rilascio di certificati o di copie.

[III]. Il pubblico ministero comunica al Ministero di grazia e giustizia e al Ministero delle finanze la decisione adottata.

(1) *Articolo inserito dall'art. 6 l. 27 febbraio 1985, n. 52.*

113-*ter*. (1) [I]. Il reclamo previsto nell'articolo 2674-*bis* del codice si propone con ricorso, entro il termine perentorio di trenta giorni dalla esecuzione della formalità, davanti al tribunale nella cui circoscrizione è stabilita la conservatoria; entro lo stesso termine il ricorso deve essere notificato al conservatore, a pena di improcedibilità.

[II]. Il tribunale provvede in camera di consiglio, con decreto motivato, immediatamente esecutivo, sentiti il pubblico ministero, il conservatore e le parti interessate.

[III]. Contro il provvedimento del tribunale è consentito reclamo alla corte d'appello, con ricorso notificato, a pena di improcedibilità, anche al conservatore.

[IV]. A margine della formalità eseguita con riserva il conservatore annota la proposizione del reclamo, il decreto immediatamente esecutivo del tribunale e il decreto definitivo.

[V]. Quando il reclamo non è proposto o è rigettato definitivamente, la formalità perde ogni effetto.

(1) *Articolo inserito dall'art. 8 l. 27 febbraio 1985, n. 52.*

CAPO II
Disposizioni transitorie

SEZIONE I – *Disposizioni relative al libro I*

114. [I]. La pronunzia di immissione nel possesso definitivo dei beni dell'assente, emessa a termini degli articoli 36 e 38 del codice del 1865, equivale a tutti gli effetti alla dichiarazione di morte presunta prevista nell'articolo 58 del nuovo codice.

[II]. Fino al 30 giugno 1942 non può essere dichiarata la morte presunta nell'ipotesi prevista nell'articolo 58 del nuovo codice, se non quando concorrono le condizioni indicate negli articoli 36 e 38 del codice del 1865 per la pronunzia di immissione definitiva nei beni dell'assente.

115. [I]. Il termine di tre mesi, previsto nel secondo comma dell'articolo 14 della legge 27 maggio 1929, n. 847 è ridotto a un mese.

[II]. Il capo primo della legge suddetta è abrogato.

116. [I]. L'impugnazione prevista nell'articolo 123, primo comma, del codice non può essere proposta dal coniuge impotente per i matrimoni anteriori al 1° luglio 1939.

[II]. I matrimoni che sono stati celebrati anteriormente al 1° luglio 1939 davanti ad un ufficiale dello stato civile incompetente o senza la presenza dei testimoni non si possono più impugnare [137 c.c.].

117. [I]. Se il matrimonio è stato annullato prima del 1° luglio 1939 ed è stata riconosciuta la mala fede di entrambi i coniugi, i figli nati o concepiti durante il matrimonio possono acquistare lo stato di figli nati fuori del matrimonio (1) riconosciuti ai sensi dell'articolo 128, ultimo comma, del codice con effetto dal giorno della domanda giudiziale proposta in contraddittorio dei genitori o dei loro eredi.

(1) *Le parole* « figli nati fuori del matrimonio » *sono state sostituite alle parole* « figli naturali » *dall'art. 96*[1 lett. e)] *d.ls. 28 dicembre 2013, n. 154, con la decorrenza indicata* sub *art. 34.*

118. [I]. Gli atti di costituzione di dote aventi per oggetto beni futuri, stipulati prima del 1° luglio 1939, conservano la loro efficacia anche rispetto ai beni che pervengono alla moglie dopo tale data [179 c.c.] (1).

(1) *V. art. 227 l. 19 maggio 1975, n. 151.*

119. [I]. I lucri dotali in favore del coniuge sopravvivente, stipulati prima del 1° luglio 1939 conservano la loro efficacia.

[II]. Conservano parimenti la loro efficacia le ipoteche iscritte a garanzia dei lucri medesimi (1).

(1) *V. art. 227 l. 19 maggio 1975, n. 151.*

120. [I]. L'azione di disconoscimento di paternità è soggetta ai termini e alle cause di decadenza previsti nel nuovo codice [235, 244 c.c.], anche quando si tratta di impugnare la legittimità dei figli nati prima dell'entrata in vigore dello stesso codice, sempre che l'azione non sia già estinta a norma delle disposizioni del codice del 1865 (1).

(1) *V. art. 229 l. 19 maggio 1975, n. 151.*

121. [I]. Le azioni di reclamo di stato di figlio nato nel matrimonio (1), spettanti agli eredi che non siano discendenti del figlio a norma dell'articolo 178 del codice del 1865, possono essere continuate quando la domanda è stata proposta prima del 1° luglio 1939 [249 c.c.].

(1) *Le parole* « nato nel matrimonio » *sono state sostituite alla parola* « legittimo » *dall'art. 96[1] lett. f) d.ls. 28 dicembre 2013, n. 154, con la decorrenza indicata* sub *art. 34.*

122. [I]. Le disposizioni del codice relative al riconoscimento dei figli nati fuori del matrimonio (1) [250-268 c.c.] si applicano anche ai figli nati o concepiti prima del 1° luglio 1939.

[II]. Il riconoscimento dei figli nati fuori del matrimonio (1), compiuto prima di tale data fuori dei casi in cui era ammesso secondo le leggi anteriori, non può essere annullato, se al momento in cui fu fatto concorrevano le condizioni per cui sarebbe ammissibile secondo le disposizioni del codice [250-252 c.c.].

[III]. Tale riconoscimento vale anche agli effetti delle successioni aperte prima del 1° luglio 1939, purché i diritti successori del figlio non siano stati esclusi con sentenza passata in giudicato o non sia intervenuta transazione tra le parti interessate o non siano trascorsi tre anni dall'apertura della successione senza che il figlio abbia fatto valere alcuna ragione ereditaria sui beni della successione (2).

(1) *Le parole* « nati fuori del matrimonio » *sono state sostituite alla parola* « naturali » *dall'art. 96[1] lett. g) d.ls. 28 dicembre 2013, n. 154, con la decorrenza indicata* sub *art. 34.*
(2) *V. art. 230 l. 19 maggio 1975, n. 151.*

123. [I]. L'azione per la dichiarazione giudiziale di paternità può essere proposta dai figli nati prima del 1° luglio 1939 solo nel caso in cui ricorrono le condizioni previste dall'articolo 189 del codice del 1865. L'azione può essere proposta, sempre che ricorrano tali condizioni, anche dai figli nati fuori del matrimonio (1) per i quali è ammessa dall'articolo 278 del nuovo codice (2).

[II]. I figli nati fuori del matrimonio (3) che si trovano nelle condizioni previste nei numeri 1 e 4 dell'articolo 269 del codice, ma che non possono ottenere la dichiarazione giudiziale di paternità perché nati prima del 1° luglio 1939, possono agire soltanto per ottenere gli alimenti (2).

[III]. Nei casi in cui l'azione per la dichiarazione giudiziale di paternità è ammessa secondo le norme del codice del 1865, essa è soggetta al termine stabilito dall'articolo 271 del nuovo codice (4).

[IV]. Le disposizioni del codice relative alle forme dei giudizi per la dichiarazione giudiziale di paternità o di maternità [naturale] (5) si applicano anche ai figli nati o concepiti prima del 1° luglio 1939.

[V]. I giudizi relativi alla dichiarazione di paternità o di maternità (6) proposti prima del 1° luglio 1939 non possono essere proseguiti se non è intervenuto il decreto contemplato dall'articolo 274 del codice stesso, salvo il caso che si sia già ottenuta una sentenza anche se interlocutoria.

(1) *Le parole* « nati fuori del matrimonio » *sono state sostituite alla parola* « adulterini » *dall'art. 96*[1 lett. h)] *d.ls. 28 dicembre 2013, n. 154, con la decorrenza indicata* sub *art. 34.*

(2) *I commi primo e secondo sono stati dichiarati* costituzionalmente illegittimi *con* **C. cost.** *16 febbraio 1963, n. 7.*

(3) *Le parole* « nati fuori del matrimonio » *sono state sostituite alla parola* « naturali » *dall'art. 96*[1 lett. h)] *d.ls. n. 154, cit., con la decorrenza indicata* sub *art. 34.*

(4) *L'art. 271 è stato abrogato dall'art. 115 l. 19 maggio 1975, n. 151.*

(5) *La parola* « naturale » *è da intendersi soppressa per effetto dell'art. 105*[3] *d.ls. n. 154, cit.;* infra, *voce* Famiglia e persone. *V., inoltre, l'art. 1*[11] *l. 10 dicembre 2012, n. 219, il quale aveva disposto che « Nel codice civile, le parole: "figli legittimi" e "figli naturali", ovunque ricorrono, sono sostituite dalla seguente: "figli" ».*

(6) *La parola* « naturale » *che seguiva la parola* « maternità » *è stata soppressa dall'art. 96*[1 lett. h)] *d.ls. n. 154, cit., con la decorrenza indicata* sub *art. 34.*

124. (1)

(1) *Articolo abrogato dall'art. 106*[1 lett. b)] *d.ls. 28 dicembre 2013, n. 154, con la decorrenza indicata sub art. 34. Il testo dell'articolo era il seguente:* « Art. 124. - La disposizione dell'articolo 286 del codice è applicabile anche per la legittimazione dei figli naturali, i cui genitori sono morti prima del 1° luglio 1939.».

125. (1).

(1) *Articolo abrogato dall'art. 106*[1 lett. b)] *d.ls. 28 dicembre 2013, n. 154, con la decorrenza indicata sub art. 34. Il testo dell'articolo era il seguente:* « Art. 125. - La disposizione dell'articolo 287 del codice è applicabile anche ai casi in cui era ammessa, secondo le leggi anteriori, la celebrazione del matrimonio per procura ».

126. [I]. La disposizione del secondo comma dell'articolo 293 del nuovo codice (1) è applicabile anche alle adozioni costituite prima del 1° luglio 1939, a meno che siano state già impugnate ai sensi dell'articolo 205 del codice del 1865.

(1) *I commi secondo e terzo dell'art. 293 c.c. sono stati abrogati dall'art. 67 l. 4 maggio 1983, n. 184.*

127. [I]. Le disposizioni del codice sulla revoca dell'adozione [305 ss. c.c.] si applicano anche alle adozioni costituite prima del 1° luglio 1939.

127-*bis*. (1) [I]. I divieti contenuti nei numeri 6, 7, 8 e 9 dell'articolo 87 del codice civile sono applicabili all'affiliazione.

(1) *Articolo inserito dall'art. 96*[1 lett. i)] *d.ls. 28 dicembre 2013, n. 154, con la decorrenza indicata* sub *art. 34.*

128. [I]. Se l'ipotesi prevista dall'articolo 342 del codice (1) si è verificata prima del 1° luglio 1939, il tribunale, su istanza del figlio medesimo o dei parenti o del pubblico ministero, può privare il genitore della [patria potestà] (2) sui figli, quando risulta che egli impartisce ad essi una educazione non corrispondente ai fini nazionali, e può provvedere in conformità dell'articolo 342 del codice.

(1) *L'art. 342 c.c. è stato abrogato dall'art. 3 d.ls.lt. 14 settembre 1944, n. 287 e dall'art. 1 r.d.l. 20 gennaio 1944, n. 25.*

(2) *Le parole* « patria potestà » *sono da intendersi sostituite dalle parole* « responsabilità genitoriale » *per effetto dell'art. 105¹ d.ls. 28 dicembre 2013, n. 154;* infra, *voce* Famiglia e persone.

129. [I]. Le norme del codice in materia di tutela e di curatela [344 ss. c.c.] si applicano anche alle tutele e alle curatele che si sono aperte prima del 1° luglio 1939.

[II]. Tuttavia i tutori, i protutori e i curatori già nominati conservano l'ufficio, salve le disposizioni degli articoli 383, 384 e 393 del codice, e sempre che non ricorrano cause d'incapacità previste dal codice stesso [350, 393 c.c.].

130. [I]. La disposizione dell'articolo 428 del codice è applicabile anche se gli atti in essa contemplati sono stati compiuti prima del 1° luglio 1939.

131. [I]. Le ipoteche legali sui beni del tutore iscritte a norma degli articoli 292, 293 e 1969, n. 3, del codice del 1865 possono essere cancellate quando il tutore ne fa istanza al giudice tutelare, il quale, se ordina la cancellazione, provvede secondo l'articolo 381 del nuovo codice.

SEZIONE II – *Disposizioni relative al libro II*

132. [I]. L'erede col beneficio d'inventario [484 c.c.] può promuovere la procedura di liquidazione ai sensi dell'articolo 503 del codice anche se l'accettazione è stata fatta prima del 21 aprile 1940.

133. [I]. La rinunzia all'eredità o al legato, fatta dopo il 21 aprile 1940, produce tutti gli effetti previsti dal codice, ancorché si tratti di successione apertasi anteriormente a quella data [519 ss. c.c.].

134. [I]. La disposizione dell'articolo 528 del codice è applicabile anche per le successioni apertesi prima del 21 aprile 1940, se il chiamato non ha ancora accettato e non è nel possesso di beni ereditari.

[II]. L'obbligo del curatore di procedere alla liquidazione dell'eredità giacente [530² c.c.] incombe anche sui curatori già nominati, se, in caso di opposizione dei creditori o legatari, il pretore (1) ritiene opportuno disporre la liquidazione.

(1) *L'art. 1 d.ls. 19 febbraio 1998, n. 51, ha soppresso l'ufficio del pretore, trasferendone le competenze al tribunale ordinario.*

135. [I]. Le norme sulla riduzione delle donazioni [555 ss. c.c.] sono applicabili anche alle donazioni fatte anteriormente al 21 aprile 1940, purché la successione si sia aperta dopo. Tali donazioni sono soggette a riduzione, avuto riguardo alla misura dei diritti riservati ai legittimari stabilita dal codice [537 ss. c.c.].

[II]. La medesima disposizione si applica per le regole stabilite dal codice sulla collazione [737 ss. c.c.], sull'imputazione [564 c.c.] e sulla riunione fittizia [556 c.c.].

[III]. Tuttavia per le donazioni di beni mobili fatte anteriormente al 21 aprile 1940, si tiene conto del valore risultante dalla stima annessa all'atto di donazione.

136. [I]. Le disposizioni degli articoli 580 e 594 del codice si applicano anche alle successioni apertesi prima del 21 aprile 1940, se i diritti dei figli [naturali] (1) non riconoscibili o non riconosciuti non sono stati definiti con sentenza passata in giudicato o mediante convenzione.

[II]. Possono inoltre valersi delle disposizioni degli articoli 580 e 594 i figli [naturali] (1) che si trovano nelle condizioni previste dai numeri 1 e 4 dell'articolo 269 del codice, ma che non possono ottenere la dichiarazione giudiziale di paternità perché nati anteriormente al 1° luglio 1939 (2).

[III]. I figli [naturali] (1) indicati dal comma precedente hanno facoltà di chiedere l'assegno vitalizio [594 c.c.] anche per le successioni già aperte, ma non oltre cinque anni prima del 21 aprile 1940; l'assegno in questo caso deve essere calcolato con riguardo allo stato e al valore che i beni ereditari avevano a tale data.

(1) *La parola* « naturali » *è da intendersi soppressa per effetto dell'art. 105*[3] *d.ls. n. 154, cit.;* infra, *voce* Famiglia e persone. *V., inoltre, l'art. 1*[11] *l. 10 dicembre 2012, n. 219, il quale aveva disposto che « Nel codice civile, le parole: "figli legittimi" e "figli naturali", ovunque ricorrono, sono sostituite dalla seguente: "figli" ».*

(2) *Comma dichiarato* costituzionalmente illegittimo *con* ***C. cost.*** *16 febbraio 1963, n. 7.*

137. [I]. Non possono essere promosse né proseguite azioni per la dichiarazione di nullità, per vizio di forma, per incapacità a ricevere o per altre cause, di disposizioni testamentarie e di donazioni che sono valide secondo il codice. La nullità ammessa anche da questo non può essere pronunziata se non nei limiti da esso previsti.

138. [I]. Le condizioni di vedovanza ammesse dall'ultimo comma dell'articolo 850 del codice del 1865, relative alle successioni apertesi prima del 21 aprile 1940, conservano la loro efficacia.

139. [I]. I diritti derivanti da una disposizione testamentaria sotto condizione sospensiva si trasmettono agli eredi dell'onorato, se questi muore dopo il 21 aprile 1940 senza che la condizione si sia verificata.

140. [I]. Ancorché la divisione sia stata già effettuata, si applica la norma dell'articolo 759 del codice, se l'evizione ha luogo dopo il 21 aprile 1940.

141. [I]. Le norme sulla revocazione per ingratitudine [801 s. c.c.] sono applicabili alle donazioni anteriori, se la causa di revocazione si è verificata dopo il 21 aprile 1940. Tuttavia la norma del secondo comma dell'articolo 802 del codice è applicabile anche se la causa di revocazione è anteriore.

SEZIONE III – *Disposizioni relative al libro III*

142-149. (1).

(1) *Articoli abrogati dall'art. 18 l. 22 luglio 1966, n. 607.*

150. [I]. Per l'acquisto dei frutti al termine dell'usufrutto, se questo ha avuto inizio anteriormente al 28 ottobre 1941, si osserva il disposto dell'articolo 480 del codice del 1865.

151. [I]. Le disposizioni dell'articolo 999 del codice si applicano anche alle locazioni concluse dall'usufruttuario anteriormente al 28 ottobre 1941 [157].

152. [I]. Il diritto di ritenzione ammesso dagli articoli 1006 e 1011 del codice spetta all'usufruttuario anche per le somme a lui dovute in dipendenza di anticipazioni effettuate prima del 28 ottobre 1941.

153. [I]. La disposizione dell'articolo 1023 del codice si applica anche ai diritti di uso e di abitazione costituiti prima del 28 ottobre 1941.

154. [I]. Se l'interclusione del fondo si è verificata per effetto di vendita anteriore al 28 ottobre 1941, il compratore non è tenuto a dare il passaggio senza indennità [1054 c.c.].

155. [I]. Le disposizioni concernenti la revisione dei regolamenti di condominio e la trascrizione di essi [1138 c.c.] si applicano anche ai regolamenti formati prima del 28 ottobre 1941.

[II]. Cessano di avere effetto le disposizioni dei regolamenti di condominio che siano contrarie alle norme richiamate nell'ultimo comma dell'articolo 1138 del codice e nell'articolo 72 di queste disposizioni.

155-*bis*. (1) [I]. L'assemblea, ai fini dell'adeguamento degli impianti non centralizzati di cui all'articolo 1122-*bis*, primo comma, del codice, già esistenti alla data di entrata in vigore del predetto articolo, adotta le necessarie prescrizioni con le maggioranze di cui all'articolo 1136, commi primo, secondo e terzo, del codice.

(1) *Articolo inserito dall'art. 26[1] l. 11 dicembre 2012, n. 220. Ai sensi dell'art. 32 l. n. 220, cit., tale disposizione è in vigore dal 18 giugno 2013.*

156. [I]. I condomini costituiti in forma di società cooperativa possono conservare tale forma di amministrazione.

[II]. Ai rapporti di condominio negli edifici di cooperative edilizie le quali godono del contributo dello Stato nel pagamento degli interessi sui mutui si applicano le disposizioni delle leggi speciali.

157. [I]. Per i diritti spettanti al possessore, all'usufruttuario o all'enfiteuta a causa di riparazioni, di miglioramenti o di addizioni eseguite anteriormente al 28 ottobre 1941 si applicano le norme del codice del 1865, salvo quanto è stabilito dall'articolo 152 di queste disposizioni.

158. [I]. Il termine per l'usucapione delle servitù discontinue apparenti [1061 c.c.] comincia a decorrere dal 28 ottobre 1941.

[II]. La disposizione dell'articolo 1075 del codice si applica se la prescrizione del modo della servitù non si è compiuta prima del 28 ottobre 1941.

SEZIONE IV – *Disposizioni relative al libro IV*

159. [I]. Il luogo in cui devono essere adempiute le obbligazioni che scadono dopo l'entrata in vigore del codice si determina in conformità dell'articolo 1182 del codice stesso, anche se si tratta di obbligazioni sorte anteriormente.

160. [I]. Le disposizioni del codice relative alla mora del creditore [1206 ss. c.c.], all'inadempimento e alla mora del debitore [1218 ss. c.c.] si applicano anche se si tratta di obbligazione sorta prima dell'entrata in vigore del codice stesso, se l'offerta di pagamento sia stata compiuta ovvero l'inadempimento o la mora si sia verificato posteriormente.

161. [I]. I crediti di somme di danaro che siano divenuti esigibili prima dell'entrata in vigore del nuovo codice [1282 c.c.], producono, da questa data, interessi di pieno diritto, anche se tale effetto non si verificava secondo le disposizioni del codice del 1865.

[II]. Gli interessi legali che si maturano dopo la data predetta devono essere computati al saggio stabilito dall'articolo 1284 del nuovo codice.

162. [I]. La disposizione dell'articolo 1283 del codice si applica anche se si tratta di obbligazioni sorte anteriormente all'entrata in vigore del codice stesso, quando gli interessi sono dovuti per almeno sei mesi.

163. [I]. Il giudice può ridurre la penale manifestamente eccessiva [1384 c.c.] anche se il contratto sia stato concluso anteriormente all'entrata in vigore del codice e anche se il pagamento della penale sia stato giudizialmente domandato e il giudizio sia pendente alla data suddetta.

164. [I]. Le disposizioni del secondo e terzo comma dell'articolo 1385 del codice si applicano anche se il contratto sia stato concluso anteriormente al giorno dell'entrata in vigore del codice stesso, e anche se a tale data sia stato già iniziato il giudizio e questo sia tuttora pendente.

165. [I]. Gli effetti dell'annullamento [1445 c.c.] o della risoluzione [1458 c.c.] dei contratti rispetto ai terzi sono regolati dalle disposizioni del codice civile del 1865 se la domanda sia stata proposta anteriormente all'entrata in vigore del nuovo codice.

166. [I]. Per le vendite immobiliari stipulate anteriormente all'entrata in vigore del codice, la rescissione a causa di lesione è regolata dalle disposizioni del codice del 1865.

167. [I]. Le disposizioni dell'articolo 1462 del codice si applicano anche se la clausola ivi prevista sia inserita in un contratto stipulato prima del giorno dell'entrata in vigore del codice stesso, quando l'eccezione del debitore sia opposta dopo o, se proposta prima, il relativo giudizio sia ancora pendente alla data predetta.

168. [I]. Le disposizioni relative agli effetti dell'eccessiva onerosità sopravvenuta [1467 ss. c.c.] si applicano anche per i contratti conclusi prima dell'entrata in vigore del codice se le circostanze e gli avvenimenti da cui deriva la eccessiva onerosità si siano verificati dopo.

169. [I]. Le disposizioni che regolano le conseguenze del sopravvenuto mutamento nelle condizioni patrimoniali del debitore [1461 c.c.] si applicano anche quando si tratti di contratti anteriori all'entrata in vigore del codice, se il mutamento si avveri posteriormente.

170. [I]. Le disposizioni del secondo comma dell'articolo 1473 del codice si applicano anche ai contratti di vendita conclusi anteriormente all'entrata in vigore del codice stesso, se il rifiuto o l'impedimento del terzo ad accettare l'incarico si verificano dopo.

171. [I]. Le disposizioni degli articoli 1478, 1479 e 1480 del codice si applicano anche ai contratti di vendita conclusi anteriormente al giorno dell'entrata in vigore di esso, se a tale data non ne era stato domandato in giudizio l'annullamento.

172. [I]. Le disposizioni che impongono la denuncia dei vizi o della mancanza di qualità della cosa venduta e stabiliscono i termini per farla [1495-1497 c.c.], si applicano anche se il contratto sia stato concluso anteriormente all'entrata in vigore del codice, purché la consegna o il ricevimento della cosa abbiano avuto luogo posteriormente.

173. [I]. Le disposizioni relative al riscatto convenzionale nel contratto di vendita [1500 ss. c.c.], tranne quella del primo comma dell'articolo 1501, si applicano anche ai contratti conclusi anteriormente all'entrata in vigore del codice quando il diritto di riscatto venga esercitato posteriormente.

174. [I]. Le disposizioni dell'articolo 1512 del codice si applicano ai contratti di vendita anteriori all'entrata in vigore di esso se il difetto di funzionamento sia scoperto posteriormente.

175. [I]. Qualora secondo le leggi anteriori i contratti di vendita di cose mobili con riserva di proprietà fossero opponibili ai creditori o ai terzi aventi causa dal compratore indipendentemente dai requisiti prescritti dall'articolo 1524 del codice, le formalità relative, trattandosi di contratti conclusi anteriormente al giorno dell'entrata in vigore di esso, devono essere adempiute entro tre mesi dalla data medesima. In mancanza, la riserva di proprietà non può essere opposta ai creditori del compratore che abbiano pignorato la cosa e ai terzi aventi causa dal medesimo che abbiano acquistato diritti sulla cosa stessa posteriormente alla data anzidetta.

176. [I]. Le disposizioni degli articoli 1525 e 1526 del codice si applicano ai contratti conclusi anteriormente al giorno dell'entrata in vigore di esso e anche se la risoluzione per inadempimento sia stata giudizialmente domandata e il giudizio sia tuttora pendente alla data suddetta.

177. [I]. Le disposizioni degli articoli 1531, secondo comma, e 1550, secondo comma, del codice, relative all'esercizio del diritto di voto, si applicano anche ai contratti di vendita a termine o di riporto di titoli di credito, che siano in corso di esecuzione all'entrata in vigore del codice stesso.

178. [I]. La prescrizione stabilita dall'articolo 1541 del codice si applica anche se si tratta di contratto di vendita anteriore alla data dell'entrata in vigore del codice stesso qualora la consegna dell'immobile sia stata eseguita posteriormente e al momento della consegna non sia già decorso il termine stabilito dall'articolo 1478 del codice del 1865.

179. [I]. I patti di preferenza previsti dall'articolo 1566 del codice che alla data dell'entrata in vigore di questo devono ancora durare oltre cinque anni, sono validi nei limiti di un quinquennio computabile da tale data.

[II]. Le modalità per l'esercizio del diritto di preferenza stabilite dal secondo comma dell'articolo 1566 predetto, si osservano se l'esercizio medesimo ha luogo dopo l'entrata in vigore del codice, anche se il patto sia stato stipulato anteriormente.

180. [I]. I rapporti di locazione in corso al giorno dell'entrata in vigore del nuovo codice sono regolati dal codice del 1865.

[II]. Tuttavia si applicano, con effetto da tale data, le disposizioni del nuovo codice dichiarate inderogabili, o che siano comunque di ordine pubblico, e tutte le altre che regolano fatti o situazioni non previste specificamente dalla legge anteriore.

181. [I]. Le disposizioni degli articoli 1665, 1666, 1667 e 1668 del codice si applicano anche per i contratti anteriori, se l'opera o singole partite di essa siano compiute o comunque alla loro consegna si addivenga dopo l'entrata in vigore del codice stesso.

182. [I]. Le disposizioni dell'articolo 1694 e della seconda parte dell'articolo 1698 del codice si osservano anche se il contratto sia anteriore all'entrata in vigore del codice stesso.

183. [I]. Le disposizioni degli articoli 1706 e 1707 del codice si applicano anche se il mandato sia stato conferito anteriormente all'entrata in vigore del codice stesso.

184. [I]. Le cause di estinzione del mandato [1722 ss. c.c.] sono regolate dal codice se si verificano dopo l'entrata in vigore di questo, anche se si tratta di mandato conferito anteriormente.

185. [I]. La disposizione del secondo comma dell'articolo 1815 del codice si applica anche se il contratto di mutuo sia anteriore all'entrata in vigore del codice stesso.

186. [I]. Il creditore di una rendita e di ogni altra prestazione annua costituita anteriormente all'entrata in vigore del nuovo codice, può pretendere dal debitore il rilascio di un nuovo documento secondo la disposizione dell'articolo 1870 del codice stesso, ma il termine di nove anni decorre dall'entrata in vigore di questo se non scada prima il termine di ventotto anni stabilito dall'articolo 2136 del codice del 1865.

187. [I]. Le disposizioni degli articoli 1888, secondo e terzo comma, 1889, 1902, 1903, secondo comma, 1930 e 1931 del codice si applicano anche ai contratti in corso.

[II]. Si applicano parimenti ai contratti suddetti le disposizioni degli articoli 1897, 1898 e 1926, quando le modificazioni del rischio da esse previste si verificano dopo l'entrata in vigore del codice, la disposizione del secondo comma dell'articolo 1899, se la proroga tacita non è già avvenuta anteriormente all'entrata in vigore medesima, le disposizioni dell'articolo 1901 relativamente ai premi che scadono dopo l'entrata in vigore medesima, le disposizioni degli articoli 1914, secondo comma, e 1915, secondo comma, per i sinistri verificatisi dopo l'entrata in vigore medesima.

188. [I]. Le disposizioni dell'articolo 1921 del codice si applicano alle dichiarazioni di revoca posteriori all'entrata in vigore di esso, anche se il contratto di assicurazione sia stato concluso anteriormente.

[II]. Qualora i fatti che producono la decadenza del beneficiario o che autorizzano la revoca del beneficio si siano verificati dopo l'entrata in vigore predetta, si applicano le disposizioni dell'articolo 1922 del codice, anche se il contratto di assicurazione sia anteriore.

189. [I]. Le disposizioni del primo comma dell'articolo 1943 del codice si osservano quando la presentazione del fideiussore avviene posteriormente all'entrata in vigore del codice stesso, anche se l'obbligazione di dare un fideiussore sia sorta anteriormente.

[II]. La diposizione del precedente comma non si applica se l'obbligazione di dare un fideiussore deriva da un contratto.

190. [I]. La disposizione dell'articolo 1957 del codice si applica anche alle fideiussioni anteriori all'entrata in vigore del codice stesso se l'obbligazione principale scade dopo.

[II]. Se l'obbligazione è già scaduta, il termine di sei mesi stabilito dal primo comma dell'articolo 1957 decorre dall'entrata in vigore suddetta.

191. [I]. La disposizione del secondo comma dell'articolo 1962 del codice si applica anche ai contratti di anticresi anteriori, ma il termine di dieci anni decorre dall'entrata in vigore del codice stesso.

192. [I]. Il debitore può valersi della facoltà accordatagli dall'articolo 1964 del codice, anche se il contratto di anticresi sia anteriore all'entrata in vigore del codice stesso.

193. [I]. Le disposizioni degli articoli 1979, 1980, 1982, 1983, 1984 e 1985 del codice si applicano anche ai contratti di cessione dei beni ai creditori, conclusi anteriormente all'entrata in vigore di esso.

194. [I]. Le disposizioni degli articoli 2045, 2057 e 2058 del codice si applicano anche se i fatti da cui deriva la responsabilità del loro autore sono avvenuti anteriormente all'entrata in vigore del codice stesso.

SEZIONE V – *Disposizioni relative al libro V*

195. [I]. Le disposizioni contenute nelle sezioni III e IV del capo I del titolo II del libro V del codice [2096 ss. c.c.] e quelle contenute nelle sezioni II, III, IV e V del capo II dello stesso titolo [2141 ss. c.c.] si applicano anche ai rapporti in corso al momento dell'entrata in vigore del codice, salvo quanto è stabilito negli articoli seguenti.

196. [I]. Nei contratti di lavoro a tempo determinato in corso al giorno dell'entrata in vigore del codice, che devono ancora durare per un periodo superiore a quello indicato dall'ultimo comma dell'articolo 2097 del codice stesso (1), il prestatore di lavoro può recedere dal contratto, decorso il quinquennio o il decennio dal giorno suddetto.

(1) *L'art. 2097 c.c. è stato abrogato dall'art. 9 l. 18 aprile 1962, n. 230.*

197. [I]. Le rinunzie e le transazioni successive alla cessazione del rapporto di lavoro previste dall'articolo 2113 del codice, che hanno avuto luogo nei tre mesi anteriori all'entrata in vigore del codice, sono impugnabili a norma dell'articolo medesimo, e il termine per l'impugnazione decorre dalla data predetta.

198. [I]. I patti di non concorrenza previsti dall'articolo 2125 del codice, che al giorno dell'entrata in vigore del codice devono ancora durare per un periodo superiore a quello stabilito nell'articolo stesso, sono efficaci per il periodo previsto nella detta disposizione a decorrere dalla data predetta.

199. [I]. L'inabilitato, che al giorno dell'entrata in vigore del codice esercita un'impresa commerciale, non può continuarla se non con l'autorizzazione prevista dall'articolo 425 del codice stesso. Questa autorizzazione produce effetto fino dal detto giorno qualora sia pubblicata, secondo le nuove disposizioni, entro tre mesi successivi.

200. [I]. Le disposizioni del codice, relative alla tenuta delle scritture contabili [2214 ss. c.c.] e alla redazione del bilancio [2217, 2423 ss. c.c.] per gli imprenditori che esercitano un'attività commerciale [2195 c.c.] e per le società soggette a registrazione [2200 c.c.], entreranno in vigore il 1° gennaio 1943.

[II]. Fino a tale data le scritture contabili si considerano regolarmente tenute a tutti gli effetti previsti dal codice in quanto siano regolarmente tenute secondo le leggi anteriori.

[III]. Fino all'attuazione delle disposizioni relative al registro delle imprese [99], la numerazione, la bollatura e la vidimazione dei libri contabili prescritte dal codice saranno eseguite dal cancelliere del tribunale o della pretura, o da un notaio secondo le leggi anteriori, e le relative richieste dovranno essere annotate nel registro dei libri di commercio istituito presso la cancelleria del tribunale a norma delle leggi anteriori.

201. [I]. Ai contratti d'opera stipulati prima dell'entrata in vigore del codice non si applica la decadenza prevista nel secondo comma dell'articolo 2226 del codice, salvo che la consegna dell'opera avvenga posteriormente all'entrata in vigore del codice stesso.

202. [I]. Le disposizioni contenute nel capo II del titolo III del libro V del codice [2229 ss. c.c.] si applicano anche ai rapporti di prestazione d'opera intellettuale in corso al giorno dell'entrata in vigore del codice stesso, salva l'osservanza delle leggi speciali.

203. [I]. Le disposizioni contenute nel capo II del titolo IV del libro V del codice [2240 ss. c.c.] si applicano anche ai rapporti di lavoro domestico in corso al giorno dell'entrata in vigore del codice stesso.

204. [I]. Le società civili a tempo determinato, esistenti al giorno dell'entrata in vigore del codice, continuano ad essere soggette alle leggi anteriori per la durata del contratto, purché questa risulti da atto scritto di data anteriore al 27 febbraio 1942.

[II]. Le società civili a tempo indeterminato e quelle, il cui termine di durata non risulta da atto scritto di data anteriore al 27 febbraio 1942, sono soggette alle norme del codice sulle società semplici [2251 ss. c.c.] a partire dal 1° luglio 1945 (1). Tuttavia anche dopo tale data le obbligazioni sociali sorte antecedentemente alla data suddetta sono regolate dalle disposizioni delle leggi anteriori.

[III]. Alle società civili costituite in forma di società per azioni, esistenti al giorno dell'entrata in vigore del codice, si applicano le disposizioni relative a questo tipo di società [205 ss.; 2325 ss. c.c.].

(1) *Il termine è stato prorogato fino all'attuazione della revisione del codice civile dalla l. 18 ottobre 1950, n. 920. L'art. 24[1] d.l. 25 giugno 2008, n. 112, conv., con modif., in l. 6 agosto 2008, n. 133, ha disposto l'abrogazione della suddetta l. n. 920, cit., a decorrere dal centottantesimo giorno successivo alla data di entrata in vigore (25 giugno 2008) del medesimo decreto.*

205. [I]. Le società commerciali [2195 c.c.] e le società cooperative, esistenti al giorno dell'entrata in vigore del codice, ma non legalmente costituite secondo le leggi anteriori, devono adempiere, entro il 31 dicembre 1942, le formalità stabilite dal codice secondo le norme dettate dall'articolo 100 di queste disposizioni.

206. [I]. Le società commerciali e le società cooperative, legalmente costituite al giorno dell'entrata in vigore del codice, devono provvedere ad uniformare l'atto costitutivo e lo statuto alle nuove disposizioni entro il 30 giugno 1945. Fino a questa data le disposizioni dell'atto costitutivo e dello statuto, in vigore al momento dell'attuazione del codice, conservano la loro efficacia, anche se non sono a questo conformi, salve le norme degli articoli seguenti (1).

(1) *Per la proroga del termine v. sub art. 204.*

207. [I]. Non è necessario il consenso del socio receduto o degli eredi del socio defunto, richiesto dal secondo comma dell'articolo 2292 del codice, se il socio è receduto o defunto almeno un anno prima dell'entrata in vigore del codice stesso, ed il suo nome è stato conservato nella ragione sociale senza opposizione del socio receduto o degli eredi del socio defunto.

208. [I]. L'incapace, che sia socio di una società in nome collettivo o socio accomandatario di una società in accomandita, deve ottenere le autorizzazioni previste dagli articoli 320, 371, 397, 424 e 425 del codice entro tre mesi dall'entrata in vigore di questo.

[II]. Se entro tale termine non sono state ottenute le autorizzazioni prescritte, l'incapace può essere escluso a norma dell'articolo 2286 del codice.

209. [I]. Hanno immediata applicazione con l'entrata in vigore del codice, anche per le società esistenti a tale data, nonostante ogni contraria disposizione dell'atto costitutivo o dello statuto, gli articoli 2357 a 2362, 2367, 2373, 2377 a 2379, 2389, 2391 a 2396, 2398 a 2409,

2422 e 2446 (1), nonché le disposizioni del titolo XI del libro V del codice [2621 ss. c.c.].

[II]. Le società, che anteriormente al giorno dell'entrata in vigore del codice hanno investito in tutto o in parte il proprio capitale in difformità delle disposizioni degli articoli 2359 e 2360, devono uniformarsi alle disposizioni stesse entro il 30 giugno 1945 (2).

(1) *I riferimenti agli articoli del codice civile sono da considerarsi inattuali a seguito della riforma del diritto societario operata dal d.ls. 17 gennaio 2003, n. 6.*

(2) *Per la proroga del termine v. sub art. 204.*

210. [I]. L'emissione di obbligazioni da parte di società per azioni, esistenti al giorno dell'entrata in vigore del codice, è regolata dalle nuove disposizioni [2410 ss. c.c.].

[II]. Gli articoli 2415, 2416, 2417, 2418, 2419 e 2420 del codice (1) si applicano anche alle obbligazioni emesse anteriormente alla suddetta data.

(1) *I riferimenti agli articoli del codice civile sono da considerarsi inattuali a seguito della riforma del diritto societario operata dal d.ls. 17 gennaio 2003, n. 6.*

211. [I]. Le modificazioni dell'atto costitutivo e dello statuto delle società commerciali e delle società cooperative, esistenti al giorno dell'entrata in vigore del codice, nonché la trasformazione e la fusione delle società stesse sono regolate dalle nuove disposizioni [2300, 2306, 2307, 2436 ss., 2460, 2480 ss., 2545-*novies*, 2498 ss. c.c.].

211-*bis*. (1) [I]. Il secondo periodo dell'articolo 2441, settimo comma, del codice non si applica alle azioni detenute, alla data del 7 marzo 1992, dai soggetti indicati nel medesimo comma, con obbligo di offrirle agli azionisti.

(1) *Articolo inserito dall'art. 21[5] d.ls. 24 febbraio 1998, n. 58.*

212. (1) [I]. Le deliberazioni di modifica dello statuto di società iscritte nel registro delle imprese alla data del 31 agosto 2014 con cui è prevista la creazione di azioni a voto plurimo ai sensi dell'articolo 2351 del codice sono prese, anche in prima convocazione, con il voto favorevole di almeno i due terzi del capitale rappresentato in assemblea.

(1) *Articolo così sostituito dall'art. 20[8-ter] d.l. 24 giugno 2014, n. 91, conv., con modif., in l. 11 agosto 2014, n. 116. Il testo dell'articolo era il seguente:* « 212. Le azioni a voto plurimo, esistenti al 27 febbraio 1942, nonché quelle emesse a norma dell'ultimo comma, potranno essere conservate per tutta la durata della società emittente prevista dall'atto costitutivo o dalle modificazioni di questo anteriori alla data suindicata. — Dalla data predetta sono vietate anche per le società esistenti le emissioni di azioni a voto plurimo. Sono nulle altresì le deliberazioni con le quali si attribuisce alle azioni a voto plurimo esistenti un maggior numero di voti. — Le disposizioni del comma precedente non si

applicano alle azioni a voto plurimo, emesse in occasione di aumenti di capitale deliberati prima dell'entrata in vigore del codice e dirette a mantenere inalterato il rapporto tra le varie categorie di azioni ».

213. [I]. Salvo contraria disposizione dell'atto costitutivo o dello statuto, la durata dell'ufficio degli amministratori delle società esistenti al giorno dell'entrata in vigore del codice, resta regolata dalla legge anteriore sino al 30 giugno 1945. Gli amministratori in carica a questa data decadono dall'ufficio alla prima scadenza, per decorrenza del termine, di uno o più amministratori, successiva alla data stessa, salva la disposizione del secondo comma dell'articolo 2385 del codice (1) (2).

(1) *Per la proroga del termine v. sub art. 204.*

(2) *Riferimento da considerarsi inattuale a seguito della riforma del diritto societario operata dal d.ls. 17 gennaio 2003, n. 6.*

214. [I]. Le disposizioni dell'articolo 2387 del codice (1) non si applicano agli amministratori in carica al giorno dell'entrata in vigore del codice stesso per la durata della loro nomina.

(1) *Riferimento da considerarsi inattuale a seguito della riforma del diritto societario operata dal d.ls. 17 gennaio 2003, n. 6. Precedentemente l'art. 2387 era stato abrogato dall'art. 24 l. 4 giugno 1985, n. 281.*

215. [I]. Le società per azioni, che al giorno dell'entrata in vigore del codice hanno un capitale non inferiore a cinquecentomila lire, possono conservare la forma della società per azioni per il tempo stabilito per la loro durata antecedentemente al 27 febbraio 1942.

[II]. Le società per azioni, che al giorno dell'entrata in vigore del codice, hanno un capitale inferiore a cinquecentomila lire, e che entro il 30 giugno 1945 non abbiano provveduto a conformarsi a uno dei tipi sociali previsti dal codice, sono sciolte, e gli amministratori devono entro un mese convocare l'assemblea per le deliberazioni relative alla liquidazione secondo le norme stabilite dal codice stesso (1).

(1) *Per la proroga del termine v. sub art. 204.*

216. [I]. Le società a garanzia limitata, esistenti al giorno dell'entrata in vigore del codice nella Venezia Giulia e Tridentina, a norma del regio decreto 4 novembre 1928, n. 2325, se non hanno provveduto a conformarsi al codice entro il 30 giugno 1945, sono soggette a decorrere dal 1° luglio 1945 alle nuove disposizioni sulla società a responsabilità limitata [2462 ss. c.c.] (1).

(1) *Per la proroga del termine v. sub art. 204.*

217. [I]. Le società cooperative in nome collettivo e quelle per azioni, esistenti al giorno dell'entrata in vigore del codice, sono soggette alle disposizioni dettate dal codice stesso rispettivamente per le società cooperative a responsabilità illimitata e per le società cooperative a responsabilità limitata, salvo quanto disposto dagli articoli 206 e seguenti di queste disposizioni.

[II]. Le società cooperative in accomandita, esistenti al giorno dell'entrata in vigore del codice, che entro il 30 giugno 1945 non abbiano provveduto a conformarsi al medesimo, devono essere poste in liquidazione (1).

[III]. Le disposizioni di questo articolo si applicano anche ai consorzi conservati in vigore nella Venezia Giulia e Tridentina a norma del primo comma dell'articolo 41 del regio decreto 4 novembre 1928, n. 2325.

(1) *Per la proroga del termine v. sub art. 204.*

218. (1) [I]. Le società in liquidazione alla data del 1° gennaio 2004, sono liquidate secondo le leggi anteriori (2).

[II]. Le società in liquidazione dal 1° gennaio 2004 sono liquidate secondo le nuove disposizioni (2) (3).

(1) *Articolo così sostituito dall'articolo 9^{2} a) d.lgs. 17 gennaio 2003, n. 6.*

(2) *Comma così modificato dall'art. 9 d.lgs. 17 gennaio 2003, n. 6, come modificato dall'art. 5^{1} iii) d.lgs. 6 febbraio 2004, n. 37.*

(3) *V. Avviso di rettifica in G.U. 4 luglio 2003, n. 153.*

219. [I]. I rapporti di associazione in partecipazione costituiti anteriormente all'entrata in vigore del codice sono regolati dalle leggi anteriori.

220. [I]. La disposizione del secondo comma dell'articolo 2560 del codice non si applica ai trasferimenti di azienda anteriori all'entrata in vigore del codice.

221. [I]. L'imprenditore deve, entro il 30 giugno 1945, uniformare alla disposizione dell'articolo 2563 del codice la ditta costituita anteriormente all'entrata in vigore del codice stesso (1).

(1) *Per la proroga del termine v. sub art. 204.*

222. [I]. La disposizione dell'articolo 2596 del codice non si applica ai patti limitativi della concorrenza conclusi anteriormente al 27 febbraio 1942.

[II]. Tuttavia i patti limitativi della concorrenza conclusi prima del 27 febbraio 1942 per tempo indeterminato, o che alla data di entrata in vigore del codice devono ancora durare per oltre cinque anni, hanno efficacia entro i limiti di un quinquennio da quest'ultima data.

223. [I]. I contratti di consorzio previsti dal capo II del titolo X del libro V del codice, stipulati anteriormente all'entrata in vigore del codice stesso, sono soggetti alle nuove disposizioni a partire dal 1° luglio 1945 (1).

[II]. Entro il 30 giugno 1945 (1) tali contratti devono essere uniformati alle disposizioni stesse: le relative deliberazioni sono prese con il voto favorevole della maggioranza dei consorziati e possono essere impugnate davanti l'autorità giudiziaria dai consorziati assenti o dissenzienti entro trenta giorni dalla data della deliberazione. In mancanza il consorzio è sciolto.

(1) *Per la proroga del termine v.* sub *art. 204.*

223-*bis*. (1) [I]. Le società di cui ai capi V, VI e VII del titolo V del libro V, del codice civile, iscritte nel registro delle imprese alla data del 1° gennaio 2004, devono uniformare l'atto costitutivo e lo statuto alle nuove disposizioni inderogabili entro il 30 settembre 2004.

[II]. Le decisioni di trasformazione della società a responsabilità limitata in società per azioni possono essere prese entro il 30 settembre 2004, anche in deroga a clausole statutarie, con il voto favorevole di una maggioranza che rappresenti più della metà del capitale sociale (2).

[III]. Le deliberazioni dell'assemblea straordinaria di mero adattamento dell'atto costitutivo e dello statuto a nuove disposizioni inderogabili possono essere assunte, entro il termine di cui al primo comma, a maggioranza semplice, qualunque sia la parte di capitale rappresentata in assemblea. Con la medesima maggioranza ed entro il medesimo termine possono essere assunte le deliberazioni dell'assemblea straordinaria aventi ad oggetto l'introduzione nello statuto di clausole che escludono l'applicazione di nuove disposizioni di legge, derogabili con specifica clausola statutaria; fino alla avvenuta adozione della modifica statutaria e comunque non oltre il 30 settembre 2004, per tali società resta in vigore la relativa disciplina statutaria e di legge vigente alla data del 31 dicembre 2003 (3).

[IV]. Le modifiche statutarie necessarie per l'attribuzione all'organo amministrativo, al consiglio di sorveglianza o al consiglio di gestione della competenza all'adeguamento dello statuto alle disposizioni di cui all'articolo 2365, secondo comma, del codice sono deliberate dall'assemblea straordinaria con le modalità e le maggioranze indicate nei commi precedenti.

[V]. Fino alla data indicata al primo comma, le previgenti disposizioni dell'atto costitutivo e dello statuto conservano la loro efficacia anche se non sono conformi alle disposizioni inderogabili del presente decreto.

[VI]. Dalla data del 1° gennaio 2004 non possono essere iscritte nel registro delle imprese le società di cui ai capi V, VI e VII del titolo V del libro V del codice civile, anche se costituite anteriormente a detta data, che siano regolate da atto costitutivo e statuto non conformi al decreto medesimo. Si applica in tale caso l'articolo 2331, quarto comma, del codice.

[VII]. Le società costituite anteriormente al 1° gennaio 2004 possono, in sede di costituzione o di modificazione dello statuto, adottare clausole statutarie conformi ai decreti legislativi attuativi della legge 3 ottobre 2001, n. 366. Tali clausole avranno efficacia a decorrere dal momento, successivo alla data del 1° gennaio 2004, in cui saranno iscritte nel registro delle imprese con contestuale deposito dello statuto nella sua nuova versione.

(1) *Articolo inserito dall'art. 9[2 b)] d.ls. 17 gennaio 2003, n. 6.*

(2) *Comma inserito dall'art. 9 d.ls. n. 6, cit., come modificato dall'art. 5[1 III)] d.ls. 6 febbraio 2004, n. 37.*

(3) *Comma così sostituito dall'art. 9 d.ls. n. 6, cit., come modificato dall'art. 5[1 III)] d.ls. n. 37, cit.*

223-*ter*. (1) [I]. Le società per azioni costituite prima del 1° gennaio 2004 con un capitale sociale inferiore a centoventimila euro possono conservare la forma della società per azioni per il tempo, stabilito antecedentemente alla data del 1° gennaio 2004, per la loro durata (2).

(1) *Articolo inserito dall'art. 9[2 b)] d.ls. 17 gennaio 2003, n. 6, con effetto dal 1° gennaio 2004.*

(2) *V. Avviso di rettifica in G.U. 4 luglio 2003, n. 153.*

223-*quater*. (1) [I]. Nel caso in cui la legge prevede che le autorizzazioni di cui agli articoli 2329, numero 3), e 2436, secondo comma, del codice civile siano rilasciate successivamente alla stipulazione dell'atto costitutivo o, rispettivamente, alla deliberazione, i termini previsti dalle suddette disposizioni decorrono dal giorno in cui l'originale o la copia autentica del provvedimento di autorizzazione è stato consegnato al notaio.

[II]. L'autorità competente al rilascio delle autorizzazioni di cui al primo comma è altresì legittimata, qualora l'iscrizione nel registro delle imprese sia avvenuta nonostante la loro mancanza o invalidità, a proporre istanza per la cancellazione della società medesima dal registro. Il tribunale provvede, sentita la società, in camera di consiglio e nel caso di accoglimento dell'istanza si applica l'articolo 2332 del codice.

(1) *Articolo inserito dall'art. 9[2] b) d.ls. 17 gennaio 2003, n. 6.*

223-*quinquies*. (1) [I]. Tutti i termini previsti in disposizioni speciali con riferimento all'omologazione dell'atto costitutivo o di deliberazioni assembleari decorrono dalla data di iscrizione di tali atti nel registro delle imprese.

(1) *Articolo inserito dall'art. 9[2] b) d.ls. 17 gennaio 2003, n. 6, con effetto dal 1° gennaio 2004.*

223-*sexies*. (1) [I]. Le disposizioni degli articoli 2377, 2378, 2379, 2379-*bis*, 2379-*ter* e 2434-*bis* del codice civile si applicano anche alle deliberazioni anteriori alla data del 1° gennaio 2004, salvo che l'azione sia stata già proposta. Tuttavia se i termini scadono entro il 31 marzo 2004, le azioni per l'annullamento o la dichiarazione di nullità delle deliberazioni possono essere esercitate entro il 31 marzo 2004.

(1) *Articolo inserito dall'art. 9[2] b) d.ls. 17 gennaio 2003, n. 6, con effetto dal 1° gennaio 2004.*

223-*septies*. (1) [I]. Se non diversamente disposto, le norme del codice civile che fanno riferimento agli amministratori e ai sindaci trovano applicazione, in quanto compatibili, anche ai componenti del consiglio di gestione e del consiglio di sorveglianza, per le società che abbiano adottato il sistema dualistico, e ai componenti del consiglio di amministrazione e ai componenti del comitato per il controllo sulla gestione, per le società che abbiano adottato il sistema monistico (2).

[II]. Ogni riferimento al collegio sindacale o ai sindaci presente nelle leggi speciali è da intendersi effettuato anche al consiglio di sorveglianza e al comitato per il controllo sulla gestione o ai loro componenti, ove compatibile con le specificità di tali organi.

(1) *Articolo inserito dall'art. 9[2] b) d.ls. 17 gennaio 2003, n. 6, con effetto dal 1° gennaio 2004.*
(2) *V. Avviso di rettifica in G.U. 4 luglio 2003, n. 153.*

223-*octies*. (1) [I]. La trasformazione prevista dall'articolo 2500-*octies* del codice civile è consentita alle associazioni e fondazioni costituite prima del 1° gennaio 2004 soltanto quando non comporta distrazione, dalle originarie finalità, di fondi o valori creati con contributi di terzi o in virtù di particolari regimi fiscali di agevolazione. Nell'ipotesi di fondi creati in virtù di particolari regimi fiscali di agevolazione, la trasformazione è consentita nel caso in cui siano previamente versate le relative imposte.

[II]. La trasformazione di cui al primo comma non è consentita alle fondazioni bancarie.

(1) *Articolo inserito dall'art. 9² b) d.ls. 17 gennaio 2003, n. 6, con effetto dal 1° gennaio 2004.*

223-*novies*. (1) [I]. I procedimenti previsti dall'articolo 2409 del codice, pendenti alla data del 1° gennaio 2004, proseguono secondo le norme anteriormente vigenti.

[II]. Il tribunale ha il potere di dichiarare cessata la materia del con-tendere, qualora le modifiche introdotte comportino la sanatoria delle irregolarità denunciate.

(1) *Articolo inserito dall'art. 9² b) d.ls. 17 gennaio 2003, n. 6.*

223-*decies*. (1) [I]. Gli articoli da 2415 a 2420 del codice civile si applicano anche alle obbligazioni emesse anteriormente al 1° gennaio 2004.

(1) *Articolo inserito dall'art. 9² b) d.ls. 17 gennaio 2003, n. 6.*

223-*undecies*. (1) [I]. I bilanci relativi ad esercizi chiusi prima del 1° gennaio 2004 sono redatti secondo le leggi anteriormente vigenti.

[II]. I bilanci relativi ad esercizi chiusi tra il 1° gennaio 2004 e il 30 settembre 2004 possono essere redatti secondo le leggi anteriormente vigenti o secondo le nuove disposizioni.

[III]. I bilanci relativi ad esercizi chiusi dopo la data del 30 settembre 2004 sono redatti secondo le nuove disposizioni.

(1) *Articolo inserito dall'art. 9² b) d.ls. 17 gennaio 2003, n. 6.*

223-*duodecies*. (1) [I]. Le società di cui al capo I del titolo VI del libro V del codice civile, iscritte nel registro delle imprese alla data del 1° gennaio 2004, devono uniformare l'atto costitutivo e lo statuto alle nuove disposizioni inderogabili entro il 31 marzo 2005 (2).

[II]. Le deliberazioni necessarie per l'adeguamento dell'atto costitutivo e dello statuto alle nuove disposizioni inderogabili possono essere adottate, in terza convocazione, a maggioranza semplice dei presenti.

[III]. L'articolo 2365, secondo comma, del codice civile, nella parte relativa all'adeguamento dello statuto a disposizioni normative, trova applicazione anche per l'adeguamento alle norme introdotte con i decreti legislativi attuativi della legge n. 366 del 2001. Le modifiche statutarie necessarie per l'attribuzione all'organo amministrativo, al consiglio di sorveglianza o al consiglio di gestione della competenza all'adeguamento dello statuto alle disposizioni di cui al presente decreto sono deliberate dall'assemblea straordinaria con le modalità e le maggioranze indicate nei commi precedenti.

[IV]. Fino alla data indicata al primo comma le previgenti disposizioni dell'atto costitutivo e dello statuto conservano la loro efficacia anche se non sono conformi alle disposizioni inderogabili del presente decreto.

[V]. Dalla data del 1° gennaio 2004 non possono essere iscritte nel registro delle imprese le società di cui al capo I del titolo VI del libro V del codice, anche se costituite anteriormente a detta data, che siano regolate da atto costitutivo e statuto non conformi al decreto medesimo. Si applica in tale caso l'articolo 2331, quarto comma, del codice civile.

[VI]. Le disposizioni fiscali di carattere agevolativo previste dalle leggi speciali si applicano soltanto alle cooperative a mutualità prevalente.

[VII]. Conservano le agevolazioni fiscali le società cooperative e i loro consorzi che, con le modalità e le maggioranze previste per le deliberazioni assembleari dall'articolo 2538 del codice, adeguano i propri statuti alle disposizioni che disciplinano le società cooperative a mutualità prevalente entro il 31 marzo 2005 (3).

(1) *Articolo inserito dall'art. 9[2 b)] d.ls. 17 gennaio 2003, n. 6.*

(2) *Comma così modificato dall'art. 36 d.ls. 28 dicembre 2004, n. 310.*

(3) *Comma così modificato dall'art. 19-*ter *d.l. 9 novembre 2004, n. 266, conv., con modif., in l. 27 dicembre 2004, n. 306.*

223-*terdecies*. (1) [I]. Alle banche popolari e alle banche di credito cooperativo si applica l'articolo 223-*duodecies*; il termine per l'adeguamento degli statuti alle nuove disposizioni inderogabili del codice civile è fissato al 30 giugno 2005. Entro lo stesso termine le banche cooperative provvedono all'iscrizione presso l'Albo delle società cooperative.

[II]. Ai consorzi agrari continuano ad applicarsi le norme vigenti alla data di entrata in vigore della legge n. 366 del 2001.

(1) *Articolo dapprima inserito dall'art. 9[2 b)] d.ls. 17 gennaio 2003, n. 6 e successivamente così sostituito dall'art. 37 d.ls. 28 dicembre 2004, n. 310.*

223-*quaterdecies*. (1) [I]. Nelle cooperative che hanno adottato e osservano le clausole previste dall'articolo 14 del decreto del Presidente della Repubblica 29 settembre 1973, n. 601, alla data del 1° gennaio 2004, la deliberazione di trasformazione deve devolvere il patrimonio in essere alla data di trasformazione, dedotti il capitale versato e rivalutato ed i dividendi non ancora distribuiti, eventualmente aumentato sino a concorrenza dell'ammontare minimo del capitale della nuova società, ai fondi mutualistici per la promozione e lo sviluppo della cooperazione.

(1) *Articolo inserito dall'art. 9[2 b)] d.ls. 17 gennaio 2003, n. 6, con effetto dal 1° gennaio 2004.*

223-*quinquiesdecies*. (1) [I]. Le cooperative che non hanno adottato le clausole previste dall'articolo 14 del decreto del Presidente della Repubblica 29 settembre 1973, n. 601, alla data del 1° gennaio 2004, possono deliberare la trasformazione in società lucrative (2) con le maggioranze previste dall'articolo 2545-*decies* del codice senza che trovi applicazione la devoluzione del patrimonio ai fondi mutualistici.

[II]. In deroga all'articolo 2545-*quater* del codice civile, le cooperative di cui al primo comma, qualora non accedano ai benefici fiscali, devono destinare al fondo di riserva legale il venti per cento degli utili netti annuali (3).

[III]. L'obbligo di cui all'articolo 2545-*undecies* del codice si applica, salva la rinunzia ai benefici fiscali da parte della cooperativa, limitatamente alle riserve indivisibili accantonate ai sensi dell'articolo 2545-*ter*, primo comma, del codice dal 1° gennaio 2004 (4).

(1) *Articolo inserito dall'art. 9[2 b)] d.ls. 17 gennaio 2003, n. 6.*

(2) *V. Avviso di rettifica in G.U. 4 luglio 2003, n. 153.*

(3) *Comma inserito dall'art. 9 d.ls. n. 6, cit., come modificato dall'art. 5[1 mmm)] d.ls. 6 febbraio 2004, n. 37.*

(4) *Comma così modificato dall'art. 9 d.ls. n. 6, cit., come modificato dall'art. 5[1 mmm)] d.ls. n. 37, cit.*

223-*sexiesdecies*. (1) [I]. Entro il 30 giugno 2004, il Ministro delle attività produttive predispone un Albo delle società cooperative tenuto a cura del Ministero delle attività produttive, ove si iscrivono le cooperative a mutualità prevalente, e a tal fine consente di comunicare annualmente attraverso strumenti di comunicazione informatica le notizie di bilancio, anche ai fini della dimostrazione del possesso del requisito di cui all'articolo 2513 del codice, all'amministrazione presso la quale è tenuto l'albo. L'omessa comunicazione comporta l'applicazione della sanzione amministrativa della sospensione semestrale di ogni attività dell'ente, intesa come divieto di assumere nuove eventuali obbligazioni contrattuali. In una diversa sezione del medesimo Albo sono tenute ad iscriversi anche le cooperative diverse da quelle a mutualità prevalente (2).

[II]. Il Ministro delle attività produttive, di concerto con il Ministro dell'economia e delle finanze, adegua ogni tre anni, con proprio decreto le previsioni di cui agli articoli 2519 e 2525 del codice tenuto conto delle variazioni dell'indice nazionale generale annuo dei prezzi al consumo delle famiglie di operai e impiegati, calcolate dall'Istat.

(1) *Articolo inserito dall'art. 9[2 b)] d.lgs. 17 gennaio 2003, n. 6.*
(2) *Comma così modificato dall'art. 10[6] l. 23 luglio 2009, n. 99.*

223-*septiesdecies*. (1) [I]. Fermo restando quanto previsto degli articoli 2545-*septiesdecies* e 2545-*octiesdecies* del codice, gli enti cooperativi che non hanno depositato i bilanci di esercizio da oltre cinque anni, qualora non risulti l'esistenza di valori patrimoniali immobiliari, sono sciolti senza nomina del liquidatore con provvedimento dell'autorità di vigilanza da iscriversi nel registro delle imprese. Entro il termine perentorio di trenta giorni dalla pubblicazione nella Gazzetta Ufficiale i creditori o gli altri interessati possono presentare formale e motivata domanda all'autorità governativa, intesa ad ottenere la nomina del commissario liquidatore; in mancanza, a seguito di comunicazione dell'autorità di vigilanza, il conservatore del registro delle imprese territorialmente competente provvede alla cancellazione della società cooperativa o dell'ente mutualistico dal registro medesimo (2).

[II]. Ai fini dello scioglimento e della cancellazione ai sensi del primo comma, l'ente di cui all'articolo 7 della legge 29 dicembre 1993, n. 580, trasmette all'autorità di vigilanza, alla chiusura di ogni semestre solare, l'elenco degli enti cooperativi, anche in liquidazione ordinaria, che non hanno depositato i bilanci di esercizio da oltre cinque anni. L'autorità di vigilanza verifica l'assenza di valori patrimoniali immobiliari mediante apposita indagine massiva nei pubblici registri, in attuazione delle convenzioni che devono essere all'uopo stipulate con le competenti autorità detentrici dei registri predetti (3).

(1) *Articolo inserito dall'art. 9[2 b)] d.lgs. 17 gennaio 2003, n. 6.*
(2) *Comma così modificato dall'art. 10[13] l. 23 luglio 2009, n. 99.*
(3) *Comma aggiunto dall'art. 40[11] d.l. 16 luglio 2020, n. 76, conv., con modif., in l. 11 settembre 2020, n. 120.*

223-*octiesdecies*. (1) [I]. I bilanci relativi ad esercizi chiusi prima del 1° gennaio 2004 sono redatti secondo le leggi anteriormente vigenti.

[II]. I bilanci relativi ad esercizi chiusi tra la data del 1° gennaio 2004 e quella del 31 dicembre 2004 possono essere redatti secondo le leggi anteriormente vigenti o secondo le nuove disposizioni.

[III]. I bilanci relativi ad esercizi chiusi dopo la data del 31 dicembre 2004 sono redatti secondo le nuove disposizioni.

(1) *Articolo inserito dall'art. 9*[2 b)] *d.ls. 17 gennaio 2003, n. 6.*

223-*noviesdecies*. (1) [I]. Le società cooperative poste in liquidazione prima del 1° gennaio 2004 sono liquidate secondo le leggi anteriori.

[II]. Le società cooperative poste in liquidazione dopo il 1° gennaio 2004 sono liquidate secondo le nuove disposizioni.

(1) *Articolo inserito dall'art. 9*[2 b)] *d.ls. 17 gennaio 2003, n. 6.*

223-*vicies*. (1) (2) [I]. I procedimenti riguardanti società cooperative previsti dall'articolo 2409 del codice, pendenti al 1° gennaio 2004, proseguono secondo le norme anteriormente vigenti.

(1) *V. Avviso di rettifica in G.U. 4 luglio 2003, n. 153.*
(2) *Articolo inserito dall'art. 9*[2 b)] *d.ls. 17 gennaio 2003, n. 6.*

223-*vicies semel*. (1) (2) [I]. Il limite di cinque anni previsto dall'articolo 2341-*bis* si applica ai patti parasociali stipulati prima del 1° gennaio 2004 e decorre dalla medesima data.

(1) *V. Avviso di rettifica in G.U. 4 luglio 2003, n. 153.*
(2) *Articolo inserito dall'art. 9*[2 b)] *d.ls. 17 gennaio 2003, n. 6.*

223-*vicies bis*. (1) (2) [I]. Qualora la fattispecie di cui al primo comma dell'articolo 2362 del codice sia precedente al 1° gennaio 2004, il termine ivi previsto decorre dalla sua data di entrata in vigore.

(1) *V. Avviso di rettifica in G.U. 4 luglio 2003, n. 153.*
(2) *Articolo inserito dall'art. 9*[2 b)] *d.ls. 17 gennaio 2003, n. 6.*

223-*vicies ter*. (1) (2) [I]. Non si applica la lettera *e*) del primo comma dell'ar ticolo 2437 del codice alla eliminazione delle cause di recesso, previste nel secondo comma del medesimo articolo, purché deliberata entro il 30 giugno 2004.

(1) *V. Avviso di rettifica in G.U. 4 luglio 2003, n. 153.*
(2) *Articolo inserito dall'art. 9*[2 b)] *d.ls. 17 gennaio 2003, n. 6.*

SEZIONE VI – *Disposizioni relative al libro VI*

224. [I]. Salvo quanto è disposto dagli articoli seguenti, la trascrizione di un atto, eseguita in conformità delle leggi anteriori a effetti diversi da quelli stabiliti dal codice, produce gli effetti previsti dal codice stesso, a decorrere dal giorno dell'entrata in vigore di questo.

225. [I]. Le disposizioni del codice che regolano gli effetti dell'omissione della trascrizione o dell'annotazione [2644, 2646-2650,

2652, 2653, 2655, 2843 c.c.] non si applicano agli atti anteriori all'entrata in vigore del codice stesso, per i quali la trascrizione non era richiesta secondo le leggi precedenti o era richiesta a effetti diversi [242].

226. [I]. La trascrizione delle domande giudiziali prevista dagli articoli 2652 e 2653 del codice, anche se eseguita prima dell'entrata in vigore di questo, non pregiudica in nessun caso i diritti acquistati dai terzi prima di tale entrata in vigore, se essi erano fatti salvi dalle leggi anteriori.

227. [I]. Le disposizioni del codice, secondo le quali la trascrizione di una domanda giudiziale eseguita oltre un certo termine non pregiudica i diritti acquistati dai terzi [2652$^{nn. 6-9}$ c.c.], non si applicano ai diritti che sono stati acquistati anteriormente all'entrata in vigore del codice stesso e che non erano fatti salvi dalle leggi anteriori, a meno che i diritti medesimi siano resi pubblici prima della trascrizione della domanda e il termine stabilito dal codice per la loro salvezza sia decorso dal giorno dell'entrata in vigore di questo.

228. [I]. La trascrizione del testamento o del certificato di denunciata successione, eseguita a norma delle leggi anteriori, produce dal giorno dell'entrata in vigore del codice gli stessi effetti che questo attribuisce alla trascrizione dell'accettazione dell'eredità [2648 c.c.].

229. [I]. Le disposizioni degli articoli 2650 e 2834 del codice relative all'ipoteca legale a favore del condividente non si applicano alle divisioni stipulate prima dell'entrata in vigore del codice stesso, ancorché trascritte successivamente.

230. [I]. Salvo quanto è disposto dai successivi articoli 231 e 232, le norma del regio decreto 28 marzo 1929, n. 499, e della legge sui libri fondiari nel testo allegato al decreto medesimo, fino a che non sarà provveduto al loro coordinamento con le diposizioni del codice, continuano ad avere vigore nei territori delle nuove provincie, e in luogo delle disposizioni del codice del 1865 s'intendono richiamate le corrispondenti disposizioni del nuovo codice.

231. [I]. Formano oggetto di annotazione, secondo le disposizioni della legge sui libri fondiari, anche:

1) gli atti menzionati dai numeri 10, 11 e 12 dell'articolo 2643, del codice agli effetti previsti dall'articolo 19 della legge sui libri fondiari;

2) gli atti di costituzione del patrimonio familiare agli effetti previsti dalle disposizioni del codice [169, 2647 c.c.] (1);

3) la cessione dei beni ai creditori [1977 ss. c.c.] agli effetti previsti dalle disposizioni del codice stesso [2649 c.c.];

4) le domande e gli atti indicati dagli articoli 2652 e 2653 del codice agli effetti disposti dagli articoli medesimi, in quanto non siano incompatibili con gli effetti stabiliti dalla legge sui libri fondiari.

(1) *V. art. 227 l. 19 maggio 1975, n. 151.*

232. [I]. L'annotazione del vincolo dotale (1) e della comunione dei beni tra coniugi prevista dall'articolo 19 lett. *c*) della legge sui libri fondiari o l'omissione dell'annotazione medesima produce dal giorno dell'entrata in vigore del codice gli effetti da questo stabiliti [2647 c.c.].

(1) *V. art. 227 l. 19 maggio 1975, n. 151.*

232-*bis*. (1) [I]. A decorrere dal 25 novembre 1973, la responsabilità per danni del conservatore dei registri immobiliari è regolata dalle norme relative agli impiegati civili dello Stato, salvo che per i rapporti definiti con sentenza passata in giudicato, con transazione, o comunque esauriti.

(1) *Articolo inserito dall'art. 5 l. 21 gennaio 1983, n. 22.*

233. [I]. Le disposizioni del codice relative alle prove [2697 ss. c.c.] si applicano anche nei giudizi pendenti, se non è stata pronunziata sentenza definitiva, ancorché di primo grado.

[II]. La prova testimoniale [2721 ss. c.c.; 244 c.p.c.] per gli atti eseguiti anteriormente all'entrata in vigore del codice rimane tuttavia ammissibile anche nei casi in cui non è da questo consentita, se essa poteva essere ammessa a norma del codice civile del 1865 o del codice di commercio del 1882.

234. [I]. Le disposizioni del codice relative ai diritti dei creditori privilegiati [2745 ss. c.c.], all'ordine dei privilegi [2777 ss. c.c.] e all'efficacia di questi rispetto al pegno, alle ipoteche e agli altri diritti reali [2747-2748 c.c.] si osservano anche per i privilegi sorti anteriormente all'entrata in vigore del codice stesso, se sono fatti valere posteriormente.

235. [I]. La disposizione dell'articolo 2767 del codice si applica anche ai crediti per risarcimento sorti prima dell'entrata in vigore del codice stesso, se l'indennità dovuta dall'assicuratore non è stata ancora corrisposta.

236. [I]. Quando un credito al quale le leggi speciali attribuiscono il privilegio del creditore pignoratizio viene in concorso con i crediti indicati dall'articolo 2778 del codice, esso è preferito a quelli di cui ai numeri 12 e seguenti dello stesso articolo e posposto agli altri.

237. [I]. Se il pegno è stato costituito anteriormente all'entrata in vigore del codice, le condizioni per l'efficacia della prelazione sono determinate dalle leggi anteriori.

[II]. Si osservano invece le disposizioni del codice per ciò che concerne i poteri e gli obblighi del creditore pignoratizio [2800 ss. c.c.].

[III]. Continua tuttavia ad applicarsi la disposizione del secondo comma dell'articolo 1888 del codice del 1865, se il secondo credito è divenuto esigibile anteriormente all'entrata in vigore del nuovo codice.

238. [I]. L'opponibilità ai creditori ipotecari dei diritti costituiti sulla cosa ipotecata e delle cessioni o liberazioni di pigioni o di fitti è regolata dalle disposizioni del codice [2812 c.c.], quantunque si tratti di diritti sorti o di cessioni o liberazioni effettuate anteriormente all'entrata in vigore del codice stesso, sempre che il pignoramento sia eseguito posteriormente.

239. [I]. Le disposizioni dell'articolo 2825 del codice si applicano anche alle ipoteche costituite e alle cessioni effettuate anteriormente all'entrata in vigore del codice stesso, se la divisione ha luogo posteriormente.

240. [I]. Le ipoteche iscritte prima dell'entrata in vigore del codice conservano la loro efficacia per venti anni dall'entrata in vigore del codice stesso, a meno che per la cessazione di tale efficacia [2847 c.c.], secondo le disposizioni del codice del 1865, rimanga a decorrere un termine più breve.

241. [I]. La disposizione dell'ultimo comma dell'articolo 2855 del codice non si applica alle ipoteche iscritte prima dell'entrata in vigore del codice stesso. L'estensione degli effetti dell'iscrizione continua a essere regolata dalle leggi anteriori.

242. [I]. Le disposizioni del codice, secondo le quali l'esercizio di determinate facoltà del terzo acquirente dell'immobile ipotecato è subordinato alla trascrizione del titolo [2858 ss. c.c.], non si applicano a coloro il cui acquisto è anteriore all'entrata in vigore del codice stesso, se a norma del codice del 1865, la trascrizione non era a quell'effetto richiesta.

243. [I]. Le disposizioni degli articoli 2872, secondo comma, e

2873, secondo e terzo comma, del codice si applicano anche alle ipoteche iscritte anteriormente all'entrata in vigore del codice stesso.

244. [I]. Se il processo di liberazione dei beni dalle ipoteche [2889 ss. c.c.; 795 c.p.c.] è in corso all'entrata in vigore del codice, esso prosegue secondo le norme delle leggi anteriori, ma, per quanto concerne l'espropriazione, si osservano le disposizioni dell'articolo 222 delle norme di attuazione e transitorie relative al codice di procedura civile, approvate con regio decreto 18 dicembre 1941, n. 1368.

245. [I]. Gli effetti del sequestro conservativo [2906 c.c.] e del pignoramento [2912 ss. c.c.] eseguiti anteriormente all'entrata in vigore del nuovo codice sono determinati dalle disposizioni del codice del 1865.

246. [I]. Le disposizioni dell'articolo 2932 del codice si applicano anche se l'obbligo di concludere il contratto è sorto anteriormente all'entrata in vigore del codice stesso, purché l'inadempimento si verifichi posteriormente.

247. [I]. Cessano di avere effetto dalla data dell'entrata in vigore del codice le cause di sospensione della prescrizione che non sono da questo ammesse [2941 ss. c.c.].

248. [I]. Rimangono immutate le disposizioni vigenti circa il termine della prescrizione nei riguardi dei buoni del tesoro ordinari e pluriennali, dei titoli del debito pubblico, delle cartelle della sezione autonoma del credito comunale e provinciale, dei libretti postali di risparmio, dei buoni postali fruttiferi e di quelli della Cassa depositi e prestiti.

[II]. Rimangono parimenti immutate le disposizioni delle leggi speciali che stabiliscono termini di prescrizione diversi da quello ordinario [2946 c.c.].

CAPO III
Disposizioni generali e finali

249. (1).

(1) *L'articolo, che regolava lo stato delle persone della Famiglia reale, è divenuto inoperante a seguito della mutata forma istituzionale dello Stato.*

250. (1).

(1) *Articolo abrogato in conseguenza dell'abrogazione delle leggi razziali disposta con r.d.l. 20 gennaio 1944, n. 25 e con d.ls.lt. 14 settembre 1944, n. 287.*

251. (1) [I]. Quando nel codice o in queste disposizioni si fa riferimento a istituti di credito [76], in detta espressione s'intendono comprese, oltre l'istituto d'emissione, le imprese autorizzate e controllate, a norma delle leggi vigenti, dall'ispettorato per la difesa del risparmio e per l'esercizio del credito.

(1) *L'art. 36 d.P.R. 10 febbraio 1986, n. 30 ha abrogato l'originario secondo comma dell'articolo.*

252. [I]. Quando per l'esercizio di un diritto ovvero per la prescrizione o per l'usucapione il codice stabilisce un termine più breve di quello stabilito dalle leggi anteriori, il nuovo termine si applica anche all'esercizio dei diritti sorti anteriormente e alle prescrizioni e usucapioni in corso, ma il nuovo termine decorre dal 1° luglio 1939 se esso è stabilito dal I libro del codice, dal 21 aprile 1940 se è stabilito dal II libro, dal 28 ottobre 1941 se è stabilito dal III libro e dall'entrata in vigore del codice stesso se è stabilito dagli altri libri, purché, a norma della legge precedente, non rimanga a decorrere un termine minore.

[II]. La stessa disposizione si applica in ogni altro caso in cui l'acquisto di un diritto è subordinato al decorso di un termine più breve di quello stabilito dalle leggi anteriori.

253. [I]. Le trascrizioni e le annotazioni di vincolo previste dal codice e da queste disposizioni, quando si tratta di rendite del debito pubblico o di altri beni per i quali leggi speciali stabiliscano determinate forme di pubblicità, si eseguono con l'osservanza di dette leggi.

254. [I]. I modelli dei registri delle persone giuridiche, delle legittimazioni per decreto, delle adozioni, delle tutele e curatele, delle successioni e di quello previsto dal secondo comma dell'articolo 1524 del codice sono determinati con decreto del Ministro di grazia e giustizia.

255. [I]. Per la tenuta del registro previsto dal secondo comma dell'articolo 1524 del codice e per le formalità della trascrizione, si osservano, in quanto applicabili, le disposizioni degli articoli 2658, primo comma, 2659, 2664, 2673, 2677 e 2680, primo, secondo e quarto comma del codice stesso.

[II]. Le trascrizioni devono essere eseguite giornalmente al momento della presentazione della nota e dell'atto da trascriversi.

[III]. Il numero d'ordine della trascrizione è quello progressivo del registro delle trascrizioni.

[IV]. Il cancelliere deve formare un fascicolo per ogni trascrizione secondo le disposizioni stabilite per i fascicoli di cancelleria dell'articolo 36 del regio decreto 18 dicembre 1941, n. 1368.

256. [I]. Quando nelle leggi e nei regolamenti sono richiamate le disposizioni del codice civile del 1865 e del codice di commercio del 1882 s'intendono richiamate le disposizioni corrispondenti del nuovo codice.

Leggi complementari

ASSICURAZIONE (INDENNIZZO DIRETTO)

***D.ls. 7 settembre 2005, n. 209.* — Codice delle assicurazioni private** (1) (G.U. 13 ottobre 2005, n. 239, suppl. ord. n. 163).

(1) *Ai sensi dell'art. 1[213] d.ls. 12 maggio 2015, n. 74, « le parole: "ISVAP", "Ministro delle attività produttive" e "Ministero delle attività produttive", ovunque presenti e non diversamente previsto dal presente articolo, sono sostituite, rispettivamente, da: "IVASS" fatta eccezione per la lettera* dd) *del comma 1 dell'articolo 1, "Ministro dello sviluppo economico" e "Ministero dello sviluppo economico" ».*

(*Stralcio*)

TITOLO IX
Attività di distribuzione assicurativa e riassicurativa (1)

(1) *Rubrica così sostituita dall'art. 1[5] d.ls. 21 maggio 2018, n. 68. Ai sensi dell'art. 4[7] d.ls. n. 68, cit., tale disposizione si applica dal 1° ottobre 2018. Il testo della rubrica era il seguente:* « Intermediari di assicurazione e di riassicurazione ».

CAPO I – *Disposizioni generali*

106. (1) **Attività di distribuzione assicurativa e riassicurativa.** – 1. Le attività di distribuzione assicurativa consistono nel fornire consulenza, ai sensi dell'articolo 1, comma 1, lettera *m-ter*), in materia di contratti di assicurazione, proporre contratti di assicurazione o compiere altri atti preparatori relativi alla loro conclusione, concludere tali contratti ovvero collaborare, segnatamente in caso di sinistri, alla loro gestione ed esecuzione, inclusa la fornitura di informazioni relativamente a uno o più contratti di assicurazione sulla base di criteri scelti dal cliente tramite un sito internet o altri mezzi e la predisposizione di una classifica di prodotti assicurativi, compreso il confronto tra prezzi e tra prodotti o lo sconto sul premio di un contratto di assicurazione, se il cliente è in grado di stipulare direttamente o indirettamente un contratto di assicurazione tramite un sito internet o altri mezzi.

2. Le attività di distribuzione riassicurativa, anche quando svolte da un'impresa di riassicurazione senza il coinvolgimento di un intermediario riassicurativo, consistono nel fornire consulenza, ai sensi dell'articolo 1, comma 1, lettera *m-ter*), in materia di contratti di riassicurazione, proporre contratti di riassicurazione o compiere altri atti preparatori relativi alla loro conclusione, concludere tali con-

tratti ovvero collaborare, segnatamente in caso di sinistri, alla loro gestione ed esecuzione.

(1) *Articolo così sostituito dall'art. 1[3] d.ls. 30 dicembre 2020, n. 187. Il testo dell'articolo, come da ultimo sostituito dall'art. 1[6] d.ls. 21 maggio 2018, n. 68, era il seguente:* « 1. L'attività di distribuzione assicurativa e riassicurativa consiste nel proporre prodotti assicurativi e riassicurativi o nel prestare assistenza e consulenza o compiere altri atti preparatori relativi alla conclusione di tali contratti o nella conclusione di tali contratti, ovvero nella collaborazione alla gestione o all'esecuzione, segnatamente in caso di sinistri, dei contratti stipulati. Rientra nell'attività di distribuzione assicurativa la fornitura, tramite un sito internet o altri mezzi, di informazioni, relativamente a uno o più contratti di assicurazione, anche confrontati o ordinati, sulla base di criteri eventualmente scelti dal cliente, in termini di premi ed eventuali sconti applicati o di ulteriori caratteristiche del contratto, se il cliente è in grado di concludere direttamente o indirettamente lo stesso ».

107. (1) **Ambito di applicazione.** – 1. Fermo restando quanto previsto dai Titoli II, III e IV per le imprese di assicurazione e V e VI per le imprese di riassicurazione, le disposizioni del presente Titolo disciplinano le condizioni di accesso ed esercizio dell'attività di distribuzione assicurativa e riassicurativa nel territorio della Repubblica, ivi inclusa l'attività di intermediazione assicurativa e riassicurativa a titolo oneroso svolta da persone fisiche o giuridiche con residenza o sede legale nel territorio della Repubblica e in regime di stabilimento o di libera prestazione di servizi nel territorio di altri Stati membri, nonché l'attività di distribuzione assicurativa e riassicurativa connessa con rischi e impegni situati al di fuori dell'Unione europea, quando è svolta da intermediari registrati in Italia.

2. Le disposizioni del presente titolo disciplinano altresì l'attività di distribuzione assicurativa, anche a titolo accessorio, e riassicurativa da parte di persone fisiche o giuridiche con residenza o sede legale nel territorio di altri Stati membri dell'Unione europea, svolta nel territorio della Repubblica.

3. Non configurano attività di distribuzione assicurativa o riassicurativa, ai fini di cui al comma 1, le seguenti attività:

a) la fornitura di informazioni a titolo accessorio ad un cliente nel contesto di un'altra attività professionale, sempre che il fornitore non intraprenda ulteriori iniziative di assistenza nella conclusione o nell'esecuzione di un contratto di assicurazione o riassicurazione e l'obiettivo di tale attività non sia quello di assistere il cliente nella conclusione o nell'esecuzione di un contratto di assicurazione o riassicurazione;

b) la gestione di sinistri per un'impresa di assicurazione o riassicurazione su base professionale o le attività di liquidazione sinistri e di consulenza in materia di sinistri;

c) la mera fornitura di dati e informazioni su potenziali assicurati a intermediari assicurativi o riassicurativi, o a imprese di assicurazione o di riassicurazione, se il fornitore non intraprende ulteriori iniziative di assistenza nella conclusione di un contratto di assicurazione o riassicurazione;

d) la mera fornitura a potenziali assicurati di informazioni su prodotti assicurativi o riassicurativi, su un intermediario assicurativo o riassicurativo, su un'impresa di assicurazione o riassicurazione, se il fornitore non intraprende ulteriori iniziative di assistenza nella conclusione del contratto.

4. È esclusa dalla disciplina del presente Titolo l'attività di distribuzione assicurativa esercitata da intermediari assicurativi a titolo accessorio, laddove siano soddisfatte congiuntamente le seguenti condizioni:

a) l'assicurazione è accessoria ad un prodotto o servizio e ne copre:

1) i rischi di perdita, deterioramento, danneggiamento del prodotto fornito o il mancato uso del servizio prestato dal fornitore;

o 2) la perdita o il danneggiamento del bagaglio e altri rischi connessi con un viaggio prenotato presso tale fornitore;

b) l'importo del premio versato per il contratto assicurativo, calcolato proporzionalmente su base annua, non è superiore a 600 euro;

c) in deroga alla lettera *b*), qualora l'assicurazione sia complementare rispetto a un servizio di cui alla lettera *a*) e la durata di tale servizio sia pari o inferiore a tre mesi, l'importo del premio versato per persona non è superiore a 200 euro.

5. Nell'esercizio dell'attività di distribuzione attraverso un intermediario assicurativo a titolo accessorio esentato, di cui al comma 4, l'impresa di assicurazione o l'intermediario assicurativo che se ne avvale garantisce che:

a) prima della conclusione del contratto, il contraente riceva informazioni riguardanti rispettivamente gli elementi di cui all'articolo 120, comma 2, lettere *a*) e *c*), se agisce su incarico dell'impresa, o di cui all'articolo 120, comma 1, lettere *a*) e *c*), se agisce su incarico di altro intermediario;

b) siano predisposti rapporti contrattuali adeguati e proporzionati al fine di assicurare la conformità con quanto previsto dagli articoli 119-*bis* e 120-*quinquies* e tenere conto delle richieste ed esigenze del contraente prima di proporre il contratto;

c) prima della conclusione del contratto, sia fornita al contraente la documentazione informativa relativa al prodotto assicurativo di cui all'articolo 185.

6. Fatto salvo quanto previsto dal testo unico dell'intermediazione finanziaria, le persone giuridiche di cui all'articolo 109, comma 2, lettera *d*), sono sottoposte, limitatamente all'attività di distribuzione assicurativa, alla vigilanza dell'IVASS, che la esercita mediante i poteri previsti dall'articolo 5, comma 1, anche per quanto riguarda l'osservanza delle disposizioni sulle regole di comportamento di cui al Capo III, informando e collaborando con le altre autorità interessate.

7. L'IVASS monitora il mercato, ivi incluso il mercato dei prodotti assicurativi commercializzati, distribuiti o venduti, a titolo accessorio, nel o dal territorio della Repubblica.

(1) *Articolo così sostituito dall'art. 1[7] d.ls. 21 maggio 2018, n. 68. Ai sensi dell'art. 4[7] d.ls. n. 68, cit., tale disposizione si applica dal 1° ottobre 2018. Il testo dell'articolo, come modificato dall'art. 1[213] d.ls. 12 maggio 2015, n. 74, era il seguente:* « 1. Le disposizioni del presente titolo disciplinano le condizioni di accesso e di esercizio dell'attività di intermediazione assicurativa e riassicurativa svolta a titolo oneroso nel territorio della Repubblica e in regime di stabilimento o di libera prestazione di servizi nel territorio di altri Stati membri da parte di persone fisiche o giuridiche con residenza o sede legale nel territorio della Repubblica, nonché i servizi di intermediazione assicurativa e riassicurativa connessi con rischi e impegni situati al di fuori dell'Unione europea, quando sono offerti da intermediari di assicurazione e riassicurazione registrati in Italia. – 2. Sono escluse dalla disciplina del presente titolo: *a*) le attività direttamente esercitate dalle imprese di assicurazione o di riassicurazione e dai loro dipendenti; *b*) le attività di sola informazione fornite a titolo accessorio nel contesto di un'altra attività professionale sempre che l'obiettivo di tale attività non sia quello di assistenza all'assicurato nella conclusione o nell'esecuzione di un contratto di assicurazione; *c*) le attività di intermediazione assicurativa quando ricorrono congiuntamente le seguenti condizioni: 1) il contratto di assicurazione richiede soltanto conoscenze sulla copertura fornita; 2) salvo il caso di cui al numero 4), non si tratta di un contratto di assicurazione sulla vita o contro i rischi di responsabilità civile; 3) l'intermediazione non è svolta professionalmente; 4) l'assicurazione è accessoria ad un prodotto o servizio e ne copre i rischi di perdita o deterioramento oppure, nel caso di viaggi prenotati, garantisce la perdita o il danneggiamento del bagaglio ovvero copre i rischi del ramo vita e della responsabilità civile connessi al viaggio stesso; 5) l'importo del premio annuale non eccede cinquecento euro e la durata complessiva del contratto di assicurazione, compresi eventuali rinnovi, non è superiore a cinque anni. – 3. Le persone giuridiche di cui all'articolo 109, comma 2, lettera *d*), sono sottoposte, limitatamente all'attività di intermediazione assicurativa, alla vigilanza dell'IVASS, che la esercita mediante i poteri previsti dall'articolo 5, comma 1, anche per quanto riguarda l'osservanza delle disposizioni sulle regole di comportamento di cui al capo III, informando e collaborando con le altre autorità interessate ».

107-*bis*. (1) **Soggetti abilitati all'esercizio della distribuzione assicurativa o riassicurativa.** – 1. L'attività di distribuzione assicurativa o riassicurativa può essere esercitata dai seguenti soggetti:

a) imprese di assicurazione o riassicurazione, di cui all'articolo 1, comma 1, lettere *t*) e *cc*), e relativi dipendenti, laddove esercitino direttamente tale attività;

b) intermediari, iscritti nelle sezioni da *a*) ad *e*) del registro di cui al comma 2 dell'articolo 109;

c) intermediari assicurativi a titolo accessorio, di cui all'articolo 1, comma 1, lettera *cc-septies*), iscritti alla sezione *f*) del registro di cui al comma 2 dell'articolo 109;

d) intermediari assicurativi, anche a titolo accessorio, e riassicurativi, con residenza o sede legale in altro Stato membro e abilitati all'esercizio dell'attività di intermediazione in regime di libera prestazione dei servizi o di stabilimento nel territorio della Repubblica ai sensi degli articoli 116-*quater* e 116-*quinquies*.

(1) *Articolo inserito dall'art. 1[7] d.ls. 21 maggio 2018, n. 68. Ai sensi dell'art. 4[7] d.ls. n. 68, cit., tale disposizione si applica dal 1° ottobre 2018.*

CAPO II – *Disposizioni generali in materia di distribuzione* (1)

(1) *Rubrica così sostituita dall'art. 1[8] d.ls. 21 maggio 2018, n. 68. Ai sensi dell'art. 4[7] d.ls. n. 68, cit., tale disposizione si applica dal 1° ottobre 2018. Il testo della rubrica era il seguente:* « Accesso all'attività di intermediazione ».

108. Attività di distribuzione (1). – 1. L'attività di distribuzione assicurativa o riassicurativa è riservata alle imprese di cui all'articolo 107-*bis*, comma 1, lettera *a*), ai relativi dipendenti, nonché agli intermediari assicurativi, anche a titolo accessorio, e riassicurativi, iscritti nel registro di cui all'articolo 109. Il registro indica gli Sati membri in cui l'intermediario assicurativo, anche a titolo accessorio, o riassicurativo opera in regime di libero stabilimento o di libera prestazione dei servizi (2).

2. Fatta salva l'ipotesi in cui l'attività di distribuzione assicurativa e riassicurativa sia esercitata, ai sensi del comma 1, direttamente da imprese e relativi dipendenti, tale attività non può essere esercitata da chi non è iscritto nel registro, applicandosi in caso di violazione gli articoli 305, comma 2, e 308, comma 2 (3).

3. È inoltre consentita l'attività agli intermediari assicurativi, anche a titolo accessorio, e riassicurativi che hanno residenza o sede legale nel territorio di un altro Stato membro e che operano secondo quanto previsto dall'articolo 116 (4).

4. L'esercizio dell'attività di intermediario di assicurazione, anche a titolo accessorio, (5) e riassicurazione è vietato agli enti pubblici, agli enti o società da essi controllati ed ai pubblici dipendenti con

rapporto lavorativo a tempo pieno ovvero a tempo parziale, quando superi la metà dell'orario lavorativo a tempo pieno.

(1) *Rubrica così sostituita dall'art. 1[9 lett. a)] d.ls. 21 maggio 2018, n. 68. Ai sensi dell'art. 4[7] d.ls. n. 68, cit., tale disposizione si applica dal 1° ottobre 2018. Il testo della rubrica era il seguente:* « Accesso all'attività di intermediazione ».

(2) *Comma così sostituito dall'art. 1[9 lett. b)] d.ls. n. 68, cit., con applicazione a decorrere dal 1° ottobre 2018. Il testo del comma era il seguente:* « 1. L'attività di intermediazione assicurativa e riassicurativa è riservata agli iscritti nel registro di cui all'articolo 109 ».

(3) *Comma così sostituito dall'art. 1[9 lett. c)] d.ls. n. 68, cit., con applicazione a decorrere dal 1° ottobre 2018. Il testo del comma era il seguente:* « 2. L'attività di intermediazione assicurativa e riassicurativa non può essere esercitata da chi non è iscritto nel registro, applicandosi in caso di violazione gli articoli 305, comma 2, e 308, comma 2 ».

(4) *Le parole* « , anche a titolo accessorio, » *sono state inserite e le parole* « , comma 2 » *che comparivano dopo le parole* « dall'articolo 116 » *sono state soppresse dall'art. 1[9 lett. d)] d.ls. n. 68, cit., con applicazione a decorrere dal 1° ottobre 2018.*

108-*bis*. (1) **Organismo per la registrazione degli intermediari assicurativi, anche a titolo accessorio, e riassicurativi.** – 1. È istituito un Organismo per la registrazione degli intermediari di cui all'articolo 109, comma 2, e per lo svolgimento degli adempimenti relativi agli elenchi di cui agli articoli 109, comma 1-*bis*, e alle sezioni I e II del Titolo IX, Capo II. Con decreto del Presidente della Repubblica emanato ai sensi dell'articolo 17, comma 2, della legge 23 agosto 1988, n. 400, su proposta del Ministro dello sviluppo economico, è disciplinata l'organizzazione dell'Organismo. L'Organismo promuove altresì la diffusione dei principi di correttezza e diligenza professionale presso gli intermediari di cui all'articolo 109, comma 2. In particolare il regolamento disciplina, nel rispetto dei principi di semplificazione e proporzionalità:

a) l'istituzione dell'Organismo avente personalità giuridica di diritto privato, dotato di autonomia statutaria, organizzativa e finanziaria, ordinato in forma di associazione, cui sono trasferite funzioni e competenze in materia di tenuta del registro degli intermediari assicurativi e riassicurativi;

b) il procedimento di nomina dei componenti dell'Organismo nel rispetto dei principi di imparzialità e terzietà;

c) il passaggio all'Organismo di funzioni e competenze attribuite in via transitoria all'IVASS;

d) le modalità attraverso le quali l'Organismo riscuote e gestisce i contributi dovuti dagli intermediari iscritti nel registro di cui all'articolo 109 del Codice delle assicurazioni private di cui al decreto legislativo 7 settembre 2005, n. 209, ai sensi dell'articolo 336 del medesimo Codice;

e) la vigilanza dell'IVASS sull'Organismo di cui alla lettera *a*).

2. L'Organismo è sottoposto al controllo dell'IVASS che, con regolamento, disciplina le modalità di esercizio del controllo, inclusi i flussi informativi e i poteri ispettivi,1 secondo modalità improntate a criteri di proporzionalità ed economicità dell'azione di controllo, con la finalità di verificare l'adeguatezza delle procedure interne adottate e l'efficacia dell'attività svolta in relazione alle funzioni affidate.

3. L'Organismo è finanziato mediante una quota del contributo di vigilanza sugli intermediari di assicurazione e riassicurazione di cui all'articolo 336 del Codice delle assicurazioni private di cui al decreto legislativo 7 settembre 2005, n. 209 versato all'IVASS e successivamente trasferito allo stesso Organismo, secondo la misura e le modalità individuate dal regolamento di cui al comma 1.

4. L'IVASS, con regolamento, stabilisce le modalità con cui l'Organismo esercita la propria attività e le forme di collaborazione con l'IVASS per l'attuazione delle disposizioni di cui al presente Capo, inclusi le procedure e i poteri nei confronti degli intermediari iscritti al registro, tenendo anche presente l'esigenza di evitare duplicazioni di costi e adempimenti per soggetti iscritti in altri albi o registri.

(1) *Articolo inserito dall'art. 1[10] d.ls. 21 maggio 2018, n. 68. Ai sensi dell'art. 4[7] d.ls. n. 68, cit., tale disposizione si applica dal 1° ottobre 2018.*

109. **Registro degli intermediari assicurativi, anche a titolo accessorio, e riassicurativi** (1). – 1. L'IVASS (2) disciplina, con regolamento, la formazione e l'aggiornamento del registro unico elettronico nel quale sono iscritti gli intermediari assicurativi, anche a titolo accessorio (3), e riassicurativi che hanno residenza o sede legale nel territorio della Repubblica.

1-*bis*. L'impresa che opera in qualità di distributore, individua la persona fisica, nell'ambito della dirigenza, responsabile della distribuzione assicurativa o riassicurativa e ne comunica il nominativo all'IVASS. Tale soggetto possiede adeguati requisiti di professionalità ed onorabilità individuati dall'IVASS con regolamento (4).

1-*ter*. Il registro è agevolmente accessibile e consente la registrazione integrale e diretta, secondo quanto disposto dall'IVASS con regolamento di cui al comma 1 (4).

2. Nel registro sono iscritti in sezioni distinte:

a) gli agenti di assicurazione, in qualità di intermediari che agiscono in nome o per conto di una o più imprese di assicurazione o di riassicurazione;

b) i mediatori di assicurazione o di riassicurazione, altresì denominati broker, in qualità di intermediari che agiscono su incarico del cliente e senza poteri di rappresentanza di imprese di assicurazione o di riassicurazione;

c) i produttori diretti che, anche in via sussidiaria rispetto all'attività svolta a titolo principale, esercitano l'intermediazione assicurativa nei rami vita e nei rami infortuni e malattia per conto e sotto la piena responsabilità di un'impresa di assicurazione e che operano senza obblighi di orario o di risultato esclusivamente per l'impresa medesima;

d) le banche autorizzate ai sensi dell'articolo 14 del testo unico bancario, gli intermediari finanziari inseriti nell'elenco speciale di cui all'articolo 106 e 114-*septies* (5) del testo unico bancario, le società di intermediazione mobiliare autorizzate ai sensi dell'articolo 19 del testo unico dell'intermediazione finanziaria, la società Poste Italiane - Divisione servizi di bancoposta, autorizzata ai sensi dell'articolo 2 del decreto del Presidente della Repubblica 14 marzo 2001, n. 144;

e) i soggetti addetti all'intermediazione, quali i dipendenti, i collaboratori, i produttori e gli altri incaricati degli intermediari iscritti alle sezioni di cui alle lettere *a*), *b*), *d*), *e*) e *f*) (6) per l'attività di intermediazione svolta al di fuori dei locali dove l'intermediario opera.

f) gli intermediari assicurativi a titolo accessorio, come definiti dall'articolo 1, comma 1, lettera *cc-septies*) (7).

Non è consentita la contemporanea iscrizione dello stesso intermediario in più sezioni del registro.

2-*bis*. Per i siti internet mediante i quali è possibile l'esercizio dell'attività di distribuzione assicurativa, ai sensi dell'articolo 106, è necessaria l'iscrizione al registro del titolare del dominio (8).

3. Nel registro sono altresì indicati gli intermediari persone fisiche, di cui al comma 2, lettere *a*) e *b*), abilitati ma temporaneamente non operanti, per i quali l'adempimento dell'obbligo di copertura assicurativa di cui all'articolo 110, comma 3, è sospeso sino all'avvio dell'attività, che forma oggetto di tempestiva comunicazione all'Organismo per la registrazione degli intermediari assicurativi, anche a titolo accessorio, e riassicurativi (9).

4. L'intermediario di cui al comma 2, lettere *a*), *b*) e *d*), che si avvale di dipendenti, collaboratori, produttori o altri incaricati addetti all'intermediazione provvede, per conto dei medesimi, all'iscrizione nella sezione del registro di cui alla lettera *e*) del medesimo comma. L'intermediario di cui al comma 2, lettera *a*), che si avvale di dipendenti, collaboratori, produttori o altri incaricati addetti all'intermediazione è tenuto a dare all'impresa preponente contestuale notizia

della richiesta di iscrizione dei soggetti che operano per suo conto fermo restando quanto previsto nel contratto di agenzia. L'impresa di assicurazione, che si avvale di produttori diretti, provvede ad effettuare la comunicazione all'Organismo per la registrazione degli intermediari assicurativi, anche a titolo accessorio, e riassicurativi (10) al fine dell'iscrizione nella sezione del registro di cui al comma 2, lettera *c*).

4-*bis*. Nella domanda di iscrizione al registro l'intermediario che si avvale di soggetti iscritti alla sezione del registro di cui al comma 2, lettera *e*), per l'esercizio dell'attività di distribuzione, ai sensi del comma 4, attesta di avere accertato in capo agli stessi il possesso dei requisiti previsti dal presente Capo e dalle relative disposizioni di attuazione ai fini della registrazione, ivi incluso quanto previsto dalla lettera *c*) del comma 4-*sexies*, e di una formazione conforme a quanto stabilito dall'articolo 111 e dalle relative disposizioni di attuazione (11).

4-*ter*. Nella domanda di iscrizione al registro l'impresa che si avvale di soggetti iscritti alla sezione di cui al comma 2, lettera *c*) per l'esercizio della distribuzione, secondo quanto previsto ai sensi del comma 4, attesta di avere accertato in capo agli stessi il possesso dei requisiti previsti dal presente Capo e dalle relative disposizioni di attuazione ai fini della registrazione, ivi incluso quanto previsto dalla lettera *c*) del comma 4-*sexies*, e di una formazione conforme a quanto stabilito dall'articolo 111 e dalle relative disposizioni di attuazione (11).

4-*quater*. L'IVASS fornisce tempestivamente all'AEAP, secondo le istruzioni da questa impartite, le informazioni rilevanti ai fini dell'alimentazione del registro unico europeo degli intermediari assicurativi, anche a titolo accessorio, e riassicurativi di cui al paragrafo 4, dell'articolo 3 della direttiva 2016/97 e può richiedere la modifica dei dati in esso riportati (11).

4-*quinquies*. Le domande presentate, ai fini dell'iscrizione nel registro di cui al comma 2, sono esaminate nel termine fissato dal regolamento IVASS di cui al comma 1 e comunque non oltre 90 giorni dalla data di presentazione dell'istanza. L'avvenuta iscrizione è comunicata ai soggetti interessati nelle forme indicate dalle disposizioni di attuazione emanate dall'IVASS (11).

4-*sexies*. Ai fini della registrazione degli intermediari, di cui al comma 2, sono trasmessi all'Organismo per la registrazione degli intermediari assicurativi, anche a titolo accessorio, e riassicurativi secondo le modalità individuate nelle relative disposizioni di attuazione di cui al comma 1:

a) i nominativi degli azionisti o dei soci, persone fisiche o giuridiche, che detengono una partecipazione superiore al 10 per cento nell'intermediario e l'importo di tale partecipazione;

b) i nominativi delle persone che hanno stretti legami con l'intermediario;

c) indicazioni da cui si evinca che tali partecipazioni o stretti legami non impediscono l'esercizio dei poteri di vigilanza da parte dell'IVASS (11).

4-*septies*. Ogni modifica alle informazioni di cui al comma 4-*sexies* è tempestivamente comunicata (11).

4-*octies*. L'iscrizione al registro di cui all'articolo 109, comma 2, non può essere consentita se le disposizioni legislative, regolamentari o amministrative di uno Stato terzo, cui sono soggette una o più persone fisiche o giuridiche con le quali l'intermediario ha stretti legami, ovvero difficoltà inerenti l'applicazione di tali disposizioni legislative, regolamentari e amministrative, siano di ostacolo all'effettivo esercizio delle funzioni di vigilanza (11).

5. L'Organismo per la registrazione degli intermediari assicurativi, anche a titolo accessorio, e riassicurativi (12) rilascia, a richiesta dell'impresa o dell'intermediario interessato, un'attestazione di avvenuta iscrizione nel registro, fermi restando gli adempimenti necessari alle procedure di verifica e di revisione delle iscrizioni effettuate.

6. L'IVASS (2), con regolamento, stabilisce gli obblighi di comunicazione a carico delle imprese e degli intermediari, nonché le forme di pubblicità più idonee ad assicurare l'accesso pubblico al registro.

(1) *Rubrica sostituita dall'art. 1*[11 lett. a)] *d.ls. 21 maggio 2018, n. 68. Ai sensi dell'art. 4*[7] *d.ls. n. 68, cit., tale disposizione si applica dal 1° ottobre 2018. Il testo della rubrica era il seguente:* « Registro degli intermediari assicurativi e riassicurativi ».

(2) *La parola* « Ivass » *è stata sostituita alla parola* « Isvap » *dall'art. 1*[213] *d.ls. 12 maggio 2015, n. 74.*

(3) *Le parole* « , anche a titolo accessorio, » *sono state inserite dall'art. 1*[11 lett. b)] *d.ls. n. 68, cit., a decorrere dal 1° ottobre 2018. Il testo del comma, come modificato dall'art. 1*[213] *d.ls. n. 74, cit., era il seguente:* « 1. L'IVASS disciplina, con regolamento, la formazione e l'aggiornamento del registro unico elettronico nel quale sono iscritti gli intermediari assicurativi e riassicurativi che hanno residenza o sede legale nel territorio della Repubblica ».

(4) *Comma inserito dall'art. 1*[11 lett. c)] *d.ls. n. 68, cit., con applicazione a decorrere dal 1° ottobre 2018.*

(5) *Le parole* « articolo 106 e 114-*septies* » *sono state sostituite alle parole* « articolo 7 » *dall'art. 1*[11 lett. d)] *d.ls. n. 68, cit., con applicazione a decorrere dal 1° ottobre 2018.*

(6) *Le parole* « di cui alle lettere *a*), *b*), *d*), *e*) e *f*) » *sono state sostituite alle parole* « di cui alle lettere *a*), *b*) e *d*) » *dall'art. 1*[4] *d.ls. 30 dicembre 2020, n. 187.*

(7) *Lettera inserita dall'art. 1*[11 lett. d)] *d.ls. n. 68, cit., con applicazione a decorrere dal 1° ottobre 2018.*

(8) *Comma inserito dall'art. 1*[11 lett. e)] *d.ls. n. 68, cit., con applicazione a decorrere dal 1° ottobre 2018.*

(9) *Le parole* « all'Organismo per la registrazione degli intermediari assicurativi, anche a titolo accessorio, e riassicurativi » *sono state sostituite alle parole* « all'IVASS a pena di radiazione dal registro » *dall'art. 1*[11 lett. f)] *d.ls. n. 68, cit., con applicazione a decorrere dal 1° ottobre 2018.*

(10) *Le parole* « Organismo per la registrazione degli intermediari assicurativi, anche a titolo accessorio, e riassicurativi » *sono state sostituite alle parole* « IVASS » *dall'art. 1*[11 lett. e)] *d.ls. n. 68, cit., a decorrere dal 1° ottobre 2018.*

(11) *Comma inserito dall'art. 1*[11 lett. g)] *d.ls. n. 68, cit., con applicazione a decorrere dal 1° ottobre 2018.*

(12) *Le parole* « Organismo per la registrazione degli intermediari assicurativi, anche a titolo accessorio, e riassicurativi » *sono state sostituite alle parole* « IVASS » *dall'art. 1*[11 lett. h)] *d.ls. n. 68, cit., a decorrere dal 1° ottobre 2018.*

109-*bis*. (1) **Regime applicabile agli intermediari assicurativi a titolo accessorio.** – 1. L'intermediario assicurativo a titolo accessorio, di cui alla sezione del registro prevista all'articolo 109, comma 2, lettera *f*), agisce su incarico di una o più imprese di assicurazione. Laddove sia una persona fisica è tenuto ad osservare i requisiti di cui all'articolo 110, commi 1 e 3. Nell'ipotesi in cui sia una persona giuridica rispetta i requisiti di cui all'articolo 112, commi 1, 2 e 3.

2. Ai fini dell'iscrizione nella sezione del registro di cui all'articolo 109, comma 2, lettera *f*), l'intermediario di cui al comma 1, persona fisica, deve inoltre possedere, tenuto conto della natura dei prodotti distribuiti, adeguate cognizioni e capacità professionali individuate e accertate secondo le modalità definite con regolamento adottato dall'IVASS, con il quale sono altresì disciplinati gli obblighi di aggiornamento professionale e le relative modalità di registrazione (2).

3. L'intermediario assicurativo a titolo accessorio di cui al comma 1 si dota di presidi di separazione patrimoniale conformi all'articolo 117. L'adempimento delle obbligazioni pecuniarie effettuato mediante l'intermediario assicurativo a titolo accessorio è conforme a quanto previsto dall'articolo 118, comma 1. Si applica altresì la previsione di cui al comma 3 dell'articolo 119 (3).

4. Si applicano altresì le disposizioni di cui agli articoli 109, commi 3, 4, 4-*quinquies*, 4-*sexies*, 4-*septies*, 4-*octies*, 5 e 6, nonché degli articoli 111, comma 5 e 113, comma 2, agli addetti all'attività di intermediazione nei locali dell'intermediario assicurativo a titolo accessorio di cui al comma 1. Tali intermediari sono inoltre ammessi ad operare in regime di stabilimento e di libera prestazione di servizi in altri Stati

LEGGI COMPLEMENTARI

membri, conformemente a quanto previsto dall'articolo 116 e seguenti. ».

5. Gli intermediari assicurativi a titolo accessorio che agiscono su incarico di altro intermediario di cui alle sezioni del registro previste all'articolo 109, comma 2, lettere *a*), *b*) o *d*), sono soggetti alle norme applicabili agli addetti all'attività di intermediazione iscritti alla sezione del registro di cui al comma 2, lettera *e*) del citato articolo 109.

6. L'IVASS con regolamento disciplina le modalità applicative del presente articolo.

(1) *Articolo inserito dall'art. 1[12] d.ls. 21 maggio 2018, n. 68. Ai sensi dell'art. 4[7] d.ls. n. 68, cit., tale disposizione si applica dal 1° ottobre 2018.*

(2) *Comma così sostituito dall'art. 1[5lett. a)] d.ls. 30 dicembre 2020, n. 187. Il testo del comma era il seguente:* « 2. Ai fini dell'iscrizione nella sezione del registro di cui all'articolo 109, comma 2, lettera *f*), l'intermediario di cui al comma 1, persona fisica, deve inoltre possedere, tenuto conto della natura dei prodotti distribuiti, adeguate cognizioni e capacità professionali individuate ed accertate secondo le modalità definite con regolamento adottato dall'IVASS, con il quale sono altresì disciplinate le relative modalità di registrazione ».

(3) *Comma così sostituito dall'art. 1[5 lett. b)] d.ls. n. 187, cit. Il testo del comma era il seguente:* « 3. L'intermediario assicurativo a titolo accessorio di cui al comma 1 si dota di presidi di separazione patrimoniale conformi all'articolo 117. L'adempimento delle obbligazioni pecuniarie effettuato mediante l'intermediario assicurativo a titolo accessorio è conforme a quanto previsto dall'articolo 118, comma 1 ».

110. Requisiti per l'iscrizione delle persone fisiche. – 1. Per ottenere l'iscrizione nella sezione del registro di cui all'articolo 109, comma 2, lettere *a*) o *b*), la persona fisica deve essere in possesso dei seguenti requisiti:

a) godere dei diritti civili;

b) non aver riportato condanna irrevocabile, o sentenza irrevocabile di applicazione della pena di cui all'articolo 444, comma 2, del codice di procedura penale, per delitto contro la pubblica amministrazione, contro l'amministrazione della giustizia, contro la fede pubblica, contro l'economia pubblica, l'industria e il commercio, contro il patrimonio per il quale la legge commini la pena della reclusione non inferiore nel minimo ad un anno o nel massimo a tre anni, o per altro delitto non colposo per il quale la legge commini la pena della reclusione non inferiore nel minimo a due anni o nel massimo a cinque anni, oppure condanna irrevocabile comportante l'applicazione della pena accessoria dell'interdizione da pubblici uffici, perpetua o di durata superiore a tre anni, salvo che non sia intervenuta la riabilitazione e salvo quanto previsto dall'articolo 166 del codice penale (1);

c) non essere stata dichiarata fallita (2), né essere stato presidente, amministratore con delega di poteri, direttore generale, sindaco di società od enti che siano stati assoggettati a procedure di fallimento, concordato preventivo o liquidazione coatta amministrativa, almeno per i tre esercizi precedenti all'adozione dei relativi provvedimenti, fermo restando che l'impedimento ha durata fino ai cinque anni successivi all'adozione dei provvedimenti stessi;

d) non versare nelle situazioni di decadenza, divieto o sospensione previste dall'articolo 10 della legge 31 maggio 1965, n. 575, e successive modificazioni;

e) non essere iscritto nel ruolo dei periti assicurativi.

2. Ai fini dell'iscrizione nella sezione del registro di cui all'articolo 109, comma 2, lettere *a*) o *b*), la persona fisica deve inoltre possedere adeguate cognizioni e capacità professionali sulle materie individuate dall'IVASS con regolamento, che sono accertate, tramite una prova di idoneità (3), consistente in un esame su tali aree tematiche. L'IVASS, con regolamento, detta anche disposizioni di dettaglio in merito ai requisiti per l'iscrizione al registro, determinando altresì le modalità di svolgimento della prova valutativa (4).

3. Salvo quanto previsto all'articolo 109, comma 3, ed all'articolo 112, comma 3, la persona fisica, ai fini dell'iscrizione nella sezione del registro di cui all'articolo 109, comma 2, lettere *a*) o *b*), deve altresì stipulare una polizza di assicurazione della responsabilità civile per l'attività svolta in forza dell'iscrizione al registro con massimale di almeno un milione duecentocinquantamila euro per ciascun sinistro e di un milione e ottocentocinquantamila euro all'anno globalmente per tutti i sinistri, valida in tutto il territorio dell'Unione europea, per danni arrecati da negligenze ed errori professionali propri ovvero da negligenze, errori professionali ed infedeltà dei dipendenti, dei collaboratori o delle persone del cui operato deve rispondere a norma di legge (5).

3-*bis*. Gli importi di cui al comma 3 sono aggiornati mediante disposizioni dell'Unione europea direttamente applicabili per tener conto delle variazioni nell'indice dei prezzi al consumo pubblicato da Eurostat (6).

(1) *Le parole* « e salvo quanto previsto dall'articolo 166 del codice penale » *sono state inserite dall'art. 1[6 lett. a)] d.ls. 30 dicembre 2020, n. 187.*

(2) *Le parole* « , salvo che non sia intervenuta la riabilitazione » *che seguivano la parola* « fallita » *sono state soppresse dall'art. 1[13 lett. a)] d.ls. 21 maggio 2018, n. 68. Ai sensi dell'art. 4[7] d.ls. n. 68, cit., tale disposizione si applica dal 1° ottobre 2018.*

(3) *Le parole* « prova di idoneità » *sono state sostituite alle parole* « prova di idoneità » *dall'art. 1[6 lett. b)] d.ls. n. 187, cit.*

(4) *Comma così sostituito dall'art. 1[13 lett. b)] d.ls. n. 68, cit., con applicazione a decorrere*

LEGGI COMPLEMENTARI

dal 1° ottobre 2018. Il testo del comma, come modificato dall'art. 1[213] d.ls. 12 maggio 2015, n. 74, era il seguente: « 2. Ai fini dell'iscrizione nella sezione del registro di cui all'articolo 109, comma 2, lettere *a*) o *b*), la persona fisica deve inoltre possedere adeguate cognizioni e capacità professionali, che sono accertate dall'IVASS tramite una prova di idoneità, consistente in un esame su materie tecniche, giuridiche ed economiche rilevanti nell'esercizio dell'attività. L'IVASS, con regolamento, determina le modalità di svolgimento della prova valutativa, provvedendo alla relativa organizzazione e gestione ».

(5) *Comma così sostituito dall'art. 1[13 lett. c)] d.ls. n. 68, cit., con applicazione a decorrere dal 1° ottobre 2018. Il testo del comma, come modificato dall'art. 1[213] d.ls. n. 74 cit., era il seguente:* « 3. Salvo quanto previsto all'articolo 109, comma 3, ed all'articolo 112, comma 3, la persona fisica, ai fini dell'iscrizione nella sezione del registro di cui all'articolo 109, comma 2, lettere *a*) o *b*), deve altresì stipulare una polizza di assicurazione della responsabilità civile per l'attività svolta in forza dell'iscrizione al registro con massimale di almeno un milione di euro per ciascun sinistro e di un milione e mezzo di euro all'anno globalmente per tutti i sinistri, valida in tutto il territorio dell'Unione europea, per danni arrecati da negligenze ed errori professionali propri ovvero da negligenze, errori professionali ed infedeltà dei dipendenti, dei collaboratori o delle persone del cui operato deve rispondere a norma di legge. I limiti di copertura possono essere elevati dall'IVASS, con regolamento, tenendo conto delle variazioni dell'indice europeo dei prezzi al consumo ».

(6) *Comma inserito dall'art. 1[13 lett. c)] d.ls. n. 68, cit., con applicazione a decorrere dal 1° ottobre 2018.*

111. Requisiti particolari per l'iscrizione dei produttori diretti, dei collaboratori degli intermediari e per i dipendenti delle imprese (1). – 1. Il possesso dei requisiti di onorabilità di cui all'articolo 110, comma 1, è richiesto anche per i dipendenti dell'impresa, direttamente coinvolti nell'attività di distribuzione, per i produttori diretti ed è accertato dall'impresa per conto della quale tali soggetti operano (2).

2. Le imprese che operano come distributori e le imprese (3) per conto delle quali agiscono i produttori diretti provvedono ad impartire una formazione e un aggiornamento professionale adeguati ai soggetti di cui al comma 1 (4) in rapporto ai prodotti intermediati ed all'attività complessivamente svolta.

3. Il possesso dei requisiti di onorabilità di cui all'articolo 110, comma 1, è richiesto anche per i soggetti iscritti nella sezione del registro di cui all'articolo 109 comma 2, lettera *e*), ed è accertato dall'intermediario per conto del quale tali soggetti operano (5).

4. I soggetti iscritti nella sezione del registro di cui allarticolo 109, comma 2, lettera *e*), devono possedere cognizioni e capacità professionali adeguate all'attività ed ai prodotti sui quali operano, accertate mediante attestato con esito positivo relativo alla frequenza a corsi di formazione e aggiornamento (6) professionale a cura delle imprese o dell'intermediario assicurativo per conto dei quali tali soggetti operano (5).

5. Le disposizioni previste nei commi 3 e 4 si applicano altresì ai soggetti direttamente coinvolti nell'attività di distribuzione, inclusa quella svolta nei locali dove l'intermediario di cui alle sezioni del registro previste all'articolo 109, comma 2, lettere *a*), *b*), *d*), *e*) ed *f*) opera o attraverso forme di vendita a distanza (7).

5-*bis*. L'IVASS disciplina con regolamento le modalità applicative del presente articolo (8).

(1) *Rubrica così sostituita dall'art. 1*[7 lett. a)] *d.lgs. 30 dicembre 2020, n. 187. Il testo della rubrica, come da ultimo sostituita dall'art. 1*[14 lett. a)] *d.lgs. 21 maggio 2018, n. 68, era il seguente:* « Requisiti particolari per l'iscrizione dei produttori diretti, dei collaboratori degli intermediari e dei dipendenti delle imprese ».

(2) *Comma così sostituito dall'art. 1*[14 lett. b)] *d.lgs. n. 68, cit., con applicazione a decorrere dal 1° ottobre 2018. Il testo del comma era il seguente:* « 1. Il possesso dei requisiti di onorabilità di cui all'articolo 110, comma 1, è richiesto anche per i produttori diretti ed è accertato dall'impresa per conto della quale i medesimi operano ».

(3) *Le parole* « che operano come distributori e le imprese » *sono state inserite dall'art. 1*[14 lett. c)] *d.lgs. n. 68, cit., con applicazione a decorrere dal 1° ottobre 2018.*

(4) *Le parole* « formazione e un aggiornamento professionale adeguati ai soggetti di cui al comma 1 » *sono state sostituite alle parole* « formazione adeguata ai soggetti di cui al comma 1» *dall'art. 1*[7 lett. b)] *d.lgs. n. 187, cit.*

(5) *Le parole* « per conto dei quali tali soggetti operano » *sono state aggiunte dall'art. 1*[14 lett. d)] *d.lgs. n. 68, cit., con applicazione a decorrere dal 1° ottobre 2018.*

(6) *Le parole* « e aggiornamento » *sono state inserite dall'art. 1*[7 lett. c)] *d.lgs. n. 187, cit.*

(7) *Comma così sostituito dall'art. 1*[14 lett. e)] *d.lgs. n. 68, cit., con applicazione a decorrere dal 1° ottobre 2018. Il testo del comma era il seguente:* « 5. Le disposizioni previste nei commi 3 e 4 si applicano altresì ai soggetti addetti all'attività di intermediazione svolta nei locali dove l'intermediario opera ».

(8) *Comma inserito dall'art. 1*[14 lett. f)] *d.lgs. n. 68, cit., con applicazione a decorrere dal 1° ottobre 2018.*

112. **Requisiti per l'iscrizione delle società.** – 1. Per ottenere l'iscrizione nella sezione del registro di cui all'articolo 109, comma 2, lettere *a*), *b*) ed *e*), la società deve essere in possesso dei seguenti requisiti:

a) avere la sede legale in Italia;

b) non essere assoggettata a procedure di fallimento, concordato preventivo, amministrazione straordinaria o liquidazione coatta amministrativa;

c) non essere sottoposta ai divieti e decadenze previste dall'articolo 10, comma 4, della legge 31 maggio 1965, n. 575, e successive modificazioni.

2. Ai fini dell'iscrizione nella sezione del registro di cui all'articolo 109, comma 2, lettere *a*), *b*) ed *e*), la società deve inoltre avere affidato la responsabilità dell'attività di distribuzione (1) ad almeno una persona fisica iscritta nella sezione del registro al quale la medesima

chiede l'iscrizione. Nelle società iscritte nella sezione del registro di cui all'articolo 109, comma 2, lettera *b*), il rappresentante legale e, ove nominati, l'amministratore delegato e il direttore generale devono essere iscritti nella medesima sezione del registro.

3. Ai fini dell'iscrizione, la società deve altresì avere stipulato la polizza di assicurazione della responsabilità civile professionale di cui all'articolo 110, comma 3, per l'attività di distribuzione (1) svolta dalla società, dalle persone fisiche di cui al comma 2, nonché per i danni arrecati da negligenze, errori professionali ed infedeltà dei dipendenti, dei collaboratori o delle persone del cui operato deve rispondere a norma di legge.

4. Qualora eserciti la distribuzione riassicurativa, la società deve inoltre disporre di un capitale sociale non inferiore all'importo stabilito con regolamento adottato dall'IVASS. È fatto obbligo alla società che esercita contemporaneamente la mediazione (2) assicurativa e riassicurativa di preporre alle due attività persone fisiche diverse iscritte alla medesima sezione (2) e di dotarsi di una organizzazione adeguata.

5. È altresì necessario il possesso dei requisiti di cui all'articolo 111, commi 3 e 4, in capo alle persone fisiche addette all'attività di intermediazione della società di cui alla sezione *e*) del registro di cui all'articolo 109, comma 2. È in ogni caso preclusa l'iscrizione nella sezione del registro di cui all'articolo 109, comma 2, lettera *e*), per la società che operi, direttamente o indirettamente, attraverso altra società (3).

5-*bis*. Ai fini dell'iscrizione nella sezione del registro di cui all'articolo 109, comma 2, lettera *d*), la società fornisce indicazione dei dati identificativi della persona fisica responsabile, nell'ambito della dirigenza, della distribuzione assicurativa. Tale soggetto deve possedere adeguati requisiti di professionalità e onorabilità individuati dall'IVASS con regolamento (4).

(1) *Le parole* « attività di distribuzione » *sono state sostituite alle parole* « attività di intermediazione » *dall'art. 1*[15 lett. a)] *d.ls. 21 maggio 2018, n. 68. Ai sensi dell'art. 4*[7] *d.ls. n. 68, cit., tale disposizione si applica dal 1° ottobre 2018.*

(2) *La parola* « mediazione » *è stata sostituita alla parola* « distribuzione » *e le parole* « iscritte alla medesima sezione » *sono state inserite dall'art. 1*[15 lett. b)] *d.ls. n. 68, cit., con applicazione a decorrere dal 1° ottobre 2018. Precedentemente la parola* « IVASS » *è stata sostituita alla parola* « ISVAP » *dall'art. 1*[213] *d.ls. 12 maggio 2015, n. 74.*

(3) *Comma così sostituito dall'art. 1*[15 lett. c)] *d.ls. n. 68, cit. con applicazione a decorrere dal 1° ottobre 2018. Il testo del comma, come modificato dall'art. 1*[213] *d.ls. n. 74, cit. era il seguente:* « 5. Qualora la società richieda l'iscrizione alla sezione del registro di cui all'articolo 109, comma 2, lettera e), è altresì necessaria l'iscrizione delle persone fisiche addette all'attività di intermediazione. È in ogni caso preclusa l'iscrizione nella sezione del registro di cui

all'articolo 109, comma 2, lettera e), per la società che operi, direttamente o indirettamente, attraverso altra società ».

(4) *Comma così sostituito dall'art. 1[8] d.ls. 30 dicembre 2020, n. 187. Il testo del comma, come inserito dall'art. 1[15 lett. d)] d.ls. n. 68, cit., con applicazione a decorrere dal 1° ottobre 2018, era il seguente:* « 5-*bis*. Ai fini dell'iscrizione nella sezione del registro di cui all'articolo 109, comma 2, lettera *d*), la società fornisce indicazione dei dati identificativi della persona fisica responsabile, nell'ambito della dirigenza, della distribuzione assicurativa ».

113. Cancellazione. – 1. L'Organismo per la registrazione degli intermediari assicurativi, anche a titolo accessorio, e riassicurativi provvede alla (1) cancellazione dell'intermediario dalla relativa sezione del registro in caso di:

a) radiazione;

b) rinunzia all'iscrizione;

c) mancato esercizio dell'attività, senza giustificato motivo, per oltre tre anni;

d) perdita di almeno uno dei requisiti di cui agli articoli 110, comma 1, 111, commi 1 e 3, e 112;

e) mancato versamento del contributo di vigilanza di cui all'articolo 336, nonostante apposita diffida disposta dall'IVASS (2);

f) limitatamente agli intermediari iscritti alle sezioni del registro di cui all'articolo 109, comma 2, lettere *a*), *b*) ed *f*), (3) perdita di efficacia delle garanzie assicurative di cui agli articoli 110, comma 3, e 112, comma 3;

g) limitatamente agli intermediari iscritti nella sezione del registro di cui all'articolo 109, comma 2, lettera *b*), mancato versamento del contributo al Fondo di garanzia previsto dall'articolo 115.

2. L'istanza di cancellazione, nel caso di cui al comma 1, lettere *b*) e *c*), relativa ai produttori diretti dell'impresa o ai soggetti iscritti alla sezione del registro di cui all'articolo 109, comma 2, lettera *e*), è presentata dall'impresa o, rispettivamente, dall'intermediario iscritto alla sezione del registro di cui all'articolo 109, comma 2, lettere *a*), *b*) e *d*). Nel caso di interruzione del rapporto con il produttore diretto ovvero con il soggetto iscritto alla sezione del registro di cui all'articolo 109, comma 2, lettera *e*), l'impresa o, rispettivamente, l'intermediario sono tenuti a darne comunicazione all'Organismo per la registrazione degli intermediari assicurativi, anche a titolo accessorio, e riassicurativi (4). L'intermediario iscritto alla sezione del registro di cui all'articolo 109, comma 2, lettera *a*), comunica all'impresa preponente ogni variazione concernente i soggetti iscritti ai sensi dell'articolo 109, comma 2, lettera *e*).[

3. Non si procede alla cancellazione dal registro, anche se richiesta dall'intermediario o dall'impresa, fino a quando sia in corso un

procedimento sanzionatorio (5) ovvero siano in corso accertamenti istruttori propedeutici all'avvio del medesimo.] (6)

(1) *Le parole da* « L'Organismo » *a* « provvede alla » *sono state sostituite alle parole* « L'IVASS dispone la » *dall'art. 1*[16 lett. a)] *d.ls. 21 maggio 2018, n. 68. Ai sensi dell'art. 4*[7] *d.ls. n. 68, cit., tale disposizione si applica dal 1° ottobre 2018.*

(2) *La parola* « IVASS » *è stata sostituita alla parola* « ISVAP » *dall'art. 1*[213] *d.ls. 12 maggio 2015, n. 74.*

(3) *Le parole* « lettere *a*), *b*) ed *f*), » *sono state sostituite alle parole* « lettere *a*) e *b*) » *dall'art. 1*[16 lett. b)] *d.ls. n. 68, cit., con applicazione a decorrere dal 1° ottobre 2018.*

(4) *Comma dapprima modificato dall'art. 1*[213] *d.ls. n. 74, cit. Successivamente le parole* « Organismo per la registrazione degli intermediari assicurativi, anche a titolo accessorio, e riassicurativi » *sono state sostituite alla parola* « IVASS » *dall'art. 1*[16 lett. c)] *d.ls. n. 68, cit., con applicazione a decorrere dal 1° ottobre 2018.*

(5) *La parola* « sanzionatorio » *è stata sostituita alla parola* « disciplinare » *dall'art. 1*[16 lett. d)] *d.ls. n. 68, cit., con applicazione a decorrere dal 1° ottobre 2018.*

(6) *Comma abrogato dall'art. 1*[9] *d.ls. 30 dicembre 2020, n. 187.*

114. Reiscrizione. – 1. L'intermediario, che sia stato cancellato dal registro a seguito del provvedimento di radiazione, può richiedere di esservi iscritto nuovamente, purché siano decorsi almeno cinque anni dalla cancellazione e sussistano i requisiti di cui, rispettivamente, agli articoli 110, 111 e 112. In caso di cancellazione derivante da condanna irrevocabile o da fallimento, le persone fisiche possono essere nuovamente iscritte al registro:

a) in caso di cancellazione derivante da condanna irrevocabile, una volta ottenuta la riabilitazione;

b) in caso di cancellazione derivante da fallimento, quando siano venute meno le incapacità personali derivanti dalla dichiarazione di fallimento (1).

2. L'intermediario, che sia stato cancellato per mancato versamento del contributo di vigilanza, può essere iscritto nuovamente purché abbia provveduto al pagamento di quanto non corrisposto sino alla cancellazione.

3. L'intermediario iscritto alla sezione del registro di cui all'articolo 109, comma 2, lettera *b*), che sia stato cancellato dal registro per non aver provveduto al versamento del contributo al Fondo di garanzia, può esservi nuovamente iscritto purché provveda al pagamento delle somme dovute sino alla data di cancellazione, maggiorate degli interessi moratori.

4. Se l'intermediario, intervenuta la cancellazione dal registro, chiede una nuova iscrizione, essa viene disposta previa verifica della sussistenza dei requisiti di cui agli articoli 110, 111 e 112, rimanendo valida, per le persone fisiche, l'idoneità già conseguita ai sensi del-

l'articolo 110, comma 2, o della formazione ricevuta ai sensi dell'articolo 111, commi 2 e 4.

(1) *Comma così sostituito dall'art. 1[10] d.ls. 30 dicembre 2020, n. 187. Il testo del comma era il seguente:* « 1. L'intermediario, che sia stato cancellato dal registro a seguito del provvedimento di radiazione, può richiedere di esservi iscritto nuovamente, purché siano decorsi almeno cinque anni dalla cancellazione e sussistano i requisiti di cui, rispettivamente, agli articoli 110, 111 e 112. In caso di cancellazione derivante da condanna irrevocabile o da fallimento, le persone fisiche possono essere nuovamente iscritte al registro soltanto se ne sia intervenuta la riabilitazione ».

114-*bis*. (1) **Requisiti organizzativi dell'impresa di assicurazione o riassicurazione, finalizzati al rispetto dei requisiti professionali e organizzativi di cui agli articoli 109, 109-*bis*, 110, 111, 112.** – 1. Al fine di garantire il rispetto dei requisiti professionali e organizzativi di cui agli articoli 109, 109-*bis*, 110, 111, 112 in capo ai soggetti identificati in tali disposizioni, le imprese si dotano di politiche e procedure interne soggette ad approvazione, attuazione, nonché a riesame almeno annuale, individuando altresì una funzione che ne assicuri l'adeguata attuazione.

2. Le imprese definiscono, mantengono ed aggiornano procedure per l'adeguata conservazione della documentazione riguardante il rispetto degli articoli 109-*bis*, 110, 111, 112 e rendono disponibili all'IVASS, su richiesta, il nominativo del responsabile della funzione di cui al comma 1.

3. L'IVASS con regolamento può individuare disposizioni di dettaglio in merito ai presidi interni all'impresa richiesti per l'osservanza dei commi 1 e 2.

(1) *Articolo inserito dall'art. 1[17] d.ls. 21 maggio 2018, n. 68. Ai sensi dell'art. 4[7] d.ls. n. 68, cit., tale disposizione si applica dal 1° ottobre 2018.*

115. Fondo di garanzia per i mediatori di assicurazione e di riassicurazione. – 1. L'intermediario iscritto alla sezione del registro di cui all'articolo 109, comma 2, lettera *b*), deve aderire al Fondo di garanzia costituito presso la CONSAP per risarcire il danno patrimoniale causato agli assicurati e alle imprese di assicurazione o di riassicurazione derivante dall'esercizio dell'attività di mediatore assicurativo o riassicurativo che non sia stato risarcito dall'intermediario o non sia stato indennizzato attraverso la polizza di cui, rispettivamente, all'articolo 110, comma 3, e all'articolo 112, comma 3.

2. L'amministrazione del Fondo spetta ad un comitato nominato con decreto del Ministro dello sviluppo economico (1), che è composto da un dirigente del Ministero dello sviluppo economico (1), con funzioni di presidente, da un dirigente del Ministero dell'economia e

delle finanze, da un funzionario dell'IVASS, da un funzionario della CONSAP, da due rappresentanti degli intermediari iscritti nella corrispondente sezione del registro, da un rappresentante delle imprese di assicurazione e di riassicurazione.

3. Le norme relative all'amministrazione, alla contribuzione ed ai limiti di intervento sono stabilite con regolamento del Ministro dello sviluppo economico, sentito l'IVASS (2). Il contributo è determinato annualmente con decreto del Ministro dello sviluppo economico, sentito l'IVASS (2) ed il comitato di gestione, in misura non superiore allo zero virgola cinquanta per cento delle provvigioni annualmente acquisite, anche al fine di garantire comunque la copertura degli oneri di funzionamento del comitato di cui al comma 2.

4. Il fondo costituisce patrimonio separato da quello del soggetto presso il quale è costituito e da eventuali altri fondi. Sul fondo non sono ammesse azioni, sequestri o pignoramenti dei creditori del soggetto che li amministra né dei creditori dei singoli intermediari, o nell'interesse degli stessi, diversi dagli assicurati o dalle imprese. Il fondo non può essere compreso nelle procedure concorsuali che riguardano il soggetto che li amministra o i singoli intermediari partecipanti.

5. Il fondo è surrogato nei diritti degli assicurati e delle imprese di assicurazione e di riassicurazione fino alla concorrenza dei pagamenti effettuati a loro favore.

(1) *Le parole* « Ministro dello sviluppo economico » *e* « Ministero dello sviluppo economico » *sono state sostituite rispettivamente alle parole* « Ministro delle attività produttive » *e* « Ministero delle attività produttive » *dall'art. 1*[213] *d.ls. 12 maggio 2015, n. 74.*

(2) *La parola* « IVASS » *è stata sostituita alla parola* « ISVAP » *dall'art. 1*[213] *d.ls. n. 74, cit.*

SEZIONE I – *Intermediari con sede legale o residenza nel territorio della Repubblica*

116. (1) **Attività in regime di stabilimento e di libera prestazione di servizi.** – 1. L'iscrizione consente agli intermediari assicurativi, anche a titolo accessorio, e riassicurativi, indicati nelle sezioni del registro di cui all'articolo 109, comma 2, lettere *a*), *b*), *d*) ed *f*), con residenza o con sede legale nel territorio della Repubblica di operare negli altri Stati membri, in regime di stabilimento e di libera prestazione di servizi previo espletamento delle procedure di cui agli articoli 116-*bis* e 116-*ter*.

2. Gli intermediari di cui al comma 1 laddove, per l'esercizio dell'attività di intermediazione in regime di libera prestazione di servizi o di stabilimento in altro Stato membro, intendano avvalersi di sog-

getti iscritti alla sezione del registro di cui all'articolo 109, comma 2, lettera *e*), indicano nell'ambito delle procedure di cui agli articoli 116-*bis* e 116-*ter* i dati identificativi relativi a tale intermediario, al fine di richiedere per detti soggetti l'estensione dell'operatività nello Stato membro nel quale intende operare l'intermediario che di tale collaborazione si avvale.

3. L'Organismo per la registrazione degli intermediari assicurativi, anche a titolo accessorio, e riassicurativi rende nota, mediante annotazione integrativa dell'iscrizione al registro, l'indicazione degli altri Stati membri nei quali gli intermediari operano in regime di stabilimento o di libertà di prestazione di servizi, ai sensi di quanto previsto dall'articolo 108, comma 1.

(1) *Articolo così sostituito dall'art. 1[18] d.ls. 21 maggio 2018, n. 68. Ai sensi dell'art. 4[7] d.ls. n. 68, cit., tale disposizione si applica dal 1° ottobre 2018. Il testo dell'articolo, come modificato dall'art. 1[213] d.ls. 12 maggio 2015, n. 74, era il seguente:* « 1. L'iscrizione consente agli intermediari assicurativi e riassicurativi, indicati nelle sezioni del registro di cui all'articolo 109, comma 2, lettere *a*), *b*) e *d*), con residenza o con sede legale nel territorio della Repubblica di operare negli altri Stati membri, in regime di stabilimento e di libera prestazione di servizi previa comunicazione all'IVASS. L'IVASS informa le autorità di vigilanza degli altri Stati membri relativamente alle istanze di estensione dell'attività sui rispettivi territori comunicate dagli intermediari iscritti nel registro italiano e rende nota, mediante annotazione integrativa dell'iscrizione al registro, l'indicazione degli altri Stati membri nei quali tali intermediari operano in regime di stabilimento o di libertà di prestazione di servizi. – 2. Gli intermediari assicurativi e riassicurativi che hanno residenza o sede legale nel territorio di un altro Stato membro, possono esercitare l'attività in regime di stabilimento o di libera prestazione di servizi nel territorio della Repubblica, a decorrere dal trentesimo giorno successivo all'apposita comunicazione che l'IVASS riceva dall'autorità di vigilanza dello Stato membro di origine. L'IVASS disciplina, con regolamento, la pubblicità delle comunicazioni ricevute dalle autorità di vigilanza degli altri Stati membri relative all'attività svolta dagli intermediari di tali Stati nel territorio della Repubblica mediante annotazione nell'elenco annesso al registro di cui all'articolo 109, comma 2. – 3. L'IVASS rende note le disposizioni che disciplinano lo svolgimento delle attività di intermediazione che, nell'interesse generale, devono essere osservate sul territorio italiano. – 4. L'IVASS può adottare nei confronti dell'intermediario che non osservi le disposizioni di interesse generale un provvedimento che sospende, per un periodo non superiore a novanta giorni, o vieta, in caso di accertata violazione, l'ulteriore svolgimento dell'attività sul territorio italiano ».

116-*bis*. (1) **Attività in regime di libera prestazione di servizi in un altro Stato membro.** – 1. L'intermediario di cui all'articolo 116, comma 1, che intende effettuare per la prima volta attività in regime di libera prestazione di servizi in altro Stato membro, trasmette all'Organismo per la registrazione degli intermediari assicurativi, anche a titolo accessorio, e riassicurativi le seguenti informazioni:

a) il nome o ragione sociale dell'intermediario, l'indirizzo o la sede legale e i dati relativi all'iscrizione nel registro di cui all'articolo 109;

b) o Stato membro o gli Stati membri in cui intende operare;

c) la categoria di intermediario alla quale appartiene e, eventualmente, il nome delle imprese di assicurazione o di riassicurazione che rappresenta, nonché i dati identificativi dei soggetti iscritti alla sezione *e*) del Registro della cui collaborazione intende avvalersi per l'esercizio dell'attività di intermediazione in altro Stato membro;

d) ove applicabile, i rami assicurativi in cui intende operare.

2. Entro trenta giorni dalla ricezione delle informazioni di cui al comma 1, l'Organismo per la registrazione degli intermediari assicurativi, anche a titolo accessorio, e riassicurativi ne fornisce comunicazione all'autorità competente dello Stato membro ospitante. L'intermediario può iniziare ad esercitare l'attività nello Stato membro ospitante dal momento in cui l'Organismo per la registrazione degli intermediari assicurativi, anche a titolo accessorio, e riassicurativi lo informa dell'avvenuta ricezione da parte dell'autorità competente dello Stato membro ospitante delle informazioni trasmesse ai sensi del comma 1. L'Organismo per la registrazione degli intermediari assicurativi, anche a titolo accessorio, e riassicurativi dà notizia di tale operatività nel registro.

3. L'intermediario è tenuto a rispettare le disposizioni di interesse generale applicabili nello Stato membro ospitante, accessibili attraverso il sito internet dell'Autorità competente e tramite il sito internet dell'AEAP, mediante appositi collegamenti ipertestuali, oggetto della comunicazione di cui al comma 2.

4. L'intermediario comunica all'Organismo per la registrazione degli intermediari assicurativi, anche a titolo accessorio, e riassicurativi le modifiche intervenute rispetto alle informazioni trasmesse ai sensi del comma 1, almeno trenta giorni prima della relativa attuazione. L'Organismo per la registrazione degli intermediari assicurativi, anche a titolo accessorio, e riassicurativi, nel termine di trenta giorni successivi alla data di ricezione delle variazioni delle informazioni di cui al comma 1, informa altresì l'autorità competente dello Stato membro ospitante.

(1) *Articolo inserito dall'art. 1[18] d.ls. 21 maggio 2018, n. 68. Ai sensi dell'art. 4[7] d.ls. n. 68, cit., tale disposizione si applica dal 1° ottobre 2018.*

116-*ter*. (1) **Attività in regime di stabilimento in un altro Stato membro.** – 1. L'intermediario di cui all'articolo 116 che intende effettuare per la prima volta attività in regime di stabilimento in un altro Stato membro, attraverso una succursale o una presenza permanente, ne fornisce comunicazione all'Organismo per la registrazione degli intermediari assicurativi, anche a titolo accessorio, e riassicurativi, trasmettendo le seguenti informazioni:

a) il nome o ragione sociale dell'intermediario, l'indirizzo o la sede legale e i dati relativi all'iscrizione nel registro di cui all'articolo 109 dell'intermediario;

b) lo Stato membro o gli Stati membri in cui intende operare;

c) la categoria di intermediario alla quale appartiene ed eventualmente, il nome delle imprese di assicurazione o di riassicurazione che rappresenta, nonché i dati identificativi dei soggetti iscritti alla sezione *e*) del Registro della cui collaborazione intende avvalersi per l'esercizio dell'attività di intermediazione in altro Stato membro;

d) ove applicabile, i rami assicurativi in cui intende operare;

e) l'indirizzo nello Stato membro ospitante della sede dello stabilimento presso la quale è possibile ottenere documenti;

f) il nominativo del soggetto responsabile della gestione della succursale o presenza permanente.

2. Fatto salvo il caso in cui l'IVASS abbia motivo di dubitare dell'adeguatezza della struttura organizzativa o della situazione finanziaria dell'intermediario in relazione all'attività di distribuzione prospettata, entro trenta giorni dalla ricezione della comunicazione di cui al comma 1, l'Organismo per la registrazione degli intermediari assicurativi, anche a titolo accessorio, e riassicurativi trasmette le informazioni di cui al comma 1 all'autorità competente dello Stato membro ospitante.

3. L'Organismo per la registrazione degli intermediari assicurativi, anche a titolo accessorio, e riassicurativi comunica all'intermediario l'avvenuta ricezione delle informazioni da parte dell'autorità competente dello Stato membro ospitante, nonché l'accessibilità alle disposizioni di interesse generale applicabili nello Stato membro ospitante, che l'intermediario è tenuto a rispettare per l'esercizio dell'attività in tale Stato membro attraverso il sito internet dell'Autorità competente e, mediante appositi collegamenti ipertestuali, tramite il sito internet dell'AEAP.

4. L'intermediario può altresì iniziare ad esercitare l'attività nello Stato ospitante, in assenza della comunicazione di cui al comma 3 nel termine di trenta giorni successivi alla ricezione delle informazioni di cui al comma 1.

5. L'Organismo per la registrazione degli intermediari assicurativi, anche a titolo accessorio, e riassicurativi, entro trenta giorni dalla ricezione delle informazioni di cui al comma 1, comunica al-

LEGGI COMPLEMENTARI

l'intermediario con provvedimento motivato, il rifiuto di procedere alla comunicazione all'autorità competente dello Stato membro ospitante.

6. L'intermediario comunica all'Organismo per la registrazione degli intermediari assicurativi, anche a titolo accessorio, e riassicurativi le modifiche intervenute rispetto alle informazioni trasmesse ai sensi del comma 1, almeno 30 giorni prima della relativa attuazione. L'Organismo per la registrazione degli intermediari assicurativi, anche a titolo accessorio, e riassicurativi, nel termine di 30 giorni successivi alla data di ricezione delle variazioni alle informazioni di cui al comma 1, informa altresì l'autorità competente dello Stato membro ospitante.

(1) *Articolo inserito dall'art. 1[18] d.ls. 21 maggio 2018, n. 68. Ai sensi dell'art. 4[7] d.ls. n. 68, cit., tale disposizione si applica dal 1° ottobre 2018.*

SEZIONE II – *Intermediari con residenza o sede legale in un altro Stato membro*

116-*quater*. (1) **Attività in regime di libera prestazione dei servizi nel territorio della Repubblica.** – 1. L'accesso all'attività di intermediazione in regime di libera prestazione di servizi nel territorio della Repubblica da parte di intermediari assicurativi, anche a titolo accessorio, e riassicurativi, che hanno residenza o sede legale nel territorio di un altro Stato membro, è subordinato alla trasmissione all'Organismo per la registrazione degli intermediari assicurativi, anche a titolo accessorio, e riassicurativi, da parte dell'Autorità di tale Stato, delle informazioni di cui all'articolo 116-*bis*.

2. L'intermediario di cui al comma 1 può iniziare ad esercitare l'attività sul territorio della Repubblica dal momento in cui riceve da parte dell'Autorità dello Stato di origine la comunicazione dell'avvenuta notifica all'Organismo per la registrazione degli intermediari assicurativi, anche a titolo accessorio, e riassicurativi delle informazioni trasmesse ai sensi del comma 1.

(1) *Articolo inserito dall'art. 1[18] d.ls. 21 maggio 2018, n. 68. Ai sensi dell'art. 4[7] d.ls. n. 68, cit., tale disposizione si applica dal 1° ottobre 2018.*

116-*quinquies*. (1) **Attività in regime di stabilimento nel territorio della Repubblica.** – 1. L'accesso all'attività di intermediazione in regime di stabilimento nel territorio della Repubblica da parte di intermediari assicurativi, anche a titolo accessorio, o riassicurativi, che hanno residenza o sede legale in un altro Stato membro, è subordinato alla trasmissione all'Organismo per la registrazione degli intermediari assicurativi, anche a titolo accessorio, e riassicurativi, da parte dell'Autorità di tale Stato, delle informazioni di cui all'articolo 116-*ter*.

2. Entro trenta giorni dalla ricezione delle informazioni di cui al comma 1, l'Organismo per la registrazione degli intermediari assicurativi, anche a titolo accessorio, e riassicurativi comunica all'autorità competente dello Stato membro d'origine le disposizioni di interesse generale che l'intermediario è tenuto a rispettare per l'esercizio dell'attività sul territorio della Repubblica, applicabili ed accessibili attraverso il sito internet dell'Autorità competente e, mediante appositi collegamenti ipertestuali, tramite il sito internet dell'AEAP.

3. L'intermediario può iniziare a svolgere l'attività di intermediazione in regime di stabilimento sul territorio della Repubblica dal momento in cui riceve da parte dell'Autorità dello Stato membro d'origine la comunicazione dell'Organismo per la registrazione degli intermediari assicurativi, anche a titolo accessorio, e riassicurativi o in caso di silenzio, dalla scadenza del termine di cui al comma 2.

4. L'IVASS verifica che l'attività di intermediazione esercitata in regime di stabilimento nel territorio della Repubblica sia conforme alle disposizioni di cui agli articoli 30-*decies*, ai Capi III, III-*bis*, III-*ter* del Titolo IX, ed agli articoli 185, 185-*bis* e 185-*ter*, nonché alle relative misure di attuazione. A tal fine, l'IVASS può esaminare le modalità di insediamento e richiedere le modifiche necessarie per consentire all'autorità dello Stato membro d'origine di far rispettare gli obblighi previsti da tali disposizioni.

5. L'IVASS disciplina, con regolamento, la pubblicità delle comunicazioni ricevute dalle autorità di vigilanza degli altri Stati membri relative all'attività svolta in libera prestazione di servizi o in regime di stabilimento dagli intermediari di tali Stati nel territorio della Repubblica mediante annotazione nell'elenco annesso al registro di cui all'articolo 109, comma 2.

(1) *Articolo inserito dall'art. 1[18] d.ls. 21 maggio 2018, n. 68. Ai sensi dell'art. 4[7] d.ls. n. 68, cit., tale disposizione si applica dal 1° ottobre 2018.*

SEZIONE III – *Ripartizione di competenze: accordi tra Autorità ai fini dell'esercizio della vigilanza*

116-*sexies*. (1) **Accordi per la ripartizione di competenze tra Stato membro d'origine e Stato membro ospitante.** – 1. Nell'ipotesi in cui l'attività principale di un intermediario assicurativo, anche a titolo accessorio, o riassicurativo sia esercitata in uno Stato membro diverso da quello di origine, le autorità competenti dello Stato mem-

LEGGI COMPLEMENTARI

bro d'origine e dello Stato membro ospitante possono concludere un accordo in forza del quale l'esercizio delle funzioni di vigilanza sia rimesso all'autorità dello stato membro ospitante con riguardo alle disposizioni di cui agli articoli 6, 7, 30-*decies*, 185, 185-*bis*, 185-*ter*, 187-*ter* e 205-*ter*, al Titolo IX, con esclusione delle disposizioni relative agli obblighi di registrazione, e al Titolo XVIII.

2. Laddove ricorra l'ipotesi di accordo di cui al comma 1, l'IVASS, se agisce in qualità di autorità dello stato membro d'origine, informa tempestivamente l'intermediario interessato e l'AEAP.

(1) *Articolo inserito dall'art. 1[18] d.ls. 21 maggio 2018, n. 68. Ai sensi dell'art. 4[7] d.ls. n. 68, cit., tale disposizione si applica dal 1° ottobre 2018.*

SEZIONE IV – *Violazioni in caso di esercizio dell'attività in regime di libera prestazione di servizi o di stabilimento*

116-*septies*. (1) **Violazione degli obblighi nell'esercizio della libera prestazione dei servizi.** – 1. L'IVASS qualora, in qualità di autorità competente dello Stato membro ospitante, abbia motivo di ritenere che l'intermediario assicurativo, anche a titolo accessorio, o riassicurativo operante nel territorio della Repubblica in regime di libera prestazione dei servizi violi le disposizioni per l'esercizio di tale attività, ne informa l'Autorità dello Stato membro d'origine.

2. Nell'ipotesi in cui, nonostante le misure adottate dall'autorità dello Stato membro di origine o in caso di inadeguatezza o assenza di tali misure, l'intermediario continui ad operare nel territorio della Repubblica in modo dannoso rispetto agli interessi generali degli assicurati e altri aventi diritto a prestazioni assicurative e per il corretto funzionamento del mercato assicurativo e riassicurativo italiano, l'IVASS può, dopo aver informato l'Autorità dello stato membro di origine, adottare misure idonee a prevenire il compimento di ulteriori irregolarità, ivi inclusa la possibilità di vietare all'intermediario interessato la prosecuzione dell'esercizio dell'attività sul territorio della Repubblica.

3. L'IVASS può rinviare la questione all'AEAP e chiederne l'assistenza conformemente all'articolo 19 del regolamento (UE) n. 1094/2010.

4. Nel caso in cui si renda necessaria un'azione immediata finalizzata a tutelare i diritti degli assicurati e degli altri aventi diritto a prestazioni assicurative l'IVASS può adottare ogni misura non discriminatoria idonea a prevenire o porre fine alle irregolarità commesse sul territorio della Repubblica, ivi inclusa l'adozione di un provvedimento che vieti l'esercizio dell'attività di intermediazione

assicurativa o riassicurativa in regime di libera prestazione dei servizi nel territorio della Repubblica.

5. Le misure adottate dall'IVASS in conformità alle disposizioni del presente articolo, sono assunte con provvedimento motivato e oggetto di comunicazione all'intermediario interessato, nonché senza indugio all'autorità competente dello Stato membro d'origine, all'AEAP e alla Commissione europea.

(1) *Articolo inserito dall'art. 1[18] d.ls. 21 maggio 2018, n. 68. Ai sensi dell'art. 4[7] d.ls. n. 68 cit., tale disposizione si applica dal 1° ottobre 2018.*

116-*octies*. (1) **Violazione degli obblighi nell'esercizio della libertà di stabilimento.** – 1. L'IVASS qualora, in qualità di autorità competente dello Stato membro ospitante, accerta che un intermediario assicurativo, anche a titolo accessorio, o riassicurativo, che eserciti l'attività in regime di stabilimento sul territorio della Repubblica, violi le disposizioni di cui agli articoli 30-*decies*, ai Capi III, III-*bis*, III-*ter* del Titolo IX ed agli articoli 185, 185-*bis* e 185-*ter* e relative disposizioni di attuazione, può adottare misure idonee.

2. Laddove l'IVASS abbia motivo di ritenere che un intermediario assicurativo, anche a titolo accessorio, o riassicurativo di altro Stato membro, operante nel territorio della Repubblica, attraverso una stabile organizzazione, violi le disposizioni in materia di distribuzione assicurativa o riassicurativa di cui al presente codice rispetto alle quali ai sensi del comma 1 l'IVASS, in qualità di Autorità dello Stato membro ospitante, non esercita la vigilanza, ne informa l'autorità competente dello Stato membro d'origine, ai fini dell'adozione di eventuali misure che pongano rimedio alle irregolarità commesse.

3. Qualora, nonostante le misure adottate ai sensi del comma 2 o in ipotesi di mancata adozione delle misure necessarie o di inadeguatezza delle stesse, l'intermediario continui ad agire nel territorio della Repubblica in modo contrario all'interesse generale degli assicurati e altri aventi diritto a prestazioni assicurative o al corretto funzionamento del mercato assicurativo o riassicurativo italiano, l'IVASS può, dopo averne informato l'autorità competente dello Stato membro di origine, adottare adeguate misure preventive di nuove irregolarità, ivi inclusa l'adozione di un provvedimento motivato che vieti la continuazione dell'esercizio dell'attività sul territorio della Repubblica, in regime di stabilimento da parte di intermediario di altro Stato membro.

4. L'IVASS può rinviare la questione all'AEAP e chiederne l'assistenza conformemente all'articolo 19 del regolamento (UE) n. 1094/2010.

5. Nel caso in cui si renda strettamente necessaria un'azione immediata finalizzata a tutelare i diritti degli assicurati e altri aventi diritto a prestazioni assicurative e se i provvedimenti equivalenti adottati dallo Stato membro d'origine risultano inadeguati o in caso di mancata adozione di tali provvedimenti, fermo quanto previsto dai commi 2, 3 e 4, l'IVASS può adottare misure idonee non discriminatorie volte a prevenire o porre fine alle irregolarità commesse sul territorio italiano, ivi inclusa l'adozione nei confronti dell'intermediario, anche a titolo accessorio, di un provvedimento di divieto dell'esercizio dell'attività di intermediazione in regime di stabilimento nel territorio della Repubblica.

6. Le misure adottate dall'IVASS in conformità al presente articolo, sono assunte con provvedimento motivato e comunicate all'intermediario interessato, nonché senza indugio all'autorità competente dello Stato membro d'origine, all'AEAP e alla Commissione europea.

(1) *Articolo inserito dall'art. 1[18] d.ls. 21 maggio 2018, n. 68. Ai sensi dell'art. 4[7] d.ls. n. 68 cit., tale disposizione si applica dal 1° ottobre 2018.*

116-*nonies*. (1) Violazione degli obblighi nell'esercizio di libera prestazione di servizi o stabilimento da parte di intermediari italiani. – 1. L'IVASS può adottare, nei confronti di intermediari con residenza o sede legale in Italia, anche su segnalazione dell'autorità competente dello stato membro ospitante, misure idonee a porre fine alle irregolarità commesse nell'esercizio dell'attività di libera prestazione di servizi o di stabilimento in altri Stati membri. Dell'adozione di tali misure l'IVASS informa l'autorità competente dello Stato membro ospitante.

(1) *Articolo inserito dall'art. 1[18] d.ls. 21 maggio 2018, n. 68. Ai sensi dell'art. 4[7] d.ls. n. 68, cit., tale disposizione si applica dal 1° ottobre 2018.*

116-*decies*. (1) Poteri legati alle disposizioni nazionali di interesse generale. – 1. L'IVASS, in qualità di autorità competente dello Stato membro ospitante, può adottare misure non discriminatorie idonee a sanzionare le irregolarità commesse nel territorio della Repubblica, in caso di mancata osservanza delle disposizioni di interesse generale di cui all'articolo 116-*undecies*, ivi inclusa l'adozione di misure che vietino all'intermediario assicurativo, anche a titolo accessorio, o riassicurativo di esercitare l'attività, in regime di stabilimento o libera prestazione dei servizi, nel territorio della Repubblica.

2. L'IVASS, in qualità di autorità competente dello Stato membro ospitante, può adottare misure dirette a vietare l'esercizio da parte di

un distributore di prodotti assicurativi con sede in altro Stato membro dell'attività sul territorio della Repubblica, in regime di libera prestazione di servizi o di stabilimento, qualora l'attività sia svolta completamente o prevalentemente nel territorio della Repubblica, al fine di sottrarsi all'applicazione delle disposizioni ivi vigenti per i distributori italiani e, laddove al contempo, tale attività pregiudichi l'efficace funzionamento dei mercati assicurativi o riassicurativi italiani con riguardo alla tutela degli assicurati e altri aventi diritto a prestazioni assicurative.

3. Nell'ipotesi di cui al comma 2, l'IVASS, dopo aver informato l'autorità competente dello Stato membro d'origine, può adottare nei confronti del distributore di prodotti assicurativi misure idonee dirette alla tutela dei diritti degli assicurati e altri aventi diritto a prestazioni assicurative.

4. L'IVASS può rinviare la questione all'AEAP e chiederne l'assistenza conformemente all'articolo 19 del regolamento (UE) n. 1094/2010.

(1) *Articolo inserito dall'art. 1[18] d.ls. 21 maggio 2018, n. 68. Ai sensi dell'art. 4[7] d.ls. n. 68 cit., tale disposizione si applica dal 1° ottobre 2018.*

116-*undecies*. (1) **Pubblicazione delle norme di interesse generale.** – 1. L'IVASS rende note le disposizioni che disciplinano lo svolgimento delle attività di distribuzione che, nell'interesse generale, devono essere osservate sul territorio italiano, ivi inclusa l'eventuale informativa riguardante l'imposizione di disposizioni più stringenti nei confronti dei distributori nell'esercizio dell'attività di distribuzione assicurativa e riassicurativa sul territorio della Repubblica.

(1) *Articolo inserito dall'art. 1[18] d.ls. 21 maggio 2018, n. 68. Ai sensi dell'art. 4[7] d.ls. n. 68 cit., tale disposizione si applica dal 1° ottobre 2018.*

CAPO III – *Regole di comportamento*

117. (1) **Separazione patrimoniale.** – 1. I premi pagati all'intermediario e le somme destinate ai risarcimenti o ai pagamenti dovuti dalle imprese di assicurazione, se regolati per il tramite dell'intermediario, sono versati in un conto separato, del quale può essere titolare anche l'intermediario espressamente in tale qualità, e che costituiscono un patrimonio autonomo rispetto a quello dell'intermediario medesimo.

2. Sul conto separato non sono ammesse azioni, sequestri o pignoramenti da parte di creditori diversi dagli assicurati e dalle imprese

di assicurazione. Sono ammesse le azioni da parte dei loro creditori ma nei limiti della somma rispettivamente spettante al singolo assicurato o alla singola impresa di assicurazione.

3. Sul conto separato non operano le compensazioni legale e giudiziale e non può essere pattuita la compensazione convenzionale rispetto ai crediti vantati dal depositario nei confronti dell'intermediario.

3-*bis*. Sono esenti dagli obblighi previsti dal comma 1 gli intermediari di cui all'articolo 109, comma 2, lettere *a*), *b*) e *d*), che possano documentare in modo permanente con fideiussione bancaria una capacità finanziaria pari al 4 per cento dei premi incassati, con un minimo di euro 18.750. Il limite minimo è aggiornato mediante disposizioni dell'Unione europea direttamente applicabili per tener conto delle variazioni dell'indice europeo dei prezzi al consumo pubblicato da Eurostat (1).

(1) *Comma così sostituito dall'art. 1*[19] *d.ls. 21 maggio 2018, n. 68. Ai sensi dell'art. 4*[7] *d.ls. n. 68, cit., tale disposizione si applica dal 1° ottobre 2018. Il testo del comma, come modificato dall'art. 1*[10] *d.ls. 12 maggio 2015, n. 74, era il seguente:* « 3-*bis*. Sono esenti dagli obblighi previsti dal comma 1 gli intermediari di cui all'articolo 109, comma 2, lettere *a*), *b*) e *d*), che possano documentare in modo permanente con fideiussione bancaria una capacità finanziaria pari al 4 per cento dei premi incassati, con un minimo di euro 15.000. Il limite minimo può essere elevato dall'IVASS, con regolamento, tenendo conto delle variazioni dell'indice europeo dei prezzi al consumo ».

118. (1) **Adempimento delle obbligazioni pecuniarie attraverso intermediari assicurativi.** – 1. Il pagamento del premio eseguito in buona fede all'intermediario o ai suoi collaboratori si considera effettuato direttamente all'impresa di assicurazione. Salvo prova contraria a carico dell'impresa o dell'intermediario, le somme dovute agli assicurati ed agli altri aventi diritto a prestazioni assicurative si considerano effettivamente percepite dall'avente diritto solo col rilascio di quietanza scritta.

2. La disposizione di cui al comma 1 si applica nei confronti dell'intermediario iscritto nella sezione del registro di cui all'articolo 109, comma 2, lettera *b*), esclusivamente se tali attività sono espressamente previste dall'accordo sottoscritto con l'impresa. A tal fine l'intermediario è tenuto a darne specifica comunicazione al cliente nell'ambito dell'informazione precontrattuale di cui all'articolo 120.

3. La disposizione di cui al comma 1 si applica nei confronti dell'intermediario iscritto alla sezione del registro di cui all'articolo 109, comma 2, lettera *b*), anche nel caso di polizza assunta in coassicurazione ed ha effetto nei confronti di ogni impresa coassicuratrice se le

attività previste dal comma 1 sono incluse nell'accordo sottoscritto con l'impresa delegataria.

4. (1).

(1) *Comma abrogato dall'art. 1[20] d.ls. 21 maggio 2018, n. 68. Ai sensi dell'art. 4[7] d.ls. n. 68, cit., tale disposizione si applica dal 1° ottobre 2018. Il testo del comma era il seguente:* « 4. Nei casi previsti ai commi 2 e 3 l'omissione o la comunicazione non veritiera è punita con la sanzione amministrativa pecuniaria prevista dall'articolo 324 e con la sanzione disciplinare disposta ai sensi dell'articolo 329 ».

119. Doveri e responsabilità verso gli assicurati. – 1. L'impresa di assicurazione per conto della quale agiscono i produttori diretti risponde in solido dei danni arrecati dall'operato dei medesimi, anche se tali danni siano conseguenti a responsabilità accertata in sede penale.

2. L'impresa di assicurazione, o un intermediario iscritto alla sezione del registro di cui all'articolo 109, comma 2, lettera *a*) o *b*), risponde in solido dei danni arrecati dall'operato dell'intermediario iscritto alla sezione del registro di cui all'articolo 109, comma 2, lettera *d*), cui abbia dato incarico, compresi quelli provocati dai soggetti iscritti alla sezione del registro di cui all'articolo 109, comma 2, lettera *e*), anche se tali danni siano conseguenti a responsabilità accertata in sede penale. Possono essere distribuiti attraverso gli intermediari di cui all'articolo 109, comma 2, lettera *d*), salvo iscrizione ad altra sezione del registro, esclusivamente i prodotti assicurativi ai quali accedono garanzie o clausole predeterminate che vengano rimesse alla libera scelta dell'assicurato e non siano modificabili dal soggetto incaricato della distribuzione.

3. L'intermediario iscritto alla sezione del registro di cui all'articolo 109, comma 2, lettere *a*), *b*) o *d*), è responsabile dell'attività di intermediazione assicurativa svolta dai soggetti iscritti nella sezione del registro di cui all'articolo 109, comma 2, lettera *e*).

119-*bis*. (1) **Regole di comportamento e conflitti di interesse.** – 1. I distributori di prodotti assicurativi operano con equità, onestà, professionalità, correttezza e trasparenza nel miglior interesse dei contraenti.

2. Le informazioni relative alla distribuzione assicurativa, comprese le comunicazioni pubblicitarie relative ai prodotti distribuiti, indirizzate dai distributori di prodotti assicurativi a contraenti o potenziali contraenti sono corrette, chiare e non fuorvianti, imparziali e complete. Le comunicazioni pubblicitarie sono sempre chiaramente identificabili come tali. Si applicano le disposizioni di cui all'articolo 182 (2).

3. L'IVASS può richiedere, in via non sistematica, la trasmissione del materiale pubblicitario, nelle sue diverse forme, utilizzato dai distributori.

4. I distributori di prodotti assicurativi non ricevono un compenso e non offrono un compenso ai loro dipendenti sulla base di criteri che siano contrari al loro dovere di agire nel migliore interesse dei contraenti previsto dal comma 1 (3).

5. Ai fini di cui al comma 4, il distributore non adotta disposizioni in materia di compenso, obiettivi di vendita o di altro tipo che potrebbero incentivare se stesso o i propri dipendenti a raccomandare ai contraenti un particolare prodotto assicurativo, ogniqualvolta tale distributore possa offrire un prodotto assicurativo differente che risponda meglio alle esigenze del contraente (4).

6. Fermo restando quanto disposto dal comma 1, i distributori di prodotti assicurativi:

a) mantengono e applicano presidi organizzativi e amministrativi efficaci al fine di adottare tutte le misure ragionevoli volte ad evitare che i conflitti di interesse di cui alla lettera *b*) incidano negativamente sugli interessi dei contraenti. I presidi organizzativi sono proporzionati alle attività svolte, ai prodotti assicurativi venduti e al tipo di distributore;

b) adottano misure idonee ad identificare i conflitti di interesse che potrebbero insorgere tra loro, inclusi i dirigenti e i dipendenti, o qualsiasi persona direttamente o indirettamente controllata, e i loro clienti o tra due clienti al momento della prestazione di qualsiasi attività di distribuzione assicurativa.

7. Quando i presidi adottati ai sensi del comma 6, lettera *a*), non sono sufficienti per assicurare, con ragionevole certezza, che sia evitato il rischio di nuocere agli interessi del contraente, il distributore (5) informa chiaramente il contraente stesso, prima della conclusione di un contratto di assicurazione, della natura o della fonte di tale conflitto di interesse, in occasione dell'informativa fornita ai sensi dell'articolo 120-*ter*.

8. I distributori possono incassare i premi esclusivamente con mezzi di pagamento che assicurano la tracciabilità dell'operazione secondo soglie e per tipologie di contratti individuati dall'IVASS con regolamento.

9. L'IVASS disciplina con regolamento le modalità applicative del presente articolo.

(1) *Articolo inserito dall'art. 1[21] d.lgs. 21 maggio 2018, n. 68. Ai sensi dell'art. 4[7] d.lgs. n. 68, cit., tale disposizione si applica dal 1° ottobre 2018.*

(2) *Le parole* « Si applicano le disposizioni di cui all'articolo 182 » *sono state sostituite alle parole* « Si applicano le disposizioni di cui all'articolo 182, commi 4, 5, 6 e 7 » *dall'art. 1[11 lett. a)] d.ls. 30 dicembre 2020, n. 187.*

(3) *Comma così sostituito dall'art. 1[11 lett. b)] d.ls. n. 187, cit. Il testo del comma era il seguente:* « 4. I distributori di prodotti assicurativi non ricevono un compenso e non offrono un compenso ai loro dipendenti e non ne valutano le prestazioni in modo contrario al loro dovere di agire nel migliore interesse dei contraenti previsto dal comma 1 ».

(4) *Comma così sostituito dall'art. 1[11 lett. c)] d.ls. n. 187, cit. Il testo del comma era il seguente:* « 5. Il distributore non adotta disposizioni in materia di compenso, obiettivi di vendita o di altro tipo che potrebbero incentivare se stesso o i propri dipendenti a raccomandare ai contraenti un particolare prodotto assicurativo, nel caso in cui tale distributore possa offrire un prodotto assicurativo differente che risponda meglio alle esigenze del contraente ».

(5) *Le parole* « il distributore » *sono state sostituite alle parole* « l'intermediario assicurativo o l'impresa di assicurazione » *dall'art. 1[11 lett. d)] d.ls. n. 187, cit.*

119-*ter*. (1) **Consulenza e norme per le vendite senza consulenza.** – 1. Prima della conclusione di un contratto di assicurazione, il distributore di prodotti assicurativi:

a) acquisisce dal contraente ogni informazione utile a identificare le richieste ed esigenze del contraente medesimo, al fine di valutare l'adeguatezza del contratto offerto; e *b*) fornisce allo stesso informazioni oggettive sul prodotto assicurativo in una forma comprensibile al fine di consentirgli di prendere una decisione informata.

2. Qualsiasi contratto proposto deve essere coerente con le richieste e le esigenze assicurative del contraente.

3. Se viene offerta una consulenza prima della conclusione del contratto, il distributore di prodotti assicurativi fornisce al contraente una raccomandazione personalizzata contenente i motivi per cui un particolare contratto è ritenuto più indicato a soddisfare le richieste e le esigenze del contraente medesimo.

4. Quando un intermediario assicurativo fornisce consulenze fondate su un'analisi imparziale e personale, lo stesso deve fondare tali consulenze sull'analisi di un numero sufficiente di contratti di assicurazione disponibili sul mercato, che gli consenta di formulare una raccomandazione personalizzata, secondo criteri professionali, in merito al contratto assicurativo adeguato a soddisfare le esigenze del contraente.

5. L'IVASS disciplina con regolamento le modalità applicative del presente articolo, tenendo conto delle differenti esigenze di protezione e tipologie degli assicurati, della diversa tipologia dei rischi, delle caratteristiche e complessità del contratto offerto e delle cognizioni e della capacità professionale degli addetti all'attività di distri-

buzione. L'IVASS disciplina altresì con regolamento le modalità di tenuta della documentazione concernente l'attività svolta.

(1) *Articolo inserito dall'art. 1[21] d.ls. 21 maggio 2018, n. 68. Ai sensi dell'art. 4[7] d.ls. n. 68, cit., tale disposizione si applica dal 1° ottobre 2018.*

120. (1) **Informazione precontrattuale.** – 1. Gli intermediari assicurativi iscritti al registro di cui all'articolo 109, comma 2, prima della conclusione del contratto e in caso di successive modifiche di rilievo o di rinnovo, forniscono al contraente le seguenti informazioni:

a) nome, cognome o denominazione sociale, indirizzo della sede dell'attività e lo status di intermediario assicurativo;

b) se fornisce sui prodotti assicurativi offerti la consulenza di cui all'articolo 119-*ter*, comma 3;

c) le procedure di cui all'articolo 7 e relative disposizioni di attuazione che consentono ai contraenti e agli altri interessati di presentare reclamo nei confronti degli intermediari assicurativi nonché le procedure di risoluzione stragiudiziale delle controversie di cui all'articolo 187-*ter* e relative disposizioni di attuazione;

d) la sezione del registro in cui è iscritto e i mezzi esperibili per verificare che sia effettivamente registrato;

e) se l'intermediario agisce su incarico del cliente o se agisce in nome e per conto di una o più imprese di assicurazione.

2. Le imprese di assicurazione prima della conclusione del contratto e in caso di successive modifiche di rilievo o di rinnovo, forniscono al contraente le seguenti informazioni:

a) denominazione sociale, indirizzo della sede legale e lo status di impresa di assicurazione;

b) se fornisce sui prodotti assicurativi offerti la consulenza di cui all'articolo 119-*ter*, comma 2;

c) le procedure di cui all'articolo 7 e relative disposizioni di attuazione che consentono ai contraenti e agli altri interessati di presentare reclamo nei confronti delle imprese di assicurazione nonché le procedure di risoluzione stragiudiziale delle controversie di cui all'articolo 187-*ter* e relative disposizioni di attuazione.

3. Il distributore consegna al contraente, prima della conclusione del contratto e in caso di successive modifiche di rilievo o di rinnovo, la documentazione di cui all'articolo 185.

4. Agli intermediari a titolo accessorio si applicano le disposizioni di cui al comma 1, lettere *a*), *c*) e *d*).

5. Sono esclusi dagli obblighi informativi di cui al presente articolo e agli articoli 119-*ter*, 120-*bis* e 120-*ter* i distributori di prodotti

assicurativi che operano nei grandi rischi e gli intermediari riassicurativi.

6. L'IVASS, con regolamento, individua le modalità applicative del presente articolo.

(1) *Articolo così sostituito dall'art. 1[22] d.ls. 21 maggio 2018, n. 68. Ai sensi dell'art. 4[7] d.ls. n. 68, cit., tale disposizione si applica dal 1° ottobre 2018. Il testo dell'articolo, come modificato dall'art. 1[213] d.ls. 12 maggio 2015, n. 74 era il seguente:* « 1. Gli intermediari assicurativi iscritti al registro di cui all'articolo 109, comma 2, e quelli di cui all'articolo 116, prima della conclusione del contratto e in caso di successive modifiche di rilievo o di rinnovo, forniscono al contraente le informazioni stabilite dall'IVASS, con regolamento, nel rispetto di quanto disposto con il presente articolo. – 2. In relazione al contratto proposto, gli intermediari assicurativi dichiarano al contraente: *a*) se forniscono consulenze fondate su una analisi imparziale, dovendo in tal caso le proprie valutazioni fondarsi su un numero sufficientemente ampio di contratti disponibili sul mercato, al fine di consigliare il prodotto idoneo a soddisfare le richieste del contraente; *b*) se propongono determinati prodotti in virtù di un obbligo contrattuale con una o più imprese di assicurazione, dovendo in tal caso comunicare la denominazione di tali imprese; *c*) se propongono determinati prodotti in assenza di obblighi contrattuali con imprese di assicurazione, nel qual caso essi comunicano, su richiesta del cliente, la denominazione delle imprese di assicurazione con le quali hanno o potrebbero avere rapporti d'affari, fermo restando l'obbligo di avvisare il contraente del diritto di richiedere tali informazioni. – 3. In ogni caso, prima della conclusione del contratto, l'intermediario assicurativo di cui al comma 1, anche in base alle informazioni fornite al contraente, propone o consiglia un prodotto adeguato alle sue esigenze, previamente illustrando le caratteristiche essenziali del contratto e le prestazioni alle quali è obbligata l'impresa di assicurazione. – 4. L'IVASS, tenendo conto delle differenti esigenze di protezione degli assicurati, della diversa tipologia dei rischi, delle cognizioni e della capacità professionale degli addetti all'attività di intermediazione, disciplina con regolamento: *a*) le regole di presentazione e di comportamento nei confronti del contraente, con riferimento agli obblighi di informazione relativi all'intermediario medesimo e ai suoi rapporti, anche di natura societaria, con l'impresa di assicurazione, alle caratteristiche del contratto proposto in relazione all'eventuale prestazione di un servizio di consulenza fondata su una analisi imparziale o all'esistenza di obblighi assunti per la promozione e l'intermediazione con una o più imprese di assicurazione; *b*) le modalità con le quali è fornita l'informazione al contraente, prevedendo i casi nei quali può essere effettuata su richiesta, fermo restando che le esigenze di protezione richiedono, di regola, l'uso della lingua italiana e la comunicazione su un supporto accessibile e durevole, al più tardi subito dopo la conclusione del contratto; *c*) le modalità di tenuta della documentazione concernente l'attività svolta; *d*) le violazioni alle quali si applicano le sanzioni disciplinari previste dall'articolo 329. – 5. Sono esclusi dagli obblighi informativi gli intermediari di assicurazione che operano nei grandi rischi e gli intermediari riassicurativi ».

120-*bis*. (1) **Trasparenza sulle remunerazioni.** – 1. Fatto salvo quanto disposto dall'articolo 131 in materia di trasparenza sui compensi in relazione alla distribuzione di contratti di r.c. auto, l'intermediario assicurativo e l'intermediario assicurativo a titolo accessorio comunicano al contraente, prima della conclusione del contratto, la natura del compenso ricevuto in relazione al contratto distribuito, precisando se il compenso percepito consiste in:

a) un onorario corrisposto direttamente dal cliente;

b) una commissione inclusa nel premio assicurativo;

c) altri tipi di compensi, compresi i benefici economici di qualsiasi tipo offerti o ricevuti in virtù dell'intermediazione effettuata;

d) una combinazione dei compensi di cui alle lettere *a*), *b*) e *c*).

2. Nel caso di cui al precedente comma 1, lettera *a*), l'intermediario assicurativo e l'intermediario assicurativo a titolo accessorio comunicano al contraente anche l'importo del compenso. Qualora ciò non sia possibile, forniscono al contraente informazioni relative al metodo per calcolare il compenso stesso.

3. Se il contraente effettua dei pagamenti diversi dai premi in corso e dai pagamenti programmati previsti dal contratto di assicurazione dopo averlo stipulato, l'intermediario assicurativo e l'intermediario assicurativo a titolo accessorio comunicano al contraente le informazioni previste dai commi 1 e 2 per ciascuno di tali pagamenti.

4. Prima della conclusione di un contratto di assicurazione, l'impresa di assicurazione informa il contraente in merito alla natura del compenso percepito dai propri dipendenti direttamente coinvolti nella distribuzione del contratto di assicurazione.

5. Se il contraente effettua dei pagamenti diversi dai premi in corso e dai pagamenti programmati previsti dal contratto di assicurazione dopo averlo stipulato, l'impresa di assicurazione comunica al contraente anche le informazioni di cui al comma 4 per ciascuno di tali pagamenti.

6. L'IVASS, con regolamento, stabilisce le modalità di comunicazione delle suddette informazioni, ai sensi dell'articolo 120-*quater*.

(1) *Articolo inserito dall'art. 1[22] d.ls. 21 maggio 2018, n. 68. Ai sensi dell'art. 4[7] d.ls. n. 68, cit., tale disposizione si applica dal 1° ottobre 2018.*

120-*ter*. (1) **Trasparenza sui conflitti di interesse.** – 1. Prima della conclusione del contratto di assicurazione l'intermediario assicurativo comunica al contraente almeno le seguenti informazioni:

a) se detiene una partecipazione diretta o indiretta pari o superiore al 10 per cento del capitale sociale o dei diritti di voto di una determinata impresa di assicurazione;

b) se una determinata impresa di assicurazione, o l'impresa controllante di una determinata impresa di assicurazione, detiene una partecipazione diretta o indiretta pari o superiore al 10 per cento del capitale sociale o dei diritti di voto dell'intermediario assicurativo;

c) se fornisce consulenze fondate su una analisi imparziale e personale ai sensi dell'articolo 119-*ter*, comma 4;

d) fermo quanto previsto dal decreto-legge 31 gennaio 2007 n. 7, convertito, con modificazioni, dalla legge 2 aprile 2007, n. 40, se distribuisce determinati prodotti sulla base di un obbligo contrattuale che lo vincoli in modo esclusivo con una o più imprese di assicurazione; in tal caso l'intermediario comunica al contraente la denominazione di tali imprese;

e) se distribuisce determinati prodotti in assenza di obblighi contrattuali con imprese di assicurazione di cui alla lettera *d*) e non fornisce una consulenza basata su una analisi imparziale e personale; in tal caso comunica la denominazione delle imprese di assicurazione con le quali ha o potrebbe avere rapporti d'affari;

f) ogni altra informazione utile a garantire il rispetto delle regole di trasparenza previste dal comma 5 dell'articolo 119-*bis*.

(1) *Articolo inserito dall'art. 1*[22] *d.lgs. 21 maggio 2018, n. 68. Ai sensi dell'art. 4*[7] *d.lgs. n. 68, cit., tale disposizione si applica dal 1° ottobre 2018.*

120-*quater*. (1) **Modalità dell'informazione.** – 1. Tutte le informazioni di cui agli articoli 119-*ter*, 120, 120-*bis*, 120-*ter*, 121-*sexies*, 185, 185-*bis* e 185-*ter* sono comunicate ai contraenti:

a) su supporto cartaceo;

b) in modo corretto, esauriente e facilmente comprensibile;

c) in lingua italiana o in altra lingua concordata dalle parti;

d) a titolo gratuito.

2. In deroga a quanto previsto dal comma 1, lettera *a*), le informazioni di cui al comma 1 possono essere fornite al contraente con uno dei seguenti mezzi:

a) un supporto durevole non cartaceo, laddove siano soddisfatte le condizioni di cui al comma 4;

b) un sito Internet, laddove siano soddisfatte le condizioni di cui al comma 5.

3. Se le informazioni di cui al comma 1 sono fornite per mezzo di un supporto durevole non cartaceo o tramite un sito Internet, al cliente viene gratuitamente fornita, su richiesta, una copia in formato cartaceo.

4. Le informazioni di cui al comma 1 possono essere fornite tramite un supporto durevole non cartaceo laddove siano soddisfatte le seguenti condizioni:

a) l'utilizzo di un supporto durevole è appropriato rispetto alle modalità di distribuzione del prodotto assicurativo e *b*) il contraente, potendo scegliere tra le informazioni in formato cartaceo e su supporto durevole, ha scelto quest'ultimo.

5. Le informazioni di cui al comma 1 possono essere fornite tramite sito Internet se sono indirizzate direttamente al contraente o se sussistono i seguenti requisiti:

a) la fornitura delle informazioni è appropriata rispetto alle modalità di distribuzione del prodotto assicurativo;

b) il contraente ha acconsentito alla fornitura delle informazioni tramite sito Internet;

c) il contraente è stato informato mediante comunicazione telematica dell'indirizzo del sito Internet e del punto del sito Internet in cui possono essere reperite le informazioni;

d) è garantito che le informazioni rimangano accessibili sul sito Internet per tutta la durata del contratto.

6. Ai fini dei commi 4 e 5, la fornitura di informazioni tramite un supporto durevole non cartaceo o per mezzo di un sito Internet è ritenuta appropriata rispetto alle modalità di distribuzione del prodotto assicurativo se il contraente ha regolarmente accesso ad Internet, ossia nel caso in cui fornisca un indirizzo di posta elettronica ai fini della distribuzione del prodotto.

7. L'IVASS, con regolamento, disciplina la struttura del documento, da consegnare ai contraenti, che deve essere presentato e strutturato in modo tale da essere chiaro e di facile lettura e con caratteri di dimensione leggibile.

(1) *Articolo inserito dall'art. 1[22] d.ls. 21 maggio 2018, n. 68. Ai sensi dell'art. 4[7] d.ls. n. 68, cit., tale disposizione si applica dal 1° ottobre 2018.*

120-*quinquies*. (1) **Vendita abbinata.** – 1. Il distributore che propone un prodotto assicurativo insieme a un prodotto o servizio accessorio diverso da una assicurazione, come parte di un pacchetto o dello stesso accordo, informa il contraente dell'eventuale possibilità di acquistare separatamente le due componenti e fornisce una descrizione adeguata delle diverse componenti dell'accordo o del pacchetto e i giustificativi separati dei costi e degli oneri di ciascuna componente (2).

2. Nelle circostanze di cui al comma 1 e quando il rischio o la copertura assicurativa derivanti dall'accordo o dal pacchetto proposto a un contraente sono diversi dalle componenti considerate separatamente, il distributore di prodotti assicurativi fornisce una descrizione adeguata delle diverse componenti dell'accordo o del pacchetto e del modo in cui la loro interazione modifica i rischi o la copertura assicurativa.

3. Se un prodotto assicurativo è accessorio rispetto a un bene o servizio diverso da una assicurazione, come parte di un pacchetto o dello stesso accordo, il distributore di prodotti assicurativi offre al contraente la possibilità di acquistare il bene o servizio separatamente. Il presente comma non si applica se un prodotto assicurativo è accessorio rispetto a un servizio o attività di investimento quali definiti all'articolo 1, comma 5, del testo unico dell'intermediazione finanziaria, a un contratto di credito quale definito all'articolo 120-*quinquies*, comma 1, lettera *c*), del testo unico bancario o a un conto di pagamento quale definito all'articolo 126-*decies* del testo unico bancario.

4. Nei casi di cui ai commi 1 e 3, il distributore di prodotti assicurativi specifica al contraente i motivi per cui il prodotto assicurativo che è parte del pacchetto complessivo o dello stesso accordo è ritenuto (3) più indicato a soddisfare le richieste e le esigenze del contraente medesimo.

5. Nei casi di cui ai commi 1 e 3, in relazione all'obiettivo di protezione degli assicurati, l'IVASS, con riferimento all'attività di distribuzione assicurativa, può applicare le misure cautelari e interdittive previste dal presente codice, ivi incluso il potere di vietare la vendita, come parte di un pacchetto o dello stesso accordo, di una assicurazione insieme a un servizio o prodotto diverso dall'assicurazione indipendentemente dal fatto che l'accessorietà afferisca all'assicurazione o al servizio o prodotto diverso dall'assicurazione, quando tale pratica sia dannosa per i consumatori. Con riferimento ai prodotti di investimento assicurativi, i suddetti poteri sono esercitati da IVASS e CONSOB, coerentemente con le rispettive competenze (4).

6. Le disposizioni di cui al presente articolo non si applicano alla distribuzione di prodotti assicurativi che offrono copertura per diversi tipi di rischio.

7. Sono fatte salve le previsioni del Codice del Consumo di cui al decreto legislativo 6 settembre 2005, n. 206, ove applicabili.

(1) *Articolo inserito dall'art. 1[22] d.ls. 21 maggio 2018, n. 68. Ai sensi dell'art. 4[7] d.ls. n. 68, cit., tale disposizione si applica dal 1° ottobre 2018.*

(2) *Comma così sostituito dall'art. 1[12 lett. a)] d.ls. 30 dicembre 2020, n. 187. Il testo del comma era il seguente:* « 1. Il distributore che propone un prodotto assicurativo insieme a un prodotto o servizio accessorio diverso da una assicurazione, come parte di un pacchetto o dello stesso accordo, informa il contraente dell'eventuale possibilità di acquistare separatamente le due componenti. Nel caso in cui il contraente abbia optato per l'acquisto separato, il distributore fornisce una descrizione adeguata delle diverse com-

ponenti dell'accordo o del pacchetto e i giustificativi separati dei costi e degli oneri di ciascuna componente ».

(3) *La parola* « più » *è stata soppressa dall'art. 1*[12 lett. b)] *d.ls. n. 187, cit.*

(4) *Comma così sostituito dall'art. 1*[12 lett. c)] *d.ls. n. 187, cit. Il testo del comma era il seguente:* « 5. Nei casi di cui ai commi 1 e 3, in relazione all'obiettivo di protezione degli assicurati, l'IVASS, con riferimento all'attività di distribuzione assicurativa, può applicare le misure cautelari ed interdittive previste dal presente codice, ivi incluso il potere di vietare la vendita di una assicurazione insieme a un servizio o prodotto accessorio diverso da una assicurazione, come parte di un pacchetto o dello stesso accordo, quando tale pratica sia dannosa per i consumatori. Con riferimento ai prodotti di investimento assicurativi, i suddetti poteri sono esercitati da IVASS e CONSOB coerentemente con le rispettive competenze ».

121. (1) **Informazione precontrattuale in caso di vendita a distanza.** – 1. Fatto salvo quanto previsto dagli articoli 185, 185-*bis* e 185-*ter*, in caso di vendita a distanza, il distributore rende note al contraente almeno le seguenti informazioni preliminari:

a) l'identità del distributore e il fine della chiamata;

b) l'identità della persona in contatto con il contraente ed il suo rapporto con il distributore assicurativo;

c) una descrizione delle principali caratteristiche del servizio o prodotto offerto;

d) il prezzo totale, comprese le imposte, che il contraente dovrà corrispondere;

e) l'informativa relativa al compenso ricevuto in relazione al contratto distribuito, secondo quanto previsto dall'articolo 120-*bis*;

f) le ulteriori informazioni di cui agli articoli 67-*quater* e seguenti del decreto legislativo 6 settembre 2005, n. 206.

2. In ogni caso l'informazione è fornita al contraente prima della conclusione del contratto di assicurazione. La stessa può essere fornita verbalmente solo su espressa richiesta del contraente o qualora sia necessaria una copertura immediata del rischio. In caso di collocamento di un contratto a distanza mediante telefonia vocale, se il contraente lo richiede espressamente, gli obblighi di trasmissione della documentazione sono adempiuti, subito dopo la conclusione del contratto a distanza e comunque non oltre i cinque giorni successivi; in mancanza della predetta richiesta gli obblighi di trasmissione della documentazione sono adempiuti prima della conclusione del contratto di assicurazione. Anche se il contraente ha scelto di ottenere precedentemente le informazioni tramite un supporto durevole non cartaceo in conformità a quanto previsto dall'articolo 120-*quater*, comma 4, l'informazione è fornita al contraente dal distributore di prodotti assicurativi a norma dell'articolo 120-*quater*,

commi 1 e 2, subito dopo la conclusione del contratto di assicurazione.

3. L'IVASS, con regolamento, disciplina la promozione e il collocamento di contratti di assicurazione a distanza, anche per via telefonica, e determina le informazioni sul distributore e sulle caratteristiche del contratto, che sono comunicate al contraente in modo chiaro e comprensibile nel rispetto di quanto previsto ai commi 1 e 2, in conformità alle disposizioni dell'unione europea direttamente applicabili e nel rispetto del Codice del Consumo di cui al decreto legislativo 6 settembre 2005, n. 206.

(1) *Articolo così sostituito dall'art. 1[23] d.ls. 21 maggio 2018, n. 68. Ai sensi dell'art. 4[7] d.ls. n. 68, cit., tale disposizione si applica dal 1° ottobre 2018. Il testo dell'articolo, come modificato dall'art. 1[213] d.ls. 12 maggio 2015, n. 74 era il seguente:* « 1. In caso di vendita a distanza, l'intermediario rende note al contraente almeno le seguenti informazioni preliminari: *a*) l'identità dell'intermediario e il fine della chiamata; *b*) l'identità della persona in contatto con il contraente ed il suo rapporto con l'intermediario assicurativo; *c*) una descrizione delle principali caratteristiche del servizio o prodotto offerto; *d*) il prezzo totale, comprese le imposte, che il contraente dovrà corrispondere. – 2. In ogni caso l'informazione è fornita al contraente prima della conclusione del contratto di assicurazione. Può essere fornita verbalmente solo a richiesta del contraente o qualora sia necessaria una copertura immediata del rischio. In tali casi l'informazione è fornita su un supporto durevole subito dopo la conclusione del contratto. – 3. L'IVASS, con regolamento, determina le informazioni sull'intermediario e sulle caratteristiche del contratto, che sono comunicate al contraente in modo chiaro e comprensibile nel rispetto di quanto previsto ai commi 1 e 2 ».

CAPO III-*BIS* – *Requisiti di Governo e controllo del prodotto applicabili ai distributori di prodotti assicurativi non realizzati in proprio* (1)

(1) *Capo inserito, unitamente agli artt. 121-*bis *e 121-*ter*, dall'art. 1[24] d.ls. 21 maggio 2018, n. 68. Ai sensi dell'art. 4[7] d.ls. n. 68, cit., tale disposizione si applica dal 1° ottobre 2018.*

121-*bis*. (1) **Acquisizione dal produttore delle necessarie informazioni sui prodotti assicurativi.** – 1. Fermi restando gli obblighi di cui al presente Titolo (2) e agli articoli 185, 185-*bis* e 185-*ter*, i distributori di prodotti assicurativi non realizzati in proprio adottano opportune disposizioni per ottenere dai soggetti di cui all'articolo 30-*decies*, comma 1, le informazioni di cui all'articolo 30-*decies*, comma 5, e per comprendere le caratteristiche e il mercato di riferimento individuato per ciascun prodotto assicurativo.

2. Le previsioni del presente articolo si applicano in conformità con le disposizioni dell'Unione europea direttamente applicabili e con quanto stabilito dall'IVASS con regolamento.

(1) *V. nota* sub *Capo III*-bis.

(2) *Le parole* « Fermi restando gli obblighi di cui al presente Titolo » *sono state sosti-*

tuite alle parole « Fermi restando gli obblighi di cui al Titolo IX » *dall'art. 1[13] d.ls. 30 dicembre 2020, n. 187.*

121-*ter*. (1) **Disposizioni particolari in materia di Governo e controllo del prodotto.** – 1. Le disposizioni in materia di Governo e controllo del prodotto di cui agli articoli 30-*decies* e 121-*bis* non si applicano ai prodotti assicurativi che consistono nell'assicurazione dei grandi rischi.

2. Fatta salva l'applicazione alle imprese di assicurazione e agli intermediari che realizzano prodotti assicurativi da vendere ai clienti delle disposizioni di cui all'articolo 30-*decies* e relative disposizioni di attuazione, in caso di distribuzione di prodotti assicurativi attraverso i soggetti di cui all'articolo 107, comma 4, l'impresa di assicurazione o l'intermediario che se ne avvale:

a) stabilisce le modalità di accertamento dell'appartenenza dell'assicurato al mercato di riferimento individuato;

b) adotta procedure idonee a garantire l'acquisizione delle informazioni relative alle ipotesi in cui il prodotto non risponda più agli interessi, agli obiettivi e alle caratteristiche del mercato di riferimento, nonché alle altre circostanze relative al prodotto che aggravino il rischio di pregiudizio per il cliente.

(1) *V. nota* sub *Capo III*-bis.

CAPO III-*TER* – *Requisiti supplementari per la distribuzione dei prodotti di investimento assicurativi* (1)

(1) *Capo inserito, unitamente agli artt. da 121-*quater *a 121-*octies*, dall'art. 1[24] d.ls. 21 maggio 2018, n. 68. Ai sensi dell'art. 4[7] d.ls. n. 68, cit., tale disposizione si applica dal 1° ottobre 2018.*

121-*quater*. (1) **Vigilanza sulla distribuzione dei prodotti di investimento assicurativi.** – 1. Fatte salve le competenze previste dall'articolo 25-*ter* del decreto legislativo 24 febbraio 1998, n. 58 (2), l'IVASS esercita i poteri di vigilanza in relazione alla distribuzione del prodotto di investimento assicurativo svolta da parte delle imprese di assicurazione o per il tramite degli intermediari iscritti nelle sezioni del Registro di cui all'articolo 109, comma 2, lettere *a*) e *b*), e relativi collaboratori di cui alla lettera *e*), e intermediari di cui alla lettera *c*) del medesimo registro, secondo le disposizioni di cui al presente Capo.

2. I regolamenti di attuazione del presente Capo sono adottati da IVASS, sentita la CONSOB, in modo da garantire uniformità alla disciplina applicabile alla vendita dei prodotti di investimento assi-

curativo a prescindere dal canale distributivo e la coerenza e l'efficacia complessiva del sistema di vigilanza sui prodotti di investimento assicurativi. 3. L'IVASS e la CONSOB si accordano sulle modalità di esercizio dei poteri di vigilanza secondo le rispettive competenze, in modo da ridurre gli oneri a carico dei soggetti vigilati.

(1) *V. nota* sub *Capo III*-ter.

(2) *Le parole* « Fatte salve le competenze previste dall'articolo 25-*ter* del decreto legislativo 24 febbraio 1998, n. 58 » *sono state sostituite alle parole* «Fatta salva la competenza della Consob di cui al testo unico dell'intermediazione finanziaria e dalle relative disposizioni di attuazione » *dall'art. 7[1] d.ls. 25 novembre 2019, n. 165.*

121-*quinquies*. (1) **Conflitti di interesse.** – 1. Le imprese di assicurazione e gli intermediari assicurativi che distribuiscono prodotti di investimento assicurativi rispettano le disposizioni di cui all'articolo 119-*bis* in materia di regole di comportamento e conflitti di interesse.

2. In deroga all'articolo 120-*quater*, comma 1, le informazioni di cui all'articolo 119-*bis*, comma 7, sono:

a) fornite su un supporto durevole;

b) sufficientemente dettagliate, in considerazione delle caratteristiche dei contraenti, per consentire a questi ultimi di prendere una decisione informata sulle attività di distribuzione assicurativa nel cui contesto sorge il conflitto di interesse.

(1) *V. nota* sub *Capo III*-ter.

121-*sexies*. (1) **Informativa al contraente e incentivi.** – 1. Fatti salvi gli articoli 120, commi 1 e 2, e 120-*bis*, commi 1 e 2, gli intermediari assicurativi e le imprese di assicurazione forniscono ai contraenti, prima della conclusione di un contratto, informazioni appropriate in relazione alla distribuzione di prodotti di investimento assicurativi e in relazione a tutti i costi e agli oneri connessi. Tali informazioni comprendono almeno i seguenti elementi:

a) in caso di prestazione di consulenza, la comunicazione se l'intermediario assicurativo o l'impresa di assicurazione fornirà al contraente una valutazione periodica dell'adeguatezza dei prodotti di investimento assicurativi consigliati al contraente medesimo, come indicato all'articolo 121-*septies*;

b) per quanto riguarda le informazioni sui prodotti di investimento assicurativi e sulle strategie di investimento proposte, opportune indicazioni e avvertenze sui rischi associati ai prodotti di investimento assicurativi o a determinate strategie di investimento proposte;

c) per quanto riguarda le informazioni su tutti i costi e gli oneri da

comunicare al contraente, le informazioni relative alla distribuzione dei prodotti di investimento assicurativi, ove effettuata, il costo del prodotto di investimento assicurativo consigliato o offerto al contraente e le modalità di pagamento da parte di quest'ultimo, inclusi i pagamenti eseguiti a favore di o tramite soggetti terzi.

2. Le informazioni su tutti i costi e gli oneri, compresi quelli connessi alla distribuzione del prodotto di investimento assicurativo non causati dal verificarsi di un rischio di mercato sottostante, sono comunicate in forma aggregata per permettere al contraente di conoscere il costo totale e il suo effetto complessivo sul rendimento dell'investimento. Su richiesta del contraente, i costi e gli oneri sono comunicati in forma analitica. Se necessario, tali informazioni sono fornite al contraente con periodicità regolare, e comunque almeno annuale, per tutto il periodo dell'investimento.

3. Le informazioni di cui ai commi 1 e 2 sono fornite in una forma comprensibile in modo che i contraenti possano ragionevolmente comprendere la natura del prodotto di investimento assicurativo che viene loro proposto nonché i rischi ad esso connessi e, di conseguenza, possano assumere decisioni consapevoli in materia di investimenti. Le informazioni di cui ai commi 1 e 2 sono fornite con modalità uniformi, individuate dall'IVASS, sentita la CONSOB, con il regolamento di cui all'articolo 121-*quater*, in modo che le medesime informazioni risultino chiare e comprensibili.

4. Fatto salvo l'articolo 120-*bis*, commi 1 e 3, gli intermediari assicurativi o le imprese di assicurazione adempiono agli obblighi di cui agli articoli 119-*bis*, comma 1, e 121-*quinquies*, quando pagano o percepiscono un onorario o una commissione o forniscono o ricevono benefici non monetari in relazione alla distribuzione di un prodotto di investimento assicurativo o di un servizio accessorio da un qualsiasi soggetto diverso dal contraente o da una persona che agisce per conto del contraente medesimo, solo se operano in conformità alle disposizioni dell'Unione europea direttamente applicabili e alle disposizioni stabilite dall'IVASS con il regolamento di cui all'articolo 121-*quater*.

5. I regolamenti IVASS di cui all'articolo 121-*quater*, in materia di incentivi tra intermediari assicurativi ed intermediari finanziari sono adottati conformemente alla disciplina prevista in materia alla direttiva 2014/65/UE ed in conformità alle disposizioni dell'Unione europea direttamente applicabili.

(1) *V. nota* sub *Capo III*-ter.

121-*septies*. (1) **Valutazione dell'adeguatezza e dell'appropriatezza del prodotto assicurativo e comunicazione ai clienti.** – 1. L'IVASS stabilisce con il regolamento di cui all'articolo 121-*quater* i casi in cui l'impresa di assicurazione o l'intermediario assicurativo sono obbligati a fornire consulenza per la distribuzione del prodotto di investimento assicurativo.

2. Fatto salvo l'articolo 119-*ter*, commi 1 e 2, l'intermediario assicurativo o l'impresa di assicurazione che forniscono consulenza su un prodotto di investimento assicurativo, acquisiscono anche le informazioni necessarie in merito alle conoscenze ed esperienze del contraente in relazione al tipo di investimento, alla sua situazione finanziaria, tra cui la sua capacità di sostenere perdite, e ai suoi obiettivi di investimento, inclusa la sua tolleranza al rischio, al fine di consentire all'intermediario assicurativo o all'impresa di assicurazione di raccomandare al contraente i prodotti di investimento assicurativi che siano a lui adeguati, con particolare riferimento alla sua tolleranza, al rischio e alla sua capacità di sostenere perdite. La consulenza resa nell'ambito della distribuzione assicurativa del prodotto di investimento assicurativo, quando è obbligatoria o quando è svolta su iniziativa del distributore, non deve gravare economicamente sui clienti.

3. Se l'intermediario assicurativo o l'impresa di assicurazione fornisce consulenza in materia di investimenti e raccomanda un pacchetto di servizi o prodotti abbinati a norma dell'articolo 120-*quinquies*, l'intero pacchetto raccomandato deve rispondere ai requisiti di adeguatezza previsti dal comma 2 del presente articolo.

4. Fatto salvo l'articolo 119-*ter*, commi 1, 2 e 3, l'intermediario assicurativo o l'impresa di assicurazione che svolge attività di distribuzione in relazione a vendite che non prevedono una consulenza, chiede al contraente di fornire informazioni in merito alle sue conoscenze ed esperienze in materia di investimenti riguardo al tipo specifico di prodotto o servizio proposto o richiesto, al fine di consentire all'intermediario assicurativo o all'impresa di assicurazione di determinare se il servizio o il prodotto assicurativo in questione sia appropriato al contraente stesso.

5. Se l'intermediario assicurativo o l'impresa di assicurazione distribuisce un pacchetto di servizi o prodotti abbinati a norma dell'articolo 120-*quinquies*, accerta che l'intero pacchetto sia appropriato nel suo insieme ai sensi del comma 4.

6. L'intermediario assicurativo o l'impresa di assicurazione informa il contraente se ritiene, sulla base delle informazioni ottenute

LEGGI COMPLEMENTARI

a norma del comma 4, che il prodotto non sia appropriato al contraente stesso. L'intermediario assicurativo o l'impresa di assicurazione informano altresì il cliente, ai sensi dalla valutazione di cui all'articolo 30-*decies*, della fascia di clientela alla quale il prodotto non può essere distribuito.

7. Se il contraente non fornisce le informazioni di cui al comma 4 (2) o fornisce informazioni insufficienti circa le sue conoscenze ed esperienze, l'intermediario assicurativo o l'impresa di assicurazione lo informa che tale circostanza pregiudica la capacità dell'intermediario assicurativo o dell'impresa di assicurazione di valutare se il prodotto sia appropriato alle esigenze del contraente stesso.

8. L'intermediario assicurativo o l'impresa di assicurazione mantiene evidenza dei documenti in cui sono precisati i diritti e gli obblighi delle parti nonché delle altre condizioni alle quali l'intermediario assicurativo o l'impresa di assicurazione fornirà servizi al contraente. I diritti e gli obblighi delle parti del contratto possono essere incorporati attraverso riferimento ad altri documenti o testi normativi.

9. L'intermediario assicurativo o l'impresa di assicurazione fornisce ai contraenti, su un supporto durevole, adeguate relazioni sui servizi prestati, che includono comunicazioni periodiche, tenendo conto della tipologia e della complessità dei prodotti di investimento assicurativi e della natura del servizio prestato e comprendono, se del caso, i costi delle operazioni e dei servizi prestati per conto dei contraenti.

10. Quando fornisce consulenza in merito al prodotto di investimento assicurativo, l'intermediario assicurativo o l'impresa di assicurazione fornisce al contraente, su un supporto durevole, prima della conclusione del contratto, una dichiarazione di adeguatezza in cui sia indicata la fornitura della consulenza e in che modo essa risponda alle preferenze, agli obiettivi e ad altre caratteristiche del contraente. Si applicano le disposizioni di cui all'articolo 120-*quater*, commi da 1 a 4.

11. Se il contratto è concluso utilizzando un mezzo di comunicazione a distanza che impedisce la consegna preventiva della dichiarazione di adeguatezza, l'intermediario assicurativo o l'impresa di assicurazione può fornire la dichiarazione di adeguatezza su un supporto durevole subito dopo la sottoscrizione del contratto, a condizione che:

a) il contraente abbia accettato di ricevere la dichiarazione di adeguatezza subito dopo la conclusione del contratto;

b) l'intermediario assicurativo o l'impresa di assicurazione abbia dato al contraente la possibilità di ritardare la conclusione del contratto al fine di ricevere la dichiarazione di adeguatezza prima della conclusione del contratto.

12. Se l'intermediario assicurativo o l'impresa di assicurazione ha informato il contraente che effettuerà periodicamente la valutazione di adeguatezza, la relazione periodica contiene una dichiarazione aggiornata che spieghi in che modo il prodotto di investimento assicurativo corrisponde alle preferenze, agli obiettivi e alle altre caratteristiche del contraente stesso.

13. Le disposizioni del presente articolo si applicano in conformità alle disposizioni direttamente applicabili dell'Unione europea. L'IVASS disciplina con il regolamento di cui all'articolo 121-*quater* le modalità applicative del presente articolo, inclusa la possibilità di fornire le relative informazioni in formato standardizzato.

(1) *V. nota* sub *Capo III*-ter.

(2) *Le parole* « le informazioni di cui al comma 4 » *sono state sostituite alle parole* « le informazioni di cui ai commi 2 e 4 » *dall'art. 1[14] d.lgs. 30 dicembre 2020, n. 187.*

121-*octies*. (1) **Protocollo d'intesa.** – 1. l'IVASS e la CONSOB definiscono attraverso un protocollo d'intesa forme di coordinamento operativo, anche al fine di assicurare l'applicazione di una disciplina che favorisca maggiori garanzie a tutela del consumatore.

(1) *V. nota* sub *Capo III*-ter.

TITOLO X
Assicurazione obbligatoria per i veicoli a motore e i natanti

CAPO I – *Obbligo di assicurazione*

122. Veicoli a motore. – 1. I veicoli a motore senza guida di rotaie, compresi i filoveicoli e i rimorchi, non possono essere posti in circolazione su strade di uso pubblico o su aree a queste equiparate se non siano coperti dall'assicurazione per la responsabilità civile verso i terzi prevista dall'articolo 2054 del codice civile e dall'articolo 91, comma 2, del codice della strada. Il regolamento, adottato dal Ministro delle attività produttive, su proposta dell'IVASS (1), individua la tipologia di veicoli esclusi dall'obbligo di assicurazione e le aree equiparate a quelle di uso pubblico (2).

2. L'assicurazione comprende la responsabilità per i danni alla

LEGGI COMPLEMENTARI

persona causati ai trasportati, qualunque sia il titolo in base al quale è effettuato il trasporto.

3. L'assicurazione non ha effetto nel caso di circolazione avvenuta contro la volontà del proprietario, dell'usufruttuario, dell'acquirente con patto di riservato dominio o del locatario in caso di locazione finanziaria, fermo quanto disposto dall'articolo 283, comma 1, lettera *d*), a partire dal giorno successivo alla denuncia presentata all'autorità di pubblica sicurezza. In deroga all'articolo 1896, primo comma, secondo periodo, del codice civile l'assicurato ha diritto al rimborso del rateo di premio, relativo al residuo periodo di assicurazione, al netto dell'imposta pagata e del contributo previsto dall'articolo 334.

4. L'assicurazione copre anche la responsabilità per i danni causati nel territorio degli altri Stati membri, secondo le condizioni ed entro i limiti stabiliti dalle legislazioni nazionali di ciascuno di tali Stati, concernenti l'assicurazione obbligatoria della responsabilità civile derivante dalla circolazione dei veicoli a motore, ferme le maggiori garanzie eventualmente previste dal contratto o dalla legislazione dello Stato in cui stazionano abitualmente.

(1) *V. nota* sub *Epigrafe.*

(2) *In attuazione del presente comma, v. d.m. 1° aprile 2008, n. 86.*

123. Natanti. – 1. Le unità da diporto, con esclusione delle unità non dotate di motore, non possono essere poste in navigazione in acque ad uso pubblico o su aree a queste equiparate se non siano coperte dall'assicurazione della responsabilità civile verso terzi prevista dall'articolo 2054 del codice civile, compresa quella dell'acquirente con patto di riservato dominio e quella del locatario in caso di locazione finanziaria, per danni alla persona. Il regolamento, adottato dal Ministro delle attività produttive su proposta dell'IVASS (1), individua la tipologia dei natanti esclusi dall'obbligo di assicurazione e le acque equiparate a quelle di uso pubblico (2).

2. Sono altresì soggetti all'obbligo assicurativo i natanti di stazza lorda non superiore a venticinque tonnellate che siano muniti di motore inamovibile di potenza superiore a tre cavalli fiscali e adibiti ad uso privato, diverso dal diporto, o al servizio pubblico di trasporto di persone.

3. L'obbligo assicurativo è esteso ai motori amovibili, di qualsiasi potenza, indipendentemente dall'unità alla quale vengono applicati, risultando in tal caso assicurato il natante sul quale è di volta in volta collocato il motore.

4. Alle unità da diporto, ai natanti e ai motori amovibili si applicano, in quanto compatibili, le norme previste per l'assicurazione

obbligatoria della responsabilità civile derivante dalla circolazione dei veicoli a motore.

(1) *V. nota* sub *Epigrafe.*
(2) *In attuazione del presente comma, v. d.m. 1° aprile 2008, n. 86.*

124. Gare e competizioni sportive. – 1. Le gare e le competizioni sportive di qualsiasi genere di veicoli a motore e le relative prove non possono essere autorizzate, anche se in circuiti chiusi, se l'organizzatore non abbia provveduto a contrarre assicurazione per la responsabilità civile.

2. L'assicurazione copre la responsabilità dell'organizzatore e degli altri obbligati per i danni arrecati alle persone, agli animali e alle cose, esclusi i danni prodotti ai partecipanti stessi e ai veicoli da essi adoperati.

125. Veicoli e natanti immatricolati o registrati in Stati esteri. – 1. Per i veicoli e i natanti soggetti all'obbligo di assicurazione ed immatricolati o registrati in Stati esteri nonché per i motori amovibili di cui all'articolo 123, comma 3, muniti di certificato di uso straniero o di altro documento equivalente emesso all'estero, che circolino temporaneamente nel territorio o nelle acque territoriali della Repubblica, deve essere assolto, per la durata della permanenza in Italia, l'obbligo di assicurazione.

2. Per i natanti l'obbligo di assicurazione si considera assolto:

a) con la stipula di un contratto di assicurazione secondo quanto previsto con regolamento adottato dal Ministro delle attività produttive, su proposta dell'IVASS (1), ovvero

b) quando il conducente sia in possesso di certificato internazionale di assicurazione emesso dall'Ufficio nazionale di assicurazione estero ed accettato dall'Ufficio centrale italiano (2).

3. Per i veicoli a motore muniti di targa di immatricolazione rilasciata da uno Stato terzo l'obbligo di assicurazione:

a) è assolto mediante contratto di assicurazione « frontiera », come disciplinato dal regolamento previsto all'articolo 126, comma 2, lettera *a*), concernente la responsabilità civile derivante dalla circolazione del veicolo nel territorio della Repubblica e degli altri Stati membri, alle condizioni e fino ai limiti di somma stabiliti dalla legislazione in vigore in ciascuno di essi (2);

b) si considera assolto quando l'Ufficio centrale italiano si sia reso garante per il risarcimento dei danni cagionati in Italia dalla circolazione dei medesimi veicoli e quando con atto dell'Unione europea sia stato rimosso l'obbligo negli Stati membri di controllare l'assicu-

LEGGI COMPLEMENTARI

razione di responsabilità civile per i veicoli muniti di targa di immatricolazione rilasciata dallo Stato terzo;

c) si considera assolto, quando il conducente sia in possesso di una carta verde emessa dall'Ufficio nazionale di assicurazione estero ed accettata dall'Ufficio centrale italiano.

4. Per i veicoli a motore muniti di targa di immatricolazione rilasciata da uno Stato membro diverso dalla Repubblica italiana, l'obbligo di assicurazione si considera assolto quando l'Ufficio centrale italiano si sia reso garante per il risarcimento dei danni cagionati dalla circolazione in Italia di detti veicoli, sulla base di accordi stipulati con i corrispondenti uffici nazionali di assicurazione e l'Unione europea abbia riconosciuto tali accordi.

5. Nell'ipotesi di cui al comma 3, lettera *c*), l'Ufficio centrale italiano provvede alla liquidazione dei danni, garantendone il pagamento agli aventi diritto, nei limiti dei massimali minimi di legge o, se maggiori, di quelli eventualmente previsti dalla polizza di assicurazione alla quale si riferisce la carta verde. Nelle ipotesi di cui al comma 3, lettera *b*), ed in quelle di cui al comma 4, l'Ufficio centrale italiano provvede alla liquidazione dei danni cagionati in Italia, garantendone il pagamento agli aventi diritto nei limiti dei massimali minimi di legge o, se maggiori, di quelli eventualmente previsti dalla polizza di assicurazione.

5-*bis*. L'Ufficio centrale italiano, entro tre mesi dalla ricezione della richiesta di risarcimento comunica agli aventi diritto un'offerta di risarcimento motivata ovvero indica i motivi per i quali non ritiene di fare offerta (3).

6. Le disposizioni di cui ai commi 3 e 4 si applicano anche ai veicoli a motore di proprietà di agenti diplomatici e consolari o di funzionari internazionali, o di proprietà di Stati esteri o di organizzazioni internazionali.

7. Le disposizioni di cui al comma 3, lettera *b*), ed al comma 4 non si applicano per l'assicurazione della responsabilità civile per danni cagionati dalla circolazione dei veicoli aventi targa di immatricolazione rilasciata da uno Stato estero e individuati nel regolamento adottato, su proposta dell'IVASS (1), dal Ministro dello sviluppo economico (1) (4).

(1) *V. nota* sub *Epigrafe.*

(2) *In attuazione della presente lettera, v. d.m. 1° aprile 2008, n. 86.*

(3) *Comma inserito dall'art. 1[3] d.ls. 6 novembre 2007, n. 198.*

(4) *In attuazione del presente comma, v. d.m. n. 86, cit.*

126. Ufficio centrale italiano. – 1. L'Ufficio centrale italiano è abilitato all'esercizio delle funzioni di Ufficio nazionale di assicurazione e allo svolgimento degli altri compiti stabiliti dall'ordinamento comunitario e dal presente codice a seguito di riconoscimento del Ministro dello sviluppo economico (1).

2. L'Ufficio centrale italiano, oltre ai compiti di cui all'articolo 125, svolge le seguenti attività:

a) stipula e gestisce, in nome e per conto delle imprese aderenti, l'assicurazione frontiera disciplinata nel regolamento adottato, su proposta dell'IVASS (2), dal Ministro dello sviluppo economico (2) e provvede alla liquidazione e al pagamento degli indennizzi dovuti (3);

b) assume, nelle ipotesi di cui al comma 2, lettera *b*), comma 3, lettere *b*) e *c*), ed al comma 4 dell'articolo 125, ai fini del risarcimento dei danni cagionati dalla circolazione in Italia dei veicoli a motore e natanti, la qualità di domiciliatario dell'assicurato, del responsabile civile e della loro impresa di assicurazione;

c) è legittimato a stare in giudizio, nelle ipotesi di cui al comma 2, lettera *b*), al comma 3 ed al comma 4 dell'articolo 125, in nome e per conto delle imprese aderenti, nelle azioni di risarcimento che i danneggiati dalla circolazione in Italia di veicoli a motore e natanti immatricolati o registrati all'estero possono esercitare direttamente nei suoi confronti secondo quanto previsto agli articoli 145, comma 1, 146 e 147. Si applicano anche nei confronti dell'Ufficio centrale italiano le disposizioni che regolano l'azione diretta contro l'impresa di assicurazione del responsabile civile secondo quanto previsto dall'articolo 144.

3. Ai fini della proposizione dell'azione diretta di risarcimento nei confronti dell'Ufficio centrale italiano i termini di cui all'articolo 163-*bis*, primo comma, e 318, secondo comma, del codice di procedura civile sono aumentati del doppio, risultando perciò stabiliti in centottanta giorni per il giudizio di fronte al tribunale e in novanta giorni per il giudizio di fronte al giudice di pace. I termini di cui all'articolo 163-*bis*, secondo comma, del codice di procedura civile non possono essere comunque inferiori a sessanta giorni.

4. L'Ufficio centrale italiano è abilitato ad emettere le carte verdi richieste per la circolazione all'estero di veicoli a motore immatricolati in Italia, garantendo nei confronti dei corrispondenti uffici nazionali di assicurazione le obbligazioni che il rilascio di tali certificati comporta.

5. Per i rimborsi effettuati agli uffici nazionali di assicurazione

esteri, che in base agli accordi con esso stipulati abbiano dovuto intervenire per risarcire danni causati nel territorio del loro Stato da veicoli a motore immatricolati in Italia non coperti da assicurazione, l'Ufficio centrale italiano ha diritto di rivalsa nei confronti del proprietario o del conducente del veicolo per le somme pagate e le relative spese.

6. In caso di incidente cagionato nel territorio della Repubblica dalla circolazione di veicoli a motore o natanti immatricolati o registrati all'estero, l'Ufficio centrale italiano può richiedere ai competenti organi di polizia le informazioni acquisite relativamente alle modalità dell'incidente, alla residenza e al domicilio delle parti e alla targa di immatricolazione o altro analogo segno distintivo.

(1) *Comma così sostituito dall'art. 1[212] d.ls. 12 maggio 2015, n. 74.*
(2) *V. nota* sub *Epigrafe.*
(3) *In attuazione della presente lettera, v. d.m. 1° aprile 2008, n. 86.*

127. Certificato di assicurazione e contrassegno. – 1. L'adempimento dell'obbligo di assicurazione dei veicoli a motore è comprovato da apposito certificato rilasciato dall'impresa di assicurazione o dalla delegataria in caso di coassicurazione, da cui risulti il periodo di assicurazione per il quale sono stati pagati il premio o la rata di premio.

2. L'impresa di assicurazione è obbligata nei confronti dei terzi danneggiati per il periodo di tempo indicato nel certificato, salvo quanto disposto dall'articolo 1901, secondo comma, del codice civile e dall'articolo 122, comma 3, primo periodo.

3. All'atto del rilascio del certificato di assicurazione l'impresa di assicurazione consegna un contrassegno recante il numero della targa di riconoscimento del veicolo e l'indicazione dell'anno, mese e giorno di scadenza del periodo di assicurazione per cui è valido il certificato. Il contrassegno è esposto sul veicolo al quale si riferisce l'assicurazione entro cinque giorni dal pagamento del premio o della rata di premio.

4. L'IVASS (1), con regolamento, stabilisce le modalità per il rilascio, nonché le caratteristiche del certificato di assicurazione, del contrassegno e di eventuali documenti provvisoriamente equipollenti e le modalità per l'emissione di duplicati in caso di sottrazione, smarrimento o distruzione.

(1) *V. nota* sub *Epigrafe.*

128. (1) **Massimali di garanzia.** – 1. Per l'adempimento dell'obbligo di assicurazione per la responsabilità civile derivante dalla circolazione dei veicoli a motore e dei natanti, il contratto è stipulato per somme non inferiori ai seguenti importi:

a) nel caso di danni alle persone un importo minimo di copertura pari ad euro 6.450.000,00 (2) per sinistro, indipendentemente dal numero delle vittime;

b) nel caso di danni alle cose un importo minimo di copertura pari ad euro 1.300.000,00 (2) per sinistro, indipendentemente dal numero delle vittime.

b-bis) per i veicoli a motore adibiti al trasporto di persone classificati nelle categorie M2 e M3 ai sensi dell'articolo 47 del codice della strada, di cui al decreto legislativo 30 aprile 1992, n. 285, e successive modificazioni, un importo minimo di copertura pari a euro 15.000.000 per sinistro per i danni alle persone, indipendentemente dal numero delle vittime, e a euro 1.000.000 per sinistro per i danni alle cose, indipendentemente dal numero dei danneggiati (3) (4).

2. I contratti dell'assicurazione obbligatoria della responsabilità civile derivante dalla circolazione dei veicoli a motore e dei natanti devono essere adeguati agli importi minimi di copertura obbligatoria per i danni alle cose e per i danni alle persone di cui al comma 1 entro l'11 giugno 2012.

3. Ogni cinque anni dalla data dell'11 giugno 2012 di cui al comma 2 gli importi di cui al comma 1 sono indicizzati automaticamente secondo la variazione percentuale indicata dall'indice europeo dei prezzi al consumo (IPCE), previsto dal regolamento (CE) n. 2494/95 del Consiglio, del 23 ottobre 1995, relativo agli indici dei prezzi al consumo armonizzati. L'aumento effettuato è arrotondato ad un multiplo di euro 10.000.

4. Con provvedimento del Ministro dello sviluppo economico, da pubblicare nella Gazzetta Ufficiale della Repubblica italiana, è stabilito l'adeguamento di cui al comma 3.

5. Alla data dell'11 dicembre 2009 gli importi minimi di copertura devono essere pari ad almeno la metà degli ammontari di cui al comma 1.

(1) *Articolo così sostituito dall'art. 1[4] d.ls. 6 novembre 2007, n. 198.*

(2) *Importi così aggiornati, a decorrere dall'11 giugno 2022, dall'art. 1[1] d.m. 31 maggio 2022 (G.U. 27 giugno 2022, n. 148). I precedenti importi erano di euro 6.070.000, relativamente alla lett.* a), *ed euro 1.220.000, relativamente alla lett.* b).

(3) *Lettera aggiunta dall'art. 1[28 lett. a)] l. 4 agosto 2017, n. 124.*

(4) *Ai sensi dell'art. 1[29] l. n. 124, cit., i massimali di cui alla presente lettera si applicano a decorrere dalla data di entrata in vigore della citata l. n. 124 e sono raddoppiati a decorrere dal 1° gennaio dell'anno successivo a quello di entrata in vigore della medesima legge.*

129. Soggetti esclusi dall'assicurazione. – 1. Non è considerato terzo e non ha diritto ai benefici derivanti dal contratto di assicurazione obbligatoria il solo conducente del veicolo responsabile del sinistro.

2. Ferme restando la disposizione di cui all'articolo 122, comma 2, e quella di cui al comma 1 del presente articolo, non sono inoltre considerati terzi e non hanno diritto ai benefici derivanti dai contratti di assicurazione obbligatoria, limitatamente ai danni alle cose:

a) i soggetti di cui all'articolo 2054, terzo comma, del codice civile ed all'articolo 91, comma 2, del codice della strada;

b) il coniuge non legalmente separato, il convivente more uxorio, gli ascendenti e i discendenti legittimi, naturali o adottivi del soggetto di cui al comma 1 e di quelli di cui alla lettera *a*), nonché gli affiliati e gli altri parenti e affini fino al terzo grado di tutti i predetti soggetti, quando convivano con questi o siano a loro carico in quanto l'assicurato provvede abitualmente al loro mantenimento;

c) ove l'assicurato sia una società, i soci a responsabilità illimitata e le persone che si trovano con questi in uno dei rapporti indicati alla lettera *b*).

CAPO II – *Esercizio dell'assicurazione*

130. Imprese autorizzate. – 1. L'assicurazione può essere stipulata con qualsiasi impresa autorizzata ad esercitare nel territorio della Repubblica, anche in regime di stabilimento e di libertà di prestazione di servizi, l'assicurazione della responsabilità civile per i danni causati dalla circolazione dei veicoli e dei natanti.

2. Le imprese di assicurazione aventi la sede legale nel territorio della Repubblica e le imprese di assicurazione aventi la sede legale in uno Stato terzo autorizzate ad esercitare l'assicurazione obbligatoria della responsabilità civile derivante dalla circolazione dei veicoli a motore e dei natanti, esclusa la responsabilità del vettore, designano in ogni Stato membro un mandatario incaricato della gestione e della liquidazione dei sinistri nei casi di cui all'articolo 151.

3. Nel caso in cui l'impresa di assicurazione, che opera in regime di libertà di prestazione di servizi, non abbia nominato il rappresentante per la gestione dei sinistri di cui all'articolo 25, il mandatario nominato ai sensi del comma 2 ne assume la funzione.

131. (1) (2) **Trasparenza dei premi e delle condizioni di contratto.** – 1. Al fine di garantire la trasparenza e la concorrenzialità delle offerte dei servizi assicurativi, nonché un'adeguata informazione ai soggetti che devono adempiere all'obbligo di assicurazione dei veicoli e dei natanti, le imprese mettono a disposizione del pubblico, presso ogni punto di vendita e nei siti internet, il documento informativo (3) e le condizioni di contratto praticate nel territorio della Repubblica.

2. La pubblicità dei premi è attuata mediante preventivi personalizzati rilasciati presso ogni punto di vendita dell'impresa di assicurazione, nonché mediante siti internet che permettono di ricevere il medesimo preventivo per i veicoli e per i natanti individuati nel regolamento di attuazione.

2-*bis*. Per l'offerta di contratti relativi all'assicurazione r.c. auto, l'intermediario rilascia preventiva informazione al consumatore sulle provvigioni riconosciutegli dall'impresa o, distintamente, dalle imprese per conto di cui opera. L'informazione è affissa nei locali in cui l'intermediario opera e risulta nella documentazione rilasciata al contraente (4).

2-*ter*. I preventivi e le polizze indicano, in modo evidenziato, il premio di tariffa, la provvigione dell'intermediario, nonché lo sconto complessivamente riconosciuto al sottoscrittore del contratto (4).

3. L'IVASS (5) determina, con regolamento, gli obblighi a carico delle imprese e degli intermediari.

(1) *In tema di clausole anticoncorrenziali v. art. 8 d.l. 4 luglio 2006, n. 223, conv., con modif., in l. 4 agosto 2006, n. 248 e art. 5 d.l. 31 gennaio 2007, n. 7, conv., con modif., in l. 2 aprile 2007, n. 40.*

(2) *In attuazione del presente articolo v. Provv. IVASS 2 agosto 2018 (in G.U. 19 settembre 2018, n. 218).*

(3) *Le parole* « il documento informativo » *sono state sostituite alle parole* « la nota informativa » *dall'art. 1[15] d.ls. 30 dicembre 2020, n. 187.*

(4) *Comma inserito dall'art. 8[3-bis] d.l. n. 223, cit.*

(5) *V. nota sub Epigrafe.*

132. Obbligo a contrarre. – 1. Le imprese di assicurazione stabiliscono preventivamente le condizioni di polizza e le tariffe relative all'assicurazione obbligatoria, comprensive di ogni rischio derivante dalla circolazione dei veicoli a motore e dei natanti (1).

1-*bis*. Le imprese di assicurazione sono tenute ad accettare le proposte che sono loro presentate secondo le condizioni e le tariffe di cui al comma 1, fatta salva la necessaria verifica della correttezza dei dati risultanti dall'attestato di rischio, nonché dell'identità del contraente e dell'intestatario del veicolo, se persona diversa (1).

1-*ter*. Qualora dalla verifica, effettuata anche mediante consultazione delle banche di dati di settore e dell'archivio informatico inte-

LEGGI COMPLEMENTARI

grato istituito presso l'IVASS di cui all'articolo 21 del decreto-legge 18 ottobre 2012, n. 179, convertito, con modificazioni, dalla legge 17 dicembre 2012, n. 221, e successive modificazioni, risulti che le informazioni fornite dal contraente non siano corrette o veritiere, le imprese di assicurazione non sono tenute ad accettare le proposte loro presentate. Le imprese di assicurazione, in caso di mancata accettazione della proposta, ricalcolano il premio e inviano un nuovo preventivo al potenziale contraente (1).

2. Le imprese di assicurazione possono richiedere che l'autorizzazione sia limitata, ai fini dell'assolvimento agli obblighi derivanti dal comma 1, ai rischi derivanti dalla circolazione di flotte di veicoli a motore o di natanti.

3. Al fine di facilitare le verifiche propedeutiche all'osservanza dell'obbligo a contrarre di cui al comma 1, le imprese di assicurazione hanno diritto di accedere in via telematica al pubblico registro automobilistico ed all'archivio nazionale dei veicoli previsto dal codice della strada secondo condizioni economiche e tecniche strettamente correlate ai costi del servizio erogato in ragione dell'esigenza di consultazioni anche sistematiche nell'ambito delle attività di prevenzione e contrasto delle frodi nell'assicurazione obbligatoria. Con decreto del Ministro dello sviluppo economico (2), di concerto con il Ministro delle infrastrutture e dei trasporti, sono adottate le disposizioni di attuazione.

3-*bis*. In caso di segnalazione di violazione o elusione dell'obbligo a contrarre, incluso il rinnovo, i termini regolamentari di gestione dei reclami da parte dell'IVASS sono dimezzati. Decorso inutilmente il termine, l'IVASS provvede a irrogare le sanzioni di cui all'articolo 314 (3).

(1) *I commi 1, 1-*bis *e 1-*ter *sono stati sostituiti all'originario comma 1 dall'art. 1*[2] *l. 4 agosto 2017, n. 124. Il testo del comma 1, come modificato dall'art. 32*[1] *d.l. 24 gennaio 2012, n. 1, conv., con modif., in l. 24 marzo 2012, n. 27, era il seguente:* « 1. Le imprese di assicurazione sono tenute ad accettare, secondo le condizioni di polizza e le tariffe che hanno l'obbligo di stabilire preventivamente per ogni rischio derivante dalla circolazione dei veicoli a motore e dei natanti, le proposte per l'assicurazione obbligatoria che sono loro presentate, fatta salva la necessaria verifica della correttezza dei dati risultanti dall'attestato di rischio, nonché dell'identità del contraente e dell'intestatario del veicolo, se persona diversa. Le imprese possono richiedere ai soggetti che presentano proposte per l'assicurazione obbligatoria di sottoporre volontariamente il veicolo ad ispezione, prima della stipula del contratto. Qualora si proceda ad ispezione ai sensi del periodo precedente, le imprese praticano una riduzione rispetto alle tariffe stabilite ai sensi del primo periodo. Nel caso in cui l'assicurato acconsenta all'installazione di meccanismi elettronici che registrano l'attività del veicolo, denominati scatola nera o equivalenti, o ulteriori dispositivi, individuati con decreto del Ministero delle infrastrutture e dei trasporti, di concerto con il

Ministero dello sviluppo economico, i costi di installazione, disinstallazione, sostituzione, funzionamento e portabilità sono a carico delle compagnie che praticano inoltre una riduzione significativa rispetto alle tariffe stabilite ai sensi del primo periodo, all'atto della stipulazione del contratto o in occasione delle scadenze successive a condizione che risultino rispettati i parametri stabiliti dal contratto ».

(2) *V. nota* sub *Epigrafe.*

(3) *Comma aggiunto dall'art. 1[3] l. n. 124, cit.*

132-*bis*. (1) **Obblighi informativi degli intermediari.** – 1. Gli intermediari, prima della sottoscrizione di un contratto di assicurazione obbligatoria per i veicoli a motore, sono tenuti a informare il consumatore in modo corretto, trasparente ed esaustivo sui premi offerti da tutte le imprese di assicurazione di cui sono mandatari relativamente al contratto base previsto dall'articolo 22 del decreto-legge 18 ottobre 2012, n. 179, convertito, con modificazioni, dalla legge 17 dicembre 2012, n. 221, e successive modificazioni.

2. Al fine di cui al comma 1, gli intermediari forniscono l'indicazione dei premi offerti dalle imprese di assicurazione mediante collegamento telematico al preventivatore consultabile nei siti internet dell'IVASS e del Ministero dello sviluppo economico e senza obbligo di rilascio di supporti cartacei.

3. L'IVASS adotta disposizioni attuative in modo da garantire l'accesso e la risposta per via telematica, sia ai consumatori che agli intermediari, esclusivamente per i premi applicati dalle imprese di assicurazione per il contratto base relativo ad autovetture e motoveicoli. Con le stesse disposizioni sono definite le modalità attraverso le quali, ottenuti i preventivi sulla base delle informazioni inserite nel servizio informativo di cui all'articolo 136, comma 3-*bis*, è consentita la conclusione del contratto, a condizioni non peggiorative rispetto a quanto indicato nel preventivo stesso, o presso un'agenzia della compagnia ovvero, per le imprese che lo prevedano, attraverso un collegamento diretto al sito internet di ciascuna compagnia di assicurazione.

4. Il contratto stipulato senza la dichiarazione del cliente di aver ricevuto, ove prescritte, le informazioni di cui al comma 1 è affetto da nullità rilevabile solo a favore del cliente.

(1) *Articolo inserito 1[6] l. 4 agosto 2017, n. 124.*

132-*ter*. (1) **Sconti obbligatori.** – 1. In presenza di almeno una delle seguenti condizioni, da verificare in precedenza o contestualmente alla stipulazione del contratto o dei suoi rinnovi, le imprese di assicurazione praticano uno sconto determinato dall'impresa nei limiti stabiliti dal comma 2:

a) nel caso in cui, su proposta dell'impresa di assicurazione, i soggetti che presentano proposte per l'assicurazione obbligatoria accettano di sottoporre il veicolo a ispezione da eseguire a spese dell'impresa di assicurazione;

b) nel caso in cui vengono installati, su proposta dell'impresa di assicurazione, o sono già presenti e portabili meccanismi elettronici che registrano l'attività del veicolo, denominati "scatola nera" o equivalenti, ovvero ulteriori dispositivi, individuati, per i soli requisiti funzionali minimi necessari a garantire l'utilizzo dei dati raccolti, in particolare, ai fini tariffari e della determinazione della responsabilità in occasione dei sinistri, con decreto del Ministro delle infrastrutture e dei trasporti, di concerto con il Ministro dello sviluppo economico, da adottare entro novanta giorni dalla data di entrata in vigore della presente disposizione;

c) nel caso in cui vengono installati, su proposta dell'impresa di assicurazione, o sono già presenti, meccanismi elettronici che impediscono l'avvio del motore qualora sia riscontrato nel guidatore un tasso alcolemico superiore ai limiti stabiliti dalla legge per la conduzione di veicoli a motore.

2. L'IVASS, con proprio regolamento, definisce criteri e modalità nell'ambito dei processi di costruzione della tariffa e di ricalcolo del premio, per la determinazione da parte delle imprese di assicurazione dello sconto di cui al comma 1. Le imprese di assicurazione, in attuazione dei criteri stabiliti dall'IVASS, definiscono uno sconto significativo da applicare alla clientela a fronte della riduzione del rischio connesso al ricorrere di una o più delle condizioni di cui al comma 1 ed evidenziano in sede di preventivo e nel contratto, in caso di accettazione da parte del contraente, lo sconto praticato per ciascuna delle condizioni di cui al comma 1, in valore assoluto e in percentuale, rispetto al prezzo della polizza altrimenti applicato.

3. L'IVASS identifica, sulla scorta di dati in proprio possesso e di indagini statistiche, la lista delle province a maggiore tasso di sinistrosità e con premio medio più elevato. Tale lista è aggiornata con cadenza almeno biennale.

4. Con il regolamento di cui al comma 2, l'IVASS, tenuto conto dei premi più elevati applicati nelle province individuate ai sensi del comma 3 e di quelli praticati nelle altre province a più bassa sinistrosità ad assicurati con le medesime caratteristiche soggettive e collocati nella medesima classe di merito, definisce altresì i criteri e le modalità finalizzati alla determinazione da parte delle imprese di assicurazione di uno sconto, aggiuntivo e significativo rispetto a

quello praticato ai sensi del comma 2, da applicare ai soggetti residenti nelle province di cui al comma 3, che non abbiano provocato sinistri con responsabilità esclusiva o principale o paritaria negli ultimi quattro anni sulla base dell'evidenza dell'attestato di rischio, e che abbiano installato o installino, a seguito della stipula del contratto, il dispositivo di cui al comma 1, lettera *b*).

5. In particolare, il regolamento di cui al comma 2:

a) definisce i parametri oggettivi, tra cui la frequenza dei sinistri e il relativo costo medio, per il calcolo dello sconto aggiuntivo di cui al comma 4;

b) prevede, nell'ambito delle modalità di cui al comma 4, che non possano sussistere differenziali di premio che non siano giustificati da specifiche evidenze sui differenziali di rischio.

6. Le attività di cui ai commi precedenti sono svolte nell'ambito delle risorse umane e strumentali disponibili a legislazione vigente e comunque senza nuovi o maggiori oneri per la finanza pubblica.

7. Le imprese di assicurazione, in attuazione dei criteri stabiliti dall'IVASS, a decorrere dalla data di entrata in vigore della presente disposizione, applicano lo sconto nei confronti dei soggetti che si trovino nelle condizioni previste dal comma 4, di importo significativo e aggiuntivo rispetto a quello praticato ai sensi del comma 2, ed evidenziano in sede di preventivo e nel contratto, in caso di accettazione da parte del contraente, lo sconto praticato, in valore assoluto e in percentuale, rispetto al prezzo della polizza altrimenti applicato. Lo sconto di cui al presente comma si applica ai nuovi contratti o in occasione del rinnovo di quelli in essere.

8. Resta fermo, nei casi di cui ai commi 2 e 4, l'obbligo di rispettare i parametri stabiliti dal contratto di assicurazione. Al fine del conseguimento della massima trasparenza, l'impresa di assicurazione pubblica nel proprio sito internet l'entità degli sconti effettuati in attuazione delle disposizioni di cui ai commi 1, 2, 4 e 7, secondo forme di pubblicità che ne rendano efficace e chiara l'applicazione.

9. L'IVASS, attraverso periodiche verifiche a campione, anche in via ispettiva ovvero a seguito di circostanziata segnalazione da parte di terzi, accerta che le imprese assicurative tengano effettivamente conto, ai fini dell'applicazione delle disposizioni di cui ai commi 1, 2, 4 e 7, nel processo di costruzione della tariffa e di ricalcolo del premio, dei criteri definiti dal regolamento di cui al comma 2 e del rispetto dei criteri e delle modalità finalizzati alla determinazione dello sconto di cui al comma 4.

10. L'IVASS verifica, inoltre, che lo sconto aggiuntivo di cui al

comma 4 garantisca la progressiva riduzione delle differenze dei premi applicati sul territorio nazionale nei confronti di assicurati con le medesime caratteristiche soggettive e collocati nella medesima classe di merito.

11. (2).

12. Nei casi di cui al comma 1, lettere *b*) e *c*), i costi di installazione, disinstallazione, funzionamento, sostituzione e portabilità sono a carico dell'impresa. La titolarità delle dotazioni di cui alle citate lettere *b*) e *c*) spetta all'assicurato.

La riduzione di premio praticata dall'impresa di assicurazione di cui al comma 1 si applica, altresì, in caso di contratto stipulato con un nuovo assicurato e in caso di scadenza di un contratto o di stipulazione di un nuovo contratto di assicurazione fra le stesse parti. Resta fermo l'obbligo di rispettare i parametri stabiliti dal contratto di assicurazione.

(1) *Articolo inserito dall'art. 1[6] l. 4 agosto 2017, n. 124.*

(2) *Comma abrogato dall'art. 1[25] d.ls. 21 maggio 2018, n. 68. Ai sensi dell'art. 4[7] d.ls. n. 68, cit., tale disposizione trova applicazione dal 1° ottobre 2018. Il testo del comma era il seguente:* « 11. Il mancato rispetto da parte dell'impresa di assicurazione dei criteri e delle modalità per la determinazione dello sconto di cui ai commi 2 e 4 e dell'obbligo di riduzione del premio nei casi previsti dalle disposizioni di cui ai commi 1 e 7 comporta l'applicazione alla medesima impresa, da parte dell'IVASS, di una sanzione amministrativa pecuniaria da euro 10.000 a euro 80.000 e la riduzione automatica del premio di assicurazione relativo al contratto in essere ».

133. Formule tariffarie. – 1. Per i ciclomotori, i motocicli, le autovetture e per altre categorie di veicoli a motore che possono essere individuate dall'IVASS (1), con regolamento, i contratti di assicurazione debbono essere stipulati in base a condizioni di polizza che prevedano ad ogni scadenza annuale la variazione in aumento od in diminuzione del premio applicato all'atto della stipulazione o del rinnovo, in relazione al verificarsi o meno di sinistri nel corso di un certo periodo di tempo, oppure in base a clausole di franchigia che prevedano un contributo dell'assicurato al risarcimento del danno o in base a formule miste fra le due tipologie. L'individuazione delle categorie di veicoli è effettuata tenendo conto delle esigenze di prevenzione. La predetta variazione del premio, in aumento o in diminuzione, da indicare, in valore assoluto e in percentuale rispetto alla tariffa in vigore applicata dall'impresa, all'atto dell'offerta di preventivo della stipulazione o di rinnovo, (2) si applica automaticamente, fatte salve le migliori condizioni, nella misura preventivamente quantificata in rapporto alla classe di appartenenza attribuita alla polizza ed esplicitamente indicata nel contratto (3) (4).

1-*bis*. È fatto divieto alle imprese di assicurazione di differenziare la progressione e l'attribuzione delle classi di merito interne in funzione della durata del rapporto contrattuale tra l'assicurato e la medesima impresa, ovvero in base a parametri che ostacolino la mobilità tra diverse imprese di assicurazione. In particolare, le imprese di assicurazione devono garantire al soggetto che stipula il nuovo contratto, nell'ambito della classe di merito, le condizioni di premio assegnate agli assicurati aventi identiche caratteristiche di rischio (5).

2. Le imprese di assicurazione hanno diritto di accesso telematico all'anagrafe nazionale delle persone abilitate alla guida prevista dal codice della strada presso il Ministero delle infrastrutture e dei trasporti a scopo di verifica e aggiornamento delle informazioni relative all'abilitazione alla guida secondo condizioni economiche e tecniche strettamente correlate ai costi del servizio erogato. Con decreto del Ministro dello sviluppo economico (1), di concerto con il Ministro delle infrastrutture e dei trasporti, sentito il Garante per la protezione dei dati personali, sono adottate le disposizioni di attuazione.

(1) *V. nota* sub *Epigrafe.*

(2) *Le parole da* « La predetta variazione » *a* « o di rinnovo, » *sono state sostituite alle parole* « La predetta variazione in diminuzione del premio » *dall'art. 1*[12] *l. 4 agosto 2017, n. 124.*

(3) *Periodo aggiunto dall'art.* 34-bis[1] *d.l. 24 gennaio 2012, n. 1, conv., con modif., in l. 24 marzo 2012, n. 27.*

(4) *Seguiva un periodo aggiunto dall'art.* 34-bis[1] *d.l. n. 1, cit., e successivamente soppresso dall'art. 1*[26] *d.ls. 21 maggio 2018, n. 68. Ai sensi dell'art. 4*[7] *d.ls. n. 68, cit., tale disposizione trova applicazione dal 1° ottobre 2018. Il testo del periodo era il seguente:* « Il mancato rispetto della disposizione di cui al presente comma comporta l'applicazione, da parte dell'IVASS, di una sanzione amministrativa da 1.000 euro a 50.000 euro ».

(5) *Comma inserito dall'art. 1*[13] *l. n. 124, cit.*

134. (1) **Attestazione sullo stato del rischio.** – 1. L'IVASS (2), con regolamento, determina le indicazioni relative all'attestazione sullo stato del rischio che, in occasione di ciascuna scadenza annuale dei contratti di assicurazione obbligatoria relativi ai veicoli a motore, l'impresa deve consegnare al contraente o, se persona diversa, al proprietario ovvero all'usufruttuario, all'acquirente con patto di riservato dominio o al locatario in caso di locazione finanziaria. Le indicazioni contenute nell'attestazione sullo stato del rischio devono comprendere la specificazione della tipologia del danno liquidato (3).

1-*bis*. I soggetti di cui al comma 1 hanno diritto di esigere in qualunque momento, entro quindici giorni dalla richiesta, l'attestazione sullo stato del rischio relativo agli ultimi cinque anni del contratto di assicurazione obbligatoria relativo ai veicoli a motore secondo le modalità stabilite dall'IVASS (2) con il regolamento di cui al comma 1 (4).

1-*ter*. La consegna dell'attestazione sullo stato del rischio, ai sensi dei commi 1 e 1-*bis*, nonché ai sensi del regolamento dell'IVASS (2) di cui al comma 1, è effettuata per via telematica, attraverso l'utilizzo delle banche dati elettroniche di cui al comma 2 del presente articolo o di cui all'articolo 135 (5).

2. Il regolamento prevede l'obbligo, a carico delle imprese di assicurazione, di inserimento delle informazioni riportate sull'attestato di rischio in una banca dati elettronica detenuta da enti pubblici ovvero, qualora già esistente, da enti privati, al fine di consentire adeguati controlli nell'assunzione dei contratti di assicurazione di cui all'articolo 122, comma 1. In ogni caso l'IVASS (2) ha accesso gratuito alla banca dati contenente le informazioni sull'attestazione (6).

3. La classe di merito indicata sull'attestato di rischio si riferisce al proprietario del veicolo. Il regolamento stabilisce la validità, comunque non inferiore a dodici mesi, ed individua i termini relativi alla decorrenza ed alla durata del periodo di osservazione. In caso di cessazione del rischio assicurato o in caso di sospensione o di mancato rinnovo del contratto di assicurazione per mancato utilizzo del veicolo, l'ultimo attestato di rischio conseguito conserva validità per un periodo di cinque anni (7).

4. L'attestazione sullo stato del rischio, all'atto della stipulazione di un contratto per il medesimo veicolo al quale si riferisce l'attestato, è acquisita direttamente dall'impresa assicuratrice in via telematica attraverso le banche dati di cui al comma 2 del presente articolo e di cui all'articolo 135 (8).

4-*bis*. L'impresa di assicurazione, in tutti i casi di stipulazione di un nuovo contratto e in tutti i casi di rinnovo di contratti già stipulati, purché in assenza di sinistri con responsabilità esclusiva o principale o paritaria negli ultimi cinque anni, sulla base delle risultanze dell'attestato di rischio, relativi (9) a un ulteriore veicolo, anche di diversa tipologia (10), acquistato dalla persona fisica già titolare di polizza assicurativa o da un componente stabilmente convivente del suo nucleo familiare, non può assegnare al contratto una classe di merito più sfavorevole rispetto a quella risultante dall'ultimo attestato di rischio conseguito sul veicolo già assicurato e non può discriminare in funzione della durata del rapporto garantendo, nell'ambito della classe di merito, le condizioni di premio assegnate agli assicurati aventi le stesse caratteristiche di rischio del soggetto che stipula il nuovo contratto (11) (12).

4-*ter*. Conseguentemente al verificarsi di un sinistro, le imprese di assicurazione non possono applicare alcuna variazione di classe di merito prima di aver accertato l'effettiva responsabilità del contraente, che è individuata nel responsabile principale del sinistro, secondo la liquidazione effettuata in relazione al danno e fatto salvo un diverso accertamento in sede giudiziale. Ove non sia possibile accertare la responsabilità principale, ovvero, in via provvisoria, salvo conguaglio, in caso di liquidazione parziale, la responsabilità si computa pro quota in relazione al numero dei conducenti coinvolti, ai fini della eventuale variazione di classe a seguito di più sinistri. In ogni caso, le variazioni peggiorative apportate alla classe di merito e i conseguenti incrementi del premio per gli assicurati che hanno esercitato la facoltà di cui all'articolo 132-*ter*, comma 1, lettera *b*), devono essere inferiori a quelli altrimenti applicati (13) (12).

4-*ter*.1. Conseguentemente al verificarsi di un sinistro, qualora l'assicurato accetti l'installazione di uno dei dispositivi di cui all'articolo 132-*ter*, le variazioni peggiorative apportate alla classe di merito e i conseguenti incrementi del premio devono essere inferiori a quelli altrimenti applicati (14).

4-*ter*.2. Al verificarsi di un sinistro di cui si sia reso responsabile in via esclusiva o principale un conducente collocato nella classe di merito più favorevole per il veicolo di diversa tipologia ai sensi delle disposizioni del comma 4-*bis* e che abbia comportato il pagamento di un indennizzo complessivamente superiore a euro 5.000, le imprese di assicurazione, alla prima scadenza successiva del contratto, possono assegnare, per il solo veicolo di diversa tipologia coinvolto nel sinistro, una classe di merito superiore fino a cinque unità rispetto ai criteri indicati dall'IVASS ai sensi del presente articolo. Le disposizioni del presente comma si applicano unicamente ai soggetti beneficiari dell'assegnazione della classe di merito più favorevole per il solo veicolo di diversa tipologia ai sensi delle disposizioni del comma 4-*bis* nel testo in vigore successivamente alle modifiche introdotte dall'articolo 55-*bis*, comma 1, lettera *a*), del decreto-legge 26 ottobre 2019, n. 124, convertito, con modificazioni, dalla legge 19 dicembre 2019, n. 157 (15).

4-*quater*. È fatto comunque obbligo alle imprese di assicurazione di comunicare tempestivamente al contraente le variazioni peggiorative apportate alla classe di merito (12).

(1) *In attuazione del presente articolo v. Provv. IVASS 19 giugno 2015, n. 35 (in G.U. 30 giugno 2015, n. 149).*

(2) *V. nota* sub *Epigrafe.*

LEGGI COMPLEMENTARI

(3) *Periodo aggiunto dall'art. 32*[2 lett. a)] *d.l. 24 gennaio 2012, n. 1, conv., con modif., in l. 24 marzo 2012, n. 27.*

(4) *Comma inserito dall'art. 1*[5] *d.ls. 6 novembre 2007, n. 198.*

(5) *Comma inserito dall'art. 32*[2 lett. b)] *d.l. n. 1, cit.*

(6) *Comma così modificato dall'art. 32*[2 lett. c)] *d.l. n. 1, cit.*

(7) *Periodo aggiunto dall'art. 5*[1-bis] *d.l. 31 gennaio 2007, n. 7, conv., con modif., in l. 2 aprile 2007, n. 40. V. disposizioni di cui al successivo art. 5*[5] *d.l. n. 7, cit., che così dispone: « 5. Le clausole in contrasto con le prescrizioni del [medesimo] articolo sono nulle e non comportano la nullità del contratto, fatta salva la facoltà degli operatori di adeguare le clausole vigenti alla data di entrata in vigore del [medesimo] decreto entro i successivi sessanta giorni, ovvero, limitatamente al comma 4, entro i successivi centottanta giorni ».*

(8) *Comma così sostituito dall'art. 32*[2 lett. d)] *d.l. n. 1, cit.*

(9) *Le parole da* « e in tutti i casi di rinnovo di contratti già stipulati, » *a* « dell'attestato di rischio, relativi » *sono state sostituite alla parola* « , relativo » *dall'art.* 55-bis[1 lett. a)] *d.l. 26 ottobre 2019, n. 124, conv., con modif., in l. 19 dicembre 2019, n. 157. Ai sensi del comma 2 dell'art.* 55-bis *del medesimo d.l. n. 124, per i contratti stipulati anteriormente alla data di entrata in vigore della legge di conversione del suddetto decreto, tale disposizione si applica in sede di rinnovo dei medesimi contratti. Successivamente, ai sensi dell'art. 12*[4] *d.l. 30 dicembre 2019, n. 162, conv., con modif., in l. 28 febbraio 2020, n. 8, le disposizioni di cui al suddetto art.* 55-bis *d.l. n. 124, cit., si applicano dal 16 febbraio 2020.*

(10) *Le parole* « , anche di diversa tipologia » *sono state sostituite alle parole* « della medesima tipologia » *dall'art.* 55-bis[1 lett. b)] *d.l. n. 124 del 2019, cit.*

(11) *Le parole da* « e non può discriminare » *a* « stipula il nuovo contratto » *sono state aggiunte dall'art. 1*[14 lett. a)] *l. 4 agosto 2017, n. 124.*

(12) *Comma aggiunto dall'art. 5*[2] *d.l. n. 7, cit. V. disposizioni di cui al successivo art. 5*[5] *d.l. n. 7, cit.,* sub *nota 3.*

(13) *Periodo aggiunto dall'art. 1*[14 lett. b)] *l. n. 124, cit.*

(14) *Comma inserito dall'art. 1*[14 lett. c)] *l. n. 124, cit.*

(15) *Comma inserito dall'art. 12*[4-ter] *d.l. 30 dicembre 2019, n. 162, conv., con modif., in l. 28 febbraio 2020, n. 8. Ai sensi del successivo comma* 4-quater *d.l. n. 162, cit., « entro il 30 ottobre 2020 l'Istituto per la vigilanza sulle assicurazioni trasmette una relazione sull'attuazione e sugli effetti della disposizione di cui al comma* 4-ter *al Ministero dello sviluppo economico, al Ministero dell'economia e delle finanze e alle Camere ».*

135. (1) **Banca dati sinistri e banche dati anagrafe testimoni e anagrafe danneggiati.** – 1. Allo scopo di rendere più efficace la prevenzione e il contrasto di comportamenti fraudolenti nel settore delle assicurazioni obbligatorie per i veicoli a motore immatricolati in Italia, sono istituite presso l'IVASS (3) una banca dati dei sinistri ad essi relativi e due banche dati denominate « anagrafe testimoni » e « anagrafe danneggiati » (2).

2. Le imprese di assicurazione autorizzate in Italia all'esercizio dell'assicurazione obbligatoria della responsabilità civile derivante dalla circolazione dei veicoli a motore sono tenute a comunicare i dati riguardanti i sinistri gestiti, compresi i sinistri gestiti in qualità di impresa designata ai sensi dell'articolo 286, nonché i sinistri gestiti dall'Ufficio centrale italiano ai sensi dell'articolo 125, comma 5, e

dell'articolo 296, secondo le modalità stabilite con regolamento adottato dall'IVASS. Al medesimo adempimento sono tenute le imprese aventi sede legale in uno Stato membro dell'Unione europea ammesse a operare in Italia in regime di libera prestazione dei servizi o in regime di stabilimento e abilitate all'esercizio dell'assicurazione obbligatoria della responsabilità civile derivante dalla circolazione dei veicoli a motore nel territorio della Repubblica (4).

3. Le procedure di organizzazione e di funzionamento, le modalità e le condizioni di accesso alle banche dati di cui al comma 1, da parte delle pubbliche amministrazioni, dell'autorità giudiziaria, delle forze di polizia, delle imprese di assicurazione e di soggetti terzi, nonché gli obblighi di consultazione delle banche dati da parte delle imprese di assicurazione in fase di liquidazione dei sinistri, sono stabiliti dall'IVASS (3), con regolamento, sentiti il Ministero dello sviluppo economico e il Ministero dell'interno, e, per i profili di tutela della riservatezza, il Garante per la protezione dei dati personali (5).

3-*bis*. In caso di sinistri con soli danni a cose, l'identificazione di eventuali testimoni sul luogo di accadimento dell'incidente deve risultare dalla denuncia di sinistro o comunque dal primo atto formale del danneggiato nei confronti dell'impresa di assicurazione o, in mancanza, deve essere richiesta dall'impresa di assicurazione con espresso avviso all'assicurato delle conseguenze processuali della mancata risposta. In quest'ultimo caso, l'impresa di assicurazione deve effettuare la richiesta di indicazione dei testimoni con raccomandata con avviso di ricevimento entro il termine di sessanta giorni dalla denuncia del sinistro e la parte che riceve tale richiesta effettua la comunicazione dei testimoni, a mezzo di raccomandata con avviso di ricevimento, entro il termine di sessanta giorni dalla ricezione della richiesta. L'impresa di assicurazione deve procedere a sua volta all'individuazione e alla comunicazione di eventuali ulteriori testimoni entro il termine di sessanta giorni. Fatte salve le risultanze contenute in verbali delle autorità di polizia intervenute sul luogo dell'incidente, l'identificazione dei testimoni avvenuta in un momento successivo comporta l'inammissibilità della prova testimoniale addotta (6).

3-*ter*. In caso di giudizio, il giudice, sulla base della documentazione prodotta, non ammette le testimonianze che non risultino acquisite secondo le modalità previste dal comma 3-*bis*. Il giudice dispone l'audizione dei testimoni che non sono stati indicati nel rispetto del citato comma 3-*bis* nei soli casi in cui risulti comprovata l'oggettiva impossibilità della loro tempestiva identificazione (6).

3-*quater*. Nelle controversie civili promosse per l'accertamento della responsabilità e per la quantificazione dei danni, il giudice, anche su documentata segnalazione delle parti che, a tale fine, possono richiedere i dati all'IVASS, trasmette un'informativa alla procura della Repubblica, per quanto di competenza, in relazione alla ricorrenza dei medesimi nominativi di testimoni presenti in più di tre sinistri negli ultimi cinque anni registrati nella banca dati dei sinistri di cui al comma 1. Il presente comma non si applica agli ufficiali e agli agenti delle autorità di polizia che sono chiamati a testimoniare (6).

(1) *Rubrica così modificata dall'art. 32[3-bis lett. a)] d.l. 24 gennaio 2012, n. 1, conv., con modif., in l. 24 marzo 2012, n. 27.*

(2) *Comma così modificato dall'art. 32[3-bis lett. b)] d.l. n. 1, cit.*

(3) *V. nota* sub *Epigrafe.*

(4) *Comma così sostituito dall'art. 1[28 lett. b)] l. 4 agosto 2017, n. 124. Il testo del comma era il seguente:* « 2. Le imprese sono tenute a comunicare i dati riguardanti i sinistri dei propri assicurati, secondo le modalità stabilite con regolamento adottato dall'IVASS. I dati relativi alle imprese di assicurazione che operano nel territorio della Repubblica in regime di libera prestazione dei servizi o in regime di stabilimento sono richiesti dall'IVASS alle rispettive autorità di vigilanza degli Stati membri interessati ».

(5) *Comma così sostituito dall'art. 32[3-bis lett. c)] d.l. n. 1, cit.*

(6) *Comma aggiunto dall'art. 1[15] l. 4 agosto 2017, n. 124.*

136. Funzioni del Ministero delle attività produttive. – 1. Al fine di consentire lo svolgimento delle funzioni del Ministero delle attività produttive, l'IVASS (1) è tenuto a comunicare al Ministero dati, informazioni e notizie relativi alle tariffe dell'assicurazione obbligatoria della responsabilità civile derivante dalla circolazione dei veicoli a motore e dei natanti.

2. Per le finalità di cui al comma 1, è istituito presso il Ministero dello sviluppo economico (1) un comitato di esperti in materia di assicurazione obbligatoria della responsabilità civile derivante dalla circolazione dei veicoli a motore e dei natanti, con il compito di osservare l'andamento degli incrementi tariffari praticati dalle imprese di assicurazione operanti nel territorio della Repubblica, valutando in particolare le differenze tariffarie applicate sul territorio della Repubblica italiana e anche in quale misura si sia tenuto conto del comportamento degli assicurati che nel corso dell'anno non abbiano denunciato incidenti. Con decreto del Ministro dello sviluppo economico (1), è disciplinata la costituzione e il funzionamento del comitato di esperti, fermo restando che ai predetti esperti non può

essere attribuita alcuna indennità o emolumento comunque denominato.

3. Al fine della diffusione di un'adeguata informazione agli utenti e della realizzazione di un sistema di monitoraggio permanente sui premi relativi all'assicurazione obbligatoria della responsabilità civile derivante dalla circolazione dei veicoli a motore, il Consiglio nazionale dei consumatori e degli utenti è autorizzato a stipulare apposita convenzione con l'Istituto nazionale di statistica e a cofinanziare, secondo modalità e criteri stabiliti con decreto del Ministro dello sviluppo economico (1), programmi di informazione e orientamento rivolti agli utenti dei servizi assicurativi promossi dalle associazioni dei consumatori e degli utenti, a valere sulle disponibilità finanziarie assegnate al Consiglio stesso dalla legge istitutiva.

3-*bis*. Il Ministero dello sviluppo economico utilizza il sistema tariffario completo in tutte le sue estensioni organizzato dall'IVASS (1), sulla base dei dati forniti dalle imprese di assicurazione, per realizzare un servizio informativo, anche tramite il proprio sito internet, che consente al consumatore di comparare le tariffe applicate dalle diverse imprese di assicurazione relativamente al proprio profilo individuale (2).

(1) *V. nota* sub *Epigrafe.*

(2) *Comma aggiunto dall'art. 5³ d.l. 31 gennaio 2007, n. 7, conv., con modif., in l. 2 aprile 2007, n. 40. V. disposizioni di cui al successivo art. 5⁵ d.l. n. 7, cit.,* sub *art. 134.*

CAPO III – *Risarcimento del danno*

137. Danno patrimoniale. – 1. Nel caso di danno alla persona, quando agli effetti del risarcimento si debba considerare l'incidenza dell'inabilità temporanea o dell'invalidità permanente su un reddito di lavoro comunque qualificabile, tale reddito si determina, per il lavoro dipendente, sulla base del reddito di lavoro, maggiorato dei redditi esenti e al lordo delle detrazioni e delle ritenute di legge, che risulta il più elevato tra quelli degli ultimi tre anni e, per il lavoro autonomo, sulla base del reddito netto che risulta il più elevato tra quelli dichiarati dal danneggiato ai fini dell'imposta sul reddito delle persone fisiche negli ultimi tre anni ovvero, nei casi previsti dalla legge, dall'apposita certificazione rilasciata dal datore di lavoro ai sensi delle norme di legge.

2. È in ogni caso ammessa la prova contraria, ma, quando dalla stessa risulti che il reddito sia superiore di oltre un quinto rispetto a quello risultante dagli atti indicati nel comma 1, il giudice ne fa segnalazione al competente ufficio dell'Agenzia delle entrate.

3. In tutti gli altri casi il reddito che occorre considerare ai fini del risarcimento non può essere inferiore a tre volte l'ammontare annuo della pensione sociale.

138. (1) **Danno non patrimoniale per lesioni di non lieve entità.** – 1. Al fine di garantire il diritto delle vittime dei sinistri a un pieno risarcimento del danno non patrimoniale effettivamente subito e di razionalizzare i costi gravanti sul sistema assicurativo e sui consumatori, con due distinti decreti (2) del Presidente della Repubblica, da adottare entro il 1° maggio 2022 (2), previa deliberazione del Consiglio dei ministri, il primo, di cui alla lettera *a*), su proposta del Ministro della salute, di concerto con il Ministro dello sviluppo economico, con il Ministro del lavoro e delle politiche sociali e con il Ministro della giustizia, e il secondo, di cui alla lettera *b*), su proposta del Ministro dello sviluppo economico, di concerto con il Ministro della giustizia, sentito l'IVASS (2), si provvede alla predisposizione di specifiche tabelle uniche per (2) tutto il territorio della Repubblica:

a) delle menomazioni all'integrità psico-fisica comprese tra dieci e cento punti;

b) del valore pecuniario da attribuire a ogni singolo punto di invalidità comprensivo dei coefficienti di variazione corrispondenti all'età del soggetto leso (3).

2. Le tabelle uniche nazionali di cui al comma 1 sono redatte (4), tenuto conto dei criteri di valutazione del danno non patrimoniale ritenuti congrui dalla consolidata giurisprudenza di legittimità, secondo i seguenti principi e criteri:

a) agli effetti delle tabelle (5), per danno biologico si intende la lesione temporanea o permanente all'integrità psico-fisica della persona, suscettibile di accertamento medico-legale, che esplica un'incidenza negativa sulle attività quotidiane e sugli aspetti dinamico-relazionali della vita del danneggiato, indipendentemente da eventuali ripercussioni sulla sua capacità di produrre reddito;

b) la tabella dei valori economici si fonda sul sistema a punto variabile in funzione dell'età e del grado di invalidità;

c) il valore economico del punto è funzione crescente della percentuale di invalidità e l'incidenza della menomazione sugli aspetti dinamico-relazionali della vita del danneggiato cresce in modo più che proporzionale rispetto all'aumento percentuale assegnato ai postumi;

d) il valore economico del punto è funzione decrescente dell'età del soggetto, sulla base delle tavole di mortalità elaborate dall'ISTAT, al tasso di rivalutazione pari all'interesse legale;

e) al fine di considerare la componente del danno morale da lesione all'integrità fisica, la quota corrispondente al danno biologico stabilita in applicazione dei criteri di cui alle lettere da *a*) a *d*) è incrementata in via percentuale e progressiva per punto, individuando la percentuale di aumento di tali valori per la personalizzazione complessiva della liquidazione;

f) il danno biologico temporaneo inferiore al 100 per cento è determinato in misura corrispondente alla percentuale di inabilità riconosciuta per ciascun giorno.

3. Qualora la menomazione accertata incida in maniera rilevante su specifici aspetti dinamico-relazionali personali documentati e obiettivamente accertati, l'ammontare del risarcimento del danno, calcolato secondo quanto previsto dalla tabella unica nazionale di cui al comma 1, lettera *b*) (6), può essere aumentato dal giudice, con equo e motivato apprezzamento delle condizioni soggettive del danneggiato, fino al 30 per cento.

4. L'ammontare complessivo del risarcimento riconosciuto ai sensi del presente articolo è esaustivo del risarcimento del danno conseguente alle lesioni fisiche.

5. Gli importi stabiliti nella tabella unica nazionale di cui al comma 1, lettera *b*), (7) sono aggiornati annualmente, con decreto del Ministro dello sviluppo economico, in misura corrispondente alla variazione dell'indice nazionale dei prezzi al consumo per le famiglie di operai e impiegati accertata dall'ISTAT.

(1) *Articolo così sostituito dall'art. 1[17] l. 4 agosto 2017, n. 124. Il testo dell'articolo era il seguente:*« Art. 138. (*Danno biologico per lesioni di non lieve entità*). – 1. Con decreto del Presidente della Repubblica, previa deliberazione del Consiglio dei Ministri, su proposta del Ministro della salute, di concerto con il Ministro dello sviluppo economico, con il Ministro del lavoro e delle politiche sociali e con il Ministro della giustizia, si provvede alla predisposizione di una specifica tabella unica su tutto il territorio della Repubblica: *a*) delle menomazioni alla integrità psicofisica comprese tra dieci e cento punti; *b*) del valore pecuniario da attribuire ad ogni singolo punto di invalidità comprensiva dei coefficienti di variazione corrispondenti all'età del soggetto leso. — 2. La tabella unica nazionale è redatta secondo i seguenti principi e criteri: *a*) agli effetti della tabella per danno biologico si intende la lesione temporanea o permanente all'integrità psico-fisica della persona suscettibile di accertamento medico-legale che esplica un'incidenza negativa sulle attività quotidiane e sugli aspetti dinamico-relazionali della vita del danneggiato, indipendentemente da eventuali ripercussioni sulla sua capacità di produrre reddito; *b*) la tabella dei valori economici si fonda sul sistema a punto variabile in funzione dell'età e del grado di invalidità; *c*) il valore economico del punto è funzione crescente della percentuale di invalidità e l'incidenza della menomazione sugli aspetti dinamico-relazionali della vita del danneggiato cresce in modo più che proporzionale rispetto all'aumento percentuale assegnato ai postumi; *d*) il valore economico del punto è funzione decrescente dell'età del soggetto, sulla base delle tavole di mortalità elaborate dall'ISTAT, al tasso di rivalutazione

pari all'interesse legale; *e*) il danno biologico temporaneo inferiore al cento per cento è determinato in misura corrispondente alla percentuale di inabilità riconosciuta per ciascun giorno. — 3. Qualora la menomazione accertata incida in maniera rilevante su specifici aspetti dinamico-relazionali personali, l'ammontare del danno determinato ai sensi della tabella unica nazionale può essere aumentato dal giudice sino al trenta per cento, con equo e motivato apprezzamento delle condizioni soggettive del danneggiato. – 4. Gli importi stabiliti nella tabella unica nazionale sono aggiornati annualmente, con decreto del Ministro dello sviluppo economico, in misura corrispondente alla variazione dell'indice nazionale dei prezzi al consumo per le famiglie di operai ed impiegati accertata dall'ISTAT ».

(2) *Le parole* « con due distinti decreti » *sono state sostituite alle parole* « con decreto », *le parole* « entro il 1° maggio 2022 » *sono state sostituite alle parole* « entro centoventi giorni dalla data di entrata in vigore della presente disposizione », *le parole da* « il primo, di cui alla lettera a), » *a* « con il Ministro della giustizia, sentito l'IVASS » *sono state sostituite alle parole* « su proposta del Ministro dello sviluppo economico, di concerto con il Ministro della salute, con il Ministro del lavoro e delle politiche sociali e con il Ministro della giustizia » *e le parole* « specifiche tabelle uniche per » *sono state sostituite alle parole* « una specifica tabella unica su » *dall'art. 3-ter*[1, lett. a)] *d.l. 30 dicembre 2021, n. 228, conv., con modif., in l. 25 febbraio 2022, n. 15.*

(3) *Ai sensi dell'art. 1*[18] *l. n. 124, cit., la tabella unica nazionale predisposta con il decreto del Presidente della Repubblica di cui al presente comma si applica ai sinistri e agli eventi verificatisi successivamente alla data di entrata in vigore del medesimo decreto del Presidente della Repubblica.*

(4) *Le parole* « Le tabelle uniche nazionali di cui al comma 1 sono redatte » *sono state sostituite alle parole* « La tabella unica nazionale è redatta » *dall'art. 3-ter*[1, lett. b), n. 1] *d.l. n. 228, cit.*

(5) *Le parole* « delle tabelle » *sono state sostituite alle parole* « della tabella » *dall'art. 3-ter*[1, lett. b), n. 2] *d.l. n. 228, cit.*

(6) *Le parole* « dalla tabella unica nazionale di cui al comma 1, lettera *b*) » *sono state sostituite alle parole* « dalla tabella unica nazionale di cui al comma 2 » *dall'art. 3-ter*[1, lett. c)] *d.l. n. 228, cit.*

(7) *Le parole* « di cui al comma 1, lettera *b*), » *sono state aggiunte dall'art. 3-ter*[1, lett. d)] *d.l. n. 228, cit.*

139. (1) **Danno non patrimoniale per lesioni di lieve entità.** – 1. Il risarcimento del danno biologico per lesioni di lieve entità, derivanti da sinistri conseguenti alla circolazione di veicoli a motore e di natanti, è effettuato secondo i criteri e le misure seguenti:

a) a titolo di danno biologico permanente, è liquidato per i postumi da lesioni pari o inferiori al 9 per cento un importo crescente in misura più che proporzionale in relazione a ogni punto percentuale di invalidità; tale importo è calcolato in base all'applicazione a ciascun punto percentuale di invalidità del relativo coefficiente secondo la correlazione stabilita dal comma 6. L'importo così determinato si riduce con il crescere dell'età del soggetto in ragione dello 0,5 per cento per ogni anno di età a partire dall'undicesimo anno di età.

Il valore del primo punto è pari a ottocentosettanta euro e novantasette centesimi (2);

b) a titolo di danno biologico temporaneo, è liquidato un importo di cinquanta euro e settantanove centesimi (2) per ogni giorno di inabilità assoluta; in caso di inabilità temporanea inferiore al 100 per cento, la liquidazione avviene in misura corrispondente alla percentuale di inabilità riconosciuta per ciascun giorno.

2. Ai fini di cui al comma 1, per danno biologico si intende la lesione temporanea o permanente all'integrità psico-fisica della persona, suscettibile di accertamento medico-legale, che esplica un'incidenza negativa sulle attività quotidiane e sugli aspetti dinamico-relazionali della vita del danneggiato, indipendentemente da eventuali ripercussioni sulla sua capacità di produrre reddito. In ogni caso, le lesioni di lieve entità, che non siano suscettibili di accertamento clinico strumentale obiettivo, ovvero visivo, con riferimento alle lesioni, quali le cicatrici, oggettivamente riscontrabili senza l'ausilio di strumentazioni, non possono dar luogo a risarcimento per danno biologico permanente.

3. Qualora la menomazione accertata incida in maniera rilevante su specifici aspetti dinamico-relazionali personali documentati e obiettivamente accertati ovvero causi o abbia causato una sofferenza psico-fisica di particolare intensità, l'ammontare del risarcimento del danno, calcolato secondo quanto previsto dalla tabella di cui al comma 4, può essere aumentato dal giudice, con equo e motivato apprezzamento delle condizioni soggettive del danneggiato, fino al 20 per cento. L'ammontare complessivo del risarcimento riconosciuto ai sensi del presente articolo è esaustivo del risarcimento del danno non patrimoniale conseguente a lesioni fisiche.

4. Con decreto del Presidente della Repubblica, previa deliberazione del Consiglio dei ministri, su proposta del Ministro della salute, di concerto con il Ministro del lavoro e delle politiche sociali, con il Ministro della giustizia e con il Ministro dello sviluppo economico, si provvede alla predisposizione di una specifica tabella delle menomazioni dell'integrità psico-fisica comprese tra 1 e 9 punti di invalidità.

5. Gli importi indicati nel comma 1 sono aggiornati annualmente con decreto del Ministro dello sviluppo economico, in misura corrispondente alla variazione dell'indice nazionale dei prezzi al consumo per le famiglie di operai e impiegati accertata dall'ISTAT.

6. Ai fini del calcolo dell'importo di cui al comma 1, lettera *a*), per un punto percentuale di invalidità pari a 1 si applica un coefficiente

moltiplicatore pari a 1, per un punto percentuale di invalidità pari a 2 si applica un coefficiente moltiplicatore pari a 1,1, per un punto percentuale di invalidità pari a 3 si applica un coefficiente moltiplicatore pari a 1,2, per un punto percentuale di invalidità pari a 4 si applica un coefficiente moltiplicatore pari a 1,3, per un punto percentuale di invalidità pari a 5 si applica un coefficiente moltiplicatore pari a 1,5, per un punto percentuale di invalidità pari a 6 si applica un coefficiente moltiplicatore pari a 1,7, per un punto percentuale di invalidità pari a 7 si applica un coefficiente moltiplicatore pari a 1,9, per un punto percentuale di invalidità pari a 8 si applica un coefficiente moltiplicatore pari a 2,1 e per un punto percentuale di invalidità pari a 9 si applica un coefficiente moltiplicatore pari a 2,3.

(1) *Articolo così sostituito dall'art. 1[19] l. 4 agosto 2017, n. 124. Il testo dell'articolo era il seguente:* « Art. 139. (*Danno biologico per lesioni di lieve entità*). – 1. Il risarcimento del danno biologico per lesioni di lieve entità, derivanti da sinistri conseguenti alla circolazione dei veicoli a motore e dei natanti, è effettuato secondo i criteri e le misure seguenti: *a*) a titolo di danno biologico permanente, è liquidato per i postumi da lesioni pari o inferiori al nove per cento un importo crescente in misura più che proporzionale in relazione ad ogni punto percentuale di invalidità; tale importo è calcolato in base all'applicazione a ciascun punto percentuale di invalidità del relativo coefficiente secondo la correlazione esposta nel comma 6. L'importo così determinato si riduce con il crescere dell'età del soggetto in ragione dello zero virgola cinque per cento per ogni anno di età a partire dall'undicesimo anno di età. Il valore del primo punto è pari a settecentonovanta euro e trentacinque centesimi; *b*) a titolo di danno biologico temporaneo, è liquidato un importo di quarantasei euro e dieci centesimi per ogni giorno di inabilità assoluta; in caso di inabilità temporanea inferiore al cento per cento, la liquidazione avviene in misura corrispondente alla percentuale di inabilità riconosciuta per ciascun giorno. — 2. Agli effetti di cui al comma 1 per danno biologico si intende la lesione temporanea o permanente all'integrità psico-fisica della persona suscettibile di accertamento medico-legale che esplica un'incidenza negativa sulle attività quotidiane e sugli aspetti dinamico-relazionali della vita del danneggiato, indipendentemente da eventuali ripercussioni sulla sua capacità di produrre reddito. In ogni caso, le lesioni di lieve entità, che non siano suscettibili di accertamento clinico strumentale obiettivo, non potranno dar luogo a risarcimento per danno biologico permanente. — 3. L'ammontare del danno biologico liquidato ai sensi del comma 1 può essere aumentato dal giudice in misura non superiore ad un quinto, con equo e motivato apprezzamento delle condizioni soggettive del danneggiato. — 4. Con decreto del Presidente della Repubblica, previa deliberazione del Consiglio dei Ministri, su proposta del Ministro della salute, di concerto con il Ministro del lavoro e delle politiche sociali, con il Ministro della giustizia e con il Ministro dello sviluppo economico, si provvede alla predisposizione di una specifica tabella delle menomazioni alla integrità psicofisica comprese tra uno e nove punti di invalidità. — 5. Gli importi indicati nel comma 1 sono aggiornati annualmente con decreto del Ministro delle attività produttive, in misura corrispondente alla variazione dell'indice nazionale dei prezzi al consumo per le famiglie di operai ed impiegati accertata dall'ISTAT. — 6. Ai fini del calcolo dell'importo di cui al comma 1, lettera *a*), per un punto percentuale di invalidità pari a 1 si applica un coefficiente moltiplicatore pari a 1,0, per un punto percentuale di invalidità pari a 2 si applica un

coefficiente moltiplicatore pari a 1,1, per un punto percentuale di invalidità pari a 3 si applica un coefficiente moltiplicatore pari a 1,2, per un punto percentuale di invalidità pari a 4 si applica un coefficiente moltiplicatore pari a 1,3, per un punto percentuale di invalidità pari a 5 si applica un coefficiente moltiplicatore pari a 1,5, per un punto percentuale di invalidità pari a 6 si applica un coefficiente moltiplicatore pari a 1,7, per un punto percentuale di invalidità pari a 7 si applica un coefficiente moltiplicatore pari a 1,9, per un punto percentuale di invalidità pari a 8 si applica un coefficiente moltiplicatore pari a 2,1, per un punto percentuale di invalidità pari a 9 si applica un coefficiente moltiplicatore pari a 2,3 ».

(2) *Importi così aggiornati, a decorrere dal mese di aprile 2022, dall'art. 1 d.m. 8 giugno 2022 (G.U. 22 giugno 2022, n. 144). I precedenti importi erano di 870,97 euro, relativamente alla lett.* a)*, e 47,49 euro, relativamente alla lett.* b).

140. Pluralità di danneggiati e supero del massimale. – 1. Qualora vi siano più persone danneggiate nello stesso sinistro e il risarcimento dovuto dal responsabile superi le somme assicurate, i diritti delle persone danneggiate nei confronti dell'impresa di assicurazione sono proporzionalmente ridotti fino alla concorrenza delle somme assicurate.

2. L'impresa di assicurazione che, decorsi trenta giorni dall'incidente e ignorando l'esistenza di altre persone danneggiate, pur avendone ricercata l'identificazione con la normale diligenza, ha pagato ad alcuna di esse una somma superiore alla quota spettante, risponde verso le altre persone danneggiate nei limiti dell'eccedenza della somma assicurata rispetto alla somma versata.

3. Nel caso di cui al comma 2, le altre persone danneggiate, il cui credito rimanesse insoddisfatto, hanno diritto di ripetere, da chi abbia ricevuto il risarcimento dall'impresa di assicurazione, quanto sarebbe loro spettato in applicazione del comma 1.

4. Nei giudizi promossi fra l'impresa di assicurazione e le persone danneggiate sussiste litisconsorzio necessario, applicandosi l'articolo 102 del codice di procedura civile. L'impresa di assicurazione può effettuare il deposito di una somma, nei limiti del massimale, con effetto liberatorio nei confronti di tutte le persone aventi diritto al risarcimento, se il deposito è irrevocabile e vincolato a favore di tutti i danneggiati.

141. Risarcimento del terzo trasportato. – 1. Salva l'ipotesi di sinistro cagionato da caso fortuito, il danno subito dal terzo trasportato è risarcito dall'impresa di assicurazione del veicolo sul quale era a bordo al momento del sinistro entro il massimale minimo di legge, fermo restando quanto previsto all'articolo 140, a prescindere dall'accertamento della responsabilità dei conducenti dei veicoli coinvolti nel sinistro, fermo il diritto al risarcimento dell'eventuale maggior danno nei confronti dell'impresa di assicurazione del responsabile civile, se il veicolo di quest'ultimo è coperto per un massimale superiore a quello minimo.

2. Per ottenere il risarcimento il terzo trasportato promuove nei confronti dell'impresa di assicurazione del veicolo sul quale era a bordo al momento del sinistro la procedura di risarcimento prevista dall'articolo 148.

3. L'azione diretta avente ad oggetto il risarcimento è esercitata nei confronti dell'impresa di assicurazione del veicolo sul quale il danneggiato era a bordo al momento del sinistro nei termini di cui all'articolo 145. L'impresa di assicurazione del responsabile civile può intervenire nel giudizio e può estromettere l'impresa di assicurazione del veicolo, riconoscendo la responsabilità del proprio assicurato. Si applicano, in quanto compatibili, le disposizioni del capo IV.

4. L'impresa di assicurazione che ha effettuato il pagamento ha diritto di rivalsa nei confronti dell'impresa di assicurazione del responsabile civile nei limiti ed alle condizioni previste dall'articolo 150.

142. Diritto di surroga dell'assicuratore sociale. – 1. Qualora il danneggiato sia assistito da assicurazione sociale, l'ente gestore dell'assicurazione sociale ha diritto di ottenere direttamente dall'impresa di assicurazione il rimborso delle spese sostenute per le prestazioni erogate al danneggiato ai sensi delle leggi e dei regolamenti che disciplinano detta assicurazione, sempreché non sia già stato pagato il risarcimento al danneggiato, con l'osservanza degli adempimenti prescritti nei commi 2 e 3.

2. Prima di provvedere alla liquidazione del danno, l'impresa di assicurazione è tenuta a richiedere al danneggiato una dichiarazione attestante che lo stesso non ha diritto ad alcuna prestazione da parte di istituti che gestiscono assicurazioni sociali obbligatorie. Ove il danneggiato dichiari di avere diritto a tali prestazioni, l'impresa di assicurazione è tenuta a darne comunicazione al competente ente di assicurazione sociale e potrà procedere alla liquidazione del danno solo previo accantonamento di una somma (1) idonea a coprire il credito dell'ente per le prestazioni erogate o da erogare (2).

3. Trascorsi quarantacinque giorni dalla comunicazione di cui al comma 2 senza che l'ente di assicurazione sociale abbia dichiarato di volersi surrogare nei diritti del danneggiato, l'impresa di assicurazione potrà disporre la liquidazione definitiva in favore del danneggiato. L'ente di assicurazione sociale ha diritto di ripetere dal dan-

neggiato le somme corrispondenti agli oneri sostenuti se il comportamento del danneggiato abbia pregiudicato l'azione di surrogazione.

4. In ogni caso l'ente gestore dell'assicurazione sociale non può esercitare l'azione surrogatoria con pregiudizio del diritto dell'assistito al risarcimento dei danni alla persona non altrimenti risarciti.

(1) *L'art. 1[1126 lett. f)] l. 30 dicembre 2018, n. 145 (legge di bilancio 2019) aveva inserito le parole* « a valere sul complessivo risarcimento dovuto » *dopo le parole* « di una somma ». *Successivamente l'art. 3-sexies[1] d.l. 30 aprile 2019, n. 34, conv., con modif., in l. 28 giugno 2019, n. 58 ha abrogato la lett. f) del comma 1126 dell'art. 1 l. n. 145, cit. e ha stabilito che « le disposizioni ivi indicate riacquistano efficacia nel testo vigente prima della data di entrata in vigore della medesima legge n. 145 del 2018 ».*

(2) *L'art. 1[1126 lett. f)] l. n. 145, cit. aveva inserito le parole* « a qualsiasi titolo » *dopo le parole* « da erogare ». *Successivamente l'art. 3-sexies[1] d.l. n. 34, cit. ha abrogato la lett. f) del comma 1126 dell'art. 1 l. n. 145, cit. e ha stabilito che « le disposizioni ivi indicate riacquistano efficacia nel testo vigente prima della data di entrata in vigore della medesima legge n. 145 del 2018 ».*

142-*bis*. (1) **Informazioni sulla copertura assicurativa.** – 1. Il danneggiato ha diritto di ottenere dal Centro di informazione di cui all'articolo 154 le informazioni riguardanti la copertura assicurativa dei veicolo che ha causato il sinistro, il numero di polizza e la data di scadenza della stessa.

(1) *Articolo inserito dall'art. 1[6] d.lgs. 6 novembre 2007, n. 198.*

142-*ter*. (1) **Utenti della strada non motorizzati.** – 1. L'assicurazione obbligatoria per i veicoli a motore e i natanti copre i danni alle persone e i danni alle cose subiti da pedoni, ciclisti e altri utenti non motorizzati della strada i quali, in conseguenza di un incidente nel quale sia stato coinvolto un veicolo, hanno diritto alla riparazione del danno, nei limiti in cui sussista la responsabilità civile dei conducenti.

(1) *Articolo inserito dall'art. 1[6] d.lgs. 6 novembre 2007, n. 198.*

CAPO IV – *Procedure liquidative*

143. Denuncia di sinistro. – 1. Nel caso di sinistro avvenuto tra veicoli a motore per i quali vi sia obbligo di assicurazione, i conducenti dei veicoli coinvolti o, se persone diverse, i rispettivi proprietari sono tenuti a denunciare il sinistro alla propria impresa di assicurazione, avvalendosi del modulo fornito dalla medesima, il cui modello è approvato dall'IVASS (1). In caso di mancata presentazione della denuncia di sinistro si applica l'articolo 1915 del codice civile per l'omesso avviso di sinistro.

2. Quando il modulo sia firmato congiuntamente da entrambi i

conducenti coinvolti nel sinistro si presume, salvo prova contraria da parte dell'impresa di assicurazione, che il sinistro si sia verificato nelle circostanze, con le modalità e con le conseguenze risultanti dal modulo stesso.

(1) *V. nota* sub *Epigrafe.*

144. Azione diretta del danneggiato. – 1. Il danneggiato per sinistro causato dalla circolazione di un veicolo o di un natante, per i quali vi è obbligo di assicurazione, ha azione diretta per il risarcimento del danno nei confronti dell'impresa di assicurazione del responsabile civile, entro i limiti delle somme per le quali è stata stipulata l'assicurazione.

2. Per l'intero massimale di polizza l'impresa di assicurazione non può opporre al danneggiato eccezioni derivanti dal contratto, né clausole che prevedano l'eventuale contributo dell'assicurato al risarcimento del danno. L'impresa di assicurazione ha tuttavia diritto di rivalsa verso l'assicurato nella misura in cui avrebbe avuto contrattualmente diritto di rifiutare o ridurre la propria prestazione.

3. Nel giudizio promosso contro l'impresa di assicurazione è chiamato anche il responsabile del danno.

4. L'azione diretta che spetta al danneggiato nei confronti dell'impresa di assicurazione è soggetta al termine di prescrizione cui sarebbe soggetta l'azione verso il responsabile.

145. Proponibilità dell'azione di risarcimento. – 1. Nel caso si applichi la procedura di cui all'articolo 148, l'azione per il risarcimento dei danni causati dalla circolazione dei veicoli e dei natanti, per i quali vi è obbligo di assicurazione, può essere proposta solo dopo che siano decorsi sessanta giorni, ovvero novanta in caso di danno alla persona, decorrenti da quello in cui il danneggiato abbia chiesto all'impresa di assicurazione il risarcimento del danno, a mezzo lettera raccomandata con avviso di ricevimento, anche se inviata per conoscenza, avendo osservato le modalità ed i contenuti previsti all'articolo 148.

2. Nel caso in cui si applichi la procedura di cui all'articolo 149 l'azione per il risarcimento dei danni causati dalla circolazione dei veicoli e dei natanti, per i quali vi è obbligo di assicurazione, può essere proposta solo dopo che siano decorsi sessanta giorni, ovvero novanta in caso di danno alla persona, decorrenti da quello in cui il danneggiato abbia chiesto alla propria impresa di assicurazione il risarcimento del danno, a mezzo lettera raccomandata con avviso di ricevimento, inviata per conoscenza all'impresa di assicurazione

dell'altro veicolo coinvolto, avendo osservato le modalità ed i contenuti previsti dagli articoli 149 e 150.

145-*bis*. (1) **Valore probatorio delle cosiddette « scatole nere » e di altri dispositivi elettronici.** – 1. Quando uno dei veicoli coinvolti in un incidente risulta dotato di un dispositivo elettronico che presenta le caratteristiche tecniche e funzionali stabilite ai sensi dell'articolo 132-*ter*, comma 1, lettere *b*) e *c*), e fatti salvi, in quanto equiparabili, i dispositivi elettronici già in uso alla data di entrata in vigore delle citate disposizioni, le risultanze del dispositivo formano piena prova, nei procedimenti civili, dei fatti a cui esse si riferiscono, salvo che la parte contro la quale sono state prodotte dimostri il mancato funzionamento o la manomissione del predetto dispositivo. Le medesime risultanze sono rese fruibili alle parti.

2. L'interoperabilità e la portabilità dei meccanismi elettronici che registrano l'attività del veicolo di cui all'articolo 132-*ter*, comma 1, lettera *b*), anche nei casi di sottoscrizione da parte dell'assicurato di un contratto di assicurazione con un'impresa assicuratrice diversa da quella che ha provveduto a installare i meccanismi elettronici, sono garantite da operatori, di seguito denominati « provider di telematica assicurativa », i cui dati identificativi sono comunicati all'IVASS da parte delle imprese di assicurazione che ne utilizzano i servizi. I dati sull'attività del veicolo sono gestiti in sicurezza dagli operatori del settore sulla base dello standard tecnologico comune indicato nell'articolo 32, comma 1-*ter*, del decreto-legge 24 gennaio 2012, n. 1, convertito, con modificazioni, dalla legge 24 marzo 2012, n. 27, e successive modificazioni, e sono successivamente inviati alle rispettive imprese di assicurazione.

3. Le modalità per assicurare l'interoperabilità dei meccanismi elettronici nonché delle apparecchiature di telecomunicazione a essi connesse e dei relativi sistemi di gestione dei dati, in caso di sottoscrizione da parte dell'assicurato di un contratto di assicurazione con un'impresa diversa da quella che ha provveduto a installare tale meccanismo, o di portabilità tra diversi provider di telematica assicurativa, sono determinate dal regolamento previsto dall'articolo 32, comma 1-*bis*, del decreto-legge 24 gennaio 2012, n. 1, convertito, con modificazioni, dalla legge 24 marzo 2012, n. 27, e successive modificazioni. Gli operatori rispondono del funzionamento ai fini dell'interoperabilità.

4. (2).

5. I dati sono trattati dall'impresa di assicurazione nel rispetto delle disposizioni del codice in materia di protezione dei dati perso-

LEGGI COMPLEMENTARI

nali, di cui al decreto legislativo 30 giugno 2003, n. 196. L'impresa di assicurazione è titolare del trattamento dei dati ai sensi dell'articolo 28 del citato codice di cui al decreto legislativo n. 196 del 2003. Salvo consenso espresso dell'assicurato in relazione alla disponibilità di ulteriori servizi connessi con la mobilità del veicolo, è fatto divieto all'impresa di assicurazione, nonché ai soggetti a essa collegati, di utilizzare i dispositivi di cui al presente articolo al fine di raccogliere dati ulteriori rispetto a quelli destinati alla finalità di determinazione delle responsabilità in occasione dei sinistri e ai fini tariffari, o di rilevare la posizione e le condizioni del veicolo in maniera continuativa o comunque sproporzionata rispetto alla medesima finalità.

6. È fatto divieto all'assicurato di disinstallare, manomettere o comunque rendere non funzionante il dispositivo installato. In caso di violazione del divieto di cui al periodo precedente da parte dell'assicurato, la riduzione del premio di cui all'articolo 132-*ter* non è applicata per la durata residua del contratto. L'assicurato che abbia goduto della riduzione di premio è tenuto alla restituzione dell'importo corrispondente alla riduzione accordata, fatte salve le eventuali sanzioni penali.

(1) *Articolo inserito dall'art. 1[20] l. 4 agosto 2017, n. 124.*

(2) *Comma abrogato dall'art. 1[27] d.ls. 21 maggio 2018, n. 68. Ai sensi dell'art. 4[7] d.ls. n. 68, cit., tale disposizione trova applicazione dal 1° ottobre 2018. Il testo del comma era il seguente:* « 4. Il mancato adeguamento, da parte dell'impresa di assicurazione o del provider di telematica assicurativa, alle condizioni stabilite dal regolamento previsto dall'articolo 32, comma 1-*bis*, del decreto-legge 24 gennaio 2012, n. 1, convertito, con modificazioni, dalla legge 24 marzo 2012, n. 27, e successive modificazioni, comporta l'applicazione da parte dell'IVASS di una sanzione amministrativa pecuniaria di euro 3.000 per ogni giorno di ritardo ».

146. Diritto di accesso agli atti. – 1. Fermo restando quanto previsto per l'accesso ai singoli dati personali dal codice in materia di protezione dei dati personali, le imprese di assicurazione esercenti l'assicurazione obbligatoria della responsabilità civile derivante dalla circolazione dei veicoli a motore e dei natanti sono tenute a consentire ai contraenti ed ai danneggiati il diritto di accesso agli atti a conclusione dei procedimenti di valutazione, constatazione e liquidazione dei danni che li riguardano.

2. L'esercizio del diritto di accesso non è consentito quando abbia ad oggetto atti relativi ad accertamenti che evidenziano indizi o prove di comportamenti fraudolenti. È invece sospeso in pendenza di controversia giudiziaria tra l'impresa e il richiedente, fermi restando i poteri attribuiti dalla legge all'autorità giudiziaria.

3. Se, entro sessanta giorni dalla richiesta scritta, l'assicurato o il

danneggiato non è messo in condizione di prendere visione degli atti richiesti ed estrarne copia a sue spese, può inoltrare reclamo all'IVASS (1) anche al fine di veder garantito il proprio diritto.

4. Il Ministro dello sviluppo economico (1), di concerto con il Ministro della giustizia, con regolamento adottato su proposta dell'IVASS (1), individua la tipologia degli atti soggetti e di quelli esclusi dall'accesso e determina gli obblighi delle imprese, gli oneri a carico dei richiedenti, nonché i termini e le altre condizioni per l'esercizio del diritto di cui al comma 1 (2).

(1) *V. nota* sub *Epigrafe.*
(2) *In attuazione del presente comma, v. d.m. 29 ottobre 2008, n. 191.*

147. Stato di bisogno del danneggiato. – 1. Nel corso del giudizio di primo grado, gli aventi diritto al risarcimento che, a causa del sinistro, vengano a trovarsi in stato di bisogno, possono chiedere che sia loro assegnata una somma da imputarsi nella liquidazione definitiva del danno.

2. Il giudice civile o penale, sentite le parti, qualora da un sommario accertamento risultino gravi elementi di responsabilità a carico del conducente, con ordinanza immediatamente esecutiva provvede all'assegnazione della somma ai sensi del comma 1, nei limiti dei quattro quinti della presumibile entità del risarcimento che sarà liquidato con la sentenza. Se la causa civile è sospesa ai sensi dell'articolo 75, comma 3, del codice di procedura penale, l'istanza è proposta al presidente del tribunale dinanzi al quale è pendente la causa.

3. L'istanza può essere riproposta nel corso del giudizio.

4. L'ordinanza è irrevocabile fino alla decisione del merito.

147-*bis*. (1) [Risarcimento in forma specifica].

(1) *Articolo dapprima inserito dall'art. 8[1] lett. d) d.l. 23 dicembre 2013, n. 145, e successivamente decaduto in sede di conversione in l. 21 febbraio 2014, n. 9.*

148. Procedura di risarcimento. – 1. Per i sinistri con soli danni a cose, la richiesta di risarcimento deve recare l'indicazione degli aventi diritto al risarcimento e del luogo, dei giorni e delle ore in cui le cose danneggiate sono disponibili, per non meno di cinque giorni non festivi, per l'ispezione diretta ad accertare l'entità del danno. Entro sessanta giorni dalla ricezione di tale documentazione, l'impresa di assicurazione formula al danneggiato congrua e motivata offerta per il risarcimento, ovvero comunica specificatamente i motivi per i quali non ritiene di fare offerta. Il termine di sessanta giorni è ridotto a trenta quando il modulo di denuncia sia stato sottoscritto

LEGGI COMPLEMENTARI

dai conducenti coinvolti nel sinistro. Il danneggiato può procedere alla riparazione delle cose danneggiate solo dopo lo spirare del termine indicato al periodo precedente, entro il quale devono essere comunque completate le operazioni di accertamento del danno da parte dell'assicuratore, ovvero dopo il completamento delle medesime operazioni, nel caso in cui esse si siano concluse prima della scadenza del predetto termine. Qualora le cose danneggiate non siano state messe a disposizione per l'ispezione nei termini previsti dal presente articolo, ovvero siano state riparate prima dell'ispezione stessa, l'impresa, ai fini dell'offerta risarcitoria, effettuerà le proprie valutazioni sull'entità del danno solo previa presentazione di fattura che attesti gli interventi riparativi effettuati. Resta comunque fermo il diritto dell'assicurato al risarcimento anche qualora ritenga di non procedere alla riparazione (1) (2).

2. L'obbligo di proporre al danneggiato congrua e motivata offerta per il risarcimento del danno, ovvero di comunicare i motivi per cui non si ritiene di fare offerta, sussiste anche per i sinistri che abbiano causato lesioni personali o il decesso. La richiesta di risarcimento deve essere presentata dal danneggiato o dagli aventi diritto con le modalità indicate al comma 1. La richiesta deve contenere l'indicazione del codice fiscale degli aventi diritto al risarcimento e la descrizione delle circostanze nelle quali si è verificato il sinistro ed essere accompagnata, ai fini dell'accertamento e della valutazione del danno da parte dell'impresa, dai dati relativi all'età, all'attività del danneggiato, al suo reddito, all'entità delle lesioni subite, da attestazione medica comprovante l'avvenuta guarigione con o senza postumi permanenti, nonché dalla dichiarazione ai sensi dell'articolo 142, comma 2, o, in caso di decesso, dallo stato di famiglia della vittima. L'impresa di assicurazione è tenuta a provvedere all'adempimento del predetto obbligo entro novanta giorni dalla ricezione di tale documentazione (3) (2).

2-*bis*. Ai fini di prevenzione e contrasto dei fenomeni fraudolenti, l'impresa di assicurazione provvede alla consultazione dell'archivio informatico integrato di cui all'articolo 21 del decreto-legge 18 ottobre 2012, n. 179, convertito, con modificazioni, dalla legge 17 dicembre 2012, n. 221, e successive modificazioni, e, qualora dal risultato della consultazione, avuto riguardo al codice fiscale dei soggetti coinvolti ovvero ai veicoli danneggiati, emergano gli indici di anomalia definiti dall'IVASS con apposito provvedimento, o qualora altri indicatori di frode siano segnalati dai dispositivi elettronici di cui all'articolo 132-*ter*, comma 1, del presente codice o siano emersi in

sede di perizia da cui risulti documentata l'incongruenza del danno dichiarato dal richiedente, l'impresa può decidere, entro i termini di cui ai commi 1 e 2 del presente articolo, di non fare offerta di risarcimento, motivando tale decisione con la necessità di condurre ulteriori approfondimenti in relazione al sinistro (4). La relativa comunicazione è trasmessa dall'impresa al danneggiato e all'IVASS (5), al quale è anche trasmessa la documentazione relativa alle analisi condotte sul sinistro. Entro trenta giorni dalla comunicazione della predetta decisione, l'impresa deve comunicare al danneggiato le sue determinazioni conclusive in merito alla richiesta di risarcimento. All'esito degli approfondimenti condotti ai sensi del primo periodo, l'impresa può non formulare offerta di risarcimento, qualora, entro il termine di cui al terzo periodo, presenti querela, nelle ipotesi in cui è prevista, informandone contestualmente l'assicurato nella comunicazione concernente le determinazioni conclusive in merito alla richiesta di risarcimento di cui al medesimo terzo periodo; in tal caso i termini di cui ai commi 1 e 2 sono sospesi e il termine per la presentazione della querela, di cui all'articolo 124, primo comma, del codice penale, decorre dallo spirare del termine di trenta giorni entro il quale l'impresa comunica al danneggiato le sue determinazioni conclusive. Nei predetti casi, l'azione in giudizio prevista dall'articolo 145 è proponibile solo dopo la ricezione delle determinazioni conclusive dell'impresa o, in sua mancanza, allo spirare del termine di sessanta giorni di sospensione della procedura (6). Rimane salvo il diritto del danneggiato di ottenere l'accesso agli atti nei termini previsti dall'articolo 146, salvo il caso di presentazione di querela o denuncia (6) (7).

3. Il danneggiato, in pendenza dei termini di cui ai commi 1 e 2 e fatto salvo quanto stabilito dal comma 5, non può rifiutare gli accertamenti strettamente necessari alla valutazione del danno alle cose, nei termini di cui al comma 1, o del danno alla persona, da parte dell'impresa. Qualora ciò accada, i termini per l'offerta risarcitoria o per la comunicazione dei motivi per i quali l'impresa non ritiene di fare offerta sono sospesi (8).

4. L'impresa di assicurazione può richiedere ai competenti organi di polizia le informazioni acquisite relativamente alle modalità dell'incidente, alla residenza e al domicilio delle parti e alla targa di immatricolazione o altro analogo segno distintivo, ma è tenuta al rispetto dei termini stabiliti dai commi 1 e 2 anche in caso di sinistro che abbia determinato sia danni a cose che lesioni personali o il decesso.

5. In caso di richiesta incompleta l'impresa di assicurazione richiede al danneggiato entro trenta giorni dalla ricezione della stessa le necessarie integrazioni; in tal caso i termini di cui ai commi 1 e 2 decorrono nuovamente dalla data di ricezione dei dati o dei documenti integrativi.

6. Se il danneggiato dichiara di accettare la somma offertagli, l'impresa provvede al pagamento entro quindici giorni dalla ricezione della comunicazione.

7. Entro ugual termine l'impresa corrisponde la somma offerta al danneggiato che abbia comunicato di non accettare l'offerta. La somma in tal modo corrisposta è imputata nella liquidazione definitiva del danno.

8. Decorsi trenta giorni dalla comunicazione senza che l'interessato abbia fatto pervenire alcuna risposta, l'impresa corrisponde al danneggiato la somma offerta con le stesse modalità, tempi ed effetti di cui al comma 7.

9. Agli effetti dell'applicazione delle disposizioni di cui al presente articolo, l'impresa di assicurazione non può opporre al danneggiato l'eventuale inadempimento da parte dell'assicurato dell'obbligo di avviso del sinistro di cui all'articolo 1913 del codice civile.

10. In caso di sentenza a favore del danneggiato, quando la somma offerta ai sensi dei commi 1 o 2 sia inferiore alla metà di quella liquidata, al netto di eventuale rivalutazione ed interessi, il giudice trasmette, contestualmente al deposito in cancelleria, copia della sentenza all'IVASS (6) per gli accertamenti relativi all'osservanza delle disposizioni del presente capo.

11. L'impresa, quando corrisponde compensi professionali per l'eventuale assistenza prestata da professionisti, è tenuta a richiedere la documentazione probatoria relativa alla prestazione stessa e ad indicarne il corrispettivo separatamente rispetto alle voci di danno nella quietanza di liquidazione. L'impresa, che abbia provveduto direttamente al pagamento dei compensi dovuti al professionista, ne dà comunicazione al danneggiato, indicando l'importo corrisposto.

11-*bis*. Resta ferma per l'assicurato la facoltà di ottenere l'integrale risarcimento per la riparazione a regola d'arte del veicolo danneggiato avvalendosi di imprese di autoriparazione di propria fiducia abilitate ai sensi della legge 5 febbraio 1992, n. 122. A tal fine, l'impresa di autoriparazione fornisce la documentazione fiscale e un'idonea garanzia sulle riparazioni effettuate, con una validità non

inferiore a due anni per tutte le parti non soggette a usura ordinaria (9).

(1) *Comma dapprima sostituito dall'art. 32[3 lett. a)] d.l. 24 gennaio 2012, n. 1, conv., con modif., in l. 24 marzo 2012, n. 27 e, successivamente, modificato dall'art. 21[7-bis] d.l. 18 ottobre 2012, n. 179, conv., con modif., in l. 17 dicembre 2012, n. 221.*

(2) *Con riferimento alle misure straordinarie ed urgenti per contrastare l'emergenza epidemiologica da COVID-19, v. art. 125[3] d.l. 17 marzo 2020, n. 18, conv., con modif., in l. 24 aprile 2020, n. 27, ai sensi del quale fino al 31 luglio 2020, i termini di cui ai commi 1 e 2 del presente aticolo, per la formulazione dell'offerta o della motivata contestazione, nei casi di necessario intervento di un perito o del medico legale ai fini della valutazione del danno alle cose o alle persone, sono prorogati di ulteriori 60 giorni.*

(3) *Comma così modificato dall'art. 1[7] d.ls. n. 198, cit.*

(4) *Primo periodo così sostituito dall'art. 1[21] l. 4 agosto 2017, n. 124. Il testo del periodo era il seguente:* « A fini di prevenzione e contrasto dei fenomeni fraudolenti, l'impresa di assicurazione provvede alla consultazione della banca dati sinistri di cui all'articolo 135 e qualora dal risultato della consultazione, avuto riguardo al codice fiscale dei soggetti coinvolti ovvero ai veicoli danneggiati, emergano almeno due parametri di significatività, come definiti dall'articolo 4 del provvedimento dell'IVASS n. 2827 del 25 agosto 2010, pubblicato nella Gazzetta Ufficiale n. 209 del 7 settembre 2010, l'impresa può decidere, entro i termini di cui ai commi 1 e 2 del presente articolo, di non fare offerta di risarcimento, motivando tale decisione con la necessità di condurre ulteriori approfondimenti in relazione al sinistro ».

(5) *V. nota* sub *Epigrafe.*

(6) *Il quinto e il sesto periodo sono stati così sostituiti all'originario quinto periodo dall'art. 1[22] l. n. 124, cit. Il testo del quinto periodo era il seguente:* « Restano salvi i diritti del danneggiato in merito alla proponibilità dell'azione di risarcimento nei termini previsti dall'articolo 145, nonché il diritto del danneggiato di ottenere l'accesso agli atti nei termini previsti dall'articolo 146, salvo il caso di presentazione di querela o denuncia ».

(6) *Comma inserito dall'art. 32[3 lett. b)] d.l. n. 1, cit.*

(8) *Comma così sostituito dall'art. 32[3 lett. c)] d.l. n. 1, cit.*

(9) *Comma aggiunto dall'art. 1[9] l. n. 124, cit.*

149. (1) **Procedura di risarcimento diretto.** – 1. In caso di sinistro tra due veicoli a motore identificati ed assicurati per la responsabilità civile obbligatoria, dal quale siano derivati danni ai veicoli coinvolti o ai loro conducenti, i danneggiati devono rivolgere la richiesta di risarcimento all'impresa di assicurazione che ha stipulato il contratto relativo al veicolo utilizzato.

2. La procedura di risarcimento diretto riguarda i danni al veicolo nonché i danni alle cose trasportate di proprietà dell'assicurato o del conducente. Essa si applica anche al danno alla persona subito dal conducente non responsabile se risulta contenuto nel limite previsto dall'articolo 139. La procedura non si applica ai sinistri che coinvolgono veicoli immatricolati all'estero ed al risarcimento del danno subito dal terzo trasportato come disciplinato dall'articolo 141.

3. L'impresa, a seguito della presentazione della richiesta di risar-

cimento diretto, è obbligata a provvedere alla liquidazione dei danni per conto dell'impresa di assicurazione del veicolo responsabile, ferma la successiva regolazione dei rapporti fra le imprese medesime.

4. Se il danneggiato dichiara di accettare la somma offerta, l'impresa di assicurazione provvede al pagamento entro quindici giorni dalla ricezione della comunicazione e il danneggiato è tenuto a rilasciare quietanza liberatoria valida anche nei confronti del responsabile del sinistro e della sua impresa di assicurazione.

5. L'impresa di assicurazione, entro quindici giorni, corrisponde la somma offerta al danneggiato che abbia comunicato di non accettare l'offerta o che non abbia fatto pervenire alcuna risposta. La somma in tale modo corrisposta è imputata all'eventuale liquidazione definitiva del danno.

6. In caso di comunicazione dei motivi che impediscono il risarcimento diretto ovvero nel caso di mancata comunicazione di offerta o di diniego di offerta entro i termini previsti dall'articolo 148 o di mancato accordo, il danneggiato può proporre l'azione diretta di cui all'articolo 145, comma 2, nei soli confronti della propria impresa di assicurazione. L'impresa di assicurazione del veicolo del responsabile può chiedere di intervenire nel giudizio e può estromettere l'altra impresa, riconoscendo la responsabilità del proprio assicurato ferma restando, in ogni caso, la successiva regolazione dei rapporti tra le imprese medesime secondo quanto previsto nell'ambito del sistema di risarcimento diretto.

(1) **C. cost.** *19 giugno 2009, n. 180* ha dichiarato non fondata *la questione di legittimità costituzionale del presente articolo « sollevata, in riferimento agli articoli 3, 24, 76 e 111 della Costituzione, dal Giudice di pace di Palermo, con l'ordinanza in epigrafe ».*

149-*bis*. (1) **Trasparenza delle procedure di risarcimento.** – 1. In caso di cessione del credito derivante dal diritto al risarcimento dei danni causati dalla circolazione dei veicoli a motore e dei natanti, la somma da corrispondere a titolo di rimborso delle spese di riparazione dei veicoli danneggiati è versata previa presentazione della fattura emessa dall'impresa di autoriparazione abilitata ai sensi della legge 5 febbraio 1992, n. 122, che ha eseguito le riparazioni.

(1) *Articolo inserito dall'art. 1[24] l. 4 agosto 2017, n. 124.*

150. (1) **Disciplina del sistema di risarcimento diretto.** – 1. Con decreto del Presidente della Repubblica, su proposta del Ministro delle attività produttive, da emanarsi entro novanta giorni dalla data di entrata in vigore del presente codice sono stabiliti:

a) i criteri di determinazione del grado di responsabilità delle parti anche per la definizione dei rapporti interni tra le imprese di assicurazione;

b) il contenuto e le modalità di presentazione della denuncia di sinistro e gli adempimenti necessari per il risarcimento del danno;

c) le modalità, le condizioni e gli adempimenti dell'impresa di assicurazione per il risarcimento del danno;

d) i limiti e le condizioni di risarcibilità dei danni accessori;

e) i principi per la cooperazione tra le imprese di assicurazione, ivi compresi i benefici derivanti agli assicurati dal sistema di risarcimento diretto.

2. Le disposizioni relative alla procedura prevista dall'articolo 149 si applicano anche alle imprese di assicurazione con sede legale in altri Stati membri che operano nel territorio della Repubblica ai sensi degli articoli 23 e 24 (2).

3. L'IVASS (3) vigila sul sistema di risarcimento diretto e sui principi adottati dalle imprese per assicurare la tutela dei danneggiati, il corretto svolgimento delle operazioni di liquidazione e la stabilità delle imprese.

(1) *In attuazione del presente articolo v. d.P.R. 18 luglio 2006, n. 254, recante disciplina del risarcimento diretto dei danni derivanti dalla circolazione stradale.*

(2) *Comma sostituito dall'art. 31[1] l. 5 agosto 2022, n. 118. V. inoltre art. 31[2], l. 118, cit. Il testo del comma era il seguente:* «Le disposizioni relative alla procedura prevista dall'articolo 149 non si applicano alle imprese di assicurazione con sede legale in altri Stati membri che operano nel territorio della Repubblica ai sensi degli articoli 23 e 24, salvo che le medesime abbiano aderito al sistema di risarcimento diretto. ».

(3) *V. nota* sub *Epigrafe.*

150-*bis*. (1) **Certificato di chiusa inchiesta.** – 1. È fatto obbligo alla compagnia di assicurazione di risarcire il danno derivante da furto o incendio di autoveicolo, indipendentemente dalla richiesta del rilascio del certificato di chiusa inchiesta, fatto salvo quanto disposto dal comma 2.

2. Nei procedimenti giudiziari nei quali si procede per il reato di cui all'articolo 642 del codice penale, limitatamente all'ipotesi che il bene assicurato sia un autoveicolo, il risarcimento del danno derivante da furto o incendio dell'autoveicolo stesso è effettuato previo rilascio del certificato di chiusa inchiesta.

(1) *Articolo aggiunto dall'art. 34-*ter[1] *d.l. 24 gennaio 2012, n. 1, conv., con modif., in l. 24 marzo 2012, n. 27.*

150-*ter*. (1) **[Divieto di cessione del diritto al risarcimento].** –

(1) *Articolo dapprima inserito dall'art. 8[1 lett. f] d.l. 23 dicembre 2013, n. 145, e successivamente decaduto in sede di conversione in l. 21 febbraio 2014, n. 9.*

CAPO V – *Risarcimento del danno derivante da sinistri avvenuti all'estero*

151. Procedura. – 1. Il presente capo stabilisce disposizioni specifiche relative agli aventi diritto al risarcimento per danni a cose o a persone derivanti da sinistri avvenuti in uno Stato membro diverso da quello di residenza degli stessi, provocati dall'uso di veicoli che sono assicurati e stazionano abitualmente in uno Stato membro.

2. Fatte salve la legislazione di Stati terzi in materia di responsabilità civile e le norme di diritto internazionale privato, le disposizioni del presente capo si applicano anche ai residenti in uno Stato membro aventi diritto al risarcimento per danni a cose o a persone derivanti da sinistri avvenuti in Stati terzi i cui uffici nazionali di assicurazione hanno aderito al sistema della carta verde, ogniqualvolta tali sinistri siano provocati dall'uso di veicoli che sono assicurati e stazionano abitualmente in uno Stato membro.

3. Gli articoli 152, 296, 297, 298 e 299 si applicano soltanto nel caso di incidenti causati dalla circolazione di un veicolo assicurato tramite uno stabilimento situato in uno Stato membro diverso da quello di residenza della persona avente diritto al risarcimento e stazionante abitualmente in uno Stato membro diverso da quello di residenza della persona avente diritto al risarcimento.

4. Gli articoli 300 e 301 si applicano anche agli incidenti provocati dai veicoli di Stati terzi ammessi alla circolazione nel territorio comunitario ed assicurati nel rispetto delle disposizioni di cui all'articolo 125.

5. Nelle ipotesi di cui al presente articolo gli aventi diritto al risarcimento possono agire direttamente contro l'impresa di assicurazione che copre la responsabilità civile del responsabile.

152. Mandatario per la liquidazione dei sinistri. – 1. L'impresa di assicurazione comunica tempestivamente ai centri di informazione di tutti gli Stati membri il nome e l'indirizzo del proprio mandatario per la liquidazione dei sinistri designato in ciascuno Stato membro.

2. Il mandatario risiede o è stabilito nel territorio dello Stato membro per il quale è designato e si rivolge agli aventi diritto al risarcimento nella o nelle lingue ufficiali dello Stato membro di residenza degli stessi.

3. Il mandatario, che può operare per conto di una o più imprese di assicurazione, acquisisce tutte le informazioni necessarie ai fini della

liquidazione dei sinistri e adotta tutte le misure necessarie per gestire la liquidazione stessa.

4. La nomina del mandatario non esclude la facoltà per il danneggiato di rivolgere la richiesta di risarcimento direttamente al responsabile del sinistro ovvero anche all'impresa di assicurazione con la quale è assicurato il veicolo il cui uso ha provocato il sinistro.

5. L'impresa di assicurazione del responsabile del sinistro o il suo mandatario, entro tre mesi dalla ricezione della richiesta di risarcimento, comunica agli aventi diritto un'offerta di risarcimento motivata ovvero indica i motivi per i quali non ritiene di fare offerta.

153. Danneggiati residenti nel territorio della Repubblica. – 1. I soggetti residenti nel territorio della Repubblica, che sono danneggiati da sinistri della circolazione stradale provocati da veicoli stazionanti abitualmente e assicurati in un altro Stato membro e accaduti in uno degli Stati aderenti al sistema della carta verde, hanno diritto di richiedere il risarcimento del danno oltre che al responsabile del sinistro anche all'impresa di assicurazione con la quale è assicurato il veicolo che ha causato il sinistro ovvero anche al suo mandatario designato nel territorio della Repubblica.

2. In caso di mancata designazione del mandatario da parte dell'impresa di assicurazione con la quale è assicurato il veicolo che ha causato il sinistro e nei casi di inadempimento a quanto disposto dall'articolo 152, comma 5, il danneggiato può rivolgersi all'Organismo di indennizzo italiano secondo quanto previsto all'articolo 298.

154. Centro di informazione italiano. – 1. È istituito presso la CONSAP (1) il Centro di informazione italiano per consentire agli aventi diritto di chiedere il risarcimento a seguito di un sinistro derivante dalla circolazione dei veicoli a motore nei casi previsti dall'articolo 151. A tale fine la CONSAP può stipulare apposite convenzioni a titolo gratuito con enti pubblici o privati che già detengano e gestiscano le informazioni di cui al comma 2, per l'organizzazione e il funzionamento del Centro di informazione italiano (1).

2. Il Centro di informazione italiano è incaricato di tenere un registro da cui risulta:

a) la targa di immatricolazione di ogni veicolo che staziona abitualmente nel territorio della Repubblica;

b) i numeri e la data di scadenza delle polizze di assicurazione che coprono la responsabilità civile derivante dalla circolazione di detti veicoli per i rischi di cui al ramo 10 di cui all'articolo 2, comma 3, diversi dalla responsabilità del vettore;

c) le imprese di assicurazione che coprono la responsabilità civile derivante dalla circolazione di tali veicoli per i rischi di cui al ramo 10 di cui all'articolo 2, comma 3, diversi dalla responsabilità del vettore, e i mandatari per la liquidazione dei sinistri designati da tali imprese di assicurazione conformemente all'articolo 152.

3. Il Centro di informazione italiano assiste gli aventi diritto al risarcimento nell'accesso alle informazioni di cui al comma 2, lettere *a*), *b*) e *c*).

4. Le imprese di assicurazione che coprono la responsabilità civile derivante dalla circolazione dei veicoli, che stazionano abitualmente nel territorio della Repubblica, sono tenute a comunicare in via sistematica i dati relativi ai numeri di targa dei veicoli assicurati, ai numeri di polizza, alla data di cessazione della copertura assicurativa, ai nominativi dei mandatari per la liquidazione dei sinistri nominati in ciascuno Stato membro e, a richiesta, tempestivamente i dati relativi al nome ed indirizzo del proprietario o dell'usufruttuario o dell'acquirente con patto di riservato dominio o del locatario in caso di locazione finanziaria.

5. Le procedure, i tempi e le modalità di invio dei dati da parte delle imprese di assicurazione, le modalità del relativo trattamento dei dati e di gestione del Centro di informazione italiano, anche nei confronti degli interessati e degli aventi diritto alle informazioni, nonché le modalità di accesso alle informazioni per le imprese di assicurazione ed i mandatari per la liquidazione dei sinistri, sono definite con regolamento adottato dal CONSAP, sentito il Garante per la protezione dei dati personali. Con lo stesso regolamento sono individuati i dati contenuti nella banca dati sinistri, di cui all'articolo 135, che sono oggetto di trattamento anche da parte del Centro di informazione italiano, con esclusione dei dati sensibili (1) (2).

6. Per le esigenze di funzionamento del Centro di informazione italiano, la CONSAP è autorizzata, ai sensi del codice in materia di protezione dei dati personali, ad avvalersi dei dati trattati dall'IVASS per le finalità della banca dati sinistri. L'IVASS, con regolamento, organizza la banca dati sinistri al fine di coordinare il trattamento dei dati con le esigenze del Centro di informazione italiano (3).

7. Il trattamento e la comunicazione dei dati personali sono consentiti, con esclusione dei dati personali sensibili ai sensi del codice in materia di protezione dei dati personali, nei limiti stabiliti dal presente capo. Le informazioni di cui al comma 2 sono conservate per un periodo di sette anni dalla data di cessazione dell'immatricolazione del veicolo o di scadenza del contratto di assicurazione.

8. Il Centro di informazione coopera con i centri di informazione istituiti dagli altri Stati membri per l'attuazione delle disposizioni previste dall'ordinamento comunitario.

(1) *Comma così modificato dall'art. 1[111] d.ls. 12 maggio 2015, n. 74.*
(2) *In attuazione del presente comma v. Reg. ISVAP 23 maggio 2006, n. 3.*
(3) *Comma così sostituito dall'art. 1[214] d.ls. n. 74, cit.*

155. Accesso al Centro di informazione italiano. – 1. I danneggiati, a seguito dei sinistri previsti all'articolo 151, hanno diritto di richiedere al Centro di informazione italiano entro sette anni dalla data del sinistro:

a) nome ed indirizzo dell'impresa di assicurazione;

b) numero della polizza di assicurazione e data di scadenza della stessa;

c) nome ed indirizzo del mandatario per la liquidazione dei sinistri dell'impresa di assicurazione nello Stato membro di residenza degli aventi diritto al risarcimento, nei casi in cui:

1) gli stessi risiedono nel territorio della Repubblica;

2) il veicolo che ha causato il sinistro stazioni abitualmente nel territorio della Repubblica;

3) il sinistro sia avvenuto nel territorio della Repubblica.

2. Nel caso in cui gli aventi diritto al risarcimento richiedano al Centro di informazione italiano il nome e l'indirizzo del proprietario o dell'usufruttuario o dell'acquirente con patto di riservato dominio o del locatario in caso di locazione finanziaria del veicolo che ha causato il sinistro, il Centro stesso, se gli aventi diritto hanno un interesse giuridicamente tutelato ad ottenere tali informazioni, si rivolge in particolare:

a) all'impresa di assicurazione;

b) all'ente di immatricolazione del veicolo.

3. Fermi restando i poteri dell'autorità giudiziaria, le forze di polizia nonché gli organi di polizia stradale di cui all'articolo 12 del codice della strada e le pubbliche amministrazioni competenti in materia di prevenzione e contrasto di comportamenti fraudolenti nel settore delle assicurazioni obbligatorie hanno accesso gratuito ai dati del Centro di informazione italiano. Le imprese di assicurazione, l'Ufficio centrale italiano e l'Organismo di indennizzo italiano possono richiedere al Centro di informazione italiano i dati per i quali hanno interesse motivato.

4. L'IVASS e la CONSAP hanno accesso gratuito ai dati relativi ai veicoli ed ai nomi dei proprietari dei veicoli contenuti nei pubblici registri e ai dati dell'archivio nazionale dei veicoli di cui agli articoli

225, comma 1, lettera *b*), e 226, commi 5 e seguenti, del codice della strada (1).

5. Il Centro di informazione italiano coopera con i centri di informazione istituiti dagli altri Stati membri per l'attuazione delle disposizioni previste dall'ordinamento comunitario.

5-*bis*. A richiesta delle parti interessate, i dati forniti dal Centro di informazione italiano devono essere disponibili in formato elettronico (2).

(1) *Comma così modificato dall'art. 1[218] d.ls. 12 maggio 2015, n. 74.*
(2) *Comma aggiunto dall'art. 1[8] d.ls. 6 novembre 2007, n. 198.*

CAPO VI – *Disciplina dell'attività peritale*

156. Attività peritale. – 1. L'attività professionale di perito assicurativo per l'accertamento e la stima dei danni alle cose derivanti dalla circolazione, dal furto e dall'incendio dei veicoli a motore e dei natanti soggetti alla disciplina del presente titolo non può essere esercitata da chi non sia iscritto nel ruolo di cui all'articolo 157.

2. Le imprese di assicurazione possono effettuare direttamente l'accertamento e la stima dei danni alle cose derivanti dalla circolazione, dal furto e dall'incendio dei veicoli a motore e dei natanti.

3. Nell'esecuzione dell'incarico i periti devono comportarsi con diligenza, correttezza e trasparenza.

157. Ruolo dei periti assicurativi. – 1. La CONSAP cura l'istituzione e il funzionamento del ruolo e determina, con regolamento, da pubblicarsi nella Gazzetta Ufficiale e sul suo sito internet, gli obblighi di comunicazione, la procedura di iscrizione e di cancellazione e le forme di pubblicità più idonee ad assicurare l'accesso pubblico al ruolo (1).

2. Nel ruolo sono iscritti i periti assicurativi che esercitano l'attività in proprio e che sono in possesso dei requisiti di cui all'articolo 158.

(1) *Comma così modificato dall'art. 1[111 e 215] d.ls. 12 maggio 2015, n. 74.*

158. Requisiti per l'iscrizione. – 1. Per ottenere l'iscrizione nel ruolo la persona fisica deve essere in possesso dei seguenti requisiti:

a) godere dei diritti civili;

b) non aver riportato condanna irrevocabile, o sentenza irrevocabile di applicazione della pena di cui all'articolo 444, comma 2, del codice di procedura penale, per un delitto contro la pubblica amministrazione, contro l'amministrazione della giustizia, contro la fede pubblica, contro l'economia pubblica, l'industria e il commercio, contro il patrimonio per il quale la legge commini la pena della reclusione non inferiore nel minimo ad un anno o nel massimo a tre anni, o per altro delitto non colposo per il quale sia comminata la pena della reclusione non inferiore nel minimo a due anni o nel massimo a cinque anni, o per il reato di omesso versamento dei contributi previdenziali e assistenziali obbligatori, ovvero condanna irrevocabile comportante l'applicazione della pena accessoria dell'interdizione dai pubblici uffici perpetua o di durata superiore a tre anni, salvo che non sia intervenuta la riabilitazione;

c) non essere stata dichiarata fallita, salvo che sia intervenuta la riabilitazione, né essere stato presidente, amministratore con delega di poteri, direttore generale, sindaco di società od enti che siano stati assoggettati a procedure di fallimento, concordato preventivo o liquidazione coatta amministrativa, almeno per i tre esercizi precedenti all'adozione dei relativi provvedimenti, fermo restando che l'impedimento ha durata fino ai cinque anni successivi all'adozione dei provvedimenti stessi;

d) non versare nelle situazioni di decadenza, divieto o sospensione previste dall'articolo 10 della legge 31 maggio 1965, n. 575, e successive modificazioni;

e) aver conseguito un diploma di scuola media secondaria superiore o di laurea triennale;

f) aver svolto tirocinio di durata biennale presso un perito abilitato;

g) aver superato una prova di idoneità secondo quanto previsto dal comma 3.

2. Fermo il disposto dell'articolo 156, non possono esercitare l'attività di perito assicurativo né essere iscritti nel ruolo gli intermediari di assicurazione e di riassicurazione, i riparatori di veicoli e di natanti e i pubblici dipendenti con rapporto lavorativo a tempo pieno ovvero a tempo parziale, quando superi la metà dell'orario lavorativo a tempo pieno.

3. Ai fini dell'iscrizione, il perito deve possedere adeguate cognizioni e capacità professionali, che sono accertate dalla CONSAP tramite una prova di idoneità, consistente in un esame su materie tecniche, giuridiche ed economiche rilevanti nell'esercizio dell'attività. L'IVASS (1) determina, con regolamento, i titoli di ammissione e le modalità di svolgimento della prova valutativa, provvedendo alla relativa organizzazione e gestione (2).

(1) *V. nota* sub *Epigrafe.*

(2) *Comma così modificato dall'art. 1[111] d.ls. 12 maggio 2015, n. 74.*

LEGGI COMPLEMENTARI

159. Cancellazione dal ruolo. – 1. La cancellazione dal ruolo è disposta dall'IVASS (1), con provvedimento motivato, in caso di:

a) rinuncia all'iscrizione;

b) perdita di uno dei requisiti di cui all'articolo 158, comma 1, lettere *a*), *b*), *c*) e *d*);

c) sopravvenuta incompatibilità ai sensi dell'articolo 158, comma 2;

d) radiazione;

e) mancato versamento del contributo di gestione di cui all'articolo 337, nonostante apposita diffida disposta dalla CONSAP (2).

2. Non si procede alla cancellazione dal ruolo, anche se richiesta dal perito, fino a quando sia in corso un procedimento disciplinare ovvero siano in corso accertamenti istruttori propedeutici all'avvio del medesimo.

(1) *V. nota* sub *Epigrafe.*

(2) *Lettera così modificata dall'art. 1[111 e 216] d.ls. 12 maggio 2015, n. 74.*

160. Reiscrizione. – 1. Il perito, che sia stato cancellato dal ruolo a seguito del provvedimento di radiazione, può richiedere di esservi iscritto nuovamente, purché siano decorsi almeno cinque anni dalla cancellazione e sussistano i requisiti di cui all'articolo 158, commi 1 e 2.

2. In caso di cancellazione derivante da condanna irrevocabile o da fallimento, il perito può essere nuovamente iscritto al ruolo soltanto se ne sia intervenuta la riabilitazione.

3. Il perito, la cui iscrizione sia stata cancellata per mancato versamento del contributo di gestione, può essere iscritto nuovamente purché abbia provveduto al pagamento di quanto non corrisposto sino alla cancellazione (1).

4. Se il perito, intervenuta la cancellazione dal ruolo, chiede una nuova iscrizione, essa viene disposta previa verifica della sussistenza dei requisiti di cui all'articolo 158, commi 1 e 2, rimanendo valida l'idoneità già conseguita. applicano, in quanto compatibili, le norme previste per l'assicurazione obbligatoria della responsabilità civile derivante dalla circolazione dei veicoli a motore.

(1) *Comma così modificato dall'art. 1[216] d.ls. 12 maggio 2015, n. 74.*

(*Omissis*)

Titolo XVII
Sistemi di indennizzo

Capo I – *Disposizioni generali sul sistema di indennizzo dei danni derivanti dalla circolazione dei veicoli a motore e dei natanti*

283. Sinistri verificatisi nel territorio della Repubblica. – 1. Il Fondo di garanzia per le vittime della strada, costituito presso la CONSAP, risarcisce i danni causati dalla circolazione dei veicoli e dei natanti, per i quali vi è obbligo di assicurazione, nei casi in cui:

a) il sinistro sia stato cagionato da veicolo o natante non identificato;

b) il veicolo o natante non risulti coperto da assicurazione;

c) il veicolo o natante risulti assicurato presso una impresa operante nel territorio della Repubblica, in regime di stabilimento o di libertà di prestazione di servizi, e che al momento del sinistro si trovi in stato di liquidazione coatta o vi venga posta successivamente;

d) il veicolo sia posto in circolazione contro la volontà del proprietario, dell'usufruttuario, dell'acquirente con patto di riservato dominio o del locatario in caso di locazione finanziaria;

d-bis) il veicolo sia stato spedito nel territorio della Repubblica italiana da uno Stato di cui all'art. 1, comma 1, lett. *bbb*), e nel periodo indicato all'art. 1, comma 1, lett. *fff*), n. 4-*bis*), lo stesso risulti coinvolto in un sinistro e sia privo di assicurazione.

d-ter) il sinistro sia cagionato da un veicolo estero con targa non corrispondente o non più corrispondente allo stesso veicolo (1).

2. Nel caso di cui al comma 1, lett. *a*), il risarcimento è dovuto solo per i danni alla persona. In caso di danni gravi alla persona, il risarcimento è dovuto anche per i danni alle cose, il cui ammontare sia superiore all'importo di euro 500, per la parte eccedente tale ammontare. Nei casi di cui al comma 1, lett. *b*), *d-bis*) e *d-ter*) il risarcimento è dovuto per i danni alla persona, nonché per i danni alle cose. Nel caso di cui al comma 1, lett. *d*), il risarcimento è dovuto, limitatamente ai terzi non trasportati e a coloro che sono trasportati contro la propria volontà ovvero che sono inconsapevoli della circolazione illegale, sia per i danni alla persona sia per i danni a cose (2).

3. Nel caso previsto dal comma 1, lett. *a*), il danno è risarcito nei limiti dei minimi di garanzia previsti, per ogni persona danneggiata e per ogni sinistro, nel regolamento di cui all'art. 128 relativamente alle autovetture ad uso privato. La percentuale di inabilità perma-

nente, la qualifica di convivente a carico e la percentuale di reddito del danneggiato da calcolare a favore di ciascuno dei conviventi a carico sono determinate in base alle norme del testo unico delle disposizioni per l'assicurazione obbligatoria contro gli infortuni sul lavoro e le malattie professionali.

4. Nei casi previsti dal comma 1, lett. *b*), *c*), *d*), *d-bis*) e *d-ter*), danno è risarcito nei limiti dei massimali indicati nel regolamento di cui all'art. 128 per i veicoli o i natanti della categoria cui appartiene il mezzo che ha causato il danno (3).

5. Il Fondo di garanzia per le vittime della strada è surrogato, per l'importo pagato, nei diritti dell'assicurato, del danneggiato verso l'impresa posta in liquidazione coatta, beneficiando dello stesso trattamento previsto per i crediti di assicurazione indicati all'art. 258, comma 4, lett. *a*). L'impresa di assicurazione che ha provveduto alla liquidazione del danno, ai sensi dell'art. 150, ha diritto di regresso nei confronti del Fondo di garanzia per le vittime della strada in caso di liquidazione coatta dell'impresa di assicurazione del veicolo responsabile.

(1) *Comma così modificato dall'art. 1*[9 lett. a)] *d.lgs. 6 novembre 2007, n. 198.*
(2) *Comma così modificato dall'art. 1*[9 lett. b)] *d.lgs. n. 198, cit.*
(3) *Comma così modificato dall'art. 1*[9 lett. c)] *d.lgs. n. 198, cit.*

284. Sinistri verificatisi in altro Stato membro. – 1. Il Fondo di garanzia per le vittime della strada è tenuto altresì a risarcire i sinistri causati sul territorio di un altro Stato membro da veicoli ivi immatricolati che siano assicurati presso un'impresa con sede legale in Italia operante in tale altro Stato in regime di stabilimento o di libertà di prestazione di servizi, che al momento del sinistro si trovi in stato di liquidazione coatta o vi venga posta successivamente. Si applica l'art. 283, comma 5.

2. Il Ministro dello sviluppo economico (1) autorizza, con decreto da pubblicare nella *Gazzetta Ufficiale*, la CONSAP a sottoscrivere le convenzioni con i fondi di garanzia degli altri Stati membri concernenti il risarcimento dei sinistri di cui al comma 1.

(1) *V. nota* sub *Epigrafe.*

285. Fondo di garanzia per le vittime della strada. – 1. Il Fondo di garanzia per le vittime della strada è amministrato, sotto la vigilanza del Ministero dello sviluppo economico (1), dalla CONSAP con l'assistenza di un apposito comitato.

2. Il Ministro dello sviluppo economico (1) disciplina, con regolamento (2), le condizioni e le modalità di amministrazione, di inter-

vento e di rendiconto del Fondo di garanzia per le vittime della strada, nonché la composizione del comitato di cui al comma 1.

3. Le imprese autorizzate all'esercizio delle assicurazioni per la responsabilità civile per i danni causati dalla circolazione dei veicoli a motore e dei natanti sono tenute a versare annualmente alla CONSAP, gestione autonoma del Fondo di garanzia per le vittime della strada, un contributo commisurato al premio incassato per ciascun contratto stipulato in adempimento dell'obbligo di assicurazione.

4. Il regolamento di cui al comma 2 determina le modalità di fissazione annuale della misura del contributo, nel limite massimo del quattro per cento del premio imponibile, tenuto conto dei risultati della liquidazione dei danni che sono determinati nel rendiconto annualmente predisposto dal comitato di gestione del fondo (3).

(1) *V. nota sub Epigrafe.*

(2) *V. d.m. 28 aprile 2008, n. 98 (G.U. 4 giugno 2008, n. 129).*

(3) *Comma così modificato dall'art. 1[209] d.ls. 12 maggio 2015, n. 74.*

CAPO II – *Liquidazione dei danni a cura dell'impresa designata*

286. (1) **Liquidazione dei danni a cura dell'impresa designata.** – 1. La liquidazione dei danni per i sinistri di cui all'art. 283, comma 1, lett. *a*), *b*), *c*), *d*), *d-bis*) e *d-ter*) è effettuata a cura di un'impresa designata dall'IVASS (2) secondo quanto previsto nel regolamento adottato dal Ministro dello sviluppo economico (2). L'impresa provvede alla liquidazione dei danni anche per i sinistri verificatisi oltre la scadenza del periodo assegnato e fino alla data indicata nel provvedimento che designi altra impresa (3).

2. Le somme anticipate dalle imprese designate, comprese le spese ed al netto delle somme recuperate ai sensi dell'art. 292, sono rimborsate dalla CONSAP - Fondo di garanzia per le vittime della strada, secondo le convenzioni, stipulate fra le imprese e il Fondo di garanzia per le vittime della strada, soggette all'approvazione del Ministero dello sviluppo economico su proposta dell'IVASS (4).

3. Le imprese designate sono sottoposte, per l'attività oggetto delle convenzioni, alle direttive per il regolare svolgimento delle operazioni di liquidazione dei danni emanate in via generale o particolare dalla CONSAP.

(1) *Per la designazione delle imprese di assicurazione tenute a provvedere alla liquidazione dei sinistri a carico del fondo di garanzia per le vittime della strada, ai sensi del presente articolo, v. Provv. IVASS 19 maggio 2015, n. 32.*

(2) *V. nota sub Epigrafe.*

(3) *Comma così modificato dall'art. 1[10] d.ls. 6 novembre 2007, n. 198.*
(4) *Comma così modificato dall'art. 1[211] d.ls. 12 maggio 2015, n. 74.*

287. Esercizio dell'azione di risarcimento. – 1. Nelle ipotesi previste dall'art. 283, comma 1, lett. *a*), *b*), *d*), *d-bis*) e *d-ter*), l'azione per il risarcimento dei danni causati dalla circolazione dei veicoli e dei natanti, per i quali vi è obbligo di assicurazione, può essere proposta solo dopo che siano decorsi sessanta giorni da quello in cui il danneggiato abbia chiesto il risarcimento del danno, a mezzo raccomandata, all'impresa designata, inviandone copia contestuale alla CONSAP (1) - Fondo di garanzia per le vittime della strada. Nell'ipotesi prevista dall'art. 283, comma 1, lett. *c*), l'azione per il risarcimento dei danni può essere proposta solo dopo che siano decorsi sei mesi dal giorno in cui il danneggiato ha richiesto il risarcimento del danno (1) (2).

2. Il danneggiato che, nell'ipotesi prevista dall'art. 283, comma 1, lett. *a*), abbia fatto richiesta all'impresa designata, inviandone copia contestuale alla CONSAP - Fondo di garanzia per le vittime della strada, non è tenuto a rinnovare la domanda qualora successivamente venga identificata l'impresa di assicurazione del responsabile (1).

3. L'azione per il risarcimento del danno deve essere esercitata esclusivamente nei confronti dell'impresa designata. La CONSAP - Fondo di garanzia per le vittime della strada può tuttavia intervenire nel processo, anche in grado di appello.

4. Nei casi previsti dall'art. 283, comma 1, lett. *b*), *d-bis*) e *d-ter*), deve essere convenuto in giudizio anche il responsabile del danno (3).

5. Nel giudizio promosso ai sensi dell'art. 283, comma 1, lett. *c*), deve essere convenuto in giudizio anche il commissario liquidatore dell'impresa di assicurazione.

(1) *Comma così modificato dall'art. 1[210] d.ls. 12 maggio 2015, n. 74.*
(2) *Comma così modificato dall'art. 1[11 lett. a)] d.ls. 6 novembre 2007, n. 198.*
(3) *Comma così sostituito dall'art. 1[11 lett. b)] d.ls. n. 198, cit.*

288. Diritti degli assicurati nei confronti del Fondo di garanzia per le vittime della strada. – 1. Gli assicurati con imprese che esercitano i rami di responsabilità civile dei veicoli a motore e dei natanti e che siano poste in liquidazione coatta possono far valere, nei limiti delle somme indicate dall'art. 283, comma 4, i diritti derivanti dal contratto nei confronti della CONSAP - Fondo di garanzia per le vittime della strada, agendo nei confronti dell'impresa designata per il territorio in cui è avvenuto il sinistro.

289. Effetti della liquidazione coatta sulle sentenze passate in giudicato e sui giudizi pendenti. – 1. Le sentenze ottenute dal danneggiato nei confronti dell'impresa di assicurazione sono opponibili, se passate in giudicato prima che sia stato pubblicato il decreto di liquidazione coatta, all'impresa designata per il risarcimento dei danni entro i limiti fissati dall'art. 283, comma 4.

2. Se il decreto di liquidazione coatta interviene prima della formazione del giudicato, il processo prosegue, nei confronti del commissario liquidatore e dell'impresa designata, decorsi sei mesi dalla pubblicazione del decreto di liquidazione coatta. In ogni caso le pronunce sono opponibili, entro i limiti di risarcibilità fissati dall'art. 283, comma 4, nei confronti dell'impresa designata.

3. La disposizione di cui al comma 1 si applica anche per le ordinanze ottenute dal danneggiato che versi in stato di bisogno.

290. Prescrizione dell'azione. – 1. L'azione diretta che spetta al danneggiato nei confronti dell'impresa designata, nei casi previsti dall'art. 283, comma 1, lett. *a*), *b*), *d*), *d-bis*) e *d-ter*), è soggetta al termine di prescrizione cui sarebbe soggetta l'azione verso il responsabile (1).

2. L'azione che spetta al danneggiato nei confronti dell'impresa designata, nel caso previsto dall'art. 283, comma 1, lett. *c*), è proponibile fino a che non sia prescritta l'azione nei confronti dell'impresa posta in liquidazione coatta.

(1) *Comma così modificato dall'art. 1[12] d.ls. 6 novembre 2007, n. 198.*

291. Pluralità di danneggiati e supero del massimale. – 1. Qualora vi siano più persone danneggiate nello stesso sinistro ed il risarcimento dovuto dal responsabile superi le somme assicurate, i diritti delle persone danneggiate nei confronti dell'impresa designata sono proporzionalmente ridotti fino alla concorrenza del limite di risarcibilità rispettivamente indicato dai commi 3 o 4 dell'art. 283.

2. L'impresa designata che, decorsi trenta giorni dall'incidente e ignorando l'esistenza di altre persone danneggiate, pur avendone ricercata l'identificazione con la normale diligenza, ha pagato ad alcuna di esse una somma superiore alla quota spettante, risponde verso le altre persone danneggiate nei limiti dell'eccedenza della somma assicurata rispetto alla somma versata.

3. Nel caso di cui al comma 2, le altre persone danneggiate, il cui credito rimanesse insoddisfatto, hanno diritto di ripetere, da chi abbia ricevuto il risarcimento dall'impresa di assicurazione, quanto sarebbe loro spettato in applicazione del comma 1.

4. Nei giudizi promossi fra l'impresa di assicurazione designata e le persone danneggiate sussiste litisconsorzio necessario, applicandosi l'art. 102 del codice di procedura civile. L'impresa di assicurazione designata può effettuare il deposito di una somma, nei limiti del massimale, con effetto liberatorio nei confronti di tutte le persone aventi diritto al risarcimento, se il deposito è irrevocabile e vincolato a favore di tutti i danneggiati.

292. Diritto di regresso e di surroga dell'impresa designata. – 1. L'impresa designata che, anche in via di transazione, ha risarcito il danno nei casi previsti dall'art. 283, comma 1, lett. *a*), *b*), *d*), *d-bis*) e *d-ter*), ha azione di regresso nei confronti dei responsabili del sinistro per il recupero dell'indennizzo pagato nonché degli interessi e delle spese (1).

2. Nel caso previsto dall'art. 283, comma 1, lett. *c*), l'impresa designata che, anche in via di transazione, ha risarcito il danno è surrogata, per l'importo pagato, nei diritti dell'assicurato e del danneggiato verso l'impresa posta in liquidazione coatta con gli stessi privilegi stabiliti dalla legge a favore dei medesimi.

(1) *Comma così modificato dall'art. 1[13] d.ls. 6 novembre 2007, n. 198.*

D.P.R. 18 luglio 2006, n. 254. — **Regolamento recante disciplina del risarcimento diretto dei danni derivanti dalla circolazione stradale, a norma dell'articolo 150 del decreto legislativo 7 settembre 2005, n. 209 - Codice delle assicurazioni private** (G.U. 28 agosto 2006, n. 199).

1. Definizioni. – 1. Ai fini del presente regolamento si intende per:

a) « codice »: il codice delle assicurazioni private di cui al decreto legislativo 7 settembre 2005, n. 209;

b) « ISVAP »: l'Istituto per la vigilanza sulle assicurazioni private e di interesse collettivo;

c) « impresa »: la società autorizzata ad esercitare nel territorio della Repubblica l'assicurazione obbligatoria per la responsabilità civile autoveicoli;

d) « sinistro »: la collisione avvenuta nel territorio della Repubblica tra due veicoli a motore identificati e assicurati per la responsabilità civile obbligatoria dalla quale siano derivati danni ai veicoli o lesioni di lieve entità ai loro conducenti, senza coinvolgimento di altri veicoli responsabili;

e) « danneggiato »: il proprietario o il conducente del veicolo che abbia subito danni a seguito del sinistro;

f) « lesioni »: le lesioni di lieve entità definite all'articolo 139 del codice.

2. Restano ferme, inoltre, le definizioni contenute nell'articolo 1 del codice.

2. Oggetto del regolamento. – 1. Il presente regolamento disciplina le modalità attuative del sistema del risarcimento diretto, nell'ambito dell'assicurazione obbligatoria della responsabilità civile per i danni derivanti dalla circolazione stradale, in attuazione dell'articolo 150 del codice.

3. Ambito di applicazione. – 1. La disciplina del risarcimento diretto si applica in tutte le ipotesi di danni al veicolo e di lesioni di lieve entità al conducente, anche quando nel sinistro siano coinvolti terzi trasportati.

2. Qualora i terzi trasportati subiscano lesioni, la relativa richiesta del risarcimento del danno resta soggetta alla specifica procedura prevista dall'articolo 141 del codice.

4. Veicoli immatricolati all'estero. – 1. La disciplina del risarcimento diretto si applica ai sinistri che coinvolgono:

a) veicoli immatricolati in Italia;

b) veicoli immatricolati nella Repubblica di San Marino e nello Stato Città del Vaticano, se assicurati con imprese con sede legale nello Stato italiano o con imprese che esercitino l'assicurazione obbligatoria responsabilità civile auto ai sensi degli articoli 23 e 24 del codice e che abbiano aderito al sistema del risarcimento diretto.

5. Modalità della richiesta di risarcimento. – 1. Il danneggiato che si ritiene non responsabile, in tutto o in parte, del sinistro rivolge la richiesta di risarcimento all'impresa che ha stipulato il contratto relativo al veicolo utilizzato.

2. La richiesta è presentata mediante lettera raccomandata con avviso di ricevimento o con consegna a mano o a mezzo telegramma o telefax o in via telematica, salvo che nel contratto sia esplicitamente esclusa tale ultima forma di presentazione della richiesta di risarcimento.

3. L'impresa che ha ricevuto la richiesta ne dà immediata comunicazione all'impresa dell'assicurato ritenuto in tutto o in parte responsabile del sinistro, fornendo le sole informazioni necessarie per la verifica della copertura assicurativa e per l'accertamento delle modalità di accadimento del sinistro.

6. Contenuto della richiesta. – 1. Nell'ipotesi di danni al veicolo e alle cose, la richiesta di risarcimento contiene i seguenti elementi:

a) i nomi degli assicurati;

b) le targhe dei due veicoli coinvolti;

c) la denominazione delle rispettive imprese;

d) la descrizione delle circostanze e delle modalità del sinistro;

e) le generalità di eventuali testimoni;

f) l'indicazione dell'eventuale intervento degli Organi di polizia;

g) il luogo, i giorni e le ore in cui le cose danneggiate sono disponibili per la perizia diretta ad accertare l'entità del danno.

2. Nell'ipotesi di lesioni subite dai conducenti, la richiesta indica, inoltre:

a) l'età, l'attività e il reddito del danneggiato;

b) l'entità delle lesioni subite;

c) la dichiarazione di cui all'articolo 142 del codice circa la spettanza o meno di prestazioni da parte di istituti che gestiscono assicurazioni sociali obbligatorie;

d) l'attestazione medica comprovante l'avvenuta guarigione, con o senza postumi permanenti;

e) l'eventuale consulenza medico-legale di parte, corredata dall'indicazione del compenso spettante al professionista.

7. Integrazione e regolarizzazione della richiesta. – 1. In caso di richiesta incompleta, l'impresa, entro trenta giorni dalla ricezione, offrendo l'assistenza tecnica e informativa prevista dall'articolo 9, invita il danneggiato a fornire le integrazioni e i chiarimenti necessari per la regolarizzazione della richiesta.

2. Nell'ipotesi di cui al comma 1, i termini per la formulazione dell'offerta o per la comunicazione della mancata offerta sono sospesi fino alla data di ricezione delle integrazioni e dei chiarimenti richiesti.

8. Determinazioni dell'impresa. – 1. Con apposita comunicazione inviata al danneggiato, l'impresa indica, alternativamente:

a) una congrua offerta di risarcimento del danno, eventualmente in forma specifica, se previsto dal contratto;

b) gli specifici motivi che impediscono di formulare l'offerta di risarcimento del danno.

2. La comunicazione di cui al comma 1 è inviata entro i seguenti termini:

a) novanta giorni, nel caso di lesioni;

b) sessanta giorni, nel caso di danni riguardanti solo i veicoli o le cose;

c) trenta giorni, nel caso di danni ai veicoli o alle cose, qualora il modulo di denuncia del sinistro sia sottoscritto da entrambi i conducenti coinvolti nel sinistro.

9. Assistenza tecnica e informativa ai danneggiati. – 1. L'impresa, nell'adempimento degli obblighi contrattuali di correttezza e buona fede, fornisce al danneggiato ogni assistenza informativa e tecnica utile per consentire la migliore prestazione del servizio e la piena realizzazione del diritto al risarcimento del danno. Tali obblighi comprendono, in particolare, oltre a quanto stabilito espressamente dal contratto, il supporto tecnico nella compilazione della richiesta di risarcimento, anche ai fini della quantificazione dei danni alle cose e ai veicoli, il suo controllo e l'eventuale integrazione, l'illustrazione e la precisazione dei criteri di responsabilità di cui all'allegato A.

2. Nel caso in cui la somma offerta dall'impresa di assicurazione sia accettata dal danneggiato, sugli importi corrisposti non sono dovuti compensi per la consulenza o assistenza professionale di cui si sia avvalso il danneggiato diversa da quella medico-legale per i danni alla persona.

LEGGI COMPLEMENTARI

10. Accesso telematico. – 1. Ai fini della liquidazione dei danni derivanti dal sinistro, l'impresa ha diritto di accedere in via telematica agli archivi previsti dall'articolo 132, comma 3, del codice, per la verifica dei dati tecnici e del proprietario dell'altro veicolo.

11. Sinistri esclusi dal sistema di risarcimento diretto. – 1. Nel caso in cui il sinistro non rientra nell'ambito di applicazione previsto dall'articolo 3, l'impresa ne informa il danneggiato a mezzo raccomandata con avviso di ricevimento, entro trenta giorni decorrenti dalla ricezione della richiesta di risarcimento.

2. Entro il termine di cui al comma 1, l'impresa è tenuta a trasmettere la richiesta, corredata della documentazione acquisita per ogni ulteriore valutazione, all'impresa del responsabile qualora quest'ultima sia nota in base agli elementi in suo possesso.

3. I termini previsti dagli articoli 145 e 148 del codice iniziano a decorrere dal momento in cui l'impresa del responsabile del sinistro riceve la comunicazione di cui al comma 2.

12. Criteri di determinazione del grado di responsabilità delle parti. – 1. L'impresa adotta le proprie determinazioni in ordine alla richiesta del danneggiato, applicando i criteri di accertamento della responsabilità dei sinistri stabiliti nella tabella di cui all'allegato A, in conformità alla disciplina legislativa e regolamentare in materia di circolazione stradale.

2. Qualora il sinistro non rientri in alcuna delle ipotesi previste dalla tabella di cui al comma 1, l'accertamento della responsabilità è compiuto con riferimento alla fattispecie concreta, nel rispetto dei principi generali in tema di responsabilità derivante dalla circolazione dei veicoli.

13. Organizzazione e gestione del sistema di risarcimento diretto. – 1. Le imprese di assicurazione stipulano fra loro una convenzione ai fini della regolazione dei rapporti organizzativi ed economici per la gestione del risarcimento diretto.

2. Per la regolazione contabile dei rapporti economici, la convenzione deve prevedere una stanza di compensazione dei risarcimenti effettuati. Le compensazioni avvengono sulla base di costi medi che possono essere differenziati per grandi tipologie di veicoli assicurati e per danni a cose e danni alle persone, nonché, limitatamente ai danni a cose, per macroaree territorialmente omogenee in numero non superiore a tre. I predetti criteri di differenziazione, applicati alternativamente o congiuntamente, non devono determinare una eccessiva frammentazione dei costi medi da prendere a base per le

compensazioni. Le compensazioni possono avvenire anche sulla base di meccanismi che prevedano l'applicazione di franchigie a carico dell'impresa che ha risarcito il danno, secondo le regole definite dalla convenzione (1).

2-*bis*. Le differenziazioni delle compensazioni da applicare ai sensi del comma 2 sono stabilite e possono essere modificate con decreto del Ministro dello sviluppo economico, sentiti l'ISVAP e il Comitato tecnico di cui al comma 4, sulla base dell'andamento effettivo dei costi e dell'esperienza maturata sul sistema, senza tuttavia determinare mutamenti frequenti e in nessun caso per periodi di applicazione inferiori ad una annualità (1).

3. L'attività della stanza di compensazione deve svolgersi in regime di completa autonomia rispetto alle imprese di assicurazione ed ai loro organismi associativi.

4. I valori dei costi medi e delle eventuali franchigie di cui al comma 2 vengono calcolati annualmente sulla base dei risarcimenti effettivamente corrisposti nell'esercizio precedente per i sinistri rientranti nell'ambito di applicazione del sistema di risarcimento diretto. Per il calcolo annuale dei valori da assumere ai fini delle compensazioni, sulla base dei dati forniti dalla stanza di compensazione di cui al comma 2, è istituito presso il Ministero dello sviluppo economico un Comitato tecnico composto dai seguenti componenti: *a*) un rappresentante del Ministero dello sviluppo economico, con funzioni di Presidente; *b*) un rappresentante dell'ISVAP; *c*) un rappresentante dell'Associazione nazionale fra le imprese assicuratrici; *d*) un esperto in scienze statistiche ed attuariali; *e*) due rappresentanti del Consiglio nazionale dei consumatori e degli utenti. L'esperto di cui alla lettera *d*) non deve avere svolto, nei due anni precedenti la nomina, incarichi presso imprese di assicurazione.

5. Per il primo anno di applicazione del sistema di risarcimento diretto, il Comitato tecnico calcola i valori di cui al comma 4 sulla base di statistiche di mercato.

6. I componenti il Comitato sono nominati con decreto del Ministro dello sviluppo economico per la durata di un triennio e possono essere riconfermati una sola volta. Il Comitato delibera a maggioranza e, in caso di parità, prevale il voto del Presidente.

7. Il costo relativo al funzionamento della convenzione è posto a carico delle imprese che aderiscono al sistema di risarcimento diretto.

8. Le imprese con sede legale in altri Stati membri dell'Unione europea che operano nel territorio della Repubblica, ai sensi degli

articoli 23 e 24 del codice, hanno facoltà di aderire al sistema di risarcimento diretto mediante sottoscrizione della convenzione di cui al comma 1.

9. Non costituiscono prestazioni di servizi ai fini dell'imposta sul valore aggiunto le regolazioni dei rapporti tra imprese nell'ambito della procedura di risarcimento diretto.

10. Le informazioni, acquisite nell'ambito dei rapporti organizzativi ed economici per la gestione del risarcimento diretto, possono essere utilizzati, esclusivamente, per le finalità della stessa stanza di compensazione.

(1) *Gli attuali commi 2 e 2-bis così sostituiscono l'originario comma 2 ai sensi dell'art. 1 d.P.R. 18 febbraio 2009, n. 28. In attuazione del comma 2-bis, v. d.m. 11 dicembre 2009 (G.U. 29 dicembre 2009, n. 301).*

14. Benefici derivanti agli assicurati. – 1. Il sistema del risarcimento diretto dovrà consentire effettivi benefici per gli assicurati, attraverso l'ottimizzazione della gestione, il controllo dei costi e l'innovazione dei contratti che potranno contemplare l'impiego di clausole che prevedano il risarcimento del danno in forma specifica con contestuale riduzione del premio per l'assicurato.

2. In presenza di clausole che prevedono il risarcimento del danno in forma specifica, nel contratto deve essere espressamente indicata la percentuale di sconto applicata.

15. Entrata in vigore. – 1. Il presente regolamento entra in vigore il 1º gennaio 2007 e si applica ai sinistri verificatisi a partire dal 1º febbraio 2007.

2. Per i sinistri che coinvolgono ciclomotori, il presente regolamento si applica a condizione che i ciclomotori stessi siano muniti di targa ai sensi del decreto del Presidente della Repubblica 6 marzo 2006, n. 153 (1).

(1) *In tema di risarcimento dei danni derivanti da sinistri che coinvolgono macchine agricole, v. art. 2$^{5\text{-ter}}$ d.l. 28 dicembre 2006, n. 300, conv., con modif., in l. 26 febbraio 2007, n. 17, e art. 42$^{2\text{-ter}}$ d.l. 1° ottobre 2007, n. 159, conv., con modif., in l. 29 novembre 2007, n. 222.*

ALLEGATO
(*Omissis*)

CITTADINANZA

L. 5 febbraio 1992, n. 91. — **Nuove norme sulla cittadinanza** (G.U. 15 febbraio 1992, n. 38).

1. – 1. È cittadino per nascita:

a) il figlio di padre o di madre cittadini;

b) chi è nato nel territorio della Repubblica se entrambi i genitori sono ignoti o apolidi, ovvero se il figlio non segue la cittadinanza dei genitori secondo la legge dello Stato al quale questi appartengono.

2. È considerato cittadino per nascita il figlio di ignoti trovato nel territorio della Repubblica, se non venga provato il possesso di altra cittadinanza.

2. – 1. Il riconoscimento o la dichiarazione giudiziale della filiazione durante la minore età del figlio ne determina la cittadinanza secondo le norme della presente legge.

2. Se il figlio riconosciuto o dichiarato è maggiorenne conserva il proprio stato di cittadinanza, ma può dichiarare, entro un anno dal riconoscimento o dalla dichiarazione giudiziale, ovvero dalla dichiarazione di efficacia del provvedimento straniero, di eleggere la cittadinanza determinata dalla filiazione.

3. Le disposizioni del presente articolo si applicano anche ai figli per i quali la paternità o maternità non può essere dichiarata, purché sia stato riconosciuto giudizialmente il loro diritto al mantenimento o agli alimenti.

3. – 1. Il minore straniero adottato da cittadino italiano acquista la cittadinanza.

2. La disposizione del comma 1 si applica anche nei confronti degli adottati prima della data di entrata in vigore della presente legge.

3. Qualora l'adozione sia revocata per fatto dell'adottato, questi perde la cittadinanza italiana, sempre che sia in possesso di altra cittadinanza o la riacquisti.

4. Negli altri casi di revoca l'adottato conserva la cittadinanza italiana. Tuttavia, qualora la revoca intervenga durante la maggiore età dell'adottato, lo stesso, se in possesso di altra cittadinanza o se la riacquisti, potrà comunque rinunciare alla cittadinanza italiana entro un anno dalla revoca stessa.

4. – 1. Lo straniero o l'apolide, del quale il padre o la madre o uno degli ascendenti in linea retta di secondo grado sono stati cittadini per nascita, diviene cittadino:

a) se presta effettivo servizio militare per lo Stato italiano e dichiara preventivamente di voler acquistare la cittadinanza italiana;

b) se assume pubblico impiego alle dipendenze dello Stato, anche all'estero, e dichiara di voler acquistare la cittadinanza italiana;

c) se, al raggiungimento della maggiore età, risiede legalmente da almeno due anni nel territorio della Repubblica e dichiara, entro un anno dal raggiungimento, di voler acquistare la cittadinanza italiana.

2. Lo straniero nato in Italia, che vi abbia risieduto legalmente senza interruzioni fino al raggiungimento della maggiore età, diviene cittadino se dichiara di voler acquistare la cittadinanza italiana entro un anno dalla suddetta data.

5. – (1) (2) 1. Il coniuge, straniero o apolide, di cittadino italiano può acquistare la cittadinanza italiana quando, dopo il matrimonio, risieda legalmente da almeno due anni nel territorio della Repubblica, oppure dopo tre anni dalla data del matrimonio se residente all'estero, qualora, al momento dell'adozione del decreto di cui all'articolo 7, comma 1, non sia intervenuto lo scioglimento, l'annullamento o la cessazione degli effetti civili del matrimonio e non sussista la separazione personale dei coniugi.

2. I termini di cui al comma 1 sono ridotti della metà in presenza di figli nati o adottati dai coniugi.

(1) *Articolo così sostituito dall'art. 1, comma 11, l. 15 luglio 2009, n. 94.*

(2) ***C. cost.*** *26 luglio 2022, n. 195 ha dichiarato* l'illegittimità costituzionale *del presente articolo nella parte in cui non esclude, dal novero delle cause ostative al riconoscimento del diritto di cittadinanza, la morte del coniuge del richiedente, sopravvenuta in pendenza dei termini previsti per la conclusione del procedimento di cui al successivo art. 7, comma 1.*

6. – 1. Precludono l'acquisto della cittadinanza ai sensi dell'articolo 5:

a) la condanna per uno dei delitti previsti nel libro secondo, titolo I, capi I, II e III, del codice penale;

b) la condanna per un delitto non colposo per il quale la legge preveda una pena edittale non inferiore nel massimo a tre anni di reclusione; ovvero la condanna per un reato non politico ad una pena detentiva superiore ad un anno da parte di una autorità giudiziaria straniera, quando la sentenza sia stata riconosciuta in Italia;

c) la sussistenza, nel caso specifico, di comprovati motivi inerenti alla sicurezza della Repubblica.

2. Il riconoscimento della sentenza straniera è richiesto dal procuratore generale del distretto dove ha sede l'ufficio dello stato civile in

cui è iscritto o trascritto il matrimonio, anche ai soli fini ed effetti di cui al comma 1, lettera *b*).

3. La riabilitazione fa cessare gli effetti preclusivi della condanna.

4. L'acquisto della cittadinanza è sospeso fino a comunicazione della sentenza definitiva, se sia stata promossa azione penale per uno dei delitti di cui al comma 1, lettera *a*) e lettera *b*), primo periodo, nonché per il tempo in cui è pendente il procedimento di riconoscimento della sentenza straniera, di cui al medesimo comma 1, lettera *b*), secondo periodo.

7. – 1. (1).

2. Si applicano le disposizioni di cui all'articolo 3 della legge 12 gennaio 1991, n. 13.

(1) *Comma abrogato dall'art. 8 d.P.R. 18 aprile 1994, n. 362, limitatamente alle parti modificate con il medesimo regolamento di cui al citato d.P.R. n. 362. Il testo del comma era il seguente: « 1. Ai sensi dell'articolo 5, la cittadinanza si acquista con decreto del Ministro dell'interno, a istanza dell'interessato, presentata al sindaco del comune di residenza o alla competente autorità consolare ».*

8. – 1. Con decreto motivato, il Ministro dell'interno respinge l'istanza di cui all'articolo 7 ove sussistano le cause ostative previste nell'articolo 6. Ove si tratti di ragioni inerenti alla sicurezza della Repubblica, il decreto è emanato su conforme parere del Consiglio di Stato. L'istanza respinta può essere riproposta dopo cinque anni dall'emanazione del provvedimento.

2. (1).

(1) *Comma abrogato dall'art. 14, comma 1, lett.* a) *d.l. 4 ottobre 2018, n. 113, conv., con modif., in l. 1° dicembre 2018, n. 132. Il testo del comma era il seguente: « 2. L'emanazione del decreto di rigetto dell'istanza è preclusa quando dalla data di presentazione dell'istanza stessa, corredata dalla prescritta documentazione, sia decorso il termine di due anni ».*

9. – 1. La cittadinanza italiana può essere concessa con decreto del Presidente della Repubblica, sentito il Consiglio di Stato, su proposta del Ministro dell'interno:

a) allo straniero del quale il padre o la madre o uno degli ascendenti in linea retta di secondo grado sono stati cittadini per nascita, o che è nato nel territorio della Repubblica e, in entrambi i casi, vi risiede legalmente da almeno tre anni, comunque fatto salvo quanto previsto dall'articolo 4, comma 1, lettera *c*);

b) allo straniero maggiorenne adottato da cittadino italiano che risiede legalmente nel territorio della Repubblica da almeno cinque anni successivamente alla adozione;

c) allo straniero che ha prestato servizio, anche all'estero, per almeno cinque anni alle dipendenze dello Stato;

LEGGI COMPLEMENTARI

d) al cittadino di uno Stato membro delle Comunità europee se risiede legalmente da almeno quattro anni nel territorio della Repubblica;

e) all'apolide che risiede legalmente da almeno cinque anni nel territorio della Repubblica;

f) allo straniero che risiede legalmente da almeno dieci anni nel territorio della Repubblica.

2. Con decreto del Presidente della Repubblica, sentito il Consiglio di Stato e previa deliberazione del Consiglio dei Ministri, su proposta del Ministro dell'interno, di concerto con il Ministro degli affari esteri, la cittadinanza può essere concessa allo straniero quando questi abbia reso eminenti servizi all'Italia, ovvero quando ricorra un eccezionale interesse dello Stato.

9.1. – (1) 1. La concessione della cittadinanza italiana ai sensi degli articoli 5 e 9 è subordinata al possesso, da parte dell'interessato, di un'adeguata conoscenza della lingua italiana, non inferiore al livello B1 del Quadro comune europeo di riferimento per la conoscenza delle lingue (QCER). A tal fine, i richiedenti, che non abbiano sottoscritto l'accordo di integrazione di cui all'articolo 4-*bis* del testo unico di cui al decreto legislativo 25 luglio 1998, n. 286, o che non siano titolari di permesso di soggiorno UE per soggiornanti di lungo periodo di cui all'articolo 9 del medesimo testo unico, sono tenuti, all'atto della presentazione dell'istanza, ad attestare il possesso di un titolo di studio rilasciato da un istituto di istruzione pubblico o paritario riconosciuto dal Ministero dell'istruzione, dell'università e della ricerca e dal Ministero degli affari esteri e della cooperazione internazionale o dal Ministero dell'istruzione, dell'università e della ricerca, ovvero a produrre apposita certificazione rilasciata da un ente certificatore riconosciuto dal Ministero dell'istruzione, dell'università e della ricerca e dal Ministero degli affari esteri e della cooperazione internazionale o dal Ministero dell'istruzione, dell'università e della ricerca.

(1) *Articolo inserito dall'art. 14, comma 1, lett.* a-bis) *d.l. 4 ottobre 2018, n. 113, conv., con modif., in l. 1° dicembre 2018, n. 132.*

9-*bis*. – (1) 1. Ai fini dell'elezione, acquisto, riacquisto, rinuncia o concessione della cittadinanza, all'istanza o dichiarazione dell'interessato deve essere comunque allegata la certificazione comprovante il possesso dei requisiti richiesti per legge.

2. Le istanze o dichiarazioni di elezione, acquisto, riacquisto, ri-

nuncia o concessione della cittadinanza sono soggette al pagamento di un contributo di importo pari a 250 (2) euro.

3. Il gettito derivante dal contributo di cui al comma 2 è versato all'entrata del bilancio dello Stato per essere riassegnato allo stato di previsione del Ministero dell'interno che lo destina, per la metà, al finanziamento di progetti del Dipartimento per le libertà civili e l'immigrazione diretti alla collaborazione internazionale e alla cooperazione e assistenza ai Paesi terzi in materia di immigrazione anche attraverso la partecipazione a programmi finanziati dall'Unione europea e, per l'altra metà, alla copertura degli oneri connessi alle attività istruttorie inerenti ai procedimenti di competenza del medesimo Dipartimento in materia di immigrazione, asilo e cittadinanza.

(1) *Articolo inserito dall'art. 1, comma 12, l. 15 luglio 2009, n. 94.*

(2) *Le parole* « di importo pari a 250 » *sono state sostituite alle parole* « di importo pari a 200 » *dall'art. 14, comma 1, lett.* b), *d.l 4 ottobre 2018, n. 113, conv., con modif., in l. 1° dicembre 2018, n. 132.*

9-*ter*. – (1) 1. Il termine di definizione dei procedimenti di cui agli articoli 5 e 9 è fissato in massimo trentasei mesi dalla data di presentazione della domanda.

(1) *Articolo, da ultimo, così sostituito dall'art. 4[5] d.l. 21 ottobre 2020, n. 130, conv., con modif., in l. 18 dicembre 2020, n. 173. Ai sensi del comma 6 dell'art. 4 d.l. n. 130 cit., il termine di cui al presente art. 9-*ter*, trova applicazione per le domande di cittadinanza presentate dalla data di entrata in vigore della legge di conversione del suddetto decreto. Il testo dell'articolo, come inserito dall'art. 14[1 lett. c)] d.l 4 ottobre 2018, n. 113, conv., con modif., in l. 1° dicembre 2018, n. 132, era il seguente:* « 1. Il termine di definizione dei procedimenti di cui agli articoli 5 e 9 è di quarantotto mesi dalla data di presentazione della domanda. ». *Il comma 2 dell'art. 14 d.l. n. 113, cit. – ora abrogato dall'art. 4[7] d.l. n. 130 cit. – aveva previsto che le suddette disposizioni si applicassero ai procedimenti di conferimento della cittadinanza in corso alla data di entrata in vigore del predetto d.l. n. 113, cit.*

10. – (1) 1. Il decreto di concessione della cittadinanza non ha effetto se la persona a cui si riferisce non presta, entro sei mesi dalla notifica del decreto medesimo, giuramento di essere fedele alla Repubblica e di osservare la Costituzione e le leggi dello Stato.

(1) ***C. cost.** 7 dicembre 2017, n. 258, ha dichiarato* l'illegittimità costituzionale *del presente articolo, nella parte in cui non prevede che sia esonerata dal giuramento la persona incapace di soddisfare tale adempimento in ragione di grave e accertata condizione di disabilità.*

10-*bis*. – (1) 1. La cittadinanza italiana acquisita ai sensi degli articoli 4, comma 2, 5 e 9, è revocata in caso di condanna definitiva per i reati previsti dall'articolo 407, comma 2, lettera a), n. 4), del codice di procedura penale, nonché per i reati di cui agli articoli

270-*ter* e 270-*quinquies*.2, del codice penale. La revoca della cittadinanza è adottata, entro tre anni dal passaggio in giudicato della sentenza di condanna per i reati di cui al primo periodo, con decreto del Presidente della Repubblica, su proposta del Ministro dell'interno.

(1) *Articolo inserito dall'art. 11, comma 1, lett. d) d.l. 4 ottobre 2018, n. 113, conv., con modif., in l. 1° dicembre 2018, n. 132.*

11. – 1. Il cittadino che possiede, acquista o riacquista una cittadinanza straniera conserva quella italiana, ma può ad essa rinunciare qualora risieda o stabilisca la residenza all'estero.

12. – 1. Il cittadino italiano perde la cittadinanza se, avendo accettato un impiego pubblico od una carica pubblica da uno Stato o ente pubblico estero o da un ente internazionale cui non partecipi l'Italia, ovvero prestando servizio militare per uno Stato estero, non ottempera, nel termine fissato, all'intimazione che il Governo italiano può rivolgergli di abbandonare l'impiego, la carica o il servizio militare.

2. Il cittadino italiano che, durante lo stato di guerra con uno Stato estero, abbia accettato o non abbia abbandonato un impiego pubblico od una carica pubblica, od abbia prestato servizio militare per tale Stato senza esservi obbligato, ovvero ne abbia acquistato volontariamente la cittadinanza, perde la cittadinanza italiana al momento della cessazione dello stato di guerra.

13. – 1. Chi ha perduto la cittadinanza la riacquista:

a) se presta effettivo servizio militare per lo Stato italiano e dichiara previamente di volerla riacquistare;

b) se, assumendo o avendo assunto un pubblico impiego alle dipendenze dello Stato, anche all'estero, dichiara di volerla riacquistare;

c) se dichiara di volerla riacquistare ed ha stabilito o stabilisce, entro un anno dalla dichiarazione, la residenza nel territorio della Repubblica;

d) dopo un anno dalla data in cui ha stabilito la residenza nel territorio della Repubblica, salvo espressa rinuncia entro lo stesso termine;

e) se, avendola perduta per non aver ottemperato all'intimazione di abbandonare l'impiego o la carica accettati da uno Stato, da un ente pubblico estero o da un ente internazionale, ovvero il servizio militare per uno Stato estero, dichiara di volerla riacquistare, sempre che abbia stabilito la residenza da almeno due anni nel territorio della Repubblica e provi di aver abbandonato l'impiego o la carica o il servizio militare, assunti o prestati nonostante l'intimazione di cui all'articolo 12, comma 1.

2. Non è ammesso il riacquisto della cittadinanza a favore di chi l'abbia perduta in applicazione dell'articolo 3, comma 3, nonché dell'articolo 12, comma 2.

3. Nei casi indicati al comma 1, lettera *c*), *d*) ed *e*), il riacquisto della cittadinanza non ha effetto se viene inibito con decreto del Ministro dell'interno, per gravi e comprovati motivi e su conforme parere del Consiglio di Stato. Tale inibizione può intervenire entro il termine di un anno dal verificarsi delle condizioni stabilite.

14. – 1. I figli minori di chi acquista o riacquista la cittadinanza italiana, se convivono con esso, acquistano la cittadinanza italiana, ma, divenuti maggiorenni, possono rinunciarvi, se in possesso di altra cittadinanza.

15. – 1. L'acquisto o il riacquisto della cittadinanza ha effetto, salvo quanto stabilito dall'articolo 13, comma 3, dal giorno successivo a quello in cui sono adempiute le condizioni e le formalità richieste.

16. – 1. L'apolide che risiede legalmente nel territorio della Repubblica è soggetto alla legge italiana per quanto si riferisce all'esercizio dei diritti civili ed agli obblighi del servizio militare.

2. Lo straniero riconosciuto rifugiato dallo Stato italiano secondo le condizioni stabilite dalla legge o dalle convenzioni internazionali è equiparato all'apolide ai fini dell'applicazione della presente legge, con esclusione degli obblighi inerenti al servizio militare.

17. – 1. Chi ha perduto la cittadinanza in applicazione degli articoli 8 e 12 della legge 13 giugno 1912, n. 555, o per non aver reso l'opzione prevista dall'articolo 5 della legge 21 aprile 1983, n. 123, la riacquista se effettua una dichiarazione in tal senso entro due anni dalla data di entrata in vigore della presente legge.

2. Resta fermo quanto disposto dall'articolo 219 della legge 19 maggio 1975, n. 151.

17-*bis*. – (1) 1. Il diritto alla cittadinanza italiana è riconosciuto:

a) ai soggetti che siano stati cittadini italiani, già residenti nei territori facenti parte dello Stato italiano successivamente ceduti alla Repubblica jugoslava in forza del Trattato di pace firmato a Parigi il 10 febbraio 1947, reso esecutivo dal decreto legislativo del Capo provvisorio dello Stato 28 novembre 1947, n. 1430, ratificato dalla

LEGGI COMPLEMENTARI

legge 25 novembre 1952, n. 3054, ovvero in forza del Trattato di Osimo del 10 novembre 1975, reso esecutivo dalla legge 14 marzo 1977, n. 73, alle condizioni previste e in possesso dei requisiti per il diritto di opzione di cui all'articolo 19 del Trattato di pace di Parigi e all'articolo 3 del Trattato di Osimo;

b) alle persone di lingua e cultura italiane che siano figli o discendenti in linea retta dei soggetti di cui alla lettera *a*).

(1) *Articolo inserito dall'art. 1 l. 8 marzo 2006, n. 124.*

17-*ter*. – (1) 1. Il diritto al riconoscimento della cittadinanza italiana di cui all'articolo 17-*bis* è esercitato dagli interessati mediante la presentazione di una istanza all'autorità comunale italiana competente per territorio in relazione alla residenza dell'istante, ovvero, qualora ne ricorrano i presupposti, all'autorità consolare, previa produzione da parte dell'istante di idonea documentazione, ai sensi di quanto disposto con circolare del Ministero dell'interno, emanata di intesa con il Ministero degli affari esteri.

2. Al fine di attestare la sussistenza dei requisiti di cui alla lettera *a*) del comma 1 dell'articolo 17-*bis*, all'istanza deve essere comunque allegata la certificazione comprovante il possesso, all'epoca, della cittadinanza italiana e della residenza nei territori facenti parte dello Stato italiano e successivamente ceduti alla Repubblica jugoslava in forza dei Trattati di cui al medesimo comma 1 dell'articolo 17-bis.

3. Al fine di attestare la sussistenza dei requisiti di cui alla lettera *b*) del comma 1 dell'articolo 17-*bis*, all'istanza deve essere comunque allegata la seguente documentazione:

a) i certificati di nascita attestanti il rapporto di discendenza diretta tra l'istante e il genitore o l'ascendente;

b) la certificazione storica, prevista per l'esercizio del diritto di opzione di cui alla lettera *a*) del comma 1 dell'articolo 17-*bis*, attestante la cittadinanza italiana del genitore dell'istante o del suo ascendente in linea retta e la residenza degli stessi nei territori facenti parte dello Stato italiano e successivamente ceduti alla Repubblica jugoslava in forza dei Trattati di cui al medesimo comma 1 dell'articolo 17-*bis*;

c) la documentazione atta a dimostrare il requisito della lingua e della cultura italiane dell'istante.

(1) *Articolo inserito dall'art. 1 l. 8 marzo 2006, n. 124.*

18. – (1).

(1) *Articolo abrogato dall'art. 1 l. 14 dicembre 2000, n. 379.*

19. – 1. Restano salve le disposizioni della legge 9 gennaio 1956, n. 27, sulla trascrizione nei registri dello stato civile dei provvedimenti di riconoscimento delle opzioni per la cittadinanza italiana, effettuate ai sensi dell'articolo 19 del Trattato di pace tra le potenze alleate ed associate e l'Italia, firmato a Parigi il 10 febbraio 1947.

20. – 1. Salvo che sia espressamente previsto, lo stato di cittadinanza acquisito anteriormente alla presente legge non si modifica se non per fatti posteriori alla data di entrata in vigore della stessa.

21. – 1. Ai sensi e con le modalità di cui all'articolo 9, la cittadinanza italiana può essere concessa allo straniero che sia stato affiliato da un cittadino italiano prima della data di entrata in vigore della legge 4 maggio 1983, n. 184, e che risieda legalmente nel territorio della Repubblica da almeno sette anni dopo l'affiliazione.

22. – 1. Per coloro i quali, alla data di entrata in vigore della presente legge, abbiano già perduto la cittadinanza italiana ai sensi dell'articolo 8 della legge 13 giugno 1912, n. 555, cessa ogni obbligo militare.

23. – 1. Le dichiarazioni per l'acquisto, la conservazione, il riacquisto e la rinunzia alla cittadinanza e la prestazione del giuramento previste dalla presente legge sono rese all'ufficiale dello stato civile del comune dove il dichiarante risiede o intende stabilire la propria residenza, ovvero, in caso di residenza all'estero, davanti all'autorità diplomatica o consolare del luogo di residenza.

2. Le dichiarazioni di cui al comma 1, nonché gli atti o i provvedimenti attinenti alla perdita, alla conservazione e al riacquisto della cittadinanza italiana vengono trascritti nei registri di cittadinanza e di essi viene effettuata annotazione a margine dell'atto di nascita.

24. – (1).

(1) *Articolo abrogato dall'art. 110, d.P.R. 3 novembre 2000, n. 396. Il testo dell'articolo.*

25. – 1. Le disposizioni necessarie per l'esecuzione della presente legge sono emanate, entro un anno dalla sua entrata in vigore, con decreto del Presidente della Repubblica, udito il parere del Consiglio di Stato e previa deliberazione del Consiglio dei Ministri, su proposta dei Ministri degli affari esteri e dell'interno, di concerto con il Ministro della giustizia.

26. – 1. Sono abrogati la legge 13 giugno 1912, n. 555, la legge 31 gennaio 1926, n. 108, il regio decreto-legge 1° dicembre 1934, n. 1997, convertito dalla legge 4 aprile 1935, n. 517, l'articolo 143-*ter* del codice civile, la legge 21 aprile 1983, n. 123, l'articolo 39 della legge 4 maggio 1983, n. 184, la legge 15 maggio 1986, n. 180, e ogni altra disposizione incompatibile con la presente legge.

2. È soppresso l'obbligo dell'opzione di cui all'articolo 5, comma secondo, della legge 21 aprile 1983, n. 123, e all'articolo 1, comma 1, della legge 15 maggio 1986, n. 180.

3. Restano salve le diverse disposizioni previste da accordi internazionali.

27. – 1. La presente legge entra in vigore sei mesi dopo la sua pubblicazione nella Gazzetta Ufficiale.

D.P.R. 12 ottobre 1993, n. 572. — **Regolamento di esecuzione della legge 5 febbraio 1992, n. 91, recante nuove norme sulla cittadinanza** (G.U. 4 gennaio 1994, n. 2).

1. Definizioni. – 1. Nel presente regolamento la l. 5 febbraio 1992, n. 91, è indicata con la denominazione « legge ».

2. Ai fini dell'acquisto della cittadinanza italiana:

a) si considera legalmente residente nel territorio dello Stato chi vi risiede avendo soddisfatto le condizioni e gli adempimenti previsti dalle norme in materia d'ingresso e di soggiorno degli stranieri in Italia e da quelle in materia d'iscrizione anagrafica;

b) si considera che abbia prestato effettivamente servizio militare chi abbia compiuto la ferma di leva nelle Forze armate italiane o la prestazione di un servizio equiparato a quello militare, a condizione che queste siano interamente rese, salvo che il mancato completamento dipenda da sopravvenute cause di forza maggiore riconosciute dalle autorità competenti;

c) salvi i casi nei quali la legge richiede specificamente l'esistenza di un rapporto di pubblico impiego, si considera che abbia prestato servizio alle dipendenze dello Stato chi sia stato parte di un rapporto di lavoro dipendente con retribuzione a carico del bilancio dello Stato.

2. Acquisto della cittadinanza per nascita nel territorio dello Stato. – 1. Il figlio, nato in Italia da genitori stranieri, non acquista la cittadinanza italiana per nascita ai sensi dell'art. 1, comma 1, lett. *b*), della legge, qualora l'ordinamento del Paese di origine dei genitori preveda la trasmissione della cittadinanza al figlio nato all'estero, eventualmente anche subordinandola ad una dichiarazione di volontà da parte dei genitori o legali rappresentanti del minore, ovvero all'adempimento di formalità amministrative da parte degli stessi.

3. Dichiarazione di volontà. – 1. La dichiarazione di volontà rivolta all'acquisto della cittadinanza di cui all'art. 2, comma 2, della legge deve essere corredata dalla seguente documentazione:

a) atto di nascita;

b) atto di riconoscimento o copia autentica della sentenza con cui viene dichiarata la paternità o maternità, ovvero copia autentica della sentenza che dichiara efficace in Italia la pronuncia del giudice straniero, ovvero copia autentica della sentenza con cui viene riconosciuto il diritto al mantenimento o agli alimenti;

c) certificato di cittadinanza del genitore.

LEGGI COMPLEMENTARI

2. La dichiarazione di volontà di cui all'art. 4, comma 1, lett. *b*) e *c*), della legge deve essere corredata della seguente documentazione:

a) atto di nascita;

b) certificato di cittadinanza italiana per nascita del padre o della madre o di uno degli ascendenti in linea retta di secondo grado;

c) documentazione relativa alla residenza, ove richiesta.

3. Ai fini dell'acquisto della cittadinanza ai sensi dell'art. 4, comma 1, lett. *c*), della legge l'interessato deve aver risieduto legalmente in Italia senza interruzioni nell'ultimo biennio antecedente il conseguimento della maggiore età e sino alla data della dichiarazione di volontà.

4. La dichiarazione di volontà di cui all'art. 4, comma 2, della legge deve essere corredata della seguente documentazione:

a) atto di nascita;

b) documentazione relativa alla residenza.

4. (1) **[Istanze per l'acquisto della cittadinanza.** – 1. L'istanza prodotta ai sensi dell'art. 7 della legge dallo straniero o apolide, coniugato con cittadino italiano, deve essere corredata, oltre che dai documenti necessari a dimostrare che egli si trova nelle condizioni previste dall'art. 5 della stessa legge, anche dei seguenti altri documenti:

a) atto di nascita;

b) estratto per riassunto dai registri di matrimonio rilasciato dal comune italiano presso il quale è stato iscritto o trascritto l'atto;

c) certificazione penale rilasciata dagli Stati stranieri di origine e di residenza;

d) certificato di situazione di famiglia o documentazione equipollente.

2. L'istanza di cui al comma 1 deve essere trasmessa al Ministero dell'interno entro trenta giorni dalla data della presentazione.

3. L'istanza prodotta ai sensi dell'art. 9 della legge dallo straniero o apolide che vuole ottenere la cittadinanza deve essere presentata, per il tramite del prefetto della provincia di residenza, al Ministero dell'interno e corredata, oltre che dei documenti necessari a dimostrare che egli si trova in una delle condizioni previste dal detto articolo, dei seguenti altri:

a) atto di nascita;

b) certificato di situazione di famiglia;

c) certificazione penale rilasciata dagli Stati di origine e di residenza.

4. L'istanza di cui al comma 3 deve essere trasmessa al Ministero dell'interno entro trenta giorni dalla data della presentazione.

5. È facoltà del Ministero dell'interno di richiedere, a seconda dei casi, altri documenti.

6. Quando la legge prescinde dal requisito della residenza attuale in Italia, la domanda ed i documenti devono essere presentati dallo straniero o apolide richiedente la cittadinanza all'autorità diplomatica o consolare italiana competente in relazione alla località straniera di residenza, che li trasmette entro trenta giorni al Ministero dell'interno.

7. Le condizioni previste per la proposizione dell'istanza di cui all'art. 9 della legge devono permanere sino alla prestazione del giuramento di cui all'art. 10 della legge].

(1) *Articolo abrogato dall'art. 8 d.P.R. 18 aprile 1994, n. 362, limitatamente alle parti modificate dal medesimo decreto. V. artt. 1-4 d.P.R. n. 362, cit.*

5. Reiezione delle istanze di concessione. – 1. L'autorità competente a respingere con proprio provvedimento motivato l'istanza prodotta ai sensi dell'art. 9 è il Ministro dell'interno.

2. L'istanza di cui al comma 1 può essere riproposta dopo un anno dall'emanazione del provvedimento stesso.

6. Riconoscimento della sentenza straniera di condanna. – 1. Ai fini dell'applicazione del comma 4 dell'art. 6 della legge, il procedimento di riconoscimento della sentenza straniera di condanna si considera pendente con la formale richiesta da parte del Ministero dell'interno al Ministero degli affari esteri e della cooperazione internazionale (1) per l'avvio della procedura necessaria ad ottenere copia della sentenza stessa.

(1) *La denominazione* « Ministero degli affari esteri e della cooperazione internazionale » *è stata così sostituita alla denominazione* « Ministero degli affari esteri » *dall'art. 3[2] l. 11 agosto 2014, n. 125.*

7. (1) **[Notifica e giuramento.** – 1. La notifica del decreto di conferimento della cittadinanza deve essere effettuata dall'autorità competente ai sensi dell'art. 23 della legge entro novanta giorni dalla ricezione del decreto medesimo.

2. Il giuramento di cui all'art. 10 della legge deve essere prestato entro sei mesi dalla notifica all'intestatario del decreto di cui agli articoli 7 e 9 della legge.

3. Il giuramento di cui al comma 2 deve essere prestato, in Italia, dinanzi all'ufficiale dello stato civile del comune di residenza e, all'estero, dinanzi all'autorità diplomatica o consolare italiana com-

LEGGI COMPLEMENTARI

petente per la località straniera di residenza, la quale rilascia all'interessato copia del verbale di giuramento e trasmette copia di questo e del decreto di concessione all'ufficiale dello stato civile del comune della Repubblica competente secondo le norme dell'ordinamento dello stato civile.

4. L'ufficiale dello stato civile dinanzi al quale è stato prestato il giuramento, o al quale è stata trasmessa copia del verbale di cui al comma 3, provvede per la trascrizione e l'annotazione del decreto negli atti dello stato civile e ne dà immediata notizia al Ministero dell'interno.

5. Trascorsi sei mesi dalla data della notifica del decreto, l'interessato non è ammesso a prestare giuramento se non dimostri, con la produzione di nuovi documenti al Ministero dell'interno, la permanenza dei requisiti in base ai quali gli fu accordata la cittadinanza.

6. Il giuramento deve essere preceduto dal pagamento della tassa di concessione governativa e dell'imposta di bollo assolta a norma delle vigenti disposizioni in materia].

(1) *Articolo abrogato dall'art. 8 d.P.R. 18 aprile 1994, n. 362, limitatamente alle parti modificate dal medesimo decreto. V. artt. 2-4 d.P.R. n. 362, cit.*

8. Rinuncia alla cittadinanza. – 1. All'estero, la rinuncia alla cittadinanza deve farsi dinanzi all'autorità diplomatica o consolare italiana competente per il luogo dove il rinunziante risiede (1).

2. In Italia, la rinuncia alla cittadinanza italiana deve essere fatta dinanzi all'ufficiale dello stato civile del comune di residenza.

3. La dichiarazione di rinuncia deve essere corredata della seguente documentazione:

a) atto di nascita rilasciato dal comune presso il quale detto atto risulta iscritto o trascritto;

b) certificato di cittadinanza italiana;

c) documentazione relativa al possesso della cittadinanza straniera;

d) documentazione relativa alla residenza all'estero, ove richiesta.

(1) *Comma così modificato dall'art. 110[5] d.P.R. 3 novembre 2000, n. 396.*

9. Decreto di intimazione. – 1. L'intimazione di cui all'art. 12, comma 1, della legge è fatta con decreto del Ministro dell'interno ed ha effetto dal giorno della notificazione all'interessato.

2. Perde la cittadinanza, dal giorno successivo al termine fissato dal decreto di intimazione, chi non ha abbandonato, entro il termine medesimo, l'impiego o la carica accettati da uno Stato, da un ente

pubblico estero o da un ente internazionale, ovvero il servizio militare per uno Stato estero.

10. Riacquisto della cittadinanza. – 1. Le dichiarazioni di riacquisto di cui agli artt. 13 e 17 della legge devono essere corredate della seguente documentazione:

a) atto di nascita rilasciato dal comune presso il quale detto atto risulta iscritto o trascritto;

b) documentazione da cui risulti il trascorso possesso della cittadinanza italiana;

c) documentazione relativa al possesso della cittadinanza straniera, ovvero allo status di apolidia;

d) certificato di situazione di famiglia o documentazione equipollente.

11. Inibizione al riacquisto. – 1. Agli effetti dell'art. 13, comma 1, lett. *e*), della legge la prova di aver abbandonato l'impiego o la carica accettati da uno Stato, da un ente pubblico estero o da un ente internazionale, nonché il servizio militare per uno Stato estero deve essere data al Ministero dell'interno.

2. Il decreto di inibizione che impedisce il verificarsi del riacquisto della cittadinanza nonostante l'adempimento delle condizioni stabilite dal comma 1, lett. *c*), *d*) ed *e*), dell'art. 13 della legge viene trasmesso al competente ufficiale dello stato civile per la trascrizione e l'annotazione a margine dell'atto di nascita.

3. Ai fini dell'applicazione dell'art. 13, comma 3, della legge il sindaco è tenuto a dare comunicazione al prefetto della provincia, nel cui territorio è compreso il comune, delle generalità degli ex connazionali iscritti nell'anagrafe della popolazione residente, entro trenta giorni dalla loro iscrizione.

12. Acquisto della cittadinanza da parte dei figli minori. – 1. Ai fini dell'applicazione dell'art. 14 della legge l'acquisto della cittadinanza, da parte dei figli minori di chi acquista o riacquista la cittadinanza italiana, si verifica se essi convivono con il genitore alla data in cui quest'ultimo acquista o riacquista la cittadinanza.

2. La convivenza deve essere stabile ed effettiva ed opportunamente attestata con idonea documentazione.

13. Decorrenza dell'acquisto e del riacquisto della cittadinanza. – 1. In applicazione dell'art. 15 della legge, l'acquisto od il riacquisto della cittadinanza, di cui agli artt. 4, comma 1, lett. *a*), e 13, comma 1, lett. *a*), della legge, decorrono dal giorno successivo a quello del congedamento.

14. Dichiarazioni di cittadinanza. – 1. [Le dichiarazioni per l'elezione, l'acquisto, il riacquisto e la rinuncia alla cittadinanza devono essere corredate, oltre che della documentazione rispettivamente indicata negli articoli 3, 8 e 10, anche di eventuali altri documenti necessari a dimostrare che il dichiarante si trova nelle condizioni previste dalla legge] (1).

2. [Qualora le dichiarazioni di cui al comma 1 non siano corredate della documentazione prescritta, nel riceverle l'ufficiale dello stato civile o l'autorità diplomatica o consolare competente invita l'interessato a produrre detta documentazione] (1).

3. La rinuncia alla cittadinanza ai sensi degli articoli 3, comma 4, 13, comma 1, lettera *d*), e 14 della legge consente di poter successivamente acquistare la cittadinanza soltanto in applicazione degli articoli 5 e 9 della legge.

4. [Ai fini dell'applicazione dell'art. 23, comma 1, della legge, le dichiarazioni di cui al comma 1 e la prestazione del giuramento di cui all'art. 10 della legge devono, in Italia, essere rese dinanzi all'ufficiale dello stato civile del comune dove l'interessato risiede o intende stabilire la residenza, ove questa sia stata indicata e non ancora definita la relativa procedura] (1).

(1) *Comma abrogato dall'art. 8 d.P.R. 18 aprile 1994, n. 362, limitatamente alle parti modificate dal medesimo decreto. V. art. 1 d.P.R. n. 362, cit.*

15. Sanzioni amministrative. – 1. L'autorità competente ad applicare la sanzione amministrativa di cui all'art. 24 della legge è, per il cittadino italiano residente in Italia, il prefetto della provincia nel cui territorio è compreso il comune di residenza e, per il cittadino italiano residente all'estero, il prefetto della provincia nel cui territorio è compreso il comune nei cui registri deve essere trascritta, ai sensi dell'ordinamento dello stato civile, la dichiarazione prevista dal medesimo art. 24 della legge.

16. Adempimenti relativi allo stato civile. – 1. L'ufficiale dello stato civile che ha iscritto la dichiarazione dell'interessato, volta all'acquisto, alla perdita, al riacquisto o al mancato riacquisto della cittadinanza, trasmette copia della dichiarazione medesima e della documentazione che la correda all'autorità competente ad accertare la sussistenza delle condizioni che la legge stabilisce per il prodursi degli effetti anzidetti.

2. L'autorità competente, ai sensi del comma 1, è il sindaco del comune in cui la dichiarazione è stata iscritta, nelle ipotesi previste

dagli artt. 2, commi 2 e 3; 3, comma 4; 4, comma 1, lett. *c*); 4, comma 2; 11; 13, comma 1, lett. *c*) e *d*); 14 e 17 della legge.

3. Quando la dichiarazione, con la documentazione che la correda, è stata ricevuta dall'autorità diplomatica o consolare, è questa competente, nelle ipotesi previste nel comma 2, ad operare l'accertamento della sussistenza delle condizioni stabilite dalla legge.

4. In ogni altra ipotesi, diversa da quelle menzionate nel comma 2, in cui pure sia prevista una dichiarazione dell'interessato, competente all'accertamento è il Ministero dell'interno, al quale l'ufficiale dello stato civile o l'autorità diplomatica o consolare trasmettono copia della dichiarazione ricevuta dall'interessato e della documentazione da questi prodotta.

5. L'autorità diplomatica o consolare, nei casi in cui provvede direttamente all'accertamento, trasmette all'ufficiale dello stato civile competente, copia della dichiarazione ricevuta e comunicazione dell'esito dell'accertamento. Il sindaco, nei casi di sua competenza, trasmette all'ufficiale dello stato civile comunicazione dell'esito dell'accertamento. Analogamente provvede il Ministero dell'interno nei riguardi dell'ufficiale dello stato civile che gli ha inviato gli atti; quando questi gli sono pervenuti dall'autorità diplomatica o consolare, trasmette all'ufficiale dello stato civile individuato ai sensi del citato art. 63, anche copia della dichiarazione dell'interessato (1).

6. (2).

7. La trasmissione degli atti e delle comunicazioni indicati nel presente articolo deve essere effettuata senza indugio. L'accertamento circa la sussistenza delle condizioni stabilite dalla legge per l'acquisto, la perdita, il riacquisto, il mancato riacquisto della cittadinanza deve essere compiuto dall'autorità competente entro centoventi giorni dalla ricezione degli atti.

8. Ad esclusione delle ipotesi previste dall'art. 1 della legge e di quelle in cui sia richiesta una dichiarazione dell'interessato, il sindaco, sulla base delle risultanze dello stato civile ed anagrafiche, emette attestazione dell'acquisto, dalla perdita o del riacquisto della cittadinanza da persone residenti nel comune o iscritte all'AIRE del comune e la trasmette, ai fini della trascrizione nei registri di cittadinanza e dell'annotazione nell'atto di nascita, all'ufficiale dello stato civile. Le attestazioni per i minori residenti all'estero, di cui all'art. 14 della l. 5 febbraio 1992, n. 91, vengono emesse dall'autorità diplomatica o consolare sulla base delle risultanze dello stato civile ed anagrafiche anche straniere, e di quanto disposto dall'art. 12 del presente regolamento; l'autorità diplomatica o consolare le trasmette

LEGGI COMPLEMENTARI

all'ufficiale dello stato civile competente per l'annotazione sull'atto di nascita (3).

9. La certificazione di cittadinanza è rilasciata, sulla base delle risultanze dello stato civile ed anagrafiche, in Italia dal sindaco del comune di residenza degli interessati e all'estero dall'autorità diplomatica o consolare competente per territorio. Non possono essere rilasciati certificati o documenti che abbiano per presupposto l'essersi prodotto uno degli effetti previsti dalla legge senza che sia stata previamente accertata dall'autorità competente la sussistenza di tutte le condizioni stabilite perché tale effetto si sia prodotto.

(1) *Comma così modificato dall'art. 110[6 lett. a)] d.P.R. 3 novembre 2000, n. 396.*
(2) *Comma abrogato dall'art. 110[6 lett. b)] d.P.R. n. 396, cit.*
(3) *Comma così modificato dall'art. 110[6 lett. c)] d.P.R. n. 396, cit.*

17. Certificazione della condizione d'apolidia. – 1. Il Ministero dell'interno può certificare la condizione di apolidia, su istanza dell'interessato corredata della seguente documentazione:
a) atto di nascita;
b) documentazione relativa alla residenza in Italia;
c) ogni documento idoneo a dimostrare lo stato di apolide.
2. È facoltà del Ministero dell'interno di richiedere, a seconda dei casi, altri documenti.

18. Regime transitorio delle rinunce al riacquisto. – 1. Le dichiarazioni di rinuncia al riacquisto di cui all'art. 13, comma 1, lett. *d*), della legge possono essere rese alla competente autorità entro sei mesi dalla data di entrata in vigore del presente regolamento qualora effettuate da coloro i quali, non avendo ancora riacquistato la cittadinanza secondo le disposizioni di cui all'art. 9, primo comma, n. 3, dell'abrogata l. 13 giugno 1912, n. 555, abbiano maturato o maturino nel termine predetto il periodo di residenza previsto dal citato art. 13, comma 1, lett. *d*).

19. Abrogazione di norme. – 1. È abrogato il r.d. 2 agosto 1912, n. 949, dalla data di entrata in vigore del presente regolamento.

CONCORRENZA

L. 10 ottobre 1990, n. 287. — **Norme per la tutela della concorrenza e del mercato** (G.U. 13 ottobre 1990, n. 240).

TITOLO I
Norme sulle intese, sull'abuso di posizione dominante e sulle operazioni di concentrazione

1. Ambito di applicazione e rapporti con l'ordinamento comunitario. – 1. Le disposizioni della presente legge in attuazione dell'articolo 41 della Costituzione a tutela e garanzia del diritto di iniziativa economica, si applicano alle intese, agli abusi di posizione dominante e alle concentrazioni di imprese (1).

2. L'Autorità garante della concorrenza e del mercato di cui all'articolo 10, di seguito denominata "Autorità", applica anche parallelamente in relazione a uno stesso caso gli articoli 101 e 102 del Trattato sul funzionamento dell'Unione europea e gli articoli 2 e 3 della presente legge in materia di intese restrittive della libertà di concorrenza e di abuso di posizione dominante (2).

3. (3)

4. L'interpretazione delle norme contenute nel presente titolo è effettuata in base ai principi dell'ordinamento delle Comunità europee in materia di disciplina della concorrenza.

(1) *Le parole* « che non ricadono nell'ambito di applicazione degli articoli 65 e/o 66 del Trattato istitutivo della Comunità europea del carbone e dell'acciaio, degli articoli 85 e/o 86 del Trattato istitutivo della Comunità economica europea (CEE), dei regolamenti della CEE o di atti comunitari con efficacia normativa equiparata » *sono state soppresse dall'art. 17[1 lett. a)] d.ls. 19 gennaio 2017, n. 3.*

(2) *Comma così sostituito dall'art. 17[1 lett. b)] d.ls. n. 3, cit. Il testo del comma era il seguente:* « 2. L'Autorità garante della concorrenza e del mercato di cui all'articolo 10, di seguito denominata Autorità, qualora ritenga che una fattispecie al suo esame non rientri nell'ambito di applicazione della presente legge ai sensi del comma 1, ne informa la Commissione delle Comunità europee, cui trasmette tutte le informazioni in suo possesso ».

(3) *Comma abrogato dall'art. 17[1 lett. c)] d.ls. n. 3, cit. Il testo del comma era il seguente:* « 3. Per le fattispecie in relazione alle quali risulti già iniziata una procedura presso la Commissione delle Comunità europee in base alle norme richiamate nel comma 1, l'Autorità sospende l'istruttoria, salvo che per gli eventuali aspetti di esclusiva rilevanza nazionale ».

2. Intese restrittive della libertà di concorrenza. – 1. Sono considerati intese gli accordi e/o le pratiche concordati tra imprese nonché le deliberazioni, anche se adottate ai sensi di disposizioni statutarie o regolamentari, di consorzi, associazioni di imprese ed altri organismi similari.

2. Sono vietate le intese tra imprese che abbiano per oggetto o per effetto di impedire, restringere o falsare in maniera consistente il gioco della concorrenza all'interno del mercato nazionale o in una sua parte rilevante, anche attraverso attività consistenti nel:

a) fissare direttamente o indirettamente i prezzi d'acquisto o di vendita ovvero altre condizioni contrattuali;

b) impedire o limitare la produzione, gli sbocchi o gli accessi al mercato, gli investimenti, lo sviluppo tecnico o il progresso tecnologico;

c) ripartire i mercati o le fonti di approvvigionamento;

d) applicare, nei rapporti commerciali con gli altri contraenti, condizioni oggettivamente diverse per prestazioni equivalenti, così da determinare per essi ingiustificati svantaggi nella concorrenza;

e) subordinare la conclusione di contratti all'accettazione da parte degli altri contraenti di prestazioni supplementari che, per loro natura o secondo gli usi commerciali, non abbiano alcun rapporto con l'oggetto dei contratti stessi.

3. Le intese vietate sono nulle ad ogni effetto.

3. **Abuso di posizione dominante.** – 1. È vietato l'abuso da parte di una o più imprese di una posizione dominante all'interno del mercato nazionale o in una sua parte rilevante, ed inoltre è vietato:

a) imporre direttamente o indirettamente prezzi di acquisto, di vendita o altre condizioni contrattuali ingiustificatamente gravose;

b) impedire o limitare la produzione, gli sbocchi o gli accessi al mercato, lo sviluppo tecnico o il progresso tecnologico, a danno dei consumatori;

c) applicare nei rapporti commerciali con altri contraenti condizioni oggettivamente diverse per prestazioni equivalenti, così da determinare per essi ingiustificati svantaggi nella concorrenza;

d) subordinare la conclusione dei contratti all'accettazione da parte degli altri contraenti di prestazioni supplementari che, per loro natura e secondo gli usi commerciali, non abbiano alcuna connessione con l'oggetto dei contratti stessi.

4. **Deroghe al divieto di intese restrittive della libertà di concorrenza.** – 1. L'Autorità può autorizzare, con proprio provvedimento, per un periodo limitato, intese o categorie di intese vietate ai sensi dell'articolo 2, che diano luogo a miglioramenti nelle condizioni di offerta sul mercato i quali abbiano effetti tali da comportare

un sostanziale beneficio per i consumatori e che siano individuati anche tenendo conto della necessità di assicurare alle imprese la necessaria concorrenzialità sul piano internazionale e connessi in particolare con l'aumento della produzione, o con il miglioramento qualitativo della produzione stessa o della distribuzione ovvero con il progresso tecnico o tecnologico. L'autorizzazione non può comunque consentire restrizioni non strettamente necessarie al raggiungimento delle finalità di cui al presente comma né può consentire che risulti eliminata la concorrenza da una parte sostanziale del mercato.

2. L'Autorità può revocare il provvedimento di autorizzazione in deroga di cui al comma 1, previa diffida, qualora l'interessato abusi dell'autorizzazione ovvero quando venga meno alcuno dei presupposti per l'autorizzazione.

3. La richiesta di autorizzazione è presentata all'Autorità, che si avvale dei poteri di istruttoria di cui all'articolo 14 e provvede entro centoventi giorni dalla presentazione della richiesta stessa.

5. Operazioni di concentrazione. – 1. L'operazione di concentrazione si realizza:

a) quando due o più imprese procedono a fusione;

b) quando uno o più soggetti in posizione di controllo di almeno un'impresa ovvero una o più imprese acquisiscono direttamente od indirettamente, sia mediante acquisto di azioni o di elementi del patrimonio, sia mediante contratto o qualsiasi altro mezzo, il controllo dell'insieme o di parti di una o più imprese;

c) quando due o più imprese procedono alla costituzione di un'impresa comune che esercita stabilmente tutte le funzioni di un'entità autonoma (1).

2. L'assunzione del controllo di un'impresa non si verifica nel caso in cui una banca o un istituto finanziario acquisti, all'atto della costituzione di un'impresa o dell'aumento del suo capitale, partecipazioni in tale impresa al fine di rivenderle sul mercato, a condizione che durante il periodo di possesso di dette partecipazioni, comunque non superiore a ventiquattro mesi, non eserciti i diritti di voto inerenti alle partecipazioni stesse.

3. Qualora l'operazione di costituzione di un'impresa comune che realizza una concentrazione abbia per oggetto o per effetto il coordinamento del comportamento di imprese indipendenti, tale coordinamento è valutato secondo i parametri adottati per la valutazione delle intese restrittive della libertà di concorrenza, al fine di stabilire se l'operazione comporti le conseguenze di cui all'articolo 6. In tale valutazione l'Autorità tiene conto, in particolare, della presenza si-

gnificativa e simultanea di due o più imprese fondatrici sullo stesso mercato dell'impresa comune, o su un mercato situato a monte o a valle di tale mercato, ovvero su un mercato contiguo strettamente legato a detto mercato, nonché della possibilità offerta alle imprese interessate, attraverso il loro coordinamento risultante direttamente dalla costituzione dell'impresa comune, di eliminare la concorrenza per una parte sostanziale dei prodotti e servizi in questione (2).

(1) *Lettera sostiuita dall'art. 32[1, lett. c), n. 1)] l. 5 agosto 2022, n. 118. Il testo della lettera era il seguente:* « c) quando due o più imprese procedono, attraverso la costituzione di una nuova società, alla costituzione di un'impresa comune. ».

(2) *Comma sostiuito dall'art. 32[1, lett. c), n. 2)] l. 5 agosto 2022, n. 118. Il testo del comma era il seguente:* «3. Le operazioni aventi quale oggetto o effetto principale il coordinamento del comportamento di imprese indipendenti non danno luogo ad una concentrazione. ».

6. Divieto delle operazioni di concentrazione restrittive della libertà di concorrenza. – 1. Nei riguardi delle operazioni di concentrazione soggette a comunicazione ai sensi dell'articolo 16, l'Autorità valuta se ostacolino in modo significativo la concorrenza effettiva nel mercato nazionale o in una sua parte rilevante, in particolare a causa della costituzione o del rafforzamento di una posizione dominante. Tale situazione deve essere valutata in ragione della necessità di preservare e sviluppare la concorrenza effettiva tenendo conto della struttura di tutti i mercati interessati e della concorrenza attuale o potenziale, nonché della posizione sul mercato delle imprese partecipanti, del loro potere economico e finanziario, delle possibilità di scelta dei fornitori e degli utilizzatori, del loro accesso alle fonti di approvvigionamento o agli sbocchi di mercato, dell'esistenza di diritto o di fatto di ostacoli all'entrata, dell'andamento dell'offerta e della domanda dei prodotti e dei servizi in questione, degli interessi dei consumatori intermedi e finali, nonché del progresso tecnico ed economico purché esso sia a vantaggio del consumatore e non costituisca impedimento alla concorrenza. L'Autorità può valutare gli effetti anticompetitivi di acquisizioni di controllo su imprese di piccole dimensioni caratterizzate da strategie innovative, anche nel campo delle nuove tecnologie (1).

2. L'Autorità, al termine dell'istruttoria di cui all'articolo 16, comma 4, quando accerti che l'operazione comporta le conseguenze di cui al comma 1, vieta la concentrazione ovvero l'autorizza prescrivendo le misure necessarie ad impedire tali conseguenze.

(1) *Comma sostiuito dall'art. 32[1, lett. a)] l. 5 agosto 2022, n. 118. Il testo del comma era il seguente:* « 1. Nei riguardi delle operazioni di concentrazione soggette a comunicazione ai sensi dell'articolo 16, l'Autorità valuta se comportino la costituzione o il rafforzamento di una posizione dominante sul mercato nazionale in modo da eliminare o ridurre in modo

sostanziale e durevole la concorrenza. Tale situazione deve essere valutata tenendo conto delle possibilità di scelta dei fornitori e degli utilizzatori, della posizione sul mercato delle imprese interessate, del loro accesso alle fonti di approvvigionamento o agli sbocchi di mercato, della struttura dei mercati, della situazione competitiva dell'industria nazionale, delle barriere all'entrata sul mercato di imprese concorrenti, nonché dell'andamento della domanda e dell'offerta dei prodotti o servizi in questione. ».

7. Controllo. – 1. Ai fini del presente titolo si ha controllo nei casi contemplati dall'articolo 2359 del codice civile ed inoltre in presenza di diritti, contratti o altri rapporti giuridici che conferiscono, da soli o congiuntamente, e tenuto conto delle circostanze di fatto e di diritto, la possibilità di esercitare un'influenza determinante sulle attività di un'impresa, anche attraverso:

a) diritti di proprietà o di godimento sulla totalità o su parti del patrimonio di un'impresa;

b) diritti, contratti o altri rapporti giuridici che conferiscono un'influenza determinante sulla composizione, sulle deliberazioni o sulle decisioni degli organi di un'impresa.

2. Il controllo è acquisito dalla persona o dalla impresa o dal gruppo di persone o di imprese:

a) che siano titolari dei diritti o beneficiari dei contratti o soggetti degli altri rapporti giuridici suddetti;

b) che, pur non essendo titolari di tali diritti o beneficiari di tali contratti o soggetti di tali rapporti giuridici, abbiano il potere di esercitare i diritti che ne derivano.

8. Imprese pubbliche e in monopolio legale. – 1. Le disposizioni contenute nei precedenti articoli si applicano sia alle imprese private che a quelle pubbliche o a prevalente partecipazione statale.

2. Le disposizioni di cui ai precedenti articoli non si applicano alle imprese che, per disposizioni di legge, esercitano la gestione di servizi di interesse economico generale ovvero operano in regime di monopolio sul mercato, per tutto quanto strettamente connesso all'adempimento degli specifici compiti loro affidati.

2-*bis*. Le imprese di cui al comma 2, qualora intendano svolgere attività in mercati diversi da quelli in cui agiscono ai sensi del medesimo comma 2, operano mediante società separate (1).

2-*ter*. La costituzione di società e l'acquisizione di posizioni di controllo in società operanti nei mercati diversi di cui al comma 2-*bis* sono soggette a preventiva comunicazione all'Autorità (1).

2-*quater*. Al fine di garantire pari opportunità di iniziativa economica, qualora le imprese di cui al comma 2 rendano disponibili a società da esse partecipate o controllate nei mercati diversi di cui al comma 2-*bis* beni o servizi, anche informativi, di cui abbiano la disponibilità esclusiva in dipendenza delle attività svolte ai sensi del medesimo comma 2, esse sono tenute a rendere accessibili tali beni o servizi, a condizioni equivalenti, alle altre imprese direttamente concorrenti (1) (2).

2-*quinquies*. Nei casi di cui ai commi 2-*bis*, 2-*ter* e 2-*quater*, l'Autorità esercita i poteri di cui all'articolo 14. Nei casi di accertata infrazione agli articoli 2 e 3, le imprese sono soggette alle disposizioni e alle sanzioni di cui all'articolo 15 (1).

2-*sexies*. In caso di violazione degli obblighi di comunicazione di cui al comma 2-*ter*, l'Autorità applica la sanzione amministrativa pecuniaria fino a 51.645 euro (1).

(1) *Comma aggiunto dall'art. 11[3] l. 5 marzo 2001, n. 57.*

(2) *Per la temporanea non applicazione del presente comma, v. art. 1[6] d.l. 6 maggio 2021, n. 59, conv., con modif., in l. 1 luglio 2021, n. 101.*

9. Autoproduzione. – 1. La riserva per legge allo Stato ovvero a un ente pubblico del monopolio su un mercato, nonché la riserva per legge ad un'impresa incaricata della gestione di attività di prestazione al pubblico di beni o di servizi contro corrispettivo, non comporta per i terzi il divieto di produzione di tali beni o servizi per uso proprio, della società controllante e delle società controllate.

2. L'autoproduzione non è consentita nei casi in cui in base alle disposizioni che prevedono la riserva risulti che la stessa è stabilita per motivi di ordine pubblico, sicurezza pubblica e difesa nazionale, nonché, salvo concessione, per quanto concerne il settore delle telecomunicazioni.

TITOLO II
Istituzione e compiti dell'Autorità garante della concorrenzae del mercato (1).

(1) *V. art. 24[6-bis] l. 28 dicembre 2005, n. 262, introdotto dall'art. 4[3 lett. d)] d.ls. 29 dicembre 2006, n. 303, che così dispone: « Nell'esercizio delle proprie funzioni di controllo [...] l'Autorità garante della concorrenza e del mercato, i componenti dei [propri] organi nonché i [propri] dipendenti rispondono dei danni cagionati da atti o comportamenti posti in essere con dolo o colpa grave ».*

CAPO I – *Istituzione dell'Autorità*

10. (1) **Autorità garante della concorrenza e del mercato.** – 1. È istituita l'Autorità garante della concorrenza e del mercato denominata ai fini della presente legge Autorità, con sede in Roma.

2. L'Autorità opera in piena autonomia e con indipendenza di

giudizio e di valutazione ed è organo collegiale costituito dal presidente e da quattro membri, nominati con determinazione adottata d'intesa dai Presidenti della Camera dei deputati e del Senato della Repubblica. Il presidente è scelto tra persone di notoria indipendenza che abbiano ricoperto incarichi istituzionali di grande responsabilità e rilievo. I quattro membri sono scelti tra persone di notoria indipendenza da individuarsi tra magistrati del Consiglio di Stato, della Corte dei conti o della Corte di cassazione, professori universitari ordinari di materie economiche o giuridiche, e personalità provenienti da settori economici dotate di alta e riconosciuta professionalità (2).

3. I membri dell'Autorità sono nominati per sette anni e non possono essere confermati. Essi non possono esercitare, a pena di decadenza, alcuna attività professionale o di consulenza, né possono essere amministratori o dipendenti di enti pubblici o privati, né ricoprire altri uffici pubblici di qualsiasi natura. I dipendenti statali sono collocati fuori ruolo per l'intera durata del mandato. I membri dell'Autorità non possono essere rimossi o destituiti per motivi connessi al corretto svolgimento dei loro compiti o al corretto esercizio dei poteri nell'applicazione della presente legge ovvero degli articoli 101 o 102 del TFUE. I membri dell'Autorità possono essere sollevati dall'incarico solamente quando è applicata la pena accessoria di cui all'articolo 28 del Codice penale con sentenza passata in giudicato; in tali casi, il Collegio dell'Autorità informa i Presidenti della Camera dei deputati e del Senato della Repubblica per i provvedimenti di competenza (3).

3-*bis*. I membri e il personale dell'Autorità svolgono i loro compiti ed esercitano i loro poteri ai fini dell'applicazione della presente legge e degli articoli 101 o 102 del TFUE in modo indipendente da ingerenze politiche e da altre influenze esterne. Essi non sollecitano né accettano istruzioni dal Governo o da altri soggetti pubblici o privati nello svolgimento dei loro compiti o nell'esercizio dei loro poteri. I membri e il personale dell'Autorità si astengono dall'intraprendere qualsiasi azione incompatibile con lo svolgimento dei loro compiti o con l'esercizio dei loro poteri ai fini dell'applicazione della presente legge ovvero degli articoli 101 o 102 del TFUE (3).

3-*ter*. L'Autorità adotta e pubblica un codice di condotta per i propri membri e il proprio personale, che include disposizioni in materia di conflitto di interessi e le relative sanzioni. I membri e il personale dell'Autorità, per i tre anni successivi dalla cessazione delle loro funzioni, non possono essere coinvolti in procedimenti istruttori riguardanti l'applicazione degli articoli 101 o 102 TFUE ovvero degli articoli 2 o 3 della presente legge di cui si sono occupati durante il loro rapporto di lavoro o incarico presso l'Autorità. I contratti conclusi e gli incarichi conferiti in violazione di quanto previsto dal precedente periodo sono nulli (3).

4. L'Autorità ha diritto di corrispondere con tutte le pubbliche amministrazioni e con gli enti di diritto pubblico, e di chiedere ad essi, oltre a notizie ed informazioni, la collaborazione per l'adempimento delle sue funzioni. L'Autorità, in quanto autorità nazionale competente per la tutela della concorrenza e del mercato, intrattiene con gli organi delle Comunità europee i rapporti previsti dalla normativa comunitaria in materia.

5. Entro novanta giorni dalla data di entrata in vigore della presente legge, con decreto del Presidente della Repubblica, su proposta del Ministro dell'industria, del commercio e dell'artigianato, sentito il Ministro del tesoro, previa deliberazione del Consiglio dei Ministri, sono stabilite procedure istruttorie che garantiscono agli interessati la piena conoscenza degli atti istruttori, il contraddittorio e la verbalizzazione (4).

6. L'Autorità delibera le norme concernenti la propria organizzazione e il proprio funzionamento, quelle concernenti il trattamento giuridico ed economico del personale e l'ordinamento delle carriere, nonché quelle dirette a disciplinare la gestione delle spese nei limiti previsti dalla presente legge, anche in deroga alle disposizioni sulla contabilità generale dello Stato.

7. L'Autorità provvede all'autonoma gestione delle spese per il proprio funzionamento nei limiti del contributo di cui al comma 7-*ter*. L'Autorità è indipendente nell'utilizzare la propria dotazione finanziaria (5). La gestione finanziaria si svolge in base al bilancio di previsione approvato dall'Autorità entro il 31 dicembre dell'anno precedente a quello cui il bilancio si riferisce. Il contenuto e la struttura del bilancio di previsione, il quale deve comunque contenere le spese indicate entro il limiti delle entrate previste, sono stabiliti dal regolamento di cui al comma 6, che disciplina anche le modalità per le eventuali variazioni. Il rendiconto della gestione finanziaria, approvato entro il 30 aprile dell'anno successivo, è soggetto al controllo della Corte dei conti. Il bilancio preventivo e il rendiconto della gestione finanziaria sono pubblicati nella Gazzetta Ufficiale della Repubblica italiana (6).

7-bis. (7).

7-*ter*. All'onere derivante dal funzionamento dell'Autorità garante della concorrenza e del mercato si provvede mediante un contributo di importo pari allo 0,08 per mille del fatturato risultante dall'ultimo bilancio approvato dalle società di capitale, con ricavi totali superiori a 50 milioni di euro, fermi restando i criteri stabiliti dal comma 2 dell'articolo 16 della presente legge. La soglia massima di contribuzione a carico di ciascuna impresa non può essere superiore a cento volte la misura minima (8).

7-*quater*. Ferme restando, per l'anno 2012, tutte le attuali forme di finanziamento, ivi compresa l'applicazione dell'articolo 2, comma 241, della legge 23 dicembre 2009, n. 191, in sede di prima applicazione, per l'anno 2013, il contributo di cui al comma 7-*ter* è versato direttamente all'Autorità con le modalità determinate dall'Autorità medesima con propria deliberazione, entro il 30 ottobre 2012. Per gli anni successivi, a decorrere dall'anno 2014, il contributo è versato, entro il 31 luglio di ogni anno, direttamente all'Autorità con le modalità determinate dall'Autorità medesima con propria deliberazione. Eventuali variazioni della misura e delle modalità di contribuzione possono essere adottate dall'Autorità medesima con propria deliberazione, nel limite massimo dello 0,5 per mille del fatturato risultante dal bilancio approvato precedentemente all'adozione della delibera, ferma restando la soglia massima di contribuzione di cui al comma 7-*ter* (8).

8. Con decreto del Presidente del Consiglio dei Ministri, su proposta del Ministro dell'industria, del commercio e dell'artigianato, d'intesa con il Ministro del tesoro, sono determinate le indennità spettanti al presidente e ai membri dell'Autorità.

(1) *V. art. 26 d.ls. 6 settembre 2005, n. 206, in tema di atti di pubblicità ingannevole e di pubblicità comparativa.*

(2) *Per la riduzione del numero dei componenti dell'Autorità, v. art. 23[1 lett. d)] d.l. 6 dicembre 2011, n. 201, conv., con modif., in l. 22 dicembre 2011, n. 214.*

(3) *I commi 3,* 3-bis, 3-ter *sono stati così sostituiti al precedente comma 3 dall'art. 1[1, lett. a)] d.ls. 8 novembre 2021, n. 185. Il testo del comma era il seguente:* « 3. I membri dell'Autorità sono nominati per sette anni e non possono essere confermati. Essi non possono esercitare, a pena di decadenza, alcuna attività professionale o di consulenza, né possono essere amministratori o dipendenti di enti pubblici o privati, né ricoprire altri uffici pubblici di qualsiasi natura. I dipendenti statali sono collocati fuori ruolo per l'intera durata del mandato ».

(4) *V. ora d.P.R. 30 aprile 1998, n. 217.*

(5) *Periodo aggiunto dall'art. 1[1, lett. b)] d.ls. n. 185, cit.*

(6) *Comma così modificato dall'art.* 5-bis[2 lett. a)] *d.l. 24 gennaio 2012, n. 1, conv., con modif., in l. 24 marzo 2012, n. 27.*

(7) *Comma abrogato dall'art.* 5-bis[2 lett. b)] *d.l. n. 1, cit.*

(8) *Comma inserito dall'art.* 5-bis[1] *d.l. n. 1, cit.*

LEGGI COMPLEMENTARI

11. (1) **Personale della Autorità.** – 1. Con decreto del Presidente del Consiglio dei Ministri è istituito un apposito ruolo del personale dipendente dell'Autorità. Il numero dei posti previsti dalla pianta organica non può eccedere le centocinquanta unità. L'assunzione del personale avviene per pubblico concorso ad eccezione delle categorie per le quali sono previste assunzioni in base all'articolo 16 della legge 28 febbraio 1987, n. 56.

2. Il trattamento giuridico ed economico del personale e l'ordinamento delle carriere sono stabiliti in base ai criteri fissati dal contratto collettivo di lavoro in vigore per la Banca d'Italia, tenuto conto delle specifiche esigenze funzionali ed organizzative dell'Autorità.

3. Al personale in servizio presso l'Autorità è in ogni caso fatto divieto di assumere altro impiego o incarico o esercitare attività professionali, commerciali e industriali.

4. L'Autorità può assumere direttamente dipendenti con contratto a tempo determinato, disciplinato dalle norme di diritto privato, in numero di cinquanta unità. L'Autorità può inoltre avvalersi, quando necessario, di esperti da consultare su specifici temi e problemi.

5. Al funzionamento dei servizi e degli uffici dell'Autorità sovraintendente il segretario generale, che ne risponde al presidente, e che è nominato dal Ministro dell'industria, del commercio e dell'artigianato, su proposta del presidente dell'Autorità.

(1) *Sull'incremento e la riduzione delle unità di cui ai commi 1 e 4 del presente articolo, v. da ultimo art. 1[12-bis] d.l. 30 dicembre 2016, n. 244, conv., con modif., in l. 27 febbraio 2017, n. 19.*

CAPO II – *Poteri dell'Autorità in materia di intese restrittive della libertà di concorrenza e di abuso di posizione dominante*

12. Poteri di indagine. – 1. L'Autorità, valutati gli elementi comunque in suo possesso e quelli portati a sua conoscenza da pubbliche amministrazioni o da chiunque vi abbia interesse, ivi comprese le associazioni rappresentative dei consumatori, procede ad istruttoria per verificare l'esistenza di infrazioni ai divieti stabiliti negli articoli 2 e 3.

1-*bis*. I tipi di prove ammissibili dinanzi all'Autorità comprendono i documenti, le dichiarazioni orali, i messaggi elettronici, le registrazioni e tutti gli altri documenti contenenti informazioni, indipendentemente dalla loro forma e dal supporto sul quale le informazioni sono conservate (1).

1-*ter*. L'Autorità ha il potere di definire le priorità di intervento ai fini dell'applicazione della presente legge e degli articoli 101 e 102 del TFUE. L'Autorità può non dare seguito alle segnalazioni che non rientrino tra le proprie priorità di intervento (1).

1-*quater*. I procedimenti relativi alle infrazioni degli articoli 101 o 102 del TFUE ovvero degli articoli 2 o 3 della presente legge, incluso l'esercizio dei poteri di cui al presente capo II da parte dell'Autorità, rispettano i principi generali del diritto dell'Unione europea e la Carta dei diritti fondamentali dell'Unione europea (1).

2. L'Autorità può, inoltre, procedere, d'ufficio o su richiesta del Ministro dell'industria, del commercio e dell'artigianato o del Ministro delle partecipazioni statali, ad indagini conoscitive di natura generale nei settori economici nei quali l'evoluzione degli scambi, il comportamento dei prezzi, o altre circostanze facciano presumere che la concorrenza sia impedita, ristretta o falsata.

2-*bis*. Ai fini dell'applicazione degli articoli 2 e 3 della presente legge, nonché per l'applicazione degli articoli 101 e 102 del Trattato sul funzionamento dell'Unione europea, l'Autorità può in ogni momento richiedere a imprese e a enti che ne siano in possesso di fornire informazioni e di esibire documenti utili. Tali richieste di informazioni indicano le basi giuridiche su cui sono fondate le richieste, sono proporzionate e non obbligano i destinatari ad ammettere un'infrazione degli articoli 101 o 102 del Trattato sul funzionamento dell'Unione europea ovvero degli articoli 2 o 3 della presente legge (2).

2-*ter*. Con provvedimento dell'Autorità, i soggetti ai quali è richiesto di fornire o esibire gli elementi di cui al comma 2-*bis* sono sottoposti alle sanzioni amministrative pecuniarie di cui all'articolo 14, comma 5, se rifiutano od omettono di fornire le informazioni o di esibire i documenti richiesti ovvero se forniscono informazioni od esibiscono documenti non veritieri, senza giustificato motivo. L'Autorità riconosce ai soggetti di cui al comma 2-*bis* un congruo periodo di tempo, anche in ragione della complessità delle informazioni in oggetto, comunque non superiore a sessanta giorni, rinnovabili con richiesta motivata, per rispondere alle richieste di informazioni avanzate dall'Autorità stessa. Sono fatte salve le diverse sanzioni previste dall'ordinamento vigente (2).

(1) *Comma così inserito dall'art. 1*[2] *d.lgs. 8 novembre 2021, n. 185.*
(2) *Comma aggiunto dall'art. 35*[1, lett. a)] *l. 5 agosto 2022, n. 118.*

13. Comunicazione delle intese. – 1. Le imprese possono comunicare all'Autorità le intese intercorse. Se l'Autorità non avvia l'istruttoria di cui all'articolo 14 entro centoventi giorni dalla comunicazione non può più procedere a detta istruttoria, fatto salvo il caso di comunicazioni incomplete o non veritiere.

14. Istruttoria. – 1. L'Autorità, nei casi di presunta infrazione degli articoli 101 o 102 del TFUE ovvero degli articoli 2 o 3 della presente legge, svolge l'istruttoria in tempi ragionevoli e ne notifica l'apertura alle imprese e agli enti interessati. I titolari o legali rappresentanti delle imprese ed enti hanno diritto di essere sentiti, personalmente o a mezzo di procuratore speciale, nel termine fissato contestualmente alla notifica ed hanno facoltà di presentare deduzioni e pareri in ogni stadio dell'istruttoria, nonché di essere nuovamente sentiti prima della chiusura della stessa (1).

2. L'Autorità può in ogni momento dell'istruttoria richiedere a imprese, associazioni di imprese o persone fisiche e giuridiche che ne sono in possesso di fornire informazioni e di esibire documenti utili ai fini dell'istruttoria, entro un termine ragionevole e indicato nella richiesta. Tali richieste di informazioni sono proporzionate e non obbligano i destinatari ad ammettere un'infrazione degli articoli 101 o 102 del TFUE ovvero degli articoli 2 o 3 della presente legge. L'obbligo di fornire tutte le informazioni necessarie comprende le informazioni accessibili ai destinatari della richiesta (2).

2-*bis*. L'Autorità può in ogni momento dell'istruttoria convocare in audizione ogni rappresentante di un'impresa o di un'associazione di imprese, un rappresentante di altre persone giuridiche e ogni persona fisica se tali rappresentanti o tali persone fisiche possono essere in possesso di informazioni rilevanti ai fini dell'istruttoria (2).

2-*ter*. L'Autorità può disporre perizie e analisi economiche e statistiche nonché la consultazione di esperti in ordine a qualsiasi elemento rilevante ai fini dell'istruttoria (2).

2-*quater*. L'Autorità può in ogni momento dell'istruttoria disporre presso imprese e associazioni di imprese tutte le ispezioni necessarie all'applicazione della presente legge e degli articoli 101 e 102 del TFUE. I funzionari dell'Autorità incaricati di procedere alle ispezioni possono:

a) accedere a tutti i locali, terreni e mezzi di trasporto delle imprese e associazioni di imprese;

b) controllare i libri e qualsiasi altro documento connesso all'azienda, su qualsiasi forma di supporto, e accedere a tutte le informazioni accessibili all'entità oggetto dell'accertamento ispettivo;

c) fare o acquisire, sotto qualsiasi forma, copie o estratti dei suddetti libri o documenti e, se lo ritengono opportuno, continuare dette ricerche di informazioni e la selezione di copie o estratti nei locali dell'Autorità o in altri locali da essa designati;

d) apporre sigilli a tutti i locali, libri e documenti aziendali per la durata dell'accertamento ispettivo e nella misura necessaria al suo espletamento;

e) chiedere a qualsiasi rappresentante o membro del personale dell'impresa o dell'associazione di imprese spiegazioni sui fatti o documenti relativi all'oggetto e allo scopo dell'accertamento ispettivo e verbalizzarne le risposte (2).

2-*quinquies*. Se vi sono motivi ragionevoli di sospettare che libri o altri documenti connessi all'azienda e all'oggetto dell'ispezione, che possono essere pertinenti per provare un'infrazione degli articoli 101 o 102 del TFUE ovvero degli articoli 2 o 3 della presente legge, siano conservati in locali, terreni e mezzi di trasporto diversi da quelli di cui all'articolo 14, comma 2-*quater*, lettera *a*), della presente legge, compresa l'abitazione di dirigenti, amministratori e altri membri del personale delle imprese o associazioni di imprese interessate, l'Autorità può disporre ispezioni in tali locali, terreni e mezzi di trasporto. I funzionari dell'Autorità incaricati dell'ispezione dispongono dei poteri di cui al comma 2-*quater*, lettere *a*), *b*), e *c*), del presente articolo (2).

2-*sexies*. L'accertamento ispettivo nei luoghi di cui al comma 2-*quinquies* del presente articolo può essere eseguito soltanto se autorizzato con decreto motivato emesso dal procuratore della Repubblica del luogo ove deve svolgersi l'accesso. Il decreto è notificato all'Autorità entro dieci giorni dall'emissione. Contro il decreto di diniego, l'Autorità può proporre opposizione, entro dieci giorni dalla notificazione, con atto presentato alla segreteria del procuratore della Repubblica che ha emesso il decreto. L'atto di opposizione è trasmesso, unitamente al decreto di diniego, al giudice per le indagini preliminari ai sensi dell'articolo 368 del codice di procedura penale (2).

2-*septies*. Nello svolgimento dell'attività ispettiva di cui ai commi 2-*quater* e 2-*quinquies* del presente articolo, l'Autorità può avvalersi della collaborazione dei militari della Guardia di finanza, che, ai sensi dell'articolo 54, comma 4, della legge 6 febbraio 1996, n. 52, agiscono con i poteri e le facoltà previsti dai decreti del Presidente della Repubblica 26 ottobre 1972, n. 633, e 29 settembre 1973, n. 600, e dalle altre disposizioni tributarie, nonché della collaborazione di altri organi dello Stato (2).

2-*octies*. Quando l'Autorità svolge un'ispezione ai sensi dei commi

2-*quater* e 2-*quinquies* del presente articolo o un'audizione ai sensi del comma 2-bis del presente articolo, in nome e per conto di altre autorità nazionali garanti della concorrenza conformemente all'articolo 22 del regolamento (CE) n. 1/2003 del Consiglio, del 16 dicembre 2002, i funzionari e le altre persone che li accompagnano autorizzati o nominati dall'autorità nazionale garante della concorrenza richiedente possono assistere all'ispezione o all'audizione svolti dall'Autorità e parteciparvi attivamente, sotto il controllo dei funzionari dell'Autorità medesima (2).

3. Tutte le notizie, le informazioni o i dati riguardanti le imprese oggetto di istruttoria da parte dall'Autorità sono tutelati dal segreto d'ufficio anche nei riguardi delle pubbliche amministrazioni.

4. I funzionari dell'Autorità nell'esercizio delle loro funzioni sono pubblici ufficiali. Essi sono vincolati dal segreto d'ufficio.

5. L'Autorità dispone l'applicazione di una sanzione amministrativa pecuniaria fino all'1 per cento del fatturato totale realizzato a livello mondiale durante l'esercizio precedente se, dolosamente o per colpa:

a) le imprese o le associazioni di imprese ostacolano l'ispezione di cui al comma 2-*quater*, del presente articolo;

b) sono stati infranti i sigilli apposti ai sensi del comma 2-*quater*, lettera *d*), del presente articolo, ferme le ulteriori sanzioni penali previste per l'autore dell'infrazione;

c) in risposta ad una domanda rivolta nel corso di un'ispezione ai sensi del comma 2-*quater*, lettera *e*), del presente articolo, le imprese e le associazioni di imprese non forniscono una risposta completa o forniscono informazioni inesatte o fuorvianti;

d) in risposta ad una richiesta di informazioni ai sensi del comma 2 del presente articolo, le imprese e le associazioni di imprese forniscono informazioni inesatte, incomplete o fuorvianti oppure non forniscono le informazioni entro il termine stabilito;

e) le imprese o le associazioni di imprese non si presentano all'audizione convocata ai sensi del comma 2-*bis* del presente articolo (3).

6. L'Autorità può irrogare alle imprese e associazioni di imprese penalità di mora il cui importo può giungere fino al 5 per cento del fatturato medio giornaliero realizzato a livello mondiale durante l'esercizio sociale precedente per ogni giorno di ritardo a decorrere dalla data fissata nella richiesta o nel provvedimento, al fine di costringerle:

a) a fornire informazioni complete ed esatte in risposta ad una richiesta di informazioni ai sensi del comma 2 del presente articolo;

b) a presentarsi all'audizione convocata ai sensi del comma 2-*bis* del presente articolo;

c) a sottoporsi all'ispezione di cui al comma 2-*quater* del presente articolo (3).

7. Con provvedimento dell'Autorità, sono sottoposte alla sanzione amministrativa pecuniaria da 150 euro a 25.823 euro le persone fisiche che, dolosamente o per colpa:

a) ostacolano l'accertamento ispettivo di cui al comma 2-*quinquies* del presente articolo;

b) in risposta ad una richiesta di informazioni ai sensi del comma 2 del presente articolo, forniscono informazioni inesatte, incomplete o fuorvianti oppure non forniscono le informazioni entro il termine stabilito, salvo rifiuto motivato se le informazioni richieste possono far emergere la propria responsabilità per un illecito passibile di sanzioni amministrative di carattere punitivo o per un reato;

c) non si presentano all'audizione convocata ai sensi del comma 2-*bis* del presente articolo (3).

8. L'Autorità può irrogare alle persone fisiche penalità di mora da 150 euro a 500 euro per ogni giorno di ritardo a decorrere dalla data fissata nella richiesta o nel provvedimento, al fine di costringerle a:

a) fornire informazioni complete ed esatte in risposta a una richiesta di informazioni ai sensi del comma 2 del presente articolo, salvo rifiuto motivato se le informazioni richieste possono far emergere la propria responsabilità per un illecito passibile di sanzioni amministrative di carattere punitivo o per un reato;

b) presentarsi all'audizione convocata ai sensi del comma 2-*bis* del presente articolo;

c) sottoporsi all'ispezione di cui al comma 2-*quinquies* del presente articolo (3).

(1) *Comma così sostituito dall'art. 1[3, lett. a)] d.lgs. 8 novembre 2021, n. 185. Il testo del comma era il seguente:* « 1. L'Autorità, nei casi di presunta infrazione agli articoli 2 o 3, notifica l'apertura dell'istruttoria alle imprese e agli enti interessati. I titolari o legali rappresentanti delle imprese ed enti hanno diritto di essere sentiti, personalmente o a mezzo di procuratore speciale, nel termine fissato contestualmente alla notifica nel termine ed hanno facoltà di presentare deduzioni e pareri in ogni stadio dell'istruttoria, nonché di essere nuovamente sentiti prima della chiusura di questa ».

(2) *Gli attuali commi da 2 a 2-ocities sono stati così sostituiti al precedente comma 2 dall'art. 1[3, lett. b)] d.lgs. n. 185, cit. Il testo del comma era il seguente:* « 2. L'Autorità può in ogni momento dell'istruttoria richiedere alle imprese, enti o persone che ne siano in possesso, di fornire informazioni e di esibire documenti utili ai fini dell'istruttoria; disporre ispezioni al fine di controllare i documenti aziendali e di prenderne copia, anche avvalendosi della collaborazione di altri organi dello Stato; disporre perizie e analisi economiche e statisti-

LEGGI COMPLEMENTARI

che nonché la consultazione di esperti in ordine a qualsiasi elemento rilevante ai fini dell'istruttoria ».

(3) *Gli attuali commi da 5 a 8 sono stati sostituiti al precedente comma 5 dall'art. 1[3, lett. c)] d.lgs. n. 185, cit. Il testo del comma era il seguente:* « 5. Con provvedimento dell'Autorità, i soggetti richiesti di fornire gli elementi di cui al comma 2 sono sottoposti alla sanzione amministrativa pecuniaria fino a 25.822 euro se rifiutano od omettono, senza giustificato motivo, di fornire le informazioni o di esibire i documenti ovvero alla sanzione amministrativa pecuniaria fino a 51.645 euro se forniscono informazioni od esibiscono documenti non veritieri. Sono salve le diverse sanzioni previste dall'ordinamento vigente ».

14-*bis*. (1) **Misure cautelari.** – 1. Nei casi di urgenza dovuta al rischio di un danno grave e irreparabile per la concorrenza, l'Autorità può, d'ufficio, ove constati ad un sommario esame la sussistenza di un'infrazione, deliberare l'adozione di misure cautelari.

2. Le decisioni adottate ai sensi del comma 1 del presente articolo sono proporzionate e applicabili fino all'adozione della decisione finale oppure per un periodo di tempo specificato che può, se necessario e opportuno, essere prorogato. L'Autorità informa la rete europea della concorrenza delle misure cautelari adottate nel contesto di procedimenti volti all'accertamento di infrazioni degli articoli 101 e 102 del TFUE (2).

3. L'Autorità, quando le imprese non adempiano a una decisione che dispone misure cautelari, può infliggere sanzioni amministrative pecuniarie fino al 3 per cento del fatturato totale realizzato a livello mondiale durante l'esercizio precedente (3).

(1) *Articolo inserito dall'art. 14[1] d.l. 4 luglio 2006, n. 223, conv., con modif., in l. 4 agosto 2006, n. 248.*

(2) *Comma così sostituito dall'art. 1[4, lett. a)] d.lgs. 8 novembre 2021, n. 185. Il testo del comma era il seguente:* « 2. Le decisioni adottate ai sensi del comma 1 non possono essere in ogni caso rinnovate o prorogate ».

(3) *Le parole « totale realizzato a livello mondiale durante l'esercizio precedente » sono state aggiunte dall'art. 1[4, lett. b)] d.lgs. n. 185.*

14-*ter*. (1) **Impegni.** – 1. Entro tre mesi dalla notifica dell'apertura di un'istruttoria per l'accertamento della violazione degli articoli 2 o 3 della presente legge o degli articoli 81 o 82 del Trattato CE, le imprese possono presentare impegni tali da far venire meno i profili anticoncorrenziali oggetto dell'istruttoria. L'Autorità, valutata l'idoneità di tali impegni, e previa consultazione degli operatori del mercato (2) può, nei limiti previsti dall'ordinamento comunitario, renderli obbligatori per le imprese. Tale decisione può essere adottata per un periodo di tempo determinato e chiude (3) il procedimento senza accertare l'infrazione.

2. L'Autorità in caso di mancato rispetto degli impegni resi obbligatori ai sensi del comma 1 può irrogare una sanzione amministra-

tiva pecuniaria fino al 10 per cento del fatturato totale realizzato a livello mondiale durante l'esercizio precedente. Al fine di monitorare l'attuazione degli impegni, l'Autorità esercita i poteri di cui all'articolo 14 della presente legge (4).

3. L'Autorità può d'ufficio riaprire il procedimento se:

a) si modifica in modo determinante (5) la situazione di fatto rispetto ad un elemento su cui si fonda la decisione;

b) le imprese interessate contravvengono agli impegni assunti;

c) la decisione si fonda su informazioni trasmesse dalle parti che sono incomplete inesatte o fuorvianti.

(1) *Articolo inserito dall'art. 14[1] d.l. 4 luglio 2006, n. 223, conv., con modif., in l. 4 agosto 2006, n. 248.*

(2) *Le parole* « e previa consultazione degli operatori del mercato » *sono state aggiunte dall'art. 1[5, lett. a)] d.ls. 8 novembre 2021, n. 185.*

(3) *Le parole* « . Tale decisione può essere adottata per un periodo di tempo determinato e chiude » *sono state sostituite alle parole* « e chiudere » *dall'art. 1[5, lett. a)] d.ls. n. 185, cit.*

(4) *Le parole* « totale realizzato a livello mondiale durante l'esercizio precedente. Al fine di monitorare l'attuazione degli impegni, l'Autorità esercita i poteri di cui all'articolo 14 della presente legge » *sono state aggiunte dall'art. 1[5, lett. b)] d.ls. d.ls. n. 185, cit.*

(5) *Le parole* « in modo determinante » *sono state aggiunte dall'art. 1[5, lett. c)] d.ls. d.ls. n. 185, cit.*

14-*quater*. (1) **Procedura di transazione.** – 1. Nel corso dell'istruttoria aperta ai sensi dell'articolo 14, comma 1, l'Autorità può fissare un termine entro il quale le imprese interessate possono manifestare per iscritto la loro disponibilità a partecipare a discussioni in vista dell'eventuale presentazione di proposte di transazione.

2. L'Autorità può informare le parti che partecipano a discussioni di transazione circa:

a) gli addebiti che intende muovere nei loro confronti;

b) gli elementi probatori utilizzati per stabilire gli addebiti che intende muovere;

c) versioni non riservate di qualsiasi specifico documento accessibile, elencato nel fascicolo in quel momento, nella misura in cui la richiesta della parte sia giustificata al fine di consentirle di accertare la sua posizione in merito a un periodo di tempo o a qualsiasi altro aspetto particolare del cartello;

d) la forcella delle potenziali ammende. Tali informazioni sono riservate nei confronti di terzi salvo che l'Autorità ne abbia esplicitamente autorizzato la divulgazione.

3. In caso di esito favorevole di tali discussioni, l'Autorità può fissare un termine entro il quale le imprese interessate possono im-

pegnarsi a seguire la procedura di transazione presentando proposte transattive che rispecchino i risultati delle discussioni svolte e in cui riconoscano la propria partecipazione a un'infrazione degli articoli 2 e 3 della presente legge ovvero degli articoli 101 e 102 del Trattato sul funzionamento dell'Unione europea, nonché la rispettiva responsabilità.

4. L'Autorità può decidere in qualsiasi momento di cessare completamente le discussioni in vista di una transazione, anche rispetto a una o più parti specifiche, qualora ritenga che sia comunque compromessa l'efficacia della procedura. Prima che l'Autorità fissi un termine per la presentazione delle proposte di transazione, le parti interessate hanno il diritto a che sia loro divulgata a tempo debito, su richiesta, l'informazione specificata nel comma 2. L'Autorità non è obbligata a tener conto di proposte di transazione ricevute dopo la scadenza del termine suddetto.

5. L'Autorità definisce con proprio provvedimento generale, in conformità con l'ordinamento dell'Unione europea e garantendo il diritto al contraddittorio, le regole procedurali che disciplinano la presentazione e la valutazione delle proposte di transazione di cui al presente articolo e l'entità della riduzione della sanzione di cui all'articolo 15, comma 1-*bis*, da accordare in caso di completamento con successo della procedura.

(1) *Articolo inserito dall'art. 34[1] l. 5 agosto 2022, n. 118.*

15. Diffide e sanzioni. – 1. Se, a seguito dell'istruttoria di cui all'articolo 14 della presente legge, l'Autorità ravvisa un'infrazione degli articoli 101 o 102 del TFUE ovvero degli articoli 2 o 3 della presente legge, fissa alle imprese e associazioni di imprese interessate il termine per l'eliminazione dell'infrazione stessa ovvero, se l'infrazione è già cessata, ne vieta la reiterazione. A tal fine l'Autorità può imporre l'adozione di qualsiasi rimedio comportamentale o strutturale proporzionato all'infrazione commessa e necessario a far cessare effettivamente l'infrazione stessa. Al momento di scegliere fra due rimedi ugualmente efficaci, l'Autorità opta per il rimedio meno oneroso per l'impresa, in linea con il principio di proporzionalità.

1-*bis*. Tenuto conto della gravità e della durata dell'infrazione, dispone inoltre l'applicazione di una sanzione amministrativa pecuniaria fino al 10 per cento del fatturato realizzato in ciascuna impresa o associazione di imprese nell'ultimo esercizio chiuso anteriormente alla notificazione della diffida, determinando i termini entro i quali l'impresa deve procedere al pagamento della sanzione. Se l'infrazione commessa da un'associazione di imprese riguarda le attività dei suoi membri, l'Autorità dispone l'applicazione di una sanzione amministrativa pecuniaria fino al 10 per cento della somma dei fatturati totali a livello mondiale realizzati nell'ultimo esercizio chiuso anteriormente alla notificazione della diffida di ciascun membro operante sul mercato interessato dall'infrazione commessa dall'associazione. Tuttavia, la responsabilità finanziaria di ciascuna impresa riguardo al pagamento della sanzione non può superare il 10 per cento del fatturato da essa realizzato nell'ultimo esercizio chiuso anteriormente alla notificazione della diffida.

1-*ter*. Quando a un'associazione di imprese è irrogata una sanzione tenendo conto del fatturato dei suoi membri ai sensi degli articoli 14, comma 5, e 15, comma 1-*bis*, e l'associazione non è solvibile, essa è tenuta a richiedere ai propri membri contributi a concorrenza dell'importo della sanzione. Se tali contributi non sono stati versati integralmente all'associazione di imprese entro il termine fissato dall'Autorità, l'Autorità può esigere il pagamento della sanzione direttamente da qualsivoglia impresa i cui rappresentanti erano membri degli organi decisionali dell'associazione quando quest'ultima ha assunto la decisione che ha costituito l'infrazione. Se necessario per garantire il pagamento integrale della sanzione, dopo aver richiesto il pagamento a dette imprese, l'Autorità può anche esigere il pagamento dell'importo della sanzione ancora dovuto da qualsivoglia membro dell'associazione che operava sul mercato nel quale si è verificata l'infrazione. Tuttavia, non può esigersi il pagamento dalle imprese che dimostrano che non hanno attuato la decisione dell'associazione che ha costituito l'infrazione e che o non erano a conoscenza della sua esistenza, o si sono attivamente dissociate da essa prima dell'inizio dell'indagine.

1-*quater*. Se, in base alle informazioni di cui dispone, l'Autorità ritiene che non sussistono le condizioni per ravvisare un'infrazione, l'Autorità può assumere una decisione in tal senso.

Quando, dopo aver informato la Commissione europea ai sensi dell'articolo 11, paragrafo 3, del regolamento (CE) n. 1/2003, l'Autorità ritiene che sono venuti meno i motivi di intervento e chiude pertanto il procedimento istruttorio, ne informa di conseguenza la Commissione europea (1).

2. In caso di inottemperanza alla diffida di cui al comma 1, l'Autorità applica la sanzione amministrativa pecuniaria fino al dieci per cento del fatturato ovvero, nei casi in cui sia stata applicata la sanzione di cui al comma 1, di importo minimo non inferiore al doppio

della sanzione già applicata con un limite massimo del dieci per cento del fatturato come individuato al comma 1, determinando altresì il termine entro il quale il pagamento della sanzione deve essere effettuato. Nei casi di reiterata inottemperanza l'Autorità può disporre la sospensione dell'attività d'impresa fino a trenta giorni.

2-*bis*. L'Autorità può irrogare alle imprese e associazioni di imprese penalità di mora il cui importo può giungere fino al 5 per cento del fatturato medio giornaliero realizzato a livello mondiale durante l'esercizio sociale precedente per ogni giorno di ritardo a decorrere dalla data fissata nella decisione, al fine di costringerle a:

a) ottemperare alla diffida di cui al comma 1 del presente articolo;

b) ottemperare alle misure cautelari adottate ai sensi dell'articolo 14-*bis*;

c) rispettare gli impegni resi obbligatori mediante decisione ai sensi dell'articolo 14-*ter* (2).

(1) *Gli attuali commi da 1 a 1 quater sono stati così sostituiti al precedente comma 1 dall'art. 1[6, lett. a)] d.lgs. 8 novembre 2021, n. 185. Il testo del comma così modificato dall'art. 11[4] l. 5 marzo 2001, n. 57, era il seguente:* « 1. Se a seguito dell'istruttoria di cui all'articolo 14 l'Autorità ravvisa infrazioni agli articoli 2 o 3, fissa alle imprese e agli enti interessati il termine per l'eliminazione delle infrazioni stesse. Nei casi di infrazioni gravi, tenuto conto della gravità e della durata dell'infrazione, dispone inoltre l'applicazione di una sanzione amministrativa pecuniaria fino al dieci per cento del fatturato realizzato in ciascuna impresa o ente nell'ultimo esercizio chiuso anteriormente alla notificazione della diffida, determinando i termini entro i quali l'impresa deve procedere al pagamento della sanzione ».

(2) *Comma così sostituito dall'art. 1[6, lett. b)] d.lgs. n. 185, cit. Il testo del comma, come aggiunto dall'art. 14[2] d.l. 4 luglio 2006, n. 223, conv., con modif., in l. 4 agosto 2006, n. 248, era il seguente:* « 2-*bis*. L'Autorità, in conformità all'ordinamento comunitario, definisce con proprio provvedimento generale i casi in cui, in virtù della qualificata collaborazione prestata dalle imprese nell'accertamento di infrazioni alle regole di concorrenza, la sanzione amministrativa pecuniaria può essere non applicata ovvero ridotta nelle fattispecie previste dal diritto comunitario ».

15-*bis*. (1) **Non applicazione delle sanzioni.** – 1. L'Autorità, in conformità all'ordinamento dell'Unione europea, adotta con proprio provvedimento generale un programma di trattamento favorevole che definisce i casi in cui, in virtù della qualificata collaborazione prestata dalle imprese nell'accertamento di infrazioni delle regole di concorrenza, la sanzione amministrativa pecuniaria può essere non applicata o ridotta per le imprese che rivelino la loro partecipazione a cartelli segreti.

2. Ai fini dell'applicazione di tali disposizioni, per cartello segreto si intende un accordo o pratica concordata fra due o più concorrenti, di cui è celata in tutto o in parte l'esistenza, volta a coordinare la loro

condotta concorrenziale sul mercato o a influire sui pertinenti parametri di concorrenza mediante pratiche consistenti, tra l'altro, nel fissare o coordinare i prezzi di acquisto o di vendita o di altre condizioni di transazione, anche in relazione ai diritti di proprietà intellettuale, nell'allocare quote di produzione o di vendita, nel ripartire i mercati e i clienti, tra l'altro mediante manipolazione delle gare d'appalto, le restrizioni delle importazioni o delle esportazioni o azioni anticoncorrenziali dirette contro altre imprese concorrenti.

3. L'Autorità concede l'immunità dalle sanzioni solo se il richiedente:

a) soddisfa le condizioni di cui all'articolo 15-*quater* della presente legge;

b) rivela la sua partecipazione a un cartello segreto; e

c) fornisce, per primo, elementi probatori che:

1) nel momento in cui l'Autorità riceve la domanda, consentono a quest'ultima di effettuare un accertamento ispettivo mirato riguardo al cartello segreto, purché l'Autorità non sia ancora in possesso di elementi probatori sufficienti per decidere di effettuare tale accertamento ispettivo o non abbia già effettuato detto accertamento ispettivo; o

2) a giudizio dell'Autorità, sono sufficienti a quest'ultima per constatare un'infrazione che ricade nell'ambito del programma di trattamento favorevole, a condizione che l'Autorità non sia ancora in possesso di elementi probatori sufficienti per constatare tale infrazione e che a nessuna impresa sia stata accordata l'immunità ai sensi del numero 1), in relazione a detto cartello segreto.

4. L'immunità dalle sanzioni non può essere concessa alle imprese che hanno esercitato coercizione su altre imprese perché aderissero al cartello segreto o continuassero a parteciparvi.

5. L'Autorità informa il richiedente se gli è stata concessa o meno l'immunità condizionale dalle sanzioni. Il richiedente può chiedere di essere informato per iscritto dall'Autorità circa l'esito della sua domanda. Nei casi in cui l'Autorità respinge la domanda di immunità dalle sanzioni, il richiedente interessato può chiedere che la sua domanda sia esaminata come una domanda di riduzione delle sanzioni.

(1) *Articolo così inserito dall'art. 1[7] d.ls. 8 novembre 2021, n. 185.*

15-*ter*. (1) **Riduzione delle sanzioni.** – 1. L'Autorità concede la riduzione delle sanzioni solo se il richiedente:

a) soddisfa le condizioni di cui all'articolo 15-*quater* della presente legge;

b) rivela la sua partecipazione a un cartello segreto; e

c) fornisce, elementi probatori del presunto cartello segreto che costituiscono un valore aggiunto significativo al fine di provare un'infrazione che ricade nell'ambito del programma di trattamento favorevole rispetto agli elementi probatori già in possesso dell'Autorità al momento della presentazione della domanda.

2. Se il richiedente fornisce elementi probatori inconfutabili, che l'Autorità utilizza per provare ulteriori circostanze che determinano l'aumento delle sanzioni rispetto a quelle che sarebbero altrimenti state imposte ai partecipanti al cartello segreto, l'Autorità non tiene conto di tali ulteriori circostanze al momento di determinare la sanzione da irrogare al suddetto richiedente che ha fornito tali elementi probatori.

(1) *Articolo così inserito dall'art. 1[7] d.ls. 8 novembre 2021, n. 185.*

15-*quater*. (1) **Condizioni generali per l'applicazione del trattamento favorevole.** – 1. Per poter beneficiare del trattamento favorevole per la partecipazione a cartelli segreti, il richiedente deve soddisfare le seguenti condizioni:

a) aver posto fine alla sua partecipazione al presunto cartello segreto al più tardi immediatamente dopo aver presentato la domanda legata a un programma di trattamento favorevole, tranne per quanto, a giudizio dell'Autorità, sia ragionevolmente necessario per preservare l'integrità della sua indagine;

b) cooperare in modo genuino, integralmente, su base continuativa e sollecitamente con l'Autorità dal momento in cui presenta la domanda fino a quando l'Autorità non ha chiuso il procedimento istruttorio nei confronti di tutte le parti oggetto dell'indagine adottando una decisione o ha altrimenti chiuso il procedimento istruttorio; tale cooperazione comporta quanto segue:

1) fornire prontamente all'Autorità tutte le pertinenti informazioni ed elementi probatori riguardanti il presunto cartello segreto di cui il richiedente venga in possesso o a cui possa accedere, in particolare:

1.1. la denominazione e l'indirizzo del richiedente;

1.2. la denominazione di tutte le altre imprese che partecipano o hanno partecipato al presunto cartello segreto;

1.3. una descrizione dettagliata del presunto cartello segreto, inclusi i prodotti che ne formano l'oggetto, l'ambito geografico, la durata e la natura della condotta del presunto cartello segreto;

1.4. informazioni su precedenti domande di trattamento favorevole presentate a qualsiasi altra autorità garante della concorrenza in relazione al presunto cartello segreto, ovvero informazioni su possibili domande future;

2) restare a disposizione dell'Autorità per rispondere a qualsiasi richiesta che possa contribuire a stabilire i fatti;

3) mettere a disposizione per audizioni di fronte all'Autorità i direttori, gli amministratori e gli altri membri del personale e compiere ragionevoli sforzi per fare altrettanto con gli ex direttori, amministratori e altri membri del personale;

4) non distruggere, falsificare o celare informazioni o elementi probatori pertinenti; e

5) non rivelare di aver presentato la domanda di trattamento favorevole né rendere nota alcuna parte del suo contenuto prima che nel procedimento istruttorio l'Autorità abbia inviato la comunicazione delle risultanze istruttorie, a meno che non sia stato convenuto altrimenti; e

c) nel periodo in cui prevede di presentare una domanda di trattamento favorevole all'Autorità, non deve:

1) aver distrutto, falsificato o celato elementi probatori pertinenti riguardanti il presunto cartello segreto; o

2) aver rivelato di voler presentare la domanda né aver reso nota nessuna parte del suo contenuto, a eccezione di altre autorità garanti della concorrenza dell'Unione europea e di Paesi terzi.

(1) *Articolo così inserito dall'art. 1[7] d.ls. 8 novembre 2021, n. 185.*

15-*quinquies*. (1) **Forma delle dichiarazioni legate a un programma di trattamento favorevole.** – 1. Le dichiarazioni legate a un programma di trattamento favorevole relative a domande complete o semplificate ai sensi dell'articolo 15-*septies* possono essere presentate per iscritto o in forma orale. Con il provvedimento di cui all'articolo 15-*bis*, comma 1, l'Autorità può individuare altri mezzi che consentono ai richiedenti di non acquisire il possesso, la custodia o il controllo delle dichiarazioni presentate.

2. Su istanza del richiedente, l'Autorità conferma per iscritto la ricezione delle domande complete o semplificate, indicandone la data e l'ora.

3. Le dichiarazioni legate a un programma di trattamento favorevole relative a domande complete o semplificate, incluse quelle presentate ai sensi dell'articolo 15-*sexies*, sono presentate in lingua italiana. L'Autorità può concordare bilateralmente con il richiedente che la domanda sia presentata in altra lingua.

(1) *Articolo così inserito dall'art. 1[7] d.ls. 8 novembre 2021, n. 185.*

LEGGI COMPLEMENTARI

15-*sexies*. (1) **Numero d'ordine per le domande di non applicazione delle sanzioni.** – 1. Le imprese che intendono chiedere la non applicazione delle sanzioni possono ricevere inizialmente un posto nell'elenco relativo al trattamento favorevole, se lo richiedono, per un periodo determinato di volta in volta dall'Autorità, in modo che il richiedente raccolga le informazioni e gli elementi probatori necessari per raggiungere la soglia probatoria pertinente ai fini dell'immunità dalle sanzioni. La scelta dell'Autorità in ordine all'accoglimento della domanda è pienamente discrezionale.

2. L'impresa che presenti la richiesta di cui al comma 1 fornisce all'Autorità, ove disponibili, le seguenti informazioni:

a) la denominazione e l'indirizzo del richiedente;

b) gli elementi alla base delle preoccupazioni che hanno portato alla richiesta;

c) i nomi di tutte le altre imprese che partecipano o hanno partecipato al presunto cartello segreto;

d) i prodotti e i territori interessati;

e) la durata e la natura della condotta del presunto cartello segreto;

f) informazioni su precedenti domande di trattamento favorevole presentate alle altre autorità garanti della concorrenza in relazione al presunto cartello segreto ovvero informazioni su possibili domande future.

3. Le informazioni e gli elementi di prova forniti dal richiedente nel periodo determinato ai sensi del comma 1 sono considerati come presentati alla data della richiesta iniziale.

(1) *Articolo così inserito dall'art. 1[7] d.ls. 8 novembre 2021, n. 185.*

15-*septies*. (1) **Domande semplificate.** – 1. L'impresa che ha richiesto alla Commissione europea il trattamento favorevole in relazione a un cartello segreto che ricade nell'ambito di applicazione dell'articolo 101 del TFUE, presentando una domanda completa o richiedendo un numero d'ordine, può presentare all'Autorità una domanda in forma semplificata in relazione al medesimo cartello, a condizione che la domanda riguardi più di tre Paesi membri come territori interessati.

2. La domanda semplificata consta di una breve descrizione di ciascuno dei seguenti elementi:

a) la denominazione e l'indirizzo del richiedente;

b) la denominazione delle altre parti del presunto cartello segreto;

c) il prodotto o i prodotti che ne formano oggetto e gli ambiti geografici;

d) la durata e la natura della condotta del presunto cartello segreto;

e) lo Stato membro o gli Stati membri dove verosimilmente si trovano gli elementi probatori del presunto cartello segreto; e

f) le informazioni relative alle domande di trattamento favorevole già presentate alle altre autorità garanti della concorrenza dell'Unione europea e di Paesi terzi in relazione al presunto cartello segreto, ovvero informazioni su possibili domande future.

3. Se la Commissione europea riceve una domanda completa e l'Autorità riceve una domanda semplificata in relazione allo stesso presunto cartello, l'Autorità considera la Commissione come il principale interlocutore del richiedente in particolare nel fornire le istruzioni al richiedente sullo svolgimento di qualsiasi ulteriore indagine interna, finché non è precisato se la Commissione perseguirà, integralmente o parzialmente, il caso. In tale periodo l'Autorità può chiedere all'impresa che ha presentato una domanda semplificata di fornire chiarimenti specifici solo in merito agli elementi di cui al comma 2, prima di chiedere la presentazione di una domanda completa a norma del comma 5.

4. Quando riceve una domanda semplificata, l'Autorità verifica se ha già ricevuto una domanda semplificata o completa da altri richiedenti in relazione allo stesso presunto cartello segreto. Se l'Autorità non ha ricevuto altre domande di trattamento favorevole da altri richiedenti e ritiene che la domanda semplificata soddisfa i requisiti di cui al comma 2, ne informa di conseguenza il richiedente.

5. Quando la Commissione europea informa l'Autorità di non voler perseguire, integralmente o parzialmente, il caso, l'Autorità può sollecitare i richiedenti a presentare ad essa una domanda completa. L'Autorità può esigere che il richiedente presenti la domanda completa prima che la Commissione abbia informato l'Autorità che non intende perseguire, integralmente o parzialmente, il caso, solo in circostanze eccezionali, qualora ciò si riveli strettamente necessario per la definizione o l'allocazione del caso. Quando l'Autorità richiede la presentazione di una domanda completa, indica al richiedente un termine ragionevole per la presentazione di tale domanda, nonché delle informazioni e degli elementi probatori corrispondenti. In ogni caso, resta impregiudicato il diritto del richiedente di presentare volontariamente una domanda completa all'Autorità in una fase anteriore.

6. Se il richiedente presenta la domanda completa conformemente al comma 5 entro il periodo specificato dall'Autorità, la domanda

completa è considerata come presentata all'ora della domanda semplificata, a condizione che la domanda semplificata riguardi lo stesso o gli stessi prodotti e il territorio o i territori interessati e abbia la stessa durata del presunto cartello segreto di cui alla domanda di trattamento favorevole presentata alla Commissione europea, eventualmente aggiornata.

(1) *Articolo così inserito dall'art. 1[7] d.ls. 8 novembre 2021, n. 185.*

CAPO II-*bis*. – (1) *Assistenza investigativa nell'ambito della rete europea della concorrenza.*

(1) *Capo (comprendente gli articoli da 15-*octies *a 15-*duodecies*) inserito dall'art. 1[8] d.ls. 8 novembre 2021, n. 185.*

15-*octies*. (1) **Cooperazione investigativa.** – 1. Fatto salvo l'articolo 14, comma 2-*octies*, l'Autorità può esercitare i poteri di indagine di cui all'articolo 14 in nome e per conto di altre autorità nazionali garanti della concorrenza dei Paesi dell'Unione europea che ne fanno richiesta, al fine di accertare un'eventuale inottemperanza, da parte di imprese o associazioni di imprese, alle richieste di informazioni, agli accertamenti ispettivi, alle convocazioni in audizione, alle diffide, alle misure cautelari e alle decisioni con impegni adottate dall'autorità richiedente in relazione all'applicazione degli articoli 101 e 102 del TFUE.

2. L'Autorità può richiedere alle altre autorità nazionali garanti della concorrenza dei Paesi dell'Unione europea di esercitare i poteri di indagine ad esse conferiti dal diritto nazionale al fine di accertare un'eventuale inottemperanza, da parte di imprese o associazioni di imprese, alle richieste di informazioni, agli accertamenti ispettivi, alle convocazioni in audizione, alle diffide, alle misure cautelari e alle decisioni con impegni adottate dall'Autorità in relazione all'applicazione degli articoli 101 e 102 del TFUE.

3. L'Autorità trasmette all'autorità richiedente le informazioni raccolte ai sensi del comma 1 e utilizza come mezzo di prova le informazioni ad essa trasmesse da altre autorità ai sensi del comma 2, fatte salve le garanzie di cui all'articolo 12 del regolamento (CE) n. 1/2003.

(1) *V. nota* sub *Capo II-*bis.

15-*nonies*. (1) **Richieste di notifica.** – 1. L'Autorità, su richiesta di altre autorità nazionali garanti della concorrenza dei Paesi dell'Unione europea formulata in relazione all'applicazione degli articoli 101 o 102 del TFUE, notifica ai destinatari sul territorio nazionale:

a) le comunicazioni delle risultanze istruttorie riguardanti una presunta infrazione degli articoli 101 o 102 del TFUE e le decisioni che applicano tali articoli adottate dall'autorità richiedente;

b) qualsiasi altro atto procedimentale adottato nell'ambito del procedimento istruttorio che debba essere notificato a norma del diritto nazionale dell'autorità richiedente;

c) qualsiasi altra documentazione pertinente relativa all'applicazione degli articoli 101 e 102 del TFUE, inclusa la documentazione relativa all'esecuzione delle decisioni che applicano sanzioni o penalità di mora.

2. L'Autorità, quando applica gli articoli 101 o 102 del TFUE, può richiedere alle altre autorità nazionali garanti della concorrenza dei Paesi dell'Unione europea di notificare ai destinatari sul territorio nazionale dell'autorità adita:

a) le comunicazioni delle risultanze istruttorie riguardanti una presunta infrazione degli articoli 101 o 102 del TFUE e le decisioni che applicano tali articoli;

b) qualsiasi altro atto procedimentale adottato nell'ambito del procedimento istruttorio che debba essere notificato a norma del diritto nazionale;

c) qualsiasi altra documentazione pertinente relativa all'applicazione degli articoli 101 e 102 del TFUE, inclusa la documentazione relativa all'esecuzione delle decisioni che applicano sanzioni o penalità di mora.

(1) *V. nota* sub *Capo II*-bis.

15-*decies*. (1) **Richieste di esecuzione delle decisioni che impongono sanzioni o penalità di mora.** – 1. L'Autorità, su richiesta di altre autorità nazionali garanti della concorrenza dei Paesi dell'Unione europea, adotta in raccordo con le competenti amministrazioni le misure necessarie ad assicurare l'esecuzione delle decisioni definitive che impongono sanzioni o penalità di mora adottate dall'autorità richiedente in relazione all'applicazione degli articoli 101 e 102 del TFUE, se l'autorità richiedente, dopo aver compiuto ragionevoli sforzi nel proprio territorio, ha accertato che l'impresa o l'associazione di imprese nei cui confronti la sanzione o la penalità di mora è esecutiva non dispone di beni sufficienti nello Stato membro dell'autorità richiedente per consentire il recupero di detta sanzione o penalità di mora.

2. Nei casi che non ricadono nel comma 1, in particolare quando

l'impresa o l'associazione di imprese, nei cui confronti la sanzione o la penalità di mora è esecutiva, è stabilita in Italia, su istanza dell'autorità richiedente l'Autorità può comunque prestare assistenza per dare esecuzione alle decisioni definitive che impongono sanzioni o penalità di mora adottate dall'autorità richiedente in relazione all'applicazione degli articoli 101 e 102 del TFUE.

3. L'Autorità può richiedere alle autorità competenti all'uopo designate dagli altri Paesi dell'Unione europea di assicurare l'esecuzione delle decisioni definitive che impongono sanzioni o penalità di mora adottate dall'Autorità in relazione all'applicazione degli articoli 101 e 102 del TFUE.

4. Le questioni relative ai termini di prescrizione per l'esecuzione di sanzioni e penalità di mora sono disciplinate dal diritto nazionale dello Stato membro dell'autorità richiedente.

5. Ai fini del presente articolo si considerano decisioni definitive quelle non più suscettibili di essere impugnate con mezzi ordinari.

(1) *V. nota* sub *Capo II*-bis.

15-*undecies*. (1) **Procedura di cooperazione.** – 1. L'Autorità dà esecuzione alle richieste di cui agli articoli 15-*nonies*, comma 1, e 15-*decies*, commi 1 e 2, senza indebito ritardo, sulla scorta di uno strumento uniforme corredato di una copia dell'atto da notificare o a cui dare esecuzione.

2. Tale strumento uniforme indica i seguenti elementi:

a) la denominazione, l'indirizzo conosciuto del destinatario e altre informazioni utili alla sua identificazione;

b) un riassunto dei fatti e delle circostanze pertinenti;

c) un riassunto della copia acclusa dell'atto da notificare o a cui dare esecuzione;

d) la denominazione, l'indirizzo e altri dati di contatto dell'autorità adita;

e) il termine entro cui si dovrebbe effettuare la notifica o l'esecuzione, quali i termini decadenziali previsti dalla legge o i termini di prescrizione.

3. Per le richieste di cui all'articolo 15-*decies*, oltre ai requisiti di cui al comma 2, lo strumento uniforme contiene quanto segue:

a) le informazioni relative alla decisione che consente l'esecuzione nello Stato membro dell'autorità richiedente;

b) la data in cui la decisione è diventata definitiva;

c) l'importo della sanzione o penalità di mora;

d) le informazioni che attestano gli sforzi ragionevoli compiuti dall'autorità richiedente per dare esecuzione alla decisione nel proprio territorio. Il requisito di cui alla presente lettera non si applica alle richieste formulate ai sensi dell'articolo 15-*decies,* comma 2.

4. Lo strumento uniforme è trasmesso all'Autorità in lingua italiana. Tuttavia, l'Autorità può concordare bilateralmente con l'autorità richiedente, caso per caso, che lo strumento uniforme possa essere trasmesso in una lingua diversa. L'atto da notificare o la decisione che consente l'esecuzione della sanzione o della penalità di mora devono essere corredati da una traduzione in lingua italiana. Tuttavia, l'Autorità può concordare bilateralmente con l'autorità richiedente, caso per caso, che tale traduzione possa essere fornita in una lingua diversa.

5. Lo strumento uniforme di cui al comma 1 del presente articolo costituisce l'unica base delle misure di esecuzione adottate dall'Autorità. Esso non è oggetto di alcun atto di riconoscimento, completamento o sostituzione.

6. L'Autorità non è tenuta a dare esecuzione a una richiesta di cui agli articoli 15-*nonies* e 15-*decies* solo se:

a) la richiesta non è conforme alle disposizioni del presente articolo; ovvero

b) l'Autorità adduce validi motivi che dimostrino come l'esecuzione della richiesta sarebbe manifestamente contraria all'ordine pubblico. Se l'Autorità intende rifiutare una richiesta di assistenza di cui agli articoli 15-*nonies* e 15-*decies* della presente legge o chiede ulteriori informazioni, contatta l'autorità richiedente.

7. L'Autorità può richiedere che l'autorità richiedente sostenga tutti i costi aggiuntivi ragionevoli, compresi i costi di traduzione, retributivi e amministrativi, in relazione alle misure adottate a norma degli articoli 15-*octies* e 15-*nonies*.

8. L'Autorità può recuperare l'importo totale dei costi sostenuti in relazione alle azioni intraprese di cui all'articolo 15-*decies* dalle sanzioni o penalità di mora riscosse per conto dell'autorità richiedente, compresi i costi di traduzione, retributivi e amministrativi. Se l'Autorità non riesce a riscuotere le sanzioni o penalità di mora, può chiedere all'autorità richiedente di farsi carico dei costi sostenuti. L'Autorità può altresì recuperare i costi sostenuti in relazione all'esecuzione di siffatte decisioni dall'impresa nei cui confronti la sanzione o la penalità di mora è esecutiva.

9. L'Autorità recupera tali importi dovuti in euro, secondo le disposizioni applicabili nel diritto nazionale. Se necessario, l'Autorità converte in euro, in conformità del diritto nazionale, l'importo delle

sanzioni o penalità di mora, applicando il tasso di cambio in vigore alla data in cui le sanzioni o penalità di mora sono state imposte.

10. L'Autorità può convenire, su base di reciprocità, la rinuncia al recupero dei costi di cui ai commi 7 e 8 nei confronti delle altre autorità nazionali di concorrenza dei Paesi dell'Unione europea.

(1) *V. nota* sub *Capo II*-bis.

15-*duodecies*. (1) **Competenza e legislazione applicabile.** – 1. Le controversie rientrano nella competenza degli organi competenti dello Stato membro dell'autorità richiedente e sono disciplinate dal diritto di tale Stato membro, se riguardano:

a) la legittimità di un atto da notificare ai sensi dell'articolo 15-*nonies* o di una decisione cui dare esecuzione ai sensi dell'articolo 15-*decies*; e

b) la legittimità dello strumento uniforme che consente l'esecuzione nello Stato membro dell'autorità adita.

2. Le controversie riguardanti le misure di esecuzione adottate nello Stato membro dell'autorità adita o la validità di una notifica effettuata dall'autorità adita rientrano nella competenza degli organi competenti dello Stato membro dell'autorità adita e sono disciplinate dal diritto di tale Stato membro.

(1) *V. nota* sub *Capo II*-bis.

CAPO III – *Poteri dell'Autorità in materia di divieto delle operazioni di concentrazione*

16. Comunicazione delle concentrazioni. – 1. Le operazioni di concentrazione di cui all'articolo 5 devono essere preventivamente comunicate all'Autorità qualora il fatturato totale realizzato a livello nazionale dall'insieme delle imprese interessate sia superiore a quattrocentonovantadue milioni di euro e qualora il fatturato totale realizzato individualmente a livello nazionale da almeno due delle imprese interessate sia superiore a trenta milioni di euro. Tali valori sono incrementati ogni anno di un ammontare equivalente all'aumento dell'indice del deflatore dei prezzi del prodotto interno lordo (1).

1-*bis*. L'Autorità può richiedere alle imprese interessate di notificare entro trenta giorni un'operazione di concentrazione anche nel caso in cui sia superata una sola delle due soglie di fatturato di cui al comma 1, ovvero nel caso in cui il fatturato totale realizzato a livello mondiale dall'insieme delle imprese interessate sia superiore a 5 miliardi di euro, qualora sussistano concreti rischi per la concorrenza nel mercato nazionale, o in una sua parte rilevante, tenuto anche conto degli effetti pregiudizievoli per lo sviluppo e la diffusione di imprese di piccole dimensioni caratterizzate da strategie innovative, e non siano trascorsi oltre sei mesi dal perfezionamento dell'operazione. L'Autorità definisce con proprio provvedimento generale, in conformità all'ordinamento dell'Unione europea, le regole procedurali per l'applicazione del presente comma. In caso di omessa notifica si applicano le sanzioni di cui all'articolo 19, comma 2. Le disposizioni del presente comma non si applicano alle operazioni di concentrazione perfezionate prima della data della sua entrata in vigore (2).

2. Per gli enti creditizi e gli altri istituti finanziari il fatturato è sostituito dalla somma delle seguenti voci di provento al netto, se del caso, dell'imposta sul valore aggiunto e di altre imposte direttamente associate ai proventi:

a) interessi e proventi assimilati;

b) proventi di azioni, quote ed altri titoli a reddito variabile, proventi di partecipazioni, proventi di partecipazioni in imprese collegate e altri proventi su titoli;

c) proventi per commissioni;

d) profitti da operazioni finanziarie;

e) altri proventi di gestione.

Per le imprese di assicurazione il fatturato è sostituito dal valore di premi lordi emessi, che comprendono tutti gli importi incassati o da incassare a titolo di contratti d'assicurazione stipulati direttamente da dette imprese o per loro conto, inclusi i premi ceduti ai riassicuratori, previa detrazione delle imposte o tasse parafiscali riscosse sull'importo dei premi o sul relativo volume complessivo (3).

3. Entro cinque giorni dalla comunicazione di una operazione di concentrazione l'Autorità ne dà notizia al Presidente del Consiglio dei Ministri ed al Ministro dell'industria, del commercio e dell'artigianato.

4. Se l'Autorità ritiene che un'operazione di concentrazione sia suscettibile di essere vietata ai sensi dell'articolo 6, avvia entro trenta giorni dal ricevimento della notifica, o dal momento in cui ne abbia comunque avuto conoscenza, l'istruttoria attenendosi alle norme dell'articolo 14. L'Autorità, a fronte di un'operazione di concentrazione ritualmente comunicata, qualora non ritenga necessario avviare l'istruttoria deve dare comunicazione alle imprese interessate ed al Ministro dell'industria, del commercio e dell'artigianato delle

proprie conclusioni nel merito, entro trenta giorni dal ricevimento della notifica.

5. L'offerta pubblica di acquisto che possa dar luogo ad operazioni di concentrazione soggetta alla comunicazione di cui al comma 1 deve essere comunicata all'Autorità contestualmente alla sua comunicazione alla Commissione nazionale per le società e la borsa.

6. Nel caso di offerta pubblica di acquisto comunicata all'Autorità ai sensi del comma 5, l'Autorità deve notificare l'avvio dell'istruttoria entro quindici giorni dal ricevimento della comunicazione e contestualmente darne comunicazione alla Commissione nazionale per le società e la borsa.

7. L'Autorità può avviare l'istruttoria dopo la scadenza dei termini di cui al presente articolo, nel caso in cui le informazioni fornite dalle imprese con la comunicazione risultino gravemente inesatte, incomplete o non veritiere.

8. L'Autorità, entro il termine perentorio di quarantacinque giorni dall'inizio dell'istruttoria di cui al presente articolo, deve dare comunicazione alle imprese interessate ed al Ministro dell'industria, del commercio e dell'artigianato, delle proprie conclusioni nel merito. Tale termine può essere prorogato nel corso dell'istruttoria per un periodo non superiore a trenta giorni, qualora le imprese non forniscano informazioni e dati a loro richiesti che siano nella loro disponibilità.

(1) *Comma così sostituito dall'art. 1[177] l. 4 agosto 2017, n. 124. Il testo del comma, come da ultimo modificato dall'art.* 5-bis[2 lett. c)] *d.l. 24 gennaio 2012, n. 1, conv., con modif., in l. 24 marzo 2012, n. 27, era il seguente:* « 1. Le operazioni di concentrazione di cui all'articolo 5 devono essere preventivamente comunicate all'Autorità qualora il fatturato totale realizzato a livello nazionale dall'insieme delle imprese interessate sia superiore a 258.228.449,54 euro, e qualora il fatturato totale realizzato a livello nazionale dall'impresa di cui è prevista l'acquisizione sia superiore a 25.822.844,95 euro. Tali valori sono incrementati ogni anno di un ammontare equivalente all'aumento dell'indice del deflattore dei prezzi del prodotto interno lordo ».

(2) *Comma inserito dall'art. 32[1, lett. b), n. 1)] l. 5 agosto 2022, n. 118.*

(3) *Comma sostituito dall'art. 32[1, lett. b), n. 2)] l. 5 agosto 2022, n. 118. Il testo del comma era il seguente:* « 2. Per gli istituti bancari e finanziari il fatturato è considerato pari al valore di un decimo del totale dell'attivo dello stato patrimoniale, esclusi i conti d'ordine, e per le compagnie di assicurazione pari al valore dei premi incassati. ».

Art. 16-*bis*. Richieste di informazioni in materia di concentrazioni tra imprese. – 1. Ai fini dell'esercizio dei poteri di cui al presente capo, l'Autorità può in ogni momento richiedere a imprese e a enti che ne siano in possesso di fornire informazioni e di esibire documenti utili. Tali richieste di informazioni indicano le basi giuridiche su cui sono fondate le richieste, sono proporzionate e non obbligano i destinatari ad ammettere un'infrazione degli articoli 101 o 102 del Trattato sul funzionamento dell'Unione europea ovvero degli articoli 2 o 3 della presente legge.

2. Con provvedimento dell'Autorità, i soggetti ai quali è richiesto di fornire o esibire gli elementi di cui al comma 1 sono sottoposti alle sanzioni amministrative pecuniarie di cui all'articolo 14, comma 5, se rifiutano od omettono di fornire le informazioni o di esibire i documenti richiesti ovvero se forniscono informazioni od esibiscono documenti non veritieri, senza giustificato motivo. L'Autorità riconosce ai soggetti di cui al comma 1 un congruo periodo di tempo, anche in ragione della complessità delle informazioni in oggetto, comunque non superiore a sessanta giorni, rinnovabili con richiesta motivata, per rispondere alle richieste di informazioni avanzate dall'Autorità stessa. Sono fatte salve le diverse sanzioni previste dall'ordinamento vigente.

(1) *Articolo inserito dall'art. 35[1, lett. b)] l. 5 agosto 2022, n. 118.*

17. Sospensione temporanea dell'operazione di concentrazione. – 1. L'Autorità, nel far luogo all'istruttoria di cui all'articolo 16, può ordinare alle imprese interessate di sospendere la realizzazione della concentrazione fino alla conclusione dell'istruttoria.

2. La disposizione del comma 1 non impedisce la realizzazione di un'offerta pubblica di acquisto che sia stata comunicata all'Autorità ai sensi dell'articolo 16, comma 5, sempre che l'acquirente non eserciti i diritti di voto inerenti ai titoli in questione.

18. Conclusione dell'istruttoria sulle concentrazioni. – 1. L'Autorità, se in esito all'istruttoria di cui all'articolo 16 accerta che una concentrazione rientra tra quelle contemplate dall'articolo 6, ne vieta l'esecuzione.

2. L'Autorità, ove nel corso dell'istruttoria non emergano elementi tali da consentire un intervento nei confronti di un'operazione di concentrazione, provvede a chiudere l'istruttoria, e deve dare immediata comunicazione alle imprese interessate ed al Ministro dell'industria, del commercio e dell'artigianato delle proprie conclusioni in merito. Tale provvedimento può essere adottato a richiesta delle imprese interessate che comprovino di avere eliminato dall'originario progetto di concentrazione gli elementi eventualmente distorsivi della concorrenza.

3. L'Autorità, se l'operazione di concentrazione è già stata realiz-

zata, può prescrivere le misure necessarie a ripristinare condizioni di concorrenza effettiva, eliminando gli effetti distorsivi.

19. Sanzioni amministrative pecuniarie per inottemperanza al divieto di concentrazione o all'obbligo di notifica. – 1. Qualora le imprese rea lizzino un'operazione di concentrazione in violazione del divieto di cui all'articolo 18, comma 1, o non ottemperino alle prescrizioni di cui al comma 3 del medesimo articolo, l'Autorità infligge sanzioni amministrative pecuniarie non inferiori all'uno per cento e non superiori al dieci per cento del fatturato delle attività di impresa oggetto della concentrazione.

2. Nel caso di imprese che non abbiano ottemperato agli obblighi di comunicazione preventiva di cui al comma 1 dell'articolo 16, l'Autorità può infliggere alle imprese stesse sanzioni amministrative pecuniarie fino all'uno per cento del fatturato dell'anno precedente a quello in cui è effettuata la contestazione in aggiunta alle sanzioni eventualmente applicabili in base a quanto previsto al comma 1, a seguito delle conclusioni dell'istruttoria prevista dal presente capo III, il cui inizio decorre dalla data di notifica della sanzione di cui al presente comma.

CAPO IV – *Disposizioni speciali*

20. Aziende ed istituti di credito, imprese assicurative e dei settori della radiodiffusione e dell'editoria. – 1. (1).

2. (2).

3. (2).

04. Nel caso in cui l'intesa, l'abuso di posizione dominante o la concentrazione riguardino imprese operanti in settori sottoposti alla vigilanza di più autorità, ciascuna di esse può adottare i provvedimenti di propria competenza (3).

4. Nel caso di operazioni che coinvolgono imprese assicurative, i provvedimenti dell'Autorità di cui all'articolo 10 sono adottati sentito il parere dell'Istituto per la vigilanza sulle assicurazioni private e d'interesse collettivo (ISVAP), che si pronuncia entro trenta giorni dal ricevimento della documentazione posta a fondamento del provvedimento. Decorso inutilmente tale termine l'Autorità di cui all'articolo 10 può adottare il provvedimento di sua competenza. Il decorso del termine del procedimento per il quale il parere viene richiesto è sospeso fino al ricevimento, da parte dell'Autorità garante della concorrenza e del mercato, del parere dell'ISVAP o comunque fino allo spirare del termine previsto per la pronuncia di tale parere (4).

5. Per le operazioni di acquisizione del controllo di banche che costituiscono concentrazione soggetta a comunicazione preventiva ai sensi dell'articolo 16, i provvedimenti della Banca d'Italia, previsti dall'articolo 19 del testo unico di cui al decreto legislativo 1º settembre 1993, n. 385, per le valutazioni di sana e prudente gestione, e dell'Autorità di cui all'articolo 10, ai sensi dell'articolo 6, per le valutazioni relative all'assetto concorrenziale del mercato, sono adottati entro sessanta giorni lavorativi dalla presentazione dell'istanza completa della documentazione occorrente (5).

5-*bis*. L'Autorità garante della concorrenza e del mercato, su richiesta della Banca d'Italia, può autorizzare:

a) un'intesa, in deroga al divieto dell'articolo 2, per esigenze di funzionalità del sistema dei pagamenti, per un tempo limitato e tenendo conto dei criteri di cui all'articolo 4, comma 1;

b) un'operazione di concentrazione riguardante banche o gruppi bancari che determini o rafforzi una posizione dominante, per esigenze di stabilità di uno o più dei soggetti coinvolti (3).

5-*ter*. Le autorizzazioni previste dal comma 5-*bis* non possono comunque consentire restrizioni della concorrenza non strettamente necessarie al perseguimento delle finalità indicate (3).

6. (2).

7. (6).

8. (6).

9. Le disposizioni della presente legge in materia di concentrazione non costituiscono deroga alle norme vigenti nei settori bancario, assicurativo, della radiodiffusione e dell'editoria.

(1) *Comma abrogato dall'art. 1[6 lett. c) n. 9] l. 31 luglio 1997, n. 249.*

(2) *Comma abrogato dall'art. 19[11] l. 28 dicembre 2005, n. 262.*

(3) *Comma inserito dall'art. 2[1] d.ls. 29 dicembre 2006, n. 303.*

(4) *Periodo aggiunto dall'art. 2[1] d.ls. n. 303, cit.*

(5) *Comma dapprima sostituito dall'art. 2[1] d.ls. n. 303, cit., e da ultimo così modificato dall'art. 3[1] d.ls. 27 gennaio 2010, n. 21, come corretto con Avviso di rettifica in G.U. 25 febbraio 2010, n. 46.*

(6) *Comma abrogato dall'art. 2[1] d.ls. n. 303, cit.*

TITOLO III
Poteri conoscitivi e consultivi dell'Autorità

21. Potere di segnalazione al Parlamento ed al Governo. – 1. Allo scopo di contribuire ad una più completa tutela della concorrenza e del mercato, l'Autorità individua i casi di particolare rilevanza nei quali norme di legge o di regolamento o provvedimenti amministrativi di carattere generale determinano distorsioni della concorrenza o del cor retto funzionamento del mercato che non siano giustificate da esigenze di interesse generale.

2. L'Autorità segnala le situazioni distorsive derivanti da provvedimenti legislativi al Parlamento e al Presidente del Consiglio dei Ministri e, negli altri casi, al Presidente del Consiglio dei Ministri, ai Ministri competenti e agli enti locali e territoriali interessati.

3. L'Autorità, ove ne ravvisi l'opportunità, esprime parere circa le iniziative necessarie per rimuovere o prevenire le distorsioni e può pubblicare le segnalazioni ed i pareri nei modi più congrui in relazione alla natura e all'importanza delle situazioni distorsive.

21-*bis*. (1) **Poteri dell'Autorità Garante della concorrenza e del mercato sugli atti amministrativi che determinano distorsioni della concorrenza.** – 1. L'Autorità garante della concorrenza e del mercato è legittimata ad agire in giudizio contro gli atti amministrativi generali, i regolamenti ed i provvedimenti di qualsiasi amministrazione pubblica che violino le norme a tutela della concorrenza e del mercato.

2. L'Autorità garante della concorrenza e del mercato, se ritiene che una pubblica amministrazione abbia emanato un atto in violazione delle norme a tutela della concorrenza e del mercato, emette, entro sessanta giorni, un parere motivato, nel quale indica gli specifici profili delle violazioni riscontrate. Se la pubblica amministrazione non si conforma nei sessanta giorni successivi alla comunicazione del parere, l'Autorità può presentare, tramite l'Avvocatura dello Stato, il ricorso, entro i successivi trenta giorni.

3. Ai giudizi instaurati ai sensi del comma 1 si applica la disciplina di cui al Libro IV, Titolo V, del decreto legislativo 2 luglio 2010, n. 104.

(1) *Articolo inserito dall'art. 35[1] d.l. 6 dicembre 2011, n. 201, conv., con modif., in l. 22 dicembre 2011, n. 214.*

22. Attività consultiva. – 1. L'Autorità può esprimere pareri sulle iniziative legislative o regolamentari e sui problemi riguardanti la concorrenza ed il mercato quando lo ritenga opportuno, o su richiesta di amministrazioni ed enti pubblici interessati. Il Presidente del Consiglio dei Ministri può chiedere il parere dell'Autorità sulle iniziative legislative o regolamentari che abbiano direttamente per effetto:

a) di sottomettere l'esercizio di una attività o l'accesso ad un mercato a restrizioni quantitative;

b) di stabilire diritti esclusivi in certe aree;

c) di imporre pratiche generalizzate in materia di prezzi e di condizioni di vendita.

23. Relazione annuale. – 1. L'Autorità presenta al Presidente del Consiglio dei Ministri, entro il 31 marzo di ogni anno, una relazione sull'attività svolta nell'anno precedente. Il Presidente del Consiglio dei Ministri trasmette entro trenta giorni la relazione al Parlamento (1).

1-*bis*. La relazione annuale include informazioni circa la nomina e la rimozione dei membri dell'Autorità, l'importo della dotazione finanziaria di cui all'articolo 10, comma 7-*ter*, della presente legge per l'anno in questione e la variazione di tale importo rispetto agli anni precedenti. La relazione annuale è resa disponibile al pubblico sul sito internet dell'Autorità (2).

(1) *Comma così modificato dall'art. 47[5] l. 23 luglio 2009, n. 99.*
(2) *Comma aggiunto dall'art. 1[9] d.ls. 8 novembre 2021, n. 185.*

24. Relazione al Governo su alcuni settori. – 1. L'Autorità, sentite le amministrazioni interessate, entro diciotto mesi dalla sua costituzione presenta al Presidente del Consiglio dei Ministri un rapporto circa le azioni da promuovere per adeguare ai principi della concorrenza la normativa relativa ai settori degli appalti pubblici, delle imprese concessionarie e della distribuzione commerciale.

TITOLO IV
Norme sui poteri del Governo in materia di operazioni di concentrazione

25. Poteri del Governo in materia di operazioni di concentrazione. – 1. Il Consiglio dei Ministri, su proposta del Ministro dell'industria, del commercio e dell'artigianato, determina in linea generale e preventiva i criteri sulla base dei quali l'Autorità può eccezionalmente autorizzare, per rilevanti interessi generali dell'economia nazionale nell'ambito dell'integrazione europea, operazioni di concentrazione vietate ai sensi dell'articolo 6, sempreché esse non comportino la eliminazione della concorrenza dal mercato o restrizioni alla concorrenza non strettamente giustificate dagli interessi generali predetti. In tali casi l'Autorità prescrive comunque le misure necessarie per il ristabilimento di condizioni di piena concorrenza entro un termine prefissato.

2. Nel caso delle operazioni di cui all'articolo 16 alle quali partecipano enti o imprese di Stati che non tutelano l'indipendenza degli enti o delle imprese con norme di effetto equivalente a quello dei precedenti titoli o applicano disposizioni discriminatorie o impongono clausole aventi effetti analoghi nei confronti di acquisizioni da

LEGGI COMPLEMENTARI

parte di imprese o enti italiani, il Presidente del Consiglio dei Ministri, previa deliberazione del Consiglio dei Ministri, su proposta del Ministro dell'industria, del commercio e dell'artigianato, può, entro trenta giorni dalla comunicazione di cui all'articolo 16, comma 3, vietare l'operazione per ragioni essenziali di economia nazionale.

26. Pubblicità delle decisioni. – 1. Le decisioni di cui agli articoli 15, 16, 18, 19 e 25 sono pubblicate entro venti giorni in un apposito bollet tino, a cura della Presidenza del Consiglio dei Ministri. Nello stesso bollettino sono pubblicate, ove l'Autorità lo ritenga opportuno, le conclusioni delle indagini di cui all'articolo 12, comma 2.

TITOLO V
Norme in materia di partecipazione al capitale di enti creditizi (1)

(1) *Titolo, comprendente gli articoli da 27 a 30, abrogato dall'art. 161 d.ls. 1° settembre 1993, n. 385.*

27-30. – (1).

(1) *V. nota al Titolo V.*

TITOLO VI
Disposizioni finali

31-32. (*Omissis*).

33. Competenze giurisdizionali. – 1. La tutela giurisdizionale davanti al giudice amministrativo è disciplinata dal codice del processo amministrativo (1).

2. Le azioni di nullità e di risarcimento del danno, nonché i ricorsi intesi ad ottenere provvedimenti di urgenza in relazione alla violazione delle disposizioni di cui ai titoli dal I al IV sono promossi davanti al tribunale competente per territorio presso cui è istituita la sezione specializzata di cui all'articolo 1 del decreto legislativo 26 giugno 2003, n. 168, e successive modificazioni (2).

(1) *Comma così sostituito dall'art. 3[3] dell'Allegato 4 d.ls. 2 luglio 2010, n. 104, con effetto a decorrere dal 16 settembre 2010.*

(2) *Comma così modificato dall'art. 2[2] d.l. 24 gennaio 2012, n. 1, conv., con modif., in l. 24 marzo 2012, n. 27. Ai sensi dell'art. 2[6] d.l. n. 1, cit., tale disposizione si applica « ai giudizi instaurati dopo il centottantesimo giorno dalla data di entrata in vigore della legge di conversione del [suddetto] decreto ».*

34. Entrata in vigore. – 1. La presente legge entra in vigore il giorno successivo a quello della sua pubblicazione sulla Gazzetta Ufficiale della Repubblica italiana.

D.ls. 19 gennaio 2017, n. 3. — **Attuazione della direttiva 2014/104/UE del Parlamento europeo e del Consiglio, del 26 novembre 2014, relativa a determinate norme che regolano le azioni per il risarcimento del danno ai sensi del diritto nazionale per violazioni delle disposizioni del diritto della concorrenza degli Stati membri e dell'Unione europea** (G.U. 19 gennaio 2017, n. 15).

1. Ambito di applicazione e oggetto. – 1. Il presente decreto disciplina, anche con riferimento alle azioni collettive di cui al titolo VIII-*bis* del libro quarto del codice di procedura civile (1), il diritto al risarcimento in favore di chiunque ha subito un danno a causa di una violazione del diritto della concorrenza da parte di un'impresa o di un'associazione di imprese.

2. Il risarcimento comprende il danno emergente, il lucro cessante e gli interessi e non determina sovracompensazioni.

(1) *Le parole* « di cui al titolo VIII-*bis* del libro quarto del codice di procedura civile » *sono state sostituite alle* « di cui all'articolo 140-*bis* del codice del consumo di cui al decreto legislativo 6 settembre 2005, n. 206 » *dall'art. 6*[2] *l. 12 aprile 2019, n. 31. Al fine di consentire al Ministero della giustizia di predisporre le necessarie modifiche dei sistemi informativi per permettere il compimento delle attività processuali con modalità telematiche, le presenti disposizioni* ***entrano in vigore decorsi venticinque mesi dalla pubblicazione della suddetta legge nella Gazzetta Ufficiale [19 maggio 2021]****», ai sensi di quanto disposto dall'art. 7*[1] *l. n. 31, cit., come da ultimo modificato, in sede di conversione, dall'art. 31-*ter *d.l. 28 ottobre 2020, n. 137, conv., con modif., in l. 18 dicembre 2020, n. 176, che ha ulteriormente prorogato i termini di entrata in vigore decorsi* « ventinque mesi » *rispetto ai precedenti* « diciannove mesi » *(19 novembre 2020, v.* infra*); tale modifica era stata già disposta dall'art. 26*[1] *d.l. 9 novembre 2020, n. 149, ma tale decreto è stato abrogato dall'art. 1*[2] *l. n. 176, cit., prevedendo che restano validi gli atti e i provvedimenti adottati e sono fatti salvi gli effetti prodottisi e i rapporti giuridici sorti sulla base dei medesimi. La formulazione originaria dell'art. 7 l. n. 31, cit., prevedeva che le suddette disposizioni entrassero in vigore decorsi* « dodici mesi », *poi prorogati a* « diciannove mesi » *dall'art. 8*[5] *d.l. 30 dicembre 2019, n. 162, conv., con modif., in l. 28 febbraio 2020, n. 8. Ai sensi del successivo comma 2 dell'art. 7 l. n. 31, cit., le presenti disposizioni « si applicano alle condotte illecite poste in essere successivamente alla data della sua entrata in vigore. Alle condotte illecite poste in essere precedentemente continuano ad applicarsi le disposizioni vigenti prima della medesima data di entrata in vigore ».*

2. Definizioni. – 1. Ai fini del presente decreto si intende per:

a) « autore della violazione »: l'impresa o l'associazione di imprese che ha commesso la violazione del diritto della concorrenza;

b) « diritto della concorrenza »: le disposizioni di cui agli articoli 101 o 102 del trattato sul funzionamento dell'Unione europea, le disposizioni di cui agli articoli 2, 3 e 4 della legge 10 ottobre 1990, n. 287, applicate autonomamente, nonché le disposizioni di altro Stato membro che perseguono principalmente lo stesso obiettivo degli articoli 101 e 102 del Trattato sul funzionamento dell'Unione europea e le predette disposizioni di cui agli articoli 2, 3 e 4 della legge 10 ottobre 1990, n. 287, applicate nello stesso caso e parallelamente al diritto della concorrenza dell'Unione ai sensi dell'articolo 3, paragrafo 1, del regolamento (CE) n. 1/2003, escluse le disposizioni che impongono sanzioni penali a persone fisiche, salvo qualora tali sanzioni penali costituiscano gli strumenti tramite i quali sono attuate le regole di concorrenza applicabili alle imprese;

c) « soggetto danneggiato »: una persona, fisica o giuridica, o un ente privo di personalità giuridica, che ha subito un danno causato da una violazione del diritto della concorrenza;

d) « autorità nazionale garante della concorrenza »: un'autorità designata da altro Stato membro dell'Unione europea a norma dell'articolo 35 del regolamento (CE) n. 1/2003 come responsabile dell'applicazione degli articoli 101 e 102 del trattato sul funzionamento dell'Unione europea;

e) « autorità garante della concorrenza »: la Commissione o l'autorità garante della concorrenza e del mercato di cui all'articolo 10 della legge 10 ottobre 1990, n. 287, o l'autorità nazionale garante della concorrenza di cui alla lettera *d*), ovvero, a seconda del contesto, le predette autorità garanti della concorrenza disgiuntamente o congiuntamente alla Commissione;

f) « giudice del ricorso »: il giudice competente ai sensi dell'articolo 33, comma 1, della legge 10 ottobre 1990, n. 287, ovvero un giudice di altro Stato membro che ha il potere, in seguito alla proposizione di mezzi di impugnazione ordinari, di rivedere le decisioni emesse da un'autorità nazionale garante della concorrenza o le pronunce giurisdizionali formulate su tali decisioni, indipendentemente dal fatto che tale giudice abbia il potere di constatare una violazione del diritto della concorrenza;

g) « decisione relativa a una violazione »: la decisione di un'autorità garante della concorrenza ovvero di un giudice del ricorso che constata una violazione del diritto della concorrenza;

h) « decisione definitiva relativa a una violazione »: la decisione relativa a una violazione che non può o non può più essere impugnata con mezzi ordinari;

i) « prove »: tutti i mezzi di prova ammissibili dinanzi al giudice adito, in particolare documenti e tutti gli altri oggetti contenenti informazioni, indipendentemente dal supporto sul quale le informazioni sono registrate;

l) « cartello »: un accordo, una intesa ai sensi dell'articolo 2 della legge 10 ottobre 1990, n. 287, o una pratica concordata fra due o più concorrenti, volta a coordinare il loro comportamento concorrenziale sul mercato o a influire sui pertinenti parametri di concorrenza mediante pratiche consistenti, tra l'altro, nel fissare o coordinare i prezzi di acquisto o di vendita o altre condizioni di transazione, anche in relazione a diritti di proprietà intellettuale, nell'allocare quote di produzione o di vendita, nel ripartire i mercati e i clienti, tra l'altro mediante manipolazione delle gare d'appalto, restrizioni delle importazioni o delle esportazioni o azioni anticoncorrenziali dirette contro altre imprese concorrenti;

m) « programma di clemenza »: il programma adottato dall'autorità garante della concorrenza e del mercato ai sensi dell'articolo 15, comma 2-*bis*, della legge 10 ottobre 1990, n. 287, o altro programma della Commissione europea o di uno Stato membro relativo all'applicazione dell'articolo 101 del trattato sul funzionamento dell'Unione europea o di una disposizione corrispondente del diritto nazionale in base alla quale un partecipante a un cartello segreto, indipendentemente dalle altre imprese coinvolte nel cartello, collabora a un'indagine dell'autorità garante della concorrenza fornendo volontariamente gli elementi di cui è a conoscenza circa il cartello e il ruolo svolto al suo interno, ricevendo in cambio, per decisione o con la chiusura del procedimento, l'immunità dalle ammende per il suo coinvolgimento nel cartello o una loro riduzione;

n) « dichiarazione legata a un programma di clemenza »: una dichiarazione orale o scritta presentata volontariamente da parte o per conto di un'impresa o di una persona fisica a un'autorità garante della concorrenza, ovvero una registrazione di una tale dichiarazione, che descrive la conoscenza dell'impresa o della persona fisica in merito a un cartello e descrive il ruolo da essa svolto al suo interno, predisposta specificamente per essere presentata alla medesima autorità garante allo scopo di ottenere la non applicazione o una riduzione delle sanzioni ai sensi di un programma di clemenza e che non comprende le informazioni preesistenti;

o) « informazioni preesistenti »: le prove esistenti indipendentemente dal procedimento di un'autorità garante della concorrenza a prescindere dalla presenza o meno delle suddette informazioni nel fascicolo della predetta autorità;

p) « proposta di transazione »: la dichiarazione volontaria da parte o per conto di un'impresa a un'autorità garante della concorrenza, in cui l'impresa riconosce o rinuncia a contestare la sua partecipazione a una violazione del diritto della concorrenza e la propria responsabilità in detta violazione del diritto della concorrenza, predisposta specificamente per consentire all'autorità garante della concorrenza di applicare una procedura semplificata o accelerata;

q) « beneficiario dell'immunità »: un'impresa o una persona fisica che ha ottenuto l'immunità dalle ammende da un'autorità garante della concorrenza nell'ambito di un programma di clemenza;

r) « sovrapprezzo »: la differenza tra il prezzo effettivamente pagato e il prezzo che sarebbe altrimenti prevalso in assenza di una violazione del diritto della concorrenza;

s) « composizione consensuale delle controversie »: i procedimenti di risoluzione stragiudiziale di una controversia, riguardanti una richiesta di risarcimento del danno subito a causa di una violazione del diritto della concorrenza, di cui al decreto legislativo 4 marzo 2010, n. 28, al capo II del decreto-legge 12 settembre 2014, n. 132, convertito, con modificazioni, dalla legge 10 novembre 2014, n. 162, e al titolo II-*bis* della parte V del codice del consumo di cui al decreto legislativo 6 settembre 2005, n. 206, nonché i procedimenti di arbitrato di cui al titolo VIII del libro IV del codice di procedura civile;

t) « accordo che compone la controversia »: l'accordo amichevole di definizione della controversia raggiunto mediante il procedimento di cui al decreto legislativo 4 marzo 2010, n. 28; l'accordo raggiunto a seguito di convenzione di negoziazione assistita di cui al capo II del decreto-legge 12 settembre 2014, n. 132, convertito, con modificazioni, dalla legge 10 novembre 2014, n. 162; l'accordo amichevole raggiunto mediante il procedimento di cui al titolo II-*bis* del codice del consumo di cui al decreto legislativo 6 settembre 2005, n. 206; la determinazione contrattuale con cui è definita la controversia nell'arbitrato irrituale di cui all'articolo 808-*ter* del codice di procedura civile;

u) « acquirente diretto »: una persona fisica, una persona giuridica o un ente privo di personalità giuridica che ha acquistato direttamente da un autore della violazione beni o servizi oggetto di una violazione del diritto della concorrenza;

v) « acquirente indiretto »: una persona fisica, una persona giuridica o un ente privo di personalità giuridica che ha acquistato non direttamente da un autore della violazione, ma da un acquirente diretto o da un acquirente successivo beni o servizi oggetto di una violazione del diritto della concorrenza, oppure beni o servizi che li incorporano o che derivano dagli stessi.

3. Ordine di esibizione. – 1. Nelle azioni per il risarcimento del danno a causa di una violazione del diritto della concorrenza, su istanza motivata della parte, contenente l'indicazione di fatti e prove ragionevolmente disponibili dalla controparte o dal terzo, sufficienti a sostenere la plausibilità della domanda di risarcimento del danno o della difesa, il giudice può ordinare alle parti o al terzo l'esibizione delle prove rilevanti che rientrano nella loro disponibilità a norma delle disposizioni del presente capo.

2. Il giudice dispone a norma del comma 1 individuando specificatamente e in modo circoscritto gli elementi di prova o le rilevanti categorie di prove oggetto della richiesta o dell'ordine di esibizione. La categoria di prove è individuata mediante il riferimento a caratteristiche comuni dei suoi elementi costitutivi come la natura, il periodo durante il quale sono stati formati, l'oggetto o il contenuto degli elementi di prova di cui è richiesta l'esibizione e che rientrano nella stessa categoria.

3. Il giudice ordina l'esibizione, nei limiti di quanto è proporzionato alla decisione e, in particolare:

a) esamina in quale misura la domanda di risarcimento o la difesa sono sostenute da fatti e prove disponibili che giustificano l'ordine di esibizione;

b) esamina la portata e i costi dell'esibizione, in specie per i terzi interessati;

c) valuta se le prove di cui è richiesta l'esibizione contengono informazioni riservate, in specie se riguardanti terzi.

4. Quando la richiesta o l'ordine di esibizione hanno per oggetto informazioni riservate, il giudice dispone specifiche misure di tutela tra le quali l'obbligo del segreto, la possibilità di non rendere visibili le parti riservate di un documento, la conduzione di audizioni a porte chiuse, la limitazione del numero di persone autorizzate a prendere visione delle prove, il conferimento ad esperti dell'incarico di redigere sintesi delle informazioni in forma aggregata o in altra forma non riservata. Si considerano informazioni riservate i documenti che contengono informazioni riservate di carattere personale, commerciale, industriale e finanziario relative a persone ed imprese, nonché i segreti commerciali.

5. La parte o il terzo nei cui confronti è rivolta la istanza di esibizione hanno diritto di essere sentiti prima che il giudice provveda a norma del presente articolo.

6. Resta ferma la riservatezza delle comunicazioni tra avvocati incaricati di assistere la parte e il cliente stesso.

4. Esibizione delle prove contenute nel fascicolo di un'autorità garante della concorrenza. – 1. Il giudice ordina l'esibizione di prove contenute nel fascicolo di un'autorità garante della concorrenza quando né le parti né i terzi sono ragionevolmente in grado di fornire tale prova.

2. Il giudice ordina l'esibizione di prove contenute nel fascicolo di un'autorità garante della concorrenza a norma dell'articolo 3 e secondo quanto disposto dal presente articolo.

3. Quando il giudice valuta la proporzionalità dell'ordine di esibizione considera altresì:

a) se la richiesta è stata formulata in modo specifico quanto alla natura, all'oggetto o al contenuto dei documenti presentati a un'autorità garante della concorrenza o contenuti nel fascicolo di tale autorità o con una domanda generica attinente a documenti presentati a un'autorità garante della concorrenza;

b) se la parte richiede l'esibizione in relazione all'azione per il risarcimento del danno a causa di una violazione del diritto della concorrenza;

c) se sia necessario salvaguardare l'efficacia dell'applicazione a livello pubblicistico del diritto della concorrenza in relazione a quanto previsto dalle disposizioni di cui ai commi 1 e 4, o nel caso di richiesta di un'autorità garante della concorrenza ai sensi del comma 7.

4. Il giudice, solo dopo la conclusione del procedimento da parte dell'autorità garante della concorrenza, può ordinare l'esibizione delle seguenti categorie di prove:

a) informazioni rese nell'ambito di un procedimento di un'autorità garante della concorrenza;

b) informazioni che l'autorità garante della concorrenza ha redatto e comunicato alle parti nel corso del suo procedimento;

c) proposte di transazione, ove specificamente disciplinate, che sono state revocate.

5. Il giudice non può ordinare a una parte o a un terzo di esibire prove aventi ad oggetto dichiarazioni legate a un programma di clemenza o proposte di transazione, ove specificamente disciplinate. In ogni caso l'attore può proporre istanza motivata perché il giudice, che può chiedere assistenza solo all'autorità garante della concorrenza, acceda alle prove di cui al periodo precedente al solo scopo di garantire che il loro contenuto corrisponda alle definizioni di cui all'articolo 2, comma 1, lettere *n*) e *p*). Gli autori dei documenti interessati possono chiedere al giudice di essere sentiti. In nessun caso il giudice consente alle altre parti o a terzi l'accesso a tali prove. Quando il giudice accerta che il contenuto delle prove non corri-

sponde alle definizioni di cui all'articolo 2, comma 1, lettere *n*) e *p*), ne ordina l'esibizione secondo le disposizioni di cui ai commi 4 e 6.

6. Il giudice può ordinare l'esibizione delle prove che non rientrano nelle categorie di cui ai commi 4 e 5, primo periodo, anche prima della conclusione del procedimento da parte dell'autorità garante della concorrenza.

7. Quando l'autorità garante della concorrenza intende fornire il proprio parere sulla proporzionalità della richiesta di esibizione può presentare osservazioni al giudice. Al fine di consentire all'autorità garante della concorrenza di esercitare la facoltà di cui al periodo precedente, il giudice informa la medesima autorità delle richieste di esibizione, disponendo la trasmissione degli atti che ritiene a tal fine rilevanti. Le osservazioni dell'autorità sono inserite nel fascicolo d'ufficio a norma dell'articolo 96 delle disposizioni di attuazione del codice di procedura civile.

8. Nei casi di cui al comma 4, quando sui fatti rilevanti ai fini del decidere è in corso un procedimento davanti a un'autorità garante della concorrenza ed è necessario salvaguardare l'efficacia dell'applicazione a livello pubblicistico del diritto della concorrenza, il giudice può sospendere il giudizio fino alla chiusura del predetto procedimento con una decisione dell'autorità o in altro modo.

9. Sono fatte salve le norme e prassi previste dal diritto dell'Unione o le specifiche disposizioni nazionali sulla protezione dei documenti interni delle autorità garanti della concorrenza e della corrispondenza tra tali autorità.

5. Limiti nell'uso delle prove ottenute solo grazie all'accesso al fascicolo di un'autorità garante della concorrenza. – 1. Le prove che rientrano in una delle categorie di cui all'articolo 4, commi 4 e 5, primo periodo, comunque ottenute dalle parti anche mediante l'accesso al fascicolo sono ammesse negli stessi limiti di cui all'articolo 4, commi 4 e 5.

2. Le prove che rientrano nella categoria di cui all'articolo 4, comma 6, comunque ottenute dalle parti solo mediante l'accesso al fascicolo possono essere utilizzate nell'azione per il risarcimento del danno solo dalla parte che le ha ottenute o dal suo successore nel diritto.

6. Sanzioni. – 1. Alla parte o al terzo che rifiuta senza giustificato motivo di rispettare l'ordine di esibizione del giudice a norma dell'articolo 3 o non adempie allo stesso il giudice applica una sanzione amministrativa pecuniaria da euro 15.000 a euro 150.000 che è devoluta a favore della Cassa delle ammende.

2. Salvo che il fatto costituisca reato, alla parte o al terzo che distrugge prove rilevanti ai fini del giudizio di risarcimento il giudice applica una sanzione amministrativa pecuniaria da euro 15.000 a euro 150.000 che è devoluta a favore della Cassa delle ammende.

3. Alla parte o al terzo che non rispetta o rifiuta di rispettare gli obblighi imposti dall'ordine del giudice a tutela di informazioni riservate a norma dell'articolo 3, comma 4, il giudice applica una sanzione amministrativa pecuniaria da euro 15.000 a euro 150.000 che è devoluta a favore della Cassa delle ammende.

4. Alla parte che utilizza le prove in violazione dei limiti di cui all'articolo 5 il giudice applica una sanzione amministrativa pecuniaria da euro 15.000 a euro 150.000 che è devoluta a favore della Cassa delle ammende.

5. Le sanzioni di cui ai commi 1, 2, 3 e 4 si applicano anche ai rappresentanti legali della parte o del terzo autori delle violazioni.

6. Ferma l'applicazione delle sanzioni amministrative pecuniarie di cui ai commi 1 e 2, se la parte rifiuta senza giustificato motivo di rispettare l'ordine di esibizione del giudice a norma dell'articolo 3 o non adempie allo stesso, ovvero distrugge prove rilevanti ai fini del giudizio di risarcimento, il giudice, valutato ogni elemento di prova, può ritenere provato il fatto al quale la prova si riferisce.

7. Ferma l'applicazione della sanzione amministrativa pecuniaria di cui al comma 4, se la parte utilizza prove in violazione dei limiti di cui all'articolo 5, il giudice può respingere in tutto o in parte le domande e le eccezioni alle quali le prove si riferiscono.

7. Effetti delle decisioni dell'autorità garante della concorrenza. – 1. Ai fini dell'azione per il risarcimento del danno si ritiene definitivamente accertata, nei confronti dell'autore, la violazione del diritto della concorrenza constatata da una decisione dell'autorità garante della concorrenza e del mercato di cui all'articolo 10 della legge 10 ottobre 1990, n. 287, non più soggetta ad impugnazione davanti al giudice del ricorso, o da una sentenza del giudice del ricorso passata in giudicato. Il sindacato del giudice del ricorso comporta la verifica diretta dei fatti posti a fondamento della decisione impugnata e si estende anche ai profili tecnici che non presentano un oggettivo margine di opinabilità, il cui esame sia necessario per giudicare la legittimità della decisione medesima. Quanto previsto al primo periodo riguarda la natura della violazione e la sua portata materiale, personale, temporale e territoriale, ma non il nesso di causalità e l'esistenza del danno.

2. La decisione definitiva con cui una autorità nazionale garante della concorrenza o il giudice del ricorso di altro Stato membro accerta una violazione del diritto della concorrenza costituisce prova, nei confronti dell'autore, della natura della violazione e della sua portata materiale, personale, temporale e territoriale, valutabile insieme ad altre prove.

3. Le disposizioni del presente articolo lasciano impregiudicati le facoltà e gli obblighi del giudice ai sensi dell'articolo 267 del trattato sul funzionamento dell'Unione europea.

8. Termine di prescrizione. – 1. Il diritto al risarcimento del danno derivante da una violazione del diritto della concorrenza si prescrive in cinque anni. Il termine di prescrizione non inizia a decorrere prima che la violazione del diritto della concorrenza sia cessata e prima che l'attore sia a conoscenza o si possa ragionevolmente presumere che sia a conoscenza di tutti i seguenti elementi:

a) della condotta e del fatto che tale condotta costituisce una violazione del diritto della concorrenza;

b) del fatto che la violazione del diritto della concorrenza gli ha cagionato un danno;

c) dell'identità dell'autore della violazione.

2. La prescrizione rimane sospesa quando l'autorità garante della concorrenza avvia un'indagine o un'istruttoria in relazione alla violazione del diritto della concorrenza cui si riferisce l'azione per il diritto al risarcimento del danno. La sospensione si protrae per un anno dal momento in cui la decisione relativa alla violazione del diritto della concorrenza è divenuta definitiva o dopo che il procedimento si è chiuso in altro modo.

9. Responsabilità in solido. – 1. In deroga a quanto previsto dall'articolo 2055, primo comma, del codice civile, fatto salvo il diritto al pieno risarcimento del danno di cui all'articolo 1, comma 2, la piccola o media impresa (PMI), come definita nella raccomandazione 2003/361/CE della Commissione, che viola il diritto della concorrenza è responsabile in solido solo nei confronti dei propri acquirenti diretti ed indiretti quando la sua quota nel mercato rilevante è rimasta inferiore al cinque per cento per il tempo in cui si è protratta la violazione del diritto della concorrenza e quando l'applicazione delle ordinarie regole in materia di responsabilità solidale determinerebbe un pregiudizio irreparabile per la sua solidità economica e la totale perdita di valore delle sue attività. La PMI è responsabile in solido anche nei confronti di soggetti danneggiati diversi da quelli di cui al periodo precedente solo quando questi non possono ottenere l'integrale risarcimento del danno dalle altre imprese coinvolte nella stessa violazione del diritto della concorrenza.

2. La deroga di cui al comma 1, primo periodo, non si applica quando la PMI ha svolto un ruolo di guida nella violazione del diritto della concorrenza o costretto altre imprese a parteciparvi ovvero quando risulta accertato che la PMI ha commesso in precedenza una violazione del diritto della concorrenza.

3. In deroga a quanto previsto dall'articolo 2055, primo comma, del codice civile il beneficiario dell'immunità è responsabile in solido:

a) nei confronti dei suoi acquirenti o fornitori diretti o indiretti;

b) nei confronti di altri soggetti danneggiati, solo quando questi non possono ottenere l'integrale risarcimento del danno dalle altre imprese coinvolte nella stessa violazione del diritto della concorrenza.

4. Il termine di prescrizione del diritto al risarcimento del danno dei soggetti danneggiati di cui ai commi 1, secondo periodo, e 3, lettera *b*), inizia a decorrere da quando risulta accertato che gli stessi non possono ottenere l'integrale risarcimento del danno dalle altre imprese coinvolte nella stessa violazione del diritto della concorrenza.

5. Il regresso contro il beneficiario dell'immunità da parte di colui che ha risarcito il danno non può superare la misura del danno che lo stesso beneficiario dell'immunità ha causato ai propri acquirenti o fornitori diretti o indiretti ed è comunque determinato ai sensi dell'articolo 2055, secondo comma, del codice civile.

10. Risarcimento del danno e trasferimento del sovrapprezzo. – 1. Il risarcimento del danno da violazione del diritto della concorrenza può essere chiesto da chiunque lo ha subito, indipendentemente dal fatto che si tratti di acquirente diretto o indiretto dell'autore della violazione.

2. Il risarcimento del danno emergente cagionato dall'autore della violazione ad un dato livello della catena di approvvigionamento non supera il danno da sovrapprezzo subito a tale livello, fermo il diritto del soggetto danneggiato di chiedere il risarcimento per il lucro cessante derivante dal trasferimento integrale o parziale del sovrapprezzo.

3. Le disposizioni del Capo IV del presente decreto si applicano

anche quando la violazione del diritto della concorrenza riguarda una fornitura all'autore della violazione.

11. Eccezione di trasferimento. – 1. Nelle azioni per il risarcimento del danno, il convenuto che eccepisce il fatto che l'attore ha trasferito in tutto o in parte il sovrapprezzo derivante dalla violazione del diritto della concorrenza ha l'onere di provarlo anche chiedendo l'esibizione di prove all'attore o a terzi.

12. Acquirenti indiretti. – 1. Nelle azioni di risarcimento del danno per trasferimento in tutto o in parte del sovrapprezzo, l'attore deve dimostrare l'esistenza e la portata del trasferimento anche chiedendo l'esibizione di prove al convenuto o a terzi.

2. Nel caso di cui al comma 1, il trasferimento del sovrapprezzo si presume quando l'acquirente indiretto dimostra che:

a) il convenuto ha commesso una violazione del diritto della concorrenza;

b) la violazione del diritto della concorrenza ha determinato un sovrapprezzo per l'acquirente diretto del convenuto;

c) l'acquirente indiretto ha acquistato beni o servizi oggetto della violazione del diritto della concorrenza o ha acquistato beni o servizi che derivano dagli stessi o che li incorporano.

3. Il convenuto può dimostrare che il sovrapprezzo di cui al comma 2 non è stato trasferito interamente o in parte sull'acquirente indiretto.

13. Pluralità di azioni. – 1. Ferma la applicazione degli articoli 39 e 40 del codice di procedura civile e dell'articolo 30 del regolamento (UE) n. 1215/2012, nelle azioni di risarcimento del danno da trasferimento in tutto o in parte del sovrapprezzo derivante dalla violazione del diritto della concorrenza, il giudice, nel valutare se l'onere della prova previsto dagli articoli 11 e 12 è assolto, può tenere conto delle azioni di risarcimento del danno, anche proposte in altri Stati membri, relative alla medesima violazione del diritto della concorrenza ma promosse da attori che si trovano a un altro livello della catena di approvvigionamento e delle decisioni assunte in tali cause. Può, altresì, tenere conto delle informazioni di dominio pubblico risultanti dall'applicazione a livello pubblicistico del diritto della concorrenza riguardanti il caso specifico.

14. Valutazione del danno. – 1. Il risarcimento del danno causato da una violazione del diritto della concorrenza dovuto al soggetto danneggiato si deve determinare secondo le disposizioni degli articoli 1223, 1226 e 1227 del codice civile.

2. L'esistenza del danno cagionato da una violazione del diritto alla concorrenza consistente in un cartello si presume, salva prova contraria dell'autore della violazione.

3. Il giudice può chiedere assistenza all'autorità garante della concorrenza formulando specifiche richieste sugli orientamenti che riguardano la quantificazione del danno. Salvo che l'assistenza risulti non appropriata in relazione alle esigenze di salvaguardare l'efficacia dell'applicazione a livello pubblicistico del diritto della concorrenza, l'autorità garante presta l'assistenza richiesta nelle forme e con le modalità che il giudice indica sentita l'autorità medesima.

15. Effetti della composizione consensuale delle controversie. – 1. Alla prescrizione del diritto per il risarcimento del danno da violazione del diritto della concorrenza si applicano l'articolo 5, comma 6, del decreto legislativo 4 marzo 2010, n. 28, l'articolo 8 del decreto-legge 12 settembre 2014, n. 132, convertito, con modificazioni, dalla legge 10 novembre 2014, n. 162, l'articolo 141-*quinquies* del codice del consumo di cui al decreto legislativo 6 settembre 2005, n. 206, e l'articolo 2943, quarto comma, del codice civile.

2. Fatte salve le disposizioni in materia di arbitrato, il giudice, su istanza delle parti, può sospendere sino a due anni il processo pendente per il risarcimento del danno da violazione del diritto della concorrenza quando le medesime parti hanno fatto ricorso ad una procedura di composizione consensuale della controversia. Quando la conciliazione non riesce il processo deve essere riassunto nel termine perentorio di trenta giorni dalla formalizzazione della mancata conciliazione.

3. Il periodo di sospensione di cui al comma 2 non si computa ai fini dell'articolo 2 della legge 24 marzo 2001, n. 89.

4. L'autorità garante della concorrenza e del mercato di cui all'articolo 10 della legge 10 ottobre 1990, n. 287, può considerare, ai fini della irrogazione della sanzione di cui all'articolo 15 della medesima legge, il risarcimento del danno effettuato dall'autore della violazione a seguito di una procedura di composizione consensuale della controversia e prima della decisione dell'autorità.

16. Effetti della composizione consensuale delle controversie sulle successive azioni per il risarcimento del danno. – 1. Nelle azioni per il risarcimento del danno da violazione del diritto della concorrenza, il soggetto danneggiato che ha partecipato ad un accordo che compone la controversia non può chiedere la parte di danno imputabile al coautore della violazione che vi ha partecipato ai coautori che non vi hanno partecipato.

2. I coautori della violazione che non hanno partecipato ad un accordo che compone la controversia non hanno regresso nei confronti dei coautori della violazione che vi hanno partecipato per la parte del danno a questi imputabile.

3. Quando i coautori della violazione che non hanno partecipato all'accordo che compone la controversia sono insolventi, detratta la parte di danno imputabile al coautore che ha partecipato all'accordo, il soggetto danneggiato può chiedere il risarcimento ai coautori della violazione che hanno partecipato all'accordo, salvo che le parti che hanno partecipato all'accordo che compone la controversia lo abbiano espressamente escluso.

4. Fermo il disposto dell'articolo 2055, secondo comma, del codice civile, nel determinare la misura del regresso dovuto dal coautore della violazione a ciascuno degli altri coautori della violazione responsabili per il danno cagionato dalla violazione del diritto della concorrenza, il giudice tiene conto del risarcimento corrisposto dal predetto coautore interessato nell'ambito di un accordo che compone la controversia concluso in precedenza.

5. Le disposizioni del presente articolo si applicano anche quando il procedimento di composizione consensuale della controversia è definito con la pronuncia del lodo di cui al capo IV del Titolo VIII del libro IV del codice di procedura civile.

17. Modificazioni alla legge 10 ottobre 1990, n. 287. – (*Omissis*).

18. Competenza dei tribunali per le imprese. – (*Omissis*).

19. Disposizione transitoria. – 1. Ai fini dell'applicazione temporale del presente decreto, gli articoli 3, 4, 5, 15, comma 2, quali disposizioni procedurali, si applicano ai giudizi di risarcimento del danno da violazione del diritto della concorrenza promossi successivamente al 26 dicembre 2014.

20. Clausola di invarianza finanziaria. – (*Omissis*).

CONSUMATORE

L. 17 agosto 2005, n. 173. — **Disciplina della vendita diretta a domicilio e tutela del consumatore dalle forme di vendita piramidali** (G.U. 2 settembre 2005, n. 204).

1. Definizioni e ambito di applicazione della legge. – 1. Ai fini della presente legge si intendono:

a) per « vendita diretta a domicilio », la forma speciale di vendita al dettaglio e di offerta di beni e servizi, di cui all'art. 19 del d.ls. 31 marzo 1998, n. 114, effettuate tramite la raccolta di ordinativi di acquisto presso il domicilio del consumatore finale o nei locali nei quali il consumatore si trova, anche temporaneamente, per motivi personali, di lavoro, di studio, di intrattenimento o di svago;

b) per « incaricato alla vendita diretta a domicilio », colui che, con o senza vincolo di subordinazione, promuove, direttamente o indirettamente, la raccolta di ordinativi di acquisto presso privati consumatori per conto di imprese esercenti la vendita diretta a domicilio;

c) per « impresa » o « imprese », l'impresa o le imprese esercenti la vendita diretta a domicilio di cui alla lett. *a*).

2. Le disposizioni della presente legge, ad eccezione di quanto previsto dagli artt. 5, 6 e 7, non si applicano alla offerta, alla sottoscrizione e alla propaganda ai fini commerciali di:

a) prodotti e servizi finanziari;

b) prodotti e servizi assicurativi;

c) contratti per la costruzione, la vendita e la locazione di beni immobili.

2. Esercizio dell'attività di vendita diretta a domicilio. – 1. Alle attività di vendita diretta a domicilio di cui all'art. 1, comma 1, lett. *a*), si applicano le disposizioni di cui agli artt. 19, 20 e 22, commi 1 e 2, del d.ls. 31 marzo 1998, n. 114, nonché le disposizioni vigenti in materia di commercializzazione dei beni e dei servizi offerti.

3. Attività di incaricato alla vendita diretta a domicilio. – 1. L'attività di incaricato alla vendita diretta a domicilio, con o senza vincolo di subordinazione, è soggetta all'obbligo del possesso del tesserino di riconoscimento di cui all'art. 19, commi 5 e 6, del d.ls. 31 marzo 1998, n. 114, e può essere svolta da chi risulti in possesso dei requisiti di cui all'art. 5, comma 2, del medesimo decreto legislativo.

2. L'attività di incaricato alla vendita diretta a domicilio senza vincolo di subordinazione può essere esercitata come oggetto di una obbligazione assunta con contratto di agenzia.

3. L'attività di incaricato alla vendita diretta a domicilio senza vincolo di subordinazione può essere altresì esercitata, senza necessità di stipulare un contratto di agenzia, da soggetti che svolgono l'attività in maniera abituale, ancorché non esclusiva, o in maniera occasionale, purché incaricati da una o più imprese.

4. La natura dell'attività di cui al comma 3 è di carattere occasionale sino al conseguimento di un reddito annuo, derivante da tale attività, non superiore a 5.000 euro.

5. Resta ferma la disciplina previdenziale recata dall'art. 44, comma 2, ultimo periodo, del d.l. 30 settembre 2003, n. 269, convertito, con modificazioni, dalla l. 24 novembre 2003, n. 326.

4. Disciplina del rapporto fra impresa affidante e incaricato alla vendita diretta a domicilio. Compenso dell'incaricato. – 1. All'incaricato alla vendita diretta a domicilio con vincolo di subordinazione si applica il contratto collettivo nazionale di lavoro applicato dall'impresa esercente la vendita diretta. All'incaricato alla vendita diretta a domicilio senza vincolo di subordinazione di cui all'art. 3, comma 2, si applicano gli accordi economici collettivi di settore.

2. Per l'incaricato alla vendita diretta a domicilio senza vincolo di subordinazione di cui all'art. 3, comma 3, l'incarico deve essere provato per iscritto e può essere liberamente rinunciato, anche per fatti concludenti con relativa presa d'atto dell'impresa affidante, o revocato per iscritto tramite lettera raccomandata con avviso di ricevimento o altro mezzo idoneo. L'atto di conferimento dell'incarico deve contenere l'indicazione dei diritti e degli obblighi di cui ai commi 3 e 6.

3. L'incaricato alla vendita diretta a domicilio senza vincolo di subordinazione di cui all'art. 3, comma 3, ha diritto di recedere dall'incarico, senza obbligo di motivazione, inviando all'impresa affidante una comunicazione, a mezzo di lettera raccomandata con avviso di ricevimento, entro dieci giorni lavorativi dalla stipula dell'atto scritto di cui al comma 2. In tale caso, l'incaricato è tenuto a restituire a sua cura e spese i beni e i materiali da dimostrazione eventualmente acquistati e l'impresa, entro trenta giorni dalla restituzione dei beni e dei materiali, rimborsa all'incaricato le somme da questi eventualmente pagate. Il rimborso è subordinato all'integrità dei beni e dei materiali restituiti.

4. Nei confronti dell'incaricato alla vendita diretta a domicilio non può essere stabilito alcun obbligo di acquisto:

a) di un qualsiasi ammontare di materiali o di beni commercializzati o distribuiti dall'impresa affidante, ad eccezione dei beni e dei materiali da dimostrazione strumentali alla sua attività che per tipologia e quantità sono assimilabili ad un campionario;

b) di servizi forniti, direttamente o indirettamente, dall'impresa affidante, non strettamente inerenti e necessari all'attività commerciale in questione, e comunque non proporzionati al volume dell'attività svolta.

5. Nel caso in cui l'incarico venga rinunciato o revocato, il tesserino di riconoscimento di cui all'art. 3, comma 1, è ritirato.

6. In aggiunta al diritto di recesso di cui al comma 3, all'incaricato alla vendita diretta a domicilio è in ogni caso riconosciuto, in tutte le altre ipotesi di cessazione per qualsiasi causa del rapporto con l'impresa affidante, il diritto di restituzione e, entro trenta giorni, alla rifusione del prezzo relativamente ai beni e ai materiali integri eventualmente posseduti in misura non inferiore al 90 per cento del costo originario.

7. L'incaricato alla vendita diretta a domicilio deve attenersi alle modalità e alle condizioni generali di vendita stabilite dall'impresa affidante. In caso contrario, egli è responsabile dei danni derivanti dalle condotte difformi da lui adottate rispetto alle modalità e alle condizioni di cui al primo periodo.

8. L'incaricato alla vendita diretta a domicilio non ha, salvo espressa autorizzazione scritta, la facoltà di riscuotere il corrispettivo degli ordinativi di acquisto che abbiano avuto regolare esecuzione presso i privati consumatori né di concedere sconti o dilazioni di pagamento.

9. Il compenso dell'incaricato alla vendita diretta a domicilio senza vincolo di subordinazione è costituito dalle provvigioni sugli affari che, accettati, hanno avuto regolare esecuzione. La misura delle provvigioni e le modalità di corresponsione devono essere stabilite per iscritto.

5. Divieto delle forme di vendita piramidali e di giochi o catene. – [1. Sono vietate la promozione e la realizzazione di attività e di strutture di vendita nelle quali l'incentivo economico primario dei componenti la struttura si fonda sul mero reclutamento di nuovi soggetti piuttosto che sulla loro capacità di vendere o promuovere la vendita di beni o servizi determinati direttamente o attraverso altri componenti la struttura] (1).

2. È vietata, altresì, la promozione o l'organizzazione di tutte quelle operazioni, quali giochi, piani di sviluppo, « catene di Sant'Antonio », che configurano la possibilità di guadagno attraverso il puro e semplice reclutamento di altre persone e in cui il diritto a

LEGGI COMPLEMENTARI

reclutare si trasferisce all'infinito previo il pagamento di un corrispettivo.

(1) *V. art. 5[1] d.ls. 2 agosto 2007, n. 146, ai sensi del quale, dalla data di entrata in vigore dello stesso decreto legislativo (21 settembre 2007), il presente comma e l'art. 7 della presente legge « sono abrogati nella parte in cui riguardano forme di vendita piramidali tra consumatori e professionisti come definite all'art. 23, comma 1, lett.* p), *del d.ls. 6 settembre 2005, n. 206, recante Codice del consumo in cui è previsto o ipotizzabile un contributo da parte di un consumatore come definito dall'art. 18, comma 1, lett.* a), *del predetto codice. I suddetti artt. 5, comma 1, e 7, restano applicabili pertanto alle forme di promozione piramidale che coinvolgano qualsiasi persona fisica o giuridica che agisce nel quadro della sua attività commerciale, industriale, artigianale o professionale ».*

6. Elementi presuntivi. – 1. Costituisce elemento presuntivo della sussistenza di una operazione o di una struttura di vendita vietate ai sensi dell'art. 5 la ricorrenza di una delle seguenti circostanze:

a) l'eventuale obbligo del soggetto reclutato di acquistare dall'impresa organizzatrice, ovvero da altro componente la struttura, una rilevante quantità di prodotti senza diritto di restituzione o rifusione del prezzo relativamente ai beni ancora vendibili, in misura non inferiore al 90 per cento del costo originario, nel caso di mancata o parzialmente mancata vendita al pubblico;

b) l'eventuale obbligo del soggetto reclutato di corrispondere, all'atto del reclutamento e comunque quale condizione per la permanenza nell'organizzazione, all'impresa organizzatrice o ad altro componente la struttura, una somma di denaro o titoli di credito o altri valori mobiliari e benefici finanziari in genere di rilevante entità e in assenza di una reale controprestazione;

c) l'eventuale obbligo del soggetto reclutato di acquistare, dall'impresa organizzatrice o da altro componente la struttura, materiali, beni o servizi, ivi compresi materiali didattici e corsi di formazione, non strettamente inerenti e necessari alla attività commerciale in questione e comunque non proporzionati al volume dell'attività svolta.

7. Sanzioni. – [1. Salvo che il fatto costituisca più grave reato, chiunque promuove o realizza le attività o le strutture di vendita o le operazioni di cui all'art. 5, anche promuovendo iniziative di carattere collettivo o inducendo uno o più soggetti ad aderire, associarsi o affiliarsi alle organizzazioni od operazioni di cui al medesimo articolo, è punito con l'arresto da sei mesi ad un anno o con l'ammenda da 100.000 euro a 600.000 euro.

2. Per le violazioni di cui al comma 1 si applica la sanzione accessoria della pubblicazione del provvedimento con le modalità di cui

all'art. 36 del codice penale e della sua comunicazione alle associazioni dei consumatori e degli utenti rappresentative a livello nazionale.

3. All'impresa che non rispetti le disposizioni di cui all'art. 4, commi 2, 3, 5, 6 e 9, si applica una sanzione amministrativa pecuniaria da 1.500 euro a 5.000 euro] (1).

(1) *V. nota 1* sub *art 5*[1].

D.ls. 6 settembre 2005, n. 206. — **Codice del consumo, a norma dell'articolo 7 della legge 29 luglio 2003, n. 229** (G.U. 8 ottobre 2005, n. 235, suppl. ord. n. 162).

PARTE I
Disposizioni generali

TITOLO I
Disposizioni generali e finalità

1. Finalità ed oggetto. – 1. Nel rispetto della Costituzione ed in conformità ai principi contenuti nei trattati istitutivi delle Comunità europee, nel trattato dell'Unione europea, nella normativa comunitaria con particolare riguardo all'articolo 153 del Trattato istitutivo della Comunità economica europea, nonché nei trattati internazionali, il presente codice armonizza e riordina le normative concernenti i processi di acquisto e consumo, al fine di assicurare un elevato livello di tutela dei consumatori e degli utenti.

2. Diritti dei consumatori. – 1. Sono riconosciuti e garantiti i diritti e gli interessi individuali e collettivi dei consumatori e degli utenti, ne è promossa la tutela in sede nazionale e locale, anche in forma collettiva e associativa, sono favorite le iniziative rivolte a perseguire tali finalità, anche attraverso la disciplina dei rapporti tra le associazioni dei consumatori e degli utenti e le pubbliche amministrazioni.

2. Ai consumatori ed agli utenti sono riconosciuti come fondamentali i diritti:

a) alla tutela della salute;

b) alla sicurezza e alla qualità dei prodotti e dei servizi;

c) ad una adeguata informazione e ad una corretta pubblicità;

c-bis) all'esercizio delle pratiche commerciali secondo principi di buona fede, correttezza e lealtà (1);

d) all'educazione al consumo;

e) alla correttezza, alla trasparenza ed all'equità nei rapporti contrattuali;

f) alla promozione e allo sviluppo dell'associazionismo libero, volontario e democratico tra i consumatori e gli utenti;

g) all'erogazione di servizi pubblici secondo standard di qualità e di efficienza.

(1) *Lettera inserita dall'art. 2 d.ls. 23 ottobre 2007, n. 221.*

3. Definizioni. – 1. Ai fini del presente codice ove non diversamente previsto si intende per:

a) consumatore o utente: la persona fisica che agisce per scopi estranei all'attività imprenditoriale, commerciale, artigianale o professionale eventualmente svolta;

b) associazioni dei consumatori e degli utenti: le formazioni sociali che abbiano per scopo statutario esclusivo la tutela dei diritti e degli interessi dei consumatori o degli utenti;

c) professionista: la persona fisica o giuridica che agisce nell'esercizio della propria attività imprenditoriale, commerciale, artigianale o professionale, ovvero un suo intermediario;

d) produttore: fatto salvo quanto stabilito nell'articolo 103, comma 1, lettera *d*), nell'articolo 115, comma 2-*bis* e nell'articolo 128, comma 2, lettera *d*) (1), il fabbricante del bene o il fornitore del servizio, o un suo intermediario, nonché l'importatore del bene o del servizio nel territorio dell'Unione europea o qualsiasi altra persona fisica o giuridica che si presenta come produttore identificando il bene o il servizio con il proprio nome, marchio o altro segno distintivo;

e) prodotto: fatto salvo quanto stabilito nell'articolo 18, comma 1, lettera *c*), e nell'articolo 115, comma 1, qualsiasi prodotto destinato al consumatore, anche nel quadro di una prestazione di servizi, o suscettibile, in condizioni ragionevolmente prevedibili, di essere utilizzato dal consumatore, anche se non a lui destinato, fornito o reso disponibile a titolo oneroso o gratuito nell'ambito di un'attività commerciale, indipendentemente dal fatto che sia nuovo, usato o rimesso a nuovo; tale definizione non si applica ai prodotti usati, forniti come pezzi d'antiquariato, o come prodotti da riparare o da rimettere a nuovo prima dell'utilizzazione, purché il fornitore ne informi per iscritto la persona cui fornisce il prodotto;

f) codice: il presente decreto legislativo di riassetto delle disposizioni vigenti in materia di tutela dei consumatori (2).

(1) *Le parole* « nell'articolo 115, comma 2-*bis* e nell'articolo 128, comma 2, lettera *d*), » *sono state sotituite alle parole* « e nell'articolo 115, comma 2-bis, » *dall'art. 1*[2] *d.ls. 4 novembre 2021, n. 170. Ai sensi dell'art. 2*[1] *d.ls. n. 170, cit., tale modifica acquista efficacia a decorrere dal 1° gennaio 2022 e si applica ai contratti conclusi successivamente a tale data.*

(2) *Comma così modificato dall'art. 3 d.ls. 23 ottobre 2007, n. 221.*

LEGGI COMPLEMENTARI

PARTE II
Educazione, informazione,
pratiche commerciali, pubblicità (1)

(1) *Rubrica così sostituita dall'art. 1[3] d.ls. 2 agosto 2007, n. 146.*

TITOLO I
Educazione del consumatore

4. Educazione del consumatore. – 1. L'educazione dei consumatori e degli utenti è orientata a favorire la consapevolezza dei loro diritti e interessi, lo sviluppo dei rapporti associativi, la partecipazione ai procedimenti amministrativi, nonché la rappresentanza negli organismi esponenziali.

2. Le attività destinate all'educazione dei consumatori, svolte da soggetti pubblici o privati, non hanno finalità promozionale, sono dirette ad esplicitare le caratteristiche di beni e servizi e a rendere chiaramente percepibili benefici e costi conseguenti alla loro scelta; prendono, inoltre, in particolare considerazione le categorie di consumatori maggiormente vulnerabili.

TITOLO II
Informazioni ai consumatori

CAPO I – *Disposizioni Generali*

5. Obblighi generali. – 1. Fatto salvo quanto disposto dall'articolo 3, comma 1, lettera *a*), ai fini del presente titolo, si intende per consumatore o utente anche la persona fisica alla quale sono dirette le informazioni commerciali.

2. Sicurezza, composizione e qualità dei prodotti e dei servizi costituiscono contenuto essenziale degli obblighi informativi.

3. Le informazioni al consumatore, da chiunque provengano, devono essere adeguate alla tecnica di comunicazione impiegata ed espresse in modo chiaro e comprensibile, tenuto anche conto delle modalità di conclusione del contratto o delle caratteristiche del settore, tali da assicurare la consapevolezza del consumatore.

CAPO II – *Indicazioni dei prodotti*

6. Contenuto minimo delle informazioni. – 1. I prodotti o le confezioni dei prodotti destinati al consumatore, commercializzati sul territorio nazionale, riportano, chiaramente visibili e leggibili, almeno le indicazioni relative:

a) alla denominazione legale o merceologica del prodotto;

b) al nome o ragione sociale o marchio e alla sede legale del produttore o di un importatore stabilito nell'Unione europea;

c) al Paese di origine se situato fuori dell'Unione europea (1);

d) all'eventuale presenza di materiali o sostanze che possono arrecare danno all'uomo, alle cose o all'ambiente;

e) ai materiali impiegati ed ai metodi di lavorazione ove questi siano determinanti per la qualità o le caratteristiche merceologiche del prodotto;

f) alle istruzioni, alle eventuali precauzioni e alla destinazione d'uso, ove utili ai fini di fruizione e sicurezza del prodotto.

(1) *L'efficacia della presente disposizione decorre dal 1° gennaio 2007 e, comunque, a partire dalla data di entrata in vigore del decreto di attuazione del codice del consumo, così come disposto dall'art. 31-*bis *d.l. 30 dicembre 2005, n. 273, conv., con modif., in l. 23 febbraio 2006, n. 51.*

7. **Modalità di indicazione.** – 1. Le indicazioni di cui all'articolo 6 devono figurare sulle confezioni o sulle etichette dei prodotti nel momento in cui sono posti in vendita al consumatore. Le indicazioni di cui al comma 1, lettera *f*), dell'articolo 6 possono essere riportate, anziché sulle confezioni o sulle etichette dei prodotti, su altra documentazione illustrativa, anche in formato digitale, (1) che viene fornita in accompagnamento dei prodotti stessi.

(1) *Le parole* « anche in formato digitale, » *sono state inserite, in sede di conversione, dall'art. 15*$^{3\text{-bis}}$ *d.l. 16 luglio 2020, n. 76, conv., con modif. in l. 11 settembre 2020, n. 120.*

8. **Ambito di applicazione.** – 1. Sono esclusi dall'applicazione del presente capo i prodotti oggetto di specifiche disposizioni contenute in direttive o in altre disposizioni comunitarie e nelle relative norme nazionali di recepimento.

2. Per i prodotti oggetto di disposizioni nazionali in materia di informazione del consumatore, le norme del presente capo si applicano per gli aspetti non disciplinati.

9. **Indicazioni in lingua italiana.** – 1. Tutte le informazioni destinate ai consumatori e agli utenti devono essere rese almeno in lingua italiana.

2. Qualora le indicazioni di cui al presente titolo siano apposte in più lingue, le medesime sono apposte anche in lingua italiana e con caratteri di visibilità e leggibilità non inferiori a quelli usati per le altre lingue.

3. Sono consentite indicazioni che utilizzino espressioni non in lingua italiana divenute di uso comune.

10. Attuazione. – 1. Con decreto del Ministro dello sviluppo economico, di concerto con il Ministro per le politiche comunitarie e con il Ministro della giustizia, sentito il parere della Conferenza unificata di cui all'articolo 8 del decreto legislativo 28 agosto 1997, n. 281, sono adottate le norme di attuazione dell'articolo 6, al fine di assicurare, per i prodotti provenienti da Paesi dell'Unione europea, una applicazione compatibile con i principi del diritto comunitario, precisando le categorie di prodotti o le modalità di presentazione per le quali non è obbligatorio riportare le indicazioni di cui al comma 1, lettere *a*) e *b*), dell'articolo 6. Tali disposizioni di attuazione disciplinano inoltre i casi in cui sarà consentito riportare in lingua originaria alcuni dati contenuti nelle indicazioni di cui all'articolo 6 (1).

2. Fino alla data di entrata in vigore del decreto di cui al comma 1, restano in vigore le disposizioni di cui al decreto del Ministro dell'industria, del commercio e dell'artigianato 8 febbraio 1997, n. 101.

(1) *Comma così modificato dall'art. 1[5] d.ls. 6 agosto 2015, n. 130. Ai sensi dell'art. 2[1] d.ls. n. 130, cit., la presente disposizione si applica a decorrere dal 9 gennaio 2016.*

11. Divieti di commercializzazione. – 1. È vietato il commercio sul territorio nazionale di qualsiasi prodotto o confezione di prodotto che non riporti, in forme chiaramente visibili e leggibili, le indicazioni di cui agli articoli 6, 7 e 9 del presente capo.

12. Sanzioni. – 1. Fatto salvo quanto previsto nella parte IV, titolo II, e salvo che il fatto costituisca reato, per quanto attiene alle responsabilità del produttore, ai contravventori al divieto di cui all'articolo 11 si applica una sanzione amministrativa da 516 euro a 25.823 euro. La misura della sanzione è determinata, in ogni singolo caso, facendo riferimento al prezzo di listino di ciascun prodotto ed al numero delle unità poste in vendita.

2. Le sanzioni sono applicate ai sensi della legge 24 novembre 1981, n. 689. Fermo restando quanto previsto in ordine ai poteri di accertamento degli ufficiali e degli agenti di polizia giudiziaria dall'articolo 13 della predetta legge 24 novembre 1981, n. 689, all'accertamento delle violazioni provvedono d'ufficio o su denunzia, gli organi di polizia amministrativa. Il rapporto previsto dall'articolo 17 della legge 24 novembre 1981, n. 689, è presentato all'ufficio della camera di commercio, industria, artigianato e agricoltura della provincia in cui vi è la residenza o la sede legale del professionista.

CAPO III – *Particolari modalità di informazione*

SEZIONE I – *Indicazione dei prezzi per unità di misura*

13. Definizioni. – 1. Ai fini del presente capo si intende per:

a) prezzo di vendita: il prezzo finale, valido per una unità di prodotto o per una determinata quantità del prodotto, comprensivo dell'IVA e di ogni altra imposta;

b) prezzo per unità di misura: il prezzo finale, comprensivo dell'IVA e di ogni altra imposta, valido per una quantità di un chilogrammo, di un litro, di un metro, di un metro quadrato o di un metro cubo del prodotto o per una singola unità di quantità diversa, se essa è impiegata generalmente e abitualmente per la commercializzazione di prodotti specifici;

c) prodotto commercializzato sfuso: un prodotto che non costituisce oggetto di alcuna confezione preliminare ed è misurato alla presenza del consumatore;

d) prodotto venduto al pezzo: un prodotto che non può essere frazionato senza subire una modifica della sua natura o delle sue proprietà;

e) prodotto venduto a collo: insieme di pezzi omogenei contenuti in un imballaggio;

f) prodotto preconfezionato: l'unità di vendita destinata ad essere presentata come tale al consumatore ed alle collettività, costituita da un prodotto e dall'imballaggio in cui è stato immesso prima di essere posto in vendita, avvolta interamente o in parte in tale imballaggio ma comunque in modo che il contenuto non possa essere modificato senza che la confezione sia aperta o alterata.

14. Campo di applicazione. – 1. Al fine di migliorare l'informazione del consumatore e di agevolare il raffronto dei prezzi, i prodotti offerti dai commercianti ai consumatori recano, oltre alla indicazione del prezzo di vendita, secondo le disposizioni vigenti, l'indicazione del prezzo per unità di misura, fatto salvo quanto previsto all'articolo 16.

2. Il prezzo per unità di misura non deve essere indicato quando è identico al prezzo di vendita.

3. Per i prodotti commercializzati sfusi è indicato soltanto il prezzo per unità di misura.

4. La pubblicità in tutte le sue forme ed i cataloghi recano l'indi-

cazione del prezzo per unità di misura quando è indicato il prezzo di vendita, fatti salvi i casi di esenzione di cui all'articolo 16.

5. La presente sezione (1) non si applica:

a) ai prodotti forniti in occasione di una prestazione di servizi, ivi compresa la somministrazione di alimenti e bevande;

b) ai prodotti offerti nelle vendite all'asta;

c) agli oggetti d'arte e d'antiquariato.

(1) *V. Avviso di rettifica in G.U. 3 gennaio 2006, n. 2.*

15. Modalità di indicazione del prezzo per unità di misura. – 1. Il prezzo per unità di misura si riferisce ad una quantità dichiarata conformemente alle disposizioni in vigore.

2. Per le modalità di indicazione del prezzo per unità di misura si applica quanto stabilito dall'articolo 14 del decreto legislativo 31 marzo 1998, n. 114, recante riforma della disciplina relativa al settore del commercio.

3. Per i prodotti alimentari preconfezionati immersi in un liquido di governo, anche congelati o surgelati, il prezzo per unità di misura si riferisce al peso netto del prodotto sgocciolato.

4. È ammessa l'indicazione del prezzo per unità di misura di multipli o sottomultipli, decimali delle unità di misura, nei casi in cui taluni prodotti sono generalmente ed abitualmente commercializzati in dette quantità.

5. I prezzi dei prodotti petroliferi per uso di autotrazione, esposti e pubblicizzati presso gli impianti automatici di distribuzione dei carburanti, devono essere esclusivamente quelli effettivamente praticati ai consumatori. È fatto obbligo di esporre in modo visibile dalla carreggiata stradale i prezzi praticati al consumo.

16. Esenzioni. – 1. Sono esenti dall'obbligo dell'indicazione del prezzo per unità di misura i prodotti per i quali tale indicazione non risulti utile a motivo della loro natura o della loro destinazione, o sia di natura tale da dare luogo a confusione. Sono da considerarsi tali i seguenti prodotti:

a) prodotti commercializzati sfusi che, in conformità alle disposizioni di esecuzione della legge 5 agosto 1981, n. 441, e successive modificazioni, recante disposizioni sulla vendita a peso netto delle merci, possono essere venduti a pezzo o a collo;

b) prodotti di diversa natura posti in una stessa confezione;

c) prodotti commercializzati nei distributori automatici;

d) prodotti destinati ad essere mescolati per una preparazione e contenuti in un unico imballaggio;

e) prodotti preconfezionati che siano esentati dall'obbligo di indicazione della quantità netta secondo quanto previsto dall'articolo 9 del decreto legislativo 27 gennaio 1992, n. 109, e successive modificazioni, concernenti l'attuazione delle direttive comunitarie in materia di etichettatura dei prodotti alimentari;

f) alimenti precucinati o preparati o da preparare, costituiti da due o più elementi separati, contenuti in un unico imballaggio, che necessitano di lavorazione da parte del consumatore per ottenere l'alimento finito;

g) prodotti di fantasia;

h) gelati monodose;

i) prodotti non alimentari che possono essere venduti unicamente al pezzo o a collo.

2. Il Ministro dello sviluppo economico, con proprio decreto, può aggiornare l'elenco delle esenzioni di cui al comma 1, nonché indicare espressamente prodotti o categorie di prodotti non alimentari ai quali non si applicano le predette esenzioni (1).

(1) *Comma così modificato dall'art. 1[5] d.lgs. 6 agosto 2015, n. 130. Ai sensi dell'art. 2[1] d.lgs. n. 130, cit., la presente disposizione si applica a decorrere dal 9 gennaio 2016.*

17. Sanzioni. – 1. Fatto salvo quanto previsto dalla disciplina di settore per la violazione dell'articolo 15, comma 5, chiunque omette di indicare il prezzo per unità di misura (1) o non lo indica secondo quanto previsto dalla presente sezione è soggetto alla sanzione di cui all'articolo 22, comma 3, del decreto legislativo 31 marzo 1998, n. 114, da irrogare con le modalità ivi previste.

(1) *Le parole* « Fatto salvo quanto previsto dalla disicplina di settore per la violazione dell'articolo 15, comma 5, chiunque omette di indicare il prezzo per unità di misura » *sono state sostituite alle parole* « Chiunque omette di indicare il prezzo per unità di misura » *dall'art. 1, comma 6, d.l. 14 gennaio 2023, n. 5, in corso di conversione in legge.*

TITOLO III
Pratiche commerciali, pubblicità e altre comunicazioni commerciali (1) (2)

(1) *Rubrica così modificata dall'art. 4 d.lgs. 23 ottobre 2007, n. 221.*

(2) *Gli attuali capo I (artt. 18-19), capo II (artt. 20-26) e capo III (art. 27-*quater*) così sostituiscono gli originari capo I (art. 18) e capo II (artt. 19-27) del presente titolo ai sensi di quanto disposto dall'art. 1[1] d.lgs. 2 agosto 2007, n. 146.*

CAPO I – *Disposizioni generali* (1)

(1) *V.* sub *Titolo III.*

18. (1) **Definizioni.** – 1. Ai fini del presente titolo, si intende per:

a) « consumatore »: qualsiasi persona fisica che, nelle pratiche commerciali oggetto del presente titolo, agisce per fini che non rientrano nel quadro della sua attività commerciale, industriale, artigianale o professionale;

b) « professionista »: qualsiasi persona fisica o giuridica che, nelle pratiche commerciali oggetto del presente titolo, agisce nel quadro della sua attività commerciale, industriale, artigianale o professionale e chiunque agisce in nome o per conto di un professionista;

c) « prodotto »: qualsiasi bene o servizio, compresi i beni immobili, i diritti e le obbligazioni;

d) « pratiche commerciali tra professionisti e consumatori » (di seguito denominate: « pratiche commerciali »): qualsiasi azione, omissione, condotta o dichiarazione, comunicazione commerciale ivi compresa la pubblicità e la commercializzazione del prodotto, posta in essere da un professionista, in relazione alla promozione, vendita o fornitura di un prodotto ai consumatori;

d-bis) « microimprese »: entità, società o associazioni che, a prescindere dalla forma giuridica, esercitano un'attività economica, anche a titolo individuale o familiare, occupando meno di dieci persone e realizzando un fatturato annuo oppure un totale di bilancio annuo non superiori a due milioni di euro, ai sensi dell'articolo 2, paragrafo 3, dell'allegato alla raccomandazione n. 2003/361/CE della Commissione, del 6 maggio 2003 (2).

e) « falsare in misura rilevante il comportamento economico dei consumatori »: l'impiego di una pratica commerciale idonea ad alterare sensibilmente la capacità del consumatore di prendere una decisione consapevole, inducendolo pertanto ad assumere una decisione di natura commerciale che non avrebbe altrimenti preso;

f) « codice di condotta »: un accordo o una normativa che non è imposta dalle disposizioni legislative, regolamentari o amministrative di uno Stato membro e che definisce il comportamento dei professionisti che si impegnano a rispettare tale codice in relazione a una o più pratiche commerciali o ad uno o più settori imprenditoriali specifici;

g) « responsabile del codice »: qualsiasi soggetto, compresi un professionista o un gruppo di professionisti, responsabile della formulazione e revisione di un codice di condotta ovvero del controllo del rispetto del codice da parte di coloro che si sono impegnati a rispettarlo;

h) « diligenza professionale »: il normale grado della specifica competenza ed attenzione che ragionevolmente i consumatori attendono da un professionista nei loro confronti rispetto ai principi generali di correttezza e di buona fede nel settore di attività del professionista;

i) « invito all'acquisto »: una comunicazione commerciale indicante le caratteristiche e il prezzo del prodotto in forme appropriate rispetto al mezzo impiegato per la comunicazione commerciale e pertanto tale da consentire al consumatore di effettuare un acquisto;

l) « indebito condizionamento »: lo sfruttamento di una posizione di potere rispetto al consumatore per esercitare una pressione, anche senza il ricorso alla forza fisica o la minaccia di tale ricorso, in modo da limitare notevolmente la capacità del consumatore di prendere una decisione consapevole;

m) « decisione di natura commerciale »: la decisione presa da un consumatore relativa a se acquistare o meno un prodotto, in che modo farlo e a quali condizioni, se pagare integralmente o parzialmente, se tenere un prodotto o disfarsene o se esercitare un diritto contrattuale in relazione al prodotto; tale decisione può portare il consumatore a compiere un'azione o all'astenersi dal compierla;

n) « professione regolamentata »: attività professionale, o insieme di attività professionali, l'accesso alle quali e il cui esercizio, o una delle cui modalità di esercizio, è subordinata direttamente o indirettamente, in base a disposizioni legislative, regolamentari o amministrative, al possesso di determinate qualifiche professionali.

(1) *V. sub Titolo III.*

(2) *Lettera inserita dall'art. 7[1] d.l. 24 gennaio 2012, n. 1, conv., con modif., in l. 24 marzo 2012, n. 27.*

19. (1) **Ambito di applicazione.** – 1. Il presente titolo si applica alle pratiche commerciali scorrette tra professionisti e consumatori poste in essere prima, durante e dopo un'operazione commerciale relativa a un prodotto, nonché alle pratiche commerciali scorrette tra professionisti e microimprese. Per le microimprese la tutela in materia di pubblicità ingannevole e di pubblicità comparativa illecita è assicurata in via esclusiva dal decreto legislativo 2 agosto 2007, n. 145 (2).

2. Il presente titolo non pregiudica:

a) l'applicazione delle disposizioni normative in materia contrattuale, in particolare delle norme sulla formazione, validità od efficacia del contratto;

b) l'applicazione delle disposizioni normative, comunitarie o nazionali, in materia di salute e sicurezza dei prodotti;

c) l'applicazione delle disposizioni normative che determinano la competenza giurisdizionale;

d) l'applicazione delle disposizioni normative relative allo stabilimento, o ai regimi di autorizzazione, o i codici deontologici o altre norme specifiche che disciplinano le professioni regolamentate, per garantire livelli elevati di correttezza professionale.

3. In caso di contrasto, le disposizioni contenute in direttive o in altre disposizioni comunitarie e nelle relative norme nazionali di recepimento che disciplinano aspetti specifici delle pratiche commerciali scorrette prevalgono sulle disposizioni del presente titolo e si applicano a tali aspetti specifici.

4. Il presente titolo non è applicabile in materia di certificazione e di indicazioni concernenti il titolo degli articoli in metalli preziosi.

(1) *V.* sub *Titolo III.*

(2) *Comma così modificato dall'art. 7*[2] *d.l. 24 gennaio 2012, n. 1, conv., con modif., in l. 24 marzo 2012, n. 27.*

CAPO II – *Pratiche commerciali scorrette* (1)

(1) *V.* sub *Titolo III.*

20. (1) **Divieto delle pratiche commerciali scorrette.** – 1. Le pratiche commerciali scorrette sono vietate.

2. Una pratica commerciale è scorretta se è contraria alla diligenza professionale, ed è falsa o idonea a falsare in misura apprezzabile il comportamento economico, in relazione al prodotto, del consumatore medio che essa raggiunge o al quale è diretta o del membro medio di un gruppo qualora la pratica commerciale sia diretta a un determinato gruppo di consumatori.

3. Le pratiche commerciali che, pur raggiungendo gruppi più ampi di consumatori, sono idonee a falsare in misura apprezzabile il comportamento economico solo di un gruppo di consumatori chiaramente individuabile, particolarmente vulnerabili alla pratica o al prodotto cui essa si riferisce a motivo della loro infermità mentale o fisica, della loro età o ingenuità, in un modo che il professionista poteva ragionevolmente prevedere, sono valutate nell'ottica del membro medio di tale gruppo. È fatta salva la pratica pubblicitaria comune e legittima consistente in dichiarazioni esagerate o in dichiarazioni che non sono destinate ad essere prese alla lettera.

4. In particolare, sono scorrette le pratiche commerciali:

a) ingannevoli di cui agli articoli 21, 22 e 23 o

b) aggressive di cui agli articoli 24, 25 e 26.

5. Gli articoli 23 e 26 riportano l'elenco delle pratiche commerciali,

rispettivamente ingannevoli e aggressive, considerate in ogni caso scorrette.

(1) *V.* sub *Titolo III.*

Sezione I – *Pratiche commerciali ingannevoli* (1)

(1) *In tema di divieto di pratiche commerciali ingannevoli, v. art. 4 l. 14 gennaio 2013, n. 9, « Norme sulla qualità e la trasparenza della filiera degli oli di oliva vergini ».*

21. (1) **Azioni ingannevoli.** – 1. È considerata ingannevole una pratica commerciale che contiene informazioni non rispondenti al vero o, seppure di fatto corretta, in qualsiasi modo, anche nella sua presentazione complessiva, induce o è idonea ad indurre in errore il consumatore medio riguardo ad uno o più dei seguenti elementi e, in ogni caso, lo induce o è idonea a indurlo ad assumere una decisione di natura commerciale che non avrebbe altrimenti preso:

a) l'esistenza o la natura del prodotto;

b) le caratteristiche principali del prodotto, quali la sua disponibilità, i vantaggi, i rischi, l'esecuzione, la composizione, gli accessori, l'assistenza post-vendita al consumatore e il trattamento dei reclami, il metodo e la data di fabbricazione o della prestazione, la consegna, l'idoneità allo scopo, gli usi, la quantità, la descrizione, l'origine geografica o commerciale o i risultati che si possono attendere dal suo uso, o i risultati e le caratteristiche fondamentali di prove e controlli effettuati sul prodotto;

c) la portata degli impegni del professionista, i motivi della pratica commerciale e la natura del processo di vendita, qualsiasi dichiarazione o simbolo relativi alla sponsorizzazione o all'approvazione dirette o indirette del professionista o del prodotto;

d) il prezzo o il modo in cui questo è calcolato o l'esistenza di uno specifico vantaggio quanto al prezzo;

e) la necessità di una manutenzione, ricambio, sostituzione o riparazione;

f) la natura, le qualifiche e i diritti del professionista o del suo agente, quali l'identità, il patrimonio, le capacità, lo status, il riconoscimento, l'affiliazione o i collegamenti e i diritti di proprietà industriale, commerciale o intellettuale o i premi e i riconoscimenti;

g) i diritti del consumatore, incluso il diritto di sostituzione o di rimborso ai sensi dell'articolo 130 del presente Codice.

2. È altresì considerata ingannevole una pratica commerciale che, nella fattispecie concreta, tenuto conto di tutte le caratteristiche e circostanze del caso, induce o è idonea ad indurre il consumatore

medio ad assumere una decisione di natura commerciale che non avrebbe altrimenti preso e comporti:

a) una qualsivoglia attività di commercializzazione del prodotto che ingenera confusione con i prodotti, i marchi, la denominazione sociale e altri segni distintivi di un concorrente, ivi compresa la pubblicità comparativa illecita;

b) il mancato rispetto da parte del professionista degli impegni contenuti nei codici di condotta che il medesimo si è impegnato a rispettare, ove si tratti di un impegno fermo e verificabile, e il professionista indichi in una pratica commerciale che è vincolato dal codice.

3. È considerata scorretta la pratica commerciale che, riguardando prodotti suscettibili di porre in pericolo la salute e la sicurezza dei consumatori, omette di darne notizia in modo da indurre i consumatori a trascurare le normali regole di prudenza e vigilanza.

3-*bis*. È considerata scorretta la pratica commerciale di una banca, di un istituto di credito o di un intermediario finanziario che, ai fini della stipula di un contratto di mutuo, obbliga il cliente alla sottoscrizione di una polizza assicurativa erogata dalla medesima banca, istituto o intermediario ovvero all'apertura di un conto corrente presso la medesima banca, istituto o intermediario (2).

4. È considerata, altresì, scorretta la pratica commerciale che, in quanto suscettibile di raggiungere bambini ed adolescenti, può, anche indirettamente, minacciare la loro sicurezza.

4-*bis*. È considerata, altresì, scorretta la pratica commerciale che richieda un sovrapprezzo dei costi per il completamento di una transazione elettronica con un fornitore di beni o servizi (3).

(1) *V. sub Titolo III.*

(2) *Comma aggiunto dall'art. 36-*bis *d.l. 6 dicembre 2011, n. 201, conv., con modif., in l. 22 dicembre 2011, n. 214 e successivamente modificato dall'art. 28[3] d.l. 24 gennaio 2012, n. 1, conv., con modif., in l. 24 marzo 2012, n. 27.*

(3) *Comma aggiunto dall'art. 15[5-quater] d.l. 18 ottobre 2012, n. 179, conv., con modif., in l. 17 dicembre 2012, n. 221.*

22. (1) **Omissioni ingannevoli.** – 1. È considerata ingannevole una pratica commerciale che nella fattispecie concreta, tenuto conto di tutte le caratteristiche e circostanze del caso, nonché dei limiti del mezzo di comunicazione impiegato, omette informazioni rilevanti di cui il consumatore medio ha bisogno in tale contesto per prendere una decisione consapevole di natura commerciale e induce o è idonea ad indurre in tal modo il consumatore medio ad assumere una decisione di natura commerciale che non avrebbe altrimenti preso.

2. Una pratica commerciale è altresì considerata un'omissione ingannevole quando un professionista occulta o presenta in modo oscuro, incomprensibile, ambiguo o intempestivo le informazioni rilevanti di cui al comma 1, tenendo conto degli aspetti di cui al detto comma, o non indica l'intento commerciale della pratica stessa qualora questi non risultino già evidente dal contesto nonché quando, nell'uno o nell'altro caso, ciò induce o è idoneo a indurre il consumatore medio ad assumere una decisione di natura commerciale che non avrebbe altrimenti preso.

3. Qualora il mezzo di comunicazione impiegato per la pratica commerciale imponga restrizioni in termini di spazio o di tempo, nel decidere se vi sia stata un'omissione di informazioni, si tiene conto di dette restrizioni e di qualunque misura adottata dal professionista per rendere disponibili le informazioni ai consumatori con altri mezzi.

4. Nel caso di un invito all'acquisto sono considerate rilevanti, ai sensi del comma 1, le informazioni seguenti, qualora non risultino già evidenti dal contesto:

a) le caratteristiche principali del prodotto in misura adeguata al mezzo di comunicazione e al prodotto stesso;

b) l'indirizzo geografico e l'identità del professionista, come la sua denominazione sociale e, ove questa informazione sia pertinente, l'indirizzo geografico e l'identità del professionista per conto del quale egli agisce;

c) il prezzo comprensivo delle imposte o, se la natura del prodotto comporta l'impossibilità di calcolare ragionevolmente il prezzo in anticipo, le modalità di calcolo del prezzo e, se del caso, tutte le spese aggiuntive di spedizione, consegna o postali oppure, qualora tali spese non possano ragionevolmente essere calcolate in anticipo, l'indicazione che tali spese potranno essere addebitate al consumatore;

d) le modalità di pagamento, consegna, esecuzione e trattamento dei reclami qualora esse siano difformi dagli obblighi imposti dalla diligenza professionale;

e) l'esistenza di un diritto di recesso o scioglimento del contratto per i prodotti e le operazioni commerciali che comportino tale diritto.

5. Sono considerati rilevanti, ai sensi del comma 1, gli obblighi di informazione, previsti dal diritto comunitario, connessi alle comunicazioni commerciali, compresa la pubblicità o la commercializzazione del prodotto.

(1) *V.* sub *Titolo III.*

LEGGI COMPLEMENTARI

22-*bis*. (1) **Pubblicità ingannevole delle tariffe marittime.** – 1. È considerata ingannevole la pubblicità che, riguardando le tariffe praticate da compagnie marittime che operano sul territorio italiano direttamente o in *code-sharing*, reclamizzi il prezzo del biglietto dovuto alla compagnia marittima separatamente dagli oneri accessori, dalle tasse portuali e da tutti gli oneri comunque destinati a gravare sul consumatore, dovendo la compagnia marittima pubblicizzare un unico prezzo che includa tutte queste voci.

(1) *Articolo inserito dall'art. 22 l. 23 luglio 2009, n. 99.*

23. (1) **Pratiche commerciali considerate in ogni caso ingannevoli.** – 1. Sono considerate in ogni caso ingannevoli le seguenti pratiche commerciali:

a) affermazione non rispondente al vero, da parte di un professionista, di essere firmatario di un codice di condotta;

b) esibire un marchio di fiducia, un marchio di qualità o un marchio equivalente senza aver ottenuto la necessaria autorizzazione;

c) asserire, contrariamente al vero, che un codice di condotta ha l'approvazione di un organismo pubblico o di altra natura;

d) asserire, contrariamente al vero, che un professionista, le sue pratiche commerciali o un suo prodotto sono stati autorizzati, accettati o approvati, da un organismo pubblico o privato o che sono state rispettate le condizioni dell'autorizzazione, dell'accettazione o dell'approvazione ricevuta;

e) invitare all'acquisto di prodotti ad un determinato prezzo senza rivelare l'esistenza di ragionevoli motivi che il professionista può avere per ritenere che non sarà in grado di fornire o di far fornire da un altro professionista quei prodotti o prodotti equivalenti a quel prezzo entro un periodo e in quantità ragionevoli in rapporto al prodotto, all'entità della pubblicità fatta del prodotto e al prezzo offerti;

f) invitare all'acquisto di prodotti ad un determinato prezzo e successivamente:

1) rifiutare di mostrare l'articolo pubblicizzato ai consumatori, oppure

2) rifiutare di accettare ordini per l'articolo o di consegnarlo entro un periodo di tempo ragionevole, oppure

3) fare la dimostrazione dell'articolo con un campione difettoso, con l'intenzione di promuovere un altro prodotto.

g) dichiarare, contrariamente al vero, che il prodotto sarà disponibile solo per un periodo molto limitato o che sarà disponibile solo a condizioni particolari per un periodo di tempo molto limitato, in modo da ottenere una decisione immediata e privare i consumatori della possibilità o del tempo sufficiente per prendere una decisione consapevole;

h) impegnarsi a fornire l'assistenza post-vendita a consumatori con i quali il professionista ha comunicato prima dell'operazione commerciale in una lingua diversa dalla lingua ufficiale dello Stato membro in cui il professionista è stabilito e poi offrire concretamente tale servizio soltanto in un'altra lingua, senza che questo sia chiaramente comunicato al consumatore prima del suo impegno a concludere l'operazione;

i) affermare, contrariamente al vero, o generare comunque l'impressione che la vendita del prodotto è lecita;

l) presentare i diritti conferiti ai consumatori dalla legge come una caratteristica propria dell'offerta fatta dal professionista;

m) salvo quanto previsto dal decreto legislativo 31 luglio 2005, n. 177, e successive modificazioni, impiegare contenuti redazionali nei mezzi di comunicazione per promuovere un prodotto, qualora i costi di tale promozione siano stati sostenuti dal professionista senza che ciò emerga dai contenuti o da immagini o suoni chiaramente individuabili per il consumatore;

n) formulare affermazioni di fatto inesatte per quanto riguarda la natura e la portata dei rischi per la sicurezza personale del consumatore o della sua famiglia se egli non acquistasse il prodotto;

o) promuovere un prodotto simile a quello fabbricato da un altro produttore in modo tale da fuorviare deliberatamente il consumatore inducendolo a ritenere, contrariamente al vero, che il prodotto è fabbricato dallo stesso produttore;

p) avviare, gestire o promuovere un sistema di promozione a carattere piramidale nel quale il consumatore fornisce un contributo in cambio della possibilità di ricevere un corrispettivo derivante principalmente dall'entrata di altri consumatori nel sistema piuttosto che dalla vendita o dal consumo di prodotti;

q) affermare, contrariamente al vero, che il professionista è in procinto di cessare l'attività o traslocare;

r) affermare che alcuni prodotti possono facilitare la vincita in giochi basati sulla sorte;

s) affermare, contrariamente al vero, che un prodotto ha la capacità di curare malattie, disfunzioni o malformazioni;

t) comunicare informazioni inesatte sulle condizioni di mercato o sulla possibilità di ottenere il prodotto allo scopo d'indurre il consumatore all'acquisto a condizioni meno favorevoli di quelle normali di mercato;

u) affermare in una pratica commerciale che si organizzano concorsi o promozioni a premi senza attribuire i premi descritti o un equivalente ragionevole;

v) descrivere un prodotto come gratuito o senza alcun onere, se il consumatore deve pagare un supplemento di prezzo rispetto al normale costo necessario per rispondere alla pratica commerciale e ritirare o farsi recapitare il prodotto;

z) includere nel materiale promozionale una fattura o analoga richiesta di pagamento che lasci intendere, contrariamente al vero, al consumatore di aver già ordinato il prodotto;

aa) dichiarare o lasciare intendere, contrariamente al vero, che il professionista non agisce nel quadro della sua attività commerciale, industriale, artigianale o professionale, o presentarsi, contrariamente al vero, come consumatore;

bb) lasciare intendere, contrariamente al vero, che i servizi post-vendita relativi a un prodotto siano disponibili in uno Stato membro diverso da quello in cui è venduto il prodotto.

(1) *V.* sub *Titolo III.*

SEZIONE II – *Pratiche commerciali aggressive*

24. (1) **Pratiche commerciali aggressive.** – 1. È considerata aggressiva una pratica commerciale che, nella fattispecie concreta, tenuto conto di tutte le caratteristiche e circostanze del caso, mediante molestie, coercizione, compreso il ricorso alla forza fisica o indebito condizionamento, limita o è idonea a limitare considerevolmente la libertà di scelta o di comportamento del consumatore medio in relazione al prodotto e, pertanto, lo induce o è idonea ad indurlo ad assumere una decisione di natura commerciale che non avrebbe altrimenti preso.

(1) *V.* sub *Titolo III.*

25. (1) **Ricorso a molestie coercizione o indebito condizionamento.** – 1. Nel determinare se una pratica commerciale comporta, ai fini del presente capo, molestie, coercizione, compreso il ricorso alla forza fisica, o indebito condizionamento, sono presi in considerazione i seguenti elementi:

a) i tempi, il luogo, la natura o la persistenza;

b) il ricorso alla minaccia fisica o verbale;

c) lo sfruttamento da parte del professionista di qualsivoglia evento tragico o circostanza specifica di gravità tale da alterare la capacità di valutazione del consumatore, al fine di influenzarne la decisione relativa al prodotto;

d) qualsiasi ostacolo non contrattuale, oneroso o sproporzionato, imposto dal professionista qualora un consumatore intenda esercitare diritti contrattuali, compresi il diritto di risolvere un contratto o quello di cambiare prodotto o rivolgersi ad un altro professionista;

e) qualsiasi minaccia di promuovere un'azione legale ove tale azione sia manifestamente temeraria o infondata.

(1) *V.* sub *Titolo III.*

26. (1) **Pratiche commerciali considerate in ogni caso aggressive.** – 1. Sono considerate in ogni caso aggressive le seguenti pratiche commerciali:

a) creare l'impressione che il consumatore non possa lasciare i locali commerciali fino alla conclusione del contratto;

b) effettuare visite presso l'abitazione del consumatore, ignorando gli inviti del consumatore a lasciare la sua residenza o a non ritornarvi, fuorché nelle circostanze e nella misura in cui siano giustificate dalla legge nazionale ai fini dell'esecuzione di un'obbligazione contrattuale;

c) effettuare ripetute e non richieste sollecitazioni commerciali per telefono, via fax, per posta elettronica o mediante altro mezzo di comunicazione a distanza, fuorché nelle circostanze e nella misura in cui siano giustificate dalla legge nazionale ai fini dell'esecuzione di un'obbligazione contrattuale, fatti salvi l'articolo 58 e l'articolo 130 del decreto legislativo 30 giugno 2003, n. 196;

d) imporre al consumatore che intenda presentare una richiesta di risarcimento del danno in virtù di una polizza di assicurazione di esibire documenti che non possono ragionevolmente essere considerati pertinenti per stabilire la fondatezza della richiesta, o omettere sistematicamente di rispondere alla relativa corrispondenza, al fine di dissuadere un consumatore dall'esercizio dei suoi diritti contrattuali;

e) salvo quanto previsto dal decreto legislativo 31 luglio 2005, n. 177, e successive modificazioni, includere in un messaggio pubblicitario un'esortazione diretta ai bambini affinché acquistino o convincano i genitori o altri adulti ad acquistare loro i prodotti reclamizzati;

f) esigere il pagamento immediato o differito o la restituzione o la custodia di prodotti che il professionista ha fornito, ma che il consumatore non ha richiesto, salvo quanto previsto dall'articolo 66-*sexies*, comma 2 (2);

g) informare esplicitamente il consumatore che, se non acquista il prodotto o il servizio saranno in pericolo il lavoro o la sussistenza del professionista;

h) lasciare intendere, contrariamente al vero, che il consumatore abbia già vinto, vincerà o potrà vincere compiendo una determinata azione un premio o una vincita equivalente, mentre in effetti non esiste alcun premio né vincita equivalente oppure che qualsiasi azione volta a reclamare il premio o altra vincita equivalente è subordinata al versamento di denaro o al sostenimento di costi da parte del consumatore.

(1) *V.* sub *Titolo III.*

(2) *Lettera così modificata dall'art. 1[3] d.ls. 21 febbraio 2014, n. 21. Ai sensi dell'art. 2[1] d.ls. n. 21, cit., tale modifica entra in vigore dal 13 giugno 2014 e si applica ai contratti conclusi dopo tale data.*

CAPO III – *Applicazione* (1)

(1) *V.* sub *Titolo III.*

27. (1) **Tutela amministrativa e giurisdizionale.** – 1. L'Autorità garante della concorrenza e del mercato, di seguito denominata « Autorità » esercita le attribuzioni disciplinate dal presente articolo anche quale autorità competente per l'applicazione del regolamento (UE) 2017/2394 del Parlamento europeo e del Consiglio, del 12 dicembre 2017, sulla cooperazione tra le autorità nazionali responsabili dell'esecuzione della normativa che tutela i consumatori e che abroga il regolamento (CE) n. 2006/2004 (2), nei limiti delle disposizioni di legge.

1-*bis*. Anche nei settori regolati, ai sensi dell'articolo 19, comma 3, la competenza ad intervenire nei confronti delle condotte dei professionisti che integrano una pratica commerciale scorretta, fermo restando il rispetto della regolazione vigente, spetta, in via esclusiva, all'Autorità garante della concorrenza e del mercato, che la esercita in base ai poteri di cui al presente articolo, acquisito il parere dell'Autorità di regolazione competente. Resta ferma la competenza delle Autorità di regolazione ad esercitare i propri poteri nelle ipotesi di violazione della regolazione che non integrino gli estremi di una pratica commerciale scorretta. Le Autorità possono disciplinare con protocolli di intesa gli aspetti applicativi e procedimentali della reciproca collaborazione, nel quadro delle rispettive competenze (3).

2. L'Autorità, d'ufficio o su istanza di ogni soggetto o organizzazione che ne abbia interesse, inibisce la continuazione delle pratiche commerciali scorrette e ne elimina gli effetti. A tale fine, l'Autorità si

avvale dei poteri investigativi ed esecutivi di cui al citato regolamento (UE) 2017/2394 (4) anche in relazione alle infrazioni non transfrontaliere. Per lo svolgimento dei compiti di cui al comma 1 l'Autorità può avvalersi della Guardia di finanza che agisce con i poteri ad essa attribuiti per l'accertamento dell'imposta sul valore aggiunto e dell'imposta sui redditi. L'intervento dell'Autorità è indipendente dalla circostanza che i consumatori interessati si trovino nel territorio dello Stato membro in cui è stabilito il professionista o in un altro Stato membro.

3. L'Autorità può disporre, con provvedimento motivato, la sospensione provvisoria delle pratiche commerciali scorrette, laddove sussiste particolare urgenza. In ogni caso, comunica l'apertura dell'istruttoria al professionista e, se il committente non è conosciuto, può richiedere al proprietario del mezzo che ha diffuso la pratica commerciale ogni informazione idonea ad identificarlo. L'Autorità può, altresì, richiedere a imprese, enti o persone che ne siano in possesso le informazioni ed i documenti rilevanti al fine dell'accertamento dell'infrazione. Si applicano le disposizioni previste dall'articolo 14, commi 2, 3 e 4, della legge 10 ottobre 1990, n. 287.

3-*bis*. L'Autorità garante della concorrenza e del mercato, in conformità a quanto disposto dall'articolo 9 del regolamento (UE) 2017/2394 del Parlamento europeo e del Consiglio, del 12 dicembre 2017, può ordinare, anche in via cautelare, ai fornitori di servizi di connettività alle reti internet, ai gestori di altre reti telematiche o di telecomunicazione nonché agli operatori che in relazione ad esse forniscono servizi telematici o di telecomunicazione la rimozione di iniziative o attività destinate ai consumatori italiani e diffuse attraverso le reti telematiche o di tele-comunicazione che integrano gli estremi di una pratica commerciale scorretta. I destinatari dei predetti ordini, disposti ai sensi del primo periodo, hanno l'obbligo di inibire l'utilizzazione delle reti delle quali sono gestori o in relazione alle quali forniscono servizi, al fine di evitare la pro-trazione di attività pregiudizievoli per i consumatori e poste in essere in violazione del presente codice. In caso di inottemperanza, senza giustificato motivo, a quanto disposto dall'Autorità garante della concorrenza e del mercato ai sensi del primo periodo del presente comma, l'Autorità stessa può applicare una sanzione amministrativa fino a 5.000.000 di euro (5).

4. In caso di inottemperanza, senza giustificato motivo, a quanto disposto dall'Autorità ai sensi dell'articolo 14, comma 2, della legge 10 ottobre 1990, n. 287, l'Autorità applica una sanzione amministra-

tiva pecuniaria da 2.000,00 euro a 20.000,00 euro. Qualora le informazioni o la documentazione fornite non siano veritiere, l'Autorità applica una sanzione amministrativa pecuniaria da 4.000,00 euro a 40.000,00 euro.

5. L'Autorità può disporre che il professionista fornisca prove sull'esattezza dei dati di fatto connessi alla pratica commerciale se, tenuto conto dei diritti o degli interessi legittimi del professionista e di qualsiasi altra parte nel procedimento, tale esigenza risulti giustificata, date le circostanze del caso specifico. Se tale prova è omessa o viene ritenuta insufficiente, i dati di fatto sono considerati inesatti. Incombe, in ogni caso, al professionista l'onere di provare, con allegazioni fattuali, che egli non poteva ragionevolmente prevedere l'impatto della pratica commerciale sui consumatori, ai sensi dell'articolo 20, comma 3.

6. Quando la pratica commerciale è stata o deve essere diffusa attraverso la stampa periodica o quotidiana ovvero per via radiofonica o televisiva o altro mezzo di telecomunicazione, l'Autorità, prima di provvedere, richiede il parere dell'Autorità per le garanzie nelle comunicazioni.

7. Ad eccezione dei casi di manifesta scorrettezza e gravità della pratica commerciale, l'Autorità può ottenere dal professionista responsabile l'assunzione dell'impegno di porre fine all'infrazione, cessando la diffusione della stessa o modificandola in modo da eliminare i profili di illegittimità. L'Autorità può disporre la pubblicazione della dichiarazione dell'impegno in questione a cura e spese del professionista. In tali ipotesi, l'Autorità, valutata l'idoneità di tali impegni, può renderli obbligatori per il professionista e definire il procedimento senza procedere all'accertamento dell'infrazione.

8. L'Autorità, se ritiene la pratica commerciale scorretta, vieta la diffusione, qualora non ancora portata a conoscenza del pubblico, o la continuazione, qualora la pratica sia già iniziata. Con il medesimo provvedimento può essere disposta, a cura e spese del professionista, la pubblicazione della delibera, anche per estratto, ovvero di un'apposita dichiarazione rettificativa, in modo da impedire che le pratiche commerciali scorrette continuino a produrre effetti.

9. Con il provvedimento che vieta la pratica commerciale scorretta, l'Autorità dispone inoltre l'applicazione di una sanzione amministrativa pecuniaria da 5.000,00 euro a 5.000.000 euro, tenuto conto della gravità e della durata della violazione. Nel caso di pratiche commerciali scorrette ai sensi dell'articolo 21, commi 3 e 4, la sanzione non può essere inferiore a 50.000,00 euro (6) (7).

10. Nei casi riguardanti comunicazioni commerciali inserite sulle confezioni di prodotti, l'Autorità, nell'adottare i provvedimenti indicati nei commi 3 e 8, assegna per la loro esecuzione un termine che tenga conto dei tempi tecnici necessari per l'adeguamento.

11. L'Autorità garante della concorrenza e del mercato, con proprio regolamento, disciplina la procedura istruttoria, in modo da garantire il contraddittorio, la piena cognizione degli atti e la verbalizzazione (8).

12. In caso di inottemperanza ai provvedimenti d'urgenza e a quelli inibitori o di rimozione degli effetti di cui ai commi 3, 8 e 10 ed in caso di mancato rispetto degli impegni assunti ai sensi del comma 7, l'Autorità applica una sanzione amministrativa pecuniaria da 10.000 a 5.000.000 euro. Nei casi di reiterata inottemperanza l'Autorità può disporre la sospensione dell'attività d'impresa per un periodo non superiore a trenta giorni (7) (9).

13. (10). Per le sanzioni amministrative pecuniarie conseguenti alle violazioni del presente decreto si osservano, in quanto applicabili, le disposizioni contenute nel capo I, sezione I, e negli articoli 26, 27, 28 e 29 della legge 24 novembre 1981, n. 689, e successive modificazioni. Il pagamento delle sanzioni amministrative di cui al presente articolo deve essere effettuato entro trenta giorni dalla notifica del provvedimento dell'Autorità (11).

14. Ove la pratica commerciale sia stata assentita con provvedimento amministrativo, preordinato anche alla verifica del carattere non scorretto della stessa, la tutela dei soggetti e delle organizzazioni che vi abbiano interesse, è esperibile in via giurisdizionale con ricorso al giudice amministrativo avverso il predetto provvedimento.

15. È comunque fatta salva la giurisdizione del giudice ordinario in materia di atti di concorrenza sleale, a norma dell'articolo 2598 del codice civile, nonché, per quanto concerne la pubblicità comparativa, in materia di atti compiuti in violazione della disciplina sul diritto d'autore protetto dalla legge 22 aprile 1941, n. 633, e successive modificazioni, e dei marchi d'impresa protetto a norma del decreto legislativo 10 febbraio 2005, n. 30, e successive modificazioni, nonché delle denominazioni di origine riconosciute e protette in Italia e di altri segni distintivi di imprese, beni e servizi concorrenti.

(1) *V.* sub *Titolo III.*

(2) *Le parole da* « regolamento (UE) 2017/2394 » *a* « che abroga il regolamento (CE) n. 2006/2004 » *sono state sostituite alle parole* « regolamento 2006/2004/CE del Parlamento europeo e del Consiglio, del 27 ottobre 2004, sulla cooperazione tra le autorità nazionali

responsabili dell'esecuzione della normativa che tutela i consumatori » *dall'art. 37[1 lett. a), n. 1] l. 23 dicembre 2021, n. 238.*

(3) *Comma inserito dall'art. 1[6 lett. a)] d.ls. 21 febbraio 2014, n. 21.*

(4) *Le parole* « regolamento (UE) 2017/2394 » *sono state sostituite alle parole* « regolamento 2006/2004/CE » *dall'art. 37[1 lett. a), n. 2] l. n. 238, cit.*

(5) *Comma inserito, in sede di conversione, dall'art. 263*-bis[1] *d.l. 19 maggio 2020, n. 34, conv., con modif., in l. 17 luglio 2020, n. 77.*

(6) *Comma così modificato dall'art. 1[6 lett. b)] d.ls. n. 21, cit.*

(7) *Ai sensi dell'art. 23[12-quinquiesdecies] d.l. 6 luglio 2012, n. 95, conv., con modif., in l. 7 agosto 2012, n. 135, « l'importo massimo delle sanzioni di cui [al presente comma], in materia di pratiche commerciali scorrette, la competenza ad accertare e sanzionare le quali è dell'Autorità garante della concorrenza e del mercato, escluso unicamente il caso in cui le pratiche commerciali scorrette siano poste in essere in settori in cui esista una regolazione di derivazione comunitaria, con finalità di tutela del consumatore, affidata ad altra autorità munita di poteri inibitori e sanzionatori e limitatamente agli aspetti regolati, [era stato] aumentato a 5.000.000 di euro ». Successivamente, l'art. 1[7] d.ls. n. 21, cit., ha abrogato il comma 12-*quinquiesdecies *del suddetto art. 23 d.l. n. 95, cit.*

(8) *V. disposizioni di cui all'art. 4 d.ls. 2 agosto 2007, n. 146.*

(9) *Comma così modificato dall'art. 1[6 lett. c)] d.ls. n. 21, cit.*

(10) *Nel presente comma figurava un primo periodo abrogato dall'art. 4[1 n. 33)] dell'Allegato 4 d.ls. 2 luglio 2010, n. 104, con effetto a decorrere dal 16 settembre 2010.*

(11) *Per la proroga del termine per il pagamento delle sanzioni, v. art. 9[1] d.l. 30 dicembre 2008, n. 207, conv., con modif., in l. 27 febbraio 2009, n. 14.*

27-*bis*. (1) **Codici di condotta.** – 1. Le associazioni o le organizzazioni imprenditoriali e professionali possono adottare, in relazione a una o più pratiche commerciali o ad uno o più settori imprenditoriali specifici, appositi codici di condotta che definiscono il comportamento dei professionisti che si impegnano a rispettare tali codici con l'indicazione del soggetto responsabile o dell'organismo incaricato del controllo della loro applicazione.

2. Il codice di condotta è redatto in lingua italiana e inglese ed è reso accessibile dal soggetto o organismo responsabile al consumatore, anche per via telematica.

3. Nella redazione di codici di condotta deve essere garantita almeno la protezione dei minori e salvaguardata la dignità umana.

4. I codici di condotta di cui al comma 1 sono comunicati, per la relativa adesione, agli operatori dei rispettivi settori e conservati ed aggiornati a cura del responsabile del codice, con l'indicazione degli aderenti.

5. Dell'esistenza del codice di condotta, dei suoi contenuti e dell'adesione il professionista deve preventivamente informare i consumatori.

(1) *Articolo inserito dall'art. 1[2] d.ls. 2 agosto 2007, n. 146.*

27-*ter*. (1) **Autodisciplina.** – 1. I consumatori, i concorrenti, anche tramite le loro associazioni o organizzazioni, prima di avviare la procedura di cui all'articolo 27, possono convenire con il professionista di adire preventivamente, il soggetto responsabile o l'organismo incaricato del controllo del codice di condotta relativo ad uno specifico settore la risoluzione concordata della controversia volta a vietare o a far cessare la continuazione della pratica commerciale scorretta.

2. In ogni caso il ricorso ai sensi del presente articolo, qualunque sia l'esito della procedura, non pregiudica il diritto del consumatore di adire l'Autorità, ai sensi dell'articolo 27, o il giudice competente.

3. Iniziata la procedura davanti ad un organismo di autodisciplina, le parti possono convenire di astenersi dall'adire l'Autorità fino alla pronuncia definitiva, ovvero possono chiedere la sospensione del procedimento innanzi all'Autorità, ove lo stesso sia stato attivato anche da altro soggetto legittimato, in attesa della pronuncia dell'organismo di autodisciplina. L'Autorità, valutate tutte le circostanze, può disporre la sospensione del procedimento per un periodo non superiore a trenta giorni.

(1) *Articolo inserito dall'art. 1[2] d.lgs. 2 agosto 2007, n. 146.*

27-*quater*. (1) **Oneri di informazione.** – 1. L'Autorità garante della concorrenza e del mercato e le associazioni o le organizzazioni imprenditoriali e professionali di cui all'articolo 27-*bis*, comunicano periodicamente al Ministero dello sviluppo economico le decisioni adottate ai sensi del presente titolo.

2. Il Ministero dello sviluppo economico provvederà affinché sul proprio sito siano disponibili:

a) le informazioni generali sulle procedure relative ai meccanismi di reclamo e ricorso disponibili in caso di controversie, nonché sui codici di condotta adottati ai sensi dell'articolo 27-*bis*;

b) gli estremi delle autorità, organizzazioni o associazioni presso le quali si possono ottenere ulteriori informazioni o assistenza;

c) gli estremi e la sintesi delle decisioni significative riguardo a controversie, comprese quelle adottate dagli organi di composizione extragiudiziale.

(1) *Articolo inserito dall'art. 1[2] d.lgs. 2 agosto 2007, n. 146.*

TITOLO IV (1)
Particolari modalità della comunicazione pubblicitaria

(1) *Denominazione così sostituita dall'art. 1[4] d.ls. 2 agosto 2007, n. 146.*

CAPO I (1) – *Rafforzamento della tutela del consumatore in materia di televendite*

(1) *Denominazione così sostituita dall'art. 1[4] d.ls. 2 agosto 2007, n. 146.*

28. Ambito di applicazione. – 1. Le disposizioni del presente capo si applicano alle televendite, come definite nel regolamento in materia di pubblicità radiotelevisiva e televendite, adottato dall'Autorità per le garanzie nelle comunicazioni con delibera n. 538/01/CSP del 26 luglio 2001, comprese quelle di astrologia, di cartomanzia ed assimilabili e di servizi relativi a concorsi o giochi comportanti ovvero strutturati in guisa di pronostici. Le medesime disposizioni si applicano altresì agli spot di televendita (1).

(1) *Comma così modificato dall'art. 1[5] d.ls. 2 agosto 2007, n. 146.*

29. Prescrizioni. – 1. Le televendite devono evitare ogni forma di sfruttamento della superstizione, della credulità o della paura, non devono contenere scene di violenza fisica o morale o tali da offendere il gusto e la sensibilità dei consumatori per indecenza, volgarità o ripugnanza.

30. Divieti. – 1. È vietata la televendita che offenda la dignità umana, comporti discriminazioni di razza, sesso o nazionalità, offenda convinzioni religiose e politiche, induca a comportamenti pregiudizievoli per la salute o la sicurezza o la protezione dell'ambiente. È vietata la televendita di sigarette o di altri prodotti a base di tabacco.

2. Le televendite non devono contenere dichiarazioni o rappresentazioni che possono indurre in errore gli utenti o i consumatori, anche per mezzo di omissioni, ambiguità o esagerazioni, in particolare per ciò che riguarda le caratteristiche e gli effetti del servizio, il prezzo, le condizioni di vendita o di pagamento, le modalità della fornitura, gli eventuali premi, l'identità delle persone rappresentate.

31. Tutela dei minori. – 1. La televendita non deve esortare i minorenni a stipulare contratti di compravendita o di locazione di prodotti e di servizi. La televendita non deve arrecare pregiudizio morale o fisico ai minorenni e deve rispettare i seguenti criteri a loro tutela:

a) non esortare i minorenni ad acquistare un prodotto o un servizio, sfruttandone l'inesperienza o la credulità;

b) non esortare i minorenni a persuadere genitori o altri ad acquistare tali prodotti o servizi;

c) non sfruttare la particolare fiducia che i minorenni ripongono nei genitori, negli insegnanti o in altri;

d) non mostrare minorenni in situazioni pericolose.

32. Sanzioni. – 1. Salvo che il fatto costituisca reato, e fatte salve le disposizioni ed il regime sanzionatorio stabiliti per i contratti a distanza, così come disciplinati alla parte III, titolo III, capo I, sezione II (1), dall'articolo 50 all'articolo 61, del codice, nonché le ulteriori disposizioni stabilite in materia di pubblicità, alle televendite sono applicabili altresì le sanzioni di cui all'articolo 2, comma 20, lettera *c*), della legge 14 novembre 1995, n. 481, e di cui all'articolo 1, comma 31, della legge 31 luglio 1997, n. 249.

(1) *V. Avviso di rettifica in G.U. 3 gennaio 2006, n. 2.*

PARTE III
Il rapporto di consumo

TITOLO I
Dei contratti del consumatore in generale

33. Clausole vessatorie nel contratto tra professionista e consumatore. – 1. Nel contratto concluso tra il consumatore ed il professionista si considerano vessatorie le clausole che, malgrado la buona fede, determinano a carico del consumatore un significativo squilibrio dei diritti e degli obblighi derivanti dal contratto.

2. Si presumono vessatorie fino a prova contraria le clausole che hanno per oggetto, o per effetto, di:

a) escludere o limitare la responsabilità del professionista in caso di morte o danno alla persona del consumatore, risultante da un fatto o da un'omissione del professionista (1);

b) escludere o limitare le azioni o i diritti del consumatore nei confronti del professionista o di un'altra parte in caso di inadempimento totale o parziale o di adempimento inesatto da parte del professionista;

c) escludere o limitare l'opponibilità da parte del consumatore della compensazione di un debito nei confronti del professionista con un credito vantato nei confronti di quest'ultimo;

d) prevedere un impegno definitivo del consumatore mentre l'esecuzione della prestazione del professionista è subordinata ad una condizione il cui adempimento dipende unicamente dalla sua volontà;

e) consentire al professionista di trattenere una somma di denaro versata dal consumatore se quest'ultimo non conclude il contratto o recede da esso, senza prevedere il diritto del consumatore di esigere dal professionista il doppio della somma corrisposta se è quest'ultimo a non concludere il contratto oppure a recedere;

f) imporre al consumatore, in caso di inadempimento o di ritardo nell'adempimento, il pagamento di una somma di denaro a titolo di risarcimento, clausola penale o altro titolo equivalente d'importo manifestamente eccessivo;

g) riconoscere al solo professionista e non anche al consumatore la facoltà di recedere dal contratto, nonché consentire al professionista di trattenere anche solo in parte la somma versata dal consumatore a titolo di corrispettivo per prestazioni non ancora adempiute, quando sia il professionista a recedere dal contratto;

h) consentire al professionista di recedere da contratti a tempo indeterminato senza un ragionevole preavviso, tranne nel caso di giusta causa;

i) stabilire un termine eccessivamente anticipato rispetto alla scadenza del contratto per comunicare la disdetta al fine di evitare la tacita proroga o rinnovazione;

l) prevedere l'estensione dell'adesione del consumatore a clausole che non ha avuto la possibilità di conoscere prima della conclusione del contratto;

m) consentire al professionista di modificare unilateralmente le clausole del contratto, ovvero le caratteristiche del prodotto o del servizio da fornire, senza un giustificato motivo indicato nel contratto stesso;

n) stabilire che il prezzo dei beni o dei servizi sia determinato al momento della consegna o della prestazione;

o) consentire al professionista di aumentare il prezzo del bene o del servizio senza che il consumatore possa recedere se il prezzo finale è eccessivamente elevato rispetto a quello originariamente convenuto;

p) riservare al professionista il potere di accertare la conformità del bene venduto o del servizio prestato a quello previsto nel contratto o conferirgli il diritto esclusivo d'interpretare una clausola qualsiasi del contratto;

q) limitare la responsabilità del professionista rispetto alle obbligazioni derivanti dai contratti stipulati in suo nome dai mandatari o subordinare l'adempimento delle suddette obbligazioni al rispetto di particolari formalità;

r) limitare o escludere l'opponibilità dell'eccezione d'inadempimento da parte del consumatore;

s) consentire al professionista di sostituire a sé un terzo nei rapporti derivanti dal contratto, anche nel caso di preventivo consenso del consumatore, qualora risulti diminuita la tutela dei diritti di quest'ultimo;

t) sancire a carico del consumatore decadenze, limitazioni della facoltà di opporre eccezioni, deroghe alla competenza dell'autorità giudiziaria, limitazioni all'adduzione di prove, inversioni o modificazioni dell'onere della prova, restrizioni alla libertà contrattuale nei rapporti con i terzi;

u) stabilire come sede del foro competente sulle controversie località diversa da quella di residenza o domicilio elettivo del consumatore;

v) prevedere l'alienazione di un diritto o l'assunzione di un obbligo come subordinati ad una condizione sospensiva dipendente dalla mera volontà del professionista a fronte di un'obbligazione immediatamente efficace del consumatore. È fatto salvo il disposto dell'articolo 1355 del codice civile.

v-*bis*) imporre al consumatore che voglia accedere ad una procedura di risoluzione extragiudiziale delle controversie prevista dal titolo II-*bis* della parte V, di rivolgersi esclusivamente ad un'unica tipologia di organismi ADR o ad un unico organismo ADR (2);

v-*ter*) rendere eccessivamente difficile per il consumatore l'esperimento della procedura di risoluzione extragiudiziale delle controversie prevista dal titolo II-*bis* della parte V (2).

3. Se il contratto ha ad oggetto la prestazione di servizi finanziari a tempo indeterminato il professionista può, in deroga alle lettere *h*) e *m*) del comma 2:

a) recedere, qualora vi sia un giustificato motivo, senza preavviso, dandone immediata comunicazione al consumatore;

b) modificare, qualora sussista un giustificato motivo, le condizioni del contratto, preavvisando entro un congruo termine il consumatore, che ha diritto di recedere dal contratto.

4. Se il contratto ha ad oggetto la prestazione di servizi finanziari il professionista può modificare, senza preavviso, sempreché vi sia un giustificato motivo in deroga alle lettere *n*) e *o*) del comma 2, il tasso di interesse o l'importo di qualunque altro onere relativo alla

prestazione finanziaria originariamente convenuti, dandone immediata comunicazione al consumatore che ha diritto di recedere dal contratto.

5. Le lettere *h*), *m*), *n*) e *o*) del comma 2 non si applicano ai contratti aventi ad oggetto valori mobiliari, strumenti finanziari ed altri prodotti o servizi il cui prezzo è collegato alle fluttuazioni di un corso e di un indice di borsa o di un tasso di mercato finanziario non controllato dal professionista, nonché la compravendita di valuta estera, di assegni di viaggio o di vaglia postali internazionali emessi in valuta estera.

6. Le lettere *n*) e *o*) del comma 2 non si applicano alle clausole di indicizzazione dei prezzi, ove consentite dalla legge, a condizione che le modalità di variazione siano espressamente descritte.

(1) *Comma così modificato dall'art. 5 d.ls. 23 ottobre 2007, n. 221.*

(2) *Lettera inserita dall'art. 1[9 lett. a)] d.ls. 6 agosto 2015, n. 130. Ai sensi dell'art. 2[1] d.ls. n. 130, cit., la presente disposizione si applica a decorrere dal 9 gennaio 2016.*

34. Accertamento della vessatorietà delle clausole. – 1. La vessatorietà di una clausola è valutata tenendo conto della natura del bene o del servizio oggetto del contratto e facendo riferimento alle circostanze esistenti al momento della sua conclusione ed alle altre clausole del contratto medesimo o di un altro collegato o da cui dipende.

2. La valutazione del carattere vessatorio della clausola non attiene alla determinazione dell'oggetto del contratto, né all'adeguatezza del corrispettivo dei beni e dei servizi, purché tali elementi siano individuati in modo chiaro e comprensibile.

3. Non sono vessatorie le clausole che riproducono disposizioni di legge ovvero che siano riproduttive di disposizioni o attuative di principi contenuti in convenzioni internazionali delle quali siano parti contraenti tutti gli Stati membri dell'Unione europea o l'Unione europea.

4. Non sono vessatorie le clausole o gli elementi di clausola che siano stati oggetto di trattativa individuale.

5. Nel contratto concluso mediante sottoscrizione di moduli o formulari predisposti per disciplinare in maniera uniforme determinati rapporti contrattuali, incombe sul professionista l'onere di provare che le clausole, o gli elementi di clausola, malgrado siano dal medesimo unilateralmente predisposti, siano stati oggetto di specifica trattativa con il consumatore.

35. Forma e interpretazione. – 1. Nel caso di contratti di cui tutte le clausole o talune clausole siano proposte al consumatore per iscritto, tali clausole devono sempre essere redatte in modo chiaro e comprensibile.

2. In caso di dubbio sul senso di una clausola, prevale l'interpretazione più favorevole al consumatore.

3. La disposizione di cui al comma 2 non si applica nei casi di cui all'articolo 37.

36. Nullità di protezione. – 1. Le clausole considerate vessatorie ai sensi degli articoli 33 e 34 sono nulle mentre il contratto rimane valido per il resto.

2. Sono nulle le clausole che, quantunque oggetto di trattativa, abbiano per oggetto o per effetto di:

a) escludere o limitare la responsabilità del professionista in caso di morte o danno alla persona del consumatore, risultante da un fatto o da un'omissione del professionista;

b) escludere o limitare le azioni del consumatore nei confronti del professionista o di un'altra parte in caso di inadempimento totale o parziale o di adempimento inesatto da parte del professionista;

c) prevedere l'adesione del consumatore come estesa a clausole che non ha avuto, di fatto, la possibilità di conoscere prima della conclusione del contratto.

3. La nullità opera soltanto a vantaggio del consumatore e può essere rilevata d'ufficio dal giudice.

4. Il venditore ha diritto di regresso nei confronti del fornitore per i danni che ha subito in conseguenza della declaratoria di nullità delle clausole dichiarate abusive.

5. È nulla ogni clausola contrattuale che, prevedendo l'applicabilità al contratto di una legislazione di un Paese extracomunitario, abbia l'effetto di privare il consumatore della protezione assicurata dal presente titolo (1), laddove il contratto presenti un collegamento più stretto con il territorio di uno Stato membro dell'Unione europea.

(1) *V. Avviso di rettifica in G.U. 3 gennaio 2006, n. 2.*

37. Azione inibitoria. – 1. Le associazioni rappresentative dei consumatori, di cui all'articolo 137, le associazioni rappresentative dei professionisti, possono convenire in giudizio il professionista o l'associazione di professionisti che utilizzano, o che raccomandano l'utilizzo di condizioni generali di contratto e richiedere al giudice competente che inibisca l'uso delle condizioni di cui sia accertata l'abusività ai sensi del presente titolo (1) (2).

2. L'inibitoria può essere concessa, quando ricorrono giusti motivi

di urgenza, ai sensi degli articoli 669-*bis* e seguenti del codice di procedura civile.

3. Il giudice può ordinare che il provvedimento sia pubblicato in uno o più giornali, di cui uno almeno a diffusione nazionale.

4. Per quanto non previsto dal presente articolo, alle azioni inibitorie esercitate dalle associazioni dei consumatori di cui al comma 1, si applicano le disposizioni dell'articolo 140.

(1) *Comma così modificato dall'art. 5[4 lett. a)] d.ls. 25 novembre 2016, n. 219.*
(2) *V. Avviso di rettifica in G.U. 3 gennaio 2006, n. 2.*

37-*bis*. (1) **Tutela amministrativa contro le clausole vessatorie.** – 1. L'Autorità garante della concorrenza e del mercato è designata, ai sensi dell'articolo 5, paragrafo 1, del regolamento (UE) 2017/2394, quale autorità competente responsabile dell'applicazione della direttiva 93/13/CEE del Consiglio, del 5 aprile 1993, concernente le clausole abusive nei contratti stipulati con i consumatori. In materia di accertamento e di sanzione delle violazioni della citata direttiva 93/13/CEE, si applica l'articolo 27 del presente codice. L'Autorità (2), sentite le associazioni di categoria rappresentative a livello nazionale d'ufficio o su denuncia, ai soli fini di cui ai commi successivi, dichiara la vessatorietà delle clausole inserite nei contratti tra professionisti e consumatori che si concludono mediante adesione a condizioni generali di contratto o con la sottoscrizione di moduli, modelli o formulari. Si applicano le disposizioni previste dall'articolo 14, commi 2, 3 e 4, della legge 10 ottobre 1990, n. 287, secondo le modalità previste dal regolamento di cui al comma 5. In caso di inottemperanza, a quanto disposto dall'Autorità ai sensi dell'articolo 14, comma 2, della legge 10 ottobre 1990, n. 287, l'Autorità applica una sanzione amministrativa pecuniaria da 2.000 euro a 20.000 euro. Qualora le informazioni o la documentazione fornite non siano veritiere, l'Autorità applica una sanzione amministrativa pecuniaria da 4.000 euro a 40.000 euro (3).

2. Il provvedimento che accerta la vessatorietà della clausola è diffuso anche per estratto mediante pubblicazione su apposita sezione del sito internet istituzionale dell'Autorità, sul sito dell'operatore che adotta la clausola ritenuta vessatoria e mediante ogni altro mezzo ritenuto opportuno in relazione all'esigenza di informare compiutamente i consumatori a cura e spese dell'operatore. In caso di inottemperanza alle disposizioni di cui al presente comma, l'Autorità applica una sanzione amministrativa pecuniaria da 5.000 euro a 50.000 euro.

3. Le imprese interessate hanno facoltà di interpellare preventiva-

mente l'Autorità in merito alla vessatorietà delle clausole che intendono utilizzare nei rapporti commerciali con i consumatori secondo le modalità previste dal regolamento di cui al comma 5. L'Autorità si pronuncia sull'interpello entro il termine di centoventi giorni dalla richiesta, salvo che le informazioni fornite risultino gravemente inesatte, incomplete o non veritiere. Le clausole non ritenute vessatorie a seguito di interpello non possono essere successivamente valutate dall'Autorità per gli effetti di cui al comma 2. Resta in ogni caso ferma la responsabilità dei professionisti nei confronti dei consumatori.

4. In materia di tutela giurisdizionale, contro gli atti dell'Autorità, adottati in applicazione del presente articolo, è competente il giudice amministrativo. È fatta salva la giurisdizione del giudice ordinario sulla validità delle clausole vessatorie e sul risarcimento del danno.

5. L'Autorità, con proprio regolamento, disciplina la procedura istruttoria in modo da garantire il contraddittorio e l'accesso agli atti, nel rispetto dei legittimi motivi di riservatezza. Con lo stesso regolamento l'Autorità disciplina le modalità di consultazione con le associazioni di categoria rappresentative a livello nazionale [e con le camere di commercio interessate o loro unioni] (4) attraverso l'apposita sezione del sito internet di cui al comma 2 nonché la procedura di interpello. Nell'esercizio delle competenze di cui al presente articolo, l'Autorità può sentire le autorità di regolazione o vigilanza dei settori in cui i professionisti interessati operano, [nonché le camere di commercio interessate o le loro unioni] (4).

6. Le attività di cui al presente articolo sono svolte con le risorse umane, strumentali e finanziarie già disponibili a legislazione vigente.

(1) *Articolo inserito dall'art. 5[1] d.l. 24 gennaio 2012, n. 1, conv., con modif., in l. 24 marzo 2012, n. 27.*

(2) *Le parole da* « è designata, » *a* « L'Autorità » *sono state inserite dall'art. 37[1 lett. b)] l. 23 dicembre 2021, n. 238.*

(3) *Comma così modificato dall'art. 5[4 lett. b)] d.ls. 25 novembre 2016, n. 219.*

(4) *V. art. 5[4 lett. c) e d)] d.ls. n. 219, cit., ai sensi del quale:* « c) *all'articolo 37-*bis*, comma 5, primo periodo sono soppresse le seguenti parole: "e le camere di commercio interessate o loro unioni";* d) *all'articolo 37-*bis*, comma 5, secondo periodo sono soppresse le seguenti parole: "nonché le camere di commercio interessate o loro unioni"* ».

38. Rinvio. – 1. Per quanto non previsto dal presente codice, ai contratti conclusi tra il consumatore ed il professionista si applicano le disposizioni del codice civile (1).

(1) *Comma così modificato dall'art. 6 d.ls. 23 ottobre 2007, n. 221.*

LEGGI COMPLEMENTARI

TITOLO II
Esercizio dell'attività commerciale

CAPO I – *Disposizioni generali*

39. Regole nelle attività commerciali. – 1. Le attività commerciali sono improntate al rispetto dei principi di buona fede, di correttezza e di lealtà, valutati anche alla stregua delle esigenze di protezione delle categorie di consumatori.

CAPO II – *Promozione delle vendite*

SEZIONE I – *Credito al consumo*

40-42. (1).

(1) *Articoli abrogati dall'art. 3[1] lett. a) d.lgs. 13 agosto 2010, n. 141. V. ora la disciplina di cui al Capo II, rubricato « Credito ai consumatori » (artt. 121-126), del Titolo VI del d.lgs. 1° settembre 1993, n. 385, come modificato dal d.lgs. n. 141, cit. V. inoltre, in attuazione del suddetto Capo II del d.lgs. n. 385, cit., il d.m. 3 febbraio 2011 (G.U. 5 febbraio 2011, n. 29).*

43. Rinvio al testo unico bancario. – 1. Per la disciplina del credito al consumo si fa rinvio ai capi II e III del titolo VI del citato decreto legislativo n. 385 del 1993, e successive modificazioni, nonché agli articoli 144 e 145 del medesimo testo unico per l'applicazione delle relative sanzioni (1).

(1) *Comma così modificato dall'art. 3[1] lett. a) d.lgs. 13 agosto 2010, n. 141.*

TITOLO III
Modalità contrattuali

44. Contratti negoziati nei locali commerciali. Rinvio. – 1. Ove non diversamente disciplinato dal presente codice, per la disciplina del settore del commercio si fa rinvio al decreto legislativo 31 marzo 1998, n. 114, recante riforma della disciplina relativa al settore del commercio, a norma dell'articolo 4, comma 4, della legge 15 marzo 1997, n. 59.

CAPO I – *Dei diritti dei consumatori nei contratti* (1)

(1) *Il Capo I del titolo III della parte III del presente decreto legislativo, limitatamente agli artt. da 45 a 67, è stato così sostituito dall'art. 1[1] d.lgs. 21 febbraio 2014, n. 21. Ai sensi dell'art. 2[1] d.lgs. n. 21, cit., tale modifica entra in vigore dal 13 giugno 2014 e si applica ai contratti conclusi dopo tale data.*

45. (1) **Definizioni.** – 1. Ai fini delle Sezioni da I a IV del presente capo, si intende per:

a) "consumatore": la persona fisica, di cui all'articolo 3, comma 1, lettera *a*);

b) "professionista": il soggetto, di cui all'articolo 3, comma 1, lettera *c*);

c) "bene": qualsiasi bene mobile materiale ad esclusione dei beni oggetto di vendita forzata o comunque venduti secondo altre modalità dalle autorità giudiziarie; rientrano fra i beni oggetto della presente direttiva l'acqua, il gas e l'elettricità, quando sono messi in vendita in un volume delimitato o in quantità determinata;

d) "beni prodotti secondo le indicazioni del consumatore": qualsiasi bene non prefabbricato prodotto in base a una scelta o decisione individuale del consumatore;

e) "contratto di vendita": qualsiasi contratto in base al quale il professionista trasferisce o si impegna a trasferire la proprietà di beni al consumatore e il consumatore ne paga o si impegna a pagarne il prezzo, inclusi i contratti che hanno come oggetto sia beni che servizi;

f) "contratto di servizi": qualsiasi contratto diverso da un contratto di vendita in base al quale il professionista fornisce o si impegna a fornire un servizio al consumatore e il consumatore paga o si impegna a pagarne il prezzo;

g) "contratto a distanza": qualsiasi contratto concluso tra il professionista e il consumatore nel quadro di un regime organizzato di vendita o di prestazione di servizi a distanza senza la presenza fisica e simultanea del professionista e del consumatore, mediante l'uso esclusivo di uno o più mezzi di comunicazione a distanza fino alla conclusione del contratto, compresa la conclusione del contratto stesso;

h) "contratto negoziato fuori dei locali commerciali": qualsiasi contratto tra il professionista e il consumatore:

1) concluso alla presenza fisica e simultanea del professionista e del consumatore, in un luogo diverso dai locali del professionista;

2) per cui è stata fatta un'offerta da parte del consumatore, nelle stesse circostanze di cui al numero 1;

3) concluso nei locali del professionista o mediante qualsiasi mezzo di comunicazione a distanza immediatamente dopo che il consumatore è stato avvicinato personalmente e singolarmente in un luogo diverso dai locali del professionista, alla presenza fisica e simultanea del professionista e del consumatore; oppure;

4) concluso durante un viaggio promozionale organizzato dal professionista e avente lo scopo o l'effetto di promuovere e vendere beni o servizi al consumatore;

i) "locali commerciali":

1) qualsiasi locale immobile adibito alla vendita al dettaglio in cui il professionista esercita la sua attività su base permanente; oppure;

2) qualsiasi locale mobile adibito alla vendita al dettaglio in cui il professionista esercita la propria attività a carattere abituale;

l) "supporto durevole": ogni strumento che permetta al consumatore o al professionista di conservare le informazioni che gli sono personalmente indirizzate in modo da potervi accedere in futuro per un periodo di tempo adeguato alle finalità cui esse sono destinate e che permetta la riproduzione identica delle informazioni memorizzate;

m) "contenuto digitale": i dati prodotti e forniti in formato digitale;

n) "servizio finanziario": qualsiasi servizio di natura bancaria, creditizia, assicurativa, servizi pensionistici individuali, di investimento o di pagamento;

o) "asta pubblica": metodo di vendita in cui beni o servizi sono offerti dal professionista ai consumatori che partecipano o cui è data la possibilità di partecipare all'asta di persona, mediante una trasparente procedura competitiva di offerte gestita da una casa d'aste e in cui l'aggiudicatario è vincolato all'acquisto dei beni o servizi;

p) "garanzia": qualsiasi impegno di un professionista o di un produttore (il "garante", assunto nei confronti del consumatore, in aggiunta agli obblighi di legge in merito alla garanzia di conformità, di rimborsare il prezzo pagato, sostituire, riparare, o intervenire altrimenti sul bene, qualora esso non corrisponda alle caratteristiche, o a qualsiasi altro requisito non relativo alla conformità, enunciati nella dichiarazione di garanzia o nella relativa pubblicità disponibile al momento o prima della conclusione del contratto;

q) "contratto accessorio": un contratto mediante il quale il consumatore acquista beni o servizi connessi a un contratto a distanza o negoziato fuori dei locali commerciali e in cui tali beni o servizi sono forniti dal professionista o da un terzo in base ad un accordo tra il terzo e il professionista.

(1) *V. nota 1* sub *Capo I*.

46. (1) **Ambito di applicazione.** – 1. Le disposizioni delle Sezioni da I a IV del presente Capo si applicano, a qualsiasi contratto concluso tra un professionista e un consumatore, inclusi i contratti per la fornitura di acqua, gas, elettricità o teleriscaldamento, anche da parte di prestatori pubblici, nella misura in cui detti prodotti di base sono forniti su base contrattuale.

2. In caso di conflitto tra le disposizioni delle Sezioni da I a IV del presente Capo e una disposizione di un atto dell'Unione europea che disciplina settori specifici, quest'ultima e le relative norme nazionali di recepimento prevalgono e si applicano a tali settori specifici.

3. Le disposizioni delle Sezioni da I a IV del presente Capo non impediscono ai professionisti di offrire ai consumatori condizioni contrattuali più favorevoli rispetto alla tutela prevista da tali disposizioni.

(1) *V. nota 1* sub *Capo I.*

47. (1) **Esclusioni.** – 1. Le disposizioni delle Sezioni da I a IV del presente Capo non si applicano ai contratti:

a) per i servizi sociali, compresi gli alloggi popolari, l'assistenza all'infanzia e il sostegno alle famiglie e alle persone temporaneamente o permanentemente in stato di bisogno, ivi compresa l'assistenza a lungo termine;

b) di assistenza sanitaria, per i servizi prestati da professionisti sanitari a pazienti, al fine di valutare, mantenere o ristabilire il loro stato di salute, ivi compresa la prescrizione, la somministrazione e la fornitura di medicinali e dispositivi medici, sia essa fornita o meno attraverso le strutture di assistenza sanitaria;

c) di attività di azzardo che implicano una posta di valore pecuniario in giochi di fortuna, comprese le lotterie, i giochi d'azzardo nei casinò e le scommesse;

d) di servizi finanziari;

e) aventi ad oggetto la creazione di beni immobili o la costituzione o il trasferimento di diritti su beni immobili;

f) per la costruzione di nuovi edifici, la trasformazione sostanziale di edifici esistenti e per la locazione di alloggi a scopo residenziale;

g) che rientrano nell'ambito di applicazione della disciplina concernente i contratti del turismo organizzato, di cui al Capo I del Titolo VI dell'Allegato 1 al decreto legislativo 23 maggio 2011, n. 79; (2).

h) che rientrano nell'ambito di applicazione della disciplina concernente la tutela dei consumatori per quanto riguarda taluni aspetti dei contratti di multiproprietà, dei contratti relativi ai prodotti per le vacanze di lungo termine e dei contratti di rivendita e di scambio, di cui agli articoli da 69 a 81-*bis* del presente Codice;

i) stipulati con l'intervento di un pubblico ufficiale, tenuto per

LEGGI COMPLEMENTARI

legge all'indipendenza e all'imparzialità, il quale deve garantire, fornendo un'informazione giuridica completa, che il consumatore concluda il contratto soltanto sulla base di una decisione giuridica ponderata e con conoscenza della sua rilevanza giuridica;

l) di fornitura di alimenti, bevande o altri beni destinati al consumo corrente nella famiglia e fisicamente forniti da un professionista in giri frequenti e regolari al domicilio, alla residenza o al posto di lavoro del consumatore;

m) di servizi di trasporto passeggeri, fatti salvi l'articolo 51, comma 2, e gli articoli 62 e 65;

n) conclusi tramite distributori automatici o locali commerciali automatizzati;

o) conclusi con operatori delle telecomunicazioni impiegando telefoni pubblici a pagamento per il loro utilizzo o conclusi per l'utilizzo di un solo collegamento tramite telefono, Internet o fax, stabilito dal consumatore.

2. Le disposizioni delle Sezioni da I a IV del presente Capo non si applicano ai contratti negoziati fuori dei locali commerciali in base ai quali il corrispettivo che il consumatore deve pagare non è superiore a 50 euro. Tuttavia, si applicano le disposizioni del presente Capo nel caso di più contratti stipulati contestualmente tra le medesime parti, qualora l'entità del corrispettivo globale che il consumatore deve pagare, indipendentemente dall'importo dei singoli contratti, superi l'importo di 50 euro.

(1) *V. nota 1 sub Capo I.*

(2) *Lettera così sostituita dall'art. 2[1] d.ls. 21 maggio 2018, n. 62. Ai sensi dell'art. 3[1] d.ls. n. 62, cit., tale disposizione entra in vigore il 1° luglio 2018 e si applica ai contratti conclusi a decorrere da tale data. Il testo della lettera era il seguente: « g)* che rientrano nell'ambito di applicazione della disciplina concernente i viaggi, le vacanze ed i circuiti "tutto compreso", di cui agli articoli da 32 a 51 del decreto legislativo 23 maggio 2011, n. 79; ».

SEZIONE I – *Informazioni precontrattuali per i consumatori nei contratti diversi dai contratti a distanza o negoziati fuori dei locali commerciali*

48. (1) **Obblighi d'informazione nei contratti diversi dai contratti a distanza o negoziati fuori dei locali commerciali.** – 1. Prima che il consumatore sia vincolato da un contratto diverso da un contratto a distanza o negoziato fuori dei locali commerciali o da una corrispondente offerta, il professionista fornisce al consumatore le seguenti informazioni in modo chiaro e comprensibile, qualora esse non siano già apparenti dal contesto:

a) le caratteristiche principali dei beni o servizi, nella misura adeguata al supporto e ai beni o servizi;

b) l'identità del professionista, l'indirizzo geografico in cui è stabilito e il numero di telefono e, ove questa informazione sia pertinente, l'indirizzo geografico e l'identità del professionista per conto del quale egli agisce;

c) il prezzo totale dei beni o servizi comprensivo delle imposte o, se la natura dei beni o dei servizi comporta l'impossibilità di calcolare ragionevolmente il prezzo in anticipo, le modalità di calcolo del prezzo e, se applicabili, tutte le spese aggiuntive di spedizione, consegna o postali oppure, qualora tali spese non possano ragionevolmente essere calcolate in anticipo, l'indicazione che tali spese potranno essere addebitate al consumatore;

d) se applicabili, le modalità di pagamento, consegna ed esecuzione, la data entro la quale il professionista si impegna a consegnare i beni o a prestare il servizio e il trattamento dei reclami da parte del professionista;

e) oltre a un richiamo dell'esistenza della garanzia legale di conformità per i beni, l'esistenza e le condizioni del servizio postvendita e delle garanzie commerciali, se applicabili;

f) la durata del contratto, se applicabile, o, se il contratto è a tempo indeterminato o è un contratto a rinnovo automatico, le condizioni di risoluzione del contratto;

g) se applicabile, la funzionalità del contenuto digitale, comprese le misure applicabili di protezione tecnica;

h) qualsiasi interoperabilità pertinente del contenuto digitale con l'hardware e il software, di cui il professionista sia a conoscenza o di cui ci si può ragionevolmente attendere che sia venuto a conoscenza, se applicabili.

2. Gli obblighi di informazione precontrattuali, di cui al comma 1, si applicano anche ai contratti per la fornitura di acqua, gas o elettricità, quando non sono messi in vendita in un volume limitato o in quantità determinata, di teleriscaldamento o di contenuto digitale non fornito su un supporto materiale.

3. Gli obblighi di informazione precontrattuali, di cui al comma 1, non si applicano ai contratti che implicano transazioni quotidiane e che sono eseguiti immediatamente al momento della loro conclusione.

4. È fatta salva la possibilità di prevedere o mantenere obblighi aggiuntivi di informazione precontrattuale per i contratti ai quali si applica il presente articolo.

5. Sono fatte salve le disposizioni di cui agli articoli da 6 a 12 del presente Codice.

(1) *V. nota 1* sub *Capo I.*

SEZIONE II – *Informazioni precontrattuali per il consumatore e diritto di recesso nei contratti a distanza e nei contratti negoziati fuori dei locali commerciali*

49. (1) **Obblighi di informazione nei contratti a distanza e nei contratti negoziati fuori dei locali commerciali.** – 1. Prima che il consumatore sia vincolato da un contratto a distanza o negoziato fuori dei locali commerciali o da una corrispondente offerta, il professionista fornisce al consumatore le informazioni seguenti, in maniera chiara e comprensibile:

a) le caratteristiche principali dei beni o servizi, nella misura adeguata al supporto e ai beni o servizi;

b) l'identità del professionista;

c) l'indirizzo geografico dove il professionista è stabilito e il suo numero di telefono, di fax e l'indirizzo elettronico, ove disponibili, per consentire al consumatore di contattare rapidamente il professionista e comunicare efficacemente con lui e, se applicabili, l'indirizzo geografico e l'identità del professionista per conto del quale agisce;

d) se diverso dall'indirizzo fornito in conformità della lettera *c*), l'indirizzo geografico della sede del professionista a cui il consumatore può indirizzare eventuali reclami e, se applicabile, quello del professionista per conto del quale agisce;

e) il prezzo totale dei beni o dei servizi comprensivo delle imposte o, se la natura dei beni o servizi comporta l'impossibilità di calcolare ragionevolmente il prezzo in anticipo, le modalità di calcolo del prezzo e, se del caso, tutte le spese aggiuntive di spedizione, consegna o postali e ogni altro costo oppure, qualora tali spese non possano ragionevolmente essere calcolate in anticipo, l'indicazione che tali spese potranno essere addebitate al consumatore; nel caso di un contratto a tempo indeterminato o di un contratto comprendente un abbonamento, il prezzo totale include i costi totali per periodo di fatturazione; quando tali contratti prevedono l'addebitamento di una tariffa fissa, il prezzo totale equivale anche ai costi mensili totali; se i costi totali non possono essere ragionevolmente calcolati in anticipo, devono essere fornite le modalità di calcolo del prezzo;

f) il costo dell'utilizzo del mezzo di comunicazione a distanza per la conclusione del contratto quando tale costo è calcolato su una base diversa dalla tariffa di base;

g) le modalità di pagamento, consegna ed esecuzione, la data entro la quale il professionista si impegna a consegnare i beni o a prestare i servizi e, se del caso, il trattamento dei reclami da parte del professionista;

h) in caso di sussistenza di un diritto di recesso, le condizioni, i termini e le procedure per esercitare tale diritto conformemente all'articolo 54, comma 1, nonché il modulo tipo di recesso di cui all'allegato I, parte B;

i) se applicabile, l'informazione che il consumatore dovrà sostenere il costo della restituzione dei beni in caso di recesso e in caso di contratti a distanza qualora i beni per loro natura non possano essere normalmente restituiti a mezzo posta;

l) che, se il consumatore esercita il diritto di recesso dopo aver presentato una richiesta ai sensi dell'articolo 50, comma 3, o dell'articolo 51, comma 8, egli è responsabile del pagamento al professionista di costi ragionevoli, ai sensi dell'articolo 57, comma 3;

m) se non è previsto un diritto di recesso ai sensi dell'articolo 59, l'informazione che il consumatore non beneficerà di un diritto di recesso o, se del caso, le circostanze in cui il consumatore perde il diritto di recesso;

n) un promemoria dell'esistenza della garanzia legale di conformità per i beni;

o) se applicabili, l'esistenza e le condizioni dell'assistenza postvendita al consumatore, dei servizi postvendita e delle garanzie commerciali;

p) l'esistenza di codici di condotta pertinenti, come definiti all'articolo 18, comma 1, lettera *f*), del presente Codice, e come possa esserne ottenuta copia, se del caso;

q) la durata del contratto, se applicabile, o, se il contratto è a tempo indeterminato o è un contratto a rinnovo automatico, le condizioni per recedere dal contratto;

r) se applicabile, la durata minima degli obblighi del consumatore a norma del contratto;

s) se applicabili, l'esistenza e le condizioni di depositi o altre garanzie finanziarie che il consumatore è tenuto a pagare o fornire su richiesta del professionista;

t) se applicabile, la funzionalità del contenuto digitale, comprese le misure applicabili di protezione tecnica;

u) qualsiasi interoperabilità pertinente del contenuto digitale con l'hardware e il software, di cui il professionista sia a conoscenza o di cui ci si può ragionevolmente attendere che sia venuto a conoscenza, se applicabile;

v) se applicabile, la possibilità di servirsi di un meccanismo extragiudiziale di reclamo e ricorso cui il professionista è soggetto e le condizioni per avervi accesso.

2. Gli obblighi di informazione precontrattuali, di cui al comma 1, si applicano anche ai contratti per la fornitura di acqua, gas o elettricità, quando non sono messi in vendita in un volume limitato o in quantità determinata, di teleriscaldamento o di contenuto digitale non fornito su un supporto materiale.

3. Nel caso di un'asta pubblica, le informazioni di cui al comma 1, lettere *b*), *c*) e *d*), possono essere sostituite dai corrispondenti dati della casa d'aste.

4. Le informazioni di cui al comma 1, lettere *h*), *i*) e *l*), possono essere fornite mediante le istruzioni tipo sul recesso di cui all'allegato I, parte A. Il professionista ha adempiuto agli obblighi di informazione di cui al comma 1, lettere *h*), *i*) e *l*), se ha presentato dette istruzioni al consumatore, debitamente compilate.

5. Le informazioni di cui al comma 1 formano parte integrante del contratto a distanza o del contratto negoziato fuori dei locali commerciali e non possono essere modificate se non con accordo espresso delle parti.

6. Se il professionista non adempie agli obblighi di informazione sulle spese aggiuntive o gli altri costi di cui al comma 1, lettera *e*), o sui costi della restituzione dei beni di cui al comma 1, lettera *i*), il consumatore non deve sostenere tali spese o costi aggiuntivi.

7. Nel caso di utilizzazione di tecniche che consentono una comunicazione individuale, le informazioni di cui al comma 1 sono fornite, ove il consumatore lo richieda, in lingua italiana.

8. Gli obblighi di informazione stabiliti nella presente sezione si aggiungono agli obblighi di informazione contenuti nel decreto legislativo 26 marzo 2010, n. 59, e successive modificazioni, e nel decreto legislativo 9 aprile 2003, n. 70, e successive modificazioni, e non ostano ad obblighi di informazione aggiuntivi previsti in conformità a tali disposizioni.

9. Fatto salvo quanto previsto dal comma 8, in caso di conflitto tra una disposizione del decreto legislativo 26 marzo 2010, n. 59, e successive modificazioni, e del decreto legislativo 9 aprile 2003, n. 70, e successive modificazioni, sul contenuto e le modalità di rilascio delle

informazioni e una disposizione della presente sezione, prevale quest'ultima.

10. L'onere della prova relativo all'adempimento degli obblighi di informazione di cui alla presente sezione incombe sul professionista.

(1) *V. nota 1* sub *Capo I.*

50. (1) **Requisiti formali per i contratti negoziati fuori dei locali commerciali.** – 1. Per quanto riguarda i contratti negoziati fuori dei locali commerciali il professionista fornisce al consumatore le informazioni di cui all'articolo 49, comma 1, su supporto cartaceo o, se il consumatore è d'accordo, su un altro mezzo durevole. Dette informazioni devono essere leggibili e presentate in un linguaggio semplice e comprensibile.

2. Il professionista fornisce al consumatore una copia del contratto firmato o la conferma del contratto su supporto cartaceo o, se il consumatore è d'accordo, su un altro mezzo durevole, compresa, se del caso, la conferma del previo consenso espresso e dell'accettazione del consumatore in conformità all'articolo 59, comma 1, lettera *o*).

3. Se un consumatore vuole che la prestazione dei servizi ovvero la fornitura di acqua, gas o elettricità, quando non sono messi in vendita in un volume limitato o in quantità determinata, o di teleriscaldamento inizi durante il periodo di recesso previsto all'articolo 52, comma 2, il professionista esige che il consumatore ne faccia esplicita richiesta su un supporto durevole.

4. Per i contratti negoziati fuori dei locali commerciali in cui il consumatore ha chiesto espressamente i servizi del professionista ai fini dell'effettuazione di lavori di riparazione o manutenzione e in virtù dei quali il professionista e il consumatore adempiono immediatamente ai propri obblighi contrattuali e l'importo a carico del consumatore non supera i 200 euro:

a) il professionista fornisce al consumatore, prima che questi sia vincolato dal contratto, le informazioni di cui all'articolo 49, comma 1, lettere *b*) e *c*), e le informazioni concernenti il prezzo o le modalità di calcolo del prezzo, accompagnate da una stima del prezzo totale, su supporto cartaceo o, se il consumatore è d'accordo, su un altro mezzo durevole. Il professionista fornisce le informazioni di cui all'articolo 49, comma 1, lettere *a*), *h*) ed *m*), ma può scegliere di non fornirle su formato cartaceo o su un altro mezzo durevole se il consumatore ha espressamente acconsentito;

b) la conferma del contratto fornita conformemente al comma 2

LEGGI COMPLEMENTARI

del presente articolo contiene tutte le informazioni di cui all'articolo 49, comma 1.

(1) *V. nota 1* sub *Capo I.*

51. (1) **Requisiti formali per i contratti a distanza.** – 1. Per quanto riguarda i contratti a distanza il professionista fornisce o mette a disposizione del consumatore le informazioni di cui all'articolo 49, comma 1, in modo appropriato al mezzo di comunicazione a distanza impiegato in un linguaggio semplice e comprensibile. Nella misura in cui dette informazioni sono presentate su un supporto durevole, esse devono essere leggibili.

2. Se un contratto a distanza che deve essere concluso con mezzi elettronici impone al consumatore l'obbligo di pagare, il professionista gli comunica in modo chiaro ed evidente le informazioni di cui all'articolo 49, comma 1, lettere *a*), *e*), *q*) ed *r*), direttamente prima che il consumatore inoltri l'ordine. Il professionista garantisce che, al momento di inoltrare l'ordine, il consumatore riconosca espressamente che l'ordine implica l'obbligo di pagare. Se l'inoltro dell'ordine implica di azionare un pulsante o una funzione analoga, il pulsante o la funzione analoga riportano in modo facilmente leggibile soltanto le parole "ordine con obbligo di pagare" o una formulazione corrispondente inequivocabile indicante che l'inoltro dell'ordine implica l'obbligo di pagare il professionista. Se il professionista non osserva il presente comma, il consumatore non è vincolato dal contratto o dall'ordine.

3. I siti di commercio elettronico indicano in modo chiaro e leggibile, al più tardi all'inizio del processo di ordinazione, se si applicano restrizioni relative alla consegna e quali mezzi di pagamento sono accettati.

4. Se il contratto è concluso mediante un mezzo di comunicazione a distanza che consente uno spazio o un tempo limitato per visualizzare le informazioni, il professionista fornisce, su quel mezzo in particolare e prima della conclusione del contratto, almeno le informazioni precontrattuali riguardanti le caratteristiche principali dei beni o servizi, l'identità del professionista, il prezzo totale, il diritto di recesso, la durata del contratto e, nel caso di contratti a tempo indeterminato, le condizioni di risoluzione del contratto, conformemente all'articolo 49, comma 1, lettere *a*), *b*), *e*), *h*) e *q*). Le altre informazioni di cui all'articolo 49, comma 1, sono fornite dal professionista in un modo appropriato conformemente al comma 1 del presente articolo.

5. Fatto salvo il comma 4, se il professionista telefona al consuma-

tore al fine di concludere un contratto a distanza, all'inizio della conversazione con il consumatore egli deve rivelare la sua identità e, ove applicabile, l'identità della persona per conto della quale effettua la telefonata, nonché lo scopo commerciale della chiamata e l'informativa di cui all'articolo 10 del decreto del Presidente della Repubblica 7 settembre 2010, n. 178.

6. Quando un contratto a distanza deve essere concluso per telefono, il professionista deve confermare l'offerta al consumatore, il quale è vincolato solo dopo aver firmato l'offerta o dopo averla accettata per iscritto; in tali casi il documento informatico può essere sottoscritto con firma elettronica ai sensi dell'articolo 21 del decreto legislativo 7 marzo 2005, n. 82, e successive modificazioni. Dette conferme possono essere effettuate, se il consumatore acconsente, anche su un supporto durevole.

7. Il professionista fornisce al consumatore la conferma del contratto concluso su un mezzo durevole, entro un termine ragionevole dopo la conclusione del contratto a distanza e al più tardi al momento della consegna dei beni oppure prima che l'esecuzione del servizio abbia inizio. Tale conferma comprende:

a) tutte le informazioni di cui all'articolo 49, comma 1, a meno che il professionista non abbia già fornito l'informazione al consumatore su un mezzo durevole prima della conclusione del contratto a distanza; e

b) se del caso, la conferma del previo consenso espresso e dell'accettazione del consumatore conformemente all'articolo 59, lettera *o*).

8. Se un consumatore vuole che la prestazione di servizi ovvero la fornitura di acqua, gas o elettricità, quando non sono messi in vendita in un volume limitato o in quantità determinata, o di teleriscaldamento inizi durante il periodo di recesso previsto all'articolo 52, comma 2, il professionista esige che il consumatore ne faccia richiesta esplicita.

9. Il presente articolo lascia impregiudicate le disposizioni relative alla conclusione di contratti elettronici e all'inoltro di ordini per via elettronica conformemente agli articoli 12, commi 2 e 3, e 13 del decreto legislativo 9 aprile 2003, n. 70, e successive modificazioni.

(1) *V. nota 1* sub *Capo I.*

52. (1) **Diritto di recesso.** – 1. Fatte salve le eccezioni di cui all'articolo 59, il consumatore dispone di un periodo di quattordici giorni per recedere da un contratto a distanza o negoziato fuori dei locali commerciali senza dover fornire alcuna motivazione e senza dover

LEGGI COMPLEMENTARI

sostenere costi diversi da quelli previsti all'articolo 56, comma 2, e all'articolo 57.

2. Fatto salvo l'articolo 53, il periodo di recesso di cui al comma 1 termina dopo quattordici giorni a partire:

a) nel caso dei contratti di servizi, dal giorno della conclusione del contratto;

b) nel caso di contratti di vendita, dal giorno in cui il consumatore o un terzo, diverso dal vettore e designato dal consumatore, acquisisce il possesso fisico dei beni o:

1) nel caso di beni multipli ordinati dal consumatore mediante un solo ordine e consegnati separatamente, dal giorno in cui il consumatore o un terzo, diverso dal vettore e designato dal consumatore, acquisisce il possesso fisico dell'ultimo bene;

2) nel caso di consegna di un bene costituito da lotti o pezzi multipli, dal giorno in cui il consumatore o un terzo, diverso dal vettore e designato dal consumatore, acquisisce il possesso fisico dell'ultimo lotto o pezzo;

3) nel caso di contratti per la consegna periodica di beni durante un determinato periodo di tempo, dal giorno in cui il consumatore o un terzo, diverso dal vettore e designato dal consumatore, acquisisce il possesso fisico del primo bene;

c) nel caso di contratti per la fornitura di acqua, gas o elettricità, quando non sono messi in vendita in un volume limitato o in quantità determinata, di teleriscaldamento o di contenuto digitale non fornito su un supporto materiale, dal giorno della conclusione del contratto.

3. Le parti del contratto possono adempiere ai loro obblighi contrattuali durante il periodo di recesso. Tuttavia, nel caso di contratti negoziati fuori dei locali commerciali, il professionista non può accettare, a titolo di corrispettivo, effetti cambiari che abbiano una scadenza inferiore a quindici giorni dalla conclusione del contratto per i contratti di servizi o dall'acquisizione del possesso fisico dei beni per i contratti di vendita e non può presentarli allo sconto prima di tale termine.

(1) *V. nota 1* sub *Capo I.*

53. (1) **Non adempimento dell'obbligo d'informazione sul diritto di recesso.** – 1. Se in violazione dell'articolo 49, comma 1, lettera *h*), il professionista non fornisce al consumatore le informazioni sul diritto di recesso, il periodo di recesso termina dodici mesi dopo la fine del periodo di recesso iniziale, come determinato a norma dell'articolo 52, comma 2.

2. Se il professionista fornisce al consumatore le informazioni di cui al comma 1 entro dodici mesi dalla data di cui all'articolo 52, comma 2, il periodo di recesso termina quattordici giorni dopo il giorno in cui il consumatore riceve le informazioni.

(1) *V. nota 1* sub *Capo I.*

54. (1) **Esercizio del diritto di recesso.** – 1. Prima della scadenza del periodo di recesso, il consumatore informa il professionista della sua decisione di esercitare il diritto di recesso dal contratto. A tal fine il consumatore può:

a) utilizzare il modulo tipo di recesso di cui all'allegato I, parte B; oppure

b) presentare una qualsiasi altra dichiarazione esplicita della sua decisione di recedere dal contratto.

2. Il consumatore ha esercitato il proprio diritto di recesso entro il periodo di recesso di cui all'articolo 52, comma 2, e all'articolo 53 se la comunicazione relativa all'esercizio del diritto di recesso è inviata dal consumatore prima della scadenza del periodo di recesso.

3. Il professionista, oltre alle possibilità di cui al comma 1, può offrire al consumatore l'opzione di compilare e inviare elettronicamente il modulo di recesso tipo riportato all'allegato I, parte B, o una qualsiasi altra dichiarazione esplicita sul sito web del professionista. In tali casi il professionista comunica senza indugio al consumatore una conferma di ricevimento, su un supporto durevole, del recesso esercitato.

4. L'onere della prova relativa all'esercizio del diritto di recesso conformemente al presente articolo incombe sul consumatore.

(1) *V. nota 1* sub *Capo I.*

55. (1) **Effetti del recesso.** – 1. L'esercizio del diritto di recesso pone termine agli obblighi delle parti:

a) di eseguire il contratto a distanza o negoziato fuori dei locali commerciali; oppure

b) di concludere un contratto a distanza o negoziato fuori dei locali commerciali nei casi in cui un'offerta sia stata fatta dal consumatore.

(1) *V. nota 1* sub *Capo I.*

56. (1) **Obblighi del professionista nel caso di recesso.** – 1. Il professionista rimborsa tutti i pagamenti ricevuti dal consumatore, eventualmente comprensivi delle spese di consegna, senza indebito ritardo e comunque entro quattordici giorni dal giorno in cui è informato della decisione del consumatore di recedere dal contratto ai sensi dell'articolo 54. Il professionista esegue il rimborso di cui al primo periodo utilizzando lo stesso mezzo di pagamento usato dal consumatore per la transazione iniziale, salvo che il consumatore abbia espressamente convenuto altrimenti e a condizione che questi non debba sostenere alcun costo quale conseguenza del rimborso. Nell'ipotesi in cui il pagamento sia stato effettuato per mezzo di effetti cambiari, qualora questi non siano stati ancora presentati all'incasso, deve procedersi alla loro restituzione. È nulla qualsiasi clausola che preveda limitazioni al rimborso nei confronti del consumatore delle somme versate in conseguenza dell'esercizio del diritto di recesso.

2. Fatto salvo il comma 1, il professionista non è tenuto a rimborsare i costi supplementari, qualora il consumatore abbia scelto espressamente un tipo di consegna diversa dal tipo meno costoso di consegna offerto dal professionista.

3. Salvo che il professionista abbia offerto di ritirare egli stesso i beni, con riguardo ai contratti di vendita, il professionista può trattenere il rimborso finché non abbia ricevuto i beni oppure finché il consumatore non abbia dimostrato di aver rispedito i beni, a seconda di quale situazione si verifichi per prima.

(1) *V. nota 1* sub *Capo I.*

57. (1) **Obblighi del consumatore nel caso di recesso.** – 1. A meno che il professionista abbia offerto di ritirare egli stesso i beni, il consumatore restituisce i beni o li consegna al professionista o a un terzo autorizzato dal professionista a ricevere i beni, senza indebito ritardo e in ogni caso entro quattordici giorni dalla data in cui ha comunicato al professionista la sua decisione di recedere dal contratto ai sensi dell'articolo 54. Il termine è rispettato se il consumatore rispedisce i beni prima della scadenza del periodo di quattordici giorni. Il consumatore sostiene solo il costo diretto della restituzione dei beni, purché il professionista non abbia concordato di sostenerlo o abbia omesso di informare il consumatore che tale costo è a carico del consumatore.

Nel caso di contratti negoziati fuori dei locali commerciali in cui i beni sono stati consegnati al domicilio del consumatore al momento della conclusione del contratto, il professionista ritira i beni a sue spese qualora i beni, per loro natura, non possano essere normalmente restituiti a mezzo posta.

2. Il consumatore è responsabile unicamente della diminuzione del valore dei beni risultante da una manipolazione dei beni diversa da quella necessaria per stabilire la natura, le caratteristiche e il funzionamento dei beni. Il consumatore non è in alcun caso respon-

sabile per la diminuzione del valore dei beni se il professionista ha omesso di informare il consumatore del suo diritto di recesso a norma dell'articolo 49, comma 1, lettera *h*).

3. Qualora un consumatore eserciti il diritto di recesso dopo aver presentato una richiesta in conformità dell'articolo 50, comma 3, o dell'articolo 51, comma 8, il consumatore versa al professionista un importo proporzionale a quanto è stato fornito fino al momento in cui il consumatore ha informato il professionista dell'esercizio del diritto di recesso, rispetto a tutte le prestazioni previste dal contratto. L'importo proporzionale che il consumatore deve pagare al professionista è calcolato sulla base del prezzo totale concordato nel contratto. Se detto prezzo totale è eccessivo, l'importo proporzionale è calcolato sulla base del valore di mercato di quanto è stato fornito.

4. Il consumatore non sostiene alcun costo per:

a) la prestazione di servizi o la fornitura di acqua, gas o elettricità, quando non sono messi in vendita in un volume limitato o in quantità determinata, o di teleriscaldamento, in tutto o in parte, durante il periodo di recesso quando:

1) il professionista ha omesso di fornire informazioni in conformità all'articolo 49, comma 1, lettere *h*) ed *l*); oppure

2) il consumatore non ha espressamente chiesto che la prestazione iniziasse durante il periodo di recesso in conformità all'articolo 50, comma 3, e dell'articolo 51, comma 8;

oppure

b) la fornitura, in tutto o in parte, del contenuto digitale che non è fornito su un supporto materiale quando:

1) il consumatore non ha dato il suo previo consenso espresso circa l'inizio della prestazione prima della fine del periodo di quattordici giorni di cui all'articolo 52;

2) il consumatore non ha riconosciuto di perdere il diritto di recesso quando ha espresso il suo consenso; oppure 3) il professionista ha omesso di fornire la conferma conformemente all'articolo 50, comma 2, o all'articolo 51, comma 7.

5. Fatto salvo quanto previsto nell'articolo 56, comma 2, e nel presente articolo, l'esercizio del diritto di recesso non comporta alcuna responsabilità per il consumatore.

(1) *V. nota 1* sub *Capo I.*

58. (1) **Effetti dell'esercizio del diritto di recesso sui contratti accessori.** – 1. Fatto salvo quanto previsto dal decreto legislativo 13 agosto 2010, n. 141, e successive modificazioni, in materia di contratti di credito ai consumatori, se il consumatore esercita il suo diritto di recesso da un contratto a distanza o concluso fuori dei locali commerciali a norma degli articoli da 52 a 57, eventuali contratti accessori sono risolti di diritto, senza costi per il consumatore, ad eccezione di quelli previsti dall'articolo 56, comma 2, e dall'articolo 57.

(1) *V. nota 1* sub *Capo I.*

59. (1) **Eccezioni al diritto di recesso.** – 1. Il diritto di recesso di cui agli articoli da 52 a 58 per i contratti a distanza e i contratti negoziati fuori dei locali commerciali è escluso relativamente a:

a) i contratti di servizi dopo la completa prestazione del servizio se l'esecuzione è iniziata con l'accordo espresso del consumatore e con l'accettazione della perdita del diritto di recesso a seguito della piena esecuzione del contratto da parte del professionista;

b) la fornitura di beni o servizi il cui prezzo è legato a fluttuazioni nel mercato finanziario che il professionista non è in grado di controllare e che possono verificarsi durante il periodo di recesso;

c) la fornitura di beni confezionati su misura o chiaramente personalizzati;

d) la fornitura di beni che rischiano di deteriorarsi o scadere rapidamente;

e) la fornitura di beni sigillati che non si prestano ad essere restituiti per motivi igienici o connessi alla protezione della salute e sono stati aperti dopo la consegna;

f) la fornitura di beni che, dopo la consegna, risultano, per loro natura, inscindibilmente mescolati con altri beni;

g) la fornitura di bevande alcoliche, il cui prezzo sia stato concordato al momento della conclusione del contratto di vendita, la cui consegna possa avvenire solo dopo trenta giorni e il cui valore effettivo dipenda da fluttuazioni sul mercato che non possono essere controllate dal professionista;

h) i contratti in cui il consumatore ha specificamente richiesto una visita da parte del professionista ai fini dell'effettuazione di lavori urgenti di riparazione o manutenzione. Se, in occasione di tale visita, il professionista fornisce servizi oltre a quelli specificamente richiesti dal consumatore o beni diversi dai pezzi di ricambio necessari per effettuare la manutenzione o le riparazioni, il diritto di recesso si applica a tali servizi o beni supplementari;

i) la fornitura di registrazioni audio o video sigillate o di software informatici sigillati che sono stati aperti dopo la consegna;

l) la fornitura di giornali, periodici e riviste ad eccezione dei contratti di abbonamento per la fornitura di tali pubblicazioni;

m) i contratti conclusi in occasione di un'asta pubblica;

n) la fornitura di alloggi per fini non residenziali, il trasporto di beni, i servizi di noleggio di autovetture, i servizi di catering o i servizi riguardanti le attività del tempo libero qualora il contratto preveda una data o un periodo di esecuzione specifici;

o) la fornitura di contenuto digitale mediante un supporto non materiale se l'esecuzione è iniziata con l'accordo espresso del consumatore e con la sua accettazione del fatto che in tal caso avrebbe perso il diritto di recesso.

(1) *V. nota 1* sub *Capo I.*

SEZIONE III – *Altri diritti del consumatore*

60. (1) **Ambito di applicazione.** – 1. Gli articoli 61 e 63 si applicano ai contratti di vendita. Detti articoli non si applicano ai contratti per la fornitura di acqua, gas o elettricità, quando non sono messi in vendita in un volume limitato o in quantità determinata, di teleriscaldamento o di contenuto digitale non fornito su un supporto materiale.

2. Gli articoli 62, 64 e 65 si applicano ai contratti di vendita, ai contratti di servizio e ai contratti di fornitura di acqua, gas, elettricità, teleriscaldamento o contenuto digitale.

(1) *V. nota 1* sub *Capo I.*

61. (1) **Consegna.** – 1. Salva diversa pattuizione delle parti del contratto di vendita, il professionista è obbligato a consegnare i beni al consumatore senza ritardo ingiustificato e al più tardi entro trenta giorni dalla data di conclusione del contratto.

2. L'obbligazione di consegna è adempiuta mediante il trasferimento della disponibilità materiale o comunque del controllo dei beni al consumatore.

3. Se il professionista non adempie all'obbligo di consegna dei beni entro il termine pattuito ovvero entro il termine di cui al comma 1, il consumatore lo invita ad effettuare la consegna entro un termine supplementare appropriato alle circostanze. Se il termine supplementare così concesso scade senza che i beni gli siano stati consegnati, il consumatore è legittimato a risolvere il contratto, salvo il diritto al risarcimento dei danni.

4. Il consumatore non è gravato dall'onere di concedere al professionista il termine supplementare di cui al comma 3 se:

a) il professionista si è espressamente rifiutato di consegnare i beni, ovvero;

b) se il rispetto del termine pattuito dalle parti per la consegna del bene deve considerarsi essenziale, tenuto conto di tutte le circostanze che hanno accompagnato la conclusione del contratto, ovvero;

c) se il consumatore ha informato il professionista, prima della conclusione del contratto, che la consegna entro o ad una data determinata è essenziale.

5. Nei casi previsti dal comma 4, se non riceve in consegna il bene entro il termine pattuito con il professionista ovvero entro il termine di cui al comma 1, il consumatore è legittimato a risolvere immediatamente il contratto, salvo il diritto al risarcimento dei danni.

6. Nel caso di risoluzione posta in essere dal consumatore a norma dei commi 3 e 5, il professionista è tenuto a rimborsargli senza indebito ritardo tutte le somme versate in esecuzione del contratto.

7. È fatta salva la possibilità per il consumatore di far valere i diritti di cui al Capo XIV del Titolo II del Libro IV del codice civile.

(1) *V. nota 1* sub *Capo I.*

62. (1) **Tariffe per l'utilizzo di mezzi di pagamento.** – 1. Ai sensi dell'articolo 3, comma 4, del decreto legislativo 27 gennaio 2010, n. 11, i professionisti non possono imporre ai consumatori, in relazione all'uso di determinati strumenti di pagamento, spese per l'uso di detti strumenti, ovvero nei casi espressamente stabiliti, tariffe che superino quelle sostenute dal professionista.

2. L'istituto di emissione della carta di pagamento riaccredita al consumatore i pagamenti in caso di addebitamento eccedente rispetto al prezzo pattuito ovvero in caso di uso fraudolento della propria carta di pagamento da parte del professionista o di un terzo.

L'istituto di emissione della carta di pagamento ha diritto di addebitare al professionista le somme riaccreditate al consumatore.

(1) *V. nota 1* sub *Capo I.*

63. (1) **Passaggio del rischio.** – 1. Nei contratti che pongono a carico del professionista l'obbligo di provvedere alla spedizione dei beni il rischio della perdita o del danneggiamento dei beni, per causa non imputabile al venditore, si trasferisce al consumatore soltanto nel momento in cui quest'ultimo, o un terzo da lui designato e diverso dal vettore, entra materialmente in possesso dei beni.

2. Tuttavia, il rischio si trasferisce al consumatore già nel momento della consegna del bene al vettore qualora quest'ultimo sia stato scelto dal consumatore e tale scelta non sia stata proposta dal pro-

fessionista, fatti salvi i diritti del consumatore nei confronti del vettore.

(1) *V. nota 1* sub *Capo I.*

64. (1) **Comunicazione telefonica.** – 1. Qualora il professionista utilizza una linea telefonica allo scopo di essere contattato dal consumatore per telefono in merito al contratto concluso, il consumatore non è tenuto a pagare più della tariffa di base quando contatta il professionista, fermo restando il diritto dei fornitori dei servizi di comunicazione elettronica di applicare una tariffa per dette telefonate.

(1) *V. nota 1* sub *Capo I.*

65. (1) **Pagamenti supplementari.** – 1. Prima che il consumatore sia vincolato dal contratto o dall'offerta, il professionista chiede il consenso espresso del consumatore per qualsiasi pagamento supplementare oltre alla remunerazione concordata per l'obbligo contrattuale principale del professionista. Se il professionista non ottiene il consenso espresso del consumatore ma l'ha dedotto utilizzando opzioni prestabilite che il consumatore deve rifiutare per evitare il pagamento supplementare, il consumatore ha diritto al rimborso di tale pagamento.

(1) *V. nota 1* sub *Capo I.*

SEZIONE IV – *Disposizioni generali*

66. (1) **Tutela amministrativa e giurisdizionale.** – 1. Al fine di garantire il rispetto delle disposizioni contenute nelle Sezioni da I a IV del presente Capo da parte degli operatori, trovano applicazione le disposizioni di cui agli articoli 27, 139, 140, 140-*bis*, 141 e 144 del presente Codice.

2. L'Autorità Garante della Concorrenza e del Mercato, d'ufficio o su istanza di ogni soggetto o organizzazione che ne abbia interesse, accerta le violazioni delle norme di cui alle Sezioni da I a IV del presente Capo, nonché dell'articolo 141-*sexies*, commi 1, 2 e 3 ne inibisce la continuazione e ne elimina gli effetti (2).

3. In materia di accertamento e sanzione delle violazioni, si applica l'articolo 27, commi da 2 a 15, del presente Codice.

4. L'Autorità Garante della Concorrenza e del Mercato svolge le funzioni di autorità competente ai sensi dell'articolo 3, numero 6), del regolamento (UE) 2017/2394 del Parlamento europeo e del Consiglio, del 12 dicembre 2017 (3), nelle materie di cui alle Sezioni da I a IV del presente Capo.

LEGGI COMPLEMENTARI

5. È comunque fatta salva la giurisdizione del giudice ordinario. È altresì fatta salva la possibilità di promuovere la risoluzione extragiudiziale delle controversie inerenti al rapporto di consumo, nelle materie di cui alle sezioni da I a IV del presente capo, mediante il ricorso alle procedure di cui alla parte V, titolo II-*bis*, del presente codice (4).

(1) *V. nota 1* sub *Capo I.*

(2) *Comma così modificato dall'art. 1[6] d.lgs. 6 agosto 2015, n. 130. Ai sensi dell'art. 2[1] d.lgs. n. 130, cit., la presente disposizione si applica a decorrere dal 9 gennaio 2016.*

(3) *Le parole* « ai sensi dell'articolo 3, numero 6), del regolamento (UE) 2017/2394 del Parlamento europeo e del Consiglio, del 12 dicembre 2017 » *sono state sostituite alle parole* « ai sensi dell'articolo 3, lettera *c*), del regolamento (CE) n. 2006/2004 del Parlamento europeo e del Consiglio, del 27 ottobre 2004 » *dall'art. 37[1 lett. c)] l. 23 dicembre 2021, n. 238.*

(4) *Comma così sostituito dall'art. 1[7] d.lgs. n. 130, cit., con la decorrenza di cui* sub *nota 2.*

66-*bis*. (1) **Foro competente.** – 1. Per le controversie civili inerenti all'applicazione delle Sezioni da I a IV del presente capo la competenza territoriale inderogabile è del giudice del luogo di residenza o di domicilio del consumatore, se ubicati nel territorio dello Stato.

(1) *V. nota 1* sub *Capo I.*

66-*ter*. (1) **Carattere imperativo.** – 1. Se il diritto applicabile al contratto è quello di uno Stato membro dell'Unione europea, i consumatori residenti in Italia non possono rinunciare ai diritti conferiti loro dalle disposizioni delle Sezioni da I a IV del presente Capo.

2. Eventuali clausole contrattuali che escludano o limitino, direttamente o indirettamente, i diritti derivanti dalle disposizioni delle Sezioni da I a IV del presente Capo, non vincolano il consumatore.

(1) *V. nota 1* sub *Capo I.*

66-*quater*. (1) **Informazione e ricorso extragiudiziale.** – 1. Le comunicazioni e i documenti relativi ai contratti negoziati fuori dai locali commerciali e ai contratti a distanza, ivi compresi i moduli, i formulari, le note d'ordine, la pubblicità o le comunicazioni sui siti Internet, devono contenere un riferimento al presente Capo.

2. L'operatore può adottare appositi codici di condotta, secondo le modalità di cui all'articolo 27-*bis*.

3. Per la risoluzione delle controversie sorte dall'esatta applicazione dei contratti disciplinati dalle disposizioni delle sezioni da I a IV del presente capo è possibile ricorrere alle procedure di risoluzione extragiudiziale delle controversie, di cui alla parte V, titolo II-*bis*, del presente codice (2).

(1) *V. nota 1* sub *Capo I.*

(2) *Comma così sostituito dall'art. 1[8] d.ls. 6 agosto 2015, n. 130. Ai sensi dell'art. 2[1] d.ls. n. 130, cit., la presente disposizione si applica a decorrere dal 9 gennaio 2016.*

66-*quinquies*. (1) **Fornitura non richiesta.** – 1. Il consumatore è esonerato dall'obbligo di fornire qualsiasi prestazione corrispettiva in caso di fornitura non richiesta di beni, acqua, gas, elettricità, teleriscaldamento o contenuto digitale o di prestazione non richiesta di servizi, vietate dall'articolo 20, comma 5, e dall'articolo 26, comma 1, lettera *f*), del presente Codice. In tali casi, l'assenza di una risposta da parte del consumatore in seguito a tale fornitura non richiesta non costituisce consenso.

2. Salvo consenso del consumatore, da esprimersi prima o al momento della conclusione del contratto, il professionista non può adempiere eseguendo una fornitura diversa da quella pattuita, anche se di valore e qualità equivalenti o superiori.

(1) *V. nota 1* sub *Capo I.*

67. (1) **Tutela in base ad altre disposizioni.** – 1. Le disposizioni delle Sezioni da I a IV del presente Capo non escludono né limitano i diritti che sono attribuiti al consumatore da altre norme dell'ordinamento giuridico di fonte comunitaria o adottate in conformità a norme comunitarie.

2. Per quanto non previsto dalle Sezioni da I a IV del presente Capo, si applicano le disposizioni del codice civile in tema di validità, formazione o efficacia dei contratti.

3. Ai contratti di cui alla sezione III del presente Capo si applicano altresì le disposizioni di cui agli articoli 18, 19 e 20 del decreto legislativo 31 marzo 1998, n. 114, e successive modificazioni, recante riforma della disciplina relativa al settore del commercio, a norma dell'articolo 4, comma 4, della legge 15 marzo 1997, n 59.

(1) *V. nota 1* sub *Capo I.*

SEZIONE IV-*BIS* – *Commercializzazione a distanza di servizi finanziari ai consumatori* (1)

(1) *Sezione, comprendente gli artt. 67-*bis*-67-*vicies bis*, inserita dall'art. 9 d.ls. 23 ottobre 2007, n. 221.*

67-*bis*. (1) **Oggetto e campo di applicazione.** – 1. Le disposizioni della presente sezione si applicano alla commercializzazione a distanza di servizi finanziari ai consumatori, anche quando una delle fasi della commercializzazione comporta la partecipazione, indipendentemente dalla sua natura giuridica, di un soggetto diverso dal fornitore.

2. Per i contratti riguardanti servizi finanziari costituiti da un accordo iniziale di servizio seguito da operazioni successive o da una serie di operazioni distinte della stessa natura scaglionate nel tempo, le disposizioni della presente sezione si applicano esclusivamente all'accordo iniziale. Se non vi è accordo iniziale di servizio, ma le operazioni successive o distinte della stessa natura scaglionate nel tempo sono eseguite tra le stesse parti contrattuali, gli articoli 67-*quater*, 67-*quinquies*, 67-*sexies*, 67-*septies*, 67-*octies*, 67-*novies* e 67-*decies* si applicano solo quando è eseguita la prima operazione. Tuttavia, se nessuna operazione della stessa natura è eseguita entro un periodo di un anno, l'operazione successiva è considerata come la prima di una nuova serie di operazioni e, di conseguenza, si applicano le disposizioni degli articoli 67-*quater*, 67-*quinquies*, 67-*sexies*, 67-*septies*, 67-*octies*, 67-*novies* e 67-*decies*.

3. Ferme restando le disposizioni che stabiliscono regimi di autorizzazione per la commercializzazione dei servizi finanziari in Italia, sono fatte salve, ove non espressamente derogate, le disposizioni in materia bancaria, finanziaria, assicurativa, dei sistemi di pagamento e di previdenza individuale, nonché le competenze delle autorità indipendenti di settore.

(1) *V.* sub *Sezione IV*-bis.

67-*ter*. (1) **Definizioni.** – 1. Ai fini della presente sezione si intende per:

a) contratto a distanza: qualunque contratto avente per oggetto servizi finanziari, concluso tra un fornitore e un consumatore ai sensi dell'articolo 50, comma 1, lettera *a*);

b) servizio finanziario: qualsiasi servizio di natura bancaria, creditizia, di pagamento, di investimento, di assicurazione o di previdenza individuale;

c) fornitore: qualunque persona fisica o giuridica, soggetto pubblico o privato, che, nell'ambito delle proprie attività commerciali o professionali, è il fornitore contrattuale dei servizi finanziari oggetto di contratti a distanza;

d) consumatore: qualunque soggetto di cui all'articolo 3, comma 1, lettera *a*) del presente codice;

e) tecnica di comunicazione a distanza: qualunque mezzo che, ai sensi dell'articolo 50, comma 1, lettera *b*), del presente codice, possa impiegarsi per la commercializzazione a distanza di un servizio finanziario tra le parti;

f) supporto durevole: qualsiasi strumento che permetta al consumatore di memorizzare informazioni a lui personalmente dirette in modo che possano essere agevolmente recuperate durante un periodo di tempo adeguato ai fini cui sono destinate le informazioni stesse, e che consenta la riproduzione immutata delle informazioni memorizzate;

g) operatore o fornitore di tecnica di comunicazione a distanza: qualunque persona fisica o giuridica, pubblica o privata, la cui attività commerciale o professionale consista nel mettere a disposizione dei fornitori una o più tecniche di comunicazione a distanza;

h) reclamo del consumatore: una dichiarazione, sostenuta da validi elementi di prova, secondo cui un fornitore ha commesso o potrebbe commettere un'infrazione alla normativa sulla protezione degli interessi dei consumatori;

i) interessi collettivi dei consumatori: gli interessi di un numero di consumatori che sono stati o potrebbero essere danneggiati da un'infrazione.

(1) *V.* sub *Sezione IV*-bis.

67-*quater*. (1) **Informazione del consumatore prima della conclusione del contratto a distanza.** – 1. Nella fase delle trattative e comunque prima che il consumatore sia vincolato da un contratto a distanza o da un'offerta, gli sono fornite le informazioni riguardanti:

a) il fornitore;

b) il servizio finanziario;

c) il contratto a distanza;

d) il ricorso.

2. Le informazioni di cui al comma 1, il cui fine commerciale deve risultare in maniera inequivocabile, sono fornite in modo chiaro e comprensibile con qualunque mezzo adeguato alla tecnica di comunicazione a distanza utilizzata, tenendo debitamente conto in particolare dei doveri di correttezza e buona fede nella fase precontrattuale e dei principi che disciplinano la protezione degli incapaci di agire e dei minori.

3. Le informazioni relative agli obblighi contrattuali, da comunicare al consumatore nella fase precontrattuale, devono essere conformi agli obblighi contrattuali imposti dalla legge applicabile al contratto a distanza anche qualora la tecnica di comunicazione impiegata sia quella elettronica.

4. Se il fornitore ha sede in uno Stato non appartenente all'Unione europea, le informazioni di cui al comma 3 devono essere conformi agli obblighi contrattuali imposti dalla legge italiana qualora il contratto sia concluso.

(1) *V.* sub *Sezione IV*-bis.

LEGGI COMPLEMENTARI

67-*quinquies*. (1) **Informazioni relative al fornitore.** – 1. Le informazioni relative al fornitore riguardano:

a) l'identità del fornitore e la sua attività principale, l'indirizzo geografico al quale il fornitore è stabilito e qualsiasi altro indirizzo geografico rilevante nei rapporti tra consumatore e fornitore;

b) l'identità del rappresentante del fornitore stabilito nello Stato membro di residenza del consumatore e l'indirizzo geografico rilevante nei rapporti tra consumatore e rappresentante, quando tale rappresentante esista (2);

c) se il consumatore ha relazioni commerciali con un professionista diverso dal fornitore, l'identità del professionista, la veste in cui agisce nei confronti del consumatore, nonché l'indirizzo geografico rilevante nei rapporti tra consumatore e professionista;

d) se il fornitore è iscritto in un registro commerciale o in un pubblico registro analogo, il registro di commercio in cui il fornitore è iscritto e il numero di registrazione o un elemento equivalente per identificarlo nel registro;

e) qualora l'attività del fornitore sia soggetta ad autorizzazione, gli estremi della competente autorità di controllo.

(1) *V. sub Sezione IV*-bis.

(2) *Lettera così sostituita dall'art. 5[1 lett. a)] l. 15 dicembre 2011, n. 217 (legge comunitaria 2010).*

67-*sexies*. (1) **Informazioni relative al servizio finanziario.** – 1. Le informazioni relative al servizio finanziario riguardano:

a) una descrizione delle principali caratteristiche del servizio finanziario;

b) il prezzo totale che il consumatore dovrà corrispondere al fornitore per il servizio finanziario, compresi tutti i relativi oneri, commissioni e spese e tutte le imposte versate tramite il fornitore o, se non è possibile indicare il prezzo esatto, la base di calcolo del prezzo, che consenta al consumatore di verificare quest'ultimo;

c) se del caso, un avviso indicante che il servizio finanziario è in rapporto con strumenti che implicano particolari rischi dovuti a loro specifiche caratteristiche o alle operazioni da effettuare, o il cui prezzo dipenda dalle fluttuazioni dei mercati finanziari su cui il fornitore non esercita alcuna influenza, e che i risultati ottenuti in passato non costituiscono elementi indicativi riguardo ai risultati futuri;

d) l'indicazione dell'eventuale esistenza di altre imposte e costi non versati tramite il fornitore o non fatturati da quest'ultimo;

e) qualsiasi limite del periodo durante il quale sono valide le informazioni fornite;

f) le modalità di pagamento e di esecuzione, nonché le caratteristiche essenziali delle condizioni di sicurezza delle operazioni di pagamento da effettuarsi nell'ambito dei contratti a distanza;

g) qualsiasi costo specifico aggiuntivo per il consumatore relativo all'utilizzazione della tecnica di comunicazione a distanza, se addebitato;

h) l'indicazione dell'esistenza di collegamenti o connessioni con altri servizi finanziari, con la illustrazione degli eventuali effetti complessivi derivanti dalla combinazione.

(1) *V.* sub *Sezione IV*-bis.

67-*septies*. (1) **Informazioni relative al contratto a distanza.** – 1. Le informazioni relative al contratto a distanza riguardano:

a) l'esistenza o la mancanza del diritto di recesso conformemente all'articolo 67-*duodecies* e, se tale diritto esiste, la durata e le modalità d'esercizio, comprese le informazioni relative all'importo che il consumatore può essere tenuto a versare ai sensi dell'articolo 67-*terdecies*, comma 1, nonché alle conseguenze derivanti dal mancato esercizio di detto diritto;

b) la durata minima del contratto a distanza, in caso di prestazione permanente o periodica di servizi finanziari;

c) le informazioni relative agli eventuali diritti delle parti, secondo i termini del contratto a distanza, di mettere fine allo stesso prima della scadenza o unilateralmente, comprese le penali eventualmente stabilite dal contratto in tali casi;

d) le istruzioni pratiche per l'esercizio del diritto di recesso, comprendenti tra l'altro il mezzo, inclusa in ogni caso la lettera raccomandata con avviso di ricevimento, e l'indirizzo a cui deve essere inviata la comunicazione di recesso;

e) lo Stato membro o gli Stati membri sulla cui legislazione il fornitore si basa per instaurare rapporti con il consumatore prima della conclusione del contratto a distanza;

f) qualsiasi clausola contrattuale sulla legislazione applicabile al contratto a distanza e sul foro competente;

g) la lingua o le lingue in cui sono comunicate le condizioni contrattuali e le informazioni preliminari di cui al presente articolo, nonché la lingua o le lingue in cui il fornitore, con l'accordo del consumatore, si impegna a comunicare per la durata del contratto a distanza.

(1) *V.* sub *Sezione IV*-bis.

67-*octies*. (1) **Informazioni relative al ricorso.** – 1. Le informazioni relative al ricorso riguardano:

a) l'esistenza o la mancanza di procedure extragiudiziali di reclamo e di ricorso accessibili al consumatore che è parte del contratto a distanza e, ove tali procedure esistono, le modalità che consentono al Consumatore di avvalersene;

b) l'esistenza di fondi di garanzia o di altri dispositivi di indennizzo.

(1) *V.* sub *Sezione IV*-bis.

67-*novies*. (1) **Comunicazioni mediante telefonia vocale.** – 1. In caso di comunicazioni mediante telefonia vocale:

a) l'identità del fornitore e il fine commerciale della chiamata avviata dal fornitore sono dichiarati in maniera inequivoca all'inizio di qualsiasi conversazione con il consumatore;

b) devono essere fornite, previo consenso del consumatore, solo le informazioni seguenti:

1) l'identità della persona in contatto con il consumatore e il suo rapporto con il fornitore;

2) una descrizione delle principali caratteristiche del servizio finanziario;

3) il prezzo totale che il consumatore dovrà corrispondere al fornitore per il servizio finanziario, comprese tutte le imposte versate tramite il fornitore o, se non è possibile indicare il prezzo esatto, la base di calcolo del prezzo, che consenta al consumatore di verificare quest'ultimo;

4) l'indicazione dell'eventuale esistenza di altre imposte e/o costi non versati tramite il fornitore o non fatturati da quest'ultimo;

5) l'esistenza o la mancanza del diritto di recesso conformemente all'articolo 67-*duodecies* e, se tale diritto esiste, la durata e le modalità d'esercizio, comprese le informazioni relative all'importo che il consumatore può essere tenuto a versare ai sensi dell'articolo 67-*terdecies*, comma 1.

2. Il fornitore comunica al consumatore che altre informazioni sono disponibili su richiesta e ne precisa la natura. Il fornitore comunica in ogni caso le informazioni complete quando adempie ai propri obblighi ai sensi dell'articolo 67- *undecies*.

(1) *V.* sub *Sezione IV*-bis.

67-*decies*. (1) **Requisiti aggiuntivi in materia di informazioni.** – 1. Oltre alle informazioni di cui agli articoli 67-*quater*, 67-*quinquies*, 67-*sexies*, 67-*septies* e 67-*octies* sono applicabili le disposizioni più rigorose previste dalla normativa di settore che disciplina l'offerta del servizio o del prodotto interessato.

2. Il Ministero dello sviluppo economico comunica alla Commissione europea le disposizioni nazionali sui requisiti di informazione preliminare che sono aggiuntive rispetto a quelle di cui all'articolo 3, paragrafo 1, della direttiva 2002/65/CE.

3. Le autorità di vigilanza del settore bancario, assicurativo, finanziario e della previdenza complementare comunicano al Ministero dello sviluppo economico le disposizioni di cui al comma 2, per le materie di rispettiva competenza.

4. Le informazioni di cui al comma 2 sono messe a disposizione dei consumatori e dei fornitori, anche mediante l'utilizzo di sistemi telematici, a cura del Ministero dello sviluppo economico.

(1) *V.* sub *Sezione IV*-bis.

67-*undecies*. (1) **Comunicazione delle condizioni contrattuali e delle informazioni preliminari.** – 1. Il fornitore comunica al consumatore tutte le condizioni contrattuali, nonché le informazioni di cui agli articoli 67-*quater*, 67-*quinquies*, 67-*sexies*, 67-*septies*, 67-*octies*, 67-*novies* e 67-*decies*, su supporto cartaceo o su un altro supporto durevole, disponibile e accessibile per il consumatore in tempo utile, prima che lo stesso sia vincolato da un contratto a distanza o da un'offerta.

2. Il fornitore ottempera all'obbligo di cui al comma 1 subito dopo la conclusione del contratto a distanza, se quest'ultimo è stato concluso su richiesta del consumatore utilizzando una tecnica di comunicazione a distanza che non consente di trasmettere le condizioni contrattuali né le informazioni ai sensi del comma 1.

3. In qualsiasi momento del rapporto contrattuale il consumatore, se lo richiede, ha il diritto di ricevere le condizioni contrattuali su supporto cartaceo. Inoltre lo stesso ha il diritto di cambiare la tecnica di comunicazione a distanza utilizzata, a meno che ciò non sia incompatibile con il contratto concluso o con la natura del servizio finanziario prestato.

(1) *V.* sub *Sezione IV*-bis.

67-*duodecies*. (1) **Diritto di recesso.** – 1. Il consumatore dispone di un termine di quattordici giorni per recedere dal contratto senza penali e senza dover indicare il motivo.

2. Il predetto termine è esteso a trenta giorni per i contratti a distanza aventi per oggetto le assicurazioni sulla vita di cui al decreto legislativo 7 settembre 2005, n. 209, recante Codice delle assi-

curazioni private, e le operazioni aventi ad oggetto gli schemi pensionistici individuali (2).

3. Il termine durante il quale può essere esercitato il diritto di recesso decorre alternativamente:

a) dalla data della conclusione del contratto, tranne nel caso delle assicurazioni sulla vita, per le quali il termine comincia a decorrere dal momento in cui al consumatore è comunicato che il contratto è stato concluso;

b) dalla data in cui il consumatore riceve le condizioni contrattuali e le informazioni di cui all'articolo 67-*undecies*, se tale data è successiva a quella di cui alla lettera *a*).

4. L'efficacia dei contratti relativi ai servizi di investimento è sospesa durante la decorrenza del termine previsto per l'esercizio del diritto di recesso.

5. Il diritto di recesso non si applica:

a) ai servizi finanziari, diversi dal servizio di gestione su base individuale di portafogli di investimento se gli investimenti non sono stati già avviati, il cui prezzo dipende da fluttuazioni del mercato finanziario che il fornitore non è in grado di controllare e che possono aver luogo durante il periodo di recesso, quali ad esempio i servizi riguardanti:

1) operazioni di cambio;

2) strumenti del mercato monetario;

3) valori mobiliari;

4) quote di un organismo di investimento collettivo;

5) contratti a termine fermo (*futures*) su strumenti finanziari, compresi gli strumenti equivalenti che si regolano in contanti;

6) contratti a termine su tassi di interesse (FRA);

7) contratti *swaps* su tassi d'interesse, su valute o contratti di scambio connessi ad azioni o a indici azionari (*equity swaps*);

8) opzioni per acquistare o vendere qualsiasi strumento previsto dalla presente lettera, compresi gli strumenti equivalenti che si regolano in contanti. Sono comprese in particolare in questa categoria le opzioni su valute e su tassi d'interesse;

b) alle polizze di assicurazione viaggio e bagagli o alle analoghe polizze assicurative a breve termine di durata inferiore a un mese;

c) ai contratti interamente eseguiti da entrambe le parti su esplicita richiesta scritta del consumatore prima che quest'ultimo eserciti il suo diritto di recesso (3);

d) alle dichiarazioni dei consumatori rilasciate dinanzi ad un pubblico ufficiale a condizione che il pubblico ufficiale confermi che al consumatore sono garantiti i diritti di cui all'articolo 67-*undecies*, comma 1.

6. Se esercita il diritto di recesso, il consumatore invia, prima dello scadere del termine e secondo le istruzioni che gli sono state date ai sensi dell'articolo 67-*septies*, comma 1, lettera *d*), una comunicazione scritta al fornitore, mediante lettera raccomandata con avviso di ricevimento o altro mezzo indicato ai sensi dell'articolo 67-*septies*, comma 1, lettera *d*).

7. Il presente articolo non si applica alla risoluzione dei contratti di credito disciplinata dagli articoli 67, comma 6, e 77.

8. Se ad un contratto a distanza relativo ad un determinato servizio finanziario è aggiunto un altro contratto a distanza riguardante servizi finanziari prestati da un fornitore o da un terzo sulla base di un accordo tra il terzo e il fornitore, questo contratto aggiuntivo è risolto, senza alcuna penale, qualora il consumatore eserciti il suo diritto di recesso secondo le modalità fissate dal presente articolo.

(1) *V.* sub *Sezione IV*-bis.

(2) *Per la deroga al presente comma, v. art. 1[169] l. 11 dicembre 2016, n. 232.*

(3) *Lettera così modificata dall'art. 5[1 lett. b)] l. 15 dicembre 2011, n. 217 (legge comunitaria 2010).*

67-*terdecies*. (1) **Pagamento del servizio fornito prima del recesso.** – 1. Il consumatore che esercita il diritto di recesso previsto dall'articolo 67-*duodecies*, comma 1, è tenuto a pagare solo l'importo del servizio finanziario effettivamente prestato dal fornitore conformemente al contratto a distanza. L'esecuzione del contratto può iniziare solo previa richiesta del consumatore. Nei contratti di assicurazione l'impresa trattiene la frazione di premio relativa al periodo in cui il contratto ha avuto effetto.

2. L'importo di cui al comma 1 non può:

a) eccedere un importo proporzionale all'importanza del servizio già fornito in rapporto a tutte le prestazioni previste dal contratto a distanza;

b) essere di entità tale da poter costituire una penale.

3. Il fornitore non può esigere dal consumatore il pagamento di un importo in base al comma 1 se non è in grado di provare che il consumatore è stato debitamente informato dell'importo dovuto, in conformità all'articolo 67-*septies*, comma l, lettera *a*). Egli non può tuttavia in alcun caso esigere tale pagamento se ha dato inizio all'esecuzione del contratto prima della scadenza del periodo di esercizio del diritto di recesso di cui all'articolo 67-*duodecies*, comma 1, senza che vi fosse una preventiva richiesta del consumatore.

LEGGI COMPLEMENTARI

4. Il fornitore è tenuto a rimborsare al consumatore, entro e non oltre trenta giorni, tutti gli importi da questo versatigli in conformità del contratto a distanza, ad eccezione dell'importo di cui al comma 1. Il periodo decorre dal giorno in cui il fornitore riceve la comunicazione di recesso. L'impresa di assicurazione deve adempiere alle obbligazioni derivanti dal contratto, concernenti il periodo in cui il contratto medesimo ha avuto effetto (2).

5. Il consumatore paga al fornitore il corrispettivo di cui al comma 1 e gli restituisce qualsiasi bene o importo che abbia ricevuto da quest'ultimo entro e non oltre trenta giorni dall'invio della comunicazione di recesso. Non sono ripetibili gli indennizzi e le somme eventualmente corrisposte dall'impresa agli assicurati e agli altri aventi diritto a prestazioni assicurative (2).

6. Per i finanziamenti diretti principalmente a permettere di acquistare o mantenere diritti di proprietà su terreni o edifici esistenti o progettati, o di rinnovare o ristrutturare edifici, l'efficacia del recesso è subordinata alla restituzione di cui al comma 5.

(1) *V.* sub *Sezione IV*-bis.

(2) *Comma, da ultimo, così modificato dall'art. 5[1] lett. c)-d) l. 15 dicembre 2011, n. 217 (legge comunitaria 2010).*

67-*quaterdecies*. (1) **Pagamento dei servizi finanziari offerti a distanza.** – 1. Il consumatore può effettuare il pagamento con carte di credito, debito o con altri strumenti di Pagamento, ove ciò sia previsto tra le modalità di pagamento, che gli sono comunicate ai sensi dell'articolo 67-*sexies*, comma 1, lettera *f*).

2. Fatta salva l'applicazione dell'articolo 12 del decreto-legge 3 maggio 1991, n. 143, convertito, con modificazioni, dalla legge 5 luglio 1991, n. 197, l'ente che emette o fornisce lo strumento di pagamento riaccredita al consumatore i pagamenti non autorizzati o dei quali questi dimostri l'eccedenza rispetto al prezzo pattuito ovvero l'effettuazione mediante l'uso fraudolento della propria carta di pagamento da parte del fornitore o di un terzo. L'ente che emette o fornisce lo strumento di pagamento ha diritto di addebitare al fornitore le somme riaccreditate al consumatore.

3. Fermo restando quanto previsto dal decreto legislativo 7 marzo 2005, n. 82, e successive modifiche ed integrazioni, sul valore probatorio della firma elettronica e dei documenti elettronici, è in capo all'ente che emette o fornisce lo strumento di pagamento, l'onere di provare che la transazione di pagamento è stata autorizzata, accuratamente registrata e contabilizzata e che la medesima non è stata alterata da guasto tecnico o da altra carenza. L'uso dello strumento

di pagamento non comporta necessariamente che il pagamento sia stato autorizzato.

4. Relativamente alle operazioni di pagamento da effettuarsi nell'ambito di contratti a distanza, il fornitore adotta condizioni di sicurezza conformi a quanto disposto ai sensi dell'articolo 146 del testo unico delle leggi in materia bancaria e creditizia, di cui al decreto legislativo 1º settembre 1993, n. 385, avendo riguardo, in particolare, alle esigenze di integrità, di autenticità e di tracciabilità delle operazioni medesime.

(1) *V.* sub *Sezione IV*-bis.

67-*quinquiesdecies*. (1) **Servizi non richiesti.** – 1. Il consumatore non è tenuto ad alcuna prestazione corrispettiva in caso di fornitura non richiesta. In ogni caso, l'assenza di risposta non implica consenso del consumatore.

2. Salve le sanzioni previste dall'articolo 67-*septies decies*, ogni servizio non richiesto di cui al presente articolo costituisce pratica commerciale scorretta ai sensi degli articoli 21, 22, 23, 24, 25 e 26.

(1) *V.* sub *Sezione IV*-bis.

67-*sexiesdecies*. (1) **Comunicazioni non richieste.** – 1. L'utilizzazione da parte di un fornitore delle seguenti tecniche di comunicazione a distanza richiede il previo consenso del consumatore:

a) sistemi di chiamata senza intervento di un operatore mediante dispositivo automatico;

b) telefax.

2. Le tecniche di comunicazione a distanza diverse da quelle indicate al comma 1, quando consentono una comunicazione individuale, non sono autorizzate se non è stato ottenuto il consenso del consumatore interessato.

3. Le misure di cui ai commi 1 e 2 non comportano costi per i consumatori.

3-*bis*. È fatta salva la disciplina prevista dall'articolo 130, comma 3-*bis*, del codice in materia di protezione dei dati personali, di cui al decreto legislativo 30 giugno 2003, n. 196, e successive modificazioni, per i trattamenti dei dati inclusi negli elenchi di abbonati a disposizione del pubblico (2).

(1) *V.* sub *Sezione IV*-bis.

(2) *Comma aggiunto dall'art. 6[2 lett. a-bis)] d.l. 13 maggio 2011, n. 70, conv., con modif., in l. 12 luglio 2011, n. 106.*

67-*septiesdecies*. (1) **Sanzioni.** – 1. Salvo che il fatto costituisca reato, il fornitore che contravviene alle norme di cui alla presente sezione, ovvero che ostacola l'esercizio del diritto di recesso da parte del consumatore ovvero non rimborsa al consumatore le somme da questi eventualmente pagate, è punito con la sanzione amministrativa pecuniaria, per ciascuna violazione, da euro cinquemila a euro cinquantamila.

2. Nei casi di particolare gravità o di recidiva, nonché nell'ipotesi della violazione dell'articolo 67-*novies decies*, comma 3, i limiti minimo e massimo della sanzione indicata al comma 1 sono raddoppiati.

3. Le autorità di vigilanza dei settori bancario, assicurativo, finanziario e della previdenza complementare e, ciascuna nel proprio ambito di competenza, accertano le violazioni alle disposizioni di cui alla presente sezione e le relative sanzioni sono irrogate secondo le procedure rispettivamente applicabili in ciascun settore.

4. Il contratto è nullo, nel caso in cui il fornitore ostacola l'esercizio del diritto di recesso da parte del contraente ovvero non rimborsa le somme da questi eventualmente pagate, ovvero viola gli obblighi di informativa precontrattuale in modo da alterare in modo significativo la rappresentazione delle sue caratteristiche.

5. La nullità può essere fatta valere solo dal consumatore e obbliga le parti alla restituzione di quanto ricevuto. Nei contratti di assicurazione l'impresa è tenuta alla restituzione dei premi pagati e deve adempiere alle obbligazioni concernenti il periodo in cui il contratto ha avuto esecuzione. Non sono ripetibili gli indennizzi e le somme eventualmente corrisposte dall'impresa agli assicurati e agli altri aventi diritto a prestazioni assicurative. È fatto salvo il diritto del consumatore ad agire per il risarcimento dei danni.

6. Sono fatte salve le sanzioni previste nel decreto legislativo 30 giugno 2003, n. 196.

(1) *V.* sub *Sezione IV*-bis.

67-octiesdecies. (1) **Irrinunciabilità dei diritti.** – 1. I diritti attribuiti al consumatore dalla presente sezione sono irrinunciabili. È nulla ogni pattuizione che abbia l'effetto di privare il consumatore della protezione assicurata dalle disposizioni della presente sezione. La nullità può essere fatta valere solo dal consumatore e può essere rilevata d'ufficio dal giudice.

2. Ove le parti abbiano scelto di applicare al contratto una legislazione diversa da quella italiana, al consumatore devono comunque essere riconosciute le condizioni di tutela previste dalla presente sezione.

(1) *V.* sub *Sezione IV*-bis.

67-*noviesdecies*. (1) **Ricorso giurisdizionale o amministrativo.** – 1. Le associazioni dei consumatori iscritte all'elenco di cui all'articolo 137, sono legittimate a proporre alle competenti autorità di vigilanza, nell'ambito delle rispettive attribuzioni, al fine di tutelare gli interessi collettivi dei consumatori, reclamo per l'accertamento di violazioni delle disposizioni della presente sezione.

2. Le associazioni dei consumatori iscritte all'elenco di cui all'articolo 137, sono legittimate a proporre all'autorità giudiziaria l'azione inibitoria per far cessare le violazioni delle disposizioni della presente sezione nei confronti delle imprese o degli intermediari ai sensi dell'articolo 140.

3. Le autorità di vigilanza nei settori bancario, assicurativo, finanziario e della previdenza complementare, nell'esercizio dei rispettivi poteri, anche al di fuori dell'ipotesi di cui al comma 1, ordinano ai soggetti vigilati la cessazione o vietano l'inizio di pratiche non conformi alle disposizioni della presente sezione.

4. Sono fatte salve, ove non espressamente derogate, le disposizioni in materia bancaria, finanziaria, assicurativa e dei sistemi di pagamento, ivi comprese le attribuzioni delle rispettive autorità di vigilanza di settore.

(1) *V.* sub *Sezione IV*-bis.

67-*vicies*. (1) **Composizione extragiudiziale delle controversie.** – 1. Il Ministero dell'economia e delle finanze, il Ministero dello sviluppo economico ed il Ministero della giustizia, sentite le autorità di vigilanza di settore, possono promuovere, nell'ambito degli ordinari stanziamenti di bilancio, l'istituzione di adeguate ed efficaci procedure extragiudiziali di reclamo e di ricorso per la composizione di controversie riguardanti i consumatori, conformi ai principi previsti dall'ordinamento comunitario e da quello nazionale e che operano nell'ambito della rete europea relativa ai servizi finanziari (FIN NET).

2. Gli organi di composizione extragiudiziale delle controversie comunicano ai Ministeri di cui al comma 1 le decisioni significative che adottano sulla commercializzazione a distanza dei servizi finanziari.

(1) *V.* sub *Sezione IV*-bis.

67-*viciessemel*. (1) **Onere della prova.** – 1. Sul fornitore grava l'onere della prova riguardante:

a) l'adempimento agli obblighi di informazione del consumatore;

b) la prestazione del consenso del consumatore alla conclusione del contratto;
c) l'esecuzione del contratto;
d) la responsabilità per l'inadempimento delle obbligazioni derivanti dal contratto.
2. Le clausole che hanno per effetto l'inversione o la modifica dell'onere della prova di cui al comma 1 si presumono vessatorie ai sensi dell'articolo 33, comma 2, lettera *t*).

(1) *V.* sub *Sezione IV*-bis.

67-*viciesbis*. (1) **Misure transitorie.** – 1. Le disposizioni della presente sezione si applicano anche nei confronti dei fornitori stabiliti in un altro Stato membro che non ha ancora recepito la direttiva 2002/65/CE e in cui non vigono obblighi corrispondenti a quelli in essa previsti.

(1) *V.* sub *Sezione IV*-bis.

CAPO II – *Commercio elettronico*

68. Rinvio. – 1. Alle offerte di servizi della società dell'informazione, effettuate ai consumatori per via elettronica, si applicano, per gli aspetti non disciplinati dal presente codice, le disposizioni di cui al decreto legislativo 9 aprile 2003, n. 70, recante attuazione della direttiva 2000/31/CE del Parlamento europeo e del Consiglio, dell'8 giugno 2000, relativa a taluni aspetti giuridici dei servizi della società dell'informazione, in particolare il commercio elettronico, nel mercato interno.

TITOLO IV
Disposizioni relative ai singoli contratti

CAPO I – *Contratti di multiproprietà, contratti relativi ai prodotti per le vacanze di lungo termine, contratti di rivendita e di scambio* (1)

(1) *L'attuale Capo I, comprendente gli artt. 69-81*-bis, *così sostituisce l'originario Capo, comprendente gli artt. 69-81, ai sensi di quanto disposto dall'art. 2[1] d.ls. 23 maggio 2011, n. 79.*

69. (1) **Definizioni.** – 1. Ai fini del presente capo, si intende per:
a) « contratto di multiproprietà »: un contratto di durata superiore a un anno tramite il quale un consumatore acquisisce a titolo oneroso il diritto di godimento su uno o più alloggi per il pernottamento per più di un periodo di occupazione;
b) « contratto relativo a un prodotto per le vacanze di lungo termine »: un contratto di durata superiore a un anno ai sensi del quale

un consumatore acquisisce a titolo oneroso essenzialmente il diritto di ottenere sconti o altri vantaggi relativamente ad un alloggio, separatamente o unitamente al viaggio o ad altri servizi;

c) « contratto di rivendita »: un contratto ai sensi del quale un operatore assiste a titolo oneroso un consumatore nella vendita o nell'acquisto di una multiproprietà o di un prodotto per le vacanze di lungo termine;

d) « contratto di scambio »: un contratto ai sensi del quale un consumatore partecipa a titolo oneroso a un sistema di scambio che gli consente l'accesso all'alloggio per il pernottamento o ad altri servizi in cambio della concessione ad altri dell'accesso temporaneo ai vantaggi che risultano dai diritti derivanti dal suo contratto di multiproprietà;

e) « operatore »: il « professionista », di cui all'articolo 3, comma 1, lettera *c*);

f) « consumatore »: la persona fisica, di cui all'articolo 3, comma 1, lettera *a*);

g) « contratto accessorio »: un contratto ai sensi del quale il consumatore acquista servizi connessi a un contratto di multiproprietà o a un contratto relativo a un prodotto per le vacanze di lungo termine e forniti dall'operatore o da un terzo sulla base di un accordo tra il terzo e l'operatore;

h) « supporto durevole »: qualsiasi strumento che permetta al consumatore o all'operatore di memorizzare informazioni a lui personalmente dirette in modo che possano essere utilizzate per riferimento futuro per un periodo di tempo adeguato ai fini cui sono destinate le informazioni e che consenta la riproduzione immutata delle informazioni memorizzate;

i) « codice di condotta »: un accordo o un insieme di regole che definisce il comportamento degli operatori che si impegnano a rispettare tale codice in relazione a una o più pratiche commerciali o ad uno o più settori d'attività specifici;

l) « responsabile del codice »: qualsiasi soggetto, compresi un operatore o un gruppo di operatori, responsabile dell'elaborazione e della revisione di un codice di condotta o del controllo dell'osservanza del codice da parte di coloro che si sono impegnati a rispettarlo.

2. Nel calcolo della durata di un contratto di multiproprietà o di un contratto relativo a un prodotto per le vacanze di lungo termine, quale definito al comma 1, rispettivamente alle lettere *a*) e *b*), si tiene

conto di qualunque disposizione del contratto che ne consenta il rinnovo tacito o la proroga.

(1) *V. sub Capo I.*

70. (1) **Pubblicità.** – 1. Se un contratto di multiproprietà, un contratto relativo a un prodotto per le vacanze di lungo termine o un contratto di rivendita o di scambio viene offerto al consumatore in persona nell'ambito di una promozione o di un'iniziativa di vendita, l'operatore indica chiaramente nell'invito lo scopo commerciale e la natura dell'evento. Le informazioni di cui all'articolo 71, comma 1, sono a disposizione del consumatore in qualsiasi momento durante l'evento.

2. È fatto obbligo all'operatore di specificare in ogni pubblicità la possibilità di ottenere le informazioni di cui all'articolo 71, comma 1, e di indicare le modalità sul come ottenerle.

3. Una multiproprietà o un prodotto per le vacanze di lungo termine non sono commercializzati o venduti come investimenti.

(1) *V. sub Capo I.*

71. (1) **Informazioni precontrattuali.** – 1. In tempo utile prima che il consumatore sia vincolato da un contratto o da un'offerta, l'operatore fornisce al consumatore, in maniera chiara e comprensibile, informazioni accurate e sufficienti, secondo le seguenti modalità:

a) nel caso di un contratto di multiproprietà, tramite il formulario informativo di cui all'allegato II-*bis* e le informazioni elencate nella parte 3 di detto formulario;

b) nel caso di un contratto relativo a un prodotto per le vacanze di lungo termine, tramite il formulario informativo di cui all'allegato II-*ter* e le informazioni elencate nella parte 3 di detto formulario;

c) nel caso di un contratto di rivendita, tramite il formulario informativo di cui all'allegato II-*quater* e le informazioni elencate nella parte 3 di detto formulario;

d) nel caso di un contratto di scambio, tramite il formulario informativo di cui all'allegato II-*quinquies* e le informazioni elencate nella parte 3 di detto formulario.

2. Le informazioni di cui al comma 1 sono fornite a titolo gratuito dall'operatore su carta o altro supporto durevole facilmente accessibile al consumatore.

3. Le informazioni di cui al comma 1, sono redatte nella lingua italiana e in una delle lingue dello Stato dell'Unione europea in cui il

consumatore risiede oppure di cui è cittadino, a scelta di quest'ultimo, purché si tratti di una lingua ufficiale della Unione europea.

(1) *V.* sub *Capo I.*

72. (1) **Requisiti del contratto.** – 1. Il contratto deve essere redatto per iscritto, a pena di nullità, su carta o altro supporto durevole, nella lingua italiana e in una delle lingue dello Stato dell'Unione europea in cui il consumatore risiede oppure di cui è cittadino, a sua scelta, purché si tratti di una lingua ufficiale della Unione europea.

2. Nel caso di un contratto di multiproprietà relativo a un bene immobile specifico, è fatto obbligo all'operatore di fornire al consumatore anche una traduzione conforme del contratto nella lingua dello Stato dell'Unione europea in cui è situato l'immobile.

3. In ogni caso, per qualsiasi tipo di contratto disciplinato dal presente Capo, all'operatore che svolge la propria attività di vendita nel territorio nazionale è fatto obbligo di fornire al consumatore il relativo contratto anche nella lingua italiana.

4. Le informazioni di cui all'articolo 71, comma 1, costituiscono parte integrante e sostanziale del contratto e non possono essere modificate salvo qualora vi sia l'accordo esplicito delle parti oppure qualora le modifiche siano causate da circostanze eccezionali e imprevedibili, indipendenti dalla volontà dell'operatore, le cui conseguenze non avrebbero potuto essere evitate neanche con la dovuta diligenza. Tali modifiche, indicate espressamente nel contratto, sono comunicate al consumatore su carta o altro supporto durevole a lui facilmente accessibile, prima della conclusione del contratto.

5. Il contratto contiene, oltre alle informazioni di cui all'articolo 71, comma 1, i seguenti ulteriori elementi:

a) l'identità, il luogo di residenza e la firma di ciascuna delle parti;

b) la data e il luogo di conclusione del contratto.

6. Prima della conclusione del contratto l'operatore informa il consumatore sulle clausole contrattuali concernenti l'esistenza del diritto di recesso, la durata del periodo di recesso di cui all'articolo 73 e il divieto di versare acconti durante il periodo di recesso di cui all'articolo 76, le quali devono essere sottoscritte separatamente dal consumatore. Il contratto include un formulario separato di recesso, come riportato nell'allegato II-*sexies*, inteso ad agevolare l'esercizio del diritto di recesso in conformità all'articolo 73.

7. Il consumatore riceve una copia o più copie del contratto all'atto della sua conclusione.

(1) *V.* sub *Capo I.*

72-*bis*. (1) **Obbligo di fideiussione per i contratti di multiproprietà.** – 1. L'operatore non avente la forma giuridica di società di capitali ovvero con un capitale sociale versato inferiore a 5.500.000 euro e non avente sede legale e sedi secondarie nel territorio dello Stato è obbligato a prestare idonea fideiussione bancaria o assicurativa a garanzia della corretta esecuzione del contratto.

2. L'operatore è in ogni caso obbligato a prestare fideiussione bancaria o assicurativa allorquando l'alloggio oggetto del contratto di multiproprietà sia in corso di costruzione, a garanzia dell'ultimazione dei lavori.

3. Delle fideiussioni deve farsi espressa menzione nel contratto di multiproprietà a pena di nullità.

4. Le garanzie di cui ai commi 1 e 2 non possono imporre al consumatore la preventiva esclusione dell'operatore.

(1) *V.* sub *Capo I.*

73. (1) **Diritto di recesso.** – 1. Al consumatore è concesso un periodo di quattordici giorni, naturali e consecutivi, per recedere, senza specificare il motivo, dal contratto di multiproprietà, dal contratto relativo a prodotti per le vacanze di lungo termine, dal contratto di rivendita e di scambio.

2. Il periodo di recesso si calcola:

a) dal giorno della conclusione del contratto definitivo o del contratto preliminare;

b) dal giorno in cui il consumatore riceve il contratto definitivo o il contratto preliminare, se posteriore alla data di cui alla lettera *a*).

3. Il periodo di recesso scade:

a) dopo un anno e quattordici giorni a decorrere dalla data di cui al comma 2 del presente articolo se il formulario di recesso separato previsto all'articolo 72, comma 4, non è stato compilato dall'operatore e consegnato al consumatore per iscritto, su carta o altro supporto durevole;

b) dopo tre mesi e quattordici giorni a partire dalla data di cui al comma 2 del presente articolo se le informazioni di cui all'articolo 71, comma 1, incluso il formulario informativo applicabile di cui agli allegati da III a VI, non sono state fornite al consumatore per iscritto, su carta o altro supporto durevole.

4. Se il formulario separato di recesso previsto all'articolo 72, comma 4, è stato compilato dall'operatore e consegnato al consumatore per iscritto, su carta o altro supporto durevole, entro un anno dalla data di cui al comma 2 del presente articolo, il periodo di recesso inizia a decorrere dal giorno in cui il consumatore riceve tale

formulario. Analogamente, se le informazioni di cui all'articolo 71, comma 1, incluso il formulario informativo applicabile di cui agli allegati da III a VI, sono state fornite al consumatore per iscritto, su carta o altro supporto durevole, entro tre mesi dal giorno di cui al comma 2 del presente articolo, il periodo di recesso inizia a decorrere dal giorno in cui il consumatore riceve tali informazioni.

5. Nel caso in cui il contratto di scambio sia offerto al consumatore contestualmente al contratto di multiproprietà, ai due contratti si applica un unico periodo di recesso conformemente al comma 1. Il periodo di recesso per i due contratti è calcolato secondo le disposizioni del comma 2.

(1) V. sub *Capo I*.

74. (1) **Modalità di esercizio ed effetti del diritto di recesso.** – 1. Il diritto di recesso da parte del consumatore si esercita dandone comunicazione scritta, su carta o altro supporto durevole che assicuri la prova della spedizione anteriore alla scadenza del periodo di recesso, alla persona indicata nel contratto o, in mancanza, all'operatore.

2. All'uopo, il consumatore può utilizzare il formulario di recesso di cui all'allegato VII fornito dall'operatore a norma dell'articolo 72, comma 4.

3. L'esercizio del diritto di recesso da parte del consumatore, nei modi indicati al comma 1, pone fine all'obbligo delle parti di eseguire il contratto.

4. Il consumatore che esercita il diritto di recesso, non sostiene alcuna spesa, non è tenuto a pagare alcuna penalità, né è debitore del valore corrispondente all'eventuale servizio reso prima del recesso.

(1) V. sub *Capo I*.

75. (1) **Acconti.** – 1. Per i contratti di multiproprietà, relativi a prodotti per le vacanze di lungo termine e di scambio è vietato qualunque versamento di danaro a titolo di acconto, prestazione di garanzie, l'accantonamento di denaro sotto forma di deposito bancario, il riconoscimento esplicito di debito od ogni altro onere da parte di un consumatore a favore dell'operatore o di un terzo prima della fine del periodo di recesso in conformità dell'articolo 73.

2. Per i contratti di rivendita è vietata qualunque forma di versamento di denaro a titolo di acconto, prestazione di garanzie, l'accantonamento di denaro sotto forma di deposito bancario, il riconoscimento esplicito del debito od ogni altro onere da parte di un consumatore a favore dell'operatore o di un terzo prima che la ven-

dita abbia effettivamente luogo o che sia posta fine in altro modo al contratto di rivendita.

(1) *V.* sub *Capo I.*

76. (1) **Disposizioni specifiche concernenti i contratti relativi a prodotti per le vacanze di lungo termine.** – 1. Per i contratti relativi a prodotti per le vacanze di lungo termine, il pagamento è effettuato secondo scadenze periodiche. È vietato qualsiasi pagamento del prezzo specificato nel contratto che non sia conforme al piano di pagamento periodico concordato. I pagamenti, comprese le quote di affiliazione, sono ripartiti in rate annuali, ciascuna di pari valore, fermo restando gli adeguamenti riferiti ai sistemi di indicizzazione previsti dalla legge. L'operatore invia una richiesta scritta di pagamento, su carta o altro supporto durevole, almeno quattordici giorni, naturali e consecutivi, prima di ciascuna data di esigibilità.

2. Fatto salvo quanto previsto dall'articolo 73, a partire dal secondo pagamento rateale, il consumatore può porre fine al contratto senza incorrere in penali dando preavviso all'operatore entro quattordici giorni, naturali e consecutivi, dalla ricezione della richiesta di pagamento per ciascuna rata.

(1) *V.* sub *Capo I.*

77. (1) **Risoluzione dei contratti accessori.** – 1. L'esercizio da parte del consumatore del diritto di recesso dal contratto di multiproprietà o dal contratto relativo a un prodotto per le vacanze di lungo termine comporta automaticamente e senza alcuna spesa per il consumatore la risoluzione di tutti i contratti di scambio ad esso accessori e di qualsiasi altro contratto accessorio.

2. Fatto salvo quanto previsto dagli articoli 125-*ter* e 125-*quinquies* del decreto legislativo 1° settembre 1993, n. 385, in materia di contratti di credito ai consumatori, se il prezzo è interamente o parzialmente coperto da un credito concesso al consumatore dall'operatore o da un terzo in base a un accordo fra il terzo e l'operatore, il contratto di credito è risolto senza costi per il consumatore qualora il consumatore eserciti il diritto di recesso dal contratto di multiproprietà, dal contratto relativo a prodotti per le vacanze di lungo termine, o dal contratto di rivendita o di scambio.

(1) *V.* sub *Capo I.*

78. (1) **Carattere imperativo delle disposizioni e applicazione in casi internazionali.** – 1. Sono nulle le clausole contrattuali o i patti aggiunti di rinuncia del consumatore ai diritti previsti dal presente capo o di limitazione delle responsabilità previste a carico dell'operatore.

2. Per le controversie derivanti dall'applicazione del presente capo, la competenza territoriale inderogabile è del giudice del luogo di residenza o di domicilio del consumatore, se ubicati nel territorio dello Stato.

3. Ove le parti abbiano scelto di applicare ai contratti di cui al presente capo, una legislazione diversa da quella italiana, al consumatore devono comunque essere riconosciute le condizioni di tutela previste dal presente capo.

4. Ove la legge applicabile sia quella di un paese extracomunitario, i consumatori non possono essere privati della tutela garantita dal presente codice, nel caso di:

a) uno qualsiasi dei beni immobili interessati è situato sul territorio nazionale o di uno Stato dell'Unione europea;

b) nel caso di un contratto non direttamente collegato a beni immobili, l'operatore svolga attività commerciali o professionali in Italia o in uno Stato dell'Unione europea o diriga tali attività, con qualsiasi mezzo, verso l'Italia o uno Stato dell'Unione europea e il contratto rientri nell'ambito di dette attività.

(1) V. sub *Capo I.*

79. (1) **Tutela amministrativa e giurisdizionale.** – 1. Al fine di garantire il rispetto delle disposizioni contenute nel presente capo da parte degli operatori, i consumatori possono utilizzare gli strumenti specifici di cui agli articoli 27, 139, 140 e 140-*bis* del presente Codice.

2. È comunque fatta salva la giurisdizione del giudice ordinario.

(1) V. sub *Capo I.*

80. (1) **Informazioni per i consumatori e ricorso extragiudiziale.** – 1. L'operatore può adottare appositi codici di condotta, secondo le modalità di cui all'articolo 27-*bis*.

2. Per la risoluzione delle controversie sorte dall'esatta applicazione dei contratti disciplinati dal presente capo è possibile ricorrere alle procedure di mediazione, di cui al decreto legislativo 4 marzo 2010, n. 28. È fatta salva la possibilità di utilizzare le procedure di negoziazione volontaria e paritetica previste dall'articolo 2, comma 2, dello stesso decreto legislativo 4 marzo 2010, n. 28.

(1) V. sub *Capo I.*

81. (1) **Sanzioni.** – 1. Salvo che il fatto costituisca reato, l'operatore che contravviene alle norme di cui agli articoli 70, commi 1 e 2,

71, 72, 72-*bis*, 75, 76 e 77, è punito, per ogni singola violazione, con la sanzione amministrativa pecuniaria da 1.000 euro a 5.000 euro.

2. Si applica la sanzione amministrativa accessoria della sospensione dall'esercizio dell'attività da 30 giorni a sei mesi all'operatore che abbia commesso una ripetuta violazione delle disposizioni di cui al comma 1.

3. Ai fini dell'accertamento dell'infrazione e dell'applicazione della sanzione, si applica l'articolo 66 (2).

(1) *V.* sub *Capo I.*

(2) *Comma così modificato dall'art. 1[4] d.ls. 21 febbraio 2014, n. 21. Ai sensi dell'art. 2[1] d.ls. n. 21, cit., tale modifica entra in vigore dal 13 giugno 2014 e si applica ai contratti conclusi dopo tale data.*

81-*bis*. (1) **Tutela in base ad altre disposizioni.** – 1. Le disposizioni del presente capo non escludono, né limitano i diritti che sono attribuiti al consumatore da altre norme dell'ordinamento giuridico.

2. Per quanto non previsto dal presente capo, si applicano le disposizioni del codice civile in tema di contratti.

(1) *V.* sub *Capo I.*

CAPO II – *Servizi turistici* (1)

(1) *Gli artt. da 82 a 100, che costituivano il presente Capo, sono stati abrogati dall'art. 3[1 lett. m)] d.ls. 23 maggio 2011, n. 79, recante « Codice della normativa statale in tema di ordinamento e mercato del turismo »: v. ora la disciplina contenuta nel Capo I (artt. 32-51) del Titolo VI del suddetto Codice.*

82-100. (1)

(1) *V.* sub *Capo II.*

TITOLO V
Erogazione di servizi pubblici

CAPO I – *Servizi pubblici*

101. Norma di rinvio. – 1. Lo Stato e le regioni, nell'ambito delle rispettive competenze, garantiscono i diritti degli utenti dei servizi pubblici attraverso la concreta e corretta attuazione dei principi e dei criteri previsti della normativa vigente in materia.

2. Il rapporto di utenza deve svolgersi nel rispetto di standard di qualità predeterminati e adeguatamente resi pubblici.

3. Agli utenti è garantita, attraverso forme rappresentative, la partecipazione alle procedure di definizione e di valutazione degli standard di qualità previsti dalle leggi.

4. La legge stabilisce per determinati enti erogatori di servizi pubblici l'obbligo di adottare, attraverso specifici meccanismi di attuazione diversificati in relazione ai settori, apposite carte dei servizi.

PARTE IV
Sicurezza e qualità

TITOLO I
Sicurezza dei prodotti

102. Finalità e campo di applicazione. – 1. Il presente titolo intende garantire che i prodotti immessi sul mercato ovvero in libera pratica siano sicuri.

2. Le disposizioni del presente titolo si applicano a tutti i prodotti definiti all'articolo 103, comma 1, lettera *a*). Ciascuna delle sue disposizioni si applica laddove non esistono, nell'ambito della normativa vigente, disposizioni specifiche aventi come obiettivo la sicurezza dei prodotti.

3. Se taluni prodotti sono soggetti a requisiti di sicurezza prescritti da normativa comunitaria, le disposizioni del presente titolo si applicano unicamente per gli aspetti ed i rischi o le categorie di rischio non soggetti a tali requisiti.

4. Ai prodotti di cui al comma 3 non si applicano l'articolo 103, comma 1, lettere *b*) e *c*), e gli articoli 104 e 105.

5. Ai prodotti di cui al comma 3 si applicano gli articoli da 104 a 108 se sugli aspetti disciplinati da tali articoli non esistono disposizioni specifiche riguardanti lo stesso obiettivo.

6. Le disposizioni del presente titolo non si applicano ai prodotti alimentari di cui al regolamento (CE) n. 178/2002, del Parlamento europeo e del Consiglio, del 28 gennaio 2002.

103. Definizioni. – 1. Ai fini del presente titolo si intende per:

a) prodotto sicuro: qualsiasi prodotto, come definito all'articolo 3, comma 1, lettera *e*), che, in condizioni di uso normali o ragionevolmente prevedibili, compresa la durata e, se del caso, la messa in servizio, l'installazione e la manutenzione, non presenti alcun rischio oppure presenti unicamente rischi minimi, compatibili con l'impiego del prodotto e considerati accettabili nell'osservanza di un livello elevato di tutela della salute e della sicurezza delle persone in funzione, in particolare, dei seguenti elementi:

1) delle caratteristiche del prodotto, in particolare la sua compo-

LEGGI COMPLEMENTARI

sizione, il suo imballaggio, le modalità del suo assemblaggio e, se del caso, della sua installazione e manutenzione;

2) dell'effetto del prodotto su altri prodotti, qualora sia ragionevolmente prevedibile l'utilizzazione del primo con i secondi;

3) della presentazione del prodotto, della sua etichettatura, delle eventuali avvertenze e istruzioni per il suo uso e la sua eliminazione, nonché di qualsiasi altra indicazione o informazione relativa al prodotto;

4) delle categorie di consumatori che si trovano in condizione di rischio nell'utilizzazione del prodotto, in particolare dei minori e degli anziani;

b) prodotto pericoloso: qualsiasi prodotto che non risponda alla definizione di prodotto sicuro di cui alla lettera *a*);

c) rischio grave: qualsiasi rischio grave compreso quello i cui effetti non sono immediati, che richiede un intervento rapido delle autorità pubbliche;

d) produttore: il fabbricante del prodotto stabilito nella Comunità e qualsiasi altra persona che si presenti come fabbricante apponendo sul prodotto il proprio nome, il proprio marchio o un altro segno distintivo, o colui che rimette a nuovo il prodotto; il rappresentante del fabbricante se quest'ultimo non è stabilito nella Comunità o, qualora non vi sia un rappresentante stabilito nella Comunità, l'importatore del prodotto; gli altri operatori professionali della catena di commercializzazione nella misura in cui la loro attività possa incidere sulle caratteristiche di sicurezza dei prodotti;

e) distributore: qualsiasi operatore professionale della catena di commercializzazione, la cui attività non incide sulle caratteristiche di sicurezza dei prodotti;

f) richiamo: le misure volte ad ottenere la restituzione di un prodotto pericoloso che il fabbricante o il distributore ha già fornito o reso disponibile ai consumatori;

g) ritiro: qualsiasi misura volta a impedire la distribuzione e l'esposizione di un prodotto pericoloso, nonché la sua offerta al consumatore.

2. La possibilità di raggiungere un livello di sicurezza superiore o di procurarsi altri prodotti che presentano un rischio minore non costituisce un motivo sufficiente per considerare un prodotto come non sicuro o pericoloso.

104. Obblighi del produttore e del distributore. – 1. Il produttore immette sul mercato solo prodotti sicuri.

2. Il produttore fornisce al consumatore tutte le informazioni utili

alla valutazione e alla prevenzione dei rischi derivanti dall'uso normale o ragionevolmente prevedibile del prodotto, se non sono immediatamente percettibili senza adeguate avvertenze, e alla prevenzione contro detti rischi. La presenza di tali avvertenze non esenta, comunque, dal rispetto degli altri obblighi previsti nel presente titolo.

3. Il produttore adotta misure proporzionate in funzione delle caratteristiche del prodotto fornito per consentire al consumatore di essere informato sui rischi connessi al suo uso e per intraprendere le iniziative opportune per evitare tali rischi, compresi il ritiro del prodotto dal mercato, il richiamo e l'informazione appropriata ed efficace dei consumatori.

4. Le misure di cui al comma 3 comprendono:

a) l'indicazione in base al prodotto o al suo imballaggio, dell'identità e degli estremi del produttore; il riferimento al tipo di prodotto o, eventualmente, alla partita di prodotti di cui fa parte, salva l'omissione di tale indicazione nei casi in cui sia giustificata;

b) i controlli a campione sui prodotti commercializzati, l'esame dei reclami e, se del caso, la tenuta di un registro degli stessi, nonché l'informazione ai distributori in merito a tale sorveglianza.

5. Le misure di ritiro, di richiamo e di informazione al consumatore, previste al comma 3, hanno luogo su base volontaria o su richiesta delle competenti autorità a norma dell'articolo 107. Il richiamo interviene quando altre azioni non siano sufficienti a prevenire i rischi del caso, ovvero quando i produttori lo ritengano necessario o vi siano tenuti in seguito a provvedimenti dell'autorità competente.

6. Il distributore deve agire con diligenza nell'esercizio della sua attività per contribuire a garantire l'immissione sul mercato di prodotti sicuri; in particolare è tenuto:

a) a non fornire prodotti di cui conosce o avrebbe dovuto conoscere la pericolosità in base alle informazioni in suo possesso e nella sua qualità di operatore professionale;

b) a partecipare al controllo di sicurezza del prodotto immesso sul mercato, trasmettendo le informazioni concernenti i rischi del prodotto al produttore e alle autorità competenti per le azioni di rispettiva competenza;

c) a collaborare alle azioni intraprese di cui alla lettera *b*), conservando e fornendo la documentazione idonea a rintracciare l'origine dei prodotti per un periodo di dieci anni dalla data di cessione al consumatore finale.

7. Qualora i produttori e i distributori sappiano o debbano sapere, sulla base delle informazioni in loro possesso e in quanto operatori professionali, che un prodotto da loro immesso sul mercato o altrimenti fornito al consumatore presenta per il consumatore stesso rischi incompatibili con l'obbligo generale di sicurezza, informano immediatamente le amministrazioni competenti, di cui all'articolo 106, comma 1, precisando le azioni intraprese per prevenire i rischi per i consumatori.

8. In caso di rischio grave, le informazioni da fornire comprendono almeno:

a) elementi specifici che consentano una precisa identificazione del prodotto o del lotto di prodotti in questione;

b) una descrizione completa del rischio presentato dai prodotti interessati;

c) tutte le informazioni disponibili che consentono di rintracciare il prodotto;

d) una descrizione dei provvedimenti adottati per prevenire i rischi per i consumatori.

9. Nei limiti delle rispettive attività, produttori e distributori collaborano con le Autorità competenti, ove richiesto dalle medesime, in ordine alle azioni intraprese per evitare i rischi presentati dai prodotti che essi forniscono o hanno fornito.

105. Presunzione e valutazione di sicurezza. – 1. In mancanza di specifiche disposizioni comunitarie che disciplinano gli aspetti di sicurezza, un prodotto si presume sicuro quando è conforme alla legislazione vigente nello Stato membro in cui il prodotto stesso è commercializzato e con riferimento ai requisiti cui deve rispondere sul piano sanitario e della sicurezza.

2. Si presume che un prodotto sia sicuro, per quanto concerne i rischi e le categorie di rischi disciplinati dalla normativa nazionale, quando è conforme alle norme nazionali non cogenti che recepiscono le norme europee i cui riferimenti sono stati pubblicati dalla Commissione europea nella Gazzetta Ufficiale delle Comunità europee a norma dell'articolo 4 della direttiva 2001/95/CE, del Parlamento europeo e del Consiglio, del 3 dicembre 2001.

3. In assenza delle norme di cui ai commi 1 e 2, la sicurezza del prodotto è valutata in base alle norme nazionali non cogenti che recepiscono norme europee, alle norme in vigore nello Stato membro in cui il prodotto è commercializzato, alle raccomandazioni della Commissione europea relative ad orientamenti sulla valutazione della sicurezza dei prodotti, ai codici di buona condotta in materia di

sicurezza vigenti nel settore interessato, agli ultimi ritrovati della tecnica, al livello di sicurezza che i consumatori possono ragionevolmente attendersi.

4. Fatte salve le disposizioni di cui ai commi 1, 2 e 3, le Autorità competenti adottano le misure necessarie per limitare o impedire l'immissione sul mercato o chiedere il ritiro o il richiamo dal mercato del prodotto, se questo si rivela, nonostante la conformità, pericoloso per la salute e la sicurezza del consumatore.

106. Procedure di consultazione e coordinamento. – 1. I Ministeri dello sviluppo economico, della salute, del lavoro e delle politiche sociali, dell'interno, dell'economia e delle finanze, delle infrastrutture e trasporti, nonché le altre amministrazioni pubbliche di volta in volta competenti per materia alla effettuazione dei controlli di cui all'articolo 107, provvedono, nell'ambito delle ordinarie disponibilità di bilancio e secondo le rispettive competenze, alla realizzazione di un sistema di scambio rapido di informazioni mediante un adeguato supporto informativo operante in via telematica, anche attraverso il Sistema pubblico di connettività, in conformità alle prescrizioni stabilite in sede comunitaria che consenta anche l'archiviazione e la diffusione delle informazioni (1).

2. I criteri per il coordinamento dei controlli previsti dall'articolo 107 sono stabiliti in una apposita conferenza di servizi fra i competenti uffici dei Ministeri e delle amministrazioni di cui al comma 1, convocata almeno due volte l'anno dal Ministro dello sviluppo economico; alla conferenza partecipano anche il Ministro della giustizia e le altre amministrazioni di cui al comma 1 di volta in volta competenti per materia (1).

3. La conferenza di cui al comma 2 tiene conto anche dei dati raccolti ed elaborati nell'ambito del sistema comunitario di informazione sugli incidenti domestici e del tempo libero.

4. Alla conferenza di cui al comma 2 possono presentare osservazioni gli organismi di categoria della produzione e della distribuzione, nonché le associazioni di tutela degli interessi dei consumatori e degli utenti iscritte all'elenco di cui all'articolo 137, secondo modalità definite dalla conferenza medesima.

(1) *Comma così modificato dall'art. 1[5] d.ls. 6 agosto 2015, n. 130. Ai sensi dell'art. 2[1] d.ls. n. 130, cit., la presente disposizione si applica a decorrere dal 9 gennaio 2016.*

107. Controlli. – 1. Le amministrazioni di cui all'articolo 106, comma 1, controllano che i prodotti immessi sul mercato siano sicuri. Il Ministero dello sviluppo economico comunica alla Commissione europea l'elenco delle amministrazioni di cui al periodo che precede, nonché degli uffici e degli organi di cui esse si avvalgono, aggiornato annualmente su indicazione delle amministrazioni stesse (1).

2. Le amministrazioni di cui all'articolo 106 possono adottare tra l'altro le misure seguenti:

a) per qualsiasi prodotto:

1) disporre, anche dopo che un prodotto è stato immesso sul mercato come prodotto sicuro, adeguate verifiche delle sue caratteristiche di sicurezza fino allo stadio dell'utilizzo o del consumo, anche procedendo ad ispezioni presso gli stabilimenti di produzione e di confezionamento, presso i magazzini di stoccaggio e presso i magazzini di vendita;

2) esigere tutte le informazioni necessarie dalle parti interessate;

3) prelevare campioni di prodotti per sottoporli a prove ed analisi volte ad accertare la sicurezza, redigendone processo verbale di cui deve essere rilasciata copia agli interessati;

b) per qualsiasi prodotto che possa presentare rischi in determinate condizioni:

1) richiedere l'apposizione sul prodotto, in lingua italiana, di adeguate avvertenze sui rischi che esso può presentare, redatte in modo chiaro e facilmente comprensibile;

2) sottoporne l'immissione sul mercato a condizioni preventive, in modo da renderlo sicuro;

c) per qualsiasi prodotto che possa presentare rischi per determinati soggetti:

1) disporre che tali soggetti siano avvertiti tempestivamente ed in una forma adeguata di tale rischio, anche mediante la pubblicazione di avvisi specifici;

d) per qualsiasi prodotto che può essere pericoloso:

1) vietare, per il tempo necessario allo svolgimento dei controlli, delle verifiche o degli accertamenti sulla sicurezza del prodotto, di fornirlo, di proporne la fornitura o di esporlo;

2) disporre, entro un termine perentorio, l'adeguamento del prodotto o di un lotto di prodotti già commercializzati agli obblighi di sicurezza previsti dal presente titolo, qualora non vi sia un rischio imminente per la salute e l'incolumità pubblica;

e) per qualsiasi prodotto pericoloso:

1) vietarne l'immissione sul mercato e adottare le misure necessarie a garantire l'osservanza del divieto;

f) per qualsiasi prodotto pericoloso già immesso sul mercato rispetto al quale l'azione già intrapresa dai produttori e dai distributori sia insoddisfacente o insufficiente:

1) ordinare o organizzare il suo ritiro effettivo e immediato e l'informazione dei consumatori circa i rischi da esso presentati. I costi relativi sono posti a carico del produttore e, ove ciò non sia in tutto o in parte possibile, a carico del distributore;

2) ordinare o coordinare o, se del caso, organizzare con i produttori e i distributori, il suo richiamo anche dai consumatori e la sua distruzione in condizioni opportune. I costi relativi sono posti a carico dei produttori e dei distributori.

3. Nel caso di prodotti che presentano un rischio grave le amministrazioni di cui all'articolo 106 intraprendono le azioni necessarie per applicare, con la dovuta celerità, opportune misure analoghe a quelle previste al comma 2, lettere da *b*) a *f*), tenendo conto delle linee-guida che riguardano la gestione del RAPEX di cui all'allegato II.

4. Le amministrazioni competenti quando adottano misure analoghe a quelle di cui al comma 2 ed in particolare a quelle di cui alle lettere *d*), *e*) e *f*), tenendo conto del principio di precauzione, agiscono nel rispetto del Trattato istitutivo della Comunità europea, in particolare degli articoli 28 e 30, per attuarle in modo proporzionato alla gravità del rischio.

5. Le amministrazioni competenti, nell'ambito delle misure adottate sulla base del principio di precauzione e, senza maggiori oneri per la finanza pubblica, incoraggiano e favoriscono l'azione volontaria dei produttori e dei distributori di adeguamento agli obblighi imposti dal presente titolo, anche mediante l'eventuale elaborazione di codici di buona condotta ed accordi con le categorie di settore.

6. Per le finalità di cui al presente titolo e senza oneri aggiuntivi per la finanza pubblica, le amministrazioni di cui all'articolo 106, comma 1, si avvalgono della collaborazione dell'Agenzia delle dogane e della Guardia di finanza, le quali hanno accesso al sistema di scambio rapido delle informazioni gestite dal sistema RAPEX, di cui all'allegato II, ed agiscono secondo le norme e le facoltà ad esse attribuite dall'ordinamento.

7. Le misure di cui al presente articolo possono riguardare, rispettivamente:

a) il produttore;

b) il distributore, e, in particolare, il responsabile della prima immissione in commercio;

c) qualsiasi altro detentore del prodotto, qualora ciò sia necessario al fine di collaborare alle azioni intraprese per evitare i rischi derivanti dal prodotto stesso.

8. Per armonizzare l'attività di controllo derivante dal presente titolo con quella attuata per i prodotti per i quali gli obblighi di sicurezza sono disciplinati dalla normativa antincendio, il Ministero dell'interno si avvale, per gli aspetti di coordinamento, del proprio Dipartimento dei vigili del fuoco, del soccorso pubblico e della difesa civile-direzione centrale per la prevenzione e la sicurezza tecnica del Corpo nazionale dei vigili del fuoco, nonché degli organi periferici del Corpo nazionale dei vigili del fuoco per gli interventi sul territorio, nell'ambito delle dotazioni organiche esistenti e, comunque, senza oneri aggiuntivi a carico del bilancio dello Stato.

9. Il Ministero della salute, ai fini degli adempimenti comunitari derivanti dalle norme sulla sicurezza dei prodotti e dal presente titolo, si avvale anche dei propri uffici di sanità marittima, aerea e di frontiera nell'ambito delle dotazioni organiche esistenti e, comunque, senza oneri aggiuntivi a carico del bilancio dello Stato.

10. Fatti salvi gli obblighi previsti dalla normativa vigente, i soggetti di cui al comma 1 sono tenuti a non divulgare le informazioni acquisite che, per loro natura, sono coperte dal segreto professionale, a meno che la loro divulgazione sia necessaria alla tutela della salute o della pubblica o privata incolumità.

(1) *Comma così modificato dall'art. 1[5] d.ls. 6 agosto 2015, n. 130. Ai sensi dell'art. 2[1] d.ls. n. 130, cit., la presente disposizione si applica a decorrere dal 9 gennaio 2016.*

108. Disposizioni procedurali. – 1. Il provvedimento adottato ai sensi dell'articolo 107 che limita l'immissione sul mercato di un prodotto o ne dispone il ritiro o il richiamo, deve essere adeguatamente motivato, con l'indicazione dei termini e delle Autorità competenti cui è possibile ricorrere e deve essere notificato entro sette giorni dall'adozione.

2. Fatti salvi i casi di grave o immediato pericolo per la salute o per la pubblica o privata incolumità, prima dell'adozione delle misure di cui all'articolo 107, commi 2 e 3, agli interessati deve essere consentito di partecipare alla fase del procedimento amministrativo e di presenziare agli accertamenti riguardanti i propri prodotti, in base agli articoli 7 e seguenti della legge 7 agosto 1990, n. 241; in particolare, gli interessati possono presentare all'Autorità competente osservazioni scritte e documenti.

3. Gli interessati possono presentare osservazioni scritte anche in seguito all'emanazione del provvedimento, anche quando, a causa

dell'urgenza della misura da adottare, non hanno potuto partecipare al procedimento.

3-*bis*. La procedura istruttoria per l'adozione dei provvedimenti emanati ai sensi dell'articolo 107, è stabilita con regolamento emanato ai sensi dell'articolo 17, comma 1, della legge 23 agosto 1988, n. 400, su proposta dell'Amministrazione competente, in modo da garantire il contradditorio, la piena cognizione degli atti e la verbalizzazione (1).

(1) *Comma aggiunto dall'art. 13 d.ls. 23 ottobre 2007, n. 221.*

109. Sorveglianza del mercato. – 1. Per esercitare un'efficace sorveglianza del mercato, volta a garantire un elevato livello di protezione della salute e della sicurezza dei consumatori, le amministrazioni di cui all'articolo 106, anche indipendentemente dalla conferenza di servizi, assicurano:

a) l'istituzione, l'aggiornamento periodico e l'esecuzione di programmi settoriali di sorveglianza per categorie di prodotti o di rischi, nonché il monitoraggio delle attività di sorveglianza, delle osservazioni e dei risultati;

b) l'aggiornamento delle conoscenze scientifiche e tecniche relative alla sicurezza dei prodotti;

c) esami e valutazioni periodiche del funzionamento delle attività di controllo e della loro efficacia, come pure, se del caso, la revisione dei metodi dell'organizzazione della sorveglianza messa in opera.

2. Le Amministrazioni di cui all'articolo 106 assicurano, altresì, la gestione dei reclami presentati dai consumatori e dagli altri interessati con riguardo alla sicurezza dei prodotti e alle attività di controllo e sorveglianza. Le modalità operative di cui al presente comma vengono concordate in sede di conferenza di servizi.

3. Le strutture amministrative competenti a svolgere l'attività di cui al comma 2 vanno rese note in sede di conferenza di servizi convocata dopo la data di entrata in vigore del codice. In quella sede sono definite le modalità per informare i consumatori e le altre parti interessate delle procedure di reclamo.

4. Dall'attuazione del presente articolo non devono derivare nuovi o maggiori oneri per la finanza pubblica.

110. Notificazione e scambio di informazioni. – 1. Il Ministero dello sviluppo economico notifica alla Commissione europea, precisando le ragioni che li hanno motivati, i provvedimenti di cui all'articolo 107, commi 2, lettere *b*), *c*), *d*), *e*) e *f*), e 3, nonché eventuali modifiche e revoche, fatta salva l'eventuale normativa comunitaria specifica vigente sulla procedura di notifica (1).

2. I provvedimenti, anche concordati con produttori e distributori, adottati per limitare o sottoporre a particolari condizioni la commercializzazione o l'uso di prodotti che presentano un rischio grave per i consumatori, vanno notificati alla Commissione europea secondo le prescrizioni del sistema RAPEX, tenendo conto dell'allegato II della direttiva 2001/95/CE, di cui all'allegato II.

3. Se il provvedimento adottato riguarda un rischio che si ritiene limitato al territorio nazionale, il Ministero dello sviluppo economico procede, anche su richiesta delle altre amministrazioni competenti, alla notifica alla Commissione europea qualora il provvedimento contenga informazioni suscettibili di presentare un interesse, quanto alla sicurezza dei prodotti, per gli altri Stati membri, in particolare se tale provvedimento risponde ad un rischio nuovo, non ancora segnalato in altre notifiche (1).

4. Ai fini degli adempimenti di cui al comma 1, i provvedimenti adottati dalle amministrazioni competenti di cui all'articolo 106 devono essere comunicati tempestivamente al Ministero dello sviluppo economico; analoga comunicazione deve essere data a cura delle cancellerie ovvero delle segreterie degli organi giurisdizionali, relativamente ai provvedimenti, sia a carattere provvisorio, sia a carattere definitivo, emanati dagli stessi nell'ambito degli interventi di competenza (1).

5. Il Ministero dello sviluppo economico comunica all'amministrazione competente le decisioni eventualmente adottate dalla Commissione europea relativamente a prodotti che presentano un rischio grave per la salute e la sicurezza dei consumatori in diversi Stati membri e che quindi necessitano, entro un termine di venti giorni, dell'adozione di provvedimenti idonei. È fatto salvo il rispetto del termine eventualmente inferiore previsto nella decisione della Commissione europea (1).

6. Le Autorità competenti assicurano alle parti interessate la possibilità di esprimere entro un mese dall'adozione della decisione di cui al comma 5, pareri ed osservazioni per il successivo inoltro alla Commissione.

7. Sono vietate le esportazioni al di fuori dell'Unione europea di prodotti pericolosi oggetto di una decisione di cui al comma 5, a meno che la decisione non disponga diversamente.

(1) *Comma così modificato dall'art. 1[5] d.lgs. 6 agosto 2015, n. 130. Ai sensi dell'art. 2[1] d.lgs. n. 130, cit., la presente disposizione si applica a decorrere dal 9 gennaio 2016.*

111. **Responsabilità del produttore.** – 1. Sono fatte salve le disposizioni di cui al titolo secondo in materia di responsabilità per danno da prodotti difettosi.

112. **Sanzioni.** – 1. Salvo che il fatto costituisca più grave reato, il produttore o il distributore che immette sul mercato prodotti pericolosi in violazione del divieto di cui all'articolo 107, comma 2, lettera *e*), è punito con l'arresto da sei mesi ad un anno e con l'ammenda da 10.000 euro a 50.000 euro.

2. Salvo che il fatto costituisca più grave reato, il produttore che immette sul mercato prodotti pericolosi, è punito con l'arresto fino ad un anno e con l'ammenda da 10.000 euro a 50.000 euro.

3. Salvo che il fatto costituisca più grave reato, il produttore o il distributore che non ottempera ai provvedimenti emanati a norma dell'articolo 107, comma 2, lettere *b*), numeri 1) e 2), *c*) e *d*), numeri 1) e 2), è punito con l'ammenda da 10.000 euro a 25.000 euro.

4. Il produttore o il distributore che non assicura la dovuta collaborazione ai fini dello svolgimento delle attività di cui all'articolo 107, comma 2, lettera *a*), è soggetto alla sanzione amministrativa da 2.500 euro a 40.000 euro.

5. Salvo che il fatto costituisca reato, il produttore che violi le disposizioni di cui all'articolo 104, commi 2, 3, 5, 7, 8 e 9, ed il distributore che violi le disposizioni di cui al medesimo articolo 104, commi 6, 7, 8 e 9, sono soggetti ad una sanzione amministrativa compresa fra 1.500 euro e 30.000 euro.

113. **Rinvio.** – 1. Sono fatte salve le specifiche norme di settore che, con riferimento a particolari categorie merceologiche, obbligano a specifici standard di sicurezza.

2. Sono fatte salve le disposizioni regionali che disciplinano i controlli di competenza.

TITOLO II
Responsabilità per danno da prodotti difettosi

114. **Responsabilità del produttore.** – 1. Il produttore è responsabile del danno cagionato da difetti del suo prodotto.

115. **Prodotto e produttore** (1). – 1. Prodotto, ai fini del presente titolo, è ogni bene mobile, anche se incorporato in altro bene mobile o immobile.

2. Si considera prodotto anche l'elettricità.

2-*bis*. Produttore, ai fini del presente titolo, è il fabbricante del prodotto finito o di una sua componente, il produttore della materia prima, nonché, per i prodotti agricoli del suolo e per quelli dell'allevamento, della pesca e della caccia, rispettivamente l'agricoltore, l'allevatore, il pescatore ed il cacciatore (2).

(1) *Rubrica così sostituita dall'art. 14[1] d.ls. 23 ottobre 2007, n. 221.*
(2) *Comma aggiunto dall'art. 14[2] d.ls. n. 221, cit.*

116. Responsabilità del fornitore. – 1. Quando il produttore non sia individuato, è sottoposto alla stessa responsabilità il fornitore che abbia distribuito il prodotto nell'esercizio di un'attività commerciale, se ha omesso di comunicare al danneggiato, entro il termine di tre mesi dalla richiesta, l'identità e il domicilio del produttore o della persona che gli ha fornito il prodotto.

2. La richiesta deve essere fatta per iscritto e deve indicare il prodotto che ha cagionato il danno, il luogo e, con ragionevole approssimazione, la data dell'acquisto; deve inoltre contenere l'offerta in visione del prodotto, se ancora esistente.

3. Se la notificazione dell'atto introduttivo del giudizio non è stata preceduta dalla richiesta prevista dal comma 2, il convenuto può effettuare la comunicazione entro i tre mesi successivi.

4. In ogni caso, su istanza del fornitore presentata alla prima udienza del giudizio di primo grado, il giudice, se le circostanze lo giustificano, può fissare un ulteriore termine non superiore a tre mesi per la comunicazione prevista dal comma 1.

5. Il terzo indicato come produttore o precedente fornitore può essere chiamato nel processo a norma dell'articolo 106 del codice di procedura civile e il fornitore convenuto può essere estromesso, se la persona indicata comparisce e non contesta l'indicazione. Nell'ipotesi prevista dal comma 3, il convenuto può chiedere la condanna dell'attore al rimborso delle spese cagionategli dalla chiamata in giudizio.

6. Le disposizioni del presente articolo si applicano al prodotto importato nella Unione europea, quando non sia individuato l'importatore, anche se sia noto il produttore.

117. Prodotto difettoso. – 1. Un prodotto è difettoso quando non offre la sicurezza che ci si può legittimamente attendere tenuto conto di tutte le circostanze, tra cui:

a) il modo in cui il prodotto è stato messo in circolazione, la sua presentazione, le sue caratteristiche palesi, le istruzioni e le avvertenze fornite;

b) l'uso al quale il prodotto può essere ragionevolmente destinato e i comportamenti che, in relazione ad esso, si possono ragionevolmente prevedere;

c) il tempo in cui il prodotto è stato messo in circolazione.

2. Un prodotto non può essere considerato difettoso per il solo fatto che un prodotto più perfezionato sia stato in qualunque tempo messo in commercio.

3. Un prodotto è difettoso se non offre la sicurezza offerta normalmente dagli altri esemplari della medesima serie.

118. **Esclusione della responsabilità.** – 1. La responsabilità è esclusa:

a) se il produttore non ha messo il prodotto in circolazione;

b) se il difetto che ha cagionato il danno non esisteva quando il produttore ha messo il prodotto in circolazione;

c) se il produttore non ha fabbricato il prodotto per la vendita o per qualsiasi altra forma di distribuzione a titolo oneroso, né lo ha fabbricato o distribuito nell'esercizio della sua attività professionale;

d) se il difetto è dovuto alla conformità del prodotto a una norma giuridica imperativa o a un provvedimento vincolante;

e) se lo stato delle conoscenze scientifiche e tecniche, al momento in cui il produttore ha messo in circolazione il prodotto, non permetteva ancora di considerare il prodotto come difettoso;

f) nel caso del produttore o fornitore di una parte componente o di una materia prima, se il difetto è interamente dovuto alla concezione del prodotto in cui è stata incorporata la parte o materia prima o alla conformità di questa alle istruzioni date dal produttore che la ha utilizzata.

119. **Messa in circolazione del prodotto.** – 1. Il prodotto è messo in circolazione quando sia consegnato all'acquirente, all'utilizzatore, o a un ausiliario di questi, anche in visione o in prova.

2. La messa in circolazione avviene anche mediante la consegna al vettore o allo spedizioniere per l'invio all'acquirente o all'utilizzatore.

3. La responsabilità non è esclusa se la messa in circolazione dipende da vendita forzata, salvo che il debitore abbia segnalato specificamente il difetto con dichiarazione resa all'ufficiale giudiziario all'atto del pignoramento o con atto notificato al creditore procedente e depositato presso la cancelleria del giudice dell'esecuzione entro quindici giorni dal pignoramento stesso.

120. **Prova.** – 1. Il danneggiato deve provare il difetto, il danno, e la connessione causale tra difetto e danno.

2. Il produttore deve provare i fatti che possono escludere la responsabilità secondo le disposizioni dell'articolo 118. Ai fini dell'esclusione da responsabilità prevista nell'articolo 118, comma 1, lettera *b*), è sufficiente dimostrare che, tenuto conto delle circostanze, è probabile che il difetto non esistesse ancora nel momento in cui il prodotto è stato messo in circolazione.

3. Se è verosimile che il danno sia stato causato da un difetto del prodotto, il giudice può ordinare che le spese della consulenza tecnica siano anticipate dal produttore.

121. **Pluralità di responsabili.** – 1. Se più persone sono responsabili del medesimo danno, tutte sono obbligate in solido al risarcimento.

2. Colui che ha risarcito il danno ha regresso contro gli altri nella misura determinata dalle dimensioni del rischio riferibile a ciascuno, dalla gravità delle eventuali colpe e dalla entità delle conseguenze che ne sono derivate. Nel dubbio la ripartizione avviene in parti uguali.

122. **Colpa del danneggiato.** – 1. Nelle ipotesi di concorso del fatto colposo del danneggiato il risarcimento si valuta secondo le disposizioni dell'articolo 1227 del codice civile.

2. Il risarcimento non è dovuto quando il danneggiato sia stato consapevole del difetto del prodotto e del pericolo che ne derivava e nondimeno vi si sia volontariamente esposto.

3. Nell'ipotesi di danno a cosa, la colpa del detentore di questa è parificata alla colpa del danneggiato.

123. **Danno risarcibile.** – 1. È risarcibile in base alle disposizioni del presente titolo:

a) il danno cagionato dalla morte o da lesioni personali;

b) la distruzione o il deterioramento di una cosa diversa dal prodotto difettoso, purché di tipo normalmente destinato all'uso o consumo privato e così principalmente utilizzata dal danneggiato.

2. Il danno a cose è risarcibile solo nella misura che ecceda la somma di euro trecentottantasette.

124. **Clausole di esonero da responsabilità.** – 1. È nullo qualsiasi patto che escluda o limiti preventivamente, nei confronti del danneggiato, la responsabilità prevista dal presente titolo.

125. **Prescrizione.** – 1. Il diritto al risarcimento si prescrive in tre anni dal giorno in cui il danneggiato ha avuto o avrebbe dovuto avere conoscenza del danno, del difetto e dell'identità del responsabile.

2. Nel caso di aggravamento del danno, la prescrizione non comincia a decorrere prima del giorno in cui il danneggiato ha avuto o avrebbe dovuto avere conoscenza di un danno di gravità sufficiente a giustificare l'esercizio di un'azione giudiziaria.

126. Decadenza. – 1. Il diritto al risarcimento si estingue alla scadenza di dieci anni dal giorno in cui il produttore o l'importatore nella Comunità europea ha messo in circolazione il prodotto che ha cagionato il danno.

2. La decadenza è impedita solo dalla domanda giudiziale, salvo che il processo si estingua, dalla domanda di ammissione del credito in una procedura concorsuale o dal riconoscimento del diritto da parte del responsabile.

3. L'atto che impedisce la decadenza nei confronti di uno dei responsabili non ha effetto riguardo agli altri.

127. Responsabilità secondo altre disposizioni di legge. – 1. Le disposizioni del presente titolo non escludono né limitano i diritti attribuiti al danneggiato da altre leggi.

2. Le disposizioni del presente titolo non si applicano ai danni cagionati dagli incidenti nucleari previsti dalla legge 31 dicembre 1962, n. 1860, e successive modificazioni.

3. Le disposizioni del presente titolo non si applicano ai prodotti messi in circolazione prima del 30 luglio 1988.

TITOLO III
Garanzia legale di conformità e garanzie commerciali per i beni di consumo

CAPO I – (1) *Della vendita di beni*

(1) *Il presente capo (comprendente gli artt. da 128 a 135-septies) è stato così sostituito dall'art. 1[1] d.ls. 4 novembre 2021, n. 170. Ai sensi dell'art. 2[1] d.ls. n. 170, cit.: « Le modifiche apportate al decreto legislativo 6 settembre 2005, n. 206, dall'articolo 1, commi 1 e 2, del presente decreto acquistano efficacia a decorrere dal 1° gennaio 2022 e si applicano ai contratti conclusi successivamente a tale data ».*

128. (1) Ambito di applicazione e definizioni. – 1. Il presente capo disciplina taluni aspetti dei contratti di vendita conclusi tra consumatore e venditore fra i quali la conformità dei beni al contratto, i rimedi in caso di difetto di conformità, le modalità di esercizio di tali rimedi e le garanzie convenzionali. A tali fini, ai contratti di

LEGGI COMPLEMENTARI

vendita sono equiparati i contratti di permuta e di somministrazione nonché quelli di appalto, d'opera e tutti gli altri contratti comunque finalizzati alla fornitura di beni da fabbricare o produrre.

2. Ai fini del presente capo si intende per:

a) contratto di vendita: qualsiasi contratto in base al quale il venditore trasferisce o si impegna a trasferire la proprietà di beni al consumatore e il consumatore ne paga o si impegna a pagare il prezzo;

b) consumatore: la persona fisica di cui all'articolo 3, comma 1, lettera *a*);

c) venditore: qualsiasi persona fisica o giuridica, pubblica o privata, che nell'esercizio della propria attività imprenditoriale o professionale, anche tramite altra persona che agisca in suo nome o per suo conto, utilizza i contratti di cui al comma 1, primo periodo, ivi compreso il fornitore di piattaforme se agisce per finalità che rientrano nel quadro della sua attività e quale controparte contrattuale del consumatore per la fornitura di contenuto digitale o di servizi digitali;

d) produttore: il fabbricante di un bene, l'importatore di un bene nel territorio dell'Unione o qualsiasi altra persona che si presenta come produttore apponendo sul bene il suo nome, marchio o altro segno distintivo;

e) bene:

1) qualsiasi bene mobile materiale anche da assemblare;

l'acqua, il gas e l'energia elettrica quando sono confezionati per la vendita in un volume delimitato o in quantità determinata;

2) qualsiasi bene mobile materiale che incorpora, o è interconnesso con, un contenuto digitale o un servizio digitale in modo tale che la mancanza di detto contenuto digitale o servizio digitale impedirebbe lo svolgimento delle funzioni proprie del bene ("beni con elementi digitali");

3) gli animali vivi;

f) contenuto digitale: i dati prodotti e forniti in formato digitale;

g) servizio digitale:

1) un servizio che consente al consumatore di creare, trasformare, memorizzare i dati o di accedervi in formato digitale;

oppure

2) un servizio che consente la condivisione di dati in formato digitale caricati o creati dal consumatore o da altri utenti di tale servizio o qualsiasi altra interazione con tali dati;

h) compatibilità: la capacità del bene di funzionare con hardware o software con cui sono normalmente utilizzati i beni del medesimo tipo, senza che sia necessario convertire i beni, l'hardware o il software;

i) funzionalità: la capacità del bene di svolgere tutte le sue funzioni in considerazione del suo scopo;

l) interoperabilità: la capacità del bene di funzionare con hardware o software diversi da quelli con cui sono normalmente utilizzati i beni dello stesso tipo;

m) supporto durevole: ogni strumento che permetta al consumatore o al venditore di conservare le informazioni che gli sono personalmente indirizzate, in modo da potervi accedere in futuro per un periodo di tempo adeguato alle finalità cui esse sono destinate e che permetta la riproduzione identica delle informazioni memorizzate;

n) garanzia convenzionale: qualsiasi impegno di un venditore o di un produttore (il "garante"), assunto nei confronti del consumatore, in aggiunta agli obblighi di legge in merito alla garanzia di conformità, di rimborsare il prezzo pagato, sostituire, riparare, o intervenire altrimenti sul bene, qualora esso non corrisponda alle caratteristiche, o a qualsiasi altro requisito non relativo alla conformità, enunciati nella dichiarazione di garanzia o nella relativa pubblicità disponibile al momento o prima della conclusione del contratto;

o) durabilità: la capacità dei beni di mantenere le loro specifiche funzioni e prestazioni attraverso un uso normale;

p) senza spese: senza i costi necessari per rendere conformi i beni, con particolare riferimento alle spese di spedizione, di trasporto, di mano d'opera e di materiali;

q) asta pubblica: metodo di vendita in cui i beni o servizi sono offerti dal venditore ai consumatori che partecipano, o ai quali è data la possibilità di partecipare personalmente all'asta, la quale si svolge mediante una trasparente procedura competitiva gestita da una casa d'aste e in cui l'aggiudicatario è tenuto all'acquisto dei beni o servizi.

3. Le disposizioni del presente capo non si applicano ai contratti di fornitura di un contenuto digitale o di un servizio digitale, i quali rientrano nel campo di applicazione delle disposizioni di attuazione della direttiva (UE) 2019/770 del Parlamento europeo e del Consiglio, del 20 maggio 2019, relativa a determinati aspetti dei contratti di fornitura di contenuti digitali o servizi digitali. Esse si applicano ai contenuti digitali o ai servizi digitali incorporati o interconnessi con beni, ai sensi del comma 2, lettera *e*), numero 2), i quali sono forniti con il bene in forza del contratto di vendita, indipendentemente dal fatto che i predetti contenuti digitali o servizi digitali siano forniti dal

venditore o da terzi. Quando è dubbio se la fornitura di un contenuto o di un servizio digitale incorporato o interconnesso faccia parte del contratto di vendita, si presume che tale fornitura rientri nel contratto di vendita.

4. Le disposizioni del presente capo non si applicano inoltre:

a) al supporto materiale che funge esclusivamente da vettore del contenuto digitale;

b) ai beni oggetto di vendita forzata o comunque venduti dalle autorità giudiziarie, anche mediante delega ai notai, o secondo altre modalità previste dalla legge.

5. Le disposizioni del presente capo si applicano alla vendita di beni usati, tenuto conto del tempo del pregresso utilizzo, limitatamente ai difetti non derivanti dall'uso normale della cosa, anche nel caso in cui siano venduti in aste pubbliche qualora non siano state messe a disposizione dei consumatori informazioni chiare e complete circa l'inapplicabilità delle disposizioni del presente capo.

(1) *V. nota* sub *Capo I.*

129. (1) **Conformità dei beni al contratto.** – 1. Il venditore fornisce al consumatore beni che soddisfano i requisiti di cui ai commi 2 e 3, nonché le previsioni degli articoli 130 e 131 in quanto compatibili, fatto salvo quanto previsto dall'articolo 132.

2. Per essere conforme al contratto di vendita, il bene deve possedere i seguenti requisiti soggettivi, ove pertinenti:

a) corrispondere alla descrizione, al tipo, alla quantità e alla qualità contrattuali e possedere la funzionalità, la compatibilità, l'interoperabilità e le altre caratteristiche come previste dal contratto di vendita;

b) essere idoneo ad ogni utilizzo particolare voluto dal consumatore, che sia stato da questi portato a conoscenza del venditore al più tardi al momento della conclusione del contratto di vendita e che il venditore abbia accettato;

c) essere fornito assieme a tutti gli accessori, alle istruzioni, anche inerenti all'installazione, previsti dal contratto di vendita; e

d) essere fornito con gli aggiornamenti come previsto dal contratto di vendita.

3. Oltre a rispettare i requisiti soggettivi di conformità, per essere conforme al contratto di vendita il bene deve possedere i seguenti requisiti oggettivi, ove pertinenti:

a) essere idoneo agli scopi per i quali si impiegano di norma beni dello stesso tipo, tenendo eventualmente conto di altre disposizioni dell'ordinamento nazionale e del diritto dell'Unione, delle norme tecniche o, in mancanza di tali norme tecniche, dei codici di condotta dell'industria applicabili allo specifico settore;

b) ove pertinente, possedere la qualità e corrispondere alla descrizione di un campione o modello che il venditore ha messo a disposizione del consumatore prima della conclusione del contratto;

c) ove pertinente essere consegnato assieme agli accessori, compresi imballaggio, istruzioni per l'installazione o altre istruzioni, che il consumatore può ragionevolmente aspettarsi di ricevere; e,

d) essere della quantità e possedere le qualità e altre caratteristiche, anche in termini di durabilità, funzionalità, compatibilità e sicurezza, ordinariamente presenti in un bene del medesimo tipo e che il consumatore può ragionevolmente aspettarsi, tenuto conto della natura del bene e delle dichiarazioni pubbliche fatte dal o per conto del venditore, o da altre persone nell'ambito dei precedenti passaggi della catena di transazioni commerciali, compreso il produttore, in particolare nella pubblicità o nell'etichetta.

(1) *V. nota* sub *Capo I.*

130. (1) **Obblighi del venditore e condotta del consumatore.** – 1. Il venditore non è vincolato dalle dichiarazioni pubbliche di cui all'articolo 129, comma 3, lettera *d*), quando, anche alternativamente, dimostra che:

a) non era a conoscenza della dichiarazione pubblica in questione e non poteva conoscerla con l'ordinaria diligenza;

b) la dichiarazione pubblica è stata adeguatamente corretta entro il momento della conclusione del contratto con le stesse modalità, o con modalità simili a quelle con le quali è stata resa;

c) la decisione di acquistare il bene non è stata influenzata dalla dichiarazione pubblica.

2. Nel caso di beni con elementi digitali, il venditore è obbligato a tenere informato il consumatore sugli aggiornamenti disponibili, anche di sicurezza, necessari al fine di mantenere la conformità di tali beni, e a fornirglieli, nel periodo di tempo:

a) che il consumatore può ragionevolmente aspettarsi, date la tipologia e la finalità dei beni e degli elementi digitali, e tenendo conto delle circostanze e della natura del contratto, se il contratto di vendita prevede un unico atto di fornitura del contenuto digitale o del servizio digitale; oppure

b) indicato all'articolo 133, commi 2 o 3, a seconda dei casi, se il contratto di vendita prevede una fornitura continuativa del contenuto digitale o del servizio digitale nell'arco di un periodo di tempo.

3. Se il consumatore non installa entro un congruo termine gli

aggiornamenti forniti a norma del comma 2, il venditore non è responsabile per qualsiasi difetto di conformità derivante unicamente dalla mancanza dell'aggiornamento pertinente, a condizione che:

a) il venditore abbia informato il consumatore della disponibilità dell'aggiornamento e delle conseguenze della mancata installazione dello stesso da parte del consumatore; e

b) la mancata, o errata, installazione dell'aggiornamento da parte del consumatore non sia dovuta a carenze delle istruzioni di installazione fornite dal venditore al consumatore.

4. Non vi è difetto di conformità ai sensi dell'articolo 129, comma 3, e dell'articolo 130, comma 2, se, al momento della conclusione del contratto di vendita, il consumatore era stato specificamente informato del fatto che una caratteristica particolare del bene si discostava dai requisiti oggettivi di conformità previsti da tali norme e il consumatore ha espressamente e separatamente accettato tale scostamento al momento della conclusione del contratto di vendita.

(1) *V. nota* sub *Capo I.*

131. (1) **Errata installazione dei beni.** – 1. L'eventuale difetto di conformità che deriva dall'errata installazione del bene è considerato difetto di conformità del bene se:

a) l'installazione è prevista dal contratto di vendita ed è stata eseguita dal venditore o sotto la sua responsabilità; oppure

b) l'installazione, da eseguirsi a carico del consumatore, è stata effettuata dal consumatore e l'errata installazione dipende da carenze nelle istruzioni di installazione fornite dal venditore o, per i beni con elementi digitali, fornite dal venditore o dal fornitore del contenuto digitale o del servizio digitale.

(1) *V. nota* sub *Capo I.*

132. (1) **Diritti dei terzi.** – 1. I rimedi di cui all'articolo 135-*bis* si estendono ai casi di impedimento o limitazione d'uso del bene venduto in conformità a quanto previsto dagli articoli 129 e 130, conseguenti ad una restrizione derivante dalla violazione di diritti dei terzi, in particolare di diritti di proprietà intellettuale, fatte salve altre disposizioni previste dall'ordinamento giuridico in tema di nullità, annullamento o altre ipotesi di scioglimento del contratto.

(1) *V. nota* sub *Capo I.*

133. (1) **Responsabilità del venditore.** – 1. Il venditore è responsabile nei confronti del consumatore di qualsiasi difetto di conformità esistente al momento della consegna del bene eseguita ai sensi dell'articolo 61 e che si manifesta entro due anni da tale momento.

Fermo quanto previsto dall'articolo 130, comma 2, il presente comma si applica anche ai beni con elementi digitali.

2. Nel caso di beni con elementi digitali, quando il contratto di vendita prevede la fornitura continuativa del contenuto digitale o del servizio digitale per un periodo di tempo, il venditore è responsabile anche per qualsiasi difetto di conformità del contenuto digitale o del servizio digitale che si verifica o si manifesta entro due anni dal momento della consegna dei beni con elementi digitali. Se il contratto prevede una fornitura continuativa per più di due anni, il venditore risponde di qualsiasi difetto di conformità del contenuto digitale o del servizio digitale che si verifica o si manifesta nel periodo di tempo durante il quale il contenuto digitale o il servizio digitale deve essere fornito a norma del contratto di vendita.

3. L'azione diretta a far valere i difetti non dolosamente occultati dal venditore si prescrive, in ogni caso, nel termine di ventisei mesi dalla consegna del bene; il consumatore, che sia convenuto per l'esecuzione del contratto, può tuttavia far valere sempre i diritti di cui all'articolo 135-*bis*.

4. Nel caso di beni usati le parti possono limitare la durata della responsabilità di cui ai commi 1 e 2 e il termine di prescrizione di cui al comma 3 ad un periodo di tempo non inferiore ad un anno.

(1) *V. nota* sub *Capo I.*

134. (1) **Diritto di regresso.** – 1. Il venditore finale, quando è responsabile nei confronti del consumatore a causa di un difetto di conformità imputabile ad un'azione o ad un'omissione di una persona nell'ambito dei passaggi precedenti della medesima catena contrattuale distributiva, inclusa l'omissione di fornire gli aggiornamenti per i beni con elementi digitali a norma dell'articolo 130, comma 2, ha diritto di regresso nei confronti della persona o delle persone responsabili nella catena di transazioni commerciali.

2. Il venditore finale che abbia ottemperato ai rimedi esperiti dal consumatore può agire in regresso, entro un anno dall'esecuzione della prestazione, nei confronti del soggetto o dei soggetti responsabili per ottenere la reintegrazione di quanto prestato.

(1) *V. nota* sub *Capo I.*

135. (1) **Onere della prova.** – 1. Salvo prova contraria, si presume che qualsiasi difetto di conformità che si manifesta entro un anno dal momento in cui il bene è stato consegnato esistesse già a tale data, a meno che tale ipotesi sia incompatibile con la natura del bene o con la natura del difetto di conformità. Il presente comma si applica anche ai beni con elementi digitali.

2. Per i beni con elementi digitali per i quali il contratto di vendita prevede la fornitura continuativa del contenuto digitale o del servizio digitale per un periodo di tempo, l'onere della prova riguardo al fatto che il contenuto digitale o il servizio digitale era conforme entro il periodo di tempo di cui all'articolo 133, comma 2, spetta al venditore per qualsiasi difetto di conformità che si manifesta entro il termine indicato da tale articolo.

(1) *V. nota* sub *Capo I.*

135-*bis*. (1) **Rimedi.** – 1. In caso di difetto di conformità del bene, il consumatore ha diritto al ripristino della conformità, o a ricevere una riduzione proporzionale del prezzo, o alla risoluzione del contratto sulla base delle condizioni stabilite nei seguenti commi.

2. Ai fini del ripristino della conformità del bene, il consumatore può scegliere tra riparazione e sostituzione, purché il rimedio prescelto non sia impossibile o, rispetto al rimedio alternativo, non imponga al venditore costi sproporzionati, tenuto conto di tutte le circostanze e, in particolare, delle seguenti:

a) il valore che il bene avrebbe in assenza del difetto di conformità;

b) l'entità del difetto di conformità; e

c) la possibilità di esperire il rimedio alternativo senza notevoli inconvenienti per il consumatore.

3. Il venditore può rifiutarsi di rendere conformi i beni se la riparazione e la sostituzione sono impossibili o se i costi che il venditore dovrebbe sostenere sono sproporzionati, tenuto conto di tutte le circostanze, comprese quelle di cui al comma 2, lettere *a*) e *b*).

4. Il consumatore ha diritto ad una riduzione proporzionale del prezzo o alla risoluzione del contratto di vendita ai sensi dell'articolo 135-*quater* nel caso in cui:

a) il venditore non ha effettuato la riparazione o la sostituzione oppure non ha effettuato la riparazione o la sostituzione, ove possibile, ai sensi dell'articolo 135-*ter*, commi 1, 2 e 3, oppure ha rifiutato di rendere conformi i beni ai sensi del comma 3;

b) si manifesta un difetto di conformità, nonostante il tentativo del venditore di ripristinare la conformità del bene;

c) il difetto di conformità è talmente grave da giustificare l'immediata riduzione del prezzo o la risoluzione del contratto di vendita; oppure

d) il venditore ha dichiarato o risulta chiaramente dalle circostanze, che non procederà al ripristino della conformità del bene entro un periodo ragionevole o senza notevoli inconvenienti per il consumatore.

5. Il consumatore non ha il diritto di risolvere il contratto se il difetto di conformità è solo di lieve entità. L'onere della prova della lieve entità del difetto è a carico del venditore.

6. Il consumatore può rifiutarsi di eseguire il pagamento di qualsiasi parte di prezzo fino a quando il venditore non abbia adempiuto agli obblighi previsti dal presente capo. Restano ferme le disposizioni del codice civile che disciplinano l'eccezione di inadempimento e il concorso del fatto del consumatore.

(1) *V. nota* sub *Capo I.*

135-*ter*. (1) **Riparazione o sostituzione.** – 1. La riparazione o la sostituzione sono effettuate:

a) senza spese;

b) entro un congruo periodo di tempo dal momento in cui il venditore è stato informato dal consumatore del difetto di conformità; e

c) senza notevoli inconvenienti per il consumatore, tenuto conto della natura del bene e dello scopo per il quale il consumatore ha voluto il bene.

2. Qualora si debba rimediare al difetto di conformità mediante riparazione o sostituzione dei beni, il consumatore deve metterli a disposizione del venditore. Il venditore riprende i beni sostituiti a proprie spese.

3. Qualora la riparazione richieda la rimozione del bene installato in modo conforme alla natura e allo scopo dello stesso prima che si manifesti il difetto di conformità, o qualora si riveli necessario sostituire il bene, l'obbligo di riparare o sostituire il bene comprende la rimozione del bene non conforme e l'installazione del bene sostitutivo o riparato, oppure l'obbligo di sostenere le spese di rimozione o installazione.

4. Il consumatore non è tenuto a pagare per il normale uso del bene sostituito nel periodo precedente la sostituzione.

(1) *V. nota* sub *Capo I.*

135-*quater*. (1) **Riduzione del prezzo e risoluzione del contratto.** – 1. La riduzione del prezzo è proporzionale alla diminuzione di valore del bene ricevuto dal consumatore rispetto al valore che avrebbe avuto se fosse stato conforme.

2. Il consumatore esercita il diritto alla risoluzione del contratto di vendita mediante una dichiarazione diretta al venditore contenente la manifestazione di volontà di risolvere il contratto di vendita.

3. Se il difetto di conformità riguarda solo alcuni dei beni consegnati a norma del contratto di vendita e sussiste una causa di risoluzione del contratto di vendita ai sensi dell'articolo 135-*bis*, il consumatore può risolvere il contratto limitatamente ai beni non conformi e a quelli acquistati insieme ai beni non conformi, qualora non sia ragionevolmente presumibile la sussistenza di un interesse del consumatore a mantenere nella propria disponibilità i beni non affetti da vizi.

4. Se il consumatore risolve interamente il contratto di vendita o, conformemente al comma 3, limitatamente ad alcuni dei beni consegnati in forza del contratto di vendita:

a) il consumatore restituisce il bene al venditore, a spese di quest'ultimo, e

b) il venditore rimborsa al consumatore il prezzo pagato per il bene al ricevimento del bene o delle prove fornite dal consumatore in ordine al fatto di aver restituito o spedito il bene.

(1) *V. nota* sub *Capo I.*

135-*quinquies*. (1) **Garanzie convenzionali.** – 1. La garanzia convenzionale vincola chi la offre secondo le modalità indicate nella dichiarazione di garanzia medesima e nella relativa pubblicità disponibile al momento o prima della conclusione del contratto.

Secondo le condizioni stabilite nel presente articolo e fatte salve eventuali altre disposizioni applicabili del diritto dell'Unione o nazionale, quando un produttore offre al consumatore una garanzia convenzionale concernente la durabilità di determinati beni nell'arco di un determinato periodo di tempo, il produttore è direttamente responsabile nei confronti del consumatore durante l'intero periodo di durata della garanzia per la riparazione o la sostituzione dei beni in conformità dell'articolo 135-*ter*. Nella dichiarazione di garanzia convenzionale di durabilità il produttore può offrire al consumatore condizioni più favorevoli. Se le condizioni stabilite nella dichiarazione di garanzia convenzionale sono meno vantaggiose per il consumatore rispetto alle condizioni stabilite nella relativa pubblicità, la garanzia convenzionale vincola secondo le condizioni stabilite nella pubblicità relativa alla garanzia convenzionale, a meno che la pubblicità associata sia stata corretta prima della conclusione del contratto secondo le stesse modalità, o con modalità simili a quelle in cui è stata resa.

2. La dichiarazione di garanzia convenzionale è fornita al consumatore su supporto durevole al più tardi al momento della consegna dei beni. La dichiarazione di garanzia convenzionale è redatta in un

linguaggio semplice e comprensibile. Essa comprende i seguenti elementi:

a) una dichiarazione chiara che il consumatore dispone per legge, a titolo gratuito, di rimedi per i difetti di conformità nei confronti del venditore e che tali rimedi non sono pregiudicati dalla garanzia convenzionale;

b) nome e indirizzo del garante;

c) la procedura che il consumatore deve seguire per far valere la garanzia convenzionale;

d) la designazione dei beni cui si applica la garanzia convenzionale; e

e) le condizioni della garanzia convenzionale.

3. La garanzia deve essere redatta in lingua italiana con caratteri non meno evidenti di quelli di eventuali altre lingue.

4. Il mancato rispetto di quanto previsto dal comma 2 non pregiudica l'efficacia vincolante della garanzia convenzionale per il garante.

(1) *V. nota* sub *Capo I.*

135-*sexies*. (1) **Carattere imperativo delle disposizioni.** – 1. Salvo quanto altrimenti disposto dal presente capo, è nullo ogni patto, anteriore alla comunicazione al venditore del difetto di conformità, volto ad escludere o limitare a danno del consumatore, anche in modo indiretto, i diritti riconosciuti dal presente capo. La nullità può essere fatta valere solo dal consumatore e può essere rilevata d'ufficio dal giudice.

2. Il venditore può sempre offrire al consumatore condizioni contrattuali di maggior tutela rispetto a quanto previsto dalle disposizioni del presente capo.

3. È nulla ogni clausola contrattuale che, prevedendo l'applicabilità al contratto di una legislazione di uno Stato non appartenente all'Unione europea, abbia l'effetto di privare il consumatore della protezione assicurata dal presente capo, laddove il contratto presenti uno stretto collegamento con il territorio di uno Stato membro dell'Unione europea.

(1) *V. nota* sub *Capo I.*

135-*septies*. (1) **Tutela in base ad altre disposizioni.** – 1. Per quanto non previsto dal presente capo, si applicano le disposizioni del codice civile in tema di formazione, validità ed efficacia dei contratti, comprese le conseguenze della risoluzione del contratto e il diritto al risarcimento del danno.

2. Per gli aspetti disciplinati dal presente capo non si applicano altre disposizioni aventi l'effetto di garantire al consumatore un diverso livello di tutela.

(1) *V. nota* sub *Capo I.*

Si riporta di seguito
la precedente formulazione del Capo I (artt. 128-135):
CAPO I – *Della vendita dei beni di consumo.*

128. Ambito di applicazione. 1. Il presente capo disciplina taluni aspetti dei contratti di vendita e delle garanzie concernenti i beni di consumo. A tali fini ai contratti di vendita sono equiparati i contratti di permuta e di somministrazione nonché quelli di appalto, di opera e tutti gli altri contratti comunque finalizzati alla fornitura di beni di consumo da fabbricare o produrre.

2. Ai fini del presente capo si intende per:

a) beni di consumo: qualsiasi bene mobile, anche da assemblare, tranne:

1) i beni oggetto di vendita forzata o comunque venduti secondo altre modalità dalle autorità giudiziarie, anche mediante delega ai notai;

2) l'acqua e il gas, quando non confezionati per la vendita in un volume delimitato o in quantità determinata;

3) l'energia elettrica;

b) venditore: qualsiasi persona fisica o giuridica pubblica o privata che, nell'esercizio della propria attività imprenditoriale o professionale, utilizza i contratti di cui al comma 1;

c) garanzia convenzionale ulteriore: qualsiasi impegno di un venditore o di un produttore, assunto nei confronti del consumatore senza costi supplementari, di rimborsare il prezzo pagato, sostituire, riparare, o intervenire altrimenti sul bene di consumo, qualora esso non corrisponda alle condizioni enunciate nella dichiarazione di garanzia o nella relativa pubblicità;

d) riparazione: nel caso di difetto di conformità, il ripristino del bene di consumo per renderlo conforme al contratto di vendita.

3. Le disposizioni del presente capo si applicano alla vendita di beni di consumo usati, tenuto conto del tempo del pregresso utilizzo, limitatamente ai difetti non derivanti dall'uso normale della cosa.

129. Conformità al contratto. 1.Il venditore ha l'obbligo di consegnare al consumatore beni conformi al contratto di vendita.

2. Si presume che i beni di consumo siano conformi al contratto se, ove pertinenti, coesistono le seguenti circostanze:

a) sono idonei all'uso al quale servono abitualmente beni dello stesso tipo;

b) sono conformi alla descrizione fatta dal venditore e possiedono le qualità del bene che il venditore ha presentato al consumatore come campione o modello;

c) presentano la qualità e le prestazioni abituali di un bene dello stesso tipo, che il consumatore può ragionevolmente aspettarsi, tenuto conto della natura del bene e, se del caso, delle dichiarazioni pubbliche sulle caratteristiche specifiche dei beni fatte al riguardo dal venditore, dal produttore o dal suo agente o rappresentante, in particolare nella pubblicità o sull'etichettatura;

d) sono altresì idonei all'uso particolare voluto dal consumatore e che sia stato da questi portato a conoscenza del venditore al momento della conclusione del contratto e che il venditore abbia accettato anche per fatti concludenti.

3. Non vi è difetto di conformità se, al momento della conclusione del contratto, il consumatore era a conoscenza del difetto non poteva ignorarlo con l'ordinaria diligenza o se il difetto di conformità deriva da istruzioni o materiali forniti dal consumatore.

4. Il venditore non è vincolato dalle dichiarazioni pubbliche di cui al comma 2, lettera *c*), quando, in via anche alternativa, dimostra che:

a) non era a conoscenza della dichiarazione e non poteva conoscerla con l'ordinaria diligenza;

b) la dichiarazione è stata adeguatamente corretta entro il momento della conclusione del contratto in modo da essere conoscibile al consumatore;

c) la decisione di acquistare il bene di consumo non è stata influenzata dalla dichiarazione.

5. Il difetto di conformità che deriva dall'imperfetta installazione del bene di consumo è equiparato al difetto di conformità del bene quando l'installazione è compresa nel contratto di vendita ed è stata effettuata dal venditore o sotto la sua responsabilità. Tale equiparazione si applica anche nel caso in cui il prodotto, concepito per essere installato dal consumatore, sia da questo installato in modo non corretto a causa di una carenza delle istruzioni di installazione.

130. Diritti del consumatore. 1.Il venditore è responsabile nei confronti del consumatore per qualsiasi difetto di conformità esistente al momento della consegna del bene.

2. In caso di difetto di conformità, il consumatore ha diritto al ripristino, senza spese, della conformità del bene mediante riparazione o sostituzione, a norma dei commi 3, 4, 5 e 6, ovvero ad una riduzione adeguata del prezzo o alla risoluzione del contratto, conformemente ai commi 7, 8 e 9.

3. Il consumatore può chiedere, a sua scelta, al venditore di riparare il bene o di sostituirlo, senza spese in entrambi i casi, salvo che il rimedio richiesto sia oggettivamente impossibile o eccessivamente oneroso rispetto all'altro.

4. Ai fini di cui al comma 3 è da considerare eccessivamente oneroso uno dei due rimedi se impone al venditore spese irragionevoli in confronto all'altro, tenendo conto:

a) del valore che il bene avrebbe se non vi fosse difetto di conformità;

b) dell'entità del difetto di conformità;

c) dell'eventualità che il rimedio alternativo possa essere esperito senza notevoli inconvenienti per il consumatore.

5. Le riparazioni o le sostituzioni devono essere effettuate entro un congruo termine dalla richiesta e non devono arrecare notevoli inconvenienti al consumatore, tenendo conto della natura del bene e dello scopo per il quale il consumatore ha acquistato il bene.

6. Le spese di cui ai commi 2 e 3 si riferiscono ai costi indispensabili per rendere conformi i beni, in particolare modo con riferimento alle spese effettuate per la spedizione, per la mano d'opera e per i materiali.

7. Il consumatore può richiedere, a sua scelta, una congrua riduzione del prezzo o la risoluzione del contratto ove ricorra una delle seguenti situazioni:

a) la riparazione e la sostituzione sono impossibili o eccessivamente onerose;

b) il venditore non ha provveduto alla riparazione o alla sostituzione del bene entro il termine congruo di cui al comma 5;

c) la sostituzione o la riparazione precedentemente effettuata ha arrecato notevoli inconvenienti al consumatore.

8. Nel determinare l'importo della riduzione o la somma da restituire si tiene conto dell'uso del bene.

9. Dopo la denuncia del difetto di conformità, il venditore può offrire al consumatore qualsiasi altro rimedio disponibile, con i seguenti effetti:

a) qualora il consumatore abbia già richiesto uno specifico rimedio, il venditore resta obbligato ad attuarlo, con le necessarie conseguenze in ordine alla decorrenza del termine congruo di cui al comma 5, salvo accettazione da parte del consumatore del rimedio alternativo proposto;

b) qualora il consumatore non abbia già richiesto uno specifico rimedio, il consumatore deve accettare la proposta o respingerla scegliendo un altro rimedio ai sensi del presente articolo.

10. Un difetto di conformità di lieve entità per il quale non è stato possibile o è eccessivamente oneroso esperire i rimedi della riparazione o della sostituzione, non dà diritto alla risoluzione del contratto.

131. Diritto di regresso. 1. Il venditore finale, quando è responsabile nei confronti del consumatore a causa di un difetto di conformità imputabile ad un'azione o ad un'omissione del produttore, di un precedente venditore della medesima catena contrattuale distributiva o di qualsiasi altro intermediario, ha diritto di regresso, salvo patto contrario o rinuncia, nei confronti del soggetto o dei soggetti responsabili facenti parte della suddetta catena distributiva.

2. Il venditore finale che abbia ottemperato ai rimedi esperiti dal consumatore, può agire, entro un anno dall'esecuzione della prestazione, in regresso nei confronti del soggetto o dei soggetti responsabili per ottenere la reintegrazione di quanto prestato.

132. Termini. 1. Il venditore è responsabile, a norma dell'articolo 130, quando il difetto di conformità si manifesta entro il termine di due anni dalla consegna del bene.

2. Il consumatore decade dai diritti previsti dall'articolo 130, comma 2, se non denuncia al venditore il difetto di conformità entro il termine di due mesi dalla data in cui ha scoperto il difetto. La denuncia non è necessaria se il venditore ha riconosciuto l'esistenza del difetto o lo ha occultato.

3. Salvo prova contraria, si presume che i difetti di conformità che si manifestano entro sei mesi dalla consegna del bene esistessero già a tale data, a meno che tale ipotesi sia incompatibile con la natura del bene o con la natura del difetto di conformità.

4. L'azione diretta a far valere i difetti non dolosamente occultati dal venditore si prescrive, in ogni caso, nel termine di ventisei mesi dalla consegna del bene; il consumatore, che sia convenuto per l'esecuzione del contratto, può tuttavia far valere sempre i diritti di cui all'articolo 130, comma 2, purché il difetto di conformità sia stato denunciato entro due mesi dalla scoperta e prima della scadenza del termine di cui al periodo precedente.

133. Garanzia convenzionale. 1. La garanzia convenzionale vincola chi la offre secondo le modalità indicate nella dichiarazione di garanzia medesima o nella relativa pubblicità.

2. La garanzia deve, a cura di chi la offre, almeno indicare:

a) la specificazione che il consumatore è titolare dei diritti previsti dal presente paragrafo e che la garanzia medesima lascia impregiudicati tali diritti;

b) in modo chiaro e comprensibile l'oggetto della garanzia e gli elementi essenziali necessari per farla valere, compresi la durata e l'estensione territoriale della garanzia, nonché il nome o la ditta e il domicilio o la sede di chi la offre.

3. A richiesta del consumatore, la garanzia deve essere disponibile per iscritto o su altro supporto duraturo a lui accessibile.

4. La garanzia deve essere redatta in lingua italiana con caratteri non meno evidenti di quelli di eventuali altre lingue.

5. Una garanzia non rispondente ai requisiti di cui ai commi 2, 3 e 4, rimane comunque valida e il consumatore può continuare ad avvalersene ed esigerne l'applicazione.

134. Carattere imperativo delle disposizioni. 1. È nullo ogni patto, anteriore alla comunicazione al venditore del difetto di conformità, volto ad escludere o limitare, anche in modo indiretto, i diritti riconosciuti dal presente paragrafo. La nullità può essere fatta valere solo dal consumatore e può essere rilevata d'ufficio dal giudice.

2. Nel caso di beni usati, le parti possono limitare la durata della responsabilità di cui all'articolo 132, comma primo ad un periodo di tempo in ogni caso non inferiore ad un anno.

3. È nulla ogni clausola contrattuale che, prevedendo l'applicabilità al contratto di una legislazione di un Paese extracomunitario, abbia l'effetto di privare il consumatore della protezione assicurata dal presente paragrafo, laddove il contratto presenti uno stretto collegamento con il territorio di uno Stato membro dell'Unione europea.

135. Tutela in base ad altre disposizioni. 1.e disposizioni del presente capo non escludono né limitano i diritti che sono attribuiti al consumatore da altre norme dell'ordinamento giuridico.

2. Per quanto non previsto dal presente titolo, si applicano le disposizioni del codice civile in tema di contratto di vendita.

CAPO I-*BIS* – (1) *Dei contratti di fornitura di contenuto digitale e di servizi digitali*

(1) *Capo (comprendente gli articoli da 135-*octies *a 135-*vicies-ter*) inserito dall'art. 1*[1] *d.ls. 4 novembre 2021, n. 173. Ai sensi dell'art. 2 d.ls. n. 173, cit.: « Le modifiche apportate al decreto legislativo 6 settembre 2005, n. 206, dall'articolo 1, comma 1 del presente decreto acquistano efficacia a decorrere dal 1° gennaio 2022 e si applicano alle forniture di contenuto digitale o di servizi digitali che avvengono a decorrere da tale data, fatta eccezione per gli articoli 135-*quindecies *e 135-*vicies semel *che si applicano ai contratti conclusi a decorrere da tale data ».*

LEGGI COMPLEMENTARI

135-*octies*. (1) **Ambito di applicazione e definizioni.** – 1. Il presente capo disciplina taluni aspetti dei contratti di fornitura di contenuto digitale o di servizi digitali conclusi tra consumatore e professionista, fra i quali la conformità del contenuto digitale o del servizio digitale al contratto, i rimedi in caso di difetto di conformità al contratto o di mancata fornitura, le modalità di esercizio degli stessi, nonché la modifica del contenuto digitale o del servizio digitale.

2. Ai fini del presente capo si intende per:

a) contenuto digitale: i dati prodotti e forniti in formato digitale;

b) servizio digitale:

1) un servizio che consente al consumatore di creare, trasformare, archiviare i dati o di accedervi in formato digitale;

oppure

2) un servizio che consente la condivisione di dati in formato digitale, caricati o creati dal consumatore e da altri utenti di tale servizio, o qualsiasi altra interazione con tali dati;

c) beni con elementi digitali: qualsiasi bene mobile materiale che incorpora o è interconnesso con un contenuto digitale o un servizio digitale in modo tale che la mancanza di detto contenuto digitale o servizio digitale impedirebbe lo svolgimento delle funzioni del bene;

d) integrazione: il collegamento del contenuto o del servizio digitale con le componenti dell'ambiente digitale del consumatore e l'incorporazione in dette componenti affinché il contenuto digitale o il servizio digitale sia utilizzato nel rispetto dei requisiti di conformità previsti dal presente capo;

e) professionista: qualsiasi persona fisica o giuridica, indipendentemente dal fatto che si tratti di un soggetto pubblico o privato, ovvero un suo intermediario, che agisca per finalità che rientrano nel quadro della sua attività commerciale, industriale, artigianale o professionale, in relazione ai contratti oggetto dal presente capo, ivi compreso il fornitore di piattaforme se agisce per finalità che rientrano nel quadro della sua attività e in quanto controparte contrattuale del consumatore per la fornitura di contenuto digitale o di servizi digitali;

f) consumatore: la persona fisica di cui all'articolo 3, comma 1, lettera *a*);

g) prezzo: la somma di denaro o una rappresentazione digitale del valore dovuto come corrispettivo per la fornitura di contenuto digitale o di servizio digitale;

h) dati personali: i dati personali quali definiti all'articolo 4, punto 1), del regolamento (UE) 2016/679;

i) ambiente digitale: l'hardware, il software e le connessioni di rete di cui il consumatore si serve per accedere al contenuto digitale o al servizio digitale o per usarlo;

l) compatibilità: la capacità del contenuto digitale o del servizio digitale di funzionare con hardware o software con cui sono normalmente utilizzati contenuti digitali o servizi digitali dello stesso tipo, senza che sia necessario convertire il contenuto digitale o il servizio digitale;

m) funzionalità: la capacità del contenuto digitale o del servizio digitale di svolgere tutte le sue funzioni in considerazione del suo scopo;

n) interoperabilità: la capacità del contenuto digitale o del servizio digitale di funzionare con hardware o software diversi da quelli con cui sono normalmente utilizzati i contenuti digitali o i servizi digitali dello stesso tipo;

o) supporto durevole: ogni strumento che permetta al consumatore o al professionista di archiviare le informazioni che gli sono personalmente indirizzate, in modo da potervi accedere in futuro per un periodo di tempo adeguato alle finalità cui esse sono destinate e che permetta la riproduzione identica delle informazioni archiviate.

3. Le disposizioni del presente capo si applicano a qualsiasi contratto in cui il professionista fornisce, o si obbliga a fornire, un contenuto digitale o un servizio digitale al consumatore e il consumatore corrisponde un prezzo o si obbliga a corrispondere un prezzo.

4. Le disposizioni del presente capo si applicano altresì nel caso in cui il professionista fornisce o si obbliga a fornire un contenuto digitale o un servizio digitale al consumatore e il consumatore fornisce o si obbliga a fornire dati personali al professionista, fatto salvo il caso in cui i dati personali forniti dal consumatore siano trattati esclusivamente dal professionista ai fini della fornitura del contenuto digitale o del servizio digitale a norma del presente capo o per consentire l'assolvimento degli obblighi di legge cui è soggetto il professionista e quest'ultimo non tratti tali dati per scopi diversi da quelli previsti.

5. Le disposizioni del presente capo si applicano anche se il contenuto digitale o il servizio digitale è sviluppato secondo le specifiche indicazioni del consumatore.

6. Fatti salvi gli articoli 135-*decies*, commi 1 e 2, e 135-*septiesdecies*, le

disposizioni del presente capo si applicano anche al supporto materiale che funge esclusivamente da vettore di contenuto digitale.

(1) *V. nota 1* sub *Capo I*-bis.

135-*novies*. (1) **Esclusioni.** – 1. Le disposizioni del presente capo non si applicano ai contenuti digitali o ai servizi digitali incorporati o interconnessi con beni di cui all'articolo 135-*octies*, comma 2, lettera *c*), e che sono forniti con il bene ai sensi di un contratto di vendita relativo a tali beni, indipendentemente dal fatto che detti contenuti digitali o servizi digitali siano forniti dal venditore o da un terzo. Quando è dubbio che la fornitura del contenuto digitale incorporato o interconnesso o servizio digitale incorporato o interconnesso faccia parte del contratto di vendita, si presume che il contenuto digitale o il servizio digitale incorporato o interconnesso rientri nel contratto di vendita del bene.

2. Le disposizioni del presente capo non si applicano ai contratti concernenti:

a) la fornitura di servizi diversi dai servizi digitali, indipendentemente dal fatto che il professionista ricorra o meno a forme o mezzi digitali per ottenere il risultato del servizio o consegnarlo o trasmetterlo al consumatore;

b) servizi di comunicazioni elettroniche ai sensi dell'articolo 2, punto 4), della direttiva (UE) 2018/1972 ad eccezione dei servizi di comunicazioni interpersonale senza numero di cui all'articolo 2, punto 7), di tale direttiva;

c) servizi di assistenza sanitaria, per i servizi prestati da professionisti sanitari a pazienti, al fine di valutare, mantenere o ristabilire il loro stato di salute, ivi compresa la prescrizione, la somministrazione e la fornitura di medicinali e dispositivi medici, sia essa fornita o meno attraverso le strutture di assistenza sanitaria;

d) servizi di gioco d'azzardo, vale a dire servizi che implicano una posta di valore pecuniario in giochi di fortuna, compresi quelli con un elemento di abilità, come le lotterie, i giochi d'azzardo nei casinò, il poker e le scommesse, che vengano forniti mediante strumenti elettronici o qualsiasi altra tecnologia che facilita le comunicazioni e su richiesta individuale di un destinatario di tali servizi;

e) servizi finanziari, vale a dire qualsiasi servizio di natura bancaria, creditizia, assicurativa, servizi pensionistici individuali, di investimento o di pagamento;

f) software offerto dal professionista sulla base di una licenza libera e aperta, in cui il consumatore non corrisponde un prezzo e i dati personali forniti dal consumatore stesso sono trattati esclusivamente dal professionista al fine di migliorare la sicurezza, la compatibilità o l'interoperabilità del software specifico;

g) la fornitura di contenuto digitale se il contenuto digitale è messo a disposizione del pubblico con mezzi diversi dalla trasmissione di segnale quale parte di uno spettacolo o di un evento, come le proiezioni cinematografiche digitali;

h) contenuto digitale fornito da enti pubblici, a norma della direttiva 2019/1024 del Parlamento europeo e del Consiglio relativa al riutilizzo dell'informazione del settore pubblico.

3. Fatto salvo quanto previsto dal comma 1, qualora un singolo contratto tra professionista e consumatore comprenda in un unico pacchetto elementi di fornitura di contenuto digitale o di un servizio digitale ed elementi relativi alla fornitura di altri beni o servizi, le disposizioni del presente capo si applicano unicamente agli elementi del contratto che riguardano il contenuto digitale o il servizio digitale. L'articolo 135-*vicies semel* non si applica se un pacchetto di servizi o di servizi e apparecchiature disciplinato dal codice europeo delle comunicazioni elettroniche include elementi:

a) di un servizio di comunicazione elettronica a disposizione del pubblico che fornisce accesso a Internet, ovvero connettività a praticamente tutti i punti finali di Internet, a prescindere dalla tecnologia di rete e dalle apparecchiature terminali utilizzate;

b) o di un servizio di comunicazioni interpersonale che si connette a risorse di numerazione assegnate pubblicamente – ossia uno o più numeri che figurano in un piano di numerazione nazionale o internazionale – o consente la comunicazione con uno o più numeri che figurano in un piano di numerazione nazionale o internazionale.

4. Se il consumatore ha il diritto di risolvere qualsiasi elemento del pacchetto di cui al comma 3 prima della scadenza contrattuale concordata per ragioni di mancata conformità al contratto o di mancata fornitura, ha diritto di risolvere il contratto in relazione a tutti gli elementi del pacchetto.

5. In caso di conflitto tra le disposizioni del presente capo e una disposizione di un altro atto dell'Unione che disciplina uno specifico settore o oggetto, la disposizione di tale altro atto dell'Unione e quelle nazionali di recepimento prevalgono su quelle del presente capo.

6. Le disposizioni nazionali e quelle del diritto dell'Unione in materia di protezione dei dati personali, in particolare quanto previsto dal regolamento (UE) 2016/679, nonché dal decreto legislativo 10 agosto 2018, n. 101 e dal decreto legislativo 30 giugno 2003, n. 196,

si applicano a qualsiasi dato personale trattato in relazione ai contratti di cui all'articolo 135-*octies*, comma 3. In caso di conflitto tra le disposizioni del presente capo e quelle del diritto dell'Unione in materia di protezione dei dati personali, prevalgono queste ultime.

7. Le disposizioni del presente capo non pregiudicano il diritto dell'Unione e nazionale sul diritto d'autore e sui diritti connessi.

(1) *V. nota 1* sub *Capo I*-bis.

135-*decies*. (1) **Fornitura di contenuto digitale o servizio digitale e conformità al contratto.** – 1. Il professionista fornisce il contenuto digitale o il servizio digitale al consumatore. Salvo diverso accordo tra le parti, il professionista fornisce il contenuto digitale o il servizio digitale al consumatore senza ritardo ingiustificato dopo la conclusione del contratto.

2. Il professionista ha adempiuto l'obbligo di fornitura quando:

a) il contenuto digitale o qualunque mezzo idoneo per accedere al contenuto digitale o per scaricarlo è reso disponibile o accessibile al consumatore, o all'impianto fisico o virtuale scelto a tal fine dal consumatore;

b) il servizio digitale è reso accessibile al consumatore o a un impianto fisico o virtuale scelto all'uopo dal consumatore.

3. Il professionista fornisce al consumatore beni che soddisfano i requisiti di cui ai commi 4 e 5, nonché quelli di cui agli articoli 135-*undecies* e 135-*duodecies* in quanto compatibili, fatto salvo quanto previsto dall'articolo 135-*terdecies*.

4. Per essere conforme al contratto il contenuto digitale o il servizio digitale deve possedere i seguenti requisiti soggettivi, ove pertinenti:

a) corrispondere alla descrizione, alla quantità e alla qualità previste dal contratto e presentare funzionalità, compatibilità, interoperabilità e le altre caratteristiche previste dal contratto;

b) essere idoneo ad ogni uso particolare voluto dal consumatore e che è stato da questi portato a conoscenza del professionista al più tardi al momento della conclusione del contratto e che il professionista ha accettato;

c) essere fornito con tutti gli accessori, le istruzioni, anche in merito all'installazione e l'assistenza ai clienti, come previsti dal contratto; e

d) essere aggiornato come previsto dal contratto.

5. Oltre a rispettare i requisiti soggettivi di conformità, il bene per essere conforme al contratto di vendita deve possedere i seguenti requisiti oggettivi, ove pertinenti:

a) essere adeguato agli scopi per cui sarebbe abitualmente utilizzato un contenuto digitale o un servizio digitale del medesimo tipo, tenendo conto, se del caso, dell'eventuale diritto dell'Unione e nazionale e delle norme tecniche esistenti, oppure, in mancanza di tali norme tecniche, dei codici di condotta dell'industria specifici del settore applicabili;

b) essere della quantità e presentare la qualità e le caratteristiche di prestazione, anche in materia di funzionalità, compatibilità, accessibilità, continuità e sicurezza, che si ritrovano abitualmente nei contenuti digitali o nei servizi digitali dello stesso tipo e che il consumatore può ragionevolmente aspettarsi, tenuto conto della natura del contenuto digitale o del servizio digitale, tenendo conto di eventuali dichiarazioni pubbliche rese da o per conto dell'operatore economico o di altri soggetti nell'ambito dei precedenti passaggi della catena contrattuale distributiva, soprattutto nei messaggi pubblicitari e nell'etichettatura, a meno che il professionista non dimostri, anche alternativamente, che:

1) non era a conoscenza e non poteva ragionevolmente essere a conoscenza della dichiarazione pubblica in questione;

2) al momento della conclusione del contratto, la dichiarazione pubblica era stata rettificata nello stesso modo, o in modo paragonabile, a quello in cui era stata resa; oppure

3) la decisione di acquistare il contenuto digitale o il servizio digitale non poteva essere influenzata dalla dichiarazione pubblica;

c) ove pertinente, essere fornito assieme agli eventuali accessori e istruzioni che il consumatore può ragionevolmente aspettarsi di ricevere; e

d) essere conforme all'eventuale versione di prova o anteprima del contenuto digitale o del servizio digitale messa a disposizione dal professionista prima della conclusione del contratto.

135-*undecies*. (1) **Obblighi del professionista e condotta del consumatore.** – 1. Il professionista è obbligato a tenere informato il consumatore sugli aggiornamenti disponibili, anche di sicurezza, necessari al fine di mantenere la conformità del contenuto digitale o del servizio digitale, e a fornirglieli, nel periodo di tempo:

a) durante il quale il contenuto digitale o il servizio digitale deve essere fornito a norma del contratto, se questo prevede una fornitura continua per un determinato periodo di tempo; oppure

b) che il consumatore può ragionevolmente aspettarsi, date la tipologia e la finalità del contenuto digitale o del servizio digitale e tenendo conto delle circostanze e della natura del contratto, se questo prevede un unico atto di fornitura o una serie di singoli atti di fornitura.

2. Se il consumatore non installa entro un congruo termine gli aggiornamenti forniti dal professionista ai sensi del comma 1, il professionista non è responsabile per qualsiasi difetto di conformità derivante unicamente dalla mancanza dell'aggiornamento pertinente, a condizione che:

a) il professionista abbia informato il consumatore della disponibilità dell'aggiornamento e delle conseguenze della mancata installazione dello stesso da parte del consumatore; e

b) la mancata installazione o l'installazione errata dell'aggiornamento da parte del consumatore non è dovuta a carenze delle istruzioni di installazione fornite dal professionista.

3. Se il contratto prevede che il contenuto digitale o il servizio digitale sia fornito in modo continuativo per un determinato periodo di tempo, l'obbligo di assicurare la conformità del contenuto digitale o il servizio digitale permane per l'intera durata di tale periodo.

4. Non vi è difetto di conformità ai sensi del comma 1 o dell'articolo 135-*decies*, comma 5, se, al momento della conclusione del contratto, il consumatore era stato specificamente informato del fatto che una caratteristica particolare del contenuto digitale o del servizio digitale si discostava dai requisiti oggettivi di conformità previsti da tali disposizioni e il consumatore ha espressamente e separatamente accettato tale scostamento al momento della conclusione del contratto.

5. Salvo diverso accordo tra le parti, il contenuto digitale o il servizio digitale è fornito nella versione più recente disponibile al momento della conclusione del contratto.

(1) *V. nota 1* sub *Capo I*-bis.

135-*duodecies*. (1) **Errata integrazione del contenuto digitale o del servizio digitale.** – 1. L'eventuale difetto di conformità che deriva da un'errata integrazione del contenuto digitale o del servizio digitale nell'ambiente digitale del consumatore deve essere considerato difetto di conformità del contenuto digitale o del servizio digitale se:

a) il contenuto digitale o servizio digitale è stato integrato dal professionista o sotto la sua responsabilità; oppure

b) il contenuto digitale o il servizio digitale richiedeva integrazione da parte del consumatore e l'errata integrazione è dovuta a una carenza delle istruzioni di integrazione fornite dal professionista.

(1) *V. nota 1* sub *Capo I*-bis.

135-*terdecies*. (1) **Diritti dei terzi.** – 1. I rimedi di cui all'articolo 135-*octiesdecies* si estendono ai casi di impedimento o limitazione d'uso del contenuto o del servizio digitale in conformità a quanto previsto dall'articolo 135-*decies*, commi 4 e 5, conseguenti ad una restrizione derivante dalla violazione di diritti dei terzi, in particolare di diritti di proprietà intellettuale, fatte salve altre disposizioni previste dall'ordinamento giuridico in tema di nullità, annullamento o altre ipotesi di scioglimento del contratto.

(1) *V. nota 1* sub *Capo I*-bis.

135-*quaterdecies*. (1) **Responsabilità del professionista.** – 1. Il professionista è responsabile per la mancata fornitura del contenuto digitale o del servizio digitale conformemente all'articolo 135-deciesi, commi 1 e 2.

2. Qualora un contratto preveda un unico atto di fornitura o una serie di singoli atti di fornitura, il professionista è responsabile per qualsiasi difetto di conformità a norma degli articoli 135-*decies*, commi 4 e 5, 135-*undecies*, 135-*duodecies* e 135-*quindecies*, esistente al momento della fornitura, fatto salvo quanto previsto dall'articolo 135-*undecies*, comma 1, lettera *b*).

3. Il professionista è responsabile solamente per i difetti di conformità che si manifestano entro due anni a decorrere dal momento della fornitura, fatto salvo l'articolo 135-*undecies*, comma 1, lettera *b*).

4. L'azione diretta a far valere i difetti sussistenti al momento della fornitura e non dolosamente occultati dal professionista si prescrive, in ogni caso, nel termine di ventisei mesi da tale momento, ove risultino evidenti entro tale termine.

5. Se il contratto prevede la fornitura continuativa per un periodo di tempo, il professionista risponde di un difetto di conformità, a norma degli articoli 135-*decies*, commi 4 e 5, 135-*undecies* e 135-*duodecies* se il difetto si manifesta o risulta evidente nel periodo di tempo durante il quale il contenuto digitale o il servizio digitale deve essere fornito a norma del contratto.

6. L'azione diretta a far valere i difetti emersi nel corso della fornitura e non dolosamente occultati dal professionista si prescrive, in ogni caso, nel termine di ventisei mesi dall'ultimo atto di fornitura.

135-*quindecies*. (1) **Diritto di regresso** – 1. Il professionista, quando è responsabile nei confronti del consumatore a causa della mancata fornitura di un contenuto digitale o di un servizio digitale o per l'esistenza di un difetto di conformità imputabile ad un'azione o ad un'omissione di una persona nell'ambito dei passaggi precedenti

LEGGI COMPLEMENTARI

della medesima catena contrattuale distributiva ha diritto di regresso nei confronti del soggetto o dei soggetti responsabili facenti parte della suddetta catena distributiva.

2. Il professionista che abbia ottemperato ai rimedi esperiti dal consumatore può agire, entro un anno dall'esecuzione della prestazione, in regresso nei confronti del soggetto o dei soggetti responsabili per ottenere la reintegrazione di quanto prestato.

(1) *V. nota 1* sub *Capo I*-bis.

135-*sexiesdecies*. (1) **Onere della prova** – 1. L'onere della prova riguardo al fatto se il contenuto digitale o il servizio digitale sia stato fornito in conformità dell'articolo 135-*decies*, commi 1 e 2, è a carico del professionista.

2. Nei casi di cui all'articolo 135-*quaterdecies*, comma 2, l'onere della prova della conformità al contratto del contenuto digitale o del servizio digitale al momento della fornitura è a carico del professionista per un difetto di conformità che risulti evidente entro il termine di un anno dal momento in cui il contenuto digitale o il servizio digitale è stato fornito.

3. Nei casi di cui all'articolo 135-*quaterdecies*, comma 5, l'onere della prova della conformità al contratto del contenuto digitale o il servizio digitale durante il periodo di tempo in cui avviene la fornitura è a carico del professionista per un difetto di conformità che si manifesta entro tale periodo.

4. I commi 2 e 3 non si applicano se il professionista dimostra che l'ambiente digitale del consumatore non è compatibile con i requisiti tecnici del contenuto digitale o del servizio digitale e se ha informato il consumatore di tali requisiti in modo chiaro e comprensibile prima della conclusione del contratto.

5. Il consumatore collabora con il professionista per quanto ragionevolmente possibile e necessario al fine di accertare se la causa del difetto di conformità del contenuto digitale o del servizio digitale al momento specificato dall'articolo 135-*quaterdecies*, commi 2 o 5, a seconda dei casi, risieda nell'ambiente digitale del consumatore. L'obbligo di collaborazione è limitato ai mezzi tecnicamente disponibili che siano meno intrusivi per il consumatore. Se il consumatore non collabora e se il professionista ha informato il consumatore dei requisiti inerenti il necessario ambiente digitale in modo chiaro e comprensibile prima della conclusione del contratto, l'onere della prova riguardo all'esistenza del difetto di conformità al momento di

cui all'articolo 135-*quaterdecies*, commi 2 e 5 è a carico del consumatore.

(1) *V. nota 1* sub *Capo I*-bis.

135-*septiesdecies*. (1) **Rimedio per la mancata fornitura.** – 1. Se il professionista ha omesso di fornire il contenuto digitale o il servizio digitale conformemente all'articolo 135-*decies*, commi 1 e 2, il consumatore invita il professionista a fornire il contenuto digitale o il servizio digitale. Se il professionista omette nuovamente di fornire il contenuto digitale o il servizio digitale entro un termine congruo oppure entro un ulteriore termine espressamente concordato dalle parti, il consumatore ha il diritto di risolvere il contratto.

2. Il comma 1 non trova applicazione e il consumatore ha il diritto di risolvere immediatamente il contratto se:

a) il professionista ha dichiarato, o risulta altrettanto chiaramente dalle circostanze, che non fornirà il contenuto digitale o il servizio digitale;

b) il consumatore e il professionista hanno convenuto, o risulta evidente dalle circostanze che accompagnano la conclusione del contratto, che un tempo specifico per la fornitura è essenziale per il consumatore e il professionista omette di fornire il contenuto digitale o il servizio digitale entro o in tale momento.

3. Se il consumatore risolve il contratto a norma dei commi 1 e 2, si applicano le disposizioni previste dagli articoli da 135-*noviesdecies* a 135-*vicies*.

(1) *V. nota 1* sub *Capo I*-bis.

135-*octiesdecies*. (1) **Rimedi per difetti di conformità.** – 1. In caso di difetto di conformità del bene, il consumatore ha diritto al ripristino della conformità, o a ricevere una congrua riduzione del prezzo, o alla risoluzione del contratto sulla base delle condizioni stabilite nel presente articolo.

2. Il consumatore ha diritto al ripristino della conformità del contenuto digitale o del servizio digitale, a meno che ciò non sia impossibile o imponga al professionista costi che sarebbero sproporzionati, tenuto conto di tutte le circostanze del caso e, in particolare, delle seguenti:

a) il valore che il contenuto digitale o servizio digitale avrebbe in assenza di difetto di conformità; e

b) l'entità del difetto di conformità.

3. Il professionista rende il contenuto digitale o il servizio digitale conforme ai sensi del comma 2, entro un congruo termine a partire

LEGGI COMPLEMENTARI

dal momento in cui è stato informato dal consumatore in merito al difetto di conformità, senza spese e senza notevoli inconvenienti per il consumatore, tenuto conto della natura del contenuto digitale o del servizio digitale e dell'uso che il consumatore intendeva farne.

4. Il consumatore ha diritto a una riduzione proporzionale del prezzo a norma del comma 5 se il contenuto digitale o il servizio digitale è fornito in cambio del pagamento di un prezzo, o alla risoluzione del contratto conformemente al comma 6, in uno dei casi seguenti:

a) il rimedio del ripristino della conformità del contenuto digitale o del servizio digitale è impossibile o sproporzionato ai sensi del comma 2;

b) il professionista non ha ripristinato la conformità del contenuto digitale o del servizio digitale ai sensi del comma 3;

c) si manifesta un difetto di conformità, nonostante il tentativo del professionista di ripristinare la conformità del contenuto digitale o servizio digitale;

d) il difetto di conformità è talmente grave da giustificare un'immediata riduzione del prezzo o risoluzione del contratto; oppure

e) il professionista ha dichiarato, o risulta altrettanto chiaramente dalle circostanze, che non procederà al ripristino della conformità del contenuto digitale o del servizio digitale entro un congruo termine o senza notevoli inconvenienti per il consumatore.

5. La riduzione del prezzo è proporzionale alla diminuzione di valore del contenuto digitale o del servizio digitale fornito al consumatore rispetto al valore che avrebbe se fosse stato conforme.

Se il contratto stabilisce che il contenuto digitale o il servizio digitale deve essere fornito per un determinato periodo di tempo in cambio del pagamento di un prezzo, la riduzione di prezzo si applica al periodo di tempo in cui il contenuto digitale o il servizio digitale non è stato conforme.

6. Se il contenuto digitale o il servizio digitale è stato fornito in cambio del pagamento di un prezzo, il consumatore non ha diritto di risolvere il contratto se il difetto di conformità è di lieve entità. L'onere della prova riguardo al fatto che il difetto di conformità è di lieve entità è a carico del professionista.

(1) *V. nota 1* sub *Capo I*-bis.

135-*noviesdecies*. (1) **Risoluzione del contratto.** – 1. Il consumatore esercita il diritto alla risoluzione del contratto mediante una dichiarazione al venditore in cui manifesta la volontà di risolvere il contratto.

2. In caso di risoluzione del contratto il professionista rimborsa al consumatore tutti gli importi versati in esecuzione del contratto.

Tuttavia, se il contratto prevede la fornitura del contenuto digitale o del servizio digitale in cambio del pagamento di un prezzo e per un periodo di tempo, e il contenuto digitale o il servizio digitale è stato conforme per un periodo di tempo prima della risoluzione del contratto, il professionista rimborsa al consumatore solo la parte dell'importo pagato corrispondente al periodo in cui il contenuto digitale o il servizio digitale non è stato conforme e qualsiasi parte del prezzo pagato in anticipo dal consumatore relativa al periodo di durata del contratto rimanente se il contratto non fosse stato risolto.

3. Per quanto riguarda i dati personali del consumatore, il professionista è tenuto a rispettare gli obblighi derivanti dal regolamento (UE) 2016/679 nonché dal decreto legislativo n. 101 del 2018.

4. Il professionista si astiene dall'utilizzare qualsiasi contenuto diverso dai dati personali che sia stato fornito o creato dal consumatore nell'ambito dell'utilizzo del contenuto digitale o del servizio digitale fornito dal professionista, fatto salvo il caso in cui tale contenuto:

a) sia privo di utilità al di fuori del contesto del contenuto digitale o del servizio digitale fornito dal professionista;

b) si riferisca solamente all'attività del consumatore nell'utilizzo del contenuto digitale o del servizio digitale fornito dal professionista;

c) sia stato aggregato dal professionista ad altri dati e non possa essere disaggregato o comunque non senza uno sforzo sproporzionato; o

d) sia stato generato congiuntamente dal consumatore e altre persone, e altri consumatori possano continuare a utilizzare il contenuto.

5. Ad eccezione delle situazioni di cui al comma 4, lettere *a*), *b*) o *c*), il professionista mette a disposizione del consumatore, su richiesta dello stesso, contenuti diversi dai dati personali, che sono stati forniti o creati dal consumatore durante l'utilizzo del contenuto digitale o del servizio digitale fornito dal professionista. Il consumatore ha il diritto di recuperare dal professionista tali contenuti digitali gratuitamente e senza impedimenti, entro un congruo lasso di tempo e in un formato di uso comune e leggibile da dispositivo automatico.

6. Il professionista può impedire qualsiasi ulteriore utilizzo del contenuto digitale o del servizio digitale da parte del consumatore, in particolare rendendogli il contenuto digitale o il servizio digitale

inaccessibile o disattivando il suo account utente, fatto salvo quanto previsto al comma 5.

7. In seguito alla risoluzione del contratto, il consumatore si astiene dall'utilizzare il contenuto digitale o il servizio digitale e dal metterlo a disposizione di terzi.

8. Se il contenuto digitale è stato fornito su un supporto materiale, il consumatore lo restituisce al professionista, su richiesta e a spese di quest'ultimo, senza indebito ritardo. Se il professionista decide di chiedere la restituzione del supporto materiale, è tenuto a presentare la richiesta entro quattordici giorni a decorrere dal giorno in cui il professionista è stato informato della decisione del consumatore di risolvere il contratto.

9. Il consumatore non è tenuto a pagare per l'uso del contenuto digitale o del servizio digitale nel periodo precedente la risoluzione del contratto durante il quale il contenuto digitale o il servizio digitale non è stato conforme.

(1) *V. nota 1* sub *Capo I*-bis.

135-*vicies*. (1) **Rimborso al consumatore.** – 1. Eventuali rimborsi dovuti al consumatore dal professionista a norma dell'articolo 135-octiesdecies, commi 4 e 5, o dell'articolo 135-noviesdecies, comma 2, dovuti alla riduzione del prezzo o alla risoluzione del contratto sono effettuati senza ritardo ingiustificato e, in ogni caso, entro quattordici giorni dal giorno in cui il professionista è informato della decisione del consumatore di esercitare il diritto del consumatore a una riduzione di prezzo o il suo diritto alla risoluzione dal contratto.

2. Il professionista effettua il rimborso utilizzando lo stesso mezzo di pagamento usato dal consumatore per pagare il contenuto digitale o il servizio digitale, salvo che il consumatore consenta espressamente all'uso di un altro mezzo e non debba sostenere alcuna spesa relativa al rimborso.

3. Il professionista non impone al consumatore alcuna commissione in relazione al rimborso.

(1) *V. nota 1* sub *Capo I*-bis.

135-*vicies semel*. (1) **Modifica del contenuto digitale o del servizio digitale.** – 1. Se il contratto prevede che il contenuto digitale o il servizio digitale sia fornito o reso accessibile al consumatore per un certo periodo di tempo, il professionista può modificare il contenuto digitale o il servizio digitale oltre a quanto è necessario per mantenere la conformità del contenuto digitale o del servizio digitale a norma degli articoli 135-*decies*, commi 4 e 5, e 135-*undecies*, se sono soddisfatte le condizioni seguenti:

a) il contratto consente tale modifica e ne fornisce una motivazione valida;

b) tale modifica è realizzata senza costi aggiuntivi per il consumatore;

c) il consumatore è informato in modo chiaro e comprensibile della modifica; e

d) nei casi di cui al comma 2, il consumatore è informato, con un anticipo ragionevole su un supporto durevole, sulle modalità e il momento in cui viene effettuata la modifica, nonché circa il suo diritto di recedere dal contratto conformemente al comma 2 o circa la possibilità di mantenere il contenuto digitale o il servizio digitale senza tale modifica secondo quanto previsto al comma 4.

2. Il consumatore ha il diritto di recedere dal contratto qualora tale modifica incida negativamente sull'utilizzo del contenuto digitale o del servizio digitale o sull'accesso allo stesso da parte del consumatore, a meno che tali conseguenze negative siano trascurabili. In tal caso, il consumatore ha diritto a recedere dal contratto gratuitamente entro un termine di trenta giorni dalla data di ricevimento dell'informazione o, se successivo, dal momento in cui il contenuto digitale o il servizio digitale è stato modificato dal professionista.

3. Se il consumatore recede dal contratto conformemente al comma 2 del presente articolo, si applicano gli articoli 135-*noviesdecies* e 135-*vicies*.

4. I commi 2 e 3 del presente articolo non si applicano se il professionista ha consentito che, senza costi aggiuntivi, il consumatore mantenga il contenuto digitale o il servizio digitale senza modifica e se è preservata la conformità del contenuto digitale o del servizio digitale.

(1) *V. nota 1* sub *Capo I*-bis.

135-*vicies bis*. (1) **Carattere imperativo delle disposizioni.** – 1. Salvo quanto altrimenti disposto dal presente capo, è nullo ogni patto, anteriore alla comunicazione al professionista del difetto di conformità, o dell'informazione del consumatore da parte del professionista circa la modifica del contenuto digitale o del servizio digitale, volto ad escludere o limitare a danno del consumatore, anche in modo indiretto, i diritti riconosciuti dal presente capo. La nullità può essere fatta valere solo dal consumatore e può essere rilevata d'ufficio dal giudice.

2. Il professionista può sempre offrire al consumatore condizioni

contrattuali di maggior tutela rispetto a quanto previsto dalle disposizioni del presente capo.

3. È nulla ogni clausola contrattuale che, prevedendo l'applicabilità al contratto di una legislazione di uno Stato non appartenente all'Unione europea, abbia l'effetto di privare il consumatore della protezione assicurata dal presente capo, laddove il contratto presenti uno stretto collegamento con il territorio di uno Stato membro dell'Unione europea.

(1) *V. nota 1* sub *Capo I*-bis.

135-*vicies ter*. (1) **Tutela in base ad altre disposizioni.** – 1. Per quanto non previsto dal presente capo, si applicano le disposizioni del codice civile in tema di formazione, validità ed efficacia dei contratti, comprese le conseguenze della risoluzione del contratto e il diritto al risarcimento del danno.

2. Per gli aspetti disciplinati dal presente capo non si applicano altre disposizioni aventi l'effetto di garantire al consumatore un livello di tutela diverso.

(1) *V. nota 1* sub *Capo I*-bis.

PARTE V
Associazioni dei consumatori e accesso alla giustizia

TITOLO I
Le associazioni rappresentative a livello nazionale

136. Consiglio nazionale dei consumatori e degli utenti. – 1. È istituito presso il Ministero dello sviluppo economico il Consiglio nazionale dei consumatori e degli utenti, di seguito denominato: « Consiglio » (1).

2. Il Consiglio, che si avvale, per le proprie iniziative, della struttura e del personale del Ministero dello sviluppo economico, è composto dai rappresentanti delle associazioni dei consumatori e degli utenti inserite nell'elenco di cui all'articolo 137 e da un rappresentante designato dalla Conferenza di cui all'articolo 8 del decreto legislativo 28 agosto 1997, n. 281 ed è presieduto dal Ministro dello sviluppo economico o da un suo delegato. Il Consiglio è nominato con decreto del Presidente del Consiglio dei Ministri, su proposta del Ministro dello sviluppo economico, e dura in carica tre anni (1).

3. Il Consiglio invita alle proprie riunioni rappresentanti delle

associazioni di tutela ambientale riconosciute e delle associazioni nazionali delle cooperative dei consumatori. Possono altresì essere invitati i rappresentanti di enti ed organismi che svolgono funzioni di regolamentazione o di normazione del mercato, delle categorie economiche e sociali interessate, delle pubbliche amministrazioni competenti, nonché esperti delle materie trattate.

4. È compito del Consiglio:

a) esprimere pareri, ove richiesto, sugli schemi di atti normativi che riguardino i diritti e gli interessi dei consumatori e degli utenti;

b) formulare proposte in materia di tutela dei consumatori e degli utenti, anche in riferimento ai programmi e alle politiche comunitarie;

c) promuovere studi, ricerche e conferenze sui problemi del consumo e sui diritti dei consumatori e degli utenti, ed il controllo della qualità e della sicurezza dei prodotti e dei servizi;

d) elaborare programmi per la diffusione delle informazioni presso i consumatori e gli utenti;

e) favorire iniziative volte a promuovere il potenziamento dell'accesso dei consumatori e degli utenti ai mezzi di giustizia previsti per la soluzione delle controversie;

f) favorire ogni forma di raccordo e coordinamento tra le politiche nazionali e regionali in materia di tutela dei consumatori e degli utenti, assumendo anche iniziative dirette a promuovere la più ampia rappresentanza degli interessi dei consumatori e degli utenti nell'ambito delle autonomie locali. A tale fine il presidente convoca una volta all'anno una sessione a carattere programmatico cui partecipano di diritto i presidenti degli organismi rappresentativi dei consumatori e degli utenti previsti dagli ordinamenti regionali e delle province autonome di Trento e di Bolzano;

g) stabilire rapporti con analoghi organismi pubblici o privati di altri Paesi e dell'Unione europea;

h) segnalare alla Presidenza del Consiglio dei Ministri - Dipartimento della funzione pubblica, eventuali difficoltà, impedimenti od ostacoli, relativi all'attuazione delle disposizioni in materia di semplificazione procedimentale e documentale nelle pubbliche amministrazioni. Le segnalazioni sono verificate dal predetto Dipartimento anche mediante l'Ispettorato della funzione pubblica e l'Ufficio per l'attività normativa e amministrativa di semplificazione delle norme e delle procedure.

(1) *Comma così modificato dall'art. 1[5] d.ls. 6 agosto 2015, n. 130. Ai sensi dell'art. 2[1] d.ls. n. 130, cit., la presente disposizione si applica a decorrere dal 9 gennaio 2016.*

137. Elenco delle associazioni dei consumatori e degli utenti rappresentative a livello nazionale. – 1. Presso il Ministero dello sviluppo economico è istituito l'elenco delle associazioni dei consumatori e degli utenti rappresentative a livello nazionale (1).

2. L'iscrizione nell'elenco è subordinata al possesso, da comprovare con la presentazione di documentazione conforme alle prescrizioni e alle procedure stabilite con il decreto del Ministro dello sviluppo economico, dei seguenti requisiti:

a) avvenuta costituzione, per atto pubblico o per scrittura privata autenticata, da almeno tre anni e possesso di uno statuto che sancisca un ordinamento a base democratica e preveda come scopo esclusivo la tutela dei consumatori e degli utenti, senza fine di lucro;

b) tenuta di un elenco degli iscritti, aggiornato annualmente con l'indicazione delle quote versate direttamente all'associazione per gli scopi statutari;

c) numero di iscritti non inferiore allo 0,5 per mille della popolazione nazionale e presenza sul territorio di almeno cinque regioni o province autonome, con un numero di iscritti non inferiore allo 0,2 per mille degli abitanti di ciascuna di esse, da certificare con dichiarazione sostitutiva dell'atto di notorietà resa dal legale rappresentante dell'associazione con le modalità di cui agli articoli 46 e seguenti del testo unico delle disposizioni legislative e regolamentari in materia di documentazione amministrativa, di cui al decreto del Presidente della Repubblica 28 dicembre 2000, n. 445;

d) elaborazione di un bilancio annuale delle entrate e delle uscite con indicazione delle quote versate dagli associati e tenuta dei libri contabili, conformemente alle norme vigenti in materia di contabilità delle associazioni non riconosciute;

e) svolgimento di un'attività continuativa nei tre anni precedenti;

f) non avere i suoi rappresentanti legali subito alcuna condanna, passata in giudicato, in relazione all'attività dell'associazione medesima, e non rivestire i medesimi rappresentanti la qualifica di imprenditori o di amministratori di imprese di produzione e servizi in qualsiasi forma costituite, per gli stessi settori in cui opera l'associazione (1) (2).

3. Alle associazioni dei consumatori e degli utenti è preclusa ogni attività di promozione o pubblicità commerciale avente per oggetto beni o servizi prodotti da terzi ed ogni connessione di interessi con imprese di produzione o di distribuzione.

4. Il Ministero dello sviluppo economico provvede annualmente all'aggiornamento dell'elenco (1) (3).

5. All'elenco di cui al presente articolo possono iscriversi anche le associazioni dei consumatori e degli utenti operanti esclusivamente nei territori ove risiedono minoranze linguistiche costituzionalmente riconosciute, in possesso dei requisiti di cui al comma 2, lettere *a*), *b*), *d*), *e*) e *f*), nonché con un numero di iscritti non inferiore allo 0,5 per mille degli abitanti della regione o provincia autonoma di riferimento, da certificare con dichiarazione sostitutiva dell'atto di notorietà resa dal legale rappresentante dell'associazione con le modalità di cui agli articoli 46 e seguenti del citato testo unico, di cui al decreto del Presidente della Repubblica n. 445 del 2000.

6. Il Ministero dello sviluppo economico comunica alla Commissione europea l'elenco di cui al comma 1, comprensivo anche degli enti di cui all'articolo 139, comma 2, nonché i relativi aggiornamenti al fine dell'iscrizione nell'elenco degli enti legittimati a proporre azioni inibitorie a tutela degli interessi collettivi dei consumatori istituito presso la stessa Commissione europea (1).

(1) *Comma così modificato dall'art. 1[5] d.ls. 6 agosto 2015, n. 130. Ai sensi dell'art. 2[1] d.ls. n. 130, cit., la presente disposizione si applica a decorrere dal 9 gennaio 2016.*

(2) *Per l'attuazione del presente comma, v. d.m. 21 dicembre 2012, n. 260 (G.U. 19 febbraio 2013, n. 42).*

(3) *Per l'anno 2011 v. d.m. 14 dicembre 2011 (G.U. 3 gennaio 2012, n. 2).*

[**138**. (1) **Agevolazioni e contributi.** – 1. Le agevolazioni e i contributi previsti dalla legge 5 agosto 1981, n. 416, e successive modificazioni, in materia di disciplina delle imprese editrici e provvidenze per l'editoria, sono estesi, con le modalità ed i criteri di graduazione definiti con apposito decreto del Presidente del Consiglio dei Ministri, alle attività editoriali delle associazioni iscritte nell'elenco di cui all'articolo 137.]

(1) *Articolo abrogato, a decorrere dal 1° gennaio 2019, dall'art. 32[1 lett. m)] d.ls. 15 maggio 2017, n. 70.*

Titolo II
Accesso alla giustizia (1)

(1) *Rubrica così sostituita dall'art. 2[449] l. 24 dicembre 2007, n. 244 (legge finanziaria 2008). Ai sensi del comma 447 del medesimo art. 2, come da ultimo modificato dall'art. 23[16] d.l. 1° luglio 2009, n. 78, conv., con modif., in l. 3 agosto 2009, n. 102, la presente disposizione diviene efficace decorsi ventiquattro mesi dalla data di entrata in vigore della l. n. 244, cit. [1° gennaio 2010].*

[**139**. (1) **Legittimazione ad agire.** – 1. Le associazioni dei consumatori e degli utenti inserite nell'elenco di cui all'articolo 137 sono legittimate ad agire, ai sensi dell'articolo 140, a tutela degli interessi collettivi dei consumatori e degli utenti. Oltre a quanto disposto dall'articolo 2, le dette associazioni sono legittimate ad agire nelle ipotesi di violazione degli interessi collettivi dei consumatori contemplati nelle materie disciplinate dal presente codice, nonché dalle seguenti disposizioni legislative (2):

a) legge 6 agosto 1990, n. 223, e successive modificazioni, ivi comprese quelle di cui al testo unico della radiotelevisione, di cui al decreto legislativo 31 luglio 2005, n. 177, e legge 30 aprile 1998, n. 122, concernenti l'esercizio delle attività televisive (3);

b) decreto legislativo 30 dicembre 1992, n. 541, come modificato dal decreto legislativo 18 febbraio 1997, n. 44, e legge 14 ottobre 1999, n. 362, concernente la pubblicità dei medicinali per uso umano (4).

b-bis) decreto legislativo 26 marzo 2010, n. 59, recante attuazione della direttiva 2006/123/CE relativa ai servizi nel mercato interno (5).

b-ter) regolamento (UE) n. 524/2013 del Parlamento europeo e del Consiglio, del 21 maggio 2013, sulla risoluzione delle controversie online per i consumatori (regolamento sull'ODR per i consumatori) (6).

b-quater) regolamento (UE) 2018/302 del Parlamento europeo e del Consiglio, del 28 febbraio 2018, recante misure volte a impedire i blocchi geografici ingiustificati e altre forme di discriminazione basate sulla nazionalità, sul luogo di residenza o sul luogo di stabilimento dei clienti nell'ambito del mercato interno (7).

2. Gli organismi pubblici indipendenti nazionali e le organizzazioni riconosciuti in altro Stato dell'Unione europea ed inseriti nell'elenco degli enti legittimati a proporre azioni inibitorie a tutela degli interessi collettivi dei consumatori, pubblicato nella Gazzetta Ufficiale delle Comunità europee, possono agire, ai sensi del presente articolo e secondo le modalità di cui all'articolo 140, nei confronti di atti o comportamenti lesivi per i consumatori del proprio Paese, posti in essere in tutto o in parte sul territorio dello Stato.]

(1) *Articolo abrogato dall'art. 5[1] l. 12 aprile 2019, n. 31. Al fine di consentire al Ministero della giustizia di predisporre le necessarie modifiche dei sistemi informativi per permettere il compimento delle attività processuali con modalità telematiche, le presenti disposizioni* ***entrano in vigore decorsi venticinque mesi dalla pubblicazione della suddetta legge nella Gazzetta Ufficiale [19 maggio 2021]****, ai sensi di quanto disposto dall'art. 7[1] l. n. 31, cit., come da ultimo modificato, in sede di conversione, dall'art. 31-*ter *d.l. 28 ottobre 2020, n. 137, conv., con modif., in l. 18 dicembre 2020, n. 176, che ha ulteriormente prorogato i termini di entrata in vigore decorsi* « ventinque mesi » *rispetto ai precedenti* « diciannove mesi » *(19 novembre 2020, v.* infra*); tale modifica era stata già disposta dall'art. 26[1] d.l. 9 novembre 2020, n. 149, ma tale decreto è stato abrogato dall'art. 1[2] l. n. 176, cit., prevedendo che restano validi gli atti e i provvedimenti adottati e sono fatti salvi gli effetti prodottisi e i rapporti giuridici sorti sulla base dei medesimi. La formulazione originaria dell'art. 7 l. n. 31, cit., prevedeva che le suddette*

disposizioni entrassero in vigore decorsi « dodici mesi », *poi prorogati a* « diciannove mesi » *dall'art. 8*[5] *d.l. 30 dicembre 2019, n. 162, conv., con modif., in l. 28 febbraio 2020, n. 8. Ai sensi del successivo comma 2 dell'art. 7 l. n. 31, cit., le presenti disposizioni* « ***si applicano alle condotte illecite poste in essere successivamente alla data della sua entrata in vigore.*** *Alle condotte illecite poste in essere precedentemente continuano ad applicarsi le disposizioni vigenti prima della medesima data di entrata in vigore* ».

(2) *Alinea così modificato dall'art. 16*[1] *d.ls. 23 ottobre 2007, n. 221.*

(3) *Lettera così modificata dall'art. 16*[2] *d.ls. n. 221, cit.*

(4) *In tema di tutela degli interessi collettivi degli investitori, v. art. 32-*bis *d.ls. 24 febbraio 1998, n. 58.*

(5) *Lettera aggiunta dall'art. 85*[5-bis] *d.ls. 26 marzo 2010, n. 59, come modificato dall'art. 20*[1 lett. e)] *d.ls. 6 agosto 2012, n. 147, che ha inserito il suddetto comma 5-*bis.

(6) *Lettera aggiunta dall'art. 1*[4] *d.ls. 6 agosto 2015, n. 130. Ai sensi dell'art. 2*[1] *d.ls. n. 130, cit., la presente disposizione si applica a decorrere dal 9 gennaio 2016.*

(7) *Lettera aggiunta dall'art. 6*[1 lett. a)] *l. 3 maggio 2019, n. 37.*

[140. (1) **Procedura.** – 1. I soggetti di cui all'articolo 139 sono legittimati nei casi ivi previsti ad agire a tutela degli interessi collettivi dei consumatori e degli utenti richiedendo al tribunale (2):

a) di inibire gli atti e i comportamenti lesivi degli interessi dei consumatori e degli utenti;

b) di adottare le misure idonee a correggere o eliminare gli effetti dannosi delle violazioni accertate;

c) di ordinare la pubblicazione del provvedimento su uno o più quotidiani a diffusione nazionale oppure locale nei casi in cui la pubblicità del provvedimento può contribuire a correggere o eliminare gli effetti delle violazioni accertate.

2. Le associazioni di cui al comma 1, nonché i soggetti di cui all'articolo 139, comma 2, possono attivare, prima del ricorso al giudice, la procedura di conciliazione dinanzi alla camera di commercio, industria, artigianato e agricoltura competente per territorio, a norma dell'articolo 2, comma 4, lettera *a*), della legge 29 dicembre 1993, n. 580, nonché agli altri organismi di composizione extragiudiziale per la composizione delle controversie in materia di consumo a norma dell'articolo 141. La procedura è, in ogni caso, definita entro sessanta giorni.

3. Il processo verbale di conciliazione, sottoscritto dalle parti e dal rappresentante dell'organismo di composizione extragiudiziale adito, è depositato per l'omologazione nella cancelleria del tribunale del luogo nel quale si è svolto il procedimento di conciliazione.

4. Il tribunale, in composizione monocratica, accertata la regolarità formale del processo verbale, lo dichiara esecutivo con decreto. Il verbale di conciliazione omologato costituisce titolo esecutivo.

5. In ogni caso l'azione di cui al comma 1 può essere proposta solo

dopo che siano decorsi quindici giorni dalla data in cui le associazioni abbiano richiesto al soggetto da esse ritenuto responsabile, a mezzo lettera raccomandata con avviso di ricevimento, la cessazione del comportamento lesivo degli interessi dei consumatori e degli utenti.

6. Il soggetto al quale viene chiesta la cessazione del comportamento lesivo ai sensi del comma 5, o che sia stato chiamato in giudizio ai sensi del comma 1, può attivare la procedura di conciliazione di cui al comma 2 senza alcun pregiudizio per l'azione giudiziale da avviarsi o già avviata. La favorevole conclusione, anche nella fase esecutiva, del procedimento di conciliazione viene valutata ai fini della cessazione della materia del contendere.

7. Con il provvedimento che definisce il giudizio di cui al comma 1 il giudice fissa un termine per l'adempimento degli obblighi stabiliti e, anche su domanda della parte che ha agito in giudizio, dispone, in caso di inadempimento, il pagamento di una somma di denaro da 516 euro a 1.032 euro, per ogni inadempimento ovvero giorno di ritardo rapportati alla gravità del fatto. In caso di inadempimento degli obblighi risultanti dal verbale di conciliazione di cui al comma 3 le parti possono adire il tribunale con procedimento in camera di consiglio affinché, accertato l'inadempimento, disponga il pagamento delle dette somme di denaro. Tali somme di denaro sono versate all'entrata del bilancio dello Stato per essere riassegnate con decreto del Ministro dell'economia e delle finanze al fondo da istituire nell'ambito di apposita unità previsionale di base dello stato di previsione del Ministero dello sviluppo economico, per finanziare iniziative a vantaggio dei consumatori (3).

8. Nei casi in cui ricorrano giusti motivi di urgenza, l'azione inibitoria si svolge a norma degli articoli da 669-*bis* a 669-*quaterdecies* del codice di procedura civile.

9. Fatte salve le norme sulla litispendenza, sulla continenza, sulla connessione e sulla riunione dei procedimenti, le disposizioni di cui al presente articolo non precludono il diritto ad azioni individuali dei consumatori che siano danneggiati dalle medesime violazioni.

10. Per le associazioni di cui all'articolo 139 l'azione inibitoria prevista dall'articolo 37 in materia di clausole vessatorie nei contratti stipulati con i consumatori, si esercita ai sensi del presente articolo.

11. Resta ferma la giurisdizione esclusiva del giudice amministrativo in materia di servizi pubblici ai sensi dell'articolo 133, comma 1, lettera *c*) del codice del processo amministrativo (4).

12. Restano salve le procedure conciliative di competenza dell'Au-

torità per le garanzie nelle comunicazioni di cui all'articolo 1, comma 11, della legge 31 luglio 1997, n. 249.]

(1) *Articolo abrogato dall'art. 5[1] l. 12 aprile 2019, n. 31,* ***a decorrere dal 19 maggio 2021****, ai sensi dell'art. 7[1] della stessa legge, come da ultimo modificato in sede di conversione, dall'art. 31-*ter *d.l. 28 ottobre 2020, n. 137, conv., con modif., in l. 18 dicembre 2020, n. 176, per cui v.* sub *art. 139, anche per la disciplina transitoria di cui al comma 2 del medesimo art. 7 l. n. 31, cit.*

(2) *Alinea così modificato dall'art. 17 d.ls. 23 ottobre 2007, n. 221.*

(3) *Comma così modificato dall'art. 1[5] d.ls. 6 agosto 2015, n. 130. Ai sensi dell'art. 2[1] d.ls. n. 130, cit., la presente disposizione si applica a decorrere dal 9 gennaio 2016.*

(4) *Comma da ultimo così sostituito dall'art. 3[17-bis] All. 4 d.ls. 2 luglio 2010, n. 104, come aggiunto dall'art. 1[3 lett. a) n. 3] d.ls. 15 novembre 2011, n. 195.*

[140-*bis*. (1) (2) (3) (4) **Azione di classe.** – 1. I diritti individuali omogenei dei consumatori e degli utenti di cui al comma 2 nonché gli interessi collettivi sono tutelabili anche attraverso l'azione di classe, secondo le previsioni del presente articolo. A tal fine ciascun componente della classe, anche mediante associazioni cui dà mandato o comitati cui *partecipa*, può agire per l'accertamento della responsabilità e per la condanna al risarcimento del danno e alle restituzioni (5).

2. L'azione di classe ha per oggetto l'accertamento della responsabilità e la condanna al risarcimento del danno e alle restituzioni in favore degli utenti consumatori (6). L'azione tutela:

a) i diritti contrattuali di una pluralità di consumatori e utenti che versano nei confronti di una stessa impresa in situazione identica omogenea, inclusi i diritti relativi a contratti stipulati ai sensi degli articoli 1341 e 1342 del codice civile (7);

b) i diritti omogenei spettanti ai consumatori finali di un determinato prodotto o servizio nei confronti del relativo produttore, anche a prescindere da un diretto rapporto contrattuale (7);

c) i diritti omogenei al ristoro del pregiudizio derivante agli stessi consumatori e utenti da pratiche commerciali scorrette o da comportamenti anticoncorrenziali (7).

3. I consumatori e utenti che intendono avvalersi della tutela di cui al presente articolo aderiscono all'azione di classe, senza ministero di difensore anche tramite posta elettronica certificata e fax. L'adesione comporta rinuncia a ogni azione restitutoria o risarcitoria individuale fondata sul medesimo titolo, salvo quanto previsto dal comma 15. L'atto di adesione, contenente, oltre all'elezione di domicilio, l'indicazione degli elementi costitutivi del diritto fatto valere con la relativa documentazione probatoria, è depositato in cancelleria, anche tramite l'attore, nel termine di cui al comma 9, lettera *b*).

Gli effetti sulla prescrizione ai sensi degli articoli 2943 e 2945 del codice civile decorrono dalla notificazione della domanda e, per coloro che hanno aderito successivamente, dal deposito dell'atto di adesione (8).

4. La domanda è proposta al tribunale ordinario avente sede nel capoluogo della regione in cui ha sede l'impresa, ma per la Valle d'Aosta è competente il tribunale di Torino, per il Trentino-Alto Adige e il Friuli-Venezia Giulia è competente il tribunale di Venezia, per le Marche, l'Umbria, l'Abruzzo e il Molise è competente il tribunale di Roma e per la Basilicata e la Calabria è competente il tribunale di Napoli. Il tribunale tratta la causa in composizione collegiale.

5. La domanda si propone con atto di citazione notificato anche all'ufficio del pubblico ministero presso il tribunale adìto, il quale può intervenire limitatamente al giudizio di ammissibilità.

6. All'esito della prima udienza il tribunale decide con ordinanza sull'ammissibilità della domanda, ma può sospendere il giudizio quando sui fatti rilevanti ai fini del decidere è in corso un'istruttoria davanti a un'autorità indipendente ovvero un giudizio davanti al giudice amministrativo. La domanda è dichiarata inammissibile quando è manifestamente infondata, quando sussiste un conflitto di interessi ovvero quando il giudice non ravvisa l'omogeneità dei diritti individuali tutelabili ai sensi del comma 2, nonché quando il proponente non appare in grado di curare adeguatamente l'interesse della classe (9).

7. L'ordinanza che decide sulla ammissibilità è reclamabile davanti alla corte d'appello nel termine perentorio di trenta giorni dalla sua comunicazione o notificazione se anteriore. Sul reclamo la corte d'appello decide con ordinanza in camera di consiglio non oltre quaranta giorni dal deposito del ricorso. Il reclamo dell'ordinanza ammissiva non sospende il procedimento davanti al tribunale.

8. Con l'ordinanza di inammissibilità, il giudice regola le spese, anche ai sensi dell'articolo 96 del codice di procedura civile, e ordina la più opportuna pubblicità a cura e spese del soccombente.

9. Con l'ordinanza con cui ammette l'azione il tribunale fissa termini e modalità della più opportuna pubblicità, ai fini della tempestiva adesione degli appartenenti alla classe. L'esecuzione della pubblicità è condizione di procedibilità della domanda. Con la stessa ordinanza il tribunale:

a) definisce i caratteri dei diritti individuali oggetto del giudizio, specificando i criteri in base ai quali i soggetti che chiedono di aderire sono inclusi nella classe o devono ritenersi esclusi dall'azione;

b) fissa un termine perentorio, non superiore a centoventi giorni dalla scadenza di quello per l'esecuzione della pubblicità, entro il quale gli atti di adesione, anche a mezzo dell'attore, sono depositati in cancelleria. Copia dell'ordinanza è trasmessa, a cura della cancelleria, al Ministero dello sviluppo economico che ne cura ulteriori forme di pubblicità, anche mediante la pubblicazione sul relativo sito internet.

10. È escluso l'intervento di terzi ai sensi dell'articolo 105 del codice di procedura civile.

11. Con l'ordinanza con cui ammette l'azione il tribunale determina altresì il corso della procedura assicurando, nel rispetto del contraddittorio, l'equa, efficace e sollecita gestione del processo. Con la stessa o con successiva ordinanza, modificabile o revocabile in ogni tempo, il tribunale prescrive le misure atte a evitare indebite ripetizioni o complicazioni nella presentazione di prove o argomenti; onera le parti della pubblicità ritenuta necessaria a tutela degli aderenti; regola nel modo che ritiene più opportuno l'istruzione probatoria e disciplina ogni altra questione di rito, omessa ogni formalità non essenziale al contraddittorio.

12. Se accoglie la domanda, il tribunale pronuncia sentenza di condanna con cui liquida, ai sensi dell'articolo 1226 del codice civile, le somme definitive dovute a coloro che hanno aderito all'azione o stabilisce il criterio omogeneo di calcolo per la liquidazione di dette somme. In questo ultimo caso il giudice assegna alle parti un termine, non superiore a novanta giorni, per addivenire ad un accordo sulla liquidazione del danno (10). Il processo verbale dell'accordo, sottoscritto dalle parti e dal giudice, costituisce titolo esecutivo (10). Scaduto il termine senza che l'accordo sia stato raggiunto, il giudice, su istanza di almeno una delle parti, liquida le somme dovute ai singoli aderenti (10). In caso di accoglimento di un'azione di classe proposta nei confronti di gestori di servizi pubblici o di pubblica utilità, il tribunale tiene conto di quanto riconosciuto in favore degli utenti e dei consumatori danneggiati nelle relative carte dei servizi eventualmente emanate. La sentenza diviene esecutiva decorsi centottanta giorni dalla pubblicazione. I pagamenti delle somme dovute effettuati durante tale periodo sono esenti da ogni diritto e incremento, anche per gli accessori di legge maturati dopo la pubblicazione della sentenza.

13. La corte d'appello, richiesta dei provvedimenti di cui all'articolo 283 del codice di procedura civile, tiene altresì conto dell'entità complessiva della somma gravante sul debitore, del numero dei

creditori, nonché delle connesse difficoltà di ripetizione in caso di accoglimento del gravame. La corte può comunque disporre che, fino al passaggio in giudicato della sentenza, la somma complessivamente dovuta dal debitore sia depositata e resti vincolata nelle forme ritenute più opportune.

14. La sentenza che definisce il giudizio fa stato anche nei confronti degli aderenti. È fatta salva l'azione individuale dei soggetti che non aderiscono all'azione collettiva. Non sono proponibili ulteriori azioni di classe per i medesimi fatti e nei confronti della stessa impresa dopo la scadenza del termine per l'adesione assegnato dal giudice ai sensi del comma 9. Quelle proposte entro detto termine sono riunite d'ufficio se pendenti davanti allo stesso tribunale; altrimenti il giudice successivamente adìto ordina la cancellazione della causa dal ruolo, assegnando un termine perentorio non superiore a sessanta giorni per la riassunzione davanti al primo giudice.

15. Le rinunce e le transazioni intervenute tra le parti non pregiudicano i diritti degli aderenti che non vi hanno espressamente consentito. Gli stessi diritti sono fatti salvi anche nei casi di estinzione del giudizio o di chiusura anticipata del processo.]

(1) *Articolo abrogato dall'art. 5^{1} l. 12 aprile 2019, n. 31,* ***a decorrere dal 19 maggio 2021****, ai sensi dell'art. 7^{1} della stessa legge, come da ultimo modificato in sede di conversione, dall'art. 31-*ter *d.l. 28 ottobre 2020, n. 137, conv., con modif., in l. 18 dicembre 2020, n. 176, per cui v.* sub *art. 139, anche per la disciplina transitoria di cui al comma 2 del medesimo art. 7 l. n. 31, cit. Precedentemente tale articolo era stato dapprima inserito dall'art. 2^{446} l. 24 dicembre 2007, n. 244 (legge finanziaria 2008), con la decorrenza indicata al successivo comma 447 (decorsi ventiquattro mesi dalla data di entrata in vigore della l. n. 244, cit.), e poi sostituito dall'art. 49^{1} l. 23 luglio 2009, n. 99. Per la disciplina transitoria v. l'art. 49^{2} l. n. 99, cit., per il quale: « Le disposizioni dell'art. 140-*bis *del codice del consumo, di cui al decreto legislativo 6 settembre 2005, n. 206, come sostituito dal comma 1 del presente articolo, si applicano agli illeciti compiuti successivamente alla data di entrata in vigore della presente legge [15 agosto 2009] ».*

(2) *In tema di c.d.* class action *contro la pubblica amministrazione, v. anche art. 2 d.ls. 20 dicembre 2009, n. 198.*

(3) *In materia di mediazione finalizzata alla conciliazione delle controversie civili e commerciali, v. artt. 5, 15 e 16 d.ls. 4 marzo 2010, n. 28.*

(4) *In materia di risarcimento del danno ai sensi del diritto nazionale per violazioni delle disposizioni del diritto della concorrenza degli Stati membri e dell'Unione europea, v. d.ls. 19 gennaio 2017, n. 3.*

(5) *Comma così modificato dall'art. $6^{1\ lett.\ a)}$ d.l. 24 gennaio 2012, n. 1, conv., con modif., in l. 24 marzo 2012, n. 27.*

(6) *Periodo premesso, in sede di conversione, dall'art. $6^{1\ lett.\ b)}$ d.l. n. 1, cit.*

(7) *Lettera così modificata dall'art. $6^{1\ lett.\ c),\ d)\ ed\ e)}$ d.l. n. 1, cit.*

(8) *Comma così modificato dall'art. $6^{1\ lett.\ f)}$ d.l. n. 1, cit.*

(9) *Comma così modificato dall'art. $6^{1\ lett.\ g)}$ d.l. n. 1, cit.*

(10) *Periodo inserito dall'art. $6^{1\ lett.\ h)}$ d.l. n. 1, cit.*

TITOLO II-*BIS*
Risoluzione extragiudiziale delle controversie (1)

(1) *Titolo inserito dall'art. 1² d.ls. 6 agosto 2015, n. 130. Ai sensi dell'art. 2¹ d.ls. n. 130, cit., la presente disposizione si applica a decorrere dal 9 gennaio 2016.*

141. (1) **Disposizioni generali: definizioni ed ambito di applicazione.** – 1. Ai fini del presente titolo, si intende per:

a) « consumatore »: la persona fisica, di cui all'articolo 3, comma 1, lettera *a*);

b) « professionista »: il soggetto, di cui all'articolo 3, comma 1, lettera *c*);

c) « contratto di vendita »: il contratto di cui all'articolo 45, comma 1, lettera *e*);

d) « contratto di servizi »: il contratto di cui all'articolo 45, comma 1, lettera *f*);

e) « controversia nazionale »: una controversia relativa ad obbligazioni contrattuali derivanti da un contratto di vendita o di servizi, nell'ambito della quale il consumatore, quando ordina i beni o i servizi, risiede nello stesso Stato membro dell'Unione europea in cui è stabilito il professionista;

f) « controversia transfrontaliera »: una controversia relativa ad obbligazioni contrattuali derivanti da un contratto di vendita o di servizi, nell'ambito della quale il consumatore, quando ordina i beni o i servizi, risiede in uno Stato membro dell'Unione europea diverso da quello in cui è stabilito il professionista;

g) « procedura ADR »: una procedura di risoluzione extragiudiziale delle controversie conforme ai requisiti di cui al presente titolo ed eseguita da un organismo ADR Alternative Dispute Resolution;

h) « organismo ADR »: qualsiasi organismo, a prescindere dalla sua denominazione, istituito su base permanente, che offre la risoluzione di una controversia attraverso una procedura ADR ed è iscritto nell'elenco di cui all'articolo 141-*decies*;

i) « autorità competente »: le autorità indicate dall'articolo 141-*octies*;

l) « domanda »: la domanda presentata all'organismo per avviare la procedura ADR;

m) « servizi non economici di interesse generale »: i servizi di interesse generale che non sono prestati a fini economici, a prescindere dalla forma giuridica sotto la quale tali servizi sono prestati, e, in particolare i servizi prestati, senza corrispettivo economico, da pubbliche amministrazioni o per conto delle stesse.

2. Ai fini del presente titolo il professionista si considera stabilito:

a) se si tratta di una persona fisica, presso la sua sede di attività;

b) se si tratta di una società o di un'altra persona giuridica o di un'associazione di persone fisiche o giuridiche, presso la sua sede legale, la sua amministrazione centrale o la sua sede di attività, comprese le filiali, le agenzie o qualsiasi altra sede.

3. Ai fini del presente titolo, l'organismo ADR si considera stabilito:

a) se è gestito da una persona fisica, nel luogo in cui svolge le attività ADR;

b) se è gestito da una persona giuridica o da un'associazione di persone fisiche o di persone giuridiche, nel luogo in cui tale persona giuridica o associazione di persone fisiche o giuridiche svolge le attività ADR o ha la sua sede legale;

c) se è gestito da un'autorità o da un altro ente pubblico, nel luogo in cui tale autorità o altro ente pubblico ha la propria sede.

4. Le disposizioni di cui al presente titolo, si applicano alle procedure volontarie di composizione extragiudiziale per la risoluzione, anche in via telematica, delle controversie nazionali e transfrontaliere, tra consumatori e professionisti residenti e stabiliti nell'Unione europea, nell'ambito delle quali l'organismo ADR propone una soluzione o riunisce le parti al fine di agevolare una soluzione amichevole e, in particolare, agli organismi di mediazione per la trattazione degli affari in materia di consumo iscritti nella sezione speciale di cui all'articolo 16, commi 2 e 4, del decreto legislativo 4 marzo 2010, n. 28, e agli altri organismi ADR istituiti o iscritti presso gli elenchi tenuti e vigilati dalle autorità di cui al comma 1, lettera *i*), previa la verifica della sussistenza dei requisiti e della conformità della propria organizzazione e delle proprie procedure alle prescrizioni del presente titolo. Le disposizioni di cui al presente titolo si applicano, altresì, alle eventuali procedure, previste ai sensi del comma 7, in cui l'organismo ADR adotta una decisione.

5. Le disposizioni di cui al presente titolo si applicano altresì alle procedure di conciliazione paritetica di cui all'articolo 141-*ter*.

6. Sono fatte salve le seguenti disposizioni che prevedono l'obbligatorietà delle procedure di risoluzione extragiudiziale delle controversie:

a) articolo 5, comma 1-*bis*, del decreto legislativo 4 marzo 2010, n. 28, che disciplina i casi di condizione di procedibilità con riferimento alla mediazione finalizzata alla conciliazione delle controversie civili e commerciali;

b) articolo 1, comma 11, della legge 31 luglio 1997, n. 249, che prevede il tentativo obbligatorio di conciliazione nel settore delle comunicazioni elettroniche;

c) articolo 2, comma 24, lettera *b*), della legge 14 novembre 1995, n. 481, che prevede il tentativo obbligatorio di conciliazione nelle materie di competenza dell'Autorità per l'energia elettrica, il gas e il sistema idrico, e le cui modalità di svolgimento sono regolamentate dall'Autorità per l'energia elettrica, il gas e il sistema idrico con propri provvedimenti.

7. Le procedure svolte nei settori di competenza dell'Autorità per l'energia elettrica, il gas ed il sistema idrico, della Banca d'Italia, dell'Istituto per la vigilanza sulle assicurazioni, (2) della Commissione nazionale per la società e la borsa e dell'Autorità per le garanzie nelle comunicazioni, ivi comprese quelle che prevedono la partecipazione obbligatoria del professionista, sono considerate procedure ADR ai sensi del presente Codice, se rispettano i principi, le procedure e i requisiti delle disposizioni di cui al presente titolo.

8. Le disposizioni di cui al presente titolo non si applicano:

a) alle procedure presso sistemi di trattamento dei reclami dei consumatori gestiti dal professionista;

b) ai servizi non economici d'interesse generale;

c) alle controversie fra professionisti;

d) alla negoziazione diretta tra consumatore e professionista;

e) ai tentativi di conciliazione giudiziale per la composizione della controversia nel corso di un procedimento giudiziario riguardante la controversia stessa;

f) alle procedure avviate da un professionista nei confronti di un consumatore;

g) ai servizi di assistenza sanitaria, prestati da professionisti sanitari a pazienti, al fine di valutare, mantenere o ristabilire il loro stato di salute, compresa la prescrizione, la somministrazione e la fornitura di medicinali e dispositivi medici;

h) agli organismi pubblici di istruzione superiore o di formazione continua.

9. Le disposizioni di cui al presente titolo non precludono il funzionamento di eventuali organismi ADR istituiti nell'ambito delle norme e provvedimenti, di cui ai commi 7 e 8, ed in cui i funzionari pubblici sono incaricati delle controversie e considerati rappresentanti sia degli interessi dei consumatori e sia degli interessi dei professionisti.

10. Il consumatore non può essere privato in nessun caso del

diritto di adire il giudice competente qualunque sia l'esito della procedura di composizione extragiudiziale.

(1) *Articolo così sostituito dall'art. 1*[2] *d.ls. 6 agosto 2015, n. 130. Ai sensi dell'art. 2*[1] *d.ls. n. 130, cit., la presente disposizione si applica a decorrere dal 9 gennaio 2016.*

(2) *Le parole* « dell'Istituto per la vigilanza sulle assicurazioni, » *sono state aggiunte dall'art. 4*[6 lett. a)] *d.ls. 21 maggio 2018, n. 68.*

141-*bis*. (1) **Obblighi, facoltà e requisiti degli organismi ADR.** – 1. È fatto obbligo agli organismi ADR di:

a) mantenere un sito web aggiornato che fornisca alle parti un facile accesso alle informazioni concernenti il funzionamento della procedura ADR e che consenta ai consumatori di presentare la domanda e la documentazione di supporto necessaria in via telematica;

b) mettere a disposizione delle parti, su richiesta delle stesse, le informazioni di cui alla lettera *a*), su un supporto durevole, così come definito dall'articolo 45, comma 1, lettera *l*);

c) consentire al consumatore la possibilità, ove applicabile, di presentare la domanda anche in modalità diverse da quella telematica;

d) consentire lo scambio di informazioni tra le parti per via elettronica o, se applicabile, attraverso i servizi postali;

e) accettare sia le controversie nazionali sia quelle transfrontaliere, comprese le controversie oggetto del regolamento (UE) n. 524/2013, anche attraverso il ricorso a reti di organismi ADR;

f) adottare i provvedimenti necessari a garantire che il trattamento dei dati personali avvenga nel rispetto delle regole di cui al decreto legislativo 30 giugno 2003, n. 196, e successive modificazioni.

2. Gli organismi ADR possono, salve le diverse prescrizioni contenute in altre norme applicabili ovvero nelle deliberazioni delle autorità di regolazione di settore, mantenere e introdurre norme procedurali che consentano loro di rifiutare il trattamento di una determinata controversia per i seguenti motivi:

a) il consumatore non ha tentato di contattare il professionista interessato per discutere il proprio reclamo né cercato, come primo passo, di risolvere la questione direttamente con il professionista;

b) la controversia è futile o temeraria;

c) la controversia è in corso di esame o è già stata esaminata da un altro organismo ADR o da un organo giurisdizionale;

d) il valore della controversia è inferiore o superiore a una soglia monetaria prestabilita a un livello tale da non nuocere in modo significativo all'accesso del consumatore al trattamento dei reclami;

e) il consumatore non ha presentato la domanda all'organismo ADR entro un limite di tempo prestabilito, che non deve essere inferiore a un anno dalla data in cui il consumatore ha presentato il reclamo al professionista;

f) il trattamento di questo tipo di controversia rischierebbe di nuocere significativamente all'efficace funzionamento dell'organismo ADR.

3. Qualora, conformemente alle proprie norme procedurali, un organismo ADR non è in grado di prendere in considerazione una controversia che gli è stata presentata, tale organismo ADR fornisce a entrambe le parti una spiegazione motivata delle ragioni della sua decisione di non prendere in considerazione la controversia entro ventuno giorni dal ricevimento del fascicolo della domanda. Tali norme procedurali non devono nuocere in modo significativo all'accesso da parte dei consumatori alle procedure ADR, compreso in caso di controversie transfrontaliere.

4. È fatto obbligo agli organismi ADR di prevedere e garantire che le persone fisiche da essi incaricate della risoluzione delle controversie siano:

a) in possesso delle conoscenze e delle competenze in materia di risoluzione alternativa o giudiziale delle controversie dei consumatori, inclusa una comprensione generale del diritto provvedendo, se del caso, alla loro formazione;

b) nominate per un incarico di durata sufficiente a garantire l'indipendenza dell'attività da svolgere, non potendo essere sostituito o revocato nell'incarico senza una giusta causa;

c) non soggette ad istruzioni dell'una o dell'altra delle parti o dei loro rappresentanti;

d) retribuite indipendentemente dall'esito della procedura.

5. È fatto altresì obbligo alle persone fisiche incaricate della risoluzione delle controversie, di comunicare tempestivamente all'organismo ADR tutte le circostanze, emerse durante l'intera procedura ADR, idonee ad incidere sulla loro indipendenza e imparzialità o capaci di generare conflitti di interessi con l'una o l'altra delle parti della controversia che sono chiamate a risolvere. In tale ipotesi, se le parti non sono soddisfatte delle prestazioni o del funzionamento della procedura medesima, l'organismo ADR deve:

a) sostituire la persona fisica interessata, affidando la conduzione della procedura ADR ad altra persona fisica; o in mancanza

b) garantire che la persona fisica interessata si astenga dal condurre la procedura ADR e, se possibile, proporre alle parti di presentare la controversia ad un altro organismo ADR competente a trattare la controversia; o in mancanza

c) consentire alla persona fisica interessata di continuare a condurre la procedura solo se le parti, dopo essere state informate delle circostanze e del loro diritto di opporsi, non hanno sollevato obiezioni.

6. Resta fermo il diritto delle parti di ritirarsi in qualsiasi momento dalla procedura ADR, salvo quanto previsto dall'articolo 141-*quater*, comma 5, lettera *a*).

7. Nell'ipotesi prevista dal comma 5, qualora l'organismo ADR sia costituito da una sola persona fisica, si applicano unicamente le lettere *b*) e *c*) del medesimo comma.

8. Qualora le persone fisiche incaricate della procedura ADR siano assunte o retribuite esclusivamente da un'organizzazione professionale o da un'associazione di imprese di cui il professionista è membro, è assicurato che, oltre ai requisiti del presente titolo e quelli generali di cui ai commi 4 e 9, esse abbiano a loro disposizione risorse di bilancio distinte e apposite che siano sufficienti ad assolvere i loro compiti. Il presente comma non si applica qualora le persone fisiche interessate facciano parte di un organismo collegiale composto da un numero uguale di rappresentanti dell'organizzazione professionale e dell'associazione di imprese da cui sono assunte o retribuite e di una o più associazioni dei consumatori e degli utenti di cui all'articolo 137.

9. È fatto obbligo agli organismi ADR in cui le persone fisiche incaricate della risoluzione delle controversie fanno parte di un organismo collegiale, disporre che il collegio sia composto da un numero uguale di rappresentanti degli interessi dei consumatori e di rappresentanti degli interessi dei professionisti.

10. Se gli organismi ADR, ai fini del comma 4, lettera *a*), del presente articolo, provvedono alla formazione delle persone fisiche incaricate della risoluzione extragiudiziale delle controversie, le autorità competenti provvedono a monitorare i programmi di formazione istituiti dagli organismi ADR in base alle informazioni comunicate loro ai sensi dell'articolo 141-*nonies*, comma 4, lettera *g*). I programmi di formazione possono essere promossi ed eseguiti dalle stesse autorità competenti, di cui all'articolo 141-*octies*. Restano ferme le disposizioni in materia di formazione dei mediatori di cui ai commi 4-*bis*, 5 e 6 dell'articolo 16 del decreto legislativo 4 marzo 2010, n. 28.

(1) *Articolo inserito dall'art. 1[3] d.ls. 6 agosto 2015, n. 130. Ai sensi dell'art. 2[1] d.ls. n. 130, cit., la presente disposizione si applica a decorrere dal 9 gennaio 2016.*

141-*ter*. (1) **Negoziazioni paritetiche.** – 1. Le procedure svolte dinanzi agli organismi ADR in cui parte delle persone fisiche incaricate della risoluzione delle controversie sono assunte o retribuite esclusivamente dal professionista o da un'organizzazione professionale o da un'associazione di imprese di cui il professionista è membro, sono considerate procedure ADR, ai sensi del presente Codice, se, oltre all'osservanza delle disposizioni di cui al presente titolo, rispettano i seguenti ulteriori requisiti specifici di indipendenza e trasparenza:

a) le persone fisiche incaricate della risoluzione delle controversie devono far parte di una commissione paritetica composta da un numero uguale di rappresentanti delle associazioni dei consumatori e degli utenti, di cui all'articolo 137, e di rappresentanti del professionista, e sono nominate a seguito di una procedura trasparente;

b) le persone fisiche incaricate della risoluzione delle controversie devono ricevere un incarico di almeno tre anni per garantire l'indipendenza della loro azione;

c) è fatto obbligo al rappresentante delle associazioni dei consumatori e degli utenti, di cui all'articolo 137, di non avere alcun rapporto lavorativo con il professionista, con un'organizzazione professionale o un'associazione di imprese di cui il professionista sia membro, per l'intera durata dell'incarico e per un periodo di tre anni decorrenti dalla cessazione del proprio incarico nell'organismo ADR, né di avere contributi finanziari diretti da parte degli stessi; gli eventuali contributi erogati dal professionista o dall'organizzazione professionale o dall'associazione di imprese di cui il professionista fa parte, quale parziale rimborso all'associazione dei consumatori per gli oneri sostenuti per prestare assistenza gratuita al consumatore nella procedura ADR, devono essere erogati in modo trasparente, informandone l'autorità competente o secondo le procedure dalla stessa stabilite;

d) è fatto, altresì, obbligo al rappresentante del professionista, se tale rapporto lavorativo non era già in corso al momento di conferimento dell'incarico, di non avere alcun rapporto lavorativo con il professionista, con un'organizzazione professionale o un'associazione di imprese di cui il professionista sia membro, per un periodo di tre anni decorrenti dalla cessazione del proprio incarico nell'organismo ADR;

e) l'organismo di risoluzione delle controversie, ove non abbia distinta soggettività giuridica rispetto al professionista o all'organizzazione professionale o all'associazione di imprese di cui il professionista fa parte, deve essere dotato di sufficiente autonomia e di un organo paritetico di garanzia privo di collegamenti gerarchici o funzionali con il professionista, deve essere chiaramente separato dagli organismi operativi del professionista ed avere a sua disposizione risorse finanziarie sufficienti, distinte dal bilancio generale del professionista, per lo svolgimento dei suoi compiti.

2. Rientrano nelle procedure di cui al comma 1 esclusivamente le negoziazioni paritetiche disciplinate da protocolli di intesa stipulati tra i professionisti o loro associazioni e un numero non inferiore a un terzo delle associazioni dei consumatori e degli utenti, di cui all'articolo 137, nonché quelle disciplinate da protocolli di intesa stipulati nel settore dei servizi pubblici locali secondo i criteri a tal fine indicati nell'accordo sancito in sede di Conferenza unificata Stato-regioni e Stato-città ed autonomie locali del 26 settembre 2013, pubblicato nella Gazzetta Ufficiale n. 254 del 29 ottobre 2013.

(1) *Articolo inserito dall'art. 1[3] d.lgs. 6 agosto 2015, n. 130. Ai sensi dell'art. 2[1] d.lgs. n. 130, cit., la presente disposizione si applica a decorrere dal 9 gennaio 2016.*

141-*quater*. (1) **Trasparenza, efficacia, equità e libertà.** – 1. È fatto obbligo agli organismi ADR, di rendere disponibili al pubblico sui loro siti web, su supporto durevole su richiesta e in qualsiasi altra modalità funzionale al perseguimento delle finalità di trasparenza, efficacia, equità e libertà, informazioni chiare e facilmente comprensibili riguardanti:

a) le modalità di contatto, l'indirizzo postale e quello di posta elettronica;

b) il proprio inserimento nell'elenco di cui all'articolo 141-*decies*, secondo comma;

c) le persone fisiche incaricate della procedura ADR, i criteri seguiti per il conferimento dell'incarico nonché per la loro successiva designazione e la durata del loro incarico;

d) la competenza, l'imparzialità e l'indipendenza delle persone fisiche incaricate della procedura ADR qualora siano assunte o retribuite esclusivamente dal professionista;

e) l'eventuale appartenenza a reti di organismi ADR che agevolano la risoluzione delle controversie transfrontaliere;

f) il settore di competenza specifica, incluso, eventualmente, il limite di valore di competenza;

g) le norme che disciplinano la procedura di risoluzione stragiudiziale della controversia per la quale l'organismo di ADR è stato iscritto e i motivi per cui l'organismo ADR può rifiutare di trattare una determinata controversia ai sensi dell'articolo 141-*bis*, comma 2;

h) le lingue nelle quali possono essere presentati i reclami all'organismo ADR e secondo le quali si svolge la procedura ADR;

i) se l'organismo ADR risolve le controversie in base a disposizioni giuridiche, considerazioni di equità, codici di condotta o altri tipi di regole;

l) eventuali attività che le parti sono tenute a rispettare prima di avviare la procedura ADR, incluso il tentativo di risoluzione della controversia mediante negoziazione diretta con il professionista;

m) la possibilità o meno per le parti di ritirarsi dalla procedura;

n) gli eventuali costi che le parti dovranno sostenere, comprese le norme sulla ripartizione delle spese al termine della procedura;

o) la durata media della procedura ADR;

p) l'effetto giuridico dell'esito della procedura ADR;

q) l'esecutività della decisione ADR, nei casi eventualmente previsti dalle norme vigenti.

2. È fatto obbligo agli organismi ADR di rendere disponibili al pubblico sui loro siti web, su un supporto durevole su richiesta e in altra modalità funzionale al perseguimento delle finalità di trasparenza, le relazioni annuali d'attività. Tali relazioni, con riferimento alle controversie sia nazionali che transfrontaliere, devono comprendere le seguenti informazioni:

a) numero di reclami ricevuti e tipologie di controversie cui si riferiscono;

b) eventuali cause sistematiche o significative generatrici delle controversie tra consumatori e professionisti; tali informazioni possono essere accompagnate, se del caso, da raccomandazioni idonee ad evitare o risolvere problematiche analoghe in futuro, a migliorare le norme dei professionisti e ad agevolare lo scambio di informazioni e di migliori prassi;

c) la percentuale di controversie che l'organismo ADR ha rifiutato di trattare e la quota in percentuale dei tipi di motivo per i rifiuti di cui all'articolo 141-*bis*, comma 2;

d) nel caso di procedure di cui dell'articolo 141-*ter*, le quote percentuali di soluzioni proposte a favore del consumatore e a favore del professionista, e di controversie risolte con una composizione amichevole;

e) la quota percentuale delle procedure ADR interrotte e, se noti, i motivi della loro interruzione;

f) il tempo medio necessario per la risoluzione delle controversie;

g) la percentuale di rispetto, se nota, degli esiti delle procedure ADR;

h) l'eventuale cooperazione con organismi ADR all'interno di reti di organismi ADR che agevolano la risoluzione delle controversie transfrontaliere.

3. Le procedure ADR devono rispettare le seguenti prescrizioni:

a) essere disponibili e facilmente accessibili online e offline per entrambe le parti, a prescindere dalla loro ubicazione;

b) consentire la partecipazione alle parti senza obbligo di assistenza legale; è fatto sempre salvo il diritto delle parti di ricorrere al parere di un soggetto indipendente o di essere rappresentate o assistite da terzi in qualsiasi fase della procedura;

c) essere gratuite o disponibili a costi minimi per i consumatori;

d) l'organismo ADR che ha ricevuto una domanda dà alle parti comunicazione dell'avvio della procedura relativa alla controversia non appena riceve il fascicolo completo della domanda;

e) concludersi entro il termine di novanta giorni dalla data di ricevimento del fascicolo completo della domanda da parte dell'organismo ADR; in caso di controversie particolarmente complesse, l'organismo ADR può, a sua discrezione, prorogare il termine fino a un massimo di novanta giorni; le parti devono essere informate di tale proroga e del nuovo termine di conclusione della procedura.

4. Nell'ambito delle procedure ADR deve essere garantito altresì che:

a) le parti abbiano la possibilità, entro un periodo di tempo ragionevole di esprimere la loro opinione, di ottenere dall'organismo ADR le argomentazioni, le prove, i documenti e i fatti presentati dall'altra parte, salvo che la parte non abbia espressamente richiesto che gli stessi debbano restare riservati, le eventuali dichiarazioni rilasciate e opinioni espresse da esperti e di poter esprimere osservazioni in merito;

b) le parti siano informate del fatto che non sono obbligate a ricorrere a un avvocato o consulente legale, ma possono chiedere un parere indipendente o essere rappresentate o assistite da terzi in qualsiasi fase della procedura;

c) alle parti sia notificato l'esito della procedura ADR per iscritto o su un supporto durevole, e sia data comunicazione dei motivi sui quali è fondato.

5. Nell'ipotesi di procedure ADR volte a risolvere la controversia proponendo una soluzione, gli organismi ADR garantiscono che:

a) le parti abbiano la possibilità di ritirarsi dalla procedura in qualsiasi momento. Le parti sono informate di tale diritto prima dell'avvio della procedura. Nel caso in cui è previsto l'obbligo del professionista di aderire alle procedure ADR, la facoltà di ritirarsi dalla procedura spetta esclusivamente al consumatore;

b) le parti, prima di accettare o meno o di dare seguito a una soluzione proposta, siano informate del fatto che:

1) hanno la scelta se accettare o seguire la soluzione proposta o meno;

2) la partecipazione alla procedura non preclude la possibilità di chiedere un risarcimento attraverso un normale procedimento giudiziario;

3) la soluzione proposta potrebbe essere diversa dal risultato che potrebbe essere ottenuto con la decisione di un organo giurisdizionale che applichi norme giuridiche;

c) le parti, prima di accettare o meno o di dare seguito a una soluzione proposta, siano informate dell'effetto giuridico che da ciò consegue;

d) le parti, prima di accogliere una soluzione proposta o acconsentire a una soluzione amichevole, dispongano di un periodo di riflessione ragionevole.

(1) *Articolo inserito dall'art. 1[3] d.ls. 6 agosto 2015, n. 130. Ai sensi dell'art. 2[1] d.ls. n. 130, cit., la presente disposizione si applica a decorrere dal 9 gennaio 2016.*

141-*quinquies*. (1) **Effetti della procedura ADR sui termini di prescrizione e decadenza.** – 1. Dalla data di ricevimento da parte dell'organismo ADR, la relativa domanda produce sulla prescrizione gli effetti della domanda giudiziale. Dalla stessa data, la domanda impedisce altresì la decadenza per una sola volta.

2. Se la procedura ADR fallisce, i relativi termini di prescrizione e decadenza iniziano a decorrere nuovamente dalla data della comunicazione alle parti della mancata definizione della controversia con modalità che abbiano valore di conoscenza legale.

3. Sono fatte salve le disposizioni relative alla prescrizione e alla decadenza contenute negli accordi internazionali di cui l'Italia è parte.

(1) *Articolo inserito dall'art. 1[3] d.ls. 6 agosto 2015, n. 130. Ai sensi dell'art. 2[1] d.ls. n. 130, cit., la presente disposizione si applica a decorrere dal 9 gennaio 2016.*

141-*sexies*. (1) **Informazioni e assistenza ai consumatori.** – 1. I professionisti stabiliti in Italia che si sono impegnati a ricorrere ad uno o più organismi ADR per risolvere le controversie sorte con i consumatori, sono obbligati ad informare questi ultimi in merito all'organismo o agli organismi competenti per risolvere le controversie sorte con i consumatori. Tali informazioni includono l'indirizzo

LEGGI COMPLEMENTARI

del sito web dell'organismo ADR pertinente o degli organismi ADR pertinenti.

2. Le informazioni di cui al comma 1 devono essere fornite in modo chiaro, comprensibile e facilmente accessibile sul sito web del professionista, ove esista, e nelle condizioni generali applicabili al contratto di vendita o di servizi stipulato tra il professionista ed il consumatore.

3. Nel caso in cui non sia possibile risolvere una controversia tra un consumatore e un professionista stabilito nel rispettivo territorio in seguito a un reclamo presentato direttamente dal consumatore al professionista, quest'ultimo fornisce al consumatore le informazioni di cui al comma 1, precisando se intenda avvalersi dei pertinenti organismi ADR per risolvere la controversia stessa. Tali informazioni sono fornite su supporto cartaceo o su altro supporto durevole.

4. È fatta salva l'applicazione delle disposizioni relative all'informazione dei consumatori sulle procedure di ricorso extragiudiziale contenute in altri provvedimenti normativi.

5. Con riferimento all'accesso dei consumatori alle controversie transfrontaliere, salvo quanto previsto dalla normativa di settore, gli stessi possono rivolgersi al Centro nazionale della rete europea per i consumatori (ECCNET) per essere assistiti nell'accesso all'organismo ADR che opera in un altro Stato membro ed è competente a trattare la loro controversia transfrontaliera. Il medesimo Centro nazionale è designato anche come punto di contatto ODR ai sensi dell'articolo 7, paragrafo 1, del regolamento (UE) n. 524/2013 del Parlamento europeo e del Consiglio del 21 maggio 2013, relativo alla risoluzione delle controversie online dei consumatori.

6. È fatto obbligo agli organismi ADR e al Centro nazionale della rete europea per i consumatori (ECC-NET) di rendere disponibile al pubblico sui propri siti web, fornendo un link al sito della Commissione europea, e laddove possibile su supporto durevole nei propri locali, l'elenco degli organismi ADR elaborato e pubblicato dalla Commissione ai sensi dell'articolo 20, paragrafo 4, della direttiva 2013/11/UE del Parlamento europeo e del Consiglio del 21 maggio 2013, sulla risoluzione alternativa delle controversie dei consumatori.

7. L'elenco degli organismi ADR di cui al comma 6 è posto a disposizione delle associazioni di consumatori e delle associazioni di categoria di professionisti che possono renderlo disponibile al pubblico sui loro siti web o in qualsiasi altro modo esse ritengano appropriato.

8. Sul sito istituzionale di ciascuna autorità competente è assicurata la pubblicazione delle informazioni sulle modalità di accesso dei consumatori alle procedure ADR per risolvere le controversie contemplate dal presente titolo.

9. Le autorità competenti incoraggiano le associazioni dei consumatori e degli utenti, di cui all'articolo 137, e le organizzazioni professionali, a diffondere la conoscenza degli organismi e delle procedure ADR e a promuovere l'adozione dell'ADR da parte di professionisti e consumatori. Detti organismi sono altresì incoraggiati a fornire ai consumatori le informazioni relative agli organismi ADR competenti quando ricevono i reclami dai consumatori.

(1) *Articolo inserito dall'art. 1[3] d.ls. 6 agosto 2015, n. 130. Ai sensi dell'art. 2[1] d.ls. n. 130, cit., la presente disposizione si applica a decorrere dal 9 gennaio 2016.*

141-*septies*. (1) **Cooperazione.** – 1. Le autorità competenti assicurano la cooperazione tra gli organismi ADR nella risoluzione delle controversie transfrontaliere e i regolari scambi con gli altri Stati membri dell'Unione europea delle migliori prassi per quanto concerne la risoluzione delle controversie transfrontaliere e nazionali.

2. Se esiste una rete europea di organismi ADR che agevola la risoluzione delle controversie transfrontaliere in un determinato settore, le autorità competenti incoraggiano ad associarsi a detta rete gli organismi ADR che trattano le controversie di tale settore.

3. Le autorità competenti incoraggiano la cooperazione tra organismi ADR e autorità nazionali preposte all'attuazione degli atti giuridici dell'Unione sulla tutela dei consumatori. Tale cooperazione comprende, in particolare, lo scambio di informazioni sulle prassi vigenti in settori commerciali specifici nei confronti delle quali i consumatori hanno ripetutamente presentato reclami. È incluso anche lo scambio di valutazioni tecniche e informazioni, se già disponibili, da parte delle autorità nazionali agli organismi ADR che ne necessitano per il trattamento di singole controversie.

4. La cooperazione e lo scambio di informazioni di cui ai commi 1, 2 e 3 devono avvenire nel rispetto delle norme sulla protezione dei dati personali di cui al decreto legislativo 30 giugno 2003, n. 196.

5. Sono fatte salve le disposizioni in materia di segreto professionale e commerciale applicabili alle autorità nazionali di cui al comma 3. Gli organismi ADR sono sottoposti al segreto d'ufficio e agli altri vincoli equivalenti di riservatezza previsti dalla normativa vigente.

(1) *Articolo inserito dall'art. 1[3] d.ls. 6 agosto 2015, n. 130. Ai sensi dell'art. 2[1] d.ls. n. 130, cit., la presente disposizione si applica a decorrere dal 9 gennaio 2016.*

LEGGI COMPLEMENTARI

141-*octies*. (1) **Autorità competenti e punto di contatto unico.** – 1. Per lo svolgimento delle funzioni di cui agli articoli 141-*nonies* e 141-*decies*, sono designate le seguenti autorità competenti:

a) Ministero della giustizia unitamente al Ministero dello sviluppo economico, con riferimento al registro degli organismi di mediazione relativo alla materia del consumo, di cui all'articolo 16, commi 2 e 4, del decreto legislativo 4 marzo 2010, n. 28;

b) Commissione nazionale per le società e la borsa (CONSOB), di cui all'articolo 1 della legge 7 giugno 1974, n. 216, con riferimento ai sistemi di risoluzione stragiudiziale delle controversie disciplinati ai sensi dell'articolo 2 del decreto legislativo 8 ottobre 2007, n. 179, e dei regolamenti attuativi, e con oneri a carico delle risorse di cui all'articolo 40, comma 3, della legge 23 dicembre 1994, n. 724, e successive modificazioni, nonché dei soggetti che si avvalgono delle procedure medesime;

b-bis) l'Istituto per la vigilanza sulle assicurazioni (IVASS) di cui all'art. 13 del decreto-legge 6 luglio 2012, n. 95, convertito, con modificazioni, dalla legge 7 agosto 2012, n. 135, con riferimento ai sistemi di risoluzione stragiudiziale delle controversie disciplinati ai sensi dell'art. 187-*ter* del decreto legislativo 7 settembre 2005, n. 209, e dei regolamenti attuativi, e con oneri a carico delle risorse di cui agli articoli 335 e 336 dello stesso decreto legislativo 7 settembre 2005 n. 209 (2);

c) Autorità per l'energia elettrica, il gas e il sistema idrico (AEEGSI), di cui all'articolo 2 della legge 14 novembre 1995, n. 481, per il settore di competenza;

d) Autorità per le garanzie nelle comunicazioni (AGCOM), di cui all'articolo 1 della legge 31 luglio 1997, n. 249, per il settore di competenza;

e) Banca d'Italia, con riferimento ai sistemi di risoluzione stragiudiziale delle controversie disciplinati ai sensi dell'articolo 128-*bis* del decreto legislativo 1° settembre 1993, n. 385;

f) altre autorità amministrative indipendenti, di regolazione di specifici settori, ove disciplinino specifiche procedure ADR secondo le proprie competenze;

g) Ministero dello sviluppo economico, con riferimento alle negoziazioni paritetiche di cui all'articolo 141-*ter* relative ai settori non regolamentati o per i quali le relative autorità indipendenti di regolazione non applicano o non adottano specifiche disposizioni, nonché con riferimento agli organismi di conciliazione istituiti ai sensi dell'articolo 2, comma 2, lettera *g*) e comma 4, della legge 29 dicembre 1993, n. 580, limitatamente alle controversie tra consumatori e professionisti, non rientranti nell'elenco di cui alla lettera *a*).

2. Il Ministero dello sviluppo economico è designato punto di contatto unico con la Commissione europea.

3. Al fine di definire uniformità di indirizzo nel compimento delle funzioni delle autorità competenti di cui al comma 1 è istituito presso il Ministero dello sviluppo economico un tavolo di coordinamento e di indirizzo. Lo stesso è composto da un rappresentante per ciascuna autorità competente. Al Ministero dello sviluppo economico è attribuito il compito di convocazione e di raccordo. Al tavolo sono assegnati compiti di definizione degli indirizzi relativi all'attività di iscrizione e di vigilanza delle autorità competenti, nonché ai criteri generali di trasparenza e imparzialità, e alla misura dell'indennità dovuta per il servizio prestato dagli organismi ADR. Ai componenti del predetto tavolo di coordinamento ed indirizzo non spetta alcun compenso, gettone di presenza o altro emolumento comunque denominato e a qualsiasi titolo dovuto.

(1) *Articolo inserito dall'art. 1[3] d.ls. 6 agosto 2015, n. 130. Ai sensi dell'art. 2[1] d.ls. n. 130, cit., la presente disposizione si applica a decorrere dal 9 gennaio 2016.*

(2) *Lettera aggiunta dall'art. 4[6 lett. b)] d.ls. 21 maggio 2018, n. 68.*

141-*nonies*. (1) Informazioni da trasmettere alle autorità competenti da parte degli organismi di risoluzione delle controversie. – 1. Gli organismi di risoluzione delle controversie che intendono essere considerati organismi ADR ai sensi del presente titolo e inseriti in elenco conformemente all'articolo 141-*decies*, comma 2, devono presentare domanda di iscrizione alla rispettiva autorità competente, indicando:

a) il loro nome o denominazione, le informazioni di contatto e l'indirizzo del sito web;

b) informazioni sulla loro struttura e sul loro finanziamento, comprese le informazioni sulle persone fisiche incaricate della risoluzione delle controversie, sulla loro retribuzione, sul loro mandato e sul loro datore di lavoro;

c) le proprie norme procedurali;

d) le loro tariffe, se del caso;

e) la durata media delle procedure di risoluzione delle controversie;

f) la lingua o le lingue in cui possono essere presentati i reclami e in cui viene svolta la procedura di risoluzione delle controversie;

g) una dichiarazione sui tipi di controversie trattati mediante la procedura di risoluzione delle controversie;

h) i motivi per cui un organismo di risoluzione delle controversie può rifiutare il trattamento di una determinata controversia a norma dell'articolo 141-*bis*, comma 2;

i) una dichiarazione motivata dell'organismo di possedere o meno i requisiti di un organismo ADR che rientra nell'ambito d'applicazione della presente direttiva, e di rispettare o meno i requisiti di qualità di cui al presente titolo.

2. Qualora le informazioni di cui alle lettere da *a*) ad *h*) del comma 1 vengano modificate, gli organismi ADR informano senza indugio l'autorità competente in merito a tali modifiche.

3. Gli organismi di risoluzione delle controversie dinanzi ai quali si svolgono le procedure di cui all'articolo 141-*ter*, oltre a comunicare ai requisiti di cui al comma 1, devono altresì trasmettere le informazioni necessarie a valutare la loro conformità ai requisiti specifici aggiuntivi di indipendenza e di trasparenza di cui al comma 1 dell'articolo 141-*ter*.

4. A far data dal secondo anno di iscrizione al relativo elenco, con cadenza biennale, ogni organismo ADR trasmette alla rispettiva autorità competente informazioni concernenti:

a) il numero di reclami ricevuti ed i tipi di controversie alle quali si riferiscono;

b) la quota percentuale delle procedure ADR interrotte prima di raggiungere il risultato;

c) il tempo medio necessario per la risoluzione delle controversie ricevute;

d) la percentuale di rispetto, se nota, degli esiti delle procedure ADR;

e) eventuali problematiche sistematiche o significative che si verificano di frequente e causano controversie tra consumatori e professionisti. Le informazioni comunicate al riguardo possono essere accompagnate da raccomandazioni sul modo di evitare o risolvere problematiche analoghe in futuro;

f) se del caso, una valutazione dell'efficacia della loro cooperazione all'interno di reti di organismi ADR che agevolano la risoluzione delle controversie transfrontaliere;

g) se prevista, la formazione fornita alle persone fisiche incaricate delle risoluzioni delle controversie di cui all'articolo 141-*bis*, comma 4, lettera *a*);

h) la valutazione dell'efficacia della procedura ADR offerta dall'organismo e di eventuali modi per migliorarla.

(1) *Articolo inserito dall'art. 1*[3] *d.lgs. 6 agosto 2015, n. 130. Ai sensi dell'art. 2*[1] *d.lgs. n. 130, cit., la presente disposizione si applica a decorrere dal 9 gennaio 2016.*

141-*decies*. (1) **Ruolo delle autorità competenti.** – 1. Presso ciascuna autorità competente è istituito, rispettivamente con decreto ministeriale o con provvedimenti interni, l'elenco degli organismi ADR deputati a gestire le controversie nazionali e transfrontaliere che rientrano nell'ambito di applicazione del presente titolo e che rispettano i requisiti previsti. Ciascuna autorità competente definisce il procedimento per l'iscrizione e verifica il rispetto dei requisiti di stabilità, efficienza, imparzialità, nonché il rispetto del principio di tendenziale non onerosità, per il consumatore, del servizio.

2. Ogni autorità competente provvede all'iscrizione, alla sospensione e alla cancellazione degli iscritti e vigila sull'elenco nonché sui singoli organismi ADR.

3. Ciascuna autorità competente sulla base di propri provvedimenti, tiene l'elenco e disciplina le modalità di iscrizione degli organismi ADR. Tale elenco comprende:

a) il nome, le informazioni di contatto e i siti internet degli organismi ADR di cui al comma 1;

b) le loro tariffe, se del caso;

c) la lingua o le lingue in cui possono essere presentati i reclami e in cui è svolta la procedura ADR;

d) i tipi di controversie contemplati dalla procedura ADR;

e) i settori e le categorie di controversie trattati da ciascun organismo ADR;

f) se del caso, l'esigenza della presenza fisica delle parti o dei loro rappresentanti, compresa una dichiarazione dell'organismo ADR relativa alla possibilità di svolgere la procedura ADR in forma orale o scritta;

g) i motivi per cui un organismo ADR può rifiutare il trattamento di una determinata controversia a norma dell'articolo 141-*bis*, comma 2.

4. Se un organismo ADR non soddisfa più i requisiti di cui al comma 1, l'autorità competente interessata lo contatta per segnalargli tale non conformità, invitandolo a ovviarvi immediatamente. Se allo scadere di un termine di tre mesi l'organismo ADR continua a non soddisfare i requisiti di cui al comma 1, l'autorità competente cancella l'organismo dall'elenco di cui al comma 2. Detto elenco è aggiornato senza indugio e le informazioni pertinenti sono trasmesse al Ministero dello sviluppo economico quale punto di contatto unico con la Commissione europea.

5. Ogni autorità competente notifica senza indugio l'elenco di cui ai commi 1 e 3, e ogni suo successivo aggiornamento, al Ministero

dello sviluppo economico quale punto di contatto unico con la Commissione europea.

6. L'elenco e gli aggiornamenti di cui ai commi 2, 3 e 4 relativi agli organismi ADR stabiliti nel territorio della Repubblica italiana sono trasmessi alla Commissione europea dal Ministero dello sviluppo economico quale punto di contatto unico.

7. Ogni autorità competente mette a disposizione del pubblico l'elenco consolidato degli organismi ADR, elaborato dalla Commissione europea e notificato al Ministero dello sviluppo economico quale punto di contatto unico, fornendo sul proprio sito internet un link al pertinente sito internet della Commissione europea. Inoltre, ogni autorità competente mette a disposizione del pubblico tale elenco consolidato su un supporto durevole.

8. Entro il 9 luglio 2018 e successivamente ogni quattro anni, il Ministero dello sviluppo economico, quale punto di contatto unico, con il contributo delle altre autorità competenti, pubblica e trasmette alla Commissione europea una relazione sullo sviluppo e sul funzionamento di tutti gli organismi ADR stabiliti sul territorio della Repubblica italiana. In particolare, tale relazione:

a) identifica le migliori prassi degli organismi ADR;

b) sottolinea le insufficienze, comprovate da statistiche, che ostacolano il funzionamento degli organismi ADR per le controversie sia nazionali che transfrontaliere, se del caso;

c) elabora raccomandazioni su come migliorare l'efficacia e l'efficienza del funzionamento degli organismi ADR, se del caso.

(1) *Articolo inserito dall'art. 1[3] d.ls. 6 agosto 2015, n. 130. Ai sensi dell'art. 2[1] d.ls. n. 130, cit., la presente disposizione si applica a decorrere dal 9 gennaio 2016.*

PARTE VI
Disposizioni finali

142. (1).

(1) *Sostituisce l'art. 1469*-bis *e abroga gli artt. 1469*-ter, *1469*-quater, *1469*-quinquies *e 1469*-sexies *c.c.*

143. Irrinunciabilità dei diritti. – 1. I diritti attribuiti al consumatore dal codice sono irrinunciabili. È nulla ogni pattuizione in contrasto con le disposizioni del codice.

2. Ove le parti abbiano scelto di applicare al contratto una legislazione diversa da quella italiana, al consumatore devono comunque essere riconosciute le condizioni minime di tutela previste dal codice.

144. **Aggiornamenti.** – 1. Ogni intervento normativo incidente sul codice, o sulle materie dallo stesso disciplinate, va attuato mediante esplicita modifica, integrazione, deroga o sospensione delle specifiche disposizioni in esso contenute.

144-*bis*. (1) **Cooperazione tra le autorità nazionali per la tutela dei consumatori.** – 1. Il Ministero dello sviluppo economico, salve le disposizioni in materia bancaria, finanziaria, assicurativa e di sistemi di pagamento e le competenze delle autorità indipendenti di settore, che continuano a svolgere le funzioni di autorità competente ai sensi dell'articolo 3, numero 6), del regolamento (UE) 2017/2394 del Parlamento europeo e del Consiglio, del 12 dicembre 2017, nonché le disposizioni vigenti nelle ulteriori materie per le quali è prevista la competenza di altre autorità nazionali, svolge le funzioni di autorità competente, ai sensi del medesimo articolo 3, numero 6), del regolamento (UE) 2017/2394 (2), in materia di:

[*a*) servizi turistici, di cui alla parte III, titolo IV, capo II;] (3).

[*b*) clausole abusive nei contratti stipulati con i consumatori, di cui alla parte III, titolo I;] (3).

c) garanzia nella vendita dei beni di consumo, di cui alla parte IV, titolo III, capo I;

d) credito al consumo, di cui alla parte III, titolo II, capo II, sezione I;

e) commercio elettronico, di cui alla parte III, titolo III, capo II;

[*f*) contratti negoziati fuori dai locali commerciali, di cui alla parte III, titolo III, capo I, sezione I;] (3).

[*g*) contratti a distanza, di cui alla parte III, titolo III, capo I, sezione II;] (3).

h) contratti di multiproprietà, contratti relativi ai prodotti per le vacanze di lungo termine, contratti di rivendita e di scambio, di cui alla parte III, titolo IV, capo I (4).

2. Il Ministero dello sviluppo economico e le altre autorità competenti ai sensi dell'articolo 3, numero 6), del regolamento (UE) 2017/2394, che dispongono di tutti i poteri minimi di cui all'articolo 9 dello stesso regolamento e li esercitano conformemente all'articolo 10 del medesimo regolamento, conservano gli ulteriori e più ampi poteri loro attribuiti dalla normativa vigente. Con riferimento alle infrazioni lesive degli interessi collettivi dei consumatori in ambito nazionale, escluse dall'applicazione del citato regolamento (UE) 2017/2394, le autorità di cui al primo periodo del presente comma, fermi restando gli ulteriori e più ampi poteri loro attribuiti dalla normativa vigente, esercitano i medesimi poteri di indagine e di esecuzione di

cui all'articolo 9 del citato regolamento, in conformità all'articolo 10 del medesimo regolamento, con facoltà di avvalersi anche di soggetti appositamente incaricati, che acquisiscono i dati, le notizie e le informazioni secondo le competenze e le modalità stabilite dai rispettivi regolamenti (5).

3. Per lo svolgimento dei compiti di cui ai commi 1 e 2, il Ministero dello sviluppo economico può avvalersi delle camere di commercio, industria, artigianato e agricoltura, nonché del Corpo della Guardia di finanza che agisce con i poteri ad esso attribuiti per l'accertamento dell'imposta sul valore aggiunto e delle imposte sui redditi. Può inoltre definire forme di collaborazione con altre pubbliche amministrazioni. Limitatamente ai poteri di cui all'articolo 139, può avvalersi delle associazioni dei consumatori e degli utenti di cui all'articolo 137.

4. Ferme restando la disciplina sanzionatoria in materia di indicazione dei prezzi di cui all'articolo 17 del presente codice e le disposizioni di cui all'articolo 22, comma 3, del decreto legislativo 31 marzo 1998, n. 114, ai fini dell'applicazione del regolamento (UE) 2017/2394 (6) il Ministero dello sviluppo economico, per lo svolgimento delle funzioni di cui al comma 1, può avvalersi, in particolare, dei comuni.

5. Le procedure istruttorie relative ai poteri di cui al comma 2, nonché relativamente all'applicazione delle sanzioni di cui ai commi 6 e 7, sono stabilite con regolamento emanato ai sensi dell'articolo 17, comma 1, lettera *d*), della legge 23 agosto 1988, n. 400, in modo da garantire il contraddittorio, la piena cognizione degli atti e la verbalizzazione.

6. Nei casi di rifiuto, omissione o ritardo, senza giustificato motivo, di esibire i documenti o di fornire le informazioni richieste, nell'ambito delle proprie competenze, dal Ministero dello sviluppo economico, riguardanti fattispecie di infrazioni nazionali o intracomunitarie, nonché nel caso in cui siano esibiti documenti o fornite informazioni non veritiere, si applicano le sanzioni di cui all'articolo 27, comma 4.

7. Nei casi di inottemperanza ad impegni assunti nei confronti del Ministero dello sviluppo economico dai soggetti interessati, per porre fine a infrazioni nazionali o intracomunitarie, si applicano le sanzioni di cui all'articolo 27, comma 12.

8. Ai sensi degli articoli 3, numero 6), 5, 9 e 10 del regolamento (UE) 2017/2394 (7), in materia di pratiche commerciali scorrette di cui alla parte II, titolo III, si applicano le disposizioni di cui all'articolo 27, commi 1 e 2, in relazione alle funzioni di autorità competente

attribuite all'Autorità garante della concorrenza e del mercato. Per i profili sanzionatori, nell'ambito delle proprie competenze, l'Autorità garante della concorrenza e del mercato provvede ai sensi dell'articolo 27.

9. Il Ministero dello sviluppo economico designa l'ufficio unico di collegamento responsabile dell'applicazione del citato regolamento (UE) 2017/2394 (6).

9-*bis*. L'Autorità garante della concorrenza e del mercato è designata quale organismo responsabile ai sensi dell'articolo 7, paragrafo 1, del regolamento (UE) 2018/302. In relazione al regolamento (UE) 2018/302, l'Autorità garante della concorrenza e del mercato è designata autorità competente ai sensi dell'articolo 5, paragrafo 1, del regolamento (UE) 2017/2394 (8). In materia di accertamento e sanzione delle violazioni del medesimo regolamento (UE) 2018/302, si applica l'articolo 27, commi da 2 a 15, del presente codice (9).

9-*ter*. Il Centro nazionale della rete europea per i consumatori (ECC-NET) è designato quale organismo competente a fornire assistenza ai consumatori in caso di controversia tra un consumatore e un professionista ai sensi dell'articolo 8 del regolamento (UE) 2018/302. Per le finalità di cui al primo periodo si applica la procedura di cui all'articolo 30, comma 1-*bis*, del decreto legislativo 26 marzo 2010, n. 59 (9).

(1) *Articolo dapprima inserito dall'art. 19 l. 6 febbraio 2007, n. 13 e successivamente così sostituito dall'art. 22[1 lett. a)] l. 7 luglio 2009, n. 88 (legge comunitaria 2008). Ai sensi del successivo art. 22[2] l. n. 88, cit., alle attività e agli adempimenti di cui al presente articolo, come da ultimo sostituito, « si provvede nell'ambito delle risorse umane, strumentali e finanziarie disponibili a legislazione vigente e, comunque, senza nuovi o maggiori oneri a carico della finanza pubblica ».*

(2) *Le parole da* « dell'articolo 3, numero 6), » *a* « del regolamento (UE) 2017/2394 » *sono state sostituite alle parole* « dell'articolo 3, lettera *c*), del regolamento (CE) n. 2006/2004 del Parlamento europeo e del Consiglio, del 27 ottobre 2004, nonché le disposizioni vigenti nelle ulteriori materie per le quali è prevista la competenza di altre autorità nazionali, svolge le funzioni di autorità competente, ai sensi del medesimo articolo 3, lettera *c*), del citato regolamento (CE) n. 2006/2004 » *dall'art. 37[1 lett. d), n. 1] l. 23 dicembre 2021, n. 238.*

(3) *Lettera soppressa dall'art. 1[5] d.ls. 21 febbraio 2014, n. 21. Ai sensi dell'art. 2[1] d.ls. n. 21, cit., tale modifica entra in vigore dal 13 giugno 2014 e si applica ai contratti conclusi dopo tale data.*

(4) *Lettera così modificata dall'art. 1[5] d.ls. n. 21, cit. Ai sensi dell'art. 2[1] d.ls. n. 21, cit., tale modifica entra in vigore dal 13 giugno 2014 e si applica ai contratti conclusi dopo tale data.*

(5) *Comma così sostituito dall'art. 37[1 lett. d), n. 2] l. n. 238, cit. Il testo del comma era il seguente:* « 2. Il Ministero dello sviluppo economico esercita tutti i poteri di cui al citato regolamento (CE) n. 2006/2004, nelle materie di cui al comma 1, anche con riferimento alle infrazioni lesive degli interessi collettivi dei consumatori in ambito nazionale ».

(6) *Le parole* « regolamento (UE) 2017/2394 » *sono state sostituite alle parole* « regolamento (CE) n. 2006/2004 » *dall'art. 37[1] lett. d), n. 3 l. n. 238, cit.*

(7) *Le parole* « degli articoli 3, numero 6), 5, 9 e 10 del regolamento (UE) 2017/2394 » *sono state sostituite alle parole* « degli articoli 3, lettera c), e 4, del citato regolamento (CE) n. 2006/2004 » *dall'art. 37[1] lett. d), n. 4 l. n. 238, cit.*

(8) *Le parole* « è designata autorità competente ai sensi dell'articolo 5, paragrafo 1, del regolamento (UE) 2017/2394 » *sono state sostituite alle parole* « svolge le funzioni di autorità competente ai sensi dell'articolo 3, lettera c), del regolamento (CE) n. 2006/2004 del Parlamento europeo e del Consiglio, del 27 ottobre 2004, sulla cooperazione tra le autorità nazionali responsabili dell'esecuzione della normativa che tutela i consumatori » *dall'art. 37[1] lett. d), n. 5 l. n. 238, cit.*

(9) *Comma aggiunto dall'art. 6[1] lett. b) l. 3 maggio 2019, n. 37.*

145. Competenze delle regioni e delle province autonome. – 1. Sono fatte salve le disposizioni adottate dalle regioni e dalle province autonome di Trento e di Bolzano nell'esercizio delle proprie competenze legislative in materia di educazione e informazione del consumatore.

146. Abrogazioni. – (*Omissis*).

ALLEGATI
(*Omissis*)

D.ls. 23 maggio 2011, n. 79. — **Codice della normativa statale in tema di ordinamento e mercato del turismo, a norma dell'articolo 14 della legge 28 novembre 2005, n. 246, nonché attuazione della direttiva 2008/122/CE, relativa ai contratti di multiproprietà, contratti relativi ai prodotti per le vacanze di lungo termine, contratti di rivendita e di scambio** (G.U. 6 giugno 2011, n. 129, suppl. ord. n. 139).

(*Stralcio*)

1. Approvazione del codice della normativa statale in tema di ordinamento e mercato del turismo. – 1. È approvato il codice della normativa statale in tema di ordinamento e mercato del turismo, di cui all'allegato 1.

SEZIONE I – *Pacchetti turistici e servizi turistici collegati*

32. (1) **Ambito di applicazione.** – 1. Le disposizioni del presente Capo si applicano ai pacchetti offerti in vendita o venduti da professionisti a viaggiatori e ai servizi turistici collegati la cui offerta o vendita a viaggiatori è agevolata da professionisti.

2. Le disposizioni del presente Capo non si applicano a:

a) pacchetti e servizi turistici collegati la cui durata sia inferiore alle 24 ore, salvo che sia incluso un pernottamento;

b) pacchetti e servizi turistici collegati la cui offerta o vendita a viaggiatori è agevolata dalle associazioni di cui all'articolo 5, laddove agiscano occasionalmente, comunque non più di due volte l'anno, senza fini di lucro e soltanto a un gruppo limitato di viaggiatori, senza offerta al pubblico; le predette associazioni sono comunque tenute a fornire a professionisti e viaggiatori informazioni adeguate sul fatto che tali pacchetti o servizi turistici collegati non sono soggetti alla presente disciplina;

c) pacchetti e servizi turistici collegati acquistati nell'ambito di un accordo generale per l'organizzazione di viaggi di natura professionale concluso tra un professionista e un'altra persona fisica o giuridica che agisce nell'ambito della propria attività commerciale, imprenditoriale, artigianale o professionale.

3. Per quanto non previsto dal presente Capo, si applicano le disposizioni del codice del consumo di cui al decreto legislativo 6 settembre 2005, n. 206.

(1) *V. nota* sub *Capo I.*

33. (1) (2) **Definizioni.** – 1. Ai fini del presente Capo s'intende per:

a) "servizio turistico":

1) il trasporto di passeggeri;

2) l'alloggio che non costituisce parte integrante del trasporto di passeggeri e non è destinato a fini residenziali, o per corsi di lingua di lungo periodo;

3) il noleggio di auto, di altri veicoli a motore ai sensi del decreto del Ministro delle infrastrutture e dei trasporti 28 aprile 2008, pubblicato nella Gazzetta Ufficiale della Repubblica italiana n. 162 del 12 luglio 2008, o di motocicli che richiedono una patente di guida di categoria A, a norma del decreto legislativo 16 gennaio 2013, n. 2;

4) qualunque altro servizio turistico che non costituisce parte integrante di uno dei servizi turistici di cui ai numeri 1), 2) o 3), e non sia un servizio finanziario o assicurativo;

b) "servizio turistico integrativo": servizi accessori quali, tra gli altri, il trasporto del bagaglio fornito nell'ambito del trasporto dei passeggeri; l'uso di parcheggi a pagamento nell'ambito delle stazioni o degli aeroporti; il trasporto passeggeri su brevi distanze in occasione di visite guidate o i trasferimenti tra una struttura ricettiva e una stazione di viaggio con altri mezzi; l'organizzazione di attività di intrattenimento o sportive; la fornitura di pasti, di bevande e la pulizia forniti nell'ambito dell'alloggio; la fruizione di biciclette, sci e altre dotazioni della struttura ricettiva ovvero l'accesso a strutture in loco, quali piscine, spiagge, palestre, saune, centri benessere o termali, incluso per i clienti dell'albergo; qualunque altro servizio integrativo tipico anche secondo la prassi locale;

c) "pacchetto": la combinazione di almeno due tipi diversi di servizi turistici ai fini dello stesso viaggio o della stessa vacanza, se si verifica almeno una delle seguenti condizioni:

1) tali servizi sono combinati da un unico professionista, anche su richiesta del viaggiatore o conformemente a una sua selezione, prima che sia concluso un contratto unico per tutti i servizi;

2) tali servizi, anche se conclusi con contratti distinti con singoli fornitori di servizi turistici, sono:

2.1) acquistati presso un unico punto vendita e selezionati prima che il viaggiatore acconsenta al pagamento;

2.2) offerti, venduti o fatturati a un prezzo forfettario o globale;

2.3) pubblicizzati o venduti sotto la denominazione "pacchetto" o denominazione analoga;

2.4) combinati dopo la conclusione di un contratto con cui il professionista consente al viaggiatore di scegliere tra una selezione di tipi diversi di servizi turistici, oppure acquistati presso professionisti distinti attraverso processi collegati di prenotazione per via telematica ove il nome del viaggiatore, gli estremi del pagamento e l'indirizzo di posta elettronica siano trasmessi dal professionista con cui è concluso il primo contratto a uno o più professionisti e il contratto con quest'ultimo o questi ultimi professionisti sia concluso al più tardi 24 ore dopo la conferma della prenotazione del primo servizio turistico;

d) "contratto di pacchetto turistico": il contratto relativo all'intero pacchetto oppure, se il pacchetto è fornito in base a contratti distinti, l'insieme dei contratti riguardanti i servizi turistici inclusi nel pacchetto;

e) "inizio del pacchetto": l'inizio dell'esecuzione dei servizi turistici inclusi nel pacchetto;

f) "servizio turistico collegato": almeno due tipi diversi di servizi turistici acquistati ai fini dello stesso viaggio o della stessa vacanza, che non costituiscono un pacchetto, e che comportano la conclusione di contratti distinti con i singoli fornitori di servizi turistici, se un professionista agevola, alternativamente:

1) al momento di un'unica visita o un unico contatto con il proprio punto vendita, la selezione distinta e il pagamento distinto di ogni servizio turistico da parte dei viaggiatori;

2) l'acquisto mirato di almeno un servizio turistico aggiuntivo presso un altro professionista quando tale acquisto è concluso entro le 24 ore dalla conferma della prenotazione del primo servizio turistico;

g) "viaggiatore": chiunque intende concludere un contratto, stipula un contratto o è autorizzato a viaggiare in base a un contratto concluso, nell'ambito di applicazione del presente Capo;

h) "professionista": qualsiasi persona fisica o giuridica pubblica o privata che, nell'ambito della sua attività commerciale, industriale, artigianale o professionale agisce, nei contratti oggetto del presente Capo, anche tramite altra persona che opera in suo nome o per suo conto, in veste di organizzatore, venditore, professionista che agevola servizi turistici collegati o di fornitore di servizi turistici, ai sensi della normativa vigente;

i) "organizzatore": un professionista che combina pacchetti e li vende o li offre in vendita direttamente o tramite o unitamente a un altro professionista, oppure il professionista che trasmette i dati relativi al viaggiatore a un altro professionista conformemente alla lettera *c*), numero 2.4);

l) "venditore": il professionista diverso dall'organizzatore che vende o offre in vendita pacchetti combinati da un organizzatore;

m) "stabilimento": lo stabilimento definito dall'articolo 8, comma 1, lettera *e*), del decreto legislativo 26 marzo 2010, n. 59;

n) "supporto durevole": ogni strumento che permette al viaggiatore o al professionista di conservare le informazioni che gli sono personalmente indirizzate in modo da potervi accedere in futuro per un periodo di tempo adeguato alle finalità cui esse sono destinate e che consente la riproduzione identica delle informazioni memorizzate;

o) "circostanze inevitabili e straordinarie": una situazione fuori dal controllo della parte che invoca una tale situazione e le cui conseguenze non sarebbero state evitate nemmeno adottando tutte le ragionevoli misure;

p) "difetto di conformità": un inadempimento dei servizi turistici inclusi in un pacchetto;

q) "minore": persona di età inferiore ai 18 anni;

r) "punto vendita": qualsiasi locale, mobile o immobile, adibito alla vendita al dettaglio o sito web di vendita al dettaglio o analogo strumento di vendita online, anche nel caso in cui siti web di vendita al dettaglio o strumenti di vendita online sono presentati ai viaggiatori come un unico strumento, compreso il servizio telefonico;

s) "rientro": il ritorno del viaggiatore al luogo di partenza o ad altro luogo concordato dalle parti contraenti.

2. Non è un pacchetto turistico una combinazione di servizi turistici in cui sono presenti uno dei tipi di servizi turistici di cui al comma 1, lettera *a*), numeri 1), 2) o 3), combinati con uno o più dei servizi turistici di cui al comma 1, lettera *a*), numero 4), se tali ultimi servizi non rappresentano una parte pari o superiore al 25 per cento del valore della combinazione e non sono pubblicizzati, né rappresentano altrimenti un elemento essenziale della combinazione, oppure sono selezionati e acquistati solo dopo l'inizio dell'esecuzione di un servizio turistico di cui al comma 1, lettera *a*), numeri 1), 2) o 3).

3. La fatturazione separata degli elementi di uno stesso pacchetto di cui al comma 1, lettera *b*), non sottrae l'organizzatore o il venditore agli obblighi del presente Capo.

4. Non costituisce un servizio turistico collegato l'acquisto di uno dei tipi di servizi turistici di cui al comma 1, lettera *a*), numeri 1), 2) o 3), con uno o più dei servizi turistici di cui al comma 1, lettera *a*),

numero 4), se questi ultimi servizi non rappresentano una porzione significativa pari o superiore al 25 per cento del valore combinato dei servizi e non sono pubblicizzati come un elemento essenziale del viaggio o della vacanza e non ne costituiscono, comunque, un elemento essenziale.

(1) *V. nota sub Capo I.*

(2) *Ai sensi dell'art. 2² d.ls. 21 maggio 2018, n. 62, ai pacchetti di cui alla lett.* c) *del comma 1 del presente articolo e ai viaggiatori di cui alla lett.* g) *del comma 1 del presente articolo si applicano gli artt. 49, comma 7, 51, commi 2 e 6, 62, 64 e 65 d.ls. 6 settembre 2005, n. 206, fatto salvo quanto previsto dall'art. 47, comma 1, lett.* g) *del medesimo decreto, come modificato ai sensi del comma 1 dell'art. 2 d.ls. n. 62, cit.*

SEZIONE II – *Obblighi di informazione e contenuto del contratto di pacchetto turistico*

34. (1) **Informazioni precontrattuali.** – 1. Prima della conclusione del contratto di pacchetto turistico o di un'offerta corrispondente, l'organizzatore e, nel caso in cui il pacchetto sia venduto tramite un venditore, anche quest'ultimo, forniscono al viaggiatore il pertinente modulo informativo standard di cui all'allegato A, parte I o parte II, al presente codice, nonché le seguenti informazioni:

a) le caratteristiche principali dei servizi turistici, quali:

1) la destinazione o le destinazioni del viaggio, l'itinerario e i periodi di soggiorno con relative date e, se è incluso l'alloggio, il numero di notti comprese;

2) i mezzi, le caratteristiche e le categorie di trasporto, i luoghi, le date e gli orari di partenza e ritorno, la durata e la località di sosta intermedia e le coincidenze; nel caso in cui l'orario esatto non sia ancora stabilito, l'organizzatore e, se del caso, il venditore, informano il viaggiatore dell'orario approssimativo di partenza e ritorno;

3) l'ubicazione, le caratteristiche principali e, ove prevista, la categoria turistica dell'alloggio ai sensi della regolamentazione del paese di destinazione;

4) i pasti forniti;

5) le visite, le escursioni o altri servizi inclusi nel prezzo totale pattuito del pacchetto;

6) i servizi turistici prestati al viaggiatore in quanto membro di un gruppo e, in tal caso, le dimensioni approssimative del gruppo;

7) la lingua in cui sono prestati i servizi;

8) se il viaggio o la vacanza sono idonei a persone a mobilità ridotta e, su richiesta del viaggiatore, informazioni precise sull'idoneità del viaggio o della vacanza che tenga conto delle esigenze del viaggiatore;

b) la denominazione commerciale e l'indirizzo geografico dell'organizzatore e, ove presente, del venditore, i loro recapiti telefonici e indirizzi di posta elettronica;

c) il prezzo totale del pacchetto comprensivo di tasse e tutti i diritti, imposte e altri costi aggiuntivi, ivi comprese le eventuali spese amministrative e di gestione delle pratiche, oppure, ove questi non siano ragionevolmente calcolabili prima della conclusione del contratto, un'indicazione del tipo di costi aggiuntivi che il viaggiatore potrebbe dover ancora sostenere;

d) le modalità di pagamento, compresi l'eventuale importo o percentuale del prezzo da versare a titolo di acconto e il calendario per il versamento del saldo, o le garanzie finanziarie che il viaggiatore è tenuto a pagare o fornire;

e) il numero minimo di persone richiesto per il pacchetto e il termine di cui all'articolo 41, comma 5, lettera *a*), prima dell'inizio del pacchetto per l'eventuale risoluzione del contratto in caso di mancato raggiungimento del numero;

f) le informazioni di carattere generale concernenti le condizioni in materia di passaporto e visti, compresi i tempi approssimativi per l'ottenimento dei visti e le formalità sanitarie del paese di destinazione;

g) le informazioni sulla facoltà per il viaggiatore di recedere dal contratto in qualunque momento prima dell'inizio del pacchetto dietro pagamento di adeguate spese di recesso, o, se previste, delle spese di recesso standard richieste dall'organizzatore ai sensi dell'articolo 41, comma 1;

h) le informazioni sulla sottoscrizione facoltativa o obbligatoria di un'assicurazione che copra le spese di recesso unilaterale dal contratto da parte del viaggiatore o le spese di assistenza, compreso il rientro, in caso di infortunio, malattia o decesso;

i) gli estremi della copertura di cui all'articolo 47, commi 1, 2 e 3.

2. Per i contratti di pacchetto turistico di cui all'articolo 33, comma 1, lettera *d*), stipulati per telefono, l'organizzatore o il professionista fornisce al viaggiatore le informazioni standard di cui all'allegato A, parte II, al presente decreto, e le informazioni di cui al comma 1.

3. Con riferimento ai pacchetti acquistati presso professionisti distinti di cui all'articolo 33, comma 1, lettera *c*), numero 2.4), l'organizzatore e il professionista a cui sono trasmessi i dati garantiscono che ciascuno di essi fornisca, prima che il viaggiatore sia vincolato da un contratto o da un'offerta corrispondente, le informazioni elencate

al comma 1, nella misura in cui esse sono pertinenti ai rispettivi servizi turistici offerti.

Contemporaneamente, l'organizzatore fornisce inoltre le informazioni standard del modulo di cui all'allegato A, parte III, al presente codice.

4. Le informazioni di cui ai commi 1, 2 e 3 sono fornite in modo chiaro e preciso e, ove sono fornite per iscritto, devono essere leggibili.

(1) *V. nota* sub *Capo I.*

35. (1) **Carattere vincolante delle informazioni precontrattuali e conclusione del contratto di pacchetto turistico.** – 1. Le informazioni fornite al viaggiatore ai sensi dell'articolo 34, comma 1, lettere *a*), *c*), *d*), *e*) e *g*), formano parte integrante del contratto di pacchetto turistico e non possono essere modificate salvo accordo esplicito delle parti contraenti.

2. L'organizzatore e il venditore comunicano al viaggiatore tutte le modifiche delle informazioni precontrattuali in modo chiaro ed evidente prima della conclusione del contratto di pacchetto turistico.

3. Se l'organizzatore e il venditore non hanno ottemperato agli obblighi in materia di informazione sulle imposte, sui diritti o su altri costi aggiuntivi di cui all'articolo 34, comma 1, lettera *c*), prima della conclusione del contratto di pacchetto turistico, il viaggiatore non è tenuto al pagamento di tali costi.

(1) *V. nota* sub *Capo I.*

36. (1) **Contenuto del contratto di pacchetto turistico e documenti da fornire prima dell'inizio del pacchetto.** – 1. I contratti di pacchetto turistico sono formulati in un linguaggio semplice e chiaro e, ove in forma scritta, leggibile.

2. Al momento della conclusione del contratto di pacchetto turistico o, comunque, appena possibile, l'organizzatore o il venditore, fornisce al viaggiatore una copia o una conferma del contratto su un supporto durevole.

3. Il viaggiatore ha diritto a una copia cartacea qualora il contratto di pacchetto turistico sia stato stipulato alla contemporanea presenza fisica delle parti.

4. Per quanto riguarda i contratti negoziati fuori dei locali commerciali, definiti all'articolo 45, comma 1, lettera *h*), del decreto legislativo 6 settembre 2005, n. 206, una copia o la conferma del contratto di pacchetto turistico è fornita al viaggiatore su carta o, se il viaggiatore acconsente, su un altro supporto durevole.

5. Il contratto di pacchetto turistico o la sua conferma riportano l'intero contenuto dell'accordo che contiene tutte le informazioni di cui all'articolo 34, comma 1, nonché le seguenti:

a) le richieste specifiche del viaggiatore accettate dall'organizzatore;

b) una dichiarazione attestante che l'organizzatore è responsabile dell'esatta esecuzione di tutti i servizi turistici inclusi nel contratto ai sensi dell'articolo 42 ed è tenuto a prestare assistenza qualora il viaggiatore si trovi in difficoltà ai sensi dell'articolo 45;

c) il nome e i recapiti, compreso l'indirizzo geografico, del soggetto incaricato della protezione in caso d'insolvenza;

d) il nome, l'indirizzo, il numero di telefono, l'indirizzo di posta elettronica e, se presente, il numero di fax del rappresentante locale dell'organizzatore, di un punto di contatto o di un altro servizio che consenta al viaggiatore di comunicare rapidamente ed efficacemente con l'organizzatore per chiedere assistenza o per rivolgere eventuali reclami relativi a difetti di conformità riscontrati durante l'esecuzione del pacchetto;

e) il fatto che il viaggiatore sia tenuto a comunicare, senza ritardo, eventuali difetti di conformità rilevati durante l'esecuzione del pacchetto ai sensi dell'articolo 42, comma 2;

f) nel caso di minori, non accompagnati da un genitore o altra persona autorizzata, che viaggiano in base a un contratto di pacchetto turistico che include l'alloggio, le informazioni che consentono di stabilire un contatto diretto con il minore o il responsabile del minore nel suo luogo di soggiorno;

g) informazioni riguardo alle esistenti procedure di trattamento dei reclami e ai meccanismi di risoluzione alternativa delle controversie (ADR - Alternative Dispute Resolution), ai sensi del decreto legislativo 6 settembre 2005, n. 206 e, se presente, all'organismo ADR da cui il professionista è disciplinato e alla piattaforma di risoluzione delle controversie online ai sensi del regolamento (UE) n. 524/2013;

h) informazioni sul diritto del viaggiatore di cedere il contratto a un altro viaggiatore ai sensi dell'articolo 38.

6. Con riferimento ai pacchetti acquistati presso professionisti distinti di cui all'articolo 33, comma 1, lettera *b*), numero 2.4), il professionista a cui i dati sono trasmessi informa l'organizzatore della conclusione del contratto che porterà alla creazione di un pacchetto e fornisce all'organizzatore le informazioni necessarie ad adempiere ai suoi obblighi. L'organizzatore fornisce tempestiva-

mente al viaggiatore le informazioni di cui al comma 5 su un supporto durevole.

7. Le informazioni di cui ai commi 5 e 6 sono presentate in modo chiaro e preciso.

8. In tempo utile prima dell'inizio del pacchetto, l'organizzatore fornisce al viaggiatore le ricevute, i buoni e i biglietti necessari, le informazioni sull'orario della partenza previsto e il termine ultimo per l'accettazione, nonché gli orari delle soste intermedie, delle coincidenze e dell'arrivo.

(1) *V. nota* sub *Capo I.*

37. (1) **Onere della prova e divieto di fornire informazioni ingannevoli.** – 1. L'onere della prova relativo all'adempimento degli obblighi di informazione di cui alla presente sezione è a carico del professionista.

2. È fatto comunque divieto di fornire informazioni ingannevoli sulle modalità del servizio offerto, sul prezzo e sugli altri elementi del contratto qualunque sia il mezzo mediante il quale dette informazioni vengono comunicate al viaggiatore.

(1) *V. nota* sub *Capo I.*

SEZIONE III – *Modifiche al contratto di pacchetto turistico prima dell'inizio del pacchetto*

38. (1) **Cessione del contratto di pacchetto turistico a un altro viaggiatore.** – 1. Il viaggiatore, previo preavviso dato all'organizzatore su un supporto durevole entro e non oltre sette giorni prima dell'inizio del pacchetto, può cedere il contratto di pacchetto turistico a una persona che soddisfa tutte le condizioni per la fruizione del servizio.

2. Il cedente e il cessionario del contratto di pacchetto turistico sono solidalmente responsabili per il pagamento del saldo del prezzo e degli eventuali diritti, imposte e altri costi aggiuntivi, ivi comprese le eventuali spese amministrative e di gestione delle pratiche, risultanti da tale cessione.

3. L'organizzatore informa il cedente dei costi effettivi della cessione, che non possono essere irragionevoli e non eccedono le spese realmente sostenute dall'organizzatore in conseguenza della cessione del contratto di pacchetto turistico, e fornisce al cedente la prova relativa ai diritti, alle imposte o agli altri costi aggiuntivi risultanti dalla cessione del contratto.

(1) *V. nota* sub *Capo I.*

39. (1) **Revisione del prezzo.** – 1. Dopo la conclusione del contratto di pacchetto turistico, i prezzi possono essere aumentati soltanto se il contratto lo prevede espressamente e precisa che il viaggiatore ha diritto a una riduzione del prezzo, nonché le modalità di calcolo della revisione del prezzo. In tal caso, il viaggiatore ha diritto ad una riduzione del prezzo corrispondente alla diminuzione dei costi di cui al comma 2, lettere *a*), *b*) e *c*), che si verifichi dopo la conclusione del contratto e prima dell'inizio del pacchetto.

2. Gli aumenti di prezzo sono possibili esclusivamente in conseguenza di modifiche riguardanti:

a) il prezzo del trasporto di passeggeri in funzione del costo del carburante o di altre fonti di energia;

b) il livello di tasse o diritti sui servizi turistici inclusi nel contratto imposti da terzi non direttamente coinvolti nell'esecuzione del pacchetto, comprese le tasse di atterraggio, di sbarco e d'imbarco nei porti e negli aeroporti;

c) i tassi di cambio pertinenti al pacchetto.

3. Se l'aumento di prezzo di cui al presente articolo eccede l'8 per cento del prezzo complessivo del pacchetto, si applica l'articolo 40, commi 2, 3, 4 e 5.

4. Un aumento di prezzo, indipendentemente dalla sua entità, è possibile solo previa comunicazione chiara e precisa su supporto durevole da parte dell'organizzatore al viaggiatore, unitamente alla giustificazione di tale aumento e alle modalità di calcolo, almeno venti giorni prima dell'inizio del pacchetto.

5. In caso di diminuzione del prezzo, l'organizzatore ha diritto a detrarre le spese amministrative e di gestione delle pratiche effettive dal rimborso dovuto al viaggiatore, delle quali è tenuto a fornire la prova su richiesta del viaggiatore.

(1) *V. nota* sub *Capo I.*

40. (1) **Modifica di altre condizioni del contratto di pacchetto turistico.** – 1. Prima dell'inizio del pacchetto, l'organizzatore non può unilateralmente modificare le condizioni del contratto diverse dal prezzo ai sensi dell'articolo 39, salvo che si sia riservato tale diritto nel contratto e la modifica sia di scarsa importanza.

L'organizzatore comunica la modifica al viaggiatore in modo chiaro e preciso su un supporto durevole.

2. Se, prima dell'inizio del pacchetto, l'organizzatore è costretto a modificare in modo significativo una o più caratteristiche principali dei servizi turistici di cui all'articolo 34, comma 1, lettera *a*), o non può soddisfare le richieste specifiche di cui all'articolo 36, comma 5,

lettera *a*), oppure propone di aumentare il prezzo del pacchetto di oltre l'8 per cento ai sensi dell'articolo 39, comma 3, il viaggiatore, entro un periodo ragionevole specificato dall'organizzatore, può accettare la modifica proposta oppure recedere dal contratto senza corrispondere spese di recesso. In caso di recesso, l'organizzatore può offrire al viaggiatore un pacchetto sostitutivo di qualità equivalente o superiore.

3. L'organizzatore informa, senza ingiustificato ritardo, il viaggiatore in modo chiaro e preciso su un supporto durevole:

a) delle modifiche proposte di cui al comma 2 e della loro incidenza sul prezzo del pacchetto ai sensi del comma 4;

b) di un periodo ragionevole entro il quale il viaggiatore è tenuto a informare l'organizzatore della sua decisione ai sensi del comma 2;

c) delle conseguenze della mancata risposta del viaggiatore entro il periodo di cui alla lettera *b*) e dell'eventuale pacchetto sostitutivo offerto e del relativo prezzo.

4. Se le modifiche del contratto di pacchetto turistico o del pacchetto sostitutivo di cui al comma 2 comportano un pacchetto di qualità o costo inferiore, il viaggiatore ha diritto a un'adeguata riduzione del prezzo.

5. In caso di recesso dal contratto di pacchetto turistico ai sensi del comma 2, se il viaggiatore non accetta un pacchetto sostitutivo, l'organizzatore rimborsa senza ingiustificato ritardo e in ogni caso entro quattordici giorni dal recesso dal contratto tutti i pagamenti effettuati da o per conto del viaggiatore e si applicano le disposizioni di cui all'articolo 43, commi 2, 3, 4, 5, 6, 7, 8.

(1) *V. nota* sub *Capo I.*

41. (1) (2) **Diritto di recesso prima dell'inizio del pacchetto.** – 1. Il viaggiatore può recedere dal contratto di pacchetto turistico in ogni momento prima dell'inizio del pacchetto, dietro rimborso all'organizzatore delle spese sostenute, adeguate e giustificabili, del cui ammontare quest'ultimo fornisce motivazione al viaggiatore che ne faccia richiesta.

2. Il contratto di pacchetto turistico può prevedere spese standard per il recesso ragionevoli, calcolate in base al momento di recesso dal contratto e ai risparmi di costo attesi e agli introiti previsti che derivano dalla riallocazione dei servizi turistici.

3. In assenza di specificazione delle spese standard di recesso, l'importo delle spese di recesso corrisponde al prezzo del pacchetto diminuito dei risparmi di costo e degli introiti che derivano dalla riallocazione dei servizi turistici.

4. In caso di circostanze inevitabili e straordinarie verificatesi nel luogo di destinazione o nelle sue immediate vicinanze e che hanno un'incidenza sostanziale sull'esecuzione del pacchetto o sul trasporto di passeggeri verso la destinazione, il viaggiatore ha diritto di recedere dal contratto, prima dell'inizio del pacchetto, senza corrispondere spese di recesso, ed al rimborso integrale dei pagamenti effettuati per il pacchetto, ma non ha diritto a un indennizzo supplementare.

5. L'organizzatore può recedere dal contratto di pacchetto turistico e offrire al viaggiatore il rimborso integrale dei pagamenti effettuati per il pacchetto, ma non è tenuto a versare un indennizzo supplementare se:

a) il numero di persone iscritte al pacchetto è inferiore al minimo previsto dal contratto e l'organizzatore comunica il recesso dal contratto al viaggiatore entro il termine fissato nel contratto e in ogni caso non più tardi di venti giorni prima dell'inizio del pacchetto in caso di viaggi che durano più di sei giorni, di sette giorni prima dell'inizio del pacchetto in caso di viaggi che durano tra due e sei giorni, di quarantotto ore prima dell'inizio del pacchetto nel caso di viaggi che durano meno di due giorni;

b) l'organizzatore non è in grado di eseguire il contratto a causa di circostanze inevitabili e straordinarie e comunica il recesso dal medesimo al viaggiatore senza ingiustificato ritardo prima dell'inizio del pacchetto.

6. L'organizzatore procede a tutti i rimborsi prescritti a norma dei commi 4 e 5 oppure, con riguardo a quanto previsto ai commi 1, 2 e 3, rimborsa qualunque pagamento effettuato da o per conto del viaggiatore per il pacchetto dopo aver detratto le adeguate spese, senza ingiustificato ritardo e in ogni caso entro quattordici giorni dal recesso. Nei casi di cui ai commi 4 e 5, si determina la risoluzione dei contratti funzionalmente collegati stipulati con terzi.

7. In caso di contratti negoziati fuori dei locali commerciali, il viaggiatore ha diritto di recedere dal contratto di pacchetto turistico entro un periodo di cinque giorni dalla data della conclusione del contratto o dalla data in cui riceve le condizioni contrattuali e le informazioni preliminari se successiva, senza penali e senza fornire alcuna motivazione. Nei casi di offerte con tariffe sensibilmente diminuite rispetto alle offerte correnti, il diritto di recesso è escluso. In tale ultimo caso, l'organizzatore documenta la variazione di prezzo evidenziando adeguatamente l'esclusione del diritto di recesso.

(1) *V. nota* sub *Capo I.*

(2) *Con riferimento alle misure connesse all'emergenza epidemiologica da Covid-19, per il rimborso di titoli di viaggio, di soggiorno e di pacchetti turistici, v. art. 88-*bis *d.l. 17 marzo 2020, n. 18, conv., con modif., in l. 24 aprile 2020, n. 27.*

Sezione IV – *Esecuzione del pacchetto*

42. (1) **Responsabilità dell'organizzatore per l'inesatta esecuzione del pacchetto e per la sopravvenuta impossibilità in corso d'esecuzione del pacchetto.** – 1. L'organizzatore è responsabile dell'esecuzione dei servizi turistici previsti dal contratto di pacchetto turistico, indipendentemente dal fatto che tali servizi turistici devono essere prestati dall'organizzatore stesso, dai suoi ausiliari o preposti quando agiscono nell'esercizio delle loro funzioni, dai terzi della cui opera si avvale o da altri fornitori di servizi turistici, ai sensi dell'articolo 1228 del codice civile.

2. Il viaggiatore, ai sensi degli articoli 1175 e 1375 del codice civile, informa l'organizzatore, direttamente o tramite il venditore, tempestivamente, tenuto conto delle circostanze del caso, di eventuali difetti di conformità rilevati durante l'esecuzione di un servizio turistico previsto dal contratto di pacchetto turistico.

3. Se uno dei servizi turistici non è eseguito secondo quanto pattuito nel contratto di pacchetto turistico, l'organizzatore pone rimedio al difetto di conformità, a meno che ciò risulti impossibile oppure risulti eccessivamente oneroso, tenendo conto dell'entità del difetto di conformità e del valore dei servizi turistici interessati dal difetto. Se l'organizzatore non pone rimedio al difetto, si applica l'articolo 43.

4. Fatte salve le eccezioni di cui al comma 3, se l'organizzatore non pone rimedio al difetto di conformità entro un periodo ragionevole fissato dal viaggiatore in relazione alla durata e alle caratteristiche del pacchetto, con la contestazione effettuata ai sensi del comma 2, il viaggiatore può ovviare personalmente al difetto e chiedere il rimborso delle spese necessarie, ragionevoli e documentate; se l'organizzatore rifiuta di porre rimedio al difetto di conformità o se è necessario ovviarvi immediatamente non occorre che il viaggiatore specifichi un termine.

5. Se un difetto di conformità, ai sensi dell'articolo 1455 del codice civile, costituisce un inadempimento di non scarsa importanza dei servizi turistici inclusi in un pacchetto e l'organizzatore non vi ha posto rimedio entro un periodo ragionevole stabilito dal viaggiatore in relazione alla durata e alle caratteristiche del pacchetto, con la contestazione effettuata ai sensi del comma 2, il viaggiatore può, senza spese, risolvere di diritto e con effetto immediato il contratto di

pacchetto turistico o, se del caso, chiedere, ai sensi dell'articolo 43, una riduzione del prezzo, salvo comunque l'eventuale risarcimento dei danni. In caso di risoluzione del contratto, se il pacchetto comprendeva il trasporto dei passeggeri, l'organizzatore provvede anche al rientro del viaggiatore con un trasporto equivalente senza ingiustificato ritardo e senza costi aggiuntivi per il viaggiatore.

6. Laddove è impossibile assicurare il rientro del viaggiatore, l'organizzatore sostiene i costi dell'alloggio necessario, ove possibile di categoria equivalente a quanto era previsto dal contratto, per un periodo non superiore a tre notti per viaggiatore o per il periodo più lungo eventualmente previsto dalla normativa dell'Unione europea relativa ai diritti dei passeggeri, applicabile ai pertinenti mezzi di trasporto.

7. La limitazione dei costi di cui al comma 6 non si applica alle persone a mobilità ridotta, definite dall'articolo 2, paragrafo 1, lettera *a*), del regolamento (CE) n. 1107/2006, e ai loro accompagnatori, alle donne in stato di gravidanza, ai minori non accompagnati e alle persone bisognose di assistenza medica specifica, purché l'organizzatore abbia ricevuto comunicazione delle loro particolari esigenze almeno quarantotto ore prima dell'inizio del pacchetto. L'organizzatore non può invocare circostanze inevitabili e straordinarie per limitare la responsabilità di cui al presente comma qualora il fornitore del servizio di trasporto non possa far valere le stesse circostanze ai sensi della normativa dell'Unione europea applicabile.

8. Se per circostanze sopravvenute non imputabili all'organizzatore è impossibile fornire, in corso d'esecuzione, una parte sostanziale, per valore o qualità, della combinazione dei servizi turistici pattuiti nel contratto di pacchetto turistico, l'organizzatore offre, senza supplemento di prezzo a carico del viaggiatore, soluzioni alternative adeguate di qualità, ove possibile equivalente o superiore, rispetto a quelle specificate nel contratto, affinché l'esecuzione del pacchetto possa continuare, inclusa l'eventualità che il ritorno del viaggiatore al luogo di partenza non sia fornito come concordato. Se le soluzioni alternative proposte comportano un pacchetto di qualità inferiore rispetto a quella specificata nel contratto di pacchetto turistico, l'organizzatore concede al viaggiatore un'adeguata riduzione del prezzo.

9. Il viaggiatore può respingere le soluzioni alternative proposte solo se non sono comparabili a quanto convenuto nel contratto di pacchetto turistico o se la riduzione del prezzo concessa è inadeguata.

10. Se è impossibile predisporre soluzioni alternative o il viaggiatore respinge le soluzioni alternative proposte, conformi a quanto indicato dal comma 8, al viaggiatore è riconosciuta una riduzione del prezzo. In caso di inadempimento dell'obbligo di offerta di cui al comma 8 si applica il comma 5.

11. Laddove, a causa di circostanze sopravvenute non imputabili all'organizzatore, è impossibile assicurare il rientro del viaggiatore come pattuito nel contratto di pacchetto turistico, si applicano i commi 6 e 7.

(1) *V. nota* sub *Capo I.*

43. (1) **Riduzione del prezzo e risarcimento dei danni.** – 1. Il viaggiatore ha diritto a un'adeguata riduzione del prezzo per il periodo durante il quale vi sia stato difetto di conformità, a meno che l'organizzatore dimostri che tale difetto è imputabile al viaggiatore.

2. Il viaggiatore ha diritto di ricevere dall'organizzatore, senza ingiustificato ritardo, il risarcimento adeguato per qualunque danno che può aver subito in conseguenza di un difetto di conformità.

3. Al viaggiatore non è riconosciuto il risarcimento dei danni se l'organizzatore dimostra che il difetto di conformità è imputabile al viaggiatore o a un terzo estraneo alla fornitura dei servizi turistici inclusi nel contratto di pacchetto turistico ed è imprevedibile o inevitabile oppure è dovuto a circostanze inevitabili e straordinarie.

4. All'organizzatore si applicano le limitazioni previste dalle convenzioni internazionali in vigore che vincolano l'Italia o l'Unione europea, relative alla misura del risarcimento o alle condizioni a cui è dovuto da parte di un fornitore che presta un servizio turistico incluso in un pacchetto.

5. Il contratto di pacchetto turistico può prevedere la limitazione del risarcimento dovuto dall'organizzatore, salvo che per i danni alla persona o quelli causati intenzionalmente o per colpa, purché tale limitazione non sia inferiore al triplo del prezzo totale del pacchetto.

6. Qualunque diritto al risarcimento o alla riduzione del prezzo ai sensi del presente Capo non pregiudica i diritti dei viaggiatori previsti dal regolamento (CE) n. 261/2004, dal regolamento (CE) n. 1371/2007, dal regolamento (CE) n. 392/2009, dal regolamento (UE) n. 1177/2010 e dal regolamento (UE) n. 181/2011 del Parlamento europeo e del Consiglio, nonché dalle convenzioni internazionali, fermo restando che il risarcimento o la riduzione del prezzo concessi ai sensi del presente Capo e il risarcimento o la riduzione del prezzo concessi ai sensi di detti regolamenti e convenzioni internazionali sono detratti gli uni dagli altri.

7. Il diritto alla riduzione del prezzo o al risarcimento dei danni previsti dal presente articolo si prescrive in due anni, a decorrere dalla data del rientro del viaggiatore nel luogo di partenza, fatto salvo quanto previsto al comma 8.

8. Il diritto al risarcimento dei danni alla persona si prescrive in tre anni a decorrere dalla data del rientro del viaggiatore nel luogo di partenza o nel più lungo periodo previsto per il risarcimento del danno alla persona dalle disposizioni che regolano i servizi compresi nel pacchetto.

(1) *V. nota* sub *Capo I.*

44. (1) **Possibilità di contattare l'organizzatore tramite il venditore.** – 1. Il viaggiatore può indirizzare messaggi, richieste o reclami relativi all'esecuzione del pacchetto direttamente al venditore tramite il quale l'ha acquistato, il quale, a propria volta, inoltra tempestivamente tali messaggi, richieste o reclami all'organizzatore.

2. Ai fini del rispetto dei termini o dei periodi di prescrizione, la data in cui il venditore riceve messaggi, richieste o reclami di cui al comma 1 è considerata la data di ricezione anche per l'organizzatore.

(1) *V. nota* sub *Capo I.*

45. (1) **Obbligo di prestare assistenza.** – 1. L'organizzatore presta adeguata assistenza senza ritardo al viaggiatore che si trova in difficoltà anche nelle circostanze di cui all'articolo 42, comma 7, in particolare fornendo le opportune informazioni riguardo ai servizi sanitari, alle autorità locali e all'assistenza consolare e assistendo il viaggiatore nell'effettuare comunicazioni a distanza e aiutandolo a trovare servizi turistici alternativi.

2. L'organizzatore può pretendere il pagamento di un costo ragionevole per tale assistenza qualora il problema sia causato intenzionalmente dal viaggiatore o per sua colpa, nei limiti delle spese effettivamente sostenute.

(1) *V. nota* sub *Capo I.*

46. (1) **Risarcimento del danno da vacanza rovinata.** – 1. Nel caso in cui l'inadempimento delle prestazioni che formano oggetto del pacchetto non è di scarsa importanza ai sensi dell'articolo 1455 del codice civile, il viaggiatore può chiedere all'organizzatore o al venditore, secondo la responsabilità derivante dalla violazione dei rispettivi obblighi assunti con i rispettivi contratti, oltre ed indipendentemente dalla risoluzione del contratto, un risarcimento del danno correlato al tempo di vacanza inutilmente trascorso ed all'irripetibilità dell'occasione perduta.

2. Il diritto al risarcimento si prescrive in tre anni, ovvero nel più lungo periodo per il risarcimento del danno alla persona previsto dalle disposizioni che regolano i servizi compresi nel pacchetto, a decorrere dalla data del rientro del viaggiatore nel luogo di partenza.

(1) *V. nota* sub *Capo I.*

SEZIONE V – *Protezione in caso d'insolvenza o fallimento*

47. (1) **Efficacia e portata della protezione in caso d'insolvenza o fallimento.** – 1. L'organizzatore e il venditore stabiliti sul territorio nazionale sono coperti da contratto di assicurazione per la responsabilità civile a favore del viaggiatore per il risarcimento dei danni derivanti dalla violazione dei rispettivi obblighi assunti con i rispettivi contratti.

2. I contratti di organizzazione di pacchetto turistico sono assistiti da polizze assicurative o garanzie bancarie che, per i viaggi all'estero e i viaggi che si svolgono all'interno di un singolo Paese, ivi compresi i viaggi in Italia, nei casi di insolvenza o fallimento dell'organizzatore o del venditore garantiscono, senza ritardo su richiesta del viaggiatore, il rimborso del prezzo versato per l'acquisto del pacchetto e il rientro immediato del viaggiatore nel caso in cui il pacchetto include il trasporto del viaggiatore, nonché, se necessario, il pagamento del vitto e dell'alloggio prima del rientro.

3. Gli organizzatori e gli intermediari possono costituirsi in consorzi o altre forme associative idonee a provvedere collettivamente, anche mediante la costituzione di un apposito fondo, per la copertura dei rischi di cui al comma 2. Le finalità del presente comma possono essere perseguite anche mediante il coinvolgimento diretto nei consorzi e nelle altre forme associative di imprese e associazioni di categoria del settore assicurativo, anche prevedendo forme di riassicurazione.

4. La garanzia di cui al comma 2 è effettiva, adeguata al volume di affari e copre i costi ragionevolmente prevedibili, gli importi dei pagamenti effettuati da o per conto dei viaggiatori in relazione a pacchetti, tenendo conto della durata del periodo compreso tra gli acconti e il saldo finale e del completamento dei pacchetti, nonché del costo stimato per i rimpatri in caso di insolvenza o fallimento dell'organizzatore o del venditore.

5. I viaggiatori beneficiano della protezione in caso d'insolvenza o fallimento dell'organizzatore o del venditore indipendentemente dal loro luogo di residenza, dal luogo di partenza o dal luogo di

vendita del pacchetto e indipendentemente dallo Stato membro in cui è stabilito il soggetto incaricato di fornire protezione in caso di insolvenza o fallimento.

6. Nei casi previsti dal comma 2, in alternativa al rimborso del prezzo o al rientro immediato, può essere offerta al viaggiatore la continuazione del pacchetto con le modalità di cui agli articoli 40 e 42.

7. L'obbligo di cui al comma 1, non sussiste per l'organizzatore e il venditore di uno Stato membro dell'Unione europea che si stabilisce sul territorio nazionale se sussistono le condizioni di cui all'articolo 33 del decreto legislativo 26 marzo 2010, n. 59.

8. Gli organizzatori e i venditori non stabiliti in uno Stato membro che vendono o offrono in vendita pacchetti in Italia o in un altro Stato membro o che, con qualsiasi mezzo, dirigono tali attività verso l'Italia o un altro Stato membro sono obbligati a fornire una garanzia equivalente a quella prevista dal comma 2.

9. In ogni caso, il Ministero degli affari esteri e della cooperazione internazionale può chiedere agli interessati il rimborso, totale o parziale, delle spese sostenute per il soccorso e il rimpatrio delle persone che, all'estero, si siano esposte deliberatamente, salvi giustificati motivi correlati all'esercizio di attività professionali, a rischi che avrebbero potuto conoscere con l'uso della normale diligenza.

10. È fatta salva la facoltà di stipulare anche altre polizze assicurative di assistenza al viaggiatore.

(1) *V. nota* sub *Capo I.*

48. (1) **Riconoscimento reciproco della protezione in caso d'insolvenza e cooperazione amministrativa.** – 1. È riconosciuta conforme alla disciplina di cui all'articolo 47 qualunque protezione in caso d'insolvenza o fallimento che un organizzatore e un venditore forniscono conformemente alle corrispondenti misure previste dallo Stato membro in cui è stabilito.

2. Quale punto di contatto centrale per agevolare la cooperazione amministrativa e il controllo degli organizzatori e dei venditori operanti in Stati membri diversi è designato il Ministero dei beni e delle attività culturali e del turismo - Direzione generale Turismo, il cui recapito è comunicato a tutti gli altri Stati membri e alla Commissione.

3. Il punto di contatto centrale mette a disposizione dei propri omologhi tutte le informazioni necessarie riguardo ai rispettivi obblighi nazionali in materia di protezione in caso d'insolvenza o fallimento e ai soggetti incaricati di fornire tale protezione per gli spe-

cifici organizzatori o venditori stabiliti sul proprio territorio, autorizzando a condizioni di reciprocità l'accesso a qualunque registro disponibile, reso accessibile al pubblico anche online, in cui sono elencati gli organizzatori e i venditori che si conformano all'obbligo di protezione in caso d'insolvenza o fallimento.

4. Se uno Stato membro dubita delle misure di protezione in caso di insolvenza di un organizzatore, chiede chiarimenti al punto di contatto di cui al comma 2. Il punto di contatto risponde alle richieste degli altri Stati membri il più rapidamente possibile, tenendo in considerazione l'urgenza e la complessità della questione, ed in ogni caso fornendo una prima risposta entro quindici giorni lavorativi dal ricevimento della richiesta.

(1) *V. nota* sub *Capo I.*

SEZIONE VI – *Servizi turistici collegati*

49. (1) **Obblighi di protezione in caso d'insolvenza o fallimento e d'informazione in relazione ai servizi turistici collegati.** – 1. Ai professionisti che agevolano servizi turistici collegati si applicano, per il rimborso di tutti i pagamenti che ricevono dai viaggiatori, le disposizioni degli articoli 47 e 48 nella misura in cui un servizio turistico che fa parte di un servizio turistico collegato non sia effettuato a causa dello stato di insolvenza o fallimento dei professionisti.

2. Prima che il viaggiatore sia vincolato da un contratto che porti alla creazione di un servizio turistico collegato o di una corrispondente offerta, il professionista che agevola servizi turistici collegati, anche nei casi in cui egli non è stabilito in uno Stato membro ma, con qualsiasi mezzo, dirige tali attività verso uno Stato membro, dichiara in modo chiaro, e preciso che il viaggiatore:

a) non potrà invocare nessuno dei diritti che si applicano esclusivamente ai pacchetti ai sensi del presente Capo e che ciascun fornitore di servizi sarà il solo responsabile dell'esatta esecuzione contrattuale del suo servizio;

b) potrà invocare la protezione in caso d'insolvenza o fallimento ai sensi del comma 1.

3. Il professionista fornisce al viaggiatore tali informazioni mediante il modulo informativo standard pertinente di cui all'allegato B al presente codice oppure, qualora lo specifico tipo di servizi turistici collegati non sia contemplato da nessuno dei moduli previsti in tale allegato, fornendo le informazioni ivi contenute.

4. Qualora il professionista che agevola servizi turistici collegati non abbia rispettato gli obblighi di cui ai commi 1 e 2, si applicano i

LEGGI COMPLEMENTARI

diritti e gli obblighi previsti dagli articoli 38 e 41 e dalla sezione IV in relazione ai servizi turistici inclusi nel servizio turistico collegato.

5. Se un servizio turistico collegato è il risultato della stipula di un contratto tra un viaggiatore e un professionista che non agevola il servizio turistico collegato, tale professionista informa il professionista che agevola il servizio turistico collegato della stipula del pertinente contratto.

(1) *V. nota* sub *Capo I.*

SEZIONE VII – *Responsabilità del venditore*

50. (1) **Responsabilità del venditore.** – 1. Il venditore è responsabile dell'esecuzione del mandato conferitogli dal viaggiatore con il contratto di intermediazione di viaggio, indipendentemente dal fatto che la prestazione sia resa dal venditore stesso, dai suoi ausiliari o preposti quando agiscono nell'esercizio delle loro funzioni o dai terzi della cui opera si avvalga, dovendo l'adempimento delle obbligazioni assunte essere valutato con riguardo alla diligenza richiesta per l'esercizio della corrispondente attività professionale.

(1) *V. nota* sub *Capo I.*

51. (1) **Responsabilità in caso di errore di prenotazione.** – 1. Il professionista è responsabile degli errori dovuti a difetti tecnici nel sistema di prenotazione che gli siano imputabili e, qualora abbia accettato di organizzare la prenotazione di un pacchetto o di servizi turistici che rientrano in servizi turistici collegati, degli errori commessi durante il processo di prenotazione.

2. Il professionista non è responsabile degli errori di prenotazione imputabili al viaggiatore o dovuti a circostanze inevitabili e straordinarie.

(1) *V. nota* sub *Capo I.*

51-*bis*. (1) **Obbligo del venditore di indicare la propria qualità.** – 1. Il venditore è considerato come organizzatore se, in relazione ad un contratto di pacchetto turistico, omette di fornire al viaggiatore, a norma dell'articolo 34, il pertinente modulo informativo standard di cui all'allegato A, parte II o parte III al presente codice, e le informazioni relative alla denominazione commerciale, l'indirizzo geografico, il recapito telefonico e l'indirizzo di posta elettronica dell'organizzatore, ovvero omette di informare il viaggiatore che egli agisce in qualità di venditore.

(1) *V. nota* sub *Capo I.*

51-*ter*. (1) **Obblighi specifici del venditore quando l'organizzatore è stabilito fuori dallo Spazio economico europeo.** – 1. Se l'organizzatore è stabilito al di fuori dello Spazio economico europeo, il venditore stabilito in uno Stato membro è soggetto agli obblighi previsti per gli organizzatori alle Sezioni IV e V, salvo che fornisca la prova che l'organizzatore si conforma alle norme contenute in tali Sezioni.

(1) *V. nota* sub *Capo I.*

51-*quater*. (1) **Prescrizione del diritto al risarcimento del danno.** – 1. Fatto salvo quanto stabilito dall'articolo 46 e gli effetti degli articoli 51-*bis* e 51-*ter*, il diritto del viaggiatore al risarcimento dei danni previsti dalla presente Sezione si prescrive in due anni a decorrere dalla data del rientro del viaggiatore nel luogo di partenza.

(1) *V. nota* sub *Capo I.*

SEZIONE VIII – *Disposizioni generali*

51-*quinquies*. (1) **Diritto ad azioni di regresso e diritto di surrogazione.** – 1. L'organizzatore o il venditore che ha concesso un indennizzo o una riduzione di prezzo, ovvero corrisposto un risarcimento del danno o è stato costretto ad ottemperare ad altri obblighi secondo le disposizioni del presente Capo, ha il diritto di regresso nei confronti dei soggetti che abbiano contribuito al verificarsi delle circostanze o dell'evento da cui sono derivati l'indennizzo, la riduzione del prezzo, il risarcimento del danno o gli altri obblighi in questione, nonché dei soggetti tenuti a fornire servizi di assistenza ed alloggio in forza di altre disposizioni, nel caso in cui il viaggiatore non possa rientrare nel luogo di partenza.

2. L'organizzatore o il venditore che hanno risarcito il viaggiatore sono surrogati, nei limiti del risarcimento corrisposto, in tutti i diritti e le azioni di quest'ultimo verso i terzi responsabili; il viaggiatore fornisce all'organizzatore o al venditore tutti i documenti, le informazioni e gli elementi in suo possesso utili per l'esercizio del diritto di surroga.

(1) *V. nota* sub *Capo I.*

51-*sexies*. (1) **Inderogabilità della disciplina relativa ai diritti del viaggiatore.** – 1. La dichiarazione che un organizzatore di un pacchetto o un professionista che agevola un servizio turistico collegato agisce esclusivamente in qualità di fornitore di un servizio turistico, d'intermediario o a qualunque altro titolo, o che un pac-

LEGGI COMPLEMENTARI

chetto o un servizio turistico collegato non costituisce un pacchetto o un servizio turistico collegato, non esonera gli organizzatori o i professionisti dagli obblighi imposti loro dal presente Capo.

2. I viaggiatori non possono rinunciare ai diritti conferiti loro dalle disposizioni di cui al presente Capo.

3. Fatto salvo quanto diversamente stabilito da specifiche disposizioni di legge, eventuali clausole contrattuali o dichiarazioni del viaggiatore che escludano o limitino, direttamente o indirettamente, i diritti derivanti dal presente Capo o il cui scopo sia eludere l'applicazione delle disposizioni di cui al presente Capo, non vincolano il viaggiatore.

(1) *V. nota* sub *Capo I.*

SEZIONE IX – *Tutela amministrativa e giurisdizionale*

51-*septies*. (1) **Sanzioni amministrative.** – 1. Salvo che il fatto non costituisca reato o configuri una fattispecie di illecito amministrativo sanzionato con legge delle regioni e delle province autonome di Trento e di Bolzano, ovvero una pratica commerciale scorretta sanzionata dal decreto legislativo 6 settembre 2005, n. 206, il professionista, l'organizzatore o il venditore che contravviene:

a) alle disposizioni di cui agli articoli 34, 35, comma 2, 36, 38, comma 3, 39, comma 4, 40, comma 4, 41, comma 7, terzo periodo, e 49, commi 2 e 3, del presente Capo, è punito, per ogni singola violazione, con la sanzione amministrativa pecuniaria da 1.000 euro a 5.000 euro;

b) alle disposizioni di cui agli articoli 37, comma 2, 42, commi 7 e 8, e 45, comma 1, del presente Capo, è punito, per ogni singola violazione, con la sanzione amministrativa pecuniaria da 2.000 a euro 10.000 euro;

c) alle disposizioni di cui all'articolo 47, commi da 1 a 5 e commi 7 e 8, del presente Capo, è punito, per ogni singola violazione, con la sanzione amministrativa pecuniaria da 4.000 euro a 20.000 euro.

2. Fatto salvo quanto previsto al comma 1, il professionista, l'organizzatore o il venditore che omette di fornire l'informazione al viaggiatore, ovvero ostacola l'esercizio del diritto di recesso o di risoluzione ovvero fornisce informazione incompleta o errata o comunque non conforme sul diritto di recesso previsto dagli articoli 40, 41 e sul diritto di risoluzione previsto dall'articolo 42 del presente Capo, ovvero non rimborsa al consumatore le somme da questi eventualmente corrisposte, è punito con la sanzione amministrativa pecuniaria da 1.000 euro a 5.000 euro.

3. In caso di reiterazione, le sanzioni amministrative pecuniarie previste dai commi 1 e 2 sono aumentate di un terzo, laddove la reiterazione si verifica qualora sia stata commessa la stessa violazione per due volte in un anno, anche se si è proceduto al pagamento della sanzione mediante oblazione.

4. In caso di ulteriore reiterazione, le sanzioni amministrative pecuniarie previste dai commi 1 e 2 sono raddoppiate.

5. In caso di violazione degli obblighi di assicurazione previsti dagli articoli 47 e 48, al professionista, all'organizzatore o al venditore si applica la sanzione amministrativa accessoria della sospensione dall'esercizio dell'attività da quindici giorni a tre mesi e, in caso di reiterazione, l'autorità competente dispone la cessazione dell'attività.

6. Per le sanzioni amministrative pecuniarie conseguenti alle violazioni del presente decreto si osservano, in quanto applicabili, le disposizioni contenute nel Capo I, Sezione I, e negli articoli 26, 27, 28 e 29 della legge 24 novembre 1981, n. 689, e successive modificazioni.

7. Fatto salvo quanto previsto dall'articolo 51-*novies*, il pagamento delle sanzioni amministrative pecuniarie di cui al presente articolo è effettuato entro trenta giorni dalla notifica del provvedimento.

8. All'articolo 148 della legge 23 dicembre 2000, n. 388, sono apportate le seguenti modificazioni:

a) al comma 1, sono aggiunte infine le seguenti parole: ", salvo quanto previsto al secondo periodo del comma 2";

b) al comma 2, sono aggiunte infine il seguente periodo: "Le entrate derivanti dalle sanzioni amministrative di cui all'articolo 51-*septies*, Sezione IX, Capo I, Titolo VI dell'Allegato 1 al decreto legislativo 23 maggio 2011, n. 79, sono destinate a iniziative a vantaggio dei viaggiatori. Tali entrate affluiscono ad apposito capitolo/articolo di entrata del bilancio dello Stato di nuova istituzione e possono essere riassegnate con decreto del Ministro dell'economia e delle finanze a un apposito fondo iscritto nello stato di previsione del Ministero dei beni e delle attività culturali e del turismo per essere destinate alle iniziative di cui al primo periodo, individuate di volta in volta con decreto del Ministro dei beni e delle attività culturali e del turismo, sentite le commissioni parlamentari.".

(1) *V. nota* sub *Capo I.*

51-*octies*. (1) **Applicazione delle sanzioni amministrative.** – 1. Fermo restando quanto previsto agli articoli 51-*septies*, comma 1, e 51-*novies*, l'Autorità garante della concorrenza e del mercato, d'ufficio o su istanza di ogni soggetto o organizzazione che ne abbia

LEGGI COMPLEMENTARI

interesse, accerta le violazioni delle disposizioni di cui all'articolo 51-*septies*, ne inibisce la continuazione e ne elimina gli effetti, avvalendosi a tal fine degli strumenti, anche sanzionatori, previsti dal decreto legislativo 6 settembre 2005, n. 206.

1-*bis*. L'Autorità garante della concorrenza e del mercato è designata, ai sensi dell'articolo 5, paragrafo 1, del regolamento (UE) 2017/2394 del Parlamento europeo e del Consiglio, del 12 dicembre 2017, quale autorità competente responsabile dell'applicazione della direttiva (UE) 2015/2302 del Parlamento europeo e del Consiglio, del 25 novembre 2015, relativa ai pacchetti turistici e ai servizi turistici collegati, che modifica il regolamento (CE) n. 2006/2004 e la direttiva 2011/83/UE del Parlamento europeo e del Consiglio e che abroga la direttiva 90/314/CEE del Consiglio. In materia di accertamento e di sanzione delle violazioni della citata direttiva (UE) 2015/2302, si applica l'articolo 27 del codice del consumo, di cui al decreto legislativo 6 settembre 2005, n. 206 (2).

(1) *V. nota* sub *Capo I.*

(2) *Comma aggiunto dall'art. 37[2] l. 23 dicembre 2021, n. 238.*

51-*novies*. (1) **Sanzioni amministrative previste con legge delle regioni e delle province autonome di Trento e di Bolzano.** – 1. Le regioni e le province autonome di Trento e di Bolzano prevedono sanzioni amministrative effettive, proporzionate e dissuasive per le violazioni delle disposizioni di cui al presente Capo che rientrano nell'ambito delle competenze loro riservate ai sensi degli articoli 117 e 118 della Costituzione.

(1) *V. nota* sub *Capo I.*

Si riporta il testo del Capo I del Titolo VI anteriore alla sostituzione operata dall'art. 1[1] d.ls. 21 maggio 2018, n. 62.

CAPO I – *Contratti del turismo organizzato*

32. Ambito di applicazione. 1. Le disposizioni del presente capo di applicano ai pacchetti turistici definiti dall'articolo 34, venduti od offerti in vendita a chiunque nel territorio nazionale dall'organizzatore o dall'intermediario, di cui all'articolo 33.

2. Il presente capo si applica altresì ai pacchetti turistici negoziati al di fuori dai locali commerciali o a distanza. Restano ferme le disposizioni previste negli articoli da 64 a 67 del decreto legislativo 6 settembre 2005, n. 206. Il tale caso il professionista è obbligato a comunicare per iscritto l'esclusione del diritto di recesso. L'omessa comunicazione in merito all'inesistenza del diritto di recesso determina l'applicabilità degli articoli 64, 65, 66 e 67 del decreto legislativo 6 settembre 2005, n. 206.

3. Per quanto non previsto dal presente capo, si applicano le disposizioni del decreto legislativo 6 settembre 2005, n. 206.

33. Definizioni. 1.Ai fini del presente capo si intende per:

a) organizzatore di viaggio: il soggetto che si obbliga, in nome proprio e verso corrispettivo forfetario, a procurare a terzi pacchetti turistici, realizzando la combinazione degli elementi di cui all'articolo 34, o offrendo al turista, anche tramite un sistema di comunicazione a distanza, la possibilità di realizzare autonomamente ed acquistare tale combinazione;

b) intermediario: il soggetto che, anche non professionalmente e senza scopo di lucro, vende, o si obbliga a procurare a terzi pacchetti turistici realizzati ai sensi dell'articolo 34 verso un corrispettivo forfetario o singoli servizi turistici disaggregati;

c) turista: l'acquirente, il cessionario di un pacchetto turistico o qualunque persona anche da nominare, purché soddisfi tutte le condizioni richieste per la fruizione del servizio, per conto della quale il contraente principale si impegna ad acquistare senza remunerazione un pacchetto turistico.

2. L'organizzatore può vendere pacchetti turistici direttamente o tramite un venditore o tramite un intermediario.

34. Pacchetti turistici. 1.I pacchetti turistici hanno ad oggetto i viaggi, le vacanze, i circuiti tutto compreso, le crociere turistiche, risultanti dalla combinazione, da chiunque ed in qualunque modo realizzata, di almeno due degli elementi di seguito indicati, venduti od offerti in vendita ad un prezzo forfetario:

a) trasporto;

b) alloggio;

c) servizi turistici non accessori al trasporto o all'alloggio di cui all'articolo 36, che costituiscano, per la soddisfazione delle esigenze ricreative del turista, parte significativa del pacchetto turistico.

2. La fatturazione separata degli elementi di uno stesso pacchetto turistico non sottrae l'organizzatore o il venditore agli obblighi del presente capo.

35. Forma dei contratti turistici. 1. Il contratto di vendita di pacchetti turistici è redatto in forma scritta in termini chiari e precisi. Al turista deve essere rilasciata una copia del contratto stipulato e sottoscritto dall'organizzatore o venditore.

2. Il venditore che si obbliga a procurare a terzi, anche in via telematica, un servizio turistico disaggregato, è tenuto a rilasciare al turista i documenti relativi a questo servizio portanti la sua firma, anche elettronica. Questi documenti o la fattura relativa riportano la somma pagata per il servizio.

36. Elementi del contratto di vendita di pacchetti turistici. 1. Il contratto contiene i seguenti elementi:

a) destinazione, durata, data d'inizio e conclusione, qualora sia previsto un soggiorno frazionato, durata del medesimo con relative date di inizio e fine;

b) nome, indirizzo, numero di telefono ed estremi dell'autorizzazione all'esercizio dell'organizzatore o dell'intermediario che sottoscrive il contratto;

c) prezzo del pacchetto turistico, modalità della sua revisione, diritti e tasse sui servizi di atterraggio, sbarco ed imbarco nei porti ed aeroporti e gli altri oneri posti a carico del turista;

d) importo, comunque non superiore al venticinque per cento del prezzo, da versarsi all'atto della prenotazione, nonché il termine per il pagamento del saldo; il suddetto importo è versato a titolo di caparra ma gli effetti di cui all'articolo 1385 del codice civile non si producono qualora il recesso dipenda da fatto sopraggiunto non imputabile, ovvero sia giustificato dal grave inadempimento della controparte;

e) estremi della copertura assicurativa obbligatoria e delle ulteriori polizze convenute con il turista;

f) mezzi, caratteristiche e tipologie di trasporto, data, ora, luogo della partenza e del ritorno, tipo di posto assegnato;

g) ove il pacchetto turistico includa il trasporto aereo, il nome del vettore e la sua eventuale non conformità alla regolamentazione dell'Unione europea;

h) ove il pacchetto turistico includa la sistemazione in albergo, l'ubicazione, la categoria turistica, il livello, l'eventuale idoneità all'accoglienza di persone disabili, nonché le principali caratteristiche, la conformità alla regolamentazione dello Stato membro ospitante, i pasti forniti;

i) itinerario, visite, escursioni o altri servizi inclusi nel pacchetto turistico, ivi compresa la presenza di accompagnatori e guide turistiche;

l) termine entro cui il turista deve essere informato dell'annullamento del viaggio per la mancata adesione del numero minimo dei partecipanti eventualmente previsto;

m) accordi specifici sulle modalità del viaggio espressamente convenuti tra l'organizzatore o l'intermediario e il turista al momento della prenotazione;

n) eventuali spese poste a carico del turista per la cessione del contratto ad un terzo;

o) termine entro il quale il turista deve presentare reclamo per l'inadempimento o l'inesatta esecuzione del contratto;

p) termine entro il quale il turista deve comunicare la propria scelta in relazione alle modifiche delle condizioni contrattuali di cui all'articolo 41.

37. Informazione del turista. 1. Nel corso delle trattative e comunque prima della conclusione del contratto, l'intermediario o l'organizzatore forniscono per iscritto informazioni di carattere generale concernenti le condizioni applicabili ai cittadini dello Stato membro dell'Unione europea in materia di passaporto e visto con l'indicazione dei termini per il rilascio, nonché gli obblighi sanitari e le relative formalità per l'effettuazione del viaggio e del soggiorno.

2. Prima dell'inizio del viaggio l'organizzatore e l'intermediario comunicano al turista per iscritto le seguenti informazioni:

a) orari, località di sosta intermedia e coincidenze;

b) generalità e recapito telefonico di eventuali rappresentanti locali dell'organizzatore o dell'intermediario ovvero di uffici locali contattabili dal turista in caso di difficoltà;

c) recapito telefonico dell'organizzatore o dell'intermediario utilizzabile in caso di difficoltà in assenza di rappresentanti locali;

d) per i viaggi ed i soggiorni di minorenne all'estero, recapiti telefonici per stabilire un contatto diretto con questi o con il responsabile locale del suo soggiorno;

e) la facoltà di sottoscrivere un contratto di assicurazione a copertura delle spese sostenute dal turista per l'annullamento del contratto o per il rimpatrio in caso di incidente o malattia.

3. Quando il contratto è stipulato nell'imminenza della partenza, le indicazioni contenute nel comma 1 devono essere fornite contestualmente alla stipula del contratto.

4. È fatto comunque divieto di fornire informazioni ingannevoli sulle modalità del servizio offerto, sul prezzo e sugli altri elementi del contratto qualunque sia il mezzo mediante il quale dette informazioni vengono comunicate al turista.

38. Opuscolo informativo. 1.L'opuscolo indica in modo chiaro e preciso:

a) la destinazione, il mezzo, il tipo, la categoria di trasporto utilizzato;

b) la sistemazione in albergo o altro tipo di alloggio, l'esatta ubicazione con particolare riguardo alla distanza dalle principali attrazioni turistiche del luogo, la categoria o il livello e le caratteristiche principali con particolare riguardo agli standard qualitativi offerti, la sua approvazione e classificazione dello Stato ospitante;

c) i pasti forniti;

d) l'itinerario;

e) le informazioni di carattere generale applicabili al cittadino di uno Stato membro dell'Unione europea in materia di passaporto e visto con indicazione dei termini per il rilascio, nonché gli obblighi sanitari e le relative formalità da assolvere per l'effettuazione del viaggio e del soggiorno;

f) l'importo o la percentuale di prezzo da versare come acconto e le scadenze per il versamento del saldo;

g) l'indicazione del numero minimo di partecipanti eventualmente necessario per l'effettuazione del viaggio tutto compreso e del termine entro il quale il turista deve essere informato dell'annullamento del pacchetto turistico;

h) i termini, le modalità, il soggetto nei cui riguardi si esercita il diritto di recesso ai sensi degli articoli da 64 a 67 del decreto legislativo 6 settembre 2005, n. 206, nel caso di contratto negoziato fuori dei locali commerciali o a distanza;

i) gli estremi della copertura assicurativa obbligatoria, delle eventuali polizze assicurative facoltative a copertura delle spese sostenute dal turista per l'annullamento del contratto o per il rimpatrio in caso di incidente o malattia, nonché delle eventuali ulteriori polizze assicurative sottoscritte dal turista in relazione al contratto.

2. Le informazioni contenute nell'opuscolo vincolano l'organizzatore e l'intermediario in relazione alle rispettive responsabilità, a meno che le modifiche delle condizioni ivi indicate non siano comunicate per iscritto al turista prima della stipulazione del contratto o vengano concordate dai contraenti, mediante uno specifico accordo scritto, successivamente alla stipulazione.

3. Sono parificati all'opuscolo le informazioni ed i materiali illustrativi divulgati su supporto elettronico o per via telematica.

39. Cessione del contratto. 1.Il turista può sostituire a sé un terzo che soddisfi tutte le condizioni per la fruizione del servizio, nei rapporti derivanti dal contratto, ove comunichi per iscritto all'organizzatore o all'intermediario, entro e non oltre quattro giorni lavorativi prima della partenza, di trovarsi nell'impossibilità di usufruire del pacchetto turistico e le generalità del cessionario.

2. Il cedente ed il cessionario sono solidamente obbligati nei confronti dell'organizzatore o dell'intermediario al pagamento del prezzo e delle spese ulteriori eventualmente derivanti dalla cessione.

40. Revisione del prezzo. 1. La revisione del prezzo forfetario di vendita di pacchetto turistico convenuto dalle parti è ammessa solo quando sia stata espressamente prevista nel contratto, anche con la definizione delle modalità di calcolo, in conseguenza della variazione del costo del trasporto, del carburante, dei diritti e delle tasse quali quelle di atterraggio, di sbarco o imbarco nei porti o negli aeroporti, del tasso di cambio applicato. I costi devono essere adeguatamente documentati dal venditore.

2. La revisione al rialzo non può in ogni caso essere superiore al dieci per cento del prezzo nel suo originario ammontare.

3. Quando l'aumento del prezzo supera la percentuale di cui al comma 2, l'acquirente può recedere dal contratto, previo rimborso delle somme già versate alla controparte.

4. Il prezzo non può in ogni caso essere aumentato nei venti giorni che precedono la partenza.

41. Modifiche delle condizioni contrattuali. 1.Prima della partenza l'organizzatore o l'intermediario che abbia necessità di modificare in modo significativo uno o più elementi del contratto, ne dà immediato avviso in forma scritta al turista, indicando il tipo di modifica e la variazione del prezzo che ne consegue, ai sensi dell'articolo 40.

2. Ove non accetti la proposta di modifica di cui al comma 1, il turista può recedere, senza pagamento di penali, ed ha diritto a quanto previsto nell'articolo 42.

3. Il turista comunica la propria scelta all'organizzatore o all'intermediario entro due giorni lavorativi dal momento in cui ha ricevuto l'avviso indicato al comma 2.

4. Dopo la partenza, quando una parte essenziale dei servizi previsti dal contratto non può essere effettuata, l'organizzatore predispone adeguate soluzioni alternative per la prosecuzione del viaggio programmato non comportanti oneri di qualsiasi tipo a carico del turista, oppure rimborsa quest'ultimo nei limiti della differenza tra le prestazioni originariamente previste e quelle effettuate, salvo il risarcimento del danno.

5. Se non è possibile alcuna soluzione alternativa o il turista non l'accetta per un giustificato motivo, l'organizzatore gli mette a disposizione un mezzo di trasporto equivalente per il ritorno al luogo di partenza o ad altro luogo convenuto, e gli restituisce la differenza tra il costo delle prestazioni previste e quello delle prestazioni effettuate fino al momento del rientro anticipato.

42. Diritti del turista in caso di recesso o annullamento del servizio. 1. Quando il turista recede dal contratto nei casi previsti dagli articoli 40 e 41, o il pacchetto turistico viene cancellato prima della partenza per qualsiasi motivo, tranne che per colpa del turista, questi ha diritto di usufruire di un altro pacchetto turistico di qualità equivalente o superiore senza supplemento di prezzo o di un pacchetto turistico qualitativamente inferiore, previa restituzione della differenza del prezzo, oppure gli è rimborsata, entro sette giorni lavorativi dal momento del recesso o della cancellazione, la somma di danaro già corrisposta.

2. Nei casi previsti dal comma 1 il turista ha diritto ad essere risarcito di ogni ulteriore danno dipendente dalla mancata esecuzione del contratto.

3. Il comma 2 non si applica quando la cancellazione del pacchetto turistico dipende dal mancato raggiungimento del numero minimo di partecipanti eventualmente richiesto ed il turista sia stato informato in forma scritta almeno venti giorni prima della data prevista per la partenza, oppure da causa di forza maggiore, escluso in ogni caso l'eccesso di prenotazioni.

43. Mancato o inesatto adempimento. 1. Fermo restando gli obblighi previsti dall'articolo 42 in caso di mancato o inesatto adempimento delle obbligazioni assunte con la vendita del pacchetto turistico, l'organizzatore e l'intermediario sono tenuti al risarcimento del danno, secondo le rispettive responsabilità. Si considerano inesatto adempimento le difformità degli standard qualitativi del servizio promessi o pubblicizzati.

2. L'organizzatore o l'intermediario che si avvale di altri prestatori di servizi è comunque tenuto a risarcire il danno sofferto dal turista, salvo il diritto di rivalersi nei loro confronti.

44. Responsabilità per danni alla persona. 1. Il danno derivante alla persona dall'inadempimento o dall'inesatta esecuzione delle prestazioni che formano oggetto del pacchetto turistico è risarcibile secondo le norme stabilite dalle convenzioni internazionali, di cui sono parte l'Italia o l'Unione europea, che disciplinano le singole prestazioni che formano oggetto del pacchetto turistico, così come recepite nell'ordinamento italiano.

2. Il diritto al risarcimento del danno si prescrive in tre anni dalla data del rientro del turista nel luogo di partenza, salvo il termine di diciotto o dodici mesi per quanto attiene all'inadempimento di prestazioni di trasporto comprese nel pacchetto turistico per le quali si applica l'articolo 2951 del codice civile.

3. È nullo ogni accordo che stabilisca limiti di risarcimento per i danni di cui al comma 1.

45. Responsabilità per danni diversi da quelli alla persona. 1. Le parti contraenti possono convenire in forma scritta, fatta salva in ogni caso l'applicazione delle norme sulle clausole vessatorie, limitazioni al risarcimento del danno, diverso dal danno alla persona, derivante dall'inadempimento o dall'inesatta esecuzione delle prestazioni che formano oggetto del pacchetto turistico.

2. La limitazione di cui al comma 1 non può essere, a pena di nullità, comunque inferiore a quanto previsto dalle convenzioni internazionali che disciplinano le prestazioni che formano oggetto del pacchetto turistico e dagli articoli 1783 e 1784 del codice civile.

3. Il diritto al risarcimento del danno si prescrive in un anno dal rientro del turista nel luogo della partenza.

46. Esonero di responsabilità. 1. Fatte salve le ipotesi di responsabilità oggettiva, previste da norme speciali, l'organizzatore e l'intermediario sono esonerati dalla responsabilità di cui agli articoli 43, 44 e 45 quando la mancata o inesatta esecuzione del contratto è imputabile al turista o è dipesa dal fatto di un terzo a carattere imprevedibile o inevitabile, ovvero da un caso fortuito o di forza maggiore.

2. L'organizzatore o l'intermediario apprestano con sollecitudine ogni rimedio utile al soccorso del turista al fine di consentirgli la prosecuzione del viaggio, salvo in ogni caso il diritto al risarcimento del danno nel caso in cui l'inesatto adempimento del contratto sia a questo ultimo imputabile.

47. Danno da vacanza rovinata. 1. Nel caso in cui l'inadempimento o inesatta esecuzione delle prestazioni che formano oggetto del pacchetto turistico non sia di scarsa importanza ai sensi dell'articolo 1455 del codice civile, il turista può chiedere, oltre ed indipendentemente dalla risoluzione del contratto, un risarcimento del danno correlato al tempo di vacanza inutilmente trascorso ed all'irripetibilità dell'occasione perduta.

2. Ai fini della prescrizione si applicano i termini di cui agli articoli 44 e 45.

48. Diritto di surrogazione. 1. L'organizzatore o l'intermediario che hanno risarcito il turista sono surrogati, nei limiti del risarcimento corrisposto, in tutti i diritti e le azioni di quest'ultimo verso i terzi responsabili.

2. Il turista fornisce all'organizzatore o all'intermediario tutti i documenti, le informazioni e gli elementi in suo possesso utili per l'esercizio del diritto di surroga.

49. Reclamo. 1. Ogni mancanza nell'esecuzione del contratto deve essere contestata dal turista, mediante tempestiva presentazione di reclamo affinché l'organizzatore, il suo rappresentante locale o l'accompagnatore vi pongano tempestivamente rimedio.

2. Il turista può altresì sporgere reclamo mediante l'invio di raccomandata o di altri mezzi che garantiscono la prova dell'avvenuto ricevimento, all'organizzatore o all'intermediario, entro dieci giorni lavorativi dalla data di rientro nel luogo di partenza.

3. La mancata presentazione del reclamo può essere valutata ai fini dell'articolo 1227 del codice civile.

50. Assicurazione. 1. L'organizzatore e l'intermediario devono essere coperti da contratto di assicurazione per la responsabilità civile a favore del turista per il risarcimento dei danni di cui agli articoli 44, 45 e 47.

2. In ogni caso i contratti di turismo organizzato sono assistiti da polizze assicurative o garanzie bancarie che, per i viaggi all'estero e i viaggi che si svolgono all'interno di un singolo Paese, garantiscono, nei casi di insolvenza o fallimento dell'intermediario o dell'organizzatore, il rimborso del prezzo versato per l'acquisto del pacchetto turistico e il rientro immediato del turista. L'obbligo, per l'organizzatore e l'intermediario, di stipulare le polizze o fornire le garanzie di cui al primo periodo decorre dal 30 giugno 2016. Qualora le spese per l'assistenza e per il rimpatrio siano sostenute o anticipate dall'amministrazione pubblica competente, l'assicuratore è tenuto ad effettuare il rimborso direttamente nei suoi confronti.

3. Gli organizzatori e gli intermediari possono costituirsi in consorzi o altre forme associative idonee a provvedere collettivamente, anche mediante la costituzione di un apposito fondo, per la copertura dei rischi di cui al comma 2. Le finalità del presente comma possono essere perseguite anche mediante il coinvolgimento diretto nei consorzi e nelle altre forme associative di imprese

e associazioni di categoria del settore assicurativo, anche prevedendo forme di riassicurazione.

4. L'obbligo, di cui al comma 1, non sussiste per il prestatore di uno Stato membro dell'Unione europea che si stabilisce sul territorio nazionale se sussistono le condizioni di cui all'articolo 33 del decreto legislativo 26 marzo 2010, n. 59.

5. In ogni caso, il Ministero degli affari esteri e della cooperazione internazionale può chiedere agli interessati il rimborso, totale o parziale, delle spese sostenute per il soccorso e il rimpatrio delle persone che, all'estero, si siano esposte deliberatamente, salvi giustificati motivi correlati all'esercizio di attività professionali, a rischi che avrebbero potuto conoscere con l'uso della normale diligenza.

6. È fatta salva la facoltà di stipulare anche altre polizze assicurative di assistenza al turista.

[51. **Fondo nazionale di garanzia.** 1. Presso la Presidenza del Consiglio dei Mi-nistri - Dipartimento per lo sviluppo e la competitività del turismo opera il fondo nazionale di garanzia, per consentire, in caso di insolvenza o di fallimento del venditore o dell'organizzatore, il rimborso del prezzo versato ed il rimpatrio del consumatore nel caso di viaggi all'estero, nonché per fornire una immediata disponibilità economica in caso di rientro forzato di turisti da Paesi extracomunitari in occasione di emergenze, imputabili o meno al comportamento dell'organizzatore.

2. Il fondo nazionale di garanzia, di cui al comma 1, è alimentato annualmente da una quota pari al 4 per cento dell'ammontare del premio delle polizze di assicurazione obbligatoria di cui all'articolo 50, comma 1, che è versata all'entrata del bilancio dello Stato per essere riassegnata, con decreto del Ministro dell'economia e delle finanze, al predetto fondo, anche per la eventuale stipula di contratti assicurativi in favore del fondo stesso.

3. Il fondo interviene, per le finalità di cui al comma 1, nei limiti dell'importo corrispondente alla quota così come determinata ai sensi del comma 2.

4. Le istanze di rimborso al fondo non sono soggette ad alcun termine di decadenza, fatta salva comunque la prescrizione del diritto al rimborso.

5. Il fondo potrà avvalersi del diritto di rivalsa nei confronti del soggetto inadempiente.

6. Le modalità di gestione e di funzionamento del fondo sono determinate con decreto del Presidente del Consiglio dei Ministri o con decreto del Ministro delegato, di concerto con il Ministro dell'economia e delle finanze e con il Ministero dello sviluppo economico.]

---

67. Composizione delle controversie in materia di turismo. – 1. La procedura di mediazione, finalizzata alla conciliazione delle controversie in materia di turismo, è disciplinata dal decreto legislativo 4 marzo 2010, n. 28, e costituisce condizione di procedibilità della domanda giudiziale o arbitrale se ciò è previsto da una clausola del contratto di fornitura dei servizi. Tale clausola deve essere specificamente approvata per iscritto dal turista.

2. Resta salva la facoltà del turista di ricorrere a procedure di

negoziazione volontaria o paritetica o alla procedura di conciliazione innanzi alle commissioni arbitrali o conciliative per la risoluzione delle controversie tra imprese e consumatori ed utenti inerenti la fornitura di servizi turistici, istituite ai sensi dell'articolo 2, comma 4, lettera *a*), della legge 29 dicembre 1993, n. 580. Nella procedura di conciliazione i turisti hanno facoltà di avvalersi delle associazioni dei consumatori. Tale procedura di conciliazione è disciplinata dagli articoli 140 e 141 del decreto legislativo 6 settembre 2005, n. 206.

DIRITTO D'AUTORE

L. 22 aprile 1941, n. 633. — **Protezione del diritto d'autore e di altri diritti connessi al suo esercizio** (G.U. 16 luglio 1941, n. 166) (1).

(1) *Sul riordino della materia del diritto connesso al diritto d'autore, di cui alla presente legge, v. d.P.C.M. 17 gennaio 2014 (G.U. 5 maggio 2014, n. 102).*

TITOLO I
Disposizioni sul diritto d'autore (1)

(1) *V. anche l'art. 7[1] d.ls. 6 maggio 1999, n. 169.*

CAPO I – *Opere protette*

1. – Sono protette ai sensi di questa legge le opere dell'ingegno di carattere creativo che appartengono alla letteratura, alla musica, alle arti figurative, all'architettura, al teatro ed alla cinematografia, qualunque ne sia il modo o la forma di espressione.

Sono altresì protetti i programmi per elaboratore come opere letterarie ai sensi della Convenzione di Berna sulla protezione delle opere letterarie ed artistiche ratificata e resa esecutiva con legge 20 giugno 1978, n. 399, nonché le banche di dati che per la scelta o la disposizione del materiale costituiscono una creazione intellettuale dell'autore (1).

(1) *Comma aggiunto dall'art. 1 d.ls. 29 dicembre 1992, n. 518, e poi così modificato dall'art. 1[1] d.ls. 6 maggio 1999, n. 169.*

2. – In particolare sono comprese nella protezione:

1) le opere letterarie, drammatiche, scientifiche, didattiche, religiose, tanto se in forma scritta quanto se orale;

2) le opere e le composizioni musicali, con o senza parole, le opere drammatico-musicali e le variazioni musicali costituenti di per sé opera originale;

3) le opere coreografiche e pantomimiche, delle quali sia fissata la traccia per iscritto o altrimenti;

4) le opere della scultura, della pittura, dell'arte del disegno, della incisione e delle arti figurative similari, compresa la scenografia (1);

5) i disegni e le opere dell'architettura;

6) le opere dell'arte cinematografica, muta o sonora, sempreché non si tratti di semplice documentazione protetta ai sensi delle norme del capo quinto del titolo secondo;

7) le opere fotografiche e quelle espresse con procedimento ana-

logo a quello della fotografia sempre che non si tratti di semplice fotografia protetta ai sensi delle norme del capo V del titolo II (2);

8) i programmi per elaboratore, in qualsiasi forma espressi purché originali quale risultato di creazione intellettuale dell'autore. Restano esclusi dalla tutela accordata dalla presente legge le idee e i principi che stanno alla base di qualsiasi elemento di un programma, compresi quelli alla base delle sue interfacce. Il termine programma comprende anche il materiale preparatorio per la progettazione del programma stesso (3);

9) le banche di dati di cui al secondo comma dell'articolo 1, intese come raccolte di opere, dati o altri elementi indipendenti sistematicamente o metodicamente disposti ed individualmente accessibili mediante mezzi elettronici o in altro modo. La tutela delle banche di dati non si estende al loro contenuto e lascia impregiudicati diritti esistenti su tale contenuto (4);

10) le opere del disegno industriale che presentino di per sé carattere creativo e valore artistico (5).

(1) *Numero così modificato dall'art. 22[1] lett. a) d.ls. 2 febbraio 2001, n. 95. Ma v. l'art. 246[1] lett. gg) d.ls. 10 febbraio 2005, n. 30, che ha abrogato integralmente il d.ls. n. 95, cit.*

(2) *Numero aggiunto dall'art. 1 d.P.R. 8 gennaio 1979, n. 19.*

(3) *Numero aggiunto dall'art. 2 d.ls. 29 dicembre 1992, n. 518.*

(4) *Numero aggiunto dall'art. 2[1] d.ls. 6 maggio 1999, n. 169.*

(5) *Numero aggiunto dall'art. 22[1] lett. b) d.ls. n. 95, cit. Ma v. nota 1.*

3. – Le opere collettive, costituite dalla riunione di opere o di parti di opere, che hanno carattere di creazione autonoma, come risultato della scelta e del coordinamento ad un determinato fine letterario, scientifico, didattico, religioso, politico od artistico, quali le enciclopedie, i dizionari, le antologie, le riviste e i giornali, sono protette come opere originali, indipendentemente e senza pregiudizio dei diritti di autore sulle opere o sulle parti di opere di cui sono composte.

4. – Senza pregiudizio dei diritti esistenti sull'opera originaria, sono altresì protette le elaborazioni di carattere creativo dell'opera stessa, quali le traduzioni in altra lingua, le trasformazioni da una in altra forma letteraria od artistica, le modificazioni ed aggiunte che costituiscono un rifacimento sostanziale dell'opera originaria, gli adattamenti, le riduzioni, i compendi, le variazioni non costituenti opera originale.

5. – Le disposizioni di questa legge non si applicano ai testi degli atti ufficiali dello Stato e delle Amministrazioni pubbliche, sia italiane che straniere.

CAPO II – *Soggetti del diritto*

6. – Il titolo originario dell'acquisto del diritto di autore è costituito dalla creazione dell'opera, quale particolare espressione del lavoro intellettuale.

7. – È considerato autore dell'opera collettiva chi organizza e dirige la creazione dell'opera stessa.

È considerato autore delle elaborazioni l'elaboratore, nei limiti del suo lavoro.

8. – È reputato autore dell'opera, salvo prova contraria, chi è in essa indicato come tale, nelle forme d'uso, ovvero è annunciato come tale nella recitazione, esecuzione, rappresentazione o radiodiffusione dell'opera stessa.

Valgono come nome lo pseudonimo, il nome d'arte, la sigla o il segno convenzionale, che siano notoriamente conosciuti come equivalenti al nome vero.

9. – Chi abbia rappresentato, eseguito o comunque pubblicato un'opera anonima, o pseudonima, è ammesso a far valere i diritti dell'autore, finché questi non sia rivelato.

Questa disposizione non si applica allorché si tratti degli pseudonimi indicati nel secondo comma dell'articolo precedente.

10. – Se l'opera è stata creata con il contributo indistinguibile ed inscindibile di più persone, il diritto di autore appartiene in comune a tutti i coautori.

Le parti indivise si presumono di valore eguale, salvo la prova per iscritto di diverso accordo.

Sono applicabili le disposizioni che regolano la comunione. La difesa del diritto morale può peraltro essere sempre esercitata individualmente da ciascun coautore e l'opera non può essere pubblicata, se inedita, né può essere modificata o utilizzata in forma diversa da quella della prima pubblicazione, senza l'accordo di tutti i coautori. Tuttavia, in caso di ingiustificato rifiuto di uno o più coautori, la pubblicazione, la modificazione o la nuova utilizzazione dell'opera può essere autorizzata dall'autorità giudiziaria, alle condizioni e con le modalità da essa stabilite.

11. – Alle Amministrazioni dello Stato, al Partito Nazionale Fascista (1), alle Province ed ai Comuni, spetta il diritto di autore sulle opere create e pubblicate sotto il loro nome ed a loro conto e spese.

Lo stesso diritto spetta agli enti privati che non perseguano scopi di lucro, salvo diverso accordo con gli autori delle opere pubblicate, nonché alle accademie e agli altri enti pubblici culturali sulla raccolta dei loro atti e sulle loro pubblicazioni.

(1) *Il Partito Nazionale Fascista è stato soppresso con r.d.l. 2 agosto 1943, n. 704.*

CAPO III – *Contenuto e durata del diritto di autore*

SEZIONE I – *Protezione della utilizzazione economica dell'opera*

12. – L'autore ha il diritto esclusivo di pubblicare l'opera.

Ha altresì il diritto esclusivo di utilizzare economicamente l'opera in ogni forma e modo, originale o derivato, nei limiti fissati da questa legge, ed in particolare con l'esercizio dei diritti esclusivi indicati negli articoli seguenti.

È considerata come prima pubblicazione la prima forma di esercizio del diritto di utilizzazione.

12-*bis*. (1) – Salvo patto contrario, il datore di lavoro è titolare del diritto esclusivo di utilizzazione economica del programma per elaboratore o della banca di dati creati dal lavoratore dipendente nell'esecuzione delle sue mansioni o su istruzioni impartite dallo stesso datore di lavoro.

(1) *Articolo inserito dall'art. 3 d.ls. 29 dicembre 1992, n. 518, e poi così sostituito dall'art. 3[1] d.ls. 6 maggio 1999, n. 169.*

12-*ter*. (1) – Salvo patto contrario, qualora un'opera di disegno industriale sia creata dal lavoratore dipendente nell'esercizio delle sue mansioni, il datore di lavoro è titolare dei diritti esclusivi di utilizzazione economica dell'opera.

(1) *Articolo inserito dall'art. 23 d.ls. 2 febbraio 2001, n. 95. Ma v. l'art. 246[1 lett. gg)] d.ls. 10 febbraio 2005, n. 30, che ha abrogato integralmente il d.ls. n. 95, cit.*

13. (1) – 1. Il diritto esclusivo di riprodurre ha per oggetto la moltiplicazione in copie diretta o indiretta, temporanea o permanente, in tutto o in parte dell'opera, in qualunque modo o forma, come la copiatura a mano, la stampa, la litografia, l'incisione, la fotografia, la fonografia, la cinematografia ed ogni altro procedimento di riproduzione.

(1) *Articolo così sostituito dall'art. 1 d.ls. 9 aprile 2003, n. 68.*

14. – Il diritto esclusivo di trascrivere ha per oggetto l'uso dei mezzi atti a trasformare l'opera orale in opera scritta o riprodotta con uno dei mezzi indicati nell'articolo precedente.

15. – Il diritto esclusivo di eseguire, rappresentare o recitare in pubblico ha per oggetto, la esecuzione, la rappresentazione o la recitazione, comunque effettuate, sia gratuitamente che a pagamento, dell'opera musicale, dell'opera drammatica, dell'opera cinematografica, di qualsiasi altra opera di pubblico spettacolo e dell'opera orale.

Non è considerata pubblica la esecuzione, rappresentazione o recitazione dell'opera entro la cerchia ordinaria della famiglia, del convitto, della scuola o dell'istituto di ricovero, purché non effettuata a scopo di lucro.

Non è considerata pubblica la recitazione di opere letterarie effettuata, senza scopo di lucro, all'interno di musei, archivi e biblioteche pubblici ai fini esclusivi di promozione culturale e di valorizzazione delle opere stesse individuati in base a protocolli di intesa tra la SIAE e il Ministero dei beni e delle attività culturali e del turismo (1).

(1) *Comma aggiunto dall'art. 4*[1] *d.l. 8 agosto 2013, n. 91, conv., con modif., in l. 7 ottobre 2013, n. 112.*

15-*bis*. (1) – 1. Agli autori spetta un compenso ridotto quando l'esecuzione, rappresentazione o recitazione dell'opera avvengono nella sede dei centri o degli istituti di assistenza, formalmente istituiti nonché delle associazioni di volontariato, purché destinate ai soli soci ed invitati e sempre che non vengano effettuate a scopo di lucro. In mancanza di accordi fra la Società italiana degli autori ed editori (SIAE) e le associazioni di categoria interessate, la misura del compenso sarà determinata con decreto del Presidente del Consiglio dei ministri, da emanare sentito il Ministro dell'interno (2).

2. Con decreto del Presidente del Consiglio dei Ministri da emanare ai sensi dell'articolo 17, comma 3, della legge 23 agosto 1988, n. 400, sentite le competenti Commissioni parlamentari, sono stabiliti i criteri e le modalità per l'individuazione delle circostanze soggettive ed oggettive che devono dar luogo alla applicazione della disposizione di cui al primo periodo del comma 1. In particolare occorre prescrivere:

a) l'accertamento dell'iscrizione da almeno due anni dei soggetti ivi indicati ai registri istituiti dall'articolo 6 della legge 11 agosto 1991, n. 266;

b) le modalità per l'identificazione della sede dei soggetti e per l'accertamento della quantità dei soci ed invitati, da contenere in un numero limitato e predeterminato;

c) che la condizione di socio sia conseguita in forma documentabile e con largo anticipo rispetto alla data della manifestazione di spettacolo;

d) la verifica che la manifestazione di spettacolo avvenga esclusivamente a titolo gratuito da parte degli artisti interpreti o esecutori, ed a soli fini di solidarietà nell'esplicazione di finalità di volontariato.

2-*bis*. Agli organizzatori di spettacoli dal vivo allestiti in luoghi con capienza massima di cento partecipanti, ovvero con rappresentazione di opere di giovani esordienti al di sotto dei trentacinque anni, titolari dell'intera quota dei relativi diritti d'autore, sono riconosciute forme di esenzione o di riduzione dalla corresponsione dei diritti d'autore (3).

2-*ter*. Con decreto del Ministro dei beni e delle attività culturali e del turismo, da emanare entro novanta giorni dalla data di entrata in vigore del presente decreto, sono definiti i criteri e le modalità delle forme di esenzione o di riduzione di cui al comma 2-*bis*, prevedendo adeguati meccanismi di controllo, anche attraverso forme di responsabilizzazione degli organizzatori, che assicurino il rispetto delle condizioni che legittimano la riduzione o l'esenzione. Con il decreto di cui al presente comma possono altresì essere individuati ulteriori eventi o ricorrenze particolari che permettano l'applicazione di forme di esenzione o di riduzione dalla corresponsione dei diritti d'autore. Il decreto di cui al presente comma prevede misure atte a garantire che, nelle fattispecie previste, la Società italiana degli autori ed editori e gli altri organismi di gestione collettiva (4), in coerenza con le risultanze di bilancio, remunerino (4) in forma compensativa i titolari dei diritti d'autore. Il decreto di cui al presente comma può essere sottoposto a revisione triennale (3).

(1) *Articolo inserito dall'art. 1^{48} d.l. 23 ottobre 1996, n. 545, conv., con modif., in l. 23 dicembre 1996, n. 650.*

(2) *V. d.P.C.M. 16 settembre 1999, n. 504, in G.U. 30 dicembre 1999, n. 305.*

(3) *Comma inserito dall'art. 45^1 d.ls. 15 marzo 2017, n. 35.*

(4) *Le parole* « e gli altri organismi di gestione collettiva » *sono state aggiunte e la parola* « remunerino » *è stata sostituita alla parola* « remuneri » *dall'art. $19^{1\ lett.\ a)}$ d.l. 16 ottobre 2017, n. 148, conv., con modif., in l. 4 dicembre 2017, n. 172.*

16. – (1)1. Il diritto esclusivo di comunicazione al pubblico su filo o senza filo dell'opera ha per oggetto l'impiego di uno dei mezzi di diffusione a distanza, quali il telegrafo, il telefono, la radio, la televisione ed altri mezzi analoghi e comprende la comunicazione al pubblico via satellite, la ritrasmissione (2), nonché le comunicazioni al pubblico codificate con condizioni particolari di accesso; comprende, altresì, la messa a disposizione del pubblico dell'opera in maniera che ciascuno possa avervi accesso dal luogo e nel momento scelti individualmente.

2. Il diritto di cui al comma 1 non si esaurisce con alcun atto di comunicazione al pubblico, ivi compresi gli atti di messa a disposizione del pubblico.

(1) *Articolo così sostituito dapprima dall'art. 1[1] l. 18 agosto 2000, n. 248 e poi dall'art. 2 d.lgs. 9 aprile 2003, n. 68.*

(2) *Le parole* « via cavo » *sono state soppresse dall'art. 1[1, lett. a)] d.lgs. 8 novembre 2021, n. 181.*

16-*bis*. (1) – 1. Ai fini della presente legge si intende per:

a) satellite: qualsiasi satellite operante su bande di frequenza che, a norma della legislazione sulle telecomunicazioni, sono riservate alla trasmissione di segnali destinati alla ricezione diretta del pubblico o riservati alla comunicazione individuale privata purché la ricezione di questa avvenga in condizioni comparabili a quelle applicabili alla ricezione da parte del pubblico;

b) comunicazione al pubblico via satellite: l'atto di inserire sotto il controllo e la responsabilità dell'organismo di radiodiffusione operante sul territorio nazionale i segnali portatori di programmi destinati ad essere ricevuti dal pubblico in una sequenza ininterrotta di comunicazione diretta al satellite e poi a terra. Qualora i segnali portatori di programmi siano diffusi in forma codificata, vi è comunicazione al pubblico via satellite a condizione che i mezzi per la decodificazione della trasmissione siano messi a disposizione del pubblico a cura dell'organismo di radiodiffusione stesso o di terzi con il suo consenso. Qualora la comunicazione al pubblico via satellite abbia luogo nel territorio di uno stato non comunitario nel quale non esista il livello di protezione che per il detto sistema di comunicazione al pubblico stabilisce la presente legge:

1) se i segnali ascendenti portatori di programmi sono trasmessi al satellite da una stazione situata nel territorio nazionale, la comunicazione al pubblico via satellite si considera avvenuta in Italia. I diritti riconosciuti dalla presente legge, relativi alla radiodiffusione via satellite, sono esercitati nei confronti del soggetto che gestisce la stazione;

2) se i segnali ascendenti sono trasmessi da una stazione non situata in uno Stato membro dell'Unione europea, ma la comunicazione al pubblico via satellite avviene su incarico di un organismo di radiodiffusione situato in Italia, la comunicazione al pubblico si considera avvenuta nel territorio nazionale purché l'organismo di radiodiffusione vi abbia la sua sede principale. I diritti stabiliti dalla

presente legge, relativi alla radiodiffusione via satellite, sono esercitati nei confronti del soggetto che gestisce l'organismo di radiodiffusione;

[*c*) ritrasmissione via cavo: la ritrasmissione simultanea, invariata ed integrale, per il tramite di un sistema di ridistribuzione via cavo o su frequenze molto elevate, destinata al pubblico, di un'emissione primaria radiofonica o televisiva comunque diffusa, proveniente da un altro Stato membro dell'Unione europea e destinata alla ricezione del pubblico] (2).

(1) *Articolo inserito dall'art. 2 d.ls. 23 ottobre 1996, n. 581.*
(2) *Lettera abrogata dall'art. 1[1, lett. b)] d.ls. 8 novembre 2021, n. 181.*

16-*ter*. – (1) 1. Ai fini della presente legge per "ritrasmissione" si intende qualsiasi ritrasmissione simultanea, invariata e integrale, destinata al pubblico di una emissione primaria di uno Stato membro, di programmi televisivi o radiofonici destinati al pubblico, quando la trasmissione iniziale è effettuata su filo, via etere o via satellite, esclusa la trasmissione online, e quando la ritrasmissione:

a) è effettuata da un soggetto diverso dall'organismo di diffusione radiotelevisiva che ha effettuato la trasmissione iniziale o sotto il cui controllo e responsabilità tale trasmissione iniziale è stata effettuata, indipendentemente dal modo in cui il soggetto che effettua la ritrasmissione ottiene i segnali che trasportano i programmi dall'organismo di diffusione radiotelevisiva ai fini della ritrasmissione;

b) è effettuata su un servizio di accesso a internet, come definito all'articolo 2, numero 2), del regolamento (UE) 2015/2120 del Parlamento europeo e del Consiglio del 25 novembre 2015, in un ambiente gestito, inteso come un ambiente in cui un operatore di servizi di ritrasmissione fornisce un servizio di ritrasmissione sicura agli utenti autorizzati, nel quale solamente questi ultimi possono accedere alla ritrasmissione e il livello di sicurezza è comparabile a quello utilizzato per il contenuto trasmesso attraverso le reti gestite in cui il contenuto ritrasmesso è criptato.

2. La ritrasmissione di programmi televisivi o radiofonici ai sensi del presente articolo è autorizzata dai titolari del diritto esclusivo di comunicazione al pubblico.

3. I titolari del diritto d'autore e dei diritti connessi diversi dagli organismi di diffusione radiotelevisiva esercitano il diritto di concedere o rifiutare l'autorizzazione per una ritrasmissione all'operatore di un servizio di ritrasmissione che intenda acquisirne i diritti esclusivamente attraverso un organismo di gestione collettiva.

4. Gli organismi di gestione collettiva di cui al presente articolo

devono essere in possesso dei requisiti di cui all'articolo 8 del decreto legislativo 15 marzo 2017, n. 35, e operare ai sensi del medesimo decreto.

5. Quando i titolari del diritto non hanno trasferito a un organismo di gestione collettiva la gestione del diritto di cui al comma 3, il diritto di concedere o di rifiutare l'autorizzazione per una ritrasmissione a loro nome spetta all'organismo di gestione collettiva che gestisce i diritti della stessa categoria di titolari e, nel caso di una pluralità di organismi, spetta ai tre organismi maggiormente rappresentativi per ciascuna categoria di titolari, sulla base dei criteri di rappresentatività individuati dall'Autorità per le garanzie nelle comunicazioni entro novanta giorni dalla data di entrata in vigore della presente disposizione.

6. I titolari dei diritti che non hanno conferito mandato a un organismo di gestione collettiva hanno gli stessi diritti e obblighi dei titolari che hanno conferito mandato all'organismo di gestione collettiva che ha stipulato un accordo con l'operatore del servizio di ritrasmissione. I titolari che non hanno conferito mandato a un organismo di gestione collettiva possono esercitare i diritti esclusivi di comunicazione al pubblico entro il termine di tre anni decorrenti dalla data della ritrasmissione che comprende la propria opera o altro materiale protetto.

7. Quando l'emissione primaria proviene da un altro Stato membro dell'Unione europea e l'operatore del servizio di ritrasmissione intende acquisire i diritti di ritrasmissione per il territorio italiano, l'autorizzazione alla ritrasmissione è rilasciata dagli organismi di gestione collettiva nazionali ai sensi del comma 5.

8. Le disposizioni del presente articolo si applicano anche quando la trasmissione iniziale e la ritrasmissione hanno luogo nel territorio nazionale.

(1) *Articolo inserito dall'art. 1[1, lett. c)] d.lgs. 8 novembre 2021, n. 181.*

16-*quater*. – (1) 1. Ai fini della presente legge, per "servizio online accessorio" si intende un servizio online di fornitura al pubblico di programmi televisivi o radiofonici e di qualsiasi materiale che riveste carattere accessorio rispetto alla trasmissione, simultaneamente ad essa o per un determinato periodo di tempo dopo la trasmissione, effettuato da un organismo di diffusione radiotelevisiva, direttamente o sotto il suo controllo e la sua responsabilità.

2. Per "materiale accessorio" si intende il materiale che ha una relazione chiaramente subordinata rispetto alle trasmissioni, ivi inclusi i materiali che arricchiscono o ampliano in altro modo i pro-

grammi in questione, anche mediante anteprima, ampliamento, integrazione o valutazione dei contenuti.

3. Non rientra nella definizione di cui al comma 1 la fornitura dell'accesso a opere individuali o ad altro materiale protetto integrati in un programma televisivo o radiofonico o a opere o ad altro materiale protetto che non hanno una relazione con un programma trasmesso dall'organismo di diffusione radiotelevisiva, come i servizi che danno accesso a singole opere musicali o audiovisive, album musicali o video, quali, tra gli altri, i servizi di video su richiesta.

4. Qualora avvengano nell'ambito di uno o più Stati membri dell'Unione europea, oltre a quello dell'organismo di radiodiffusione, gli atti di comunicazione al pubblico di opere o altri materiali protetti, su filo o senza filo, e di messa a disposizione del pubblico di opere o altri materiali protetti, con modalità tali che ciascuno possa accedervi dal luogo e nel momento da esso scelti, avvenuti nell'ambito di un servizio online accessorio di cui al presente articolo, nonché gli atti di riproduzione di opere o altri materiali protetti necessari per la fornitura, l'accesso o l'utilizzo di tale servizio online, si considerano effettuati esclusivamente nel territorio dello Stato membro dell'Unione europea in cui si trova la sede principale dell'organismo di diffusione radiotelevisiva nelle ipotesi in cui vengono forniti al pubblico:

a) programmi radiofonici;

b) programmi televisivi d'informazione e di attualità oppure programmi di produzione interna interamente ideati, finanziati e realizzati con risorse proprie dall'organismo di diffusione radiotelevisiva.

5. Il principio di cui al comma 4 non si applica alle trasmissioni di eventi sportivi e di opere e altro materiale protetto in esse inclusi.

6. Nelle ipotesi di cui al comma 4, i titolari dei diritti d'autore e dei diritti connessi e gli organismi di diffusione radiotelevisiva determinano l'importo dovuto per il loro utilizzo, tenendo conto di tutti gli aspetti che caratterizzano, a livello quantitativo e qualitativo, il servizio online accessorio, inclusi la durata della disponibilità online dei programmi, il pubblico e le versioni linguistiche fornite. L'importo del pagamento da effettuare può essere calcolato anche sulla base dei ricavi dell'organismo di diffusione radiotelevisiva.

7. Il principio del paese d'origine di cui al comma 4 non pregiudica la libertà contrattuale dei titolari dei diritti d'autore e dei diritti connessi e degli organismi di diffusione radiotelevisiva di limitare lo

sfruttamento dei diritti di cui ai precedenti commi e degli altri diritti previsti dalla presente legge in capo ai medesimi soggetti.

8. I commi 6 e 7 si applicano anche quando il servizio online accessorio è effettuato esclusivamente sul territorio nazionale.

(1) *Articolo inserito dall'art. 1[1, lett. c)] d.lgs. 8 novembre 2021, n. 181. Ai sensi dell'art. 2[1] d.lgs. n. 181, cit.: « Gli accordi aventi ad oggetto l'esercizio del diritto d'autore e dei diritti connessi relativi agli atti di comunicazione al pubblico di opere o altro materiale protetto, su filo o senza filo, agli atti di messa a disposizione del pubblico di opere o altro materiale protetto, su filo o senza filo, con modalità tali che ciascuno possa accedervi dal luogo e nel momento da esso scelti, che hanno luogo nel corso della fornitura di un servizio online accessorio, nonché agli atti di riproduzione necessari per la fornitura, l'accesso o l'uso di tale servizio online, vigenti alla data del 7 giugno 2021, sono soggetti alla disciplina di cui all'articolo 16-quater della legge n. 633 del 1941 a decorrere dal 7 giugno 2023, se scadono dopo tale data ».*

16-*quinquies*. – (1) 1. Ai fini della presente legge, per "immissione diretta" si intende il processo tecnico mediante il quale un organismo di diffusione radiotelevisiva trasmette i propri segnali che trasportano i programmi a un organismo diverso dagli organismi di diffusione radiotelevisiva, con modalità che non consentono al pubblico durante la trasmissione di accedere ai predetti segnali.

2. L'organismo di diffusione radiotelevisiva e il distributore di segnali partecipano ad un unico atto di comunicazione al pubblico quando il primo trasmette, mediante immissione diretta e senza trasmissione simultanea al pubblico, i propri segnali che trasportano i programmi esclusivamente ad un distributore di segnali, il quale provvede a trasmetterli al pubblico.

3. Non si applica il comma 2 quando il distributore di segnali si limita a fornire all'organismo di diffusione radiotelevisiva i mezzi tecnici per garantire la ricezione delle trasmissioni o per migliorarne la ricezione.

4. L'organismo di diffusione radiotelevisiva e il distributore di segnali partecipano, ciascuno in base al proprio contributo, all'atto di comunicazione al pubblico di cui al comma 2 e sono tenuti a munirsi dell'autorizzazione dei titolari dei diritti in relazione al contributo specifico da loro fornito alla trasmissione del programma.

5. I titolari dei diritti rilasciano l'autorizzazione di cui al comma 4 esclusivamente attraverso gli organismi di gestione collettiva, come previsto all'articolo 16-*ter*.

6. Quando gli organismi di diffusione radiotelevisiva trasmettono i segnali portatori di programmi direttamente al pubblico e simultaneamente li trasmettono ad altri organismi mediante il processo tecnico di immissione diretta, le trasmissioni in tal modo effettuate dai distributori di segnali costituiscono un atto di comunicazione al

pubblico distinto da quello effettuato dall'organismo di diffusione radiotelevisiva al quale si applica l'articolo 16-*ter*.

(1) *Articolo inserito dall'art. 1[1, lett. c)] d.ls. 8 novembre 2021, n. 181. Ai sensi dell'art. 2[2] d.ls. n. 181, cit.: « Le autorizzazioni aventi ad oggetto gli atti di comunicazione al pubblico di cui all'articolo 16-quinquies della legge n. 633 del 1941, vigenti alla data del 7 giugno 2021, sono soggette alla disciplina di cui al citato articolo a decorrere dal 7 giugno 2025, se scadono dopo tale data ».*

17. – (1) 1. Il diritto esclusivo di distribuzione ha per oggetto la messa in commercio o in circolazione, o comunque a disposizione, del pubblico, con qualsiasi mezzo ed a qualsiasi titolo, dell'originale dell'opera o degli esemplari di essa e comprende, altresì, il diritto esclusivo di introdurre nel territorio degli Stati della Comunità europea, a fini di distribuzione, le riproduzioni fatte negli Stati extracomunitari.

2. Il diritto di distribuzione dell'originale o di copie dell'opera non si esaurisce nella Comunità europea, se non nel caso in cui la prima vendita o il primo atto di trasferimento della proprietà nella Comunità sia effettuato dal titolare del diritto o con il suo consenso.

3. Quanto disposto dal comma 2 non si applica alla messa a disposizione del pubblico di opere in modo che ciascuno possa avervi accesso dal luogo e nel momento scelti individualmente, anche nel caso in cui sia consentita la realizzazione di copie dell'opera.

4. Ai fini dell'esaurimento di cui al comma 2, non costituisce esercizio del diritto esclusivo di distribuzione la consegna gratuita di esemplari delle opere, effettuata o consentita dal titolare a fini promozionali, ovvero di insegnamento o di ricerca scientifica.

(1) *Articolo così sostituito dapprima dall'art. 1 d.ls. 16 novembre 1994, n. 685 e poi dall'art. 3 d.ls. 9 aprile 2003, n. 68.*

18. – Il diritto esclusivo di tradurre ha per oggetto la traduzione dell'opera in altra lingua o dialetto.

Il diritto esclusivo di elaborare comprende tutte le forme di modificazione, di elaborazione e di trasformazione dell'opera prevista nell'art. 4.

L'autore ha altresì il diritto di pubblicare le sue opere in raccolta.

Ha infine il diritto esclusivo di introdurre nell'opera qualsiasi modificazione.

18-*bis*. – (1) 1. Il diritto esclusivo di noleggiare ha per oggetto la cessione in uso degli originali, di copie o di supporti di opere, tutelate dal diritto d'autore, fatta per un periodo limitato di tempo ed ai fini del conseguimento di un beneficio economico o commerciale diretto o indiretto.

2. Il diritto esclusivo di dare in prestito ha per oggetto la cessione in uso degli originali, di copie o di supporti di opere, tutelate dal diritto d'autore, fatta da istituzioni aperte al pubblico, per un periodo di tempo limitato, a fini diversi da quelli di cui al comma 1.

3. L'autore ha il potere esclusivo di autorizzare il noleggio o il prestito da parte di terzi.

4. I suddetti diritti e poteri non si esauriscono con la vendita o con la distribuzione in qualsiasi forma degli originali, di copie o di supporti delle opere.

5. L'autore, anche in caso di cessione del diritto di noleggio ad un produttore di fonogrammi o di opere cinematografiche o audiovisive o sequenze di immagini in movimento, conserva il diritto di ottenere un'equa remunerazione per il noleggio da questi a sua volta concluso con terzi. Ogni patto contrario è nullo. In difetto di accordo da concludersi tra le categorie interessate quali individuate dall'articolo 16, primo comma, del regolamento, detto compenso è stabilito dall'Autorità per le garanzie nelle comunicazioni secondo le procedure previste da apposito regolamento da adottare entro sessanta giorni dalla data di entrata in vigore della presente disposizione (2) (3).

6. I commi da 1 a 4 non si applicano in relazione a progetti o disegni di edifici e ad opere di arte applicata.

(1) *Articolo inserito dall'art. 2 d.lgs. 16 novembre 1994, n. 685.*

(2) *Le parole* « dall'Autorità per le garanzie nelle comunicazioni secondo le procedure previste da apposito regolamento da adottare entro sessanta giorni dalla data di entrata in vigore della presente disposizione» *sono state sostituite alle parole* « con la procedura di cui all'articolo 4 del decreto legislativo luogotenenziale 20 luglio 1945, n. 440 » *dall'art. 1[1, lett. a)] d.lgs. 8 novembre 2021, n. 177. Ai sensi dell'art. 3[1] d.lgs. n. 177, cit. « le disposizioni del presente decreto si applicano anche alle opere e agli altri materiali protetti dalla normativa nazionale in materia di diritto d'autore e diritti connessi vigente alla data del 7 giugno 2021. Sono fatti salvi i contratti conclusi e i diritti acquisiti fino al 6 giugno 2021 ».*

(3) *Periodo aggiunto dall'art. 1 d.lgs. 26 maggio 1997, n. 154.*

19. – I diritti esclusivi previsti dagli articoli precedenti sono fra loro indipendenti. L'esercizio di uno di essi non esclude l'esercizio esclusivo di ciascuno degli altri diritti.

Essi hanno per oggetto l'opera nel suo insieme ed in ciascuna delle sue parti.

SEZIONE II – *Protezione dei diritti sull'opera a difesa della personalità dell'autore (Diritto morale dell'autore)*

20. – Indipendentemente dai diritti esclusivi di utilizzazione economica dell'opera, previsti nelle disposizioni della sezione pre-

LEGGI COMPLEMENTARI

cedente, ed anche dopo la cessione dei diritti stessi, l'autore conserva il diritto di rivendicare la paternità dell'opera e di opporsi a qualsiasi deformazione, mutilazione od altra modificazione, ed a ogni atto a danno dell'opera stessa, che possano essere di pregiudizio al suo onore o alla sua reputazione (1).

Tuttavia nelle opere dell'architettura l'autore non può opporsi alle modificazioni che si rendessero necessarie nel corso della realizzazione. Del pari non potrà opporsi a quelle altre modificazioni che si rendesse necessario apportare all'opera già realizzata. Però, se all'opera sia riconosciuto dalla competente autorità statale importante carattere artistico, spetteranno all'autore lo studio e l'attuazione di tali modificazioni.

(1) *Comma così sostituito dall'art. 2 d.P.R. 8 gennaio 1979, n. 19.*

21. – L'autore di un'opera anonima o pseudonima ha sempre il diritto di rivelarsi e di far conoscere in giudizio la sua qualità di autore.

Nonostante qualunque precedente patto contrario, gli aventi causa dell'autore che si sia rivelato ne dovranno indicare il nome nelle pubblicazioni, riproduzioni, trascrizioni, esecuzioni, rappresentazioni, recitazioni e diffusioni o in qualsiasi altra forma di manifestazione o annuncio al pubblico.

22. – I diritti indicati nei precedenti articoli sono inalienabili.

Tuttavia l'autore che abbia conosciute ed accettate le modificazioni della propria opera non è più ammesso ad agire per impedirne l'esecuzione o per chiederne la soppressione.

23. – Dopo la morte dell'autore il diritto previsto nell'art. 20 può essere fatto valere, senza limite di tempo, dal coniuge e dai figli, e, in loro mancanza, dai genitori e dagli altri ascendenti e dai discendenti diretti; mancando gli ascendenti ed i discendenti, dai fratelli e dalle sorelle e dai loro discendenti.

L'azione, qualora finalità pubbliche lo esigano, può altresì essere esercitata dal Ministro per i beni e le attività culturali, sentita l'associazione sindacale competente (1).

(1) *Soppressa con d.ls.lt. 23 novembre 1944, n. 369.*

24. – Il diritto di pubblicare le opere inedite spetta agli eredi dell'autore o ai legatari delle opere stesse, salvo che l'autore abbia espressamente vietata la pubblicazione o l'abbia affidata ad altri.

Qualora l'autore abbia fissato un termine per la pubblicazione, le opere inedite non possono essere pubblicate prima della sua scadenza.

Quando le persone indicate nel primo comma siano più e vi sia tra loro dissenso, decide l'autorità giudiziaria, sentito il pubblico ministero. È rispettata, in ogni caso, la volontà del defunto, quando risulti da scritto.

Sono applicabili a queste opere le disposizioni contenute nella sezione II del capo II del titolo III.

SEZIONE III – *Durata dei diritti di utilizzazione economica dell'opera*

25. – I diritti di utilizzazione economica dell'opera durano tutta la vita dell'autore e sino al termine del cinquantesimo (1) anno solare dopo la sua morte.

(1) *Termine elevato a settanta anni dall'art. 17 l. 6 febbraio 1996, n. 52.*

26. – Nelle opere indicate nell'art. 10, nonché in quelle drammatico-musicali, coreografiche e pantomimiche, la durata dei diritti di utilizzazione economica spettanti a ciascuno dei coautori o dei collaboratori si determina sulla vita del coautore che muore per ultimo.

Nelle opere collettive la durata dei diritti di utilizzazione economica spettante ad ogni collaboratore si determina sulla vita di ciascuno. La durata dei diritti di utilizzazione economica dell'opera come un tutto è di cinquant'anni (1) dalla prima pubblicazione, qualunque sia la forma nella quale la pubblicazione è stata effettuata, salve le disposizioni dell'art. 30 per le riviste, i giornali e le altre opere periodiche.

(1) *Termine elevato a settanta anni, v.* sub *art. 25.*

27. – Nelle opere anonime o pseudonime, fuori del caso previsto nel capoverso dell'art. 8, la durata dei diritti di utilizzazione economica è di cinquant'anni (1) a partire dalla prima pubblicazione, qualunque sia la forma nella quale essa è stata effettuata.

Se prima della scadenza di detto termine l'autore si è rivelato o la rivelazione è fatta dalle persone indicate dall'art. 23 o da persone autorizzate dall'autore, nelle forme stabilite dall'articolo seguente si applica il termine di durata determinato nell'art. 25.

(1) *Termine elevato a settanta anni, v.* sub *art. 25.*

27-*bis*. (1).

(1) *Articolo dapprima inserito dall'art. 4 d.ls. 29 dicembre 1992, n. 518 e successivamente abrogato dall'art. 17[1] d.ls. 26 maggio 1997, n. 154.*

28. – Per acquistare il beneficio della durata normale dei diritti esclusivi di utilizzazione economica, la rivelazione deve essere fatta mediante denuncia all'ufficio della proprietà letteraria, scientifica ed artistica presso il Ministero per i beni e le attività culturali, secondo le disposizioni stabilite nel regolamento.

La denuncia di rivelazione è pubblicata nelle forme stabilite da dette disposizioni ed ha effetto a partire dalla data del deposito della denuncia di fronte ai terzi che abbiano acquistati diritti sull'opera come anonima o pseudonima.

29. – La durata dei diritti esclusivi di utilizzazione economica spettanti, a termini dell'art. 11, alle Amministrazioni dello Stato, al Partito Nazionale Fascista (1), alle Province, ai Comuni, alle accademie, agli enti pubblici culturali nonché agli enti privati che non perseguano scopi di lucro, è di vent'anni a partire dalla prima pubblicazione, qualunque sia la forma nella quale la pubblicazione è stata effettuata. Per le comunicazioni e le memorie pubblicate dalle accademie e dagli altri enti pubblici culturali tale durata è ridotta a due anni; trascorsi i quali, l'autore riprende integralmente la libera disponibilità dei suoi scritti.

(1) *V.* sub *art. 11.*

30. – Quando le parti o i volumi di una stessa opera siano pubblicati separatamente, in tempi diversi, la durata dei diritti di utilizzazione economica, che sia fissata ad anni, decorre per ciascuna parte o per ciascun volume dall'anno della pubblicazione. Le frazioni di anno giovano all'autore.

Se si tratta di opera collettiva periodica, quale la rivista o il giornale, la durata dei diritti è calcolata egualmente a partire dalla fine di ogni anno dalla pubblicazione dei singoli fascicoli o numeri.

31. (1) – Nelle opere pubblicate per la prima volta dopo la morte dell'autore, che non ricadono nella previsione dell'articolo 85-*ter*, la durata dei diritti esclusivi di utilizzazione economica è di settant'anni a partire dalla morte dell'autore.

(1) *Articolo così sostituito dall'art. 2 d.ls. 26 maggio 1997, n. 154.*

32. (1) – Fermo restando quanto stabilito dall'articolo 44, i diritti di utilizzazione economica dell'opera cinematografica o assimilata durano sino al termine del settantesimo anno dopo la morte dell'ultima persona sopravvissuta fra le seguenti persone: il direttore artistico, gli autori della sceneggiatura, ivi compreso l'autore del dialogo, e l'autore della musica specificamente creata per essere utilizzata nell'opera cinematografica o assimilata.

(1) *Articolo da ultimo così sostituito dall'art. 3 d.ls. 26 maggio 1997, n. 154.*

32-*bis*. – (1) I diritti di utilizzazione economica dell'opera fotografica durano sino al termine del settantesimo anno dopo la morte dell'autore.

(1) *Articolo inserito dall'art. 4 d.P.R. 8 gennaio 1979, n. 19, e poi così sostituito dall'art. 4 d.ls. 26 maggio 1997, n. 154.*

32-*ter*. – (1) I termini finali di durata dei diritti di utilizzazione economica previsti dalle disposizioni della presente sezione si computano, nei rispettivi casi, a decorrere dal 1º gennaio dell'anno successivo a quello in cui si verifica la morte dell'autore o altro evento considerato dalla norma.

(1) *Articolo inserito dall'art. 5 d.ls. 26 maggio 1997, n. 154.*

32-*quater*. – (1) 1. Alla scadenza della durata di protezione di un'opera delle arti visive, anche come individuate all'articolo 2, il materiale derivante da un atto di riproduzione di tale opera non è soggetto al diritto d'autore o a diritti connessi, salvo che costituisca un'opera originale. Restano ferme le disposizioni in materia di riproduzione dei beni culturali di cui al decreto legislativo 22 gennaio 2004, n. 42.

(1) *Articolo inserito dall'art. 1[1, lett. b)] d.ls. 8 novembre 2021, n. 177. Ai sensi dell'art. 3[1] d.ls. n. 177, cit. « le disposizioni del presente decreto si applicano anche alle opere e agli altri materiali protetti dalla normativa nazionale in materia di diritto d'autore e diritti connessi vigente alla data del 7 giugno 2021. Sono fatti salvi i contratti conclusi e i diritti acquisiti fino al 6 giugno 2021 ».*

CAPO IV – *Norme particolari ai diritti di utilizzazione economica per talune categorie di opere*

SEZIONE I – *Opere drammatico-musicali, composizioni musicali con parole, opere coreografiche e pantomimiche*

33. – In difetto di particolari convenzioni tra i collaboratori, rispetto alle opere liriche, alle operette, ai melologhi, alle composizioni musicali con parole, ai balli e balletti musicali, si applicano le disposizioni dei tre successivi articoli.

34. – L'esercizio dei diritti di utilizzazione economica spetta all'autore della parte musicale, salvi tra le parti i diritti derivanti dalla comunione.

Il profitto della utilizzazione economica è ripartito in proporzione del valore del rispettivo contributo letterario o musicale.

Nelle opere liriche si considera che il valore della parte musicale rappresenti la frazione di tre quarti del valore complessivo dell'opera.

Nelle operette, nei melologhi, nelle composizioni musicali con parole, nei balli e balletti musicali, il valore dei due contributi si considera uguale.

Ciascuno dei collaboratori ha diritto di utilizzare separatamente e indipendentemente la propria opera, salvo il disposto degli articoli seguenti.

35. – L'autore della parte letteraria non può disporne, per congiungerla ad altro testo musicale, all'infuori dei casi seguenti:

1) allo rché, dopo che egli ha consegnato come testo definitivo il manoscritto della parte letteraria al compositore, questi non lo ponga in musica nel termine di cinque anni, se si tratta di libretto per opera lirica o per operetta, e, nel termine di un anno, se si tratta di ogni altra opera letteraria da mettere in musica;

2) allorché, dopo che l'opera è stata musicata e considerata dalle parti come pronta per essere eseguita o rappresentata, essa non è rappresentata o eseguita nei termini indicati nel numero precedente, salvo i mag giori termini che possono essere stati accordati per la esecuzione o rappresentazione ai sensi degli articoli 139 e 141;

3) allorché, dopo una prima rappresentazione od esecuzione l'opera cessi di essere rappresentata od eseguita per il periodo di dieci anni, se si tratta di opera lirica, oratorio, poema sinfonico od operetta o per il periodo di due anni, se si tratta di altra composizione.

Il compositore nei casi previsti ai numeri 2 e 3 può altrimenti utilizzare la musica.

36. – Nel caso previsto dal n. 1 dell'articolo precedente l'autore della parte letteraria ne riacquista la libera disponibilità, senza pregiudizio dell'eventuale azione di danni a carico del compositore.

Nei casi previsti dai numeri 2 e 3, e senza pregiudizio dell'azione di danni prevista nel comma precedente, il rapporto di comunione formatosi sull'opera già musicata rimane fermo, ma l'opera stessa non può essere rappresentata od eseguita che con il consenso di entrambi i collaboratori.

37. – Nelle opere coreografiche o pantomimiche e nelle altre composte di musica, di parole o di danze o di mimica, quali le riviste musicali ed opere simili, in cui la parte musicale non ha funzione o valore principale, l'esercizio dei diritti di utilizzazione economica, salvo patto contrario, spetta all'autore della parte coreografica o pantomimica e, nelle riviste musicali, all'autore della parte letteraria.

Con le modificazioni richieste dalle norme del comma precedente sono applicabili a queste opere le disposizioni degli articoli 35 e 36.

SEZIONE II – *Opere collettive, riviste e giornali*

38. – Nell'opera collettiva, salvo patto in contrario, il diritto di utilizzazione economica spetta all'editore dell'opera stessa, senza pregiudizio del diritto derivante dall'applicazione dell'art. 7.

Ai singoli collaboratori dell'opera collettiva è riservato il diritto di utilizzare la propria opera separatamente, con la osservanza dei patti convenuti, e in difetto, delle norme seguenti.

39. – Se un articolo è inviato alla rivista o giornale, per essere riprodotto, da persona estranea alla redazione del giornale o della rivista e senza precedenti accordi contrattuali, l'autore riprende il diritto di disporre liberamente quando non abbia ricevuto notizia dell'accettazione nel termine di un mese dall'invio o quando la riproduzione non avvenga nel termine di sei mesi dalla notizia dell'accettazione.

Trattandosi di articolo fornito da un redattore, il direttore della rivista o giornale ne può differire la produzione anche al di là dei termini indicati nel comma precedente. Decorso però il termine di sei mesi dalla consegna del manoscritto, l'autore può utilizzare l'articolo per riprodurlo in volume o per estratto separato, se si tratta di giornale, ed anche in altro periodico, se si tratta di rivista.

40. – Il collaboratore di opera collettiva che non sia rivista o giornale ha diritto, salvo patto contrario, che il suo nome figuri nella riproduzione della sua opera nelle forme d'uso.

Nei giornali questo diritto non compete, salvo patto contrario, al personale della redazione.

41. – Senza pregiudizio della applicazione della disposizione contenuta nell'art. 20, il direttore del giornale ha diritto, salvo patto contrario, di introdurre nell'articolo da riprodurre quelle modificazioni di forma che sono richieste dalla natura e dai fini del giornale.

Negli articoli da riprodursi senza indicazione del nome dell'autore, questa facoltà si estende alla soppressione o riduzione di parti di detto articolo.

42. – L'autore dell'articolo o altra opera che sia stato riprodotto in un'opera collettiva ha diritto di riprodurlo in estratti separati o raccolti in volume, purché indichi l'opera collettiva dalla quale è tratto e la data di pubblicazione.

Trattandosi di articoli apparsi in riviste o giornali, l'autore, salvo patto contrario, ha altresì il diritto di riprodurli in altre riviste o giornali.

43. – L'editore o direttore della rivista o del giornale non ha obbligo di conservare o di restituire i manoscritti degli articoli non riprodotti, che gli siano pervenuti senza sua richiesta.

43-*bis*. – (1) 1. Agli editori di pubblicazioni di carattere giornalistico, sia in forma singola che associata o consorziata, sono riconosciuti per l'utilizzo online delle loro pubblicazioni di carattere giornalistico da parte di prestatori di servizi della società dell'informazione di cui all'articolo 1, comma 1, lett. *b*), del decreto legislativo 15 dicembre 2017, n. 223, comprese le imprese di media monitoring e rassegne stampa, i diritti esclusivi di riproduzione e comunicazione di cui agli articoli 13 e 16.

2. Per pubblicazione di carattere giornalistico si intende un insieme composto principalmente da opere letterarie di carattere giornalistico, che può includere altre opere e materiali protetti, come fotografie o videogrammi, e costituisce un singolo elemento all'interno di una pubblicazione periodica o regolarmente aggiornata, recante un titolo unico, quale un quotidiano o una rivista di interesse generale o specifico, con la funzione di informare il pubblico su notizie, o altri argomenti, pubblicata su qualsiasi mezzo di comunicazione sotto l'iniziativa, la responsabilità editoriale e il controllo di un editore o di un'agenzia di stampa. Ai fini del presente articolo le pubblicazioni periodiche a fini scientifici o accademici non sono considerate quali pubblicazioni di carattere giornalistico.

3. Per editori di pubblicazioni di carattere giornalistico si intendono i soggetti che, sia in forma singola che associata o consorziata, nell'esercizio di un'attività economica, editano le pubblicazioni di cui al comma 2, anche se stabiliti in un altro Stato membro.

4. Sono fatti salvi in ogni caso i diritti riconosciuti dalla presente legge a favore degli autori e degli altri titolari di diritti concernenti opere o altri materiali inclusi in una pubblicazione a carattere giornalistico, compreso il diritto di sfruttarli anche in forme diverse dalla pubblicazione a carattere giornalistico.

5. Quando un'opera o altri materiali protetti sono inclusi in una

pubblicazione di carattere giornalistico sulla base di una licenza non esclusiva, i diritti di cui al comma 1 non possono essere invocati per impedire l'utilizzo da parte di altri utilizzatori autorizzati o per impedire l'utilizzo di opere o di altri materiali la cui protezione sia scaduta.

6. I diritti di cui al comma 1 non sono riconosciuti in caso di utilizzi privati o non commerciali delle pubblicazioni di carattere giornalistico da parte di singoli utilizzatori, né in caso di collegamenti ipertestuali o di utilizzo di singole parole o di estratti molto brevi di pubblicazioni di carattere giornalistico.

7. Per estratto molto breve di pubblicazione di carattere giornalistico si intende qualsiasi porzione di tale pubblicazione che non dispensi dalla necessità di consultazione dell'articolo giornalistico nella sua integrità.

8. Per l'utilizzo online delle pubblicazioni di carattere giornalistico i prestatori di servizi della società dell'informazione riconoscono ai soggetti di cui al comma 1 un equo compenso. Entro sessanta giorni dalla data di entrata in vigore della presente disposizione, l'Autorità per le garanzie nelle comunicazioni adotta un regolamento per l'individuazione dei criteri di riferimento per la determinazione dell'equo compenso di cui al primo periodo, tenendo conto, tra l'altro del numero di consultazioni online dell'articolo, degli anni di attività e della rilevanza sul mercato degli editori di cui al comma 3 e del numero di giornalisti impiegati, nonché dei costi sostenuti per investimenti tecnologici e infrastrutturali da entrambe le parti, e dei benefici economici derivanti, ad entrambe le parti, dalla pubblicazione quanto a visibilità e ricavi pubblicitari.

9. La negoziazione, per la stipula del contratto avente ad oggetto l'utilizzo dei diritti di cui al comma 1, tra i prestatori di servizi della società dell'informazione, comprese le imprese di media monitoring e rassegne stampa, e gli editori di cui al comma 3, è condotta tenendo conto anche dei criteri definiti dal regolamento di cui al comma 8. Nel corso della negoziazione i prestatori di servizi delle società dell'informazione non limitano la visibilità dei contenuti degli editori nei risultati di ricerca. L'ingiustificata limitazione di tali contenuti nella fase delle trattative può essere valutata ai fini della verifica del rispetto dell'obbligo di buona fede di cui all'articolo 1337 del codice civile.

10. Fermo restando il diritto di adire l'autorità giudiziaria ordinaria di cui al comma 11, se entro trenta giorni dalla richiesta di avvio del negoziato di una delle parti interessate non è raggiunto un ac-

cordo sull'ammontare del compenso, ciascuna delle parti può rivolgersi all'Autorità per le garanzie nelle comunicazioni per la determinazione dell'equo compenso, esplicitando nella richiesta la propria proposta economica. Entro sessanta giorni dalla richiesta della parte interessata, anche quando una parte, pur regolarmente convocata non si è presentata, l'Autorità indica, sulla base dei criteri stabiliti dal regolamento di cui al comma 8, quale delle proposte economiche formulate è conforme ai suddetti criteri oppure, qualora non reputi conforme nessuna delle proposte, indica d'ufficio l'ammontare dell'equo compenso.

11. Quando, a seguito della determinazione dell'equo compenso da parte dell'Autorità per le garanzie nelle comunicazioni, le parti non addivengono alla stipula del contratto, ciascuna parte può adire la sezione del giudice ordinario specializzata in materia di impresa, competente ai sensi dell'articolo 3, comma 1, lettera *b*), del decreto legislativo 27 giugno 2003, n. 168, anche al fine di esperire l'azione di cui all'articolo 9 della legge 18 giugno 1998, n. 192.

12. I prestatori di servizi della società dell'informazione, comprese le imprese di media monitoring e rassegne stampa, sono obbligati a mettere a disposizione, su richiesta della parte interessata, anche tramite gli organismi di gestione collettiva o entità di gestione indipendenti di cui al decreto legislativo 15 marzo 2017 n. 35, qualora mandatari, o dell'Autorità per le garanzie nelle comunicazioni, i dati necessari a determinare la misura dell'equo compenso. L'adempimento dell'obbligo di cui al primo periodo non esonera gli editori di cui al comma 3 dal rispetto della riservatezza delle informazioni di carattere commerciale, industriale e finanziario di cui sono venuti a conoscenza. Sull'adempimento dell'obbligo di informazione a carico dei prestatori di servizi vigila l'Autorità per le garanzie nelle comunicazioni. In caso di mancata comunicazione di tali dati entro trenta giorni dalla richiesta ai sensi del primo periodo, l'Autorità applica una sanzione amministrativa pecuniaria a carico del soggetto inadempiente fino all'uno per cento del fatturato realizzato nell'ultimo esercizio chiuso anteriormente alla notifica della contestazione. Per le sanzioni amministrative di cui al quarto periodo è escluso il beneficio del pagamento in misura ridotta previsto dall'articolo 16 della legge 24 novembre 1981, n. 689.

13. Gli editori di cui al comma 3, sia in forma singola che associata o consorziata, riconoscono agli autori degli articoli giornalistici una quota, compresa tra il 2 per cento e il 5 per cento, dell'equo compenso di cui al comma 8, da determinare, per i lavoratori autonomi, su base

convenzionale. Per i lavoratori con rapporto di lavoro subordinato tale quota può essere determinata mediante accordi collettivi.

14. I diritti di cui al presente articolo si estinguono due anni dopo la pubblicazione dell'opera di carattere giornalistico. Tale termine è calcolato a decorrere dal 1° gennaio dell'anno successivo alla data di pubblicazione dell'opera di carattere giornalistico.

15. Le disposizioni di cui al presente articolo non si applicano alle pubblicazioni di carattere giornalistico pubblicate per la prima volta anteriormente al 6 giugno 2019.

16. Ai diritti di cui al comma 1 si applicano le disposizioni relative alle eccezioni e alle limitazioni previste dal Capo V del Titolo I, alle misure tecnologiche di protezione previste dal Titolo II-*ter*, alle difese e sanzioni giudiziarie di cui al Capo III del Titolo III, nonché l'articolo 2 della legge 20 novembre 2017 n. 167.

(1) *Articolo inserito dall'art. 1*[1, lett. c)] *d.ls. 8 novembre 2021, n. 177. Ai sensi dell'art. 3*[1] *d.ls. n. 177, cit. « le disposizioni del presente decreto si applicano anche alle opere e agli altri materiali protetti dalla normativa nazionale in materia di diritto d'autore e diritti connessi vigente alla data del 7 giugno 2021. Sono fatti salvi i contratti conclusi e i diritti acquisiti fino al 6 giugno 2021 ».*

SEZIONE III – *Opere cinematografiche*

44. – Si considerano coautori dell'opera cinematografica l'autore del soggetto, l'autore della sceneggiatura, l'autore della musica e il direttore artistico (1).

(1) *Le parole* « e il direttore artistico » *sono state sostituite alle parole* « , il direttore artistico e il traduttore» *dall'art. 20-*bis*1 d.l. 9 agosto 2022, n. 115, conv., con modif., l. 21 settembre 2022, n. 142. Precedentemente le parole* « , il direttore artistico e il traduttore» *sono state sostituite alle parole* « ed il direttore artistico » *dall'art. 1*[1, lett. d)] *d.ls. 8 novembre 2021, n. 177. Ai sensi dell'art. 3*[1] *d.ls. n. 177, cit. « le disposizioni del presente decreto si applicano anche alle opere e agli altri materiali protetti dalla normativa nazionale in materia di diritto d'autore e diritti connessi vigente alla data del 7 giugno 2021. Sono fatti salvi i contratti conclusi e i diritti acquisiti fino al 6 giugno 2021 ».*

45. – L'esercizio dei diritti di utilizzazione economica dell'opera cinematografica spetta a chi ha organizzato la produzione stessa, nei limiti indicati dai successivi articoli.

Si presume produttore dell'opera cinematografica chi è indicato come tale sulla pellicola cinematografica. Se l'opera è registrata ai sensi del secondo comma dell'art. 103, prevale la presunzione stabilita dall'articolo medesimo.

46. – L'esercizio dei diritti di utilizzazione economica, spettante al produttore, ha per oggetto lo sfruttamento cinematografico dell'opera prodotta.

LEGGI COMPLEMENTARI

Salvo patto contrario, il produttore non può eseguire o proiettare elaborazioni, trasformazioni o traduzioni dell'opera prodotta senza il consenso degli autori indicati nell'art. 44.

Gli autori della musica, delle composizioni musicali e delle parole che accompagnano la musica hanno diritto di percepire direttamente da coloro che proiettano pubblicamente l'opera un compenso separato per la proiezione. Il compenso è stabilito, in difetto di accordo fra le parti, secondo le norme del regolamento.Gli autori del soggetto e della sceneggiatura, il direttore artistico, gli adattatori dei dialoghi, i direttori del doppiaggio e i traduttori, nonché gli artisti interpreti e esecutori, primari e comprimari, inclusi i doppiatori, hanno diritto a ricevere un ulteriore compenso in misura percentuale sugli incassi derivanti dalle proiezioni pubbliche dell'opera. Tale compenso è irrinunciabile e le relative forme ed entità sono stabilite con accordi tra le categorie interessate (1).

(1) *Comma così sostituito dall'art. 1[1, lett. e)] d.ls. 8 novembre 2021, n. 177. Ai sensi dell'art. 3[1] d.ls. n. 177, cit. « le disposizioni del presente decreto si applicano anche alle opere e agli altri materiali protetti dalla normativa nazionale in materia di diritto d'autore e diritti connessi vigente alla data del 7 giugno 2021. Sono fatti salvi i contratti conclusi e i diritti acquisiti fino al 6 giugno 2021 ». Il testo del comma era il seguente:* « Gli autori del soggetto e della sceneggiatura e il direttore artistico, qualora non vengano retribuiti mediante una percentuale sulle proiezioni pubbliche dell'opera cinematografica, hanno diritto, salvo patto contrario quando gli incassi abbiano raggiunto una cifra da stabilirsi contrattualmente col produttore, a ricevere un ulteriore compenso, le cui forme e la cui entità saranno stabilite con accordi da concludersi tra le categorie interessate ».

46-*bis*. (1) – 1. Fermo restando quanto stabilito dall'articolo 46, in caso di cessione del diritto di diffusione al produttore, spetta agli autori di opere cinematografiche e assimilate un compenso adeguato e proporzionato (2) a carico degli organismi di emissione per ciascuna utilizzazione delle opere stesse a mezzo della comunicazione al pubblico via etere, via cavo e via satellite.

2. Per ciascuna utilizzazione di opere cinematografiche e assimilate diversa da quella prevista nel comma 1 e nell'articolo 18-*bis*, comma 5, agli autori delle opere stesse spetta un equo compenso a carico di coloro che esercitano i diritti di sfruttamento per ogni distinta utilizzazione economica.

3. Per ciascuna utilizzazione di opere cinematografiche ed assimilate espresse originariamente in lingua straniera spetta, altresì, un compenso adeguato e proporzionato (2) agli autori delle elaborazioni costituenti traduzione o adattamento della versione in lingua italiana dei dialoghi.

4. Ciascun compenso tra quelli previsti dai commi 1, 2 e 3 non è

rinunciabile e, in difetto di accordo da concludersi tra le categorie interessate quali individuate dall'articolo 16, primo comma, del regola mento, è stabilito dall'Autorità per le garanzie nelle comunicazioni secondo le procedure previste da apposito regolamento da adottare entro sessanta giorni dall'entrata in vigore della presente disposizione (3).

(1) *Articolo inserito dall'art. 3 d.ls. 23 ottobre 1996, n. 581, e poi così sostituito dall'art. 6 d.ls. 26 maggio 1997, n. 154.*

(2) *Le parole* « un compenso adeguato e proporzionato» *sono state sostituite alle parole* « un equo compenso » *dall'art. 1*[1, lett. f), n. 1, 2] *d.ls. 8 novembre 2021, n. 177. Ai sensi dell'art. 3*[1] *d.ls. n. 177, cit. « le disposizioni del presente decreto si applicano anche alle opere e agli altri materiali protetti dalla normativa nazionale in materia di diritto d'autore e diritti connessi vigente alla data del 7 giugno 2021. Sono fatti salvi i contratti conclusi e i diritti acquisiti fino al 6 giugno 2021 ».*

(3) *Le parole* « dall'Autorità per le garanzie nelle comunicazioni secondo le procedure previste da apposito regolamento da adottare entro sessanta giorni dall'entrata in vigore della presente disposizione » *sono state sostituite alle parole* « con la procedura di cui all'articolo 4 del decreto legislativo luogotenenziale 20 luglio 1945, n. 440 » *dall'art. 1*[1, lett. f), n. 3] *d.ls. 8 novembre 2021, n. 177. Per le dispisizioni applicative, v. nota 2.*

47. – Il produttore ha facoltà di apportare alle opere utilizzate nell'opera cinematografica le modifiche necessarie per il loro adattamento cinematografico.

L'accertamento delle necessità o meno delle modifiche apportate o da apportarsi all'opera cinematografica, quando manchi l'accordo tra il produttore e uno o più degli autori menzionati nell'art. 44 della presente legge, è fatto da un collegio di tecnici nominato dal Ministro per i beni e le attività culturali secondo le norme fissate dal regolamento.

Gli accertamenti fatti da tale collegio hanno carattere definitivo.

48. – Gli autori dell'opera cinematografica hanno diritto che i loro nomi, con la indicazione della loro qualità professionale e del loro contributo nell'opera, siano menzionati nella proiezione della pellicola cinematografica.

49. – Gli autori delle parti letterarie o musicali dell'opera cinematografica possono riprodurle o comunque utilizzarle separatamente, purché non ne risulti pregiudizio ai diritti di utilizzazione il cui esercizio spetta al produttore.

50. – Se il produttore non porta a compimento l'opera cinematografica nel termine di tre anni dal giorno della consegna della parte letteraria o musicale, o non fa proiettare l'opera compiuta entro i tre anni dal compimento, gli autori di dette parti hanno diritto di disporre liberamente dell'opera stessa.

SEZIONE IV – *Opere radiodiffuse*

51. – In ragione della natura e dei fini della radiodiffusione, come servizio riservato allo Stato, che lo esercita direttamente o per mezzo di concessioni, il diritto esclusivo di radiodiffusione, direttamente o con qualsiasi mezzo intermediario, è regolato dalle norme particolari seguenti.

52. – L'ente esercente il servizio della radiodiffusione ha la facoltà di eseguire la radiodiffusione di opere dell'ingegno dai teatri, dalle sale di concerto e da ogni altro luogo pubblico, alle condizioni e nei limiti indicati nel presente articolo e nei seguenti.

I proprietari, gli impresari e quanti concorrono allo spettacolo sono tenuti a permettere gli impianti e le prove tecniche necessarie per preparare la radiodiffusione.

È necessario il consenso dell'autore per radiodiffondere le opere nuove e le prime rappresentazioni stagionali delle opere non nuove.

Non è considerata nuova l'opera teatrale rappresentata pubblicamente in tre diversi teatri, o altro luogo pubblico.

53. – Nelle stagioni di rappresentazioni o di concerti di durata non inferiore a due mesi, il diritto dell'ente indicato nel precedente articolo può essere esercitato per le rappresentazioni una volta la settimana e per i concerti ogni cinque o frazioni di cinque concerti.

Per durata della stagione teatrale o di concerto s'intende quella risultante dai manifesti o dai programmi pubblicati prima dell'inizio della stagione.

54. – L'accertamento della conformità delle radiodiffusioni alle buone norme tecniche, è di esclusiva spettanza degli organi dello Stato predisposti alla vigilanza delle radiodiffusioni, con i poteri stabiliti dall'art. 2, capoverso, della legge 14 giugno 1928 - VI, n. 1352, e dall'art. 2 del regio decreto-legge 3 febbraio 1936 - XIV, n. 654, convertito nella legge 4 giugno 1936, n. 1552.

Il nome dell'autore ed il titolo dell'opera devono essere radiodiffusi contemporaneamente all'opera.

55. – (1) 1. Senza pregiudizio dei diritti dell'autore sulla radiodiffusione della sua opera, l'ente esercente è autorizzato a registrare su disco, o su altro supporto, l'opera stessa, al fine della sua radiodiffusione differita per necessità orarie o tecniche, purché la registrazione suddetta sia, dopo l'uso, distrutta o resa inservibile.

È consentita la conservazione in archivi ufficiali delle registrazioni di cui al comma 1 che abbiano un eccezionale carattere documentario, senza possibilità di ulteriore utilizzazione a fini economici o commerciali salva, per quest'ultima, l'autorizzazione dell'autore dell'opera e dei titolari di diritti connessi.

(1) *Articolo così sostituito dall'art. 4 d.ls. 9 aprile 2003, n. 68.*

56. – L'autore dell'opera radiodiffusa, ai termini degli articoli precedenti, ha il diritto di ottenere dall'ente esercente il servizio della radiodiffusione il pagamento di un compenso da liquidarsi, nel caso di disaccordo tra le parti, dall'autorità giudiziaria.

La domanda non può essere promossa dinanzi l'autorità giudiziaria prima che sia esperito il tentativo di conciliazione nei modi e nelle forme che saranno stabiliti nel regolamento.

57. – Il compenso è liquidato in base al numero delle trasmissioni.

Il regolamento determina i criteri per stabilire il numero e le modalità delle trasmissioni differite o ripetute.

58. – Per l'esecuzione in pubblici esercizi a mezzo di apparecchi radioriceventi sonori, muniti di altoparlante, di opere radiodiffuse, è dovuto all'autore un equo compenso, che è determinato periodicamente d'accordo fra la Società italiana degli autori ed editori (S.I.A.E.) (1) e la rappresentanza della associazione sindacale competente.

(1) *Ai sensi dell'art. 9 l. 18 agosto 2000, n. 248, l'espressione « Ente italiano per il diritto d'autore (E.I.D.A) », contenuta nella presente legge, è sostituita dall'espressione « Società italiana degli autori ed editori (S.I.A.E.) ».*

59. – La radiodiffusione delle opere dell'ingegno dai locali dell'ente esercente il servizio della radiodiffusione è sottoposta al consenso dell'autore a norma delle disposizioni contenute nel capo terzo di questo titolo; ad essa non sono applicabili le disposizioni degli articoli precedenti, salvo quelle dell'art. 55.

60. – Qualora il Ministero per i beni e le attività culturali lo disponga, l'ente esercente effettua trasmissioni speciali di propaganda culturale ed artistica destinate all'estero, contro pagamento di un compenso da liquidarsi a termini del regolamento.

SEZIONE V – *Opere registrate su supporti* (1)

(1) *Denominazione così sostituita dall'art. 5 d.ls. 9 aprile 2003, n. 68.*

61. – (1) 1. L'autore ha il diritto esclusivo, ai sensi delle disposizioni contenute nella sezione I del capo III di questo titolo:

a) di adattare e di registrare l'opera su qualunque supporto riproduttore di suoni, di voci o di immagini, qualunque sia la tecnologia utilizzata;

b) di riprodurre, di distribuire, di noleggiare e di dare in prestito gli esemplari dell'opera così adattata o registrata;

c) di eseguire pubblicamente e di comunicare l'opera al pubblico mediante l'impiego di qualunque supporto.

2. La cessione del diritto di riproduzione o del diritto di distribuzione non comprende, salvo patto contrario, la cessione del diritto di esecuzione pubblica o di comunicazione al pubblico.

3. Per quanto riguarda la radiodiffusione, il diritto d'autore resta regolato dalle norme contenute nella precedente sezione.

(1) *Articolo da ultimo così sostituito dall'art. 6 d.ls. 9 aprile 2003, n. 68.*

62. (1) 1. I supporti fonografici, nei quali l'opera dell'ingegno e riprodotta, non possono essere distribuiti se non portino stabilmente apposte le indicazioni seguenti:

a) titolo dell'opera riprodotta;

b) nome dell'autore;

c) nome dell'artista interprete od esecutore. I complessi orchestrali o corali sono indicati col nome d'uso;

d) data della fabbricazione.

(1) *Articolo così sostituito dall'art. 7 d.ls. 9 aprile 2003, n. 68.*

63. – (1) 1. I supporti devono essere fabbricati od utilizzati in modo che venga rispettato il diritto morale dell'autore, i termini degli articoli 20 e 21.

2. Si considerano lecite le modificazioni dell'opera richieste dalle necessità tecniche della registrazione.

(1) *Articolo così sostituito dall'art. 8 d.ls. 9 aprile 2003, n. 68.*

64. – La concessione in uso a case editrici fonografiche nazionali delle matrici dei dischi della discoteca di Stato, per trarne dischi da diffondere mediante vendita sia in Italia che all'estero a termini dell'art. 5 della legge 2 febbraio 1939 - XVII, n. 467, contenente norme per il riordinamento della discoteca di Stato, allorché siano registrate opere tutelate, è sottoposta al pagamento dei diritti di autore, secondo le norme contenute nel regolamento.

SEZIONE VI – *Programmi per elaboratore* (1)

(1) *Sezione, comprendente gli artt. 64-*bis*, 64-*ter* e 64-*quater*, inserita dall'art. 5 d.ls. 29 dicembre 1992, n. 518.*

64-*bis*. – (1) 1. Fatte salve le disposizioni dei successivi articoli 64-*ter* e 64-*quater*, i diritti esclusivi conferiti dalla presente legge sui programmi per elaboratore comprendono il diritto di effettuare o autorizzare:

a) la riproduzione, permanente o temporanea, totale o parziale, del programma per elaboratore con qualsiasi mezzo o in qualsiasi forma. Nella misura in cui operazioni quali il caricamento, la visualizzazione, l'esecuzione, la trasmissione o la memorizzazione del programma per elaboratore richiedano una riproduzione, anche tali operazioni sono soggette all'autorizzazione del titolare dei diritti;

b) la traduzione, l'adattamento, la trasformazione e ogni altra modificazione del programma per elaboratore, nonché la riproduzione dell'opera che ne risulti, senza pregiudizio dei diritti di chi modifica il programma;

c) qualsiasi forma di distribuzione al pubblico, compresa la locazione, del programma per elaboratore originale o di copie dello stesso. La prima vendita di una copia del programma nella Comunità Economica Europea da parte del titolare dei diritti, o con il suo consenso, esaurisce il diritto di distribuzione di detta copia all'interno della Comunità, ad eccezione del diritto di controllare l'ulteriore locazione del programma o di una copia dello stesso.

(1) *V. nota alla Sezione VI.*

64-*ter*. – (1) 1. Salvo patto contrario, non sono soggette all'autorizzazione del titolare dei diritti le attività indicate nell'art. 64-*bis*, lettere *a*) e *b*), allorché tali attività sono necessarie per l'uso del programma per elaboratore conformemente alla sua destinazione da parte del legittimo acquirente, inclusa la correzione degli errori.

2. Non può essere impedito per contratto, a chi ha il diritto di usare una copia del programma per elaboratore di effettuare una copia di riserva del programma, qualora tale copia sia necessaria per l'uso.

3. Chi ha il diritto di usare una copia del programma per elaboratore può, senza l'autorizzazione del titolare dei diritti, osservare, studiare o sottoporre a prova il funzionamento del programma, allo scopo di determinare le idee ed i principi su cui è basato ogni elemento del programma stesso, qualora egli compia tali atti durante operazioni di caricamento, visualizzazione, esecuzione, trasmissione o memorizzazione del programma che egli ha il diritto di eseguire. Le clausole contrattuali pattuite in violazione del presente comma e del comma 2 sono nulle (2).

(1) *V. nota alla Sezione VI.*

(2) *Periodo così sostituito dall'art. 1 d.ls. 15 marzo 1996, n. 205.*

64-*quater*. – (1) 1. L'autorizzazione del titolare dei diritti non è richiesta qualora la riproduzione del codice del programma di elaboratore e la traduzione della sua forma ai sensi dell'art. 64-*bis*, lettere *a*) e *b*), compiute al fine di modificare la forma del codice, siano indispensabili per ottenere le informazioni necessarie per conseguire l'interoperabilità, con altri programmi, di un programma per elaboratore creato autonomamente purché siano soddisfatte le seguenti condizioni:

a) le predette attività siano eseguite dal licenziatario o da altri che abbia il diritto di usare una copia del programma oppure, per loro conto, da chi è autorizzato a tal fine;

b) le informazioni necessarie per conseguire l'interoperabilità non siano già facilmente e rapidamente accessibili ai soggetti indicati alla lettera *a*);

c) le predette attività siano limitate alle parti del programma originale necessarie per conseguire l'interoperabilità.

2. Le disposizioni di cui al comma 1 non consentono che le informazioni ottenute in virtù della loro applicazione:

a) siano utilizzate a fini diversi dal conseguimento dell'interoperabilità del programma creato autonomamente;

b) siano comunicate a terzi, fatta salva la necessità di consentire l'interoperabilità del programma creato autonomamente;

c) siano utilizzate per lo sviluppo, la produzione o la commercializzazione di un programma per elaboratore sostanzialmente simile nella sua forma espressiva, o per ogni altra attività che violi il diritto di autore.

3. Le clausole contrattuali pattuite in violazione dei commi 1 e 2 sono nulle (2).

4. Conformemente alla convenzione di Berna sulla tutela delle opere letterarie ed artistiche ratificata e resa esecutiva con legge 20 giugno 1978, n. 399, le disposizioni del presente articolo non possono essere interpretate in modo da consentire che la loro applicazione arrechi indebitamente pregiudizio agli interessi legittimi del titolare dei diritti o sia in conflitto con il normale sfruttamento del programma.

(1) *V. nota alla Sezione VI.*

(2) *Comma così sostituito dall'art. 2 d.ls. 15 marzo 1996, n. 205.*

SEZIONE VII – *Banche di dati* (1)

(1) *Sezione inserita dall'art. 4 d.ls. 6 maggio 1999, n. 169.*

64-*quinquies*. – (1) 1. L'autore di una banca di dati ha il diritto esclusivo di eseguire o autorizzare:

a) la riproduzione permanente o temporanea, totale o parziale, con qualsiasi mezzo e in qualsiasi forma;

b) la traduzione, l'adattamento, una diversa disposizione e ogni altra modifica;

c) qualsiasi forma di distribuzione al pubblico dell'originale o di copie della banca di dati; la prima vendita di una copia nel territorio dell'Unione europea da parte del titolare del diritto o con il suo consenso esaurisce il diritto di controllare, all'interno dell'Unione stessa, le vendite successive della copia;

d) qualsiasi presentazione, dimostrazione o comunicazione in pubblico, ivi compresa la trasmissione effettuata con qualsiasi mezzo e in qualsiasi forma;

e) qualsiasi riproduzione, distribuzione, comunicazione, presentazione o dimostrazione in pubblico dei risultati delle operazioni di cui alla lettera *b*).

(1) *V. nota alla Sezione VII.*

64-*sexies*. – (1) 1. Non sono soggetti all'autorizzazione di cui all'articolo 64-*quinquies* da parte del titolare del diritto:

a) l'accesso o la consultazione della banca di dati quando abbiano esclusivamente finalità didattiche o di ricerca scientifica, non svolta nell'ambito di un'impresa, purché si indichi la fonte e nei limiti di quanto giustificato dallo scopo non commerciale perseguito. Nell'ambito di tali attività di accesso e consultazione, le eventuali operazioni di riproduzione permanente della totalità o di parte sostanziale del contenuto su altro supporto sono comunque soggette all'autorizzazione del titolare del diritto;

b) l'impiego di una banca di dati per fini di sicurezza pubblica o per effetto di una procedura amministrativa o giurisdizionale.

2. Non sono soggette all'autorizzazione dell'autore le attività indicate nell'articolo 64-*quinquies* poste in essere da parte dell'utente legittimo della banca di dati o di una sua copia, se tali attività sono necessarie per l'accesso al contenuto della stessa banca di dati e per il suo normale impiego; se l'utente legittimo è autorizzato ad utilizzare solo una parte della banca di dati, il presente comma si applica unicamente a tale parte.

3. Le clausole contrattuali pattuite in violazione del comma 2 sono nulle ai sensi dell'articolo 1418 del codice civile.

4. Conformemente alla Convenzione di Berna per la protezione delle opere letterarie e artistiche, ratificata e resa esecutiva con legge

20 giugno 1978, n. 399, le disposizioni di cui ai commi 1 e 2 non possono essere interpretate in modo da consentire che la loro applicazione arrechi indebitamente pregiudizio al titolare del diritto o entri in conflitto con il normale impiego della banca di dati.

(1) *V. nota alla Sezione VII.*

CAPO V – *Eccezioni e limitazioni* (1)

(1) *Capo, comprendente gli articoli da 65 a 71-decies, così sostituito dall'art. 9 d.ls. 9 aprile 2003, n. 68. La precedente formulazione comprendeva gli artt. 65-71.*

SEZIONE I – *Reprografia ed altre eccezioni e limitazioni* (1)

(1) *V. nota al Capo V.*

65. – (1) 1. Gli articoli di attualità di carattere economico, politico o religioso pubblicati nelle riviste o nei giornali, oppure radiodiffusi o messi a disposizione del pubblico, e gli altri materiali dello stesso carattere possono essere liberamente riprodotti o comunicati al pubblico in altre riviste o giornali, anche radiotelevisivi, se la riproduzione o l'utilizzazione non è stata espressamente riservata, purché si indichino la fonte da cui sono tratti, la data e il nome dell'autore, se riportato.

2. La riproduzione o comunicazione al pubblico di opere o materiali protetti utilizzati in occasione di avvenimenti di attualità è consentita ai fini dell'esercizio del diritto di cronaca e, nei limiti dello scopo informativo, sempre che si indichi, salvo caso di impossibilità, la fonte, incluso il nome dell'autore, se riportato.

(1) *V. nota al Capo V.*

66. – (1) 1. I discorsi su argomenti di interesse politico o amministrativo tenuti in pubbliche assemblee o comunque in pubblico, nonché gli estratti di conferenze aperte al pubblico, possono essere liberamente riprodotti o comunicati al pubblico, nei limiti giustificati dallo scopo informativo, nelle riviste o nei giornali anche radiotelevisivi o telematici, purché indichino la fonte, il nome dell'autore, la data e il luogo in cui il discorso fu tenuto.

(1) *V. nota al Capo V.*

67. – (1) 1. Opere o brani di opere possono essere riprodotti a fini di pubblica sicurezza, nelle procedure parlamentari, giudiziarie o amministrative, purché si indichino la fonte e, ove possibile, il nome dell'autore.

(1) *V. nota al Capo V.*

68. – (1) 1. È libera la riproduzione di singole opere o brani di opere per uso personale dei lettori, fatta a mano o con mezzi di riproduzione non idonei a spaccio o diffusione dell'opera nel pubblico.

2. È libera la fotocopia di opere esistenti nelle biblioteche accessibili al pubblico o in quelle scolastiche, nei musei pubblici o negli archivi pubblici, effettuata dai predetti organismi per i propri servizi, senza alcun vantaggio economico o commerciale diretto o indiretto.

2-*bis*. Gli istituti di tutela del patrimonio culturale di cui all'articolo 70-*ter*, comma 3, per finalità di conservazione e nella misura a tal fine necessaria, hanno sempre il diritto di riprodurre e realizzare copie di opere o di altri materiali protetti, presenti in modo permanente nelle loro raccolte, in qualsiasi formato e su qualsiasi supporto. È nulla qualsiasi pattuizione avente ad oggetto limitazioni o esclusioni di tale diritto (2).

3. Fermo restando il divieto di riproduzione di spartiti e partiture musicali, è consentita, nei limiti del quindici per cento di ciascun volume o fascicolo di periodico, escluse le pagine di pubblicità, la riproduzione per uso personale di opere dell'ingegno effettuata mediante fotocopia, xerocopia o sistema analogo.

4. I responsabili dei punti o centri di riproduzione, i quali utilizzino nel proprio ambito o mettano a disposizione di terzi, anche gratuitamente, apparecchi per fotocopia, xerocopia o analogo sistema di riproduzione, devono corrispondere un compenso agli autori ed agli editori delle opere dell'ingegno pubblicate per le stampe che, mediante tali apparecchi, vengono riprodotte per gli usi previsti nel comma 3. La misura di detto compenso e le modalità per la riscossione e la ripartizione sono determinate secondo i criteri posti dall'art. 181-*ter* della presente legge. Salvo diverso accordo tra la SIAE e le associazione delle categorie interessate, tale compenso non può essere inferiore per ciascuna pagina riprodotta al prezzo medio a pagina rilevato annualmente dall'ISTAT per i libri.

5. Le riproduzioni per uso personale delle opere esistenti nelle biblioteche pubbliche, fatte all'interno delle stesse con i mezzi di cui al comma 3, possono essere effettuate liberamente nei limiti stabiliti dal medesimo comma 3 con corresponsione di un compenso in forma forfetaria a favore degli aventi diritto di cui al comma 2 dell'articolo 181-*ter*, determinato ai sensi del secondo periodo del comma 1 del medesimo articolo 181-*ter*. Tale compenso è versato direttamente ogni anno dalle biblioteche, nei limiti degli introiti

riscossi per il servizio, senza oneri aggiuntivi a carico del bilancio dello Stato o degli enti dai quali le biblioteche dipendono. I limiti di cui al comma 3 non si applicano alle opere fuori dai cataloghi editoriali e rare in quanto di difficile reperibilità sul mercato.

6. È vietato lo spaccio al pubblico delle copie di cui ai commi precedenti e, in genere, ogni utilizzazione in concorrenza con i diritti di utilizzazione economica spettanti all'autore.

(1) *V. nota al Capo V.*

(2) *Comma così inserito dall'art. 1[1, lett. g)] d.ls. 8 novembre 2021, n. 177. Ai sensi dell'art. 3[1] d.ls. n. 177, cit. « le disposizioni del presente decreto si applicano anche alle opere e agli altri materiali protetti dalla normativa nazionale in materia di diritto d'autore e diritti connessi vigente alla data del 7 giugno 2021. Sono fatti salvi i contratti conclusi e i diritti acquisiti fino al 6 giugno 2021 ».*

68-*bis*. – (1) 1. Salvo quanto disposto in ordine alla responsabilità dei prestatori intermediari dalla normativa in materia di commercio elettronico, sono esentati dal diritto di riproduzione gli atti di riproduzione temporanea privi di rilievo economico proprio che sono transitori o accessori e parte integrante ed essenziale di un procedimento tecnologico, eseguiti all'unico scopo di consentire la trasmissione in rete tra terzi con l'intervento di un intermediario, o un utilizzo legittimo di un'opera o di altri materiali.

(1) *V. nota al Capo V.*

69. – (1) 1. Il prestito eseguito dalle biblioteche e discoteche dello Stato e degli enti pubblici, ai fini esclusivi di promozione culturale e studio personale, non è soggetto ad autorizzazione da parte del titolare del relativo diritto e ha ad oggetto esclusivamente:

a) gli esemplari a stampa delle opere, eccettuati gli spartiti e le partiture musicali;

b) i fonogrammi ed i videogrammi contenenti opere cinematografiche o audiovisive o sequenze d'immagini in movimento, siano esse sonore o meno, decorsi almeno diciotto mesi dal primo atto di esercizio del diritto di distribuzione, ovvero, non essendo stato esercitato il diritto di distribuzione, decorsi almeno ventiquattro mesi dalla realizzazione delle dette opere e sequenze di immagini (2).

2. Per i servizi delle biblioteche, discoteche e cineteche dello Stato e degli enti pubblici è consentita la riproduzione, senza alcun vantaggio economico o commerciale diretto o indiretto, in un unico esemplare, dei fonogrammi e dei videogrammi contenenti opere cinematografiche o audiovisive o sequenze di immagini in movi-

mento, siano esse sonore o meno, esistenti presso le medesime biblioteche, cineteche e discoteche dello Stato e degli enti pubblici.

(1) *V. nota al Capo V.*

(2) *Comma così modificato dall'art. 2[132] d.l. 3 ottobre 2006, n. 262, conv., con modif., in l. 24 novembre 2006, n. 286, con effetto a decorrere dal 29 novembre 2006.*

69-*bis*. – (1) 1. Le biblioteche, gli istituti di istruzione e i musei, accessibili al pubblico, nonché gli archivi, gli istituti per il patrimonio cinematografico o sonoro e le emittenti di servizio pubblico hanno la facoltà di utilizzare le opere orfane di cui all'articolo 69-*quater*, contenute nelle loro collezioni, con le seguenti modalità:

a) riproduzione dell'opera orfana ai fini di digitalizzazione, indicizzazione, catalogazione, conservazione o restauro;

b) messa disposizione del pubblico dell'opera in maniera che ciascuno possa avervi accesso dal luogo e nel momento scelti individualmente.

2. Le opere orfane possono essere utilizzate dalle organizzazioni di cui al comma 1 unicamente per scopi connessi alla loro missione di interesse pubblico, in particolare la conservazione, il restauro e la concessione dell'accesso a fini culturali e formativi di opere e fonogrammi contenuti nelle proprie collezioni.

3. I ricavi eventualmente generati nel corso degli utilizzi di cui al comma 2 sono impiegati per coprire i costi per la digitalizzazione delle opere orfane e per la messa a disposizione del pubblico delle stesse.

4. Le organizzazioni di cui al comma 1 devono indicare, in qualsiasi utilizzo dell'opera orfana, nelle formule d'uso, il nome degli autori e degli altri titolari dei diritti che sono stati individuati.

5. Le organizzazioni di cui al comma 1, nell'adempimento della propria missione di interesse pubblico, hanno la facoltà di concludere accordi volti alla valorizzazione e fruizione delle opere orfane attraverso gli utilizzi di cui al comma 1. Tali accordi non possono imporre ai beneficiari dell'eccezione di cui al presente articolo alcuna restrizione sull'utilizzo di opere orfane e non possono conferire alla controparte contrattuale alcun diritto di utilizzazione delle opere orfane o di controllo dell'utilizzo da parte dei beneficiari. Gli accordi non devono essere in contrasto con lo sfruttamento normale delle opere, né arrecare un ingiustificato pregiudizio agli interessi dei titolari dei diritti.

(1) *Articolo inserito dall'art. 1[1] d.ls. 10 novembre 2014, n. 163. Ai sensi dell'art. 2 d.ls. n. 163, cit., la presente disposizione si applica alle opere e ai fonogrammi di cui all'art. 69-*ter[1]*, come inserito dal suddetto decreto legislativo, che sono tutelate ai sensi della normativa sul*

diritto d'autore alla data del 29 ottobre 2014 e successivamente. La presente disposizione non si applica agli atti conclusi e ai diritti acquisiti prima del 29 ottobre 2014.

69-*ter*. – (1) 1. Gli utilizzi di cui all'articolo 69-*bis* si applicano alle seguenti opere protette ai sensi della presente legge, di prima pubblicazione in uno Stato membro dell'Unione europea o, in caso di mancata pubblicazione, di prima diffusione dell'emissione in uno Stato membro dell'Unione europea e considerate orfane ai sensi dell'articolo articolo 69-*quater*:

a) opere pubblicate sotto forma di libri, riviste, quotidiani, rotocalchi o altre pubblicazioni conservati nelle collezioni di biblioteche, istituti di istruzione o musei, accessibili al pubblico, nonché nelle collezioni di archivi o di istituti per il patrimonio cinematografico o sonoro;

b) opere cinematografiche o audiovisive e fonogrammi conservati nelle collezioni di biblioteche, istituti di istruzione o musei, accessibili al pubblico, nonché nelle collezioni di archivi o di istituti per il patrimonio cinematografico o sonoro;

c) opere cinematografiche o audiovisive e fonogrammi prodotti da emittenti di servizio pubblico fino al 31 dicembre 2002 e che siano conservati nei loro archivi. Per opere prodotte fino al 31 dicembre 2002 si intendono anche quelle commissionate da emittenti di servizio pubblico per un uso proprio esclusivo o per uso esclusivo di altre emittenti di servizio pubblico coproduttrici. Le opere cinematografiche e audiovisive e i fonogrammi contenuti negli archivi di emittenti di servizio pubblico che non sono stati prodotti o commissionati da tali emittenti ma che queste sono state autorizzate a utilizzare mediante un accordo di licenza non possono essere considerate orfane.

2. Gli utilizzi di cui all'articolo 69-*bis* si applicano altresì alle opere e ai fonogrammi in qualsiasi forma che rientrano nelle categorie di opere o materiali di cui al comma 1, depositati presso le organizzazioni di cui all'articolo 69-*bis*, comma 1, entro il 29 ottobre 2014, che non sono mai stati pubblicati ovvero diffusi, ma che siano stati resi pubblicamente accessibili dalle predette organizzazioni con il consenso dei titolari dei diritti. Le utilizzazioni sono consentite solo se è ragionevole presumere, sulla base di documentate espressioni di volontà, che i titolari dei diritti non si opporrebbero a tale utilizzo.

3. Gli utilizzi di cui all'articolo 69-*bis* si applicano altresì alle opere e agli altri contenuti protetti che sono inclusi, incorporati o che

formano parte integrante delle opere o dei fonogrammi di cui al comma 1.

(1) *Articolo inserito dall'art. 1[1] d.ls. 10 novembre 2014, n. 163. Ai sensi dell'art. 2 d.ls. n. 163, cit., la presente disposizione si applica alle opere e ai fonogrammi di cui al comma 1 del presente articolo, come inserito dal suddetto decreto legislativo, che sono tutelate ai sensi della normativa sul diritto d'autore alla data del 29 ottobre 2014 e successivamente. La presente disposizione non si applica agli atti conclusi e ai diritti acquisiti prima del 29 ottobre 2014.*

69-*quater*. – (1) 1. Un'opera o un fonogramma, come individuati dall'articolo 69-*ter*, sono considerati orfani se nessuno dei titolari dei diritti su tale opera o fonogramma è stato individuato oppure, anche se uno o più di loro siano stati individuati, nessuno di loro è stato rintracciato, al termine di una ricerca diligente svolta e registrata conformemente al presente articolo.

2. La ricerca diligente è svolta anteriormente all'utilizzo dell'opera o del fonogramma dalle organizzazioni di cui all'articolo 69-*bis*, comma 1, o da soggetto da loro incaricato, secondo i principi di buona fede e correttezza professionale. La ricerca è svolta consultando fonti di informazione appropriate e comunque quelle previste dall'articolo 69-*septies* per ciascuna categoria di opere o di fonogrammi. Con decreto del Ministro dei beni e delle attività culturali e del turismo, sentite le associazioni dei titolari dei diritti e degli utilizzatori maggiormente rappresentative, possono essere individuate ulteriori fonti di informazione che devono essere consultate, per ciascuna categoria di opere o fonogrammi, nel corso della ricerca diligente.

3. Se, nel corso di una ricerca svolta in Italia, emergono motivi per ritenere che informazioni pertinenti sui titolari dei diritti debbano essere recuperate in altri Paesi, si procede alla consultazione anche delle fonti di informazioni disponibili in tali Paesi.

4. Le organizzazioni di cui all'articolo 69-*bis*, comma 1, comunicano al Ministero dei beni e delle attività culturali e del turismo, Direzione generale per le biblioteche, gli istituti culturali e il diritto d'autore, l'inizio della ricerca diligente e gli esiti delle ricerche che hanno indotto a ritenere che un'opera o un fonogramma possano essere considerati orfani, nonché gli esiti delle ricerche che hanno indotto a ritenere che un'opera o un fonogramma non possano essere considerati orfani. Tali informazioni devono includere gli estremi identificativi delle opere o dei fonogrammi e i riferimenti per contattare l'organizzazione interessata. Le organizzazioni di cui all'articolo 69-*bis*, comma 1, comunicano, altresì, qualsiasi modifica

dello status di opera orfana delle opere e dei fonogrammi da loro utilizzati. Presso il Ministero dei beni e delle attività culturali e del turismo, Direzione generale per le biblioteche, gli istituti culturali e il diritto d'autore, è costituita una banca dati delle ricerche condotte dalle organizzazioni di cui all'articolo 69-*bis*, comma 1.

5. Le opere e i fonogrammi sono considerate orfane e la ricerca diligente, svolta dalle organizzazioni di cui all'articolo 69-*bis*, comma 1, o da soggetto da loro incaricato, è conclusa decorso il termine di novanta giorni dalla data di pubblicazione, su un'apposita pagina del sito del Ministero dei beni e delle attività culturali e del turismo, dell'esito della consultazione delle fonti senza che la titolarità sia stata rivendicata da alcuno. Il Ministero dei beni e delle attività culturali e del turismo comunica all'organizzazione che ha effettuato la ricerca l'eventuale rivendicazione dell'opera da parte di uno o più titolari.

6. Le organizzazioni di cui all'articolo 69-*bis*, comma 1, comunicano al Ministero dei beni e delle attività culturali e del turismo gli utilizzi delle opere orfane, anche laddove la ricerca sia stata effettuata da altri. Il decreto di cui al comma 2 può prevedere l'obbligo di comunicazione di ulteriori informazioni a carico delle organizzazioni.

7. Ove vi sia più di un titolare dei diritti su un'opera o su un fonogramma e non tutti i titolari siano stati individuati oppure, anche quando individuati, non siano stati rintracciati, al termine di una ricerca diligente svolta ai sensi del presente articolo, l'opera o il fonogramma possono essere utilizzati secondo i termini e nei limiti delle autorizzazioni concesse dai titolari dei diritti identificati e rintracciati.

8. La ricerca diligente è svolta nello Stato membro dell'Unione europea di prima pubblicazione o, in caso di mancata pubblicazione, di prima diffusione dell'emissione. Per le opere cinematografiche o audiovisive il cui produttore ha sede o risiede abitualmente in uno Stato membro dell'Unione europea, la ricerca diligente è svolta nello Stato membro dell'Unione europea in cui sia stabilita la sua sede principale o la sua abituale residenza. Nel caso di opere cinematografiche o audiovisive coprodotte da produttori aventi sedi in Stati membri dell'Unione europea diversi, la ricerca diligente deve essere svolta in ciascuno degli Stati membri in questione.

9. Nel caso di cui all'articolo 69-*ter*, comma 2, la ricerca diligente è effettuata nello Stato membro dell'Unione europea in cui è stabilita

l'organizzazione che ha reso l'opera o il fonogramma pubblicamente accessibile.

10. In tutti casi in cui la ricerca è effettuata in Italia, si applicano le procedure di cui al presente articolo. Laddove la ricerca è effettuata da titolati soggetti italiani in un altro Stato membro dell'Unione europea, la ricerca diligente è svolta seguendo le procedure e consultando le fonti di informazione prescritte dalla legislazione nazionale di tale Stato membro.

11. Sono considerate orfane le opere e i fonogrammi già considerati opere orfane, ai sensi della direttiva 2012/28/UE, in un altro Stato membro dell'Unione europea.

[12. Non possono essere considerate orfane le opere in commercio] (2).

13. Restano impregiudicate le disposizioni in materia di opere anonime o pseudonime.

14. Le organizzazioni di cui all'articolo 69-*bis*, comma 1, conservano la documentazione relativa alle loro ricerche diligenti in modo che sia disponibile a richiesta degli interessati.

15. Il Ministero dei beni e delle attività culturali e del turismo trasmette senza indugio all'Ufficio per l'armonizzazione nel mercato interno per la registrazione nella banca dati online pubblicamente accessibile:

a) gli esiti delle ricerche diligenti effettuate ai sensi del presente articolo che hanno permesso di concludere che un'opera o un fonogramma sono considerati un'opera orfana;

b) l'utilizzo che le organizzazioni fanno delle opere orfane conformemente alla presente legge;

c) qualsiasi modifica dello status di opera orfana delle opere e dei fonogrammi utilizzati dalle organizzazioni;

d) le pertinenti informazioni di contatto dell'organizzazione interessata.

(1) *Articolo inserito dall'art. 1[1] d.lgs. 10 novembre 2014, n. 163. V. nota 1* sub *art. 69*-bis.

(2) *Comma abrogato dall'art. 1[1, lett. h)], d.lgs. 8 novembre 2021, n. 177. Ai sensi dell'art. 3[1] d.lgs. n. 177, cit. « le disposizioni del presente decreto si applicano anche alle opere e agli altri materiali protetti dalla normativa nazionale in materia di diritto d'autore e diritti connessi vigente alla data del 7 giugno 2021. Sono fatti salvi i contratti conclusi e i diritti acquisiti fino al 6 giugno 2021 ».*

69-*quinquies*. – (1) 1. Il titolare dei diritti su un'opera o su un fonogramma considerati opere orfane ha, in qualunque momento, la possibilità di porre fine a tale status in relazione ai diritti a lui spettanti. Gli utilizzi delle opere non più orfane possono proseguire solo se autorizzati dai titolari dei relativi diritti. Gli accordi di cui all'articolo 69-*bis*, comma 5, cessano di avere efficacia.

2. Ai titolari dei diritti che pongono fine allo status di opera orfana spetta un equo compenso per l'utilizzo di cui all'articolo 69-*bis*.

3. La misura e le modalità di determinazione e corresponsione dell'equo compenso di cui al comma 2 sono stabilite mediante accordi stipulati fra le associazioni di categoria maggiormente rappresentative dei titolari dei diritti di cui alla presente legge e le associazioni delle categorie interessate di cui all'articolo 69-*bis*, comma 1. Nella stipula dei predetti accordi le parti tengono in debito conto gli obiettivi di promozione culturale correlati all'uso effettuato dell'opera, la natura non commerciale dell'utilizzo fatto dalle organizzazioni per conseguire gli obiettivi connessi alla loro missione di interesse pubblico, quali la promozione dell'apprendimento e la diffusione della cultura, nonché l'eventuale danno arrecato ai titolari dei diritti.

4. I titolari dei diritti o il soggetto utilizzatore, rientrante fra quelli previsti dall'articolo 69-*bis*, comma 1, nel caso in cui non vi sia l'accordo di cui al comma 3 o nel caso in cui non ritengano di aderirvi, possono esperire il tentativo di conciliazione di cui all'articolo 194-*bis*, al fine di determinare la misura dell'equo compenso. In difetto di accordo, i predetti soggetti possono adire la competente Autorità giudiziaria, affinché, secondo i criteri di cui al comma 3, determini la misura e la modalità di determinazione dell'equo compenso.

5. Il compenso di cui al comma 2 è dovuto dalle organizzazioni che hanno utilizzato l'opera o il fonogramma.

(1) *Articolo inserito dall'art. 1[1] d.ls. 10 novembre 2014, n. 163. V. nota 1* sub *art. 69-*bis.

69-*sexies*. – (1) 1. I titolari dei diritti possono richiedere di porre fine allo status di opera orfana in relazione ai diritti loro spettanti rivendicando la titolarità presso le organizzazioni di cui all'articolo 69-*bis*, comma 1.

2. In caso di controversia sulla titolarità dei diritti si applica il tentativo obbligatorio di conciliazione previsto dall'articolo 194-*bis*.

3. Il Ministero dei beni e delle attività culturali e del turismo comunica prontamente all'Ufficio per l'armonizzazione nel mercato interno, per la registrazione nella banca dati online pubblicamente accessibile, qualsiasi modifica dello status di opera orfana.

(1) *Articolo inserito dall'art. 1[1] d.ls. 10 novembre 2014, n. 163. V. nota 1* sub *art. 69-*bis.

69-*septies*. – (1) 1. Le fonti di cui all'articolo 69-*quater*, comma 2, comprendono le seguenti:

a) per tutte le categorie di opere: il Registro Pubblico Generale delle Opere Protette presso il Ministero dei beni e delle attività culturali e del turismo;

b) per i libri pubblicati:

1) il Sistema Bibliotecario Nazionale, inclusi i registri d'autorità per gli autori;

2) le associazioni nazionali degli editori e degli autori, gli editori che hanno pubblicato le opere, se noti, e gli agenti letterari operanti in Italia;

3) il deposito legale;

4) la banca dati dell'agenzia italiana ISBN, per i libri pubblicati e per gli editori;

5) la banca dati WATCH (Writers, Artists and their Copyrightb Holders);

6) le banche dati della SIAE e del servizio Clearedi;

7) le banche dati dei libri in commercio ALICE ed ESAIE (per i titoli scolastici);

8) l'Anagrafe Nazionale Nominativa dei Professori e dei Ricercatori e delle Pubblicazioni Scientifiche (ANPRePS);

Le fonti sopra riportate possono essere consultate o direttamente o attraverso sistemi che ne consentono l'interrogazione integrata quali VIAF (Virtual International Authority Files) e ARROW (Accessible Registries of Rights Information and Orphan Works).

c) per i quotidiani, i rotocalchi e le riviste:

1) l'ISSN (International Standard Serial Number) per i periodici;

2) gli indici e i cataloghi di raccolte storiche e collezioni di biblioteche;

3) il deposito legale;

4) le associazioni italiane degli editori e le associazioni italiane degli autori e dei giornalisti;

5) le banche dati delle società di gestione collettiva, inclusi gli organismi che gestiscono i diritti di riproduzione.

d) per le opere visive, inclusi gli oggetti d'arte, la fotografia, le illustrazioni, il design, l'architettura, le bozze di tali opere e di altro materiale riprodotto in libri, riviste, quotidiani e rotocalchi o altre opere:

1) le fonti di cui alle lettere *a*), *b*) e *c*);

2) le banche dati delle società di gestione collettiva, in particolare riguardanti le arti visive e incluse le organizzazioni che gestiscono i diritti di riproduzione;

3) se del caso, le banche dati di agenzie fotografiche.

e) per le opere audiovisive e i fonogrammi:

1) il deposito legale;

2) le associazioni italiane dei produttori;

3) le banche dati di istituti per il patrimonio cinematografico o sonoro e le biblioteche nazionali;

4) le banche dati con i relativi standard e identificatori, come ISAN (International Standard Audiovisual Number) per il materiale audiovisivo, ISWC (International Standard Music Work Code) per le composizioni musicali e ISRC (International Standard Recording Code) per i fonogrammi;

5) le banche dati delle società di gestione collettiva, in particolare per autori, interpreti o esecutori, produttori di fonogrammi e produttori di opere audiovisive;

6) l'elenco di quanti hanno partecipato alla realizzazione e altre informazioni riportate sulla confezione dell'opera;

7) le banche dati di altre associazioni pertinenti che rappresentano una categoria specifica di titolari dei diritti.

(1) *Articolo inserito dall'art. 1[1] d.ls. 10 novembre 2014, n. 163. V. nota 1 sub art. 69*-bis.

70. – (1) 1. Il riassunto, la citazione o la riproduzione di brani o di parti di opera e la loro comunicazione al pubblico sono liberi se effettuati per uso di critica odi discussione, nei limiti giustificati da tali fini e purché non costituiscano concorrenza all'utilizzazione economica dell'opera; se effettuati a fini di insegnamento o di ricerca scientifica l'utilizzo deve inoltre avvenire per finalità illustrative e per fini non commerciali.

1-*bis*. È consentita la libera pubblicazione attraverso la rete internet, a titolo gratuito, di immagini e musiche a bassa risoluzione o degradate, per uso didattico o scientifico e solo nel caso in cui tale utilizzo non sia a scopo di lucro. Con decreto del Ministro per i beni e le attività culturali, sentiti il Ministro della pubblica istruzione e il Ministro dell'università e della ricerca, previo parere delle Commissioni parlamentari competenti, sono definiti i limiti all'uso didattico o scientifico di cui al presente comma (2).

2. Nelle antologie ad uso scolastico la riproduzione non può superare la misura determinata dal regolamento, il quale fissa la modalità per la determinazione dell'equo compenso.

3. Il riassunto, la citazione o la riproduzione debbono essere sempre accompagnati dalla menzione del titolo dell'opera, dei nomi dell'autore, dell'editore e, se si tratti di traduzione, del traduttore, qualora tali indicazioni figurino sull'opera riprodotta.

(1) *V. nota al Capo V.*

(2) *Comma inserito dall'art. 2 l. 9 gennaio 2008, n. 2.*

70-*bis*. – (1) 1. Sono liberi il riassunto, la citazione, la riproduzione, la traduzione e l'adattamento di brani o di parti di opere e di altri materiali e la loro comunicazione al pubblico se effettuati con mezzi digitali, esclusivamente per finalità illustrative ad uso didattico, nei limiti di quanto giustificato dallo scopo non commerciale perseguito, nonché sotto la responsabilità di un istituto di istruzione, nei suoi locali o in altro luogo o in un ambiente elettronico sicuro, accessibili solo al personale docente di tale istituto e agli alunni o studenti iscritti al corso di studi in cui le opere o gli altri materiali sono utilizzati.

2. Il riassunto, la citazione e la riproduzione di brani o di parti di opere e di altri materiali e la loro comunicazione al pubblico sono sempre accompagnati dalla menzione del titolo dell'opera, dei nomi dell'autore, dell'editore e del traduttore, qualora tali indicazioni figurino sull'opera.

3. L'eccezione di cui al comma 1 non si applica al materiale destinato principalmente al mercato dell'istruzione e agli spartiti e alle partiture musicali quando sono disponibili sul mercato opportune licenze volontarie che autorizzano gli utilizzi ivi previsti e quando tali licenze rispondono alle necessità e specificità degli istituti di istruzione e sono da questi facilmente conoscibili ed accessibili.

4. Gli utilizzi di opere e di altri materiali di cui al comma 1 aventi luogo in Italia da parte di un istituto di istruzione che ha sede in un altro Stato membro si intendono effettuati esclusivamente nel suddetto Stato membro.

5. Sono nulle le pattuizioni contrarie a quanto previsto dal presente articolo.

(1) *Articolo inserito dall'art. 1[1, lett. i)], d.ls. 8 novembre 2021, n. 177. Ai sensi dell'art. 3[1] d.ls. n. 177, cit. « le disposizioni del presente decreto si applicano anche alle opere e agli altri materiali protetti dalla normativa nazionale in materia di diritto d'autore e diritti connessi vigente alla data del 7 giugno 2021. Sono fatti salvi i contratti conclusi e i diritti acquisiti fino al 6 giugno 2021 ».*

70-*ter*. – 1. Sono consentite le riproduzioni compiute da organismi di ricerca e da istituti di tutela del patrimonio culturale, per scopi di ricerca scientifica, ai fini dell'estrazione di testo e di dati da opere o da altri materiali disponibili in reti o banche di dati cui essi hanno lecitamente accesso, nonché la comunicazione al pubblico degli esiti della ricerca ove espressi in nuove opere originali.

2. Ai fini della presente legge per estrazione di testo e di dati si intende qualsiasi tecnica automatizzata volta ad analizzare grandi quantità di testi, suoni, immagini, dati o metadati in formato digitale

con lo scopo di generare informazioni, inclusi modelli, tendenze e correlazioni.

3. Ai fini della presente legge per istituti di tutela del patrimonio culturale si intendono le biblioteche, i musei, gli archivi, purché aperti al pubblico o accessibili al pubblico, inclusi quelli afferenti agli istituti di istruzione, agli organismi di ricerca e agli organismi di radiodiffusione pubblici, nonché gli istituti per la tutela del patrimonio cinematografico e sonoro e gli organismi di radiodiffusione pubblici.

4. Ai fini della presente legge, per organismi di ricerca si intendono le università, comprese le relative biblioteche, gli istituti di ricerca o qualsiasi altra entità il cui obiettivo primario è quello di condurre attività di ricerca scientifica o di svolgere attività didattiche che includano la ricerca scientifica, che alternativamente:

a) operino senza scopo di lucro o il cui statuto prevede il reinvestimento degli utili nelle attività di ricerca scientifica, anche in forma di partenariato pubblico-privato;

b) perseguano una finalità di interesse pubblico riconosciuta da uno Stato membro dell'Unione europea.

5. Non si considerano organismi di ricerca quelli sui quali è esercitata da imprese commerciali un'influenza determinante tale da consentire un accesso su base preferenziale ai risultati generati dalle attività di ricerca scientifica.

6. Le copie di opere o di altri materiali realizzate in conformità al comma 1 sono memorizzate con un adeguato livello di sicurezza e possono essere conservate e utilizzate unicamente per scopi di ricerca scientifica, inclusa la verifica dei risultati della ricerca.

7. I titolari dei diritti sono autorizzati ad applicare, in misura non eccedente a quanto necessario allo scopo, misure idonee a garantire la sicurezza e l'integrità delle reti e delle banche dati in cui sono ospitati le opere o gli altri materiali.

8. Le misure di cui ai commi 6 e 7 possono essere definite anche sulla base di accordi tra le associazioni dei titolari dei diritti, gli istituti di tutela del patrimonio culturale e gli organismi di ricerca.

9. Sono nulle le pattuizioni in contrasto con i commi 1, 6 e 7 del presente articolo.

(1) *Articolo inserito dall'art. 1[1, lett. i)], d.ls. 8 novembre 2021, n. 177. Ai sensi dell'art. 3[1] d.ls. n. 177, cit. « le disposizioni del presente decreto si applicano anche alle opere e agli altri materiali protetti dalla normativa nazionale in materia di diritto d'autore e diritti connessi vigente alla data del 7 giugno 2021. Sono fatti salvi i contratti conclusi e i diritti acquisiti fino al 6 giugno 2021 ».*

70-*quater*. – (1) 1. Fermo restando quanto previsto dall'articolo 70-*ter*, sono consentite le riproduzioni e le estrazioni da opere o da altri materiali contenuti in reti o in banche di dati cui si ha legittimamente accesso ai fini dell'estrazione di testo e di dati.

L'estrazione di testo e di dati è consentita quando l'utilizzo delle opere e degli altri materiali non è stato espressamente riservato dai titolari del diritto d'autore e dei diritti connessi nonché dai titolari delle banche dati.

2. Le riproduzioni e le estrazioni eseguite ai sensi del comma 1 possono essere conservate solo per il tempo necessario ai fini dell'estrazione di testo e di dati.

3. Per lo svolgimento delle attività di cui al presente articolo sono in ogni caso garantiti livelli di sicurezza non inferiori a quelli definiti per lo svolgimento delle attività di cui all'articolo 70-*ter*.

(1) *Articolo inserito dall'art. 1[1, lett. i)], d.ls. 8 novembre 2021, n. 177. Ai sensi dell'art. 3[1] d.ls. n. 177, cit. « le disposizioni del presente decreto si applicano anche alle opere e agli altri materiali protetti dalla normativa nazionale in materia di diritto d'autore e diritti connessi vigente alla data del 7 giugno 2021. Sono fatti salvi i contratti conclusi e i diritti acquisiti fino al 6 giugno 2021 ».*

70-*quinquies*. – (1) 1. L'editore al quale un autore ha trasferito o concesso l'utilizzo di un diritto mediante contratto di trasferimento o licenza ha diritto a una quota, comunque non superiore al 50 per cento, del compenso previsto a favore dell'autore per gli utilizzi dell'opera in virtù di qualsiasi eccezione o limitazione al diritto trasferito o concesso. Tale quota può essere determinata da accordi collettivi, fermo restando il rispetto del limite di cui al primo periodo.

2. La disposizione di cui al comma 1 si applica senza pregiudizio del diritto di prestito di cui all'articolo 69.

(1) *Articolo inserito dall'art. 1[1, lett. i)], d.ls. 8 novembre 2021, n. 177. Ai sensi dell'art. 3[1] d.ls. n. 177, cit. « le disposizioni del presente decreto si applicano anche alle opere e agli altri materiali protetti dalla normativa nazionale in materia di diritto d'autore e diritti connessi vigente alla data del 7 giugno 2021. Sono fatti salvi i contratti conclusi e i diritti acquisiti fino al 6 giugno 2021 ».*

70-*sexies*. – (1) 1. Quando sono applicate le misure tecnologiche di cui all'articolo 102-*quater*, anche in base ad accordi o a provvedimenti dell'autorità amministrativa o giudiziaria, i soggetti di cui agli articoli 70-*bis*, comma 1, e 70-*ter*, commi 3 e 4, che hanno acquisito il possesso legittimo di esemplari dell'opera o del materiale protetto, oppure vi hanno avuto accesso legittimo, hanno diritto di estrarne una copia alle condizioni, con i limiti e per le finalità previste dai suddetti articoli, purché tale estrazione di copia non sia in contrasto con lo sfruttamento normale dell'opera o degli altri materiali, e a condizione che non arrechi un ingiustificato pregiudizio ai titolari dei diritti.

(1) *Articolo inserito dall'art. 1[1, lett. i)], d.ls. 8 novembre 2021, n. 177. Ai sensi dell'art. 3[1] d.ls. n. 177, cit. « le disposizioni del presente decreto si applicano anche alle opere e agli altri materiali protetti dalla normativa nazionale in materia di diritto d'autore e diritti connessi vigente alla data del 7 giugno 2021. Sono fatti salvi i contratti conclusi e i diritti acquisiti fino al 6 giugno 2021 ».*

71. – (1) 1. Le bande musicali e le fanfare dei corpi armati dello Stato possono eseguire in pubblico brani musicali o parti di opere in musica, senza pagamento di alcun compenso per diritti di autore, purché l'esecuzione sia effettuata senza scopo di lucro.

(1) *V. nota al Capo V.*

71-*bis*. – (1) 1. Ai portatori di particolari handicap sono consentite, per uso personale, la riproduzione di opere e materiali protetti o l'utilizzazione della comunicazione al pubblico degli stessi, purché siano direttamente collegate all'handicap, non abbiano carattere commerciale e si limitino a quanto richiesto dall'handicap.

2. Con decreto del Ministro per i beni e le attività culturali, di concerto con il Ministro del lavoro e delle politiche sociali, sentito il comitato di cui all'art. 190, sono individuate le categorie di portatori di handicap di cui al comma 1 e i criteri per l'individuazione dei singoli beneficiari nonché, ove necessario, le modalità di fruizione dell'eccezione (2)

2-*bis*. Fermo restando quanto disposto ai commi 1 e 2 del presente articolo e in deroga agli articoli 13, 16, 17, 18-*bis*, comma 2, 64-*bis*, 64-*quinquies*, 72, comma 1, lettere *a*), *b*) e *d*), 78-*ter*, comma 1, lettere *a*), *b*) e *d*), 79, comma 1, lettere *b*), *d*) ed *e*), 80, comma 2, lettere *b*), *c*) ed *e*), e 102-*bis*, sono liberi gli atti di riproduzione, di comunicazione al pubblico, messa a disposizione del pubblico, distribuzione e prestito di opere o altro materiale, protetti ai sensi della normativa vigente sul diritto d'autore e sui diritti ad esso connessi, intendendosi per tali le opere letterarie, fotografiche e delle arti figurative in forma di libri, riviste, quotidiani, rotocalchi o altri tipi di scritti, notazioni, compresi gli spartiti musicali, e relative illustrazioni, su qualsiasi supporto, anche in formato audio, quali gli audiolibri, e in formato digitale, protette da diritto d'autore o da diritti connessi, pubblicate o altrimenti rese lecitamente accessibili al pubblico, previa la loro trasformazione, ai sensi del comma 2-*quater*, in "copie in formato accessibile", intendendosi per tali quelle rese in una maniera o formato alternativi che consentano al beneficiario di avere accesso in maniera agevole e confortevole come una persona che non ha alcuna menomazione né alcuna delle disabilità di cui al comma 2-*ter* (3).

2-*ter*. L'eccezione di cui al comma 2-*bis* è riconosciuta alle seguenti categorie di beneficiari, indipendentemente da altre forme di disabilità:

a) non vedenti;

b) con una disabilità visiva che non può essere migliorata in modo tale da garantire una funzionalità visiva sostanzialmente equivalente a quella di una persona priva di tale disabilità e per questo non in grado di leggere le opere stampate in misura sostanzialmente equivalente alle persone prive di tale disabilità;

c) con disabilità percettiva o di lettura e per questo non in grado di leggere le opere stampate in misura sostanzialmente equivalente a quella di una persona priva di tale disabilità;

d) con una disabilità fisica che le impedisce di tenere o di maneggiare un libro oppure di fissare o spostare lo sguardo nella misura che sarebbe normalmente necessaria per leggere (3).

2-*quater*. La disposizione di cui al comma 2-*bis* si applica alle operazioni necessarie per apportare modifiche, convertire o adattare un'opera o altro materiale ai fini della produzione di una copia in formato accessibile. Sono altresì comprese le modifiche che possono essere necessarie nei casi in cui il formato di un'opera o di altro materiale sia già accessibile a taluni beneficiari mentre non lo è per altri, per via delle diverse menomazioni o disabilità o della diversa gravità di tali menomazioni o disabilità. Per consentire l'utilizzo delle opere e degli altri materiali protetti ai sensi del presente articolo trova applicazione l'articolo 71-*quinquies* (3).

2-*quinquies*. In attuazione di quanto previsto dai commi 2-*ter* e 2-*quater* è consentito:

a) a un beneficiario, o una persona che agisce per suo conto secondo le norme vigenti, di realizzare, per suo uso esclusivo, una copia in formato accessibile di un'opera o di altro materiale cui il beneficiario ha legittimamente accesso;

b) a un'entità autorizzata di realizzare, senza scopo di lucro, una copia in formato accessibile di un'opera o di altro materiale cui ha legittimamente accesso, ovvero, senza scopo di lucro, di comunicare, mettere a disposizione, distribuire o dare in prestito la stessa copia a un beneficiario o a un'altra entità autorizzata affinché sia destinata a un uso esclusivo da parte di un beneficiario (3).

2-*sexies*. Ai fini di quanto previsto al comma 2-*quinquies*, lettera *b*), per "entità autorizzata" si intende un'entità, pubblica o privata, riconosciuta o autorizzata secondo le norme vigenti a fornire ai beneficiari, senza scopo di lucro, istruzione, formazione, possibilità di lettura adattata o accesso alle informazioni. Nella categoria rientrano anche gli enti pubblici o le organizzazioni senza scopo di lucro che forniscono ai beneficiari istruzione, formazione, possibilità di lettura adattata o accesso alle informazioni come loro attività primarie, obbligo istituzionale o come parte delle loro missioni di interesse pubblico. Le entità autorizzate stabilite sul territorio nazionale trasmettono al Ministero per i beni e le attività culturali una dichiarazione sostitutiva di atto di notorietà, resa nelle forme stabilite dalla normativa vigente, attestando la loro denominazione, i dati identificativi, i contatti, il possesso dei requisiti soggettivi di cui al presente comma. Entro sessanta giorni dalla data di entrata in vigore della presente disposizione il Ministro per i beni e le attività culturali, di concerto con il Ministro della salute e con il Ministro per la famiglia e le disabilità, stabilisce con proprio decreto le modalità per la verifica del possesso dei requisiti e del rispetto degli obblighi di cui ai commi 2-*undecies*, 2-*duodecies* e 2-*terdecies* (3).

2-*septies*. Ogni copia in formato accessibile, realizzata ai sensi dei commi da 2-*bis* a 2-*sexies*, deve rispettare l'integrità dell'opera o di altro materiale interessato, essendo consentiti unicamente le modifiche, le conversioni e gli adattamenti strettamente necessari per rendere l'opera, o altro materiale, accessibile nel formato alternativo e rispondenti alle necessità specifiche dei beneficiari di cui al comma 2-*ter*. A tal fine, ogni copia in formato accessibile deve essere sempre accompagnata dalla menzione del titolo dell'opera, o di altro materiale, dei nomi di coloro che risultano autori, editori e traduttori dell'opera nonché delle ulteriori indicazioni che figurano sull'opera o altro materiale secondo quanto previsto dalla legge. Nel determinare se le modifiche, conversioni o adattamenti siano necessari, i beneficiari non hanno l'obbligo di condurre verifiche sulla disponibilità di altre versioni accessibili dell'opera o altro materiale. L'eccezione di cui al comma 2-*bis* non si applica all'entità autorizzata nel caso in cui siano già disponibili in commercio versioni accessibili di un'opera o di altro materiale, fatta salva la possibilità di miglioramento dell'accessibilità o della qualità delle stesse (3).

2-*octies*. L'esercizio delle attività previste dai commi 2-*bis* e seguenti è consentito nei limiti giustificati dal fine perseguito, per finalità non commerciali, dirette o indirette, e senza scopo di lucro; esso non è subordinato al rispetto di ulteriori requisiti in capo ai beneficiari. Sono prive di effetti giuridici le clausole contrattuali dirette a impedire o limitare l'applicazione dei commi da 2-*bis* a 2-*septies*. Gli utilizzi consentiti non devono porsi in contrasto con lo sfruttamento normale dell'opera o di altro materiale e non devono arrecare ingiustificato pregiudizio ai legittimi interessi dei titolari dei relativi diritti (3).

2-*novies*. Alle entità autorizzate non è imposto alcun obbligo di produzione e diffusione di copie in formato accessibile di opere o altro materiale protetto e possono chiedere ai beneficiari esclusivamente il rimborso del costo per la trasformazione delle opere in formato accessibile nonché delle spese necessarie per la consegna delle stesse (3).

2-*decies*. Le entità autorizzate stabilite nel territorio dello Stato italiano possono effettuare le operazioni di cui ai commi 2-*bis*, 2-*quater* e 2-*quinquies* per un beneficiario o un'altra entità autorizzata stabilita in un altro Stato membro dell'Unione europea. I beneficiari o le entità autorizzate stabilite nel territorio dello Stato italiano possono ottenere o avere accesso a una copia in formato accessibile da un'entità autorizzata stabilita in qualsiasi altro Stato membro dell'Unione europea (3).

2-*undecies*. Le entità autorizzate stabilite nel territorio dello Stato italiano, nel pieno rispetto delle disposizioni vigenti in ordine al trattamento dei dati personali, devono:

a) distribuire, comunicare e rendere disponibili le copie in formato accessibile unicamente ai beneficiari o ad altre entità autorizzate;

b) prendere opportune misure per prevenire la riproduzione, la distribuzione, la comunicazione al pubblico o la messa a disposizione del pubblico non autorizzate delle copie in formato accessibile;

c) prestare la dovuta diligenza nel trattare le opere o altro materiale e le relative copie in formato accessibile e nel registrare tutte le operazioni effettuate;

d) pubblicare e aggiornare, se del caso nel proprio sito web, o tramite altri canali online o offline, informazioni sul modo in cui le entità autorizzate rispettano gli obblighi di cui alle lettere *a*), *b*) e *c*) (3).

2-*duodecies*. Le entità autorizzate stabilite nel territorio dello Stato italiano devono fornire le seguenti informazioni in modo accessibile, su richiesta, alle categorie di beneficiari di cui al comma 2-*ter*, alle entità autorizzate, anche stabilite all'estero, e ai titolari dei diritti:

a) l'elenco delle opere o di altro materiale per cui dispongono di copie in formato accessibile e i formati disponibili;

b) il nome e i contatti delle entità autorizzate con le quali hanno avviato lo scambio di copie in formato accessibile a norma del comma 2-*decies* (3).

2-*terdecies*. Le informazioni di cui alle lettere *a*) e *b*) del comma 2-*duodecies* sono comunicate annualmente ai competenti uffici del Ministero per i beni e le attività culturali ai fini della comunicazione periodica alla Commissione europea (3).

(1) *V. nota al Capo V.*
(2) *In attuazione del presente comma, v. d.m. 14 novembre 2007, n. 239.*
(3) *Comma aggiunto dall'art. 15[1] l. 3 maggio 2019, n. 37.*

71-*ter*. – (1) 1. È libera la comunicazione o la messa a disposizione destinata a singoli individui, a scopo di ricerca o di attività privata di studio, su terminali aventi tale unica funzione situati nei locali delle biblioteche accessibili al pubblico, degli istituti di istruzione, nei musei e negli archivi, limitatamente alle opere o ad altri materiali contenuti nelle loro collezioni e non soggetti a vincoli derivanti da atti di cessione o da licenza.

(1) *V. nota al Capo V.*

71-*quater*. – (1) 1. È consentita la riproduzione di emissioni radiotelevisive effettuate da ospedali pubblici e da istituti di prevenzione e pena, per un utilizzo esclusivamente interno, purché i titolari dei diritti ricevano un equo compenso determinato con decreto del Ministro per i beni e le attività culturali, sentito il comitato di cui all'art. 190.

(1) *V. nota al Capo V.*

71-*quinquies*. – (1) 1. I titolari di diritti che abbiano apposto le misure tecnologiche di cui all'articolo 102-*quater* sono tenuti alla rimozione delle stesse, per consentire l'utilizzo delle opere o dei materiali protetti, dietro richiesta dell'autorità competente, per fini di sicurezza pubblica o per assicurare il corretto svolgimento di un procedimento amministrativo, parlamentare o giudiziario.

2. I titolari dei diritti sono tenuti ad adottare idonee soluzioni, anche mediante la stipula di appositi accordi con le associazioni di categoria rappresentative dei beneficiari, per consentire l'esercizio delle eccezioni di cui agli articoli 55, 68, commi 1 e 2, 69, comma 2, 70, comma 1, 71-*bis* e 71-*quater*, su espressa richiesta dei beneficiari ed a condizione che i beneficiari stessi abbiano acquisito il possesso legittimo degli esemplari dell'opera o del materiale protetto, o vi abbiano avuto accesso legittimo ai fini del loro utilizzo, nel rispetto e nei

limiti delle disposizioni di cui ai citati articoli, ivi compresa la corresponsione dell'equo compenso, ove previsto.

3. I titolari dei diritti non sono tenuti agli adempimenti di cui al comma 2 in relazione alle opere o ai materiali messi a disposizione del pubblico in modo che ciascuno vi possa avere accesso dal luogo o nel momento scelto individualmente, quando l'accesso avvenga sulla base di accordi contrattuali.

4. Le associazioni di categoria dei titolari dei diritti e gli enti o le associazioni rappresentative dei beneficiari delle eccezioni di cui al comma 2 possono svolgere trattative volte a consentire l'esercizio di dette eccezioni. In mancanza di accordo, ciascuna delle parti può rivolgersi al comitato di cui all'articolo 190 perché esperisca un tentativo obbligatorio di conciliazione, secondo le modalità di cui all'articolo 194-*bis*.

5. Dall'applicazione della presente disposizione non derivano nuovi o maggiori oneri a carico della finanza pubblica.

(1) *V. nota al Capo V.*

SEZIONE II – *Riproduzione privata ad uso personale* (1)

(1) *V. nota al capo V.*

71-*sexies*. – (1) 1. È consentita la riproduzione privata di fonogrammi e videogrammi su qualsiasi supporto, effettuata da una persona fisica per uso esclusivamente personale, purché senza scopo di lucro e senza fini direttamente o indirettamente commerciali, nel rispetto delle misure tecnologiche di cui all'articolo 102-*quater*.

2. La riproduzione di cui al comma 1 non può essere effettuata da terzi. La prestazione di servizi finalizzata a consentire la riproduzione di fonogrammi e videogrammi da parte di persona fisica per uso personale costituisce attività di riproduzione soggetta alle disposizioni di cui agli articoli 13, 72, 78-*bis*, 79 e 80.

3. La disposizione di cui al comma 1 non si applica alle opere o ai materiali protetti messi a disposizione del pubblico in modo che ciascuno possa avervi accesso dal luogo e nel momento scelti individualmente, quando l'opera è protetta dalle misure tecnologiche di cui all'articolo 102-*quater* ovvero quando l'accesso è consentito sulla base di accordi contrattuali.

4. Fatto salvo quanto disposto dal comma 3, i titolari dei diritti sono tenuti a consentire che, nonostante l'applicazione delle misure tecnologiche di cui all'articolo 102-*quater*, la persona fisica che abbia acquisito il possesso legittimo di esemplari dell'opera o del materiale

protetto, ovvero vi abbia avuto accesso legittimo, possa effettuare una copia privata, anche solo analogica, per uso personale, a condizione che tale possibilità non sia in contrasto con lo sfruttamento normale dell'opera o degli altri materiali e non arrechi ingiustificato pregiudizio ai titolari dei diritti.

(1) *V. nota al Capo V.*

71-*septies*. – (1) (2) 1. Gli autori ed i produttori di fonogrammi, nonché i produttori originari di opere audiovisive, gli artisti interpreti ed esecutori ed i produttori di videogrammi, e i loro aventi causa, hanno diritto ad un compenso per la riproduzione privata di fonogrammi e di videogrammi di cui all'articolo 71-*sexies*. Detto compenso è costituito, per gli apparecchi esclusivamente destinati alla registrazione analogica o digitale di fonogrammi o videogrammi, da una quota del prezzo pagato dall'acquirente finale al rivenditore, che per gli apparecchi polifunzionali è calcolata sul prezzo di un apparecchio avente caratteristiche equivalenti a quelle della componente interna destinata alla registrazione, ovvero, qualora ciò non fosse possibile, da un importo fisso per apparecchio. Per i supporti di registrazione audio e video, quali supporti analogici, supporti digitali, memorie fisse o trasferibili destinate alla registrazione di fonogrammi o videogrammi, il compenso è costituito da una somma commisurata alla capacità di registrazione resa dai medesimi supporti. Per i sistemi di videoregistrazione da remoto il compenso di cui al presente comma è dovuto dal soggetto che presta il servizio ed è commisurato alla remunerazione ottenuta per la prestazione del servizio stesso (3).

2. Il compenso di cui al comma 1 è determinato, nel rispetto della normativa comunitaria e comunque tenendo conto dei diritti di riproduzione, con decreto del Ministro per i beni e le attività culturali, da adottare entro il 31 dicembre 2009 sentito il comitato di cui all'articolo 190 e le associazioni di categoria maggiormente rappresentative dei produttori degli apparecchi e dei supporti di cui al comma 1. Per la determinazione del compenso si tiene conto dell'apposizione o meno delle misure tecnologiche di cui all'articolo 102-*quater*, nonché della diversa incidenza della copia digitale rispetto alla copia analogica. Il decreto è sottoposto ad aggiornamento triennale (4).

3. Il compenso è dovuto da chi fabbrica o importa nel territorio dello Stato allo scopo di trarne profitto gli apparecchi e i supporti indicati nel comma 1. I predetti soggetti devono presentare alla Società italiana degli autori ed editori (SIAE), ogni tre mesi, una dichiarazione dalla quale risultino le cessioni effettuate e i compensi do-

vuti, che devono essere contestualmente corrisposti. In caso di mancata corresponsione del compenso, è responsabile in solido per il pagamento il distributore degli apparecchi o dei supporti di registrazione (5).

4. La violazione degli obblighi di cui al comma 3 è punita con la sanzione amministrativa pecuniaria pari al doppio del compenso dovuto, nonché, nei casi più gravi o di recidiva, con la sospensione della licenza o autorizzazione all'esercizio dell'attività commerciale o industriale da quindici giorni a tre mesi ovvero con la revoca della licenza o autorizzazione stessa (5).

(1) *V. nota al Capo V.*

(2) *Per la determinazione del compenso per la riproduzione privata di fonogrammi e di videogrammi, ai sensi del presente articolo, v. d.m. 30 giugno 2020 (G.U. 5 agosto 2020, n. 195).*

(3) *Periodo aggiunto dall'art. 5$^{2\text{-ter}}$ d.l. 31 dicembre 2007, n. 248, conv., con modif., in l. 28 febbraio 2008, n. 31.*

(4) *Comma così modificato dall'art. 5$^{2\text{-quater}}$ d.l. n. 248, cit. e successivamente dall'art. 39 d.l. 30 dicembre 2008, n. 207, conv., con modif., in l. 27 febbraio 2009, n. 14. V. anche art. 39 d.ls. 9 aprile 2003, n. 68.*

(5) *Comma così sostituito dall'art. 1^{9} d.l. 22 marzo 2004, n. 72, conv., con modif., in l. 21 maggio 2004, n. 128.*

71-*octies*. – (1) 1. Il compenso di cui all'articolo 71-*septies* per apparecchi e supporti di registrazione audio è composto alla Società italiana degli autori ed editori (S.I.A.E.), la quale provvede a ripartirlo al netto delle spese, per il cinquanta per cento agli autori e loro aventi causa e per il restante cinquanta per cento, in parti uguali, tra produttori di fonogrammi e gli artisti interpreti o esecutori, anche tramite le imprese che svolgono attività di intermediazione dei diritti connessi al diritto d'autore, di cui al decreto legislativo 15 marzo 2017, n. 35 (2).

[2. I produttori di fonogrammi devono corrispondere senza ritardo, e comunque entro sei mesi, il cinquanta per cento del compenso loro attribuito ai sensi del comma 1 agli artisti interpreti o esecutori interessati.] (3)

3. Il compenso di cui all'articolo 71-*septies* per gli apparecchi e i supporti di registrazione video è composto alla Società italiana degli autori ed editori (S.I.A.E.), la quale provvede a ripartirlo al netto delle spese, anche tramite le loro associazioni di categoria maggiormente rappresentative, per il trenta per cento agli autori, per il restante settanta per cento in parti uguali tra i produttori originari di opere audiovisive, i produttori di videogrammi e gli artisti interpreti o esecutori. La quota spettante agli artisti interpreti o esecutori è

LEGGI COMPLEMENTARI

destinata per il cinquanta per cento alle attività e finalità di cui all'articolo 7, comma 2, della legge 5 febbraio 1992, n. 93.

3-*bis*. Al fine di favorire la creatività dei giovani autori, il 10 per cento di tutti i compensi incassati ai sensi dell'articolo 71-*septies*, calcolato prima delle ripartizioni effettuate dalla Società italiana degli autori ed editori (SIAE) ai sensi dei commi 1 e 3 del presente articolo, è destinato dalla Società, sulla base di apposito atto di indirizzo annuale del Ministro dei beni e delle attività culturali e del turismo, ad attività di promozione culturale nazionale e internazionale (4) (5).

3-*ter*. Entro il 31 dicembre di ogni anno, la Società italiana degli autori ed editori (SIAE) trasmette al Ministero della cultura il rendiconto dettagliato delle spese di cui ai commi 1 e 3 sostenute per la gestione delle attività di cui ai medesimi commi nonché l'elenco dei soggetti beneficiari del riparto dei compensi con i relativi importi (6).

3-*quater*. Entro il 31 dicembre di ogni anno, i soggetti abilitati a ripartire il compenso di cui all'articolo 71-*septies* trasmettono al Ministero della cultura e alla Società italiana degli autori ed editori (SIAE) il rendiconto dettagliato della destinazione delle somme e della relativa ripartizione in favore dei beneficiari nonché delle spese sostenute in quanto strettamente connesse all'attività di ripartizione. Al fine di favorire l'economicità, l'efficacia e l'efficienza delle attività di ripartizione di cui al presente articolo e di ridurne le spese di gestione, la Società italiana degli autori ed editori (SIAE) definisce modelli e procedure, approvati dal Ministero della cultura, relativi alle attività di ripartizione, che consentono altresì alla medesima Società la verifica della necessità e della congruità delle spese rendicontate e delle eventuali somme accantonate o comunque non distribuite. La Società italiana degli autori ed editori (SIAE) può procedere a verifiche amministrativo-contabili, anche a campione, per accertare la regolarità dei dati rendicontati e può disporre il reintegro degli importi detratti a copertura di spese di gestione o di eventuali accantonamenti, al fine della successiva ripartizione tra i beneficiari. Il mancato rispetto degli obblighi di rendicontazione di cui al presente comma determina per i soggetti inadempienti l'impossibilità di partecipare alle successive ripartizioni nonché l'obbligo di restituzione degli importi complessivi ricevuti dalla Società italiana degli autori ed editori (SIAE). La Società italiana degli autori ed editori (SIAE) riferisce al Ministero della cultura sugli esiti delle verifiche di cui al presente comma (6).

(1) *V. nota al Capo V.*

(2) *Le parole* « e per il restante cinquanta per cento, in parti uguali, tra produttori di fonogrammi e gli artisti interpreti o esecutori, anche tramite le imprese che svolgono attività di intermediazione dei diritti connessi al diritto d'autore, di cui al decreto legislativo 15 marzo 2017, n. 35 » *sono state sostituite alle parole* « e per il cinquanta per cento ai produttori di fonogrammi, anche tramite le loro associazioni di categoria maggiormente rappresentative » *dall'art. 65*[4, lett. a)] *d.l. 25 maggio 2021, n. 73, conv., con modif., in l. 23 luglio 2021, n. 106.*

(3) *Comma abrogato dall'art. 65*[4, lett. b)] *d.l. n. 73, cit.*

(4) *Comma aggiunto dall'art. 1*[335] *l. 28 dicembre 2015, n. 208 (legge di stabilità 2016).*

(5) *Ai sensi dell'art. 90 d.l. 17 marzo 2020, n. 18, conv., con modif., in l. 24 aprile 2020, n. 27, al fine di far fronte alle ricadute economiche negative a seguito delle misure di contenimento del Covid-19 di cui al d.l. 23 febbraio 2020, n. 6, conv., con modif., in l. 5 marzo 2020, n. 13, e al d.l. 25 marzo 2020, n. 19, conv., con modif. in l. 22 maggio 2020, n. 35, la quota di cui al presente comma dei compensi incassati negli anni 2019, 2020 e 2021, ai sensi dell'art. 71-*septies *della presente legge 22 aprile 1941, n. 633, per la riproduzione privata di fonogrammi e videogrammi, è destinata al sostegno degli autori, degli artisti interpreti ed esecutori, e dei lavoratori autonomi che svolgono attività di riscossione dei diritti d'autore in base ad un contratto di mandato con rappresentanza con gli organismi di gestione collettiva di cui all'art. 180 della stessa legge; in attuazione di tali disposizioni v. d.m. 30 aprile 2020 (G.U. 3 giugno 2020, n. 140).*

(6) *Comma aggiunto dall'art. 65*[4, lett. b-bis)] *d.l. n. 73, cit.*

SEZIONE III – *Disposizioni comuni* (1)

(1) *V. nota al Capo V.*

71-*nonies*. – (1) 1. Le eccezioni e limitazioni disciplinate dal presente capo e da ogni altra disposizione della presente legge, quando sono applicate ad opere o ad altri materiali protetti messi a disposizione del pubblico in modo che ciascuno possa avervi accesso dal luogo e nel momento scelto individualmente, non devono essere in contrasto con lo sfruttamento normale delle opere o degli altri materiali, ne arrecare un ingiustificato pregiudizio agli interessi dei titolari.

(1) *V. nota al capo V.*

71-*decies*. – (1) 1. Le eccezioni e limitazioni al diritto d'autore contenute nel presente capo si applicano anche ai diritti connessi di cui ai capi I, I-*bis*, II e III e, in quanto applicabili, agli altri capi del titolo II, nonché al capo I del titolo II-*bis*.

(1) *V. nota al Capo V.*

TITOLO II
Disposizioni sui diritti connessi all'esercizio del diritto di autore

CAPO I – *Diritti del produttore di fonogrammi* (1) (2)

(1) *Denominazione da ultimo così sostituita dall'art. 10 d.ls. 9 aprile 2003, n. 68.*

(2) *Per il prolungamento della durata di protezione del diritto di autore per le registrazioni fonografiche da 50 anni a 70 anni v. Dir. 2011/77/UE del Parlamento e del Consiglio Europeo del 27 settembre 2011, da recepire entro il 1° novembre 2013.*

72. – (1) 1. Salvi i diritti spettanti all'autore a termini del titolo I, il produttore di fonogrammi ha il diritto esclusivo, per la durata e alle condizioni stabilite dagli articoli che seguono:

a) di autorizzare la riproduzione diretta o indiretta, temporanea o permanente, dei suoi fonogrammi in qualunque modo o forma, in tutto o in parte e con qualsiasi processo di duplicazione;

b) di autorizzare la distribuzione degli esemplari dei suoi fonogrammi. Il diritto esclusivo di distribuzione non si esaurisce nel territorio della Comunità europea, se non nel caso di prima vendita del supporto contenente il fonogramma effettuata o consentita dal produttore in uno Stato membro;

c) di autorizzare il noleggio ed il prestito degli esemplari dei suoi fonogrammi. Tale diritto non si esaurisce con la vendita o con la distribuzione in qualsiasi forma degli esemplari;

d) di autorizzare la messa a disposizione del pubblico dei suoi fonogrammi in maniera tale che ciascuno possa avervi accesso dal luogo e nel momento scelti individualmente. Tale diritto non si esaurisce con alcun atto di messa a disposizione del pubblico.

(1) *Articolo, da ultimo, così sostituito dall'art. 11 d.ls. 9 aprile 2003, n. 68.*

73. – (1) 1. Il produttore di fonogrammi, nonché gli artisti interpreti e gli artisti esecutori che abbiano compiuto l'interpretazione o l'esecuzione fissata o riprodotto nei fonogrammi, indipendentemente dai diritti di distribuzione, noleggio e prestito loro spettanti, hanno diritto ad un compenso per l'utilizzazione a scopo di lucro dei fonogrammi a mezzo della cinematografia, della diffusione radiofonica e televisiva, ivi compresa la comunicazione al pubblico via satellite, nelle pubbliche feste danzanti, nei pubblici esercizi ed in occasione di qualsiasi altra pubblica utilizzazione dei fonogrammi stessi. Il compenso è riconosciuto, per ciascun fonogramma utilizzato, distintamente al produttore di fonogrammi ed agli artisti interpreti o esecutori (2). L'esercizio di tale diritto spetta a ciascuna delle imprese che svolgono attività di intermediazione dei diritti connessi al diritto d'autore, di cui all'articolo 3, comma 2, del decreto del Presidente del Consiglio dei ministri 19 dicembre 2012, pubblicato nella Gazzetta Ufficiale n. 59 dell'11 marzo 2013, alle quali il produttore di fonogrammi e gli artisti interpreti o esecutori hanno conferito per iscritto il rispettivo mandato (2).

2. La misura del compenso e le quote di ripartizione, nonché le relative modalità sono determinate secondo le norme del regolamento.

2-*bis*. Il compenso dovuto agli artisti interpreti o esecutori ai sensi dei commi 1 e 2 non è da essi rinunciabile né può in alcun modo formare oggetto di cessione (3).

3. Nessun compenso è dovuto per l'utilizzazione ai fini dell'insegnamento e della comunicazione istituzionale fatta dall'Amministrazione dello Stato o da enti a ciò autorizzati dallo Stato.

(1) *Articolo, da ultimo, così sostituito dall'art. 12 d.ls. 9 aprile 2003, n. 68.*

(2) *Il secondo e terzo periodo sono stati così sostituiti all'originario ultimo periodo dall'art. 1[56 lett. a)] l. 4 agosto 2017, n. 124. Il testo dell'ultimo periodo era il seguente: « L'esercizio di tale diritto spetta al produttore, il quale ripartisce il compenso con gli artisti interpreti o esecutori interessati ».*

(3) *Comma inserito dall'art. 1[56 lett. b)] l. n. 124, cit.*

73-*bis*. – (1) 1. Gli artisti interpreti o esecutori e il produttore del fonogramma utilizzato hanno diritto ad un equo compenso anche quando l'utilizzazione di cui all'art. 73 è effettuata a scopo non di lucro.

2. Salvo diverso accordo tra le parti, tale compenso è determinato, riscosso e ripartito secondo le norme del regolamento.

(1) *Articolo inserito dall'art. 9 d.ls. 16 novembre 1994, n. 685.*

74. – (1) 1. Il produttore ha il diritto di opporsi a che l'utilizzazione dei fonogrammi, prevista negli articoli 73 e 73-*bis*, sia effettuata in condizioni tali da arrecare un grave pregiudizio ai suoi interessi industriali.

2. Su richiesta dell'interessato, il Ministero per i beni e le attività culturali, in attesa della decisione dell'autorità giudiziaria, può nondimeno autorizzare l'utilizzazione di fonogrammi previi accertamenti tecnici e disponendo, se occorra, quanto è necessario per eliminare le cause che turbano la regolarità dell'utilizzazione.

(1) *Articolo, da ultimo, così sostituito dall'art. 13 d.ls. 9 aprile 2003, n. 68.*

75. – (1) La durata dei diritti previsti nel presente capo è di cinquanta anni dalla fissazione. Tuttavia se durante tale periodo il fonogramma è lecitamente pubblicato, i diritti scadono settanta anni dopo la data della prima pubblicazione lecita.

Se nel periodo di tempo indicato nel primo comma non sono effettuate pubblicazioni lecite e se il fonogramma è lecitamente comunicato al pubblico durante detto periodo, i diritti scadono settanta anni dopo la data di tale prima comunicazione al pubblico.

(1) *Articolo così sostituito dall'art. 14 d.ls. 9 aprile 2003, n. 68 e successivamente dall'art. 1[1] d.ls. 21 febbraio 2014, n. 22. Ai sensi dell'art. 4 d.ls. n. 22, cit., la presente disposizione si applica « alle fissazioni di esecuzioni e ai fonogrammi per i quali l'artista, interprete o esecutore, e il produttore di fonogrammi erano ancora protetti, in virtù delle disposizioni in vigore prima dell'entrata in vigore del [suddetto] decreto legislativo, alla data del 1° novembre 2013 e alle fissazioni di esecuzioni e ai fonogrammi successivi a tale data ». Per le misure transitorie sui contratti di trasferimento o cessione dei diritti sul fonogramma, v. art. 5 d.ls. n. 22, cit. V. anche l'art. 38[3] d.ls. n. 68, cit.*

76. – (1) 1. I supporti contenenti fonogrammi non possono essere distribuiti se non portano stabilmente apposte le indicazioni di cui all'articolo 62, in quanto applicabili.

(1) *Articolo così sostituito dall'art. 15 d.ls. 9 aprile 2003, n. 68.*

77. – (1).

(1) *Articolo abrogato dall'art. 41[2] d.ls. 9 aprile 2003, n.68.*

78. – (1) 1. Il produttore di fonogrammi è la persona fisica o giuridica che assume l'iniziativa e la responsabilità della prima fissazione dei suoni provenienti da una interpretazione o esecuzione o di altri suoni o di rappresentazioni di suoni.

2. È considerato come luogo della produzione quello nel quale avviene la diretta registrazione originale.

(1) *Articolo così sostituito dall'art. 16 d.ls. 9 aprile 2003, n. 68.*

CAPO I-*BIS* – *Diritti dei produttori di opere cinematografiche o audiovisive o sequenze di immagini in movimento* (1)

(1) *Capo inserito dall'art. 10 d.ls. 16 novembre 1994, n. 685.*

78-*bis*. – (1) 1. L'utilizzazione dei fonogrammi da parte di emittenti radiotelevisive è soggetta alle disposizioni di cui al presente capo.

(1) *Articolo inserito dall'art. 10 d.ls. 16 novembre 1994, n. 685, per cui v. nota al Capo I-bis, e da ultimo così sostituito dall'art. 17 d.ls. 9 aprile 2003, n. 68.*

78-*ter*. – (1) 1. Il produttore di opere cinematografiche o audiovisive e di sequenze di immagini in movimento è titolare del diritto esclusivo:

a) di autorizzare la riproduzione diretta o indiretta, temporanea o permanente, in qualunque modo o forma, in tutto o in parte, degli originali e delle copie delle proprie realizzazioni;

b) di autorizzare la distribuzione con qualsiasi mezzo, compresa la vendita, dell'originale e delle copie di tali realizzazioni. Il diritto di distribuzione non si esaurisce nel territorio della Comunità europea se non nel caso di prima vendita effettuata o consentita dal produttore in uno Stato membro;

c) di autorizzare il noleggio ed il prestito dell'originale e delle copie delle sue realizzazioni. La vendita o la distribuzione, sotto qualsiasi forma, non esauriscono il diritto di noleggio e di prestito;

d) di autorizzare la messa a disposizione del pubblico dell'originale e delle copie delle proprie realizzazioni, in maniera tale che ciascuno possa avervi accesso dal luogo e nel momento scelti individualmente. Tale diritto non si esaurisce con alcun atto di messa a disposizione del pubblico.

2. La durata dei diritti di cui al comma 1 è di cinquanta anni dalla fissazione. Se l'opera cinematografica o audiovisiva o la sequenza di immagini in movimento è pubblicata o comunicata al pubblico durante tale termine, la durata è di cinquanta anni dalla prima pubblicazione o, se anteriore, dalla prima comunicazione al pubblico dell'opera cinematografica o audiovisiva o della sequenza di immagini in movimento.

(1) *Articolo inserito dall'art. 18 d.ls. 9 aprile 2003, n. 68. In deroga a quanto previsto dal presente articolo, v. art. 4[6] d.ls. 9 gennaio 2008, n. 9, in tema di diritti audiovisivi sportivi.*

CAPO I-*TER* – *Diritti audiovisivi sportivi* (1)

(1) *Capo inserito dall'art. 28 d.ls. 9 gennaio 2008, n. 9.*

78-*quater*. – (1) Ai diritti audiovisivi sportivi di cui alla legge 19 luglio 2007, n. 106, e relativi decreti legislativi attuativi si applicano le disposizioni della presente legge, in quanto compatibili.

(1) *V. sub Capo I-ter.*

CAPO II – *Diritti relativi all'emissione radiofonica e televisiva* (1)

(1) *Capo così sostituito dall'art. 11 d.ls. 16 novembre 1994, n. 685.*

79. (1) – 1. Senza pregiudizio dei diritti sanciti da questa legge a favore degli autori, dei produttori di fonogrammi, dei produttori di opere cinematografiche o audiovisive o di sequenze di immagini in movimento, degli artisti interpreti e degli artisti esecutori, coloro che esercitano l'attività di emissione radiofonica o televisiva hanno il diritto esclusivo:

a) di autorizzare la fissazione delle proprie emissioni effettuate su filo o via etere: il diritto non spetta al distributore (2) qualora ritrasmetta semplicemente (2) le emissioni di altri organismi di radiodiffusione;

b) di autorizzare la riproduzione diretta o indiretta, temporanea o permanente, in qualunque modo o forma, in tutto o in parte, delle fissazioni delle proprie emissioni;

c) di autorizzare la ritrasmissione su filo o via etere delle proprie emissioni, non che la loro comunicazione al pubblico, se questa avviene in luoghi accessibili mediante pagamento di un diritto di ingresso;

d) di autorizzare la messa a disposizione del pubblico in maniera tale che ciascuno possa avervi accesso nel luogo o nel momento scelti individualmente, delle fissazioni delle proprie emissioni, siano esse effettuate su filo o via etere;

e) di autorizzare la distribuzione delle fissazioni delle proprie emissioni. Il diritto di distribuzione non si esaurisce nel territorio della Comunità europea, se non nel caso di prima vendita effettuata o consentita dal titolare in uno Stato membro;

f) i diritti di cui alle lettere *c*) e *d*) non si esauriscono con alcun atto di comunicazione al pubblico o di messa a disposizione del pubblico.

2. I soggetti di cui al comma 1 hanno altresì il diritto esclusivo di utilizzare la fissazione delle proprie emissioni per nuove trasmissioni o ritrasmissioni o per nuove registrazioni.

3. L'espressione radio-diffusione ha riguardo all'emissione radiofonica e televisiva.

4. L'espressione su filo o via etere include le emissioni via cavo e via satellite.

5. La durata dei diritti di cui al comma 1 è di cinquanta anni dalla prima diffusione di una emissione.

(1) *Articolo introdotto dall'art. 11 d.ls. 16 novembre 1994, n. 685, per cui v. nota al capo II, e da ultimo così sostituito dall'art. 19 d.ls. 9 aprile 2003, n. 68.*

(2) *Le parole* « via cavo », *ovunque presenti, sono state soppresse dall'art. 1*[1, lett. d)] *d.ls. 8 novembre 2021, n. 181.*

79-bis. – (1) 1. L'articolo 16-*ter* non si applica ai diritti sulla ritrasmissione esercitati dagli organismi di diffusione radiotelevisiva in relazione alle proprie trasmissioni, indipendentemente dal fatto che tali diritti appartengano direttamente o siano stati trasferiti a tali organismi da altri titolari dei diritti.

2. Qualora gli organismi di diffusione radiotelevisiva e gli operatori dei servizi di ritrasmissione avviino trattative finalizzate alla conclusione di un accordo per l'autorizzazione alla ritrasmissione dei programmi televisivi e radiofonici, tali trattative devono essere condotte in buona fede, ai sensi dell'articolo 1337 del codice civile.

(1) *Articolo inserito dall'art. 1[1, lett. e)] d.ls. 8 novembre 2021, n. 181.*

CAPO III – *Diritti degli artisti interpreti e degli artisti esecutori* (1) (2)

(1) *Rubrica così sostituita dall'art. 12 d.ls. 16 novembre 1994, n. 685.*

(2) *V. art. 39[2] d.l. 24 gennaio 2012, n. 1, conv., con modif., in l. 24 marzo 2012, n. 27, che così dispone: « Al fine di favorire la creazione di nuove imprese nel settore della tutela dei diritti degli artisti interpreti ed esecutori, mediante lo sviluppo del pluralismo competitivo e consentendo maggiori economicità di gestione nonché l'effettiva partecipazione e controllo da parte dei titolari dei diritti, l'attività di amministrazione e intermediazione dei diritti connessi al diritto d'autore di cui alla legge 22 aprile 1941, n. 633, in qualunque forma attuata, è libera ».*

80. – (1) 1. Si considerano artisti interpreti ed artisti esecutori gli attori, i cantanti, i musicisti, i ballerini e le altre persone, inclusi i doppiatori (2) che rappresentano, cantano, recitano, declamano o eseguono in qualunque modo opere dell'ingegno, siano esse tutelate o di dominio pubblico.

2. Gli artisti interpreti e gli artisti esecutori hanno, indipendentemente dall'eventuale retribuzione loro spettante per le prestazioni artistiche dal vivo, il diritto esclusivo di:

a) autorizzare la fissazione delle loro prestazioni artistiche;

b) autorizzare la riproduzione diretta o indiretta, temporanea o permanente, in qualunque modo o forma, in tutto o in parte, della fissazione delle loro prestazioni artistiche;

c) autorizzare la comunicazione al pubblico, in qualsivoglia forma e modo, ivi, compresa la messa a disposizione del pubblico in maniera tale che ciascuno possa avervi accesso dal luogo e nel momento scelti individualmente, delle proprie prestazioni artistiche dal vivo, nonché la diffusione via etere e la comunicazione via satellite delle prestazioni artistiche dal vivo, a meno che le stesse siano rese in funzione di una loro radiodiffusione o siano già oggetto di una fissazione utilizzata per la diffusione. Se la fissazione consiste in un supporto fonografico, qualora essa sia utilizzata a scopo di lucro, è riconosciuto a favore degli artisti interpreti o esecutori il compenso di cui all'art. 73; qualora non sia utilizzata a scopo di lucro, è riconosciuto a favore degli artisti interpreti o esecutori interessati l'equo compenso di cui all'art. 73-*bis*;

d) autorizzare la messa a disposizione del pubblico in maniera tale che ciascuno possa avervi accesso dal luogo e nel momento scelti individualmente, delle fissazioni delle proprie prestazioni artistiche e delle relative riproduzioni e, secondo apposite clausole contrattuali, in caso di cessione del diritto a un produttore di fonogrammi, di ottenere la corrispondente equa remunerazione, adeguata e proporzionata, anche per il tramite degli organismi di gestione collettiva e delle entità di gestione indipendente (3);

e) autorizzare la distribuzione delle fissazioni delle loro prestazioni artistiche. Il diritto non si esaurisce nel territorio della Comunità europea se non nel caso di prima vendita da parte del titolare del diritto o con il suo consenso in uno Stato membro;

f) autorizzare il noleggio o il prestito delle fissazioni delle loro prestazioni artistiche e delle relative riproduzioni: l'artista interprete o esecutore, anche in caso di cessione del diritto di noleggio ad un produttore di fonogrammi o di opere cinematografiche o audiovisive o di sequenze di immagini in movimento, conserva il diritto di ottenere un'equa remunerazione per il noleggio concluso dal produttore con terzi. Ogni patto contrario è nullo. In difetto di accordo da concludersi tra i soggetti interessati (4), detto compenso è stabilito dall'Autorità per le garanzie nelle comunicazioni secondo le procedure previste da apposito regolamento da adottare entro sessanta giorni dalla data di entrata in vigore della presente disposizione (4).

3. I diritti di cui al comma 2, lettera *c*), non si esauriscono con alcun atto di comunicazione al pubblico, ivi compresi gli atti di messa a disposizione del pubblico.

(1) *Articolo, da ultimo, così sostituito dall'art. 20 d.ls. 9 aprile 2003, n. 68.*

(2) *Le parole* « , inclusi i doppiatori » *sono state aggiunte dall'art. 1*[1, lett. l) n. 1,] *d.ls. 8 novembre 2021, n. 177. Ai sensi dell'art. 3*[1] *d.ls. n. 177, cit. « le disposizioni del presente decreto si applicano anche alle opere e agli altri materiali protetti dalla normativa nazionale in materia di diritto d'autore e diritti connessi vigente alla data del 7 giugno 2021. Sono fatti salvi i contratti conclusi e i diritti acquisiti fino al 6 giugno 2021 ».*

(3) *Le parole da* « e, secondo apposite » *a* « indipendente » *sono state inserite dall'art. 1*[1, lett. l) n. 2], *d.ls. n. 177, cit. Per le disposizioni attuative, v. nota 2.*

(4) *Le parole* « i soggetti interessati » *e* « dall'Autorità per le garanzie nelle comunicazioni secondo le procedure previste da apposito regolamento da adottare entro sessanta giorni dalla data di entrata in vigore della presente disposizione » *sono state sostituite, ripsettivamente, alle parole* « l'IMAIE e le associazioni sindacali competenti della confederazione degli industriali » *e* « con la procedura di cui all'articolo 4 del decreto legislativo luogotenenziale 20 luglio 1945, n. 440» *dall'art. 1*[1, lett. l) n. 2] *d.ls. n. 177, cit. Per le disposizioni attuative, v. nota 2.*

81. – Gli artisti interpreti e gli artisti esecutori hanno il diritto di opporsi alla comunicazione al pubblico o alla riproduzione della loro recitazione, rappresentazione o esecuzione che possa essere di pregiudizio al loro onore o alla loro reputazione (1).

Sono applicabili le disposizioni del comma secondo dell'art. 74.

Per quanto attiene alla radiodiffusione, le controversie nascenti dall'applicazione del presente articolo sono regolate dalle norme contenute nel comma primo dell'art. 54.

(1) *Comma così sostituito dall'art. 21 d.ls. 9 aprile 2003, n. 68.*

82. – Agli effetti dell'applicazione delle disposizioni che precedono, si comprendono nella denominazione di artisti interpreti e di artisti esecutori (1):

1) coloro che sostengono nell'opera o composizione drammatica, letteraria o musicale, una parte di notevole importanza artistica, anche se di artista esecutore comprimario;

2) i direttori dell'orchestra o del coro;

3) i complessi orchestrali o corali, a condizione che la parte orche strale o corale abbia valore artistico di per sé stante o non di semplice accompagnamento.

(1) *Alinea così modificato dall'art. 14 d.ls. 16 novembre 1994, n. 685.*

83. – (1) 1. Gli artisti interpreti e gli artisti esecutori che sostengono le prime parti nell'opera o composizione drammatica, letteraria o musicale, hanno diritto che il loro nome sia indicato nella comunicazione al pubblico della loro recitazione, esecuzione o rappresentazione e venga stabilmente apposto sui supporti contenenti la relativa fissazione, quali fonogrammi, videogrammi o pellicole cinematografiche.

(1) *Articolo così sostituito dall'art. 22 d.ls. 9 aprile 2003, n. 68.*

84. – (1) 1. Salva diversa volontà delle parti, si presume che gli artisti interpreti ed esecutori abbiano ceduto i diritti di fissazione, riproduzione, radiodiffusione, ivi compresa la comunicazione al pubblico via satellite, distribuzione, nonché il diritto di autorizzare il noleggio contestualmente alla stipula del contratto per la produzione di un'opera cinematografica o audiovisiva o sequenza di immagini in movimento.

2. Agli artisti interpreti ed esecutori che nell'opera cinematografica e assimilata, ivi inclusa l'opera teatrale trasmessa (2) sostengono una parte di notevole importanza artistica, anche se di artista comprimario, spetta, per ciascuna utilizzazione dell'opera cinematografica e assimilata, ivi inclusa l'opera teatrale trasmessa (2) a mezzo

della comunicazione al pubblico via etere, via cavo e via satellite un compenso adeguato e proporzionato (2) a carico degli organismi di emissione.

3. Per ciascuna utilizzazione di opere cinematografiche e assimilate, ivi incluse le opere teatrali trasmesse (3) diversa da quella prevista nel comma 2 e nell'articolo 80, comma 2, lettera *e*), agli artisti interpreti ed esecutori, quali individuati nel comma 2, spetta un compenso adeguato e proporzionato (3) a carico di coloro che esercitano i diritti di sfruttamento per ogni distinta utilizzazione economica.

4. Il compenso previsto dai commi 2 e 3 non è rinunciabile e, in difetto di accordo da concludersi tra i soggetti interessati (4), è stabilito dall'Autorità per le garanzie nelle comunicazioni secondo le procedure previste da apposito regolamento da adottare entro sessanta giorni dalla data di entrata in vigore della presente disposizione (4).

(1) *Articolo sostituito dapprima dall'art. 15 d.ls. 16 novembre 1994, n. 685 e da ultimo dall'art. 12 d.ls. 26 maggio 1997, n. 154.*

(2) *Le parole* « , ivi inclusa l'opera teatrale trasmessa », *sono state inserite, ovunque presenti, dopo le parole* « opera cinematografica e assimilata » *e* « un compenso adeguato e proporzionato » *sono state sostituite alle parole* « un equo compenso » *dall'art. 1[1, lett. m) n. 1] d.ls. 8 novembre 2021, n. 177. Ai sensi dell'art. 3[1] d.ls. n. 177, cit. « le disposizioni del presente decreto si applicano anche alle opere e agli altri materiali protetti dalla normativa nazionale in materia di diritto d'autore e diritti connessi vigente alla data del 7 giugno 2021. Sono fatti salvi i contratti conclusi e i diritti acquisiti fino al 6 giugno 2021 ».*

(3) *Le parole* « , ivi inclusa l'opera teatrale trasmessa », *sono state inserite dopo le parole* « opere cinematografiche e assimilate » *e* « un compenso adeguato e proporzionato » *sono state sostituite alle parole* « un equo compenso » *dall'art. 1[1, lett. m) n. 2] d.ls d.ls. n. 177, cit. Per le disposizioni attuative, v. nota 2.*

(4) *Le parole* « i soggetti interessati » *e le parole* « dall'Autorità per le garanzie nelle comunicazioni secondo le procedure previste da apposito regolamento da adottare entro sessanta giorni dalla data di entrata in vigore della presente disposizione » *sono state sostituite, rispettivamente, alle parole* « l'istituto mutualistico artisti interpreti esecutori e le associazioni sindacali competenti della confederazione degli industriali » *e alle parole* « con la procedura di cui all'articolo 4 del decreto legislativo luogotenenziale 20 luglio 1945, n. 440 » *dall'art. 1[1, lett. m) n. 2] d.ls d.ls. n. 177, cit. Per le disposizioni attuative, v. nota 2.*

84-*bis*. – (1) Qualora un contratto di trasferimento o cessione conferisca all'artista, interprete o esecutore, il diritto a esigere una remunerazione non ricorrente, l'artista, interprete o esecutore, ha il diritto di ottenere una remunerazione annua supplementare da parte del produttore di fonogrammi per ogni anno completo immediatamente successivo al cinquantesimo anno dalla pubblicazione lecita del fonogramma o, in mancanza di tale pubblicazione, al cinquantesimo anno dalla sua lecita comunicazione al pubblico. La rinuncia al diritto di ottenere tale remunerazione non produce effetti.

L'importo complessivo, che il produttore di fonogrammi deve riservare al pagamento della remunerazione annua supplementare di cui al primo comma, corrisponde al 20 per cento del ricavo che il produttore di fonogrammi ha percepito, nel corso dell'anno che precede quello in cui è versata detta remunerazione, dalla riproduzione, distribuzione e messa a disposizione del fonogramma in questione, dopo il cinquantesimo anno dalla pubblicazione lecita del fonogramma o, in mancanza di tale pubblicazione, dopo il cinquantesimo anno dalla sua lecita comunicazione al pubblico. Per ricavo si intende il ricavo che deriva al produttore di fonogrammi prima della detrazione delle spese.

Le società di gestione collettiva, in possesso dei requisiti di cui al decreto adottato ai sensi dell'articolo 39, comma 3, del decreto-legge 24 gennaio 2012, n. 1, convertito, con modificazioni, dalla legge 24 marzo 2012, n. 27, amministrano il diritto ad ottenere la remunerazione annua supplementare spettante agli artisti, interpreti o esecutori, di cui al primo comma.

I produttori di fonogrammi sono tenuti, su richiesta degli artisti, interpreti o esecutori, o delle società di gestione collettiva di cui al terzo comma cui gli artisti, interpreti o esecutori, hanno concesso mandato, a fornire ogni informazione necessaria a garantire il pagamento della remunerazione annua supplementare di cui al primo comma.

Qualora un artista, interprete o esecutore, abbia diritto a pagamenti ricorrenti, dai pagamenti ad esso effettuati non è detratto alcun pagamento anticipato né alcuna deduzione prevista contrattualmente dopo il cinquantesimo anno dalla pubblicazione lecita del fonogramma o, in mancanza di tale pubblicazione, dopo il cinquantesimo anno dalla sua lecita comunicazione al pubblico.

(1) *Articolo inserito dall'art. 2[1] d.ls. 21 febbraio 2014, n. 22. Ai sensi dell'art. 4 d.ls. n. 22, cit., la presente disposizione si applica « alle fissazioni di esecuzioni e ai fonogrammi per i quali l'artista, interprete o esecutore, e il produttore di fonogrammi erano ancora protetti, in virtù delle disposizioni in vigore prima dell'entrata in vigore del [suddetto] decreto legislativo, alla data del 1° novembre 2013 e alle fissazioni di esecuzioni e ai fonogrammi successivi a tale data ». Per le misure transitorie sui contratti di trasferimento o cessione dei diritti sul fonogramma, v. art. 5 d.ls. n. 22, cit.*

84-*ter*. – (1) Se, decorsi cinquanta anni dalla prima pubblicazione lecita del fonogramma o, in mancanza di tale pubblicazione, decorsi cinquanta anni dalla sua prima lecita comunicazione al pubblico, il produttore del fonogramma non mette in vendita un numero sufficiente di copie del fonogramma o non lo mette a disposizione del pubblico, su filo o senza filo, in maniera tale che ciascun membro del pubblico possa accedervi dal luogo e nel momento da esso scelti, l'artista, interprete o esecutore, può recedere dal contratto con cui l'artista ha trasferito o ceduto i suoi diritti di fissazione dell'esecuzione al produttore di fonogrammi. La rinuncia al diritto di recesso non produce effetti.

Il diritto di recedere dal contratto di trasferimento o cessione di cui al primo comma può essere esercitato, se il produttore di fonogrammi, entro un anno dalla comunicazione dell'artista, interprete o esecutore, dell'intenzione di recedere dal contratto di trasferimento o cessione ai sensi del primo comma, non realizza entrambe le forme di utilizzazione di cui al medesimo comma.

Qualora un fonogramma contenga la fissazione delle esecuzioni di una pluralità di artisti, interpreti o esecutori, essi possono recedere dai loro contratti di trasferimento o cessione con il consenso di tutti gli artisti, interpreti o esecutori, in conformità a quanto disposto dall'articolo 10. In caso di ingiustificato rifiuto di uno o più degli artisti, interpreti o esecutori, l'Autorità giudiziaria accerta il diritto di recesso da tutti i contratti di trasferimento o cessione da parte dei soggetti istanti.

In caso di recesso dal contratto di trasferimento o cessione, decadono i diritti del produttore di fonogrammi sul fonogramma.

(1) *Articolo inserito dall'art. 2[1] d.ls. 21 febbraio 2014, n. 22. Ai sensi dell'art. 4 d.ls. n. 22, cit., la presente disposizione si applica « alle fissazioni di esecuzioni e ai fonogrammi per i quali l'artista, interprete o esecutore, e il produttore di fonogrammi erano ancora protetti, in virtù delle disposizioni in vigore prima dell'entrata in vigore del [suddetto] decreto legislativo, alla data del 1° novembre 2013 e alle fissazioni di esecuzioni e ai fonogrammi successivi a tale data ». Per le misure transitorie sui contratti di trasferimento o cessione dei diritti sul fonogramma, v. art. 5 d.ls. n. 22, cit.*

85. – (1) I diritti di cui al presente capo durano cinquanta anni a partire dalla esecuzione, rappresentazione o recitazione. Tuttavia:

a) se una fissazione dell'esecuzione, rappresentazione o recitazione, con un mezzo diverso dal fonogramma, è lecitamente pubblicata o lecitamente comunicata al pubblico durante tale termine, i diritti durano cinquanta anni a partire dalla prima pubblicazione, o, se anteriore, dalla prima comunicazione al pubblico;

b) se una fissazione dell'esecuzione in un fonogramma è lecitamente pubblicata o lecitamente comunicata al pubblico durante detto periodo, i diritti durano settanta anni dalla data della prima pubblicazione o, se anteriore, da quella della prima comunicazione al pubblico.

(1) *Articolo, da ultimo, così sostituito dall'art. 3[1] d.ls. 21 febbraio 2014, n. 22. Ai sensi dell'art. 4 d.ls. n. 22, cit., la presente disposizione si applica « alle fissazioni di esecuzioni e ai fonogrammi per i quali l'artista, interprete o esecutore, e il produttore di fonogrammi erano ancora protetti, in virtù delle disposizioni in vigore prima dell'entrata in vigore del [suddetto] decreto legislativo, alla data del 1° novembre 2013 e alle fissazioni di esecuzioni e ai fonogrammi successivi a tale data ». Per le misure transitorie sui contratti di trasferimento o cessione dei diritti sul fonogramma, v. art. 5 d.ls. n. 22, cit.*

85-*bis*. – (1) 1. In aggiunta ai diritti già disciplinati nel presente capo e nei capi precedenti, ai detentori dei diritti connessi è riconosciuto il diritto di autorizzare la ritrasmissione (2) secondo le disposizioni di cui all'art. 110-*bis*.

(1) *Articolo inserito dall'art. 8 d.ls. 23 ottobre 1996, n. 581.*
(2) *Le parole* « via cavo »*, sono state soppresse dall'art. 1[1, lett. f)] d.ls. 8 novembre 2021, n. 181.*

CAPO III-*BIS* – *Diritti relativi ad opere pubblicate o comunicate al pubblico per la prima volta successivamente alla estinzione dei diritti patrimoniali d'autore* (1)

(1) *Capo inserito dall'art. 14 d.ls. 26 maggio 1997, n. 154.*

85-*ter*. – (1) 1. Senza pregiudizio dei diritti morali dell'autore, a chi, dopo la scadenza dei termini di protezione del diritto d'autore, lecitamente pubblica o comunica al pubblico per la prima volta un'opera non pubblicata anteriormente spettano i diritti di utilizzazione economica riconosciuti dalle disposizioni contenute nella sezione I del capo III, del titolo I della presente legge, in quanto applicabili.

2. La durata dei diritti esclusivi di utilizzazione economica di cui al comma 1 è di venticinque anni a partire dalla prima lecita pubblicazione o comunicazione al pubblico.

(1) *V. nota al Capo III-*bis.

CAPO III-*TER* – *Diritti relativi ad edizioni critiche e scientifiche di opere di pubblico dominio* (1)

(1) *Capo inserito dall'art. 15 d.ls. 26 maggio 1997, n. 154.*

85-*quater*. – (1) 1. Senza pregiudizio dei diritti morali dell'autore, a colui il quale pubblica, in qualunque modo o con qualsiasi mezzo, edizioni critiche e scientifiche di opere di pubblico dominio spettano i diritti esclusivi di utilizzazione economica dell'opera, quale risulta dall'attività di revisione critica e scientifica.

2. Fermi restando i rapporti contrattuali con il titolare del diritti di utilizzazione economica di cui al comma 1, spetta al curatore della edizione critica e scientifica il diritto alla indicazione del nome.

3. La durata dei diritti esclusivi di cui al comma 1 è di venti anni a partire dalla prima lecita pubblicazione, in qualunque modo o con qualsiasi mezzo effettuata.

(1) *V. nota al Capo III-*ter.

85-*quinquies*. – (1) I termini finali di durata del diritti previsti dal capi I, I-*bis*, II, III, III-*bis*, e dal presente capo del titolo II si computano, nei rispettivi casi, a decorrere dal 1º gennaio dell'anno successivo a quello in cui si verifica l'evento considerato dalla norma.

(1) *Articolo inserito dall'art. 16 d.ls. 26 maggio 1997, n. 154.*

CAPO IV – *Diritti relativi a bozzetti di scene teatrali*

86. – All'autore di bozzetti di scene teatrali che non costituiscono opera dell'ingegno coperta dal diritto di autore ai sensi delle disposizioni del titolo I, compete un diritto a compenso quando il bozzetto è usato ulteriormente in altri teatri, oltre quello per il quale è stato composto.

Questo diritto dura cinque anni a partire dalla prima rappresentazione nella quale il bozzetto è stato adoperato.

CAPO V – *Diritti relativi alle fotografie*

87. – Sono considerate fotografie ai fini dell'applicazione delle disposizioni di questo capo le immagini di persone o di aspetti, elementi o fatti della vita naturale o sociale, ottenute col processo fotografico o con processo analogo, comprese le riproduzioni di opere dell'arte figurativa e i fotogrammi delle pellicole cinematografiche.

Non sono comprese le fotografie di scritti, documenti, carte di affari, oggetti materiali, disegni tecnici e prodotti simili.

88. – Spetta al fotografo il diritto esclusivo di riproduzione, diffusione e spaccio della fotografia, salve le disposizioni stabilite dalla sezione seconda del capo sesto di questo titolo, per ciò che riguarda il ritratto e senza pregiudizio, riguardo alle fotografie riproducenti opere dell'arte figurativa, dei diritti di autore sull'opera riprodotta.

Tuttavia se l'opera è stata ottenuta nel corso e nell'adempimento di un contratto di impiego o di lavoro, entro i limiti dell'oggetto e delle finalità del contratto, il diritto esclusivo compete al datore di lavoro.

La stessa norma si applica, salvo patto contrario a favore del committente quando si tratti di fotografia di cose in possesso del committente medesimo e salvo pagamento a favore del fotografo, da parte di chi utilizza commercialmente la riproduzione, di un equo corrispettivo.

Il Ministro per i beni e le attività culturali, con le norme stabilite dal regolamento, può fissare apposite tariffe per determinare il compenso dovuto da chi utilizza la fotografia.

89. – La cessione del negativo o di analogo mezzo di riproduzione della fotografia comprende, salvo patto contrario, la cessione dei diritti previsti nell'articolo precedente, sempreché tali diritti spettino al cedente.

90. – Gli esemplari della fotografia devono portare le seguenti indicazioni:

1) il nome del fotografo, o, nel caso previsto nel primo capoverso dell'art. 88, della ditta da cui il fotografo dipende o del committente;

2) la data dell'anno di produzione della fotografia;

3) il nome dell'autore dell'opera d'arte fotografata.

Qualora gli esemplari non portino le suddette indicazioni, la loro riproduzione non è considerata abusiva e non sono dovuti i compensi indicati agli articoli 91 e 98 a meno che il fotografo non provi la mala fede del riproduttore.

91. – La riproduzione di fotografie nelle antologie ad uso scolastico ed in generale nelle opere scientifiche o didattiche è lecita, contro pagamento di un equo compenso, che è determinato nelle forme previste dal regolamento.

Nella riproduzione deve indicarsi il nome del fotografo e la data dell'anno della fabbricazione, se risultano dalla fotografia riprodotta.

La riproduzione di fotografie pubblicate su giornali od altri periodici, concernenti persone o fatti di attualità od aventi comunque pubblico interesse, è lecita contro pagamento di un equo compenso.

Sono applicabili le disposizioni dell'ultimo comma dell'art. 88.

92. – Il diritto esclusivo sulle fotografie dura vent'anni dalla produzione della fotografia (1).

(1) *Seguivano tre commi soppressi dall'art. 5 d.P.R. 8 gennaio 1979, n. 19.*

CAPO VI – *Diritti relativi alla corrispondenza epistolare ed al ritratto*

SEZIONE I – *Diritti relativi alle corrispondenze epistolari*

93. – Le corrispondenze epistolari, gli epistolari, le memorie familiari e personali e gli altri scritti della medesima natura, allorché abbiano carattere confidenziale o si riferiscano alla intimità della vita privata, non possono essere pubblicati, riprodotti od in qualunque modo portati alla conoscenza del pubblico senza il consenso dell'autore, e, trattandosi di corrispondenze epistolari e di epistolari, anche del destinatario.

Dopo la morte dell'autore o del destinatario occorre il consenso del coniuge e dei figli, o, in loro mancanza, dei genitori; mancando il coniuge, i figli e i genitori, dei fratelli e delle sorelle, e, in loro mancanza, degli ascendenti e dei discendenti fino al quarto grado.

Quando le persone indicate nel comma precedente siano più e vi sia tra loro dissenso, decide l'autorità giudiziaria, sentito il pubblico ministero.

È rispettata, in ogni caso, la volontà del defunto quando risulti da scritto.

94. – Il consenso indicato all'articolo precedente non è necessario quando la conoscenza dello scritto è richiesta ai fini di un giudizio civile o penale o per esigenza di difesa dell'onore o della reputazione personale o familiare.

95. – Le disposizioni degli articoli precedenti si applicano anche alle corrispondenze epistolari che costituiscono opere tutelate dal diritto di autore ed anche se cadute in dominio pubblico. Non si applicano agli atti e corrispondenze ufficiali o agli atti e corrispondenze che presentano interesse di Stato.

SEZIONE II – *Diritti relativi al ritratto*

96. – Il ritratto di una persona non può essere esposto, riprodotto o messo in commercio senza il consenso di questa, salve le disposizioni dell'articolo seguente.

Dopo la morte della persona ritrattata si applicano le disposizioni del secondo, terzo e quarto comma dell'art. 93.

97. – Non occorre il consenso della persona ritrattata quando la riproduzione dell'immagine è giustificata dalla notorietà o dall'ufficio pubblico coperto, da necessità di giustizia o di polizia, da scopi scientifici, didattici o culturali, o quando la riproduzione è collegata a fatti, avvenimenti, cerimonie di interesse pubblico o svoltisi in pubblico.

Il ritratto non può tuttavia essere esposto o messo in commercio, quando l'esposizione o messa in commercio rechi pregiudizio all'onore, alla reputazione od anche al decoro della persona ritrattata.

98. – Salvo patto contrario, il ritratto fotografico eseguito su commissione può dalla persona fotografata o dai suoi successori o aventi causa essere pubblicato, riprodotto o fatto riprodurre senza il consenso del fotografo, salvo pagamento a favore di quest'ultimo, da parte di chi utilizza commercialmente la produzione, di un equo corrispettivo.

Il nome del fotografo, allorché figuri sulla fotografia originaria, deve essere indicato.

Sono applicabili le disposizioni dell'ultimo comma dell'articolo 88.

CAPO VII – *Diritti relativi ai progetti di lavori dell'ingegneria*

99. – All'autore di progetti di lavori di ingegneria, o di altri lavori analoghi, che costituiscano soluzioni originali di problemi tecnici, compete, oltre al diritto esclusivo di riproduzione dei piani e disegni dei progetti medesimi, il diritto ad un equo compenso a carico di coloro che realizzano il progetto tecnico a scopo di lucro senza il suo consenso.

Per esercitare il diritto al compenso l'autore deve inserire sopra il piano o disegno una dichiarazione di riserva ed eseguire il deposito del piano o disegno presso il Ministero per i beni e le attività culturali, secondo le norme stabilite dal regolamento.

Il diritto a compenso previsto in questo articolo dura venti anni dal giorno del deposito prescritto nel secondo comma.

CAPO VII-*BIS* – *Titolarità dei diritti connessi* (1)

(1) *Il presente Capo, comprendente l'art. 99-*bis*, è stato inserito dall'art. 1 d.lg. 16 marzo 2006, n. 140.*

99-*bis*. – (1) 1. È reputato titolare di un diritto connesso, salvo prova contraria, chi, nelle forme d'uso, è individuato come tale nei materiali protetti, ovvero è annunciato come tale nella recitazione, esecuzione, rappresentazione o comunicazione al pubblico.

(1) *V. nota al Capo VII-*bis.

CAPO VIII – *Protezione del titolo, delle rubriche, dell'aspetto esterno dell'opera, degli articoli e di notizie Divieto di taluni atti di concorrenza sleale*

100. – Il titolo dell'opera, quando individui l'opera stessa, non può essere riprodotto sopra altra opera senza il consenso dell'autore.

Il divieto non si estende ad opere che siano di specie o carattere così diverso da risultare esclusa ogni possibilità di confusione.

È vietata egualmente, nelle stesse condizioni, la riproduzione delle rubriche che siano adoperate nella pubblicazione periodica in modo così costante da individuare l'abituale e caratteristico contenuto della rubrica.

Il titolo del giornale, delle riviste o di altre pubblicazioni periodiche non può essere riprodotto in altre opere della stessa specie o carattere, se non siano decorsi due anni da quando è cessata la pubblicazione del giornale.

101. – La riproduzione di informazioni e notizie è lecita purché non sia effettuata con l'impiego di atti contrari agli usi onesti in materia giornalistica e purché se ne citi la fonte.

Sono considerati atti illeciti:

a) la riproduzione o la radiodiffusione, senza autorizzazione, dei bollettini di informazioni distribuiti dalle agenzie giornalistiche o di informazioni, prima che siano trascorse sedici ore dalla diramazione del bollettino stesso e, comunque, prima della loro pubblicazione in un giornale o altro periodico che ne abbia ricevuto la facoltà da parte dell'agenzia. A tal fine, affinché le agenzie abbiano azione contro coloro che li abbiano illecitamente utilizzati, occorre che i bollettini siano muniti dell'esatta indicazione del giorno e dell'ora di diramazione;

b) la riproduzione sistematica di informazioni o notizie, pubblicate o radiodiffuse, a fine di lucro, sia da parte di giornali o altri periodici, sia da parte di imprese di radiodiffusione.

102. – È vietata come atto di concorrenza sleale, la riproduzione o imitazione sopra altre opere della medesima specie, delle testate, degli emblemi, dei fregi, delle disposizioni di segni o caratteri di stampa e di ogni altra particolarità di forma o di colore nell'aspetto esterno dell'opera dell'ingegno, quando detta riproduzione o imitazione sia atta a creare confusione di opera o di autore.

TITOLO II-*BIS*
Disposizioni sui diritti del costitutore di una banca di dati. Diritti e obblighi dell'utente (1)

(1) *Titolo inserito dall'art. 5 d.ls. 6 maggio 1999, n. 169.*

CAPO I – *Diritti del costitutore di una banca di dati*

102-*bis*. – (1) 1. Ai fini del presente titolo si intende per:

a) costitutore di una banca di dati: chi effettua investimenti rilevanti per la costituzione di una banca di dati o per la sua verifica o la sua presentazione, impegnando, a tal fine, mezzi finanziari, tempo o lavoro;

b) estrazione: il trasferimento permanente o temporaneo della totalità o di una parte sostanziale del contenuto di una banca di dati su un altro supporto con qualsiasi mezzo o in qualsivoglia forma. L'attività di prestito dei soggetti di cui all'articolo 69, comma 1, non costituisce atto di estrazione;

c) reimpiego: qualsivoglia forma di messa a disposizione del pubblico della totalità o di una parte sostanziale del contenuto della banca di dati mediante distribuzione di copie, noleggio, trasmissione effettuata con qualsiasi mezzo e in qualsiasi forma. L'attività di prestito dei soggetti di cui all'articolo 69, comma 1, non costituisce atto di reimpiego.

2. La prima vendita di una copia della banca di dati effettuata o consentita dal titolare in uno Stato membro dell'Unione europea esaurisce il diritto di controllare la rivendita della copia nel territorio dell'Unione europea.

3. Indipendentemente dalla tutelabilità della banca di dati a norma del diritto d'autore o di altri diritti e senza pregiudizio dei diritti sul contenuto o parti di esso, il costitutore di una banca di dati ha il diritto, per la durata e alle condizioni stabilite dal presente Capo, di vietare le operazioni di estrazione ovvero reimpiego della totalità o di una parte sostanziale della stessa.

4. Il diritto di cui al comma 3 si applica alle banche di dati i cui costitutori o titolari di diritti sono cittadini di uno Stato membro dell'Unione europea o residenti abituali nel territorio dell'Unione europea.

5. La disposizione di cui al comma 3 si applica altresì alle imprese e società costituite secondo la normativa di uno Stato membro dell'Unione europea ed aventi la sede sociale, l'amministrazione centrale o il centro d'attività principale all'interno della Unione europea;

LEGGI COMPLEMENTARI

tuttavia, qualora la società o l'impresa abbia all'interno della Unione europea soltanto la propria sede sociale, deve sussistere un legame effettivo e continuo tra l'attività della medesima e l'economia di uno degli Stati membri dell'Unione europea.

6. Il diritto esclusivo del costitutore sorge al momento del completamento della banca di dati e si estingue trascorsi quindici anni dal 1º gennaio dell'anno successivo alla data del completamento stesso.

7. Per le banche di dati in qualunque modo messe a disposizione del pubblico prima dello scadere del periodo di cui al comma 6, il diritto di cui allo stesso comma 6 si estingue trascorsi quindici anni dal 1º gennaio dell'anno successivo alla data della prima messa a disposizione del pubblico.

8. Se vengono apportate al contenuto della banca di dati modifiche o integrazioni sostanziali comportanti nuovi investimenti rilevanti ai sensi del comma 1, lettera *a*), dal momento del completamento o della prima messa a disposizione del pubblico della banca di dati così modificata o integrata, e come tale espressamente identificata, decorre un autonomo termine di durata della protezione, pari a quello di cui ai commi 6 e 7.

9. Non sono consentiti l'estrazione o il reimpiego ripetuti e sistematici di parti non sostanziali del contenuto della banca di dati, qualora presuppongano operazioni contrarie alla normale gestione della banca di dati o arrechino un pregiudizio ingiustificato al costitutore della banca di dati.

10. Il diritto di cui al comma 3 può essere acquistato o trasmesso in tutti i modi e forme consentiti dalla legge.

(1) *V. nota al Titolo II*-bis.

CAPO II – *Diritti e obblighi dell'utente*

102-*ter*. – (1) 1. L'utente legittimo della banca di dati messa a disposizione del pubblico non può arrecare pregiudizio al titolare del diritto d'autore o di un altro diritto connesso relativo ad opere o prestazioni contenute in tale banca.

2. L'utente legittimo di una banca di dati messa in qualsiasi modo a disposizione del pubblico non può eseguire operazioni che siano in contrasto con la normale gestione della banca di dati o che arrechino un ingiustificato pregiudizio al costitutore della banca di dati.

3. Non sono soggette all'autorizzazione del costitutore della banca di dati messa per qualsiasi motivo a disposizione del pubblico le attività di estrazione o reimpiego di parti non sostanziali, valutate in termini qualitativi e quantitativi, del contenuto della banca di dati

per qualsivoglia fine effettuate dall'utente legittimo. Se l'utente legittimo è autorizzato ad effettuare l'estrazione o il reimpiego solo di una parte della banca di dati, il presente comma si applica unicamente a tale parte.

4. Le clausole contrattuali pattuite in violazione dei commi 1, 2 e 3 sono nulle.

(1) *V. nota al Titolo II-*bis.

TITOLO II-*TER*
Misure tecnologiche di protezione.
Informazioni sul regime dei diritti (1)

(1) *Titolo inserito dall'art. 23 d.ls. 9 aprile 2003, n. 68.*

102-*quater*. – (1) 1. I titolari di diritti d'autore e di diritti connessi non che del diritto di cui all'art. 102-*bis*, comma 3, possono apporre sulle opere o sui materiali protetti misure tecnologiche di protezione efficaci che comprendono tutte le tecnologie, i dispositivi o i componenti che, nel normale corso del loro funzionamento, sono destinati a impedire o limitare atti non autorizzati dai titolari dei diritti.

2. Le misure tecnologiche di protezione sono considerate efficaci nel caso in cui l'uso dell'opera o del materiale protetto sia controllato dai titolari tramite l'applicazione di un dispositivo di accesso o di un procedimento di protezione, quale la cifratura, la distorsione o qualsiasi altra trasformazione dell'opera o del materiale protetto, ovvero sia limitato mediante un meccanismo di controllo delle copie che realizzi l'obiettivo di protezione.

3. Resta salva l'applicazione delle disposizioni relative ai programmi per elaboratore di cui al capo IV sezione VI del titolo I.

(1) *V. nota al Titolo II-*ter.

102-*quinquies*. – (1) 1. Informazioni elettroniche sul regime dei diritti possono essere inserite dai titolari di diritti d'autore e di diritti connessi nonché del diritto di cui all'art. 102-*bis*, comma 3, sulle opere o sui materiali protetti o possono essere fatte apparire nella comunicazione al pubblico degli stessi.

2. Le informazioni elettroniche sul regime dei diritti identificano l'opera o il materiale protetto, nonché l'autore o qualsiasi altro titolare dei diritti. Tali informazioni possono altresì contenere indicazioni circa i termini o le condizioni d'uso dell'opera o dei materiali,

nonché qualunque numero o codice che rappresenti le informazioni stesse o altri elementi di identificazione.

(1) *V. nota al Titolo II-ter.*

TITOLO II-*QUATER*
(1) *Utilizzo di contenuti protetti da parte dei prestatori di servizi di condivisione di contenuti online*

(1) *Titolo inserito dall'art. 1[1, lett. n)] d.ls. 8 novembre 2021, n. 177. Ai sensi dell'art. 3[1] d.ls. n. 177, cit. « le disposizioni del presente decreto si applicano anche alle opere e agli altri materiali protetti dalla normativa nazionale in materia di diritto d'autore e diritti connessi vigente alla data del 7 giugno 2021. Sono fatti salvi i contratti conclusi e i diritti acquisiti fino al 6 giugno 2021 ».*

102-*sexies*. – (1) 1. Ai fini del presente Titolo si intende per prestatore di servizi di condivisione di contenuti online un prestatore di servizi della società dell'informazione che presenta cumulativamente i seguenti requisiti:

a) ha come scopo principale, o tra i principali scopi, di memorizzare e dare accesso al pubblico a grandi quantità di opere o di altri materiali protetti dal diritto d'autore;

b) le opere o gli altri materiali protetti sono caricati dai suoi utenti;

c) le opere o gli altri materiali protetti sono organizzati e promossi allo scopo di trarne profitto direttamente o indirettamente.

2. Non sono considerati prestatori di servizi di condivisione di contenuti online ai sensi del presente Titolo quelli che danno accesso alle enciclopedie online senza scopo di lucro, ai repertori didattici o scientifici senza scopo di lucro, nonché le piattaforme di sviluppo e di condivisione di software open source, i fornitori di servizi di comunicazione elettronica, i prestatori di mercati online, di servizi cloud da impresa a impresa e di servizi cloud che consentono agli utenti di caricare contenuti per uso personale, salvo che il mercato online o il servizio cloud consenta di condividere opere protette dal diritto d'autore tra più utenti.

3. I prestatori di servizi di condivisione di contenuti online, quando concedono l'accesso al pubblico a opere protette dal diritto d'autore o ad altri materiali protetti caricati dai loro utenti, compiono un atto di comunicazione al pubblico o un atto di messa a disposizione del pubblico per i quali devono ottenere un'autorizzazione dai titolari dei diritti, anche mediante la conclusione di un accordo di licenza, ottenuta direttamente o tramite gli organismi di gestione collettiva e le entità di gestione indipendente di cui al decreto legislativo del 15 marzo 2017, n. 35.

4. L'autorizzazione di cui al comma 3 include gli atti compiuti dagli utenti che caricano sulla piattaforma del prestatore di servizi opere protette dal diritto d'autore quando non agiscono per scopi commerciali o la loro attività non genera ricavi significativi.

5. Non si applica la limitazione di responsabilità di cui all'articolo 16 del decreto legislativo 9 aprile 2003, n. 70, ai casi di cui al presente Titolo.

(1) *V. nota* sub *Titolo II*- quater

102-*septies*. – (1) 1. I prestatori di servizi di condivisione di contenuti online, in mancanza dell'autorizzazione di cui all'articolo 102-*sexies*, sono responsabili per gli atti non autorizzati di comunicazione al pubblico e di messa a disposizione del pubblico di opere e di altri materiali protetti dal diritto d'autore, salvo che dimostrino di avere soddisfatto cumulativamente le seguenti condizioni:

a) aver compiuto i massimi sforzi per ottenere un'autorizzazione secondo elevati standard di diligenza professionale di settore;

b) aver compiuto, secondo elevati standard di diligenza professionale di settore i massimi sforzi per assicurarsi che non sono rese disponibili opere e altri materiali specifici per i quali hanno ricevuto le informazioni pertinenti e necessarie dai titolari dei diritti;

c) avere, dopo la ricezione di una segnalazione sufficientemente motivata da parte dei titolari dei diritti, tempestivamente disabilitato l'accesso o rimosso dai propri siti web le opere o gli altri materiali oggetto di segnalazione e aver compiuto, secondo il livello di diligenza richiesto alla lettera *b*), i massimi sforzi per impedirne il caricamento in futuro.

2. Per stabilire, secondo il principio di proporzionalità, se il prestatore di servizi di condivisione di contenuti online è esente da responsabilità, sono presi in considerazione, con valutazione caso per caso, anche la tipologia, il pubblico e la dimensione del servizio e la tipologia di opere o di altri materiali caricati dagli utenti del servizio, nonché la disponibilità di strumenti adeguati ed efficaci e il relativo costo per i prestatori di servizi. In ogni caso, non è esente da responsabilità il prestatore di servizi di condivisione di contenuti online che pratica o facilita la pirateria in materia di diritto d'autore.

3. I prestatori di servizi di condivisione di contenuti online forniscono tempestivamente ai titolari dei diritti, su richiesta di questi ultimi, informazioni complete e adeguate sulle modalità di attuazione delle disposizioni di cui al comma 1 e, quando sono stati conclusi accordi di licenza tra i prestatori di servizi e i titolari dei diritti, informazioni sull'utilizzo dei contenuti oggetto degli accordi.

4. L'applicazione delle disposizioni del presente Titolo non comporta un obbligo generale di sorveglianza.

(1) *V. nota* sub *Titolo II*- quater

102-*octies*. – (1) 1. I nuovi prestatori di servizi di condivisione di contenuti online, che operano nel mercato dell'Unione europea da meno di tre anni e hanno un fatturato annuo inferiore a 10 milioni di euro, calcolati in conformità alla raccomandazione 2003/361/CE della Commissione europea 6 maggio 2003 relativa alla definizione delle microimprese, piccole e medie imprese, sono responsabili ai sensi dell'articolo 102-*septies* salvo che dimostrino cumulativamente di aver compiuto i massimi sforzi per ottenere un'autorizzazione e di avere, in seguito alla ricezione di una segnalazione sufficientemente circostanziata, tempestivamente disabilitato l'accesso alle opere o ad altri materiali segnalati o aver rimosso dai propri siti web tali opere o altri materiali.

2. I prestatori di servizi di cui al comma 1 che hanno un numero medio di visitatori unici mensili riferiti all'anno solare precedente superiore a 5 milioni, per l'esenzione di responsabilità di cui al comma 1 devono dimostrare altresì di aver compiuto i massimi sforzi per impedire il futuro caricamento di opere o di altri materiali segnalati per i quali i titolari dei diritti hanno fornito informazioni pertinenti e necessarie.

(1) *V. nota* sub *Titolo II*- quater

102-*nonies*. – (1) 1. La cooperazione tra i prestatori di servizi di condivisione di contenuti online e i titolari dei diritti non pregiudica la disponibilità delle opere o di altri materiali caricati dagli utenti nel rispetto del diritto d'autore e dei diritti connessi, incluso il caso in cui tali opere o altri materiali siano oggetto di un'eccezione o limitazione.

2. Gli utenti, quando caricano e mettono a disposizione contenuti da loro generati tramite un prestatore di servizi di condivisione di contenuti online, possono avvalersi delle seguenti eccezioni o limitazioni al diritto d'autore e ai diritti connessi:

a) citazione, critica, recensione;

b) utilizzo a scopo di caricatura, parodia o pastiche.

3. I prestatori di servizi di condivisione di contenuti online informano i propri utenti, tramite la comunicazione dei loro termini e condizioni del servizio, della possibilità di utilizzare opere e altri materiali avvalendosi delle eccezioni o delle limitazioni al diritto d'autore e ai diritti connessi.

4. L'applicazione delle disposizioni del presente Titolo non comporta l'identificazione dei singoli utenti né il trattamento dei dati personali, ferma restando l'applicazione del regolamento (UE) 2016/679 del Parlamento europeo e del Consiglio del 27 aprile 2016 e del decreto legislativo 30 giugno 2003, n. 196.

(1) *V. nota* sub *Titolo II-* quater

102-*decies*. – (1) 1. Quando i titolari dei diritti chiedono al prestatore di servizi di condivisione di contenuti online di disabilitare l'accesso a loro specifiche opere o ad altri materiali o di rimuoverli, indicano i motivi della richiesta. Le decisioni sulla richiesta di disabilitazione o la rimozione dei contenuti sono soggette a verifica umana. Il prestatore dà immediata comunicazione agli utenti dell'avvenuta disabilitazione o rimozione.

2. I prestatori di servizi di condivisione di contenuti online istituiscono e rendono disponibili agli utenti dei servizi meccanismi di reclamo celeri ed efficaci per la contestazione della decisione di disabilitazione dell'accesso o di rimozione di specifiche opere o di altri materiali da essi caricati. A tal fine l'Autorità per le garanzie nelle comunicazioni adotta apposite linee guida.

3. Nelle more della decisione sul reclamo, i contenuti in contestazione rimangono disabilitati.

4. La decisione adottata dal prestatore di servizi di condivisione di contenuti online a seguito del reclamo di cui al comma 2 può essere contestata con ricorso presentato all'Autorità per le garanzie nelle comunicazioni, secondo le modalità da essa definite tramite regolamento, da adottare entro sessanta giorni dalla data di entrata in vigore della presente disposizione. E' fatto salvo il diritto di ricorrere all'autorità giudiziaria.

(1) *V. nota* sub *Titolo II-* quater

TITOLO II-*QUINQUIES*
(1) *Utilizzi di opere e altri materiali fuori commercio*

(1) *Titolo inserito dall'art. 1[1, lett. o)] d.ls. 8 novembre 2021, n. 177. Ai sensi dell'art. 3[1] d.ls. n. 177, cit. « le disposizioni del presente decreto si applicano anche alle opere e agli altri materiali protetti dalla normativa nazionale in materia di diritto d'autore e diritti connessi vigente alla data del 7 giugno 2021. Sono fatti salvi i contratti conclusi e i diritti acquisiti fino al 6 giugno 2021 ».*

102-*undecies*. – (1) 1. Un'opera o altri materiali sono da considerare fuori commercio quando si può presumere in buona fede che l'intera opera o gli altri materiali non sono disponibili al pubblico tramite i consueti canali commerciali all'interno dell'Unione europea, in qualsiasi versione o supporto di memorizzazione. Si presumono fuori commercio le opere non disponibili nei canali commerciali da almeno dieci anni. Con decreto del Ministro della cultura possono essere individuati ulteriori requisiti specifici ai fini della definizione delle opere fuori commercio, previa consultazione con i titolari dei diritti, gli organismi di gestione collettiva e gli istituti di tutela del patrimonio culturale.

2. Gli istituti di tutela del patrimonio culturale di cui all'articolo 70-*ter*, comma 3, nel determinare se un'opera o altri materiali, presenti in modo permanente nelle loro raccolte, sono fuori commercio ne valutano la disponibilità effettiva nei canali commerciali abituali, compiendo un ragionevole sforzo secondo i principi di buona fede e correttezza professionale mediante la consultazione delle fonti d'informazione appropriate, e tenendo conto delle caratteristiche dell'opera o degli altri materiali e di elementi sufficienti facilmente accessibili sulla loro futura disponibilità nei canali commerciali abituali.

3. Quando nel corso della verifica svolta all'interno dell'Unione europea sulla disponibilità commerciale, emergono elementi per ritenere che informazioni pertinenti sulla disponibilità dell'opera in commercio devono essere acquisite in Paesi terzi, si procede ad una verifica della effettiva disponibilità in tali paesi.

4. Quando le opere o gli altri materiali sono stati pubblicati o comunicati al pubblico in più lingue, la valutazione della effettiva disponibilità nei canali commerciali abituali ha rilevanza ai fini della licenza solo in relazione alla lingua o alle lingue per le quali la valutazione è stata effettuata.

5. Le disposizioni del presente Titolo non si applicano agli insiemi di opere o di altri materiali fuori commercio composti prevalentemente da:

a) opere o altri materiali diversi dalle opere cinematografiche o audiovisive, pubblicati o trasmessi per la prima volta in un paese terzo;

b) opere cinematografiche o audiovisive i cui produttori hanno sede o residenza abituale in un paese terzo;

c) opere o altri materiali di cittadini di paesi terzi, per i quali non è ragionevolmente possibile indicare uno Stato membro dell'Unione europea o un paese terzo ai sensi delle lettere *a*) e *b*).

6. In deroga al comma 5, le disposizioni del presente Titolo si applicano quando l'organismo di gestione collettiva, coinvolto nel

rilascio della licenza ai sensi dell'articolo 102-*duodecies*, è sufficientemente rappresentativo dei titolari dei diritti nel paese terzo.

(1) *V. nota* sub *Titolo II*-quinquies.

102-*duodecies*. – (1) 1. Quando l'istituto di tutela del patrimonio culturale accerta, secondo i criteri di cui all'articolo 102-undecies, che l'opera o gli altri materiali sono fuori commercio, richiede all'organismo di gestione collettiva di cui al decreto legislativo 15 marzo 2017, n. 35 rappresentativo dei titolari dei diritti per tipologia di opera o di diritto oggetto della licenza, il rilascio di una licenza non esclusiva a fini non commerciali per la riproduzione, la distribuzione, la comunicazione al pubblico o la messa a disposizione del pubblico dell'opera o degli altri materiali, concordando, quando possibile, l'ambito di applicazione territoriale della licenza. Alla richiesta deve essere allegata la documentazione relativa alla verifica della disponibilità sui canali commerciali abituali effettuata dall'istituto di tutela del patrimonio culturale richiedente.

2. Il rilascio della licenza non esclusiva di cui al comma 1 compete all'organismo di gestione collettiva dello Stato in cui ha sede l'istituto di tutela del patrimonio culturale, quando il titolare dei diritti ha affidato a quell'organismo di gestione il mandato per la gestione delle opere o di altri materiali. In caso di pluralità di autori, i quali hanno conferito il mandato a più organismi di gestione collettiva, la legittimazione al rilascio della licenza compete a ciascuno di essi, previa comunicazione agli altri.

3. Quando il titolare dei diritti non ha conferito il mandato ad alcun organismo di gestione collettiva, il rilascio della licenza di cui al comma 1 compete all'organismo di gestione collettiva che a livello nazionale, sulla base dei mandati ricevuti, è sufficientemente rappresentativo dei titolari di diritti nel pertinente tipo di opere o di altri materiali e nella tipologia di diritti oggetto della licenza e garantisce parità di trattamento a tutti i titolari dei diritti in riferimento alle condizioni di licenza, con gli stessi criteri impiegati nei confronti dei propri associati. Nel caso di pluralità di organismi di gestione collettiva, il rilascio della licenza compete ai tre organismi maggiormente rappresentativi per ciascuna categoria di titolari.

4. Nei casi in cui non esistono organismi di gestione collettiva sufficientemente rappresentativi dei titolari di diritti su banche di dati e programmi per elaboratore, gli istituti di tutela del patrimonio culturale hanno la facoltà di riprodurre e comunicare al pubblico, nonché estrarre, tradurre, adattare, adeguare e modificare le opere o altri materiali che siano fuori commercio e presenti in modo perma-

nente nelle loro raccolte, per consentirne la messa a disposizione, a fini non commerciali, a condizione che sia indicato il nome dell'autore o di qualsiasi altro titolare di diritti individuabile, salvo in caso di impossibilità, e che siano messe a disposizione su siti web non commerciali.

5. Gli utilizzi di opere e di altri materiali di cui al comma 4 aventi luogo in Italia da parte di un istituto di tutela del patrimonio culturale che ha sede in un altro Stato membro si intendono effettuati esclusivamente nel suddetto Stato membro.

(1) *V. nota* sub *Titolo II*-quinquies.

102-*terdecies*. – (1) 1. L'organismo di gestione collettiva cui è stata presentata la richiesta di una licenza non esclusiva a fini non commerciali per la riproduzione, la distribuzione, la comunicazione al pubblico o la messa a disposizione del pubblico di opere o di altri materiali fuori commercio informa tutti i titolari dei diritti e accerta l'adeguatezza della verifica della disponibilità nei canali commerciali abituali. Quando accerta la non adeguatezza della verifica chiede ulteriori elementi all'istituto di tutela del patrimonio culturale, in mancanza dei quali rigetta la richiesta.

Quando accerta l'adeguatezza della verifica, comunica la richiesta di licenza al Ministero della cultura, che la pubblica nel proprio sito istituzionale.

2. Trascorsi trenta giorni dalla data di pubblicazione, l'organismo di gestione collettiva, in mancanza di opposizione da parte dei titolari dei diritti, rilascia la licenza e ne dà comunicazione, unitamente a tutte le informazioni pertinenti, al portale unico europeo gestito dall'Ufficio dell'Unione europea per la proprietà intellettuale che procede alla pubblicazione della licenza. Sono pertinenti le informazioni relative all'identificazione dell'opera o degli altri materiali fuori commercio oggetto della licenza e alle facoltà attribuite ai titolari dei diritti ai sensi dell'articolo 102-*quaterdecies*, nonché, quando disponibili e ove opportuno, quelle sulle parti della licenza, i territori interessati e gli utilizzi.

3. I diritti di utilizzo conferiti dalla licenza possono essere esercitati decorsi sei mesi dalla data di pubblicazione sul portale unico di cui al comma 2.

(1) *V. nota* sub *Titolo II*-quinquies.

102-*quaterdecies*. – (1) 1. I titolari dei diritti hanno facoltà di escludere in qualunque momento le opere o gli altri materiali dall'applicazione del meccanismo di concessione delle licenze previsto dall'articolo 102-*duodecies*, dandone comunicazione all'organismo di gestione collettiva, sia prima del rilascio della licenza sia successivamente o all'inizio dell'utilizzo da parte dell'istituto di tutela del patrimonio culturale. Se l'esclusione interviene dopo il rilascio della licenza, l'organismo di gestione collettiva la revoca e ne dà comunicazione all'istituto di tutela del patrimonio culturale e al Ministero della cultura. La revoca non pregiudica il legittimo utilizzo effettuato dal licenziatario fino alla ricezione della sua comunicazione e, in caso di pregiudizio economico conseguente a un particolare utilizzo, il titolare del diritto mantiene il diritto di chiedere il relativo indennizzo.

2. Le comunicazioni e pubblicazioni previste dall'articolo 102-*terdecies*, commi 1 e 2, sono effettuate anche in caso di revoca della licenza conseguente all'esercizio della facoltà di esclusione di cui al comma 1.

3. I titolari dei diritti hanno facoltà di escludere in qualunque momento le proprie opere dall'applicazione dell'eccezione di cui all'articolo 102-*duodecies*, comma 4, dandone comunicazione all'istituto di tutela del patrimonio culturale successivamente alla comunicazione sul portale unico europeo di cui al comma 4 oppure successivamente alla messa a disposizione dell'opera sul sito web utilizzato dall'istituto. L'esclusione non pregiudica il legittimo utilizzo effettuato dall'istituto dopo la pubblicazione sul sito web fino alla ricezione della sua comunicazione.

4. La pubblicazione sul sito web dell'opera deve essere preceduta dalla comunicazione al portale unico europeo gestito dall'Ufficio dell'Unione europea per la proprietà intellettuale e gli utilizzi consentiti in virtù dell'operatività dell'eccezione di cui all'articolo 102-*duodecies*, comma 4, possono avere inizio solo decorsi sei mesi dalla data di pubblicazione sul portale unico.

(1) *V. nota* sub *Titolo II*-quinquies.

102-*quinquiesdecies*. – (1) 1. Una licenza rilasciata, ai sensi e per gli effetti del presente Titolo, avente ad oggetto opere o altri materiali fuori commercio in Italia o in un Paese dell'Unione europea, può consentire l'utilizzo delle opere o degli altri materiali fuori commercio da parte dell'istituto di tutela del patrimonio culturale in qualsiasi Stato membro dell'Unione europea, fatti salvi i limiti territoriali convenzionalmente stabiliti.

(1) *V. nota* sub *Titolo II*-quinquies.

102-*sexiesdecies*. – (1) 1. Quando un'opera risulta al contempo fuori commercio, ai sensi degli articoli da 102-*undecies* a 102-*quinquiesdecies*, e orfana, ai sensi dell'articolo 69-*quater*, si applicano per il suo utilizzo le disposizioni del presente Titolo.

2. Quando prima di essere dichiarata fuori commercio l'opera è stata utilizzata quale opera orfana, il titolare dei diritti può chiedere l'equo compenso ai soggetti di cui all'articolo 69-*bis* relativamente a tale periodo di utilizzazione.

(1) *V. nota* sub *Titolo II*-quinquies.

102-*septiesdecies*. – (1) 1. Il Ministero della cultura promuove un regolare dialogo tra gli organismi rappresentativi degli utilizzatori e dei titolari di diritti, inclusi gli organismi di gestione collettiva e qualunque altra organizzazione rappresentativa di interessi per i singoli settori, al fine di favorire l'applicazione delle procedure di concessione delle licenze per le opere fuori commercio e di garantire l'efficacia delle misure di salvaguardia per i titolari dei diritti.

(1) *V. nota* sub *Titolo II*-quinquies.

TITOLO III
Disposizioni comuni

CAPO I – *Registri di pubblicità e deposito delle opere*

103. – È istituito presso il Ministero per i beni e le attività culturali (1), un registro pubblico generale delle opere protette ai sensi di questa legge (2).

Nel registro di cui al primo comma (3) sono registrate le opere soggette all'obbligo del deposito con la indicazione del nome dell'autore, del produttore, della data della pubblicazione e con le altre indicazioni stabilite dal regolamento.

Alla Società italiana degli autori ed editori è affidata, altresì, la tenuta di un registro pubblico speciale per i programmi per elaboratore. In tale registro viene registrato il nome del titolare dei diritti esclusivi di utilizzazione economica e la data di pubblicazione del programma, intendendosi per pubblicazione il primo atto di esercizio dei diritti esclusivi (4).

La registrazione fa fede, sino a prova contraria, della esistenza dell'opera e del fatto della sua pubblicazione. Gli autori e i produttori indicati nel registro sono reputati, sino a prova contraria, autori o produttori delle opere che sono loro attribuite (5) (6).

La tenuta dei registri di pubblicità è disciplinata nel regolamento.

I registri di cui al presente articolo possono essere tenuti utilizzando mezzi e strumenti informatici (4).

(1) Originariamente le attribuzioni di cui al presente comma erano di spettanza del Ministero della cultura popolare, soppresso dal d.ls.lt. 3 luglio 1944, n. 163. Per il trasferimento, da ultimo, di tali funzioni al Ministero per i beni e le attività culturali, v. art. 52 d.ls. 30 luglio 1999, n. 300.

(2) Seguiva un secondo comma abrogato dall'art. 32[8 lett. a)] l. 14 novembre 2016, n. 220. Ai sensi dell'art. 41[1] l. n. 220, cit., la presente disposizione si applica a decorrere dal 1° gennaio 2017. Il testo del comma, come da ultimo sostituito dall'art. 6[1 lett. a)] d.l. 30 aprile 2010, n. 64, conv., con modif., in l. 29 giugno 2010, n. 100, era il seguente: « La Società italiana degli autori ed editori (SIAE) cura la tenuta di un registro pubblico speciale per le opere cinematografiche e le opere au diovisive. Con decreto del Presidente del Consiglio dei Ministri, su proposta del Ministro per i beni e attività culturali, di concerto con il Ministero dello sviluppo economico, da adottarsi, sentita la SIAE, entro sei mesi dalla data di entrata in vigore del presente comma, sono determinate le caratteristiche del registro, le modalità di registrazione delle opere, le tariffe relative alla tenuta del registro nonché la tipologia ed i requisiti formali degli atti soggetti a trascrizione ».

(3) Le parole « Nel registro di cui al primo comma » sono state sostituite alle parole « In detti registri » dall'art. 32[8 lett. b)] l. n. 220, cit., con la decorrenza indicata sub nota 2.

(4) Comma aggiunto dall'art. 6 d.ls. 29 dicembre 1992, n. 518.

(5) Seguiva un periodo soppresso dall'art. 32[8 lett. c)] l. n. 220, cit., con la decorrenza indicata sub nota 2. Il testo del periodo era il seguente: « Per le opere cinematografiche e per le opere audiovisive la presunzione si applica alle annotazioni del registro indicato nel secondo comma ».

(6) Comma così modificato dall'art. 6[1 lett. b)] d.l. n. 64, cit. Per la disciplina transitoria v. il comma 2 del medesimo art. 6, citato alla nota 2.

104. – Possono, altresì, essere registrati nel registro, sulla istanza della parte interessata, con le forme stabilite dal regolamento, gli atti tra vivi che trasferiscono in tutto o in parte i diritti riconosciuti da questa legge, o costituiscono sopra di essi diritti di godimento o di garanzia, come pure gli atti di divisione o di società relativi ai diritti medesimi.

Le registrazioni hanno anche altri effetti di carattere giuridico od amministrativo in base alle disposizioni contenute in questa legge o in altre leggi speciali.

105. – Gli autori e i produttori delle opere e dei prodotti protetti ai sensi di questa legge o i loro aventi causa devono depositare presso il Ministero per i beni e le attività culturali, un esemplare o copia della opera o del prodotto, nei termini e nelle forme stabilite dal regolamento.

Qualora si tratti di opera drammatico-musicale o sinfonica di cui non sia stampata la partitura d'orchestra, basterà una copia o un esemplare della riduzione per canto e pianoforte o per pianoforte solo.

Per i programmi per elaboratore la registrazione è facoltativa ed onerosa (1).

Per le fotografie è escluso l'obbligo del deposito, salvo il disposto del secondo comma dell'art. 92.

(1) *Comma inserito dall'art. 7 d.lgs. 29 dicembre 1992, n. 518.*

106. – L'omissione del deposito non pregiudica l'acquisto e l'esercizio del diritto di autore sulle opere protette a termini delle disposizioni del titolo I di questa legge e delle disposizioni delle convenzioni internazionali, salva, per le opere straniere, l'applicazione dell'art. 188 di questa legge (1).

Il Ministro per i beni e le attività culturali, può far procedere al sequestro di un esemplare o di una copia dell'opera di cui fu omesso il deposito, nelle forme stabilite dal regolamento.

(1) *Seguiva un originario secondo comma abrogato dall'art. 41[2] d.lgs. 9 aprile 2003, n. 68.*

CAPO II – *Trasmissione dei diritti di utilizzazione*

SEZIONE I – *Norme generali*

107. – I diritti di utilizzazione spettanti agli autori delle opere dell'ingegno, nonché i diritti connessi aventi carattere patrimoniale, possono essere acquistati, alienati o trasmessi in tutti i modi e forme consentiti dalla legge, salva l'applicazione delle norme contenute in questo capo.

Gli autori, gli adattatori dei dialoghi, i direttori del doppiaggio e gli artisti interpreti e esecutori, inclusi i doppiatori, che concedono in licenza o trasferiscono i propri diritti esclusivi per lo sfruttamento delle loro opere o di altri materiali protetti hanno il diritto, direttamente o tramite gli organismi di gestione collettiva e le entità di gestione indipendenti di cui al decreto legislativo 15 marzo 2017 n. 35 cui abbiano conferito apposito mandato, a una remunerazione adeguata e proporzionata al valore dei diritti concessi in licenza o trasferiti, nonché commisurata ai ricavi che derivano dal loro sfruttamento, anche tenendo conto, in quanto pertinenti, della particolarità del settore di riferimento e dell'esistenza di accordi di contrattazione collettiva, fatto salvo il diritto al compenso previsto da altre disposizioni di legge, ivi incluse quelle di cui agli articoli 46-*bis* e 84. Sono nulle le pattuizioni contrarie a quanto previsto dal presente comma. E' ammessa una remunerazione forfettaria per l'autore o l'artista quando il suo contributo all'opera o all'esecuzione ha carattere meramente accessorio e i costi delle operazioni di calcolo sono sproporzionati allo scopo (1).

(1) *Comma aggiunto dall'art. 1[1, lett. p)] d.ls. 8 novembre 2021, n. 177. Ai sensi dell'art. 3[1] d.ls. n. 177, cit. « le disposizioni del presente decreto si applicano anche alle opere e agli altri materiali protetti dalla normativa nazionale in materia di diritto d'autore e diritti connessi vigente alla data del 7 giugno 2021. Sono fatti salvi i contratti conclusi e i diritti acquisiti fino al 6 giugno 2021 ».*

108. – (1) L'autore che abbia compiuto sedici anni di età ha la capacità di compiere tutti gli atti giuridici relativi alle opere da lui create e di esercitare le azioni che ne derivano.

(1) *Articolo così sostituito dall'art. 13 l. 8 marzo 1975, n. 39.*

109. – La cessione di uno o più esemplari dell'opera non importa, salvo patto contrario, la trasmissione dei diritti di utilizzazione, regolati da questa legge.

Tuttavia la cessione di uno stampo, di un rame inciso o di altro simile mezzo usato per riprodurre un'opera d'arte, comprende, salvo patto contrario, la facoltà di riprodurre l'opera stessa, sempreché tale facoltà spetti al cedente.

110. – La trasmissione dei diritti di utilizzazione deve essere provata per iscritto.

110-*bis*. – (1) 1. L'autorizzazione alla ritrasmissione delle emissioni di radiodiffusione è concessa mediante contratto tra i titolari dei diritti d'autore, i detentori di diritti connessi e i soggetti che effettuano la ritrasmissione individuati ai sensi dell'articolo 16-*ter* (2).

2. In caso di mancata autorizzazione per la ritrasmissione (3)di un'emissione di radiodiffusione, le parti interessate possono far ricorso ad un terzo, scelto di comune accordo, per la formulazione di una proposta di contratto. In caso di mancato accordo la scelta viene effettuata dal presidente del tribunale ove ha la residenza o la sede una delle parti interessate.

3. La proposta del terzo si ritiene accettata se nessuna delle parti interessate vi si oppone entro novanta giorni dalla notifica.

(1) *Articolo inserito dall'art. 9 d.ls. 23 ottobre 1996, n. 581.*

(2) *Comma così sostituito dall'art. 1[1, lett. g), n. 1] d.ls. 8 novembre 2021, n. 181. Il testo del comma era il seguente:* « L'autorizzazione alla ritrasmissione via cavo delle missioni di radiodiffusione è concessa mediante contratto tra i titolari dei diritti d'autore, i detentori di diritti connessi ed i cablodistributori».

(3) *Le parole* « via cavo » *dall'art. 1[1, lett. g), n. 2] d.ls. n. 181, cit.*

110-*ter*. – (1) 1. In caso di difficoltà nel raggiungere un accordo contrattuale per la concessione di una licenza per lo sfruttamento delle opere audiovisive su servizi di video on demand, ciascuna delle parti, ai fini della definizione dell'accordo, può chiedere l'assistenza dell'Autorità per le garanzie nelle comunicazioni, che fornisce indicazioni sulle opportune soluzioni negoziali, anche con riferimento alla determinazione del compenso dovuto.

(1) *Articolo inserito dall'art. 1[1, lett. q)] d.ls. 8 novembre 2021, n. 177. Ai sensi dell'art. 3[1] d.ls. n. 177, cit. « le disposizioni del presente decreto si applicano anche alle opere e agli altri materiali protetti dalla normativa nazionale in materia di diritto d'autore e diritti connessi vigente alla data del 7 giugno 2021. Sono fatti salvi i contratti conclusi e i diritti acquisiti fino al 6 giugno 2021 ».*

110-*quater*. – (1) 1. I soggetti ai quali sono stati concessi in licenza o trasferiti i diritti e i loro aventi causa hanno l'obbligo di fornire agli autori e artisti interpreti e esecutori, anche tramite gli organismi di gestione collettiva e le entità di gestione indipendenti di cui al decreto legislativo 15 marzo 2017 n. 35, con cadenza almeno semestrale, informazioni aggiornate, pertinenti e complete sullo sfruttamento delle opere e prestazioni artistiche, e la remunerazione dovuta. In particolare:

a) l'identità di tutti soggetti interessati dalle cessioni o licenze, ivi inclusi gli utilizzatori secondari di opere e prestazioni che abbiano stipulato accordi con i contraenti diretti di autori e artisti interpreti o esecutori;

b) le modalità di sfruttamento delle opere e delle prestazioni artistiche;

c) i ricavi generati da tali sfruttamenti, ivi inclusi introiti pubblicitari e di merchandising, e la remunerazione contrattualmente dovuta, secondo quanto stabilito negli accordi di concessione di licenza o trasferimento dei diritti;

d) con riferimento specifico ai fornitori di servizi di media audiovisivi non lineari, i numeri di acquisti, visualizzazioni, abbonati.

2. L'adempimento dell'obbligo di cui al comma 1 è richiesto in misura proporzionata ed effettiva per garantire un livello elevato di trasparenza in ogni settore. Resta fermo l'obbligo dei soggetti che hanno ricevuto le informazioni del rispetto della riservatezza delle stesse, in particolare di quelle che costituiscono dati aziendali e informazioni commerciali sensibili, anche attraverso la sottoscrizione di accordi di riservatezza.

3. Quando il cessionario o il licenziatario dei diritti di cui al comma 1 concede i medesimi diritti in licenza a terzi, gli autori e gli

artisti interpreti o esecutori hanno diritto di ricevere, anche tramite gli organismi di gestione collettiva e le entità di gestione indipendenti di cui al decreto legislativo 15 marzo 2017 n. 35, informazioni supplementari direttamente da parte dei sublicenziatari, se la loro prima controparte contrattuale non detiene tutte le informazioni necessarie. A tale fine la prima controparte contrattuale fornisce informazioni sull'identità dei sublicenziatari. Per le opere cinematografiche e audiovisive la richiesta di informazioni può essere effettuata dagli aventi diritto anche indirettamente tramite la controparte contrattuale dell'autore e artista interprete o esecutore.

4. Sull'adempimento degli obblighi di comunicazione e di informazione cui ai commi 1, 2 e 3, vigila l'Autorità per le garanzie nelle comunicazioni che, in caso di violazione di tali obblighi, applica una sanzione amministrativa pecuniaria a carico del soggetto inadempiente fino all'1 per cento del fatturato realizzato nell'ultimo esercizio chiuso anteriormente alla notifica della contestazione. Per le sanzioni amministrative di cui al primo periodo è escluso il beneficio del pagamento in misura ridotta previsto dall'articolo 16 della legge 24 novembre 1981, n. 689. In ogni caso la mancata comunicazione delle informazioni di cui ai commi 1, 2 e 3 costituisce una presunzione legale di inadeguatezza del compenso in favore dei titolari dei diritti.

5. Si applicano le regole di trasparenza degli accordi collettivi che soddisfano le condizioni di cui ai commi 1, 2 e 3 ai contratti che ne sono regolati.

6. Agli organismi di gestione collettiva e alle entità di gestione indipendenti di cui all'articolo 2, commi 1 e 2, del decreto legislativo 15 marzo 2017, n. 35 si applica l'articolo 24 del medesimo decreto quanto agli obblighi di informazione di cui al presente articolo.

7. Le disposizioni del presente articolo si applicano a decorrere dal 7 giugno 2022.

(1) *Articolo inserito dall'art. 1[1, lett. q)] d.ls. 8 novembre 2021, n. 177. Ai sensi dell'art. 3[1] d.ls. n. 177, cit. « le disposizioni del presente decreto si applicano anche alle opere e agli altri materiali protetti dalla normativa nazionale in materia di diritto d'autore e diritti connessi vigente alla data del 7 giugno 2021. Sono fatti salvi i contratti conclusi e i diritti acquisiti fino al 6 giugno 2021 ».*

110-*quinquies*. – (1) 1. Fatto salvo quanto stabilito in materia dagli accordi collettivi, gli autori e gli artisti interpreti o esecutori, direttamente o tramite gli organismi di gestione collettiva o entità di gestione indipendenti di cui al decreto legislativo 15 marzo 2017 n. 35, hanno diritto a una remunerazione ulteriore, adeguata ed equa, dalla parte con cui hanno stipulato un contratto per lo sfruttamento dei diritti o dai suoi aventi causa, se la remunerazione concordata si rivela sproporzionatamente bassa rispetto ai proventi originati nel tempo dallo sfruttamento delle loro opere o prestazioni artistiche, considerate tutte le possibili tipologie di proventi derivanti dallo sfruttamento dell'opera o prestazione artistica, a qualsiasi titolo e in qualsiasi forma, ivi inclusa la messa a disposizione dei fonogrammi online.

2. Le disposizioni di cui al comma 1 non si applicano ai contratti conclusi dagli organismi di gestione collettiva e dalle entità di gestione indipendenti di cui all'articolo 2, commi 1 e 2, del decreto legislativo 15 marzo 2017, n. 35.

(1) *Articolo inserito dall'art. 1[1, lett. q)] d.ls. 8 novembre 2021, n. 177. Ai sensi dell'art. 3[1] d.ls. n. 177, cit. « le disposizioni del presente decreto si applicano anche alle opere e agli altri materiali protetti dalla normativa nazionale in materia di diritto d'autore e diritti connessi vigente alla data del 7 giugno 2021. Sono fatti salvi i contratti conclusi e i diritti acquisiti fino al 6 giugno 2021 ».*

110-*sexies*. – (1) 1. Per la risoluzione delle controversie aventi ad oggetto gli obblighi di trasparenza di cui all'articolo 110-*quater* e il meccanismo di adeguamento contrattuale di cui all'articolo 110-*quinques*, ciascuna delle parti può rivolgersi all'Autorità per le garanzie nelle comunicazioni, che risolve la controversia nel termine di novanta giorni dalla richiesta, in conformità a quanto stabilito da apposito regolamento, da adottare entro sessanta giorni dalla data di entrata in vigore della presente disposizione, fermo restando il diritto di adire l'autorità giudiziaria.

2. La procedura di risoluzione della controversia di cui al comma 1 può essere avviata anche dagli organismi rappresentativi degli autori e degli artisti interpreti o esecutori, su richiesta specifica di uno o più autori o artisti interpreti o esecutori.

(1) *Articolo inserito dall'art. 1[1, lett. q)] d.ls. 8 novembre 2021, n. 177. Ai sensi dell'art. 3[1] d.ls. n. 177, cit. « le disposizioni del presente decreto si applicano anche alle opere e agli altri materiali protetti dalla normativa nazionale in materia di diritto d'autore e diritti connessi vigente alla data del 7 giugno 2021. Sono fatti salvi i contratti conclusi e i diritti acquisiti fino al 6 giugno 2021 ».*

110-*septies*. – (1) 1. L'autore o l'artista interprete o esecutore che ha concesso in licenza o trasferito in esclusiva i propri diritti relativi ad un'opera o ad altri materiali, in caso di mancato sfruttamento può agire per la risoluzione, anche parziale, del contratto di licenza o di trasferimento dei diritti dell'opera o degli altri materiali protetti, oppure revocare l'esclusiva del contratto. Si applicano le disposizioni del codice civile in materia di risoluzione contrattuale.

2. Il comma 1 non si applica quando il mancato sfruttamento è dovuto a circostanze alle quali l'autore, l'artista interprete o esecutore può ragionevolmente porre rimedio.

3. Nel caso di opera collettiva la risoluzione di cui al comma 1 deve essere chiesta da tutti gli autori ed artisti interpreti o esecutori con il maggior rilievo nel contributo all'opera o all'esecuzione.

4. Salvo diversa previsione contrattuale o diversa disposizione di legge, lo sfruttamento dell'opera o della prestazione artistica deve avvenire nel termine stabilito dal contratto, comunque non superiore a cinque anni o a due anni successivi alla disponibilità dell'opera da parte dell'editore o del produttore. In mancanza, l'autore o artista interprete o esecutore assegna un termine congruo per lo sfruttamento dei diritti concessi in licenza o trasferiti. Decorso il termine, l'autore o l'artista interprete o esecutore può revocare l'esclusiva del contratto o risolvere il contratto, ai sensi del comma 1. Nel caso di opera collettiva, per l'assegnazione del termine e la risoluzione del contratto o la revoca dell'esclusiva si applica il comma 3.

5. Qualsiasi disposizione contrattuale in deroga al diritto di agire per la risoluzione o per la revoca di cui al comma 1 è nulla salvo che sia prevista da un accordo collettivo.

(1) *Articolo inserito dall'art. 1[1, lett. q)] d.ls. 8 novembre 2021, n. 177. Ai sensi dell'art. 3[1] d.ls. n. 177, cit. « le disposizioni del presente decreto si applicano anche alle opere e agli altri materiali protetti dalla normativa nazionale in materia di diritto d'autore e diritti connessi vigente alla data del 7 giugno 2021. Sono fatti salvi i contratti conclusi e i diritti acquisiti fino al 6 giugno 2021 ».*

111. – I diritti di pubblicazione dell'opera dell'ingegno e di utilizzazione dell'opera pubblicata non possono formare oggetto di pegno, pignoramento e sequestro, né per atto contrattuale, né per via di esecuzione forzata, finché spettano personalmente all'autore.

Possono invece essere dati in pegno o essere pignorati o sequestrati i proventi dell'utilizzazione e gli esemplari dell'opera, secondo le norme del codice di procedura civile.

112. – I diritti spettanti all'autore, ad eccezione di quelli di pubblicare un'opera durante la vita di lui, possono essere espropriati per ragioni di interesse dello Stato.

113. – L'espropriazione è disposta per decreto del Presidente della repubblica, su proposta del Ministro per i beni e le attività culturali, di concerto con il Ministro della pubblica istruzione, sentito il Consiglio di Stato.

Nel decreto di espropriazione od in altro successivo è stabilita l'indennità spettante all'espropriato.

Il decreto ha forza di titolo esecutivo nei riguardi sia degli aventi diritto, che dei terzi detentori delle cose materiali necessarie per l'esercizio dei diritti espropriati.

114. – Contro il decreto di espropriazione, per ragioni di interesse dello Stato è ammesso ricorso in sede giurisdizionale al Consiglio di Stato, tranne per le controversie riguardanti l'ammontare delle indennità, le quali rimangono di competenza dell'autorità giudiziaria.

114-*bis*. – (1) 1. Qualsiasi pattuizione contraria agli articoli 110-*quater*, 110-*quinquies* e 110-*sexies* è inopponibile agli autori, artisti interpreti o esecutori dell'opera o di altro materiale al quale la pattuizione si riferisce.

2. Le disposizioni di cui agli articoli 110-*quater* e 110-*quinquies* costituiscono norme di applicazione necessaria ai sensi dell'articolo 3, paragrafo 4, del regolamento CE n. 593/2008 del Parlamento europeo e del Consiglio del 17 giugno 2008 sulla legge applicabile alle obbligazioni contrattuali (Roma I).

3. Le disposizioni di cui agli articoli 107, secondo comma, 110-*quater*, 110-*quinquies* e 110-*sexies* e 110-*septies* non si applicano agli autori di programmi per elaboratore.

(1) *Articolo inserito dall'art. 1[1, lett. r)] d.ls. 8 novembre 2021, n. 177. Ai sensi dell'art. 3[1] d.ls. n. 177, cit. « le disposizioni del presente decreto si applicano anche alle opere e agli altri materiali protetti dalla normativa nazionale in materia di diritto d'autore e diritti connessi vigente alla data del 7 giugno 2021. Sono fatti salvi i contratti conclusi e i diritti acquisiti fino al 6 giugno 2021 ».*

SEZIONE II – *Trasmissione a causa di morte*

115. – Dopo la morte dell'autore, il diritto di utilizzazione dell'opera, quando l'autore stesso non abbia altrimenti disposto, deve rimanere indiviso fra gli eredi per il periodo di tre anni dalla morte medesima, salvo che l'autorità giudiziaria, sopra istanza di uno o più coeredi, consenta, per gravi ragioni, che la divisione si effettui senza indugio.

Decorso il detto periodo, gli eredi, possono stabilire, per comune accordo, che il diritto rimanga ancora in comunione per la durata che sarà da essi fissata, entro i limiti indicati nelle disposizioni contenute nei codici.

La comunione è regolata dalle disposizioni del codice civile e da quelle che seguono.

116. – L'amministrazione e la rappresentanza degli interessi della comunione è conferita a uno dei coeredi od a persona estranea alla successione.

Se i coeredi trascurano la nomina dell'amministratore o se non si accordano sulla nomina medesima, entro l'anno dall'apertura della successione, l'amministrazione è conferita alla Società italiana degli autori ed editori (S.I.A.E.) (1), con decreto del tribunale del luogo dell'aperta successione, emanato su ricorso di uno dei coeredi o della società medesima.

La stessa procedura è seguita quando si tratti di provvedere alla nomina di un nuovo amministratore.

(1) *V.* sub *art. 58.*

117. – L'amministratore cura la gestione dei diritti di utilizzazione dell'opera.

Non può però autorizzare nuove edizioni, traduzioni o altre elaborazioni, nonché l'adattamento dell'opera alla cinematografia, alla radiodiffusione ed alla incisione su apparecchi meccanici, senza il consenso degli eredi rappresentanti la maggioranza per valore delle quote eredi tarie, salvi i provvedimenti dell'autorità giudiziaria a tutela della minoranza, secondo le norme del codice civile in materia di comunione.

SEZIONE III – *Contratto di edizione*

118. – Il contratto con il quale l'autore concede ad un editore l'esercizio del diritto di pubblicare per le stampe, per conto e a spese dell'editore stesso, l'opera dell'ingegno, è regolato, oltreché dalle disposizioni contenute nei codici, dalle disposizioni generali di questo capo e dalle disposizioni particolari che seguono.

119. – Il contratto può avere per oggetto tutti i diritti di utilizzazione che spettano all'autore nel caso dell'edizione, o taluni di essi, con il contenuto e per la durata che sono determinati dalla legge vigente al momento del contratto.

Salvo patto contrario, si presume che siano stati trasferiti i diritti esclusivi.

Non possono essere compresi i futuri diritti eventualmente attribuiti da leggi posteriori, che comportino una protezione del diritto di autore più larga nel suo contenuto o di maggiore durata.

Salvo pattuizione espressa, la alienazione non si estende ai diritti di utilizzazione dipendenti dalle eventuali elaborazioni e trasformazioni di cui l'opera è suscettibile, compresi gli adattamenti alla cine-

LEGGI COMPLEMENTARI

matografia, alla radiodiffusione ed alla registrazione su apparecchi meccanici.

L'alienazione di uno o più limiti di utilizzazione non implica, salvo patto contrario, il trasferimento di altri diritti che non siano necessariamente dipendenti dal diritto trasferito, anche se compresi, secondo le disposizioni del titolo I, nella stessa categoria di facoltà esclusive.

120. – Se il contratto ha per oggetto opere che non sono state ancora create si devono osservare le norme seguenti:

1) è nullo il contratto che abbia per oggetto tutte le opere o categorie di opere che l'autore possa creare, senza limite di tempo;

2) senza pregiudizio delle norme regolanti i contratti di lavoro o di impiego, i contratti concernenti l'alienazione dei diritti esclusivi di autore per opere da crearsi non possono avere una durata superiore ai dieci anni;

3) se fu determinata l'opera da creare, ma non fu fissato il termine nel quale l'opera deve essere consegnata l'editore ha sempre il diritto di ricorrere all'autorità giudiziaria per la fissazione di un termine. Se il termine fu fissato, l'autorità giudiziaria ha facoltà di prorogarlo.

121. – Se l'autore muore o si trova nella impossibilità di condurre l'opera a termine, dopo che una parte notevole ed a sé stante è stata compiuta e consegnata, l'editore ha la scelta di considerare risoluto il contratto, oppure di considerarlo compiuto per la parte consegnata, pagando un compenso proporzionato, salvo che l'autore abbia manifestato o manifesti la volontà che l'opera non sia pubblicata se non compiuta interamente, o uguale volontà sia manifestata dalle persone indicate nell'art. 23.

Se la risoluzione ha luogo a richiesta dell'autore o dei suoi eredi l'opera incompiuta non può essere ceduta ad altri, sotto pena del risarcimento del danno.

122. – Il contratto di edizione può essere « per edizione » o « a termine ».

Il contratto « per edizione » conferisce all'editore il diritto di eseguire una o più edizioni entro vent'anni dalla consegna del manoscritto completo.

Nel contratto devono essere indicati il numero delle edizioni e il numero degli esemplari di ogni edizione. Possono tuttavia essere previste più ipotesi, sia nei riguardi del numero delle edizioni e del numero degli esemplari, sia nei riguardi del compenso relativo.

Se mancano tali indicazioni si intende che il contratto ha per oggetto una sola edizione per il numero massimo di duemila esemplari.

Il contratto di edizione « a termine » conferisce all'editore di eseguire quel numero di edizioni che stima necessario durante il termine, che non può eccedere venti anni, e per il numero minimo di esemplari per edizione, che deve essere indicato nel contratto, a pena di nullità del contratto medesimo. Tale termine di venti anni non si applica ai contratti di edizione riguardanti:

enciclopedie, dizionari;

schizzi, disegni, vignette, illustrazioni, fotografie e simili, ad uso industriale;

lavori di cartografia;

opere drammatico-musicali e sinfoniche.

In entrambe le forme di contratto l'editore è libero di distribuire le edizioni nel numero di ristampe che stimi conveniente.

123. – Gli esemplari dell'opera sono contrassegnati in conformità delle norme stabilite dal regolamento.

124. – Se più edizioni sono prevedute nel contratto, l'editore è obbligato ad avvisare l'autore dell'epoca presumibile dell'esaurimento dell'edizione in corso, entro un congruo termine, prima dell'epoca stessa.

Egli deve contemporaneamente dichiarare all'autore se intende o no procedere ad una nuova edizione.

Se l'editore ha dichiarato di rinunciare ad una nuova edizione o se, avendo dichiarato di voler procedere ad una nuova edizione, non vi procede nel termine di due anni dalla notifica di detta dichiarazione, il contratto si intende risoluto.

L'autore ha diritto al risarcimento dei danni per la mancata nuova edizione se non sussistono giusti motivi da parte dell'editore.

125. – L'autore è obbligato:

1) a consegnare l'opera nelle condizioni stabilite dal contratto e in forma che non ne renda troppo difficile o costosa la stampa;

2) a garantire il pacifico godimento dei diritti ceduti per tutta la durata del contratto.

L'autore ha altresì l'obbligo e il diritto di correggere le bozze di stampa secondo le modalità fissate dall'uso.

126. – L'editore è obbligato:

1) a riprodurre e porre in vendita l'opera col nome dell'autore, ovvero anonima o pseudonima, se ciò è previsto nel contratto, in

conformità dell'originale e secondo le buone norme della tecnica editoriale;

2) a pagare all'autore i compensi pattuiti.

127. – La pubblicazione o la riproduzione dell'opera deve aver luogo entro il termine fissato dal contratto; tale termine non può essere superiore a due anni, decorrenti dal giorno della effettiva consegna all'editore dell'esemplare completo e definitivo dell'opera.

In mancanza di termini contrattuali, la pubblicazione o la riproduzione dell'opera deve aver luogo non oltre due anni dalla richiesta scritta fattane all'editore. L'autorità giudiziaria può peraltro fissare un termine più breve quando sia giustificato dalla natura dell'opera e da ogni altra circostanza del caso.

È nullo ogni patto che contenga rinuncia alla fissazione di un termine o che contenga fissazione di un termine superiore al termine massimo sopra stabilito.

Il termine di due anni non si applica alle opere collettive.

128. – Se l'acquirente del diritto di pubblicazione o riproduzione non fa pubblicare o riprodurre l'opera nel termine concordato o in quello stabilito dal giudice, l'autore ha diritto di domandare la risoluzione del contratto.

L'autorità giudiziaria può accordare all'acquirente una dilazione, non superiore alla metà del termine, predetto, subordinandola, ove occorra, alla prestazione di idonea garanzia. Può altresì limitare la pronuncia di risoluzione soltanto ad una parte del contenuto del contratto.

Nel caso di risoluzione totale l'acquirente deve restituire l'originale dell'opera ed è obbligato al risarcimento dei danni a meno che provi che la pubblicazione o riproduzione è mancata malgrado la dovuta diligenza.

129. – L'autore può introdurre nell'opera tutte le modificazioni che crede, purché non ne alterino il carattere e la destinazione, fino a che l'opera non sia stata pubblicata per la stampa, salvo a sopportare le maggiori spese derivanti dalla modificazione.

L'autore ha il medesimo diritto nei riguardi delle nuove edizioni. L'editore deve interpellarlo in proposito prima di procedere alle nuove edizioni. In difetto di accordo tra le parti il termine per eseguire le modificazioni è fissato dall'autorità giudiziaria.

Se la natura dell'opera esige che essa sia aggiornata prima di una nuova edizione e l'autore rifiuti di aggiornarla, l'editore può farla aggiornare da altri, avendo cura, nella nuova edizione di segnalare e distinguere l'opera dell'aggiornatore.

130. – Il compenso spettante all'autore è costituito da una partecipazione, calcolata, salvo patto in contrario, in base ad una percentuale sul prezzo di copertina degli esemplari venduti. Tuttavia il compenso può essere rappresentato da una somma a stralcio per le edizioni di:

dizionari, enciclopedie, antologie, ed altre opere di collaborazione;

traduzioni, articoli di giornali o di riviste;

discorsi o conferenze;

opere scientifiche;

lavori di cartografia;

opere musicali o drammatico-musicali;

opere delle arti figurative.

Nei contratti a partecipazione l'editore è obbligato a rendere conto annualmente delle copie vendute.

131. – Nel contratto di edizione il prezzo di copertina è fissato dall'editore, previo tempestivo avviso all'autore. Questi può opporsi al prezzo fissato o modificato dall'editore, se sia tale da pregiudicare gravemente i suoi interessi e la diffusione dell'opera.

132. – L'editore non può trasferire ad altri, senza il consenso dell'autore, i diritti acquistati, salvo pattuizione contraria oppure nel caso di cessione dell'azienda. Tuttavia, in questo ultimo caso i diritti dell'editore cedente non possono essere trasferiti se vi sia pregiudizio alla reputazione o alla diffusione dell'opera.

133. – Se l'opera non trova smercio sul mercato al prezzo fissato, l'editore prima di svendere gli esemplari stessi a sottoprezzo o di mandarli al macero, deve interpellare l'autore se intende acquistarli per un prezzo calcolato su quello ricavabile dalla vendita sottoprezzo o ad uso di macero.

134. – I contratti di edizione si estinguono:

1) per il decorso del termine contrattuale;

2) per l'impossibilità di portarli a compimento a cagione dell'insuccesso dell'opera;

3) per la morte dell'autore, prima che l'opera sia compiuta, salva l'applicazione delle norme dell'art. 121;

4) perché l'opera non può essere pubblicata, riprodotta o messa in

commercio per effetto di una decisione giudiziaria o di una disposizione di legge;

5) nei casi di risoluzione contemplati dall'art. 128 o nel caso previsto dall'art. 133;

6) nel caso di ritiro dell'opera dal commercio, a sensi delle disposizioni della sezione quinta di questo capo.

135. – Il fallimento dell'editore non determina la risoluzione del contratto di edizione.

Il contratto di edizione è tuttavia risolto se il curatore, entro un anno dalla dichiarazione del fallimento, non continua l'esercizio dell'azienda editoriale o non la cede ad un altro editore nelle condizioni indicate nell'art. 132.

SEZIONE IV – *Contratti di rappresentazione e di esecuzione*

136. – Il contratto con il quale l'autore concede la facoltà di rappresentare in pubblico un'opera drammatica, drammatico-musicale, coreografica, pantomimica o qualunque altra opera destinata alla rappresentazione, è regolato, oltreché dalle disposizioni contenute nei codici, dalle disposizioni generali di questo capo e dalle disposizioni particolari che seguono.

Salvo patto contrario, la concessione di detta facoltà non è esclusiva e non è trasferibile ad altri.

137. – L'autore è obbligato:

1) a consegnare il testo dell'opera qualora questa non sia stata pubblicata per le stampe;

2) a garantire il pacifico godimento dei diritti ceduti per tutta la durata del contratto.

138. – Il concessionario è obbligato:

1) a rappresentare l'opera senza apportarvi aggiunte, tagli o variazioni non consentite dall'autore, e previo annuncio al pubblico, nelle forme d'uso, del titolo dell'opera, del nome dell'autore e del nome dell'eventuale traduttore o riduttore;

2) a lasciare invigilare la rappresentazione dall'autore;

3) a non mutare, senza gravi motivi, i principali interpreti dell'opera e i direttori dell'orchestra e dei cori, se furono designati d'accordo con l'autore.

139. – Per la rappresentazione dell'opera si applicano le norme degli articoli 127 e 128, meno per quanto riguarda il termine fissato al secondo comma dell'art. 127 che viene elevato a cinque anni, quando si tratti di opere drammatico-musicali.

140. – Se il cessionario del diritto di rappresentazione trascura, nonostante la richiesta dell'autore, di ulteriormente rappresentare l'opera dopo una prima rappresentazione, od un primo ciclo di rappresentazioni, l'autore della parte musicale o letteraria che dimostri la colpa del cessionario, ha diritto di chiedere la risoluzione del contratto, con le conseguenze stabilite nel terzo comma dell'art. 128.

141. – Il contratto che ha per oggetto l'esecuzione di una composizione musicale è regolato dalle disposizioni di questa sezione, in quanto siano applicabili alla natura ed all'oggetto del contratto medesimo.

SEZIONE V – *Ritiro dell'opera dal commercio*

142. – L'autore, qualora concorrano gravi ragioni morali, ha diritto di ritirare l'opera dal commercio, salvo l'obbligo di indennizzare coloro che hanno acquistati i diritti di riprodurre, diffondere, eseguire, rappresentare o spacciare l'opera medesima.

Questo diritto è personale e non è trasmissibile.

Agli effetti dell'esercizio di questo diritto l'autore deve notificare il suo intendimento alle persone alle quali ha ceduto i diritti ed al Ministero per i beni e le attività culturali, il quale dà pubblica notizia dell'intendimento medesimo nelle forme stabilite dal regolamento.

Entro il termine di un anno a decorrere dall'ultima data delle notifiche e pubblicazioni, gli interessati possono ricorrere all'autorità giudiziaria per opporsi all'esercizio della pretesa dell'autore o per ottenere la liquidazione ed il risarcimento del danno.

143. – L'autorità giudiziaria, se riconosce che sussistono gravi ragioni morali invocate dall'autore, ordina il divieto della riproduzione, diffusione, esecuzione, rappresentazione o spaccio dell'opera, a condizione del pagamento di una indennità a favore degli interessati, fissando la somma dell'indennizzo e il termine per il pagamento.

L'autorità giudiziaria può anche pronunciare provvisoriamente il divieto con decreto su ricorso, se sussistono ragioni di urgenza, prima della decadenza del termine indicato nell'ultimo comma dell'articolo precedente, previo, occorrendo, il pagamento di una idonea cauzione.

Se l'indennità non è pagata nel termine fissato dall'autorità giudiziaria cessa di pieno diritto la efficacia della sentenza.

La continuazione della riproduzione, diffusione, esecuzione, rappresentazione o spaccio dell'opera, dopo trascorso il termine per ricorrere all'autorità giudiziaria, previsto nell'ultimo comma dell'articolo precedente, dopo dichiarato sospeso il commercio dell'opera, è soggetta alle sanzioni civili e penali comminate da questa legge per le violazioni del diritto di autore.

SEZIONE VI – *Diritti dell'autore sulle vendite successive di opere d'arte e di manoscritti* (1) (2)

(1) *Rubrica così sostituita dall'art. 1 d.ls. 13 febbraio 2006, n. 118.*

(2) *V. art. 1 d.m. 29 maggio 2019 (G.U. 4 luglio 2019, n. 155), ai sensi del quale per le attività di accertamento, riscossione e ripartizione dei diritti dell'autore sulle vendite di opere d'arte e di manoscritti successive alla prima, di cui alla presente Sezione, « è riconosciuta alla S.I.A.E., a decorrere dal 9 aprile 2018 e fino all'8 aprile 2020, una provvigione, comprensiva delle spese, pari al 17 %a valere sull'ammontare del compenso oggetto della riscossione; a decorrere dal 9 aprile 2020 e fino all'8 aprile 2021 è riconosciuta alla S.I.A.E. una provvigione, comprensiva delle spese, pari al 16,50% a valere sull'ammontare del compenso oggetto della riscossione. — 2. Il [suddetto] decreto è sottoposto ad aggiornamento triennale a decorrere dal 9 aprile 2021 ».*

144. – (1) 1. Gli autori delle opere d'arte e di manoscritti hanno diritto ad un compenso sul prezzo di ogni vendita successiva alla prima cessione delle opere stesse da parte dell'autore.

2. Ai fini del primo comma si intende come vendita successiva quella comunque effettuata che comporta l'intervento, in qualità di venditori, acquirenti o intermediari, di soggetti che operano professionalmente nel mercato dell'arte, come le case d'asta, le gallerie d'arte e, in generale, qualsiasi commerciante di opere d'arte.

3. Il diritto di cui al comma 1 non si applica alle vendite quando il venditore abbia acquistato l'opera direttamente dall'autore meno di tre anni prima di tali vendite e il prezzo di vendita non sia superiore a 10.000,00 euro. La vendita si presume effettuata oltre i tre anni dall'acquisto salva prova contraria fornita dal venditore.

(1) *Articolo da ultimo così sostituito dall'art. 2 d.ls. 13 febbraio 2006, n. 118.*

145. – (1) 1. Ai fini dell'articolo 144, per opere si intendono gli originali delle opere delle arti figurative, comprese nell'articolo 2, come i quadri, i « collages », i dipinti, i disegni, le incisioni, le stampe, le litografie, le sculture, gli arazzi, le ceramiche, le opere in vetro e le fotografie, nonché gli originali dei manoscritti, purché si tratti di creazioni eseguite dall'autore stesso o di esemplari considerati come opere d'arte e originali.

2. Le copie delle opere delle arti figurative prodotte in numero limitato dall'autore stesso o sotto la sua autorità, sono considerate

come originali purché siano numerate, firmate o altrimenti debitamente autorizzate dall'autore.

(1) *Articolo così sostituito dall'art. 3 d.ls. 13 febbraio 2006, n. 118.*

146. – (1) 1. Il diritto di cui all'articolo 144 è riconosciuto anche agli autori e ai loro aventi causa di paesi non facenti parte dell'Unione europea, solo ove la legislazione di tali paesi preveda lo stesso diritto a favore degli autori che siano cittadini italiani e dei loro aventi causa.

2. Agli autori di paesi non facenti parte dell'Unione europea non in possesso della cittadinanza italiana, ma abitualmente residenti in Italia, è riservato lo stesso trattamento previsto dalla presente sezione per i cittadini italiani.

(1) *Articolo così sostituito dall'art. 4 d.ls. 13 febbraio 2006, n. 118.*

147. – (1) 1. Il diritto di cui all'articolo 144 non può formare oggetto di alienazione o di rinuncia, nemmeno preventivamente.

(1) *Articolo così sostituito dall'art. 5 d.ls. 13 febbraio 2006, n. 118.*

148. – (1) 1. Il diritto di cui all'articolo 144 dura per tutta la vita dell'autore e per settant'anni dopo la sua morte.

(1) *Articolo così sostituito dall'art. 6 d.ls. 13 febbraio 2006, n. 118.*

149. – (1) 1. Il diritto di cui all'articolo 144 spetta dopo la morte dell'autore agli eredi, secondo le norme del codice civile; in difetto di successori entro il sesto grado, il diritto è devoluto all'Ente nazionale di previdenza e assistenza per i pittori e scultori, musicisti, scrittori ed autori drammatici (ENAP) per i propri fini istituzionali.

(1) *Articolo così sostituito dall'art. 7 d.ls. 13 febbraio 2006, n. 118.*

150. – (1) 1. Il compenso previsto dall'articolo 144 è dovuto solo se il prezzo della vendita non è inferiore a 3.000,00 euro.

2. Fatto salvo quanto disposto dal comma 1, i compensi dovuti ai sensi dell'articolo 144 sono così determinati:

a) 4 per cento per la parte del prezzo di vendita fino a 50.000 euro (2);

b) 3 per cento per la parte del prezzo di vendita compresa tra euro 50.000,01 e 200.000,00 euro;

c) 1 per cento per la parte del prezzo di vendita compresa tra euro 200.000,01 e 350.000,00 euro;

d) 0,5 per cento per la parte del prezzo di vendita compresa tra euro 350.000,01 e 500.000,00 euro;

e) 0,25 per cento per la parte del prezzo di vendita superiore a 500.000,00 euro.

3. L'importo totale del compenso non può essere comunque superiore a 12.500,00 euro.

(1) *Articolo così sostituito dall'art. 8 d.ls. 13 febbraio 2006, n. 118.*

(2) *Lettera così modificata dall'art. 11 d.ls. 25 febbraio 2008, n. 34 (legge comunitaria 2007).*

151. – (1) 1. Il prezzo della vendita, ai fini dell'applicazione delle percentuali di cui all'articolo 150, è calcolato al netto dell'imposta.

(1) *Articolo così sostituito dall'art. 9 d.ls. 13 febbraio 2006, n. 118.*

152. – (1) 1. Il compenso di cui agli articoli 144 e 150 è a carico del venditore.

2. Fermo restando quanto disposto nel comma 1, l'obbligo di prelevare e di trattenere dal prezzo di vendita il compenso dovuto e di versarne, nel termine stabilito dal regolamento, il relativo importo alla Società italiana degli autori ed editori (SIAE), è a carico dei soggetti di cui all'articolo 144, comma 2.

3. Fino al momento in cui il versamento alla Società italiana degli autori ed editori (SIAE) non sia stato effettuato, i soggetti di cui al comma 2 sono costituiti depositari, ad ogni effetto di legge, delle somme prelevate.

4. I soggetti di cui al comma 2, intervenuti nella vendita quali acquirenti o intermediari, rispondono solidalmente con il venditore del pagamento del compenso da questi dovuto.

(1) *Articolo così sostituito dall'art. 10 d.ls. 13 febbraio 2006, n. 118.*

153. – (1) 1. Le vendite delle opere e dei manoscritti di cui alla presente sezione, il cui prezzo minimo sia quello indicato al comma 1 dell'articolo 150, debbono essere denunciate, a cura del professionista intervenuto quale venditore acquirente o intermediario, mediante dichiarazione alla Società italiana degli autori ed editori (SIAE), nel termine e con le modalità stabilite nel regolamento.

2. Il soggetto di cui al comma 1 ha, altresì, l'obbligo di fornire alla Società italiana degli autori ed editori (SIAE), su richiesta di quest'ultima, per un periodo di tre anni successivi alla vendita, tutte le informazioni atte ad assicurare il pagamento dei compensi previsti dagli articoli precedenti, anche tramite l'esibizione della documentazione relativa alla vendita stessa.

(1) *Articolo così sostituito dall'art. 11 d.ls. 13 febbraio 2006, n. 118.*

154. – (1) 1. La Società italiana degli autori ed editori (SIAE) provvede, secondo quanto disposto dal regolamento, a comunicare agli aventi diritto l'avvenuta vendita e la percezione del compenso ed a rendere pubblico, anche tramite il proprio sito informatico istituzionale, per tutto il periodo di cui al comma 2, l'elenco degli aventi diritto che non abbiano ancora rivendicato il compenso. Provvede, altresì, al successivo pagamento del compenso al netto della provvigione, comprensiva delle spese, la cui misura è determinata con decreto del Ministro per i beni e le attività culturali, sentita la Società italiana degli autori ed editori (SIAE). Il decreto è sottoposto ad aggiornamento triennale.

2. Presso la Società italiana degli autori ed editori (SIAE) sono tenuti a disposizione i compensi di cui al comma 1, che non sia stato possibile versare agli aventi diritto, per un periodo di cinque anni, decorrente dalla data a decorrere dalla quale gli stessi sono divenuti esigibili secondo quanto disposto dal regolamento. Decorso tale periodo senza che sia intervenuta alcuna rivendicazione dei compensi, questi ultimi sono devoluti all'Ente nazionale di previdenza e assistenza per i pittori e scultori, musicisti scrittori ed autori drammatici (ENAP) per i propri fini istituzionali, con gli interessi legali dalla data di percezione delle somme fino a quella del pagamento al netto della provvigione di cui al comma 1.

(1) *Articolo così sostituito dall'art. 12 d.ls. 13 febbraio 2006, n. 118.*

155. – (1) 1. Le disposizioni di cui alla presente Sezione si applicano anche alle opere anonime e pseudonime.

(1) *Articolo così sostituito dall'art. 13 d.ls. 13 febbraio 2006, n. 118.*

CAPO III – *Difese e sanzioni giudiziarie*

SEZIONE I – *Difese e sanzioni civili*

§ 1. – *Norme relative ai diritti di utilizzazione economica*

156. – (1) 1. Chi ha ragione di temere la violazione di un diritto di utilizzazione economica a lui spettante in virtù di questa legge oppure intende impedire la continuazione o la ripetizione di una violazione già avvenuta sia da parte dell'autore della violazione che di un intermediario i cui servizi sono utilizzati per tale violazione può agire in giudizio per ottenere che il suo diritto sia accertato e sia vietato il proseguimento della violazione. Pronunciando l'inibitoria, il giudice può fissare una somma dovuta per ogni violazione o inosservanza successivamente constatata o per ogni ritardo nell'esecuzione del provvedimento.

2. Sono fatte salve le disposizioni di cui al decreto legislativo 9 aprile 2003, n. 70.

3. L'azione è regolata dalle norme di questa sezione e dalle disposizioni del codice di procedura civile.

3-*bis*. Sono devolute alla cognizione delle sezioni specializzate in materia d'impresa previste dal decreto legislativo 27 giugno 2003, n. 168, tutte le controversie aventi ad oggetto i diritti d'autore e i diritti connessi al diritto d'autore previsti dalla presente legge (2).

(1) *Articolo così sostituito dall'art. 2 d.ls. 16 marzo 2006, n. 140.*

(2) *Comma aggiunto dall'art. 39[1] d.ls. 15 marzo 2017, n. 35.*

156-*bis*. – (1) 1. Qualora una parte abbia fornito seri elementi dai quali si possa ragionevolmente desumere la fondatezza delle proprie domande ed abbia individuato documenti, elementi o informazioni detenuti dalla controparte che confermino tali indizi, essa può ottenere che il giudice ne disponga l'esibizione oppure che richieda le informazioni alla controparte. Può ottenere altresì, che il giudice ordini alla controparte di fornire gli elementi per l'identificazione dei soggetti implicati nella produzione e distribuzione dei prodotti o dei servizi che costituiscono violazione dei diritti di cui alla presente legge.

2. In caso di violazione commessa su scala commerciale il giudice può anche disporre, su richiesta di parte, l'esibizione della documentazione bancaria, finanziaria e commerciale che si trovi in possesso della controparte.

3. Il giudice, nell'assumere i provvedimenti di cui ai commi 1 e 2, adotta le misure idonee a garantire la tutela delle informazioni riservate, sentita la controparte.

4. Il giudice desume argomenti di prova dalle risposte che le parti danno e dal rifiuto ingiustificato di ottemperare agli ordini.

(1) *Articolo inserito dall'art. 3 d.ls. 16 marzo 2006, n. 140.*

156-*ter*. – (1) 1. L'autorità giudiziaria sia nei giudizi cautelari che di merito può ordinare, su istanza giustificata e proporzionata del richiedente, che vengano fornite informazioni sull'origine e sulle reti di distribuzione di merci o di prestazione di servizi che violano un diritto di cui alla presente legge da parte dell'autore della violazione e da ogni altra persona che:

a) sia stata trovata in possesso di merci oggetto di violazione di un diritto, su scala commerciale; sia stata sorpresa a utilizzare servizi oggetto di violazione di un diritto, su scala commerciale;

b) sia stata sorpresa a fornire su scala commerciale servizi utilizzati in attività di violazione di un diritto;

c) sia stata indicata dai soggetti di cui alle lettere *a*) o *b*) come persona implicata nella produzione, fabbricazione o distribuzione di tali prodotti o nella fornitura di tali servizi.

2. Le informazioni di cui al comma 1 possono tra l'altro comprendere il nome e indirizzo dei produttori, dei fabbricanti, dei distributori, dei fornitori e degli altri precedenti detentori dei prodotti o dei servizi, nonché dei grossisti e dei dettaglianti, nonché informazioni sulle quantità prodotte, fabbricate, consegnate, ricevute o ordinate, nonché sul prezzo dei prodotti o servizi in questione.

3. Le informazioni vengono acquisite tramite interrogatorio dei soggetti di cui al comma 1.

4. Il richiedente deve fornire l'indicazione specifica delle persone da interrogare e dei fatti sui quali ognuna di esse deve essere interrogata.

5. Il giudice, ammesso l'interrogatorio, richiede ai soggetti di cui al comma 1 le informazioni indicate dalla parte; può altresì rivolgere loro, d'ufficio o su istanza di parte, tutte le domande che ritiene utili per chiarire le circostanze sulle quali si svolge l'interrogatorio.

6. Si applicano gli articoli 249, 250, 252, 255 e 257, primo comma, del codice di procedura civile.

(1) *Articolo inserito dall'art. 4 d.ls. 16 marzo 2006, n. 140.*

157. – Chi si trova nell'esercizio dei diritti di rappresentazione o di esecuzione di un'opera adatta a pubblico spettacolo, compresa l'opera cinematografica, o di un'opera o composizione musicale, può richiedere al prefetto della provincia, secondo le norme stabilite dal regolamento, la proibizione della rappresentazione o della esecuzione, ogni qualvolta manchi la prova scritta del consenso da esso prestato.

Il prefetto provvede sulla richiesta, in base alle notizie e a documenti a lui sottoposti, permettendo o vietando la rappresentazione o l'esecu zione, salvo alla parte interessata di adire l'autorità giudiziaria, per i definitivi provvedimenti di sua competenza.

158. – (1) 1. Chi venga leso nell'esercizio di un diritto di utilizzazione economica a lui spettante può agire in giudizio per ottenere, oltre al risarcimento del danno che, a spese dell'autore della violazione, sia distrutto o rimosso lo stato di fatto da cui risulta la violazione.

2. Il risarcimento dovuto al danneggiato è liquidato secondo le disposizioni degli articoli 1223, 1226 e 1227 del codice civile. Il lucro cessante è valutato dal giudice ai sensi dell'articolo 2056, secondo comma, del codice civile, anche tenuto conto degli utili realizzati in

violazione del diritto. Il giudice può altresì liquidare il danno in via forfettaria sulla base quanto meno dell'importo dei diritti che avrebbero dovuto essere riconosciuti, qualora l'autore della violazione avesse chiesto al titolare l'autorizzazione per l'utilizzazione del diritto.

3. Sono altresì dovuti i danni non patrimoniali ai sensi dell'articolo 2059 del codice civile.

(1) *Articolo così sostituito dall'art. 5 d.ls. 16 marzo 2006, n. 140.*

159. – (1) 1. La rimozione o la distruzione prevista nell'articolo 158 non può avere per oggetto che gli esemplari o copie illecitamente riprodotte o diffuse, nonché gli apparecchi impiegati per la riproduzione o diffusione che non sono prevalentemente adoperati per diversa riproduzione o diffusione.

2. Se gli esemplari, le copie e gli apparecchi di cui al comma 1 sono suscettibili, previa adeguata modifica, di una utilizzazione legittima da parte dell'autore della violazione, può essere disposto dal giudice il loro ritiro temporaneo dal commercio con possibilità di un loro reinserimento a seguito degli adeguamenti imposti a garanzia del rispetto del diritto.

3. Se una parte dell'esemplare, della copia o dell'apparecchio di cui al comma 1 può essere impiegata per una diversa riproduzione o diffusione, l'interessato può chiedere, a sue spese, la separazione di questa parte nel proprio interesse.

4. Se l'esemplare o la copia dell'opera o l'apparecchio di cui si chiede la rimozione o la distruzione hanno singolare pregio artistico o scientifico, il giudice ne può ordinare di ufficio il deposito in un pubblico museo.

5. Il danneggiato può sempre chiedere che gli esemplari, le copie e gli apparecchi soggetti alla distruzione gli siano aggiudicati per un determinato prezzo in conto del risarcimento dovutogli.

6. I provvedimenti della distruzione e della aggiudicazione non colpi scono gli esemplari o le copie contraffatte acquistati in buona fede per uso personale.

7. L'applicazione delle misure di cui al presente articolo deve essere proporzionata alla gravità della violazione e tenere conto degli interessi dei terzi.

(1) *Articolo così sostituito dall'art. 6 d.ls. 16 marzo 2006, n. 140.*

160. – La rimozione o la distruzione non può essere domandata nell'ultimo anno della durata del diritto. In tal caso, deve essere ordinato il sequestro dell'opera o del prodotto sino alla scadenza della durata medesima. Qualora siano stati risarciti i danni derivati dalla violazione del diritto il sequestro può essere autorizzato anche ad una data anteriore a quella sopraindicata.

161. – (1) 1. Agli effetti dell'esercizio delle azioni previste negli articoli precedenti, nonché della salvaguardia delle prove relative alla contraffazione, possono essere ordinati dall'Autorità giudiziaria la descrizione, l'accertamento, la perizia od il sequestro di ciò che si ritenga costituire violazione del diritto di utilizzazione; può inoltre farsi ricorso ai procedimenti d'istruzione preventiva.

2. Il sequestro non può essere concesso nelle opere che risultano dal contributo di più persone, salvo i casi di particolare gravità o quando la violazione del diritto di autore è imputabile a tutti i coautori.

3. L'Autorità giudiziaria può anche ordinare, in casi particolarmente gravi, il sequestro dei proventi dovuti all'autore dell'opera o del prodotto contestato.

4. Le disposizioni della presente sezione si applicano a chi mette in circolazione in qualsiasi modo o detiene per scopi commerciali copie non autorizzate di programmi e qualsiasi mezzo inteso unicamente a consentire o facilitare la rimozione arbitraria o l'elusione funzionale dei dispositivi applicati a protezione di un programma per elaboratore.

(1) *Articolo da ultimo così sostituito dall'art. 7 d.ls. 16 marzo 2006, n. 140.*

162. – (1) 1. Salvo quanto diversamente disposto dalla presente legge, i procedimenti di cui all'articolo 161 sono disciplinati dalle norme del codice di procedura civile concernenti i procedimenti cautelari di sequestro e di istruzione preventiva per quanto riguarda la descrizione, l'accertamento e la perizia.

2. La descrizione e il sequestro vengono eseguiti a mezzo di ufficiale giudiziario, con l'assistenza, ove occorra, di uno o più periti ed anche con l'impiego di mezzi tecnici di accertamento, fotografici o di altra natura. Nel caso di pubblici spettacoli non si applicano le limitazioni di giorni e di ore previste per atti di questa natura dal codice di procedura civile.

3. Gli interessati possono essere autorizzati ad assistere alle operazioni anche a mezzo di propri rappresentanti e ad essere assistiti da tecnici di loro fiducia.

4. Alla descrizione non si applicano i commi secondo e terzo dell'articolo 693 del codice di procedura civile. Ai fini dell'articolo 697 del codice di procedura civile, il carattere dell'eccezionale urgenza deve valutarsi anche alla stregua dell'esigenza di non pregiudicare

l'attuazione del provvedimento. Si applica anche alla descrizione il disposto degli articoli 669-*octies*, 669-*undecies* e 675 del codice di procedura civile.

5. Decorso il termine di cui all'articolo 675 del codice di procedura civile, possono essere completate le operazioni di descrizione e di sequestro già iniziate, ma non possono esserne iniziate altre fondate sullo stesso provvedimento; resta salva la facoltà di chiedere al giudice di disporre ulteriori provvedimenti di descrizione o sequestro nel corso del procedimento di merito.

6. Descrizione e sequestro possono concernere oggetti appartenenti a soggetti anche non identificati nel ricorso, purché si tratti di oggetti prodotti, offerti, importati o distribuiti dalla parte nei cui confronti siano stati emessi i suddetti provvedimenti e purché tali oggetti non siano adibiti ad uso personale, ovvero si tratti di opere diffuse con qualunque mezzo. Il verbale delle operazioni di sequestro e di descrizione, con il ricorso ed il provvedimento, deve essere notificato al terzo cui appartengono gli oggetti sui quali descrizione o sequestro sono stati eseguiti entro quindici giorni dalla conclusione delle operazioni stesse a pena di inefficacia.

(1) *Articolo così sostituito dall'art. 5[1] l. 18 agosto 2000, n. 248.*

162-*bis*. – (1) 1. Se il giudice, nel rilasciare il provvedimento cautelare, non stabilisce il termine entro cui le parti devono iniziare il giudizio di merito, quest'ultimo deve essere iniziato entro il termine di venti giorni lavorativi o di trentuno giorni di calendario, qualora questi rappresentino un periodo più lungo.

2. Il termine di cui al comma 1 decorre dalla pronuncia dell'ordinanza se avvenuta in udienza o, altrimenti, dalla sua comunicazione.

3. Se il giudizio di merito non è iniziato nel termine perentorio di cui al comma 1 ovvero se successivamente al suo inizio si estingue, il provvedimento cautelare perde la sua efficacia.

4. Le disposizioni di cui al comma 3 non si applicano ai provvedimenti di urgenza emessi ai sensi dell'articolo 700 del codice di procedura civile ed agli altri provvedimenti cautelari idonei ad anticipare gli effetti della sentenza di merito. In tali casi ciascuna parte può iniziare il giudizio di merito.

(1) *Articolo inserito dall'art. 8 d.ls. 16 marzo 2006, n. 140.*

162-*ter*. – (1) 1. Quando la parte lesa faccia valere l'esistenza di circostanze atte a pregiudicare il pagamento del risarcimento del danno, l'autorità giudiziaria può disporre ai sensi dell'articolo 671 del codice di procedura civile il sequestro conservativo di beni mobili e immobili del presunto autore della violazione fino alla concorrenza del presumibile ammontare del danno, compreso il blocco dei suoi conti bancari e di altri beni. A tale fine, nei casi di violazioni commesse su scala commerciale, l'Autorità giudiziaria può disporre la comunicazione delle documentazioni bancarie, finanziarie o commerciali, o l'appropriato accesso alle pertinenti informazioni.

(1) *Articolo inserito dall'art. 9 d.ls. 16 marzo 2006, n. 140.*

163. – (1) 1. Il titolare di un diritto di utilizzazione economica può chiedere che sia disposta l'inibitoria di qualsiasi attività, ivi comprese quelle costituenti servizi prestati da intermediari, che costituisca violazione del diritto stesso secondo le norme del codice di procedura civile concernenti i procedimenti cautelari (2).

2. Pronunciando l'inibitoria, il giudice può fissare una somma dovuta per ogni violazione o inosservanza successivamente constatata o per ogni ritardo nell'esecuzione del provvedimento.

3. Ove in sede giudiziaria si accerti la mancata corresponsione del compenso relativo ai diritti di cui agli articoli 73 e 73-*bis*, oltre alla liquidazione dello stesso può essere disposta l'interdizione dall'utilizzo dei fonogrammi per un periodo da un minimo di quindici giorni ad un massimo di centottanta giorni.

4. Ove in sede giudiziaria si accerti l'utilizzazione di fonogrammi che, ai sensi dell'art. 74, arrecano pregiudizio al produttore fonografico, oltre alla interdizione definitiva dal loro utilizzo, può essere comminata una sanzione amministrativa da un minimo di euro 260,00 ad un massimo di euro 5.200,00.

(1) *Articolo da ultimo così sostituito dall'art. 24 d.ls. 9 aprile 2003, n. 68.*
(2) *Comma così sostituito dall'art. 10 d.ls. 16 marzo 2006, n. 140.*

164. – Se le azioni previste in questa sezione e nella seguente sono promosse dall'ente di diritto pubblico indicato nell'articolo 180 si osservano le regole seguenti (1):

1) i funzionari appartenenti agli enti sopramenzionati possono esercitare le azioni di cui sopra nell'interesse degli aventi diritto senza bisogno di mandato, bastando che consti della loro qualità;

2) l'ente di diritto pubblico è dispensato dall'obbligo di prestare cauzione per la esecuzione degli atti per i quali questa cautela è prescritta o autorizzata;

3) l'ente di diritto pubblico designa i funzionari autorizzati a compiere attestazioni di credito per diritto d'autore nonché in relazione ad altre funzioni attribuite all'ente; dette attestazioni sono atti aventi

efficacia di titolo esecutivo a norma dell'articolo 474 del codice di procedura civile (2).

(1) *Alinea così sostituito dall'art. 11 d.ls. 16 marzo 2006, n. 140.*
(2) *Numero da ultimo così sostituito dall'art. 25 d.ls. 9 aprile 2003, n. 68.*

165. – L'autore dell'opera oggetto del diritto di utilizzazione, anche dopo la cessione di tale diritto, ha sempre la facoltà di intervenire nei giudizi promossi dal cessionario, a tutela dei suoi interessi.

166. – Sull'istanza della parte interessata, o di ufficio, il giudice può ordinare che la sentenza venga pubblicata per la sola parte dispositiva in uno o più giornali ed anche ripetutamente a spese della parte soccombente.

167. – (1) 1. I diritti di utilizzazione economica riconosciuti da questa legge possono anche essere fatti valere giudizialmente:
a) da chi si trovi nel possesso legittimo dei diritti stessi;
b) da chi possa agire in rappresentanza del titolare dei diritti.

(1) *Articolo così sostituito dall'art. 12 d.ls. 16 marzo 2006, n. 140.*

§ 2. – *Norme particolari ai giudizi concernenti l'esercizio del diritto morale*

168. – Nei giudizi concernenti l'esercizio del diritto morale sono applicabili, in quanto lo consente la natura di questo diritto, le norme contenute nella sezione (1) precedente, salva l'applicazione delle disposizioni dei seguenti articoli.

(1) Recte: *paragrafo.*

169. – L'azione a difesa dell'esercizio dei diritti che si riferiscono alla paternità dell'opera può dar luogo alla sanzione della rimozione e distruzione solo quando la violazione non possa essere convenientemente riparata mediante aggiunte o soppressioni sull'opera delle indicazioni che si riferiscono alla paternità dell'opera stessa o con altri mezzi di pubblicità.

170. – L'azione a difesa dei diritti che si riferiscono all'integrità dell'opera può condurre alla rimozione o distruzione dell'esemplare deformato, mutilato o comunque modificato dell'opera, solo quando non sia possibile ripristinare detto esemplare nella forma primitiva a spese della parte interessata ad evitare la rimozione o la distruzione.

SEZIONE II – *Difese e sanzioni penali*

171. – Salvo quanto previsto dall'articolo 171-*bis* e dall'articolo 171-*ter* è punito con la multa da 51 euro a 2.065 euro (1) chiunque senza averne diritto, a qualsiasi scopo e in qualsiasi forma (2):

a) riproduce, trascrive, recita in pubblico, diffonde, vende o mette in vendita o pone altrimenti in commercio un'opera altrui o ne rivela il contenuto prima che sia reso pubblico, o introduce e mette in circolazione nello Stato esemplari prodotti all'estero contrariamente alla legge italiana;

a-bis) mette a disposizione del pubblico, immettendola in un sistema di reti telematiche, mediante connessioni di qualsiasi genere, un'opera dell'ingegno protetta, o parte di essa (3);

b) rappresenta, esegue o recita in pubblico o diffonde, con o senza variazioni od aggiunte, un'opera altrui adatta a pubblico spettacolo od una composizione musicale. La rappresentazione o esecuzione comprende la proiezione pubblica dell'opera cinematografica, l'esecuzione in pubblico delle composizioni musicali inserite nelle opere cinematografiche e la radiodiffusione mediante altoparlante azionato in pubblico;

c) compie i fatti indicati nelle precedenti lettere mediante una delle forme di elaborazione previste da questa legge;

d) riproduce un numero di esemplari o esegue o rappresenta un numero di esecuzioni o di rappresentazioni maggiore di quello che aveva il diritto rispettivamente di riprodurre o di rappresentare;

e) (4);

f) in violazione dell'articolo 79 ritrasmette su filo o per radio o registra in dischi fonografici o altri apparecchi analoghi le trasmissioni o ritrasmissioni radiofoniche o smercia i dischi fonografici o altri apparecchi indebitamente registrati.

Chiunque commette la violazione di cui al primo comma, lettera *a-bis*), è ammesso a pagare, prima dell'apertura del dibattimento, ovvero prima dell'emissione del decreto penale di condanna, una somma corrispondente alla metà del massimo della pena stabilita dal primo comma per il reato commesso, oltre le spese del procedimento. Il pagamento estingue il reato (5).

La pena è della reclusione fino ad un anno o della multa non inferiore a 516 euro (1), se i reati di cui sopra sono commessi sopra un'opera altrui non destinata alla pubblicità ovvero con usurpazione della paternità dell'opera, ovvero con deformazione, mutilazione o altra modificazione dell'opera medesima, qualora ne risulti offesa all'onere od alla reputazione dell'autore.

La violazione delle disposizioni di cui al terzo ed al quarto comma dell'articolo 68 comporta la sospensione della attività di fotocopia, xerocopia o analogo sistema di riproduzione da sei mesi ad un anno nonché la sanzione amministrativa pecuniaria da 1.032 a 5.164 euro (6).

(1) *Importo da ultimo così elevato dall'art. 113 l. 24 novembre 1981, n. 689.*

(2) *Alinea da ultimo così modificato dall'art. 2[3] l. 18 agosto 2000, n. 248.*

(3) *Lettera inserita dall'art. 3[3-ter] d.l. 31 gennaio 2005, n. 7, conv., con modif., in l. 31 marzo 2005, n. 43.*

(4) *Lettera soppressa dall'art. 3 l. 29 luglio 1981, n. 406.*

(5) *Comma aggiunto dall'art. 3[3-quater] d.l. n. 7, cit.*

(6) *Comma aggiunto dall'art. 2[4] l. n. 248, cit.*

171-*bis*. – (1) 1. Chiunque abusivamente duplica, per trarne profitto, programmi per elaboratore o ai medesimi fini importa, distribuisce, vende, detiene a scopo commerciale o imprenditoriale o concede in locazione programmi contenuti in supporti non contrassegnati dalla Società italiana degli autori ed editori (SIAE), è soggetto alla pena della reclusione da sei mesi a tre anni e della multa da 2.582 euro a 15.493 euro. La stessa pena si applica se il fatto concerne qualsiasi mezzo inteso unicamente a consentire o facilitare la rimozione arbitraria o l'elusione funzionale di dispositivi applicati a protezione di un programma per elaboratori. La pena non è inferiore nel minimo a due anni di reclusione e la multa a 15.493 euro se il fatto è di rilevante gravità.

2. Chiunque, al fine di trarne profitto, su supporti non contrassegnati SIAE riproduce, trasferisce su altro supporto, distribuisce, comunica, presenta o dimostra in pubblico il contenuto di una banca di dati in violazione delle disposizioni di cui agli articoli 64-*quinquies* e 64-*sexies*, ovvero esegue l'estrazione o il reimpiego della banca di dati in violazione delle disposizioni di cui agli articoli 102-*bis* e 102-*ter*, ovvero distribuisce, vende o concede in locazione una banca di dati, è soggetto alla pena della reclusione da sei mesi a tre anni e della multa da 2.582 euro a 15.493 euro. La pena non è inferiore nel minimo a due anni di reclusione e la multa a 15.493 euro se il fatto è di rilevante gravità.

(1) *Articolo inserito dall'art. 10 d.ls. 29 dicembre 1992, n. 518, e da ultimo così sostituito dall'art. 13[1] l. 18 agosto 2000, n. 248. V. art. 6 d.P.C.M. 23 febbraio 2009, n. 31.*

171-*ter*. – (1) 1. È punito, se il fatto è commesso per uso non personale, con la reclusione da sei mesi a tre anni e con la multa da 2.582 a 15.493 euro chiunque a fini di lucro (2):

a) abusivamente duplica, riproduce, trasmette o diffonde in pubblico con qualsiasi procedimento, in tutto o in parte, un'opera dell'ingegno destinata al circuito televisivo, cinematografico, della vendita o del noleggio, dischi, nastri o supporti analoghi ovvero ogni altro supporto contenente fonogrammi o videogrammi di opere musicali, cinematografiche o audiovisive assimilate o sequenze di immagini in movimento;

b) abusivamente riproduce, trasmette o diffonde in pubblico, con qualsiasi procedimento, opere o parti di opere letterarie, drammatiche, scientifiche o didattiche, musicali o drammatico-musicali, ovvero multimediali, anche se inserite in opere collettive o composite o banche dati;

c) pur non avendo concorso alla duplicazione o riproduzione, introduce nel territorio dello Stato, detiene per la vendita o la distribuzione, distribuisce, pone in commercio, concede in noleggio o comunque cede a qualsiasi titolo, proietta in pubblico, trasmette a mezzo della televisione con qualsiasi procedimento, trasmette a mezzo della radio, fa ascoltare in pubblico le duplicazioni o riproduzioni abusive di cui alle lettere *a*) e *b*);

d) detiene per la vendita o la distribuzione, pone in commercio, vende, noleggia, cede a qualsiasi titolo, proietta in pubblico, trasmette a mezzo della radio o della televisione con qualsiasi procedimento, videocassette, musicassette, qualsiasi supporto contenente fonogrammi o videogrammi di opere musicali, cinematografiche o audiovisive o sequenze di immagini in movimento, od altro supporto per il quale è prescritta, ai sensi della presente legge, l'apposizione di contrassegno da parte della Società italiana degli autori ed editori (S.I.A.E.), privi del contrassegno medesimo o dotati di contrassegno contraffatto o alterato (3);

e) n assenza di accordo con il legittimo distributore, ritrasmette o diffonde con qualsiasi mezzo un servizio criptato ricevuto per mezzo di apparati o parti di apparati atti alla decodificazione di trasmissioni ad accesso condizionato;

f) introduce nel territorio dello Stato, detiene per la vendita o la distribuzione, distribuisce, vende, concede in noleggio, cede a qualsiasi titolo, promuove commercialmente, installa dispositivi o elementi di decodificazione speciale che consentono l'accesso ad un servizio criptato senza il pagamento del canone dovuto;

f-bis) fabbrica, importa, distribuisce, vende, noleggia, cede a qualsiasi titolo, pubblicizza per la vendita o il noleggio, o detiene per scopi commerciali, attrezzature, prodotti o componenti ovvero presta servizi che abbiano la prevalente finalità o l'uso commerciale di eludere efficaci misure tecnologiche di cui all'art. 102-*quater* ovvero siano principalmente progettati, prodotti, adattati o realizzati con la finalità di rendere possibile o facilitare l'elusione di predette misure.

Fra le misure tecnologiche sono comprese quelle applicate, o che residuano, a seguito della rimozione delle misure medesime conseguentemente a iniziativa volontaria dei titolari dei diritti o ad accordi tra questi ultimi e i beneficiari di eccezioni, ovvero a seguito di esecuzione di provvedimenti dell'autorità amministrativa o giurisdizionale (4);

h) abusivamente rimuove o altera le informazioni elettroniche di cui all'articolo 102-*quinquies*, ovvero distribuisce, importa a fini di distribuzione, diffonde per radio o per televisione, comunica o mette a disposizione del pubblico opere o altri materiali protetti dai quali siano state rimosse o alterate le informazioni elettroniche stesse (4).

2. È punito con la reclusione da uno a quattro anni e con la multa da 2.582 a 15.493 euro chiunque:

a) riproduce, duplica, trasmette o diffonde abusivamente, vende o pone altrimenti in commercio, cede a qualsiasi titolo o importa abusivamente oltre cinquanta copie o esemplari di opere tutelate dal diritto d'autore e da diritti connessi;

a-bis) in violazione dell'articolo 16, a fini di lucro, comunica al pubblico immettendola in un sistema di reti telematiche, mediante connessioni di qualsiasi genere, un'opera dell'ingegno protetta dal diritto d'autore, o parte di essa (5);

b) esercitando in forma imprenditoriale attività di riproduzione, distribuzione, vendita o commercializzazione, importazione di opere tutelate dal diritto d'autore e da diritti connessi, si rende colpevole dei fatti previsti dal comma 1;

c) promuove o organizza le attività illecite di cui al comma 1.

3. La pena è diminuita se il fatto è di particolare tenuità.

4. La condanna per uno dei reati previsti nel comma 1 comporta:

a) l'applicazione delle pene accessorie di cui agli articoli 30 e 32-*bis* del codice penale;

b) la pubblicazione della sentenza ai sensi dell'articolo 36 del codice penale (6);

c) la sospensione per un periodo di un anno della concessione o autorizzazione di diffusione radiotelevisiva per l'esercizio dell'attività produttiva o commerciale.

5. Gli importi derivanti dall'applicazione delle sanzioni pecuniarie previste dai precedenti commi sono versati all'Ente nazionale di previdenza ed assistenza per i pittori e scultori, musicisti, scrittori ed autori drammatici.

(1) *Articolo inserito dall'art. 17 d.ls. 16 novembre 1994, n. 685, e poi così sostituito dall'art. 14[1] l. 18 agosto 2000, n. 248.*

(2) *Alinea modificato dapprima dall'art. 1[2] d.l. 22 marzo 2004, n. 72, conv., con modif., in l. 21 maggio 2004, n. 128, e successivamente dall'art. 3[3-quinquies] d.l. 31 gennaio 2005, n. 7, conv., con modif., in l. 31 marzo 2005, n. 43.*

(3) *Lettera così sostituita dall'art. 26[1] d.ls. 9 aprile 2003, n. 68.*

(4) *Lettera inserita dall'art. 26[2] d.ls. n. 68, cit.*

(5) *Lettera inserita dall'art. 1[3] d.l. n. 72, cit. e successivamente modificata dall'art. 3[3-quinquies], d.l. n. 7, cit.*

(6) *Lettera così sostituita dall'art. 2[217] l. 23 dicembre 2009, n. 191 (legge finanziaria 2010), con effetto dal 1° gennaio 2010.*

171-*quater*. – (1) 1. Salvo che il fatto costituisca reato, è soggetto alla sanzione amministrativa pecuniaria da euro 5.000 a euro 30.000 (2) chiunque, abusivamente ed a fini di lucro:

a) concede in noleggio o comunque concede in uso a qualunque titolo, originali, copie o supporti lecitamente ottenuti di opere tutelate dal diritto di autore;

b) esegue la fissazione su supporto audio, video o audiovideo delle prestazioni artistiche di cui all'art. 80 (2).

(1) *Articolo inserito dall'art. 18 d.ls. 16 novembre 1994, n. 685.*

(2) *Comma così modificato dall'art. 3[2 lett. a)] d.ls. 15 gennaio 2016, n. 8.*

171-*quinquies*. – (1) 1. Ai fini delle disposizioni di cui alla presente legge è equiparata alla concessione in noleggio la vendita con patto di riscatto ovvero sotto condizione risolutiva quando sia previsto che nel caso di riscatto o di avveramento della condizione il venditore restituisca una somma comunque inferiore a quella pagata oppure quando sia previsto da parte dell'acquirente, al momento della consegna, il pagamento di una somma a titolo di acconto o ad altro titolo comunque inferiore al prezzo di vendita.

(1) *Articolo inserito dall'art. 15 l. 18 agosto 2000, n. 248.*

171-*sexies*. – (1) 1. Quando il materiale sequestrato è, per entità, di difficile custodia, l'autorità giudiziaria può ordinarne la distruzione, osservate le disposizioni di cui all'articolo 83 delle norme di attuazione, di coordinamento e transitorie del codice di procedura penale, approvate con decreto legislativo 28 luglio 1989, n. 271.

2. È sempre ordinata la confisca degli strumenti e dei materiali serviti o destinati a commettere i reati di cui agli articoli 171-*bis*, 171-*ter* e l'illecito amministrativo di cui all'articolo 171-*quater* nonché delle videocassette, degli altri supporti audiovisivi o fonografici o informatici o multimediali abusivamente duplicati, riprodotti, ceduti, commerciati, detenuti o introdotti sul territorio nazionale, ovvero non provvisti di contrassegno SIAE, ove richiesto, o provvisti di contrassegno SIAE contraffatto o alterato, o destinato ad opera di-

versa. La confisca è ordinata anche nel caso di applicazione della pena su richiesta delle parti a norma dell'articolo 444 del codice di procedura penale (2).

3. Le disposizioni di cui ai precedenti commi si applicano anche se i beni appartengono ad un soggetto giuridico diverso, nel cui interesse abbia agito uno dei partecipanti al reato.

(1) *Articolo inserito dall'art. 17 l. 18 agosto 2000, n. 248.*

(2) *Comma così modificato dall'art. 3[2] lett. b) d.ls. 15 gennaio 2016, n. 8.*

171-*septies*. – (1) 1. La pena di cui all'articolo 171-*ter*, comma 1, si applica anche:

a) ai produttori o importatori dei supporti non soggetti al contrassegno di cui all'articolo 181-*bis*, i quali non comunicano alla SIAE entro trenta giorni dalla data di immissione in commercio sul territorio nazionale o di importazione i dati necessari alla univoca identificazione dei supporti medesimi;

b) salvo che il fatto non costituisca più grave reato, a chiunque dichiari falsamente l'avvenuto assolvimento degli obblighi di cui all'articolo 181-*bis*, comma 2, della presente legge.

(1) *Articolo inserito dall'art. 17 l. 18 agosto 2000, n. 248.*

171-*octies*. – (1) (2) 1. Qualora il fatto non costituisca più grave reato, è punito con la reclusione da sei mesi a tre anni e con la multa da 2.582 euro a 25.822 euro chiunque a fini fraudolenti produce, pone in vendita, importa, promuove, installa, modifica, utilizza per uso pubblico e privato apparati o parti di apparati atti alla decodificazione di trasmissioni audiovisive ad accesso condizionato effettuate via etere, via satellite, via cavo, in forma sia analogica sia digitale. Si intendono ad accesso condizionato tutti i segnali audiovisivi trasmessi da emittenti italiane o estere in forma tale da rendere gli stessi visibili esclusivamente a gruppi chiusi di utenti selezionati dal soggetto che effettua l'emissione del segnale, indipendentemente dalla imposizione di un canone per la fruizione di tale servizio.

2. La pena non è inferiore a due anni di reclusione e la multa a 15.493 euro se il fatto è di rilevante gravità.

(1) *Articolo inserito dall'art. 17 l. 18 agosto 2000, n. 248.*

(2) *Articolo dichiarato* costituzionalmente illegittimo *con* **C. cost.** *29 dicembre 2004, n. 426, nella parte in cui viene applicata la sanzione penale, anziché la sanzione amministrativa prevista dall'art. 6 d.ls. 15 novembre 2000, n. 373, limitatamente ai fatti commessi dall'entrata in vigore dell'articolo fino all'entrata in vigore della l. 7 febbraio 2003, n. 22.*

171-*octies*-1. – (1) 1. Chiunque si rifiuti senza giustificato motivo di rispondere alle domande del giudice ai sensi dell'articolo

156-*ter* ovvero fornisce allo stesso false informazioni è punito con le pene previste dall'articolo 372 del codice penale, ridotte della metà.

(1) *Articolo inserito dall'art. 13 d.ls. 16 marzo 2006, n. 140.*

171-*novies*. – (1) 1. La pena principale per i reati di cui agli articoli 171-*bis*, 171-*ter* e 171-*quater* è diminuita da un terzo alla metà e non si applicano le pene accessorie a colui che, prima che la violazione gli sia stata specificatamente contestata in un atto dell'autorità giudiziaria, la denuncia spontaneamente o, fornendo tutte le informazioni in suo possesso, consente l'individuazione del promotore o organizzatore dell'attività illecita di cui agli articoli 171-*ter* e 171-*quater*, di altro duplicatore o di altro distributore, ovvero il sequestro di notevoli quantità di supporti audiovisivi e fonografici o di strumenti o materiali serviti o destinati alla commissione dei reati.

2. Le disposizioni del presente articolo non si applicano al promotore o organizzatore delle attività illecite previste dall'articolo 171-*bis*, comma 1, e dall'articolo 171-*ter*, comma 1.

(1) *Articolo inserito dall'art. 17 l. 18 agosto 2000, n. 248.*

172. – (1) 1. Se i fatti preveduti nell'articolo 171 sono commessi per colpa la pena è della sanzione amministrativa fino a 1.032,00 euro.

2. Con la stessa pena è punito chiunque esercita l'attività di intermediario in violazione del disposto degli articoli 180 e 183.

3. La violazione delle disposizioni di cui al comma 2 dell'articolo 152 e all'articolo 153 comporta la sospensione dell'attività professionale o commerciale da sei mesi ad un anno, nonché la sanzione amministrativa da 1.034,00 euro a 5.165,00 euro.

(1) *Articolo da ultimo così sostituito dall'art. 14 d.ls. 13 febbraio 2006, n. 118.*

173. – Le sanzioni previste negli articoli precedenti si applicano quando il fatto non costituisce reato più grave previsto dal codice penale o da altre leggi.

174. – Nei giudizi penali regolati da questa sezione la persona offesa, costituitasi parte civile, può sempre chiedere al giudice penale l'applicazione dei provvedimenti e delle sanzioni previsti dagli articoli 159 e 160.

174-*bis*. – (1) 1. Ferme le sanzioni penali applicabili, la violazione delle disposizioni previste nella presente sezione è punita con la sanzione amministrativa pecuniaria pari al doppio del prezzo di mercato dell'opera o del supporto oggetto della violazione, in misura comunque non inferiore a euro 103,00. Se il prezzo non è facilmente determinabile, la violazione è punita con la sanzione amministrativa da euro 103,00 a euro 1.032,00. La sanzione amministrativa si applica nella misura stabilita per ogni violazione e per ogni esemplare abusivamente duplicato o riprodotto.

(1) *Articolo inserito dall'art. 8[1] l. 18 agosto 2000, n. 248, e poi così sostituito dall'art. 27 d.ls. 9 aprile 2003, n. 68.*

174-*ter*. – (1) 1. Chiunque abusivamente utilizza, anche via etere o via cavo, duplica, riproduce, in tutto o in parte, con qualsiasi procedimento, anche avvalendosi di strumenti atti ad eludere le misure tecnologiche di protezione, opere o materiali protetti, oppure acquista o noleggia supporti audiovisivi, fonografici, informatici o multimediali non conformi alle prescrizioni della presente legge, ovvero attrezzature, prodotti o componenti atti ad eludere misure di protezione tecnologiche è punito, purché il fatto non concorra con i reati di cui agli articoli 171, 171-*bis*, 171-*ter*, 171-*quater*, 171-*quinquies*, 171-*septies* e 171-*octies*, con la sanzione amministrativa pecuniaria di euro 154 e con le sanzioni accessorie della confisca del materiale e della pubblicazione del provvedimento su un giornale quotidiano a diffusione nazionale.

2. In caso di recidiva o di fatto grave per la quantità delle violazioni o delle copie acquistate o noleggiate, la sanzione amministrativa è aumentata sino ad euro 1.032,00 ed il fatto è punito con la confisca degli strumenti e del materiale, con la pubblicazione del provvedimento su due o più giornali quotidiani a diffusione nazionale o su uno o più periodici specializzati nel settore dello spettacolo e, se si tratta di attività imprenditoriale, con la revoca della concessione o dell'autorizzazione di diffu sione radiotelevisiva o dell'autorizzazione per l'esercizio dell'attività produttiva o commerciale.

(1) *Articolo inserito dall'art. 8[1] l. 18 agosto 2000, n. 248, e poi così sostituito dall'art. 28 d.ls. 9 aprile 2003, n. 68.*

174-*quater*. – (1) 1. I proventi derivanti dalle sanzioni amministrative, applicati ai sensi degli articoli 174-*bis* e 174-*ter*, affluiscono all'entrata del bilancio dello Stato per essere riassegnati, con decreto del Ministro dell'economia e delle finanze:

a) in misura pari al cinquanta per cento ad un Fondo iscritto allo stato di previsione del Ministero della giustizia destinato al potenziamento delle strutture e degli strumenti impiegati nella prevenzione e nell'accertamento dei reati previsti dalla presente legge. Il Fondo è istituito con decreto adottato dal Ministro della giustizia, di concerto con il Ministro dell'interno, ai sensi dell'articolo 17, comma 3, della legge 23 agosto 1988, n. 400 (2);

b) nella restante misura, ad apposito capitolo dello stato di previsione del Ministero dell'economia e delle finanze per la promozione delle campagne informative di cui al comma 3-*bis* dell'articolo 26 della legge 23 agosto 1988, n. 400, e successive modificazioni.

(1) *Articolo inserito dall'art. 29 d.ls. 9 aprile 2003, n. 68.*

(2) *V. d.m. 14 novembre 2005, n. 261 (G.U. 27 dicembre 2005, n. 300).*

174-*quinquies*. – (1) 1. Quando esercita l'azione penale per tal uno dei reati non colposi previsti dalla presente sezione commessi nell'ambito di un esercizio commerciale o di un'attività soggetta ad autorizzazione, il pubblico ministero ne dà comunicazione al questore, indicando gli elementi utili per l'adozione del provvedimento di cui al comma 2.

2. Valutati gli elementi indicati nella comunicazione di cui al comma 1, il questore, sentiti gi interessati, può disporre, con provvedimento motivato, la sospensione dell'esercizio o dell'attività per un periodo non inferiore a quindici giorni e non superiore a tre mesi, senza pregiudizio del sequestro penale eventualmente adottato.

3. In caso di condanna per taluno dei reati di cui al comma 1, è sempre disposta, a titolo di sanzione amministrativa accessoria, la cessazione temporanea dell'esercizio o dell'attività per un periodo da tre mesi ad un anno, computata la durata della sospensione disposta a norma del comma 2. Si applica l'articolo 24 della legge 24 novembre 1981, n. 689. In caso di recidiva specifica è disposta la revoca della licenza di esercizio o dell'autorizzazione allo svolgimento dell'attività.

4. Le disposizioni di cui al presente articolo si applicano anche nei confronti degli stabilimenti di sviluppo e di stampa, di sincronizzazione e postproduzione, nonché di masterizzazione, tipografia e che comunque esercitino attività di produzione industriale connesse alla realizzazione dei supporti contraffatti e nei confronti dei centri di emissione o ricezione di programmi televisivi. Le agevolazioni di cui all'art. 45 della legge 4 novembre 1965, n. 1213, e successive modificazioni, sono sospese in caso di esercizio dell'azione penale; se vi è condanna, sono revocate e non possono essere nuovamente concesse per almeno un biennio.

(1) *Articolo inserito dall'art. 30 d.ls. 9 aprile 2003, n. 68.*

TITOLO IV
Diritto demaniale

175-176. (1).

(1) *Articoli abrogati dall'art. 6[4] d.l. 31 dicembre 1996, n. 669, conv., con modif., in l. 28 febbraio 1997, n. 30.*

177-179. (1).

(1) *Articoli abrogati dall'art. 3[1] l. 22 maggio 1993, n. 159.*

TITOLO V
Enti di diritto pubblico per la protezione e l'esercizio dei diritti di autore

180. – L'attività di intermediario, comunque attuata, sotto ogni forma diretta o indiretta di intervento, mediazione, mandato, rappresentanza ed anche di cessione per l'esercizio dei diritti di rappresentazione, di esecuzione, di recitazione, di radiodiffusione ivi compresa la comunicazione al pubblico via satellite e di riproduzione meccanica e cinematografica di opere tutelate, è riservata in via esclusiva alla Società italiana degli autori ed editori (S.I.A.E.) ed agli altri organismi di gestione collettiva di cui al decreto legislativo 15 marzo 2017, n. 35 (1) (2) (3).

Tale attività è esercitata per effettuare:

1) la concessione, per conto e nell'interesse degli aventi diritto, di licenze e autorizzazioni per la utilizzazione economica di opere tutelate;

2) la percezione dei proventi derivanti da dette licenze ed autorizzazioni;

3) la ripartizione dei proventi medesimi tra gli aventi diritto.

L'attività della Società italiana degli autori ed editori (S.I.A.E.) (4) si esercita altresì secondo le norme stabilite dal regolamento in quei paesi stranieri nei quali essa (4) ha una rappresentanza organizzata.

La suddetta esclusività di poteri non pregiudica la facoltà spettante all'autore, ai suoi successori o agli aventi causa, di esercitare direttamente i diritti loro riconosciuti da questa legge.

Nella ripartizione dei proventi prevista al n. 3 del secondo comma una quota parte deve essere in ogni caso riservata all'autore. I limiti e le modalità della ripartizione sono determinati dal regolamento.

Quando, però, i diritti di utilizzazione economica dell'opera possono dar luogo a percezioni di proventi in paesi stranieri in favore di cittadini italiani domiciliati o residenti nella Repubblica, ed i titolari di tali diritti non provvedono, per qualsiasi motivo, alla percezione dei proventi, trascorso un anno dalla loro esigibilità, è conferito alla Società italiana degli autori ed editori (S.I.A.E.) il potere di esercitare i diritti medesimi per conto e nell'interesse dell'autore e dei suoi successori o aventi causa.

I proventi di cui al precedente comma riscossi dalla Società italiana degli autori ed editori (S.I.A.E.), detratte le spese di riscossione, saranno tenuti a disposizione degli aventi diritto, per un periodo di tre anni; trascorso questo termine senza che siano stati reclamati dagli aventi diritto, saranno versati alla Confederazione nazionale professionisti ed artisti (5), per scopi di assistenza alle categorie degli autori, scrittori e musicisti.

(1) *Le parole* « ed agli altri organismi di gestione collettiva di cui al decreto legislativo 15 marzo 2017, n. 35 » *sono state aggiunte dall'art. 19[1] [lett. b) n. 1] d.l. 16 ottobre 2017, n. 148, conv., con modif., in l. 4 dicembre 2017, n. 172.*

(2) *Comma così modificato dall'art. 10 d.ls. 23 ottobre 1996, n. 581.*

(3) *Ai sensi dell'art. 19[2] d.l. n. 148, cit., per gli organismi di gestione collettiva di cui al presente comma, stabiliti in Italia, l'esercizio dell'attività di intermediazione è in ogni caso subordinata alla verifica del rispetto dei requisiti da parte dell'Autorità per le garanzie nelle comunicazioni, ai sensi del decreto legislativo 15 marzo 2017, n. 35.*

(4) *Le parole* « della Società italiana degli autori ed editori (S.I.A.E.) » *sono state sostituite alle parole* « dell'ente » *e la parola* « essa » *è stata sostituita alla parola* « esso » *dall'art. 19[1] [lett. b) n. 2] d.l. n. 148, cit.*

(5) *Confederazione soppressa dal d.ls.lt. 23 novembre 1944, n. 369. Il riferimento deve intendersi alla Cassa di previdenza dei soci della S.I.A.E.*

[180-*bis*. – (1) 1. Il diritto esclusivo di autorizzare la ritrasmissione via cavo è esercitato dai titolari dei diritti d'autore e dai detentori dei diritti connessi esclusivamente attraverso la Società italiana degli autori ed editori. Per i detentori dei diritti connessi la Società italiana degli autori ed editori agisce sulla base di apposite convenzioni da stipulare con l'Istituto mutualistico artisti interpreti esecutori per i diritti degli artisti interpreti esecutori ed eventualmente con altre società di gestione collettiva appositamente costituite per amministrare, quale loro unica o principale attività, gli altri diritti connessi.

2. Dette società operano anche nei confronti dei titolari non associati della stessa categoria di diritti con gli stessi criteri impiegati nei confronti dei propri associati.

3. I titolari non associati possono far valere i propri diritti entro il termine di tre anni dalla data della ritrasmissione via cavo che comprende la loro opera o altro elemento protetto.

4. Gli organismi di radiodiffusione sono esentati dall'obbligo di

cui al comma 1 per la gestione dei diritti delle proprie emissioni sia che si tratti di diritti propri sia che si tratti di titolarità acquisita.]

(1) *Articolo abrogato dall'art. 1[1, lett. h)] d.ls. 8 novembre 2021, n. 181. Precedentemente il presente articolo è stato inserito dall'art. 11 d.ls. 23 ottobre 1996, n. 581.*

180-*ter*. (1) 1. Per i diritti di cui agli articoli 18-*bis*, 46-*bis*, 73, 73-*bis*, 80 e 84, i tre organismi di gestione collettiva maggiormente rappresentativi per ciascuna categoria di titolari dei diritti possono stipulare accordi di licenza, per lo sfruttamento di opere o di altri materiali, aventi effetto anche nei confronti di altri titolari di diritti non associati ad essi o ad altri organismi di gestione collettiva di settore, assicurando parità di trattamento.2. I titolari dei diritti di cui al comma 1 possono escludere le loro opere o gli altri materiali, in qualunque momento e in modo semplice ed efficace, dal meccanismo di concessione di licenze di cui al comma 1.3. Le somme riscosse dall'organismo di gestione collettiva, se non richieste dal titolare dei diritti di cui al comma 1, vengono tenute a disposizione per il periodo indicato dall'articolo 19 del decreto legislativo 15 marzo 2017, n. 35, e utilizzate secondo le modalità ivi previste.4. Con regolamento dell' Autorità per le garanzie nelle comunicazioni, da adottare entro tre mesi dalla data di entrata in vigore del presente articolo, sono definiti i criteri per la determinazione della maggiore rappresentatività degli organismi di gestione collettiva del settore, le misure di pubblicità volte ad informare della possibilità di concedere le licenze, nonché la procedura con cui può essere esercitata la facoltà prevista al comma 2.5. Il presente articolo non pregiudica l'applicazione di altri meccanismi di concessione di licenze collettive con effetto esteso, ove previsti.

(1) *Articolo inserito dall'art. 1[1, lett. s)] d.ls. 8 novembre 2021, n. 177. Ai sensi dell'art. 3[1] d.ls. n. 177, cit. « le disposizioni del presente decreto si applicano anche alle opere e agli altri materiali protetti dalla normativa nazionale in materia di diritto d'autore e diritti connessi vigente alla data del 7 giugno 2021. Sono fatti salvi i contratti conclusi e i diritti acquisiti fino al 6 giugno 2021 ».*

181. – Oltre alle funzioni indicate nell'articolo precedente ed a quelle demandategli da questa legge o da altre disposizioni, la Società italiana degli autori ed editori (S.I.A.E.) (1) può esercitare altri compiti connessi con la protezione delle opere dell'ingegno, in base al suo statuto.

L'ente può assumere per conto dello Stato o di enti pubblici o privati servizi di accertamento e di percezione di tasse, contributi, diritti.

(1) *V.* sub *art. 58.*

181-*bis*. – (1) 1. Ai sensi dell'articolo 181 e agli effetti di cui agli articoli 171-*bis* e 171-*ter*, la Società italiana degli autori ed editori (SIAE) appone un contrassegno su ogni supporto contenente programmi per elaboratore o multimediali nonché su ogni supporto contenente suoni, voci o immagini in movimento, che reca la fissazione di opere o di parti di opere tra quelle indicate nell'articolo 1, primo comma, destinati ad essere posti comunque in commercio o ceduti in uso a qualunque titolo a fine di lucro. Analogo sistema tecnico per il controllo delle riproduzioni di cui all'articolo 68 potrà essere adottato con decreto del Presidente del Consiglio dei ministri, sulla base di accordi tra la SIAE e le associazioni delle categorie interessate.

2. Il contrassegno è apposto sui supporti di cui al comma 1 ai soli fini della tutela dei diritti relativi alle opere dell'ingegno, previa attestazione da parte del richiedente dell'assolvimento degli obblighi derivanti dalla normativa sul diritto d'autore e sui diritti connessi. In presenza di seri indizi, la SIAE verifica, anche successivamente, circostanze ed elementi rilevanti ai fini dell'apposizione.

3. Fermo restando l'assolvimento degli obblighi relativi ai diritti di cui alla presente legge, il contrassegno, secondo modalità e nelle ipotesi previste nel regolamento di cui al comma 4, che tiene conto di apposite convenzioni stipulate tra la SIAE e le categorie interessate, può non essere apposto sui supporti contenenti programmi per elaboratore disciplinati dal decreto legislativo 29 dicembre 1992, n. 518, utilizzati esclusivamente mediante elaboratore elettronico, sempre che tali programmi non contengano suoni, voci o sequenze di immagini in movimento tali da costituire opere fonografiche, cinematografiche o audiovisive intere, non realizzate espressamente per il programma per elaboratore, ovvero loro brani o parti eccedenti il cinquanta per cento dell'opera intera da cui sono tratti, che diano luogo a concorrenza all'utilizzazione economica delle opere medesime. In tali ipotesi la legittimità dei prodotti, anche ai fini della tutela penale di cui all'articolo 171-*bis*, è comprovata da apposite dichiarazioni identificative che produttori e importatori preventivamente rendono alla SIAE.

4. I tempi, le caratteristiche e la collocazione del contrassegno sono individuati da un regolamento di esecuzione da emanare con decreto del Presidente del Consiglio dei ministri entro centottanta giorni dalla data di entrata in vigore della presente disposizione, sentite la SIAE e le associazioni di categoria interessate, nei termini più idonei a consentirne la agevole applicabilità, la facile visibilità e

a prevenire l'alterazione e la falsificazione delle opere. Fino alla data di entrata in vigore del predetto regolamento, resta operativo il sistema di individuazione dei tempi, delle caratteristiche e della collocazione del contrassegno determinatosi sotto la disciplina previgente. Le spese e gli oneri, anche per il controllo, sono a carico dei richiedenti e la loro misura, in assenza di accordo tra la SIAE e le categorie interessate, è determinata con decreto del Presidente del Consiglio dei ministri, sentito il comitato consultivo permanente per il diritto di autore.

5. Il contrassegno deve avere, comunque, caratteristiche tali da non poter essere trasferito su altro supporto. Deve contenere elementi tali da permettere la identificazione del titolo dell'opera per la quale è stato richiesto, del nome dell'autore, del produttore o del titolare del diritto d'autore. Deve contenere altresì l'indicazione di un numero progressivo per ogni singola opera riprodotta o registrata nonché della sua destinazione alla vendita, al noleggio e a qualsiasi altra forma di distribuzione.

6. L'apposizione materiale del contrassegno può essere affidata anche in parte al richiedente o ad un terzo da questi delegato, i quali assumono le conseguenti responsabilità a termini di legge. I medesimi soggetti informano almeno trimestralmente la SIAE circa l'attività svolta e lo stadio di utilizzo del materiale consegnato. Ai fini della tempestiva apposizione del contrassegno, fuori dei casi in cui esista apposita convenzione tra il produttore e la SIAE, l'importatore ha l'obbligo di dare alla SIAE preventiva notizia dell'ingresso nel territorio nazionale dei prodotti. Si osservano le disposizioni di cui al comma 4.

7. Nei casi di cui al comma 6, la SIAE e il richiedente possono concordare che l'apposizione del contrassegno sia sostituita da attestazione temporanea resa ai sensi del comma 2, corredata dalla presa d'atto della SIAE.

8. Agli effetti dell'applicazione della legge penale, il contrassegno è considerato segno distintivo di opera dell'ingegno.

(1) *Articolo inserito dall'art. 10[1] l. 18 agosto 2000, n. 248. In attuazione del presente articolo, v. d.P.C.M. 23 febbraio 2009, n. 31.*

181-*ter*. – (1) 1. I compensi per le riproduzioni di cui al quarto e quinto comma dell'articolo 68 sono riscossi e ripartiti, al netto di una provvigione, dalla Società italiana degli autori ed editori (SIAE). In mancanza di accordi tra la SIAE e le associazioni delle categorie interessate, la misura e le modalità di pagamento dei detti compensi, nonché la misura della provvigione spettante alla Società, sono determinate con decreto del Presidente del Consiglio dei ministri, sentite le parti interessate e il comitato consultivo di cui all'articolo 190. L'efficacia delle disposizioni di cui ai commi quarto e quinto dell'articolo 68 decorre dalla data di stipulazione dei detti accordi ovvero dalla data di entrata in vigore del decreto del Presidente del Consiglio dei ministri.

2. La ripartizione fra gli aventi diritto, per i quali la SIAE non svolga già attività di intermediazione ai sensi dell'articolo 180, può avvenire anche tramite le principali associazioni delle categorie interessate, individuate con proprio decreto dal Presidente del Consiglio dei ministri, sentito il comitato consultivo di cui all'articolo 190, in base ad apposite convenzioni.

(1) *Articolo inserito dall'art. 2*[5] *l. 18 agosto 2000, n. 248.*

182. – (1).

(1) *Articolo abrogato dall'art. 7*[8] *d.ls. 29 ottobre 1999, n. 419. Successivamente il suddetto art. 7 è stato a sua volta abrogato dall'art. 1*[5] *l. 9 gennaio 2008, n. 2. V. ora, in tema di disposizioni concernenti la SIAE, art. 1 l. n. 2, cit.*

182-*bis*. – (1) 1. All'Autorità per le garanzie nelle comunicazioni ed alla Società italiana degli autori ed editori (SIAE) è attribuita, nell'ambito delle rispettive competenze previste dalla legge, al fine di prevenire ed accertare le violazioni della presente legge, la vigilanza:

a) sull'attività di riproduzione e duplicazione con qualsiasi procedimento, su supporto audiovisivo, fonografico e qualsiasi altro supporto nonché su impianti di utilizzazione in pubblico, via etere e via cavo, nonché sull'attività di diffusione radiotelevisiva con qualsiasi mezzo effettuata;

b) sulla proiezione in sale cinematografiche di opere e registrazioni tutelate dalla normativa sul diritto d'autore e sui diritti connessi al suo esercizio;

c) sulla distribuzione, la vendita, il noleggio, l'emissione e l'utilizzazione in qualsiasi forma dei supporti di cui alla lettera *a*);

d) sui centri di riproduzione pubblici o privati, i quali utilizzano nel proprio ambito o mettono a disposizione di terzi, anche gratuitamente, apparecchi per fotocopia, xerocopia o analogo sistema di riproduzione;

d-bis) sull'attività di fabbricazione, importazione e distribuzione degli apparecchi e dei supporti di cui all'art. 71-*septies* (2).

d-ter) sulle case d'asta, le gallerie e in genere qualsiasi soggetto che eserciti professionalmente il commercio di opere d'arte o di manoscritti (3).

2. La SIAE, nei limiti dei propri compiti istituzionali, si coordina, a norma del comma 1, con l'autorità per le garanzie nelle comunicazioni.

3. Per lo svolgimento dei compiti indicati nel comma 1, l'Autorità per le garanzie nelle comunicazioni può conferire funzioni ispettive a propri funzionari ed agire il coordinamento con gli ispettori della SIAE. Gli ispettori possono accedere ai locali dove vengono svolte le attività di riproduzione, duplicazione, vendita, emissione via, etere e via cavo o proiezione cinematografica, nonché le attività ad esse connesse possono altresì accedere ai locali dove vengono svolte le attività di cui alla lettera *e*, del comma 1. Possono richiedere l'esibizione della documentazione relativa, all'attività svolta, agli strumenti e al materiale in lavorazione, in distribuzione, in fase di utilizzazione attraverso l'emissione o la ricezione via etere e via cavo o la proiezione cinematografica, nonché quella relativa agli apparecchi e supporti di registrazione di cui all'articolo 71-*septies*. Nel caso in cui i suddetti locali non siano luoghi aperti al pubblico, stabilimenti industriali o esercizi commerciali o emittenti radiotelevisive, l'accesso degli ispettori deve essere autorizzato dall'autorità giudiziaria (4).

(1) *Articolo inserito dall'art. 11[1] l. 18 agosto 2000, n. 248.*
(2) *Lettera aggiunta dall'art. 31[1] d.lgs. 9 aprile 2003, n. 68.*
(3) *Lettera aggiunta dall'art. 15 d.lgs. 13 febbraio 2006, n. 118.*
(4) *Comma così sostituito dall'art. 31[2] d.lgs. n. 68, cit.*

182-*ter*. – (1) 1. Gli ispettori, in caso di accertamento di violazione delle norme di legge, compilano processo verbale, da trasmettere immediatamente agli organi di polizia giudiziaria per il compimento degli atti previsti dagli articoli 347 e seguenti del codice di procedura penale.

(1) *Articolo inserito dall'art. 11[1] l. 18 agosto 2000, n. 248.*

183. – L'esercizio delle attività per il collocamento presso le compagnie e le imprese teatrali di opere drammatiche, non musicali, italiane, è sottoposto alla preventiva autorizzazione del Ministro per i beni e le attività culturali, secondo le norme del regolamento.

A tale autorizzazione non è sottoposto l'autore ed i suoi successori per causa di morte.

Vi sono peraltro soggetti i traduttori di opere straniere.

L'esercizio della attività di collocamento è soggetto alla vigilanza del Ministero per i beni e le attività culturali, secondo le norme del regolamento.

184. – Chiunque collochi in paesi stranieri opere italiane drammatiche, non musicali, deve farne denuncia entro tre giorni all'Ente italiano per gli scambi teatrali (1), il quale trasmette mensilmente l'elenco delle denuncie ricevute al Ministero per i beni e le attività culturali, con le sue eventuali osservazioni e proposte.

L'Ente italiano per gli scambi teatrali (1) esercita inoltre altre funzioni che gli sono demandate dal suo Statuto.

All'Ente italiano per gli scambi teatrali (1) si applicano le disposizioni dell'art. 182.

(1) *L'Ente italiano per gli scambi teatrali è stato incorporato nell'Ente teatrale italiano con d.P.R. 5 luglio 1968.*

TITOLO VI
Sfera di applicazione della legge

185. – Questa legge si applica a tutte le opere di autori italiani, dovunque pubblicate per la prima volta, salve le disposizioni dell'art. 189.

Si applica egualmente alle opere di autori stranieri domiciliati in Italia, che siano state pubblicate per la prima volta in Italia.

Può essere applicata ad opere di autori stranieri, fuori delle condizioni di protezione indicate nel comma precedente, quando sussistano le condizioni previste negli articoli seguenti.

186. – Le convenzioni internazionali per la protezione delle opere dell'ingegno regolano la sfera di applicazione di questa legge alle opere di autori stranieri.

Se le convenzioni contengono un patto generico di reciprocità o di parità di trattamento, detto patto è interpretato secondo le norme di equivalenza di fatto delle due protezioni stabilite negli articoli seguenti.

Salve le convenzioni internazionali per la protezione dei fonogrammi, la formalità prevista quale condizione dell'esercizio dei diritti spettanti al produttore di fonogrammi che non possono essere considerati nazionali, si riterrà soddisfatta qualora su tutti gli esemplari del supporto fonografico sia apposto in modo stabile il simbolo (P) accompagnato dall'indicazione dell'anno di prima pubblicazione (1).

(1) *Comma aggiunto dall'art. 32 d.ls. 9 aprile 2003, n. 68.*

187. – In difetto di convenzioni internazionali, le opere di autori stranieri che non rientrano nelle condizioni previste nel secondo comma dell'art. 185 godono della protezione sancita da questa legge, a condizione che lo Stato di cui è cittadino l'autore straniero conceda alle opere di autori italiani una protezione effettivamente equivalente e nei limiti di detta equivalenza.

Se lo straniero è apolide, o di nazionalità controversa, la norma del comma precedente è riferita allo Stato nel quale l'opera è stata pubblicata per la prima volta.

188. – L'equivalenza di fatto, osservate le norme che seguono, è accertata e regolata con decreto presidenziale (1) da emanarsi a norma dell'art. 3, n. 1, della legge 31 gennaio 1926 - IV, n. 100.

La durata della protezione dell'opera straniera non può in nessun caso eccedere quella di cui l'opera gode nello Stato di cui è cittadino l'autore straniero.

Se la legge di detto Stato abbraccia nella durata della protezione un periodo di licenza obbligatoria, l'opera straniera è sottoposta in Italia ad una norma equivalente.

Se la legge di detto Stato sottopone la protezione alla condizione dell'adempimento di formalità, di dichiarazioni di riserva o di depositi di copie dell'opera, o ad altre formalità qualsiasi, l'opera straniera è sottoposta in Italia a formalità equivalenti determinate col decreto presidenziale (1).

Il decreto presidenziale (1) può altresì sottoporre la protezione dell'opera straniera allo adempimento di altre particolari formalità o condizioni.

(1) *Originariamente decreto reale.*

189. – Le disposizioni dell'art. 185 si applicano all'opera cinematografica, al disco fonografico o apparecchio analogo, ai diritti degli interpreti, attori o artisti esecutori, alla fotografia ed alle opere della ingegneria, in quanto si tratti di opere o prodotti realizzati in Italia o che possano considerarsi nazionali a termini di questa legge o di altra legge speciale.

In difetto della condizione sopraindicata sono applicabili a dette opere, diritti o prodotti, le disposizioni degli articoli 186, 187 e 188.

TITOLO VII
Comitato consultivo permanente per il diritto di autore

190. – È istituito presso il Ministero per i beni e le attività culturali, un comitato consultivo permanente per il diritto di autore.

Il comitato provvede allo studio delle materie attinenti al diritto di autore o ad esso connesse e dà pareri sulle questioni relative quando ne sia richiesto dal Ministro per i beni e le attività culturali, o quando sia prescritto da speciali disposizioni.

Il Comitato esperisce il tentativo di conciliazione di cui all'articolo 71-*quinquies*, comma 4 (1).

(1) *Comma aggiunto dall'art. 33 d.ls. 9 aprile 2003, n. 68.*

191. – Il comitato è composto:

a) di un presidente designato dal Ministro per i beni e le attività culturali;

b) dei vice presidenti delle corporazioni delle professioni e delle arti, dello spettacolo e della carta e stampa (1);

c) di un rappresentante del P.N.F. (2);

d) di un rappresentante dei Ministeri degli affari esteri, dell'Africa italiana (3), di grazia e giustizia, delle finanze, delle corporazioni (4) e di due rappresentanti del Ministero dell'educazione nazionale (5);

e) dei direttori generali per il teatro, per la cinematografia, per la stampa italiana, dell'ispettore per la radiodiffusione e la televisione del Ministero per i beni e le attività culturali e del capo dell'ufficio della proprietà letteraria, scientifica ed artistica (6);

f) dei presidenti delle confederazioni dei professionisti ed artisti e degli industriali, e di tre rappresentanti per ciascuna delle confederazioni suddette particolarmente competenti in materia di diritto di autore, nonché di un rappresentante della confederazione dei lavoratori dell'industria, designato dalla federazione nazionale fascista dei lavoratori dello spettacolo (1);

g) del presidente della Società italiana degli autori ed editori (S.I.A.E.) (7);

h) di tre esperti in materia di diritto di autore designati dal Ministro per i beni e le attività culturali.

I membri del comitato sono nominati con decreto del Ministro per i beni e le attività culturali e durano in carica un quadriennio.

(1) *Organizzazioni soppresse con d.ls.lt. 23 novembre 1944, n. 369.*

(2) *V.* sub *art. 11.*

(3) *Ministero soppresso con l. 29 aprile 1953, n. 430.*

(4) *Ora Ministero dello sviluppo economico ai sensi del d.ls.lt. 23 novembre 1944, n. 369 (di soppressione dell'ordinamento corporativo) e del d.ls. 30 luglio 1999, n. 300.*

(5) *Ora Ministero della pubblica istruzione ai sensi del d.ls. n. 300, cit.*

(6) *Ora direttore generale preposto all'ufficio della proprietà letteraria, scientifica e tecnica, ai sensi della l. 21 gennaio 1963, n. 6.*

(7) *V.* sub *art. 58.*

192. – Il comitato si riunisce in sessione ordinaria ogni anno alla data stabilita dal Ministro per i beni e le attività culturali, ed in via straordinaria tutte le volte che ne sarà richiesto dal Ministro stesso.

193. – Il comitato può essere convocato: *a*) in adunanza generale; *b*) in commissioni speciali.

Partecipano all'adunanza generale tutti i membri del comitato. Le commissioni speciali sono costituite per lo studio di determinate questioni, di volta in volta, con provvedimento del presidente ovvero per l'effettuazione del tentativo di conciliazione di cui all'articolo 71-*quinquies*, comma 4. In tale caso la commissione speciale è composta da tre membri, scelti tra gli esperti in materia di diritto d'autore di cui all'articolo 191, primo comma, lettera *h*), ed i rappresentanti dei Ministeri. Il presidente della commissione è comunque scelto tra i rappresentanti dei Ministeri (1).

Il Ministro per i beni e le attività culturali, su proposta del presidente del comitato, può invitare alle riunioni anche persone estranee al comitato, particolarmente competenti nelle questioni da esaminare, senza diritto a voto.

(1) *Comma così sostituito dall'art. 34 d.ls. 9 aprile 2003, n. 68.*

194. – La segreteria è affidata al capo dell'ufficio della proprietà letteraria, scientifica ed artistica presso il Ministero per i beni e le attività culturali.

194-*bis*. – (1) 1. La richiesta di conciliazione di cui all'art. 71-*quinquies*, comma 4, sottoscritta dall'associazione o dall'ente proponente, è consegnata al comitato di cui all'art. 190 o spedita mediante raccomandata con avviso di ricevimento. Entro dieci giorni dal ricevimento della richiesta, il presidente del comitato nomina la commissione speciale di cui all'art. 193, comma secondo. Copia della richiesta deve essere consegnata o spedita a cura dello stesso proponente alla controparte.

2. La richiesta deve precisare:

a) il luogo dove devono essere fatte al richiedente le comunicazioni inerenti alla procedura;

b) l'indicazione delle ragioni poste a fondamento della richiesta.

3. Entro trenta giorni dal ricevimento della richiesta la parte convenuta, qualora non accolga la richiesta della controparte, deposita presso la commissione predetta osservazioni scritte. Entro i dieci giorni successivi al deposito, il presidente della commissione fissa la data per il tentativo di conciliazione.

4. Se la conciliazione riesce, viene redatto separato processo ver-

bale sottoscritto dalle parti e dal presidente della commissione. Il verbale costituisce titolo esecutivo.

5. Se non si raggiunge l'accordo tra le parti, la commissione formula una proposta per la definizione della controversia. Se la proposta non è accettata, i termini di essa sono riassunti nel verbale con l'indicazione delle valutazioni espresse dalle parti.

6. Nel successivo giudizio sono acquisiti, anche d'ufficio, i verbali concernenti il tentativo di conciliazione non riuscito. Il giudice valuta il comportamento tenuto dalle parti nella fase conciliativa ai fini del regolamento delle spese.

7. La domanda giudiziale diventa procedibile trascorsi novanta giorni dalla promozione del tentativo di conciliazione.

8. Il giudice che rileva che non è stato promosso il tentativo di conciliazione secondo le disposizioni di cui ai precedenti commi o che la domanda giudiziale è stata promossa prima della scadenza del termine di 90 giorni dalla promozione del tentativo, sospende il giudizio e fissa alle parti il termine perentorio di 60 giorni per promuovere il tentativo di conciliazione. Espletato quest'ultimo o decorso il termine di 90 giorni, il processo può essere riassunto entro il termine perentorio di 180 giorni. Ove il processo non sia stato tempestivamente riassunto, il giudice dichiara d'ufficio l'estinzione del processo con decreto cui si applica la disposizione di cui all'articolo 308 del codice di procedura civile.

(1) *Articolo inserito dall'art. 35 d.ls. 9 aprile 2003, n. 68.*

195. – Ai membri del comitato sono corrisposti gettoni di presenza per ogni giornata di adunanza ai sensi delle disposizioni in vigore.

TITOLO VIII

Disposizioni generali, transitorie e finali

196. – È considerato come luogo di prima pubblicazione, il luogo dove sono esercitati per la prima volta i diritti di utilizzazione previsti negli articoli 12 e seguenti di questa legge.

Nei riguardi delle opere dell'arte figurativa, del cinema, del disco fonografico o di altro apparecchio analogo riproduttore di suoni o di voci, della fotografia o di ogni altra opera identificata dalla sua forma materiale, si considera come equivalente al luogo della prima pubblicazione il luogo della fabbricazione.

197. – I contratti di edizione, di rappresentazione e di esecuzione sono sottoposti alla tassa graduale di registro dello 0,50 per cento (1).

(1) *Ora imposta proporzionale dell'1 per cento ai sensi dell'art. 3 della Tariffa, parte prima, allegata al d.P.R. 26 aprile 1986, n. 131.*

198. – Nel bilancio di previsione del Ministero per i beni e le attività culturali, è stanziata, in apposito capitolo della parte ordinaria, a cominciare dall'esercizio in cui questa legge andrà in vigore, una somma di lire centosessanta milioni (1), sui proventi del diritto previsto dagli articoli 175 e 176, da erogarsi, con le modalità stabilite dal regolamento, in favore delle Casse di assistenza e di previdenza delle associazioni sindacali degli autori e scrittori e dei musicisti.

(1) *Somma così elevata da ultimo dall'art. 1 l. 16 aprile 1973, n. 198.*

199. – La presente legge si applica anche alle opere comunque pubblicate prima e dopo l'entrata in vigore della legge medesima.

Rimangono pienamente salvi e impregiudicati gli effetti legali degli atti e contratti fatti o stipulati prima di detta entrata in vigore, in conformità delle disposizioni vigenti.

199-*bis*. – (1) 1. Le disposizioni della presente legge si applicano anche ai programmi creati prima della sua entrata in vigore, fatti salvi gli eventuali atti conclusi e i diritti acquisiti anteriormente a tale data.

(1) *Articolo aggiunto dall'art. 11 d.ls. 29 dicembre 1992, n. 518.*

200. – Sino all'entrata in vigore del nuovo codice di procedura civile, le funzioni attribuite dall'art. 162 al giudice istruttore sono esercitate dal presidente del collegio davanti al quale pende la lite.

201. – Riguardo alle opere pubblicate ed ai prodotti già fabbricati prima della entrata in vigore di questa legge, che vengono sottoposti per la prima volta all'obbligo del deposito o di altre formalità, detto deposito e dette formalità devono essere adempiute nei termini e secondo le norme stabilite dal regolamento.

202. – Agli effetti dell'art. 147 non sono presi in considerazione i prezzi conseguiti nelle vendite effettuate anteriormente alla entrata in vigore di questa legge.

203. – Con decreto presidenziale (1) potranno essere emanate norme particolari per regolare il diritto esclusivo di televisione.

Finché non saranno emanate le disposizioni previste nel precedente comma, la televisione è regolata dai principi generali di questa legge, in quanto applicabili.

(1) *Originariamente decreto reale.*

204. – A decorrere dall'entrata in vigore di questa legge, la Società italiana autori ed editori assume la denominazione di E.I.D.A. (Ente italiano per il diritto di autore) (1).

(1) *V.* sub *art. 58.*

205. – Sono abrogate la legge 18 marzo 1926 - IV, n. 256, di conversione in legge del regio decreto-legge 7 novembre 1925 - IV, n. 1950, contenente disposizioni sul diritto di autore e le successive leggi di modificazione della suddetta legge.

Sono altresì abrogate la legge 17 giugno 1937 - XV, n. 1251, di conversione in legge del R.D.L. 18 febbraio 1937, contenente norme relative alla protezione dei prodotti dell'industria fonografica e la legge 2 giugno 1939 - XVII, n. 739, di conversione del regio decreto-legge 5 dicembre 1938 - XVII, n. 2115, contenente provvedimenti per la radiodiffusione differita di esecuzioni artistiche, nonché ogni altra legge o disposizione di legge contraria ed incompatibile con le disposizioni di questa legge.

206. – Il regolamento per la esecuzione della presente legge determina le sanzioni per la violazione delle norme del regolamento stesso.

Dette sanzioni potranno comportare l'ammenda non superiore a 20 euro (1).

La presente legge entra in vigore contemporaneamente al regolamento, il quale dovrà essere emanato entro sei mesi dalla pubblicazione di essa.

Entro lo stesso termine sarà altresì emanato un nuovo statuto dell'ente italiano per il diritto di autore (2).

(1) *Ora sanzione amministrativa ad opera dell'art. 32 l. 24 novembre 1981, n. 689. L'importo è stato così elevato dall'art. 114 l. n. 689, cit.*

(2) *V. ora d.P.R. 19 maggio 1995, n. 223.*

DIRITTO INTERNAZIONALE PRIVATO

L. 31 maggio 1995, n. 218. — **Riforma del sistema italiano di diritto internazionale privato** (G.U. 3 giugno 1995, n. 128, suppl. ord. n. 68).

TITOLO I
Disposizioni generali

1. Oggetto della legge. – 1. La presente legge determina l'ambito della giurisdizione italiana, pone i criteri per l'individuazione del diritto applicabile e disciplina l'efficacia delle sentenze e degli atti stranieri.

2. Convenzioni internazionali. – 1. Le disposizioni della presente legge non pregiudicano l'applicazione delle convenzioni internazionali in vigore per l'Italia.

2. Nell'interpretazione di tali convenzioni si terrà conto del loro carattere internazionale e dell'esigenza della loro applicazione uniforme.

TITOLO II
Giurisdizione italiana

3. Ambito della giurisdizione. – 1. La giurisdizione italiana sussiste quando il convenuto è domiciliato o residente in Italia o vi ha un rappresentante che sia autorizzato a stare in giudizio a norma dell'articolo 77 del codice di procedura civile e negli altri casi in cui è prevista dalla legge.

2. La giurisdizione sussiste inoltre in base ai criteri stabiliti dalle sezioni 2, 3 e 4 del titolo II della Convenzione concernente la competenza giurisdizionale e l'esecuzione delle decisioni in materia civile e commerciale e protocollo, firmati a Bruxelles il 27 settembre 1968, resi esecutivi con la legge 21 giugno 1971, n. 804, e successive modificazioni in vigore per l'Italia, anche allorché il convenuto non sia domiciliato nel territorio di uno Stato contraente, quando si tratti di una delle materie comprese nel campo di applicazione della Convenzione. Rispetto alle altre materie la giurisdizione sussiste anche in base ai criteri stabiliti per la competenza per territorio.

4. Accettazione e deroga della giurisdizione. – 1. Quando non vi sia giurisdizione in base all'articolo 3, essa nondimeno sussiste se le parti l'abbiano convenzionalmente accettata e tale accettazione sia

LEGGI COMPLEMENTARI

provata per iscritto, ovvero il convenuto compaia nel processo senza eccepire il difetto di giurisdizione nel primo atto difensivo.

2. La giurisdizione italiana può essere convenzionalmente derogata a favore di un giudice straniero o di un arbitrato estero se la deroga è provata per iscritto e la causa verte su diritti disponibili.

3. La deroga è inefficace se il giudice o gli arbitri indicati declinano la giurisdizione o comunque non possono conoscere della causa.

5. Azioni reali relative ad immobili siti all'estero. – 1. La giurisdizione italiana non sussiste rispetto ad azioni reali aventi ad oggetto beni immobili situati all'estero.

6. Questioni preliminari. – 1. Il giudice italiano conosce, incidentalmente, le questioni che non rientrano nella giurisdizione italiana e la cui soluzione è necessaria per decidere sulla domanda proposta.

7. Pendenza di un processo straniero. – 1. Quando, nel corso del giudizio, sia eccepita la previa pendenza tra le stesse parti di domanda avente il medesimo oggetto e il medesimo titolo dinanzi a un giudice straniero, il giudice italiano, se ritiene che il provvedimento straniero possa produrre effetto per l'ordinamento italiano, sospende il giudizio. Se il giudice straniero declina la propria giurisdizione o se il provvedimento straniero non è riconosciuto nell'ordinamento italiano, il giudizio in Italia prosegue, previa riassunzione ad istanza della parte interessata.

2. La pendenza della causa innanzi al giudice straniero si determina secondo la legge dello Stato in cui il processo si svolge.

3. Nel caso di pregiudizialità di una causa straniera, il giudice italiano può sospendere il processo se ritiene che il provvedimento straniero possa produrre effetti per l'ordinamento italiano.

8. Momento determinante della giurisdizione. – 1. Per la determinazione della giurisdizione italiana si applica l'articolo 5 del codice di procedura civile. Tuttavia la giurisdizione sussiste se i fatti e le norme che la determinano sopravvengono nel corso del processo.

9. Giurisdizione volontaria. – 1. In materia di giurisdizione volontaria, la giurisdizione sussiste, oltre che nei casi specificamente contemplati dalla presente legge e in quelli in cui è prevista la competenza per territorio di un giudice italiano, quando il provvedimento richiesto concerne un cittadino italiano o una persona residente in Italia o quando esso riguarda situazioni o rapporti ai quali è applicabile la legge italiana.

10. Materia cautelare. – 1. In materia cautelare, la giurisdizione italiana sussiste quando il provvedimento deve essere eseguito in Italia o quando il giudice italiano ha giurisdizione nel merito.

11. Rilevabilità del difetto di giurisdizione. – 1. Il difetto di giurisdizione può essere rilevato, in qualunque stato e grado del processo, soltanto dal convenuto costituito che non abbia espressamente o tacitamente accettato la giurisdizione italiana. È rilevato dal giudice d'ufficio, sempre in qualunque stato e grado del processo, se il convenuto è contumace, se ricorre l'ipotesi di cui all'articolo 5, ovvero se la giurisdizione italiana è esclusa per effetto di una norma internazionale.

12. Legge regolatrice del processo. – 1. Il processo civile che si svolge in Italia è regolato dalla legge italiana.

TITOLO III
Diritto applicabile

CAPO I – *Disposizioni generali*

13. Rinvio. – 1. Quando negli articoli successivi è richiamata la legge straniera, si tiene conto del rinvio operato dal diritto internazionale privato straniero alla legge di un altro Stato:

a) se il diritto di tale Stato accetta il rinvio;

b) se si tratta di rinvio alla legge italiana.

2. L'applicazione del comma 1 è tuttavia esclusa:

a) nei casi in cui le disposizioni della presente legge rendono applicabile la legge straniera sulla base della scelta effettuata in tal senso dalle parti interessate;

b) riguardo alle disposizioni concernenti la forma degli atti;

c) in relazione alle disposizioni del Capo XI del presente Titolo.

3. Nei casi di cui agli articoli 33, 34 e 35 si tiene conto del rinvio soltanto se esso conduce all'applicazione di una legge che consente lo stabilimento della filiazione.

4. Quando la presente legge dichiara in ogni caso applicabile una convenzione internazionale si segue sempre, in materia di rinvio, la soluzione adottata dalla convenzione.

14. Conoscenza della legge straniera applicabile. – 1. L'accertamento della legge straniera è compiuto d'ufficio dal giudice. A tal fine questi può avvalersi, oltre che degli strumenti indicati dalle convenzioni internazionali, di informazioni acquisite per il tramite del Ministero di grazia e giustizia; può altresì interpellare esperti o istituzioni specializzate.

2. Qualora il giudice non riesca ad accertare la legge straniera indicata, neanche con l'aiuto delle parti, applica la legge richiamata mediante altri criteri di collegamento eventualmente previsti per la medesima ipotesi normativa. In mancanza si applica la legge italiana.

15. Interpretazione e applicazione della legge straniera. – 1. La legge straniera è applicata secondo i propri criteri di interpretazione e di applicazione nel tempo.

16. Ordine pubblico. – 1. La legge straniera non è applicata se i suoi effetti sono contrari all'ordine pubblico.

2. In tal caso si applica la legge richiamata mediante altri criteri di collegamento eventualmente previsti per la medesima ipotesi normativa. In mancanza si applica la legge italiana.

17. Norme di applicazione necessaria. – 1. È fatta salva la prevalenza sulle disposizioni che seguono delle norme italiane che, in considerazione del loro oggetto e del loro scopo, debbono essere applicate nonostante il richiamo alla legge straniera.

18. Ordinamenti plurilegislativi. – 1. Se nell'ordinamento dello Stato richiamato dalle disposizioni della presente legge coesistono più sistemi normativi a base territoriale o personale, la legge applicabile si determina secondo i criteri utilizzati da quell'ordinamento.

2. Se tali criteri non possono essere individuati, si applica il sistema normativo con il quale il caso di specie presenta il collegamento più stretto.

19. Apolidi, rifugiati e persone con più cittadinanze. – 1. Nei casi in cui le disposizioni della presente legge richiamano la legge nazionale di una persona, se questa è apolide o rifugiata si applica la legge dello Stato del domicilio o, in mancanza, la legge dello Stato di residenza.

2. Se la persona ha più cittadinanze, si applica la legge di quello tra gli Stati di appartenenza con il quale essa ha il collegamento più stretto. Se tra le cittadinanze vi è quella italiana, questa prevale.

CAPO II – *Capacità e diritti delle persone fisiche*

20. Capacità giuridica delle persone fisiche. – 1. La capacità giuridica delle persone fisiche è regolata dalla loro legge nazionale.

Le condizioni speciali di capacità, prescritte dalla legge regolatrice di un rapporto, sono disciplinate dalla stessa legge.

21. **Commorienza.** – 1. Quando occorre stabilire la sopravvivenza di una persona ad un'altra e non conta quale di esse sia morta prima, il momento della morte si accerta in base alla legge regolatrice del rapporto rispetto al quale l'accertamento rileva.

22. **Scomparsa, assenza e morte presunta.** – 1. I presupposti e gli effetti della scomparsa, dell'assenza e della morte presunta di una persona sono regolati dalla sua ultima legge nazionale.

2. Sussiste la giurisdizione italiana per le materie di cui al comma 1:

a) se l'ultima legge nazionale della persona era quella italiana;

b) se l'ultima residenza della persona era in Italia;

c) se l'accertamento della scomparsa, dell'assenza o della morte presunta può produrre effetti giuridici nell'ordinamento italiano.

23. **Capacità di agire delle persone fisiche.** – 1. La capacità di agire delle persone fisiche è regolata dalla loro legge nazionale. Tuttavia, quando la legge regolatrice di un atto prescrive condizioni speciali di capacità di agire, queste sono regolate dalla stessa legge.

2. In relazione a contratti tra persone che si trovano nello stesso Stato, la persona considerata capace dalla legge dello Stato in cui il contratto è concluso può invocare l'incapacità derivante dalla propria legge nazionale solo se l'altra parte contraente, al momento della conclusione del contratto, era a conoscenza di tale incapacità o l'ha ignorata per sua colpa.

3. In relazione agli atti unilaterali, la persona considerata capace dalla legge dello Stato in cui l'atto è compiuto può invocare l'incapacità derivante dalla propria legge nazionale soltanto se ciò non rechi pregiudizio a soggetti che senza loro colpa hanno fatto affidamento sulla capacità dell'autore dell'atto.

4. Le limitazioni di cui ai commi 2 e 3 non si applicano agli atti relativi a rapporti di famiglia e di successione per causa di morte, né agli atti relativi a diritti reali su immobili situati in uno Stato diverso da quello in cui l'atto è compiuto.

24. **Diritti della personalità** – 1. L'esistenza ed il contenuto dei diritti della personalità sono regolati dalla legge nazionale del soggetto; tuttavia i diritti che derivano da un rapporto di famiglia sono regolati dalla legge applicabile a tale rapporto.

2. Le conseguenze della violazione dei diritti di cui al comma 1

sono regolate dalla legge applicabile alla responsabilità per fatti illeciti.

CAPO III – *Persone giuridiche*

25. Società ed altri enti. – 1. Le società, le associazioni, le fondazioni ed ogni altro ente, pubblico o privato, anche se privo di natura associativa, sono disciplinati dalla legge dello Stato nel cui territorio è stato perfezionato il procedimento di costituzione. Si applica, tuttavia, la legge italiana se la sede dell'amministrazione è situata in Italia, ovvero se in Italia si trova l'oggetto principale di tali enti.

2. In particolare sono disciplinati dalla legge regolatrice dell'ente:

a) la natura giuridica;

b) la denominazione o ragione sociale;

c) la costituzione, la trasformazione e l'estinzione;

d) la capacità;

e) la formazione, i poteri e le modalità di funzionamento degli organi;

f) la rappresentanza dell'ente;

g) le modalità di acquisto e di perdita della qualità di associato o socio nonché i diritti e gli obblighi inerenti a tale qualità;

h) la responsabilità per le obbligazioni dell'ente;

i) le conseguenze delle violazioni della legge o dell'atto costitutivo.

3. I trasferimenti della sede statutaria in altro Stato e le fusioni di enti con sede in Stati diversi hanno efficacia soltanto se posti in essere conformemente alle leggi di detti Stati interessati.

CAPO IV – *Rapporti di famiglia*

26. Promessa di matrimonio. – 1. La promessa di matrimonio e le conseguenze della sua violazione sono regolate dalla legge nazionale comune dei nubendi o, in mancanza, dalla legge italiana.

27. Condizioni per contrarre matrimonio. – 1. La capacità matrimoniale e le altre condizioni per contrarre matrimonio sono regolate dalla legge nazionale di ciascun nubendo al momento del matrimonio. Resta salvo lo stato libero che uno dei nubendi abbia acquistato per effetto di un giudicato italiano o riconosciuto in Italia.

28. Forma del matrimonio. – 1. Il matrimonio è valido, quanto alla forma, se è considerato tale dalla legge del luogo di celebrazione o dalla legge nazionale di almeno uno dei coniugi al momento della celebrazione o dalla legge dello Stato di comune residenza in tale momento.

29. Rapporti personali tra coniugi. – 1. I rapporti personali tra coniugi sono regolati dalla legge nazionale comune.

2. I rapporti personali tra coniugi aventi diverse cittadinanze o più cittadinanze comuni sono regolati dalla legge dello Stato nel quale la vita matrimoniale è prevalentemente localizzata.

30. Rapporti patrimoniali tra coniugi. – 1. I rapporti patrimoniali tra coniugi sono regolati dalla legge applicabile ai loro rapporti personali. I coniugi possono tuttavia convenire per iscritto che i loro rapporti patrimoniali sono regolati dalla legge dello Stato di cui almeno uno di essi è cittadino o nel quale almeno uno di essi risiede.

2. L'accordo dei coniugi sul diritto applicabile è valido se è considerato tale dalla legge scelta o da quella del luogo in cui l'accordo è stato stipulato.

3. Il regime dei rapporti patrimoniali fra coniugi regolato da una legge straniera è opponibile ai terzi solo se questi ne abbiano avuto conoscenza o lo abbiano ignorato per loro colpa. Relativamente ai diritti reali su beni immobili, l'opponibilità è limitata ai casi in cui siano state rispettate le forme di pubblicità prescritte dalla legge dello Stato in cui i beni si trovano.

30-*bis*. (1) **Contratti di convivenza.** – 1. Ai contratti di convivenza si applica la legge nazionale comune dei contraenti. Ai contraenti di diversa cittadinanza si applica la legge del luogo in cui la convivenza è prevalentemente localizzata.

2. Sono fatte salve le norme nazionali, europee ed internazionali che regolano il caso di cittadinanza plurima.

(1) *Articolo inserito dall'art. 1[64], l. 20 maggio 2016, n. 76.*

31. (1) **Scelta della legge applicabile al divorzio e alla separazione personale.** – 1. La separazione personale e lo scioglimento del matrimonio sono regolati dalla legge designata dal regolamento n. 2010/1259/UE del Consiglio del 20 dicembre 2010 relativo ad una cooperazione rafforzata nel settore della legge applicabile al divorzio e alla separazione personale, e successive modificazioni.

2. Le parti possono designare di comune accordo la legge applicabile, ai sensi dell'articolo 5 del regolamento, mediante scrittura privata. La designazione può avvenire anche nel corso del procedimento, sino alla conclusione dell'udienza di prima comparizione

delle parti, anche con dichiarazione resa a verbale dai coniugi, personalmente o a mezzo di un procuratore speciale.

(1) *Articolo sostituito dall'art. 29[2] del d.ls. 10 ottobre 2022, n. 149. Per la disciplina transitoria v. art. 35[1] d.ls. n. 149/2022, cit., come sostituito dall'art. 1[380, lett. a)] l. 29 dicembre 2022, n. 197, che prevede che:* « 1. Le disposizioni del presente decreto, salvo che non sia diversamente disposto, hanno effetto a decorrere dal 28 febbraio 2023 e si applicano ai procedimenti instaurati successivamente a tale data. Ai procedimenti pendenti alla data del 28 febbraio 2023 si applicano le disposizioni anteriormente vigenti. ». *Il testo dell'articolo era il seguente:* « Separazione personale e scioglimento del matrimonio. — 1. La separazione personale e lo scioglimento del matrimonio sono regolati dalla legge nazionale comune dei coniugi al momento della domanda di separazione o di scioglimento del matrimonio; in mancanza si applica la legge dello Stato nel quale la vita matrimoniale risulta prevalentemente localizzata.

2. La separazione personale e lo scioglimento del matrimonio, qualora non siano previsti dalla legge straniera applicabile, sono regolati dalla legge italiana. »

32. Giurisdizione in materia di nullità, annullamento, separazione personale e scioglimento del matrimonio. – 1. In materia di nullità e di annullamento del matrimonio, di separazione personale e di scioglimento del matrimonio, la giurisdizione italiana sussiste, oltre che nei casi previsti dall'articolo 3, anche quando uno dei coniugi è cittadino italiano o il matrimonio è stato celebrato in Italia.

32-*bis*. (1) **Matrimonio contratto all'estero da cittadini italiani dello stesso sesso.** – 1. Il matrimonio contratto all'estero da cittadini italiani con persona dello stesso sesso produce gli effetti dell'unione civile regolata dalla legge italiana.

(1) *Articolo inserito dall'art. 1[1 lett. a)] d.ls. 19 gennaio 2017, n. 7.*

32-*ter*. (1) **Unione civile tra persone maggiorenni dello stesso sesso.** – 1. La capacità e le altre condizioni per costituire unione civile sono regolate dalla legge nazionale di ciascuna parte al momento della costituzione dell'unione civile. Se la legge applicabile non ammette l'unione civile tra persone maggiorenni dello stesso sesso si applica la legge italiana. Le disposizioni di cui all'articolo 1, comma 4, della legge 20 maggio 2016, n. 76, sono di applicazione necessaria.

2. Ai fini del nulla osta di cui all'articolo 116, primo comma, del codice civile, non rilevano gli impedimenti relativi al sesso delle parti. Qualora la produzione del nulla osta sia preclusa in ragione del mancato riconoscimento, secondo la legge dello Stato di cui lo straniero è cittadino, dell'unione civile tra persone dello stesso sesso o di analogo istituto, il nulla osta è sostituito da un certificato o altro atto comunque idoneo ad attestare la libertà di stato, ovvero da dichiarazione sostitutiva ai sensi del decreto del Presidente della Repubblica 28 dicembre 2000, n. 445. Resta salva la libertà di stato

accertata o acquisita per effetto di un giudicato italiano o riconosciuto in Italia.

3. L'unione civile è valida, quanto alla forma, se è considerata tale dalla legge del luogo di costituzione o dalla legge nazionale di almeno una delle parti o dalla legge dello Stato di comune residenza al momento della costituzione.

4. I rapporti personali e patrimoniali tra le parti sono regolati dalla legge dello Stato davanti alle cui autorità l'unione è stata costituita. A richiesta di una delle parti il giudice può disporre l'applicazione della legge dello Stato nel quale la vita comune è prevalentemente localizzata. Le parti possono convenire per iscritto che i loro rapporti patrimoniali sono regolati dalla legge dello Stato di cui almeno una di esse è cittadina o nel quale almeno una di esse risiede.

5. Alle obbligazioni alimentari si applica l'articolo 45.

(1) *Articolo inserito dall'art. 1[1 lett. a)] d.ls. 19 gennaio 2017, n. 7.*

32-*quater*. (1) **Scioglimento dell'unione civile.** – 1. In materia di scioglimento dell'unione civile la giurisdizione italiana sussiste, oltre che nei casi previsti dagli articoli 3 e 9, anche quando una delle parti è cittadina italiana o l'unione è stata costituita in Italia. I medesimi titoli di giurisdizione si applicano anche in materia di nullità o di annullamento dell'unione civile.

2. Lo scioglimento dell'unione civile è regolato dalla legge applicabile al divorzio in conformità al regolamento n. 1259/2010/UE del Consiglio del 20 dicembre 2010 relativo ad una cooperazione rafforzata nel settore della legge applicabile al divorzio e alla separazione personale.

(1) *Articolo inserito dall'art. 1[1 lett. a)] d.ls. 19 gennaio 2017, n. 7.*

32-*quinquies*. (1) **Unione civile costituita all'estero tra cittadini italiani dello stesso sesso.** – 1. L'unione civile, o altro istituto analogo, costituiti all'estero tra cittadini italiani dello stesso sesso abitualmente residenti in Italia produce gli effetti dell'unione civile regolata dalla legge italiana.

(1) *Articolo inserito dall'art. 1[1 lett. a)] d.ls. 19 gennaio 2017, n. 7.*

33. (1) **Filiazione.** – 1. Lo stato di figlio è determinato dalla legge nazionale del figlio o, se più favorevole, dalla legge dello Stato di cui uno dei genitori è cittadino, al momento della nascita.

2. La legge individuata ai sensi del comma 1 regola i presupposti e gli effetti dell'accertamento e della contestazione dello stato di figlio; qualora la legge così individuata non permetta l'accertamento o la contestazione dello stato di figlio si applica la legge italiana.

3. Lo stato di figlio, acquisito in base alla legge nazionale di uno dei genitori, non può essere contestato che alla stregua di tale legge; se tale legge non consente la contestazione si applica la legge italiana.

4. Sono di applicazione necessaria le norme del diritto italiano che sanciscono l'unicità dello stato di figlio.

(1) *Articolo così sostituito dall'art. 101[1 lett. a)] d.ls. 28 dicembre 2013, n. 154. Ai sensi dell'art. 108 d.ls. n. 154, cit., lo stesso decreto entra in vigore il trentesimo giorno successivo a quello della sua pubblicazione nella Gazzetta ufficiale (G.U. 8 gennaio 2014, n. 5) (7 febbraio 2014).*

34. (1) **[Legittimazione].**

(1) *Articolo abrogato dall'art. 106[1 lett. c)] d.ls. 28 dicembre 2013, n. 154, con la decorrenza indicata* sub *art. 33.*

35. Riconoscimento di figlio (1). – 1. Le condizioni per il riconoscimento del figlio sono regolate dalla legge nazionale del figlio al momento della nascita, o se più favorevole, dalla legge nazionale del soggetto che fa il riconoscimento, nel momento in cui questo avviene; se tali leggi non prevedono il riconoscimento si applica la legge italiana (2).

2. La capacità del genitore di fare il riconoscimento è regolata dalla sua legge nazionale.

3. La forma del riconoscimento è regolata dalla legge dello Stato in cui esso è fatto o da quella che ne disciplina la sostanza.

(1) *Rubrica così modificata dall'art. 101[1 lett. b)] d.ls. 28 dicembre 2013, n. 154, con la decorrenza indicata* sub *art. 33.*

(2) *Comma così sostituito dall'art. 101[1 lett. b)] d.ls. n. 154, cit., con la decorrenza indicata* sub *art. 33.*

36. Rapporti tra genitori e figli. – 1. I rapporti personali e patrimoniali tra genitori e figli, compresa la responsabilità genitoriale, sono regolati dalla legge nazionale del figlio (1).

(1) *Comma così modificato dall'art. 101[1 lett. c)] d.ls. 28 dicembre 2013, n. 154, con la decorrenza indicata* sub *art. 33.*

36-*bis*. (1) 1. Nonostante il richiamo ad altra legge, si applicano in ogni caso le norme del diritto italiano che:

a) attribuiscono ad entrambi i genitori la responsabilità genitoriale;

b) stabiliscono il dovere di entrambi i genitori di provvedere al mantenimento del figlio;

c) attribuiscono al giudice il potere di adottare provvedimenti limitativi o ablativi della responsabilità genitoriale in presenza di condotte pregiudizievoli per il figlio.

(1) *Articolo inserito dall'art. 101[1] lett. d) d.ls. 28 dicembre 2013, n. 154, con la decorrenza indicata* sub *art. 33.*

37. Giurisdizione in materia di filiazione. – 1. In materia di filiazione e di rapporti personali fra genitori e figli la giurisdizione italiana sussiste, oltre che nei casi previsti rispettivamente dagli articoli 3 e 9, anche quando uno dei genitori o il figlio è cittadino italiano o risiede in Italia.

Capo V – *Adozione*

38. Adozione. – 1. I presupposti, la costituzione e la revoca dell'adozione sono regolati dal diritto nazionale dell'adottante o degli adottanti se comune o, in mancanza, dal diritto dello Stato nel quale gli adottanti sono entrambi residenti, ovvero da quello dello Stato nel quale la loro vita matrimoniale è prevalentemente localizzata, al momento dell'adozione. Tuttavia si applica il diritto italiano quando è richiesta al giudice italiano l'adozione di un minore, idonea ad attribuirgli lo stato di figlio (1).

2. È in ogni caso salva l'applicazione della legge nazionale dell'adottando maggiorenne per la disciplina dei consensi che essa eventualmente richieda.

(1) *Comma così modificato dall'art. 101[1] lett. e) d.ls. 28 dicembre 2013, n. 154, con la decorrenza indicata* sub *art. 33.*

39. Rapporti fra adottato e famiglia adottiva. – 1. I rapporti personali e patrimoniali fra l'adottato e l'adottante o gli adottanti ed i parenti di questi sono regolati dal diritto nazionale dell'adottante o degli adottanti se comune o, in mancanza, dal diritto dello Stato nel quale gli adottanti sono entrambi residenti ovvero da quello dello Stato nel quale la loro vita matrimoniale è prevalentemente localizzata.

40. Giurisdizione in materia di adozione. – 1. I giudici italiani hanno giurisdizione in materia di adozione allorché:

a) gli adottanti o uno di essi o l'adottando sono cittadini italiani ovvero stranieri residenti in Italia;

b) l'adottando è un minore in stato di abbandono in Italia.

2. In materia di rapporti personali o patrimoniali fra l'adottato e l'adottante o gli adottanti ed i parenti di questi i giudici italiani hanno giurisdizione, oltre che nelle ipotesi previste dall'articolo 3, ogni qualvolta l'adozione si è costituita in base al diritto italiano.

41. Riconoscimento dei provvedimenti stranieri in materia di adozione. – 1. I provvedimenti stranieri in materia di adozione sono riconoscibili in Italia ai sensi degli articoli 64, 65 e 66.

2. Restano ferme le disposizioni delle leggi speciali in materia di adozione dei minori.

CAPO VI – *Protezione degli incapaci e obblighi alimentari*

42. Giurisdizione e legge applicabile in materia di protezione dei minori. – 1. La protezione dei minori è in ogni caso regolata dalla Convenzione de L'Aja del 5 ottobre 1961, sulla competenza delle autorità e sulla legge applicabile in materia di protezione dei minori, resa esecutiva con la legge 24 ottobre 1980, n. 742.

2. Le disposizioni della Convenzione si applicano anche alle persone considerate minori soltanto dalla loro legge nazionale, nonché alle persone la cui residenza abituale non si trova in uno degli Stati contraenti.

43. Protezione dei maggiori d'età – 1. I presupposti e gli effetti delle misure di protezione degli incapaci maggiori di età, nonché i rapporti fra l'incapace e chi ne ha la cura, sono regolati dalla legge nazionale dell'incapace. Tuttavia, per proteggere in via provvisoria e urgente la persona o i beni dell'incapace, il giudice italiano può adottare le misure previste dalla legge italiana.

44. Giurisdizione in materia di protezione dei maggiori d'età. – 1. La giurisdizione italiana in materia di misure di protezione degli incapaci maggiori di età sussiste, oltre che nei casi previsti dagli articoli 3 e 9, anche quando esse si rendono necessarie per proteggere, in via provvisoria e urgente, la persona o i beni dell'incapace che si trovino in Italia.

2. Quando in base all'articolo 66 nell'ordinamento italiano si producono gli effetti di un provvedimento straniero in materia di capacità di uno straniero, la giurisdizione italiana sussiste per pronunciare i provvedimenti modificativi o integrativi eventualmente necessari.

45. (1) **Obbligazioni alimentari nella famiglia.** – 1. Le obbligazioni alimentari nella famiglia sono regolate dalla legge designata dal regolamento 2009/4/CE del Consiglio del 18 dicembre 2008 relativo alla competenza, alla legge applicabile, al riconoscimento e all'esecuzione delle decisioni e alla cooperazione in materia di obbligazioni alimentari, e successive modificazioni.

(1) *Articolo così sostituito dall'art. 1[1] lett. b) d.ls. 19 gennaio 2017, n. 7. Il testo dell'articolo era il seguente:* « Le obbligazioni alimentari nella famiglia sono in ogni caso regolate dalla

Convenzione de L'Aja del 2 ottobre 1973 sulla legge applicabile alle obbligazioni alimentari, resa esecutiva con la legge 24 ottobre 1980, n. 745 ».

CAPO VII – *Successioni*

46. Successione per causa di morte. – 1. La successione per causa di morte è regolata dalla legge nazionale del soggetto della cui eredità si tratta, al momento della morte.

2. Il soggetto della cui eredità si tratta può sottoporre, con dichiarazione espressa in forma testamentaria, l'intera successione alla legge dello Stato in cui risiede. La scelta non ha effetto se al momento della morte il dichiarante non risiedeva più in tale Stato. Nell'ipotesi di successione di un cittadino italiano, la scelta non pregiudica i diritti che la legge italiana attribuisce ai legittimari residenti in Italia al momento della morte della persona della cui successione si tratta.

3. La divisione ereditaria è regolata dalla legge applicabile alla successione, salvo che i condividenti, d'accordo fra loro, abbiano designato la legge del luogo d'apertura della successione o del luogo ove si trovano uno o più beni ereditari.

47. Capacità di testare. – 1. La capacità di disporre per testamento, di modificarlo o di revocarlo è regolata dalla legge nazionale del disponente al momento del testamento, della modifica o della revoca.

48. Forma del testamento. – 1. Il testamento è valido, quanto alla forma, se è considerato tale dalla legge dello Stato nel quale il testatore ha disposto, ovvero dalla legge dello Stato di cui il testatore, al momento del testamento o della morte, era cittadino o dalla legge dello Stato in cui aveva il domicilio o la residenza.

49. Successione dello Stato. – 1. Quando la legge applicabile alla successione, in mancanza di successibili, non attribuisce la successione allo Stato, i beni ereditari esistenti in Italia sono devoluti allo Stato italiano.

50. Giurisdizione in materia successoria. – 1. In materia successoria la giurisdizione italiana sussiste:

a) se il defunto era cittadino italiano al momento della morte;

b) se la successione si è aperta in Italia;

c) se la parte dei beni ereditari di maggiore consistenza economica è situata in Italia;

d) se il convenuto è domiciliato o residente in Italia o ha accettato la giurisdizione italiana, salvo che la domanda sia relativa a beni immobili situati all'estero;

e) se la domanda concerne beni situati in Italia.

CAPO VIII – *Diritti reali*

51. Possesso e diritti reali. – 1. Il possesso, la proprietà e gli altri diritti reali sui beni mobili ed immobili sono regolati dalla legge dello Stato in cui i beni si trovano.

2. La stessa legge ne regola l'acquisto e la perdita, salvo che in materia successoria e nei casi in cui l'attribuzione di un diritto reale dipenda da un rapporto di famiglia o da un contratto.

52. Diritti reali su beni in transito. – 1. I diritti reali su beni in transito sono regolati dalla legge del luogo di destinazione.

53. Usucapione di beni mobili. – 1. L'usucapione di beni mobili è regolata dalla legge dello Stato in cui il bene si trova al compimento del termine prescritto.

54. Diritti su beni immateriali. – 1. I diritti su beni immateriali sono regolati dalla legge dello Stato di utilizzazione.

55. Pubblicità degli atti relativi ai diritti reali. – 1. La pubblicità degli atti di costituzione, trasferimento ed estinzione dei diritti reali è regolata dalla legge dello Stato in cui il bene si trova al momento dell'atto.

CAPO IX – *Donazioni*

56. Donazioni. – 1. Le donazioni sono regolate dalla legge nazionale del donante al momento della donazione.

2. Il donante può, con dichiarazione espressa contestuale alla donazione, sottoporre la donazione stessa alla legge dello Stato in cui egli risiede.

3. La donazione è valida, quanto alla forma, se è considerata tale dalla legge che ne regola la sostanza oppure dalla legge dello Stato nel quale l'atto è compiuto.

CAPO X – *Obbligazioni contrattuali*

57. Obbligazioni contrattuali. – 1. Le obbligazioni contrattuali sono in ogni caso regolate dalla Convenzione di Roma del 19 giugno 1980 sulla legge applicabile alle obbligazioni contrattuali, resa esecutiva con la legge 18 dicembre 1984, n. 975, senza pregiudizio delle altre convenzioni internazionali, in quanto applicabili.

Capo XI – *Obbligazioni non contrattuali*

58. **Promessa unilaterale.** – 1. La promessa unilaterale è regolata dalla legge dello Stato in cui viene manifestata.

59. **Titoli di credito.** – 1. La cambiale, il vaglia cambiario e l'assegno sono in ogni caso regolati dalle disposizioni contenute nelle Convenzioni di Ginevra del 7 giugno 1930, sui conflitti di legge in materia di cambiale e di vaglia cambiario, di cui al regio decreto-legge 25 agosto 1932, n. 1130, convertito dalla legge 22 dicembre 1932, n. 1946, e del 19 marzo 1931, sui conflitti di legge in materia di assegni bancari, di cui al regio decreto-legge 24 agosto 1933, n. 1077, convertito dalla legge 4 gennaio 1934, n. 61.

2. Tali disposizioni si applicano anche alle obbligazioni assunte fuori dei territori degli Stati contraenti o allorché esse designino la legge di uno Stato non contraente.

3. Gli altri titoli di credito sono regolati dalla legge dello Stato in cui il titolo è stato emesso. Tuttavia le obbligazioni diverse da quella principale sono regolate dalla legge dello Stato in cui ciascuna è stata assunta.

60. **Rappresentanza volontaria.** – 1. La rappresentanza volontaria è regolata dalla legge dello Stato in cui il rappresentante ha la propria sede d'affari sempre che egli agisca a titolo professionale e che tale sede sia conosciuta o conoscibile dal terzo. In assenza di tali condizioni si applica la legge dello Stato in cui il rappresentante esercita in via principale i suoi poteri nel caso concreto.

2. L'atto di conferimento dei poteri di rappresentanza è valido, quanto alla forma, se considerato tale dalla legge che ne regola la sostanza oppure dalla legge dello Stato in cui è posto in essere.

61. **Obbligazioni nascenti dalla legge.** – 1. La gestione di affari altrui, l'arricchimento senza causa, il pagamento dell'indebito e le altre obbligazioni legali, non diversamente regolate dalla presente legge, sono sottoposti alla legge dello Stato in cui si è verificato il fatto da cui deriva l'obbligazione.

62. **Responsabilità per fatto illecito.** – 1. La responsabilità per fatto illecito è regolata dalla legge dello Stato in cui si è verificato l'evento. Tuttavia il danneggiato può chiedere l'applicazione della legge dello Stato in cui si è verificato il fatto che ha causato il danno.

2. Qualora il fatto illecito coinvolga soltanto cittadini di un medesimo Stato in esso residenti, si applica la legge di tale Stato.

63. Responsabilità extracontrattuale per danno da prodotto. – 1. La responsabilità per danno da prodotto è regolata, a scelta del danneggiato, dalla legge dello Stato in cui si trova il domicilio o l'amministrazione del produttore, oppure da quella dello Stato in cui il prodotto è stato acquistato, a meno che il produttore provi che il prodotto vi è stato immesso in commercio senza il suo consenso.

EMERGENZA EPIDEMIOLOGICA DA COVID-19

D.l. 17 marzo 2020, n. 18. — **Misure di potenziamento del Servizio sanitario nazionale e di sostegno economico per famiglie, lavoratori e imprese connesse all'emergenza epidemiologica da COVID-19** (G.U. 17 marzo 2020, n. 69), **conv., con modif., in l. 24 aprile 2020, n. 27** (G.U. 29 aprile 2020, n. 110).

(*Stralcio*)

17-*bis*. Disposizioni sul trattamento dei dati personali nel contesto emergenziale. – 1. Fino al termine dello stato di emergenza deliberato dal Consiglio dei ministri in data 31 gennaio 2020, per motivi di interesse pubblico nel settore della sanità pubblica e, in particolare, per garantire la protezione dall'emergenza sanitaria a carattere transfrontaliero determinata dalla diffusione del COVID-19 mediante adeguate misure di profilassi, nonché per assicurare la diagnosi e l'assistenza sanitaria dei contagiati ovvero la gestione emergenziale del Servizio sanitario nazionale, nel rispetto dell'articolo 9, paragrafo 2, lettere *g*), *h*), e *i*), e dell'articolo 10 del regolamento (UE) 2016/679 del Parlamento europeo e del Consiglio, del 27 aprile 2016, nonché dell'articolo 2-*sexies*, comma 2, lettere *t*) e *u*), del codice di cui al decreto legislativo 30 giugno 2003, n. 196, i soggetti operanti nel Servizio nazionale della protezione civile, di cui agli articoli 4 e 13 del codice di cui al decreto legislativo 2 gennaio 2018, n. 1, e i soggetti attuatori di cui all'articolo 1 dell'ordinanza del Capo del Dipartimento della protezione civile n. 630 del 3 febbraio 2020, nonché gli uffici del Ministero della salute e dell'Istituto superiore di sanità, le strutture pubbliche e private che operano nell'ambito del Servizio sanitario nazionale e i soggetti deputati a monitorare e a garantire l'esecuzione delle misure disposte ai sensi dell'articolo 2 del decreto-legge 25 marzo 2020, n. 19, anche allo scopo di assicurare la più efficace gestione dei flussi e dell'interscambio di dati personali, possono effettuare trattamenti, ivi inclusa la comunicazione tra loro, dei dati personali, anche relativi agli articoli 9 e 10 del regolamento (UE) 2016/679, che risultino necessari all'espletamento delle funzioni ad essi attribuite nell'ambito dell'emergenza determinata dal diffondersi del COVID-19 (1).

2. La comunicazione dei dati personali a soggetti pubblici e privati, diversi da quelli di cui al comma 1, nonché la diffusione dei dati personali diversi da quelli di cui agli articoli 9 e 10 del citato regolamento (UE) 2016/679, sono effettuate nei casi in cui risultino indi-

———

spensabili ai fini dello svolgimento delle attività connesse alla gestione dell'emergenza sanitaria in atto.

3. I trattamenti di dati personali di cui ai commi 1 e 2 sono effettuati nel rispetto dei princìpi di cui all'articolo 5 del citato regolamento (UE) 2016/679, adottando misure appropriate a tutela dei diritti e delle libertà degli interessati.

4. Avuto riguardo alla necessità di contemperare le esigenze di gestione dell'emergenza sanitaria in atto con quella afferente alla salvaguardia della riservatezza degli interessati, i soggetti di cui al comma 1 possono conferire le autorizzazioni di cui all'articolo 2-*quaterdecies* del codice di cui al decreto legislativo 30 giugno 2003, n. 196, con modalità semplificate, anche oralmente.

5. Nel contesto emergenziale in atto, ai sensi dell'articolo 23, paragrafo 1, lettera *e*), del citato regolamento (UE) 2016/679, fermo restando quanto disposto dall'articolo 82 del codice di cui al decreto legislativo 30 giugno 2003, n. 196, i soggetti di cui al comma 1 del presente articolo possono omettere l'informativa di cui all'articolo 13 del medesimo regolamento o fornire un'informativa semplificata, previa comunicazione orale agli interessati dalla limitazione.

6. Al termine dello stato di emergenza di cui alla delibera del Consiglio dei ministri del 31 gennaio 2020, i soggetti di cui al comma 1 adottano misure idonee a ricondurre i trattamenti di dati personali effettuati nel contesto dell'emergenza all'ambito delle ordinarie competenze e delle regole che disciplinano i trattamenti di dati personali (1).

(1) *Il termine di cui ai commi 1 e 6 è stato, da ultimo, prorogato fino il 31 dicembre 2022, ai sensi dell'art. 10, comma 1, d.l. 24 marzo 2022, n. 24, conv., con modif., in l. 19 maggio 2022, n. 52.*

73. (1) **Semplificazioni in materia di organi collegiali.** – 1. Al fine di contrastare e contenere la diffusione del virus COVID-19 e fino alla data di cessazione dello stato di emergenza deliberato dal Consiglio dei ministri il 31 gennaio 2020, i consigli dei comuni, delle province e delle città metropolitane e le giunte comunali, che non abbiano regolamentato modalità di svolgimento delle sedute in videoconferenza, possono riunirsi secondo tali modalità, nel rispetto di criteri di trasparenza e tracciabilità previamente fissati dal presidente del consiglio, ove previsto, o dal sindaco, purché siano individuati sistemi che consentano di identificare con certezza i partecipanti, sia assicurata la regolarità dello svolgimento delle sedute e vengano garantiti lo svolgimento delle funzioni di cui all'articolo 97 del decreto legislativo 18 agosto 2000, n. 267, nonché adeguata pubblicità delle sedute, ove previsto, secondo le modalità individuate da ciascun ente.

2-3. (*Omissis*).

4. Per lo stesso periodo previsto dal comma 1, le associazioni private anche non riconosciute e le fondazioni, nonché le società, comprese le società cooperative ed i consorzi, che non abbiano regolamentato modalità di svolgimento delle sedute in videoconferenza, possono riunirsi secondo tali modalità, nel rispetto di criteri di trasparenza e tracciabilità previamente fissati, purché siano individuati sistemi che consentano di identificare con certezza i partecipanti nonché adeguata pubblicità delle sedute, ove previsto, secondo le modalità individuate da ciascun ente.

5. (*Omissis*).

(1) *I termini di cui al presente articolo sono prorogati fino il 31 marzo 2022, ai sensi dell'art. 16, comma 1, d.l. 24 dicembre 2021, n. 221, conv., con modif., in l. 18 febbraio 2022, n. 11.*

88. Rimborso di titoli di acquisto di biglietti per spettacoli, musei e altri luoghi della cultura. – 1. A seguito dell'adozione delle misure di cui all'articolo 2, comma l, lettere *b*) e *d*), del decreto del Presidente del Consiglio dei ministri 8 marzo 2020 e comunque in ragione degli effetti derivanti dall'emergenza da Covid-19, a decorrere dalla data di entrata in vigore del medesimo decreto e fino al 30 settembre 2020 (1), ai sensi e per gli effetti dell'articolo 1463 del codice civile, ricorre la sopravvenuta impossibilità della prestazione dovuta in relazione ai contratti di acquisto di titoli di accesso per spettacoli di qualsiasi natura, ivi inclusi quelli cinematografici e teatrali, e di biglietti di ingresso ai musei e agli altri luoghi della cultura (2).

2. I soggetti acquirenti presentano, entro trenta giorni dalla data di entrata in vigore del presente decreto, o dalla diversa data della comunicazione dell'impossibilità sopravvenuta della prestazione, apposita istanza di rimborso al soggetto organizzatore dell'evento, anche per il tramite dei canali di vendita da quest'ultimo utilizzati, allegando il relativo titolo di acquisto. L'organizzatore dell'evento provvede al rimborso o alla emissione di un voucher di importo pari al prezzo del titolo di acquisto, da utilizzare entro 36 mesi (3) dall'emissione. L'emissione dei voucher previsti dal presente comma assolve i correlativi obblighi di rimborso e non richiede alcuna forma di accettazione da parte del destinatario. L'organizzatore di concerti di musica leggera provvede, comunque, al rimborso dei titoli di acquisto, con restituzione della somma versata ai soggetti acquirenti, alla scadenza del periodo di validità del voucher quando la

prestazione dell'artista originariamente programmata sia annullata, senza rinvio ad altra data compresa nel medesimo periodo di validità del voucher. In caso di cancellazione definitiva del concerto, l'organizzatore provvede immediatamente al rimborso con restituzione della somma versati (2) (4).

2-*bis*. Le disposizioni di cui ai, commi 1 e 2 si applicano, a decorrere dalla data di adozione delle misure di contenimento di cui all'articolo 3 del decreto-legge 23 febbraio 2020, n. 6, convertito, con modificazioni, dalla legge 5 marzo 2020, n. 13, con riferimento ai titoli di accesso e ai biglietti di ingresso per prestazioni da rendere nei territori interessati dalle citate misure di contenimento, nonché comunque ai soggetti per i quali, a decorrere dalla medesima data, si sono verificate le condizioni di cui all'articolo 88-*bis*, comma 1, lettere *a*), *b*) e *c*). Il termine di trenta giorni per la presentazione dell'istanza decorre dalla data di entrata in vigore della presente disposizione (5).

2-*ter*. Relativamente agli spettacoli dal vivo rinviati a causa dell'emergenza da COVID-19, i titoli di accesso già acquistati alla data di entrata in vigore della presente disposizione rimangono validi per la durata di cui al comma 2, secondo periodo, a condizione che lo spettacolo sia posticipato con data certa e comunque non successiva al 31 dicembre 2023 (6).

[3. Le disposizioni di cui ai commi 1 e 2 si applicano fino alla data di efficacia delle misure previste dal decreto del Presidente del Consiglio dei ministri 8 marzo 2020 e da eventuali ulteriori decreti attuativi emanati ai sensi dell'articolo 2, commi 1 e 2, del decreto-legge 25 marzo 2020, n. 19. In tali ultimi casi, il termine utile alla presentazione dell'istanza di cui al primo periodo del comma 2 decorre dalla data di entrata in vigore dei provvedimenti successivamente adottati] (7).

(1) *Le parole* « e comunque in ragione degli effetti derivanti dall'emergenza da Covid-19, a decorrere dalla data di entrata in vigore del medesimo decreto e fino al 30 settembre 2020 » *sono state sostituite alle parole* « e a decorrere dalla data di entrata in vigore del medesimo decreto » *dall'art. 183*[11 lett. a)] *d.l. 19 maggio 2020, n. 34, conv., con modif., in l. 17 luglio 2020, n. 77.*

(2) *Ai sensi dell'art. 5*[4] *d.l. 28 ottobre 2020, n. 137, conv., con modif., in l. 18 dicembre 2020, n. 176, come da ultimo modificato dall'art. 36*[4-ter]*, d.l. 22 marzo 2021, n. 41, conv., con modif., in l. 21 maggio 2021, n. 69, le disposizioni di cui al comma 1 e 2 del presente articolo 88, « si applicano anche a decorrere dalla data di entrata in vigore del decreto del Presidente del Consiglio dei ministri 24 ottobre 2020 [26 ottobre 2020] fino al 31 gennaio 2021 e i termini di cui al medesimo comma 2 decorrono dalla data di entrata in vigore del presente decreto [29 ottobre 2020] ».*

(3) *Le parole* « 36 mesi » *sono state sostituite alle parole* « 18 mesi » *dall'art. 36*[4-bis, lett. a)]*, d.l. 22 marzo 2021, n. 41, conv., con modif., in l. 21 maggio 2021, n. 69.*

(4) *Comma così sostituito dall'art. 183[11 lett. b)] d.l. n. 34, cit. Ai sensi del comma 11-*bis *del medesimo art. 183, le presenti disposizioni si applicano anche ai voucher già emessi alla data di entrata in vigore della legge di conversione del suddetto decreto (19 luglio 2020). Il testo del comma era il seguente:* « 2. I soggetti acquirenti presentano, entro trenta giorni dalla data di entrata in vigore del presente decreto, ovvero dalla diversa data di cui al secondo periodo del comma 3, apposita istanza di rimborso al soggetto organizzatore dell'evento, anche per il tramite dei canali di vendita da quest'ultimo utilizzati, allegando il relativo titolo di acquisto. L'organizzatore dell'evento, verificata l'impossibilità sopravvenuta della prestazione e, conseguentemente, l'inutilizzabilità del titolo di acquisto oggetto dell'istanza di rimborso, provvede alla emissione di un voucher di pari importo al titolo di acquisto, da utilizzare entro un anno dall'emissione ».

(5) *Comma inserito dall'art. 183[11, lett. b-bis)] d.l. n. 34, cit., in sede di conversione in l. n. 77 cit.*

(6) *Comma inserito dall'art. 36[4-bis, lett. b)], d.l. n. 41, cit.*

(7) *Comma abrogato dall'art. 183[11, lett. c)] d.l. n. 34, cit.*

88-*bis*. Rimborso di titoli di viaggio, di soggiorno e di pacchetti turistici. – 1. Ai sensi e per gli effetti dell'articolo 1463 del codice civile, ricorre la sopravvenuta impossibilità della prestazione dovuta in relazione ai contratti di trasporto aereo, ferroviario, marittimo, nelle acque interne o terrestre, ai contratti di soggiorno e ai contratti di pacchetto turistico stipulati:

a) dai soggetti nei confronti dei quali è stata disposta la quarantena con sorveglianza attiva ovvero la permanenza domiciliare fiduciaria con sorveglianza attiva da parte dell'autorità sanitaria competente, in attuazione dei provvedimenti adottati ai sensi dell'articolo 3 del decreto-legge 23 febbraio 2020, n. 6, convertito, con modificazioni, dalla legge 5 marzo 2020, n. 13, e dell'articolo 2 del decreto-legge 25 marzo 2020, n. 19, con riguardo ai contratti da eseguire nel medesimo periodo di quarantena o permanenza domiciliare;

b) dai soggetti residenti, domiciliati o destinatari di un provvedimento di divieto di allontanamento nelle aree interessate dal contagio, come individuate dai decreti adottati dal Presidente del Consiglio dei ministri ai sensi dell'articolo 3 del decreto-legge 23 febbraio 2020, n. 6, convertito, con modificazioni, dalla legge 5 marzo 2020, n. 13, e dell'articolo 2 del decreto-legge 25 marzo 2020, n. 19, con riguardo ai contratti da eseguire nel periodo di efficacia dei predetti decreti;

c) dai soggetti risultati positivi al virus COVID-19 per i quali è disposta la quarantena con sorveglianza attiva ovvero la permanenza domiciliare fiduciaria con sorveglianza attiva da parte dell'autorità sanitaria competente ovvero il ricovero presso le strutture sanitarie, con riguardo ai contratti da eseguire nel medesimo periodo di permanenza, quarantena o ricovero;

LEGGI COMPLEMENTARI

d) dai soggetti che hanno programmato soggiorni o viaggi con partenza o arrivo nelle aree interessate dal contagio come individuate dai decreti adottati dal Presidente del Consiglio dei ministri ai sensi dell'articolo 3 del decreto-legge 23 febbraio 2020, n. 6, convertito, con modificazioni, dalla legge 5 marzo 2020, n. 13, e dell'articolo 2 del decreto-legge 25 marzo 2020, n. 19, con riguardo ai contratti da eseguire nel periodo di efficacia dei predetti decreti;

e) dai soggetti che hanno programmato la partecipazione a concorsi pubblici o procedure di selezione pubblica, a manifestazioni o iniziative di qualsiasi natura, a eventi e a ogni forma di riunione in luogo pubblico o privato, anche di carattere culturale, ludico, sportivo e religioso, anche se svolti in luoghi chiusi aperti al pubblico, annullati, sospesi o rinviati dalle autorità competenti in attuazione dei provvedimenti adottati ai sensi dell'articolo 3 del decreto-legge 23 febbraio 2020, n. 6, convertito, con modificazioni, dalla legge 5 marzo 2020, n. 13, e dell'articolo 2 del decreto-legge 25 marzo 2020, n. 19, con riguardo ai contratti da eseguire nel periodo di efficacia dei predetti provvedimenti;

f) dai soggetti intestatari di titolo di viaggio o acquirenti di pacchetti turistici, acquistati in Italia, aventi come destinazione Stati esteri, dove sia impedito o vietato lo sbarco, l'approdo o l'arrivo in ragione della situazione emergenziale epidemiologica da COVID-19.

2. I soggetti di cui al comma 1 comunicano al vettore o alla struttura ricettiva o all'organizzatore di pacchetti turistici il ricorrere di una delle situazioni di cui al medesimo comma 1 allegando la documentazione comprovante il titolo di viaggio o la prenotazione di soggiorno o il contratto di pacchetto turistico e, nell'ipotesi di cui alla lettera *e*) del comma 1, la documentazione attestante la programmata partecipazione ad una delle manifestazioni, iniziative o eventi indicati nella medesima lettera *e*). Tale comunicazione è effettuata entro trenta giorni decorrenti:

a) dalla cessazione delle situazioni di cui al comma 1, lettere da *a*) a *d*);

b) dall'annullamento, sospensione o rinvio del concorso o della procedura selettiva, della manifestazione, dell'iniziativa o dell'evento, nell'ipotesi di cui al comma 1, lettera *e*);

c) dalla data prevista per la partenza, nell'ipotesi di cui al comma 1, lettera *f*).

3. Il vettore o la struttura ricettiva, entro trenta giorni dalla comunicazione di cui al comma 2, procedono al rimborso del corrispettivo

versato per il titolo di viaggio e per il soggiorno ovvero all'emissione di un voucher di pari importo da utilizzare entro ventiquattro mesi (1) dall'emissione.

4. In relazione ai contratti stipulati dai soggetti di cui al comma 1, il diritto di recesso può essere esercitato dal vettore, previa comunicazione tempestiva all'acquirente, quando le prestazioni non possono essere eseguite in ragione di provvedimenti adottati dalle autorità nazionali, internazionali o di Stati esteri, a causa dell'emergenza epidemiologica da COVID-19. In tali casi il vettore ne dà tempestiva comunicazione all'acquirente e, entro i successivi trenta giorni, procede al rimborso del corrispettivo versato per il titolo di viaggio oppure all'emissione di un voucher di pari importo da utilizzare entro ventiquattro mesi (1) dall'emissione.

5. Le strutture ricettive che hanno sospeso o cessato l'attività, in tutto o in parte, a causa dell'emergenza epidemiologica da COVID-19 possono offrire all'acquirente un servizio sostitutivo di qualità equivalente, superiore o inferiore con restituzione della differenza di prezzo, oppure procedere al rimborso del prezzo o, altrimenti, possono emettere un voucher, da utilizzare entro ventiquattro mesi (1) dalla sua emissione, di importo pari al rimborso spettante.

6. I soggetti di cui al comma 1 possono esercitare, ai sensi dell'articolo 41 del codice di cui al decreto legislativo 23 maggio 2011, n. 79, il diritto di recesso dai contratti di pacchetto turistico da eseguire nei periodi di ricovero, di quarantena con sorveglianza attiva, di permanenza domiciliare fiduciaria con sorveglianza attiva ovvero di durata dell'emergenza epidemiologica da COVID-19 nelle aree interessate dal contagio come individuate dai decreti adottati dal Presidente del Consiglio dei ministri ai sensi dell'articolo 3 del decreto-legge 23 febbraio 2020, n. 6, convertito, con modificazioni, dalla legge 5 marzo 2020, n. 13, o negli Stati dove è impedito o vietato lo sbarco, l'approdo o l'arrivo in ragione della situazione emergenziale epidemiologica da COVID-19. In tali casi l'organizzatore, in alternativa al rimborso previsto dall'articolo 41, commi 4 e 6, del codice di cui al decreto legislativo 23 maggio 2011, n. 79, può offrire al viaggiatore un pacchetto sostitutivo di qualità equivalente o superiore o inferiore con restituzione della differenza di prezzo oppure può procedere al rimborso o, altrimenti, può emettere, anche per il tramite dell'agenzia venditrice, un voucher, da utilizzare entro ventiquattro mesi (1) dalla sua emissione, di importo pari al rimborso spettante. In deroga all'articolo 41, comma 6, del decreto legislativo

23 maggio 2011, n. 79, il rimborso è corrisposto e il voucher è emesso appena ricevuti i rimborsi o i voucher dai singoli fornitori di servizi e comunque non oltre sessanta giorni dalla data prevista di inizio del viaggio.

7. Gli organizzatori di pacchetti turistici possono esercitare, ai sensi dell'articolo 41, comma 5, lettera *b*), del codice di cui al decreto legislativo 23 maggio 2011, n. 79, il diritto di recesso dai contratti stipulati con i soggetti di cui al comma 1, dai contratti di pacchetto turistico aventi come destinazione Stati esteri ove sia impedito o vietato lo sbarco, l'approdo o l'arrivo in ragione dell'emergenza epidemiologica da COVID-19, e comunque quando l'esecuzione del contratto è impedita, in tutto o in parte, da provvedimenti adottati a causa di tale emergenza dalle autorità nazionali, internazionali o di Stati esteri. In tali casi l'organizzatore, in alternativa al rimborso previsto dall'articolo 41, commi 5 e 6, del decreto legislativo 23 maggio 2011, n. 79, può offrire al viaggiatore un pacchetto sostitutivo di qualità equivalente o superiore o inferiore con restituzione della differenza di prezzo oppure può procedere al rimborso o, altrimenti, può emettere, anche per il tramite dell'agenzia venditrice, un voucher, da utilizzare entro ventiquattro mesi (1) dalla sua emissione, di importo pari al rimborso spettante. In deroga all'articolo 41, comma 6, del decreto legislativo 23 maggio 2011, n. 79, il rimborso è corrisposto e il voucher è emesso appena ricevuti i rimborsi o i voucher dai singoli fornitori di servizi e comunque non oltre sessanta giorni dalla data prevista di inizio del viaggio.

8. Per la sospensione dei viaggi e delle iniziative di istruzione disposta in ragione dello stato di emergenza deliberato dal Consiglio dei ministri il 31 gennaio 2020, si applica l'articolo 1463 del codice civile nonché quanto previsto dall'articolo 41, comma 4, del codice di cui al decreto legislativo 23 maggio 2011, n. 79, in ordine al diritto di recesso del viaggiatore prima dell'inizio del pacchetto di viaggio. Il rimborso può essere effettuato dall'organizzatore anche mediante l'emissione di un voucher di pari importo in favore del proprio contraente, da utilizzare entro ventiquattro mesi (1) dall'emissione. In deroga all'articolo 41, comma 6, del decreto legislativo 23 maggio 2011, n. 79, l'organizzatore corrisponde il rimborso o emette il voucher appena ricevuti i rimborsi o i voucher dai singoli fornitori di servizi e comunque non oltre sessanta giorni dalla data prevista di inizio del viaggio. È sempre corrisposto il rimborso con restituzione della somma versata, senza emissione di voucher, quando il viaggio o l'iniziativa di istruzione riguarda la scuola dell'infanzia o le classi

terminali della scuola primaria e della scuola secondaria di primo e secondo grado, nonché per i soggiorni di studio degli alunni del quarto anno delle scuole secondarie di secondo grado nell'ambito dei programmi internazionali di mobilità studentesca riferiti agli anni scolastici 2019/2020 e 2020/2021 (2). Sono fatti salvi, con effetto per l'anno scolastico 2020/2021, i rapporti instaurati alla data del 24 febbraio 2020 dagli istituti scolastici committenti con gli organizzatori aggiudicatari. Nell'ambito degli stessi rapporti con ciascun organizzatore, gli istituti scolastici committenti possono modificare le modalità di svolgimento di viaggi, iniziative, scambi, gemellaggi, visite e uscite didattiche comunque denominate, anche riguardo alle classi di studenti, ai periodi, alle date e alle destinazioni.

9. Nei casi di cui ai commi 6, 7 e 8, il vettore e la struttura ricettiva procedono al rimborso del corrispettivo versato in favore del soggetto dal quale hanno ricevuto il pagamento oppure all'emissione in suo favore di un voucher di pari importo da utilizzare entro ventiquattro mesi (1) dall'emissione.

10. Le disposizioni del presente articolo trovano applicazione anche nei casi in cui il titolo di viaggio o il soggiorno o il pacchetto turistico siano stati acquistati o prenotati per il tramite di un'agenzia di viaggio o di un portale di prenotazione, anche in deroga alle condizioni pattuite. Con il consenso delle parti, in tali casi, il voucher può essere ceduto dal beneficiario all'agenzia di viaggio, ovvero può essere emesso direttamente in favore di quest'ultima, nei casi in cui il pagamento o la prenotazione siano stati effettuati dalla stessa (3).

11. Nei casi previsti dai commi da 1 a 7 e comunque per tutti i rapporti inerenti ai contratti di cui al presente articolo instaurati con effetto dall'11 marzo 2020 al 30 settembre 2020, in caso di recesso esercitato entro il 31 luglio 2020, anche per le prestazioni da rendere all'estero e per le prestazioni in favore di contraenti provenienti dall'estero, quando le prestazioni non sono rese a causa degli effetti derivanti dallo stato di emergenza epidemiologica da COVID-19, la controprestazione già ricevuta può essere restituita mediante un voucher di pari importo emesso entro quattordici giorni dalla data di esercizio del recesso e valido per ventiquattro mesi (1) dall'emissione (4).

12. L'emissione dei voucher a seguito di recesso esercitato entro il 31 luglio 2020 non richiede alcuna forma di accettazione da parte del destinatario. Il voucher può essere emesso e utilizzato anche per servizi resi da un altro operatore appartenente allo stesso gruppo societario. Può essere utilizzato anche per la fruizione di servizi

successiva al termine di validità, purché le relative prenotazioni siano state effettuate entro il termine di cui al primo periodo (4).

12-*bis*. La durata della validità dei voucher pari a ventiquattro mesi (1)prevista dal presente articolo si applica anche ai voucher già emessi alla data di entrata in vigore della presente disposizione. In ogni caso, decorsi ventiquattro mesi (1) dall'emissione, per i voucher non usufruiti nè impiegati nella prenotazione dei servizi di cui al presente articolo è corrisposto, entro quattordici giorni dalla scadenza, il rimborso dell'importo versato. Limitatamente ai voucher emessi, in attuazione del presente articolo, in relazione ai contratti di trasporto aereo, ferroviario, marittimo, nelle acque interne o terrestre, il rimborso di cui al secondo periodo può essere richiesto decorsi dodici mesi dall'emissione ed è corrisposto entro quattordici giorni dalla richiesta (5).

12-*ter*. Nello stato di previsione del Ministero per i beni e le attività culturali e per il turismo è istituito un fondo, con una dotazione di 5 milioni di euro per l'anno 2020 e di 1 milione di euro per l'anno 2021, per l'indennizzo dei consumatori titolari di voucher emessi ai sensi del presente articolo, non utilizzati alla scadenza di validità e non rimborsati a causa dell'insolvenza o del fallimento dell'operatore turistico o del vettore. L'indennizzo è riconosciuto nel limite della dotazione del fondo di cui al periodo precedente. I criteri e le modalità di attuazione e la misura dell'indennizzo di cui al presente comma sono definiti con regolamento adottato, ai sensi dell'articolo 17, comma 3, della legge 23 agosto 1988, n. 400, entro centottanta giorni dalla data di entrata in vigore della presente disposizione, dal Ministro per i beni e le attività culturali e per il turismo, di concerto con il Ministro dell'economia e delle finanze e con il Ministro delle infrastrutture e dei trasporti (5).

12-*quater*. Agli oneri derivanti dal comma 12-ter, pari a 5 milioni di euro per l'anno 2020 e a 1 milione di euro per l'anno 2021, si provvede, per l'anno 2020, mediante corrispondente riduzione del Fondo per la promozione del turismo in Italia di cui all'articolo 179, comma 1, del presente decreto e, per l'anno 2021, mediante corrispondente utilizzo delle risorse di cui all'articolo 2, comma 98, del decreto-legge 3 ottobre 2006, n. 262, convertito, con modificazioni, dalla legge 24 novembre 2006, n. 286 (5).

13. Le disposizioni del presente articolo costituiscono norme di applicazione necessaria ai sensi dell'articolo 17 della legge 31 mag-

gio 1995, n. 218, e dell'articolo 9 del regolamento (CE) n. 593/2008 del Parlamento europeo e del Consiglio, del 17 giugno 2008.

(1) *Le parole* « ventiquattro mesi » *sono state sostituite alle parole* « diciotto mesi » *ovunque ricorrano, dall'art. 30*[4-bis]*, d.l. 22 marzo 2021, n. 41, conv., con modif., in l. 21 maggio 2021, n. 69.*

(2) *Le parole da* « , nonché per i soggiorni di studio » *a* « 2020/2021 » *sono state inserite, in sede di conversione, dall'art. 182*[3-bis lett. b)] *d.l. n. 34, cit.*

(3) *Periodo aggiunto dall'art. 30*[4-bis]*, d.l. n. 41, cit.*

(4) *I commi 11 e 12 sono stati così sostituiti, in sede di conversione, dall'art. 182*[3-bis lett. c)] *d.l. n. 34, cit. Il testo dei commi era il seguente:* « 11. Fuori dei casi previsti dai commi da 1 a 7, per tutti i rapporti inerenti ai contratti di cui al presente articolo e instaurati con effetto dall'11 marzo 2020 al 30 settembre 2020 nell'intero territorio nazionale, anche per le prestazioni da rendere all'estero e per le prestazioni in favore di contraenti provenienti dall'estero, quando le prestazioni non siano rese a causa degli effetti derivanti dallo stato di emergenza epidemiologica da COVID-19, la controprestazione già ricevuta può essere restituita mediante un voucher di pari importo valido per un anno dall'emissione. 12. L'emissione dei voucher previsti dal presente articolo assolve i correlativi obblighi di rimborso e non richiede alcuna forma di accettazione da parte del destinatario. ».

(5) *Comma inserito, in sede di conversione, dall'art. 182*[3-bis lett. d)]*, d.l. n. 34, cit.*

106. Norme in materia di svolgimento delle assemblee di società ed enti. – 1. In deroga a quanto previsto dagli articoli 2364, secondo comma, e 2478-*bis*, del codice civile o alle diverse disposizioni statutarie, l'assemblea ordinaria è convocata per l'approvazione del bilancio al 31 dicembre 2020 entro centottanta giorni dalla chiusura dell'esercizio (1) (2).

2. Con l'avviso di convocazione delle assemblee ordinarie o straordinarie le società per azioni, le società in accomandita per azioni, le società a responsabilità limitata, [e] (3) le società cooperative e le mutue assicuratrici possono prevedere, anche in deroga alle diverse disposizioni statutarie, l'espressione del voto in via elettronica o per corrispondenza e l'intervento all'assemblea mediante mezzi di telecomunicazione; le predette società possono altresì prevedere che l'assemblea si svolga, anche esclusivamente, mediante mezzi di telecomunicazione che garantiscano l'identificazione dei partecipanti, la loro partecipazione e l'esercizio del diritto di voto, ai sensi e per gli effetti di cui agli articoli 2370, quarto comma, 2479-*bis*, quarto comma, e 2538, sesto comma, del codice civile, senza in ogni caso la necessità che si trovino nel medesimo luogo, ove previsti, il presidente, il segretario o il notaio (4).

3. Le società a responsabilità limitata possono, inoltre, consentire, anche in deroga a quanto previsto dall'articolo 2479, quarto comma, del codice civile e alle diverse disposizioni statutarie, che l'espres-

sione del voto avvenga mediante consultazione scritta o per consenso espresso per iscritto (4).

4. Le società con azioni quotate possono designare per le assemblee ordinarie o straordinarie il rappresentante previsto dall'articolo 135-*undecies* del decreto legislativo 24 febbraio 1998, n. 58, anche ove lo statuto disponga diversamente. Le medesime società possono altresì prevedere nell'avviso di convocazione che l'intervento in assemblea si svolga esclusivamente tramite il rappresentante designato ai sensi dell'articolo 135-*undecies* del decreto legislativo 24 febbraio 1998, n. 58; al predetto rappresentante designato possono essere conferite anche deleghe o subdeleghe ai sensi dell'articolo 135-novies del decreto legislativo 24 febbraio 1998, n. 58, in deroga all'art. 135-*undecies*, comma 4, del medesimo decreto (4).

5. Il comma 4 si applica anche alle società ammesse alla negoziazione su un sistema multilaterale di negoziazione e alle società con azioni diffuse fra il pubblico in misura rilevante (3).

6. Le banche popolari, e le banche di credito cooperativo, le società cooperative e le mutue assicuratrici, anche in deroga all'articolo 150-bis, comma 2-*bis*, del decreto legislativo 1° settembre 1993 n. 385, all'art. 135-*duodecies* del decreto legislativo 24 febbraio 1998, n. 58 e all'articolo 2539, primo comma, del codice civile e alle disposizioni statutarie che prevedono limiti al numero di deleghe conferibili ad uno stesso soggetto, possono designare per le assemblee ordinarie o straordinarie il rappresentante previsto dall'articolo 135-*undecies* del decreto legislativo 24 febbraio 1998, n. 58. Le medesime banche, società e mutue possono altresì prevedere nell'avviso di convocazione che l'intervento in assemblea si svolga esclusivamente tramite il predetto rappresentante designato. Non si applica l'articolo 135-*undecies*, comma 5, del decreto legislativo 24 febbraio 1998, n. 58. Il termine per il conferimento della delega di cui all'art. 135-*undecies*, comma 1, del decreto legislativo 24 febbraio 1998, n. 58, è fissato al secondo giorno precedente la data di prima convocazione dell'assemblea (4).

7. Le disposizioni del presente articolo si applicano alle assemblee tenute entro il 31 luglio 2021 (5).

8. Per le società a controllo pubblico di cui all'articolo 2, comma 1, lettera *m*), del decreto legislativo 19 agosto 2016, n. 175, l'applicazione delle disposizioni di cui al presente articolo ha luogo nell'ambito delle risorse finanziarie e strumentali disponibili a legislazione vigente e non comporta nuovi o maggiori oneri per la finanza pubblica.

8-*bis*. Le disposizioni del presente articolo si applicano anche alle associazioni e alle fondazioni (6).

(1) *Le parole* « è convocata per l'approvazione del bilancio al 31 dicembre 2020 entro centottanta giorni dalla chiusura dell'esercizio » *sono state sotituite alle parole* « è convocata entro centottanta giorni dalla chiusura dell'esercizio » *dall'art. 3[6, lett. a)], d.l. 31 dicembre 2020, n. 183, conv., con modif., l. 26 febbraio 2021, n. 21.*

(2) *Periodo soppresso dall'art. 3[6, lett. a)], d.l. n. 183, cit. Il testo del periodo, come aggiunto dall'art. 7[2-bis] d.l. 8 aprile 2020, n. 23, conv., con modif., in l. 5 giugno 2020, n. 40, era il seguente:* « È facoltà delle società cooperative che applicano l'articolo 2540 del codice civile di convocare l'assemblea generale dei soci delegati entro il 30 settembre 2020 ».

(3) *A norma dell'articolo unico del Comunicato della Presidenza del Consiglio dei Ministri 18 marzo 2020, nel presente comma, secondo rigo, la parola « e » deve intendersi espunta.*

(4) *Ai sensi dell'art. 71[1] d.l. 14 agosto 2020, n. 104, conv., con modif., in l. 13 ottobre 2020, n. 126, continuano ad applicarsi le disposizioni dei commi da 2 a 6 del presente articolo 106 alle assemblee delle società per azioni, delle società in accomandita per azioni, delle società a responsabilità limitata, delle società cooperative e delle mutue assicuratrici convocate entro il 15 ottobre 2020.*

(5) *Comma, così sostituito, in sede di coversione, dall'art. 3[6, lett. b)], d.l. n. 183, cit. Il testo del comma, come da ultimo modificato, dall'art. 3[6] d.l. n. 183, cit., era il seguente:* « Le disposizioni del presente articolo si applicano alle assemblee convocate entro la data di cessazione dello stato di emergenza epidemiologica da Covid-19 e comunque non oltre il 31 marzo 2021 ».

Ai sensi dell'art. 3[1], d.l. 30 dicembre 2021, n. 228, conv., con modif., in l. 25 febbraio 2022, n. 15, i termini di cui al presente comma sono prorogati al 31 luglio 2022.

(6) *Le parole* « diverse dagli enti di cui all'articolo 104, comma 1, del codice di cui al decreto legislativo 3 luglio 2017, n. 117 » *sono state soppresse dall 'art. 8[4], d.l. 1 aprile 2021, n. 44, conv., con modif., l. 28 maggio 2021, n. 76.*

125. Proroga dei termini nel settore assicurativo e per opere di efficientamento energetico e sviluppo territoriale sostenibile dei piccoli comuni. – 1. Per l'anno 2020, i termini previsti dall'articolo 30, comma 14-*bis*, del decreto-legge 30 aprile 2019, n. 34, convertito, con modificazioni, dalla legge 28 giugno 2019, n. 58, sono prorogati di sei mesi.

2. Per i contratti scaduti e non ancora rinnovati e per i contratti che scadono nel periodo compreso tra il 21 febbraio 2020 e il 31 luglio 2020, il termine di cui all'articolo 170-*bis*, comma 1, del codice di cui al decreto legislativo 7 settembre 2005, n. 209, entro cui l'impresa di assicurazione è tenuta a mantenere operante la garanzia prestata con il contratto assicurativo fino all'effetto della nuova polizza, è prorogato di ulteriori quindici giorni.

2-*bis*. Su richiesta dell'assicurato possono essere sospesi, per il periodo richiesto dall'assicurato stesso e sino al 31 luglio 2020, i contratti di assicurazione obbligatoria per la responsabilità civile derivante dalla circolazione dei veicoli a motore e dei natanti. La sospensione opera dal giorno in cui l'impresa di assicurazione ha ricevuto la richiesta di sospensione da parte dell'assicurato e sino al 31 luglio 2020. Conseguentemente le società assicuratrici non possono applicare penali o oneri di qualsiasi tipo in danno dell'assicurato richiedente la sospensione e la durata dei contratti è prorogata di un numero di giorni pari a quelli di sospensione senza oneri per l'assicurato. La sospensione del contratto conseguita in applicazione del presente comma è aggiuntiva e non sostitutiva di analoghe facoltà contrattualmente previste in favore dell'assicurato, che restano pertanto esercitabili. Durante il periodo di sospensione previsto dal presente comma, il veicolo per cui l'assicurato ha chiesto la sospensione non può in alcun caso circolare nè stazionare su strada pubblica o su area equiparata a strada pubblica in quanto temporaneamente privo dell'assicurazione obbligatoria, ai sensi dell'articolo 2054 del codice civile, contro i rischi della responsabilità civile derivante dalla circolazione.

3. Fino al 31 luglio 2020, i termini di cui all'art. 148, commi 1 e 2 del decreto legislativo 7 settembre 2005, n. 209, per la formulazione dell'offerta o della motivata contestazione, nei casi di necessario intervento di un perito o del medico legale ai fini della valutazione del danno alle cose o alle persone, sono prorogati di ulteriori 60 giorni.

4. In considerazione degli effetti determinati dalla situazione straordinaria di emergenza sanitaria derivante dalla diffusione dell'epidemia da COVID-19, al fine di contrastare le difficoltà finanziarie delle piccole e medie imprese e facilitarne l'accesso al credito, l'Unioncamere e le camere di commercio, industria, artigianato e agricoltura, nell'anno in corso, a valere sulle risorse disponibili dei rispettivi bilanci, possono realizzare specifici interventi, anche tramite appositi accordi con il fondo centrale di garanzia, con altri organismi di garanzia, nonché con soggetti del sistema creditizio e finanziario. Per le stesse finalità, le camere di commercio e le loro società in house sono, altresì, autorizzate ad intervenire mediante l'erogazione di finanziamenti con risorse reperite avvalendosi di una piattaforma on line di social lending e di crowdfunding, tenendo apposita contabilizzazione separata dei proventi conseguiti e delle corrispondenti erogazioni effettuate.

D.l. 8 aprile 2020, n. 23. — **Misure urgenti in materia di accesso al credito e di adempimenti fiscali per le imprese, di poteri speciali nei settori strategici, nonché interventi in materia di salute e lavoro, di proroga di termini amministrativi e processuali** (G.U. 8 aprile 2020, n. 94), **conv., con modif. in l. 5 giugno 2020, n. 40** (G.U. 6 giugno 2020, n. 143).

(*Stralcio*)

6. (1) **Disposizioni temporanee in materia di riduzione di capitale.** – 1. Per le perdite emerse nell'esercizio in corso alla data del 31 dicembre 2022 (2) non si applicano gli articoli 2446, secondo e terzo comma, 2447, 2482-*bis*, quarto, quinto e sesto comma, e 2482-*ter* del codice civile e non opera la causa di scioglimento della società per riduzione o perdita del capitale sociale di cui agli articoli 2484, primo comma, numero 4), e 2545-*duodecies* del codice civile.

2. Il termine entro il quale la perdita deve risultare diminuita a meno di un terzo stabilito dagli articoli 2446, secondo comma, e 2482-*bis*, quarto comma, del codice civile, è posticipato al quinto esercizio successivo; l'assemblea che approva il bilancio di tale esercizio deve ridurre il capitale in proporzione delle perdite accertate.

3. Nelle ipotesi previste dagli articoli 2447 o 2482-*ter* del codice civile l'assemblea convocata senza indugio dagli amministratori, in alternativa all'immediata riduzione del capitale e al contemporaneo aumento del medesimo a una cifra non inferiore al minimo legale, può deliberare di rinviare tali decisioni alla chiusura dell'esercizio di cui al comma 2. L'assemblea che approva il bilancio di tale esercizio deve procedere alle deliberazioni di cui agli articoli 2447 o 2482-*ter* del codice civile. Fino alla data di tale assemblea non opera la causa di scioglimento della società per riduzione o perdita del capitale sociale di cui agli articoli 2484, primo comma, numero 4), e 2545-*duodecies* del codice civile.

4. Le perdite di cui ai commi da 1 a 3 devono essere distintamente indicate nella nota integrativa con specificazione, in appositi prospetti, della loro origine nonché delle movimentazioni intervenute nell'esercizio.

(1) *Articolo così sostituito dall'art. 1[266] l. 30 dicembre 2020, n. 178 (legge di bilancio 2021), a decorrere dal 1° gennaio 2021. Il testo dell'articolo era il seguente:* « 1. A decorrere dalla data di entrata in vigore del presente decreto e fino alla data del 31 dicembre 2020 per le fattispecie verificatesi nel corso degli esercizi chiusi entro la predetta data non si applicano gli articoli 2446, commi secondo e terzo, 2447, 2482-*bis*, commi quattro, quinto e sesto, e 2482-*ter* del codice civile. Per lo stesso periodo non opera la causa di sciogli-

mento della società per riduzione o perdita del capitale sociale di cui agli articoli 2484, primo comma, numero 4), e 2545-*duodecies* del codice civile ».

(2) *Le parole* « 31 dicembre 2022 » *sono state sostituite alle parole* « 31 dicembre 2021 » *dall'art. 3*[9] *d.l. 29 dicembre 2022, n. 198, in corso di conversione in legge. Precedentemente le parole* « 31 dicembre 2021 » *erano state sostituite alle parole* « 31 dicembre 2020 » *dall'art. 3*[1-ter] *d.l 30 dicembre 2021, n. 228, conv., con modif., l. 25 febbraio 2022, n. 15.*

7. Disposizioni temporanee sui principi di redazione del bilancio. – 1. Nella redazione del bilancio di esercizio in corso al 31 dicembre 2020, la valutazione delle voci nella prospettiva della continuazione dell'attività di cui all'articolo 2423-*bis*, comma primo, n. 1), del codice civile può comunque essere operata se risulta sussistente nell'ultimo bilancio di esercizio chiuso in data anteriore al 23 febbraio 2020, fatta salva la previsione di cui all'articolo 106 del decreto-legge 17 marzo 2020, n. 18, convertito, con modificazioni, dalla legge 24 aprile 2020, n. 27, di seguito citato anche come "decreto-legge 17 marzo 2020, n. 18". Il criterio di valutazione è specificamente illustrato nella nota informativa anche mediante il richiamo delle risultanze del bilancio precedente.

2. Le disposizioni di cui al comma 1 si applicano anche ai bilanci chiusi entro il 23 febbraio 2020 e non ancora approvati.

2-*bis*. (*Omissis*) (1).

(1) *Modifica l'art. 106 d.l. 17 marzo 2020, n. 18, conv., con modif., in l. 24 aprile 2020, n. 27, v.* supra *nella presente voce.*

8. Disposizioni temporanee in materia di finanziamenti alle società. – 1. Ai finanziamenti effettuati a favore delle società dalla data di entrata in vigore del presente decreto e sino alla data del 31 dicembre 2020 non si applicano gli articoli 2467 e 2497-*quinquies* del codice civile.

11. (1) **Sospensione dei termini di scadenza dei titoli di credito.** – 1. Fermo restando quanto previsto ai commi 2 e 3, i termini di scadenza relativi a vaglia cambiari, cambiali e altri titoli di credito e ad ogni altro atto avente efficacia esecutiva, sono sospesi fino al 31 agosto 2020. La sospensione opera a favore dei debitori e obbligati anche in via di regresso o di garanzia, salva la facoltà degli stessi di rinunciarvi espressamente (2).

2. Gli assegni portati all'incasso, non sono protestabili fino al termine del periodo di sospensione di cui al comma 1 (3). Le sanzioni amministrative pecuniarie e accessorie di cui agli articoli 2 e 5 della legge 15 dicembre 1990, n. 386, e la penale, pari al dieci per cento della somma dovuta e non pagata di cui all'articolo 3 della citata legge n. 386 del 1990, si applicano in misura dimezzata se il traente,

entro sessanta giorni dalla data di scadenza del periodo di sospensione di cui al comma 1, effettua il pagamento dell'assegno, degli interessi, e delle eventuali spese per il protesto o per la constatazione equivalente (3). La sospensione di cui al comma 1 opera su:

a) i termini per la presentazione al pagamento;

b) i termini per la levata del protesto o delle constatazioni equivalenti;

c) i termini previsti all'articolo 9, comma 2, lettere *a*) e *b*), della legge 15 dicembre 1990, n. 386, nonché all'articolo 9-*bis*, comma 2, della medesima legge n. 386 del 1990;

d) il termine per il pagamento tardivo dell'assegno previsto dall'articolo 8, comma 1, della stessa legge n. 386 del 1990.

3. I protesti o le constatazioni equivalenti levati dal 9 marzo 2020 fino al 31 agosto 2020 non sono trasmessi dai pubblici ufficiali alle camere di commercio, industria, artigianato e agricoltura; ove già pubblicati le camere di commercio, industria, artigianato e agricoltura provvedono d'ufficio alla loro cancellazione. Con riferimento allo stesso periodo sono sospese le informative al prefetto di cui all'articolo 8-*bis*, commi 1 e 2, della legge 15 dicembre 1990, n. 386, e le iscrizioni nell'archivio informatizzato di cui all'articolo 10-*bis* della medesima legge n. 386 del 1990, che, ove già effettuate, sono cancellate.

(1) *V. art. 1[207] l. 30 dicembre 2020, n. 178 (legge di bilancio 2021), ai sensi del quale: « I termini di scadenza relativi a vaglia cambiari, cambiali e altri titoli di credito e ogni altro atto avente efficacia esecutiva, che ricadono o decorrono nel periodo dal 1° settembre 2020 al 31 gennaio 2021, sono sospesi fino al 31 gennaio 2021 ai sensi dell'articolo 11 del decreto-legge 8 aprile 2020, n. 23, convertito, con modificazioni, dalla legge 5 giugno 2020, n. 40. I protesti o le constatazioni equivalenti già levati nel predetto periodo sono cancellati d'ufficio. Non si fa luogo al rimborso di quanto già riscosso ».*

(2) *Comma così sostituito dall'art. 76[1 lett. a)] d.l. 14 agosto 2020, n. 104, conv., con modif. in l. 13 ottobre 2020, n. 126. Il testo del comma era il seguente:* « Fermo restando quanto previsto ai commi 2 e 3, i termini di scadenza ricadenti o decorrenti nel periodo dal 9 marzo 2020 al 31 agosto 2020, relativi a vaglia cambiari, cambiali e altri titoli di credito emessi prima della data di entrata in vigore del presente decreto, e ad ogni altro atto avente efficacia esecutiva a quella stessa data sono sospesi per lo stesso periodo. La sospensione opera a favore dei debitori e obbligati anche in via di regresso o di garanzia, salva la facoltà degli stessi di rinunciarvi espressamente ».

(3) *Gli attuali primo e secondo sono stati così sostituiti all'originario primo periodo dall'art. 76[1 lett. b)] d.l. n. 104, cit. Il testo del primo periodo era il seguente:* « L'assegno presentato al pagamento durante il periodo di sospensione è pagabile nel giorno di presentazione ».

29-*bis*. Obblighi dei datori di lavoro per la tutela contro il rischio di contagio da COVID-19. – 1. Ai fini della tutela contro il rischio di contagio da COVID-19, i datori di lavoro pubblici e privati adempiono all'obbligo di cui all'articolo 2087 del codice civile mediante l'applicazione delle prescrizioni contenute nel protocollo condiviso di regolamentazione delle misure per il contrasto e il contenimento della diffusione del COVID-19 negli ambienti di lavoro, sottoscritto il 24 aprile 2020 tra il Governo e le parti sociali, e successive modificazioni e integrazioni, e negli altri protocolli e linee guida di cui all'articolo 1, comma 14, del decreto-legge 16 maggio 2020, n. 33, nonché mediante l'adozione e il mantenimento delle misure ivi previste. Qualora non trovino applicazione le predette prescrizioni, rilevano le misure contenute nei protocolli o accordi di settore stipulati dalle organizzazioni sindacali e datoriali comparativamente più rappresentative sul piano nazionale.

D.l. 19 maggio 2020, n. 34. — **Misure urgenti in materia di salute, sostegno al lavoro e all'economia, nonché di politiche sociali connesse all'emergenza epidemiologica da COVID-19** (G.U. 19 maggio 2020, n. 128)**, conv, con modif., in l. 17 luglio 2020, n. 77** (G.U. 18 luglio 2020, n. 180).

(*Stralcio*)

33. (1) **Sottoscrizione e comunicazioni di contratti finanziari e assicurativi in modo semplificato nonché disposizioni in materia di distribuzione di prodotti assicurativi.** – 1. Fermo restando quanto previsto dall'articolo 4 del decreto-legge 8 aprile 2020, n. 23, per i contratti bancari, ai fini dell'articolo 23 del decreto legislativo 24 febbraio 1998, n. 58, e delle disposizioni di attuazione degli articoli 95 e 98-*quater* del medesimo decreto legislativo n. 58 del 1998, fatte salve le previsioni sulle tecniche di conclusione dei contratti mediante strumenti informativi o telematici, i contratti conclusi nel periodo compreso tra la data di entrata in vigore del presente decreto ed il termine dello stato di emergenza deliberato dal Consiglio dei ministri in data 31 gennaio 2020 soddisfano il requisito e hanno l'efficacia di cui all'articolo 20, comma 1-*bis*, primo periodo, del decreto legislativo 7 marzo 2005, n. 82, anche se il cliente esprime il proprio consenso mediante comunicazione inviata dal proprio indirizzo di posta elettronica non certificata o con altro strumento idoneo, a condizione che l'espressione del consenso sia accompagnata da copia di un documento di riconoscimento in corso di validità del contraente, faccia riferimento ad un contratto identificabile in modo certo e sia conservata insieme al contratto medesimo con modalità tali da garantirne la sicurezza, l'integrità e l'immodificabilità. Il requisito della consegna di copia del contratto e della documentazione informativa obbligatoria è soddisfatto anche mediante la messa a disposizione del cliente di copia del testo del contratto e della documentazione informativa obbligatoria su supporto durevole; l'intermediario consegna al cliente copia del contratto e della documentazione informativa obbligatoria alla prima occasione utile successiva al termine dello stato di emergenza. Fino al termine dello stato di emergenza deliberato dal Consiglio dei ministri in data 31 gennaio 2020, il cliente può usare il medesimo strumento impiegato per esprimere il consenso al contratto anche per esercitare i diritti previsti dalla legge o dal contratto stesso.

2. La disciplina di cui al comma 1 si applica, altresì, ai fini dell'ar-

ticolo 165 del decreto legislativo 7 settembre 2005, n. 209, e dell'articolo 1888 del codice civile.

2-*bis*. Nell'ambito delle misure di cui al presente articolo volte a semplificare gli adempimenti concernenti i contratti finanziari e assicurativi e in considerazione dello stato di emergenza nel territorio nazionale relativo al rischio sanitario connesso all'insorgenza di patologie derivanti da agenti virali trasmissibili, dichiarato con la delibera del Consiglio dei ministri del 31 gennaio 2020, pubblicata nella Gazzetta Ufficiale n. 26 del 1° febbraio 2020, gli articoli 4-*sexies*; 4-*septies*, 4-*decies*, 193-*quinquies* e 194-*septies* del testo unico delle disposizioni in materia di intermediazione finanziaria, di cui al decreto legislativo 24 febbraio 1998, n. 58, nella formulazione vigente il giorno precedente alla data di entrata in vigore del decreto legislativo 25 novembre 2019, n. 165, e le disposizioni regolamentari emanate dalla Commissione nazionale per le società e la borsa ai sensi del menzionato articolo 4-*sexies*, comma 5, continuano ad applicarsi fino alla data del 31 dicembre 2020.

(1) *Ai sensi dell'*art. 11[1], d.l. 22 aprile 2021, n. 52, conv., con modif., in l. 17 giugno 2021, n. 87, *i termini di cui al presente articolo sono stati, da ultimo, prorogati fino al 31 luglio 2021.. In precedenza, l'art. 72[1] d.l. 14 agosto 2020, n. 104, conv., con modif., in l. 13 ottobre 2020, n. 126, aveva disposto che « le disposizioni di cui al presente articolo continuassero ad applicarsi sino al 15 ottobre 2020 » e poi l'art.1[3] d.l. 30 luglio 2020, n. 83, conv., con modif., in l. 25 settembre 2020, n. 124, come modificato dall'art. 1[3] d.l. 7 ottobre 2020, n. 125, conv., con modif., in l. 27 novembre 2020, n. 159, aveva prorogato i termini di cui al presente articolo al 31 dicembre 2020.Successivamente l'art. 19 e dell'Allegato 1 n. 27 d.l. 31 dicembre 2020, n. 183, conv., con modif., in l. 26 febbraio 2021, n. 21, aveva previsto che « I termini previsti dalle disposizioni legislative di cui all'allegato 1 sono prorogati fino alla data di cessazione dello stato di emergenza epidemiologica da COVID-19 e comunque non oltre il 30 aprile 2021 ».*

38-*quater*. Disposizioni transitorie in materia di principi di redazione del bilancio. – 1. Nella predisposizione dei bilanci il cui esercizio è stato chiuso entro il 23 febbraio 2020 e non ancora approvati, la valutazione delle voci e della prospettiva della continuazione dell'attività di cui all'articolo 2423-*bis*, primo comma, numero 1), del codice civile è effettuata non tenendo conto delle incertezze e degli effetti derivanti dai fatti successivi alla data di chiusura del bilancio. Le informazioni relative al presupposto della continuità aziendale sono fornite nelle politiche contabili di cui all'articolo 2427, primo comma, numero 1), del codice civile. Restano ferme tutte le altre disposizioni relative alle informazioni da fornire nella nota integrativa e alla relazione sulla gestione, comprese quelle relative ai rischi e alle incertezze concernenti gli eventi successivi, nonché alla capacità dell'azienda di continuare a costituire un complesso economico funzionante destinato alla produzione di reddito.

2. Nella predisposizione del bilancio di esercizio in corso al 31 dicembre 2020, la valutazione delle voci e della prospettiva della continuazione dell'attività di cui all'articolo 2423-*bis*, primo comma, numero 1), del codice civile può comunque essere effettuata sulla base delle risultanze dell'ultimo bilancio di esercizio chiuso entro il 23 febbraio 2020. Le informazioni relative al presupposto della continuità aziendale sono fornite nelle politiche contabili di cui all'articolo 2427, primo comma, numero 1), del codice civile anche mediante il richiamo delle risultanze del bilancio precedente. Restano ferme tutte le altre disposizioni relative alle informazioni da fornire nella nota integrativa e alla relazione sulla gestione, comprese quelle relative ai rischi e alle incertezze derivanti dagli eventi successivi, nonché alla capacità dell'azienda di continuare a costituire un complesso economico funzionante destinato alla produzione di reddito.

3. L'efficacia delle disposizioni del presente articolo è limitata ai soli fini civilistici.

***D.l. 16 luglio 2020, n. 76.* — Misure urgenti per la semplificazione e l'innovazione digitale** (G.U. 16 luglio 2020, n. 178, s.o. n. 24), **conv., con modif., in l. 11 settembre 2020, n. 120** (G.U. 14 settembre 2020, n. 228).

(*Stralcio*)

40. Semplificazione delle procedure di cancellazione dal registro delle imprese e dall'albo degli enti cooperativi. – 1. Il provvedimento conclusivo delle procedure d'ufficio disciplinate dal decreto del Presidente della Repubblica 23 luglio 2004, n. 247, dall'articolo 2490, sesto comma, del codice civile, nonché ogni altra iscrizione o cancellazione d'ufficio conseguente alla mancata registrazione obbligatoria a domanda di parte nel registro delle imprese, è disposto con determinazione del conservatore. Il conservatore verifica, nell'ipotesi della cancellazione delle società di persone, tramite accesso alla banca dati dell'Agenzia delle entrate - Ufficio del territorio competente, che nel patrimonio della società da cancellare non rientrino beni immobili ovvero, ove siano presenti beni immobili, sospende il procedimento e rimette gli atti al Presidente del Tribunale ai sensi dell'articolo 3, comma 3, del decreto del Presidente della Repubblica 23 luglio 2004, n. 247.

2. Per le società di capitali è causa di scioglimento senza liquidazione l'omesso deposito dei bilanci di esercizio per cinque anni consecutivi o il mancato compimento di atti di gestione, ove l'inattività e l'omissione si verifichino in concorrenza con almeno una delle seguenti circostanze:

a) il permanere dell'iscrizione nel registro delle imprese del capitale sociale in lire;

b) l'omessa presentazione all'ufficio del registro delle imprese dell'apposita dichiarazione per integrare le risultanze del registro delle imprese a quelle del libro soci, limitatamente alle società a responsabilità limitata e alle società consortili a responsabilità limitata.

3. Il conservatore iscrive d'ufficio la propria determinazione di accertamento della causa di scioglimento senza liquidazione, nel registro delle imprese.

4. Il conservatore del registro delle imprese comunica l'avvenuta iscrizione agli amministratori, risultanti dal registro delle imprese, ai quali è assegnato un termine di sessanta giorni per presentare formale e motivata domanda di prosecuzione dell'attività e per presentare le domande di iscrizione degli atti non iscritti e depositati, ai sensi di legge.

5. A seguito della presentazione della formale e motivata domanda di prosecuzione dell'attività di cui al comma 4, il conservatore iscrive d'ufficio la propria determinazione di revoca del provvedimento di accertamento della causa di scioglimento senza liquidazione, nel registro delle imprese. In caso contrario, decorso il termine di cui al comma 4, il conservatore del registro delle imprese, verificata altresì l'eventuale cancellazione della partita IVA della società e la mancanza di beni iscritti in pubblici registri, provvede con propria determinazione alla cancellazione della società dal registro medesimo.

6. Ogni determinazione del conservatore del registro delle imprese è comunicata agli interessati entro otto giorni dalla sua adozione.

7. Contro la determinazione del conservatore l'interessato può ricorrere, entro quindici giorni dalla comunicazione, al giudice del registro delle imprese.

8. Le determinazioni del conservatore non opposte, le decisioni del giudice del registro adottate ai sensi dell'articolo 2189 del codice civile e le sentenze del tribunale in caso di ricorso ai sensi dell'articolo 2192 del codice civile sono iscritte nel registro delle imprese con comunicazione unica d'ufficio, disciplinata dall'articolo 9 del decreto-legge 31 gennaio 2007, n. 7, convertito, con modificazioni, dalla legge 2 aprile 2007, n. 40, al fine della trasmissione immediata all'Agenzia delle entrate, all'INPS, all'INAIL, ed agli altri enti collegati.

9. Il comma 16 dell'articolo 25 del decreto-legge 18 ottobre 2012, n. 179, convertito, con modificazioni, dalla legge 17 dicembre 2012, n. 221, è sostituito dal seguente: « 16. Entro sessanta giorni dalla perdita dei requisiti di cui ai commi 2 e 5 la start-up innovativa o l'incubatore certificato sono cancellati dalla sezione speciale del registro delle imprese di cui al presente articolo, con provvedimento del conservatore impugnabile ai sensi dell'articolo 2189, terzo comma, del codice civile, permanendo l'iscrizione alla sezione ordinaria del registro delle imprese. Ai fini di cui al primo periodo, alla perdita dei requisiti è equiparato il mancato deposito della dichiarazione di cui al comma 15. »

10. Il comma 7 dell'articolo 4 del decreto-legge 24 gennaio 2015, n. 3, convertito, con modificazioni, dalla legge 24 marzo 2015, n. 33, è sostituito dal seguente: « 7. Entro sessanta giorni dalla perdita dei requisiti di cui al comma 1, le PMI innovative sono cancellate dalla sezione speciale del registro delle imprese di cui al comma 2, con

provvedimento del conservatore impugnabile ai sensi dell'articolo 2189, terzo comma, del codice civile, permanendo l'iscrizione alla sezione ordinaria del registro delle imprese. Alla perdita dei requisiti è equiparato il mancato deposito della dichiarazione di cui al comma 6 ».

11. All'articolo 223-*septiesdecies* delle disposizioni per l'attuazione del codice civile e disposizioni transitorie, dopo il primo comma è aggiunto il seguente: (*Omissis*).

12. All'articolo 5 della legge 17 luglio 1975, n. 400, dopo il primo comma è aggiunto il seguente: « L'autorità di vigilanza trasmette il decreto di cancellazione di cui al primo comma all'indirizzo di posta elettronica certificata della conservatoria competente per territorio che provvede, senza indugio, alla cancellazione dei gravami, delle trascrizioni e delle domande indicate nel decreto ».

12-*bis*. In conseguenza dell'emergenza sanitaria da COVID-19 e dell'esigenza di garantire alle imprese la lavorazione delle numerose pratiche presentate e ancora giacenti presso le Camere di commercio, industria, artigianato e agricoltura, il termine per la conclusione dei procedimenti di accorpamento di cui al comma 1 dell'articolo 61 del decreto-legge 14 agosto 2020, n. 104, è fissato al 30 novembre 2020.

12-*ter*. Al codice civile sono apportate le seguenti modificazioni:

a) all'articolo 2492: (*Omissis*).

b) all'articolo 2495: (*Omissis*).

44. **Misure a favore degli aumenti di capitale.** – 1. In deroga agli articoli 2368, secondo comma, e 2369, terzo e settimo comma, del codice civile, sino alla data del 30 giugno 2021, a condizione che sia rappresentata almeno la metà del capitale sociale, sono approvate con il voto favorevole della maggioranza del capitale rappresentato in assemblea, anche qualora lo statuto preveda maggioranza più elevate, le deliberazioni aventi ad oggetto:

a) gli aumenti del capitale sociale mediante nuovi conferimenti, ai sensi degli articoli 2439,2440 e 2441 del codice civile;

b) l'introduzione nello statuto della delega agli amministratori ad aumentare il capitale sociale, ai sensi dell'articolo 2443 del codice civile, per aumenti di capitale da deliberare fino al 30 giugno 2021.

2. Le disposizioni di cui al comma 1 si applicano anche alle società a responsabilità limitata, ai sensi degli articoli 2480, 2481 e 2481-*bis* del codice civile.

3. Sino alla data del 30 giugno 2021, le società con azioni quotate in mercati regolamentati o negoziate in sistemi multilaterali di nego-

ziazione possono deliberare l'aumento del capitale sociale mediante nuovi conferimenti, con esclusione del diritto di opzione, ai sensi dell'articolo 2441, quarto comma, secondo periodo, del codice civile, anche in mancanza di espressa previsione statutaria, nei limiti del 20 per cento del capitale sociale preesistente.

4. (*Omissis*) (1).

(1) *Modifica l'art. 2441 c.c.*

FAMIGLIA E PERSONE

1. Adozioni

***L. 4 maggio 1983, n. 184.* — Diritto del minore ad una famiglia** (G.U. 17 maggio 1983, n. 133, suppl. ord.) (1).

(1) *Titolo così sostituito dall'art. 1[1] l. 28 marzo 2001, n. 149.*

Titolo I
Princìpi generali (1)

(1) *Rubrica così sostituita dall'art. 1[2] l. 28 marzo 2001, n. 149.*

1. – (1) 1. Il minore ha diritto di crescere ed essere educato nell'ambito della propria famiglia.

2. Le condizioni di indigenza dei genitori o del genitore esercente la responsabilità genitoriale non possono essere di ostacolo all'esercizio del diritto del minore alla propria famiglia. A tal fine a favore della famiglia sono disposti interventi di sostegno e di aiuto (2).

3. Lo Stato, le regioni e gli enti locali, nell'ambito delle proprie competenze, sostengono, con idonei interventi, nel rispetto della loro autonomia e nei limiti delle risorse finanziarie disponibili, i nuclei familiari a rischio, al fine di prevenire l'abbandono e di consentire al minore di essere educato nell'ambito della propria famiglia. Essi promuovono altresì iniziative di formazione dell'opinione pubblica sull'affidamento e l'adozione e di sostegno all'attività delle comunità di tipo familiare, organizzano corsi di preparazione ed aggiornamento professionale degli operatori sociali nonché incontri di formazione e preparazione per le famiglie e le persone che intendono avere in affidamento o in adozione minori. I medesimi enti possono stipulare convenzioni con enti o associazioni senza fini di lucro che operano nel campo della tutela dei minori e delle famiglie per la realizzazione delle attività di cui al presente comma.

4. Quando la famiglia non è in grado di provvedere alla crescita e all'educazione del minore, si applicano gli istituti di cui alla presente legge.

5. Il diritto del minore a vivere, crescere ed essere educato nell'ambito di una famiglia è assicurato senza distinzione di sesso, di etnia, di età, di lingua, di religione e nel rispetto della identità culturale del minore e comunque non in contrasto con i princìpi fondamentali dell'ordinamento.

(1) *Articolo così sostituito dall'art. 1[3] l. 28 marzo 2001, n. 149.*

(2) *Comma così modificato dall'art. 100[1] lett. a) d.ls. 28 dicembre 2013, n. 154. Ai sensi dell'art. 108 d.ls. n. 154, cit., lo stesso decreto entra in vigore il trentesimo giorno successivo a quello della sua pubblicazione nella Gazzetta ufficiale (G.U. 8 gennaio 2014, n. 5) (7 febbraio 2014).*

TITOLO I-*BIS* (1)
Dell'affidamento del minore (1)

(1) *Titolo e rubrica premessi dall'art. 2[1] l. 28 marzo 2001, n. 149.*

2. – (1) 1. Il minore temporaneamente privo di un ambiente familiare idoneo, nonostante gli interventi di sostegno e aiuto disposti ai sensi dell'articolo 1, è affidato ad una famiglia, preferibilmente con figli minori, o ad una persona singola, in grado di assicurargli il mantenimento, l'educazione, l'istruzione e le relazioni affettive di cui egli ha bisogno (2).

1.1. Il minore non può essere affidato a parenti o affini entro il quarto grado di chi ha composto il collegio che ha adottato il provvedimento, del consulente tecnico d'ufficio e di coloro che hanno svolto le funzioni di assistente sociale nel medesimo procedimento (3).

1-*bis*. Gli enti locali possono promuovere la sensibilizzazione e la formazione di affidatari per favorire l'affidamento familiare dei minori stranieri non accompagnati, in via prioritaria rispetto al ricovero in una struttura di accoglienza (4).

1-*ter*. Dall'attuazione delle disposizioni di cui al comma 1-*bis* non devono derivare nuovi o maggiori oneri per la finanza pubblica; gli enti locali provvedono nei limiti delle risorse disponibili nei propri bilanci (4).

2. Ove non sia possibile l'affidamento nei termini di cui al comma 1, è consentito l'inserimento del minore in una comunità di tipo familiare o, in mancanza, in un istituto di assistenza pubblico o privato, che abbia sede preferibilmente nel luogo più vicino a quello in cui stabilmente risiede il nucleo familiare di provenienza. Per i minori di età inferiore a sei anni l'inserimento può avvenire solo presso una comunità di tipo familiare (2).

2-*bis*. Il minore non può essere inserito presso strutture o comunità pubbliche o private nelle quali rivestono cariche rappresentative, o partecipano alla gestione delle medesime strutture, o prestano a favore di esse attività professionale, anche a titolo gratuito, o fanno parte degli organi di società che le gestiscono, persone che sono parenti o affini entro il quarto grado, convivente, parte dell'unione civile o coniuge di chi ha composto il collegio che ha adottato il provvedimento, del consulente tecnico d'ufficio o di coloro che hanno svolto le funzioni di assistente sociale nel medesimo procedimento (5).

3. In caso di necessità e urgenza l'affidamento può essere disposto anche senza porre in essere gli interventi di cui all'articolo 1, commi 2 e 3.

3-*bis*. I provvedimenti adottati ai sensi dei commi 2 e 3 devono indicare espressamente le ragioni per le quali non si ritiene possibile la permanenza nel nucleo familiare originario e le ragioni per le quali non sia possibile procedere ad un affidamento ad una famiglia, fermo restando quanto disposto dall'articolo 4, comma 3 (6).

4. Il ricovero in istituto deve essere superato entro il 31 dicembre 2006 mediante affidamento ad una famiglia e, ove ciò non sia possibile, mediante inserimento in comunità di tipo familiare caratterizzate da organizzazione e da rapporti interpersonali analoghi a quelli di una famiglia.

5. Le regioni, nell'ambito delle proprie competenze e sulla base di criteri stabiliti dalla Conferenza permanente per i rapporti tra lo Stato, le regioni e le province autonome di Trento e di Bolzano, definiscono gli standard minimi dei servizi e dell'assistenza che devono essere forniti dalle comunità di tipo familiare e dagli istituti e verificano periodicamente il rispetto dei medesimi.

(1) *Articolo così sostituito dall'art.* 2^{2} *l. 28 marzo 2001, n. 149.*

(2) *In tema di affidamento di minore straniero, non accompagnato, richiedente la protezione internazionale v. art.* 28^{2} *d.lgs. 19 novembre 2007, n. 251.*

(3) *Comma inserito dall'art.* $28^{1,\ \text{lett. a), n. 1)}}$ *del d.lgs. 10 ottobre 2022, n. 149. Per la disciplina transitoria v. art.* 35^{1} *d.lgs. n. 149/2022, cit., come sostituito dall'art.* $1^{380,\ \text{lett. a)}}$ *l. 29 dicembre 2022, n. 197, che prevede che:* « 1. Le disposizioni del presente decreto, salvo che non sia diversamente disposto, hanno effetto a decorrere dal 28 febbraio 2023 e si applicano ai procedimenti instaurati successivamente a tale data. Ai procedimenti pendenti alla data del 28 febbraio 2023 si applicano le disposizioni anteriormente vigenti.».

(4) *Comma inserito dall'art.* 7^{1} *l. 7 aprile 2017, n. 47.*

(5) *Comma inserito dall'art.* $28^{1,\ \text{lett. a), n. 2)}}$ *del d.lgs. 10 ottobre 2022, n. 149. Per l'entrata in vigore e l'applicazione v.* sub *nota 3.*

(6) *Comma inserito dall'art.* 9^{1} *l. 29 luglio 2020, n. 107.*

3. – (1) 1. I legali rappresentanti delle comunità di tipo familiare e degli istituti di assistenza pubblici o privati esercitano i poteri tutelari sul minore affidato, secondo le norme del capo I del titolo X del libro primo del codice civile, fino a quando non si provveda alla nomina di un tutore in tutti i casi nei quali l'esercizio della responsabilità genitoriale o della tutela sia impedito (2).

2. Nei casi previsti dal comma 1, entro trenta giorni dall'accoglienza del minore, i legali rappresentanti devono proporre istanza per la nomina del tutore. Gli stessi e coloro che prestano anche

gratuitamente la propria attività a favore delle comunità di tipo familiare e degli istituti di assistenza pubblici o privati non possono essere chiamati a tale incarico.

3. Nel caso in cui i genitori riprendano l'esercizio della responsabilità genitoriale, le comunità di tipo familiare e gli istituti di assistenza pubblici o privati chiedono al giudice tutelare di fissare eventuali limiti o condizioni a tale esercizio (2).

(1) *Articolo così sostituito dall'art. 3 l. 28 marzo 2001, n. 149.*

(2) *Comma così modificato dall'art. 100[1] lett. b) d.lgs. 28 dicembre 2013, n. 154, con la decorrenza indicata sub art. 1.*

4. – (1) 1. L'affidamento familiare è disposto dal servizio sociale locale, previo consenso manifestato dai genitori o dal genitore esercente in via esclusiva (2) la responsabilità genitoriale, ovvero dal tutore, sentito il minore che ha compiuto gli anni dodici e anche il minore di età inferiore, in considerazione della sua capacità di discernimento. Il giudice tutelare del luogo ove si trova il minore rende esecutivo il provvedimento con decreto (3).

2. Ove manchi l'assenso dei genitori esercenti la responsabilità genitoriale o del tutore, provvede il tribunale per i minorenni. Si applicano l'articolo 5-*bis* e (4) gli articoli 330 e seguenti del codice civile (3).

3. Nel provvedimento di affidamento familiare devono essere indicate specificatamente le motivazioni di esso, nonché i tempi e i modi dell'esercizio dei poteri riconosciuti all'affidatario, e le modalità attraverso le quali i genitori e gli altri componenti il nucleo familiare possono mantenere i rapporti con il minore. Deve altresì essere indicato il servizio sociale locale cui è attribuita la responsabilità del programma di assistenza, nonché la vigilanza durante l'affidamento con l'obbligo di tenere costantemente informati il giudice tutelare o il tribunale per i minorenni, a seconda che si tratti di provvedimento emesso ai sensi dei commi 1 o 2. Il servizio sociale locale cui è attribuita la responsabilità del programma di assistenza, nonché la vigilanza durante l'affidamento, deve riferire senza indugio al giudice tutelare o al tribunale per i minorenni del luogo in cui il minore si trova, a seconda che si tratti di provvedimento emesso ai sensi dei commi 1 o 2, ogni evento di particolare rilevanza ed è tenuto a presentare una relazione semestrale sull'andamento del programma di assistenza, sulla sua presumibile ulteriore durata e sull'evoluzione delle condizioni di difficoltà del nucleo familiare di provenienza.

4. Nel provvedimento di cui al comma 3, deve inoltre essere indi-

cato il periodo di presumibile durata dell'affidamento che deve essere rapportabile al complesso di interventi volti al recupero della famiglia d'origine. Tale periodo non può superare la durata di ventiquattro mesi ed è prorogabile, dal tribunale per i minorenni, su richiesta del pubblico ministero e nel contraddittorio delle parti, qualora la sospensione dell'affidamento rechi grave pregiudizio al minore. A tal fine, prima del decorso del termine di durata dell'affidamento il servizio sociale segnala al pubblico ministero l'opportunità di richiederne la proroga (5).

Nel provvedimento di cui al comma 3, deve inoltre essere indicato il periodo di presumibile durata dell'affidamento che deve essere rapportabile al complesso di interventi volti al recupero della famiglia d'origine. Tale periodo non può superare la durata di ventiquattro mesi ed è prorogabile, dal tribunale per i minorenni, qualora la sospensione dell'affidamento rechi pregiudizio al minore.

5. L'affidamento familiare cessa con il decorso del termine di cui al comma 4 o (6) con provvedimento della stessa autorità che lo ha disposto, valutato l'interesse del minore, quando sia venuta meno la situazione di difficoltà temporanea della famiglia d'origine che lo ha determinato, ovvero nel caso in cui la prosecuzione di esso rechi pregiudizio al minore.

5-*bis*. Qualora, durante un prolungato periodo di affidamento, il minore sia dichiarato adottabile ai sensi delle disposizioni del capo II del titolo II e qualora, sussistendo i requisiti previsti dall'articolo 6, la famiglia affidataria chieda di poterlo adottare, il tribunale per i minorenni, nel decidere sull'adozione, tiene conto dei legami affettivi significativi e del rapporto stabile e duraturo consolidatosi tra il minore e la famiglia affidataria (7).

5-*ter*. Qualora, a seguito di un periodo di affidamento, il minore faccia ritorno nella famiglia di origine o sia dato in affidamento ad altra famiglia o sia adottato da altra famiglia, è comunque tutelata, se rispondente all'interesse del minore, la continuità delle positive relazioni socio-affettive consolidatesi durante l'affidamento (7).

5-*quater*. Il giudice, ai fini delle decisioni di cui ai commi 4, 5-*bis* e 5-*ter* (8), tiene conto anche delle valutazioni documentate dei servizi sociali, ascoltato il minore che ha compiuto gli anni dodici o anche di età inferiore se capace di discernimento (7).

5-*quinquies*. Nel caso di minore rimasto privo di un ambiente familiare idoneo a causa della morte del genitore, cagionata volontariamente dal coniuge, anche legalmente separato o divorziato, dall'altra parte dell'unione civile, anche se l'unione civile è cessata, dal convivente o da persona legata al genitore stesso, anche in passato, da relazione affettiva, il tribunale competente, eseguiti i necessari accertamenti, provvede privilegiando la continuità delle relazioni affettive consolidatesi tra il minore stesso e i parenti fino al terzo grado. Nel caso in cui vi siano fratelli o sorelle, il tribunale provvede assicurando, per quanto possibile, la continuità affettiva tra gli stessi (9).

5-*sexies*. Su segnalazione del tribunale competente, i servizi sociali assicurano ai minori di cui al comma 5-*quinquies* un adeguato sostegno psicologico e l'accesso alle misure di sostegno volte a garantire il diritto allo studio e l'inserimento nell'attività lavorativa (9).

6. Il giudice tutelare, trascorso il periodo di durata previsto, ovvero intervenute le circostanze di cui al comma 5, sentiti il servizio sociale locale interessato ed il minore che ha compiuto gli anni dodici e anche il minore di età inferiore, in considerazione della sua capacità di discernimento, richiede, se necessario, al competente tribunale per i minorenni l'adozione di ulteriori provvedimenti nell'interesse del minore.

7. Le disposizioni del presente articolo si applicano, in quanto compatibili, anche nel caso di minori inseriti presso una comunità di tipo familiare o un istituto di assistenza pubblico o privato, ma decorsi dodici mesi il giudice verifica nel contraddittorio delle parti l'andamento del programma di assistenza, l'evoluzione delle condizioni di difficoltà del nucleo familiare di provenienza e l'opportunità della prosecuzione dell'inserimento (10).

(1) *Articolo così sostituito dall'art. 4 l. 28 marzo 2001, n. 149.*

(2) *Le parole* « in via esclusiva » *sono state inserite dall'art. 28*[1, lett. b), n. 1)] *del d.ls. 10 ottobre 2022, n. 149. Per la disciplina transitoria v. art. 35*[1] *d.ls. n. 149/2022, cit., come sostituito dall'art. 1*[380, lett. a)] *l. 29 dicembre 2022, n. 197, che prevede che:* « 1. Le disposizioni del presente decreto, salvo che non sia diversamente disposto, hanno effetto a decorrere dal 28 febbraio 2023 e si applicano ai procedimenti instaurati successivamente a tale data. Ai procedimenti pendenti alla data del 28 febbraio 2023 si applicano le disposizioni anteriormente vigenti. ».

(3) *Comma così modificato dall'art. 100*[1 lett. c)] *d.ls. 28 dicembre 2013, n. 154, con la decorrenza indicata* sub *art. 1.*

(4) *Le parole* « l'articolo 5-bis e » *sono state inserite dall'art. 28*[1, lett. b), n. 2)] *del d.ls. 10 ottobre 2022, n. 149. Per l'entrata in vigore e per l'applicazione v.* sub *nota 2.*

(5) *Comma sostituito dall'art. 28*[1, lett. b), n. 3)] *del d.ls. 10 ottobre 2022, n. 149. Per l'entrata in vigore e per l'applicazione v.* sub *nota 2. Il testo del comma era il seguente:* « Nel provvedimento di cui al comma 3, deve inoltre essere indicato il periodo di presumibile durata dell'affidamento che deve essere rapportabile al complesso di interventi volti al recupero della famiglia d'origine. Tale periodo non può superare la durata di ventiquattro mesi ed è prorogabile, dal tribunale per i minorenni, qualora la sospensione dell'affidamento rechi pregiudizio al minore. ».

(6) *Le parole* « con il decorso del termine di cui al comma 4 o » *sono state inserite dall'art. 28*[1, lett. b), n. 4)] *del d.ls. 10 ottobre 2022, n. 149. Per l'entrata in vigore e per l'applicazione v.* sub *nota 2.*

(7) *Comma inserito dall'art. 1*[1] *l. 19 ottobre 2015, n. 173.*

(8) *Le* parole « ai commi 4, 5-bis e 5-ter » *sono state sostituite alle parole* « ai commi 5-bis e 5-ter » *dall'art. 28*[1, lett. b), n. 5)] *del d.ls. 10 ottobre 2022, n. 149. Per l'entrata in vigore e per l'applicazione v.* sub *nota 2.*

(9) *Comma inserito dall'art. 10*[1] *l. 11 gennaio 2018, n. 4.*

(10) *Le* parole « , ma decorsi dodici mesi il giudice verifica nel contraddittorio delle parti l'andamento del programma di assistenza, l'evoluzione delle condizioni di difficoltà del nucleo familiare di provenienza e l'opportunità della prosecuzione dell'inserimento » *sono state inserite dall'art. 28*[1, lett. b), n. 6)] *del d.ls. 10 ottobre 2022, n. 149. Per l'entrata in vigore e per l'applicazione v.* sub *nota 2.*

5. – (1) 1. L'affidatario deve accogliere presso di sé il minore e provvedere al suo mantenimento e alla sua educazione e istruzione, tenendo conto delle indicazioni dei genitori per i quali non vi sia stata pronuncia ai sensi degli articoli 330 e 333 del codice civile, ovvero del tutore o curatore (2), ed osservando le prescrizioni stabilite dall'autorità affidante. Si applicano, in quanto compatibili, le disposizioni dell'articolo 316 del codice civile. In ogni caso l'affidatario esercita i poteri connessi con la responsabilità genitoriale in relazione agli ordinari rapporti con la istituzione scolastica e con le autorità sanitarie. L'affidatario o l'eventuale famiglia collocataria devono essere convocati, a pena di nullità, nei procedimenti civili in materia di responsabilità genitoriale, di affidamento e di adottabilità relativi al minore affidato ed hanno facoltà di presentare memorie scritte nell'interesse del minore (3).

2. Il servizio sociale, nell'ambito delle proprie competenze, su disposizione del giudice ovvero secondo le necessità del caso, svolge opera di sostegno educativo e psicologico, agevola i rapporti con la famiglia di provenienza ed il rientro nella stessa del minore secondo le modalità più idonee, avvalendosi anche delle competenze professionali delle altre strutture del territorio e dell'opera delle associazioni familiari eventualmente indicate dagli affidatari.

3. Le norme di cui ai commi 1 e 2 si applicano, in quanto compatibili, nel caso di minori ospitati presso una comunità di tipo familiare o che si trovino presso un istituto di assistenza pubblico o privato.

4. Lo Stato, le regioni e gli enti locali, nell'ambito delle proprie com petenze e nei limiti delle disponibilità finanziarie dei rispettivi bilanci, intervengono con misure di sostegno e di aiuto economico in favore della famiglia affidataria.

(1) *Articolo così sostituito dall'art. 5 l. 28 marzo 2001, n. 149.*

(2) *Le parole* « ovvero del tutore o curatore » *sono state sostituite* « o del tutore » *dall'art. 28*[1, lett. c)] *del d.ls. 10 ottobre 2022, n. 149. Per la disciplina transitoria v. art. 35*[1] *d.ls. n. 149/2022, cit., come sostituito dall'art.1*[380, lett. a)] *l. 29 dicembre 2022, n. 197, che prevede che:* « 1. Le disposizioni del presente decreto, salvo che non sia diversamente disposto, hanno effetto a decorrere dal 28 febbraio 2023 e si applicano ai procedimenti instaurati successivamente a tale data. Ai procedimenti pendenti alla data del 28 febbraio 2023 si applicano le disposizioni anteriormente vigenti. ».

(3) *Comma così modificato dapprima dall'art. 100*[1 lett. d)] *d.ls. 28 dicembre 2013, n. 154, con la decorrenza indicata sub art. 1 e, successivamente, dall'art. 2*[1] *l. 19 ottobre 2015, n. 173.*

5-*bis*. (1) – 1. Il minore può essere affidato al servizio sociale del luogo di residenza abituale, quando si trova nella condizione prevista dall'articolo 333 del codice civile e gli interventi di cui all'articolo 1, commi 2 e 3, si sono rivelati inefficaci o i genitori non hanno collaborato alla loro attuazione, fatto salvo quanto previsto all'articolo 2, comma 3.

2. Con il provvedimento con cui dispone la limitazione della responsabilità genitoriale e affida il minore al servizio sociale, il tribunale indica:

a) il soggetto presso il quale il minore è collocato;

b) gli atti che devono essere compiuti direttamente dal servizio sociale dell'ente locale, anche in collaborazione con il servizio sanitario, in base agli interventi previsti dall'articolo 4, comma 3;

c) gli atti che possono essere compiuti dal soggetto collocatario del minore;

d) gli atti che possono essere compiuti dai genitori;

e) gli atti che possono essere compiuti dal curatore nominato ai sensi dell'articolo 333, secondo comma, del codice civile;

f) i compiti affidati al servizio sociale ai sensi dell'articolo 5, comma 2;

g) la durata dell'affidamento, non superiore a ventiquattro mesi;

h) la periodicità, non superiore a sei mesi, con la quale il servizio sociale riferisce all'autorità giudiziaria che procede ovvero, in mancanza, al giudice tutelare sull'andamento degli interventi, sui rapporti mantenuti dal minore con i genitori, sull'attuazione del progetto predisposto dal tribunale.

3. Il servizio sociale, nello svolgimento dei compiti a lui affidati e nell'adozione delle scelte a lui demandate, tiene conto delle indicazioni dei genitori che non siano stati dichiarati decaduti dalla responsabilità genitoriale e del minore nonché, ove vi siano, del curatore e del curatore speciale.

4. Entro quindici giorni dalla notifica del provvedimento il servizio sociale comunica il nominativo del responsabile dell'affidamento

al tribunale, ai genitori, agli esercenti la responsabilità genitoriale, al curatore se nominato e al soggetto collocatario.

5. Se l'affidamento al servizio sociale è disposto con il provvedimento che definisce il giudizio, la decisione è comunicata al giudice tutelare del luogo di residenza abituale del minore, per la vigilanza sulla sua attuazione.

6. Il giudice competente per l'attuazione, su istanza del servizio sociale, adotta i provvedimenti opportuni nell'interesse del minore.

7. Si applicano le disposizioni in materia di inefficacia e di proroga dell'affidamento di cui all'articolo 4, commi 4, 5 e 5-*quater*.

(1) *Articolo inserito dall'art. 28[1, lett. d)] del d.ls. 10 ottobre 2022, n. 149. Per la disciplina transitoria v. art. 35[1] d.ls. n. 149/2022, cit., come sostituito dall'art.1[380, lett. a)] l. 29 dicembre 2022, n. 197, che prevede che:* « 1. Le disposizioni del presente decreto, salvo che non sia diversamente disposto, hanno effetto a decorrere dal 28 febbraio 2023 e si applicano ai procedimenti instaurati successivamente a tale data. Ai procedimenti pendenti alla data del 28 febbraio 2023 si applicano le disposizioni anteriormente vigenti. ».

TITOLO II
Dell'adozione

CAPO I – *Disposizioni generali*

6. – (1) 1. L'adozione è consentita a coniugi uniti in matrimonio da almeno tre anni. Tra i coniugi non deve sussistere e non deve avere avuto luogo negli ultimi tre anni separazione personale neppure di fatto.

2. I coniugi devono essere affettivamente idonei e capaci di educare, istruire e mantenere i minori che intendano adottare.

3. L'età degli adottanti deve superare di almeno diciotto e di non più di quarantacinque anni l'età dell'adottando.

4. Il requisito della stabilità del rapporto di cui al comma 1 può ritenersi realizzato anche quando i coniugi abbiano convissuto in modo stabile e continuativo prima del matrimonio per un periodo di tre anni, nel caso in cui il tribunale per i minorenni accerti la continuità e la stabilità della convivenza, avuto riguardo a tutte le circostanze del caso concreto.

5. I limiti di cui al comma 3 possono essere derogati, qualora il tribunale per i minorenni accerti che dalla mancata adozione derivi un danno grave e non altrimenti evitabile per il minore.

6. Non è preclusa l'adozione quando il limite massimo di età degli adottanti sia superato da uno solo di essi in misura non superiore a dieci anni, ovvero quando essi siano genitori di figli anche adottivi

dei quali almeno uno sia in età minore, ovvero quando l'adozione riguardi un fratello o una sorella del minore già dagli stessi adottato (2).

7. Ai medesimi coniugi sono consentite più adozioni anche con atti successivi e costituisce criterio preferenziale ai fini dell'adozione l'avere già adottato un fratello dell'adottando o il fare richiesta di adottare più fratelli, ovvero la disponibilità dichiarata all'adozione di minori che si trovino nelle condizioni indicate dall'articolo 3, comma 1, della legge 5 febbraio 1992, n. 104, concernente l'assistenza, l'integrazione sociale e i diritti delle persone handicappate.

8. Nel caso di adozione dei minori di età superiore a dodici anni o con handicap accertato ai sensi dell'articolo 4 della legge 5 febbraio 1992, n. 104, lo Stato, le regioni e gli enti locali possono intervenire, nell'ambito delle proprie competenze e nei limiti delle disponibilità finanziarie dei rispettivi bilanci, con specifiche misure di carattere economico, eventualmente anche mediante misure di sostegno alla formazione e all'inserimento sociale, fino all'età di diciotto anni degli adottati.

(1) *Articolo così sostituito dall'art. 6 l. 28 marzo 2001, n. 149.*

(2) *Comma così modificato dall'art. 100[1] lett. e) d.lgs. 28 dicembre 2013, n. 154, con la decorrenza indicata* sub *art. 1.*

7. – (1) 1. L'adozione è consentita a favore dei minori dichiarati in stato di adottabilità ai sensi degli articoli seguenti.

2. Il minore, il quale ha compiuto gli anni quattordici, non può essere adottato se non presta personalmente il proprio consenso, che deve essere manifestato anche quando il minore compia l'età predetta nel corso del procedimento. Il consenso dato può comunque essere revocato sino alla pronuncia definitiva dell'adozione.

3. Se l'adottando ha compiuto gli anni dodici deve essere personalmente sentito; se ha un'età inferiore, deve essere sentito, in considerazione della sua capacità di discernimento.

(1) *Articolo così sostituito dall'art. 7 l. 28 marzo 2001, n. 149.*

CAPO II – *Della dichiarazione di adottabilità* (1)

(1) *Per la disciplina transitoria v. art. 1[1] d.l. 1° luglio 2002, n. 126, conv., con modif., in l. 2 agosto 2002, n. 175: « In via transitoria, fino alla emanazione di una specifica disciplina sulla difesa d'ufficio e sul patrocinio a spese dello Stato nei procedimenti disciplinati dalla legge 4 maggio 1983, n. 184, e successive modificazioni, e comunque non oltre il 30 giugno 2003, ai predetti procedimenti e ai relativi giudizi di opposizione continuano ad applicarsi le disposizioni processuali vigenti anteriormente alla data di entrata in vigore del decreto-legge 24*

aprile 2001, n. 150, convertito, con modificazioni, dalla legge 23 giugno 2001, n. 240». Il suddetto termine è stato prorogato dapprima al 30 giugno 2004 dall'art. 15 d.l. 24 giugno 2003, n. 147, conv., con modif., in l. 1° agosto 2003, n. 200, al 30 giugno 2005 dall'art. 2 d.l. 24 giugno 2004, n. 158, conv., con modif., in l. 27 luglio 2004, n. 188, al 30 giugno 2006 dall'art. 2 d.l. n. 158, cit., come modificato dall'art. 8² d.l. 30 giugno 2005, n. 115, conv., con modif., in l. 17 agosto 2005, n. 168, e, da ultimo, al 30 giugno 2007, dall'art. 1² l. 12 luglio 2006, n. 228, di conversione del d.l. 12 maggio 2006, n. 173.

8. – (1) 1. Sono dichiarati in stato di adottabilità dal tribunale per i minorenni del distretto nel quale si trovano, i minori di cui sia accertata la situazione di abbandono perché privi di assistenza morale e materiale da parte dei genitori o dei parenti tenuti a provvedervi, purché la mancanza di assistenza non sia dovuta a causa di forza maggiore di carattere transitorio.

2. La situazione di abbandono sussiste, sempre che ricorrano le con dizioni di cui al comma 1, anche quando i minori si trovino presso istituti di assistenza pubblici o privati o comunità di tipo familiare ovvero siano in affidamento familiare.

3. Non sussiste causa di forza maggiore quando i soggetti di cui al comma 1 rifiutano le misure di sostegno offerte dai servizi sociali locali, anche all'esito della segnalazione di cui all'articolo 79-*bis*, e tale rifiuto viene ritenuto ingiustificato dal giudice (2).

4. Il procedimento di adottabilità deve svolgersi fin dall'inizio con l'assistenza legale del minore e dei genitori o degli altri parenti, di cui al comma 2 dell'articolo 10.

(1) *Articolo così sostituito dall'art. 8 l. 28 marzo 2001, n. 149.*

(2) *Comma così modificato dall'art. 100¹ lett. f) d.lgs. 28 dicembre 2013, n. 154, con la decorrenza indicata* sub *art. 1.*

9. – (1) 1. Chiunque ha facoltà di segnalare all'autorità pubblica situazioni di abbandono di minori di età. I pubblici ufficiali, gli incaricati di un pubblico servizio, gli esercenti un servizio di pubblica necessità debbono riferire al più presto al procuratore della Repubblica presso il tribunale per i minorenni del luogo in cui il minore si trova sulle condizioni di ogni minore in situazione di abbandono di cui vengano a conoscenza in ragione del proprio ufficio.

2. Gli istituti di assistenza pubblici o privati e le comunità di tipo familiare devono trasmettere semestralmente al procuratore della Repubblica presso il tribunale per i minorenni del luogo ove hanno sede l'elenco di tutti i minori collocati presso di loro con l'indicazione specifica, per ciascuno di essi, della località di residenza dei genitori, dei rapporti con la famiglia e delle condizioni psicofisiche del minore stesso. Il procuratore della Repubblica presso il tribunale per i

minorenni, assunte le necessarie informazioni, chiede al tribunale, con ricorso, di dichiarare l'adottabilità di quelli tra i minori segnalati o collocati presso le comunità di tipo familiare o gli istituti di assistenza pubblici o privati o presso una famiglia affidataria, che risultano in situazioni di abbandono, specificandone i motivi.

3. Il procuratore della Repubblica presso il tribunale per i minorenni, che trasmette gli atti al medesimo tribunale con relazione informativa, ogni sei mesi, effettua o dispone ispezioni negli istituti di assistenza pubblici o privati ai fini di cui al comma 2. Può procedere a ispezioni straordinarie in ogni tempo.

4. Chiunque, non essendo parente entro il quarto grado, accoglie stabilmente nella propria abitazione un minore, qualora l'accoglienza si protragga per un periodo superiore a sei mesi, deve, trascorso tale periodo, darne segnalazione al procuratore della Repubblica presso il tribunale per i minorenni. L'omissione della segnalazione può comportare l'inidoneità ad ottenere affidamenti familiari o adottivi e l'incapacità all'ufficio tutelare.

5. Nello stesso termine di cui al comma 4, uguale segnalazione deve essere effettuata dal genitore che affidi stabilmente a chi non sia parente entro il quarto grado il figlio minore per un periodo non inferiore a sei mesi. L'omissione della segnalazione può comportare la decadenza dalla responsabilità genitoriale sul figlio a norma dell'articolo 330 del codice civile e l'apertura della procedura di adottabilità (2).

(1) *Articolo così sostituito dall'art. 9 l. 28 marzo 2001, n. 149.*

(2) *Comma così modificato dall'art. 100[1] lett. g) d.ls. 28 dicembre 2013, n. 154, con la decorrenza indicata* sub *art. 1.*

10. – (1) 1. Il presidente del tribunale per i minorenni o un giudice da lui delegato, ricevuto il ricorso di cui all'articolo 9, comma 2, provvede all'immediata apertura di un procedimento relativo allo stato di abbandono del minore. Dispone immediatamente, all'occorrenza, tramite i servizi sociali locali o gli organi di pubblica sicurezza, più approfonditi accertamenti sulle condizioni giuridiche e di fatto del minore, sull'ambiente in cui ha vissuto e vive ai fini di verificare se sussiste lo stato di abbandono.

2. All'atto dell'apertura del procedimento, sono avvertiti i genitori o, in mancanza, i parenti entro il quarto grado che abbiano rapporti significativi con il minore. Con lo stesso atto il presidente del tribunale per i minorenni li invita a nominare un difensore e li informa della nomina di un difensore di ufficio per il caso che essi non vi provvedano. Tali soggetti, assistiti dal difensore, possono parteci-

pare a tutti gli accertamenti disposti dal tribunale, possono presentare istanze anche istruttorie e prendere visione ed estrarre copia degli atti contenuti nel fascicolo previa autorizzazione del giudice.

3. Il tribunale può disporre in ogni momento e fino all'affidamento preadottivo ogni opportuno provvedimento provvisorio nell'interesse del minore, ivi compresi il collocamento temporaneo presso una famiglia o una comunità di tipo familiare, la sospensione della responsabilità genitoriale dei genitori sul minore, la sospensione dell'esercizio delle funzioni del tutore e la nomina di un tutore provvisorio (2).

4. In caso di urgente necessità, i provvedimenti di cui al comma 3 possono essere adottati dal presidente del tribunale per i minorenni o da un giudice da lui delegato.

5. Il tribunale, entro trenta giorni, deve confermare, modificare o revocare i provvedimenti urgenti assunti ai sensi del comma 4. Il tribunale provvede in camera di consiglio con l'intervento del pubblico ministero, sentite tutte le parti interessate ed assunta ogni necessaria informazione. Deve inoltre essere sentito il minore che ha compiuto gli anni dodici e anche il minore di età inferiore, in considerazione della sua capacità di discernimento. I provvedimenti adottati debbono essere comunicati al pubblico ministero ed ai genitori. Si applicano le norme di cui agli articoli 330 e seguenti del codice civile.

(1) *Articolo così sostituito dall'art. 10 l. 28 marzo 2001, n. 149.*

(2) *Comma così modificato dall'art. 100[1] lett. h) d.ls. 28 dicembre 2013, n. 154, con la decorrenza indicata* sub *art. 1.*

11. – Quando dalle indagini previste nell'articolo precedente risultano deceduti i genitori del minore e non risultano esistenti parenti entro il quarto grado che abbiano rapporti significativi con il minore, il tribunale per i minorenni provvede a dichiarare lo stato di adottabilità, salvo che esistano istanze di adozione ai sensi dell'articolo 44. In tal caso il tribunale per i minorenni decide nell'esclusivo interesse del minore (1).

Nel caso in cui non risulti l'esistenza di genitori che abbiano riconosciuto il minore o la cui paternità o maternità sia stata dichiarata giudizialmente, il tribunale per i minorenni, senza eseguire ulteriori accertamenti, provvede immediatamente alla dichiarazione dello stato di adottabilità a meno che non vi sia richiesta di sospensione della procedura da parte di chi, affermando di essere uno dei genitori, chiede termine per provvedere al riconoscimento. La sospensione può essere disposta dal tribunale per un periodo massimo di due mesi sempreché nel frattempo il minore sia assistito dal genitore o dai parenti fino al quarto grado o in altro modo conveniente, permanendo comunque un rapporto con il genitore (2).

Nel caso di non riconoscibilità per difetto di età del genitore, la procedura è rinviata anche d'ufficio sino al compimento del sedicesimo anno di età del genitore, purché sussistano le condizioni menzionate nel comma precedente. Al compimento del sedicesimo anno, il genitore può chiedere ulteriore sospensione per altri due mesi. Il genitore autorizzato al riconoscimento prima del compimento del sedicesimo anno ai sensi dell'articolo 250, quinto comma, del codice civile, può chiedere ulteriore sospensione per altri due mesi dopo l'autorizzazione (2).

Ove il tribunale sospenda o rinvii la procedura ai sensi dei commi precedenti, nomina al minore, se necessario, un tutore provvisorio.

Se entro detti termini viene effettuato il riconoscimento, deve dichiararsi chiusa la procedura, ove non sussista abbandono morale e materiale. Se trascorrono i termini senza che sia stato effettuato il riconoscimento, si provvede senza altra formalità di procedura alla pronuncia dello stato di adottabilità.

Il tribunale, in ogni caso, anche a mezzo dei servizi locali, informa entrambi i presunti genitori, se possibile, o comunque quello reperibile, che si possono avvalere delle facoltà di cui al secondo e terzo comma.

Intervenuta la dichiarazione di adottabilità e l'affidamento preadottivo, il riconoscimento è privo di efficacia. Il giudizio per la dichiarazione giudiziale di paternità o maternità è sospeso di diritto e si estingue ove segua la pronuncia di adozione divenuta definitiva.

(1) *Comma così modificato dall'art. 11 l. 28 marzo 2001, n. 149.*

(2) *Comma così modificato dall'art. 100[1] lett. i) d.ls. 28 dicembre 2013, n. 154, con la decorrenza indicata* sub *art. 1.*

12. – Quando attraverso le indagini effettuate consta l'esistenza dei genitori o di parenti entro il quarto grado indicati nell'articolo precedente, che abbiano mantenuto rapporti significativi con il minore, e ne è nota la residenza, il presidente del tribunale per i minorenni con decreto motivato fissa la loro comparizione, entro un congruo termine, dinanzi a sé o ad un giudice da lui delegato.

Nel caso in cui i genitori o i parenti risiedano fuori dalla circoscrizione del tribunale per i minorenni che procede, la loro audizione può essere delegata al tribunale per i minorenni del luogo della loro residenza.

In caso di residenza all'estero è delegata l'autorità consolare competente.

Udite le dichiarazioni dei genitori o dei parenti, il presidente del tribunale per i minorenni o il giudice delegato, ove ne ravvisi l'opportunità, impartisce con decreto motivato ai genitori o ai parenti prescrizioni idonee a garantire l'assistenza morale, il mantenimento, l'istruzione e l'educazione del minore, stabilendo al tempo stesso periodici accertamenti da eseguirsi direttamente o avvalendosi del giudice tutelare o dei servizi locali, ai quali può essere affidato l'incarico di operare al fine di più validi rapporti tra il minore e la famiglia.

Il presidente o il giudice delegato può, altresì, chiedere al pubblico ministero di promuovere l'azione per la corresponsione degli alimenti a carico di chi vi è tenuto per legge e, al tempo stesso, dispone, ove d'uopo, provvedimenti temporanei ai sensi del comma 3 dell'articolo 10 (1).

(1) *Comma così modificato dall'art. 12 l. 28 marzo 2001, n. 149.*

13. – Nel caso in cui i genitori ed i parenti di cui all'articolo precedente risultino irreperibili ovvero non ne sia conosciuta la residenza, la dimora o il domicilio, il tribunale per i minorenni provvede alla loro convocazione ai sensi degli articoli 140 e 143 del codice di procedura civile, previe nuove ricerche tramite gli organi di pubblica sicurezza.

14. – (1) 1. Il tribunale per i minorenni può disporre, prima della dichiarazione di adottabilità, la sospensione del procedimento, quando da particolari circostanze emerse dalle indagini effettuate risulta che la sospensione può riuscire utile nell'interesse del minore. In tal caso la sospensione è disposta con ordinanza motivata per un periodo non superiore a un anno.

2. La sospensione è comunicata ai servizi sociali locali competenti perché adottino le iniziative opportune.

(1) *Articolo così sostituito dall'art. 13 l. 28 marzo 2001, n. 149.*

15. – (1) 1. A conclusione delle indagini e degli accertamenti previsti dagli articoli precedenti, ove risulti la situazione di abbandono di cui all'articolo 8, lo stato di adottabilità del minore è dichiarato dal tribunale per i minorenni quando:

a) i genitori ed i parenti convocati ai sensi degli articoli 12 e 13 non si sono presentati senza giustificato motivo;

b) l'audizione dei soggetti di cui alla lettera *a*) ha dimostrato il persistere della mancanza di assistenza morale e materiale e la non disponibilità ad ovviarvi;

c) le prescrizioni impartite ai sensi dell'articolo 12 sono rimaste inadempiute per responsabilità dei genitori ovvero è provata l'irrecuperabilità delle capacità genitoriali dei genitori in un tempo ragionevole (2).

2. La dichiarazione dello stato di adottabilità del minore è disposta dal tribunale per i minorenni in camera di consiglio con sentenza, sentito il pubblico ministero, nonché il rappresentante dell'istituto di assistenza pubblico o privato o della comunità di tipo familiare presso cui il minore è collocato o la persona cui egli è affidato. Devono essere, parimenti, sentiti il tutore, ove esista, ed il minore che abbia compiuto gli anni dodici e anche il minore di età inferiore, in considerazione della sua capacità di discernimento.

3. La sentenza è notificata per esteso al pubblico ministero, ai genitori, ai parenti indicati nel primo comma dell'articolo 12, al tutore, nonché al curatore speciale ove esistano, con contestuale avviso agli stessi del loro diritto di proporre impugnazione nelle forme e nei termini di cui all'articolo 17.

(1) *Articolo così sostituito dall'art. 14 l. 28 marzo 2001, n. 149.*

(2) *Lettera così sostituita dall'art. 100[1 lett. l)] d.lgs. 28 dicembre 2013, n. 154, con la decorrenza indicata* sub *art. 1.*

16. – (1) 1. Il tribunale per i minorenni, esaurita la procedura prevista nei precedenti articoli e qualora ritenga che non sussistano i presupposti per la pronuncia per lo stato di adottabilità dichiara che non vi è luogo a provvedere.

2. La sentenza è notificata per esteso al pubblico ministero, ai genitori, ai parenti indicati nel primo comma dell'articolo 12, nonché al tutore e al curatore speciale ove esistano. Il tribunale per i minorenni adotta i provvedimenti opportuni nell'interesse del minore.

3. Si applicano gli articoli 330 e seguenti del codice civile.

(1) *Articolo così sostituito dall'art. 15 l. 28 marzo 2001, n. 149.*

17. – (1) 1. Avverso la sentenza il pubblico ministero e le altre parti possono proporre impugnazione avanti la Corte d'appello, sezione per i minorenni, entro trenta giorni dalla notificazione. La Corte, sentite le parti e il pubblico ministero ed effettuato ogni altro opportuno accertamento, pronuncia sentenza in camera di consiglio e provvede al deposito della stessa in cancelleria, entro quindici giorni dalla pronuncia. La sentenza è notificata d'ufficio al pubblico ministero e alle altre parti.

2. Avverso la sentenza della Corte d'appello è ammesso ricorso per

Cassazione, entro trenta giorni dalla notificazione, per i motivi di cui ai numeri 3, 4 e 5 del primo comma dell'articolo 360 del codice di procedura civile. Si applica altresì il secondo comma dello stesso articolo.

3. L'udienza di discussione dell'appello e del ricorso deve essere fissata entro sessanta giorni dal deposito dei rispettivi atti introduttivi.

(1) *Articolo così sostituito dall'art. 16 l. 28 marzo 2001, n. 149.*

18. – (1) 1. La sentenza definitiva che dichiara lo stato di adottabilità è trascritta, a cura del cancelliere del tribunale per i minorenni, su apposito registro conservato presso la cancelleria del tribunale stesso. La trascrizione deve essere effettuata entro il decimo giorno successivo a quello della comunicazione che la sentenza di adottabilità è divenuta definitiva. A questo effetto, il cancelliere del giudice dell'impugnazione deve inviare immediatamente apposita comunicazione al cancelliere del tribunale per i minorenni.

(1) *Articolo così sostituito dall'art. 17 l. 28 marzo 2001, n. 149.*

19. – Durante lo stato di adottabilità è sospeso l'esercizio della responsabilità genitoriale (1).

Il tribunale per i minorenni nomina un tutore, ove già non esista, e adotta gli ulteriori provvedimenti nell'interesse del minore.

(1) *Comma così modificato dall'art. 100[1] lett. m) d.ls. 28 dicembre 2013, n. 154, con la decorrenza indicata* sub *art. 1.*

20. – Lo stato di adottabilità cessa per adozione o per il raggiungimento della maggiore età da parte dell'adottando.

21. – (1) 1. Lo stato di adottabilità cessa altresì per revoca, nell'interesse del minore, in quanto siano venute meno le condizioni di cui all'articolo 8, comma 1, successivamente alla sentenza di cui al comma 2 dell'articolo 15.

2. La revoca è pronunciata dal tribunale per i minorenni d'ufficio o su istanza del pubblico ministero, dei genitori, del tutore.

3. Il tribunale provvede in camera di consiglio, sentito il pubblico ministero.

4. Nel caso in cui sia in atto l'affidamento preadottivo, lo stato di adottabilità non può essere revocato.

(1) *Articolo così sostituito dall'art. 18 l. 28 marzo 2001, n. 149.*

CAPO III – *Dell'affidamento preadottivo*

22. – (1) 1. Coloro che intendono adottare devono presentare domanda al tribunale per i minorenni, specificando l'eventuale disponibilità ad adottare più fratelli ovvero minori che si trovino nelle condizioni indicate dall'articolo 3, comma 1, della legge 5 febbraio 1992, n. 104, concernente l'assistenza, l'integrazione sociale e i diritti delle persone handicappate. È ammissibile la presentazione di più domande anche successive a più tribunali per i minorenni, purché in ogni caso se ne dia comunicazione a tutti i tribunali precedentemente aditi. I tribunali cui la domanda è presentata possono richiedere copia degli atti di parte ed istruttori, relativi ai medesimi coniugi, agli altri tribunali; gli atti possono altresì essere comunicati d'ufficio. La domanda decade dopo tre anni dalla presentazione e può essere rinnovata.

2. In ogni momento a coloro che intendono adottare devono essere fornite, se richieste, notizie sullo stato del procedimento.

3. Il tribunale per i minorenni, accertati previamente i requisiti di cui all'articolo 6, dispone l'esecuzione delle adeguate indagini di cui al comma 4, ricorrendo ai servizi socio-assistenziali degli enti locali singoli o associati, nonché avvalendosi delle competenti professionalità delle aziende sanitarie locali ed ospedaliere, dando precedenza nella istruttoria alle domande dirette all'adozione di minori di età superiore a cinque anni o con handicap accertato ai sensi dell'articolo 4 della legge 5 febbraio 1992, n. 104.

4. Le indagini, che devono essere tempestivamente avviate e concludersi entro centoventi giorni, riguardano in particolare la capacità di educare il minore, la situazione personale ed economica, la salute, l'ambiente familiare dei richiedenti, i motivi per i quali questi ultimi desiderano adottare il minore. Con provvedimento motivato, il termine entro il quale devono concludersi le indagini può essere prorogato una sola volta e per non più di centoventi giorni.

5. Il tribunale per i minorenni, in base alle indagini effettuate, sceglie tra le coppie che hanno presentato domanda quella maggiormente in grado di corrispondere alle esigenze del minore.

6. Il tribunale per i minorenni, in camera di consiglio, sentiti il pubblico ministero, gli ascendenti dei richiedenti ove esistano, il minore che abbia compiuto gli anni dodici e anche il minore di età inferiore, in considerazione della sua capacità di discernimento, omessa ogni altra formalità di procedura, dispone, senza indugio, l'affidamento preadottivo, determinandone le modalità con ordinanza. Il minore che abbia compiuto gli anni quattordici deve manifestare espresso consenso all'affidamento alla coppia prescelta.

7. Il tribunale per i minorenni deve in ogni caso informare i richiedenti sui fatti rilevanti, relativi al minore, emersi dalle indagini. Non

può essere disposto l'affidamento di uno solo di più fratelli, tutti in stato di adottabilità, salvo che non sussistano gravi ragioni. L'ordinanza è comunicata al pubblico ministero, ai richiedenti ed al tutore. Il provvedimento di affidamento preadottivo è immediatamente, e comunque non oltre dieci giorni, annotato a cura del cancelliere a margine della trascrizione di cui all'articolo 18.

8. Il tribunale per i minorenni vigila sul buon andamento dell'affidamento preadottivo avvalendosi anche del giudice tutelare e dei servizi locali sociali e consultoriali. In caso di accertate difficoltà, convoca, anche separatamente, gli affidatari e il minore, alla presenza, se del caso, di uno psicologo, al fine di valutare le cause all'origine delle difficoltà. Ove necessario, dispone interventi di sostegno psicologico e sociale.

(1) *Articolo così sostituito dall'art. 19 l. 28 marzo 2001, n. 149.*

23. – (1) 1. L'affidamento preadottivo è revocato dal tribunale per i minorenni d'ufficio o su istanza del pubblico ministero o del tutore o di coloro che esercitano la vigilanza di cui all'articolo 22, comma 8, quando vengano accertate difficoltà di idonea convivenza ritenute non superabili. Il provvedimento relativo alla revoca è adottato dal tribunale per i minorenni, in camera di consiglio, con decreto motivato. Debbono essere sentiti, oltre al pubblico ministero ed al presentatore dell'istanza di revoca, il minore che abbia compiuto gli anni dodici e anche il minore di età inferiore, in considerazione della sua capacità di discernimento, gli affidatari, il tutore e coloro che abbiano svolto attività di vigilanza o di sostegno.

2. Il decreto è comunicato al pubblico ministero, al presentatore dell'istanza di revoca, agli affidatari ed al tutore. Il decreto che dispone la revoca dell'affidamento preadottivo è annotato a cura del cancelliere entro dieci giorni a margine della trascrizione di cui all'articolo 18.

3. In caso di revoca, il tribunale per i minorenni adotta gli opportuni provvedimenti temporanei in favore del minore ai sensi dell'articolo 10, comma 3. Si applicano gli articoli 330 e seguenti del codice civile.

(1) *Articolo così sostituito dall'art. 20 l. 28 marzo 2001, n. 149.*

24. – Il pubblico ministero e il tutore possono impugnare il decreto del tribunale relativo all'affidamento preadottivo o alla sua revoca, entro dieci giorni dalla comunicazione, con reclamo alla sezione per i minorenni della corte d'appello.

La corte d'appello, sentiti il ricorrente, il pubblico ministero e, ove occorra, le persone indicate nell'articolo 23 ed effettuati ogni altro accertamento ed indagine opportuni, decide in camera di consiglio con decreto motivato.

CAPO IV – *Della dichiarazione di adozione*

25. – (1) 1. Il tribunale per i minorenni che ha dichiarato lo stato di adottabilità, decorso un anno dall'affidamento, sentiti i coniugi adottanti, il minore che abbia compiuto gli anni dodici e il minore di età inferiore, in considerazione della sua capacità di discernimento, il pubblico ministero, il tutore e coloro che abbiano svolto attività di vigilanza o di sostegno, verifica che ricorrano tutte le condizioni previste dal presente capo e, senza altra formalità di procedura, provvede sull'adozione con sentenza in camera di consiglio, decidendo di fare luogo o di non fare luogo all'adozione. Il minore che abbia compiuto gli anni quattordici deve manifestare espresso consenso all'adozione nei confronti della coppia prescelta.

1-*bis*. Le disposizioni di cui al comma 1 si applicano anche nell'ipotesi di prolungato periodo di affidamento ai sensi dell'articolo 4, comma 5-*bis* (2).

2. Qualora la domanda di adozione venga proposta da coniugi che hanno discendenti, questi, se maggiori degli anni dodici, debbono essere sentiti (3).

3. Nell'interesse del minore il termine di cui al comma 1 può essere prorogato di un anno, d'ufficio o su domanda dei coniugi affidatari, con ordinanza motivata.

4. Se uno dei coniugi muore o diviene incapace durante l'affidamento preadottivo, l'adozione, nell'interesse del minore, può essere ugualmente disposta ad istanza dell'altro coniuge nei confronti di entrambi, con effetto, per il coniuge deceduto, dalla data della morte.

5. Se nel corso dell'affidamento preadottivo interviene separazione tra i coniugi affidatari, l'adozione può essere disposta nei confronti di uno solo o di entrambi, nell'esclusivo interesse del minore, qualora il coniuge o i coniugi ne facciano richiesta.

6. La sentenza che decide sull'adozione è comunicata al pubblico ministero, ai coniugi adottanti ed al tutore.

7. Nel caso di provvedimento negativo viene meno l'affidamento preadottivo ed il tribunale per i minorenni assume gli opportuni provvedimenti temporanei in favore del minore ai sensi dell'articolo 10, comma 3. Si applicano gli articoli 330 e seguenti del codice civile.

(1) *Articolo così sostituito dall'art. 21 l. 28 marzo 2001, n. 149.*

(2) *Comma inserito dall'art. 3[1] l. 19 ottobre 2015, n. 173.*

(3) *Comma così modificato dall'art. 100[1] lett. n) d.lgs. 28 dicembre 2013, n. 154, con la decorrenza indicata* sub *art. 1.*

26. – (1) 1. Avverso la sentenza che dichiara se fare luogo o non fare luogo all'adozione, entro trenta giorni dalla notifica, può essere proposta impugnazione davanti alla sezione per i minorenni della Corte d'appello da parte del pubblico ministero, dagli adottanti e dal tutore del minore. La Corte d'appello, sentite le parti ed esperito ogni accertamento ritenuto opportuno, pronuncia sentenza. La sentenza è notificata d'ufficio alle parti per esteso.

2. Avverso la sentenza della Corte d'appello è ammesso ricorso per Cassazione, che deve essere proposto entro trenta giorni dalla notifica della stessa, solo per i motivi di cui al primo comma, numero 3, dell'articolo 360 del codice di procedura civile.

3. L'udienza di discussione dell'appello e del ricorso per Cassazione deve essere fissata entro sessanta giorni dal deposito dei rispettivi atti introduttivi.

4. La sentenza che pronuncia l'adozione, divenuta definitiva, è immediatamente trascritta nel registro di cui all'articolo 18 e comunicata all'ufficiale dello stato civile che la annota a margine dell'atto di nascita dell'adottato. A questo effetto, il cancelliere del giudice dell'impugnazione deve immediatamente dare comunicazione della definitività della sentenza al cancelliere del tribunale per i minorenni.

5. Gli effetti dell'adozione si producono dal momento della definitività della sentenza.

(1) *Articolo così sostituito dall'art. 22 l. 28 marzo 2001, n. 149.*

27. – Per effetto dell'adozione l'adottato acquista lo stato di figlio nato nel matrimonio degli adottanti, dei quali assume e trasmette il cognome (1) (2).

Se l'adozione è disposta nei confronti della moglie separata, ai sensi dell'articolo 25, comma 5, l'adottato assume il cognome della famiglia di lei (3).

Con l'adozione cessano i rapporti dell'adottato verso la famiglia d'origine, salvi i divieti matrimoniali.

(1) *Comma così modificato dall'art. 100[1] lett. o) d.lgs. 28 dicembre 2013, n. 154, con la decorrenza indicata* sub *art. 1.*

(2) **C. Cost.** *31 maggio 2022, n. 131 ha dichiarato* l'illegittimità costituzionale *del presente comma nella parte in cui prevede che il figlio nato nel matrimonio assume il cognome del padre, anziché prevedere che il figlio assume i cognomi dei genitori, nell'ordine dai medesimi concordato, fatto salvo l'accordo, alla nascita, per attribuire il cognome di uno di loro soltanto e nella parte in cui prevede che l'adottato assume il cognome degli adottanti, anziché prevedere che l'adottato assume i cognomi degli adottanti, nell'ordine dai medesimi concor-*

LEGGI COMPLEMENTARI

dato, fatto salvo l'accordo, raggiunto nel procedimento di adozione, per attribuire il cognome di uno di loro soltanto.

(3) *Comma così modificato dall'art. 23 l. 28 marzo 2001, n. 149.*

28. – (1) 1. Il minore adottato è informato di tale sua condizione ed i genitori adottivi vi provvedono nei modi e termini che essi ritengono più opportuni.

2. Qualunque attestazione di stato civile riferita all'adottato deve essere rilasciata con la sola indicazione del nuovo cognome e con l'esclusione di qualsiasi riferimento alla paternità e alla maternità del minore e dell'annotazione di cui all'articolo 26, comma 4.

3. L'ufficiale di stato civile, l'ufficiale di anagrafe e qualsiasi altro ente pubblico o privato, autorità o pubblico ufficio debbono rifiutarsi di fornire notizie, informazioni, certificazioni, estratti o copie dai quali possa comunque risultare il rapporto di adozione, salvo autorizzazione espressa dell'autorità giudiziaria. Non è necessaria l'autorizzazione qualora la richiesta provenga dall'ufficiale di stato civile, per verificare se sussistano impedimenti matrimoniali.

4. Le informazioni concernenti l'identità dei genitori biologici possono essere fornite ai genitori adottivi, quali esercenti la responsabilità genitoriale, su autorizzazione del tribunale per i minorenni, solo se sussistono gravi e comprovati motivi. Il tribunale accerta che l'informazione sia preceduta e accompagnata da adeguata preparazione e assistenza del minore. Le informazioni possono essere fornite anche al responsabile di una struttura ospedaliera o di un presidio sanitario, ove ricorrano i presupposti della necessità e della urgenza e vi sia grave pericolo per la salute del minore (2).

5. L'adottato, raggiunta l'età di venticinque anni, può accedere a informazioni che riguardano la sua origine e l'identità dei propri genitori biologici. Può farlo anche raggiunta la maggiore età, se sussistono gravi e comprovati motivi attinenti alla sua salute psicofisica. L'istanza deve essere presentata al tribunale per i minorenni del luogo di residenza.

6. Il tribunale per i minorenni procede all'audizione delle persone di cui ritenga opportuno l'ascolto; assume tutte le informazioni di carattere sociale e psicologico, al fine di valutare che l'accesso alle notizie di cui al comma 5 non comporti grave turbamento all'equilibrio psico-fisico del richiedente. Definita l'istruttoria, il tribunale per i minorenni autorizza con decreto l'accesso alle notizie richieste.

7. L'accesso alle informazioni non è consentito nei confronti della madre che abbia dichiarato alla nascita di non volere essere nomi-

nata ai sensi dell'articolo 30, comma 1, del decreto del Presidente della Repubblica 3 novembre 2000, n. 396 (3) (4).

8. Fatto salvo quanto previsto dai commi precedenti, l'autorizzazione non è richiesta per l'adottato maggiore di età quando i genitori adottivi sono deceduti o divenuti irreperibili.

(1) *Articolo così sostituito dall'art. 24 l. 28 marzo 2001, n. 149.*

(2) *Comma così modificato dall'art. 100[1] lett. p) d.ls. 28 dicembre 2013, n. 154, con la decorrenza indicata sub art. 1.*

(3) *Comma così sostituito dall'art. 177[2] d.ls. 30 giugno 2003, n. 196.*

(4) ***C. cost.*** *22 novembre 2013, n. 278 ha dichiarato l'illegittimità costituzionale del presente comma, come sostituito dall'art. 177[2] d.ls. n. 196, cit., « nella parte in cui non prevede – attraverso un procedimento, stabilito dalla legge, che assicuri la massima riservatezza – la possibilità per il giudice di interpellare la madre – che abbia dichiarato di non voler essere nominata ai sensi dell'art. 30, comma 1, del d.P.R. 3 novembre 2000, n. 396 (Regolamento per la revisione e la semplificazione dell'ordinamento dello stato civile, a norma dell'articolo 2, comma 12, della legge 15 maggio 1997, n. 127) – su richiesta del figlio, ai fini di una eventuale revoca di tale dichiarazione ».*

TITOLO III
Dell'adozione internazionale

CAPO I – *Dell'adozione di minori stranieri* (1) (2)

(1) *L'intero capo è stato così sostituito dall'art. 3 l. 31 dicembre 1998, n. 476.*

(2) *In tema di rimborso delle spese sostenute dai genitori adottivi per l'espletamento delle procedure di adozione internazionale, v. d.P.C.M. 17 luglio 2009 (G.U. 11 settembre 2009, n. 211).*

29. – (1) 1. L'adozione di minori stranieri ha luogo conformemente ai principi e secondo le direttive della Convenzione per la tutela dei minori e la cooperazione in materia di adozione internazionale, fatta a L'Aja il 29 maggio 1993, di seguito denominata « Convenzione », a norma delle disposizioni contenute nella presente legge.

(1) *V. nota 1 al Capo I del Titolo III.*

29-*bis*. – (1) 1. Le persone residenti in Italia, che si trovano nelle condizioni prescritte dall'articolo 6 e che intendono adottare un minore straniero residente all'estero, presentano dichiarazioni di disponibilità al tribunale per i minorenni del distretto in cui hanno la residenza e chiedono che lo stesso dichiari la loro idoneità all'adozione.

2. Nel caso di cittadini italiani residenti in uno Stato straniero, fatto salvo quanto stabilito nell'articolo 36, comma 4, è competente il

tribunale per i minorenni del distretto in cui si trova il luogo della loro ultima residenza; in mancanza, è competente il tribunale per i minorenni di Roma.

3. Il tribunale per i minorenni, se non ritiene di dover pronunciare immediatamente decreto di inidoneità per manifesta carenza dei requisiti, trasmette, entro quindici giorni dalla presentazione, copia della dichiarazione di disponibilità ai servizi degli enti locali.

4. I servizi socio-assistenziali degli enti locali singoli o associati, anche avvalendosi per quanto di competenza delle aziende sanitarie locali e ospedaliere, svolgono le seguenti attività:

a) informazione sull'adozione internazionale e sulle relative procedure, sugli enti autorizzati e sulle altre forme di solidarietà nei confronti dei minori in difficoltà, anche in collaborazione con gli enti autorizzati di cui all'articolo 39-*ter*;

b) preparazione degli aspiranti all'adozione, anche in collaborazione con i predetti enti;

c) acquisizione di elementi sulla situazione personale, familiare e sanitaria degli aspiranti genitori adottivi, sul loro ambiente sociale, sulle motivazioni che li determinano, sulla loro attitudine, a farsi carico di un'adozione internazionale, sulla loro capacità di rispondere in modo adeguato alle esigenze di più minori o di uno solo, sulle eventuali caratteristiche particolari dei minori che essi sarebbero in grado di accogliere, nonché acquisizione di ogni altro elemento utile per la valutazione da parte del tribunale per i minorenni della loro idoneità all'adozione.

5. I servizi trasmettono al tribunale per i minorenni, in esito all'attività svolta, una relazione completa di tutti gli elementi indicati al comma 4, entro i quattro mesi successivi alla trasmissione della dichiarazione di disponibilità.

(1) *V. nota 1 al Capo I del Titolo III.*

30. – (1) 1. Il tribunale per i minorenni, ricevuta la relazione di cui all'articolo 29-*bis*, comma 5, sente gli aspiranti all'adozione, anche a mezzo di un giudice delegato, dispone se necessario gli opportuni approfondimenti e pronuncia, entro i due mesi successivi, decreto motivato attestante la sussistenza ovvero l'insussistenza dei requisiti per adottare.

2. Il decreto di idoneità ad adottare ha efficacia per tutta la durata della procedura, che deve essere promossa dagli interessati entro un anno dalla comunicazione del provvedimento. Il decreto contiene anche indicazioni per favorire il migliore incontro tra gli aspiranti all'adozione ed il minore da adottare.

3. Il decreto è trasmesso immediatamente, con copia della relazione e della documentazione esistente negli atti, alla Commissione di cui all'articolo 38 e, se già indicato dagli aspiranti all'adozione, all'ente autorizzato di cui all'articolo 39-*ter*.

4. Qualora il decreto di idoneità, previo ascolto degli interessati, sia revocato per cause sopravvenute che incidano in modo rilevante sul giudizio di idoneità, il tribunale per i minorenni comunica immediatamente il relativo provvedimento alla Commissione ed all'ente autorizzato di cui al comma 3.

5. Il decreto di idoneità ovvero di inidoneità e quello di revoca sono reclamabili davanti alla corte d'appello, a termini degli articoli 739 e 740 del codice di procedura civile, da parte del pubblico ministero e degli interessati.

(1) *V. nota 1 al Capo I del Titolo III.*

31. – (1) 1. Gli aspiranti all'adozione, che abbiano ottenuto il decreto di idoneità, devono conferire incarico a curare la procedura di adozione ad uno degli enti autorizzati di cui all'articolo 39-*ter*.

2. Nelle situazioni considerate dall'articolo 44, primo comma, lettera *a*), il tribunale per i minorenni può autorizzare gli aspiranti adottanti, valutate le loro personalità, ad effettuare direttamente le attività previste alle lettere *b*), *d*), *e*), *f*), ed *h*) del comma 3 del presente articolo.

3. L'ente autorizzato che ha ricevuto l'incarico di curare la procedura di adozione:

a) informa gli aspiranti sulle procedure che inizierà e sulle concrete prospettive di adozione;

b) svolge le pratiche di adozione presso le competenti autorità del Paese indicato dagli aspiranti all'adozione tra quelli con cui esso intrattiene rapporti, trasmettendo alle stesse la domanda di adozione, unitamente al decreto di idoneità ed alla relazione ad esso allegata, affinché le autorità straniere formulino le proposte di incontro tra gli aspiranti all'adozione ed il minore da adottare;

c) raccoglie dall'autorità straniera la proposta di incontro tra gli aspiranti all'adozione ed il minore da adottare, curando che sia accompagnata da tutte le informazioni di carattere sanitario riguardanti il minore, dalle notizie riguardanti la sua famiglia di origine e le sue esperienze di vita;

d) trasferisce tutte le informazioni e tutte le notizie riguardanti il minore agli aspiranti genitori adottivi, informandoli della proposta di incontro tra gli aspiranti all'adozione ed il minore da adottare e assistendoli in tutte le attività da svolgere nel Paese straniero;

LEGGI COMPLEMENTARI

e) riceve il consenso scritto all'incontro tra gli aspiranti all'adozione ed il minore da adottare, proposto dall'autorità straniera, da parte degli aspiranti all'adozione, ne autentica le firme e trasmette l'atto di consenso all'autorità straniera, svolgendo tutte le altre attività dalla stessa richieste; l'autenticazione delle firme degli aspiranti adottanti può essere effettuata anche dall'impiegato comunale delegato all'autentica o da un notaio o da un segretario di qualsiasi ufficio giudiziario;

f) riceve dall'autorità straniera attestazione della sussistenza delle condizione di cui all'articolo 4 della Convenzione e concorda con la stessa, qualora ne sussistano i requisiti, l'opportunità di procedere all'a dozione ovvero, in caso contrario, prende atto del mancato accordo e ne dà immediata informazione alla Commissione di cui all'articolo 38 comunicandone le ragioni; ove sia richiesto dallo Stato di origine, approva la decisione di affidare il minore o i minori ai futuri genitori adottivi;

g) informa immediatamente la Commissione, il tribunale per i minorenni e i servizi dell'ente locale della decisione di affidamento dell'autorità straniera e richiede alla Commissione, trasmettendo la documentazione necessaria, l'autorizzazione all'ingresso e alla residenza permanente del minore o dei minori in Italia;

h) certifica la data di inserimento del minore presso i coniugi affidatari o i genitori adottivi;

i) riceve dall'autorità straniera copia degli atti e della documentazione relativi al minore e li trasmette immediatamente al tribunale per i minorenni e alla Commissione;

l) vigila sulle modalità di trasferimento in Italia e si adopera affinché questo avvenga in compagnia degli adottanti o dei futuri adottanti;

m) svolge in collaborazione con i servizi dell'ente locale attività di sostegno del nucleo adottivo fin dall'ingresso del minore in Italia su richiesta degli adottanti;

n) (2);

o) certifica, nell'ammontare complessivo agli effetti di quanto previsto dall'articolo 10, comma 1, lettera *l-bis*), del testo unico delle imposte sui redditi, approvato con decreto del Presidente della Repubblica 22 dicembre 1986, n. 917, le spese sostenute dai genitori adottivi per l'espletamento della procedura di adozione.

(1) *V. nota 1 al Capo I del Titolo III.*

(2) *Lettera abrogata dall'art. 86[2 lett. c)] d.lgs. 26 marzo 2001, n. 151. V. artt. 27 e 37 d.lgs. n. 151, cit.*

32. – (1) 1. La Commissione di cui all'articolo 38, ricevuti gli atti di cui all'articolo 31 e valutate le conclusioni dell'ente incaricato, dichiara che l'adozione risponde al superiore interesse del minore e ne autorizza l'ingresso e la residenza permanente in Italia.

2. La dichiarazione di cui al comma 1 non è ammessa:

a) quando dalla documentazione trasmessa dall'autorità del Paese straniero non emerge la situazione di abbandono del minore e la constatazione dell'impossibilità di affidamento o di adozione nello Stato di origine;

b) qualora nel Paese straniero l'adozione non determini per l'adottato l'acquisizione dello stato di figlio nato nel matrimonio e la cessazione dei rapporti giuridici fra il minore e la famiglia di origine, a meno che i genitori biologici abbiano espressamente consentito al prodursi di tali effetti (2).

3. Anche quando l'adozione pronunciata nello Stato straniero non produce la cessazione dei rapporti giuridici con la famiglia d'origine, la stessa può essere convertita in una adozione che produca tale effetto, se il tribunale per i minorenni la riconosce conforme alla Convenzione. Solo in caso di riconoscimento di tale conformità, è ordinata la trascrizione.

4. Gli uffici consolari italiani all'estero collaborano, per quanto di competenza, con l'ente autorizzato per il buon esito della procedura di adozione. Essi, dopo aver ricevuto formale comunicazione da parte della Commissione ai sensi dell'articolo 39, comma 1, lettera *h*), rilasciano il visto di ingresso per l'adozione a beneficio del minore adottando.

(1) *V. nota 1 al Capo I del Titolo III.*

(2) *Lettera così modificata dall'art. 100[1 lett. q)] d.lgs. 28 dicembre 2013, n. 154, con la decorrenza indicata* sub *art. 1.*

33. – (1) 1. Ai minori che non sono muniti di visto di ingresso rilasciato ai sensi dell'articolo 32 della presente legge e che non sono accompagnati da almeno un genitore o da parenti entro il quarto grado si applicano le disposizioni dell'articolo 19, comma 1-*bis*, del testo unico di cui al decreto legislativo 25 luglio 1998, n. 286 (2).

2. È fatto divieto alle autorità consolari italiane di concedere a minori stranieri il visto di ingresso nel territorio dello Stato a scopo di adozione, al di fuori delle ipotesi previste dal presente Capo e senza la previa autorizzazione della Commissione di cui all'articolo 38.

3. Coloro che hanno accompagnato alla frontiera un minore al quale non viene consentito l'ingresso in Italia provvedono a proprie

spese al suo rimpatrio immediato nel Paese di origine. Gli uffici di frontiera segnalano immediatamente il caso alla Commissione affinché prenda contatto con il Paese di origine del minore per assicurarne la migliore collocazione nel suo superiore interesse.

4. Il divieto di cui al comma 1 non opera nel caso in cui, per eventi bellici, calamità naturali o eventi eccezionali secondo quanto previsto dall'articolo 18 della legge 6 marzo 1998, n. 40, o per altro grave impedimento di carattere oggettivo, non sia possibile l'espletamento delle procedure di cui al presente Capo e sempre che sussistano motivi di esclusivo interesse del minore all'ingresso nello Stato. In questi casi gli uffici di frontiera segnalano l'ingresso del minore alla Commissione ed al tribunale per i minorenni competente in relazione al luogo di residenza di coloro che lo accompagnano.

5. Qualora sia comunque avvenuto l'ingresso di un minore nel terri torio dello Stato al di fuori delle situazioni consentite, il pubblico ufficiale o l'ente autorizzato che ne ha notizia lo segnala al tribunale per i minorenni competente in relazione al luogo in cui il minore si trova. Il tribunale, adottato ogni opportuno provvedimento temporaneo nell'interesse del minore, provvede ai sensi dell'articolo 37-*bis*, qualora ne sussistano i presupposti, ovvero segnala la situazione alla Commissione affinché prenda contatto con il Paese di origine del minore e si proceda ai sensi dell'articolo 34.

(1) *V. nota 1 al Capo I del Titolo III.*

(2) *Comma così sostituito dall'art. 3[2] l. 7 aprile 2017, n. 47. Il testo del comma era il seguente:* « 1. Fatte salve le ordinarie disposizioni relative all'ingresso nello Stato per fini familiari, turistici, di studio e di cura, non è consentito l'ingresso nello Stato a minori che non sono muniti di visto di ingresso rilasciato ai sensi dell'articolo 32 ovvero che non sono accompagnati da almeno un genitore o da parenti entro il quarto grado ».

34. – (1) 1. Il minore che ha fatto ingresso nel territorio dello Stato sulla base di un provvedimento straniero di adozione o di affidamento a scopo di adozione gode, dal momento dell'ingresso, di tutti i diritti attribuiti al minore italiano in affidamento familiare.

2. Dal momento dell'ingresso in Italia e per almeno un anno, ai fini di una corretta integrazione familiare e sociale, i servizi socio-assistenziali degli enti locali e gli enti autorizzati, su richiesta degli interessati, assistono gli affidatari, i genitori adottivi e il minore. Essi in ogni caso riferiscono al tribunale per i minorenni sull'andamento dell'inserimento, segnalando le eventuali difficoltà per gli opportuni interventi.

3. Il minore adottato acquista la cittadinanza italiana per effetto

della trascrizione del provvedimento di adozione nei registri dello stato civile.

(1) *V. nota 1 al Capo I del Titolo III.*

35. – (1) 1. L'adozione pronunciata all'estero produce nell'ordinamento italiano gli effetti di cui all'articolo 27.

2. Qualora l'adozione sia stata pronunciata nello Stato estero prima dell'arrivo del minore in Italia, il tribunale verifica che nel provvedimento dell'autorità che ha pronunciato l'adozione risulti la sussistenza delle condizioni delle adozioni internazionali previste dall'articolo 4 della Convenzione.

3. Il tribunale accerta inoltre che l'adozione non sia contraria ai principi fondamentali che regolano nello Stato il diritto di famiglia e dei minori, valutati in relazione al superiore interesse del minore, e se sussistono la certificazione di conformità alla Convenzione di cui alla lettera *i*) e l'autorizzazione prevista dalla lettera *h*) del comma 1 dell'articolo 39, ordina la trascrizione del provvedimento di adozione nei registri dello stato civile.

4. Qualora l'adozione debba perfezionarsi dopo l'arrivo del minore in Italia, il tribunale per i minorenni riconosce il provvedimento dell'autorità straniera come affidamento preadottivo, se non contrario ai principi fondamentali che regolano nello Stato il diritto di famiglia e dei minori, valutati in relazione al superiore interesse del minore, e stabilisce la durata del predetto affidamento in un anno che decorre dall'inserimento del minore nella nuova famiglia. Decorso tale periodo, se ritiene che la sua permanenza nella famiglia che lo ha accolto è tuttora conforme all'interesse del minore, il tribunale per i minorenni pronuncia l'adozione e ne dispone la trascrizione nei registri dello stato civile. In caso contrario, anche prima che sia decorso il periodo di affidamento preadottivo, lo revoca e adotta i provvedimenti di cui all'articolo 21 della Convenzione. In tal caso il minore che abbia compiuto gli anni 14 deve sempre esprimere il consenso circa i provvedimenti da assumere; se ha raggiunto gli anni 12 deve essere personalmente sentito; se di età inferiore deve essere sentito e ove ciò non alteri il suo equilibrio psico-emotivo, tenuto conto della valutazione dello psicologo nominato dal tribunale (2).

5. Competente per la pronuncia dei provvedimenti è il tribunale per i minorenni del distretto in cui gli aspiranti all'adozione hanno la residenza nel momento dell'ingresso del minore in Italia.

6. Fatto salvo quanto previsto nell'articolo 36, non può comunque essere ordinata la trascrizione nei casi in cui:

a) il provvedimento di adozione riguarda adottanti non in possesso dei requisiti previsti dalla legge italiana sull'adozione;

b) non sono state rispettate le indicazioni contenute nella dichiarazione di idoneità;

c) non è possibile la conversione in adozione produttiva degli effetti di cui all'articolo 27;

d) l'adozione o l'affidamento stranieri non si sono realizzati tramite le autorità centrali e un ente autorizzato;

e) l'inserimento del minore nella famiglia adottiva si è manifestato contrario al suo interesse.

(1) *V. nota 1 al Capo I del Titolo III.*

(2) *Comma così modificato dall'art. 32[1] l. 28 marzo 2001, n. 149.*

36. – (1) 1. L'adozione internazionale dei minori provenienti da Stati che hanno ratificato la Convenzione, o che nello spirito della Convenzione abbiano stipulato accordi bilaterali, può avvenire solo con le procedure e gli effetti previsti dalla presente legge.

2. L'adozione o l'affidamento a scopo adottivo, pronunciati in un Paese non aderente alla Convenzione né firmatario di accordi bilaterali, possono essere dichiarati efficaci in Italia a condizione che:

a) sia accertata la condizione di abbandono del minore straniero o il consenso dei genitori biologici (2) ad una adozione che determini per il minore adottato l'acquisizione dello stato di figlio nato nel matrimonio (2) degli adottanti e la cessazione dei rapporti giuridici fra il minore e la famiglia d'origine;

b) gli adottanti abbiano ottenuto il decreto di idoneità previsto dall'articolo 30 e le procedure adottive siano state effettuate con l'intervento della Commissione di cui all'articolo 38 e di un ente autorizzato;

c) siano state rispettate le indicazioni contenute nel decreto di idoneità;

d) sia stata concessa l'autorizzazione prevista dall'articolo 39, comma 1, lettera *h*).

3. Il relativo provvedimento è assunto dal tribunale per i minorenni che ha emesso il decreto di idoneità all'adozione. Di tale provvedimento è data comunicazione alla Commissione, che provvede a quanto disposto dall'articolo 39, comma 1, lettera *e*).

4. L'adozione pronunciata dalla competente autorità di un Paese straniero a istanza di cittadini italiani, che dimostrino al momento della pronuncia di aver soggiornato continuativamente nello stesso e di avervi avuto la residenza da almeno due anni, viene riconosciuta

ad ogni effetto in Italia con provvedimento del tribunale per i minorenni, purché conforme ai principi della Convenzione.

(1) *V. nota 1 al Capo I del Titolo III.*

(2) *Comma così modificato dall'art. 100[1] lett. r) d.ls. 28 dicembre 2013, n. 154, con la decorrenza indicata* sub *art. 1.*

37. – (1) 1. Successivamente all'adozione, la Commissione di cui all'articolo 38 può comunicare ai genitori adottivi, eventualmente tramite il tribunale per i minorenni, solo le informazioni che hanno rilevanza per lo stato di salute dell'adottato.

2. Il tribunale per i minorenni che ha emesso i provvedimenti indicati dagli articoli 35 e 36 e la Commissione conservano le informazioni acquisite sull'origine del minore, sull'identità dei suoi genitori biologici (2) e sull'anamnesi sanitaria del minore e della sua famiglia di origine.

3. Per quanto concerne l'accesso alle altre informazioni valgono le disposizioni vigenti in tema di adozione di minori italiani.

(1) *V. nota 1 al Capo I del Titolo III.*

(2) *Comma così modificato dall'art. 100[1] lett. s) d.ls. 28 dicembre 2013, n. 154, con la decorrenza indicata* sub *art. 1.*

37-*bis*. – (1) 1. Al minore straniero che si trova nello Stato in situazione di abbandono si applica la legge italiana in materia di adozione, di affidamento e di provvedimenti necessari in caso di urgenza.

(1) *V. nota 1 al Capo I del Titolo III.*

38. – (1) 1. Ai fini indicati dall'articolo 6 della Convenzione è costituita presso la Presidenza del Consiglio dei ministri la Commissione per le adozioni internazionali.

2. (2).

3. (3).

4. (4).

5. La Commissione si avvale di personale dei ruoli della Presidenza del Consiglio dei ministri e di altre amministrazioni pubbliche.

(1) *V. nota 1 al Capo I del Titolo III.*

(2) *Comma dapprima sostituito dall'art. 2[1] lett. a) l. 16 gennaio 2003, n. 3 e da ultimo abrogato dall'art. 1[19-quinquies] d.l. 18 maggio 2006, n. 181, conv., con modif., in l. 17 luglio 2006, n. 233, a decorrere dalla data di entrata in vigore del d.P.R. 8 giugno 2007, n. 108 (9 agosto 2007). V. ora art. 4 d.P.R. n. 108, cit.*

(3) *Comma dapprima modificato dall'art. 39-*duodetricies *d.l. 30 dicembre 2005, n. 273, conv., con modif., in l. 23 febbraio 2006, n. 51, e da ultimo abrogato dall'art. 1[19-quinquies] d.l. n.*

181, cit., a decorrere dalla data di entrata in vigore del d.P.R. n. 108, cit. (9 agosto 2007). V. ora art. 5 d.P.R. n. 108, cit.

(4) *Comma dapprima modificato dall'art. 2[1 lett. b)] l. n. 3, cit., e da ultimo abrogato dall'art. 1[19-quinquies] d.l. n. 181, cit., a decorrere dalla data di entrata in vigore del d.P.R. n. 108, cit. (9 agosto 2007). V. ora art. 5 d.P.R. n. 108, cit.*

39. – (1).

(1) *Articolo dapprima sostituito dall'art. 3 l. 31 dicembre 1998, n. 476 e da ultimo abrogato dall'art. 1[19-quinquies] d.l. 18 maggio 2006, n. 181, conv., con modif., in l. 17 luglio 2006, n. 233, a decorrere dalla data di entrata in vigore del d.P.R. 8 giugno 2007, n. 108 (9 agosto 2007). V. ora art. 6 d.P.R. n. 108, cit.*

39-*bis*. – (1) 1. Le regioni e le province autonome di Trento e di Bolzano nell'ambito delle loro competenze:

a) concorrono a sviluppare una rete di servizi in grado di svolgere i compiti previsti dalla presente legge;

b) vigilano sul funzionamento delle strutture e dei servizi che operano nel territorio per l'adozione internazionale, al fine di garantire livelli adeguati di intervento;

c) promuovono la definizione di protocolli operativi e convenzioni fra enti autorizzati e servizi, nonché forme stabili di collegamento fra gli stessi e gli organi giudiziari minorili.

2. Le regioni e le province autonome di Trento e di Bolzano possono istituire un servizio per l'adozione internazionale che sia in possesso dei requisiti di cui all'articolo 39-*ter* e svolga per le coppie che lo richiedano al momento della presentazione della domanda di adozione internazionale le attività di cui all'articolo 31, comma 3.

3. I servizi per l'adozione internazionale di cui al comma 2 sono istituiti e disciplinati con legge regionale o provinciale in attuazione dei principi di cui alla presente legge. Alle regioni e alle province autonome di Trento e di Bolzano sono delegate le funzioni amministrative relative ai servizi per l'adozione internazionale.

(1) *V. nota 1 al Capo I del Titolo III.*

39-*ter*. – (1) (2) 1. Al fine di ottenere l'autorizzazione prevista dall'articolo 39, comma 1, lettera *c*), e per conservarla, gli enti debbono essere in possesso dei seguenti requisiti:

a) essere diretti e composti da persone con adeguata formazione e competenza nel campo dell'adozione internazionale, e con idonee qualità morali;

b) avvalersi dell'apporto di professionisti in campo sociale, giuridico e psicologico, iscritti al relativo albo professionale, che abbiano la capacità di sostenere i coniugi prima, durante e dopo l'adozione;

c) disporre di un'adeguata struttura organizzativa in almeno una regione o in una provincia autonoma in Italia e delle necessarie strutture personali per operare nei Paesi stranieri in cui intendono agire;

d) non avere fini di lucro, assicurare una gestione contabile assolutamente trasparente, anche sui costi necessari per l'espletamento della procedura, ed una metodologia operativa corretta e verificabile;

e) non avere e non operare pregiudiziali discriminazioni nei confronti delle persone che aspirano all'adozione, ivi comprese le discriminazioni di tipo ideologico e religioso;

f) impegnarsi a partecipare ad attività di promozione dei diritti dell'infanzia, preferibilmente attraverso azioni di cooperazione allo sviluppo, anche in collaborazione con le organizzazioni non governative, e di attuazione del principio di sussidiarietà dell'adozione internazionale nei Paesi di provenienza dei minori;

g) avere sede legale nel territorio nazionale.

(1) *V. nota 1 al Capo I del Titolo III.*

(2) *Per i criteri e le procedure, relativi all'autorizzazione agli enti di cui al presente articolo, v. d.P.R. 8 giugno 2007, n. 108.*

39-*quater*. – (1).

(1) *Articolo dapprima introdotto dall'art. 3 l. 31 dicembre 1998, n. 476 e successivamente abrogato dall'art. 86[2 lett. c)] d.lgs. 26 marzo 2001, n. 151. V. artt. 27 e 37 d.lgs. n. 151, cit.*

CAPO II – *Dell'espatrio di minori a scopo di adozione*

40. – I residenti all'estero, stranieri o cittadini italiani, che intendono adottare un cittadino italiano minore di età, devono presentare domanda al console italiano competente per territorio, che la inoltra al tribunale per i minorenni del distretto dove si trova il luogo di dimora del minore, ovvero il luogo del suo ultimo domicilio; in mancanza di dimora o di precedente domicilio nello Stato, è competente il tribunale per i minorenni di Roma.

Agli stranieri stabilmente residenti in Paesi che hanno ratificato la Convenzione, in luogo della procedura disciplinata dal primo comma si applicano le procedure stabilite nella Convenzione per quanto riguarda l'intervento ed i compiti delle autorità centrali e degli enti autorizzati. Per il resto si applicano le disposizioni della presente legge (1).

(1) *Comma aggiunto dall'art. 5[1] l. 31 dicembre 1998, n. 476.*

41. – Il console del luogo ove risiedono gli adottanti vigila sul buon andamento dell'affidamento preadottivo avvalendosi, ove lo ritenga opportuno, dell'ausilio di idonee organizzazioni assistenziali italiane o straniere.

Qualora insorgano difficoltà di ambientamento del minore nella famiglia dei coniugi affidatari o si verifichino, comunque, fatti incompatibili con l'affidamento preadottivo, il console deve immediatamente darne notizia scritta al tribunale per i minorenni che ha pronunciato l'affidamento.

Il console del luogo ove risiede il minore vigila per quanto di propria competenza perché i provvedimenti dell'autorità italiana relativi al minore abbiano esecuzione e se del caso provvede al rimpatrio del minore.

Nel caso di adozione di minore stabilmente residente in Italia da parte di cittadini stranieri residenti stabilmente in Paesi che hanno ratificato la Convenzione, le funzioni attribuite al console dal presente articolo sono svolte dall'autorità centrale straniera e dall'ente autorizzato (1).

(1) *Comma aggiunto dall'art. 5[2] l. 31 dicembre 1998, n. 476.*

42. – Qualora sia in corso nel territorio dello Stato un procedimento di adozione di un minore affidato a stranieri, o a cittadini italiani residenti all'estero, non può essere reso esecutivo un provvedimento di adozione dello stesso minore pronunciato da autorità straniera.

43. – Le disposizioni di cui ai commi 4 e 5 dell'articolo 9 si applicano anche ai cittadini italiani residenti all'estero (1).

Per quanto riguarda lo svolgimento delle funzioni consolari, si appli cano, in quanto compatibili, gli articoli 34, 35 e 36 del decreto del Presidente della Repubblica 5 gennaio 1967, n. 200.

Competente ad accertare la situazione di abbandono del cittadino minore di età che si trovi all'estero e a disporre i conseguenti provvedimenti temporanei nel suo interesse ai sensi dell'articolo 10, compreso se del caso il rimpatrio, è il tribunale per i minorenni del distretto ove si trova il luogo di ultimo domicilio del minore; in mancanza di precedente domicilio nello Stato è competente il tribunale per i minorenni di Roma.

(1) *Comma così modificato dall'art. 33 l. 28 marzo 2001, n. 149.*

Titolo IV
Dell'adozione in casi particolari

Capo I – *Dell'adozione in casi particolari e dei suoi effetti*

44. – (1) 1. I minori possono essere adottati anche quando non ricorrono le condizioni di cui al comma 1 dell'articolo 7:

a) da persone unite al minore da vincolo di parentela fino al sesto grado o da preesistente rapporto stabile e duraturo, anche maturato nell'ambito di un prolungato periodo di affidamento, quando il minore sia orfano di padre e di madre (2);

b) dal coniuge nel caso in cui il minore sia figlio anche adottivo dell'altro coniuge;

c) quando il minore si trovi nelle condizioni indicate dall'articolo 3, comma 1, della legge 5 febbraio 1992, n. 104, e sia orfano di padre e di madre;

d) quando vi sia la constatata impossibilità di affidamento preadottivo.

2. L'adozione, nei casi indicati nel comma 1, è consentita anche in presenza di figli (3).

3. Nei casi di cui alle lettere *a*), *c*), e *d*) del comma 1 l'adozione è consentita, oltre che ai coniugi, anche a chi non è coniugato. Se l'adottante è persona coniugata e non separata, l'adozione può essere tuttavia disposta solo a seguito di richiesta da parte di entrambi i coniugi.

4. Nei casi di cui alle lettere *a*) e *d*) del comma 1 l'età dell'adottante deve superare di almeno diciotto anni quella di coloro che egli intende adottare.

(1) *Articolo così sostituito dall'art. 25 l. 28 marzo 2001, n. 149.*
(2) *Lettera così modificata dall'art. 4[1] l. 19 ottobre 2015, n. 173.*
(3) *Comma così modificatodall'art. 100[1 lett. t)] d.lgs. 28 dicembre 2013, n. 154, con la decorrenza indicata* sub *art. 1.*

45. – (1) 1. Nel procedimento di adozione nei casi previsti dall'articolo 44 si richiede il consenso dell'adottante e dell'adottando che abbia compiuto il quattordicesimo anno di età.

2. Se l'adottando ha compiuto gli anni dodici deve essere personalmente sentito; se ha una età inferiore, deve essere sentito, in considerazione della sua capacità di discernimento.

3. In ogni caso, se l'adottando non ha compiuto gli anni quattordici, l'adozione deve essere disposta dopo che sia stato sentito il suo legale rappresentante.

4. Quando l'adozione deve essere disposta nel caso previsto dall'articolo 44, comma 1, lettera *c*), deve essere sentito il legale rappresentante dell'adottando in luogo di questi, se lo stesso non può esserlo o non può prestare il proprio consenso ai sensi del presente articolo a causa delle sue condizioni di minorazione.

(1) *Articolo così sostituito dall'art. 26 l. 28 marzo 2001, n. 149.*

46. – Per l'adozione è necessario l'assenso dei genitori e del coniuge dell'adottando.

Quando è negato l'assenso previsto dal primo comma, il tribunale, sentiti gli interessati, su istanza dell'adottante, può, ove ritenga il rifiuto ingiustificato o contrario all'interesse dell'adottando, pronunziare ugualmente l'adozione, salvo che l'assenso sia stato rifiutato dai genitori esercenti la responsabilità genitoriale o dal coniuge, se convivente, dell'adottando. Parimenti il tribunale può pronunciare l'adozione quando è impossibile ottenere l'assenso per incapacità o irreperibilità delle persone chiamate ad esprimerlo (1).

(1) *Comma così modificato dall'art. 100[1] lett. u) d.ls. 28 dicembre 2013, n. 154, con la decorrenza indicata* sub *art. 1.*

47. – (1) 1. L'adozione produce i suoi effetti dalla data della sentenza che la pronuncia. Finché la sentenza non è emanata, tanto l'adottante quanto l'adottando possono revocare il loro consenso.

2. Se uno dei coniugi muore dopo la prestazione del consenso e prima della emanazione della sentenza, si può procedere, su istanza dell'altro coniuge, al compimento degli atti necessari per l'adozione.

3. Se l'adozione è ammessa, essa produce i suoi effetti dal momento della morte dell'adottante.

(1) *Articolo così sostituito dall'art. 27 l. 28 marzo 2001, n. 149.*

48. – Se il minore è adottato da due coniugi, o dal coniuge di uno dei genitori, la responsabilità genitoriale sull'adottato ed il relativo esercizio spettano ad entrambi (1).

L'adottante ha l'obbligo di mantenere l'adottato, di istruirlo ed educarlo conformemente a quanto prescritto dall'articolo 147 del codice civile.

Se l'adottato ha beni propri, l'amministrazione di essi, durante la minore età dell'adottato stesso, spetta all'adottante, il quale non ne ha l'usufrutto legale, ma può impiegarne le rendite per le spese di mantenimento, istruzione ed educazione del minore con l'obbligo di investirne l'eccedenza in modo fruttifero. Si applicano le disposizioni dell'articolo 382 del codice civile.

(1) *Comma così modificato dall'art. 100[1] lett. v) d.ls. 28 dicembre 2013, n. 154, con la decorrenza indicata* sub *art. 1.*

49. – (1) 1. L'adottante deve fare l'inventario dei beni dell'adottato e trasmetterlo al giudice tutelare entro trenta giorni dalla data della comunicazione della sentenza di adozione. Si osservano, in quanto applicabili, le disposizioni contenute nella sezione III del capo I del titolo X del libro primo del codice civile.

2. L'adottante che omette di fare l'inventario nel termine stabilito o fa un inventario infedele può essere privato dell'amministrazione dei beni dal giudice tutelare, salvo l'obbligo del risarcimento dei danni.

(1) *Articolo così sostituito dall'art. 28 l. 28 marzo 2001, n. 149.*

50. – Se cessa l'esercizio da parte dell'adottante o degli adottanti della responsabilità genitoriale, il tribunale per i minorenni su istanza dell'adottato, dei suoi parenti o affini o del pubblico ministero, o anche d'ufficio, può emettere i provvedimenti opportuni circa la cura della persona dell'adottato, la sua rappresentanza e l'amministrazione dei suoi beni, anche se ritiene conveniente che l'esercizio della responsabilità genitoriale sia ripreso dai genitori. Si applicano le norme di cui agli articoli 330 e seguenti del codice civile (1).

(1) *Comma così modificato dall'art. 100[1] lett. z) d.lgs. 28 dicembre 2013, n. 154, con la decorrenza indicata* sub *art. 1.*

51. – La revoca dell'adozione può essere pronunciata dal tribunale su domanda dell'adottante, quando l'adottato maggiore di quattordici anni abbia attentato alla vita di lui o del suo coniuge, dei suoi discendenti o ascendenti, ovvero si sia reso colpevole verso di loro di delitto punibile con pena restrittiva della libertà personale non inferiore nel minimo a tre anni.

Se l'adottante muore in conseguenza dell'attentato, la revoca dell'adozione può essere chiesta da coloro ai quali si devolverebbe l'eredità in mancanza dell'adottato e dei suoi discendenti.

Il tribunale, assunte informazioni ed effettuato ogni opportuno accertamento e indagine, sentiti il pubblico ministero, l'adottante e l'adottato, pronuncia la sentenza.

Il tribunale, sentito il pubblico ministero ed il minore, può emettere altresì i provvedimenti opportuni con decreto in camera di consiglio circa la cura della persona del minore, la rappresentanza e l'amministrazione dei beni.

Si applicano gli articoli 330 e seguenti del codice civile.

Nei casi in cui siano adottati i provvedimenti di cui al quarto comma, il tribunale li segnala al giudice tutelare ai fini della nomina di un tutore.

52. – Quando i fatti previsti nell'articolo precedente sono stati compiuti dall'adottante contro l'adottato, oppure contro il coniuge o i discendenti o gli ascendenti di lui, la revoca può essere pronunciata su domanda dell'adottato o su istanza del pubblico ministero.

Il tribunale, assunte informazioni ed effettuato ogni opportuno accertamento e indagine, sentiti il pubblico ministero, l'adottante e l'adottato che abbia compiuto gli anni dodici e anche di età inferiore, in considerazione della sua capacità di discernimento, pronuncia sentenza (1).

Inoltre il tribunale, sentiti il pubblico ministero ed il minore che abbia compiuto gli anni dodici e, se opportuno, anche di età inferiore, può dare provvedimenti opportuni con decreto in camera di consiglio circa la cura della persona del minore, la sua rappresentanza e l'amministrazione dei beni, anche se ritiene conveniente che l'esercizio della responsabilità genitoriale sia ripreso dai genitori (2).

Si applicano gli articoli 330 e seguenti del codice civile.

Nei casi in cui siano adottati i provvedimenti di cui al terzo comma il tribunale li segnala al giudice tutelare al fine della nomina di un tutore.

(1) *Comma così modificato dall'art. 32[2] l. 28 marzo 2001, n. 149.*

(2) *Comma così modificato dall'art. 100[1] lett. aa) d.ls. 28 dicembre 2013, n. 154, con la decorrenza indicata* sub *art. 1.*

53. – La revoca dell'adozione può essere promossa dal pubblico ministero in conseguenza della violazione dei doveri incombenti sugli adottanti.

Si applicano le disposizioni di cui ai precedenti articoli.

54. – Gli effetti dell'adozione cessano quando passa in giudicato la sentenza di revoca.

Se tuttavia la revoca è pronunziata dopo la morte dell'adottante per fatto imputabile all'adottato, l'adottato e i suoi discendenti sono esclusi dalla successione dell'adottante.

55. – (1) Si applicano al presente capo le disposizioni degli articoli 293, 294, 295, 299, 300 e 304 del codice civile.

(1) **C. cost.** *28 marzo 2022, n. 79, ha dichiarato* l'illegittimità costituzionale *del presente articolo, nella parte in cui, mediante rinvio all'art. 300, secondo comma, del codice civile, prevede che l'adozione in casi particolari non induce alcun rapporto civile tra l'adottato e i parenti dell'adottante.*

CAPO II – *Delle forme dell'adozione in casi particolari*

56. – Competente a pronunciarsi sull'adozione è il tribunale per i minorenni del distretto dove si trova il minore.

Il consenso dell'adottante e dell'adottando che ha compiuto i quattordici anni e del legale rappresentante dell'adottando deve essere mani festato personalmente al presidente del tribunale o ad un giudice da lui delegato (1).

L'assenso delle persone indicate nell'articolo 46 può essere dato da persona munita di procura speciale rilasciata per atto pubblico o per scrittura privata autenticata.

Si applicano gli articoli 313 e 314 del codice civile, ferma restando la competenza del tribunale per i minorenni e della sezione per i minorenni della corte di appello.

(1) *Comma dichiarato* costituzionalmente illegittimo *con* ***C. cost.*** *18 febbraio 1988, n. 182, nella parte in cui è previsto il consenso anziché l'audizione del legale rappresentante del minore.*

57. – Il tribunale verifica:

1) se ricorrono le circostanze di cui all'articolo 44;

2) se l'adozione realizza il preminente interesse del minore.

A tal fine il tribunale per i minorenni, sentiti i genitori dell'adottando, dispone l'esecuzione di adeguate indagini da effettuarsi, tramite i servizi locali e gli organi di pubblica sicurezza, sull'adottante, sul minore e sulla di lui famiglia.

L'indagine dovrà riguardare in particolare:

a) l'idoneità affettiva e la capacità di educare e istruire il minore, la situazione personale ed economica, la salute, l'ambiente familiare degli adottanti (1);

b) i motivi per i quali l'adottante desidera adottare il minore;

c) la personalità del minore;

d) la possibilità di idonea convivenza, tenendo conto della personalità dell'adottante e del minore.

(1) *Lettera così sostituita dall'art. 29 l. 28 marzo 2001, n. 149.*

TITOLO V
Modifiche al titolo VIII del libro I del codice civile

58-67. – (*Omissis*).

TITOLO VI
Norme finali, penali e transitorie

68. – (1).

(1) *L'art. 68 ha sostituito il comma 1 dell'art. 38 disp. att. c.c.*

69. – In aggiunta a quanto disposto nell'articolo 51 delle disposizioni di attuazione del codice civile, nel registro delle tutele devono essere annotati i provvedimenti emanati dal tribunale per i minorenni ai sensi dell'articolo 10 della presente legge.

70. (1) 1. I pubblici ufficiali o gli incaricati di un pubblico servizio che omettono di riferire alla procura della Repubblica presso il tribunale per i minorenni sulle condizioni di ogni minore in situazione di abbandono di cui vengano a conoscenza in ragione del proprio ufficio, sono puniti ai sensi dell'articolo 328 del codice penale. Gli esercenti un servizio di pubblica necessità sono puniti con la pena della reclusione fino ad un anno o con la multa da 258 euro a 1.291 euro.

2. I rappresentanti degli istituti di assistenza pubblici o privati che omettono di trasmettere semestralmente alla procura della Repubblica presso il tribunale per i minorenni l'elenco di tutti i minori ricoverati o assistiti, ovvero forniscono informazioni inesatte circa i rapporti familiari concernenti i medesimi, sono puniti con la pena della reclusione fino ad un anno o con la multa da 258 euro a 2.582 euro.

(1) *Articolo così sostituito dall'art. 34 l. 28 marzo 2001, n. 149.*

71. – Chiunque, in violazione delle norme di legge in materia di adozione, affida a terzi con carattere definitivo un minore, ovvero lo avvia all'estero perché sia definitivamente affidato, è punito con la reclusione da uno a tre anni (1).

Se il fatto è commesso dal tutore ovvero da altra persona cui il minore è affidato per ragioni di educazione, di istruzione, di vigilanza e di custodia, la pena è aumentata della metà.

Se il fatto è commesso dal genitore la condanna comporta la perdita della relativa responsabilità genitoriale e l'apertura della procedura di adottabilità; se è commesso dal tutore consegue la rimozione dall'ufficio; se è commesso dalla persona cui il minore è affidato consegue la inidoneità ad ottenere affidamenti familiari o adottivi e l'incapacità all'ufficio tutelare (2).

Se il fatto è commesso da pubblici ufficiali, da incaricati di un pubblico servizio, da esercenti la professione sanitaria o forense, da appartenenti ad istituti di assistenza pubblici o privati nei casi di cui all'articolo 61, numeri 9 e 11, del codice penale, la pena è raddoppiata.

La pena stabilita nel primo comma del presente articolo si applica anche a coloro che, consegnando o promettendo denaro od altra utilità a terzi, accolgono minori in illecito affidamento con carattere di definitività. La condanna comporta la inidoneità ad ottenere affidamenti familiari o adottivi e l'incapacità all'ufficio tutelare.

Chiunque svolga opera di mediazione al fine di realizzare l'affidamento di cui al primo comma è punito con la reclusione fino ad un anno o con multa da 258 euro a 2.582 euro (3).

(1) *Comma così sostituito dall'art. 35[1] l. 28 marzo 2001, n. 149.*

(2) *Comma così modificato dall'art. 100[1] lett. bb) d.ls. 28 dicembre 2013, n. 154, con la decorrenza indicata* sub *art. 1.*

(3) *Comma così sostituito dall'art. 35[2] l. n. 149, cit.*

72. – Chiunque, per procurarsi danaro o altra utilità, in violazione delle disposizioni della presente legge, introduce nello Stato uno straniero minore di età perché sia definitivamente affidato a cittadini italiani è punito con la reclusione da uno a tre anni.

La pena stabilita nel precedente comma si applica anche a coloro che, consegnando o promettendo danaro o altra utilità a terzi, accolgono stranieri minori di età in illecito affidamento con carattere di definitività. La condanna comporta l'inidoneità a ottenere affidamenti familiari o adottivi e l'incapacità all'ufficio tutelare.

72-*bis*. – (1) 1. Chiunque svolga per conto di terzi pratiche inerenti all'adozione di minori stranieri senza avere previamente ottenuto l'autorizzazione prevista dall'articolo 39, comma 1, lettera *c*), è punito con la pena della reclusione fino a un anno o con la multa da da 516 a 5.164 euro.

2. La pena è della reclusione da sei mesi a tre anni e della multa da 1.032 euro a 3.098 euro per i legali rappresentanti ed i responsabili di associazioni o di agenzie che trattano le pratiche di cui al comma 1.

3. Fatti salvi i casi previsti dall'articolo 36, comma 4, coloro che, per l'adozione di minori stranieri, si avvalgono dell'opera di associazioni, organizzazioni, enti o persone non autorizzati nelle forme di legge sono puniti con le pene di cui al comma 1 diminuite di un terzo.

(1) *Articolo inserito dall'art. 6 l. 31 dicembre 1998, n. 476.*

73. – Chiunque essendone a conoscenza in ragione del proprio ufficio fornisce qualsiasi notizia atta a rintracciare un minore nei cui confronti sia stata pronunciata adozione o rivela in qualsiasi modo notizie circa lo stato di figlio adottivo è punito con la reclusione fino a sei mesi o con la multa da 103 euro a 1.032 euro (1).

Se il fatto è commesso da un pubblico ufficiale o da un incaricato di pubblico servizio, si applica la pena della reclusione da sei mesi a tre anni.

Le disposizioni di cui ai commi precedenti si applicano anche a chi fornisce tali notizie successivamente all'affidamento preadottivo e senza l'autorizzazione del tribunale per i minorenni.

(1) *Comma dapprima sostituito dall'art. 36 l. 28 marzo 2001, n. 149 e successivamente modificato dall'art. 100[1] lett. cc) d.ls. 28 dicembre 2013, n. 154, con la decorrenza indicata* sub *art. 1.*

74. – Gli ufficiali di stato civile trasmettono immediatamente al competente tribunale per i minorenni comunicazione, sottoscritta dal dichiarante, dell'avvenuto riconoscimento da parte di persona coniugata di un figlio nato fuori del matrimonio non riconosciuto dall'altro genitore. Il tribunale dispone l'esecuzione di opportune indagini per accertare la veridicità del riconoscimento (1).

Nel caso in cui vi siano fondati motivi per ritenere che ricorrano gli estremi dell'impugnazione del riconoscimento il tribunale per i minorenni assume, anche d'ufficio, i provvedimenti di cui all'articolo 264, secondo comma, del codice civile.

(1) *Comma così modificato dall'art. 100[1] lett. dd) d.ls. 28 dicembre 2013, n. 154, con la decorrenza indicata* sub *art. 1.*

75. – (1).

(1) *Articolo abrogato dall'art. 299 d.P.R. 30 maggio 2002, n. 115. V. ora l'art. 143 d.P.R. n. 115, cit.*

76. – (1) Alle procedure relative all'adozione di minori stranieri in corso o già definite al momento di entrata in vigore della presente legge continuano ad applicarsi le disposizioni vigenti alla data medesima.

(1) *Articolo dichiarato* costituzionalmente illegittimo *con* **C. cost.** *18 luglio 1986, n. 199, nella parte in cui preclude l'applicazione dell'art. 37 alle procedure già iniziate nei confronti di minore straniero in stato di abbandono in Italia.*

77. – Gli articoli da 404 a 413 del codice civile sono abrogati. Per le affiliazioni già pronunciate alla data di entrata in vigore della presente legge si applicano i divieti e le autorizzazioni di cui all'articolo 87 del codice civile.

78. – (1).

(1) *L'art. 78 ha sostituito l'art. 87[4] c.c.*

79. – (1) Entro tre anni dall'entrata in vigore della presente legge i coniugi che risultino forniti dei requisiti di cui all'articolo 6 possono chiedere al tribunale per i minorenni di dichiarare, sempreché il provvedimento risponda agli interessi dell'adottato e dell'affiliato, con decreto motivato, l'estensione degli effetti della adozione nei confronti degli affiliati o adottati ai sensi dell'articolo 291 del codice civile, precedentemente in vigore, se minorenni all'epoca del relativo provvedimento (2).

Il tribunale dispone l'esecuzione delle opportune indagini di cui all'articolo 57, sugli adottanti e sull'adottato o affiliato.

Gli adottati o affiliati che abbiano compiuto gli anni dodici e, in considerazione della loro capacità di discernimento, anche i minori di età inferiore devono essere sentiti; se hanno compiuto gli anni quattordici devono prestare il consenso (3).

Il coniuge dell'adottato o affiliato, se convivente e non legalmente separato, deve prestare l'assenso.

I discendenti degli adottanti o affilianti che hanno superato gli anni quattordici devono essere sentiti.

Se gli adottati o affiliati sono figli legittimi o riconosciuti è necessario l'assenso dei genitori. Nel caso di irreperibilità o di rifiuto non motivato, su ricorso degli adottanti o affilianti, sentiti il pubblico ministero, i genitori dell'adottato o affiliato e quest'ultimo, se ha compiuto gli anni dodici, decide il tribunale con sentenza che, in caso di accoglimento della domanda, tiene luogo dell'assenso mancante.

Al decreto relativo all'estensione degli effetti dell'adozione si applicano le disposizioni di cui agli articoli 25, 27 e 28, in quanto compatibili.

Il decreto del tribunale per i minorenni che nega l'estensione degli effetti dell'adozione può essere impugnato anche dall'adottato o affiliato se maggiorenne.

(1) *V.* ***C. cost.*** *18 luglio 1986, n. 197 (*interpretativa di rigetto*).*

(2) *Comma dichiarato* costituzionalmente illegittimo *dapprima con* ***C. cost.*** *18 luglio 1986, n. 198, nella parte in cui nell'ipotesi di coniugi non più uniti in matrimonio alla data della presentazione della domanda di estensione degli effetti dell'adozione, non consente di pronunziare l'estensione stessa nei confronti degli adottati ai sensi dell'art. 291 c.c., precedentemente in vigore; e poi con* ***C. cost.*** *18 febbraio 1988, n. 183, nella parte in cui non consente l'estensione degli effetti dell'adozione legittimante nei confronti dei minori adottati con adozione ordinaria quando la differenza di età tra adottanti ed adottato superi i 40 anni.*

(3) *Comma così modificato dall'art. 32[3] l. 28 marzo 2001, n. 149.*

79-*bis*. – (1) Il giudice segnala ai comuni le situazioni di indigenza di nuclei familiari che richiedono interventi di sostegno per consentire al minore di essere educato nell'ambito della propria famiglia.

(1) *Articolo inserito dall'art. 100[1 lett. ee)] d.ls. 28 dicembre 2013, n. 154, con la decorrenza indicata* sub *art. 1.*

80. – (1) 1. Il giudice, se del caso ed anche in relazione alla durata dell'affidamento, può disporre che gli assegni familiari e le prestazioni previdenziali relative al minore siano erogati temporaneamente in favore dell'affidatario.

2. Le disposizioni di cui all'articolo 12 del testo unico delle imposte sui redditi, approvato con decreto del Presidente della Repubblica 22 dicembre 1986, n. 917, e successive modificazioni, all'articolo 6 della legge 9 dicembre 1977, n. 903, e alla legge 8 marzo 2000, n. 53, si applicano anche agli affidatari di cui al comma 1.

3. Alle persone affidatarie si estendono tutti i benefici in tema di astensione obbligatoria e facoltativa dal lavoro, di permessi per malattia, di riposi giornalieri, previsti per i genitori biologici.

4. Le regioni determinano le condizioni e modalità di sostegno alle famiglie, persone e comunità di tipo familiare che hanno minori in affidamento, affinché tale affidamento si possa fondare sulla disponibilità e l'idoneità all'accoglienza indipendentemente dalle condizioni economiche.

(1) *Articolo così sostituito dall'art. 38 l. 28 marzo 2001, n. 149.*

81. – (1).

(1) *L'art. 81 ha sostituito il comma 4 dell'art. 244 c.c.*

82. – Gli atti, i documenti ed i provvedimenti relativi alle procedure previste dalla presente legge nei riguardi di persone minori di età, sono esenti dalle imposte di bollo e di registro e da ogni spesa, tassa e diritto dovuti ai pubblici uffici.

Sono ugualmente esenti gli atti ed i documenti relativi all'esecuzione dei provvedimenti pronunciati dal giudice nei procedimenti su indicati.

Agli oneri derivanti dall'attuazione della presente legge, valutati in annue lire 100.000.000, si provvede mediante corrispondente riduzione del capitolo 1589 dello stato di previsione del Ministero di grazia e giustizia per l'anno finanziario 1983 e corrispondenti capitoli degli esercizi successivi.

Il Ministro del tesoro è autorizzato ad apportare con propri decreti le occorrenti variazioni di bilancio.

2. Biotestamento

L. 22 dicembre 2017, n. 219. — **Norme in materia di consenso informato e di disposizioni anticipate di trattamento** (G.U. 16 gennaio 2018, n. 12).

1. (1) **Consenso informato.** – 1. La presente legge, nel rispetto dei principi di cui agli articoli 2, 13 e 32 della Costituzione e degli articoli 1, 2 e 3 della Carta dei diritti fondamentali dell'Unione europea, tutela il diritto alla vita, alla salute, alla dignità e all'autodeterminazione della persona e stabilisce che nessun trattamento sanitario può essere iniziato o proseguito se privo del consenso libero e informato della persona interessata, tranne che nei casi espressamente previsti dalla legge.

2. È promossa e valorizzata la relazione di cura e di fiducia tra paziente e medico che si basa sul consenso informato nel quale si incontrano l'autonomia decisionale del paziente e la competenza, l'autonomia professionale e la responsabilità del medico.

Contribuiscono alla relazione di cura, in base alle rispettive competenze, gli esercenti una professione sanitaria che compongono l'equipe sanitaria. In tale relazione sono coinvolti, se il paziente lo desidera, anche i suoi familiari o la parte dell'unione civile o il convivente ovvero una persona di fiducia del paziente medesimo.

3. Ogni persona ha il diritto di conoscere le proprie condizioni di salute e di essere informata in modo completo, aggiornato e a lei comprensibile riguardo alla diagnosi, alla prognosi, ai benefici e ai rischi degli accertamenti diagnostici e dei trattamenti sanitari indicati, nonché riguardo alle possibili alternative e alle conseguenze dell'eventuale rifiuto del trattamento sanitario e dell'accertamento diagnostico o della rinuncia ai medesimi. Può rifiutare in tutto o in parte di ricevere le informazioni ovvero indicare i familiari o una persona di sua fiducia incaricati di riceverle e di esprimere il consenso in sua vece se il paziente lo vuole. Il rifiuto o la rinuncia alle informazioni e l'eventuale indicazione di un incaricato sono registrati nella cartella clinica e nel fascicolo sanitario elettronico.

4. Il consenso informato, acquisito nei modi e con gli strumenti più consoni alle condizioni del paziente, è documentato in forma scritta o attraverso videoregistrazioni o, per la persona con disabilità, attraverso dispositivi che le consentano di comunicare. Il consenso informato, in qualunque forma espresso, è inserito nella cartella clinica e nel fascicolo sanitario elettronico.

5. Ogni persona capace di agire ha il diritto di rifiutare, in tutto o

in parte, con le stesse forme di cui al comma 4, qualsiasi accertamento diagnostico o trattamento sanitario indicato dal medico per la sua patologia o singoli atti del trattamento stesso. Ha, inoltre, il diritto di revocare in qualsiasi momento, con le stesse forme di cui al comma 4, il consenso prestato, anche quando la revoca comporti l'interruzione del trattamento. Ai fini della presente legge, sono considerati trattamenti sanitari la nutrizione artificiale e l'idratazione artificiale, in quanto somministrazione, su prescrizione medica, di nutrienti mediante dispositivi medici. Qualora il paziente esprima la rinuncia o il rifiuto di trattamenti sanitari necessari alla propria sopravvivenza, il medico prospetta al paziente e, se questi acconsente, ai suoi familiari, le conseguenze di tale decisione e le possibili alternative e promuove ogni azione di sostegno al paziente medesimo, anche avvalendosi dei servizi di assistenza psicologica. Ferma restando la possibilità per il paziente di modificare la propria volontà, l'accettazione, la revoca e il rifiuto sono annotati nella cartella clinica e nel fascicolo sanitario elettronico.

6. Il medico è tenuto a rispettare la volontà espressa dal paziente di rifiutare il trattamento sanitario o di rinunciare al medesimo e, in conseguenza di ciò, è esente da responsabilità civile o penale. Il paziente non può esigere trattamenti sanitari contrari a norme di legge, alla deontologia professionale o alle buone pratiche clinico-assistenziali; a fronte di tali richieste, il medico non ha obblighi professionali.

7. Nelle situazioni di emergenza o di urgenza il medico e i componenti dell'equipe sanitaria assicurano le cure necessarie, nel rispetto della volontà del paziente ove le sue condizioni cliniche e le circostanze consentano di recepirla.

8. Il tempo della comunicazione tra medico e paziente costituisce tempo di cura.

9. Ogni struttura sanitaria pubblica o privata garantisce con proprie modalità organizzative la piena e corretta attuazione dei principi di cui alla presente legge, assicurando l'informazione necessaria ai pazienti e l'adeguata formazione del personale.

10. La formazione iniziale e continua dei medici e degli altri esercenti le professioni sanitarie comprende la formazione in materia di relazione e di comunicazione con il paziente, di terapia del dolore e di cure palliative.

11. È fatta salva l'applicazione delle norme speciali che discipli-

nano l'acquisizione del consenso informato per determinati atti o trattamenti sanitari.

(1) *V. **C. cost.** 22 novembre 2019, n. 242, che ha dichiarato l'illegittimità costituzionale dell'art. 580 c.p., « nella parte in cui non esclude la punibilità di chi, con le modalità previste dagli artt. 1 e 2 della legge 22 dicembre 2017, n. 219 (Norme in materia di consenso informato e di disposizioni anticipate di trattamento) — ovvero, quanto ai fatti anteriori alla pubblicazione della presente sentenza nella Gazzetta Ufficiale della Repubblica, con modalità equivalenti nei sensi di cui in motivazione —, agevola l'esecuzione del proposito di suicidio, autonomamente e liberamente formatosi, di una persona tenuta in vita da trattamenti di sostegno vitale e affetta da una patologia irreversibile, fonte di sofferenze fisiche o psicologiche che ella reputa intollerabili, ma pienamente capace di prendere decisioni libere e consapevoli, sempre che tali condizioni e le modalità di esecuzione siano state verificate da una struttura pubblica del servizio sanitario nazionale, previo parere del comitato etico territorialmente competente ».*

2. (1) **Terapia del dolore, divieto di ostinazione irragionevole nelle cure e dignità nella fase finale della vita.** – 1. Il medico, avvalendosi di mezzi appropriati allo stato del paziente, deve adoperarsi per alleviarne le sofferenze, anche in caso di rifiuto o di revoca del consenso al trattamento sanitario indicato dal medico. A tal fine, è sempre garantita un'appropriata terapia del dolore, con il coinvolgimento del medico di medicina generale e l'erogazione delle cure palliative di cui alla legge 15 marzo 2010, n. 38.

2. Nei casi di paziente con prognosi infausta a breve termine o di imminenza di morte, il medico deve astenersi da ogni ostinazione irragionevole nella somministrazione delle cure e dal ricorso a trattamenti inutili o sproporzionati. In presenza di sofferenze refrattarie ai trattamenti sanitari, il medico può ricorrere alla sedazione palliativa profonda continua in associazione con la terapia del dolore, con il consenso del paziente.

3. Il ricorso alla sedazione palliativa profonda continua o il rifiuto della stessa sono motivati e sono annotati nella cartella clinica e nel fascicolo sanitario elettronico.

(1) *V. C. cost. 22 novembre 2019, n. 242,* sub *art. 1.*

3. (1) **Minori e incapaci.** – 1. La persona minore di età o incapace ha diritto alla valorizzazione delle proprie capacità di comprensione e di decisione, nel rispetto dei diritti di cui all'articolo 1, comma 1. Deve ricevere informazioni sulle scelte relative alla propria salute in modo consono alle sue capacità per essere messa nelle condizioni di esprimere la sua volontà.

2. Il consenso informato al trattamento sanitario del minore è espresso o rifiutato dagli esercenti la responsabilità genitoriale o dal tutore tenendo conto della volontà della persona minore, in rela-

zione alla sua età e al suo grado di maturità, e avendo come scopo la tutela della salute psicofisica e della vita del minore nel pieno rispetto della sua dignità.

3. Il consenso informato della persona interdetta ai sensi dell'articolo 414 del codice civile è espresso o rifiutato dal tutore, sentito l'interdetto ove possibile, avendo come scopo la tutela della salute psicofisica e della vita della persona nel pieno rispetto della sua dignità.

4. Il consenso informato della persona inabilitata è espresso dalla medesima persona inabilitata. Nel caso in cui sia stato nominato un amministratore di sostegno la cui nomina preveda l'assistenza necessaria o la rappresentanza esclusiva in ambito sanitario, il consenso informato è espresso o rifiutato anche dall'amministratore di sostegno ovvero solo da quest'ultimo, tenendo conto della volontà del beneficiario, in relazione al suo grado di capacità di intendere e di volere.

5. Nel caso in cui il rappresentante legale della persona interdetta o inabilitata oppure l'amministratore di sostegno, in assenza delle disposizioni anticipate di trattamento (DAT) di cui all'articolo 4, o il rappresentante legale della persona minore rifiuti le cure proposte e il medico ritenga invece che queste siano appropriate e necessarie, la decisione è rimessa al giudice tutelare su ricorso del rappresentante legale della persona interessata o dei soggetti di cui agli articoli 406 e seguenti del codice civile o del medico o del rappresentante legale della struttura sanitaria.

(1) *In tema di manifestazione del consenso al trattamento sanitario del vaccino anti Covid-19 per i soggetti incapaci ricoverati presso strutture sanitarie assistite, v. art. 1-*quinquies *d.l. 18 dicembre 2020, n. 172, conv., con modif., in l. 29 gennaio 2021, n. 6, come da ultimo modificato dall'art. 5 d.l. 1° aprile 2021, n. 44, conv., con modif., in l. 28 maggio 2021, n. 76.*

4. (1) **Disposizioni anticipate di trattamento.** – 1. Ogni persona maggiorenne e capace di intendere e di volere, in previsione di un'eventuale futura incapacità di autodeterminarsi e dopo avere acquisito adeguate informazioni mediche sulle conseguenze delle sue scelte, può, attraverso le DAT, esprimere le proprie volontà in materia di trattamenti sanitari, nonché il consenso o il rifiuto rispetto ad accertamenti diagnostici o scelte terapeutiche e a singoli trattamenti sanitari. Indica altresì una persona di sua fiducia, di seguito denominata « fiduciario », che ne faccia le veci e la rappresenti nelle relazioni con il medico e con le strutture sanitarie.

2. Il fiduciario deve essere una persona maggiorenne e capace di

intendere e di volere. L'accettazione della nomina da parte del fiduciario avviene attraverso la sottoscrizione delle DAT o con atto successivo, che è allegato alle DAT. Al fiduciario è rilasciata una copia delle DAT. Il fiduciario può rinunciare alla nomina con atto scritto, che è comunicato al disponente.

3. L'incarico del fiduciario può essere revocato dal disponente in qualsiasi momento, con le stesse modalità previste per la nomina e senza obbligo di motivazione.

4. Nel caso in cui le DAT non contengano l'indicazione del fiduciario o questi vi abbia rinunciato o sia deceduto o sia divenuto incapace, le DAT mantengono efficacia in merito alle volontà del disponente. In caso di necessità, il giudice tutelare provvede alla nomina di un amministratore di sostegno, ai sensi del capo I del titolo XII del libro I del codice civile.

5. Fermo restando quanto previsto dal comma 6 dell'articolo 1, il medico è tenuto al rispetto delle DAT, le quali possono essere disattese, in tutto o in parte, dal medico stesso, in accordo con il fiduciario, qualora esse appaiano palesemente incongrue o non corrispondenti alla condizione clinica attuale del paziente ovvero sussistano terapie non prevedibili all'atto della sottoscrizione, capaci di offrire concrete possibilità di miglioramento delle condizioni di vita. Nel caso di conflitto tra il fiduciario e il medico, si procede ai sensi del comma 5, dell'articolo 3.

6. Le DAT devono essere redatte per atto pubblico o per scrittura privata autenticata ovvero per scrittura privata consegnata personalmente dal disponente presso l'ufficio dello stato civile del comune di residenza del disponente medesimo, che provvede all'annotazione in apposito registro, ove istituito, oppure presso le strutture sanitarie, qualora ricorrano i presupposti di cui al comma 7. Sono esenti dall'obbligo di registrazione, dall'imposta di bollo e da qualsiasi altro tributo, imposta, diritto e tassa. Nel caso in cui le condizioni fisiche del paziente non lo consentano, le DAT possono essere espresse attraverso videoregistrazione o dispositivi che consentano alla persona con disabilità di comunicare. Con le medesime forme esse sono rinnovabili, modificabili e revocabili in ogni momento. Nei casi in cui ragioni di emergenza e urgenza impedissero di procedere alla revoca delle DAT con le forme previste dai periodi precedenti, queste possono essere revocate con dichiarazione verbale raccolta o videoregistrata da un medico, con l'assistenza di due testimoni.

7. Le regioni che adottano modalità telematiche di gestione della

cartella clinica o il fascicolo sanitario elettronico o altre modalità informatiche di gestione dei dati del singolo iscritto al Servizio sanitario nazionale possono, con proprio atto, regolamentare la raccolta di copia delle DAT, compresa l'indicazione del fiduciario, e il loro inserimento nella banca dati, lasciando comunque al firmatario la libertà di scegliere se darne copia o indicare dove esse siano reperibili.

8. Entro sessanta giorni dalla data di entrata in vigore della presente legge, il Ministero della salute, le regioni e le aziende sanitarie provvedono a informare della possibilità di redigere le DAT in base alla presente legge, anche attraverso i rispettivi siti internet.

(1) *Per la modalità di raccolta delle copie delle Disposizioni anticipate di trattamento di cui al presente articolo, v. d.m. 10 dicembre 2019, n. 168, recante regolamento concernente la banca dati nazionale destinata alla registrazione delle disposizioni anticipate di trattamento (DAT).*

In tema di manifestazione del consenso al trattamento sanitario del vaccino anti Covid-19 per i soggetti incapaci ricoverati presso strutture sanitarie assistite, v. art. 1-quinquies d.l. 18 dicembre 2020, n. 172, conv., con modif., in l. 29 gennaio 2021, n. 6, come da ultimo modificato dall'art. 5 d.l. 1° aprile 2021, n. 44, conv., con modif., in l. 28 maggio 2021, n. 76.

5. Pianificazione condivisa delle cure. – 1. Nella relazione tra paziente e medico di cui all'articolo 1, comma 2, rispetto all'evolversi delle conseguenze di una patologia cronica e invalidante o caratterizzata da inarrestabile evoluzione con prognosi infausta, può essere realizzata una pianificazione delle cure condivisa tra il paziente e il medico, alla quale il medico e l'equipe sanitaria sono tenuti ad attenersi qualora il paziente venga a trovarsi nella condizione di non poter esprimere il proprio consenso o in una condizione di incapacità.

2. Il paziente e, con il suo consenso, i suoi familiari o la parte dell'unione civile o il convivente ovvero una persona di sua fiducia sono adeguatamente informati, ai sensi dell'articolo 1, comma 3, in particolare sul possibile evolversi della patologia in atto, su quanto il paziente può realisticamente attendersi in termini di qualità della vita, sulle possibilità cliniche di intervenire e sulle cure palliative.

3. Il paziente esprime il proprio consenso rispetto a quanto proposto dal medico ai sensi del comma 2 e i propri intendimenti per il futuro, compresa l'eventuale indicazione di un fiduciario.

4. Il consenso del paziente e l'eventuale indicazione di un fiduciario, di cui al comma 3, sono espressi in forma scritta ovvero, nel caso in cui le condizioni fisiche del paziente non lo consentano, attraverso video-registrazione o dispositivi che consentano alla persona con disabilità di comunicare, e sono inseriti nella cartella clinica e nel

fascicolo sanitario elettronico. La pianificazione delle cure può essere aggiornata al progressivo evolversi della malattia, su richiesta del paziente o su suggerimento del medico.

5. Per quanto riguarda gli aspetti non espressamente disciplinati dal presente articolo si applicano le disposizioni dell'articolo 4.

6. **Norma transitoria.** – 1. Ai documenti atti ad esprimere le volontà del disponente in merito ai trattamenti sanitari, depositati presso il comune di residenza o presso un notaio prima della data di entrata in vigore della presente legge, si applicano le disposizioni della medesima legge.

7. **Clausola di invarianza finanziaria.** – (*Omissis*).

8. **Relazione alle Camere.** – 1. Il Ministro della salute trasmette alle Camere, entro il 30 aprile di ogni anno, a decorrere dall'anno successivo a quello in corso alla data di entrata in vigore della presente legge, una relazione sull'applicazione della legge stessa. Le regioni sono tenute a fornire le informazioni necessarie entro il mese di febbraio di ciascun anno, sulla base di questionari predisposti dal Ministero della salute.

L. 10 dicembre 2012, n. 219. — **Disposizioni in materia di riconoscimento dei figli naturali** (G.U. 17 dicembre 2012, n. 293).

1. Disposizioni in materia di filiazione. – 1-10 (1).

11. Nel codice civile, le parole: « figli legittimi » e « figli naturali », ovunque ricorrono, sono sostituite dalla seguente: « figli ».

(1) *Modificano artt. 74, 250, 251, 258¹, 276, 315 e rubrica tit. IX c.c.; inseriscono artt. 315-*bis *e 448-*bis *c.c.; abrogano sez. II capo II tit. VII libro primo c.c.*

2. Delega al Governo per la revisione delle disposizioni vigenti in materia di filiazione. – 1. Il Governo è delegato ad adottare, entro dodici mesi dalla data di entrata in vigore della presente legge, uno o più decreti legislativi di modifica delle disposizioni vigenti in materia di filiazione e di dichiarazione dello stato di adottabilità per eliminare ogni discriminazione tra i figli, anche adottivi, nel rispetto dell'articolo 30 della Costituzione, osservando, oltre ai principi di cui agli articoli 315 e 315-*bis* del codice civile, come rispettivamente sostituito e introdotto dall'articolo 1 della presente legge, i seguenti principi e criteri direttivi:

a) sostituzione, in tutta la legislazione vigente, dei riferimenti ai « figli legittimi » e ai « figli naturali » con riferimenti ai « figli », salvo l'utilizzo delle denominazioni di « figli nati nel matrimonio » o di « figli nati fuori del matrimonio » quando si tratta di disposizioni a essi specificamente relative;

b) modificazione del titolo VII del libro primo del codice civile, in particolare:

1) sostituendo la rubrica del titolo VII con la seguente: « Dello stato di figlio »;

2) sostituendo la rubrica del capo I con la seguente: « Della presunzione di paternità »;

3) trasponendo nel nuovo capo I i contenuti della sezione I del capo I;

4) trasponendo i contenuti della sezione II del capo I in un nuovo capo II, avente la seguente rubrica: « Delle prove della filiazione »;

5) trasponendo i contenuti della sezione III del capo I in un nuovo capo III, avente la seguente rubrica: « Dell'azione di disconoscimento e delle azioni di contestazione e di reclamo dello stato di figlio »;

6) trasponendo i contenuti del paragrafo 1 della sezione I del capo

II in un nuovo capo IV, avente la seguente rubrica: « Del riconoscimento dei figli nati fuori del matrimonio »;

7) trasponendo i contenuti del paragrafo 2 della sezione I del capo II in un nuovo capo V, avente la seguente rubrica: « Della dichiarazione giudiziale della paternità e della maternità »;

8) abrogando le disposizioni che fanno riferimento alla legittimazione;

c) ridefinizione della disciplina del possesso di stato e della prova della filiazione prevedendo che la filiazione fuori del matrimonio può essere giudizialmente accertata con ogni mezzo idoneo;

d) estensione della presunzione di paternità del marito rispetto ai figli comunque nati o concepiti durante il matrimonio e ridefinizione della disciplina del disconoscimento di paternità, con riferimento in particolare all'articolo 235, primo comma, numeri 1), 2) e 3), del codice civile, nel rispetto dei principi costituzionali;

e) modificazione della disciplina del riconoscimento dei figli nati fuori del matrimonio con la previsione che:

1) la disciplina attinente all'inserimento del figlio riconosciuto nella famiglia dell'uno o dell'altro genitore sia adeguata al principio dell'unificazione dello stato di figlio, demandando esclusivamente al giudice la valutazione di compatibilità di cui all'articolo 30, terzo comma, della Costituzione;

2) il principio dell'inammissibilità del riconoscimento di cui all'articolo 253 del codice civile sia esteso a tutte le ipotesi in cui il riconoscimento medesimo è in contrasto con lo stato di figlio riconosciuto o giudizialmente dichiarato;

f) modificazione degli articoli 244, 264 e 273 del codice civile prevedendo l'abbassamento dell'età del minore dal sedicesimo al quattordicesimo anno di età;

g) modificazione della disciplina dell'impugnazione del riconoscimento con la limitazione dell'imprescrittibilità dell'azione solo per il figlio e con l'introduzione di un termine di decadenza per l'esercizio dell'azione da parte degli altri legittimati;

h) unificazione delle disposizioni che disciplinano i diritti e i doveri dei genitori nei confronti dei figli nati nel matrimonio e dei figli nati fuori del matrimonio, delineando la nozione di responsabilità genitoriale quale aspetto dell'esercizio della potestà genitoriale;

i) disciplina delle modalità di esercizio del diritto all'ascolto del minore che abbia adeguata capacità di discernimento, precisando che, ove l'ascolto sia previsto nell'ambito di procedimenti giurisdizionali, ad esso provvede il presidente del tribunale o il giudice delegato;

l) adeguamento della disciplina delle successioni e delle donazioni al principio di unicità dello stato di figlio, prevedendo, anche in relazione ai giudizi pendenti, una disciplina che assicuri la produzione degli effetti successori riguardo ai parenti anche per gli aventi causa del figlio naturale premorto o deceduto nelle more del riconoscimento e conseguentemente l'estensione delle azioni di petizione di cui agli articoli 533 e seguenti del codice civile;

m) adattamento e riordino dei criteri di cui agli articoli 33, 34, 35 e 39 della legge 31 maggio 1995, n. 218, concernenti l'individuazione, nell'ambito del sistema di diritto internazionale privato, della legge applicabile, anche con la determinazione di eventuali norme di applicazione necessaria in attuazione del principio dell'unificazione dello stato di figlio;

n) specificazione della nozione di abbandono morale e materiale dei figli con riguardo alla provata irrecuperabilità delle capacità genitoriali in un tempo ragionevole da parte dei genitori, fermo restando che le condizioni di indigenza dei genitori o del genitore esercente la potestà genitoriale non possono essere di ostacolo all'esercizio del diritto del minore alla propria famiglia;

o) previsione della segnalazione ai comuni, da parte dei tribunali per i minorenni, delle situazioni di indigenza di nuclei familiari che, ai sensi della legge 4 maggio 1983, n. 184, richiedano interventi di sostegno per consentire al minore di essere educato nell'ambito della propria famiglia, nonché previsione di controlli che il tribunale per i minorenni effettua sulle situazioni segnalate agli enti locali;

p) previsione della legittimazione degli ascendenti a far valere il diritto di mantenere rapporti significativi con i nipoti minori.

2. Il decreto o i decreti legislativi di cui al comma 1 provvedono, altresì, a effettuare, apportando le occorrenti modificazioni e integrazioni normative, il necessario coordinamento con le norme da essi recate delle disposizioni per l'attuazione del codice civile e disposizioni transitorie, di cui al regio decreto 30 marzo 1942, n. 318, e delle altre norme vigenti in materia, in modo da assicurare il rispetto dei principi e criteri direttivi di cui al citato comma 1 del presente articolo.

3. Il decreto o i decreti legislativi di cui al comma 1 sono adottati su proposta del Presidente del Consiglio dei Ministri, del Ministro dell'interno, del Ministro della giustizia, del Ministro per le pari opportunità e del Ministro o Sottosegretario di Stato alla Presidenza del

Consiglio dei Ministri delegato per le politiche per la famiglia. Sugli schemi approvati dal Consiglio dei Ministri esprimono il loro parere le Commissioni parlamentari competenti entro due mesi dalla loro trasmissione alle Camere. Decorso tale termine, i decreti legislativi sono emanati anche in mancanza dei pareri. Qualora il termine per l'espressione dei pareri parlamentari, di cui al presente comma, scada nei trenta giorni che precedono la scadenza del termine previsto dal comma 1 o successivamente, quest'ultimo termine è prorogato di sei mesi.

4. Entro un anno dalla data di entrata in vigore di ciascun decreto legislativo adottato ai sensi del comma 1, il Governo può adottare decreti integrativi o correttivi, nel rispetto dei principi e criteri direttivi di cui al citato comma 1 e delle disposizioni del comma 2 e con la procedura prevista dal comma 3.

3. Modifica dell'articolo 38 delle disposizioni per l'attuazione del codice civile e disposizioni a garanzia dei diritti dei figli agli alimenti e al mantenimento. – 1-2. (*Omissis*).

4. Disposizioni transitorie. – 1. Le disposizioni di cui all'articolo 3 si applicano ai giudizi instaurati a decorrere dalla data di entrata in vigore della presente legge.

2. Ai processi relativi all'affidamento e al mantenimento dei figli di genitori non coniugati pendenti davanti al tribunale per i minorenni alla data di entrata in vigore della presente legge si applicano, in quanto compatibili, gli articoli 737 e seguenti del codice di procedura civile e il comma 2 dell'articolo 3 della presente legge.

5. Modifiche alle norme regolamentari in materia di stato civile. – 1. Con regolamento emanato, su proposta delle amministrazioni di cui al comma 3 dell'articolo 2 della presente legge, ai sensi dell'articolo 17, comma 1, della legge 23 agosto 1988, n. 400, e successive modificazioni, entro sei mesi dalla data di entrata in vigore del decreto o dei decreti legislativi di cui al citato articolo 2 della presente legge, sono apportate le necessarie e conseguenti modifiche alla disciplina dettata in materia di ordinamento dello stato civile dal regolamento di cui al decreto del Presidente della Repubblica 3 novembre 2000, n. 396 (1).

2. L'articolo 35 del regolamento di cui al decreto del Presidente della Repubblica 3 novembre 2000, n. 396, è sostituito dal seguente: « Art. 35. (Nome). — 1. Il nome imposto al bambino deve corrispondere al sesso e può essere costituito da un solo nome o da più nomi, anche separati, non superiori a tre. — 2. Nel caso siano imposti due

o più nomi separati da virgola, negli estratti e nei certificati rilasciati dall'ufficiale dello stato civile e dall'ufficiale di anagrafe deve essere riportato solo il primo dei nomi ».

(1) *Per il regolamento recante attuazione del presente comma, v. d.P.R. 30 gennaio 2015, n. 26.*

6. Clausola di invarianza finanziaria. – 1. (*Omissis*).

D.lgs. 28 dicembre 2013, n. 154. — **Revisione delle disposizioni vigenti in materia di filiazione, a norma dell'articolo 2 della legge 10 dicembre 2012, n. 219** (G.U. 8 gennaio 2014, n. 5).

(*Stralcio*)

104. Disposizioni transitorie. – 1. Fermi gli effetti del giudicato formatosi prima dell'entrata in vigore della legge 10 dicembre 2012, n. 219, sono legittimati a proporre azioni di petizione di eredità, ai sensi dell'articolo 533 del codice civile, coloro che, in applicazione dell'articolo 74 dello stesso codice, come modificato dalla medesima legge, hanno titolo a chiedere il riconoscimento della qualità di erede.

2. Fermi gli effetti del giudicato formatosi prima dell'entrata in vigore della legge 10 dicembre 2012, n. 219, possono essere fatti valere i diritti successori che discendono dall'articolo 74 del codice civile, come modificato dalla medesima legge.

3. Le disposizioni di cui al comma 1 e al comma 2 si applicano anche nei confronti dei discendenti del figlio, riconosciuto o la cui paternità o maternità sia stata giudizialmente accertata, morto prima dell'entrata in vigore della legge 10 dicembre 2012, n. 219.

4. I diritti successori che discendono dall'articolo 74 del codice civile, come modificato dalla legge 10 dicembre 2012, n. 219, sulle eredità aperte anteriormente al termine della sua entrata in vigore si prescrivono a far data da suddetto termine.

5. Nei casi in cui i riconoscimenti o le dichiarazioni giudiziali di genitorialità intervengano dopo il termine di entrata in vigore della presente legge, i diritti successori che non sarebbero spettati a persona deceduta prima di tale termine possono essere fatti valere dai suoi discendenti in rappresentazione e dai suoi eredi. Essi si prescrivono a far data dall'annotazione del riconoscimento nell'atto di nascita o dal passaggio in giudicato della sentenza dichiarativa della paternità o maternità.

6. Fermi gli effetti del giudicato formatosi prima dell'entrata in vigore della legge 10 dicembre 2012, n. 219, nei giudizi promossi ai sensi dell'articolo 533 del codice civile, pendenti alla data di entrata in vigore del presente decreto legislativo, si applicano l'articolo 74 del codice civile, come modificato dalla legge 10 dicembre 2012, n. 219, e le disposizioni del libro secondo del codice civile, come modificate dal presente decreto legislativo.

7. Fermi gli effetti del giudicato formatosi prima dell'entrata in vigore della legge 10 dicembre 2012, n. 219, le disposizioni del codice

civile, come modificate dal presente decreto legislativo, si applicano alle azioni di disconoscimento di paternità, di reclamo e di contestazione dello stato di figlio, relative ai figli nati prima dell'entrata in vigore del medesimo decreto legislativo.

8. Fermi gli effetti del giudicato formatosi prima dell'entrata in vigore della legge 10 dicembre 2012, n. 219, le disposizioni del codice civile relative al riconoscimento dei figli, come modificate dalla medesima legge, si applicano anche ai figli nati o concepiti anteriormente all'entrata in vigore della stessa.

9. Fermi gli effetti del giudicato formatosi prima dell'entrata in vigore della legge 10 dicembre 2012, n. 219, i termini per proporre l'azione di disconoscimento di paternità, previsti dal quarto comma dell'articolo 244 del codice civile, decorrono dal giorno dell'entrata in vigore del presente decreto legislativo.

10. Fermi gli effetti del giudicato formatosi prima dell'entrata in vigore della legge 10 dicembre 2012, n. 219, nel caso di riconoscimento di figlio annotato sull'atto di nascita prima dell'entrata in vigore del presente decreto legislativo, i termini per proporre l'azione di impugnazione, previsti dall'articolo 263 e dai commi secondo, terzo e quarto dell'articolo 267 del codice civile, decorrono dal giorno dell'entrata in vigore del medesimo decreto legislativo.

11. Restano validi e non possono essere modificati gli atti dello stato civile già formati secondo le disposizioni vigenti alla data di entrata in vigore della legge 10 dicembre 2012, n. 219, salve le modifiche risultanti da provvedimenti giudiziari.

105. Sostituzione termini. – 1. La parola: "potestà" riferita alla potestà genitoriale, le parole: "potestà genitoriale", ovunque presenti, in tutta la legislazione vigente, sono sostituite dalle seguenti: "responsabilità genitoriale".

2. Le parole: "figli legittimi" o le parole: "figlio legittimo", ovunque presenti, in tutta la legislazione vigente sono sostituite dalle seguenti: "figli nati nel matrimonio" o dalle seguenti: "figlio nato nel matrimonio".

3. Le parole: "figli naturali" o le parole: "figlio naturale", ovvero "figli adulterini" o "figlio adulterino" ove presenti, in tutta la legislazione vigente sono sostituite dalle seguenti: "figli nati fuori del matrimonio" o dalle seguenti: "figlio nato fuori del matrimonio".

4. Le parole: "figli legittimati", "figlio legittimato", "legittimato", "legittimati" ovunque presenti in tutta la legislazione vigente, sono soppresse.

106-107. (*Omissis*).

108. **Entrata in vigore.** – 1. Il presente decreto legislativo entra in vigore il trentesimo giorno successivo a quello della sua pubblicazione nella Gazzetta Ufficiale della Repubblica italiana.

Il presente decreto, munito del sigillo dello Stato, sarà inserito nella Raccolta ufficiale degli atti normativi della Repubblica italiana. È fatto obbligo a chiunque spetti di osservarlo e di farlo osservare.

L. 22 maggio 1978, n. 194. – **Norme per la tutela sociale della maternità e sull'interruzione volontaria della gravidanza** (G.U. 22 maggio 1978, n. 140).

1. – Lo Stato garantisce il diritto alla procreazione cosciente e responsabile, riconosce il valore sociale della maternità e tutela la vita umana dal suo inizio.

L'interruzione volontaria della gravidanza, di cui alla presente legge, non è mezzo per il controllo delle nascite.

Lo Stato, le regioni e gli enti locali, nell'ambito delle proprie funzioni e competenze, promuovono e sviluppano i servizi socio-sanitari, nonché altre iniziative necessarie per evitare che l'aborto sia usato ai fini della limitazione delle nascite.

2. – I consultori familiari istituiti dalla legge 29 luglio 1975, n. 405, fermo restando quanto stabilito dalla stessa legge, assistono la donna in stato di gravidanza:

a) informandola sui diritti a lei spettanti in base alla legislazione statale e regionale, e sui servizi sociali, sanitari e assistenziali concretamente offerti dalle strutture operanti nel territorio;

b) informandola sulle modalità idonee a ottenere il rispetto delle norme della legislazione sul lavoro a tutela della gestante;

c) attuando direttamente o proponendo all'ente locale competente o alle strutture sociali operanti nel territorio speciali interventi, quando la gravidanza o la maternità creino problemi per risolvere i quali risultino inadeguati i normali interventi di cui alla lettera *a*);

d) contribuendo a far superare le cause che potrebbero indurre la donna all'interruzione della gravidanza.

I consultori sulla base di appositi regolamenti o convenzioni possono avvalersi, per i fini previsti dalla legge, della collaborazione volontaria di idonee formazioni sociali di base e di associazioni del volontariato, che possono anche aiutare la maternità difficile dopo la nascita.

La somministrazione su prescrizione medica, nelle strutture sanitarie e nei consultori, dei mezzi necessari per conseguire le finalità liberamente scelte in ordine alla procreazione responsabile è consentita anche ai minori.

3. – Anche per l'adempimento dei compiti ulteriori assegnati dalla presente legge ai consultori familiari, il fondo di cui all'articolo 5 della legge 29 luglio 1975, n. 405, è aumentato con uno stanziamento di L. 50.000.000.000 annui, da ripartirsi fra le regioni in base agli stessi criteri stabiliti dal suddetto articolo.

Alla copertura dell'onere di lire 50 miliardi relativo all'esercizio finanziario 1978 si provvede mediante corrispondente riduzione dello stanziamento iscritto nel capitolo 9001 dello stato di previsione della spesa del Ministero del tesoro per il medesimo esercizio. Il Ministro del tesoro (1) è autorizzato ad apportare, con propri decreti, le necessarie variazioni di bilancio.

(1) *Ora Ministro dell'economia e delle finanze, ai sensi dell'art. 2 d.ls. 30 luglio 1999, n. 300, e successive modificazioni.*

4. – Per l'interruzione volontaria della gravidanza entro i primi novanta giorni, la donna che accusi circostanze per le quali la prosecuzione della gravidanza, il parto o la maternità comporterebbero un serio pericolo per la sua salute fisica o psichica, in relazione al suo stato di salute, o alle sue condizioni economiche, o sociali, o familiari, o alle circostanze in cui è avvenuto il concepimento, o a previsioni di anomalie o malformazioni del concepito, si rivolge ad un consultorio pubblico istituito ai sensi dell'articolo 2, lettera *a*), della legge 29 luglio 1975, n. 405, o a una struttura socio-sanitaria a ciò abilitata dalla regione, o a un medico di sua fiducia.

5. – Il consultorio e la struttura socio-sanitaria, oltre a dover garantire i necessari accertamenti medici, hanno il compito in ogni caso, e specialmente quando la richiesta di interruzione della gravidanza sia motivata dall'incidenza delle condizioni economiche, o sociali, o familiari sulla salute della gestante, di esaminare con la donna e con il padre del concepito, ove la donna lo consenta, nel rispetto della dignità e della riservatezza della donna e della persona indicata come padre del concepito, le possibili soluzioni dei problemi proposti, di aiutarla a rimuovere le cause che la porterebbero alla interruzione della gravidanza, di metterla in grado di far valere i suoi diritti di lavoratrice e di madre, di promuovere ogni opportuno intervento atto a sostenere la donna, offrendole tutti gli aiuti necessari sia durante la gravidanza sia dopo il parto.

Quando la donna si rivolge al medico di sua fiducia questi compie gli accertamenti sanitari necessari, nel rispetto della dignità e della libertà della donna; valuta con la donna stessa e con il padre del concepito, ove la donna lo consenta, nel rispetto della dignità e della riservatezza della donna e della persona indicata come padre del concepito, anche sulla base dell'esito degli accertamenti di cui sopra, le circostanze che la determinano a chiedere l'interruzione della gravidanza; la informa sui diritti a lei spettanti e sugli interventi di carattere sociale cui può fare ricorso, nonché sui consultori e le strutture socio-sanitarie.

Quando il medico del consultorio o della struttura socio-sanitaria, o il medico di fiducia, riscontra l'esistenza di condizioni tali da rendere urgente l'intervento, rilascia immediatamente alla donna un certificato attestante l'urgenza. Con tale certificato la donna stessa può presentarsi ad una delle sedi autorizzate a praticare l'interruzione della gravidanza.

Se non viene riscontrato il caso di urgenza, al termine dell'incontro il medico del consultorio o della struttura socio-sanitaria, o il medico di fiducia, di fronte alla richiesta della donna di interrompere la gravidanza sulla base delle circostanze di cui all'articolo 4, le rilascia copia di un documento, firmato anche dalla donna, attestante lo stato di gravidanza e l'avvenuta richiesta, e la invita a soprassedere per sette giorni. Trascorsi i sette giorni, la donna può presentarsi, per ottenere l'interruzione della gravidanza, sulla base del documento rilasciatole ai sensi del presente comma, presso una delle sedi autorizzate.

6. – L'interruzione volontaria della gravidanza, dopo i primi novanta giorni, può essere praticata:

a) quando la gravidanza o il parto comportino un grave pericolo per la vita della donna;

b) quando siano accertati processi patologici, tra cui quelli relativi a rilevanti anomalie o malformazioni del nascituro, che determinino un grave pericolo per la salute fisica o psichica della donna.

7. – I processi patologici che configurino i casi previsti dall'articolo precedente vengono accertati da un medico del servizio ostetrico-ginecologico dell'ente ospedaliero in cui deve praticarsi l'intervento, che ne certifica l'esistenza. Il medico può avvalersi della collaborazione di specialisti. Il medico è tenuto a fornire la documentazione sul caso e a comunicare la sua certificazione al direttore sanitario dell'ospedale per l'intervento da praticarsi immediatamente.

Qualora l'interruzione della gravidanza si renda necessaria per l'imminente pericolo per la vita della donna, l'intervento può essere praticato anche senza lo svolgimento delle procedure previste dal comma precedente e al di fuori delle sedi di cui all'articolo 8. In questi casi, il medico è tenuto a darne comunicazione al medico provinciale.

Quando sussiste la possibilità di vita autonoma del feto, l'interruzione della gravidanza può essere praticata solo nel caso di cui alla lettera *a*) dell'articolo 6 e il medico che esegue l'intervento deve adottare ogni misura idonea a salvaguardare la vita del feto.

8. – L'interruzione della gravidanza è praticata da un medico del servizio ostetrico-ginecologico presso un ospedale generale tra quelli indicati nell'articolo 20 della legge 12 febbraio 1968, n. 132 (1), il quale verifica anche l'inesistenza di controindicazioni sanitarie.

Gli interventi possono essere altresì praticati presso gli ospedali pubblici specializzati, gli istituti ed enti di cui all'articolo 1, penultimo comma, della legge 12 febbraio 1968, n. 132 (1), e le istituzioni di cui alla legge 26 novembre 1973, n. 817, ed al decreto del Presidente della Repubblica 18 giugno 1958, n. 754, sempre che i rispettivi organi di gestione ne facciano richiesta.

Nei primi novanta giorni l'interruzione della gravidanza può essere praticata anche presso case di cura autorizzate dalla regione, fornite di requisiti igienico-sanitari e di adeguati servizi ostetrico-ginecologici.

Il Ministro della sanità (2) con suo decreto limiterà la facoltà delle case di cura autorizzate, a praticare gli interventi di interruzione della gravidanza, stabilendo:

1) la percentuale degli interventi di interruzione della gravidanza che potranno avere luogo, in rapporto al totale degli interventi operatori eseguiti nell'anno precedente presso la stessa casa di cura;

2) la percentuale dei giorni di degenza consentiti per gli interventi di interruzione della gravidanza, rispetto al totale dei giorni di degenza che nell'anno precedente si sono avuti in relazione alle convenzioni con la regione.

Le percentuali di cui ai punti 1) e 2) dovranno essere non inferiori al 20 e uguali per tutte le case di cura (3).

Le case di cura potranno scegliere il criterio al quale attenersi, fra i due sopra fissati.

Nei primi novanta giorni gli interventi di interruzione della gravidanza dovranno altresì poter essere effettuati, dopo la costituzione delle unità socio-sanitarie locali, presso poliambulatori pubblici adeguatamente attrezzati, funzionalmente collegati agli ospedali ed autorizzati dalla regione.

Il certificato rilasciato ai sensi del terzo comma dell'articolo 5 e, alla scadenza dei sette giorni, il documento consegnato alla donna ai sensi del quarto comma dello stesso articolo costituiscono titolo per ottenere in via d'urgenza l'intervento e, se necessario, il ricovero.

(1) *V. ora l. 23 dicembre 1978, n. 833, istitutiva del Servizio sanitario nazionale.*

(2) *Ora Ministro della salute, ai sensi dell'art. 2 d.ls. 30 luglio 1999, n. 300, e successive modificazioni.*

(3) *V. d.m. 20 ottobre 1978 (G.U. 28 ottobre 1978, n. 303).*

9. – Il personale sanitario ed esercente le attività ausiliarie non è tenuto a prendere parte alle procedure di cui agli articoli 5 e 7 ed agli interventi per l'interruzione della gravidanza quando sollevi obiezione di coscienza, con preventiva dichiarazione. La dichiarazione dell'obiettore deve essere comunicata al medico provinciale e, nel caso di personale dipendente dall'ospedale o dalla casa di cura, anche al direttore sanitario, entro un mese dall'entrata in vigore della presente legge o dal conseguimento dell'abilitazione o dall'assunzione presso un ente tenuto a fornire prestazioni dirette alla interruzione della gravidanza o dalla stipulazione di una convenzione con enti previdenziali che comporti l'esecuzione di tali prestazioni.

L'obiezione può sempre essere revocata o venire proposta anche al di fuori dei termini di cui al precedente comma, ma in tale caso la dichiarazione produce effetto dopo un mese dalla sua presentazione al medico provinciale.

L'obiezione di coscienza esonera il personale sanitario ed esercente le attività ausiliarie dal compimento delle procedure e delle attività specificamente e necessariamente dirette a determinare l'interruzione della gravidanza, e non dall'assistenza antecedente e conseguente all'intervento.

Gli enti ospedalieri e le case di cura autorizzate sono tenuti in ogni caso ad assicurare l'espletamento delle procedure previste dall'articolo 7 e l'effettuazione degli interventi di interruzione della gravidanza richiesti secondo le modalità previste dagli articoli 5, 7 e 8. La regione ne controlla e garantisce l'attuazione anche attraverso la mobilità del personale.

L'obiezione di coscienza non può essere invocata dal personale sanitario ed esercente le attività ausiliarie quando, data la particolarità delle circostanze, il loro personale intervento è indispensabile per salvare la vita della donna in imminente pericolo.

L'obiezione di coscienza si intende revocata, con effetto immediato, se chi l'ha sollevata prende parte a procedure o a interventi per l'interruzione della gravidanza previsti dalla presente legge, al di fuori dei casi di cui al comma precedente.

10. – L'accertamento, l'intervento, la cura e l'eventuale degenza relativi alla interruzione della gravidanza nelle circostanze previste dagli articoli 4 e 6, ed attuati nelle istituzioni sanitarie di cui all'articolo 8, rientrano fra le prestazioni ospedaliere trasferite alle regioni dalla legge 17 agosto 1974, n. 386.

Sono a carico della regione tutte le spese per eventuali accertamenti, cure o degenze necessarie per il compimento della gravidanza nonché per il parto, riguardanti le donne che non hanno diritto all'assistenza mutualistica.

Le prestazioni sanitarie e farmaceutiche non previste dai precedenti commi e gli accertamenti effettuati secondo quanto previsto dal secondo comma dell'articolo 5 e dal primo comma dell'articolo 7 da medici dipendenti pubblici, o che esercitino la loro attività nell'ambito di strutture pubbliche o convenzionate con la regione, sono a carico degli enti mutualistici, sino a che non sarà istituito il servizio sanitario nazionale.

11. – L'ente ospedaliero, la casa di cura o il poliambulatorio nei quali l'intervento è stato effettuato sono tenuti ad inviare al medico provinciale competente per territorio una dichiarazione con la quale il medico che lo ha eseguito dà notizia dell'intervento stesso e della documentazione sulla base della quale è avvenuto, senza fare menzione dell'identità della donna.

Le lettere *b*) e *f*) dell'articolo 103 del testo unico delle leggi sanitarie, approvato con il regio decreto 27 luglio 1934, n. 1265, sono abrogate.

12. (1) (2) – 1. La richiesta di interruzione della gravidanza secondo le procedure della presente legge è fatta personalmente dalla donna.

Se la donna è di età inferiore ai diciotto anni, per l'interruzione della gravidanza è richiesto l'assenso di chi esercita sulla donna stessa la responsabilità genitoriale o la tutela. Tuttavia, nei primi novanta giorni, quando vi siano seri motivi che impediscano o sconsiglino la consultazione delle persone esercenti la responsabilità genitoriale o la tutela, oppure queste, interpellate, rifiutino il loro assenso o esprimano pareri tra loro difformi, il consultorio o la struttura socio-sanitaria, o il medico di fiducia, espleta i compiti e le procedure di cui all'articolo 5 e rimette entro sette giorni dalla richiesta una relazione, corredata del proprio parere, al giudice tutelare del luogo in cui esso opera. Il giudice tutelare, entro cinque giorni, sentita la donna e tenuto conto della sua volontà, delle ragioni che adduce e della relazione trasmessagli, può autorizzare la donna, con atto non soggetto a reclamo, a decidere l'interruzione della gravidanza (3).

Qualora il medico accerti l'urgenza dell'intervento a causa di un grave pericolo per la salute della minore di diciotto anni, indipendentemente dall'assenso di chi esercita la responsabilità genitoriale o la tutela e senza adire il giudice tutelare, certifica l'esistenza delle condizioni che giustificano l'interruzione della gravidanza. Tale certificazione costituisce titolo per ottenere in via di urgenza l'intervento e, se necessario, il ricovero (3).

Ai fini dell'interruzione della gravidanza dopo i primi novanta giorni, si applicano anche alla minore di diciotto anni le procedure di cui all'articolo 7, indipendentemente dall'assenso di chi esercita la responsabilità genitoriale la tutela (3).

(1) *C. cost. 25 giugno 1981, n. 109, ha dichiarato non fondata, nei sensi di cui in motivazione, con riferimento agli artt. 3 e 30 Cost., una questione di legittimità del presente articolo.*

(2) *Con riferimento alle misure connesse all'emergenza epidemiologica da Covid-19 e contenerne gli effetti in materia di giustizia, ai sensi dell'art. 83[3 lett. a)] d.l. 17 marzo 2020, n. 18, conv., con modif., in l. 24 aprile 2020, n. 27, le disposizioni di cui ai commi 1 e 2 del medesimo art. 83, relativi a rinvio delle udienze e la sospensione dei termini, non operano nei procedimenti di cui al presente articolo.*

(3) *Comma così modificato dall'art. 99[1] d.ls. 28 dicembre 2013, n. 154. Ai sensi dell'art. 108 d.ls. n. 154, cit., lo stesso decreto entra in vigore il trentesimo giorno successivo a quello della sua pubblicazione nella Gazzetta ufficiale (G.U. 8 gennaio 2014, n. 5) (7 febbraio 2014).*

13. – Se la donna è interdetta per infermità di mente, la richiesta di cui agli articoli 4 e 6 può essere presentata, oltre che da lei personalmente, anche dal tutore o dal marito non tutore, che non sia legalmente separato.

Nel caso di richiesta presentata dall'interdetta o dal marito, deve essere sentito il parere del tutore. La richiesta presentata dal tutore o dal marito deve essere confermata dalla donna.

Il medico del consultorio o della struttura socio-sanitaria, o il medico di fiducia, trasmette al giudice tutelare, entro il termine di sette giorni dalla presentazione della richiesta, una relazione contenente ragguagli sulla domanda e sulla sua provenienza, sull'atteggiamento comunque assunto dalla donna e sulla gravità e specie dell'infermità mentale di essa nonché il parere del tutore, se espresso.

Il giudice tutelare, sentiti se lo ritiene opportuno gli interessati, decide entro cinque giorni dal ricevimento della relazione, con atto non soggetto a reclamo.

Il provvedimento del giudice tutelare ha gli effetti di cui all'ultimo comma dell'articolo 8.

14. – Il medico che esegue l'interruzione della gravidanza è tenuto a fornire alla donna le informazioni e le indicazioni sulla regolazione delle nascite nonché a renderla partecipe dei procedimenti abortivi, che devono comunque essere attuati in modo da rispettare la dignità personale della donna.

In presenza di processi patologici, fra cui quelli relativi ad anomalie o malformazioni del nascituro, il medico che esegue l'interruzione della gravidanza deve fornire alla donna i ragguagli necessari per la prevenzione di tali processi.

15. – Le regioni, d'intesa con le università e con gli enti ospedalieri, promuovono l'aggiornamento del personale sanitario ed esercente le arti ausiliarie sui problemi della procreazione cosciente e responsabile, sui metodi anticoncezionali, sul decorso della gravidanza, sul parto e sull'uso delle tecniche più moderne, più rispettose dell'integrità fisica e psichica della donna e meno rischiose per l'interruzione della gravidanza. Le regioni promuovono inoltre corsi ed incontri ai quali possono partecipare sia il personale sanitario ed esercente le arti ausiliarie sia le persone interessate ad approfondire le questioni relative all'educazione sessuale, al decorso della gravidanza, al parto, ai metodi anticoncezionali e alle tecniche per l'interruzione della gravidanza.

Al fine di garantire quanto disposto dagli articoli 2 e 5, le regioni redigono un programma annuale d'aggiornamento e di informazione sulla legislazione statale e regionale, e sui servizi sociali, sanitari e assistenziali esistenti nel territorio regionale.

16. – Entro il mese di febbraio, a partire dall'anno successivo a quello dell'entrata in vigore della presente legge, il Ministro della sanità (1) presenta al Parlamento una relazione sull'attuazione della legge stessa e sui suoi effetti, anche in riferimento al problema della prevenzione.

Le regioni sono tenute a fornire le informazioni necessarie entro il mese di gennaio di ciascun anno, sulla base di questionari predisposti dal Ministro.

Analoga relazione presenta il Ministro di grazia e giustizia (2) per quanto riguarda le questioni di specifica competenza del suo Dicastero.

(1) *Ora Ministro della salute, ai sensi dell'art. 2 d.ls. 30 luglio 1999, n. 300.*

(2) *Ora Ministro della giustizia, ai sensi dell'art. 2 d.ls. n. 300, cit.*

17. (1)

(1) *Articolo abrogato dall'art. 7[1 lett. e)] d.ls. 1° marzo 2018 n. 21. Ai sensi dell'art. 8[1] d.ls. n. 21, cit., dalla data di entrata in vigore del suddetto decreto, i richiami alla presente disposizione abrogata, ovunque presenti, si intendono riferiti all'art. 593-*bis *del codice penale, come indicato dalla tabella A allegata al medesimo decreto. Il testo dell'articolo era il seguente:* « Chiunque cagiona ad una donna per colpa l'interruzione della gravidanza è punito con la reclusione da tre mesi a due anni. – Chiunque cagiona ad una donna per colpa un parto prematuro è punito con la pena prevista dal comma precedente, diminuita fino alla metà. – Nei casi previsti dai commi precedenti, se il fatto è commesso con la violazione delle norme poste a tutela del lavoro la pena è aumentata. ».

18. (1).

(1) *Articolo abrogato dall'art. 7[1 lett. e)] d.ls. 1° marzo 2018 n. 21. Il testo dell'articolo era il seguente:* « Chiunque cagiona l'interruzione della gravidanza senza il consenso della donna è punito con la reclusione da quattro a otto anni. Si considera come non prestato il consenso estorto con violenza o minaccia ovvero carpito con l'inganno. – La stessa pena si applica a chiunque provochi l'interruzione della gravidanza con azioni dirette a provocare lesioni alla donna. – Detta pena è diminuita fino alla metà se da tali lesioni deriva l'acceleramento del parto. – Se dai fatti previsti dal primo e dal secondo comma deriva la morte della donna si applica la reclusione da otto a sedici anni; se ne deriva una lesione personale gravissima si applica la reclusione da sei a dodici anni; se la lesione personale è grave questa ultima pena è diminuita. – Le pene stabilite dai commi precedenti sono aumentate se la donna è minore degli anni diciotto. » *Ai sensi dell'art. 8[1] d.ls. n. 21, cit., dalla data di entrata in vigore del suddetto decreto, i richiami alla presente disposizione abrogata, ovunque presenti, si intendono riferiti all'art. 593-*ter *del codice penale, come indicato dalla tabella A allegata al medesimo decreto.*

19. – Chiunque cagiona l'interruzione volontaria della gravidanza senza l'osservanza delle modalità indicate negli articoli 5 o 8, è punito con la reclusione sino a tre anni.

La donna è punita con la multa fino a 51 euro (1).

Se l'interruzione volontaria della gravidanza avviene senza l'accertamento medico dei casi previsti dalle lettere *a*) e *b*) dell'articolo 6 o comunque senza l'osservanza delle modalità previste dall'articolo 7, chi la cagiona è punito con la reclusione da uno a quattro anni.

La donna è punita con la reclusione sino a sei mesi.

Quando l'interruzione volontaria della gravidanza avviene su donna minore degli anni diciotto, o interdetta, fuori dei casi o senza l'osservanza delle modalità previste dagli articoli 12 e 13, chi la cagiona è punito con le pene rispettivamente previste dai commi precedenti aumentate fino alla metà. La donna non è punibile.

Se dai fatti previsti dai commi precedenti deriva la morte della donna, si applica la reclusione da tre a sette anni; se ne deriva una lesione personale gravissima si applica la reclusione da due a cinque anni; se la lesione personale è grave quest'ultima pena è diminuita.

Le pene stabilite dal comma precedente sono aumentate se la morte o la lesione della donna derivano dai fatti previsti dal quinto comma.

(1) *Ai sensi dell'art. 1[1] d.ls. 15 gennaio 2016, n. 8, sono depenalizzate tutte le violazioni per le quali è prevista la sola pena della multa o dell'ammenda e, pertanto, soggette alla sanzione amministrativa del pagamento di una somma di denaro. Per l'ammontare della sanzione amministrativa v., in particolare, l'art. 1[5 lett. a)] d.ls. n. 8, cit. In caso di reiterazione specifica di una delle violazioni indicate per la qualificazione di recidiva quale reiterazione dell'illecito depenalizzato v., inoltre, l'art. 5[1] del medesimo decreto.*

20. – Le pene previste dagli articoli 18 e 19 per chi procura l'interruzione della gravidanza sono aumentate quando il reato è commesso da chi ha sollevato obiezione di coscienza ai sensi dell'articolo 9.

21. – Chiunque, fuori dei casi previsti dall'articolo 326 del codice penale, essendone venuto a conoscenza per ragioni di professione o di ufficio, rivela l'identità – o comunque divulga notizie idonee a rivelarla – di chi ha fatto ricorso alle procedure o agli interventi previsti dalla presente legge, è punito a norma dell'articolo 622 del codice penale.

22. – Il titolo X del libro II del codice penale è abrogato.

Sono altresì abrogati il n. 3) del primo comma e il n. 5) del secondo comma dell'articolo 583 del codice penale.

Salvo che sia stata pronunciata sentenza irrevocabile di condanna, non è punibile per il reato di aborto di donna consenziente chiunque abbia commesso il fatto prima dell'entrata in vigore della presente legge, se il giudice accerta che sussistevano le condizioni previste dagli articoli 4 e 6.

L. 27 maggio 1929, n. 847. — **Disposizioni per l'applicazione del Concordato dell'11 febbraio 1929 fra la S. Sede e l'Italia, nella parte relativa al matrimonio** (G.U. 8 giugno 1929, n. 133).

Capo I – *Modificazioni al titolo V del libro I del codice civile*

1-4. (1).

(1) *Articoli abrogati dall'art. 115[2] trans. c.c.*

Capo II – *Disposizioni relative ai matrimoni celebrati davanti i ministri del culto cattolico*

5. – Il matrimonio celebrato davanti un Ministro del culto cattolico, secondo le norme del diritto canonico, produce, dal giorno della celebrazione, gli stessi effetti del matrimonio civile, quando sia trascritto nei registri dello stato civile secondo le disposizioni degli articoli 9 e seguenti.

6. – Le pubblicazioni debbono essere fatte a norma degli articoli 70 e seguenti (1) del codice civile e degli articoli 65 e seguenti del regio decreto 15 novembre 1865, n. 2602, per l'ordinamento dello stato civile (2).

La richiesta delle pubblicazioni, oltre che dalle persone indicate nell'articolo 73 (3) del codice civile, deve esser fatta anche dal parroco, davanti al quale il matrimonio sarà celebrato.

(1) *Ora artt. 93 ss. c.c.*
(2) *Ora artt. 54-58 d.P.R. 3 novembre 2000, n. 396.*
(3) *Ora art. 96 c.c.*

7. – Trascorsi tre giorni successivi alla seconda ovvero all'unica pubblicazione, l'ufficiale dello stato civile, ove non gli sia stata notificata alcuna opposizione e nulla gli consti ostare al matrimonio, rilascia un certificato, in cui dichiara che non risulta l'esistenza di cause, le quali si oppongano alla celebrazione di un matrimonio valido agli effetti civili.

Qualora gli sia stata notificata opposizione a norma dell'articolo 89 (1) del codice civile, l'ufficiale dello stato civile non può rilasciare il certificato e deve comunicare al parroco la opposizione.

L'autorità giudiziaria decide sull'opposizione soltanto quando questa sia fondata su alcuna delle cause indicate negli articoli 56 e

61 (2) prima parte del codice civile. In ogni altro caso pronuncia sentenza di non luogo a deliberare (3).

(1) *Ora art. 103 c.c.*

(2) *Ora artt. 85 e 86 c.c.*

(3) *Comma dichiarato* costituzionalmente illegittimo *con* **C. cost.** *2 febbraio 1982, n. 16, « nella parte in cui non dispone che l'autorità giudiziaria decida sull'opposizione anche quando questa è fondata sulla causa indicata nell'articolo 84 del codice civile ».*

8. – Il Ministro del culto, davanti al quale è celebrato il matrimonio, deve spiegare agli sposi gli effetti civili del matrimonio, dando lettura degli articoli 130, 131 e 132 del codice civile (1).

L'atto di matrimonio è compilato immediatamente dopo la celebrazione, in doppio originale. Uno di questi viene subito trasmesso all'ufficiale dello stato civile del comune in cui il matrimonio è stato celebrato e, in ogni caso, non oltre cinque giorni dalla celebrazione.

(1) *Ora artt. 143-147 c.c.*

9. – L'ufficiale dello stato civile, ricevuto l'atto di matrimonio, ne cura la trascrizione nei registri dello stato civile, in modo che risultino le seguenti indicazioni:

il nome e cognome, l'età e la professione, il luogo di nascita, il domicilio o la residenza degli sposi;

il nome e cognome, il domicilio o la residenza dei loro genitori;

la data delle eseguite pubblicazioni o il decreto di dispensa;

il luogo e la data in cui seguì la celebrazione del matrimonio;

il nome e cognome del parroco o di chi altri per lui abbia assistito alla celebrazione del matrimonio.

L'ufficiale dello stato civile deve dare avviso al procuratore del re (1) nei casi e per gli effetti indicati nell'articolo 104 del regio decreto 15 novembre 1865 per l'ordinamento dello stato civile (2).

(1) *Ora procuratore della Repubblica.*

(2) *Ora art. 68 d.P.R. 30 novembre 2000, n. 396.*

10. – Se l'atto di matrimonio non sia stato trasmesso in originale, ovvero se questo non contenga le indicazioni prescritte dall'articolo 9 e la menzione dell'eseguita lettura degli articoli 130, 131 e 132 del codice civile (1) prescritta dall'articolo 8, l'ufficiale dello stato civile sospende la trascrizione e rinvia l'atto per la sua regolarizzazione.

Quando l'atto sia regolare, la trascrizione deve essere eseguita entro ventiquattro ore dal ricevimento, e nelle successive ventiquattro ore deve esserne trasmessa notizia al parroco con l'indicazione della data, in cui è stata effettuata.

(1) *Ora artt. 143-147 c.c.*

11. – La trascrizione dell'atto riconosciuto regolare deve essere eseguita, quando sia stato rilasciato il certificato di cui all'articolo 7, anche se l'ufficiale dello stato civile abbia notizia di qualcuna delle circostanze indicate nell'articolo seguente, ma in tal caso egli deve prontamente informarne il procuratore del re (1), il quale, ove occorra, provveda a norma dell'articolo 16.

(1) *Ora procuratore della Repubblica.*

12. (1) – Quando la celebrazione del matrimonio non sia stata preceduta dal rilascio del certificato di cui all'articolo 7, si fa egualmente luogo alla trascrizione, tranne nei casi seguenti:

1) se anche una sola delle persone unite in matrimonio risulti legata ad altro matrimonio valido agli effetti civili, in qualunque forma celebrato;

2) se le persone unite in matrimonio risultino già legate tra loro da matrimonio valido agli effetti civili, in qualunque forma celebrato;

3) se il matrimonio sia stato contratto da un interdetto per infermità di mente.

(1) *Articolo dichiarato* costituzionalmente illegittimo *con* **C. cost.** *2 febbraio 1982, n. 16, « nella parte in cui non dispone che non si faccia luogo alla trascrizione anche nel caso di matrimonio canonico contratto da minore infrasedicenne o da minore che abbia compiuto gli anni sedici ma non sia stato ammesso al matrimonio ai sensi dell'articolo 84 del codice civile ».*

13. – Se la celebrazione del matrimonio non sia stata preceduta dalle pubblicazioni o dalla dispensa, la trascrizione può aver luogo soltanto dopo l'accertamento che non esiste alcuna delle circostanze indicate nel precedente articolo 12.

A questo scopo l'ufficiale dello stato civile, oltre a richiedere i documenti occorrenti e a fare le indagini che riterrà opportune, affigge alla porta della casa comunale avviso della celebrazione del matrimonio da trascrivere, con l'indicazione delle generalità degli sposi, della data, del luogo di celebrazione e del Ministro del culto avanti al quale è avvenuta.

L'avviso resterà affisso per dieci giorni consecutivi, durante i quali possono opporsi alla trascrizione del matrimonio, per una delle cause indicate nel precedente articolo 12, coloro che, a norma del codice civile, avrebbero potuto fare opposizione al matrimonio.

L'opposizione sospende la trascrizione ed è regolata dalle disposizioni degli articoli 89 (1) e seguenti del codice civile, in quanto applicabili.

(1) *Ora art. 103 c.c.*

14. – La trascrizione dell'atto di matrimonio che per qualsiasi causa sia stata omessa può essere richiesta in ogni tempo da chiunque vi abbia interesse, quando le condizioni stabilite dalla legge sussistevano al momento della celebrazione del matrimonio e non siano venute meno successivamente.

La trascrizione può essere richiesta anche nel caso preveduto nel n. 3 dell'articolo 12, se la coabitazione continuò per un mese (1) dopo revocati l'interdizione.

Qualora la trascrizione sia richiesta trascorsi i cinque giorni dalla celebrazione, essa non pregiudica i diritti legittimamente acquisiti dai terzi.

(1) *Termine così ridotto dall'art. 115[1] trans. c.c.*

15. – Se l'ufficiale dello stato civile non creda di poter procedere alla trascrizione, si osserva la disposizione dell'articolo 75 (1) del codice civile.

(1) *Ora art. 98 c.c.*

16. – La trascrizione del matrimonio può essere impugnata per una delle cause menzionate nell'articolo 12 della presente legge (1).

A tali impugnazioni si applicano le disposizioni degli articoli 104, 112, 113 e 114 del codice civile (2).

(1) *Comma dichiarato* costituzionalmente illegittimo *con* ***C. cost.*** *1° marzo 1971, n. 32, « nella parte in cui stabilisce che la trascrizione del matrimonio può essere impugnata solo per una delle cause menzionate nell'articolo 12 e non anche perché uno degli sposi fosse, al momento in cui si è determinato a contrarre il matrimonio in forma concordataria, in stato di incapacità naturale ».*

(2) *Ora artt. 117, 119, 124 e 125 c.c.*

17. – (1) La sentenza del tribunale ecclesiastico, che pronuncia la nullità del matrimonio, o il provvedimento, col quale è accordata la dispensa dal matrimonio rato e non consumato, dopo che sia intervenuto il decreto del Supremo Tribunale della Segnatura, preveduto dall'articolo 34 del Concordato dell'11 febbraio 1929, fra l'Italia e la Santa Sede, sono presentati in forma autentica alla Corte di appello della circoscrizione a cui appartiene il comune, presso il quale fu trascritto l'atto di celebrazione del matrimonio.

La Corte di appello, con ordinanza pronunciata in camera di consiglio, rende esecutiva la sentenza o il provvedimento di dispensa dal matrimonio celebrato davanti un ministro del culto cattolico e trascritto nel registro dello stato civile e ne ordina la annotazione a margine dell'atto di matrimonio.

(1) *Articolo dichiarato* costituzionalmente illegittimo *con* ***C. cost.*** *2 febbraio 1982, n. 18, nella parte in cui « non prevede che alla corte di appello, all'atto di rendere esecutiva la*

sentenza del tribunale ecclesiastico, che pronuncia la nullità del matrimonio, spetta accertare che nel procedimento innanzi ai tribunali ecclesiastici sia stato assicurato alle parti il diritto di agire e resistere in giudizio a difesa dei propri diritti, e che la sentenza medesima non contenga disposizioni contrarie all'ordine pubblico italiano » e nella parte in cui « prevede che la corte d'appello possa rendere esecutivo agli effetti civili il provvedimento ecclesiastico, col quale è accordata la dispensa dal matrimonio rato e non consumato, e ordinare l'annotazione nei registri dello stato civile a margine dell'atto di matrimonio ».

18. – La disposizione dell'articolo 116 (1) del codice civile è applicabile anche nel caso di annullamento della trascrizione del matrimonio, e in quello in cui, a sensi del precedente articolo 17, venga resa esecutiva la sentenza che dichiari la nullità del matrimonio celebrato davanti al ministro del culto cattolico.

(1) *Ora art. 128 c.c.*

19. – Le disposizioni del codice civile relative alla separazione dei coniugi restano ferme anche per i matrimoni celebrati davanti un ministro del culto cattolico, quando siano stati trascritti.

In pendenza del giudizio di nullità davanti i tribunali ecclesiastici, può essere richiesta al tribunale civile la separazione temporanea dei coniugi a norma dell'articolo 115 (1) del codice civile. La domanda può essere proposta dal pubblico ministero, se ambedue i coniugi o uno di essi sia minore di età. La sentenza di separazione, quando sia passata in cosa giudicata, è comunicata all'autorità ecclesiastica.

(1) *Ora art. 126 c.c.*

CAPO III – *Disposizioni generali e transitorie*

20. – Agli effetti dell'articolo 124 del codice civile (1) è parificato alla celebrazione del matrimonio il rilascio del certificato di cui all'articolo 7.

Incorre nella multa stabilita nell'articolo 124 del codice civile (1) l'ufficiale dello stato civile, che ometta di eseguire prontamente la trascrizione dell'atto di matrimonio, quando ricorrano le condizioni previste dalla legge, o che esegua la trascrizione quando questa non sia ammessa.

(1) *Ora artt. 135-137 c.c.*

21. – La trascrizione del matrimonio celebrato davanti un ministro del culto cattolico anteriormente all'entrata in vigore della presente legge può essere disposta dalla Corte di appello su ricorso di entrambe le parti, con ordinanza pronunziata in camera di consiglio, dopo di aver accertato che al tempo del matrimonio sussistevano le condizioni richieste dal codice civile per contrarre matrimonio, e che posteriormente non siasi verificata alcuna delle circostanze indicate nel precedente articolo 12.

Operata la trascrizione, gli effetti civili del matrimonio si producono dal giorno della medesima.

22. – Nel caso, in cui sia stata o venga pronunziata la nullità del matrimonio celebrato davanti un ministro del culto cattolico prima dell'attuazione della presente legge, la sentenza produce il suo effetto anche riguardo al matrimonio civile contratto fra le stesse persone, quando, osservate le formalità di cui all'articolo 17 della presente legge, la Corte di appello, su domanda di una delle parti, abbia accertato che la nullità fu pronunziata per una causa ammessa anche nel codice civile.

La dispensa del matrimonio rato e non consumato, quando siano osservate le formalità di cui al medesimo articolo 17, produce, sulla domanda di ambedue le parti, lo scioglimento del matrimonio civile contratto fra le stesse persone prima dell'entrata in vigore della presente legge.

23. – Nulla è innovato alla delegazione contenuta nell'articolo 3 della legge 24 dicembre 1925, n. 2260, anche per le norme relative al matrimonio.

La presente legge andrà in vigore sessanta giorni dopo la sua pubblicazione nella Gazzetta Ufficiale.

L. 24 giugno 1929, n. 1159. — **Disposizioni sull'esercizio dei culti ammessi nello Stato e sul matrimonio celebrato davanti ai ministri dei culti medesimi** (G.U. 16 luglio 1929, n. 164) (1) (2) (3) (4).

(1) *Ai sensi dell'art. 31[1] l. 30 luglio 2012, n. 128, a decorrere dalla data di entrata in vigore della l. n. 128, cit. (22 agosto 2012), le disposizioni della presente legge « cessano di avere efficacia ed applicabilità nei riguardi della Chiesa apostolica in Italia, delle chiese che la costituiscono, degli istituti ed opere che ne fanno parte e delle persone che la compongono ».*

(2) *Ai sensi dell'art. 26[1] l. 31 dicembre 2012, n. 245, a decorrere dalla data di entrata in vigore della l. n. 245, cit. (1° febbraio 2013), le disposizioni della presente legge « cessano di avere efficacia ed applicabilità nei riguardi dell'UBI [Unione Buddhista Italiana], degli organismi da essa rappresentati e di coloro che ne fanno parte ».*

(3) *Ai sensi dell'art. 28[1] l. 31 dicembre 2012, n. 246, a decorrere dalla data di entrata in vigore della l. n. 246, cit. (1° febbraio 2013), le disposizioni della presente legge « cessano di avere efficacia ed applicabilità nei riguardi dell'UII [Unione Induista Italiana, Sanatana Dharma Samgha], degli organismi da essa rappresentati e di coloro che ne fanno parte ».*

(4) *Ai sensi dell'art. 19[1] l. 29 dicembre 2021, n. 240, le disposizioni di cui alla presente legge, non trovano più applicazione nei confronti dell'Associazione « Chiesa d'Inghilterra » e degli enti confessionali che ne fanno parte.*

1. (1) – Sono ammessi nel territorio della Repubblica culti diversi dalla religione cattolica apostolica e romana, purché non professino principi e non seguano riti contrari all'ordine pubblico o al buon costume.

L'esercizio, anche pubblico di tali culti è libero.

(1) *V.* sub *Epigrafe.*

2. (1) – Gli istituti di culti diversi dalla religione dello Stato possono essere eretti in ente morale, con decreto del Presidente della Repubblica su proposta del Ministro dell'interno, uditi il Consiglio di Stato e il Consiglio dei ministri.

Essi sono soggetti alle leggi civili concernenti l'autorizzazione governativa per gli acquisti e per l'alienazione dei beni dei corpi morali.

Norme speciali per l'esercizio della vigilanza e del controllo da parte dello Stato possono inoltre essere stabilite nel decreto di erezione in ente morale.

(1) *V.* sub *Epigrafe.*

3. (1) – Le nomine dei ministri dei culti diversi dalla religione dello Stato debbono essere notificate al Ministero dell'interno per l'approvazione.

Nessun effetto civile può essere riconosciuto agli atti del proprio ministero compiuti da tali ministri di culto, se la loro nomina non abbia ottenuto l'approvazione governativa.

(1) *V.* sub *Epigrafe.*

4. (1) – La differenza di culto non forma eccezione al godimento dei diritti civili e politici ed alla ammissibilità alle cariche civili e militari.

(1) *V.* sub *Epigrafe.*

5. (1) – La discussione in materia religiosa è pienamente libera.

(1) *V.* sub *Epigrafe.*

6. (1) – I genitori o chi ne fa le veci possono chiedere la dispensa per i propri figli dal frequentare i corsi di istruzione religiosa nelle scuole pubbliche.

(1) *V.* sub *Epigrafe.*

7. (1) – Il matrimonio celebrato davanti ad alcuno dei ministri di culto indicati nel precedente articolo 3 produce dal giorno della celebrazione gli stessi effetti del matrimonio celebrato davanti l'ufficiale dello stato civile, quando siano osservate le disposizioni degli articoli seguenti.

(1) *V.* sub *Epigrafe.*

8. (1) – Chi intende celebrare il matrimonio davanti alcuno dei ministri di culto, indicati nel precedente articolo 3, deve dichiararlo all'ufficiale di stato civile, che sarebbe competente a celebrare il matrimonio.

L'ufficiale dello stato civile, dopo che siano state adempiute tutte le formalità preliminari e, dopo avere accertato che nulla si oppone alla celebrazione del matrimonio secondo le norme del codice civile, rilascia autorizzazione scritta con indicazione del ministro del culto davanti al quale la celebrazione deve aver luogo e della data del provvedimento, con cui la nomina di questi venne approvata à termini dell'articolo 3.

(1) *V.* sub *Epigrafe.*

9. (1) – Il ministro del culto, davanti al quale avviene la celebrazione, deve dare lettura agli sposi degli articoli 130, 131 e 132 del codice civile (2) e ricevere, alla presenza di due testimoni idonei, la dichiarazione espressa di entrambi gli sposi, l'uno dopo l'altro, di volersi prendere rispettivamente in marito e moglie, osservata la disposizione dell'articolo 95 del codice civile (2).

L'atto di matrimonio dev'essere compilato immediatamente dopo la celebrazione, redatto in lingua italiana nelle forme stabilite dagli articoli 352 e 353 del codice civile (3) per gli atti dello stato civile e deve contenere le indicazioni richieste nell'articolo 10 della presente legge.

LEGGI COMPLEMENTARI

L'atto, così compilato, sarà subito trasmesso in originale all'ufficiale dello stato civile e, in ogni caso, non oltre cinque giorni dalla celebrazione.

(1) *V.* sub *Epigrafe.*
(2) *Ora rispettivamente artt. 143-145 e 108 c.c.*
(3) *V. ora artt. 12 e 63-70 d.P.R. 3 novembre 2000, n. 396.*

10. (1) – L'ufficiale dello stato civile, ricevuto l'atto di matrimonio, ne cura, entro le ventiquattro ore, la trascrizione nei registri dello stato civile, in modo che risultino le seguenti indicazioni:

il nome e cognome, l'età e la professione, il luogo di nascita, il domicilio o la residenza degli sposi;

il nome e cognome, il domicilio o la residenza dei loro genitori;

la data delle eseguite pubblicazioni o il decreto di dispensa;

la data del decreto di dispensa, ove sia stata concessa, da alcuno degli impedimenti di legge;

il luogo e la data in cui seguì la celebrazione del matrimonio;

il nome e cognome del ministro del culto dinanzi al quale seguì la celebrazione del matrimonio.

L'ufficiale dello stato civile deve dare avviso al procuratore del re (2), nei casi e per gli effetti indicati nell'articolo 104 del regio decreto 15 novembre 1865, n. 2602, per l'ordinamento dello stato civile (3).

(1) *V.* sub *Epigrafe.*
(2) *Ora procuratore della Repubblica.*
(3) *Ora art. 68 d.P.R. 3 novembre 2000, n. 396.*

11. (1) – Al matrimonio celebrato davanti il ministro di un culto ammesso nello Stato e debitamente trascritto nei registri dello stato civile si applicano, anche per quanto riguarda le domande di nullità, tutte le disposi zioni riflettenti il matrimonio celebrato davanti l'ufficiale dello stato civile.

(1) *V.* sub *Epigrafe.*

12. (1) – Agli effetti dell'articolo 124 (2) codice civile è parificato alla celebrazione del matrimonio il rilascio dell'autorizzazione prevista nell'articolo 8 della presente legge.

Incorre nella multa stabilita nell'articolo 124 del codice civile l'ufficiale dello stato civile che omette di eseguire la trascrizione dell'atto di matrimonio, entro il termine indicato nell'articolo 10 della presente legge.

(1) *V.* sub *Epigrafe.*
(2) *Ora artt. 136 e 137 c.c.*

13. (1) – Gli articoli da 7 a 12 della presente legge entreranno in vigore sessanta giorni dopo la pubblicazione nella Gazzetta Ufficiale.

(1) *V.* sub *Epigrafe.*

14. (1) – Il Governo ha facoltà di emanare le norme per l'attuazione della presente legge, e per il suo coordinamento con le altre leggi dello Stato, e di rivedere le norme legislative esistenti che disciplinano i culti acattolici.

(1) *V.* sub *Epigrafe.*

L. 1° dicembre 1970, n. 898. — **Disciplina dei casi di scioglimento del matrimonio** (G.U. 3 dicembre 1970, n. 306).

1. – Il giudice pronuncia lo scioglimento del matrimonio contratto a norma del codice civile, quando, esperito inutilmente il tentativo di conciliazione di cui al successivo articolo 4, accerta che la comunione spirituale e materiale tra i coniugi non può essere mantenuta o ricostituita per l'esistenza di una delle cause previste dall'articolo 3.

2. – Nei casi in cui il matrimonio sia stato celebrato con rito religioso e regolarmente trascritto, il giudice, quando, esperito inutilmente il tentativo di conciliazione di cui al successivo articolo 4, accerta che la comunione spirituale e materiale tra i coniugi non può essere mantenuta o ricostituita per l'esistenza di una delle cause previste dall'articolo 3, pronuncia la cessazione degli effetti civili conseguenti alla trascrizione del matrimonio.

3. – Lo scioglimento o la cessazione degli effetti civili del matrimonio può essere domandato da uno dei coniugi:

1) quando, dopo la celebrazione del matrimonio, l'altro coniuge è stato condannato, con sentenza passata in giudicato anche per fatti commessi in precedenza:

a) all'ergastolo ovvero ad una pena superiore ad anni quindici, anche con più sentenze, per uno o più delitti non colposi, esclusi i reati politici e quelli commessi per motivi di particolare valore morale e sociale;

b) a qualsiasi pena detentiva per il delitto di cui all'articolo 564 del codice penale e per uno dei delitti di cui agli articoli 519, 521, 523 e 524 del codice penale (1), ovvero per induzione, costrizione, sfruttamento o favoreggiamento della prostituzione (2);

c) a qualsiasi pena per omicidio volontario di un figlio ovvero per tentato omicidio a danno del coniuge o di un figlio (3);

d) a qualsiasi pena detentiva, con due o più condanne, per i delitti di cui all'articolo 582, quando ricorra la circostanza aggravante di cui al secondo comma dell'articolo 583, e agli articoli 570, 572 e 643 del codice penale, in danno del coniuge o di un figlio (4).

Nelle ipotesi previste alla lettera *d*) il giudice competente a pronunciare lo scioglimento o la cessazione degli effetti civili del matrimonio accerta, anche in considerazione del comportamento successivo del convenuto, la di lui inidoneità a mantenere o ricostituire la convivenza familiare.

Per tutte le ipotesi previste nel numero 1 del presente articolo la domanda non è proponibile dal coniuge che sia stato condannato per concorso nel reato ovvero quando la convivenza coniugale è ripresa;

2) nei casi in cui:

a) l'altro coniuge è stato assolto per vizio totale di mente da uno dei delitti previsti nelle lettere *b*) e *c*) del numero 1 del presente articolo, quando il giudice competente a pronunciare lo scioglimento o la cessazione degli effetti civili del matrimonio accerta l'inidoneità del convenuto a mantenere o ricostituire la convivenza familiare;

b) è stata pronunciata con sentenza passata in giudicato la separazione giudiziale fra i coniugi, ovvero è stata omologata la separazione consensuale, ovvero è intervenuta separazione di fatto quando la separazione di fatto stessa è iniziata almeno due anni prima del 18 dicembre 1970 (5).

In tutti i predetti casi, per la proposizione della domanda di scioglimento o di cessazione degli effetti civili del matrimonio, le separazioni devono essersi protratte ininterrottamente da almeno dodici mesi dalla data dell'udienza di comparizione dei coniugi nella procedura di separazione personale e da sei mesi nel caso di separazione consensuale, anche quando il giudizio contenzioso si sia trasformato in consensuale, ovvero dalla data certificata nell'accordo di separazione raggiunto a seguito di convenzione di negoziazione assistita da un avvocato ovvero dalla data dell'atto contenente l'accordo di separazione concluso innanzi all'ufficiale dello stato civile. Nei casi in cui la legge consente di proporre congiuntamente la domanda di separazione personale e quella di scioglimento o cessazione degli effetti civili del matrimonio, quest'ultima è procedibile una volta decorsi i termini sopra indicati (6). L'eventuale interruzione della separazione deve essere eccepita dalla parte convenuta (7) (8);

c) il procedimento penale promosso per i delitti previsti dalle lettere *b*) e *c*) del numero 1 del presente articolo si è concluso con sentenza di non doversi procedere per estinzione del reato, quando il giudice competente a pronunciare lo scioglimento o la cessazione degli effetti civili del matrimonio ritiene che nei fatti commessi sussistano gli elementi costitutivi e le condizioni di punibilità dei delitti stessi;

d) il procedimento penale per incesto si è concluso con sentenza di proscioglimento o di assoluzione che dichiari non punibile il fatto per mancanza di pubblico scandalo;

e) l'altro coniuge cittadino straniero ha ottenuto all'estero l'annullamento o lo scioglimento del matrimonio o ha contratto all'estero nuovo matrimonio;

f) il matrimonio non è stato consumato;

g) è passata in giudicato sentenza di rettificazione di attribuzione di sesso a norma della legge 14 aprile 1982, n. 164 (8).

(1) *Ora artt. 609-*bis, *609-*quater, *609-*quinquies *e 609-*octies *c.p.*

(2) *Lettera così sostituita dall'art. 1 l. 6 marzo 1987, n. 74.*

(3) *Lettera così sostituita dall'art. 2 l. n. 74, cit.*

(4) *Lettera così modificata dall'art. 3 l. n. 74, cit.*

(5) *Lettera così modificata dall'art. 4 l. n. 74, cit.*

(6) *I periodi* « In tutti i predetti casi, per la proposizione della domanda di scioglimento o di cessazione degli effetti civili del matrimonio, le separazioni devono essersi protratte ininterrottamente da almeno dodici mesi dalla data dell'udienza di comparizione dei coniugi nella procedura di separazione personale e da sei mesi nel caso di separazione consensuale, anche quando il giudizio contenzioso si sia trasformato in consensuale, ovvero dalla data certificata nell'accordo di separazione raggiunto a seguito di convenzione di negoziazione assistita da un avvocato ovvero dalla data dell'atto contenente l'accordo di separazione concluso innanzi all'ufficiale dello stato civile. Nei casi in cui la legge consente di proporre congiuntamente la domanda di separazione personale e quella di scioglimento o cessazione degli effetti civili del matrimonio, quest'ultima è procedibile una volta decorsi i termini sopra indicati. » *sono stati sostituiti al periodo* «In tutti i predetti casi, per la proposizione della domanda di scioglimento o di cessazione degli effetti civili del matrimonio, le separazioni devono essersi protratte ininterrottamente da almeno dodici mesi dall'avvenuta comparizione dei coniugi innanzi al presidente del tribunale nella procedura di separazione personale e da sei mesi nel caso di separazione consensuale, anche quando il giudizio contenzioso si sia trasformato in consensuale, ovvero dalla data certificata nell'accordo di separazione raggiunto a seguito di convenzione di negoziazione assistita da un avvocato ovvero dalla data dell'atto contenente l'accordo di separazione concluso innanzi all'ufficiale dello stato civile. » *dall'art. 27[1, lett. a)] d.ls. 10 ottobre 2022, n. 149. Per la disciplina transitoria v. art. 35[1] d.ls. n. 149/2022, cit., come sostituito dall'art.1[380, lett. a)] l. 29 dicembre 2022, n. 197, che prevede che: « 1. Le disposizioni del presente decreto, salvo che non sia diversamente disposto, hanno effetto a decorrere dal 28 febbraio 2023 e si applicano ai procedimenti instaurati successivamente a tale data. Ai procedimenti pendenti alla data del 28 febbraio 2023 si applicano le disposizioni anteriormente vigenti. ».*

(7) *Comma da ultimo così modificato dall'art. 1 l. 6 maggio 2015, n. 55. Precedentemente tale comma era stato modificato dall'art. 12[4] d.l. 12 settembre 2014, n. 132, conv., con modif., in l. 10 novembre 2014, n. 162. Ai sensi dell'art. 12[7] d.l. n. 132, cit., tale disposizione si applica « a decorrere dal trentesimo giorno successivo all'entrata in vigore della legge di conversione del [suddetto] decreto ».*

(8) *Capoverso così sostituito dall'art. 5 l. n. 74, cit. Seguiva un secondo capoverso abrogato dall'art. 6 l. n. 74, cit.*

(9) *Lettera aggiunta dall'art. 7 l. n. 74, cit.*

4. (1)

(1) *Articolo abrogato dall'art. 27[1, lett. b)] d.ls. 10 ottobre 2022, n. 149. Per la disciplina*

transitoria v. art. 35[1] d.ls. n. 149/2022, cit., come sostituito dall'art.1[380, lett. a)] l. 29 dicembre 2022, n. 197, che prevede che: « 1. Le disposizioni del presente decreto, salvo che non sia diversamente disposto, hanno effetto a decorrere dal 28 febbraio 2023 e si applicano ai procedimenti instaurati successivamente a tale data. Ai procedimenti pendenti alla data del 28 febbraio 2023 si applicano le disposizioni anteriormente vigenti. ». *Il testo dell'articolo, come modificato dall'art. 98[1 lett. a)] d.ls. 28 dicembre 2013, n. 154, era il seguente:* 1. La domanda per ottenere lo scioglimento o la cessazione degli effetti civili del matrimonio si propone al tribunale del luogo dell'ultima residenza comune dei coniugi ovvero, in mancanza, del luogo in cui il coniuge convenuto ha residenza o domicilio. Qualora il coniuge convenuto sia residente all'estero o risulti irreperibile, la domanda si propone al tribunale del luogo di residenza o di domicilio del ricorrente e, se anche questi è residente all'estero, a qualunque tribunale della Repubblica. La domanda congiunta può essere proposta al tribunale del luogo di residenza o di domicilio dell'uno o dell'altro coniuge.

2. La domanda si propone con ricorso, che deve contenere l'esposizione dei fatti e degli elementi di diritto sui quali la domanda di scioglimento del matrimonio o di cessazione degli effetti civili dello stesso è fondata.

3. Del ricorso il cancelliere dà comunicazione all'ufficiale dello stato civile del luogo dove il matrimonio fu trascritto per l'annotazione in calce all'atto.

4. Nel ricorso deve essere indicata l'esistenza di figli di entrambi i coniugi.

5. Il presidente del tribunale, nei cinque giorni successivi al deposito in cancelleria, fissa con decreto la data di comparizione dei coniugi davanti a sé, che deve avvenire entro novanta giorni dal deposito del ricorso, il termine per la notificazione del ricorso e del decreto ed il termine entro cui il coniuge convenuto può depositare memoria difensiva e documenti. Il presidente nomina un curatore speciale quando il convenuto è malato di mente o legalmente incapace.

6. Al ricorso e alla prima memoria difensiva sono allegate le ultime dichiarazioni dei redditi rispettivamente presentate.

7. I coniugi devono comparire davanti al presidente del tribunale personalmente, salvo gravi e comprovati motivi, e con l'assistenza di un difensore. Se il ricorrente non si presenta o rinuncia, la domanda non ha effetto. Se non si presenta il coniuge convenuto, il presidente può fissare un nuovo giorno per la comparizione, ordinando che la notificazione del ricorso e del decreto gli sia rinnovata. All'udienza di comparizione, il presidente deve sentire i coniugi prima separatamente poi congiuntamente, tentando di conciliarli. Se i coniugi si conciliano, il presidente fa redigere processo verbale della conciliazione.

8. Se la conciliazione non riesce, il presidente, sentiti i coniugi e i rispettivi difensori nonché, disposto l'ascolto del figlio minore che abbia compiuto gli anni dodici e anche di età inferiore ove capace di discernimento, dà, anche d'ufficio, con ordinanza i provvedimenti temporanei e urgenti che reputa opportuni nell'interesse dei coniugi e della prole, nomina il giudice istruttore e fissa l'udienza di comparizione e trattazione dinanzi a questo. Nello stesso modo il presidente provvede, se il coniuge convenuto non compare, sentito il ricorrente e il suo difensore. L'ordinanza del presidente può essere revocata o modificata dal giudice istruttore. Si applica l'articolo 189 delle disposizioni di attuazione del codice di procedura civile.

9. Tra la data dell'ordinanza, ovvero tra la data entro cui la stessa deve essere notificata al convenuto non comparso, e quella dell'udienza di comparizione e trattazione devono intercorrere i termini di cui all'articolo 163-bis del codice di procedura civile ridotti a metà.

10. Con l'ordinanza di cui al comma 8, il presidente assegna altresì termine al ricorrente per il deposito in cancelleria di memoria integrativa, che deve avere il contenuto di cui all'articolo 163, terzo comma, numeri 2), 3), 4), 5) e 6), del codice di procedura civile e

termine al convenuto per la costituzione in giudizio ai sensi degli articoli 166 e 167, primo e secondo comma, dello stesso codice nonché per la proposizione delle eccezioni processuali e di merito che non siano rilevabili d'ufficio. L'ordinanza deve contenere l'avvertimento al convenuto che la costituzione oltre il suddetto termine implica le decadenze di cui all'articolo 167 del codice di procedura civile e che oltre il termine stesso non potranno più essere proposte le eccezioni processuali e di merito non rilevabili d'ufficio.

11. All'udienza davanti al giudice istruttore si applicano le disposizioni di cui agli articoli 180 e 183, commi primo, secondo, quarto, quinto, sesto e settimo, del codice di procedura civile. Si applica altresì l'articolo 184 del medesimo codice.

12. Nel caso in cui il processo debba continuare per la determinazione dell'assegno, il tribunale emette sentenza non definitiva relativa allo scioglimento o alla cessazione degli effetti civili del matrimonio. Avverso tale sentenza è ammesso solo appello immediato. Appena formatosi il giudicato, si applica la previsione di cui all'articolo 10.

13. Quando vi sia stata la sentenza non definitiva, il tribunale, emettendo la sentenza che dispone l'obbligo della somministrazione dell'assegno, può disporre che tale obbligo produca effetti fin dal momento della domanda.

14. Per la parte relativa ai provvedimenti di natura economica la sentenza di primo grado è provvisoriamente esecutiva.

15. L'appello è deciso in camera di consiglio.

16. La domanda congiunta dei coniugi di scioglimento o di cessazione degli effetti civili del matrimonio che indichi anche compiutamente le condizioni inerenti alla prole e ai rapporti economici, è proposta con ricorso al tribunale in camera di consiglio. Il tribunale, sentiti i coniugi, verificata l'esistenza dei presupposti di legge e valutata la rispondenza delle condizioni all'interesse dei figli, decide con sentenza. Qualora il tribunale ravvisi che le condizioni relative ai figli sono in contrasto con gli interessi degli stessi, si applica la procedura di cui al comma 8. ».

5. – 1. Il tribunale adito, in contraddittorio delle parti e con l'intervento obbligatorio del pubblico ministero, accertata la sussistenza di uno dei casi di cui all'articolo 3, pronuncia con sentenza lo scioglimento o la cessazione degli effetti civili del matrimonio ed ordina all'ufficiale dello stato civile del luogo ove venne trascritto il matrimonio di procedere alla annotazione della sentenza.

2. La donna perde il cognome che aveva aggiunto al proprio a seguito del matrimonio (1).

3. Il tribunale, con la sentenza con cui pronuncia lo scioglimento o la cessazione degli effetti civili del matrimonio, può autorizzare la donna che ne faccia richiesta a conservare il cognome del marito aggiunto al proprio quando sussista un interesse suo o dei figli meritevole di tutela (1).

4. La decisione di cui al comma precedente può essere modificata con successiva sentenza, per motivi di particolare gravità, su istanza di una delle parti (1).

5. La sentenza è impugnabile da ciascuna delle parti. Il pubblico ministero, può, ai sensi dell'articolo 72 del codice di procedura civile,

proporre impugnazione limitatamente agli interessi patrimoniali dei figli minori o legalmente incapaci.

6. Con la sentenza che pronuncia lo scioglimento o la cessazione degli effetti civili del matrimonio, il tribunale, tenuto conto delle condizioni dei coniugi, delle ragioni della decisione, del contributo personale ed economico dato da ciascuno alla conduzione familiare ed alla formazione del patrimonio di ciascuno o di quello comune, del reddito di entrambi, e valutati tutti i suddetti elementi anche in rapporto alla durata del matrimonio, dispone l'obbligo per un coniuge di somministrare periodicamente a favore dell'altro un assegno quando quest'ultimo non ha mezzi adeguati o comunque non può procurarseli per ragioni oggettive (2).

7. La sentenza deve stabilire anche un criterio di adeguamento automatico dell'assegno, almeno con riferimento agli indici di svalutazione monetaria. Il tribunale può, in caso di palese iniquità, escludere la previsione con motivata decisione (2).

8. Su accordo delle parti la corresponsione può avvenire in unica soluzione ove questa sia ritenuta equa dal tribunale. In tal caso non può essere proposta alcuna successiva domanda di contenuto economico (2).

9. (3).

10. L'obbligo di corresponsione dell'assegno cessa se il coniuge, al quale deve essere corrisposto, passa a nuove nozze.

11. Il coniuge, al quale non spetti l'assistenza sanitaria per nessun altro titolo, conserva il diritto nei confronti dell'ente mutualistico da cui sia assistito l'altro coniuge. Il diritto si estingue se egli passa a nuove nozze (4).

(1) *I commi secondo, terzo e quarto sono stati così sostituiti all'originario secondo comma dall'art. 9 l. 6 marzo 1987, n. 74.*

(2) *I commi sesto, settimo, ottavo e nono sono stati così sostituiti all'originario quarto comma dall'art. 10 l. n. 74, cit.*

(3) *Comma abrogato dall'art. 27[1, lett. c)] d.ls. 10 ottobre 2022, n. 149. Per la disciplina transitoria v. art. 35[1] d.ls. n. 149/2022, cit., come sostituito dall'art.1[380, lett. a)] l. 29 dicembre 2022, n. 197, che prevede che:* « 1. Le disposizioni del presente decreto, salvo che non sia diversamente disposto, hanno effetto a decorrere dal 28 febbraio 2023 e si applicano ai procedimenti instaurati successivamente a tale data. Ai procedimenti pendenti alla data del 28 febbraio 2023 si applicano le disposizioni anteriormente vigenti. ». *Il testo del comma era il seguente:* « I coniugi devono presentare all'udienza di comparizione avanti al presidente del tribunale la dichiarazione personale dei redditi e ogni documentazione relativa ai loro redditi e al loro patrimonio personale e comune. In caso di contestazioni il tribunale dispone indagini sui redditi, sui patrimoni e sull'effettivo tenore di vita, valendosi, se del caso, anche della polizia tributaria ».

(4) *Comma aggiunto dall'art. 1 l. 1° agosto 1978, n. 436.*

LEGGI COMPLEMENTARI

6. (1) – 1. L'obbligo, ai sensi degli articoli 315-*bis* e 316-*bis* del codice civile, di mantenere, educare ed istruire i figli nati o adottati durante il matrimonio di cui sia stato pronunciato lo scioglimento o la cessazione degli effetti civili, permane anche nel caso di passaggio a nuove nozze di uno o di entrambi i genitori (2).

2. Il Tribunale che pronuncia lo scioglimento o la cessazione degli effetti civili del matrimonio applica, riguardo ai figli, le disposizioni contenute nel capo II, del titolo IX, del libro primo, del codice civile (3).

3. (4).

4. (4).

5. (4).

6. L'abitazione nella casa familiare spetta di preferenza al genitore cui vengono affidati i figli o con il quale i figli convivono oltre la maggiore età. In ogni caso ai fini dell'assegnazione il giudice dovrà valutare le condizioni economiche dei coniugi e le ragioni della decisione e favorire il coniuge più debole. L'assegnazione, in quanto trascritta, è opponibile al terzo acquirente ai sensi dell'articolo 1599 del codice civile.

7. Il tribunale dà inoltre disposizioni circa l'amministrazione dei beni dei figli e nell'ipotesi in cui l'esercizio della responsabilità genitoriale sia affidato ad entrambi i genitori, circa il concorso degli stessi al godimento dell'usufrutto legale (2).

8. (4).

9. (4).

10. (4).

11. (4).

12. (4).

(1) *Articolo così sostituito dall'art. 11 l. 6 marzo 1987, n. 74.*

(2) *Comma così modificato dall'art. 98[1 lett. b)] d.lgs. 28 dicembre 2013, n. 154, con la decorrenza indicata* sub *art. 4, nota 3.*

(3) *Comma così sostituito dall'art. 98[1 lett. b)] d.lgs. n. 154, cit., con la decorrenza indicata* sub *art. 4, nota 3.*

(4) *Comma abrogato dall'art. 98[1 lett. b)] d.lgs. n. 154, cit., con la decorrenza indicata* sub *art. 4, nota 3.*

7. (1).

(1) *L'articolo modificava il comma 2 dell'art. 252 c.c., successivamente sostituito dall'art. 104 l. 19 maggio 1975, n. 151.*

8. – (1).

(1) *Articolo abrogato dall'art. 27[1, lett. d)] d.lgs. 10 ottobre 2022, n. 149. Per la disciplina transitoria v. art. 35[1] d.lgs. n. 149/2022, cit., come sostituito dall'art.1[380, lett. a)] l. 29 dicembre*

2022, n. 197, che prevede che: « 1. Le disposizioni del presente decreto, salvo che non sia diversamente disposto, hanno effetto a decorrere dal 28 febbraio 2023 e si applicano ai procedimenti instaurati successivamente a tale data. Ai procedimenti pendenti alla data del 28 febbraio 2023 si applicano le disposizioni anteriormente vigenti. ». *Il testo dell'articolo, come modificato dall'art. 12 l. 6 marzo 1987, n. 74, era il seguente:* « Il tribunale che pronuncia lo scioglimento o la cessazione degli effetti civili del matrimonio può imporre all'obbligato di prestare idonea garanzia reale o personale se esiste il pericolo che egli possa sottrarsi all'adempimento degli obblighi di cui agli articoli 5 e 6.

La sentenza costituisce titolo per l'iscrizione dell'ipoteca giudiziale ai sensi dell'articolo 2818 del codice civile.

Il coniuge cui spetta la corresponsione periodica dell'assegno, dopo la costituzione in mora a mezzo raccomandata con avviso di ricevimento del coniuge obbligato e inadempiente per un periodo di almeno trenta giorni, può notificare il provvedimento in cui è stabilita la misura dell'assegno ai terzi tenuti a corrispondere periodicamente somme di denaro al coniuge obbligato con l'invito a versargli direttamente le somme dovute, dandone comunicazione al coniuge inadempiente.

Ove il terzo cui sia stato notificato il provvedimento non adempia, il coniuge creditore ha azione diretta esecutiva nei suoi confronti per il pagamento delle somme dovutegli quale assegno di mantenimento ai sensi degli articoli 5 e 6.

Qualora il credito del coniuge obbligato nei confronti dei suddetti terzi sia stato già pignorato al momento della notificazione, all'assegnazione e alla ripartizione delle somme fra il coniuge cui spetta la corresponsione periodica dell'assegno, il creditore procedente e i creditori intervenuti nell'esecuzione, provvede il giudice dell'esecuzione.

Lo Stato e gli altri enti indicati nell'articolo 1 del testo unico delle leggi concernenti il sequestro, il pignoramento e la cessione degli stipendi, salari e pensioni dei dipendenti delle pubbliche amministrazioni, approvato con decreto del Presidente della Repubblica 5 gennaio 1950, n. 180, nonché gli altri enti datori di lavoro cui sia stato notificato il provvedimento in cui è stabilita la misura dell'assegno e l'invito a pagare direttamente al coniuge cui spetta la corresponsione periodica, non possono versare a quest'ultimo oltre la metà delle somme dovute al coniuge obbligato, comprensive anche degli assegni e degli emolumenti accessori.

Per assicurare che siano soddisfatte o conservate le ragioni del creditore in ordine all'adempimento degli obblighi di cui agli articoli 5 e 6, su richiesta dell'avente diritto, il giudice può disporre il sequestro dei beni del coniuge obbligato a somministrare l'assegno. Le somme spettanti al coniuge obbligato alla corresponsione dell'assegno di cui al precedente comma sono soggette a sequestro e pignoramento fino alla concorrenza della metà per il soddisfacimento dell'assegno periodico di cui agli articoli 5 e 6. ».

9. (1) (2) – 1. (3).

2. In caso di morte dell'ex coniuge e in assenza di un coniuge superstite avente i requisiti per la pensione di reversibilità, il coniuge rispetto al quale è stata pronunciata sentenza di scioglimento o di cessazione degli effetti civili del matrimonio ha diritto, se non passato a nuove nozze e sempre che sia titolare di assegno ai sensi dell'articolo 5, alla pensione di reversibilità, sempre che il rapporto da cui trae origine il trattamento pensionistico sia anteriore alla sentenza (4).

3. Qualora esista un coniuge superstite avente i requisiti per la

pensione di reversibilità, una quota della pensione e degli altri assegni a questi spettanti è attribuita dal tribunale, tenendo conto della durata del rapporto, al coniuge rispetto al quale è stata pronunciata la sentenza di scioglimento o di cessazione degli effetti civili del matrimonio e che sia titolare dell'assegno di cui all'articolo 5. Se in tale condizione si trovano più persone, il tribunale provvede a ripartire fra tutti la pensione e gli altri assegni, nonché a ripartire tra i restanti le quote attribuite a chi sia successivamente morto o passato a nuove nozze (4).

4. Restano fermi, nei limiti stabiliti dalla legislazione vigente, i diritti spettanti a figli, genitori o collaterali in merito al trattamento di reversibilità.

5. Alle domande giudiziali dirette al conseguimento della pensione di reversibilità o di parte di essa deve essere allegato un atto notorio, ai sensi della legge 4 gennaio 1968, n. 15, dal quale risultino tutti gli aventi diritto. In ogni caso, la sentenza che accoglie la domanda non pregiudica la tutela, nei confronti dei beneficiari, degli aventi diritto pretermessi, salva comunque l'applicabilità delle sanzioni penali per le dichiarazioni mendaci.

(1) *Articolo da ultimo così sostituito dall'art. 13 l. 6 marzo 1987, n. 74. V. art. 4 l. 8 febbraio 2006, n. 54, in materia di affidamento condiviso dei figli.*

(2) *Con riferimento alle misure connesse all'emergenza epidemiologica da Covid-19, v. l'art. 23[6] d.l. 28 ottobre 2020, n. 137, conv., con modif., in l. 18 dicembre 2020, n. 176, ai sensi del quale il giudice può disporre che le udienze civili in materia di divorzio congiunto di cui al presente articolo « siano sostituite dal deposito telematico di note scritte di cui all'articolo 221, comma 4, del decreto legge 19 maggio 2020, n. 34, convertito, con modificazioni, dalla legge 17 luglio 2020, n. 77, nel caso in cui tutte le parti che avrebbero diritto a partecipare all'udienza vi rinuncino espressamente con comunicazione, depositata almeno quindici giorni prima dell'udienza, nella quale dichiarano di essere a conoscenza delle norme processuali che prevedono la partecipazione all'udienza, di aver aderito liberamente alla possibilità di rinunciare alla partecipazione all'udienza, di confermare le conclusioni rassegnate nel ricorso e, nei giudizi di separazione e divorzio, di non volersi conciliare ».*

Ai sensi dell'art. 16[1], d.l. 30 dicembre 2021, n. 228, conv., con modif., in l. 25 febbraio 2022, n. 15, le disposizioni di cui al citato art. 23[6] d.l. n. 137, cit., continuano ad applicarsi fino alla data del 31 dicembre 2022.

(3) *Comma abrogato dall'art. 27[1, lett. e)] d.ls. 10 ottobre 2022, n. 149. Per la disciplina transitoria v. art. 35[1] d.ls. n. 149/2022, cit., come sostituito dall'art. 1[380, lett. a)] l. 29 dicembre 2022, n. 197, che prevede che:* « 1. Le disposizioni del presente decreto, salvo che non sia diversamente disposto, hanno effetto a decorrere dal 28 febbraio 2023 e si applicano ai procedimenti instaurati successivamente a tale data. Ai procedimenti pendenti alla data del 28 febbraio 2023 si applicano le disposizioni anteriormente vigenti. ». *Il testo del comma era il seguente:* « Qualora sopravvengano giustificati motivi dopo la sentenza che pronuncia lo scioglimento o la cessazione degli effetti civili del matrimonio, il tribunale, in camera di consiglio e, per i provvedimenti relativi ai figli, con la partecipazione del pubblico ministero, può, su istanza di parte, disporre la revisione delle disposizioni concer-

nenti l'affidamento dei figli e di quelle relative alla misura e alle modalità dei contributi da corrispondere ai sensi degli articoli 5 e 6. ».

(4) *V. art. 5 l. 28 dicembre 2005, n. 263, che così dispone: « Le disposizioni di cui ai commi 2 e 3 dell'articolo 9 della legge 1° dicembre 1970, n. 898, e successive modificazioni, si interpretano nel senso che per titolarità dell'assegno ai sensi dell'articolo 5 deve intendersi l'avvenuto riconoscimento dell'assegno medesimo da parte del tribunale ai sensi del predetto articolo 5 della citata legge n. 898 del 1970 ».*

9-*bis*. (1) – A colui al quale è stato riconosciuto il diritto alla corresponsione periodica di somme di denaro a norma dell'articolo 5, qualora versi in stato di bisogno, il tribunale, dopo il decesso dell'obbligato, può attribuire un assegno periodico a carico dell'eredità tenendo conto dell'importo di quelle somme, della entità del bisogno, dell'eventuale pensione di reversibilità, delle sostanze ereditarie, del numero e della qualità degli eredi e delle loro condizioni economiche. L'assegno non spetta se gli obblighi patrimoniali previsti dall'articolo 5 sono stati soddisfatti in unica soluzione.

Su accordo delle parti la corresponsione dell'assegno può avvenire in unica soluzione. Il diritto all'assegno si estingue se il beneficiario passa a nuove nozze o viene meno il suo stato di bisogno. Qualora risorga lo stato di bisogno l'assegno può essere nuovamente attribuito.

(1) *Articolo aggiunto dall'art. 3 l. 1° agosto 1978, n. 436.*

10. – (1).

Lo scioglimento e la cessazione degli effetti civili del matrimonio, pronunciati nei casi rispettivamente previsti dagli articoli 1 e 2 della presente legge, hanno efficacia, a tutti gli effetti civili, dal giorno dell'annotazione della sentenza.

(1) *Comma abrogato dall'art. 27[1, lett. f)] d.lgs. 10 ottobre 2022, n. 149. Per la disciplina transitoria v. art. 35[1] d.lgs. n. 149/2022, cit., come sostituito dall'art. 1[380, lett. a)] l. 29 dicembre 2022, n. 197, che prevede che:* « 1. Le disposizioni del presente decreto, salvo che non sia diversamente disposto, hanno effetto a decorrere dal 28 febbraio 2023 e si applicano ai procedimenti instaurati successivamente a tale data. Ai procedimenti pendenti alla data del 28 febbraio 2023 si applicano le disposizioni anteriormente vigenti. ». *Il testo del comma era il seguente:* « La sentenza che pronuncia lo scioglimento o la cessazione degli effetti civili del matrimonio, quando sia passata in giudicato, deve essere trasmessa in copia autentica, a cura del cancelliere del tribunale o della Corte che l'ha emessa, all'ufficiale dello stato civile del comune in cui il matrimonio fu trascritto, per le annotazioni e le ulteriori incombenze di cui al regio decreto 9 luglio 1939, n. 1238. ».

11. (1).

(1) *Articolo abrogato dall'art. 14 l. 6 marzo 1987, n. 74.*

12. (1) – 1. Le disposizioni del codice civile in tema di riconoscimento del figlio nato fuori del matrimonio si applicano, per quanto di ragione, anche nel caso di scioglimento o di cessazione degli effetti civili del matrimonio (2).

(1) *Articolo così sostituito dall'art. 15 l. 6 marzo 1987, n. 74.*

(2) *Comma così modificato dall'art. 98[1 lett. c)] d.lS. 28 dicembre 2013, n. 154, con la decorrenza indicata sub art. 4.*

12-*bis*. (1) – 1. Il coniuge nei cui confronti sia stata pronunciata sentenza di scioglimento o di cessazione degli effetti civili del matrimonio ha diritto, se non passato a nuove nozze e in quanto sia titolare di assegno ai sensi dell'articolo 5, ad una percentuale dell'indennità di fine rapporto percepita dall'altro coniuge all'atto della cessazione del rapporto di lavoro anche se l'indennità viene a maturare dopo la sentenza.

2. Tale percentuale è pari al quaranta per cento dell'indennità totale riferibile agli anni in cui il rapporto di lavoro è coinciso con il matrimonio.

(1) *Articolo aggiunto dall'art. 16 l. 6 marzo 1987, n. 74.*

12-*ter*. (1) – 1. In caso di genitori rispetto ai quali sia stata pronunciata sentenza di scioglimento o di cessazione degli effetti civili del matrimonio, la pensione di reversibilità spettante ad essi per la morte di un figlio deceduto per fatti di servizio è attribuita automaticamente dall'ente erogante in parti uguali a ciascun genitore.

2. Alla morte di uno dei genitori, la quota parte di pensione si consolida automaticamente in favore dell'altro.

3. Analogamente si provvede, in presenza della predetta sentenza, per la pensione di reversibilità spettante al genitore del dante causa secondo le disposizioni di cui agli articoli 83 e 87 del decreto del Presidente della Repubblica 29 dicembre 1973, n. 1092.

(1) *Articolo aggiunto dall'art. 17 l. 6 marzo 1987, n. 74.*

12-*quater*. (1) – 1. Per le cause relative ai diritti di obbligazione di cui alla presente legge è competente anche il giudice del luogo in cui deve essere eseguita l'obbligazione dedotta in giudizio.

(1) *Articolo aggiunto dall'art. 18 l. 6 marzo 1987, n. 74.*

12-*quinquies*. (1) – 1. Allo straniero, coniuge di cittadina italiana, la legge nazionale del quale non disciplina lo scioglimento o la cessazione degli effetti civili del matrimonio, si applicano le disposizioni di cui alla presente legge.

(1) *Articolo aggiunto dall'art. 20 l. 6 marzo 1987, n. 74.*

[12-*sexies*. (1) – 1. Al coniuge che si sottrae all'obbligo di corresponsione dell'assegno dovuto a norma degli articoli 5 e 6 della presente legge si applicano le pene previste dall'articolo 570 del codice penale.]

(1) *Articolo abrogato dall'art. 7[1] lett. b) d.ls. 1° marzo 2018, n. 21. Ai sensi dell'art. 8[1] d.ls. n. 21, cit., dalla data di entrata in vigore del suddetto decreto, i richiami alla presente disposizione abrogata, ovunque presenti, si intendono riferiti all'art. 570-*bis *del codice penale, come indicato dalla tabella A allegata al medesimo decreto. L'articolo era stato aggiunto dall'art. 21 l. 6 marzo 1987, n. 74. In tema di affidamento condiviso dei figli, v. art. 3 l. 8 febbraio 2006, n. 54.*

L. 25 marzo 1985, n. 121. — **Ratifica ed esecuzione dell'accordo, con protocollo addizionale, firmato a Roma il 18 febbraio 1984, che apporta modificazioni al Concordato lateranense dell'11 febbraio 1929, tra la Repubblica italiana e la Santa Sede** (G.U. 10 aprile 1985, n. 85, suppl. ord.) (1).

(1) *V. le disposizioni di cui al d.P.R. 27 maggio 2019, n. 63 recante « Approvazione dello scambio di Note Verbali sul riconoscimento dei titoli accademici pontifici nelle discipline ecclesiastiche. ». (G.U. 10 luglio 2019 n. 160).*

1. – Il Presidente della Repubblica è autorizzato a ratificare l'accordo, con protocollo addizionale, firmato a Roma il 18 febbraio 1984, che apporta modificazioni al Concordato lateranense dell'11 febbraio 1929, tra la Repubblica italiana e la Santa Sede.

2. – Piena e intera esecuzione è data all'accordo con protocollo addizionale di cui all'articolo precedente a decorrere dalla sua entrata in vigore in conformità all'articolo 13, n. 1, dell'accordo stesso.

Accordo

1. – La Repubblica italiana e la Santa Sede riaffermano che lo Stato e la Chiesa cattolica sono, ciascuno nel proprio ordine, indipendenti e sovrani, impegnandosi al pieno rispetto di tale principio nei loro rapporti ed alla reciproca collaborazione per la promozione dell'uomo e il bene del Paese.

2. – 1. La Repubblica italiana riconosce alla Chiesa cattolica la piena libertà di svolgere la sua missione pastorale, educativa e caritativa, di evangelizzazione e di santificazione. In particolare è assicurata alla Chiesa la libertà di organizzazione, di pubblico esercizio del culto, di esercizio del magistero e del ministero spirituale nonché della giurisdizione in materia ecclesiastica.

2. È ugualmente assicurata la reciproca libertà di comunicazione e di corrispondenza fra la Santa Sede, la Conferenza Episcopale Italiana, le Conferenze episcopali regionali, i Vescovi, il clero e i fedeli, così come la libertà di pubblicazione e diffusione degli atti e documenti relativi alla missione della Chiesa.

3. È garantita ai cattolici e alle loro associazioni e organizzazioni la piena libertà di riunione e di manifestazione del pensiero con la parola, lo scritto e ogni altro mezzo di diffusione.

4. La Repubblica italiana riconosce il particolare significato che Roma, sede vescovile del Sommo Pontefice, ha per la cattolicità.

3. – 1. La circoscrizione delle diocesi e delle parrocchie è liberamente determinata dall'autorità ecclesiastica. La Santa Sede si impegna a non includere alcuna parte del territorio italiano in una diocesi la cui sede vescovile si trovi nel territorio di altro Stato.

2. La nomina dei titolari di uffici ecclesiastici è liberamente effettuata dall'autorità ecclesiastica. Quest'ultima dà comunicazione alle competenti autorità civili della nomina degli Arcivescovi e Vescovi diocesani, dei Coadiutori, degli Abati e Prelati con giurisdizione territoriale, così come dei Parroci e dei titolari degli altri uffici ecclesiastici rilevanti per l'ordinamento dello Stato.

3. Salvo che per la diocesi di Roma e per quelle suburbicarie, non saranno nominati agli uffici di cui al presente articolo, ecclesiastici che non siano cittadini italiani.

4. – 1. I sacerdoti, i diaconi ed i religiosi che hanno emesso i voti hanno facoltà di ottenere, a loro richiesta, di essere esonerati dal servizio militare oppure assegnati al servizio civile sostitutivo.

2. In caso di mobilitazione generale gli ecclesiastici non assegnati alla cura d'anime sono chiamati ad esercitare il ministero religioso fra le truppe, oppure, subordinatamente, assegnati ai servizi sanitari.

3. Gli studenti di teologia, quelli degli ultimi due anni di propedeutica alla teologia ed i novizi degli istituti di vita consacrata e delle società di vita apostolica possono usufruire degli stessi rinvii dal servizio militare accordati agli studenti delle università italiane.

4. Gli ecclesiastici non sono tenuti a dare a magistrati o ad altra autorità informazioni su persone o materie di cui siano venuti a conoscenza per ragione del loro ministero.

5. – 1. Gli edifici aperti al culto non possono essere requisiti, occupati, espropriati o demoliti se non per gravi ragioni e previo accordo con la competente autorità ecclesiastica.

2. Salvo i casi di urgente necessità, la forza pubblica non potrà entrare, per l'esercizio delle sue funzioni, negli edifici aperti al culto, senza averne dato previo avviso all'autorità ecclesiastica.

3. L'autorità civile terrà conto delle esigenze religiose delle popolazioni, fatte presenti dalla competente autorità ecclesiastica, per quanto concerne la costruzione di nuovi edifici di culto cattolico e delle pertinenti opere parrocchiali.

6. – La Repubblica italiana riconosce come giorni festivi tutte le domeniche e le altre festività religiose determinate d'intesa fra le Parti.

7. – 1. La Repubblica italiana, richiamandosi al principio enunciato dall'articolo 20 della Costituzione, riafferma che il carattere ecclesiastico e il fine di religione o di culto di una associazione o istituzione non possono essere causa di speciali limitazioni legislative, né di speciali gravami fiscali per la sua costituzione, capacità giuridica e ogni forma di attività.

2. Ferma restando la personalità giuridica degli enti ecclesiastici che ne sono attualmente provvisti, la Repubblica italiana, su domanda dell'autorità ecclesiastica o con il suo assenso, continuerà a riconoscere la personalità giuridica degli enti ecclesiastici aventi sede in Italia, eretti o approvati secondo le norme del diritto canonico, i quali abbiano finalità di religione o di culto. Analogamente si procederà per il riconoscimento agli effetti civili di ogni mutamento sostanziale degli enti medesimi.

3. Agli effetti tributari gli enti ecclesiastici aventi fine di religione o di culto, come pure le attività dirette a tali scopi, sono equiparati a quelli aventi fine di beneficenza o di istruzione. Le attività diverse da quelle di religione o di culto, svolte dagli enti ecclesiastici, sono soggette, nel rispetto della struttura e della finalità di tali enti, alle leggi dello Stato concernenti tali attività e al regime tributario previsto per le medesime.

4. Gli edifici aperti al culto, le pubblicazioni di atti, le affissioni all'interno o all'ingresso degli edifici di culto o ecclesiastici, e le collette effettuate nei predetti edifici, continueranno ad essere soggetti al regime vigente.

5. L'amministrazione dei beni appartenenti agli enti ecclesiastici è soggetta ai controlli previsti dal diritto canonico. Gli acquisti di questi enti sono però soggetti anche ai controlli previsti dalle leggi italiane per gli acquisti delle persone giuridiche.

6. All'atto della firma del presente Accordo, le Parti istituiscono una Commissione paritetica per la formulazione delle norme da sottoporre alla loro approvazione per la disciplina di tutta la materia degli enti e beni ecclesiastici e per la revisione degli impegni finanziari dello Stato italiano e degli interventi del medesimo nella gestione patrimoniale degli enti ecclesiastici.

In via transitoria e fino all'entrata in vigore della nuova disciplina restano applicabili gli articoli 17, comma terzo, 18, 27, 29 e 30 del precedente testo concordatario.

8. – 1. Sono riconosciuti gli effetti civili ai matrimoni contratti secondo le norme del diritto canonico, a condizione che l'atto relativo sia trascritto nei registri dello stato civile, previe pubblicazioni

nella casa comunale. Subito dopo la celebrazione, il parroco o il suo delegato spiegherà ai contraenti gli effetti civili del matrimonio, dando lettura degli articoli del codice civile riguardanti i diritti e i doveri dei coniugi, e redigerà quindi, in doppio originale, l'atto di matrimonio, nel quale potranno essere inserite le dichiarazioni dei coniugi consentite secondo la legge civile.

La Santa Sede prende atto che la trascrizione non potrà avere luogo:

a) quando gli sposi non rispondano ai requisiti della legge civile circa l'età richiesta per la celebrazione;

b) quando sussiste fra gli sposi un impedimento che la legge civile considera inderogabile.

La trascrizione è tuttavia ammessa quando, secondo la legge civile, l'azione di nullità o di annullamento non potrebbe essere più proposta.

La richiesta di trascrizione è fatta, per iscritto, dal parroco del luogo dove il matrimonio è stato celebrato, non oltre i cinque giorni dalla celebrazione. L'ufficiale dello stato civile, ove sussistano le condizioni per la trascrizione, la effettua entro ventiquattro ore dal ricevimento dell'atto e ne dà notizia al parroco.

Il matrimonio ha effetti civili dal momento della celebrazione, anche se l'ufficiale dello stato civile, per qualsiasi ragione, abbia effettuato la trascrizione oltre il termine prescritto.

La trascrizione può essere effettuata anche posteriormente su richiesta dei due contraenti, o anche di uno di essi, con la conoscenza e senza l'opposizione dell'altro, sempre che entrambi abbiano conservato ininterrottamente lo stato libero dal momento della celebrazione a quello della richiesta di trascrizione, e senza pregiudizio dei diritti legittimamente acquisiti dai terzi.

2. Le sentenze di nullità di matrimonio pronunciate dai tribunali ecclesiastici, che siano munite del decreto di esecutività del superiore organo ecclesiastico di controllo, sono, su domanda delle parti o di una di esse, dichiarate efficaci nella Repubblica italiana con sentenza della corte d'appello competente, quando questa accerti:

a) che il giudice ecclesiastico era il giudice competente a conoscere della causa in quanto matrimonio celebrato in conformità del presente articolo;

b) che nel procedimento davanti ai tribunali ecclesiastici è stato assicurato alle parti il diritto di agire e di resistere in giudizio in modo non difforme dai princìpi fondamentali dell'ordinamento italiano;

c) che ricorrono le altre condizioni richieste dalla legislazione italiana per la dichiarazione di efficacia delle sentenze straniere.

La corte d'appello potrà, nella sentenza intesa a rendere esecutiva una sentenza canonica, statuire provvedimenti economici provvisori a favore di uno dei coniugi il cui matrimonio sia stato dichiarato nullo, rimandando le parti al giudice competente per la decisione sulla materia.

3. Nell'accedere al presente regolamento della materia matrimoniale la Santa Sede sente l'esigenza di riaffermare il valore immutato della dottrina cattolica sul matrimonio e la sollecitudine della Chiesa per la dignità ed i valori della famiglia, fondamento della società.

9. – 1. La Repubblica italiana, in conformità al principio della libertà della scuola e dell'insegnamento e nei termini previsti dalla propria Costituzione, garantisce alla Chiesa cattolica il diritto di istituire liberamente scuole di ogni ordine e grado e istituti di educazione.

A tali scuole che ottengano la parità è assicurata piena libertà, ed ai loro alunni un trattamento scolastico equipollente a quello degli alunni delle scuole dello Stato e degli altri enti territoriali, anche per quanto concerne l'esame di Stato.

2. La Repubblica italiana, riconoscendo il valore della cultura religiosa e tenendo conto che i princìpi del cattolicesimo fanno parte del patrimonio storico del popolo italiano, continuerà ad assicurare, nel quadro delle finalità della scuola, l'insegnamento della religione cattolica nelle scuole pubbliche non universitarie di ogni ordine e grado.

Nel rispetto della libertà di coscienza e della responsabilità educativa dei genitori, è garantito a ciascuno il diritto di scegliere se avvalersi o non avvalersi di detto insegnamento.

All'atto dell'iscrizione gli studenti o i loro genitori eserciteranno tale diritto, su richiesta dell'autorità scolastica, senza che la loro scelta possa dar luogo ad alcuna forma di discriminazione.

10. – 1. Gli istituti universitari, i seminari, le accademie, i collegi e gli altri istituti per ecclesiastici e religiosi o per la formazione nelle discipline ecclesiastiche, istituiti secondo il diritto canonico, continueranno a dipendere unicamente dall'autorità ecclesiastica.

2. I titoli accademici in teologia e nelle altre discipline ecclesiastiche, determinate d'accordo tra le Parti, conferiti dalle Facoltà approvate dalla Santa Sede, sono riconosciuti dallo Stato.

Sono parimenti riconosciuti i diplomi conseguiti nelle Scuole vaticane di paleografia, diplomatica e archivistica e di biblioteconomia.

3. Le nomine dei docenti dell'Università Cattolica del Sacro Cuore e dei dipendenti istituti sono subordinate al gradimento, sotto il profilo religioso, della competente autorità ecclesiastica.

11. – 1. La Repubblica italiana assicura che l'appartenenza alle forze armate, alla polizia, o ad altri servizi assimilati, la degenza in ospedali, case di cura o di assistenza pubbliche, la permanenza negli istituti di prevenzione e pena non possono dar luogo ad alcun impedimento nell'esercizio della libertà religiosa e nell'adempimento delle pratiche di culto dei cattolici.

2. L'assistenza spirituale ai medesimi è assicurata da ecclesiastici nominati dalle autorità italiane competenti su designazione dell'autorità ecclesiastica e secondo lo stato giuridico, l'organico e le modalità stabiliti d'intesa fra tali autorità.

12. – 1. La Santa Sede e la Repubblica italiana, nel rispettivo ordine, collaborano per la tutela del patrimonio storico ed artistico.

Al fine di armonizzare l'applicazione della legge italiana con le esigenze di carattere religioso, gli organi competenti delle due Parti concorderanno opportune disposizioni per la salvaguardia, la valorizzazione e il godimento dei beni culturali d'interesse religioso appartenenti ad enti e istituzioni ecclesiastiche.

La conservazione e la consultazione degli archivi d'interesse storico e delle biblioteche dei medesimi enti e istituzioni saranno favorite e agevolate sulla base di intese tra i competenti organi delle due Parti.

2. La Santa Sede conserva la disponibilità delle catacombe cristiane esistenti nel suolo di Roma e nelle altre parti del territorio italiano con l'onere conseguente della custodia, della manutenzione e della conservazione, rinunciando alla disponibilità delle altre catacombe.

Con l'osservanza delle leggi dello Stato e fatti salvi gli eventuali diritti di terzi, la Santa Sede può procedere agli scavi occorrenti ed al trasferimento delle sacre reliquie.

13. – 1. Le disposizioni precedenti costituiscono modificazioni del Concordato lateranense accettate dalle due Parti, ed entreranno in vigore alla data dello scambio degli strumenti di ratifica. Salvo quanto previsto dall'articolo 7, n. 6, le disposizioni del Concordato stesso non riprodotte nel presente testo sono abrogate.

2. Ulteriori materie per le quali si manifesti l'esigenza di collabo-

razione tra la Chiesa cattolica e lo Stato potranno essere regolate sia con nuovi accordi tra le due Parti sia con intese tra le competenti autorità dello Stato e la Conferenza Episcopale Italiana.

14. – Se in avvenire sorgessero difficoltà di interpretazione o di applicazione delle disposizioni precedenti, la Santa Sede e la Repubblica italiana affideranno la ricerca di un'amichevole soluzione ad una Commissione paritetica da loro nominata.

ALLEGATO UNICO

Protocollo addizionale

Al momento della firma dell'Accordo che apporta modificazioni al Concordato lateranense la Santa Sede e la Repubblica italiana, desiderose di assicurare con opportune precisazioni la migliore applicazione dei Patti lateranensi e delle convenute modificazioni, e di evitare ogni difficoltà di interpretazione, dichiarano di comune intesa:

1. – *In relazione all'articolo 1*

Si considera non più in vigore il principio, originariamente richiamato dai Patti lateranensi, della religione cattolica come sola religione dello Stato italiano.

2. – *In relazione all'articolo 4*

a) Con riferimento al n. 2, si considerano in cura d'anime gli ordinari, i parroci, i vicari parrocchiali, i rettori di chiese aperte al culto ed i sacerdoti stabilmente addetti ai servizi di assistenza spirituale di cui all'articolo 11.

b) La Repubblica italiana assicura che l'autorità giudiziaria darà comunicazione all'autorità ecclesiastica competente per territorio dei procedimenti penali promossi a carico di ecclesiastici.

c) La Santa Sede prende occasione dalla modificazione del Concordato lateranense per dichiararsi d'accordo, senza pregiudizio dell'ordinamento canonico, con l'interpretazione che lo Stato italiano dà dell'articolo 23, secondo comma, del Trattato lateranense, secondo la quale gli effetti civili delle sentenze e dei provvedimenti emanati da autorità ecclesiastiche, previsti da tale disposizione, vanno intesi in armonia con i diritti costituzionalmente garantiti ai cittadini italiani.

3. – *In relazione all'articolo 7*

a) La Repubblica italiana assicura che resterà escluso l'obbligo per gli enti ecclesiastici di procedere alla conversione di beni immobili, salvo accordi presi di volta in volta tra le competenti autorità governative ed ecclesiastiche, qualora ricorrano particolari ragioni.

b) La Commissione paritetica, di cui al n. 6, dovrà terminare i suoi lavori entro e non oltre sei mesi dalla firma del presente Accordo.

4. – *In relazione all'articolo 8*

a) Ai fini dell'applicazione del n. 1, lettera *b*), si intendono come impedimenti inderogabili della legge civile:

1) l'essere uno dei contraenti interdetto per infermità di mente;

2) la sussistenza tra gli sposi di altro matrimonio valido agli effetti civili;

3) gli impedimenti derivanti da delitto o da affinità in linea retta.

b) Con riferimento al n. 2, ai fini dell'applicazione degli articoli 796 e 797 del codice italiano di procedura civile, si dovrà tener conto della specificità dell'ordinamento canonico dal quale e regolato il vincolo matrimoniale, che in esso ha avuto origine. In particolare:

1) si dovrà tener conto che i richiami fatti dalla legge italiana alla legge del luogo in cui si è svolto il giudizio si intendono fatti al diritto canonico;

2) si considera sentenza passata in giudicato la sentenza che sia divenuta esecutiva secondo il diritto canonico;

3) si intende che in ogni caso non si procederà al riesame del merito.

c) Le disposizioni del n. 2 si applicano anche ai matrimoni celebrati, prima dell'entrata in vigore del presente Accordo, in conformità alle norme dell'articolo 34 del Concordato lateranense e della legge 27 maggio 1929, n. 847, per i quali non sia stato iniziato il procedimento dinanzi all'autorità giudiziaria civile, previsto dalle norme stesse.

5. – *In relazione all'articolo 9*

a) L'insegnamento della religione cattolica nelle scuole indicate al n. 2 è impartito — in conformità alla dottrina della Chiesa e nel rispetto della libertà di coscienza degli alunni — da insegnanti che siano riconosciuti idonei dall'autorità ecclesiastica, nominati, d'intesa con essa, dall'autorità scolastica.

Nelle scuole materne ed elementari detto insegnamento può essere impartito dall'insegnante di classe, riconosciuto idoneo dall'autorità ecclesiastica, che sia disposto a svolgerlo.

b) Con successiva intesa tra le competenti autorità scolastiche e la Conferenza Episcopale Italiana verranno determinati:

1) i programmi dell'insegnamento della religione cattolica per i diversi ordini e gradi delle scuole pubbliche;

2) le modalità di organizzazione di tale insegnamento, anche in relazione alla collocazione nel quadro degli orari delle lezioni;

3) i criteri per la scelta dei libri di testo;

4) i profili della qualificazione professionale degli insegnanti.

c) Le disposizioni di tale articolo non pregiudicano il regime vigente nelle regioni di confine nelle quali la materia è disciplinata da norme particolari.

6. – *In relazione all'articolo 10*

La Repubblica italiana, nell'interpretazione del n. 3 — che non innova l'articolo 38 del Concordato dell'11 febbraio 1929 — si atterrà alla sentenza 195/1972 della Corte costituzionale relativa al medesimo articolo.

7. – *In relazione all'articolo 13, n. 1*

Le Parti procederanno ad opportune consultazioni per l'attuazione, nel rispettivo ordine, delle disposizioni del presente Accordo.

Il presente Protocollo addizionale fa parte integrante dell'Accordo che apporta modificazioni al Concordato lateranense contestualmente firmato tra la Santa Sede e la Repubblica italiana.

D.l. 12 settembre 2014, n. 132. — **Misure urgenti di degiurisdizionalizzazione ed altri interventi per la definizione dell'arretrato in materia di processo civile** (G.U. 12 settembre 2014, n. 212), **conv., con modif., in l. 10 novembre 2014, n. 162** (G.U. 10 novembre 2014, n. 261) (1).

(1) *Con riferimento alle misure connesse all'emergenza epidemiologica da Covid-19, v. art. 83[20] d.l. 17 marzo 2020, n. 18, conv., con modif., in l. 24 aprile 2020, n. 27, per la sospensione, dal 9 marzo 2020 all'11 maggio 2020, dei termini per lo svolgimento di qualsiasi attività nei procedimenti di negoziazione assistita di cui al presente decreto.*

(*Stralcio*)

6. Convenzione di negoziazione assistita [da uno o più] (1) avvocati per le soluzioni consensuali di separazione personale, di cessazione degli effetti civili o di scioglimento del matrimonio, di modifica delle condizioni di separazione o di divorzio, di affidamento e mantenimento dei figli nati fuori del matrimonio, e loro modifica, e di alimenti (2). – 1. La convenzione di negoziazione assistita da almeno un avvocato per parte può essere conclusa tra coniugi al fine di raggiungere una soluzione consensuale di separazione personale, di cessazione degli effetti civili del matrimonio, di scioglimento del matrimonio nei casi di cui all'articolo 3, primo comma, numero 2), lettera *b*), della legge 1° dicembre 1970, n. 898, e successive modificazioni, di modifica delle condizioni di separazione o di divorzio.

1-*bis*. La convenzione di negoziazione assistita da almeno un avvocato per parte può essere conclusa tra i genitori al fine di raggiungere una soluzione consensuale per la disciplina delle modalità di affidamento e mantenimento dei figli minori nati fuori del matrimonio, nonché per la disciplina delle modalità di mantenimento dei figli maggiorenni non economicamente autosufficienti nati fuori del matrimonio e per la modifica delle condizioni già determinate. Può altresì essere conclusa tra le parti per raggiungere una soluzione consensuale per la determinazione dell'assegno di mantenimento richiesto ai genitori dal figlio maggiorenne economicamente non autosufficiente e per la determinazione degli alimenti, ai sensi dell'articolo 433 del codice civile, e per la modifica di tali determinazioni (3).

2. In mancanza di figli minori, di figli maggiorenni incapaci o portatori di handicap grave ai sensi dell'articolo 3, comma 3, della legge 5 febbraio 1992, n. 104, ovvero economicamente non autosufficienti, l'accordo raggiunto a seguito di convenzione di negozia-

zione assistita è trasmesso al procuratore della Repubblica presso il tribunale competente il quale, quando non ravvisa irregolarità, comunica agli avvocati di tutte le parti (4) il nullaosta per gli adempimenti ai sensi del comma 3. In presenza di figli minori, di figli maggiorenni incapaci o portatori di handicap grave ovvero economicamente non autosufficienti, l'accordo raggiunto a seguito di convenzione di negoziazione assistita deve essere trasmesso entro il termine di dieci giorni al procuratore della Repubblica presso il tribunale competente, il quale, quando ritiene che l'accordo risponde all'interesse dei figli, lo autorizza e lo comunica a tutte le parti (5). Quando ritiene che l'accordo non risponde all'interesse dei figli, il procuratore della Repubblica lo trasmette, entro cinque giorni, al presidente del tribunale, che fissa, entro i successivi trenta giorni, la comparizione delle parti e provvede senza ritardo. All'accordo autorizzato si applica il comma 3.

2-*bis*. L'accordo è trasmesso con modalità telematiche, a cura degli avvocati che assistono le parti, al procuratore della Repubblica per il rilascio del nullaosta o per l'autorizzazione. Il procuratore della Repubblica, quando appone il nullaosta o rilascia l'autorizzazione, trasmette l'accordo sottoscritto digitalmente agli avvocati delle parti (6).

3. L'accordo raggiunto a seguito della convenzione produce gli effetti e tiene luogo dei provvedimenti giudiziali che definiscono, nei casi di cui ai commi 1 e 1-*bis* (7), i procedimenti di separazione personale, di cessazione degli effetti civili del matrimonio, di scioglimento del matrimonio e di modifica delle condizioni di separazione o di divorzio, di affidamento e di mantenimento dei figli minori nati fuori del matrimonio, nonché i procedimenti per la disciplina delle modalità di mantenimento dei figli maggiorenni non economicamente autosufficienti e per la modifica delle condizioni già determinate, per la determinazione degli alimenti e per la loro modifica (7). Gli eventuali patti di trasferimento immobiliari contenuti nell'accordo hanno effetti obbligatori (8). Nell'accordo si dà atto che gli avvocati hanno tentato di conciliare le parti e le hanno informate della possibilità di esperire la mediazione familiare e che gli avvocati hanno informato le parti dell'importanza per il minore di trascorrere tempi adeguati con ciascuno dei genitori. L'avvocato della parte è obbligato a trasmettere, entro il termine di dieci giorni, all'ufficiale dello stato civile del Comune in cui il matrimonio fu iscritto o trascritto, copia, autenticata dallo stesso, dell'accordo munito delle certificazioni di cui all'articolo 5.

3-*bis*. Quando la negoziazione assistita ha ad oggetto lo scioglimento o la cessazione degli effetti civili del matrimonio o lo scioglimento dell'unione civile, le parti possono stabilire, nell'accordo, la corresponsione di un assegno in unica soluzione. In tal caso la valutazione di equità è effettuata dagli avvocati, mediante certificazione di tale pattuizione, ai sensi dell'articolo 5, ottavo comma, della legge 1° dicembre 1970, n. 898 (9).

3-*ter*. L'accordo, munito di nullaosta o di autorizzazione, è trasmesso senza indugio a mezzo posta elettronica certificata o con altro sistema elettronico di recapito certificato qualificato, a cura degli avvocati che lo hanno sottoscritto, al Consiglio dell'ordine presso cui è iscritto uno degli avvocati, che ne cura la conservazione in apposito archivio. Il Consiglio dell'ordine, se richiesto, rilascia copia autentica dell'accordo alle parti e ai difensori che lo hanno sottoscritto. La conservazione ed esibizione dell'accordo è disciplinata dall'articolo 43 del decreto legislativo 7 marzo 2005, n. 82 (9).

4. All'avvocato che viola l'obbligo di cui al comma 3, terzo periodo, è applicata la sanzione amministrativa pecuniaria da euro 2.000 ad euro 10.000. Alla irrogazione della sanzione di cui al periodo che precede è competente il Comune in cui devono essere eseguite le annotazioni previste dall'articolo 69 del decreto del Presidente della Repubblica 3 novembre 2000, n. 396.

5. (10)

(1) *Le parole* « uno o più » *sono state soppresse dall'art. 9[1, lett. i), n. 6] d.ls. 10 ottobre 2022, n. 149. Per la disciplina transitoria v. art. 35[1] d.ls. n. 149/2022, cit., come sostituito dall'art. 1[380, lett. a)] l. 29 dicembre 2022, n. 197, che prevede che:* « 1. Le disposizioni del presente decreto, salvo che non sia diversamente disposto, hanno effetto a decorrere dal 28 febbraio 2023 e si applicano ai procedimenti instaurati successivamente a tale data. Ai procedimenti pendenti alla data del 28 febbraio 2023 si applicano le disposizioni anteriormente vigenti. ».

(2) *Le parole* « , di affidamento e mantenimento dei figli nati fuori del matrimonio, e loro modifica, e di alimenti » *sono state aggiunte dall'art. 1[35 lett. a)] l. 26 novembre 2021, n. 206.*

(3) *Comma inserito dall'art. 1[35 lett. b)] l. 26 novembre 2021, n. 206.*

(4) *Le parole* « di tutte le parti » *sono state inserite dall'art. 9[1, lett. i), n. 1)] d.ls. 10 ottobre 2022, n. 149. Per l'entrata in vigore e per l'applicazione v.* sub *nota 1.*

(5) *Le parole* « e lo comunica a tutte le parti » *sono state aggiunte dall'art. 9[1, lett. i), n. 2)] d.ls. 10 ottobre 2022, n. 149. Per l'entrata in vigore e per l'applicazione v.* sub *nota 1.*

(6) *Comma aggiunto dall'art. 9[1, lett. i), n. 3)] d.ls. 10 ottobre 2022, n. 149. Per l'entrata in vigore e per l'applicazione v.* sub *nota 1.*

(7) *Le parole* « nei casi di cui ai commi 1 e 1-*bis* » *sono state sostituite alle parole* « nei casi di cui al comma 1 », *e le parole da* « , di affidamento e di mantenimento » *a* « per la loro modifica » *sono state aggiunte dall'art. 1[35 lett. c)] l. 26 novembre 2021, n. 206.*

(8) *Periodo aggiunto dall'art. 9[1, lett. i), n. 4)] d.ls. 10 ottobre 2022, n. 149. Per l'entrata in vigore e per l'applicazione v.* sub *nota 1.*

(9) *Comma aggiunto dall'art. 9[1, lett. i), n. 5)] d.ls. 10 ottobre 2022, n. 149. Per l'entrata in vigore e per l'applicazione* v. sub *nota 1.*

(10) *Modifica il d.P.R. 3 novembre 2000, n. 396.*

12. Separazione consensuale, richiesta congiunta di scioglimento o di cessazione degli effetti civili del matrimonio e modifica delle condizioni di separazione o di divorzio innanzi all'ufficiale dello stato civile. – 1. I coniugi possono concludere, innanzi al sindaco, quale ufficiale dello stato civile a norma dell'articolo 1 del decreto del Presidente della Repubblica 3 novembre 2000, n. 396, del comune di residenza di uno di loro o del comune presso cui è iscritto o trascritto l'atto di matrimonio, con l'assistenza facoltativa di un avvocato, un accordo di separazione personale ovvero, nei casi di cui all'articolo 3, primo comma, numero 2), lettera *b*), della legge 1° dicembre 1970, n. 898, di scioglimento o di cessazione degli effetti civili del matrimonio, nonché di modifica delle condizioni di separazione o di divorzio.

2. Le disposizioni di cui al presente articolo non si applicano in presenza di figli minori, di figli maggiorenni incapaci o portatori di handicap grave ai sensi dell'articolo 3, comma 3, della legge 5 febbraio 1992, n. 104, ovvero economicamente non autosufficienti.

3. L'ufficiale dello stato civile riceve da ciascuna delle parti personalmente, con l'assistenza facoltativa di un avvocato, la dichiarazione che esse vogliono separarsi ovvero far cessare gli effetti civili del matrimonio o ottenerne lo scioglimento secondo condizioni tra di esse concordate. Allo stesso modo si procede per la modifica delle condizioni di separazione o di divorzio. L'accordo non può contenere patti di trasferimento patrimoniale. L'atto contenente l'accordo è compilato e sottoscritto immediatamente dopo il ricevimento delle dichiarazioni di cui al presente comma. L'accordo tiene luogo dei provvedimenti giudiziali che definiscono, nei casi di cui al comma 1, i procedimenti di separazione personale, di cessazione degli effetti civili del matrimonio, di scioglimento del matrimonio e di modifica delle condizioni di separazione o di divorzio. Nei soli casi di separazione personale, ovvero di cessazione degli effetti civili del matrimonio o di scioglimento del matrimonio secondo condizioni concordate, l'ufficiale dello stato civile, quando riceve le dichiarazioni dei coniugi, li invita a comparire di fronte a sé non prima di trenta giorni dalla ricezione per la conferma dell'accordo anche ai fini degli adempimenti di cui al comma 5. La mancata comparizione equivale a mancata conferma dell'accordo.

4. (1)

5. (2)

6. (3)

7. Le disposizioni del presente articolo si applicano a decorrere dal trentesimo giorno successivo all'entrata in vigore della legge di conversione del presente decreto.

(1) *Modifica l'art. 3 l. 1° dicembre 1970, n. 898.*

(2) *Modifica il d.P.R. 3 novembre 2000, n. 396.*

(3) *Modifica la Tabella D) allegata alla l. 8 giugno 1962, n. 604.*

6. Pari opportunità

***D.ls. 11 aprile 2006, n. 198.* — Codice delle pari opportunità tra uomo e donna, a norma dell'articolo 6 della legge 28 novembre 2005, n. 246** (G.U. 31 maggio 2006, n. 125, suppl. ord. n. 133) (1) (2).

(1) *Ai sensi dell'art.* 1^{1} *lett. a) d.ls. 25 gennaio 2010, n. 5, le espressioni* « Ministro delle attività produttive » *e* « Ministero delle attività produttive », *ovunque ricorrano nel presente decreto, si intendono sostituite, rispettivamente, dalle seguenti:* « Ministro dello sviluppo economico » *e* « Ministero dello sviluppo economico ».

(2) *Ai sensi dell'art.* 27^{1} *d.ls. 14 settembre 2015, n. 151, le espressioni* « provinciali » *e* « provinciale », *ovunque ricorrono nel presente decreto, sono sostituite, rispettivamente, dalle seguenti:* « delle città metropolitane e degli enti di area vasta di cui alla legge 7 aprile 2014, n. 56 » *e* « della città metropolitana e dell'ente di area vasta di cui alla legge 7 aprile 2014, n. 56 ».

Libro I
Disposizioni per la promozione delle pari opportunità tra uomo e donna

Titolo I
Disposizioni generali

1. (1) **Divieto di discriminazione e parità di trattamento e di opportunità tra donne e uomini, nonché integrazione dell'obiettivo della parità tra donne e uomini in tutte le politiche e attività.** – 1. Le disposizioni del presente decreto hanno ad oggetto le misure volte ad eliminare ogni discriminazione basata sul sesso, che abbia come conseguenza o come scopo di compromettere o di impedire il riconoscimento, il godimento o l'esercizio dei diritti umani e delle libertà fondamentali in campo politico, economico, sociale, culturale e civile o in ogni altro campo.

2. La parità di trattamento e di opportunità tra donne e uomini deve essere assicurata in tutti i campi, compresi quelli dell'occupazione, del lavoro e della retribuzione.

3. Il principio della parità non osta al mantenimento o all'adozione di misure che prevedano vantaggi specifici a favore del sesso sottorappresentato.

4. L'obiettivo della parità di trattamento e di opportunità tra donne e uomini deve essere tenuto presente nella formulazione e attuazione, a tutti i livelli e ad opera di tutti gli attori, di leggi, regolamenti, atti amministrativi, politiche e attività.

(1) *Articolo così sostituito dall'art.* 1^{1} *lett. b) d.ls. 25 gennaio 2010, n. 5.*

TITOLO II
Organizzazione per la promozione delle pari opportunità

CAPO I – *Politiche di pari opportunità*

2. Promozione e coordinamento delle politiche di pari opportunità (*decreto legislativo 30 luglio 1999, n. 303, articolo 5*). – 1. Spetta al Presidente del Consiglio dei Ministri promuovere e coordinare le azioni di Governo volte ad assicurare pari opportunità, a prevenire e rimuovere le discriminazioni, nonché a consentire l'indirizzo, il coordinamento e il monitoraggio della utilizzazione dei relativi fondi europei.

1-*bis*. Agli organismi di parità previsti dal presente decreto, nonché da altre disposizioni normative vigenti spetta il compito di scambiare, al livello appropriato, le informazioni disponibili con gli organismi europei corrispondenti (1).

(1) *Comma inserito dall'art. $1^{338 \text{ lett. a)}}$ l. 24 dicembre 2012, n. 228. Peraltro, la presente modifica operata dalla l. n. 228, cit., era prevista anche dall'art. $2^{3 \text{ lett. a)}}$ d.l. 11 dicembre 2012, n. 216, non ancora convertito in legge. V. anche art. 1^{362} l. n. 228, cit., ai sensi del quale restano validi gli atti e i provvedimenti adottati e sono fatti salvi gli effetti prodottisi ed i rapporti giuridici sorti sulla base delle norme del d.l. n. 216, cit.*

CAPO II – *Commissione per le pari opportunità fra uomo e donna*

3-7. (1)

(1) *Articoli abrogati dall'art. $9^{1 \text{ lett. a)}}$ d.P.R. 14 maggio 2007, n. 115, a decorrere dalla data di entrata in vigore del medesimo regolamento (16 agosto 2007), ai sensi di quanto previsto dall'art. 29 d.l. 4 luglio 2006, n. 223, conv., con modif., in l. 4 agosto 2006, n. 248. V. ora artt. 1-8 d.P.R. n. 115, cit.*

CAPO III – *Comitato nazionale per l'attuazione dei principi di parità di trattamento ed uguaglianza di opportunità tra lavoratori e lavoratrici*

8. (1) (2) **Costituzione e componenti** (*legge 10 aprile 1991, n. 125, articolo 5, commi 1, 2, 3, 4, e 7*). – 1. Il Comitato nazionale per l'attuazione dei principi di parità di trattamento ed uguaglianza di opportunità tra lavoratori e lavoratrici, istituito presso il Ministero del lavoro e delle politiche sociali, promuove, nell'ambito della competenza statale, la rimozione delle discriminazioni e di ogni altro ostacolo che limiti di fatto l'uguaglianza fra uomo e donna nell'accesso al lavoro, nella promozione e nella formazione professionale, nelle condizioni di lavoro compresa la retribuzione, nonché in relazione alle forme pensionistiche complementari collettive di cui al decreto legislativo 5 dicembre 2005, n. 252 (3).

2. Il Comitato è composto da:

a) il Ministro del lavoro e delle politiche sociali o, per sua delega, un Sottosegretario di Stato, con funzioni di presidente;

b) sei componenti designati dalle confederazioni sindacali dei lavoratori comparativamente più rappresentative sul piano nazionale (4);

c) sei componenti designati dalle confederazioni sindacali dei datori di lavoro dei diversi settori economici, comparativamente più rappresentative sul piano nazionale (4);

d) due componenti designati unitariamente dalle associazioni di rappresentanza, assistenza e tutela del movimento cooperativo più rappresentative sul piano nazionale (4);

e) undici componenti designati dalle associazioni e dai movimenti femminili più rappresentativi sul piano nazionale operanti nel campo della parità e delle pari opportunità nel lavoro che ne abbiano fatto richiesta (5);

f) la consigliera o il consigliere nazionale di parità di cui all'articolo 12, comma 2, del presente decreto.

2-*bis*. Le designazioni di cui al comma 2 sono effettuate entro trenta giorni dalla relativa richiesta. In caso di mancato tempestivo riscontro, il Comitato può essere costituito sulla base delle designazioni pervenute, fatta salva l'integrazione quando pervengano le designazioni mancanti (6).

3. Partecipano, inoltre, alle riunioni del Comitato, senza diritto di voto:

a) tre esperti in materie giuridiche, economiche e sociologiche, con competenze in materia di lavoro e politiche di genere (7);

b) quattro rappresentanti, rispettivamente, del Ministero dello sviluppo economico, del Dipartimento della funzione pubblica, del Dipartimento per le pari opportunità e del Dipartimento per le politiche della famiglia della Presidenza del Consiglio dei ministri (8);

c) cinque dirigenti o funzionari del Ministero del lavoro e delle politiche sociali, in rappresentanza delle Direzioni generali del mercato del lavoro, della tutela delle condizioni di lavoro, per le politiche previdenziali, per le politiche per l'orientamento e la formazione, per l'innovazione tecnologica, di cui uno indicato dalle organizzazioni dei dirigenti comparativamente più rappresentative (9);

c-bis) (10).

4. I componenti del Comitato durano in carica tre anni e sono nominati dal Ministro del lavoro e delle politiche sociali. Per ogni

componente effettivo è nominato un supplente. In caso di sostituzione di un componente, il nuovo componente dura in carica fino alla scadenza del Comitato (11).

5. Il vicepresidente del Comitato è designato dal Ministro del lavoro e delle politiche sociali nell'ambito dei suoi componenti.

(1) *Ai sensi dell'art. 1[14 lett. d)] d.l. 16 maggio 2008, n. 85, conv., con modif., in l. 14 luglio 2008, n. 121, è attribuita al Presidente del Consiglio dei Ministri l'espressione del concerto in sede di esercizio delle funzioni di competenza statale attribuite al Ministero del lavoro e delle politiche sociali dal presente articolo.*

(2) *Ai sensi dell'art. 28[2] d.ls. 14 settembre 2015, n. 151, « Il Comitato nazionale per l'attuazione dei principi di parità di trattamento ed uguaglianza di opportunità tra lavoratori e lavoratrici già costituito alla data di entrata in vigore del [suddetto] decreto legislativo continua ad operare nell'attuale composizione fino alla naturale scadenza ».*

(3) *Comma così sostituito dall'art. 1[1 lett. c) n. 1)] d.ls. 25 gennaio 2010, n. 5.*

(4) *Lettera così modificata dall'art. 1[1 lett. c)] d.ls. n. 5, cit.*

(5) *Lettera così modificata dall'art. 28[1 lett. a)] d.ls. n. 151, cit.*

(6) *Comma inserito dall'art. 1[1 lett. c) n. 5)] d.ls. n. 5, cit. e, successivamente, così modificato dall'art. 28[1 lett. b)] d.ls. n. 151, cit.*

(7) *Lettera così modificata dall'art. 1[1 lett. c)] d.ls. n. 5, cit. e, successivamente, dall'art. 28[1 lett. c) n. 1] d.ls. n. 151, cit.*

(8) *Lettera così sostituita dapprima dall'art. 3[2] l. 11 agosto 2014, n. 125, e successivamente, dall'art. 28[1 lett. c) n. 2] d.ls. n. 151, cit.*

(9) *Lettera così sostituita dall'art. 28[1 lett. c) n. 3] d.ls. n. 151, cit.*

(10) *Lettera soppressa dall'art. 28[1 lett. c) n. 4] d.ls. n. 151, cit.*

(11) *Comma così modificato dall'art. 1[1 lett. c) n. 9)] d.ls. n. 5, cit.*

9. (1) **Convocazione e funzionamento** (*legge 10 aprile 1991, n. 125, articolo 5, commi 5 e 6*). – 1. Il Comitato è convocato, oltre che su iniziativa del Ministro del lavoro e delle politiche sociali, quando ne facciano richiesta metà più uno dei suoi componenti.

2. Il Comitato delibera in ordine al proprio funzionamento e, per lo svolgimento dei propri compiti, può costituire specifici gruppi di lavoro (2).

(1) *V. nota 1 sub art. 8.*

(2) *Comma così sostituito dall'art. 29[1] d.ls. 14 settembre 2015, n. 151.*

10. (1) (2) **Compiti del Comitato** (*legge 10 aprile 1991, n. 125, articolo 6*). – 1. Il Comitato adotta ogni iniziativa utile, nell'ambito delle competenze statali, per il perseguimento delle finalità di cui all'articolo 8, comma 1, e in particolare:

a) formula proposte sulle questioni generali relative all'attuazione degli obiettivi della parità e delle pari opportunità, nonché per lo sviluppo e il perfezionamento della legislazione vigente che direttamente incide sulle condizioni di lavoro delle donne;

b) informa e sensibilizza l'opinione pubblica sulla necessità di promuovere le pari opportunità per le donne nella formazione e nella vita lavorativa;

c) formula, entro il mese di febbraio di ogni anno, gli indirizzi in materia di promozione delle pari opportunità per le iniziative del Ministero del lavoro e delle politiche sociali da programmare nell'anno finanziario successivo, indicando obiettivi e tipologie di progetti di azioni positive che intende promuovere. Sulla base di tali indirizzi il Ministero del lavoro e delle politiche sociali pubblica apposito bando di finanziamento dei progetti di azione positiva;

d) partecipa attraverso propri rappresentanti alla commissione di valutazione dei progetti di azione positiva. Con decreto del Ministro del lavoro e delle politiche sociali, da adottarsi entro 90 giorni dalla data di entrata in vigore della presente disposizione, sono definiti la composizione della commissione, i criteri di valutazione dei progetti e di erogazione dei finanziamenti, nonché le modalità di svolgimento delle attività di monitoraggio e controllo dei progetti approvati. Ai componenti della commissione non sono corrisposti gettoni, compensi, rimborsi di spese o altri emolumenti comunque denominati;

e) collabora, su richiesta, alla stesura di codici di comportamento diretti a specificare le regole di condotta conformi alla parità e a individuare le manifestazioni anche indirette delle discriminazioni;

f) verifica lo stato di applicazione della legislazione vigente in materia di parità;

g) elabora iniziative per favorire il dialogo tra le parti sociali, al fine di promuovere la parità di trattamento, avvalendosi dei risultati dei monitoraggi effettuati sulle prassi nei luoghi di lavoro, nell'accesso al lavoro, alla formazione e promozione professionale, nonché sui contratti collettivi, sui codici di comportamento, ricerche o scambi di esperienze e buone prassi;

h) propone soluzioni alle controversie collettive, anche indirizzando gli interessati all'adozione di azioni positive per la rimozione delle discriminazioni pregresse o di situazioni di squilibrio nella posizione di uomini e donne in relazione allo stato delle assunzioni, della formazione e della promozione professionale, delle condizioni di lavoro e retributive;

i) elabora iniziative per favorire il dialogo con le organizzazioni non governative che hanno un legittimo interesse a contribuire alla lotta contro le discriminazioni fra donne e uomini nell'occupazione e nell'impiego;

l) può richiedere alle Direzioni interregionali e territoriali del lavoro di acquisire presso i luoghi di lavoro informazioni sulla situazione occupazionale maschile e femminile, in relazione allo stato delle assunzioni, della formazione e della promozione professionale;

m) promuove una adeguata rappresentanza di donne negli organismi pubblici nazionali e locali competenti in materia di lavoro e formazione professionale;

n) provvede allo scambio di informazioni disponibili con gli organismi europei corrispondenti in materia di parità fra donne e uomini nell'occupazione e nell'impiego;

o) promuove la rimozione, anche attraverso azioni positive, degli ostacoli che limitano l'uguaglianza tra uomo e donna nella progressione professionale e di carriera, lo sviluppo di misure per il reinserimento della donna lavoratrice dopo la maternità, la più ampia diffusione del lavoro a tempo parziale e degli altri strumenti di flessibilità a livello aziendale che consentano una migliore conciliazione tra vita lavorativa e impegni familiari;

p) svolge le attività di monitoraggio e controllo dei progetti già approvati, verificandone la corretta attuazione e l'esito finale.

(1) *Articolo così sostituito dall'art. 30[1] d.ls. 14 settembre 2015, n. 151.*

(2) *V. nota 1* sub *art. 8.*

[11. (1) Collegio istruttorio e segreteria tecnica (*legge 10 aprile 1991, n. 125, articolo 7*)].

(1) *Articolo abrogato dall'art. 42[2] d.ls. 14 settembre 2015, n. 151.*

CAPO IV – *Consigliere e consiglieri di parità*

12. Nomina (*decreto legislativo 23 maggio 2000, n. 196, articolo 1, comma 1; articolo 2, commi 1, 3, 4*). – 1. A livello nazionale, regionale e della città metropolitana e dell'ente di area vasta di cui alla legge 7 aprile 2014, n. 56 (1) sono nominati una consigliera o un consigliere di parità. Per ogni consigliera o consigliere si provvede altresì alla nomina di un supplente che agisce su mandato della consigliera o del consigliere effettivo ed in sostituzione della medesima o del medesimo (2).

2. La consigliera o il consigliere nazionale di parità, effettivo e supplente, sono nominati con decreto del Ministro del lavoro e delle politiche sociali, di concerto con il Ministro per le pari opportunità.

3. Le consigliere e i consiglieri di parità regionali, delle città metropolitane e degli enti di area vasta di cui alla legge 7 aprile 2014, n. 56, effettivi e supplenti, sono nominati con decreto del Ministro del

lavoro e delle politiche sociali, su designazione delle regioni, delle città metropolitane e degli enti di area vasta, sulla base dei requisiti di cui all'articolo 13, comma 1, e previo espletamento di una procedura di valutazione comparativa (3).

4. In caso di mancata designazione delle consigliere e dei consiglieri di parità regionali, delle città metropolitane e degli enti di area vasta di cui alla legge 7 aprile 2014, n. 56 entro i sessanta giorni successivi alla scadenza del mandato o in caso di designazione effettuata in assenza dei requisiti richiesti dall'articolo 13, comma 1, il Ministro del lavoro e delle politiche sociali, nei trenta giorni successivi, indice una procedura di valutazione comparativa, nel rispetto dei requisiti di cui all'articolo 13, comma 1, di durata non superiore, complessivamente, ai 90 giorni successivi alla scadenza dei termini per la presentazione delle candidature (4).

5. I decreti di nomina del presente articolo, cui va allegato il curriculum professionale della persona nominata, sono pubblicati sul sito internet del Ministero del lavoro e delle politiche sociali www.lavoro.gov.it. (5).

(1) *V. nota 2* sub *Epigrafe.*
(2) *Comma così modificato dall'art. 1[1] lett. g) d.ls. 25 gennaio 2010, n. 5.*
(3) *Comma così sostituito dall'art. 31[1] lett. a) d.ls. 14 settembre 2015, n. 151.*
(4) *Comma così sostituito dall'art. 31[1] lett. b) d.ls. n. 151, cit.*
(5) *Comma così modificato dall'art. 31[1] lett. c) d.ls. n. 151, cit.*

13. Requisiti e attribuzioni (*decreto legislativo 23 maggio 2000, n. 196, articoli 1, comma 2, 2, comma 2*). – 1. Le consigliere e i consiglieri di parità devono possedere requisiti di specifica competenza ed esperienza pluriennale in materia di lavoro femminile, di normative sulla parità e pari opportunità nonché di mercato del lavoro, comprovati da idonea documentazione.

2. Le consigliere ed i consiglieri di parità, effettivi e supplenti, svolgono funzioni di promozione e di controllo dell'attuazione dei principi di uguaglianza di opportunità e di non discriminazione tra donne e uomini nel lavoro. Nell'esercizio delle funzioni loro attribuite, le consigliere ed i consiglieri di parità sono pubblici ufficiali ed hanno l'obbligo di segnalazione all'autorità giudiziaria dei reati di cui vengono a conoscenza per ragione del loro ufficio.

14. (1) **Mandato** (*decreto legislativo 23 maggio 2000, n. 196, articolo 2, comma 5*). – 1. Il mandato delle consigliere e dei consiglieri di cui all'articolo 12, effettivi e supplenti, ha la durata di quattro anni ed è rinnovabile per una sola volta. In ogni caso, per la determinazione della durata complessiva del mandato si computano tutti i periodi svolti in qualità di consigliera e consigliere, sia effettivo che supplente, anche non continuativi e anche di durata inferiore a quattro anni. La procedura di rinnovo si svolge secondo le modalità previste dall'articolo 12. Le consigliere e i consiglieri di parità continuano a svolgere le loro funzioni fino al completamento della procedura di cui all'articolo 12, comma 4. Non si applicano, al riguardo, le disposizioni di cui all'articolo 6, comma 1, della legge 15 luglio 2002, n. 145 (1).

(1) *Articolo così sostituito dall'art. 32[1] d.ls. 14 settembre 2015, n. 151.*

15. (1) **Compiti e funzioni** (*decreto legislativo 23 maggio 2000, n. 196, articolo 3*). – 1. Le consigliere ed i consiglieri di parità intraprendono ogni utile iniziativa, nell'ambito delle competenze dello Stato, ai fini del rispetto del principio di non discriminazione e della promozione di pari opportunità per lavoratori e lavoratrici, svolgendo in particolare i seguenti compiti:

a) rilevazione delle situazioni di squilibrio di genere, anche in collaborazione con le direzioni interregionali e territoriali del lavoro, al fine di svolgere le funzioni promozionali e di garanzia contro le discriminazioni nell'accesso al lavoro, nella promozione e nella formazione professionale, ivi compresa la progressione professionale e di carriera, nelle condizioni di lavoro compresa la retribuzione, nonché in relazione alle forme pensionistiche complementari collettive di cui al decreto legislativo 5 dicembre 2005, n. 252;

b) promozione di progetti di azioni positive, anche attraverso l'individuazione delle risorse dell'Unione europea, nazionali e locali finalizzate allo scopo;

c) promozione della coerenza della programmazione delle politiche di sviluppo territoriale rispetto agli indirizzi dell'unione europea e di quelli nazionali e regionali in materia di pari opportunità;

d) promozione delle politiche di pari opportunità nell'ambito delle politiche attive del lavoro, comprese quelle formative;

e) collaborazione con le direzioni interregionali e territoriali del lavoro al fine di rilevare l'esistenza delle violazioni della normativa in materia di parità, pari opportunità e garanzia contro le discriminazioni, anche mediante la progettazione di appositi pacchetti formativi;

f) diffusione della conoscenza e dello scambio di buone prassi e attività di informazione e formazione culturale sui problemi delle pari opportunità e sulle varie forme di discriminazione;

g) collegamento e collaborazione con i competenti assessorati e con gli organismi di parità degli enti locali.

2. La consigliera nazionale di parità, nell'ambito delle proprie competenze, determina le priorità d'intervento e i programmi di azione, nel rispetto della programmazione annuale del Ministro del lavoro e delle politiche sociali. Svolge i compiti di cui al comma 1 e può svolgere, avvalendosi delle strutture del Ministero del lavoro e delle politiche sociali e dei relativi enti strumentali, inchieste indipendenti in materia di discriminazioni sul lavoro e può pubblicare relazioni indipendenti e raccomandazioni in materia di discriminazioni sul lavoro.

3. Le consigliere e i consiglieri nazionale e regionali partecipano ai tavoli di partenariato locale e ai comitati di sorveglianza di cui al regolamento (CE) n. 1303/2013del Parlamento europeo e del Consiglio del 17 dicembre 2013. Le consigliere e i consiglieri regionali, delle città metropolitane e degli enti di area vasta sono inoltre componenti delle commissioni di parità del corrispondente livello territoriale, ovvero di organismi diversamente denominati che svolgono funzioni analoghe. La consigliera o il consigliere nazionale, o in sua sostituzione la supplente o il supplente, è componente del Comitato nazionale di cui all'articolo 8.

4. Le regioni forniscono alle consigliere ed ai consiglieri di parità il supporto tecnico necessario: alla rilevazione di situazioni di squilibrio di genere; all'elaborazione dei dati contenuti nei rapporti sulla situazione del personale di cui all'articolo 46; alla promozione e alla realizzazione di piani di formazione e riqualificazione professionale; alla promozione di progetti di azioni positive.

5. Su richiesta delle consigliere e dei consiglieri di parità, le Direzioni interregionali e territoriali del lavoro, territorialmente competenti, acquisiscono nei luoghi di lavoro informazioni sulla situazione occupazionale maschile e femminile, in relazione allo stato delle assunzioni, della formazione e promozione professionale, delle retribuzioni, delle condizioni di lavoro, della cessazione del rapporto di lavoro, ed ogni altro elemento utile, anche in base a specifici criteri di rilevazione indicati nella richiesta.

6. Entro il 31 dicembre di ogni anno le consigliere ed i consiglieri di parità regionali, delle città metropolitane e degli enti di area vasta di cui alla legge 7 aprile 2014, n. 56, presentano un rapporto sull'attività svolta, redatto sulla base di indicazioni fornite dal Ministero del lavoro e delle politiche sociali, agli organi che hanno provveduto alla designazione e alla nomina. La consigliera o il consigliere di parità che non abbia provveduto alla presentazione del rapporto o vi abbia provveduto con un ritardo superiore a tre mesi decade dall'ufficio

LEGGI COMPLEMENTARI

con provvedimento adottato, su segnalazione dell'organo che ha provveduto alla designazione, dal Ministro del lavoro e delle politiche sociali.

7. Entro il 31 marzo di ogni anno la consigliera o il consigliere nazionale di parità elabora, anche sulla base dei rapporti di cui al comma 6, un rapporto al Ministro del lavoro e delle politiche sociali e al Ministro per le pari opportunità sulla propria attività e su quella svolta dalla Conferenza nazionale di cui all'articolo 19. Si applica quanto previsto nell'ultimo periodo del comma 6 in caso di mancata o ritardata presentazione del rapporto.

(1) *Articolo così sostituito dall'art. 33[1] d.lgs. 14 settembre 2015, n. 151.*

16. (1) **Sede e attrezzature** (*decreto legislativo 23 maggio 2000, n. 196, articolo 5*). – 1. L'ufficio delle consigliere e dei consiglieri di parità regionali, delle città metropolitane e degli enti di area vasta di cui alla legge 7 aprile 2014, n. 56 è ubicato rispettivamente presso le regioni, le città metropolitane e gli enti di area vasta. L'ufficio della consigliera o del consigliere nazionale di parità è ubicato presso il Ministero del lavoro e delle politiche sociali. L'ufficio è funzionalmente autonomo, dotato del personale, delle apparecchiature e delle strutture necessarie e idonee allo svolgimento dei suoi compiti. Il personale, la strumentazione e le attrezzature necessari devono essere prontamente assegnati dagli enti presso cui l'ufficio è ubicato, nell'ambito delle risorse esistenti e a invarianza della spesa.

2. Il Ministro del lavoro e delle politiche sociali può predisporre con gli enti territoriali, nel cui ambito operano le consigliere e i consiglieri di parità, convenzioni quadro allo scopo di definire le modalità di organizzazione e di funzionamento dell'ufficio delle consigliere e dei consiglieri di parità, nonché gli indirizzi generali per l'espletamento dei compiti di cui all'articolo 15, comma 1, lettere *b*), *c*), *d*), e *g*).

(1) *Articolo così sostituito dall'art. 34[1] d.lgs. 14 settembre 2015, n. 151.*

17. (1) **Permessi** (*decreto legislativo 23 maggio 2000, n. 196, articolo 6*). – 1. Le consigliere e i consiglieri di parità, nazionale e regionali, hanno diritto per l'esercizio delle loro funzioni, ove si tratti di lavoratori dipendenti, ad assentarsi dal posto di lavoro per un massimo di cinquanta ore lavorative mensili medie. Nella medesima ipotesi le consigliere e i consiglieri di parità delle città metropolitane e degli enti territoriali di area vasta di cui alla legge 7 aprile 2014, n. 56 hanno diritto ad assentarsi dal posto di lavoro per un massimo di trenta ore lavorative mensili medie. L'eventuale retribuzione dei suddetti permessi è rimessa alla disponibilità finanziaria dell'ente di pertinenza che, su richiesta, è tenuto a rimborsare al datore di lavoro quanto in tal caso corrisposto per le ore di effettiva assenza. Ai fini dell'esercizio del diritto di assentarsi dal luogo di lavoro di cui al presente comma, le consigliere e i consiglieri di parità devono darne comunicazione scritta al datore di lavoro almeno tre giorni prima dell'inizio dell'assenza. Le consigliere e i consiglieri di parità supplenti hanno diritto ai permessi solo nei casi in cui non ne usufruiscano le consigliere e i consiglieri di parità effettivi.

2. L'ente territoriale che ha proceduto alla designazione può attribuire, a proprio carico, alle consigliere e ai consiglieri di parità regionali, delle città metropolitane e degli enti di area vasta di cui alla legge 7 aprile 2014, n. 56, che siano lavoratori dipendenti, lavoratori autonomi o liberi professionisti, una indennità mensile, differenziata tra il ruolo di effettivo e quello di supplente, sulla base di criteri determinati dalla Conferenza unificata di cui all'articolo 8 del decreto legislativo 28 agosto 1997, n. 281. Il riconoscimento della predetta indennità alle consigliere e ai consiglieri di parità supplenti è limitato ai soli periodi di effettivo esercizio della supplenza.

3. Alla consigliera e al consigliere nazionale di parità è attribuita un'indennità annua. La consigliera e il consigliere nazionale di parità, ove lavoratore dipendente, usufruiscono, inoltre, di un numero massimo di permessi non retribuiti. In alternativa a quanto previsto dal primo e dal secondo periodo, la consigliera e il consigliere nazionale di parità possono richiedere il collocamento in aspettativa non retribuita per la durata del mandato, percependo in tal caso un'indennità complessiva annua. Con decreto del Ministro del lavoro e delle politiche sociali, di concerto con il Ministero dell'economia e delle finanze, sono stabiliti, nei limiti delle disponibilità del Fondo di cui all'articolo 18, i criteri e le modalità per determinare la misura dell'indennità di cui al primo periodo, differenziata tra il ruolo di effettivo e quello di supplente, il numero massimo dei permessi non retribuiti di cui al secondo periodo, i criteri e le modalità per determinare la misura dell'indennità complessiva di cui al terzo periodo, le risorse destinate alle missioni legate all'espletamento delle funzioni e le spese per le attività della consigliera o del consigliere nazionale di parità.

(1) *Articolo così sostituito dall'art. 35[1] d.ls. 14 settembre 2015, n. 151.*

18. (1) (2) **Fondo per l'attività delle Consigliere e dei consiglieri nazionali di parità** (*decreto legislativo 23 maggio 2000, n. 196, articolo 9*). – 1. Il Fondo per l'attività delle consigliere e dei consiglieri di

LEGGI COMPLEMENTARI

parità nazionali, effettivi e supplenti, è alimentato dalle risorse di cui all'articolo 47, comma 1, lettera *d*), della legge 17 maggio 1999, n. 144 e successive modificazioni. Il Fondo è destinato a finanziare le spese relative alle attività della consigliera o del consigliere nazionale di parità, le spese per missioni, le spese relative al pagamento di compensi per indennità, differenziati tra effettivi e supplenti, i rimborsi e le remunerazioni dei permessi spettanti ai sensi dell'articolo 17, comma 1.

(1) *Articolo così sostituito dall'art. 35[1] d.ls. 14 settembre 2015, n. 151.*
(2) *V. nota 1* sub *art. 8.*

19. (1) (2) **Conferenza nazionale delle consigliere e dei consiglieri di parità** (*decreto legislativo 23 maggio 2000, n. 196, articolo 4, commi 1, 2, 3, 4 e 5*). – 1. La Conferenza nazionale delle consigliere e dei consiglieri di parità, che comprende tutte le consigliere e i consiglieri, nazionale, regionali, delle città metropolitane e degli enti di area vasta di cui alla legge 7 aprile 2014, n. 56, è coordinata dalla consigliera o dal consigliere nazionale di parità, in collaborazione con due consigliere o consiglieri di parità in rappresentanza rispettivamente delle o dei consiglieri regionali, delle città metropolitane e degli enti di area vasta.

2. La Conferenza opera al fine di rafforzare le funzioni delle consigliere e dei consiglieri di parità, di accrescere l'efficacia della loro azione, di consentire lo scambio di informazioni, esperienze e buone prassi. La Presidenza del Consiglio dei ministri - Dipartimento per le pari opportunità e il Ministero del lavoro e delle politiche sociali promuovono iniziative volte a garantire il coordinamento e l'integrazione degli interventi necessari ad assicurare l'effettività delle politiche di promozione delle pari opportunità per i lavoratori e le lavoratrici.

3. Dallo svolgimento delle attività del presente articolo non devono derivare nuovi o maggiori oneri per la finanza pubblica.

(1) *Articolo così sostituito dall'art. 36[1] d.ls. 14 settembre 2015, n. 151.*
(2) *V. nota 1* sub *art. 8.*

19-*bis*. (1) **Disposizione transitoria.** – 1. Con decreto del Presidente del Consiglio dei ministri, da emanare entro 90 giorni dalla data di entrata in vigore dei provvedimenti attuativi della legge 7 aprile 2014, n. 56, su proposta del Ministro del lavoro e delle politiche sociali e del Ministro degli affari regionali, sono individuate le città metropolitane e gli enti di area vasta presso cui collocare le consigliere e i consiglieri di parità per lo svolgimento dell'attività di supporto già espletata dalle province.

2. Fino alla effettiva costituzione dei nuovi enti territoriali, in applicazione dell'articolo 1, comma 85, lettera *f*), della legge 7 aprile 2014, n. 56, le consigliere e i consiglieri di parità, effettivi e supplenti, continuano a svolgere le funzioni che non possono essere in alcun modo interrotte. Le disposizioni del presente capo si applicano alle consigliere e ai consiglieri di parità in carica alla data di entrata in vigore della presente disposizione. Ai fini della determinazione della durata dell'incarico o del rinnovo dello stesso, si computano anche i periodi già espletati in qualità di consigliera e consigliere di parità, sia effettivo che supplente, alla data di entrata in vigore della presente disposizione.

(1) *Articolo inserito dall'art. 37[1] d.ls. 14 settembre 2015, n. 151.*

20. (1) (2) **Relazione al Parlamento.** – 1. La consigliera o il consigliere nazionale di parità, anche sulla base del rapporto di cui all'articolo 15, comma 7, nonché delle indicazioni fornite dal Comitato di cui all'articolo 8, presenta al Parlamento, ogni due anni, una relazione contenente i risultati del monitoraggio sull'applicazione della legislazione in materia di parità e pari opportunità nel lavoro e sulla valutazione degli effetti delle disposizioni del presente decreto (3).

(1) *Articolo così sostituito dall'art. 38[1] d.ls. 14 settembre 2015, n. 151.*

(2) *V. nota 1* sub *art. 8.*

(3) *Comma così sostituito dall'art. 1[1] l. 5 novembre 2021, n. 162. V. anche art. 1[2] l. n. 162, cit. Il testo del comma era il seguente:* « Il Ministro del lavoro e delle politiche sociali, sulla base delle informazioni fornite dalle Consigliere nazionale, regionali, delle città metropolitane e degli enti di area vasta, nonché delle indicazioni fornite dal Comitato nazionale di parità, acquisito il parere del Dipartimento per le pari opportunità, presenta al Parlamento, ogni due anni, una relazione contenente i risultati del monitoraggio sull'applicazione della legislazione in materia di parità e pari opportunità nel lavoro e sulla valutazione degli effetti delle disposizioni del presente decreto ».

CAPO V – *Comitato per l'imprenditoria femminile* (1)

(1) *V. ora il d.P.R. 14 maggio 2007, n. 101.*

21-22. (1)

(1) *Articoli abrogati dall'art. 4 d.P.R. 14 maggio 2007, n. 101, ai sensi di quanto previsto dall'art. 29 d.l. 4 luglio 2006, n. 223, conv., con modif., in l. 4 agosto 2006, n. 248.*

LIBRO II
PARI OPPORTUNITÀ TRA UOMO E DONNA NEI RAPPORTI ETICO-SOCIALI

TITOLO I
Rapporti tra coniugi

23. Pari opportunità nei rapporti fra coniugi. – 1. La materia delle pari opportunità nei rapporti familiari è disciplinata dal codice civile.

TITOLO II
Contrasto alla violenza nelle relazioni familiari

24. Violenza nelle relazioni familiari. – 1. Per il contrasto alla violenza nelle relazioni familiari si applicano le disposizioni di cui alla legge 4 aprile 2001, n. 154.

LIBRO III
PARI OPPORTUNITÀ TRA UOMO E DONNA NEI RAPPORTI ECONOMICI

TITOLO I
Pari opportunità nel lavoro

CAPO I – *Nozioni di discriminazione*

25. Discriminazione diretta e indiretta (*legge 10 aprile 1991, n. 125, articolo 4, commi 1 e 2*). – 1. Costituisce discriminazione diretta, ai sensi del presente titolo, qualsiasi disposizione, criterio, prassi, atto, patto o comportamento, nonché l'ordine di porre in essere un atto o un comportamento, che produca un effetto pregiudizievole discriminando le candidate e i candidati, in fase di selezione del personale (1), le lavoratrici o i lavoratori in ragione del loro sesso e, comunque, il trattamento meno favorevole rispetto a quello di un'altra lavoratrice o di un altro lavoratore in situazione analoga (2).

2. Si ha discriminazione indiretta, ai sensi del presente titolo, quando una disposizione, un criterio, una prassi, un atto, un patto o un comportamento, compresi quelli di natura organizzativa o incidenti sull'orario di lavoro (3), apparentemente neutri mettono o possono mettere i candidati in fase di selezione e (3) i lavoratori di un determinato sesso in una posizione di particolare svantaggio rispetto a lavoratori dell'altro sesso, salvo che riguardino requisiti essenziali allo svolgimento dell'attività lavorativa, purché l'obiettivo

sia legittimo e i mezzi impiegati per il suo conseguimento siano appropriati e necessari.

2-*bis*. Costituisce discriminazione, ai sensi del presente titolo, ogni trattamento o modifica dell'organizzazione delle condizioni e dei tempi di lavoro che, in ragione del sesso, dell'età anagrafica, delle esigenze di cura personale o familiare, dello stato di gravidanza nonché di maternità o paternità, anche adottive, ovvero in ragione della titolarità e dell'esercizio dei relativi diritti, pone o può porre il lavoratore in almeno una delle seguenti condizioni:

a) posizione di svantaggio rispetto alla generalità degli altri lavoratori;

b) limitazione delle opportunità di partecipazione alla vita o alle scelte aziendali;

c) limitazione dell'accesso ai meccanismi di avanzamento e di progressione nella carriera (4).

(1) *Le parole* « le candidate e i candidati, in fase di selezione del personale, » *sono state inserite dall'art. 2*[1, lett. a)] *l. 5 novembre 2021, n. 162.*

(2) *Comma modificato dapprima dall'art. 8*-quater[1 lett. a)] *d.l. 8 aprile 2008, n. 59, conv., con modif., in l. 6 giugno 2008, n. 101, e successivamente dall'art. 1*[1 lett. p) n. 1)] *d.ls. 25 gennaio 2010, n. 5.*

(3) *Le parole* « , compresi quelli di natura organizzativa o incidenti sull'orario di lavoro, » *e le parole* « i candidati in fase di selezione e » *sono state inserite dall'art. 2*[1, lett. b)] *l. n. 162, cit.*

(4) *Comma così sostituito2*[1, lett. c)] *l. n. 162, cit. Il testo del comma, come aggiunto dall'art. 1*[1 lett. p) n. 2)] *d.ls. n. 5, cit., era il seguente*: « Costituisce discriminazione, ai sensi del presente titolo, ogni trattamento meno favorevole in ragione dello stato di gravidanza, nonché di maternità o paternità, anche adottive, ovvero in ragione della titolarità e dell'esercizio dei relativi diritti ».

26. **Molestie e molestie sessuali** (*legge 10 aprile 1991, n. 125, articolo 4, commi* 2-bis, 2-ter *e* 2-quater). – 1. Sono considerate come discriminazioni anche le molestie, ovvero quei comportamenti indesiderati, posti in essere per ragioni connesse al sesso, aventi lo scopo o l'effetto di violare la dignità di una lavoratrice o di un lavoratore e di creare un clima intimidatorio, ostile, degradante, umiliante o offensivo.

2. Sono, altresì, considerate come discriminazioni le molestie sessuali, ovvero quei comportamenti indesiderati a connotazione sessuale, espressi in forma fisica, verbale o non verbale, aventi lo scopo o l'effetto di violare la dignità di una lavoratrice o di un lavoratore e di creare un clima intimidatorio, ostile, degradante, umiliante o offensivo.

2-*bis*. Sono, altresì, considerati come discriminazione i trattamenti meno favorevoli subiti da una lavoratrice o da un lavoratore per il fatto di aver rifiutato i comportamenti di cui ai commi 1 e 2 o di esservisi sottomessi (1).

3. Gli atti, i patti o i provvedimenti concernenti il rapporto di lavoro dei lavoratori o delle lavoratrici vittime dei comportamenti di cui ai commi 1, 2 e 2-*bis* (2) sono nulli se adottati in conseguenza del rifiuto o della sottomissione ai comportamenti medesimi. Sono considerati, altresì, discriminazioni quei trattamenti sfavorevoli da parte del datore di lavoro che costituiscono una reazione ad un reclamo o ad una azione volta ad ottenere il rispetto del principio di parità di trattamento tra uomini e donne.

3-*bis*. La lavoratrice o il lavoratore che agisce in giudizio per la dichiarazione delle discriminazioni per molestia o molestia sessuale poste in essere in violazione dei divieti di cui al presente capo non può essere sanzionato, demansionato, licenziato, trasferito o sottoposto ad altra misura organizzativa avente effetti negativi, diretti o indiretti, sulle condizioni di lavoro, determinati dalla denuncia stessa. Il licenziamento ritorsivo o discriminatorio del soggetto denunciante è nullo. Sono altresì nulli il mutamento di mansioni ai sensi dell'articolo 2103 del codice civile, nonché qualsiasi altra misura ritorsiva o discriminatoria adottata nei confronti del denunciante. Le tutele di cui al presente comma non sono garantite nei casi in cui sia accertata, anche con sentenza di primo grado, la responsabilità penale del denunciante per i reati di calunnia o diffamazione ovvero l'infondatezza della denuncia (3).

3-*ter*. I datori di lavoro sono tenuti, ai sensi dell'articolo 2087 del codice civile, ad assicurare condizioni di lavoro tali da garantire l'integrità fisica e morale e la dignità dei lavoratori, anche concordando con le organizzazioni sindacali dei lavoratori le iniziative, di natura informativa e formativa, più opportune al fine di prevenire il fenomeno delle molestie sessuali nei luoghi di lavoro. Le imprese, i sindacati, i datori di lavoro e i lavoratori e le lavoratrici si impegnano ad assicurare il mantenimento nei luoghi di lavoro di un ambiente di lavoro in cui sia rispettata la dignità di ognuno e siano favorite le relazioni interpersonali, basate su principi di eguaglianza e di reciproca correttezza (3).

(1) *Comma inserito dall'art. 1*[1 lett. q)] *d.lgs. 25 gennaio 2010, n. 5.*

(2) *Le parole* « commi 1, 2 e 2-*bis* » *sono state sostituite alle parole* « commi 1 e 2 » *dall'art. 1*[218 lett. a)] *l. 27 dicembre 2017, n. 205 (legge di bilancio 2018).*

(3) *Comma aggiunto dall'art. 1*[218 lett. b)] *l. n. 205, cit.*

CAPO II – *Divieti di discriminazione*

27. Divieti di discriminazione nell'accesso al lavoro, alla formazione e alla promozione professionali e nelle condizioni di lavoro (1) (*legge 9 dicembre 1977, n. 903, articolo 1, commi 1, 2, 3 e 4; legge 10 aprile 1991, n. 125, articolo 4, comma 3*). – 1. È vietata qualsiasi discriminazione per quanto riguarda l'accesso al lavoro, in forma subordinata, autonoma o in qualsiasi altra forma, compresi i criteri di selezione e le condizioni di assunzione, nonché la promozione, indipendentemente dalle modalità di assunzione e qualunque sia il settore o il ramo di attività, a tutti i livelli della gerarchia professionale, anche per quanto riguarda la creazione, la fornitura di attrezzature o l'ampliamento di un'impresa o l'avvio o l'ampliamento di ogni altra forma di attività autonoma (2).

2. La discriminazione di cui al comma 1 è vietata anche se attuata:

a) attraverso il riferimento allo stato matrimoniale o di famiglia o di gravidanza, nonché di maternità o paternità, anche adottive (3);

b) in modo indiretto, attraverso meccanismi di preselezione ovvero a mezzo stampa o con qualsiasi altra forma pubblicitaria che indichi come requisito professionale l'appartenenza all'uno o all'altro sesso.

3. Il divieto di cui ai commi 1 e 2 si applica anche alle iniziative in materia di orientamento, formazione, perfezionamento, aggiornamento e riqualificazione professionale, inclusi i tirocini formativi e di orientamento, per quanto concerne sia l'accesso sia i contenuti, nonché all'affiliazione e all'attività in un'organizzazione di lavoratori o datori di lavoro, o in qualunque organizzazione i cui membri esercitino una particolare professione, e alle prestazioni erogate da tali organizzazioni (4).

4. Eventuali deroghe alle disposizioni dei commi 1, 2 e 3 sono ammesse soltanto per mansioni di lavoro particolarmente pesanti individuate attraverso la contrattazione collettiva.

5. Nei concorsi pubblici e nelle forme di selezione attuate, anche a mezzo di terzi, da datori di lavoro privati e pubbliche amministrazioni la prestazione richiesta dev'essere accompagnata dalle parole « dell'uno o dell'altro sesso », fatta eccezione per i casi in cui il riferimento al sesso costituisca requisito essenziale per la natura del lavoro o della prestazione.

6. Non costituisce discriminazione condizionare all'appartenenza ad un determinato sesso l'assunzione in attività della moda, dell'arte e dello spettacolo, quando ciò sia essenziale alla natura del lavoro o della prestazione.

(1) *Rubrica così modificata dall'art. $1^{1\text{ lett. r)}}$ d.ls. 25 gennaio 2010, n. 5.*
(2) *Comma sostituito dall'art. $1^{1\text{ lett. r)}}$ d.ls. n. 5, cit. e, successviamente, così modificato dall'art. $1^{338\text{ lett. b)}}$ l. 24 dicembre 2012, n. 228.*
(3) *Lettera così modificata dall'art. $1^{1\text{ lett. r)}}$ d.ls. n. 5, cit.*
(4) *Comma così modificato dall'art. $1^{1\text{ lett. r)}}$ d.ls. n. 5, cit.*

28. Divieto di discriminazione retributiva (*legge 9 dicembre 1977, n. 903, articolo 2*). – 1. È vietata qualsiasi discriminazione, diretta e indiretta, concernente un qualunque aspetto o condizione delle retribuzioni, per quanto riguarda uno stesso lavoro o un lavoro al quale è attribuito un valore uguale (1).

2. I sistemi di classificazione professionale ai fini della determinazione delle retribuzioni debbono adottare criteri comuni per uomini e donne ed essere elaborati in modo da eliminare le discriminazioni (2).

(1) *Comma così sostituito dall'art. $1^{1\text{ lett. s)}}$ d.ls. 25 gennaio 2010, n. 5.*
(2) *Comma così modificato dall'art. $1^{1\text{ lett. s)}}$ d.ls. n. 5, cit.*

29. Divieti di discriminazione nella prestazione lavorativa e nella progressione di carriera (1) (*legge 9 dicembre 1977, n. 903, articolo 3*). – 1. È vietata qualsiasi discriminazione fra uomini e donne per quanto riguarda l'attribuzione delle qualifiche, delle mansioni e la progressione nella carriera.

(1) *Rubrica così modificata dall'art. $1^{1\text{ lett. t)}}$ d.ls. 25 gennaio 2010, n. 5.*

30. Divieti di discriminazione nell'accesso alle prestazioni previdenziali (*legge 9 dicembre 1977, n. 903, articoli 4, 9, 10, 11 e 12*). – 1. Le lavoratrici in possesso dei requisiti per aver diritto alla pensione di vecchiaia hanno diritto di proseguire il rapporto di lavoro fino agli stessi limiti di età previsti per gli uomini da disposizioni legislative, regolamentari e contrattuali (1).

2. (2).

3. Gli assegni familiari, le aggiunte di famiglia e le maggiorazioni delle pensioni per familiari a carico possono essere corrisposti, in alternativa, alla donna lavoratrice o pensionata alle stesse condizioni e con gli stessi limiti previsti per il lavoratore o pensionato. Nel caso di richiesta di entrambi i genitori gli assegni familiari, le aggiunte di famiglia e le maggiorazioni delle pensioni per familiari a carico debbono essere corrisposti al genitore con il quale il figlio convive.

4. Le prestazioni ai superstiti, erogate dall'assicurazione generale obbligatoria, per l'invalidità, la vecchiaia ed i superstiti, gestita dal Fondo pensioni per i lavoratori dipendenti, sono estese, alle stesse condizioni previste per la moglie dell'assicurato o del pensionato, al marito dell'assicurata o della pensionata.

5. La disposizione di cui al comma 4 si applica anche ai dipendenti dello Stato e di altri enti pubblici nonché in materia di trattamenti pensionistici sostitutivi ed integrativi dell'assicurazione generale obbligatoria per l'invalidità, la vecchiaia ed i superstiti e di trattamenti a carico di fondi, gestioni ed enti istituiti per lavoratori dipendenti da datori di lavoro esclusi od esonerati dall'obbligo dell'assicurazione medesima, per lavoratori autonomi e per liberi professionisti.

6. Le prestazioni ai superstiti previste dal testo unico delle disposizioni per l'assicurazione obbligatoria contro gli infortuni sul lavoro e le malattie professionali, approvato con decreto del Presidente della Repubblica 30 giugno 1965, n. 1124, e della legge 5 maggio 1976, n. 248, sono estese alle stesse condizioni stabilite per la moglie del lavoratore al marito della lavoratrice.

(1) *Comma così sostituito dall'art. 1[1 lett. u)] d.ls. 25 gennaio 2010, n. 5. Con riferimento alla precedente formulazione, C. cost. 29 ottobre 2009, n. 275, aveva dichiarato l'*illegittimità costituzionale *del presente articolo, « nella parte in cui prevede[va], a carico della lavoratrice che intend[esse] proseguire nel rapporto di lavoro oltre il sessantesimo anno di età, l'onere di dare tempestiva comunicazione della propria intenzione al datore di lavoro, da effettuarsi almeno tre mesi prima della data di perfezionamento del diritto dalla pensione di vecchiaia, e nella parte in cui fa[ceva] dipendere da tale adempimento l'applicazione al rapporto di lavoro della tutela accordata dalla legge sui licenziamenti individuali ».*

(2) *Comma abrogato dall'art. 1[1 lett. u)] d.ls. n. 5, cit. Per una declaratoria di incostituzionalità riferita a tale comma, v. C. cost. n. 275, cit., alla nota 1.*

30-*bis*. (1) **Divieto di discriminazione nelle forme pensionistiche complementari collettive. Differenze di trattamento consentite.** – 1. Nelle forme pensionistiche complementari collettive di cui al decreto legislativo 5 dicembre 2005, n. 252, è vietata qualsiasi discriminazione diretta o indiretta, specificamente per quanto riguarda:

a) il campo d'applicazione di tali forme pensionistiche e relative condizioni d'accesso;

b) l'obbligo di versare i contributi e il calcolo degli stessi;

c) il calcolo delle prestazioni, comprese le maggiorazioni da corrispondere per il coniuge e per le persone a carico, nonché le condizioni relative alla durata e al mantenimento del diritto alle prestazioni.

LEGGI COMPLEMENTARI

2. La fissazione di livelli differenti per le prestazioni è consentita soltanto se necessaria per tener conto di elementi di calcolo attuariale differenti per i due sessi nel caso di forme pensionistiche a contribuzione definita. Nel caso di forme pensionistiche a prestazioni definite, finanziate mediante capitalizzazione, alcuni elementi possono variare sempreché l'ineguaglianza degli importi sia da attribuire alle conseguenze dell'utilizzazione di fattori attuariali che variano a seconda del sesso all'atto dell'attuazione del finanziamento del regime.

3. I dati attuariali che giustificano trattamenti diversificati ai sensi del comma 2 devono essere affidabili, pertinenti ed accurati.

4. La Commissione di vigilanza sui fondi pensione (COVIP) esercita i suoi poteri ed effettua le attività necessarie, al fine di garantire l'affidabilità, la pertinenza e l'accuratezza dei dati attuariali che giustificano trattamenti diversificati ai sensi del comma 2, anche allo scopo di evitare discriminazioni. Essa inoltre raccoglie, pubblica e aggiorna i dati relativi all'utilizzo del sesso quale fattore attuariale determinante, relazionando almeno annualmente al Comitato nazionale di parità e pari opportunità nel lavoro. Tali attività sono svolte con le risorse umane, strumentali e finanziarie disponibili a legislazione vigente.

(1) *Articolo inserito dall'art. 1[1 lett. v)] d.ls. 25 gennaio 2010, n. 5.*

31. Divieti di discriminazione nell'accesso agli impieghi pubblici (*legge 9 febbraio 1963, n. 66, articolo 1, comma 1; legge 13 dicembre 1986, n. 874, articoli 1 e 2*). – 1. La donna può accedere a tutte le cariche, professioni ed impieghi pubblici, nei vari ruoli, carriere e categorie, senza limitazione di mansioni e di svolgimento della carriera, salvi i requisiti stabiliti dalla legge.

2. L'altezza delle persone non costituisce motivo di discriminazione nell'accesso a cariche, professioni e impieghi pubblici ad eccezione dei casi in cui riguardino quelle mansioni e qualifiche speciali, per le quali è necessario definire un limite di altezza e la misura di detto limite, indicate con decreto del Presidente del Consiglio dei Ministri, sentiti i Ministri interessati, le organizzazioni sindacali più rappresentative e la Commissione per la parità tra uomo e donna, fatte salve le specifiche disposizioni relative al Corpo nazionale dei vigili del fuoco.

32-34. (1)

(1) *Articoli abrogati dall'art. 2268 d.ls. 15 marzo 2010, n. 66, con effetto a decorrere dal 9 ottobre 2010.*

35. Divieto di licenziamento per causa di matrimonio (*legge 9 gennaio 1963, n. 7, articoli 1, 2 e 6*). – 1. Le clausole di qualsiasi genere, contenute nei contratti individuali e collettivi, o in regolamenti, che prevedano comunque la risoluzione del rapporto di lavoro delle lavoratrici in conseguenza del matrimonio sono nulle e si hanno per non apposte.

2. Del pari nulli sono i licenziamenti attuati a causa di matrimonio.

3. Salvo quanto previsto dal comma 5, si presume che il licenziamento della dipendente nel periodo intercorrente dal giorno della richiesta delle pubblicazioni di matrimonio, in quanto segua la celebrazione, a un anno dopo la celebrazione stessa, sia stato disposto per causa di matrimonio.

4. Sono nulle le dimissioni presentate dalla lavoratrice nel periodo di cui al comma 3, salvo che siano dalla medesima confermate entro un mese alla Direzione provinciale del lavoro.

5. Al datore di lavoro è data facoltà di provare che il licenziamento della lavoratrice, avvenuto nel periodo di cui al comma 3, è stato effettuato non a causa di matrimonio, ma per una delle seguenti ipotesi:

a) colpa grave da parte della lavoratrice, costituente giusta causa per la risoluzione del rapporto di lavoro;

b) cessazione dell'attività dell'azienda cui essa è addetta;

c) ultimazione della prestazione per la quale la lavoratrice è stata assunta o di risoluzione del rapporto di lavoro per la scadenza del termine.

6. Con il provvedimento che dichiara la nullità dei licenziamenti di cui ai commi 1, 2, 3 e 4 è disposta la corresponsione, a favore della lavoratrice allontanata dal lavoro, della retribuzione globale di fatto sino al giorno della riammissione in servizio.

7. La lavoratrice che, invitata a riassumere servizio, dichiari di recedere dal contratto, ha diritto al trattamento previsto per le dimissioni per giusta causa, ferma restando la corresponsione della retribuzione fino alla data del recesso.

8. A tale scopo il recesso deve essere esercitato entro il termine di dieci giorni dal ricevimento dell'invito.

9. Le disposizioni precedenti si applicano sia alle lavoratrici dipendenti da imprese private di qualsiasi genere, escluse quelle addette ai servizi familiari e domestici, sia a quelle dipendenti da enti pubblici, salve le clausole di miglior favore previste per le lavoratrici nei contratti collettivi ed individuali di lavoro e nelle disposizioni legislative e regolamentari.

CAPO III – *Tutela giudiziaria*

36. Legittimazione processuale (*legge 10 aprile 1991, n. 125, articolo 4, commi 4 e 5*). – 1. Chi intende agire in giudizio per la dichiarazione delle discriminazioni poste in essere in violazione dei divieti di cui al capo II del presente titolo, o di qualunque discriminazione nell'accesso al lavoro, nella promozione e nella formazione professionale, nelle condizioni di lavoro compresa la retribuzione, nonché in relazione alle forme pensionistiche complementari collettive di cui al decreto legislativo 5 dicembre 2005, n. 252, e non ritiene di avvalersi delle procedure di conciliazione previste dai contratti collettivi, può promuovere il tentativo di conciliazione ai sensi dell'articolo 410 del codice di procedura civile o, rispettivamente, dell'articolo 66 del decreto legislativo 30 marzo 2001, n. 165, anche tramite la consigliera o il consigliere di parità della città metropolitana e dell'ente di area vasta di cui alla legge 7 aprile 2014, n. 56 (1) o regionale territorialmente competente (2).

2. Ferme restando le azioni in giudizio di cui all'articolo 37, commi 2 e 4, le consigliere o i consiglieri di parità delle città metropolitane e degli enti di area vasta di cui alla legge 7 aprile 2014, n. 56 (1) e regionali competenti per territorio hanno facoltà di ricorrere innanzi al tribunale in funzione di giudice del lavoro o, per i rapporti sottoposti alla sua giurisdizione, al tribunale amministrativo regionale territorialmente competenti, su delega della persona che vi ha interesse, ovvero di intervenire nei giudizi promossi dalla medesima.

(1) *V. nota 2 sub Epigrafe.*
(2) *Comma così modificato dall'art. 1[1 lett. z)] d.ls. 25 gennaio 2010, n. 5.*

37. Legittimazione processuale a tutela di più soggetti (*legge 10 aprile 1991, n. 125, articolo 4, commi 7, 8, 9, 10 e 11*). – 1. Qualora le consigliere o i consiglieri di parità regionali e, nei casi di rilevanza nazionale, la consigliera o il consigliere nazionale rilevino l'esistenza di atti, patti o comportamenti discriminatori diretti o indiretti di carattere collettivo in violazione dei divieti di cui al capo II del presente titolo o comunque nell'accesso al lavoro, nella promozione e nella formazione professionale, nelle condizioni compresa la retribuzione, nella progressione di carriera, nonché in relazione alle forme pensionistiche complementari collettive di cui al decreto legislativo 5 dicembre 2005, n. 252, anche quando non siano individuabili in modo immediato e diretto le lavoratrici o i lavoratori lesi dalle discriminazioni, prima di promuovere l'azione in giudizio ai sensi dei commi 2 e 4, possono chiedere all'autore della discriminazione di predisporre un piano di rimozione delle discriminazioni accertate entro un termine non superiore a centoventi giorni, sentite, nel caso di discriminazione posta in essere da un datore di lavoro, le rappresentanze sindacali aziendali ovvero, in loro mancanza, le associazioni locali aderenti alle organizzazioni sindacali maggiormente rappresentative sul piano nazionale. Se il piano è considerato idoneo alla rimozione delle discriminazioni, la consigliera o il consigliere di parità promuove il tentativo di conciliazione ed il relativo verbale, in copia autenticata, acquista forza di titolo esecutivo con decreto del tribunale in funzione di giudice del lavoro (1).

2. Con riguardo alle discriminazioni di carattere collettivo di cui al comma 1, le consigliere o i consiglieri di parità, qualora non ritengano di avvalersi della procedura di conciliazione di cui al medesimo comma o in caso di esito negativo della stessa, possono proporre ricorso davanti al tribunale in funzione di giudice del lavoro o al tribunale amministrativo regionale territorialmente competenti.

3. Il giudice, nella sentenza che accerta le discriminazioni sulla base del ricorso presentato ai sensi del comma 2, oltre a provvedere, se richiesto, al risarcimento del danno anche non patrimoniale, ordina all'autore della discriminazione di definire un piano di rimozione delle discriminazioni accertate, sentite, nel caso si tratti di datore di lavoro, le rappresentanze sindacali aziendali ovvero, in loro mancanza, gli organismi locali aderenti alle organizzazioni sindacali di categoria maggiormente rappresentative sul piano nazionale, nonché la consigliera o il consigliere di parità regionale competente per territorio o la consigliera o il consigliere nazionale. Nella sentenza il giudice fissa i criteri, anche temporali, da osservarsi ai fini della definizione ed attuazione del piano.

4. Ferma restando l'azione di cui al comma 2, la consigliera o il consigliere regionale e nazionale di parità possono proporre ricorso in via d'urgenza davanti al tribunale in funzione di giudice del lavoro o al tribunale amministrativo regionale territorialmente competenti. Il Tribunale in funzione del giudice del lavoro adito, nei due giorni successivi, convocate le parti e assunte sommarie informazioni, ove ritenga sussistente la violazione di cui al ricorso, con decreto motivato e immediatamente esecutivo oltre a provvedere, se richiesto, al risarcimento del danno anche non patrimoniale, nei limiti della prova fornita, ordina all'autore della discriminazione la cessazione del comportamento pregiudizievole e adotta ogni altro provvedimento idoneo a rimuovere gli effetti delle discriminazioni accertate, ivi compreso l'ordine di definizione ed attuazione da parte

del responsabile di un piano di rimozione delle medesime. Si applicano in tal caso le disposizioni del comma 3. Contro il decreto è ammessa, entro quindici giorni dalla comunicazione alle parti, opposizione avanti alla medesima autorità giudiziaria territorialmente competente, che decide con sentenza immediatamente esecutiva. La tutela davantio al giudice amministrativo è disciplinata dall'articolo 119 del codice del processo amministrativo (2).

5. L'inottemperanza alla sentenza di cui al comma 3 e al comma 4, al decreto di cui al comma 4 o alla sentenza pronunciata nel relativo giudizio di opposizione è punita con l'ammenda fino a 50.000 euro o l'arresto fino a sei mesi e comporta altresì il pagamento di una somma di 51 euro per ogni giorno di ritardo nell'esecuzione del provvedimento da versarsi al Fondo di cui all'articolo 18 e la revoca dei benefici di cui all'articolo 41, comma 1 (2).

(1) *Comma così modificato dall'art. 1[1 lett. aa)] d.ls. 25 gennaio 2010, n. 5.*

(2) *Comma così modificato dall'art. 3[19-bis] Allegato 4 al d.ls. 2 luglio 2010, n. 104, come modificato dall'art. 1[3 lett. a)] d.ls. 15 novembre 2011, n. 195.*

38. Provvedimento avverso le discriminazioni (*legge 9 dicembre 1977, n. 903, articolo 15; legge 10 aprile 1991, n. 125, articolo 4, comma 13*). – 1. Qualora vengano poste in essere discriminazioni in violazione dei divieti di cui al capo II del presente titolo o di cui all'articolo 11 del decreto legislativo 8 aprile 2003, n. 66, o comunque discriminazioni nell'accesso al lavoro, nella promozione e nella formazione professionale, nelle condizioni di lavoro compresa la retribuzione, nonché in relazione alle forme pensionistiche complementari collettive di cui al decreto legislativo 5 dicembre 2005, n. 252, su ricorso del lavoratore o, per sua delega, delle organizzazioni sindacali, delle associazioni e delle organizzazioni rappresentative del diritto o dell'interesse leso, o della consigliera o del consigliere di parità della città metropolitana e dell'ente di area vasta di cui alla legge 7 aprile 2014, n. 56 (1) o regionale territorialmente competente, il tribunale in funzione di giudice del lavoro del luogo ove è avvenuto il comportamento denunziato, nei due giorni successivi, convocate le parti e assunte sommarie informazioni, se ritenga sussistente la violazione di cui al ricorso, oltre a provvedere, se richiesto, al risarcimento del danno anche non patrimoniale, nei limiti della prova fornita, ordina all'autore del comportamento denunciato, con decreto motivato ed immediatamente esecutivo, la cessazione del comportamento illegittimo e la rimozione degli effetti (1).

2. L'efficacia esecutiva del decreto non può essere revocata fino

alla sentenza con cui il giudice definisce il giudizio instaurato a norma del comma seguente.

3. Contro il decreto è ammessa entro quindici giorni dalla comunicazione alle parti opposizione davanti al giudice che decide con sentenza immediatamente esecutiva. Si osservano le disposizioni degli articoli 413 e seguenti del codice di procedura civile.

4. L'inottemperanza al decreto di cui al primo comma o alla sentenza pronunciata nel giudizio di opposizione è punita con l'ammenda fino a 50.000 euro o l'arresto fino a sei mesi (2).

5. La tutela davanti al giudice amministrativo è disciplinata dall'articolo 119 del codice del processo amministrativo (3).

6. Ferma restando l'azione ordinaria, le disposizioni di cui ai commi da 1 a 5 si applicano in tutti i casi di azione individuale in giudizio promossa dalla persona che vi abbia interesse o su sua delega da un'organizzazione sindacale, dalle associazioni e dalle organizzazioni rappresentative del diritto o dell'interesse leso, o dalla consigliera o dal consigliere della città metropolitana e dell'ente di area vasta di cui alla legge 7 aprile 2014, n. 56 (1) o regionale di parità (2).

(1) *V. nota 2* sub *Epigrafe.*

(2) *Comma modificato dapprima dall'art. 8-*quater[1 lett. b)] *d.l. 8 aprile 2008, n. 59, conv., con modif., in l. 6 giugno 2008, n. 101; successivamente dall'art. 1[1 lett. bb)] d.ls. 25 gennaio 2010, n. 5, e, da ultimo, dall'art. 3[19-bis lett. d)] Allegato 4 al d.ls. 2 luglio 2010, n. 104, come modificato dall'art. 1[3 lett. a)] d.ls. 15 novembre 2011, n. 195.*

(3) *Comma così modificato dall'art. 1[1 lett. bb)] d.ls. n. 5, cit.*

(4) *Comma così sostituito dall'art. 3[19-bis lett. e)] Allegato 4 al d.ls. n. 104, cit., come modificato dall'art. 1[3 lett. a)] d.ls. n. 195, cit.*

39. Ricorso in via d'urgenza (*legge 10 aprile 1991, n. 125, articolo 4, comma 14*). – 1. Il mancato espletamento del tentativo di conciliazione previsto dall'articolo 410 del codice di procedura civile o da altre disposizioni di legge non preclude la concessione dei provvedimenti di cui agli articoli 37, comma 4, e 38 (1).

(1) *Comma così modificato dall'art. 39[1] d.ls. 14 settembre 2015, n. 151.*

40. Onere della prova (*legge 10 aprile 1991, n. 125, articolo 4, comma 6*). – 1. Quando il ricorrente fornisce elementi di fatto, desunti anche da dati di carattere statistico relativi alle assunzioni, ai regimi retributivi, all'assegnazione di mansioni e qualifiche, ai trasferimenti, alla progressione in carriera ed ai licenziamenti, idonei a fondare, in termini precisi e concordanti, la presunzione dell'esistenza di atti, patti o comportamenti discriminatori in ragione del sesso, spetta al convenuto l'onere della prova sull'insussistenza della discriminazione.

41. Adempimenti amministrativi e sanzioni (*legge 10 aprile 1991, n. 125, articolo 4, comma 12; legge 9 dicembre 1977, n. 903, articolo 16, comma 1*). – 1. Ogni accertamento di discriminazioni in violazione dei divieti di cui al capo II del presente titolo, o di qualunque discriminazione nell'accesso al lavoro, nella promozione e nella formazione professionale, ivi compresa la progressione professionale e di carriera, nelle condizioni di lavoro compresa la retribuzione, nonché in relazione alle forme pensionistiche complementari collettive di cui al decreto legislativo 5 dicembre 2005, n. 252, poste in essere da soggetti ai quali siano stati accordati benefici ai sensi delle vigenti leggi dello Stato, ovvero che abbiano stipulato contratti di appalto attinenti all'esecuzione di opere pubbliche, di servizi o forniture, viene comunicato immediatamente dalla direzione provinciale del lavoro territorialmente competente ai Ministri nelle cui amministrazioni sia stata disposta la concessione del beneficio o dell'appalto. Questi adottano le opportune determinazioni, ivi compresa, se necessario, la revoca del beneficio e, nei casi più gravi o nel caso di recidiva, possono decidere l'esclusione del responsabile per un periodo di tempo fino a due anni da qualsiasi ulteriore concessione di agevolazioni finanziarie o creditizie ovvero da qualsiasi appalto. Tale disposizione si applica anche quando si tratti di agevolazioni finanziarie o creditizie ovvero di appalti concessi da enti pubblici, ai quali la direzione provinciale del lavoro comunica direttamente la discriminazione accertata per l'adozione delle sanzioni previste. Le disposizioni del presente comma non si applicano nel caso sia raggiunta una conciliazione ai sensi degli articoli 36, comma 1, e 37, comma 1 (1).

2. L'inosservanza delle disposizioni contenute negli articoli 27, commi 1, 2 e 3, 28, 29, 30, commi 1, 2, 3 e 4, è punita con l'ammenda da 250 euro a 1.500 euro (1).

(1) *Comma così modificato dall'art. 1[1] lett. cc) d.lgs. 25 gennaio 2010, n. 5.*

41-*bis*. (1) Vittimizzazione. – 1. La tutela giurisdizionale di cui al presente capo si applica, altresì, avverso ogni comportamento pregiudizievole posto in essere, nei confronti della persona lesa da una discriminazione o di qualunque altra persona, quale reazione ad una qualsiasi attività diretta ad ottenere il rispetto del principio di parità di trattamento tra uomini e donne.

(1) *Articolo inserito dall'art. 1[1] lett. dd) d.lgs. 25 gennaio 2010, n. 5.*

CAPO IV – *Promozione delle pari opportunità*

42. Adozione e finalità delle azioni positive (*legge 10 aprile 1991, n. 125, articolo 1, commi 1 e 2*). – 1. Le azioni positive, consistenti in misure volte alla rimozione degli ostacoli che di fatto impediscono la realizzazione di pari opportunità, nell'ambito della competenza statale, sono dirette a favorire l'occupazione femminile e realizzate l'uguaglianza sostanziale tra uomini e donne nel lavoro.

2. Le azioni positive di cui al comma 1 hanno in particolare lo scopo di:

a) eliminare le disparità nella formazione scolastica e professionale, nell'accesso al lavoro, nella progressione di carriera, nella vita lavorativa e nei periodi di mobilità;

b) favorire la diversificazione delle scelte professionali delle donne in particolare attraverso l'orientamento scolastico e professionale e gli strumenti della formazione;

c) favorire l'accesso al lavoro autonomo e alla formazione imprenditoriale e la qualificazione professionale delle lavoratrici autonome e delle imprenditrici;

d) superare condizioni, organizzazione e distribuzione del lavoro che provocano effetti diversi, a seconda del sesso, nei confronti dei dipendenti con pregiudizio nella formazione, nell'avanzamento professionale e di carriera ovvero nel trattamento economico e retributivo;

e) promuovere l'inserimento delle donne nelle attività, nei settori professionali e nei livelli nei quali esse sono sottorappresentate e in particolare nei settori tecnologicamente avanzati ed ai livelli di responsabilità;

f) favorire, anche mediante una diversa organizzazione del lavoro, delle condizioni e del tempo di lavoro, l'equilibrio tra responsabilità familiari e professionali e una migliore ripartizione di tali responsabilità tra i due sessi;

f-bis) valorizzare il contenuto professionale delle mansioni a più forte presenza femminile (1).

(1) *Lettera aggiunta dall'art. 1[1 lett. ee)] d.ls. 25 gennaio 2010, n. 5.*

43. (1) **Promozione delle azioni positive** (*legge 10 aprile 1991, n. 125, articolo 1, comma 3*). – 1. Le azioni positive di cui all'articolo 42 possono essere promosse dal Comitato di cui all'articolo 8 e dalle consigliere e dai consiglieri di parità di cui all'articolo 12, dai centri per la parità e le pari opportunità a livello nazionale, locale e aziendale, comunque denominati, dai centri per l'impiego, dai datori di lavoro pubblici e privati, dai centri di formazione professionale, delle organizzazioni sindacali nazionali e territoriali, anche su proposta delle rappresentanze sindacali aziendali o degli organismi rappresentativi del personale di cui all'articolo 42 del decreto legislativo 30 marzo 2001, n. 165 (2).

(1) *V. nota 1 sub art. 8.*
(2) *Comma così modificato dall'art. 40[1] d.ls. 14 settembre 2015, n. 151.*

44. (1) (2) **Finanziamento** (*legge 10 aprile 1991, n. 125, articolo 2, commi 1, 2, 4 e 5*). – 1. Entro il termine indicato nel bando di cui all'articolo 10, comma 1, lettera *c*), i datori di lavoro pubblici e privati, le associazioni e le organizzazioni sindacali nazionali e territoriali possono richiedere al Ministero del lavoro e delle politiche sociali di essere ammessi al rimborso totale o parziale di oneri finanziari connessi all'attuazione di progetti di azioni positive presentati in base al medesimo bando.

2. Il Ministero del lavoro e delle politiche sociali, sentita la commissione di cui all'articolo 10, comma 1, lettera *d*), ammette i progetti di azioni positive al beneficio di cui al comma 1 e, con lo stesso provvedimento, autorizza le relative spese. L'attuazione dei progetti di cui al comma 1 deve comunque avere inizio entro due mesi dal rilascio dell'autorizzazione.

3. I progetti di azioni concordate dai datori di lavoro con le organizzazioni sindacali comparativamente più rappresentative sul piano nazionale hanno precedenza nell'accesso al beneficio di cui al comma 1.

4. L'accesso ai fondi dell'Unione europea destinati alla realizzazione di programmi o progetti di azioni positive, ad eccezione di quelli di cui all'articolo 45, è subordinato al parere del Comitato di cui all'articolo 8.

(1) *Articolo così sostituito dall'art. 44[1] d.ls. 14 settembre 2015, n. 151.*
(2) *V. nota 1 sub art. 8.*

45. (1) **Finanziamento delle azioni positive realizzate mediante la formazione professionale** (*legge 10 aprile 1991, n. 125, articolo 3*). – 1. Al finanziamento dei progetti di formazione finalizzati al perseguimento dell'obiettivo di cui all'articolo 42, comma 1, autorizzati secondo le procedure previste dagli articoli 25, 26 e 27 della legge 21 dicembre 1978, n. 845, ed approvati dal Fondo sociale europeo, è destinata una quota del Fondo di rotazione istituito dall'articolo 25 della stessa legge, determinata annualmente con deliberazione del Comitato interministeriale per la programmazione economica.

2. La finalizzazione dei progetti di formazione al perseguimento

dell'obiettivo di cui all'articolo 42, comma 1, viene accertata, entro il 31 marzo dell'anno in cui l'iniziativa deve essere attuata, dalla commissione regionale per l'impiego. Scaduto il termine, al predetto accertamento provvede il Comitato di cui all'articolo 8.

3. La quota del Fondo di rotazione di cui al comma 1 è ripartita tra le regioni in misura proporzionale all'ammontare dei contributi richiesti per i progetti approvati.

(1) *V. nota 1* sub *art. 8.*

46. (1) **Rapporto sulla situazione del personale** (*legge 10 aprile 1991, n. 125, articolo 9, commi 1, 2, 3 e 4*). – 1. Le aziende pubbliche e private che occupano oltre cinquanta dipendenti (2) sono tenute a redigere un rapporto (2) ogni due anni sulla situazione del personale maschile e femminile in ognuna delle professioni ed in relazione allo stato di assunzioni, della formazione, della promozione professionale, dei livelli, dei passaggi di categoria o di qualifica, di altri fenomeni di mobilità, dell'intervento della Cassa integrazione guadagni, dei licenziamenti, dei prepensionamenti e pensionamenti, della retribuzione effettivamente corrisposta.

1-*bis*. Le aziende pubbliche e private che occupano fino a cinquanta dipendenti possono, su base volontaria, redigere il rapporto di cui al comma 1 con le modalità previste dal presente articolo (3).

2. Il rapporto di cui al comma 1 è redatto in modalità esclusivamente telematica, attraverso la compilazione di un modello pubblicato nel sito internet istituzionale del Ministero del lavoro e delle politiche sociali e trasmesso alle rappresentanze sindacali aziendali. La consigliera e il consigliere regionale di parità, che accedono attraverso un identificativo univoco ai dati contenuti nei rapporti trasmessi dalle aziende aventi sede legale nel territorio di competenza, elaborano i relativi risultati trasmettendoli alle sedi territoriali dell'Ispettorato nazionale del lavoro, alla consigliera o al consigliere nazionale di parità, al Ministero del lavoro e delle politiche sociali, al Dipartimento per le pari opportunità della Presidenza del Consiglio dei ministri, all'Istituto nazionale di statistica e al Consiglio nazionale dell'economia e del lavoro.

L'accesso attraverso l'identificativo univoco ai dati contenuti nei rapporti è consentito altresì alle consigliere e ai consiglieri di parità delle città metropolitane e degli enti di area vasta di cui alla legge 7 aprile 2014, n. 56, con riferimento alle aziende aventi sede legale nei territori di rispettiva competenza. Il Ministero del lavoro e delle politiche sociali pubblica, in un'apposita sezione del proprio sito

LEGGI COMPLEMENTARI

internet istituzionale, l'elenco delle aziende che hanno trasmesso il rapporto e l'elenco di quelle che non lo hanno trasmesso (4).

3. Il Ministro del lavoro e delle politiche sociali, con proprio decreto da adottare entro sessanta giorni dalla data di entrata in vigore della presente disposizione, di concerto con il Ministro delegato per le pari opportunità, definisce, ai fini della redazione del rapporto di cui al comma 1:

a) le indicazioni per la redazione del rapporto, che deve in ogni caso indicare il numero dei lavoratori occupati di sesso femminile e di sesso maschile, il numero dei lavoratori di sesso femminile eventualmente in stato di gravidanza, il numero dei lavoratori di sesso femminile e maschile eventualmente assunti nel corso dell'anno, le differenze tra le retribuzioni iniziali dei lavoratori di ciascun sesso, l'inquadramento contrattuale e la funzione svolta da ciascun lavoratore occupato, anche con riferimento alla distribuzione fra i lavoratori dei contratti a tempo pieno e a tempo parziale, nonché l'importo della retribuzione complessiva corrisposta, delle componenti accessorie del salario, delle indennità, anche collegate al risultato, dei bonus e di ogni altro beneficio in natura ovvero di qualsiasi altra erogazione che siano stati eventualmente riconosciuti a ciascun lavoratore. I dati di cui alla presente lettera non devono indicare l'identità del lavoratore, del quale deve essere specificato solo il sesso. I medesimi dati, sempre specificando il sesso dei lavoratori, possono altresì essere raggruppati per aree omogenee;

b) l'obbligo di inserire nel rapporto informazioni e dati sui processi di selezione in fase di assunzione, sui processi di reclutamento, sulle procedure utilizzate per l'accesso alla qualificazione professionale e alla formazione manageriale, sugli strumenti e sulle misure resi disponibili per promuovere la conciliazione dei tempi di vita e di lavoro, sulla presenza di politiche aziendali a garanzia di un ambiente di lavoro inclusivo e rispettoso e sui criteri adottati per le progressioni di carriera;

c) le modalità di accesso al rapporto da parte dei dipendenti e delle rappresentanze sindacali dell'azienda interessata, nel rispetto della tutela dei dati personali, al fine di usufruire della tutela giudiziaria ai sensi del presente decreto (5).

3-*bis*. Il decreto di cui al comma 3 definisce altresì le modalità di trasmissione alla consigliera o al consigliere nazionale di parità, entro il 31 dicembre di ogni anno, dell'elenco, redatto su base regionale, delle aziende tenute all'obbligo di cui al comma 1, nonché le modalità di trasmissione alle consigliere e ai consiglieri di parità regionali, delle città metropolitane e degli enti di area vasta di cui alla legge 7 aprile 2014, n. 56, degli elenchi riferiti ai rispettivi territori, entro il 31 dicembre di ogni anno (6).

4. Qualora, nei termini prescritti, le aziende di cui al comma 1 non trasmettano il rapporto, la Direzione regionale del lavoro, previa segnalazione dei soggetti di cui al comma 2, invita le aziende stesse a provvedere entro sessanta giorni. In caso di inottemperanza si applicano le sanzioni di cui all'articolo 11 del decreto del Presidente della Repubblica 19 marzo 1955, n. 520. Qualora l'inottemperanza si protragga per oltre dodici mesi, è disposta (7) la sospensione per un anno dei benefici contributivi eventualmente goduti dall'azienda.

4-*bis*. L'Ispettorato nazionale del lavoro, nell'ambito delle sue attività, verifica la veridicità dei rapporti di cui al comma 1. Nel caso di rapporto mendace o incompleto si applica una sanzione amministrativa pecuniaria da 1.000 a 5.000 euro (8).

(1) *V. nota 1* sub *art. 8.*

(2) *Le parole* « oltre cinquanta dipendenti » *sono state sostituite alle parole* « oltre cento dipendenti » *e la parola* « almeno » *è stata soppressa dall'art. 3[1, lett. a)] l. 5 novembre 2021, n. 162.*

(3) *Comma inserito dall'art. 3[1, lett. b)] l. n. 162, cit.*

(4) *Comma così sostituito dall'art. 3[1, lett. c)] l. n. 162, cit. Il testo del comma, come sostituito dall'art. 1[1 lett. ff)] d.lgs. 25 gennaio 2010, n. 5, era il seguente:* « Il rapporto di cui al comma 1 è trasmesso alle rappresentanze sindacali aziendali e alla consigliera e al consigliere regionale di parità, che elaborano i relativi risultati trasmettendoli alla consigliera o al consigliere nazionale di parità, al Ministero del lavoro e delle politiche sociali e al Dipartimento delle pari opportunità della Presidenza del Consiglio dei Ministri ».

(5) *Comma così sostituito dall'art. 3[1, lett. d)] l. n. 162, cit. Il testo del comma era il seguente:* « Il rapporto è redatto in conformità alle indicazioni definite nell'ambito delle specificazioni di cui al comma 1 dal Ministro del lavoro e delle politiche sociali, con proprio decreto ».

(6) *Comma inserito dall'art. 3[1, lett. e)] l. n. 162, cit.*

(7) *Le parole* « Qualora l'inottemperanza si protragga per oltre dodici mesi, è disposta » *sono state sostituite alle parole* « Nei casi più gravi può essere disposta » *dall'art. 3[1, lett. f)] l. n. 162, cit.*

(8) *Comma aggiunto dall'art. 3[1, lett. g)] l. n. 162, cit.*

46-*bis*. (1) **Certificazione della parità di genere.** – 1. A decorrere dal 1° gennaio 2022 è istituita la certificazione della parità di genere al fine di attestare le politiche e le misure concrete adottate dai datori di lavoro per ridurre il divario di genere in relazione alle opportunità di crescita in azienda, alla parità salariale a parità di mansioni, alle politiche di gestione delle differenze di genere e alla tutela della maternità.

2. Con uno o più decreti del Presidente del Consiglio dei ministri, su proposta del Ministro delegato per le pari opportunità, di con-

LEGGI COMPLEMENTARI

certo con il Ministro del lavoro e delle politiche sociali e con il Ministro dello sviluppo economico, sono stabiliti:

a) i parametri minimi per il conseguimento della certificazione della parità di genere da parte delle aziende di cui all'articolo 46, commi 1 e 1-*bis*, con particolare riferimento alla retribuzione corrisposta, alle opportunità di progressione in carriera e alla conciliazione dei tempi di vita e di lavoro, anche con riguardo ai lavoratori occupati di sesso femminile in stato di gravidanza;

b) le modalità di acquisizione e di monitoraggio dei dati trasmessi dai datori di lavoro e resi disponibili dal Ministero del lavoro e delle politiche sociali;

c) le modalità di coinvolgimento delle rappresentanze sindacali aziendali e delle consigliere e dei consiglieri di parità regionali, delle città metropolitane e degli enti di area vasta di cui alla legge 7 aprile 2014, n. 56, nel controllo e nella verifica del rispetto dei parametri di cui alla lettera *a*);

d) le forme di pubblicità della certificazione della parità di genere.

3. È istituito, presso il Dipartimento per le pari opportunità della Presidenza del Consiglio dei ministri, un Comitato tecnico permanente sulla certificazione di genere nelle imprese, costituito da rappresentanti del medesimo Dipartimento per le pari opportunità, del Ministero del lavoro e delle politiche sociali, del Ministero dello sviluppo economico, delle consigliere e dei consiglieri di parità, da rappresentanti sindacali e da esperti, individuati secondo modalità definite con decreto del Presidente del Consiglio dei ministri o del Ministro delegato per le pari opportunità, di concerto con il Ministro del lavoro e delle politiche sociali e con il Ministro dello sviluppo economico.

4. Dall'istituzione e dal funzionamento del Comitato tecnico di cui al comma 3 non devono derivare nuovi o maggiori oneri a carico della finanza pubblica. Ai suoi componenti non spettano compensi, gettoni di presenza, rimborsi di spese o altri emolumenti comunque denominati.

(1) *Articolo inserito dall'art. 4 l. 5 novembre 2021, n. 162.*

47. (1) **Richieste di rimborso degli oneri finanziari connessi all'attuazione di progetti di azioni positive** (*decreto legislativo 23 maggio 2000, n. 196, articolo 10, comma 1*). – 1. Il Ministro del lavoro e delle politiche sociali, di concerto con i Ministri dell'economia e delle finanze e delle pari opportunità e su indicazione del Comitato di cui all'articolo 8, determina, con apposito decreto, eventuali modifiche nelle modalità di presentazione delle richieste di cui all'articolo 45, comma 1, nelle procedure di valutazione di verifica e di erogazione, nonché nei requisiti di onorabilità che i soggetti richiedenti devono possedere.

2. La mancata attuazione del progetto comporta la decadenza dal beneficio e la restituzione delle somme eventualmente già riscosse. In caso di attuazione parziale, la decadenza opera limitatamente alla parte non attuata, la cui valutazione è effettuata in base ai criteri determinati dal decreto di cui al comma 1.

(1) *V. nota 1* sub *art. 8.*

48. (1) **Azioni positive nelle pubbliche amministrazioni** (*decreto legislativo 23 maggio 2000, n. 196, articolo 7, comma 5*). – 1. Ai sensi degli articoli 1, comma 1, lettera *c*), 7, comma 1, e 57, comma 1, del decreto legislativo 30 marzo 2001, n. 165, le amministrazioni dello Stato, anche ad ordinamento autonomo, le province, i comuni e gli altri enti pubblici non economici, sentiti gli organismi di rappresentanza previsti dall'articolo 42 del decreto legislativo 30 marzo 2001, n. 165 ovvero, in mancanza, le organizzazioni rappresentative nell'ambito del comparto e dell'area di interesse, sentito inoltre, in relazione alla sfera operativa della rispettiva attività, il Comitato di cui all'articolo 10, e la consigliera o il consigliere nazionale di parità, ovvero il Comitato per le pari opportunità eventualmente previsto dal contratto collettivo e la consigliera o il consigliere di parità territorialmente competente, predispongono piani di azioni positive tendenti ad assicurare, nel loro ambito rispettivo, la rimozione degli ostacoli che, di fatto, impediscono la piena realizzazione di pari opportunità di lavoro e nel lavoro tra uomini e donne. Detti piani, fra l'altro, al fine di promuovere l'inserimento delle donne nei settori e nei livelli professionali nei quali esse sono sottorappresentate, ai sensi dell'articolo 42, comma 2, lettera *d*), favoriscono il riequilibrio della presenza femminile nelle attività e nelle posizioni gerarchiche ove sussiste un divario fra generi non inferiore a due terzi.

A tale scopo, in occasione tanto di assunzioni quanto di promozioni, a fronte di analoga qualificazione e preparazione professionale tra candidati di sesso diverso, l'eventuale scelta del candidato di sesso maschile è accompagnata da un'esplicita ed adeguata motivazione. I piani di cui al presente articolo hanno durata triennale. In caso di mancato adempimento si applica l'articolo 6, comma 6, del decreto legislativo 30 marzo 2001, n. 165.

2. Resta fermo quanto disposto dall'articolo 57, decreto legislativo 30 marzo 2001, n. 165.

(1) *V. nota 1* sub *art. 8.*

49. Azioni positive nel settore radiotelevisivo (*legge 6 agosto 1990, n. 223, articolo 11*). – 1. La concessionaria pubblica e i concessionari privati per la radiodiffusione sonora o televisiva in ambito nazionale, promuovono azioni positive volte ad eliminare condizioni di disparità tra i due sessi in sede di assunzioni, organizzazione e distribuzione del lavoro, nonché di assegnazione di posti di responsabilità.

2. I concessionari di cui al comma 1 redigono, ogni due anni, un rapporto sulla situazione del personale maschile e femminile in relazione allo stato delle assunzioni, della formazione, della promozione professionale, dei livelli e della remunerazione effettiva da trasmettere alla Commissione per le pari opportunità fra uomo e donna di cui al libro I, titolo II, capo II.

50. Misure a sostegno della flessibilità di orario. – 1. Le misure a sostegno della flessibilità di orario, finalizzate a promuovere e incentivare forme di articolazione della prestazione lavorativa volte a conciliare tempo di vita e di lavoro, sono disciplinate dall'articolo 9 della legge 8 marzo 2000, n. 53.

50-*bis*. (1) **Prevenzione delle discriminazioni.** – 1. I contratti collettivi possono prevedere misure specifiche, ivi compresi codici di condotta, linee guida e buone prassi, per prevenire tutte le forme di discriminazione sessuale e, in particolare, le molestie e le molestie sessuali nel luogo del lavoro, nelle condizioni di lavoro, nonché nella formazione e crescita professionale.

(1) *Articolo inserito dall'art. 1[1] lett. gg) d.lgs. 25 gennaio 2010, n. 5.*

CAPO V – *Tutela e sostegno della maternità e paternità*

51. Tutela e sostegno della maternità e paternità. – 1. La tutela ed il sostegno della maternità e paternità è disciplinata dal decreto legislativo 26 marzo 2001, n. 151.

TITOLO II
Pari opportunità nell'esercizio dell'attività d'impresa

CAPO I – *Azioni positive per l'imprenditoria femminile*

52. (1) **Principi in materia di azioni positive per l'imprenditoria femminile** (*legge 25 febbraio 1992, n. 215, articolo 1, commi 1 e 2*). – 1. Il presente capo indica i principi generali volti a promuovere l'uguaglianza sostanziale e le pari opportunità tra uomini e donne nell'attività economica e imprenditoriale, e, in particolare, i principi diretti a:

a) favorire la creazione e lo sviluppo dell'imprenditoria femminile, anche in forma cooperativa;

b) promuovere la formazione imprenditoriale e qualificare la professionalità delle donne imprenditrici;

c) agevolare l'accesso al credito per le imprese a conduzione o a prevalente partecipazione femminile;

d) favorire la qualificazione imprenditoriale e la gestione delle imprese familiari da parte delle donne;

e) promuovere la presenza delle imprese a conduzione o a prevalente partecipazione femminile nei comparti più innovativi dei diversi settori produttivi.

(1) *Ai sensi dell'art. 1[14 lett. e)] d.l. 16 maggio 2008, n. 85, conv., con modif., in l. 14 luglio 2008, n. 121, sono attribuite al Presidente del Consiglio dei Ministri le funzioni di competenza statale attribuite al Ministero delle attività produttive dal presente articolo. V. inoltre il d.P.R. 14 maggio 2007, n. 101.*

53. (1) **Principi in materia di beneficiari delle azioni positive** (*legge 25 febbraio 1992, n. 215, articolo 2, comma 1*). – 1. I principi in materia di azioni positive per l'imprenditoria femminile si rivolgono ai seguenti soggetti:

a) le società cooperative e le società di persone, costituite in misura non inferiore al 60 per cento da donne, le società di capitali le cui quote di partecipazione spettino in misura non inferiore ai due terzi a donne e i cui organi di amministrazione siano costituiti per almeno i due terzi da donne, nonché le imprese individuali gestite da donne, che operino nei settori dell'industria, dell'artigianato, dell'agricoltura, del commercio, del turismo e dei servizi;

b) le imprese, o i loro consorzi, le associazioni, gli enti, le società di promozione imprenditoriale anche a capitale misto pubblico e privato, i centri di formazione e gli ordini professionali che promuovono corsi di formazione imprenditoriale o servizi di consulenza e di assistenza tecnica e manageriale riservati per una quota non inferiore al settanta per cento a donne.

(1) *V. nota 1 sub art. 52.*

54. (1) **Fondo nazionale per l'imprenditoria femminile** (*legge 25 febbraio 1992, n. 215, articolo 3, comma 1*). – 1. A valere sulle disponibilità del Fondo, istituito con l'articolo 3, comma 1, della legge 25 febbraio 1992, n. 215, con apposito capitolo nello stato di previsione della spesa del Ministero delle attività produttive, possono essere concesse ai soggetti indicati all'articolo 53, comma 1, lettera *a*), nel

LEGGI COMPLEMENTARI

rispetto dei principi fondamentali dell'ordinamento anche comunitario, le agevolazioni previste dalla disciplina vigente:

a) per impianti ed attrezzature sostenute per l'avvio o per l'acquisto di attività commerciali e turistiche o di attività nel settore dell'industria, dell'artigianato, del commercio o dei servizi, nonché per i progetti aziendali connessi all'introduzione di qualificazione e di innovazione di prodotto, tecnologica od organizzativa;

b) per l'acquisizione di servizi destinati all'aumento della produttività, all'innovazione organizzativa, al trasferimento delle tecnologie, alla ricerca di nuovi mercati per il collocamento dei prodotti, all'acquisizione di nuove tecniche di produzione, di gestione e di commercializzazione, nonché per lo sviluppo di sistemi di qualità.

2. Ai soggetti di cui all'articolo 53, comma 1, lettera *b*), possono essere concesse agevolazioni per le spese sostenute per le attività ivi previste.

(1) *V. nota 1* sub *art. 52.*

55. (1) **Relazione al Parlamento** (*legge 25 febbraio 1992, n. 215, articolo 11*). – 1. Il Ministro delle attività produttive verifica lo stato di attuazione dei principi di cui al presente capo, presentando a tale fine una relazione annuale al Parlamento.

(1) *V. nota 1* sub *art. 52.*

TITOLO II-*bis*
Parità di trattamento tra uomini e donne nell'accesso a beni e servizi e loro fornitura (1)

(1) *Titolo, comprendente capo I (artt. 55-*bis*-55-*quater*), capo II (artt. 55-*quinquies*-55-*septies*) e capo III (artt. 55-*octies*-55-*decies*), aggiunto dall'art. 1 d.lgs. 6 novembre 2007, n. 196.*

CAPO I – *Nozioni di discriminazione e divieto di discriminazione* (1)

(1) *V.* sub *Titolo II*-bis.

55-*bis*. (1) **Nozioni di discriminazione.** – 1. Sussiste discriminazione diretta, ai sensi del presente titolo, quando, a causa del suo sesso, una persona è trattata meno favorevolmente di quanto sia, sia stata o sarebbe trattata un'altra persona (2) in una situazione analoga.

2. Sussiste discriminazione indiretta, ai sensi del presente titolo, quando una disposizione, un criterio o una prassi apparentemente neutri possono mettere le persone di un determinato sesso in una posizione di particolare svantaggio rispetto a persone dell'altro sesso, a meno che tale disposizione, criterio o prassi siano oggettiva-

mente giustificati da una finalità legittima e i mezzi impiegati per il conseguimento di tale finalità siano appropriati e necessari.

3. Ogni trattamento meno favorevole della donna in ragione della gravidanza e della maternità costituisce discriminazione diretta, ai sensi del presente titolo.

4. Sono considerate come discriminazioni, ai sensi del presente titolo, anche le molestie, ovvero quei comportamenti indesiderati, fondati sul sesso, aventi come oggetto o conseguenza la lesione della dignità di una persona e la creazione di un ambiente intimidatorio, ostile, degradante, umiliante o offensivo.

5. Sono considerate come discriminazioni, ai sensi del presente titolo, anche le molestie sessuali, ovvero quei comportamenti indesiderati con connotazioni sessuali, espressi a livello fisico, verbale o non verbale, aventi come oggetto o conseguenza la lesione della dignità di una persona, in particolare con la creazione di un ambiente intimidatorio, ostile, degradante, umiliante o offensivo.

6. L'ordine di discriminare persone direttamente o indirettamente a motivo del sesso è considerato una discriminazione, ai sensi del presente titolo.

7. Non costituiscono discriminazione, ai sensi del presente titolo, le differenze di trattamento nella fornitura di beni e servizi destinati esclusivamente o principalmente a persone di un solo sesso, qualora siano giustificate da finalità legittime perseguite con mezzi appropriati e necessari.

(1) *V.* sub *Titolo II*-bis.

(2) *V. Avviso di rettifica in G.U. 18 gennaio 2008, n. 15.*

55-*ter*. (1) **Divieto di discriminazione.** – 1. È vietata ogni discriminazione diretta e indiretta fondata sul sesso nell'accesso a beni e servizi e loro fornitura.

2. Il divieto di cui al comma 1 si applica a tutti i soggetti, pubblici e privati, fornitori di beni e servizi che sono a disposizione del pubblico e che sono offerti al di fuori dell'area della vita privata e familiare e delle transazioni ivi effettuate.

3. Sono escluse dall'ambito di applicazione del comma 1 le seguenti aree:

a) impiego e occupazione, anche nell'ambito del lavoro autonomo nella misura in cui sia applicabile una diversa disciplina;

b) contenuto dei mezzi di comunicazione e della pubblicità;

c) istruzione pubblica e privata.

4. Resta impregiudicata la libertà contrattuale delle parti, nella misura in cui la scelta del contraente non si basa sul sesso della persona.

5. Sono impregiudicate le disposizioni più favorevoli sulla protezione della donna in relazione alla gravidanza e alla maternità.

6. Il rifiuto delle molestie e delle molestie sessuali da parte della persona interessata o la sua sottomissione non possono costituire fondamento per una decisione che interessi la medesima persona.

7. È altresì vietato ogni comportamento pregiudizievole posto in essere nei confronti della persona lesa da una discriminazione diretta o indiretta, o di qualunque altra persona, quale reazione ad una qualsiasi attività diretta ad ottenere la parità di trattamento.

(1) *V.* sub *Titolo II*-bis.

55-*quater*. (1) Parità di trattamento tra uomini e donne nei servizi assicurativi e altri servizi finanziari. – 1. Nei contratti conclusi per la prima volta a partire dal 21 dicembre 2012, il fatto di tenere conto del sesso quale fattore di calcolo dei premi e delle prestazioni a fini assicurativi e di altri servizi finanziari non può determinare differenze nei premi e nelle prestazioni (2).

2. (3) In ogni caso i costi inerenti alla gravidanza e alla maternità non possono determinare differenze nei premi o nelle prestazioni individuali.

3. L'Istituto per la vigilanza sulle assicurazioni (IVASS) vigila sul rispetto delle disposizioni di cui ai commi 1 e 2, avuto riguardo alla tutela degli assicurati nonché alla competitività e al buon funzionamento del sistema assicurativo. L'IVASS esercita altresì i suoi poteri ed effettua le attività necessarie al fine di garantire che le differenze nei premi o nelle prestazioni, consentite per i contratti conclusi prima del 21 dicembre 2012, permangano a condizione che siano state fondate su dati attuariali e statistici affidabili e che le basi tecniche non siano mutate (4).

4. La violazione delle disposizioni di cui ai commi 1, 2 e 3, secondo periodo, costituisce inosservanza al divieto di cui all'articolo 55-*ter*(5).

5. L'IVASS provvede allo svolgimento delle attività previste al comma 3 con le risorse umane, strumentali e finanziarie disponibili a legislazione vigente (6).

(1) *V.* sub *Titolo II*-bis.

(2) *Comma così modificato dall'art. 25[1] lett. a) l. 30 ottobre 2014, n. 161.*

(3) *[Figurava un originario primo periodo soppresso dall'art. 25[1] lett. b) l. n. 161, cit.*

(4) *Comma così sostituito dall'art. 25[1] lett. c) l. n. 161, cit.*

(5) *Comma così modificato dall'art. 25[1] lett. d) l. n. 161, cit.*
(6) *Comma così modificato dall'art. 25[1] lett. e) l. n. 161, cit.*

CAPO II – *Tutela giudiziaria dei diritti in materia di accesso a beni e servizi e loro fornitura* (1)

(1) V. sub *Titolo II*-bis.

55-*quinquies*. (1) **Procedimento per la tutela contro le discriminazioni per ragioni di sesso nell'accesso a beni e servizi e loro fornitura.** – 1. In caso di violazione dei divieti di cui all'articolo 55-*ter*, è possibile ricorrere all'autorità giudiziaria ordinaria per domandare la cessazione del comportamento pregiudizievole e la rimozione degli effetti della discriminazione (2).

2. Alle controversie previste dal presente articolo si applica l'articolo 28 del decreto legislativo 1° settembre 2011, n. 150 (3).

3-7. (4).

8. In caso di accertata violazione del divieto di cui all'articolo 55-*ter*, da parte di soggetti pubblici o privati ai quali siano stati accordati benefici ai sensi delle leggi vigenti dello Stato o delle regioni, ovvero che abbiano stipulato contratti di appalto attinenti all'esecuzione di opere pubbliche, di servizi o di forniture, il giudice dà immediata comunicazione alle amministrazioni pubbliche o enti pubblici che abbiano disposto la concessione dei benefici, incluse le agevolazioni finanziarie o creditizie, o dell'appalto. Tali amministrazioni o enti revocano i benefici e, nei casi più gravi, dispongono l'esclusione del responsabile per due anni da qualsiasi ulteriore concessione di agevolazioni finanziarie o creditizie, ovvero da qualsiasi appalto.

9. Chiunque non ottempera o elude l'esecuzione dei provvedimenti, diversi dalla condanna al risarcimento del danno, resi dal giudice nelle controversie previste dal presente articolo è punito con l'ammenda fino a 50.000 euro o l'arresto fino a tre anni (5).

(1) V. sub *Titolo II*-bis.

(2) *Comma così sostituito dall'art. 34[36] lett. a) d.lgs. 1° settembre 2011, n. 150. V. la disciplina transitoria di cui all'art. 36 d.lgs. n. 150, cit., che così dispone: « 1. Le norme del presente decreto si applicano ai procedimenti instaurati successivamente alla data di entrata in vigore dello stesso. — 2. Le norme abrogate o modificate dal presente decreto continuano ad applicarsi alle controversie pendenti alla data di entrata in vigore dello stesso ».*

(3) *Comma così sostituito dall'art. 34[36] lett. b) d.lgs. n. 150, cit., con la disciplina transitoria di cui all'art. 36 dello stesso decreto, citata alla nota 2.*

(4) *I commi da 3 a 7 sono stati abrogati dall'art. 34[36] lett. d) d.lgs. n. 150, cit. con la disciplina transitoria di cui all'art. 36 dello stesso decreto, citata alla nota 2.*

(5) *Comma così sostituito dall'art. 34[36 lett. c)] d.ls. n. 150, cit., con la disciplina transitoria di cui all'art. 36 dello stesso decreto, citata alla nota 2.*

55-*sexies*. (1) **[Onere della prova].**

(1) *Articolo dapprima aggiunto dall'art. 1 d.ls. 6 novembre 2007, n. 196 (v.* sub *Titolo II*-bis*) e da ultimo abrogato dall'art. 34[36 lett. e)] d.ls. 1 settembre 2011, n. 150, con la disciplina transitoria di cui all'art. 36 dello stesso decreto, citata* sub *art. 55*-quinquies.

55-*septies*. (1) **Legittimazione ad agire di associazioni ed enti.** – 1. Sono legittimati ad agire ai sensi dell'articolo 55-*quinquies* in forza di delega rilasciata, a pena di nullità, per atto pubblico o scrittura privata autenticata, in nome e per conto o a sostegno del soggetto passivo della discriminazione, le associazioni e gli enti inseriti in apposito elenco approvato con decreto del Presidente del Consiglio dei Ministri, o per sua delega del Ministro per i diritti e le pari opportunità, di concerto con il Ministro per lo sviluppo economico, ed individuati sulla base delle finalità programmatiche e della continuità dell'azione.

2. Qualora il soggetto pubblico o privato ponga in essere un atto o un comportamento discriminatorio di carattere collettivo e non siano individuabili in modo immediato e diretto i soggetti lesi dalle discriminazioni, il ricorso può essere presentato dalle associazioni o gli enti rappresentativi dell'interesse leso di cui al comma 1.

(1) *V.* sub *Titolo II*-bis.

CAPO III – *Promozione della parità di trattamento* (1)

(1) *V.* sub *Titolo II*-bis.

55-*octies*. (1) **Promozione del principio di parità di trattamento nell'accesso a beni e servizi e loro fornitura.** – 1. Al fine di promuovere il principio della parità di trattamento nell'accesso a beni e servizi e loro fornitura, il Ministro per i diritti e le pari opportunità favorisce il dialogo con le associazioni, gli organismi e gli enti che hanno un legittimo interesse alla rimozione delle discriminazioni, mediante consultazioni periodiche.

(1) *V.* sub *Titolo II*-bis.

55-*novies*. (1) **Ufficio per la promozione della parità di trattamento nell'accesso a beni e servizi e loro fornitura.** – 1. I compiti di promozione, analisi, controllo e sostegno della parità di trattamento nell'accesso a beni e servizi e loro fornitura, senza discriminazioni fondate sul sesso, sono svolti dall'Ufficio di livello dirigenziale generale della Presidenza del Consiglio dei Ministri - Dipartimento per i diritti e le pari opportunità, individuato ai sensi del comma 4. Tale ufficio svolge, in modo autonomo e imparziale, nel predetto ambito, attività di promozione della parità e di rimozione di qualsiasi forma di discriminazione fondata sul sesso.

2. In particolare, i compiti attribuiti all'Ufficio di cui al comma 1 sono i seguenti:

a) fornire un'assistenza indipendente alle persone lese dalla violazione del divieto di cui all'articolo 55-*ter*;

b) svolgere, nel rispetto delle prerogative e delle funzioni dell'autorità giudiziaria, inchieste indipendenti in materia al fine di verificare l'esistenza di fenomeni discriminatori;

c) promuovere l'adozione, da parte di soggetti pubblici e privati, in particolare da parte delle associazioni e degli enti di cui all'articolo 55-*septies*, di misure specifiche, ivi compresi progetti di azioni positive, dirette a evitare il prodursi di discriminazioni per ragioni di sesso nell'accesso a beni e servizi e loro fornitura;

d) diffondere la massima conoscenza possibile degli strumenti di tutela vigenti anche mediante azioni di sensibilizzazione dell'opinione pubblica sul principio della parità di trattamento nell'accesso a beni e servizi e loro fornitura e la realizzazione di campagne di informazione e comunicazione;

e) formulare raccomandazioni e pareri su questioni connesse alle discriminazioni per ragioni di sesso nell'accesso a beni e servizi e loro fornitura, nonché proposte di modifica della normativa vigente;

f) redigere una relazione annuale per il Parlamento sull'effettiva applicazione del principio di parità di trattamento nell'accesso a beni e servizi e loro fornitura e sull'efficacia dei meccanismi di tutela e una relazione annuale al Presidente del Consiglio dei Ministri sull'attività svolta;

g) promuovere studi, ricerche, corsi di formazione e scambi di esperienze, in collaborazione anche con le associazioni e gli enti di cui all'articolo 55-*septies*, con le altre organizzazioni non governative operanti nel settore e con gli istituti specializzati di rilevazione statistica, anche al fine di elaborare linee guida in materia di lotta alle discriminazioni.

3. L'Ufficio ha facoltà di richiedere ad enti, persone ed imprese che ne siano in possesso, di fornire le informazioni e di esibire i documenti utili ai fini dell'espletamento dei compiti di cui al comma 2.

4. Con decreto del Presidente del Consiglio dei Ministri, o per sua delega del Ministro per i diritti e le pari opportunità, da adottarsi entro un mese dalla data di entrata in vigore del presente decreto legislativo, è individuato, nell'ambito di quelli esistenti, senza nuovi

o maggiori oneri per il bilancio dello Stato, l'Ufficio di cui al comma 1.

5. L'Ufficio può avvalersi di magistrati ordinari, amministrativi, contabili e avvocati dello Stato, in servizio presso il Dipartimento, nonché di esperti e consulenti esterni, nominati ai sensi della vigente normativa.

6. Gli esperti di cui al comma 5 sono scelti tra soggetti dotati di elevata professionalità nelle materie giuridiche, nonché nei settori della lotta alle discriminazioni di genere, della comunicazione sociale e dell'analisi delle politiche pubbliche.

(1) V. sub *Titolo II*-bis.

55-*decies*. (1) **Relazione alla Commissione europea.** – 1. Entro il 21 dicembre 2009 e successivamente ogni cinque anni, la Presidenza del Consiglio dei Ministri - Dipartimento per i diritti e pari opportunità, trasmette alla Commissione europea una relazione contenente le informazioni relative all'applicazione del presente titolo.

(1) V. sub *Titolo II*-bis.

LIBRO IV
PARI OPPORTUNITÀ TRA UOMO E DONNA NEI RAPPORTI CIVILI E POLITICI

TITOLO I
Pari opportunità nell'accesso alle cariche elettive

CAPO I – *Elezione dei membri del Parlamento europeo*

56. Pari opportunità nell'accesso alla carica di membro del Parlamento europeo (*legge 8 aprile 2004, n. 90, articolo 3*). – 1. Nell'insieme delle liste circoscrizionali aventi un medesimo contrassegno, nelle prime due elezioni dei membri del Parlamento europeo spettanti all'Italia, successive alla data di entrata in vigore della legge 8 aprile 2004, n. 90, nessuno dei due sessi può essere rappresentato in misura superiore ai due terzi dei candidati; ai fini del computo sono escluse le candidature plurime; in caso di quoziente frazionario si procede all'arrotondamento all'unità prossima.

2. Per i movimenti e i partiti politici presentatori di liste che non abbiano rispettato la proporzione di cui al comma 1, l'importo del rimborso per le spese elettorali di cui alla legge 3 giugno 1999, n. 157, è ridotto, fino ad un massimo della metà, in misura direttamente proporzionale al numero dei candidati in più rispetto a quello mas-

simo consentito. Sono, comunque, inammissibili le liste circoscrizionali composte da più di un candidato che non prevedono la presenza di candidati di entrambi i sessi.

3. La somma eventualmente derivante dalla riduzione di cui al comma 2 è erogata ai partiti o gruppi politici organizzati che abbiano avuto proclamata eletta, ai sensi dell'articolo 22 della legge 24 gennaio 1979, n. 18, e successive modificazioni, una quota superiore ad un terzo di candidati di entrambi i sessi. Tale somma è ripartita in misura proporzionale ai voti ottenuti da ciascun partito o gruppo politico organizzato.

57. **Disposizioni abrogate.** – 1. Sono abrogate le seguenti disposizioni:

a) la legge 9 gennaio 1963, n. 7;

b) l'articolo 1 della legge 9 febbraio 1963, n. 66;

c) gli articoli 1, 2, 3, 4, 9, 10, 11, 12, 15 e 16, comma 1, della legge 9 dicembre 1977, n. 903;

d) gli articoli 1 e 2 della legge 13 dicembre 1986, n. 874;

e) l'articolo 11 della legge 6 agosto 1990, n. 223;

f) la legge 10 aprile 1991, n. 125, ad eccezione dell'articolo 11;

g) la legge 25 febbraio 1992, n. 215, ad eccezione degli articoli 10, comma 6, 12 e 13;

h) l'articolo 5 del decreto legislativo 30 luglio 1999, n. 303;

i) il decreto legislativo 31 gennaio 2000, n. 24;

l) il decreto legislativo 23 maggio 2000, n. 196, ad eccezione dell'articolo 10, comma 4;

m) il decreto legislativo 31 luglio 2003, n. 226, ad eccezione degli articoli 6, comma 2, e 7, comma 1;

n) l'articolo 3 della legge 8 aprile 2004, n. 90.

58. **Disposizioni finanziarie.** – 1. Dall'attuazione del presente decreto non devono derivare nuovi o maggiori oneri a carico della finanza pubblica.

***D.ls. 9 luglio 2003, n. 215.* — Attuazione della direttiva 2000/43/CE per la parità di trattamento tra le persone indipendentemente dalla razza e dall'origine etnica** (G.U. 12 agosto 2003, n. 186).

1. Oggetto. – 1. Il presente decreto reca le disposizioni relative all'attuazione della parità di trattamento tra le persone indipendentemente dalla razza e dall'origine etnica, disponendo le misure necessarie affinché le differenze di razza o di origine etnica non siano causa di discriminazione, anche in un'ottica che tenga conto del diverso impatto che le stesse forme di discriminazione possono avere su donne e uomini, nonché dell'esistenza di forme di razzismo a carattere culturale e religioso.

2. Nozione di discriminazione. – 1. Ai fini del presente decreto, per principio di parità di trattamento si intende l'assenza di qualsiasi discriminazione diretta o indiretta a causa della razza o dell'origine etnica. Tale principio comporta che non sia praticata alcuna discriminazione diretta o indiretta, così come di seguito definite:

a) discriminazione diretta quando, per la razza o l'origine etnica, una persona è trattata meno favorevolmente di quanto sia, sia stata o sarebbe trattata un'altra in situazione analoga;

b) discriminazione indiretta quando una disposizione, un criterio, una prassi, un atto, un patto o un comportamento apparentemente neutri possono mettere le persone di una determinata razza od origine etnica in una posizione di particolare svantaggio rispetto ad altre persone.

2. È fatto salvo il disposto dell'articolo 43, commi 1 e 2, del testo unico delle disposizioni concernenti la disciplina dell'immigrazione e norme sulla condizione dello straniero, approvato con decreto legislativo 25 luglio 1998, n. 286, di seguito denominato: « testo unico ».

3. Sono, altresì, considerate come discriminazioni, ai sensi del comma 1, anche le molestie ovvero quei comportamenti indesiderati, posti in essere per motivi di razza o di origine etnica, aventi lo scopo o l'effetto di violare la dignità di una persona e di creare un clima intimidatorio, ostile, degradante, umiliante od offensivo (1).

4. L'ordine di discriminare persone a causa della razza o dell'origine etnica è considerato una discriminazione ai sensi del comma 1.

(1) *Comma così modificato dall'art.* 8-sexies[1] lett. a) *d.l. 8 aprile 2008, n. 59, conv., con modif., in l. 6 giugno 2008, n. 101.*

3. Ambito di applicazione. – 1. Il principio di parità di trattamento senza distinzione di razza ed origine etnica si applica a tutte le persone sia nel settore pubblico che privato ed è suscettibile di tutela giurisdizionale, secondo le forme previste dall'articolo 4, con specifico riferimento alle seguenti aree:

a) accesso all'occupazione e al lavoro, sia autonomo che dipendente, compresi i criteri di selezione e le condizioni di assunzione;

b) occupazione e condizioni di lavoro, compresi gli avanzamenti di carriera, la retribuzione e le condizioni del licenziamento;

c) accesso a tutti i tipi e livelli di orientamento e formazione professionale, perfezionamento e riqualificazione professionale, inclusi i tirocini professionali;

d) affiliazione e attività nell'ambito di organizzazioni di lavoratori, di datori di lavoro o di altre organizzazioni professionali e prestazioni erogate dalle medesime organizzazioni;

e) protezione sociale, inclusa la sicurezza sociale;

f) assistenza sanitaria;

g) prestazioni sociali;

h) istruzione;

i) accesso a beni e servizi, incluso l'alloggio.

2. Il presente decreto legislativo non riguarda le differenze di trattamento basate sulla nazionalità e non pregiudica le disposizioni nazionali e le condizioni relative all'ingresso, al soggiorno, all'accesso all'occupazione, all'assistenza e alla previdenza dei cittadini dei Paesi terzi e degli apolidi nel territorio dello Stato, né qualsiasi trattamento, adottato in base alla legge, derivante dalla condizione giuridica dei predetti soggetti.

3. Nel rispetto dei principi di proporzionalità e ragionevolezza, nell'ambito del rapporto di lavoro o dell'esercizio dell'attività di impresa, non costituiscono atti di discriminazione ai sensi dell'articolo 2 quelle differenze di trattamento dovute a caratteristiche connesse alla razza o all'origine etnica di una persona, qualora, per la natura di un'attività lavorativa o per il contesto in cui essa viene espletata, si tratti di caratteristiche che costituiscono un requisito essenziale e determinante ai fini dello svolgimento dell'attività medesima.

4. Non costituiscono, comunque, atti di discriminazione ai sensi dell'articolo 2 quelle differenze di trattamento che, pur risultando indirettamente discriminatorie, siano giustificate oggettivamente da finalità legittime perseguite attraverso mezzi appropriati e necessari.

4. Tutela giurisdizionale dei diritti. – 1. I giudizi civili avverso gli atti e i comportamenti di cui all'articolo 2 sono regolati dall'articolo 28 del decreto legislativo 1° settembre 2011, n. 150. In caso di accertamento di atti o comportamenti discriminatori, come definiti dall'articolo 2 del presente decreto, si applica, altresì, l'articolo 44, comma 11, del decreto legislativo 25 luglio 1998, n. 286 (1).

2. Chi intende agire in giudizio per il riconoscimento della sussistenza di una delle discriminazioni di cui all'articolo 2 e non ritiene di avvalersi delle procedure di conciliazione previste dai contratti collettivi, può promuovere il tentativo di conciliazione ai sensi dell'articolo 410 del codice di procedura civile o, nell'ipotesi di rapporti di lavoro con le amministrazioni pubbliche, ai sensi dell'articolo 66 del decreto legislativo 30 marzo 2001, n. 165, anche tramite le associazioni di cui all'articolo 5, comma 1.

3. (2).

4. (2).

5. (2).

6. (2).

7. Resta salva la giurisdizione del giudice amministrativo per il personale di cui all'articolo 3, comma 1, del decreto legislativo 30 marzo 2001, n. 165.

(1) *Comma, da ultimo, così sostituito dall'art. 34[33 lett. a)] d.ls. 1° settembre 2011, n. 150. V. l'art. 36 del medesimo decreto, che così dispone: « 1. Le norme del presente decreto si applicano ai procedimenti instaurati successivamente alla data di entrata in vigore dello stesso [6 ottobre 2011]. — 2. Le norme abrogate o modificate dal presente decreto continuano ad applicarsi alle controversie pendenti alla data di entrata in vigore dello stesso ».*

(2) *Comma abrogato dall'art. 34[33 lett. b)] d.ls. n. 150, cit. V. la disciplina transitoria di cui all'art. 36 dello stesso decreto, citata alla nota 1.*

4-*bis*. (1) Protezione delle vittime. – 1. La tutela giurisdizionale di cui all'articolo 4 si applica altresì nei casi di comportamenti, trattamenti o altre conseguenze pregiudizievoli posti in essere o determinate, nei confronti della persona lesa da una discriminazione diretta o indiretta o di qualunque altra persona, quale reazione ad una qualsiasi attività diretta ad ottenere la parità di trattamento.

(1) *Articolo inserito dall'art.* 8-sexies*[1 lett. c)] d.l. 8 aprile 2008, n. 59, conv., con modif., in l. 6 giugno 2008, n. 101.*

5. Legittimazione ad agire. – 1. Sono legittimati ad agire ai sensi degli articoli 4 e 4-*bis*, in forza di delega, rilasciata, a pena di nullità, per atto pubblico o scrittura privata autenticata, in nome e per conto o a sostegno del soggetto passivo della discriminazione, le associazioni e gli enti inseriti in un apposito elenco approvato con decreto del Ministro del lavoro e delle politiche sociali e del Ministro per le pari opportunità ed individuati sulla base delle finalità programmatiche e della continuità dell'azione (1) (2).

2. Nell'elenco di cui al comma 1 possono essere inseriti le associazioni e gli enti iscritti nel registro di cui all'articolo 52, comma 1, lettera *a*), del decreto del Presidente della Repubblica 31 agosto 1999, n. 394, nonché le associazioni e gli enti iscritti nel registro di cui all'articolo 6.

3. Le associazioni e gli enti inseriti nell'elenco di cui al comma 1 sono, altresì, legittimati ad agire ai sensi degli articoli 4 e 4-*bis* nei casi di discriminazione collettiva qualora non siano individuabili in modo diretto e immediato le persone lese dalla discriminazione (1).

(1) *Comma così modificato dall'art. 8-*sexies[1] lett. d) *d.l. 8 aprile 2008, n. 59, conv., con modif., in l. 6 giugno 2008, n. 101.*

(2) *In attuazione di quanto disposto dal presente comma v. d.m. 16 dicembre 2005 (G.U. 12 gennaio 2006, n. 9) e d.m. 9 aprile 2010 (G.U. 4 agosto 2010, n. 180).*

6. Registro delle associazioni e degli enti che svolgono attività nel campo della lotta alle discriminazioni. – 1. Presso la Presidenza del Consiglio dei Ministri - Dipartimento per le pari opportunità è istituito il registro delle associazioni e degli enti che svolgono attività nel campo della lotta alle discriminazioni e della promozione della parità di trattamento.

2. L'iscrizione nel registro è subordinata al possesso dei seguenti requisiti:

a) avvenuta costituzione, per atto pubblico o per scrittura privata autenticata, da almeno un anno e possesso di uno statuto che sancisca un ordinamento a base democratica e preveda come scopo esclusivo o preminente il contrasto ai fenomeni di discriminazione e la promozione della parità di trattamento, senza fine di lucro;

b) tenuta di un elenco degli iscritti, aggiornato annualmente con l'indicazione delle quote versate direttamente all'associazione per gli scopi statutari;

c) elaborazione di un bilancio annuale delle entrate e delle uscite con indicazione delle quote versate dagli associati e tenuta dei libri contabili, conformemente alle norme vigenti in materia di contabilità delle associazioni non riconosciute;

d) svolgimento di un'attività continuativa nell'anno precedente;

e) non avere i suoi rappresentanti legali subito alcuna condanna, passata in giudicato, in relazione all'attività dell'associazione medesima, e non rivestire i medesimi rappresentanti la qualifica di imprenditori o di amministratori di imprese di produzione e servizi in qualsiasi forma costituite, per gli stessi settori in cui opera l'associazione.

3. La Presidenza del Consiglio dei Ministri - Dipartimento per le pari opportunità provvede annualmente all'aggiornamento del registro.

7. **Ufficio per il contrasto delle discriminazioni.** – 1. È istituito presso la Presidenza del Consiglio dei Ministri - Dipartimento per le pari opportunità un ufficio per la promozione della parità di trattamento e la rimozione delle discriminazioni fondate sulla razza o sull'origine etnica, con funzioni di controllo e garanzia delle parità di trattamento e dell'operatività degli strumenti di tutela, avente il compito di svolgere, in modo autonomo e imparziale, attività di promozione della parità e di rimozione di qualsiasi forma di discriminazione fondata sulla razza o sull'origine etnica, anche in un'ottica che tenga conto del diverso impatto che le stesse discriminazioni possono avere su donne e uomini, nonché dell'esistenza di forme di razzismo a carattere culturale e religioso.

2. In particolare, i compiti dell'ufficio di cui al comma 1 sono i seguenti:

a) fornire assistenza, nei procedimenti giurisdizionali o amministrativi intrapresi, alle persone che si ritengono lese da comportamenti discriminatori, anche secondo le forme di cui all'articolo 425 del codice di procedura civile;

b) svolgere, nel rispetto delle prerogative e delle funzioni dell'autorità giudiziaria, inchieste al fine di verificare l'esistenza di fenomeni discriminatori;

c) promuovere l'adozione, da parte di soggetti pubblici e privati, in particolare da parte delle associazioni e degli enti di cui all'articolo 6, di misure specifiche, ivi compresi progetti di azioni positive, dirette a evitare o compensare le situazioni di svantaggio connesse alla razza o all'origine etnica;

d) diffondere la massima conoscenza possibile degli strumenti di tutela vigenti anche mediante azioni di sensibilizzazione dell'opinione pubblica sul principio della parità di trattamento e la realizzazione di campagne di informazione e comunicazione;

e) formulare raccomandazioni e pareri su questioni connesse alle discriminazioni per razza e origine etnica, nonché proposte di modifica della normativa vigente;

f) redigere una relazione annuale per il Parlamento sull'effettiva applicazione del principio di parità di trattamento e sull'efficacia dei meccanismi di tutela, nonché una relazione annuale al Presidente del Consiglio dei Ministri sull'attività svolta;

g) promuovere studi, ricerche, corsi di formazione e scambi di esperienze, in collaborazione anche con le associazioni e gli enti di cui all'articolo 6, con le altre organizzazioni non governative operanti nel settore e con gli istituti specializzati di rilevazione statistica, anche al fine di elaborare linee guida in materia di lotta alle discriminazioni.

3. L'ufficio ha facoltà di richiedere ad enti, persone ed imprese che ne siano in possesso, di fornire le informazioni e di esibire i documenti utili ai fini dell'espletamento dei compiti di cui al comma 2.

4. L'ufficio, diretto da un responsabile nominato dal Presidente del Consiglio dei Ministri o da un Ministro da lui delegato, si articola secondo le modalità organizzative fissate con successivo decreto del Presidente del Consiglio dei Ministri, con cui si provvede ad apportare le opportune modifiche al decreto del Presidente del Consiglio dei Ministri in data 23 luglio 2002, recante ordinamento delle strutture generali della Presidenza del Consiglio dei Ministri, pubblicato nella Gazzetta Ufficiale n. 207 del 4 settembre 2002.

5. L'ufficio può avvalersi anche di personale di altre amministrazioni pubbliche, ivi compresi magistrati e avvocati e procuratori dello Stato, in posizione di comando, aspettativa o fuori ruolo, nonché di esperti e consulenti esterni. Si applica l'articolo 17, commi 14 e 17, della legge 15 maggio 1997, n. 127.

6. Il numero dei soggetti di cui al comma 5 è determinato con il decreto di cui al comma 4, secondo quanto previsto dall'articolo 29 della legge 23 agosto 1988, n. 400 e dall'articolo 9 del decreto legislativo 23 luglio 1999, n. 303.

7. Gli esperti di cui al comma 5 sono scelti tra soggetti, anche estranei alla pubblica amministrazione, dotati di elevata professionalità nelle materie giuridiche, nonché nei settori della lotta alle discriminazioni, dell'assistenza materiale e psicologica ai soggetti in condizioni disagiate, del recupero sociale, dei servizi di pubblica utilità, della comunicazione sociale e dell'analisi delle politiche pubbliche.

8. Sono fatte salve le competenze delle regioni e delle province autonome di Trento e di Bolzano.

8. Copertura finanziaria. – 1. Agli oneri finanziari derivanti dall'istituzione e funzionamento dell'ufficio di cui all'articolo 7, nel limite massimo di spesa di 2.035.357 euro annui a decorrere dal 2003, si provvede ai sensi dell'articolo 29, comma 2, della legge 1° marzo 2002, n. 39.

2. Fatto salvo quanto previo dal comma 1, dall'attuazione del presente decreto non derivano oneri aggiuntivi per il bilancio dello Stato.

L. 19 febbraio 2004, n. 40. — **Norme in materia di procreazione medicalmente assistita** (G.U. 24 febbraio 2004, n. 45).

CAPO I – *Princìpi generali*

1. Finalità. – 1. Al fine di favorire la soluzione dei problemi riproduttivi derivanti dalla sterilità o dalla infertilità umana è consentito il ricorso alla procreazione medicalmente assistita, alle condizioni e secondo le modalità previste dalla presente legge, che assicura i diritti di tutti i soggetti coinvolti, compreso il concepito (1).

2. Il ricorso alla procreazione medicalmente assistita è consentito qualora non vi siano altri metodi terapeutici efficaci per rimuovere le cause di sterilità o infertilità (1).

(1) ***C. cost.** 5 giugno 2015, n. 96 ha dichiarato* l'illegittimità costituzionale *del presente comma, nella parte in cui non consente « il ricorso alle tecniche di procreazione medicalmente assistita alle coppie fertili portatrici di malattie genetiche trasmissibili, rispondenti ai criteri di gravità di cui all'art. 6, comma 1, lettera* b)*, della legge 22 maggio 1978, n. 194 (Norme per la tutela sociale della maternità e sull'interruzione volontaria della gravidanza), accertate da apposite strutture pubbliche ».*

2. Interventi contro la sterilità e la infertilità. – 1. Il Ministro della salute, sentito il Ministro dell'istruzione, dell'università e della ricerca, può promuovere ricerche sulle cause patologiche, psicologiche, ambientali e sociali dei fenomeni della sterilità e della infertilità e favorire gli interventi necessari per rimuoverle nonché per ridurne l'incidenza, può incentivare gli studi e le ricerche sulle tecniche di crioconservazione dei gameti e può altresì promuovere campagne di informazione e di prevenzione dei fenomeni della sterilità e della infertilità.

2. Per le finalità di cui al comma 1 è autorizzata la spesa massima di 2 milioni di euro a decorrere dal 2004.

3. All'onere derivante dall'attuazione del comma 2 si provvede mediante corrispondente riduzione dello stanziamento iscritto, ai fini del bilancio triennale 2004-2006, nell'àmbito dell'unità previsionale di base di parte corrente « Fondo speciale » dello stato di previsione del Ministero dell'economia e delle finanze per l'anno 2004, allo scopo parzialmente utilizzando l'accantonamento relativo al Ministero della salute. Il Ministro dell'economia e delle finanze è autorizzato ad apportare, con propri decreti, le occorrenti variazioni di bilancio.

3. Modifica alla legge 29 luglio 1975, n. 405. – 1. Al primo comma dell'articolo 1 della legge 29 luglio 1975, n. 405, sono aggiunte, in fine, le seguenti lettere:
« *d-bis*) l'informazione e l'assistenza riguardo ai problemi della sterilità e della infertilità umana, nonché alle tecniche di procreazione medicalmente assistita;
d-ter) l'informazione sulle procedure per l'adozione e l'affidamento familiare ».

2. Dall'attuazione del presente articolo non devono derivare nuovi o maggiori oneri a carico della finanza pubblica.

CAPO II – *Accesso alle tecniche*

4. Accesso alle tecniche. – 1. Il ricorso alle tecniche di procreazione medicalmente assistita è consentito solo quando sia accertata l'impossibilità di rimuovere altrimenti le cause impeditive della procreazione ed è comunque circoscritto ai casi di sterilità o di infertilità inspiegate documentate da atto medico nonché ai casi di sterilità o di infertilità da causa accertata e certificata da atto medico (1).

2. Le tecniche di procreazione medicalmente assistita sono applicate in base ai seguenti princìpi:
a) gradualità, al fine di evitare il ricorso ad interventi aventi un grado di invasività tecnico e psicologico più gravoso per i destinatari, ispirandosi al principio della minore invasività;
b) consenso informato, da realizzare ai sensi dell'articolo 6.

3. È vietato il ricorso a tecniche di procreazione medicalmente assistita di tipo eterologo (2).

(1) ***C. cost.*** *5 giugno 2015, n. 96 ha dichiarato l'*illegittimità costituzionale *del presente comma, nella parte in cui non consente « il ricorso alle tecniche di procreazione medicalmente assistita alle coppie fertili portatrici di malattie genetiche trasmissibili, rispondenti ai criteri di gravità di cui all'art. 6, comma 1, lettera* b), *della legge 22 maggio 1978, n. 194 (Norme per la tutela sociale della maternità e sull'interruzione volontaria della gravidanza), accertate da apposite strutture pubbliche ».*

(2) ***C. cost.*** *10 giugno 2014, n. 162 ha dichiarato l'*illegittimità costituzionale *del presente comma, « nella parte in cui stabilisce per la coppia di cui all'art. 5, comma 1, della medesima legge, il divieto del ricorso a tecniche di procreazione medicalmente assistita di tipo eterologo, qualora sia stata diagnosticata una patologia che sia causa di sterilità o infertilità assolute ed irreversibili ».*

5. Requisiti soggettivi. – 1. Fermo restando quanto stabilito dall'articolo 4, comma 1, possono accedere alle tecniche di procreazione medicalmente assistita coppie di maggiorenni di sesso diverso, coniugate o conviventi, in età potenzialmente fertile, entrambi viventi.

LEGGI COMPLEMENTARI

6. Consenso informato. – 1. Per le finalità indicate dal comma 3, prima del ricorso ed in ogni fase di applicazione delle tecniche di procreazione medicalmente assistita il medico informa in maniera dettagliata i soggetti di cui all'articolo 5 sui metodi, sui problemi bioetici e sui possibili effetti collaterali sanitari e psicologici conseguenti all'applicazione delle tecniche stesse, sulle probabilità di successo e sui rischi dalle stesse derivanti, nonché sulle relative conseguenze giuridiche per la donna, per l'uomo e per il nascituro. Alla coppia deve essere prospettata la possibilità di ricorrere a procedure di adozione o di affidamento ai sensi della legge 4 maggio 1983, n. 184, e successive modificazioni, come alternativa alla procreazione medicalmente assistita. Le informazioni di cui al presente comma e quelle concernenti il grado di invasività delle tecniche nei confronti della donna e dell'uomo devono essere fornite per ciascuna delle tecniche applicate e in modo tale da garantire il formarsi di una volontà consapevole e consapevolmente espressa.

2. Alla coppia devono essere prospettati con chiarezza i costi economici dell'intera procedura qualora si tratti di strutture private autorizzate.

3. La volontà di entrambi i soggetti di accedere alle tecniche di procreazione medicalmente assistita è espressa per iscritto congiuntamente al medico responsabile della struttura, secondo modalità definite con decreto dei Ministri della giustizia e della salute, adottato ai sensi dell'articolo 17, comma 3, della legge 23 agosto 1988, n. 400, entro tre mesi dalla data di entrata in vigore della presente legge. Tra la manife stazione della volontà e l'applicazione della tecnica deve intercorrere un termine non inferiore a sette giorni. La volontà può essere revocata da ciascuno dei soggetti indicati dal presente comma fino al momento della fecondazione dell'ovulo (1).

4. Fatti salvi i requisiti previsti dalla presente legge, il medico responsabile della struttura può decidere di non procedere alla procreazione medicalmente assistita, esclusivamente per motivi di ordine medico-sanitario. In tale caso deve fornire alla coppia motivazione scritta di tale decisione.

5. Ai richiedenti, al momento di accedere alle tecniche di procreazione medicalmente assistita, devono essere esplicitate con chiarezza e mediante sottoscrizione le conseguenze giuridiche di cui all'articolo 8 e all'articolo 9 della presente legge.

(1) *Per il regolamento recante norme in materia di manifestazione della volontà di accedere alle tecniche di procreazione medicalmente assistita, in attuazione del presente comma, v. d.m. 28 dicembre 2016, n. 265.*

7. Linee guida. – 1. Il Ministro della salute, avvalendosi dell'Istituto superiore di sanità, e previo parere del Consiglio superiore di sanità, definisce, con proprio decreto, da emanare entro tre mesi dalla data di entrata in vigore della presente legge, linee guida contenenti l'indicazione delle procedure e delle tecniche di procreazione medicalmente assistita (1).

2. Le linee guida di cui al comma 1 sono vincolanti per tutte le strutture autorizzate.

3. Le linee guida sono aggiornate periodicamente, almeno ogni tre anni, in rapporto all'evoluzione tecnico-scientifica, con le medesime procedure di cui al comma 1.

(1) *V. d.m. 11 aprile 2008 (G.U. 30 aprile 2008, n. 101).*

Capo III – *Disposizioni concernenti la tutela del nascituro*

8. Stato giuridico del nato. – 1. I nati a seguito dell'applicazione delle tecniche di procreazione medicalmente assistita hanno lo stato di figli nati nel matrimonio o di figli riconosciuti della coppia che ha espresso la volontà di ricorrere alle tecniche medesime ai sensi dell'articolo 6 (1).

(1) *Comma così modificato dall'art. 102[1] d.ls. 28 dicembre 2013, n. 154. Ai sensi dell'art. 108 d.ls. n. 154, cit., lo stesso decreto entra in vigore il trentesimo giorno successivo a quello della sua pubblicazione nella Gazzetta ufficiale (G.U. 8 gennaio 2014, n. 5) (7 febbraio 2014).*

9. Divieto del disconoscimento della paternità e dell'anonimato della madre. – 1. Qualora si ricorra a tecniche di procreazione medicalmente assistita di tipo eterologo in violazione del divieto di cui all'articolo 4, comma 3, il coniuge o il convivente il cui consenso è ricavabile da atti concludenti non può esercitare l'azione di disconoscimento della paternità nei casi previsti dall'articolo 235, primo comma, numeri 1) e 2), del codice civile, né l'impugnazione di cui all'articolo 263 dello stesso codice (1).

2. La madre del nato a seguito dell'applicazione di tecniche di procreazione medicalmente assistita non può dichiarare la volontà di non essere nominata, ai sensi dell'articolo 30, comma 1, del regolamento di cui al decreto del Presidente della Repubblica 3 novembre 2000, n. 396.

3. In caso di applicazione di tecniche di tipo eterologo in violazione del divieto di cui all'articolo 4, comma 3, il donatore di gameti non acquisisce alcuna relazione giuridica parentale con il nato e non

può far valere nei suoi confronti alcun diritto né essere titolare di obblighi (1).

(1) ***C. cost.*** *10 giugno 2014, n. 162 ha dichiarato* l'illegittimità costituzionale *del presente comma, limitatamente alle parole « in violazione del divieto di cui all'articolo 4, comma 3 ».*

CAPO IV – *Regolamentazione delle strutture autorizzate all'applicazione delle tecniche di procreazione medicalmente assistita*

10. Strutture autorizzate. – 1. Gli interventi di procreazione medicalmente assistita sono realizzati nelle strutture pubbliche e private autorizzate dalle regioni e iscritte al registro di cui all'articolo 11.

2. Le regioni e le province autonome di Trento e di Bolzano definiscono con proprio atto, entro tre mesi dalla data di entrata in vigore della presente legge:

a) i requisiti tecnico-scientifici e organizzativi delle strutture;

b) le caratteristiche del personale delle strutture;

c) i criteri per la determinazione della durata delle autorizzazioni e dei casi di revoca delle stesse;

d) i criteri per lo svolgimento dei controlli sul rispetto delle disposizioni della presente legge e sul permanere dei requisiti tecnico-scientifici e organizzativi delle strutture.

11. Registro. – 1. È istituito, con decreto del Ministro della salute, presso l'Istituto superiore di sanità, il registro nazionale delle strutture autorizzate all'applicazione delle tecniche di procreazione medicalmente assistita, degli embrioni formati e dei nati a seguito dell'applicazione delle tecniche medesime (1).

2. L'iscrizione al registro di cui al comma 1 è obbligatoria.

3. L'Istituto superiore di sanità raccoglie e diffonde, in collaborazione con gli osservatori epidemiologici regionali, le informazioni necessarie al fine di consentire la trasparenza e la pubblicità delle tecniche di procreazione medicalmente assistita adottate e dei risultati conseguiti.

4. L'Istituto superiore di sanità raccoglie le istanze, le informazioni, i suggerimenti, le proposte delle società scientifiche e degli utenti riguardanti la procreazione medicalmente assistita.

5. Le strutture di cui al presente articolo sono tenute a fornire agli osservatori epidemiologici regionali e all'Istituto superiore di sanità i dati necessari per le finalità indicate dall'articolo 15 nonché ogni

altra informazione necessaria allo svolgimento delle funzioni di controllo e di ispezione da parte delle autorità competenti.

6. All'onere derivante dall'attuazione del presente articolo, determinato nella misura massima di 154.937 euro a decorrere dall'anno 2004, si provvede mediante corrispondente riduzione dello stanziamento iscritto, ai fini del bilancio triennale 2004-2006, nell'àmbito dell'unità previsionale di base di parte corrente « Fondo speciale » dello stato di previsione del Ministero dell'economia e delle finanze per l'anno 2004, allo scopo parzialmente utilizzando l'accantonamento relativo al Ministero della salute. Il Ministro dell'economia e delle finanze è autorizzato ad apportare, con propri decreti, le occorrenti variazioni di bilancio.

(1) *V. d.m. 7 ottobre 2005 (G.U. 3 dicembre 2005, n. 282).*

CAPO V – *Divieti e sanzioni*

12. Divieti generali e sanzioni. – 1. Chiunque a qualsiasi titolo utilizza a fini procreativi gameti di soggetti estranei alla coppia richiedente, in violazione di quanto previsto dall'articolo 4, comma 3, è punito con la sanzione amministrativa pecuniaria da 300.000 a 600.000 euro (1).

2. Chiunque a qualsiasi titolo, in violazione dell'articolo 5, applica tecniche di procreazione medicalmente assistita a coppie i cui componenti non siano entrambi viventi o uno dei cui componenti sia minorenne ovvero che siano composte da soggetti dello stesso sesso o non coniugati o non conviventi è punito con la sanzione amministrativa pecuniaria da 200.000 a 400.000 euro.

3. Per l'accertamento dei requisiti di cui al comma 2 il medico si avvale di una dichiarazione sottoscritta dai soggetti richiedenti. In caso di dichiarazioni mendaci si applica l'articolo 76, commi 1 e 2, del testo unico delle disposizioni legislative e regolamentari in materia di documentazione amministrativa, di cui al decreto del Presidente della Repubblica 28 dicembre 2000, n. 445.

4. Chiunque applica tecniche di procreazione medicalmente assistita senza avere raccolto il consenso secondo le modalità di cui all'articolo 6 è punito con la sanzione amministrativa pecuniaria da 5.000 a 50.000 euro.

5. Chiunque a qualsiasi titolo applica tecniche di procreazione medicalmente assistita in strutture diverse da quelle di cui all'articolo 10 è punito con la sanzione amministrativa pecuniaria da 100.000 a 300.000 euro.

6. Chiunque, in qualsiasi forma, realizza, organizza o pubblicizza

la commercializzazione di gameti o di embrioni o la surrogazione di maternità è punito con la reclusione da tre mesi a due anni e con la multa da 600.000 a un milione di euro.

7. Chiunque realizza un processo volto ad ottenere un essere umano discendente da un'unica cellula di partenza, eventualmente identico, quanto al patrimonio genetico nucleare, ad un altro essere umano in vita o morto, è punito con la reclusione da dieci a venti anni e con la multa da 600.000 a un milione di euro. Il medico è punito, altresì, con l'interdizione perpetua dall'esercizio della professione.

8. Non sono punibili l'uomo o la donna ai quali sono applicate le tecniche nei casi di cui ai commi 1, 2, 4 e 5.

9. È disposta la sospensione da uno a tre anni dall'esercizio professionale nei confronti dell'esercente una professione sanitaria condannato per uno degli illeciti di cui al presente articolo, salvo quanto previsto dal comma 7.

10. L'autorizzazione concessa ai sensi dell'articolo 10 alla struttura al cui interno è eseguita una delle pratiche vietate ai sensi del presente articolo è sospesa per un anno. Nell'ipotesi di più violazioni dei divieti di cui al presente articolo o di recidiva l'autorizzazione può essere revocata.

(1) ***C. cost.*** *10 giugno 2014, n. 162 ha dichiarato l'*illegittimità costituzionale *del presente comma.*

CAPO VI – *Misure di tutela dell'embrione*

13. Sperimentazione sugli embrioni umani. – 1. È vietata qualsiasi sperimentazione su ciascun embrione umano.

2. La ricerca clinica e sperimentale su ciascun embrione umano è consentita a condizione che si perseguano finalità esclusivamente terapeutiche e diagnostiche ad essa collegate volte alla tutela della salute e allo sviluppo dell'embrione stesso, e qualora non siano disponibili metodologie alternative.

3. Sono, comunque, vietati:

a) la produzione di embrioni umani a fini di ricerca o di sperimentazione o comunque a fini diversi da quello previsto dalla presente legge;

b) ogni forma di selezione a scopo eugenetico degli embrioni e dei gameti ovvero interventi che, attraverso tecniche di selezione, di manipolazione o comunque tramite procedimenti artificiali, siano diretti ad alterare il patrimonio genetico dell'embrione o del gamete ovvero a predeterminarne caratteristiche genetiche, ad eccezione degli interventi aventi finalità diagnostiche e terapeutiche, di cui al comma 2 del presente articolo (1);

c) interventi di clonazione mediante trasferimento di nucleo o di scissione precoce dell'embrione o di ectogenesi sia a fini procreativi sia di ricerca;

d) la fecondazione di un gamete umano con un gamete di specie diversa e la produzione di ibridi o di chimere.

4. La violazione dei divieti di cui al comma 1 è punita con la reclusione da due a sei anni e con la multa da 50.000 a 150.000 euro. In caso di violazione di uno dei divieti di cui al comma 3 la pena è aumentata. Le circostanze attenuanti concorrenti con le circostanze aggravanti previste dal comma 3 non possono essere ritenute equivalenti o prevalenti rispetto a queste (1).

5. È disposta la sospensione da uno a tre anni dall'esercizio professionale nei confronti dell'esercente una professione sanitaria condannato per uno degli illeciti di cui al presente articolo.

(1) ***C. cost.*** *11 novembre 2015, n. 229 ha dichiarato* l'illegittimità costituzionale *della lettera* b) *del comma 3 e del comma 4 del presente articolo, nella parte in cui contemplano « come ipotesi di reato la condotta di selezione degli embrioni anche nei casi in cui questa sia esclusivamente finalizzata ad evitare l'impianto nell'utero della donna di embrioni affetti da malattie genetiche trasmissibili rispondenti ai criteri di gravità di cui all'art. 6, comma 1, lettera* b)*, della legge 22 maggio 1978, n. 194 (Norme per la tutela della maternità e sulla interruzione della gravidanza) e accertate da apposite strutture pubbliche ».*

14. Limiti all'applicazione delle tecniche sugli embrioni. – 1. È vietata la crioconservazione e la soppressione di embrioni, fermo restando quanto previsto dalla legge 22 maggio 1978, n. 194.

2. Le tecniche di produzione degli embrioni, tenuto conto dell'evoluzione tecnico-scientifica e di quanto previsto dall'articolo 7, comma 3, non devono creare un numero di embrioni superiore a quello strettamente necessario ad un unico e contemporaneo impianto, comunque non superiore a tre (1).

3. Qualora il trasferimento nell'utero degli embrioni non risulti possibile per grave e documentata causa di forza maggiore relativa allo stato di salute della donna non prevedibile al momento della fecondazione è consentita la crioconservazione degli embrioni stessi fino alla data del trasferimento, da realizzare non appena possibile (2).

4. Ai fini della presente legge sulla procreazione medicalmente assistita è vietata la riduzione embrionaria di gravidanze plurime, salvo nei casi previsti dalla legge 22 maggio 1978, n. 194.

5. I soggetti di cui all'articolo 5 sono informati sul numero e, su

loro richiesta, sullo stato di salute degli embrioni prodotti e da trasferire nell'utero.

6. La violazione di uno dei divieti e degli obblighi di cui ai commi precedenti è punita con la reclusione fino a tre anni e con la multa da 50.000 a 150.000 euro.

7. È disposta la sospensione fino ad un anno dall'esercizio professionale nei confronti dell'esercente una professione sanitaria condannato per uno dei reati di cui al presente articolo.

8. È consentita la crioconservazione dei gameti maschile e femminile, previo consenso informato e scritto.

9. La violazione delle disposizioni di cui al comma 8 è punita con la sanzione amministrativa pecuniaria da 5.000 a 50.000 euro.

(1) ***C. cost.*** *8 maggio 2009, n. 151 ha dichiarato* l'illegittimità costituzionale *del presente comma limitatamente alle parole « ad un unico e contemporaneo impianto, comunque non superiore a tre ».*

(2) ***C. cost.*** *8 maggio 2009, n. 151 ha dichiarato* l'illegittimità costituzionale *del presente comma nella parte in cui non prevede che il trasferimento degli embrioni, « da realizzare non appena possibile », debba essere effettuato senza pregiudizio della salute della donna.*

CAPO VII – *Disposizioni finali e transitorie*

15. Relazione al Parlamento. – 1. L'Istituto superiore di sanità predispone, entro il 30 aprile 2011, una relazione annuale per il Ministro della salute in base ai dati raccolti ai sensi dell'articolo 11, comma 5, sull'attività delle strutture autorizzate, con particolare riferimento alla valutazione epidemiologica delle tecniche e degli interventi effettuati (1).

2. Il Ministro della salute, sulla base dei dati indicati al comma 1, presenta entro il 30 giugno di ogni anno una relazione al Parlamento sull'attuazione della presente legge.

(1) *Comma, da ultimo, così modificato dall'art. 2*[1-quinquies] *d.l. 29 dicembre 2010, n. 225, conv., con modif., in l. 26 febbraio 2011, n. 10.*

16. Obiezione di coscienza. – 1. Il personale sanitario ed esercente le attività sanitarie ausiliarie non è tenuto a prendere parte alle procedure per l'applicazione delle tecniche di procreazione medicalmente assistita disciplinate dalla presente legge quando sollevi obiezione di coscienza con preventiva dichiarazione. La dichiarazione dell'obiettore deve essere comunicata entro tre mesi dalla data di entrata in vigore della presente legge al direttore dell'azienda unità sanitaria locale o dell'azienda ospedaliera, nel caso di personale dipendente, al direttore sanitario, nel caso di personale dipendente da strutture private autorizzate o accreditate.

2. L'obiezione può essere sempre revocata o venire proposta anche al di fuori dei termini di cui al comma 1, ma in tale caso la dichiarazione produce effetto dopo un mese dalla sua presentazione agli organismi di cui al comma 1.

3. L'obiezione di coscienza esonera il personale sanitario ed esercente le attività sanitarie ausiliarie dal compimento delle procedure e delle attività specificatamente e necessariamente dirette a determinare l'intervento di procreazione medicalmente assistita e non dall'assistenza antecedente e conseguente l'intervento.

17. Disposizioni transitorie. – 1. Le strutture e i centri iscritti nell'elenco predisposto presso l'Istituto superiore di sanità ai sensi dell'O.M. 5 marzo 1997 del Ministro della sanità, pubblicata nella Gazzetta Ufficiale n. 55 del 7 marzo 1997, sono autorizzati ad applicare le tecniche di procrea zione medicalmente assistita, nel rispetto delle disposizioni della presente legge, fino al nono mese successivo alla data di entrata in vigore della presente legge.

2. Entro trenta giorni dalla data di entrata in vigore della presente legge, le strutture e i centri di cui al comma 1 trasmettono al Ministero della salute un elenco contenente l'indicazione numerica degli embrioni prodotti a seguito dell'applicazione di tecniche di procreazione medicalmente assistita nel periodo precedente la data di entrata in vigore della presente legge, nonché, nel rispetto delle vigenti disposizioni sulla tutela della riservatezza dei dati personali, l'indicazione nominativa di coloro che hanno fatto ricorso alle tecniche medesime a seguito delle quali sono stati formati gli embrioni. La violazione della disposizione del presente comma è punita con la sanzione amministrativa pecuniaria da 25.000 a 50.000 euro.

3. Entro tre mesi dalla data di entrata in vigore della presente legge il Ministro della salute, avvalendosi dell'Istituto superiore di sanità, definisce, con proprio decreto, le modalità e i termini di conservazione degli embrioni di cui al comma 2 (1).

(1) *V. d.m. 4 agosto 2004 (G.U. 6 agosto 2004, n. 200).*

18. (1) Fondo per le tecniche di procreazione medicalmente assistita. – 1. Al fine di favorire l'accesso alle tecniche di procreazione medicalmente assistita da parte dei soggetti di cui all'articolo 5, presso il Ministero della salute è istituito il Fondo per le tecniche di procreazione medicalmente assistita. Il Fondo è ripartito tra le regioni e le province autonome di Trento e di Bolzano sulla base di criteri determinati con decreto del Ministro della salute, da emanare entro sessanta giorni dalla data di entrata in vigore della presente legge, sentita la Conferenza permanente per i rapporti tra lo Stato, le regioni e le province autonome di Trento e di Bolzano.

2. Per la dotazione del Fondo di cui al comma 1 è autorizzata la spesa di 6,8 milioni di euro a decorrere dall'anno 2004.

3. All'onere derivante dall'attuazione del presente articolo si provvede mediante corrispondente riduzione dello stanziamento iscritto, ai fini del bilancio triennale 2004-2006, nell'ambito dell'unità previsionale di base di parte corrente "Fondo speciale" dello stato di previsione del Ministero dell'economia e delle finanze per l'anno 2004, allo scopo parzialmente utilizzando l'accantonamento relativo al Ministero medesimo. Il Ministro dell'economia e delle finanze è autorizzato ad apportare, con propri decreti, le occorrenti variazioni di bilancio.

(1) *Per un incremento della dotazione del fondo di cui al presente articolo per gli anni 2021, 2022 e 2023, v. art. 1[450] l. 30 dicembre 2020, n. 178.*

9. Unioni civili

***D.P.R. 3 novembre 2000, n. 396.* — Regolamento per la revisione e la semplificazione dell'ordinamento dello stato civile, a norma dell'articolo 2, comma 12, della legge 15 maggio 1997, n. 127** (G.U. 30 dicembre 2000, n. 303).

(*Stralcio*)

Titolo VIII-*bis*
Della richiesta e della costituzione dell'unione civile (1)

(1) *Titolo inserito, unitamente agli artt. da 70-*bis *a 70-*quinquiesdecies*, dall'art. 1[1] lett. t) d.lgs. 19 gennaio 2017, n. 5.*

70-*bis*. (1) **Richiesta di costituzione dell'unione civile.** – 1. La richiesta di costituzione dell'unione civile è presentata all'ufficio dello stato civile del comune scelto dalle parti. Chi richiede la costituzione dell'unione civile deve dichiarare il nome e il cognome, la data e il luogo di nascita, la cittadinanza e il luogo di residenza delle parti dell'unione civile, nonché l'insussistenza delle cause impeditive alla costituzione dell'unione di cui all'articolo 1, comma 4, della legge 20 maggio 2016, n. 76.

2. L'ufficiale dello stato civile deve verificare l'esattezza della dichiarazione di cui al comma 1 e può acquisire d'ufficio eventuali documenti che ritenga necessari per provare l'inesistenza di impedimenti alla costituzione dell'unione civile.

3. Ricevuta la richiesta di costituzione dell'unione civile, l'ufficiale dello stato civile redige processo verbale in cui indica l'identità delle persone comparse, la richiesta a lui fatta, le dichiarazioni delle parti o di chi le rappresenta, e lo sottoscrive unitamente ai richiedenti.

4. La richiesta di costituzione dell'unione civile può essere fatta anche all'ufficiale dello stato civile del comune di scelta delle parti da persona che ne ha avuto dalle stesse speciale incarico nei modi indicati dall'articolo 12, comma 7.

(1) *V. nota 1* sub *Titolo VIII-*bis.

70-*ter*. (1) **Verifiche.** – 1. Le verifiche di cui all'articolo 70-*bis*, comma 2, devono essere effettuate entro trenta giorni dalla redazione del processo verbale. Da tale data, o anche da data antecedente, se le verifiche sono completate prima e l'ufficiale dello stato civile ne ha dato obbligatoria comunicazione ai richiedenti, le parti possono presentarsi all'ufficiale dello stato civile per costituire l'unione civile.

2. Quando è accertata l'insussistenza dei presupposti o la sussistenza di un impedimento, l'ufficiale dello stato civile ne dà comunicazione alle parti e non procede alla costituzione dell'unione civile.

3. I documenti presentati o acquisti sono registrati, dopo la costituzione dell'unione civile, negli archivi di cui all'articolo 10.

4. Quando la costituzione dell'unione civile non avviene nei centottanta giorni successivi al termine o alla comunicazione di cui al comma 1, la richiesta delle parti e le verifiche dell'ufficiale dello stato civile si considerano come non avvenute.

(1) *V. nota 1* sub *Titolo VIII*-bis.

70-*quater*. (1) **Costituzione dell'unione civile per delega.** – 1. Quando vi è necessità o convenienza di costituire l'unione civile in un comune diverso da quello in cui è stata presentata la richiesta, l'ufficiale dello stato civile, completate le verifiche di cui all'articolo 70-*bis*, su istanza delle parti, delega per iscritto l'ufficiale dello stato civile del comune dalle stesse indicato.

(1) *V. nota 1* sub *Titolo VIII*-bis.

70-*quinquies*. (1) **Impedimenti.** – 1. Quando a costituire l'unione civile osta un impedimento per il quale è stata concessa autorizzazione a termini delle disposizioni del codice civile, una delle parti dell'unione civile deve presentare copia del relativo provvedimento.

(1) *V. nota 1* sub *Titolo VIII*-bis.

70-*sexies*. (1) **Casi particolari.** – 1. Quando una delle parti che chiede la costituzione dell'unione civile è un cittadino italiano residente all'estero, l'ufficiale dello stato civile al quale è fatta richiesta effettua le verifiche di cui all'articolo 70-*bis*, anche presso il competente ufficio consolare. Se invece la richiesta di costituzione dell'unione civile viene fatta all'autorità consolare, quest'ultima effettua le verifiche di cui all'articolo 70-*bis* tramite l'ufficiale dello stato civile del comune di iscrizione anagrafica.

(1) *V. nota 1* sub *Titolo VIII*-bis.

70-*septies*. (1) **Registrazioni.** – 1. I documenti che giustificano le enunciazioni contenute nel processo verbale di richiesta di costituzione dell'unione civile sono registrati, costituita l'unione civile, di seguito all'atto di costituzione dell'unione civile negli archivi di cui all'articolo 10.

(1) *V. nota 1* sub *Titolo VIII*-bis.

70-*octies*. (1) **Costituzione dell'unione civile.** – 1. Trascorso il termine previsto dall'articolo 70-*ter*, comma 1, l'ufficiale dello stato civile può procedere alla costituzione dell'unione civile.

2. Le parti, nel giorno prescelto, si presentano e rendono personalmente e congiuntamente, alla presenza di due testimoni, all'ufficiale dello stato civile del comune dove è stata presentata la richiesta, la dichiarazione di voler costituire unione civile.

3. Le parti possono dichiarare di assumere, per la durata dell'unione civile, un cognome comune scegliendolo tra i loro cognomi. La parte può anteporre o posporre al cognome comune il proprio cognome, se diverso, facendone dichiarazione all'ufficiale dello stato civile. Possono inoltre dichiarare di scegliere il regime della separazione dei beni nei loro rapporti patrimoniali.

4. L'ufficiale dello stato civile, ricevuta la dichiarazione di cui al comma 2, fatta menzione del contenuto dei commi 11 e 12 dell'articolo 1 della legge 20 maggio 2016, n. 76, iscrive l'atto di costituzione dell'unione civile nel registro delle unioni civili. Tale atto, dopo essere stato letto agli intervenuti, è sottoscritto dalle parti, dai testimoni e dall'ufficiale dello stato civile.

5. Nell'ipotesi di cui all'articolo 31, comma 4-*bis*, del decreto legislativo 1° settembre 2011, n. 150, l'ufficiale dello stato civile del comune di celebrazione del matrimonio o di trascrizione se avvenuto all'estero, ricevuta la comunicazione della sentenza di rettificazione di attribuzione di sesso, procede all'iscrizione dell'unione civile nel registro delle unioni civili con le eventuali annotazioni relative alla scelta del cognome ed al regime patrimoniale.

(1) *V. nota 1* sub *Titolo VIII*-bis.

70-*novies*. (1) **Costituzione dell'unione civile fuori della casa comunale.** – 1. Se una delle parti dell'unione civile, per infermità o per altro impedimento giustificato all'ufficio dello stato civile, è nell'impossibilità di recarsi alla casa comunale, l'ufficiale si trasferisce col segretario nel luogo in cui si trova la parte impedita e, ivi, alla presenza di due testimoni, procede alla costituzione dell'unione civile.

(1) *V. nota 1* sub *Titolo VIII*-bis.

70-*decies*. (1) **Costituzione dell'unione civile in imminente pericolo di vita.** – 1. Nel caso di imminente pericolo di vita di una delle parti, l'ufficiale di stato civile del luogo può procedere alla costituzione senza le verifiche di cui all'articolo 70-*bis*, comma 2, purché le parti prima giurino che non esistono tra loro impedimenti.

2. L'ufficiale dello stato civile dichiara nell'atto di costituzione dell'unione il modo con cui ha accertato l'imminente pericolo di vita e procede secondo le modalità di cui all'articolo 70-*novies*.

(1) *V. nota 1* sub *Titolo VIII*-bis.

70-*undecies*. (1) **Opposizione del pubblico ministero.** – 1. L'ufficiale dello stato civile, se conosce che osta alla costituzione dell'unione civile un impedimento che non è stato dichiarato, deve immediatamente informare il procuratore della Repubblica, affinché questi possa proporre opposizione alla costituzione dell'unione civile.

2. L'atto di opposizione deve essere proposto con ricorso al presidente del tribunale del luogo dove è stata richiesta la costituzione dell'unione civile che fissa con decreto la comparizione delle parti davanti al collegio per una data compresa tra i tre e i dieci giorni da quella di presentazione del ricorso e dispone che ricorso e decreto siano comunicati al procuratore della Repubblica e siano notificati, a cura del ricorrente, entro il giorno precedente a quello fissato per la comparizione, alle parti dell'unione civile e all'ufficiale dello stato civile del comune nel quale deve essere costituita l'unione civile.

3. Il tribunale, sentite le parti ed acquisiti senza particolari formalità gli elementi del caso, decide con decreto motivato avente efficacia immediata, indipendentemente dall'eventuale reclamo.

4. Se l'opposizione è stata proposta da chi ne ha facoltà, per causa ammessa dalla legge, il presidente del tribunale può, con proprio decreto, ove ne sussista la opportunità, sospendere la costituzione dell'unione civile sino a che sia stata rimossa la opposizione.

(1) *V. nota 1* sub *Titolo VIII*-bis.

70-*duodecies*. (1) **Termine per l'opposizione.** – 1. L'opposizione all'unione civile può essere sempre proposta prima della sua costituzione.

(1) *V. nota 1* sub *Titolo VIII*-bis.

70-*terdecies*. (1) **Annotazione dell'opposizione.** – 1. Nel processo verbale di richiesta di costituzione della unione civile deve essere annotato l'atto di opposizione.

2. Nello stesso verbale si deve altresì annotare il decreto che rigetta

od accoglie l'opposizione o il provvedimento di estinzione del giudizio.

(1) *V. nota 1* sub *Titolo VIII*-bis.

70-*quaterdecies*. (1) Contenuto dell'atto di costituzione dell'unione civile. – 1. L'atto di costituzione dell'unione civile deve specificamente indicare:

a) il nome e il cognome, il luogo e la data di nascita, la cittadinanza e la residenza delle parti dell'unione civile; il nome, il cognome, il luogo e la data di nascita e la residenza dei testimoni;

b) la data della richiesta di costituzione dell'unione civile, salvo il caso di cui all'articolo 70-*decies*;

c) il decreto di autorizzazione quando ricorre alcuno degli impedimenti di legge, salvo il caso di cui all'articolo 70-*decies*;

d) la menzione dell'avvenuta lettura del contenuto dei commi 11 e 12 dell'articolo 1 della legge 20 maggio 2016, n. 76;

e) la dichiarazione delle parti di voler costituire l'unione civile;

f) il luogo della costituzione dell'unione civile nel caso di imminente pericolo di vita e di costituzione fuori della casa comunale ed il motivo del trasferimento dell'ufficiale dello stato civile in detto luogo.

2. Quando contemporaneamente alla costituzione dell'unione civile le parti dichiarano di scegliere il cognome comune, a norma dell'articolo 1, comma 10, della legge 20 maggio 2016, n. 76, la dichiarazione è inserita nell'atto stesso di costituzione dell'unione civile. Ugualmente si provvede nel caso di scelta del regime di separazione dei beni o di scelta della legge applicabile ai loro rapporti patrimoniali operata in base alle vigenti norme di diritto internazionale privato.

(1) *V. nota 1* sub *Titolo VIII*-bis.

70-*quinquiesdecies*. (1) Certificazione dell'unione civile. – 1. La certificazione dell'unione civile riporta i dati anagrafici delle parti, l'indicazione del regime patrimoniale e della residenza, oltre ai dati anagrafici ed alla residenza dei testimoni.

2. Nei documenti e atti in cui è prevista l'indicazione dello stato civile, per le parti dell'unione civile sono riportate le seguenti formule: "unito civilmente" o "unita civilmente".

(1) *V. nota 1* sub *Titolo VIII*-bis.

L. 20 maggio 2016, n. 76. — **Regolamentazione delle unioni civili tra persone dello stesso sesso e disciplina delle convivenze** (G.U. 21 maggio 2016, n. 118) (1).

(1) *Per l'attuazione della presente legge, v. d.ls. 19 gennaio 2017, n. 5, d.ls. 19 gennaio 2017, n. 6 e d.ls. 19 gennaio 2017, n. 7.*

1. – 1. La presente legge istituisce l'unione civile tra persone dello stesso sesso quale specifica formazione sociale ai sensi degli articoli 2 e 3 della Costituzione e reca la disciplina delle convivenze di fatto.

2. Due persone maggiorenni dello stesso sesso costituiscono un'unione civile mediante dichiarazione di fronte all'ufficiale di stato civile ed alla presenza di due testimoni.

3. L'ufficiale di stato civile provvede alla registrazione degli atti di unione civile tra persone dello stesso sesso nell'archivio dello stato civile.

4. Sono cause impeditive per la costituzione dell'unione civile tra persone dello stesso sesso:

a) la sussistenza, per una delle parti, di un vincolo matrimoniale o di un'unione civile tra persone dello stesso sesso;

b) l'interdizione di una delle parti per infermità di mente; se l'istanza d'interdizione è soltanto promossa, il pubblico ministero può chiedere che si sospenda la costituzione dell'unione civile; in tal caso il procedimento non può aver luogo finché la sentenza che ha pronunziato sull'istanza non sia passata in giudicato;

c) la sussistenza tra le parti dei rapporti di cui all'articolo 87, primo comma, del codice civile; non possono altresì contrarre unione civile tra persone dello stesso sesso lo zio e il nipote e la zia e la nipote; si applicano le disposizioni di cui al medesimo articolo 87;

d) la condanna definitiva di un contraente per omicidio consumato o tentato nei confronti di chi sia coniugato o unito civilmente con l'altra parte; se è stato disposto soltanto rinvio a giudizio ovvero sentenza di condanna di primo o secondo grado ovvero una misura cautelare la costituzione dell'unione civile tra persone dello stesso sesso è sospesa sino a quando non è pronunziata sentenza di proscioglimento.

5. La sussistenza di una delle cause impeditive di cui al comma 4 comporta la nullità dell'unione civile tra persone dello stesso sesso. All'unione civile tra persone dello stesso sesso si applicano gli articoli 65 e 68, nonché le disposizioni di cui agli articoli 119, 120, 123, 125, 126, 127, 128, 129 e 129-*bis* del codice civile.

6. L'unione civile costituita in violazione di una delle cause impe-

ditive di cui al comma 4, ovvero in violazione dell'articolo 68 del codice civile, può essere impugnata da ciascuna delle parti dell'unione civile, dagli ascendenti prossimi, dal pubblico ministero e da tutti coloro che abbiano per impugnarla un interesse legittimo e attuale. L'unione civile costituita da una parte durante l'assenza dell'altra non può essere impugnata finché dura l'assenza.

7. L'unione civile può essere impugnata dalla parte il cui consenso è stato estorto con violenza o determinato da timore di eccezionale gravità determinato da cause esterne alla parte stessa. Può essere altresì impugnata dalla parte il cui consenso è stato dato per effetto di errore sull'identità della persona o di errore essenziale su qualità personali dell'altra parte. L'azione non può essere proposta se vi è stata coabitazione per un anno dopo che è cessata la violenza o le cause che hanno determinato il timore ovvero sia stato scoperto l'errore. L'errore sulle qualità personali è essenziale qualora, tenute presenti le condizioni dell'altra parte, si accerti che la stessa non avrebbe prestato il suo consenso se le avesse esattamente conosciute e purché l'errore riguardi:

a) l'esistenza di una malattia fisica o psichica, tale da impedire lo svolgimento della vita comune;

b) le circostanze di cui all'articolo 122, terzo comma, numeri 2), 3) e 4), del codice civile.

8. La parte può in qualunque tempo impugnare il matrimonio o l'unione civile dell'altra parte. Se si oppone la nullità della prima unione civile, tale questione deve essere preventivamente giudicata.

9. L'unione civile tra persone dello stesso sesso è certificata dal relativo documento attestante la costituzione dell'unione, che deve contenere i dati anagrafici delle parti, l'indicazione del loro regime patrimoniale e della loro residenza, oltre ai dati anagrafici e alla residenza dei testimoni.

10. Mediante dichiarazione all'ufficiale di stato civile le parti possono stabilire di assumere, per la durata dell'unione civile tra persone dello stesso sesso, un cognome comune scegliendolo tra i loro cognomi. La parte può anteporre o posporre al cognome comune il proprio cognome, se diverso, facendone dichiarazione all'ufficiale di stato civile.

11. Con la costituzione dell'unione civile tra persone dello stesso sesso le parti acquistano gli stessi diritti e assumono i medesimi doveri; dall'unione civile deriva l'obbligo reciproco all'assistenza morale e materiale e alla coabitazione. Entrambe le parti sono tenute,

ciascuna in relazione alle proprie sostanze e alla propria capacità di lavoro professionale e casalingo, a contribuire ai bisogni comuni.

12. Le parti concordano tra loro l'indirizzo della vita familiare e fissano la residenza comune; a ciascuna delle parti spetta il potere di attuare l'indirizzo concordato.

13. Il regime patrimoniale dell'unione civile tra persone dello stesso sesso, in mancanza di diversa convenzione patrimoniale, è costituito dalla comunione dei beni. In materia di forma, modifica, simulazione e capacità per la stipula delle convenzioni patrimoniali si applicano gli articoli 162, 163, 164 e 166 del codice civile. Le parti non possono derogare né ai diritti né ai doveri previsti dalla legge per effetto dell'unione civile. Si applicano le disposizioni di cui alle sezioni II, III, IV, V e VI del capo VI del titolo VI del libro primo del codice civile.

14. Quando la condotta della parte dell'unione civile è causa di grave pregiudizio all'integrità fisica o morale ovvero alla libertà dell'altra parte, il giudice, su istanza di parte, può adottare con decreto uno o più dei provvedimenti di cui all'articolo 342-*ter* del codice civile.

15. Nella scelta dell'amministratore di sostegno il giudice tutelare preferisce, ove possibile, la parte dell'unione civile tra persone dello stesso sesso. L'interdizione o l'inabilitazione possono essere promosse anche dalla parte dell'unione civile, la quale può presentare istanza di revoca quando ne cessa la causa.

16. La violenza è causa di annullamento del contratto anche quando il male minacciato riguarda la persona o i beni dell'altra parte dell'unione civile costituita dal contraente o da un discendente o ascendente di lui.

17. In caso di morte del prestatore di lavoro, le indennità indicate dagli articoli 2118 e 2120 del codice civile devono corrispondersi anche alla parte dell'unione civile.

18. La prescrizione rimane sospesa tra le parti dell'unione civile.

19. All'unione civile tra persone dello stesso sesso si applicano le disposizioni di cui al titolo XIII del libro primo del codice civile, nonché gli articoli 116, primo comma, 146, 2647, 2653, primo comma, numero 4), e 2659 del codice civile.

20. Al solo fine di assicurare l'effettività della tutela dei diritti e il pieno adempimento degli obblighi derivanti dall'unione civile tra persone dello stesso sesso, le disposizioni che si riferiscono al matrimonio e le disposizioni contenenti le parole « coniuge », « coniugi » o termini equivalenti, ovunque ricorrono nelle leggi, negli atti aventi

forza di legge, nei regolamenti nonché negli atti amministrativi e nei contratti collettivi, si applicano anche ad ognuna delle parti dell'unione civile tra persone dello stesso sesso. La disposizione di cui al periodo precedente non si applica alle norme del codice civile non richiamate espressamente nella presente legge, nonché alle disposizioni di cui alla legge 4 maggio 1983, n. 184. Resta fermo quanto previsto e consentito in materia di adozione dalle norme vigenti.

21. Alle parti dell'unione civile tra persone dello stesso sesso si applicano le disposizioni previste dal capo III e dal capo X del titolo I, dal titolo II e dal capo II e dal capo V-*bis* del titolo IV del libro secondo del codice civile.

22. La morte o la dichiarazione di morte presunta di una delle parti dell'unione civile ne determina lo scioglimento.

23. L'unione civile si scioglie altresì nei casi previsti dall'articolo 3, numero 1) e numero 2), lettere *a*), *c*), *d*) ed *e*), della legge 1° dicembre 1970, n. 898.

24. L'unione civile si scioglie, inoltre, quando le parti hanno manifestato anche disgiuntamente la volontà di scioglimento dinanzi all'ufficiale dello stato civile. In tale caso la domanda di scioglimento dell'unione civile è proposta decorsi tre mesi dalla data della manifestazione di volontà di scioglimento dell'unione.

25. Si applicano, in quanto compatibili, gli articoli 5, primo, quinto, sesto, settimo, ottavo, decimo e undicesimo comma, 9 secondo comma, 9-*bis*, 10 secondo comma, 12-*bis*, 12-*ter*, 12-*quater* e 12-*quinquies* della legge 1° dicembre 1970, n. 898, nonché le disposizioni di cui al Titolo IV-*bis* del libro secondo del codice di procedura civile ed agli articoli 6 e 12 del decreto-legge 12 settembre 2014, n. 132, convertito, con modificazioni, dalla legge 10 novembre 2014, n. 162 (1).

26. La sentenza di rettificazione di attribuzione di sesso determina lo scioglimento dell'unione civile tra persone dello stesso sesso.

27. Alla rettificazione anagrafica di sesso, ove i coniugi abbiano manifestato la volontà di non sciogliere il matrimonio o di non cessarne gli effetti civili, consegue l'automatica instaurazione dell'unione civile tra persone dello stesso sesso.

28. Fatte salve le disposizioni di cui alla presente legge, il Governo è delegato ad adottare, entro sei mesi dalla data di entrata in vigore della presente legge, uno o più decreti legislativi in materia di unione civile tra persone dello stesso sesso nel rispetto dei seguenti principi e criteri direttivi:

a) adeguamento alle previsioni della presente legge delle disposizioni dell'ordinamento dello stato civile in materia di iscrizioni, trascrizioni e annotazioni (2);

b) modifica e riordino delle norme in materia di diritto internazionale privato, prevedendo l'applicazione della disciplina dell'unione civile tra persone dello stesso sesso regolata dalle leggi italiane alle coppie formate da persone dello stesso sesso che abbiano contratto all'estero matrimonio, unione civile o altro istituto analogo (3);

c) modificazioni ed integrazioni normative per il necessario coordinamento con la presente legge delle disposizioni contenute nelle leggi, negli atti aventi forza di legge, nei regolamenti e nei decreti (2) (4).

29. I decreti legislativi di cui al comma 28 sono adottati su proposta del Ministro della giustizia, di concerto con il Ministro dell'interno, il Ministro del lavoro e delle politiche sociali e il Ministro degli affari esteri e della cooperazione internazionale.

30. Ciascuno schema di decreto legislativo di cui al comma 28, a seguito della deliberazione del Consiglio dei ministri, è trasmesso alla Camera dei deputati e al Senato della Repubblica perché su di esso siano espressi, entro sessanta giorni dalla trasmissione, i pareri delle Commissioni parlamentari competenti per materia. Decorso tale termine il decreto può essere comunque adottato, anche in mancanza dei pareri. Qualora il termine per l'espressione dei pareri parlamentari scada nei trenta giorni che precedono la scadenza del termine previsto dal comma 28, quest'ultimo termine è prorogato di tre mesi. Il Governo, qualora non intenda conformarsi ai pareri parlamentari, trasmette nuovamente i testi alle Camere con le sue osservazioni e con eventuali modificazioni, corredate dei necessari elementi integrativi di informazione e motivazione. I pareri definitivi delle Commissioni competenti per materia sono espressi entro il termine di dieci giorni dalla data della nuova trasmissione. Decorso tale termine, i decreti possono essere comunque adottati.

31. Entro due anni dalla data di entrata in vigore di ciascun decreto legislativo adottato ai sensi del comma 28, il Governo può adottare disposizioni integrative e correttive del decreto medesimo, nel rispetto dei principi e criteri direttivi di cui al citato comma 28, con la procedura prevista nei commi 29 e 30.

32. All'articolo 86 del codice civile, dopo le parole: « da un matrimonio » sono inserite le seguenti: « o da un'unione civile tra persone dello stesso sesso ».

33. All'articolo 124 del codice civile, dopo le parole: « impugnare il

matrimonio » sono inserite le seguenti: « o l'unione civile tra persone dello stesso sesso ».

34. Con decreto del Presidente del Consiglio dei ministri, su proposta del Ministro dell'interno, da emanare entro trenta giorni dalla data di entrata in vigore della presente legge, sono stabilite le disposizioni transitorie necessarie per la tenuta dei registri nell'archivio dello stato civile nelle more dell'entrata in vigore dei decreti legislativi adottati ai sensi del comma 28, lettera *a*) (5).

35. Le disposizioni di cui ai commi da 1 a 34 acquistano efficacia a decorrere dalla data di entrata in vigore della presente legge.

36. Ai fini delle disposizioni di cui ai commi da 37 a 67 si intendono per « conviventi di fatto » due persone maggiorenni unite stabilmente da legami affettivi di coppia e di reciproca assistenza morale e materiale, non vincolate da rapporti di parentela, affinità o adozione, da matrimonio o da un'unione civile.

37. Ferma restando la sussistenza dei presupposti di cui al comma 36, per l'accertamento della stabile convivenza si fa riferimento alla dichiarazione anagrafica di cui all'articolo 4 e alla lettera *b*) del comma 1 dell'articolo 13 del regolamento di cui al decreto del Presidente della Repubblica 30 maggio 1989, n. 223.

38. I conviventi di fatto hanno gli stessi diritti spettanti al coniuge nei casi previsti dall'ordinamento penitenziario.

39. In caso di malattia o di ricovero, i conviventi di fatto hanno diritto reciproco di visita, di assistenza nonché di accesso alle informazioni personali, secondo le regole di organizzazione delle strutture ospedaliere o di assistenza pubbliche, private o convenzionate, previste per i coniugi e i familiari.

40. Ciascun convivente di fatto può designare l'altro quale suo rappresentante con poteri pieni o limitati:

a) in caso di malattia che comporta incapacità di intendere e di volere, per le decisioni in materia di salute;

b) in caso di morte, per quanto riguarda la donazione di organi, le modalità di trattamento del corpo e le celebrazioni funerarie.

41. La designazione di cui al comma 40 è effettuata in forma scritta e autografa oppure, in caso di impossibilità di redigerla, alla presenza di un testimone.

42. Salvo quanto previsto dall'articolo 337-*sexies* del codice civile, in caso di morte del proprietario della casa di comune residenza il convivente di fatto superstite ha diritto di continuare ad abitare nella stessa per due anni o per un periodo pari alla convivenza se superiore a due anni e comunque non oltre i cinque anni. Ove nella stessa

coabitino figli minori o figli disabili del convivente superstite, il medesimo ha diritto di continuare ad abitare nella casa di comune residenza per un periodo non inferiore a tre anni.

43. Il diritto di cui al comma 42 viene meno nel caso in cui il convivente superstite cessi di abitare stabilmente nella casa di comune residenza o in caso di matrimonio, di unione civile o di nuova convivenza di fatto.

44. Nei casi di morte del conduttore o di suo recesso dal contratto di locazione della casa di comune residenza, il convivente di fatto ha facoltà di succedergli nel contratto.

45. Nel caso in cui l'appartenenza ad un nucleo familiare costituisca titolo o causa di preferenza nelle graduatorie per l'assegnazione di alloggi di edilizia popolare, di tale titolo o causa di preferenza possono godere, a parità di condizioni, i conviventi di fatto.

46. Nella sezione VI del capo VI del titolo VI del libro primo del codice civile, dopo l'articolo 230-*bis* è aggiunto il seguente:

« Art. 230-*ter* (*Diritti del convivente*). - Al convivente di fatto che presti stabilmente la propria opera all'interno dell'impresa dell'altro convivente spetta una partecipazione agli utili dell'impresa familiare ed ai beni acquistati con essi nonché agli incrementi dell'azienda, anche in ordine all'avviamento, commisurata al lavoro prestato. Il diritto di partecipazione non spetta qualora tra i conviventi esista un rapporto di società o di lavoro subordinato ».

47. All'articolo 712, secondo comma, del codice di procedura civile, dopo le parole: « del coniuge » sono inserite le seguenti: « o del convivente di fatto ».

48. Il convivente di fatto può essere nominato tutore, curatore o amministratore di sostegno, qualora l'altra parte sia dichiarata interdetta o inabilitata ai sensi delle norme vigenti ovvero ricorrano i presupposti di cui all'articolo 404 del codice civile.

49. In caso di decesso del convivente di fatto, derivante da fatto illecito di un terzo, nell'individuazione del danno risarcibile alla parte superstite si applicano i medesimi criteri individuati per il risarcimento del danno al coniuge superstite.

50. I conviventi di fatto possono disciplinare i rapporti patrimoniali relativi alla loro vita in comune con la sottoscrizione di un contratto di convivenza.

51. Il contratto di cui al comma 50, le sue modifiche e la sua risoluzione sono redatti in forma scritta, a pena di nullità, con atto pubblico o scrittura privata con sottoscrizione autenticata da un

notaio o da un avvocato che ne attestano la conformità alle norme imperative e all'ordine pubblico.

52. Ai fini dell'opponibilità ai terzi, il professionista che ha ricevuto l'atto in forma pubblica o che ne ha autenticato la sottoscrizione ai sensi del comma 51 deve provvedere entro i successivi dieci giorni a trasmetterne copia al comune di residenza dei conviventi per l'iscrizione all'anagrafe ai sensi degli articoli 5 e 7 del regolamento di cui al decreto del Presidente della Repubblica 30 maggio 1989, n. 223.

53. Il contratto di cui al comma 50 reca l'indicazione dell'indirizzo indicato da ciascuna parte al quale sono effettuate le comunicazioni inerenti al contratto medesimo. Il contratto può contenere:

a) l'indicazione della residenza;

b) le modalità di contribuzione alle necessità della vita in comune, in relazione alle sostanze di ciascuno e alla capacità di lavoro professionale o casalingo;

c) il regime patrimoniale della comunione dei beni, di cui alla sezione III del capo VI del titolo VI del libro primo del codice civile.

54. Il regime patrimoniale scelto nel contratto di convivenza può essere modificato in qualunque momento nel corso della convivenza con le modalità di cui al comma 51.

55. Il trattamento dei dati personali contenuti nelle certificazioni anagrafiche deve avvenire conformemente alla normativa prevista dal codice in materia di protezione dei dati personali, di cui al decreto legislativo 30 giugno 2003, n. 196, garantendo il rispetto della dignità degli appartenenti al contratto di convivenza. I dati personali contenuti nelle certificazioni anagrafiche non possono costituire elemento di discriminazione a carico delle parti del contratto di convivenza.

56. Il contratto di convivenza non può essere sottoposto a termine o condizione. Nel caso in cui le parti inseriscano termini o condizioni, questi si hanno per non apposti.

57. Il contratto di convivenza è affetto da nullità insanabile che può essere fatta valere da chiunque vi abbia interesse se concluso:

a) in presenza di un vincolo matrimoniale, di un'unione civile o di un altro contratto di convivenza;

b) in violazione del comma 36;

c) da persona minore di età;

d) da persona interdetta giudizialmente;

e) in caso di condanna per il delitto di cui all'articolo 88 del codice civile.

58. Gli effetti del contratto di convivenza restano sospesi in pen-

denza del procedimento di interdizione giudiziale o nel caso di rinvio a giudizio o di misura cautelare disposti per il delitto di cui all'articolo 88 del codice civile, fino a quando non sia pronunciata sentenza di proscioglimento.

59. Il contratto di convivenza si risolve per:

a) accordo delle parti;

b) recesso unilaterale;

c) matrimonio o unione civile tra i conviventi o tra un convivente ed altra persona;

d) morte di uno dei contraenti.

60. La risoluzione del contratto di convivenza per accordo delle parti o per recesso unilaterale deve essere redatta nelle forme di cui al comma 51. Qualora il contratto di convivenza preveda, a norma del comma 53, lettera *c*), il regime patrimoniale della comunione dei beni, la sua risoluzione determina lo scioglimento della comunione medesima e si applicano, in quanto compatibili, le disposizioni di cui alla sezione III del capo VI del titolo VI del libro primo del codice civile. Resta in ogni caso ferma la competenza del notaio per gli atti di trasferimento di diritti reali immobiliari comunque discendenti dal contratto di convivenza.

61. Nel caso di recesso unilaterale da un contratto di convivenza il professionista che riceve o che autentica l'atto è tenuto, oltre che agli adempimenti di cui al comma 52, a notificarne copia all'altro contraente all'indirizzo risultante dal contratto. Nel caso in cui la casa familiare sia nella disponibilità esclusiva del recedente, la dichiarazione di recesso, a pena di nullità, deve contenere il termine, non inferiore a novanta giorni, concesso al convivente per lasciare l'abitazione.

62. Nel caso di cui alla lettera *c*) del comma 59, il contraente che ha contratto matrimonio o unione civile deve notificare all'altro contraente, nonché al professionista che ha ricevuto o autenticato il contratto di convivenza, l'estratto di matrimonio o di unione civile.

63. Nel caso di cui alla lettera *d*) del comma 59, il contraente superstite o gli eredi del contraente deceduto devono notificare al professionista che ha ricevuto o autenticato il contratto di convivenza l'estratto dell'atto di morte affinché provveda ad annotare a margine del contratto di convivenza l'avvenuta risoluzione del contratto e a notificarlo all'anagrafe del comune di residenza.

64. Dopo l'articolo 30 della legge 31 maggio 1995, n. 218, è inserito il seguente:

« Art. 30-*bis* (*Contratti di convivenza*). - 1. Ai contratti di convivenza si applica la legge nazionale comune dei contraenti. Ai contraenti di diversa cittadinanza si applica la legge del luogo in cui la convivenza è prevalentemente localizzata.

2. Sono fatte salve le norme nazionali, europee ed internazionali che regolano il caso di cittadinanza plurima ».

65. In caso di cessazione della convivenza di fatto, il giudice stabilisce il diritto del convivente di ricevere dall'altro convivente e gli alimenti qualora versi in stato di bisogno e non sia in grado di provvedere al proprio mantenimento. In tali casi, gli alimenti sono assegnati per un periodo proporzionale alla durata della convivenza e nella misura determinata ai sensi dell'articolo 438, secondo comma, del codice civile. Ai fini della determinazione dell'ordine degli obbligati ai sensi dell'articolo 433 del codice civile, l'obbligo alimentare del convivente di cui al presente comma è adempiuto con precedenza sui fratelli e sorelle.

66. Agli oneri derivanti dall'attuazione dei commi da 1 a 35 del presente articolo, valutati complessivamente in 3,7 milioni di euro per l'anno 2016, in 6,7 milioni di euro per l'anno 2017, in 8 milioni di euro per l'anno 2018, in 9,8 milioni di euro per l'anno 2019, in 11,7 milioni di euro per l'anno 2020, in 13,7 milioni di euro per l'anno 2021, in 15,8 milioni di euro per l'anno 2022, in 17,9 milioni di euro per l'anno 2023, in 20,3 milioni di euro per l'anno 2024 e in 22,7 milioni di euro annui a decorrere dall'anno 2025, si provvede:

a) quanto a 3,7 milioni di euro per l'anno 2016, a 1,3 milioni di euro per l'anno 2018, a 3,1 milioni di euro per l'anno 2019, a 5 milioni di euro per l'anno 2020, a 7 milioni di euro per l'anno 2021, a 9,1 milioni di euro per l'anno 2022, a 11,2 milioni di euro per l'anno 2023, a 13,6 milioni di euro per l'anno 2024 e a 16 milioni di euro annui a decorrere dall'anno 2025, mediante riduzione del Fondo per interventi strutturali di politica economica, di cui all'articolo 10, comma 5, del decreto-legge 29 novembre 2004, n. 282, convertito, con modificazioni, dalla legge 27 dicembre 2004, n. 307;

b) quanto a 6,7 milioni di euro annui a decorrere dall'anno 2017, mediante corrispondente riduzione delle proiezioni, per gli anni 2017 e 2018, dello stanziamento del fondo speciale di parte corrente iscritto, ai fini del bilancio triennale 2016-2018, nell'ambito del programma « Fondi di riserva e speciali » della missione « Fondi da ripartire » dello stato di previsione del Ministero dell'economia e delle finanze per l'anno 2016, allo scopo parzialmente utilizzando l'accantonamento relativo al medesimo Ministero.

67. Ai sensi dell'articolo 17, comma 12, della legge 31 dicembre 2009, n. 196, il Ministro del lavoro e delle politiche sociali, sulla base

dei dati comunicati dall'INPS, provvede al monitoraggio degli oneri di natura previdenziale ed assistenziale di cui ai commi da 11 a 20 del presente articolo e riferisce in merito al Ministro dell'economia e delle finanze. Nel caso si verifichino o siano in procinto di verificarsi scostamenti rispetto alle previsioni di cui al comma 66, il Ministro dell'economia e delle finanze, sentito il Ministro del lavoro e delle politiche sociali, provvede, con proprio decreto, alla riduzione, nella misura necessaria alla copertura finanziaria del maggior onere risultante dall'attività di monitoraggio, delle dotazioni finanziarie di parte corrente aventi la natura di spese rimodulabili, ai sensi dell'articolo 21, comma 5, lettera *b*), della legge 31 dicembre 2009, n. 196, nell'ambito dello stato di previsione del Ministero del lavoro e delle politiche sociali.

68. Il Ministro dell'economia e delle finanze riferisce senza ritardo alle Camere con apposita relazione in merito alle cause degli scostamenti e all'adozione delle misure di cui al comma 67.

69. Il Ministro dell'economia e delle finanze è autorizzato ad apportare, con propri decreti, le occorrenti variazioni di bilancio.

(1) *Comma sostituito dall'art. 29[6] d.lgs. 10 ottobre 2022, n. 149. Per la disciplina transitoria v. art. 35[1] d.lgs. n. 149/2022, cit., come sostituito dall'art. 1[380, lett. a)] l. 29 dicembre 2022, n. 197, che prevede che:* « 1. Le disposizioni del presente decreto, salvo che non sia diversamente disposto, hanno effetto a decorrere dal 28 febbraio 2023 e si applicano ai procedimenti instaurati successivamente a tale data. Ai procedimenti pendenti alla data del 28 febbraio 2023 si applicano le disposizioni anteriormente vigenti. ». *Il testo del comma era il seguente:* « Si applicano, in quanto compatibili, gli articoli 5, primo, quinto, sesto, settimo, ottavo, decimo e undicesimo comma, 9 secondo comma, 9-*bis*, 10 secondo comma, 12-*bis*, 12-*ter*, 12-*quater* e 12-*quinquies* della legge 1° dicembre 1970, n. 898, nonché le disposizioni di cui al Titolo IV-*bis* del libro secondo del codice di procedura civile ed agli articoli 6 e 12 del decreto-legge 12 settembre 2014, n. 132, convertito, con modificazioni, dalla legge 10 novembre 2014, n. 162 ».

(2) *In relazione alle presente lettera, v. d.lgs. 19 gennaio 2017, n. 5.*

(3) *In relazione alle presente lettera, v. d.lgs. 19 gennaio 2017, n. 7.*

(4) *In relazione alle presente lettera, v. d.lgs. 19 gennaio 2017, n. 6.*

(5) *Per il regolamento recante disposizioni transitorie necessarie per la tenuta dei registri nell'archivio dello stato civile, ai sensi del presente comma v. d.P.C.M. 23 luglio 2016, n. 144.*

LOCAZIONI URBANE

L. 27 luglio 1978, n. 392. — **Disciplina delle locazioni di immobili urbani** (G.U. 29 luglio 1978, n. 211) (1).

(1) *Ai sensi dell'art. 23 l. 8 maggio 1998, n. 146, la presente legge trova applicazione, con decorrenza dal 1° gennaio 1994, anche ai rapporti di locazione aventi ad oggetto gli immobili del demanio e del patrimonio dello Stato destinati ad uso abitativo dei dipendenti pubblici.*

TITOLO I
Del contratto di locazione

CAPO I – *Locazione di immobili urbani adibiti ad uso di abitazione*

1. (1) **[Durata della locazione].**

(1) *Articolo abrogato, al pari degli artt. 3, 12-26, 54, 60-66, 75-78, 79, limitatamente alle locazioni abitative, e 83, dall'art. 14*[4] *l. 9 dicembre 1998, n. 431, che al successivo comma 5 ne mantiene l'applicabilità ai contratti ed ai giudizi in corso alla data di entrata in vigore della stessa legge (24 dicembre 1998).*

2. Disciplina della sublocazione. – Il conduttore non può sublocare totalmente l'immobile, né può cedere ad altri il contratto senza il consenso del locatore.

Salvo patto contrario il conduttore ha la facoltà di sublocare parzialmente l'immobile, previa comunicazione al locatore con lettera raccomandata che indichi la persona del subconduttore, la durata del contratto ed i vani sublocati.

3. (1) **[Rinnovazione tacita].**

(1) *V. sub art. 1.*

4. Recesso del conduttore. – È in facoltà delle parti consentire contrattualmente che il conduttore possa recedere in qualsiasi momento dal contratto dandone avviso al locatore, con lettera raccomandata, almeno sei mesi prima della data in cui il recesso deve avere esecuzione.

Indipendentemente dalle previsioni contrattuali il conduttore, qualora ricorrano gravi motivi, può recedere in qualsiasi momento dal contratto con preavviso di almeno sei mesi da comunicarsi con lettera raccomandata.

5. Inadempimento del conduttore. – Salvo quanto previsto dall'articolo 55, il mancato pagamento del canone decorsi venti giorni dalla scadenza prevista, ovvero il mancato pagamento, nel termine previsto, degli oneri accessori quando l'importo non pagato superi quello di due mensilità del canone, costituisce motivo di risoluzione, ai sensi dell'articolo 1455 del codice civile.

6. (1) **Successione nel contratto.** – In caso di morte del conduttore, gli succedono nel contratto il coniuge, gli eredi ed i parenti ed affini con lui abitualmente conviventi (2).

In caso di separazione giudiziale, di scioglimento del matrimonio o di cessazione degli effetti civili dello stesso, nel contratto di locazione succede al conduttore l'altro coniuge, se il diritto di abitare nella casa familiare sia stato attribuito dal giudice a quest'ultimo.

In caso di separazione consensuale o di nullità matrimoniale al conduttore succede l'altro coniuge se tra i due si sia così convenuto (3).

(1) *Articolo dichiarato* costituzionalmente illegittimo *con* ***C. cost.*** *7 aprile 1988, n. 404, « nella parte in cui non prevede la successione nel contratto di locazione al conduttore che abbia cessato la convivenza, a favore del già convivente quando vi sia prole naturale ».*

(2) *Comma dichiarato* costituzionalmente illegittimo *con* ***C. cost.*** *n. 404, cit., « nella parte in cui non prevede tra i successibili nella titolarità del contratto di locazione, in caso di morte del conduttore, il convivente* more uxorio *».*

(3) *Comma dichiarato* costituzionalmente illegittimo *con* ***C. cost.*** *n. 404, cit., « nella parte in cui non prevede che il coniuge separato di fatto succeda al conduttore, se tra i due si sia così convenuto ».*

7. Clausola di scioglimento in caso di alienazione. – È nulla la clausola che prevede la risoluzione del contratto in caso di alienazione della cosa locata.

8. Spese di registrazione. – Le spese di registrazione del contratto di locazione sono a carico del conduttore e del locatore in parti uguali.

9. Oneri accessori. – Sono interamente a carico del conduttore, salvo patto contrario, le spese relative al servizio di pulizia, al funzionamento e all'ordinaria manutenzione dell'ascensore, alla fornitura dell'acqua, dell'energia elettrica, del riscaldamento e del condizionamento dell'aria, allo spurgo dei pozzi neri e delle latrine, nonché alla fornitura di altri servizi comuni.

Le spese per il servizio di portineria sono a carico del conduttore nella misura del 90 per cento, salvo che le parti abbiano convenuto una misura inferiore.

Il pagamento deve avvenire entro due mesi dalla richiesta. Prima di effettuare il pagamento il conduttore ha diritto di ottenere l'indicazione specifica delle spese di cui ai commi precedenti con la menzione dei criteri di ripartizione. Il conduttore ha inoltre diritto di prendere visione dei documenti giustificativi delle spese effettuate.

Gli oneri di cui al primo comma addebitati dal locatore al conduttore devono intendersi corrispettivi di prestazioni accessorie a quella di locazione ai sensi e per gli effetti dell'articolo 12 del decreto del Presidente della Repubblica 26 ottobre 1972, n. 633 (1).

La disposizione di cui al quarto comma non si applica ove i servizi accessori al contratto di locazione forniti siano per loro particolare natura e caratteristiche riferibili a specifica attività imprenditoriale del locatore e configurino oggetto di un autonomo contratto di prestazione dei servizi stessi (1).

(1) *Comma aggiunto dall'art. 67[11] d.l. 30 agosto 1993, n. 331, conv., con modif., in l. 29 ottobre 1993, n. 427.*

10. Partecipazione del conduttore all'assemblea dei condomini. – Il conduttore ha diritto di voto, in luogo del proprietario dell'appartamento locatogli, nelle delibere dell'assemblea condominiale relative alle spese e alle modalità di gestione dei servizi di riscaldamento e di condizionamento d'aria.

Egli ha inoltre diritto di intervenire, senza diritto di voto, sulle delibere relative alla modificazione degli altri servizi comuni.

La disciplina di cui al primo comma si applica anche qualora si tratti di edificio non in condominio.

In tale ipotesi i conduttori si riuniscono in apposita assemblea convocati dal proprietario dell'edificio o da almeno tre conduttori.

Si osservano, in quanto applicabili, le disposizioni del codice civile sull'assemblea dei condomini.

11. Deposito cauzionale. – Il deposito cauzionale non può essere superiore a tre mensilità del canone. Esso è produttivo di interessi legali che debbono essere corrisposti al conduttore alla fine di ogni anno.

12-26. (1).

(1) *V.* sub *art. 1.*

CAPO II – *Locazioni di immobili urbani adibiti ad uso diverso da quello di abitazione*

27. Durata della locazione. – La durata delle locazioni e sublocazioni di immobili urbani non può essere inferiore a sei anni se gli immobili sono adibiti ad una delle attività appresso indicate industriali, commerciali e artigianali di interesse turistico, quali agenzie di viaggio e turismo, impianti sportivi e ricreativi, aziende di soggiorno ed altri organismi di promozione turistica e simili (1).

La disposizione di cui al comma precedente si applica anche ai contratti relativi ad immobili adibiti all'esercizio abituale e professionale di qualsiasi attività di lavoro autonomo.

La durata della locazione non può essere inferiore a nove anni se l'immobile urbano, anche se ammobiliato, è adibito ad attività alberghiere, all'esercizio di imprese assimilate ai sensi dell'articolo 1786 del codice civile o all'esercizio di attività teatrali (2).

Se è convenuta una durata inferiore o non è convenuta alcuna durata, la locazione si intende pattuita per la durata rispettivamente prevista nei commi precedenti.

Il contratto di locazione può essere stipulato per un periodo più breve qualora l'attività esercitata o da esercitare nell'immobile abbia, per sua natura, carattere transitorio.

Se la locazione ha carattere stagionale, il locatore è obbligato a locare l'immobile, per la medesima stagione dell'anno successivo, allo stesso conduttore che gliene abbia fatta richiesta con lettera raccomandata prima della scadenza del contratto. L'obbligo del locatore ha la durata massima di sei anni consecutivi o di nove se si tratta di utilizzazione alberghiera.

È in facoltà delle parti consentire contrattualmente che il conduttore possa recedere in qualsiasi momento dal contratto dandone avviso al locatore, mediante lettera raccomandata, almeno sei mesi prima della data in cui il recesso deve avere esecuzione.

Indipendentemente dalle previsioni contrattuali il conduttore, qualora ricorrano gravi motivi, può recedere in qualsiasi momento dal contratto con preavviso di almeno sei mesi da comunicarsi con lettera raccomandata.

(1) *Comma così sostituito dall'art. 52[1] dell'Allegato 1 al d.ls. 23 maggio 2011, n. 79. In materia di locazioni ad uso abitativo per finalità turistiche v. il successivo art. 53 d.ls. n. 79, cit., che così dispone: « 1. Gli alloggi locati esclusivamente per finalità turistiche, in qualsiasi luogo ubicati, sono regolati dalle disposizioni del codice civile in tema di locazione ».*

(2) *Comma così sostituito dall'art. 52[2] dell'Allegato 1 al d.ls. 23 maggio 2011, n. 79, di cui v. anche il successivo art. 53, sub nota 1. Riguardo alla precedente formulazione del comma (*« La durata della locazione non può essere inferiore a nove anni se l'immobile, anche se ammobiliato, è adibito ad attività alberghiere o all'esercizio di attività teatrali »*), l'art. 7[2] l. 8 febbraio 2007, n. 9 aveva disposto l'applicazione « anche agli immobili adibiti all'esercizio di attività teatrali per i quali, alla data di entrata in vigore della [stessa l. n. 9, cit.] siano stati stipulati contratti di locazione aventi scadenza successiva a tale data, salvo che, per gli stessi, non sia stata pronunciata convalida di sfratto per morosità. I predetti contratti, alla prima scadenza successiva alla data di entrata in vigore della [suddetta] legge, sono rinnovati di diritto per un periodo di nove anni, salva la facoltà delle parti di pattuire una durata maggiore. È facoltà del locatore di richiedere, nel corso del predetto periodo, la maggiorazione prevista all'articolo 1, comma 4, della [stessa] legge, ferma la rivalutazione del canone che già risulti*

contrattualmente prevista. Alla scadenza del periodo medesimo si applicano al contratto le disposizioni [dell'art. 28 l. 27 luglio 1978, n. 392] ».

28. Rinnovazione del contratto. – Per le locazioni di immobili nei quali siano esercitate le attività indicate nei commi primo e secondo dell'articolo 27, il contratto si rinnova tacitamente di sei anni in sei anni e, per quelle di immobili adibiti ad attività alberghiere o all'esercizio di attività teatrali, di nove anni in nove anni; tale rinnovazione non ha luogo se sopravviene disdetta da comunicarsi all'altra parte, a mezzo di lettera raccomandata, rispettivamente almeno 12 o 18 mesi prima della scadenza (1).

Alla prima scadenza contrattuale, rispettivamente di sei o di nove anni, il locatore può esercitare la facoltà di diniego della rinnovazione soltanto per i motivi di cui all'articolo 29 con le modalità e i termini ivi previsti.

(1) *Comma così modificato dall'art. 7[1 lett. b)] l. 8 febbraio 2007, n. 9. V. disposizioni di cui all'art. 7[2] l. n. 9, cit., sub art. 27.*

29. Diniego di rinnovazione del contratto alla prima scadenza. – Il diniego della rinnovazione del contratto alla prima scadenza di cui all'articolo precedente è consentito al locatore ove egli intenda:

a) adibire l'immobile ad abitazione propria o del coniuge o dei parenti entro il secondo grado in linea retta;

b) adibire l'immobile all'esercizio, in proprio o da parte del coniuge o dei parenti entro il secondo grado in linea retta, di una delle attività indicate nell'articolo 27 o, se si tratta di pubbliche amministrazioni, enti pubblici o di diritto pubblico, all'esercizio di attività tendenti al conseguimento delle loro finalità istituzionali;

c) demolire l'immobile per ricostruirlo, ovvero procedere alla sua integrale ristrutturazione o completo restauro, ovvero eseguire su di esso un intervento sulla base di un programma comunale pluriennale di attuazione ai sensi delle leggi vigenti. Nei casi suddetti il possesso della prescritta licenza o concessione è condizione per l'azione di rilascio; gli effetti del provvedimento di rilascio si risolvono se, prima della sua esecuzione, siano scaduti i termini della licenza o della concessione e quest'ultima non sia stata nuovamente disposta;

d) ristrutturare l'immobile al fine di rendere la superficie dei locali adibiti alla vendita conforme a quanto previsto nell'articolo 12 della legge 11 giugno 1971, n. 426, e ai relativi piani comunali, sempre che le opere da effettuarsi rendano incompatibile la permanenza del conduttore nell'immobile. Anche in tal caso il possesso della prescritta licenza o concessione è condizione per l'azione di rilascio; gli effetti del provvedimento di rilascio si risolvono alle condizioni previste nella precedente lettera *c*) (1).

Per le locazioni di immobili adibiti all'esercizio di albergo, pensione o locanda, anche se ammobiliati, il locatore può negare la rinnovazione del contratto nelle ipotesi previste dall'articolo 7 della legge 2 marzo 1963, n. 191, modificato dall'articolo 4-*bis* del decreto-legge 27 giugno 1967, n. 460, convertito, con modificazioni, nella legge 28 luglio 1967, n. 628, qualora l'immobile sia oggetto di intervento sulla base di un programma comunale pluriennale di attuazione ai sensi delle leggi vigenti. Nei casi suddetti il possesso della prescritta licenza o concessione è condizione per l'azione di rilascio. Gli effetti del provvedimento di rilascio si risolvono alle condizioni previste nella precedente lettera *c*). Il locatore può altresì negare la rinnovazione se intende esercitare personalmente nell'immobile o farvi esercitare dal coniuge o da parenti entro il secondo grado in linea retta la medesima attività del conduttore, osservate le disposizioni di cui all'articolo 5 della legge 2 marzo 1963, n. 191, modificato dall'articolo 4-*bis* del decreto-legge 27 giugno 1967, n. 460, convertito, con modificazioni, nella legge 28 luglio 1967, n. 628.

Ai fini di cui ai commi precedenti il locatore, a pena di decadenza, deve dichiarare la propria volontà di conseguire, alla scadenza del contratto, la disponibilità dell'immobile locato; tale dichiarazione deve essere effettuata, con lettera raccomandata, almeno 12 o 18 mesi prima della scadenza, rispettivamente per le attività indicate nei commi primo e secondo dell'articolo 27 e per le attività alberghiere.

Nella comunicazione deve essere specificato, a pena di nullità, il motivo, tra quelli tassativamente indicati nei commi precedenti, sul quale la disdetta è fondata.

Se il locatore non adempie alle prescrizioni di cui ai precedenti commi il contratto s'intende rinnovato a norma dell'articolo precedente.

(1) ***C. cost.*** *9 ottobre 1998, n. 348, ha dichiarato* l'illegittimità costituzionale *dell'ultima parte della presente lettera, in relazione all'ultima parte della lett.* c), *« nella parte in cui prevede che la scadenza, nel corso del processo, del termine per l'inizio dei lavori, indicato nella licenza o concessione, impedisce l'emanazione del provvedimento di rilascio ».*

30. Procedura per il rilascio. – Avvenuta la comunicazione di cui al terzo comma dell'articolo 29 e prima della data per la quale è richiesta la disponibilità ovvero quando tale data sia trascorsa senza che il conduttore abbia rilasciato l'immobile, il locatore può convenire in giudizio il conduttore, osservando le norme previste dall'articolo 447-*bis* del codice di procedura civile (1) (2).

Alla prima udienza, se il convenuto compare e non si oppone, il giudice ad istanza del locatore, pronunzia ordinanza di rilascio per la scadenza di cui alla comunicazione prevista dall'articolo 29.

L'ordinanza costituisce titolo esecutivo e definisce il giudizio.

Nel caso di opposizione del convenuto il giudice esperisce il tentativo di conciliazione.

Se il tentativo riesce viene redatto verbale che costituisce titolo esecutivo. In caso contrario o nella contumacia del convenuto si procede a norma dell'articolo 420 e seguenti del codice di procedura civile.

Il giudice, su istanza del ricorrente, alla prima udienza e comunque in ogni stato del giudizio, valutate le ragioni addotte dalle parti e le prove raccolte, può disporre il rilascio dell'immobile con ordinanza costituente titolo esecutivo.

(1) *Comma così modificato dall'art. 89 l. 26 novembre 1990, n. 353, come modificato dall'art. 2 l. 4 dicembre 1992, n. 477.*

(2) *Seguivano due commi, abrogati rispettivamente dall'art. 6 l. 30 luglio 1984, n. 399, e dall'art. 89 l. n. 353, cit.*

31. Sanzioni. – Il locatore che abbia ottenuto la disponibilità dell'immobile per uno dei motivi previsti dall'articolo 29 e che, nel termine di sei mesi dall'avvenuta consegna, non abbia adibito l'immobile ad abitazione propria, del coniuge o dei parenti entro il secondo grado in linea retta, o non abbia adibito l'immobile ad esercizio in proprio di una delle attività indicate all'articolo 27, ovvero non abbia rispettato i termini della concessione o quelli del piano comunale di intervento per quanto attiene l'inizio dei lavori di demolizione, ricostruzione, ristrutturazione o restauro dell'immobile ovvero, in caso di immobili adibiti ad esercizio di albergo, pensione o locanda, non abbia completato i lavori di ricostruzione nel termine stabilito dal Ministero del turismo e dello spettacolo, è tenuto, se il conduttore lo richiede, al ripristino del contratto, salvi i diritti acquistati da terzi in buona fede, e al rimborso delle spese di trasloco e degli altri oneri sopportati, ovvero al risarcimento del danno nei confronti del conduttore in misura non superiore a quarantotto mensilità del canone di locazione percepito prima della risoluzione del contratto, oltre alle indennità previste ai sensi dell'articolo 34.

Il giudice, oltre a determinare il ripristino o il risarcimento del danno, ordina al locatore il pagamento di una somma da 258,23 euro a 1.032,91 euro da devolvere al comune nel cui territorio è sito l'immobile, ad integrazione del fondo sociale previsto dal titolo III della presente legge.

32. (1) **Aggiornamento del canone.** – Le parti possono convenire che il canone di locazione sia aggiornato annualmente su richiesta del locatore per eventuali variazioni del potere di acquisto della lira.

Le variazioni in aumento del canone, per i contratti stipulati per durata non superiore a quella di cui all'articolo 27, non possono essere superiori al 75 per cento di quelle, accertate dall'ISTAT, dell'indice dei prezzi al consumo per le famiglie di operai ed impiegati (2).

Le disposizioni del presente articolo si applicano anche ai contratti di locazione stagionale ed a quelli in corso al momento dell'entrata in vigore del limite di aggiornamento di cui al secondo comma del presente articolo (2).

(1) *Articolo così sostituito dall'art. 1$^{9\text{-sexies}}$ d.l. 7 febbraio 1985, n. 12, conv., con modif., in l. 5 aprile 1985, n. 118.*

(2) *Comma così modificato dall'art. 41$^{16\text{-duodecies}}$ d.l. 30 dicembre 2008, n. 207, conv., con modif., in l. 27 febbraio 2009, n. 14.*

33. **Canone delle locazioni stagionali.** – Il canone delle locazioni stagionali può essere aggiornato con le modalità di cui all'articolo 32.

34. (1) **Indennità per la perdita dell'avviamento.** – In caso di cessazione del rapporto di locazione relativo agli immobili di cui all'articolo 27, che non sia dovuta a risoluzione per inadempimento o disdetta o recesso del conduttore o a una delle procedure previste dal regio decreto 16 marzo 1942, n. 267, il conduttore ha diritto, per le attività indicate ai numeri 1) e 2) dell'articolo 27, ad una indennità pari a 18 mensilità dell'ultimo canone corrisposto; per le attività alberghiere l'indennità è pari a 21 mensilità.

Il conduttore ha diritto ad una ulteriore indennità pari all'importo di quelle rispettivamente sopra previste qualora l'immobile venga, da chiunque, adibito all'esercizio della stessa attività o di attività incluse nella medesima tabella merceologica che siano affini a quella già esercitata dal conduttore uscente ed ove il nuovo esercizio venga iniziato entro un anno dalla cessazione del precedente.

L'esecuzione del provvedimento di rilascio dell'immobile è condizionata dall'avvenuta corresponsione dell'indennità di cui al primo comma. L'indennità di cui al secondo comma deve essere corrisposta all'inizio del nuovo esercizio.

Nel giudizio relativo alla spettanza ed alla determinazione dell'indennità per la perdita dell'avviamento, le parti hanno l'onere di quantificare specificatamente la entità della somma reclamata o offerta e la corresponsione dell'importo indicato dal conduttore o, in difetto, offerto dal locatore o comunque risultante dalla sentenza di primo grado consente, salvo conguaglio all'esito del giudizio, l'esecuzione del provvedimento di rilascio dell'immobile (2).

(1) *Articolo dichiarato* costituzionalmente illegittimo *con* ***C. cost.*** *14 dicembre 1989, n. 542, « nella parte in cui non prevede provvedimenti della pubblica amministrazione tra le cause di cessazione del rapporto di locazione che escludono il diritto del conduttore alla indennità per la perdita dell'avviamento ».*

(2) *Comma aggiunto dall'art. 9 d.l. 30 dicembre 1988, n. 551, conv., con modif., in l. 21 febbraio 1989, n. 61.*

35. Limiti. – Le disposizioni di cui all'articolo precedente non si applicano in caso di cessazione di rapporti di locazione relativi ad immobili utilizzati per lo svolgimento di attività che non comportino contatti diretti con il pubblico degli utenti e dei consumatori nonché destinati all'esercizio di attività professionali, ad attività di carattere transitorio, ed agli immobili complementari o interni a stazioni ferroviarie, porti, aeroporti, aree di servizio stradali o autostradali, alberghi e villaggi turistici.

36. Sublocazione e cessione del contratto di locazione. – Il conduttore può sublocare l'immobile o cedere il contratto di locazione anche senza il consenso del locatore, purché venga insieme ceduta o locata l'azienda, dandone comunicazione al locatore mediante lettera raccomandata con avviso di ricevimento. Il locatore può opporsi, per gravi motivi, entro trenta giorni dal ricevimento della comunicazione. Nel caso di cessione, il locatore, se non ha liberato il cedente, può agire contro il medesimo qualora il cessionario non adempia le obbligazioni assunte.

Le indennità previste dall'articolo 34 sono liquidate a favore di colui che risulta conduttore al momento della cessazione effettiva della locazione.

37. Successione nel contratto. – In caso di morte del conduttore, gli succedono nel contratto coloro che, per successione o per precedente rapporto risultante da atto di data certa anteriore all'apertura della successione, hanno diritto a continuarne l'attività.

In caso di separazione legale o consensuale, di scioglimento o di cessazione degli effetti civili del matrimonio, il contratto di locazione si trasferisce al coniuge, anche se non conduttore, che continui nell'immobile la stessa attività già ivi esercitata assieme all'altro coniuge prima della separazione legale o consensuale ovvero prima dello scioglimento o della cessazione degli effetti civili del matrimonio.

Se l'immobile è adibito all'uso di più professionisti, artigiani o commercianti e uno solo di essi è titolare del contratto, in caso di morte gli succedono nel contratto, in concorso con gli aventi diritto di cui ai commi precedenti, gli altri professionisti, artigiani o commercianti.

Nelle ipotesi di recesso del titolare del contratto, succedono nello stesso gli altri professionisti, artigiani o commercianti. In tal caso il locatore può opporsi alla successione nel contratto, per gravi motivi, con le modalità di cui all'articolo precedente.

38. Diritto di prelazione. – Nel caso in cui il locatore intenda trasferire a titolo oneroso l'immobile locato, deve darne comunicazione al conduttore con atto notificato a mezzo di ufficiale giudiziario.

Nella comunicazione devono essere indicati il corrispettivo, da quantificare in ogni caso in denaro, le altre condizioni alle quali la compravendita dovrebbe essere conclusa e l'invito ad esercitare o meno il diritto di prelazione.

Il conduttore deve esercitare il diritto di prelazione entro il termine di sessanta giorni dalla ricezione della comunicazione, con atto notificato al proprietario a mezzo di ufficiale giudiziario, offrendo condizioni uguali a quelle comunicategli.

Ove il diritto di prelazione sia esercitato, il versamento del prezzo di acquisto, salvo diversa condizione indicata nella comunicazione del locatore, deve essere effettuato entro il termine di trenta giorni decorrenti dal sessantesimo giorno successivo a quello dell'avvenuta notificazione della comunicazione da parte del proprietario, contestualmente alla stipulazione del contratto di compravendita o del contratto preliminare.

Nel caso in cui l'immobile risulti locato a più persone, la comunicazione di cui al primo comma deve essere effettuata a ciascuna di esse.

Il diritto di prelazione può essere esercitato congiuntamente da tutti i conduttori, ovvero, qualora taluno vi rinunci, dai rimanenti o dal rimanente conduttore.

L'avente titolo che, entro trenta giorni dalla notificazione di cui al primo comma, non abbia comunicato agli altri aventi diritto la sua intenzione di avvalersi della prelazione, si considera avere rinunciato alla prelazione medesima.

Le norme del presente articolo non si applicano nelle ipotesi previste dall'articolo 732 del codice civile, per le quali la prelazione opera a favore dei coeredi, e nella ipotesi di trasferimento effettuato a favore del coniuge o dei parenti entro il secondo grado.

39. Diritto di riscatto. – Qualora il proprietario non provveda alla notificazione di cui all'articolo precedente, o il corrispettivo indicato sia superiore a quello risultante dall'atto di trasferimento a titolo oneroso dell'immobile, l'avente diritto alla prelazione può, entro sei mesi dalla trascrizione del contratto, riscattare l'immobile dall'acquirente e da ogni altro successivo avente causa.

Ove sia stato esercitato il diritto di riscatto, il versamento del prezzo deve essere effettuato entro il termine di tre mesi che decorrono, quando non vi sia opposizione al riscatto, dalla prima udienza del relativo giudizio, o dalla ricezione dell'atto notificato con cui l'acquirente o successivo avente causa comunichi prima di tale udienza di non opporsi al riscatto.

Se per qualsiasi motivo, l'acquirente o successivo avente causa faccia opposizione al riscatto, il termine di tre mesi decorre dal giorno del passaggio in giudicato della sentenza che definisce il giudizio.

40. Diritto di prelazione in caso di nuova locazione. – Il locatore che intende locare a terzi l'immobile, alla scadenza del contratto rinnovato ai sensi dell'articolo 28, deve comunicare le offerte al conduttore, mediante raccomandata con avviso di ricevimento, almeno sessanta giorni prima della scadenza.

Tale obbligo non ricorre quando il conduttore abbia comunicato che non intende rinnovare la locazione e nei casi di cessazione del rapporto di locazione dovuti a risoluzione per inadempimento o recesso del conduttore o ad una delle procedure previste dal regio decreto 16 marzo 1942, n. 267, e successive modificazioni, relative al conduttore medesimo.

Il conduttore ha diritto di prelazione se, nelle forme predette ed entro trenta giorni dalla ricezione della comunicazione di cui al primo comma, offra condizioni uguali a quelle comunicategli dal locatore.

Egli conserva tale diritto anche nel caso in cui il contratto tra il locatore e il nuovo conduttore sia sciolto entro un anno, ovvero quando il locatore abbia ottenuto il rilascio dell'immobile non intendendo locarlo a terzi, e, viceversa, lo abbia concesso in locazione entro i sei mesi successivi.

41. Norme applicabili. – Ai contratti previsti nell'articolo 27 si applicano le disposizioni degli articoli da 7 a 11.

Le disposizioni di cui agli articoli 38, 39 e 40 non si applicano ai rapporti di locazione di cui all'articolo 35.

42. Destinazione degli immobili a particolari attività. – I contratti di locazione e sublocazione di immobili urbani adibiti ad attività ricreative, assistenziali, culturali e scolastiche, nonché a sede di partiti o di sindacati, e quelli stipulati dallo Stato o da altri enti pubblici territoriali in qualità di conduttori, hanno la durata di cui al primo comma dell'articolo 27.

A tali contratti si applicano le disposizioni degli articoli 32 e 41, nonché le disposizioni processuali di cui al titolo I, capo III, ed il preavviso per il rilascio di cui all'articolo 28.

CAPO III – *Disposizioni processuali*

43-44. (1).

(1) *Articoli abrogati dall'art. 89 l. 26 novembre 1990, n. 353.*

45. Ricorso al giudice. – (1) Fino al termine del giudizio il conduttore è obbligato a corrispondere, salvo conguaglio, l'importo non contestato.

(1) *L'attuale comma era preceduto da altri cinque commi, dei quali l'originario secondo comma è stato abrogato dall'art. 6 l. 30 luglio 1984, n. 399, e gli altri quattro dall'art. 89 l. 26 novembre 1990, n. 353.*

46-53.(1).

(1) *Articoli abrogati dall'art. 89 l. 26 novembre 1990, n. 353.*

54. (1) **[Clausola compromissoria].**

(1) *V.* sub *art. 1.*

55. Termine per il pagamento dei canoni scaduti. – La morosità del conduttore nel pagamento dei canoni o degli oneri di cui all'articolo 5 può essere sanata in sede giudiziale per non più di tre volte nel corso di un quadriennio se il conduttore alla prima udienza versa l'importo dovuto per tutti i canoni scaduti e per gli oneri accessori maturati sino a tale data, maggiorato degli interessi legali e delle spese processuali liquidate in tale sede dal giudice.

Ove il pagamento non avvenga in udienza, il giudice, dinanzi a comprovate condizioni di difficoltà del conduttore, può assegnare un termine non superiore a giorni novanta.

In tal caso rinvia l'udienza a non oltre dieci giorni dalla scadenza del termine assegnato.

La morosità può essere sanata, per non più di quattro volte complessivamente nel corso di un quadriennio, ed il termine di cui al secondo comma è di centoventi giorni, se l'inadempienza, protrattasi per non oltre due mesi, è conseguente alle precarie condizioni economiche del conduttore, insorte dopo la stipulazione del contratto e dipendenti da disoccupazione, malattie o gravi, comprovate condizioni di difficoltà.

Il pagamento, nei termini di cui ai commi precedenti, esclude la risoluzione del contratto.

56. (1) **Modalità per il rilascio.** – 1. Con il provvedimento che dispone il rilascio, il giudice, previa motivazione che tenga conto anche delle condizioni del conduttore comparate a quelle del locatore nonché delle ragioni per le quali viene disposto il rilascio stesso e, nei casi di finita locazione, del tempo trascorso dalla disdetta, fissa la data dell'esecuzione entro il termine massimo di sei mesi ovvero, in casi eccezionali, di dodici mesi dalla data del provvedimento.

2. Nelle ipotesi di cui all'articolo 55, per il caso in cui il conduttore non provveda al pagamento nel termine assegnato, la data dell'esecuzione non può essere fissata oltre sessanta giorni dalla scadenza del termine concesso per il pagamento.

3. Qualunque forma abbia il provvedimento di rilascio, il locatore e il conduttore possono, in qualsiasi momento e limitatamente alla data fissata per l'esecuzione, proporre al tribunale in composizione collegiale l'opposizione di cui all'articolo 6, comma 4, della legge 9 dicembre 1998, n. 431.

4. Trascorsa inutilmente la data fissata, il locatore promuove l'esecuzione ai sensi degli articoli 605 e seguenti del codice di procedura civile.

(1) *Articolo così sostituito dall'art. 7-*bis *d.l. 13 settembre 2004, n. 240, conv., con modif., in l. 12 novembre 2004, n. 269.*

57. (1) **Esenzioni fiscali ed onorari professionali.** – Gli atti, i documenti ed i provvedimenti relativi alle controversie in materia di locazione il cui valore non eccede le 309,87 euro, nonché i provvedimenti di cui all'articolo 44, sono esenti dall'imposta di bollo e di registro; negli stessi casi gli onorari di avvocato e procuratore (2) sono ridotti alla metà.

È abrogata ogni altra disposizione incompatibile con la presente legge.

(1) *Articolo così sostituito dall'art. 6[10] l. 30 luglio 1984, n. 399.*

(2) *V. la l. 24 febbraio 1997, n. 27, che ha soppresso l'albo dei procuratori legali.*

LEGGI COMPLEMENTARI

TITOLO II
Disciplina transitoria

CAPO I – *Contratti di locazione di immobili adibiti ad uso di abitazione*

58. (1) **Durata dei contratti in corso soggetti a proroga.** – I contratti di locazione e sublocazione di immobili urbani adibiti ad uso di abitazione e soggetti a proroga secondo la legislazione vigente si considerano prorogati ed hanno la durata prevista nell'articolo 1 con le seguenti decorrenze:

a) dal 1º gennaio 1979, per i contratti stipulati anteriormente al 31 dicembre 1952;

b) dal 1º luglio 1979, per i contratti stipulati fra il 1º gennaio 1953 ed il 7 novembre 1963;

c) dal 1º gennaio 1980, per i contratti stipulati dopo il 7 novembre 1963.

(1) *Il combinato disposto degli artt. 58, 59 n. 1 e 65 è stato dichiarato* costituzionalmente illegittimo *con* **C. cost.** *22 febbraio 1980, n. 22, « nella parte in cui esclude il diritto di recesso per necessità del locatore dai contratti in corso alla data del 30 luglio 1978 e non soggetti a proroga ». Successivamente, con* **C. cost.** *28 luglio 1983, n. 250, è stato dichiarato* costituzionalmente illegittimo *il combinato disposto degli artt. 58, 59, numeri 2, 3, 6 e 8, e 65 « nella parte in cui esclude il diritto di recesso del locatore, per i motivi indicati nel citato art. 59 numeri 2, 3, 6 e 8, dai contratti in corso alla data del 30 luglio 1978 e non soggetti a proroga », nonché del combinato disposto degli artt. 58, 59, numeri 4, 5 e 7, e 65 « nella parte in cui esclude il diritto di recesso del locatore, per i motivi indicati nel citato art. 59 numeri 4, 5 e 7, dai contratti in corso alla data del 30 luglio 1978 e non soggetti a proroga ».*

59. (1) **Recesso del locatore.** – Nei casi di cui all'articolo precedente il locatore può recedere in ogni momento dal contratto dandone comunicazione al conduttore mediante lettera raccomandata e con un preavviso di almeno sei mesi:

1) quando abbia la necessità, verificatasi dopo la costituzione del rapporto locatizio, di destinare l'immobile ad uso abitativo, commerciale, artigianale o professionale proprio, del coniuge o dei parenti in linea retta entro il secondo grado;

2) quando, volendo disporre dell'immobile per abitazione propria, del coniuge o dei propri parenti in linea retta fino al secondo grado oppure quando, trattandosi di ente pubblico o comunque con finalità pubbliche, sociali, mutualistiche, cooperativistiche, assistenziali o di culto che voglia disporre dell'immobile per l'esercizio delle proprie funzioni, offra al conduttore altro immobile idoneo per cui sia dovuto un canone di locazione proporzionato alle condizioni del conduttore medesimo e comunque non superiore del 20 per cento al canone del precedente immobile e assuma a suo carico le spese di

trasloco. Quando l'opposizione del conduttore all'azione del locatore risulti infondata, questi potrà essere esonerato dalle spese di trasloco;

3) quando l'immobile locato sia compreso in un edificio gravemente danneggiato che debba essere ricostruito o del quale debba essere assicurata la stabilità e la permanenza del conduttore impedisca di compiere gli indispensabili lavori;

4) quando il proprietario intenda demolire o trasformare notevolmente l'immobile locato per eseguire nuove costruzioni o, trattandosi di appartamento sito all'ultimo piano, quando intenda eseguire sopraelevazioni a norma di legge, e per eseguirle sia indispensabile per ragioni tecniche lo sgombero dell'appartamento stesso;

5) quando l'immobile locato sia di interesse artistico o storico, ai sensi della legge 1º giugno 1939, n. 1089, nel caso in cui la competente sovraintendenza riconosca necessario ed urgente che si proceda a riparazioni o restauri, la cui esecuzione sia resa impossibile dallo stato di occupazione dell'immobile;

6) quando il conduttore può disporre di altra abitazione idonea alle proprie esigenze familiari nello stesso comune ovvero in un comune confinante;

7) quando il conduttore, avendo sublocato parzialmente l'immobile, non lo occupa nemmeno in parte, con continuità. Si presume l'esistenza della sublocazione quando l'immobile risulta occupato da persone che non sono alle dipendenze del conduttore o che non sono a questo legate da vincoli di parentela o di affinità entro il quarto grado, salvo che si tratti di ospiti transitori. La presunzione non si applica nei confronti delle persone che si sono trasferite nell'immobile assieme al conduttore;

8) quando il conduttore non occupa continuativamente l'immobile senza giustificato motivo.

Nelle ipotesi di cui ai numeri 4) e 5) del precedente comma, il possesso della licenza o concessione è condizione per l'azione di rilascio. Gli effetti del provvedimento di rilascio si risolvono alle condizioni previste nella lettera *c*) dell'articolo 29.

Alla procedura per il rilascio dell'immobile si applicano le norme di cui ai precedenti articoli 30 e 56.

(1) *Per una declaratoria di illegittimità costituzionale v.* sub *art. 58.*

60-66.(1).

(1) *V.* sub *art. 1.*

CAPO II – *Contratti di locazione di immobili adibiti ad uso diverso da quello di abitazione*

67. Contratti in corso soggetti a proroga. – I contratti di locazione di cui all'articolo 27 in corso al momento dell'entrata in vigore della presente legge e soggetti a proroga secondo la legislazione vigente si considerano prorogati ed hanno la seguente durata:

a) anni 4, i contratti stipulati prima del 31 dicembre 1964 (1);

b) anni 5, i contratti stipulati tra il 1º gennaio 1965 ed il 31 dicembre 1973 (1);

c) anni 6, i contratti stipulati dopo il 31 dicembre 1973 (1).

La durata di cui sopra decorre dal giorno e dal mese, successivi alla entrata in vigore della presente legge, corrispondenti a quelli di scadenza previsti nel contratto di locazione; ove tale determinazione non sia possibile, dallo stesso giorno di entrata in vigore della presente legge.

È in facoltà delle parti di stipulare anche prima della scadenza sopra prevista un nuovo contratto di locazione secondo le disposizioni del capo II, titolo I, della presente legge.

(1) *I termini sono stati ulteriormente prorogati di due anni dall'art. 15-*bis *d.l. 3 gennaio 1982, n. 9, conv., con modif., in l. 25 marzo 1982, n. 94; il termine di cui alla lett.* a) *è stato ulteriormente prorogato al 31 dicembre 1984 dall'art. 2 l. 25 luglio 1984, n. 377.*

68. Aumenti del canone. – Nei contratti di locazione o sublocazione di cui al precedente articolo il canone corrisposto dal conduttore, calcolato al netto degli oneri accessori, può essere a richiesta del locatore, aumentato a decorrere dal primo giorno del mese successivo a quello di entrata in vigore della presente legge per il restante periodo di durata del contratto, nelle misure seguenti:

1) non superiore al 15 per cento all'anno, per i contratti stipulati anteriormente al 31 dicembre 1964;

2) non superiore al 10 per cento all'anno per i contratti stipulati fra il 1º gennaio 1965 ed il 31 dicembre 1973;

3) non superiore al 5 per cento all'anno per i contratti stipulati dopo il 31 dicembre 1973.

69. (1) **Diritto di prelazione in caso di nuova locazione e indennità per l'avviamento commerciale.** – Nei contratti di locazione di immobili adibiti ad uso diverso da quello di abitazione, di cui agli articoli 67 e 71 della presente legge, il locatore comunica, mediante raccomandata con avviso di ricevimento da inviarsi entro il 28 febbraio 1987, se ed a quali condizioni intende proseguire la locazione ovvero le condizioni offerte da terzi per la locazione dell'immobile.

L'obbligo ricorre anche quando il locatore non intende proseguire nella locazione per i motivi indicati all'articolo 29.

Tale obbligo non ricorre quando il conduttore abbia comunicato al locatore che non intende rinnovare la locazione e nei casi di cessazione del rapporto per inadempimento o recesso del conduttore o qualora sia in corso una delle procedure previste dal regio decreto 16 marzo 1942, n. 267, e successive modificazioni, a carico del conduttore medesimo.

Il conduttore deve rendere noto al locatore, entro trenta giorni dalla comunicazione di cui al primo comma, se intende proseguire la locazione alle nuove condizioni.

Il conduttore ha diritto di prelazione se, entro trenta giorni dalla ricezione della comunicazione di cui al primo comma, offre condizioni uguali a quelle comunicategli dal locatore. Egli conserva tale diritto anche nell'ipotesi di cui al quarto comma dell'articolo 40.

Il conduttore, se non accetta le condizioni offerte dal locatore ovvero non esercita la prelazione, ha diritto ad un compenso pari a 24 mensilità, ovvero a trenta per le locazioni con destinazione alberghiera, del canone richiesto dal locatore od offerto dal terzo.

Se il locatore non intende proseguire nella locazione il conduttore può, entro trenta giorni dalla comunicazione del locatore o in mancanza di questa, se dovuta, dalla scadenza del termine di cui al primo comma, offrire un nuovo canone, impegnandosi a costituire, all'atto del rinnovo e per la durata del contratto, una polizza assicurativa oppure una fidejussione bancaria per una somma pari a 12 mensilità del canone offerto.

Se il locatore non intende proseguire nella locazione sulla base delle condizioni offerte, al conduttore è dovuta l'indennità per l'avviamento commerciale nella misura di 24 mensilità, ovvero di 30 mensilità per le locazioni con destinazione alberghiera, del canone offerto ai sensi del comma precedente.

In mancanza dell'offerta del nuovo canone da parte del conduttore nonché nei casi di rilascio dell'immobile per motivi di cui all'articolo 29 salvo quelli di cui al primo comma, lettera *a*), è dovuta l'indennità per avviamento commerciale nella misura di 21 mensilità, ovvero di 25 mensilità per le locazioni con destinazione alberghiera, del canone corrente di mercato per i locali aventi le stesse caratteristiche. In caso di rilascio dell'immobile per i motivi di cui all'articolo 29, primo comma, lettera *a*), la predetta indennità è calcolata con riferimento al canone corrisposto. L'indennità dovuta è complessivamente di 24 mensilità, ovvero di 32 per le locazioni con destinazione alberghiera, nei casi di cui al secondo comma dell'articolo 34.

L'esecuzione del provvedimento di rilascio dell'immobile è condizionata all'avvenuta corresponsione dell'indennità di cui ai precedenti commi sesto, ottavo e nono.

Per i contratti di cui agli articoli 67 e 71 le disposizioni del presente articolo sono sostitutive di quelle degli articoli 34 e 40.

Le disposizioni del presente articolo si applicano anche ai contratti relativi ad immobili utilizzati per lo svolgimento di attività di cui all'articolo 27, primo comma, che non comportano contatti diretti con il pubblico degli utenti e dei consumatori, di attività professionali e di attività di cui all'articolo 42. In tali casi, il compenso spettante al conduttore ai sensi dei precedenti commi sesto, ottavo e nono, è limitato a dodici mensilità. Il compenso non è dovuto qualora il locatore intenda ottenere la disponibilità dell'immobile per i motivi di cui all'articolo 29 (2).

(1) *Articolo così sostituito dall'art. 1 d.l. 9 dicembre 1986, n. 832, conv., con modif., in l. 6 febbraio 1987, n. 15, e successivamente dichiarato* costituzionalmente illegittimo *con* **C. cost.** *3 giugno 1992, n. 242, « nella parte in cui non prevede che l'obbligo del locatore di corrispondere al conduttore l'indennità per l'avviamento commerciale non ricorre quando causa di cessazione del rapporto è un provvedimento della pubblica amministrazione che esclude definitivamente l'utilizzazione economica dell'immobile ».*

(2) *Comma dichiarato* costituzionalmente illegittimo *con* **C. cost.** *26 luglio 1988, n. 882, « nella parte in cui riconosce, per le locazioni in corso de iure al momento della sua entrata in vigore e soggette al regime transitorio della l. n. 392 del 1978, un compenso di "buonuscita" in favore del conduttore che abbia utilizzato l'immobile per un'attività professionale o non comportante contatti diretti con il pubblico degli utenti o dei consumatori, ovvero per una delle attività previste dall'art. 42 l. n. 392 del 1978 ».*

70. Immobili destinati a particolari attività soggetti a proroga. – Ai contratti di locazione di cui all'articolo 42 si applicano le disposizioni degli articoli 67 e 68.

71. Contratti in corso non soggetti a proroga. – Le disposizioni degli articoli 27 e 42, primo comma, si applicano anche ai contratti in corso al momento dell'entrata in vigore della presente legge e non soggetti a proroga legale, detraendosi, per la determinazione della durata prevista in detta disposizione, il periodo di locazione già trascorso dall'inizio della locazione o, in caso di intervenuto rinnovo contrattuale, dalla data di esso.

La durata non può comunque essere inferiore a due anni dalla data di entrata in vigore della presente legge.

Le disposizioni di cui ai commi precedenti si applicano anche ai contratti di cui sopra per i quali, alla data di entrata in vigore della presente legge, è in corso procedimento per convalida di licenza o di sfratto.

Il canone potrà essere aggiornato annualmente su richiesta del locatore dal giorno della scadenza contrattualmente prevista, in base al 75 per cento della variazione, accertata dall'ISTAT, dell'indice dei prezzi al consumo per le famiglie di operai ed impiegati verificatasi nell'anno precedente.

72. Mutamento della destinazione. – I nuovi contratti di locazione di immobili il cui uso venga mutato da quello preesistente di abitazione non possono prevedere, per un periodo di quattro anni dalla data di entrata in vigore della presente legge, un canone superiore a quello di cui agli articoli 12 e 24, tranne che siano intervenute radicali trasformazioni dell'immobile stesso autorizzate ai sensi delle vigenti leggi.

73. (1) **Norme applicabili.** – Per i contratti previsti negli articoli 67, 70 e, ferme restando le scadenze convenzionali, nell'articolo 71, il locatore può recedere in base ai motivi di cui all'articolo 29 e con il preavviso di cui all'articolo 59. Nei casi previsti dalle lettere *a*), *b*) e dall'ultimo periodo del secondo comma dell'articolo 29 tale facoltà è riconosciuta soltanto ove ricorra la necessità del locatore o del coniuge o dei parenti entro il secondo grado in linea retta, verificatasi dopo la costituzione del rapporto locatizio. Si applicano le disposizioni degli articoli 30 e 31 e degli articoli da 35 a 39, nonché quelle dell'articolo 69, settimo, ottavo e nono comma.

(1) *Articolo così modificato dall'art. 1-*bis *d.l. 30 gennaio 1979, n. 21, conv., con modif., in l. 31 marzo 1979, n. 93, e successivamente dichiarato* costituzionalmente illegittimo *con* **C. cost.** *5 ottobre 1983, n. 300, in combinato disposto con l'art. 69, settimo comma (nel testo antecedente la novella del 1986), « nella parte in cui, relativamente alle ipotesi di recesso del locatore dai contratti disciplinati dall'art. 67 stessa legge n. 392 del 1978, motivate con la sopravvenuta necessità di adibire l'immobile ad abitazione propria o del coniuge o dei parenti in linea retta entro il secondo grado, prevede che l'indennità per l'avviamento commerciale dovuta al conduttore sia determinata sulla base del canone corrente di mercato per i locali aventi le stesse caratteristiche, anziché con riferimento all'ultimo canone corrisposto ».*

Capo III – *Disposizioni processuali*

74. Rinvio. – Le disposizioni degli articoli da 43 a 57 sono applicabili alle locazioni previste nei capi I e II del presente titolo.

TITOLO III
Fondo sociale

75-78. (1).

(1) *V.* sub *art. 1.*

TITOLO IV
Disposizioni finali

79. (1) **Patti contrari alla legge.** – È nulla ogni pattuizione diretta a limitare la durata legale del contratto o ad attribuire al locatore un canone maggiore rispetto a quello previsto dagli articoli precedenti ovvero ad attribuirgli altro vantaggio in contrasto con le disposizioni della presente legge.

Il conduttore con azione proponibile fino a sei mesi dopo la riconsegna dell'immobile locato, può ripetere le somme sotto qualsiasi forma corrisposte in violazione dei divieti e dei limiti previsti dalla presente legge.

In deroga alle disposizioni del primo comma, nei contratti di locazione di immobili adibiti ad uso diverso da quello di abitazione, anche se adibiti ad attività alberghiera, per i quali sia pattuito un canone annuo superiore ad euro 250.000, e che non siano riferiti a locali qualificati di interesse storico a seguito di provvedimento regionale o comunale, è facoltà delle parti concordare contrattualmente termini e condizioni in deroga alle disposizioni della presente legge. I contratti di cui al periodo precedente devono essere provati per iscritto (2).

(1) *Articolo abrogato, « limitatamente alle locazioni abitative », dall'art. 14[4] l. 9 dicembre 1998, n. 431.*

(2) *Comma aggiunto dall'art. 18[1] d.l. 12 settembre 2014, n. 133, conv., con modif., in l. 11 novembre 2014, n. 164. Ai sensi dell'art. 18[2] d.l. n. 133, cit., tale disposizione non si applica « ai contratti in corso alla data di entrata in vigore della legge di conversione del [suddetto] decreto. Ai giudizi in corso alla data di entrata in vigore della legge di conversione del [suddetto] decreto continuano ad applicarsi ad ogni effetto le disposizioni previgenti ».*

80. Uso diverso da quello pattuito. – Se il conduttore adibisce l'immobile ad un uso diverso da quello pattuito, il locatore può chiedere la risoluzione del contratto entro tre mesi dal momento in cui ne ha avuto conoscenza e comunque entro un anno dal mutamento di destinazione (1).

Decorso tale termine senza che la risoluzione sia stata chiesta, al contratto si applica il regime giuridico corrispondente all'uso effettivo dell'immobile. Qualora la destinazione ad uso diverso da quello pattuito sia parziale, al contratto si applica il regime giuridico corrispondente all'uso prevalente.

(1) *Comma dichiarato* costituzionalmente illegittimo *con* ***C. cost.*** *18 febbraio 1988, n. 185, nella parte in cui dispone « e comunque entro un anno dal mutamento di destinazione ».*

81. Pubblicazione dei dati ISTAT nella Gazzetta Ufficiale. – Le variazioni dell'indice dei prezzi al consumo per le famiglie di operai e impiegati accertate dall'ISTAT sono pubblicate nella Gazzetta Ufficiale della Repubblica italiana.

82. Giudizi in corso. – Ai giudizi in corso al momento dell'entrata in vigore della presente legge continuano ad applicarsi ad ogni effetto le leggi precedenti.

83. (1) **[Relazione al Parlamento].**

(1) *V.* sub *art. 1.*

84. Abrogazione. – Sono abrogate tutte le disposizioni incompatibili con la presente legge.

85. Entrata in vigore. – La presente legge entra in vigore il giorno successivo alla sua pubblicazione nella Gazzetta Ufficiale.

L. 9 dicembre 1998, n. 431. — **Disciplina delle locazioni e del rilascio degli immobili adibiti ad uso abitativo** (G.U. 15 dicembre 1998, n. 292, suppl. ord. n. 203) (1).

(1) *Ai sensi dell'art. 1[20] l. 27 dicembre 2017, n. 225, al Fondo nazionale per il sostegno all'accesso alle abitazioni in locazione, istituito dalla presente legge, è assegnata una dotazione di 10 milioni di euro per ciascuno degli anni 2019 e 2020.*

Capo I – *Locazione di immobili adibiti ad uso abitativo*

1. (1) **Ambito di applicazione.** – 1. I contratti di locazione di immobili adibiti ad uso abitativo, di seguito denominati « contratti di locazione », sono stipulati o rinnovati, successivamente alla data di entrata in vigore della presente legge, ai sensi dei commi 1 e 3 dell'articolo 2.

2. Le disposizioni di cui agli articoli 2, 3, 4, 4-*bis*, 7, 8 e 13 della presente legge non si applicano:

a) ai contratti di locazione relativi agli immobili vincolati ai sensi della legge 1º giugno 1939, n. 1089, o inclusi nelle categorie catastali A/1, A/8 e A/9, che sono sottoposti esclusivamente alla disciplina di cui agli articoli 1571 e seguenti del codice civile qualora non siano stipulati secondo le modalità di cui al comma 3 dell'articolo 2 della presente legge;

b) agli alloggi di edilizia residenziale pubblica, ai quali si applica la relativa normativa vigente, statale e regionale;

c) agli alloggi locati esclusivamente per finalità turistiche (2).

3. Le disposizioni di cui agli articoli 2, 3, 4, 4-*bis*, 7 e 13 della presente legge non si applicano ai contratti di locazione stipulati dagli enti locali in qualità di conduttori per soddisfare esigenze abitative di carattere transitorio, ai quali si applicano le disposizioni di cui agli articoli 1571 e seguenti del codice civile. A tali contratti non si applica l'articolo 56 della legge 27 luglio 1978, n. 392 (2).

4. A decorrere dalla data di entrata in vigore della presente legge, per la stipula di validi contratti di locazione è richiesta la forma scritta.

(1) *In materia di locazioni ad uso abitativo per finalità turistiche, v. art. 53 d.ls. 23 maggio 2011, n. 79: « 53.* (Locazioni ad uso abitativo per finalità turistiche) — *1. Gli alloggi locati esclusivamente per finalità turistiche, in qualsiasi luogo ubicati, sono regolati dalle disposizioni del codice civile in tema di locazione ».*

(2) *Comma così modificato dall'art. 2[1 lett. a)] l. 8 gennaio 2002, n. 2.*

2. Modalità di stipula e di rinnovo dei contratti di locazione. – 1. Le parti possono stipulare contratti di locazione di durata non inferiore a quattro anni, decorsi i quali i contratti sono rinnovati per un periodo di quattro anni, fatti salvi i casi in cui il locatore intenda adibire l'immobile agli usi o effettuare sullo stesso le opere di cui all'articolo 3, ovvero vendere l'immobile alle condizioni e con le modalità di cui al medesimo articolo 3. Alla seconda scadenza del contratto, ciascuna delle parti ha diritto di attivare la procedura per il rinnovo a nuove condizioni o per la rinuncia al rinnovo del contratto, comunicando la propria intenzione con lettera raccomandata da inviare all'altra parte almeno sei mesi prima della scadenza. La parte interpellata deve rispondere a mezzo lettera raccomandata entro sessanta giorni dalla data di ricezione della raccomandata di cui al secondo periodo. In mancanza di risposta o di accordo il contratto si intenderà scaduto alla data di cessazione della locazione. In mancanza della comunicazione di cui al secondo periodo il contratto è rinnovato tacitamente alle medesime condizioni.

2. Per i contratti stipulati o rinnovati ai sensi del comma 1, i contraenti possono avvalersi dell'assistenza delle organizzazioni della proprietà edilizia e dei conduttori.

3. In alternativa a quanto previsto dal comma 1, le parti possono stipulare contratti di locazione, definendo il valore del canone, la durata del contratto, anche in relazione a quanto previsto dall'articolo 5, comma 1, nel rispetto comunque di quanto previsto dal comma 5 del presente articolo, ed altre condizioni contrattuali sulla base di quanto stabilito in appositi accordi definiti in sede locale fra le organizzazioni della proprietà edilizia e le organizzazioni dei conduttori maggiormente rappresentative. Al fine di promuovere i predetti accordi, i comuni, anche in forma associata, provvedono a convocare le predette organizzazioni entro sessanta giorni dalla emanazione del decreto di cui al comma 2 dell'articolo 4. I medesimi accordi sono depositati, a cura delle organizzazioni firmatarie, presso ogni comune dell'area territoriale interessata (1) (2).

4. Per favorire la realizzazione degli accordi di cui al comma 3, i comuni possono deliberare, nel rispetto dell'equilibrio di bilancio, aliquote dell'imposta comunale sugli immobili (ICI) più favorevoli per i proprietari che concedono in locazione a titolo di abitazione principale immobili alle condizioni definite dagli accordi stessi. I comuni che adottano tali delibere possono derogare al limite minimo stabilito, ai fini della determinazione delle aliquote, dalla normativa vigente al momento in cui le delibere stesse sono assunte. I comuni di cui all'articolo 1 del decreto-legge 30 dicembre 1988, n. 551, convertito, con modificazioni, dalla legge 21 febbraio 1989, n. 61, e successive modifica-

zioni, per la stessa finalità di cui al primo periodo possono derogare al limite massimo stabilito dalla normativa vigente in misura non superiore al 2 per mille, limitatamente agli immobili non locati per i quali non risultino essere stati registrati contratti di locazione da almeno due anni (3).

5. I contratti di locazione stipulati ai sensi del comma 3 non possono avere durata inferiore ai tre anni, ad eccezione di quelli di cui all'articolo 5. Alla prima scadenza del contratto, ove le parti non concordino sul rinnovo del medesimo, il contratto è prorogato di diritto per due anni fatta salva la facoltà di disdetta da parte del locatore che intenda adibire l'immobile agli usi o effettuare sullo stesso le opere di cui all'articolo 3, ovvero vendere l'immobile alle condizioni e con le modalità di cui al medesimo articolo 3. Alla scadenza del periodo di proroga biennale ciascuna delle parti ha diritto di attivare la procedura per il rinnovo a nuove condizioni o per la rinuncia al rinnovo del contratto comunicando la propria intenzione con lettera raccomandata da inviare all'altra parte almeno sei mesi prima della scadenza. In mancanza della comunicazione il contratto è rinnovato tacitamente alle medesime condizioni (4).

6. I contratti di locazione stipulati prima della data di entrata in vigore della presente legge che si rinnovino tacitamente sono disciplinati dal comma 1 del presente articolo.

(1) *Comma così modificato dall'art. 2[1 lett. b)] l. 8 gennaio 2002, n. 2. V. art. 3[2] d.lgs. 14 marzo 2011, n. 23, in tema di cedolare secca, come da ultimo modificato dall'art. 1[6] l. 27 dicembre 2019, n. 160. V. inoltre d.m. 22 aprile 2008 (G.U. 24 giugno 2008, n. 146), in tema di definizione di alloggio sociale.*

(2) *Per i criteri generali per la realizzazione degli accordi da definire in sede locale per la stipula dei contratti di locazione ad uso abitativo a canone concordato, ai sensi del presente comma, v. d.m. 16 gennaio 2017 (G.U. 15 marzo 2017, n. 62).*

(3) *V. interpretazione autentica di cui all'art. 2[288] l. 24 dicembre 2007, n. 244 (legge finanziaria 2008).*

(4) *Per l'interpretazione autentica del quarto periodo del presente comma v. l'art. 19-*bis[1] *d.l. 30 aprile 2019, n. 34, conv., con modif., in l. 28 giugno 2019, n. 58, secondo cui esso « si interpreta nel senso che, in mancanza della comunicazione ivi prevista, il contratto è rinnovato tacitamente, a ciascuna scadenza, per un ulteriore biennio ».*

3. Disdetta del contratto da parte del locatore. – 1. Alla prima scadenza dei contratti stipulati ai sensi del comma 1 dell'articolo 2 e alla prima scadenza dei contratti stipulati ai sensi del comma 3 del medesimo articolo, il locatore può avvalersi della facoltà di diniego del rinnovo del contratto, dandone comunicazione al conduttore con preavviso di almeno sei mesi, per i seguenti motivi:

a) quando il locatore intenda destinare l'immobile ad uso abitativo, commerciale, artigianale o professionale proprio, del coniuge, dei genitori, dei figli o dei parenti entro il secondo grado;

b) quando il locatore, persona giuridica, società o ente pubblico o comunque con finalità pubbliche, sociali, mutualistiche, cooperative, assistenziali, culturali o di culto intenda destinare l'immobile all'esercizio delle attività dirette a perseguire le predette finalità ed offra al conduttore altro immobile idoneo e di cui il locatore abbia la piena disponibilità;

c) quando il conduttore abbia la piena disponibilità di un alloggio libero ed idoneo nello stesso comune;

d) quando l'immobile sia compreso in un edificio gravemente danneggiato che debba essere ricostruito o del quale debba essere assicurata la stabilità e la permanenza del conduttore sia di ostacolo al compimento di indispensabili lavori;

e) quando l'immobile si trovi in uno stabile del quale è prevista l'integrale ristrutturazione, ovvero si intenda operare la demolizione o la radicale trasformazione per realizzare nuove costruzioni, ovvero, trattandosi di immobile sito all'ultimo piano, il proprietario intenda eseguire sopraelevazioni a norma di legge e per eseguirle sia indispensabile per ragioni tecniche lo sgombero dell'immobile stesso;

f) quando, senza che si sia verificata alcuna legittima successione nel contratto, il conduttore non occupi continuativamente l'immobile senza giustificato motivo;

g) quando il locatore intenda vendere l'immobile a terzi e non abbia la proprietà di altri immobili ad uso abitativo oltre a quello eventualmente adibito a propria abitazione. In tal caso al conduttore è riconosciuto il diritto di prelazione, da esercitare con le modalità di cui agli articoli 38 e 39 della legge 27 luglio 1978, n. 392.

2. Nei casi di disdetta del contratto da parte del locatore per i motivi di cui al comma 1, lettere *d*) ed *e*), il possesso, per l'esecuzione dei lavori ivi indicati, della concessione o dell'autorizzazione edilizia è condizione di procedibilità dell'azione di rilascio. I termini di validità della concessione o dell'autorizzazione decorrono dall'effettiva disponibilità a seguito del rilascio dell'immobile. Il conduttore ha diritto di prelazione, da esercitare con le modalità di cui all'articolo 40 della legge 27 luglio 1978, n. 392, se il proprietario, terminati i lavori, concede nuovamente in locazione l'immobile. Nella comunicazione del locatore deve essere specificato, a pena di nullità, il motivo, fra quelli tassativamente indicati al comma 1, sul quale la disdetta è fondata.

3. Qualora il locatore abbia riacquistato la disponibilità dell'alloggio a seguito di illegittimo esercizio della facoltà di disdetta ai sensi del presente articolo, il locatore stesso è tenuto a corrispondere un risarcimento al conduttore da determinare in misura non inferiore a trentasei mensilità dell'ultimo canone di locazione percepito.

4. Per la procedura di diniego di rinnovo si applica l'articolo 30 della legge 27 luglio 1978, n. 392, e successive modificazioni.

5. Nel caso in cui il locatore abbia riacquistato, anche con procedura giudiziaria, la disponibilità dell'alloggio e non lo adibisca, nel termine di dodici mesi dalla data in cui ha riacquistato la disponibilità, agli usi per i quali ha esercitato facoltà di disdetta ai sensi del presente articolo, il conduttore ha diritto al ripristino del rapporto di locazione alle medesime condizioni di cui al contratto disdettato o, in alternativa, al risarcimento di cui al comma 3.

6. Il conduttore, qualora ricorrano gravi motivi, può recedere in qualsiasi momento dal contratto, dando comunicazione al locatore con preavviso di sei mesi.

CAPO II – *Contratti di locazione stipulati in base ad accordi definiti in sede locale*

4. Convenzione nazionale. – 1. Al fine di favorire la realizzazione degli accordi di cui al comma 3 dell'articolo 2, il Ministro dei lavori pubblici convoca le organizzazioni della proprietà edilizia e dei conduttori maggiormente rappresentative a livello nazionale entro sessanta giorni dalla data di entrata in vigore della presente legge e, successivamente, ogni tre anni a decorrere dalla medesima data, al fine di promuovere una convenzione, di seguito denominata « convenzione nazionale », che individui i criteri generali per la definizione dei canoni, anche in relazione alla durata dei contratti, alla rendita catastale dell'immobile e ad altri parametri oggettivi, nonché delle modalità per garantire particolari esigenze delle parti. In caso di mancanza di accordo delle parti, i predetti criteri generali sono stabiliti dal Ministro dei lavori pubblici, di concerto con il Ministro delle finanze, con il decreto di cui al comma 2 del presente articolo, sulla base degli orientamenti prevalenti espressi dalle predette organizzazioni. I criteri generali definiti ai sensi del presente comma costituiscono la base per la realizzazione degli accordi locali di cui al comma 3 dell'articolo 2 e il loro rispetto, unitamente all'utilizzazione dei tipi di contratto di cui all'articolo 4-*bis*, costituisce condizione per l'applicazione dei benefici di cui all'articolo 8 (1).

2. I criteri generali di cui al comma 1 sono indicati in apposito

decreto del Ministro dei lavori pubblici, di concerto con il Ministro delle finanze, da emanare entro trenta giorni dalla conclusione della convenzione nazionale ovvero dalla constatazione, da parte del Ministro dei lavori pubblici, della mancanza di accordo delle parti, trascorsi novanta giorni dalla loro convocazione. Con il medesimo decreto sono stabilite le modalità di applicazione dei benefici di cui all'articolo 8 per i contratti di locazione stipulati ai sensi del comma 3 dell'articolo 2 in conformità ai criteri generali di cui al comma 1 del presente articolo.

3. Entro quattro mesi dalla data di emanazione del decreto di cui al comma 2, il Ministro dei lavori pubblici, di concerto con il Ministro delle finanze, fissa con apposito decreto le condizioni alle quali possono essere stipulati i contratti di cui al comma 3 dell'articolo 2 nonché dell'articolo 5, nel caso in cui non vengano convocate da parte dei comuni le organizzazioni della proprietà edilizia e dei conduttori ovvero non siano definiti gli accordi di cui al medesimo comma 3 dell'articolo 2 (2).

4. Fermo restando quanto stabilito dall'articolo 60, comma 1, lettera *e*), del decreto legislativo 31 marzo 1998, n. 112, con apposito atto di indirizzo e coordinamento, da adottare con decreto del Presidente della Repubblica, previa deliberazione del Consiglio dei ministri, ai sensi dell'articolo 8 della legge 15 marzo 1997, n. 59, sono definiti, in sostituzione di quelli facenti riferimento alla legge 27 luglio 1978, n. 392, e successive modificazioni, criteri in materia di determinazione da parte delle regioni dei canoni di locazione per gli alloggi di edilizia residenziale pubblica. Gli attuali criteri di determinazione dei canoni restano validi fino all'adeguamento da parte delle regioni ai criteri stabiliti ai sensi del presente comma.

(1) *Comma così modificato dall'art. 2[1 lett. c)] l. 8 gennaio 2002, n. 2.*

(2) *Comma così modificato dall'art. 7[1] d.l. 13 settembre 2004, n. 240, conv., con modif., in l. 12 novembre 2004, n. 269.*

4-*bis*. (1) **Tipi di contratto.** – 1. La convenzione nazionale di cui all'articolo 4, comma 1, approva i tipi di contratto per la stipula dei contratti agevolati di cui all'articolo 2, comma 3, nonché dei contratti di locazione di natura transitoria di cui all'articolo 5, o comma 1, e dei contratti di locazione per studenti universitari di cui all'articolo 5, commi 2 e 3.

2. I tipi di contratto possono indicare scelte alternative, da definire negli accordi locali, in relazione a specifici aspetti contrattuali, con particolare riferimento ai criteri per la misurazione delle superfici degli immobili.

3. In caso di mancanza di accordo delle parti, i tipi di contratto sono definiti con il decreto di cui all'articolo 4, comma 2.

(1) *Articolo inserito dall'art. 1 l. 8 gennaio 2002, n. 2.*

5. (1) **Contratti di locazione di natura transitoria.** – 1. Il decreto di cui al comma 2 dell'articolo 4 definisce le condizioni e le modalità per la stipula di contratti di locazione di natura transitoria anche di durata inferiore ai limiti previsti dalla presente legge per soddisfare particolari esigenze delle parti.

2. In alternativa a quanto previsto dal comma 1, possono essere stipulati contratti di locazione per soddisfare le esigenze abitative di studenti universitari sulla base dei tipi di contratti di cui all'articolo 4-*bis* (2).

3. È facoltà dei comuni sede di università o di corsi universitari distaccati, eventualmente d'intesa con comuni limitrofi, promuovere specifici accordi locali per la definizione, sulla base dei criteri stabiliti ai sensi del comma 2 dell'articolo 4, dei canoni di locazione di immobili ad uso abitativo per studenti universitari. Agli accordi partecipano, oltre alle organizzazioni di cui al comma 3 dell'articolo 2, le aziende per il diritto allo studio e le associazioni degli studenti, nonché cooperative ed enti non lucrativi operanti nel settore (2).

(1) *Per i criteri generali per la realizzazione degli accordi da definire in sede locale per la stipula dei contratti di locazione transitori e dei contratti di locazione per studenti universitari, ai sensi dei commi 1, 2 e 3 del presente articolo, v. d.m. 16 gennaio 2017 (G.U. 15 marzo 2017, n. 62).*

(2) *Comma così modificato dall'art. 2[1 lett. d)] l. 8 gennaio 2002, n. 2.*

CAPO III – *Esecuzione dei provvedimenti di rilascio degli immobili adibiti ad uso abitativo* (1)

(1) *In tema di misure urgenti per contenere il disagio abitativo di particolari categorie sociali, v. d.l. 20 ottobre 2008, n. 158, conv., con modif., in l. 18 dicembre 2008, n. 199.*

6. **Rilascio degli immobili.** – 1.Nei comuni indicati all'articolo 1 del decreto-legge 30 dicembre 1988, n. 551, convertito, con modificazioni, dalla legge 21 febbraio 1989, n. 61, e successive modificazioni, le esecuzioni dei provvedimenti di rilascio di immobili adibiti ad uso abitativo per finita locazione sono sospese per un periodo di centottanta giorni a decorrere dalla data di entrata in vigore della presente legge.

2. Il locatore ed il conduttore di immobili adibiti ad uso abitativo, per i quali penda provvedimento esecutivo di rilascio per finita locazione, avviano entro il termine di sospensione di cui al comma 1,

a mezzo di lettera raccomandata con avviso di ricevimento, anche tramite le rispettive organizzazioni sindacali, trattative per la stipula di un nuovo contratto di locazione in base alle procedure definite all'articolo 2 della presente legge.

3. Trascorso il termine di cui al comma 1 ed in mancanza di accordo fra le parti per il rinnovo della locazione, i conduttori interessati possono chiedere, entro e non oltre i trenta giorni dalla scadenza del termine fissato dal comma 1, con istanza rivolta al pretore (1) competente ai sensi dell'articolo 26, primo comma, del codice di procedura civile, che sia nuovamente fissato il giorno dell'esecuzione. Si applicano i commi dal secondo al settimo dell'articolo 11 del decreto-legge 23 gennaio 1982, n. 9, convertito, con modificazioni, dalla legge 25 marzo 1982, n. 94. Avverso il decreto del pretore (1) è ammessa opposizione al tribunale (1) che giudica con le modalità di cui all'articolo 618 del codice di procedura civile. Il decreto con cui il pretore (1) fissa nuovamente la data dell'esecuzione vale anche come autorizzazione all'ufficiale giudiziario a servirsi dell'assistenza della forza pubblica.

4. Per i provvedimenti esecutivi di rilascio per finita locazione emessi dopo la data di entrata in vigore della presente legge, il conduttore può chiedere una sola volta, con istanza rivolta al pretore (1) competente ai sensi dell'articolo 26, primo comma, del codice di procedura civile, che sia nuovamente fissato il giorno dell'esecuzione entro un termine di sei mesi salvi i casi di cui al comma 5. Si applicano i commi dal secondo al settimo dell'articolo 11 del citato decreto-legge n. 9 del 1982, convertito, con modificazioni, dalla legge n. 94 del 1982. Avverso il decreto del pretore (1) il locatore ed il conduttore possono proporre opposizione per qualsiasi motivo al tribunale (1) che giudica con le modalità di cui all'articolo 618 del codice di procedura civile.

5. Il differimento del termine delle esecuzioni di cui ai commi 3 e 4 può essere fissato fino a diciotto mesi (2) nei casi in cui il conduttore abbia compiuto i 65 anni di età, abbia cinque o più figli a carico, sia iscritto nelle liste di mobilità, percepisca un trattamento di disoccupazione o di integrazione salariale, sia formalmente assegnatario di alloggio di edilizia residenziale pubblica ovvero di ente previdenziale o assicurativo, sia prenotatario di alloggio cooperativo in corso di costruzione, sia acquirente di un alloggio in costruzione, sia proprietario di alloggio per il quale abbia iniziato azione di rilascio. Il medesimo differimento del termine delle esecuzioni può essere fissato nei casi in cui il conduttore o uno dei componenti il nucleo

familiare, convivente con il conduttore da almeno sei mesi, sia portatore di handicap o malato terminale.

6. Durante i periodi di sospensione delle esecuzioni di cui al comma 1 del presente articolo e al comma quarto dell'articolo 11 del citato decreto-legge n. 9 del 1982, convertito, con modificazioni, dalla legge n. 94 del 1982, nonché per i periodi di cui all'articolo 3 del citato decreto-legge n. 551 del 1988, convertito, con modificazioni, dalla legge n. 61 del 1989, come successivamente prorogati, e comunque fino all'effettivo rilascio, i conduttori sono tenuti a corrispondere, ai sensi dell'articolo 1591 del codice civile, una somma mensile pari all'ammontare del canone dovuto alla cessazione del contratto, al quale si applicano automaticamente ogni anno aggiornamenti in misura pari al settantacinque per cento della variazione, accertata dall'Istituto nazionale di statistica (ISTAT), dell'indice dei prezzi al consumo per le famiglie di operai e impiegati verificatasi nell'anno precedente; l'importo così determinato è maggiorato del venti per cento. La corresponsione di tale maggiorazione esime il conduttore dall'obbligo di risarcire il maggior danno ai sensi dell'articolo 1591 del codice civile. Durante i predetti periodi di sospensione sono dovuti gli oneri accessori di cui all'articolo 9 della legge 27 luglio 1978, n. 392, e successive modificazioni. In caso di inadempimento, il conduttore decade dal beneficio, comunque concesso, della sospensione dell'esecuzione del provvedimento di rilascio, fatto salvo quanto previsto dall'articolo 55 della citata legge n. 392 del 1978 (3).

7. Fatto salvo quanto previsto dai commi 2-*bis* e 2-*ter* dell'articolo 1 del citato decreto-legge n. 551 del 1988, convertito, con modificazioni, dalla legge n. 61 del 1989, nonché quanto previsto dai commi primo, secondo e terzo dell'articolo 17 del citato decreto-legge n. 9 del 1982, convertito, con modificazioni, dalla legge n. 94 del 1982, è data priorità ai destinatari di provvedimenti di rilascio con data di esecuzione fissata entro il termine di tre mesi.

(1) *Ai sensi dell'art. 14[2] della presente legge alle parole* « pretore » *e* « tribunale » *si intendono sostituite rispettivamente le parole* « tribunale in composizione monocratica » *e* « tribunale in composizione collegiale ».

(2) *V. art. 1 d.l. 25 febbraio 2000, n. 32, conv., con modif., in l. 20 aprile 2000, n. 97, secondo il quale, « fermo restando il limite massimo di diciotto mesi », il termine non può comunque essere inferiore a nove mesi.*

(3) *Comma dichiarato* costituzionalmente illegittimo *con* ***C. cost.*** *9 novembre 2000, n. 482, « nella parte in cui esime il conduttore dall'obbligo di risarcire il maggior danno, ai sensi dell'articolo 1591 del codice civile, anche nel periodo successivo alla scadenza del termine di sospensione dell'esecuzione stabilito* ope legis *o di quello giudizialmente fissato per il rilascio dell'immobile ».*

7. (1) **Condizione per la messa in esecuzione del provvedimento di rilascio dell'immobile.** – 1. Condizione per la messa in esecuzione del provvedimento di rilascio dell'immobile locato è la dimostrazione che il contratto di locazione è stato registrato, che l'immobile è stato denunciato ai fini dell'applicazione dell'ICI e che il reddito derivante dall'immobile medesimo è stato dichiarato ai fini dell'applicazione delle imposte sui redditi. Ai fini della predetta dimostrazione, nel precetto di cui all'articolo 480 del codice di procedura civile devono essere indicati gli estremi di registrazione del contratto di locazione, gli estremi dell'ultima denuncia dell'unità immobiliare alla quale il contratto si riferisce ai fini dell'applicazione dell'ICI, gli estremi dell'ultima dichiarazione dei redditi nella quale il reddito derivante dal contratto è stato dichiarato nonché gli estremi delle ricevute di versamento dell'ICI relative all'anno precedente a quello di competenza (2).

(1) *Articolo dichiarato* costituzionalmente illegittimo *con* **C. cost.** *5 ottobre 2001, n. 333.*

(2) *Per una interpretazione autentica v. l'art. 1[3] d.l. 25 febbraio 2000, n. 32, conv., con modif., in l. 20 aprile 2000, n. 97.*

CAPO IV – *Misure di sostegno al mercato delle locazioni*

8. (1) **Agevolazioni fiscali.** – 1. Nei comuni di cui all'articolo 1 del decreto-legge 30 dicembre 1988, n. 551, convertito, con modificazioni, dalla legge 21 febbraio 1989, n. 61, e successive modificazioni, il reddito imponibile derivante al proprietario dai contratti stipulati o rinnovati ai sensi del comma 3 dell'articolo 2 a seguito di accordo definito in sede locale e nel rispetto dei criteri indicati dal decreto di cui al comma 2 dell'articolo 4, ovvero nel rispetto delle condizioni fissate dal decreto di cui al comma 3 del medesimo articolo 4, determinato ai sensi dell'articolo 34 del testo unico delle imposte sui redditi, approvato con decreto del Presidente della Repubblica 22 dicembre 1986, n. 917, e successive modificazioni, è ulteriormente ridotto del 30 per cento. Per i suddetti contratti il corrispettivo annuo ai fini della determinazione della base imponibile per l'applicazione dell'imposta proporzionale di registro è assunto nella misura minima del 70 per cento.

[2. Il locatore, per usufruire dei benefici di cui al comma 1, deve indicare nella dichiarazione dei redditi gli estremi di registrazione del contratto di locazione nonché quelli della denuncia dell'immobile ai fini dell'applicazione dell'ICI] (2).

3. Le agevolazioni di cui al presente articolo non si applicano ai contratti di locazione volti a soddisfare esigenze abitative di natura transitoria, fatta eccezione per i contratti di cui al comma 2 dell'articolo 5 e per i contratti di cui al comma 3 dell'articolo 1.

4. Il Comitato interministeriale per la programmazione economica (CIPE), su proposta del Ministro dei lavori pubblici, di intesa con i Ministri dell'interno e di grazia e giustizia, provvede, ogni ventiquattro mesi, all'aggiornamento dell'elenco dei comuni di cui al comma 1, anche articolando ed ampliando i criteri previsti dall'articolo 1 del decreto-legge 29 ottobre 1986, n. 708, convertito, con modificazioni, dalla legge 23 dicembre 1986, n. 899. La proposta del Ministro dei lavori pubblici è formulata avuto riguardo alle risultanze dell'attività dello Osservatorio della condizione abitativa di cui all'articolo 12. Qualora le determinazioni del CIPE comportino un aumento del numero dei beneficiari dell'agevolazione fiscale prevista dal comma 1, è corrispondentemente aumentata, con decreto del Ministro delle finanze, di concerto con il Ministro del tesoro, del bilancio e della programmazione economica, la percentuale di determinazione della base imponibile prevista dal medesimo comma. Tale aumento non si applica ai contratti stipulati prima della data di entrata in vigore del predetto decreto del Ministro delle finanze.

5. Al comma 1 dell'articolo 23 del testo unico delle imposte sui redditi, approvato con decreto del Presidente della Repubblica 22 dicembre 1986, n. 917, sono aggiunti, in fine, i seguenti periodi: « I redditi derivanti da contratti di locazione di immobili ad uso abitativo, se non percepiti, non concorrono a formare il reddito dal momento della conclusione del procedimento giurisdizionale di convalida di sfratto per morosità del conduttore. Per le imposte versate sui canoni venuti a scadenza e non percepiti come da accertamento avvenuto nell'ambito del procedimento giurisdizionale di convalida di sfratto per morosità è riconosciuto un credito di imposta di pari ammontare ».

6-7. (*Omissis*).

(1) *In tema di cedolare secca, v. art. 3 d.ls. 14 marzo 2011, n. 23, come da ultimo modificato dall'art. 1[6] l. 27 dicembre 2019, n. 160.*

(2) *Comma abrogato, a decorrere dal periodo d'imposta successivo a quello in corso al 31 dicembre 2016, dall'art. 13[4-octies] d.l. 30 dicembre 2016, n. 244, conv., con modif., in l. 27 febbraio 2017, n. 19.*

9. (1) **[Disposizioni per i fondi per la previdenza complementare].**

(1) *Articolo abrogato dall'art. 7[3] d.ls. 18 febbraio 2000, n. 47.*

10. Ulteriori agevolazioni fiscali. – 1. Con provvedimento collegato alla manovra finanziaria per il triennio 2000-2002 è istituito, a decorrere dall'anno 2001, un fondo per la copertura delle minori entrate derivanti dalla concessione, secondo modalità determinate dal medesimo provvedimento collegato, di una detrazione ai fini dell'imposta sul reddito delle persone fisiche in favore dei conduttori, appartenenti a determinate categorie di reddito, di alloggi locati a titolo di abitazione principale, da stabilire anche nell'ambito di una generale revisione dell'imposizione sugli immobili. Per gli esercizi successivi al triennio 2000-2002, alla dotazione del fondo si provvede con stanziamento determinato dalla legge finanziaria, ai sensi dello articolo 11, comma 3, lettera *d*), della legge 5 agosto 1978, n. 468, e successive modificazioni.

2. Le detrazioni di cui al comma 1 non sono cumulabili con i contributi previsti dal comma 3 dell'articolo 11.

11. Fondo nazionale. – 1. Presso il Ministero dei lavori pubblici è istituito il Fondo nazionale per il sostegno all'accesso alle abitazioni in locazione, la cui dotazione annua è determinata dalla legge finanziaria, ai sensi dell'articolo 11, comma 3, lettera *d*), della legge 5 agosto 1978, n. 468, e successive modificazioni (1).

2. Per ottenere i contributi di cui al comma 3 i conduttori devono dichiarare sotto la propria responsabilità che il contratto di locazione è stato registrato.

3. Le somme assegnate al Fondo di cui al comma 1 sono utilizzate per la concessione, ai conduttori aventi i requisiti minimi individuati con le modalità di cui al comma 4, di contributi integrativi per il pagamento dei canoni di locazione dovuti ai proprietari degli immobili, di proprietà sia pubblica sia privata, e, tenendo conto anche delle disponibilità del Fondo, per sostenere le iniziative intraprese dai Comuni e dalle regioni anche attraverso la costituzione di agenzie o istituti per la locazione o fondi di garanzia o attraverso attività di promozione in convenzione con imprese di costruzione ed altri soggetti imprenditoriali, cooperative edilizie per la locazione, tese a favorire la mobilità nel settore della locazione, attraverso il reperimento di alloggi da concedere in locazione a canoni concordati, ovvero attraverso la rinegoziazione delle locazioni esistenti per consentire alle parti, con il supporto delle organizzazioni di rappresentanza dei proprietari e degli inquilini, la stipula di un nuovo contratto a canone inferiore. Le procedure previste per gli sfratti per morosità si applicano alle locazioni di cui al presente comma, anche se per finita locazione. I comuni possono, con delibera della propria

giunta, prevedere che i contributi integrativi destinati ai conduttori vengano, in caso di morosità, erogati al locatore interessato a sanatoria della morosità medesima, anche tramite l'associazione della proprietà edilizia dallo stesso locatore per iscritto designata, che attesta l'avvenuta sanatoria con dichiarazione sottoscritta anche dal locatore (2) (3).

4. Il Ministro dei lavori pubblici, entro novanta giorni dalla data di entrata in vigore della presente legge, previa intesa in sede di Conferenza permanente per i rapporti fra lo Stato, le regioni e le province autonome di Trento e di Bolzano, definisce, con proprio decreto, i requisiti minimi necessari per beneficiare dei contributi integrativi di cui al comma 3 e i criteri per la determinazione dell'entità dei contributi stessi in relazione al reddito familiare e all'incidenza sul reddito medesimo del canone di locazione.

5. Le risorse assegnate al Fondo di cui al comma 1 sono ripartite, entro il 31 marzo di ogni anno, tra le regioni e le province autonome di Trento e di Bolzano. A decorrere dall'anno 2005 la ripartizione è effettuata dal Ministro delle infrastrutture e dei trasporti, previa intesa con la Conferenza permanente per i rapporti tra lo Stato, le regioni e le province autonome di Trento e di Bolzano, sulla base dei criteri fissati con apposito decreto del Ministro delle infrastrutture e dei trasporti, previa medesima intesa ed in rapporto alla quota di risorse messe a disposizione dalle singole regioni e province autonome, ai sensi del comma 6 (4).

6. Le regioni e le province autonome di Trento e di Bolzano possono concorrere al finanziamento degli interventi di cui al comma 3 con proprie risorse iscritte nei rispettivi bilanci e definire, sentiti i comuni, la finalità di utilizzo del Fondo ottimizzandone l'efficienza, anche in forma coordinata con il Fondo per gli inquilini morosi incolpevoli istituito dall'articolo 6, comma 5, del decreto-legge 31 agosto 2013, n. 102, convertito con modificazioni dalla legge 28 ottobre 2013, n. 124 (5).

7. Le regioni e le province autonome di Trento e di Bolzano provvedono alla ripartizione fra i comuni delle risorse di cui al comma 6 nonché di quelle destinate al Fondo ad esse attribuite ai sensi del comma 5; le risorse destinate dalle regioni e dalle province autonome di Trento e di Bolzano alla costituzione di agenzie o istituti per la locazione o fondi di garanzia o alle attività di promozione in convenzione con imprese di costruzione ed altri soggetti imprenditoriali, cooperative edilizie per la locazione sono assegnate dalle stesse ai comuni sulla base di parametri che premino sia il numero di

abbinamenti tra alloggi a canone concordato e nuclei familiari provenienti da alloggi di edilizia residenziale pubblica sovvenzionata o sottoposti a procedure di sfratto esecutivo, sia il numero di contratti di locazione a canone concordato complessivamente intermediati nel biennio precedente (6).

8. I comuni definiscono l'entità e le modalità di erogazione dei contributi di cui al comma 3, individuando con appositi bandi pubblici i requisiti dei conduttori che possono beneficiarne, nel rispetto dei criteri e dei requisiti minimi di cui al comma 4. I bandi per la concessione dei contributi integrativi devono essere emessi entro il 30 settembre di ogni anno con riferimento alle risorse assegnate, per l'anno di emissione del bando, dalla legge finanziaria (7).

9. Per gli anni 1999, 2000 e 2001, ai fini della concessione dei contributi integrativi di cui al comma 3, è assegnata al Fondo una quota, pari a lire 600 miliardi per ciascuno degli anni 1999, 2000 e 2001, delle risorse di cui alla legge 14 febbraio 1963, n. 60, relative alle annualità 1996, 1997 e 1998. Tali disponibilità sono versate all'entrata del bilancio dello Stato per essere riassegnate, con decreti del Ministro del tesoro, del bilancio e della programmazione economica, ad apposita unità previsionale di base dello stato di previsione del Ministero dei lavori pubblici. Le predette risorse, accantonate dalla deliberazione del CIPE del 6 maggio 1998, non sono trasferite ai sensi dell'articolo 61 del decreto legislativo 31 marzo 1998, n. 112, e restano nella disponibilità della Sezione autonoma della Cassa depositi e prestiti per il predetto versamento.

10. Il Ministero dei lavori pubblici provvederà, a valere sulle risorse del Fondo di cui al comma 1, ad effettuare il versamento all'entrata del bilancio dello Stato nell'anno 2003 delle somme occorrenti per la copertura delle ulteriori minori entrate derivanti, in tale esercizio, dall'applicazione dell'articolo 8, commi da 1 a 4, pari a 34.860.840,69 euro, intendendosi ridotta per un importo corrispondente l'autorizzazione di spesa per l'anno medesimo determinata ai sensi del comma 1 del presente articolo.

11. Le disponibilità del Fondo sociale, istituito ai sensi dell'articolo 75 della legge 27 luglio 1978, n. 392, sono versate all'entrata del bilancio dello Stato per essere riassegnate con decreto del Ministro del tesoro, del bilancio e della programmazione economica al Fondo di cui al comma 1.

(1) *Ai sensi dell'art. 6[4] d.l. 31 agosto 2013, n. 102, conv., con modif., dalla l. 28 ottobre 2013, n. 124, al Fondo nazionale per il sostegno all'accesso alle abitazioni in locazione è assegnata una dotazione di 50 milioni di euro per ciascuno degli anni 2014 e 2015.*

LEGGI COMPLEMENTARI

(2) *Comma così modificato dapprima dall'art. 7[2-bis] d.l. 13 settembre 2004, n. 240, conv., con modif., in l. 12 novembre 2004, n. 269 e successivamente dall'art. 2[1 lett. a)] d.l. 28 marzo 2014, n. 47, conv., con modif., in l. 23 maggio 2014, n. 80.*

(3) *Ai sensi dell'art. 2[1-bis] d.l. n. 47, cit., l'applicazione da parte dei comuni, al fine di contrastare l'emergenza abitativa, delle disposizioni di cui al presente comma « costituisce titolo di preferenza nell'assegnazione di contributi pubblici per qualsiasi tipo di edilizia economica e popolare ».*

(4) *Comma da ultimo così sostituito dall'art. 7[2] d.l. n. 240, cit.*

(5) *Comma così modificato dall'art. 2[1 lett. b)] d.l. n. 47, cit.*

(6) *Comma così sostituito dall'art. 2[1 lett. c)] d.l. n. 47, cit.*

(7) *Periodo aggiunto dall'art. 1[1-bis] d.l. 20 ottobre 2008, n. 158, conv., con modif., in l. 18 dicembre 2008, n. 199.*

CAPO V – *Disposizioni finali*

12. Osservatorio della condizione abitativa. – 1. L'Osservatorio della condizione abitativa, istituito dall'articolo 59 del decreto legislativo 31 marzo 1998, n. 112, è costituito presso il Ministero dei lavori pubblici ed effettua la raccolta dei dati nonché il monitoraggio permanente della situazione abitativa. Il Ministro dei lavori pubblici, con proprio decreto da emanare entro sessanta giorni dalla data di entrata in vigore della presente legge, definisce l'organizzazione e le funzioni dell'Osservatorio, anche ai fini del collegamento con gli osservatori istituiti dalle regioni con propri provvedimenti.

13. (1) **Patti contrari alla legge.** – 1. È nulla ogni pattuizione volta a determinare un importo del canone di locazione superiore a quello risultante dal contratto scritto e registrato. È fatto carico al locatore di provvedere alla registrazione nel termine perentorio di trenta giorni, dandone documentata comunicazione, nei successivi sessanta giorni, al conduttore ed all'amministratore del condominio, anche ai fini dell'ottemperanza agli obblighi di tenuta dell'anagrafe condominiale di cui all'articolo 1130, numero 6), del codice civile.

2. Nei casi di nullità di cui al comma 1 il conduttore, con azione proponibile nel termine di sei mesi dalla riconsegna dell'immobile locato, può chiedere la restituzione delle somme corrisposte in misura superiore al canone risultante dal contratto scritto e registrato.

3. È nulla ogni pattuizione volta a derogare ai limiti di durata del contratto stabiliti dalla presente legge.

4. Per i contratti di cui al comma 3 dell'articolo 2 è nulla ogni pattuizione volta ad attribuire al locatore un canone superiore a quello massimo definito dagli accordi conclusi in sede locale per immobili aventi le medesime caratteristiche e appartenenti alle medesime tipologie. Per i contratti stipulati in base al comma 1 dell'ar-

ticolo 2, è nulla, ove in contrasto con le disposizioni della presente legge, qualsiasi pattuizione diretta ad attribuire al locatore un canone superiore a quello contrattualmente stabilito.

5. Per i conduttori che, per gli effetti della disciplina di cui all'articolo 3, commi 8 e 9, del decreto legislativo 14 marzo 2011, n. 23, prorogati dall'articolo 5, comma 1-*ter*, del decreto-legge 28 marzo 2014, n. 47, convertito, con modificazioni, dalla legge 23 maggio 2014, n. 80, hanno versato, nel periodo intercorso dalla data di entrata in vigore del decreto legislativo n. 23 del 2011 al giorno 16 luglio 2015, il canone annuo di locazione nella misura stabilita dalla disposizione di cui al citato articolo 3, comma 8, del decreto legislativo n. 23 del 2011, l'importo del canone di locazione dovuto ovvero dell'indennità di occupazione maturata, su base annua, è pari al triplo della rendita catastale dell'immobile, nel periodo considerato.

6. Nei casi di nullità di cui al comma 4 il conduttore, con azione proponibile nel termine di sei mesi dalla riconsegna dell'immobile locato, può richiedere la restituzione delle somme indebitamente versate. Nei medesimi casi il conduttore può altresì richiedere, con azione proponibile dinanzi all'autorità giudiziaria, che la locazione venga ricondotta a condizioni conformi a quanto previsto dal comma 1 dell'articolo 2 ovvero dal comma 3 dell'articolo 2. Tale azione è, altresì, consentita nei casi in cui il locatore non abbia provveduto alla prescritta registrazione del contratto nel termine di cui al comma 1 del presente articolo. Nel giudizio che accerta l'esistenza del contratto di locazione il giudice determina il canone dovuto, che non può eccedere quello del valore minimo definito ai sensi dell'articolo 2 ovvero quello definito ai sensi dell'articolo 5, commi 2 e 3, nel caso di conduttore che abiti stabilmente l'alloggio per i motivi ivi regolati. L'autorità giudiziaria stabilisce la restituzione delle somme eventualmente eccedenti.

7. Le disposizioni di cui al comma 6 devono ritenersi applicabili a tutte le ipotesi ivi previste insorte sin dall'entrata in vigore della presente legge.

8. I riferimenti alla registrazione del contratto di cui alla presente legge non producono effetti se non vi è obbligo di registrazione del contratto stesso.

(1) *Articolo così sostituito dall'art. 1[59] l. 28 dicembre 2015, n. 208 (legge di stabilità 2016).*

14. Disposizioni transitorie e abrogazione di norme. – 1. In sede di prima applicazione dell'articolo 4 della presente legge, non trova applicazione il termine di novanta giorni di cui al comma 2 del medesimo articolo 4.

2. Con l'attuazione del decreto legislativo 19 febbraio 1998, n. 51, nell'articolo 6 e nell'articolo 13, comma 5, della presente legge al pretore si intende sostituito il tribunale in composizione monocratica e al tribunale il tribunale in composizione collegiale.

3. Sono abrogati l'articolo 11 del decreto-legge 11 luglio 1992, n. 333, convertito, con modificazioni, dalla legge 8 agosto 1992, n. 359, nonché gli articoli 1-*bis*, 2, 3, 4, 5 e 8 del decreto-legge 30 dicembre 1988, n. 551, convertito, con modificazioni, dalla legge 21 febbraio 1989, n. 61.

4. Sono altresì abrogati gli articoli 1, 3, 12, 13, 14, 15, 16, 17, 18, 19, 20, 21, 22, 23, 24, 25, 26, 54, 60, 61, 62, 63, 64, 65, 66, 75, 76, 77, 78, 79, limitatamente alle locazioni abitative, e 83 della legge 27 luglio 1978, n. 392, e successive modificazioni.

5. Ai contratti per la loro intera durata ed ai giudizi in corso alla data di entrata in vigore della presente legge continuano ad applicarsi ad ogni effetto le disposizioni normative in materia di locazioni vigenti prima di tale data.

15. Copertura finanziaria. – (*Omissis*).

D.l. 25 febbraio 2000, n. 32. — **Disposizioni urgenti in materia di locazioni per fronteggiare il disagio abitativo** (G.U. 25 febbraio 2000, n. 46), **conv., con modif., in l. 20 aprile 2000, n. 97** (G.U. 22 aprile 2000, n. 95).

1. – 1. Il termine dilatorio di cui all'art. 6, comma 5, della l. 9 dicembre 1998, n. 431, non può comunque essere inferiore a nove mesi, fermo restando il limite massimo di diciotto mesi di cui al medesimo art. 6, comma 5.

2. L'esecuzione dei provvedimenti di rilascio già emessi ai sensi dell'art. 6, comma 5, della l. 9 dicembre 1998, n. 431, è differita di nove mesi a partire dal 1° gennaio 2000.

3. Le disposizioni di cui al primo periodo del comma 1 dell'art. 7 della l. 9 dicembre 1998, n. 431, si interpretano nel senso che la dimostrazione dell'esistenza delle condizioni ivi indicate deve essere effettuata anche con riferimento ai provvedimenti di rilascio emessi in data anteriore a quella di entrata in vigore della medesima legge. Ai fini dell'esecuzione di tali provvedimenti di rilascio, il locatore dell'immobile rende, ai sensi dell'art. 3 della l. 15 maggio 1997, n. 127 (1), apposita dichiarazione in carta libera, contenente gli elementi conoscitivi di cui al predetto art. 7, che deve essere notificata all'intimato e consegnata all'ufficiale giudiziario, il quale la allega al precetto (2).

4. I contributi integrativi per il pagamento dei canoni di locazione, a valere sulle risorse attribuite al Fondo nazionale di cui all'art. 11, comma 1, della l. 9 dicembre 1998, n. 431, sono assegnati prioritariamente ai conduttori in possesso dei requisiti individuati con il decreto emanato ai sensi del comma 4 del medesimo art. 11, nei confronti dei quali risulti emesso provvedimento di rilascio dell'immobile e che abbiano proceduto, o che procedano entro il 15 maggio 2000, a stipulare nuovo contratto di locazione ad uso abitativo con le modalità previste dalla stessa l. 9 dicembre 1998, n. 431. A tale fine i comuni, acquisite le risorse dalle regioni sulla base del segnalato fabbisogno finanziario per soddisfare i conduttori in possesso dei richiamati requisiti, provvedono ad assegnare i contributi entro il termine di novanta giorni dalla data di entrata in vigore del presente decreto. Sono fatte salve le procedure già avviate dalle regioni ai sensi dell'art. 11 della l. 9 dicembre 1998, n. 431, che comunque consentano l'attribuzione delle risorse ai comuni entro il 30 giugno 2000.

5. La scadenza dei termini di centottanta giorni e di centoventi giorni, previsti rispettivamente dall'art. 11, comma 2, e dell'art. 12, comma 2, della legge 30 aprile 1999, n. 136, è differita al 31 ottobre 2000.

(1) *V. art. 77 d.P.R. 28 dicembre 2000, n. 445.*

(2) *Ma v.* ***C. cost.*** *5 ottobre 2001, n. 333, che ha dichiarato* costituzionalmente illegittimo *l'art. 7 l. 9 dicembre 1998, n. 431.*

D.l. 13 settembre 2004, n. 240. — **Misure per favorire l'accesso alla locazione da parte di conduttori in condizioni di disagio abitativo conseguente a provvedimenti esecutivi di rilascio, nonché integrazioni alla legge 9 dicembre 1998, n. 431** (G.U. 13 settembre 2004, n. 240), **conv., con modif., in l. 12 novembre 2004, n. 269** (G.U. 12 novembre 2004, n. 266).

(*Stralcio*)

1. Finalità. – 1. Il presente decreto persegue l'obiettivo di ridurre le più marcate condizioni di disagio abitativo dei conduttori assoggettati a procedure esecutive di rilascio che siano, o abbiano nel proprio nucleo familiare, ultrasessantacinquenni o handicappati gravi e che inoltre:

a) non dispongano di altra abitazione o di redditi sufficienti ad accedere alla locazione di una nuova unità immobiliare;

b) siano beneficiari, anche per effetto di rinvii della data di esecuzione disposti dagli ufficiali giudiziari della sospensione della procedura esecutiva di rilascio ai sensi dell'art. 80, comma 22, della l. 23 dicembre 2000, n. 388, e successivi differimenti e proroghe ovvero rientrino fra i soggetti di cui alla lett. *a*) che abbiano subito sentenza o ordinanza di sfratto fra il 1° luglio 2004 e il 13 settembre 2004;

c) siano tuttora in possesso dei requisiti economici previsti dal Ministero dei lavori pubblici ai sensi della citata l. n. 388 del 2000, e successivi differimenti e proroghe.

2. Misure. – 1. Ai fini di quanto previsto all'art. 1 possono essere stipulati, oltre alle tipologie contrattuali previste dalla legge 9 dicembre 1998, n. 431, e successive modificazioni, i tipi di contratto previsti dai commi 2, 3, 4, 5 e 6, per i quali è prevista la corresponsione dei contributi di cui agli artt. 3 e 4.

2. I soggetti di cui all'art. 1 possono stipulare con i rispettivi locatori che abbiano richiesto la procedura esecutiva di rilascio sospesa ai sensi dell'art. 80, comma 22, della l. 23 dicembre 2000, n. 388, e successivi differimenti e proroghe, nuovi contratti per la durata minima di un anno e massima di diciotto mesi, cui si applicano esclusivamente le disposizioni di cui agli artt. 1571 e seguenti del codice civile.

3. Gli enti locali possono stipulare, in qualità di conduttori, contratti di locazione, della durata fino a due anni non rinnovabili né prorogabili per soddisfare le esigenze abitative dei soggetti di cui all'art. 1, assicurando il puntuale pagamento del canone di locazione, il rilascio dell'immobile alla scadenza contrattuale prevista,

nonché il risarcimento al proprietario di eventuali danni arrecati nel corso della utilizzazione da parte del concessionario. Gli alloggi, locati nelle predette forme contrattuali, sono destinati, mediante concessione amministrativa di durata massima pari alla durata dei contratti, ai soggetti indicati all'art. 1. Tali contratti possono essere sostituiti, anche prima della scadenza, da contratti stipulati direttamente tra il locatore e il soggetto beneficiario della concessione amministrativa, ai sensi dell'art. 2, comma 3, della legge n. 431 del 1998, e successive modificazioni, per i quali è tuttavia comunque esclusa qualsiasi forma di proroga o rinnovo automatico del contratto, fatto salvo l'esplicito accordo delle parti contraenti.

4. Gli enti locali possono stipulare, in qualità di conduttori, contratti di locazione, di durata triennale, prorogabile di altri due anni in presenza di esplicito accordo delle parti contraenti, per soddisfare le esigenze abitative dei soggetti di cui all'art. 1, assicurando il puntuale pagamento del canone di locazione, il rilascio dell'immobile alla scadenza contrattuale prevista, nonché il risarcimento al proprietario di eventuali danni arrecati nel corso della utilizzazione da parte del concessionario. Gli alloggi locati nelle suddette forme contrattuali sono destinati, mediante concessione amministrativa di durata massima pari alla durata dei contratti, ai soggetti indicati all'art. 1. Per tali contratti il canone è stabilito secondo le modalità previste dagli accordi definiti in sede locale, di cui al comma 3 dell'art. 2 della legge n. 431 del 1998, e successive modificazioni, vigenti nel comune dove si trova l'alloggio concesso in locazione, ovvero dal decreto ministeriale di cui all'art. 4, comma 3, della stessa legge.

5. I soggetti di cui all'art. 1 possono stipulare contratti di locazione di durata triennale prorogabile di altri due anni in presenza di esplicito accordo delle parti contraenti. Per tali contratti il canone è stabilito secondo le modalità previste dagli accordi definiti in sede locale, di cui al comma 3 dell'art. 2 della legge n. 431 del 1998, e successive modificazioni, vigenti nel comune dove si trova l'alloggio concesso in locazione, ovvero dal decreto ministeriale di cui all'art. 4, comma 3, della stessa legge.

6. I soggetti di cui all'art. 1 possono stipulare direttamente contratti di locazione della durata di quattro anni, prorogabili fino ad ulteriori quattro anni in presenza di esplicito accordo delle parti contraenti. A tali contratti si applicano esclusivamente le disposizioni di cui agli artt. 1571 e seguenti del codice civile.

6-*bis*. I soggetti che hanno partecipato ai bandi per l'assegnazione degli alloggi di edilizia residenziale pubblica che si sono avvalsi della disciplina prevista dai commi 2, 3, 4 e 5, mantengono, sino alla scadenza del rapporto locativo così rinnovato, il punteggio conseguito riferito alla qualifica di sottoposto a sentenza o ordinanza di sfratto.

7. Il Ministero delle infrastrutture e dei trasporti tramite gli istituti autonomi case popolari e gli altri istituti comunque ad essi succeduti, attraverso la costituzione di uno « sportello emergenza sfratti », provvede all'assistenza dei soggetti di cui all'art. 1 e al coordinamento delle iniziative ed inoltre all'erogazione:

a) del contributo di cui all'art. 3, comma 1, relativo alla sottoscrizione dei contratti ai sensi dei commi 3 e 4, sulla base degli elenchi trasmessi dai comuni contenenti, in relazione a ciascun contratto stipulato, la data di stipula, gli estremi di registrazione, i nominativi del proprietario, e del concessionario e l'importo del canone da corrispondere;

b) del contributo di cui all'art. 3, commi 2 e 3, relativi alla sottoscrizione dei contratti ai sensi dei commi 2, 5 e 6, a favore del locatore sulla base della domanda presentata dal proprietario stesso, contenente, in relazione al contratto sottoscritto, la data di stipula, gli estremi di registrazione, i nominativi del proprietario e del locatario e l'importo del canone da corrispondere.

8. L'erogazione di cui al comma 7 è disposta con decreto del Ministero delle infrastrutture e dei trasporti entro trenta giorni dal ricevimento da parte dei comuni degli elenchi di cui alla lett. *a*) del comma 7, ovvero della domanda di cui alla lett. *b*) del medesimo comma.

9. Per lo svolgimento dei compiti affidati ai sensi del comma 7, agli istituti ivi contemplati è riconosciuto un compenso pari all'1 per cento del contributo da erogare in relazione a ciascun contratto stipulato.

9-*bis*. I soggetti di cui all'art. 1, anche se beneficiari delle misure di cui al presente articolo, continuano ad essere considerati quali conduttori assoggettati a procedure esecutive ai fini dell'assegnazione di alloggi di edilizia residenziale pubblica da parte di qualunque ente.

3. Incentivi. – 1. Al fine di favorire la sottoscrizione dei contratti di cui ai commi 3 e 4 dell'art. 2, è assegnato agli enti locali, in unica soluzione, per ciascun contratto stipulato, a parziale copertura dell'onere derivante dalla sottoscrizione del contratto stesso, un contributo determinato ai sensi dell'art. 4 ovvero nella misura inferiore derivante dalla sottoscrizione del contratto.

2. Al fine di favorire la sottoscrizione dei contratti di cui ai commi 5 e 6 dell'art. 2, è corrisposta, a favore del proprietario di alloggio che abbia stipulato un contratto di locazione con i soggetti di cui all'art. 1, in unica soluzione, la somma determinata ai sensi dell'art. 4 in conto canoni ancora da corrispondere da parte dei soggetti di cui all'art. 1. Nel caso in cui l'importo complessivo dei canoni derivanti dalla sottoscrizione del contratto di locazione per un triennio risulti inferiore alla somma fissata all'art. 4, il contributo spettante è pari a tale minore importo.

3. Al fine di favorire la sottoscrizione dei contratti di cui al comma 2 dell'art. 2, è corrisposta, a favore del proprietario di alloggio che abbia stipulato un contratto di locazione di cui al predetto comma, in unica soluzione, la somma prevista dall'art. 4. Ferma restando la corresponsione, da parte del conduttore, dell'importo del canone previsto dal precedente contratto di locazione, la predetta somma è corrisposta quale integrazione dell'importo del canone previsto nel nuovo contratto, fatti salvi eventuali ulteriori incrementi che, comunque, restano a carico del conduttore. Nel caso in cui l'importo complessivo dei canoni derivanti dalla sottoscrizione del contratto di locazione, detratto l'importo complessivo dei canoni derivanti dal precedente contratto di locazione di cui al comma 2 dell'art. 2, risulti inferiore alla somma indicata all'art. 4, il contributo spettante è pari a tale minore importo.

4. Ai proprietari degli immobili locati ai sensi dei commi 4 e 5 dell'art. 2 si applicano le agevolazioni fiscali previste dall'art. 8, comma 1, della legge 9 dicembre 1998, n. 431, e successive modificazioni, incrementando al 70 per cento la percentuale di ulteriore riduzione del reddito imponibile, ferma restando l'applicazione dell'imposta proporzionale di registro nella misura del 70 per cento.

5. Ai proprietari degli immobili locati ai sensi dei commi 3 e 6 dell'art. 2 si applicano le agevolazioni fiscali previste dall'art. 8, comma 1, della legge 9 dicembre 1998, n. 431, e successive modificazioni.

6. I comuni possono deliberare aliquote agevolate o l'esenzione totale dall'imposta comunale sugli immobili relativamente agli alloggi oggetto dei contratti di cui all'art. 2, anche differenziando l'agevolazione in funzione delle diverse tipologie di contratto.

7. L'erogazione del contributo di cui al comma 1 e della somma di cui ai commi 2 e 3 è disposta secondo l'ordine cronologico derivante dalla data di stipula del contratto, che deve essere sottoscritto, ai fini della sola ammissibilità ai benefici, entro il 31 marzo 2005.

4. Misura del contributo. – 1. In relazione alla dimensione demografica del comune in cui è sito l'alloggio oggetto del contratto sottoscritto ai sensi dell'art. 2, i contributi di cui all'art. 3 sono riconosciuti nella misura di:

a) euro 5.000 per comuni con popolazione pari o superiore a 500.000 abitanti;

b) euro 4.000 per comuni con popolazione compresa tra 100.000 e 500.000 abitanti;

c) euro 3.000 per comuni con popolazione pari o inferiore a 100.000 abitanti.

5. Copertura finanziaria. – 1. Agli oneri recati dall'articolo 2, comma 9, e dall'articolo 3, commi 1, 2 e 3, valutati complessivamente in migliaia di euro 105.040 per l'anno 2004, nonché alle minori entrate relative alle agevolazioni fiscali di cui ai commi 4 e 5 del predetto articolo 3, valutate in 1.500 migliaia di euro per l'anno 2004, in 7.300 migliaia di euro per l'anno 2005, in 17.725 migliaia di euro per l'anno 2006 e in 10.895 migliaia di euro per l'anno 2007, si provvede:

a) per l'anno 2004, per l'importo di 106.540 migliaia di euro, a valere sull'autorizzazione di spesa di cui all'articolo 1-*bis*, comma 3, del decreto-legge 12 luglio 2004, n. 168, convertito, con modificazioni, dalla legge 30 luglio 2004, n. 191;

b) per gli anni 2005 e successivi, mediante corrispondente riduzione dello stanziamento iscritto, ai fini del bilancio triennale 2004-2006, nell'ambito dell'unità previsionale di base di parte corrente "Fondo speciale" dello stato di previsione del Ministero dell'economia e delle finanze per l'anno 2004, allo scopo parzialmente utilizzando, quanto a 7.300 migliaia di euro per l'anno 2005, 11.081 migliaia di euro per l'anno 2006 e 10.081 migliaia di euro per l'anno 2007, le proiezioni dell'accantonamento relativo al Ministero delle infrastrutture e dei trasporti, e, quanto a 6.644 migliaia di euro per l'anno 2006 e 814 migliaia di euro per l'anno 2007, la proiezione dell'accantonamento relativo al Ministero degli affari esteri e della cooperazione internazionale (1).

2. Gli stanziamenti iscritti in bilancio per l'esercizio 2004, relativamente ai fondi destinati alle finalità di cui all'articolo 2, comma 9, e all'articolo 3, commi 1, 2 e 3, non utilizzati alla chiusura dell'esercizio sono conservati nel conto dei residui per essere utilizzati nell'esercizio successivo.

3. Il Ministro dell'economia e delle finanze provvede al monitoraggio degli oneri di cui al presente decreto, anche ai fini dell'adozione dei provvedimenti correttivi di cui all'articolo 11-*ter*, comma 7,

della legge 5 agosto 1978, n. 468, e successive modificazioni, ovvero delle misure correttive da assumere ai sensi dell'articolo 11, comma 3, lettera *i-quater*), della medesima legge. Gli eventuali decreti adottati ai sensi dell'articolo 7, secondo comma, n. 2), della legge 5 agosto 1978, n. 468, prima della data di entrata in vigore dei provvedimenti o delle misure di cui al presente comma, sono tempestivamente trasmessi alle Camere, corredati da apposite relazioni illustrative.

4. Il Ministro dell'economia e delle finanze è autorizzato ad apportare, con propri decreti, le occorrenti variazioni di bilancio, incluse quelle occorrenti per l'utilizzazione dei fondi conservati di cui al comma 2.

(1) *La denominazione* « Ministero degli affari esteri e della cooperazione internazionale » *è stata così sostituita alla denominazione* « Ministero degli affari esteri » *dall'art. 3*[2] *l. 11 agosto 2014, n. 125.*

6. Dichiarazione irrevocabile da parte del conduttore. – 1. Effettuata la dichiarazione irrevocabile da parte del conduttore di avvalersi di una delle tipologie di contratto di cui all'art. 2, il termine per l'esecuzione del provvedimento di rilascio, di cui all'art. 1, comma 1, del d.l. 24 giugno 2003, n. 147, convertito, con modificazioni, dalla l. 1° agosto 2003, n. 200, è differito per il tempo strettamente necessario alla stipula del contratto stesso e comunque non oltre il 31 marzo 2005.

2. La dichiarazione irrevocabile di cui al comma 1 è comunicata alla cancelleria del giudice procedente con raccomandata con avviso di ricevimento che è esibita all'ufficiale giudiziario procedente, ovvero con dichiarazione resa allo stesso ufficiale giudiziario che ne redige processo verbale.

3. La cancelleria del giudice procedente, ovvero l'ufficiale giudiziario, danno immediata comunicazione al locatore e allo sportello emergenza sfratti di cui all'art. 2 della dichiarazione irrevocabile e del conseguente differimento degli atti della procedura.

7-7-*bis*. – (*Omissis*).

8. Efficacia. – 1. Le disposizioni di cui agli artt. 1, 2, 3, 4, 5 e 6 hanno efficacia, ai fini dei contributi e delle agevolazioni fiscali negli stessi previste, fino al 31 marzo 2005.

8-*bis*. Disposizioni finali. – 1. Le disposizioni del presente decreto si applicano alle Regioni a statuto speciale e alle province autonome di Trento e di Bolzano nel rispetto dei rispettivi Statuti e norme di attuazione.

9. Entrata in vigore. – 1. Il presente decreto entra in vigore il giorno successivo a quello della sua pubblicazione nella Gazzetta Ufficiale della Repubblica italiana e sarà presentato alle Camere per la conversione in legge.

L. 30 dicembre 2004, n. 311. — **Disposizioni per la formazione del bilancio annuale e pluriennale dello Stato (legge finanziaria 2005)** (G.U. 31 dicembre 2004, n. 306, suppl. ord. n. 192).

(*Stralcio*)

1. – 1-345. (*Omissis*).

346. I contratti di locazione, o che comunque costituiscono diritti relativi di godimento, di unità immobiliari ovvero di loro porzioni, comunque stipulati, sono nulli se, ricorrendone i presupposti, non sono registrati (1).

(1) *V. art. 3[9] d.ls. 14 marzo 2011, n. 23.*

L. 8 febbraio 2007, n. 9. — **Interventi per la riduzione del disagio abitativo per particolari categorie sociali** (G.U. 14 febbraio 2007, n. 37).

(*Stralcio*)

1. Sospensione delle procedure esecutive di rilascio. – 1. Al fine di contenere il disagio abitativo e di favorire il passaggio da casa a casa per particolari categorie sociali, soggette a procedure esecutive di rilascio per finita locazione degli immobili adibiti ad uso di abitazioni e residenti nei comuni capoluoghi di provincia, nei comuni con essi confinanti con popolazione superiore a 10.000 abitanti e nei comuni ad alta tensione abitativa di cui alla delibera CIPE n. 87103 del 13 novembre 2003, pubblicata nella Gazzetta Ufficiale n. 40 del 18 febbraio 2004, sono sospese, a decorrere dalla data di entrata in vigore della presente legge per un periodo di otto mesi, le esecuzioni dei provvedimenti di rilascio per finita locazione degli immobili adibiti ad uso di abitazioni, nei confronti di conduttori con reddito annuo lordo complessivo familiare inferiore a 27.000 euro, che siano o abbiano nel proprio nucleo familiare persone ultrasessantacinquenni, malati terminali o portatori di handicap con invalidità superiore al 66 per cento, purché non siano in possesso di altra abitazione adeguata al nucleo familiare nella regione di residenza. La sospensione si applica, alle stesse condizioni, anche ai conduttori che abbiano, nel proprio nucleo familiare, figli fiscalmente a carico (1).

2. La sussistenza dei requisiti per la sospensione della procedura esecutiva di rilascio di cui ai commi 1 e 3 del presente articolo è autocertificata dai soggetti interessati con dichiarazione resa nelle forme di cui all'articolo 21 del testo unico di cui al decreto del Presidente della Repubblica 28 dicembre 2000, n. 445, e comunicata al locatore ai sensi dell'articolo 4, comma 5, del decreto-legge 27 maggio 2005, n. 86, convertito, con modificazioni, dalla legge 26 luglio 2005, n. 148. La sussistenza di tali requisiti può essere contestata dal locatore nelle forme di cui all'articolo 1, comma 2, del decreto-legge 20 giugno 2002, n. 122, convertito, con modificazioni, dalla legge 1° agosto 2002, n. 185.

3. Per i conduttori di immobili ad uso abitativo concessi in locazione dai soggetti indicati all'articolo 1, comma 1, del decreto legislativo 16 febbraio 1996, n. 104, e all'articolo 3, comma 109, della legge 23 dicembre 1996, n. 662, come da ultimo modificato dall'articolo 43, comma 18, della legge 23 dicembre 2000, n. 388, da casse professionali e previdenziali, da compagnie di assicurazione, da

istituti bancari, da società possedute dai soggetti citati, ovvero che, per conto dei medesimi, anche indirettamente, svolgono l'attività di gestione dei relativi patrimoni immobiliari, il termine di sospensione di cui al comma 1 del presente articolo è fissato in diciotto mesi a decorrere dalla data di entrata in vigore della presente legge.

4. Per tutto il periodo di sospensione dell'esecuzione ai sensi dei commi 1 e 3 del presente articolo il conduttore corrisponde al locatore la maggiorazione prevista dall'articolo 6, comma 6, della legge 9 dicembre 1998, n. 431.

5. Il conduttore decade dal beneficio della sospensione dell'esecuzione se non provvede al pagamento del canone nei limiti indicati dall'articolo 5 della legge 27 luglio 1978, n. 392, salva l'applicazione dell'articolo 55 della medesima legge.

6. La sospensione non opera in danno del locatore che dimostri, nelle forme di cui al comma 2, secondo periodo, di trovarsi nelle stesse condizioni richieste per ottenere la sospensione medesima o nelle condizioni di necessità sopraggiunta dell'abitazione. A tutte le procedure esecutive per finita locazione attivate in relazione a contratti stipulati ai sensi della legge 9 dicembre 1998, n. 431, e successive modificazioni, con i conduttori di cui ai commi 1 e 3 del presente articolo si applica quanto previsto dall'articolo 6, comma 4, della medesima legge n. 431 del 1998.

(1) *Sospensione da ultimo differita al 31 dicembre 2013 dall'art. 1^{1} d.l. 20 ottobre 2008, n. 158, conv., con modif., in l. 18 dicembre 2008, n. 199, come modificato dall'art. 1^{412} l. 24 dicembre 2012, n. 228.*

2. (1) **Benefici fiscali.** – 1. Per i proprietari degli immobili locati ai conduttori individuati nell'articolo 1, commi 1 e 3, della presente legge, si applicano, per il periodo di sospensione della procedura esecutiva, i benefici fiscali di cui all'articolo 2, comma 1, del decreto-legge 1° febbraio 2006, n. 23, convertito, con modificazioni, dalla legge 3 marzo 2006, n. 86. A favore dei medesimi proprietari i comuni possono prevedere esenzioni o riduzioni dell'imposta comunale sugli immobili.

(1) *V. art. 1^{2} d.l. 20 ottobre 2008, n. 158, conv., con modif., in l. 18 dicembre 2008, n. 199.*

D.lgs. 14 marzo 2011, n. 23. — **Disposizioni in materia di federalismo Fiscale Municipale** (G.U. 23 marzo 2011, n. 67).

(*Stralcio*)

1. Norme di coordinamento. – 1. I decreti legislativi che disciplinano i tributi delle regioni, emanati ai sensi degli articoli 2 e 7 della legge 5 maggio 2009, n. 42, e successive modificazioni, si coordinano con le disposizioni del presente decreto.

2. (1) **Devoluzione ai comuni della fiscalità immobiliare.** – 1. (2).

2. (2).

3. (3).

4. (2) (4).

5. (2).

6. A decorrere dall'anno 2012 l'addizionale all'accisa sull'energia elettrica di cui all'articolo 6, comma 1, lettere *a*) e *b*), del decreto-legge 28 novembre 1988, n. 511, convertito, con modificazioni, dalla legge 27 gennaio 1989, n. 20, cessa di essere applicata nelle regioni a statuto ordinario ed è corrispondentemente aumentata, nei predetti territori, l'accisa erariale in modo tale da assicurare la neutralità finanziaria del presente provvedimento ai fini del rispetto dei saldi di finanza pubblica. Con decreto del Ministro dell'economia e delle finanze da emanarsi entro il 31 dicembre 2011 sono stabilite le modalità attuative del presente comma.

7. (5).

8. (2) (6).

9. (2).

10. In ogni caso, al fine di rafforzare la capacità di gestione delle entrate comunali e di incentivare la partecipazione dei comuni all'attività di accertamento tributario:

a) è assicurato al comune interessato il maggior gettito derivante dall'accatastamento degli immobili finora non dichiarati in catasto;

b) è elevata al 55 per cento (7) la quota dei tributi statali riconosciuta ai comuni ai sensi dell'articolo 1, comma 1, del decreto-legge 30 settembre 2005, n. 203, convertito, con modificazioni, dalla legge 2 dicembre 2005, n. 248, e successive modificazioni. La quota del 55 per cento (7) è attribuita ai comuni in via provvisoria anche in relazione alle somme riscosse a titolo non definitivo. Con decreto del Ministro dell'economia e delle finanze, sentita la Conferenza Stato-città ed autonomie locali, sono stabilite le modalità di recupero delle somme attribuite ai comuni in via provvisoria e rimborsate ai contribuenti a qualunque titolo (8);

c) i singoli comuni hanno accesso, secondo le modalità stabilite con provvedimento del Direttore dell'Agenzia delle entrate, d'intesa con la Conferenza Stato-città ed autonomie locali, ai dati contenuti nell'anagrafe tributaria relativi:

1) ai contratti di locazione nonché ad ogni altra informazione riguardante il possesso o la detenzione degli immobili ubicati nel proprio territorio;

2) alla somministrazione di energia elettrica, di servizi idrici e del gas relativi agli immobili ubicati nel proprio territorio;

3) ai soggetti che hanno il domicilio fiscale nel proprio territorio;

4) ai soggetti che esercitano nello stesso un'attività di lavoro autonomo o di impresa;

d) i comuni hanno altresì accesso, con le modalità di cui alla lettera *c*), a qualsiasi altra banca dati pubblica, limitatamente ad immobili presenti ovvero a soggetti aventi domicilio fiscale nel comune, che possa essere rilevante per il controllo dell'evasione erariale o di tributi locali;

e) il sistema informativo della fiscalità è integrato, d'intesa con l'Associazione Nazionale Comuni Italiani, con i dati relativi alla fiscalità locale, al fine di assicurare ai comuni i dati, le informazioni ed i servizi necessari per la gestione dei tributi di cui agli articoli 7 e 11 e per la formulazione delle previsioni di entrata.

11. Il sistema informativo della fiscalità assicura comunque l'interscambio dei dati relativi all'effettivo utilizzo degli immobili, con particolare riferimento alle risultanze catastali, alle dichiarazioni presentate dai contribuenti, ai contratti di locazione ed ai contratti di somministrazione di cui al comma 10, lettera *c*), n. 2).

12. A decorrere dal 1° luglio 2011, gli importi minimo e massimo della sanzione amministrativa prevista per l'inadempimento degli obblighi di dichiarazione agli uffici dell'Agenzia del territorio degli immobili e delle variazioni di consistenza o di destinazione dei medesimi previsti, rispettivamente, dagli articoli 28 e 20 del regio decreto-legge 13 aprile 1939, n. 652, convertito, con modificazioni, dalla legge 11 agosto 1939, n. 1249, sono quadruplicati; il 75 per cento dell'importo delle sanzioni irrogate a decorrere dalla predetta data è devoluto al comune ove è ubicato l'immobile interessato (9).

(1) *Ai sensi dell'art. 1[380 lett. e)] l. 24 dicembre 2012, n. 228, in vigore dal 1° gennaio 2013, il fondo sperimentale di riequilibrio di cui al presente è articolo è soppresso, per gli anni 2013 e*

2014. V. anche le disposizioni di applicazione di cui all'art. 1$^{380\text{-novies}}$ l. n. 228, cit., come inserito dall'art. 1^{446} l. 11 dicembre 2016, n. 232.

Precedentemente erano state disposte delle riduzioni dello stesso fondo, per cui v. artt. 13^{17}, 14$^{13\text{-bis}}$ e 28^{7} d.l. 6 dicembre 2011, n. 201, conv., con modif., in l. 22 dicembre 2011, n. 214, e art. 16^{6} d.l. 6 luglio 2012, n. 95, conv., con modif., in l. 7 agosto 2012, n. 135.

(2) *Comma abrogato dall'art. 1$^{380\ \text{lett. h)}}$ l. n. 228, cit., così come modificato dall'art. 1$^{729\ \text{lett. e)}}$ l. 27 dicembre 2013, n. 147 (Legge di stabilità 2014). In precedenza, ai sensi dall'art. 1$^{380\ \text{alinea}}$ l. n. 228, cit., le disposizioni di cui al presente comma si intendevano non operanti per gli anni 2013 e 2014.*

(3) *Comma dapprima modificato dall'art. 13^{18} d.l. 6 dicembre 2011, n. 201, conv., con modif., in l. 22 dicembre 2011, n. 214, e da ultimo abrogato dall'art. 1$^{380\ \text{lett. h)}}$ l. n. 228, cit., così come modificato dall'art. 1$^{729\ \text{lett. e)}}$ l. 27 dicembre 2013, n. 147 (Legge di stabilità 2014). In precedenza, ai sensi dall'art. 1$^{380\ \text{alinea}}$ l. n. 228, cit., le disposizioni di cui al presente comma si intendevano non operanti per gli anni 2013 e 2014.*

(4) *In attuazione del presente comma, per l'anno 2012, v. d.P.C.M. 13 giugno 2012 (G.U. 7 settembre 2012, n. 209). V. art. 13^{19} d.l. n. 201, cit., ai sensi del quale, per gli anni 2012, 2013 e 2014, non trovano applicazione le disposizioni recate dall'ultimo periodo del presente comma. V. anche il successivo comma 19-bis.*

(5) *Comma dapprima modificato dall'art. 16^{23} d.l. 13 agosto 2011, n. 138, conv., con modif., in l. 14 settembre 2011, n. 148, e da ultimo abrogato dall'art. 1$^{380\ \text{lett. h)}}$ l. n. 228, cit., così come modificato dall'art. 1$^{729\ \text{lett. e)}}$ l. 27 dicembre 2013, n. 147 (Legge di stabilità 2014). In precedenza, ai sensi dall'art. 1$^{380\ \text{alinea}}$ l. n. 228, cit., le disposizioni di cui al presente comma si intendevano non operanti per gli anni 2013 e 2014.*

(6) *In attuazione del presente comma, per l'anno 2012, v. d.m. 4 maggio 2012 (G.U. 23 giugno 2012, n. 145).*

(7) *Quota determinata, per gli anni 2015, 2016 e 2017, al 50 % dall'art. 1^{702} l. 23 dicembre 2014, n. 190. L'art. 1$^{12\text{-bis}}$ d.l. 13 agosto 2011, n. 138, conv., con modif., in l. 14 settembre 2011, n. 148, come da ultimo modificato dall'art. 34^{1} d.l. 26 ottobre 2019, n. 124, conv., con modif., in l. 19 dicembre 2019, n. 157, ha disposto che « al fine di incentivare la partecipazione dei comuni all'attività di accertamento tributario, per gli anni dal 2012 al 2021, la quota di cui all'articolo 2, comma 10, lettera* b)*, del decreto legislativo 14 marzo 2011, n. 23, è elevata al 100 per cento ».*

(8) *In attuazione della disposizione di cui alla presente lettera, v. d.m. 8 marzo 2013 (G.U. 18 marzo 2013, n. 65).*

(9) *Comma così modificato dall'art. 5^{15} d.l. 13 maggio 2011, n. 70, conv., con modif., in l. 12 luglio 2011, n. 106.*

3. (1) **Cedolare secca sugli affitti.** – 1. In alternativa facoltativa rispetto al regime ordinario vigente per la tassazione del reddito fondiario ai fini dell'imposta sul reddito delle persone fisiche, il proprietario o il titolare di diritto reale di godimento di unità immobiliari abitative locate ad uso abitativo può optare per il seguente regime.

2. A decorrere dall'anno 2011, il canone di locazione relativo ai contratti aventi ad oggetto immobili ad uso abitativo e le relative pertinenze locate congiuntamente all'abitazione, può essere assoggettato, in base alla decisione del locatore, ad un'imposta, operata

nella forma della cedolare secca, sostitutiva dell'imposta sul reddito delle persone fisiche e delle relative addizionali, nonché delle imposte di registro e di bollo sul contratto di locazione; la cedolare secca sostituisce anche le imposte di registro e di bollo sulla risoluzione e sulle proroghe del contratto di locazione. Sul canone di locazione annuo stabilito dalle parti la cedolare secca si applica in ragione di un'aliquota del 21 per cento. La cedolare secca può essere applicata anche ai contratti di locazione per i quali non sussiste l'obbligo di registrazione. Per i contratti stipulati secondo le disposizioni di cui agli articoli 2, comma 3, e 8 della legge 9 dicembre 1998, n. 431, relativi ad abitazioni ubicate nei comuni di cui all'articolo 1, comma 1, lettere *a*) e *b*), del decreto-legge 30 dicembre 1988, n. 551, convertito, con modificazioni, dalla legge 21 febbraio 1989, n. 61, e negli altri comuni ad alta tensione abitativa individuati dal Comitato interministeriale per la programmazione economica, l'aliquota della cedolare secca calcolata sul canone pattuito dalle parti è ridotta al 10 per cento (2) (3). Sui contratti di locazione aventi a oggetto immobili ad uso abitativo, qualora assoggettati alla cedolare secca di cui al presente comma, alla fideiussione prestata per il conduttore non si applicano le imposte di registro e di bollo (4).

3. Nei casi di omessa richiesta di registrazione del contratto di locazione si applica l'articolo 69 del testo unico delle disposizioni concernenti l'imposta di registro, di cui al decreto del Presidente della Repubblica 26 aprile 1986, n. 131. La mancata presentazione della comunicazione relativa alla proroga del contratto non comporta la revoca dell'opzione esercitata in sede di registrazione del contratto di locazione qualora il contribuente abbia mantenuto un comportamento coerente con la volontà di optare per il regime della cedolare secca, effettuando i relativi versamenti e dichiarando i redditi da cedolare secca nel relativo quadro della dichiarazione dei redditi (5) (6).

4. La cedolare secca è versata entro il termine stabilito per il versamento dell'imposta sul reddito delle persone fisiche. Non si fa luogo al rimborso delle imposte di bollo e di registro eventualmente già pagate. Per la liquidazione, l'accertamento, la riscossione, i rimborsi, le sanzioni, gli interessi ed il contenzioso ad essa relativi si applicano le disposizioni previste per le imposte sui redditi. Con provvedimento del Direttore dell'Agenzia delle entrate, da emanare entro novanta giorni dalla data di entrata in vigore del presente provvedimento, sono stabilite le modalità di esercizio dell'opzione di cui al comma 1, nonché di versamento in acconto della cedolare

secca dovuta, nella misura dell'85 per cento per l'anno 2011, del 95 per cento dal 2012 al 2020 e del 100 per cento dal 2021 (7), e del versamento a saldo della medesima cedolare, nonché ogni altra disposizione utile, anche dichiarativa, ai fini dell'attuazione del presente articolo (8).

5. Se nella dichiarazione dei redditi il canone derivante dalla locazione di immobili ad uso abitativo non è indicato o è indicato in misura inferiore a quella effettiva, si applicano in misura raddoppiata, rispettivamente, le sanzioni amministrative previste dall'articolo 1, commi 1 e 2, del decreto legislativo 18 dicembre 1997, n. 471. In deroga a quanto previsto dal decreto legislativo 19 giugno 1997, n. 218, per i redditi derivanti dalla locazione di immobili ad uso abitativo, nel caso di definizione dell'accertamento con adesione del contribuente ovvero di rinuncia del contribuente all'impugnazione dell'accertamento, si applicano, senza riduzione, le sanzioni amministrative previste dall'articolo 1, commi 1 e 2, e dall'articolo 13, comma 1, del citato decreto legislativo n. 471 del 1997 (9).

6. Le disposizioni di cui ai commi 1, 2, 4 e 5 (10) del presente articolo non si applicano alle locazioni di unità immobiliari ad uso abitativo effettuate nell'esercizio di una attività d'impresa, o di arti e professioni. Il reddito derivante dai contratti di cui al presente articolo non può essere, comunque, inferiore al reddito determinato ai sensi dell'articolo 37, comma 1, del testo unico delle imposte sui redditi di cui al decreto del Presidente della Repubblica 22 dicembre 1986, n. 917.

6-*bis*. L'opzione di cui al comma 1 può essere esercitata anche per le unità immobiliari abitative locate nei confronti di cooperative edilizie per la locazione o enti senza scopo di lucro di cui al libro I, titolo II del codice civile, purché sublocate a studenti universitari e date a disposizione dei comuni con rinuncia all'aggiornamento del canone di locazione o assegnazione (11).

7. Quando le vigenti disposizioni fanno riferimento, per il riconoscimento della spettanza o per la determinazione di deduzioni, detrazioni o benefici di qualsiasi titolo, anche di natura non tributaria, al possesso di requisiti reddituali, si tiene comunque conto anche del reddito assoggettato alla cedolare secca. Il predetto reddito rileva anche ai fini dell'indicatore della situazione economica equivalente (I.S.E.E.) di cui al decreto legislativo 31 marzo 1998, n. 109.

8. Ai contratti di locazione degli immobili ad uso abitativo, comunque stipulati, che, ricorrendone i presupposti, non sono registrati entro il termine stabilito dalla legge, si applica la seguente disciplina:

a) la durata della locazione è stabilita in quattro anni a decorrere dalla data della registrazione, volontaria o d'ufficio;

b) al rinnovo si applica la disciplina di cui all'articolo 2, comma 1, della citata legge n. 431 del 1998;

c) a decorrere dalla registrazione il canone annuo di locazione è fissato in misura pari al triplo della rendita catastale, oltre l'adeguamento, dal secondo anno, in base al 75 per cento dell'aumento degli indici ISTAT dei prezzi al consumo per le famiglie degli impiegati ed operai. Se il contratto prevede un canone inferiore, si applica comunque il canone stabilito dalle parti (11).

9. Le disposizioni di cui all'articolo 1, comma 346, della legge 30 dicembre 2004, n. 311, ed al comma 8 del presente articolo si applicano anche ai casi in cui:

a) nel contratto di locazione registrato sia stato indicato un importo inferiore a quello effettivo;

b) sia stato registrato un contratto di comodato fittizio (12).

10. La disciplina di cui ai commi 8 e 9 non si applica ove la registrazione sia effettuata entro sessanta giorni dalla data di entrata in vigore del presente decreto.

10-*bis*. Per assicurare il contrasto dell'evasione fiscale nel settore delle locazioni abitative e l'attuazione di quanto disposto dai commi 8 e 9 sono attribuite ai comuni, in relazione ai contratti di locazione, funzioni di monitoraggio anche previo utilizzo di quanto previsto dall'articolo 1130, primo comma, numero 6), del codice civile in materia di registro di anagrafe condominiale e conseguenti annotazioni delle locazioni esistenti in ambito di edifici condominiali (13).

11. Nel caso in cui il locatore opti per l'applicazione della cedolare secca è sospesa, per un periodo corrispondente alla durata dell'opzione, la facoltà di chiedere l'aggiornamento del canone, anche se prevista nel contratto a qualsiasi titolo, inclusa la variazione accertata dall'ISTAT dell'indice nazionale dei prezzi al consumo per le famiglie di operai e impiegati verificatasi nell'anno precedente. L'opzione non ha effetto se di essa il locatore non ha dato preventiva comunicazione al conduttore con lettera raccomandata, con la quale rinuncia ad esercitare la facoltà di chiedere l'aggiornamento del canone a qualsiasi titolo. Le disposizioni di cui al presente comma sono inderogabili.

(1) *Ai sensi dell'art. 4^{2} d.l. 24 aprile 2017, n. 50, conv., con modif., in l. 21 giugno 2017, n. 96, a decorrere dal 1° giugno 2017, ai redditi derivanti dai contratti di locazione breve stipulati a partire da tale data si applicano le disposizioni del presente articolo con l'aliquota del 21 per cento in caso di opzione per l'imposta sostitutiva nella forma della cedolare secca.*

(2) *Le parole* « al 10 per cento » *sono state sostituite alle parole* « al 15 per cento » *dall'art. 1^{6} l. 27 dicembre 2019, n. 160 (legge di bilancio 2020) con effetto a decorrere dal 1°*

gennaio 2020. Precedentemente l'art. 9[1] d.l. 28 marzo 2014, n. 47, conv. con modif., in l. 23 maggio 2014, n. 80, come modificato dall'art. 1[16] l. 27 dicembre 2017, n. 205 (legge di bilancio 2018), aveva previsto che per gli anni dal 2014 al 2019 l'aliquota di cui al quarto periodo del presente comma fosse ridotta al 10 per cento.

(3) *Ai sensi dell'art. 9[2-bis e 2-bis.1] d.l. n. 47, cit., come modificato dall'art. 4[3-novies] d.l. 30 dicembre 2019, n. 162, conv., con modif., in l. 28 febbraio 2020, n. 8, l'aliquota di cui al quarto periodo del presente comma 2 « si applica anche ai contratti di locazione stipulati nei comuni per i quali sia stato deliberato, nei cinque anni precedenti la data di entrata in vigore della legge di conversione del presente decreto, lo stato di emergenza a seguito del verificarsi degli eventi calamitosi previsti dall'articolo 2, comma 1, lettera c), della legge 24 febbraio 1992, n. 225. Per l'anno 2020 l'agevolazione si applica esclusivamente ai contratti di locazione stipulati nei comuni di cui al periodo precedente con popolazione fino a 10.000 abitanti », nonché « ai contratti di locazione stipulati nei comuni di cui all'articolo 1, comma 1, del decreto-legge 17 ottobre 2016, n. 189, convertito, con modificazioni, dalla legge 15 dicembre 2016, n. 229, in cui sia stata individuata da un'ordinanza sindacale una 'zona rossa' ».*

(4) *Periodo aggiunto dall'art. 4[1-bis] d.l. 2 marzo 2012, n. 16, conv., con modif., in l. 26 aprile 2012, n. 44.*

(5) *Seguiva un ultimo periodo soppresso dall'art.* 3-bis *d.l. 30 aprile 2019, n. 34, conv., con modif., in l. 28 giugno 2019, n. 58. Il testo del periodo era il seguente*: « In caso di mancata presentazione della comunicazione relativa alla proroga, anche tacita, o alla risoluzione del contratto di locazione per il quale è stata esercitata l'opzione per l'applicazione della cedolare secca, entro trenta giorni dal verificarsi dell'evento, si applica la sanzione nella misura fissa pari a euro 100, ridotta a euro 50 se la comunicazione è presentata con ritardo non superiore a trenta giorni ».

(5) *Comma sostituito dall'art. 7-*quater[24] *d.l. 22 ottobre 2016, n. 193, conv., con modif., in l. 1° dicembre 2016, n. 225. Il testo del comma, come da ultimo modificato dall'art. 17[2] d.ls. 24 settembre 2015, n. 158, era il seguente:* « Nei casi di omessa richiesta di registrazione del contratto di locazione si applica l'articolo 69 del citato testo unico di cui al decreto del Presidente della Repubblica n. 131 del 1986. In caso di mancata presentazione della comunicazione relativa alla risoluzione del contratto di locazione per il quale è stata esercitata l'opzione per l'applicazione dell'imposta cedolare secca, entro trenta giorni dal verificarsi dell'evento, si applica la sanzione in misura fissa pari a euro 67, ridotta a euro 35 se presentata con ritardo non superiore a trenta giorni ».

(6) *Le parole* « , del 95 per cento dal 2012 al 2020 e del 100 per cento dal 2021 » *sono state sostituite alle parole* « e del 95 per cento dal 2012 » *dall'art. 1[1127] l. 30 dicembre 2018, n. 145 (legge di bilancio 2019).*

(7) *In attuazione del presente comma, v. Provv. Agenzie delle Entrate 7 aprile 2011.*

(8) *Il presente comma è stato abrogato, a decorrere dal 1° gennaio 2017, dall'art. 32[2 lett. d)] d.ls. n. 158, cit.*

(9) *Le parole* « ai commi 1, 2, 4 e 5 » *sono state sostituite alle parole* « ai commi da 1 a 5 » *dall'art. 2[5] d.l. n. 79, cit.*

(10) *Comma inserito dall'art. 9[2] d.l. n. 47, cit.*

(11) ***C. cost.** 14 marzo 2014, n. 50 ha dichiarato* l'illegittimità costituzionale *del presente comma. Ai sensi dell'art. 5[1-ter] d.l. n. 47, cit., sono fatti salvi, fino alla data del 31 dicembre 2015, gli effetti prodottisi e i rapporti giuridici sorti sulla base dei contratti di locazione registrati ai sensi del presente comma. Da ultimo,* ***C. cost.*** *16 luglio 2015, n. 169 ha dichiarato* l'illegittimità costituzionale *del citato art. 5[1-ter] d.l. n. 47.*

(12) *Comma inserito dall'art. 1[49] l. 27 dicembre 2013, n. 147 (legge di stabilità 2014).*

LEGGI COMPLEMENTARI

PRIVACY

D.ls. 30 giugno 2003, n. 196. — Codice in materia di protezione dei dati personali, recante disposizioni per l'adeguamento dell'ordinamento nazionale al regolamento (UE) n. 2016/679 del Parlamento europeo e del Consiglio, del 27 aprile 2016, relativo alla protezione delle persone fisiche con riguardo al trattamento dei dati personali, nonché alla libera circolazione di tali dati e che abroga la direttiva 95/46/CE (1) (G.U. 29 luglio 2003, n. 174) (2) (3) (4).

(1) *Le parole da* « , recante disposizioni » *a* « direttiva 95/46/CE » *sono state inserite dall'art. 1*[1] *d.ls. 10 agosto 2018, n. 101.*

(2) *Ai sensi dell'art. 22*[1] *d.ls. n. 101, cit., il suddetto decreto e le disposizioni dell'ordinamento nazionale si interpretano e si applicano alla luce della disciplina dell'Unione europea in materia di protezione dei dati personali e assicurano la libera circolazione dei dati personali tra Stati membri ai sensi dell'articolo 1, paragrafo 3, del Regolamento (UE) 2016/679.*

Ai sensi dell'art. 22[4] *d.ls. n. 101, cit., a decorrere dal 25 maggio 2018, i provvedimenti del Garante per la protezione dei dati personali continuano ad applicarsi, in quanto compatibili con il suddetto regolamento e con le disposizioni del presente decreto.*

Ai sensi dell'art. 22[6] *d.ls. n. 101, cit., dalla data di entrata in vigore del suddetto decreto, i rinvii alle disposizioni del codice in materia di protezione dei dati personali, di cui al decreto legislativo n. 196 del 2003, abrogate dal suddetto decreto, contenuti in norme di legge e di regolamento, si intendono riferiti alle corrispondenti disposizioni del Regolamento (UE) 2016/679 e a quelle introdotte o modificate dal suddetto decreto, in quanto compatibili.*

Ai sensi dell'art. 22[13] *d.ls. n. 101, cit., per i primi otto mesi dalla data di entrata in vigore del suddetto decreto, il Garante per la protezione dei dati personali tiene conto, ai fini dell'applicazione delle sanzioni amministrative e nei limiti in cui risulti compatibile con le applicazione delle disposizioni sanzionatorie.*

(3) *Nel presente decreto la parola* « abbonato », *ovunque ricorrente, è stata sostituita dalla parola* « contraente », *ai sensi dell'art. 1*[12] *d.ls. 28 maggio 2012, n. 69, con effetto a decorrere dal 1° giugno 2012.*

(4) *Con riferimento alle misure connesse all'emergenza epidemiologica da Covid-19, v. le disposizioni sul trattamento dei dati personali di cui all'art. 17-*bis *d.l. 17 marzo 2020, n. 18, conv., con modif., in l. 24 aprile 2020, n. 27.*

PARTE I
Disposizioni generali

Titolo I
Principi e disposizioni generali (1)

(1) *Rubrica così sostituita dall'art. 2*[1 lett. a)] *d.ls. 10 agosto 2018, n. 101. Il testo della rubrica era il seguente:* « Principi generali ».

Capo I – *Oggetto, finalità e Autorità di controllo* (1)

(1) *Capo inserito dall'art. 2*[1 lett. b)] *d.ls. 10 agosto 2018, n. 101.*

1. (1) **Oggetto.** – 1. Il trattamento dei dati personali avviene secondo le norme del regolamento (UE) 2016/679 del Parlamento europeo e del Consiglio, del 27 aprile 2016, di seguito « Regolamento », e del presente codice, nel rispetto della dignità umana, dei diritti e delle libertà fondamentali della persona.

(1) *Articolo così sostituito dall'art. 2[1] lett. c) d.ls. 10 agosto 2018, n. 101. Il testo dell'articolo, come modificato dall'art. 14[1] lett. a) l. 4 novembre 2010, n. 183, era il seguente:* « Art. 1. (*Diritto alla protezione dei dati personali*) — 1. Chiunque ha diritto alla protezione dei dati personali che lo riguardano ».

2. (1) **Finalità.** – 1. Il presente codice reca disposizioni per l'adeguamento dell'ordinamento nazionale alle disposizioni del regolamento.

(1) *Articolo così sostituito dall'art. 2[1] lett. d) d.ls. 10 agosto 2018, n. 101. Il testo dell'articolo era il seguente:* « Art. 2. (*Finalità*). — 1. Il presente testo unico, di seguito denominato « codice », garantisce che il trattamento dei dati personali si svolga nel rispetto dei diritti e delle libertà fondamentali, nonché della dignità dell'interessato, con particolare riferimento alla riservatezza, all'identità personale e al diritto alla protezione dei dati personali. — 2. Il trattamento dei dati personali è disciplinato assicurando un elevato livello di tutela dei diritti e delle libertà di cui al comma 1 nel rispetto dei principi di semplificazione, armonizzazione ed efficacia delle modalità previste per il loro esercizio da parte degli interessati, nonché per l'adempimento degli obblighi da parte dei titolari del trattamento. ».

2-*bis*. (1) **Autorità di controllo.** – 1. L'Autorità di controllo di cui all'articolo 51 del regolamento è individuata nel Garante per la protezione dei dati personali, di seguito « Garante », di cui all'articolo 153.

(1) *Articolo inserito dall'art. 2[1] lett. e) d.ls. 10 agosto 2018, n. 101.*

CAPO II – *Principi* (1)

(1) *Capo inserito, unitamente agli artt. da 2-ter a 2-decies, dall'art. 2[1] lett. f) d.ls. 10 agosto 2018, n. 101.*

2-*ter*. Base giuridica per il trattamento di dati personali effettuato per l'esecuzione di un compito di interesse pubblico o connesso all'esercizio di pubblici poteri (1). – 1. La base giuridica prevista dall'art. 6, par. 3, lett. *b*), del regolamento è costituita [esclusivamente] da una norma di legge o [, nei casi previsti dalla legge,] di regolamento o da atti amministrativi generali (2).

1-*bis*. Fermo restando ogni altro obbligo previsto dal Regolamento e dal presente codice, il trattamento dei dati personali da parte di un'amministrazione pubblica di cui all'articolo 1, comma 2, del decreto legislativo 30 marzo 2001, n. 165, ivi comprese le autorità indipendenti e le amministrazioni inserite nell'elenco di cui all'articolo 1, comma 3, della legge 31 dicembre 2009, n. 196, nonché da parte di una società a controllo pubblico statale o, limitatamente ai gestori di servizi pubblici, locale, di cui all'articolo 16 del testo unico in materia di società a partecipazione pubblica, di cui al decreto legislativo 19 agosto 2016, n. 175, con esclusione, per le società a controllo pubblico, dei trattamenti correlati ad attività svolte in regime di libero mercato, è anche consentito se necessario per l'adempimento di un compito svolto nel pubblico interesse o per l'esercizio di pubblici poteri ad esse attribuiti. In modo da assicurare che tale esercizio non possa arrecare un pregiudizio effettivo e concreto alla tutela dei diritti e delle libertà degli interessati, le disposizioni di cui al presente comma sono esercitate nel rispetto dell'articolo 6 del Regolamento (3).

2. La comunicazione fra titolari che effettuano trattamenti di dati personali, diversi da quelli ricompresi nelle particolari categorie di cui all'art. 9 del Regolamento e di quelli relativi a condanne penali e reati di cui all'art. 10 del Regolamento, per l'esecuzione di un compito di interesse pubblico o connesso all'esercizio di pubblici poteri è ammessa se prevista ai sensi del comma 1 o se necessaria ai sensi del comma 1-*bis* (4) [166[2]]. [In mancanza di tale norma, la comunicazione è ammessa quando è comunque necessaria per lo svolgimento di compiti di interesse pubblico e lo svolgimento di funzioni istituzionali e può essere iniziata se è decorso il termine di quarantacinque giorni dalla relativa comunicazione al Garante, senza che lo stesso abbia adottato una diversa determinazione delle misure da adottarsi a garanzia degli interessati.] (5)

3. La diffusione e la comunicazione di dati personali, trattati per l'esecuzione di un compito di interesse pubblico o connesso all'esercizio di pubblici poteri, a soggetti che intendono trattarli per altre finalità sono ammesse unicamente se previste ai sensi del comma 1 o se necessarie ai sensi del comma 1-*bis*. In tale ultimo caso, ne viene data notizia al Garante almeno dieci giorni prima dell'inizio della comunicazione o diffusione (6) [166[2]].

4. Si intende per:

a) « comunicazione », il dare conoscenza dei dati personali a uno o più soggetti determinati diversi dall'interessato, dal rappresentante del titolare nel territorio dell'Unione europea, dal responsabile o dal suo rappresentante nel territorio dell'Unione europea, dalle persone autorizzate, ai sensi dell'art. 2-*quaterdecies*, al trattamento dei dati personali sotto l'autorità diretta del titolare o del responsabile, in

LEGGI COMPLEMENTARI

qualunque forma, anche mediante la loro messa a disposizione, consultazione o mediante interconnessione;

b) « diffusione », il dare conoscenza dei dati personali a soggetti indeterminati, in qualunque forma, anche mediante la loro messa a disposizione o consultazione.

(1) *V. nota in calce al presente Capo II.*

(2) *Le parole* « esclusivamente » *e* « , o nei casi previsti dalla legge » *sono state soppresse e le parole* « o da atti amministrativi generali » *sono state inserite dall'art. 9*[1] *lett.* a), *n. 1, d.l. 8 ottobre 2021, n. 139, conv. in l. 3 dicembre 2021, n. 205.*

(3) *Comma inserito dall'art. 9*[1] *lett.* a), *n. 2, d.l. 8 ottobre 2021, n. 139, conv. in l. 3 dicembre 2021, n. 205.*

(4) *Le parole* « o se necessaria ai sensi del comma 1-*bis* » *sono state aggiunte dall'art. 9*[1] *lett.* a), *n. 3, d.l. 8 ottobre 2021, n. 139, conv. in l. 3 dicembre 2021, n. 205.*

(5) *Periodo soppresso dall'art. 9*[1] *lett.* a), *n. 3, d.l. 8 ottobre 2021, n. 139, conv. in l. 3 dicembre 2021, n. 205.*

(6) *Le parole* « o se necessarie ai sensi del comma 1-*bis*. In tale ultimo caso, ne viene data notizia al Garante almeno dieci giorni prima dell'inizio della comunicazione o diffusione » *sono state aggiunte dall'art. 9*[1] *lett.* a), *n. 4, d.l. 8 ottobre 2021, n. 139, conv. in l. 3 dicembre 2021, n. 205.*

2-*quater*. (1) **Regole deontologiche.** – 1. Il Garante promuove, nell'osservanza del principio di rappresentatività e tenendo conto delle raccomandazioni del Consiglio d'Europa sul trattamento dei dati personali, l'adozione di regole deontologiche per i trattamenti previsti dalle disposizioni di cui agli articoli 6, paragrafo 1, lettere *c*) ed *e*), 9, paragrafo 4, e al capo IX del Regolamento, ne verifica la conformità alle disposizioni vigenti, anche attraverso l'esame di osservazioni di soggetti interessati e contribuisce a garantirne la diffusione e il rispetto.

2. Lo schema di regole deontologiche è sottoposto a consultazione pubblica per almeno sessanta giorni.

3. Conclusa la fase delle consultazioni, le regole deontologiche sono approvate dal Garante ai sensi dell'articolo 154-*bis*, comma 1, lettera *b*), pubblicate nella Gazzetta Ufficiale della Repubblica italiana e, con decreto del Ministro della giustizia, sono riportate nell'allegato A del presente codice.

4. Il rispetto delle disposizioni contenute nelle regole deontologiche di cui al comma 1 costituisce condizione essenziale per la liceità e la correttezza del trattamento dei dati personali.

(1) *V. nota 1* sub *Capo II.*

2-*quinquies*. (1) **Consenso del minore in relazione ai servizi della società dell'informazione.** – 1. In attuazione dell'articolo 8, paragrafo 1, del Regolamento, il minore che ha compiuto i quattordici anni può esprimere il consenso al trattamento dei propri dati personali in relazione all'offerta diretta di servizi della società dell'informazione. Con riguardo a tali servizi, il trattamento dei dati personali del minore di età inferiore a quattordici anni, fondato sull'articolo 6, paragrafo 1, lettera *a*), del Regolamento, è lecito a condizione che sia prestato da chi esercita la responsabilità genitoriale.

2. In relazione all'offerta diretta ai minori dei servizi di cui al comma 1, il titolare del trattamento redige con linguaggio particolarmente chiaro e semplice, conciso ed esaustivo, facilmente accessibile e comprensibile dal minore, al fine di rendere significativo il consenso prestato da quest'ultimo, le informazioni e le comunicazioni relative al trattamento che lo riguardi].

(1) *V. nota 1* sub *Capo II.*

2-*sexies*. Trattamento di categorie particolari di dati personali necessario per motivi di interesse pubblico rilevante (1) – 1. I trattamenti delle categorie particolari di dati personali di cui all'art. 9, par. 1, del Regolamento, necessari per motivi di interesse pubblico rilevante ai sensi del par. 2, lett. *g*), del medesimo articolo, sono ammessi qualora siano previsti dal diritto dell'Unione europea ovvero, nell'ordinamento interno, da disposizioni di legge o [, nei casi previsti dalla legge,] di regolamento o da atti amministrativi generali (2) che specifichino i tipi di dati che possono essere trattati, le operazioni eseguibili e il motivo di interesse pubblico rilevante, nonché le misure appropriate e specifiche per tutelare i diritti fondamentali e gli interessi dell'interessato [166[2]].

1-*bis*. I dati personali relativi alla salute, privi di elementi identificativi diretti, sono trattati, nel rispetto delle finalità istituzionali di ciascuno, dal Ministero della salute, dall'Istituto superiore di sanità, dall'Agenzia nazionale per i servizi sanitari regionali, dall'Agenzia italiana del farmaco, dall'Istituto nazionale per la promozione della salute delle popolazioni migranti e per il contrasto delle malattie della povertà e, relativamente ai propri assistiti, dalle regioni anche mediante l'interconnessione a livello nazionale dei sistemi informativi su base individuale del Servizio sanitario nazionale, ivi incluso il Fascicolo sanitario elettronico (FSE), aventi finalità compatibili con quelle sottese al trattamento, con le modalità e per le finalità fissate con decreto del Ministro della salute, ai sensi del comma 1, previo parere del Garante, nel rispetto di quanto previsto dal Regolamento, dal presente codice, dal codice dell'amministrazione digitale, di cui

LEGGI COMPLEMENTARI

al decreto legislativo 7 marzo 2005, n. 82, e dalle linee guida dell'Agenzia per l'Italia digitale in materia di interoperabilità (3).

2. Fermo quanto previsto dal comma 1, si considera rilevante l'interesse pubblico relativo a trattamenti effettuati da soggetti che svolgono compiti di interesse pubblico o connessi all'esercizio di pubblici poteri nelle seguenti materie:

a) accesso a documenti amministrativi e accesso civico;

b) tenuta degli atti e dei registri dello stato civile, delle anagrafi della popolazione residente in Italia e dei cittadini italiani residenti all'estero, e delle liste elettorali, nonché rilascio di documenti di riconoscimento o di viaggio o cambiamento delle generalità;

c) tenuta di registri pubblici relativi a beni immobili o mobili;

d) tenuta dell'anagrafe nazionale degli abilitati alla guida e dell'archivio nazionale dei veicoli;

e) cittadinanza, immigrazione, asilo, condizione dello straniero e del profugo, stato di rifugiato;

f) elettorato attivo e passivo ed esercizio di altri diritti politici, protezione diplomatica e consolare, nonché documentazione delle attività istituzionali di organi pubblici, con particolare riguardo alla redazione di verbali e resoconti dell'attività di assemblee rappresentative, commissioni e di altri organi collegiali o assembleari;

g) esercizio del mandato degli organi rappresentativi, ivi compresa la loro sospensione o il loro scioglimento, nonché l'accertamento delle cause di ineleggibilità, incompatibilità o di decadenza, ovvero di rimozione o sospensione da cariche pubbliche;

h) svolgimento delle funzioni di controllo, indirizzo politico, inchiesta parlamentare o sindacato ispettivo e l'accesso a documenti riconosciuto dalla legge e dai regolamenti degli organi interessati per esclusive finalità direttamente connesse all'espletamento di un mandato elettivo;

i) attività dei soggetti pubblici dirette all'applicazione, anche tramite i loro concessionari, delle disposizioni in materia tributaria e doganale, comprese quelle di prevenzione e contrasto all'evasione fiscale (4);

l) attività di controllo e ispettive;

m) concessione, liquidazione, modifica e revoca di benefici economici, agevolazioni, elargizioni, altri emolumenti e abilitazioni;

n) conferimento di onorificenze e ricompense, riconoscimento della personalità giuridica di associazioni, fondazioni ed enti, anche di culto, accertamento dei requisiti di onorabilità e di professionalità per le nomine, per i profili di competenza del soggetto pubblico, ad uffici anche di culto e a cariche direttive di persone giuridiche, imprese e di istituzioni scolastiche non statali, nonché rilascio e revoca di autorizzazioni o abilitazioni, concessione di patrocini, patronati e premi di rappresentanza, adesione a comitati d'onore e ammissione a cerimonie ed incontri istituzionali;

o) rapporti tra i soggetti pubblici e gli enti del terzo settore;

p) obiezione di coscienza;

q) attività sanzionatorie e di tutela in sede amministrativa o giudiziaria;

r) rapporti istituzionali con enti di culto, confessioni religiose e comunità religiose;

s) attività socio-assistenziali a tutela dei minori e soggetti bisognosi, non autosufficienti e incapaci;

t) attività amministrative e certificatorie correlate a quelle di diagnosi, assistenza o terapia sanitaria o sociale, ivi incluse quelle correlate ai trapianti d'organo e di tessuti nonché alle trasfusioni di sangue umano;

u) compiti del servizio sanitario nazionale e dei soggetti operanti in ambito sanitario, nonché compiti di igiene e sicurezza sui luoghi di lavoro e sicurezza e salute della popolazione, protezione civile, salvaguardia della vita e incolumità fisica;

v) programmazione, gestione, controllo e valutazione dell'assistenza sanitaria, ivi incluse l'instaurazione, la gestione, la pianificazione e il controllo dei rapporti tra l'amministrazione ed i soggetti accreditati o convenzionati con il servizio sanitario nazionale;

z) vigilanza sulle sperimentazioni, farmacovigilanza, autorizzazione all'immissione in commercio e all'importazione di medicinali e di altri prodotti di rilevanza sanitaria;

aa) tutela sociale della maternità ed interruzione volontaria della gravidanza, dipendenze, assistenza, integrazione sociale e diritti dei disabili;

bb) istruzione e formazione in ambito scolastico, professionale, superiore o universitario;

cc) trattamenti effettuati a fini di archiviazione nel pubblico interesse o di ricerca storica, concernenti la conservazione, l'ordinamento e la comunicazione dei documenti detenuti negli archivi di Stato negli archivi storici degli enti pubblici, o in archivi privati dichiarati di interesse storico particolarmente importante, per fini di ricerca scientifica, nonché per fini statistici da parte di soggetti che fanno parte del sistema statistico nazionale (Sistan);

dd) instaurazione, gestione ed estinzione, di rapporti di lavoro di qualunque tipo, anche non retribuito o onorario, e di altre forme di impiego, materia sindacale, occupazione e collocamento obbligatorio, previdenza e assistenza, tutela delle minoranze e pari opportunità nell'ambito dei rapporti di lavoro, adempimento degli obblighi retributivi, fiscali e contabili, igiene e sicurezza del lavoro o di sicurezza o salute della popolazione, accertamento della responsabilità civile, disciplinare e contabile, attività ispettiva.

3. Per i dati genetici, biometrici e relativi alla salute il trattamento avviene comunque nel rispetto di quanto previsto dall'art. 2-*septies*.

(1) *V. nota in calce al presente Capo II.*

(2) *Le parole* « , o nei casi previsti dalla legge » *sono state soppresse e le parole* « o da atti amministrativi generali » *sono state inserite dall'art. 9[1] lett.* b), *n. 1, d.l. 8 ottobre 2021, n. 139, conv. in l. 3 dicembre 2021, n. 205.*

(3) *Comma inserito dall'art. 9[1] lett.* b), *n. 2, d.l. 8 ottobre 2021, n. 139, conv. in l. 3 dicembre 2021, n. 205.*

(4) *Le parole* « , comprese quelle di prevenzione e contrasto all'evasione fiscale » *sono state aggiunte dall'art. 1[681], lett.* a), *l. 27 dicembre 2019, n. 160, in vigore dall'1-1-2020.*

2-*septies*. (1) Misure di garanzia per il trattamento dei dati genetici, biometrici e relativi alla salute. – 1. In attuazione di quanto previsto dall'articolo 9, paragrafo 4, del regolamento, i dati genetici, biometrici e relativi alla salute, possono essere oggetto di trattamento in presenza di una delle condizioni di cui al paragrafo 2 del medesimo articolo ed in conformità alle misure di garanzia disposte dal Garante, nel rispetto di quanto previsto dal presente articolo.

2. Il provvedimento che stabilisce le misure di garanzia di cui al comma 1 è adottato con cadenza almeno biennale e tenendo conto:

a) delle linee guida, delle raccomandazioni e delle migliori prassi pubblicate dal Comitato europeo per la protezione dei dati e delle migliori prassi in materia di trattamento dei dati personali;

b) dell'evoluzione scientifica e tecnologica nel settore oggetto delle misure;

c) dell'interesse alla libera circolazione dei dati personali nel territorio dell'Unione europea.

3. Lo schema di provvedimento è sottoposto a consultazione pubblica per un periodo non inferiore a sessanta giorni.

4. Le misure di garanzia sono adottate nel rispetto di quanto previsto dall'articolo 9, paragrafo 2, del Regolamento, e riguardano anche le cautele da adottare relativamente a:

a) contrassegni sui veicoli e accessi a zone a traffico limitato;

b) profili organizzativi e gestionali in ambito sanitario;

c) modalità per la comunicazione diretta all'interessato delle diagnosi e dei dati relativi alla propria salute;

d) prescrizioni di medicinali.

5. Le misure di garanzia sono adottate in relazione a ciascuna categoria dei dati personali di cui al comma 1, avendo riguardo alle specifiche finalità del trattamento e possono individuare, in conformità a quanto previsto al comma 2, ulteriori condizioni sulla base delle quali il trattamento di tali dati è consentito. In particolare, le misure di garanzia individuano le misure di sicurezza, ivi comprese quelle tecniche di cifratura e di pseudonomizzazione, le misure di minimizzazione, le specifiche modalità per l'accesso selettivo ai dati e per rendere le informazioni agli interessati, nonché le eventuali altre misure necessarie a garantire i diritti degli interessati.

6. Le misure di garanzia che riguardano i dati genetici e il trattamento dei dati relativi alla salute per finalità di prevenzione, diagnosi e cura nonché quelle di cui al comma 4, lettere *b*), *c*) e *d*), sono adottate sentito il Ministro della salute che, a tal fine, acquisisce il parere del Consiglio superiore di sanità. Limitatamente ai dati genetici, le misure di garanzia possono individuare, in caso di particolare ed elevato livello di rischio, il consenso come ulteriore misura di protezione dei diritti dell'interessato, a norma dell'articolo 9, paragrafo 4, del regolamento, o altre cautele specifiche.

7. Nel rispetto dei principi in materia di protezione dei dati personali, con riferimento agli obblighi di cui all'articolo 32 del Regolamento, è ammesso l'utilizzo dei dati biometrici con riguardo alle procedure di accesso fisico e logico ai dati da parte dei soggetti autorizzati, nel rispetto delle misure di garanzia di cui al presente articolo.

8. I dati personali di cui al comma 1 non possono essere diffusi.

(1) *V. nota 1* sub *Capo II. Ai sensi dell'art. 22[11] d.ls. 10 agosto 2018, n. 101, le disposizioni del presente codice relative al trattamento di dati genetici, biometrici o relativi alla salute continuano a trovare applicazione, in quanto compatibili con il Regolamento (UE) n. 2016/679, sino all'adozione delle corrispondenti misure di garanzia di cui al presente articolo.*

2-*octies*. (1) **Principi relativi al trattamento di dati relativi a condanne penali e reati.** – 1. Fatto salvo quanto previsto dal decreto legislativo 18 maggio 2018, n. 51, il trattamento di dati personali relativi a condanne penali e a reati o a connesse misure di sicurezza sulla base dell'articolo 6, paragrafo 1, del Regolamento, che non avviene sotto il controllo dell'autorità pubblica, è consentito, ai sensi dell'articolo 10 del medesimo regolamento, solo se autorizzato da una norma di legge o, nei casi previsti dalla legge, di regolamento, che prevedano garanzie appropriate per i diritti e le libertà degli interessati.

2. In mancanza delle predette disposizioni di legge o di regolamento, i trattamenti dei dati di cui al comma 1 nonché le garanzie di cui al medesimo comma sono individuati con decreto del Ministro della giustizia, da adottarsi, ai sensi dell'articolo 17, comma 3, della legge 23 agosto 1988, n. 400, sentito il Garante (2).

3. Fermo quanto previsto dai commi 1 e 2, il trattamento di dati personali relativi a condanne penali e a reati o a connesse misure di sicurezza è consentito se autorizzato da una norma di legge o, nei casi previsti dalla legge, di regolamento, riguardanti, in particolare:

a) l'adempimento di obblighi e l'esercizio di diritti da parte del titolare o dell'interessato in materia di diritto del lavoro o comunque nell'ambito dei rapporti di lavoro, nei limiti stabiliti da leggi, regolamenti e contratti collettivi, secondo quanto previsto dagli articoli 9, paragrafo 2, lettera *b*), e 88 del regolamento;

b) l'adempimento degli obblighi previsti da disposizioni di legge o di regolamento in materia di mediazione finalizzata alla conciliazione delle controversie civili e commerciali;

c) la verifica o l'accertamento dei requisiti di onorabilità, requisiti soggettivi e presupposti interdittivi nei casi previsti dalle leggi o dai regolamenti;

d) l'accertamento di responsabilità in relazione a sinistri o eventi attinenti alla vita umana, nonché la prevenzione, l'accertamento e il contrasto di frodi o situazioni di concreto rischio per il corretto esercizio dell'attività assicurativa, nei limiti di quanto previsto dalle leggi o dai regolamenti in materia;

e) l'accertamento, l'esercizio o la difesa di un diritto in sede giudiziaria;

f) l'esercizio del diritto di accesso ai dati e ai documenti amministrativi, nei limiti di quanto previsto dalle leggi o dai regolamenti in materia;

g) l'esecuzione di investigazioni o le ricerche o la raccolta di informazioni per conto di terzi ai sensi dell'articolo 134 del testo unico delle leggi di pubblica sicurezza;

h) l'adempimento di obblighi previsti da disposizioni di legge in materia di comunicazioni e informazioni antimafia o in materia di prevenzione della delinquenza di tipo mafioso e di altre gravi forme di pericolosità sociale, nei casi previsti da leggi o da regolamenti, o per la produzione della documentazione prescritta dalla legge per partecipare a gare d'appalto;

i) l'accertamento del requisito di idoneità morale di coloro che intendono partecipare a gare d'appalto, in adempimento di quanto previsto dalle vigenti normative in materia di appalti;

l) l'attuazione della disciplina in materia di attribuzione del rating di legalità delle imprese ai sensi dell'articolo 5-*ter* del decreto-legge 24 gennaio 2012, n. 1, convertito, con modificazioni, dalla legge 24 marzo 2012, n. 27;

m) l'adempimento degli obblighi previsti dalle normative vigenti in materia di prevenzione dell'uso del sistema finanziario a scopo di riciclaggio dei proventi di attività criminose e di finanziamento del terrorismo.

4. Nei casi in cui le disposizioni di cui al comma 3 non individuano le garanzie appropriate per i diritti e le libertà degli interessati, tali garanzie sono previste con il decreto di cui al comma 2.

5. Quando il trattamento dei dati di cui al presente articolo avviene sotto il controllo dell'autorità pubblica si applicano le disposizioni previste dall'articolo 2-*sexies*.

6. Con il decreto di cui al comma 2 è autorizzato il trattamento dei dati di cui all'articolo 10 del Regolamento, effettuato in attuazione di protocolli di intesa per la prevenzione e il contrasto dei fenomeni di criminalità organizzata, stipulati con il Ministero dell'interno o con le prefetture-UTG. In relazione a tali protocolli, il decreto di cui al comma 2 individua, le tipologie dei dati trattati, gli interessati, le operazioni di trattamento eseguibili, anche in relazione all'aggiornamento e alla conservazione e prevede le garanzie appropriate per i diritti e le libertà degli interessati. Il decreto è adottato, limitatamente agli ambiti di cui al presente comma, di concerto con il Ministro dell'interno (2).

(1) *V. nota 1 sub Capo II.*

(2) *Ai sensi dell'art. 22[12] d.ls. 10 agosto 2018, n. 101, sino alla data di entrata in vigore del decreto del Ministro della giustizia di cui al presente comma, da adottarsi entro diciotto mesi dalla data di entrata in vigore del suddetto decreto, il trattamento dei dati di cui all'articolo 10 del Regolamento (UE) n. 2016/679 è consentito quando è effettuato in attuazione di protocolli di intesa per la prevenzione e il contrasto dei fenomeni di criminalità organizzata stipulati con il Ministero dell'interno o con le Prefetture - UTG, previo parere del Garante per la protezione dei dati personali, che specificano la tipologia dei dati trattati e delle operazioni eseguibili.*

2-*novies*. (1) **Trattamenti disciplinati dalla Presidenza della Repubblica, dalla Camera dei deputati, dal Senato della Repubblica e dalla Corte costituzionale.** – 1. Le disposizioni degli articoli 2-*sexies*, 2-*septies* e 2-*octies* del presente decreto legislativo recano principi applicabili, in conformità ai rispettivi ordinamenti, ai trattamenti delle categorie di dati personali di cui agli articoli 9, paragrafo 1, e 10 del Regolamento, disciplinati dalla Presidenza della Repubblica, dal Senato della Repubblica, dalla Camera dei deputati e dalla Corte costituzionale.

(1) *V. nota 1 sub Capo II.*

2-*decies*. (1) **Inutilizzabilità dei dati.** – 1. I dati personali trattati in violazione della disciplina rilevante in materia di trattamento dei dati personali non possono essere utilizzati, salvo quanto previsto dall'articolo 160-*bis*.

(1) *V. nota 1 sub Capo II.*

CAPO III – *Disposizioni in materia di diritti dell'interessato* (1)

(1) *Capo inserito, unitamente agli artt. da 2-*undecies *a 2-*terdecies*, dall'art. 2[1 lett. f)] d.lgs. 10 agosto 2018, n. 101.*

2-*undecies*. (1) **Limitazioni ai diritti dell'interessato.** – 1. I diritti di cui agli articoli da 15 a 22 del Regolamento non possono essere esercitati con richiesta al titolare del trattamento ovvero con reclamo ai sensi dell'articolo 77 del Regolamento qualora dall'esercizio di tali diritti possa derivare un pregiudizio effettivo e concreto:

a) agli interessi tutelati in base alle disposizioni in materia di riciclaggio;

b) agli interessi tutelati in base alle disposizioni in materia di sostegno alle vittime di richieste estorsive;

c) all'attività di Commissioni parlamentari d'inchiesta istituite ai sensi dell'articolo 82 della Costituzione;

d) alle attività svolte da un soggetto pubblico, diverso dagli enti pubblici economici, in base ad espressa disposizione di legge, per esclusive finalità inerenti alla politica monetaria e valutaria, al sistema dei pagamenti, al controllo degli intermediari e dei mercati creditizi e finanziari, nonché alla tutela della loro stabilità;

e) allo svolgimento delle investigazioni difensive o all'esercizio di un diritto in sede giudiziaria;

f) alla riservatezza dell'identità del dipendente che segnala ai sensi della legge 30 novembre 2017, n. 179, l'illecito di cui sia venuto a conoscenza in ragione del proprio ufficio;

f-bis) agli interessi tutelati in materia tributaria e allo svolgimento delle attività di prevenzione e contrasto all'evasione fiscale (2).

2. Nei casi di cui al comma 1, lettera *c*), si applica quanto previsto dai regolamenti parlamentari ovvero dalla legge o dalle norme istitutive della Commissione d'inchiesta.

3. Nei casi di cui al comma 1, lettere *a*), *b*), *d*) *e*), *f*) e *f-bis*) (3) i diritti di cui al medesimo comma sono esercitati conformemente alle disposizioni di legge o di regolamento che regolano il settore, che devono almeno recare misure dirette a disciplinare gli ambiti di cui all'articolo 23, paragrafo 2, del Regolamento. L'esercizio dei medesimi diritti può, in ogni caso, essere ritardato, limitato o escluso con comunicazione motivata e resa senza ritardo all'interessato, a meno che la comunicazione possa compromettere la finalità della limitazione, per il tempo e nei limiti in cui ciò costituisca una misura necessaria e proporzionata, tenuto conto dei diritti fondamentali e dei legittimi interessi dell'interessato, al fine di salvaguardare gli interessi di cui al comma 1, lettere *a*), *b*), *d*), *e*), *f*) e *f-bis*) (3). In tali casi, i diritti dell'interessato possono essere esercitati anche tramite il Garante con le modalità di cui all'articolo 160. In tale ipotesi, il Garante informa l'interessato di aver eseguito tutte le verifiche necessarie o di aver svolto un riesame, nonché del diritto dell'interessato di proporre ricorso giurisdizionale. Il titolare del trattamento informa l'interessato delle facoltà di cui al presente comma.

(1) *V. nota 1* sub *Capo III.*
(2) *Lettera aggiunta dall'art. 1[681 lett. b)] l. 27 dicembre 2019, n. 160 (legge di bilancio 2020).*
(3) *Le parole « e), f) e f-bis) » sono state sostituite alle parole « e) ed f) » dall'art. 1[681 lett. c)] l. n. 160, cit.*

2-*duodecies*. (1) **Limitazioni per ragioni di giustizia.** – 1. In applicazione dell'articolo 23, paragrafo 1, lettera *f*), del Regolamento, in relazione ai trattamenti di dati personali effettuati per ragioni di giustizia nell'ambito di procedimenti dinanzi agli uffici giudiziari di ogni ordine e grado nonché dinanzi al Consiglio superiore della magistratura e agli altri organi di autogoverno delle magistrature speciali o presso il Ministero della giustizia, i diritti e gli obblighi di cui agli articoli da 12 a 22 e 34 del Regolamento sono disciplinati nei limiti e con le modalità previste dalle disposizioni di legge o di Regolamento che regolano tali procedimenti, nel rispetto di quanto previsto dall'articolo 23, paragrafo 2, del Regolamento.

2. Fermo quanto previsto dal comma 1, l'esercizio dei diritti e l'adempimento degli obblighi di cui agli articoli da 12 a 22 e 34 del Regolamento possono, in ogni caso, essere ritardati, limitati o esclusi, con comunicazione motivata e resa senza ritardo all'interessato, a meno che la comunicazione possa compromettere la finalità della limitazione, nella misura e per il tempo in cui ciò costituisca una misura necessaria e proporzionata, tenuto conto dei diritti fon-

damentali e dei legittimi interessi dell'interessato, per salvaguardare l'indipendenza della magistratura e dei procedimenti giudiziari.

3. Si applica l'articolo 2-*undecies*, comma 3, terzo, quarto e quinto periodo.

4. Ai fini del presente articolo si intendono effettuati per ragioni di giustizia i trattamenti di dati personali correlati alla trattazione giudiziaria di affari e di controversie, i trattamenti effettuati in materia di trattamento giuridico ed economico del personale di magistratura, nonché i trattamenti svolti nell'ambito delle attività ispettive su uffici giudiziari. Le ragioni di giustizia non ricorrono per l'ordinaria attività amministrativo-gestionale di personale, mezzi o strutture, quando non è pregiudicata la segretezza di atti direttamente connessi alla trattazione giudiziaria di procedimenti.

(1) *V. nota 1* sub *Capo III.*

2-*terdecies*. (1) Diritti riguardanti le persone decedute. – 1. I diritti di cui agli articoli da 15 a 22 del Regolamento riferiti ai dati personali concernenti persone decedute possono essere esercitati da chi ha un interesse proprio, o agisce a tutela dell'interessato, in qualità di suo mandatario, o per ragioni familiari meritevoli di protezione.

2. L'esercizio dei diritti di cui al comma 1 non è ammesso nei casi previsti dalla legge o quando, limitatamente all'offerta diretta di servizi della società dell'informazione, l'interessato lo ha espressamente vietato con dichiarazione scritta presentata al titolare del trattamento o a quest'ultimo comunicata.

3. La volontà dell'interessato di vietare l'esercizio dei diritti di cui al comma 1 deve risultare in modo non equivoco e deve essere specifica, libera e informata; il divieto può riguardare l'esercizio soltanto di alcuni dei diritti di cui al predetto comma.

4. L'interessato ha in ogni momento il diritto di revocare o modificare il divieto di cui ai commi 2 e 3.

5. In ogni caso, il divieto non può produrre effetti pregiudizievoli per l'esercizio da parte dei terzi dei diritti patrimoniali che derivano dalla morte dell'interessato nonché del diritto di difendere in giudizio i propri interessi.

(1) *V. nota 1* sub *Capo III.*

CAPO IV – *Disposizioni relative al titolare del trattamento e al responsabile del trattamento* (1)

(1) *Capo inserito, unitamente agli artt. da 2-*quaterdecies *a 2-*septiesdecies*, dall'art. 2[1 lett. f)] d.ls. 10 agosto 2018, n. 101.*

2-*quaterdecies*. (1) **Attribuzione di funzioni e compiti a soggetti designati.** – 1. Il titolare o il responsabile del trattamento possono prevedere, sotto la propria responsabilità e nell'ambito del proprio assetto organizzativo, che specifici compiti e funzioni connessi al trattamento di dati personali siano attribuiti a persone fisiche, espressamente designate, che operano sotto la loro autorità.

2. Il titolare o il responsabile del trattamento individuano le modalità più opportune per autorizzare al trattamento dei dati personali le persone che operano sotto la propria autorità diretta.

(1) *V. nota 1* sub *Capo IV.*

[2-*quinquiesdecies*. Trattamento che presenta rischi elevati per l'esecuzione di un compito di interesse pubblico (1). – 1. Con riguardo ai trattamenti svolti per l'esecuzione di un compito di interesse pubblico che possono presentare rischi elevati ai sensi dell'art. 35 del Regolamento, il Garante può, sulla base di quanto disposto dall'art. 36, par. 5, del medesimo Regolamento e con provvedimenti di carattere generale adottati d'ufficio, prescrivere misure e accorgimenti a garanzia dell'interessato, che il titolare del trattamento è tenuto ad adottare [166[1]].]

(1) *Articolo abrogato dall'art. 9[1, lett. b)], d.l. 8 ottobre 2021, n. 139, conv. in l. 3 dicembre 2021, n. 205.*

V. nota in calce al presente Capo IV. Ai sensi dell'art. 22[3], d.ls. 10 agosto 2018, n. 101, « sino all'adozione dei corrispondenti provvedimenti generali di cui all'art. 2-quinquiesdecies del codice in materia di protezione dei dati personali, di cui al d.ls. n. 196 del 2003, i trattamenti di cui al medesimo articolo, già in corso alla data di entrata in vigore del presente decreto, possono proseguire qualora avvengano in base a espresse disposizioni di legge o regolamento o atti amministrativi generali, ovvero nel caso in cui siano stati sottoposti a verifica preliminare o autorizzazione del Garante per la protezione dei dati personali, che abbiano individuato misure e accorgimenti adeguati a garanzia dell'interessato ».

2-*sexiesdecies*. (1) **Responsabile della protezione dei dati per i trattamenti effettuati dalle autorità giudiziarie nell'esercizio delle loro funzioni.** – 1. Il responsabile della protezione dati è designato, a norma delle disposizioni di cui alla sezione 4 del capo IV del Regolamento, anche in relazione ai trattamenti di dati personali effettuati dalle autorità giudiziarie nell'esercizio delle loro funzioni.

(1) *V. nota 1* sub *Capo IV.*

2-*septiesdecies*. (1) **Organismo nazionale di accreditamento.** – 1. L'organismo nazionale di accreditamento di cui all'articolo 43, paragrafo 1, lettera *b*), del Regolamento è l'Ente unico nazionale di accreditamento, istituito ai sensi del Regolamento (CE) n. 765/2008, del Parlamento europeo e del Consiglio, del 9 luglio 2008, fatto salvo il potere del Garante di assumere direttamente, con deliberazione pubblicata nella Gazzetta Ufficiale della Repubblica italiana e in caso di grave inadempimento dei suoi compiti da parte dell'Ente unico nazionale di accreditamento, l'esercizio di tali funzioni, anche con riferimento a una o più categorie di trattamenti.

(1) *V. nota 1* sub *Capo IV.*

[3. (1) **Principio di necessità nel trattamento dei dati.** – 1. I sistemi informativi e i programmi informatici sono configurati riducendo al minimo l'utilizzazione di dati personali e di dati identificativi, in modo da escluderne il trattamento quando le finalità perseguite nei singoli casi possono essere realizzate mediante, rispettivamente, dati anonimi od opportune modalità che permettano di identificare l'interessato solo in caso di necessità].

(1) *Articolo abrogato dall'art. 27[1 lett. a) n. 1] d.lgs. 10 agosto 2018, n. 101.*

[4. (1) **Definizioni.** – 1. Ai fini del presente codice si intende per:

a) trattamento, qualunque operazione o complesso di operazioni, effettuati anche senza l'ausilio di strumenti elettronici, concernenti la raccolta, la registrazione, l'organizzazione, la conservazione, la consultazione, l'elaborazione, la modificazione, la selezione, l'estrazione, il raffronto, l'utilizzo, l'interconnessione, il blocco, la comunicazione, la diffusione, la cancellazione e la distruzione di dati, anche se non registrati in una banca di dati;

b) dato personale, qualunque informazione relativa a persona fisica, identificata o identificabile, anche indirettamente, mediante riferimento a qualsiasi altra informazione, ivi compreso un numero di identificazione personale;

c) dati identificativi, i dati personali che permettono l'identificazione diretta dell'interessato;

d) dati sensibili, i dati personali idonei a rivelare l'origine razziale ed etnica, le convinzioni religiose, filosofiche o di altro genere, le opinioni politiche, l'adesione a partiti, sindacati, associazioni od organizzazioni a carattere religioso, filosofico, politico o sindacale, nonché i dati personali idonei a rivelare lo stato di salute e la vita sessuale;

e) dati giudiziari, i dati personali idonei a rivelare provvedimenti di cui all'articolo 3, comma 1, lettere da *a*) a *o*) e da *r*) a *u*), del decreto del Presidente della Repubblica 14 novembre 2002, n. 313, in materia di casellario giudiziale, di anagrafe delle sanzioni amministrative dipendenti da reato e dei relativi carichi pendenti, o la qualità di imputato o di indagato ai sensi degli articoli 60 e 61 del c.p.p.;

f) titolare, la persona fisica, la persona giuridica, la pubblica amministrazione e qualsiasi altro ente, associazione od organismo cui competono, anche unitamente ad altro titolare, le decisioni in ordine alle finalità, alle modalità del trattamento di dati personali e agli strumenti utilizzati, ivi compreso il profilo della sicurezza;

g) responsabile, la persona fisica, la persona giuridica, la pubblica amministrazione e qualsiasi altro ente, associazione od organismo preposti dal titolare al trattamento di dati personali;

h) incaricati, le persone fisiche autorizzate a compiere operazioni di trattamento dal titolare o dal responsabile;

i) interessato, la persona fisica, cui si riferiscono i dati personali;

l) comunicazione, il dare conoscenza dei dati personali a uno o più soggetti determinati diversi dall'interessato, dal rappresentante del titolare nel territorio dello Stato, dal responsabile e dagli incaricati, in qualunque forma, anche mediante la loro messa a disposizione o consultazione;

m) diffusione, il dare conoscenza dei dati personali a soggetti indeterminati, in qualunque forma, anche mediante la loro messa a disposizione o consultazione;

n) dato anonimo, il dato che in origine, o a seguito di trattamento, non può essere associato ad un interessato identificato o identificabile;

o) blocco, la conservazione di dati personali con sospensione temporanea di ogni altra operazione del trattamento;

p) banca di dati, qualsiasi complesso organizzato di dati personali, ripartito in una o più unità dislocate in uno o più siti;

q) garante, l'autorità di cui all'articolo 153, istituita dalla legge 31 dicembre 1996, n. 675.

2. Ai fini del presente codice si intende, inoltre, per:

a) comunicazione elettronica, ogni informazione scambiata o trasmessa tra un numero finito di soggetti tramite un servizio di comunicazione elettronica accessibile al pubblico. Sono escluse le informazioni trasmesse al pubblico tramite una rete di comunicazione elettronica, come parte di un servizio di radiodiffusione, salvo che le stesse informazioni siano collegate ad un contraente o utente ricevente, identificato o identificabile;

b) chiamata, la connessione istituita da un servizio di comunicazione elettronica accessibile al pubblico, che consente la comunicazione bidirezionale;

c) reti di comunicazione elettronica, i sistemi di trasmissione e, se del caso, le apparecchiature di commutazione o di instradamento e altre risorse, inclusi gli elementi di rete non attivi, che consentono di trasmettere segnali via cavo, via radio, a mezzo di fibre ottiche o con altri mezzi elettromagnetici, comprese le reti satellitari, le reti terrestri mobili e fisse a commutazione di circuito e a commutazione di pacchetto, compresa Internet, le reti utilizzate per la diffusione circolare dei programmi sonori e televisivi, i sistemi per il trasporto della corrente elettrica, nella misura in cui siano utilizzati per trasmettere i segnali, le reti televisive via cavo, indipendentemente dal tipo di informazione trasportato;

d) rete pubblica di comunicazioni, una rete di comunicazione elettronica utilizzata interamente o prevalentemente per fornire servizi di comunicazione elettronica accessibili al pubblico, che supporta il trasferimento di informazioni tra i punti terminali di reti;

e) servizio di comunicazione elettronica, i servizi consistenti esclusivamente o prevalentemente nella trasmissione di segnali su reti di comunicazioni elettroniche, compresi i servizi di telecomunicazioni e i servizi di trasmissione nelle reti utilizzate per la diffusione circolare radiotelevisiva, nei limiti previsti dall'articolo 2, lettera *c*), della direttiva 2002/21/CE del Parlamento europeo e del Consiglio, del 7 marzo 2002;

f) contraente qualunque persona fisica, persona giuridica, ente o associazione parte di un contratto con un fornitore di servizi di comunicazione elettronica accessibili al pubblico per la fornitura di tali servizi, o comunque destinatario di tali servizi tramite schede prepagate;

g) utente, qualsiasi persona fisica che utilizza un servizio di comunicazione elettronica accessibile al pubblico, per motivi privati o commerciali, senza esservi necessariamente abbonata;

h) dati relativi al traffico, qualsiasi dato sottoposto a trattamento ai fini della trasmissione di una comunicazione su una rete di comunicazione elettronica o della relativa fatturazione;

i) dati relativi all'ubicazione, ogni dato trattato in una rete di comunicazione elettronica o da un servizio di comunicazione elettronica che indica la posizione geografica dell'apparecchiatura terminale dell'utente di un servizio di comunicazione elettronica accessibile al pubblico;

l) servizio a valore aggiunto, il servizio che richiede il trattamento dei dati relativi al traffico o dei dati relativi all'ubicazione diversi dai dati relativi al traffico, oltre a quanto è necessario per la trasmissione di una comunicazione o della relativa fatturazione;

m) posta elettronica, messaggi contenenti testi, voci, suoni o immagini trasmessi attraverso una rete pubblica di comunicazione, che possono essere archiviati in rete o nell'apparecchiatura terminale ricevente, fino a che il ricevente non ne ha preso conoscenza.

3. Ai fini del presente codice si intende, altresì, per:

a) misure minime, il complesso delle misure tecniche, informatiche, organizzative, logistiche e procedurali di sicurezza che configurano il livello minimo di protezione richiesto in relazione ai rischi previsti nell'articolo 31;

b) strumenti elettronici, gli elaboratori, i programmi per elaboratori e qualunque dispositivo elettronico o comunque automatizzato con cui si effettua il trattamento;

c) autenticazione informatica, l'insieme degli strumenti elettronici e delle procedure per la verifica anche indiretta dell'identità;

d) credenziali di autenticazione, i dati ed i dispositivi, in possesso di una persona, da questa conosciuti o ad essa univocamente correlati, utilizzati per l'autenticazione informatica;

e) parola chiave, componente di una credenziale di autenticazione associata ad una persona ed a questa nota, costituita da una sequenza di caratteri o altri dati in forma elettronica;

f) profilo di autorizzazione, l'insieme delle informazioni, univocamente associate ad una persona, che consente di individuare a quali dati essa può accedere, nonché i trattamenti ad essa consentiti;

g) sistema di autorizzazione, l'insieme degli strumenti e delle procedure che abilitano l'accesso ai dati e alle modalità di trattamento degli stessi, in funzione del profilo di autorizzazione del richiedente.

g-bis) violazione di dati personali: violazione della sicurezza che comporta anche accidentalmente la distruzione, la perdita, la modifica, la rivelazione non autorizzata o l'accesso ai dati personali trasmessi, memorizzati o comunque elaborati nel contesto della fornitura di un servizio di comunicazione accessibile al pubblico.

4. Ai fini del presente codice si intende per:

a) scopi storici, le finalità di studio, indagine, ricerca e documentazione di figure, fatti e circostanze del passato;

b) scopi statistici, le finalità di indagine statistica o di produzione di risultati statistici, anche a mezzo di sistemi informativi statistici;

c) scopi scientifici, le finalità di studio e di indagine sistematica finalizzata allo sviluppo delle conoscenze scientifiche in uno specifico settore.]

(1) *Articolo abrogato dall'art. 27*[1 lett. a) n. 1] *d.ls. 10 agosto 2018, n. 101.*

(2) *Ai sensi dell'art. 22*[2] *d.ls. n. 101, cit., a decorrere dal 25 maggio 2018, le espressioni* « dati sensibili » *e* « dati giudiziari » *utilizzate ai sensi del presente articolo, al comma 1, lettere*

d) ed e), ovunque ricorrano, si intendono riferite, rispettivamente, alle categorie particolari di dati di cui all'articolo 9 del Regolamento (UE) 2016/679 e ai dati di cui all'articolo 10 del medesimo regolamento.

(3) *Comma così modificato dall'art. 40[2] d.l. 6 dicembre 2011, n. 201, conv. con modif., in l. 22 dicembre 2011, n. 214.*

(4) *V. nota 2 sub Epigrafe.*

(5) *Lettera così sostituita dall'art. 1[1 lett. a)] d.lgs. 28 maggio 2012, n. 69.*

(6) *Lettera così sostituita dall'art. 1[1 lett. a) n. 4] d.lgs. n. 69, cit.*

(7) *Lettera così sostituita dall'art. 1[1 lett. b)] d.lgs. n. 69, cit.*

[5. (1) **Oggetto ed ambito di applicazione.** – 1. Il presente codice disciplina il trattamento di dati personali, anche detenuti all'estero, effettuato da chiunque è stabilito nel territorio dello Stato o in un luogo comunque soggetto alla sovranità dello Stato.

2. Il presente codice si applica anche al trattamento di dati personali effettuato da chiunque è stabilito nel territorio di un Paese non appartenente all'Unione europea e impiega, per il trattamento, strumenti situati nel territorio dello Stato anche diversi da quelli elettronici, salvo che essi siano utilizzati solo ai fini di transito nel territorio dell'Unione europea. In caso di applicazione del presente codice, il titolare del trattamento designa un proprio rappresentante stabilito nel territorio dello Stato ai fini dell'applicazione della disciplina sul trattamento dei dati personali.

3. Il trattamento di dati personali effettuato da persone fisiche per fini esclusivamente personali è soggetto all'applicazione del presente codice solo se i dati sono destinati ad una comunicazione sistematica o alla diffusione. Si applicano in ogni caso le disposizioni in tema di responsabilità e di sicurezza dei dati di cui agli articoli 15 e 31.

3-*bis*. (2).]

(1) *Articolo abrogato dall'art. 27[1 lett. a) n. 1] d.lgs. 10 agosto 2018, n. 101.*

(2) *Comma dapprima aggiunto dall'art. 6[2 lett. a) n. 1] d.l. 13 maggio 2011, n. 70, conv., con modif., in l. 12 luglio 2011, n. 106, e, successivamente, abrogato dall'art. 40[2 lett. c)] d.l. 6 dicembre 2011, n. 201, conv., con modif., in l. 22 dicembre 2011, n. 214.*

[6. (1) **Disciplina del trattamento.** – 1. Le disposizioni contenute nella presente Parte si applicano a tutti i trattamenti di dati, salvo quanto previsto, in relazione ad alcuni trattamenti, dalle disposizioni integrative o modificative della Parte II.]

(1) *Articolo abrogato dall'art. 27[1 lett. a) n. 1] d.lgs. 10 agosto 2018, n. 101.*

TITOLO II
Diritti dell'interessato (1)

(1) *Titolo abrogato dall'art. 27[1 lett. a) n. 2] d.lgs. 10 agosto 2018, n. 101.*

[7. (1) **Diritto di accesso ai dati personali ed altri diritti.** – 1. L'interessato ha diritto di ottenere la conferma dell'esistenza o meno di dati personali che lo riguardano, anche se non ancora registrati, e la loro comunicazione in forma intelligibile.

2. L'interessato ha diritto di ottenere l'indicazione:

a) dell'origine dei dati personali;

b) delle finalità e modalità del trattamento;

c) della logica applicata in caso di trattamento effettuato con l'ausilio di strumenti elettronici;

d) degli estremi identificativi del titolare, dei responsabili e del rappresentante designato ai sensi dell'articolo 5, comma 2;

e) dei soggetti o delle categorie di soggetti ai quali i dati personali possono essere comunicati o che possono venirne a conoscenza in qualità di rappresentante designato nel territorio dello Stato, di responsabili o incaricati.

3. L'interessato ha diritto di ottenere:

a) l'aggiornamento, la rettificazione ovvero, quando vi ha interesse, l'integrazione dei dati;

b) la cancellazione, la trasformazione in forma anonima o il blocco dei dati trattati in violazione di legge, compresi quelli di cui non è necessaria la conservazione in relazione agli scopi per i quali i dati sono stati raccolti o successivamente trattati;

c) l'attestazione che le operazioni di cui alle lett. *a*) e *b*) sono state portate a conoscenza, anche per quanto riguarda il loro contenuto, di coloro ai quali i dati sono stati comunicati o diffusi, eccettuato il caso in cui tale adempimento si rivela impossibile o comporta un impiego di mezzi manifestamente sproporzionato rispetto al diritto tutelato.

4. L'interessato ha diritto di opporsi, in tutto o in parte:

a) per motivi legittimi al trattamento dei dati personali che lo riguardano, ancorché pertinenti allo scopo della raccolta;

b) al trattamento di dati personali che lo riguardano a fini di invio di materiale pubblicitario o di vendita diretta o per il compimento di ricerche di mercato o di comunicazione commerciale.]

(1) *V. nota* sub *Titolo II.*

[8. (1) **Esercizio dei diritti.** – 1. I diritti di cui all'articolo 7 sono esercitati con richiesta rivolta senza formalità al titolare o al responsabile, anche per il tramite di un incaricato, alla quale è fornito idoneo riscontro senza ritardo.

2. I diritti di cui all'articolo 7 non possono essere esercitati con richiesta al titolare o al responsabile o con ricorso ai sensi dell'articolo 145, se i trattamenti di dati personali sono effettuati:

a) in base alle disposizioni del decreto legge 3 maggio 1991, n. 143, convertito, con modificazioni, dalla legge 5 luglio 1991, n. 197, e successive modificazioni, in materia di riciclaggio;

b) in base alle disposizioni del decreto legge 31 dicembre 1991, n. 419, convertito, con modificazioni, dalla legge 18 febbraio 1992, n. 172, e successive modificazioni, in materia di sostegno alle vittime di richieste estorsive;

c) da Commissioni parlamentari d'inchiesta istituite ai sensi dell'articolo 82 della Costituzione;

d) da un soggetto pubblico, diverso dagli enti pubblici economici, in base ad espressa disposizione di legge, per esclusive finalità inerenti alla politica monetaria e valutaria, al sistema dei pagamenti, al controllo degli intermediari e dei mercati creditizi e finanziari, nonché alla tutela della loro stabilità;

e) ai sensi dell'articolo 24, comma 1, lettera *f*), limitatamente al periodo durante il quale potrebbe derivarne un pregiudizio effettivo e concreto per lo svolgimento delle investigazioni difensive o per l'esercizio del diritto in sede giudiziaria;

f) da fornitori di servizi di comunicazione elettronica accessibili al pubblico relativamente a comunicazioni telefoniche in entrata, salvo che possa derivarne un pregiudizio effettivo e concreto per lo svolgimento delle investigazioni difensive di cui alla l. 7 dicembre 2000, n. 397;

g) per ragioni di giustizia, presso uffici giudiziari di ogni ordine e grado o il Consiglio superiore della magistratura o altri organi di autogoverno o il Ministero della giustizia;

h) ai sensi dell'articolo 53, fermo restando quanto previsto dalla legge 1° aprile 1981, n. 121.

3. Il Garante, anche su segnalazione dell'interessato, nei casi di cui al comma 2, lettere *a*), *b*), *d*), *e*) ed *f*) provvede nei modi di cui agli articoli 157, 158 e 159 e, nei casi di cui alle lettere *c*), *g*) ed *h*) del medesimo comma, provvede nei modi di cui all'articolo 160.

4. L'esercizio dei diritti di cui all'articolo 7, quando non riguarda dati di carattere oggettivo, può avere luogo salvo che concerna la rettificazione o l'integrazione di dati personali di tipo valutativo, relativi a giudizi, opinioni o ad altri apprezzamenti di tipo soggettivo, nonché l'indicazione di condotte da tenersi o di decisioni in via di assunzione da parte del titolare del trattamento.]

(1) *V. nota* sub *Titolo II*.

[9. (1) **Modalità di esercizio.** – 1. La richiesta rivolta al titolare o al responsabile può essere trasmessa anche mediante lettera raccomandata, telefax o posta elettronica. Il Garante può individuare altro idoneo sistema in riferimento a nuove soluzioni tecnologiche. Quando riguarda l'esercizio dei diritti di cui all'articolo 7, commi 1 e 2, la richiesta può essere formulata anche oralmente e in tal caso è annotata sinteticamente a cura dell'incaricato o del responsabile.

2. Nell'esercizio dei diritti di cui all'articolo 7 l'interessato può conferire, per iscritto, delega o procura a persone fisiche, enti, associazioni od organismi. L'interessato può, altresì, farsi assistere da una persona di fiducia.

3. I diritti di cui all'articolo 7 riferiti a dati personali concernenti persone decedute possono essere esercitati da chi ha un interesse proprio, o agisce a tutela dell'interessato o per ragioni familiari meritevoli di protezione.

4. L'identità dell'interessato è verificata sulla base di idonei elementi di valutazione, anche mediante atti o documenti disponibili o esibizione o allegazione di copia di un documento di riconoscimento. La persona che agisce per conto dell'interessato esibisce o allega copia della procura, ovvero della delega sottoscritta in presenza di un incaricato o sottoscritta e presentata unitamente a copia fotostatica non autenticata di un documento di riconoscimento dell'interessato (2).

5. La richiesta di cui all'articolo 7, commi 1 e 2, è formulata liberamente e senza costrizioni e può essere rinnovata, salva l'esistenza di giustificati motivi, con intervallo non minore di novanta giorni.]

(1) *V. nota* sub *Titolo II.*

(2) *Comma così modificato dall'art. 40[2] lett. d) d.l. 6 dicembre 2011, n. 201, conv., con modif., in l. 22 dicembre 2011, n. 214.*

[10. (1) **Riscontro all'interessato.** – 1. Per garantire l'effettivo esercizio dei diritti di cui all'articolo 7 il titolare del trattamento è tenuto ad adottare idonee misure volte, in particolare:

a) ad agevolare l'accesso ai dati personali da parte dell'interessato, anche attraverso l'impiego di appositi programmi per elaboratore finalizzati ad un'accurata selezione dei dati che riguardano singoli interessati identificati o identificabili;

b) a semplificare le modalità e a ridurre i tempi per il riscontro al richiedente, anche nell'ambito di uffici o servizi preposti alle relazioni con il pubblico.

2. I dati sono estratti a cura del responsabile o degli incaricati e possono essere comunicati al richiedente anche oralmente, ovvero offerti in visione mediante strumenti elettronici, sempre che in tali casi la comprensione dei dati sia agevole, considerata anche la qua-

lità e la quantità delle informazioni. Se vi è richiesta, si provvede alla trasposizione dei dati su supporto cartaceo o informatico, ovvero alla loro trasmissione per via telematica.

3. Salvo che la richiesta sia riferita ad un particolare trattamento o a specifici dati personali o categorie di dati personali, il riscontro all'interessato comprende tutti i dati personali che riguardano l'interessato comunque trattati dal titolare. Se la richiesta è rivolta ad un esercente una professione sanitaria o ad un organismo sanitario si osserva la disposizione di cui all'articolo 84, comma 1.

4. Quando l'estrazione dei dati risulta particolarmente difficoltosa il riscontro alla richiesta dell'interessato può avvenire anche attraverso l'esibizione o la consegna in copia di atti e documenti contenenti i dati personali richiesti.

5. Il diritto di ottenere la comunicazione in forma intelligibile dei dati non riguarda dati personali relativi a terzi, salvo che la scomposizione dei dati trattati o la privazione di alcuni elementi renda incomprensibili i dati personali relativi all'interessato.

6. La comunicazione dei dati è effettuata in forma intelligibile anche attraverso l'utilizzo di una grafia comprensibile. In caso di comunicazione di codici o sigle sono forniti, anche mediante gli incaricati, i parametri per la comprensione del relativo significato.

7. Quando, a seguito della richiesta di cui all'articolo 7, commi 1 e 2, lettere *a*), *b*) e *c*) non risulta confermata l'esistenza di dati che riguardano l'interessato, può essere chiesto un contributo spese non eccedente i costi effettivamente sopportati per la ricerca effettuata nel caso specifico.

8. Il contributo di cui al comma 7 non può comunque superare l'importo determinato dal Garante con provvedimento di carattere generale, che può individuarlo forfettariamente in relazione al caso in cui i dati sono trattati con strumenti elettronici e la risposta è fornita oralmente. Con il medesimo provvedimento il Garante può prevedere che il contributo possa essere chiesto quando i dati personali figurano su uno speciale supporto del quale è richiesta specificamente la riproduzione, oppure quando, presso uno o più titolari, si determina un notevole impiego di mezzi in relazione alla complessità o all'entità delle richieste ed è confermata l'esistenza di dati che riguardano l'interessato.

9. Il contributo di cui ai commi 7 e 8 è corrisposto anche mediante versamento postale o bancario, ovvero mediante carta di pagamento

o di credito, ove possibile all'atto della ricezione del riscontro e comunque non oltre quindici giorni da tale riscontro.]

(1) *V. nota* sub *Titolo II.*

TITOLO III
Regole generali per il trattamento dei dati (1)

(1) *Titolo abrogato dall'art. 27[1] lett. a) n. 2 d.ls. 10 agosto 2018, n. 101.*

CAPO I – *Regole per tutti i trattamenti* (1)

(1) *V. nota* sub *Titolo III.*

[11. (1) **Modalità del trattamento e requisiti dei dati.** – 1. I dati personali oggetto di trattamento sono:

a) trattati in modo lecito e secondo correttezza;

b) raccolti e registrati per scopi determinati, espliciti e legittimi, ed utilizzati in altre operazioni del trattamento in termini compatibili con tali scopi;

c) esatti e, se necessario, aggiornati;

d) pertinenti, completi e non eccedenti rispetto alle finalità per le quali sono raccolti o successivamente trattati;

e) conservati in una forma che consenta l'identificazione dell'interessato per un periodo di tempo non superiore a quello necessario agli scopi per i quali essi sono stati raccolti o successivamente trattati.

2. I dati personali trattati in violazione della disciplina rilevante in materia di trattamento dei dati personali non possono essere utilizzati.]

(1) *V. nota* sub *Titolo III.*

[12. (1) **Codici di deontologia e di buona condotta.** – 1. Il Garante promuove nell'ambito delle categorie interessate, nell'osservanza del principio di rappresentatività e tenendo conto dei criteri direttivi delle raccomandazioni del Consiglio d'Europa sul trattamento di dati personali, la sottoscrizione di codici di deontologia e di buona condotta per determinati settori, ne verifica la conformità alle leggi e ai regolamenti anche attraverso l'esame di osservazioni di soggetti interessati e contribuisce a garantirne la diffusione e il rispetto.

2. I codici sono pubblicati nella Gazzetta Ufficiale della Repubblica italiana a cura del Garante e, con decreto del Ministro della giustizia, sono riportati nell'allegato A) del presente codice.

3. Il rispetto delle disposizioni contenute nei codici di cui al

comma 1 costituisce condizione essenziale per la liceità e correttezza del trattamento dei dati personali effettuato da soggetti privati e pubblici.

4. Le disposizioni del presente articolo si applicano anche al codice di deontologia per i trattamenti di dati per finalità giornalistiche promosso dal Garante nei modi di cui al comma 1 e all'articolo 139.]

(1) *V. nota* sub *Titolo III.*

[13. (1) (2) **Informativa.** – 1. L'interessato o la persona presso la quale sono raccolti i dati personali sono previamente informati oralmente o per iscritto circa:

a) le finalità e le modalità del trattamento cui sono destinati i dati;

b) la natura obbligatoria o facoltativa del conferimento dei dati;

c) le conseguenze di un eventuale rifiuto di rispondere;

d) i soggetti o le categorie di soggetti ai quali i dati personali possono essere comunicati o che possono venirne a conoscenza in qualità di responsabili o incaricati, e l'ambito di diffusione dei dati medesimi;

e) i diritti di cui all'articolo 7;

f) gli estremi identificativi del titolare e, se designati, del rappresentante nel territorio dello Stato ai sensi dell'articolo 5 e del responsabile. Quando il titolare ha designato più responsabili è indicato almeno uno di essi, indicando il sito della rete di comunicazione o le modalità attraverso le quali è conoscibile in modo agevole l'elenco aggiornato dei responsabili. Quando è stato designato un responsabile per il riscontro all'interessato in caso di esercizio dei diritti di cui all'articolo 7, è indicato tale responsabile.

2. L'informativa di cui al comma 1 contiene anche gli elementi previsti da specifiche disposizioni del presente codice e può non comprendere gli elementi già noti alla persona che fornisce i dati o la cui conoscenza può ostacolare in concreto l'espletamento, da parte di un soggetto pubblico, di funzioni ispettive o di controllo svolte per finalità di difesa o sicurezza dello Stato oppure di prevenzione, accertamento o repressione di reati.

3. Il Garante può individuare con proprio provvedimento modalità semplificate per l'informativa fornita in particolare da servizi telefonici di assistenza e informazione al pubblico.

4. Se i dati personali non sono raccolti presso l'interessato, l'informativa di cui al comma 1, comprensiva delle categorie di dati trattati, è data al medesimo interessato all'atto della registrazione dei dati o, quando è prevista la loro comunicazione, non oltre la prima comunicazione.

5. La disposizione di cui al comma 4 non si applica quando:

a) i dati sono trattati in base ad un obbligo previsto dalla legge, da un regolamento o dalla normativa comunitaria;

b) i dati sono trattati ai fini dello svolgimento delle investigazioni difensive di cui alla l. 7 dicembre 2000, n. 397, o, comunque, per far valere o difendere un diritto in sede giudiziaria, sempre che i dati siano trattati esclusivamente per tali finalità e per il periodo strettamente necessario al loro perseguimento;

c) l'informativa all'interessato comporta un impiego di mezzi che il Garante, prescrivendo eventuali misure appropriate, dichiari manifestamente sproporzionati rispetto al diritto tutelato, ovvero si riveli, a giudizio del Garante, impossibile.

5-*bis*. L'informativa di cui al comma 1 non è dovuta in caso di ricezione di curricula spontaneamente trasmessi dagli interessati ai fini dell'eventuale instaurazione di un rapporto di lavoro. Al momento del primo contatto successivo all'invio del curriculum, il titolare è tenuto a fornire all'interessato, anche oralmente, una informativa breve contenente almeno gli elementi di cui al comma 1, lett. *a*), *d*) ed *f*) (3).]

(1) *V. nota sub Titolo III.*

(2) *Ai sensi dell'art. 44*[1-bis] *d.l. 30 dicembre 2008, n. 207, conv., con modif., in l. 27 febbraio 2009, n. 14, come modificato dall'art. 20-*bis[3] *d.l. 25 settembre 2009, n. 135, conv., con modif., in l. 20 novembre 2009, n. 166, « I dati personali presenti nelle banche dati costituite sulla base di elenchi telefonici pubblici formati prima del 1° agosto 2005 sono lecitamente utilizzabili per fini promozionali sino al termine di sei mesi successivi alla data di entrata in vigore della legge di conversione del decreto-legge 25 settembre 2009, n. 135 [25 novembre 2009], anche in deroga agli articoli 13 e 23 [del presente Codice], dai soli titolari del trattamento che hanno provveduto a costituire dette banche dati prima del 1° agosto 2005 ».*

(3) *Comma aggiunto dall'art. 6*[2 lett. a)] *d.l. 13 maggio 2011, n. 70, conv., con modif., in l. 12 luglio 2011, n. 106.*

[14. (1) **Definizione di profili e della personalità dell'interessato.** – 1. Nessun atto o provvedimento giudiziario o amministrativo che implichi una valutazione del comportamento umano può essere fondato unicamente su un trattamento automatizzato di dati personali volto a definire il profilo o la personalità dell'interessato.

2. L'interessato può opporsi ad ogni altro tipo di determinazione adottata sulla base del trattamento di cui al comma 1, ai sensi dell'articolo 7, comma 4, lettera *a*), salvo che la determinazione sia stata adottata in occasione della conclusione o dell'esecuzione di un contratto, in accoglimento di una proposta dell'interessato o sulla base

di adeguate garanzie individuate dal presente codice o da un provvedimento del Garante ai sensi dell'articolo 17.]

(1) *V. nota* sub *Titolo III.*

[15. (1) **Danni cagionati per effetto del trattamento.** – 1. Chiunque cagiona danno ad altri per effetto del trattamento di dati personali è tenuto al risarcimento ai sensi dell'articolo 2050 del codice civile.

2. Il danno non patrimoniale è risarcibile anche in caso di violazione dell'articolo 11.]

(1) *V. nota* sub *Titolo III.*

[16. (1) **Cessazione del trattamento.** – 1. In caso di cessazione, per qualsiasi causa, di un trattamento i dati sono:

a) distrutti;

b) ceduti ad altro titolare, purché destinati ad un trattamento in termini compatibili agli scopi per i quali i dati sono raccolti;

c) conservati per fini esclusivamente personali e non destinati ad una comunicazione sistematica o alla diffusione;

d) conservati o ceduti ad altro titolare, per scopi storici, statistici o scientifici, in conformità alla legge, ai regolamenti, alla normativa comunitaria e ai codici di deontologia e di buona condotta sottoscritti ai sensi dell'articolo 12.

2. La cessione dei dati in violazione di quanto previsto dal comma 1, lett. *b*), o di altre disposizioni rilevanti in materia di trattamento dei dati personali è priva di effetti.]

(1) *V. nota* sub *Titolo III.*

[17. (1) **Trattamento che presenta rischi specifici.** – 1. Il trattamento dei dati diversi da quelli sensibili e giudiziari che presenta rischi specifici per i diritti e le libertà fondamentali, nonché per la dignità dell'interessato, in relazione alla natura dei dati o alle modalità del trattamento o agli effetti che può determinare, è ammesso nel rispetto di misure ed accorgimenti a garanzia dell'interessato, ove prescritti.

2. Le misure e gli accorgimenti di cui al comma 1 sono prescritti dal Garante in applicazione dei principi sanciti dal presente codice, nell'ambito di una verifica preliminare all'inizio del trattamento, effettuata anche in relazione a determinate categorie di titolari o di trattamenti, anche a seguito di un interpello del titolare.

(1) *V. nota* sub *Titolo III.*

Capo II – *Regole ulteriori per i soggetti pubblici* (1)

(1) *V. nota* sub *Titolo III.*

[18. (1) **Principi applicabili a tutti i trattamenti effettuati da soggetti pubblici.** – 1. Le disposizioni del presente capo riguardano tutti i soggetti pubblici, esclusi gli enti pubblici economici.

2. Qualunque trattamento di dati personali da parte di soggetti pubblici è consentito soltanto per lo svolgimento delle funzioni istituzionali.

3. Nel trattare i dati il soggetto pubblico osserva i presupposti e i limiti stabiliti dal presente codice, anche in relazione alla diversa natura dei dati, nonché dalla legge e dai regolamenti.

4. Salvo quanto previsto nella Parte II per gli esercenti le professioni sanitarie e gli organismi sanitari pubblici, i soggetti pubblici non devono richiedere il consenso dell'interessato.

5. Si osservano le disposizioni di cui all'articolo 25 in tema di comunicazione e diffusione.**]**

(1) *V. nota* sub *Titolo III.*

[19. (1) **Principi applicabili al trattamento di dati diversi da quelli sensibili e giudiziari.** – 1. Il trattamento da parte di un soggetto pubblico riguardante dati diversi da quelli sensibili e giudiziari è consentito, fermo restando quanto previsto dall'articolo 18, comma 2, anche in mancanza di una norma di legge o di regolamento che lo preveda espressamente.

2. La comunicazione da parte di un soggetto pubblico ad altri soggetti pubblici è ammessa quando è prevista da una norma di legge o di regolamento. In mancanza di tale norma la comunicazione è ammessa quando è comunque necessaria per lo svolgimento di funzioni istituzionali e può essere iniziata se è decorso il termine di cui all'articolo 39, comma 2, e non è stata adottata la diversa determinazione ivi indicata.

3. La comunicazione da parte di un soggetto pubblico a privati o a enti pubblici economici e la diffusione da parte di un soggetto pubblico sono ammesse unicamente quando sono previste da una norma di legge o di regolamento.

[3-*bis*. Le notizie concernenti lo svolgimento delle prestazioni di chiunque sia addetto a una funzione pubblica e la relativa valutazione sono rese accessibili dall'amministrazione di appartenenza. Non sono invece ostensibili, se non nei casi previsti dalla legge, le notizie concernenti la natura delle infermità e degli impedimenti personali o familiari che causino l'astensione dal lavoro, nonché le componenti della valutazione o le notizie concernenti il rapporto di lavoro tra il predetto dipendente e l'amministrazione, idonee a rivelare taluna delle informazioni di cui all'articolo 4, comma 1, lett. *d*)] (2).]

(1) *V. nota sub Titolo III.*

(2) *Comma dapprima aggiunto dall'art. 14[1 lett. b)] l. 4 novembre 2010, n. 183 e, successivamente, abrogato dall'art. 53[1 lett. e)] d.lgs. 14 marzo 2013, n. 33.*

[20. (1) **Principi applicabili al trattamento di dati sensibili.** – 1. Il trattamento dei dati sensibili da parte di soggetti pubblici è consentito solo se autorizzato da espressa disposizione di legge nella quale sono specificati i tipi di dati che possono essere trattati e di operazioni eseguibili e le finalità di rilevante interesse pubblico perseguite.

2. Nei casi in cui una disposizione di legge specifica la finalità di rilevante interesse pubblico, ma non i tipi di dati sensibili e di operazioni eseguibili, il trattamento è consentito solo in riferimento ai tipi di dati e di operazioni identificati e resi pubblici a cura dei soggetti che ne effettuano il trattamento, in relazione alle specifiche finalità perseguite nei singoli casi e nel rispetto dei principi di cui all'articolo 22, con atto di natura regolamentare adottato in conformità al parere espresso dal Garante ai sensi dell'articolo 154, comma 1, lettera *g*), anche su schemi tipo (2).

3. Se il trattamento non è previsto espressamente da una disposizione di legge i soggetti pubblici possono richiedere al Garante l'individuazione delle attività, tra quelle demandate ai medesimi soggetti dalla legge, che perseguono finalità di rilevante interesse pubblico e per le quali è conseguentemente autorizzato, ai sensi dell'articolo 26, comma 2, il trattamento dei dati sensibili. Il trattamento è consentito solo se il soggetto pubblico provvede altresì a identificare e rendere pubblici i tipi di dati e di operazioni nei modi di cui al comma 2.

4. L'identificazione dei tipi di dati e di operazioni di cui ai commi 2 e 3 è aggiornata e integrata periodicamente.]

(1) *V. nota sub Titolo III.*

(2) *Per il Regolamento recante disposizioni concernenti l'aggiornamento e l'integrazione dei dati sensibili e giudiziari trattati e delle relative operazioni effettuate dal Ministero dell'interno, ai sensi del presente comma, v. d.m. 25 settembre 2015, n. 176.*

[21. (1) **Principi applicabili al trattamento di dati giudiziari.** – 1. Il trattamento di dati giudiziari da parte di soggetti pubblici è consentito solo se autorizzato da espressa disposizione di legge o provvedimento del Garante che specifichino le finalità di rilevante interesse pubblico del trattamento, i tipi di dati trattati e di operazioni eseguibili.

1-*bis*. Il trattamento dei dati giudiziari è altresì consentito quando è effettuato in attuazione di protocolli d'intesa per la prevenzione e il contrasto dei fenomeni di criminalità organizzata stipulati con il Ministero dell'interno o con i suoi uffici periferici di cui all'articolo 15, comma 2, del decreto legislativo 30 luglio 1999, n. 300, previo parere del Garante per la protezione dei dati personali, che specificano la tipologia dei dati trattati e delle operazioni eseguibili (2).

2. Le disposizioni di cui all'articolo 20, commi 2 e 4, si applicano anche al trattamento dei dati giudiziari]

(1) *V. nota* sub *Titolo III.*

(2) *Comma aggiunto dall'art. 45[1] lett. a) d.l. 9 febbraio 2012, n. 5, conv., con modif., in l. 4 aprile 2012, n. 35.*

[**22**. (1) **Principi applicabili al trattamento di dati sensibili e giudiziari.** – 1. I soggetti pubblici conformano il trattamento dei dati sensibili e giudiziari secondo modalità volte a prevenire violazioni dei diritti, delle libertà fondamentali e della dignità dell'interessato.

2. Nel fornire l'informativa di cui all'articolo 13 soggetti pubblici fanno espresso riferimento alla normativa che prevede gli obblighi o i compiti in base alla quale è effettuato il trattamento dei dati sensibili e giudiziari.

3. I soggetti pubblici possono trattare solo i dati sensibili e giudiziari indispensabili per svolgere attività istituzionali che non possono essere adempiute, caso per caso, mediante il trattamento di dati anonimi o di dati personali di natura diversa.

4. I dati sensibili e giudiziari sono raccolti, di regola, presso l'interessato.

5. In applicazione dell'articolo 11, comma 1, lett. *c*), *d*) ed *e*), i soggetti pubblici verificano periodicamente l'esattezza e l'aggiornamento dei dati sensibili e giudiziari, nonché la loro pertinenza, completezza, non eccedenza e indispensabilità rispetto alle finalità perseguite nei singoli casi, anche con riferimento ai dati che l'interessato fornisce di propria iniziativa. Al fine di assicurare che i dati sensibili e giudiziari siano indispensabili rispetto agli obblighi e ai compiti loro attribuiti, i soggetti pubblici valutano specificamente il rapporto tra i dati e gli adempimenti. I dati che, anche a seguito delle verifiche, risultano eccedenti o non pertinenti o non indispensabili non possono essere utilizzati, salvo che per l'eventuale conservazione, a norma di legge, dell'atto o del documento che li contiene. Specifica

attenzione è prestata per la verifica dell'indispensabilità dei dati sensibili e giudiziari riferiti a soggetti diversi da quelli cui si riferiscono direttamente le prestazioni o gli adempimenti.

6. I dati sensibili e giudiziari contenuti in elenchi, registri o banche di dati, tenuti con l'ausilio di strumenti elettronici, sono trattati con tecniche di cifratura o mediante l'utilizzazione di codici identificativi o di altre soluzioni che, considerato il numero e la natura dei dati trattati, li rendono temporaneamente inintelligibili anche a chi è autorizzato ad accedervi e permettono di identificare gli interessati solo in caso di necessità.

7. I dati idonei a rivelare lo stato di salute e la vita sessuale sono conservati separatamente da altri dati personali trattati per finalità che non richiedono il loro utilizzo. I medesimi dati sono trattati con le modalità di cui al comma 6 anche quando sono tenuti in elenchi, registri o banche di dati senza l'ausilio di strumenti elettronici.

8. I dati idonei a rivelare lo stato di salute non possono essere diffusi.

9. Rispetto ai dati sensibili e giudiziari indispensabili ai sensi del comma 3, i soggetti pubblici sono autorizzati ad effettuare unicamente le operazioni di trattamento indispensabili per il perseguimento delle finalità per le quali il trattamento è consentito, anche quando i dati sono raccolti nello svolgimento di compiti di vigilanza, di controllo o ispettivi.

10. I dati sensibili e giudiziari non possono essere trattati nell'ambito di test psico-attitudinali volti a definire il profilo o la personalità dell'interessato. Le operazioni di raffronto tra dati sensibili e giudiziari, nonché i trattamenti di dati sensibili e giudiziari ai sensi dell'articolo 14, sono effettuati solo previa annotazione scritta dei motivi.

11. In ogni caso, le operazioni e i trattamenti di cui al comma 10, se effettuati utilizzando banche di dati di diversi titolari, nonché la diffusione dei dati sensibili e giudiziari, sono ammessi solo se previsti da espressa disposizione di legge.

12. Le disposizioni di cui al presente articolo recano principi applicabili, in conformità ai rispettivi ordinamenti, ai trattamenti disciplinati dalla Presidenza della Repubblica, dalla Camera dei deputati, dal Senato della Repubblica e dalla Corte costituzionale.]

(1) *V. nota* sub *Titolo III.*

CAPO III – *Regole ulteriori per privati ed enti pubblici economici* (1)

(1) *V. nota* sub *Titolo III.*

[23. (1) (2) **Consenso.** – 1. Il trattamento di dati personali da parte di privati o di enti pubblici economici è ammesso solo con il consenso espresso dell'interessato.

2. Il consenso può riguardare l'intero trattamento ovvero una o più operazioni dello stesso.

3. Il consenso è validamente prestato solo se è espresso liberamente e specificamente in riferimento ad un trattamento chiaramente individuato, se è documentato per iscritto, e se sono state rese all'interessato le informazioni di cui all'articolo 13.

4. Il consenso è manifestato in forma scritta quando il trattamento riguarda dati sensibili.]

(1) *V. nota* sub *Titolo III.*

(2) *V. l'art. 44*$^{1\text{-bis}}$ *d.l. 30 dicembre 2008, n. 207, conv., con modif., in l. 27 febbraio 2009, n. 14, come modificato dall'art. 20-*bis^{3} *d.l. 25 settembre 2009, n. 135, conv., con modif., in l. 20 novembre 2009, n. 166, citato* sub *art. 13.*

[24. (1) **Casi nei quali può essere effettuato il trattamento senza consenso.** – 1. Il consenso non è richiesto, oltre che nei casi previsti nella Parte II, quando il trattamento:

a) è necessario per adempiere ad un obbligo previsto dalla legge, da un regolamento o dalla normativa comunitaria;

b) è necessario per eseguire obblighi derivanti da un contratto del quale è parte l'interessato o per adempiere, prima della conclusione del contratto, a specifiche richieste dell'interessato;

c) riguarda dati provenienti da pubblici registri, elenchi, atti o documenti conoscibili da chiunque, fermi restando i limiti e le modalità che le leggi, i regolamenti o la normativa comunitaria stabiliscono per la conoscibilità e pubblicità dei dati;

d) riguarda dati relativi allo svolgimento di attività economiche, trattati nel rispetto della vigente normativa in materia di segreto aziendale e industriale;

e) è necessario per la salvaguardia della vita o dell'incolumità fisica di un terzo. Se la medesima finalità riguarda l'interessato e quest'ultimo non può prestare il proprio consenso per impossibilità fisica, per incapacità di agire o per incapacità di intendere o di volere, il consenso è manifestato da chi esercita legalmente la potestà (2), ovvero da un prossimo congiunto, da un familiare, da un convivente o, in loro assenza, dal responsabile della struttura presso cui dimora l'interessato. Si applica la disposizione di cui all'articolo 82, comma 2;

f) con esclusione della diffusione, è necessario ai fini dello svolgimento delle investigazioni difensive di cui alla legge 7 dicembre 2000, n. 397, o, comunque, per far valere o difendere un diritto in sede giudiziaria, sempre che i dati siano trattati esclusivamente per tali finalità e per il periodo strettamente necessario al loro perseguimento, nel rispetto della vigente normativa in materia di segreto aziendale e industriale;

g) con esclusione della diffusione, è necessario, nei casi individuati dal Garante sulla base dei principi sanciti dalla legge, per perseguire un legittimo interesse del titolare o di un terzo destinatario dei dati, qualora non prevalgano i diritti e le libertà fondamentali, la dignità o un legittimo interesse dell'interessato (3);

h) con esclusione della comunicazione all'esterno e della diffusione, è effettuato da associazioni, enti od organismi senza scopo di lucro, anche non riconosciuti, in riferimento a soggetti che hanno con essi contatti regolari o ad aderenti, per il perseguimento di scopi determinati e legittimi individuati dall'atto costitutivo, dallo statuto o dal contratto collettivo, e con modalità di utilizzo previste espressamente con determinazione resa nota agli interessati all'atto dell'informativa ai sensi dell'articolo 13;

i) è necessario, in conformità ai rispettivi codici di deontologia di cui all'allegato *A*), per esclusivi scopi scientifici o statistici, ovvero per esclusivi scopi storici presso archivi privati dichiarati di notevole interesse storico ai sensi dell'articolo 6, comma 2, del decreto legislativo 29 ottobre 1999, n. 490 (4), di approvazione del testo unico in materia di beni culturali e ambientali o, secondo quanto previsto dai medesimi codici, presso altri archivi privati.

i-bis) riguarda dati contenuti nei curricula, nei casi di cui all'articolo 13, comma 5-*bis* (5);

i-ter) con esclusione della diffusione e fatto salvo quanto previsto dall'articolo 130 del presente codice, riguarda la comunicazione di dati tra società, enti o associazioni con società controllanti, controllate o collegate ai sensi dell'articolo 2359 del codice civile ovvero con società sottoposte a comune controllo, nonché tra consorzi, reti di imprese e raggruppamenti e associazioni temporanei di imprese con i soggetti ad essi aderenti, per le finalità amministrativo contabili, come definite all'articolo 34, comma 1-*ter*, e purché queste finalità siano previste espressamente con determinazione resa nota agli interessati all'atto dell'informativa di cui all'articolo 13 (5).]

(1) *V. nota* sub *Titolo III.*

(2) *Ai sensi dell'art. 105 d.ls. 28 dicembre 2013, n. 154, in tema di revisione delle disposizioni in materia di filiazione, la parola* « potestà », *ovunque presente, in tutta la legislazione vigente, è sostituita dalle parole* « responsabilità genitoriale ».

(3) *Lettera così modificata dall'art. 6[2] lett. a) n. 3) d.l. 13 maggio 2011, n. 70, conv., con modif., in l. 12 luglio 2011, n. 106.*

(4) *Ora abrogato dall'art. 184 d.ls. 22 gennaio 2004, n. 42.*

(5) *Lettera aggiunta dall'art. 6[2] lett. a) n. 3) d.l. n. 70, cit.*

[**25**. (1) **Divieti di comunicazione e diffusione.** – 1. La comunicazione e la diffusione sono vietate, oltre che in caso di divieto disposto dal Garante o dall'autorità giudiziaria:

a) in riferimento a dati personali dei quali è stata ordinata la cancellazione, ovvero quando è decorso il periodo di tempo indicato nell'articolo 11, comma 1, lettera *e*);

b) per finalità diverse da quelle indicate nella notificazione del trattamento, ove prescritta.

2. È fatta salva la comunicazione o diffusione di dati richieste, in conformità alla legge, da forze di polizia, dall'autorità giudiziaria, da organismi di informazione e sicurezza o da altri soggetti pubblici ai sensi dell'articolo 58, comma 2, per finalità di difesa o di sicurezza dello Stato o di prevenzione, accertamento o repressione di reati.]

(1) *V. nota* sub *Titolo III.*

[**26**. (1) **Garanzie per i dati sensibili.** – 1. I dati sensibili possono essere oggetto di trattamento solo con il consenso scritto dell'interessato e previa autorizzazione del Garante, nell'osservanza dei presupposti e dei limiti stabiliti dal presente codice, nonché dalla legge e dai regolamenti.

2. Il Garante comunica la decisione adottata sulla richiesta di autorizzazione entro quarantacinque giorni, decorsi i quali la mancata pronuncia equivale a rigetto. Con il provvedimento di autorizzazione, ovvero successivamente, anche sulla base di eventuali verifiche, il Garante può prescrivere misure e accorgimenti a garanzia dell'interessato, che il titolare del trattamento è tenuto ad adottare.

3. Il comma 1 non si applica al trattamento:

a) dei dati relativi agli aderenti alle confessioni religiose e ai soggetti che con riferimento a finalità di natura esclusivamente religiosa hanno contatti regolari con le medesime confessioni, effettuato dai relativi organi, ovvero da enti civilmente riconosciuti, sempre che i dati non siano diffusi o comunicati fuori delle medesime confessioni.

Queste ultime determinano idonee garanzie relativamente ai trattamenti effettuati, nel rispetto dei principi indicati al riguardo con autorizzazione del Garante;

b) dei dati riguardanti l'adesione di associazioni od organizzazioni a carattere sindacale o di categoria ad altre associazioni, organizzazioni o confederazioni a carattere sindacale o di categoria.

b-bis) dei dati contenuti nei curricula, nei casi di cui all'articolo 13, comma 5-*bis* (2).

4. I dati sensibili possono essere oggetto di trattamento anche senza consenso, previa autorizzazione del Garante:

a) quando il trattamento è effettuato da associazioni, enti od organismi senza scopo di lucro, anche non riconosciuti, a carattere politico, filosofico, religioso o sindacale, ivi compresi partiti e movimenti politici, per il perseguimento di scopi determinati e legittimi individuati dall'atto costitutivo, dallo statuto o dal contratto collettivo, relativamente ai dati personali degli aderenti o dei soggetti che in relazione a tali finalità hanno contatti regolari con l'associazione, ente od organismo, sempre che i dati non siano comunicati all'esterno o diffusi e l'ente, associazione od organismo determini idonee garanzie relativamente ai trattamenti effettuati, prevedendo espressamente le modalità di utilizzo dei dati con determinazione resa nota agli interessati all'atto dell'informativa ai sensi dell'articolo 13;

b) quando il trattamento è necessario per la salvaguardia della vita o dell'incolumità fisica di un terzo. Se la medesima finalità riguarda l'interessato e quest'ultimo non può prestare il proprio consenso per impossibilità fisica, per incapacità di agire o per incapacità di intendere o di volere, il consenso è manifestato da chi esercita legalmente la potestà (3), ovvero da un prossimo congiunto, da un familiare, da un convivente o, in loro assenza, dal responsabile della struttura presso cui dimora l'interessato. Si applica la disposizione di cui all'articolo 82, comma 2;

c) quando il trattamento è necessario ai fini dello svolgimento delle investigazioni difensive di cui alla legge 7 dicembre 2000, n. 397, o, comunque, per far valere o difendere in sede giudiziaria un diritto, sempre che i dati siano trattati esclusivamente per tali finalità e per il periodo strettamente necessario al loro perseguimento. Se i dati sono idonei a rivelare lo stato di salute e la vita sessuale, il diritto deve essere di rango pari a quello dell'interessato, ovvero consistente in un diritto della personalità o in un altro diritto o libertà fondamentale e inviolabile;

d) quando è necessario per adempiere a specifici obblighi o compiti previsti dalla legge, da un regolamento o dalla normativa comunitaria per la gestione del rapporto di lavoro, anche in materia di igiene e sicurezza del lavoro e della popolazione e di previdenza e assistenza, nei limiti previsti dall'autorizzazione e ferme restando le disposizioni del codice di deontologia e di buona condotta di cui all'articolo 111.

5. I dati idonei a rivelare lo stato di salute non possono essere diffusi.]

(1) *V. nota* sub *Titolo III.*

(2) *Lettera aggiunta dall'art. 6[2 lett. a) n. 4] d.l. 13 maggio 2011, n. 70, conv., con modif., in l. 12 luglio 2011, n. 106.*

(3) *Ai sensi dell'art. 105 d.ls. 28 dicembre 2013, n. 154, in tema di revisione delle disposizioni in materia di filiazione, la parola* « potestà », *ovunque presente, in tutta la legislazione vigente, è sostituita dalle parole* « responsabilità genitoriale ».

[27. (1) **Garanzie per i dati giudiziari.** – 1. Il trattamento di dati giudiziari da parte di privati o di enti pubblici economici è consentito soltanto se autorizzato da espressa disposizione di legge o provvedimento del Garante che specifichino le rilevanti finalità di interesse pubblico del trattamento, i tipi di dati trattati e di operazioni eseguibili. Si applica quanto previsto dall'articolo 21, comma 1-*bis* (2).]

(1) *V. nota* sub *Titolo III.*

(2) *Periodo aggiunto dall'art. 45[1 lett. b)] d.l. 9 febbraio 2012, n. 5, conv., con modif., in l. 4 aprile 2012, n. 35.*

TITOLO IV
Soggetti che effettuano il trattamento (1)

(1) *Titolo abrogato dall'art. 27[1 lett. a) n. 2] d.ls. 10 agosto 2018, n. 101.*

[28. (1) **Titolare del trattamento.** – 1. Quando il trattamento è effettuato da una persona giuridica, da una pubblica amministrazione o da un qualsiasi altro ente, associazione od organismo, titolare del trattamento è l'entità nel suo complesso o l'unità od organismo periferico che esercita un potere decisionale del tutto autonomo sulle finalità e sulle modalità del trattamento, ivi compreso il profilo della sicurezza.]

(1) *V. nota* sub *Titolo IV.*

[29. (1) **Responsabile del trattamento.** – 1. Il responsabile è designato dal titolare facoltativamente.

2. Se designato, il responsabile è individuato tra soggetti che per esperienza, capacità ed affidabilità forniscano idonea garanzia del

pieno rispetto delle vigenti disposizioni in materia di trattamento, ivi compreso il profilo relativo alla sicurezza.

3. Ove necessario per esigenze organizzative, possono essere designati responsabili più soggetti, anche mediante suddivisione di compiti.

4. I compiti affidati al responsabile sono analiticamente specificati per iscritto dal titolare.

4-*bis*. Fermo restando quanto previsto ai commi 1, 2, 3 e 4, il titolare può avvalersi, per il trattamento di dati, anche sensibili, di soggetti pubblici o privati che, in qualità di responsabili del trattamento, forniscano le garanzie di cui al comma 2. I titolari stipulano con i predetti responsabili atti giuridici in forma scritta, che specificano la finalità perseguita, la tipologia dei dati, la durata del trattamento, gli obblighi e i diritti del responsabile del trattamento e le modalità di trattamento; i predetti atti sono adottati in conformità a schemi tipo predisposti dal Garante (2).

5. Il responsabile effettua il trattamento attenendosi alle condizioni stabilite ai sensi del comma 4-*bis* e alle istruzioni impartite dal titolare, il quale, anche tramite verifiche periodiche, vigila sulla puntuale osservanza delle disposizioni di cui al comma 2, delle proprie istruzioni e di quanto stabilito negli atti di cui al comma 4-*bis* (3).]

(1) *V. nota* sub *Titolo IV*.

(2) *Comma inserito dall'art. 28[1] lett. a) n. 1 l. 20 novembre 2017, n. 167.*

(3) *Comma così sostituito dall'art. 28[1] lett. a) n. 2 l. n. 167, cit. Il testo del comma era il seguente:* « 5. Il responsabile effettua il trattamento attenendosi alle istruzioni impartite dal titolare il quale, anche tramite verifiche periodiche, vigila sulla puntuale osservanza delle disposizioni di cui al comma 2 e delle proprie istruzioni ».

[30. (1) **Incaricati del trattamento.** – 1. Le operazioni di trattamento possono essere effettuate solo da incaricati che operano sotto la diretta autorità del titolare o del responsabile, attenendosi alle istruzioni impartite.

2. La designazione è effettuata per iscritto e individua puntualmente l'ambito del trattamento consentito. Si considera tale anche la documentata preposizione della persona fisica ad una unità per la quale è individuato, per iscritto, l'ambito del trattamento consentito agli addetti all'unità medesima.]

(1) *V. nota* sub *Titolo IV*.

TITOLO V
Sicurezza dei dati e dei sistemi (1)

(1) *Titolo abrogato dall'art. 27[1] lett. a) n. 2 d.lgs. 10 agosto 2018, n. 101.*

CAPO I – *Misure di sicurezza* (1)

(1) *V. nota* sub *Titolo V.*

[31. (1) **Obblighi di sicurezza.** – 1. I dati personali oggetto di trattamento sono custoditi e controllati, anche in relazione alle conoscenze acquisite in base al progresso tecnico, alla natura dei dati e alle specifiche caratteristiche del trattamento, in modo da ridurre al minimo, mediante l'adozione di idonee e preventive misure di sicurezza, i rischi di distruzione o perdita, anche accidentale, dei dati stessi, di accesso non autorizzato o di trattamento non consentito o non conforme alle finalità della raccolta.]

(1) *V. nota* sub *Titolo V.*

[32. (1) **Obblighi relativi ai fornitori di servizi di comunicazione elettronica accessibili al pubblico** (2). – 1. Il fornitore di un servizio di comunicazione elettronica accessibile al pubblico adotta, ai sensi dell'articolo 31, anche attraverso altri soggetti a cui sia affidata l'erogazione del predetto servizio, misure tecniche e organizzative adeguate al rischio esistente, per salvaguardare la sicurezza dei suoi servizi e per gli adempimenti di cui all'articolo 32-*bis* (3).

1-*bis*. Ferma restando l'osservanza degli obblighi di cui agli articoli 30 e 31, i soggetti che operano sulle reti di comunicazione elettronica garantiscono che i dati personali siano accessibili soltanto al personale autorizzato per fini legalmente autorizzati (4).

1-*ter*. Le misure di cui al commi 1 e 1-*bis* garantiscono la protezione dei dati relativi al traffico ed all'ubicazione e degli altri dati personali archiviati o trasmessi dalla distruzione anche accidentale, da perdita o alterazione anche accidentale e da archiviazione, trattamento, accesso o divulgazione non autorizzati o illeciti, nonché assicurano l'attuazione di una politica di sicurezza (4).

2. Quando la sicurezza del servizio o dei dati personali richiede anche l'adozione di misure che riguardano la rete, il fornitore del servizio di comunicazione elettronica accessibile al pubblico adotta tali misure congiuntamente con il fornitore della rete pubblica di comunicazioni. In caso di mancato accordo, su richiesta di uno dei fornitori, la controversia è definita dall'Autorità per le garanzie nelle comunicazioni secondo le modalità previste dalla normativa vigente.

3. Il fornitore di un servizio di comunicazione elettronica accessi-

bile al pubblico informa gli abbonati (5) e, ove possibile, gli utenti, se sussiste un particolare rischio di violazione della sicurezza della rete, indicando, quando il rischio è al di fuori dell'ambito di applicazione delle misure che il fornitore stesso è tenuto ad adottare ai sensi dei commi 1, 1-*bis* e 2, tutti i possibili rimedi e i relativi costi presumibili. Analoga informativa è resa al Garante e all'Autorità per le garanzie nelle comunicazioni (6).]

(1) *V. nota* sub *Titolo V.*
(2) *Rubrica così sostituita dall'art. 1*[2 lett. a)] *d.ls. 28 maggio 2012, n. 69.*
(3) *Comma così sostituito dall'art. 1*[2 lett. b)] *d.ls. n. 69, cit.*
(4) *Comma inserito dall'art. 1*[2 lett. c)] *d.ls. n. 69, cit.*
(5) *V. nota 2* sub *Epigrafe*
(6) *Comma così modificato dall'art. 1*[2 lett. d)] *d.ls. n. 69, cit.*

[32-*bis*. (1) **Adempimenti conseguenti ad una violazione di dati personali.** – 1. In caso di violazione di dati personali, il fornitore di servizi di comunicazione elettronica accessibili al pubblico comunica senza indebiti ritardi detta violazione al Garante.

2. Quando la violazione di dati personali rischia di arrecare pregiudizio ai dati personali o alla riservatezza di contraente o di altra persona, il fornitore comunica anche agli stessi senza ritardo l'avvenuta violazione.

3. La comunicazione di cui al comma 2 non è dovuta se il fornitore ha dimostrato al Garante di aver utilizzato misure tecnologiche di protezione che rendono i dati inintelligibili a chiunque non sia autorizzato ad accedervi e che tali misure erano state applicate ai dati oggetto della violazione.

4. Ove il fornitore non vi abbia già provveduto, il Garante può, considerate le presumibili ripercussioni negative della violazione, obbligare lo stesso a comunicare al contraente o ad altra persona l'avvenuta violazione.

5. La comunicazione al contraente o ad altra persona contiene almeno una descrizione della natura della violazione di dati personali e i punti di contatto presso cui si possono ottenere maggiori informazioni ed elenca le misure raccomandate per attenuare i possibili effetti pregiudizievoli della violazione di dati personali. La comunicazione al Garante descrive, inoltre, le conseguenze della violazione di dati personali e le misure proposte o adottate dal fornitore per porvi rimedio.

6. Il Garante può emanare, con proprio provvedimento, orientamenti e istruzioni in relazione alle circostanze in cui il fornitore ha l'obbligo di comunicare le violazioni di dati personali, al formato

applicabile a tale comunicazione, nonché alle relative modalità di effettuazione, tenuto conto delle eventuali misure tecniche di attuazione adottate dalla Commissione europea ai sensi dell'articolo 4, paragrafo 5, della direttiva 2002/58/CE, come modificata dalla direttiva 2009/136/CE.

7. I fornitori tengono un aggiornato inventario delle violazioni di dati personali, ivi incluse le circostanze in cui si sono verificate, le loro conseguenze e i provvedimenti adottati per porvi rimedio, in modo da consentire al Garante di verificare il rispetto delle disposizioni del presente articolo. Nell'inventario figurano unicamente le informazioni necessarie a tal fine.

8. Nel caso in cui il fornitore di un servizio di comunicazione elettronica accessibile al pubblico affidi l'erogazione del predetto servizio ad altri soggetti, gli stessi sono tenuti a comunicare al fornitore senza indebito ritardo tutti gli eventi e le informazioni necessarie a consentire a quest'ultimo di effettuare gli adempimenti di cui al presente articolo.]

(1) *V. nota* sub *Titolo V. L'articolo era stato inserito dall'art. 1[3] d.ls. 28 maggio 2012, n. 69.*

CAPO II – *Misure minime di sicurezza* (1)

(1) *V. nota* sub *Titolo V.*

[33. (1) **Misure minime.** – 1. Nel quadro dei più generali obblighi di sicurezza di cui all'articolo 31, o previsti da speciali disposizioni, i titolari del trattamento sono comunque tenuti ad adottare le misure minime individuate nel presente capo o ai sensi dell'articolo 58, comma 3, volte ad assicurare un livello minimo di protezione dei dati personali.]

(1) *V. nota* sub *Titolo V.*

[34. (1) **Trattamenti con strumenti elettronici.** – 1. Il trattamento di dati personali effettuato con strumenti elettronici è consentito solo se sono adottate, nei modi previsti dal disciplinare tecnico contenuto nell'allegato B), le seguenti misure minime:

a) autenticazione informatica;

b) adozione di procedure di gestione delle credenziali di autenticazione;

c) utilizzazione di un sistema di autorizzazione;

d) aggiornamento periodico dell'individuazione dell'ambito del trattamento consentito ai singoli incaricati e addetti alla gestione o alla manutenzione degli strumenti elettronici;

e) protezione degli strumenti elettronici e dei dati rispetto a trattamenti illeciti di dati, ad accessi non consentiti e a determinati programmi informatici;

f) adozione di procedure per la custodia di copie di sicurezza, il ripristino della disponibilità dei dati e dei sistemi;

g) (2);

h) adozione di tecniche di cifratura o di codici identificativi per determinati trattamenti di dati idonei a rivelare lo stato di salute o la vita sessuale effettuati da organismi sanitari.

1-*bis*. (3).

1-*ter*. Ai fini dell'applicazione delle disposizioni in materia di protezione dei dati personali, i trattamenti effettuati per finalità amministrativo-contabili sono quelli connessi allo svolgimento delle attività di natura organizzativa, amministrativa, finanziaria e contabile, a prescindere dalla natura dei dati trattati. In particolare, perseguono tali finalità le attività organizzative interne, quelle funzionali all'adempimento di obblighi contrattuali e precontrattuali, alla gestione del rapporto di lavoro in tutte le sue fasi, alla tenuta della contabilità e all'applicazione delle norme in materia fiscale, sindacale, previdenziale-assistenziale, di salute, igiene e sicurezza sul lavoro (4).]

(1) *V. nota* sub *Titolo V.*

(2) *Lettera soppressa dall'art. 45*[1 lett. c)] *d.l. 9 febbraio 2012, n. 5, conv., con modif., in l. 4 aprile 2012, n. 35.*

(3) *Comma dapprima aggiunto dall'art. 29*[1] *d.l. 25 giugno 2008, n. 112, conv., con modif., in l. 6 agosto 2008, n. 133, successivamente sostituito dall'art. 6*[2 lett. a) n. 5] *d.l. 13 maggio 2011, n. 70, conv., con modif., in l. 12 luglio 2011, n. 106, e da ultimo abrogato dall'art. 45*[1 lett. c)] *d.l. 9 febbraio 2012, n. 5, conv., con modif., in l. 4 aprile 2012, n. 35.*

(4) *Comma aggiunto dall'art. 6*[2 lett. a) n. 5] *d.l. n. 70, cit., che sostituiva il comma 1-*bis*, introdotto dall'art. 29*[1] *d.l. n. 112, cit., con i commi 1-*bis *e 1-*ter*.*

[35. (1) **Trattamenti senza l'ausilio di strumenti elettronici.** – 1. Il trattamento di dati personali effettuato senza l'ausilio di strumenti elettronici è consentito solo se sono adottate, nei modi previsti dal disciplinare tecnico contenuto nell'allegato B), le seguenti misure minime:

a) aggiornamento periodico dell'individuazione dell'ambito del trattamento consentito ai singoli incaricati o alle unità organizzative;

b) previsione di procedure per un'idonea custodia di atti e documenti affidati agli incaricati per lo svolgimento dei relativi compiti;

c) previsione di procedure per la conservazione di determinati atti in archivi ad accesso selezionato e disciplina delle modalità di accesso finalizzata all'identificazione degli incaricati.]

(1) *V. nota* sub *Titolo V.*

[**36**. (1) **Adeguamento.** – 1. Il disciplinare tecnico di cui all'allegato B), relativo alle misure minime di cui al presente capo, è aggiornato periodicamente con decreto del Ministro della giustizia di concerto con il Ministro per le innovazioni e le tecnologie e il Ministro per la semplificazione normativa, in relazione all'evoluzione tecnica e all'esperienza maturata nel settore (2).]

(1) *V. nota sub Titolo V.*
(2) *Comma così modificato dall'art. 29[5-bis] d.l. 25 giugno 2008, n. 112, conv., con modif., in l. 6 agosto 2008, n. 133.*

TITOLO VI
Adempimenti (1)

(1) *Titolo abrogato dall'art. 27[1 lett. a) n. 2] d.lgs. 10 agosto 2018, n. 101.*

[**37**. (1) **Notificazione del trattamento.** – 1. Il titolare notifica al Garante il trattamento di dati personali cui intende procedere, solo se il trattamento riguarda:

a) dati genetici, biometrici o dati che indicano la posizione geografica di persone od oggetti mediante una rete di comunicazione elettronica;

b) dati idonei a rivelare lo stato di salute e la vita sessuale, trattati a fini di procreazione assistita, prestazione di servizi sanitari per via telematica relativi a banche di dati o alla fornitura di beni, indagini epidemiologiche, rilevazione di malattie mentali, infettive e diffusive, sieropositività, trapianto di organi e tessuti e monitoraggio della spesa sanitaria;

c) dati idonei a rivelare la vita sessuale o la sfera psichica trattati da associazioni, enti od organismi senza scopo di lucro, anche non riconosciuti, a carattere politico, filosofico, religioso o sindacale;

d) dati trattati con l'ausilio di strumenti elettronici volti a definire il profilo o la personalità dell'interessato, o ad analizzare abitudini o scelte di consumo, ovvero a monitorare l'utilizzo di servizi di comunicazione elettronica con esclusione dei trattamenti tecnicamente indispensabili per fornire i servizi medesimi agli utenti;

e) dati sensibili registrati in banche di dati a fini di selezione del personale per conto terzi, nonché dati sensibili utilizzati per sondaggi di opinione, ricerche di mercato e altre ricerche campionarie;

f) dati registrati in apposite banche di dati gestite con strumenti elettronici e relative al rischio sulla solvibilità economica, alla situazione patrimoniale, al corretto adempimento di obbligazioni, a comportamenti illeciti o fraudolenti.

1-*bis*. La notificazione relativa al trattamento dei dati di cui al comma 1 non è dovuta se relativa all'attività dei medici di famiglia e dei pediatri di libera scelta, in quanto tale funzione è tipica del loro rapporto professionale con il Servizio sanitario nazionale (2).

2. Il Garante può individuare altri trattamenti suscettibili di recare pregiudizio ai diritti e alle libertà dell'interessato, in ragione delle relative modalità o della natura dei dati personali, con proprio provvedimento adottato anche ai sensi dell'articolo 17. Con analogo provvedimento pubblicato sulla Gazzetta ufficiale della Repubblica italiana il Garante può anche individuare, nell'ambito dei trattamenti di cui al comma 1, eventuali trattamenti non suscettibili di recare detto pregiudizio e pertanto sottratti all'obbligo di notificazione.

3. La notificazione è effettuata con unico atto anche quando il trattamento comporta il trasferimento all'estero dei dati.

4. Il Garante inserisce le notificazioni ricevute in un registro dei trattamenti accessibile a chiunque e determina le modalità per la sua consultazione gratuita per via telematica, anche mediante convenzioni con soggetti pubblici o presso il proprio Ufficio. Le notizie accessibili tramite la consultazione del registro possono essere trattate per esclusive finalità di applicazione della disciplina in materia di protezione dei dati personali (3).]

(1) *V. nota* sub *Titolo VI.*

(2) *Comma inserito dall'art. 2-*quinquies[1] *lett. a) d.l. 29 marzo 2004, n. 81, conv., con modif., in l. 26 maggio 2004, n. 138.*

(3) *Ai sensi dell'art. 22[8] d.lgs. 10 agosto 2018, n. 101, il registro dei trattamenti di cui al presente comma, cessa di essere alimentato a far data dal 25 maggio 2018. Da tale data e fino al 31 dicembre 2019, il registro resta accessibile a chiunque secondo le modalità stabilite nel suddetto comma.*

[38. (1) **Modalità di notificazione.** – 1. La notificazione del trattamento è presentata al Garante prima dell'inizio del trattamento ed una sola volta, a prescindere dal numero delle operazioni e della durata del trattamento da effettuare, e può anche riguardare uno o più trattamenti con finalità correlate.

2. La notificazione è validamente effettuata solo se è trasmessa attraverso il sito del Garante, utilizzando l'apposito modello, che contiene la richiesta di fornire tutte e soltanto le seguenti informazioni:

a) le coordinate identificative del titolare del trattamento e, eventualmente, del suo rappresentante, nonché le modalità per individuare il responsabile del trattamento se designato;

b) la o le finalità del trattamento;

c) una descrizione della o delle categorie di persone interessate e dei dati o delle categorie di dati relativi alle medesime;

d) i destinatari o le categorie di destinatari a cui i dati possono essere comunicati;

e) i trasferimenti di dati previsti verso Paesi terzi;

f) una descrizione generale che permetta di valutare in via preliminare l'adeguatezza delle misure adottate per garantire la sicurezza del trattamento (2).

3. Il Garante favorisce la disponibilità del modello per via telematica e la notificazione anche attraverso convenzioni stipulate con soggetti autorizzati in base alla normativa vigente, anche presso associazioni di categoria e ordini professionali.

4. Una nuova notificazione è richiesta solo anteriormente alla cessazione del trattamento o al mutamento di taluno degli elementi da indicare nella notificazione medesima.

5. Il Garante può individuare altro idoneo sistema per la notificazione in riferimento a nuove soluzioni tecnologiche previste dalla normativa vigente.

6. Il titolare del trattamento che non è tenuto alla notificazione al Garante ai sensi dell'articolo 37 fornisce le notizie contenute nel modello di cui al comma 2 a chi ne fa richiesta, salvo che il trattamento riguardi pubblici registri, elenchi, atti o documenti conoscibili da chiunque.]

(1) *V. nota* sub *Titolo VI.*

(2) *Comma così sostituito dall'art. 29[4] d.l. 25 giugno 2008, n. 112, conv., con modif., in l. 6 agosto 2008, n. 133. V. inoltre le disposizioni di cui al comma 5 del medesimo art. 29.*

[39. (1) **Obblighi di comunicazione.** – 1. Il titolare del trattamento è tenuto a comunicare previamente al Garante le seguenti circostanze:

a) comunicazione di dati personali da parte di un soggetto pubblico ad altro soggetto pubblico non prevista da una norma di legge o di regolamento, effettuata in qualunque forma anche mediante convenzione;

b) trattamento di dati idonei a rivelare lo stato di salute previsto dal programma di ricerca biomedica o sanitaria di cui all'articolo 110, comma 1, primo periodo.

2. I trattamenti oggetto di comunicazione ai sensi del comma 1 possono essere iniziati decorsi quarantacinque giorni dal ricevimento della comunicazione salvo diversa determinazione anche successiva del Garante.

3. La comunicazione di cui al comma 1 è inviata utilizzando il

modello predisposto e reso disponibile dal Garante, e trasmessa a quest'ultimo per via telematica osservando le modalità di sottoscrizione con firma digitale e conferma del ricevimento di cui all'articolo 38, comma 2, oppure mediante telefax o lettera raccomandata.]

(1) *V. nota* sub *Titolo VI.*

[40. (1) **Autorizzazioni generali.** – 1. Le disposizioni del presente codice che prevedono un'autorizzazione del Garante sono applicate anche mediante il rilascio di autorizzazioni relative a determinate categorie di titolari o di trattamenti, pubblicate nella Gazzetta Ufficiale della Repubblica italiana.]

(1) *V. nota* sub *Titolo VI.*

[41. (1) **Richieste di autorizzazione.** – 1. Il titolare del trattamento che rientra nell'ambito di applicazione di un'autorizzazione rilasciata ai sensi dell'articolo 40 non è tenuto a presentare al Garante una richiesta di autorizzazione se il trattamento che intende effettuare è conforme alle relative prescrizioni.

2. Se una richiesta di autorizzazione riguarda un trattamento autorizzato ai sensi dell'articolo 40 il Garante può provvedere comunque sulla richiesta se le specifiche modalità del trattamento lo giustificano.

3. L'eventuale richiesta di autorizzazione è formulata utilizzando esclusivamente il modello predisposto e reso disponibile dal Garante e trasmessa a quest'ultimo per via telematica, osservando le modalità di sottoscrizione e conferma del ricevimento di cui all'articolo 38, comma 2. La medesima richiesta e l'autorizzazione possono essere trasmesse anche mediante telefax o lettera raccomandata.

4. Se il richiedente è invitato dal Garante a fornire informazioni o ad esibire documenti, il termine di quarantacinque giorni di cui all'articolo 26, comma 2, decorre dalla data di scadenza del termine fissato per l'adempimento richiesto.

5. In presenza di particolari circostanze, il Garante può rilasciare un'autorizzazione provvisoria a tempo determinato.]

(1) *V. nota* sub *Titolo VI.*

TITOLO VII
Trasferimento dei dati all'estero (1)

(1) *Titolo abrogato dall'art. 27[1] lett. a) n. 2 d.lgs. 10 agosto 2018, n. 101.*

[42. (1) **Trasferimenti all'interno dell'Unione europea.** – 1. Le disposizioni del presente codice non possono essere applicate in modo tale da restringere o vietare la libera circolazione dei dati personali fra gli Stati membri dell'Unione europea, fatta salva l'adozione, in conformità allo stesso codice, di eventuali provvedimenti in caso di trasferimenti di dati effettuati al fine di eludere le medesime disposizioni.]

(1) *V. nota* sub *Titolo VII.*

[43. (1) **Trasferimenti consentiti in Paesi terzi.** – 1. Il trasferimento anche temporaneo fuori del territorio dello Stato, con qualsiasi forma o mezzo, di dati personali oggetto di trattamento, se diretto verso un Paese non appartenente all'Unione europea è consentito quando:

a) l'interessato ha manifestato il proprio consenso espresso o, se si tratta di dati sensibili, in forma scritta;

b) è necessario per l'esecuzione di obblighi derivanti da un contratto del quale è parte l'interessato o per adempiere, prima della conclusione del contratto, a specifiche richieste dell'interessato, ovvero per la conclusione o per l'esecuzione di un contratto stipulato a favore dell'interessato;

c) è necessario per la salvaguardia di un interesse pubblico rilevante individuato con legge o con regolamento o, se il trasferimento riguarda dati sensibili o giudiziari, specificato o individuato ai sensi degli articoli 20 e 21;

d) è necessario per la salvaguardia della vita o dell'incolumità fisica di un terzo. Se la medesima finalità riguarda l'interessato e quest'ultimo non può prestare il proprio consenso per impossibilità fisica, per incapacità di agire o per incapacità di intendere o di volere, il consenso è manifestato da chi esercita legalmente la potestà (2), ovvero da un prossimo congiunto, da un familiare, da un convivente o, in loro assenza, dal responsabile della struttura presso cui dimora l'interessato. Si applica la disposizione di cui all'articolo 82, comma 2;

e) è necessario ai fini dello svolgimento delle investigazioni difensive di cui alla legge 7 dicembre 2000, n. 397, o, comunque, per far valere o difendere un diritto in sede giudiziaria, sempre che i dati siano trasferiti esclusivamente per tali finalità e per il periodo strettamente necessario al loro perseguimento, nel rispetto della vigente normativa in materia di segreto aziendale e industriale;

f) è effettuato in accoglimento di una richiesta di accesso ai documenti amministrativi, ovvero di una richiesta di informazioni estraibili da un pubblico registro, elenco, atto o documento conoscibile da chiunque, con l'osservanza delle norme che regolano la materia;

g) è necessario, in conformità ai rispettivi codici di deontologia di

LEGGI COMPLEMENTARI

cui all'allegato A), per esclusivi scopi scientifici o statistici, ovvero per esclusivi scopi storici presso archivi privati dichiarati di notevole interesse storico ai sensi dell'articolo 6, comma 2, del decreto legislativo 29 ottobre 1999, n. 490 (3), di approvazione del testo unico in materia di beni culturali e ambientali o, secondo quanto previsto dai medesimi codici, presso altri archivi privati;

h) (4).]

(1) *V. nota* sub *Titolo VII.*

(2) *Ai sensi dell'art. 105 d.ls. 28 dicembre 2013, n. 154, in tema di revisione delle disposizioni in materia di filiazione, la parola* « potestà », *ovunque presente, in tutta la legislazione vigente, è sostituita dalle parole* « responsabilità genitoriale ».

(3) *Ora abrogato dall'art. 184 d.ls. 22 gennaio 2004, n. 42.*

(4) *Lettera soppressa dall'art. 40[2 lett. e)] d.l. 6 dicembre 2011, n. 201, conv., con modif., in l. 22 dicembre 2011, n. 214.*

[**44**. (1) **Altri trasferimenti consentiti.** – 1. Il trasferimento di dati personali oggetto di trattamento, diretto verso un Paese non appartenente all'Unione europea, è altresì consentito quando è autorizzato dal Garante sulla base di adeguate garanzie per i diritti dell'interessato:

a) individuate dal Garante anche in relazione a garanzie prestate con un contratto o mediante regole di condotta esistenti nell'ambito di società appartenenti a un medesimo gruppo. L'interessato può far valere i propri diritti nel territorio dello Stato, in base al presente codice, anche in ordine all'inosservanza delle garanzie medesime (2).

b) individuate con le decisioni previste dagli articoli 25, paragrafo 6, e 26, paragrafo 4, della direttiva 95/46/CE del Parlamento europeo e del Consiglio, del 24 ottobre 1995, con le quali la Commissione europea constata che un Paese non appartenente all'Unione europea garantisce un livello di protezione adeguato o che alcune clausole contrattuali offrono garanzie sufficienti.]

(1) *V. nota* sub *Titolo VII.*

(2) *Lettera così modificata dall'art. 29[5-bis] d.l. 25 giugno 2008, n. 112, conv., con modif., in l. 6 agosto 2008, n. 133.*

[**45**. (1) **Trasferimenti vietati.** – 1. Fuori dei casi di cui agli articoli 43 e 44, il trasferimento anche temporaneo fuori del territorio dello Stato, con qualsiasi forma o mezzo, di dati personali oggetto di trattamento, diretto verso un Paese non appartenente all'Unione europea, è vietato quando l'ordinamento del Paese di destinazione o di transito dei dati non assicura un livello di tutela delle persone adeguato. Sono valutate anche le modalità del trasferimento e dei trattamenti previsti, le relative finalità, la natura dei dati e le misure di sicurezza.]

(1) *V. nota* sub *Titolo VII.*

PARTE II
Disposizioni specifiche per i trattamenti necessari per adempiere ad un obbligo legale o per l'esecuzione di un compito di interesse pubblico o connesso all'esercizio di pubblici poteri nonché disposizioni per i trattamenti di cui al capo IX del regolamento (1)

(1) *Rubrica così sostituita dall'art. 3[1] d.ls. 10 agosto 2018, n. 101. Il testo della rubrica era il seguente:* « Disposizioni relative a specifici settori ».

TITOLO 0.I (1)
Disposizioni sulla base giuridica

(1) *Titolo inserito, unitamente all'art. 45-*bis*, dall'art. 3[2 lett. a)] d.ls. 10 agosto 2018, n. 101.*

45-*bis*. (1) **Base giuridica.** – 1. Le disposizioni contenute nella presente parte sono stabilite in attuazione dell'articolo 6, paragrafo 2, nonché dell'articolo 23, paragrafo 1, del regolamento.

(1) *V. nota* sub *Titolo 0.I.*

TITOLO I
Trattamento in ambito giudiziario

CAPO I – *Profili generali* (1)

(1) *Capo abrogato dall'art. 27[1 lett. b) n. 1] d.ls. 10 agosto 2018, n. 101.*

[46. (1) **Titolari dei trattamenti.** – 1. Gli uffici giudiziari di ogni ordine e grado, il Consiglio superiore della magistratura, gli altri organi di autogoverno e il Ministero della giustizia sono titolari dei trattamenti di dati personali relativi alle rispettive attribuzioni conferite per legge o regolamento.

2. Con decreto del Ministro della giustizia sono individuati, nell'allegato C) al presente codice, i trattamenti non occasionali di cui al comma 1 effettuati con strumenti elettronici, relativamente a banche di dati centrali od oggetto di interconnessione tra più uffici o titolari. I provvedimenti con cui il Consiglio superiore della magistratura e gli altri organi di autogoverno di cui al comma 1 individuano i

medesimi trattamenti da essi effettuati sono riportati nell'allegato C) con decreto del Ministro della giustizia.]

(1) *V. nota* sub *Capo I.*

[47. (1) **Trattamenti per ragioni di giustizia.** – 1. In caso di trattamento di dati personali effettuato presso uffici giudiziari di ogni ordine e grado, presso il Consiglio superiore della magistratura, gli altri organi di autogoverno e il Ministero della giustizia, non si applicano, se il trattamento è effettuato per ragioni di giustizia, le seguenti disposizioni del codice:

a) articoli 9, 10, 12, 13 e 16, da 18 a 22, 37, 38, commi da 1 a 5, e da 39 a 45;

b) articoli da 145 a 151.

2. Agli effetti del presente codice si intendono effettuati per ragioni di giustizia i trattamenti di dati personali direttamente correlati alla trattazione giudiziaria di affari e di controversie, o che, in materia di trattamento giuridico ed economico del personale di magistratura, hanno una diretta incidenza sulla funzione giurisdizionale, nonché le attività ispettive su uffici giudiziari. Le medesime ragioni di giustizia non ricorrono per l'ordinaria attività amministrativo-gestionale di personale, mezzi o strutture, quando non è pregiudicata la segretezza di atti direttamente connessi alla predetta trattazione.]

(1) *V. nota* sub *Capo I.*

[48. (1) **Banche di dati di uffici giudiziari.** – 1. Nei casi in cui l'autorità giudiziaria di ogni ordine e grado può acquisire in conformità alle vigenti disposizioni processuali dati, informazioni, atti e documenti da soggetti pubblici, l'acquisizione può essere effettuata anche per via telematica. A tale fine gli uffici giudiziari possono avvalersi delle convenzioni-tipo stipulate dal Ministero della giustizia con soggetti pubblici, volte ad agevolare la consultazione da parte dei medesimi uffici, mediante reti di comunicazione elettronica, di pubblici registri, elenchi, schedari e banche di dati, nel rispetto delle pertinenti disposizioni e dei principi di cui agli articoli 3 e 11 del presente codice.]

(1) *V. nota* sub *Capo I.*

[49. (1) **Disposizioni di attuazione.** – 1. Con decreto del Ministro della giustizia sono adottate, anche ad integrazione del decreto del Ministro di grazia e giustizia 30 settembre 1989, n. 334, le disposizioni regolamentari necessarie per l'attuazione dei principi del presente codice nella materia penale e civile.]

(1) *V. nota* sub *Capo I.*

CAPO II – *Minori*

50. Notizie o immagini relative a minori. – 1. Il divieto di cui all'articolo 13 del decreto del Presidente della Repubblica 22 settembre 1988, n. 448, di pubblicazione e divulgazione con qualsiasi mezzo di notizie o immagini idonee a consentire l'identificazione di un minore si osserva anche in caso di coinvolgimento a qualunque titolo del minore in procedimenti giudiziari in materie diverse da quella penale. La violazione del divieto di cui al presente articolo è punita ai sensi dell'articolo 684 del codice penale (1).

(1) *Periodo aggiunto dall'art. 3[2 lett. b)] d.ls. 10 agosto 2018, n. 101.*

CAPO III – *Informatica giuridica*

51. Principi generali. – 1. Fermo restando quanto previsto dalle disposizioni processuali concernenti la visione e il rilascio di estratti e di copie di atti e documenti, i dati identificativi delle questioni pendenti dinanzi all'autorità giudiziaria di ogni ordine e grado sono resi accessibili a chi vi abbia interesse anche mediante reti di comunicazione elettronica, ivi compreso il sito istituzionale della medesima autorità nella rete Internet.

2. Le sentenze e le altre decisioni dell'autorità giudiziaria di ogni ordine e grado depositate in cancelleria o segreteria sono rese accessibili anche attraverso il sistema informativo e il sito istituzionale della medesima autorità nella rete Internet, osservando le cautele previste dal presente capo.

52. Dati identificativi degli interessati. – 1. Fermo restando quanto previsto dalle disposizioni concernenti la redazione e il contenuto di sentenze e di altri provvedimenti giurisdizionali dell'autorità giudiziaria di ogni ordine e grado, l'interessato può chiedere per motivi legittimi, con richiesta depositata nella cancelleria o segreteria dell'ufficio che procede prima che sia definito il relativo grado di giudizio, che sia apposta a cura della medesima cancelleria o segreteria, sull'originale della sentenza o del provvedimento, un'annotazione volta a precludere, in caso di riproduzione della sentenza o provvedimento in qualsiasi forma, (1) l'indicazione delle generalità e di altri dati identificativi del medesimo interessato riportati sulla sentenza o provvedimento.

2. Sulla richiesta di cui al comma 1 provvede in calce con decreto, senza ulteriori formalità, l'autorità che pronuncia la sentenza o adotta il provvedimento. La medesima autorità può disporre d'ufficio che sia apposta l'annotazione di cui al comma 1, a tutela dei diritti o della dignità degli interessati.

3. Nei casi di cui ai commi 1 e 2, all'atto del deposito della sentenza o provvedimento, la cancelleria o segreteria vi appone e sottoscrive anche con timbro la seguente annotazione, recante l'indicazione degli estremi del presente articolo: « In caso di diffusione omettere le generalità e gli altri dati identificativi di... ».

4. In caso di diffusione anche da parte di terzi di sentenze o di altri provvedimenti recanti l'annotazione di cui al comma 2, o delle relative massime giuridiche, è omessa l'indicazione delle generalità e degli altri dati identificativi dell'interessato.

5. Fermo restando quanto previsto dall'articolo 734-*bis* del codice penale relativamente alle persone offese da atti di violenza sessuale, chiunque diffonde sentenze o altri provvedimenti giurisdizionali dell'autorità giudiziaria di ogni ordine e grado è tenuto ad omettere in ogni caso, anche in mancanza dell'annotazione di cui al comma 2, le generalità, altri dati identificativi o altri dati anche relativi a terzi dai quali può desumersi anche indirettamente l'identità di minori, oppure delle parti nei procedimenti in materia di rapporti di famiglia e di stato delle persone.

6. Le disposizioni di cui al presente articolo si applicano anche in caso di deposito di lodo ai sensi dell'articolo 825 del codice di procedura civile. La parte può formulare agli arbitri la richiesta di cui al comma 1 prima della pronuncia del lodo e gli arbitri appongono sul lodo l'annotazione di cui al comma 3, anche ai sensi del comma 2. Il collegio arbitrale costituito presso la camera arbitrale per i lavori pubblici ai sensi dell'articolo 209 del Codice dei contratti pubblici di cui al decreto legislativo 18 aprile 2016, n. 50, (2) provvede in modo analogo in caso di richiesta di una parte.

7. Fuori dei casi indicati nel presente articolo è ammessa la diffusione in ogni forma del contenuto anche integrale di sentenze e di altri provvedimenti giurisdizionali.

(1) *Le parole* « per finalità di informazione giuridica su riviste giuridiche, supporti elettronici o mediante reti di comunicazione elettronica, » *che seguivano le parole* « in qualsiasi forma, » *sono state soppresse dall'art.* $3^{2\ \text{lett. c) n. 1}}$ *d.lgs. 10 agosto 2018, n. 101.*

(2) *Le parole* « dell'articolo 209 del Codice dei contratti pubblici di cui al decreto legislativo 18 aprile 2016, n. 50, » *sono state sostituite alle parole* « dell'articolo 32 della legge 11 febbraio 1994, n. 109, » *dall'art.* $3^{2\ \text{lett. c) n. 2}}$ *d.lgs. n. 101, cit.*

TITOLO II
Trattamenti da parte di forze di polizia

CAPO I – *Profili generali*

[53. (1) **Ambito applicativo e titolari dei trattamenti.** – 1. Agli effetti del presente codice si intendono effettuati per finalità di polizia i trattamenti di dati personali direttamente correlati all'esercizio dei compiti di polizia di prevenzione dei reati, di tutela dell'ordine e della sicurezza pubblica, nonché di polizia giudiziaria, svolti, ai sensi del codice di procedura penale, per la prevenzione e repressione dei reati.

2. Ai trattamenti di dati personali previsti da disposizioni di legge, di regolamento, nonché individuati dal decreto di cui al comma 3, effettuati dal Centro elaborazione dati del Dipartimento della pubblica sicurezza o da forze di polizia sui dati destinati a confluirvi, ovvero da organi di pubblica sicurezza o altri soggetti pubblici nell'esercizio delle attribuzioni conferite da disposizioni di legge o di regolamento non si applicano, se il trattamento è effettuato per finalità di polizia, le seguenti disposizioni del codice:

a) articoli 9, 10, 12, 13 e 16, da 18 a 22, 37, 38, commi da 1 a 5, e da 39 a 45;

b) articoli da 145 a 151.

3. Con decreto adottato dal Ministro dell'interno, previa comunicazione alle competenti Commissioni parlamentari, sono individuati, nell'allegato C) al presente codice, i trattamenti non occasionali di cui al comma 2 effettuati con strumenti elettronici e i relativi titolari.]

(1) *Articolo dapprima sostituito dall'art. 7[1] d.l. 18 febbraio 2015, n. 7, conv., con modif., in l. 17 aprile 2015, n. 43 e, successivamente, abrogato dall'art. 49[1] d.lgs. 18 maggio 2018, n. 51. Ai sensi del comma 3 del medesimo art. 49, i decreti adottati in attuazione del presente articolo continuano ad applicarsi fino all'adozione di diversa disciplina ai sensi degli artt. 5, comma 2, e 9, comma 5.*

[54. (1) **Modalità di trattamento e flussi di dati.** – 1. Nei casi in cui le autorità di pubblica sicurezza o le forze di polizia possono acquisire in conformità alle vigenti disposizioni di legge o di regolamento dati, informazioni, atti e documenti da altri soggetti, l'acquisizione può essere effettuata anche per via telematica. A tal fine gli organi o uffici interessati possono avvalersi di convenzioni volte ad agevolare la consultazione da parte dei medesimi organi o uffici, mediante reti di comunicazione elettronica, di pubblici registri, elenchi, schedari e banche di dati, nel rispetto delle pertinenti disposizioni e dei principi di cui agli articoli 3 e 11. Le convenzioni-tipo sono adottate dal Ministero dell'interno, su conforme parere del Garante, e stabiliscono le modalità dei collegamenti e degli accessi anche al fine di assicurare l'accesso selettivo ai soli dati necessari al perseguimento delle finalità di cui all'articolo 53.

2. I I dati trattati per le finalità di cui al medesimo articolo 53 sono conservati separatamente da quelli registrati per finalità amministrative che non richiedono il loro utilizzo.

3. Fermo restando quanto previsto dall'articolo 11, il Centro elaborazioni dati di cui all'articolo 53 assicura l'aggiornamento periodico e la pertinenza e non eccedenza dei dati personali trattati anche attraverso interrogazioni autorizzate del casellario giudiziale e del casellario dei carichi pendenti del Ministero della giustizia di cui al decreto del Presidente della Repubblica 14 novembre 2002, n. 313, o di altre banche di dati di forze di polizia, necessarie per le finalità di cui all'articolo 53.

4. Gli organi, uffici e comandi di polizia verificano periodicamente i requisiti di cui all'articolo 11 in riferimento ai dati trattati anche senza l'ausilio di strumenti elettronici, e provvedono al loro aggiornamento anche sulla base delle procedure adottate dal Centro elaborazioni dati ai sensi del comma 3, o, per i trattamenti effettuati senza l'ausilio di strumenti elettronici, mediante annotazioni o integrazioni dei documenti che li contengono.]

(1) *Articolo abrogato dall'art. 49[1] d.ls. 18 maggio 2018, n. 51.*

[55. (1) **Particolari tecnologie.** – 1. Il trattamento di dati personali che implica maggiori rischi di un danno all'interessato, con particolare riguardo a banche di dati genetici o biometrici, a tecniche basate su dati relativi all'ubicazione, a banche di dati basate su particolari tecniche di elaborazione delle informazioni e all'introduzione di particolari tecnologie, è effettuato nel rispetto delle misure e degli accorgimenti a garanzia dell'interessato prescritti ai sensi dell'articolo 17 sulla base di preventiva comunicazione ai sensi dell'articolo 39.]

(1) *Articolo abrogato dall'art. 49[1] d.ls. 18 maggio 2018, n. 51.*

[56. (1) **Tutela dell'interessato.** – 1. Le disposizioni di cui all'articolo 10, commi 3, 4 e 5, della l. 1° aprile 1981, n. 121, e successive modificazioni, si applicano anche, oltre che ai dati destinati a confluire nel Centro elaborazione dati di cui all'articolo 53, a dati trattati con l'ausilio di strumenti elettronici da organi, uffici o comandi di polizia.]

(1) *Articolo abrogato dall'art. 49[1] d.ls. 18 maggio 2018, n. 51.*

[57. (1) **Disposizioni di attuazione.** – 1. Con decreto del Presidente della Repubblica, previa deliberazione del Consiglio dei ministri, su proposta del Ministro dell'interno, di concerto con il Ministro della giustizia, sono individuate le modalità di attuazione dei principi del presente codice relativamente al trattamento dei dati effettuato per le finalità di cui all'articolo 53 dal Centro elaborazioni dati e da organi, uffici o comandi di polizia, anche ad integrazione e modifica del d.P.R. 3 maggio 1982, n. 378, e in attuazione della Raccomandazione R (87) 15 del Consiglio d'Europa del 17 settembre 1987, e successive modificazioni. Le modalità sono individuate con particolare riguardo:

a) al principio secondo cui la raccolta dei dati è correlata alla specifica finalità perseguita, in relazione alla prevenzione di un pericolo concreto o alla repressione di reati, in particolare per quanto riguarda i trattamenti effettuati per finalità di analisi;

b) all'aggiornamento periodico dei dati, anche relativi a valutazioni effettuate in base alla legge, alle diverse modalità relative ai dati trattati senza l'ausilio di strumenti elettronici e alle modalità per rendere conoscibili gli aggiornamenti da parte di altri organi e uffici cui i dati sono stati in precedenza comunicati;

c) ai presupposti per effettuare trattamenti per esigenze temporanee o collegati a situazioni particolari, anche ai fini della verifica dei requisiti dei dati ai sensi dell'articolo 11, dell'individuazione delle categorie di interessati e della conservazione separata da altri dati che non richiedono il loro utilizzo;

d) all'individuazione di specifici termini di conservazione dei dati in relazione alla natura dei dati o agli strumenti utilizzati per il loro trattamento, nonché alla tipologia dei procedimenti nell'ambito dei quali essi sono trattati o i provvedimenti sono adottati;

e) alla comunicazione ad altri soggetti, anche all'estero o per l'esercizio di un diritto o di un interesse legittimo, e alla loro diffusione, ove necessaria in conformità alla legge;

f) all'uso di particolari tecniche di elaborazione e di ricerca delle informazioni, anche mediante il ricorso a sistemi di indice.]

(1) *Il presente articolo è stato abrogato dall'art. 49[2] d.ls. 18 maggio 2018, n. 51 a decorrere da un anno dalla data di entrata in vigore del suddetto decreto (8 giugno 2019). Ai sensi del comma 3 dell'art. 49 d.s. n. 51, cit., i decreti adottati in attuazione del presente articolo continuavano ad applicarsi fino all'adozione di diversa disciplina ai sensi degli artt. 5, comma*

2, e 9, comma 5. Ai sensi dell'art. 9[1] d.l. 14 giugno 2019, n. 53, conv., con modif., in l. 8 agosto 2019, n. 77, il presente articolo ha ***ripreso vigenza dalla data di entrata in vigore del d.l. n. 53, cit. (15 giugno 2019) fino al 31 dicembre 2019.***

TITOLO III
Difesa e sicurezza dello Stato

CAPO I – *Profili generali*

58. Trattamenti di dati personali per fini di sicurezza nazionale o difesa (1). – 1. Ai trattamenti di dati personali effettuati dagli organismi di cui agli artt. 4, 6 e 7 della l. 3 agosto 2007, n. 124, sulla base dell'art. 26 della predetta legge o di altre disposizioni di legge o regolamento o previste da atti amministrativi generali (2), ovvero relativi a dati coperti da segreto di Stato ai sensi degli artt. 39 e seguenti della medesima legge, si applicano le disposizioni di cui all'art. 160, comma 4, nonché, in quanto compatibili, le disposizioni di cui agli artt. 2, 3, 8, 15, 16, 18, 25, 37, 41, 42 e 43 del d.ls. 18 maggio 2018, n. 51.

2. Fermo restando quanto previsto dal comma 1, ai trattamenti effettuati da soggetti pubblici per finalità di difesa o di sicurezza dello Stato, in base (3) disposizioni di legge o di regolamento o previste da atti amministrativi generali, (4) che prevedano specificamente il trattamento, si applicano le disposizioni di cui al comma 1 del presente articolo, nonché quelle di cui agli artt. 23 e 24 del d.ls. 18 maggio 2018, n. 51.

3. Con uno o più regolamenti sono individuate le modalità di applicazione delle disposizioni di cui ai commi 1 e 2, in riferimento alle tipologie di dati, di interessati, di operazioni di trattamento eseguibili e di persone autorizzate al trattamento dei dati personali sotto l'autorità diretta del titolare o del responsabile ai sensi dell'art. 2-*quaterdecies*, anche in relazione all'aggiornamento e alla conservazione. I regolamenti, negli ambiti di cui al comma 1, sono adottati ai sensi dell'art. 43 della l. 3 agosto 2007, n. 124, e, negli ambiti di cui al comma 2, sono adottati con decreto del Presidente del Consiglio dei ministri, ai sensi dell'art. 17, comma 3, della l. 23 agosto 1988, n. 400, su proposta dei Ministri competenti.

4. Con uno o più regolamenti adottati con decreto del Presidente della Repubblica su proposta del Ministro della difesa, sono disciplinate le misure attuative del presente decreto in materia di eserci-

zio delle funzioni di difesa e sicurezza nazionale da parte delle Forze armate.

(1) *Articolo così sostituito dall'art. 4[1], d.ls. 10 agosto 2018, n. 101.*

(2) *Le parole* « o previste da atti amministrativi generali » *inserite dall'art. 9[1] lett.* d), *n. 1 d.l. 8 ottobre 2021, n. 139, conv. in l. 3 dicembre 2021, n. 205.*

(3) *La parola* « a » *così sostituita a quelle* « ad espresse » *dall'art. 9[1] lett.* d), *n. 2 d.l. 8 ottobre 2021, n. 139, conv. in l. 3 dicembre 2021, n. 205.*

(4) *Le parole* « o di regolamento o previste da atti amministrativi generali, » *sono state inserite dall'art. 9[1] lett.* d), *n. 2 d.l. 8 ottobre 2021, n. 139, conv. in l. 3 dicembre 2021, n. 205.*

TITOLO IV
Trattamenti in ambito pubblico

CAPO I – *Accesso ai documenti amministrativi*

59. Accesso a documenti amministrativi e accesso civico (1). – 1. Fatto salvo quanto previsto dall'articolo 60, i presupposti, le modalità, i limiti per l'esercizio del diritto di accesso a documenti amministrativi contenenti dati personali, e la relativa tutela giurisdizionale, restano disciplinati dalla l. 7 agosto 1990, n. 241, e successive modificazioni e dalle altre disposizioni di legge in materia, nonché dai relativi regolamenti di attuazione, anche per ciò che concerne i tipi di dati di cui agli articoli 9 e 10 del regolamento (2) e le operazioni di trattamento eseguibili in esecuzione di una richiesta di accesso (2).

1-*bis*. I presupposti, le modalità e i limiti per l'esercizio del diritto di accesso civico restano disciplinati dal decreto legislativo 14 marzo 2013, n. 33 (3).

(1) *Le parole* « e accesso civico » *sono state inserite dall'art. 5[1 lett. a) n. 1] d.ls. 10 agosto 2018, n. 101.*

(2) *Le parole* « di cui agli articoli 9 e 10 del regolamento » *sono state sostituite alle parole* « sensibili e giudiziari » *e le parole* « Le attività finalizzate all'applicazione di tale disciplina si considerano di rilevante interesse pubblico. » *che seguivano le parole* « richiesta di accesso. » *sono state soppresse dall'art. 5[1 lett. a) n. 2] d.ls. n. 101, cit.*

(3) *Comma aggiunto dall'art. 5[1 lett. a) n. 3] d.ls. n. 101, cit.*

60. (1) **Dati relativi alla salute o alla vita sessuale o all'orientamento sessuale.** – 1. Quando il trattamento concerne dati genetici, relativi alla salute, alla vita sessuale o all'orientamento sessuale della persona, il trattamento è consentito se la situazione giuridicamente rilevante che si intende tutelare con la richiesta di accesso ai documenti amministrativi, è di rango almeno pari ai diritti dell'interessato, ovvero consiste in un diritto della personalità o in un altro diritto o libertà fondamentale.

(1) *Articolo così sostituito dall'art. 5[1 lett. b)] d.lgs. 10 agosto 2018, n. 101. Il testo dell'articolo era il seguente:* « Art. 60. *(Dati idonei a rivelare lo stato di salute e la vita sessuale)* — 1. Quando il trattamento concerne dati idonei a rivelare lo stato di salute o la vita sessuale, il trattamento è consentito se la situazione giuridicamente rilevante che si intende tutelare con la richiesta di accesso ai documenti amministrativi è di rango almeno pari ai diritti dell'interessato, ovvero consiste in un diritto della personalità o in un altro diritto o libertà fondamentale e inviolabile ».

Capo II – *Registri pubblici e albi professionali*

61. Utilizzazione di dati pubblici e regole deontologiche (1). – 1. Il Garante promuove, ai sensi dell'articolo 2-*quater*, l'adozione di regole deontologiche per il trattamento dei dati personali provenienti da archivi, registri, elenchi, atti o documenti tenuti da soggetti pubblici, anche individuando i casi in cui deve essere indicata la fonte di acquisizione dei dati e prevedendo garanzie appropriate per l'associazione di dati provenienti da più archivi, tenendo presenti le pertinenti Raccomandazioni del Consiglio d'Europa (2).

2. Agli effetti dell'applicazione del presente codice i dati personali diversi da quelli di cui agli articoli 9 e 10 del regolamento, che devono essere inseriti in un albo professionale in conformità alla legge o ad un regolamento, possono essere comunicati a soggetti pubblici e privati o diffusi, ai sensi dell'articolo 2-*ter* del presente codice, anche mediante reti di comunicazione elettronica. Può essere altresì menzionata l'esistenza di provvedimenti che a qualsiasi titolo incidono sull'esercizio della professione (3).

3. L'ordine o collegio professionale può, a richiesta della persona iscritta nell'albo che vi ha interesse, integrare i dati di cui al comma 2 con ulteriori dati pertinenti e non eccedenti in relazione all'attività professionale.

4. A richiesta dell'interessato l'ordine o collegio professionale può altresì fornire a terzi notizie o informazioni relative, in particolare, a speciali qualificazioni professionali non menzionate nell'albo, ovvero alla disponibilità ad assumere incarichi o a ricevere materiale informativo a carattere scientifico inerente anche a convegni o seminari.

(1) *Le parole* « e regole deontologiche » *sono state aggiunte dall'art. 5[1 lett. c) n. 1] d.lgs. 10 agosto 2018, n. 101.*

(2) *Comma così sostituito dall'art. 5[1 lett. c) n. 2] d.lgs. n. 101, cit. Il testo del comma era il seguente:* « 1. Il Garante promuove, ai sensi dell'articolo 12, la sottoscrizione di un codice di deontologia e di buona condotta per il trattamento dei dati personali provenienti da archivi, registri, elenchi, atti o documenti tenuti da soggetti pubblici, anche individuando

i casi in cui deve essere indicata la fonte di acquisizione dei dati e prevedendo garanzie appropriate per l'associazione di dati provenienti da più archivi, tenendo presente quanto previsto dalla Raccomandazione n. R (91)10 del Consiglio d'Europa in relazione all'articolo 11 ».

(3) *Comma così sostituito dall'art. 5[1] lett. c) n. 2 d.ls. n. 101, cit. Il testo del comma era il seguente:* « 2. Agli effetti dell'applicazione del presente codice i dati personali diversi da quelli sensibili o giudiziari, che devono essere inseriti in un albo professionale in conformità alla legge o ad un regolamento, possono essere comunicati a soggetti pubblici e privati o diffusi, ai sensi dell'articolo 19, commi 2 e 3, anche mediante reti di comunicazione elettronica. Può essere altresì menzionata l'esistenza di provvedimenti che dispongono la sospensione o che incidono sull'esercizio della professione ».

CAPO III – *Stato civile, anagrafi e liste elettorali* (1)

(1) *Capo abrogato dall'art. 27[1] lett. b) n. 2 d.ls. 10 agosto 2018, n. 101.*

[62. (1) **Dati sensibili e giudiziari.** – 1. Si considerano di rilevante interesse pubblico, ai sensi degli articoli 20 e 21, le finalità relative alla tenuta degli atti e dei registri dello stato civile, delle anagrafi della popolazione residente in Italia e dei cittadini italiani residenti all'estero, e delle liste elettorali, nonché al rilascio di documenti di riconoscimento o al cambiamento delle generalità.]

(1) *V. nota* sub *Capo III.*

[63. (1) **Consultazione di atti.** – 1. Gli atti dello stato civile conservati negli Archivi di Stato sono consultabili nei limiti previsti dall'articolo 107 del decreto legislativo 29 ottobre 1999, n. 490 (2).]

(1) *V. nota* sub *Capo III.*
(2) *Ora abrogato dall'art. 184 d.ls. 22 gennaio 2004, n. 42.*

CAPO IV – *Finalità di rilevante interesse pubblico* (1)

(1) *Capo abrogato dall'art. 27[1] lett. b) n. 2 d.ls. 10 agosto 2018, n. 101.*

[64. (1) **Cittadinanza, immigrazione e condizione dello straniero.** – 1. Si considerano di rilevante interesse pubblico, ai sensi degli articoli 20 e 21, le finalità di applicazione della disciplina in materia di cittadinanza, di immigrazione, di asilo, di condizione dello straniero e del profugo e sullo stato di rifugiato.

2. Nell'ambito delle finalità di cui al comma 1 è ammesso, in particolare, il trattamento dei dati sensibili e giudiziari indispensabili:

a) al rilascio e al rinnovo di visti, permessi, attestazioni, autorizzazioni e documenti anche sanitari;

b) al riconoscimento del diritto di asilo o dello stato di rifugiato, o all'applicazione della protezione temporanea e di altri istituti o misure di carattere umanitario, ovvero all'attuazione di obblighi di legge in materia di politiche migratorie;

c) in relazione agli obblighi dei datori di lavoro e dei lavoratori, ai ricongiungimenti, all'applicazione delle norme vigenti in materia di istruzione e di alloggio, alla partecipazione alla vita pubblica e all'integrazione sociale.

3. Il presente articolo non si applica ai trattamenti di dati sensibili e giudiziari effettuati in esecuzione degli accordi e convenzioni di cui all'articolo 154, comma 2, lettere *a*) e *b*), o comunque effettuati per finalità di difesa o di sicurezza dello Stato o di prevenzione, accertamento o repressione dei reati, in base ad espressa disposizione di legge che prevede specificamente il trattamento.]

(1) *V. nota* sub *Capo IV.*

[65. (1) **Diritti politici e pubblicità dell'attività di organi.** – 1. Si considerano di rilevante interesse pubblico, ai sensi degli articoli 20 e 21, le finalità di applicazione della disciplina in materia di:

a) elettorato attivo e passivo e di esercizio di altri diritti politici, nel rispetto della segretezza del voto, nonché di esercizio del mandato degli organi rappresentativi o di tenuta degli elenchi dei giudici popolari;

b) documentazione dell'attività istituzionale di organi pubblici.

2. I trattamenti dei dati sensibili e giudiziari per le finalità di cui al comma 1 sono consentiti per eseguire specifici compiti previsti da leggi o da regolamenti fra i quali, in particolare, quelli concernenti:

a) lo svolgimento di consultazioni elettorali e la verifica della relativa regolarità;

b) le richieste di referendum, le relative consultazioni e la verifica delle relative regolarità;

c) l'accertamento delle cause di ineleggibilità, incompatibilità o di decadenza, o di rimozione o sospensione da cariche pubbliche, ovvero di sospensione o di scioglimento degli organi;

d) l'esame di segnalazioni, petizioni, appelli e di proposte di legge di iniziativa popolare, l'attività di commissioni di inchiesta, il rapporto con gruppi politici;

e) la designazione e la nomina di rappresentanti in commissioni, enti e uffici.

3. Ai fini del presente articolo, è consentita la diffusione dei dati sensibili e giudiziari per le finalità di cui al comma 1, lett. *a*), in particolare con riguardo alle sottoscrizioni di liste, alla presenta-

zione delle candidature, agli incarichi in organizzazioni o associazioni politiche, alle cariche istituzionali e agli organi eletti.

4. Ai fini del presente articolo, in particolare, è consentito il trattamento di dati sensibili e giudiziari indispensabili:

a) per la redazione di verbali e resoconti dell'attività di assemblee rappresentative, commissioni e di altri organi collegiali o assembleari;

b) per l'esclusivo svolgimento di una funzione di controllo, di indirizzo politico o di sindacato ispettivo e per l'accesso a documenti riconosciuto dalla legge e dai regolamenti degli organi interessati per esclusive finalità direttamente connesse all'espletamento di un mandato elettivo.

5. I dati sensibili e giudiziari trattati per le finalità di cui al comma 1 possono essere comunicati e diffusi nelle forme previste dai rispettivi ordinamenti. Non è comunque consentita la divulgazione dei dati sensibili e giudiziari che non risultano indispensabili per assicurare il rispetto del principio di pubblicità dell'attività istituzionale, fermo restando il divieto di diffusione dei dati idonei a rivelare lo stato di salute.]

(1) *V. nota* sub *Capo IV.*

[66. (1) **Materia tributaria e doganale.** – 1. Si considerano di rilevante interesse pubblico, ai sensi degli articoli 20 e 21, le attività dei soggetti pubblici dirette all'applicazione, anche tramite i loro concessionari, delle disposizioni in materia di tributi, in relazione ai contribuenti, ai sostituti e ai responsabili di imposta, nonché in materia di deduzioni e detrazioni e per l'applicazione delle disposizioni la cui esecuzione è affidata alle dogane.

2. Si considerano inoltre di rilevante interesse pubblico, ai sensi degli articoli 20 e 21, le attività dirette, in materia di imposte, alla prevenzione e repressione delle violazioni degli obblighi e alla adozione dei provvedimenti previsti da leggi, regolamenti o dalla normativa comunitaria, nonché al controllo e alla esecuzione forzata dell'esatto adempimento di tali obblighi, alla effettuazione dei rimborsi, alla destinazione di quote d'imposta, e quelle dirette alla gestione ed alienazione di immobili statali, all'inventano e alla qualificazione degli immobili e alla conservazione dei registri immobiliari.]

(1) *V. nota* sub *Capo IV.*

[67. (1) **Attività di controllo e ispettive.** – 1. Si considerano di rilevante interesse pubblico, ai sensi degli articoli 20 e 21, le finalità di:

a) verifica della legittimità, del buon andamento, dell'imparzialità dell'attività amministrativa, nonché della rispondenza di detta attività a requisiti di razionalità, economicità, efficienza ed efficacia per le quali sono, comunque, attribuite dalla legge a soggetti pubblici funzioni di controllo, di riscontro ed ispettive nei confronti di altri soggetti;

b) accertamento, nei limiti delle finalità istituzionali, con riferimento a dati sensibili e giudiziari relativi ad esposti e petizioni, ovvero ad atti di controllo o di sindacato ispettivo di cui all'articolo 65, comma 4.]

(1) *V. nota* sub *Capo IV*.

[68. (1) **Benefici economici ed abilitazioni.** – 1. Si considerano di rilevante interesse pubblico, ai sensi degli articoli 20 e 21, le finalità di applicazione della disciplina in materia di concessione, liquidazione, modifica e revoca di benefici economici, agevolazioni, elargizioni, altri emolumenti e abilitazioni.

2. Si intendono ricompresi fra i trattamenti regolati dal presente articolo anche quelli indispensabili in relazione:

a) alle comunicazioni, certificazioni ed informazioni previste dalla normativa antimafia;

b) alle elargizioni di contributi previsti dalla normativa in materia di usura e di vittime di richieste estorsive;

c) alla corresponsione delle pensioni di guerra o al riconoscimento di benefici in favore di perseguitati politici e di internati in campo di sterminio e di loro congiunti;

d) al riconoscimento di benefici connessi all'invalidità civile;

e) alla concessione di contributi in materia di formazione professionale;

f) alla concessione di contributi, finanziamenti, elargizioni ed altri benefici previsti dalla legge, dai regolamenti o dalla normativa comunitaria, anche in favore di associazioni, fondazioni ed enti;

g) al riconoscimento di esoneri, agevolazioni o riduzioni tariffarie o economiche, franchigie, o al rilascio di concessioni anche radiotelevisive, licenze, autorizzazioni, iscrizioni ed altri titoli abilitativi previsti dalla legge, da un regolamento o dalla normativa comunitaria.

3. Il trattamento può comprendere la diffusione nei soli casi in cui ciò è indispensabile per la trasparenza delle attività indicate nel presente articolo, in conformità alle leggi, e per finalità di vigilanza e di controllo conseguenti alle attività medesime, fermo restando il divieto di diffusione dei dati idonei a rivelare lo stato di salute.]

(1) *V. nota* sub *Capo IV*.

[69. (1) **Onorificenze, ricompense e riconoscimenti.** – 1. Si considerano di rilevante interesse pubblico, ai sensi degli articoli 20 e 21, le finalità di applicazione della disciplina in materia di conferimento di onorificenze e ricompense, di riconoscimento della personalità giuridica di associazioni, fondazioni ed enti, anche di culto, di accertamento dei requisiti di onorabilità e di professionalità per le nomine, per i profili di competenza del soggetto pubblico, ad uffici anche di culto e a cariche direttive di persone giuridiche, imprese e di istituzioni scolastiche non statali, nonché di rilascio e revoca di autorizzazioni o abilitazioni, di concessione di patrocini, patronati e premi di rappresentanza, di adesione a comitati d'onore e di ammissione a cerimonie ed incontri istituzionali.]

(1) *V. nota* sub *Capo IV.*

[70. (1) **Volontariato e obiezione di coscienza.** – 1. Si considerano di rilevante interesse pubblico, ai sensi dell'articolo 20 e 21, le finalità di applicazione della disciplina in materia di rapporti tra i soggetti pubblici e le organizzazioni di volontariato, in particolare per quanto riguarda l'elargizione di contributi finalizzati al loro sostegno, la tenuta di registri generali delle medesime organizzazioni e la cooperazione internazionale.

2. Si considerano, altresì, di rilevante interesse pubblico le finalità di applicazione della legge 8 luglio 1998, n. 230, e delle altre disposizioni di legge in materia di obiezione di coscienza.]

(1) *V. nota* sub *Capo IV.*

[71. (1) **Attività sanzionatorie e di tutela.** – 1. Si considerano di rilevante interesse pubblico, ai sensi degli articoli 20 e 21, le finalità:

a) di applicazione delle norme in materia di sanzioni amministrative e ricorsi;

b) volte a far valere il diritto di difesa in sede amministrativa o giudiziaria, anche da parte di un terzo, anche ai sensi dell'articolo 391-*quater* del codice di procedura penale, o direttamente connesse alla riparazione di un errore giudiziario o in caso di violazione del termine ragionevole del processo o di un'ingiusta restrizione della libertà personale.

2. Quando il trattamento concerne dati idonei a rivelare lo stato di salute o la vita sessuale, il trattamento è consentito se il diritto da far valere o difendere, di cui alla lettera *b*) del comma 1, è di rango almeno pari a quello dell'interessato, ovvero consiste in un diritto

della personalità o in un altro diritto o libertà fondamentale e inviolabile.]

(1) *V. nota* sub *Capo IV.*

[72. (1) **Rapporti con enti di culto.** – 1. Si considerano di rilevante interesse pubblico, ai sensi degli articoli 20 e 21, le finalità relative allo svolgimento dei rapporti istituzionali con enti di culto, confessioni religiose e comunità religiose.]

(1) *V. nota* sub *Capo IV.*

[73. (1) **Altre finalità in ambito amministrativo e sociale.** – 1. Si considerano di rilevante interesse pubblico, ai sensi degli articoli 20 e 21, nell'ambito delle attività che la legge demanda ad un soggetto pubblico, le finalità socio-assistenziali, con particolare riferimento a:

a) interventi di sostegno psico-sociale e di formazione in favore di giovani o di altri soggetti che versano in condizioni di disagio sociale, economico o familiare;

b) interventi anche di rilievo sanitario in favore di soggetti bisognosi o non autosufficienti o incapaci, ivi compresi i servizi di assistenza economica o domiciliare, di telesoccorso, accompagnamento e trasporto;

c) assistenza nei confronti di minori, anche in relazione a vicende giudiziarie;

d) indagini psico-sociali relative a provvedimenti di adozione anche internazionale;

e) compiti di vigilanza per affidamenti temporanei;

f) iniziative di vigilanza e di sostegno in riferimento al soggiorno di nomadi;

g) interventi in tema di barriere architettoniche.

2. Si considerano, altresì, di rilevante interesse pubblico, ai sensi degli articoli 20 e 21, nell'ambito delle attività che la legge demanda ad un soggetto pubblico, le finalità:

a) di gestione di asili nido;

b) concernenti la gestione di mense scolastiche o la fornitura di sussidi, contributi e materiale didattico;

c) ricreative o di promozione della cultura e dello sport, con particolare riferimento all'organizzazione di soggiorni, mostre, conferenze e manifestazioni sportive o all'uso di beni immobili o all'occupazione di suolo pubblico;

d) di assegnazione di alloggi di edilizia residenziale pubblica;

e) relative alla leva militare;

f) di polizia amministrativa anche locale, salvo quanto previsto dall'articolo 53, con particolare riferimento ai servizi di igiene, di polizia mortuaria e ai controlli in materia di ambiente, tutela delle risorse idriche e difesa del suolo;

g) degli uffici per le relazioni con il pubblico;

h) in materia di protezione civile;

i) di supporto al collocamento e all'avviamento al lavoro, in particolare a cura di centri di iniziativa locale per l'occupazione e di sportelli-lavoro;

l) dei difensori civici regionali e locali.]

(1) *V. nota* sub *Capo IV.*

CAPO V – *Particolari contrassegni* (1)

(1) *Capo abrogato dall'art. 27[1] lett. b) n. 2 d.ls. 10 agosto 2018, n. 101.*

[74. (1) **Contrassegni su veicoli e accessi a centri storici.** – 1. I contrassegni rilasciati a qualunque titolo per la circolazione e la sosta di veicoli a servizio di persone invalide, ovvero per il transito e la sosta in zone a traffico limitato, e che devono essere esposti su veicoli, contengono i soli dati indispensabili ad individuare l'autorizzazione rilasciata e senza l'apposizione di diciture dalle quali può essere individuata la persona fisica interessata (2).

2. Per fini di cui al comma 1, le generalità e l'indirizzo della persona fisica interessata sono riportati sui contrassegni con modalità che non consentono la loro diretta visibilità se non in caso di richiesta di esibizione o di necessità di accertamento (3).

3. La disposizione di cui al comma 2 si applica anche in caso di fissazione a qualunque titolo di un obbligo di esposizione sui veicoli di copia del libretto di circolazione o di altro documento.

4. Per il trattamento dei dati raccolti mediante impianti per la rilevazione degli accessi di veicoli ai centri storici ed alle zone a traffico limitato continuano, altresì, ad applicarsi le disposizioni del d.P.R. 22 giugno 1999, n. 250.]

(1) *V. nota* sub *Capo V.*

(2) *Comma così modificato dall'art. 58[1] lett. a) l. 29 luglio 2010, n. 120.*

(3) *Comma così sostituito dall'art. 58[1] lett. b) l. n. 120, cit.*

TITOLO V
Trattamento di dati personali in ambito sanitario

CAPO I – *Principi generali*

75. (1) **Specifiche condizioni in ambito sanitario.** – 1. Il trattamento dei dati personali effettuato per finalità di tutela della salute e incolumità fisica dell'interessato o di terzi o della collettività deve essere effettuato ai sensi dell'articolo 9, paragrafi 2, lettere *h*) ed *i*), e 3 del regolamento, dell'articolo 2-*septies* del presente codice, nonché nel rispetto delle specifiche disposizioni di settore.

(1) *Articolo così sostituito dall'art. 6[1 lett. a)] d.ls. 10 agosto 2018, n. 101. Il testo dell'articolo era il seguente:* « Art. 75. *(Ambito applicativo)* — 1. Il presente titolo disciplina il trattamento dei dati personali in ambito sanitario ».

[**76.** (1) **Esercenti professioni sanitarie e organismi sanitari pubblici.** – 1. Gli esercenti le professioni sanitarie e gli organismi sanitari pubblici, anche nell'ambito di un'attività di rilevante interesse pubblico ai sensi dell'articolo 85, trattano i dati personali idonei a rivelare lo stato di salute:

a) con il consenso dell'interessato e anche senza l'autorizzazione del Garante, se il trattamento riguarda dati e operazioni indispensabili per perseguire una finalità di tutela della salute o dell'incolumità fisica dell'interessato;

b) anche senza il consenso dell'interessato e previa autorizzazione del Garante, se la finalità di cui alla lettera *a*) riguarda un terzo o la collettività.

2. Nei casi di cui al comma 1 il consenso può essere prestato con le modalità semplificate di cui al capo II.

3. Nei casi di cui al comma 1 l'autorizzazione del Garante è rilasciata, salvi i casi di particolare urgenza, sentito il Consiglio superiore di sanità.]

(1) *Articolo abrogato dall'art. 27[1 lett. b) n. 3] d.ls. 10 agosto 2018, n. 101.*

CAPO II – *Modalità particolari per informare l'interessato e per il trattamento dei dati personali* (1)

(1) *Rubrica così sostituita dall'art. 6[1 lett. b)] d.ls. 10 agosto 2018, n. 101. Il testo della rubrica era il seguente:* « Modalità semplificate per informativa e consenso ».

77. (1) **Modalità particolari.** – 1. Le disposizioni del presente titolo individuano modalità particolari utilizzabili dai soggetti di cui al comma 2:

a) per informare l'interessato ai sensi degli articoli 13 e 14 del Regolamento;

b) per il trattamento dei dati personali.

2. Le modalità di cui al comma 1 sono applicabili:

a) dalle strutture pubbliche e private, che erogano prestazioni sanitarie e socio-sanitarie e dagli esercenti le professioni sanitarie;

b) dai soggetti pubblici indicati all'articolo 80.

(1) *Articolo così sostituito dall'art. 6[1 lett. c)] d.ls. 10 agosto 2018, n. 101. Il testo dell'articolo era il seguente:* « Art. 77. *(Casi di semplificazione)* — 1. Il presente capo individua modalità semplificate utilizzabili dai soggetti di cui al comma 2: *a*) per informare l'interessato relativamente ai dati personali raccolti presso il medesimo interessato o presso terzi, ai sensi dell'articolo 13, commi 1 e 4; *b*) per manifestare il consenso al trattamento dei dati personali nei casi in cui ciò è richiesto ai sensi dell'articolo 76; *c*) per il trattamento dei dati personali. — 2. Le modalità semplificate di cui al comma 1 sono applicabili: *a*) dagli organismi sanitari pubblici; *b*) dagli altri organismi privati e dagli esercenti le professioni sanitarie; *c*) dagli altri soggetti pubblici indicati nell'articolo 80 ».

78. Informazioni (1) **del medico di medicina generale o del pediatra.** – 1. Il medico di medicina generale o il pediatra di libera scelta informano l'interessato relativamente al trattamento dei dati personali, in forma chiara e tale da rendere agevolmente comprensibili gli elementi indicati negli articoli 13 e 14 del Regolamento (2).

2. Le informazioni possono essere fornite (3) per il complessivo trattamento dei dati personali necessario per attività di diagnosi, assistenza e terapia sanitaria (4), svolte dal medico o dal pediatra a tutela della salute o dell'incolumità fisica dell'interessato, su richiesta dello stesso o di cui questi è informato in quanto effettuate nel suo interesse.

3. Le informazioni possono riguardare, altresì, dati personali eventualmente raccolti presso terzi e sono fornite preferibilmente per iscritto (5).

4. Le informazioni (6), se non è diversamente specificato dal medico o dal pediatra, riguardano (6) anche il trattamento di dati correlato a quello effettuato dal medico di medicina generale o dal pediatra di libera scelta, effettuato da un professionista o da altro soggetto, parimenti individuabile in base alla prestazione richiesta, che:

a) sostituisce temporaneamente il medico o il pediatra;

b) fornisce una prestazione specialistica su richiesta del medico e del pediatra;

c) può trattare lecitamente i dati nell'ambito di un'attività professionale prestata in forma associata;

d) fornisce farmaci prescritti;

e) comunica dati personali al medico o pediatra in conformità alla disciplina applicabile.

5. Le informazioni rese (7) ai sensi del presente articolo evidenziano (7) analiticamente eventuali trattamenti di dati personali che presentano rischi specifici per i diritti e le libertà fondamentali, nonché per la dignità dell'interessato, in particolare in caso di trattamenti effettuati:

a) per fini di ricerca scientifica anche nell'ambito di sperimentazioni cliniche, in conformità alle leggi e ai regolamenti, ponendo in particolare evidenza che il consenso, ove richiesto, è manifestato liberamente (8);

b) nell'ambito della teleassistenza o telemedicina;

c) per fornire altri beni o servizi all'interessato attraverso una rete di comunicazione elettronica.

c-bis) ai fini dell'implementazione del fascicolo sanitario elettronico di cui all'articolo 12 del decreto-legge 18 ottobre 2012, n. 179, convertito, con modificazioni, dalla legge 17 dicembre 2012, n. 221 (9);

c-ter) ai fini dei sistemi di sorveglianza e dei registri di cui all'articolo 12 del decreto-legge 18 ottobre 2012, n. 179, convertito, con modificazioni, dalla legge 17 dicembre 2012, n. 221 (9).

(1) *La parola* « Informazioni » *è stata sostituita alla parola* « Informativa » *dall'art. 6[1] lett. d) n. 1 d.ls. 10 agosto 2018, n. 101.*

(2) *Le parole* « negli articoli 13 e 14 del Regolamento » *sono state sostituite alle parole* « nell'articolo 13, comma 1 » *dall'art. 6[1] lett. d) n. 2 d.ls. n. 101, cit.*

(3) *Le parole* « Le informazioni possono essere fornite » *sono state sostituite alle parole* « L'informativa può essere fornita » *dall'art. 6[1] lett. d) n. 3 d.ls. n. 101, cit.*

(4) *Le parole* « diagnosi, assistenza e terapia sanitaria » sono state sostituite alle parole « prevenzione, diagnosi, cura e riabilitazione, » *dall'art. 6[1] lett. d) n. 3 d.ls. n. 101, cit.*

(5) *Comma così sostituito dall'art. 6[1] lett. d) n. 4 d.ls. n. 101, cit. Il testo del comma era il seguente:* « 3. L'informativa può riguardare, altresì, dati personali eventualmente raccolti presso terzi, ed è fornita preferibilmente per iscritto, anche attraverso carte tascabili con eventuali allegati pieghevoli, includendo almeno gli elementi indicati dal Garante ai sensi dell'articolo 13, comma 3, eventualmente integrati anche oralmente in relazione a particolari caratteristiche del trattamento ».

(6) *Le parole* « Le informazioni » *sono state sostituite alle parole* « L'informativa » *e la parola* « riguardano » *è stata sostituita alla parola* « riguarda » *dall'art. 6[1] lett. d) n. 5 d.ls. n. 101, cit.*

(7) *Le parole* « Le informazioni rese » *sono state sostituite alle parole* « L'informativa resa », *la parola « evidenziano » è stata sostituita alla parola « evidenzia » dall'art. 6[1] lett. d) n. 6 d.ls. n. 101, cit.*

(8) *Lettera così sostituita dall'art. 6[1] lett. d) n. 6 d.ls. n. 101, cit. Il testo della lettera era il seguente:* « a) per scopi scientifici, anche di ricerca scientifica e di sperimentazione clinica controllata di medicinali, in conformità alle leggi e ai regolamenti, ponendo in particolare evidenza che il consenso, ove richiesto, è manifestato liberamente; ».

(9) *Lettera aggiunta dall'art. 6[1] lett. d) n. 6 d.ls. n. 101, cit.*

79. Informazioni da parte di strutture pubbliche e private che erogano prestazioni sanitarie e socio-sanitarie (1) – 1. Le strutture pubbliche e private, che erogano prestazioni sanitarie e socio-sanitarie possono avvalersi delle modalità particolari di cui all'articolo 78 in riferimento ad una pluralità di prestazioni erogate anche da distinti reparti ed unità della stessa struttura o di sue articolazioni ospedaliere o territoriali specificamente identificate (2).

2. Nei casi di cui al comma 1 la struttura o le sue articolazioni (3) annotano l'avvenuta informazione (3) con modalità uniformi e tali da permettere una verifica al riguardo da parte di altri reparti ed unità che, anche in tempi diversi, trattano dati relativi al medesimo interessato.

3. Le modalità particolari di cui all'articolo 78 (4) possono essere utilizzate in modo omogeneo e coordinato in riferimento all'insieme dei trattamenti di dati personali effettuati nel complesso delle strutture facenti capo alle aziende sanitarie.

4. Sulla base di adeguate misure organizzative in applicazione del comma 3, le modalità particolari (5) possono essere utilizzate per più trattamenti di dati effettuati nei casi di cui al presente articolo e dai soggetti di cui all'articolo 80.

(1) *Rubrica così sostituita dall'art. 6[1] lett. e) n. 1 d.ls. 10 agosto 2018, n. 101. Il testo della rubrica era il seguente:* « Informativa da parte di organismi sanitari ».

(2) *Comma così sostituito dall'art. 6[1] lett. e) n. 2 d.ls. n. 101, cit. Il testo del comma era il seguente:* « 1. Gli organismi sanitari pubblici e privati possono avvalersi delle modalità semplificate relative all'informativa e al consenso di cui agli articoli 78 e 81 in riferimento ad una pluralità di prestazioni erogate anche da distinti reparti ed unità dello stesso organismo o di più strutture ospedaliere o territoriali specificamente identificati ».

(3) *Le parole* « la struttura o le sue articolazioni » *sono state sostituite alle parole* « l'organismo o le strutture » *e la parola* « informazione » *è stata sostituita alle parole* « informativa e il consenso » *dall'art. 6[1] lett. e) n. 3 d.ls. n. 101, cit.*

(4) *Le parole* « particolari di cui all'articolo 78 » *sono state sostituite alle parole* « semplificate di cui agli articoli 78 e 81 » *dall'art. 6[1] lett. e) n. 4 d.ls. n. 101, cit.*

(5) *La parola* « particolari » *è stata sostituita alla parola* « semplificate » *dall'art. 6[1] lett. e) n. 5 d.ls. n. 101, cit.*

80. (1) **Informazioni da parte di altri soggetti.** – 1. Nel fornire le informazioni di cui agli articoli 13 e 14 del Regolamento, oltre a quanto previsto dall'articolo 79, possono avvalersi della facoltà di fornire un'unica informativa per una pluralità di trattamenti di dati effettuati, a fini amministrativi e in tempi diversi, rispetto a dati raccolti presso l'interessato e presso terzi, i competenti servizi o strutture di altri soggetti pubblici, diversi da quelli di cui al predetto articolo 79, operanti in ambito sanitario o della protezione e sicurezza sociale.

2. Le informazioni di cui al comma 1 sono integrate con appositi e idonei cartelli ed avvisi agevolmente visibili al pubblico, affissi e diffusi anche nell'ambito di pubblicazioni istituzionali e mediante reti di comunicazione elettronica, in particolare per quanto riguarda attività amministrative effettuate per motivi di interesse pubblico rilevante che non richiedono il consenso degli interessati.

(1) *Articolo così sostituito dall'art. 6[1] lett. f) d.lgs. 10 agosto 2018, n. 101. Il testo dell'articolo era il seguente:* « Art. 80. (*Informativa da parte di altri soggetti pubblici*) — 1. Oltre a quanto previsto dall'articolo 79, possono avvalersi della facoltà di fornire un'unica informativa per una pluralità di trattamenti di dati effettuati, a fini amministrativi e in tempi diversi, rispetto a dati raccolti presso l'interessato e presso terzi, i competenti servizi o strutture di soggetti pubblici operanti in ambito sanitario o della prevenzione e sicurezza del lavoro. — 2. L'informativa di cui al comma 1 è integrata con appositi e idonei cartelli ed avvisi agevolmente visibili al pubblico, affissi e diffusi anche nell'ambito di pubblicazioni istituzionali e mediante reti di comunicazione elettronica, in particolare per quanto riguarda attività amministrative di rilevante interesse pubblico che non richiedono il consenso degli interessati ».

[**81**. (1) **Prestazione del consenso.** – 1. Il consenso al trattamento dei dati idonei a rivelare lo stato di salute, nei casi in cui è necessario ai sensi del presente codice o di altra disposizione di legge, può essere manifestato con un'unica dichiarazione, anche oralmente. In tal caso il consenso è documentato, anziché con atto scritto dell'interessato, con annotazione dell'esercente la professione sanitaria o dell'organismo sanitario pubblico, riferita al trattamento di dati effettuato da uno o più soggetti e all'informativa all'interessato, nei modi indicati negli articoli 78, 79 e 80.

2. Quando il medico o il pediatra fornisce l'informativa per conto di più professionisti ai sensi dell'articolo 78, comma 4, oltre quanto previsto dal comma 1, il consenso è reso conoscibile ai medesimi professionisti con adeguate modalità, anche attraverso menzione, annotazione o apposizione di un bollino o tagliando su una carta elettronica o sulla tessera sanitaria, contenente un richiamo al medesimo articolo 78, comma 4, e alle eventuali diverse specificazioni apposte all'informativa ai sensi del medesimo comma.]

(1) *Articolo abrogato dall'art. 27[1] lett. b) n. 3 d.lgs. 10 agosto 2018, n. 101.*

82. **Emergenze e tutela della salute e dell'incolumità fisica.** – 1. Le informazioni di cui agli articoli 13 e 14 del Regolamento possono essere rese (1) senza ritardo, successivamente alla prestazione, nel caso di emergenza sanitaria o di igiene pubblica per la quale la competente autorità ha adottato un'ordinanza contingibile ed urgente ai sensi dell'articolo 117 del decreto legislativo 31 marzo 1998, n. 112.

2. Tali informazioni possono altresì essere rese (2) senza ritardo, successivamente alla prestazione, in caso di:

a) impossibilità fisica, incapacità di agire o incapacità di intendere o di volere dell'interessato, quando non è possibile rendere le informazioni, nei casi previsti, a chi esercita legalmente la rappresentanza, ovvero a un prossimo congiunto, a un familiare, a un convivente o unito civilmente ovvero a un fiduciario ai sensi dell'articolo 4 della legge 22 dicembre 2017, n. 219 o, in loro assenza, al responsabile della struttura presso cui dimora l'interessato (3);

b) rischio grave, imminente ed irreparabile per la salute o dell'interessato.

3. Le informazioni di cui al comma 1 possono essere rese (4) senza ritardo, successivamente alla prestazione, anche in caso di prestazione medica che può essere pregiudicata dal loro preventivo rilascio (4), in termini di tempestività o efficacia.

4. Dopo il raggiungimento della maggiore età le informazioni sono fornite (5) all'interessato nel caso in cui non siano state fornite in precedenza (5).

LEGGI COMPLEMENTARI

(1) *Le parole* « Le informazioni di cui agli articoli 13 e 14 del Regolamento possono essere rese » *sono state sostituite alle parole* « L'informativa e il consenso al trattamento dei dati personali possono intervenire » *dall'art. 6[1] lett. g) n. 1 d.ls. 10 agosto 2018, n. 101.*

(2) *Le parole* « Tali informazioni possono altresì essere rese »*sono state sostituite alle parole* « L'informativa e il consenso al trattamento dei dati personali possono altresì intervenire » *dall'art. 6[1] lett. g) n. 2 d.ls. n. 101, cit.*

(3) *Lettera così sostituita dall'art. 6[1] lett. g) n. 2 d.ls. n. 101, cit. Il testo della lettera era il seguente:* « *a*) impossibilità fisica, incapacità di agire o incapacità di intendere o di volere dell'interessato, quando non è possibile acquisire il consenso da chi esercita legalmente la potestà, ovvero da un prossimo congiunto, da un familiare, da un convivente o, in loro assenza, dal responsabile della struttura presso cui dimora l'interessato; ».

(4) *Le parole* « Le informazioni di cui al comma 1 possono essere rese » *sono state sostituite alle parole* « L'informativa e il consenso al trattamento dei dati personali possono intervenire » *e le parole* « dal loro preventivo rilascio » *sono state sostituite alle parole* « dall'acquisizione preventiva del consenso » *dall'art. 6[1] lett. g) n. 3 d.ls. n. 101, cit.*

(5) *Le parole* « le informazioni sono fornite » *sono state sostituite alle parole* « l'informativa è fornita » *e le parole* « nel caso in cui non siano state fornite in precedenza » *sono state sostituite alle parole* « anche ai fini della acquisizione di una nuova manifestazione del consenso quando questo è necessario » *dall'art. 6[1] lett. g) n. 4 d.ls. n. 101, cit.*

[83. (1) **Altre misure per il rispetto dei diritti degli interessati.** – 1. I soggetti di cui agli articoli 78, 79 e 80 adottano idonee misure per garantire, nell'organizzazione delle prestazioni e dei servizi, il rispetto dei diritti, delle libertà fondamentali e della dignità degli interessati, nonché del segreto professionale, fermo restando quanto previsto dalle leggi e dai regolamenti in materia di modalità di trattamento dei dati sensibili e di misure minime di sicurezza.

2. Le misure di cui al comma 1 comprendono, in particolare:

a) soluzioni volte a rispettare, in relazione a prestazioni sanitarie o ad adempimenti amministrativi preceduti da un periodo di attesa all'interno di strutture, un ordine di precedenza e di chiamata degli interessati prescindendo dalla loro individuazione nominativa;

b) l'istituzione di appropriate distanze di cortesia, tenendo conto dell'eventuale uso di apparati vocali o di barriere;

c) soluzioni tali da prevenire, durante colloqui, l'indebita conoscenza da parte di terzi di informazioni idonee a rivelare lo stato di salute;

d) cautele volte ad evitare che le prestazioni sanitarie, ivi compresa l'eventuale documentazione di anamnesi, avvenga in situazioni di promiscuità derivanti dalle modalità o dai locali prescelti;

e) il rispetto della dignità dell'interessato in occasione della prestazione medica e in ogni operazione di trattamento dei dati;

f) la previsione di opportuni accorgimenti volti ad assicurare che, ove necessario, possa essere data correttamente notizia o conferma anche telefonica, ai soli terzi legittimati, di una prestazione di pronto soccorso;

g) la formale previsione, in conformità agli ordinamenti interni delle strutture ospedaliere e territoriali, di adeguate modalità per informare i terzi legittimati in occasione di visite sulla dislocazione degli interessati nell'ambito dei reparti, informandone previamente gli interessati e rispettando eventuali loro contrarie manifestazioni legittime di volontà;

h) la messa in atto di procedure, anche di formazione del personale, dirette a prevenire nei confronti di estranei un'esplicita correlazione tra l'interessato e reparti o strutture, indicativa dell'esistenza di un particolare stato di salute;

i) la sottoposizione degli incaricati che non sono tenuti per legge al segreto professionale a regole di condotta analoghe al segreto professionale.

2-*bis*. Le misure di cui al comma 2 non si applicano ai soggetti di cui all'articolo 78, che ottemperano alle disposizioni di cui al comma

1 secondo modalità adeguate a garantire un rapporto personale e fiduciario con gli assistiti, nel rispetto del codice di deontologia sottoscritto ai sensi dell'articolo 12 (2).]

(1) *Articolo abrogato dall'art. 27[1] lett. b) n. 3 d.ls. 10 agosto 2018, n. 101.*

(2) *Comma inserito dall'art. 2-*quinquies[1] lett. b) *d.l. 29 marzo 2004, n. 81, conv., con modif., in l. 26 maggio 2004, n. 138.*

[**84**. (1) **Comunicazione di dati all'interessato.** – 1. I dati personali idonei a rivelare lo stato di salute possono essere resi noti all'interessato o ai soggetti di cui all'articolo 82, comma 2, lettera *a*), da parte di esercenti le professioni sanitarie ed organismi sanitari, solo per il tramite di un medico designato dall'interessato o dal titolare. Il presente comma non si applica in riferimento ai dati personali forniti in precedenza dal medesimo interessato.

2. Il titolare o il responsabile possono autorizzare per iscritto esercenti le professioni sanitarie diversi dai medici, che nell'esercizio dei propri compiti intrattengono rapporti diretti con i pazienti e sono incaricati di trattare dati personali idonei a rivelare lo stato di salute, a rendere noti i medesimi dati all'interessato o ai soggetti di cui all'articolo 82, comma 2, lett. *a*). L'atto di incarico individua appropriate modalità e cautele rapportate al contesto nel quale è effettuato il trattamento di dati.]

(1) *Articolo abrogato dall'art. 27[1] lett. b) n. 3 d.ls. 10 agosto 2018, n. 101.*

CAPO III – *Finalità di rilevante interesse pubblico* (1)

(1) *Capo abrogato dall'art. 27[1] lett. b) n. 4 d.ls. 10 agosto 2018, n. 101.*

[**85**. (1) **Compiti del Servizio sanitario nazionale.** – 1. Fuori dei casi di cui al comma 2, si considerano di rilevante interesse pubblico, ai sensi degli articoli 20 e 21, le finalità che rientrano nei compiti del Servizio sanitario nazionale e degli altri organismi sanitari pubblici relative alle seguenti attività:

a) attività amministrative correlate a quelle di prevenzione, diagnosi, cura e riabilitazione dei soggetti assistiti dal Servizio sanitario nazionale, ivi compresa l'assistenza degli stranieri in Italia e dei cittadini italiani all'estero, nonché di assistenza sanitaria erogata al personale navigante ed aeroportuale;

b) programmazione, gestione, controllo e valutazione dell'assistenza sanitaria;

c) vigilanza sulle sperimentazioni, farmacovigilanza, autorizza-

LEGGI COMPLEMENTARI

zione all'immissione in commercio e all'importazione di medicinali e di altri prodotti di rilevanza sanitaria;

d) attività certificatorie;

e) l'applicazione della normativa in materia di igiene e sicurezza nei luoghi di lavoro e di sicurezza e salute della popolazione;

f) le attività amministrative correlate ai trapianti d'organo e di tessuti, nonché alle trasfusioni di sangue umano, anche in applicazione della l. 4 maggio 1990, n. 107;

g) instaurazione, gestione, pianificazione e controllo dei rapporti tra l'amministrazione ed i soggetti accreditati o convenzionati del Servizio sanitario nazionale.

2. Il comma 1 non si applica ai trattamenti di dati idonei a rivelare lo stato di salute effettuati da esercenti le professioni sanitarie o da organismi sanitari pubblici per finalità di tutela della salute o dell'incolumità fisica dell'interessato, di un terzo o della collettività, per i quali si osservano le disposizioni relative al consenso dell'interessato o all'autorizzazione del Garante ai sensi dell'articolo 76.

3. All'identificazione dei tipi di dati idonei a rivelare lo stato di salute e di operazioni su essi eseguibili è assicurata ampia pubblicità, anche tramite affissione di una copia o di una guida illustrativa presso ciascuna azienda sanitaria e presso gli studi dei medici di medicina generale e dei pediatri di libera scelta.

4. Il trattamento di dati identificativi dell'interessato è lecito da parte dei soli soggetti che perseguono direttamente le finalità di cui al comma 1. L'utilizzazione delle diverse tipologie di dati è consentita ai soli incaricati, preposti, caso per caso, alle specifiche fasi delle attività di cui al medesimo comma, secondo il principio dell'indispensabilità dei dati di volta in volta trattati.]

(1) *V. nota* sub *Capo III.*

[86. (1) **Altre finalità di rilevante interesse pubblico.** – 1. Fuori dei casi di cui agli articoli 76 e 85, si considerano di rilevante interesse pubblico, ai sensi degli articoli 20 e 21, le finalità, perseguite mediante trattamento di dati sensibili e giudiziari, relative alle attività amministrative correlate all'applicazione della disciplina in materia di:

a) tutela sociale della maternità e di interruzione volontaria della gravidanza, con particolare riferimento a quelle svolte per la gestione di consultori familiari e istituzioni analoghe, per l'informazione, la cura e la degenza delle madri, nonché per gli interventi di interruzione della gravidanza;

b) stupefacenti e sostanze psicotrope, con particolare riferimento a quelle svolte al fine di assicurare, anche avvalendosi di enti ed associazioni senza fine di lucro, i servizi pubblici necessari per l'assistenza socio-sanitaria ai tossicodipendenti, gli interventi anche di tipo preventivo previsti dalle leggi e l'applicazione delle misure amministrative previste;

c) assistenza, integrazione sociale e diritti delle persone handicappate effettuati, in particolare, al fine di:

1) accertare l'handicap ed assicurare la funzionalità dei servizi terapeutici e riabilitativi, di aiuto personale e familiare, nonché interventi economici integrativi ed altre agevolazioni;

2) curare l'integrazione sociale, l'educazione, l'istruzione e l'informazione alla famiglia del portatore di handicap, nonché il collocamento obbligatorio nei casi previsti dalla legge;

3) realizzare comunità-alloggio e centri socio riabilitativi;

4) curare la tenuta degli albi degli enti e delle associazioni ed organizzazioni di volontariato impegnati nel settore.

2. Ai trattamenti di cui al presente articolo si applicano le disposizioni di cui all'articolo 85, comma 4.]

(1) *V. nota* sub *Capo III.*

CAPO IV – *Prescrizioni mediche*

[87. (1) **Medicinali a carico del Servizio sanitario nazionale.** – 1. Le ricette relative a prescrizioni di medicinali a carico, anche parziale, del Servizio sanitario nazionale sono redatte secondo il modello di cui al comma 2, conformato in modo da permettere di risalire all'identità dell'interessato solo in caso di necessità connesse al controllo della correttezza della prescrizione, ovvero a fini di verifiche amministrative o per scopi epidemiologici e di ricerca, nel rispetto delle norme deontologiche applicabili.

2. Il modello cartaceo per le ricette di medicinali relative a prescrizioni di medicinali a carico, anche parziale, del Servizio sanitario nazionale, di cui agli allegati 1, 3, 5 e 6 del decreto del Ministro della sanità 11 luglio 1988, n. 350, e al capitolo 2, paragrafo 2.2.2. del relativo disciplinare tecnico, è integrato da un tagliando predisposto su carta o con tecnica di tipo copiativo e unito ai bordi delle zone indicate nel comma 3.

3. Il tagliando di cui al comma 2 è apposto sulle zone del modello predisposte per l'indicazione delle generalità e dell'indirizzo dell'assistito, in modo da consentirne la visione solo per effetto di una momentanea separazione del tagliando medesimo che risulti necessaria ai sensi dei commi 4 e 5.

4. Il tagliando può essere momentaneamente separato dal modello di ricetta, e successivamente riunito allo stesso, quando il farmacista lo ritiene indispensabile, mediante sottoscrizione apposta sul tagliando, per una effettiva necessità connessa al controllo della correttezza della prescrizione, anche per quanto riguarda la corretta fornitura del farmaco.

5. Il tagliando può essere momentaneamente separato nei modi di cui al comma 3 anche presso i competenti organi per fini di verifica amministrativa sulla correttezza della prescrizione, o da parte di soggetti legittimati a svolgere indagini epidemiologiche o di ricerca in conformità alla legge, quando è indispensabile per il perseguimento delle rispettive finalità.

6. Con decreto del Ministro della salute, sentito il Garante, può essere individuata una ulteriore soluzione tecnica diversa da quella indicata nel comma 1, basata sull'uso di una fascetta adesiva o su altra tecnica equipollente relativa anche a modelli non cartacei.]

(1) *Articolo abrogato dall'art. 27[1] lett. b) n. 5 d.lgs. 10 agosto 2018, n. 101.*

[88. (1) **Medicinali non a carico del Servizio sanitario nazionale.** – 1. Nelle prescrizioni cartacee di medicinali soggetti a prescrizione ripetibile non a carico, anche parziale, del Servizio sanitario nazionale, le generalità dell'interessato non sono indicate.

2. Nei casi di cui al comma 1 il medico può indicare le generalità dell'interessato solo se ritiene indispensabile permettere di risalire alla sua identità, per un'effettiva necessità derivante dalle particolari condizioni del medesimo interessato o da una speciale modalità di preparazione o di utilizzazione.]

(1) *Articolo abrogato dall'art. 27[1] lett. b) n. 5 d.lgs. 10 agosto 2018, n. 101.*

[89. (1) **Casi particolari.** – 1. Le disposizioni del presente capo non precludono l'applicazione di disposizioni normative che prevedono il rilascio di ricette che non identificano l'interessato o recanti particolari annotazioni, contenute anche nel d.l. 17 febbraio 1998, n. 23, convertito, con modificazioni, dalla l. 8 aprile 1998, n. 94.

2. Nei casi in cui deve essere accertata l'identità dell'interessato ai sensi del testo unico delle leggi in materia di disciplina degli stupefacenti e sostanze psicotrope, prevenzione, cura e riabilitazione dei relativi stati di tossicodipendenza, approvato con d.P.R. 9 ottobre 1990, n. 309, e successive modificazioni, le ricette sono conservate separatamente da ogni altro documento che non ne richiede l'utilizzo.

2-*bis*. Per i soggetti di cui all'articolo 78, l'attuazione delle disposizioni di cui all'articolo 87, comma 3, e 88, comma 1, è subordinata ad un'esplicita richiesta dell'interessato (2).]

(1) *Articolo abrogato dall'art. 27[1 lett. b) n. 5] d.ls. 10 agosto 2018, n. 101.*

(2) *Comma inserito dall'art. 2-*quinquies*[1 lett. c)] d.l. 29 marzo 2004, n. 81, conv., con modif., in l. 26 maggio 2004, n. 138.*

89-*bis*. (1) **Prescrizioni di medicinali.** – 1. Per le prescrizioni di medicinali, laddove non è necessario inserire il nominativo dell'interessato, si adottano cautele particolari in relazione a quanto disposto dal Garante nelle misure di garanzia di cui all'articolo 2-*septies*, anche ai fini del controllo della correttezza della prescrizione ovvero per finalità amministrative o per fini di ricerca scientifica nel settore della sanità pubblica.

(1) *Articolo inserito dall'art. 6[1 lett. h)] d.ls. 10 agosto 2018, n. 101.*

CAPO V – *Dati genetici* (1)

(1) *Capo abrogato dall'art. 27[1 lett. b) n. 6] d.ls. 10 agosto 2018, n. 101.*

[**90**. (1) **Trattamento dei dati genetici e donatori di midollo osseo.** – 1. Il trattamento dei dati genetici da chiunque effettuato è consentito nei soli casi previsti da apposita autorizzazione rilasciata dal Garante sentito il Ministro della salute, che acquisisce, a tal fine, il parere del Consiglio superiore di sanità.

2. L'autorizzazione di cui al comma 1 individua anche gli ulteriori elementi da includere nell'informativa ai sensi dell'articolo 13, con particolare riguardo alla specificazione delle finalità perseguite e dei risultati conseguibili anche in relazione alle notizie inattese che possono essere conosciute per effetto del trattamento dei dati e al diritto di opporsi al medesimo trattamento per motivi legittimi.

3. Il donatore di midollo osseo, ai sensi della legge 6 marzo 2001, n. 52, ha il diritto e il dovere di mantenere l'anonimato sia nei confronti del ricevente sia nei confronti di terzi.]

(1) *V. nota* sub *Capo V.*

CAPO VI – *Disposizioni varie*

[**91**. (1) **Dati trattati mediante carte.** – 1. Il trattamento in ogni forma di dati idonei a rivelare lo stato di salute o la vita sessuale eventualmente registrati su carte anche non elettroniche, compresa la carta nazionale dei servizi, o trattati mediante le medesime carte è consentito se necessario ai sensi dell'articolo 3, nell'osservanza di

LEGGI COMPLEMENTARI

misure ed accorgimenti prescritti dal Garante nei modi di cui all'articolo 17.]

(1) *Articolo abrogato dall'art. 27[1] lett. b) n. 7 d.ls. 10 agosto 2018, n. 101.*

92. Cartelle cliniche. – 1. Nei casi in cui strutture, pubbliche e private, che erogano prestazioni sanitarie e socio-sanitarie (1) redigono e conservano una cartella clinica in conformità alla disciplina applicabile, sono adottati opportuni accorgimenti per assicurare la comprensibilità dei dati e per distinguere i dati relativi al paziente da quelli eventualmente riguardanti altri interessati, ivi comprese informazioni relative a nascituri.

2. Eventuali richieste di presa visione o di rilascio di copia della cartella e dell'acclusa scheda di dimissione ospedaliera da parte di soggetti diversi dall'interessato possono essere accolte, in tutto o in parte, solo se la richiesta è giustificata dalla documentata necessità:

a) di esercitare (2) o difendere un diritto in sede giudiziaria, ai sensi dell'articolo 9, paragrafo 2, lettera *f*), del Regolamento, (2) di rango pari a quello dell'interessato, ovvero consistente in un diritto della personalità o in un altro diritto o libertà fondamentale (2);

b) di tutelare, in conformità alla disciplina sull'accesso ai documenti amministrativi, una situazione giuridicamente rilevante di rango pari a quella dell'interessato, ovvero consistente in un diritto della personalità o in un altro diritto o libertà fondamentale (3).

(1) *Le parole* « strutture, pubbliche e private, che erogano prestazioni sanitarie e socio-sanitarie » *sono state sostituite alle parole* « organismi sanitari pubblici e privati » *dall'art. 6[1] lett. i) n. 1 d.ls. 10 agosto 2018, n. 101.*

(2) *Le parole* « di esercitare » sono state sostituite alle parole « di far valere », *le parole* « ai sensi dell'articolo 9, paragrafo 2, lettera f), del Regolamento, » *sono state sostituite alle parole* « ai sensi dell'articolo 26, comma 4, lettera c), » *e le parole* « e inviolabile » *che seguivano le parole* « libertà fondamentale » *sono state soppresse dall'art. 6[1] lett. i) n. 2 d.ls. n. 101, cit.*

(3) *Le parole* « e inviolabile » *che seguivano le parole* « libertà fondamentale » *sono state soppresse dall'art. 6[1] lett. i) n. 3 d.ls. n. 101, cit.*

93. Certificato di assistenza al parto. – 1. Ai fini della dichiarazione di nascita il certificato di assistenza al parto è sempre sostituito da una semplice attestazione contenente i soli dati richiesti nei registri di nascita. Si osservano, altresì, le disposizioni dell'articolo 109.

2. Il certificato di assistenza al parto o la cartella clinica, ove comprensivi dei dati personali che rendono identificabile la madre che abbia dichiarato di non voler essere nominata avvalendosi della facoltà di cui all'articolo 30, comma 1, del decreto del Presidente della Repubblica 3 novembre 2000, n. 396, possono essere rilasciati in

copia integrale a chi vi abbia interesse, in conformità alla legge, decorsi cento anni dalla formazione del documento.

3. Durante il periodo di cui al comma 2 la richiesta di accesso al certificato o alla cartella può essere accolta relativamente ai dati relativi alla madre che abbia dichiarato di non voler essere nominata, osservando le opportune cautele per evitare che quest'ultima sia identificabile.

[**94**. (1) **Banche di dati, registri e schedari in ambito sanitario.** – 1. Il trattamento di dati idonei a rivelare lo stato di salute contenuti in banche di dati, schedari, archivi o registri tenuti in ambito sanitario, è effettuato nel rispetto dell'articolo 3 anche presso banche di dati, schedari, archivi o registri già istituiti alla data di entrata in vigore del presente codice e in riferimento ad accessi di terzi previsti dalla disciplina vigente alla medesima data, in particolare presso:

a) il registro nazionale dei casi di mesotelioma asbesto-correlati istituito presso l'Istituto superiore per la prevenzione e la sicurezza del lavoro (Ispesl), di cui all'articolo 1 del decreto del Presidente del Consiglio dei Ministri 10 dicembre 2002, n. 308;

b) la banca di dati in materia di sorveglianza della malattia di Creutzfeldt-Jakob o delle varianti e sindromi ad essa correlate, di cui al decreto del Ministro della salute in data 21 dicembre 2001, pubblicato nella Gazzetta Ufficiale n. 8 del 10 gennaio 2002;

c) il registro nazionale delle malattie rare di cui all'articolo 3 del decreto del Ministro della sanità in data 18 maggio 2001, n. 279;

d) i registri dei donatori di midollo osseo istituiti in applicazione della legge 6 marzo 2001, n. 52;

e) gli schedari dei donatori di sangue di cui all'articolo 15 del decreto del Ministro della sanità in data 26 gennaio 2001, pubblicato nella Gazzetta Ufficiale n. 78 del 3 aprile 2001.]

(1) *Articolo abrogato dall'art. 27[1 lett. b) n. 7] d.lgs. 10 agosto 2018, n. 101.*

TITOLO VI
Istruzione

CAPO I – *Profili generali*

[**95**. (1) **Dati sensibili e giudiziari.** – 1. Si considerano di rilevante interesse pubblico, ai sensi degli articoli 20 e 21, le finalità di istruzione e di formazione in ambito scolastico, professionale, superiore o universitario, con particolare riferimento a quelle svolte anche in forma integrata.]

(1) *Articolo abrogato dall'art. 27[1 lett. b) n. 7] d.lgs. 10 agosto 2018, n. 101.*

96. (1) **Trattamento di dati relativi a studenti.** – 1. Al fine di agevolare l'orientamento, la formazione e l'inserimento professionale, anche all'estero, le istituzioni del sistema nazionale di istruzione, i centri di formazione professionale regionale, le scuole private non paritarie nonché le istituzioni di alta formazione artistica e coreutica e le università statali o non statali legalmente riconosciute su richiesta degli interessati, possono comunicare o diffondere, anche a privati e per via telematica, dati relativi agli esiti formativi, intermedi e finali, degli studenti e altri dati personali diversi da quelli di cui agli articoli 9 e 10 del Regolamento, pertinenti in relazione alle predette finalità e indicati nelle informazioni rese agli interessati ai sensi dell'articolo 13 del Regolamento. I dati possono essere successivamente trattati esclusivamente per le predette finalità.

2. Resta ferma la disposizione di cui all'articolo 2, comma 2, del decreto del Presidente della Repubblica 24 giugno 1998, n. 249, sulla tutela del diritto dello studente alla riservatezza. Restano altresì ferme le vigenti disposizioni in materia di pubblicazione dell'esito degli esami mediante affissione nell'albo dell'istituto e di rilascio di diplomi e certificati.

(1) *Articolo così sostituito dall'art. 7[1] d.lgs. 10 agosto 2018, n. 101. Il testo dell'articolo era il seguente:* « Art. 96. (*Trattamento di dati relativi a studenti*). — 1. Al fine di agevolare l'orientamento, la formazione e l'inserimento professionale, anche all'estero, le scuole e gli istituti scolastici di istruzione secondaria, su richiesta degli interessati, possono comunicare o diffondere, anche a privati e per via telematica, dati relativi agli esiti scolastici, intermedi e finali, degli studenti e altri dati personali diversi da quelli sensibili o giudiziari, pertinenti in relazione alle predette finalità e indicati nell'informativa resa agli interessati ai sensi dell'articolo 13. I dati possono essere successivamente trattati esclusivamente per le predette finalità. — 2. Resta ferma la disposizione di cui all'art. 2, comma 2, del decreto del Presidente della Repubblica 24 giugno 1998, n. 249, sulla tutela del diritto dello studente alla riservatezza. Restano altresì ferme le vigenti disposizioni in materia di pubblicazione dell'esito degli esami mediante affissione nell'albo dell'istituto e di rilascio di diplomi e certificati. ».

TITOLO VII
Trattamenti a fini di archiviazione nel pubblico interesse, di ricerca scientifica o storica o a fini statistici (1)

(1) *Rubrica così sostituita dall'art. 8[1 lett. a)] d.ls. 10 agosto 2018, n. 101. Il testo della rubrica era il seguente:* « Trattamento per scopi storici, artistici o scientifici ».

CAPO I – *Profili generali*

97. (1) **Ambito applicativo.** – 1. Il presente titolo disciplina il trattamento dei dati personali effettuato a fini di archiviazione nel pubblico interesse, di ricerca scientifica o storica o a fini statistici, ai sensi dell'articolo 89 del regolamento.

(1) *Articolo così sostituito dall'art. 8[1 lett. b)] d.ls. 10 agosto 2018, n. 101. Il testo dell'articolo era il seguente:* « Art. 97. (*Ambito applicativo*). — 1. Il presente titolo disciplina il trattamento dei dati personali effettuato per scopi storici, statistici o scientifici ».

[**98.** (1) **Finalità di rilevante interesse pubblico.** – 1. Si considerano di rilevante interesse pubblico, ai sensi degli articoli 20 e 21, le finalità relative ai trattamenti effettuati da soggetti pubblici:

a) per scopi storici, concernenti la conservazione, l'ordinamento e la comunicazione dei documenti detenuti negli archivi di Stato e negli archivi storici degli enti pubblici, secondo quanto disposto dal decreto legislativo 29 ottobre 1999, n. 490 (2), di approvazione del testo unico in materia di beni culturali e ambientali, come modificato dal presente codice;

b) che fanno parte del sistema statistico nazionale (Sistan) ai sensi del decreto legislativo 6 settembre 1989, n. 322, e successive modificazioni;

c) per scopi scientifici.]

(1) *Articolo abrogato dall'art. 27[1 lett. b) n. 7] d.ls. 10 agosto 2018, n. 101.*
(2) *Ora abrogato dall'art. 184 d.ls. 22 gennaio 2004, n. 42.*

99. (1) **Durata del trattamento.** – 1. Il trattamento di dati personali a fini di archiviazione nel pubblico interesse, di ricerca scientifica o storica o a fini statistici può essere effettuato anche oltre il periodo di tempo necessario per conseguire i diversi scopi per i quali i dati sono stati in precedenza raccolti o trattati.

2. A fini di archiviazione nel pubblico interesse, di ricerca scientifica o storica o a fini statistici possono comunque essere conservati o ceduti ad altro titolare i dati personali dei quali, per qualsiasi causa,

è cessato il trattamento nel rispetto di quanto previsto dall'articolo 89, paragrafo 1, del Regolamento.

(1) *Articolo così sostituito dall'art. 8[1 lett. c)] d.ls. 10 agosto 2018, n. 101. Il testo dell'articolo era il seguente:* « Art. 99. *(Compatibilità tra scopi e durata del trattamento).* — 1. Il trattamento di dati personali effettuato per scopi storici, statistici o scientifici è considerato compatibile con i diversi scopi per i quali i dati sono stati in precedenza raccolti o trattati. — 2. Il trattamento di dati personali per scopi storici, statistici o scientifici può essere effettuato anche oltre il periodo di tempo necessario per conseguire i diversi scopi per i quali i dati sono stati in precedenza raccolti o trattati. — 3. Per scopi storici, statistici o scientifici possono comunque essere conservati o ceduti ad altro titolare i dati personali dei quali, per qualsiasi causa, è cessato il trattamento ».

100. Dati relativi ad attività di studio e ricerca. – 1. Al fine di promuovere e sostenere la ricerca e la collaborazione in campo scientifico e tecnologico i soggetti pubblici, ivi comprese le università e gli enti di ricerca, possono con autonome determinazioni comunicare e diffondere, anche a privati e per via telematica, dati relativi ad attività di studio e di ricerca, a laureati, dottori di ricerca, tecnici e tecnologi, ricercatori, docenti, esperti e studiosi, con esclusione di quelli di cui agli articoli 9 e 10 del Regolamento (1).

2. Resta fermo il diritto dell'interessato di rettifica, cancellazione, limitazione e opposizione ai sensi degli articoli 16, 17, 18 e 21 del Regolamento (2).

3. I dati di cui al presente articolo non costituiscono documenti amministrativi ai sensi della legge 7 agosto 1990, n. 241.

4. I dati di cui al presente articolo possono essere successivamente trattati per i soli scopi in base ai quali sono comunicati o diffusi.

4-*bis*. I diritti di cui al comma 2 si esercitano con le modalità previste dalle regole deontologiche (3).

(1) *Le parole* « di cui agli articoli 9 e 10 del Regolamento » *sono state sostituite alle parole* « sensibili o giudiziari » *dall'art. 8[1 lett. d) n. 1] d.ls. 10 agosto 2018, n. 101.*

(2) *Le parole* « rettifica, cancellazione, limitazione e opposizione ai sensi degli articoli 16, 17, 18 e 21 del Regolamento » *sono state sostituite alle parole* « opporsi per motivi legittimi ai sensi dell'articolo 7, comma 4, lettera *a)* » *dall'art. 8[1 lett. d) n. 2] d.ls. n. 101, cit.*

(3) *Comma aggiunto all'art. 8[1 lett. d) n. 3] d.ls. n. 101, cit.*

CAPO II – *Trattamento a fini di archiviazione nel pubblico interesse o di ricerca storica* (1)

(1) *Rubrica così sostituita dall'art. 8[1 lett. e)] d.ls. 10 agosto 2018, n. 101. Il testo della rubrica era il seguente:* « Trattamento per scopi storici ».

101. Modalità di trattamento. – 1. I dati personali raccolti a fini di archiviazione nel pubblico interesse o di ricerca storica (1) non possono essere utilizzati per adottare atti o provvedimenti amministrativi sfavorevoli all'interessato, salvo che siano utilizzati anche per altre finalità nel rispetto dell'articolo 5 del regolamento (1).

2. I documenti contenenti dati personali, trattati a fini di archiviazione nel pubblico interesse o di ricerca storica (2), possono essere utilizzati, tenendo conto della loro natura, solo se pertinenti e indispensabili per il perseguimento di tali scopi. I dati personali diffusi possono essere utilizzati solo per il perseguimento dei medesimi scopi.

3. I dati personali possono essere comunque diffusi quando sono relativi a circostanze o fatti resi noti direttamente dall'interessato o attraverso suoi comportamenti in pubblico.

(1) *Le parole* « a fini di archiviazione nel pubblico interesse o di ricerca storica » *sono state sostituite alle parole* « per scopi storici » *e le parole* « dell'articolo 5 del regolamento » *sono state sostituite alle parole* « dell'articolo 11 » *dall'art. 8[1] lett. f) n. 1 d.ls. 10 agosto 2018, n. 101.*

(2) *Le parole* « a fini di archiviazione nel pubblico interesse o di ricerca storica » *sono state sostituite alle parole* « per scopi storici » *dall'art. 8[1] lett. f) n. 2 d.ls. n. 101, cit.*

102. Regole deontologiche per il trattamento a fini di archiviazione nel pubblico interesse o di ricerca storica (1). – 1. Il Garante promuove, ai sensi dell'articolo 2-*quater*, la sottoscrizione di regole deontologiche per i soggetti pubblici e privati, ivi comprese le società scientifiche e le associazioni professionali, interessati al trattamento dei dati a fini di archiviazione nel pubblico interesse o di ricerca storica (2).

2. Le regole deontologiche di cui al comma 1 individuano garanzie adeguate per i diritti e le libertà dell'interessato in particolare (3):

a) le regole di correttezza e di non discriminazione nei confronti degli utenti da osservare anche nella comunicazione e diffusione dei dati, in armonia con le disposizioni del presente codice e del Regolamento (4) applicabili ai trattamenti di dati per finalità giornalistiche o di pubblicazione di articoli, saggi e altre manifestazioni del pensiero anche nell'espressione artistica;

b) le particolari cautele per la raccolta, la consultazione e la diffusione di documenti concernenti dati idonei a rivelare lo stato di salute, la vita sessuale o rapporti riservati di tipo familiare, identificando casi in cui l'interessato o chi vi abbia interesse è informato dall'utente della prevista diffusione di dati;

c) le modalità di applicazione agli archivi privati della disciplina dettata in materia di trattamento dei dati a fini di archiviazione nel pubblico interesse o di ricerca storica (5), anche in riferimento all'uniformità dei criteri da seguire per la consultazione e alle cautele da osservare nella comunicazione e nella diffusione.

(1) *Rubrica così sostituita dall'art. 8[1] lett. g) n. 1 d.ls. 10 agosto 2018, n. 101. Il testo della rubrica era il seguente:* « Codice di deontologia e di buona condotta ».

(2) *Comma così sostituito dall'art. 8[1] lett. g) n. 2 d.ls. n. 101, cit. Il testo del comma era il seguente:* « 1. Il Garante prom uove ai sensi dell'articolo 12 la sottoscrizione di un codice di deontologia e di buona condotta per i soggetti pubblici e privati, ivi comprese le società scientifiche e le associazioni professionali, interessati al trattamento dei dati per scopi storici ».

(3) *Alinea così sostituito dall'art. 8[1] lett. g) n. 3 d.ls. n. 101, cit. Il testo dell'alinea era il seguente:* « 2. Il codice di deontologia e di buona condotta di cui al comma 1 individua, in particolare: ».

(4) *Le parole* « e del Regolamento » *sono state inserite dall'art. 8[1] lett. g) n. 3 d.ls. n. 101, cit.*

(5) *Le parole* « a fini di archiviazione nel pubblico interesse o di ricerca storica » *sono state sostituite alle parole* « a scopi storici » *dall'art. 8[1] lett. g) n. 3 d.ls. n. 101, cit.*

103. (1) **Consultazione di documenti conservati in archivi.** – 1. La consultazione dei documenti conservati negli archivi di Stato, in quelli storici degli enti pubblici e in archivi privati dichiarati di interesse storico particolarmente importante è disciplinata dal decreto legislativo 22 gennaio 2004, n. 42 e dalle relative regole deontologiche.

(1) *Articolo così sostituito dall'art. 8[1] lett. h) d.ls. 10 agosto 2018, n. 101. Il testo dell'articolo era il seguente:* « Art. **103.** *(Consultazione di documenti conservati in archivi)* — 1. La consultazione dei documenti conservati negli archivi di Stato, in quelli storici degli enti pubblici e in archivi privati è disciplinata dal decreto legislativo 29 ottobre 1999, n. 490, di approvazione del testo unico in materia di beni culturali e ambientali, come modificato dal presente codice ».

CAPO III – *Trattamento a fini statistici o di ricerca scientifica* (1)

(1) *Rubrica così sostituita dall'art. 8[1] lett. i) d.ls. 10 agosto 2018, n. 101. Il testo della rubrica era il seguente:* « Trattamento per scopi statistici o scientifici ».

104. **Ambito applicativo e dati identificativi a fini statistici o di ricerca scientifica** (1) **per scopi statistici o scientifici.** – 1. Le disposizioni del presente capo si applicano ai trattamenti di dati per fini statistici (2) o, in quanto compatibili, per fini di ricerca scientifica (2).

2. Agli effetti dell'applicazione del presente capo, in relazione ai dati identificativi si tiene conto dell'insieme dei mezzi che possono essere ragionevolmente utilizzati dal titolare o da altri per identificare l'interessato, anche in base alle conoscenze acquisite in relazione al progresso tecnico.

(1) *Le parole* « a fini statistici o di ricerca scientifica » *sono state sostituite alle parole* « per scopi statistici o scientifici » *dall'art. 8[1] lett. l) n. 1 d.ls. 10 agosto 2018, n. 101.*

(2) *Le parole* « fini statistici » *sono state sostituite alle parole* « scopi statistici » *e le parole* « per fini di ricerca scientifica » *sono state sostituite alle parole* « per scopi scientifici » *dall'art. 8[1] lett. l) n. 2 d.ls. n. 101, cit.*

105. Modalità di trattamento. – 1. I dati personali trattati a fini statistici o di ricerca scientifica (1) non possono essere utilizzati per prendere decisioni o provvedimenti relativamente all'interessato, né per trattamenti di dati per scopi di altra natura.

2. I fini statistici e di ricerca scientifica (2) devono essere chiaramente determinati e resi noti all'interessato, nei modi di cui agli articoli 13 e 14 del regolamento (2) anche in relazione a quanto previsto dall'articolo 106, comma 2, lettera *b*), del presente codice e dall'articolo 6-*bis* del decreto legislativo 6 settembre 1989, n. 322 (2).

3. Quando specifiche circostanze individuate dalle regole deontologiche (3) dai codici di cui all'articolo 106 sono tali da consentire ad un soggetto di rispondere in nome e per conto di un altro, in quanto familiare o convivente, le informazioni all'interessato possono essere date (3) anche per il tramite del soggetto rispondente.

4. Per il trattamento effettuato a fini statistici o di ricerca scientifica (4) rispetto a dati raccolti per altri scopi, le informazioni all'interessato non sono dovute (4) quando richiede uno sforzo sproporzionato rispetto al diritto tutelato, se sono adottate le idonee forme di pubblicità individuate dalle regole deontologiche (4) di cui all'articolo 106.

(1) *Le parole* « a fini statistici o di ricerca scientifica » *sono state sostituite alle parole* « per scopi statistici o scientifici » *dall'art. 8[1] lett. m) n. 1 d.ls. 10 agosto 2018, n. 101.*

(2) *Le parole* « I fini statistici e di ricerca scientifica » *sono state sostituite alle parole* « Gli scopi statistici o scientifici », *le parole* « agli articoli 13 e 14 del regolamento » *sono state sostituite alle parole* « all'articolo 13 » *e le parole* « e successive modificazioni » *che seguivano le parole* « decreto legislativo 6 settembre 1989, n. 322 » *sono state soppresse dall'art. 8[1] lett. m) n. 2 d.ls. n. 101, cit.*

(3) *Le parole* « dalle regole deontologiche » *sono state sostituite alle parole* « dai codici » *e le parole* « le informazioni all'interessato possono essere date » *sono state sostituite alle parole* « l'informativa all'interessato può essere data » *dall'art. 8[1] lett. m) n. 3 d.ls. n. 101, cit.*

(4) *Le parole* « a fini statistici o di ricerca scientifica » *sono state sostituite alle parole* « per scopi statistici o scientifici », *le parole* « le informazioni all'interessato non sono dovute » *sono state sostituite alle parole* « l'informativa all'interessato non è dovuta » *e le parole* « dalle regole deontologiche » *sono state sostituite alle parole* « dai codici » *dall'art. 8[1] lett. m) n. 4 d.ls. n. 101, cit.*

106. (1) **Regole deontologiche per trattamenti a fini statistici o di ricerca scientifica.** – 1. Il Garante promuove, ai sensi dell'articolo 2-*quater*, regole deontologiche per i soggetti pubblici e privati, ivi comprese le società scientifiche e le associazioni professionali, interessati al trattamento dei dati per fini statistici o di ricerca scientifica,

LEGGI COMPLEMENTARI

volte a individuare garanzie adeguate per i diritti e le libertà dell'interessato in conformità all'articolo 89 del Regolamento.

2. Con le regole deontologiche di cui al comma 1, tenendo conto, per i soggetti già compresi nell'ambito del Sistema statistico nazionale, di quanto già previsto dal decreto legislativo 6 settembre 1989, n. 322, e, per altri soggetti, sulla base di analoghe garanzie, sono individuati in particolare:

a) i presupposti e i procedimenti per documentare e verificare che i trattamenti, fuori dai casi previsti dal medesimo decreto legislativo n. 322 del 1989, siano effettuati per idonei ed effettivi fini statistici o di ricerca scientifica;

b) per quanto non previsto dal presente codice, gli ulteriori presupposti del trattamento e le connesse garanzie, anche in riferimento alla durata della conservazione dei dati, alle informazioni da rendere agli interessati relativamente ai dati raccolti anche presso terzi, alla comunicazione e diffusione, ai criteri selettivi da osservare per il trattamento di dati identificativi, alle specifiche misure di sicurezza e alle modalità per la modifica dei dati a seguito dell'esercizio dei diritti dell'interessato, tenendo conto dei principi contenuti nelle pertinenti raccomandazioni del Consiglio d'Europa;

c) l'insieme dei mezzi che possono essere ragionevolmente utilizzati dal titolare del trattamento o da altri per identificare direttamente o indirettamente l'interessato, anche in relazione alle conoscenze acquisite in base al progresso tecnico;

d) le garanzie da osservare nei casi in cui si può prescindere dal consenso dell'interessato, tenendo conto dei principi contenuti nelle raccomandazioni di cui alla lettera *b*);

e) modalità semplificate per la prestazione del consenso degli interessati relativamente al trattamento dei dati di cui all'articolo 9 del regolamento;

f) i casi nei quali i diritti di cui agli articoli 15, 16, 18 e 21 del Regolamento possono essere limitati ai sensi dell'articolo 89, paragrafo 2, del medesimo Regolamento;

g) le regole di correttezza da osservare nella raccolta dei dati e le istruzioni da impartire alle persone autorizzate al trattamento dei dati personali sotto l'autorità diretta del titolare o del responsabile ai sensi dell'articolo 2-*quaterdecies*;

h) le misure da adottare per favorire il rispetto del principio di minimizzazione e delle misure tecniche e organizzative di cui all'articolo 32 del Regolamento, anche in riferimento alle cautele volte ad impedire l'accesso da parte di persone fisiche che non sono autorizzate o designate e l'identificazione non autorizzata degli interessati, all'interconnessione dei sistemi informativi anche nell'ambito del Sistema statistico nazionale e all'interscambio di dati per fini statistici o di ricerca scientifica da effettuarsi con enti ed uffici situati all'estero;

i) l'impegno al rispetto di regole deontologiche da parte delle persone che, ai sensi dell'articolo 2-*quaterdecies*, risultano autorizzate al trattamento dei dati personali sotto l'autorità diretta del titolare o del responsabile del trattamento, che non sono tenute in base alla legge al segreto d'ufficio o professionale, tali da assicurare analoghi livelli di sicurezza e di riservatezza.

(1) *Articolo così sostituito dall'art. 8[1 lett. n)] d.ls. 10 agosto 2018, n. 101. Il testo dell'articolo era il seguente:* « Art. 106. (*Codici di deontologia e di buona condotta*) — 1. Il Garante promuove ai sensi dell'articolo 12 la sottoscrizione di uno o più codici di deontologia e di buona condotta per i soggetti pubblici e privati, ivi comprese le società scientifiche e le associazioni professionali, interessati al trattamento dei dati per scopi statistici o scientifici. — 2. Con i codici di cui al comma 1 sono individuati, tenendo conto, per i soggetti già compresi nell'ambito del Sistema statistico nazionale, di quanto già previsto dal decreto legislativo 6 settembre 1989, n. 322, e successive modificazioni, e, per altri soggetti, sulla base di analoghe garanzie, in particolare: *a*) i presupposti e i procedimenti per documentare e verificare che i trattamenti, fuori dai casi previsti dal medesimo decreto legislativo n. 322 del 1989, siano effettuati per idonei ed effettivi scopi statistici o scientifici; *b*) per quanto non previsto dal presente codice, gli ulteriori presupposti del trattamento e le connesse garanzie, anche in riferimento alla durata della conservazione dei dati, alle informazioni da rendere agli interessati relativamente ai dati raccolti anche presso terzi, alla comunicazione e diffusione, ai criteri selettivi da osservare per il trattamento di dati identificativi, alle specifiche misure di sicurezza e alle modalità per la modifica dei dati a seguito dell'esercizio dei diritti dell'interessato, tenendo conto dei principi contenuti nelle pertinenti raccomandazioni del Consiglio d'Europa; *c*) l'insieme dei mezzi che possono essere ragionevolmente utilizzati dal titolare del trattamento o da altri per identificare l'interessato, anche in relazione alle conoscenze acquisite in base al progresso tecnico; *d*) le garanzie da osservare ai fini dell'applicazione delle disposizioni di cui all'articolo 24, comma 1, lettera *i*), e 43, comma 1, lettera *g*), che permettono di prescindere dal consenso dell'interessato, tenendo conto dei principi contenuti nelle predette raccomandazioni; *e*) modalità semplificate per la prestazione del consenso degli interessati relativamente al trattamento dei dati sensibili; *f*) le regole di correttezza da osservare nella raccolta dei dati e le istruzioni da impartire al personale incaricato; *g*) le misure da adottare per favorire il rispetto dei principi di pertinenza e non eccedenza dei dati e delle misure di sicurezza di cui all'articolo 31, anche in riferimento alle cautele volte ad impedire l'accesso da parte di persone fisiche che non sono incaricati e l'identificazione non autorizzata degli interessati, all'interconnessione dei sistemi informativi anche nell'ambito del Sistema statistico nazionale e all'interscambio di dati per scopi statistici o scientifici da effettuarsi con enti ed uffici situati all'estero anche sulla base delle garanzie previste dall'articolo 44, comma 1, lettera *a*); *h*) l'impegno al rispetto di regole di condotta degli incaricati che non sono tenuti in base alla legge al segreto d'ufficio o professionale, tali da assicurare analoghi livelli di sicurezza e di riservatezza ».

107. (1) **Trattamento di categorie particolari di dati personali.** – 1. Fermo restando quanto previsto dall'articolo 2-*sexies* e fuori dei casi di particolari indagini a fini statistici o di ricerca scientifica previste dalla legge, il consenso dell'interessato al trattamento di dati di cui all'articolo 9 del Regolamento, quando è richiesto, può essere prestato con modalità semplificate, individuate dalle regole deontologiche di cui all'articolo 106 o dalle misure di cui all'articolo 2-*septies*.

(1) *Articolo così sostituito dall'art. 8[1] lett. o) d.lgs. 10 agosto 2018, n. 101. Il testo dell'articolo era il seguente:* « Art. 107. (*Trattamento di dati sensibili*). — 1. Fermo restando quanto previsto dall'articolo 20 e fuori dei casi di particolari indagini statistiche o di ricerca scientifica previste dalla legge, il consenso dell'interessato al trattamento di dati sensibili, quando è richiesto, può essere prestato con modalità semplificate, individuate dal codice di cui all'articolo 106 e l'autorizzazione del Garante può essere rilasciata anche ai sensi dell'articolo 40 ».

108. (1) **Sistema statistico nazionale.** – 1. Il trattamento di dati personali da parte di soggetti che fanno parte del Sistema statistico nazionale, oltre a quanto previsto dalle regole deontologiche di cui all'articolo 106, comma 2, resta inoltre disciplinato dal decreto legislativo 6 settembre 1989, n. 322, in particolare per quanto riguarda il trattamento dei dati di cui all'articolo 9 del Regolamento indicati nel programma statistico nazionale, le informative all'interessato, l'esercizio dei relativi diritti e i dati non tutelati dal segreto statistico ai sensi dell'articolo 9, comma 4, del medesimo decreto legislativo n. 322 del 1989.

(1) *Articolo così sostituito dall'art. 8[1] lett. p) d.lgs. 10 agosto 2018, n. 101. Il testo dell'articolo era il seguente:* « Art. 108. (*Sistema statistico nazionale*). — 1. Il trattamento di dati personali da parte di soggetti che fanno parte del Sistema statistico nazionale, oltre a quanto previsto dal codice di deontologia e di buona condotta sottoscritto ai sensi dell'articolo 106, comma 2, resta inoltre disciplinato dal decreto legislativo 6 settembre 1989, n. 322, e successive modificazioni, in particolare per quanto riguarda il trattamento dei dati sensibili indicati nel programma statistico nazionale, l'informativa all'interessato, l'esercizio dei relativi diritti e i dati non tutelati dal segreto statistico ai sensi dell'articolo 9, comma 4, del medesimo decreto ».

109. Dati statistici relativi all'evento della nascita. – 1. Per la rilevazione dei dati statistici relativi agli eventi di nascita, compresi quelli relativi ai nati affetti da malformazioni e ai nati morti, nonché per i flussi di dati anche da parte di direttori sanitari, si osservano, oltre alle disposizioni di cui al decreto del Ministro della sanità 16 luglio 2001, n. 349, le modalità tecniche determinate dall'istituto nazionale di statistica, sentiti i Ministri (1) della salute, dell'interno e il Garante.

(1) *Le parole* « di statistica, sentiti i Ministri » *sono state sostituite alle parole* « della statistica, sentito il Ministro » *dall'art. 8[1 lett. q)] d.ls. 10 agosto 2018, n. 101.*

110. (1) **Ricerca medica, biomedica ed epidemiologica.** – 1. Il consenso dell'interessato per il trattamento dei dati relativi alla salute, a fini di ricerca scientifica in campo medico, biomedico o epidemiologico, non è necessario quando la ricerca è effettuata in base a disposizioni di legge o di regolamento o al diritto dell'Unione europea in conformità all'articolo 9, paragrafo 2, lettera *j)*, del Regolamento, ivi incluso il caso in cui la ricerca rientra in un programma di ricerca biomedica o sanitaria previsto ai sensi dell'articolo 12-*bis* del decreto legislativo 30 dicembre 1992, n. 502, ed è condotta e resa pubblica una valutazione d'impatto ai sensi degli articoli 35 e 36 del Regolamento. Il consenso non è inoltre necessario quando, a causa di particolari ragioni, informare gli interessati risulta impossibile o implica uno sforzo sproporzionato, oppure rischia di rendere impossibile o di pregiudicare gravemente il conseguimento delle finalità della ricerca. In tali casi, il titolare del trattamento adotta misure appropriate per tutelare i diritti, le libertà e i legittimi interessi dell'interessato, il programma di ricerca è oggetto di motivato parere favorevole del competente comitato etico a livello territoriale e deve essere sottoposto a preventiva consultazione del Garante ai sensi dell'articolo 36 del Regolamento.

2. In caso di esercizio dei diritti dell'interessato ai sensi dell'articolo 16 del regolamento nei riguardi dei trattamenti di cui al comma 1, la rettificazione e l'integrazione dei dati sono annotati senza modificare questi ultimi, quando il risultato di tali operazioni non produce effetti significativi sul risultato della ricerca.

(1) *Articolo così sostituito dall'art. 8[1 lett. r)] d.ls. 10 agosto 2018, n. 101. Il testo dell'articolo era il seguente:* « Art. 110. (*Ricerca medica, biomedica ed epidemiologica*). — Il consenso dell'interessato per il trattamento dei dati idonei a rivelare lo stato di salute, finalizzato a scopi di ricerca scientifica in campo medico, biomedico o epidemiologico, non è necessario quando la ricerca è prevista da un'espressa disposizione di legge che prevede specificamente il trattamento, ovvero rientra in un programma di ricerca biomedica o sanitaria previsto ai sensi dell'articolo 12-bis del decreto legislativo 30 dicembre 1992, n. 502, e successive modificazioni, e per il quale sono decorsi quarantacinque giorni dalla comunicazione al Garante ai sensi dell'articolo 39. Il consenso non è inoltre necessario quando a causa di particolari ragioni non è possibile informare gli interessati e il programma di ricerca è oggetto di motivato parere favorevole del competente comitato etico a livello territoriale ed è autorizzato dal Garante anche ai sensi dell'articolo 40. — 2. In caso di esercizio dei diritti dell'interessato ai sensi dell'articolo 7 nei riguardi dei trattamenti di cui al comma 1, l'aggiornamento, la rettificazione e l'integrazione dei dati sono annotati

senza modificare questi ultimi, quando il risultato di tali operazioni non produce effetti significativi sul risultato della ricerca ».

110-*bis*. (1) **Trattamento ulteriore da parte di terzi dei dati personali a fini di ricerca scientifica o a fini statistici.** – 1. Il Garante può autorizzare il trattamento ulteriore di dati personali, compresi quelli dei trattamenti speciali di cui all'articolo 9 del Regolamento, a fini di ricerca scientifica o a fini statistici da parte di soggetti terzi che svolgano principalmente tali attività quando, a causa di particolari ragioni, informare gli interessati risulta impossibile o implica uno sforzo sproporzionato, oppure rischia di rendere impossibile o di pregiudicare gravemente il conseguimento delle finalità della ricerca, a condizione che siano adottate misure appropriate per tutelare i diritti, le libertà e i legittimi interessi dell'interessato, in conformità all'articolo 89 del Regolamento, comprese forme preventive di minimizzazione e di anonimizzazione dei dati.

2. Il Garante comunica la decisione adottata sulla richiesta di autorizzazione entro quarantacinque giorni, decorsi i quali la mancata pronuncia equivale a rigetto. Con il provvedimento di autorizzazione o anche successivamente, sulla base di eventuali verifiche, il Garante stabilisce le condizioni e le misure necessarie ad assicurare adeguate garanzie a tutela degli interessati nell'ambito del trattamento ulteriore dei dati personali da parte di terzi, anche sotto il profilo della loro sicurezza.

3. Il trattamento ulteriore di dati personali da parte di terzi per le finalità di cui al presente articolo può essere autorizzato dal Garante anche mediante provvedimenti generali, adottati d'ufficio e anche in relazione a determinate categorie di titolari e di trattamenti, con i quali sono stabilite le condizioni dell'ulteriore trattamento e prescritte le misure necessarie per assicurare adeguate garanzie a tutela degli interessati. I provvedimenti adottati a norma del presente comma sono pubblicati nella Gazzetta Ufficiale della Repubblica italiana.

4. Non costituisce trattamento ulteriore da parte di terzi il trattamento dei dati personali raccolti per l'attività clinica, a fini di ricerca, da parte degli Istituti di ricovero e cura a carattere scientifico, pubblici e privati, in ragione del carattere strumentale dell'attività di assistenza sanitaria svolta dai predetti istituti rispetto alla ricerca, nell'osservanza di quanto previsto dall'articolo 89 del Regolamento.

(1) *Articolo dapprima aggiunto dall'art. 28[1] [lett. b)] l. 20 novembre 2017, n. 167 e successivamente così sostituito dall'art. 8[1] [lett. s)] d.lgs. 10 agosto 2018, n. 101. Il testo dell'articolo era il seguente:* « Art. 110-*bis*. *(Riutilizzo dei dati per finalità di ricerca scientifica o per scopi stati-*

stici). — 1. Nell'ambito delle finalità di ricerca scientifica ovvero per scopi statistici può essere autorizzato dal Garante il riutilizzo dei dati, anche sensibili, ad esclusione di quelli genetici, a condizione che siano adottate forme preventive di minimizzazione e di anonimizzazione dei dati ritenute idonee a tutela degli interessati. — 2. Il Garante comunica la decisione adottata sulla richiesta di autorizzazione entro quarantacinque giorni, decorsi i quali la mancata pronuncia equivale a rigetto. Con il provvedimento di autorizzazione o anche successivamente, sulla base di eventuali verifiche, il Garante stabilisce le condizioni e le misure necessarie ad assicurare adeguate garanzie a tutela degli interessati nell'ambito del riutilizzo dei dati, anche sotto il profilo della loro sicurezza ».

TITOLO VIII
Trattamenti nell'ambito del rapporto di lavoro (1)

(1) *Rubrica così sostituita dall'art. 9[1] lett. a) d.ls. 10 agosto 2018, n. 101. Il testo della rubrica era il seguente:* « Lavoro e previdenza sociale ».

CAPO I – *Profili generali*

111. (1) **Regole deontologiche per trattamenti nell'ambito del rapporto di lavoro.** – 1. Il Garante promuove, ai sensi dell'articolo 2-*quater*, l'adozione di regole deontologiche per i soggetti pubblici e privati interessati al trattamento dei dati personali effettuato nell'ambito del rapporto di lavoro per le finalità di cui all'articolo 88 del Regolamento, prevedendo anche specifiche modalità per le informazioni da rendere all'interessato.

(1) *Articolo così sostituito dall'art. 9[1] lett. b) d.ls. 10 agosto 2018, n. 101. Il testo dell'articolo era il seguente:* « Art. 111. (*Codice di deontologia e di buona condotta*). — 1. Il Garante promuove, ai sensi dell'articolo 12, la sottoscrizione di un codice di deontologia e di buona condotta per i soggetti pubblici e privati interessati al trattamento dei dati personali effettuato per finalità previdenziali o per la gestione del rapporto di lavoro, prevedendo anche specifiche modalità per l'informativa all'interessato e per l'eventuale prestazione del consenso relativamente alla pubblicazione degli annunci per finalità di occupazione di cui all'articolo 113, comma 3 e alla ricezione di curricula contenenti dati personali anche sensibili ».

111-*bis*. (1) **Informazioni in caso di ricezione di curriculum.** – 1. Le informazioni di cui all'articolo 13 del Regolamento, nei casi di ricezione dei curricula spontaneamente trasmessi dagli interessati al fine della instaurazione di un rapporto di lavoro, vengono fornite al momento del primo contatto utile, successivo all'invio del curriculum medesimo. Nei limiti delle finalità di cui all'articolo 6, paragrafo 1, lettera *b*), del Regolamento, il consenso al trattamento dei dati personali presenti nei curricula non è dovuto.

(1) *Articolo inserito dall'art. 9[1] lett. c) d.ls. 10 agosto 2018, n. 101.*

[112. (1) **Finalità di rilevante interesse pubblico.** – 1. Si considerano di rilevante interesse pubblico, ai sensi degli articoli 20 e 21, le finalità di instaurazione e gestione da parte di soggetti pubblici di rapporti di lavoro di qualunque tipo, dipendente o autonomo, anche non retribuito o onorario o a tempo parziale o temporaneo, e di altre forme di impiego che non comportano la costituzione di un rapporto di lavoro subordinato.

2. Tra i trattamenti effettuati per le finalità di cui al comma 1, si intendono ricompresi, in particolare, quelli effettuati al fine di:

a) applicare la normativa in materia di collocamento obbligatorio e assumere personale anche appartenente a categorie protette;

b) garantire le pari opportunità;

c) accertare il possesso di particolari requisiti previsti per l'accesso a specifici impieghi, anche in materia di tutela delle minoranze linguistiche, ovvero la sussistenza dei presupposti per la sospensione o la cessazione dall'impiego o dal servizio, il trasferimento di sede per incompatibilità e il conferimento di speciali abilitazioni;

d) adempiere ad obblighi connessi alla definizione dello stato giuridico ed economico, ivi compreso il riconoscimento della causa di servizio o dell'equo indennizzo, nonché ad obblighi retributivi, fiscali o contabili, relativamente al personale in servizio o in quiescenza, ivi compresa la corresponsione di premi e benefici assistenziali;

e) adempiere a specifici obblighi o svolgere compiti previsti dalla normativa in materia di igiene e sicurezza del lavoro o di sicurezza o salute della popolazione, nonché in materia sindacale;

f) applicare, anche da parte di enti previdenziali ed assistenziali, la normativa in materia di previdenza ed assistenza ivi compresa quella integrativa, anche in applicazione del decreto legislativo del Capo provvisorio dello Stato 29 luglio 1947, n. 804, riguardo alla comunicazione di dati, anche mediante reti di comunicazione elettronica, agli istituti di patronato e di assistenza sociale, alle associazioni di categoria e agli ordini professionali che abbiano ottenuto il consenso dell'interessato ai sensi dell'articolo 23 in relazione a tipi di dati individuati specificamente;

g) svolgere attività dirette all'accertamento della responsabilità civile, disciplinare e contabile ed esaminare i ricorsi amministrativi in conformità alle norme che regolano le rispettive materie;

h) comparire in giudizio a mezzo di propri rappresentanti o partecipare alle procedure di arbitrato o di conciliazione nei casi previsti dalla legge o dai contratti collettivi di lavoro;

i) salvaguardare la vita o l'incolumità fisica dell'interessato o di terzi;

l) gestire l'anagrafe dei pubblici dipendenti e applicare la normativa in materia di assunzione di incarichi da parte di dipendenti pubblici, collaboratori e consulenti;

m) applicare la normativa in materia di incompatibilità e rapporti di lavoro a tempo parziale;

n) svolgere l'attività di indagine e ispezione presso soggetti pubblici;

o) valutare la qualità dei servizi resi e dei risultati conseguiti.

3. La diffusione dei dati di cui alle lett. *m*), *n*) ed *o*) del comma 2 è consentita in forma anonima e, comunque, tale da non consentire l'individuazione dell'interessato.]

(1) *Articolo abrogato dall'art. 27[1 lett. b) n. 7] d.lgs. 10 agosto 2018, n. 101.*

CAPO II – *Trattamento di dati riguardanti i prestatori di lavoro* (1)

(1) *Rubrica così sostituita dall'art. 9[1 lett. d)] d.lgs. 10 agosto 2018, n. 101. Il testo della rubrica era il seguente:* « Annunci di lavoro e dati riguardanti prestatori di lavoro ».

113. Raccolta di dati e pertinenza. – 1. Resta fermo quanto disposto dall'articolo 8 della legge 20 maggio 1970, n. 300, nonché dall'articolo 10 del decreto legislativo 10 settembre 2003, n. 276 (1).

(1) *Le parole* « , nonché dall'articolo 10 del decreto legislativo 10 settembre 2003, n. 276 » *sono state aggiunte dall'art. 9[1 lett. f)] d.lgs. 10 agosto 2018, n. 101.*

CAPO III – *Controllo a distanza, lavoro agile e telelavoro* (1)

(1) *Rubrica così sostituita dall'art. 9[1 lett. e)] d.lgs. 10 agosto 2018, n. 101. Il testo della rubrica era il seguente:* « Divieto di controllo a distanza e telelavoro ».

114. Garanzie in materia di controllo a distanza (1). – 1. Resta fermo quanto disposto dall'articolo 4 della legge 20 maggio 1970, n. 300.

(1) *Rubrica così sostituita dall'art. 9[1 lett. g)] d.lgs. 10 agosto 2018, n. 101. Il testo della rubrica era il seguente:* « Controllo a distanza ».

115. Telelavoro, lavoro agile e lavoro domestico (1). – 1. Nell'ambito del rapporto di lavoro domestico del telelavoro e del lavoro agile (2) il datore di lavoro è tenuto a garantire al lavoratore il rispetto della sua personalità e della sua libertà morale.

2. Il lavoratore domestico è tenuto a mantenere la necessaria riservatezza per tutto quanto si riferisce alla vita familiare.

(1) *Rubrica così sostituita dall'art. 9[1 lett. h) n. 1] d.lgs. 10 agosto 2018, n. 101. Il testo della rubrica era il seguente:* « Telelavoro e lavoro a domicilio ».

(2) *Le parole* « del telelavoro e del lavoro agile » *sono state sostituite alle parole* « e del telelavoro » *dall'art. 9[1] lett. h) n. 2 d.ls. n. 101, cit.*

CAPO IV – *Istituti di patronato e di assistenza sociale*

116. Conoscibilità di dati su mandato dell'interessato. – 1. Per lo svolgimento delle proprie attività gli istituti di patronato e di assistenza sociale, nell'ambito del mandato conferito dall'interessato, possono accedere alle banche di dati degli enti eroganti le prestazioni, in relazione a tipi di dati individuati specificamente con il consenso manifestato dall'interessato medesimo (1).

2. Il Ministro del lavoro e delle politiche sociali stabilisce con proprio decreto le linee-guida di apposite convenzioni da stipulare tra gli istituti di patronato e di assistenza sociale e gli enti eroganti le prestazioni.

(1) *Le parole* « dall'interessato medesimo » *sono state sostituite alle parole* « ai sensi dell'articolo 23 » *dall'art. 9[1] lett. i) d.ls. 10 agosto 2018, n. 101.*

TITOLO IX
Altri trattamenti in ambito pubblico o di interesse pubblico (1)

(1) *Rubrica così sostituita dall'art. 10[1] lett. a) d.ls. 10 agosto 2018, n. 101. Il testo della rubrica era il seguente:* « Sistema bancario, finanziario ed assicurativo ».

CAPO I – *Assicurazioni* (1)

(1) *Rubrica così sostituita dall'art. 10[1] lett. b) d.ls. 10 agosto 2018, n. 101. Il testo della rubrica era il seguente:* « Sistemi informativi ».

[**117.** (1) **Affidabilità e puntualità nei pagamenti.** – 1. Il Garante promuove, ai sensi dell'articolo 12, la sottoscrizione di un codice di deontologia e di buona condotta per il trattamento dei dati personali effettuato nell'ambito di sistemi informativi di cui sono titolari soggetti privati, utilizzati a fini di concessione di crediti al consumo o comunque riguardanti l'affidabilità e la puntualità nei pagamenti da parte degli interessati, individuando anche specifiche modalità per garantire la comunicazione di dati personali esatti e aggiornati nel rispetto dei diritti dell'interessato.]

(1) *Articolo abrogato dall'art. 27[1] lett. b) n. 7 d.ls. 10 agosto 2018, n. 101.*

[**118.** (1) **Informazioni commerciali.** – 1. Il Garante promuove, ai sensi dell'articolo 12, la sottoscrizione di un codice di deontologia e di buona condotta per il trattamento dei dati personali effettuato a fini di informazione commerciale, prevedendo anche, in correlazione con quanto previsto dall'articolo 13, comma 5, modalità semplificate per l'informativa all'interessato e idonei meccanismi per garantire la qualità e l'esattezza dei dati raccolti e comunicati.]

(1) *Articolo abrogato dall'art. 27[1] lett. b) n. 7 d.ls. 10 agosto 2018, n. 101.*

[119. (1) **Dati relativi al comportamento debitorio.** – 1. Con il codice di deontologia e di buona condotta di cui all'articolo 118 sono altresì individuati termini armonizzati di conservazione dei dati personali contenuti, in particolare, in banche di dati, registri ed elenchi tenuti da soggetti pubblici e privati, riferiti al comportamento debitorio dell'interessato nei casi diversi da quelli disciplinati nel codice di cui all'articolo 117, tenendo conto della specificità dei trattamenti nei diversi ambiti.]

(1) *Articolo abrogato dall'art. 27[1] lett. b) n. 7 d.ls. 10 agosto 2018, n. 101.*

120. Sinistri. – 1. L'Istituto per la vigilanza sulle assicurazioni (1) definisce con proprio provvedimento le procedure e le modalità di funzionamento della banca di dati dei sinistri istituita per la prevenzione e il contrasto di comportamenti fraudolenti nel settore delle assicurazioni obbligatorie per i veicoli a motore immatricolati in Italia, stabilisce le modalità di accesso alle informazioni raccolte dalla banca dati per gli organi giudiziari e per le pubbliche amministrazioni competenti in materia di prevenzione e contrasto di comportamenti fraudolenti nel settore delle assicurazioni obbligatorie, nonché le modalità e i limiti per l'accesso alle informazioni da parte delle imprese di assicurazione.

2. Il trattamento e la comunicazione ai soggetti di cui al comma 1 dei dati personali sono consentiti per lo svolgimento delle funzioni indicate nel medesimo comma.

3. Per quanto non previsto dal presente articolo si applicano le disposizioni dell'articolo 135 del codice delle assicurazioni private di cui al decreto legislativo 7 settembre 2005, n. 209 (2) (3).

(1) *Le parole* « private e di interesse collettivo (ISVAP) » *che seguivano le parole* « vigilanza sulle assicurazioni » *sono state soppresse dall'art. 10[1] lett. c) n. 1 d.ls. 10 agosto 2018, n. 101.*

(2) *Le parole* « di cui al decreto legislativo 7 settembre 2005, n. 209 » *sono state aggiunte dall'art. 10[1] lett. c) n. 2 d.ls. n. 101, cit.*

(3) *Comma così modificato dall'art. 352[1] d.ls. 7 settembre 2005, n. 209.*

TITOLO X
Comunicazioni elettroniche

CAPO I – *Servizi di comunicazione elettronica*

121. Servizi interessati e definizioni (1). – 1. Le disposizioni del presente titolo si applicano al trattamento dei dati personali connesso alla fornitura di servizi di comunicazione elettronica accessibili al pubblico su reti pubbliche di comunicazioni, comprese quelle che supportano i dispositivi di raccolta dei dati e di identificazione (2).

1-*bis*. Ai fini dell'applicazione delle disposizioni del presente titolo si intende per:

a) « comunicazione elettronica », ogni informazione scambiata o trasmessa tra un numero finito di soggetti tramite un servizio di comunicazione elettronica accessibile al pubblico. Sono escluse le informazioni trasmesse al pubblico tramite una rete di comunicazione elettronica, come parte di un servizio di radiodiffusione, salvo che le stesse informazioni siano collegate ad uncontraente o utente ricevente, identificato o identificabile;

b) « chiamata », la connessione istituita da un servizio di comunicazione elettronica accessibil e al pubblico che consente la comunicazione bidirezionale;

c) « reti di comunicazione elettronica », i sistemi di trasmissione e, se del caso, le apparecchiature di commutazione o di instradamento e altre risorse, inclusi gli elementi di rete non attivi, che consentono di trasmettere segnali via cavo, via radio, a mezzo di fibre ottiche o con altri mezzi elettromagnetici, comprese le reti satellitari, le reti terrestri mobili e fisse a commutazione di circuito e a commutazione di pacchetto, compresa Internet, le reti utilizzate per la diffusione circolare dei programmi sonori e televisivi, i sistemi per il trasporto della corrente elettrica, nella misura in cui siano utilizzati per trasmettere i segnali, le reti televisive via cavo, indipendentemente dal tipo di informazione trasportato;

d) « rete pubblica di comunicazioni », una rete di comunicazione elettronica utilizzata interamente o prevalentemente per fornire servizi di comunicazione elettronica accessibili al pubblico, che supporta il trasferimento di informazioni tra i punti terminali di reti;

e) « servizio di comunicazione elettronica », i servizi consistenti esclusivamente o prevalentemente nella trasmissione di segnali su reti di comunicazioni elettroniche, compresi i servizi di telecomunicazioni e i servizi di trasmissione nelle reti utilizzate per la diffusione circolare radiotelevisiva, nei limiti previsti dall'articolo 2, lettera *c*), della direttiva 2002/21/CE del Parlamento europeo e del Consiglio, del 7 marzo 2002;

f) « contraente », qualunque persona fisica, persona giuridica, ente o associazione parte di un contratto con un fornitore di servizi di comunicazione elettronica accessibili al pubblico per la fornitura di tali servizi, o comunque destinatario di tali servizi tramite schede prepagate;

g) « utente », qualsiasi persona fisica che utilizza un servizio di comunicazione elettronica accessibile al pubblico, per motivi privati o commerciali, senza esservi necessariamente abbonata;

h) « dati relativi al traffico », qualsiasi dato sottoposto a trattamento ai fini della trasmissione di una comunicazione su una rete di comunicazione elettronica o della relativa fatturazione;

i) « dati relativi all'ubicazione », ogni dato trattato in una rete di comunicazione elettronica o da un servizio di comunicazione elettronica che indica la posizione geografica dell'apparecchiatura terminale dell'utente di un servizio di comunicazione elettronica accessibile al pubblico;

l) « servizio a valore aggiunto », il servizio che richiede il trattamento dei dati relativi al traffico o dei dati relativi all'ubicazione diversi dai dati relativi al traffico, oltre a quanto è necessario per la trasmissione di una comunicazione o della relativa fatturazione;

m) « posta elettronica », messaggi contenenti testi, voci, suoni o immagini trasmessi attraverso una rete pubblica di comunicazione, che possono essere archiviati in rete o nell'apparecchiatura terminale ricevente, fino a che il ricevente non ne ha preso conoscenza (3).

(1) *Rubrica così sostituita dall'art. 11[1] lett. a) n. 1 d.ls. 10 agosto 2018, n. 101. Il testo della rubrica era il seguente:* « Servizi interessati ».

(2) *Comma così modificato dall'art. 1[4] d.ls. 28 maggio 2012, n. 69.*

(3) *Comma aggiunto dall'art. 11[1] lett. a) n. 2 d.ls. n. 101, cit.*

122. Informazioni raccolte nei riguardi del contraente o dell'utente (1). – 1. L'archiviazione delle informazioni nell'apparecchio terminale di un contraente o di un utente o l'accesso a informazioni già archiviate sono consentiti unicamente a condizione che il contraente o l'utente abbia espresso il proprio consenso dopo essere stato informato con (2) modalità semplificate (2). Ciò non vieta l'eventuale archiviazione tecnica o l'accesso alle informazioni già archiviate se finalizzati unicamente ad effettuare la trasmissione di una comunicazione su una rete di comunicazione elettronica, o nella misura strettamente necessaria al fornitore di un servizio della società dell'informazione esplicitamente richiesto dal contraente o dall'utente a erogare tale servizio. Ai fini della determinazione delle modalità semplificate di cui al primo periodo il Garante tiene anche conto delle proposte formulate dalle associazioni maggiormente rappresentative a livello nazionale dei consumatori e delle categorie economiche coinvolte, anche allo scopo di garantire l'utilizzo di metodologie che assicurino l'effettiva consapevolezza del contraente o dell'utente (3).

2. Ai fini dell'espressione del consenso di cui al comma 1, possono essere utilizzate specifiche configurazioni di programmi informatici o di dispositivi che siano di facile e chiara utilizzabilità per il contraente o l'utente (4).

2-*bis*. Salvo quanto previsto dal comma 1, è vietato l'uso di una rete di comunicazione elettronica per accedere a informazioni archiviate nell'apparecchio terminale di un contraente o di un utente, per archiviare informazioni o per monitorare le operazioni dell'utente (5).

(1) *Rubrica così modificata dall'art. 1[12] d.lgs. 28 maggio 2012, n. 69.*
(2) *La parola* « le » *che seguiva la parola* « con » *è stata soppressa e le parole* « di cui all'articolo 13, comma 3 » *che seguivano le parole* « modalità semplificate » *sono statesoppresse dall'art. 11[1 lett. b)] d.lgs. 10 agosto 2018, n. 101.*
(3) *Comma così sostituito dell'art. 1[5 lett. a)] d.lgs. n. 69, cit.*
(4) *Comma così sostituito dall'art. 1[5 lett. b)] d.lgs. n. 69, cit.*
(5) *Comma aggiunto dall'art. 1[5 lett. c)] d.lgs. n. 69, cit.*

123. Dati relativi al traffico. – 1. I dati relativi al traffico riguardanti abbonati (1) ed utenti trattati dal fornitore di una rete pubblica di comunicazioni o di un servizio di comunicazione elettronica accessibile al pubblico sono cancellati o resi anonimi quando non sono più necessari ai fini della trasmissione della comunicazione elettronica, fatte salve le disposizioni dei commi 2, 3 e 5.

2. Il trattamento dei dati relativi al traffico strettamente necessari a fini di fatturazione per il contraente (1), ovvero di pagamenti in caso di interconnessione, è consentito al fornitore, a fini di documentazione in caso di contestazione della fattura o per la pretesa del pagamento, per un periodo non superiore a sei mesi, salva l'ulteriore specifica conservazione necessaria per effetto di una contestazione anche in sede giudiziale.

3. Il fornitore di un servizio di comunicazione elettronica accessibile al pubblico può trattare i dati di cui al comma 2 nella misura e per la durata necessarie a fini di commercializzazione di servizi di comunicazione elettronica o per la fornitura di servizi a valore aggiunto, solo se il contraente (1) o l'utente cui i dati si riferiscono

hanno manifestato preliminarmente (2) il proprio consenso, che è revocabile in ogni momento.

4. Nel fornire le informazioni di cui agli articoli 13 e 14 del Regolamento (3) il fornitore del servizio informa il contraente (1) o l'utente sulla natura dei dati relativi al traffico che sono sottoposti a trattamento e sulla durata del medesimo trattamento ai fini di cui ai commi 2 e 3.

5. Il trattamento dei dati personali relativi al traffico è consentito unicamente a persone che, ai sensi dell'articolo 2-*quaterdecies*, risultano autorizzate al trattamento e che operano (4) sotto la diretta autorità del fornitore del servizio di comunicazione elettronica accessibile al pubblico o, a seconda dei casi, del fornitore della rete pubblica di comunicazioni e che si occupano della fatturazione o della gestione del traffico, di analisi per conto di clienti, dell'accertamento di frodi, o della commercializzazione dei servizi di comunicazione elettronica o della prestazione dei servizi a valore aggiunto. Il trattamento è limitato a quanto è strettamente necessario per lo svolgimento di tali attività e deve assicurare l'identificazione della persona autorizzata (4) che accede ai dati anche mediante un'operazione di interrogazione automatizzata.

6. L'Autorità per le garanzie nelle comunicazioni può ottenere i dati relativi alla fatturazione o al traffico necessari ai fini della risoluzione di controversie attinenti, in particolare, all'interconnessione o alla fatturazione.

(1) *V. nota 2 sub Epigrafe.*

(2) *La parola* « preliminarmente » *è stata inserita dall'art. 1[6] d.ls. n. 69, cit.*

(3) *Le parole* « le informazioni di cui agli articoli 13 e 14 del Regolamento » *sono state sostituite alle parole* « l'informativa di cui all'articolo 13 » *dall'art. 11[1 lett. c) n. 1] d.ls. 10 agosto 2018, n. 101.*

(4) *Le parole* « a persone che, ai sensi dell'articolo 2-quaterdecies, risultano autorizzate al trattamento e che operano » *sono state sostituite alle parole* « ad incaricati del trattamento che operano ai sensi dell'articolo 30 » *e le parole* « della persona autorizzata » *sono state sostituite alle parole* « dell'incaricato » *dall'art. 11[1 lett. c) n. 2] d.ls. n. 101, cit.*

124. Fatturazione dettagliata. – 1. Il contraente (1) ha diritto di ricevere in dettaglio, a richiesta e senza alcun aggravio di spesa, la dimostrazione degli elementi che compongono la fattura relativi, in particolare, alla data e all'ora di inizio della conversazione, al numero selezionato, al tipo di numerazione, alla località, alla durata e al numero di scatti addebitati per ciascuna conversazione.

2. Il fornitore del servizio di comunicazione elettronica accessibile al pubblico è tenuto ad abilitare l'utente ad effettuare comunicazioni e a richiedere servizi da qualsiasi terminale, gratuitamente ed in

modo agevole, avvalendosi per il pagamento di modalità alternative alla fatturazione, anche impersonali, quali carte di credito o di debito o carte prepagate.

3. Nella documentazione inviata al contraente (1) relativa alle comunicazioni effettuate non sono evidenziati i servizi e le comunicazioni di cui al comma 2, né le comunicazioni necessarie per attivare le modalità alternative alla fatturazione.

4. Nella fatturazione al contraente (1) non sono evidenziate le ultime tre cifre dei numeri chiamati. Ad esclusivi fini di specifica contestazione dell'esattezza di addebiti determinati o riferiti a periodi limitati, il contraente (1) può richiedere la comunicazione dei numeri completi delle comunicazioni in questione.

5. Il Garante, accertata l'effettiva disponibilità delle modalità di cui al comma 2, può autorizzare il fornitore ad indicare nella fatturazione i numeri completi delle comunicazioni.

(1) *V. nota 2* sub *Epigrafe.*

125. Identificazione della linea. – 1. Se è disponibile la presentazione dell'identificazione della linea chiamante, il fornitore del servizio di comunicazione elettronica accessibile al pubblico assicura all'utente chiamante la possibilità di impedire, gratuitamente e mediante una funzione semplice, la presentazione dell'identificazione della linea chiamante, chiamata per chiamata. Il contraente (1) chiamante deve avere tale possibilità linea per linea.

Rimane in ogni caso fermo quanto previsto dall'articolo 2, comma 1, della legge 11 gennaio 2018, n. 5 (2).

2. Se è disponibile la presentazione dell'identificazione della linea chiamante, il fornitore del servizio di comunicazione elettronica accessibile al pubblico assicura al contraente (1) chiamato la possibilità di impedire, gratuitamente e mediante una funzione semplice, la presentazione dell'identificazione delle chiamate entranti.

3. Se è disponibile la presentazione dell'identificazione della linea chiamante e tale indicazione avviene prima che la comunicazione sia stabilita, il fornitore del servizio di comunicazione elettronica accessibile al pubblico assicura al contraente (1) chiamato la possibilità, mediante una funzione semplice e gratuita, di respingere le chiamate entranti se la presentazione dell'identificazione della linea chiamante è stata eliminata dall'utente o contraente (1) chiamante.

4. Se è disponibile la presentazione dell'identificazione della linea collegata, il fornitore del servizio di comunicazione elettronica accessibile al pubblico assicura al contraente (1) chiamato la possibilità di impedire, gratuitamente e mediante una funzione semplice, la

presentazione dell'identificazione della linea collegata all'utente chiamante.

5. Le disposizioni di cui al comma 1 si applicano anche alle chiamate dirette verso Paesi non appartenenti all'Unione europea. Le disposizioni di cui ai commi 2, 3 e 4 si applicano anche alle chiamate provenienti da tali Paesi.

6. Se è disponibile la presentazione dell'identificazione della linea chiamante o di quella collegata, il fornitore del servizio di comunicazione elettronica accessibile al pubblico informa gli abbonati (3) e gli utenti dell'esistenza di tale servizio e delle possibilità previste ai commi 1, 2, 3 e 4.

(1) *V. nota 2* sub *Epigrafe.*

(2) *Periodo aggiunto dall'art. 11[1] lett. d) d.ls. 10 agosto 2018, n. 101.*

(3) *Ma v. art. 1[12] d.ls. 28 maggio 2012, n. 69,, ai sensi del quale, nel presente decreto legislativo, « la parola: "abbonato", ovunque ricorra, è sostituita dalla seguente: "contraente" ».*

126. Dati relativi all'ubicazione. – 1. I dati relativi all'ubicazione diversi dai dati relativi al traffico, riferiti agli utenti o agli abbonati (1) di reti pubbliche di comunicazione o di servizi di comunicazione elettronica accessibili al pubblico, possono essere trattati solo se anonimi o se l'utente o il contraente (1) ha manifestato previamente il proprio consenso, revocabile in ogni momento, e nella misura e per la durata necessari per la fornitura del servizio a valore aggiunto richiesto.

2. Il fornitore del servizio, prima di richiedere il consenso, informa gli utenti e gli abbonati sulla natura dei dati relativi all'ubicazione diversi dai dati relativi al traffico che saranno sottoposti al trattamento, sugli scopi e sulla durata di quest'ultimo, nonché sull'eventualità che i dati siano trasmessi ad un terzo per la prestazione del servizio a valore aggiunto.

3. L'utente e il contraente (1) che manifestano il proprio consenso al trattamento dei dati relativi all'ubicazione, diversi dai dati relativi al traffico, conservano il diritto di richiedere, gratuitamente e mediante una funzione semplice, l'interruzione temporanea del trattamento di tali dati per ciascun collegamento alla rete o per ciascuna trasmissione di comunicazioni.

4. Il trattamento dei dati relativi all'ubicazione diversi dai dati relativi al traffico, ai sensi dei commi 1, 2 e 3, è consentito unicamente a persone autorizzate al trattamento, ai sensi dell'articolo 2-*quaterdecies*, che operano (2), sotto la diretta autorità del fornitore del servizio di comunicazione elettronica accessibile al pubblico o, a

seconda dei casi, del fornitore della rete pubblica di comunicazioni o del terzo che fornisce il servizio a valore aggiunto. Il trattamento è limitato a quanto è strettamente necessario per la fornitura del servizio a valore aggiunto e deve assicurare l'identificazione della persona autorizzata (2) che accede ai dati anche mediante un'operazione di interrogazione automatizzata.

(1) *V. nota 2 sub Epigrafe.*

(2) *Le parole* « a persone autorizzate al trattamento, ai sensi dell'articolo 2-*quaterdecies*, che operano » *sono state sostituite alle parole* « ad incaricati del trattamento che operano ai sensi dell'articolo 30 » *e le parole* « della persona autorizzata » *sono state sostituite alle parole* « dell'incaricato » *dall'art. 11*[1 lett. e)] *d.ls. 10 agosto 2018, n. 101.*

127. Chiamate di disturbo e di emergenza. – 1. Il contraente (1) che riceve chiamate di disturbo può richiedere che il fornitore della rete pubblica di comunicazioni o del servizio di comunicazione elettronica accessibile al pubblico renda temporaneamente inefficace la soppressione della presentazione dell'identificazione della linea chiamante e conservi i dati relativi alla provenienza della chiamata ricevuta. L'inefficacia della soppressione può essere disposta per i soli orari durante i quali si verificano le chiamate di disturbo e per un periodo non superiore a quindici giorni.

2. La richiesta formulata per iscritto dal contraente (1) specifica le modalità di ricezione delle chiamate di disturbo e nel caso in cui sia preceduta da una richiesta telefonica è inoltrata entro quarantotto ore.

3. I dati conservati ai sensi del comma 1 possono essere comunicati al contraente (1) che dichiari di utilizzarli per esclusive finalità di tutela rispetto a chiamate di disturbo. Per i servizi di cui al comma 1 il fornitore assicura procedure trasparenti nei confronti degli abbonati (2) e può richiedere un contributo spese non superiore ai costi effettivamente sopportati.

4. Il fornitore di una rete pubblica di comunicazioni o di un servizio di comunicazione elettronica accessibile al pubblico predispone procedure trasparenti per garantire, linea per linea, l'inefficacia della soppressione dell'identificazione della linea chiamante, nonché, ove necessario, il trattamento dei dati relativi all'ubicazione, nonostante il rifiuto o il mancato consenso temporanei del contraente (1) o dell'utente, da parte dei servizi abilitati in base alla legge a ricevere chiamate d'emergenza. I servizi sono individuati con decreto del Ministro delle comunicazioni, sentiti il Garante e l'Autorità per le garanzie nelle comunicazioni.

(1) *V. nota 2 sub Epigrafe.*

(2) *Ma v. art. 1[12] d.ls. n. 69, cit., ai sensi del quale, nel presente decreto legislativo, « la parola: "abbonato", ovunque ricorra, è sostituita dalla seguente: "contraente" ».*

128. **Trasferimento automatico della chiamata.** – 1. Il fornitore di un servizio di comunicazione elettronica accessibile al pubblico adotta le misure necessarie per consentire a ciascun contraente (1), gratuitamente e mediante una funzione semplice, di poter bloccare il trasferimento automatico delle chiamate verso il proprio terminale effettuato da terzi.

(1) *V. nota 2* sub *Epigrafe.*

129. (1) **Elenchi dei contraenti.** – 1. Il Garante individua con proprio provvedimento, in cooperazione con l'Autorità per le garanzie nelle comunicazioni ai sensi dell'articolo 154, comma 4, e in conformità alla normativa dell'Unione europea, le modalità di inserimento e di successivo utilizzo dei dati personali relativi ai contraenti negli elenchi cartacei o elettronici a disposizione del pubblico.

2. Il provvedimento di cui al comma 1 individua idonee modalità per la manifestazione del consenso all'inclusione negli elenchi e, rispettivamente, all'utilizzo dei dati per finalità di invio di materiale pubblicitario o di vendita diretta o per il compimento di ricerche di mercato o di comunicazione commerciale nonché per le finalità di cui all'articolo 21, paragrafo 2, del Regolamento, in base al principio della massima semplificazione delle modalità di inclusione negli elenchi a fini di mera ricerca del contraente per comunicazioni interpersonali, e del consenso specifico ed espresso qualora il trattamento esuli da tali fini, nonché in tema di verifica, rettifica o cancellazione dei dati senza oneri.

(1) *Articolo così sostituito dall'art. 11[1 lett. f)] d.ls. 10 agosto 2018, n. 101. Il testo dell'articolo era il seguente:* « Art. 129. (*Elenchi di abbonati*)— 1. Il Garante individua con proprio provvedimento, in cooperazione con l'Autorità per le garanzie nelle comunicazioni ai sensi dell'articolo 154, comma 3, e in conformità alla normativa comunitaria, le modalità di inserimento e di successivo utilizzo dei dati personali relativi agli abbonati negli elenchi cartacei o elettronici a disposizione del pubblico, anche in riferimento ai dati già raccolti prima della data di entrata in vigore del presente codice. — 2. Il provvedimento di cui al comma 1 individua idonee modalità per la manifestazione del consenso all'inclusione negli elenchi e, rispettivamente, all'utilizzo dei dati per le finalità di cui all'articolo 7, comma 4, lettera *b*), in base al principio della massima semplificazione delle modalità di inclusione negli elenchi a fini di mera ricerca del contraente per comunicazioni interpersonali, e del consenso specifico ed espresso qualora il trattamento esuli da tali fini, nonché in tema di verifica, rettifica o cancellazione dei dati senza oneri ». *In riferimento a tale formulazione dell'articolo v. art. 1[12] d.ls. 28 maggio 2012, n. 69, ai sensi del quale, nel presente decreto legislativo, la parola: « abbonato », ovunque ricorrente, era stata sostituita dalla seguente: « contraente ».*

130. Comunicazioni indesiderate. – 1. Fermo restando quanto stabilito dagli articoli 8 e 21 del decreto legislativo 9 aprile 2003, n. 70, l'uso di sistemi automatizzati di chiamata o di comunicazione di chiamata mata senza l'intervento di un operatore per l'invio di materiale pubblicitario o di vendita diretta o per il compimento di ricerche di mercato o di comunicazione commerciale è consentito con il consenso del contraente o utente (1).

Resta in ogni caso fermo quanto previsto dall'articolo 1, comma 14, della legge 11 gennaio 2018, n. 5 (2).

2. La disposizione di cui al comma 1 si applica anche alle comunicazioni elettroniche, effettuate per le finalità ivi indicate, mediante posta elettronica, telefax, messaggi del tipo *Mms* (*Multimedia Messaging Service*) o *Sms* (*Short Message Service*) o di altro tipo.

3. Fuori dei casi di cui ai commi 1 e 2, ulteriori comunicazioni per le finalità di cui ai medesimi commi effettuate con mezzi diversi da quelli ivi indicati, sono consentite ai sensi degli articoli 6 e 7 del Regolamento (3) nonché ai sensi di quanto previsto dal comma 3-*bis* (3).

3-*bis*. In deroga a quanto previsto dall'articolo 129, il trattamento dei dati di cui al comma 1 del predetto articolo, (4) mediante l'impiego del telefono e della posta cartacea per le finalità di invio di materiale pubblicitario o di vendita diretta o per il compimento di ricerche di mercato o di comunicazione commerciale (4), è consentito nei confronti di chi non abbia esercitato il diritto di opposizione, con modalità semplificate e anche in via telematica, mediante l'iscrizione della numerazione della quale è intestatario e degli altri dati personali di cui all'articolo 129, comma 1, in un registro pubblico delle opposizioni (5).

3-*ter*. Il registro di cui al comma 3-*bis* è istituito con decreto del Presidente della Repubblica (6) da adottare ai sensi dell'articolo 17, comma 2, della legge 23 agosto 1988, n. 400, previa deliberazione del Consiglio dei ministri, acquisito il parere del Consiglio di Stato e delle Commissioni parlamentari competenti in materia, che si pronunciano entro trenta giorni dalla richiesta, nonché, per i relativi profili di competenza, il parere dell'Autorità per le garanzie nelle comunicazioni, che si esprime entro il medesimo termine, secondo i seguenti criteri e principi generali:

a) attribuzione dell'istituzione e della gestione del registro ad un ente o organismo pubblico titolare di competenze inerenti alla materia;

b) previsione che l'ente o organismo deputato all'istituzione e alla gestione del registro vi provveda con le risorse umane e strumentali di cui dispone o affidandone la realizzazione e la gestione a terzi, che se ne assumono interamente gli oneri finanziari e organizzativi, mediante contratto di servizio, nel rispetto del codice dei contratti pubblici di cui al decreto legislativo 18 aprile 2016, n. 50 (7). I soggetti che si avvalgono del registro per effettuare le comunicazioni corrispondono tariffe di accesso basate sugli effettivi costi di funzionamento e di manutenzione. Il Ministro dello sviluppo economico, con proprio provvedimento, determina tali tariffe;

c) previsione che le modalità tecniche di funzionamento del registro consentano ad ogni utente di chiedere che sia iscritta la numerazione della quale è intestatario secondo modalità semplificate ed anche in via telematica o telefonica;

d) previsione di modalità tecniche di funzionamento e di accesso al registro mediante interrogazioni selettive che non consentano il trasferimento dei dati presenti nel registro stesso, prevedendo il tracciamento delle operazioni compiute e la conservazione dei dati relativi agli accessi;

e) disciplina delle tempistiche e delle modalità dell'iscrizione al registro, senza distinzione di settore di attività o di categoria merceologica, e del relativo aggiornamento, nonché del correlativo periodo massimo di utilizzabilità dei dati verificati nel registro medesimo, prevedendosi che l'iscrizione abbia durata indefinita e sia revocabile in qualunque momento, mediante strumenti di facile utilizzo e gratuitamente;

f) obbligo per i soggetti che effettuano trattamenti di dati per le finalità di invio di materiale pubblicitario o di vendita diretta o per il compimento di ricerche di mercato o di comunicazione commerciale (8), di garantire la presentazione dell'identificazione della linea chiamante e di fornire all'utente idonee informative, in particolare sulla possibilità e sulle modalità di iscrizione nel registro per opporsi a futuri contatti;

g) previsione che l'iscrizione nel registro non precluda i trattamenti dei dati altrimenti acquisiti e trattati nel rispetto degli articoli 6 e 7 del Regolamento (9) (10).

3-*quater*. La vigilanza e il controllo sull'organizzazione e il funzionamento del registro di cui al comma 3-*bis* e sul trattamento dei dati sono attribuiti al Garante (10).

4. Fatto salvo quanto previsto nel comma 1, se il titolare del trattamento utilizza, a fini di vendita diretta di propri prodotti o servizi, le coordinate di posta elettronica fornite dall'interessato nel contesto

della vendita di un prodotto o di un servizio, può non richiedere il consenso dell'interessato, sempre che si tratti di servizi analoghi a quelli oggetto della vendita e l'interessato, adeguatamente informato, non rifiuti tale uso, inizialmente o in occasione di successive comunicazioni. L'interessato, al momento della raccolta e in occasione dell'invio di ogni comunicazione effettuata per le finalità di cui al presente comma, è informato della possibilità di opporsi in ogni momento al trattamento, in maniera agevole e gratuitamente.

5. È vietato in ogni caso l'invio di comunicazioni per le finalità di cui al comma 1 o, comunque, a scopo promozionale, effettuato camuffando o celando l'identità del mittente o in violazione dell'articolo 8 del decreto legislativo 9 aprile 2003, n. 70, o senza fornire un idoneo recapito presso il quale l'interessato possa esercitare i diritti di cui agli articoli da 15 a 22 del Regolamento (11), oppure esortando i destinatari a visitare siti web che violino il predetto articolo 8 del decreto legislativo n. 70 del 2003 (12).

6. In caso di reiterata violazione delle disposizioni di cui al presente articolo il Garante può, provvedendo ai sensi dell'articolo 58 del Regolamento (13), altresì prescrivere a fornitori di servizi di comunicazione elettronica di adottare procedure di filtraggio o altre misure praticabili relativamente alle coordinate di posta elettronica da cui sono stati inviate le comunicazioni.

(1) *Comma così modificato dall'art. 1*[7 lett. a)] *d.ls. 28 maggio 2012, n. 69.*

(2) *Periodo aggiunto dall'art. 11*[1 lett. g) n. 1] *d.ls. 10 agosto 2018, n. 101.*

(3) *Le parole* « 6 e 7 del Regolamento » *sono state sostituite alle parole* « 23 e 24 » *e le parole* « del presente articolo » *che seguivano le parole* « comma 3-bis » *sono state soppresse dall'art. 11*[1 lett. g) n. 2] *d.ls. n. 101, cit. Precedentemente tale comma era stato così modificato dall'art. 20-*bis[1 lett. a)] *d.l. 25 settembre 2009, n. 135, conv., con modif., in l. 20 novembre 2009, n. 166.*

(4) *Le parole* « al comma 1 del predetto articolo, » *sono state sostituite alle parole* « all'articolo 129, comma 1, » *e le parole* « di invio di materiale pubblicitario o di vendita diretta o per il compimento di ricerche di mercato o di comunicazione commerciale » *sono state sostituite alle parole* « di cui all'articolo 7, comma 4, lett. b) » *dall'art. 11*[1 lett. g) n. 3] *d.ls. n. 101, cit.*

(5) *Comma inserito dall'art. 20-*bis[1 lett. b)] *d.l. 25 settembre 2009, n. 135, conv., con modif., in l. 20 novembre 2009, n. 166, e, da ultimo, modificato dall'art. 6*[2 lett. a) n. 6] *d.l. 13 maggio 2011, n. 70, conv., con modif., in l. 12 luglio 2011, n. 106. Ai sensi dell'art. 20-*bis[2 lett. b)] *d.l. n. 135, cit., il registro previsto dal presente comma « è istituito entro sei mesi dalla data di entrata in vigore della legge di conversione del [d.l. n. 135, cit.]. Fino al suddetto termine, restano in vigore i provvedimenti adottati dal Garante per la protezione dei dati personali ai sensi dell'articolo 154 del citato codice di cui al decreto legislativo n. 196 del 2003, e successive modificazioni, in attuazione dell'articolo 129 del medesimo codice ».*

(6) *Registro istituito con d.P.R. 7 settembre 2010, n. 178.*

(7) *Le parole* « codice dei contratti pubblici di cui al decreto legislativo 18 aprile 2016,

n. 50 » *sono state sostituite alle parole* « codice dei contratti pubblici relativi a lavori, servizi e forniture, di cui al decreto legislativo 12 aprile 2006, n. 163 » *dall'art. 11*[1 lett. g) n. 4] *d.ls. n. 101, cit.*

(8) *Le parole* « di invio di materiale pubblicitario o di vendita diretta o per il compimento di ricerche di mercato o di comunicazione commerciale » *sono state sostituite alle parole* « di cui all'articolo 7, comma 4, lettera b) » *dall'art. 11*[1 lett. g) n. 4] *d.ls. n. 101, cit.*

(9) *Le parole* « 6 e 7 del Regolamento » *sono state sostituite alle parole* « 23 e 24 » *dall'art. 11*[1 lett. g) n. 4] *d.ls. n. 101, cit. Successivamente con Avviso di Rettifica 27 settembre 2018 (G.U. 27 settembre 2108, n. 225) i punti « 6) » e « 7) » si devono intendere, rispettivamente, « 5) » e « 6) ».*

(10) *Comma inserito dall'art. 20-*bis[1 lett. b)] *d.l. n. 135, cit.*

(11) *Le parole* « agli articoli da 15 a 22 del Regolamento » *sono state sostituite alle parole* « all'articolo 7 » *dall'art. 11*[1 lett. g) n. 5] *d.ls. n. 101, cit.*

(12) *Comma così modificato dall'art. 1*[7 lett. b)] *d.ls. n. 69, cit.*

(13) *Le parole* « dell'articolo 58 del Regolamento » *sono state sostituite alle parole* « dell'articolo 143, comma 1, lettera b) » *dall'art. 11*[1 lett. g) n. 6] *d.ls. n. 101, cit.*

131. Informazioni a contraenti e utenti (1). – 1. Il fornitore di un servizio di comunicazione elettronica accessibile al pubblico informa il contraente e, ove possibile, l'utente circa la sussistenza di situazioni che permettono di apprendere in modo non intenzionale il contenuto di comunicazioni o conversazioni da parte di soggetti ad esse estranei.

2. Il contraente informa l'utente quando il contenuto delle comunicazioni o conversazioni può essere appreso da altri a causa del tipo di apparecchiature terminali utilizzate o del collegamento realizzato tra le stesse presso la sede del contraente medesimo.

3. L'utente informa l'altro utente quando, nel corso della conversazione, sono utilizzati dispositivi che consentono l'ascolto della conversazione stessa da parte di altri soggetti.

(1) *Rubrica così sostituita dall'art. 11*[1 lett. h)] *d.ls. 10 agosto 2018, n. 101. Il testo della rubrica era il seguente:* « Informazioni ad abbonati e utenti. ». *In riferimento a tale precedente testo v. art. 1*[12] *d.ls. 28 maggio 2012, n. 69, ai sensi del quale, nel presente decreto legislativo, la parola: « abbonato », ovunque ricorreva, era stata sostituita dalla seguente: « contraente ».*

132. Conservazione di dati di traffico per altre finalità (1). – Fermo restando quanto previsto dall'art. 123, comma 2, i dati relativi al traffico telefonico, [...] (2) sono conservati dal fornitore per ventiquattro mesi dalla data della comunicazione (3), per finalità di accertamento e repressione dei reati, mentre, per le medesime finalità, i dati relativi al traffico telematico, esclusi comunque i contenuti delle comunicazioni, sono conservati dal fornitore per dodici mesi dalla data della comunicazione (4) (5) [166[2]].

1-*bis*. I dati relativi alle chiamate senza risposta, trattati temporaneamente da parte dei fornitori di servizi di comunicazione elettronica accessibili al pubblico oppure di una rete pubblica di comunicazione, sono conservati per trenta giorni (6) [166^2].

2. (7).

3. Entro il termine di conservazione imposto dalla legge, se sussistono sufficienti indizi di reati per i quali la legge stabilisce la pena dell'ergastolo o della reclusione non inferiore nel massimo a tre anni, determinata a norma dell'articolo 4 del codice di procedura penale, e di reati di minaccia e di molestia o disturbo alle persone col mezzo del telefono, quando la minaccia, la molestia e il disturbo sono gravi, ove rilevanti per l'accertamento dei fatti, i dati sono acquisiti previa autorizzazione rilasciata dal giudice con decreto motivato, su richiesta del pubblico ministero o su istanza del difensore dell'imputato, della persona sottoposta a indagini, della persona offesa e delle altre parti private (8).

3-*bis*. Quando ricorrono ragioni di urgenza e vi è fondato motivo di ritenere che dal ritardo possa derivare grave pregiudizio alle indagini, il pubblico ministero dispone la acquisizione dei dati con decreto motivato che è comunicato immediatamente, e comunque non oltre quarantotto ore, al giudice competente per il rilascio dell'autorizzazione in via ordinaria. Il giudice, nelle quarantotto ore successive, decide sulla convalida con decreto motivato (9).

3-*ter*. Rispetto ai dati conservati per le finalità indicate al comma 1 i diritti di cui agli articoli da 12 a 22 del Regolamento possono essere esercitati con le modalità di cui all'articolo 2-*undecies*, comma 3, terzo, quarto e quinto periodo (9).

3-*quater*. I dati acquisiti in violazione delle disposizioni dei commi 3 e 3-*bis* non possono essere utilizzati (9).

4. (7).

4-*bis*. (7).

4-*ter*. Il Ministro dell'interno o, su sua delega, i responsabili degli uffici centrali specialistici in materia informatica o telematica della Polizia di Stato, dell'Arma dei carabinieri e del Corpo della guardia di finanza, nonché gli altri soggetti indicati nel comma 1 dell'art. 226 delle norme di attuazione, di coordinamento e transitorie del c.p.p., di cui al d.ls. 28 luglio 1989, n. 271, possono ordinare, anche in relazione alle eventuali richieste avanzate da autorità investigative straniere, ai fornitori e agli operatori di servizi informatici o telematici di conservare e proteggere, secondo le modalità indicate e per un periodo non superiore a novanta giorni, i dati relativi al traffico telematico, esclusi comunque i contenuti delle comunicazioni, ai fini dello svolgimento delle investigazioni preventive previste dal citato art. 226 delle norme di cui al d.ls. n. 271 del 1989, ovvero per finalità di accertamento e repressione di specifici reati. Il provvedimento, prorogabile, per motivate esigenze, per una durata complessiva non superiore a sei mesi, può prevedere particolari modalità di custodia dei dati e l'eventuale indisponibilità dei dati stessi da parte dei fornitori e degli operatori di servizi informatici o telematici ovvero di terzi (10).

4-*quater*. Il fornitore o l'operatore di servizi informatici o telematici cui è rivolto l'ordine previsto dal comma 4-*ter* deve ottemperarvi senza ritardo, fornendo immediatamente all'autorità richiedente l'assicurazione dell'adempimento [166^2]. Il fornitore o l'operatore di servizi informatici o telematici è tenuto a mantenere il segreto relativamente all'ordine ricevuto e alle attività conseguentemente svolte per il periodo indicato dall'autorità [166^2]. In caso di violazione dell'obbligo si applicano, salvo che il fatto costituisca più grave reato, le disposizioni dell'art. 326 del c.p. (10).

4-*quinquies*. I provvedimenti adottati ai sensi del comma 4-*ter* sono comunicati per iscritto, senza ritardo e comunque entro quarantotto ore dalla notifica al destinatario, al pubblico ministero del luogo di esecuzione il quale, se ne ricorrono i presupposti, li convalida. In caso di mancata convalida, i provvedimenti assunti perdono efficacia (10).

5. Il trattamento dei dati per le finalità di cui al comma 1 (11) è effettuato nel rispetto delle misure e degli accorgimenti a garanzia dell'interessato prescritti dal Garante con provvedimento di carattere generale (12), volti a garantire che i dati conservati possiedano i medesimi requisiti di qualità, sicurezza e protezione dei dati in rete [$181^{6\text{-}bis}$], nonché ad (13) indicare le modalità tecniche per la periodica distruzione dei dati, decorsi i termini di cui al comma 1 (14) [166^2].

5-*bis*. È fatta salva la disciplina di cui all'art. 24 della l. 20 novembre 2017, n. 167 (15).

(1) *Articolo dapprima sostituito ad opera dell'art. 3, d.l. 24 dicembre 2003, n. 354, conv. in l. 26 febbraio 2004, n. 45, e successivamente modificato ad opera dell'art. 6^3, d.l. 27 luglio 2005, n. 144, conv. in l. 31 luglio 2005, n. 155.*

(2) *Parole « , inclusi quelli concernenti le chiamate senza risposta », soppresse ad opera dell'art. 2^1, lett. a), d.ls. 30 maggio 2008, n. 109.*

(3) *Parole « della data della comunicazione » inserite ad opera dell'art. 2^1, lett. a), d.ls. 30 maggio 2008, n. 109.*

(4) *Parole « dodici mesi dalla data della comunicazione » così sostituite ad opera dell'art. 2^1, lett. a), d.ls. 30 maggio 2008, n. 109.*

(5) *Per le categorie di dati da conservare per le finalità di cui al presente articolo v. art. 3, d.ls. 30 maggio 2008, n. 109.*

(6) *Comma inserito ad opera dell'art. 2[1], lett.* b), *d.ls. 30 maggio 2008, n. 109.*

(7) *Comma abrogato ad opera dell'art. 2[1], lett.* c), *d.ls. 30 maggio 2008, n. 109.*

(8) *Comma così sostituito ad opera dell'art. 1[1], lett.* a), *d.l. 30 settembre 2021, n. 132, conv. in l. 23 novembre 2021, n. 178. Il testo previgente, come da ultimo modificato ad opera ad opera dell'art. 11[1], lett.* i), *n. 1, d.ls. 10 agosto 2018, n. 101, era il seguente: « Entro il termine di cui al comma 1, i dati sono acquisiti presso il fornitore con decreto motivato del pubblico ministero anche su istanza del difensore dell'imputato, della persona sottoposta alle indagini, della persona offesa e delle altre parti private. Il difensore dell'imputato o della persona sottoposta alle indagini può richiedere, direttamente al fornitore i dati relativi alle utenze intestate al proprio assistito con le modalità indicate dall'art. 391-*quater *del c.p.p.*

*La richiesta di accesso diretto alle comunicazioni telefoniche in entrata può essere effettuata solo quando possa derivarne un pregiudizio effettivo e concreto per lo svolgimento delle investigazioni difensive di cui alla l. 7 dicembre 2000, n. 397; diversamente, i diritti di cui agli artt. da 12 a 22 del Regolamento possono essere esercitati con le modalità di cui all'art. 2-*undecies*, comma 3, terzo, quarto e quinto periodo ».*

(9) *Comma inserito ad opera dell'art. 1[1], lett.* b), *d.l. 30 settembre 2021, n. 132, conv. in l. 23 novembre 2021, n. 178.*

(10) *Comma inserito ad opera dell'art. 10[1], l. 18 marzo 2008, n. 48.*

(11) *Parole « al comma 1 » così sostituite ad opera dell'art. 2[1], lett.* d), *n. 1, d.ls. 30 maggio 2008, n. 109.*

(12) *Parole «* con provvedimento di carattere generale *» così sostituite a quelle «* secondo le modalità di cui all'art. 2-*quinquiesdecies » ad opera dell'art. 9[1] lett.* e), *d.l. 8 ottobre 2021, n. 139, conv. in l. 3 dicembre 2021, n. 205.*

(13) *Parole « nonché ad » così sostituite a quelle « nonché a: a) prevedere in ogni caso specifici sistemi di autenticazione informatica e di autorizzazione degli incaricati del trattamento di cui all'allegato* b); d) *» ad opera dell'art. 11[1], lett.* i), *n. 2, d.ls. 10 agosto 2018, n. 101.*

(14) *Parole « al comma 1 » così sostituite ad opera dell'art. 2[1], lett.* d), *n. 3, d.ls. 30 maggio 2008, n. 109.*

(15) *Comma aggiunto ad opera dell'art. 11[1], lett.* i), *n. 3, d.ls. 10 agosto 2018, n. 101.*

132-*bis*. (1) **Procedure istituite dai fornitori.** – 1. I fornitori istituiscono procedure interne per corrispondere alle richieste effettuate in conformità alle disposizioni che prevedono forme di accesso a dati personali degli utenti.

2. A richiesta, i fornitori forniscono al Garante, per i profili di competenza, informazioni sulle procedure di cui al comma 1, sul numero di richieste ricevute, sui motivi legali addotti e sulle risposte date.

(1) *Articolo inserito dall'art. 1[8] d.ls. 28 maggio 2012, n. 69.*

132-*ter*. (1) **Sicurezza del trattamento.** – 1. Nel rispetto di quanto disposto dall'articolo 32 del Regolamento, ai fornitori di servizi di comunicazione elettronica accessibili al pubblico si applicano le disposizioni del presente articolo.

2. Il fornitore di un servizio di comunicazione elettronica accessi-

bile al pubblico adotta, ai sensi dell'articolo 32 del Regolamento, anche attraverso altri soggetti a cui sia affidata l'erogazione del servizio, misure tecniche e organizzative adeguate al rischio esistente.

3. I soggetti che operano sulle reti di comunicazione elettronica garantiscono che i dati personali siano accessibili soltanto al personale autorizzato per fini legalmente autorizzati.

4. Le misure di cui ai commi 2 e 3 garantiscono la protezione dei dati relativi al traffico ed all'ubicazione e degli altri dati personali archiviati o trasmessi dalla distruzione anche accidentale, da perdita o alterazione anche accidentale e da archiviazione, trattamento, accesso o divulgazione non autorizzati o illeciti, nonché garantiscono l'attuazione di una politica di sicurezza.

5. Quando la sicurezza del servizio o dei dati personali richiede anche l'adozione di misure che riguardano la rete, il fornitore del servizio di comunicazione elettronica accessibile al pubblico adotta tali misure congiuntamente con il fornitore della rete pubblica di comunicazioni. In caso di mancato accordo, su richiesta di uno dei fornitori, la controversia è definita dall'Autorità per le garanzie nelle comunicazioni secondo le modalità previste dalla normativa vigente.

(1) *Articolo inserito dall'art. 11[1 lett. l)] d.ls. 10 agosto 2018, n. 101.*

132-*quater*. (1) **Informazioni sui rischi.** – 1. Il fornitore di un servizio di comunicazione elettronica accessibile al pubblico informa gli abbonati e, ove possibile, gli utenti, mediante linguaggio chiaro, idoneo e adeguato rispetto alla categoria e alla fascia di età dell'interessato a cui siano fornite le suddette informazioni, con particolare attenzione in caso di minori di età, se sussiste un particolare rischio di violazione della sicurezza della rete, indicando, quando il rischio è al di fuori dell'ambito di applicazione delle misure che il fornitore stesso è tenuto ad adottare a norma dell'articolo 132-*ter*, commi 2, 3 e 5, tutti i possibili rimedi e i relativi costi presumibili. Analoghe informazioni sono rese al Garante e all'Autorità per le garanzie nelle comunicazioni.

(1) *Articolo inserito dall'art. 11[1 lett. l)] d.ls. 10 agosto 2018, n. 101.*

CAPO II – *Internet e reti telematiche* (1)

(1) *Capo abrogato dall'art. 27[1 lett. b) n. 8] d.ls. 10 agosto 2018, n. 101.*

[133. (1) **Codice di deontologia e di buona condotta.** – 1. Il Garante promuove, ai sensi dell'articolo 12, la sottoscrizione di un codice di deontologia e di buona condotta per il trattamento dei dati personali effettuato da fornitori di servizi di comunicazione e informazione offerti mediante reti di comunicazione elettronica, con particolare riguardo ai criteri per assicurare ed uniformare una più adeguata informazione e consapevolezza degli utenti delle reti di comunicazione elettronica gestite da soggetti pubblici e privati rispetto ai tipi di dati personali trattati e alle modalità del loro trattamento, in particolare attraverso informative fornite in linea in modo agevole e interattivo, per favorire una più ampia trasparenza e correttezza nei confronti dei medesimi utenti e il pieno rispetto dei principi di cui all'articolo 11, anche ai fini dell'eventuale rilascio di certificazioni attestanti la qualità delle modalità prescelte e il livello di sicurezza assicurato.]

(1) *V. nota* sub *Capo II.*

CAPO III – *Videosorveglianza* (1)

(1) *Capo abrogato dall'art. 27[1] lett. b) n. 8 d.lgs. 10 agosto 2018, n. 101.*

[134. (1) **Codice di deontologia e di buona condotta.** – 1. Il Garante promuove, ai sensi dell'articolo 12, la sottoscrizione di un codice di deontologia e di buona condotta per il trattamento dei dati personali effettuato con strumenti elettronici di rilevamento di immagini, prevedendo specifiche modalità di trattamento e forme semplificate di informativa all'interessato per garantire la liceità e la correttezza anche in riferimento a quanto previsto dall'articolo 11.]

(1) *V. nota* sub *Capo III.*

TITOLO XI
Libere professioni e investigazione privata (1)

(1) *Titolo abrogato dall'art. 27[1] lett. b) n. 8 d.lgs. 10 agosto 2018, n. 101.*

CAPO I – *Profili generali* (1)

(1) *V. nota* sub *Titolo XI.*

[135. (1) **Codice di deontologia e di buona condotta.** – 1. Il Garante promuove, ai sensi dell'articolo 12, la sottoscrizione di un codice di deontologia e di buona condotta per il trattamento dei dati personali effettuato per lo svolgimento delle investigazioni difensive di cui alla legge 7 dicembre 2000, n. 397, o per far valere o difendere un diritto in sede giudiziaria, in particolare da liberi professionisti o da soggetti che esercitano un'attività di investigazione privata autorizzata in conformità alla legge.]

(1) *V. nota* sub *Titolo XI.*

TITOLO XII
Giornalismo, libertà di informazione e di espressione (1)

(1) *Rubrica così sostituita dall'art. 12[1] lett. a) d.ls. 10 agosto 2018, n. 101. Il testo della rubirca era il seguente:* « Giornalismo ed espressione letteraria ed artistica ».

CAPO I – *Profili generali.*

136. Finalità giornalistiche e altre manifestazioni del pensiero. – 1. Le disposizioni del presente titolo si applicano, ai sensi dell'articolo 85 del Regolamento, (1) al trattamento:

a) effettuato nell'esercizio della professione di giornalista e per l'esclusivo perseguimento delle relative finalità;

b) effettuato dai soggetti iscritti nell'elenco dei pubblicisti o nel registro dei praticanti di cui agli articoli 26 e 33 della legge 3 febbraio 1963, n. 69;

c) (2) finalizzato esclusivamente alla pubblicazione o diffusione anche (2) occasionale di articoli, saggi e altre manifestazioni del pensiero anche nell'espressione accademica, artistica e letteraria (2).

(1) *Le parole* « , ai sensi dell'articolo 85 del Regolamento, » *sono state inserite dall'art. 12[1] lett. b) n. 1 d.ls. 10 agosto 2018, n. 101.*

(2) *La parola* « temporaneo » *che compariva all'inizio della lettera è stata soppressa, la parola* « anche » *è stata inserita e le parole* « nell'espressione accademica, artistica e letteraria » *sono state sostituite alle parole* « nell'espressione artistica » *dall'art. 12[1] lett. b) n. 2 d.ls. n. 101, cit.*

137. Disposizioni applicabili (1). – 1. Con riferimento a quanto previsto dall'art. 136, possono essere trattati i dati di cui agli artt. 9 e 10 del Regolamento anche senza il consenso dell'interessato, purché nel rispetto delle regole deontologiche di cui all'art. 139.

2. Ai trattamenti indicati nell'art. 136 non si applicano le disposizioni relative:

a) alle misure di garanzia di cui all'art. 2-*septies* [e ai provvedimenti generali di cui all'art. 2-*quinquiesdecies*] (2);

b) al trasferimento dei dati verso paesi terzi o organizzazioni internazionali, contenute nel Capo V del Regolamento.

3. In caso di diffusione o di comunicazione dei dati per le finalità di cui all'art. 136 restano fermi i limiti del diritto di cronaca a tutela dei diritti di cui all'art. 1, par. 2, del Regolamento e all'art. 1 del presente codice e, in particolare, quello dell'essenzialità dell'informazione riguardo a fatti di interesse pubblico. Possono essere trattati

i dati personali relativi a circostanze o fatti resi noti direttamente dagli interessati o attraverso loro comportamenti in pubblico.

(1) *Articolo così sostituito dall'art. 12*[1]*, lett. c), d.lgs. 10 agosto 2018, n. 101.*

(2) *Le parole* « e ai provvedimenti generali di cui all'art. 2-*quinquiesdecies* » *sono state soppresse dall'art. 9*[1] *lett. f), d.l. 8 ottobre 2021, n. 139, conv. in l. 3 dicembre 2021, n. 205.*

138. Segreto professionale. – 1. In caso di richiesta dell'interessato di conoscere l'origine dei dati personali ai sensi dell'articolo 15, paragrafo 1, lettera *g*), del Regolamento (1) restano ferme le norme sul segreto professionale degli esercenti la professione di giornalista, limitatamente alla fonte della notizia.

(1) *Le parole* « dell'articolo 15, paragrafo 1, lettera g), del Regolamento » *sono state sostituite alle parole* « dell'articolo 7, comma 2, lettera a) » *dall'art. 12*[1] *lett. d) d.lgs. 10 agosto 2018, n. 101.*

CAPO II – *Regole deontologiche relative ad attività giornalistiche e ad altre manifestazioni del pensiero* (1)

(1) *Rubrica così sostituita dall'art. 12*[1] *lett. e) d.lgs. 10 agosto 2018, n. 101. Il testo della rubrica era il seguente:* « Codice di deontologia ».

139. (1) **Regole deontologiche relative ad attività giornalistiche.** – 1. Il Garante promuove, ai sensi dell'articolo 2-*quater*, l'adozione da parte del Consiglio nazionale dell'ordine dei giornalisti di regole deontologiche relative al trattamento dei dati di cui all'articolo 136, che prevedono misure ed accorgimenti a garanzia degli interessati rapportate alla natura dei dati, in particolare per quanto riguarda quelli relativi alla salute e alla vita o all'orientamento sessuale. Le regole possono anche prevedere forme particolari per le informazioni di cui agli articoli 13 e 14 del Regolamento.

2. Le regole deontologiche o le modificazioni od integrazioni alle stesse che non sono adottate dal Consiglio entro sei mesi dalla proposta del Garante sono adottate in via sostitutiva dal Garante e sono efficaci sino a quando diviene efficace una diversa disciplina secondo la procedura di cooperazione.

3. Le regole deontologiche e le disposizioni di modificazione ed integrazione divengono efficaci quindici giorni dopo la loro pubblicazione nella Gazzetta Ufficiale della Repubblica italiana ai sensi dell'articolo 2-*quater*.

4. In caso di violazione delle prescrizioni contenute nelle regole deontologiche, il Garante può vietare il trattamento ai sensi dell'articolo 58 del Regolamento.

5. Il Garante, in cooperazione con il Consiglio nazionale dell'or-

dine dei giornalisti, prescrive eventuali misure e accorgimenti a garanzia degli interessati, che il Consiglio è tenuto a recepire.

(1) *Articolo così sostituito dall'art. 12[1] lett. f) d.lgs. 10 agosto 2018, n. 101. Il testo dell'articoloera il seguente:* « Art. 139. *(Codice di deontologia relativo ad attività giornalistiche)*. — 1. Il Garante promuove ai sensi dell'articolo 12 l'adozione da parte del Consiglio nazionale dell'ordine dei giornalisti di un codice di deontologia relativo al trattamento dei dati di cui all'articolo 136, che prevede misure ed accorgimenti a garanzia degli interessati rapportate alla natura dei dati, in particolare per quanto riguarda quelli idonei a rivelare lo stato di salute e la vita sessuale. Il codice può anche prevedere forme semplificate per le informative di cui all'articolo 13. — 2. Nella fase di formazione del codice, ovvero successivamente, il Garante, in cooperazione con il Consiglio, prescrive eventuali misure e accorgimenti a garanzia degli interessati, che il Consiglio è tenuto a recepire. — 3. Il codice o le modificazioni od integrazioni al codice di deontologia che non sono adottati dal Consiglio entro sei mesi dalla proposta del Garante sono adottati in via sostitutiva dal Garante e sono efficaci sino a quando diviene efficace una diversa disciplina secondo la procedura di cooperazione. — 4. Il codice e le disposizioni di modificazione ed integrazione divengono efficaci quindici giorni dopo la loro pubblicazione nella Gazzetta Ufficiale ai sensi dell'articolo 12. — 5. In caso di violazione delle prescrizioni contenute nel codice di deontologia, il Garante può vietare il trattamento ai sensi dell'articolo 143, comma 1, lettera *c*).

LEGGI COMPLEMENTARI

TITOLO XIII
Marketing diretto (1)

(1) *Titolo abrogato dall'art. 27[1] lett. b) n. 8 d.lgs. 10 agosto 2018, n. 101.*

CAPO I – *Profili generali* (1)

(1) *V. nota* sub *Titolo XIII.*

[**140**. (1) **Codice di deontologia e di buona condotta.** – 1. Il Garante promuove, ai sensi dell'articolo 12, la sottoscrizione di un codice di deontologia e di buona condotta per il trattamento dei dati personali effettuato a fini di invio di materiale pubblicitario o di vendita diretta, ovvero per il compimento di ricerche di mercato o di comunicazione commerciale, prevedendo anche, per i casi in cui il trattamento non presuppone il consenso dell'interessato, forme semplificate per manifestare e rendere meglio conoscibile l'eventuale dichiarazione di non voler ricevere determinate comunicazioni.]

(1) *V. nota* sub *Titolo XIII.*

PARTE III
Tutela dell'interessato e sanzioni

TITOLO I
Tutela amministrativa e giurisdizionale

CAPO 0.I – *Alternatività delle forme di tutela* (1).

(1) *Capo inserito dall'art. 13[1] lett. a) d.ls. 10 agosto 2018, n. 101.*

140-*bis*. (1) **Forme alternative di tutela.** – 1. Qualora ritenga che i diritti di cui gode sulla base della normativa in materia di protezione dei dati personali siano stati violati, l'interessato può proporre reclamo al Garante o ricorso dinanzi all'autorità giudiziaria.

2. Il reclamo al Garante non può essere proposto se, per il medesimo oggetto e tra le stesse parti, è stata già adita l'autorità giudiziaria.

3. La presentazione del reclamo al Garante rende improponibile un'ulteriore domanda dinanzi all'autorità giudiziaria tra le stesse parti e per il medesimo oggetto, salvo quanto previsto dall'articolo 10, comma 4, del decreto legislativo 1° settembre 2011, n. 150.

(1) *Articolo inserito dall'art. 13[1] lett. a) d.ls. 10 agosto 2018, n. 101.*

CAPO I – *Tutela dinanzi al garante* (1)

(1) *Le parole* « Sezione I – Principi generali » *che seguivano sono state soppresse dall'art. 13[1] lett. b) d.ls. 10 agosto 2018, n. 101.*

141. (1) **Reclamo al Garante.** – 1. L'interessato può rivolgersi al Garante mediante reclamo ai sensi dell'articolo 77 del Regolamento.

(1) *Articolo così sostituito dall'art. 13[1] lett. c) d.ls. 10 agosto 2018, n. 101. Il testo dell'articolo era il seguente:* « 141. (*Forme di tutela*). – 1. L'interessato può rivolgersi al Garante: *a*) mediante reclamo circostanziato nei modi previsti dall'articolo 142, per rappresentare una violazione della disciplina rilevante in materia di trattamento di dati personali; *b*) mediante segnalazione, se non è possibile presentare un reclamo circostanziato ai sensi della lettera a), al fine di sollecitare un controllo da parte del Garante sulla disciplina medesima; *c*) mediante ricorso, se intende far valere gli specifici diritti di cui all'articolo 7 secondo le modalità e per conseguire gli effetti previsti nella sezione III del presente capo ».

[SEZIONE II – *Principi generali*] (1)

(1) *Le parole* « Sezione II – Principi generali » *sono state soppresse dall'art. 13[1] lett. d) d.ls. 10 agosto 2018, n. 101.*

142. (1) **Proposizione del reclamo.** – 1. Il reclamo contiene un'indicazione per quanto possibile dettagliata dei fatti e delle circostanze su cui si fonda, delle disposizioni che si presumono violate e delle misure richieste, nonché gli estremi identificativi del titolare o del responsabile del trattamento, ove conosciuto.

2. Il reclamo è sottoscritto dall'interessato o, su mandato di questo, da un ente del terzo settore soggetto alla disciplina del decreto legislativo 3 luglio 2017, n. 117, che sia attivo nel settore della tutela dei diritti e delle libertà degli interessati, con riguardo alla protezione dei dati personali.

3. Il reclamo reca in allegato la documentazione utile ai fini della sua valutazione e l'eventuale mandato, e indica un recapito per l'invio di comunicazioni anche tramite posta elettronica, telefax o telefono.

4. Il Garante predispone un modello per il reclamo, da pubblicare nel proprio sito istituzionale, di cui favorisce la disponibilità con strumenti elettronici.

5. Il Garante disciplina con proprio regolamento il procedimento relativo all'esame dei reclami, nonché modalità semplificate e termini abbreviati per la trattazione di reclami che abbiano ad oggetto la violazione degli articoli da 15 a 22 del Regolamento.

(1) *Articolo così sostituito dall'art. 13[1] lett. e) d.ls. 10 agosto 2018, n. 101. Il testo dell'articolo era il seguente:* « Art. 142. (*Proposizione dei reclami*). — 1. Il Reclamo Contiene Un'indicazione Per Quanto Possibile Dettagliata Dei Fatti E Delle circostanze su cui si fonda, delle disposizioni che si presumono violate e delle misure richieste, nonché gli estremi identificativi del titolare, del responsabile, ove conosciuto, e dell'istante. — 2. Il reclamo è sottoscritto dagli interessati, o da associazioni che li rappresentano anche ai sensi dell'articolo 9, comma 2, ed è presentato al Garante senza particolari formalità. Il reclamo reca in allegato la documentazione utile al fini della sua valutazione e l'eventuale procura, e indica un recapito per l'invio di comunicazioni anche tramite posta elettronica, telefax o telefono. — 3. Il Garante può predisporre un modello per il reclamo da pubblicare nel Bollettino e di cui favorisce la disponibilità con strumenti elettronici. »

143. (1) **Decisione del reclamo.** – 1. Esaurita l'istruttoria preliminare, se il reclamo non è manifestamente infondato e sussistono i presupposti per adottare un provvedimento, il Garante, anche prima della definizione del procedimento può adottare i provvedimenti di cui all'articolo 58 del Regolamento nel rispetto delle disposizioni di cui all'articolo 56 dello stesso.

2. I provvedimenti di cui al comma 1 sono pubblicati nella Gazzetta Ufficiale della Repubblica italiana se i relativi destinatari non sono facilmente identificabili per il numero o per la complessità degli accertamenti.

3. Il Garante decide il reclamo entro nove mesi dalla data di presentazione e, in ogni caso, entro tre mesi dalla predetta data informa l'interessato sullo stato del procedimento. In presenza di motivate esigenze istruttorie, che il Garante comunica all'interessato, il reclamo è deciso entro dodici mesi. In caso di attivazione del procedimento di cooperazione di cui all'articolo 60 del Regolamento, il termine rimane sospeso per la durata del predetto procedimento.

4. Avverso la decisione è ammesso ricorso giurisdizionale ai sensi dell'articolo 152.

(1) *Articolo così sostituito dall'art. 13[1] lett. f) d.ls. 10 agosto 2018, n. 101. Il testo dell'articolo era il seguente:* « Art. 143. (*Procedimento per i reclami*). — 1. Esaurita l'istruttoria preliminare, se il reclamo non è manifestamente infondato e sussistono i presupposti per adottare un provvedimento, il Garante, anche prima della definizione del procedimento:

a) prima di prescrivere le misure di cui alla lettera *b*), ovvero il divieto o il blocco ai sensi della lettera *c*), può invitare il titolare, anche in contraddittorio con l'interessato, ad effettuare il blocco spontaneamente;

b) prescrive al titolare le misure opportune o necessarie per rendere il trattamento conforme alle disposizioni vigenti;

c) dispone il blocco o vieta, in tutto o in parte, il trattamento che risulta illecito o non corretto anche per effetto della mancata adozione delle misure necessarie di cui alla lettera *b*), oppure quando, in considerazione della natura dei dati o, comunque, delle modalità del trattamento o degli effetti che esso può determinare, vi è il concreto rischio del verificarsi di un pregiudizio rilevante per uno o più interessati;

d) può vietare in tutto o in parte il trattamento di dati relativi a singoli soggetti o a categorie di soggetti che si pone in contrasto con rilevanti interessi della collettività. — 2. I provvedimenti di cui al comma 1 sono pubblicati nella Gazzetta Ufficiale della Repubblica italiana se i relativi destinatari non sono facilmente identificabili per il numero o per la complessità degli accertamenti ».

144. Segnalazioni. – 1. Chiunque può rivolgere una segnalazione che il Garante può valutare anche ai fini dell'emanazione dei provvedimenti di cui all'articolo 58 del Regolamento.

2. I provvedimenti del Garante di cui all'articolo 58 del Regolamento possono essere adottati anche d'ufficio.

(1) *Articolo così sostituito dall'art. 13[1] lett. g) d.ls. 10 agosto 2018, n. 101. Il testo dell'articolo era il seguente:* « Art. 144. (*Segnalazioni*). — 1. I provvedimenti di cui all'articolo 143 possono essere adottati anche a seguito delle segnalazioni di cui all'articolo 141, comma 1, lettera *b*), se è avviata un'istruttoria preliminare e anche prima della definizione del procedimento. »

144-*bis*. Revenge porn (1). – 1. Chiunque, compresi i minori ultraquattordicenni, abbia fondato motivo di ritenere che registrazioni audio, immagini o video o altri documenti informatici a contenuto sessualmente esplicito che lo riguardano, destinati a rimanere privati, possano essere oggetto di invio, consegna, cessione, pubblicazione o diffusione attraverso piattaforme digitali senza il suo consenso ha facoltà di segnalare il pericolo al Garante, il quale, nelle quarantotto ore dal ricevimento della segnalazione, decide ai sensi degli articoli 143 e 144 del presente codice.

2. Quando le registrazioni audio, le immagini o i video o gli altri documenti informatici riguardano minori, la segnalazione al Garante può essere effettuata anche dai genitori o dagli esercenti la responsabilità genitoriale o la tutela.

3. Per le finalità di cui al comma 1, l'invio al Garante di registrazioni audio, immagini o video o altri documenti informatici a contenuto sessualmente esplicito riguardanti soggetti terzi, effettuato dall'interessato, non integra il reato di cui all'articolo 612-*ter* del codice penale.

4. I gestori delle piattaforme digitali destinatari dei provvedimenti di cui al comma 1 conservano il materiale oggetto della segnalazione, a soli fini probatori e con misure indicate dal Garante, anche nell'ambito dei medesimi provvedimenti, idonee a impedire la diretta identificabilità degli interessati, per dodici mesi a decorrere dal ricevimento del provvedimento stesso.

5. Il Garante, con proprio provvedimento, può disciplinare specifiche modalità di svolgimento dei procedimenti di cui al comma 1 e le misure per impedire la diretta identificabilità degli interessati di cui al medesimo comma.

6. I fornitori di servizi di condivisione di contenuti audiovisivi, ovunque stabiliti, che erogano servizi accessibili in Italia, indicano senza ritardo al Garante o pubblicano nel proprio sito internet un recapito al quale possono essere comunicati i provvedimenti adottati ai sensi del comma 1. In caso di inadempimento dell'obbligo di cui al periodo precedente, il Garante diffida il fornitore del servizio ad adempiere entro trenta giorni. In caso di inottemperanza alla diffida si applica la sanzione amministrativa pecuniaria di cui all'articolo 83, paragrafo 4, del Regolamento.

7. Quando il Garante, a seguito della segnalazione di cui al comma 1, acquisisce notizia della consumazione del reato di cui all'articolo 612-*ter* del codice penale, anche in forma tentata, nel caso di procedibilità d'ufficio trasmette al pubblico ministero la segnalazione ricevuta e la documentazione acquisita.

(1) *Articolo inserito dall'art. 9[1] lett. g), d.l. 8 ottobre 2021, n. 139, conv. in l. 3 dicembre 2021, n. 205.*

SEZIONE III – *Tutela alternativa a quella giurisdizionale* (1).

(1) *Sezione abrogata dall'art. 27[1 lett. c) n. 1] d.lgs. 10 agosto 2018, n. 101.*

[145. (1) **Ricorsi.** – 1. I diritti di cui all'articolo 7 possono essere fatti valere dinanzi all'autorità giudiziaria o con ricorso al Garante.

2. Il ricorso al Garante non può essere proposto se, per il medesimo oggetto e tra le stesse parti, è stata già adita l'autorità giudiziaria.

3. La presentazione del ricorso al Garante rende improponibile un'ulteriore domanda dinanzi all'autorità giudiziaria tra le stesse parti e per il medesimo oggetto.]

(1) *V. nota* sub *Sezione III.*

[146. (1) **Interpello preventivo.** – 1. Salvi i casi in cui il decorso del termine esporrebbe taluno a pregiudizio imminente ed irreparabile, il ricorso al Garante può essere proposto solo dopo che è stata avanzata richiesta sul medesimo oggetto al titolare o al responsabile ai sensi dell'articolo 8, comma 1, e sono decorsi i termini previsti dal presente articolo, ovvero è stato opposto alla richiesta un diniego anche parziale.

2. Il riscontro alla richiesta da parte del titolare o del responsabile è fornito entro quindici giorni dal suo ricevimento.

3. Entro il termine di cui al comma 2, se le operazioni necessarie per un integrale riscontro alla richiesta sono di particolare complessità, ovvero ricorre altro giustificato motivo, il titolare o il responsabile ne danno comunicazione all'interessato. In tal caso, il termine per l'integrale riscontro è di trenta giorni dal ricevimento della richiesta medesima.]

(1) *V. nota* sub *Sezione III.*

[147. (1) **Presentazione del ricorso.** – 1. Il ricorso è proposto nei confronti del titolare e indica:

a) gli estremi identificativi del ricorrente, dell'eventuale procuratore speciale, del titolare e, ove conosciuto, del responsabile eventualmente designato per il riscontro all'interessato in caso di esercizio dei diritti di cui all'articolo 7;

b) la data della richiesta presentata al titolare o al responsabile ai sensi dell'articolo 8, comma 1, oppure del pregiudizio imminente ed irreparabile che permette di prescindere dalla richiesta medesima;

c) gli elementi posti a fondamento della domanda;

d) il provvedimento richiesto al Garante;

e) il domicilio eletto ai fini del procedimento.

2. Il ricorso è sottoscritto dal ricorrente o dal procuratore speciale e reca in allegato:

a) la copia della richiesta rivolta al titolare o al responsabile ai sensi dell'articolo 8, comma 1;

b) l'eventuale procura;

c) la prova del versamento dei diritti di segreteria.

3. Al ricorso è unita, altresì, la documentazione utile ai fini della sua valutazione e l'indicazione di un recapito per l'invio di comunicazioni al ricorrente o al procuratore speciale mediante posta elettronica, telefax o telefono.

4. Il ricorso è rivolto al Garante e la relativa sottoscrizione è autenticata. L'autenticazione non è richiesta se la sottoscrizione è apposta presso l'Ufficio del Garante o da un procuratore speciale iscritto all'albo degli avvocati al quale la procura è conferita ai sensi dell'articolo 83 del codice di procedura civile, ovvero con firma digitale in conformità alla normativa vigente.

5. Il ricorso è validamente proposto solo se è trasmesso con plico raccomandato, oppure per via telematica osservando le modalità relative alla sottoscrizione con firma digitale e alla conferma del ricevimento prescritte ai sensi dell'articolo 38, comma 2, ovvero presentato direttamente presso l'Ufficio del Garante.]

(1) *V. nota* sub *Sezione III.*

[148. (1) **Inammissibilità del ricorso.** – 1. Il ricorso è inammissibile:

a) se proviene da un soggetto non legittimato;

b) in caso di inosservanza delle disposizioni di cui agli articoli 145 e 146;

c) se difetta di taluno degli elementi indicati nell'articolo 147, commi 1 e 2, salvo che sia regolarizzato dal ricorrente o dal procuratore speciale anche su invito dell'Ufficio del Garante ai sensi del comma 2, entro sette giorni dalla data della sua presentazione o della ricezione dell'invito. In tale caso, il ricorso si considera presentato al momento in cui il ricorso regolarizzato perviene all'Ufficio.

2. Il Garante determina i casi in cui è possibile la regolarizzazione del ricorso.]

(1) *V. nota* sub *Sezione III.*

[149. (1) **Procedimento relativo al ricorso.** – 1. Fuori dei casi in cui è dichiarato inammissibile o manifestamente infondato, il ricorso è comunicato al titolare entro tre giorni a cura dell'Ufficio del Garante, con invito ad esercitare entro dieci giorni dal suo ricevimento la facoltà di comunicare al ricorrente e all'Ufficio la propria eventuale adesione spontanea. L'invito è comunicato al titolare per il tramite del responsabile eventualmente designato per il riscontro all'interessato in caso di esercizio dei diritti di cui all'articolo 7, ove indicato nel ricorso.

2. In caso di adesione spontanea è dichiarato non luogo a provvedere. Se il ricorrente lo richiede, è determinato in misura forfettaria l'ammontare delle spese e dei diritti inerenti al ricorso, posti a carico della controparte o compensati per giusti motivi anche parzialmente.

3. Nel procedimento dinanzi al Garante il titolare, il responsabile di cui al comma 1 e l'interessato hanno diritto di essere sentiti, personalmente o a mezzo di procuratore speciale, e hanno facoltà di presentare memorie o documenti. A tal fine l'invito di cui al comma 1 è trasmesso anche al ricorrente e reca l'indicazione del termine entro il quale il titolare, il medesimo responsabile e l'interessato possono presentare memorie e documenti, nonché della data in cui tali soggetti possono essere sentiti in contraddittorio anche mediante idonea tecnica audiovisiva.

4. Nel procedimento il ricorrente può precisare la domanda nei limiti di quanto chiesto con il ricorso o a seguito di eccezioni formulate dal titolare.

5. Il Garante può disporre, anche d'ufficio, l'espletamento di una o più perizie. Il provvedimento che le dispone precisa il contenuto dell'incarico e il termine per la sua esecuzione, ed è comunicato alle parti le quali possono presenziare alle operazioni personalmente o tramite procuratori o consulenti designati. Il provvedimento dispone inoltre in ordine all'anticipazione delle spese della perizia.

6. Nel procedimento, il titolare e il responsabile di cui al comma 1 possono essere assistiti da un procuratore o da altra persona di fiducia.

7. Se gli accertamenti risultano particolarmente complessi o vi è l'assenso delle parti il termine di sessanta giorni di cui all'articolo 150, comma 2, può essere prorogato per un periodo non superiore ad ulteriori quaranta giorni.

8. Il decorso dei termini previsti dall'articolo 150, comma 2 e dall'articolo 151 è sospeso di diritto dal 1° agosto al 15 settembre di ciascun anno e riprende a decorrere dalla fine del periodo di sospensione. Se il decorso ha inizio durante tale periodo, l'inizio stesso è differito alla fine del periodo medesimo. La sospensione non opera nei casi in cui sussiste il pregiudizio di cui all'articolo 146, comma 1,

e non preclude l'adozione dei provvedimenti di cui all'articolo 150, comma 1.]

(1) *V. nota* sub *Sezione III.*

[**150**. (1) **Provvedimenti a seguito del ricorso.** – 1. Se la particolarità del caso lo richiede, il Garante può disporre in via provvisoria il blocco in tutto o in parte di taluno dei dati, ovvero l'immediata sospensione di una o più operazioni del trattamento. Il provvedimento può essere adottato anche prima della comunicazione del ricorso ai sensi dell'articolo 149, comma 1, e cessa di avere ogni effetto se non è adottata nei termini la decisione di cui al comma 2. Il medesimo provvedimento è impugnabile unitamente a tale decisione.

2. Assunte le necessarie informazioni il Garante, se ritiene fondato il ricorso, ordina al titolare, con decisione motivata, la cessazione del comportamento illegittimo, indicando le misure necessarie a tutela dei diritti dell'interessato e assegnando un termine per la loro adozione. La mancata pronuncia sul ricorso, decorsi sessanta giorni dalla data di presentazione, equivale a rigetto.

3. Se vi è stata previa richiesta di taluna delle parti, il provvedimento che definisce il procedimento determina in misura forfettaria l'ammontare delle spese e dei diritti inerenti al ricorso, posti a carico, anche in parte, del soccombente o compensati anche parzialmente per giusti motivi.

4. Il provvedimento espresso, anche provvisorio, adottato dal Garante è comunicato alle parti entro dieci giorni presso il domicilio eletto o risultante dagli atti. Il provvedimento può essere comunicato alle parti anche mediante posta elettronica o telefax.

5. Se sorgono difficoltà o contestazioni riguardo all'esecuzione del provvedimento di cui ai commi 1 e 2, il Garante, sentite le parti ove richiesto, dispone le modalità di attuazione avvalendosi, se necessario, del personale dell'Ufficio o della collaborazione di altri organi dello Stato.

6. In caso di mancata opposizione avverso il provvedimento che determina l'ammontare delle spese e dei diritti, o di suo rigetto, il provvedimento medesimo costituisce, per questa parte, titolo esecutivo ai sensi degli articoli 474 e 475 del codice di procedura civile.]

(1) *V. nota* sub *Sezione III.*

[**151**. (1) **Opposizione.** – 1. Avverso il provvedimento espresso o il rigetto tacito di cui all'articolo 150, comma 2, il titolare o l'interessato possono proporre opposizione con ricorso ai sensi dell'articolo 152. L'opposizione non sospende l'esecuzione del provvedimento.

2. Il tribunale provvede nei modi di cui all'articolo 152.]

(1) *V. nota* sub *Sezione III.*

CAPO II – *Tutela giurisdizionale*

152. Autorità giudiziaria ordinaria. – 1. Tutte le controversie che riguardano le materie oggetto dei ricorsi giurisdizionali di cui agli articoli 78 e 79 del Regolamento e quelli comunque riguardanti l'applicazione della normativa in materia di protezione dei dati personali, nonché il diritto al risarcimento del danno ai sensi dell'articolo 82 del medesimo regolamento, sono attribuite all'autorità giudiziaria ordinaria (1).

1-*bis* Le controversie di cui al comma 1 sono disciplinate dall'articolo 10 del decreto legislativo 1° settembre 2011, n. 150 (2).

2-14. (3).

(1) *Comma così sostituito dall'art. 13[1] lett. h) d.ls. 10 agosto 2018, n. 101. Il testo del comma, come modificato dall'art. 34[9] lett. a) d.ls. 1° settembre 2011, n. 150, era il seguente:* « 1. Tutte le controversie che riguardano, comunque, l'applicazione delle disposizioni del presente codice, comprese quelle inerenti ai provvedimenti del Garante in materia di protezione dei dati personali o alla loro mancata adozione, nonché le controversie previste dall'articolo 10, comma 5, della legge 1° aprile 1981, n. 121, e successive modificazioni, sono attribuite all'autorità giudiziaria ordinaria ». *Con riferimento alla precedente formulazione del comma, ai sensi dell'art. 36 d.ls. n. 150, cit., « Le norme abrogate o modificate dal [suddetto] decreto continuano ad applicarsi alle controversie pendenti alla data di entrata in vigore dello stesso ».*

(2) *Comma inserito dall'art. 34[9] lett. b) d.ls. n. 150, cit. Ai sensi dell'art. 36 d.ls. n. 150, cit., tale disposizione si applica ai procedimenti instaurati successivamente alla data di entrata in vigore dello stesso decreto.*

(3) *Commi abrogati dall'art. 34[9] lett. c) d.ls. n. 150, cit., con le disposizioni transitorie di cui alla nota 1.*

TITOLO II
Autorità di controllo indipendente (1)

(1) *Rubrica così sostituita dall'art. 14[1] lett. a) d.ls. 10 agosto 2018, n. 101. Il testo della rubrica era il seguente:* « L'autorità ».

CAPO I – *Il garante per la protezione dei dati personali*

153. Il Garante per la protezione dei dati personali (1). – 1. Il Garante è composto dal Collegio, che ne costituisce il vertice, e dall'Ufficio. Il Collegio è costituito da quattro componenti, eletti due dalla Camera dei deputati e due dal Senato della Repubblica con voto limitato. I componenti devono essere eletti tra coloro che presentano la propria candidatura nell'ambito di una procedura di selezione il cui avviso deve essere pubblicato nei siti internet della Camera, del Senato e del Garante almeno sessanta giorni prima della nomina. Le candidature devono pervenire almeno trenta giorni prima della nomina e i curricula devono essere pubblicati negli stessi siti internet. Le candidature possono essere avanzate da persone che assicurino indipendenza e che risultino di comprovata esperienza nel settore della protezione dei dati personali, con particolare riferimento alle discipline giuridiche o dell'informatica.

2. I componenti eleggono nel loro ambito un presidente, il cui voto prevale in caso di parità. Eleggono altresì un vice presidente, che assume le funzioni del presidente in caso di sua assenza o impedimento.

3. L'incarico di presidente e quello di componente hanno durata settennale e non sono rinnovabili. Per tutta la durata dell'incarico il presidente e i componenti non possono esercitare, a pena di decadenza, alcuna attività professionale o di consulenza, anche non remunerata, né essere amministratori o dipendenti di enti pubblici o privati, né ricoprire cariche elettive.

4. I membri del Collegio devono mantenere il segreto, sia durante sia successivamente alla cessazione dell'incarico, in merito alle informazioni riservate cui hanno avuto accesso nell'esecuzione dei propri compiti o nell'esercizio dei propri poteri.

5. All'atto dell'accettazione della nomina il presidente e i componenti sono collocati fuori ruolo se dipendenti di pubbliche amministrazioni o magistrati in attività di servizio; se professori universitari di ruolo, sono collocati in aspettativa senza assegni ai sensi dell'art. 13 del d.P.R. 11 luglio 1980, n. 382. Il personale collocato fuori ruolo o in aspettativa non può essere sostituito.

6. Al presidente e ai componenti (2) compete una indennità di funzione pari alla retribuzione in godimento al primo Presidente della Corte di cassazione, nei limiti previsti dalla legge per il trattamento economico annuo omnicomprensivo di chiunque riceva a carico delle finanze pubbliche emolumenti o retribuzioni nell'ambito di rapporti di lavoro dipendente o autonomo con pubbliche amministrazioni statali. L'indennità di funzione di cui al primo periodo è da ritenere onnicomprensiva ad esclusione del rimborso delle spese effettivamente sostenute e documentate in occasione di attività istituzionali (3).

7. Alle dipendenze del Garante è posto l'Ufficio di cui all'art. 155.

8. Il presidente, i componenti, il segretario generale e i dipendenti si astengono dal trattare, per i due anni successivi alla cessazione dell'incarico ovvero del servizio presso il Garante, procedimenti dinanzi al Garante, ivi compresa la presentazione per conto di terzi di reclami richieste di parere o interpelli.

(1) *Articolo così sostituito dall'art. 14[1], lett.* a), *d.ls. 10 agosto 2018, n. 101.*

(2) *Le parole* « e ai componenti » *sono state inserite dall'art. 9[1] lett.* h), *d.l. 8 ottobre 2021, n. 139, conv. in l. 3 dicembre 2021, n. 205.*

(3) *Secondo periodo così sostituito dall'art. 9[1] lett.* h), *d.l. 8 ottobre 2021, n. 139, conv. in l. 3 dicembre 2021, n. 205. Il testo del periodo era il seguente:* « Ai componenti compete una indennità pari ai due terzi di quella spettante al Presidente ».

154. Compiti (1). – 1. Oltre a quantoprevisto da specifiche disposizioni e dalla Sezione II del Capo VI del regolamento, il Garante, ai sensi dell'art. 57, par. 1, lett. *v*), del Regolamento medesimo, anche di propria iniziativa e avvalendosi dell'Ufficio, in conformità alla disciplina vigente e nei confronti di uno o più titolari del trattamento, ha il compito di:

a) controllare se i trattamenti sono effettuati nel rispetto della disciplina applicabile, anche in caso di loro cessazione e con riferimento alla conservazione dei dati di traffico;

b) trattare i reclami presentati ai sensi del regolamento, e delle disposizioni del presente codice, anche individuando con proprio regolamento (2) modalità specifiche per la trattazione, nonché fissando annualmente le priorità delle questioni emergenti dai reclami che potranno essere istruite nel corso dell'anno di riferimento;

c) promuovere l'adozione di regole deontologiche, nei casi di cui all'art. 2-*quater*;

d) denunciare i fatti configurabili come reati perseguibili d'ufficio, dei quali viene a conoscenza nell'esercizio o a causa delle funzioni;

e) trasmettere la relazione, predisposta annualmente ai sensi dell'art. 59 del Regolamento, al Parlamento e al Governo entro il 31 maggio dell'anno successivo a quello cui si riferisce;

f) assicurare la tutela dei diritti e delle libertà fondamentali degli individui dando idonea attuazione al Regolamento e al presente codice;

g) provvedere altresì all'espletamento dei compiti ad esso attribuiti dal diritto dell'Unione europea o dello Stato e svolgere le ulteriori funzioni previste dall'ordinamento.

2. Il Garante svolge altresì, ai sensi del comma 1, la funzione di controllo o assistenza in materia di trattamento dei dati personali

prevista da leggi di ratifica di accordi o convenzioni internazionali o da atti comunitari o dell'Unione europea e, in particolare:

a) dal Reg. (CE) n. 1987/2006 del Parlamento europeo e del Consiglio, del 20 dicembre 2006, sull'istituzione, l'esercizio e l'uso del sistema d'informazione Schengen di seconda generazione (SIS II) e Decisione 2007/533/GAI del Consiglio, del 12 giugno 2007, sull'istituzione, l'esercizio e l'uso del sistema d'informazione Schengen di seconda generazione (SIS II);

b) dal reg. (UE) 2016/794 del Parlamento europeo e del Consiglio, dell'11 maggio 2016, che istituisce l'Agenzia dell'Unione europea per la cooperazione nell'attività di contrasto (Europol) e sostituisce e abroga le decisioni del Consiglio 2009/371/GAI, 2009/934/GAI, 2009/935/GAI, 2009/936/GAI e 2009/968/GAI;

c) dal reg. (UE) 2015/1525 del Parlamento europeo e del Consiglio, del 9 settembre 2015, che modifica il reg. (CE) n. 515/97 del Consiglio relativo alla mutua assistenza tra le autorità amministrative degli Stati membri e alla collaborazione tra queste e la Commissione per assicurare la corretta applicazione delle normative doganale e agricola e decisione 2009/917/GAI del Consiglio, del 30 novembre 2009, sull'uso dell'informatica nel settore doganale;

d) dal reg. (CE) n. 603/2013 del Parlamento europeo e del Consiglio, del 26 giugno 2013, che istituisce l'Eurodac per il confronto delle impronte digitali per l'efficace applicazione del reg. (UE) n. 604/2013 che stabilisce i criteri e i meccanismi di determinazione dello Stato membro competente per l'esame di una domanda di protezione internazionale presentata in uno degli Stati membri da un cittadino di un paese terzo o da un apolide e per le richieste di confronto con i dati Eurodac presentate dalle autorità di contrasto degli Stati membri e da Europol a fini di contrasto, e che modifica il reg. (UE) n. 1077/2011 che istituisce un'agenzia europea per la gestione operativa dei sistemi IT su larga scala nello spazio di libertà, sicurezza e giustizia;

e) dal reg. (CE) n. 767/2008 del Parlamento europeo e del Consiglio, del 9 luglio 2008, concernente il sistema di informazione visti (VIS) e lo scambio di dati tra Stati membri sui visti per soggiorni di breve durata (Regolamento VIS) e decisione n. 2008/633/GAI del Consiglio, del 23 giugno 2008, relativa all'accesso per la consultazione al sistema di informazione visti (VIS) da parte delle autorità designate degli Stati membri e di Europol ai fini della prevenzione, dell'individuazione e dell'investigazione di reati di terrorismo e altri reati gravi;

f) dal reg. (CE) n. 1024/2012 del Parlamento europeo e del Consiglio, del 25 ottobre 2012, relativo alla cooperazione amministrativa attraverso il sistema di informazione del mercato interno e che abroga la decisione 2008/49/CE della Commissione (Regolamento IMI) Testo rilevante ai fini del SEE;

g) dalle disposizioni di cui al capitolo IV della Convenzione n. 108 sulla protezione delle persone rispetto al trattamento automatizzato di dati di carattere personale, adottata a Strasburgo il 28 gennaio 1981 e resa esecutiva con l. 21 febbraio 1989, n. 98, quale autorità designata ai fini della cooperazione tra Stati ai sensi dell'art. 13 della convenzione medesima.

3. Per quanto non previsto dal Regolamento e dal presente codice, il Garante disciplina con proprio Regolamento (2), ai sensi dell'art. 156, comma 3, le modalità specifiche dei procedimenti relativi all'esercizio dei compiti e dei poteri ad esso attribuiti dal Regolamento e dal presente codice.

4. Il Garante collabora con altre autorità amministrative indipendenti nazionali nello svolgimento dei rispettivi compiti.

5. Fatti salvi i termini più brevi previsti per legge, il parere del Garante, anche nei casi di cui agli artt. 36, par. 4, del Regolamento, è reso nel termine di quarantacinque giorni dal ricevimento della richiesta. Decorso il termine, l'amministrazione può procedere indipendentemente dall'acquisizione del parere. Quando, per esigenze istruttorie, non può essere rispettato il termine di cui al presente comma, tale termine può essere interrotto per una sola volta e il parere deve essere reso definitivamente entro venti giorni dal ricevimento degli elementi istruttori da parte delle amministrazioni interessate.

5-*bis*. Il parere di cui all'articolo 36, paragrafo 4, del Regolamento è reso dal Garante nei soli casi in cui la legge o il regolamento in corso di adozione disciplina espressamente le modalità del trattamento descrivendo una o più operazioni, compiute con o senza l'ausilio di processi automatizzati e applicate a dati personali o insiemi di dati personali, come la raccolta, la registrazione, l'organizzazione, la strutturazione, la conservazione, l'adattamento o la modifica, l'estrazione, la consultazione, l'uso, la comunicazione mediante trasmissione, diffusione o qualsiasi altra forma di messa a disposizione, il raffronto o l'interconnessione, la limitazione, la cancellazione o la distruzione, nonché nei casi in cui la norma di legge o di regolamento autorizza espressamente un trattamento di dati personali da parte di soggetti privati senza rinviare la disciplina delle modalità del trattamento a fonti sottoordinate (3).

5-*ter*. Quando il Presidente del Consiglio dei ministri dichiara che ragioni di urgenza non consentono la consultazione preventiva e comunque nei casi di adozione di decreti-legge, il Garante esprime il parere di cui al comma 5-*bis*:

a) in sede di esame parlamentare dei disegni di legge o dei disegni di legge di conversione dei decreti-legge;

b) in sede di esame definitivo degli schemi di decreto legislativo sottoposti al parere delle Commissioni parlamentari (3).

6. Copia dei provvedimenti emessi dall'autorità giudiziaria in relazione a quanto previsto dal presente codice o in materia di criminalità informatica è trasmessa, a cura della cancelleria, al Garante.

7. Il Garante non è competente per il controllo dei trattamenti effettuati dalle autorità giudiziarie nell'esercizio delle loro funzioni.

(1) *Articolo così sostituito dall'art. 14[1], lett. c), d.ls. 10 agosto 2018, n. 101.*

(2) *V. delibera Garante 4 aprile 2019, n. 98 (G.U. 8-5-2019, n. 106) recante « Regolamento n. 1/2019. Procedure interne aventi rilevanza esterna, finalizzate allo svolgimento dei compiti e all'esercizio dei poteri demandati al Garante per la protezione dei dati personali, nonché all'adozione dei provvedimenti correttivi e sanzionatori ».*

(3) *Comma inserito dall'art. 9[1] lett. i), d.l. 8 ottobre 2021, n. 139, conv. in l. 3 dicembre 2021, n. 205.*

154-*bis*. (1) **Poteri.** – 1. Oltre a quanto previsto da specifiche disposizioni, dalla Sezione II del Capo VI del Regolamento e dal presente codice, ai sensi dell'articolo 58, paragrafo 6, del Regolamento medesimo, il Garante ha il potere di:

a) adottare linee guida di indirizzo riguardanti le misure organizzative e tecniche di attuazione dei principi del Regolamento, anche per singoli settori e in applicazione dei principi di cui all'articolo 25 del Regolamento;

b) approvare le regole deontologiche di cui all'articolo 2-*quater*.

2. Il Garante può invitare rappresentanti di un'altra autorità amministrativa indipendente nazionale a partecipare alle proprie riunioni, o essere invitato alle riunioni di altra autorità amministrativa indipendente nazionale, prendendo parte alla discussione di argomenti di comune interesse; può richiedere, altresì, la collaborazione di personale specializzato addetto ad altra autorità amministrativa indipendente nazionale.

3. Il Garante pubblica i propri provvedimenti sulla base di quanto previsto con atto di natura generale che disciplina anche la durata di tale pubblicazione, la pubblicità nella Gazzetta Ufficiale della Re-

pubblica italiana e sul proprio sito internet istituzionale nonché i casi di oscuramento.

4. In considerazione delle esigenze di semplificazione delle micro, piccole e medie imprese, come definite dalla raccomandazione 2003/361/CE, il Garante per la protezione dei dati personali, nel rispetto delle disposizioni del Regolamento e del presente Codice, promuove, nelle linee guida adottate a norma del comma 1, lettera *a*), modalità semplificate di adempimento degli obblighi del titolare del trattamento.

(1) *Articolo inserito dall'art. 14[1] lett. d) d.ls. 10 agosto 2018, n. 101.*

154-*ter*. (1) **Potere di agire e rappresentanza in giudizio.** – 1. Il Garante è legittimato ad agire in giudizio nei confronti del titolare o del responsabile del trattamento in caso di violazione delle disposizioni in materia di protezione dei dati personali.

2. Il Garante è rappresentato in giudizio dall'Avvocatura dello Stato, ai sensi dell'articolo 1 del regio decreto 30 ottobre 1933, n. 1611.

3. Nei casi di conflitto di interesse, il Garante, sentito l'Avvocato generale dello Stato, può stare in giudizio tramite propri funzionari iscritti nell'elenco speciale degli avvocati dipendenti di enti pubblici ovvero avvocati del libero foro.

(1) *Articolo inserito dall'art. 14[1] lett. d) d.ls. 10 agosto 2018, n. 101.*

CAPO II – *L'ufficio del garante*

155. Ufficio del Garante (1). – 1. All'Uf-ficio del Garante, al fine di garantire la responsabilità e l'autonomia ai sensi della legge 7 agosto 1990, n. 241, e successive modificazioni, e del decreto legislativo 30 marzo 2001, n. 165, e successive modificazioni, si applicano i principi riguardanti l'individuazione e le funzioni del responsabile del procedimento, nonché quelli relativi alla distinzione fra le funzioni di indirizzo e di controllo, attribuite agli organi di vertice, e le funzioni di gestione attribuite ai dirigenti. Si applicano altresì le disposizioni del medesimo decreto legislativo n. 165 del 2001 espressamente richiamate dal presente codice.

(1) *Rubrica così sostituita dall'art. 14[1] lett. e) d.ls. 10 agosto 2018, n. 101. Il testo della rubrica era il seguente*: « Principi applicabili ».

156. Ruolo organico e personale (1). – 1. All'Ufficio del Garante è preposto un segretario generale, nominato tra persone di elevata e comprovata qualificazione professionale rispetto al ruolo e agli obiettivi da conseguire, scelto anche tra i magistrati ordinari, amministrativi e contabili, gli avvocati dello Stato, i professori universitari di ruolo in materie giuridiche ed economiche, nonché i dirigenti di prima fascia dello Stato.

2. A decorrere dal 1° gennaio 2022, il ruolo organico del personale dipendente è stabilito nel limite di duecento unità (2). Al ruolo organico del Garante si accede esclusivamente mediante concorso pubblico. Nei casi in cui sia ritenuto utile al fine di garantire l'economicità e l'efficienza dell'azione amministrativa, nonché di favorire il reclutamento di personale con maggiore esperienza nell'ambito delle procedure concorsuali di cui al secondo periodo, il Garante può riservare una quota non superiore al cinquanta per cento dei posti banditi al personale di ruolo delle amministrazioni pubbliche che sia stato assunto per concorso pubblico e abbia maturato un'esperienza almeno triennale nel rispettivo ruolo organico. La disposizione di cui all'art. 30 del d.ls. 30 marzo 2001, n. 165, si applica esclusivamente nell'ambito del personale di ruolo delle autorità amministrative indipendenti di cui all'art. 22, comma 1, del d.l. 24 giugno 2014, n. 90, convertito, con modificazioni, dalla l. 11 agosto 2014, n.114.

3. Con propri regolamenti pubblicati nella *Gazzetta Ufficiale* della Repubblica italiana, il Garante definisce:

a) l'organizzazione e il funzionamento dell'Ufficio anche ai fini dello svolgimento dei compiti e dell'esercizio dei poteri di cui agli artt. 154, 154-*bis*, 160, nonché all'art. 57, par. 1, del Regolamento (3);

b) l'ordinamento delle carriere e le modalità di reclutamento del personale secondo i principi e le procedure di cui agli artt. 1, 35 e 36 del d.ls. n. 165 del 2001;

c) la ripartizione dell'organico tra le diverse aree e qualifiche;

d) il trattamento giuridico ed economico del personale, secondo i criteri previsti dalla l. 31 luglio 1997, n. 249, e, per gli incarichi dirigenziali, dagli artt. 19, comma 6, e 23-*bis* del d.ls. 30 marzo 2001, n. 165, tenuto conto delle specifiche esigenze funzionali e organizzative. Nelle more della più generale razionalizzazione del trattamento economico delle autorità amministrative indipendenti, al personale è attribuito il trattamento (4) economico del personale dell'Autorità per le garanzie nelle comunicazioni;

e) la gestione amministrativa e la contabilità, anche in deroga alle norme sulla contabilità generale dello Stato.

4. L'Ufficio può avvalersi, per motivate esigenze, di dipendenti dello Stato o di altre amministrazioni pubbliche o di enti pubblici collocati in posizione di fuori ruolo o equiparati nelle forme previste dai rispettivi ordinamenti, ovvero in aspettativa ai sensi dell'art. 13

del d.P.R. 11 luglio 1980, n. 382, in numero non superiore, complessivamente, a trenta unità (5) e per non oltre il venti per cento delle qualifiche dirigenziali, lasciando non coperto un corrispondente numero di posti di ruolo.

5. In aggiunta al personale di ruolo, l'Ufficio può assumere dipendenti con contratto a tempo determinato o avvalersi di consulenti incaricati ai sensi dell'art. 7, comma 6, del d.ls. n. 165 del 2001, in misura comunque non superiore a trenta unità (5) complessive. Resta in ogni caso fermo, per i contratti a tempo determinato, il rispetto dell'art. 36 del d.ls. n. 165 del 2001.

6. Il personale addetto all'Ufficio del Garante ed i consulenti sono tenuti, sia durante che dopo il mandato, al segreto su ciò di cui sono venuti a conoscenza, nell'esercizio delle proprie funzioni, in ordine a notizie che devono rimanere segrete.

7. Il personale dell'Ufficio del Garante addetto agli accertamenti di cui all'art. 158 e agli artt. 57, par. 1, lett. *h*), 58, par. 1, lett. *b*), e 62, del Regolamento riveste, nei limiti del servizio cui è destinato e secondo le rispettive attribuzioni, la qualifica di ufficiale o agente di polizia giudiziaria.

8. Le spese di funzionamento del Garante, in adempimento all'art. 52, par. 4, del Regolamento, ivi comprese quelle necessarie ad assicurare la sua partecipazione alle procedure di cooperazione e al meccanismo di coerenza introdotti dal Regolamento, nonché quelle connesse alle risorse umane, tecniche e finanziarie, ai locali e alle infrastrutture necessarie per l'effettivo adempimento dei suoi compiti e l'esercizio dei propri poteri, sono poste a carico di un fondo stanziato a tale scopo nel bilancio dello Stato e iscritto in apposita missione e programma di spesa del Ministero dell'economia e delle finanze. Il rendiconto della gestione finanziaria è soggetto al controllo della Corte dei conti. Il Garante può esigere dal titolare del trattamento il versamento di diritti di segreteria in relazione a particolari procedimenti.

(1) *Articolo così sostituito dall'art. 14[1], lett. f), d.ls. 10 agosto 2018, n. 101.*

(2) *Primo periodo così sostituito dall'art. 9[1] lett. l), n. 1 d.l. 8 ottobre 2021, n. 139, conv. in l. 3 dicembre 2021, n. 205. Il testo del periodo era il seguente:* « Il ruolo organico del personale dipendente è stabilito nel limite di centosessantadue unità ».

(3) *V. delib. Garante 28 giugno 2000, n. 15 e s.m.i., recante «* ***Reg. n. 1/2000*** *sull'organizzazione e il funzionamento dell'Ufficio del Garante »; delib. 4 aprile 2019, n. 98 (G.U. 8-5-2019, n. 106) recante «* ***Reg. n. 1/2019****. Procedure interne aventi rilevanza esterna, finalizzate allo svolgimento dei compiti e all'esercizio dei poteri demandati al Garante per la protezione dei dati personali, nonché all'adozione dei provvedimenti correttivi e sanzionatori »; delib. 4 aprile 2019, n. 99 (G.U. 9-5-2019, n. 107) recante «* ***Reg. n. 2/2019****. Individuazione dei termini e delle*

unità organizzative responsabili dei procedimenti amministrativi presso il Garante per la protezione dei dati personali ».

(4) *Le parole* « il trattamento » *sono state così sostituite alle parole* « l'80 per cento del trattamento » *dall'art. 9[1] lett. l), n. 2 d.l. 8 ottobre 2021, n. 139, conv. in l. 3 dicembre 2021, n. 205.*

(5) *Le parole* « trenta unità » *sono state così sostituite alle parole* « venti unità » *dall'art. 9[1] lett. l), n. 3 d.l. 8 ottobre 2021, n. 139, conv. in l. 3 dicembre 2021, n. 205.*

(6) *Le parole* « trenta unità » *sono state così sostituite alle parole* « venti unità » *dall'art. 9[1] lett. l), n. 4 d.l. 8 ottobre 2021, n. 139, conv. in l. 3 dicembre 2021, n. 205.*

Capo III – *Accertamenti e controlli*

157. (1) **Richiesta di informazioni e di esibizione di documenti.** – 1. Nell'ambito dei poteri di cui all'articolo 58 del Regolamento, e per l'espletamento dei propri compiti, il Garante può richiedere al titolare, al responsabile, al rappresentante del titolare o del responsabile, all'interessato o anche a terzi di fornire informazioni e di esibire documenti anche con riferimento al contenuto di banche di dati.

(1) *Articolo così sostituito dall'art. 14[1 lett. g)] d.ls. 10 agosto 2018, n. 101. Il testo dell'articolo era il seguente:* « Art. 157. (*Richiesta di informazioni e di esibizione di documenti*) — 1. Per l'espletamento dei propri compiti il Garante può richiedere al titolare, al responsabile, all'interessato o anche a terzi di fornire informazioni e di esibire documenti. ».

158. (1) **Accertamenti.** – 1. Il Garante può disporre accessi a banche di dati, archivi o altre ispezioni e verifiche nei luoghi ove si svolge il trattamento o nei quali occorre effettuare rilevazioni comunque utili al controllo del rispetto della disciplina in materia di trattamento dei dati personali.

2. I controlli di cui al comma 1, nonché quelli effettuati ai sensi dell'articolo 62 del Regolamento, sono eseguiti da personale dell'Ufficio, con la partecipazione, se del caso, di componenti o personale di autorità di controllo di altri Stati membri dell'Unione europea.

3. Il Garante si avvale anche, ove necessario, della collaborazione di altri organi dello Stato per lo svolgimento dei suoi compiti istituzionali.

4. Gli accertamenti di cui ai commi 1 e 2, se svolti in un'abitazione o in un altro luogo di privata dimora o nelle relative appartenenze, sono effettuati con l'assenso informato del titolare o del responsabile, oppure previa autorizzazione del presidente del tribunale competente per territorio in relazione al luogo dell'accertamento, il quale provvede con decreto motivato senza ritardo, al più tardi entro tre giorni dal ricevimento della richiesta del Garante quando è documentata l'indifferibilità dell'accertamento.

5. Con le garanzie di cui al comma 4, gli accertamenti svolti nei luoghi di cui al medesimo comma possono altresì riguardare reti di comunicazione accessibili al pubblico, potendosi procedere all'acquisizione di dati e informazioni on-line. A tal fine, viene redatto apposito verbale in contraddittorio con le parti ove l'accertamento venga effettuato presso il titolare del trattamento.

(1) *Articolo così sostituito dall'art. 14*[1 lett. h)] *d.ls. 10 agosto 2018, n. 101. Il testo dell'articolo era il seguente:* « Art. 158. *(Accertamenti)*. — 1. Il Garante può disporre accessi a banche di dati, archivi o altre ispezioni e verifiche nei luoghi ove si svolge il trattamento o nei quali occorre effettuare rilevazioni comunque utili al controllo del rispetto della disciplina in materia di trattamento dei dati personali. — 2. I controlli di cui al comma a sono eseguiti da personale dell'Ufficio. Il Garante si avvale anche, ove necessario, della collaborazione di altri organi dello Stato. — 3. Gli accertamenti di cui al comma 1, se svolti in un'abitazione o in un altro luogo di privata dimora o nelle relative appartenenze, sono effettuati con l'assenso informato del titolare o del responsabile, oppure previa autorizzazione del presidente del tribunale competente per territorio in relazione al luogo dell'accertamento, il quale provvede con decreto motivato senza ritardo, al più tardi entro tre giorni dal ricevimento della richiesta del Garante quando è documentata l'indifferibilità dell'accertamento ».

159. Modalità. – 1. Il personale operante, munito di documento di riconoscimento, può essere assistito ove necessario da consulenti tenuti al segreto su ciò di cui sono venuti a conoscenza, nell'esercizio delle proprie funzioni, in ordine a notizie che devono rimanere segrete (1). Nel procedere a rilievi e ad operazioni tecniche può altresì estrarre copia di ogni atto, dato e documento, anche a campione e su supporto informatico o per via telematica. Degli accertamenti è redatto sommario verbale nel quale sono annotate anche le eventuali dichiarazioni dei presenti.

2. Ai soggetti presso i quali sono eseguiti gli accertamenti è consegnata copia dell'autorizzazione del presidente del tribunale, ove rilasciata. I medesimi soggetti sono tenuti a farli eseguire e a prestare la collaborazione a tal fine necessaria. In caso di rifiuto gli accertamenti sono comunque eseguiti e le spese in tal caso occorrenti sono poste a carico del titolare con il provvedimento che definisce il procedimento, che per questa parte costituisce titolo esecutivo ai sensi degli articoli 474 e 475 del codice di procedura civile.

3. Gli accertamenti, se effettuati presso il titolare o il responsabile o il rappresentante del titolare o del responsabile (2), sono eseguiti dandone informazione a quest'ultimo o, se questo è assente o non è designato, alle persone autorizzate al trattamento dei dati personali sotto l'autorità diretta del titolare o del responsabile ai sensi dell'articolo 2-*quaterdecies* (2). Agli accertamenti possono assistere persone indicate dal titolare o dal responsabile.

4. Se non è disposto diversamente nel decreto di autorizzazione del presidente del tribunale, l'accertamento non può essere iniziato prima delle ore sette e dopo le ore venti, e può essere eseguito anche con preavviso quando ciò può facilitarne l'esecuzione.

5. Le informative, le richieste e i provvedimenti di cui al presente articolo e agli articoli 157 e 158 possono essere trasmessi anche mediante posta elettronica (3).

6. Quando emergono indizi di reato si osserva la disposizione di cui all'articolo 220 delle norme di attuazione, di coordinamento e transitorie del codice di procedura penale, approvate con decreto legislativo 28 luglio 1989, n. 271.

(1) *Le parole* « su ciò di cui sono venuti a conoscenza, nell'esercizio delle proprie funzioni, in ordine a notizie che devono rimanere segrete » *sono state sostituite alle parole* « ai sensi dell'articolo 156, comma 8 » *dall'art. 14[1] lett. i) n. 1 d.ls. 10 agosto 2018, n. 101.*

(2) *Le parole* « o il rappresentante del titolare o del responsabile » *sono state inserite e le parole* « alle persone autorizzate al trattamento dei dati personali sotto l'autorità diretta del titolare o del responsabile ai sensi dell'articolo 2-*quaterdecies* » *sono state sostituite alle parole* « agli incaricati » *dall'art. 14[1] lett. i) n. 2 d.ls. n. 101, cit.*

(3) *Le parole* « e telefax » *che seguivano le parole* « posta elettronica » *sono state soppresse dall'art. 14[1] lett. i) n. 3 d.ls. n. 101, cit.*

160. (1) **Particolari accertamenti.** – 1. Per i trattamenti di dati personali di cui all'articolo 58, gli accertamenti sono effettuati per il tramite di un componente designato dal Garante.

2. Se il trattamento non risulta conforme alle norme del Regolamento ovvero alle disposizioni di legge o di Regolamento, il Garante indica al titolare o al responsabile le necessarie modificazioni ed integrazioni e ne verifica l'attuazione. Se l'accertamento è stato richiesto dall'interessato, a quest'ultimo è fornito in ogni caso un riscontro circa il relativo esito, se ciò non pregiudica azioni od operazioni a tutela dell'ordine e della sicurezza pubblica o di prevenzione e repressione di reati o ricorrono motivi di difesa o di sicurezza dello Stato.

3. Gli accertamenti non sono delegabili. Quando risulta necessario in ragione della specificit della verifica, il componente designato può farsi assistere da personale specializzato tenuto al segreto su ciò di cui sono venuti a conoscenza in ordine a notizie che devono rimanere segrete. Gli atti e i documenti acquisiti sono custoditi secondo modalità tali da assicurarne la segretezza e sono conoscibili dal presidente e dai componenti del Garante e, se necessario per lo svolgimento delle funzioni dell'organo, da un numero delimitato di addetti all'Ufficio individuati dal Garante sulla base di criteri definiti dal Regolamento di cui all'articolo 156, comma 3, lettera *a*).

4. Per gli accertamenti di cui al comma 3 relativi agli organismi di informazione e di sicurezza e ai dati coperti da segreto di Stato il componente designato prende visione degli atti e dei documenti rilevanti e riferisce oralmente nelle riunioni del Garante (2).

(1) *Articolo così sostituito dall'art.* $14^{1\ lett.\ l)}$ *d.ls. 10 agosto 2018, n. 101. Il testo dell'articolo era il seguente:* « Art. 160. *(Particolari accertamenti).* — 1. Per i trattamenti di dati personali indicati nei titoli I, II e III della Parte II gli accertamenti sono effettuati per il tramite di un componente designato dal Garante. — 2. Se il trattamento non risulta conforme alle disposizioni di legge o di regolamento, il Garante indica al titolare o al responsabile le necessarie modificazioni ed integrazioni e ne verifica l'attuazione. Se l'accertamento è stato richiesto dall'interessato, a quest'ultimo è fornito in ogni caso un riscontro circa il relativo esito, se ciò non pregiudica azioni od operazioni a tutela dell'ordine e della sicurezza pubblica o di prevenzione e repressione di reati o ricorrono motivi di difesa o di sicurezza dello Stato. — 3. Gli accertamenti non sono delegabili. Quando risulta necessario in ragione della specificità della verifica, il componente designato può farsi assistere da personale specializzato tenuto al segreto ai sensi dell'articolo 156, comma 8. Gli atti e i documenti acquisiti sono custoditi secondo modalità tali da assicurarne la segretezza e sono conoscibili dal presidente e dai componenti del Garante e, se necessario per lo svolgimento delle funzioni dell'organo, da un numero delimitato di addetti all'Ufficio individuati dal Garante sulla base di criteri definiti dal regolamento di cui all'articolo 156, comma 3, lettera *a*). — 4. Per gli accertamenti relativi agli organismi di informazione e di sicurezza e ai dati coperti da segreto di Stato il componente designato prende visione degli atti e dei documenti rilevanti e riferisce oralmente nelle riunioni del Garante. — 5. Nell'effettuare gli accertamenti di cui al presente articolo nei riguardi di uffici giudiziari, il Garante adotta idonee modalità nel rispetto delle reciproche attribuzioni e della particolare collocazione istituzionale dell'organo procedente. Gli accertamenti riferiti ad atti di indagine coperti dal segreto sono differiti, se vi è richiesta dell'organo procedente, al momento in cui cessa il segreto. — 6. La validità, l'efficacia e l'utilizzabilità di atti, documenti e provvedimenti nel procedimento giudiziario basati sul trattamento di dati personali non conforme a disposizioni di legge o di regolamento restano disciplinate dalle pertinenti disposizioni processuali nella materia civile e penale ».

(2) *Ai sensi dell'art.* 22^{10} *d.ls. 10 agosto 2018, n. 101, la disposizione di cui al presente comma,, nella parte in cui ha riguardo ai dati coperti da segreto di Stato, si applica fino alla data di entrata in vigore della disciplina relativa alle modalità di opposizione al Garante per la protezione dei dati personali del segreto di Stato.*

160-*bis* (1). Validità, efficacia e utilizzabilità nel procedimento giudiziario di atti, documenti e provvedimenti basati sul trattamento di dati personali non conforme a disposizioni di legge o di Regolamento. – 1. La validità, l'efficacia e l'utilizzabilità nel procedimento giudiziario di atti, documenti e provvedimenti basati sul trattamento di dati personali non conforme a disposizioni di legge o di Regolamento restano disciplinate dalle pertinenti disposizioni processuali.

(1) *Articolo inserito dall'art.* $14^{1\ lett.\ m)}$ *d.ls. 10 agosto 2018, n. 101.*

Titolo III
Sanzioni

Capo I – *Violazioni amministrative*

[**161**. (1) **Omessa o inidonea informativa all'interessato.** – 1. La violazione delle disposizioni di cui all'articolo 13 è punita con la sanzione amministrativa del pagamento di una somma da seimila euro a trentaseimila euro (2).]

(1) *Articolo abrogato dall'art. 27[1] lett. c) n. 2 d.ls. 10 agosto 2018, n. 101.*

(2) *Comma così modificato dall'art. 44[2] d.l. 30 dicembre 2008, n. 207, conv., con modif., in l. 27 febbraio 2009, n. 14.*

[**162**. (1) **Altre fattispecie.** – 1. La cessione dei dati in violazione di quanto previsto dall'articolo 16, comma 1, lettera *b*), o di altre disposizioni in materia di disciplina del trattamento dei dati personali è punita con la sanzione amministrativa del pagamento di una somma da diecimila euro a sessantamila euro (2).

2. La violazione della disposizione di cui all'articolo 84, comma 1, è punita con la sanzione amministrativa del pagamento di una somma da mille euro a seimila euro (3).

2-*bis*. In caso di trattamento di dati personali effettuato in violazione delle misure indicate nell'articolo 33 o delle disposizioni indicate nell'articolo 167 è altresì applicata in sede amministrativa, in ogni caso, la sanzione del pagamento di una somma da diecimila euro a centoventimila euro. Nei casi di cui all'articolo 33 è escluso il pagamento in misura ridotta (4).

2-*ter*. In caso di inosservanza dei provvedimenti di prescrizione di misure necessarie o di divieto di cui, rispettivamente, all'articolo 154, comma 1, lettere *c*) e *d*), è altresì applicata in sede amministrativa, in ogni caso, la sanzione del pagamento di una somma da trentamila euro a centottantamila euro (5).

2-*quater*. La violazione del diritto di opposizione nelle forme previste dall'articolo 130, comma 3-*bis*, e dal relativo regolamento è sanzionata ai sensi del comma 2 *bis* del presente articolo (6).]

(1) *Articolo abrogato dall'art. 27[1] lett. c) n. 2 d.ls. 10 agosto 2018, n. 101.*

(2) *Comma così modificato dall'art. 44[3] lett. a) d.l. 30 dicembre 2008, n. 207, conv., con modif., in l. 27 febbraio 2009, n. 14.*

(3) *Comma così modificato dall'art. 44[3] lett. b) d.l. n. 207, cit.*

(4) *Comma aggiunto dall'art. 44[3] lett. c) d.l. n. 207, cit., e successivamente così modificato dall'art. 20-*bis*[1] lett. c) n. 1 d.l. 25 settembre 2009, n. 135, conv., con modif., in l. 20 novembre 2009, n. 166.*

(5) *Comma aggiunto dall'art. 44[3] lett. c) d.l. n. 207, cit.*

(6) *Comma aggiunto dall'art. 20-bis[1] lett. c) n. 2 d.l. 25 settembre 2009, n. 135, conv., con modif., in l. 20 novembre 2009, n. 166.*

[162-*bis*. (1) **Sanzioni in materia di conservazione dei dati di traffico.** – 1. Salvo che il fatto costituisca reato e salvo quanto previsto dall'articolo 5, comma 2, del d.ls. di recepimento della direttiva 2006/24/CE del Parlamento europeo e del Consiglio del 15 marzo 2006, nel caso di violazione delle disposizioni di cui all'articolo 132, commi 1 e 1-*bis*, si applica la sanzione amministrativa pecuniaria da 10.000 euro a 50.000 euro (2).]

(1) *Articolo inserito dall'art. 5[1] d.ls. 30 maggio 2008, n. 109 e successivamente abrogato dall'art. 27[1] lett. c) n. 2 d.ls. 10 agosto 2018, n. 101.*

(2) *Comma così modificato dall'art. 4[44] d.l. 30 dicembre 2008, n. 207, conv., con modif., in l. 27 febbraio 2009, n. 14.*

[162-*ter*. (1) **Sanzioni nei confronti di fornitori di servizi di comunicazione elettronica accessibili al pubblico.** – 1. La violazione delle disposizioni di cui all'articolo 32-*bis*, comma 1, è punita con la sanzione amministrativa del pagamento di una somma da venticinquemila euro a centocinquantamila euro.

2. La violazione delle disposizioni di cui all'articolo 32-*bis*, comma 2, è punita con la sanzione amministrativa del pagamento di una somma da centocinquanta euro a mille euro per ciascun contraente o altra persona nei cui confronti venga omessa o ritardata la comunicazione di cui al medesimo articolo 32-*bis*, comma 2. Non si applica l'articolo 8 della legge 24 novembre 1981, n. 689.

3. La sanzione amministrativa di cui al comma 2 non può essere applicata in misura superiore al 5 per cento del volume d'affari realizzato dal fornitore di servizi di comunicazione elettronica accessibili al pubblico nell'ultimo esercizio chiuso anteriormente alla notificazione della contestazione della violazione amministrativa, fermo restando quanto previsto dall'articolo 164-*bis*, comma 4.

4. La violazione delle disposizioni di cui all'articolo 32-*bis*, comma 7, è punita con la sanzione amministrativa del pagamento di una somma da ventimila euro a centoventimila euro.

5. Le medesime sanzioni di cui al presente articolo si applicano nei confronti dei soggetti a cui il fornitore di servizi di comunicazione elettronica accessibili al pubblico abbia affidato l'erogazione dei predetti servizi, qualora tali soggetti non abbiano comunicato senza indebito ritardo, al fornitore, ai sensi dell'articolo 32-*bis*, comma 8, le

informazioni necessarie ai fini degli adempimenti di cui all'articolo 32-*bis*.]

(1) *Articolo inserito dall'art. 1[9] d.lgs. 28 maggio 2012, n. 69 e successivamente abrogato dall'art. 27[1 lett. c) n. 2] d.lgs. 10 agosto 2018, n. 101.*

[**163**. (1) **Omessa o incompleta notificazione.** – 1. Chiunque, essendovi tenuto, non provvede tempestivamente alla notificazione ai sensi degli articoli 37 e 38, ovvero indica in essa notizie incomplete, è punito con la sanzione amministrativa del pagamento di una somma da ventimila euro a centoventimila euro (2).]

(1) *Articolo abrogato dall'art. 27[1 lett. c) n. 2] d.lgs. 10 agosto 2018, n. 101.*

(2) *Comma così modificato dall'art. 44[5] d.l. 30 dicembre 2008, n. 207, conv., con modif., in l. 27 febbraio 2008, n. 14.*

[**164**. (1) **Omessa informazione o esibizione al Garante.** – 1. Chiunque omette di fornire le informazioni o di esibire i documenti richiesti dal Garante ai sensi degli articoli 150, comma 2, e 157 è punito con la sanzione amministrativa del pagamento di una somma da diecimila euro a sessantamila euro (2).]

(1) *Articolo abrogato dall'art. 27[1 lett. c) n. 2] d.lgs. 10 agosto 2018, n. 101.*

(2) *Comma così modificato dall'art. 44[6] d.l. 30 dicembre 2008, n. 207, conv., con modif., in l. 27 febbraio 2008, n. 14.*

[**164-*bis***. (1) **Casi di minore gravità e ipotesi aggravate.** – 1. Se taluna delle violazioni di cui agli articoli 161, 162, 162-*ter*, 163 e 164 è di minore gravità, avuto altresì riguardo alla natura anche economica o sociale dell'attività svolta, i limiti minimi e massimi stabiliti dai medesimi articoli sono applicati in misura pari a due quinti (2).

2. In caso di più violazioni di un'unica o di più disposizioni di cui al presente Capo, a eccezione di quelle previste dagli articoli 162, comma 2, 162-*bis* e 164, commesse anche in tempi diversi in relazione a banche di dati di particolare rilevanza o dimensioni, si applica la sanzione amministrativa del pagamento di una somma da cinquantamila euro a trecentomila euro. Non è ammesso il pagamento in misura ridotta.

3. In altri casi di maggiore gravità e, in particolare, di maggiore rilevanza del pregiudizio per uno o più interessati, ovvero quando la violazione coinvolge numerosi interessati, i limiti minimo e massimo delle sanzioni di cui al presente Capo sono applicati in misura pari al doppio.

4. Le sanzioni di cui al presente Capo possono essere aumentate

fino al quadruplo quando possono risultare inefficaci in ragione delle condizioni economiche del contravventore.]

(1) *Articolo inserito dall'art. 44[7] d.l. 30 dicembre 2008, n. 207, conv., con modif., in l. 27 febbraio 2009, n. 14 e successivamente abrogato dall'art. 27[1 lett. c) n. 2] d.ls. 10 agosto 2018, n. 101.*

(2) *Comma così modificato dall'art. 1[10] d.ls. 28 maggio 2012, n. 69.*

[**165.** (1) **Pubblicazione del provvedimento del Garante.** – 1. Nei casi di cui agli articoli del presente Capo può essere applicata la sanzione amministrativa accessoria della pubblicazione dell'ordinanza-ingiunzione, per intero o per estratto, in uno o più giornali indicati nel provvedimento che la applica. La pubblicazione ha luogo a cura e spese del contravventore (2).].

(1) *Articolo abrogato dall'art. 27[1 lett. c) n. 2] d.ls. 10 agosto 2018, n. 101.*

(2) *Comma così modificato dall'art. 44[8] d.l. 30 dicembre 2008, n. 207, conv., con modif., in l. 27 febbraio 2008, n. 14.*

166. Criteri di applicazione delle sanzioni amministrative pecuniarie e procedimento per l'adozione dei provvedimenti correttivi e sanzionatori (1). – 1. Sono soggette alla sanzione amministrativa di cui all'art. 83, par. 4, del Regolamento le violazioni delle disposizioni di cui agli artt. 2-*quinquies*, comma 2, (2) 92, comma 1, 93, comma 1, 123, comma 4, 128, 129, comma 2, e 132-*ter*. Alla medesima sanzione amministrativa è soggetto colui che non effettua la valutazione di impatto di cui all'art. 110, comma 1, primo periodo, ovvero non sottopone il programma di ricerca a consultazione preventiva del Garante a norma del terzo periodo del predetto comma.

2. Sono soggette alla sanzione amministrativa di cui all'art. 83, par. 5, del Regolamento le violazioni delle disposizioni di cui agli artt. 2-*ter*, 2-*quinquies*, comma 1, 2-*sexies*, 2-*septies*, comma 8, 2-*octies*, 2-*terdecies*, commi 1, 2, 3 e 4, 52, commi 4 e 5, 75, 78, 79, 80, 82, 92, comma 2, 93, commi 2 e 3, 96, 99, 100, commi 1, 2 e 4, 101, 105 commi 1, 2 e 4, 110-*bis*, commi 2 e 3, 111, 111-*bis*, 116, comma 1, 120, comma 2, 122, 123, commi 1, 2, 3 e 5, 124, 125, 126, 130, commi da 1 a 5, 131, 132, 132-*bis*, comma 2, 132-*quater*, 157, nonché delle misure di garanzia, delle regole deontologiche di cui rispettivamente agli artt. 2-*septies* e 2-*quater*.

3. Il Garante è l'organo competente ad adottare i provvedimenti correttivi di cui all'art. 58, par. 2, del Regolamento, nonché ad irrogare le sanzioni di cui all'art. 83 del medesimo Regolamento e di cui ai commi 1 e 2.

4. Il procedimento per l'adozione dei provvedimenti e delle sanzioni indicati al comma 3 può essere avviato, nei confronti sia di

soggetti privati, sia di autorità pubbliche ed organismi pubblici, a seguito di reclamo ai sensi dell'art. 77 del Regolamento o di attività istruttoria d'iniziativa del Garante, nell'ambito dell'esercizio dei poteri d'indagine di cui all'art. 58, par. 1, del Regolamento, nonché in relazione ad accessi, ispezioni e verifiche svolte in base a poteri di accertamento autonomi, ovvero delegati dal Garante.

5. L'Ufficio del Garante, quando ritiene che gli elementi acquisiti nel corso delle attività di cui al comma 4 configurino una o più violazioni indicate nel presente titolo e nell'art. 83, parr. 4, 5 e 6, del Regolamento, avvia il procedimento per l'adozione dei provvedimenti e delle sanzioni di cui al comma 3 notificando al titolare o al responsabile del trattamento le presunte violazioni, nel rispetto delle garanzie previste dal Regolamento di cui al comma 9, salvo che la previa notifica della contestazione non risulti incompatibile con la natura e le finalità del provvedimento da adottare. Nei confronti dei titolari del trattamento di cui agli articoli 2-*ter*, comma 1-*bis*, e 58 del presente codice e all'articolo 1, comma 1, del decreto legislativo 18 maggio 2018, n. 51, la predetta notifica può essere omessa esclusivamente nel caso in cui il Garante abbia accertato che le presunte violazioni hanno già arrecato e continuano ad arrecare un effettivo, concreto, attuale e rilevante pregiudizio ai soggetti interessati al trattamento, che il Garante ha l'obbligo di individuare e indicare nel provvedimento, motivando puntualmente le ragioni dell'omessa notifica (3). In assenza di tali presupposti, il giudice competente accerta l'inefficacia del provvedimento (3).

6. Entro trenta giorni dal ricevimento della comunicazione di cui al comma 5, il contravventore può inviare al Garante scritti difensivi o documenti e può chiedere di essere sentito dalla medesima autorità.

7. Nell'adozione dei provvedimenti sanzionatori nei casi di cui al comma 3 si osservano, in quanto applicabili, gli artt. da 1 a 9, da 18 a 22 e da 24 a 28 della l. 24 novembre 1981, n. 689; nei medesimi casi può essere applicata la sanzione amministrativa accessoria della pubblicazione dell'ordinanza-ingiunzione, per intero o per estratto, sul sito internet del Garante o dell'ingiunzione a realizzare campagne di comunicazione istituzionale volte alla promozione della consapevolezza del diritto alla protezione dei dati personali, sulla base di progetti previamente approvati dal Garante e che tengano conto della gravità della violazione. Nella determinazione della sanzione ai sensi dell'articolo 83, paragrafo 2, del Regolamento, il Garante tiene conto anche di eventuali campagne di comunicazione istituzio-

LEGGI COMPLEMENTARI

nale volte alla promozione della consapevolezza del diritto alla protezione dei dati personali, realizzate dal trasgressore anteriormente alla commissione della violazione (4). I proventi delle sanzioni, nella misura del cinquanta per cento del totale annuo, sono riassegnati al fondo di cui all'art. 156, comma 8, per essere destinati alle specifiche attività di sensibilizzazione e di ispezione nonché di attuazione del Regolamento svolte dal Garante.

8. Entro il termine di cui all'art.10, comma 3, del d.ls. n. 150 del 2011 previsto per la proposizione del ricorso, il trasgressore e gli obbligati in solido possono definire la controversia adeguandosi alle prescrizioni del Garante, ove impartite, e mediante il pagamento di un importo pari alla metà della sanzione irrogata.

9. Nel rispetto dell'art. 58, par. 4, del Regolamento, con proprio regolamento pubblicato nella *Gazzetta Ufficiale* della Repubblica italiana, il Garante definisce le modalità del procedimento per l'adozione dei provvedimenti e delle sanzioni di cui al comma 3 ed i relativi termini, in conformità ai principi della piena conoscenza degli atti istruttori, del contraddittorio, della verbalizzazione, nonché della distinzione tra funzioni istruttorie e funzioni decisorie rispetto all'irrogazione della sanzione.

10. Le disposizioni relative a sanzioni amministrative previste dal presente codice e dall'art. 83 del Regolamento non si applicano in relazione ai trattamenti svolti in ambito giudiziario.

(1) *Articolo così sostituito dall'art. 15[1], lett.* a), *d.ls. 10 agosto 2018, n. 101.*

(2) *Le parole* « 2-quinquiesdecies » *sono state soppresse dall'art. 9[1] lett.* m), *n. 1 d.l. 8 ottobre 2021, n. 139, conv. in l. 3 dicembre 2021, n. 205.*

(3) *Periodo aggiunto dall'art. 9[1] lett.* m), *n. 2 d.l. 8 ottobre 2021, n. 139, conv. in l. 3 dicembre 2021, n. 205.*

(4) *Le parole da* « o dell'ingiunzione a realizzare campagne » *a* « commissione della violazione » *sono state aggiunte dall'art. 9[1] lett.* m), *n. 3 d.l. 8 ottobre 2021, n. 139, conv. in l. 3 dicembre 2021, n. 205.*

CAPO II – *Illeciti penali*

167. Trattamento illecito di dati (1). – 1. Salvo che il fatto costituisca più grave reato, chiunque, al fine di trarre per sé o per altri profitto ovvero di arrecare danno all'interessato, operando in violazione di quanto disposto dagli artt. 123, 126 e 130 o dal provvedimento di cui all'art. 129 arreca nocumento all'interessato, è punito con la reclusione da sei mesi a un anno e sei mesi.

2. Salvo che il fatto costituisca più grave reato, chiunque, al fine di trarre per sé o per altri profitto ovvero di arrecare danno all'interessato, procedendo al trattamento dei dati personali di cui agli artt. 9 e

10 del Regolamento in violazione delle disposizioni di cui agli artt. 2-*sexies* e 2-*octies*, o delle misure di garanzia di cui all'art. 2-*septies* (2) arreca nocumento all'interessato, è punito con la reclusione da uno a tre anni.

3. Salvo che il fatto costituisca più grave reato, la pena di cui al comma 2 si applica altresì a chiunque, al fine di trarre per sé o per altri profitto ovvero di arrecare danno all'interessato, procedendo al trasferimento dei dati personali verso un paese terzo o un'organizzazione internazionale al di fuori dei casi consentiti ai sensi degli artt. 45, 46 o 49 del Regolamento, arreca nocumento all'interessato.

4. Il Pubblico ministero, quando ha notizia dei reati di cui ai commi 1, 2 e 3, ne informa senza ritardo il Garante.

5. Il Garante trasmette al pubblico ministero, con una relazione motivata, la documentazione raccolta nello svolgimento dell'attività di accertamento nel caso in cui emergano elementi che facciano presumere la esistenza di un reato. La trasmissione degli atti al pubblico ministero avviene al più tardi al termine dell'attività di accertamento delle violazioni delle disposizioni di cui al presente decreto.

6. Quando per lo stesso fatto è stata applicata a norma del presente codice o del Regolamento a carico dell'imputato o dell'ente una sanzione amministrativa pecuniaria dal Garante e questa è stata riscossa, la pena è diminuita.

(1) *Articolo così sostituito dall'art. 15[1], lett.* b), *d.ls. 10 agosto 2018, n. 101.*

(2) *Le parole* « ovvero operando in violazione delle misure adottate ai sensi dell'art. 2-*quinquiesdecies* » *sono state soppresse dall'art. 9[1] lett.* n), *d.l. 8 ottobre 2021, n. 139, conv. in l. 3 dicembre 2021, n. 205.*

167-*bis*. (1) **Comunicazione e diffusione illecita di dati personali oggetto di trattamento su larga scala.** – 1. Salvo che il fatto costituisca più grave reato, chiunque comunica o diffonde al fine di trarre profitto per sé o altri ovvero al fine di arrecare danno, un archivio automatizzato o una parte sostanziale di esso contenente dati personali oggetto di trattamento su larga scala, in violazione degli articoli 2-*ter*, 2-*sexies* e 2-*octies*, è punito con la reclusione da uno a sei anni.

2. Salvo che il fatto costituisca più grave reato, chiunque, al fine trarne profitto per sé o altri ovvero di arrecare danno, comunica o diffonde, senza consenso, un archivio automatizzato o una parte sostanziale di esso contenente dati personali oggetto di trattamento su larga scala, è punito con la reclusione da uno a sei anni, quando il

consenso dell'interessato è richiesto per le operazioni di comunicazione e di diffusione.

3. Per i reati di cui ai commi 1 e 2, si applicano i commi 4, 5 e 6 dell'articolo 167.

(1) *Articolo inserito dall'art. 15[1] lett. c) d.ls. 10 agosto 2018, n. 101.*

167-*ter*. (1) **Acquisizione fraudolenta di dati personali oggetto di trattamento su larga scala.** – 1. Salvo che il fatto costituisca più grave reato, chiunque, al fine trarne profitto per sé o altri ovvero di arrecare danno, acquisisce con mezzi fraudolenti un archivio automatizzato o una parte sostanziale di esso contenente dati personali oggetto di trattamento su larga scala è punito con la reclusione da uno a quattro anni.

2. Per il reato di cui al comma 1 si applicano i commi 4, 5 e 6 dell'articolo 167.

(1) *Articolo inserito dall'art. 15[1] lett. c) d.ls. 10 agosto 2018, n. 101.*

168. (1) **Falsità nelle dichiarazioni al Garante e interruzione dell'esecuzione dei compiti o dell'esercizio dei poteri del Garante.** – 1. Salvo che il fatto costituisca più grave reato, chiunque, in un procedimento o nel corso di accertamenti dinanzi al Garante, dichiara o attesta falsamente notizie o circostanze o produce atti o documenti falsi, è punito con la reclusione da sei mesi a tre anni.

2. Fuori dei casi di cui al comma 1, è punito con la reclusione sino ad un anno chiunque intenzionalmente cagiona un'interruzione o turba la regolarità di un procedimento dinanzi al Garante o degli accertamenti dallo stesso svolti.

(1) *Articolo così sostituito dall'art. 15[1] lett. d) d.ls. 10 agosto 2018, n. 101. Il testo dell'articolo, come modificato dall'art. 111 d.ls. 28 maggio 2012, n. 69, era il seguente:* « Art. 168. (*Falsità nelle dichiarazioni e notificazioni al Garante*).— 1. Chiunque, nelle comunicazioni di cui all'articolo 32-*bis*, commi 1 e 8, nella notificazione di cui all'articolo 37 o in comunicazioni, atti, documenti o dichiarazioni resi o esibiti in un procedimento dinanzi al Garante o nel corso di accertamenti, dichiara o attesta falsamente notizie o circostanze o produce atti o documenti falsi, è punito, salvo che il fatto costituisca più grave reato, con la reclusione da sei mesi a tre anni ».

[169. (1) **Misure di sicurezza.** – 1. Chiunque, essendovi tenuto, omette di adottare le misure minime previste dall'articolo 33 è punito con l'arresto sino a due anni (2).

2. All'autore del reato, all'atto dell'accertamento o, nei casi complessi, anche con successivo atto del Garante, è impartita una prescrizione fissando un termine per la regolarizzazione non eccedente il periodo di tempo tecnicamente necessario, prorogabile in caso di particolare complessità o per l'oggettiva difficoltà dell'adempimento

e comunque non superiore a sei mesi. Nei sessanta giorni successivi allo scadere del termine, se risulta l'adempimento alla prescrizione, l'autore del reato è ammesso dal Garante a pagare una somma pari al quarto del massimo della sanzione stabilita per la violazione amministrativa. L'adempimento e il pagamento estinguono il reato. L'organo che impartisce la prescrizione e il pubblico ministero provvedono nei modi di cui agli articoli 21, 22, 23 e 24 del d.ls. 19 dicembre 1994, n. 758, e successive modificazioni, in quanto applicabili (3).]

(1) *Articolo abrogato dall'art. 27[1] lett. c) n. 2 d.ls. 10 agosto 2018, n. 101.*

(2) *Comma così modificato dall'art. 44[9] lett. a) d.l. 30 dicembre 2008, n. 207, conv., con modif., in l. 27 febbraio 2009, n. 14.*

(3) *Comma così modificato dall'art. 44[9] lett. b) d.l. n. 207, cit.*

170. Inosservanza di provvedimenti del Garante (1). – 1. Chiunque, non osservando (2) il provvedimento adottato dal Garante ai sensi degli artt. 58, par. 2, lett. *f)* del Regolamento, dell'art. 2-*septies*, comma 1, nonché i provvedimenti generali di cui all'art. 21, comma 1, del d.ls. di attuazione dell'art. 13 della l. 25 ottobre 2017, n. 163, arreca un concreto nocumento a uno o più soggetti interessati al trattamento (3) è punito, a querela della persona offesa, (3) con la reclusione da tre mesi a due anni.

(1) *Articolo così sostituito dall'art. 15[1], lett.* e), *d.ls. 10 agosto 2018, n. 101.*

(2) *Le parole* « non osservando » *sono state così sostituite alle parole* « essendovi tenuto, non osserva » *dall'art. 9[1] lett.* o), *d.l. 8 ottobre 2021, n. 139, conv. in l. 3 dicembre 2021, n. 205.*

(3) *Le parole* « , arreca un concreto nocumento a uno o più soggetti interessati al trattamento » *e le parole* « , a querela della persona offesa, » *sono state inserite dall'art. 9[1] lett.* o), *d.l. n. 139, cit.*

171. (1) **Violazioni delle disposizioni in materia di controlli a distanza e indagini sulle opinioni dei lavoratori.** – 1. La violazione delle disposizioni di cui agli articoli 4, comma 1, e 8 della legge 20 maggio 1970, n. 300, è punita con le sanzioni di cui all'articolo 38 della medesima legge.

(1) *Articolo così sostituito dall'art. 15[1] lett. f) d.ls. 10 agosto 2018, n. 101. Il testo dell'articolo, come già sostituito dall'art. 23[2] d.ls. 14 settembre 2015, n. 151, era il seguente:* « Art. 171. (*Altre fattispecie*). — La violazione delle disposizioni di cui all'articolo 113 e all'articolo 4, primo e secondo comma, della legge 20 maggio 1970, n. 300, è punita con le sanzioni di cui all'articolo 38 della legge n. 300 del 1970 ».

172. Pene accessorie. – 1. La condanna per uno dei delitti previsti dal presente codice importa la pubblicazione della sentenza, ai sensi dell'articolo 36, secondo e terzo comma, del codice penale (1).

(1) *Le parole* « , ai sensi dell'articolo 36, secondo e terzo comma, del codice penale » *sono state aggiunte dall'art. 15[1] lett. g) d.ls. 10 agosto 2018, n. 101.*

LEGGI COMPLEMENTARI

TITOLO IV
Disposizioni modificative, abrogative, transitorie e finali

CAPO I – *Disposizioni di modifica*

[173. (1) **Convenzione di applicazione dell'Accordo di Schengen.** – 1. La legge 30 settembre 1993, n. 388, e successive modificazioni, di ratifica ed esecuzione dei protocolli e degli accordi di adesione all'accordo di Schengen e alla relativa convenzione di applicazione, è così modificata:

a) il comma 2 dell'articolo 9 è sostituito dal seguente: « 2. Le richieste di accesso, rettifica o cancellazione, nonché di verifica, di cui, rispettivamente, agli articoli 109, 110 e 114, paragrafo 2, della Convenzione, sono rivolte all'autorità di cui al comma 1. »;

b) il comma 2 dell'articolo 10 è soppresso;

c) l'articolo 11 è sostituito dal seguente: « 11. 1. L'autorità di controllo di cui all'articolo 114 della Convenzione è il Garante per la protezione dei dati personali. Nell'esercizio dei compiti ad esso demandati per legge, il Garante esercita il controllo sui trattamenti di dati in applicazione della Convenzione ed esegue le verifiche previste nel medesimo articolo 114, anche su segnalazione o reclamo dell'interessato all'esito di un inidoneo riscontro alla richiesta rivolta ai sensi dell'articolo 9, comma 2, quando non è possibile fornire al medesimo interessato una risposta sulla base degli elementi forniti dall'autorità di cui all'articolo 9, comma 1. 2. Si applicano le disposizioni dell'articolo 10, comma 5, della legge 1° aprile 1981, n. 121, e successive modificazioni. »;

d) l'articolo 12 è abrogato.]

(1) *Articolo abrogato dall'art. 27[1] lett. c) n. 3 d.ls. 10 agosto 2018, n. 101.*

[174. (1) **Notifiche di atti e vendite giudiziarie.** – 1. All'articolo 137 del codice di procedura civile, dopo il secondo comma, sono inseriti i seguenti:

« Se la notificazione non può essere eseguita in mani proprie del destinatario, tranne che nel caso previsto dal secondo comma dell'articolo 143, l'ufficiale giudiziario consegna o deposita la copia dell'atto da notificare in busta che provvede a sigillare e su cui trascrive il numero cronologico della notificazione, dandone atto nella relazione in calce all'originale e alla copia dell'atto stesso. Sulla busta non sono apposti segni o indicazioni dai quali possa desumersi il contenuto dell'atto.Le disposizioni di cui al terzo comma si applicano anche alle comunicazioni effettuate con biglietto di cancelleria ai sensi degli articoli 133 e 136. ».

2. Al primo comma dell'articolo 138 del codice di procedura civile, le parole da: « può sempre eseguire » a « destinatario, » sono sostituite dalle seguenti: « esegue la notificazione di regola mediante consegna della copia nelle mani proprie del destinatario, presso la casa di abitazione oppure, se ciò non è possibile, ».

3. Nel quarto comma dell'articolo 139 del codice di procedura civile, la parola: « l'originale » è sostituita dalle seguenti: « una ricevuta ».

4. Nell'articolo 140 del codice di procedura civile, dopo le parole: « affigge avviso del deposito » sono inserite le seguenti: « in busta chiusa e sigillata ».

5. All'articolo 142 del codice di procedura civile sono apportate le seguenti modificazioni:

a) il primo e il secondo comma sono sostituiti dal seguente: « Salvo quanto disposto nel secondo comma, se il destinatario non ha residenza, dimora o domicilio nello Stato e non vi ha eletto domicilio o costituito un procuratore a norma dell'articolo 77, l'atto è notificato mediante spedizione al destinatario per mezzo della posta con raccomandata e mediante consegna di altra copia al pubblico ministero che ne cura la trasmissione al Ministero degli affari esteri per la consegna alla persona alla quale è diretta. »;

b) nell'ultimo comma le parole: « ai commi precedenti » sono sostituite dalle seguenti: « al primo comma ».

6. Nell'articolo 143, primo comma, del codice di procedura civile, sono soppresse le parole da: « , e mediante » fino alla fine del periodo.

7. All'articolo 151, primo comma, del codice di procedura civile dopo le parole: « maggiore celerità » sono aggiunte le seguenti: « , di riservatezza o di tutela della dignità ».

8. All'articolo 250 del codice di procedura civile dopo il primo comma è aggiunto il seguente: « L'intimazione di cui al primo comma, se non è eseguita in mani proprie del destinatario o mediante servizio postale, è effettuata in busta chiusa e sigillata. ».

9. All'articolo 490, terzo comma, del codice di procedura civile è aggiunto, in fine, il seguente periodo: « Nell'avviso è omessa l'indicazione del debitore ».

10. All'articolo 570, primo comma, del codice di procedura civile le parole: « del debitore, » sono soppresse e le parole da: « informazioni » fino alla fine sono sostituite dalle seguenti: « informazioni,

anche relative alle generalità del debitore, possono essere fornite dalla cancelleria del tribunale a chiunque vi abbia interesse ».

11. All'articolo 14, quarto comma, della legge 24 novembre 1981, n. 689, e successive modificazioni, è aggiunto, in fine, il seguente periodo: « Quando la notificazione non può essere eseguita in mani proprie del destinatario, si osservano le modalità previste dall'articolo 137, terzo comma, del medesimo codice. ».

12. Dopo l'articolo 15 del decreto del Presidente della Repubblica 28 dicembre 2000, n. 445, è inserito il seguente: « Articolo 15-*bis*. (Notificazioni di atti e documenti, comunicazioni ed avvisi) 1. Alla notificazione di atti e di documenti da parte di organi delle pubbliche amministrazioni a soggetti diversi dagli interessati o da persone da essi delegate, nonché a comunicazioni ed avvisi circa il relativo contenuto, si applicano le disposizioni contenute nell'articolo 137, terzo comma, del codice di procedura civile. Nei biglietti e negli inviti di presentazione sono indicate le informazioni strettamente necessarie a tale fine. ».

13. All'articolo 148 del codice di procedura penale sono apportate le seguenti modificazioni:

a) il comma 3 è sostituito dal seguente: « 3. L'atto è notificato per intero, salvo che la legge disponga altrimenti, di regola mediante consegna di copia al destinatario oppure, se ciò non è possibile, alle persone indicate nel presente titolo. Quando la notifica non può essere eseguita in mani proprie del destinatario, l'ufficiale giudiziario o la polizia giudiziaria consegnano la copia dell'atto da notificare, fatta eccezione per il caso di notificazione al difensore o al domiciliatario, dopo averla inserita in busta che provvedono a sigillare trascrivendovi il numero cronologico della notificazione e dandone atto nella relazione in calce all'originale e alla copia dell'atto. »;

b) dopo il comma 5 è aggiunto il seguente: « 5-*bis*. Le comunicazioni, gli avvisi ed ogni altro biglietto o invito consegnati non in busta chiusa a persona diversa dal destinatario recano le indicazioni strettamente necessarie. ».

14. All'articolo 157, comma 6, del codice di procedura penale le parole: « è scritta all'esterno del plico stesso » sono sostituite dalle seguenti: « è effettuata nei modi previsti dall'articolo 148, comma 3 ».

15. All'art. 80 delle disposizioni di attuazione del codice di procedura penale, approvate con decreto legislativo 28 luglio 1989, n. 271, il comma 1 è sostituito dal seguente: « 1. Se la copia del decreto di perquisizione locale è consegnata al portiere o a chi ne fa le veci, si applica la disposizione di cui all'articolo 148, comma 3, del codice. ».

16. Alla legge 20 novembre 1982, n. 890, sono apportate le seguenti modificazioni:

a) all'articolo 2, primo comma, è aggiunto, in fine, il seguente periodo: « Sulle buste non sono apposti segni o indicazioni dai quali possa desumersi il contenuto dell'atto. »;

b) all'articolo 8, secondo comma, secondo periodo, dopo le parole: « L'agente postale rilascia avviso » sono inserite le seguenti: « , in busta chiusa, del deposito ».]

(1) *Articolo abrogato dall'art. 27[1] lett. c) n. 3 d.ls. 10 agosto 2018, n. 101.*

175. Forze di polizia. – [1. Il trattamento effettuato per il conferimento delle notizie ed informazioni acquisite nel corso di attività amministrative ai sensi dell'articolo 21, comma 1, della legge 26 marzo 2001, n. 128, e per le connessioni di cui al comma 3 del medesimo articolo è oggetto di comunicazione al Garante ai sensi dell'articolo 39, commi 2 e 3.] (1).

[2. I dati personali trattati dalle forze di polizia, dagli organi di pubblica sicurezza e dagli altri soggetti di cui all'articolo 53, comma 1, senza l'ausilio di strumenti elettronici anteriormente alla data di entrata in vigore del presente codice, in sede di applicazione del presente codice possono essere ulteriormente trattati se ne è verificata l'esattezza, completezza ed aggiornamento ai sensi dell'articolo 11.] (1).

3. L'articolo 10 della legge 1° aprile 1981, n. 121, e successive modificazioni, è sostituito dal seguente: « Art. 10. (Controlli) 1. Il controllo sul Centro elaborazione dati è esercitato dal Garante per la protezione dei dati personali, nei modi previsti dalla legge e dai regolamenti.

2. I dati e le informazioni conservati negli archivi del Centro possono essere utilizzati in procedimenti giudiziari o amministrativi soltanto attraverso l'acquisizione delle fonti originarie indicate nel primo comma dell'articolo 7, fermo restando quanto stabilito dall'articolo 240 del codice di procedura penale. Quando nel corso di un procedimento giurisdizionale o amministrativo viene rilevata l'erroneità o l'incompletezza dei dati e delle informazioni, o l'illegittimità del loro trattamento, l'autorità precedente ne dà notizia al Garante per la protezione dei dati personali.

3. La persona alla quale si riferiscono i dati può chiedere all'ufficio di cui alla lettera *a*) del primo comma dell'articolo 5 la conferma dell'esistenza di dati personali che lo riguardano, la loro comunicazione in forma intellegibile e, se i dati risultano trattati in violazione

di vigenti disposizioni di legge o di regolamento, la loro cancellazione o trasformazione in forma anonima.

4. Esperiti i necessari accertamenti, l'ufficio comunica al richiedente, non oltre trenta giorni dalla richiesta, le determinazioni adottate. L'ufficio può omettere di provvedere sulla richiesta se ciò può pregiudicare azioni od operazioni a tutela dell'ordine e della sicurezza pubblica o di prevenzione e repressione della criminalità, dandone informazione al Garante per la protezione dei dati personali.

5. Chiunque viene a conoscenza dell'esistenza di dati personali che lo riguardano, trattati anche in forma non automatizzata in violazione di disposizioni di legge o di regolamento, può chiedere al tribunale del luogo ove risiede il titolare del trattamento di compiere gli accertamenti necessari e di ordinare la rettifica, l'integrazione, la cancellazione o la trasformazione in forma anonima dei dati medesimi.

(1) *Comma abrogato dall'art. 27[1] lett. c) n. 3 d.ls. 10 agosto 2018, n. 101.*

[176. (1) **Soggetti pubblici.** – 1. Nell'articolo 24, comma 3, della legge 7 agosto 1990, n. 241, dopo le parole: « mediante strumenti informatici » sono inserite le seguenti: « , fuori dei casi di accesso a dati personali da parte della persona cui i dati si riferiscono, ».

2. Nell'articolo 2 del decreto legislativo 30 marzo 2001, n. 165, in materia di ordinamento del lavoro alle dipendenze delle amministrazioni pubbliche, dopo il comma 1 è inserito il seguente: « 1-*bis*. I criteri di organizzazione di cui al presente articolo sono attuati nel rispetto della disciplina in materia di trattamento dei dati personali. ».

3. L'articolo 4, comma 1, del decreto legislativo 12 febbraio 1993, n. 39, e successive modificazioni, è sostituito dal seguente: « 1. È istituito il Centro nazionale per l'informatica nella pubblica amministrazione, che opera presso la Presidenza del Consiglio dei ministri per l'attuazione delle politiche del Ministro per l'innovazione e le tecnologie, con autonomia tecnica, funzionale, amministrativa, contabile e finanziaria e con indipendenza di giudizio. ».

4. Al Centro nazionale per l'informatica nella pubblica amministrazione continuano ad applicarsi l'articolo 6 del decreto legislativo 12 febbraio 1993, n. 39, nonché le vigenti modalità di finanziamento nell'ambito dello stato di previsione del Ministero dell'economia e delle finanze.

5. L'articolo 5, comma 1, del decreto legislativo n. 39 del 1993, e successive modificazioni, è sostituito dal seguente: « 1. Il Centro nazionale propone al Presidente del Consiglio dei ministri l'ado-

zione di regolamenti concernenti la sua organizzazione, il suo funzionamento, l'amministrazione del personale, l'ordinamento delle carriere, nonché la gestione delle spese nei limiti previsti dal presente decreto. ».

6. La denominazione: « Autorità per l'informatica nella pubblica amministrazione » contenuta nella vigente normativa è sostituita dalla seguente: « Centro nazionale per l'informatica nella pubblica amministrazione ».]

(1) *Articolo abrogato dall'art. 27[1] lett. c) n. 3 d.ls. 10 agosto 2018, n. 101.*

[177. (1) **Disciplina anagrafica, dello stato civile e delle liste elettorali.** – 1. Il comune può utilizzare gli elenchi di cui all'articolo 34, comma 1, del decreto del Presidente della Repubblica 30 maggio 1989, n. 223, per esclusivo uso di pubblica utilità anche in caso di applicazione della disciplina in materia di comunicazione istituzionale.

2. Il comma 7 dell'articolo 28 della legge 4 maggio 1983, n. 184, e successive modificazioni, è sostituito dal seguente: « 7. L'accesso alle informazioni non è consentito nei confronti della madre che abbia dichiarato alla nascita di non volere essere nominata ai sensi dell'articolo 30, comma 1, del decreto del Presidente della Repubblica 3 novembre 2000, n. 396. ».

3. Il rilascio degli estratti degli atti dello stato civile di cui all'articolo 107 del decreto del Presidente della Repubblica 3 novembre 2000, n. 396 è consentito solo ai soggetti cui l'atto si riferisce, oppure su motivata istanza comprovante l'interesse personale e concreto del richiedente a fini di tutela di una situazione giuridicamente rilevante, ovvero decorsi settanta anni dalla formazione dell'atto.

4. Nel primo comma dell'articolo 5 del decreto del Presidente della Repubblica 20 marzo 1967, n. 223, sono soppresse le lettere *d*) ed *e*).

5. Nell'articolo 51 del decreto del Presidente della Repubblica 20 marzo 1967, n. 223, il quinto comma è sostituto dal seguente: « Le liste elettorali possono essere rilasciate in copia per finalità di applicazione della disciplina in materia di elettorato attivo e passivo, di studio, di ricerca statistica, scientifica o storica, o carattere socio-assistenziale o per il perseguimento di un interesse collettivo o diffuso.]

(1) *Articolo abrogato dall'art. 27[1] lett. c) n. 3 d.ls. 10 agosto 2018, n. 101.*

[178. (1) **Disposizioni in materia sanitaria.** – 1. Nell'articolo 27, terzo e quinto comma, della legge 23 dicembre 1978, n. 833, in materia di libretto sanitario personale, dopo le parole: « il Consiglio sanitario nazionale » e prima della virgola sono inserite le seguenti: « e il Garante per la protezione dei dati personali ».

2. All'articolo 5 della legge 5 giugno 1990, n. 135, in materia di AIDS e infezione da HIV, sono apportate le seguenti modifiche:

a) il comma 1 è sostituito dal seguente: « 1. L'operatore sanitario e ogni altro soggetto che viene a conoscenza di un caso di AIDS, ovvero di un caso di infezione da HIV, anche non accompagnato da stato morboso, è tenuto a prestare la necessaria assistenza e ad adottare ogni misura o accorgimento occorrente per la tutela dei diritti e delle libertà fondamentali dell'interessato, nonché della relativa dignità. »;

b) nel comma 2, le parole: « decreto del Ministro della sanità » sono sostituite dalle seguenti: « decreto del Ministro della salute, sentito il Garante per la protezione dei dati personali ».

3. Nell'articolo 5, comma 3, del decreto legislativo 30 dicembre 1992, n. 539, e successive modificazioni, in materia di medicinali per uso umano, è inserito, in fine, il seguente periodo: « Decorso tale periodo il farmacista distrugge le ricette con modalità atte ad escludere l'accesso di terzi ai dati in esse contenuti. ».

4. All'articolo 2, comma 1, del decreto del Ministro della sanità in data 11 febbraio 1997, pubblicato sulla Gazzetta ufficiale n. 72 del 27 marzo 1997, in materia di importazione di medicinali registrati all'estero, sono soppresse le lettere *f*) ed *h*).

5. Nel comma 1, primo periodo, dell'articolo 5-*bis* del decreto-legge 17 febbraio 1998, n. 23, convertito, con modificazioni, dalla legge 8 aprile 1998, n. 94, le parole da: « riguarda anche » fino alla fine del periodo sono sostituite dalle seguenti: « è acquisito unitamente al consenso relativo al trattamento dei dati personali ».]

(1) *Articolo abrogato dall'art. 27[1] lett. c) n. 3 d.lgs. 10 agosto 2018, n. 101.*

[179. (1) **Altre modifiche.** – 1. Nell'articolo 6 della legge 2 aprile 1958, n. 339, sono soppresse le parole: «; mantenere la necessaria riservatezza per tutto quanto si riferisce alla vita familiare » e: « garantire al lavoratore il rispetto della sua personalità e della sua libertà morale; ».

2. Nell'articolo 38, primo comma, della legge 20 maggio 1970, n. 300, sono soppresse le parole: « 4, » e « , 8 ».

3. Al comma 3 dell'articolo 12 del decreto legislativo 22 maggio 1999, n. 185, in materia di contratti a distanza, sono aggiunte in fine le seguenti parole: « , ovvero, limitatamente alla violazione di cui all'articolo 10, al Garante per la protezione dei dati personali ».

4. (2).].

(1) *Articolo abrogato dall'art. 27[1] lett. c) n. 3 d.ls. 10 agosto 2018, n. 101.*

(2) *Comma abrogato dall'articolo 184 d.ls. 22 gennaio 2004, n. 42.*

CAPO II – *Disposizioni transitorie* (1)

(1) *Capo abrogato dall'art. 27[1] lett. c) n. 4 d.ls. 10 agosto 2018, n. 101.*

[180. (1) **Misure di sicurezza.** – 1. Le misure minime di sicurezza di cui agli articoli da 33 a 35 e all'allegato B) che non erano previste dal decreto del Presidente della Repubblica 28 luglio 1999, n. 318, sono adottate entro il 31 marzo 2006 (2).

2. Il titolare che alla data di entrata in vigore del presente codice dispone di strumenti elettronici che, per obiettive ragioni tecniche, non consentono in tutto o in parte l'immediata applicazione delle misure minime di cui all'articolo 34 e delle corrispondenti modalità tecniche di cui all'allegato B), descrive le medesime ragioni in un documento a data certa da conservare presso la propria struttura.

3. Nel caso di cui al comma 2, il titolare adotta ogni possibile misura di sicurezza in relazione agli strumenti elettronici detenuti in modo da evitare, anche sulla base di idonee misure organizzative, logistiche o procedurali, un incremento dei rischi di cui all'articolo 31, adeguando i medesimi strumenti al più tardi entro il 30 giugno 2006 (2).]

(1) *V. nota* sub *Capo II.*

(2) *Comma così modificato dall'art. 10 lett. a) d.l. 30 dicembre 2005, n. 273, conv., con modif., in l. 23 febbraio 2006, n. 51.*

[181. (1) **Altre disposizioni transitorie.** – 1. Per i trattamenti di dati personali iniziati prima del 1° gennaio 2004, in sede di prima applicazione del presente codice:

a) l'identificazione con atto di natura regolamentare dei tipi di dati e di operazioni ai sensi degli articoli 20, commi 2 e 3, e 21, comma 2, è effettuata, ove mancante, entro il 28 febbraio 2007 (2);

b) la determinazione da rendere nota agli interessati ai sensi dell'articolo 26, commi 3, lettera *a*), e 4, lettera *a*), è adottata, ove mancante, entro il 30 giugno 2004;

c) le notificazioni previste dall'articolo 37 sono effettuate entro il 30 aprile 2004;

d) le comunicazioni previste dall'articolo 39 sono effettuate entro il 30 giugno 2004;

e) (3).

f) l'utilizzazione dei modelli di cui all'articolo 87, comma 2, è obbligatoria a decorrere dal 1° gennaio 2005.

2. Le disposizioni di cui all'articolo 21-*bis* del decreto del Presidente della Repubblica 30 settembre 1963, n. 1409, introdotto dall'articolo 9 del decreto legislativo 30 luglio 1999, n. 281, restano in vigore fino alla data di entrata in vigore del presente codice.

3. L'individuazione dei trattamenti e dei titolari di cui agli articoli 46 e 53, da riportare nell'allegato C), è effettuata in sede di prima applicazione del presente codice entro il 30 giugno 2004.

4. Il materiale informativo eventualmente trasferito al Garante ai sensi dell'articolo 43, comma 1, della l. 31 dicembre 1996, n. 675, utilizzato per le opportune verifiche, continua ad essere successivamente archiviato o distrutto in base alla normativa vigente.

5. L'omissione delle generalità e degli altri dati identificativi dell'interessato ai sensi dell'articolo 52, comma 4, è effettuata sulle sentenze o decisioni pronunciate o adottate prima dell'entrata in vigore del presente codice solo su diretta richiesta dell'interessato e limitatamente ai documenti pubblicati mediante rete di comunicazione elettronica o sui nuovi prodotti su supporto cartaceo o elettronico. I sistemi informativi utilizzati ai sensi dell'articolo 51, comma 1, sono adeguati alla medesima disposizione entro dodici mesi dalla data di entrata in vigore del presente codice.

6. Le confessioni religiose che, prima dell'adozione del presente codice, abbiano determinato e adottato nell'ambito del rispettivo ordinamento le garanzie di cui all'articolo 26, comma 3, lettera *a*), possono proseguire l'attività di trattamento nel rispetto delle medesime.

6-*bis*. Fino alla data in cui divengono efficaci le misure e gli accorgimenti prescritti ai sensi dell'articolo 132, comma 5, per la conservazione del traffico telefonico si osserva il termine di cui all'articolo 4, comma 2, del decreto legislativo 13 maggio 1998, n. 171 (4).].

(1) *V. nota* sub *Capo II.*

(2) *Lettera così modificata dall'art. 6*[1] *d.l. 28 dicembre 2006, n. 300, conv., con modif., in l. 26 febbraio 2007, n. 17.*

(3) *Lettera abrogata dall'art. 2-*quinquies[1 lett. d)] *d.l. 29 marzo 2004, n. 81, conv., con modif., in l. 26 maggio 2004, n. 138.*

(4) *Comma aggiunto dall'art. 4 d.l. 24 dicembre 2003, n. 354, conv., con modif., in l. 26 febbraio 2004, n. 45.*

[182. (1) **Ufficio del Garante.** – 1. Al fine di assicurare la continuità delle attività istituzionali, in sede di prima applicazione del presente codice e comunque non oltre il 31 marzo 2004, il Garante:

a) può individuare i presupposti per l'inquadramento in ruolo, al livello iniziale delle rispettive qualifiche e nei limiti delle disponibilità di organico, del personale appartenente ad amministrazioni pubbliche o ad enti pubblici in servizio presso l'Ufficio del Garante in posizione di fuori ruolo o equiparato alla data di pubblicazione del presente codice;

b) può prevedere riserve di posti nei concorsi pubblici, unicamente nel limite del trenta per cento delle disponibilità di organico, per il personale non di ruolo in servizio presso l'Ufficio del Garante che abbia maturato un'esperienza lavorativa presso il Garante di almeno un anno.]

(1) *V. nota* sub *Capo II.*

CAPO III – *Abrogazioni*

183. Norme abrogate. – 1. Dalla data di entrata in vigore del presente codice sono abrogati:

a) la legge 31 dicembre 1996, n. 675;
b) la legge 3 novembre 2000, n. 325;
c) il decreto legislativo 9 maggio 1997, n. 123;
d) il decreto legislativo 28 luglio 1997, n. 255;
e) l'articolo 1 del decreto legislativo 8 maggio 1998, n. 135;
f) il decreto legislativo 13 maggio 1998, n. 171;
g) il decreto legislativo 6 novembre 1998, n. 389;
h) il decreto legislativo 26 febbraio 1999, n. 51;
i) il decreto legislativo 11 maggio 1999, n. 135;
l) il decreto legislativo 30 luglio 1999, n. 281, ad eccezione degli articoli 8, comma 1, 11 e 12;
m) il decreto legislativo 30 luglio 1999, n. 282;
n) il decreto legislativo 28 dicembre 2001, n. 467;
o) il decreto del Presidente della Repubblica 28 luglio 1999, n. 318.

2. Dalla data di entrata in vigore del presente codice sono abrogati gli articoli 12, 13, 14, 15, 16, 17, 18, 19 e 20 del d.P.R. 31 marzo 1998, n. 501.

3. Dalla data di entrata in vigore del presente codice sono o restano, altresì, abrogati:

a) l'articolo 5, comma 9, del decreto del Ministro della sanità 18 maggio 2001, n. 279, in materia di malattie rare;
b) l'articolo 12 della l. 30 marzo 2001, n. 152;
c) l'articolo 4, comma 3, della l. 6 marzo 2001, n. 52, in materia di donatori midollo osseo;
d) l'articolo 16, commi 2 e 3, del d.P.R. 28 dicembre 2000, n. 445, in materia di certificati di assistenza al parto;

e) l'articolo 2, comma 5, del decreto del Ministro della sanità 27 ottobre 2000, n. 380, in materia di flussi informativi sui dimessi dagli istituti di ricovero;

f) (*Omissis*);

g) l'articolo 6, comma 4, del decreto legislativo 5 giugno 1998, n. 204, in materia di diffusione di dati a fini di ricerca e collaborazione in campo scientifico e tecnologico;

h) l'articolo 330-*bis* del decreto legislativo 16 aprile 1994, n. 297, in materia di diffusione di dati relativi a studenti;

i) l'articolo 8, quarto comma, e l'articolo 9, quarto comma, della legge 1º aprile 1981, n. 121.

4. Dalla data in cui divengono efficaci le disposizioni del codice di deontologia e di buona condotta di cui all'articolo 118, i termini di conservazione dei dati personali individuati ai sensi dell'articolo 119, eventualmente previsti da norme di legge o di regolamento, si osservano nella misura indicata dal medesimo codice.

CAPO IV – *Norme finali*

[184. (1) **Attuazione di direttive europee.** – 1. Le disposizioni del presente codice danno attuazione alla direttiva 96/45/CE del Parlamento europeo e del Consiglio, del 24 ottobre 1995, e alla direttiva 2002/58/CE del Parlamento europeo e del Consiglio, del 12 luglio 2002.

2. Quando leggi, regolamenti e altre disposizioni fanno riferimento a disposizioni comprese nella legge 31 dicembre 1996, n. 675, e in altre disposizioni abrogate dal presente codice, il riferimento si intende effettuato alle corrispondenti disposizioni del presente codice secondo la tavola di corrispondenza riportata in allegato.

3. Restano ferme le disposizioni di legge e di regolamento che stabiliscono divieti o limiti più restrittivi in materia di trattamento di taluni dati personali.].

(1) *Articolo abrogato dall'art. 27[1] lett. c) n. 5 d.ls. 10 agosto 2018, n. 101.*

[185. (1) **Allegazione dei codici di deontologia e di buona condotta.** – 1. L'allegato A) riporta, oltre ai codici di cui all'articolo 12, commi 1 e 4, quelli promossi ai sensi degli articoli 25 e 31 della legge 31 dicembre 1996, n. 675, e già pubblicati nella Gazzetta Ufficiale della Repubblica italiana alla data di emanazione del presente codice.**]**

(1) *Articolo abrogato dall'art. 27[1] lett. c) n. 5 d.ls. 10 agosto 2018, n. 101.*

186. Entrata in vigore. – 1. Le disposizioni di cui al presente codice entrano in vigore il 1° gennaio 2004, ad eccezione delle disposizioni di cui agli articoli 156, 176, commi 3, 4, 5 e 6, e 182, che entrano in vigore il giorno successivo alla data di pubblicazione del presente codice. Dalla medesima data si osservano altresì i termini in materia di ricorsi di cui agli articolo 149, comma 8, e 150, comma 2.

***Reg. (UE) n. 2016/679 del Parlamento europeo e del Consiglio, del 27 aprile 2016*, relativo alla protezione delle persone fisiche con riguardo al trattamento dei dati personali, nonché alla libera circolazione di tali dati e che abroga la direttiva 95/46/CE (regolamento generale sulla protezione dei dati)** (G.U.U.E. 4 maggio 2016, n. L 119) (1).

(1) *Con riferimento alle misure connesse all'emergenza epidemiologica da Covid-19, v. le disposizioni sul trattamento dei dati personali di cui all'art. 17-*bis *d.l. 17 marzo 2020, n. 18, conv., con modif., in l. 24 aprile 2020, n. 27.*

(*Stralcio*)

CAPO I – *Disposizioni generali*

1. Oggetto e finalità. – 1. Il presente regolamento stabilisce norme relative alla protezione delle persone fisiche con riguardo al trattamento dei dati personali, nonché norme relative alla libera circolazione di tali dati.

2. Il presente regolamento protegge i diritti e le libertà fondamentali delle persone fisiche, in particolare il diritto alla protezione dei dati personali.

3. La libera circolazione dei dati personali nell'Unione non può essere limitata né vietata per motivi attinenti alla protezione delle persone fisiche con riguardo al trattamento dei dati personali.

2. Ambito di applicazione materiale. – 1. Il presente regolamento si applica al trattamento interamente o parzialmente automatizzato di dati personali e al trattamento non automatizzato di dati personali contenuti in un archivio o destinati a figurarvi.

2. Il presente regolamento non si applica ai trattamenti di dati personali:

a) effettuati per attività che non rientrano nell'ambito di applicazione del diritto dell'Unione;

b) effettuati dagli Stati membri nell'esercizio di attività che rientrano nell'ambito di applicazione del titolo V, capo 2, TUE;

c) effettuati da una persona fisica per l'esercizio di attività a carattere esclusivamente personale o domestico;

d) effettuati dalle autorità competenti a fini di prevenzione, indagine, accertamento o perseguimento di reati o esecuzione di sanzioni penali, incluse la salvaguardia contro minacce alla sicurezza pubblica e la prevenzione delle stesse.

3. Per il trattamento dei dati personali da parte di istituzioni, organi, uffici e agenzie dell'Unione, si applica il regolamento (CE) n.

45/2001. Il regolamento (CE) n. 45/2001 e gli altri atti giuridici dell'Unione applicabili a tale trattamento di dati personali devono essere adeguati ai principi e alle norme del presente regolamento conformemente all'articolo 98.

4. Il presente regolamento non pregiudica pertanto l'applicazione della direttiva 2000/31/CE, in particolare le norme relative alla responsabilità dei prestatori intermediari di servizi di cui agli articoli da 12 a 15 della medesima direttiva.

3. Ambito di applicazione territoriale. – 1. Il presente regolamento si applica al trattamento dei dati personali effettuato nell'ambito delle attività di uno stabilimento da parte di un titolare del trattamento o di un responsabile del trattamento nell'Unione, indipendentemente dal fatto che il trattamento sia effettuato o meno nell'Unione.

2. Il presente regolamento si applica al trattamento dei dati personali di interessati che si trovano nell'Unione, effettuato da un titolare del trattamento o da un responsabile del trattamento che non è stabilito nell'Unione, quando le attività di trattamento riguardano:

a) l'offerta di beni o la prestazione di servizi ai suddetti interessati nell'Unione, indipendentemente dall'obbligatorietà di un pagamento dell'interessato; oppure

b) il monitoraggio del loro comportamento nella misura in cui tale comportamento ha luogo all'interno dell'Unione.

3. Il presente regolamento si applica al trattamento dei dati personali effettuato da un titolare del trattamento che non è stabilito nell'Unione, ma in un luogo soggetto al diritto di uno Stato membro in virtù del diritto internazionale pubblico.

4. Definizioni. – 1. Ai fini del presente regolamento s'intende per:

1) « **dato personale** »: qualsiasi informazione riguardante una persona fisica identificata o identificabile (« interessato »); si considera identificabile la persona fisica che può essere identificata, direttamente o indirettamente, con particolare riferimento a un identificativo come il nome, un numero di identificazione, dati relativi all'ubicazione, un identificativo online o a uno o più elementi caratteristici della sua identità fisica, fisiologica, genetica, psichica, economica, culturale o sociale;

2) « **trattamento** »: qualsiasi operazione o insieme di operazioni, compiute con o senza l'ausilio di processi automatizzati e applicate a dati personali o insiemi di dati personali, come la raccolta, la regi-

strazione, l'organizzazione, la strutturazione, la conservazione, l'adattamento o la modifica, l'estrazione, la consultazione, l'uso, la comunicazione mediante trasmissione, diffusione o qualsiasi altra forma di messa a disposizione, il raffronto o l'interconnessione, la limitazione, la cancellazione o la distruzione;

3) « **limitazione di trattamento** »: il contrassegno dei dati personali conservati con l'obiettivo di limitarne il trattamento in futuro;

4) « **profilazione** »: qualsiasi forma di trattamento automatizzato di dati personali consistente nell'utilizzo di tali dati personali per valutare determinati aspetti personali relativi a una persona fisica, in particolare per analizzare o prevedere aspetti riguardanti il rendimento professionale, la situazione economica, la salute, le preferenze personali, gli interessi, l'affidabilità, il comportamento, l'ubicazione o gli spostamenti di detta persona fisica;

5) « **pseudonimizzazione** »: il trattamento dei dati personali in modo tale che i dati personali non possano più essere attribuiti a un interessato specifico senza l'utilizzo di informazioni aggiuntive, a condizione che tali informazioni aggiuntive siano conservate separatamente e soggette a misure tecniche e organizzative intese a garantire che tali dati personali non siano attribuiti a una persona fisica identificata o identificabile;

6) « **archivio** »: qualsiasi insieme strutturato di dati personali accessibili secondo criteri determinati, indipendentemente dal fatto che tale insieme sia centralizzato, decentralizzato o ripartito in modo funzionale o geografico;

7) « **titolare del trattamento** »: la persona fisica o giuridica, l'autorità pubblica, il servizio o altro organismo che, singolarmente o insieme ad altri, determina le finalità e i mezzi del trattamento di dati personali; quando le finalità e i mezzi di tale trattamento sono determinati dal diritto dell'Unione o degli Stati membri, il titolare del trattamento o i criteri specifici applicabili alla sua designazione possono essere stabiliti dal diritto dell'Unione o degli Stati membri;

8) « **responsabile del trattamento** »: la persona fisica o giuridica, l'autorità pubblica, il servizio o altro organismo che tratta dati personali per conto del titolare del trattamento;

9) « **destinatario** »: la persona fisica o giuridica, l'autorità pubblica, il servizio o un altro organismo che riceve comunicazione di dati personali, che si tratti o meno di terzi. Tuttavia, le autorità pubbliche che possono ricevere comunicazione di dati personali nell'ambito di una specifica indagine conformemente al diritto dell'Unione o degli Stati membri non sono considerate destinatari; il

trattamento di tali dati da parte di dette autorità pubbliche è conforme alle norme applicabili in materia di protezione dei dati secondo le finalità del trattamento;

10) « **terzo** »: la persona fisica o giuridica, l'autorità pubblica, il servizio o altro organismo che non sia l'interessato, il titolare del trattamento, il responsabile del trattamento e le persone autorizzate al trattamento dei dati personali sotto l'autorità diretta del titolare o del responsabile;

11) « **consenso dell'interessato** »: qualsiasi manifestazione di volontà libera, specifica, informata e inequivocabile dell'interessato, con la quale lo stesso manifesta il proprio assenso, mediante dichiarazione o azione positiva inequivocabile, che i dati personali che lo riguardano siano oggetto di trattamento;

12) « **violazione dei dati personali** »: la violazione di sicurezza che comporta accidentalmente o in modo illecito la distruzione, la perdita, la modifica, la divulgazione non autorizzata o l'accesso ai dati personali trasmessi, conservati o comunque trattati;

13) « **dati genetici** »: i dati personali relativi alle caratteristiche genetiche ereditarie o acquisite di una persona fisica che forniscono informazioni univoche sulla fisiologia o sulla salute di detta persona fisica, e che risultano in particolare dall'analisi di un campione biologico della persona fisica in questione;

14) « **dati biometrici** »: i dati personali ottenuti da un trattamento tecnico specifico relativi alle caratteristiche fisiche, fisiologiche o comportamentali di una persona fisica che ne consentono o confermano l'identificazione univoca, quali l'immagine facciale o i dati dattiloscopici;

15) « **dati relativi alla salute** »: i dati personali attinenti alla salute fisica o mentale di una persona fisica, compresa la prestazione di servizi di assistenza sanitaria, che rivelano informazioni relative al suo stato di salute;

16) « **stabilimento principale** »:

a) per quanto riguarda un titolare del trattamento con stabilimenti in più di uno Stato membro, il luogo della sua amministrazione centrale nell'Unione, salvo che le decisioni sulle finalità e i mezzi del trattamento di dati personali siano adottate in un altro stabilimento del titolare del trattamento nell'Unione e che quest'ultimo stabilimento abbia facoltà di ordinare l'esecuzione di tali decisioni, nel qual caso lo stabilimento che ha adottato siffatte decisioni è considerato essere lo stabilimento principale;

b) con riferimento a un responsabile del trattamento con stabilimenti in più di uno Stato membro, il luogo in cui ha sede la sua amministrazione centrale nell'Unione o, se il responsabile del trattamento non ha un'amministrazione centrale nell'Unione, lo stabilimento del responsabile del trattamento nell'Unione in cui sono condotte le principali attività di trattamento nel contesto delle attività di uno stabilimento del responsabile del trattamento nella misura in cui tale responsabile è soggetto a obblighi specifici ai sensi del presente regolamento;

17) « **rappresentante** »: la persona fisica o giuridica stabilita nell'Unione che, designata dal titolare del trattamento o dal responsabile del trattamento per iscritto ai sensi dell'articolo 27, li rappresenta per quanto riguarda gli obblighi rispettivi a norma del presente regolamento;

18) « **impresa** »: la persona fisica o giuridica, indipendentemente dalla forma giuridica rivestita, che eserciti un'attività economica, comprendente le società di persone o le associazioni che esercitano regolarmente un'attività economica;

19) « **gruppo imprenditoriale** »: un gruppo costituito da un'impresa controllante e dalle imprese da questa controllate;

20) « **norme vincolanti d'impresa** »: le politiche in materia di protezione dei dati personali applicate da un titolare del trattamento o responsabile del trattamento stabilito nel territorio di uno Stato membro al trasferimento o al complesso di trasferimenti di dati personali a un titolare del trattamento o responsabile del trattamento in uno o più paesi terzi, nell'ambito di un gruppo imprenditoriale o di un gruppo di imprese che svolge un'attività economica comune;

21) « **autorità di controllo** »: l'autorità pubblica indipendente istituita da uno Stato membro ai sensi dell'articolo 51;

22) « **autorità di controllo interessata** »: un'autorità di controllo interessata dal trattamento di dati personali in quanto:

a) il titolare del trattamento o il responsabile del trattamento è stabilito sul territorio dello Stato membro di tale autorità di controllo;

b) gli interessati che risiedono nello Stato membro dell'autorità di controllo sono o sono probabilmente influenzati in modo sostanziale dal trattamento; oppure

c) un reclamo è stato proposto a tale autorità di controllo;

23) « **trattamento transfrontaliero** »:

a) trattamento di dati personali che ha luogo nell'ambito delle attività di stabilimenti in più di uno Stato membro di un titolare del trattamento o responsabile del trattamento nell'Unione ove il titolare del trattamento o il responsabile del trattamento siano stabiliti in più di uno Stato membro; oppure

b) trattamento di dati personali che ha luogo nell'ambito delle attività di un unico stabilimento di un titolare del trattamento o responsabile del trattamento nell'Unione, ma che incide o probabilmente incide in modo sostanziale su interessati in più di uno Stato membro;

24) « **obiezione pertinente e motivata** »: un'obiezione al progetto di decisione sul fatto che vi sia o meno una violazione del presente regolamento, oppure che l'azione prevista in relazione al titolare del trattamento o responsabile del trattamento sia conforme al presente regolamento, la quale obiezione dimostra chiaramente la rilevanza dei rischi posti dal progetto di decisione riguardo ai diritti e alle libertà fondamentali degli interessati e, ove applicabile, alla libera circolazione dei dati personali all'interno dell'Unione;

25) « **servizio della società dell'informazione** »: il servizio definito all'articolo 1, paragrafo 1, lettera *b*), della direttiva (UE) 2015/1535 del Parlamento europeo e del Consiglio (19);

26) « **organizzazione internazionale** »: un'organizzazione e gli organismi di diritto internazionale pubblico a essa subordinati o qualsiasi altro organismo istituito da o sulla base di un accordo tra due o più Stati.

CAPO II – *Principi*

5. Principi applicabili al trattamento di dati personali. – 1. I dati personali sono:

a) trattati in modo lecito, corretto e trasparente nei confronti dell'interessato (« liceità, correttezza e trasparenza »);

b) raccolti per finalità determinate, esplicite e legittime, e successivamente trattati in modo che non sia incompatibile con tali finalità; un ulteriore trattamento dei dati personali a fini di archiviazione nel pubblico interesse, di ricerca scientifica o storica o a fini statistici non è, conformemente all'articolo 89, paragrafo 1, considerato incompatibile con le finalità iniziali (« limitazione della finalità »);

c) adeguati, pertinenti e limitati a quanto necessario rispetto alle finalità per le quali sono trattati (« minimizzazione dei dati »);

d) esatti e, se necessario, aggiornati; devono essere adottate tutte le misure ragionevoli per cancellare o rettificare tempestivamente i dati inesatti rispetto alle finalità per le quali sono trattati (« esattezza »);

e) conservati in una forma che consenta l'identificazione degli interessati per un arco di tempo non superiore al conseguimento delle finalità per le quali sono trattati; i dati personali possono essere conservati per periodi più lunghi a condizione che siano trattati esclusivamente a fini di archiviazione nel pubblico interesse, di ricerca scientifica o storica o a fini statistici, conformemente all'articolo 89, paragrafo 1, fatta salva l'attuazione di misure tecniche e organizzative adeguate richieste dal presente regolamento a tutela dei diritti e delle libertà dell'interessato (« limitazione della conservazione »);

f) trattati in maniera da garantire un'adeguata sicurezza dei dati personali, compresa la protezione, mediante misure tecniche e organizzative adeguate, da trattamenti non autorizzati o illeciti e dalla perdita, dalla distruzione o dal danno accidentali (« integrità e riservatezza »).

2. Il titolare del trattamento è competente per il rispetto del paragrafo 1 e in grado di comprovarlo (« responsabilizzazione »).

6. Liceità del trattamento. – 1. Il trattamento è lecito solo se e nella misura in cui ricorre almeno una delle seguenti condizioni:

a) l'interessato ha espresso il consenso al trattamento dei propri dati personali per una o più specifiche finalità;

b) il trattamento è necessario all'esecuzione di un contratto di cui l'interessato è parte o all'esecuzione di misure precontrattuali adottate su richiesta dello stesso;

c) il trattamento è necessario per adempiere un obbligo legale al quale è soggetto il titolare del trattamento;

d) il trattamento è necessario per la salvaguardia degli interessi vitali dell'interessato o di un'altra persona fisica;

e) il trattamento è necessario per l'esecuzione di un compito di interesse pubblico o connesso all'esercizio di pubblici poteri di cui è investito il titolare del trattamento;

f) il trattamento è necessario per il perseguimento del legittimo interesse del titolare del trattamento o di terzi, a condizione che non prevalgano gli interessi o i diritti e le libertà fondamentali dell'interessato che richiedono la protezione dei dati personali, in particolare se l'interessato è un minore.

La lettera *f*) del primo comma non si applica al trattamento di dati effettuato dalle autorità pubbliche nell'esecuzione dei loro compiti.

2. Gli Stati membri possono mantenere o introdurre disposizioni più specifiche per adeguare l'applicazione delle norme del presente regolamento con riguardo al trattamento, in conformità del paragrafo 1, lettere *c*) ed *e*), determinando con maggiore precisione re-

quisiti specifici per il trattamento e altre misure atte a garantire un trattamento lecito e corretto anche per le altre specifiche situazioni di trattamento di cui al capo IX.

3. La base su cui si fonda il trattamento dei dati di cui al paragrafo 1, lettere *c*) ed *e*), deve essere stabilita:

a) dal diritto dell'Unione; o

b) dal diritto dello Stato membro cui è soggetto il titolare del trattamento.

La finalità del trattamento è determinata in tale base giuridica o, per quanto riguarda il trattamento di cui al paragrafo 1, lettera *e*), è necessaria per l'esecuzione di un compito svolto nel pubblico interesse o connesso all'esercizio di pubblici poteri di cui è investito il titolare del trattamento. Tale base giuridica potrebbe contenere disposizioni specifiche per adeguare l'applicazione delle norme del presente regolamento, tra cui: le condizioni generali relative alla liceità del trattamento da parte del titolare del trattamento; le tipologie di dati oggetto del trattamento; gli interessati; i soggetti cui possono essere comunicati i dati personali e le finalità per cui sono comunicati; le limitazioni della finalità, i periodi di conservazione e le operazioni e procedure di trattamento, comprese le misure atte a garantire un trattamento lecito e corretto, quali quelle per altre specifiche situazioni di trattamento di cui al capo IX. Il diritto dell'Unione o degli Stati membri persegue un obiettivo di interesse pubblico ed è proporzionato all'obiettivo legittimo perseguito.

4. Laddove il trattamento per una finalità diversa da quella per la quale i dati personali sono stati raccolti non sia basato sul consenso dell'interessato o su un atto legislativo dell'Unione o degli Stati membri che costituisca una misura necessaria e proporzionata in una società democratica per la salvaguardia degli obiettivi di cui all'articolo 23, paragrafo 1, al fine di verificare se il trattamento per un'altra finalità sia compatibile con la finalità per la quale i dati personali sono stati inizialmente raccolti, il titolare del trattamento tiene conto, tra l'altro:

a) di ogni nesso tra le finalità per cui i dati personali sono stati raccolti e le finalità dell'ulteriore trattamento previsto;

b) del contesto in cui i dati personali sono stati raccolti, in particolare relativamente alla relazione tra l'interessato e il titolare del trattamento;

c) della natura dei dati personali, specialmente se siano trattate categorie particolari di dati personali ai sensi dell'articolo 9, oppure se siano trattati dati relativi a condanne penali e a reati ai sensi dell'articolo 10;

d) delle possibili conseguenze dell'ulteriore trattamento previsto per gli interessati;

e) dell'esistenza di garanzie adeguate, che possono comprendere la cifratura o la pseudonimizzazione.

7. **Condizioni per il consenso.** – 1. Qualora il trattamento sia basato sul consenso, il titolare del trattamento deve essere in grado di dimostrare che l'interessato ha prestato il proprio consenso al trattamento dei propri dati personali.

2. Se il consenso dell'interessato è prestato nel contesto di una dichiarazione scritta che riguarda anche altre questioni, la richiesta di consenso è presentata in modo chiaramente distinguibile dalle altre materie, in forma comprensibile e facilmente accessibile, utilizzando un linguaggio semplice e chiaro. Nessuna parte di una tale dichiarazione che costituisca una violazione del presente regolamento è vincolante.

3. L'interessato ha il diritto di revocare il proprio consenso in qualsiasi momento. La revoca del consenso non pregiudica la liceità del trattamento basata sul consenso prima della revoca. Prima di prestare il proprio consenso, l'interessato è informato di ciò. Il consenso è revocato con la stessa facilità con cui è accordato (1).

4. Nel valutare se il consenso sia stato liberamente prestato, si tiene nella massima considerazione l'eventualità, tra le altre, che l'esecuzione di un contratto, compresa la prestazione di un servizio, sia condizionata alla prestazione del consenso al trattamento di dati personali non necessario all'esecuzione di tale contratto.

(1) *Paragrafo così corretto con Avviso di rettifica in G.U.U.E. 23 maggio 2018, L 127.*

8. **Condizioni applicabili al consenso dei minori in relazione ai servizi della società dell'informazione.** – 1. Qualora si applichi l'articolo 6, paragrafo 1, lettera *a*), per quanto riguarda l'offerta diretta di servizi della società dell'informazione ai minori, il trattamento di dati personali del minore è lecito ove il minore abbia almeno 16 anni. Ove il minore abbia un'età inferiore ai 16 anni, tale trattamento è lecito soltanto se e nella misura in cui tale consenso è prestato o autorizzato dal titolare della responsabilità genitoriale.

Gli Stati membri possono stabilire per legge un'età inferiore a tali fini purché non inferiore ai 13 anni.

2. Il titolare del trattamento si adopera in ogni modo ragionevole per verificare in tali casi che il consenso sia prestato o autorizzato dal

titolare della responsabilità genitoriale sul minore, in considerazione delle tecnologie disponibili.

3. Il paragrafo 1 non pregiudica le disposizioni generali del diritto dei contratti degli Stati membri, quali le norme sulla validità, la formazione o l'efficacia di un contratto rispetto a un minore.

9. Trattamento di categorie particolari di dati personali. – 1. È vietato trattare dati personali che rivelino l'origine razziale o etnica, le opinioni politiche, le convinzioni religiose o filosofiche, o l'appartenenza sindacale, nonché trattare dati genetici, dati biometrici intesi a identificare in modo univoco una persona fisica, dati relativi alla salute o alla vita sessuale o all'orientamento sessuale della persona.

2. Il paragrafo 1 non si applica se si verifica uno dei seguenti casi:

a) l'interessato ha prestato il proprio consenso esplicito al trattamento di tali dati personali per una o più finalità specifiche, salvo nei casi in cui il diritto dell'Unione o degli Stati membri dispone che l'interessato non possa revocare il divieto di cui al paragrafo 1;

b) il trattamento è necessario per assolvere gli obblighi ed esercitare i diritti specifici del titolare del trattamento o dell'interessato in materia di diritto del lavoro e della sicurezza sociale e protezione sociale, nella misura in cui sia autorizzato dal diritto dell'Unione o degli Stati membri o da un contratto collettivo ai sensi del diritto degli Stati membri, in presenza di garanzie appropriate per i diritti fondamentali e gli interessi dell'interessato;

c) il trattamento è necessario per tutelare un interesse vitale dell'interessato o di un'altra persona fisica qualora l'interessato si trovi nell'incapacità fisica o giuridica di prestare il proprio consenso;

d) il trattamento è effettuato, nell'ambito delle sue legittime attività e con adeguate garanzie, da una fondazione, associazione o altro organismo senza scopo di lucro che persegua finalità politiche, filosofiche, religiose o sindacali, a condizione che il trattamento riguardi unicamente i membri, gli ex membri o le persone che hanno regolari contatti con la fondazione, l'associazione o l'organismo a motivo delle sue finalità e che i dati personali non siano comunicati all'esterno senza il consenso dell'interessato;

e) il trattamento riguarda dati personali resi manifestamente pubblici dall'interessato;

f) il trattamento è necessario per accertare, esercitare o difendere un diritto in sede giudiziaria o ogniqualvolta le autorità giurisdizionali esercitino le loro funzioni giurisdizionali;

g) il trattamento è necessario per motivi di interesse pubblico rilevante sulla base del diritto dell'Unione o degli Stati membri, che deve essere proporzionato alla finalità perseguita, rispettare l'essenza del diritto alla protezione dei dati e prevedere misure appropriate e specifiche per tutelare i diritti fondamentali e gli interessi dell'interessato;

h) il trattamento è necessario per finalità di medicina preventiva o di medicina del lavoro, valutazione della capacità lavorativa del dipendente, diagnosi, assistenza o terapia sanitaria o sociale ovvero gestione dei sistemi e servizi sanitari o sociali sulla base del diritto dell'Unione o degli Stati membri o conformemente al contratto con un professionista della sanità, fatte salve le condizioni e le garanzie di cui al paragrafo 3;

i) il trattamento è necessario per motivi di interesse pubblico nel settore della sanità pubblica, quali la protezione da gravi minacce per la salute a carattere transfrontaliero o la garanzia di parametri elevati di qualità e sicurezza dell'assistenza sanitaria e dei medicinali e dei dispositivi medici, sulla base del diritto dell'Unione o degli Stati membri che prevede misure appropriate e specifiche per tutelare i diritti e le libertà dell'interessato, in particolare il segreto professionale;

j) il trattamento è necessario a fini di archiviazione nel pubblico interesse, di ricerca scientifica o storica o a fini statistici in conformità dell'articolo 89, paragrafo 1, sulla base del diritto dell'Unione o nazionale, che è proporzionato alla finalità perseguita, rispetta l'essenza del diritto alla protezione dei dati e prevede misure appropriate e specifiche per tutelare i diritti fondamentali e gli interessi dell'interessato.

3. I dati personali di cui al paragrafo 1 possono essere trattati per le finalità di cui al paragrafo 2, lettera *h*), se tali dati sono trattati da o sotto la responsabilità di un professionista soggetto al segreto professionale conformemente al diritto dell'Unione o degli Stati membri o alle norme stabilite dagli organismi nazionali competenti o da altra persona anch'essa soggetta all'obbligo di segretezza conformemente al diritto dell'Unione o degli Stati membri o alle norme stabilite dagli organismi nazionali competenti.

4. Gli Stati membri possono mantenere o introdurre ulteriori condizioni, comprese limitazioni, con riguardo al trattamento di dati genetici, dati biometrici o dati relativi alla salute.

10. Trattamento dei dati personali relativi a condanne penali e reati. – Il trattamento dei dati personali relativi alle condanne penali e ai reati o a connesse misure di sicurezza sulla base dell'articolo 6, paragrafo 1, deve avvenire soltanto sotto il controllo dell'autorità pubblica o se il trattamento è autorizzato dal diritto dell'Unione o degli Stati membri che preveda garanzie appropriate per i diritti e le libertà degli interessati. Un eventuale registro completo delle condanne penali deve essere tenuto soltanto sotto il controllo dell'autorità pubblica.

11. Trattamento che non richiede l'identificazione. – 1. Se le finalità per cui un titolare del trattamento tratta i dati personali non richiedono o non richiedono più l'identificazione dell'interessato, il titolare del trattamento non è obbligato a conservare, acquisire o trattare ulteriori informazioni per identificare l'interessato al solo fine di rispettare il presente regolamento.

2. Qualora, nei casi di cui al paragrafo 1 del presente articolo, il titolare del trattamento possa dimostrare di non essere in grado di identificare l'interessato, ne informa l'interessato, se possibile. In tali casi, gli articoli da 15 a 20 non si applicano tranne quando l'interessato, al fine di esercitare i diritti di cui ai suddetti articoli, fornisce ulteriori informazioni che ne consentano l'identificazione.

Capo III – *Diritti dell'interessato*

Sezione 1 – *Trasparenza e modalità*

12. Informazioni, comunicazioni e modalità trasparenti per l'esercizio dei diritti dell'interessato. – 1. Il titolare del trattamento adotta misure appropriate per fornire all'interessato tutte le informazioni di cui agli articoli 13 e 14 e le comunicazioni di cui agli articoli da 15 a 22 e all'articolo 34 relative al trattamento in forma concisa, trasparente, intelligibile e facilmente accessibile, con un linguaggio semplice e chiaro, in particolare nel caso di informazioni destinate specificamente ai minori. Le informazioni sono fornite per iscritto o con altri mezzi, anche, se del caso, con mezzi elettronici. Se richiesto dall'interessato, le informazioni possono essere fornite oralmente, purché sia comprovata con altri mezzi l'identità dell'interessato.

2. Il titolare del trattamento agevola l'esercizio dei diritti dell'interessato ai sensi degli articoli da 15 a 22. Nei casi di cui all'articolo 11, paragrafo 2, il titolare del trattamento non può rifiutare di soddisfare la richiesta dell'interessato al fine di esercitare i suoi diritti ai sensi degli articoli da 15 a 22, salvo che il titolare del trattamento dimostri che non è in grado di identificare l'interessato.

3. Il titolare del trattamento fornisce all'interessato le informazioni relative all'azione intrapresa riguardo a una richiesta ai sensi degli

articoli da 15 a 22 senza ingiustificato ritardo e, comunque, al più tardi entro un mese dal ricevimento della richiesta stessa. Tale termine può essere prorogato di due mesi, se necessario, tenuto conto della complessità e del numero delle richieste. Il titolare del trattamento informa l'interessato di tale proroga, e dei motivi del ritardo, entro un mese dal ricevimento della richiesta. Se l'interessato presenta la richiesta mediante mezzi elettronici, le informazioni sono fornite, ove possibile, con mezzi elettronici, salvo diversa indicazione dell'interessato.

4. Se non ottempera alla richiesta dell'interessato, il titolare del trattamento informa l'interessato senza ritardo, e al più tardi entro un mese dal ricevimento della richiesta, dei motivi dell'inottemperanza e della possibilità di proporre reclamo a un'autorità di controllo e di proporre ricorso giurisdizionale.

5. Le informazioni fornite ai sensi degli articoli 13 e 14 ed eventuali comunicazioni e azioni intraprese ai sensi degli articoli da 15 a 22 e dell'articolo 34 sono gratuite. Se le richieste dell'interessato sono manifestamente infondate o eccessive, in particolare per il loro carattere ripetitivo, il titolare del trattamento può:

a) addebitare un contributo spese ragionevole tenendo conto dei costi amministrativi sostenuti per fornire le informazioni o la comunicazione o intraprendere l'azione richiesta; oppure

b) rifiutare di soddisfare la richiesta.

Incombe al titolare del trattamento l'onere di dimostrare il carattere manifestamente infondato o eccessivo della richiesta.

6. Fatto salvo l'articolo 11, qualora il titolare del trattamento nutra ragionevoli dubbi circa l'identità della persona fisica che presenta la richiesta di cui agli articoli da 15 a 21, può richiedere ulteriori informazioni necessarie per confermare l'identità dell'interessato.

7. Le informazioni da fornire agli interessati a norma degli articoli 13 e 14 possono essere fornite in combinazione con icone standardizzate per dare, in modo facilmente visibile, intelligibile e chiaramente leggibile, un quadro d'insieme del trattamento previsto. Se presentate elettronicamente, le icone sono leggibili da dispositivo automatico.

8. Alla Commissione è conferito il potere di adottare atti delegati conformemente all'articolo 92 al fine di stabilire le informazioni da presentare sotto forma di icona e le procedure per fornire icone standardizzate.

Sezione 2 – *Informazione e accesso ai dati personali*

13. Informazioni da fornire qualora i dati personali siano raccolti presso l'interessato. – 1. In caso di raccolta presso l'interessato di dati che lo riguardano, il titolare del trattamento fornisce all'interessato, nel momento in cui i dati personali sono ottenuti, le seguenti informazioni:

a) l'identità e i dati di contatto del titolare del trattamento e, ove applicabile, del suo rappresentante;

b) i dati di contatto del responsabile della protezione dei dati, ove applicabile;

c) le finalità del trattamento cui sono destinati i dati personali nonché la base giuridica del trattamento;

d) qualora il trattamento si basi sull'articolo 6, paragrafo 1, lettera *f*), i legittimi interessi perseguiti dal titolare del trattamento o da terzi;

e) gli eventuali destinatari o le eventuali categorie di destinatari dei dati personali;

f) ove applicabile, l'intenzione del titolare del trattamento di trasferire dati personali a un paese terzo o a un'organizzazione internazionale e l'esistenza o l'assenza di una decisione di adeguatezza della Commissione o, nel caso dei trasferimenti di cui all'articolo 46 o 47, o all'articolo 49, paragrafo 1, secondo comma, il riferimento alle garanzie appropriate o opportune e i mezzi per ottenere una copia di tali garanzie o il luogo dove sono state rese disponibili (1).

2. In aggiunta alle informazioni di cui al paragrafo 1, nel momento in cui i dati personali sono ottenuti, il titolare del trattamento fornisce all'interessato le seguenti ulteriori informazioni necessarie per garantire un trattamento corretto e trasparente:

a) il periodo di conservazione dei dati personali oppure, se non è possibile, i criteri utilizzati per determinare tale periodo;

b) l'esistenza del diritto dell'interessato di chiedere al titolare del trattamento l'accesso ai dati personali e la rettifica o la cancellazione degli stessi o la limitazione del trattamento dei dati personali che lo riguardano o di opporsi al loro trattamento, oltre al diritto alla portabilità dei dati (1);

c) qualora il trattamento sia basato sull'articolo 6, paragrafo 1, lettera *a*), oppure sull'articolo 9, paragrafo 2, lettera *a*), *l'esistenza* del diritto di revocare il consenso in qualsiasi momento senza pregiudicare la liceità del trattamento basata sul consenso prestato prima della revoca;

d) il diritto di proporre reclamo a un'autorità di controllo;

e) se la comunicazione di dati personali è un obbligo legale o contrattuale oppure un requisito necessario per la conclusione di un contratto, e se l'interessato ha l'obbligo di fornire i dati personali nonché le possibili conseguenze della mancata comunicazione di tali dati;

f) l'esistenza di un processo decisionale automatizzato, compresa la profilazione di cui all'articolo 22, paragrafi 1 e 4, e, almeno in tali casi, informazioni significative sulla logica utilizzata, nonché l'importanza e le conseguenze previste di tale trattamento per l'interessato.

3. Qualora il titolare del trattamento intenda trattare ulteriormente i dati personali per una finalità diversa da quella per cui essi sono stati raccolti, prima di tale ulteriore trattamento fornisce all'interessato informazioni in merito a tale diversa finalità e ogni ulteriore informazione pertinente di cui al paragrafo 2.

4. I paragrafi 1, 2 e 3 non si applicano se e nella misura in cui l'interessato dispone già delle informazioni.

(1) *Lettera così corretta con Avviso di rettifica in G.U.U.E. 23 maggio 2018, L 127.*

14. Informazioni da fornire qualora i dati personali non siano stati ottenuti presso l'interessato. – 1. Qualora i dati non siano stati ottenuti presso l'interessato, il titolare del trattamento fornisce all'interessato le seguenti informazioni:

a) l'identità e i dati di contatto del titolare del trattamento e, ove applicabile, del suo rappresentante;

b) i dati di contatto del responsabile della protezione dei dati, ove applicabile;

c) le finalità del trattamento cui sono destinati i dati personali nonché la base giuridica del trattamento;

d) le categorie di dati personali in questione;

e) gli eventuali destinatari o le eventuali categorie di destinatari dei dati personali;

f) ove applicabile, l'intenzione del titolare del trattamento di trasferire dati personali a un destinatario in un paese terzo o a un'organizzazione internazionale e l'esistenza o l'assenza di una decisione di adeguatezza della Commissione o, nel caso dei trasferimenti di cui all'articolo 46 o 47, o all'articolo 49, paragrafo 1, secondo comma, il riferimento alle garanzie adeguate o opportune e i mezzi per ottenere una copia di tali dati garanzie o il luogo dove sono state rese disponibili (1).

2. Oltre alle informazioni di cui al paragrafo 1, il titolare del trattamento fornisce all'interessato le seguenti informazioni necessarie

per garantire un trattamento corretto e trasparente nei confronti dell'interessato:

a) il periodo di conservazione dei dati personali oppure, se non è possibile, i criteri utilizzati per determinare tale periodo;

b) qualora il trattamento si basi sull'articolo 6, paragrafo 1, lettera *f*), i legittimi interessi perseguiti dal titolare del trattamento o da terzi;

c) l'esistenza del diritto dell'interessato di chiedere al titolare del trattamento l'accesso ai dati personali e la rettifica o la cancellazione degli stessi o la limitazione del trattamento dei dati personali che lo riguardano e di opporsi al loro trattamento, oltre al diritto alla portabilità dei dati;

d) qualora il trattamento sia basato sull'articolo 6, paragrafo 1, lettera *a*), oppure sull'articolo 9, paragrafo 2, lettera *a*), l'esistenza del diritto di revocare il consenso in qualsiasi momento senza pregiudicare la liceità del trattamento basata sul consenso prima della revoca;

e) il diritto di proporre reclamo a un'autorità di controllo;

f) la fonte da cui hanno origine i dati personali e, se del caso, l'eventualità che i dati provengano da fonti accessibili al pubblico;

g) l'esistenza di un processo decisionale automatizzato, compresa la profilazione di cui all'articolo 22, paragrafi 1 e 4, e, almeno in tali casi, informazioni significative sulla logica utilizzata, nonché l'importanza e le conseguenze previste di tale trattamento per l'interessato.

3. Il titolare del trattamento fornisce le informazioni di cui ai paragrafi 1 e 2:

a) entro un termine ragionevole dall'ottenimento dei dati personali, ma al più tardi entro un mese, in considerazione delle specifiche circostanze in cui i dati personali sono trattati;

b) nel caso in cui i dati personali siano destinati alla comunicazione con l'interessato, al più tardi al momento della prima comunicazione all'interessato; oppure

c) nel caso sia prevista la comunicazione ad altro destinatario, non oltre la prima comunicazione dei dati personali.

4. Qualora il titolare del trattamento intenda trattare ulteriormente i dati personali per una finalità diversa da quella per cui essi sono stati ottenuti, prima di tale ulteriore trattamento fornisce all'interessato informazioni in merito a tale diversa finalità e ogni informazione pertinente di cui al paragrafo 2.

5. I paragrafi da 1 a 4 non si applicano se e nella misura in cui:

a) l'interessato dispone già delle informazioni;

b) comunicare tali informazioni risulta impossibile o implicherebbe uno sforzo sproporzionato; in particolare per il trattamento a fini di archiviazione nel pubblico interesse, di ricerca scientifica o storica o a fini statistici, fatte salve le condizioni e le garanzie di cui all'articolo 89, paragrafo 1, o nella misura in cui l'obbligo di cui al paragrafo 1 del presente articolo rischi di rendere impossibile o di pregiudicare gravemente il conseguimento delle finalità di tale trattamento. In tali casi, il titolare del trattamento adotta misure appropriate per tutelare i diritti, le libertà e i legittimi interessi dell'interessato, anche rendendo pubbliche le informazioni;

c) l'ottenimento o la comunicazione sono espressamente previsti dal diritto dell'Unione o dello Stato membro cui è soggetto il titolare del trattamento e che prevede misure appropriate per tutelare gli interessi legittimi dell'interessato; oppure

d) qualora i dati personali debbano rimanere riservati conformemente a un obbligo di segreto professionale disciplinato dal diritto dell'Unione o degli Stati membri, compreso un obbligo di segretezza previsto per legge.

(1) *Lettera così corretta con Avviso di rettifica in G.U.U.E. 23 maggio 2018, L 127.*

15. Diritto di accesso dell'interessato. – 1. L'interessato ha il diritto di ottenere dal titolare del trattamento la conferma che sia o meno in corso un trattamento di dati personali che lo riguardano e in tal caso, di ottenere l'accesso ai dati personali e alle seguenti informazioni:

a) le finalità del trattamento;

b) le categorie di dati personali in questione;

c) i destinatari o le categorie di destinatari a cui i dati personali sono stati o saranno comunicati, in particolare se destinatari di paesi terzi o organizzazioni internazionali;

d) quando possibile, il periodo di conservazione dei dati personali previsto oppure, se non è possibile, i criteri utilizzati per determinare tale periodo;

e) l'esistenza del diritto dell'interessato di chiedere al titolare del trattamento la rettifica o la cancellazione dei dati personali o la limitazione del trattamento dei dati personali che lo riguardano o di opporsi al loro trattamento;

f) il diritto di proporre reclamo a un'autorità di controllo;

g) qualora i dati non siano raccolti presso l'interessato, tutte le informazioni disponibili sulla loro origine;

h) l'esistenza di un processo decisionale automatizzato, compresa la profilazione di cui all'articolo 22, paragrafi 1 e 4, e, almeno in tali casi, informazioni significative sulla logica utilizzata, nonché l'importanza e le conseguenze previste di tale trattamento per l'interessato.

2. Qualora i dati personali siano trasferiti a un paese terzo o a un'organizzazione internazionale, l'interessato ha il diritto di essere informato dell'esistenza di garanzie adeguate ai sensi dell'articolo 46 relative al trasferimento.

3. Il titolare del trattamento fornisce una copia dei dati personali oggetto di trattamento. In caso di ulteriori copie richieste dall'interessato, il titolare del trattamento può addebitare un contributo spese ragionevole basato sui costi amministrativi. Se l'interessato presenta la richiesta mediante mezzi elettronici, e salvo indicazione diversa dell'interessato, le informazioni sono fornite in un formato elettronico di uso comune.

4. Il diritto di ottenere una copia di cui al paragrafo 3 non deve ledere i diritti e le libertà altrui.

SEZIONE 3 – *Rettifica e cancellazione*

16. Diritto di rettifica. – L'interessato ha il diritto di ottenere dal titolare del trattamento la rettifica dei dati personali inesatti che lo riguardano senza ingiustificato ritardo. Tenuto conto delle finalità del trattamento, l'interessato ha il diritto di ottenere l'integrazione dei dati personali incompleti, anche fornendo una dichiarazione integrativa.

17. Diritto alla cancellazione (« diritto all'oblio »). – 1. L'interessato ha il diritto di ottenere dal titolare del trattamento la cancellazione dei dati personali che lo riguardano senza ingiustificato ritardo e il titolare del trattamento ha l'obbligo di cancellare senza ingiustificato ritardo i dati personali, se sussiste uno dei motivi seguenti:

a) i dati personali non sono più necessari rispetto alle finalità per le quali sono stati raccolti o altrimenti trattati;

b) l'interessato revoca il consenso su cui si basa il trattamento conformemente all'articolo 6, paragrafo 1, lettera *a*), o all'articolo 9, paragrafo 2, lettera *a*), e se non sussiste altro fondamento giuridico per il trattamento;

c) l'interessato si oppone al trattamento ai sensi dell'articolo 21, paragrafo 1, e non sussiste alcun motivo legittimo prevalente per procedere al trattamento, oppure si oppone al trattamento ai sensi dell'articolo 21, paragrafo 2;

d) i dati personali sono stati trattati illecitamente;

e) i dati personali devono essere cancellati per adempiere un obbligo giuridico previsto dal diritto dell'Unione o dello Stato membro cui è soggetto il titolare del trattamento (1);

f) i dati personali sono stati raccolti relativamente all'offerta di servizi della società dell'informazione di cui all'articolo 8, paragrafo 1.

2. Il titolare del trattamento, se ha reso pubblici dati personali ed è obbligato, ai sensi del paragrafo 1, a cancellarli, tenendo conto della tecnologia disponibile e dei costi di attuazione adotta le misure ragionevoli, anche tecniche, per informare i titolari del trattamento che stanno trattando i dati personali della richiesta dell'interessato di cancellare qualsiasi link, copia o riproduzione dei suoi dati personali.

3. I paragrafi 1 e 2 non si applicano nella misura in cui il trattamento sia necessario:

a) per l'esercizio del diritto alla libertà di espressione e di informazione;

b) per l'adempimento di un obbligo giuridico che richieda il trattamento previsto dal diritto dell'Unione o dello Stato membro cui è soggetto il titolare del trattamento o per l'esecuzione di un compito svolto nel pubblico interesse oppure nell'esercizio di pubblici poteri di cui è investito il titolare del trattamento (1);

c) per motivi di interesse pubblico nel settore della sanità pubblica in conformità dell'articolo 9, paragrafo 2, lettere h) e i), e dell'articolo 9, paragrafo 3;

d) a fini di archiviazione nel pubblico interesse, di ricerca scientifica o storica o a fini statistici conformemente all'articolo 89, paragrafo 1, nella misura in cui il diritto di cui al paragrafo 1 rischi di rendere impossibile o di pregiudicare gravemente il conseguimento degli obiettivi di tale trattamento; o

e) per l'accertamento, l'esercizio o la difesa di un diritto in sede giudiziaria.

(1) *Lettera così corretta con Avviso di rettifica in G.U.U.E. 23 maggio 2018, L 127.*

18. **Diritto di limitazione di trattamento.** – 1. L'interessato ha il diritto di ottenere dal titolare del trattamento la limitazione del trattamento quando ricorre una delle seguenti ipotesi:

a) l'interessato contesta l'esattezza dei dati personali, per il periodo necessario al titolare del trattamento per verificare l'esattezza di tali dati personali;

b) il trattamento è illecito e l'interessato si oppone alla cancellazione dei dati personali e chiede invece che ne sia limitato l'utilizzo;

c) benché il titolare del trattamento non ne abbia più bisogno ai fini del trattamento, i dati personali sono necessari all'interessato per l'accertamento, l'esercizio o la difesa di un diritto in sede giudiziaria;

d) l'interessato si è opposto al trattamento ai sensi dell'articolo 21, paragrafo 1, in attesa della verifica in merito all'eventuale prevalenza dei motivi legittimi del titolare del trattamento rispetto a quelli dell'interessato.

2. Se il trattamento è limitato a norma del paragrafo 1, tali dati personali sono trattati, salvo che per la conservazione, soltanto con il consenso dell'interessato o per l'accertamento, l'esercizio o la difesa di un diritto in sede giudiziaria oppure per tutelare i diritti di un'altra persona fisica o giuridica o per motivi di interesse pubblico rilevante dell'Unione o di uno Stato membro.

3. L'interessato che ha ottenuto la limitazione del trattamento a norma del paragrafo 1 è informato dal titolare del trattamento prima che detta limitazione sia revocata.

19. Obbligo di notifica in caso di rettifica o cancellazione dei dati personali o limitazione del trattamento. – Il titolare del trattamento comunica a ciascuno dei destinatari cui sono stati trasmessi i dati personali le eventuali rettifiche o cancellazioni o limitazioni del trattamento effettuate a norma dell'articolo 16, dell'articolo 17, paragrafo 1, e dell'articolo 18, salvo che ciò si riveli impossibile o implichi uno sforzo sproporzionato. Il titolare del trattamento comunica all'interessato tali destinatari qualora l'interessato lo richieda.

20. Diritto alla portabilità dei dati. – 1. L'interessato ha il diritto di ricevere in un formato strutturato, di uso comune e leggibile da dispositivo automatico i dati personali che lo riguardano forniti a un titolare del trattamento e ha il diritto di trasmettere tali dati a un altro titolare del trattamento senza impedimenti da parte del titolare del trattamento cui li ha forniti qualora:

a) il trattamento si basi sul consenso ai sensi dell'articolo 6, paragrafo 1, lettera *a*), o dell'articolo 9, paragrafo 2, lettera *a*), o su un contratto ai sensi dell'articolo 6, paragrafo 1, lettera *b*); e

b) il trattamento sia effettuato con mezzi automatizzati.

2. Nell'esercitare i propri diritti relativamente alla portabilità dei dati a norma del paragrafo 1, l'interessato ha il diritto di ottenere la trasmissione diretta dei dati personali da un titolare del trattamento all'altro, se tecnicamente fattibile.

3. L'esercizio del diritto di cui al paragrafo 1 del presente articolo lascia impregiudicato l'articolo 17. Tale diritto non si applica al trat-

tamento necessario per l'esecuzione di un compito di interesse pubblico o connesso all'esercizio di pubblici poteri di cui è investito il titolare del trattamento.

4. Il diritto di cui al paragrafo 1 non deve ledere i diritti e le libertà altrui.

SEZIONE 4 – *Diritto di opposizione e processo decisionale automatizzato relativo alle persone fisiche*

21. Diritto di opposizione. – 1. L'interessato ha il diritto di opporsi in qualsiasi momento, per motivi connessi alla sua situazione particolare, al trattamento dei dati personali che lo riguardano ai sensi dell'articolo 6, paragrafo 1, lettere *e*) o *f*), compresa la profilazione sulla base di tali disposizioni. Il titolare del trattamento si astiene dal trattare ulteriormente i dati personali salvo che egli dimostri l'esistenza di motivi legittimi cogenti per procedere al trattamento che prevalgono sugli interessi, sui diritti e sulle libertà dell'interessato oppure per l'accertamento, l'esercizio o la difesa di un diritto in sede giudiziaria.

2. Qualora i dati personali siano trattati per finalità di marketing diretto, l'interessato ha il diritto di opporsi in qualsiasi momento al trattamento dei dati personali che lo riguardano effettuato per tali finalità, compresa la profilazione nella misura in cui sia connessa a tale marketing diretto.

3. Qualora l'interessato si opponga al trattamento per finalità di marketing diretto, i dati personali non sono più oggetto di trattamento per tali finalità.

4. Il diritto di cui ai paragrafi 1 e 2 è esplicitamente portato all'attenzione dell'interessato ed è presentato chiaramente e separatamente da qualsiasi altra informazione al più tardi al momento della prima comunicazione con l'interessato.

5. Nel contesto dell'utilizzo di servizi della società dell'informazione e fatta salva la direttiva 2002/58/CE, l'interessato può esercitare il proprio diritto di opposizione con mezzi automatizzati che utilizzano specifiche tecniche.

6. Qualora i dati personali siano trattati a fini di ricerca scientifica o storica o a fini statistici a norma dell'articolo 89, paragrafo 1, l'interessato, per motivi connessi alla sua situazione particolare, ha il diritto di opporsi al trattamento di dati personali che lo riguardano, salvo se il trattamento è necessario per l'esecuzione di un compito di interesse pubblico (1).

(1) *Paragrafo così corretto con Avviso di rettifica in G.U.U.E. 23 maggio 2018, L 127.*

22. Processo decisionale automatizzato relativo alle persone fisiche, compresa la profilazione. – 1. L'interessato ha il diritto di non essere sottoposto a una decisione basata unicamente sul trattamento automatizzato, compresa la profilazione, che produca effetti giuridici che lo riguardano o che incida in modo analogo significativamente sulla sua persona.

2. Il paragrafo 1 non si applica nel caso in cui la decisione:

a) sia necessaria per la conclusione o l'esecuzione di un contratto tra l'interessato e un titolare del trattamento;

b) sia autorizzata dal diritto dell'Unione o dello Stato membro cui è soggetto il titolare del trattamento, che precisa altresì misure adeguate a tutela dei diritti, delle libertà e dei legittimi interessi dell'interessato;

c) si basi sul consenso esplicito dell'interessato.

3. Nei casi di cui al paragrafo 2, lettere *a*) e *c*), il titolare del trattamento attua misure appropriate per tutelare i diritti, le libertà e i legittimi interessi dell'interessato, almeno il diritto di ottenere l'intervento umano da parte del titolare del trattamento, di esprimere la propria opinione e di contestare la decisione.

4. Le decisioni di cui al paragrafo 2 non si basano sulle categorie particolari di dati personali di cui all'articolo 9, paragrafo 1, a meno che non sia d'applicazione l'articolo 9, paragrafo 2, lettere *a*) o *g*), e non siano in vigore misure adeguate a tutela dei diritti, delle libertà e dei legittimi interessi dell'interessato.

Sezione 5 – *Limitazioni*

23. Limitazioni. – 1. Il diritto dell'Unione o dello Stato membro cui è soggetto il titolare del trattamento o il responsabile del trattamento può limitare, mediante misure legislative, la portata degli obblighi e dei diritti di cui agli articoli da 12 a 22 e 34, nonché all'articolo 5, nella misura in cui le disposizioni ivi contenute corrispondano ai diritti e agli obblighi di cui agli articoli da 12 a 22, qualora tale limitazione rispetti l'essenza dei diritti e delle libertà fondamentali e sia una misura necessaria e proporzionata in una società democratica per salvaguardare:

a) la sicurezza nazionale;

b) la difesa;

c) la sicurezza pubblica;

d) la prevenzione, l'indagine, l'accertamento e il perseguimento di reati o l'esecuzione di sanzioni penali, incluse la salvaguardia contro e la prevenzione di minacce alla sicurezza pubblica;

e) altri importanti obiettivi di interesse pubblico generale dell'Unione o di uno Stato membro, in particolare un rilevante interesse economico o finanziario dell'Unione o di uno Stato membro, anche in materia monetaria, di bilancio e tributaria, di sanità pubblica e sicurezza sociale;

f) la salvaguardia dell'indipendenza della magistratura e dei procedimenti giudiziari;

g) le attività volte a prevenire, indagare, accertare e perseguire violazioni della deontologia delle professioni regolamentate;

h) una funzione di controllo, d'ispezione o di regolamentazione connessa, anche occasionalmente, all'esercizio di pubblici poteri nei casi di cui alle lettere da *a*), a *e*) e *g*);

i) la tutela dell'interessato o dei diritti e delle libertà altrui;

j) l'esecuzione delle azioni civili.

2. In particolare qualsiasi misura legislativa di cui al paragrafo 1 contiene disposizioni specifiche riguardanti almeno, se del caso:

a) le finalità del trattamento o le categorie di trattamento;

b) le categorie di dati personali;

c) la portata delle limitazioni introdotte;

d) le garanzie per prevenire abusi o l'accesso o il trasferimento illeciti;

e) l'indicazione precisa del titolare del trattamento o delle categorie di titolari;

f) i periodi di conservazione e le garanzie applicabili tenuto conto della natura, dell'ambito di applicazione e delle finalità del trattamento o delle categorie di trattamento;

g) i rischi per i diritti e le libertà degli interessati; e

h) il diritto degli interessati di essere informati della limitazione, a meno che ciò possa compromettere la finalità della stessa.

24-31. (*Omissis*).

32. **Sicurezza del trattamento.** – 1. Tenendo conto dello stato dell'arte e dei costi di attuazione, nonché della natura, dell'oggetto, del contesto e delle finalità del trattamento, come anche del rischio di varia probabilità e gravità per i diritti e le libertà delle persone fisiche, il titolare del trattamento e il responsabile del trattamento mettono in atto misure tecniche e organizzative adeguate per garantire un livello di sicurezza adeguato al rischio, che comprendono, tra le altre, se del caso:

a) la pseudonimizzazione e la cifratura dei dati personali;

b) la capacità di assicurare su base permanente la riservatezza, l'integrità, la disponibilità e la resilienza dei sistemi e dei servizi di trattamento;

c) la capacità di ripristinare tempestivamente la disponibilità e l'accesso dei dati personali in caso di incidente fisico o tecnico;

d) una procedura per testare, verificare e valutare regolarmente l'efficacia delle misure tecniche e organizzative al fine di garantire la sicurezza del trattamento.

2. Nel valutare l'adeguato livello di sicurezza, si tiene conto in special modo dei rischi presentati dal trattamento che derivano in particolare dalla distruzione, dalla perdita, dalla modifica, dalla divulgazione non autorizzata o dall'accesso, in modo accidentale o illegale, a dati personali trasmessi, conservati o comunque trattati.

3. L'adesione a un codice di condotta approvato di cui all'articolo 40 o a un meccanismo di certificazione approvato di cui all'articolo 42 può essere utilizzata come elemento per dimostrare la conformità ai requisiti di cui al paragrafo 1 del presente articolo.

4. Il titolare del trattamento e il responsabile del trattamento fanno sì che chiunque agisca sotto la loro autorità e abbia accesso a dati personali non tratti tali dati se non è istruito in tal senso dal titolare del trattamento, salvo che lo richieda il diritto dell'Unione o degli Stati membri.

33-50. (*Omissis*)

51. **Autorità di controllo.** – 1. Ogni Stato membro dispone che una o più autorità pubbliche indipendenti siano incaricate di controllare l'applicazione del presente regolamento al fine di tutelare i diritti e le libertà fondamentali delle persone fisiche con riguardo al trattamento e di agevolare la libera circolazione dei dati personali all'interno dell'Unione (« autorità di controllo ») (1).

2. Ogni autorità di controllo contribuisce alla coerente applicazione del presente regolamento in tutta l'Unione. A tale scopo, le autorità di controllo cooperano tra loro e con la Commissione, conformemente al capo VII.

3. Qualora in uno Stato membro siano istituite più autorità di controllo, detto Stato membro designa l'autorità di controllo che rappresenta tali autorità nel comitato e stabilisce il meccanismo in base al quale le altre autorità si conformano alle norme relative al meccanismo di coerenza di cui all'articolo 63.

4. Ogni Stato membro notifica alla Commissione le disposizioni di

legge adottate ai sensi del presente capo al più tardi entro il 25 maggio 2018, e comunica senza ritardo ogni successiva modifica (1).

(1) *Paragrafo così corretto con Avviso di rettifica in G.U.U.E. 23 maggio 2018, L 127.*

52. Indipendenza. – 1. Ogni autorità di controllo agisce in piena indipendenza nell'adempimento dei propri compiti e nell'esercizio dei propri poteri conformemente al presente regolamento.

2. Nell'adempimento dei rispettivi compiti e nell'esercizio dei rispettivi poteri previsti dal presente regolamento, il membro o i membri di ogni autorità di controllo non subiscono pressioni esterne, né dirette, né indirette, e non sollecitano né accettano istruzioni da alcuno.

3. Il membro o i membri dell'autorità di controllo si astengono da qualunque azione incompatibile con le loro funzioni e per tutta la durata del mandato non possono esercitare alcuna altra attività incompatibile, remunerata o meno.

4. Ogni Stato membro provvede affinché ogni autorità di controllo sia dotata delle risorse umane, tecniche e finanziarie, dei locali e delle infrastrutture necessari per l'effettivo adempimento dei suoi compiti e l'esercizio dei propri poteri, compresi quelli nell'ambito dell'assistenza reciproca, della cooperazione e della partecipazione al comitato.

5. Ogni Stato membro provvede affinché ogni autorità di controllo selezioni e disponga di proprio personale, soggetto alla direzione esclusiva del membro o dei membri dell'autorità di controllo interessata.

6. Ogni Stato membro provvede affinché ogni autorità di controllo sia soggetta a un controllo finanziario che non ne pregiudichi l'indipendenza e disponga di bilanci annuali, separati e pubblici, che possono far parte del bilancio generale statale o nazionale.

53-76. (*Omissis*)

CAPO VIII – *Mezzi di ricorso, responsabilità e sanzioni*

77. Diritto di proporre reclamo all'autorità di controllo. – 1. Fatto salvo ogni altro ricorso amministrativo o giurisdizionale, l'interessato che ritenga che il trattamento che lo riguarda violi il presente regolamento ha il diritto di proporre reclamo a un'autorità di controllo, segnatamente nello Stato membro in cui risiede abitualmente, lavora oppure del luogo ove si è verificata la presunta violazione.

2. L'autorità di controllo a cui è stato proposto il reclamo informa il reclamante dello stato o dell'esito del reclamo, compresa la possibilità di un ricorso giurisdizionale ai sensi dell'articolo 78.

78. Diritto a un ricorso giurisdizionale effettivo nei confronti dell'autorità di controllo. – 1. Fatto salvo ogni altro ricorso amministrativo o extragiudiziale, ogni persona fisica o giuridica ha il diritto di proporre un ricorso giurisdizionale effettivo avverso una decisione giuridicamente vincolante dell'autorità di controllo che la riguarda.

2. Fatto salvo ogni altro ricorso amministrativo o extragiudiziale, ciascun interessato ha il diritto di proporre un ricorso giurisdizionale effettivo qualora l'autorità di controllo che sia competente ai sensi degli articoli 55 e 56 non tratti un reclamo o non lo informi entro tre mesi dello stato o dell'esito del reclamo proposto ai sensi dell'articolo 77.

3. Le azioni nei confronti dell'autorità di controllo sono promosse dinanzi alle autorità giurisdizionali dello Stato membro in cui l'autorità di controllo è stabilita.

4. Qualora siano promosse azioni avverso una decisione di un'autorità di controllo che era stata preceduta da un parere o da una decisione del comitato nell'ambito del meccanismo di coerenza, l'autorità di controllo trasmette tale parere o decisione all'autorità giurisdizionale.

79. Diritto a un ricorso giurisdizionale effettivo nei confronti del titolare del trattamento o del responsabile del trattamento. – 1. Fatto salvo ogni altro ricorso amministrativo o extragiudiziale disponibile, compreso il diritto di proporre reclamo a un'autorità di controllo ai sensi dell'articolo 77, ogni interessato ha il diritto di proporre un ricorso giurisdizionale effettivo qualora ritenga che i diritti di cui gode a norma del presente regolamento siano stati violati a seguito di un trattamento.

2. Le azioni nei confronti del titolare del trattamento o del responsabile del trattamento sono promosse dinanzi alle autorità giurisdizionali dello Stato membro in cui il titolare del trattamento o il responsabile del trattamento ha uno stabilimento. In alternativa, tali azioni possono essere promosse dinanzi alle autorità giurisdizionali dello Stato membro in cui l'interessato risiede abitualmente, salvo che il titolare del trattamento o il responsabile del trattamento sia un'autorità pubblica di uno Stato membro nell'esercizio dei pubblici poteri.

80. Rappresentanza degli interessati. – 1. L'interessato ha il diritto di dare mandato a un organismo, un'organizzazione o un'associazione senza scopo di lucro, che siano debitamente costituiti secondo il diritto di uno Stato membro, i cui obiettivi statutari siano di pubblico interesse e che siano attivi nel settore della protezione dei diritti e delle libertà degli interessati con riguardo alla protezione dei dati personali, di proporre il reclamo per suo conto e di esercitare per suo conto i diritti di cui agli articoli 77, 78 e 79 nonché, se previsto dal diritto degli Stati membri, il diritto di ottenere il risarcimento di cui all'articolo 82.

2. Gli Stati membri possono prevedere che un organismo, organizzazione o associazione di cui al paragrafo 1 del presente articolo, indipendentemente dal mandato conferito dall'interessato, abbia il diritto di proporre, in tale Stato membro, un reclamo all'autorità di controllo competente, e di esercitare i diritti di cui agli articoli 78 e 79, qualora ritenga che i diritti di cui un interessato gode a norma del presente regolamento siano stati violati in seguito al trattamento.

81. Sospensione delle azioni. – 1. L'autorità giurisdizionale competente di uno Stato membro che venga a conoscenza di azioni riguardanti lo stesso oggetto relativamente al trattamento dello stesso titolare del trattamento o dello stesso responsabile del trattamento pendenti presso un'autorità giurisdizionale in un altro Stato membro, prende contatto con tale autorità giurisdizionale nell'altro Stato membro per confermare l'esistenza delle azioni.

2. Qualora azioni riguardanti lo stesso oggetto relativamente al trattamento dello stesso titolare del trattamento o dello stesso responsabile del trattamento siano pendenti presso un'autorità giurisdizionale in un altro Stato membro, qualunque autorità giurisdizionale competente successivamente adita può sospendere le azioni.

3. Se tali azioni sono pendenti in primo grado, qualunque autorità giurisdizionale successivamente adita può parimenti dichiarare la propria incompetenza su richiesta di una delle parti a condizione che l'autorità giurisdizionale adita per prima sia competente a conoscere delle domande proposte e la sua legge consenta la riunione dei procedimenti.

82. Diritto al risarcimento e responsabilità. – 1. Chiunque subisca un danno materiale o immateriale causato da una violazione del presente regolamento ha il diritto di ottenere il risarcimento del danno dal titolare del trattamento o dal responsabile del trattamento.

2. Un titolare del trattamento coinvolto nel trattamento risponde per il danno cagionato dal suo trattamento che violi il presente regolamento. Un responsabile del trattamento risponde per il danno causato dal trattamento solo se non ha adempiuto gli obblighi del presente regolamento specificatamente diretti ai responsabili del trattamento o ha agito in modo difforme o contrario rispetto alle legittime istruzioni del titolare del trattamento.

3. Il titolare del trattamento o il responsabile del trattamento è esonerato dalla responsabilità, a norma del paragrafo 2 se dimostra che l'evento dannoso non gli è in alcun modo imputabile.

4. Qualora più titolari del trattamento o responsabili del trattamento oppure entrambi il titolare del trattamento e il responsabile del trattamento siano coinvolti nello stesso trattamento e siano, ai sensi dei paragrafi 2 e 3, responsabili dell'eventuale danno causato dal trattamento, ogni titolare del trattamento o responsabile del trattamento è responsabile in solido per l'intero ammontare del danno, al fine di garantire il risarcimento effettivo dell'interessato.

5. Qualora un titolare del trattamento o un responsabile del trattamento abbia pagato, conformemente al paragrafo 4, l'intero risarcimento del danno, tale titolare del trattamento o responsabile del trattamento ha il diritto di reclamare dagli altri titolari del trattamento o responsabili del trattamento coinvolti nello stesso trattamento la parte del risarcimento corrispondente alla loro parte di responsabilità per il danno conformemente alle condizioni di cui al paragrafo 2.

6. Le azioni legali per l'esercizio del diritto di ottenere il risarcimento del danno sono promosse dinanzi alle autorità giurisdizionali competenti a norma del diritto dello Stato membro di cui all'articolo 79, paragrafo 2.

83. Condizioni generali per infliggere sanzioni amministrative pecuniarie. – 1. Ogni autorità di controllo provvede affinché le sanzioni amministrative pecuniarie inflitte ai sensi del presente articolo in relazione alle violazioni del presente regolamento di cui ai paragrafi 4, 5 e 6 siano in ogni singolo caso effettive, proporzionate e dissuasive.

2. Le sanzioni amministrative pecuniarie sono inflitte, in funzione delle circostanze di ogni singolo caso, in aggiunta alle misure di cui all'articolo 58, paragrafo 2, lettere da *a*) a *h*) e *j*), o in luogo di tali misure. Al momento di decidere se infliggere una sanzione amministrativa pecuniaria e di fissare l'ammontare della stessa in ogni singolo caso si tiene debito conto dei seguenti elementi:

a) la natura, la gravità e la durata della violazione tenendo in considerazione la natura, l'oggetto o a finalità del trattamento in questione nonché il numero di interessati lesi dal danno e il livello del danno da essi subito;

b) il carattere doloso o colposo della violazione;

c) le misure adottate dal titolare del trattamento o dal responsabile del trattamento per attenuare il danno subito dagli interessati;

d) il grado di responsabilità del titolare del trattamento o del responsabile del trattamento tenendo conto delle misure tecniche e organizzative da essi messe in atto ai sensi degli articoli 25 e 32;

e) eventuali precedenti violazioni pertinenti commesse dal titolare del trattamento o dal responsabile del trattamento;

f) il grado di cooperazione con l'autorità di controllo al fine di porre rimedio alla violazione e attenuarne i possibili effetti negativi;

g) le categorie di dati personali interessate dalla violazione;

h) la maniera in cui l'autorità di controllo ha preso conoscenza della violazione, in particolare se e in che misura il titolare del trattamento o il responsabile del trattamento ha notificato la violazione;

i) qualora siano stati precedentemente disposti provvedimenti di cui all'articolo 58, paragrafo 2, nei confronti del titolare del trattamento o del responsabile del trattamento in questione relativamente allo stesso oggetto, il rispetto di tali provvedimenti;

j) l'adesione ai codici di condotta approvati ai sensi dell'articolo 40 o ai meccanismi di certificazione approvati ai sensi dell'articolo 42; e

k) eventuali altri fattori aggravanti o attenuanti applicabili alle circostanze del caso, ad esempio i benefici finanziari conseguiti o le perdite evitate, direttamente o indirettamente, quale conseguenza della violazione.

3. Se, in relazione allo stesso trattamento o a trattamenti collegati, un titolare del trattamento o un responsabile del trattamento viola, con dolo o colpa, varie disposizioni del presente regolamento, l'importo totale della sanzione amministrativa pecuniaria non supera l'importo specificato per la violazione più grave.

4. In conformità del paragrafo 2, la violazione delle disposizioni seguenti è soggetta a sanzioni amministrative pecuniarie fino a 10 000 000 EUR, o per le imprese, fino al 2% del fatturato mondiale totale annuo dell'esercizio precedente, se superiore:

a) gli obblighi del titolare del trattamento e del responsabile del trattamento a norma degli articoli 8, 11, da 25 a 39, 42 e 43;

b) gli obblighi dell'organismo di certificazione a norma degli articoli 42 e 43;

c) gli obblighi dell'organismo di controllo a norma dell'articolo 41, paragrafo 4;

5. In conformità del paragrafo 2, la violazione delle disposizioni seguenti è soggetta a sanzioni amministrative pecuniarie fino a 20 000 000 EUR, o per le imprese, fino al 4% del fatturato mondiale totale annuo dell'esercizio precedente, se superiore:

a) i principi di base del trattamento, comprese le condizioni relative al consenso, a norma degli articoli 5, 6, 7 e 9;

b) i diritti degli interessati a norma degli articoli da 12 a 22;

c) i trasferimenti di dati personali a un destinatario in un paese terzo o un'organizzazione internazionale a norma degli articoli da 44 a 49;

d) qualsiasi obbligo ai sensi delle legislazioni degli Stati membri adottate a norma del capo IX;

e) l'inosservanza di un ordine, di una limitazione provvisoria o definitiva di trattamento o di un ordine di sospensione dei flussi di dati dell'autorità di controllo ai sensi dell'articolo 58, paragrafo 2, o il negato accesso in violazione dell'articolo 58, paragrafo 1.

6. In conformità del paragrafo 2 del presente articolo, l'inosservanza di un ordine da parte dell'autorità di controllo di cui all'articolo 58, paragrafo 2, è soggetta a sanzioni amministrative pecuniarie fino a 20 000 000 EUR, o per le imprese, fino al 4% del fatturato mondiale totale annuo dell'esercizio precedente, se superiore.

7. Fatti salvi i poteri correttivi delle autorità di controllo a norma dell'articolo 58, paragrafo 2, ogni Stato membro può prevedere norme che dispongano se e in quale misura possono essere inflitte sanzioni amministrative pecuniarie ad autorità pubbliche e organismi pubblici istituiti in tale Stato membro.

8. L'esercizio da parte dell'autorità di controllo dei poteri attribuitile dal presente articolo è soggetto a garanzie procedurali adeguate in conformità del diritto dell'Unione e degli Stati membri, inclusi il ricorso giurisdizionale effettivo e il giusto processo.

9. Se l'ordinamento giuridico dello Stato membro non prevede sanzioni amministrative pecuniarie, il presente articolo può essere applicato in maniera tale che l'azione sanzionatoria sia avviata dall'autorità di controllo competente e la sanzione pecuniaria sia irrogata dalle competenti autorità giurisdizionali nazionali, garantendo nel contempo che i mezzi di ricorso siano effettivi e abbiano effetto equivalente alle sanzioni amministrative pecuniarie irrogate dalle

autorità di controllo. In ogni caso, le sanzioni pecuniarie irrogate sono effettive, proporzionate e dissuasive. Tali Stati membri notificano alla Commissione le disposizioni di legge adottate a norma del presente paragrafo al più tardi entro il 25 maggio 2018 e comunicano senza ritardo ogni successiva modifica (1).

(1) *Paragrafo così corretto con Avviso di rettifica in G.U.U.E. 23 maggio 2018, L 127.*

84. Sanzioni. – 1. Gli Stati membri stabiliscono le norme relative alle altre sanzioni per le violazioni del presente regolamento in particolare per le violazioni non soggette a sanzioni amministrative pecuniarie a norma dell'articolo 83, e adottano tutti i provvedimenti necessari per assicurarne l'applicazione. Tali sanzioni devono essere effettive, proporzionate e dissuasive.

2. Ogni Stato membro notifica alla Commissione le disposizioni di legge adottate ai sensi del paragrafo 1 al più tardi entro il 25 maggio 2018, e comunica senza ritardo ogni successiva modifica (1).

(1) *Paragrafo così corretto con Avviso di rettifica in G.U.U.E. 23 maggio 2018, L 127.*

Capo IX – *Disposizioni relative a specifiche situazioni di trattamento*

85. Trattamento e libertà d'espressione e di informazione. – 1. Il diritto degli Stati membri concilia la protezione dei dati personali ai sensi del presente regolamento con il diritto alla libertà d'espressione e di informazione, incluso il trattamento a scopi giornalistici o di espressione accademica, artistica o letteraria.

2. Ai fini del trattamento effettuato a scopi giornalistici o di espressione accademica, artistica o letteraria, gli Stati membri prevedono esenzioni o deroghe rispetto ai capi II (principi), III (diritti dell'interessato), IV (titolare del trattamento e responsabile del trattamento), V (trasferimento di dati personali verso paesi terzi o organizzazioni internazionali), VI (autorità di controllo indipendenti), VII (cooperazione e coerenza) e IX (specifiche situazioni di trattamento dei dati) qualora siano necessarie per conciliare il diritto alla protezione dei dati personali e la libertà d'espressione e di informazione.

3. Ogni Stato membro notifica alla Commissione le disposizioni di legge adottate ai sensi del paragrafo 2 e comunica senza ritardo ogni successiva modifica.

86. Trattamento e accesso del pubblico ai documenti ufficiali. – I dati personali contenuti in documenti ufficiali in possesso di un'autorità pubblica o di un organismo pubblico o privato per l'esecuzione di un compito svolto nell'interesse pubblico possono essere comunicati da tale autorità o organismo conformemente al diritto dell'Unione o degli Stati membri cui l'autorità pubblica o l'organismo pubblico sono soggetti, al fine di conciliare l'accesso del pubblico ai documenti ufficiali e il diritto alla protezione dei dati personali ai sensi del presente regolamento.

87. Trattamento del numero di identificazione nazionale. – Gli Stati membri possono precisare ulteriormente le condizioni specifiche per il trattamento di un numero di identificazione nazionale o di qualsiasi altro mezzo d'identificazione d'uso generale. In tal caso, il numero di identificazione nazionale o qualsiasi altro mezzo d'identificazione d'uso generale sono utilizzati soltanto in presenza di garanzie adeguate per i diritti e le libertà dell'interessato conformemente al presente regolamento.

88. Trattamento dei dati nell'ambito dei rapporti di lavoro. – 1. Gli Stati membri possono prevedere, con legge o tramite contratti collettivi, norme più specifiche per assicurare la protezione dei diritti e delle libertà con riguardo al trattamento dei dati personali dei dipendenti nell'ambito dei rapporti di lavoro, in particolare per finalità di assunzione, esecuzione del contratto di lavoro, compreso l'adempimento degli obblighi stabiliti dalla legge o da contratti collettivi, di gestione, pianificazione e organizzazione del lavoro, parità e diversità sul posto di lavoro, salute e sicurezza sul lavoro, protezione della proprietà del datore di lavoro o del cliente e ai fini dell'esercizio e del godimento, individuale o collettivo, dei diritti e dei vantaggi connessi al lavoro, nonché per finalità di cessazione del rapporto di lavoro.

2. Tali norme includono misure appropriate e specifiche a salvaguardia della dignità umana, degli interessi legittimi e dei diritti fondamentali degli interessati, in particolare per quanto riguarda la trasparenza del trattamento, il trasferimento di dati personali nell'ambito di un gruppo imprenditoriale o di un gruppo di imprese che svolge un'attività economica comune e i sistemi di monitoraggio sul posto di lavoro.

3. Ogni Stato membro notifica alla Commissione le disposizioni di legge adottate ai sensi del paragrafo 1 entro il 25 maggio 2018 e comunica senza ritardo ogni successiva modifica (1).

(1) *Paragrafo così corretto con Avviso di rettifica in G.U.U.E. 23 maggio 2018, L 127*

89. Garanzie e deroghe relative al trattamento a fini di archiviazione nel pubblico interesse, di ricerca scientifica o storica o a fini statistici. – 1. Il trattamento a fini di archiviazione nel pubblico

LEGGI COMPLEMENTARI

interesse, di ricerca scientifica o storica o a fini statistici è soggetto a garanzie adeguate per i diritti e le libertà dell'interessato, in conformità del presente regolamento. Tali garanzie assicurano che siano state predisposte misure tecniche e organizzative, in particolare al fine di garantire il rispetto del principio della minimizzazione dei dati. Tali misure possono includere la pseudonimizzazione, purché le finalità in questione possano essere conseguite in tal modo. Qualora possano essere conseguite attraverso il trattamento ulteriore che non consenta o non consenta più di identificare l'interessato, tali finalità devono essere conseguite in tal modo.

2. Se i dati personali sono trattati a fini di ricerca scientifica o storica o a fini statistici, il diritto dell'Unione o degli Stati membri può prevedere deroghe ai diritti di cui agli articoli 15, 16, 18 e 21, fatte salve le condizioni e le garanzie di cui al paragrafo 1 del presente articolo, nella misura in cui tali diritti rischiano di rendere impossibile o di pregiudicare gravemente il conseguimento delle finalità specifiche e tali deroghe sono necessarie al conseguimento di dette finalità.

3. Se i dati personali sono trattati per finalità di archiviazione nel pubblico interesse, il diritto dell'Unione o degli Stati membri può prevedere deroghe ai diritti di cui agli articoli 15, 16, 18, 19, 20 e 21, fatte salve le condizioni e le garanzie di cui al paragrafo 1 del presente articolo, nella misura in cui tali diritti rischiano di rendere impossibile o di pregiudicare gravemente il conseguimento delle finalità specifiche e tali deroghe sono necessarie al conseguimento di dette finalità.

4. Qualora il trattamento di cui ai paragrafi 2 e 3 funga allo stesso tempo a un altro scopo, le deroghe si applicano solo al trattamento per le finalità di cui ai medesimi paragrafi.

90. Obblighi di segretezza. – 1. Gli Stati membri possono adottare norme specifiche per stabilire i poteri delle autorità di controllo di cui all'articolo 58, paragrafo 1, lettere *e*) e *f*), in relazione ai titolari del trattamento o ai responsabili del trattamento che sono soggetti, ai sensi del diritto dell'Unione o degli Stati membri o di norme stabilite dagli organismi nazionali competenti, al segreto professionale o a un obbligo di segretezza equivalente, ove siano necessarie e proporzionate per conciliare il diritto alla protezione dei dati personali e l'obbligo di segretezza. Tali norme si applicano solo ai dati personali che il titolare del trattamento o il responsabile del trattamento ha ricevuto o ha ottenuto in seguito a un'attività protetta da tale segreto professionale.

2. Ogni Stato membro notifica alla Commissione le norme adottate ai sensi del paragrafo 1 al più tardi entro il 25 maggio 2018 e comunica senza ritardo ogni successiva modifica (1).

(1) *Paragrafo così corretto con Avviso di rettifica in G.U.U.E. 23 maggio 2018, L 127*

91. Norme di protezione dei dati vigenti presso chiese e associazioni religiose. – 1. Qualora in uno Stato membro chiese e associazioni o comunità religiose applichino, al momento dell'entrata in vigore del presente regolamento, *corpus* completi di norme a tutela delle persone fisiche con riguardo al trattamento, tali *corpus* possono continuare ad applicarsi purché siano resi conformi al presente regolamento.

2. Le chiese e le associazioni religiose che applicano i *corpus* completi di norme di cui al paragrafo 1 del presente articolo sono soggette al controllo di un'autorità di controllo indipendente che può essere specifica, purché soddisfi le condizioni di cui al capo VI del presente regolamento.

92-99. (*Omissis*).

VENDITA

Convenzione di Vienna dell'11 aprile 1980 sulla vendita internazionale di beni mobili (1).

(1) *Traduzione non ufficiale. La presente convenzione, ratificata dall'Italia con l. 11 dicembre 1985, n. 765 (G.U. 27 dicembre 1985, s.o. 303) è entrata in vigore il 1° gennaio 1988.*

PARTE I
Ambito di applicazione e disposizioni generali

CAPITOLO I – *Ambito di applicazione*

1. – 1. La presente Convenzione si applica ai contratti di vendita di beni mobili tra parti le cui sedi d'affari si trovano in Stati differenti:

a) quando tali Stati sono Stati contraenti; o

b) quando le norme di diritto internazionale privato portano all'applicazione della legge di uno Stato contraente.

2. Non si deve tener conto del fatto che le parti hanno le loro sedi d'affari in Stati differenti quando questo fatto non risulta né dal contratto, né dalle trattative intercorse tra le parti, né da informazioni date delle stesse, in un qualsiasi momento anteriore alla conclusione del contratto al momento della sua conclusione.

3. Né la nazionalità delle parti né il carattere civile o commerciale delle parti o del contratto devono esser presi in considerazione ai fini dell'applicazione della presente Convenzione.

2. – La presente Convenzione non si applica alle vendite:

a) di beni mobili acquistati per uso personale, familiare o domestico, a meno che il venditore, in un qualsiasi momento anteriore alla conclusione o al momento della conclusione del contratto, non sapesse né fosse tenuto a sapere che i beni erano acquistati per tale uso;

b) all'asta;

c) effettuate in seguito a pignoramento o ad altro atto giudiziario;

d) di titoli di credito o valuta;

e) di navi, battelli, aeronavi o aeromobili;

f) di energia elettrica.

3. – 1. Si considerano vendite i contratti di fornitura di beni da fabbricare o produrre, a meno che la parte che commissiona i beni non si impegni a fornire un parte sostanziale dei materiali necessari per tale fabbricazione o produzione.

2. La presente Convenzione non si applica ai contratti nei quali la parte preponderante delle obbligazioni del contraente che fornisce i beni consiste nella fornitura di mano d'opera o di altri servizi.

4. – La presente Convenzione regola esclusivamente la formazione del contratto di vendita e i diritti e gli obblighi del venditore e del compratore che sorgono da tale contratto. In particolare, salvo disposizione contraria ed espressa contenuta nella presente Convenzione, essa non riguarda:
a) la validità del contratto o di singole sue clausole o degli usi;
b) gli effetti che dal contratto possono derivare sulla proprietà dei beni venduti.

5. – La presente Convenzione non si applica alla responsabilità del venditore per morte o lesioni personali causate dai beni a qualsiasi persona.

6. – Le parti possono escludere l'applicazione della presente Convenzione o, salvo l'art. 12, derogare a singole sue disposizioni o modificarne gli effetti.

CAPITOLO II – *Disposizioni generali*

7. – 1. Nell'interpretazione della presente Convenzione si deve aver riguardo al suo carattere internazionale, e alla necessità di promuovere l'uniformità della sua applicazione e l'osservanza della buona fede nel commercio internazionale.

2. Le questioni concernenti materie disciplinate dalla presente Convenzione che non sono espressamente risolte da essa devono essere risolte in conformità con i princìpi generali sui quali essa si basa ovvero, in mancanza di tali princìpi, in conformità con la legge applicabile in virtù delle norme di diritto internazionale privato.

8. – 1. Ai fini della presente Convenzione, le dichiarazioni e gli altri comportamenti di una parte devono essere interpretati secondo la sua intenzione, se l'altra parte conosceva o non avrebbe potuto ignorare tale intenzione.

2. Quando il paragrafo precedente non è applicabile, le dichiarazioni e gli altri comportamenti di una parte devono essere interpretati secondo il senso che avrebbe ad essi attribuito una persona ragionevole della stessa qualità dell'altra parte nelle medesime circostanze.

3. Nel determinare l'intenzione di una parte o ciò che avrebbe inteso una persona ragionevole, si deve tener conto di tutte le circo-

stanze rilevanti del caso, tra cui le trattative, le pratiche che si sono instaurate tra le parti, gli usi ed ogni successivo comportamento delle parti.

9. – 1. Le parti sono vincolate dagli usi che hanno accettato e dalle pratiche che si sono instaurate tra loro.

2. Salvo patto contrario, le parti si reputano avere implicitamente reso applicabile al loro contratto o alla sua formazione gli usi dei quali esse erano a conoscenza o che avrebbero dovuto conoscere e che nel commercio internazionale sono generalmente conosciuti e regolarmente osservati dalle parti di contratti dello stesso tipo nel settore commerciale considerato.

10. – Ai fini della presente Convenzione:

a) se una parte ha più di una sede d'affari, la sede d'affari da prendere in considerazione è quella che è in più stretta relazione con il contratto e la sua esecuzione, avuto riguardo alle circostanze conosciute o contemplate dalle parti in un qualsiasi momento anteriore o al momento della conclusione del contratto;

b) se una parte non ha una sede d'affari, si deve far riferimento alla sua dimora abituale.

11. – Non è richiesto che il contratto di vendita sia concluso o provato per iscritto, ed esso non è soggetto ad alcun altro requisito di forma. Può essere provato con ogni mezzo, anche mediante testimoni.

12. – Le disposizioni dell'art. 11, dell'art. 29 o della Parte della presente Convenzione che ammettono che il contratto di vendita o la sua modificazione o lo scioglimento consensuale di esso, come pure qualsiasi proposta, accettazione o altra manifestazione di volontà possano essere fatte in forma diversa dalla forma scritta non si applicano quando una delle parti ha la sua sede d'affari in uno Stato contraente che ha fatto una dichiarazione in conformità all'art. 96 della presente Convenzione. Le parti non possono derogare al presente articolo né modificarne gli effetti.

13. – Ai fini della presente Convenzione, il termine « scritto » è comprensivo delle comunicazioni mediante telegramma e telex.

PARTE II
Formazione del contratto

14. – 1. Una proposta di concludere un contratto rivolta ad una o più persone determinate costituisce una proposta contrattuale se essa è sufficientemente precisa e se indica la volontà del proponente di obbligarsi in caso di accettazione. Una proposta è sufficientemente precisa se indica i beni e ne fissa esplicitamente o implicitamente la quantità e il prezzo, o dà indicazioni che consentano di determinarli.

2. Una proposta rivolta a persone indeterminate deve considerarsi semplicemente come un invito ad offrire, a meno che la persona che ha fatto la proposta non abbia chiaramente indicato il contrario.

15. – 1. Una proposta produce effetto quando giunge al destinatario.

2. Una proposta, anche se è irrevocabile, può essere ritirata se il ritiro giunge al destinatario prima o contemporaneamente alla proposta.

16. – 1. Finché il contratto non è concluso una proposta può essere revocata se la revoca giunge al destinatario prima che questi abbia inviato l'accettazione.

2. Tuttavia, una proposta non può essere revocata:

a) se indica, sia fissando il termine determinato per l'accettazione che altrimenti, che è irrevocabile; o

b) se era ragionevole per il destinatario della proposta considerare la proposta come irrevocabile, e se egli ha agito di conseguenza.

17. – Una proposta, anche se irrevocabile, decade quando il rifiuto di essa giunge al proponente.

18. – 1. Una dichiarazione od altro comportamento tenuto dal destinatario indicante il suo consenso ad una proposta costituisce accettazione. Il silenzio e l'inerzia, di per sé, non equivalgono ad una accettazione.

2. L'accettazione di una proposta produce effetto nel momento in cui l'indicazione del consenso giunge al proponente. L'accettazione non produce effetto se l'indicazione del consenso non giunge al proponente entro il termine da lui fissato o, se non è stato fissato alcun termine, entro un termine ragionevole, avuto riguardo alle circostanze dell'affare, inclusa la rapidità dei mezzi di comunicazione utilizzati dal proponente. Una proposta verbale deve essere accettata immediatamente, a meno che il contrario non risulti dalle circostanze.

3. Tuttavia, se, in virtù della proposta o in conseguenza delle pratiche che le parti hanno instaurato tra loro o degli usi, il destinatario della proposta può manifestare il suo consenso compiendo un atto che si riferisca, per esempio, alla spedizione dei beni o al paga-

mento del prezzo, senza darne notizia al proponente, l'accettazione produce effetto al momento in cui l'atto è compiuto, purché ciò avvenga entro il termine previsto nel paragrafo precedente.

19. – 1. Una risposta ad una proposta volta ad essere un'accettazione ma che contiene aggiunte, limitazioni o altre modificazioni è un rifiuto della proposta e vale come controproposta.

2. Tuttavia, una risposta ad una proposta volta ad essere un'accettazione ma che contiene clausole aggiunte o difformi che non alterano sostanzialmente i termini della proposta, costituisce accettazione, a meno che l'autore della proposta, senza ritardo ingiustificato, non si opponga verbalmente a queste differenze o non invii un avviso a questo scopo. In caso contrario, il contenuto del contratto è il contenuto della proposta con le modificazioni aggiunte nell'accettazione.

3. Le clausole aggiunte o difformi che si riferiscono segnatamente al prezzo, al pagamento, alla qualità e quantità dei beni, al luogo e al termine di consegna, all'àmbito della responsabilità di una parte nei confronti dell'altra e alla composizione delle controversie si considera che alterino in maniera sostanziale i termini della proposta.

20. – 1. Il termine di accettazione fissato dal proponente in un telegramma o in una lettera inizia a decorrere dal momento in cui il telegramma è consegnato per la spedizione o dalla data indicata nella lettera o, se non è indicata alcuna data, dalla data che compare sulla busta. Il termine di accettazione fissato dal proponente per telefono, telex o altri mezzi di comunicazione istantanei inizia a decorrere dal momento in cui la proposta giunge al destinatario.

2. I giorni festivi o non lavorativi che cadono entro il termine di accettazione si computano nel termine. Tuttavia, se la comunicazione dell'accettazione non può essere consegnata all'indirizzo del proponente nell'ultimo giorno del termine, perché questo giorno è festivo o non lavorativo nella sede d'affari del proponente, la scadenza è prorogata fino al primo giorno seguente non festivo.

21. – 1. Un'accettazione tardiva produce nondimeno effetto come accettazione se il proponente senza ritardo ne informa verbalmente l'accettante o gli invia un avviso a questo scopo.

2. Se dalla lettera o da altro scritto contenente un'accettazione tardiva risulta che quella è stata spedita in circostanze tali che, se la sua trasmissione fosse stata regolare, sarebbe giunta al proponente nel tempo dovuto, l'accettazione tardiva produce effetto come accettazione, a meno che il proponente senza ritardo non informi verbal-

mente l'accettante che egli considera caducata la sua proposta, o non gli invii un avviso a questo scopo.

22. – L'accettazione può essere revocata se la revoca giunge al proponente prima del momento in cui l'accettazione avrebbe prodotto effetto o allo stesso tempo.

23. – Il contratto è concluso nel momento in cui l'accettazione di una proposta produce effetto in conformità alle disposizioni della presente Convenzione.

24. – Ai fini di questa Parte della Convenzione, una proposta, una dichiarazione di accettazione o qualsiasi altra manifestazione di volontà « giunge » al destinatario quando gli è rivolta verbalmente o è consegnata con qualsiasi altro mezzo a lui personalmente, presso la sua sede d'affari o al suo recapito postale o, se egli non ha sede d'affari né recapito postale, presso la sua dimora abituale.

PARTE III
Vendita di beni mobili

CAPO I – *Disposizioni generali*

25. – Un inadempimento del contratto commesso da una delle parti è essenziale quando causa all'altra parte un pregiudizio tale da privarla sostanzialmente di ciò che essa aveva diritto di aspettarsi dal contratto a meno che la parte inadempiente non abbia previsto tale risultato, e che neanche una persona ragionevole della stessa qualità nelle circostanze avrebbe potuto prevederlo.

26. – Una dichiarazione di risoluzione del contratto produce effetto solo se fatta mediante comunicazione all'altra parte.

27. – Salvo disposizione contraria ed espressa contenuta nella presente Parte della Convenzione, se una notizia, domanda o altra comunicazione è data o fatta da un contraente in conformità alla presente Parte e con i mezzi adeguati alle circostanze, un ritardo o un errore nella trasmissione della comunicazione o il mancato arrivo di essa a destinazione non priva tale contraente del diritto di avvalersene.

28. – Se, in conformità alle disposizioni della presente Convenzione, una parte ha il diritto di chiedere all'altra l'adempimento di una obbligazione, il giudice non è tenuto ad ordinare l'esecuzione in forma specifica a meno che non la farebbe in virtù della sua legge nazionale in relazione a contratti di vendita simili ma non regolati dalla presente Convenzione.

29. – 1. Un contratto può essere modificato o sciolto col semplice accordo delle parti.

2. Un contratto scritto contenente una clausola che prevede che qualsiasi modificazione o scioglimento consensuale deve essere fatto per iscritto non può essere modificato o sciolto in altra forma. Tuttavia, il comportamento di un parte può impedirle di invocare tale clausola se l'altra parte ha fatto affidamento su tale comportamento.

CAPO II – *Obbligazioni del venditore*

30. – Il venditore ha l'obbligo di consegnare i beni, trasferirne la proprietà e rilasciare tutti i documenti relativi ad essi, alle condizioni previste dal contratto e dalla presente Convenzione.

SEZIONE I – *Consegna dei beni e rilascio dei documenti*

31. – Se il venditore non è obbligato a consegnare i beni in un altro luogo determinato, la sua obbligazione di consegna consiste:

a) se il contratto di vendita implica il trasporto dei beni nel rimettere i beni al primo vettore per la trasmissione al compratore;

b) se nei casi non compresi nella lett. *a*), il contratto fa riferimento a beni specifici, o a beni generici che devono essere prelevati da una massa individuata o che devono essere fabbricati o prodotti e se, al momento della conclusione del contratto, le parti sapevano che i beni si trovavano o che dovevano essere fabbricati o prodotti in un luogo determinato, nel mettere i beni a disposizione del compratore in quel luogo;

c) negli altri casi - nel mettere i beni a disposizione del compratore nel luogo in cui il venditore aveva la sua sede d'affari al momento della conclusione del contratto.

32. – 1. Se, in conformità al contratto o alla presente Convenzione, il venditore rimette i beni ad un vettore, e se i beni non sono chiaramente identificati ai fini del contratto mediante l'apposizione di segni sui beni, dai documenti di trasporto o altrimenti, il venditore deve dare notizia della consegna al compratore indicando specificamente i beni.

2. Se il venditore è tenuto a provvedere per il trasporto dei beni, deve concludere i contratti necessari perché il trasporto sia effettuato

nel luogo fissato, con i mezzi di trasporto appropriati alle circostanze e secondo le condizioni usuali per tale trasporto.

3. Se il venditore non è obbligato a contrarre un'assicurazione riguardo al trasporto dei beni, deve, su richiesta del compratore, fornirgli tutte le informazioni utili necessarie per stipulare tale assicurazione.

33. – Il venditore deve consegnare i beni:

a) se una data è fissata o determinabile in base al contratto, in tale data;

b) se un periodo di tempo è fissato o determinabile in base al contratto, in qualsiasi momento entro tale periodo, a meno che non risulti dalle circostanze che spetta al compratore scegliere una data; o

c) in ogni altro caso, entro un termine ragionevole dalla conclusione del contratto.

34. Se il venditore è tenuto a rilasciare i documenti relativi ai beni, deve rilasciarli nel momento, nel luogo e nella forma previsti dal contratto. Se il venditore ha rilasciato i documenti prima di quel momento, può, fino al momento previsto per il rilascio, rimediare ad ogni difetto di conformità dei documenti, se l'esercizio di tale diritto non causa al compratore inconvenienti o una spesa irragionevole. Tuttavia, il compratore conserva il diritto di chiedere il risarcimento del danno in conformità alla presente Convenzione.

SEZIONE II – *Conformità dei beni e diritti dei terzi*

35. – 1. Il venditore deve consegnare beni della quantità, qualità e tipo richiesti dal contratto, e che siano disposti o imballati nel modo richiesto dal contratto.

2. Salvo diverso accordo tra le parti i beni non sono conformi al contratto se non:

a) sono idonei all'uso al quale servono abitualmente beni dello stesso tipo;

b) sono idonei allo specifico uso esplicitamente o implicitamente portato a conoscenza del venditore al momento della conclusione del contratto, salvo che le circostanze mostrino che il compratore non ha fatto affidamento sulla competenza o sulla capacità di valutazione del venditore o che non era da parte sua ragionevole farvi affidamento;

c) possiedono le qualità dei beni che il venditore ha presentato al compratore come campione o modello;

d) sono disposti o imballati secondo il modo usuale per beni dello stesso tipo o, in difetto di un modo usuale, in un modo che sia adeguato per conservare e proteggere i beni.

3. Il venditore non è responsabile, ai sensi delle lett. da *a*) a *d*) del paragrafo precedente, per un difetto di conformità dei beni che al momento della conclusione del contratto il compratore conosceva o non avrebbe potuto ignorare.

36. – 1. Il venditore è responsabile secondo il contratto e la presente Convenzione per un difetto di conformità esistente al momento del passaggio del rischio al compratore, anche se il difetto di conformità si manifesta solo dopo quel momento.

2. Il venditore è anche responsabile per un difetto di conformità che si verifica dopo il momento indicato nel paragrafo precedente e che è dovuto all'inadempimento di una qualsiasi sua obbligazione, compresa la garanzia che per un periodo di tempo i beni si manterranno idonei al loro normale uso o a qualche uso specifico o conserveranno le qualità o le caratteristiche determinate.

37. – In caso di consegna anticipata, il venditore può, fino alla data prevista per la consegna, consegnare ogni parte mancante o supplire ad ogni mancanza nella quantità dei beni consegnati, o consegnare beni in sostituzione dei beni consegnati in maniera non conforme o rimediare ad ogni difetto di conformità nei beni consegnati purché l'esercizio di tale diritto non causi al compratore inconvenienti o spese irragionevoli. Tuttavia, il compratore conserva il diritto di chiedere il risarcimento del danno in conformità alla presente Convenzione.

38. – 1. Il compratore deve esaminare i beni o farli esaminare nel più breve tempo possibile avuto riguardo alle circostanze.

2. Se il contratto implica il trasporto dei beni, l'esame può essere differito fino al momento dell'arrivo dei beni alla loro destinazione.

3. Se il compratore muta il luogo di destinazione dei beni durante il trasporto o li rispedisce senza avere avuto una ragionevole possibilità di esaminarli e se al momento della conclusione del contratto il venditore conosceva o avrebbe dovuto conoscere la possibilità di tale mutamento della destinazione o rispedizione, l'esame può essere differito fino al momento dell'arrivo dei beni alla loro nuova destinazione.

39. – 1. Il compratore perde il diritto di far valere il difetto di conformità dei beni se non lo denunzia al venditore specificandone la natura entro un tempo ragionevole dal momento in cui lo ha scoperto o avrebbe dovuto scoprirlo.

2. In ogni caso il compratore perde il diritto di far valere il difetto di conformità dei beni se non lo denunzia al venditore al più tardi entro due anni dalla data in cui i beni sono stati effettivamente consegnati al compratore a meno che questo termine non sia in contrasto con la durata di una garanzia contrattuale.

40. – Il venditore non può avvalersi delle disposizioni degli artt. 38 e 39 se il difetto di conformità riguarda fatti di cui egli era a conoscenza o che non avrebbe potuto ignorare e che non aveva rivelato al compratore.

41. – Il venditore deve consegnare beni liberi da ogni diritto o pretesa di terzi, a meno che il compratore acconsenta a ricevere i beni soggetti a tale diritto o pretesa. Tuttavia, se tale diritto o pretesa sono basati su una proprietà industriale o altra proprietà intellettuale, l'obbligazione del venditore è regolata dall'art. 42.

42. – 1. Il venditore deve consegnare beni liberi da ogni diritto o pretesa di terzi basati su una proprietà industriale o altra proprietà intellettuale, che al momento della conclusione del contratto il venditore conosceva o che non avrebbe potuto ignorare, a condizione che tale diritto o pretesa siano basati su una proprietà industriale o altra proprietà intellettuale:

a) conformemente alla legge dello Stato nel quale i beni saranno rivenduti o altrimenti utilizzati, se è stato previsto dalle parti al momento della conclusione del contratto che i beni sarebbero stati rivenduti o diversamente utilizzati in quello Stato; o

b) in ogni altro caso, conformemente alla legge dello Stato nel quale il compratore ha la sua sede d'affari.

2. L'obbligazione del venditore ai sensi del paragrafo precedente non si estende ai casi in cui:

a) al momento della conclusione del contratto il compratore sapeva o non avrebbe potuto ignorare l'esistenza del diritto o della pretesa; o

b) il diritto o la pretesa derivano dall'essersi il venditore attenuto ai disegni tecnici, ai progetti, alle formule o altre specificazioni analoghe fornite dal compratore.

43. – 1. Il compratore perde il diritto di avvalersi delle disposizioni degli artt. 41 e 42 se non denunzia al venditore il diritto o la pretesa dei terzi, specificandone la natura, entro un tempo ragionevole dal momento in cui ne è venuto a conoscenza o avrebbe dovuto venire a conoscenza del diritto o della pretesa.

2. Il venditore non può avvalersi delle disposizioni del paragrafo precedente se era a conoscenza del diritto o della pretesa dei terzi e della loro natura.

44. – Nonostante le disposizioni del par. 1 dell'art. 39 e del par. 1 dell'art. 43, il compratore può ridurre il prezzo in conformità dell'art. 50 o chiedere il risarcimento del danno, escluso il lucro cessante, se ha una ragionevole giustificazione per non aver fatto la denuncia richiesta.

SEZIONE III – *Rimedi per l'inadempimento del venditore*

45. – 1. Se il venditore non adempie una qualsiasi delle sue obbligazioni derivanti dal contratto o dalla presente Convenzione, il compratore può:

a) esercitare i diritti previsti negli artt. dal 46 al 52;

b) chiedere il risarcimento del danno come previsto negli artt. dal 74 al 77.

2. Il compratore non perde il diritto a chiedere il risarcimento del danno se esercita gli altri rimedi di cui dispone.

3. Nessun termine di garanzia può essere concesso al venditore da un giudice o da un arbitro quando il compratore ricorre ad un rimedio per l'inadempimento.

46. – 1. Il compratore può chiedere al venditore l'adempimento delle sue obbligazioni a meno che non si sia avvalso di un rimedio incompatibile con tale richiesta.

2. Se i beni non sono conformi al contratto, il compratore può chiedere la consegna di beni in sostituzione solo se il difetto di conformità costituisce un inadempimento essenziale e se la richiesta di beni in sostituzione sia fatta o al momento della denunzia prevista dall'art. 39 o entro un periodo di tempo ragionevole da tale denunzia.

3. Se i beni non sono conformi al contratto, il compratore può chiedere al venditore di eliminare il difetto di conformità mediante riparazione, a meno che ciò sia irragionevole avuto riguardo a tutte le circostanze. La richiesta di riparazione deve essere fatta o al momento della denunzia prevista dall'art. 39 o entro un periodo di tempo ragionevole da tale denunzia.

47. – 1. Il compratore può fissare al venditore un termine supplementare di durata ragionevole per l'adempimento delle sue obbligazioni.

2. A meno che il compratore non abbia riavuto notizia dal venditore che questi non adempirà entro il termine così fissato, il compratore non potrà, durante questo periodo, avvalersi di alcun rimedio per l'inadempimento. Tuttavia, il compratore non perde, per questo, il diritto a chiedere il risarcimento del danno per il ritardo nell'adempimento.

48. – 1. Salvo il disposto dell'art. 49, il venditore può, anche dopo la data di consegna, rimediare a sue spese ad ogni inadempimento nella esecuzione delle sue obbligazioni, a condizione che ciò non comporti un ritardo irragionevole e che non causi al compratore inconvenienti irragionevoli o incertezza per il rimborso da parte del venditore delle spese anticipate dal compratore. Tuttavia, il compratore conserva il diritto a chiedere il risarcimento del danno in conformità alla presente Convenzione.

2. Se il venditore chiede al compratore di comunicargli se accetterà l'adempimento e il compratore non gli risponde entro un tempo ragionevole, il venditore può adempiere entro il termine indicato nella sua richiesta. Il compratore non può, durante quel periodo di tempo, avvalersi di alcun rimedio incompatibile con l'adempimento del venditore.

3. Una comunicazione del venditore circa la sua intenzione di adempiere entro un periodo di tempo determinato si presume che includa la richiesta al compratore di rendergli nota la sua decisione, in conformità al paragrafo precedente.

4. La richiesta o la comunicazione del venditore, ai sensi dei parr. 2 e 3 del presente articolo non è efficace se non è ricevuta dal compratore.

49. – 1. Il compratore può dichiarare risolto il contratto:

a) se l'inadempimento del venditore di una qualsiasi delle sue obbligazioni derivanti dal contratto o dalla presente Convenzione costituisce un inadempimento essenziale; o

b) in caso di mancata consegna; se il venditore non consegna i beni entro il termine supplementare fissato dal compratore in conformità al par. 1 dell'art. 47 o se dichiara che non effettuerà la consegna entro tale termine.

2. Tuttavia, se il venditore ha consegnato i beni, il compratore perde il diritto di dichiarare risolto il contratto se non lo fa:

a) in caso di consegna tardiva, entro un tempo ragionevole dal momento in cui è venuto a conoscenza che la consegna è stata effettuata;

b) in caso d'inadempimento diverso dalla consegna tardiva, entro un tempo ragionevole:

i) dal momento in cui ha avuto conoscenza o avrebbe dovuto avere conoscenza dell'inadempimento;

ii) dopo la scadenza del termine supplementare fissato dal compratore in conformità al par. 1 dell'art. 47, o dopo che il venditore ha dichiarato che non adempirà entro tale termine supplementare; o

iii) dopo la scadenza del termine supplementare indicato dal venditore in conformità al par. 2 dell'art. 48 o dopo che il compratore abbia dichiarato che non accetterà l'adempimento.

50. – Se i beni non sono conformi al contratto, sia che il prezzo sia già stato pagato oppure no, il compratore può ridurre il prezzo proporzionalmente alla differenza tra il valore che i beni effettivamente consegnati avevano al momento della consegna ed il valore che beni conformi avrebbero avuto in tale momento. Tuttavia, se il venditore rimedia all'inadempimento delle sue obbligazioni in conformità all'art. 37 o all'art. 48 o se il compratore rifiuta di accettare l'adempimento da parte del venditore in conformità a detti articoli, il compratore non può ridurre il prezzo.

51. – 1. Se il venditore consegna solamente una parte dei beni, o se solamente una parte dei beni consegnati è conforme al contratto, si applicano gli artt. dal 46 al 50 riguardo alla parte mancante o non conforme.

2. Il compratore può dichiarare il contratto interamente risolto solo se la consegna parziale o non conforme costituisce un inadempimento essenziale.

52. – Se il venditore consegna i beni prima della data fissata, il compratore può prenderli in consegna o rifiutare di prenderli in consegna.

2. Se il venditore consegna una quantità di beni superiore a quella prevista nel contratto, il compratore può prendere in consegna o rifiutare di prendere in consegna la quantità eccedente. Se il compratore prende in consegna tutta o parte della quantità eccedente, deve pagarla in base al prezzo contrattuale.

Capitolo III – *Obbligazioni del compratore*

53. – Il compratore ha l'obbligo di pagare il prezzo dei beni e di prenderli in consegna, alle condizioni previste dal contratto e dalla presente Convenzione.

Sezione I – *Pagamento del prezzo*

54. – L'obbligazione del compratore di pagare il prezzo include l'adozione delle misure e l'osservanza delle formalità richieste dal contratto o dalle leggi o dai regolamenti per consentire che il pagamento sia effettuato.

55. – Quando un contratto è stato validamente concluso ma non fissa esplicitamente o implicitamente il prezzo né contiene disposizioni che consentano di determinarlo, si reputa che le parti, in assenza d'indicazione contraria, abbiano implicitamente fatto riferimento al prezzo generalmente praticato al momento della conclusione del contratto per beni dello stesso tipo venduti in circostanze analoghe nel settore commerciale considerato.

56. – Se il prezzo è fissato in base al peso dei beni, in caso di dubbio dev'essere determinato in base al peso netto.

57. – 1. Se il compratore non è obbligato a pagare il prezzo in un altro luogo specifico, deve pagarlo al venditore:

a) presso la sede d'affari del venditore; o

b) se il pagamento dev'essere effettuato alla consegna dei beni o dei documenti, nel luogo di tale consegna.

2. Il venditore deve sopportare ogni aumento delle spese relative al pagamento derivante dal mutamento della sua sede d'affari successivo alla conclusione del contratto.

58. – 1. Se il compratore non è obbligato a pagare il prezzo in un altro momento determinato, egli deve pagarlo quando, in conformità al contratto e alla presente Convenzione, il venditore mette a sua disposizione i beni o i documenti rappresentativi di essi. Il venditore può fare di tale pagamento una condizione per la consegna dei beni o dei documenti.

2. Se il contratto implica il trasporto dei beni, il venditore può effettuare la spedizione con la condizione che i beni o i documenti rappresentativi di essi siano consegnati al compratore previo pagamento del prezzo.

3. Il compratore non è obbligato a pagare il prezzo finché non ha avuto la possibilità di esaminare i beni, a meno che le modalità di

consegna o di pagamento concordate tra le parti non gliene offrano la possibilità.

59. – Il compratore deve pagare il prezzo alla data determinata o determinabile in base al contratto ed alla presente Convenzione, senza bisogno di alcuna richiesta o formalità da parte del venditore.

SEZIONE II – *Presa in consegna*

60. – L'obbligazione del compratore di prendere in consegna consiste:

a) nel compiere qualsiasi atto che può ragionevolmente attendersi da lui per permettere al venditore di effettuare la consegna; e

b) nel ritirare i beni.

SEZIONE III – *Rimedi per l'inadempimento del compratore*

61. – 1. Se il compratore non ha adempiuto una qualsiasi delle sue obbligazioni derivanti dal contratto o dalla presente Convenzione, il venditore può:

a) esercitare i diritti previsti negli artt. dal 62 al 65;

b) chiedere il risarcimento del danno come previsto negli artt. dal 74 al 77.

2. Il venditore non perde il diritto di chiedere il risarcimento del danno se esercita gli altri rimedi di cui dispone.

3. Nessun termine di grazia può essere concesso al compratore da un giudice o da un arbitro quando il venditore si avvale di un rimedio per l'inadempimento.

62. – Il venditore può chiedere al compratore il pagamento del prezzo, la presa in consegna o l'adempimento delle altre sue obbligazioni, a meno che non si sia avvalso di un rimedio incompatibile con tale richiesta.

63. – 1. Il venditore può fissare al compratore un termine supplementare per l'adempimento delle sue obbligazioni.

2. A meno che il venditore non abbia ricevuto notizia dal compratore che questi non adempirà entro il termine così fissato, il venditore non può, durante questo periodo, avvalersi di alcun rimedio per l'inadempimento. Tuttavia, il venditore non perde per questo il diritto a chiedere il risarcimento del danno per il ritardo nell'adempimento.

64. – 1. Il venditore può dichiarare risolto il contratto;

LEGGI COMPLEMENTARI

a) se l'inadempimento da parte del compratore di una qualsiasi delle sue obbligazioni derivanti dal contratto o dalla presente Convenzione costituisce un inadempimento essenziale; o

b) se il compratore non adempie la sua obbligazione di pagare il prezzo o di prendere in consegna i beni nel termine supplementare fissato dal venditore in conformità al par. 1 dell'art. 63, o se dichiara che non lo farà entro tale termine.

2. Tuttavia, se il compratore ha pagato il prezzo, il venditore perde il diritto di dichiarare risolto il contratto se non lo fa:

a) in caso di adempimento tardivo del compratore, prima che il venditore sia venuto a conoscenza che la prestazione è stata eseguita; o

b) in caso d'inadempimento del compratore, che non sia adempimento tardivo, entro un tempo ragionevole:

i) dal momento in cui ha avuto conoscenza o avrebbe dovuto avere conoscenza di tale inadempimento; o

ii) dopo la scadenza del termine supplementare concesso dal venditore in conformità al par. 1 dell'art. 63, o dopo che il compratore abbia dichiarato che non adempirà le sue obbligazioni entro questo termine supplementare.

65. – 1. Se il contratto prevede che il compratore debba determinare la forma, la misura o altre caratteristiche dei beni, e se questi non effettua tale determinazione alla data convenuta o entro un periodo di tempo ragionevole dopo il ricevimento della richiesta del venditore, quest'ultimo può, senza pregiudizio per ogni altro suo diritto, effettuare egli stesso tale determinazione in conformità alle esigenze del compratore delle quali possa essere a conoscenza.

2. Se il compratore effettua egli stesso la determinazione, deve informare il compratore delle modalità di essa e fissare un termine ragionevole entro il quale il compratore può compiere una diversa determinazione. Se, dopo aver ricevuto tale comunicazione, il compratore non si avvale di questa possibilità entro il termine fissato, la determinazione effettuata dal venditore è vincolante.

CAPITOLO IV – *Passaggio del rischio*

66. – Il perimento o il danneggiamento dei beni avvenuti dopo il passaggio del rischio al compratore non lo libera dal suo obbligo di pagare il prezzo, a meno che il perimento o il danneggiamento siano dovuti ad un atto o ad un'omissione del venditore.

67. – 1. Se il contratto di vendita implica il trasporto dei beni e il venditore non è obbligato a consegnarli in un luogo specifico, il rischio passa al compratore quando i beni sono consegnati al primo vettore per l'invio al compratore in conformità al contratto di vendita. Se il venditore è obbligato a consegnare i beni al vettore in un luogo specifico, il rischio non passa al compratore fino a che i beni non sono consegnati al vettore in detto luogo. Il fatto che il venditore sia autorizzato a trattenere i documenti rappresentativi dei beni non influisce sul passaggio del rischio.

2. Tuttavia, il rischio non passa al compratore fino a che i beni non sono chiaramente identificati ai fini del contratto mediante l'apposizione di segni sui beni o mediante documenti di trasporto o con avviso dato al compratore o altrimenti.

68. – Se la vendita ha per oggetto beni in viaggio, il rischio passa al compratore dal momento della conclusione del contratto. Tuttavia, se così risulta dalle circostanze, il rischio è a carico del compratore dal momento in cui i beni sono stati consegnati al vettore che ha rilasciato i documenti di trasporto. Tuttavia, se al momento della conclusione del contratto di vendita il venditore sapeva o avrebbe dovuto sapere che i beni erano periti o erano stati danneggiati e non ne aveva informato il compratore, il perimento o il danneggiamento è a carico del venditore.

69. – 1. Nei casi non previsti dagli artt. 67 e 68 il rischio passa al compratore quando questi prende in consegna i beni, o, se non lo fa in tempo debito, dal momento in cui i beni sono messi a sua disposizione ed egli si rende inadempiente mancando di prenderli in consegna.

2. Tuttavia, se il compratore è obbligato a prendere in consegna i beni in un luogo diverso dalla sede d'affari del venditore il rischio passa quando la consegna deve avere luogo e il compratore è a conoscenza del fatto che i beni sono messi a sua disposizione in detto luogo.

3. Se il contratto si riferisce a beni non ancora identificati, i beni non si considerano messi a disposizione del compratore finché non sono chiaramente identificati ai fini del contratto.

70. – Se il venditore ha commesso un inadempimento essenziale del contratto, gli artt. 67, 68 e 69 non pregiudicano i rimedi di cui il compratore dispone contro l'inadempimento.

CAPITOLO V – *Disposizioni comuni alle obbligazioni del venditore e del compratore*

SEZIONE I – *Misure cautelative e contratti a consegne ripartite*

71. – 1. Una parte può sospendere l'adempimento delle sue obbligazioni se, dopo la conclusione del contratto, risulta manifesto che l'altro contraente non adempirà una parte essenziale delle sue obbligazioni in conseguenza di:

a) una grave insufficienza nella sua capacità di adempiere o nella sua solvibilità; o

b) del modo in cui si prepara a dare esecuzione o esegue il contratto.

2. Se il venditore ha già spedito i beni prima che si manifestino le condizioni previste nel paragrafo precedente, egli può opporsi alla consegna dei beni al compratore, anche se questi è in possesso di un documento che lo legittima a riceverli. Il presente paragrafo riguarda solo i diritti sui beni nei rapporti tra il venditore e il compratore.

3. La parte che sospende l'esecuzione, sia prima che dopo la spedizione dei beni, deve immediatamente dare notizia della sospensione all'altra parte e deve procedere nell'adempimento se l'altra parte presta idonea garanzia dell'adempimento delle sue obbligazioni.

72. – 1. Se prima della data di esecuzione del contratto è certo che una delle parti commetterà un inadempimento essenziale, l'altra parte può dichiarare il contratto risolto.

2. Se vi è tempo sufficiente, la parte che intende dichiarare il contratto risolto deve darne notizia all'altra parte in modo tale da permetterle di provvedere ad un'idonea garanzia dell'adempimento delle sue obbligazioni.

3. Le disposizioni del paragrafo precedente non si applicano se l'altra parte ha dichiarato che non adempirà le sue obbligazioni.

73. – 1. In caso di un contratto a consegne ripartite, se l'inadempimento da parte di uno dei contraenti di una delle sue obbligazioni relative ad una consegna costituisce un inadempimento essenziale del contratto con riguardo a questa consegna, l'altro contraente può dichiarare il contratto risolto con riguardo a detta consegna.

2. Se l'inadempimento da parte di uno dei contraenti ad una delle sue obbligazioni relative ad una consegna fornisce all'altro con-

traente fondati motivi per ritenere che si verificherà un inadempimento essenziale in ordine alle future consegne, questi può dichiarare il contratto risolto per il futuro, purché lo faccia entro un termine ragionevole.

3. Il compratore che dichiara risolto il contratto con riguardo ad una consegna può, nello stesso tempo, dichiararne la risoluzione con riguardo alle consegne già fatte o alle consegne future se, in ragione della loro interdipendenza, dette consegne non potrebbero essere usate per lo scopo contemplato dalle parti al momento della conclusione del contratto.

SEZIONE II – *Risarcimento del danno*

74. – Il risarcimento del danno per l'inadempimento del contratto da parte di un contraente consiste in una somma uguale alla perdita, incluso il mancato guadagno, subìta dall'altro contraente in conseguenza dell'inadempimento. Il risarcimento del danno non può essere superiore alla perdita che la parte inadempiente aveva previsto o avrebbe dovuto prevedere al momento della conclusione del contratto, avuto riguardo ai fatti e alle circostanze che egli allora conosceva o avrebbe dovuto conoscere come possibile conseguenza dell'inadempimento.

75. – Se il contratto è risolto e se, in maniera ragionevole ed entro un termine ragionevole dopo la sua risoluzione, il compratore ha proceduto ad un acquisto in sostituzione o il venditore ha rivenduto i beni, la parte che chiede il risarcimento può ottenere la differenza tra il prezzo previsto dal contratto ed il prezzo della compravendita sostitutiva, nonché ogni ulteriore risarcimento che può essere chiesto in virtù dell'art. 74.

76. – 1. Se il contratto è risolto ed esiste un prezzo corrente dei beni, la parte che chiede il risarcimento può, se non ha effettuato un acquisto o una rivendita ai sensi dell'art. 75, ottenere la differenza tra il prezzo fissato dal contratto ed il prezzo corrente al momento della risoluzione, nonché ogni ulteriore risarcimento che può essere chiesto in virtù dell'art. 74. Se, tuttavia, la parte che chiede il risarcimento ha risolto il contratto dopo aver preso possesso dei beni, si terrà conto del prezzo corrente al momento di tale presa di possesso e non del prezzo corrente al momento della risoluzione.

2. Ai fini del paragrafo precedente, il prezzo corrente è quello prevalentemente praticato nel luogo in cui la consegna dei beni avrebbe dovuto essere effettuata o, nel caso in cui non vi sia un

prezzo corrente in quel luogo, il prezzo di un altro luogo che sembra ragionevole scegliere come luogo di riferimento, avuto riguardo alle differenze nelle spese di trasporto dei beni.

77. – La parte che invoca l'inadempimento del contratto deve prendere le misure ragionevoli in relazione alle circostanze per limitare il danno risultante dall'inadempimento, incluso il mancato guadagno. Se egli manca di prendere tali misure, la parte inadempiente può chiedere una riduzione del risarcimento pari all'ammontare della perdita che avrebbe dovuto essere evitata.

SEZIONE III – *Interessi*

78. – Se una parte ritarda di pagare il prezzo o qualsiasi altra somma, l'altra parte ha diritto agli interessi su dette somme, senza pregiudizio per il risarcimento del danno che può essere chiesto in virtù dell'art. 74.

SEZIONE IV – *Cause di esonero*

79. – 1. Una parte non è responsabile per l'inadempimento di una delle sue obbligazioni se prova che l'inadempimento era dovuto ad un impedimento derivante da circostanze estranee alla sua sfera di controllo, e che non era ragionevolmente tenuto a prevedere al momento della conclusione del contratto o ad evitare o a superarne le conseguenze.

2. Se l'inadempimento di una parte è dovuto all'inadempimento di un terzo che era stato da essa incaricato di eseguire in tutto o in parte il contratto, questa parte è esonerata dalla sua responsabilità solo se:

a) ne è esonerata in virtù del paragrafo precedente; e

b) il terzo da essa incaricato ne sarebbe esonerato qualora le disposizioni di tale paragrafo fossero a lui applicabili.

3. L'esonero di responsabilità previsto da questo articolo produce effetto per il periodo nel quale l'impedimento sussiste.

4. La parte che non adempie deve dare all'altra parte avviso dell'impedimento e degli effetti di questo sulla sua capacità di adempiere. Se l'avviso non è ricevuto dall'altra parte entro un lasso di tempo ragionevole dal momento in cui la parte inadempiente era a conoscenza o avrebbe dovuto essere a conoscenza dell'impedimento, essa è responsabile dei danni derivanti da tale mancata ricezione.

5. Nessuna disposizione in questo articolo impedisce all'una o

all'altra parte di avvalersi di ogni altro rimedio, diverso dal risarcimento del danno, in base alla presente Convenzione.

80. – Una parte non può invocare l'inadempimento dell'altra parte nei limiti in cui tale inadempimento è dovuto ad un suo atto o emissione.

SEZIONE V – *Effetti della risoluzione*

81. – 1. La risoluzione del contratto libera entrambe le parti dalle loro obbligazioni derivanti da esso, salvo il risarcimento del danno eventualmente dovuto. La risoluzione non ha effetto sulle clausole del contratto relative alla composizione delle controversie né sulle altre clausole del contratto che regolano i diritti e gli obblighi delle parti derivanti dalla risoluzione del contratto.

2. La parte che ha eseguito il contratto in tutto o in parte può chiedere all'altra parte la restituzione di tutto ciò che la prima parte ha fornito o pagato in base al contratto. Se entrambe le parti sono obbligate ad effettuare restituzioni, esse devono procedervi contemporaneamente.

82. – 1. Il compratore perde il diritto di dichiarare risolto il contratto o di chiedere al venditore di consegnare beni in sostituzione se gli è impossibile restituire i beni in uno stato sostanzialmente uguale a quello in cui li aveva ricevuti.

2. Il paragrafo precedente non si applica:

a) se l'impossibilità di restituire i beni o di restituirli in uno stato sostanzialmente uguale a quello in cui il compratore li aveva ricevuti non è dovuta ad un suo atto od omissione;

b) se i beni o parte di essi sono periti o deteriorati in conseguenza della verifica prevista dall'art. 38; o

c) se i beni o parte di essi sono stati venduti nel normale svolgimento dell'attività commerciale o sono stati consumati o trasformati dal compratore secondo il normale uso prima del momento in cui ha scoperto o avrebbe dovuto scoprire il difetto di conformità.

83. – Il compratore che ha perso il diritto di dichiarare risolto il contratto o di chiedere al venditore la consegna di beni in sostituzione, in conformità all'art. 82, conserva tutti gli altri rimedi previsti dal contratto o dalla presente Convenzione.

84. – 1. Se il compratore è tenuto a restituire il prezzo, egli deve anche corrispondere gli interessi sull'ammontare di esso a decorrere dal giorno nel quale il prezzo è stato pagato.

2. Il compratore deve al venditore l'equivalente di qualsiasi vantaggio che gli sia derivato dai beni o da parte di essi:
a) se egli deve restituire i beni o parte di essi; o
b) se gli è impossibile restituire tutti o parte dei beni in uno stato sostanzialmente uguale a quello in cui li aveva ricevuti, ma ciò nonostante ha dichiarato risolto il contratto o ha chiesto al venditore la consegna di beni in sostituzione.

SEZIONE VI – *Conservazione dei beni.*

85. – Se il compratore tarda a prendere in consegna i beni o se, qualora il pagamento del prezzo e la consegna dei beni devono essere effettuati contemporaneamente, non paga il prezzo, e il venditore è in possesso dei beni o gli stessi sono comunque sotto il suo controllo, questi deve prendere le misure ragionevoli, in relazione alle circostanze, per assicurarne la conservazione. Il venditore ha diritto di ritenerli fino a quando non è stato rimborsato dal compratore delle spese ragionevolmente sostenute.

86. – 1. Se il compratore ha ricevuto i beni ed intende esercitare il diritto di rifiutarli in base al contratto o alla presente Convenzione, egli deve prendere le misure ragionevoli in relazione alle circostanze per assicurarne la conservazione. Egli ha il diritto di ritenerli fino a quando non è stato rimborsato dal venditore delle spese ragionevolmente sostenute.

2. Se i beni inviati al compratore sono stati messi a sua disposizione nel loro luogo di destinazione, ed egli esercita il diritto di rifiutarli, deve prenderne possesso per conto del venditore purché possa farlo senza pagare il prezzo e senza inconvenienti o spese irragionevoli. Questa disposizione non si applica se il venditore o una persona autorizzata a prendersi carico dei beni per suo conto è presente nel luogo di destinazione. Se il compratore prende possesso dei beni secondo questo paragrafo, i suoi diritti ed obblighi sono regolati dal paragrafo precedente.

87. – La parte che è tenuta a prendere misure per assicurare la conservazione dei beni può depositarli nel magazzino di un terzo a spese dell'altra parte a condizione che le spese non siano irragionevoli.

88. – 1. La parte che è tenuta ad assicurare la conservazione dei beni in conformità agli artt. 85 e 86 può venderli con ogni mezzo appropriato se vi è stato un irragionevole ritardo dell'altra parte nel prendere possesso dei beni o nel riprenderli ovvero nel pagare il prezzo o le spese della conservazione, purché sia stata data ragionevolmente notizia all'altra parte dell'intenzione di vendere.

2. Se i beni sono soggetti a rapido deterioramento o la loro conservazione comporterebbe spese irragionevoli, la parte che è obbligata ad assicurare la conservazione dei beni in conformità agli artt. 85 e 86 deve prendere misure ragionevoli per venderli. Per quanto possibile essa deve dare avviso all'altra parte della sua intenzione di vendere.

3. La parte che vende i beni ha il diritto di trattenere dal ricavato della vendita un importo pari alle spese ragionevoli di conservazione e di vendita di essi. Del resto essa deve dar conto all'altra parte.

PARTE IV
Disposizioni finali.

89. – Il Segretario Generale delle Nazioni Unite è designato come depositario della presente Convenzione.

90. – La presente Convenzione non prevale sulle convenzioni internazionali già concluse o ancora da concludere, che contengano disposizioni concernenti le materie regolate dalla presente Convenzione, a condizione che entrambi i contraenti abbiano le loro sedi d'affari in Stati parti di tali convenzioni.

91. – 1. La presente Convenzione è aperta alla sottoscrizione in occasione della seduta di chiusura della Conferenza delle Nazioni Unite sui contratti di vendita internazionale di beni, e rimarrà aperta alla sottoscrizione di tutti gli Stati presso la sede principale delle Nazioni Unite, a New York, fino al 30 settembre 1981.

2. La presente Convenzione è oggetto di ratifica, accettazione o approvazione da parte degli Stati firmatari.

3. La presente Convenzione è oggetto di adesione da parte degli Stati che non ne sono firmatari alla data in cui essa è aperta alla sottoscrizione.

4. Gli strumenti di ratifica, accettazione, approvazione e adesione devono essere depositati presso il Segretario Generale delle Nazioni Unite.

92. – 1. Ogni Stato contraente può dichiarare all'atto della sottoscrizione, ratifica, accettazione, approvazione o adesione di non ritenersi vincolato alla seconda parte della presente Convenzione o di non ritenersi vincolato alla terza parte della presente Convenzione.

2. Ogni Stato contraente che fa una dichiarazione nei termini di cui al paragrafo precedente riguardo alla Parte seconda o alla Parte terza

della presente Convenzione, non sarà considerato Stato contraente della presente Convenzione, ai sensi del par. 1) dell'art. 1, con riferimento agli argomenti disciplinati nella Parte alla quale la dichiarazione si riferisce.

93. – 1. Se uno Stato contraente ha due o più unità territoriali nelle quali, secondo il suo ordinamento, sono applicabili differenti sistemi normativi in relazione agli argomenti trattati nella presente Convenzione, esso potrà dichiarare, in occasione della sottoscrizione, ratifica, accettazione, approvazione o adesione, che la presente Convenzione verrà applicata a tutte le sue unità territoriali o solo ad una o più di esse; e tale dichiarazione potrà essere modificata a seguito di un'altra dichiarazione che potrà essere presentata in qualsiasi momento.

2. Queste dichiarazioni devono essere notificate al depositario e devono indicare espressamente le unità territoriali alle quali si applica la Convenzione.

3. Se, in virtù di una dichiarazione fatta in conformità con il presente articolo, questa Convenzione si applica ad una o più, ma non a tutte, le unità territoriali di uno Stato contraente, e se la sede d'affari di una parte è situata in quello Stato, tale sede d'affari, ai fini della presente Convenzione, si considera localizzata in uno Stato contraente soltanto se situata in un'unità territoriale in cui opera e si applica la Convenzione.

4. Se uno Stato contraente non fa alcuna dichiarazione in virtù del par. 1 di questo articolo, la Convenzione dev'essere applicata a tutte le unità territoriali di questo Stato.

94. – 1. Due o più Stati contraenti che, nelle materie regolate dalla presente Convenzione, applicano norme giuridiche identiche o sostanzialmente coincidenti possono dichiarare in ogni momento che la Convenzione non sia applicabile ai contratti di vendita o alla loro formazione, nei casi in cui le parti hanno le loro sedi d'affari in questi Stati. Tali dichiarazioni possono essere fatte congiuntamente o mediante dichiarazioni unilaterali reciproche.

2. Uno Stato contraente che applica, nelle materie regolate dalla presente Convenzione, norme giuridiche identiche o sostanzialmente coincidenti con quelle di uno o più Stati non contraenti, può dichiarare in ogni momento che la Convenzione non si applica ai contratti di vendita o alla loro formazione quando le parti hanno le loro sedi d'affari in tali Stati.

3. Se uno Stato al quale si riferisce una dichiarazione fatta in virtù

del paragrafo precedente successivamente diviene uno Stato contraente, la dichiarazione fatta avrà, a far data dal momento in cui la Convenzione entrerà in vigore nei confronti del nuovo Stato contraente, gli effetti di una dichiarazione fatta in virtù del par. 1, a condizione che il nuovo Stato contraente si associ a tale dichiarazione o faccia una dichiarazione unilaterale reciproca.

95. – Ogni Stato può dichiarare, al momento del deposito del suo strumento di ratifica, accettazione, approvazione o adesione, che non sarà vincolato da quanto disposto dalla lett. *b*) del par. 1 dell'art. 1 della presente Convenzione.

96. – Ogni Stato contraente la cui legislazione richiede che i contratti di vendita siano conclusi o provati per iscritto può, in qualsiasi momento, fare una dichiarazione in conformità con l'art. 12 in virtù del quale le disposizioni dell'art. 11, dell'art. 29 o della Parte seconda della presente Convenzione, relativa all'adozione di una forma diversa da quella scritta per la conclusione, modifica o scioglimento per mutuo consenso di un contratto di vendita, o per qualsiasi offerta, accettazione o altra manifestazione di volontà, non si applicano se una delle parti ha la sua sede d'affari in tale Stato.

97. – 1. Le dichiarazioni rese in virtù della presente Convenzione al momento della sottoscrizione sono soggette a conferma in occasione della ratifica, accettazione o approvazione.

2. Le dichiarazioni e le conferme di tali dichiarazioni devono essere rese per iscritto ed essere notificate formalmente al depositario.

3. Le dichiarazioni producono i loro effetti contemporaneamente all'entrata in vigore della presente Convenzione nei confronti dello Stato interessato alla loro applicazione. Tuttavia, la dichiarazione di cui il depositario riceve formale notifica dopo tale entrata in vigore produce effetto dal primo giorno del mese successivo al sesto mese dalla data della sua ricezione da parte del depositario. Le dichiarazioni unilaterali reciproche fatte in virtù dell'art. 94 producono effetto dal primo giorno del mese successivo al sesto mese dalla data di ricezione dell'ultima dichiarazione da parte del depositario.

4. Ogni Stato che fa una dichiarazione in virtù della presente Convenzione può in qualsiasi momento revocarla mediante formale notifica per iscritto indirizzata al depositario. Tale revoca produrrà effetto dal primo giorno del mese successivo al sesto mese dalla data di ricezione della notifica da parte del depositario.

5. La revoca delle dichiarazioni rese in virtù dell'art. 94 rende

inefficace, dalla data in cui la revoca produce effetto, ogni dichiarazione reciproca fatta da un altro Stato ai sensi di tale articolo.

98. – Non sono ammesse riserve ad eccezione dei casi in cui sono espressamente consentite ai sensi della presente Convenzione.

99. – 1. La presente Convenzione entra in vigore, subordinatamente alle disposizioni del par. 6 di questo articolo, il primo giorno del mese successivo alla scadenza del dodicesimo mese dalla data del deposito del decimo strumento di ratifica, accettazione, approvazione o adesione, tra cui sono da comprendere gli strumenti che contengano una dichiarazione fatta in conformità con l'art. 92.

2. Allorché uno Stato ratifica, accetta, approva o aderisce alla presente Convenzione dopo il deposito del decimo strumento di ratifica, accettazione, approvazione o adesione, questa Convenzione, ad eccezione della Parte esclusa, entra in vigore nei confronti di tale Stato, subordinatamente alle disposizioni del par. 6 di questo articolo, il primo giorno del mese successivo al dodicesimo mese dalla data del deposito del suo strumento di ratifica, accettazione approvazione o adesione.

3. Ogni Stato che ratifica, accetta, approva o aderisce alla presente Convenzione, e che è parte della Convenzione, relativa alla disciplina uniforme sulla formazione dei contratti di vendita internazionale di cose mobili dell'Aja del 1° luglio 1964 (Convenzione dell'Aja del 1964 sulla formazione) o della Convenzione, relativa alla disciplina uniforme sulla vendita internazionale di cose mobili, dell'Aja del 1° luglio 1964 (Convenzione dell'Aja del 1964 sulla vendita) o di entrambe tali Convenzioni, dovrà denunciare al tempo stesso, a seconda dei casi, la Convenzione dell'Aja sulla vendita del 1964 o la Convenzione dell'Aja sulla formazione del 1964 o entrambe indirizzando una notifica a questo scopo al governo dei Paesi Bassi.

4. Ogni Stato parte della Convenzione dell'Aja del 1964 sulla vendita che ratifica, accetta, approva o aderisce alla presente Convenzione e dichiara o ha dichiarato in virtù dell'art. 92 che non sarà vincolato dalla Parte seconda della presente Convenzione, denuncerà al momento della ratifica, accettazione, approvazione o adesione, la Convenzione dell'Aja del 1964 sulla vendita indirizzando una notifica a questo scopo al governo dei Paesi Bassi.

5. Ogni Stato parte della Convenzione dell'Aja del 1964 sulla formazione che ratifica, accetta, approva o aderisce alla presente Convenzione, e che dichiara o ha dichiarato, in virtù dell'art. 92, che non sarà vincolato dalla Parte seconda della presente Convenzione do-

vrà denunciare al momento della ratifica, accettazione, approvazione o adesione la Convenzione dell'Aja del 1964 sulla formazione indirizzando una notifica a questo scopo al governo dei Paesi Bassi.

6. Ai fini del presente articolo le ratifiche, approvazioni, accettazioni o adesioni nei confronti della presente Convenzione provenienti da Stati parti della Convenzione dell'Aja del 1964 sulla formazione o della Convenzione dell'Aja del 1964 sulla vendita non produrranno effetto finché le denunce eventualmente richieste a tali Stati a proposito delle ultime due Convenzioni non siano anch'esse divenute efficaci. Il depositario della Presente Convenzione si consulterà con il governo dei Paesi Bassi, depositario delle Convenzioni del 1964, per assicurare il necessario coordinamento a questo riguardo.

100. – 1. La presente Convenzione si applica alla formazione dei contratti solo quando la proposta per concludere il contratto è effettuata successivamente al momento in cui la Convenzione è entrata in vigore nei confronti degli Stati contraenti a cui si riferisce la lett. *a*) del par. 1 dell'art. 1 o dello Stato contraente a cui si riferisce la lett. *b*) del par. 1 dell'art. 1.

2. La presente Convenzione si applica solo ai contratti conclusi al momento della sua entrata in vigore o successivamente riguardo agli Stati contraenti a cui si riferisce la lett. *a*) del par. 1, o allo Stato contraente a cui si riferisce la lett. *b*) del par. 1, dell'art. 1.

101. – 1. Ogni Stato contraente può denunciare la presente Convenzione, oppure la Parte seconda o la Parte terza della presente Convenzione, mediante una formale notifica per iscritto indirizzata al depositario.

2. La denuncia produce i suoi effetti dal primo giorno del mese successivo al dodicesimo mese da quando la notifica è stata ricevuta dal depositario. Allorché un periodo più lungo sia previsto per la produzione degli effetti della denuncia, tale periodo dev'essere indicato specificamente nella notifica e la denuncia produrrà effetto alla scadenza di tale più lungo periodo da che la notifica è ricevuta dal depositario.

Redatta a Vienna, l'11 aprile 1980, in un unico originale, del quale le versioni araba, cinese, inglese, francese, russa e spagnola sono ugualmente autentiche.

D.ls. 20 giugno 2005, n. 122. — **Disposizioni per la tutela dei diritti patrimoniali degli acquirenti di immobili da costruire, a norma della legge 2 agosto 2004, n. 210** (G.U. 6 luglio 2005, n. 155).

1. Definizioni. – 1. Ai fini del presente decreto devono intendersi:

a) per « acquirente »: la persona fisica che sia promissaria acquirente o che acquisti un immobile da costruire, ovvero che abbia stipulato ogni altro contratto, compreso quello di leasing, che abbia o possa avere per effetto l'acquisto o comunque il trasferimento non immediato, a sé o ad un proprio parente in primo grado, della proprietà o della titolarità di un diritto reale di godimento su di un immobile da costruire, ovvero colui il quale, ancorché non socio di una cooperativa edilizia, abbia assunto obbligazioni con la cooperativa medesima per ottenere l'assegnazione in proprietà o l'acquisto della titolarità di un diritto reale di godimento su di un immobile da costruire per iniziativa della stessa;

b) per « costruttore »: l'imprenditore o la cooperativa edilizia che promettano in vendita o che vendano un immobile da costruire, ovvero che abbiano stipulato ogni altro contratto, compreso quello di leasing, che abbia o possa avere per effetto la cessione o il trasferimento non immediato in favore di un acquirente della proprietà o della titolarità di un diritto reale di godimento su di un immobile da costruire, sia nel caso in cui lo stesso venga edificato direttamente dai medesimi, sia nel caso in cui la realizzazione della costruzione sia data in appalto o comunque eseguita da terzi;

c) per « situazione di crisi »: la situazione che ricorre nei casi in cui il costruttore sia sottoposto o sia stato sottoposto ad esecuzione immobiliare, in relazione all'immobile oggetto del contratto, ovvero a fallimento, amministrazione straordinaria, concordato preventivo, liquidazione coatta amministrativa;

d) per « immobili da costruire »: gli immobili per i quali sia stato richiesto il permesso di costruire e che siano ancora da edificare o la cui costruzione non risulti essere stata ultimata versando in stadio tale da non consentire ancora il rilascio del certificato di agibilità (1).

(1) ***C. cost.*** *24 febbraio 2022, n. 43 ha dichiarato l'*illegittimità costituzionale *del presente comma e del comma 1 dell'art. 9, in combinato disposto con l'art. 1[1] l. 2 agosto 2004, n. 210, nella parte in cui non riconoscono il diritto di prelazione anche alle persone fisiche che abbiano acquistato prima che sia stato richiesto il permesso di costruire.*

2. Garanzia fideiussoria. – 1. All'atto della stipula di un contratto che abbia come finalità il trasferimento non immediato della proprietà o di altro diritto reale di godimento su un immobile da costruire o di un atto avente le medesime finalità, ovvero in un momento precedente, il costruttore è obbligato, a pena di nullità del contratto che può essere fatta valere unicamente dall'acquirente, a procurare il rilascio ed a consegnare all'acquirente una fideiussione, anche secondo quanto previsto dall'articolo 1938 del codice civile, di importo corrispondente alle somme e al valore di ogni altro eventuale corrispettivo che il costruttore ha riscosso e, secondo i termini e le modalità stabilite nel contratto, deve ancora riscuotere dall'acquirente prima del trasferimento della proprietà o di altro diritto reale di godimento. Restano comunque esclusi le somme per le quali è pattuito che debbano essere erogate da un soggetto mutuante, nonché i contributi pubblici già assistiti da autonoma garanzia.

2. Per le società cooperative, l'atto equipollente a quello indicato al comma 1 consiste in quello con il quale siano state versate somme o assunte obbligazioni con la cooperativa medesima per ottenere l'assegnazione in proprietà o l'acquisto della titolarità di un diritto reale di godimento su di un immobile da costruire per iniziativa della stessa.

3. (1) **Rilascio, contenuto e modalità di escussione della fideiussione.** – 1. La fideiussione è rilasciata da una banca o da un'impresa esercente le assicurazioni; essa deve garantire, nel caso in cui il costruttore incorra in una situazione di crisi di cui al comma 2 o, nel caso di inadempimento all'obbligo assicurativo di cui all'articolo 4, la restituzione delle somme e del valore di ogni altro eventuale corrispettivo effettivamente riscossi e dei relativi interessi legali maturati fino al momento in cui la predetta situazione si è verificata (2).

2. La situazione di crisi si intende verificata in una delle seguenti date:

a) di trascrizione del pignoramento relativo all'immobile oggetto del contratto;

b) di pubblicazione della sentenza dichiarativa del fallimento o del provvedimento di liquidazione coatta amministrativa;

c) di presentazione della domanda di ammissione alla procedura di concordato preventivo;

d) di pubblicazione della sentenza che dichiara lo stato di insolvenza o, se anteriore, del decreto che dispone la liquidazione coatta amministrativa o l'amministrazione straordinaria.

3. La fideiussione può essere escussa:

a) a decorrere dalla data in cui si è verificata la situazione di crisi di cui al comma 2 a condizione che, per l'ipotesi di cui alla lettera *a*) del medesimo comma, l'acquirente abbia comunicato al costruttore la propria volontà di recedere dal contratto e, per le ipotesi di cui alle lettere *b*), *c*) e *d*) del comma 2, il competente organo della procedura concorsuale non abbia comunicato la volontà di subentrare nel contratto preliminare;

b) a decorrere dalla data dell'attestazione del notaio di non aver ricevuto per la data dell'atto di trasferimento della proprietà la polizza assicurativa conforme al decreto ministeriale di cui all'articolo 4, quando l'acquirente ha comunicato al costruttore la propria volontà di recedere dal contratto di cui all'articolo 6 (3).

4. La fideiussione deve prevedere la rinuncia al beneficio della preventiva escussione del debitore principale di cui all'articolo 1944, secondo comma, del codice civile e deve essere escutibile, verificatesi le condizioni di cui al comma 3, a richiesta scritta dell'acquirente, corredata da idonea documentazione comprovante l'ammontare delle somme e il valore di ogni altro eventuale corrispettivo che complessivamente il costruttore ha riscosso, da inviarsi al domicilio indicato dal fideiussore a mezzo di lettera raccomandata con avviso di ricevimento.

5. Il mancato pagamento del premio o della commissione non è opponibile all'acquirente.

6. Il fideiussore è tenuto a pagare l'importo dovuto entro il termine di trenta giorni dalla data di ricevimento della richiesta di cui al comma 4. Qualora la restituzione degli importi oggetto di fideiussione non sia eseguita entro il suddetto termine, il fideiussore è tenuto a rimborsare all'acquirente le spese da quest'ultimo effettivamente sostenute e strettamente necessarie per conseguire la detta restituzione, oltre i relativi interessi.

7. L'efficacia della fideiussione cessa nel momento in cui il fideiussore riceve dal costruttore o da un altro dei contraenti copia dell'atto di trasferimento della proprietà o di altro diritto reale di godimento sull'immobile o dell'atto definitivo di assegnazione il quale contenga la menzione di cui all'articolo 4, comma 1-*quater* (4).

7-*bis*. Con decreto del Ministro della giustizia, di concerto con il Ministro dell'economia e delle finanze, da adottarsi entro novanta giorni dal 1° settembre 2021 (5), è determinato il modello standard della fideiussione (6).

(1) *Ai sensi dell'art. 389[3] d.ls. 12 gennaio 2019, n. 14, le disposizioni di cui al presente articolo, come modificato dagli artt. 385 e 386 del medesimo d.ls. n. 14, si applicano anche nelle more dell'adozione dei decreti di cui agli articoli 3, comma 7-*bis*, e 4, comma 1-*bis*, del presente decreto, e il contenuto della fideiussione e della polizza assicurativa è determinato dalle parti nel rispetto di quanto previsto dalle richiamate disposizioni.*

(2) *Comma così sostituito, a decorrere dal 16 marzo 2019, dall'art. 385*[1, lett. a)] *d.ls. n. 14, cit. Il testo del comma era il seguente:* « 1. La fideiussione è rilasciata da una banca, da un'impresa esercente le assicurazioni o da intermediari finanziari iscritti nell'elenco speciale di cui all'articolo 107 del testo unico delle leggi in materia bancaria e creditizia, di cui al decreto legislativo 1° settembre 1993, n. 385, e successive modificazioni; essa deve garantire, nel caso in cui il costruttore incorra in una situazione di crisi di cui al comma 2, la restituzione delle somme e del valore di ogni altro eventuale corrispettivo effettivamente riscossi e dei relativi interessi legali maturati fino al momento in cui la predetta situazione si è verificata ».

(3) *Comma così sostituito, a decorrere dal 16 marzo 2019, dall'art. 385*[1, lett. b)] *d.ls. n. 14, cit. Il testo del comma era il seguente:* « 3. La fideiussione può essere escussa a decorrere dalla data in cui si è verificata la situazione di crisi di cui al comma 2 a condizione che, per l'ipotesi di cui alla lettera *a*) del medesimo comma, l'acquirente abbia comunicato al costruttore la propria volontà di recedere dal contratto e, per le ipotesi di cui alle lettere *b*), *c*) e *d*) del comma 2, il competente organo della procedura concorsuale non abbia comunicato la volontà di subentrare nel contratto preliminare ».

(4) *Comma così sostituito, a decorrere dal 16 marzo 2019, dall'art. 385*[1, lett. c)] *d.ls. n. 14, cit. Il testo del comma era il seguente:* « 7. L'efficacia della fideiussione cessa al momento del trasferimento della proprietà o di altro diritto reale di godimento sull'immobile o dell'atto definitivo di assegnazione ».

(5) *Le parole* « dal 1° settembre 2021 » *sono state sostituite alle parole* « dalla data di entrata in vigore della presente disposizione » *dall'art. 12*[9-quater lett. a)] *d.l. 31 dicembre 2020, n. 183, conv., con modif., in l. 26 febbraio 2021, n. 21.*

(6) *Comma aggiunto, a decorrere dal 16 marzo 2019, dall'art. 385*[1 lett. d)] *d.ls. n. 14, cit.*

4. (1) **Assicurazione dell'immobile.** – 1. Il costruttore è obbligato a contrarre ed a consegnare all'acquirente all'atto del trasferimento della proprietà a pena di nullità del contratto che può essere fatta valere solo dall'acquirente, (2) una polizza assicurativa indennitaria decennale a beneficio dell'acquirente e con effetto dalla data di ultimazione dei lavori a copertura dei danni materiali e diretti all'immobile, compresi i danni ai terzi, cui sia tenuto ai sensi dell'articolo 1669 del codice civile, derivanti da rovina totale o parziale oppure da gravi difetti costruttivi delle opere, per vizio del suolo o per difetto della costruzione, e comunque manifestatisi successivamente alla stipula del contratto definitivo di compravendita o di assegnazione.

1-*bis*. Con decreto del Ministro dello sviluppo economico, di concerto con il Ministro della giustizia e con il Ministro dell'economia e delle finanze, da adottarsi entro novanta giorni dal 1° settembre 2021 (3), sono determinati il contenuto e le caratteristiche della polizza di assicurazione e il relativo modello standard (4).

1-*ter*. In caso di inadempimento all'obbligo previsto dal comma 1, l'acquirente che abbia comunicato al costruttore la propria volontà di recedere dal contratto di cui all'articolo 6 ha diritto di escutere la fideiussione ai sensi dell'articolo 3, comma 3, lettera *b*) (4).

1-*quater*. L'atto di trasferimento deve contenere la menzione degli estremi identificativi della polizza assicurativa e della sua conformità al decreto previsto dal comma 1-*bis* (3).

(1) *V. art. 389*[3] *d.lgs. 12 gennaio 2019, n. 14, sub* art. 3.

(2) *Le parole* « a pena di nullità del contratto che può essere fatta valere solo dall'acquirente, » *sono state inserite, a decorrere dal 16 marzo 2019, dall'art. 386*[1, lett. a)] *d.lgs. n. 14, cit.*

(3) *Le parole* « dal 1° settembre 2021 » *sono state sostituite alle parole* « dalla data di entrata in vigore della presente disposizione » *dall'art. 12*[9-quater lett. b)] *d.l. 31 dicembre 2020, n. 183, conv., con modif., in l. 26 febbraio 2021, n. 21.*

(4) *Comma aggiunto, a decorrere dal 16 marzo 2019, dall'art. 386*[1 lett. b)] *d.lgs. n. 14, cit.*

5. Applicabilità della disciplina. – 1. La disciplina prevista dagli articoli 2, 3 e 4 si applica ai contratti aventi ad oggetto il trasferimento non immediato della proprietà o di altro diritto reale di godimento di immobili per i quali il permesso di costruire o altra denuncia o provvedimento abilitativo sia stato richiesto successivamente alla data di entrata in vigore del presente decreto.

1-*bis*. L'acquirente non può rinunciare alle tutele previste dal presente decreto; ogni clausola contraria è nulla e deve intendersi come non apposta (1).

1-*ter*. Le modifiche apportate dal decreto legislativo di attuazione dell'articolo 12 della legge 19 ottobre 2017, n. 155 si applicano ai contratti aventi ad oggetto immobili da costruire per i quali il titolo abilitativo edilizio sia stato richiesto o presentato successivamente alla data di entrata in vigore del decreto stesso (2).

(1) *Comma aggiunto dall'art. 10-*quater[1, lett. a)] *d.l. 28 marzo 2014, n. 47, conv., con modif., in l. 23 maggio 2014, n. 80.*

(2) *Comma aggiunto, a decorrere dal 16 marzo 2019, dall'art. 387*[1] *d.lgs. 12 gennaio 2019, n. 14.*

6. Contenuto del contratto preliminare. – 1. Il contratto preliminare ed ogni altro contratto che ai sensi dell'articolo 2 sia comunque diretto al successivo acquisto in capo ad una persona fisica della proprietà o di altro diritto reale su un immobile oggetto del presente decreto devono essere stipulati per atto pubblico o per scrittura privata autenticata (1) devono contenere:

a) le indicazioni previste agli articoli 2659, primo comma, n. 1), e 2826 del codice civile;

b) la descrizione dell'immobile e di tutte le sue pertinenze di uso esclusivo oggetto del contratto;

c) gli estremi di eventuali atti d'obbligo e convenzioni urbanistiche stipulati per l'ottenimento dei titoli abilitativi alla costruzione e l'elencazione dei vincoli previsti;

d) le caratteristiche tecniche della costruzione, con particolare riferimento alla struttura portante, alle fondazioni, alle tamponature, ai solai, alla copertura, agli infissi ed agli impianti;

e) i termini massimi di esecuzione della costruzione, anche eventualmente correlati alle varie fasi di lavorazione;

f) l'indicazione del prezzo complessivo da corrispondersi in danaro o il valore di ogni altro eventuale corrispettivo, i termini e le modalità per il suo pagamento, la specificazione dell'importo di eventuali somme a titolo di caparra; le modalità di corresponsione del prezzo devono essere rappresentate da bonifici bancari o versamenti diretti su conti correnti bancari o postali indicati dalla parte venditrice ed alla stessa intestati o da altre forme che siano comunque in grado di assicurare la prova certa dell'avvenuto pagamento;

g) gli estremi della fideiussione di cui all'articolo 2 e l'attestazione della sua conformità al modello contenuto nel decreto di cui all'articolo 3, comma 7-*bis* (2);

h) l'eventuale esistenza di ipoteche o trascrizioni pregiudizievoli di qualsiasi tipo sull'immobile con la specificazione del relativo ammontare, del soggetto a cui favore risultano e del titolo dal quale derivano, nonché la pattuizione espressa degli obblighi del costruttore ad esse connessi e, in particolare, se tali obblighi debbano essere adempiuti prima o dopo la stipula del contratto definitivo di vendita;

i) gli estremi del permesso di costruire o della sua richiesta se non ancora rilasciato, nonché di ogni altro titolo, denuncia o provvedimento abilitativo alla costruzione;

l) l'eventuale indicazione dell'esistenza di imprese appaltatrici, con la specificazione dei relativi dati identificativi.

2. Agli stessi contratti devono essere allegati:

a) il capitolato contenente le caratteristiche dei materiali da utilizzarsi, individuati anche solo per tipologie, caratteristiche e valori omogenei, nonché l'elenco delle rifiniture e degli accessori convenuti fra le parti;

b) gli elaborati del progetto in base al quale è stato richiesto o rilasciato il permesso di costruire o l'ultima variazione al progetto originario, limitatamente alla rappresentazione grafica degli immobili oggetto del contratto, delle relative pertinenze esclusive e delle parti condominiali.

3. Sono fatte salve le disposizioni di cui al regio decreto 28 marzo 1929, n. 499.

(1) *Le parole* « devono essere stipulati per atto pubblico o per scrittura privata auten-

ticata » sono state aggiunte, a decorrere dal 16 marzo 2019, dall'art. 388[1, lett. a)] *d.ls. 12 gennaio 2019, n. 14.*

(2) *Lettera sostituita, a decorrere dal 16 marzo 2019, dall'art. 388*[1 lett. b)] *d.ls. n. 14, cit. Il testo della lettera era il seguente: « g)* gli estremi della fideiussione di cui all'articolo 2; ».

7. Modificazioni all'articolo 39 del decreto legislativo 1° settembre 1993, n. 385. – 1. All'articolo 39 del testo unico delle leggi in materia bancaria e creditizia, di cui al decreto legislativo 1° settembre 1993, n. 385, e successive modificazioni, sono apportate le seguenti modificazioni:

a) Il comma 6 è sostituito dal seguente:

« 6. In caso di edificio o complesso condominiale per il quale può ottenersi l'accatastamento delle singole porzioni che lo costituiscono, ancorché in corso di costruzione, il debitore, il terzo acquirente, il promissario acquirente o l'assegnatario del bene ipotecato o di parte dello stesso, questi ultimi limitatamente alla porzione immobiliare da essi acquistata o promessa in acquisto o in assegnazione, hanno diritto alla suddivisione del finanziamento in quote e, correlativamente, al frazionamento dell'ipoteca a garanzia. »;

b) dopo il comma 6 sono inseriti i seguenti:

« 6-*bis*. La banca deve provvedere agli adempimenti di cui al comma 6 entro il termine di novanta giorni dalla data di ricevimento della richiesta di suddivisione del finanziamento in quote corredata da documentazione idonea a comprovare l'identità del richiedente, la data certa del titolo e l'accatastamento delle singole porzioni per le quali è richiesta la suddivisione del finanziamento. Tale termine è aumentato a centoventi giorni, se la richiesta riguarda un finanziamento da suddividersi in più di cinquanta quote.

6-*ter*. Qualora la banca non provveda entro il termine indicato al comma 6-*bis*, il richiedente può presentare ricorso al presidente del tribunale nella cui circoscrizione è situato l'immobile; il presidente del tribunale, sentite le parti, ove accolga il ricorso, designa un notaio che, anche avvalendosi di ausiliari, redige un atto pubblico di frazionamento sottoscritto esclusivamente dal notaio stesso. Dall'atto di suddivisione del finanziamento o dal diverso successivo termine stabilito nel contratto di mutuo decorre, con riferimento alle quote frazionate, l'inizio dell'ammortamento delle somme erogate; di tale circostanza si fa menzione nell'atto stesso.

6-*quater*. Salvo diverso accordo delle parti, la durata dell'ammortamento è pari a quella originariamente fissata nel contratto di mutuo e l'ammortamento stesso è regolato al tasso di interesse determinato in base ai criteri di individuazione per il periodo di preammortamento immediatamente precedente. Il responsabile del competente Ufficio del territorio annota a margine dell'iscrizione ipotecaria il frazionamento del finanziamento e della relativa ipoteca, l'inizio e la durata dell'ammortamento ed il tasso relativo. ».

8. **Obbligo di cancellazione o frazionamento dell'ipoteca antecedente alla compravendita.** – 1. Il notaio non può procedere alla stipula dell'atto di compravendita se, anteriormente o contestualmente alla stipula, non si sia proceduto alla suddivisione del finanziamento in quote o al perfezionamento di un titolo per la cancellazione o frazionamento dell'ipoteca a garanzia o del pignoramento gravante sull'immobile.

9. **Diritto di prelazione.** – 1. Qualora l'immobile sia stato consegnato all'acquirente e da questi adibito ad abitazione principale per sé o per il proprio coniuge o per un proprio parente in primo grado, all'acquirente medesimo, anche nel caso in cui abbia escusso la fideiussione, è riconosciuto il diritto di prelazione nell'acquisto dell'immobile al prezzo definitivo raggiunto nell'incanto anche in esito alle eventuali offerte ai sensi dell'articolo 584 del codice di procedura civile (1) (2).

2. Ai fini dell'esercizio del diritto di prelazione, l'autorità che procede alla vendita dell'immobile provvede a dare immediata comunicazione all'acquirente, con atto notificato a mezzo ufficiale giudiziario, della definitiva determinazione del prezzo entro dieci giorni dall'adozione del relativo provvedimento, con indicazione di tutte le condizioni alle quali la vendita dovrà essere conclusa e l'invito ad esercitare la prelazione.

3. Il diritto di prelazione è esercitato dall'acquirente, a pena di decadenza, entro il termine di dieci giorni dalla data di ricezione della comunicazione di cui al comma 2 offrendo, con atto notificato a mezzo ufficiale giudiziario all'autorità che procede alla vendita dell'immobile, condizioni uguali a quelle comunicategli.

4. Qualora l'acquirente abbia acquistato l'immobile, per effetto dell'esercizio del diritto di prelazione, ad un prezzo inferiore alle somme riscosse in sede di escussione della fideiussione, la differenza deve essere restituita al fideiussore, qualora l'immobile acquistato abbia consistenza e caratteristiche tipologiche e di finitura corrispondenti a quelle previste nel contratto stipulato con il costruttore. Ove non ricorra tale condizione, l'eventuale eccedenza da restituire al fideiussore deve risultare da apposita stima.

5. È escluso, in ogni caso, il diritto di riscatto nei confronti dell'aggiudicatario.

(1) *Comma modificato dall'art. 10-*quater*, comma 1, lett.* b), *d.l. 28 marzo 2014, n. 47, conv., con modif., in l. 23 maggio 2014, n. 80.*

(2) ***C. cost.*** *24 febbraio 2022, n. 43 ha dichiarato l'*illegittimità costituzionale *del presente comma e del comma 1, lett.* d) *dell'art. 1, in combinato disposto con l'art. 1[1] l. 2 agosto 2004, n. 210, nella parte in cui non riconoscono il diritto di prelazione anche alle persone fisiche che abbiano acquistato prima che sia stato richiesto il permesso di costruire.*

10. Esenzioni e limiti alla esperibilità dell'azione revocatoria fallimentare. – 1. Gli atti a titolo oneroso che hanno come effetto il trasferimento della proprietà o di altro diritto reale di godimento di immobili da costruire, nei quali l'acquirente si impegni a stabilire, entro dodici mesi dalla data di acquisto o di ultimazione degli stessi, la residenza propria o del proprio coniuge o di suoi parenti o affini entro il terzo grado, se posti in essere al giusto prezzo da valutarsi alla data della stipula del preliminare, non sono soggetti all'azione revocatoria prevista dall'articolo 67 del regio decreto 16 marzo 1942, n. 267, e successive modificazioni (1).

2. Non sono, altresì, soggetti alla medesima azione revocatoria i pagamenti dei premi e commissioni relativi ai contratti di fideiussione e di assicurazione di cui agli articoli 3 e 4, qualora effettuati nell'esercizio dell'attività d'impresa nei termini d'uso.

(1) *Comma modificato dall'art. 10-*quater[1, lett. c)] *d.l. 28 marzo 2014, n. 47, conv., con modif., in l. 23 maggio 2014, n. 80.*

11. Introduzione dell'articolo 72-*bis* del regio decreto 16 marzo 1942, n. 267. – 1. Dopo l'articolo 72 del regio decreto 16 marzo 1942, n. 267, è inserito il seguente:

« 72-*bis*. (Contratti relativi ad immobili da costruire). In caso di situazione di crisi del costruttore ai sensi dell'articolo 2, comma 1, lettera *c*), della legge 2 agosto 2004, n. 210, il contratto si intende sciolto se, prima che il curatore comunichi la scelta tra esecuzione o scioglimento, l'acquirente abbia escusso la fideiussione a garanzia della restituzione di quanto versato al costruttore, dandone altresì comunicazione al curatore. In ogni caso, la fideiussione non può essere escussa dopo che il curatore abbia comunicato di voler dare esecuzione al contratto.».

12. Istituzione e finalità del Fondo di solidarietà per gli acquirenti di beni immobili da costruire. – 1. È istituito presso il Ministero dell'economia e delle finanze il Fondo di solidarietà per gli acquirenti di beni immobili da costruire, di seguito denominato: « Fondo », al fine di assicurare un indennizzo, nell'ambito delle risorse del medesimo Fondo, agli acquirenti che, a seguito dell'assoggettamento del costruttore a procedure implicanti una situazione di crisi, hanno subito la perdita di somme di denaro o di altri beni e non hanno conseguito il diritto di proprietà o altro diritto reale di godimento su immobili oggetto di accordo negoziale con il costruttore ovvero l'assegnazione in proprietà o l'acquisto della titolarità di un diritto reale di godimento su immobili da costruire per iniziativa di una cooperativa.

2. Ai fini dell'accesso alle prestazioni del Fondo, devono risultare nei confronti del costruttore procedure implicanti una situazione di crisi non concluse in epoca antecedente al 31 dicembre 1993 né aperte in data successiva all'applicabilità della disciplina in tema di garanzia fideiussoria, prevista dall'articolo 5 del presente decreto.

3. L'accesso alle prestazioni del Fondo è consentito nei casi in cui per il bene immobile risulti richiesto il permesso di costruire.

13. Requisiti per l'accesso alle prestazioni del Fondo. – 1. Per l'accesso alle prestazioni del Fondo devono ricorrere congiuntamente i seguenti requisiti oggettivi:

a) aver subito, a seguito dell'insorgenza di una situazione di crisi per effetto dell'insolvenza del costruttore, perdite di somme di denaro versate o di altri beni trasferiti dall'acquirente al costruttore medesimo come corrispettivo per l'acquisto o l'assegnazione dell'immobile da costruire;

b) non aver acquistato la proprietà o altro diritto reale di godimento sull'immobile da costruire ovvero non averne conseguito l'assegnazione.

2. Il requisito di cui al comma 1, lettera *b*), non viene meno per effetto dell'acquisto della proprietà o del conseguimento dell'assegnazione in virtù di accordi negoziali con gli organi della procedura concorsuale ovvero di aggiudicazione di asta nell'ambito della medesima procedura ovvero, infine, da terzi aggiudicatari.

3. Nei casi di cui al comma 2 l'indennizzo spetta solo qualora l'importo complessivo delle somme versate e del valore dei beni corrisposti al costruttore e delle somme versate per l'effettivo acquisto del bene sia superiore al prezzo originariamente convenuto con il costruttore ed è determinato in misura pari alla differenza tra il predetto importo complessivo ed il prezzo originario, fino comunque a concorrenza delle somme versate e dei beni corrisposti al costruttore.

3-*bis*. L'accesso alle prestazioni del Fondo è inoltre consentito nei casi in cui l'acquirente, a seguito dell'insorgenza di una situazione di crisi per effetto dell'insolvenza del costruttore, abbia dovuto versare, in aggiunta al prezzo originariamente convenuto, somme ulteriori per ottenere, dopo la stipula dell'atto di compravendita o di assegnazione, la rinuncia da parte degli organi della procedura concorsuale a promuovere o coltivare l'azione revocatoria fallimentare promossa ai sensi dell'articolo 67, secondo comma, del regio decreto 16 marzo 1942, n. 267, e successive modificazioni, o la liberazione dell'immobile dall'ipoteca iscritta a garanzia del finanziamento concesso al costruttore di cui l'acquirente non si sia reso accollante, ovvero da altro vincolo pregiudizievole iscritto o trascritto in danno del costruttore. In tali casi l'indennizzo è determinato nella misura pari alle predette somme ulteriori, fino a concorrenza delle somme versate e del valore dei beni corrisposti al costruttore.

4. Danno luogo alle prestazioni del Fondo le situazioni di perdita della proprietà del bene per effetto del successivo positivo esperimento dell'azione revocatoria, soltanto nel caso in cui essa sia stata promossa ai sensi dell'articolo 67, secondo comma, del regio decreto 16 marzo 1942, n. 267.

13-*bis*. (1) **Disposizione interpretativa dell'articolo 13, comma 2.** – 1. Il comma 2 dell'articolo 13 si interpreta nel senso che il requisito di cui al comma 1, lettera *b*), del medesimo articolo 13, e conseguentemente la tutela prevista nel citato comma 2, non viene meno anche nei casi di acquisto della proprietà o di conseguimento dell'assegnazione in virtù di accordi negoziali o di aggiudicazione di asta, avvenuti in qualunque procedura esecutiva.

(1) *Articolo inserito dall'art. 20 4-bis d.l. 12 settembre 2014, n. 133, conv., con modif., in l. 11 novembre 2014, n. 164.*

14. Struttura e funzionamento del Fondo. – 1. Il Fondo si articola in sezioni autonome corrispondenti ad aree territoriali interregionali individuate con il decreto di cui all'articolo 16, sulla base della quantità e della provenienza territoriale delle richieste di indennizzo presentate entro il termine di decadenza stabilito nell'articolo 18, comma 1, in modo da assicurare una gestione equilibrata delle sezioni. L'articolazione in sezioni non comporta un decentramento territoriale del Fondo.

2. Per ciascuna sezione autonoma è tenuta dal Fondo una distinta contabilità, anche ai fini della rendicontazione periodica.

3. Gli oneri di gestione del Fondo sono contabilmente ripartiti fra le sezioni autonome, in proporzione dell'ammontare delle risorse di

cui ciascuna di esse dispone in virtù dei contributi che le sono imputati ai sensi dell'articolo 17, comma 5.

4. Le risorse di ciascuna sezione, al netto degli oneri di gestione, sono destinate alla soddisfazione delle richieste di indennizzo dei soggetti aventi diritto in relazione agli immobili ubicati nel territorio di competenza della sezione medesima. A tale fine il gestore del Fondo, entro sei mesi dalla data di scadenza del termine di presentazione delle richieste di indennizzo da parte degli aventi diritto, salve le risultanze della successiva attività istruttoria, determina per ciascuna sezione l'ammontare massimo complessivo delle somme da erogare a titolo di indennizzo e, quindi, sulla base delle risorse globalmente imputate a ciascuna sezione per effetto del versamento della prima annualità del contributo obbligatorio di cui all'articolo 17, la prima quota annuale di indennizzo da erogare.

5. Le ulteriori quote annuali di indennizzo sono determinate in funzione delle variazioni della misura annua del contributo, stabilita con il decreto di cui all'articolo 17, comma 4, e del suo gettito effettivo, oltre che del decrescente ammontare residuo degli indennizzi da corrispondere.

6. In caso di integrale soddisfazione delle richieste degli aventi diritto, anche prima della scadenza del termine massimo di operatività del Fondo, le eventuali somme residue di una sezione sono attribuite alle altre sezioni, che non abbiano risorse sufficienti, proporzionalmente all'ammontare residuo degli indennizzi da corrispondersi da parte di ciascuna di queste.

7. Il Fondo ha azione di regresso nei confronti del costruttore per il recupero dell'indennizzo corrisposto all'acquirente. A tale fine il Fondo si surroga nei diritti dell'acquirente nell'ambito della procedura implicante la situazione di crisi aperta nei confronti del costruttore, progressivamente in ragione e nei limiti delle somme corrisposte a titolo di indennizzo, nonché dei relativi interessi e spese. L'indennizzato ha facoltà di agire nell'ambito della procedura per l'eventuale residua parte del credito non soddisfatta dall'indennizzo ricevuto dal Fondo.

8. Le somme recuperate dal Fondo ai sensi del comma 7 sono imputate alla sezione autonoma del Fondo che ha erogato l'indennizzo.

15. Gestione del Fondo. – 1. La gestione del Fondo è attribuita alla CONSAP - Concessionaria di servizi assicurativi pubblici s.p.a., che vi provvede per conto del Ministero dell'economia e delle finanze sulla base di apposita concessione, approvata con decreto del medesimo Ministero.

2. La concessione si conforma al principio di affidare alla CONSAP, quale concessionaria, la gestione di cassa e patrimoniale del Fondo, la conservazione della sua integrità, la liquidazione delle relative spese, nonché al principio di garantire la verifica periodica, da parte dell'amministrazione concedente, della corrispondenza della gestione del Fondo alle finalità indicate dal presente decreto. Ai relativi oneri e alle spese di gestione si provvede nell'ambito delle risorse finanziarie del Fondo, senza nuovi o maggiori oneri per la finanza pubblica.

3. Ai fini di cui al comma 2, la concessione definisce, tra l'altro, le modalità di esercizio concernenti:

a) iniziative informative da assumersi ad opera del Fondo, con oneri a suo carico, al fine di garantire l'effettiva fruizione dei benefici previsti dal presente decreto da parte dei destinatari;

b) la rilevazione dei dati necessari per la definizione delle aree territoriali e delle corrispondenti sezioni autonome del Fondo, ai sensi dell'articolo 14, comma 1, nonché per la determinazione annua della misura del contributo obbligatorio, di cui all'articolo 17, comma 4;

c) l'istruttoria delle richieste di indennizzo;

d) la liquidazione degli indennizzi e la loro erogazione, anche tramite apposite convenzioni con le banche;

e) la ripetizione delle somme già erogate, nei casi di revoca o riforma dell'attribuzione, nonché l'esercizio del diritto di surroga previsto dall'articolo 14, comma 7;

f) la previsione dell'ammontare complessivo delle somme da destinare all'erogazione degli indennizzi, nonché al sostenimento degli oneri di gestione;

g) la destinazione ad investimenti a redditività certa ed adeguata delle somme disponibili, compatibilmente con le esigenze di liquidità del Fondo;

h) la presentazione al Ministero dell'economia e delle finanze, per il successivo inoltro alla Corte dei conti, del rendiconto annuale, approvato dal Consiglio di amministrazione della concessionaria, accompagnato dalla situazione patrimoniale del Fondo e da una relazione sull'attività svolta.

4. La concessione stabilisce, altresì, le modalità di accreditamento alla CONSAP delle somme che affluiscono al Fondo.

16. Ulteriore disciplina per la gestione del Fondo. – 1. Con decreto di natura non regolamentare del Ministro della giustizia, di concerto con il Ministro dell'economia e delle finanze, sono definite le aree territoriali e le corrispondenti sezioni autonome del Fondo, tenuto conto dei dati raccolti ed elaborati dal gestore del Fondo medesimo.

2. Possono altresì essere stabiliti ulteriori criteri e modalità per la concreta gestione del Fondo, con particolare riferimento all'attuazione di quanto previsto dall'articolo 14.

17. Contributo obbligatorio. – 1. Per reperire le risorse destinate al Fondo, è istituito un contributo obbligatorio a carico dei costruttori tenuti all'obbligo di procurare il rilascio e di provvedere alla consegna della fideiussione di cui all'articolo 2; il contributo è versato direttamente dal soggetto che rilascia la fideiussione.

2. Il contributo obbligatorio è dovuto per un periodo massimo di venticinque anni a decorrere dalla data di entrata in vigore del presente decreto ovvero, se antecedente, sino alla data nella quale risultino acquisite al Fondo risorse sufficienti ad assicurare il soddisfacimento delle richieste di indennizzo presentate dagli aventi diritto. L'eventuale ricorrenza della predetta condizione per l'anticipata cessazione della debenza del contributo è accertata con decreto del Ministero dell'economia e delle finanze (1).

3. Per la prima annualità la misura del contributo è fissata nel quattro per mille dell'importo complessivo di ciascuna fideiussione ed il versamento è effettuato, entro il mese successivo a quello di rilascio della fideiussione, con le modalità stabilite e rese pubbliche dal soggetto gestore del Fondo.

4. Per le annualità successive, la misura del contributo è stabilita con decreto del Ministro della giustizia, di concerto con il Ministro dell'economia e delle finanze, entro il limite massimo del cinque per mille dell'importo complessivo di ciascuna fideiussione; con il medesimo decreto possono essere stabilite, altresì, modalità per il versamento diverse o ulteriori rispetto a quelle fissate nel comma 3.

5. Le somme versate a titolo di contributo obbligatorio sono imputate alla sezione autonoma del Fondo nel cui ambito territoriale è ubicato l'immobile oggetto di fideiussione.

6. Qualora il versamento del contributo obbligatorio non avvenga entro il termine di cui al comma 3, sono dovuti interessi di mora calcolati, a decorrere dal giorno della scadenza del termine fino a comprendere quello dell'effettivo versamento, al saggio di interesse legale.

7. I soggetti che rilasciano fideiussioni ai sensi dell'articolo 2 sono tenuti a trasmettere entro il 31 dicembre di ogni anno al soggetto gestore del Fondo una dichiarazione sostitutiva di atto di notorietà, ai sensi dell'articolo 47 del testo unico delle disposizioni legislative e regolamentari in materia di documentazione amministrativa, di cui al decreto del Presidente della Repubblica 28 dicembre 2000, n. 445, recante attestazione delle fideiussioni rilasciate, con indicazione dei dati dei soggetti interessati, degli importi e degli estremi identificativi degli atti fideiussori.

(1) *Comma così sostituito dall'art. 13*[6-sexiesdecies] *d.l. 30 dicembre 2016 n. 244, conv., con modif., in l. 27 febbraio 2017, n. 19. Il testo del comma era il seguente:* « 2. Il contributo obbligatorio è dovuto per un periodo massimo di quindici anni a decorrere dalla data di entrata in vigore del presente decreto ovvero, se antecedente, sino alla data nella quale risultino acquisite al Fondo risorse sufficienti ad assicurare il soddisfacimento delle richieste di indennizzo presentate dagli aventi diritto. L'eventuale ricorrenza della predetta condizione per l'anticipata cessazione della debenza del contributo è accertata con decreto del Ministero dell'economia e delle finanze ».

18. Accesso alle prestazioni del Fondo ed istruttoria sulle domande. – 1. La domanda di accesso alle prestazioni del Fondo deve essere presentata dagli aventi diritto, a pena di decadenza, entro il termine di sei mesi dalla data di pubblicazione del decreto di cui al comma 6.

2. Ciascun soggetto può ottenere dal Fondo l'indennizzo una sola volta, anche nel caso in cui abbia subito più perdite in relazione a diverse e distinte situazioni di crisi. Gli importi delle perdite indennizzabili sono rivalutati, in base alle variazioni dell'indice ISTAT dei prezzi al consumo per le famiglie di operai e impiegati, alla data di entrata in vigore del presente decreto.

3. Il richiedente deve fornire la prova della sussistenza e dell'entità della perdita. A tale fine costituisce prova anche il provvedimento che ha definitivamente accertato il credito in sede concorsuale.

4. Nello svolgimento dell'attività istruttoria il gestore del Fondo, al fine di determinare criteri di valutazione uniformi in merito a situazioni e documentazioni ricorrenti, può acquisire il parere di un apposito comitato, costituito con il decreto di cui al comma 6 e composto da rappresentanti del Ministero della giustizia, del Ministero dell'economia e delle finanze, del Ministero delle attività produttive e delle categorie interessate.

5. Il gestore del Fondo, all'esito dell'istruttoria, nei termini stabiliti in sede di concessione, delibera il riconoscimento dell'indennità e la relativa liquidazione ovvero la reiezione della richiesta.

6. Con decreto del Ministero della giustizia, di concerto con il

Ministro dell'economia e delle finanze, sono dettate disposizioni relative alle modalità, anche telematiche, di presentazione della domanda ed al contenuto della documentazione da allegare a questa, nonché in merito allo svolgimento dell'attività istruttoria di cui al presente articolo.

***L. 22 ottobre 1971, n. 865.* — Programmi e coordinamento dell'edilizia residenziale pubblica; norme sulla espropriazione per pubblica utilità; modifiche ed integrazioni alle leggi 17 agosto 1942, n. 1150; 18 aprile 1962, n. 167; 29 settembre 1964, n. 847; ed autorizzazione di spesa per interventi straordinari nel settore dell'edilizia residenziale, agevolata e convenzionata** (G.U. 30 ottobre 1971, n. 276) (1).

(1) *A decorrere dalla data di nomina del primo governo costituito a seguito delle prime elezioni politiche successive all'entrata in vigore del d.lg. 30 luglio 1999, n. 300, le prefetture sono trasformate in uffici territoriali del governo; il prefetto preposto a tale ufficio nel capoluogo della regione assume anche le funzioni di commissario del governo (v. art. 11 d.ls. n. 300, cit.).*

(*Stralcio*)

35. – Le disposizioni dell'art. 10 della legge 18 aprile 1962, n. 167, sono sostituite dalle norme di cui al presente articolo.

Le aree comprese nei piani approvati a norma della legge 18 aprile 1962, n. 167, sono espropriate dai comuni o dai loro consorzi.

Le aree di cui al precedente comma, salvo quelle cedute in proprietà ai sensi dell'undicesimo comma del presente articolo, vanno a far parte del patrimonio indisponibile del comune o del consorzio.

Su tali aree il comune o il consorzio concede il diritto di superficie per la costruzione di case di tipo economico o popolare e dei relativi servizi urbani e sociali.

La concessione del diritto di superficie ad enti pubblici per la realizzazione di impianti e servizi pubblici è a tempo indeterminato, in tutti gli altri casi ha una durata non inferiore ad anni 60 e non superiore ad anni 99.

L'istanza per ottenere la concessione è diretta al sindaco o al presidente del consorzio. Tra più istanze concorrenti è data la preferenza a quelle presentate da enti pubblici istituzionalmente operanti nel settore dell'edilizia economica e popolare e da cooperative edilizie a proprietà indivisa.

La concessione è deliberata dal consiglio comunale o dall'assemblea del consorzio. Con la stessa delibera viene determinato il contenuto della convenzione da stipularsi, per atto pubblico, da trascriversi presso il competente ufficio dei registri immobiliari, tra l'ente concedente ed il richiedente.

La convenzione deve prevedere:

a) il corrispettivo della concessione e le modalità del relativo versamento, determinati dalla delibera di cui al settimo comma con l'applicazione dei criteri previsti dal dodicesimo comma (1);

b) il corrispettivo delle opere di urbanizzazione da realizzare a cura del comune o del consorzio, ovvero qualora dette opere vengano eseguite a cura e spese del concessionario, le relative garanzie finanziarie, gli elementi progettuali delle opere da eseguire e le modalità del controllo sulla loro esecuzione, nonché i criteri e le modalità per il loro trasferimento ai comuni od ai consorzi;

c) le caratteristiche costruttive e tipologiche degli edifici da realizzare;

d) i termini di inizio e di ultimazione degli edifici e delle opere di urbanizzazione;

e) i criteri per la determinazione e la revisione periodica dei canoni di locazione, nonché per la determinazione del prezzo di cessione degli alloggi, ove questa sia consentita;

f) le sanzioni a carico del concessionario per l'inosservanza degli obblighi stabiliti nella convenzione ed i casi di maggior gravità in cui tale osservanza comporti la decadenza dalla concessione e la conseguente estinzione del diritto di superficie;

g) i criteri per la determinazione del corrispettivo in caso di rinnovo della concessione, la cui durata non può essere superiore a quella prevista nell'atto originario.

Le disposizioni del precedente comma non si applicano quando l'oggetto della concessione sia costituito dalla realizzazione di impianti e servizi pubblici ai sensi del quinto comma del presente articolo.

I comuni per i quali non sia intervenuta la dichiarazione di dissesto finanziario ed i loro consorzi possono, nella convenzione, stabilire a favore degli enti, delle imprese di costruzione e loro consorzi e delle cooperative edilizie e loro consorzi, che costruiscono alloggi da concedere in locazione per un periodo non inferiore a quindici anni, condizioni particolari per quanto riguarda il corrispettivo della concessione e gli oneri relativi alle opere di urbanizzazione (2).

Le aree di cui al secondo comma, destinate alla costruzione di case economiche e popolari, sono concesse in diritto di superficie, ai sensi dei commi precedenti, o cedute in proprietà a cooperative edilizie e loro consorzi, ad imprese di costruzione e loro consorzi ed ai singoli, con preferenza per i proprietari espropriati ai sensi della presente legge sempre che questi abbiano i requisiti previsti dalle vigenti disposizioni per l'assegnazione di alloggi di edilizia agevolata (3) (4).

I corrispettivi della concessione in superficie, di cui all'ottavo comma, lettera *a*), ed i prezzi delle aree cedute in proprietà devono, nel loro insieme, assicurare la copertura delle spese sostenute dal comune o dal consorzio per l'acquisizione delle aree comprese in ciascun piano approvato a norma della legge 18 aprile 1962, n. 167; i corrispettivi della concessione in superficie riferiti al metro cubo edificabile non possono essere superiori al 60 per cento dei prezzi di cessione riferiti allo stesso volume ed il loro versamento può essere dilazionato in un massimo di quindici annualità, di importo costante o crescente, ad un tasso annuo non superiore alla media mensile dei rendimenti lordi dei titoli pubblici soggetti a tassazione (Rendistato) accertata dalla Banca d'Italia per il secondo mese precedente a quello di stipulazione della convenzione di cui al settimo comma. Il corrispettivo delle opere di urbanizzazione, sia per le aree concesse in superficie che per quelle cedute in proprietà, è determinato in misura pari al costo di realizzazione in proporzione al volume edificabile entro il limite di quanto dovuto ai sensi della legge 28 gennaio 1977, n. 10 e successive modificazioni (5).

Contestualmente all'atto della cessione della proprietà dell'area, tra il comune, o il consorzio, e il cessionario, viene stipulata una convenzione per atto pubblico, con l'osservanza delle disposizioni di cui all'art. 8, commi primo, quarto e quinto, della legge 28 gennaio 1977, n. 10, la quale, oltre a quanto stabilito da tali disposizioni, deve prevedere (6):

a) gli elementi progettati degli edifici da costruire e le modalità del controllo sulla loro costruzione;

b) le caratteristiche costruttive e tipologiche degli edifici da costruire;

c) i termini di inizio e di ultimazione degli edifici;

d) i casi nei quali l'inosservanza degli obblighi previsti dalla convenzione comporta la risoluzione dell'atto di cessione.

I criteri di cui alle lettere *e*) e *g*) e le sanzioni di cui alla lettera *f*) dell'ottavo comma, nonché i casi di cui alla lettera *d*) del precedente comma dovranno essere preventivamente deliberati dal consiglio comunale o dall'assemblea del consorzio e dovranno essere gli stessi per tutte le convenzioni (7).

Chiunque in virtù del possesso dei requisiti richiesti per l'assegnazione di alloggio economico o popolare abbia ottenuto la proprietà dell'area e dell'alloggio su di essa costruito, non può ottenere altro alloggio in proprietà dalle amministrazioni o dagli enti indicati nella presente legge o comunque costruiti con il contributo o con il concorso dello Stato a norma dell'art. 17 del D.P.R. 17 gennaio 1959, n. 2.

Qualora per un immobile oggetto di un intervento di recupero sia stato, in qualunque forma, concesso, per altro titolo, un contributo da parte dello Stato o delle regioni, può essere attribuita l'agevolazione per il recupero stesso soltanto se, alla data di concessione di quest'ultima, gli effetti della predetta contribuzione siano già esauriti (8).

(1) *Lettera così sostituita dall'art. 3^63 lett. a) l. 23 dicembre 1996, n. 662.*
(2) *Comma, da ultimo, così sostituito dall'art. 7^3 l. 30 aprile 1999, n. 136.*
(3) *Comma così sostituito dall'art. 3^63 lett. c) l. n. 662, cit.*
(4) *Ai sensi dell'art. 7^4 l. n. 136, cit., come modificato dall'art. 39^14-quinques d.l. 30 settembre 2003, n. 269, conv., con modif., in l. 24 novembre 2003, n. 326, le disposizioni di cui al presente comma, che riguardano la preferenza per i proprietari espropriati ai fini della concessione in diritto di superficie o della cessione in proprietà delle aree, si interpretano nel senso che tale preferenza spetta ai soggetti che abbiano la proprietà o che abbiano in corso le procedure di acquisto con stipula di un contratto preliminare di acquisto registrato e trascritto delle aree medesime alla data dell'adozione da parte del comune dello strumento urbanistico con il quale tali aree vengono destinate alla realizzazione di programmi di edilizia economica e popolare.*
(5) *Comma da ultimo modificato dall'art. 7^5 l. n. 136, cit.*
(6) *Alinea così sostituito dall'art. 3^63 lett. e) l. n. 662, cit.*
(7) *Seguivano cinque commi abrogati dall'art. 23^2 l. 17 febbraio 1992, n. 179.*
(8) *Comma aggiunto dall'art. 23^2 l. n. 179, cit.*

L. 23 dicembre 1998, n. 448. – **Misure di finanza pubblica per la stabilizzazione e lo sviluppo** (G.U. 29 dicembre 1998, n. 302).

(*Stralcio*)

31. Norme particolari per gli enti locali. – 1-44. (*Omissis*)

45. I comuni possono cedere in proprietà le aree comprese nei piani approvati a norma della legge 18 aprire 1962, n. 167, ovvero delimitate ai sensi dell'art. 51 della legge 22 ottobre 1971, n. 865, già concesse in diritto di superficie ai sensi dell'art. 35, quarto comma, della medesima legge n. 865 del 1971. Le domande di acquisto pervenute dai proprietari di alloggi ubicati nelle aree non escluse, prima della approvazione della delibera comunale, conservano efficacia.

46. Le convenzioni stipulate ai sensi dell'art. 35 della legge 22 ottobre 1971, n. 865 e successive modificazioni, e precedentemente alla data di entrata in vigore della legge 17 febbraio 1992, n. 179, per la cessione del diritto di proprietà, possono essere sostituite con la convenzione di cui all'art. 8, commi primo, quarto e quinto, della legge 28 gennaio 1977, n. 10, alle seguenti condizioni:

a) per una durata di 20 anni diminuita del tempo trascorso fra la data di stipulazione della convenzione che ha accompagnato la concessione del diritto di superficie o la cessione in proprietà delle aree e quella di stipulazione della nuova convenzione (1);

b) in cambio di un corrispettivo, per ogni alloggio edificato, calcolato ai sensi del comma 48.

47. La trasformazione del diritto di superficie in diritto di piena proprietà sulle aree può avvenire a seguito di proposta da parte del comune e di accettazione da parte dei singoli proprietari degli alloggi, e loro pertinenze, per la quota millesimale corrispondente. Trascorsi cinque anni dalla data di prima assegnazione dell'unità abitativa, indipendentemente dalla data di stipulazione della relativa convenzione, i soggetti interessati possono presentare, di propria iniziativa, istanza di trasformazione del diritto di superficie in diritto di piena proprietà. Entro novanta giorni dalla data di ricezione dell'istanza da parte dei soggetti interessati, e relativamente alle aree per le quali il consiglio comunale ha deliberato la trasformazione del diritto di superficie in diritto di piena proprietà, il comune deve trasmettere le proprie determinazioni in ordine al corrispettivo dovuto e alla procedura di trasformazione (2) La trasformazione del diritto di superficie in diritto di proprietà avviene dietro pagamento di un corrispettivo determinato ai sensi del comma 48 (3).

48. Il corrispettivo delle aree cedute in proprietà è determinato dal comune, su parere del proprio ufficio tecnico, in misura pari al 60 per cento di quello determinato ai sensi dell'articolo 37, comma 1, del testo unico delle disposizioni legislative e regolamentari in materia di espropriazione per pubblica utilità, di cui al decreto del Presidente della Repubblica 8 giugno 2001, n. 327, (4) al netto degli oneri di concessione del diritto di superficie, rivalutati sulla base della variazione, accertata dall'ISTAT, dell'indice dei prezzi al consumo per le famiglie di operai e impiegati verificatasi tra il mese in cui sono stati versati i suddetti oneri e quello in cui è stipulato l'atto di cessione delle aree. Comunque il costo dell'area così determinato non può essere maggiore di quello stabilito dal comune per le aree cedute direttamente in proprietà al momento della trasformazione di cui al comma 47[, con l'ulteriore limite massimo di euro 5.000 per singola unità abitativa e relative pertinenze avente superficie residenziale catastale fino a 125 metri quadrati e di euro 10.000 per singola unità abitativa e relative pertinenze avente superficie residenziale catastale maggiore di 125 metri quadrati, indipendentemente dall'anno di stipulazione della relativa convenzione] (5). Il consiglio comunale delibera altresì i criteri, le modalità e le condizioni per la concessione di dilazioni di pagamento del corrispettivo di trasformazione. La trasformazione del diritto di superficie in diritto di proprietà è stipulata con atto pubblico o con scrittura privata autenticata, soggetti a trascrizione presso la conservatoria dei registri immobiliari (6).

49. È esclusa in ogni caso la retrocessione, dai comuni ai proprietari degli edifici, di somme già versate da questi ultimi e portate in detrazione secondo quanto previsto al comma 48.

49-*bis*. I vincoli relativi alla determinazione del prezzo massimo di cessione delle singole unità abitative e loro pertinenze nonché del canone massimo di locazione delle stesse, contenuti nelle convenzioni di cui all'articolo 35 della legge 22 ottobre 1971, n. 865, e successive modificazioni, per la cessione del diritto di proprietà o per la cessione del diritto di superficie possono essere rimossi, dopo che siano trascorsi almeno cinque anni dalla data del primo trasferimento, con atto pubblico o scrittura privata autenticata, stipulati a richiesta delle persone fisiche che vi abbiano interesse, anche se non più titolari di diritti reali sul bene immobile, e soggetti a trascrizione presso la conservatoria dei registri immobiliari, per un corrispettivo proporzionale alla corrispondente quota millesimale, determinato, anche per le unità in diritto di superficie, in misura pari ad una percentuale del corrispettivo determinato ai sensi del comma 48 del presente articolo. [In ogni caso, il corrispettivo di affrancazione così determinato non può superare il limite massimo di euro 5.000 per singola unità abitativa e relative pertinenze avente superficie residenziale catastale fino a 125 metri quadrati e di euro 10.000 per singola unità abitativa e relative pertinenze avente superficie residenziale catastale maggiore di 125 metri quadrati.] (7) I soggetti interessati possono presentare, di propria iniziativa, istanza di affrancazione dei vincoli relativi alla determinazione del prezzo massimo di cessione delle singole unità abitative e loro pertinenze nonché del canone massimo di locazione delle stesse. Il comune deve rispondere entro novanta giorni dalla data di ricezione dell'istanza.

La percentuale di cui al primo periodo del presente comma è stabilita, anche con l'applicazione di eventuali riduzioni in relazione alla durata residua del vincolo, con decreto del Ministro dell'economia e delle finanze, previa intesa in sede di Conferenza unificata ai sensi dell'articolo 9 del decreto legislativo 28 agosto 1997, n. 281. Il decreto di cui al periodo precedente individua altresì i criteri e le modalità per la concessione, da parte dei comuni, di dilazioni di pagamento del corrispettivo di affrancazione dal vincolo. [Nel caso in cui il corrispettivo della trasformazione del diritto di superficie in diritto di proprietà e il corrispettivo dell'affrancazione sono determinati in misura corrispondente al limite massimo previsto dal comma 48 e dal presente comma, decade quanto previsto dall'articolo 9 del decreto legislativo n. 281 del 1997 e relativi decreti attuativi del Ministro dell'economia e delle finanze.] (7) La deliberazione del consiglio comunale di cui al comma 48 individua altresì i criteri, le modalità e le condizioni per la concessione, da parte del comune, di dilazioni di pagamento del corrispettivo di affrancazione dal vincolo. In ragione del maggior valore patrimoniale dell'immobile, conseguente alle procedure di affrancazione e di trasformazione del diritto di superficie in piena proprietà, le relative quote di spesa possono essere finanziate mediante contrazione di mutuo. Le disposizioni del presente comma non si applicano agli immobili in regime di locazione ai sensi degli articoli da 8 a 10 della legge 17 febbraio 1992, n. 179, compresi nei piani di zona convenzionati (8).

49-*ter*. Le disposizioni di cui al comma 49-*bis* si applicano anche alle convenzioni previste dall'articolo 18 del testo unico di cui al decreto del Presidente della Repubblica 6 giugno 2001, n. 380 (9).

49-*quater*. In pendenza della rimozione dei vincoli di cui ai commi 49-*bis* e 49-*ter*, il contratto di trasferimento dell'immobile non produce effetti limitatamente alla differenza tra il prezzo convenuto e il prezzo vincolato. L'eventuale pretesa di rimborso della predetta differenza, a qualunque titolo richiesto, si estingue con la rimozione dei vincoli secondo le modalità di cui ai commi 49-*bis* e 49-*ter*. La rimozione del vincolo del prezzo massimo di cessione comporta altresì la rimozione di qualsiasi vincolo di natura soggettiva (10).

50. (*Omissis*)

(1) *Lettera così sostituita dall'art. 23-*ter[1-bis] *d.l. 6 luglio 2012, n. 95, conv., con modif., in l. 7 agosto 2012, n. 135.*

(2) *Il periodo* « Entro novanta giorni dalla data di ricezione dell'istanza da parte dei soggetti interessati, e relativamente alle aree per le quali il consiglio comunale ha deliberato la trasformazione del diritto di superficie in diritto di piena proprietà, il comune deve trasmettere le proprie determinazioni in ordine al corrispettivo dovuto e alla procedura di trasformazione. » *è stato sostituito al periodo* « Il comune deve rispondere entro novanta giorni dalla data di ricezione dell'istanza pervenendo alla definizione della procedura. » *dall'art. 10-*quinquies [1, lett. a)] *d.l. 21 marzo 2022, n. 21, conv., con modif., l. 20 maggio 2022, n. 51.*

(3) *Comma così sostituito dall'art. 22-*bis[1, lett. a)] *d.l. 31 maggio 2021, n. 77, conv. con modif. in l. 29 luglio 2021, n. 108. Il testo del comma era il seguente:* « La trasformazione del diritto di superficie in diritto di piena proprietà sulle aree può avvenire a seguito di proposta da parte del comune e di accettazione da parte dei singoli proprietari degli alloggi, e loro pertinenze, per la quota millesimale corrispondente, dietro pagamento di un corrispettivo determinato ai sensi del comma 48 ».

(4) *Le parole* « dell'articolo 37, comma 1, del testo unico delle disposizioni legislative e regolamentari in materia di espropriazione per pubblica utilità, di cui al decreto del Presidente della Repubblica 8 giugno 2001, n. 327, » *sono state sostituite alle parole* « dell'articolo 5-*bis*, comma 1, del decreto-legge 11 luglio 1992, n. 333, convertito, con modificazioni, dalla legge 8 agosto 1992, n. 359, escludendo la riduzione prevista dal secondo periodo dello stesso comma, » *dall'art. 10-*quinquies[1, lett. b)] *d.l. n. 21, cit.*

(5) *Le parole* « , con l'ulteriore limite massimo di euro 5.000 per singola unità abitativa e relative pertinenze avente superficie residenziale catastale fino a 125 metri quadrati e di euro 10.000 per singola unità abitativa e relative pertinenze avente superficie residenziale catastale maggiore di 125 metri quadrati, indipendentemente dall'anno di stipulazione della relativa convenzione » *sono state soppresse dall'art. 10-quinquies[1, lett. c)] d.l. n. 21, cit.*

(6) *Comma così sostituito dall'art. 22-bis[1, lett. b)] d.l. 77, cit. Il testo del comma, come modificato dall'art. 1[392] l. 27 dicembre 2013, n. 147, era il seguente:* « Il corrispettivo delle aree cedute in proprietà è determinato dal comune, su parere del proprio ufficio tecnico, in misura pari al 60 per cento di quello determinato attraverso il valore venale del bene, con la facoltà per il comune di abbattere tale valore fino al 50 per cento, al netto degli oneri di concessione del diritto di superficie, rivalutati sulla base della variazione, accertata dall'ISTAT, dell'indice dei prezzi al consumo per le famiglie di operai e impiegati verificatasi tra il mese in cui sono stati versati i suddetti oneri e quello di stipula dell'atto di cessione delle aree. Comunque il costo dell'area così determinato non può essere maggiore di quello stabilito dal comune per le aree cedute direttamente in diritto di proprietà al momento della trasformazione di cui al comma 47 ».

(7) *Periodo soppresso dall'art. 10-*quinquies [1, lett. d)] *d.l. n. 21, cit.*

(8) *Comma così sostituito dall'art. 22-*bis[1, lett. c)] *d.l. 77, cit. il testo del comma, come da ultimo sostituito dall'art. 25-*undecies[1 lett. a)] *d.l. 23 ottobre 2018, n. 119, conv., con modif., in l. 17 dicembre 2018, n. 136, era il seguente:* « I vincoli relativi alla determinazione del prezzo mas-

simo di cessione delle singole unità abitative e loro pertinenze nonché del canone massimo di locazione delle stesse, contenuti nelle convenzioni di cui all'articolo 35 della legge 22 ottobre 1971, n. 865, e successive modificazioni, per la cessione del diritto di proprietà o per la cessione del diritto di superficie, possono essere rimossi, dopo che siano trascorsi almeno cinque anni dalla data del primo trasferimento, con atto pubblico o scrittura privata autenticata, stipulati a richiesta delle persone fisiche che vi abbiano interesse, anche se non più titolari di diritti reali sul bene immobile, e soggetti a trascrizione presso la conservatoria dei registri immobiliari, per un corrispettivo proporzionale alla corrispondente quota millesimale, determinato, anche per le unità in diritto di superficie, in misura pari ad una percentuale del corrispettivo risultante dall'applicazione del comma 48 del presente articolo. La percentuale di cui al presente comma è stabilita, anche con l'applicazione di eventuali riduzioni in relazione alla durata residua del vincolo, con decreto del Ministro dell'economia e delle finanze, previa intesa in sede di Conferenza unificata ai sensi dell'articolo 9 del decreto legislativo 28 agosto 1997, n. 281. Il decreto di cui al periodo precedente individua altresì i criteri e le modalità per la concessione da parte dei comuni di dilazioni di pagamento del corrispettivo di affrancazione dal vincolo. Le disposizioni di cui al presente comma non si applicano agli immobili in regime di locazione ai sensi degli articoli da 8 a 10 della legge 17 febbraio 1992, n. 179, ricadenti nei piani di zona convenzionati ». *Con riferimento alla precedente formulazione del comma, v. il comma 2 dell'art. 25-*undecies *d.l. n. 119, cit.*

(9) *Comma aggiunto dall'art. 5*[3-bis] *d.l. 13 maggio 2011, n. 70, conv., con modif., in l. 12 luglio 2011, n. 106.*

(10) *Comma inserito dall'art. 25-*undecies[1 lett. b)] *d.l. n. 119, cit. Ai sensi del comma 2 dell'art. 25-*undecies *d.l. n. 119, cit., tale disposizione si applica anche agli immobili oggetto dei contratti stipulati prima della data di entrata in vigore della legge di conversione del suddetto decreto.*

INDICE ANALITICO-ALFABETICO

I

INDICE CRONOLOGICO

268/2020 (in nota a art. 122); art. 230-bis, 232-ter, 236-bis, art. [illegible]; d.lgs. [illegible], artt. 77, [illegible], 144 [illegible] n. 206/2005, art. [illegible] d.l. n. 79/2011).

D.L. 30 dicembre 2021, n. 228, conv. con modif., in L. 25 febbraio 2022, n. 15 (Disposizioni urgenti in materia di termini legislativi) (in nota a art. 106 d.l. n. 18/2020 [illegible]).

L. 30 dicembre 2021, n. 234 (Bilancio di previsione dello Stato per l'anno finanziario 2022 e bilancio pluriennale per il triennio 2022-2024) (in nota a art. 167 c.c.).

2022

D.L. 30 aprile 2022, n. 36, conv. con modif., in L. 29 giugno 2022, n. 79 (Ulteriori misure urgenti per l'attuazione del Piano nazionale di ripresa e resilienza (PNRR)) (in nota a art. 1677 c.c.).

L. 5 agosto 2022, n. 118 (Legge annuale per il mercato e la concorrenza 2021) (in nota a art. 150 d.lgs. n. 209/2005; artt. 5 e 12 [illegible]; l. n. 287/1990).

D.L. 9 agosto 2022, n. 115, conv. con modif., in L. 21 settembre 2022, n. 142 (Misure urgenti in materia di energia, emergenza idrica, politiche sociali e industriali) (in nota a art. [illegible] l. n. 638/1983).

D.Lgs. 10 ottobre 2022, n. 149 (Attuazione della legge 26 novembre 2021, n. 206, recante delega al Governo per l'efficienza del processo civile e per la revisione della disciplina degli strumenti di risoluzione alternativa delle controversie e misure urgenti di razionalizzazione dei procedimenti in materia di diritti delle persone e delle famiglie nonché in materia di esecuzione forzata) (in nota a artt. 45, 156, 158, 250, 316, 316-bis, 320, 336, 336-bis, 337-ter, 337-quater, 350, 374, [illegible]).

L. 29 dicembre 2022, n. 197 (Bilancio di previsione dello Stato per l'anno finanziario 2023 e bilancio pluriennale per il triennio 2023-2025) (in nota a artt. 143, 156, 158, 250, [illegible]).

D.L. 29 dicembre 2022, n. 198 (Disposizioni urgenti in materia di termini legislativi) (in nota a art. [illegible]).

2023

D.L. 14 gennaio 2023, n. 5 (Disposizioni urgenti in materia di trasparenza dei prezzi dei carburanti e di rafforzamento dei poteri di controllo del Garante per la sorveglianza dei prezzi nonché di sostegno per la fruizione del trasporto pubblico) (in nota a art. [illegible] n. 201/2011).